U0515690

諸子集成

蔡元培題

圖書在版編目(CIP)數據

諸子集成/國學整理社編. —北京:中華書局,1954. 12
(2023. 4 重印)
ISBN 978-7-101-00384-0

Ⅰ. 諸… Ⅱ. 國… Ⅲ. 古典哲學-中國-選集
Ⅳ. B21

中國版本圖書館 CIP 數據核字(2006)第 061948 號

責任印製: 陳麗娜

諸子集成
(全八册)
國學整理社 編
*
中華書局出版發行
(北京市豐臺區太平橋西里 38 號 100073)
http://www.zhbc.com.cn
E-mail:zhbc@zhbc.com.cn
三河市中晟雅豪印務有限公司印刷
*
850×1168 毫米 1/32 · 201⅝印張 · 8800 千字
1954 年 12 月第 1 版 2006 年 10 月第 2 版
2023 年 4 月第 18 次印刷
印數:34401-35400 册 定價: 780.00 元

ISBN 978-7-101-00384-0

重印說明

本書彙集了先秦到漢魏六朝「諸子」著作二十六家的注釋本或校本共二十八種。原書由國學整理社纂輯，抗日戰爭前由世界書局排印出版。本局曾於一九五四年、一九五六年及一九五九年用原紙型幾次重印。原書收錄梁啓超管子評傳、麥夢華商君評傳、陳千鈞韓非新傳和韓非子書考，與全書編輯體例不一致。一九五四年重印時給删去了。原書校勘欠精，本局前兩次重印時，經改正錯誤脫漏，重排和挖改紙型，共達一千餘面。全書篇幅較巨，沒有發現的錯誤一定還難免，希望讀者指出，以便再版時改正。

中華書局編輯部

一九八六年五月

諸子集成總目

第七册

第八册

諸　子　集　成

（第一冊）

論語正義
孟子正義

中　華　書　局

論　語　正　義

劉寶楠著

凡例

一、經文注文。從邢疏本。惟泰伯篇予有亂臣十人。以予臣母。有干名義。因據唐石經删臣字。其他文字異同。如漢唐宋石經及皇侃疏陸德明釋文所載各本。咸列於疏。至山井鼎考文所引古本與皇本多同。高麗足利本與古本亦相出入。語涉譄加。殊爲非類。既詳見於考文及阮氏元論語挍勘記瀉氏登府論語異文疏證。故此疏所引甚少。（古本高麗足利本。有與皇本釋文本唐石經證合者。始備引之。否則不引。）至注文訛錯處。多從皇本及後人挍改。其皇本所載注文。視邢本甚繁。非關典要。悉從略焉。

一、注用集解者。所以存魏晉人箸錄之舊。而鄭君遺注。悉載疏內。至引申經文。實事求是。不專一家。故於注義之備者。則據注以釋經。略者。則依經以補疏。其有違失未可從者。則先疏經文。次及注義。若說義二三。於義得合。悉爲錄之。以正向來注疏家墨守之失。

一、鄭注久佚。近時惠氏棟陳氏鱣臧氏鏞宋氏翔鳳咸有輯本。於集解外。徵引頗多。雖拾殘補闕。聯綴之迹。非其本真。而舍是則無可依據。今悉詳載。而原引某書某卷及字句小異。均難備列。閱者諒諸。

一、古人引書。多有增減。蓋未檢及原文故也。翟氏灝四書考異。瀉氏登府論語異文疏證。於諸史及漢唐宋人傳注各經說文集。凡引論語有不同者。悉爲列入。博稽同異。辨證得失。既有專書。此宜從略。

一、漢唐以來。引孔子說。多爲諸賢語。諸賢說。或爲孔子語者。皆由以意徵引。未檢原文。翟氏考異既詳載之。故此疏不之及。

一、漢人解義。存者無幾。必當詳載。至皇氏疏陸氏音義所載魏晉人以後各說。精駁互見。不敢備引。唐宋後箸述益多。尤宜擇取。

一、諸儒經說。有一義之中。是非錯見。但采其善而不箸其名。則嫌於掠美。若備引其說而並加駁難。又嫌於葛藤。故今所輯。舍短從長。同於節取。或祇撮大要。爲某某說。

一、引諸儒說。皆舉所箸書之名。若習聞其語。未知所出何書。則但記其姓名而已。又先祖考國子監典簿諱履恂箸秋槎雜記。先叔祖丹徒縣學訓導諱台拱箸論語駢枝經傳小記。先伯父五河縣學訓導諱寶樹箸經義說略。疏中皆稱爵。

劉恭冕述。

論語正義目錄

論語正義

劉寶楠 著

卷一 學而第一

正義曰。釋文及皇邢疏本。皆有此題。邢疏云。自此至堯曰。是魯論語二十篇之名及第次也。當弟子論撰之時。以論語爲此書之大名。學而以下。爲當篇之小目。第。順次也。一。數之始也。言此篇於次當一也。案古人以漆書竹簡。約當一篇。卽爲編列。以韋束之。故孔子讀易。韋編三絕。當孔子時。諸弟子撰記言行。各自成篇。不出一人之手。故有一語而前後篇再出也。毛詩序疏引說文。第。次也。从竹弟。今本說文脫。弟字下云韋束之次弟也。從古字之象。疑弟指韋束之次言。第則指竹簡言。釋名釋書契云。爾題亦有第。因其第次也。後漢安帝紀李賢注。第謂有甲乙之次第。

集解

正義曰。陸德明經典釋文。載論語舊題。止集解二字。在學而第一之下。自注。一本作何晏集解。一本必六朝時人改題。誤以集解爲何晏一人作也。然釋文雖仍舊題。而云何晏集孔安國云云。其文兩見。則亦爲後世之誤說所惑也。

凡十六章

正義曰。釋文舊有此題。其所據卽集解本。今皇邢疏無凡幾章之題者。當由所見本已刪之也。漢石經則每卷後有此題。蓋昔章句家所記之數。統計釋文各篇四百九十二章。趙岐孟子篇敍曰。論四百八十六章。較釋文少六章。然釋文先進篇二十三章。依集解宜爲二十四章。衞靈篇四十九章。依集解實爲四十三章。又陽貨篇二十四章。漢石經作廿六章。凡皆所據本異。故多寡迥殊。今但依釋文以存集解之舊。其有離合錯誤。各記當篇之下。至後世分析移併之故。言人人殊。既由臆造。則皆略焉。又趙岐言章次大小。各當其事。無所法也。明謂論語章次。依事類敍。無所取法。與孟子篇章迥殊。而皇疏妄有聯貫。翟氏灝考異。已言其誤。後之學者。亦有茲失。既非理所可取。則皆刪佚。不敢更箸其說焉。

子曰。學而時習之。不亦說乎。注馬曰。子者。男子之通稱。謂孔子也。王曰。時者。學者以時誦習之。誦習以時。學無廢業。所以爲說懌。正義曰。曰者。皇疏引說文云。開口吐舌謂之爲曰。邢疏引說文云。曰習也。從口乙聲。亦象。口气出也。所引說文各異。段氏玉裁校定作從口乙。象口氣出也。又引孝經釋文云。從乙在口上。乙象氣。人將發語。口上有氣。故曰字缺上也。學者。說文云。斆。覺悟也。从教从冂。冂。尚矇也。臼聲。學。篆文斆省。白虎通辟雍篇。學之爲言覺也。以覺悟所未知也。與說文訓同。荀子勸學篇。君子博學而日參省乎己。則知明而行無過矣。故不登高山。不知天之高也。不臨深谿。不知地之厚也。不聞先王之遺言。不知學問之大也。

又云。學惡乎始。惡乎終。曰。其數則始乎誦經。終乎讀禮。其義則始乎爲士。終乎爲聖人。眞積力久則入。學至乎沒而後止也。案王制言樂正崇四術。立四教。順先王詩書禮樂以造士。春秋教以禮樂。冬夏教以詩書。王大子王子羣后之大子卿大夫元士之適子國之俊選皆造焉。是詩書禮樂。乃貴賤徧習之學。學已大成。始得出仕。所謂先進於禮樂者也。春秋時。廢選舉之務。故學校多廢。禮樂崩壞。職此之由。夫子十五志學。及後不仕。乃更刪定諸經。史記孔子世家言孔子當定公五年已修詩書禮樂。卽謂此也。刪定之後。學業復存。凡篇中所言爲學之事。皆指夫子所刪定言之矣。時習者。說文。時。四時也。此謂春夏秋冬。而日中晷刻。亦得名時。引申之義也。皇疏云。凡學有三時。一是就人身中爲時。內則云。六年教之數目。十年學書計。十三年學樂誦詩舞勺。十五年成童舞象。並是就身中爲時也。二就年中爲時。王制云。春夏學詩樂。秋冬學書禮。三就日中爲時。前身中年中二時。而所學並日日修習不暫廢也。今云學而時習之者。時是日中之時。之者。詩蓼莪鄭箋云。之。猶是也。此常訓。不亦說乎者。孟子滕文公上。不亦善乎。趙岐注。不亦者。亦也。爾雅釋詁。說。樂也。皇本凡說皆作悅。說文有說無悅。悅是俗體。夫子自言發憤忘食。樂以忘憂。又稱顏回好學。雖貧不改其樂。皆是說學有然也。乎者。說文云。乎。語之餘也。廣雅釋詁。乎。詞也。此用爲語助。○注。子者至說懌。○正義曰。白虎通號篇。子者。丈夫之通稱也。與此注義同。言尊卑皆得稱子。故此孔子門人稱師亦曰子也。邢疏云。書傳直言子曰者。皆指孔子。以其聖德著聞。師範來世。不須言其氏。人盡知之故也。誦習者。說文。誦。諷也。諷。誦也。周官大司樂注。倍文曰諷。以聲節之曰誦。諷誦皆是口習。故此注言誦習也。但古人爲學。有操縵博依雜服與藝諸事。此注專以誦習言者。亦舉一端以見之也。說文。習。鳥數飛也。引申爲凡重習學習之義。呂覽審己注。習。學也。下章傳不習乎。訓義亦同。學不廢業者。廢者。棄也。說文。業。大版也。所以飾縣鐘鼓。捷業如鋸齒。簡冊亦用竹爲版。故亦名業。曲禮云。請業則起。注。業謂篇卷也。是也。怳懌者。說文新附。懌。說也。注重言以曉人。

有朋自遠方來。不亦樂乎。注包曰。同門曰朋。

正義曰。宋氏翔鳳樸學齋札記。史記世家。定公五年。魯自大夫以下。皆僭離於正道。故孔子不仕。退而修詩書禮樂。弟子彌衆。至自遠方。莫不受業焉。弟子至自遠方。卽有朋自遠方來也。朋卽指弟子。故白虎通辟雝篇云。師弟子之道有三。論語曰。朋友自遠方來。朋友之道也。又孟子子濯孺子曰。其取友必端矣。亦指友爲弟子。按宋說是也。釋文云。有或作友。非。考白虎通引有朋作朋友。疑白虎通本作友朋。卽釋文所載或本。後人乃改作朋友耳。隸釋載漢婁壽碑。有朋自遠。亦作有朋。盧氏文弨釋文考證云。呂氏春秋貴直篇。有人自南方來。句法極相似。陸氏謂作友非是也。自遠方來者。廣雅釋詁。自。從也。爾雅釋詁。遠。遐也。淮南兵略訓。方者。地也。禮表記注。方。四方也。爾雅釋詁。來。至也。並常訓。學記言學至大成。足以化民易俗。近者說服而遠者懷之。此大學之道。然則朋來。正是學成之驗。不亦樂乎者。蒼頡篇。樂。喜也。與說義同。易彖傳。麗澤兌。君子以朋友講習。兌者。說也。禮中庸云。誠者。非自誠己而已也。所以成物也。此文時習是成己。朋來是成物。但成物亦由成己。

既以驗己之功修。又以得教學相長之益。人才造就之多。所以樂也。孟子以得天下英才而教育之爲樂。亦此意。○注。同門曰朋。○正義曰。文選古詩十九首注引鄭注此文。與包同。同門者。謂同處一師門也。禮學記云。古之教者。家有塾。注。古者仕焉而已者。歸教於閭里。朝夕坐於門。門側之堂謂之塾。孔疏周禮百里之內。二十五家爲閭。同共一巷。巷首有門。門邊有塾。當夫子時。學校已廢。仕焉而已者多不任爲師。夫子乃始設教於魯。以師道自任。開門授業。洙泗之間。必別有講肄之所。而非爲舊時家塾矣。

人不知。而不慍。不亦君子乎。【注】慍。怒也。凡人有所不知。君子不怒。正義曰。人不知者。謂當時君卿大夫不知己學有成舉用之也。不慍者。鄭注云。慍。怨也。詩緜正義引說文同。君子者。白虎通號篇。或稱君子者。道德之稱也。君之爲言羣也。子者。丈夫之通稱也。禮哀公問。君子也者。人之成名也。禮中庸記。子曰。正己而不求於人。則無怨。上不怨天。下不尤人。又論語下篇。子曰。莫我知也夫。不怨天。不尤人。下學而上達。知我者其天乎。正謂己之爲學。上達於天。爲天所知。則非人所能知。故無所怨尤也。夫子一生進德脩業之大。咸括於此章。是故學而不厭。時習也。知也。誨人不倦。朋來也。仁也。遯世不見知而不悔。不如不慍也。惟聖者能之也。夫子生衰周之世。知天未欲平治天下。故惟守先王之道。以待後之學者。記者因以其言。列諸篇首。○注。慍怒至不怒。○正義曰。詩緜傳。慍。恚也。恚怒義同。皇疏後一解云。君子易事不求備於一人。故爲教誨之道。若人有鈍根不能知解者。君子恕之而不慍怒之也。此卽注義。焦氏循論語補疏注言人有所不知。則是人自不知。非不知己也。我所知而人不知。因而慍之。矜也。後漢儒林傳注引魏略云。樂詳字文載。黃初中徵拜博士十餘人。學多褊。又不熟悉。惟詳五業並授。其或難質不解。詳無慍色。以杖畫地。牽譬引類。至忘寢食。此亦焦氏就注說證之。實則教學之法。語之而不知。雖舍之亦可。無容以不慍卽稱君子。此注此云。不與經旨應也。

有子曰。【注】孔子弟子有若。其爲人也孝弟。而好犯上者鮮矣。【注】鮮。少也。上謂凡在己上者。言孝弟之人必恭順。好欲犯其上者少也。不好犯上而好作亂者。未之有也。正義曰。阮氏元論語解。弟子以有子之言似夫子。而欲師之。惟曾子不可彊。其餘皆服之矣。故論語次章。卽列有子之語。在曾子之前。案曾子不可彊。非不服有子也。特以尊異孔子。不敢以事師之禮。用之他人。觀曾子但言孔子德不可尚。而於有子無微辭。則非不服有子可知。當時弟子。惟有子曾子稱子。此必孔子弟子於孔子歿後尊事二子如師。故通稱子也。至閔子騫冉有各一稱子。此亦二子之門人所記。而孔子弟子之於二子仍稱字。故篇中於閔冉稱字。稱子錯出也。其爲人者。尚書大傳注。其。發聲也。周官典同注。爲。作也。並常訓。禮運曰。人者。其天地之德。陰陽之交。鬼神之會。五行之秀氣也。又曰。人者。天地之心也。五行之端也。食味別聲被色而生者也。孝弟者。爾雅釋訓。順父母爲孝。善兄弟爲友。此文不言友言弟者。友是兄弟相愛好。此則專指爲人弟者。不兼兄言也。賈子道術云。

子愛利親謂之孝。反孝爲孽。弟敬愛兄謂之悌。反悌爲敖。悌卽弟俗體。論語釋文云。弟本作悌。皇本高麗本亦作悌。並從俗作也。好犯上者。皇疏云。好謂心欲也。爾雅釋詁。犯。勝也。說文。犯。侵也。鮮者。鄭注云。鮮。寡也。此本爾雅釋詁。說文。尟。是少也。尟正字。鮮。魚名。出貉國。叚借字。時世教衰。民知德者鮮。故孝弟之人。容有犯上。故云鮮也。作亂者。爾雅釋言。作。爲也。左宣十二年傳。人反物爲亂。十五年傳。民反德爲亂。作亂之人。由於好犯上。好犯上。由於不孝不弟。故古者教弟子就外舍。學小藝焉。履小節焉。束髮就大學。學大藝焉。履大節焉。皆令知有孝弟之道。而父之齒隨行。兄之齒鴈行。朋友不相踰。又令知有事長上處朋友之禮。故孝弟之人。鮮有犯上。若不好犯上而好作亂。知爲必無之事。故曰未之有也。曾子立孝云。是故未有君而忠臣可知者。孝子之謂也。未有長而順下可知者。弟弟之謂也。未有治而能仕可知者。先脩之謂也。故曰孝子善事君。弟弟善事長。君子一孝一弟。可謂知終矣。是言孝弟之人。必爲忠臣順下而不好犯上。不好作亂。可無疑矣。春秋之時。學校已廢。卿大夫多世官。不復知有孝弟之道。故事君事長。鮮克由禮。而亂臣賊子。遂至接踵以起也。○注。孔子弟子有若。○正義曰。皇本作孔安國注。史記仲尼弟子列傳。有若少孔子三十三歲。論語邢疏及禮檀弓疏引作四十三歲。裴駰史記集解引鄭玄云魯人。此出鄭氏孔子弟子目錄。今佚不傳。○注。鮮少。至少也。○正義曰。鮮少者。說文。少。不多也。上者。謂凡在己上者。蔡邕獨斷。上者。尊位所存也。亦謂位在己上。凡者。總舉之辭。恭順者。說文。恭。肅也。釋名釋言語。順。循也。循其理也。注以犯上則非恭順。故人能孝弟。必恭順於上也。丘光庭兼明書以犯上爲干犯君上之法令。亦此注義所括。

君子務本。本立而道生。孝弟也者。其爲仁之本與。

注本。基也。基立而後可大成。先能事父兄。然後仁道可大成。

正義曰。務本者。說文。務。趣也。高誘呂氏春秋孝行覽注。務。猶求也。本立而道生者。李賢後漢郎顗傳注。立。猶定也。道者。人所由行之路。事物之理。皆人所由行。故亦曰道。漢書董仲舒傳。道者。所繇適於治之路也。是也。廣雅釋詁。生。出也。大戴禮保傅云。易曰。正其本。萬事理。說苑建本篇。孔子曰。君子務本。本立而道生。夫本不正者末必倚。始不盛者終必衰。詩云。原隰既平。泉流既清。本立而道生。阮氏元論仁篇。以本立而道生爲古逸詩。愚謂務本二句。是古成語。而有子引之。說苑及後漢延篤傳皆作孔子語者。七十子所述。皆祖聖論。又當時引述各經。未檢原文。或有錯誤故也。中庸言達道五。君臣父子夫婦昆弟朋友。而父子昆弟。尤爲本根之所在。若人能孝弟。則於君臣夫婦朋友之倫。處之必得其宜。而可名之爲道。故本立而道生也。爲仁猶言行仁。所謂利仁彊仁者也。下篇其爲仁矣。不使不仁者加乎其身。克己復禮爲仁。爲仁由己。子貢問爲仁。堂堂乎張也。難與並爲仁矣。皆是言爲仁。又志於仁。求仁欲仁。用力於仁。亦是言爲仁也。仁者何。下篇樊遲問仁。子曰愛人。此仁字本訓。說文。仁字從二人會意。言己與人相親愛也。善於父母。善於兄弟。亦由愛敬之心。故禮言孝子有深愛。又言立愛自親始。立敬自長始。敬亦本乎愛也。孝弟所以爲爲仁之本者。孝經云。夫孝。德之本也。教之所由生也。德兼仁義禮智。此不言德言仁者。仁統四德。故爲仁尤亟也。孟子離婁篇。仁之實。事親是也。義之實。從兄是也。又云。親親而仁民。仁民而愛物。是爲仁必先自孝弟始也。孝經云。故不愛其親而愛他人者。謂之悖德。不敬其親而敬他人者。謂之悖禮。以順則逆民無則焉。不在於善。而皆在於凶德。雖得之。君子不貴也。觀此。則不孝不弟。雖有他善。終是不仁。何者。爲其大本已失。其末自不足貴也。宋氏翔鳳鄭注輯本。爲仁作爲人云。言人有其本性。則成功立行也。案仁人當出齊古魯異文。鄭就所見本人字解之爲人之本。與上文其爲人也句相應。義亦通也。鄭注又云。孝爲百行之本。言孝則弟可知。百行者。不一行也。呂氏春秋孝行云。凡爲天下治國家。必務本而後末。又云。務本莫貴於孝。夫孝。三皇五帝之本務。而萬事之紀也。夫執一術而百善至。百邪去。天下從者。其惟孝也。夫論人必先以所親。而後及所疏。必先所重。而後及所輕。是知孝弟爲爲人之本。故君子先務此也。孝弟也者云云。是釋務本二句之義。與者。語助辭。○注。本基至大成。○正義曰。說文。本。木下曰本。从木一在下。一在下。象其根。注訓基者。說文。基。牆始也。始亦本也。大成者。大猶廣也。訓生爲成。此引申之義。表記云。仁之難成久矣。人人失其所好。故仁者之過易辭也。又云。仁之爲器重。其爲道遠。舉者莫能勝也。行者莫能致也。取數多者仁也。夫勉於仁者。不亦難乎。是仁道大成。最爲難能。故惟能先事父兄。復擴充其本性之善。兼有衆德。然後仁道可冀大成也。皇本以先能事父兄二句爲包注。

子曰。巧言令色。鮮矣仁。注包曰。巧言。好其言語。令色。善其顏色。皆欲令人說之。少能有仁也。正義曰。禮表記。子曰。情欲信。辭欲巧。詩雨無正。巧言如流。俾躬處休。左傳載師曠善諫。叔向引巧言如流以美之。又烝民詩。令儀令色。彼文言巧令。皆是美辭。此云鮮矣仁者。以巧令多由僞作。故下篇言巧言令色足恭。左丘明恥之。丘亦恥之。又書皋陶謨云。何畏乎巧言令色。孔壬。孔。甚也。壬。佞也。以巧言令色爲甚佞。則不仁可知。然夫子猶云鮮仁者。不忍重斥之。猶若有未絕於仁也。曾子立事云。巧言令色。能小行而篤。難於仁矣。與此文義同。皇本仁上有有字。○注。巧言至仁也。○正義曰。巧好音義相近。詩雨無正箋。巧。猶善也。禮表記注。巧謂順而說也。皆謂好其言語。即詩云好言自口也。爾雅釋詁。令。善也。書皋陶謨令色。史記夏本紀作善色。是令有善義。說文。色。顏气也。齊語韋昭解。顏。眉目之間。引申之。凡氣之達於面者。皆謂之顏。故注以顏色連文。云少能有仁。似注所見本亦作有仁。

曾子曰。注馬曰。弟子曾參。吾日三省吾身。爲人謀而不忠乎。與朋友交而不信乎。傳不習乎。注言凡所傳之事。得無素不講習而傳之。正義曰。吾日三省吾身者。爾雅釋詁。吾。我也。說文。吾。我自稱也。日行一周天爲一晝夜。故一晝夜卽名曰。周髀算經注。從旦至旦爲一日也。是也。說文。三。數名。阮氏元數說。古人簡策繁重。以口耳相傳者多。以目相傳者少。且以數記言。使百官萬民。易誦易記。洪範周官。尤其最著者也。論語以數記文者。如一言三省三友三樂三戒三畏三愆三疾三變四教絕四四惡五美六言六蔽九思之類。則亦皆口授耳。受心記之古法也。鄭注云。思察己之所行也。此以省訓察。本爾雅釋詁。說文。省。視也。義亦近。爾雅釋詁。身。我也。說文。身。䠂也。象人之身。釋名釋身體云。身伸也。可屈伸也。爲人謀而不忠者。國策魏策注。爲。助也。左襄四年傳。咨難爲謀。魯語。咨事爲謀。毛詩四牡傳。咨事之難易爲謀。用內外傳義也。周語。忠者。文之實也。楊倞荀子禮論注。忠。誠也。誠實義同。誠心以爲人謀謂之忠。故臣之於君。有誠心事之。亦謂之忠。與朋友交而不信乎者。禮檀弓注。與。及也。此常訓。鄭注云。同門曰朋。同志曰友。同門義見前疏。同志者。謂兩人不共學而所志同也。鄭箋詩關雎注禮坊記並有此訓。說文。㕛。同志爲友。从二又。相交友也。義與鄭同。說文。交。脛也。从大象交形。朋友與己兩人相會合亦得稱交。引申之義也。皇本交下有言字。說文。信。誠也。从人从言會意。釋名釋言語。信。申也。言以相申束。使不相違也。五倫之義。朋友主信。故曾子以不信自省也。傳不習乎者。傳謂師有所傳於己也。夫子言十室之邑。必有忠信。而不如丘之好學。可見好學最難。其於及門中。惟稱顏子好學。今曾子三省。旣以忠信自勗。又以師之所傳。恐有不習。則其好學可知。曾子立事篇。日旦就業。夕而自省思。以歿其身。亦可謂守業矣。又云。君子旣學之。患其不博也。旣博之。患其不習也。旣習之。患其不知也。旣知之。患其不行也。此正曾子以傳不習自省之證。習兼知行。故論語祗言習也。鄭注云。魯讀傳爲專。今從古臧氏庸輯鄭注釋云。此傳字。從專得聲。魯論故省用作專。鄭以古論作傳。于義益明。故從之。如臧此言。是專與傳。同謂師之所傳。而字作專者。所謂叚借爲之也。宋氏翔鳳論語發微。孔子爲曾子傳孝道而有孝經。孝經說曰。春秋屬商。孝經屬參。則曾子以孝經專門名其家。故魯論讀傳爲專。所業旣專。而習之又久。師資之法無絕　先王之道不湮。曾氏之言。卽孔子傳習之旨也。包氏愼言論語溫故錄。專謂所專之業也。呂氏春秋曰。古之學者說義必稱師。說義不稱師。命之曰叛。所專之業不習。則躁棄師說。與叛同科。故曾子以此自省。後漢書儒林傳。其耆名高義開門受徒者。編牒不下萬人。皆專相傳祖。莫或訛雜。揚雄所謂譊譊之學。各習其師。此卽魯論義也。案宋包二君義同。廣雅釋詁。專。業也。亦謂所專之業。此魯論文旣不箸。義亦難曉。故旣取臧說。兼資宋包。非敢定於一是也。○注。弟子曾參。○正義曰。元和姓纂。夏少康封少子曲烈於鄫。春秋時。爲莒所滅。鄫太子巫仕魯去邑爲曾氏。見世本。巫生阜。阜生晳。晳卽曾點。曾子父也。史記弟子傳。曾參。字子輿。南武城人。少孔子四十六歲。○注。言凡所傳之事得無素不講習而傳之。○正義曰。得無者。疑辭。郭氏翼雪履齋筆記。曾子三省。皆指施於人者言。傳亦我傳乎人。傳而不習。則是以未著躬試之事而誤後學。其害尤甚於不忠不信也。焦氏循論語補疏。己所素習。用以傳人。方不妄傳致誤學者。所謂溫故而知新。可以爲師也。二說皆從集解。亦通。

子曰。道千乘之國。【注】馬曰。道謂爲之政教。司馬法六尺爲步。步百爲畝。畝百爲夫。夫三爲屋。屋三爲井。井十爲通。通十爲成。成出革車一乘。然則千乘之賦。其地千成。居地方三百一十六里有畸。唯公侯之封。乃能容之。雖大國之賦。亦不是過焉。包曰。道。治也。千乘之國者。百里之國也。古者井田方里爲井。十井爲乘。百里之國。適千乘也。融依周禮。包依王制孟子。義疑故兩存焉。

正義曰。道。皇本作導。說文云。千者。數名。說文。千。十百也。乘。本作椉。說文云。椉。覆也。從入桀。覆者。加乎其上之名。故人登車。亦謂之乘。三蒼云。椉。載也。左隱元年傳杜注。車曰乘。車駕馬。多用四。故儀禮聘禮注云。乘。四馬也。趙岐孟子梁惠王篇注。千乘。兵車千乘。謂諸侯也。國者。說文云。國。邦也。周官太宰鄭注。大曰邦。小曰國。此對文有異。若散文亦通稱。○注。馬曰至存焉。○正義曰。說文云。政。正也。从攴從正。正亦聲。教。上所施。下所效也。政教卽敬信諸端。注言此者。明敬事云云。卽所以道國也。道本道路之名。人所循行。此政教。亦是示人以必行。故得曰道。包云治者。謂治之以政教。義與馬不異也。鄭此注云。司馬法云步百爲畝。畝百爲夫。夫三爲屋。屋三爲井。井十爲通。通十爲成。成方十里。出革車一乘。甲士三人。步卒七十二人。公侯之封。乃能容之。雖大國之賦。亦不是過焉。鄭此注與馬同。又公羊哀十年傳疏引云。公侯方百里井十。則賦出革車一乘。亦此注文。井十當作井百。邢疏云。史記齊景公時。有司馬田穰苴善用兵。周禮司馬掌征伐。六國時齊威王使大夫追論古者兵法。附穰苴於其中。凡一百五十篇。號曰司馬法。此六尺曰步。至成出革車一乘。皆彼文也。引之者。以證千乘之國。爲公侯之大國也。皇疏云。凡人一舉足爲跬。跬。三尺也。兩舉足曰步。步。六尺也。廣一步。長百步。爲一畝。畝百爲夫。是方百步也。謂爲夫者。古者賦田。以百畝地給一農夫也。夫三爲屋。則是方百里者三也。並而言之。則廣一里。一里。三百步也。而猶長百步也。謂爲屋者。一家有夫婦子。三者具。則屋道乃成。故合三夫目爲屋也。屋三爲井。三屋並方之。則方一里也。名爲井者。因夫閒有遂水縱橫相通成井字也。井十爲通。十井之地並之。則廣十里。長一里也。謂爲通者。其地有三十屋相通。共出甲士一人。徒卒二人也。通十爲成。則方十里也。謂爲成者。共賦法一乘成也。其地有三百屋。出革車一乘。甲士十人。徒卒二十人也。方十里者千。卽是千成。則容千乘也。方百里者。有方十里者百。若方三百里。三三爲九。則有方百里者九。合成方十里者九百也。是方三百里。唯有九百乘也。若作千乘。猶少百乘。是方百里者一也。今取方百里者一而六分破之。每分得廣十六里。長百里。引而接之。則長六百里。其廣十六里也。今半斷各長三百里。設法特埤前三百里。南西二邊。是方三百十六里也。然西南角猶缺方十六里者一。方十六里者一。有方十里者二。又方一里者五十六。是少方一里者二百五十六也。然則向割方百里者爲六分。埤方三百里。兩邊猶餘方一里者四百。今以方一里者二百五十六。埤西南角猶餘方一里者一百四十四　又設法破而埤三百十六里兩邊。則每邊不復得半里。故云方三百十六里有奇也。邢疏申馬說云。案周禮大司徒云。諸公之地。封疆方五百里。諸侯之地。封疆方四百里。諸伯之地。封疆方三百里。諸子之地。封疆方二百里。諸男之地。封疆方百里。此千乘之國。居地方三百十六里有畸。伯子男自方三百而下。則莫能容之。故云唯公侯之封。乃能容之。坊記云。制國不過千乘。然則地雖廣大。以千乘爲限。故云雖大國之賦。亦不是過焉。又申包說云。云千乘之國。百里之國也者。謂夏之公侯。殷周上公之國也。云古者井田方里爲井者。孟子云。方里而井。井九百畝是也。云十井爲乘。百里之國。適千乘也者。此包以古之大國。不過百里。以百里賦千乘。故計之每十井爲一乘。是方一里者十爲一乘。則方一里者百爲十乘。開方之法。方百里者一。爲方十里者百。每方十里者一。爲方一里者百。其賦十乘。方十里者百。則其賦千乘也。與乘數適相當。故云適千乘也。云融依周禮。包依王制孟子者。馬融依周禮大司徒文。以爲諸公之地。方五百里。侯四百里以下也。包氏依王制云。凡四海之內九州。州方千里。州建百里之國三十。七十里之國六十。五十里之國百有二十。凡二百一十國也。又孟子云。天子之制。地方千里。公侯之制。皆方百里。伯七十里。子男五十里。包氏據此以爲大國不過百里。不信周禮有方五百里四百里之封也。案注包馬異說。皇邢疏如文釋之。無所折衷。後人解此。乃多轇轕。從馬氏。則以千乘非百里所容。從包氏。則以周禮爲不可信。紛紛詰難。未定一是。近人金氏鶚求古錄說此最明最詳。故備錄之。其說云。孟子言天子千里。大國百里。次國七十里。小國五十里。又言萬乘之國。千乘之家。千乘之國。百乘之家。萬取千焉。千取百焉。是千里出車萬乘。百里出車千乘。十里出車百乘也。子產言天子一圻。列國一同。圻方千里。同方百里。亦如孟子之說。以開方之法計之。方里而井。百里之國。計有萬井。萬井而出車千乘。則十井出一乘矣。若馬氏說百井出一乘。則百里之國。止有百乘。必三百一十六里有奇。乃有千乘。與孟子不合。包氏合於孟子。是包氏爲可據矣。哀十二年公羊傳注。言軍賦十井。不過一乘。此一證也。馬氏之說。則據司馬法。鄭注小司徒。亦引司馬法云。井十爲通。通三十家。士一人。徒二人。通十爲成。成百井。三百家。出革車一乘。士十人。徒二十人。十成爲終。終千井。三千家。革車十乘。士百人。徒二百人。十終爲同。同方百里。萬井。三萬家。革車百乘。士千人。徒二千人。賈疏謂九十夫之地。宮室涂巷。三分去一。又不易一易再易通率三夫受六夫之地。是三十家也。案司馬法一書。未必眞周公之制。所言與孟子子產皆不合。信司馬法。何如信孟子耶。坊記云。制國不過千乘。家富不過百乘。今謂大夫百乘。地方百里。等於大國諸侯。必不然矣。或謂司馬法車乘有兩法。一云兵車一乘。士十人。徒二十人。一云兵車一乘。甲士三人。步卒七十二人。賈公彥以士十人。徒二十人。爲天子畿內采地法。以甲士三人。步卒七十二人。爲畿外邦國法。此言千乘之國。是畿外邦國也。一乘車。士卒共七十五人。又有炊家子十人。固守衣裝五人。廄養五人。樵汲五人。共一百人。馬牛芻茭具備。此豈八十家所能給哉。不知天子六軍。出於六鄉。大國三軍出於三鄉。蓋家出一人爲兵也。又三遂亦有三軍。三鄉爲正卒。三遂爲副卒。鄉遂出軍而不出車。都鄙出車而不出兵。孔仲達成元年丘甲疏云。古者天子用兵。先用六鄉。六鄉不足。取六遂。六遂不足。取都鄙及諸侯。若諸侯出兵。先盡三鄉三遂。鄉遂不足。然後徧徵境內。賈公彥小司徒疏亦云。大國三軍。次國二軍。小國一軍。皆出於鄉遂。猶不止。徧境出之。是爲千乘之賦。然則都鄙固不出兵也。江愼修云。七十五人者。丘乘之本法。三十人者。調發之通制。魯頌。公車千乘。公徒三萬。正與司馬法合。此說得之。然則都鄙卽至出兵。而調發之數。惟用三十人。豈八十家所不能給哉。至於丘乘之法。八十家而具七十五人。無過家一人耳。此但備而不用。惟蒐田講武乃行。又何不給之有。農隙講武。正當人人訓練。家出一人。不爲厲民也。若夫車馬之費。亦自不多。古者材木取之公家山林而無禁。則造車不難。馬牛畜之民間。可給民用。不過暫出以供蒐田之用耳。芻茭則尤野人所易得者也。且以八十家而出一車四馬。又何患其不給乎。或又謂百里之國。山川林麓。城郭宮室。涂巷園囿。三分去一。三鄉三遂。又不出車。又不易一易再易通率三夫受六夫之地。則三百乘且不足。安得有千乘乎。不知百里之國。以出稅之田言。非以封域言也。孟子言頌祿。正是言田。其曰地方百里者。地與田通稱。故井地卽井田也。百里以田言。則山川林麓以及涂巷園囿等。固已除去矣。頌祿必均。若不去山川。山川天下不同。則祿不均矣。苟境內山川甚多。而封域止百里。田稅所出。安足以給用乎。故知大國百里。其封疆必不止此。周禮所以有五百里四百里之說。蓋兼山川附庸而言也。孟子則專言穀土耳。城郭宮室涂巷等。雖有定數。然亦非穀土。則亦不在百里之內也。先儒三分去一之說。亦未必然。孟子言方里而井。百里七十里五十里。皆以井計數。方里不必其形正方。以方田之法算之。有九百畝則曰方里。地方百里等方字。皆如是也。然則百里之國。不謂封疆。其里亦非廣長之里矣。孟子言一夫百畝。而周禮有不易百畝一易二百畝再易三百畝之說。蓋孟子言其略。周禮則詳言之也。分田必均。周禮以三等均之。其說至當。左傳井衍沃牧隰皋。鄭氏謂隰皋九夫爲牧。二牧而當一井是也。是則一井不必九百畝。百里之國亦不必九百萬畝。以通率二井當一井。當有一千八百萬畝矣。孟子但舉不易之田。故曰一夫百畝。大國百里也。鄉遂之民皆受田。則亦有車乘。但其作之之財受於官府。故曰不出車。非無車也。如是。百里之國。豈不足於千乘哉。包氏之說。可無疑矣。夫

敬事而信。注包曰。爲國者舉事必敬愼。與民必誠信。節用而愛人。注包曰。節用不奢侈。國以民爲本。故愛養之。使民以時。注包曰。作使民必以其時。不妨奪農務。

正義曰。事謂政事。用謂財用也。愛。說文作愛。行貌。別一義。本字作㤅。惠也。從心旡聲。今經典皆叚愛爲㤅。使者。令也。敎也。民者。說文。民。衆氓也。從古文之象。書多士序鄭注。民。無知之稱。呂刑注及詩靈臺序注。並云。民者冥也。冥亦無知之義。宋石經避諱敬作欽。後放此。○注。爲國者舉事必敬愼。與民必誠信。○正義曰。說文。敬。肅也。從攴苟。釋名釋言語。敬。警也。恒自肅警也。此注言敬愼者。愼亦肅警意也。下篇執事敬。事思敬。訓並同。荀子議兵篇。慮必先事。而申之以敬。愼終如始。終始如一。夫是之謂大吉。凡百事之成也。必在敬之。其敗也。必在慢之。與民必誠信者。誠者。實也。言舉事必誠信也。事是政令。政令所以敎民。故注以與民言之。晉語賓鄭曰。信於君心。則美惡不踰。信於民。則上下

不干。信於令。則時無廢功。信於事。則民從事有業。○注。節用至養之。○正義曰。說文云。節。竹約也。引申爲節儉之義。賈子道術云。費弗過適謂之節。易彖傳。節以制度。不傷財。不害民。是人君不知節用。必致傷財且害民也。奢侈者。奢。張也。侈。汰也。大戴禮。子張問入官云。奢侈者。財之所以不足也。管子八觀篇。國侈則用費。用費則民貧。民貧則姦智生。姦智生。則邪巧作。故邪姦之所生。生於匱不足。匱不足之所生。生於侈。侈之所以生。生於無度。故曰審度量。節衣服。儉財用。禁侈泰。爲國之急也。國以民爲本者。注以愛人。人指民言。避下句民字。故言人耳。穀梁桓四年傳。民者。君之本也。君主乎國。故國以民爲本。愛養者。養謂制民之產。有以養民。乃爲愛也。說苑政理篇。武王問於太公曰。治國之道若何。太公對曰。治國之道。愛民而已。曰。愛民若何。曰。利之而勿害。成之勿敗。生之勿殺。與之勿奪。樂之勿苦。喜之勿怒。此治國之道。使民之誼也。民失其所務。則害之也。農失其時。則敗之也。有罪者重其罰。則殺之也。重賦斂者。則奪之也。多徭役以罷民力。則苦之也。勞而擾之。則怒之也。是皆言治國者當愛民也。劉氏逢祿論語述何篇解此文云。人謂大臣羣臣。易訟二爻邑人三百戶舉大數。謂天子上大夫受地視侯也。此以下文言民。則人非民。故解爲大臣羣臣。於義亦通。○注。作使至農務。○正義曰。作。如動作之作。邢疏云。作使民必以其時者。謂築都邑城郭也。春秋莊二十九年左氏傳曰。凡土功。龍見而畢務。戒事也。注云。謂今九月。周十一月。龍星角亢。晨見東方。三務始畢。戒民以土功事。火見而致用。注云。大火心星次角亢見者。致築作之物。水昏正而栽。注云。謂今十月。定星昏而中。於是樹板榦而興作。日至而畢。注云。日南至。微陽始動。故土功息。若其門戶道橋城郭牆塹。有所損壞。則特隨壞時修之。故僖二十年左傳曰。凡啓塞從時是也。案邢疏謂損壞隨時修之。是動小工。不必須農隙也。左隱五年傳。言治兵振旅。蒐苗獮狩。皆於農隙。以講事。謂講武事。此使民之大者。春秋時。兵爭之禍亟。日事徵調。多違農時。尤治國所宜戒也。

子曰。弟子入則孝。出則弟。謹而信。汎愛衆而親仁。行有餘力。則以學文。注馬曰。文者。古之遺文。

正義曰。弟子者。對兄父之稱。謂人幼少爲弟爲子時也。儀禮特牲饋食禮注。弟子。後生也。大射儀注。弟子。其少者也。入則孝。出則弟者。禮內則云。異爲孺子室於宮中。是父子異宮。則入謂由所居宮至父母所也。內則又云。十年出就外傅。居宿於外。大戴禮保傅云。古者年八歲而出就外舍。學小藝焉。履小節焉。束髮而就大學。學大藝焉。履大節焉。是出謂就傅。居小學大學時也。弟者。言事諸兄師長。皆弟順也。教弟子先以孝弟者。孟子言孩提之童。無不知愛其親。及其長也。無不知敬其兄。是孝弟本人所自具。因弟子天性未漓而教導之。曲禮內則少儀弟子職所述。皆其法也。諸言則者。急辭也。謹而信者。詩民勞箋。謹。猶愼也。謹於事見。信於言見也。汎愛衆而親仁者。說文。汎。浮貌。引申爲普遍之義。廣雅釋言。汎。博也。左襄二十八年傳。引此文作氾愛。說文。氾。濫也。義亦通。爾雅釋詁。衆。多也。周語。人三爲衆。引申之。人在衆中。無以表異於人。亦得稱衆。仁則衆中之賢者也。廣雅釋詁。親。近也。君子尊賢而容衆。故於衆人使弟子狎愛之。所以養治其血氣。而導以善厚之教。又使之親近仁者。令有所觀感也。大戴禮保傅傳云。故孩提。三公三少固明孝仁禮義以導習之也。逐去邪人。不使見惡行。於是比選天下端士閑博有道術者以輔翼之。使之與太子居處出入。故太子乃目見正事。聞正言。行正道。左視右視。前後皆正人。夫習與正人居。不能不正也。猶生長於楚。不能不楚言也。亦言教太子當孩提時。宜近正人。即此教弟子親仁之意也。行有餘力。則以學文者。皇疏云。行者。所以行事已畢之迹也。說文。餘。饒也。淩氏鳴喈論語解義。有餘力。謂僮子精力有餘也。曲禮云。人生十年曰幼學。內則云。十年學書計。朝夕學幼儀。請肄簡諒。十有三年。學樂誦詩舞勺。成童舞象、是古教幼學之法。此言行有餘力。則以學文。亦是學幼儀既畢。仍令學文也。言有餘力學文。則無餘力不得學文可知。先之以孝弟諸行。而學文後之者。文有理誼。非童子所知。若教成人。則百行皆所當謹。非教術所能徧及。故惟冀其博文。以求自得之而已。此夫子四教。先文後行。與此言教弟子法異也。○注。文者古之遺文。○正義曰。凡文皆古人所遺。古言遺文。馬以弟子所學。別有一書。如弟子職之類。後或失傳。故秪言古之遺文而已。鄭注云。文。道藝也。周官保氏養國子以道。乃教之六藝。一曰五禮。二曰六樂。三曰五射。四曰五馭。五曰六書。六曰九數。是藝爲六藝也。藝所以載道。故注道藝連文。其義與馬氏並通也。

子夏曰。賢賢易色。注孔曰。子夏。弟子卜商也。言以好色之心好賢則善。事父母能竭其力。事君能致其身。注孔曰。盡忠節不愛其身。與朋友交。言而有信。雖曰未學。吾必謂之學矣。

正義曰。周官太宰鄭注云。賢。有善行也。賢賢者。謂於人之賢者賢之。猶言親親長長也。宋氏翔鳳樸學齋札記。三代之學。皆明人倫。賢賢易色。明夫婦之倫也。毛詩序云。周南召南。正始之道。王化之基。是以關雎樂得淑女以配君子。憂在進賢不淫其色。哀窈窕。思賢才。而無傷善之心焉。是關雎之義也。此賢賢易色指夫婦之切證。陳氏祖范經說。管氏同四書紀聞略同。今案夫婦爲人倫之始。故此文敍於事父母事君之前。漢書李尋傳引此文。顏師古注。易色。輕略於色。不貴之也。公羊文十二年傳。俾君子易怠。何休注。易怠。猶輕惰也。是易有輕略之義。又廣雅釋言。易。如也。王氏念孫疏證引之云。論語賢賢易色。易者。如也。猶言好德如好色也。此訓亦通。事父母能竭其力者。曲禮記。生曰父曰母。說文。父。矩也。家長率教者。从又舉杖。母。牧也。从女象褱子形。一曰象乳子也。說文又云。竭。負舉也。負舉者必盡力。故竭。又訓盡。此文義得兼之。曾子本孝云。庶人之孝也。以力惡食。盧辯注。分地任力致甘美。又曾子大孝云。小孝用力。慈愛忘勞。可謂用力矣。孔氏廣森補注。庶人之孝。孟子萬章篇言舜事云。我竭力耕田。供爲子職而已矣。是竭力爲庶人孝養之事也。事君能致其身者。儀禮喪服傳。君。至尊也。鄭注。天子諸侯及卿大夫有地者皆曰君。說文。致。送詣也。詩四牡云。四牡騑騑。周道倭遲。豈不懷歸。王事靡盬。我心傷悲。毛傳云。思歸者。私恩也。靡盬者。公義也。傷悲者。情思也。無私恩。非孝子也。無公義。非忠臣也。君子不以私害公。不以家事辭王事。是言事君不得私愛其身。稽留君事也。雖曰未學者。廣雅釋詁。雖。詞也。當時多世卿。廢選舉之務。雖不學。亦得出仕。故有未學已事君也。吾必謂之學者。廣雅釋詁。謂。說也。子夏以此人所行。於人倫大端。無所違失。與已學無異。故云必謂之學。必謂者。深信之辭。春秋繁露玉杯篇。禮之所重者在其志。志敬而節具。則君子予之知禮。志和而音雅。則君子予之知樂。志哀而居約。則君子予之知喪。董子所言。正與此文義同。○注。子夏至則善。○正義曰。史記弟子列傳。卜商字子夏。少孔子四十四歲。集解引鄭說溫國卜商。溫是衞邑。稱國者。或本爲國。從其初名之也。家語弟子解以爲衞人。與鄭目錄合。孔穎達檀弓疏。則云魏人。又唐贈魏侯。宋封魏公。據史記及呂氏春秋舉難察賢篇。並言子夏爲魏文侯師。是子夏固嘗居魏。魏衞同音。故誤以爲魏人耳。言此好色之心好賢者。此以易爲更易。義涉迂曲。今所不從。

子曰。君子不重。則不威。學則不固。注孔曰。固。蔽也。一曰。言人不能敦重。既無威嚴。又不能堅固識其義理。正義曰。稱君子者。言凡已仕未仕有君師之責者也。不重者。法言修身篇。或問何如斯謂之人。曰。取四重。去四輕。曰。何謂四重。曰。重言。重行。重貌。重好。言重則有法。行重則有德。貌重則有威。好重則有觀。是言君子貴重也。禮玉藻云。足容重。手容恭。目容端。口容止。聲容靜。頭容直。氣容肅。立容德。色容莊。並言人當重愼之事。則不威者。言無威儀也。左傳劉康公曰。民受天地之中以生。所謂命也。是以有動作禮義威儀之則。以定命也。是君子勤禮。勤禮莫如致敬。衞北宮文子曰。有威而可畏謂之威。有儀而可象謂之儀。君有君之威儀。其臣畏而愛之則而象之。故能有其國家。令聞長世。臣有臣之威儀。其下畏而愛之。故能守其官職。保族宜家。順是以下皆如是。是以上下能相固也。又云。故君子在位可畏。施舍可愛。進退可度。周旋可則。容止可觀。作事可法。德行可象。聲氣可樂。動作有文。言語有章。以臨其下。謂之有威儀也。又下篇夫子語子張曰。君子正其衣冠。尊其瞻視。儼然人望而畏之。斯不亦威而不猛乎。並言君子有威儀之事。不威由於不重。故言行輕薄之士。必不能遠暴慢鄙倍。雖厲聲色。綦刑罰。人莫畏之矣。○注。孔曰至義理。○正義曰。鄭注曲禮云。固謂不達於理也。注祭義云。固。猶質陋也。皆蔽塞之義。下篇夫子告子路曰。好仁不好學。其蔽也愚。好知不好學。其蔽也蕩。好信不好學。其蔽也賊。好直不好學。其蔽也絞。好勇不好學。其蔽也亂。好剛不好學。其蔽也狂。是言不學之蔽。而可知人之成德達材。必皆由學矣。中論治學篇。民之初載。其矇未知。譬如寶在於玄室。有所求而不見。白日照焉。則羣物斯辨矣。學者。心之白日也。是其義也。一曰以下。此集解別存一義。非仍前所注之人。下皆放此。說文。重。厚也。敦亦訓厚。故注以敦重連文。詩天保傳。固。堅也。亦常訓。此以不重不威之人。雖知所學。不能堅固。無由深造之以道而識其義理也。所以然者。以此人學若堅固。必能篤行。其容貌顏色辭氣。必不至輕惰若此矣。今不能敦重無威嚴。故知其學不能堅固也。義與前異。亦略通。

主忠信。無友不如己者。

過則勿憚改。注鄭曰。主親也。憚難也。正義曰。釋文云。毋音無。本亦作無。宋刊九經本。亦作毋。說文。毋。止之詞也。毋止也。無即毋。隸省。儀禮士昏禮公食大夫禮注。並云古文毋爲無。然則毋無亦今古文異。廣雅釋言。如。均也。己即我之別稱。說文。己承戊象人腹。是己本象人形。故人得自稱己。曾子制言中吾不仁。其人雖獨也。吾弗親也。故周公曰。不如我者。吾不與處。損我者也。與吾等者。吾不與處。無益我者也。吾所與處者。必賢於我。由曾子及周公言觀之。則不如己者。即不仁之人。夫子不欲深斥。故甚言不如己而已。呂氏春秋驕恣篇引仲虺曰。能自爲取師者王。能自取友者存。其所擇而莫如己者亡。羣書治要引中論曰。君子不友不如己者。非羞彼而大我也。不如己者。須己慎者也。然則扶人不暇。將誰相我哉。吾之僨也。亦無日矣。又韓詩外傳南假子曰。夫高比。所以廣德也。下比。所以狹行也。比於善者。自進之階。比於惡者。自退之原也。諸文並足發明此言之旨。過則勿憚改者。周官調人注。過。無本意也。詩東山箋。勿。無也。說文。改。更也。並常訓。言人行事。有非意之過。即當改之。不可畏難。復依前行之也。曾子立事篇。太上不生惡。其次而能夙絕之。其下復而能改。又下篇子曰。過而不改。是謂過矣。皆言人有過當速改也。皇疏載一說云。若結友過誤。不得善人。則改易之。莫難之也。故李充云。若友失其人。改之爲貴也。案高誘注呂氏春秋驕恣篇。引無友不如己者。過則勿憚改。以證所擇而莫如己者亡之義。亦以過爲結友過誤。或漢人有此義。故李充云然。然既知誤交。何難即改。似不足爲君子慮也。○注。主親也憚難也。○正義曰。主訓親者。引申之義。注意謂人當親近有德。所謂勝己者也。然下文復言無友不如己。於意似重。或未必然。皇疏云。以忠信爲百行所主。是言忠信在己不在人。其義較長。周語云。是以不主寬惠。亦不主猛毅。韋昭注。以主。猶名也。義可互證。說文。憚。忌難也。從心單聲。一曰難也。難就事言忌難。謂人忌畏之。詩雲漢箋。憚。猶畏也。是也。此注同許後義。亦通。

曾子曰。慎終追遠。民德歸厚矣。注孔曰。慎終者喪盡其哀。追遠者祭盡其敬。君能行此二者。民化其德。皆歸於厚也。正義曰。爾雅釋詁。慎。誠也。說文。慎。謹也。誠謹義同。周官疾醫死終。則各書其所以。鄭注。老死曰終。禮記檀弓云。君子曰終。小人曰死。此對文異稱。檀弓又云。曾子曰。喪三日而殯。凡附於身者。必誠必信。勿之有悔焉耳矣。三月而葬。凡附於棺者。必誠必信。勿之有悔焉耳矣。皆是言慎終之事。追遠者。說文。追。逐也。詩鴛鴦箋。遠。猶久也。並常訓。言凡父祖已歿雖久遠。當時追祭之也。荀子禮論云。故有天下者事十世。有一國者事五世。有五乘之地者事三世。有三乘之地者事二世。又周官司尊彝言四時閒祀有追享。鄭康成注。以爲祭遷廟之主。則此文追遠。不止以父母言矣。民德歸厚者。樂記云。德者。性之端也。淮南子齊俗訓。得其天性謂之德。穀梁僖二十八年傳。歸者。歸其所也。墨子經上。厚。有所大也。當春秋時。禮教衰微。民多薄於其親。故曾子諷在位者。但能慎終追遠。民自知感厲。亦歸於厚也。禮坊記云。修宗廟。敬祭祀。教民追孝也。又祭統云。夫祭之爲物大矣。其與物備矣。順以備者也。

其敎之本與。是故君子之敎也。外則敎之以尊其君長。內則敎之以孝於其親。是故明君在上。則諸臣服從。崇事宗廟社稷。則子孫順孝。盡其道。端其義。而敎生焉。是故君子之敎也。必由其本。順之至也。祭其是與。故曰祭者。敎之本也已。○注。愼終至厚也。○正義曰。祭統云。是故孝子之事親也。有三道焉。生則養。沒則喪。喪畢則祭。養則觀其順也。喪則觀其哀也。祭則觀其敬而時也。盡此三道者。孝子之行也。是喪當盡哀。祭當盡敬。然此文愼終。不止以盡哀言。禮雜記云。子貢問喪。子曰。敬爲上。哀次之。瘠爲下。敬與謹同。即此文所云愼也。言君者以曾子言民德。民是對君之稱。蓋化民成俗。必由在上者有以導之也。

子禽問於子貢曰。夫子至於是邦也。必聞其政。求之與。抑與之與。注鄭曰。子禽。弟子。陳亢也。子貢。弟子。姓端木。名賜。亢怪孔子所至之邦。必與聞其國政。求而得之耶。抑人君自願與之爲治。

子貢曰。夫子溫良恭儉讓以得之。夫子之求之也。其諸異乎人之求之與。

注鄭曰。言夫子行此五德而得之。與人求之異。明人君自與之。正義曰。問於子貢者。說文。問。訊也。釋文。貢本亦作贛。音同。隸釋載漢石經論語殘碑。凡子貢皆作子贛。說文。貢。獻功也。贛。賜也。子貢名賜。字當作贛。凡作貢。皆是省借。作贛則譌體也。夫子至於是邦也。夫子即孔子。夫者。人所指名也。子者。孳也。人之別稱也。皇疏云。禮。身經爲大夫者。得稱爲夫子。孔子。魯大夫。故弟子呼爲夫子也。必聞其政者。字林。至。到也。廣雅釋言。是。此也。說文。邦。國也。從邑丰聲。周官大宰注。大曰邦。小曰國。此對文。若散言。亦通稱也。必聞其政者。說文。聞。知聞也。下篇云。政者。正也。時人君有大政事。皆就夫子諮度之。故言必聞其政也。求之與抑與之與者。穀梁定元年傳。求者。請也。抑者。更端之辭。漢石經。抑與作意予。案周語抑人故也。賈子禮容語下作意人。又詩十月之交。抑此皇父。鄭箋。抑之言噫。釋文引韓詩云。抑。意也。則抑意音近義同。故二文互用。與。猶言告也。石經作予。亦通用字。下篇君孰與足。漢書谷永傳作予足。可證也。溫良恭儉讓以得之者。說文。昷。仁也。溫。水名。義別。經典悉叚溫爲昷。爾雅釋訓。溫溫。柔也。詩燕燕箋。溫謂顏色和也。下篇子溫而厲。是溫指貌言。說文云。良。善也。今隸變爲良。賈子道術篇。安柔不苛謂之良。良謂心之善也。爾雅釋詁。恭。敬也。說文。恭。肅也。又儉。約也。易象傳。君子以儉德辟難。左襄十三年傳。讓者。禮之主也。說文。攘。推也。讓。相責讓也。凡謙讓揖讓字當作攘。今經典亦假讓爲攘。又說文彳部。得。行有所得也。論衡知實篇引此文。解之云。溫良恭儉讓。尊行也。有尊行於人。人親附之。則人告語之矣。但其迹有似於求而得之。故子貢就其求之之言。以明其得聞之故。明夫子得聞政。是人君與之。非夫子求之矣。吳氏嘉賓論語說。君所自擅者謂之政。常不欲使人與聞之。況遠臣乎。温良恭儉讓。是誠於不干人之政也。誠於不干人之政。則入人之國。無有疑且忌焉者。其視聖人。如已之素所師保。安忍不以告焉。今之人。求以聞人之政。不知其身且將不之保。韓非說難是已。夫子之求之也。其諸異乎人之求之與者。公羊桓六年傳。其諸以病桓與。何休注。其諸辭也。說文。異。分也。夫子原不是求此。假言即以夫子得之爲求。亦與人異也。宋石經避諱。凡讓字作遜。皇本作其諸異乎人之求之與也。○注。子禽至名賜。○正義曰。臧氏庸拜經日記。史記弟子列傳。有原亢籍。無陳亢。蓋原亢。即陳亢也。鄭注論語檀弓。俱以陳亢爲孔子弟子。當是名亢。字籍。一字子禽。籍。禽也。故諱籍字禽。否則亢言三見論語。弟子書必無不載。太史公亦斷無不錄。家語旣有原抗。字禽籍。不當復有陳亢子禽矣。明係王肅竄入。原陳之所以不同。何也。蓋原氏出於陳。原陳同氏也。詩陳風。東方之原。毛傳。原。大夫氏。春秋莊二十七年。公子友如陳。葬原仲。則原亢之爲陳亢信矣。漢書古今人表中。中分陳亢陳子禽二人。與魯太師公明賈子服景伯林放陳司敗陽膚尾生高申棖師冕同列。又以陳子亢隸下。上與陳弃疾工尹商陽齊禽敖餓者同列。分爲三人。與申棖皆不以爲弟子。此不足據。案臧說是也。檀弓。陳子車死於衞。其妻與其家大夫謀以殉葬。定。而後陳子亢至。鄭注。子車。齊大夫。子亢。子車弟。則亢亦齊人也。弟子傳。原亢籍。少孔子四十歲。又云。端木賜。衞人。少孔子三十一歲。皇疏本。陳亢也句下有字子禽也四字。名賜句下有字子貢也四字。於文爲複。當是皇所增。

子曰。父在觀其志。父沒觀其行。注孔曰。父在。子不得自專。故觀其志而已。父沒。乃觀其行。三年無改於父之道。可謂孝矣。注孔曰。孝子在喪。哀慕猶若父存。無所改於父之道。

正義曰。爾雅釋詁。在。存也。說文同。又觀。諦視也。穀梁隱五年傳。常視曰視。非常曰觀。毛詩序。在心爲志。廣雅釋詁。志。意也。說文。歾。終也。𣩵歾或從𠬛。今字作歿。隸體小變。沒。沈也。別一義。蓋假借也。禮坊記注。行。猶事也。爾雅釋天。夏曰歲。商曰祀。周曰年。唐虞曰載。郭注解周曰年云取禾一熟。義本說文。汪氏中釋三九曰。三年者。言其久也。何以不改也。爲其爲道也。若其非道。雖朝死而夕改可也。何以知其然也。昔者鮌湮洪水。汨陳其五行。彝倫攸斁。天乃不畀洪範九疇。鮌則殛死。禹乃嗣興。彝倫攸敍。天乃畀禹洪範九疇。蔡叔啓商。惎間王室。其子蔡仲。改行帥德。周公以爲卿士。見諸王而命之以蔡。此改乎其父者也。不寧惟是。虞舜側微。父頑母嚚象傲。克諧以孝。烝烝乂。不格姦。祗載見瞽瞍。夔夔齊栗。瞽瞍亦允若。曾子曰。君子之所謂孝者。先意承志。諭父母於道。此父在而改於其子者也。是非以不改爲孝也。然則何以不改也。爲其爲道也。三年云者。雖終其身可也。自斯義不明。而後章惇高拱之邪說出矣。案汪說是也。漢書五行志。京房易傳曰。幹父之蠱。有子考亡。咎子三年。不改父道。思慕不皇。亦重見先人之非。南史。蔡廓子興宗傳。先是大明世。奢侈無度。多所造立。賦調繁嚴。徵役過苦。至是發詔。悉皆削除。自孝建以來。至大明末。凡諸制度。無或存者。與宗楙然曰。先帝雖非盛德。要以道始終。三年無改。古典所貴。二史所言。皆以無改爲孝。不復計及非道。則自漢以來。多不知此義矣。禮坊記。子云。君子弛其親之過而敬其美。論語曰。三年無改於其父之道。可謂孝矣。弛過敬美。正是擇善而從。卽夫子論孟莊子之孝。不改父臣與父政爲難能。亦是因獻子之臣與政。本不須改。而莊子能繼父業。所以爲孝。若父之道有所未善。而相承不變。世濟其惡。又安足貴乎。可者。深許之辭。說文。可。肎也。○注。父在至其行。○正義曰。鄭注云。孝子。父在無所自專。庶幾於其善道而已。此僞孔所襲韓詩外傳。孔子曰。昔者周公事文王。行無專制。事無由己。可謂子矣。是父在子不得自專也。庶幾於其善道。謂但觀其志有善道無行事可見也。朱子或問引范祖禹說。以人子於父在時。觀父之志而承順之。父沒。則觀父之行而繼述之。與鄭孔注義異。錢氏大昕潛研堂文集極取范說。曰。孔子之言。論孝乎。論觀人乎。以經文可謂孝矣證之。其爲論孝不論觀人。夫人而知之也。旣曰論孝。則以爲觀父之志行。是也。不論觀人。則以爲觀人子之志行。非也。子之不孝者。好貨財。私妻子。父母之養且不顧。安能觀其志。朝死而夕忘之。安能觀其行。禮曰。視於無形。聽於無聲。觀其志之謂也。又曰。善繼人之志。善述人之事。觀其行之謂也。孟子論事親爲大。以曾元之賢。僅得謂之養口體。則孔子之所謂養其志者。惟曾子之養志足以當之。如是而以孝許之。奚不可乎。案范說亦通。但論孝卽是觀人。旣觀其行。而知三年無改於父之道。故以孝許之。鄭孔義本不誤。故仍主鄭孔而以范說附之。○注。孝子至之道。○正義曰。注以三年是居喪之期。故云在喪也。宋氏翔鳳發微說。按七略春秋經十一卷。出今文家。繫閔公篇於莊公下。博士傳其說曰。子未三年。無改於父之道。傳曰。則曷爲於其封內三年稱子。緣孝子之心。則三年不忍當也。又漢書師丹傳。丹上書言古者諒闇不言。聽於冢宰三年。無改於父之道。皆以三年就居喪言。與此注同。哀慕猶若父存。無所改於父之道者。謂人子居喪。猶若父存時。己仍爲子。若曲禮言居喪之禮。升降不由阼階。出入不當門隧。皆若父存。不敢遽當室也。此說於義似通。然居喪不敢改父之道。喪終自仍宜改。改與不改。皆是恒禮。奚足以見人子之孝。故知此注尙未然也。

有子曰。禮之用。和爲貴。先王之道。斯爲美。小大由之。有所不行。知和而和。不以禮節之。亦不可行也。

注 馬曰。人知禮貴和。而每事從和。不以禮爲節。亦不可行。○正義曰。禮祭義云。禮者。履此者也。管子心術篇。登降揖讓。貴賤有等。親疏有體。謂之禮。方言。用。行也。說文。用。可施行也。禮主於讓。故以和爲用。燕義云。和寧。禮之用也。是也。說文。龢。調也。讀與咊同。盉。味也。和。相應也。三義略近。今經傳通作和。賈子道術篇。剛柔得道謂之和。反和爲乖。韋昭晉語注。貴。重也。高誘呂氏春秋尊師注。貴。尙也。和是禮中所有。故行禮以和爲貴。皇邢疏以和爲樂。非也。樂記云。禮勝則離。鄭注。離謂析居不和也。又易繫辭傳。履以和行。虞翻注。禮之用。和爲貴。故以和行。和是言禮非謂樂。審矣。論衡四諱篇死亡謂之先爾雅釋爲諂也。說文。富。備也。一曰厚也。人財多。當無不備也。驕者。馬高六尺之名。人自高大。得驕。皇疏。富厚者既得人所求。好生陵慢。是爲驕也。何如者。何似也。未若。猶言未如。稽有司徵注。今文若爲如是二字。義同。皇本高麗本足利本。並作樂道。唐石經道字旁注。陳氏論語古訓云。鄭注本無道字。集解兼采古論。下引孔曰能貧而樂道。是孔注古論本有道字。史記所載語。亦是古論。仲尼弟子傳引不如貧而樂道。正與孔合。文選幽憤詩。樂道閑居。注引論語子曰貧而樂道。是集解本有道字。今各本脫去。鄭據本。蓋魯論。故無道字。今案作樂道。自是古論。漢書王莽傳後漢書東平王蒼傳注引並無道字。與鄭本同。下篇回也不改其樂。樂亦在其中矣。皆不言樂道。而義自可通。故鄭不從古以校魯也。至孔注是後人僞撰。陳君援孔注以證史記稍誤。坊記子云。貧而好樂。富而好禮。衆而以寧者。天下其幾矣。是樂道好禮。爲人所難能。故無諂無驕者不能及之也。○注。樂謂志於道不以貧爲憂苦。○正義曰。鄭以樂卽樂道。與古論同。呂氏春秋愼大覽。古之得道者。窮亦樂。達亦樂。所樂非窮達也。道得於此。則窮達一也。如寒暑風雨之節矣。

子貢曰。詩云。如切如磋。如琢如磨。其斯之謂與。注孔曰。能貧而樂道。富而好禮者。能自切磋琢磨。子曰。賜也。始可與言詩已矣。告諸往而知來者。注孔曰。諸。之也。子貢知引詩以成孔子義。善取類。故然之。往告之以貧而樂道。來答以切磋琢磨。正義曰。詩云者。毛詩序云。詩者。志之所之也。在心爲志。發言爲詩。書微子馬注。云。言也。如切如磋。如琢如磨者。衞詩淇澳篇文。說文。切。刌也。琢。治玉也。磋謂治象差次之。使其平滑也。磨。釋文作䃺。云一本作磨。說文。䃺。礱也。礦也。意摩磨卽䃺之異體。鄭此注云切磋琢磨以成寶器。寶者。貴也。爾雅釋器。骨謂之切。象謂之磋。玉謂之琢。石謂之磨。郭注皆治器之名。謂治骨象玉石以成器也。又釋訓云。如切如磋。道學也。如琢如磨。自修也。此本禮記大學篇文。先從叔丹徒君論語駢枝據爾雅釋此文云。蓋無諂無驕者。生質之美。樂道好禮者。學問之功。夫子言十室之邑。必有忠信。不如丘之好學。而七十子之徒。猶稱顏淵爲好學。顏淵而下。穎悟莫若子貢。故夫子進之以此。然語意渾融。引而不發。子貢能識此意。而引詩以證明之。所以爲告往知來。謹案毛詩傳云。道其學而成也。聽其規諫以自修。如玉石之見琢磨也。又荀子大略云。人之於文學也。猶玉之於琢磨也。詩曰。如切如磋。如琢如磨。謂學問也。並同爾雅之義。告者。廣雅釋詁。告。教也。往來。猶言前後也。子貢聞一知二。故能告往知來。皇本謂下來者下。均有也字。○注。往告之以貧而樂道。○正義曰。此句下。當有富而好禮句。

子曰。不患人之不己知。患不知人也。正義曰。說文。患。憂也。人不己知。己無所失。無可患也。己不知人。則於人之賢者。不能親之用之。人之不賢者。不能遠之退之。所失甚巨。故當患。呂氏春秋論人篇。人同類而智殊。賢不肖異。皆巧言辯亂以自防禦。此不肖主之所以亂也。是言不知人之當患也。皇本作不患人之不己知也 患己不知人也。高麗足利本。亦作患己不知人也。釋文云。患不知也。本或作患己不知人也。俗本妄加字。今本患不知人也。臧氏琳經義雜記。古本作患不知也。與里仁不患莫己知。求爲可知也。語意同。人字。淺人所加。案皇本有王注云。但患己之無能知也。己無能知。卽未有知之義。則皇本人字。爲俗妄加無疑。

卷二 爲政第二

集解 凡二十四章

子曰。爲政以德。譬如北辰。居其所。而衆星共之。注包曰。德者無爲。猶北辰之不移。而衆星共之。正義曰。說文。譬。喩也。墨子小取篇。辟也者。舉他物而以明之也。辟與譬同。鄭注云。北極謂之北辰。此本爾雅釋天文。李巡曰。北極。天心。居北方。正四時。謂之北辰。郭璞曰。北極。天之中。以正四時。天中。卽天心。天體圓。此爲最高處。名赤道極。稱北極者。對南極言之。成周洛陽之地。北極出地。三十六度。南極入地。亦三十六度。中國在赤道北。祇見北極。故舉爲言也。楚辭天問斡維焉繫天極焉。加稱天極。周髀算經稱北極樞。呂氏春秋有始覽稱天樞。與北極北辰。俱一體而異名也。周官考工記。匠人夜考諸極星以正朝夕。呂氏春秋亦言極星。極卽北極。北極非星名。而考工呂覽稱極星者。此就人所視近北極之星。舉以爲識別也。周髀經立八尺表。以繩繫表顚。希望北極中大星。明大星在北極中。非北極卽爲星也。史記天官書中宮天極星。其一明者。太一常居也。此卽考工等所言極星。陳氏懋齡經書算學天文考。引許慶宗說爲句陳大星。案說苑辨物篇。璿璣謂北辰。句陳。樞星也。則以句陳爲極星。漢人已有此說。繁露奉本篇。星莫大於北辰。何休公羊傳注。迷惑不知東西者。須視北辰以別心伐。皆以北辰爲星名。故漢書天文志云。北極五星。第五紐星爲天之樞。以紐星爲天樞。卽謂北辰也。陳氏懋齡云。古人指星所在處。爲天所在處。其實北辰。是無星處。又云。凡天之無星處曰辰。天有十二辰。自子畢亥。爲日月所聚會之次舍。如十一月冬至。日月畢會於丑。必有所當之星宿。漢初不知歲差。以牽牛爲冬至常星。若以歲差之理言之。今時在箕一處。冬至子中。未嘗板定星度。北辰。如何認定極星但以之爲標準耳。案。陳說甚是。然北辰是無星處。朱子語類已言之。夏氏炘學禮管釋據考工呂覽諸言極星之文。遂以北辰爲極。北極爲星名。且疑爾雅爲漢人附益。過矣。北極爲赤道極。左旋西行。其日月五星。各居一極。日月黃道極。與月五星同爲右旋東行。而二十八宿亦東行。二十八宿。統名恆星。句陳等星。恆星同度。恆星歲差五十一秒。故梁祖暅之以儀準候不動處。在紐星之末。猶一度有餘。宋沈括中不動處。遠極星三度有餘。元郭守敬測極星離不動處三度。則星度常差。不能執定一星以求北辰之所在矣。居其所者。三蒼云。所。處也。廣雅釋詁。所。凥也。北辰居其所。即陳氏所圖距等圈之創成一點也。衆星共之者。說文云。曐。萬物之精。上爲列星。或省作星。釋名釋天云。星。散也。列位布散也。漢書天文志。經星常宿中外官凡百一十八名。積數七百八十三星。自後諸史志及推步家言數各異。今亦未能詳之也。陳氏懋齡云。赤道宗北極。恆星宗黃極。赤道西行。恆星東行。右旋之度。因左旋而成。只爲動天左旋西行。帶定七政恆星。晝夜運轉。故七政恆星。得以差次自行。是東行之度。以西行而生黃極。以赤極爲樞。衆星所以共北辰也。鄭注云。拱。拱手也。共是拱省。鄭與包所見本異。說文。拱。斂手也。何休公羊傳三十二年注。拱可以手對抱。衆星列峙錯居。還繞北辰。若拱向之也。蔡邕明堂月令論。以北辰居其所。爲人君居明堂之象。謂明堂爲政教所由生。變化所由來。是明一統。其說是也。宋氏翔鳳發微云。明堂之治。王中無爲以守至正。上法璇璣以齊七政。故曰政者。正也。王者上承天之所爲。下以正其所爲。未有不以德爲本。德者。不言之化。自然之治。以無爲爲之者也。雖有四時天地人之政。而皆本於一德。雖有五官二十八星之名。而皆繞於北辰。爲政不出於明堂。而禮樂刑政。四達不悖。德之符也。北辰不離於紫宮。而衆星循環。終古不忒。樞之繞也。○注。德者無爲猶北辰之不移而衆星共之。○正義曰。李氏允升四書證疑。既曰爲政。非無爲也。政皆本於德。有爲如無爲也。又曰。爲政以德。則本仁以育萬物。本義以正萬民。本中和以制禮樂。亦實有宰制。非漠然無爲也。案李說足以發明此注之意。禮中庸云。詩云。不顯惟德。百辟其刑之。是故君子篤恭而天下平。篤恭者。德也。所謂共己正南面也。共己以作之則。則百工盡職。庶務孔修。若上無所爲者然。故稱舜無爲而治也。北辰之不移者。呂覽云。極星與天俱游。而天樞不移。此注所本。周髀云。欲知北極樞旋周四極。常以夏至夜半時。北極南游所極。冬至夜半時。北極北游所極。冬至日加酉之時。西游所極。日加卯之時。東游所極。北極樞即北辰。周髀言有四游。則非不移可知。後漢天文志注引星經曰。璇璣謂北極。此舜作璿璣以象北極。伏生書傳曰。璇者。還也。璣者。幾也。微也。其變幾微而所動者大。謂之璇璣。是故璇璣謂之北極。據大傳言其變幾微。故天文家咸以爲不動。辭雖異。意實同也。皇本此注作鄭曰。

子曰。詩三百。注孔曰。篇之大數。一言以蔽之。注包曰。蔽猶當也。曰。思無邪。注包曰。歸於正。

正義曰。史記孔子世家。古者詩三千餘篇。及至孔子。去其重。取可施於禮義。上采契后稷。中述殷周之盛。至幽厲之缺。又云。三百五篇。孔子皆弦歌之。以求合韶武雅頌之音。禮樂自此可得而述。以備王道。成六藝。據此。則三百五篇。夫子所删定也。禮義即禮儀。亦即謂禮樂也。詩皆入樂。故可弦歌。夫子屢言詩三百。一見禮運。兩見論語。皆緣大數以爲教也。漢書藝文志云。古有采詩之官。王者所以觀風俗。知得失。自考正也。孔子純取周詩。上采殷。下取魯。凡三百五篇。遭秦而全者。以其諷誦不獨在竹帛故也。班志此文以三百五篇爲孔子所取。與世家合。其三百五篇之外。單章零句。有可述者。儒者肄業。雖不妨及之。要無與於弦歌之用。故不數之也。一言者。詩關雎疏云。句則古者謂之爲言。引此文謂以思無邪一句爲一言也。又引左傳臣之業在揚之水卒章之四言。

趙簡子稱子大叔遺我以九言。皆以一句爲一言也。案春秋繁露楚莊王篇。介以一言曰。王者必改制。亦一證。思無邪者。魯頌駉篇文。說文。恖。容也。言心有所念。能容之也。顧氏鎭虞東學詩云。詩者。思也。發慮在心。而形之於言。以攄其懷抱。繫於作詩之人。不繫於讀詩之人。又曰。論語之言詩獨詳。曰誦曰學曰爲。皆主於誦詩者也。今直曰詩三百。是論詩。非論讀詩也。蓋當巡狩采詩。兼陳美刺。而時俗之貞淫見焉。及其比音入樂。誦自瞽矇。而後王之法戒昭焉。故俗有淳漓。詞有正變。而原夫作者之初。則發於感發懲創之苦心。故曰思無邪也。○注。篇之大數。○正義曰。今詩存三百五篇。合笙詩六爲三百十一篇。此言三百。是舉大數。○注。蔽猶當也。○正義曰。鄭注云。蔽。塞也。塞當義同。廣雅釋詁。蔽。障也。○注。歸於正。○正義曰。賈子道術。方直不曲謂之正。反正爲邪。毛詩序云。詩者。志之所之也。在心爲志。發言爲詩。又云。故正得失。動天地。感鬼神。莫近於詩。又云。故變風發乎情。止乎禮義。發乎情。民之性也。止乎禮義。先王之澤也。禮樂記師乙曰。寬而靜。柔而正者。宜歌頌。廣大而靜。疏達而信者。宜歌大雅。恭儉而好禮者。宜歌小雅。正直淸廉而謙者。宜歌風。肆直而慈愛者。宜歌商。溫良而能斷者。宜歌齊。荀子大略篇。國風之好色也。傳曰。盈其欲而不愆其止。其誠可比於金石。其聲可內於宗廟。小雅不以於汙上。自引而居下。疾今之政以思往者。其言有文焉。其聲有哀焉。史記屈賈列傳。國風好色而不淫。小雅怨誹而不亂。皆言詩歸於正也。

子曰。道之以政。注孔曰。政謂法教。齊之以刑。注馬曰。齊整之以刑罰。民免而無恥。注孔曰。免。苟免。道之以德。注包曰。德謂道德。齊之以禮。有恥且格。注格。正也。正義曰。道如道國之道。謂敎之也。禮緇衣云。敎之以德。敎之以政。文與此同。漢祝睦碑。導濟以禮。皇本兩道字。並作導。釋文。道音導。下同。說文。導。導引也。此義亦通。祝睦碑作導作濟。又云。有恥且格。諸異文當出齊古。爾雅釋言。濟。益也。釋詁。格。敬也。於義並合。漢書貨殖傳。於是在民上者。道之以德。齊之以禮。故民有恥而且敬。卽本此文。言民知所尊敬而莫敢不從令也。鄭注此云格。來也。本爾雅釋言。又釋詁。格。至也。來至義同。謂來歸於善也。漢費汎碑。有恥且𢓜。方言。𢓜。至也。說文。徦。至也。𢓜徦一字。爾雅釋文。格字或作𢓜。書。格於上下。說文引作假。假與徦同。則格假字通。說文。格。木長貌。於訓敬訓來之義。皆不相應。蓋叚借也。緇衣云。夫民敎之以德。齊之以禮。則民有格心。敎之以政。齊之以刑。則民有遯心。注云。格。來也。遯。逃也。彼言遯。此言免。義同。廣雅釋詁。免。脫也。謂民思脫避於罪也。大戴禮禮察篇。爲人主計者。莫如安審取舍。所舍之極定於內。安危之萌應於外也。以禮義治之者。積禮義。以刑罰治之者。積刑罰。刑罰積而民怨倍。禮義積而民和親。故世主欲民之善同。而所以使民之善者異也。或導之以德敎。或歐之以法令。導之以德敎者。德敎行而民康樂。歐之以法令者。法令極而民哀戚。哀樂之感。禍福之應也。家語刑政德。仲弓問於孔子曰。雍聞至刑無所用政。桀紂之世是也。至政無所用刑。成康之世是也。信乎。孔子曰。聖人治化。必刑政相參焉。太上以德教民。而以禮齊之。其次以政導民。而以刑禁之。化之弗變。導之弗從。傷義以敗俗。於是乎用刑矣。孔叢子刑論篇。仲弓問古之刑教與今之刑教。孔子曰。古之刑省。今之刑繁。其爲教。古有禮然後有刑。是以刑省。今無禮以教。而齊之以刑。刑是以繁。書曰。伯夷降典。折民惟刑。謂先禮以教之。然後繼以刑折之也。夫無禮則民無恥。而正之以刑。故苟免。又孔子答衞將軍文子曰。齊之以禮。則民恥矣。刑以止刑。則民懼矣。文子曰。今齊之以刑。刑猶弗勝。何禮之有。孔子曰。以禮齊民。譬之于御則轡也。以刑齊民。譬之于御則鞭也。執轡於此而動於彼。御之良也。無轡而用策。則馬失道矣。文子曰。以御言之。左手執轡。右手運策。不亦速乎。若徒轡無策。馬何懼哉。孔子曰。吾聞古之善御者。執轡如組。兩驂如舞。非策之助也。是以先王盛於禮而薄於刑。故民從命。今也廢禮而尙刑。故民彌暴。諸文並足發明此章之義。○注。齊整之以刑罰。○正義曰。廣雅釋言。齊。整也。此常訓。說文。刑。剄也。荆。罰辠也。二字義別。今經典多混用。罰者。說文云。辠之小也。罰本小辠。制之以法。故亦曰罰。周官司救云。凡民之有衺惡者。三讓而罰。注。罰謂撻擊之也。是也。白虎通五刑篇。聖人治天下。必有刑罰。何。所以佐德助治順天之度也。故懸爵賞者。示有所勸也。設刑罰者。明有所懼也。○注。德謂道德。○正義曰。注意德屬人君。卽上章爲政以德之意。鄭注云。德謂智仁聖義中和。此本周官大司徒所謂以鄉三物教萬民而賓興之者也。鄭彼注云。知。明於事。仁。愛人以及物。聖。通而先識。義。能斷時宜。忠。言以中心。和。不剛不柔。此六德也。鄭義與此注均通。○注。格正也。○正義曰。漢書刑法志顏師古注同。孟子離婁云。惟大人爲能格君心之非。

子曰。吾。十有五。而志于學。三十而立。注有所成也。四十而不惑。注孔曰。不疑惑。五十而知天命。注孔曰。知天命之始終。六十而耳順。注鄭曰。耳聞其言。而知其微旨。七十而從心所欲。不踰矩。注馬曰。矩。法也。從心所欲。非無法。

正義曰。十五三十云云者。夫子七十時追敍所歷年數也。有之言又也。志于學。漢石經及高麗本。于作乎。翟氏灝考異。以論語自引詩書外。例作於。此變體爲于。必乎之譌。尙書大傳。古之帝王者。必立大學小學。使王大子王子羣后之子。以至公卿大夫元士之適子。十有三年。始入小學。見小節焉。踐小義焉。年二十。入大學。見大節焉。踐大義焉。大戴禮保傅云。古者。年八歲而出就外傅。束髮而就大學。盧注。束髮謂成童。古以年十六爲成人。則成童是十五。戴禮與大傳傳聞各異。白虎通辟雍篇。古者。所以年十五入大學何。以爲八歲毁齒。始有識知。入學學書計七八。十五陰陽備。故十五成童志明。入大學。學經術。故曲禮曰。十年曰幼學。論語曰。吾十有五而志于學。三十而立。則十五者。入大學之年。尙書大傳言入大學。知君臣之儀。上下之位。禮小戴有大學篇。始致知格物。終治國平天下。皆所謂大節大義也。夫子生知之聖。而以學知自居。故云志於學。志如志於道之志。毛詩序云。志者。心之所之也。先兄五河君經義說略。謂志識同。卽默而識之也。亦通。三十。漢石經作卅。白虎通引三十而立。連上句。則立謂學也。漢書藝文志。古之學者。且耕且養。三年而通一經。用日少而畜德多。三十而五經立。又吳志。吳主與孫皓書。孔子言三十而立。非但謂五經也。足知立謂學立。乃漢人舊義。故皇疏同之。周時成均之教。春秋禮樂。冬夏詩書。無五經之目。班氏假五經以說所學之業。其謂三年通一經。亦是大略言之。不得過拘年數也。諸解立爲立於道。立於禮。皆統於學。學不外道與禮也。至三十後。則學立而德成之事。張栻論語解。聖人之所以爲聖人者。以其有始有卒。常久日新。必積十年而一進者。成章而後達也。四十不惑者。子曰。知者不惑。禮中庸云。子曰。索隱行怪。後世有述焉。吾弗爲之矣。此卽不惑之事。若孟子言四十不動心。則勇者之事。能養氣也。天命者。說文云。命。使也。言天使己如此也。書召誥云。則今天其命哲。命吉凶。命歷年。哲與愚對。是生賢之異。而皆可以爲善。則德命也。吉凶歷年。則祿命也。君子修其德命。自能安處祿命。韓詩外傳。子曰。不知命。無以爲君子。言天之所生。皆有仁義禮智順善之心。不知天之所以命生。則無仁義禮智順善之心。謂之小人。漢書董仲舒傳。對策曰。天令之謂命。人受命於天。固超然異於羣生。貴於物也。故曰天地之性。人爲貴。明於天性。知自貴於物。然後知仁義禮智。安處善樂循理。謂之君子。故孔子曰。不知命。無以爲君子。此之謂也。二文皆主德命。意以知德命。必能知祿命矣。是故君子知命之原於天。必亦則天而行。故盛德之至。期於同天。中庸云。仲尼上律天時。下襲水土。辟如天地之無不持載。無不覆幬。辟如四時之錯行。如日月之代明。言聖人之德能合天也。能合天。斯爲不負天命。不負天命。斯可以云知天命。知天命者。知己爲天所命。非虛生也。蓋夫子當衰周之時。賢聖不作久矣。及年至五十。得易學之。知其有得。而自謙言無大過。則知天之所以生己。所以命己。與己之不負乎天。故以知天命自任。命者。立之於己而受之於天。聖人所不敢辭也。他日桓魋之難。夫子言天生德於予。天之所生。是爲天命矣。惟知天命。故又言知我者其天。明天心與己心得相通也。孟子言天欲平治天下。舍我其誰。亦孟子知天命生德。當在我也。是故知有仁義禮智之道。奉而行之。此君子之知天命也。知己有得於仁義禮智之道。而因推而行之。此聖人之知天命也。從心所欲不踰矩者。說文云。从。相聽也。從與从同。禮樂記注云。從。順也。中庸云。誠者。天之道也。誠之者。人之道也。誠者。不勉而中。不思而得。從容中道。聖人也。誠之者。擇善而固執之者也。夫子至誠。合乎天道。而言不踰矩。若爲思誠者之事。皇疏引李充曰。自志學迄於從心。善始令終。貴不踰法。示之易行。而約之以禮。爲教之例。其在茲乎。○注。不疑惑。○正義曰。說文。疑作疑惑也。惑。亂也。孫綽○注。知天命之始終。○正義曰。注意難曉。皇疏引王弼云。天命廢與有期。知道終不行也。孫綽云。大易之數五十。天地萬物之理究矣。以知命之年。通致命之道。窮學盡數。可以得之。不必皆生而知之也。此勉學之至言也。案疏列二說。不知與注意合否。○注。耳聞其言而知其微旨。○正義曰。說文。旨。意也。旨恉同。聞人之言而知其微意。則知言之學。可知人也。皇疏引李充云。耳順者。聽先王之法言。則知先王之德行。從帝之則。莫逆於心。心與耳相從。故曰耳順也。李以耳順爲聞先王之言。亦鄭義所包也。焦氏循補疏。耳順。卽舜之察邇言。所謂善與人同。樂取於人以爲善也。順者。不違也。舍己從人。故言入於耳。隱其惡。揚其善。無所違也。學者自是其學。聞他人之言。多違於耳。聖人之道。一以貫之。故耳順也。案焦此義。與鄭異。亦通。○注。矩法也。○正義曰。荀子不苟篇。五寸之矩。盡天下之方也。楊倞注。矩。正方之器也。說文作巨。云規巨也。從工象手持之。矩或從木矢。爾雅釋詁。矩。常也。法也。皆引申之義。

孟懿子問孝。子曰。無違。注孔曰。魯大夫仲孫何忌。懿諡也。樊遲御。子告之曰。孟孫問孝於我。我對曰無違。注鄭曰。恐孟孫不曉無違之意。將問於樊遲。故告之。樊遲。弟子樊須。樊遲曰。何謂也。子曰。生事之以禮。死葬之以禮。祭之以禮。正義曰。漢石經作毋違。論衡問孔篇。亦作毋違。士昏禮注。古文毋作無。意此亦古魯之異。說文。違。離也。引申爲背棄之義。又敵。戾也。義亦近。毛詩車攻傳。御。御馬也。說文。御。使馬也。御者居車中。惟兵車居左。樊遲弟子。當爲御者。武氏億羣經義證。呂氏春秋尊師篇。視輿馬。愼驅馭。弟子事師。古禮如是。孟孫者。白虎通姓名篇。諸侯之子稱公子。公子之子稱公孫。公孫之子。各以其王父字爲氏。此孟孫本出公子慶父之後。當稱孟公孫。不言公者。省詞。說文云。我。施身自謂也。對。譍無方也。對對或從士。夫子述所告孟孫之言。故言我對也。說文。死。澌也。人所離也。葬。臧也。從死在茻中。一其中所以薦之。今隸變作死作葬。夫子告樊遲言事親當以禮。則告懿子以無違者。是據禮言。故論衡引此文。說之云。毋違者。禮也。考懿子爲僖子之子。嘗學禮於孔子。故孔子卽以禮訓之。無違者。無違乎禮以事親也。凌氏鳴喈論語解義。大夫以上能備禮。生事葬祭不違乎禮。卽順乎親矣。案禮記禮運云。大順者。所以養生送死事鬼神之常也。孔疏。順卽順禮。左文二年傳。禮無不順。祀。國之大事也。而逆之。可謂禮乎。逆與順相反。逆者。逆禮也。卽違禮也。祭統云。是故賢者之祭也。致其誠信。與其忠敬。參之以時。明薦之而已矣。不求其爲。此孝子之心也。孝者。畜也。順於道。不逆於倫。是之謂畜。順道卽順禮。順禮故無違禮也。荀子禮論云。禮者。謹於治生死者也。生。人之始也。死。人之終也。終始俱善。人道畢矣。故君子敬始而愼終。終始如一。是君子之道。禮義之文也。臣之所以致重其君。子之所以致重其親。於是盡矣。皇疏引衞瓘曰。三家僭侈。皆不以禮也。故以禮答之也。方氏觀旭論語偶記。檀弓云。三家視桓楹。葬僭禮也。八佾篇。三家者以雍徹。祭僭禮也。惟是懿子之父仲孫貜。春秋書其卒。在昭二十四年。樊遲少孔子三十六歲。是貜卒時。樊遲尙未生。今懿子問孝時。有樊遲御。而夫子備告以生事葬祭者。懿子或尙有母在與。○注。魯大夫仲孫何忌懿諡也。○正義曰。禮檀弓云。幼名。冠字。五十乃稱伯仲。白虎通姓名篇。稱號所以有四何。法四時用事先後長幼兄弟之象也。故以時長幼。號曰伯仲叔季也。適長稱伯。伯禽是也。庶長稱孟。

魯大夫孟氏也。案說文。孟。長也。魯孟氏爲桓公子。公子慶父之後。又稱仲孫者。慶父本居孟。其仲無人。得兼之也。懿子受學聖門。及夫子仕魯。墮三都。懿子梗命。致聖人之政化不行。是實魯之賊臣。弟子傳不列其名。及此注但云魯大夫。亦不云弟子。當爲此也。周書謚法解。柔克爲懿。溫和聖善曰懿。是懿爲謚也。說文云。謚。行之迹也。謚法解。終葬乃制謚。敍法大行受大名。細行受細名。若人有惡行。則亦爲之惡謚。幽厲之屬是也。天子崩。稱天以謚。諸侯謚於天子。大夫謚於侯。春秋時。謚不如法。咸用美謚。故此孟孫得謚懿。○注。恐孟至樊須。○正義曰。樊遲與懿子同門。故恐懿子復問樊遲也。史記仲尼弟子列傳。樊須字子遲。少孔子三十六歲。須與顉同。顉。待也。與遲義合。白水碑謂須字子達。遲字子綏。析一人爲二。不足據。鄭目錄云齊人。家語弟子解及左傳杜注。並云魯人。

孟武伯問孝。子曰。父母唯其疾之憂。注馬曰。武伯。懿子之子仲孫彘。武謚也。言孝子不妄爲非。唯疾病然後使父母憂。正義曰。爾雅釋詁。伯。長也。武伯於兄弟次爲長。故稱伯也。呂覽義賞篇注。惟。獨也。唯與惟同。說文。惪。愁也。憂。和之行也。二字義別。經典多段憂爲惪。又隸變作憂。臧氏琳經義雜記。論衡問孔云。武伯善憂父母。故曰惟其疾之憂。又淮南子說林。憂父之疾者子。治之者醫。高注云。論語曰。父母唯其疾之憂。故曰憂之者子。則王充高誘皆以人子憂父母之疾爲孝。父母字當略讀。案孝經孝行章。子曰。孝子之事親也。病則致其憂。禮記曲禮云。父母有疾。冠者不櫛。行不翔。言不惰。琴瑟不御。食肉不至變味。飲酒不至變貌。笑不至矧。怒不至詈。疾止復故。皆以人子憂父母疾爲孝。○注。武伯至母憂。○正義曰。左哀十一年傳。孟孺子洩。杜注。孺子。孟懿子之子。武伯彘。疑彘是名。洩是字也。周書謚法解。剛彊直理。威彊睿德。克定禍亂。刑民克服。大志多窮。皆曰武。是武爲謚也。注謂父母憂子之疾。此馬用古論義也。孟子云。守孰爲大。守身爲大。守身所以事親。故人子當知父母之所憂。自能謹疾。不妄爲非。而不失其身矣。不失其身。斯爲孝也。

子游問孝。注孔曰。子游。弟子。姓言。名偃。子曰。今之孝者。是謂能養。至於犬馬。皆能有養。不敬。何以別乎。注包曰。犬以守禦。馬以代勞。皆養人者。一曰人之所養。乃至於犬馬。不敬。則無以別。孟子曰。食而不愛。豕畜之。愛而不敬。獸畜之。正義曰。王氏引之經傳釋詞。是謂能養。是與祇同義。故薛綜注東京賦曰。祇。是也。說文。養。供養也。孝經云。用天之道。分地之利。謹身節用。以養父母。此庶人之孝也。大戴禮曾子本孝云。庶人之孝也。以力惡食。盧辯注。分地任力致甘美。蓋庶人能養不能敬。若語於士。則養未足爲孝。故坊記言小人皆能養其親。君子不敬。何以辨。小人卽庶人。君子。則士以上通稱。又曾子立孝云。君子之孝也。忠愛以敬。又云。盡力無禮。則小人也。盡力。卽以力致養之事。無禮。卽不敬也。孝經又云。故母取其愛。而君取其敬。兼之者父也。蓋士之孝也。與曾子立孝所言君子之孝同。明能敬爲士之孝。夫子告子游。正以爲士之道責之矣。孝經又云。孝子之事親也。居則致其敬。養則致其樂。禮內則曾子云。孝子之養老也。樂其心不違其志。樂其耳目。安其寢處。以其飲食忠養之。二文所言養。皆養志之道。其不廢敬可知。祭義云。衆之本敎曰孝。其行曰養。養可能也。敬爲難。敬可能也。安爲難。安可能也。卒爲難。是敬猶非至孝。特視祇能養者爲難耳。犬馬皆獸名。別者。分也。見廣雅釋詁。此常訓。漢石經無乎字。○注。子游弟子姓言名偃。○正義曰。仲尼弟子列傳。言偃。吳人。字子游。少孔子四十五歲。家語弟子解作魯人。少孔子三十五歲。與史遷異。非也。下篇子夏稱言游。又子游答夫子稱偃之室。是姓言名偃也。說文。游。旌旗之流。從㫃汓聲。漢石經於子張篇作子斿。斿卽游省。游從㫃。說文。㫃。旌旗之游㫃蹇之皃。從屮曲而垂下㫃相出入也。讀若偃。是㫃偃聲同。古人名㫃字游。若晉籍偃荀偃鄭駟偃及此言偃。皆字游。本皆作㫃。叚偃字爲之。○注。犬以至畜之。○正義曰。注前後兩說。前說以犬馬皆能養人。養則服事之義。若人子事親。但能養而不敬。則無以異於犬馬之服養人也。毛氏奇齡論語稽求篇引唐李嶠表云。犬馬含識。烏鳥有情。寧懷反哺。豈曰能養。馬周疏云。臣少失父母。犬馬之養。已無所施。宋王豐甫表云。犬馬之養未伸。風木之悲累至。皆用包義。以犬馬喻人子。養爲服養也。後說以犬馬喻父母。於義難通。自昔儒者多譏之。引孟子者。盡心篇文。注二說外。又有三說。包氏愼言論語溫故錄。犬馬二句。蓋極言養之事。雖父母之犬馬。今亦能養之也。內則。父母之所愛亦愛之。父母之所敬亦敬之。至於犬馬盡然。而況於人乎。此敬養兼至。故爲貴也。若今之孝者。不過能養。雖至於父母所愛敬之犬馬。亦能養之。然祇能養父母。不能敬也。何以別。謂何以別乎今也。鹽鐵論孝養篇。善養者。不必芻豢也。以己之所有。盡事其親。孝之至也。故匹夫勤勞。猶足以順禮。歠菽飲水。足以致敬。孔子曰。今之孝者。是謂能養。不敬。何以別乎。故上孝養志。其次養色。其次養體。貴其禮。不貪其養。禮順心和。養雖不備。可也。此引論語以不敬句與能養句聯文。則別謂乎別今之孝者。此一說也。翟氏灝考異引坊記之文。謂坊記唯變犬馬爲小人。餘悉合此章義。荀子云。乳彘觸虎。乳狗不遠游。雖獸畜。知愛護其所生也。束晳補亡詩。養隆敬薄。惟禽之似。爲人子者。毋但似禽烏知反哺已也。皆與坊記言通。此又一說也。先兄五河君經義說略。謂坊記小人。卽此章犬馬。公羊何休注。言大夫有疾稱犬馬。士稱負薪。犬馬負薪。皆賤者之稱。而大夫士謙言之。孟子。子思曰。今而知君之以犬馬畜伋也。然則犬馬謂卑賤之人。若臧獲之類。此又一說也。諸說當與注前義並存。

子夏問孝。子曰。色難。注包曰。色難者。謂承順父母色乃爲難。有事。弟子服其勞。有酒食。先生饌。注馬曰。先生謂父兄。饌。飲食也。曾是以爲孝乎。注馬曰。孔子喻子夏服勞先食。汝謂此也孝乎。未孝也。承順父母顏色。乃爲孝也。正義曰。爾雅釋詁。服。事也。說文作𦨶。一云用也。釋詁又云。勞。勤也。說文。勞。劇也。從力熒省。劇者。甚也。言甚勤也。先從故丹徒君駢枝曰。年幼者爲弟子。年長者爲先生。皆謂人子也。饌。具也。有事。幼者服其勞。有酒食。長者共具之。是皆子職之常。何足爲孝。內則曰。男女未冠笄者。昧爽而朝。問何食飲矣。若已食。則退。若未食。則佐長者視具。長者。即先生也。具。即饌也。論語中言弟子者七。其二皆年幼者。其五謂門人。言先生者二。皆謂年長者。憲問篇。見其與先生並行也。包氏曰。先生。成人也。皇疏云。先生者。謂先己之生也。謹案駢枝說是也。說文。籑。具食也。從食算聲。饌。籑或從巽。禮經凡言饌。注皆曰陳也。陳即具食之義。竊謂服勞視饌。並言庶人之孝。視饌即能養。服勞者。尙書大傳言入小學。知有父子之道，長幼之敘。又言歲事既畢。餘子入學。所謂小學之教。則輕任并。重任分。班白不提挈。皆是服勞之道。曾子大孝云。小孝用力。慈愛忘勞。可謂用力矣。孔氏廣森補注。庶人之孝。夫子以士之孝告子夏。故示以色難。明非士之達於學術者。未能幾此也。釋文。饌。鄭作餕。初學記孝部引鄭此注云。食餘曰餕。與馬注本作饌不同。陳氏鱣論語古訓。段氏玉裁說文注　並以馬作饌爲古論。鄭作餕爲魯論是也，特牲饋食禮及有司徹注。並云古文籑皆作餕。段氏玉裁謂禮經饌籑。當是各字。饌皆訓陳。不言作餕。食餘之字皆作籑。未有作饌者。又謂禮記之字於禮經皆從今文而皆作餕。疑儀禮注當云今文籑作餕。其說並是。陳氏古訓解論語云。內則曰。父母在。朝夕恆食。子婦佐餕。既食恆餕。注。每食餕而盡之。未有原也。正義。每食無所有餘而再設也。是餕有食餘勿復進之意。故或者亦以爲孝。段氏說文注。與陳略同。又云。論語魯餕古饌。此則古文段饌爲餕。孔氏廣森經學卮言。讀當以食先生饌爲句。言有燕飲酒。則食長者之餘也。有酒有事文相偶。有事。弟子服其勞。勤也。有酒食。先生饌。恭也。勤且恭。可以爲弟矣。孝則未備也。二義皆從鄭爲說。於義甚曲。說文。曾。詞之舒也。段氏注云。曾之言乃也。詩。曾是不意。曾是在位。曾是在服。曾是莫聽。論語。曾是以爲孝乎。曾謂泰山。孟子。爾何曾比予於管仲。皆訓爲乃。趙注孟子曰何曾。猶何乃也。是也。○注。色難者。謂承順父母顏色乃爲難。○正義曰。司馬光家範說此文云。色難者。觀父母之志趣。不待發言而後順之者也。即此注意。曲禮云。視於無形。聽於無聲。此惟承順顏色者能之。故鹽鐵論以養色爲次孝也。鄭注此云。言和顏說色爲難也。以色爲人子之色。與包異義。亦通。內則云。柔色以溫之。祭法云。孝子之有深愛者。必有和氣。有和氣者。必有愉色。有愉色者。必有婉容。又云。嚴恭儼恪。非事親之道。呂氏春秋孝行覽。飭顏色。養志之道也。是以色事親。爲人子所難。皇疏引顏延之曰。夫氣色和。則情志通。善養親之志者。必先和其色。故曰難也。即鄭義也。○注。饌飲食也。○正義曰。廣雅釋詁。籑。食也。饌與籑同。此又一義。○注。孔子至孝也。○正義曰。先食謂先生食。不言生者。省文。釋文引注云。曾。則也。蓋集解所刪脫。

子曰。吾與回言終日。不違如愚。退而省其私。亦足以發。回也不愚。注孔曰。回。弟子。姓顏。名回。字子淵。魯人也。不違者。無所怪問。於孔子之言。默而識之。如愚。察其退還。與二三子說繹道義。發明大體。知其不愚。正義曰。終日者。竟日也。終日屬上爲句。違者。有所違難也。不違。則似不解夫子之言。故曰如愚。說文。愚。戇也。顏子於夫子之言。鑽仰既久。欲罷不能。而自竭其才以學之。又且聞一知十。故能亦足以發也。皇疏引熊埋云。既以美顏。又曉衆人未達者也。皇本不愚下。有也字。○注。回弟至不愚。○正義曰。仲尼弟子列傳。顏回者。魯人也。字子淵。說文𣶒下云。回。古文同。回。淵水也。淵下云。回水也。從水象形。左右岸也。中象水貌。此顏子名字所取義。退還者。禮檀弓注。退。去也。說文作復。卻也。義皆略同。注謂退與二三子說繹道義。則私謂燕私。與羣弟子同居學中時也。禮學記言大學之教。退息必有居學。居學。非受業之所。故言私也。朱子集注。以私爲燕居獨處。亦通。周書官人解。省其居處。觀其義方。則省私亦觀人之法。說繹猶說釋。下篇云。回也。非助我者也。於吾言無所不說。孔彼注云。言回聞言即解。解說義同。荀子大略所云善學者盡其理是也。釋名釋言語。發。撥也。撥使開也。開有明義。故此注發明連文。大體猶言大義。凡所發明。於所言所行見之。荀子勸學篇。君子之學也。入乎耳。箸乎心。布乎四體。形乎動靜。端而言。蝡而動。一可以爲法則。

子曰。視其所以。觀其所由。察其所安。注以。用也。言視其所行用。由。經也。言觀其所經從。人焉廋哉。人焉廋哉。注孔曰。廋。匿也。言觀人終始。安所匿其情。正義曰。說文。視。瞻也。穀梁隱五年傳。常視曰視。非常曰觀。爾雅釋詁。察。審也。說文。察。覆審也。視觀察。以淺深次第爲義。安者。意之所止也。高誘呂氏春秋樂成注。安。習也。大戴禮文王官人云。內觀民務。察度情僞。變官民能。歷其才藝。又曰。用有六徵。一曰觀誠。二曰考志。三曰視中。四曰觀色。五曰觀隱。六曰揆德。又云。考其所爲。觀其所由。察其所安。此之謂視中也。視中者。誠在其中。此見於外。以其前占其後。以其見占其隱。以其小占其大。則此所以。所由。所安。皆是視中。夫子取爲知人之法。蓋此三語。實該六徵之用。故人無所匿情也。漢石經。人焉廋哉下句無哉字。當是連上爲句。與禮乎禮徵乎徵。同一句法。○注。以用至經從。○正義曰。以用由經。並常訓。皇疏申注謂即日所行用之事。故大戴此文以作爲也。經從。據皇疏以爲從來所經歷之事。則大戴所云以其前占其後者也。○注。廋匿至其情。○正義曰。云廋匿者。趙岐孟子離婁注同。方言。廋。隱也。隱即匿。爾雅釋詁。匿。微也。微亦有隱義。終始者。所以是即日所行事。終也。所由是前日所行事。所安是意之所處。亦在平時。皆爲始也。云安所匿其情者。孔以焉爲安也。焉安一聲之轉。安猶何也。

子曰。溫故而知新。可以爲師矣。注溫。尋也。尋繹故者。又知新者。可以爲人師矣。正義曰。禮中庸云。溫故而知新。鄭注。温讀如燖温之温。謂故學之孰矣。後時習之。謂之温燖。或省作尋。案尋正字當作燅。記或作燖。說文。燅。於湯中爚肉也。儀禮有司徹。乃燅尸俎。鄭注。燅。温也。古文燅皆作尋。記或作燖。春秋。傳曰。若可尋也。亦可寒也。賈疏云。論語及左傳與此古文皆作尋。論語不破。至此疊古文不從彼尋者。論語古文通用。至此見有人作燅。有火義。故從今文也。郊特牲云。血腥爓祭。注云。爓或爲尋。今此義指彼記或讀之。故云記或作燖也。哀十二年左傳。若可尋也。服注云。尋之言重也。温也。鄭引之者。證燅尸俎。是重温之義。案據賈疏。是古論温故作尋故鄭不破從燅。則亦依尋釋之。其義當與服虔解誼同。臧氏庸拜經日記。以論語作温故。古文作尋。乃鄭注文。與賈疏不合。非也。廣雅釋詁。温。燖也。山海經大荒東經。有谷曰温原谷。郭注。即湯谷也。鄭注中庸讀温如燖温者。燖有重義。言重用火爚之。即爲温也。人於所學能時習之。故曰温故。鄭君此章注文已佚。故就中庸注爲引申之。故之爲言古也。謂舊所學也。廣雅釋言。新。初也。穀梁莊廿九年傳。其言新有故也。皇疏。所學已得者。則温燖之。不使忘失。是月無忘其所能也。知新則日知其所亡也。皇疏此言。亦同鄭義。禮王制云。師者。亦使人法效之者也。文王世子云。師也者。教之以事而喻諸德者也。古者家塾黨庠。師無定立。伏生書傳。謂大夫士年七十致事。大夫爲父師。士爲少師。以其皆爲之差。即是以其德爲之差也。孔子時。大夫士不必有德。故致事後。有不爲師。或有不學而妄居師位者。今此言温故者。謂舊時所學。致事時猶能温尋。不使忘失。且能日知所亡。足見其進德修業。老而好學。故可以爲人師也。劉氏逢祿論語述何篇。故。古也。六經皆述古昔稱先王者也。知新。謂通其大義。以斟酌後世之制作。漢初經師皆是也。案劉說亦是。黄氏式三論語後案引漢書成帝紀詔云。儒林之官。宜皆明於古今。温故知新。通達國體。百官表以通古今。備温故知新之義。論衡謝短篇。知古不知今。謂之陸沈。知今不知古。謂之盲瞽。温故知新。可以爲師。古今不知。稱師如何。孔穎達禮記敍。博物通人。知今温古。考前代之憲章。參當時之得失。是漢唐人解知新。多如劉說。○注。温尋至師矣。○正義曰。說文。尋。繹理也。謂紬繹理治之也。此尋讀本字。故注以尋繹連文。然温無繹理之訓。温爲尋者。尋與燖同。即與燅同。不謂繹理也。此注誤讀。

子曰。君子不器。注包曰。器者各周其用。至於君子。無所不施。

注。器者至不施。○正義曰。說文。器。皿也。周書寶典。物周爲器。孔晁注。周用之爲器。言器能周人之用也。施。猶行也。君子道無所不行。故禮學記言大道不器。鄭注。謂聖人之道。不如器施於一物。如者似也。孔疏以孔子博學而無所成名解之。即包此注義也。學記又云。察於此者。可以有志於本矣。注云。言以學爲本。則其德於民無不化。於俗無不成。案此則學爲修德之本。君子德成而上。藝成而下。行成而先。事成而後。故知所本。則由明明德以及親民。由誠意正心修身以及治國平天下。措則正。施則行。復奚役役於一才一藝爲哉。

子貢問君子。子曰。先行其言。而後從之。注孔曰。疾小人多言而行之不周。正義曰。漢石經。貢作贛。下篇云。古者言之不出。恥躬之不逮也。君子欲訥於言。禮緇衣。子曰。言從而行之。則言不可飾也。行從而言之。則行不可飾也。故君子寡言而行。以成其信。大戴禮曾子制言篇。君子先行後言。又立事篇。君子微言而篤行之。行必先人。言必後人。均與此章義相發。○注。疾小人多言而行之不周。○正義曰。疾。惡也。周。合也。備也。小人言不顧行。行不顧言。故易致多言。韓詩外傳。學而慢其身。雖學不尊矣。不以誠立。雖立不久矣。誠未著而好言。雖言不信矣。然則小人雖多言。奚貴乎。

子曰。君子周而不比。小人比而不周。注孔曰。忠信爲周。阿黨爲比。正義曰。經傳言小人有二義。一謂微賤之人。一謂無德之人。此文小人。則無德者也。夫子惡似是而非。故於周比和同泰驕。及巧言令色足恭鄉原。皆必辨之。所以正人心。而凡知人之術。官人之方。皆必辨乎此矣。○注。忠信爲周阿黨爲比。○正義曰。鄭亦有此注。孔所襲也。案魯語。忠信爲周。毛詩皇華都人士傳。用之忠信。則能親愛人。故周。又訓爲親爲密爲合。左哀十六年傳。周仁之謂信。杜注。周。親也。文十八年。是與比周。杜注。周。密也。離騷。雖不周於今之人兮。王逸章句。周。合也。是也。爾雅釋詁。比。俌也。齊語。謂之下比。韋注。比。阿黨也。呂覽達鬱注。阿。曲媚也。阿黨與忠信相反。正君子小人性情之異。晉語叔向曰。吾聞事君者。比而不黨。夫周以舉義。比也。舉以其私。黨也。籍偃曰。君子有比乎。叔向曰。君子比而不別。比德以贊事。比也。引黨以封己利己而忘君。別也。彼文之比。即此謂周。彼文之黨。即此所謂比。文各相因耳。君子敬而無失。與人恭而有禮。四海之內。皆如兄弟。故能周也。周則忠信之謂。若非忠信。而但引黨以封己。是即阿黨爲比矣。王氏引之經義述聞。謂周比皆訓爲親爲密爲合是也。而譏此注爲失。案王氏云以義合者。周也。以利合者。比也。既以義合。得非忠信耶。此注未失。無所可譏也。

子曰。學而不思則罔。思而不學則殆。注包曰。學不尋思其義。則罔然無所得。思而不學。終卒不得。徒使人精神疲殆。正義曰。子夏言博學近思。中庸言博學愼思。是學思不可偏廢。故此章兩言之。釋文。罔本又作冈。○注。學不尋思。其義則罔然無所得。○正義曰。賈子道德說。義者。德之理也。爲學之道。明於古人所言之義。而因以驗之身心。故思足貴也。孟子曰。心之官則思。思則得之。不思則不得也。不得。即此注無所得之義。荀子勸學篇。小人之學也。入乎耳。出乎口。口耳之間。則四寸耳。曷足以美七尺之軀哉。入耳出口。即謂學而不思也。注言罔然者。凡稱然。皆形容之辭。少儀云。衣服在躬。而不知其名爲罔。鄭注。罔猶罔罔無知貌。列子周穆王篇。秦人逢氏有子。壯而有迷罔之疾。文選東京賦。罔然若酲。注云。罔然猶惘惘然也。義皆可證。○注。不學而思終卒不得徒使人精神疲殆。○正義曰。夫子言。吾嘗終日不食。終夜不寢。以思。無益。不如學也。又韓詩外傳引子曰。不學而好思。雖知不廣矣。是言徒思無益也。趙注孟子心之官云。官。精神所在。是思屬心。心之能思。卽精神也。然思過則損脾。故精神易致疲殆。殆與怠同。釋文云。依義當作怠。卽本此注。王氏引之經義述聞。謂此經殆字。及多見闕殆。殆皆訓疑。引何休公羊襄四年注。殆疑也爲據。思而不學。則事無徵驗。疑而不能定也。其說亦通。

子曰。攻乎異端。斯害也已。注攻。治也。善道有統。故殊塗而同歸。異端不同歸也。正義曰。說文云。耑。物初生之題也。端。直也。二字義別。今經傳多叚端爲耑。禮記禮器注。端。本也。孟子公孫丑注。端者。首也。說文。害。傷也。皇本已下有矣字。○注。攻治至歸也。○正義曰。考工記。凡攻木之工七。攻金之工六。攻皮之工五。注。攻。猶治也。善道。謂正道。統者。統於一也。說文。統。紀也。太宰注。統。猶合也。易繫辭傳。同歸而殊塗。此注本之。而倒其辭曰。殊塗同歸。謂善道雖殊塗。而皆歸於善。是爲有統。孟子言君子之行不同。或遠或近。或去或不去。歸潔其身而已。潔身。卽是善道。歸。卽謂同歸也　後漢范升傳。天下之事所以異者。以不一本也。易曰。天下之動貞夫一也。又曰。正其本。萬事理。一本。則善道之有統者也。異端者。其始既異。其終又異。不能同歸於善道也。下篇子夏曰。雖小道。必有可觀者焉。致遠恐泥。是以君子不爲也。集解以小道爲異端。泥者。不通也。不通。則非善道。故言君子不爲。則不攻治之也。皇疏申此注云善道。卽五經正典也。殊塗。謂詩書禮樂。爲教之塗不一也。又云異端。謂雜書也。言人若不學六籍正典。而雜學於諸子百家。此則爲害之深。邢疏云。異端之書。則或粃糠堯舜。戕毁仁義。是不同歸也。案范升傳。時尙書令韓歆上疏欲爲費氏易左氏春秋立博士。升曰。今費左二學。無有本師。而多反異。孔子曰。攻乎異端。斯害也已。是以異端爲雜書。乃漢人舊義。故鄭注子夏之言小道。亦以爲如今諸子書也。中庸記云。子曰。素隱行怪。後世有述焉。吾弗爲之矣。素隱行怪。正是小道異端者之所爲。至後世有述。而其害何可勝言。夫子故弗爲以絕之也。此注善道云云言其理。皇邢疏則以諸子百家實之。蓋異端非徒空言也。宋氏翔鳳發微云。公羊文十二年傳。惟一介斷斷焉無他技。何休注。一斷斷猶專一也。他技。奇巧異端也。孔子曰。攻乎異端。斯害也已。疏云。鄭注大學云。斷斷。誠一之貌也。他技。異端之技也。是與此合。按斷斷專一。卽中庸之用中。大學之誠意。誠意而能天下平。用中而能經綸天下之大經。立天下之大本。知天地之化育。夫焉有所倚。無所倚。則平也。此釋兩端而用中之謂也。中庸記云。執其兩端。用其中於民。鄭注云。兩端。過與不及。用其中於民。賢與不肖皆能行之。按所謂執者。度之也。執其兩端而度之。斯無過不及。而能用中。中則一。兩則異。異端卽兩端。民受天地之中以生。所謂命也。是以有動作禮義威儀之則以定命也。有所治而或過或不及。卽謂之異端。攻乎異端。卽不能用中於民。而有害於定命。如後世楊墨之言。治國皆有過與不及。有害於用中之道。然其爲過不及之說。其奇足以動人之聽聞。其巧則有一時之近效。

自聖人之道。不明不行。則一世君臣上下易惑其說。是以異端之技。至戰國而益熾。又云　孟子言子莫執中。執中無權。猶執一也。權者。能用之之謂也。過與不及。則有輕重。必有兩端而後立其中。權兩端之輕重而後中可用。不知有兩端而權之。則執中者無可用。而異端之說轉勝。故異端之熾。由執中無權者致之。是以可與立者。尤貴乎可與權也。案宋說權兩端當用其中。用中是專一。又與此注善道有統殊塗同歸之旨略合。殊塗。猶言兩端也。專一。猶言有統也。自此注及宋氏外有二說。孫奕示兒篇。攻。如攻人惡之攻。已。止也。謂攻其異端。使吾道明。則異端之害人者自止。孟子距楊墨。則欲楊墨之害止。韓子闢佛老。則欲佛老之害止。此解異端與集解不殊。惟攻字已字。訓釋有異。焦氏循補疏韓詩外傳云。別殊類。使不相害。序異端。使不相悖。蓋異端者各爲一端。彼此互異。惟執持不能通則悖。悖則害矣。有以攻治之。即所謂序異端也。斯害也已。所謂使不相悖也。攻之訓治。見攷工記注。小雅可以攻玉。傳云。攻。錯也。繫辭傳。愛惡相攻。虞翻云。攻。摩也。彼此切磋攻錯。使紊亂而害於道者。悉歸於義。故爲序。韓詩序字。足以發明攻字之意。已。止也。不相悖。故害止也。楊氏爲我。墨氏兼愛。端之異者也。楊氏若不執於爲我。墨子若不執於兼愛。互相切磋。自不至無父無君。是爲攻而害止也。大學。斷斷兮無他技。鄭注云。他技。異端之技也。經文自發明之云。其心休休焉。其如有容焉。人之有技。若己有之。人之彥聖。其心好之。不啻若自其口出。有容而若己有。則善與人同。故能保我子孫黎民而爲利。媢疾不通。則執己之一端。不能容人。故不能保我子孫黎民而至於殆。殆。即害也。害止。則利也。有兩端則異。執其兩端。用其中於民。則有以摩之而不異。剛柔。兩端之異者也。剛柔相摩。則相觀而善。孟子言楊子爲我。墨子兼愛。又特舉一子莫執中。然則凡執一。皆爲賊道。不必楊墨也。又曰。道衷於時而已。故曰。我則異於是。無可無不可。各執一見。此以異己者爲非。彼亦以異己者爲非。而害成矣。焦氏此說。謂攻治異端而不爲舉一廢百之道。則善與人同。而害自止。二說與集解不同。而焦說尤有至理。故並著之。

子曰。由。誨女知之乎。知之爲知之。不知爲不知。是知也。【注】孔曰。弟子。姓仲。名由。字子路。

正義曰。說文云。誨。曉教也。女者。平等之稱。皇本女皆作汝。誨女知之者。言我誨女之言。女知之否耶。俞氏樾平議據荀子子道篇及韓詩外傳所述此文並言志之。謂知與志通。亦是也。案荀子云。子路盛服見孔子。孔子曰云云。子路趨而出。改服而入。蓋猶若也。孔子曰。志之。吾語汝。奮於言者華。奮於行者伐。色知而有能者小人也。故君子知之曰知之。不知曰不知。言之要也。能之曰能之。不能曰不能。行之至也。言要則知。行至則仁。既知且仁。夫惡有不足矣哉。據荀子是此章所言。在子路初見夫子時。其云言要則知。知即智字。此文是知也。釋文云。知也如字。又音智。音智當即本荀子。又非十二子篇。言而當。知也。默而當。亦知也。以上文言信言仁例之。知當讀智。楊倞注引論語此文。可見楊讀是知之知。亦爲智矣。又儒效篇。知之曰知之。不知曰不知。

內不自以誣。外不自以欺。以是尊賢畏法而不敢怠傲。是雅儒者也。此即夫子誨子路之義。皇本不知之爲不知。多一之字。○注。弟子姓仲名由字子路。○正義曰。仲尼弟子列傳。仲由字子路。卞人也。少孔子九歲。

子張學干祿。注鄭曰。弟子。姓顓孫。名師。字子張。干。求也。祿。祿位也。子曰。多聞闕疑。愼言其餘。則寡尤。多見闕殆。愼行其餘。則寡悔。注包曰。尤。過也。疑則闕之。其餘不疑。猶愼言之。則少過。殆。危也。所見危者。闕而不行。則少悔。言寡尤。行寡悔。祿在其中矣。注鄭曰。言行如此。雖不得祿。亦同得祿之道。正義曰。仲尼弟子列傳作問干祿。此出古論。大戴記有子張問入官。即問干祿之意。魯論作學。謂學效其法也。於義並通。倪氏思寬讀書記詩曰。干祿豈弟。又曰。干祿百福。自古有干祿之語。子張是以請學之。猶樊遲請學爲稼爲圃之事也。多聞多見。謂所學有聞有見也。易彖傳。君子多識前言往行以畜其德。畜者。積也。厚也。以所識言行。爲己言行之則。故凡學者。所以爲己也。言屬聞。行屬見者。錯綜之辭。闕疑者。左昭二十年傳注。闕。空也。其義有未明。未安於心者。闕空之也。餘者。足也。心足乎是也。愼言其餘。愼行其餘者。謂於無所疑者。猶愼言之。無所殆者。猶愼行之。中庸記所云有餘不敢盡也。寡尤寡悔。亦互文。皇疏云。悔。恨也。此常訓。荀子王霸篇。故孔子曰。知者之知。固以多矣。有以守少。能無察乎。即此愼言愼行之義。劉氏逢祿論語述何篇。多聞如春秋采百二十國之寶書。闕疑。史闕文也。信以傳信。疑以傳疑。愼之至也。多見闕殆。謂所見世也。春秋定哀多微辭。上以諱尊隆恩。下以避害容身。愼之至也。劉君以春秋釋此文。其義亦善。祿在其中。謂在寡尤寡悔之中。明祿不待外求也。○注。弟子至位也。○正義曰。仲尼弟子列傳。顓孫師。陳人。字子張。少孔子四十八歲。梁氏玉繩古今人表考鄭目錄。謂陽城人。縣固屬陳也。而呂氏春秋尊師云。子張魯之鄙家。考通志氏族略。顓孫氏出陳公子顓孫。左昭二十五年。顓孫來奔。張蓋其後。故又爲魯人。干求。爾雅釋言文。說文。迀。進也。讀若干。段氏玉裁說此干求正字。干。犯也。義別。爾雅釋詁。祿。福也。說文同。福之爲言備也。周官大宰注。祿。若今月俸也。位。爵次也。位定然後受祿。故注以祿位連文。○注。尤過至少悔。○正義曰。說文。訧。辠也。引周書報以庶訧。今呂刑作尤。詩載馳許人尤之傳。尤。過也。訧尤義同。闕而不行句下。當有其餘不危猶愼行之二句。疑爲集解誤刪。○注。言行如此雖不得祿亦同得祿之道。○正義曰。王制云。司馬辨論官材。論進士之賢者。以告於王。而定其論。論定然後官之。任官然後爵之。位定然後祿之。蓋古者鄉舉里選之法。皆擇士之有賢行學業。而以舉而用之。故寡尤寡悔。即是得祿之道。當春秋時。廢選舉之務。世卿持祿。賢者隱處。多不在位。故鄭以寡尤寡悔有不得祿。而與古者得祿之道相同。明學者干祿。當不失其道。其得之不得。則有命矣。孟子云。

古之人。修其天爵。而人爵從之。亦言古選舉正法。

哀公問曰。何爲則民服。孔子對曰。舉直錯諸枉。則民服。舉枉錯諸直。則民不服。注包曰。哀公。魯君謚。錯。置也。舉正直之人用之。廢置邪枉之人。則民服其上。正義曰。夫子魯人。故哀公不稱魯。公者。五等之爵。魯爵是侯。得稱公者。白虎通號篇。諸侯伯子男臣子。於其國中褒其君爲公。心俱欲尊其君父是也。何爲者。言何所爲之也。呂覽先己注。服。從也。淮南說林注。服。畏也。荀子王制注。服謂爲之任使。三訓皆相近。稱孔子者。凡卑者與尊者言。當備書也。釋文。錯。鄭本作措。漢費鳳碑舉直措枉。與鄭本合。說文云。措。置也。措正字。錯叚借字。廣雅釋器。鋁謂之錯。義別。鄭注云。措。猶投也。諸。之也。言投於下位也。案春秋時。世卿持祿。多不稱職。賢者隱處。雖有仕者。亦在下位。故此告哀公以舉措之道。直者居於上。而枉者置之下位。使賢者得盡其才。而不肖者有所受治。亦且畀之以位。未甚決絕。俾知所感奮而猶可以大用。故下篇告樊遲以舉直錯諸枉。能使枉者直。即此義也。○注。哀公至其上。○正義曰。哀公名將。見魯世家。公出孫越。故謚哀。說文。擧。對擧也。今省作舉。禮記儒行注。舉。舉用也。謂舉而用之。故此注亦言用也。說文。直。正見也。易繫辭韓康伯注。直。剛正也。左哀七年傳。正曲爲直。是直爲正也。說文。⿰木㞷。邪曲也。枉即⿰木㞷省。投壺某有枉矢哨壺。注。枉哨。不正貌。是枉爲邪也。包以邪枉之人。不當復用。故以錯爲廢置。與上句言舉言用之。相反見義。此亦用人之一術。自非人君剛明有才。不克爲此。荀子王制篇。賢能不待次而舉。罷不能。不待須而廢。即包義也。與夫子尊賢容衆之德。似不甚合。且哀公與三桓釁隙已深。夫子必不爲此激論也。

季康子問使民敬忠以勸。如之何。注孔曰。魯卿季孫肥。康謚。子曰。臨之以莊。則敬。孝慈。則忠。舉善而教不能。則勸。注包曰。莊。嚴也。君臨民以嚴。則民敬其上。君能上孝於親。下慈於民。則民忠矣。舉用善人而教不能者。則民勸勉。正義曰。閻氏若璩四書釋地說。以勸者。以與也。王氏引之經傳釋詞云。以勸者。而勸也。二訓並通。爾雅釋詁云。臨。視也。此常訓。孝慈者。荀子大略篇。禮也者。老者孝焉。幼者慈焉。祭義云。先王之所以治天下者五。貴老。爲其近於親也。慈幼。爲其近於子也。貴老是孝。故又云。至孝近乎王。雖天子必有父。又表記曰。威莊而安。孝慈而敬。使民有父之尊。有母之親。孝慈與此同義。魏書甄琛傳。慈惠愛民曰孝。彼是泛言愛民。王氏引之經義述聞引以說此文。義未盡也。說文。教。上所施。下所效也。顏師古漢書高紀注。能謂材也。舉善而教不能爲一句。漢魏人引舉善而教。皆是趁辭。皇本臨下多民字。敬上勸上。亦有民字。○注。魯卿季孫肥康謚。○正義曰。魯季氏。莊公母弟公子季友之後。世爲司徒。故曰魯卿。肥者。康子名。謚法解。豐年好樂。安樂撫民。令民安樂。皆曰康。是康爲謚也。○注。莊嚴至勸勉。○正義曰。莊嚴見聲類。君臨民以嚴。則民敬其上者。包以君臨民亦如此。故廣言之。左傳。衞北宮文子曰。君有君之威儀。其臣畏而愛之。則而象之。臣有臣之威儀。其下畏而愛之。又曰。故君子在位可畏。施舍可愛。進退可度。周旋可則。容止可觀。作事可法。德行可象。聲氣可樂。動作有文。言語有章。以臨其下。是言臨民當以嚴也。說文。慈。愛也。釋名釋言語。慈。字也。字。愛物也。晉語甚寬惠而慈於民。是言下慈於民也。勸勉義見說文。案此欲康子復選舉之舊也。春秋時。大夫多世爵。其所辟僚佐。又皆奔走使令之私。善者不見任用。故夫子令其舉之。下篇言子游爲武城宰。夫子詢以得人。仲弓爲季氏宰問政。夫子告以舉賢才。皆此舉善之意也。又案漢魏人解。此文稱字又爲稱舉。包氏愼言溫故錄。據後書卓茂傳。魏志徐邈傳。皆有此義。亦通。尚書大傳。古之帝王。必有命民。民能敬長憐孤取舍好讓舉事力者。命於其君。然後得乘飾車駢馬衣文錦。此卽是稱舉。旌異之也。

或謂孔子曰。子奚不爲政。注包曰。或人以爲居位乃是爲政。子曰。書云孝乎惟孝。友于兄弟。施於有政。是亦爲政。奚其爲爲政。注包曰。孝乎惟孝。美大孝之辭。友于兄弟。善於兄弟。施。行也。所行有政道。與爲政同。正義曰。鄭注云。或之言有人不顯其名而略稱爲或。案詩天保箋。或之言有也。廣雅釋詁。或。有也。人無所顯名。則從略稱之。言有此人也。奚者。蒼頡篇云。何也。孝于惟孝。友于兄弟。皆逸書文。東晉古文采入君陳篇。漢石經及白虎通五經篇所引。皆作孝于。皇本作于。釋文云。孝于。一本作孝乎。唐宋石經及他傳注所引皆作孝乎。惠氏棟九經古義。謂後儒據君陳篇改于爲乎。其說良然。案孝于與下句友于相次。字宜作于。呂氏春秋審應覽。然則先生聖于。高誘注。于。乎也。莊子人閒世。不爲社。且幾有翦乎。釋文。乎。崔本作于。列子黃帝篇。今女之鄙至此乎。釋文。乎本又作于。莊列二文。以于爲乎。與呂覽同。竊謂此文。孝于友于。字雖是于。義則乎也。孝于惟孝。與記云禮乎禮。公羊賤乎賤。爾雅微乎微。素問形乎形。神乎神。漢語肆乎其肆。韓文醇乎其醇相同。法言尤多有此句法。施於有政以下。乃夫子語。宋氏翔鳳四書釋地辨證。以上文引書作于。下施於有政作於。是夫子語顯有于於字爲區別。包氏愼言論語溫故錄。後漢書郅惲傳鄭敬曰。雖不從政。施之有政。是亦爲政。玩鄭敬所言。則施於有政。是亦爲政。皆夫子語。其說並是。東晉古文譔連施於有政爲書語。而云克施有政。非也。包氏又云。白虎通云。孔子所以定五經何。孔子居周末世。王道陵遲。禮義廢壞。彊陵弱。衆暴寡。天子不敢誅。方伯不敢問。閔道德之不行。故周流冀行其道。自衞反魯。知道之不行。故定五經以行其道。故孔子曰。書云孝于惟孝。友于兄弟。施於有政。是亦爲政也。依白虎通說。則孔子之對或人。蓋在哀公十一年後也。五經。有五常之道。教人使成其德行。故曰施於有政。是亦爲政。案包說是也。夫子以司寇去魯。故反魯猶從大夫之後。且亦與聞國政。但不出仕居位而爲之。故或人有不爲政之問。弟子記此章。在哀公季康子問孔子兩章之後。當亦以時相次。夫子定五經以張治本。而首重孝友。孝友者。齊家之要。政之所莫先焉者也。有子言孝弟爲爲仁之本。其爲人也孝弟。不好犯上。必不好作亂。故孝弟之道明。而天下後世之亂臣賊子。胥受治矣。夫子表章五經。又述其義爲孝經。孝經者。夫子所已施之教也。故曰行在孝經。奚其爲爲政者。言何其居位乃爲政也。皇本是亦爲政下。有也字。釋文云。奚其爲爲政也。一本無一爲字。○注。友于至政同。○正義曰。爾雅釋訓。善事兄弟爲友。詩六月張仲孝友。毛傳本爾雅。此注亦本之。說文。施。旗皃。敨。敷也。讀與施同。敷者。布也。行也。經傳皆叚施爲敨。淮南修務訓注。施。行也。與此注同。文選閒居賦注。引包注政所施行也。此逸文當在施行也句下。爲政之道。不外明倫。故但能明孝弟之義。卽有政道。與居位爲政無異。故曰。天下之無道也久矣。天將以夫子爲木鐸。

子曰。人而無信。不知其可也。注 孔曰。言人而無信。其餘終無可。大車無輗。小車無軏。其何以行之哉。注 包曰。大車。牛車。輗者。轅端橫木以縛軛。小車。駟馬車。軏者。轅端上曲鉤衡。

正義曰。臣軌下引鄭注云。不知可者。言不可行也。大車。柏車。小車。羊車。案下篇子張問行。夫子告以忠信篤敬。蠻貊可行。忠信屬言。呂氏春秋貴信篇。故周書曰。允哉允哉。以言非信。則百事不滿也。又云。君臣不信。則百姓誹謗。社稷不寧。處官不信。則少不畏長。貴賤相輕。賞罰不信。則民易犯法。不可使令。交友不信。則離散鬱怨。不能相親。百工不信。則器械苦僞。丹漆染色不貞。皆言不信則不可行之失也。大車小車者。言人所乘車有大小也。釋名釋車云。車古者曰車聲如居。言行所以居人也。考工記車人云。柏車。轂長一柯。其圍二柯。其輻一柯。其渠二柯者三。五分其輪崇。以其一爲之牙圍。羊車二柯有參分柯之一。柏車二柯。是言柏車羊車之制。柯者。斧柄。長三尺。工人用以爲度。鄭注。柏車山車。輪高六尺。牙圍尺二寸。鄭司農云。羊車。謂車羊門也。玄謂羊。善也。善車若今定張車。較長七尺。柏車二柯。較六尺也。賈疏。羊車較長七尺下。柏車較長六尺。則羊車大矣。而論語謂大車爲柏車。小車爲羊車者。以柏車皆說轂輻牙。惟羊車不言。惟言較而已。是知柏車較雖短。轂輻牙則長。羊車較長。轂輻牙則小。故得小車之名也。案釋名云。柏車。柏。伯也。大也。丁夫服任之車也。是柏有大義。又云。羊車。羊。祥也。祥。善也。善飾之車。今犢車是也。用犢者。以其爲小車也。此訓羊爲善。與後鄭義當同。釋名又云。立人象人立也。或曰陽門在前。曰陽門兩旁似人也。此與前鄭車羊門之說合。羊陽古通用。毛氏奇齡四書改錯。以鹿車輀較外向而鉤以攀馬。有似鹿角。故稱鹿車。意車羊門亦是其制。其說得之。釋名又云。轞車羊車。各以所攀名之也。此謂以羊攀車。惟晉武從昏之君一用之。不謂釋名已先有此謬說也。又案車人職別有大車。鄭注。以爲平地載任之車。又小車有兵車。故詩稱小戎。此注皆不及之者。亦是舉柏車羊車。以該衆車矣。○注。言人而無信其餘終無可。○正義曰。人有五常。仁義禮智。皆須信以成之。若人而無信。其餘四德。終無可行。○注。大車至鈎衡。○正義曰。攷工輈人云。是故大車登阤。不伏其轅。必縊其牛。及其下阤也。不援其邸。必緧其牛。是大車駕牛也。釋名云。小車駕馬。輕小之車也。駕馬宜輕。使之局小也。駟者四馬。所謂兩服兩驂也。則小車駕馬矣。轅端者。轅之前端也。釋名云。轅。援也。車之大援也。又謂之輈。輈人注。輈。車轅也。今謂之車杠。輗。說文作棿。云大車撓。釋名。槅。枙也。所以枙牛頸也。轅端橫木謂之衡。衡者。橫也。大車謂之鬲。轅端橫木以縛軛。用以解輗之制。則包以輗即鬲也。說文。軶。轅前也。鉤衡。皇本作拘衡。周禮金路鉤。故書鉤爲拘。杜子春讀爲鉤。是鉤拘同也。說文。軥。軶下曲。軥鉤同。此注上曲。當是下曲之誤。包以軏即說文之軶。亦即謂車轅也。皇疏云。古時作牛車。先取一橫木。縛著兩轅頭。又別取曲木爲枙。縛著橫木以駕牛脰。四馬之車。中央一轅。先橫一木於轅頭。而縛枙著此橫木。疏申此注。至爲明晰。鄭注云。輗穿轅端著之。軏因轅端著之。車待輗軏而行。猶人之行。不可無信也。鄭解輗軏。與包異義。鄭氏是也。說文。輗。大車轅端持衡者。或體作輨作棿。軏。車轅端持衡者。今論語作軏。張參五經文字以爲隸省是也。許與鄭合。與包異。近世儒者若戴氏震阮氏元。皆能言包之非。而莫詳於淩氏煥所箸古今車制圖考。其略云。據許鄭說。則輗非轅端橫木。軏非轅端上曲木。自明顯。戴侗六書故曰。轅端橫木即衡也。輗乃持衡者。不爲包咸說所誤。亦是卓見。戴氏震曰。韓非子外儲說墨子曰。吾不如爲車輗者巧也。用咫尺之木。不費一朝之事。而引三十石之任。案大車鬲以駕牛。小車衡以駕馬。其關鍵則名輗軏。轅所以引車。必施輗軏而後行。信之在人。亦交接相持之關鍵。故以輗軏喻信。包氏以輪丈之鞹。六尺之鬲。而當咫尺之輗軏。疏矣。阮氏又引太玄經云。閑次三關無鍵。盜入門也。拔我輗軏。貴以伸也。此即子雲用論語之義。其曰拔。則爲衡上之鍵可知。且與上關鍵同一義。煥案衡鬲橫縛轅端。則非兩材相合釘殺可知。若釘殺則加縶焉。即可無事輗軏之持。又不必加縛矣。且轅端圍僅九寸餘。衡鬲圍亦必如之。若兩材牝牡相穿鑿損當三四寸。加輗軏之橫穿鑿損又二三寸。轅端之恃以能引重者。所存幾何。兩服馬稍有左右。則轅頭與衡鬲必捩折矣。然則其制奈何。曰今之舁棺。用獨龍杠。杠端鑿孔橫木爲小杠。鑿孔相對。以長釘貫而縛之。其橫木可隨舁夫左右轉折。竊意衡鬲亦當如此。說文。䡅。衡三束也。徐鍇曰。乘車曲轅木爲衡。別鑽孔縛之。說文又云。鞙。大車縛軛靼靼柔革也。釋名。鞙。懸也。所以懸縛軛也。徐氏此說。實合古制。今定轅端與橫木之中。俱鑿圓孔相對。以軏直貫而縛之。是爲一束。橫木下左右縛軛。是爲衡三束。是說文之䡅。統指衡之束轅束軛言之。衡軛既活。服馬即有轉折。無傷轅端。車亦弗左右搖。輈人所謂和則安也。又云。軏之用。與轄同。轄爲鍵。軏亦爲鍵。鍵從金。則輗軏當以金爲。事在金工。故車人不箸矣。案淩君博通說文及戴阮之說甚確。其謂輗軏用金。與韓非子用木之說異。而於情事卻合。竊疑當是木質用金爲裹。如車輪之制。宋氏翔鳳過庭錄云。尸子云。文軒六駃。是無四寸之鍵。則車不行。小者亡則大者不成也。此四寸。謂小車之軏。鄭論語注。軏因轅端著之。因。就也。謂就輈衡之大小以著軏。衡圍一尺二寸八分。其直徑三分之一。則中穿以受軏者不過四寸。知軏之修。亦四寸也。韓子言咫尺爲大車之輗。鄭注。輗穿轅端著之。云穿。當是兩頭穿出。考工不辭兩圍之數。蓋大車任重。其兩圍當倍於衡圍。輗又穿出著之。故得有咫尺之度。蘇東原謂輗軏同是咫尺者誤。鄭氏珍輪輿私箋。亦據鄭義解之。云因者。蓋軏植定在轅上。縛時但以衡中孔就而著之。若牛車兩轅兩輗。駕時乃施以輗穿兩貫轅。太玄經。拔我輗軏。是明著時是自上而下也。宋鄭二說略同。其分別輗軏之制。亦得鄭意。

子張問十世可知也。注孔曰。文質禮變。子曰殷因於夏禮所損益可知也周因於殷禮所損益可知也。注馬曰。所因謂三綱五常。所損益謂文質三統。其或繼周者雖百世可知也。注物類相召。世數相生。其變有常。故可預知。

正義曰。太平御覽五百廿二引鄭注云。世謂易姓之世也。問其制度變易如何。案說文。世作丗。云三十年爲一世。此云易姓稱世者。引申之義。制度者。制。猶作也。度。法也。即禮也。注言此者。明子張是問後世禮也。釋文云。可知也。一本作可知乎。鄭本作可知。無也字。夏殷周者。三代有天下之號。論衡正說篇。唐虞夏殷周。猶秦之爲秦。漢之爲漢。則以夏殷周皆地名。呂氏春秋本味篇。和之美者大夏之鹽。水經涑水注。涑水西南過安邑縣西。安邑。禹所都也。又引地理志。鹽池在安邑西南。許慎謂之鹽。此即大夏之鹽。則夏是地名。殷本稱商。在今商州。及盤庚遷殷。遂亦稱殷。或殷商並稱。知詩言殷商之旅是也。書序以盤庚治亳殷。是殷亦國名。詩江漢于周受命。鄭箋。周。岐周也。釋名釋州國。周地在岐山之陽。其山四周也。三代皆以所都地爲國號。如唐虞之比。白虎通號篇。謂夏爲大。殷爲中。周爲至。皆望文爲義。非也。宋石經避諱。殷作商。下放此。漢書杜周傳欽對策曰。殷因於夏。尚質。周因於殷。尚文。此讀以夏殷絕句。漢書董仲舒傳。有夏因於虞之文。史記集解引樂記鄭注。殷因於夏。周因於殷。與杜讀同。則知今人以禮字斷句者誤也。說文。損。減也。益。饒也。並常訓。漢石經損作損。隸體小變。其或繼周者。或之言有也。說文。繼。續也。從糸𢇍。一曰反𢇍爲繼。𢇍即斷字。御覽引鄭注曰。所損益可知也者。據時篇目可校數。自周以後。以爲變易。損益之極。極於三王。亦不是過也。案夫子言夏禮殷禮。皆能言之。又中庸言君子考諸三王而不繆。是夏殷禮時尚存。當有篇目可校數也。以爲變易句有訛字。禮所以有損益者。如夏尚忠。而其敝則惷而愚。喬而野。朴而不文。殷承夏。而其敝則蕩而不靜。勝而無恥。周承殷。而其敝則利而巧。文而不慚。賊而蔽。則承周者又當救之以質。故凡有所損益。皆是變易之道。三王爲損益之極。極則思反。白虎通三教篇。三者如順連環。周則復始。窮則反本。此則天地之理。陰陽往來之義也。春秋繁露楚莊王篇。謂新王必改制。欲以順天志而明自顯。此據天道以言人事。明所變易亦天爲之矣。不及夏以前者。漢書董仲舒傳對策說此文云夏因於虞。而獨不言所損益者。其道如一而所尚同也。又云。是以禹繼舜。舜繼堯。三聖相受而守一道。亡救敝之政也。故不言其所損益也。是也。荀子天論篇。百王之無變。足以爲道貫。一廢一起。應之以貫。楊倞注。無變。不易也。百王不易者。謂禮也。言禮可以爲道之條貫也。雖文質廢起。時有不同。然其要歸以禮爲條貫。下引此文云云。是言百世其禮可知之義也。法言五百篇。或問其有繼周者。雖百世可知也。秦已繼周矣。不待夏禮而治者。其不驗乎。曰。聖人之言。天也。天妄乎。繼周者未欲泰平也。如欲泰平也。捨之而用他道。亦無由至矣。據法言此文。則百世可知。爲欲知後世。有明徵矣。陳氏澧東塾類稿邢疏曰。國家文質禮變。設若相承至於十世。世數既遠。可得知其禮乎。此以爲子張問後十世欲知前十世之禮。最爲得解。蓋十世者。言其極遠也。後世欲知前世。近則易知。遠則難知。故極之十世之遠。觀孔子言夏殷禮。杞宋不足徵。一二世已如此。至十世則恐不可知。故問之。又曰。雖百世可知。謂此後百世尙可知夏殷以來之禮也。至今周禮尙存。夏殷禮亦有可考者。百世可知。信矣。案如陳說百世可知。卽損益可知。兩可知緊相承注。史記孔子世家言孔子追迹三代之禮。編次其事。觀殷夏所損益曰後雖百世可知也。則可知。卽謂編次之事。此當是安國舊義。與法言所解不同。而陳君之說。適與世家闇合者也。故並著之。皇本雖百世下。有亦字。○注。文質禮變。○正義曰。禮器云。禮有以文爲貴者。有以素爲貴者。素。卽質也。白虎通三正篇引尙書大傳曰。王者一質一文。據天地之道。禮三正記曰。質法天。文法地也。文質並是禮。所以有變易者。時異勢殊。非有變易。則無所救其敝也。禮樂記云。五帝殊時。不相沿樂。三王異世。不相襲禮。○注。所因至三統。○正義曰。所因謂禮之無所損益者。卽荀子所謂百王之無變也。所因所損益是三事。故董仲舒對策引此文說之云。此言百王之用。以此三者矣是也。白虎通三綱六紀云。三綱者何謂也。謂君臣父子夫婦也。故含文嘉曰。君爲臣綱。父爲子綱。夫爲妻綱。綱者。張也。又云。君臣父子夫婦。六人也。所以稱三綱何。一陰一陽謂之道。陽得陰而成。陰得陽而序。剛柔相配。故六人爲三綱。又情性云。五情者何。謂仁義禮智信也。仁者。不忍也。施生愛人也。義者。宜也。斷決得中也。禮者。履也。履道成文也。智者。知也。獨見前聞。不惑於事。見微知著也。信者。誠也。專一不移也。故人生得五氣以爲常。仁義禮智信是也。此三綱五常之義也。董仲舒對策。解此文以所因爲道。道之大原出於天。天不變。道亦不變。董所云道。卽三綱五常之道。禮大傳謂親親。尊尊。長長。男女有別。此其不可得與民變革者也。並此馬注義也。皇疏云。所損益謂文質三統者。案大傳云。王者始起。改正朔。易服色。夫正朔有三本。亦有三統。明王者受命各統一正也。又禮三正記云。正朔三而改。文質再而復。尙書大傳云。夏以孟春爲正。殷以季冬爲正。周以仲冬爲正。又曰。夏以十三月爲正。色尙黑。以平旦爲朔。殷以十二月爲正。色尙白。以鷄鳴爲朔。周以十一月爲正。色尙赤。以夜半爲朔也。三統之義如此。案禮大傳云。聖人南面而治天下。必自人道始矣。立權度量。考文章。改正朔。易服色。殊徽號。異器械。別衣服。此其所得與民變革者也。變革卽是損益。非祇一事。此注但言三統者。以服色等皆隨三統而改。舉三統。則餘可知。○注。物類至預知。○正義曰。皇疏本此注作馬曰。又召作招。云物類相招者。謂三綱五常。各以類相招。因而不變者也。又世數作勢數。云勢數相生者。謂文質三統及五行相次。各有勢數也。如太昊木德。神農火德。黃帝土德。少昊金德。顓頊水德。周而復始。其勢運相變生也。

子曰。非其鬼而祭之。諂也。注鄭曰。人神曰鬼。非其祖考而祭之者。是諂求福。見義不爲。無勇也。注孔曰。義所宜爲而不能爲。是無勇。正義曰。墨子經上。勇。志之所以敢也。禮樂記云。臨事而屢斷。勇也。此章所斥。似皆有所指。邢疏言。魯哀不能討陳恆以爲無勇。亦舉似之言。或謂季氏旅泰山。是祭非其鬼。凡鬼神。得通稱也。冉有仕季氏。弗能救。是見義不爲也。說亦近理。○注。人神至求福。○正義曰。祭法云。人死曰鬼。又祭義云。衆生必死。死必歸土。此之謂鬼。爾雅釋訓。鬼之爲言歸也。說文訓同。鬼。本謂人死。故鄭以祖考當之。周官大宗伯之職。掌建邦之天神人鬼地示之禮。是鬼神義別。此注云人神者。散文得通稱也。釋名釋親屬。祖。祚也。祚物先也。又謂之王父。父死曰考。考。成也。亦言槁也。此祖考本訓。其曾祖高祖遠祖王考皇考顯考。俱得通稱祖考。此注所言。亦其義也。祖考爲其鬼。則非其鬼爲非祖考。淩氏曙四書典故覈。祖考之祭。命于天子。如任宿須句顓臾司少皞之祀。蓼六守皋陶之祀。若鄭伯以璧叚許田。請祀周公。衞成夢康叔曰。相奪予享。乃命祀相。皆非其鬼也。又尊卑有等。如王制祭法。所云廟數有定。若魯之不毀桓僖。季氏之以禱而立煬宮。皆非其鬼也。案公羊成六年立武宮傳曰。立者何。不宜立也。何休注。時衰。廢人事而求福於鬼神。故重而言之。是祭非其鬼。皆因求福。然既非禮。亦必不能獲福。故左傳云。神不歆非類。曲禮云。非其所祭而祭之。名曰淫祀。淫祀無福。

卷三 八佾第三

集解 凡二十六章 正義曰。漢石經同。惟二十作廿。

孔子謂季氏。八佾舞於庭。是可忍也。孰不可忍也。注馬曰。孰。誰也。佾。列也。天子八佾。諸侯六。卿大夫四。士二。八人爲列。八八六十四人。魯以周公故受王者禮樂。有八佾之舞。季桓子僭於其家廟舞之。故孔子譏之。正義曰。廣雅釋詁。謂。說也。言說季氏此事也。下篇子謂公冶長。子謂南容。並同。氏者。五經異義云。所以別子孫之所出。凡氏或以官。或以邑。或以王父字。魯季孫得氏。自文子始。以文子爲季友孫也。此文季氏。及下篇季氏旅於泰山。季氏富於周公。季氏將伐顓臾。俱不名者。內大夫且尊者。宜諱之也。說文。舞。樂也。兩足相背。今隸變作舞。兩足相背。則舞者所立象。舊說。舞有文武。文舞用羽籥。謂之羽舞。亦名籥舞。武舞用干戚。謂之干舞。又名萬舞。宗廟之祭。樂成告備。然後興舞。周以武功得天下。故武先於文。春秋書有事于太廟。萬入去籥。言萬入在先。籥未入。故去之。左昭二十五年傳載此事云。禘于襄公。萬者二人。其衆萬于季氏二人。與仁傑兩漢刊誤補遺謂當作二八。學萬以詠羽籥。正以武先文也。白虎通禮樂篇。歌者在堂上。舞在堂下何。歌者象德。舞者象功。君子上德而下功。案堂下卽庭。王逸楚辭思古注。堂下謂之庭是也。淮南繆稱訓。禹執干戚。舞於兩階之閒。言兩階之閒。則舊說謂武舞在西階。文舞在東階。非矣。云是可忍者。是。此也。說文。忍。能也。廣雅釋古言。忍。耐也。能與耐同。當時君臣不能以禮禁止。而遂安然忍之。所謂魯以相忍爲國者也。管氏同四書紀聞。當其萬也。臧孫曰。是之謂不能庸先君之廟。大夫遂怨平子。君臣謀之。而乾侯之難作矣。夫昭公欲逐意如。誠可謂經舉而得禍。而其臣臧郈等之勸以逐者。皆爲私也。然而季氏之惡。豈復可忍乎。謂昭公制之不得其道則可。謂季氏之惡。可忍而不誅。則亂臣賊子。無一而非可忍之人矣。而觀左氏及公羊。則當時之人。率以意如爲可忍。故孔子特發此言。寬弱主。罪逆臣。而傑警當時之瞶瞶者。案管說是也。後漢荀爽對策。及魏高貴鄉公文欽晉元帝盧諶庾亮等。凡擧罪致討。皆用此文說之。其意皆與紀聞合。○注。孰誰至譏之。○正義曰。孰誰。釋詁文。佾列者。佾。從人從肖。肖當是排列之象。春秋繁露三代改制篇。主天法商制佾溢員。主天法夏佾溢方。主天法質佾溢橢。主天法文佾溢衡。漢書禮樂志郊祀歌亦作溢。則溢佾通也。左隱五年傳。考仲子之宮。將萬焉。公問羽數於衆仲。衆仲對曰。天子用八。諸侯用六。大夫四。士二。夫舞所以節八音而行八風也。故自八以下。公從之。公羊穀梁傳。並謂天子八佾。諸公六佾。諸侯四佾。魯侯國。用六佾爲僭。穀梁又引尸子說天子諸侯皆八佾。魯用六羽爲厲樂。厲者。減也。此禮家異說。服虔左傳解誼云。天子八八。諸侯六八。大夫四八。士二八。與馬此注同。八八爲六十四人。六八爲四十八人。四八爲三十二人。二八爲十六人。白虎通禮樂。高誘淮南齊俗訓注。並云六六爲行列。杜預注左傳。又謂六佾三十六人。四佾十六人。二佾四人。宋書樂志載傅隆議。譏杜氏謂舞所以節八音。八音克諧。然後成樂。故必以八人爲列。自天子至士。降殺以兩。兩者減其二列。預以爲一列又減二人。至士止有四人。豈復成樂。而傑以服義爲允。又引左氏傳。鄭伯納晉悼公女樂二八。晉以一八賜魏絳。是樂以八人爲列。服氏之義。實爲當矣。魯本六佾。季氏大夫得有四佾。至平子時。取公四佾以往。合爲八佾。而公止有二佾。故左氏言禘于襄公萬者二八。二八則二佾也。祭統云。昔者周公旦有勳勞於天下。成王康王故賜之以重祭。朱干玉戚以舞大武。八佾以舞大夏。此天子之樂也。康周公故以賜魯也。又明堂位曰。成王以周公爲有勳勞於天下。命魯公世世祀周公以天子之禮樂。朱干玉戚。冕而舞大武。皮弁素積。裼而舞大夏。是魯祭周公得有八佾。其羣公之廟。自是六佾。而公羊昭二十五年傳。子家駒謂魯僭八佾。此或昭公時所僭用於羣廟矣。大夫家廟。據王制是三廟。一昭一穆。與太祖爲三。祭法則考廟王考廟皇考廟爲三。說稍不同。鄭君以王制爲夏殷禮。則祭法爲周禮矣。郊特牲云。諸侯不敢祖天子。大夫不敢祖諸侯。而公廟之設於私家。非禮也。由三桓始也。公廟謂桓公廟。三家皆桓出。故因立其廟。而以周公廟得用天子禮樂。遂亦於桓公廟用之。此注所云家廟。當卽指桓廟。以公廟設於私家。故亦稱家廟也。漢書劉向傳。季氏八佾舞于庭云云。卒逐昭公。是季氏指平子。與仁傑管同說並合。此注以爲桓子。意以平子旣僭。桓子當亦用之。然此言於孔子未仕時可也。若孔子旣仕。行乎季孫。此等僭制。必且革之。韓詩外傳。季氏爲無道。僭天子。舞八佾。旅泰山。以雍徹。孔子曰。是可忍也。孰不可忍也。然不亡者。以冉有季路爲宰臣也。此以季氏爲康子。與此馬注以爲桓子。皆是大略言之。不爲據也。

三家者以雍徹。注 三家。謂仲孫叔孫季孫。雍。周頌臣工篇名。天子祭於宗廟。歌之以徹祭。今三家亦作此樂。**子曰。相維辟公。天子穆穆。奚取於三家之堂。**注 包曰。辟公謂諸侯及二王之後。穆穆。天子之容貌。雍篇歌此者。有諸侯及二王之後來助祭故也。今三家但家臣而已。何取此義而作之於堂邪。正義曰。說文。家。居也。易師開國承家。荀注。承家。立大夫也。左桓二年傳。諸侯立家。杜注。卿大夫稱家。三家皆桓族。季氏假別子爲宗之義。立桓廟於家。而令孟孫叔孫宗之。故以氏族言。則稱三家。以三家分三氏而統爲桓族故也。上章稱季氏。此章稱三家。文互見。釋文云。撤。本或作徹。案撤是俗體。說文。徹去字作勶。云發也。與徹訓通異。今經典皆叚徹爲勶。維者。語助辭。天子者。白虎通爵篇云。爵所以稱天子者何。王者父天母地。爲天之子也。皇本穆穆下衍矣字。堂者。檀弓注。堂形四方而高。玉篇。堂。土爲屋基也。聘禮疏云。後楣以南曰堂。堂凡四架。前楣與棟之閒。爲南北堂之中。蓋古者廟寢同制。皆五架梁。以後一架爲室。前四架爲堂。凡祭在室中。惟樂歌在堂。舞在堂下也。雍徹是樂歌。故以堂言之。郊特牲曰。歌者在上。貴人聲也。白虎通曰。歌者在堂上。歌者象德。○注。三家至此樂。○正義曰。仲孫。即孟孫慶父之後。叔孫。叔牙之後稱孫者。公子之子爲公孫也。臣工。是周頌第二卷之首篇。雍詩在臣工。故爲臣工篇名。毛詩序。雝禘太祖也。鄭注。太祖謂文王。此成王祭文王徹饌時所歌詩。周官樂師及徹。率學士而歌徹。注云。徹者歌雍。是天子祭宗廟歌之以徹祭也。又小師言王饗諸侯。徹歌此詩。荀子正論淮南主術。又言天子食徹歌此詩。則凡徹饌。皆得歌之矣。若仲尼燕居言諸侯饗禮。歌雍以送賓。振鷺以徹俎。是諸侯相見。亦得歌此詩也。淩氏曙典故覈云。有司徹注云。徹室中之饌及祝佐食之俎。徹兼俎與豆籩。俎有司徹之。豆籩婦人徹之。天子之禮。則周禮大祝既祭令徹。小祝贊徹。內宗外宗佐王后徹豆籩。其徹俎。則膳俎之有司也。○注。辟公至堂邪。○正義曰。爾雅釋詁。后辟公侯。君也。邵氏晉涵正義下文云。辟。法也。言爲人所取法也。穀梁傳云。士造辟而言是也。皇疏申包義云。辟訓君。君故是諸侯也。二王後稱公。公故是二王後也。二王後。謂夏後杞。殷後宋。天子大祭。同雖異姓諸侯皆來助祭。故統言辟公也。烈文詩烈文辟公。鄭箋以辟爲百辟卿士。公爲天下諸侯。雝詩無箋。則與烈文訓同。百辟卿士。指仕王朝者。與天下諸侯。爲內外兼舉。說與包異。均得通矣。爾雅釋詁。穆穆。美也。釋訓。穆穆肅肅。敬也。曲禮云。天子穆穆。是穆穆爲天子容貌也。助祭者。訓相爲助也。義見毛傳。家臣者。大夫稱家。故大夫之臣曰家臣。又曰僕。禮運。仕於家曰僕是也。

子曰。人而不仁。如禮何。人而不仁。如樂何。注包曰。言人而不仁。必不能行禮樂。正義曰。皇疏云。此章亦爲季氏出也。季氏僭濫王者禮樂。其既不仁。則奈此禮樂何乎。○注。言人而不仁。必不能行禮樂。○正義曰。儒行云。禮節者。仁之貌也。歌樂者。仁之和也。禮樂所以飾仁。故惟仁者能行禮樂。仲尼燕居云。子曰。制度在禮。文爲在禮。行之其在人乎。又對子張問曰。師爾以爲必鋪几筵。升降酌獻酬酢。然後謂之禮乎。爾以爲必行綴兆。與羽籥。作鐘鼓。然後謂之樂乎。言而履之。禮也。行而樂之。樂也。君子力此二者。以南面而立。夫是以天下太平也。案言而履之。行而樂之。此仁者所爲。孟子論禮樂。而推本於事親從兄。爲仁義之實。仁統四德。故此言不仁之人。不能行禮樂也。漢書翟方進傳引此文說之云。言不仁之人。亡所施用。不仁而多材。國之患也。亡所施用。則不能行禮樂。雖多材。祇爲不善而已。當夫子時。禮樂征伐。自大夫出。而僭竊相仍。習非勝是。欲不崩壞。不可得矣。

林放問禮之本。注鄭曰。林放。魯人。子曰。大哉問。禮。與其奢也。寧儉。喪。與其易也。寧戚。注包曰。易。和易也。言禮之本意失於奢不如儉。喪失於和易不如哀戚。正義曰。本者。萬物之始。先王制禮。緣人情世事而爲之節文以範圍之。荀子天論言文質一廢一起。應之以貫。貫者。言以禮爲條貫也。禮運云。故禮之不同也。不豐也。不殺也。所以持情而合危也。禮器云。孔子曰。禮不同不豐不殺。蓋言稱也。又曰。先王之制禮也。不可多也。不可寡也。唯其稱也。不同者。禮之差等。禮貴得中。凡豐殺。卽爲過中不及中也。過中不及中。俱是失禮。然過中失大。不及中失小。是故文家多失在過中。質家多失在不及中。表記言周之敝。利而巧。文而不慚。賊而蔽。殷之敝。蕩而不靜。勝而無恥。夏之敝。惷而愚。喬而野。朴而不文。則以周尙文。殷質不能勝文。夏尙忠。忠者。質之至也。文質均有所敝。然二者相較。則寧從其失小者取之。所謂權時爲進退也。質有其禮。儉戚不足以當之。而要皆與禮之本相近。蓋禮先由質起。故質爲禮之本也。禮三正記曰。帝王始起。先質後文者。順天地之道。本末之義。先後之序也。事莫不先有質性。乃後有文章也。大戴記禮三本云。凡禮始於脫。成於文。終於隆。故至備情文俱盡。其次情文迭興。其下復情以歸太一。太一者。至質無文。然爲禮之本。當夫子時。奢僭失禮。大非文周制作之舊。故夫子屢言從周。從周者。從乎文周之所制以修明之而已。然世變已亟。或猶慮從周不足以勝之。則惟欲以質救文。春秋今文家以夫子作春秋，欲變周從殷。卽此義也。林放意亦欲以質救文。故夫子賢其所問。深美大之。大之者。大其有維世之意。撥亂反正。不失仁術也。云與其。又云寧者。與。猶許也。說文。寧。所願也。先爲與之。後復有所願。抑揚之詞。不得已之思也。禮對喪言之。則禮謂凡賓嘉諸禮也。奢者。爾雅釋詁。奢。勝也。說文。奢。張也。勝張。皆奢大之意。喪者。白虎通崩薨篇。喪者。亡也。人死謂之喪何。言其喪亡不可復見也。天子下至庶人俱言喪何。欲言身體髮膚。俱受之父母。其痛一也。易者。先兄五河君經義說略。爾雅。弛。易也。展轉相訓。則易亦訓弛。言喪禮徒守儀文之節。而哀戚之心寖以怠弛。則禮之本失矣。雜記孔子曰。少連大連善居喪。三日不怠。三月不懈。不怠不懈。卽不弛之義。故下文云。期悲哀。三年憂。言其戚也。蓋易者哀不足。戚者哀有餘。檀弓子路曰。吾聞諸夫子。喪禮與其哀不足而禮有餘也。不若禮不足而哀有餘也。義與此同。謹案淮南本經訓。處喪有禮矣。而哀爲主。高誘注引此文隋書高祖紀下。喪與其易也。寧在於戚。則禮之本也。禮有其餘。未若於哀。則實之實也。並以易爲禮有餘。鄭此注但云易簡。未明其義。陳氏鱣古訓曰。檀弓子思曰。喪三日而殯。凡附於身者。必誠必信。勿之有悔焉耳矣。時人治喪。以簡爲其道。失之簡略。故夫子以爲寧戚。言必盡哀盡禮也。陳氏之言。或得鄭義。然少迂曲。未爲當也。俞炎書齋夜話。易字疑是具字。檀弓喪具君子恥具。具與易蓋相似也。此亦可備一說。○注。林放魯人。○正義曰。蜀禮殿圖以林放爲孔子弟子。鄭以弟子傳無林放。故不云弟子。其以爲魯人。亦當別有據。元和姓纂謂比干之後。逃難長林之下。遂姓林氏。鄭樵通志謂周平王世子林開之後。皆出附會。不足據也。○注。易和易也。○正義曰。詩何人斯傳。易。說也。郊特牲注。易。和說也。陳氏鱣曰。包以爲和易。意與戚相反。然世情當不至此。

子曰。夷狄之有君。不如諸夏之亡也。注包曰。諸夏。中國。亡。無也。正義曰。爾雅釋地。九夷八狄七戎六蠻。謂之四海。郭注。九夷在東。八狄在北。七戎在西。六蠻在南。白虎通禮樂篇。何以名爲夷蠻。曰。聖人本不治外國。非爲制名也。因其國名而言之耳。一說曰。名其短而爲之制名也。夷者。傳夷無禮義。東方者少陽易化。故取名也。北方太陰鄙郄。故少難化。狄者。易也。辟易無別也。白虎所稱二說。以後說爲是。後漢東夷傳王制云。東方曰夷。夷者。柢也。言仁而爲生。萬物柢地而出。故天性柔順。易曰道御。此言夷爲善性。而白虎通謂傳夷無禮義者。傳與蹲同。夷與䠊同。廣雅訓蹲䠊爲踞。卽踞肆之義。禮義卽禮儀。言其俗但無禮儀。故名之。包氏愼言溫故錄。夷狄謂楚與吳。春秋內諸夏。而外夷狄。成襄以後。楚與晉爭衡。南方小國。皆役屬焉。宋魯亦奔走其庭。定哀時。楚衰而吳橫。黃池之會。諸侯畢至。故言此以抑之。襄八年。鄭之會。陳侯逃歸。何氏云。加逃者。抑陳侯也。孔子曰。夷狄之有君。不如諸夏之亡。言不當背也。又哀十年。公會晉侯及吳子于黃池傳。吳何以稱子。主會也。吳主會。曷爲先言晉侯。不與夷狄之主中國也。何氏云。明其實以夷狄之彊會諸侯爾。不行禮義。故序晉於上主書者。惡諸侯之君夷狄。案包說是也。此篇專言禮樂之事。楚吳雖迭主盟中夏。然暴彊踰制。未能一秉周禮。故不如諸夏之亡君。其政俗猶爲近古也。○注。諸夏中國亡無也。○正義曰。諸者。非一之辭。說文。夏。中國之人也。從夊從頁從臼。臼兩手。夊兩足也。此象形之字。公羊成十五年傳注。諸夏。外土諸侯也。謂之夏者。大總下上言之辭也。稱中國者。自我言之。王者政教之所及也。夷狄在四遠爲外國。故謂諸夏爲中國矣。說文。亡。逃也。從人從乚。無。亡也。從亡無聲。亡本謂人逃匿。引申爲亡有之義。

季氏旅於泰山。子謂冉有曰。女弗能救與。【注】馬曰。旅。祭名也。禮。諸侯祭山川在其封內者。今陪臣祭泰山。非禮也。冉有。弟子冉求。時仕於季氏。救。猶止也。對曰。不能。子曰。嗚呼。曾謂泰山不如林放乎。【注】包曰。神不享非禮。林放尚知問禮。泰山之神反不如林放耶。欲誣而祭之。

正義曰。玉篇示部。祣。力舉切。祭名。論語作旅。廣韻同。此後人所增字。漢書班固敘傳。大夫臚岱。侯伯僭時。鄭氏曰。臚岱。季氏旅於太山是也。師古曰。旅。陳也。臚亦陳也。臚旅聲相近。其義一耳。案旅作臚。當出古論。史記六國表。位在藩臣。而臚於郊祀。亦作臚。儀禮士冠禮注。古文旅作臚。周官司儀旅擯。後鄭云。旅讀爲鴻臚之臚。是臚旅音近。得通用也。說文。岱。大山也。大山。卽泰山。泰者。大之極也。俗或爲太字。弗。皇本作不。說文。弗。撟也。撟之爲言意有所不順也。公羊桓十年傳何注。弗者。不之深也。釋文。嗚呼。本或作烏乎。音同。說文烏部。孔子曰。烏。盱呼也。取其助气。故以爲烏呼。古文作於嗚字口部所無。當由俗作呼息也。嗚呼者。歎辭。○注。旅祭至止也。○正義曰。周官掌次。王大旅上帝。大宗伯。國有大故。則旅上帝及四望。是旅爲祭名。鄭注大宗伯云。旅。陳也。陳其祭祀以祈焉。禮不如祀之備也。爾雅釋天。祭山曰庪縣。李巡云。祭山以黃玉以璧以庪置几上。遙遙而眡之若縣。故曰庪縣。孫炎云。埋於山足曰庪。埋於山上曰縣。辭不同者。周官大宗伯以貍沈祭山林川澤。鄭注。祭山林曰貍。似孫說所本。儀禮覲禮祭山川陵升。似李說所本。故賈疏以升卽庪縣也。胡氏培翬研六室雜箸答馬水部云。承諭謂庪縣不當訓爲埋庪。當與禮經閣庪食義同。按玉篇云。庋。閣也。庪同庋。引祭山曰庪縣可證。但爾雅儀禮周禮三經。文各有當。而義無妨。爾雅云。祭地曰瘞埋。祭山曰庪縣。瘞埋。是以牲玉埋藏於地中。庪縣。則有陳列之義。李巡云。祭山以黃玉以璧庪置几上。邢疏云。縣謂縣其牲幣於山林中。其說良近。蓋古者祭山之法。先庪縣而後埋之。故祭山又名旅。旅。臚陳之也。山海經。凡祠山多言肆瘞。郭注云。肆。陳之也。陳牲玉而後埋藏之。此先陳後埋之證。後埋故亦得名埋。今案胡說是也。大宗伯言旅四望。彼當國有大故。天子陳其祭祀而祈之。所旅爲天子祭山之名。惟旅祭是因大故。先陳後埋。其他禮則皆從略。故鄭君以爲不如祀之備也。季氏旅泰山。或亦值大故。而用天子禮之。故書曰旅。與八佾歌雍。同是僭天子。非僭魯侯也。夫子謂冉求之言。其迫切當亦因此。王制云。天子祭天下名山大川。諸侯祭名山大川之在其地者。注。魯人祭泰山。晉人祭河是也。祭法云。諸侯在其地則祭之。亡其地則不祭。公羊傳。諸侯山川有不在其封內者。則不祭也。是言諸侯之祭山川。皆在封內也。禮器云。齊人將有事於泰山。泰山在齊魯界。兩國皆得祭之。禮言大夫祭五祀。不及山川。故祭山爲非禮。季氏稱陪臣者。說文。陪。重土也。引申之。凡重皆曰陪。諸侯是天子之臣。諸侯之大夫亦是天子之臣。故爲重也。曲禮。列國之大夫。入天子之國。自稱曰陪臣某。是也。下篇陪臣執國命。彼是大夫之臣。對諸侯言之。與此異也。云冉有弟子。冉求者。史記弟子列傳。冉求字子有。少孔子二十九歲。鄭目錄云魯人。云時仕季氏者。以夫子責之。知爲季氏家臣也。云救猶止者。說文。救。止也。此常訓。〇注。神不享非禮。〇正義曰。神者。祭法云。山林川谷邱陵。能出雲爲風雨。見怪物。皆曰神。是也。享者。說文作亯。云獻也。從高省。曰象進孰物形。凡受人之獻亦曰享。孝經云。祭則鬼享之是也。曲禮云。非其所祭而祭之。名曰淫祀。淫祀無福。明神不降福。知不享之也。

子曰。君子無所爭。必也射乎。注孔曰。言於射而後有爭。揖讓而升。下而飲。注王曰。射於堂。升及下皆揖讓而相飲。其爭也君子。注馬曰。多算飲少算。君子之所爭。正義曰。爭者。競勝之意。民有血氣。皆有爭心。君子者。將以禮治人。而恭敬撙節退讓以明之。故無所爭也。說文。䠶。弓弩發於身而中於遠也。從矢從身。篆文䠶從寸。寸。法度也。亦手也。禮經言射有四。一曰大射。天子諸侯卿大夫將祭而擇士。天子於射宮。諸侯於大學。卿大夫於郊。士無臣。無所擇。故無大射禮。二曰賓射。天子在治朝。諸侯則或在朝。或會盟在竟。卿大夫士皆有之。亦射於郊。三曰燕射。天子諸侯在路寢。卿大夫士亦在郊。四曰鄉射。州長春秋屬民射於州序。天子諸侯皆無此禮。論語此文指大射。鄭氏射義目錄云。名曰大射者。諸侯將有祭祀之事。與其羣臣射以觀其禮。數中者。得與於祭。不數中者。不得與於祭。鄭說。大射止稱諸侯。不及天子及卿大夫者。文不備耳。釋文。爭。絕句。鄭讀以必也絕句。然射義注。引此文必也射乎四字連讀。論語中。如必也聖乎。必也使無訟乎。必也正名乎。必也狂狷乎。必也親喪乎。皆不以必也絕句。則釋文所稱鄭讀。恐誤記也。揖讓者。說文云。揖。讓也。從手咠聲。一曰手著胸曰揖。攘。推也。從手襄聲。許君解揖存二義。前義則揖讓禮同。攘古讓字。見曲禮鄭注。讓即攘。謂推手也。後義則揖是手著匈。與攘是推手異。段氏玉裁說文注。以手著匈。爲即禮經之厭。厭者。引手是也。鄭注鄉飲酒禮云。推手曰揖。鄭以凡揖皆是推手。故解周官司儀。以土揖天揖時揖。並爲推手。則鄭與許前義同也。聘記注云。讓謂舉手平衡也。舉手與引手相似。但不著匈耳。此鄭說揖讓禮之異也。白虎通禮樂篇。禮。所以有揖讓者。所以尊人自損也。凡賓主行禮。至門至階。皆有讓者。門則讓入。階則讓升也。此揖讓在升階時。淩氏廷堪禮經釋例。歷引聘禮士冠士昏鄉飲酒鄉射公食大夫諸文。皆有三讓之儀。知凡升階。皆是三讓。春秋繁露官制象天篇。謂禮三讓而成一節也。是也。升者。登之借字。說文。登。上車也。引申爲凡進上之義。升是由階至堂。下是降堂。飲者。說文作㱃。云歠也。釋名釋飲食。飲。奄也。以口奄而引咽之也。射義。孔子曰。君子無所爭云云。文與此同。鄭注必也射乎。言君子至於射。則有爭也。下。降也。飲射爵者。亦揖讓而升降。勝者袒決遂執張弓。不勝者襲說決拾卻左手右加弛弓於其上而升飲。君子恥之。是以射則爭中。鄭氏此注。全據大射儀之文。在三耦第二番射後。所以決勝負也。其文云。司射命設豐。司宮士奉豐坐設于西楹西。勝者之弟子。洗觶升酌散南面坐奠于豐上。司射命三耦及衆射者。勝者皆袒決遂執張弓。不勝者皆襲說決拾。卻左手右加弛弓于其上。遂以執弣。一耦出揖如升射及階。勝者先升。升堂少右。不勝者進北面坐。取豐上之觶。興少退立。卒觶進坐奠于豐下。興揖不勝者先降。與升飲者相左交於階前相揖。適次釋弓襲反位。僕人師繼酌射爵取觶實之。反奠于豐上。升飲者如初。三耦卒飲。此三耦二番射後揖讓之事。禮又云司射猶挾一个以作射如初。一耦揖升如初。司射請以樂于公。公許。司射命曰。不鼓不釋。三耦卒射如初。司射命設豐實觶如初。遂命勝者執張弓。不勝者執弛弓。升飲如初。此三耦第三番射揖讓之事。並所謂君子之爭也。惟飲君則用至爵之禮。若飲賓。諸公卿大夫耦不升。立飲西階上。無揖讓事。所以尊尊也。若以士爲公卿大夫之耦。不勝。則亦執弛弓特升飲。亦無揖讓事。以士賤。不敢匹尊者也。釋文云。鄭讀揖讓而升下絕句。然箋詩賓筵。又云下而飲。此鄭兩讀義皆通。○注。言於射而後有爭。○正義曰。射義云。故射者進退周還必中禮。內志正。外體直。然後持弓矢審固。持弓矢審固。然後可以言中。此可以觀德行矣。又云。孔子曰。射者。何以射。何以聽。循聲而發。發而不失正鵠者。其惟賢者乎。若夫不肖之人。則彼將安能以中。案此則射中。乃君子所尚。必於平時講肄。至射時以不勝爲恥。蓋不勝嫌於不肖。故君子必求中焉。求中卽是爭。卽是爭爲賢者。故曰其爭也君子。惟爭爲君子。故言於射而後有爭也。皇疏引李充欒肇說。謂於射尤必君子之無爭。非經旨。○注。多算飲少算。○正義曰。鄉射記。箭籌八十。長尺右握。注。籌。算也。籌八十者。略以十耦爲正。凡人四算。一耦八算。皇疏。射者各有算籌。每中則以算表之。若中多則算多。中少則算少。案算多爲勝。算少爲不勝。於每耦射畢。各就算之多少計之。

子夏問曰。巧笑倩兮。美目盼兮。素以爲絢兮。何謂也。【注】馬曰。倩。笑貌。盼。動目貌。絢。文貌。此上二句。在衞風碩人之二章。其下一句逸也。正義曰。倩盼絢皆韻。兮者語助。說文。兮。語所稽也。從丂八。象氣越亏也。素者。說文。素。白致繒也。引申爲凡物白飾之稱。釋名釋采帛云。又物不加飾。皆目謂之素。此色然也。是也。素以爲絢。當是白采用爲膏沐之飾。如後世所用素粉矣。絢有衆飾。而素則後加。故曰素以爲絢。戴氏震孟子字義疏證。素。以喻其人之嫻於儀容。上云巧笑倩美目盼者。其美乃益彰。是之謂絢。喻意深遠。故子夏疑之。○注。倩笑至逸也。○正義曰。詩毛傳。倩。好口輔。輔者。頰也。人笑。則口頰必張動也。倩以言巧。巧卽好也。此注謂笑貌者。倩是形容之辭。意亦與毛同矣。詩傳又云。盼。白黑分也。說文同。字林。盼。美目也。與毛不異。若韓詩章句但云黑色。及此注以爲動目。皆屬異義。聘禮絢組注。采成文曰絢。是絢爲文貌。鄭注此文亦云文。成章謂之絢。蓋婦人容貌。先加他飾。後加以素。至加素。則已成章。故得稱絢。鄭君此注。亦馬義也。碩人者。衞詩篇名。所以美莊姜也。注以碩人詩有此句。故謂下一句逸。朱子說此皆逸詩。非碩人文。其義爲長。

子曰。繪事後素。【注】鄭曰。繪。畫文也。凡繪畫。先布衆色。然後以素分布其閒。以成其文。喻美女雖有倩盼美質。亦須禮以成之。曰。禮後乎。注孔曰。孔子言繪事後素。子夏聞而解知以素喻禮。故曰禮後乎。子曰。起予者商也。始可與言詩已矣。注包曰。予。我也。孔子言子夏能發明我意。可與共言詩。正義曰。釋文。繪。胡對反。本又作繢同。考工記注。文選夏侯常侍誄注。並引作繢。案今鄭注。字作繪。義作繢。說見下惠氏士奇禮說。子夏疑素以爲絢。夫子以後素。惟繪事爲然。故舉以示之。子夏遂因素而悟禮。蓋五色之黑黃蒼赤。必以素爲之介。猶五德之仁義智信。必以禮爲之閑。且禮者。五德之一德。猶素者五色之一色。以禮制心。復禮爲仁。禮失而采。禮云禮云。太素者。質之始也。則素爲質。後素者。繪之功也。則素爲文。故曰素以爲絢。素也者。萬物之所成終而所成始也。故履初素。賁上白。素者。履之始。白者。賁之終。然則忠信之人。可以學禮。何謂也。忠而無禮。則愿也。信而無禮。則諒也。愿則愚。諒則賊。不學禮。而忠信喪其美也。是故畫繢以素成。忠信以禮成。素者。無色之文。禮者。無名之樸。老子不知。以爲忠信之薄。宮立而五音清。甘立而五味平。白立而五色明。禮立而五德純。故曰大文彌樸。孚似不足。非不足也。質有餘也。起予者。晉語世相起韋注。起。扶持也。漢石經起予下。無者字。○注。繪畫至成之。○正義曰。說文。繢。織餘也。一曰畫也。此即畫繢之義。考工記設色之工畫繢鍾筐㡛。又曰。畫繢之事雜五色。是繢爲畫文。至說文繪訓五采繡。與畫繢爲設色不同。然許君繪下引論語作繪。而繢下無文。洪氏頤煊讀書叢錄謂許從古論。鄭從魯論。若然。則許解論語爲五采繡。與鄭異矣。書咎繇謨。日月星辰山龍華蟲作繪。鄭注。繪讀曰繢。鄭以裳用繡。則衣用繢。故破讀從繢。此注訓畫文。亦當有繪讀曰繢四字。作集解時删之耳。惠氏士奇禮說。畫繢之事。代有師傳。秦廢之而漢明復古。所謂班閒賦白。疏密有章。康成蓋目覩之。必非臆說。按考工記言畫繢雜五色。五色者五采。即青赤黃白黑。此注所云衆采也。考工云。青與白相次也。赤與黑相次也。玄與黃相次也。是言布衆色之次。又云。凡畫繢之事後素功。鄭注。素。白采也。後布之。爲其易漬汙也。惟不爲衆采漬汙。乃可成文。禮注與此注。義相足矣。素加而衆采以明。采者。禮之文也。鄭以美女雖有美質。須加禮以成之。詩所云素。猶之繪事亦後加素也。美質須禮以成。則子夏言禮後。重禮而非輕禮矣。○注。予我至言詩。○正義曰。予我。爾雅釋詁文。言發明者。訓起爲發也。顏子亦足以發。亦發明之意。

子曰。夏禮吾能言之。杞不足徵也。殷禮吾能言之。宋不足徵也。注包曰。徵。成也。杞宋二國名。夏殷之後。夏殷之禮。吾能說之。杞宋之君。不作以成也。文獻不足故也。足則吾能徵之矣。注鄭曰。獻。猶賢也。我不以禮成之者。以此二國之君。文章賢才不足故也。正義曰。文謂典策。獻謂秉禮之賢士大夫。子貢所謂賢者識大。不賢者識小。皆謂獻也。禮中庸云。子曰。吾學夏禮。杞不足徵也。吾學殷禮。有宋存焉。言祗有宋存。而文獻皆不足徵也。又禮運云。孔子曰。我欲觀夏道。是故之杞而不足徵也。吾得夏時焉。我欲觀殷道。是故之宋而不足徵也。吾得坤乾焉。夏時坤乾。皆文之僅存者。夫子學二代禮樂。欲斟酌損益。以爲世制。而文獻不足。雖能言之。究無徵驗。故不得以其說著之於篇。而祗就周禮之用於今者。爲之考定而存之。中庸云。考諸三王而不繆。以周監二代。周禮存。則夏殷之禮可推而知。故遍言考也。又云。上焉者。雖善無徵。無徵不信。不信民弗從。注云。徵或爲證。所謂徵驗也。此鄭存異本。視徵成之義爲長。民之所徵。皆在文獻。故文獻不足。則不能徵之。漢書藝文志。古之王者。世有史官。左史記言。右史記事。事爲春秋。言爲尚書。帝王靡不同之。周室既微。載籍殘缺。仲尼思存前聖之業。乃稱曰夏禮吾能言之云云。以魯周公之國。禮文備物。史官有法。故與左邱明觀其史記。據行事。仍人道。因興以立功。就敗以成罰。假日月以定曆數。藉朝聘以定禮樂。據漢志。是夫子此言。因修春秋而發。春秋亦本周禮也。戴氏望論語注云。王者存二王之後。杞宋於周。皆得郊天。以天子禮樂祭其始祖受命之王。自行其正朔服色。備其典章文物。周衰。杞爲徐莒所脅。而變於夷。宋三世內娶。皆非其國之故。孔子傷其不用賢。以致去禮。故言俱不足徵以獻之。○注。徵成至之後。○正義曰。鄭注中庸云。徵。猶明也。吾能說夏禮。顧杞之君不足與明之也。注禮運云。徵。成也。無賢君。不足與成也。成明同義。亦包此注意也。史記陳杞世家。杞東樓公者。夏后禹之苗裔也。周武王封之於杞。以奉夏后氏祀。宋世家。微子開者。殷帝乙之首子。而紂之庶兄也。伐殷後。奉其先祀。國于宋。是杞宋爲二國名。夏殷之後也。杞初封。即今開封府杞縣。後遷東國。與齊魯地近。宋都商邱。即今歸德府治商邱縣。○注。獻猶至故也。○正義曰。爾雅釋言。獻。聖也。郭注。諡法曰。聰明睿智曰獻。書咎繇謨。萬邦黎獻。某氏傳。獻。賢也。此注云猶賢者。據說文。獻本宗廟犬名羹獻。與賢義絕遠。注以獻爲儀之叚借。故曰猶賢。爾雅釋詁。儀。善也。詩文王宣昭義問。毛傳。義。善也。義儀字同。書大誥民獻有十夫。伏生傳作民儀。周官司尊彝注。獻讀爲犧。又讀爲儀。皆獻儀通用之證。此段氏玉裁說。見尚書撰異。鄭以獻指杞宋之君。禮運注云。謂無賢君也。又中庸注云。君雖善。善無明徵。則其善不信也。言君雖善無明徵。即是文獻不足。禮注與此注相發。

子曰。禘自既灌而往者。吾不欲觀之矣。【注】孔曰。禘祫之禮。爲序昭穆。故毀廟之主。及羣廟之主。皆合食於太祖。灌者。酌鬱鬯灌於太祖。以降神也。既灌之後。列尊卑。序昭穆。而魯逆祀。躋僖公。亂昭穆。故不欲觀之矣。正義曰。禘禮之說。千古聚訟。今求之禮經。參以諸儒之論。爲之說曰。爾雅釋天云。禘。大祭也。言大祭者。殷人夏祭曰禘。至周以夏祭爲禴。而以禘爲殷祭之名。故言大也。禘行於夏。與祫行於秋。在四時之閒。故司尊彝謂之閒祀。儀禮喪服傳。大宗者。尊之統也。諸侯及其大祖。天子及其始祖之所自出。禮記喪服小記。王者禘其祖之所自出。以其祖配之。而立四廟。

注。高祖以下與始祖而五。大傳。禮。不王不禘。王者禘其祖之所自出。以其祖配之。始封之祖。周始后稷。則以稷爲始祖也。稷之所自出者。嚳也。故祭法言周人禘嚳也。孝經曰。孝莫大於嚴父。嚴父莫大於配天。則周公其人也。昔者周公郊祀后稷以配天。宗祀文王於明堂以配上帝。郊是祭天。而以稷配。宗是祭上帝。而以文王配。此周公嚴父之義。禮三本所謂王者天太祖也。此與宗廟之祀后稷文王異。禮。宗廟不得配天配上帝也。中庸言武周之達孝云。郊社之禮。所以事上帝也。宗廟之禮。所以祀乎其先也。又言明乎郊社之禮。禘嘗之義。宗廟禘嘗。互文見義。此與郊社無與。而解者多混爲一。誤矣。周官大宗伯以肆獻祼享先王。以饋食享先王。以祠春享先王。以禴夏享先王。以嘗秋享先王。以烝冬享先王。鄭注。以肆獻祼爲祫。饋食爲禘。其祭大於時祭。故列於上。即司尊彝所謂追享朝享也。天子三年喪畢。新主將入廟。有禘祭。謂之吉禘。春秋所書吉禘是也。有吉禘。則亦有吉祫。何休公羊解詁。謂禮禘祫從先君數遭祫則祫遭禘則禘是也。其常祭。則三歲一祫。五歲一禘。所謂五年再殷祭也。禘大祫小。故春秋所紀。爾雅所載。俱有禘無祫。劉歆遂以禘祫爲一祭二名。禮無差降。誤也。大傳曰。大夫士有大事。省於其君。干祫及其高祖。祫下及大夫士。而禘則不王不禘。祫是合已遷未遷廟之主。祭於大廟。然止及始祖。不及始祖之所自出。又何休公羊解詁。謂禘功臣皆祭。是禘大於祫。惟漢宗廟之祭。有祫無禘。故漢儒多以祫大於禘也。禘是天子宗廟之祭。魯得用之者。祭統曰。昔者周公旦有勳勞於天下。周公既沒。成王康王追念周公之所以勳勞者。而欲尊魯。故賜之重祭。外祭則郊社是也。內祭則大嘗禘是也。夫大嘗禘。升歌清廟。下而管象。朱干玉戚。以舞大武。八佾以舞大夏。此天子之樂也。康周公。故以賜魯也。明堂位曰。季夏六月。以禘禮祀周公於太廟。牲用白牡。尊用犧象山罍。鬱尊用黃目。灌用玉瓚大圭。薦用玉豆雕篹。爵用玉琖仍雕加以璧散璧角。俎用梡嶡。升歌清廟。下管象。朱干玉戚。冕而舞大武。皮弁素積。裼而舞大夏。昧。東夷之樂也。任。南蠻之樂也。納四夷之樂於大廟。言廣魯於天下也。此周公廟得有禘禮。出自成康所賜也。詩閟宮云。秋而載嘗。夏而楅衡。載嘗即嘗祭。楅衡即禘祭。祭統所云大嘗禘也。毛彼傳云。諸侯夏禘則不礿。秋祫則不嘗。惟天子兼之。此謂魯當禘祫之年。則廢一時祭。言諸侯者。據魯稱之。他國諸侯。雖有特祀。不得名禘。且用其禮也。若然。魯大祭。亦皆成康所賜。而禮運載孔子言以魯郊禘非禮。又歎周公其衰者。此夫子譏伯禽之失。不當受賜。亦以郊禘禮大故也。春秋閔公二年二月。吉禘于莊公。時閔公年幼。政在大夫。始僭用禘禮於羣廟。故春秋書而識之。僖公賢君。復魯舊制。終僖公世。祗八年書禘于太廟。若羣廟未有書其僭者。則意文宣以後。禮樂征伐。出自大夫。始踵前失而復僭之。春秋左氏昭十五年。禘于武宮。廿五年。禘于襄公。是羣廟有禘矣。襄十六年傳。晉人曰。寡君之未禘祀。是晉亦有禘矣。魯禘本在六月。而僖八年以七月。昭十五年以三月。定八年以十月。又雜記言七月而禘。孟獻子爲之。則僭竊之失。不能有定制矣。史記禮書是以君臣朝廷尊卑貴賤之序。下及黎庶車輿衣服宮室飲食嫁娶喪祭之分。事有宜適。物有節文。仲尼曰。禘自既灌而往者。吾不欲觀之矣。周衰。禮廢樂壞。大小相踰。管仲之家。兼備三歸。如史公說則不欲觀。爲魯僭禘。此禘明在羣廟矣。莊氏述祖別記。宗廟有灌。天子諸侯之禮同也。明堂位。季夏六月。以禘禮祀周公於太廟。鬱尊用黃目。灌用玉瓚大圭。郊特牲曰。黃目。鬱氣之上尊也。鄭注。黃目。黃彝也。周所造。於諸侯爲上也。正義云。明堂位灌尊。夏后氏以雞彝。殷以斝。周以黃目。天子則黃彝之上。有雞彝斝彝。備前代之器。諸侯但有黃彝。故曰於諸侯爲上也。又周禮司尊彝職曰。春祠夏禴。祼用雞彝鳥彝。秋嘗冬烝。祼用斝彝黃彝。追享朝享。祼用虎彝蜼彝。今魯禘灌用黃彝。不備前代之器。從諸侯禮也。至迎牲以後。朝踐再獻之時。則白牡山罍。兼用四代之禮。其餘可以類推。故夫子曰。吾不欲觀之矣。案淩氏曙典故覈。天子宗廟禮有九獻。魯亦如之。君灌爲一獻。夫人灌爲再獻。既灌之後。君出迎牲視殺而薦血腥于堂爲朝獻。是三獻四獻。薦孰于室爲饋食。是五獻六獻。獻尸食畢。而君與夫人咸酳尸。是七獻八獻。賓長酳尸是九獻。九獻之後。又有加爵其閒。有獻祝宗獻賓獻卿大夫士。及餕而禮畢。然則灌者。祭禮之始。故祭統言獻之屬。莫重於祼也。鄭此注云。禘祭之禮。自血腥始。鄭以灌後卽迎牲視殺。而薦血薦腥爲三獻四獻之禮。言此者。明既灌而往往爲此禮也。禘禮自血腥始。則血腥前。尙非禘禮。鄭注本非全文。其義或如莊氏所云矣。郊特牲疏引崔氏云。周禮之法。宗廟以祼地爲始。又引熊氏云。凡大祭並有三始。祭宗廟以樂爲致神始。以灌爲歆神始。以腥爲陳饌始。是血腥前當有二始。鄭以致神歆神與他祭同。未用禘禮。故不數之也。易觀盥而不薦。馬融注。盥者。進爵灌地以降神也。此是祭祀盛時。及神降薦牲。其禮簡略。不足觀也。祭祀之盛。莫過初盥降神。故孔子曰。禘自既灌而往者。吾不欲觀之矣。虞翻王弼略同。案灌後禮文甚繁。不知何故以爲簡略。且聖人致敬盡禮。亦斷不因簡略而遂云不欲觀也。此義非是。○注。禘祫至之矣。○正義曰。序者。順也。昭穆者。父子之次也。周官小宗伯掌建國之神位。辨廟祧之昭穆。昭之言明。穆之言敬。周自后稷之子爲昭。孫爲穆。傳至文王爲穆。武王爲昭。成王又爲穆也。注言此者。欲見禘祫之禮。毀廟及羣廟主。皆合食於太祖廟。故有昭穆。當序之也。說文。祫。大合祭先祖親疏遠近也。禘。諦祭也。以序昭穆。當審諦之也。故崔靈恩說禘以審諦昭穆。序列尊卑。諦者。諦也。第也。是其義也。公羊文二年傳。大祫者何。合祭也。其合祭奈何。毀廟之主。陳于太祖。未毀廟之主。皆升合食于太祖。此僞孔所本。祫既合食。知禘亦合食。故祫禘並當審諦昭穆也。郊特牲。周人尙臭。灌用鬯臭。鬱合鬯。臭陰達於淵泉。灌以圭璋。用玉氣也。注云。灌謂以圭瓚酌鬯。始獻神也。又祭統。君執圭瓚灌尸。大宗執璋瓚亞灌。灌尸卽是灌神。故皇疏引鄭氏尙書傳注云。灌是獻尸。尸乃得獻。乃祭酒以灌地也。是也。言鬱鬯者。郊特牲云。鬱合鬯與下蕭合黍稷。皆謂二物。詩江漢。秬鬯一卣。毛傳。秬。黑黍也。鬯。香草也。築煮合而鬱之曰鬯。春官鬯人注。鄭司農云。鬯。香草。王度記。天子以鬯。諸侯以薰。大夫以蘭芝。士以蕭。庶人以艾。是鬯爲香草也。毛傳合而鬱之。此鬱爲鬱積。不以鬱爲草也。春官鬱人。凡祭祀賓客之祼事。和鬱鬯以實彝而陳之。注。築鬱金煮之以和鬯酒。鄭司農云。鬱。草名。十葉爲貫。百二十貫爲築以煮之鐎中停于祭前。鬱爲草若蘭。二鄭並以鬱爲草。與毛異義。說文。鬯。以秬釀鬱艸芬芳攸服以降神也。鬱。芳艸也。十葉爲貫。百廿貫築以煮之爲鬱。一曰鬱鬯。百草之華。遠方鬱人所貢芳草合釀之以降神。鬱。今鬱林郡也。許以鬯爲芬芳。

卽毛鄭以鬯爲香草之義。鬯與鬱同。當卽鬱金。其解鬯二說。前說與先鄭合。後說則兼備異聞。惟鬱爲百草之華。故春秋繁露執贄篇。以暢爲百香之心。暢與鬯同。又白虎通攷黜篇。鬯者。以百艸之香鬱金合而釀之成爲鬯。均與許後說略同也。魯逆祀在文二年。兄弟異昭穆。今躋僖在閔上。故曰亂昭穆。注義不從。故亦略之。不具釋焉。

或問禘之說。子曰。不知也。注孔曰。答以不知者。爲魯諱。知其說者之於天下也。其如示諸斯乎。指其掌。注包曰。孔子謂或人言知禘禮之說者。於天下之事。如指示掌中之物。言其易了。正義曰。夫子諱魯僭禘。故答以不知。而復廣其說於天下。明爲王者之事。非魯所得知也。仲尼燕居。子曰。郊社之義。所以仁鬼神也。嘗禘之禮。所以仁昭穆也。又曰。明乎郊社之義。嘗禘之禮。治國其如指諸掌而已乎。又祭統言四時之祭云。禘者。陽之盛也。嘗者。陰之盛也。故曰莫重於禘嘗。古者於禘也。發爵賜服。順陽義也。於嘗也。出田邑登秋政。順陰義也。故曰禘嘗之義大矣。治國之本也。不可不知也。明其義者君也。能其事者臣也。不明其義。君人不全。不能其事。爲臣不全。中庸云。宗廟之禮。所以序昭穆也。序爵所以辨貴賤也。序事所以辨賢也。旅酬下爲上。所以逮賤也。燕毛所以序齒也。又曰。郊社之禮。所以事上帝也。宗廟之禮。所以祀乎其先也。明乎郊社之禮。禘嘗之義。治國其如示諸掌乎。諸文。皆禘說之可知者。鄭注中庸云。示。讀如寘諸河干之寘。寘。置也。物而在掌中。易爲知力者也。此文無注。意亦當同。宋書周朗傳。昔仲尼有言。治天下若寘諸掌。此或出鄭本。古寘多作示。易坎上六。寘于叢棘。劉表注作示。詩鹿鳴。示我周行。鄭箋。示當作寘。是也。邢疏云。指其掌者。弟子等恐人不知示諸斯謂指示何物。故著此一句。言是時夫子指其掌也。爾雅釋詁。指。示也。謂人指有所向以告人也。說文。掌。掌中也。釋名釋形體。掌。言可以排掌也。〇注。答以不知者爲魯諱。〇正義曰。孔以諱卽逆祀之事。

祭如在。注孔安國曰。言事死如事生。祭神如神在。注孔曰。謂祭百神。子曰。吾不與祭。如不祭。注包曰。孔子或出或病。而不自親祭。使攝者爲之。不致肅敬其心。與不祭同。正義曰。祭如在二句。朱子以爲此門人記孔子祭祀之誠意是也。祭法云。大夫立三廟。曰考廟。曰王考廟。曰。皇考廟。適士二廟。曰考廟。曰王考廟。官師一廟。曰考廟。庶士庶人無廟。此周制也。王制大夫三廟。一昭一穆。與太祖之廟而三。士一廟。庶人祭於寢。大夫廟制與祭法異者。鄭志答趙商以王制爲夏殷雜不合周制。是也。鄭注王制士一廟云。謂諸侯之中士下士名曰官師者。上士二廟。如鄭所言。上士卽適士。是謂士之廟數。殷周同矣。祭法又云。大夫立三祀。曰族厲。曰門。曰行。適士立二祀。曰門。曰行。庶士庶人立一祀。或立戶。或立竈。又王制。大夫祭五祀。鄭注。五祀。謂司命也。中霤也。門也。行也。厲也。此祭謂大夫有地者。其無地。祭三耳。孔疏申鄭意。以此及祭法。俱是周禮。若曲禮大夫祭五祀歲徧。注以爲殷制。不言有地無地之分。又曲禮云。士祭其先。亦與周制士立二祀或立一祀異也。五祀中。司命。屬天神。中霤。門。行。屬地示。厲。屬人鬼。此文祭神統言五祀。夫子是無地大夫。亦止有三祀也。春秋繁露祭義篇。祭之爲言際也。與察也。祭然後能見不見。見不見之見者。然後知天命鬼神。知天命鬼神。然後明祭之意。明祭之意。乃能重祭事。孔子曰。吾不與祭。祭神如神在。重祭事如事生。故聖人於鬼神也。畏之而不敢欺也。信之而不獨任。事之而不專恃。其公報有德也。幸其不私與人福也。董釋祭神之義。而引文有脫誤。○注。言事死如事生。○正義曰。中庸云。事死如事生。事亡如事存。祭義云。文王之祭也。事死者如事生。稱諱如見親。如見親之所愛。又云。祭之日。入室。僾然必有見乎其位。周還出戶。肅然必有聞乎其容聲。出戶而聽。愾然必有聞乎其歎息之聲。又云。進退必敬。如親聽命。則或使之也。注云。如居父母前。將受命而使之。○注。孔子至祭同。○正義曰。孔子或出者。孔子仕時。如夾谷之會。隨君在外。是或出也。公羊桓八年傳。春曰祠。夏曰礿。秋曰嘗。冬曰烝。士不及茲四者。則冬不裘。夏不葛。何注。士有公事。不得及此四時祭者。則不敢美其衣服。蓋思念親之至也。故孔子曰。吾不與祭。如不祭。案公羊以士職卑。有公事。不能使人攝祭。則廢祭也。注。引論語者。謂孔子仕爲大夫。有事。故使人攝祭。己未致其思念。如不祭然。則與士廢祭同也。特牲饋食禮云。特牲饋食之禮不諏日。注。士賤職褻。時至事暇。可以祭。則筮其日矣。不如少牢大夫先與有司於廟門諏丁巳之日。賈疏。鄭云時至事暇可以祭者。若祭時至。有事不得暇。則不可以私廢公故也。若大夫已上。時至唯有喪。故不祭。自餘吉事。皆不廢祭。若有公事及病。使人攝祭。故論語注云云。又祭統云。是故君子之祭也。必身親涖之。有故。則使人可也。雖使人也。君不失其義者。君明其義故也。是君大夫有病。故皆得使人攝祭。則賈以孔子爲大夫。得使人攝祭。與士異也。不致肅敬其心者。言己未與祭。肅敬之心。無由而致。故己有所歉也。賈引論語注無姓名。今鄭注輯本。皆據疏列入。但與包此注文同。或賈即引包氏也。

王孫賈問曰。與其媚於奧。寧媚於竈。何謂也。注孔曰。王孫賈。衞大夫。奧。內也。以喻近臣。竈以喻執政。賈。執政者。欲使孔子求昵之。故微以世俗之言感動之也。子曰。不然。獲罪於天。無所禱也。注孔曰。天以喻君。孔子拒之曰。如獲罪於天。無所禱於衆神。

正義曰。御覽五百廿九引鄭此注云。王孫賈自周出仕於衞也。案白虎通姓名篇。王者之子稱王子。王者之孫稱王孫。故春秋有王子瑕。論語有王孫賈。是賈爲周王者孫也。皇疏以賈爲靈王孫。廣韵引世本通志氏族略。並以爲頃王之後。梁氏玉繩古今人表考引春秋分記。又以爲康叔子王孫年之後。則以王孫爲氏。本爲衞人。非自周出仕。與鄭氏異義。非也。下篇言衞靈之臣王孫賈治軍旅。是賈仕衞也。竈者。說文。媚。說也。周語。若是乃能媚於神。韋注同。曲禮文意向曰媚。御覽引鄭此注。又云宗廟及五祀之神。皆祭於奧。室西南隅謂之奧也。又云。明當媚其尊者。夫竈。老婦之祭。所見鄭注。非全文。釋文奧。鄭云西南隅。亦節引也。爾雅釋宫云。西南隅謂之奧。說文。奧。宛也。室之西南隅。釋名釋宫室。室中西南隅曰奧。不見戶。明所在秘奧也。凡室制。以奧爲尊。故曲禮云。爲人子者。居不主奧。明奧爲尊者所居。故凡祭亦於奧矣。少牢饋食禮。司宫筵于奧。祝設几于筵上。右之。注云。布陳神位也。席東面近南爲右。是宗廟之祭。在於奧也。其五祀。若祭戶。祭中霤。亦於此。若祭竈。祭門。祭行。皆在廟門外室之奧。故鄭注以爲宗廟及五祀。皆祭於奧也。五祀者。戶。中霤。竈。門。行也。月令注。亦云凡祭五祀於廟。用特牲。有主有尸。皆先設席于奧。孔疏以爲逸中霤禮文。則此注所云。亦逸中霤禮說也。周官亨人職外內饔之爨亨煮辨膳羞之物。注。爨。今之竈。主於其竈煮物。周官儀禮皆言爨。論語或言竈。爨竈古今語。釋名釋宫室。竈。造也。造創物食也。日用飲食之竈。其地經無明文。若此言祭竈。則在廟門外也。少牢禮云。雍爨在門東南北上。廩爨在雍爨之北。又特牲云。牲爨在廟門外東南。魚臘爨在其南。皆西面。饎爨在西壁。注。西壁。堂之西牆下。按牲爨魚臘爨卽雍爨。特牲記注舊說云。宗婦祭饎爨烹者。祭饔爨。用黍肉而已。無籩豆俎。此謂宗廟之祭。尸卒食。則設此祭以報功也。饎爨祭於西堂下。饔爨之祭在廟門外。不言廩爨之祭。疑廩爨卽饎爨之別設者也。禮器。孔子曰。臧文仲安知禮。燔柴于奧。夫奧者。老婦之祭也。盛于盆。尊于瓶。注云。奧當爲爨。字之誤也。或作竈。禮。尸卒食而祭饎爨饔爨也。時人以爲祭火神。乃燔柴。老婦。先炊者也。盆瓶。炊器也。明此祭先炊。非祭火神。燔柴似失之。如鄭所說。是因祀廟而祭爨。其祭卽在爨室。不於奧也。其於奧者。乃夏祭之禮。卽此所云媚奧媚竈也。月令。孟夏之月。其祭竈。注。祀竈之禮。先席於門之奧。東面設主於竈陘。乃制肺及心肝爲俎。奠於主西。又設盛於俎南。亦祭黍三。祭肺心肝各一。祭醴三。亦既祭徹之。更陳鼎俎。設饌於筵前。迎尸如祀戶之禮。孔疏祀竈之禮以下。皆逸中霤禮文。云先席於門之奧。謂廟門外西室之奧。云東面設主於竈陘者。謂設主於東面也。竈陘謂竈邊。承祭之物。以土爲之。云又設盛於俎南者。盛謂黍稷盛之於盆。皇氏以此爲祭。老婦盛於盆。非其義也。云既祭徹之。更陳鼎俎。設饌於筵前者。筵前。謂初設廟門室奧之筵。准特牲少牢鼎當陳於廟門室之前稍東西向。執俎者以俎就鼎或肉入設於筵前。在菹醢之東。其黍稷等設於俎南。此爲三祭黍或無稷也。案疏所云西室。卽門外西堂之室。竈在廟門東南。故設主向西。論語祭奧祭竈連文。指夏祭言。與盆瓶之祭不同。鄭注禮器。破奧爲竈。駁五經異義云。臧文仲燔柴於竈。此注亦云。夫竈老婦之祭。皆自用所定之本。鄭駁異義以竈神是老婦。老婦卽先炊者。雖夏祭與盆瓶之祭不同。而竈神無異。故此注亦引禮器之文。其下必有辨別之語。今已脫佚。無由詳其說矣。奧竈本一神。時人以竈設主。主者。神之所棲。親媚之。易爲福也。奧則迎尸祭之。尸者。人所象似。非神所憑。媚之或無益也。賈仕衞。有媚於衞君。故引人言以自解說。且疑夫子盡禮亦是媚。故問夫子當明媚竈也。云不然者。禮記大傳注。然。如是也。其言不是。則絜斥之。故曰不然也。廣雅釋詁。禱。得也。此常訓。墨子經上。辠。犯禁也。說文。辠。犯法也。從辛從自。言罪人蹙鼻苦辛之憂。秦以辠似皇字。改爲罪。賈自周出仕衞。必有獲罪周王者。臣以君爲天。故假天言之。禱者。說文云。告事求福也。周官大祝。五曰禱。是禱亦祭名。繁露郊祭篇。引此文說之云。天者。百神之大君也。事天不備。雖百神。猶無益也。是其義也。○注。奧內至執政。○正義曰。文選潘白馬賦注。引鄭注尙書云。奧。內也。與此注合。奧在室西南隅。故爲內也。內喩近臣。當謂彌子瑕之類。安謂孔子主我。衞卿可得。故意孔子或媚之也。奧居內。則竈居外。指外臣。故云竈喩執政。○注。天以喩君。○正義曰。爾雅釋詁。天。君也。左宣四年傳。君。天也。孔以天喩君。言人有安求於君。即是得罪。

子曰。周監於二代。郁郁乎文哉。吾從周。【注】孔曰。監。視也。言周文章備於二代。當從之。正義曰。說文。代。更也。言世相更變也。二代謂夏殷。郁郁。文章貌。說文。戫。有文章也。引論語郁郁作戫。即戫省。漢書禮樂志。王者必因前王之禮。順時施宜。有所損益。即民之心。稍稍制作。至太平而大備。周監於二代。禮文尤具。事爲之制。曲爲之防。故稱禮經三百。威儀三千。孔子美之曰。郁郁乎文哉。吾從周。案禮三本云。凡禮成於文。終於隆。故至備。情文俱盡。其次。情文迭與。周承二代。有至備之文。故夫子美其文盛也。魯。周公之後。周公成文武之德。制禮作樂。祝鮀言伯禽封魯。其分器有備物典册。典册即周禮。是爲周所賜也。故韓宣子謂周禮盡在魯。又孔子對哀公言文武之道。布在方策。方策者。魯所藏也。中庸云。吾學周禮。今用之。吾從周。今亦指魯。夫子此言吾從周。是據魯所存之周禮言。禮運孔子曰。吾觀周道。幽厲傷之。吾舍魯。何適矣。是言魯能存周禮也。○注。監視也。○正義曰。監視。爾雅釋詁文。說文。監。臨下也。䁦。視也。義微別。今通用監。

子入大廟。【注】包曰。大廟。周公廟。孔子仕魯。魯祭周公而助祭也。○注。大廟至祭也。○正義曰。考工記。左祖右社。注。祖。宗廟。小宗伯掌建國之神位。右社稷。左宗廟。注云。庫門內雉門外之左右。劉向別錄謂社稷宗廟。在路寢西。與周官異。陳氏奐毛詩疏謂爲殷禮是也。王制天子七廟。三昭三穆。與大祖之廟而七。諸侯五廟。二昭二穆。與大祖之廟而五。鄭注以爲周制。漢書韋元成傳。禮。王者始受命。諸侯始封之君。皆爲太祖。以下五廟而迭毁。周公是魯始封爲魯大祖。故廟曰太廟也。公羊文十三年傳。周公稱大廟。魯公稱世室。羣公稱宮。周公何以稱大廟於魯。封魯公以爲周公也。穀梁傳略同。明堂位。大廟。天子明堂。山節藻棁。復廟重檐。刮楹達鄉。崇坫康圭。疏屏。天子之廟飾也。阮氏元明堂論。魯之大廟。猶周明堂中之清廟也。故左氏傳。取郜大鼎於宋。納於大廟。臧哀伯即以清廟茅屋爲說。明堂以茅蓋屋也。魯侯國。不得別立明堂。其一切非常典禮。皆於大廟行之。言孔子仕魯者。明孔子得入大廟也。雜記云。大夫冕而祭於公。士弁而祭於公。是大夫皆助君祭也。以此助祭在始仕時。閻氏若璩釋地。謂鄹人之子。乃孔子少賤時之稱。孔子年二十爲委吏。二十一爲乘田吏。

委吏若周官委人。共祭祀之薪蒸木材。乘田吏若牛人。凡祭祀。共其牛牲之互與其盆簝以待事。羊人。凡祭祀。飾羔割羊牲登其首。皆有職於大廟也。

每事問。或曰。孰謂鄹人之子知禮乎。入大廟。每事問。注孔曰。鄹。孔子父叔梁紇所治邑。時人多言孔子知禮。或人以爲知禮者不當復問。子聞之曰。是禮也。注孔曰。雖知之當復問。慎之至也。正義曰。三蒼云。每。非一定之辭也。事謂犧牲服器。及禮儀諸事也。魯祭太廟。用四代禮樂。多不經見。故夫子每事問之。以示審慎。論衡知實篇。解此文云。不知故問。爲人法也。是也。莊氏述祖別記。謂魯祭非禮。夫子此問。即鎛正祭器之事。不知魯僭禮在羣公廟。不在太廟。莊氏誤也。閻氏若璩釋地引顧瑺屛說每事問。當在宿齊時。若正祭。雍雍肅肅。無容得每事問也。○注。鄹孔子父叔梁紇所治邑。○正義曰。說文云。郰。魯下邑。孔子鄉。史記世家。孔子生魯昌平鄉陬邑。陬與郰偏旁互易。論語作鄹。當是或體。杜注左傳云。郰邑在魯縣東南莝城。莝城在今曲阜。與鄒縣界。水經泗水注。漷水又逕魯國鄒山而西南流。春秋傳所謂嶧山也。邾文公之所遷。叔梁紇之邑也。孔子生於此。左昭九年疏引論語作鄒人。此由鄒郰聲近。地又相接。故以鄒爲即叔梁紇邑。實則說文郰是孔子鄉。而鄒下但言魯縣。古邾國。不爲孔子鄉。則鄒郰地異。文亦異矣。左襄十年傳。偪陽人啓門。諸侯之士門焉。郰人紇抉之以出。門者。杜注。紇。郰邑大夫。仲尼父叔梁紇也。與孔此注同。潛夫論志氏姓云。伯夏生叔梁紇。爲鄹大夫。故曰鄹叔紇。是鄹人爲鄹大夫。漢人相傳有此說也。左傳孔疏云。古稱邑大夫。多以邑冠人。邢疏引左傳新築人仲叔於奚證之是也。段氏玉裁說文注謂郰人。是舉所居之地。非爲所治邑。鄹大夫之文。始見王肅私定家語。孔氏論語注。乃肅輩僞託者。似不足信。段氏此辨甚是。然其誤自潛夫已然。亦非始王肅也。○注。雖知之當復問慎之至也。○正義曰。注以夫子不知故問。然云每事。容亦有所已知者。今猶復問於人。故爲愼也。繁露郊事對義正如此。

子曰。射不主皮。注馬曰。射有五善焉。一曰和志體和。二曰和容有容儀。三曰主皮能中質。四曰和頌合雅頌。五曰興武與舞同。天子三侯。以熊虎豹皮爲之。言射者不但以中皮爲善。亦兼取和容也。正義曰。說文。皮。剝取獸革者謂之皮。舊說。禮惟大射有皮。所謂皮侯。棲皮爲鵠者也。賓射。則用采侯。畫布爲五采以爲正。燕射鄉射。則畫布爲獸形以爲正。皆不用皮也。金氏榜禮箋辨之云。梓人爲侯。廣與崇方。三分其廣而鵠居一焉。凡侯。未有不設鵠者。大射之侯。棲皮爲鵠。鵠外以采畫之。謂之正。天子五重。諸侯三重。大夫士再重。燕射之侯。天子諸侯亦棲皮爲鵠。大夫士則畫布爲鵠。大射燕射。異同如是。司裘。王大射則共虎侯熊侯豹侯。設其鵠。諸侯則共熊侯豹侯。卿大夫則共麋侯。皆設其鵠。射人。王以六耦射三侯五正。諸侯以四耦射二侯三正。卿大夫以三耦射一侯二正。士以三耦射豻侯二正。大射儀。公射大侯。大夫射參。士射干。三經皆謂大射之侯也。司裘職主設鵠。故不言正。士卑。又不掌設其鵠。故鄭仲師射人注。釋三侯爲虎熊豹。一侯爲熊豹。與司裘職所設鵠之侯爲一。明設正鵠於一侯矣。賈景伯周禮注云。四尺曰正。正五重。鵠居其內。而方二尺。蓋假侯中六尺明之。與梓人三分其廣而鵠居一數合。此禮家相傳古義也。據鵠言之爲皮侯。據正言之爲采侯。又云。燕射之侯。尊卑皆張一侯。鄉射記。凡侯。天子熊侯白質。諸侯麋侯赤質。大夫布侯。畫以虎豹。士布侯。畫以鹿豕。凡畫者丹質。熊麋虎豹鹿豕之侯。咸取名於鵠。記言大夫士布侯用畫。則熊侯麋侯槷皮爲鵠。對文見異矣。鄉射之禮。所以習射上功。當張麋侯二正。與大射同。賓射之禮。以親故舊朋友。張獸侯。與燕射同歟。案金說甚核。齊猗嗟詩。終日射侯。不出正兮。則正侯同爲一侯審矣。詩賓筵疏引周禮鄭衆馬融注。皆謂正在鵠內。惟正在鵠內。故詩以射不出正。誇爲技藝。則金氏引賈景伯以正在鵠外。非也。天子諸侯無鄉射禮。鄉射記所言熊侯麋侯云云。皆指燕禮。故金氏引以證燕射也。凡禮射主皮。但主於中。不尙貫革。故鄉射禮不貫不釋。鄭注。貫。猶中也。明中卽是貫。非如賈疏以爲貫穿也。不貫不釋爲主皮。若不主皮者。則以人力或弱。不能及侯。則不中皮而比於禮樂。亦必取之也。樂記言武王克殷。貫革之射息。此軍射貫穿。不可以說禮射。○注。射有至容也。○正義曰。馬此注據鄉射言。鄉射者。行射於鄉。所以賓興賢能。至射之明日。鄉大夫復以鄉射之禮五物詢衆庶。詢其稽能習者。以備後次之賓興。此見周官鄉大夫之職。五物者。五事也。馬云五善。謂五物爲善也。凌氏廷堪鄉射五物攷。一曰和。二曰容。三曰主皮。四曰和容。五曰興舞。此五物之序也。前既云和容。後復曰和容。人多不得其解。昔之說一曰和二曰容者。鄭司農曰。和謂閨門之內行。容謂容貌。鄭康成曰。和載六德。容包六行說。四曰和容者。杜子春讀和容爲和頌。謂能爲樂也。又馬融論語注。一曰和志體和。二曰容有容儀。四曰和容合雅頌。此皆因經文和容前後再見。故彊生異義。至主皮之射。說者尤爲聚訟。考周官明云退而以鄉射之禮五物詢衆庶。則五者固在鄉射禮之中。不在鄉射禮之外也。蓋一曰和。二曰容者。卽鄉射禮之三耦射也。獲而未釋。獲但取其容體比於禮也。是爲第一次射。三曰主皮者。卽鄉射禮之三耦及賓主人大夫衆耦皆射也。司射命曰不中不釋。蓋取其中也。故謂之主皮。馬氏論語注以主皮爲能中質是也。是爲第二次射。四曰和容。五曰興舞者。卽鄉射禮之以樂節射也。司射命曰不鼓不釋。旣取其容體比禮。又取其節比於樂也。比於禮。故謂之和容。比於樂。故謂之興舞。取其應鼓節也。故前已言和容。此復言和容也。是爲第三次射。鄉射記禮射不主皮。鄭注不主皮者。貴其容體比於禮。其節比於樂。不待中爲儁也。蓋古經師相傳之解。指第三次射而言。深得經意不主皮爲第三次射。不鼓不釋。則主皮爲第二次射。不貫不釋可知矣。時至春秋之末。鄉射但以不貫不釋爲重。而容體比於禮節比於樂。不復措意。故孔子歎之。以爲古禮仍有不主皮之射也。或者謂鄉射記云主皮之射者。勝者又射。不勝者降。則似鄉射之外。更有此射者。此殊不然。鄉射記所云。卽指第二次射也。凡經所未言。見於記者甚多。不獨主皮之射一節也。又禮經釋例云。案鄉射記始射。獲而未釋。獲謂初射也。又云復釋。獲謂再射也。又云復用樂行之。謂三射也。射皆三次。不獨鄉射。卽大射亦然。

但節文小異耳。射必三次者。大射儀注云。君子之於事。始取苟能。中課有功。終用成法。教化之漸也。射用應節爲難。孔子曰。射者何以聽。循聲而發。發而不失正鵠者。其唯賢者乎。以樂節射者。卽禮射也。所謂其容體比於禮也。其節比於樂也。然則射以應節爲上。中侯次之。故論語曰射不主皮。古之道也。案淩說是也。竊以射皆三次。則賓射燕射亦當同。惜無文以明之。鄭注鄉射記。以禮射爲大射賓射燕射。不數鄉射。此其疏也。若然。論語射不主皮。當兼凡禮射。而淩氏專指鄉射者。正據馬氏此注五物之詢爲鄉大夫。且擧鄉射。明諸禮射得通之也。云一曰和志體和。二曰和容有容儀者。和容和字當衍。志體言其體。容儀言其容。所謂容體比於禮也。云三曰主皮能中質也者。質謂侯中受矢之處。卽鄉射記所云白質赤質丹質也。賓筵詩。發彼有的。毛傳。的。質也。荀子勸學篇。質的張。而弓矢至焉。質的二名一物。鄭衆馬融注周禮。並以質四寸。居於正之內是也。云四曰和頌合雅頌者。此與杜子春讀同以和爲合容爲頌也。此馬自用其所據周禮之義。亦可通也。云五曰與武與舞同也者。左氏春秋以蔡侯獻舞歸。穀梁作獻武。又禮器詔侑武方注云。武當爲舞。聲之誤也。鄭彼注以武爲聲誤。馬此注以武與舞同。則以二字通用。與鄭異也。云天子有三侯。以熊虎豹皮爲之者。天子無鄉射。此假天子大射之侯言之。明此主皮亦棲皮爲侯也。不及諸侯以下者。文見司裘。可推而知也。以熊虎豹皮爲侯。則鄭彼注謂以虎熊豹麋之皮飾其側者。蓋未然也。若鄭注鄉大夫五物以主皮爲張皮射之無侯。益非是也。云亦兼取和容者卽一日和二日容。不及和頌與武。於義未備。當用淩說補之也。

爲力不同科。古之道也。

注 馬曰。爲力。力役之事。亦有上中下。設三科焉。故曰不同科。注。爲力至同科。○正義曰。云爲力力役之事者。爲。猶效也。言效此力役之事。卽孟子所云力役之征也。云亦有上中下設三科焉者。說文。科。程也。廣雅釋言。科。條也。科。品也。周官小司徒。上地家七人。可任也者家三人。中地家六人。可任也者二家五人。下地家五人。可任也者家二人。注云。可任。謂丁彊任力役之事也。是上地中地下地有三科。又均人云。凡均力役以歲上下。豐年則公旬用三日焉。中年則公旬用二日焉。無年則公旬用一日焉。亦以年分三科。皆此注義所具也。春秋時。徵發頻仍。興築無已。不復循三科之制。故孔子思古之道也。劉敞七經小傳。不從此注。謂不主皮者。以力不同之故。則主皮之射尚力。其說亦通。

卷四

子貢欲去告朔之餼羊。注 鄭曰。牲生曰餼。禮。人君每月告朔於廟有祭。謂之朝享。魯自文公始不視朔。子貢見其禮廢。故欲去其羊。子曰。賜也。爾愛其羊。我愛其禮。注 包曰。羊存。猶以識其禮。羊亡。禮遂廢。正義曰。白虎通三正篇。朔者。蘇也。革也。言萬物革更於是故統焉。四時篇。朔之言蘇也。明消更生故言朔。說文。朔。月一日始蘇也。書大傳。夏以平旦爲朔。殷以鷄鳴爲朔。周以夜半爲朔。謂夏用寅時。殷用丑時。周用子時也。史記歷書三王之正若循環。窮則反本。天下有道。則不失紀序。無道。則正朔不行於諸侯。幽厲之後。周室微。陪臣執政。史不記時。君不告朔。君謂天子。正朔不行。則天子不復告也。漢書五行志。周衰。天子不班朔。律歷志劉歆曰。周道既衰。天子不能班朔。班朔卽告朔。史記言幽厲之後。是統東遷言之。先叔丹徒君駢枝曰。告讀如字。周禮。太史正歲年以序事。頒之於官府及都鄙。頒告朔於邦國。先鄭司農云。頒讀爲班。班。布也。以十二月朔。告布天下諸侯。孔子三朝記曰。天子告朔於諸侯。率天道而敬行之。以示威於天下也。又數夏桀商紂之惡曰。不告朔於諸侯。穀梁文六年傳曰。天子不以告朔。又十六年傳曰。天子告朔於諸侯。然則告朔云者。以上告下爲文。不以下告上爲義。天子所以爲政於天下。而非諸侯所以禮於先君也。餼之爲言乞也。謂乞與也。凡供給賓客。或以牲牢。或以禾米。生致之皆曰餼。說文。氣。饋客芻米也。從米气聲。或作餼。其見於經傳者曰饔餼。曰稍餼。曰餼牢。曰餼獻。曰餼牽。天子之於諸侯。有行禮。有告事。行禮於諸侯。若頫問賓慶賑膰賵禬之屬。大使卿。小使大夫。告事於諸侯。若冢宰布治。司徒布敎。司馬布政。司寇布刑之屬。皆常事也。以其爲歲終之常事。又所至非一國。故不使卿大夫。而使微者。行之以傳遽。達之以旌節。然後能周且速焉。諸侯以其命數禮之。或以少牢。或以特羊而已。幽王以後。不告朔於諸侯。而魯之有司。循例供羊。至於定哀之閒猶秩之。謹案此說最確。書堯典曰。敬授民時。授時。卽頒官府都鄙之制。其下分命申命。則所謂頒告朔於邦國也。宋氏翔鳳說月令季秋合諸侯制百縣爲來歲受朔日。鄭注謂百縣與諸侯互文。四方諸侯。極於天下。必三月而後畢達。故以季秋行之。非如鄭說。秦以建亥爲歲首。於是歲終也。其說良是。周官太史不言頒告朔在何時。先鄭謂以十二月朔布告天下諸侯。不知天下諸侯。斷非一月所能畢達。於義非也。許氏五經異義。諸侯歲遣大臣之京師。受十二月之正。此聽朔。於經傳無徵。天子頒告諸侯。謂之告朔。又謂之告月。春秋文公六年閏月不告月。猶朝於廟。不告月。王朝之禮失也。猶朝於廟。魯之未失禮也。公羊傳不告月者。不告朔也。曷爲不告朔。天無是月也。閏月矣。何以謂之天無是月。非常月也。穀梁傳。不告月者。何也。不告朔也。不告朔。則何爲不言朔也。閏月者。附月之餘日也。積分而成於月者也。天子不以告朔而喪事不數也。二傳意以天子閏月本不告朔。左氏則以閏月不告朔爲非禮。左氏義長。蓋不告。則諸侯或不知有閏也。至以告朔爲天子告於諸侯。三傳皆然。無異義也。諸侯視天子所頒者而行之。謂之視朔。左僖五年傳。春王正月辛亥朔。日南至。公旣視朔。遂登觀臺以望。又文十六年傳。夏五月。公四不視朔是也。又謂之聽朔。玉藻。天子玄端而朝日東門之外。聽朔於南門之外。諸侯皮弁聽朔於大廟。鄭注。以南門爲明堂。天子稱天而治。亦有聽朔之禮。與諸侯同。特天子聽朔於明堂。諸侯則於廟耳。於廟。故又謂之朝廟。春秋所云猶朝於廟是也。其歲首行之。謂之朝正。左襄二十九年傳釋不朝正於廟是也。襄公以在楚不得朝正。則是公在國時。必朝正矣。朝正卽視朔。當時天子猶頒告朔。故魯視朔之禮尚未廢。至定哀之時。天子益微弱。告朔不行。而魯之有司。猶供餼羊。故子貢欲去之。駢枝謂幽王以後。天子不告朔。此稍未審。若然。則春秋所書視朔者。將安所視耶。春秋言文公六年閏月不告月。未言常月不告月也。十六年。始書四不視朔。則明謂天子告月而文公不視之也。何休公羊注。
禮。諸侯受十二月朔政於天子。藏於太祖廟。每月朔朝廟。使大夫南面奉天子命。君北面而受之。
比時使有司先告朔。謹之至也。按何君先引禮至比時云云。似何君引申之義。所引禮當是逸禮。未
嘗言告朔。何君直以己意補入。宋氏翔鳳發微本之。反以騈枝所言爲非。然君北面受朔。是受之天
子。餼羊之禮。將安所施。宋君因謂以羊祭是朝廟。論語統朝廟於告朔。以大告朔之禮。則春秋言
文公猶朝於廟。其後朝廟未廢。當卽殺牲以祭。何以仍名爲餼。而子貢且欲去之耶。其亦未達於理
矣。金氏鶚禮說。亦引騈枝辨之。謂左傳天子無頒朔事。舍大戴記穀梁傳之明文。而求之左傳所未
言。過矣。頒告朔於邦國。載在太史。而以頒告朔。非卽告朔。義更不憭。又謂諸侯皆自爲歷。故
晉用夏正。宋用殷正。左氏言魯歷失閏。又言司歷過。是天子無頒朔事。案諸侯受所頒每月之朔。
簡册繁重。容有錯亂。魯歷之過。正緣於此。舜典所以言天子巡守。有協時月正日之事。今以司歷
過爲魯別爲歷。非也。至晉用周正。見蟋蟀之詩。宋爲殷後。當用殷正。以此致難。均未當矣。唐
石經爾作女。皇本作汝。○注。禮人至其羊。○正義曰。鄭此注非全文。臧宋輯本云。牲生曰餼。禮。
人君每月告朔於廟有祭。謂之朝享也。諸侯用羊。天子用牛。與以其告朔禮略。故用特牛。魯自文
公始不視朔。視朔之禮。已後遂廢。子貢見其禮廢。故欲去其羊也。考鄭此注。其誤有四。云牲生曰
餼者。聘禮主國使卿歸饔餼五牢。鄭注。餼。生也。春秋傳。餼臧石牛。服虔亦云牲生。是牲生曰
餼也。然餼是供給賓客。若己國宗廟。牲生稱餼。於經無徵。且諸侯受朔政。行禮於天子。何得以
一生羊爲褻。其誤一也。云禮人君每月告朔於廟有祭謂之朝享也者。此鄭君以意說禮。非禮本文有
如此也。廟者。太廟。玉藻。諸侯聽朔於太廟。鄭注周禮。何休注公羊。皆云祖廟。卽謂太祖廟。
穀梁傳注以爲禰廟。非也。鄭氏以視朔爲告朔。卽如其說。告朔亦是行禮於天子。無爲用祭。若告
朔後有祭廟之禮。此直是祭廟。魯廢告朔。不必廢祭。至朝享見周禮司尊彝職。鄭駁五經異義謂天
子諸侯告朔禮訖。然後祭於宗廟。則祭法所言天子月祭。從祖廟下至考廟。諸侯月祭。自皇考以下
是也。此則月祭宗廟之禮。與朝廟不同。秦氏蕙田五禮通考。祠禴烝嘗追享朝享。所謂六享也。宗
廟六享。乃去禘祫不數。而以請禱告朔足之。已自不倫。況月祭乃薦新之祭。與告朔朝廟何與。與
朝享祫祭又何與乎。聽朔在明堂。月祭則在五廟。朝廟行於每月。朝享閒於四時。各有攸當。何可
混三者而一之耶。金氏鶚禮說禘遷。亦謂朝廟。禮之小者。而朝享祼用虎彝蜼彝。朝踐用兩大尊。
再獻用兩山尊。其禮甚大。非朝廟可知。且朝享每月行之。又不得謂四時之閒祀。是秦氏金氏皆不
以鄭此注爲然也。愚謂朝廟卽視朔。歲首行之。則爲朝正於廟。若常月行之。亦可云朝朔於廟。今言
朝廟不言朔者。省文。此專行之太祖廟。與朝享截然不同。不知鄭君何以牽合爲一。其誤二也。云
諸侯用羊。天子用牛。與以其告朔禮略。故用特牛者。此無文。亦以意說之。玉藻注。凡聽朔。必
以特牲告其帝及神。配以文王武王。此言天子明堂之禮。然其所云天子用牛者。止以論語餼羊是諸
侯禮。故疑天子當用牛。非有他證。究之論語餼羊。是供待賓客之用。非視朔所需。其誤三也。云
魯自文公始不視朔。視朔之禮已後遂廢者。葛氏斯大學春秋隨筆。文公十六年夏五月。公四不視朔。

不視者。二月至五月耳。六月以後。復如初矣。公羊云。自是公無疾不視朔也。果爾。則經不應有四字。經有四字。必非遂不視朔也。論語駢枝云。夫謂文公始不視朔者。據十六年夏五月公四不視朔之文言之也。夫四不視朔。而謂之始不視朔可乎。四不視朔。曠也。始不視朔。廢也。曠之與廢。則必有分矣。曠四月不視朔。猶必詳其月數而具書之。而況其廢乎。變古易常。春秋之所謹也。初稅畝。作丘甲。用田賦。皆謹而書之。始不視朔。豈得不書。鄭君此言。出於公羊。彼欲遷就其大惡諱小惡書之例。因虛造此言爾。如其說自十六年二月公有疾。至十八年公薨。並閏月數之。其爲不視朔者。二十有六。而春秋橫以己意爲之限斷。書於前而諱於後。存其少而沒其多。何以爲信史乎。謹案二說。皆足正公羊及鄭注之誤。以左襄二十九年不朝正於廟觀之。可知襄公時。天子告朔。諸侯視朔。其禮尚未廢。鄭氏誤依公羊。不知辨正。其誤四也。又案鄭注始本作四。見公羊文十六年疏所引。然云視朔之禮已後遂廢。則鄭固謂文公始不視朔也。

子曰。事君盡禮。人以爲諂也。注孔曰。時事君者多無禮。故以有禮者爲諂。注。時事至爲諂。○正義曰。當時君弱臣彊。事君者多簡傲無禮。或更僭用禮樂。皆是以臣干君。盡禮者。盡事君之禮。不敢有所違闕也。時人以爲諂。疑將有所求媚於君。故王孫賈有媚奧媚竈之喻。亦以夫子是諂君也。

定公問。君使臣。臣事君。如之何。注孔曰。定公魯君謚。時臣失禮。定公患之。故問之。孔子對曰。君使臣以禮。臣事君以忠。注。定公至問之。○正義曰。定公名宋。襄公之子。昭公弟也。周書謚法解。大慮慈民曰定。安民大慮曰定。安民法古曰定。純行不爽曰定。是定爲謚也。定公承昭公之後。公室益微弱。時臣多失禮於君。故公患之。言如何君使臣臣事君。將欲求其說以救正之。爲此言者。其在孔子將仕時乎。焦竑筆乘。晏子曰。惟禮可以爲國。是先王維名分。絕亂萌之具也。定公爲太阿倒持之君。故欲坊之以禮。三家爲尾大不掉之臣。故欲教之以忠。俞氏正燮癸巳類稿。君使臣以禮。禮非儀也。晉女叔齊曰。禮。所以守其國。行其政令。無失其民。譏魯君公室四分。民食於他。不圖其終。爲遠於禮。齊晏嬰爲其君言陳氏之事。亦曰惟禮可以已之。家施不及國。大夫不收公利。禮者。君令。臣共。父慈。子孝。兄愛。弟敬。夫和。妻順。姑慈。婦聽。君令而不違。臣共而不貳。父慈而教。子孝而箴。兄愛而友。弟敬而順。夫和而義。妻柔而正。姑慈而從。婦聽而婉。禮之善物也。晉女叔論昭公。齊晏嬰告景公。皆痛心疾首之言。孔子事定公墮三都。欲定其禮。禮非恭敬退讓之謂。孔子告景公。欲其君君臣臣。若使定公承昭出之後。慕謙退之儀。是君不君矣。天地間容有迂謬。然非孔子之言也。

子曰。關雎樂而不淫。哀而不傷。注孔曰。樂不至淫。哀不至傷。言其和也。正義曰。鄭注云。關雎。國風之首篇。樂得淑女。以爲君子之好仇。不爲淫其色也。寤寐思之。哀世夫婦之道。不得此人。不爲減傷其愛也。按關雎爲周南首篇。周南亦國風也。毛傳云。關關。和聲也。雎鳩。王雎也。義本爾雅。鄭君先學魯詩魯義。今不傳。據毛說淑女。淑者。善也。后妃求此淑女以事君子。謂三夫人以下也。君子謂文王。仇與逑同。仇者。匹也。好逑。言思與之匹也。后妃樂得淑女有德有容。以共事君子。佐助宗廟之祭祀。非爲淫於色也。寤寐思之。謂詩言寤寐求之。求之不得。寤寐思服也。毛詩序云。關雎樂得淑女以配君子。憂在進賢。不淫其色。哀窈窕。思賢才。而無傷善之心焉。是關雎之義也。鄭彼注云。哀蓋字之誤也。當爲衷。衷謂中心念之。彼注破哀爲衷。則鄭以關雎無哀義也。此注云哀世夫婦之道不得此人者。此人卽淑女。求之不得。故爲可哀也。不爲減傷其愛者。減者。損也。愛者。心之所好也。言雖不得此淑女。而己愛好之心。未嘗有所減傷。則仍是哀思。與詩注義異。鄭志答劉琰問曰。論語注。人閒行久。義或宜然。故不復定以遺後說。是鄭注論語在前。其後注詩。已不用其舊義矣。先從叔丹徒君駢枝。以鄭注及毛詩篇義皆回穴難通。別爲之說曰。詩有關雎。樂亦有關雎。此章特據樂言之也。古之樂章。皆三篇爲一。傳曰。肆夏之三。文王之三。鹿鳴之三。記曰。宵雅肄三。鄉飲酒禮工入升歌三終。笙入三終。閒歌三終。合樂三終。蓋樂章之通例如此。國語曰。文王大明緜。兩君相見之樂也。左傳但曰文王兩君相見之樂。不言大明緜。儀禮合樂。周南關雎。葛覃。卷耳。召南。鵲巢。采蘩。采蘋。而孔子但言關雎之亂。亦不及葛覃以下。此其例也。樂亡而詩存。說者遂徒執關雎一詩以求之。豈可通哉。樂而不淫者。關雎葛覃也。哀而不傷者。卷耳也。關雎。樂妃匹也。葛覃。樂得婦職也。卷耳。哀遠人也。哀樂者。性情之極致。王道之權輿也。能哀能樂。不失其節。詩之教。無以加於是矣。葛覃之賦女工。與七月之陳耕織一也。季札聞歌豳。而曰美哉。樂而不淫。卽葛覃可知矣。謹案駢枝以卷耳維以不永傷。證哀而不傷。其義甚精。燕禮記升歌鹿鳴。亦以鹿鳴統四牡皇皇者華也。八佾此篇皆言禮樂之事。而關雎諸詩。列於鄉樂。夫子屢得聞之。於此贊美其義。他日又歎其聲之美盛洋洋盈耳也。

哀公問社於宰我。

正義曰。此有兩本。魯論作問主。古論作問社。莊氏述祖輯本白虎通云。祭所以有主者何。言神無所依據。孝子以主繼心焉。論語云魯哀公問主於宰我云云。宗廟之主。所以用木爲之者。木有終始。又與人相似也。蓋題之以爲記。欲令後有知者。公羊文二年傳。主者曷用。虞主用桑。練主用栗。用栗者。藏主也。何休注。爲僖公廟作主也。用桑者。取其名與其麤觕。所以副孝子之心。埋虞主於兩階之間。易用栗也。夏后氏以松云云。左文二年經。作僖公主。杜注。主者。殷人以柏。周人以栗。孔疏引此文作問主。又引張包周等並爲廟主。凡皆魯論義也。說文。宔。宗廟宔祏也。從宀主聲。宀者。交覆深屋。廟之象也。今皆省寫作主。其他祭祀所以依神者。皆得名主。叚借之義也。公羊注言宗廟之主狀正方。穿中央。達四方。天子長尺二寸。諸侯長一尺。白虎通則云方尺。或曰長尺二寸。此其制也。鄭此注云。主田主謂社主。皇疏鄭論本云問主。釋文社如字。鄭本作主。左文二年疏案古論語及孔鄭皆以爲社主。禮器祭法疏引五經異義云論語哀公問社於宰我云云。今春秋公羊說祭有主者。孝子之主繫心。夏后氏以松。殷人以柏。周人以栗。周禮說虞主用桑。練主用栗。無夏后氏以松爲主之事。許君謹案從周禮說論語所云。謂社主也。鄭氏無駁。從許義也。是古論作問社。鄭君據魯論作問主。而義則從古論爲社主。亦是依周禮說定之矣。白虎通社稷篇。王者所以有社稷何。爲天下求福報功。人非土不立。故封土立社。示有土也。又言社壇之制。天子廣五丈。諸侯半之。祭法王爲羣姓立社曰大社。王自爲立社曰王社。諸侯爲百姓立社曰國社。諸侯自爲立社曰侯社。舊說。大社國社。在庫門雉門內之右。王社侯社。在籍田。據周官小宗伯掌建國之神位。右社稷。左宗廟。右在西。劉向別錄謂在路寢之西。則大社也。周頌載芟序云。春籍田而祈社稷也。則王社也。天子諸侯別有勝國之社。爲廟屛戒。與廟相近。故左氏言閒於兩社。亦以勝國社在東。對在西之國社言也。周受殷社曰亳社。亳者。殷所都也。春秋哀公四年六月亳社災。李氏惇羣經識小以爲哀公問宰我。即在此時。蓋因復立其主。故問之。其說頗近理。鄭云田主者。周官大司徒之職。邦國都鄙。設其社稷之壝。而樹之田主。注。田主田神。后土田正之所依也。詩人謂之田祖。案后土社神。田正稷神。主以依神。故樹田神之主。而后土田正憑焉。說文。社。地主也。從示土。春秋傳曰。共工之子句龍爲社神。據左傳。則句龍爲后土。配食於社。故亦以爲社神矣。史記仲尼弟子列傳。宰予字子我。與齊闞止字同。故史公誤以宰予死陳氏難也。鄭目錄云。宰予。魯人。

宰我對曰。夏后氏以松。殷人以柏。周人以栗。曰使民戰栗。

注孔曰。凡建邦立社。各以其土所宜之木。宰我不本其意。妄爲之說。因周用栗。便云使民戰栗。

正義曰。白虎通云。夏稱后者。以揖讓受於君。故稱后。殷稱人者。以行仁義。人所歸往。案爾雅釋詁。后。君也。夏稱后。復言氏者。當以世遠別異之也。松柏栗。皆木名。所在有之。此謂社主所用之木也。五經異義曰。夏后氏都河東。宜松也。殷人都亳。宜柏也。周人都豐鎬。宜栗也。大司徒設其社稷之壝而樹之田主。各以其野之所宜木。遂以名其社與其野。注。所宜木。謂若松柏栗也。若以松爲社者。則名松社之野。以別方面。如彼注所言。是夏后氏社樹社主皆用松。殷人社樹社主皆用柏。周人社樹社主皆用栗也。俞氏正燮癸巳類稿。侯國社主用木依京師。凡主皆然也。大司徒云。設其社稷之壝而樹之田主。各以其野之所宜木。明周社樹非栗。又云遂以名其社與其野。若皆樹栗。則天下皆栗社栗野。何勞名之。俞氏之意。以松柏栗爲社主所用之木。其社樹則各以其土之所宜。不與社主同用一木。其義視鄭爲長。白虎通云。社稷所以有樹。何也。尊而識之。使民望即見敬之。又所以表功也。又引尙書逸篇曰。大社唯松。東社唯柏。南社唯梓。西社唯栗。北社唯槐。此皆社樹之制。不定是一木。亦當以其土所宜爾。鄭以社主用木。而小宗伯注。又云社之主。蓋用石爲之。蓋者。疑辭。惠氏士奇禮說。案宋史志。社以石爲主。長五尺。方二尺。剡其上。培其半。先是。州縣社主不以石。禮部以爲社稷不屋而壇。當受霜露風雨。以達天地之氣。故用石主。取其堅久。請令州縣社主用石。尺寸廣長。半大社之制。從之。崔靈恩曰。地產最實。故社主用石。鄭注及孔疏亦云然。故宋人據以爲說。淮南齊俗訓云。有虞氏社用土。夏后氏社用松。殷人社用石。周人社用栗。然則石主始於殷。周改以栗與。韓非子云。夫社主而塗之。鼠因自託也。燻之則木焚。灌之則塗陁。故患社鼠。

是古樹木爲社主而加塗焉。所謂社用土者以此。小宗伯太師立軍社肆師。師田祭社宗。社宗者。社主與遷主皆載於齊車者也。秦漢以後。載主未聞。春秋鄭入陳。陳侯擁社。擁社者。抱主以示服。若後世五尺之石主。埋其半於地。即不便於載。亦不可抱而持。然則社主。春秋以前皆用木。秦漢以後或用石與。案惠氏謂秦漢後社主用石。其說甚是。若淮南子殷人以石。與論語文異。此自傳聞之誤。惠氏謂石主始於殷。不免爲淮南所惑。社是有壇無屋。其木主平時藏於壇旁石室。癸巳類稿云。社藏主石室。左傳莊十四年正義。謂慮有非常火災。而郊特牲言大社必受霜露風雨以達天地之氣。故藏主於壇中石匰。後世埋石不爲匰。號之爲主。又云軍出。取社主以行。小宗伯所謂大師立軍社奉主車。大祝所謂太師宜於社立社主。定四年左傳云。君以軍行祓社釁鼓祝奉以從。定知社主非樹矣。鄭注小宗伯云。社主蓋用石。案鄭以軍社立主。不宜空社而行。當如守圭有瑑。許愼云。今山陽俗祠。有石主社。故以土爲壇。石是土類。或鄭以所見況之。又或鄭以禮行軍取遷廟主。則社取殷石主。非爲大社王社國社侯社主用石。賈疏不會明鄭意也。案俞氏謂軍社用石主。是就鄭意揣之。與惠氏石主不便於載之說異。當以惠說爲然。其謂取殷石主。則謂勝國之社主。軍不用命。則戮於社。罰之所施。豈能操於亡國之神。於義非也。惠氏又云。聖王建國營都。必擇木之修茂者。立以爲菆位。菆位者。社稷也。戰國策。恆思有神叢。蓋木之茂者神所憑。故古之社稷。恆依樹木。漢高祖禱豐枌榆社。社在枌榆鄉。枌榆者。白榆也。社與鄉。皆以樹名焉。慕容皝遷於龍城。植松爲社主。蔡邕所謂尊而表之。使人望見。則加畏敬也。俞氏亦謂王侯以木爲社主。民閒自以樹爲田主。引檀弓云。古之侵伐者不斬祀。注云。祀。神位有屋樹者。左傳云。陳侵鄭。木伐井堙。是近神皆有樹。不獨社然也。說苑奉使篇。楚使問齊大樹。以立國久。朝社樹大。故孟子譏時人徒以喬木爲故國。莊子人閒世云。櫟無用則爲社。淮南說林訓云。侮人之鬼者。過社而搖其枝。韓非外儲說苑政理篇並云。君亦見夫爲社者乎。樹木而塗之。並謂社樹爲神。不別立主也。錢氏大昕潛研堂文集答或問曰。神樹如戰國策神叢。莊子櫟社見夢之類。皆虛誕不足信。漢高祖禱枌榆社。注家以枌榆爲鄉名。非即立枌榆以爲社神也。社樹歲久。或能爲祟。愚民無知祠之。閩粵閒此風尤甚。三代以前。無此等淫祀也。據錢此言。則惠氏兼存社樹爲社主之說。於義難通。俞氏謂民閒以樹爲田主。與王侯以木爲社主不同。說亦歧誤。今所不從。栗爲戰栗者。爾雅釋詁。戰慄。懼也。戰本爭鬭之名。人所懼也。慄與栗同。黃鳥詩。惴惴其栗。說文鹵部云。㮚木也。从木。其實下垂。故从鹵。徐巡說木至西方戰栗。案徐義即本此文。白虎通更云夏后氏以松。松者。所以自悚動。殷人以柏。柏者。所以自迫促。周人以栗。栗者。所以自戰栗。何休公羊注又云。松猶容也。想見其容貌而事之。主人正之意也。柏猶迫也。親而不遠。主地正之意也。栗猶戰栗。謹敬貌。主天正之意也。皆本此文而附會之。復稱曰者。箸其爲引申詞也。皇本戰栗下。有也字。方氏觀旭偶記宰我戰栗之對。胡安國作春秋傳引之。用韓非書之說曰。哀公問於仲尼曰。春秋記隕霜不殺草。李梅實。何爲記之也。曰此言可殺也。夫宜殺而不殺。則李梅冬實。天失其道。草木猶干犯之。而況君乎。是故以天道言。四時失其序。則其施必悖。無以統萬象矣。以君道言。五刑失其用。則其權必喪。無以服萬民矣。

哀公欲去三桓。張公室。問社於宰我。宰我對以使民戰栗。蓋勸之斷也。仲尼則曰。成事不說。遂事不諫。既往不咎。其自與哀公言。乃以爲可殺。何也。在聖人。則能處變而不失其常。在賢者。必有小貞吉大貞凶之戒矣。愚案此時哀公與三桓有惡。觀左傳記公出孫之前。遊於陵阪。遇武伯。呼余及死乎。至於三問。是其杌隉不安。欲去三桓之心。已非一日。則此社主之問。與宰我之對。君臣密語。隱衷可想。又社陰氣主殺。甘誓云。不用命。戮於社。大司寇云。大軍旅涖戮於社。是宰我因社主之義。而起哀公威民之心。本非臆見附會。○注。凡建邦立社各以其土所宜之木。○正義曰。公羊疏謂古論語及孔鄭。皆以爲社主。今觀孔注無社主義。蓋集解刪節失之矣。

子聞之曰。成事不說。注包曰。事已成。不可復解說。遂事不諫。注包曰。事已遂。不可復諫止。既往不咎。注包曰。事已往。不可復追咎。孔子非宰我。故歷言此三者。欲使慎其後。正義曰。夫子時未反魯。聞宰我言。因論之也。方氏觀旭偶記。成事遂事。必指一事而言。左氏襄十年傳。知伯曰。女成二事而後告予。注。二事。伐偪陽封向成。可爲論語成事之證。緣哀公與宰我。俱作隱語。謀未發洩。故亦不顯言耳。其對立社之旨。本有依據。是以夫子置社主不論。但指其事以責之。蓋已知公將不沒於魯也。今案成事遂事。當指見所行事。既往。當指從前所行事。竊疑既往指平子言。平子不臣。致使昭公出亡。哀公當時必援平子往事以爲禍本。而欲聲罪致討。所謂既往咎之者也。然而祿去公室。政在大夫。已非一朝一夕之故。哀公未知使臣當以禮。又未能用孔子。遽欲逞威洩忿。冀以收已去之權。勢必不能。故夫子言此以止之。蓋知哀公之無能爲。而不可輕於舉事。此雖責宰我。亦使無禮於君者。知所懲戒而改事君矣。爾雅釋詁。咎。病也。詩伐木傳。咎。過也。引申之。凡有所過責於人。亦曰咎。○注。事已成不可復解說。○正義曰。言說以解之也。焦氏循補疏。說讀若脫。解脫與諫止互明。案解說說字。卽成事不說之說。經注似宜讀本字。○注。事已遂不可復諫止。○正義曰。廣雅釋詁。遂。竟也。言其事雖將成勢將遂竟不可復諫止之也。說文。諫。証也。証者。正其失也。白虎通諫諍篇。諫者。閑也。更也。是非相閑革更其行也。

子曰。管仲之器小哉。注言其器量小也。正義曰。史記管晏列傳。管仲夷吾者。潁上人也。左閔元年疏。管氏仲字。諡敬。名夷吾。史記太史公曰。管仲。世所謂賢臣。然孔子小之。豈以爲周道衰微。桓公既賢。而不勉之至王。乃稱霸者。新序雜事篇。桓公用管仲則小也。故至於霸。而不能以王。故孔子曰。小哉管仲之器。蓋善其遇桓公。惜其不能以王也。案霸與伯同。王伯之分。天子諸侯之異稱也。王季文王。當殷世爲西伯。伯豈不美之名哉。特桓公伯道未純。故當世多羞稱之。今謂管仲器小。由於桓公稱霸。非矣。春秋繁露精華篇。齊桓仗賢臣之能。用大國之資。於柯之盟。見其大信。一年而近國之君畢至。至於救邢衛之事。見存亡繼絕之義。而明年遠國之君畢至。其後矜功振而自足。而不修德。故楚人滅弦而志弗憂。江黃伐陳而不往救。損人之國。而執其大夫。不救陳之患。而責陳不納。不復安鄭。而必欲迫之以兵。功未良成。而志已滿矣。故曰管仲之器小哉。自是日衰。九國叛矣。法言先知篇。或曰齊得夷吾而伯。仲尼曰小器。請問大器。曰。大器猶規矩準繩乎。先自治而後治人。謂之大器。此皆以管仲驕矜失禮爲器小。無與於桓公稱霸之是非也。程氏瑤田論學小記。事功大者。必有容事功之量。堯則天而民無能名。蓋堯德如天。而即以天爲其器。夫器小者。未有不有功而伐者也。其功大者。其伐益驕。塞門反坫。越禮犯分。以驕其功。蓋不能容其事功矣。吾於管仲之不知禮。而得器小之說矣。享富貴者。必有容富貴之量。舜禹之有天下而不與。蓋舜禹之德亦如天。亦即以天爲其器。夫器小者。未有不富貴而侈者也。其富貴愈顯者。其侈益張。三歸具官。窮奢極侈。以張其富。蓋不能容其富貴矣。吾於管仲之不儉。而得器小之說矣。惠氏棟九經古義管子小匡篇。施伯謂魯侯曰。管仲者。天下之賢人也。大器也。蓋當時有以管仲爲大器者。故夫子辨之。

或曰管仲儉乎。注包曰。或人見孔子小之。以爲謂之大儉。曰管氏有三歸。官事不攝。焉得儉。注包曰。三歸。娶三姓女。婦人謂嫁曰歸。攝猶兼也。禮國君事大官各有人。大夫兼幷。今管仲家臣備職。非爲儉。

正義曰。皇本爲得儉下。有乎字。○注。三歸至爲儉。○正義曰。東周策。齊桓公宮中七市。女閭七百。國人非之。管仲故爲三歸之家。以掩桓公非。自傷於民也。列子楊朱篇。管仲之相齊也。君淫亦淫。君奢亦奢。並謂管仲取女之事。包所本也。先考典簿君秋槎雜記。天子諸侯娶妻班次有三。適也。姪也。娣也。天子娶后。三國媵之。國三人。並后本國爲十二女。諸侯娶夫人。二國媵之。並夫人本國爲九女。本國之媵。從夫人歸於夫家者也。二國之媵或與夫人同行。春秋成八年冬。衛人來媵。九年春二月伯姬歸於宋是也。或後夫人行。九年夏晉人來媵。十年夏齊人來媵是也。其本國歸女爲一次。二國各一次。故曰三歸。左傳云。同姓媵之。異姓則否。包云三姓女。非也。謹案白虎通謂卿大夫一妻二妾。不備姪娣。言不兼備也。二妾同妻以嫁曰偕行。無三歸禮。俞氏正燮癸巳類稿。諸侯三宮。祭義卜三宮之夫人。公羊傳以有西宮。亦知諸侯之有三宮也。卿大夫士一宮。禮云。命士以上。父子異宮是也。左傳云。衛太叔疾使人誘其初妻之娣。寘於犂而爲之一宮。如二妻。管子則三人者皆爲妻。列女傳。衛君死。弟立。謂夫人曰。衛。小國也。不容二庖。今管子則有三庖。古者夫家餘子受田懸殊。立一妻。則多一室家禮節之費。管子家。有三宮之費。故曰焉得儉。俞氏此言與先考說相輔。而雜引鄭文公娶於芈姜江蘇。及魯文二妃。齊桓三夫人諸文說之。則皆列國驕淫之事。多娶異姓。與諸侯不再娶之禮相違。故左氏備文譏之。不得援以說昏制也。解三歸者。言人人殊。自包注外。有可紀者。俞氏樾羣經平議。韓非子外儲說管仲父出朱蓋青衣。置鼓而歸。庭有陳鼎。家有三歸。先云置鼓而歸。後云家有三歸。是所謂歸者。卽以管仲言。謂自朝而歸其家有三處也。家有三處。則鐘鼓帷帳。不移而具。故足見其奢。且美女之充下陳者。亦必三處如一。故足爲女閭七百分謗。而取三姓女之說。或從此出也。晏子春秋雜篇。昔吾先君桓公有管仲恤勞齊國。身老。賞之以三歸。是又以三歸。爲桓公所賜。蓋猶漢世賜甲第一區之比。故因晏子辭邑。而景公舉此事以止之也。其賞之在身老之後。則娶三姓女之說。可知其非矣。下云官事不攝。亦卽承此而言。管仲家有三處。一處有一處之官。不相兼攝。是謂不攝。包氏愼言溫故錄。韓非子管仲相齊曰。臣貴矣。然而臣貧。桓公曰。使子有三歸之家。孔子聞之曰。泰侈偪上。漢書公孫宏傳。管仲相桓公有三歸。侈儗於君。禮樂志。陪臣管仲季氏三歸雍徹八佾舞庭。由此數文推之。三歸當爲僭侈之事。古歸與饋通。公羊注引逸禮云。天子四祭四薦。諸侯三祭三薦。大夫士再祭再薦。又云。天子諸侯卿大夫。牛羊豕凡三牲。曰大牢。天子元士。諸侯之卿大夫。羊豕凡二牲。曰少牢。諸侯之士特豕。然則三歸云者。其以三牲獻與。故班氏與季氏之舞佾歌雍同稱。晏子春秋內篇。公曰。昔先君桓公以管子爲有功。邑狐與穀。以共宗廟之鮮。賜其忠臣。今子。忠臣也。寡人請賜子州。辭曰。管子有一美。嬰不如也。有一惡。嬰弗忍爲也。其宗廟養鮮。終辭而不受。外篇又云。晏子老辭邑。公曰。桓公與管仲狐與穀。以爲賞邑。昔吾先君桓公有管仲恤勞齊國。身老。賞之以三歸。澤及子孫。今夫子亦相寡人。欲爲夫子三歸。澤及子孫。合觀內外篇所云。則三歸亦出於桓公所賜。內篇言以共宗廟之鮮。而外篇言賞以三歸。則三歸爲以三牲獻無疑。晏子以三歸爲管仲之一惡。亦謂其侈擬於君。案評議溫故錄二說。雖與此注異。亦頗近理。當並箸之。若翟氏灝考異。梁氏玉繩瞥記。據管子輕重丁篇。以三歸爲地名。則管子明言五衢之民。樹下談語。專務淫游。終日不歸。歸是民歸其居。豈得爲管仲所有。而遂附會爲地名耶。說苑善說篇。桓公謂管仲。政卒歸子矣。政之所不及。唯子是匡。仲故築三歸之臺。以自傷於民。此劉向誤解東周策之文。毛氏奇齡稽求篇。謂國策有宋子罕齊管仲掩蓋君非二事。宋君之非在築臺。故子罕以扑築掩之。齊桓之非在女市女閭之多。故管仲以三娶掩之。若齊桓非在多女。而仲以築臺掩之。是遮甲而障乙。其說極辨。解者不察。而舉魯莊公娶孟任。築臺臨黨氏。衞宣公納伋之妻。作新臺河上。以昏禮有築臺迎女事。雜舉亂制。入之古典。殊爲不倫。若秦穆姬登臺而哭。則天子諸侯本有觀臺在雉門上。故曰臺門。左傳所載崔杼季平子孔悝宮內之臺。皆是僭禮。故郊特牲言大夫僭臺門。不及管仲。而雜記言管仲旅樹反坫。又不及臺門。則管仲未僭臺門。而三歸之非臺明矣。癸巳類稿云。管子權修云。地闢而國貧者。舟輿飾。臺樹廣。賦斂厚也。八觀云。臺榭相望。上下相怨也。臣乘馬篇。諫立扶臺。則管仲實不築臺以傷於民。此辨致確。足以正說苑之誤。云婦人謂嫁曰歸者。說文。歸。女嫁也。婦人以夫爲家。故謂其嫁曰歸。桃夭詩之子于歸是也。云攝猶兼也者。左氏傳。羊舌鮒攝司馬。杜注。攝。兼官也。禮天子六卿。諸侯三卿。三卿下有小卿五人。所謂下大夫五人也。孟子告子下言齊桓葵丘之令曰。官事無攝。是諸侯之臣不得兼攝。故此注言國君事大。官各有人也。若大夫事少。家臣必當兼攝。禮運云。大夫具官。非禮也。是謂亂國。鄭注。臣之奢富。儗於國君。敗亂之國也。孔疏。大夫若有地者。則置官一人。用兼攝羣職。不得官官各須具足如君也。如疏所言。有地卿大夫之家。向是兼官。則無地卿大夫之家。亦兼官可知。但置官多寡。宜量事之煩簡。未必有定額。疏但謂置官一人。於情事似不合。包氏愼言溫故錄。官事者。事謂祭祀。官謂助祭之官。大夫不能備官。故祭祀之時。每以一官兼司籩事。少牢禮云。司宮概豆籩勺爵。注云。大夫攝官。司宮兼掌祭器也。疏云。下文司宮筵神席於奧。此又掌籩豆之等。故鄭云攝官。彼經又云司馬刲羊。司士擊豕。疏云。案周禮鄭注司空奉豕。司士乃司馬之屬官。今不使司空者。諸侯猶兼官。況士無官。僕隸爲司馬司士兼其職可知。故司士擊豕也。彼經又云雍人陳鼎。五疏云。按公食大夫云甸人陳鼎。鄭注云甸人冢宰之屬。兼亨人者。此大夫雍人陳鼎者。周禮甸人掌供薪蒸。與烹爨聯職相通。是以諸侯無亨人。故甸人陳鼎。此大夫無甸人。故使雍人與亨人聯職。此大夫祭祀攝官。見於經傳可考者。管氏不攝。蓋自同於諸侯。與三歸同爲宗廟僭侈之事。案溫故錄說。亦通。

然則管仲知禮乎。注包曰。或人以儉問。故答以安得儉。或人聞不儉便謂爲得禮。正義曰。皇本然則上有曰字。○注。或人聞不儉便謂爲得禮。○正義曰。左傳曰。儉。德之共也。儉是美德。而或人以不儉爲得禮者。山楄之詩。刺儉。不中禮。而晏子一狐裘三十年。遣車一乘及墓而反。有子譏其不知禮。又晏子豚肩不掩豆。澣衣濯冠而朝。君子以爲隘。是過於儉者不中禮也。過儉爲不中禮。故不儉疑爲得禮。

曰邦君樹塞門。管氏亦樹塞門。邦君爲兩君之好。有反坫。管氏亦有反坫。注鄭曰。人君別內外。於門樹屛以蔽之。反坫在兩楹之閒。若與鄰國爲好會。其獻酢之禮更酌。酌畢則各反爵於坫上。今管仲皆僭爲之。如是。是不知禮也。管氏而知禮。孰不知禮。正義曰。漢石經。邦作國。皇本孰不知禮下有也字。○注。人君至禮也。○正義曰。皇邢疏本。人君別內外十二字。誤在兩楹之閒句下。今正。宋韓本有樹屛也句在注首。爾雅釋宮。屛謂之樹。舍人注云。以垣當門蔽爲樹。郭璞注云。小牆當門中。說文。屛。蔽也。蒼頡篇。屛。牆也。明堂位注。屛謂之樹。今桴思也。刻之爲雲氣蟲獸。如今闕上爲之矣。廣雅釋宮。罘罳謂之屛。顏思古漢文紀注。罘罳謂連闕曲閣也。以覆重刻垣墉之處。其形罘罳然。一曰屛也。古今注。罘罳。屛之遺象也。漢西京罘罳合版爲之。亦築土爲之。每門闕殿舍前皆有焉。於今郡國廳前亦樹之。案周人屛制。當是用土。故亦稱蕭牆。其廟屛用木。故明堂位謂之疏屛。疏者刻也。今人家照壁。是其遺象。荀子大略篇。天子外屛。諸侯內屛。禮也。外屛不欲見外也。內屛不欲見內也。淮南主術訓。天子外屛。所以自障。是屛所以別內外也。注言人君。兼有天子諸侯。郊特牲云。臺門而旅樹反坫。大夫之僭禮也。注言此皆諸侯之禮也。旅。道也。屛謂之樹。樹所以蔽行道。管氏樹塞門。塞猶蔽也。禮。天子外屛。諸侯內屛。大夫以簾。士以帷。雜記。管仲旅樹而反坫。賢大夫也。而難爲上也。曲禮疏謂諸侯內屛在路門內。天子外屛。在路門外而近應門。江氏永鄉黨圖考。屛設於正門。天子以應門爲正門。屛在應門外。諸侯以雉門爲正門。屛在雉門內。以孔疏之說爲非。然吳語謂越王入命夫人王背屛。此屛當在路門內。或春秋時不如制矣。云反坫。反爵之坫。在兩楹之閒者。說文。坫。屛也。爾雅。垝謂之坫。廣雅釋宮。反坫謂之垿。屛者短垣。垝者毀垣。垿與序同。東西牆爲序。皆以同類相稱也。

臯疏云。坫。築土爲之。形如土堆。其說甚合禮圖。謂以木爲之。高八寸。足高二寸。漆赤中。制殊庳小。且云以木與古制乖。非也。大射儀疏。以承尊之豐與坫爲一物。亦非。禮經言坫甚多。明堂位崇坫康圭。此在堂下。全氏祖望經史問答。謂覲禮。侯氏奠圭。以在堂下。故稍崇之是也。士冠禮。爵弁皮弁緇布冠各一匴。執以待於西坫南。注。坫在堂角。士喪禮。牀第夷衾。饌於西坫南。士虞禮。苴茅之制。饌於西坫上。此堂隅之坫在西者也。大射儀。將射。上還於下。東坫之東南。旣夕記設棜於東堂下。南順齊於坫。此堂隅之坫在東者也。內則說閣之制云。士於坫一。此庋食之坫在房中也。周書作雒解。乃位五宮。太廟宗宮考宮路寢明堂。咸有四阿反坫。是反坫不止一處。反者。還也。致也。凡可以庋物皆爲反坫。反爵其一事也。孔晁注周書。以反坫爲外向室。不知所本。而黃氏日抄。全氏經史問答。據之以釋論語郊特牲諸文。可謂疏矣。爵者。飲器。韓詩說一升曰爵是也。郊特牲反坫出尊。天子之廟飾也。注。反坫。反爵之坫也。坫在尊南。言天子坫在尊南。則諸侯坫或在尊北與。尊以盛酒。爵以酌酒。此注云在兩楹之閒者。說文。楹。柱也。謂堂上東西兩柱。當前楣下也。坫在兩楹閒。此無文。鄭以意言之。金氏鶚禮說。以兩楹閒。賓主行禮處。不得設坫於此。歷引士昏禮聘禮說之。鄉飲酒尊於房戶閒。燕禮尊於東楹之西。房戶閒正當東楹。東楹之西。去楹不遠。蓋尊酒者。主人所以徵客。主人位在東階上。故設尊必在東方。然則兩君燕飲設尊。亦必在東矣。兩君敵體。與鄉飲一類。是亦宜尊於房戶之閒。與東楹相當。由是言之。反坫不在兩楹之閒明矣。或者以燕禮爲諸侯與臣下行禮事。兩君好會。與燕禮同。尊於東楹之西。是又君臣無別。禮經或言兩楹之閒。或言東楹之西。正所以別其同異。豈可混而一之。其說甚有依據。視鄭爲優矣。禮。諸侯來朝。禮畢。主君享賓於廟。燕賓於朝。故云爲好會也。會者。合也。遇也。主人酌酒進賓。謂之獻賓。飲畢。酌酒以進主人。謂之酢。主人飲畢。復自飲而後酌以勸賓。謂之酬。邢疏熊氏云。主君獻賓。賓筵前受爵。飲畢。反此虛爵於爵坫上。於西階上拜。主人於阼階上答拜。賓於坫取爵。洗爵酌以酢主人。主人受爵。飲畢。反此虛爵於坫上。主人阼階上拜。賓答拜。是賓主飲畢反爵於坫上也。而云酌畢各反爵於坫上者。文不具耳。其實當飲畢。案熊說見郊特牲疏。疏引此注作獻酬。此釋文引一本亦作酬。疑以酬字爲是。大夫無坫。以鄉飲酒禮考之。凡奠爵皆於篚。卽君與臣燕。亦但設二篚以承爵。且皆在堂下。不在堂上。是大夫不得有反坫。今管仲僭爲之。

子語魯太師樂。曰。樂其可知也。始作。翕如也。【注】太師。樂官名。五音始奏翕如盛。從之。純如也。【注】從讀曰縱。言五音旣發。放縱盡其音聲。純純和諧也。皦如也。【注】言其音節明也。繹如也。以成。【注】縱之以純如皦如繹如。言樂始作翕如而成於三。正義曰。皇本知也下有已字。成下有矣字。孔子世家。述此文在哀十一年反魯後。卽樂正雅頌得所之事。故云樂其可知。言樂正而後可知也。云始作者。爾雅釋詁。作。爲也。言始爲此樂也。鄭注云。始作。謂金奏時。聞金作。人皆翕如變動之貌。從讀曰縱。縱之。謂八音皆作。純如。咸和之矣。皦如。使淸濁別之貌。繹如。志意條達。案云始作謂金奏時者。周官鍾師掌金奏。注云。金奏。擊金以爲奏樂之節。金謂鍾及鎛是也。一云聞金作人皆翕如變動之貌者。莊氏述祖別記申此注云。國語云。鍾不過以動聲。韋注。動聲。謂合樂以金奏而八音從之。毛詩。鼓鍾欽欽。傳云。欽欽。言使人樂進也。欽翕聲相近。言變動者。亦使人樂進之意。云從讀曰縱。縱之謂八音皆作者。莊氏云。從縱通。大司樂凡六樂者。文之以五聲。播之以八音。注云。六者。言其均皆待五聲八音乃成也。大師注云。文之者。以調五聲使之相次。如錦繡之有文章。注云。播猶揚也。揚之以八音。乃可得而觀之矣。上始作。旣單言金奏。此云從之。則言八音。可知金奏始作。律呂相應。使人皆變動。樂進由是從之。以均五聲八音。而堂上堂下之樂皆作也。云純如咸和之矣者。高誘淮南原道注。純。不雜糅也。咸者。皆也。謂人聲樂聲。相應而不雜。故爲和也。樂記。審一以定和。注云。審一。審其人聲也。審一卽純如之義。謂人聲旣一。而後與樂和也。莊氏改此注咸爲感。矣爲美。非是。云皦如使淸濁別之貌也者。莊氏云。鄭注大司樂云。凡五聲。宮之所生。濁者爲角。淸者爲徵羽。樂記。倡和淸濁。注。淸謂蕤賓至應鍾。濁謂黃鍾至大呂。是十二律五聲八音。皆有淸濁。又樂記。比物以飾節。注云。比物。謂雜金革土匏之屬也。言雜八音之器。而有以別其淸濁。唯明者能之。云繹如志意條達者。莊氏云。周頌驛驛其達。箋。達。出地也。釋訓。繹繹。生也。繹驛通。言美心之感發。如草木之有生意。暢茂條達也。樂記云。志意得廣焉。孟子云。樂則生矣。生則惡可已也。惡可已。則不知足之蹈之。手之舞之。言樂至此而每變。足以致物矣。宋氏翔鳳發微云。始作。是金奏頌也。儀禮大射儀。納賓後。乃奏肆夏。樂闋後。有獻酢旅酬諸節。而後升歌。故曰從之。從同縱。謂縱緩之也。入門而金作。其象翕如變動。緩之而後升歌。重人聲。其聲純一。故曰純如。卽樂記所謂審一以定和也。繼以笙入。笙者有聲無辭。然其聲淸別。可辨其聲而知其義。故曰皦如。繼以閒歌。謂人聲笙奏。閒代而作。相尋續而不斷絕。故曰繹如。此三節皆用雅。所謂雅頌各得其所也。有此四節。而後合樂。則樂以成。合樂。卽鄉樂周南關雎葛覃卷耳召南鵲巢采蘩采蘋。燕禮大師告於樂正曰。正歌備。鄭注。正歌者。升歌及笙各三終。閒歌三終。合樂三終。爲一備。備亦成也。鄭鄉射禮注云。不歌不笙不閒。志在射。略於樂也。不略合樂者。周南召南之風。鄉樂也。不可略其正也。據此。知孔子所謂樂其可知。及謂然後樂正者。並指鄉樂。儀禮謂之正歌。如鄉射不歌不笙不閒。而合鄉樂。則告正歌備。大射有歌有笙。而不閒不合。鄉射則不告正歌備。知正歌專指鄉樂也。必如鄉樂而後備一成。故知以成是合樂也。論語於金奏至閒歌。以翕如諸言。形容其象。而於合樂。但言以成者。以合樂之象。已於樂其可知一語先出之。後言師摯之始。關雎之亂。洋洋乎盈耳哉。亦暢言合樂之象。子謂伯魚曰。人而不爲周南召南。其猶正牆面而立也與。則子之重鄉樂也至矣。案宋氏依禮爲說。視鄭氏爲確。李氏惇羣經識小。不數金奏。以始作爲升歌。純如爲笙奏。皦如爲閒歌。繹如爲合樂。不及宋說之備。故置彼錄此。詩樛木傳。成。就也。說文同。周官樂師。凡樂成則告備。注。成謂所奏一竟。燕禮記三終三成也。是樂之總爲成也。○注。太師至如咸。○正義曰。一云太師樂官名者。周官太師下大夫二人。小師上士四人。注云。凡樂之歌。必使瞽矇爲焉。命其賢知者爲太師小師。疏云。以其無目。無所睹見。則心不移於音聲。故不使有目者爲之也。案諸侯樂官。太師當止一人。此所語太師樂。應指師摯。是太師爲樂官名也。云五音始奏者。管子地員篇。凡聽宮。如牛鳴窌中。凡聽商。如離羣羊。凡聽角。如雉登木以鳴。音疾以淸。凡聽徵。如負豬豕。覺而駭。凡聽羽。如鳴馬在野。是五音之別也。云翕如盛者。說文。翕。起也。方言。翕。熾也。文選甘泉賦注。翕。赫盛貌。義皆相近。故此注以翕訓盛。○注。言其音節明也。○正義曰。音謂樂聲。節。謂樂之節目也。樂記云。文采節奏。聲之飾也。又云。比物以飾節。節奏合以成文。言明者。訓皦爲明也。義見埤蒼。

儀封人請見。注鄭曰。儀蓋衞邑。封人。官名。曰。君子之至於斯也。吾未嘗不得見也。從者見之。注包曰。從者。弟子隨孔子行者。通使得見。出曰。二三子何患於喪乎。天下之無道也久矣。天將以夫子爲木鐸。注孔曰。語諸弟子言何患於夫子聖德之將喪亡耶。天下之無道已久矣。極衰必盛。木鐸。施政教時所振也。言天將命孔子制作法度。以號令於天下。

正義曰。皇本斯下也字作者。無道下無也字。爾雅釋詁。請。謁告也。言告夫子求見也。木鐸者。周官。小宰。小司徒。小司寇。士師。宮正。司烜氏。鄉師。皆有木鐸之徇。鄭注小宰云。古者將有新令。必奮木鐸以警衆。使明聽也。木鐸。木舌也。文事奮木鐸。武事奮金鐸。疏云。以木爲舌。則曰木鐸。以金爲舌。則曰金鐸。案鼓人以金鐸通鼓。注。鐸。大鈴也。振之以通鼓。司馬職曰。司馬振鐸。是武用金鐸也。說文。鐸。大鈴也。與鄭同。法言學行篇。以木鐸爲金口木舌。其字從金。則木鐸亦是金口。惟舌用木。與金鐸全用金不同。李氏惇羣經識小。鐸如今之鈴。中有舌。以繩繫之。搖之而出聲。○注。儀蓋衞邑封人官名。○正義曰。邢疏云。鄭以左傳入於夷儀。疑與此爲一。故云衞邑。案今直隸順德府邢臺縣。山東東昌府聊城縣。並有夷儀故城。司馬彪郡國志浚儀注。引晉地道記曰。儀封人。此邑也。水經注引西征記同。浚儀。今河南開封府祥符縣。焦氏循論語補疏。謂浚儀在開封。漢屬陳留。陳留郡之長垣封丘。皆在其北。以漢縣計之。衞境止得長垣多得封丘南燕。自此而南。皆鄭宋地。使儀封人在浚儀。當今祥符蘭陽閒。雖爲由陳至衞之道。而邑非衞邑矣。案明統一志。儀城在蘭陽西北二十里。不卽封人請見處。蘭陽祥符。地本相接壤。以浚儀之名。附會爲封人所官邑。又浚儀始見郡國志。若夷儀爲尤古矣。又一統志以儀爲開封府儀封縣。地在蘭陽之東。去浚儀更遠。考儀封漢名東昏。後易東明。宋元始改今名。則謂儀卽儀封者。尤非也。夫子五至衞。第一去魯司寇。輒適衞。第二將適陳。過匡過蒲。皆不出衞境。而反乎衞。第三過曹而宋而鄭而陳。仍適衞。第四將西見趙簡子。未渡河而反衞。第五如陳而蔡而葉。復如蔡而楚。仍反乎衞。夫子之至儀邑。不知在何時。焦氏以爲由陳至衞之道。是指第三次至衞。此假設言之。閻氏若璩釋地以喪爲失位去國。是第一次適衞。並恐未然。云封人官名者。周官封人職云。掌設王之社壝爲畿封而樹之。凡封國封其四疆。造都邑之封域者亦如之。注云。畿上有封。若今時界矣。又序官注云。聚土曰封。其職則中士四人。下士八人。若侯國封人。當視以下士爲之。左傳潁谷封人。蔡封人。蕭封人。鄖陽封人。呂封人。皆此官。○注。通使得見。○正義曰。言弟子爲紹介。通之於夫子。使得見之也。左傳。伍員見鱄設諸於公子光。齊豹見宗魯於公孟。○注。何患於夫子聖德之將喪亡耶。○正義曰。錢氏坫後錄。喪讀將喪斯文之喪。卽孔此義。劉敞七經小傳以喪爲失位。閻氏若璩說同。亦通。○注。木鐸至天下。○正義曰。明堂位振木鐸於朝。天子之政也。注。天子將發號令。必以木鐸警衆。是木鐸爲施政敎時所設也。夫子不得位行政。退而刪詩書。正禮樂。修春秋。是亦制作法度也。中庸言天子方議禮制度考文。孟子亦以春秋爲天子之事。則知夫子所定之六藝。皆天子之政也。封人蓋知夫子之終無所遇。而將以言垂教。故以木鐸爲喻。法言云。天之道不在仲尼乎。仲尼駕說者也。不在茲儒乎。如將復駕其所說。則莫若使諸儒金口而木舌。李軌注。莫如使諸儒宣揚之。春秋緯。聖人不空生。必有所制。以顯天心。丘爲木鐸制天下法。皆以木鐸爲制作法度也。

子謂韶。盡美矣。又盡善也。謂武。盡美矣。未盡善也。【注】孔曰。韶。舜樂名。謂以聖德受禪。故盡善。武。武王樂也。以征伐取天下。故未盡善。

正義曰。樂記。韶。繼也。注。韶之言紹也。言舜能繼紹堯之德。又作磬。見周官大司樂。又作招。見墨子二辨伏生書傳史記舜紀漢書禮樂志。鄭此注云。韶。舜樂也。美舜自以德禪於堯。又盡善。謂太平也。武。周武王樂。美武王以此定功天下。未盡善。謂未致太平也。案漢書董仲舒傳對策曰。堯在位七十載。迺遜於位。以禪虞舜。舜因堯之輔佐。繼其統業。是以垂拱無爲而天下治。孔子曰。韶盡美矣。又盡善矣。此之謂也。仲舒此言。卽鄭君義。左襄二十九年傳。季札見舞象箾南籥者。曰。美哉。猶有憾。見舞大武者。曰。美哉。周之盛也。其若此乎。見舞韶箾者。曰。德至矣哉。大矣。如天之無不幬也。如地之無不載也。雖甚盛德。其蔑以加於此矣。觀止矣。若有他樂。吾弗敢請已。此正武樂不及韶之證。蓋舜德旣盛。又躬致太平。非武所及。故韶樂獨盡美盡善。若文王未洽於天下。則猶有憾。亦與武樂未善同也。樂記。干戚之舞。非備德也。注云。樂以文德爲備。若咸池者下引此文云云。疏云。舞以文德爲備。故云韶盡美矣。謂樂音美也。又盡善也。謂文德具也。虞舜之時。雖舞干羽於兩階。而文多於武也。謂武盡美矣者。大武之樂。其體美矣。未盡善者。文德猶少。未致太平。此疏申鄭義得之。史記封禪書言武王。天下未寧而崩。其時殷之頑民。迪屢不靜。餘風未殄。則是未致太平也。焦氏循補疏。武王未受命。未及制禮作樂。以致太平。不能不有待於後人。故云未盡善。善。德之建也。周公成文武之德。卽成此未盡善之德也。孔說較量於受禪征伐。非是。案春秋繁露楚莊王篇。文王之時。民樂其興師征伐也。故武。武者伐也。是故舜作韶而禹作夏。湯作護而文王作武。四樂殊名。則各順其民始樂於已也。又云。紂爲無道。諸侯大亂。民樂文王之怒而詠歌之也。周人德已洽天下。反本以爲樂。謂之大武。言民所始樂者武也云爾。白虎通禮樂篇。周樂曰大武。象周公之樂曰酌合。曰大武。天下始樂。用之征伐行武。故詩人歌之。王赫斯怒。爰整其旅。天下樂文王之怒以定天下。故樂其武也。然則武兼文武。左傳言見象箾南籥。則文樂不名武也。文樂名武。當出周公所稱。其實亦因武王樂得名。故左傳以大武爲武王樂。○注。以征伐取天下。故未盡善。○正義曰。顏師古董仲舒傳注。以其用兵伐紂。故有慚德。未盡善也。即此注義。

子曰。居上不寬。爲禮不敬。臨喪不哀。吾何以觀之哉。正義曰。邢疏云。此章總言禮意。案居上者。言有位者居民上。禮樂所自出也。爲禮臨喪。並指居上者言之。寬者。書皋陶謨。寬而栗。鄭注。謂度量寬宏。夫子言寬則得衆。其答子張問仁。告之以寬。是寬爲仁德。詩昊天有成命箋。寬仁。所以止苛刻也。春秋繁露仁義微篇。君子攻其惡。不攻人之惡。非仁之寬與。自攻其惡。非義之全與。此之謂仁造人。義造我。是故以自治之節治人。是居上不寬也。以治人之度自治。是爲禮不敬也。爲禮不敬。則傷行而民弗尊。居上不寬。則傷厚而民弗親。此先漢遺義。以寬爲仁德。敬爲義德也。禮謂凡賓祭鄉射諸禮也。臨喪。謂臨視他人之喪。曲禮云。臨喪不笑。又云。臨喪則必有哀色。或謂臨者哭臨。臨讀去聲。周官鬯人凡王弔臨。左傳云。臨於周廟。亦通。觀者。觀禮也。禮無足觀。斯懈於位。而民不可得而治也。

卷五　里仁第四

集解　凡二十六章

子曰。里仁爲美。擇不處仁。焉得知。注鄭曰。里者。仁之所居。居於仁者之里。是爲美。求居而不處仁者之里。不得爲有知。正義曰。說文。擇。柬選也。後漢張衡傳衡作思元賦曰。匪仁里其焉宅兮。李賢注。論語里仁爲美。宅不處仁。里宅皆居也。困學紀聞。謂論語古文本作宅。惠氏棟九經古義釋名曰。宅。擇也。擇吉處而營之。是宅有擇義。或古文作宅。訓爲擇。亦通。馮氏登府異文攷證。引劉璠梁典署宅歸仁里。亦作宅字。○注。里者至有知。○正義曰。爾雅釋詁。里。邑也。說文。里。居也。仁之所居。仁當依皇本作民。文選潘岳閑居賦注。民作人。此唐人避諱。居於仁者之里。是爲美者。大戴禮王言云。昔者明王之治民有法。必別地以州之。分屬而治之。然後賢民無所隱。暴民無所伏。使有司日省。如時考之。歲誘賢焉。則賢者親。不肖者懼。是古有別地居民之法。故居於仁里。即己亦有榮名。是爲美也。求居而不處仁者之里。不得爲有知者。此訓擇爲求也。荀子勸學篇。故君子居必擇鄉。遊必就士。所以防邪僻而近中正也。今求居不處仁者之里。是無知人之明。不得爲有知矣。鄭氏此訓。與論語古文義合。皇疏引沈居士云。言所居之里。尙以仁地爲美。況擇身所處。而不處仁道。安得智乎。案孟子公孫丑上孟子曰。矢人豈不仁於函人哉。矢人惟恐不傷人。函人惟恐傷人。巫匠亦然。故術不可不愼也。孔子曰。里仁爲美。擇不處仁。焉得智。夫仁。天之尊爵也。人之安宅也。莫之禦而不仁。是不智也。觀孟子所言。是擇指行事。況說蓋本此。於義亦通。

子曰。不仁者不可以久處約。注孔曰。久困則爲非。不可以長處樂。注孔曰。必驕佚。仁者安仁。知者利仁。注包曰。惟性仁者自然體之。故謂安仁。王曰。知仁爲美。故利而行之。正義曰。墨子經上。久。彌異時也。說文。𨱗。久遠也。隸變作長。禮記坊記注。約猶窮也。下仁之人。貧富皆不可久處。故先王制民使有恆產。既富必敎之也。安仁者。心安於仁也。利仁者。知仁爲利而行之也。二者中有所守。則可久處約。長處樂。表記子曰。仁有三。與仁同功而異情。與仁同功。其仁未可知也。與仁同過。然後其仁可知也。仁者安仁。知者利仁。畏罪者強仁。安仁是自然體合。功過皆所不計。此其仁可知。故直許之曰仁者。若利仁強仁。是與仁同功也。其仁未可知。故利仁但稱爲知也。又表記子曰。中心安仁者。天下一人而已矣。又曰。無欲而好仁者。無畏而惡不仁者。天下一人而已矣。言無欲而好仁。則與利仁者異。無畏而惡不仁。則與畏罪強仁者異。此惟安仁者能之。中庸云。或安而行之。或利而行之。或勉強而行之。及其成功一也。彼文以安行爲仁。利行爲知。勉強行爲勇。聖人均要於成功。不以誠僞苟求之也。大戴禮曾子立事云。仁者樂道。智者利道。義同。○注。惟性仁者自然體之。○正義曰。易文言傳。君子體仁。足以長人。

子曰。惟仁者能好人。能惡人。注孔曰。惟仁者能審人之所好惡。正義曰。惟。皇本宋石經宋刻九經俱作唯。凡人用情。多由己愛憎之私。於人之善不善。有所不計。故不能好人惡人也。若夫仁者。情得其正。於人之善者好之。人之不善者惡之。好惡咸當於理。斯惟仁者能之也。禮記大學云。秦誓曰。人之有技。媢嫉以惡之。人之彥聖。而違之俾不通。實不能容。以不能保我子孫黎民。亦曰殆哉。惟仁人。放流之。迸諸四夷。不與同中國。此謂惟仁人。爲能愛人。能惡人。與此文相發。荀子非十二子云。貴賢。仁也。賤不肖。亦仁也。○注。惟仁者能審人之所好惡。○正義曰。焦氏循補疏。仁者。好人之所好。惡人之所惡。故爲能好能惡。必先審人之所好所惡。而後人之所好好之。人之所惡惡之。斯爲能好能惡也。案注說頗曲。姑依焦說通之。

子曰。苟志於仁矣。無惡也。注孔曰。苟。誠也。言誠能志於仁。則其餘終無惡。正義曰。釋文。惡如字。又烏路反。案前後章皆言好惡。此亦當讀烏路。春秋繁露玉英篇難者曰。爲賢者諱皆言之。爲宣繆諱獨弗言。何也。曰。不成於賢也。其爲善不法。不可取亦不可棄。棄之則棄善志也。取之則害王法。故不棄亦不載。

以意晃之而已。苟志於仁無惡。此之謂也。又鹽鐵論刑德篇。故春秋之治獄。論心定罪。志善而違於法者免。志惡而合於法者誅。亦是此義。漢石經無也字。與繁露同。○注。苟誠至無惡。○正義曰。毛詩采苓傳。苟。誠也。皇疏云。言人若誠能志於仁。則是爲行之勝者。故其餘所行皆善。無惡行也。

子曰。富與貴是人之所欲也。不以其道得之。不處也。注孔曰。不以其道得富貴。則仁者不處。貧與賤是人之所惡也。不以其道得之。不去也。注時有否泰。故君子履道而反貧賤。此則不以其道得之。雖是人之所惡。不可違而去之。正義曰。說文。貴。不賤也。賤。賈少也。古稱有爵祿者爲貴。無爵祿者爲賤。引申之義也。富貴人所欲。貧賤人所惡。亦是言好惡也。若於不以其道之富貴則不處。不以其道之貧賤則不去。斯惟仁者能之。蓋仁者好惡。有節於內。故於富貴則審處之。於貧賤則安守之。坊記所謂君子辭貴不辭賤。辭富不辭貧者也。孟子告子上。孟子曰。欲貴者。人之同心也。人人有貴於己者。弗思耳。詩曰。既醉以酒。既飽以德。言飽乎仁義也。所以不願人之膏粱之味也。令聞廣譽施於身。所以不願人之文繡也。荀子性惡篇。仁之所在無貧窮。仁之所亡無富貴。謝氏墉校注。此言仁之所在。雖貧窮甘之。仁之所亡。雖富貴去之。並是此義。呂覽有度篇注。不以其道得之不居。畢氏沅校云。案古讀皆以不以其道爲句。此注亦當爾。論語不處。此作不居。論衡問孔刺孟兩篇並同。案後漢陳蕃傳鹽鐵論褒賢篇。亦作不居。自是齊古魯文異。呂覽注居下無也字。高麗本不去下。亦無也字。當以有也字爲是。且古讀皆至得之爲句。畢校非是。○注。不以其道得富貴則仁者不處。○正義曰。夫子謂不義而富且貴。於我如浮雲。孟子謂非其道。則一簞食。不可受於人。皆此意。○注。時有至去之。○正義曰。否者。塞也。泰者。通也。君子履道。當得富貴而反貧賤。是不以其道得之。於此當以義命自安。不可違而去之。輒妄冀得富貴也。大戴禮曾子制言中。故君子無悒悒於貧。無勿勿於賤。無憚憚於不聞。布衣不完。蔬食不飽。蓬戶穴牖。日孜孜上仁。

君子去仁。惡乎成名。注孔曰。惡乎成名者。不得成名爲君子。君子無終食之閒違仁。造次必於是。顛沛必於是。注馬曰。造次。急遽。顛沛。偃仆。雖急遽偃仆不違仁。正義曰。表記云。子曰。仁之難成久矣。唯君子能之。故此文言仁。皆舉君子也。仁既難成。故鮮能成名。君子知仁是美名。故終不去仁。所以能審處富貴。安守貧賤也。此君子。是知者利仁也。君子無終食之閒違仁者。邢疏言仁不可斯須去身。故君子無食頃違去仁道也。案終食之閒。常境也。造次顛沛。變境也。君子處常境。無須臾之閒違仁。故雖值變境。亦能依於仁行之。所以能審處富貴。安守貧賤也。此君子。是仁者安仁也。曾子制言云。昔者舜。匹夫也。土地之厚。則得而有之。人徒之衆。則得而使之。舜唯以得之也。是故君子將說富貴。必勉於仁也。昔者伯夷叔齊。仁者也。死於溝澮之閒。其仁成名於天下。夫二子者。居河濟之閒。非有土地之厚。貨粟之富也。言爲文章行爲。表綴於天下。是故君子思仁。晝則忘食。夜則忘寐。日且就業。夕而自省。以歿其身。亦可謂守業矣。案舜是以道得富貴。伯夷叔齊則不以道得貧賤。而其仁成名於天下。皆所謂安仁者也。若君子將説富貴必勉於仁。又晝夜日夕。皆是思仁。此則爲利仁也。曾子所言。最足發明此章之旨。○注。造次急遽顚沛偃仆。○正義曰。鄭注云。造次。倉卒也。倉促。與急遽義同。廣雅釋詁。𧽊䟿。造。猝也。王氏念孫疏證。𧽊䟿一字也。説文。𧽊。倉卒也。卒無猝同。𧽊之言造次也。倉卒造次。語之轉。次𧽊古同聲。故廣雅𧽊造二字。並訓爲猝。案易夬九四其行次且。釋文。次。項本亦作趑。説文及鄭作𧽊同。七私反。馬云。卻行不前也。卻行與急遽相反。文各有因也。漢書景十三王傳。河閒獻王德被服儒術。造次必於儒者。言造次與此文義同。説文。蹎。跋也。跋。蹎跋也。詩蕩篇。顚沛之揭。毛傳。顚仆沛拔。拔與跋同。考之説文。顚本訓頂。沛爲水名。皆假借也。偃仆者。説文。偃。僵也。仆。頓也。皇本及釋文本偃作僵。説文。僵。僨也。義亦同。

子曰。我未見好仁者惡不仁者。好仁者。無以尚之。注孔曰。難復加也。惡不仁者。其爲仁矣。不使不仁者加乎其身。注孔曰。言惡不仁者。能使不仁者不加非義於己。不如好仁者。無以尚之爲優。有能一日用其力於仁矣乎。我未見力不足者。注孔曰。言人無能一日用其力修仁者耳。我未見欲爲仁而力不足者。蓋有之矣。我未之見也。注孔曰。謙不欲盡誣時人。言不能爲仁。故云爲能有爾。我未之見也。正義曰。其爲仁矣。爲仁卽用力於仁也。矣者。起下之辭。王氏引之經傳釋詞。矣也一聲之轉。三國志顧歡傳引其爲仁也。矣者。加者。呂覽孝行自知篇注。加。施也。有能一日用其力於仁者。申言爲仁之事也。夫子言力不足者。中道而廢。又表記子曰。鄉道而行。中道而廢。忘身之老也。不知年數之不足也。俛焉日有孳孳。斃而後已。並言爲仁實用其力。惟力已盡。身已斃。而學道或未至。方是中道而廢。其廢也。由於年數不足。有不得不廢者也。如是而後謂之力不足。是誠不足也。若此身未廢。而遽以力不足自諉。是卽夫子之所謂畫矣。夫仁。人心也。人卽體質素弱。而自存其心志之所至。氣亦至焉。豈患力之不足。故曰我欲仁。斯仁至矣。一日克己復禮。天下歸仁焉。一日者。期之至近而速者也。蓋有之者。言此用力於仁人必有耳。但我未之得見。蓋是語辭。不是疑辭。漢石經我未見好仁下無者字。皇本用其力於仁下有者字。又力不足者下有也字。蓋有之矣。矣作乎。○注。難復加也。○正義曰。説文。尚。曾也。曾。會也。會與增同。故注訓加。皇疏引李充曰。所好惟仁。無物以尚之也。○注。言惡至爲優。○正義曰。注以經言好仁者惡不仁者。是就兩人説之。惡不仁者不如好仁者爲優。意以惡不仁者。或是利仁強仁。甚好仁者。則是安仁也。

子曰。人之過也。各於其黨。觀過。斯知仁矣。【注】孔曰。黨。黨類。小人不能爲君子之行。非小人之過。當恕而勿責之。觀過使賢愚各當其所。則爲仁矣。正義曰。皇本人作民。各於其黨者。皇疏引殷仲堪曰。言人之過失。各由於性類之不同。直者以改邪爲義。失在於寡恕。仁者以惻隱爲誠。過在於容非。是也。表記。子曰。仁之難成久矣。人人失其所好。故仁者之過易辭也。注。辭猶解說也。仁者恭儉。雖有過不甚矣。明言仁道難成。仁者雖有過。不失其爲仁也。又子曰。仁有三。與仁同功而異情。與仁同功。其仁未可知也。與仁同過。然後其仁可知也。仁者安仁。知者利仁。畏罪者強仁。注云。三謂安仁也。利仁也。強仁也。利仁強仁。功雖與安仁者同。本情則異。功者。人所貪也。過者。人所辟也。在過之中。非其本情者。或有悔者焉。案表記此文。最足發明此章之義。漢書外戚傳。燕王上書言子路喪姊。期而不除。後漢書吳祐傳言嗇夫孫性私賦民錢。市衣進父。南史張裕傳言張岱母年八十。籍注未滿。便去官還養。三傳皆引此文矣之。惟吳祐傳作知人。人與仁通用字。〇注。黨黨至仁矣。〇正義曰。禮記仲尼燕居注。黨。類也。亦常訓。焦氏循補疏申此注云。各於其黨。卽是觀過之法。此爲莅民者示也。皇侃云。猶如耕夫不能耕。乃是其失。若不能書。則非耕夫之失也。此說黨字義最明。案注說甚曲。焦氏不免曲徇。且知仁因觀而知。則仁卽過者之仁。而孔以爲觀者知仁術。亦誤。

子曰。朝聞道。夕死可矣。【注】言將至死不聞世之有道。正義曰。爾雅釋詁。朝。早也。說文。朝。旦也。夕。莫也。从月半見。朝夕言時至近。不踰一日也。聞道者。古先聖王君子之道。已得聞知之也。聞道而不遽死。則循習諷誦。將爲德性之助。若不幸而朝聞夕死。是雖中道而廢。其賢於無聞也遠甚。故曰可矣。新序雜事篇載楚共王事。晉書皇甫謐傳載謐語。皆謂聞道爲已聞道。非如注云聞世之有道也。漢石經。矣作也。

子曰。士志於道。而恥惡衣惡食者。未足與議也。正義曰。白虎通爵篇。士者。事也。任事之稱也。故傳曰通古今辨然不謂之士。案士居四民之首。其習於學有德行道藝者始出仕。亦謂之士。故士爲學人進身之階。荀子儒效篇。匹夫問學。不及爲士。則不教也。聖門弟子來學時多未仕。故夫子屢言士。而子張子貢亦問士。皆循名責實之意。記言士先志。孟子言士尙志。又言士志仁義。大人之事備仁義。卽此文所云道也。士志於道。故當議道。說文。議。語也。廣雅釋詁。議。言也。與是夫子與之。夫子以道設教。故云與也。士旣志道。而以口體之養不若人爲恥。必不能免。故言未足與議以絕之也。

子曰。君子之於天下也。無適也。無莫也。義之與比。正義曰。言天下者。謂於天下之人與事也。無適無莫者。釋文云。適。鄭作敵。莫。鄭音慕。無所貪慕也。惠氏棟九經古義。禮記雜記計於適者。鄭注云。適讀爲匹敵之敵。史記范雎傳。攻適伐國。田單傳。適人開戶。李斯傳。羣臣百官。皆畔不適。徐廣皆音征敵之敵。荀卿子君道篇云。天子四海之內無客禮。告無適也。注。讀爲敵。由惠氏所引證觀之。是適敵通用。鄭所見本作敵。不知其義云何。至釋文於莫字。引鄭音慕。其下無所貪慕。必亦鄭注之義。馮氏登府異文攷證。莫慕一聲之轉。一切經音義維摩詰經上適莫注。安適主適也。亦敵也。莫猶慕也。敵慕二訓。當亦本鄭注。竊謂敵。當即仇敵之義。無敵無慕。義之與比。是言好惡得其正也。鄭氏專就事言。後漢書劉梁傳。梁著和同論云。夫事有違而得道。有順而失義。有愛而爲害者。有惡而爲美。其故何乎。蓋明智之所得。闇僞之所失也。是以君子之於事也。無適無莫。必考之以義焉。此義當與鄭合。又李固傳。子燮所交。皆舍短取長。成人之美。時潁川荀爽賈彪。雖俱知名而不相能。燮並交二子。情無適莫。白虎通諫諍篇。君所以不爲臣隱何。以爲君之於臣。無適無莫。義之與比。賞一善而衆臣勸。罰一惡而衆臣懼。風俗通十反篇。蓋人君者。闢門開窗。號咷博求。得賢而賞。聞善若驚。無適也。無莫也。諸文解適莫。皆就人言。皇疏引范寧曰。適莫。猶厚薄也。比。親也。君子與人無有偏頗厚薄。唯仁義是親也。范氏意似以適爲厚。莫爲薄。故邢疏即云適厚也。莫薄也。此與鄭氏義異。疑李固傳及白虎通風俗通皆如此解。則亦論語家舊說。於義並得通也。至邢疏又云。言君子於天下之人。無問富厚窮薄。但有義者。則與之爲親。其義淺陋。不足以知聖言矣。皇本有注云。言君子之於天下。無適無莫。無所貪慕也。唯義之所在也。案無所貪慕。乃鄭君解無莫之義。與無適句無涉。此注必妄人所增。

子曰。君子懷德。注孔曰。懷。安也。小人懷土。注孔曰。重遷。君子懷刑。注孔曰。安於法。小人懷惠。注包曰。惠。恩惠。正義曰。爾雅釋詁。懷。思也。說文。懷。思念也。君子己立立人。己達達人。愛恩成己將以成物。所思念在德也。管子心術篇。化育萬物謂之德。又正篇云。愛之生之。養之成之。利民不德。天下親之曰德。此德爲君子所懷也。小人惟身家之是圖。饑寒之是恤。故無恆產。因無恆心。所思念在土也。爾雅釋言。土。田也。說文。土。地之吐生萬物者也。先王制民之產。八家同井。死徙無出鄉。必使仰足事父母。俯足畜妻子。能後驅而之善。小人之依矣。懷刑。則日儆於禮法。而不致有匪僻之行。此君子所以爲君子也。小人惡不畏法。所謂能知以刑齊民。不能使民恥也。書皐陶謨云。安民則惠。黎民懷之。是小人所懷在恩惠也。夫君子自治以治人者也。小人待治於人者也。知所以自治以治人。則好善惡不善。勿能已矣。知所以待治於人。則先富後教。處之必有道矣。○注。懷安也。○正義曰。詩終風雄雉揚之水箋。並云。懷。安也。文選登樓賦注。引此注作懷思也。以下句安於法例之。思字誤。○注。重遷。○正義曰。爾雅釋詁。

遷。徙也。言小人以遷徙爲重難也。亦懷居之意。漢書元帝紀詔曰。安土重遷。黎民之性。○注。惠恩惠。○正義曰。荀子王制注同。說文。惠。仁也。

子曰。放於利而行。多怨。注孔曰。放依也。每事依利而行。取怨之道。正義曰。此爲在位好利者箴也。利者。財貨也。怨者。說文云恚也。荀子大略篇。故義勝利者爲治世。利克義者爲亂世。上重義。則義克利。上重利。則利克義。故天子不言多少。諸侯不言利害。大夫不言得喪。士不通貨財。有國之君。不息牛羊。錯質之臣。不息雞豚。冢卿不修幣。大夫不爲場圃。從士以上。皆羞利而不與民爭業。樂分施而恥積臧。故民不困財。貧窶者有所竄其手。皆言在上位者。宜知重義。不與民爭利也。若在上者放利而行。以利壅於上。民困於下。所謂長國家而務財用。必使菑害並至。故民多怨之也。周語芮良夫曰。夫利。百物之所生也。天地之所載也。而或專之。其害多矣。天地百物。皆將取焉。胡可專也。所怨甚多。而不備大難。○注。放。依也。○正義曰。鄭注天官食醫儀禮少牢饋食有此訓。漢書公孫賀等傳贊引桓寬鹽鐵論曰。桑大夫不師古。始放於末利。師古注。放。縱也。謂縱心於利也。一說。放。依也。案放縱義。亦通。

子曰。能以禮讓爲國乎。何有。注何有者。言不難。不能以禮讓爲國。如禮何。注包曰。如禮何者。言不能用禮。正義曰。讓者。禮之實。禮者。讓之文。先王慮民之有爭也。故制爲禮以治之。禮者。所以整壹人之心志。而抑制其血氣。使之咸就於中和也。爲國者。爲猶治也。管子五輔篇。夫人必知禮。然後恭敬。恭敬然後尊讓。尊讓然後少長貴賤。不相踰越。少長貴賤而不相踰越。故亂不生而患不作。故曰禮不可不謹也。禮記禮運曰。何謂人情。喜。怒。哀。懼。愛。惡。欲。七者弗學而能。何謂人義。父慈。子孝。兄良。弟弟。夫義。婦聽。長惠。幼順。君仁。臣忠。十者謂之人義。講信修睦。謂之人利。爭奪相殺。謂之人患。故聖人之所以治人七情。修十義。講信修睦。尙辭讓。去爭奪。舍禮何以治之。左襄十三年傳。君子曰。讓。禮之主也。世之治也。君子尙能而讓其下。小人農力以事其上。是以上下有禮。而讒慝黜遠。由不爭也。謂之懿德。及其亂也。君子稱其功以加小人。小人伐其技以馮君子。是以上下無禮。亂虐並生。由爭善也。謂之昏德。國家之敝。恆必由之。諸文並足發明此章之義。後漢劉愷傳。賈逵上書引此文。作能以禮讓爲國。於從政乎何有。列女傳曹世叔妻上疏。引亦同此。疑出齊古文異。○注。何有言不難。○正義曰。後漢列女傳注。何有言若無有。是其不難也。

子曰。不患無位。患所以立。不患莫己知。求爲可知也。注包曰。求善道而學行之。則人知己。正義曰。周官大宰八則。四曰祿位以馭其士。注。爵次也。立者。立乎其位也。患所以立。猶言患無所以立。下篇其未得之也。患得之。亦謂患不得之。皆語之急爾。潛夫論貴忠篇引此文作患己不立。當是以義增成。或謂立與位同。上二句兩位字。與下二句兩知字。文法一例。漢石經春秋公卽位作卽立。周官小宗伯掌建國之神位。故書位作立。鄭司農云。古立位同字。患所以位。謂患己所以稱其位者。此說亦通。案不患無位。患所以立。就蒞官時言之。不患莫己知。求爲可知。就爲學時言之。荀子非十二子篇。君子能爲可貴。不能使人必貴己。能爲可信。不能使人必信己。能爲可用。不能使人必用己。故君子恥不修。不恥見汙。恥不信。不恥不見信。恥不能。不恥不見用。是以不誘於譽。不恐於誹。率道而行。端然正己。不爲物傾側。夫是之謂誠君子。皇本己字下有也字。

子曰。參乎。吾道一以貫之。曾子曰。唯。【注】孔曰。直曉不問。故答曰唯。

正義曰。參者。曾子名。說文森字。讀若曾參之參。則參森音同。其字子輿。則取三人同輿義也。曾子時與門人同侍夫子。深知聖道。故夫子呼告之也。一以貫之者。焦氏循雕菰樓集曰。孔子言吾道一以貫之。曾子曰。忠恕而已矣。然則一貫者。忠恕也。忠恕者何。成己以及物也。孔子曰。舜其大知也與。舜好問而好察邇言。隱惡而揚善。執其兩端。用其中於民。孟子曰。大舜有大焉。善與人同。舍己從人。樂取於人以爲善。舜於天下之善。無不從之。是眞一以貫之。以一心而容萬善。此所以大也。又云。孟子曰。物之不齊。物之情也。惟其不齊。則不得以己之性情。例諸天下之性情。卽不得執己之所習所學所知所能。例諸天下之所習所學所知所能。故有聖人所不知而人知之。聖人所不能而人能之。知己有所欲。人亦各有所欲。己有所能。人亦各有所能。聖人盡其性以盡人物之性。因材而敎育之。因能而器使之。而天下之人。共包函於化育之中。致中和。天地位焉。萬物育焉。是故人之有技。若己有之。保邦之本也。己所不知。人其舍諸。舉賢之要也。知之爲知之。不知爲不知。力學之基也。克己則無我。無我則有容天下之量。有容天下之量。以善濟善。而天下之善揚。以善化惡。而天下之惡亦隱。貫者。通也。所謂通神明之德。類萬物之情也。惟事事欲出乎己。則嫉忌之心生。嫉忌之心生。則不與人同而與人異。不與人同而與人異。執一也。非一以貫之也。孔子又謂子貢曰。女以予爲多學而識之者與。曰。然。非與。曰。非也。予一以貫之。聖人惡夫不知而作者曰。多聞擇其善者而從之。多見而識之。知之次也。次者。次乎一以貫之者也。多學而後多聞多見。多聞多見。則不至守一先生之言。執一而不博。然多仍在己。未嘗通於人。未通於人。僅爲知之次。而不可爲大知。必知舜之舍己從人。而知乃大。不多學。則蔽於一曲。雖兼陳萬物。而縣衡無其具。乃博學則不能皆精。吾學焉。而人精焉。舍己以從人。於是集千萬人之知。以成吾一人之知。此一以貫之。所以視多學而識者爲大也。孔子非不多學而識。多學而識。不足以盡。若曰。我非多學而識者也。是一以貫之者也。多學而識。成己也。一以貫之。成己以及物也。僅多學而未一貫。得其半。未得其全。故非之。又廣雅釋詁。貫。行也。王氏念孫疏證。衞靈公篇。子貢問曰。有一言而可以終身行之者乎。子曰。其恕乎。里仁篇。子曰。吾道一以貫之。一以貫之。卽一以行之也。荀子王制篇云。爲之貫之。貫亦爲也。漢書合永傳云。以次實行。固執無違。後漢書光武十王傳云。奉承貫行。貫亦行也。爾雅。貫。事也。以事與行。義相近。故事謂之貫。亦謂之服。行謂之服。亦謂之貫矣。阮氏元揅經室集曰。吾道一以貫之。此言孔子之道。皆於行事見之。非徒以文學爲教也。一與壹同。後漢馮緄傳淮南說山訓曾子心術篇。皆訓一爲專。大戴衞將軍荀子勸學臣道後漢書順帝紀。皆訓一爲皆。荀子大略左昭二十六年穀梁僖九年禮記表記大學。皆訓壹爲專。一以貫之。猶言壹是皆以行事爲教也。弟子不知所行爲何道。故曾子曰。夫子之道。忠恕而已矣。又云。子貢之一貫。亦當訓爲行事。此夫子恐子貢但似多學而識學聖人。而不於行事學聖人也。夫子於曾子則直告之。於子貢則略加問難而出之。卒之告子貢曰。予一以貫之。亦謂壹是皆以行事爲教也。亦即忠恕之道也。案一貫之義。自漢以來。不得其解。若焦與王阮二家之說。求之經旨。皆甚合。故並錄存之。皇本貫之下有哉字。○注。直曉不問故答曰唯。○正義曰。唯。即是答。故以答明之。說文。唯。諾也。曲禮記。唯而不諾。注。應辭。唯恭於諾。

子出。門人問曰何謂也。曾子曰。夫子之道。忠恕而已矣。

正義曰。門人者。謂受學於夫子之門之人也。下篇子路使門人爲臣。門人欲厚葬之。門人不敬子路。又孟子言門人治任將歸。皆是夫子弟子。惟曾子謂門弟子。則曾子門人。子夏之門人。問交於子張。則子夏弟子也。忠恕者。周語云。中能應外。忠也。曾子大孝云。忠者。中此者也。周官大司徒注。忠。言以中心。賈子道術。以己量人謂之恕。大戴記小辨云。知忠必知中。知中必知恕。知恕必知外。知外必知德。又曰。內思畢心曰知中。中以應實曰知恕。曾子立孝篇。曾子曰。君子立孝。其忠之用也。禮之貴也。故爲人子而不能孝其父者。不敢言人父不能畜其子者。爲人弟而不能承其兄者。不敢言人兄不能順其弟者。爲人臣而不能事其君者。不敢言人君不能使其臣者。禮中庸曰。子曰。忠恕違道不遠。施諸己而不願。亦勿施於人。君子之道四。丘未能一焉。所求乎子以事父。未能也。所求乎臣以事君。未能也。所求乎弟以事兄。未能也。所求乎朋友。先施之。未能也。庸德之行。庸言之謹。有所不足。不敢不勉。有餘。不敢盡。言顧行。行顧言。君子胡不慥慥爾。二文言忠恕之義最顯。蓋忠恕理本相通。忠之爲言中也。中之所存。皆是誠實。大學所謂誠意毋自欺也。即是忠也。中庸云。誠者。非自成己而已也。所以成物也。中庸之誠。即大學之誠意。誠者實也。忠者亦實也。君子忠恕。故能盡己之性。盡己之性。故能盡人之性。非忠則無由恕。非恕亦奚稱爲忠也。說文訓恕爲仁。此因恕可求仁。故恕即爲仁。引申之義也。是故仁者。己欲立而立人。己欲達而達人。己立己達。忠也。立人達人。恕也。二者相因。無偏用之勢。而已矣者。無餘之辭。自古聖賢至德要道。皆不外忠恕。能行忠恕。便是仁聖。故夫子言忠恕違道不遠也。忠恕之道。即一以貫之之道。故門人聞曾子此言。不復更問矣。宋相臺本岳本此節下有集解云。忠以事上。恕以接下。本一而已。惟其人也。其注諸本並無。蓋後人所增。

子曰。君子喻於義。小人喻於利。【注】孔曰。喻猶曉也。

正義曰。包氏愼言溫故錄。大雅瞻卬如賈三倍。君子是識。箋云。賈物而有三倍之利者。小人所宜知也。君子知之。非其宜也。孔子曰。君子喻於義。小人喻於利。案如鄭氏說。則論語此章。蓋爲卿大夫之專利者而發。君子小人以位言。范寧曰。棄貨利而曉仁義。則爲君子。曉貨利而棄仁義。則爲小人。見皇侃義疏。與鄭箋意同。董子對策曰。古之所予祿者。不食於力。不動於末。故利可均布。而民可家足。公儀子相魯。見其家織帛。怒而出其妻。食於舍而茹葵。慍而拔其葵。曰。吾已食祿。又奪園夫女紅利乎。古之賢人君子在列位者皆如是。及周之衰。其卿大夫緩於誼而急於利。故詩人刺之曰。節彼南山。維石巖巖。赫赫師尹。民具爾瞻。爾好義。則民向仁而俗善。爾好利。則民向邪而俗敗。由是觀之。天子大夫。下民之所視傚。豈可居賢人之位。而爲庶人行哉。夫皇皇求利。惟恐匱乏者。庶人之意也。皇皇成仁義。常恐不能化民者。卿大夫之意也。觀董子此言。可知鄭說之約而該矣。焦氏循雕菰樓文集。荀子王制篇。古者雖王公卿士大夫之子孫。不能屬於禮義。則歸之庶人。雖庶人之子孫。積文學。正身行。能屬於禮義。則歸之卿士大夫。案卿士大夫。君子也。庶人。小人也。貴賤以禮義分。故君子小人。以貴賤言。卽以能禮義不能禮義言。能禮義故喻於義。不能禮義故喻於利。無恆產而有恆心者。惟士爲能。君子喻於義也。若民。則無恆產。因無恆心。小人喻於利也。惟小人喻於利。則治小人者。必因民之所利而利之。故易以君子孚於小人爲利。君子能孚於小人。而後小人乃化於君子。此教必本於富。驅而之善。必使仰足事父母。俯足畜妻子。儒者知義利之辨。而舍利不言。可以守己。而不可以治天下之小人。小人利而後可義。君子以利天下爲義。孔子此言。正欲君子之治小人者。知小人喻於利。○注。喻猶曉也。○正義曰。禮記文王世子注同。淮南主術修務訓注。喻。明也。明曉義同。

子曰。見賢思齊焉。見不賢而內自省也。注包曰。思與賢者等。正義曰。鄭注云。省。察也。案省察己得無然也。察常訓。荀子修身篇。見善修然。必以自存也。見不善愀然。必以自省也。卽此章之義。○注。思與賢者等。○正義曰。鄭注云。齊。等也。與包同。

子曰。事父母幾諫。見志不從。又敬不違。勞而不怨。注包曰。幾者。微也。當微諫納善言於父母。見志。見父母志有不從己諫之色。則又當恭敬。不敢違父母意而遂己之諫。正義曰。說文云。諫。証也。謂以言正之也。白虎通諫諍云。諫者。閒也。更也。是非相閒革更其行也。孝經云。父有爭子。則身不陷於不義。是父母有過。人子當諫止之也。勞而不怨者。王氏引之經義述聞。勞。憂也。高誘注淮南精神篇曰。勞。憂也。凡詩言實勞我心。勞心忉忉。勞心慱慱。勞人草草之類。皆謂憂也。論語勞而不怨。承上見志不從而言。亦謂憂而不怨也。曲禮曰。三諫而不聽。則號泣而隨之。可謂憂矣。皇侃疏引內則撻之流血。不敢疾怨。以爲證。案撻之流血。非勞之謂也。邢昺疏曰。父母使己以勞辱之事。己當盡力服其勤。不得怨父母。則又與上文幾諫之事無涉。胥失之矣。孟子萬章篇曰。父母愛之。喜而不忘。父母惡之。勞而不怨。勞與喜相類。亦謂憂而不怨也。案王說是也。祭義。父母愛之。喜而不忘。父母惡之。懼而不怨。懼憂義同。勞而不怨。謂憂父母之不從。更思進諫也。皇本敬下有而字。○注。幾者至之諫。○正義曰。易繫辭傳。幾者。動之微。說文。幾。微也。坊記子云。從命不忿。微諫不倦。勞而不怨。可謂孝矣。微諫即幾諫。此注言微諫。當即本坊記。鄭彼注云。微諫不倦者。子於父母尚和順。不用鄂鄂。又檀弓云。事親有隱而無犯。鄭注云。無犯。不犯顏而諫。論語曰。事父母幾諫。合鄭兩注觀之。是微諫爲和順之義。內則所云父母有過。下氣怡色。柔聲以諫。是也。納善言於父母者。謂所諫之辭。皆是善言。所謂諭父母於道也。見志。見父母志有不從己諫之色者。言父母志不可見。但見父母色。知其志也。則又當恭敬云云者。內則云。諫若不入。起敬起孝。說則復諫。不說。與其得罪於鄉黨州閭。寧孰諫。是子諫父母不從。當益加孝敬。思復進諫，不可遽違父母意。徑情直行。但欲遂己之諫。不計父母之恥怒也。祭法云。父母有過。諫而不逆。鄭注。順一而諫之。不逆與不違義同。蓋不違亦是幾諫。非不敢違父母意。遂不諫也。白虎通諫諍云。子諫父。父不從。不得去者。父子一體。而分無相離之法。猶火去木而滅也。論語事父母幾諫。又敬不違。白虎通引此文。以不違爲不去。即內則所云不說則孰諫。必待親從諫而後已。己不得違而去之也。此與包注義別。亦通。

子曰。父母在。不遠游。游必有方。注鄭曰。方猶常也。正義曰。皇本不遠上有子字。詩板傳。遊。行也。此常訓。吳氏嘉賓說。必有方者。亦非遠遊也。雖近且必有其所常至。使家人知之。曲禮曰。所遊必有常。是也。案玉藻云。親老。出不易方。義與此同。邢疏云。遊必有常所。使父母呼己。得即知其處也。設若告云詣甲。則不得更詣乙。恐父母呼己於甲處。不見。則使父母憂也。○注。方猶常也。○正義曰。鄭注檀弓禮器並同。

子曰。三年無改於父之道。可謂孝矣。注鄭曰。孝子在喪。哀慼思慕。無所改於父之道。非心所忍爲。正義曰。釋文曰。此章與學而篇同。當是重出。陳氏鱣古訓曰。漢石經亦有此章。當是弟子各記所聞。故鄭注之。案論語中重出者數章。自緣聖人屢言及此。故記者隨文記之。春秋繁露祭義篇。孔子曰。書之重。辭之復。嗚呼。不可不察也。其中必有美者焉。○注。鄭曰至忍爲。○正義曰。釋文云。學而是孔注。今此是鄭注。本。或二處皆有集解。或有無者。

子曰。父母之年。不可不知也。一則以喜。一則以懼。注孔曰。見其壽考則喜。見其衰老則懼。正義曰。喜懼者。說文云。喜。樂也。懼。恐也。皇疏引李充曰。孝子之事親也。養則致其樂。病則致其憂。憂樂之情深。則喜懼之心篤。然則歡樂以排憂。進歡而去慼者。其惟知父母之年乎。豈徒知年數而已哉。貴其能稱年而致養也。是以惟孝子爲能達就養之方。盡將從之節。喜於康豫。懼於失和。孝子之道備也。○注。孔曰至則懼。○正義曰。釋文云。此章注或云孔注。或云包氏。又作鄭玄語辭。
未知孰是。

子曰。古者言之不出。恥躬之不逮也。【注】包曰。古人之言。不妄出口。爲身行之將不及。正義曰。爾雅釋詁。躬。身也。逮。及與也。釋言。逮。及也。並常訓。禮緇衣云。子曰。言從而行之。則言不可飾也。行從而言之。則行不可飾也。故君子寡言而行。以成其信。則民不得大其美而小其惡。義與此章相發。皇本作古之者言之不妄出也。

子曰。以約失之者鮮矣。【注】孔曰。俱不得中。奢則驕佚招禍。儉約無憂患。正義曰。約卽曾子守約之約。趙氏佑溫故錄。賁盡飾受以剝。節當位受以孚。君子損益盈謙。與時消息。於謙得六爻之吉。於豐塵日中之憂。天道人事。未有不始於約終於約者。約而爲泰則無恆。泰而能約故可久。曲禮曰。敖不可長。欲不可從。志不可滿。樂不可極。皆言約之道也。武氏億經讀考異。此凡兩讀。以約爲句。失之者鮮矣爲句。又以約失之者爲句。鮮矣爲句。並通。○注。俱不至憂患。○正義曰。注謂約卽儉也。奢則不孫。儉則固。二者俱不得中。而約可免憂患。故其失鮮。易象傳。天地不交否，君子以儉德辟難。表記子曰。夫恭近禮。儉近仁。信近情。敬讓以行。此雖有過。其不甚矣。夫恭寡過。情可信。儉易容也。以此失之者。不亦鮮乎。義與此文相證。

子曰。君子欲訥於言而敏於行。【注】包曰。訥。遲鈍也。言欲遲而行欲疾。注。訥遲鈍也。○正義曰。說文云。訥。言難也。廣雅釋詁。訥。遲也。玉篇引論語作吶。以吶爲訥之或體。說文。㕯。言之訥也。㕯在口部。訥在言部。字異義同。檀弓。其言吶吶然。如不出諸其口。注。吶吶。舒小貌。亦遲鈍之義。釋文引鄭注云。言欲難意。與包同。

子曰。德不孤。必有鄰。【注】方以類聚。同志相求。故必有鄰。是以不孤。正義曰。張栻解云。德立於己。則天下之善斯歸之。蓋不孤也。如善言之集。良朋之來。皆所謂有鄰也。至於天下歸仁。是亦不孤而已矣。案張解深合經旨。易坤文言曰。君子敬以直內。義以方外。敬義立而德不孤。言內外皆有所立。故德不孤。不孤者。言非一德也。韓詩外傳。齊桓公遇麥丘之封人。謂其善祝曰。至德不孤。善言必再。又曰。至德不孤。善言必三。義尤明顯。必有鄰者。言己有德。則有德之人。亦來歸也。鹽鐵論論誹篇。引此文說之云。故湯興而伊尹至。不仁者遠矣。未有明君在上。而亂臣在下也。漢書董仲舒傳。臣聞天之所大奉使之王者。必有非人力所能致而自至者。此受命之符也。天下之人。同心歸之。若歸父母。故天瑞應誠而至。書曰。白魚入於王舟云云。此蓋受命之符也。孔子曰。德不孤。必有鄰。皆積善累德之效也。此引論語爲人同心歸之之證。積善累德。卽釋不孤義也。皇疏又一云鄰。報也。言德行不孤矣。必爲人所報也。故殷仲堪曰。推誠相與。則殊類可親。以善接物。物亦不皆忘。以善應之。是以德不孤焉。必有鄰也。案說苑復恩篇。孔子曰。德不孤。必有鄰。夫施德者貴不德。受恩者會必報。是以鄰爲報。亦漢人舊誼。故並箸之。〇注。方以至不孤。〇正義曰。邢疏云。方以類聚者。周易上繫辭文也。方謂法術性行。各以類相聚也。云同志相求者。周易乾卦文言也。言志同者。相求爲朋友也。

子游曰。事君數。斯辱矣。朋友數。斯疏矣。注數謂速數之數。正義曰。疏。遠也。見呂覽愼行注。邢疏云。此章明爲臣結交。當以禮漸進也。吳氏嘉賓說。數與疏對。記曰。祭不欲數。是也。君子之交淡如水。小人之交甘如醴。君子淡以成。小人甘以壞。事君與交友。皆若是矣。數者。昵之至於密焉者也。惟恐其辱。乃所以召辱。不欲其疏。乃所以取疏。故曰上交不諂。下交不瀆。案吳氏此說。與邢疏合。宋書蕭思話劉延孫傳論。夫侮因事狎。敬由近疏。疏必相思。狎必相厭。厭恩一殊。榮禮自隔。子曰。事君數。斯疏矣。雖引文有誤。而其義亦與邢疏同。釋文云。數。鄭世主反。謂數己之功勞。隋書李諤傳。時當官者好自矜伐。諤上書云。舜戒禹云。女惟不矜。天下莫與女爭能。女惟不伐。天下莫與女爭功。言偃又云。事君數。斯辱矣。朋友數。斯疏矣。此皆先哲之格言。正本鄭說。以數爲數己之功勞也。先兄五河君經義說略辨之云。如鄭此說。則下朋友數。不可通。當訓爲數君友之過。漢書項籍傳陳餘傳司馬相如傳下主父偃傳注。並云數。責也。國策秦策注。數讓責讓。皆數其過之義。儒行。其過失。可微辨而不可面數也。謂不可面相責讓也。俞氏越羣經平議說同。又云。曲禮云。爲人臣之禮。不顯諫。故諫有五。而孔子從其諷。其於朋友。則曰忠告而善道之。事君而數。則失不顯諫之義。朋友而數。則非所以善道之矣。此說於義亦順。因並箸之。〇注。數謂速數之數。〇正義曰。爾雅釋詁。數。疾也。樂記衞音趨數煩志。注。趨數。讀如促速。祭義。其行也趨趨以數。又注。數之言速也。是數速音義皆相近。此注義不顯備。胡氏紹勳拾義申此注。謂數者。疾諫也。又謂數有驟義。如廣雅釋詁三小爾雅廣言。皆訓驟爲數。左傳宣二年驟諫服注。楚辭悲回風驟諫君而不聽令。注。並云驟。數也。驟諫未有不致辱者。此說當得注意。陳氏鱣古訓。引錢廣伯說速數乃疏數之誤。非是。皇本此注爲孔安國。

卷六　公冶長第五

集解　凡二十九章

子謂公冶長。可妻也。雖在縲絏之中。非其罪也。以其子妻之。注孔曰。冶長。弟子。魯人也。姓公冶。名長。縲。黑索。絏。攣也。所以拘罪人。正義曰。以者。主婚之辭。子者。儀禮喪服經女子子在室為父。注。子。女也。妻者。以女適人。與之為妻也。說文。妻。婦與夫齊者也。大戴禮保傅云。謹為子孫娶妻嫁女。必擇孝悌世世有行仁義者。故此辨其非罪。及論南容。亦稱其德行。示當謹擇士也。非其罪。傳無所聞。皇疏引范寧曰。公冶行正獲罪。罪非其罪。孔子以女妻之。將以大明衰世用刑之枉濫。勸將來實守正之人也。又引別書名論釋。稱公冶長解禽語。食死人肉。致疑為殺人。繫獄。邢疏斥其不經。愚以周官夷隸掌與鳥言。貉隸掌與獸言。則以公冶解鳥語。容或有之。而謂因此獲罪。則傳會之過矣。絏。唐石經作紲。張參五經文字。以為避諱偏旁。○注。冶長至罪人。○正義曰。史記弟子傳。公冶長。齊人。家語弟子解。則云魯人。與此孔注合。史記長可妻也。不連公冶為文。故此注以公冶為姓。長為名。而又稱冶長者。猶馬遷葛亮之比。凡兩字姓。得單舉一字也。家語云。名長。邢疏引家語作字子長。釋文引家語作字子張。據史傳亦字子長。皇疏及釋文引范寧曰。名芝。字子長。白水碑作子之。似又以子之為字。諸說各異。當以史傳為正。縲為黑索者。說文無縲字。纍下云。綴得理也。一曰大索也。縲與纍同。凡索皆綴屬而成。故兩訓可互取。史記此文作累。淮南子氾論訓累紲兩見。孟子梁惠王下。係累其子弟。趙岐注。係累猶縛結也。荀子。成相箕子累。楊倞注。累讀為縲。案累即纍字省。春秋左氏傳。不以纍臣釁鼓。兩釋纍囚。使其衆男女別而纍。皆以纍為索也。說文。紲。系也。從系世聲。緤紲或從枼。廣雅釋詁。紲。系也。釋器。紲。纍索也。少儀犬則執紲。左氏傳。臣負羈紲。是紲亦繩索之稱。凡繫人繫物。皆謂之紲。孔以紲為攣者。說文。攣。係也。易中孚有孚攣如。馬注。攣。連也。虞注。攣。引也。義皆可證。

子謂南容。邦有道。不廢。邦無道。免於刑戮。以其兄之子妻之。注王曰。南容。弟子。南宮縚。魯人也。字子容。不廢。言見用。正義曰。爾雅釋詁。廢。舍也。此常訓。說文。戮。殺也。廣雅釋詁。戮。殺也。辱也。辠也。義皆相近。大戴禮衛將軍文子篇。獨居思仁。公言言義。其聞詩也。一日三復白圭之玷。是南宮縚之行也。夫子信其仁。以為異姓。盧辯注謂以兄之子妻之也。案思仁言義。則有臨民之德。當國有道時。必見錄用也。其心謹言。則當無道時。危行言遜。故可免刑戮也。皇疏云。昔時講說好評公冶南容。德有優劣。故妻有己女兄女之異。侃謂二人。無勝負也。卷舒隨世。乃為有智。而枉濫獲罪。聖人猶然。亦不得以公冶為劣也。以己女妻公冶。以兄女妻南容。非謂權其輕重。政是當其年相稱而嫁。事非一時在次耳。則可無意其間也。兄之子者。史記索隱引家語云。梁紇娶魯之施氏生九女。其妾生孟皮病足。乃求婚於顏氏徵在。則孔子兄即孟皮也。孟皮此時已卒。故孔子為兄子主婚。○注。南容至子容。○正義曰。南宮者。兩字氏。亦單舉一字。故曰南。史記仲尼弟子列傳。南宮括字子容。括又作适。史以南宮括南容爲一人。此注又以南容南宮縚爲一人。檀弓南宮縚之妻之姑之喪。夫子誨之髽。而家語又以三復白圭爲南宮韜之行。韜與縚同。論語釋文亦云。縚本又作韜。則陸所見此注亦作韜。韜與容括。義皆相貫。作縚作适。皆通用字。鄭氏檀弓注云。南宮縚。孟僖子之子。南宮閱也。字子容。其妻孔子兄女。疏云。案左氏傳孟僖子將卒。召其大夫云。屬說與何忌於夫子以事仲尼。以南宮爲氏。故世本云仲孫貜生南宮縚是也。案仲孫貜卽孟僖子。世本誤以南宮縚南宮閱爲一人。而鄭君遂承其誤。閱與說通用字。左傳所云屬說。卽南宮閱也。又名仲孫閱。又名南宮說。而其謚爲敬。其字爲叔。與南宮縚無涉。自鄭君誤依世本。而陸德明釋文司馬貞史記索隱。皆沿用之。然漢書古今人表。分列南宮敬叔南容爲二人。則世本不可信。明錢可選箸補闕疑。會列四疑以辨之。謂孔子在魯。族姓頗微。而敬叔爲公族元士。定已娶於彊家。豈孔子得以兄子妻之。又檀弓載南宮敬叔。反必載寶而朝。孔子謂不如速貧之愈。若而人豈能抑權力而伸有德。謹言行而不廢於有道之邦者耶。毛氏奇齡四書賸言。亦謂敬叔卽會受僖子命。與其兄懿子學禮孔子。然並不在弟子之列。史記家語所載弟子。止容一人。向使容卽敬叔。則未有載敬叔不載懿子者。至縚妻姑喪。孔子誨其女髽法。若是敬叔。則此姑者。孟僖子妻也。世族喪服。自有儀法。不容誨也。至若史記家語。各載敬叔從孔子適周。見金人緘口。孔子戒以謹言。事與容無涉。二家之論致確。梁氏玉繩古今人表攷史記志疑說略同。惟毛氏賸言。以南宮适別爲一人。非是。南容與史記不合。其誤顯然。此故不載其說也。又顏師古漢書注。南容卽南宮縚也。敬叔。卽南宮括也。以南宮括爲敬叔。亦誤。

子謂子賤。注孔曰。子賤。魯人。弟子宓不齊。君子哉若人。魯無君子者。斯焉取斯。注包曰。若人者。若此人也。如魯無君子。子賤安得此行而學行之。正義曰。呂氏春秋察賢篇。宓子賤治單父。彈鳴琴。身不下堂。而單父治。巫馬期以星出。以星入。日夜不居。以身親之。而單父亦治。巫馬期問其故於宓子。宓子曰。我之謂任人。子之謂任力。任力者故勞。任人者故逸。宓子則君子矣。韓詩外傳同。又云。子賤治單父。其民附。孔子曰。告丘之所以治之者。對曰。所父事者三人。所兄事者五人。所友者十有二人。所師者一人。孔子曰。所父事者三人。足以教孝矣。所兄事者五人。足以教弟矣。所友者十有二人。足以祛壅蔽矣。所師者一人。足以慮無失策。舉無敗功矣。惜也不齊爲之小。不齊爲之大。功乃與堯舜參矣。說苑政理篇略同。然則夫子所云魯之君子。卽指所父事兄事所友所師者言。子賤爲政。在能得人。故說苑又載子賤告夫子以三得。終之以朋友益親。夫子贊美子賤能取人。而又以見魯多君子。故云若魯無君子。子賤安所取法以成其治乎。新序雜事二。魯君使宓子賤爲單父宰。子賤辭去。因請借善書者二人。使書憲書教品。魯君子之至單父使書。子賤從旁引其肘。醜則怒之。欲好書則又引之。書者患之。請辭而去。歸以告魯君。魯君曰。子賤苦吾擾之。使不得施其善政也。乃命有司無得擅徵發單父。單父之化大治。故孔子曰。君子哉子賤。魯無君子者。斯安取斯。美其德也。新序與說苑同出劉向。蓋魯君信用子賤。而子賤又能取人以輔其治。故孔子美之。○注。子賤魯人弟子宓不齊。○正義曰。

史記弟子列傳。宓不齊字子賤。少孔子四十九歲。不言何國人。家語弟子解。始云魯人。與此注合。漢書藝文志。有宓子十六篇。顏師古注。宓讀與伏同。又或作虙。見五經文字所引論語釋文。然釋文以作宓爲誤。則不如虙宓。俱從必得聲。未爲誤也。又或作密。見淮南子泰族訓。

子貢問曰。賜也何如。子曰。女器也。注孔曰。言女器用之人。曰。何器也。曰。瑚璉也。注包曰。瑚璉。黍稷之器。夏曰瑚。殷曰璉。周曰簠簋。宗廟之器貴者。正義曰。夫子論諸弟子。非在一時。記者以次書之。皇疏謂子貢聞孔子評諸弟子而不及己。故有此問。非也。惠氏棟九經古義。瑚璉當爲胡連。春秋傳曰。胡簋之事。明堂位曰。夏后氏之四連。皆不從玉旁。孔廟禮器碑。又作胡輦。古連輦字通。段氏玉裁說文注。引禮器碑。又引司馬法夏后氏輦曰余車。劉曰胡奴車。周曰輜輦。疑胡輦皆取車爲名。案說文。槤。瑚槤也。其字從木。當是以木爲之。潛夫論讚學云。胡簋之器。其始也。乃山野之木。是其證。陳祥道禮書。瑚以玉。簋以竹爲之。祗以瑚字從玉。簋字從竹。妄爲說之。無他證也。馮氏登府異文攷證。攷胡連本瓦器。而飾以玉。孟郁修堯廟碑。瑚字又作⿰土胡。可知胡連本瓦器。故後人又加土旁。案攷工記。旊人爲簋。馮見簋是瓦器。而明堂位以四連六瑚八簋爲文。則胡連亦瓦器。然旊人疏云。祭宗廟皆用木簋。今此用瓦簋。祭天地及外神尚質。器用陶匏之類也。則簋有以木以瓦之異。堯廟碑。是祭外神。當用瓦。故字作⿰土胡。若論語言祭宗廟之器。本不用瓦。不得同彼文作⿰土胡也。〇注。瑚璉至貴者。〇正義曰。鄭注云。黍稷器。夏曰瑚。殷曰璉。與包咸同。說文云。黍。禾屬而黏者也。稷。齋也。程氏瑤田九穀考說。黍穗似禾而舒散。今北人稱黃小米。稷。今之高粱。宗廟之祭。食用黍稷。此瑚璉爲盛黍稷器也。其制之異同。鄭注明堂位。已云未聞。淩氏曙典故覈引三禮圖。瑚受一升。如簋而平下。璉受一升。漆赤中。蓋亦龜形。飾口以白金。制度如簠而銳下。則以瑚圜璉方。未知何本。明堂位稱夏之四璉。殷之六瑚。今包鄭注。俱云夏瑚殷璉。賈服杜注左傳亦言夏曰瑚。疑今本明堂位文有誤也。周曰簠簋者。鄭注周官舍人云。方曰簠。圓曰簋。盛黍稷稻粱器。賈疏案孝經云。陳其簠簋。註云。內圓外方。受斗二升者。直據簠而言。若簋則內方外圓。此其制也。夫子言賜也達。可使從政。故以宗廟貴器比之。言女器若瑚璉者。則可薦鬼神。羞王公矣。

或曰。雍也仁而不佞。注馬曰。雍。弟子。仲弓名。姓冉。子曰。焉用佞。禦人以口給。屢憎於人。不知其仁。焉用佞。注孔曰。屢。數也。佞人口辭捷給。數爲人所憎惡。正義曰。說文云。佞。巧讇高材也。曲禮釋文。口才曰佞。下篇惡夫佞者。無乃爲佞乎。訓同。仲弓德行中人。行必先人。言必後人。或者以爲仁而不佞者。當時尙佞。見雍不佞。故深惜之。禦者。爾雅釋言云。禁也。不知其仁。言以口給禦人。不知其人於仁何如也。唐石經初刻作其仁。後磨改作其人。皇本末二句尾並有也字。○注。雍弟子仲弓名姓冉。○正義曰。史記弟子列傳。冉雍字仲弓。鄭目錄云魯人。論衡自紀篇。以仲弓爲冉伯牛子。史記索隱引家語。又云伯牛之宗族。二說各異。當從論衡。○注。屢數至憎惡。○正義曰。毛詩賓筵傳。屢。數也。此常訓。捷給者。捷。速也。給。足也。荀子性惡篇。齊給便敏而無類。注。給謂應之速如供給者也。非十二子篇。齊給便利而不順禮義。注。給。急也。速急皆引申之義。大戴禮保傅篇。接給而善對。曾子立事篇。進給而不讓。說苑尊賢篇。孔子對哀公以取人之術曰。毋取拑者。毋取口銳者。拑者大給利不可盡用。口銳者多誕而寡信。後恐不驗也。皆謂口辭捷給也。韓詩外傳。人之利口贍辭者。人畏之。畏之斯惡之。子曰。惡利口之覆邦家者。

子使漆雕開仕。對曰。吾斯之未能信。注孔曰。開。弟子也。漆雕姓。開名。仕進之道。未能信者。未能究習。子說。注鄭曰。善其志道深。正義曰。釋文雕本或作凋。皇本唐宋石經皆作彫。邢本作雕。與釋文合。阮氏元校勘記。依說文當作琱。凡琱琢之成文則曰彫。雕凋皆叚借字。案依阮說。漆雕氏。必其職掌漆飾琱刻以官爲氏者也。夫子使開仕。當在爲魯司寇時。皇疏云。答師稱吾者。古人皆然也。考答師稱吾。僅見此文。宋氏翔鳳過庭錄。疑吾爲启字之訛。启卽啓字。亦通。○注。開弟至究習。○正義曰。史記弟子列傳。漆雕開字子開。閻氏若璩四書釋地。謂上開本啓字。漢人避諱所改。引漢藝文志孔子弟子漆雕啓證之。其說是也。古今人表亦作啓。啓者。開也。故字子開。此注以開爲名。作僞者之疏可知。楊簡先聖大訓又名憑。家語弟子解。又字子若。白水碑字子脩。皆妄人所造。鄭目錄云魯人。家語則云蔡人。亦誤也。仕進之道。恐未能究習。故云未能信。信者。有諸己之謂也。由開之言觀之。其平時好學不自矜伐。與其居官臨民謹畏之心。胥見於斯。其後仕與不仕。史傳並無明文。家語謂開習尚書。不樂仕。夫不樂仕。非聖人之教。中庸云。誠者。非自成己而已也。所以成物也。夫子謂仁者。己欲立而立人。己欲達而達人。子路亦謂不仕無義。欲潔其身。而亂大倫。是開之言未能信。實以仕進之道未能究習。而非不樂仕矣。此注雖僞作。猶能不失其義。王肅注家語云。言未能明言斯書義。是肅自爲附會。○注。善其志道深。○正義曰。子曰。三年學。不至於穀。不易得也。卽此義。

子曰。道不行。乘桴浮于海。從我者其由與。注馬曰。桴。編竹木。大者曰栰。小者曰桴。子路聞之喜。注喜與己俱行。正義曰。乘。說文作椉。云覆也。覆者。加乎其上也。詩七月傳。乘。升也。浮者。說文云氾也。漢書地理志注。浮。以舟渡也。于。皇本作於。爾雅釋詁。于。於也。二字義同。故經傳通用。王氏瑬四書地理考。浮海。指勃海。說文。海。天池也。以納百川者。又云。澥。勃澥。海之別也。鄒丘劄記太史公多言勃海。河渠書謂永平之勃海。封禪書謂登萊之勃海。蘇秦列傳指天津衛之海。朝鮮列傳指海之在遼東者。勃海之水大矣。非專爲近勃海郡者也。案漢書地理志。玄菟樂浪。武帝時。皆朝鮮濊貉句驪蠻夷。殷道衰。箕子去之朝鮮。

殺其民以禮義田蠶織。作樂浪朝鮮民犯禁八條。相殺以當時償殺。相傷以穀償。相盜者。男沒入爲其家奴。女子爲婢。欲自贖者人五十萬。雖免爲民。俗猶羞之。嫁娶無所讎。是以其民終不相盜。無門戶之閉。婦人貞信不淫辟。可貴哉仁賢之化也。然東夷天性柔順。異於三方之外。故孔子悼道不行。設浮於海。欲居九夷有㠯也。顏注。言欲乘桴筏而適東夷。以其國有仁賢之化。可以行道也。據志言。則浮海指東夷。卽勃海也。夫子當日。必實有所指之地。漢世師說未失。故尙能知其義。而非泛言四海也。夫子本欲行道於魯。魯不能竟其用。乃去而他國。最後乃如楚。則以楚雖蠻夷。而與中國通已久。其時昭王又賢。葉公好士。故遂如楚以冀其用。則是望道之行也。至楚。又不見用。始不得已而欲浮海居九夷。史記世家雖未載浮海。及居九夷二語。爲在周遊之後。所以意測之當是也。其欲浮海居九夷。仍爲行道。由漢志注釋之。則非遯世幽隱。但爲世外之想可知。卽其後浮海居九夷。皆不果行。然亦見夫子憂道之切。未嘗一日忘諸懷也。其必言乘桴者。錢氏坫論語後錄。謂爾雅釋水。庶人乘泭。夫子言道不行。以庶人自處是也。說文。憙。說也。從心從喜。喜亦聲。今經傳通作喜。皇本由下有也字。○注。桴編竹木大者曰栰小者曰桴。○正義曰。詩周南疏引論語注與此注同。臧宋以爲鄭注佚文。或鄭用其師說也。說文。桴。棟名。別一義。泭。編木以渡也。爾雅釋言。舫。泭也。孫炎注。方木置水中爲泭筏也。釋文泭字或作艀。樊本作柎。釋水李巡注。併木以渡也。詩周南。不可方思。邶風。方之舟之。毛傳並云方。泭也。方與舫同。周南釋文。泭本亦作艀。又作桴。或作柎。諸字惟桴是叚字。餘皆同音異體也。韋昭國語注。編木曰泭。小泭曰桴。分泭桴爲二。失其義矣。王逸楚辭惜往日注。編竹木曰泭。與此注同。方言。泭謂之䈄。䈄謂之筏。筏。秦晉之通語也。江淮家居䈄中謂之薦。廣雅釋泳。䈄桴䉡。筏也。衆經音義卷三。筏。通俗文作䉡。韻集作橃。編竹木浮於河以運物也。南土名䈄。北人名筏。楚辭王逸注。楚人曰泭。秦人曰橃。筏䉡橃並同。周南釋文引郭璞音義云。木曰䈄。竹曰筏。小筏曰泭。泭爲小。則筏爲大。此據人當時所稱別之。然泭筏對文。有大小之殊。散文亦通稱。故方言廣雅廣列異名。不爲分別也。○注。喜與己俱行。○正義曰。子路親師。雖相從患難勿恤也。今見夫子使從桴海。若夫子獨許己與之俱行。故聞而喜也。

子曰。由也。好勇過我。無所取材。注鄭曰。子路信夫子欲行。故言好勇過我。無所取材者。無所取於桴材。以子路不解微言。故戲之耳。一曰。子路聞孔子欲浮海。不復顧望。故孔子歎其勇曰過我。無所取哉。言唯取於己。古字材哉同。注。子路至哉同。○正義曰。注用鄭義。後則集解。兼存他說也。釋文過我絕句。此本鄭氏。又云一讀過字絕句。此集解後說。說文。材。木梃也。周官太宰五曰材貢。史記貨殖傳。山居千章之材。並謂木也。夫子浮海。是不得已之思。其勢亦不能行。子路信爲實然。則以不解夫子微言故也。微者。爾雅釋詁云。匿。微也。微者。隱也。其義深隱。則曰微言。猶所謂隱語也。子路伉直。不解微言。故夫子但言無所取材爲桴以戲之。所以深悟之也。爾雅釋詁。戲。謔也。三國吳志薛綜傳。權欲浮海。親征公孫淵。綜諫曰。昔孔子疾時託乘桴之語。季由是喜。拒以無所取才。繹其辭義。亦謂桴材。作才者叚借字。一曰云云。以過爲好勇太過我。無所取材爲但以由從不復取他人哉。言必不能也。云古字材哉同者。馮氏登府異文攷證。哉字從才。才與哉通。翟瑗張平子碑。往才汝諧。邢昺爾雅疏。哉古文才。

孟武伯問子路仁乎。子曰。不知也。注孔曰。仁道至大。不可全名也。又問。子曰。由也。千乘之國。可使治其賦也。不知其仁也。注孔曰。賦。兵賦。正義曰。史記弟子傳作季康子問。當出古論。釋文。賦。梁武帝云魯論作傳。陳氏鱣古訓曰。賦傳同音。故魯論借用。大戴禮衞將軍文子篇。子貢歷言仲由冉有公西赤之行。文子以爲一諸侯之相。與此章所論相合。程氏瑤田論學小記。夫仁。至重而至難者也。故曰仁以爲己任。任之重也。死而後已。道之遠也。如自以爲及。是未死而先已。聖人之所不許也。故曰回也其心三月不違仁。吾見其進也。未見其止也。言夫行恕以終其身。死而後已。不自以爲及者也。故有問人之仁於夫子者。則皆曰未知。蓋曰吾未知其及焉否也。○注。賦。兵賦。○正義曰。鄭注。賦。軍賦。此孔所襲。說文。賦。斂也。顏師古漢書地理志注。賦者。發斂土地所生之物以供天子也。胡氏渭禹貢錐指。周時軍旅之征謂之賦。周禮大司馬注。賦。給軍用者也。小司馬注曰。賦謂出車徒給繇役也。左傳曰。天子之老請帥王賦。又曰。悉索敝賦。又曰。韓賦七邑。又曰。魯賦八百乘。邾賦六百乘。又曰。鄒無賦於司馬。其所謂賦。皆軍賦也。

求也何如。子曰。求也。千室之邑。百乘之家。可使爲之宰也。不知其仁也。注孔曰。千室之邑。卿大夫之邑。卿大夫稱家。諸侯千乘。大夫百乘。宰。家臣。正義曰。武伯更問求赤於仁何如。夫子直告以二子之才。不俟再問也。千室之邑者。說文。室。實也。從宀從至。至所止也。邑。國也。從囗。先王之制。尊卑有大小。從卪。宰者。公羊隱元年傳。宰者何。官也。古凡大小官。多稱宰。如家宰。大宰。膳宰。宰夫。宰胥。宰旅。及邑長家臣。皆名宰也。左隱元年疏。引鄭注論語云。公大都之城。方三里。臧宋輯本列之此文之下。攷左傳云。凡邑有宗廟先君之主曰都。又云。先王之制。大都不過參國之一。鄭以國爲上公之國。公九命。其國家宮室車旗衣服禮儀。皆以九爲節。鄭注云。公城蓋方九里。是大都三國之一。則爲三里矣。就鄭君殘注繹之。千室之邑謂公邑。淩氏曙四書典故覈云。周官之制。天子自六鄉以外。分六遂及家稍小都大都。其餘之地。制爲公邑。使大夫治之。在二百里三百里以上。大夫如州長。在四百里五百里以下。大夫如縣正。皆屬於遂人。載師以公邑之田任甸地。舉甸以該稍縣畺也。鄉遂之民。以七萬五千家爲定。其餘夫皆受田於公邑。故遂人授民夫以廛。田百晦。萊五十晦。餘夫亦如之。餘夫所受。公邑之萊也。大宰九賦邦甸家稍都鄙之賦。皆公邑所出。諸侯之國亦然。以魯言之。三鄉三遂之外。除大夫之采邑。皆公邑。孔子爲中都宰。子夏爲莒父宰。子賤爲單父宰。子游爲武城宰。皆公邑也。惟費宰爲季氏邑。成宰爲孟氏邑。郈宰爲叔孫氏邑。非公邑耳。王畿之地。鄉遂以家計。公邑蓋以里計。諸侯之地。皆以家計。故春秋之世。動云書社幾百。蓋二十五家爲社。可知邑之大小。皆論室之多少也。周禮。四井爲邑。四邑爲丘。四丘爲甸。四甸爲縣。四縣爲都。鄭注。甸方八里。旁加一里治洫。則方十里爲一成。四甸爲縣。方二十里。縣二百五十六井。二千三百四十夫之地。以鄭意推司馬法算之。宮室涂巷三分去一。通不易一易再易計之。爲一室受二夫之田。實一縣受田出稅人爲七百六十九夫。又旁加一里內受田治洫人四百三十一夫。共千二百夫。云千室之邑。舉成數也。或容有餘夫分授。杜氏注左傳築郿曰。四縣爲都。四井爲邑。然宗廟所在。則雖邑曰都。尊之也。孔疏引釋例曰。邑有先君宗廟。雖小曰都。都而無廟。固宜稱城。案此則自井以上至縣。凡有城皆稱邑。至四縣爲都。乃稱都。故云千室之邑。其宰則如周禮之縣正也。鄭此注又云。大夫之家。邑有百乘。采地一同之廣輪也。案大學云百乘之家。鄭注。有采地者也。坊記云。家富不過百乘。兩疏以爲皆卿采邑。凡卿亦稱大夫。故鄭君此注。及雜記注。並言大夫有百乘也。坊記疏以爲百里正一同之制。司馬法六尺爲步。步百爲畮。畮百爲夫。夫三爲屋。屋三爲井。井十爲通。通爲匹馬三十家。士一人。徒二人。通十爲成。成。百井。三百家。革車一乘。士十人。徒二十人。十成爲終。終。千井。三千家。革車十乘。士百人。徒二百人。十終爲同。同方百里。萬井。三萬家。革車百乘。士千人。徒二千人。此司馬法。鄭君引以注小司徒。知此采地一同。亦其制也。賈公彥小司徒疏云。謂之爲同者。取象雷震。百里所聞同。是同方百里之義也。廣輪猶言廣長。凡輪皆直行。此據開方法言之。○注。千室之邑卿大夫之邑。○正義曰。注以千室之邑。爲卿大夫采邑。不爲公邑。與鄭氏異。則似冉有祇能仕於私家。於義未能備也。皇疏云。舊說五等之臣。其采地亦爲三等。各依其君國十分爲之。上公地方五百里。其臣大采方五十里。中采方二十五里。小采方十二里半。侯方四百里。其臣大采方四十里。中采方二十里。小采方十里。伯方三百里。其臣大采方三十里。中采方十五里。小采方七里半。子方二百里。其臣大采方二十里。中采方十里。小采方五里。男方百里。其臣大采方十里。中方五里。小方二里半。凡制。地方一里爲井。井有三家。若方二里半。有方一里者六。又方半里者一。則合十八家有餘。故論語云十室之邑也。其中大小各隨其君。故或有三百戶。是方十里者一。或有千室。是方十里者三有餘也。

赤也何如。子曰。赤也。束帶立於朝。可使與賓客言也。不知其仁也。注馬曰。赤。弟子。公西華。有容儀。可使爲行人。

正義曰。說文。束。縛也。釋名釋言語。束。促也。相促近也。帶。繫繚於要。所以整束其衣。故曰束帶。釋名釋衣服。帶。蔕也。著於衣。如物之繫蔕也。漢孫根碑。束鞶立朝。本此文。當爲齊古之異。鞶者革帶。段氏玉裁說文注云。古有大帶。有革帶。革帶以繫佩韍而後加之大帶。則革帶統於大帶。故許於鞶曰大帶也。戴氏清四書典故考辨。凡冕服皆素帶。而爵弁皮弁朝服玄端。皆緇帶。爲擯相者、當服皮弁。所謂束帶與賓客言者。乃緇帶也。立於朝者。立與位同。爾雅釋宮。中庭之左右謂之位。左氏傳有位於朝。即立於朝也。

禮。行聘於廟。朝會燕饗則於廟。或於朝或於寢。此祇言朝者。亦舉一以賅耳。淩氏曙四書典故覈。其立位則接賓時。陳擯於大門外。上擯近君門東西面。既入廟門。擯者負東塾東上立。則在中庭。至授玉時。上擯進阼階之西。釋辭於賓。遂相君拜。既受玉。退負東塾而立。此但依聘禮言之。亦舉聘。則他禮可推知也。說文。賓。所敬也。客。寄也。謂他國諸侯及卿大夫也。淩氏廷堪禮經釋例。案聘禮及廟門几筵既設。擯者出請命。注。上擯待而出請受賓所以來之命。重停賓也。又云。擯者入告辭玉。注。擯者。上擯也。覲禮。侯氏入門右坐奠圭。再拜稽首。擯者謁。注。謁猶告也。上擯告以天子前辭。欲親受之如賓客也。又聘禮。擯者出請事。敖繼公曰。擯者。上擯也。是相大禮。皆上擯之事也。據淩氏言此與賓客言。亦是上擯。下篇言宗廟之事。如會同。願爲小相。小相於聘禮。則承擯紹擯。此赤自謙之辭。故夫子曰。赤也爲之小。孰能爲之大。明赤能爲上擯也。又案與言。當兼禮辭及無常之辭。若成三年。齊侯朝晉。將授玉。郤克趨進曰云云。襄七年。衞孫文子來聘。公登亦登。叔孫穆子趨進曰云云。皆是無常之辭。大戴禮衞將軍文子篇。子貢曰。志通而好禮。擯相兩君之事。篤雅其有禮節也。是公西赤之行也。孔子曰。禮儀三百。可勉能也。威儀三千。則難也。公西赤問曰。何謂也。孔子曰。貌以擯禮。禮以擯辭。是之謂也。孔子之語人也。曰當賓客之事則通矣。謂門人曰。二三子欲學賓客之禮者於赤也。皆雜記公西赤事。與此章及下篇互證。○注。赤弟至行人。○正義曰。史記弟子傳。公西赤字子華。少孔子四十二歲。公西兩字氏。鄭目錄云魯人。容儀謂禮容禮儀。容主貌。儀主事也。周官序官大行人。中大夫二人。小行人。下大夫四人。注云。行人。主國使之禮。此指主國出聘。其使臣稱行人也。與擯相各是一職。而皆主賓客。若子華使齊。即是行人之比。故馬以此可使爲行人也。

子謂子貢曰。女與回也孰愈。注孔曰。愈猶勝也。對曰。賜也何敢望回。回也聞一以知十。賜也聞一以知二。子曰。弗如也。吾與女弗如也。注包曰。既然子貢不如。復云吾與女俱不如者。蓋欲以慰子貢也。正義曰。望者。釋名釋姿容。望。茫也。遠視茫茫也。子貢言顏子有大智之德。己不敢視比之也。釋文。聞。本或作問字。非。知十知二。皆叚數多寡以明優劣也。說文。云。十。數之具也。數始於一。終於十。君子之爲學也。原始要終。一以貫之。其在聖門。惟顏子好學。能有此詣。夫子與回言終日。不違。及退省其私。亦足以發。發者。夫子所未言之義。即顏子所聞而知之者也。子貢未能一貫。故聞一但能知二。二者一之比。言己未能盡其義也。釋文云。吾與爾。本或作女。音汝。○注。愈猶勝也。○正義曰。鄭有此注。孔所襲也。廣雅釋言。愈。賢也。賢勝義近。○注。既然至貢也。○正義曰。論衡問孔篇。吾與汝俱弗如也。鄭玄別傳。馬季長謂盧子幹曰。吾與女皆不如也。後漢橋玄傳。魏武祭文。仲尼稱不如顏淵。三國志夏侯淵傳下令稱之曰。淵虎步關右。所向無前。仲尼有言。吾與爾不如也。俱與此注義合。皇疏引顧歡曰。回爲德行之俊。賜爲言語之冠。淺深雖殊。而品裁未辨。欲使名實無濫。

故假問孰愈。子貢既審回賜之際。又得發問之旨。故舉十與二。以明懸殊愚智之異。夫子嘉其有自
見之明。而無矜尅之貌。故判之以弗如。同之以吾與女。此言我與爾雖異。而同言弗如。能與聖師
齊見。所以
爲慰也。

宰予晝寢。注孔曰。宰予。弟子宰我。子曰。朽木不可雕也。糞土之牆。不可杇也。注包曰
朽。腐也。雕。雕琢刻畫。王曰。杇。鏝也。此二者。以喻雖施工猶不成。於予與何誅。注孔曰。誅。責也。今我當何責
於汝乎。深責之。正義曰。江氏聲論語竢質。說文。晝。日之出入。與夜爲界。是日出後爲晝。凡人雞
鳴而起。宰我日出後。尙寢寐未起。故責之。鄭注云。寢。臥息也。案說文。寑。臥
也。其字從宀。故所臥室亦名之。釋名釋宮室。寢。寑也。所寢息也。是也。晝非寢時。故禮言君
子不晝居內。若晝居內。雖問疾焉可也。夫晝居內且不可。矧晝寢耶。韓李筆解謂晝舊文作畫字。
所云舊文。或有所本。李匡義資暇錄。寢。梁武帝讀爲寢室之寢。晝作胡卦反。且云當爲畫字。言
其繪畫寢室。周密齊東野語。嘗見侯白所注論語。謂晝作畫字。侯白隋人。二讀與舊文合。李氏聯
琇好雲樓集。漢書揚雄傳。非木摩而不彫。牆塗而不畫。此正雄所作甘泉賦。諫宮觀奢泰之事。暗用
論語。可證畫寢之說。漢儒已有之。案禮言天子廟飾。山節藻梲。穀梁莊廿四年傳。禮。天子之桷。
斲之礱之。加密石焉。諸侯之桷。斲之礱之。大夫斲之。士斲本。又廿三年傳。禮。天子諸侯黝堊。
大夫倉。士黈。周官守祧云。其祧則守祧黝堊之。皆說宗廟之飾。其宮室當亦有飾。鄭注禮器云。宮
室之飾。士首本。大夫達棱。諸侯斲而礱之。天子加密石焉。此本晉語。又爾雅釋宮。牆謂之堊。
統廟寢言之。周官掌蜃云。共白盛之蜃。注云。謂飾牆使白之蜃也。此與黝堊異飾。當是宮室中所用。
左襄卅一年傳。圬人以時塓館宮室。亦當謂加飾。春秋時。大夫士多美其居。故士木勝而知氏亡。
輪奐頌而文子懼。意宰予晝寢。亦是其比。夫子以不可雕不可杇譏之。正指其事。此則舊文。於義
亦得通也。雕。皇本唐宋石經並作彫。釋文。糞。或作糞。說文此篆作䊷。云棄除也。从廾推𠦒糞
采也。胡氏紹勳四書拾義。左傳云。小人糞除先人之敝廬。是除穢謂糞。所除之穢亦謂糞。此經糞
土。猶言穢土。古人牆本築土而成。歷久不免生穢。故曰不可杇。牆者。說文作牆。云垣蔽也。釋
名釋宮室。牆。障也。所以自障蔽也。杇。皇本釋文本並作圬。說文有杇無圬。圬乃杇之俗。玉篇作
杅。隸體小變。宋石經作朽。此形近之訛。於予與何誅。釋文云。與。疑辭。王氏引之經傳釋詞。
與。猶也也。於予與改是同。○注。宰予弟子宰我。○正義曰。宰我已見八佾篇。此稱宰予。予爲其
名。爾雅釋詁。予。我也。皇本此注爲包氏。○注。朽腐至鏝也。○正義曰。說文。𣦸。腐也。朽𣦸或從
木。腐。爛也。彫。琢也。琱。治玉也。義並相近。雕彫皆叚借字。刻畫猶刻劃。說文。刻。鏤也。
劃。錐刀。畫曰劃是也。杇鏝者。爾雅釋宮。鏝謂之杇。李巡曰。鏝一名杇。塗工作具也。郭璞云。
泥鏝。言用泥以鏝也。說文木部。杇。所以塗也。秦謂之杇。關東謂之槾。從木亏聲。槾。杇也。

從木曼聲。金鏝部。鐵杇也。從金曼聲。段氏玉裁木部注。此器今江浙以鐵爲之。或以木。戰國策。豫讓變姓名。入宮塗廁。欲以刺襄子。襄子如廁。心動。執問塗者。則豫讓也。刃其杅曰。欲爲智伯報讎。杅謂涂廁之杅。今本皆作扞。候旰切。繆甚。刃其杅。謂皆用木而獨刃之。案杇槾。同物異名。用以塗牆。故亦謂塗牆之人爲杇人。左傳稱圬人以時是也。孟子滕文公下。毀瓦畫墁。謂所墁之牆雖畫之也。○注。誅責也。○正義曰。周官太宰八日誅以馭其過。注。誅。責讓也。司救掌萬民之衺惡過失而誅讓之。注。誅。誅責也。

子曰。始吾於人也。聽其言而信其行。今吾於人也。聽其言而觀其行。於予與改是。【注】孔曰。改是。聽言信行。更察言觀行。發於宰我之晝寢。

正義曰。逸周書芮良夫解云。以言取人。人飾其言。以行取人。人竭其行。飾言無庸。竭行有成。說苑尊賢篇。夫言者。所以抒其匈而發其情者也。是故先觀其言而揆其行。夫以言觀其行。雖有姦軌之人。無以逃其情矣。是取人之術。當以言察其行也。大戴禮五帝德篇。子曰。吾欲以言語取人。於予邪改之。卽此章義。集注引胡氏曰。聽言觀行。聖人不待是而後能。亦非緣此而盡疑學者。特因此立教以警羣弟子。使謹於言而敏於行耳。皇邢疏連上爲一章。與總章數不合。○注。發於宰我之晝寢。○正義曰。論衡問孔篇說。亦與此同。愚謂前篇人而不仁如禮樂何。在季氏舞八佾。三家雍徹章後。則人指季氏三家言。下篇子所雅言。在學易章後。則所字指易言。民可使由不可使知。在詩禮樂章後。則可使由不可使知。指詩禮樂言。吾友張也爲難能也。在堂堂乎張章前。則難能指堂堂言。此皆前後章相發明之例。姑舉數則。爲此注證之。

子曰。吾未見剛者。或對曰。申棖。【注】包曰。申棖。魯人。子曰。棖也慾。焉得剛。【注】孔曰。慾。多情慾。

正義曰。鄭注云。剛謂彊志不屈撓。案說文。剛。彊斷也。皐陶謨。剛而塞。彊而毅。是剛彊義近。撓者。曲也。折也。志不屈撓。則富貴不能淫。貧賤不能移。威武不能屈。所以能無慾也。淩氏鳴喈解義。剛爲天德。故近仁。慾。坤象。陰也。損之窒慾也。損初益上艮以止之。慾者。勝人爲彊。有似乎剛。故或以爲疑。○注。申棖魯人。○正義曰。棖。或作棠。或作堂。或作黨。或作儻。漢王政碑。慕申棠之欲。此作棠也。史記索隱。申堂字周。本史記弟子列傳。此作堂也。今本史記云申黨字周。此作黨也。朱氏彝尊弟子考。引漢文翁禮殿圖有申儻。此作儻也。諸家文雖有異。而音則相通。詩丰云俟我乎堂兮。鄭箋。堂當爲棖。可證也。唐宋以來。因稱名參錯。分申棖申黨爲二人。玄宗開元二十七年。封申黨召陵伯。申棖魯伯。眞宗祥符二年。封棖文登侯。黨淄川侯。俱列從祀。至明嘉靖九年。因大學士張璁奏存棖去黨。而祀典始正。困學紀聞云。史記索隱謂文翁圖有申棖申棠。今所傳禮殿圖有申黨。無申棖。文獻通考亦云。今考文翁石室圖。無所謂棖與棠也。是圖本止申黨一人。伯厚所見圖作黨。與朱氏彝尊所見圖作儻不同。當以朱爲是。諸字皆由音近通用。莫知其何者爲正。困學紀聞獨以黨爲傳寫之訛。梁氏玉繩漢書古今人表攷。亦以儻爲說。皆未必然也。史記索隱引鄭此注云。申棖魯人。弟子也。論語釋文及邢疏。並引鄭曰申棖。蓋孔子弟子申續。又引家語。申續字周。似續又棖之別名。史記索隱引家語作申繚。困學紀聞引家語作申續。今本家語作申續。字子周。錢氏大昕養新錄。謂古文賡續同聲。家語申續。蓋讀如庚。與棠音亦不遠。今本家語作續。則傳寫誤也。盧氏文弨釋文攷證略同。梁氏人表攷云。鄭作申續。必有所據。績與續通。繚續兩字。乃傳寫之譌。諸說皆依鄭注作續。臧氏庸拜經日記。徐鯤曰。史記索隱引家語作繚。據字周義。疑繚爲得之。庸案徐說是也。索隱於公伯僚字周下云。家語無公伯繚而有申子周。又於申棠字周下云。家語有申繚字周。又史記正義於公伯繚字周下云。家語有申繚字周。然則司馬貞張守節所見家語並作申繚。蓋家語無公伯繚及申堂。王肅僞造申繚一人。以當申堂公伯繚二人。因二人名姓雖異。而字周則同。爲足以相混也。論語音義及家語作申續。乃繚字形近之譌。王伯厚所見本作續。今本作續。此又續字之轉誤。論語音義引鄭云蓋孔子弟子申續。此續字乃後人據誤本家語所改。當本作申堂。鄭正據仲尼弟子列傳也。索隱曰。申堂字周。論語有申棖。鄭玄云。申棖。魯人。弟子也。蓋申堂是棖。不疑以棖堂聲相近。案小司馬此言。正據鄭注論語以申棖爲申堂。故云然也。案臧說甚辨。當可依據。蒼頡碑作字子續。此又因名續而妄爲之。王肅以申繚申堂公伯繚爲一人。而非孔子弟子。此包注亦不云弟子。或包不據弟子傳。以申棖申堂爲非一人也。至包以棖爲魯人。與鄭同。漢魯峻石壁殘畫象有魯棖。○注。慾多情慾。○正義曰。古無慾有欲。欲根於性而發於情。故樂記言性之欲。說文言情。人之侌氣。有欲者也。聖凡智愚。同此性情。即同此欲。其有異者。聖智皆能節欲。能節故寡欲也。若不知節欲。則必縱欲。而爲性之賊。故孟子曰。存心莫善於寡欲。其爲人也寡欲。雖有不存焉者寡矣。其爲人也多欲。雖有存焉者寡矣。

子貢曰。我不欲人之加諸我也。吾亦欲無加諸人。注馬曰。加。陵也。子曰。賜也。非爾所及也。注孔曰。言不能止人使不加非義於己。正義曰。大學言絜矩之道云。所惡於上。毋以使下。所惡於下。毋以事上。所惡於前。毋以先後。所惡於後。毋以從前。所惡於右。毋以交於左。所惡於左。毋以交於右。即子貢此言之旨。戴氏震孟子字義疏證。夫物之感人無窮。而人之好惡無節。則是物至而人化物也。人化物也者。滅天理而窮人欲者也。於是有悖逆詐僞之心。有淫泆作亂之事。是故彊者脅弱。衆者暴寡。知者詐愚。勇者若怯。疾病不養。老幼孤獨。不得其所。此大亂之道也。誠以弱寡愚怯。與夫疾病老幼孤獨。反躬而思其情。人豈異於我。一人之欲。天下人之同欲也。故曰性之欲。好惡既形。遂己之好惡。忘人之好惡。往往賊人以逞欲。反躬者以人之逞其欲。思身受之。情也。情得其平。是爲好惡之節。是爲依乎天理。程氏瑤田論學小記進德篇曰。仁者。人之德也。恕者。行仁之方也。堯舜之仁。終身恕焉而已矣。勉然之恕。學者之行仁也。自然之恕。聖人之行仁也。能恕則仁矣。不以勉然者爲恕。自然者爲仁。生分別也。子貢曰。我不欲人之加諸我也。吾亦欲無加諸人。此恕之說也。自以爲及。將止而不進焉。故夫子以非爾所及警之。○注。加陵也。○正義曰。左襄十三年傳。君子稱其功以加小人。

杜注。加。陵也。陵者。大阜。有臨下之象。下篇云。己所不欲。勿施於人。施加同義。說文。加。
語相增加也。段氏玉裁改增爲譄。云譄下曰加也。誣下曰加也。此言語相譄加也。知譄誣加三字同
義。誣人曰譄。亦曰加。論語曰云云。馬融曰。加。陵也。袁宏曰。加。不得理之謂也。劉知幾史
通曰。承其誣妄。重以加諸。韓愈爭臣論曰。吾聞君子不欲加諸人。而惡訐以爲直者。皆得加字本
義。沈氏濤論語孔注辨僞曰。舊唐書僕固懷恩傳。共生意見。妄作加諸。加諸蓋飾辭毀人之謂。今案
段沈說。又一義。非經注旨所有。○注。言不能止人使不加非義於己。○正義曰。義與不義。以不
欲無欲覩之。其意自見。不必更言非義也。夫子之道。不過忠恕。故以爲非爾所及。若夫橫逆之來。
聲色之誘。其由外至者。雖聖賢不能禁止之而使其必無。況在中材以下。君子知其然也。故但修其
在己。而不必遽非諸人也。
僞孔此注。全失本旨。

子貢曰。夫子之文章。可得而聞也。夫子之言性與天道。不可得而聞也。注章。
明也。文彩形質著見。可以耳目循。性者。人之所受以生也。天道者。元亨日新之道。深微。故不可得而聞也。正義曰。
史記孔子世家言定公時。魯自大夫以下。皆僭離於正道。故孔子不仕。退而修詩書禮樂。弟子彌衆。
至自遠方。莫不受業焉。又云。孔子之時。周室微而禮樂廢。詩書缺。追迹三代之禮。序書傳。觀殷
夏所損益曰。後雖百世可知也。以一文一質。周監二代。郁郁乎文哉。吾從周。故書傳禮記。自孔
氏語魯太師樂云云。自衛反魯。然後樂正。雅頌各得其所。古者詩三千餘篇。及至孔子。去其重。
取可施於禮義三百五篇。孔子皆弦歌之。以求合韶武雅頌之音。禮樂自此可得而述。以備王道。成
六藝。又云。孔子以詩書禮樂教弟子。蓋三千焉。據世家諸文。則夫子文章。謂詩書禮樂也。古樂
正崇四術以造士。春秋教以禮樂。冬夏教以詩書。至春秋時。其學寖廢。夫子特修明之。而以之爲
教。故記夫子四教。首在於文。顏子亦言夫子博我以文。此羣弟子所以得聞也。世家又云。孔子晚
而喜易。序彖繫象說卦文言。讀易韋編三絕。曰。假我數年。若是。我於易則彬彬矣。蓋易藏太史
氏。學者不可得見。故韓宣子適魯。觀書太史氏。始見周易。孔子五十學易。惟子夏商瞿。晚年弟
子。得傳是學。然則子貢言性與天道。不可得聞。易是也。此說本之汪氏喜荀略見所著且住菴文稿。
宋氏翔鳳發微云。易明天道以通人事。故本隱以之顯。春秋紀人事以成天道。故推見至隱。天官書
曰。孔子論六經紀異而說不書。至天道命不傳。傳其人不待告。告非其人。雖言不著。漢書李尋傳
贊曰。幽贊神明。通合天人之道者。莫著乎易春秋。然子貢猶云夫子之文章。可得而聞。夫子之言
性與天道。不可得而聞已矣。班氏以易春秋爲性與天道之書。故引子貢之言以實之。顏師古注。以
易春秋爲夫子之文章者誤。文章自謂詩書禮樂也。案宋說亦是。然言性與天道。則莫詳於易。今即
易義略徵之。繫辭上傳。一陰一陽之謂道。繼之者善也。成之者性也。又曰。成性存存。道義之門。
文言傳。乾道變化。各正性命。又曰。利貞者。性情也。說卦傳。窮理盡性。以至於命。又曰。昔

者聖人之作易也。將以順性命之理。此言性也。臨象傳。大亨以正。天之道也。謙象傳。天道下濟而光明。地道卑而上行。又云。天道虧盈而益謙。地道變盈而流謙。恆象傳。天地之道。恆久而不已也。繫辭傳言天道尤多。凡陰陽剛柔。法象變化。健順易簡。皆天道之說。又无妄彖傳。大亨以正。天之命也。與臨象同。則天命卽天道也。又乾象傳。蠱象傳。剝象傳。復象傳。所言天行。亦卽天道。是並言天道也。鄭注此云。性謂人受血氣以生。有賢愚。案受血氣則有形質。此性字最初之誼。包氏汝翼中庸說天道陰陽。地道柔剛。陰陽合而柔剛濟。則日中。中者。天地之交也。天地交而人生焉。故曰人者。天地之心也。天以動闢。地以靜翕。一闢一翕。氤氳相成。交氣流行。於是寒暑風雨晦明。人秉其氣以生。而喜怒哀樂具焉。赤子無知。而有笑有啼。有舞蹈奮張。人之生也。莫此爲先。所謂性也。性也者。天地之交氣也。天氣下降。地氣上升。交在於中。故傳曰。人受天地之中以生。性之於字。從心從生。人生肖天地。而心其最中者也。案包說。卽鄭注人受血氣以生之旨。血氣受之父母。父母亦天地之象也。孟子云。形色。天性也。形色卽形質。人物各受血氣以生。各有形質。而物性不能皆善。惟人性則無不善。說文云。性。人之陽气。性善者也。許言性爲陽气者對情爲陰气言之。繫辭以善爲繼之。性爲成之。則性善之義。自孔子發之。而又言性相近者。言人性不同。皆近於善也。鄭又云性有賢愚者。賢愚猶知愚。謂資質有高下也。又注天道云。七政動變之占。案後漢書桓譚傳注。引動作通。書堯典。在璿璣玉衡以齊七政。鄭注。七政。日月五星也。五星謂金木水火土之星。先王觀乎天文。而知寒暑之序。以敬授民時。故以日月五星爲七政也。變動若飛伏進退之類。說文云。占。視兆問也。從卜從口。周官占人注。占蓍龜之卦兆吉凶。是占合龜筮言之。人君見天道之變而占之。以觀其吉凶。反之人事加修省焉。此占問之意也。漢世儒者。若伏生董生翼奉劉向劉歆。皆以五行說天道。而眭京等亦言七政災變。故班氏傳贊。引論語天道爲說。又前書張禹傳。成帝問張禹以天變。因用吏民所言王氏事示禹。禹對災異之意。深遠難見。性與天道。自子貢之屬不得聞。何況淺見鄙儒之所言。後書桓譚傳。天道性命。聖人所難言。自子貢以下。不得而聞。今諸巧慧小才技數之人。增益圖書。矯稱讖記。以欺惑貪邪。詿誤人主。皆以吉凶禍福言天道。故鄭氏同之。其義備於春秋矣。錢氏大昕潛研堂文集。一說性與天道。猶言性與天合也。後漢書馮異傳。臣伏自思惟。以詔敕戰攻。每輒如意。時以私心斷決。未嘗不有悔。國家獨見之明。久而益遠。乃知性與天道。不可得而聞也。管輅別傳。苟非性與天道。何由背爻象而任胸心。晉書紀瞻傳。陛下性與天道。猶復役機神於史籍。此亦漢儒相承之說。宋氏翔鳳發微。亦本錢氏而小異云。聖人言性合乎天道。與猶言合也。後言利與命與仁。亦是合義。今案以與爲合。此漢儒誤解。不可援以爲訓。李賢後漢書外戚傳注。云論語云云。謂孔子不言性命及天道。而學者誤謂孔子之言性。自然與天道合。非惟失於文句。實乃大乖意旨。是錢氏所引諸說。皆章懷所不取矣。史記世家夫子之言天道與性命。性命連文。阮氏元性命古訓謂爲安國眞本。義或然也。皇本。高麗本。又漢書眭弘等傳贊。外戚傳注。匡謬正俗引。並作也已矣。○注。章明至聞也。○正義曰。書堯典。平章百姓。鄭注。章。明也。與此注同。易傳云。六書而成章。孟子云。君子之爲學也。

不成章不違。章是文之所見。故注云文彩形質著見。以文彩釋文。以著見釋章也。古無彩字。經典俱作采。禮樂記文采節奏。又曰。省其文采。注以文章爲禮儀。故以形質言之。明有威可畏。有儀可象。故人耳目得以循行也。性爲人之所受以生。卽鄭君人受血氣以生之義。天道。元亨日新之道者。元。始也。亨。徧也。易彖傳。大哉乾元。萬物資始。此元爲始也。徧則運行不窮。故日月往來以成晝夜。寒暑往來以成四時也。乾有四德。元亨利貞。此不言利貞者。略也。天道不已。故有日新之象。禮記哀公問篇云。敢問君子何貴乎天道也。孔子對曰。貴其不已。如日月東西相從而不已也。是天道也。不閉其久。是天道也。中庸言天道爲至誠無息。引詩維天之命。於穆不已。蓋曰天之所以爲天也。此詩所言天命。據鄭箋卽天道也。聖人法天。故易言君子終日乾乾。夕惕若。夫子贊易曰。天行健。君子以自彊不息。又曰。剛健篤實輝光。日新其德。皆不已之學也。皆法乎天也。性與天道。其理精微。中人以下。不可語上。故不可得聞。其後子思作中庸。以性爲天命。以天道爲至誠。孟子私淑諸人。謂人性皆善。謂盡心則能知性。知性則能知天。皆夫子性與天道之言。得聞所未聞者也。集解釋性與鄭合。其釋天道。本易言之。與鄭氏之據春秋言吉凶禍福者。義皆至精。當兼取之。

子路有聞。未之能行。唯恐有聞。注孔曰。前所聞未及行。故恐後有聞不得並行也。注。前所至行也。○正義曰。有聞文章之道也。子路好勇。聞斯行之。其未及行。又恐別有所聞。致前有聞不能並行。荀子哀公篇。是故知不務多。務審其所知。楊倞注引此文。蓋審其所知。卽是欲行之。故不務多知也。包氏愼言溫故錄。聞讀若聲聞之聞。韓愈名箴云。勿病無聞。病其嘩嘩。昔者子路唯恐有聞。赫然千載。德譽愈尊。其言當有所本。蓋子路當時有聲聞之一事。爲人所稱道。子路自度尚未能行。故唯恐復有聞。此說與孔注異。亦通。

子貢問曰。孔文子何以謂之文也。注孔曰。孔文子衛大夫孔圉。文謚也。子曰。敏而好學。不恥下問。是以謂之文也。注孔曰。敏者識之疾也。下問謂凡在己下者。注。孔文至謚也。○正義曰。世本云。孔達生得閭叔穀。穀生成叔烝鉏。鉏生頃叔羈。羈生昭叔起。起生圉。圉卽孔叔圉。亦稱仲叔圉。邢疏引謚法云。勤學好問曰文。是文爲謚也。春秋時。謚法雖失實。然猶不輕謚文。故子貢問孔子之謚。而夫子於公叔文子謚文。亦特表其行。明凡謚文當愼之也。○注。下問謂凡在己下者。○正義曰。俞氏樾平議云。下問者。非必以貴下賤之謂。凡以能問於不能。以多問於寡。皆是。案俞說。卽此注言凡之旨。

子謂子產。有君子之道四焉。注孔曰。子產。鄭大夫公孫僑。其行己也恭。其事上也敬。其養民也惠。其使民也義。正義曰。君子者。卿大夫之稱。子產德能居位。合於道者有四。故夫子表之。行己恭。則能修身。事上敬。則能盡禮。養民惠。則田疇能殖。子弟能誨。故夫子稱爲惠人。惠者。仁也。仁者愛人。故又言古之遺愛也。使民義。則集注所云。如都鄙有章。上下有服。田有封洫。廬井有伍之類皆是。○注。子產鄭大夫公孫僑。○正義曰。鄭者。周同姓國。韋昭晉語注。謂子產。鄭穆公之孫。子國之子。故稱公孫。晉語言公孫成子。成其謚也。錢氏大昕後漢書攷異。產者。生也。木高曰喬。有生長之義。故名喬。字子產。後人增加人旁。案說文。僑。高也。僑言人之高者。郭注山海經。長股國。言有喬國。今伎家喬人。蓋象此身。喬僑通用。左傳長狄僑如。當亦取高人之意。僑產義合高大爲美。故子產又字子美。此當兼存二義。

子曰。晏平仲。善與人交。久而敬之。注周曰。齊大夫。晏姓。平謚。名嬰。正義曰。周官大宰二曰敬故。鄭注。敬故。不慢舊也。晏平仲久而敬之。據鄭說。卽久謂久故也。君子不遺故舊。則民不偷。故稱平爲善交。皇疏引孫綽曰。交有傾蓋如舊。亦有白首如新。隆始者易。克終者難。敦厚不渝。其道可久。所以難也。孫說謂平仲與人交久。與鄭微異。亦得通也。皇本作久而人敬之。疏云。凡人交易絕。而平仲交久而人愈敬之也。此就所據本說之。實則當從鄭本無人字。解爲平仲敬人。○注。晏姓平謚名嬰。○正義曰。史記管晏列傳。晏平仲。萊之夷維人也。索隱曰。名嬰。平謚。仲字。晏者。地名。以邑爲氏。一統志。晏城。在齊河西北二十五里。卽其地也。謚法解。治而無眚。執事有制。布綱治紀。皆曰平。是平爲謚也。

子曰。臧文仲居蔡。注包曰。臧文仲。魯大夫。臧孫辰。文謚也。蔡。國君之守龜。出蔡地。因以爲名焉。長尺有二寸。居蔡。僭也。山節藻棁。注包曰。節者。栭也。刻鏤爲山。棁者。梁上楹。畫爲藻文。言其奢侈。何如其知也。注包曰。非時人謂之爲知。正義曰。龜者。介蟲之長。有知靈。能先知。故用爲卜。白虎通蓍龜篇。天子下至士。皆有蓍龜者。重事決疑。示不自專。凡卜皆在廟。故藏龜亦於廟。周官龜人。凡取龜用秋時。攻龜用春時。各以其物入於龜室。注云。六龜各異室也。史記龜策列傳言高廟有龜室。又言置室西北隅懸之。此其制也。左文二年傳說臧孫此事云。作虛器。杜注作虛器。謂居蔡山節藻棁也。有其器而無其位。故曰虛。如杜所言。則居蔡謂作室以居之。所謂龜櫝也。漢書食貨志。元龜爲蔡。非四民所得居。有者入太卜受直。然則文仲得此蔡。卽當歸諸周室。

而不得私藏之。禮器所云家不寶龜是也。乃文仲則儼爲己有。且以此龜本藏天子廟中。故亦以天子廟飾居之。其所置之處。亦必在文子家廟中。明堂位曰。山節藻梲。複廟重檐。天子之廟飾也。文仲諂瀆神物。以冀福佑。而不知其僭上無等之罪。必不爲神所相。故夫子不斥其僭。而但斥以不知。全氏祖望經史問答。據漢人之說。則居蔡。是僭諸侯之禮。山節藻梲。是僭天子宗廟之禮。以飾其居。如此。則已是二不知。不應概以作虛器罪之曰一不知也。又云。山節藻梲。實係天子之廟飾。管仲僭用以飾其居。而臧孫未必然者。蓋臺門反坫。朱紘鏤簋。出自夷吾之奢汰。不足爲怪。而臧孫則儉人也。天下豈有以天子之廟飾自居。而使妾織蒲於其中者。蓋亦不相稱之甚矣。吾故知其必無此也。然則山節藻梲將何施。曰施之於居蔡也。案全氏此辨致確。其據家語。以文仲世爲魯之守蔡大夫。又取陸佃說。以伯禽所受封之繁弱爲蔡別名。又名僂句。皆謬妄不足辨。故略之。節與榙同。陳氏鱣古訓藝文類聚引作楶。楶榙一字。案爾雅釋宮。栭謂之楶。釋文楶音節。孫炎本作節。是楶節通用。論語釋文又云。梲本又作棳。○注。臧文至僭也。○正義曰。臧文仲卽臧孫辰。見左莊二十八年傳。鄭注云。蔡。國君之守龜也。龜出於蔡。故得以爲名焉。與包略同。左昭五年傳。吳蹶由曰。卜之以守龜。又曰。國之守龜。其何事不卜。是國君有守龜也。漢書食貨志。元龜岠冉長尺二寸。公龜九寸。侯龜七寸。子龜五寸。又云。龜爲蔡。是蔡長二寸也。白虎通引禮三正記。天子龜爲蔡。長一尺二寸。諸侯一尺。大夫八寸。士六寸。與食貨志異。然皆以天子龜爲尺二寸也。但包既以蔡爲長尺二寸。則是天子守龜。不當云國君之守龜。此稍誤矣。淮南說山訓。大蔡神龜。出於溝壑。高誘注與包鄭同。漢食貨志如氏注。以蔡爲蔡國。薛瓚以蔡爲龜名。不取蔡國之說。爲顏監所糾正。路史國名紀言蘄春江中有蔡山。在廣濟縣。大龜納錫。故曰蔡。非姬姓蔡。王氏塗四書地理志引之。謂今黃梅縣西南九十里曰蔡山。西接廣濟縣。此或包鄭所指龜所出之地名矣。俞氏樾平議。包氏此解亦臆說。竊疑蔡當讀爲㪔。說文。㪔。楚人謂卜問吉凶曰㪔。讀若贅。龜者。所以卜問吉凶也。因卽名之曰㪔。蓋楚語也。龜本荆州所貢。故沿襲其語耳。㪔與蔡音相近。孔氏廣森經學卮言。謂蔡蔡叔之蔡。卽竄三苗之竄。然則以蔡爲㪔。猶以蔡爲竄矣。案俞此說甚可據。因並箸之。○注。節者至奢侈。○正義曰。鄭亦有此注。與包同。節爲栭者。本爾雅文。說文云。榙。欂櫨也。欂櫨。柱上枅也。枅。屋欂櫨也。栭。屋枅上標也。鄭注明堂位云。山節。刻欂櫨爲山也。三蒼云。柱上方木曰枅。一名榙。山東河南皆曰枅。自陝以西曰榙。廣雅釋宮。欂謂之枅。榙謂之笮。合諸訓觀之。榙也。栭也。枅也。欂櫨也。榙也。笮也。六名實一物。王延壽靈光殿賦。芝栭欑羅以戢孴。張載注云。芝栭。柱上節。方小木爲之。長三尺。此卽節也。段氏玉裁說文注云。有枅。有曲枅。枅。則楶也。曲枅。則欒也。曲枅加於柱。枅加於曲枅。栭又加於枅。以次而小。故名之栭。薛注西京賦曰。栭。斗也。張載注靈光賦曰●枅。方小木爲之。枅在栭之上。栭者。柱上方木。斗又小於栭。亦方木也。然後乃抗梁焉。栭與枅非一物。釋宮云。栭謂之榙。合二事渾言之。許則析言之。案說文以栭爲枅標。標者。枅上端也。栭與枅。正是一物。而段云非一物。誤矣。爾雅閞謂之槉。郭注。柱上欂也。亦名枅。又曰榙。說文。閞。門欂櫨也。徐鍇繫傳。斗上承棟者。橫之似笄也。柱端交牾之處。置方木焉。使相接合。故謂之㮷。案開字從門從幵。幵象其形。從門則爲門上之枅。與柱端之枅同。故其訓亦不異。郝氏懿行義疏。謂㮷欂一物兩名。㮷言其標。欂言其末。亦未是也。鄭注禮器云。山節。謂刻柱頭爲斗拱。形如山也。柱頭者。節也。斗拱者。山之形。鄭據目見言之。非謂刻山形於節上也。棁爲梁上楹者。爾雅云。宗廇謂之梁。其上楹謂之棳。是棳在梁上。郭注以爲侏儒。鄭注明堂位。亦云畫侏儒柱爲藻文也。侏儒者。短柱之稱。故禮器注云。藻棁。謂畫梁上短柱爲藻文也。釋名。棳儒。梁上短柱也。儒上常補侏字。淮南主術訓。短者以爲朱儒。高誘注。朱儒。梁上戴蹲跪人也。朱儒本短人。故短木亦稱朱儒。高舉其形似言之。非謂刻爲人也。玉篇。棁。楣也。以棁爲楶。殊誤。徐鍇說文繫傳。以楶爲梁上短柱。而以兩旁枝梧之木爲棁。亦與舊訓不合。藻者。水草。爾雅釋草。莙牛藻。藻與藻同。包以山節藻棁爲奢侈。不言僭者。以奢侈則僭可知。鄭此注又云山節藻棁。天子之廟飾。皆非文仲所當有之。案鄭注禮器云。宮室之飾。士首本。大夫達稜。諸侯斲而礱之。天子加密石焉。無畫山藻之禮也。又云。山節藻棁。此是天子廟飾。而管仲僭之者。考士首本云云。見穀梁傳及晉語尚書大傳。皆是言桷飾。鄭以桷飾如此。則凡飾皆同。而又言天子廟飾。山節藻棁。是於密石之外。又加此山藻之飾。與宮室之制不同也。山節藻棁是二事。皆非文仲宮室中所當有。故夫子譏之。

子張問曰。令尹子文。注孔曰。令尹子文。楚大夫。姓鬭。名穀。字於菟。三仕爲令尹。無喜色。三已之。無慍色。舊令尹之政。必以告新令尹。何如。子曰。忠矣。曰。仁矣乎。曰。未知。焉得仁。注但聞其忠事。未知其仁也。正義曰。令尹。楚官名。邢疏云。令。善也。尹。正也。言用善人正此官也。三已者。詩墓門箋。已。去也。南山有臺箋。已。止也。全氏祖望經史問答。子文於莊公卅年爲令尹。至僖公廿三年。讓於子玉。凡在位廿八年。子玉死。蔿呂臣繼之。子上又繼之。大孫伯又繼之。成嘉又繼之。是後楚之令尹。不見於左傳。文公十二年。子越之亂。追紀曰。令尹子文卒。鬭般爲令尹。則意者成嘉之後。子文嘗再起爲令尹。而仁山以爲子上之後者。誤也。子上死。即有商臣之變。使子文是時在位。豈尚可以言忠。案子越亂在宣四年。非文十二年。全氏誤也。如全此說。子文僅再仕再已。而論語云三仕三已者。大略之辭。汪氏中述學云。易。近利市三倍。詩。如賈三倍。論語。焉往而不三黜。春秋傳。三折肱爲良醫。此不必限以三也。論語。季文子三思而後行。雌雉三嗅而作。孟子書。陳仲子三咽此不可知其爲三也。論語。子文三仕三已。史記。管仲三仕三已。三戰三走。田忌三戰三勝。范蠡三致千金。此不必其果爲三也。故知三者。虛數也。案楚語觀射父曰。昔鬭子文三舍令尹。無一日之積。恤民之故也。潛夫論遏利篇。楚鬭子文三爲令尹而有飢色。妻子凍餒。朝不及夕。皆言子文三仕三已。與論語正合。若荀子堯問。莊子田子方。呂氏春秋知分。淮南子道應。史記鄒陽傳。循吏列傳。皆以三仕三已爲孫叔敖之事。閻氏若璩四書釋地又續云。孫叔敖之令尹。見宣十一年。叔敖死於楚莊王時。約令尹僅七八年。莊王之賢。豈肯譽已敘敖。意莊子荀子。原係子文事。傳譌而爲敘敖。其說是也。夫子許爲忠者。皇疏引李充曰。進無喜色。退無怨色。公家之事。知無不爲。忠臣之至也。釋文未知如字。鄭音智。注及下同。漢書古今人表。先列聖人。次仁人。次智人。其序篇引此二語。論衡問孔篇。子文曾舉子玉代己位而伐宋。以百乘敗而喪其衆。不知如此。安得爲仁。中論智行篇。或曰。然則仲尼曰未知。焉得仁。乃高仁邪。何謂也。對曰。仁固大也。然則仲尼亦有所激然。非專小智之謂也。若有人相語曰。彼尙無有一智也。安得乃知爲仁乎。二文皆讀知爲智。與鄭同。李充曰。子玉之敗。子文之擧。擧以敗國。不可謂智也。賊夫人之子。不可謂仁也。可補鄭義。皇本何如下有也字。○注。姓鬭名穀字於菟。○正義曰。左宣四年傳。初。若敖娶于䢵。生鬭伯比。若敖卒。從其母畜于䢵。淫于䢵子之女。生子文焉。䢵夫人使棄諸夢中。虎乳之。䢵子田見之。懼而歸以告夫人。遂使收之。楚人謂乳穀。謂虎於菟。故命之曰鬭穀於菟。實爲令尹子文。說文。𤔣。乳也。從子𣪊聲。漢書敘傳上楚人謂乳𤔣。如氏曰。𤔣音構。牛羊乳汁曰𤔣。廣雅釋詁。𤔣。生也。曹憲音曰𤔣。春秋之穀烏菟。釋言。𤔣。乳也。穀𤔣一字。左傳作穀。或係叚借。論語釋文。𤔣本又作穀。荀子禮論。君子以倍叛之心。接臧穀猶且羞之。楊倞注。孺子曰穀。莊子駢拇。臧與穀二人。崔注同。穀與𤔣同。若言乳兒也。於菟爲虎。此反切之權輿。曹憲作烏菟。漢書敘傳作於檡。皆以音近通用。王氏引之春秋名字解詁。於菟。虎文貌。說文。𧇊。黃牛虎文。讀若塗。菟𧇊聲義並同。虎有文。謂之於菟。故牛有虎文謂之𧇊。說文。虍。虎文也。於菟與虍。聲近而義同。如王此說。子文爲字。亦是名字相應矣。敘傳云。故名𤔣於檡字子文。此注以𤔣爲名。於菟爲字。而不言子文之爲名爲字。作僞者之疏可知。

崔子弒齊君。陳文子有馬十乘。棄而違之。注孔曰。皆齊大夫。崔杼作亂。陳文子惡之。捐其四十匹馬。違而去之。至於他邦。則曰。猶吾大夫崔子也。違之。之一邦。則又曰。猶吾大夫崔子也。違之。何如。子曰。清矣。曰。仁矣乎。曰。未知。焉得仁。注孔曰。文子避惡逆。去無道。當春秋時。臣陵其君。皆如崔子。無有可止者。

正義曰。崔者。地名。以邑爲氏也。左襄二十七年傳。成請老于崔。杜注。濟東朝陽縣西北有崔氏城。在今濟南府章丘縣西北二十五里。俗呼古城。弒者。說文云。臣弒君也。左宣十八年傳。凡自虐其君曰弒。白虎通誅伐篇。引春秋讖曰。弒者。何也。欲言臣子殺其君父。不敢。卒候閒司事。可稍稍試之。是其義也。釋文。弒本又作殺。說文。殺。戮也。段氏玉裁注云。述其實則曰殺。正其名則曰弒。春秋。正名之書也。故言弒不言殺。三傳。述實以釋經之書也。故或言弒。或言殺。案此則弒殺兩通。齊君莊公名光。左襄二十五年傳言莊公通崔杼之妻姜氏。崔子因是又以其閒伐晉也。欲弒公以說于晉。夏五月乙亥。公問崔子疾。遂從姜氏。姜入于室。與崔子自側戶出甲興。公踰牆。又射之。中股反隊。遂弒之。是崔子弒君之事也。論語釋文崔子。鄭注云。魯讀崔爲高。今從古。論衡別通篇。仕宦爲吏。亦得高官。將相長吏。猶我大夫高子也。安能別之。亦據魯論。包氏愼言溫故錄。高氏爲齊命卿。與文子同朝者。高子也。崔杼弒君。而魯論書高子者。責其不討賊也。與趙盾同義。文子去齊而之他邦。其聞或欲請師討賊。而見其執國命者。皆與惡人爲黨。故曰猶吾大夫高子也。陳氏立句溪雜著曰。以左傳崔杼事證之。則魯論信爲誤字。然文子所至各國。亦何至皆如崔子。而文子亦何至輒擬人以弒君之賊。則下兩言猶吾大夫崔子。似以魯論作高子爲長。蓋弒君之逆。法所必討。高子爲齊當國世臣。未聞聲罪致討。以春秋貶趙盾律之。宜與崔子同惡矣。其首句自當作崔子。魯論作高子。則涉下高子而誤。案包陳二說微異。皆可得魯論之義。鄭以古論定魯論。亦以莊公時。高子不當權。要與趙盾異。春秋無所致譏。故宜從古論作崔子也。陳文子名須無。文者謚也。文子出奔。春秋經傳皆無之。劉氏逢祿論語述何篇。時非有執政。且旋反國。故不錄也。淸者。說文云。徵水之貌。下篇身中淸。馬融曰。淸，純潔也。皇疏引李充曰。違亂求治。不污其身。淸矣。而所之無可。驟稱其亂。不如寗子之能愚。蘧生之可卷。未可爲智也。潔身而不濟世。未可謂仁也。此亦當得鄭義。唐石經棄作弃。即古棄字。違之之一邦。皇本作違之之至他邦。○注。捐其四十匹馬違而去之。○正義曰。說文。棄。捐也。捐。棄也。轉相訓。曲禮云。問大夫之富。數馬以對。故此言有馬十乘也。一乘是四匹馬。則十乘是四十匹馬。陳氏鱣簡莊集解此文云。此指其在廐之馬。金氏仁山以十乘乃十旬之地。其采邑之大可知。非也。論語千乘之國。及百乘之家。皆指出車之數而言。陳文子有馬十乘。及齊景公有馬千駟。則指公馬之畜於官者。非國馬之散在民閒也。大學畜馬乘。謂士初試爲大夫者。百乘之家。謂有采地者。鄭注甚明。周官挍人云。家四閑馬二種。鄭志答趙商曰。當八百六十四匹。此言天子之卿。大夫之制。若侯國初試爲大夫者。畜馬乘。今文子有馬十乘。亦可謂多矣。閻氏釋地。以開方之法。計其賦十乘。而定爲文子采邑。蓋仍沿金氏之誤耳。

季文子三思而後行。子聞之曰。再斯可矣。【注】鄭曰。季文子。魯大夫季孫行父。文謚也。文子忠而有賢行。其舉事寡過。不必及三思。

正義曰。三思者。言思之多。能審愼也。左氏傳言文子將聘於晉。求遭喪之禮以行。後晉襄公果卒。杜預注。以爲三思而後行。此可證矣。說文。再。一舉而二也。皇本再下有思字。顧氏炎武金石文字記。唐石經。斯作思。○注。季文至三思。○正義曰。行父者。季孫字也。忠而有賢行者。左成十六年傳。范文子曰。季孫於魯。相二君矣。妾不衣帛。馬不食粟。可不謂忠乎。襄五年傳。季文子卒。宰庀家器爲葬備。無衣帛之妾。無食粟之馬。無藏金玉。無重器備。君子是以知季文子之忠於公室也。皆言文子忠事也。舉事寡過。不必及三思。故言再思即可矣。左襄二十五年傳。衞太叔文子曰。君子之行。思其終也。思其復也。哀二十七年傳。中行文子曰，君子之謀也。始衷終皆舉之而後入焉。是三思乃美行。吳志諸葛恪傳注。引志林曰。恪輔政。大司馬呂岱戒之曰。世方多難。每事必十思。恪答曰。昔季文子三思而後行。夫子曰。再斯可矣。君令恪十思。明恪之劣也。亦以文子三思爲賢。與鄭注意合。

子曰。寧武子。注馬曰。衛大夫寧俞。武謚也。邦有道。則知。邦無道。則愚。其知。可及也。其愚。不可及也。注孔曰。佯愚似實。故曰不可及也。正義曰。有道無道。不知在何時。朱子集注。以有道屬文公。無道屬成公。全氏祖望經史問答云。武子之事文公。其於左氏無所見。則或謂有道。亦祇就成公之世無事之時。樊氏廷枚四書釋地補引汪廷珍說此有道。乃對禍亂而言。與史魚章兩有道正同。成公復國後。武子輔政。凡十餘年。其閒如請改祀命。不答彤弓等事。皆所謂有道則知也。宋氏翔鳳發微云。左氏所載寧武子遭羅國難。盡忠竭謀。乃使衛侯再得返國。斯亦知矣。且晉責舊憾。與師相加。其君既出。其國廑存。內外有枕戈之憂。上下無晏安之樂。武子於此。運其知謀。宛濮之盟。醫衍之貨。凡爲蓋臣。皆知及此。若論其愚。當非有言可紀。有事可載也。蓋成公之無道。不在失國。在不知人。以叔武之守而至於殺。則寧氏之行。亦恐不全也。乃前驅背盟。不言於事。後於晉爭訟。從坐而無辭。從容大國之閒。周旋闇君之側。譖訴皆絕。刑戮不罹。斯其能愚之實足以脫乎亂世。非有聖賢之學。烏能及於此乎。〇注。衛大夫寧俞。〇正義曰。左文四年經。衛使寧俞來聘。傳作寧武子。是武子卽寧俞。程公說春秋分紀寧武子莊子速之子。左文五年。晉陽處父聘於衛。反過寧。杜注。晉邑。汲郡修武縣也。今河南衛輝府獲嘉縣西北有修武故城。卽古寧邑。其地與衛境相接。或本爲衛邑。武子世食於此。故氏寧也。說本江氏永春秋地理考實。

子在陳曰。歸與歸與。吾黨之小子狂簡。斐然成章。不知所以裁之。注孔曰。簡。大也。孔子在陳思歸欲去。故曰吾黨之小子狂簡者。進取於大道。妄作穿鑿以成文章。不知所以裁制。我當歸以裁之耳。遂歸。正義曰。陳者。國名。說文云。陳。宛丘也。今河南陳州府治淮寧縣。史記孔子世家。孔子至陳歲餘。吳王夫差伐陳。取三邑而去。孔子居陳三歲。會晉楚爭彊。更伐陳。及吳侵陳。陳常被寇。孔子曰。歸與歸與。吾黨之小子狂簡。進取不忘其初。於是孔子去陳。過蒲適衛。去衛將西見趙簡子。臨河乃還。反乎衛。又去衛。復如陳。是歲魯哀公三年。而孔子年六十矣。季桓子卒。康子代立。使使召冉求。冉求將行。孔子曰。魯人召求。非小用之。將大用之也。是日。孔子曰。歸乎歸乎。吾黨之小子狂簡。斐然成章。吾不知所以裁之。子贛知夫子思歸。送冉求。因誡曰。卽用以孔子爲招云。世家此文。述夫子再有歸與之辭。前文見孟子。後文見論語。蓋夫子思歸之切。屢見乎辭。故世家各隨文記之。司馬貞索隱。疑爲一文兩敍。閻氏若璩釋地續以孔子此歎。與其於魯之召求之歸。前所載爲錯簡復出。非也。釋文。吾黨之小子狂簡絕句。鄭讀至小子絕句。今鄭說已佚。孟子趙注。孔子在陳。不遇賢人。上下無所交。蓋歎息思歸。欲見其鄉黨之士也。周禮。五黨爲州。五州爲鄉。故曰吾黨之士也。此稱吾黨之義也。狂者。說文云。狂。狾犬也。狾犬雄猛奮發。故人之矯恣自張大者。亦謂之狂。孟子萬章白。敢問何如斯可謂狂矣。曰。如琴張曾晳牧皮者。孔子之所謂狂矣。何以謂之狂也。曰。其志嘐嘐然。曰古之人。古之人。夷考其行而不掩焉者也。趙注。嘐嘐。志大言大者也。重言古之人。欲慕之也。夷。平也。考察其行。不能掩覆其言。是其狂也。斐然者。禮記大學有斐君子。鄭注。斐。有文章貌也。爾雅釋訓注。斐。文貌。言弟子居魯。所學已就。能成文章可觀也。裁者。爾雅釋言。裁。節也。張栻論語解方聖人歷聘之時。詩書禮樂之文。固已付門人次序之矣。及聖人歸於魯。而後有所裁定。又云。狂簡之士。雖行有不揜。而其志大。蓋能斐然以成章矣。至於義理之安。是非之平。詳略之宜。則必待聖人裁之而後爲得也。案孔子世家言陽虎亂政時。孔子不仕。退而修詩書禮樂。弟子彌衆。至自遠方。莫不受業。是孔子年五十內。已修詩書禮樂。非至晚年歸魯。始爲之也。弟子受業。卽受孔子所修之業。當時洙泗之閒。必有講肄之所。不皆從夫子出遊。故此在陳得思之也。沈氏濤論語孔注辨僞。謂解世家之文。以歸爲冉求將歸。吾黨之小子。亦指冉求。則世家此文下。明言子贛知夫子思歸。又夫子言求也退。卽求亦自言力不足。是求之爲人與狷近。與狂簡絕遠。沈君說未爲是也。不知所以裁之。謂弟子學已成章。嫌己淺薄。不知所以裁之也。此正謙幸之辭。其弟子之當裁制。自不言可知。世家不知上有吾字。皇本裁之下有也字。○注。簡大至遂歸。○正義曰。簡大。爾雅釋詁文。趙注孟子云。簡。大也。狂者。進取大道而不得其正者也。沈氏濤辨僞云。斐字從文。古訓無不以爲文貌者。今云妄作穿鑿。謬矣。案下篇子曰。不得中行而與之。必也狂狷乎。是狂簡亦有爲之人。但務爲高遠。所言或不副其所行。非有所穿鑿也。包咸子罕篇注曰。時人有穿鑿妄作篇籍者。此則不知而作。豈諸弟子所爲乎。焦氏循論語補疏、妄作穿鑿。申解斐然。蓋讀斐爲匪。匪猶非也。此或得孔義。然亦謬矣。妄作穿鑿以成文章。不知所以裁制。是以不知爲弟子不知也。於義亦隔。云遂歸者。終言之。孔子反魯。在哀十一年冬。

子曰。伯夷叔齊。不念舊惡。怨是用希。注孔曰。伯夷叔齊。孤竹君之二子。孤竹。國名。正義曰。爾雅釋詁。念。思也。希。罕也。並常訓。大戴禮衛將軍文子篇。孔子曰。不克不忌。不念舊惡。蓋伯夷叔齊之行也。皇疏云。舊惡。故憾也。人若錄於故憾。則怨恨更多。唯夷齊豁然忘懷。若有人犯己。己不怨錄之。所以於人怨少也。邢疏云。不念舊時之惡而欲報復。故希爲人所怨恨也。毛氏奇齡四書改錯。此惡字。猶左傳周鄭交惡之惡。舊惡卽夙怨也。惟有夙怨而相忘而不之念。因之恩怨俱泯。故怨是用希。此必有實事。而今不傳者。張文藏曰。魏書房景伯除淸河太守。郡民劉簡虎。嘗失禮於景伯。景伯署其子爲西曹掾。論者以爲不念舊惡。南齊皇甫肅曾勸劉勔殺王廣之。及勔亡。肅反依廣之。而廣之感且契賞。且啓武帝。使爲東海太守。史臣以爲不念舊惡。然則此惡字。並解作怨也。案毛說與皇疏合。惟怨字當從邢疏。以爲人怨恨也。朱子集注云。孟子稱其不立於惡人之朝。不與惡人言。與鄉人立。其冠不正。望望然去之。若將浼焉。其介如此。宜若無所容矣。然其所惡之人。能改卽止。故人亦不甚怨之也。案集注亦是。曾子立事云。朝有過。夕改則與之。夕有過。朝改則與之。卽此義。○注。伯夷至國名。○正義曰。伯叔。少長之字。夷齊。其名也。皇疏謂伯夷名允。叔齊名致。釋文云。允字公信。智字公達。夷齊諡也。見春秋少陽篇。史記索隱亦同。惟智作致。與義疏合。案諡法解。夷齊並爲諡。然古人無以字居諡上者。困學紀聞引胡明仲曰。彼已去國。誰爲之節惠哉。蓋如伯達仲忽。亦名而已矣。其說良是。史記伯夷列傳云。伯夷叔齊。孤竹君之二子也。爾雅釋地。觚竹列於四荒。郭注。觚竹在北。觚與孤同。漢地理志遼西郡令支有孤竹城。今永平府盧龍縣東有古孤竹城。

子曰。孰謂微生高直。或乞醯焉。乞諸其鄰而與之。注孔曰。微生姓。名高。魯人也。乞之四鄰以應求者。用意委曲。非爲直人。正義曰。乞醯者。乞猶求也。左僖廿六年經。公子遂如楚乞師。杜注。乞。不保得之辭。說文。醯。酸也。作醯以鬻以酒。從鬻酒並省。鬻與醬同。儀禮聘禮注。以醯穀爲陽醢。肉爲陰醢。連穀言。是其以鬻爲之。說文。酸。酢也。關東謂酢曰酸。酢卽醋字。禮記內則和用醯。釋文。醯。酢也。周官疾醫五味醯酒飴蜜薑鹽之屬。注云。醯則酸也。古酸用梅。疑卽加之於醯。故醯味酸。士昏公食大夫所云醯醬。據注云以醯和醬。則是加醯於醬也。醬不必皆加醯。故有芥醬卵醬醢醬醯醬之別。廣雅釋器。醶。醋也。醶與醯同。論語釋文。醯亦作醢。郊特牲內則天官釋文同。釋名釋飲食。以醢多汁者爲醯。醯。瀋也。惠氏士奇禮說。遂以醯醬爲一物。又謂古無醋。其說並誤。乞諸其鄰而與之。不爲直者。乞諸其鄰。而冒爲己物以與人。人知與之爲微生。而不知爲鄰。所以不得爲直。若乞諸鄰。而稱鄰以與之。此亦厚德。無所可譏矣。○注。微生姓名高魯人也。○正義曰。漢書古今人表。尾生高尾生晦。師古曰。卽微生高微生畝也。燕策蘇代曰。信如尾生高。又曰。信如尾生高。則不過不欺人耳。蘇秦曰。信如尾生。期而不來。抱梁柱而死。莊子盜跖篇。尾生與女子。期於梁下。女子不來。水至不去。抱梁柱而死。淮南氾論說林並載此事。高誘注云。魯人。則微生蓋嘗硜硜自守者。故當時或以爲直也。尾與微通。書堯典鳥獸孳尾。史記五帝紀作微。是其證。

子曰。巧言令色足恭。左丘明恥之。丘亦恥之。注孔曰。足恭便僻貌。左丘明。魯太史。匿怨而友其人。左丘明恥之。丘亦恥之。注孔曰。心內相怨。而外詐親。正義曰。釋文云。一本此章有子曰字。恐非。案陸所見無子曰。與上章合爲一章。蓋由傳寫脫誤。不當以有者爲非也。爾雅釋詁。匿。微也。舍人注。匿藏之微也。說文。匿。亾也。亾若亾命之亾。謂隱藏也。左丘明與孔子同時。而卒於孔子後。漢劉歆稱其好惡同於聖人。卽指此文之類。○注。足恭便僻貌左丘明魯太史。○正義曰。邢疏云。便僻。其足以爲恭。謂前卻俯仰。以足爲恭也。臧氏庸拜經日記。表記孔子曰。君子不失足於人。不失色於人。不失口於人。會子修身篇。亟達而無守。好名而無體。忿怒而爲惡。足恭而口聖。而無常位者。君子弗與也。巧言令色。能小行而篤。難於仁矣。文王官人篇。華如誣巧言令色足恭一也。皆以無爲有者也。案不失足者。不足恭也。不失色者。不令色也。不失口者。不巧言也。故文王官人。三者並舉。足恭而口聖。口聖卽巧言也。詩板無爲夸毗。正義曰。夸毗者。便辟其足前卻爲恭。孔注言足恭便僻之貌者。義當如此解。爾雅釋訓。籧篨。口柔也。戚施。面柔也。夸毗。體柔也。李巡注。巧言好辭。以口饒人。是謂口柔。和顏悅色以誘人。是謂面柔。屈己卑身。求得於人。曰體柔。論語友便辟。馬融曰。便辟巧避人所忌以求容媚者。友善柔。馬融曰。面柔者也。友便佞。鄭玄曰。便。辯也。謂佞而辯也。然則便辟爲體柔。善柔爲面柔。便佞爲口柔。體柔爲足恭。面柔爲令色。口柔爲巧言。斷斷然矣。案臧說。深得此注之義。管子小匡篇。曾孫宿之爲人。巧佞卑諂足恭而辭結。結與給同。史記五宗世家。趙王彭祖爲人。巧佞卑諂足恭而心刻深。又日者列傳。孅趨而言。索隱曰。孅趨猶足恭也。顏師古漢書景十三王傳注。足恭。謂便辟也。李賢後漢書崔駰傳注。夸毗。謂佞人足恭。善爲進退。皆讀足如字。皇疏引繆協曰。足恭者。以恭足於人意。而不合於禮度。此讀足爲將樹反。見陸氏音義。仲尼燕居。恭而不中禮。謂之給。子曰。給奪慈仁。鄭注。巧言足恭之人。似慈仁。實鮮仁。據鄭注義。則給如供給之給。謂足也。故鄭引足恭說之。此義亦通。史記十二諸侯年表序。自孔子論史記次春秋。七十子之徒。口受其傳。魯君子左丘明。懼弟子各有安其意。失其眞。故具論其語。成左氏春秋。又自敘篇稱左丘失明。厥有國語。漢書藝文志左氏傳三十卷。左丘明。魯太史。案史公以左丘連文。則左丘是兩字氏。明其名也。左丘亦單稱左。故舊文皆言左傳。不言左丘傳。說者疑左與左丘爲二。作國語者左丘明。作左傳者別一人。與史漢諸文不合。非也。左丘明雖爲太史。其氏左丘。不知何因。解者援玉藻動則左史書之。謂左丘明。是以官爲氏。則但當氏左。不當連丘爲文。亦恐非也。周官太史。下大夫二人。上士四人。侯國羣臣秩差降。太史當止以士爲之。

顏淵季路侍。子曰。盍各言爾志。子路曰。願車馬。衣輕裘。與朋友共。敝之而無憾。【注】孔曰。憾。恨也。**顏淵曰。願無伐善。無施勞。**【注】孔曰。不自稱己之善。不以勞事置施於人。

正義曰。季路。卽子路。季者。少長之稱。閻氏若璩四書釋地又續。季路長顏淵二十一歲。而先顏淵者。尙德也。侍者。釋文云。侍。承也。釋名釋言語。侍。時也。尊者不言。常於時供所當進者也。鄭注云。盍。何不也。案爾雅釋言。曷。盍也。郭注。盍。何也。何與何不。語有詳略。各者。說文云。各。異詞也。夫子欲覘二子之志。故問其何不各言之也。願者。有志而未逮之辭。爾雅釋詁。願。思也。裘者。說文云。裘。皮衣也。裘卽求字。凡裘服。毛在外。故有加衣以襲之。衣裘猶衣裳。皇邢各本。衣下有輕字。阮氏元校勘記唐石經。輕字旁注。案石經初刻本無輕字。車馬衣裘。見管子小匡及齊語。是子路本用成語。後人涉雍也篇衣輕裘。而誤衍輕字。錢大昕云。石經輕字。宋人誤加。考北齊書唐邕傳。顯祖嘗解服青鼠皮裘賜邕云。朕意在車馬衣裘。與卿共敝。蓋用子路故事。是古本無輕字。一證也。釋文於赤之適齊節。音衣爲于旣反。而此衣字無音。是陸本無輕字。二證也。邢疏云。願以己之車馬衣裘。與朋友共乘服。是邢本亦無輕字。三證也。皇疏云。車馬衣裘共乘服。是皇本亦無輕字。四證也。今注疏與皇本正文有輕字。則後人依通行本增入。非其舊矣。白虎通三綱六紀云。朋友之交。貨則通而不計。共憂患而相救。下引此文至敝之絕句。唐邕傳同。言己與朋友共用至敝也。今讀與朋友共爲一句。敝之而無憾爲一句。似敝之專指朋友。於語意未晰。說文。共。同也。又㡀。敗衣也。从巾。象衣敗之形。敝。帗也。一曰敗衣。今經傳訓敗之字。皆作敝。是從或義也。皇本作弊。乃通用字。施勞者。朱子集注云。施者。張大之意。案施勞與伐善對文。禮記祭統注。施猶著也。淮南詮言訓。功蓋天下。不施其美。謂不誇大其美也。善言德。勞言功。周官司勳。事功曰勞。是也。禮記表記。君子不自大其事。不自尚其功。以求處情。過行弗率。以求處厚。荀子君子篇。備而不矜。一自善也。謂之聖。不矜矣夫。故天下不與爭能而致善用。其功有而不有也。夫故爲天下貴矣。二文所言。即顏子之志。曾子言有若無。實若虛。昔者吾友嘗從事於斯。若無若虛。卽無伐無施之意。吾友謂顏子。顏子未得位。未能行其所志。故嘗以其所願從事之也。○注。憾恨也。○正義曰。見廣雅釋詁。此常訓。○注。不自至於人。○正義曰。伐訓稱者。引申之義。左襄十三年傳。小人伐其技以馮君子。杜注。自稱其能曰伐。皇疏云。願己行善而不自稱。欲潛行而百姓日用而不知也。又願不施勞役之事於天下也。故鑄劍戟爲農器。使子貢無施其辯。子路無厲其勇也。案孟子云。以佚道使民。雖勞不怨。孔子亦言擇可勞而勞之。是勞民非政所能免。今但言不施以勞事。然則將可勞者亦勿勞之乎。於義爲短。今所不從。

子路曰。願聞子之志。子曰。老者安之。朋友信之。少者懷之。注孔曰。懷。歸也。

正義曰。老者。人年五十以上之通稱。爾雅釋詁。老。壽也。少者。禮記少儀目錄。少猶小也。趙岐孟子萬章注。人少。年少也。韓詩外傳。遇長老。則脩弟子之義。遇等夷。則脩朋友之義。遇少而賤者。則脩告道寬裕之義。故無不愛也。無不敬也。無與人爭也。曠然而天地苞萬物也。如是。則老者安之。少者懷之。朋友信之。據韓傳所言。則朋友謂其年位與夫子等夷者也。信者。禮記經解云。民不求其所欲而得之。謂之信。竊謂子路重倫輕利。不失任卹之道。義者之事也。顏子勞而不伐。有功而不德。仁者之事也。夫子仁覆天下。教誠愛深。聖者之事也。○注。懷歸也。○正義曰。爾雅釋詁。懷。止也。釋言。懷。來也。並與歸訓近。言少者得所養教。歸依之若父師也。

子曰。已矣乎。吾未見能見其過。而內自訟者也。注包曰。訟猶責也。言人有過。莫能自責。

正義曰。已矣乎者。歎辭。巳。止也。大學記云。所謂誠其意者。毋自欺也。如惡惡臭。如好好色。此之謂自慊。故君子必愼其獨也。獨者。人所未及知。而己所獨知之之時也。意有善惡。誠意者。於意之善者好之。意之不善者惡之。惡不善。正是葆其善。故君子之於改過。尤亟亟也。人凡有過。其始也皆藏於意。故能自見。能自見而內自訟。則如惡惡臭。必思所以去之。夫子言惡不仁之人。不使不仁者加乎其身。所謂內自訟者如此。所謂誠意者如此。否則見其過而不能自訟。卽是自欺。自欺則非誠意矣。夫子歎未見好仁惡不仁者。及此又有未見能自訟之歎。蓋改過爲學者至要。而亦至難。故非愼獨。不克致力矣。所以云未見者。察之於色與言。觀之於所行事。所謂誠於中。必形於外。人之視己。如見其肺肝然也。○注。訟猶責也。○正義曰。訟訓責者。引伸之義。廣雅釋詁。訟。賚也。賚卽責字。

子曰。十室之邑。必有忠信。如丘者焉。不如丘之好學也。正義曰。淩氏曙典故覈。四井爲邑。井有三家。四井。凡十二家。云十室。舉成數也。大戴禮曾子制言云。是故昔者。禹見耕者五耦而式。過十室之邑。必下。爲秉德之士存焉。卽此必有忠信之意。案忠信者。質之至美者也。然有美質。必濟之以學。斯可祛其所蔽。而進於知仁之道。故子以四教。先文行於忠信。行卽行其所學也。韓詩外傳。劍雖利。不厲不斷。材雖美。不學不高。故學然後知不足。卽此義也。釋文云。焉如字。衞瓘於虔反。爲下句首。皇疏引衞說云。所以忠信不如丘者。由不能好學如丘耳。苟能好學。可使如丘也。案訓焉爲由。其義甚曲。武氏億經讀考異。焉猶安也。安不如我之好學。言亦如我之好學也。此亦以焉屬下句。其義較衞爲順。當並箸之。

卷七　雍也第六 正義曰。皇疏言古論以雍也爲第三篇。此僞本不足據。

集解　凡三十章

子曰。雍也可使南面。注包曰。可使南面者。言任諸侯治。注。可使南面者。言任諸侯治。○正義曰。周官撢人注。面猶鄉也。人君嚮明而治。故位皆南面。鄭此注云。言任諸侯之治。與包同。說苑修文篇。當孔子之時。上無明天子也。故言雍也可使南面。南面者。天子也。與包鄭說微異。鹽鐵論殊路篇。七十子皆諸侯卿相之才。可南面者數人。亦兼天子諸侯言之。古人爲學。皆以盡倫。學也者。效也。學之爲父子焉。學之爲君臣焉。推之昆弟夫婦朋友。莫不各有當然之則。卽莫不各有當學之事。舍人倫。無學也。學修於己。自能成物。而得勢以行其所學。故能措施裕如。中庸所謂道前定則不窮者也。大學言格物致知。而極之治國平天下。夫治國平天下。皆天子諸侯之所有事。而列於大學之目。此正言人盡倫之學。若曰爲君而後學爲君。爲臣而後學爲臣。則當其未學。便已廢倫。一旦假之以權。其不至於敗乃事者幾希。孟子謂士志仁義。不能殺一無罪。此亦指天子諸侯言之。故曰大人之事備矣。大人以位言之。

舉位則德自見。蓋德必稱其位。而後爲能居其位。故夫天子諸侯卿大夫士位之差。卽德之差。其德能爲天子而爲天子。則舜禹之由登庸而進也。其德能爲天子諸侯。而僅爲卿大夫。或僅爲士。則孔孟之不得位以行其道也。孟子云。匹夫而有天下。德必若舜禹。而又有天子薦之者。故仲尼不有天下。荀子謂聖人之得勢者。舜禹是也。聖人之不得勢者。仲尼子弓是也。子弓卽仲弓。夫子議禮考文作春秋。皆天子之事。其答顏子問爲邦。兼有四代之制。蓋聖賢之學。必極之治國平天下。其不嫌於自任者。正其學之分內事也。夫子極許仲弓。而云可使南面。其辭隱。其義顯。包鄭均指諸侯。劉向則謂天子。說雖不同。要皆通也。近之儒者謂爲卿大夫。不兼天子諸侯。證引雖博。未免淺測聖言。文選思元賦注。引論語摘輔像曰。仲弓淑明清理。可以爲卿。彼自爲文。不足證此。

仲弓問子桑伯子。注王曰。伯子書傳無見焉。子曰。可也簡。注孔曰。以其能簡。故曰可也。仲弓曰。居敬而行簡。以臨其民。不亦可乎。居簡而行簡。無乃大簡乎。注孔曰。居身敬肅。臨下寬略。則可。包曰。伯子之簡大簡。子曰。雍之言然。

正義曰。鄭注云。子桑。秦大夫。以公孫枝字子桑。故爲秦大夫。然左傳言子桑之忠。知人能舉善。並無行簡之事。鄭此說。未可據也。莊子山木篇。孔子問子桑雽云云。異日桑雽又曰。舜之將死云云。釋文。雽音戶。本又作雩。音于。李云。桑姓。雽其名。隱人也。或云姓桑雽。名隱。釋文所載二說。以前說爲是。至大宗師篇言桑戶與孟子反琴張爲友。楚辭涉江篇。以接輿桑扈並舉。雽戶扈音近通用。與孔子同時。漢書古今人表。列於周顯王之世。非也。王逸楚辭注。謂桑扈爲隱士。與莊子李注同。則通志氏族略以爲魯大夫者。亦非桑氏伯字。下子字。爲男子之美稱。上子字。則弟子尊其師者之稱。如子沈子。子公羊子之例。楚辭云。桑扈臝行。王逸注。去衣裸裎。効夷狄也。說苑修文篇。孔子曰。可也簡。簡者。易野也。易野者。無禮文也。孔子見子桑伯子。子桑伯子不衣冠而處。弟子曰。夫子何爲見此人乎。曰。其質美而無文。吾欲說而文之。孔子去。子桑伯子門人不說曰。何爲見孔子乎。曰。其質美而文繁。吾欲說而去其文。故曰文質修者謂之君子。有質而無文。謂之易野。子桑伯子易野。欲同人道於牛馬。仲弓曰大簡。此卽孔子所指爲簡之事。當時隱者多是如此。仲弓正之曰。居敬而行簡。以臨其民。居敬則有禮文。禮毋不敬也。居敬。卽大舜之共己。行簡臨民。卽大舜之無爲而治。此足見仲弓成己成物之學。與隱士有異。說苑所謂仲弓通於化術。孔子明於王道。而無以加仲弓之言者是也。朱子或問。謂夫子雖不正言其居簡之失。而所謂可者。固有未盡善之意。仲弓默契聖人之微旨。而分別夫居敬居簡之不同。夫子所以深許之。此說亦是。皇疏此節與上章別。邢疏則聯上爲一章。說苑云。雍之所以得稱南面者。問子桑伯子於孔子云云。是以此節仲弓所言。爲可使南面之證。足知當日弟子類記。不爲無意。○注。伯子書傳無見焉。○正義曰。王未考莊子楚辭說苑。又不從鄭。故云未見。○注。孔曰。以其能簡。故曰可也。○正義曰。皇本無。孔安國曰。以可爲美辭。非經旨。○注。居身敬肅。臨下寬略。則可。○正義日。爾雅釋詁。簡。大也。寬。寬大之治。有似疎略。毛詩匪風傳。亨魚煩則碎。治民煩則散。煩與簡相反。夫子以居上不寬。爲不足觀。又言寬則得衆。是亦尙行簡之意。是故居敬則有威儀可觀。行簡則不大聲色。於以化民。民自能順帝則。又且用得其賢。衆職咸理。此居敬行簡之所以爲可也。若不能居敬。而所行事又簡。在己已無法度可守。所行必至怠惰。或更放誕無禮。斯臨民亦必綱紀廢弛。而不可爲治矣。

哀公問弟子孰爲好學。孔子對曰。有顏回者好學。不遷怒。不貳過。不幸短命死矣。今也則亡。未聞好學者也。注凡人任情。喜怒違理。顏淵任道。怒不過分。遷者移也。怒當其理。不易移也。不貳過者。有不善。未嘗復行。正義曰。說文。殀。吉而免凶也。從夭從屰。夭。死之事。故死謂之不幸。言不能免凶也。短命者。言顏子受命短也。史記仲尼弟子傳。顏回少孔子三十歲。年二十九。髮盡白。蚤死。未箸卒之歲年。家語弟子解。始云三十二而死。王肅注。校其年。則顏回死時。孔子年六十一。李氏鍇尙史辨之云。顏子卒於伯魚之後。按譜。孔子七十而伯魚卒。是顏子之卒。當在孔子七十一之年。顏子少孔子三十歲。是享年四十有一矣。江氏永鄉黨圖考同。臧氏庸拜經日記。史記列傳但云蚤死。夫五十以下而卒。皆可謂之蚤。三十一之文。不知所本。必係王肅僞撰。公羊傳哀十四年。顏淵死。子曰。噫。天喪予。子路死。子曰。噫。天祝予。西狩獲麟。孔子曰。吾道窮矣。何休注。天生顏淵子路爲輔佐。皆死者。天將亡夫子。證時得麟而死。此亦天告夫子將歿之徵。又史記孔子世家。何不出圖。洛不出書。吾已矣夫。顏淵死。天喪予。及西狩獲麟曰。吾道窮矣。夫曰天喪予。曰天祝予。曰吾道窮。曰吾已矣者。皆孔子將歿之年所言。故公羊春秋及弟子傳。皆連言之。則顏子之死。必與獲麟。子路死。夫子卒。相後先。孔子年七十一。獲麟。七十二。子路死。七十三。孔子卒。顏子少孔子三十歲。孔子七十。顏子已四十也。又史記世家云。伯魚年五十。先孔子卒。以核家語孔子年二十而生伯魚之說。尙不甚遠。則伯魚卒時。孔子年六十九。據論語顏子死在伯魚之後。則孔子年七十。顏子正四十也。魯哀季康之問。皆在哀十一年孔子反魯之後。時顏子新卒。故聖人述之。有餘痛焉。案臧說甚核。毛氏奇齡稽求篇。孔氏廣森公羊通義並略同。但與李鍇說差少一年。今更無文定之也。又案秦漢人說顏子卒年。本多乖互。列子力命篇。顏子之才。不出衆人之下。而壽十八。淮南子精神訓。顏淵夭死。高誘注。顏淵十八而死。後漢書郎顗傳。顏子十八。天下歸仁。皆以顏子卒年爲十八。此眞異說。非可據也。三國志孫登傳。權立登爲太子。年三十三卒。臨終上疏曰。周晉顏回有上智之才。而尙夭折。況臣愚陋。年過其壽。亦以顏子卒年未至三十三。則或與家語同。未可知也。皇本問下有曰字。釋文云。本或無亡字。即連下句讀。俞氏樾羣經平議。謂既云亡。又云未聞好學。於辭複。此與先進篇語有詳略。因涉彼文而誤衍亡字。當據釋文或本訂正。○注。凡人至復行。○正義曰。

喜怒者。七情之發。凡人任情。多致違理不中節也。但喜雖違理。無所傷害於人。故夫子專以怒言之。春秋言君子善善及子孫。惡惡止其身。是喜雖違理。不失爲君子。若怒則不宜違理也。左宣十七年傳。范武子曰。喜怒以類者鮮。易者實多。杜注。易。遷怒也。蓋喜怒當其理謂之類。類者。比也。若遷怒。則不依其類而違理矣。顏子好學能任道。故善養其氣。而幾於中和也。遷移見廣雅釋言。此常訓。易繫辭傳。子曰。顏氏之子。其殆庶幾乎。有不善未嘗不知。知之未嘗復行也。易曰。不遠復。无祇悔。元吉。此注言有不善。未嘗復行。卽本易傳。過者。謂或過中或不及中也。中庸云。子曰。回之爲人也。擇乎中庸。得一善。則拳拳服膺而弗失之矣。當未擇時。不能無過中之失。及得善而服膺弗失。所以能不貳過。此顏子思誠之學。以人道合天道者也。是故言天行者。不能無贏縮陵歷之異。水旱沴鬱之災。而於穆不已。不遠能復。故於復見天地之心。益初至四互復其象曰。君子以見善則遷。有過則改。明改過能有益也。夫子學易。可以無大過。顏子好學。亦能體復。故夫子易傳獨稱之。

子華使於齊。冉子爲其母請粟。子曰。與之釜。注馬曰。子華。弟子。公西赤之字。六斗四升曰釜。請益。曰。與之庾。注包曰。十六斗曰庾。冉子與之粟五秉。注馬曰。十六斛曰秉。五秉合爲八十斛。子曰。赤之適齊也。乘肥馬。衣輕裘。吾聞之也。君子周急不繼富。注鄭曰。非冉有與之太多。

正義曰。使者。夫子使之也。此與原思爲宰。不必同在一時。弟子類記之。以見聖人取予之際。各有所宜爾。冉子。據鄭注卽冉有。稱子者。冉有門人所記也。說文。粟。嘉穀實也。粟本禾米之名。諸穀亦得稱之。請粟。是請於夫子。與粟五秉。則冉有自以藏粟與其母也。言粟五秉。則與釜與庾不言數。是爲一釜一庾矣。適齊者。爾雅釋詁。適。往也。此常訓。周急者。禮記月令周天下注。周謂給不足也。周官鄉師職。賙萬民之囏阨。鄭司農云。賙讀爲周急之周。明周賙同也。李賢後漢書王丹傳注。周急。謂周濟困急也。○注。子華至曰釜。○正義曰。鄭此注與馬同。史記弟子傳。公西赤。字子華。公西是兩字氏。鄭目錄曰。魯人。少孔子四十二歲。釜爲鬴或字。見說文。考工記㮚氏爲量。量之以爲鬴。深尺。內方尺。而圜其外。其實一鬴。左昭三年傳。齊舊四量。豆。區。釜。鍾。四升爲豆。各自其四。以登于釜。鄭注㮚氏云。四升曰豆。四豆曰區。四區曰鬴。鬴。六斗四升也。依左氏文爲說。○注。十六斗曰庾。○正義曰。說文。斞。量也。庾卽斞字叚借。考工記陶人庾實二瞉。厚半寸脣寸。注。豆實三而成瞉。則瞉受斗二升。庾讀如請益與之庾之庾。戴氏震補注。二斗四升曰庾。十六斗曰籔。庾與籔。音聲相迫。傳注往往譌溷。論語與之庾。謂於釜外更益二斗四升。蓋與之釜。已當所益。不得過乎始與。馬氏宗璉左傳補注引戴說。又云。案庾籔譌溷者。聘禮記云。十六斗曰籔。鄭注今文籔或爲逾。康成但謂其音同庾。非謂籔卽庾也。論語包注。直云十六斗曰庾。始混籔爲庾矣。元凱注左傳。混庾爲籔。正義反援儀禮正之。且以庾爲瓦器。非量器。尤爲臆說。今案左昭二十年傳。粟五千庾。賈逵注。十六斗爲庾。此元凱所本。魯語缶米。韋昭解云。缶。庾也。亦誤以爲瓦器。又引聘禮曰。十六斗曰庾。此用儀禮今文以庾與逾同。故直引聘禮作庾。小爾雅廣量云。二釜有半謂之庾。其誤與包咸同。藝文類聚八十五引鄭此注云。六斛四升曰庾。文有譌錯。當據考工注文正之。又廣雅釋器云。區四曰釜。釜十曰鍾。鍾十曰斞。釜爲六斗四升。則釜十曰鍾。當得六斛四斗。鍾十曰斞。當得六十四斛。此說斞數太多。未知所本。○注。十六斛曰秉。○正義曰。聘禮記十六斗曰籔。十籔曰秉。鄭注。秉十六斛。王氏念孫廣雅疏證。秉之言方也。方者。大也。量之最大者也。

原思爲之宰。注包曰。弟子原憲思字也。孔子爲魯司寇。以原憲爲家邑宰。與之粟九百。辭。注孔曰。九百。九百斗。辭。辭讓不受。

注。弟子至邑宰。○正義曰。史記弟子列傳。原憲字子思。鄭目錄云魯人。司馬貞索隱引家語云。宋人。少孔子三十六歲。金氏鶚禮說。依家語。則夫子仕魯時。子思方十七八歲。未任爲宰。家語三字。當是二字之譌。鄭此注云。孔子初仕魯爲中都宰。從中都宰爲司空。從司空爲司寇也。案孔子五十二歲。始仕魯爲中都宰。五十三歲進位爲司空司寇。五十六歲去位。則此原思爲宰。蓋在孔子爲司空司寇時也。包氏止就司寇言。舉最後之官。意中兼有司空。與鄭義同。云原憲爲家邑宰者。晉語云。官宰食加。韋昭注。官宰。家臣也。加。大夫之加田也。論語曰。原憲爲家邑宰。與包此注合。加田當謂采地。原憲爲家邑宰。明此與粟爲食加矣。儀禮喪服斬衰章疏。孤卿大夫有采邑者。其邑既有邑宰。又有家相。若魯三卿。公山弗擾爲季氏費宰。子羔爲孟氏郈宰之類。皆爲邑宰也。陽貨冉有子路之等爲季氏家相。亦名家宰。若無地卿大夫。則無邑宰。直有家相者也。賈氏此言最晰。諸書言孔子仕魯。不言采地。則止有家相。不得有邑宰。包韋之說。未可據矣。○注。九百至不受。○正義曰。云九百九百斗者。孔以意言之。胡氏紹勳拾義。案世家孔子居魯。奉粟六萬。索隱云。當是六萬斗。正義云。六萬小斗。當今二千石也。據此知孔子時三斗。當唐時一斗。宋沈括筆談云。予求秦漢以來度量。計六斗當今之一斗七升九合。是宋斗又大於唐斗。元史言世祖取江南。命輸粟者。止用宋斗斛。以宋一石。當今七斗。是元斗又大於宋斗。然則周時九百斗。合元時僅得一百八十九斗也。江氏永羣經補義云。古者百畝。當今二十三畝四分三釐有奇。就整爲二十三畝半。今稻田自佃一畝。約收穀二石四斗。二十三畝半。收穀五十六石四斗。折半爲米二十八石二斗。人一歲約食米三石六斗。可食八人。據江氏說。古農夫百畝。合今斗且得米二百八十二斗。如孔注以九百爲九百斗。止合元斗一百八十九斗。反不及農夫所收之數。原思何又嫌多而辭之。或九百爲九百石。則又不若是多。古制計粟以五量。量莫大於斛。十斗爲一斛。粟多至九百。必以量之最大者計之。則九百當爲九百斛。何以知爲九百斛也。當時孔子爲小司寇。卽下大夫。其家宰。可用上士爲之。孟子曰。上士倍中士。當得四百畝之粟。又曰。卿以下必有圭田。圭田五十畝。明士亦有圭田。以五十畝合四百畝。爲四百五十畝。以漢制畝收粟一石半計之。當得六百七十五石。若以石合斛。一石爲百二十斤。古無大斗。一斛粟。不足百斤。二斛約重一石有半。是百畝收百五十石。合得二百斛。四百畝爲八百斛。加圭田五十畝爲一百斛。共得九百斛。案胡說近理。因並箸之。云辭辭讓不受者。說文。辭。不受也。辭。訟也。二字義別。今經典多作辭。

子曰。毋以與爾鄰里鄉黨乎。正義曰。鄭注云。毋。止其辭讓也。

注 孔曰。祿法所得。當受無讓。鄭曰。五家爲鄰。五鄰爲里。萬二千五百家爲鄉。五百家爲黨。

士辭位。不辭祿。案說文。毋。止之詞也。古人祿皆以粟。故注以祿解粟。此與上章請粟。爲私與之粟。不同也。有位則有祿。義所當受。不得辭。惟辭位。乃無祿耳。鄭以毋字絕句。武氏億經讀考異。謂毋通作無。以通作巳。毋以亦連下讀。如孟子無以則王乎句。亦通。王氏引之經傳釋詞謂毋與無通。無訓爲不。連下讀。與武又異。而義亦通。○注。五家至爲黨。○正義曰。說文。鄉。國離邑。民所居也。國離邑者。言鄉爲國所附麗之邑也。釋名釋州國。鄉。向也。衆所向也。玉篇。𨞺。廣雅云居也。一曰五百家爲𨞺。今作黨。據說文。黨從尙黑。訓不鮮。則叚借也。周官大司徒令五家爲比。五比爲閭。四閭爲族。五族爲黨。五黨爲州。五州爲鄉。注。黨五百家。鄉萬二千五百家。又遂人掌邦之野。以土地之圖經田野。五家爲鄰。五鄰爲里。四里爲酇。五酇爲鄙。五鄙爲縣。五縣爲遂。注。鄭司農云。田野之居。其比伍之名。與國中異制。故五家爲鄰。玄謂異其名者。示相變耳。案此。則鄰里鄉黨。實兼鄉遂之制。各舉二者。以概其餘。

子謂仲弓曰。犁牛之子騂且角。雖欲勿用。山川其舍諸。注 犁。雜文。騂。赤也。角者。角周正。中犧牲。雖欲以其所生犁而不用。山川寧肯舍之乎。言父雖不善。不害於子之美。正義曰。皇疏載一說。犁或音梨。謂耕牛也。釋文。犁。又力兮反。耕犁之牛。此六朝經師解誼之最可據者。說文。犂。耕也。耕。犂也。互相訓。犂即𥝢省。古有人耕牛耕二法。孔門弟子。如冉耕字伯牛。司馬牛名犁。名字都是相配。惠氏士奇禮故犁牛爲耕牛。犁牛之子。非犢而何。體騂而角繭栗。此天牲也。以天牲而用之山川。則近於非禮。然天下未有歆於上帝而吐於山川者。故曰山川其舍諸。說者據此以爲山川用騂牲。謬矣。何休云。別天牲。主以角。故知騂且角爲天牲。先從叔丹徒君駢枝云。惠氏謂山川不得用騂牲。以其非禮。故欲勿用。此義非也。又云天下未有歆於上帝而吐於山川者。故曰山川其舍諸。夫既非禮矣。山川豈得享之。祭義曰。古者天子諸侯。必有養獸之官。犧牷祭牲。必於是取之。民閒耕牛。非所以待祭祀。故欲勿用。然有時公牛不足。則耕牛之犢。亦在所取。周禮牛人職云。若牧人無牲。則受布於司馬。使其賈買牲而共之。遂人所謂野牲。曲禮所謂索牛。是也。周禮用騂牲者三。祭天南郊。一也。宗廟。二也。望祀南方山川。三也。郊廟。大祀也。山川。次祀也。耕牛之犢。而有騂角之材。縱不用諸上帝。山川次祀。亦豈得舍之。不得已而思其次之辭也。三代以下。世及爲禮。未有起畎畝之中。膺天子之薦者。論匹夫之遭際。至於得國而止。五嶽視三公。四瀆視諸侯。故有山川之喻。說苑脩文篇曰。雍也可使南面。南面者。天子也。孫卿子曰。舜禹是也。聖人之不得埶者。仲尼子弓是也。楊倞注。子弓。仲弓也。顏淵問爲邦。夫子告以四代禮樂。仲弓德行。亞於顏淵。觀夫子所以稱之者。其分量可知矣。謹案騈枝此義甚精。南齊祭祀志。建武二年。何佟之奏牧人云。陽祀用騂牲。陰祀用黝牲。鄭云。陽祀。祭天南郊及宗廟。陰祀。祭地北郊及社稷。前軍長史劉繪議語云。犂牛之子云云。未詳山川合爲陰祀否。若在陰祀。則與黝乖矣。佟之云。周禮以天地爲大祀。四望爲次祀。山川爲小祀。自四望以上。牲色各依其方者。以其祀大。宜從本也。山川以下。牲色不見者。以其祀小。從所尙也。則禮論二說。合爲一矣。從之。考佟之議謂此山川。爲山林川澤。羣祀之小者。與四望不同。四望者。五嶽四瀆。其祀尊。故各用其方色。山川。其祀卑。則各從所尙用之。明堂位夏后氏牲尙黑。殷尙白。周騂剛。騂本周所尙。故此山川得用之也。四望山川。不在陰祀之列。故鄭注牧人不數之。騈枝謂望祀南方山川用騂。是山川亦用其方之色。與四望大祭同。此騂牛但舉南方。與何說異。何謂山川用牲。各從所尙。考之經傳。未有所徵。則當以騈枝爲然也。若然山川用騂。而牧人云凡外祭毀事用尨。外祭兼有山川。彼謂毀除殃咎之祭。非正祭。說文。市居曰舍。捨。擇也。誼別。今經典多叚舍爲捨。○注。犂雜至之美。○正義曰。云犂雜文者。王氏引之經義述聞。犂與騂對舉。犂者。黃黑相閒之名也。魏策。犂牛之黃也。似虎。驪與犂通。犂之爲驪。猶黎之爲驪。禹貢。厥土青黎。史記夏本紀作青驪。東山經。鱅鱅之魚。其狀如犂牛。郭注。牛似虎文者。則犂牛卽驪牛矣。廣韻。黧。黑而黃也。黧亦與犂通。然則犂牛者。黃黑相雜之牛也。淮南說林篇。髡屯犂牛。既科以橢。決鼻而羈。生子而犧。尸祝齋戒。以沈諸河。河伯豈羞其所從出。辭而不享哉。犧與犂相對爲文。魯頌閟宮傳。犧。純也。曲禮鄭注。犧。純毛。則犂爲不純色者矣。故高注曰。犂牛不純色。引論語云云。據此。則雜文之訓。確不可易。月令曰。命宰歷卿大夫至於庶民土田之數而賦犧牲。以共山林名川之祀。則山川之祀。亦用純色。而不純者不用。此正與論語義合。今案法言脩身篇。或問犂牛之鞹。與玄騂之鞹。有以異乎。曰。同。然則何以不犂也。曰。將致孝乎鬼神。不敢以其犂也。如刲羊刺豕。罷賓犒師。惡在犂不犂也。此亦以犂牛爲雜文。與淮南同。其實論語犂牛。卽是耕牛。東山經借犂爲驪。與此犂牛字同實異。不得援以爲證。且騂角之牛。既已可用。何必追溯所生。而以雜文爲嫌。致有勿用之疑。若以雜文喻仲弓父行惡。無論此說全不可信。且卽有之。而稱子之美。必及其父之惡。長者所不忍言。而謂聖人能出諸口乎。然則以犂牛爲耕牛。以耕牛爲喻微賤。其說信不可易。云騂赤也者。郊特牲云。牲用騂。尙赤也。明堂位周騂剛。注。騂。赤色。草人職云。騂剛用牛。注。故書騂爲挈。杜子春挈讀爲騂。謂地色赤。案說文。垶。赤剛土也。从土觲省聲。此卽草人騂剛之義。垶正字。叚騂字爲之。與明堂位騂剛。騂爲正字異也。說文馬部無騂。徐鉉新附字作騂。云从馬觲省聲。云角者角周正中犧牲者。說文。角。獸角也。象形。角與刀魚相似。釋名釋形體。角者。生於額角也。何休公羊僖三十一年傳注。禮。祭天牲。角繭栗。社稷宗廟角握。六宗五嶽四瀆角尺。繭栗者。言其堅細。角以細小爲貴。故握大於繭栗。尺又大於握也。此祭山川。當用角尺。皇疏云。角周正。長短尺寸合禮也。周氏柄中典故辨正云。角爲周正。如春秋鼷鼠食郊牛角。則不周矣。爾雅角一俯一仰曰觭。則不正矣。此言角雖合度。然稍有偏損。亦爲不合用也。說文。犧。宗廟之牲也。賈侍中說此非古字義。古或以犧爲之。又說文。牲。牛完全。凡鳥獸用於祭祀。皆謂之犧牲。引申之義也。騂角合禮。故言中犧牲也。云雖欲以其所生犂而不用。山川寧肯舍之乎者。此言人欲勿用之也。王氏引之經傳釋詞。諸。之乎也。急言之曰諸。徐言之曰之乎。据王說。則此注之乎二字。卽釋諸字也。云言父雖不善。不害於子之美者。此魏晉人謬說。史記仲尼弟子列傳。仲弓父賤人。孔子曰。犂牛之子云云。賤者。微賤之稱。夫子亦自言少賤。非謂其行有不善也。家語弟子解。乃云仲弓。伯牛之宗族。生於不肖之父。家語爲王肅所亂。不足取證。論衡自紀篇。母犂犢騂。無害犧牲。祖濁裔清。不妨奇人。鯀惡禹聖。叟頑舜神。伯牛寢疾。仲弓潔全。顏路庸固。回傑超倫。孔墨祖愚。丘翟聖賢。以伯牛爲仲弓父。必有所本。伯牛寢疾。豈爲惡行。可知家語及此注之謬。

子曰。回也。其心三月不違仁。其餘。則日月至焉而已矣。【注】餘人暫有至仁時。唯回移時而不變。正義曰。顏子體仁。未得位行道。其仁無所施於人。然其心則能不違。故夫子許之。日月至者。謂每一日皆至仁也。一日皆至仁。非謂日一至也。積日成月。故日日月至。○注。餘人暫有至仁時。唯回移時而不變。○正義曰。言日月至。則非終日終月不違仁。故注以暫言之。云移時者。天有四時。每三月爲一時。過三月竟則移時。皇疏云。既不遠。則應終身而止。舉三月者。三月一時。爲天氣一變。一變尚能行之。則他時能可知也。亦欲引汲。故不言多時也。故苞述云。顏子不違仁。豈但一時。將以勖羣子之志。故不絕其階耳。

季康子問仲由。可使從政也與。子曰。由也果。【注】包曰。果謂果敢決斷。於從政乎何有。曰。賜也可使從政也與。曰。賜也達。【注】孔曰。達謂通於物理。於從政乎何有。曰。求也可使從政也與。曰。求也藝。【注】孔曰。藝謂多才藝。於從政乎何有。正義曰。從政謂從事於政。或據左傳。晉之從政者新以此從政爲執政。非也。魯人使使召冉求。冉求先歸。至此。康子始問三子從政。則由求之仕季氏。並在夫子歸魯後矣。果者能任事。達者能明事。藝者能治事。故皆可以從政。公孫丑以樂正子爲政。疑其強有知慮多聞識。強卽是果。有知慮卽是達。多聞識卽是藝。皇本曰賜也達。曰求也藝。兩曰上有子字。○注。果謂果敢決斷。○正義曰。爾雅釋詁。果。勝也。一切經音義引爾雅作惈。孫炎曰。惈。決之勝也。又引蒼頡篇。惈。憨也。憨與敢同。子路好勇。故遇事明決。爲果敢也。其可使治賦。亦以此。○注。達謂通於物理。○正義曰。儀禮士昏禮注。達。通達也。此常訓。物猶事也。○注。藝謂多才藝。○正義曰。鄭亦有此注。同孔所襲也。藝本作埶。見說文。古以禮樂射御書數爲六藝。人之才能。由六藝出。故藝卽訓才能。冉求自任。以爲小國三年。可使足

民。其藝可知

季氏使閔子騫爲費宰。注孔曰。費。季氏邑。季氏不臣。而其邑宰數畔。聞子騫賢。故欲用之。正義曰。史記弟子列傳。閔損。字子騫。少孔子十五歲。鄭目錄云魯人。玉篇。鄪。魯季氏邑。論語作費。或作鄪。○注。費季至用之。○正義曰。左僖元年傳。公賜季友汶陽之田及費。是費爲季氏邑也。顧氏棟高春秋大事表。費邑有二。魯大夫費庈父之邑。在今兗州府魚臺縣西南。季氏之費邑。在今沂州府費縣治西南七十里。江氏永春秋地理考實。費伯帥師城郎。郎亦在魚臺縣。故城在今費縣西北二十里。今之費縣治祊城。于欽齊乘謂伯國姬姓。魯懿公之孫。後爲季氏之邑。以費伯之費。與季氏之費。合爲一。非也。邑宰數畔。謂南蒯公山弗擾之類。如注所言。季氏當指康子。以上章康子問三子從政觀之。此爲康子無疑。

閔子騫曰。善爲我辭焉。注孔曰。不欲爲季氏宰。託使者善爲我辭焉。說令不復召我。

如有復我者。則吾必在汶上矣。注孔曰。復我者。重來召我。去之汶水上。欲北如齊。正義曰。陸氏釋文曰。一本無吾字。鄭本無則吾二字。阮氏元校勘記史記無則吾二字。與鄭本同。○注。不欲至召我。○正義曰。史記弟子傳。閔損不仕大夫。不食汙君之祿。不仕大夫。即指此辭費宰言。家語執轡篇載閔子爲費宰。問政於夫子。與論語顯背。此可知其僞矣。毛氏奇齡改錯曰。夫子一門。多仕季氏。即夫子已先爲季氏史。爲季氏司職吏。閔子祗以費本巖邑。而其先又經叛臣竊據。實恐難任。故辭之頗堅。觀其居喪未終。要經從政。則非仲尼之門。不肯仕大夫之家。已可知也。案毛說固是。然閔子實不欲臣季氏。與由求諸人異。所謂君子之行。有不同也。史傳稱其不食汙君之祿。與上句不仕大夫。互文見義。明此大夫亦汙君之類。故不欲仕。不得援要經從政。謂此辭宰。但以難任故矣。云說令不復召我。說即辭也。或謂辭。與原思辭粟之辭同。辭。不受也。亦通。○注。去之汶水上。欲北如齊。○正義曰。漢書地理志泰山郡萊蕪下曰。禹貢汶水出西南。入濟瑯邪郡。朱虛下曰。東泰山。汶水所出。東至安丘入維。是汶水有二。此水經由齊魯界上。閔子所指之汶。未知確在何處。水經汶水注云。汶水經鉅平縣故城而西南流。城東有魯道。詩所云魯道有蕩是也。王氏昶說齊魯往來孔道。實在嬴博。當今寧陽東平閒。則意汶上亦在嬴博。說頗近理。閻氏若璩釋地引曾彥和曰。出萊蕪縣原山入濟者。徐州之汶也。出朱虛縣泰山入維者。青州之汶也。論語在汶。指徐州言。以魯事也。

伯牛有疾。子問之。自牖執其手。注馬曰。伯牛。弟子冉耕。包曰。牛有惡疾。不欲見人。故孔子從牖執其手也。正義曰。說文。牖。穿壁也。以木爲交窗也。從片戶甫。譚長以爲甫上日也。非戶也。牖所以見日。段氏玉裁注。交窗者。以木橫直爲之。即今之窗也。在牆曰牖。在屋曰囪。此則互明之。必言以木者。字從片也。古者室必有戶有牖。牖東戶西。皆南鄉。毛詩傳曰。向。北出牖也。北或有穴通明。至冬塞之。然士虞禮。祝啓牖鄉。鄭注云。鄉牖一名。明堂位達鄉。注。牖屬。是南牖亦名向。士喪禮。寢東首於墉下。喪大記作北墉下。今本墉皆譌牖。非也。今案士虞禮注。牖先闔後啓。扇在內也。窗扇在內。故毛傳及說文以向爲北出牖。北出猶言北開。士虞禮明堂位所云啓鄉達鄉。即豳詩之塞向。非有南牖北牖之分。古人寢居在奧。故士昏禮。御衽于奧。媵衽良席在東北止。至冬時氣寒。故令塞向。塞者。蔽也。不是北牆別有穴以通明而名向也。喪大記。寢東首于北墉下。注謂君來視之時也。病者恒居北墉下。或爲北牖下。釋文。牖本又作墉。則經文必本作墉。非作牖。可知。作牖者。鄭君所記別本。陸氏未爲作音也。孔疏所見經注皆是牖。不能辨正。且謂病者恒在北牖下。若君來視之時。暫移嚮南牖下。東首。令君得南面視己。與鄭注違異。非也。毛氏奇齡稽求篇。郊特牲云。亳社北牖。謂喪國之社。屋其上而開北牖。所以絕陽光而通陰氣。陰生則物死。是北牖爲死牖。而謂病者居其下。誤矣。方氏觀旭偶記。說者謂古人西北隅有扉。謂之屋漏。案喪大記甸人所徹廟之西北屝。舊解云。屝是屋簷也。不爲門。扉屝之義爲隱。是室隱處。惟喪事徹去其屝。爲日光漏入。因而其處有屋漏之名。然則西北隅無扉。不必爲北牖一誤字。從而爲之辭。案古人平時寢處。皆在奧。病時始還北墉下。即君視疾亦然。毛氏奇齡謂東首西面。與君之入室西立東面。正得相對。若然。病者還北墉下。而論語稱自牖執其手者。包咸謂牛有惡疾。不欲見人。故還於南牖下。夫子自牖外就而問之。此是變禮。故論語特文記之。漢書龔勝傳。勝稱病篤。爲牀室中戶西南牖下。東首。加朝服拕紳。使者入戶西行南面立。致詔付璽書。還延再拜。蓋勝不欲仕莽。僞辭以疾。而惟恐使者知之。故還於牖下。不令入室。以示不敢當尊之意。其使者則仍入戶致詔。蓋亦知其非病矣。毛氏奇齡謂因王莽詔使迎勝。勝以死自居。案死後還牖下是南首。龔勝還牖下是東首。與平時寢處無異。何言自居以死。毛說誤也。又案以龔勝傳觀之。伯牛還牖下。亦當是東首。○注。伯牛至手也。○正義曰。史記弟子列傳。冉耕字伯牛。鄭目錄云魯人。聖門志闕里廣志稱伯牛。少孔子七歲。不審何據。弟子傳又云。伯牛有惡疾。此包所本。淮南子精神訓。伯牛爲厲。說文。癘。惡疾也。厲即癘省。毛氏奇齡賸言。古以惡疾爲癩。禮。婦人有惡疾去。以其癩也。故韓詩解芣苢之詩。謂蔡人之妻。傷夫惡疾。雖愚癩而不忍絕。而劉孝標作辨命論。遂謂冉耕歌其芣苢。正指是也。

曰：亡之。注 孔曰。亡。喪也。疾甚。故持其手曰喪之。命矣夫。斯人也而有斯疾也。斯人也而有斯疾也。注 包曰。再言之者。痛惜之甚。

正義曰。漢書楚元王傳。蔑之命矣夫。新序節士篇。末之命矣夫。本此文。亡蔑末皆訓無。末蔑又聲轉。史記弟子傳曰。命也夫。斯人也。而有斯疾。命也夫。當是古論如此。白虎通情性篇。命者何謂也。人之壽也。天命己使生者也。又言命有三科。有遭命以遇暴。遭命者。逢世殘賊。若上逢亂君。下必災變暴至。夭絕人命。下云冉伯牛危言正行而遭惡疾。孔子曰。命矣夫。斯人而有斯疾也。是則孔子此歎。蓋傷時無賢君。有道之士。多致夭病。與哭顏淵同意。○注。亡。

喪也。疾甚。故持其手曰喪之。○正義曰。注以疾甚。知其將死。故曰喪之。臾氏英經句說。讀亡爲無。云春秋傳公子曰無之。謂無其事也。此無之。謂無其理也。有斯疾。必有致斯疾者。而斯人無之也。案臾說亦通。新序言關龍逢諫桀。因囚拘之。君子引此文惜之。亦謂無其理也。顏師古楚元王傳注。蔑。無也。言命之所遭。無有善惡。此義非是。

子曰。賢哉回也。一簞食。一瓢飲。在陋巷。人不堪其憂。回也不改其樂。賢哉回也。注孔曰。簞笥也。顏淵樂道。雖簞食在陋巷。不改其所樂。正義曰。說文云。陋。阸陝也。陝與狹同。顏子家貧。所居陋狹。故曰陋巷。說文䢽。里中道。從䢽從共。皆在邑中所共也。巷篆又從䢽省。廣雅釋詁。街。凥也。釋室。街。道也。又云。閻謂之衖。衖爲䢽之變體。巷則從篆文巷省。古人稱巷有二義。里中道謂之巷。人所居亦謂之巷。故廣雅兼列二訓。顏子陋巷。卽儒行所云一畝之宮。環堵之室。解者以爲街巷之巷。非也。此王氏念孫說。見經義述聞。寰宇記。陋巷在曲阜縣西南二里。孔子廟北二百步。一統志。陋巷在曲阜縣闕里東北。今顏子廟在焉。此出後世傅會。不足依據。○注。簞笥至所樂。○正義曰。鄭注云。簞。笥也。此僞孔所本。說文。簞。笥也。漢律令。簞。小筐也。笥。飯及衣之器也。其字從竹。是簞笥以竹爲之。亦有用葦者。士喪禮。櫛於簞。注。簞。葦笥是也。笥兼大小。簞則止是小者。故許引漢律以簞爲小筐也。說文匚部。匡。飯器筥也。筥者。籍之一名。容五升。則此小筐亦容五升矣。廣雅釋器。籢匴匣笥也。簞籚籃筐也。匣與簞同。曲禮。凡以弓劍苞苴簞笥問人者。鄭注。簞笥盛飯食者。圜曰簞。方曰笥。對文簞笥別。散文通稱。皇本簞笥也下有瓢瓠也三字。案云瓢瓠者。謂瓠爲瓢也。衆經音義十八引三蒼云。瓢。瓠。勺也。士昏禮。實四爵合巹。鄭注。合巹。破匏也。太平御覽引三禮圖云。巹取四升。瓠中破。然則瓢亦是破瓠爲之。但此用爲飲器。其容數未聞。鄭注云。貧者。人之所憂。而顏淵志道。自有所樂。故深賢之。此注云樂道。與鄭同。趙岐注孟子離婁篇云。當亂世安陋巷者。不用於世。窮而樂道也。惟樂道故能好學。夫子疏水曲肱。樂在其中。亦謂樂道也。

冉求曰。非不說子之道。力不足也。子曰。力不足者。中道而廢。今女畫。注孔曰。畫止也。力不足者。當中道而廢。今女自止耳。非力極。注。畫止至力極。○正義曰。說文。畫。界也。象田四界。聿所以畫之。引申之。凡有所界限而不能前進者。亦爲畫。故此注訓止。法言學行篇。是故惡夫畫也。李軌注同。凡人志道。皆必力學。人不可一日勿學。故於學自有不已之功。聖門弟子。若顏子大賢。猶言欲罷不能。既竭吾才。欲從末由。其於夫子之道。蓋亦勉力之至。然循序漸進。自能入德。奚至以力不足自諉。里仁篇夫子云。有能用其力於仁矣乎。我未見力不足者。若此言力不足者。中道而廢。蓋特就冉求之言。指出眞力不足之人以曉之。張栻論語解。爲仁未有力不足者。故仁以爲己任者。死而後已焉。今冉求患力之不足。非力不足也。乃自畫耳。所謂中道而廢者。如行半塗而足廢者也。士之學聖人。不幸而死則已矣。此則可言力不足也。不然。而或止焉。則皆爲自畫耳。畫者。非有以止之而自不肯前也。南軒說卽此注義。表記云。鄉道而行。中道而廢。忘身之老也。不知年數之不足也。俛焉日有孳孳。斃而後已。鄭注。廢喩力極罷頓。不能復行則止也。俛焉勤勞之貌。表記之文。與此章相發。中道而廢卽是斃。惟斃不得不廢。廢猶言止也。人之力。生於氣。而其爲學也。則有志以帥氣。志之不立。而諉於氣之不振。是自棄矣。是故君子之爲學。日知所亡。月無忘其所能。莫殫也。莫究也。期之終身而已。身之未亡。是力猶未盡。故夫彊有力者。將以爲學也。舍學而彊有力。將何用焉。力之既至。而學亦至。則希聖達天之詣。力之既至。而學猶未至。則是中道而廢。亦不失爲賢者之歸。當時若顏子未達一閒。而遽以早死。是亦中道而廢者也。冉求至罷頓力極。而日力不足。則是自爲畫止。非力不足可知。注中力極二字。似本表記注。

子謂子夏曰。女爲君子儒。無爲小人儒。注孔曰。君子爲儒。將以明道。小人爲儒。則矜其名。正義曰。周官太宰。四曰儒以道得民。注。儒。諸侯保氏有六藝以敎民者。大司徒。四曰聯師儒。注。師儒。鄉里敎以道藝者。據此。則儒爲敎民者之稱。子夏於時設敎。有門人。故夫子告以爲儒之道。君子儒。能識大而可大受。小人儒。則但務卑近而已。君子小人。以廣狹異。不以邪正分。○注。孔曰至其名。○正義曰。小人儒。不必是矜名。注說誤也。皇本作馬曰。弟子傳集解引作何曰。足利本不載姓名。則亦以爲何曰矣。北堂書鈔六十大引何休注文同。當是何晏之誤。

子游爲武城宰。注包曰。武城。魯下邑。子曰。女得人焉耳乎。注孔曰。焉耳乎皆辭。曰。有澹臺滅明者。行不由徑。非公事。未嘗至於偃之室也。注包曰。澹臺姓。滅明名。字子羽。言其公且方。正義曰。耳。他本或引作爾。耳爾皆辭。阮氏元校勘記。段氏說文注。並以耳爲爾譌。爾。於此也。此者。此武城也。段云耳在古音一部。爾在古音十五部。音義絕不相混。然唐宋石經宋本九經岳珂本。此文皆作耳。耳訓語辭。不必從爾訓於此矣。鄭注云。汝爲此宰。寧得賢人與之耳語與也。注有譌脫。莫曉其義。又云。澹臺滅明者。孔子弟子。子游之同門也。步道曰徑。修身正行。公事乃肯來我室。得與之語耳。非公事不肯來。言無私謁。案弟子列傳。澹臺滅明。狀貌甚惡。欲事孔子。孔子以爲材薄。既已受業。退而脩行。行不由徑。非公事不見卿大夫。是滅明先受學孔子。與子游同門。同門者。謂同在一師門也。步道曰徑者。說文。徑。步道也。言爲人所步走之道。釋名釋道云。徑。經也。人所經由也。周官遂人職。夫閒有遂。遂上有徑。此卽步道之徑。祭義。道而不徑。老子。大道甚夷而民好徑。焦竑筆乘。古井田之制。道路在溝洫之上。方直如棊枰。行必遵之。毋得斜冒取疾。野廬氏禁野之横行徑踰者。脩閭氏禁徑踰者。皆其證。惠氏士奇禮說。徑謂之蹊。釋名。蹊。系也。射疾則用之。故還系於正道。康成亦云。徑踰射邪趨疾。禁之所以防姦。謂不由正道。昌翔覵伺。將開寇盜之端。故横行徑踰者禁之。有相翔者誅之。則寇盜之端絕矣。君子絕惡於其細。禁奸於其微。射邪趨疾。未必遂爲盜也。而昌翔覵伺。爲盜之端。遂萌於此。野廬氏掌凡道徑。塞其塗。弇其迹。則形勢不得爲非。使民無由接於姦邪之地。故晏嬰治阿而築蹊徑者。以此也。春秋禁書雖存。而官失其職。道禁之不行久矣。子羽獨奉而行之。以爲先王之道存焉。則一步一趨。無在而非先王之道也。私謁者。謂以私事謁也。謁訓請。亦訓告。○注。武城。魯下邑。○正義曰。魯有兩武城。史記弟子列傳。曾參。南武城人。澹臺滅明。武城人。大戴禮衞將軍文子篇注。曾參。魯南武城人。澹臺滅明。魯東武城人。分別甚明。顧氏炎武日知錄。謂子羽曾子同一武城。子羽傳欠曾子省文。但曰武城。似非南武城。據顧氏棟高春秋大事表。在今嘉祥縣。於曲阜爲西南。東武城與邾吳接壤。在今費縣。於曲阜爲東南。江氏永春秋地理考實引彙纂云。通典費縣有古武城。今故城在費縣西南九十里。一云在費縣西南八十里石門山下。案八十里說近是。山東通志引闕里志云。武城在費縣西南八十里。關陽川之旁。子游所宰邑也。有古石刻云。仰視高山。俯聽流水。絃歌之聲。宛然如在。今以嘉祥之南武山爲武城。並東昌之武城縣爲絃歌鄉者。皆循名而失實也。○注。澹臺至且方。○正義曰。弟子列傳。澹臺滅明字子羽。少孔子三十九歲。云公且方者。公謂不以私事至也。方謂行不由徑。朱子集注云。不由徑。則動必以正。而無見小欲速之意可知。非公事不見邑宰。則其有以自守。而無枉己徇人之私可見矣。

子曰。孟之反不伐。注孔曰。魯大夫孟之側。與齊戰。軍大敗。不伐者。不自伐其功。奔而殿。將入門。策其馬曰。非敢後也。馬不進也。注馬曰。殿在軍後。前曰啓。後曰殿。孟之反賢而有勇。軍大奔。獨在後爲殿。人迎功之。不欲獨有其名。曰。我非敢在後拒敵。馬不能前進。

正義曰。之反。毛本誤子反。鄭注云。姓孟。名之側。字之反也。案古人名多用之爲語助。若舟之僑。宮之奇。介之推。公罔之裘。庾公之斯。尹公之他。與此孟之反皆是。杜預左傳注。之側。孟氏族也。奔。走也。說文作奔。云走也。走謂疾走。釋名解姿容。奔。變也。有族變奔赴之也。門者。國門。左哀十一年傳。說此事云。抽矢策其馬曰。馬不進也。似謂以矢策馬。說文。敕。擊馬也。敕策同音叚借。○注。魯大夫孟之側。○正義曰。之反爲大夫。亦以意言。○注。殿在至爲殿。○正義曰。左傳云。齊伐我及清。孟孺子洩帥右師。師及齊師戰于郊。右師奔。齊人從之。陳瓘陳莊涉泗。孟之側後入以爲殿。錢氏大昕潛研堂文集。古文尻臀字本作尻。殿從層得聲。臀又從殿取聲。人之一身。臀居其後。軍後曰殿。亦取斯義。漢時課吏有殿軍之法。亦以居後爲殿也。案詩采菽傳。殿。鎮也。孔疏。軍行在後曰殿。取其鎮重之義。愚謂臀居人後。亦以其鎮重故名之。左襄二十三年傳。齊侯伐衛。大殿商子游御夏之御寇。是殿本軍制。邢疏引司馬法謀帥篇。乘車大震。大震卽大殿。音相似是也。魯師雖奔。而之反能在後結陳以行。所保全之功甚鉅。故注云軍大奔。獨在後爲殿也。云前曰啓者。詩元戎十乘。以先啓行。司馬法夫前驅啓。啓訓開。爲軍先鋒。故在前也。注言此者。明啓殿皆陳法。非是奔在後卽爲殿也。

子曰。不有祝鮀之佞。而有宋朝之美。難乎免於今之世矣。注孔曰。佞。口才也。祝鮀。衞大夫子魚也。時世貴之。宋朝。宋之美人而善淫。言當如祝鮀之佞。而反如宋朝之美。難乎免於今之世害也。正義曰。鄭注云。不有。言無也。祝卽祝史。說文。祝。祭主贊詞者。○注。祝鮀至害也。○正義曰。周官惟大祝是下大夫。小祝。喪祝。甸祝。詛祝。皆以士爲之。此祝鮀於衞。不得僭大夫。注以意言之耳。左定四年傳。先言祝鮀。後言子魚。鮀者。魚名。故名鮀字子魚。古今人表作佗。則鮀同音叚借字。宋朝。謂宋公子朝也。朝初仕衞爲大夫。通於襄夫人宣姜。又通於靈公夫人南子。並見左氏傳。是其善淫也。衞別有公子朝。爲季札所說。許爲君子。昭二十一年。會救宋。與宋公子朝爲二人。杜預注左傳。未能晰矣。先兄五河君經義說略。美必兼佞。方可見容。美而不佞。衰世猶嫉之。故九侯女不憙淫。商辛惡之。褒姒不好笑。周幽惡之。莊姜之美。衞人爲之賦碩人。而衞莊亦惡之。美而不佞。豈容於衰世乎。蓋美者。色也。所以說其美者。情也。如不必有可說之情。胡然而天。胡然而帝。祇見其尊嚴而已。何說之有。故夫子歎時世不佞之人。雖美難免。夫子非不惡宋朝也。所以甚言時之好佞耳。先兄此說。卽注義也。王氏引之經傳釋詞。訓而爲與。引墨子有同聞善而不善。皆以告其上。韓子說林。以管子之聖而隰朋之智。而皆與也。而與聲之轉。說與注異。亦通。他家疑而爲不詞。或謂而如通用如或也。皆未是。

子曰。誰能出不由戶。何莫由斯道也。注孔曰。言人立身成功當由道。譬猶出入要當從戶。正義曰。說文。誰。何也。言何人能若有以問之也。上句言誰。下句言何。互相訓。出謂出室也。宮室之制。外半爲堂。內半爲室。室有南壁。東開戶以至堂。說文。戶。護也。半門曰戶。象形。一切經音義十四引字書云。一扇曰戶。兩扇曰門。何莫由斯道者。莫猶非也。說文。道。所行道也。言人日用行習。無非是道。特人或終身由之而不知耳。禮記禮器云。禮有大有小。有顯有微。大者不可損。小者不可益。顯者不可揜。微者不可大也。故經禮三百。曲禮三千。其致一也。未有入室而不由戶者。彼文言人行事必由禮。如入室不能不由戶。故此文亦言出當由戶。何莫由斯道。意與禮器同也。春秋繁露身之養重於義篇。故曰聖人天地動。四時化者。非有他也。其見義大故能動。動故能化。化故能大行。化大行。故法不犯。法不犯。故刑不用。刑不用。則堯舜之功德。此大治之道也。先聖傳授而復也。故孔子曰。誰能出不由戶。何莫由斯道也。繁露此言。以道爲先聖傳授。明雖久遠無所變易。故知人必由之也。後人解何莫由斯道。謂人知由戶。不知由道。故夫子慨歎之。

與繁露之旨不合。皇本戶下有者字。

子曰。質勝文則野。文勝質則史。文質彬彬。然後君子。注包曰。野如野人言鄙略也。史者。文多而質少。彬彬。文質相半之貌。正義曰。禮有質有文。質者。本也。禮無本不立。無文不行。能立能行。斯謂之中。失其中則偏。偏則爭。爭則相勝。君子者。所以用中而達之天下者也。古稱天子諸侯卿大夫士。皆曰君子。君者。羣也。言羣下之所歸心也。子者。男子之稱也。非有位而稱君子者。以其人有道德。可任在位也。此文君子。專指卿大夫士。下篇云。後進於禮樂。君子也。君子質而已矣。何以文爲。皆就有位者言之。當時君子。非質勝文。卽文勝質。其名雖稱君子。其實則曰野曰史而已。夫子爲之正其名。究其義曰。文質彬彬。然後君子。言非質備。無以爲君子矣。其無以爲君子者。以君子必用中于民。若文質偏勝。無以示民。民無所效法。而何以爲稱其位哉。禮緇衣云。子曰。長民者。衣服不貳。從容有常。以齊其民。則民德壹。詩云。彼都人士。狐裘黃黃。其容不改。出言有章。行歸于周。萬民所望。案此詩。二章言臺笠緇撮。三章言充耳琇實。四章言垂帶而厲。又屢言君子女。君子卽都人士。言都者。君子居國中也。詩意謂古之長民者。能備文質。與此章義相發。○注。野如至之貌。○正義曰。爾雅釋地。牧外謂之野。說文。野。郊外也。野爲人所居。故謂其人曰野。夫子言野哉由也。亦謂其有似野人。仲尼燕居。敬而不中禮謂之野。禮是文。野人有質無文。故言鄙略。儀禮聘記云。辭多則史。注。史謂策祝。亦言史官辭多文也。是史有二。此注渾言未晰。莫曉其所主。策祝文勝質。則禮所識失其義陳其數是也。史官文勝質。則當時紀載。或譏爲浮夸者是也。釋文引注。文質相半也。無之貌二字。鄭注。彬彬。雜半貌也。義同。說文。份。文質備也。引此文作份份。彬古文份。從彡林。段注。今論語作彬。古文也。彡者。毛飾畫文也。飾畫者。拭而畫之也。從彡。與彫彰同意。案彬又作斌。史記儒林傳。斌斌多文學之士。

子曰。人之生也直。注馬曰。言人所以生於世而自終者。以其正直也。罔之生也。幸而免。注誣罔正直之道而亦生者。是幸而免。正義曰。皇本無上之字。晉語。德不純而福祿並至。謂之幸。言非分而得。可慶幸也。○注。言人至直也。○正義曰。皇疏引李充云。人生之道。惟其身直乎。言惟直乃可生也。此卽馬義。蓋直者。誠也。誠者。內不自以欺。外不以欺人。中庸云。天地之道。可一言而盡也。其爲物不貳。則其生物不測。不貳者。誠也。卽直也。天地以至誠生物。故繫辭傳言乾之大生。靜專動直。專直皆誠也。不誠則無物。故誠爲生物之本。人能存誠。則行主忠信。而天且助順。人且助信。故能生也。若夫罔者。專務自欺以欺人。所謂自作孽不可活者。非有上罰。必有天殃。其能免此者幸爾。鄭此注云。始生之性皆正直。鄭以生也直。卽夫子性善之旨。與馬不同。然則罔之生。便是告子所稱性不善。其實性不善。由於習爲惡。不關性也。○注。誣罔正直之道而亦生。○正義曰。罔本訓無。誣者皆造爲虛無。故曰罔。玉篇。誷。誣也。罔與誷同。或謂經文罔之句。言無直道也。亦通。

子曰。知之者不如好之者。好之者不如樂之者。注包曰。學問知之者不如好之者篤。好之者不如樂之者深。注。學問至者深。○正義曰。尚書大傳言。新穀已入。耰鉏已藏。祈樂已入。歲事既畢。餘子皆入學。是庶人之子孫。亦得受學。至春秋時。庠塾之制廢。詩書之澤衰。人多不知學。故此言知之者。明與不知有異也。至好之樂之。更不多覯。故夫子於門人中。獨稱顏子好學。又謂一簞食。一瓢飲。在陋巷。不改其樂。正謂不改其好學之樂。夫子疏食飲水。樂在其中。亦是此樂。故曰。發憤忘食。樂以忘憂。樂者。樂其有得於己也。故論語首章。即以時習之說示人。

子曰。中人以上。可以語上也。中人以下。不可以語上也。注王曰。上謂上知之所知也。兩舉中人。以其可上可下。注。上謂至可下。○正義曰。釋文上知音智。漢書古今人表。列知仁之目。亦引此文說之。穀梁僖元年傳。有中知以上。中知以下之文。然則此兩言中人。謂中知矣。中人爲中知。則上謂上知。下謂愚也。顏師古人表注解此文。以中人爲中庸。失之。孔子罕言利命仁性與天道。弟子不可得聞。則是不可語上。觀所答弟子諸時人語。各有不同。正是因人才知量爲語之。可知夫子循循善誘之法。若夫性質既愚。人不能自勉於學問。是夫子所謂下愚。非惟不可語上。且並不可語之矣。

樊遲問知。子曰。務民之義。注王曰。務所以化道民之義。敬鬼神而遠之。可謂知矣。注包曰。敬鬼神而不黷。問仁。曰。仁者先難而後獲。可謂仁矣。注孔曰。先勞苦而後得功。此所以爲仁。○正義曰。務猶事也。民之義者。禮運曰。何謂人義。父慈。子孝。兄良。弟弟。夫義。婦聽。長惠。幼順。君仁。臣忠。十者謂之人義。是也。敬鬼神而遠之者。謂以禮敬事鬼神也。表記子曰。夏道尊命。事鬼敬神而遠之。近人而忠焉。殷人尊神。率民以事神。先鬼而後禮。周人尊禮尚施。事鬼敬神而遠之。近人而忠焉。鄭注。遠鬼神近人。謂外宗廟。內朝廷。案尊命尊禮尚施皆近人之事。周道與夏道。略相似也。近人而忠。即是務民之義。於鬼稱事。神稱敬者。禮數故言事。禮疏故言遠也。但事亦是敬。故論語此文。統言敬鬼神。夫子所以告樊遲者。正是教之從周道。左氏傳季梁曰。民。神之主也。是以聖王先成民。而後致力于神。亦是舉夏周道言之矣。難謂事難也。獲。得也。謂得祿也。春秋繁露仁義發篇。孔子謂冉子曰。治民者。先富之而後加教。語樊遲曰。治身者。先難後獲。以此之謂治身之與治民所先後者不同焉矣。詩云。飲之食之。教之誨之。先飲食而後教誨。謂治人也。又曰。坎坎伐輻。彼君子兮。不素餐兮。先其事。後其食。謂治身也。

董子說此義至明。下篇言事君。敬其事而後其食。義同。竊以夫子此文論仁知。皆居位臨民之事。意樊遲時或出仕故也。皇本問仁下有子字。唐石經初刻作先勞。磨改作先難。○注。敬鬼神而不瀆。○正義曰。遠者敬之。至不知所遠。雖敬亦瀆。瀆者。慢也。楚語觀射父曰。古者民神異業。敬而不瀆。故神降之嘉生。民以物享。禍災不至。求用不匱。及少皞之衰也。九黎亂德。民神雜糅。不可方物。夫人作享。家爲巫史。無有要質。民匱於祀。而不知其福。烝享無度。民神同位。民瀆齊盟。無有嚴威。神狎民則。不蠲其爲。嘉生不降。無物以享。禍災薦臻。莫盡其氣。顓頊受之。乃命南正重司天以屬神。命火正黎司地以屬民。使復舊常。無相侵瀆。是謂絕地天通。案世衰則神教興。其始亦以禍福示戒。而終必歸於瀆祀。以長其諂慢之罪。春秋時。如黃能實沈。多非禮之祀。在上者僭越無等。在下者習於風俗。競爲祈禳。而不知所懲。究之獲罪鬼神。莫能徼福而免於患。斯惑之甚者矣。惟知敬遠之義。則吉凶順逆。皆可順受其正。修其在己而不爲无妄之求。斯可謂知矣。

子曰。知者樂水。注包曰。知者樂運其才知以治世。如水流而不知已。仁者樂山。注仁者樂如山之安固。自然不動。而萬物生焉。知者動。注包曰。日進故動。仁者靜。注孔曰。無欲故靜。知者樂。注鄭曰。知者自役得其志故樂。仁者壽。注包曰。性靜者多壽考。

正義曰。皇疏云。樂水樂山。爲智仁之性。動靜。爲智仁之用。壽樂。爲智仁之功。案夫子體備仁智。故能言之。所謂善言德行也。爾雅釋詁。動。作也。說文。靜。審也。竫。亭安也。義微別。凡與動對言當爲竫。今經典通作靜。壽卽耆省。說文。耆。久也。○注。知者樂運其才知以治世。如水流不知已。○正義曰。韓詩外傳。夫水者。緣理而行。不遺小閒。似有智者。動而下之。似有禮者。蹈深不疑。似有勇者。障防而清。似知命者。歷險致遠。卒成不毀。似有德者。天地以成。羣物以生。國家以寧。萬物以平。品物以正。此智者所以樂於水也。說苑雜言篇略同。又云。子貢問曰。君子見大水必觀焉。何也。孔子曰。夫水者。君子比德焉。遍予而無私。似德。所及者生。似仁。其流卑下句倨皆循其理。似義。淺者流行。深者不測。似智。其赴百仞之谷不疑。似勇。綿弱而微達。似察。受惡不讓。似包蒙。不清以入。鮮潔以出。似善化。至量必平。似正。盈不求概。似度。其萬折必東。似意。是以君子見大水。觀焉爾也。案此。則樂水兼有數義。注渾舉其意。而以治世言之。卽外傳天地以成云云之旨。○注。仁者樂如山之安固。自然不動。而萬物生焉。○正義曰。韓詩外傳。夫山者。萬民之所瞻仰也。草木生焉。萬物植焉。飛鳥極焉。走獸休焉。四方益取予焉。出雲道風。從乎天地之間。天地以成。國家以寧。此仁者所以樂於山也。說苑略同。此注言樂如山者。言仁者顧比德於山。故樂山也。安固不動。卽外傳國家以寧之義。○注。日進故動。○正義曰。水運行不已。有進之象。君子自強不息。進德脩業。日有孳孳而莫之止。其進也。卽其動也。易象傳。水洊至習坎。君子以常德行習教事。○注。無欲故靜。○正義曰。欲卽聲色味臭安佚之欲。仁者所不能無。而云無欲者。仁者善制其欲。克己復禮。凡視聽言動。自能以禮制心。而不稽過乎欲。故曰無欲。無欲者。無非禮之欲也。易象傳。兼山艮。君子以思不出其位。思不出位。故能無欲。○注。知者自役得其志。故樂。○正義曰。知者能爲世用。不嫌自役。知有成功得志。故樂。○注。性靜者多壽考。○正義曰。說文。考。老也。易象傳。敦艮之吉以厚終也。厚終。謂當得壽也。春秋繁露循天之道篇。故仁人之所以多壽者。外無貪而內清淨。心平和而不失中正。取天地之美以養其身。是其且多且治。中鑒俗嫌篇。仁者內不傷性。外不傷物。上不違天。下不違人。處正居中。形神以和。故咎徵不至。而休嘉集之。壽之術也。中論夭壽篇。或問孔子稱仁者壽。而顏淵早夭。豈聖人之言不信。而欺後人耶。潁川荀爽以爲古人有言。死而不朽。其身殁矣。其道猶存。故謂之不朽。夫形體固自朽弊消亡之物。壽與不壽。不過數十歲。德義立與不立。差數千歲。豈可同日言也哉。詩云。萬有千歲。眉壽無有害。人豈有萬歲千歲者。皆令德之謂也。北海孫翺以爲死生有命。非他人之所致也。若積善有慶。行仁得壽。乃教化之義。誘人而納於善之理也。幹以爲二論皆非其理也。夫壽有三。有王澤之壽。有聲聞之壽。有行仁之壽。書曰五福。一曰壽。此王澤之壽也。詩云。其德不爽。壽考不忘。此聲聞之壽也。孔子曰。仁者壽。此行仁之壽也。孔子云。爾者以仁者利養萬物。萬物亦受利矣。故必壽也。聞自堯至於武王。自稷至於周召。皆仁人也。君臣之數。不爲少矣。此非仁者壽之驗耶。又七十子豈殘酷者哉。顧其仁有優劣耳。其夭者惟顏回。據一顏回而多疑其餘。無異以一鉤之金。權於一車之羽云。金輕於羽也。

子曰。齊一變。至於魯。魯一變。至於道。注 包曰。言齊魯有太公周公之餘化。太公大賢。周公聖人。今其政教雖衰。若有明君興之。齊可使如魯。魯可使如大道行之時。注。言齊至之時。○正義曰。齊者。國名也。周武王滅紂。封太師呂望於齊。是爲齊太公。太者。尊大之稱。說苑政理篇。伯禽與太公俱受封而各之國。三年。太公來朝。周公問曰。何治之疾也。對曰。尊賢。先疏後親。先義後仁也。此霸者之迹也。周公曰。太公之澤及五世。五年。伯禽來朝。周公問曰。何治之難。對曰。親親。先內後外。先仁後義也。此王者之迹也。周公曰。魯之澤及十世。故魯有王迹者。仁厚也。齊有霸迹者。武政也。齊之所以不如魯者。太公之賢。不如伯禽也。漢書地理志。初。太公治齊。修道術。尊賢智。賞有功。故至今其士多好經術。矜功名。舒緩闊達而足智。其失夸奢朋黨。言與行繆。虛詐不情。急之則離散。緩之則放縱。又云。周興。以少昊之虛曲阜。封周公子伯禽爲魯侯。以爲周公主其民。有聖人之教化。故孔子曰。齊一變。至於魯。魯一變。至於道。言近正也。瀕洙泗之水。其民涉度。幼者扶老。而代其任。俗既益薄。長老不自安。與幼少相讓。故曰魯道衰。洙泗之間。齗齗如也。孔子閔王道將廢。迺修六經。以述唐虞三代之道。弟子受業而通者。七十有七人。是以其民好學。上禮義。重廉恥。顏師古注。魯庶幾至道。齊人不如魯也。案周公雖封魯。猶仕王朝。身未歸魯。惟命伯禽之國就封。而伯禽亦能秉周公之教。以存王迹。故說苑漢書歸美伯禽。與此注歸美周公意同。魯俗雖衰。而洙泗之間。

王化未歇。迨休聖人之教。而俗益臻醇美。蓋所謂至於道者。其言殊有驗矣。

子曰。觚不觚。注馬曰。觚。禮器。一升曰爵。二升曰觚。觚哉觚哉。注觚哉觚哉。言非觚也。以喻爲政不得其道。則不成。注。觚。禮器。一升曰爵。二升曰觚。○正義曰。云觚禮器者。燕禮。公用象觚。注。觚。有象骨飾也。說文云觚。鄉飲酒之爵也。段氏玉裁注。謂鄉當作禮。鄉飲酒有爵觶無觚是也。聶崇義三禮圖謂觚用木。惟用木。故考工梓人制之。宣和博古圖載商周觚三十五。其形如今銅花瓶。而腹起四棱。與禮注不合。且皆以金爲之。則非梓人所司。後世僞作此無疑矣。云一升曰爵。二升曰觚者。言爵觚盛酒之量。鄭注禮器云。凡觴。一升曰爵。二升曰觚。三升曰觶。四升曰角。五升曰散。特牲記注引舊說同。梓人疏引禮器制度。亦云觚大二升。五經異義今韓詩說。一升曰爵。爵。盡也。足也。二升曰觚。觚。寡也。飲當寡少。三升曰觶。觶。適也。飲當自適也。四升曰角。角。觸也。不能自適。觸罪過也。五升曰散。散。訕也。飲不能自節。爲人所謗訕也。總名曰爵。並與此馬注同。考工記。梓人爲飲器。觚三升。禮器疏引異義。載古周禮說觚二升。獻以爵而酬以觚。一獻而三酬。則一豆矣。陳氏壽祺疏證謂二升當作三升。此周禮說與韓詩異。許君異義云。謹案周禮一獻三酬當一豆。若觚二升。不滿一豆。此許從周禮說。以辨韓詩之非。鄭駁異義。以周禮獻以爵而酬以觚。觚是觗譌。觗卽觶。則意梓人觚三升。亦爲觗三升。觗三則觚二。周禮與韓詩無異矣。皇疏。一獻之禮。賓主百拜。此則明有觚之用也。當於爾時用觚酌酒。而沈湎無度。故王肅曰。當時沈湎於酒。故孔子曰。觚不觚。言不知禮也。觚哉觚哉。言用觚之失道也。毛氏奇齡改錯云。古制器命名。各有取義。禮注云。觚容二升。取寡爲義。詩說所云飲當寡少曰觚。則此觚命名。原與君子之稱孤寡。有同義也。今飲常不寡。而仍稱曰觚。名實乖矣。猶曰觚哉。又云諸酒器皆有義。而獨及觚者。此猶燕禮極尙宴樂。而其洗奠享獻。惟用一觚。亦以觚本常用。並取寡少無過之名。蓋不觚非改制。但不寡飲。卽失名實耳。案毛說與王肅同。可補馬義。舊有注云。孔子曰。削觚而志有所念。觚不時成。故曰觚哉觚哉。觚。小器耳。心不專一。尙不時成。況于大事也。此說觚爲木簡。與馬異。宋氏翔鳳謂是徐氏論語隱義語。義當本鄭。亦是意爲之辭。說文。柧。棱也。棱。柧也。史游急就章。急就奇觚與衆異。顏師古注。觚者。學書之牘。或以記事。削木爲之。蓋簡屬也。孔子嘆觚。卽此之謂。其形或六面。或八面。皆可書。觚者。棱也。以有棱角。故謂之觚。班固西都賦曰。上觚棱而棲金爵。今俗猶呼小兒削書簡爲木觚章。蓋古之遺語也。王應麟補注史記。破觚爲圜。應劭曰。觚八棱有隅者。說文通釋觚八棱木。於其上學書。又引說文云。幡。書兒拭觚布也。據此。則柧亦作觚。廣雅釋器。籀篇籍笘籤𥰡也。竹木本一類。故柧亦作𥰡。漢書所云操觚之士。西京雜記傳介子好學書。嘗棄觚而嘆。卽此柧也。柧有四棱八棱之異。通俗文曰。木四方爲棱。八棱爲柧。此析言之。若散文亦通稱。故師古以觚有六面。則六棱亦名柧矣。孔子嘆觚。師古之說。與舊注同異不可知。或謂觚當有棱。其後無棱亦名觚。如史記所云破觚爲圜之比。

此亦名實相乖。於義得通者也。○注。以喻爲政不得其道。則不成。○正義曰。政者。正也。其身不正。如正人何。政不得成。猶彊名之。注說亦當有所本。

宰我問曰。仁者雖告之曰。井有仁焉。其從之也。注孔曰。宰我以仁者必濟人於患難。故問有仁人墮井將自投下從而出之不乎。欲極觀仁者憂樂之所至。子曰。何爲其然也。君子可逝也。不可陷也。注孔曰。逝往也。言君子可使往視之耳。不肯自投從之。可欺也。不可罔也。注馬曰。可欺者。可使往也。不可罔者。不可得誣罔令自投下。正義曰。皇本有仁下有者字。其從之也也。皇本作與。王氏引之經傳釋詞。謂也與歟同義。○注。宰我至所至。○正義曰。仁者無不愛也。故見人有患難則必濟之。而於仁人尤所親念。故宰我設爲此問。以見仁道之至難也。俞氏樾平議。謂井有人。爲井中有仁道。從之者。行仁道也。或謂井有仁。卽井有人。仁與人同。並通。○注。逝往至從之。○正義曰。逝往。爾雅釋詁文。往視之者。思所以出之也。不肯自投從之者。徒傷其身無以救人。故不肯也。俞氏樾平議。讀逝爲折。云君子殺身成仁則有之。故可得而摧折。不可以非理陷害之。此義亦通。○注。可欺至投下。○正義曰。可使往者。言使往救之也。孟子亦曰。君子可欺以其方。難罔以非其道。方者。義也。以義責君子。君子必信而從之。然非其道。則亦難罔之矣。蓋可欺者仁也。不可罔者知也。宋氏翔鳳發微云。夫滔滔天下。非人誰與。色斯之舉。可以翔集。公山佛肸之往。南子之見。是可逝也。可欺也。磨而不磷。涅而不緇。是不可陷也。不可罔也。

子曰。君子博學於文。約之以禮。亦可以弗畔矣夫。注鄭曰。弗畔。不違道。正義曰。釋文云。一本無君子字。兩得。臧氏琳經義雜記。君子乃成德之稱。不嫌其違畔於道。亦無君子字。顏淵篇。此章再見無君子字。知此亦無有者爲得也。馮氏登府異文攷證。引後漢范升傳。亦無君子字。程氏瑤田論學小記。天下達道五。而人之行百。其切於吾身而不可以須臾離者乎。其切於吾心而不可以一端弗學矣乎。於何學之。曰於文。聖人賢人。先我而盡道者也。夫固我之師也。然而已往矣。其所存者。文而已矣。文存則道存。道存則教存。吾學其文而有獲。不啻親炙焉。而詔我以語之。呼我以喻之也。不啻相依焉。而攜我以舉之。掖我以履之也。舜之大孝也。武王周公之達孝也。其德同。其所德者。不同也。堯之文章也。夫子之文章也。其美富同。其所美富者。不同也。徵之於文。而後舜與武王周公之所德。若或聞而知之矣。徵之於文。而後堯與夫子之所美富者。亦若見而知之矣。是故學文不可緩也。案博文者。詩書禮樂與凡古聖所傳之遺籍。是也。文所以載道。而以禮明之者也。禮卽文之所箸以行之者也。博學於文。則多聞多見。可以畜德。而於行禮驗之。禮也者。履也。言人所可履行之也。

禮箸於經曲之大。而愼於視聽言動之際。凡人能以所行。納於軌物。而無所違。是之謂約。約者。約束。非謂省約。與上博字爲反對也。之者。此也。謂此身也。夫子告顏子以克己復禮。復者。反也。反之於禮。是爲約矣。他日顏子言夫子善誘。博我以文。約我以禮。約禮卽復禮之教也。是故博文卽大學之致知格物。約禮卽大學之誠意正心脩身。人非博學。無由約禮。故夫子言誦詩三百。不足以一獻。然徒事博文。而不約之以禮。則後世文人記誦之習。或有文無行。非君子所許也。後漢范升傳引孔子曰。博學約之。弗叛矣夫。又曰。夫學而不約。必叛道也。明弗畔專以約禮言也。畔卽叛字。唐石經初刻作叛。後磨改。說文。叛。反也。畔。田界也。義異。經典多叚畔爲叛。左昭廿一年經。宋華亥向寧華定自陳入于宋南里以叛。公羊經作畔。○注。弗畔不違道。○正義曰。禮者。道之所以行也。人違道與否。不可得知。但已博文約禮。由其外以測其內。亦可不致違道。

子見南子。子路不說。夫子矢之曰。予所否者。天厭之。天厭之。注孔安國等以爲南子者。衛靈公夫人。淫亂。而靈公惑之。孔子見之者。欲因以說靈公。使行治道。矢。誓也。子路不說。故夫子誓之。行道既非婦人之事。而弟子不說。與之祝誓。義可疑焉。正義曰。史記世家孔子自蒲反乎衛。靈公夫人有南子者。使人謂孔子曰。四方之君子。不辱欲與君爲兄弟者。必見寡小君。寡小君欲見。孔子辭謝。不得已而見之。夫人在絺帷中。孔子入門。北面稽首。夫人自帷中再拜。環佩玉聲璆然。孔子曰。吾鄉爲弗見。見之禮答焉。法言五百篇。或問聖人有詘乎。曰有。曰。焉詘乎。曰。仲尼於南子。所不欲見也。於陽虎所不欲敬也。見所不見。敬所不敬。不詘如何。孔叢子儒服篇。創爲異說。以夫人與於大饗。當時南子饗夫子。夫子亦弗獲已。果爾。則禮所應見。子路何爲不說。且論語史記。但言見南子。不言南子饗夫子。毛氏奇齡改錯曰。古無男女相見之禮。惟祭則主婦獻尸。尸酢主婦。謂之交爵。非祭則否。故坊記云。非祭。男女不交爵。亦並非相見卽助祭。卿大夫亦並不因此妄行見禮。若夫人初至。春秋經稱大夫宗婦覿用幣。謂大夫之宗婦以覿禮入。非謂大夫亦同入也。至諸侯大饗大夫出行祼獻。禮。同姓諸侯有之。異姓則否。故禮正義謂王饗諸侯及諸侯自相饗。同姓則后夫人親獻。異姓則使人攝獻。自繆侯陽侯以同姓而遭此變後。凡同姓亦攝獻。是男女無相見禮。無覿禮。祇有交爵饗獻二禮。而旣則交爵存。而饗獻亦廢。至大夫覿幣。惟何休杜預皆有是說。孔仲達卽非之。謂禮無此文。況穀梁傳云。大夫不見其夫人。後世儒說。何如傳文足據乎。由毛說觀之。益知孔叢之謬。不足證矣。竊謂南子雖淫亂。然有知人之明。故於蘧伯玉孔子。皆特致敬。其請見孔子。非無欲用孔子之意。子路亦疑夫子此見。爲將詘身行道。而於心不說。正猶公山弗擾佛肸召子欲往。子路皆不說之比。非因南子淫亂而有此疑也。夫子知子路不說。故告以予若固執不見。則必觸南子之怒而厭我矣。天卽指南子。夫子言人而不仁。疾之已甚爲亂。孟子亦言仲尼不爲已甚。可知聖人達節。非俗情所能測矣。毛氏奇齡稽求篇。夫子矢之。案釋名云。矢。指也。說文云。否者。不也。夫子以手指天。而曰吾敢不見哉。不則天將厭我矣。言南子方得天也。故史記直曰予所不者。不者。不見也。詞例與項羽傳不者吾屬將為所虜正同。所。若也。左傳所不與崔慶。史記所不與子犯共。皆作若解。舊以此為誓。正以所字相似耳。案毛解天字稍異。高誘呂覽貴因注引亦作不。說文。否從不聲。故不叚否為之。厭與壓同。考文引古本正作壓。說文。壓。笮也。禮記畏厭溺。左氏傳。將以厭衆。皆壓字。天厭之。或當時有此語。論衡問孔篇。說此文天厭之。正與毛同。而以否為鄙。解為鄙陋之行。反似子路不說。為疑夫子淫亂。紛紛詰難。均無當矣。鄭注云。矢。誓也。否。不也。鄭此注非全文。無由知其說。皇疏引繆播曰。否。不也。此言子若不用。是天將厭塞此道。欒肇曰。天厭之者。言我之否屈。乃天所厭也。王弼曰。否泰有命。我之所屈。不用於世者。乃天命厭之。言非人事所免也。蔡謨曰。矢。陳也。夫子為子路矢陳天命。非誓也。李充曰。夫道消運否。則聖人亦否。故曰予所否者。天厭之。厭亦否也。言聖人與天同其否泰耳。參觀諸說。矢或訓誓。或訓陳。而否為否塞。厭為厭絕。其辭同也。天未欲夫子行道。豈南子所能與。明己之往見。不過欲答其禮。而非為求仕可知。此以解子路之惑。於義亦通。但師弟相言。不得設誓。矢當訓指。為指天也。王氏崧說緯。以此見在靈公卒後輒立之時。南子欲因孔子以固輒位。子路以見之似有為輒之意。而與初言正名相反。所以不說。夫子則怒而矢之。謂予如不正名。必獲天誅。其說甚誕。史記敘此文下。卽云居衛月餘。靈公與夫人同車。使孔子為次乘。招搖市過之。孔子醜之。去衛。則此見明在靈公時。江氏永鄉黨圖考繫此事在孔子五十七歲。其非衛輒時可知。至宋孫奕示兒編。謂南子是南蒯。欲張公室以叛季氏。夫子見之。與欲赴弗擾佛肸同意。王應麟困學紀聞引陳自明說同。然南蒯叛時。孔子年方二十二。子路少孔子九歲。年方十三。其說鑿而不通。宜為伯厚所斥矣。○注。孔安至疑焉。○正義曰。皇本作孔安國曰舊以南子者。邢本同。釋文載集解本皆作等以為南子者。是舊為等之譌。臧氏庸拜經日記謂孔安國下。不當有日字。孔安國等以為者。首舉孔以該馬鄭包周諸儒之義。行道以下四句。乃何氏語。孔以道國章集解引包馬說。又云義疑。故兩存證之。可見此投極確。今依以訂正。呂氏春秋貴因篇。孔子道彌子瑕見釐夫人因也。釐夫人卽南子。淮南子泰族訓。孔子欲行王道。東西南北。七十說而無所偶。故因衛夫人彌子瑕而欲通其道。鹽鐵論論儒篇。孔子適衛。因嬖臣彌子瑕以見衛夫人。此皆當時所傳陋說。以夫子為詭道求仕。不經之談。敢於侮聖矣。

子曰。中庸之為德也。其至矣乎。民鮮久矣。注庸。常也。中和可常行之德。世亂。先王之道廢。民鮮能行此道久矣。非適今。

注。庸常至適今。○正義曰。說文。庸。用也。凡事所可常用。故庸又為常。洪氏震煊中庸說。鄭君目錄云。名曰中庸者。以其記中和之為用也。庸。用也。注君子中庸云。庸。常也。用中為常道也。二說相輔而成。證諸喪服四制之篇曰。此喪之所以三年。賢者不得過。不肖者不得不及。此喪之中庸也。王者之所常行也。不得過不及謂之中。所常行謂之庸。常行者。即常用是也。故讚舜之大智曰。執其兩端。用其中於民。用中。即中庸之義是也。古訓以庸爲常。非平常之謂也。庸德之行。庸言之謹。鄭君亦注云。庸猶常也。言德常行也。言常謹也。證諸易文言曰。庸言之信。庸行之謹。九家注云。庸。也。謂言常以信。行常以謹。荀子不苟篇曰　庸言必信之。庸行必愼之。楊倞注云。庸。常也。謂言常信。行常愼。故下文反之曰。言無常信。行無常貞。惟利所在。無所不傾者。是則可謂小人矣。此皆以常訓庸者也。爾雅釋詁曰。典彝法則刑範矩庸恒律戛職秩。常也。書篇或以典名。或以範名。禮篇或以法名。或以庸名。其義一也。案執中始於堯之咨舜。舜亦以命禹。其後湯執中。立賢無方。至周官大司樂。以中和祗庸孝友爲六德。知用中之道。百王所同矣。夫子言中庸之旨。多箸易傳。所謂中行。行即庸也。所謂時。即時中也。時中則能和。和乃爲人所可常行。故有子言禮之用。和爲貴。而子思作中庸。益發明其說曰。喜怒哀樂之未發謂之中。發而皆中節。謂之和。中也者。天下之大本也。和也者。天下之達道也。致中和。天地位焉。萬物育焉。明中庸之爲德。皆人所可常用。而極其功能至於位育。蓋盡己之性。以盡人之性。盡人之性。以盡物之性。盡物之性。則可以贊天地之化育。所謂成己以成物者如此。故夫子贊爲至德。周官師氏一曰至德。鄭注。至德。中和之德。覆燾持載含宏者也。下引論語此文。覆燾持載。至德也。惟舜在位。能用中於民。民皆化之。顔子未得位。但能擇中庸。得善勿失。而無所用於民。所謂有德無位。不敢作禮樂者也。世之衰也。上無明天子。下無賢方伯。民無所取法。賢知之所過。愚不肖之所不及。皆無所裁度以適於道。又甚則無所忌憚。如小人之反中庸。故曰民鮮久矣。云非適今者。適。祇也。中庸篇子曰。中庸其至矣乎。民鮮能久矣。鄭注。鮮。罕也。言中庸爲道至美。顧人罕能久行。鄭意謂當時民亦能行。但不能久行。義遂此注。

子貢曰。如有博施於民。而能濟衆。何如。可謂仁乎。子曰。何事於仁。必也聖乎。堯舜其猶病諸。注孔曰。君能廣施恩惠濟民於患難。堯舜至聖。猶病其難。正義曰。皇本如有作如能。衆下有者字。何事於仁。事猶爲也。見禮樂記注。言博施濟衆。何爲於仁言之。明非仁者所能矣。毛氏奇齡改錯曰。鄉飲酒義曰。東方者春。春之爲言蠢也。產萬物者聖也。南方者夏。夏之爲言假也。假者大也。養而大之。仁也。則內聖外王。總以仁及萬物爲言。禮所云天子之立也。嚮仁而左聖。以此是也。然則仁與聖。皆推心之恕。以長養萬物。淺深一體。祇春爲生之本。而夏爲養之本。養祇遂生。而春爲資生之原。長養不窮。故聖進於仁。案仁訓愛。聖訓通。並見說文。爲最初之詁。通之爲言。無疑滯也。無阻礙也。是故通乎天地陰陽柔剛之道。而後可以事天察地。通乎人仁義之道。而後可以成己以成物。若我於理義有未能明曉。我於人有未能格被。是即我之疑滯阻礙。而有所不通矣。如此者。以之自治。則行事乖戾。以之治人。則多所拂逆。桀紂盜跖之行。無惡不作。然推究其失。祇是不通已極耳。是故天地交爲泰。天地不交爲否。泰者。通也。治象也。否者。不通也。亂象也。通與不通。天下之治亂繫之。博施濟衆。無一人不遂其欲。以我性情通於人。並使人無乎不通。故夫子以爲聖。以爲堯舜猶病。聖仁本用原同。故己達達人。達亦爲通。特聖爲成德之名。仁則尙在推暨時言。仁道大成。方可稱聖。故夫子視聖爲最難。而但言仁。又以仁亦難及。而先言恕。○注。君能至其難。○正義曰。言廣施者。博訓廣也。廣施恩惠。言君無私德能徧及也。禮運言大同之治云。選賢與能。講信脩睦。故人不獨親其親。不獨子其子。使老有所終。壯有所用。幼有所長。矜寡孤獨廢疾者。皆有所養。男有分。女有歸。此則可言博施矣。爾雅釋言。濟。渡也。濟。成也。濟。益也。三訓此文皆通。注以濟渡爲言。濟於患難。若禹治水。益焚山澤之類。堯舜者。唐虞二帝名。當時有洚水。民苦昏墊。艱食鮮食。是博施濟衆。堯舜猶病其難也。廣雅釋詁。病。難也。亦據引申以成義。

夫仁者。己欲立而立人。己欲達而達人。能近取譬。可謂仁之方也已。【注】孔曰。更爲子貢說仁者之行方道也。但能近取譬。於己皆恕。己所欲而施之於人。正義曰。阮氏元論仁篇。孔子論人以聖爲第一。仁卽次之。仁固甚難能矣。聖仁。孔子皆謙不敢當。子貢視仁過高。誤入聖域。故孔子分別聖字。將仁字論之曰。所謂仁者。己之身欲立。則亦立人。己之身欲達。則亦達人。卽如己欲立孝道。亦必使人立孝道。所謂不匱錫類也。己欲達德行。亦必使人達德行。所謂愛人以德也。又曰。爲之不厭。己立己達也。誨人不倦。立人達人也。立者。如三十而立之立。達者。如在邦必達。在家必達之達。案立謂身能立道也。達謂道可行諸人也。○注。更爲至於人。○正義曰。鄭注云。方猶道也。此孔所本。說文。恕。仁也。如己之心。以推諸人。此求仁之道。故恕亦訓仁。恕仁本一理。子貢未能至恕。故夫子以爲非爾所及。他日問終身行之。又告以恕。皆此教也。孟子云。彊恕而行。求仁莫近焉。卽此近取譬之義。譬者。喻也。以己爲喻。故曰近。大學言君子絜矩之道云所惡於上。毋以交毋以使下。所惡於下。毋以事上。所惡於前。毋以先後。所惡於後。毋以從前。所惡於右。毋以交於左。所惡於左。毋以交於右。矩者。法也。卽此所云譬也。絜者。結也。挈也。卽此所云取也。

卷八　述而第七

集解　凡三十八章

正義曰。釋文云。舊三十九章。今三十八章。所云舊。當謂六朝舊本。所多一章。疑分子路問三軍爲一章也。釋文又云。子於是日以下。舊別爲章。今宜合前章。亡而爲有以下舊爲別章。今宜與前章合。陸云宜合。但論其理。實未嘗合倂也。若已合倂。則爲三十六章。盧氏文弨釋文攷證。以舊三十九章爲釋文本。今三十八章爲朱子本。則誤解陸氏原文爲後人校語也。翟氏灝考異。譏陸氏宜合者兩條。總題但減其一。以爲失於點對。則是舊爲四十章。不合言三十九也。

子曰。述而不作。信而好古。竊比於我老彭。【注】包曰。老彭。殷賢大夫。好述古事。我若老彭。但述之耳。正義曰。說文云。述。循也。作。起也。述是循舊。作是創始。禮中庸記云。非天子不議禮。不制度。不考文。議禮制度考文。皆作者之事。然必天子乃得爲之。故中庸又云。今天下。車同軌。書同文。行同倫。雖有其位。苟無其德。不敢作禮樂焉。雖有其德。苟無其位。亦不敢作禮樂焉。鄭注。今孔子謂其時明孔子無位。不敢作禮樂。而但可述之也。漢書儒林傳。周道既衰。壞於幽厲。陵夷二百餘年。而孔子興。究觀古今之篇籍。於是敘書則斷堯典。稱樂則法韶舞。論詩則首周南。綴周之禮。因魯春秋。舉十二公行事。繩之以文武之道。成一王法。至獲麟而止。蓋晚而好易。讀之。韋編三絕。而爲之傳。皆因近聖之事。以立先王之教。故曰述而不作。信而好古。是言夫子所述六藝事也。故中庸云。仲尼祖述堯舜。憲章文武。憲。法也。章。明也。堯舜文武•其政道皆布在方策。所謂古也。下章云子曰。蓋有不知而作之者。我無是也。多聞。擇其善者而從之。多見而識之。知之次也。多聞多見。皆所學於古者。故又言好古敏以求之也。若然。孟子云孔子作春秋。春秋是述。亦言作者。散文通稱。如周公作常棣。召公述之。亦曰作常棣矣。信者。知之明。不信。必不能好。故言篤信好學也。竊者。廣雅釋詁云。私也。夫子謙言。不敢顯比老彭。故言私比也。老彭。殷大夫。夫子亦殷人。故加我以親之。○注。老彭殷賢大夫。○正義曰。大戴禮虞戴德云。昔老彭及仲傀政之教大夫。官之教士。技之教庶人。揚則抑。抑則揚。綴以德行。不任以言。漢書古今人表。列老彭於仲虺下。仲虺卽仲傀。是老彭爲殷初人。包氏此注。當卽本戴記也。鄭注云。老。老聃。彭。彭祖。老聃。周之大史。以老彭爲二人。與包義異。漢書敘傳。若允彭而偕老兮。師古注謂彭祖老聃。此老彭爲二人也。鄭語彭姓。彭祖爲祝融之後。滅於商。楚辭天問。彭鏗斟雉帝何饗。王逸注謂彭祖以雉羹進堯。而堯饗之也。史記五帝紀。禹皋陶契后稷伯夷夔龍倕益彭祖。自堯時而皆舉用。則彭祖是堯臣也。史記老子韓非列傳。老子者。楚苦縣厲鄉曲仁里人也。姓李氏。名耳。字伯陽。謚曰聃。周守藏室之史也。司馬貞索隱曰。按藏室史。周藏書室之史也。又張蒼傳。老子爲柱下史。蓋卽藏室之柱下。因以爲官名。則老子是周史也。旣老子是史官。意彭祖在堯時亦是史官。故夫子欲竊比此二人矣。莊子音義引世本云。彭祖姓籛。名鏗。在商爲守藏史。在周爲柱下史。以彭祖爲商人。與鄭語及五帝紀不合。至入周爲柱下史。則以彭祖爲數百歲人。並恐傳聞之誤。高誘注呂氏春秋情欲諸篇。以老彭彭祖爲一人。邢昺疏論語。謂彭祖於堯時封彭城。又云卽老子也。以老彭彭祖老聃爲一人。說與包鄭又異。尤未是也。老子列傳云。孔子適周。將問禮於老子。又云。老子修道德。其學以自隱無名爲務。居周久之。見周之衰。迺遂去至關。關令尹喜曰。子將隱矣。彊爲我著書。於是老子迺著書上下篇。言道德之意。五千餘言而去。又云。李耳無爲自化。清靜自正。漢書藝文志道家者流。蓋出於史官。歷記成敗存亡禍福古今之道。然後知秉要執本，清虛以自守。卑弱以自持。此人君南面之術。合於堯之克攘。易之嗛嗛。一嗛而四益。此其所長也。及放者爲之。則欲絕去禮樂。兼棄仁義。曰。獨任清虛。可以爲治。案老子之學。源出黃帝。故漢人多以黃老並言。宋氏翔鳳發微云。老子曰。聖人處無爲之事。行不言之教。無爲而有事。不言而有教。非居敬而何。又曰。聖人抱一爲天下式。一者。誠也。誠爲敬。故抱一卽居敬。

又曰。兵者。不祥之器。非君子之器。卽軍旅之事。末之學也。又曰。聖人無常心。以百姓心爲心。修又曰。善建者不拔。善抱者不脫。子孫祭祀不輟。修之於身。其德乃眞。修之於家。其德乃餘。修之於鄉。其德乃長。修之於國。其德乃豐。修之於天下。其德乃普。卽修己以安百姓。非獨任淸虛者之所及也。其書二篇。屢稱聖人。卽述而不作也。又曰。執古之道。以御今之有。能知古始。是謂道紀。此信而好古也。又曰。象帝之先。又曰。大上下知有之。曰帝之先。曰大上。此推乎古而益遠者也。又云。論語不曰彭老。而曰老彭者。以老子有親炙之義。且尊周史也。至三朝記稱商老彭者。以老子雖生周代。而所傳之學。則歸藏之學。故稱之於商。尤信而好古之明徵也。案宋君發明老子之學是也。其以彭祖爲殷人。則沿世本之謬。而以三朝記老彭爲二人。亦是彊經就我。其他謂孔子贊易。多取於歸藏。小戴所錄七十子之記。皆爲殷禮。則顯然違異。今皆删佚。不敢著之以誤來學。

子曰。默而識之。學而不厭。誨人不倦。何有於我哉。注鄭曰。無是行於我。我獨有之。正義曰。默者。王逸楚辭惜賢注云。寂也。識者。記也。詩書禮樂。士之正業。皆須諷誦。若博學無方。旣非家有其書。則惟宜默識之也。下篇云。多見而識之。亦謂默識也。厭。說文作猒。飽也。引申之。訓足。訓棄。夫子自彊不息。日有孳孳。不如年數之不足。故能不厭於學也。倦。說文作𤺺。勞也。廣雅釋詁。券。勞也。止也。何有於我。言二者之外。我無所有也。下篇子曰。若聖與仁。則吾豈敢。抑爲之不厭。誨人不倦。則可謂云爾已矣。公西華曰。正唯弟子不能學也。孟子公孫丑篇。子貢問於孔子曰。夫子聖矣乎。孔子曰。聖則吾不能。我學不厭。而教不倦也。子貢曰。學不厭。知也。教不倦。仁也。仁且知。夫子旣聖矣。觀彼文則學不厭。教不倦。乃夫子所自任。何有於我。乃辭聖仁不敢居之也。下篇出則事公卿章。何有於我。義同。○注。無是行於我。我獨有之。○正義曰。注有譌文。當以行字句絕。我字重衍。鄭謂他人無是行。夫子乃獨有之。與上篇爲國乎何有。於從政乎何有。何有。皆爲不難也。

子曰。德之不修。學之不講。聞義不能徙。不善不能改。是吾憂也。注孔曰。夫子常以此四者爲憂。正義曰。說文云。修。飾也。廣雅釋詁。修。治也。五常之德。人所固有。當時修治之。則德日新。大學記所云明明德。是也。學之不講者。汪氏中述學云。講。習也。習。肄也。古之爲教也以四術。書則讀之。禮樂同物。誦之。歌之。弦之。舞之。揖讓周旋。是以行禮。故其習之也。恆與人共之。學而時習之。有友朋自遠方來。所謂君子以朋友講習也。學人習之。其師則從而告之。記曰。小學正學干大胥贊之。籥師學戈。籥師丞贊之。春誦夏弦。大師詔之瞽宗秋學禮。執禮者詔之。冬讀書。典書者詔之。曰學。曰贊。曰詔。必皆有言。故於文講從言。孔子適宋。與弟子習禮大樹下。魯諸儒講禮鄉飲大射于孔子家。皆講學也。禮樂不可斯須去身。故孔子憂學之不講。徙。說文云趍也。此常訓。下篇云。徙義崇德也。荀子大略篇。君子之學如蛻。幡然遷之。故其行效。其立效。其坐效。其置顏色出辭氣效。無留善、亦言君子能徙義也。易象傳。風雷益。君子以見善則遷。有過則改。二者貴能力行。故有取於風雷。否則習爲不善。而不復進於德矣。故夫子深憂之也。汪氏中經義知新記。講字古音媾。修講一韻。徙改一韻。皇本修作脩。又每句下。皆有也字。〇注。夫子常以此四者爲憂。〇正義曰。北堂書鈔藝文部四引鄭此注云。夫子常以爲憂也。此孔所襲。四者。是夫子誨人之語。而云吾憂者。正恐教術或疎。致有斯失。故引爲己責也。

子之燕居。申申如也。夭夭如也。【注】馬曰。申申夭夭。和舒之貌。正義曰。釋文云。燕。鄭本作宴。案後漢仇覽傳引亦作宴。說文。宴。安也。宴本字。燕。鳥名。蓋叚借也。禮記有仲尼燕居。孔子閒居二篇。鄭目錄云。退朝而處曰燕居。退燕避人曰閒居。此皇疏亦云燕居者。退朝而居也。〇注。申申夭夭。和舒之貌。〇正義曰。皇疏引詩云。桃之夭夭。卽美舒義。月出舒夭紹兮。亦以夭紹爲舒之姿也。廣雅釋訓。妖妖申申。容也。妖與夭同。胡氏紹勳拾義。漢書萬石君傳。子孫勝冠者在側。雖燕必冠。申申如也。師古注云。申申。整敕之貌。此經記者先言申申。後言夭夭。猶鄉黨先言踧踖。後言與與也。申申言其敬。夭夭言其和。馬注申申亦訓和舒。失之矣。案胡說是也。漢安世房中歌。敕身齊戒。施教申申。說文。申。神也。七月陰氣成體自申束。從臼自持也。是申有約束之義。申申如者。所謂望之儼然。夭夭如者。所謂卽之也溫。

子曰。甚矣吾衰也。久矣吾不復夢見周公。【注】孔曰。孔子衰老。不復夢見周公。明盛時夢見周公。欲行其道也。正義曰。呂覽去宥篇。人之老也形益衰。高誘注。衰。肌膚消也。說文。㝱。寐而有覺也。今省作夢。夫子日有孳孳。不知老之將至。至是血氣益衰。力極罷頓。無復從前之精專。故有此歎。呂氏春秋博志篇。蓋聞孔子墨翟晝日諷誦習業。夜親見文王周公旦而問焉。用志如此其精也。何事而不達。何爲而不成。故曰精而熟之。鬼將告之。非鬼告之也。精而熟之也。案周公成文武之德。致治太平。制禮作樂。魯是周公之後。故周禮盡在魯。夫子言舍魯何適。又屢言從周。故綴周之禮。其修春秋。繩之以文武之道。成一王法。與周公制作之意同也。舊讀以吾衰也久矣爲句。見翟氏灝考異所引呂覽不苟注。張載正蒙楊時資吾院記。今讀或以久矣屬下句。皇本公下有也字。釋文云。本或無復字。非。

子曰。志於道。據於德。依於仁。游於藝。【注】志。慕也。道不可體。故志之而已。據。杖也。德有成形。故可據。依。倚也。仁者功施於人。故可倚。藝。六藝也。不足據依。故曰游。正義曰。此夫子誨弟子進德修業之法。道者。明明德親民。大學之道也。德者。少儀云。士依於德。鄭注。德。三德也。一曰至德。二曰敏德。三曰孝德。此本周官師氏之文。鄭彼注云。至德。中和之德。覆燾持載含宏者也。敏德。仁義順時者也。孝德。尊祖愛親。三德所以教國子。故鄭注少儀依用之。論語此文。義當同也。言據者。據猶守也。中庸言顏子擇。中庸。得一善。則拳拳服膺而弗失之。即據德矣。依仁猶言親仁。謂於仁人當依倚之也。游於藝者。學記云。不與其藝。不能樂學。又云。故君子之於學也。藏焉。修焉。息焉。游焉。鄭注。與之言喜也。歆也。游謂閒暇無事於之游。然則游者。不迫遽之意。少儀言士游於藝。鄭彼注云。藝。六藝也。一曰五禮。二曰六樂。三曰五射。四曰五御。五曰六書。六曰九數。亦本周官保氏彼注云五禮。吉凶賓軍嘉也。六樂。雲門大咸大韶大夏大濩大武也。鄭司農云。五射。白矢參連剡注襄尺井儀也。五御。鳴和鸞逐水曲過君表舞交衢逐禽左。六書。象形會意轉注指事假借諧聲也。九數。方田粟米差分少廣商功均輸方程贏不足旁要。唐石經。游作遊。○注。志慕至曰游。○正義曰。說文云。據。杖持也。依。倚也。並常訓。道不可體。德有成形。皆虛之論。不可以解此文也。禮樂不可斯須去身。故周公自稱多藝。夫子言藝能從政。而以爲不足據依。亦異乎吾所聞。

子曰。自行束修以上。吾未嘗無誨焉。【注】孔曰。言人能奉禮。自行束修以上。則皆教誨之。正義曰。修與脩同。謂以脩爲摯見其師也。周官膳夫。凡肉脩之頒賜皆掌之。腊人掌乾肉。凡田獸之脯腊膴胖之事。鄭注。薄析曰脯。棰之而施薑桂曰鍛脩。釋名釋飲食。脯又曰脩。脩。縮也。乾燥而縮也。曲禮云。以脯脩置者。左朐右末。鄭注。屈中曰朐。此弟子行束脩於其師。亦當如置脯脩之法。左朐右末執之。稱束者。少儀疏云。束脩。十脡脯也。以非一脡。故須束之。孔氏廣森經學卮言。禮薦脯五膱。凡作脯之法。皆以條肉中屈之。五膱則爲朐者五。爲脡者十。故謂之束。取其與束帛十端而五匹者同義。北史儒林傳。馮偉門徒束脩。一毫不受。隋書劉炫傳。後進質疑受業。不遠千里。然嗇於財。不行束脩者。未嘗有所教誨。是束脩爲摯禮。李賢後漢延篤傳注。束脩。謂束帶脩飾。鄭注論語曰。束脩。謂年十五以上也。李引鄭注。所以廣異義。人年十六爲成人。十五以上可以行摯見師。故舉其所行之摯以表其年。若然。則十五以下未能行摯。故曲禮云。童子委摯而退。委摯者。委於地也。後漢伏湛傳。杜詩薦湛曰。湛自行束脩。訖無毀玷。隸釋謁者景君墓表。惟君束脩仁知。幽州刺史朱龜碑。仁義成於束脩。孝弟根其本性。隸續金恭碑。束脩聰。皆以束脩表年。與鄭義同。若後漢和帝紀。束修良吏。鄧后紀。故能束修。不觸羅網。鄭均傳。束修安貧。恭儉節整。馮衍傳。圭潔其行。束脩其心。劉般傳。束脩至行。胡廣傳。使束修守善。有所勸仰。王龔傳。束修勵節。皆以約束修飾爲義。而其字與脩通用。後之儒者。移以解論語此文。且舉李賢束帶修飾之語。以爲鄭義亦然。是誣鄭矣。至闕黨童子。則使將命。互鄉童子。與其潔已。並是夫子教思之廣。雖未行束脩。亦誨之矣。鄭注云。誨。魯讀爲悔字。今從古。包氏慎言溫故錄。案魯論。則束脩不謂脯脡。易曰悔吝者。言乎其小疵也。又曰。震无咎者。存乎悔。聖人戒慎恐懼。省察維嚴。故時覺其有悔。自行束修以上。謂自知謹飭砥礪。而學日以漸進也。恐人以束修即可無誨。故言未嘗無誨以曉之。案魯論義不箸。包說但以意測。易繫辭傳。慢藏誨盜。釋文引虞作悔。二字同音叚借。疑魯論義與古同叚悔字爲之。鄭以古論義明。故定從誨也。○注。言人能奉禮。○正義曰。注義不明。書秦誓正義引孔此注云。束帶脩飾。當是此注脫文。其義即李賢所本。

子曰。不憤不啓。不悱不發。舉一隅。不以三隅反。則不復也。注 鄭曰。孔子與人言。必待其人心憤憤。口悱悱。乃後啓發爲說之。如此。則識思之深也。說則舉一隅以語之。其人不思其類。則不復重教之。

正義曰。說文云。啓。教也。從攴启聲。下引此文。又隅。陬也。淮南原道訓。經營四隅。高誘注。隅猶方也。一隅三隅。合爲四隅。故舉一隅。則可知三隅。反者。反而思之也。荀子大略篇。有法者以法行。無法者以類舉。以其本知其末。以其左知其右。凡百事異理而相守也。是其義也。劉氏逢祿述何篇。聖人之言。皆舉一隅。而俟人之以三隅反。故文約而旨無窮。董子說春秋云。不能察。寂若無。能察之。無物不在。謂不書多於書也。皇本高麗本鼂公武據蜀石經一隅下有而示之三字。文選西京賦注引同。皇本則下有吾字。○注。孔子至教之。○正義曰。方言。憤。盈也。說文。憤。懣也。二訓義同。人於學有所不知不明。而仰而思之。則必與其志氣。作其精神。故其心憤憤然也。下篇夫子言發憤忘食。謂憤於心也。文選嘯賦注。引字書曰。悱。心誦也。誦疑作痛。方言。菲。怒悵也。菲與悱同。廣雅釋詁作慧。說文無悱字。新附據鄭注補。或疑悱即說文悲字。當得之。玉篇。悱。口悱悱。此本鄭訓。學記曰。時觀而弗語。存其心也。注云。使之悱悱憤憤。然後啓發也。記又云。力不能問。然後語之。力不能問。故口悱悱也。當心憤憤口悱悱時。已是用力於思。而未得其義。乃後啓發爲說之。使人知思之宜深。不敢不專心致志也。孟子盡心下云。君子引而不發。躍如也。引者。引其緒也。又學記云。故君子教喻也。開而弗達。開而弗達則思。注云。開謂開發事端。但爲學者開發大義而已。亦不事事使之徧達也。並此舉一隅之義也。不復重教之者。言教之既不深思。則不復重教之。學記所謂語之而不知。雖舍之可也。易蒙彖云。初筮告。再三瀆。瀆則不告。利貞。鄭注。弟子初問。則告之以事義。不思其三隅相況。以反解而筮者。此勸師而功寡。學者之災也。瀆筮則不復告。欲令思而得之。亦所以和義而幹事也。

子食於有喪者之側。未嘗飽也。注 喪者哀戚。飽食於其側。是無惻隱之心。

正義曰。檀弓云。食於喪者之側。未嘗飽也。注。助哀戚也。毛氏奇齡稽求篇。謂檀弓所記。即夫子事。皇本連下章。而以此注繫於後。與釋文所見本不合。

子於是日哭。則不歌。注 一日之中。或哭或歌。是褻於禮容。

正義曰。說文云。哭。哀聲也。歌。詠也。毛詩園有桃傳。曲合樂曰歌。謂人聲與樂齊作也。何休公羊注引魯詩傳。大夫士日琴瑟。曲禮云。大夫無故不徹縣。士無故不徹琴瑟。注。故謂災患喪病。此弔人之喪。既以情親哀哭之故。一日之內。亦不得歌也。曲禮。哭日不歌。檀弓。弔於人。是日不樂。毛氏奇齡稽求篇。謂檀弓卽指夫子此事是也。鄭注檀弓云。君子哀樂不同日。又鄭志答臨碩云。謂一日之中。旣以哀事哭。又以樂而歌。是爲哀樂之心無常。言人旣以哀事哭。則竟一日。當常有哀心也。此惟弔哭在前則然。若已歌。而後聞他人之喪。則弔哭。正禮所宜矣。皇本日下有也字。論衡感類篇引亦有也字。釋文云。舊以爲別章。今宜合前章。○注。一日至禮容。○正義曰。皇本此注脫。

子謂顏淵曰。用之則行。舍之則藏。唯我與爾有是夫。注孔曰。言可行則行。可止則止。唯我與顏淵同。正義曰。新語愼微篇引此文說之云。言顏淵道施於世而莫之用。是行藏皆指道言。孟子謂士窮不失義。達不離道。又云。古之人。得志。澤加於民。不得志。修身見於世。窮則獨善其身。達則兼善天下。卽此義。案下篇夫子言天下有道則見。無道則隱。此明人出處之正法。若此云用之則行。舍之則藏。但言用之舍之。不復計及有道無道者。正是維世之意。欲易無道爲有道也。此惟時中之聖能之。孟子稱孔子可以仕則仕。謂用之卽可以仕也。可以止則止。謂舍之卽可以止也。顏子合符聖德。故夫子言我與爾有是矣。

子路曰。子行三軍。則誰與。子曰。暴虎馮河。死而無悔者。吾不與也。必也臨事而懼。好謀而成者也。注孔曰。大國三軍。子路見孔子獨美顏淵。以爲己勇。至於夫子爲三軍將。亦當誰與己同。故發此問。暴虎徒搏。馮河徒涉。正義曰。好謀者。好猶善也。左襄四年傳。咨難爲謀。說文。慮難曰謀。戴氏望論語注云。王者行師。以全取勝。不以輕敵爲上。傳曰。善爲國者不師。善師者不陳。善陳者不戰。善戰者不死。善死者不亡。案逸周書武紀解謀有不足者三。仁廢則文謀不足。武廢則勇謀不足。備廢則事謀不足。是行軍當用謀也。焦氏循補疏。好謀而成。成猶定也。定卽決也。三國志郭嘉傳。袁公多端寡要。好謀無決。無決卽是無成。好謀而成。卽是好謀而能決也。釋文。馮亦作憑。皇本同。○注。大國至徒涉。○正義曰。夏官序官。凡制軍。萬有二千五百人爲軍。王六軍。大國三軍。次國二軍。小國一軍。軍將皆命卿。是大國三軍也。夫子爲三軍將。卽命卿矣。子路有治賦之才。故問夫子行軍。將誰與。冀己有所能以自見也。暴虎徒搏。馮河徒涉。並爾雅釋訓文。郭注徒搏云。空手執也。徒涉云。無舟楫。說文。淜。無舟渡河也。玉篇。徒涉曰淜。今經典作馮。皆淜之叚借。馮。說文訓馬行疾。別一義。

子曰。富而可求也。雖執鞭之士。吾亦爲之。注鄭曰。富貴不可求而得之。當修德以得之。若於道可求者。雖執鞭之賤職。我亦爲之。如不可求。從吾所好。注孔曰。所好者。古人之道。正義曰。史記伯夷列傳。引富貴如可求。此出古論。以富貴連文。而與如義通也。宋氏翔鳳發微云。周官太宰祿以馭其富。三代以下。未有不仕而能富者。故官愈尊。則祿愈厚。求富即干祿也。富而可求。謂其時可仕。則出而求祿。孔子爲委吏乘田。其職與執鞭之士同也。不可求。爲時不可仕。孔子世家言定公五年。陽虎囚季桓子。季氏亦僭於公室。陪臣執國政。是以魯自大夫以下。皆僭離於正道。故孔子不仕。退而修詩書禮樂。弟子彌衆。至自遠方。莫不受業焉。此孔子不仕。謂不可求。修詩書禮樂。爲從吾所好。孔子自述出處之際。故以兩吾字明之。案宋說與古論義合。說苑立節篇。引此文說之云。故阨窮而不憫。勞辱而不苟。然後能有致也。勞辱即謂執鞭言。雖勞辱之事。亦不可苟。當視可求。然後爲之也。阨窮不憫。則從吾所好也。但言爲執鞭者。孟子云。仕非爲貧也。而有時乎爲貧。爲貧者。辭尊居卑。辭富居貧。惡乎宜乎抱關擊柝。今此言富而可求。謂時可仕。兼己亦爲貧。故但可爲執鞭之士也。釋文。鞭。或作硬。音吾孟反。非也。吾亦爲之。一本無亦字。之下有矣字。如不可求。皇本求下有者字。○注。富貴至爲之。○正義曰。鄭以富貴連言。亦古論義也。修德以得富貴。即夫子言寡尤寡悔。祿在其中。學也祿在其中之旨。於道可求。謂仕之道也。言己雖修德。仍視道可仕否也。孟子云。古之人。未嘗不欲仕也。又惡不由其道。即此義也。執鞭爲賤職者。鞭是刑具。書。鞭作官刑。是也。周官條狼氏掌執鞭以趨辟。王出入則八人夾道。公則六人。侯伯則四人。子男則二人。又云。凡誓。執鞭以趨於前且命之。注。趨辟。趨而辟行人。若今卒辟車之爲也。孔子曰云云。言士之賤也。據序官條狼氏是下士。故稱賤矣。

子之所慎。齊。戰。疾。注孔曰。此三者人所不能慎。而夫子獨能慎之。正義曰。說文云。愼。謹也。齋。戒潔也。從示齊省聲。經典齋齊二文錯見。祭統云。及時將祭。君子乃齊。齊之爲言齊也。齊不齊以致齊者也。故散齊七日以定之。致齊三日以齊之。又云。及其將齊也。防其邪物。訖其耆欲。耳不聽樂。故記曰。齊者不樂。言不敢散其志也。心不苟慮。必依於道。手足不苟動。必依於禮。韓詩外傳八傳曰。居處齊則色姝。食飲齊則氣珍。言語齊則信。聽思齊則成。志齊則盈。五者齊。斯神居之。並言慎齊之事也。說文云。戰。鬭也。慎戰。謂臨事而懼。好謀而成也。禮器云。子曰。我戰則克。祭則受福。蓋得其道。此之謂也。慎疾者。所以守身也。金匱要略言人有疾。當慎養。甚酸辛甘不遺。形體有衰。雖在經絡。無由入其腠理。即此義也。

子在齊聞韶。三月不知肉味。注周曰。孔子在齊。聞習韶樂之盛美。故忽忘於肉味。曰。不圖爲樂之至於斯也。注王曰。爲。作也。不圖作韶樂至於此。此齊。正義曰。皇本韶下有樂字。史記孔子世家言孔子年三十五。昭公奔於齊。魯亂。孔子適齊。與齊太師語樂。聞韶音云云。江氏永鄉黨圖考敍此適齊爲孔子三十六歲。三十七歲自齊反魯。說苑修文篇。孔子至齊郭門之外。遇一嬰兒。挈一壺。相與俱行。其視精。其心正。其行端。

孔子謂御曰。趣趨之。趨趨之。韶樂方作。此相傳夫子聞韶樂之子。不知肉味。猶言發憤忘食也。說文。味。滋味也。圖。畫計難也。不圖者。言韶樂之美。非計度所及也。釋文。爲樂並如字。本或作嬀。音居危反。非。包氏愼言溫故錄。嬀。陳姓。夫子蓋知齊之將爲陳氏。故聞樂而深痛太公丁公之不血食也。此就釋文所載或本爲義。然此句承不知肉味之下。正以贊美韶樂。所以聞習之久。至不知肉味也。若以爲樂作嬀樂。至於斯爲陳將代齊。則別是感痛之義。與上文不貫。似非是也。○注。周曰至肉味。○正義曰。文選嘯賦注。引此注爲周生。或當時周與周生能識別也。聞習者。謂聞而習之。孔子世家言孔子學之三月。不知肉味。學之二字。卽安國故也。亦卽此注所云聞習也○注。爲作至此齊。○正義曰。爲作常訓。注以此爲齊。言此韶樂不意至於齊也。此王誤解。漢書禮樂志。夫樂本情性。浹肌膚。而臧骨髓。雖經乎千載。其遺風餘烈。尙猶不絕。至春秋時。陳公子完犇齊。陳。舜之後。韶樂存焉。故孔子適齊聞韶。三月不知肉味。曰。不圖爲樂之至於斯。美之甚也。以不圖句爲美。義勝此注。上篇。子謂韶盡美盡善。又左傳吳季札見舞韶箾者。曰。德至矣哉。大矣。如天之無不幬也。如地之無不載也。雖甚盛德。其蔑以加於此矣。觀止矣。是言韶樂至美也。

冉有曰。夫子爲衞君乎。【注】鄭曰。爲猶助也。衞君者。謂輒也。衞靈公逐太子蒯聵。公薨而立孫輒。後晉趙鞅納蒯聵於戚城。衞石曼姑帥師圍之。故問其意助輒不乎。子貢曰。諾。吾將問之。入曰。伯夷。叔齊。何人也。曰。古之賢人也。曰。怨乎。曰。求仁而得仁。又何怨。【注】孔曰。夷齊讓國遠去。終於餓死。故問怨邪。以讓爲仁。豈有怨乎。出曰。夫子不爲也。【注】鄭曰。父子爭國。惡行。孔子以伯夷叔齊爲賢且仁。故知不助衞君明矣。

正義曰。說文云。諾。譍也。引夷齊者。借二子以正衞事也。蓋輒之立及拒蒯聵。是以王父命辭父命。然叔齊亦是父命立之。及父死。不復拘執父命。而讓國伯夷。與衞輒之堅執王父命而辭父命者相反。若伯夷則又遵守父命。而終讓國不受。與衞蒯聵之棄父命而爭國者相反。故子貢於二子。詢其人爲何如。蓋欲以知夫子之爲衞君與否。而兼以明蒯聵之是非耳。云怨乎者。言伯夷不得立。叔齊或恐兄爭國。不得已而讓。皆不能無怨。惟夷齊之讓。出於親愛之誠。其心無非求仁。而卽得仁。尙何所怨乎。公羊疏解論語此文。以爲夷齊適周。怨周王不用其言。非矣。釋文。吾將問之。一本無將字。曰古之賢人也。皇本曰上有子字。賢人作賢仁。惠氏棟九經古義引下鄭注賢且仁。以爲古本賢仁之證。不知鄭注乃檃括古之賢人也。求仁而得仁二句義。非本作賢仁。阮氏元校勘記皇本高麗本考文引古本足利本又何怨下有乎字。左傳哀三年正義史記伯夷列傳索隱文選江淹雜體詩注引並作又何怨乎。疑古本如此。○注。爲猶至不乎。

○正義曰。詩鳧鷖。福祿來爲。鄭箋。爲猶助也。左定四年傳言衞靈公太子蒯聵。得罪君夫人南子。出奔宋。哀二年夏。靈公卒。夫人曰。命公子郢爲太子。君命也。對曰。郢。異於他子。且君沒於吾手。若有之。郢必聞之。且亡人之子輒在。乃立輒。又經書六月乙亥。晉趙鞅帥師納衞世子蒯聵于戚。三年春。齊國夏衞石曼姑帥師圍戚。此蒯聵出奔及輒立拒父始末也。公羊傳。晉趙鞅帥師納衞世子蒯聵于戚。戚者何。衞之邑也。曷爲不言入于衞。父有子。子不得有父也。齊國夏曷爲與衞石曼姑帥師圍戚。伯討也。此其爲伯討奈何。曼姑受命乎靈公而立輒。以曼姑之義。爲固可以拒之也。輒者曷爲者也。蒯聵之子也。然則曷爲不立蒯聵而立輒。蒯聵爲無道。靈公逐蒯聵而立輒。然則輒之義。可以立乎。曰可。其可奈何。不以父命辭王父命。以王父命辭父命。是父之行乎子也。不以家事辭王事。以王事辭家事。是上之行乎下也。穀梁傳。晉趙鞅帥師納衞世子蒯聵于戚。納者。內弗受也。何用弗受也。以輒不受也。以輒不受父之命。受之王父也。信父而辭王父。則是不尊王父也。其弗受。以尊王父也。二傳所言。自是衞人當日所據之義。鄭依爲說。故此注言靈公逐蒯聵。又言立孫輒也。周人之法。無適子者立適孫。蒯聵負罪出亡。已絕於衞。故輒得申王父之命。當時臣民安之。大國助之。而夫子亦且爲公養之仕。故冉有疑夫子爲衞君也。夫子於哀六年。自楚反衞。爲衞輒四年。此問當在其時。○注。夷齊至怨乎。○正義曰。史記伯夷列傳。父欲立叔齊。及父卒。叔齊讓伯夷。伯夷曰。父命也。遂逃去。叔齊亦不肯立而逃之。國人立其中子。於是伯夷叔齊聞西伯昌善養老。盍往歸焉。及至。西伯卒。武王東伐紂。伯夷叔齊叩馬而諫。武王已平殷亂。天下宗周。而伯夷叔齊恥之。義不食周粟。隱於首陽山。采薇而食之。遂餓死於首陽山。此即二子讓國。終於餓死之事也。伯夷能順乎親。叔齊能恭其兄。孝弟皆爲仁也。左僖八年傳。能以國讓。仁孰大焉。○注。父子至明矣。○正義曰。不言蒯聵爭國。而曰父子爭國。是兼絕之也。何休公羊解詁。謂輒雖得正。非義之高。即引此文說之。

子曰。飯疏食飲水。曲肱而枕之。樂亦在其中矣。注孔曰。疏食。菜食。肱。臂也。孔子以此爲樂。不義而富且貴。於我如浮雲。注鄭曰。富貴而不以義者。於我如浮雲。非己之有。正義曰。說文云。飯。食也。疏。粗也。粗。疏也。詩召旻彼疏斯粺。鄭箋。疏。麤也。謂糲米也。段氏玉裁說文注云。糲米與粺米校。則糲爲粗。國語食粗衣惡是也。稷與黍稻粱校。則稷爲粗。喪服傳食疏食注。疏猶麤也。是也。案論語三言疏食。皆謂糲米。亦當兼稷言之。稷。今之高粱。北方用爲常食。比粱黍爲賤也。釋文云。疏本又作蔬。皇本作蔬。因孔注致誤。說文云。枕。臥所薦首者。樂亦在其中者。言貧賤中自有樂也。呂氏春秋愼人篇。古之得道者。窮亦樂。達亦樂。所樂非窮達也。道得於此。則窮達一也。爲寒暑風雨之序矣。斯其義也。不義而富且貴者。謂不以其道得富貴也。浮雲者。說文。浮。氾也。雲。山川气也。孟子謂行一不義。殺一不辜。而得天下。孔子不爲。故孔子自言不義之富貴。視之如浮雲然。明無所動於心也。劉氏逢祿述何篇。此因上章而類記之。不義之富貴。

不特蒯聵與輒也。卽石曼姑之受命於靈公。皆不義也。○注。疏食。菜食。肱。臂也。○正義曰。說文無蔬字。疑古菜食之字亦作疏。禮記月令云。有能取疏食。注。菜曰疏。是也。疏爲菜之通名。不爲粗惡。孔此注誤也。說文。厷。臂上也。肱古或從肉。廣雅釋親。肱謂之臂。

子曰。加我數年。五十以學易。可以無大過矣。注易。窮理盡性以至於命。年五十而知天命。以知命之年。讀至命之書。故可以無大過。正義曰。孔子世家。孔子晚而喜易。序彖繫象說卦文言。讀易韋編三絕曰。假我數年。若是。我於易則彬彬矣。彼文作假。風俗通義窮通卷引論語亦作假。春秋桓元年。鄭伯以璧假許田。史記十二諸侯年表作以璧加魯易許田。是加假通也。夫子五十前得易。冀以五十時學之。明易廣大悉備。未可遽學之也。及晚年贊易旣竟。復述從前假我數年之言。故曰假我數年。若是。我於易則彬彬矣。若是者。竟事之辭。言惟假年。乃彬彬也。世家與論語所述。不在一時。解者多失之。姚氏配中周易學云。文王爻辭惟九三言人事。傳則言行。言學。言進修。无在非學也。象曰。君子自強不息。子蓋三致意焉。子曰。五十以學易。而於每卦象傳必曰以。以者。學之謂也。又曰。學易。學爲聖也。非徒趨吉避凶已也。有天地卽有易。旣作易。而天地之道著。天下之理得。聖之所以爲聖。求諸易而可知矣。案學易可以無大過者。易之道。皆主中行。主變通。故學之而可與適道。可與立權也。繫辭傳云。是故君子居則觀其象。而玩其辭。動則觀其變。而玩其占。是以自天祐之。吉无不利。吉凶者。言乎其失得也。悔吝者。言乎其小疵也。无咎者。善補過也。夫子聖德。旣學易。當無小疵。無過可補。而云可無大過者。謙言不敢自承無過也。釋文云。學易如字。魯讀易爲亦。今從古。此出鄭注。惠氏棟九經古義。外黃令高彪碑。恬虛守約。五十以斆。此從魯論亦字連下讀也。案魯讀不謂學易。與世家不合。故鄭從古論。戴氏望論語注。加當言假。假之言暇。時子尙周流四方。故言暇我數年也。五十者。天地之數。大衍所從生。用五用十以學易。謂錯綜變化以求之也。易說曰。易一陰一陽。合而爲十五之謂道。陽變七之九。陰變八之六。亦合於十五。則彖變之數若一。陽動而進變七之九。象其氣之息也。陰動而退變八之六。象其氣之消也。故大一取其數以行九宮。四正四維皆合於十五。五音。六律。七宿。由此作焉。大過於消息爲十月卦。陽伏陰中。上下皆陰。故雜卦曰大過顚也。顚則陽息。萬物死。聖人使陽升陰降。由復出震。自臨而泰盈乾生井終旣濟定六位。正王度見可不遇大過之世也。此以五十皆易數。亦備一義。○注。易。窮理盡性。以至於命。○正義曰。易說卦文。窮理者。致知格物之學。盡性者。成己成物之學。至命。則所以盡人事而達天道也。

子所雅言。詩書執禮。皆雅言也。注孔曰。雅言。正言也。鄭曰。讀先王典法。必正言其音。然後義全。故不可有所諱。禮不誦。故言執。正義曰。此承上章學易之言而類記之。所字卽指易言。乃不獨易也。若詩書執禮。皆雅言也。此略本焦氏循補疏說。不及樂者。方氏觀旭偶記。謂樂在詩禮之中。是也。○注。讀先至言執。○正義曰。詩書皆先王典法之所在。故讀之必正言其音。鄭以雅訓正。故僞孔本之。先從叔丹徒君駢枝曰。夫子生長於魯。不能不魯語。惟誦詩讀書執禮。必正言其音。所以重先王之訓典。謹末學之流失。又云。昔者。周公著爾雅一篇。以釋古今之異言。通方俗之殊語。劉熙釋名曰。爾。昵也。昵。近也。雅。義也。義。正也。五方之音不同。皆以近正爲主也。上古聖人。正名百物。以顯法象。別品類。統人情。壹道術。名定而實辨。言協而志通。其後事爲踵起。象數滋生。積漸增加。隨時遷變。王者就一世之所宜。而斟酌損益之。以爲憲法。所謂雅也。然而五方之俗。不能強同。或意同而言異。或言同而聲異。綜集謠俗。釋以雅言。比物連類。使相附近。故曰爾雅。詩之有風雅也亦然。王都之音最正。故以雅名。列國之音不盡正。故以風名。王之所以撫邦國諸侯者。七歲屬象胥諭言語。協辭命。九歲屬瞽史諭書名。聽聲音。正於王朝。達於諸侯之國。是謂雅言。雅之爲言夏也。孫卿榮辱篇云。越人安越。楚人安楚。君子安雅。是非知能。材性然也。是注錯習俗之節異也。又儒效篇云。居楚而楚。居越而越。居夏而夏。是非天性也。積靡使然也。然則雅夏古字通。謹案駢枝發明鄭義。至爲確矣。周室西都。當以西都音爲正。平王東遷。下同列國。不能以其音正乎天下。故降而稱風。而西都之雅音。固未盡廢也。夫子凡讀易及詩書執禮。皆用雅言。然後辭義明達。故鄭以爲義全也。後世人作詩用官韻。又居官臨民。必說官話。即雅言矣。曲禮云。詩書不諱。臨文不諱。注云。爲其失事正。鄭以不諱亦雅言之一端。故舉以明之。禮不誦故言執者。禮亦有讀。但此執禮是在行事時。故言不誦也。困學紀聞引葉夢得曰。蓋古者謂持禮書以治人者。皆曰執。周官大史大祭祀。宿之日讀禮書。祭之日執書以次位常。凡射事執其禮事。論語駢枝曰。執猶掌也。執禮。謂詔相禮事。文王世子曰。秋學禮。執禮者詔之。雜記曰。女雖未許嫁。年二十而笄。禮之。婦人執其禮。諸文皆言執禮。與此經同。翟氏灝考異云。古者學禮行禮。皆有詔贊者爲之宣唱校呼。使無失錯。若今之贊禮官。其書若今之儀注。

於此而不正其言。恐事亦失正也。

葉公問孔子於子路。子路不對。子曰。女奚不曰。其爲人也。發憤忘食。樂以忘憂。不知老之將至云爾。注孔曰。葉公名諸梁。楚大夫。食采於葉。僭稱公。不對者。未知所以答。

正義曰。發憤忘食者。謂好學不厭幾忘食也。樂以忘憂者。謂樂道不憂貧也。不知老之將至者。言忘身之老。自彊不息也。荀子勸學篇。眞積力久。則入學至乎沒而後止也。故學數有終。若其義。則不可須臾舍也。是夫子忘老之意也。孔子世家言齊景公卒之明年。孔子自蔡如葉。葉公問政云云。他日問孔子於子路云云。計夫子時年六十三四歲。故稱老矣。又世家其爲人也句下。有學道不倦誨人不厭二句。皇本至下有也字。○注。葉公至以答。○正義曰。左定五年傳。葉公諸梁之弟后臧從其母於吳。哀十六年傳稱沈諸梁。莊子釋文云。姓沈。名諸梁。字子高。杜預左宣三年傳注。葉。楚地。

南陽葉縣。其故城距今縣治二十里。據左傳葉公是縣尹。非食采之邑。故鄭注禮緇衣云。葉公。楚縣公是也。鄉飲酒禮注。大國有孤四命謂之公。士喪禮注。公。大國之孤四命也。若然。則諸侯臣得稱公。故左傳有邢公。棠公。商成公。白公。此葉公亦是四命之孤。非因僭稱也。然高誘注呂覽察微篇。淮南覽冥訓。並云楚僭稱王。其守邑大夫皆稱公。則以公爲僭稱。漢儒已有是說。不始於僞孔矣。未知所以答者。子路以己之知。不足知聖人也。

子曰。我非生而知之者。好古敏以求之者也。注鄭曰。言此者。勸人學。正義曰。敏。勉也。言黽勉以求之也。說本朱氏彬經傳考證。皇本敏下有而字。○注。言此者。勸人學。○正義曰。生知者。不待學而能知也。夫子亦是生知。特以生知爲上。謙不敢居。且恐學者自恃聰質。將懈於學。故但以學知自承。且以勸勉人也。

子不語怪。力。亂。神。注王曰。怪。怪異也。力謂若奡盪舟。烏獲舉千鈞之屬。亂謂臣弒君。子弒父。神謂鬼神之事。或無益於教化。或所不忍言。正義曰。不語。謂不稱道之也。大戴禮曾子立事篇。君子亂言而弗殖。神言弗致也。即此義。○注。怪怪至忍言。○正義曰。說文云。怪。異也。此常訓。書傳言夫子辨木石水上諸怪。及防風氏骨節專車之屬。皆是因人問答之非。自爲語之也。至日食。地震。山崩之類。皆是災變。與怪不同。故春秋紀之獨詳。欲以深戒人君。當修德力政。不諱言之矣。奡盪舟。憲問篇文。說具彼疏。烏獲。見孟子告子下趙岐注。古之有力人也。能移舉千鈞。左宣十五年傳。民反德爲亂。亂莫大於弒父與君。皇疏云。無益於教化者。解不言怪力神三事也。云或所不忍言者。解不言亂事也。

子曰。三人行。必有我師焉。擇其善者而從之。其不善者而改之。注言我三人行。本無賢愚。擇善從之。不善改之。故無常師。正義曰。三人者。衆辭也。行者。行於道路也。錢氏坫後錄左傳子產曰。其所善者。吾則行之。其所惡者。吾則改之。是吾師也。與此文同義。案如錢說。是善與不善。謂人以我爲善不善也。我並彼爲三人。若彼二人。以我爲善。我則從之。二人以我爲不善。我則改之。是彼二人。皆爲吾師。書洪範云。三人占。則從二人之言。此之謂也。皇疏引王朗曰。于時道消俗薄。鮮能崇賢尚勝。故託斯言以厲之。夫三人之行。猶或有師。況四海之內。何求而不應哉。釋文。我三人行。一本無我字。必得我師焉。本或作必有。唐石經及皇本高麗本攷文據古本足利本。三上並有我字。有作得。與釋文本合。馮氏登府異文攷證。案何注邢疏並云言我三人行。至有作得。史記世家亦如此。○注。言我至常師。○正義云。注似以行爲言行之行。三人之行。本無賢愚。其有善有不善者。皆隨事所見。擇而從之改之。非謂一人善。一人不善也。旣從其善。卽是我師。於義亦可通也。下篇子貢曰。夫子焉不學。而亦何常師之有。

子曰。天生德於予。桓魋其如予何。注包曰。桓魋。宋司馬。天生德者。謂授我以聖性。德合天地。吉無不利。故曰其如予何。正義曰。書召誥云。今天其命哲。是人之知愚。皆天所生。夫子五十知天命。知己有德。爲天所命。故此復言天生德於予也。史記孔子世家云。孔子去衛過曹。去曹適宋。與弟子習禮大樹下。宋司馬桓魋欲殺孔子。拔其樹。孔子去。弟子曰。可以速矣。孔子曰。天生德於予。桓魋其如予何。是此語爲夫子答弟子之辭。世家云。是歲魯定公卒。爲定十五年。又云。孔子遂至陳。主於司城貞子家。宋世家則以孔子過宋。在宋景二十五年。當魯哀三年。陳世家及十二諸侯年表。又以孔子至陳。在湣公六年。當魯定十四年。傳聞異辭。未知孰是。○注。桓魋至予何。○正義曰。桓魋卽向魋。稱桓者。向是桓族也。聖性者。孟子以堯舜爲性之言。性成自然也。夫子聖性。是天所授。雖遭困阨。無損聖德。故曰吉無不利也。此夫子據天道福善之理。解弟子憂懼之意。若微服而過。則又知命所宜然矣。

子曰。二三子以我爲隱乎。吾無隱乎爾。吾無行而不與二三子者。是丘也。

注包曰。二三子。謂諸弟子。聖人知廣道深。弟子學之不能及。以爲有所隱匿。故解之。我所爲無不與爾共之者。是丘之心。正義曰。學記云。敎人不盡其材。注謂師有所隱也。夫子以身敎。不專以言敎。故弟子疑有所隱也。行者謂所行事也。與猶示也。敎也。下篇予欲無言章義同。趙氏佑溫古錄。乎爾與詩之俟我于著乎而。孟子然而無有乎爾。則亦無有乎爾。俱齊魯閒語辭。皇本作以我爲隱子乎。又吾無下有所字。○注。聖人至之心。○正義曰。聖人知廣道深。弟子學之。旣不能及。故夫子亦不敎之。所謂中人以下。不可語上也。乃弟子則疑夫子有所隱匿。故夫子復以無隱解之。明我之心。凡所爲學。無不欲與二三子共之。但二三子未能幾此耳。疑我爲隱。不亦過乎。注此義亦通。隱匿者。爾雅釋詁。隱匿。微也。說文。隱。蔽也。與乙同。乙。匿也。象迟曲隱蔽形。讀若隱。

子以四敎。文。行。忠。信。注四者有形質。可擧以敎。正義曰。文謂詩書禮樂。凡博學審問愼思明辨。皆文之敎也。行謂躬行也。中以盡心曰忠。恒有諸己曰信。人必忠信。而後可致知力行。故曰忠信之人。可以學禮。此四者。皆敎成人之法。與敎弟子先行後學文不同。

子曰。聖人。吾不得而見之矣。得見君子者。斯可矣。注疾世無明君。子曰。善人吾不得而見之矣。得見有恆者。斯可矣。亡而爲有。虛而爲盈。約而爲泰。難乎有恆矣。注孔曰。難可名之爲有常。

正義曰。大戴禮五義篇。所謂聖人者。知通乎大道。應變而不窮。能測萬物之情性者也。是言聖人無所不通。能成己成物也。禮記哀公問篇。子曰。君子者。人之成名也。韓詩外傳言行多當。未安愉也。知慮多當。未周密也。是篤厚君子。未及聖人也。此聖人君子之分也。善人者。下篇夫子答子張言善子之道。不踐迹。亦不入於室。入室者。入聖人之室。言踐迹然後入室。是善人爲聖人之次也。有恆者。有常也。易象傳。雷風恆。君子以立不易方。非有恆。無以爲君子。即無由爲善人。故有恆爲學者始基也。兩加子曰者。言非一時也。虛者。續漢五行志。虛。空名也。盈者。說文云。滿也。泰者。易序卦傳。通也。亡有虛盈約泰。以淺深取義。李氏光地劄記說有恆是篤實之人。若不篤實。則虛夸。虛夸之人。必不能有常心而久於事。易曰。浚恆之凶以求深也。始而求深。在賢者尚有進銳退速之過。況其下者乎。夫子有川上之歎。而亟稱於水曰。水哉水哉。爲其德至實。不舍晝夜。盈科後進也。故學者始但求小德。得一善。則拳拳服膺。如水雖未出中而涓涓不息也。然則其中未有有若無。實若虛。如水之既平而終不盈也。惟如是。是以能常德行而習教事。久於其道。而忽不知入於聖賢之域。此夫子之恩有恆意也。案中庸云。君子之道。闇然而日章。小人之道。的然而日亡。君子是有恆。故能闇然而日章。小人是無恆。故雖的然而日亡。的然。即亡而爲有諸象也。宋石經避諱。恆作常。釋文云。亡如字。此舊爲別章。今宜與前章合。案皇本正與前章合。不爲別章。或如盧氏文弨攷證謂釋文所云。爲後人挍語也。○注。疾世無明君。○正義曰。注以聖人。君子。善人。有恆。皆指當時天子諸侯言之。所謂上無明天子。下無賢方伯也。○注。難可名之爲有常。○正義曰。爾雅釋詁。恆。常也。說文。恆。心之常也。易象傳。恆。久也。久常義同。

子釣而不綱。弋不射宿。注孔曰。釣者。一竿釣。綱者。爲大綱。以橫絕流。以繳繫釣羅屬著綱。弋。繳射也。宿。宿鳥。

正義曰。御覽八百三十四引鄭注云。綱謂爲大索橫流屬釣。案說文。綱。維紘繩也。考工記注。綱。連侯繩也。皇疏云。作大綱橫遮於廣水。而羅列多鉤著之以取魚也。即鄭義也。王氏引之經義述聞。謂綱謂綱譌。此不解綱制。欲改經字也。釋文。綱音剛。鄭本同。綱字本可不音。陸氏之意。亦恐人誤作綱矣。物茂卿論語徵云。天子諸侯。爲祭及賓客則狩。豈無虞人之供、而躬自爲之。所以敬也。狩之事大。而非士所得爲。故爲祭及賓客。則釣弋。蓋在禮所必然焉。古者貴禮不貴財。不欲必獲。故在天子諸侯則三驅。在士則不綱不射宿。○注。釣者至宿鳥。○正義曰。說文。釣。鉤魚也。以鉤取魚謂之釣。故釣亦名鉤。廣雅釋器。釣。鉤也。是也。鉤以細鐵絲爲之。以繳繫於竹竿之首。詩云。籊籊竹竿。以釣于淇。是也。注言一竿釣者。對大綱有多鉤言之。繫釣當作繫鉤。文選西征賦注。引此注正作鉤。羅者。列也。言非一鉤也。繳者。說文。繳。生絲縷也。僞孔此注。亦是用鄭義。弋繳射者。說文。惟。繳射飛鳥也。從隹弋聲。弋卽惟省。周官司弓矢。矰矢茀矢。用諸弋射。注。矰矢。弓所用也。茀矢。弩所用也。結繳於矢謂之矰。矰高也。茀矢象焉。二者皆可以弋飛鳥。彼注言矰矢爲結繳於矢。卽此注所云繳射矣。說文。宿。止也。言鳥棲止巢中也。

子曰。蓋有不知而作之者。我無是也。注包曰。時有人穿鑿妄作篇籍者。故云然。多聞。擇其善者而從之。多見而識之。知之次也。注孔曰。如此者。次於天生知之。正義曰。不知者。不知其義也。無所聞見。必不能作。惟聞見未廣。又不能擇善而從之識之。斯於義違失。卽爲不知而作矣。擇善貫下多見。故邢疏云。多見擇善而識之。是也。公羊哀十四年傳。春秋何以始乎隱。祖之所逮聞也。所見異辭。所聞異辭。所傳聞異辭。春秋繁露楚莊王篇。春秋分十二世以爲三等。有見。有聞。有傳聞。有見三世。有聞四世。有傳聞五世。故哀定昭。君子之所見也。襄成宣文。君子之所聞也。僖閔莊相隱。君子之所傳聞也。所見六十一年。所聞八十五年。所傳聞九十六年。於所見微其辭。於所聞痛其禍。於傳聞殺其恩與情俱也。此夫子修春秋。證之於所聞所見者也。又夫子言夏殷之禮。皆能言之。但以文獻不足。不敢徵之。此可見聖人愼審之意。漢書朱雲傳贊。世傳朱雲言過其實。蓋有不知而作之者。我無是也。謂世人傳述雲事多失實。則爲不知而作。作是作述解者。或爲作事。誤也。廣雅釋詁。次。近也。儀禮特牲饋食注。次猶貳。○注。如此者次於天生知之。○正義曰。下篇子曰。生而知之者。上也。學而知之者。次也。夫子自居學知。故言我非生而知之者。好古敏以求之者也。是次於生知也。

互鄉難與言。童子見。門人惑。注鄭曰。互鄉。鄉名也。其鄉人言語自專。不達時宜。而有童子來見。孔子門人。怪孔子見之。正義曰。說文。辛部。男有辠曰奴。奴曰童。人部。僮。未冠也。是僮童義別。今經典俱叚童爲僮。禮雜記注。童。未成人之稱。學記注。成童十五以上。皇疏引琳公說。此鄉有一童子。難與言。以互鄉難與言童子見八字爲一句。非經旨。○注。互鄉至見之。○正義曰。互鄉不知所在。元和郡縣志。謂滕縣東二十三里有合鄉故城。卽互鄉。顧氏祖禹方輿紀要。謂在今嶧縣西北。當卽滕縣東之合鄉。又太平寰宇記。徐州沛縣陳州項城縣北一里。並有互鄉。又困學紀聞引王無咎云。鹿邑之外有互鄉城。前代因立互鄉縣。又明一統志。謂在陳州商水縣。方氏以知通雅謂互鄉名古團里。今在睢州。諸說不同。閻氏若璩釋地續云。余因新舊唐書。杜氏通典。隋地理志。鹿邑名縣。始隋開皇十八年。此後未見有析置互鄉事。則無咎之言。閻氏已深斥之。地理家好牽附。恐他說亦多類此矣。言語自專。不達時宜。謂其俗鄙固。不信人言也。言怪孔子見之。明非怪童子來見。子曰。與其進也。不與其退也。唯何甚。注孔曰。教誨之道。與其進。不與其退。怪我見此童子。惡惡一何甚。人潔己以進。與其潔也。不保其往也。注鄭曰。往猶去也。人虛己自潔而來。當與之進。亦何能保其去後之行。正義曰。何休公羊注。去惡就善曰進。童子來見是求進。故宜與之。與孟子言來者不拒意同。劉氏逢祿述何云。春秋列國。進乎禮義者與之。退則因而貶之。亦此義也。唯何甚者。唯。語辭。夫子不爲已甚。故云唯何甚也。潔。唐宋石經並作絜。說文無潔字。鄉飲酒義注。絜猶清也。保猶保辜之保。郭璞方言注。保言可保信也。○注。往猶去也。○正義曰。言從今以往也。皇疏引顧歡曰。往謂前日之行。夫人之爲行。或有始無終。或先迷後得。故教誨之道。潔則與之。往日之行。非我所保也。此與鄭異。亦通。

子曰。仁遠乎哉。我欲仁。斯仁至矣。注包曰。仁道不遠。行之即是。正義曰。此求仁得仁之旨。孟子盡心云。求則得之。舍則失之。是求有益於得也。求在我者也。○注。仁道不遠。行之即是。○正義曰。注以欲仁即宜行仁。夫子告顏子以克己復禮爲仁。即此義。

陳司敗問昭公知禮乎。孔子曰。知禮。注孔曰。司敗。官名。陳大夫。昭公。魯昭公。正義曰。左昭五年傳。公如晉。自郊勞至於贈賄。無失禮。晉侯謂女叔齊曰。魯侯不亦善於禮乎。對曰。魯侯焉知禮。公曰。何爲。對曰。是儀也。不可謂禮。公羊昭二十五年傳。公孫于齊。次于陽州。齊侯唁公于野井。昭公曰。喪人不佞。失守魯國之社稷云云。孔子曰。其禮與其辭足觀矣。是魯昭本習於容儀。當時以爲知禮。故司敗有此問。鄭注云。司敗。人名。齊大夫。皇本孔子下有對字。○注。司敗至昭公。○正義曰。左文十一年傳。楚子西曰。臣歸死於司敗。宣四年傳。楚箴尹克黃自拘于司敗。是司敗爲官名。子西歸死司敗。與晉魏絳歸死司寇語同。杜注左傳曰。陳楚名司寇爲司敗。陳有司敗。本論語此文。杜與僞孔同。與鄭異也。昭公名裯。見左襄三十一年傳。周書謚法解。容儀恭美曰昭。孔子退。揖巫馬期而進之。曰。吾聞君子不黨。君子亦黨乎。君取於吳爲同姓。謂之吳孟子。君而知禮。孰不知禮。注孔曰。巫馬期。弟子。名施。相助匿非曰黨。魯吳俱姬姓。禮。同姓不昏。而君取之。當稱吳姬。諱曰孟子。巫馬期以告。子曰。丘也幸。苟有過。人必知之。注孔曰。以司敗之言告也。諱國惡。禮也。聖人道宏。故受以爲過。正義曰。夫子見陳司敗。巫馬期爲介。入俟於庭。及夫子退。期當隨行。而司敗仍欲與語。故揖而進之也。皇疏云。揖者。古人欲相見前進。皆先揖之。於禮。巫馬期當答揖。此不言者。略也。皇本進之作進也。取作娶。釋文。娶。本今作取。說文。娶。取婦也。從女從取。取亦聲。吳者。國名。杜注左宣十八年傳云。吳國。今吳郡。今江蘇蘇州府治。○注。巫馬至孟子。○正義曰。巫馬者。以官爲氏。周官有巫馬。掌養疾馬而乘治之。是也。仲尼弟子列傳。巫馬施。字子旗。少孔子三十歲。漢書古今人表。及呂氏春秋具備覽。亦作巫馬旗。此文作期者。梁氏玉繩人表考云。說文。施。旗也。故齊欒施字子旗。而期與旗古通。左昭十三年。令尹子旗。楚語下作子期。定四年子期。呂覽高義注作子旗。戰國策中期推琴。史魏世家作中旗。皆其諭也。宋鄭豐施。亦字子旗。見左昭十六年傳注。旗本字。凡作期。皆叚借也。鄭目錄云。魯人。家語弟子解。則云陳人。姬者。周姓。魯是周公之後。吳是泰伯之後。故云俱姬姓也。禮坊記篇子云。取妻不取同姓。以厚別也。故買妾不知其姓則卜之。又大傳曰。繫之以姓而弗別。綴之以食而弗殊。雖百世而昏姻不通者。周道然也。是周禮同姓皆不昏也。當稱吳姬。諱曰孟子者。吳姬猶齊姜宋子之比。昭公知娶同姓爲非禮。故諱稱吳孟子。公羊十二年。孟子卒。傳云。昭公之夫人也。稱孟子。諱取同姓。蓋吳女也。何休注。昭公諱而謂之吳孟子。春秋不繫吳者。婦人繫姓不繫國。雖不諱。猶不繫也。不稱夫人。不言薨。不書葬。深諱之。據何注。則吳孟子乃昭公所稱。論語所云謂之者。昭公謂之也。禮雜記云。夫人之不命於天子。自魯昭公始也。注云。不告於天子。天子亦不命之。又坊記云。魯春秋去夫人之姓曰吳。其死曰孟子卒。注。吳魯同姓也。昭公取焉。去姬曰吳而已。至其死。亦略云孟子卒。不書夫人某氏薨。孟子蓋其且字。孔疏謂依春秋之例。當云夫人姬氏至自吳。魯諱同姓。但書夫人至自吳。仲尼修春秋。以犯禮明著。全去其文。故經無其事。是也。賈逵左傳解詁。言孟子。若言吳子長女也。然則子是女子之稱。而杜注左傳。以子爲宋姓。則以吳女詭稱宋女。若然。舊史所書。應稱夫人子氏至自宋。今春秋猶稱夫人至自吳。則稱子不爲宋女明矣。○注。諱國至爲過。○正義曰。云諱國惡。禮也者。左僖元年傳文。公羊隱二年傳。無駭率師入極。此滅也。其言入何。內大惡。諱也。白虎通諫諍篇。所以爲君隱惡何。君至尊。故設輔弼。置諫官。本不當有遺失。然則君有過惡。亦人臣之責。昭公時。孔子本未仕。旣未得諫。而爲君諱。故注以爲道宏也。坊記善則稱君。過則稱己。則民作忠。此夫子言有過。是稱己同於爲臣之義。皇疏云。若使司敗無譏。則千載之後。遂承信我言。用昭公所行爲知禮。則禮亂之事。從我而始。今得司敗見非。而我受以爲過。則後人不繆。故我所以爲幸也。

子與人歌而善。必使反之。而後和之。注樂其善。故使重歌。而自和之。正義曰。孫氏奇逢四書近指譬比於琴瑟謂之歌。史記云。詩三百篇。夫子皆絃歌之。以求合韶武雅頌之音。如孫此說。是與人歌。爲教弟子樂也。合韶武雅頌。則善矣。說文。咊。相應也。今作和。偏旁移易。子與人歌。謂夫子倡。使人和之也。反之者。冀其善益嫺熟。故使人倡。乃後和之也。

子曰。文莫吾猶人也。躬行君子。則吾未之有得。注孔曰。莫。無也。文無者。猶俗言文不也。文不吾猶人者。凡言文皆不勝於人。身爲君子。己未能也。正義曰。先從叔丹徒君駢枝曰。楊愼丹鉛錄引晉欒肇論語駁曰。燕齊謂勉強爲文莫。又方言曰。侔莫。強也。北燕之外郊。凡勞而相勉。若言努力者。謂之侔莫。案說文。忞。強也。慔。勉也。文莫。卽忞慔。叚借字也。廣雅亦云。文。強也。黽勉。密勿。蠠沒。文莫。皆一聲之轉。文莫行仁義也。躬行君子。由仁義行也。謹案淮南子繆稱訓。猶未之莫與。高誘注。莫。勉之也。亦是借莫爲慔。夫子謙不敢居安行。而以勉強而行自承。猶之言學不敢居生知。而以學知自承也。胡氏紹勳拾義。以莫訓定。屬下吾猶人也爲句。引詩求民之莫爲據。於義亦通。蓋夫子言爲學可以及人。至躬行則未能矣。又一說。以莫爲其字古文相近之誤。皇本得下有也字。

子曰。若聖與仁。則吾豈敢。注孔曰。孔子謙不敢自名仁聖。抑爲之不厭。誨人不倦。則可謂云爾已矣。公西華曰。正唯弟子不能學也。注馬曰。正如所言。弟子猶不能學。況仁聖乎。正義曰。爲之。謂爲學也。孟子公孫丑篇。子貢問於孔子曰。夫子聖矣乎。孔子曰。聖則吾不能。我學不厭。而教不倦也。子貢曰。學不厭。知也。教不倦。仁也。仁且智。夫子既聖矣。與此章義相發。鄭注云。魯讀正爲誠。今從古。胡氏紹勳拾義。爾當作尒。說文云。尒。詞之必然也。經傳尒字。後人皆改作爾。廣雅釋詁。訓云爲有。正此經確詁。云爾卽有此之詞。若孟子是何足與言仁義也云爾。趙注以爲絕語之辭。爾當讀如字。與論語異。薄乎云爾亦然。○注。正如至聖乎。○正義曰。學不厭。教不倦。卽是仁聖。注義非是。

子疾病。子路請禱。注包曰。禱。禱請於鬼神。子曰。有諸。注周曰。言有此禱請於鬼神之事。子路對曰。有之。誄曰。禱爾于上下神祇。注孔曰。子路失指。誄。禱篇名。子曰。丘之禱久矣。注孔曰。孔子素行。合於神明。故曰丘之禱久矣。正義曰。釋文云。子疾。一本云子疾病。鄭本無病字、阮氏元校勘記。案集解於子罕篇始釋病。則此有病字。非。吳氏嘉賓論語說。父兄病而子弟禱。此不當使病者知也。周公之冊祝自以爲功。雖祝史皆命之。使勿敢言。況請之乎。子路之請禱。欲聖人之致齊。以取必於鬼神也。翟氏灝考異。說文。讄。禱也。累功德以求福。論語云。讄曰禱爾于上下神祇。從言纍省聲。重文讄或不省。又誄。謚也。從言耒聲。此論語所引。自有一書名讄。與誄異訓。然經典不妨叚借用之。故周禮大祝作六辭。其六曰誄。注曰。誄謂積累生時德行以錫之命。春秋傳。孔子卒。哀公誄之。或曰。誄。論語所謂誄曰禱爾于上下神祇。疏曰。生人有疾。亦累列其德而爲辭。故引論語文以相續。又小宗伯禱祠於上下神示。注引讄曰禱爾于上下神祇。是知誄讄通也。據鞏說。是論語義當作讄。讄作誄。當是古魯文異。禱爾者。禱爾是語辭。漢書郊祀志。孝武皇帝始建上下之祀。顏師古注。上下爲天地。天神曰神。地神曰祇。說文。祇。地祇。提出萬物者也。太平御覽五百二十九引舊注云。誄。大神之辭也。困學紀聞太平御覽引莊子曰。孔子病。子貢出卜。孔子曰。子待也。吾坐席不敢先。居處若齋。食飲若祭。吾卜之久矣。子路請禱。可以參觀。皇本丘之禱久矣。禱下有之字。○注。禱請於鬼神。○正義曰。請者。請福也。鄭注云。禱。謝過於鬼神。謂謝過以求福也。○注。言有此禱請於鬼神之事。○正義曰。夫子問己有此禱請於鬼神之事否。意以子路或有因而請禱也。此正夫子戰戰兢兢。常若不足之意。鄭注云。觀子路請禱禮否。又一義。○注。子路失指。誄。禱篇名。○正義曰。指與旨同。子路疑夫子問古有此禮否。故引誄篇之辭以對。爲失夫子本旨也。誄。禱當讀斷。與說文讄禱訓同。○注。孔子素行。合於神明。○正義曰。鄭注云。孔子自知無過可謝。明素恭肅於鬼神。且順子路之言也。僞孔此注。當略本之。論衡感虛篇。亦云聖人修身正行。素禱之日久。天地鬼神。知其無罪。故曰禱久矣。案夫子平時。心存兢業。故恭肅於鬼神。自知可無大過。不待有疾然後禱也。言此者。所以止子路。

子曰。奢則不孫。儉則固。與其不孫也。寧固。注孔曰。俱失之。奢不如儉。奢則僭上。儉則不及禮。固陋也。正義曰。說文。愻。順也。引書五品不愻。今通作遜。或省作孫。○注。俱失至及禮。○正義曰。禮貴得中。奢則過禮。而有僭上之失。儉但不及乎禮。無他失也。

子曰。君子坦蕩蕩。小人長戚戚。注鄭曰。坦蕩蕩。寬廣貌。長戚戚。多憂懼。注。坦蕩至憂懼。○正義曰。說文云。坦。安也。君子居易俟命。無入而不自得。故心體常安。下篇。蕩蕩乎民無能名焉。包曰。蕩蕩。廣遠之稱。與此寬廣訓同。釋文引注。更云魯讀坦蕩爲坦湯。今從古。案詩宛丘子之湯兮。毛傳。湯。蕩也。王逸楚辭章句引作蕩。二字音義本同。故鄭仍從古。皇疏引江熙曰。君子坦爾夷任。蕩然無私。小人馳兢於榮利。耿介於得失。故長爲愁府也。

子溫而厲。威而不猛。恭而安。正義曰。釋文云。一本作子曰。皇本作君子。案此章說孔子德行。依此文爲是。阮氏元校勘記。案今皇本仍與今本同。不作君子。疑有脫誤。觀後子張篇。君子有三變章。義疏云。所以前卷云君子溫而厲是也。則皇本此處。當脫一君字。案皇以君子卽孔子。文選册魏公九錫文注引論語鄭注云。厲。嚴整也。當卽此文之注。後漢崔駰傳注。厲謂威容嚴整。釋文。厲。一本作例。案烈山亦作厲山。疑一本用叚借也。皇本威不猛。無而字。似誤脫。說文。猛。健犬也。引申爲剛烈之義。凡人生質。皆由受天地五行之氣。剛柔厚薄。各各不同。故惟備中和爲難也。書皋陶謨言九德之事云。寬而栗。柔而立。愿而恭。亂而敬。擾而毅。直而溫。簡而廉。剛而塞。彊而義。鄭注。凡人之性有異。有其上者。不必有下。有其下者。不必有上。上下相協。乃成其德。卽此義也。恭而安者。恭而有禮。故安也。

卷九　泰伯第八

集解　凡二十一章

子曰。泰伯。其可謂至德也已矣。三以天下讓。民無得而稱焉。【注】王曰。泰伯。周太王之長子。次弟仲雍。少弟季歷。季歷賢。又生聖子文王昌。昌必有天下。故泰伯以天下三讓於王季。其讓隱。故無得而稱言之者。所以爲至德也。正義曰。鄭注云。泰伯。周太王之長子。次子仲雍。少子季歷。泰伯見季歷賢。又生文王。有聖人表。故欲立之而未有命。太王疾。泰伯因適吳越採藥。太王歿而不返。季歷爲喪主。一讓也。季歷赴之。不來奔喪。二讓也。免喪之後。遂斷髮文身。三讓也。三讓之美。皆隱蔽不著。故人無得而稱焉。案左傳五年傳。太伯。虞仲。太王之昭也。太伯不從。是以不嗣。虞仲卽仲雍。不從者。謂不從太王命立己爲嗣也。史記周本紀。古公有長子曰太伯。次曰虞仲。太姜生少子季歷。季歷生昌。有聖瑞。古公曰。我世當有興者。其在昌乎。長子太伯虞仲。知古公欲立季歷以傳昌。乃二人亡如荆蠻。文身斷髮。以讓季歷。古公卒。季歷立。是爲公季。公季卒。子昌立。是爲西伯。西伯曰文王。此文卽鄭氏所略本也。韓詩外傳云。太王賢昌。而欲季爲後也。太伯去之吳。太王將死。謂曰。我死。汝往讓兩兄。彼卽不來。汝有義而安。太王薨。季之吳告伯仲。伯仲從季而歸。羣臣欲伯之立季。季又讓。伯謂仲曰。今羣臣欲我立季。季又讓。何以處之。仲曰。刑有所謂矣。要於扶微者。可以立季。季遂立而養文王。文王果受命而王。孔子曰。太伯獨見。王季獨知。伯見父志。季知父心。故太王太伯王季。可謂見始知終。而能承志矣。論衡四諱篇。太伯入吳採藥。斷髮文身以隨吳俗。太王薨。太伯還。王季辟主。太伯再讓。王季不聽。三讓曰。吾之吳越。吳越之俗。斷髮文身。吾刑餘之人。不可爲社稷宗廟之主。王季知不可。權而受之。二說亦漢儒所傳。與鄭氏異。案太王薨後。季宜攝主。斷無置喪事國事於不問。而往吳告伯仲之理。設使伯仲俱不隨季而歸。將季遂偕逝乎。抑將受伯仲之讓。獨自歸乎。外傳之言。於是爲疎矣。太王歿。太伯若以奔喪反國。則本爲適長。理應嗣立。羣臣何致與立季之議。且後旣反國。則其始之採藥荆蠻。夫何爲者。論衡此義。亦爲未達。汎觀諸說。惟鄭爲允。詩皇矣云。帝作邦作對。自太伯王季。維此王季。因心則友。則友其兄。則篤其慶。載錫之光。觀此則知王季恭兄之誼。必有非尋常人士所及者。友愛如太伯。固早知之。知其父歿遜位。季必不受。故因太王病而託采藥以行。及太王歿。季歷赴之。必屢促之。而太伯決然不返。及免喪之後。文身斷髮。從荆蠻之俗。太伯世家言荆蠻義之。從而歸之千餘家。立爲國主。勢不容復返。故季不得已而受讓耳。傳世稱之。是謂載錫之光。當時於民雖無稱。而歷世久遠。夫子猶歎爲至德。則亦王季厚明之所致矣。其云三讓之矣。隱蔽不著者。案孟子云。好名之人。能讓千乘之國。然則凡讓國者。或出於好名之念。惟太伯以讓之故。幾不得爲子。故其美隱蔽。皇疏引范寧說有二釋。其後釋云。太伯病而託采藥出。生不事之以禮。一讓也。太王薨而不反。使季歷主喪。死不葬之以禮。二讓也。斷髮文身。示不可用。使季歷主祭。祀不祭之以禮。三讓也。此卽鄭君所云隱蔽不著之義也。隱蔽謂其美。非謂其讓。蓋讓國之事。其迹甚著。不可得而隱蔽也。晉孫盛著三讓論。不解鄭氏隱蔽之旨。輕爲譏彈。又謂斷髮之言。與左傳相背。事爲不經。不知端委治禮。乃君吳後事。其斷髮文身。自在免喪後從俗之時。兩事判然。毫不相背。辱身遯迹。冀以遜國。豈復以不經爲嫌。凡此之論。未足爲鄭難也。至孫自立說。則棄太子位爲一讓。不赴喪爲二讓。不養仲雍子爲己後爲三讓。一讓二讓。與鄭同。三讓則孫氏臆測。夫泰伯既君吳。雖立後。亦僅爲吳國之嗣。於周何與。而有此深思遠防哉。此亦爲未得理也。至范寧前釋。以三讓爲季歷文王武王。以武王始得天下故也。然使當時更延數世甫有天下。豈得一併計之。是又以文害辭矣。又案鄭本周紀謂文王有聖表。故太王欲立王季以及文王。此自冀與其國之意。非有所覬覦於天下也。太王始居邠。及狄人侵之。去之曾不啻敝屣。而謂有所動於天下之念。豈其然乎。然而夫子必言泰伯以天下讓者。何也。曰。此自美泰伯之德大言之耳。明泰伯嗣周。能有天下也。荀子正論篇。天下者。至大也。非聖人。莫之能有也。孟子公孫丑篇言伯夷伊尹與孔子。得百里之地而君之。皆能以朝諸侯。有天下。卽此義也。其德能有天下而讓之人。是謂以天下讓。古之以天下讓者。莫大於堯舜。莫難於泰伯。及周之服事。若禹雖傳世。而其始亦是讓。故弟子記此篇。以論泰伯始。以論堯舜文王及禹終也。若夫仲雍偕兄遜國。亦是至德。此不及者。表泰伯。則仲雍可知。釋文。得。本亦作德。鄭此注卽作德。見後漢丁鴻傳注。邢疏引鄭作得。誤也。又丁鴻傳論及劉祐傳引經並作德。皆是段德爲得。○注。泰伯至德也。○正義曰。邢疏引注言昌必有天下。故泰伯讓於王季。是泰伯有利天下之心。且讓迹甚著。復不得言其讓隱。此皆注說之誤。至渾言三讓。不分節目。亦尙可通。金履祥通鑑前編。儀禮三遜謂之終遜。然則三以天下讓。謂終以天下遜也。閻氏若璩四書釋地取之。卽此王注義。

子曰。恭而無禮則勞。愼而無禮則葸。【注】葸。畏懼之貌。言愼而不以禮節之。則常畏懼。勇而無禮則亂。直而無禮則絞。【注】馬曰。絞。絞刺也。正義曰。恭愼勇直。皆德行之美。然無禮猶不可行。曲禮所云道德仁義。非禮不成。又云。人有禮則安。無禮則危。故曰。禮者。不可不學也。仲尼燕居云。敬而不中禮。謂之野。恭而不中禮。謂之給。勇而不中禮。謂之逆。與此言勞葸亂義近。○注。葸。畏懼之貌。○正義曰。廣雅釋言。葸。愼也。王氏念孫疏證大戴禮曾子立事云。人言善而色葸焉。近於不說其言。荀子議兵篇。諰諰然。常恐天下之一合而軋己也。漢書刑法志作鰓。蘇林注云。鰓音愼而無禮則葸之葸。鰓鰓。懼貌也。王延壽魯靈光殿賦云。心猥猥而發悸。並字異而義同。案鄭注此云愨質貌。與畏懼義亦相近。○注。絞。絞刺也。○正義曰。絞者。兩繩相交之名。故引申爲乖刺之義。鄭注云。絞。急也。與馬義不異。下篇云。好直不好學。其蔽也絞。韓詩外傳堂衣若以子貢言之絞。後漢杜根傳好絞直。

君子篤於親。則民興於仁。故舊不遺。則民不偷。注包曰。興。起也。君能厚於親屬。不遺忘其故舊。行之美者。則民皆化之。起爲仁厚之行。不偷薄。正義曰。舊說此與上文不相屬。宜別爲一章。故舊者。故之爲言古也。舊之爲言久也。周官大宗伯以賓射之禮。親故舊朋友。注云。王之故舊朋友。爲世子時共在學者。小司寇注。故謂舊知也。是也。郭忠恕汗簡載此文。篤作竺。說文。竺。厚也。篤。馬行遲鈍。義異。今經傳皆假篤爲竺。○注。興起至偷薄。○正義曰。興訓起。見爾雅釋言。君子。指在位者。故注以君言之。禮記大傳云。親者。屬也。釋名釋親屬云。親。襯也。言相隱襯也。屬。續也。恩相連續也。爾雅釋親篇。有宗族母黨妻黨婚姻。此注所云親屬。意皆兼之。遺忘者。連文爲訓。孝經疏引劉炫曰。遺謂意不存錄也。下篇周公謂魯公曰。君子不施其親。故舊無大故。則不棄也。與此文義同。毛詩伐木序云。自天子至於庶人。未有不須友以成者。親親以睦。友賢不棄。不遺故舊。則民德歸厚矣。是言民化於上也。緇衣云。上好仁。則下之爲仁爭先人。此之謂也。不偷薄者。說文云。愉。薄也。偷與愉同。齊語云。政不旅舊。則民不偷。

曾子有疾。召門弟子曰。啓予足。啓予手。注鄭曰。啓。開也。曾子以爲受身體於父母。不敢毀傷。故使弟子開衾而視之也。詩云。戰戰兢兢。如臨深淵。如履薄冰。注孔曰。此言詩者。喻己常戒愼。恐有所毀傷。而今而後。吾知免夫。小子。注周曰。乃今日後。我自知免於患難。小子。弟子也。呼之者。欲使聽識其言。正義曰。廣雅釋詁。召。呼也。門弟子。謂曾子門人也。禮。男子不絕於婦人之手。故曾子呼弟子。啓其手足。以疾重。預戒之也。司馬彪禮儀志。下登遐三公啓手足色膚如禮。是啓手足在既卒之後。曾子既預戒之。又引詩言。自道其平日致謹其身。不敢毀傷之意。皆所以守身也。詩文在小旻篇。毛傳。戰戰。恐也。兢兢。戒也。又臨淵。傳云。恐墜也。履冰。傳云。恐陷也。○注。啓開至之也。○正義曰。說文。启。開也。啓。教也。義別。今經傳通作啓。論衡四諱篇。載此文開予足。開予手。以訓詁代本字也。說文。誃。離別也。讀若論語跢予之足。作跢。當出古論。跢與誃音同。義亦當不異。段氏玉裁注引或說跢與哆同。哆。開也。開卽離別之義。援古論之意。當謂身將死。恐手足有所拘攣。令展布之也。鄭君以啓爲開。甚合古訓。而以爲開衾視之。未免增文成義。又說文。瞀。視也。廣雅釋詁同。王氏念孫疏證引此文。謂啓與瞀同。此亦得備一解。蓋恐以疾致有毀傷。故使視之也。後漢崔駰傳注引鄭此注。有父母全而生之。亦當全而歸之二句。就義測之。當在受身體於父母句下。孝經云。身體髮膚。受之父母。不敢毀傷。大戴禮曾子大孝篇。樂正子春下堂而傷其足。傷瘳。數月不出。猶有憂色。門弟子問曰。夫子傷足瘳矣。數月不出。猶有憂色。何也。樂正子春曰。吾聞之曾子。曾子聞諸夫子曰。天之所生。地之所養。人爲大矣。父母全而生之。子全而歸之。可謂孝矣。不虧其體。可謂全矣。故君子頃步之不敢忘也。今予忘夫孝之道矣。予是以有憂色也。又曰。一舉足。不敢忘父母。故道而不徑。舟而不游。不敢以先父母之遺體行殆也。皆言不敢毀傷也。○注。乃今至難矣。○正義曰。曾子知未有毀傷。自今日後。當無有患難致毀傷矣。

患難。謂刑辱顛隕之事。

曾子有疾。孟敬子問之。注孟敬子。魯大夫仲孫捷。曾子言曰。鳥之將死。其鳴也哀。人之將死。其言也善。注包曰。欲戒敬子。言我將死。言善可用。君子所貴乎道者三。動容貌。斯遠暴慢矣。正顏色。斯近信矣。出辭氣。斯遠鄙倍矣。注鄭曰。此道。謂禮也。動容貌。能濟濟蹌蹌。則人不敢暴慢之。正顏色。能矜莊嚴栗。則人不敢欺詐之。出辭氣。能順而說之。則無惡戾之言。入於耳。籩豆之事。則有司存。注包曰。敬子忽大務小。故又戒之以此。籩豆。禮器。

正義曰。宋石經避諱。敬子作欽子。敬子是大夫。故告以君子之道。容貌者。說文。頌。貌也。皃頌儀也。貌籀文。段氏玉裁注。頌即今之容字。凡容言其內。貌言其外。析言則容貌各有當。故叔向曰。貌不道容。是也。絫言則曰容貌。動容貌。是也。案古有容禮。晉羊舌大夫爲和容。漢天下郡國有容史。又魯徐生善爲頌。後有張氏亦善焉。頌即容也。亦散文。絫貌言之也。顏色者。說文以顏謂眉目之閒。色謂凡見於面也。辭氣者。辭謂言語。氣謂鼻息出入。若聲容靜。氣容肅。是也。卿大夫容貌顏色辭氣之禮。曲禮玉藻及賈子容經言之詳矣。暴慢者。毛詩終風傳。暴。疾也。說文。慢。惰也。鄙倍者。史記樂書。鄙者。陋也。趙岐孟子盡心注。鄙。狹也。倍與背同。荀子大略注。倍者。反逆之名也。邢疏云。人之相接。先見容貌。次觀顏色。次交言語。故三者相次而言也。案禮記冠義云。禮義之始。在於正容體。齊顏色。順辭令。容體正。顏色齊。辭令順。而後禮義備。表記云。是故君子貌足畏也。色足憚也。言足信也。大戴禮四代云。蓋人有可知者焉。貌色聲衆有美焉。必有美質在其中者矣。貌色聲衆有惡焉。必有惡質在其中者矣。是容貌顏色辭氣。皆道所發見之處。故君子謹之。子夏言君子三變。望之儼然。謂容貌也。即之也溫。謂顏色也。聽其言也厲。謂辭氣也。又韓詩外傳。故望而宜爲人君者。

容也。近而可信者。色也。發而安中者。言也。久而可觀者。行也。故君子容色。天下儀象。而望之。不假言。而知宜爲人君者。並與此文義相發。有司者。有。語辭。司。主也。說文云。司。臣司事於外者也。廣雅釋言。有司。臣也。鄭注士冠禮。以有司爲士所自辟府史以下。注特牲。以有司爲士屬吏。謂君命之士。二者皆通稱有司。據周官籩人掌四籩之實。醢人掌四豆之實。則有司卽籩人醢人之屬。存者。爾雅釋詁。在。存也。釋訓。存存。在也。孫氏志祖讀書脞錄。蕭山徐鯤云。後漢書崔琦傳。百官外內。各有司存。文選頭陀寺碑。庀徒揆日。各有司存。該其文義。皆當以司存二字連讀。故晉書職官志敍云。咸樹司存。各題標準。又桓沖傳云。臣司存閫外。輒隨宜處分。北齊書儒林傳敍云。齊氏司存。或失其守。益可以證矣。案此訓在爲察。故司存二字連讀。自漢後儒者孳生之義。非其朔也。說苑修文篇。曾子有疾。孟儀往問之。曾子曰。鳥之將死。必有悲聲。君子集大辟。必有順辭。禮有三儀。知之乎。對曰。不識也。曾子曰。來。吾語女。君子修禮以立志。則貪欲之心不來。思禮以修身。則怠惰慢易之節不至。修禮以仁義。則忿爭暴亂之辭遠。若夫置尊俎。列籩豆。此有司之事也。君子雖不能可也。與此傳聞略異。○注。孟敬子魯大夫仲孫捷。○正義曰。鄭注檀弓云。敬子。武伯之子。名捷。此釋文云。捷本又作踕同。說苑作孟儀。疑儀字是。○注。此道至於耳。○正義曰。說苑云。禮有三。是此文言道。卽禮也。動容貌。謂以禮動之。正顏色。謂以禮正之。出辭氣。謂以禮出之。能濟濟蹌蹌者。曲禮言大夫行容濟濟。士行容蹌蹌。皆美威之貌也。中論志學篇。君子口無戲謔之言。言必有防。身無戲謔之行。行必有檢。故雖妻妾不可得而黷也。雖朋友不可得而狎也。卽此注義也。集注以遠暴慢近信遠鄙倍屬在己者言。與說苑合。亦通。○注。籩豆禮器。○正義曰。爾雅釋器。木豆謂之豆。竹豆謂之籩。瓦豆謂之登。然則籩亦是豆。特以用竹異其名耳。說文。木器謂之梪。從木豆。豆。古食肉器也。從口。象形。鄭注周官籩人云。籩。竹器。如豆者。其容實皆四升。賈疏謂鄭依漢禮器制度知之。明堂位夏后氏以楬豆。殷玉豆。周獻豆。注云。楬。無異物之飾也。獻疏刻之。此三代之異飾也。異飾故異名。

曾子曰。以能問於不能。以多問於寡。有若無。實若虛。犯而不校。注包曰。校。報也。言見侵犯不報。**昔者吾友嘗從事於斯矣。**注馬曰。友謂顏淵。

正義曰。不能與寡。言人平時莫己若者也。中庸記言天地之大。愚夫愚婦。可與知能。而聖人或有所不知不能。故以大舜之知。猶好問。好察邇言者。此也。中論虛道篇。人之爲德。其猶虛器歟。器虛則物注。滿則止焉。故君子常虛其心志。恭其容貌。不以逸羣之才。加乎衆人之上。視彼猶賢。自視猶不足也。故人願告之而不倦。易曰。君子以虛受人。詩曰。彼姝者子。何以告之。君子之於善道也。大則大識之。小則小識之。善無大小。咸載於心。然後舉而行之。我之所有。既不可奪。而我之所無。又取於人。是以功常前人。而人後之也。中論所言。與此章相發。前篇顏子言志。願無伐善。無施勞。亦此若無若虛之意。犯而不校。是言其學能養氣也。韓詩外傳引顏子曰。人不善我。我亦善之。即不挍之意。鄭注檀弓云。昔猶前也。曾子言時。顏子已卒。故稱昔者。與孔子言今也則亡意同。皇疏引江熙曰。稱吾友。言己所未能也。○注。挍。報也。言見侵犯不報。○正義曰。小爾雅廣言。校。報也。校與挍同。中庸云。不報無道。○注。友謂顏淵。○正義曰。知謂顏淵者。以所言非顏淵不足當之。大戴禮曾子疾病篇。曾子謂曾元曾華曰。吾無夫顏氏之言。吾何以語女哉。知顏淵爲曾子所甚服也。

曾子曰。可以託六尺之孤。注孔曰。六尺之孤。幼少之君。可以寄百里之命。注孔曰。攝君之政令。臨大節而不可奪也。注大節。安國家。定社稷。奪者。不可傾奪。君子人與。君子人也。正義曰。託。玉篇人部引作侂。說文。侂託俱訓寄。而從人從言。各有一義。今經傳皆通用託字。六尺之孤。以古六寸爲尺計之。當今三尺六寸。六尺是幼少。故晏子長不滿六尺。當時以爲身短。而孟子荀子咸言五尺爲童也。稱孤者。無父之辭。鄭注云。六尺之孤。年十五已下。周官鄉大夫之職。國中七尺以及六十。野自六尺以及六十有五。皆征之。賈疏引鄭此注。申之云。鄭言已下者。正謂十四已下。亦可以寄託。非謂六尺可通十四已下。鄭必知六尺年十五者。以其國中七尺爲二十對六十。野之六尺對六十五。晚校五年。明知六尺與七尺。早校五年。故以六尺爲十五也。此疏說鄭義甚明憭。大司徒疏引此注。謂年十五。脫已下二字。當據鄉大夫疏補。說文。寄。託也。此常訓。百里者。白虎通封公侯篇。諸侯封。不過百里。象雷震百里。所潤雲雨同也。不可奪者。說文。奪。手持佳失之也。敓。彊取也。二字義微別。今經傳敓皆作奪。君子者。卿大夫之稱。曾子言此人才德能稱其位。故重言君子以美之。釋文。君子也。一本作君子人也。是釋文原本無人字。臧氏庸拜經日記。義疏曰。此是君子人與也。又引繆協曰。非君子之人與君子者。孰能要其終而均其致乎。蓋讀君子人與君子也七字爲句。亦上有人字。下無人字。今本下文亦衍。○注。攝君之政令。○正義曰。禮緇衣甫刑曰。苗民匪用命。注。命謂政令也。魯語諸侯朝修天子之業命。注。命。令也。攝猶兼也。代也。言君幼。凡政令。皆臣攝治之也。或謂百里之命。謂民命也。書多方大降爾四國民命。禮中庸注引孝經說。命。人所稟受度也。六尺之孤。謂幼君。百里之命。謂民命。猶秦誓言子孫黎民也。此義亦通。○注。大節至傾奪。○正義曰。大節猶大事。故注以國家社稷言之。明此大節所關。在宗社安危存亡也。能安國家社稷。則不得以利害移。威武屈。故知不可傾奪。傾者。覆也。謂覆而取之也。呂氏春秋忠廉篇言忠臣之事君。苟便於主。利於國。無敢辭違。殺身出生以徇之。即此注意。

曾子曰。士不可以不弘毅。任重而道遠。注包曰。弘。大也。毅。彊而能斷也。士弘毅。然後能負重任。致遠路。仁以爲己任。不亦重乎。死而後已。不亦遠乎。注孔曰。以仁爲己任。重莫重焉。死而後已。遠莫遠焉。正義曰。白虎通爵篇。士者。事也。任事之稱也。言士雖先未仕。後或有爵位。當任事也。祭義鄭注。任。所擔持也。表記云。仁之爲器重。其爲道遠。舉者莫能勝也。行者莫能致也。取數多者仁也。夫勉於仁者。不亦難乎。表記之文。與此章互證。惟勉於仁。故士貴弘毅也。三國志邴原傳注引孔融曰。仁爲己任。授手援溺。振民於難。後漢書荀爽傳。論誠仁爲己任。期紓民於倉卒也。是德被羣生爲仁。仁者。性之德。己所自有。故當爲己任。中庸云。誠者。非自誠己而已也。所以成物也。孟子述伊尹之言曰。天之生斯民也。以先知覺後知。以先覺覺後覺。予。天民之先覺者也。予將以斯道覺斯民也。非予覺之而誰也。又述其意云。思天下之民。匹夫匹婦有不被堯舜之澤者。若己推而內之溝中。其自任以天下之重也。故孟子稱爲聖之任。又謂伊尹與伯夷柳下惠皆爲仁。仁者。天德。故仁爲乾元。易傳云。天地之大德曰生。德卽仁也。中庸云。天地之道。可一言而盡也。其爲物不貳。則其生物不測。不貳者。誠也。天地之道。皆是至誠。故有不已之德。人受天地之中以生。當則天而行。故於仁。亦當無一息之閒。故曰君子無終食之閒違仁。表記小雅曰。高山仰止。景行行止。子曰。詩之好仁如此。鄉道而行。中道而廢。忘身之老也。不知年數之不足也。俛焉日有孳孳。斃而後已。孳孳者。不倦之意。是仁以爲己任者也。年數有盡。不能不斃。斃者。身之終也。惟斃而後已。則未斃而先已。非聖賢之所許矣。孟子謂士志仁義。大人之事備。此言士弘毅。亦是謂士之志。任重故貴能弘。道遠故貴能毅也。○注。弘。大也。毅。強而能斷也。○正義曰。爾雅釋詁。弘。大也。毅。勝也。說文。毅。有決也。

子曰。興於詩。立於禮。成於樂。注包曰。興。起也。言修身當先學詩。禮者所以立身。樂所以成性。正義曰。禮內則云。十年出就外傅。朝夕學幼儀。十有三年。學樂誦詩舞勺。成童舞象。二十而冠。始學禮舞大夏。又王制言造士之教云。樂正崇四術。立四教。順先王詩書禮樂以造士。春秋教以禮樂。冬夏教以詩書。並自古相傳教學之法。夫子時。世卿持祿。人不由學進。故學制盡失。聖門弟子。自遠至者。多是未學。夫子因略本古法教之。學詩之後。卽學禮。繼乃學樂。蓋詩卽樂章。而樂隨禮以行。禮立而後樂可用也。大戴禮衞將軍文子篇。吾聞夫子之施教也先以詩。世道者孝弟。說之以義而視諸體。成之以文德。蓋入室升堂。七十有餘人。體者。禮也。文德者。樂也。入室升堂。則能與能立能成者也。大戴所言。正此文實義。又孔子世家言孔子以詩書禮樂教弟子。蓋三千焉。身通六藝者。七十二人。六藝。兼易春秋言之。身通六藝。則與於詩。立於禮。成於樂之實效也。易與春秋。夫子不以教。其教惟以詩書禮樂。論語不及書者。書言政事。成德之後。自學之也。程氏廷祚說引李氏塨曰。詩有六義。本於性情。陳述德義。以美紿而刺亂。其用皆切於己。說之。故言之而長。長言之不足。至形於嗟歎舞蹈。則振奮之心。黽勉之行。油然作矣。詩之所以主於興也。恭敬辭讓。禮之實也。動容周旋。禮之文也。冠昏喪祭射鄉相見。禮之事也。事有宜適。物有節文。

學之而德性以定。身世有準。可執可行。無所搖奪。禮之所以主於立也。論倫無患。樂之情也。欣喜歡愛。樂之官也。小大相承。終始相生。倡和清濁。迭相爲經。學之則易直子諒之心生。易直子諒之心生則樂。樂則安。安則久而無不化。樂之所以主於成也。〇注。言修至成性。〇正義曰。注以立於禮。成於樂。皆是修身。故言修身當先學詩。下篇云詩可以興。可以觀。可以羣。可以怨。邇之事父。遠之事君。毛詩序云。故正得失。動天地。感鬼神。莫近於詩。先王以是經夫婦。成孝敬。厚人倫。美教化。移風俗。則學詩能修身也。韓詩外傳。凡用心之術。由禮則理達。不由禮則悖亂。飲食衣服。動靜居處。由禮則和節。不由禮則墊陷生疾。容貌態度。進退趨步。由禮則雅。不由禮則夷固。是學禮可以立身。立身即修身也。樂記云。是故先王本之情性。稽之度數。制之禮義。合生氣之和。道五常之行。使之陽而不散。陰而不密。剛氣不怒。柔氣不懾。四暢交於中。而發作於外。皆安其位而不相奪也。然後立之學等。廣其節奏。省其文采。以繩德厚。律小大之稱。比終始之序。以象事行。使親疏貴賤。長幼男女之理。皆形見於樂。故曰樂觀其深矣。是樂以治性。故能成性。成性亦修身也。皇本。末句作孔注。

子曰。民可使由之。不可使知之。注由。用也。可使用而不可使知者。百姓能日用而不能知。正義曰。凌氏鳴喈論語解義。以此章承上章詩禮樂言。謂詩禮樂可使民由之。不可使知之。其說是也。愚謂上章是夫子教弟子之法。此民亦指弟子。孔子世家言孔子以詩書禮樂教弟子。蓋三千焉。身通六藝者。七十有二人。身通六藝。則能興能立能成者也。其能興能立能成。是由夫子教之。故大戴禮言其事云。說之以義而視諸體也。此則可使知之者也。自七十二人之外。凡未能通六藝者。夫子亦以詩書禮樂教之。則此所謂可使由之。不可使知之之民也。謂之民者。荀子王制篇。雖王公士大夫之子孫。不能屬於禮義。則歸之庶人。庶人即民也。是也。鄭此注云。民。冥也。其見人道遠。由。從也。言王者設教。務使人從之。若皆知其本末。則愚者或輕而不行。鄭君雖泛說人道。其義亦未爲誤。蓋詩禮樂。皆不外言人道也。春秋繁露深察名號篇。民者。瞑也。民之號。取之瞑也。冥瞑皆無知之貌。注先釋民爲冥。後言愚者。正以民即愚者。非泛言萬民也。本末猶終始輕重。若皆使民知之。則愚者以己爲知道而輕視之。將恐不能致思。妄有解說。或更爲訾議。致侮聖言也。孟子盡心篇。孟子曰。行之而不著焉。習矣而不察焉。終身由之而不知其道者。衆也。衆謂庸凡之衆。即此所謂民也。禮緇衣云。夫民閉於人而有鄙心。注言民不通於人道而心鄙詐。難卒告諭。即此章之義。說者以民爲羣下之通稱。可使由。不可使知。乃先王教民之定法。其說似是而非。韓詩外傳。詩曰。俾民不迷。昔之君子。道其百姓不使迷。是以威厲而刑厝不用也。故形其仁義。謹其教道。使民目晰焉而見之。使民耳晰焉而聞之。使民心晰焉而知之。則道不迷而民志不惑矣。詩曰。示我顯德行。故道義不易。民不由也。禮樂不明。民不見也。詩曰。周道如砥。其直如矢。言其易也。君子所履。小人所視。言其明也。據外傳之文。則先王教民。非概不使知者。故家立之塾。黨立之庠。其秀異者。則別爲教之。教之而可使知之也。若其愚者。但使由之。俾就於範圍之中。而不可使知其義。

故曰。君子議道自己而置法以民。○注。由用至能知。○正義曰。由用見詩君子陽陽傳。亦常訓也。易繫辭傳。仁者見之謂之仁。知者見之謂之知。百姓日用而不知。故君子之道鮮矣。惠氏棟周易述。見仁見知。賢知之過。日用不知。愚不肖之不及。是言民不可知道也。然雖不知而能日用。則聖人鼓萬物之權。故易傳又曰。顯諸仁。藏諸用。

子曰。好勇疾貧。亂也。人而不仁。疾之已甚。亂也。注包曰。好勇之人而患疾己貧賤者。必將爲亂。疾惡太甚。亦使其爲亂。正義曰。好勇者。逞血氣之強。又不知安於義命。則放辟邪侈。無不爲已。故爲亂也。不仁之人。未有勢位以懲禁之。而疾之已甚。或爲所侮賊。亦致亂也。大戴禮曾子立事篇。君子惡人之爲不善。而弗疾也。即此意。○注。疾惡太甚。亦使其爲亂。○正義曰。鄭注云。不仁之人。當以風化之。若疾之甚。是益使爲亂。與包略同。言此人作亂。由疾之甚者使之然也。

子曰。如有周公之才之美。使驕且吝。其餘不足觀也已。注孔曰。周公者。周公旦。正義曰。說文。吝。恨惜也。玉篇。悋。鄙也。俗作悋。此釋文亦云吝。本亦作悋。從俗作也。驕是自矜其才。吝是靳己所有。不以告人。孟子謂訑訑之聲音顏色。拒人於千里之外。是即驕也。中也棄不中。才也棄不才。則賢不肖之相去。其閒不能以寸。是即吝也。韓詩外傳。周公踐天子之位。七年。布衣之士。所贄而師者十人。所友見者十二人。窮巷白屋。所先見者。四十九人。時進善百人。教士千人。官朝者萬人。當此之時。誠使周公驕而且吝。則天下賢士至者寡矣。成王封伯禽於魯。周公誡之曰。往矣。子無以魯國驕士。吾文王之子。武王之弟。成王之叔父也。又相天子。吾於天下亦不輕矣。然一沐三握髮。一飯三吐哺。猶恐失天下之士。吾聞德行寬裕。守之以恭者榮。土地廣大。守之以儉者安。祿位尊盛。守之以卑者貴。人衆兵強。守之以畏者勝。聰明睿智。守之以愚者善。博聞強記。守之以淺者智。夫此六者。皆謙德也。是言周公之德。以驕吝爲戒也。惠氏棟九經古義。周書寤儆篇。不驕不悋。時乃無敵。此周公生平之學。所以裕制作之原也。夫子因反其語。以誡後世之爲人臣者。云其餘者。言雖有餘才。亦不足觀。況驕吝者。必無周公才也。皇本使上有設字。已下有矣字。

子曰。三年學。不至於穀。不易得也。注孔曰。穀。善也。言人三年學。不至於善。不可得。言必無也。所以勸人學。正義曰。釋文引鄭注云。穀。祿也。易鄭音以豉反。案穀訓祿。本爾雅釋言。趙岐孟子滕文公上注。穀。所以爲祿也。隸釋漢孔彪碑。龍德而學。不至於穀。浮游塵埃之外。皭焉氾而不俗。郡將嘉其所履。前後聘召。蓋不得已乃翻爾束帶。亦解穀爲祿。與鄭義合。朱子集注從鄭氏。又謂至。宜當作志。案荀子正論。其至意至闇也。又云是王者之至也。楊倞注。並云至當爲志。

纂古志至二文遍也。胡氏紹勳拾義云。周禮。鄉大夫職。三年則大比。攷其德行道藝。而與賢者能者。又使民興賢。出使長之。使民興能。入使治之。州長職。三年大比。則大攷州里。遂大夫職。三歲大比。則帥其吏而興甿。據此。知古者賓興。出使長。入使治。皆用爲鄉遂之吏。可以得祿。此三年定期也。若有不願小成者。則由司徒升國學。王制。命鄉論秀士升之司徒曰選士。司徒論選士之秀者而升之學曰俊士。升於司徒者不征於鄉。升於學者不征於司徒曰造士。大樂正論造士之秀者以告於王。而升諸司馬曰進士。司馬辨論官材。論進士之賢者以告於王。而定其論。論定然後官之。任官然後爵之。位定然後祿之。此爲王朝之官。而當鄉遂大比。志不及此。蓋庶人仕進有二道。可爲選士者。司徒試用之。可爲進士者。司馬能定之。司徒升之國學。其選舉與國子同。小成七年。大成九年。如學記比年入學。中年考校。一年視離經辨志。三年視敬業樂羣。五年視博習親師。七年視論學取友。謂之小成。九年知類通達。強立而不反。謂之大成。若侯國取士。亦三年一行。射義諸侯歲獻貢士於天子。注云。三歲而貢士。據此。知侯國亦三年一取士也。後人躁於仕進。志在干祿。鮮有不安小成者。故曰不易得。案胡說亦足補鄭義。皇本也下有已字。○注。穀。善也。○正義曰。爾雅釋詁文。

子曰。篤信好學。守死善道。危邦不入。亂邦不居。天下有道則見。無道則隱。邦有道。貧且賤焉。恥也。邦無道。富且貴焉。恥也。

注 包曰。言行當常然。危邦不入。始欲往。亂邦不居。今欲去。亂謂臣弑君。子弑父。危者將亂之兆。

正義曰。篤信者。爾雅釋詁。篤。固也。子張篇。信道不篤。即謂不固也。篤信以好其學。斯不惑於他端。故夫子亦自言信而好古也。好學所以求道。皇疏云。守死善道者。寧爲善而死。不爲惡而生。案孟子盡心云。殀壽不貳。修身以俟之。所以立命也。又云。盡其道而死者。正命也。修身即是善道。亦即此所謂善道。君子曰有孳孳。斃而後已。凡以求道之無歉於身。無愧於心而已。不入不居云云。皆言善道之事。蓋危邦或入。亂邦或居。與夫隱見之不得其宜。皆非所以守死。其所以善道。而其實亦由學之未至。故學者。所以安身正命者也。孟子盡心云。天下有道。以道殉身。天下無道。以身殉道。未聞以道殉乎人者也。趙岐注。天下有道。得行王政。道從身施功實也。天下無道。道不得行。以身從道。守道而隱。不聞以正道從俗人也。即此有道則見。無道則隱之義。前言天下。後言邦。互辭。邦有道。是必賢者多在上位。若己貧賤。嫌於己之道未善。故君子恥之。邦無道。是必在位無賢者。或賢者不得施其用。若己富貴。嫌於以道殉人。故君子恥之。恥之者。恥其失隱見之正。而不能善道也。中論爵祿篇。古之制爵祿也。爵以居有德。祿以養有功。功大者祿厚。德遠者爵尊。功小者其祿薄。德近者其爵卑。是故觀其爵。則別其人之德也。見其祿。則知其人之功也。古之君子貴爵祿者此也。孔子曰。邦有道。貧且賤焉。恥也。文武之教衰。黜陟之道廢。諸侯僭恣。

大夫世位。爵人不以德。祿人不以功。竊國而貴者有之。竊地而富者有之。姦邪得願。仁賢失志。於是則以富貴相詬病矣。故孔子曰。邦無道。富且貴焉。恥也。○注。言行至之兆。○正義曰。言行當常然者。謂不以世有道無道異也。危邦不入始欲往者。入謂入居其地。皇疏以爲入仕。殆非也。亂邦危邦不入。則亂邦益不可入。故下篇子路述夫子言云。親於其身爲不善者。君子不入也。是也。亂邦不居今欲去者。謂居止其地。若曾子居武城之類。禮雜記云。內亂不與焉。外患弗辟也。注謂卿大夫也。春秋公羊傳。亦云君子辟內難而不辟外難。然則亂邦雖已仕。猶當去之。況未仕乎。大戴禮盛德云。是故官屬不理。分職不明。法政不一。百事失紀。曰亂也。地宜不殖。財物不蕃。萬民飢寒。教訓失道。風俗淫僻。百姓流七。人民散敗。曰危也。此注以亂爲臣弒君。子弒父者。舉大亂言之。呂氏春秋明理篇。故至亂之化。君臣相賊。長少相殺。父子相忍。弟兄相誣。知交相倒。夫妻相冒。日以相危。失人之紀。心若禽獸。長邪苟利。不知義理。皆言亂邦之事也。

子曰。不在其位。不謀其政。注孔曰。欲各專一於其職。正義曰。謀謂爲之論議也。下篇曾子曰。君子思不出其位。孟子離婁云。位卑而言高。罪也。禮中庸云。君子素其位而行。不願乎其外。又云。在上位。不陵下。在下位。不援上。並與此文義相發。皇本政下有也字。

子曰。師摯之始。關雎之亂。洋洋乎盈耳哉。注鄭曰。師摯。魯太師之名。始猶首也。周道衰微。鄭衛之音作。正樂廢而失節。魯太師摯識關雎之聲。而首理其亂。洋洋盈耳。聽而美之。正義曰。師摯。疑即子語魯太師之名。先從叔丹徒君駢枝曰。始者。樂之始。亂者。樂之終。樂記曰。始奏以文。復亂以武。又曰。再始以著往。復亂以飭歸。皆以始亂對舉。其義可見。凡樂之大節。有歌有笙。有閒有合。是爲一成。始於升歌。終於合樂。是故升歌謂之始。合樂謂之亂。周禮。太師職。大祭祀。帥瞽登歌。儀禮。燕及大射。皆太師升歌。摯爲太師。是以云師摯之始也。合樂。周南關雎葛覃卷耳召南鵲巢采蘩采蘋。凡六篇。而謂之關雎之亂者。舉上以該下。猶之言文王之三。鹿鳴之三云爾。升歌言人。合樂言詩。互相備也。洋洋盈耳。總歎之也。自始至終。咸得其條理。而後聲之美盛可見。言始亂。則笙閒在其中矣。孔子反魯正樂。其效如此。謹案淩氏廷堪禮經釋例程氏廷祚論語說並略同。說文。亂。治也。從乙。乙。治之也。從𤔔。又𤔔。治也。幺子相亂。𠬪治之也。讀若亂。同曰理也。凡樂之終。咸就條理。故曰亂。○注。師摯至美之。○正義曰。下篇大師摯適齊。鄭以爲平王時人。意此師摯。即其人也。夫子時。樂部有其遺聲。故因本而稱之。爾雅釋詁。首。始也。故始有首訓。鄭衛。二國名。其後俗皆淫佚。音不由正。故夫子言鄭聲淫。禮樂記言桑閒濮上之音。爲七國之音。桑閒濮上。皆衛土。他國亦習其音。故正樂皆廢而失節也。據注義。則師摯之始關雎之亂八字爲一句。言正聲既失。師摯獨能識之。而首理其亂。此亂即說文𢿢字。云煩也。從攴從𤔔。𤔔亦聲。然則鄭以此文作𢿢。今作亂。爲叚借矣。云首理。則他詩亦依次理之可知。今知鄭義不然者。關雎諸詩。列於鄉樂。夫子言觀於鄉而知王道之易易。明其時鄉樂尚未失正。不得有鄭衞亂之。故知鄭義有未合也。洋洋盈耳。聽而美之者。言聽而知其美也。漢書延篤傳注。洋洋。美也。

子曰。狂而不直。侗而不愿。注孔曰。狂者進取。宜直。侗。未成器之人。宜謹愿。悾悾而不信。注包曰。悾悾。愨也。宜可信。吾不知之矣。注孔曰。言皆與常度反。我不知之。正義曰。鄭注云。愿。善也。廣雅釋詁同。凡人愨謹。則爲善也。此章示人當守忠信。雖生質未美。亦當存誠以進於善。不得作僞以自欺也。○注。侗未成器之人。宜謹愿。○正義曰。書顧命在後之侗。某氏傳在文王後之侗稚。焦氏循補疏。以爲僮字之叚借。莊子山木篇。侗乎其無識。釋文。侗。無知貌。庚桑楚篇。能侗然乎。釋文三蒼云。殼。直貌。殼即愨省。廣雅釋言。愿。愨也。愨謹義近。未成器者。言其人蒙稚。未能成器用也。○注。悾悾。愨也。宜可信。○正義曰。鄭注云。悾悾。誠也。誠愨也。與包義同。後漢書劉瑜傳。臣悾悾推情。李賢注。悾悾。誠愨之貌。廣雅釋訓。悾悾。誠也。呂氏春秋下賢篇。空空乎其不爲巧故也。高誘注。空空。愨也。巧故。僞詐。空空與悾悾同。○注。言皆與常度反。我不知之。○正義曰。狂者當直。侗者當愿。悾悾者當信。此常度也。今皆與常度反。故不能知之。荀子不苟篇。君子愚則端愨而法。小人愚則毒賊而亂。又云。端愨生通。詐僞生塞。誠信生神。夸誕生惑。此夫子於失常度之人。不能知之也。詩云。爲鬼爲蜮。則不可得。

子曰。學如不及。猶恐失之。注學自外入。至熟乃可長久。如不及。猶恐失之。正義曰。如不及者。方學而如不及學也。猶恐失者。既學有得於己。恐復失之也。如不及。故日知所亡。恐失。故月無忘所能。○注。學自至失之。○正義曰。皇疏云。繆協稱中正曰。學自外來。非夫內足。恆不懈惰。乃得其用。如不及者。已及也。猶恐失者。未失也。言能恐失之。則不失。如不及。則能及也。

子曰。巍巍乎。舜禹之有天下也。而不與焉。注美舜禹也。言己不與求天下而得之。巍巍。高大之稱。○正義曰。毛氏奇齡稽求篇云。漢王莽傳太后詔曰。選忠賢。立四輔。羣下勸職。孔子曰。舜禹之有天下也。而不與焉。王充論衡云。舜承安繼治。任賢使能。恭己無爲而天下治。故孔子曰。巍巍乎。舜禹之有天下也。而不與焉。晉劉寔崇讓論云。舜禹有天下不與。謂賢人讓于朝。小人不爭于野。以賢才化無事。至道與矣。己仰其成。何與之有。此直指任賢使能。爲無爲而治之本。案毛說是也。孟子滕文公篇。堯以不得舜爲己憂。舜以不得禹皋陶爲己憂。又云。爲天下得人者。謂之仁。是故以天下與人易。爲天下得人難。孔子曰。大哉堯之爲君。惟天爲大。惟堯則之。蕩蕩乎。民無能名焉。君哉舜也。巍巍乎。有天下而不與焉。堯舜之治天下。豈無所用其心哉。亦不用於耕耳。孟子引此兩節。皆以證堯舜得人。故又言堯舜豈無所用其心。明用心於得人也。然則以不與爲任賢使能。乃此文正詁。必言有天下者。舜禹禪有天下。復任人治之。而己無所與。故舜復禪禹。禹復禪益也。趙岐注孟子云。德盛而巍巍乎有天下之位。雖貴盛不能與益舜巍巍之德。言德之大。大於天子位也。趙以與爲加多之義。殊爲迂曲。○注。美舜至之稱。○正義曰。魏篡漢得國。託於舜禹之受禪。故平叔等解此文。以不與爲不與求也。魏志明帝紀注引獻帝傳云。仲尼盛稱堯舜巍巍蕩蕩之功者。以爲禪代。乃大聖之懿事也。又文帝紀注引魏氏春秋云。帝升壇禮畢。顧謂羣臣曰。舜禹之事。吾知之矣。當時援舜禹以文其奸逆。大約皆以爲不求得之矣。巍巍爲高大者。方言。巍。高也。說文同。

子曰。大哉堯之爲君也。巍巍乎。唯天爲大。唯堯則之。【注】孔曰。則。法也。美堯能法天而行化。**蕩蕩乎。民無能名焉。**【注】包曰。蕩蕩。廣遠之稱。言其布德廣遠。民無能識其名焉。**巍巍乎。其有成功也。**【注】功成化隆。高大巍巍。**煥乎。其有文章。**【注】煥。明也。其立文垂制又著明。

正義曰。人受天地之中以生。賦氣成形。故言人之性。必本乎天。本乎天。卽當法天。故自天子至於庶人。凡同在覆載之內者。崇效天。卑法地。未有能違天而能成德布治者也。人皆承天而君。爲天之元子。故名曰天子。白虎通爵篇。王者。父天母地。爲天之子也。是也。易繫辭傳言包羲氏王天下。仰則觀象於天。俯則觀法於地。又言黃帝堯舜。垂衣裳而天下治。蓋取諸乾坤。然則古聖所以成德布治。皆不外則天而行之。顧自堯舜以前。書缺有閒。又舜是堯舉。德無以易。故夫子此言。止稱堯也。當堯之時。洪水汎濫。災患未息。故舉舜敷治之。舜又使益使禹諸人。乃成盛治。故孟子引此章。爲得人之證。蓋任賢致治。亦則天之事。春秋繁露立元神云。天積衆精以自剛。聖人積衆賢以自強。天所以剛者。非一精之力。聖人所以強者。非一賢之德也。是其義也。堯則天。其德難名。所可名者。惟成功文章。故皆言有以著之。○注。則。法也。美堯能法天而行化。○正義曰。則法。爾雅釋詁文。說文。則。等畫物也。等者。齊等。畫者。界也。皆所以爲法也。書堯典云。乃命羲和。欽若昊天。歷象日月星辰。敬授民時。欽。敬也。若。順也。歷。數也。象。法也。言順天以法之也。下文分命申命。皆言敬授之事。故能定時成歲。允釐百工。庶績咸熙。其後年耆禪舜曰。天之歷數在爾躬。在者。察也。言當察身以事天也。皆堯法天之驗也。○注。蕩蕩至名焉。○正義曰。巍巍言高。蕩蕩言廣遠。明其德。上下四方。無所不被也。民無能識其名者。名者。德之名。民無能識其德。故無能識其名也。皇疏云。夫名所名者。生於善有所章。而惠有所存。善惡相須。而名分形焉。若夫大愛無私。惠將安在。至美無偏。名將何生。故則天成化。道同自然。不私其子。而君其臣。凶者自罰。善者自功。功成而不立其譽。罰加而不任其刑。百姓日用而不知所以然。夫又何可名也。○注。功成化隆。高大巍巍。○正義曰。孟子滕文公疏引此注作孔曰。說文。功。以勞定國也。此功爲治業功成。而民化乃隆也。○注。煥。明也。其立文垂制又著明。○正義曰。煥與奐同。詩卷阿伴奐爾游矣。毛傳。伴奐。廣大有文章也。廣大釋伴。文章釋奐。故煥得爲明。其立文垂制又著明者。上世人質。歷聖治之。漸知禮義。至堯舜而後。文治以盛。又載籍尙存。故尙書獨載堯以來。自授時外。若親睦平章作大章之樂。又大戴禮。五帝德言堯事云。黃黼黻衣。丹車白馬。伯夷主禮。龍夔教舞。皆是立文垂制之略可考見也。

舜有臣五人。而天下治。注孔曰。禹。稷。契。皋陶。伯益。武王曰。予有亂十人。注馬曰。亂。治也。治官者十人。謂周公旦。召公奭。太公望。畢公。榮公。大顚。閎夭。散宜生。南宮适。其一人謂文母。

正義曰。李氏光地榕村語錄。舜有臣二句。亦是夫子語。如微子篇逸民節亦然。案武王語。乃伐殷誓衆之辭。予者。予周也。左昭二十四年傳。萇弘引大誓曰。紂有億兆夷人。亦有離德。余有亂十人。同心同德。成二年傳。大誓所謂商兆民離。周十人同者。衆也。又襄二十八年傳。叔孫穆子曰。武王有亂十人。亦本大誓。故東晉大誓采此文入之。諸文與論語古本無臣字。故論語釋文云。予有亂十人。本或作亂臣十人。非。皇本雖有臣字。然疏云。亂。理也。我有共理天下者。共十人也。則本無臣字。唐石經於尙書論語及左傳。凡四見。皆無臣字。後人於尙書論語及左昭二十四年。皆旁添臣字。其襄二十八年。仍無臣字。可證也。據石經。是東晉古文。亦無臣字。惠氏棟九經古義。謂論語臣字。乃後人據晉大誓以益之。謬。○注。禹。稷。契。皋陶。伯益。○正義曰。稷卽后稷。名棄。當時以官稱之曰稷也。舜典言舜命禹宅百揆。棄爲稷。契爲司徒。皋陶作士。益爲虞。此五人才最盛也。○注。亂治至文母。○正義曰。鄭注云。亂。治也。武王言我有治政事者十人。十人謂文母。周公。召公。太公。畢公。榮公。大顚。閎夭。散宜生。南宮适也。與馬注同。當是古論家舊義。云治官者。禮樂記。樂之官也。注。官猶事也。又天地官矣。注同。治事。卽鄭注所言治政事也。書君奭云。惟文王尙克修和我有夏。亦惟有若虢叔。有若閎夭。有若散宜生。有若泰顚。有若南宮适。晉語重之以周召畢榮諸人。惟虢叔不在十亂之數。陶潛羣輔錄。十亂有毛公。無榮公。不知其說何本。其一人謂文母者。據下文言婦人知之也。文母卽大姒。文王妃也。周之王業。始於內治。故二南之詩。多言后妃德化。毛詩卷耳序云。后妃輔佐君子。求賢審官。知臣下之勤勞。內有進賢之志。而無險詖私謁之心。朝夕思念。至於憂勤也。兔罝序云。關雎之化行。則莫不好德。賢人衆多也。皆言文母佐周之治效也。後人疑文母。不當在十亂。而以武王妃邑姜當之。北史齊后妃傳論神武婁與齊業。武明追蹤周亂。武明卽神武妻婁氏。似以十亂有邑姜。隋唐人已爲此說。亦不知何所受也。

孔子曰。才難。不其然乎。唐虞之際。於斯

爲盛。有婦人焉。九人而已。注孔曰。唐者。堯號。虞者。舜號。際者。堯舜交會之間。斯。此也。言堯舜交會之間。比於周。周最盛。多賢才。然尚有一婦人。其餘九人而已。人才難得。豈不然乎。正義曰。才難者。古語。廣雅釋詁。才。道也。古之所謂才。皆言人有德能治事者也。易傳以人與天地爲三才。左傳以八元八愷爲才子。卽禹皋陶伯益諸人。又以渾敦窮奇檮杌饕餮爲不才子。人之賢否。以才不才別之。又周公自稱多才。夫子亦言周公之才之美。然則才是聖賢之極能。故孟子言爲不善非才之罪。明才無不善也。才是極難。當堯舜時。比戶可封。不乏有德之士。而此稱才者五人。及周之盛。亦但九人。是其爲才難可驗也。後之論者。離德而言才。固非。卽以有德爲有才。亦非也。唐虞之際者。際猶下也。後也。淮南子脩務訓。湯旱。以身禱于桑林之際。太平御覽皇王部七禮儀部八引作桑林之下。又潛夫論遏利篇。信立於千載之上。而名傳乎百世之際。是際有下後之義。夫子此言。唐虞之下至周。乃爲盛也。王氏引之經義述聞。訓於爲與。引孟子麒麟之於走獸云云爲證。謂唐虞之際於斯爲盛八字爲一句。此說亦通。婦人者。說文。婦。服也。從女。持帚灑埽也。婦人。據馬鄭義卽文母。螺江日記續編載餘姚邵在陬說。衞氏古文婦人作殷人。韓退之指爲謬鬲。翟氏灝考異辨之云。晉書衞恆傳。但言其祖敬侯寫邯鄲淳所傳之古文尙書。淳不能別。並不言有論語古文。而韓李筆解。亦絕無殷人謬鬲之說。近任氏啓運四書約旨謂漢石經作殷人。以今所傳石經。惟前四篇與後四篇略有其文。泰伯篇久已無存。任氏何從見之。此均知其妄也。○注。唐者堯號虞者舜號。○正義曰。白虎通號篇。或曰。唐虞者。號也。唐。蕩蕩也。蕩蕩者。道德至大之貌也。虞者。樂也。言天下有道。人皆樂也。此注以唐爲堯號。虞爲舜號。義當如此。論衡正說篇。唐虞夏殷周者。土地之名。堯以唐侯嗣位。舜從虞地得達。皆本所興昌之地。重本不忘始。故以爲號。若人之有姓矣。又云。說尙書者。唐虞夏殷周者。功德之名。盛隆之意也。其立義美也。然而違其正實。失其初意。唐虞夏殷周。猶秦之爲秦。漢之爲漢。秦起於秦。漢興於漢中。故曰猶秦漢。案論衡是也。鄭詩譜云。唐者。帝堯舊部之地。今日太原晉陽是。又堯典。嬪于虞。皇甫謐云。堯妻舜。封之於虞。卽今山西蒲州府虞鄉縣是。唐虞皆地名。三分天下有其二。以服事殷。周之德。其可謂至德也已矣。注包曰。殷紂淫亂。文王爲西伯而有聖德。天下歸周者三分有二。而猶以服事殷。故謂之至德。正義曰。周得羣才。故能三分有二。其時實有得天下之勢。而猶以服事殷。與泰伯之以天下讓無以異。故夫子均歎爲至德也。表記云。子曰。下之事上也。雖有庇民之大德。不敢有君民之心。仁之厚也。又下言舜禹文王周公之事云。有君民之大德。有事君之小心。故此極美文王有至德也。然不曰文王之德。而曰周者。明服事之誠。武王與文王同。故統言周也。釋文參七南反。本又作三。皇疏本亦作參。後漢書伏湛傳述此語。文選典引注引此文並作參。則舊本皆爲參字。又周之德。皇本無之字。○注。殷紂至至德。○正義曰。紂淫亂事。詳史記殷本紀。

文王爲西伯者。書西伯戡黎。鄭注。文王爲雍州之伯。南兼梁荆。在西。故曰西伯是也。包必先言文王爲西伯。繼言三分有二者。明三分有二。在爲西伯後也。左襄四年傳。文王帥殷之畔國以事紂。周書程典解維三月既生魄。文王合六州之衆。奉勤於商。六州者。鄭詩譜謂雍。梁。荆。豫。徐。揚。孔疏申之。以爲其餘冀青兖屬紂。此依九州約略分之。九州而有六州。是天下三分有其二也。毛詩四牡傳。文王率諸侯撫叛國而朝聘乎紂。姚氏配中周易學云。三分有二以服事殷。卽欲殷有以撫之。此文王之憂患。所以獨深也。寥文之服事。非畏殷也。亦非曰吾姑柔之。俟其惡盈而取之也。惟是冀紂之悔悟。俾無墜厥命已爾。終文之世。暨乎武王。而紂淫亂日益甚。是終自絕於天。不至滅亡不止也。是故文之終服事也。至德也。武之不終服事也。紂爲之也。亦無損於至德也。

子曰。禹吾無閒然矣。注孔曰。孔子推禹功德之盛美。言己不能復閒廁其閒。菲飲食而致孝乎鬼神。注馬曰。菲。薄也。致孝鬼神。祭祀豐潔。惡衣服而致美乎黻冕。注孔曰。損其常服。以盛祭服。

正義曰。後漢殤帝紀引此文。李賢注。閒。非也。孟子離婁篇。政不足閒也。亦訓非。王氏引之經傳釋詞。然猶焉也。檀弓曰。穆公召縣子而問然。鄭注。然之言焉也。論語禹吾無閒然矣。若由也不得其死然。然字並與焉同義。鄭注云。黻。祭服之衣。冕其冠也。宋氏翔鳳發微云。說文。市。韠也。上古衣蔽前而已。市以象之。天子朱市。諸侯赤市。大夫葱衡。從巾。象連帶之形。韍篆文市。從韋從犮。說文又曰。黻。黑與青相次文。從黹犮聲。按蔽膝之市。當以市爲本字。蓋古文如此。篆文改爲韍。經典又假黻爲之。又假爲芾。又假爲紱。故明堂位有虞氏服韍。鄭注云。韍。或作黻。論語稱黻冕。此假黻爲韍。當訓爲蔽膝。易乾鑿度注云。古者田漁而食。因衣其皮。先知蔽前。後知蔽後。後王易之以布帛。而猶存其蔽前者。重古道。不忘本也。是蔽前爲衣之最先者。故祭禮重之。詩。赤芾在股。箋云。芾。大古蔽膝之象也。冕服謂之芾。其他服謂之韠。以韋爲之。故其制。上廣一尺。下廣二尺。長三尺。其頸五寸。肩革帶博二寸。據箋意。知芾專繫冕服言之。故亦言黻冕。宣十六年左傳。以黻冕命士會。當是希冕而赤韍葱衡。明堂位有虞氏服韍。夏后氏山。殷火。周龍章。注云。韍。祭服之韠也。舜始作之。以尊祭服。禹湯至周。增以畫文。後王彌飾也。按彌飾。卽致美之意。舜作韍以尊祭服。故祭服宜稱黻冕。白虎通紼冕篇。曰。紼者。蔽也。行以蔽前者爾。有事。因以別尊卑。彰有德也。天子朱紼。諸侯赤紼。又云。天子赤紱葱衡。士靺韐。赤者。盛色也。是以聖人法之。用爲紼服。爲百王不易。紼以韋爲之者。反古不忘本也。上廣一尺。下廣二尺。法天一地二也。長三尺。法天地人也。士冠禮陳服于房中。爵弁靺韐。皮弁素韠。玄端爵韠。言冠弁者必言韠。是知韍與冕俱重也。至十二章之黻。卒與冕並舉。左傳袞冕韍珽。亦以冕與韍連言。下又云火龍黼黻。則言裳之一章。至鄭注論語云。黻。祭服之衣。冕其冠也。正以黻爲衣蔽前之制。又唯祭服名黻。故以爲祭服之衣也。按宋說是也。列子楊朱篇。禹卑宮室。美紱冕。紱與韍。當是一字。易困九二朱紱方來。鄭注。天子制用朱韍。是紱卽韍無疑也。周官弁師掌王之五冕。五冕者。

袞冕。鷩冕。毳冕。希冕。玄冕也。諸侯及孤卿大夫之冕。各以其等爲之。而掌其禁令。則大夫以上冠。通得稱冕。故說文云。冕。大夫以上冠也。从冃免聲。冃象其上覆。免與俛同。管子小稱篇言禾云。及其成也。由由乎茲免。謂禾至成熟下垂。滋益俛也。此免爲俛之義。范甯穀梁傳解云。冕謂以木爲榦。衣之以布。上玄下纁。垂旒者也。白虎通紼冕篇。前俛而後仰。故謂之冕也。大小夏侯說前垂四寸。後垂三寸。則前低於後一寸也。周官弁師疏以爲前低一寸餘。蓋約略言之。未知核耳。叔孫通漢禮器制度云。冕制皆長尺六寸。廣八寸。天子以下皆同。應劭漢官儀云。廣七寸。長八寸。董巴輿服志云。廣七寸。長尺二寸。言人人殊。不知竟孰是也。王制。有虞氏皇而祭。夏后氏收而祭。殷人冔而祭。周人冕而祭。注云。皇。冕屬也。鄭君以皇爲冕。則冔收亦是冕。毛詩文王傳。冔。殷冕也。夏后氏曰收。周曰冕。世本云。胡曹作冕。注。胡曹。黃帝臣。則自古冠通名冕。至夏又別稱收。此文云黻冕者。從舊名之爾。說文。冠絭也。所絭髮弁冕之總名也。是冠爲首服之大名。冕亦是冠。故注云冕其冠也。其字承上句祭服言之。明黻是祭服之衣。冕是祭服之冠也。周官司服云。王之吉服。祀昊天上帝。則服大裘而冕。祀五帝亦如之。享先王則袞冕。享先公饗射則鷩冕。祀四望山川則毳冕。祭社稷五祀則希冕。祭羣小祀則玄冕。是冕皆祭服。禹時雖未備有衆制。要冕爲祭服所用矣。弁師云。掌王之五冕。皆玄冕。朱裏。延紐五采。繅十有二就。皆五采。玉十有二。玉笄。朱紘。此周人之制。當亦依仿古禮爲之。禹之致美。指此類也。○注。菲。薄也。致孝鬼神。祭祀豐絜。○正義曰。菲訓薄。相承云然。史記夏本紀述此文。即作薄字。豐絜者。言粢盛犧牲。皆豐絜也。

卑宮室而盡力乎溝洫。禹吾無閒然矣。注包曰。方里爲井。井閒有溝。溝廣深四尺。十里爲成。成閒有洫。洫廣深八尺。

正義曰。爾雅釋宮云。宮謂之室。室謂之宮。郭注。皆所以通古今之異語。明同實而兩名。考工記匠人注云。明堂者。明政教之堂。周堂高九尺。殷三尺。則夏一尺矣。相參之數。禹卑宮室。謂此一尺之堂。與此鄭舉明堂以說禹卑宮室之制。其他廟寢。亦皆卑可知矣。李氏光地論語劄記。致孝鬼神。與菲飲食相對。致美黻冕與惡衣服相對。盡力溝洫。亦是與卑宮室相對。當洪水未平。下巢上窟。民不得平土而居之。禹決九川。距四海。乃復濬畎澮距川。然後四隩既宅。民得安居。是則卑宮室而盡力乎溝洫者。居無求安。而奠萬姓之居是急也。案史記夏本紀。卑宮室。致費于溝淢。此當出古論。詩。築城伊淢。毛傳。淢。城溝也。釋文引韓詩作洫。洫正字。淢叚借字。夏紀溝淢亦用叚字。說文。淢。疾流也。別一義。○注。方里至八尺。○正義曰。孟子滕文公上。方里而井。井九百畝。是方里爲井也。冬官匠人爲溝洫。耜廣五寸。二耜爲耦。一耦之伐。廣尺深尺。謂之畎。田首倍之。廣二尺。深二尺。謂之遂。九夫爲井。井閒廣四尺。深四尺。謂之溝。方十里爲成。成閒廣八尺。深八尺。謂之洫。方百里爲同。同閒廣二尋。深二仞。謂之澮。專達於川。各載其名。是畎。遂。溝。洫。澮。皆所以行水。論語舉溝洫以賅其餘耳。包言溝洫廣深之制。即本匠人。鄭注匠人云。此畿內采地之制。井者。方一里。九夫所治之田也。三夫爲屋。一井之中。三屋九夫。三三相具以出賦稅。共治溝也。

方十里爲成。成中容一甸。甸方八里。出賦稅。緣邊一里治洫。是言溝洫之制。不知包氏說同否也。又地官遂人云。夫閒有遂。遂上有徑。十夫有溝。溝上有畛。百夫有洫。洫上有涂。千夫有澮。澮上有道。萬夫有川。川上有路。以達于畿。與匠人文異。鄭氏以爲鄉遂公邑之制。與匠人爲采地制不同也。後人說此文。於經注未能博通。故益多轇轕。近歙儒程氏瑤田著溝洫小記。以遂人匠人制同文異。不取鄭氏。今略著其遂人匠人溝洫異同考於此。遂人職云云。鄭氏注以南畝圖之。則遂縱溝橫。洫縱澮橫。九澮而川周其外焉。案畝。長畝也。一夫之田。析之百畎。以爲百畝。南畝者。自北視之。其畝橫陳於南也。南畝故畎橫。畎流於遂。故遂縱。遂在兩夫之閒。故謂之夫閒。夫閒。東西之閒也。其南北之閒。則溝橫連十夫。故曰十夫有溝。不可謂二十夫之閒。故變閒言夫也。溝經十夫。流入於洫。洫之長如溝。縱承十溝。十溝之水皆入焉。故曰百夫有洫也。洫之水入澮。澮長十倍於洫。而橫承十洫之分布千夫中者。故曰千夫有澮也。澮十之橫貫萬夫之中。十澮之水。並入於川。故曰萬夫有川。澮橫川自縱也。鄭氏謂九澮而川周其外。恐不然矣。川上有路。以達於畿。安得有縱路。復有橫路邪。其橫者。則二萬夫閒之道也。澮但言九。亦考之不察矣。匠人廣尺深尺謂之畎云云。案畎。在一夫百畝中物其土宜而爲之。南畝。畎橫。順其畝之首尾以行水入於遂。故遂在田首。井田夫三爲屋。三夫田首。同枕一遂。遂在屋閒。非夫閒也。謂之屋者。三夫相連綿如屋然。但彊之以別夫而已。不若遂人夫爲一遂以受畎水。此所以別夫閒而言田首也。而鄭氏猶以遂者夫閒小溝釋之。遂非不在夫閒。而記變其文者。蓋自有義。不宜襲用遂人之文矣。遂流井外。溝橫承之。井中無溝。溝當兩井之閒。故以井閒命之。其長連十井。不嫌井閒之稱獨十井之縱者。其縱亦遂之在屋閒而受畎水者也。溝十之含百井爲一成。十溝之水。咸入於洫。洫縱當兩成之閒。故曰成閒有洫也。洫之長連十成。亦不嫌成閒之稱獨十成之橫者。其橫亦溝之在井閒而受遂水者也。洫十之含萬井爲一同。十洫之水。咸入於澮。澮當兩同之閒。故曰同閒有澮也。澮達於川。川在山閒。命之曰兩山之閒。以例澮在同閒。洫在成閒。溝在井閒。其事相同。厥名斯稱矣。又案匠人遂人兩篇文義。皆互相足者也。夫閒有遂。見遂在兩夫之閒。兼辭也。十夫有溝。百夫有洫。千夫有澮。萬夫有川。但就小水入大水言之。偏辭也。若以偏辭言遂。則曰一夫有遂矣。以兼辭言溝洫澮川。則必曰二十夫之閒。二百夫之閒。二千夫之閒。二萬夫之閒矣。田首謂之遂。偏辭也。井閒謂之溝。成閒謂之洫。同閒謂之澮。兼辭也。若以兼辭言遂。則曰屋閒謂之遂矣。以偏辭言溝洫澮。則遂在田首。溝在井首。洫在成首。澮在同首。當云井閒謂之溝。成首謂之洫。同首謂之澮矣。惟澮所專達之川。則必曰兩山之閒。雖舉偏辭。故彌個相從。澮洫溝亦皆以閒言。此古人造言之法。出於自然。治古文者。可求而得之也。

卷十　子罕第九

集解　凡三十一章　正義曰。釋文於下更云皇三十章。謂合不忮不求與上衣敝縕袍爲一章也。說本孔氏廣森經學卮言。

子罕言利與命與仁。注罕者。希也。利者。義之和也。命者。天之命也。仁者。行之盛也。寡能及之。故希言也。

注。罕者至言也。○正義曰。爾雅釋詁云。希。罕也。毛詩太叔于田傳云。罕。希也。轉相訓。左襄元年傳。穆姜曰。利。義之和也。利物足以和義。易文言傳同。此相傳古訓。故此注本之。利物者。物猶事也。若左文七年傳。郤缺釋夏書三事有利用也。穆姜言作而害身。不可謂利。而易彖以元亨利貞爲四德。其見之彖辭象辭。如云利見大人。利建侯。利用侵伐。利用行師征邑國。利用爲依遷國。利用賓于王。孚乃利用禴。利用享祀。利用祭祀。利用刑人。利用獄。利涉大川。利有攸往。利西南。利執言。利用爲大作。利出否。元不利。皆言利也。如云不利爲寇。不利涉大川。不利有攸往。不利東北。不利賓。不利即戎。无攸利。皆言不利也。利與不利。古人皆實言之。人未有知其不利而爲之。則亦豈有知其利。而避之弗爲哉。利所以爲義之和者。和猶言調適也。義以方外。若但言義不言利。則方外而不能和。故利爲義之和。周語曰。言義必及利。韋昭曰。能利人物。然後爲義。此卽利物足以和義之誼。此卽利字最初之誼。君子明於義利。當趨而趨。當避而避。其趨者。利也。卽義也。其避者。不利也。卽不義也。然而急君父之難。赴蹈水火而不顧其身。雖有似於不利而亦趨之。則以合乎義。卽爲利也。視不義之富貴如浮雲。祿之以天下。弗顧也。繫馬千駟。弗視也。雖有似於利而亦避之。則以不合乎義。卽爲不利也。若小人則反是。故其所謂利。或君子所視爲不利。而其所視爲不利。或君子所視爲義。所視爲利也。君子知利不外義。故喻於義。小人知利不知義。故喻於利。時至春秋。君子道微。故夫子罕言利。則以其理精微。人或誤習其說。而惟知有利。不復知有義矣。至戰國。而孟子且辭而闢之。豈特如夫子之罕言哉。此解經說文字所當知世變也。利命仁三者。皆子所罕言。而言仁稍多。言命次之。言利最少。故以利承罕言之文。而於命於仁。則以兩與字次第之。皇疏云。命。天命。窮通夭壽之目也。是命爲祿命。書召誥云。今天命吉凶命歷年。下篇子夏曰。死生有命。富貴在天。有命在天。互文見義。史記外戚世家。孔子罕稱命者。難言之也。非通幽明之變。烏足識乎性命哉。正以命爲祿命也。阮氏元論語論仁篇。孔子言仁者詳矣。曷爲曰罕言也。所謂罕言者。孔子每謙不敢自居於仁。亦不輕以仁許人也。今案夫子晚始得易。易多言利。而贊易又多言命。中人以下。不可語上。故弟子於易獨無問答之辭。今論語夫子言仁甚多。則又羣弟子記載之力。凡言仁皆詳書之。故未覺其罕言爾。

達巷黨人曰。大哉孔子。博學而無所成名。注鄭曰。達巷者。黨名也。五百家爲黨。此黨之人。美孔子博學道藝。不成一名而已。子聞之。謂門弟子曰。吾何執。執御乎。執射乎。吾執御矣。注鄭曰。聞人美之。承之以謙。吾執御。欲名六藝之卑也。正義曰。史記孔子世家作達巷黨人童子。此安國故以黨人爲童子也。漢書董仲舒傳對策曰。臣聞良玉不琢。資質潤美。不待刻琢。此亡異於達巷黨人。不學而自知者也。注。孟康曰。人。項橐也。又皇甫謐高士傳。達巷黨人。姓項。名橐。並本古論。國策秦策淮南子修務訓論衡實知篇。皆言項橐七歲爲孔子師。然則仲舒所云不學而自知者。正以童子未學而即知爲學之要也。夫子本無常師。聞此童子之言而啇所執。故後人途傅之於師列耳。焦氏循補疏。孔子以民無能名。贊堯之則天。故門人援達巷黨人之言。以明孔子與堯同。大哉孔子。即大哉堯之爲君。博學無所成名。即蕩蕩乎民無能名也。案博學無所成名。惟聖人能然。若常人雖亦博學。而總有所專主。故執一藝以成名。乃中人爲學之正法。大戴禮曾子立事云。君子博學而孱守之。又云。博學而無方。好多而無定者。君子弗與也。又云。君子博學而算焉。算。選也。即此所云執也。禮內則言年十五學射御。二十博學。三十博學無方。是射御久爲夫子所學。此時聞黨人譽己。恐門弟子惑於美譽。專騖爲博學。而終無所成能。故就己所學射御二者求之。祇當執御。以示爲學當施博而守約也。○注。達巷至而已。○正義曰。一統志。達巷。在滋陽縣西北五里。相傳即達巷黨人所居。滋陽。今屬兗州府。此出方志附會。未敢信也。禮記曾子問子曰。昔者吾從老聃助葬於巷黨。其地當在王畿。翟氏灝考異。疑即此巷黨。亦未必然。不成一名者。言非一技之可名也。皇疏云。孔子廣學。道藝周徧。不可一一而稱。故云無所成名也。○注。聞人至卑也。○正義曰。夫子謙言。但當執一藝以成名。不敢當黨人之譽己也。御爲六藝之卑。故曲禮少儀。皆言問大夫之子。長曰能御矣。幼曰未能御也。子長以能御許之。又不及他藝。是御於六藝爲卑。

子曰。麻冕。禮也。今也純。儉。吾從衆。注孔曰。冕。緇布冠也。古者績麻三十升布以爲之。純。絲也。絲易成。故從儉。

○正義曰。麻者。枲麻。績其皮以爲布。而冕用之。故曰麻冕。白虎通綿冕篇。麻冕者何。周宗廟之冠也。禮曰。周冕而祭。又曰。殷冔夏收而祭。此三代宗廟之冠也。冕所以用麻爲之者。女工之始。示不忘本也。左桓二年疏。論語麻冕。蓋以木爲幹。而用布衣之。上玄下朱。取天地之色。又云。冕以木爲幹。以玄布衣其上。謂之綖。此冕用麻之制也。鄭此注云。績麻三十升以爲冕。純當爲緇。黑繒也。三十升者。鄭注喪服云。八十縷爲升。升字當爲登。登。成也。今之禮皆以登爲升。俗誤已行久矣。然則此云三十升。亦是依俗爲文。一升八十縷。三十升。是二千四百縷。鄭依漢制。推古布幅廣二尺二寸。以二尺二寸布廣之度。容二千四百縷。是細密難成。故不如用緇帛之儉也。蔡邕獨斷謂用三十六升布則太密。非所容矣。釋文。純。順倫反。絲也。鄭作側其反。側其之音爲緇。其實鄭依古字作紂。紂篆與純相似。故致誤。禮玉藻。純組綬。注。純當爲緇。古文緇字。或作糸旁才。周官媒氏純帛注。純實緇字也。古緇以才爲聲。此鄭破純爲緇之例。玉藻孔疏云。鄭讀純爲緇。其例有異。若經文絲帛分明而色不見者。以黑色解之。即讀爲緇。如論語云今也純。稱古用麻。今用純。則絲可知也。以色不見。故讀純爲緇。若色見而絲不見。則不破純字以義爲絲。昏禮。女次純衣。注云。純衣絲衣。如此之類是也。賈公彥周官媒氏儀禮士冠禮疏言鄭破讀之例。與孔同。而云據布爲色者。則爲緇字。據帛爲色者。則爲紂字。與孔疏異。似非鄭君之旨。案說文。緇。帛黑色也。緇本謂黑帛。其後布之黑色者。亦得名之。緇紂爲古今字。鄭此注訓黑繒。而破讀止云純當爲緇。是緇可爲帛色。而賈以緇但爲布色。非矣。緣鄭之意。實以純字與紂相似。故讀從之。但紂爲古文。人不經見。故先讀從今字而爲緇也。且言緇則爲紂已明。祭統純服。昏禮及士冠禮純衣。注以絲衣解之。雖不破字。亦是讀紂。以與他處注文。可互見也。宋氏翔鳳發微。謂鄭讀緇。卽緇布冠。然鄭以緇爲黑繒。並無緇布冠之文。且以緇布冠代麻冕。而冕直廢棄不用。豈可通乎。不知宋君何以如此說。○注。孔曰至從儉。○正義曰。後漢陳元傳注引此注作何晏。士冠禮記曰。始冠。緇布之冠也。太古冠布齊則緇之。注。重古始冠。冠其齊冠。詩都人士云。臺笠緇撮。毛傳。緇撮。緇布冠。鄭箋都人之士。以臺皮爲笠。緇布爲冠。古明王之時。儉且節也。則緇布冠。是冠之儉者。今易之以純。純是黑繒。斷無儉於緇布冠之理。且冕與緇布冠。禮經所載。判然各別。而掍而一之。可知作僞者之陋矣。純爲絲者。說文。純。絲也。從糸屯聲。論語曰。今也純儉。此許解論語用本字。不頫破讀作緇。似爲僞孔所本。

拜下。禮也。今拜乎上。泰也。雖違衆。吾從下。

注王曰。臣之於君行禮者。下拜然後升成禮。時臣驕泰。故於上拜。今從下。禮之恭也。

正義曰。拜下者。謂於堂下拜也。淩氏廷堪禮經釋例。凡臣與君行禮。皆堂下再拜稽首。異國之君亦如之。廷堪案臣與君行禮。如燕禮大射。主人獻公。主人自酢於公。獻舉。二人媵爵于公。皆于阼階下。北面再拜稽首。立。司正安賓。司正升酌散。亦降階再拜稽首。此士大夫於諸侯也。覲禮。郊勞行享。侯氏皆降階再拜稽首。此諸侯於天子也。士相見禮。始見于君。士大夫則奠摯。再拜稽首。燕禮大射。命賓。賓再拜稽首。許諾。聘禮。命使者。使者再拜稽首。辭。使者反命。賓介皆再拜稽首。覲禮。賜侯氏舍。侯氏再拜稽首。亦皆拜于庭者。是臣與君行禮。皆堂下再拜稽首也。士相見禮。若他邦之人。則使擯者還其摯。賓再拜稽首。受。聘禮。賓覿。先請以臣禮見。入門右。北面奠幣。再拜稽首。介覿及士介覿。亦皆入門右奠幣。再拜稽首。介迸幣于中庭。再拜稽首。禮畢。主國之君勞賓介。賓介皆再拜稽首。歸饔餼。士介則北面再拜稽首。拜饔餼。皆再拜稽首。聘禮記。若私獻賓再拜稽首。公食大夫禮大夫餼賓。賓入門左。公再拜。賓辟再拜稽首。侑賓後。賓入門左没霤北面再拜稽首。明日。賓拜賜拜食與侑幣。皆再拜稽首。此皆與異國之君行禮也。聘禮。主君使卿郊勞。賓北面再拜稽首。使卿致館。賓再拜稽首。公食大夫禮。使大夫戒賓。賓再拜稽首。此皆與異國之使者行禮。而尊其君命。故亦再拜稽首也。又云。凡君待以客禮。下拜則辭之。然後升成拜。廷堪案臣與君行禮。皆拜于堂下。不辭。不升成拜。此全乎爲臣者也。若君以客禮待之。如燕禮大射。公舉媵爵爲賓舉旅行酬。賓降西階下再拜稽首。公命小臣辭。賓升成拜。注。升成拜。復再拜稽首也。先時君辭之。於禮若未成然。又賓媵觚于公。公爲士舉旅行酬。賓降洗升酌膳降拜。小臣辭。賓升成拜。受酬者亦然。覲禮。執圭行覲侯氏坐取圭升致命。王受之玉。侯氏降階。東北面再拜稽首。擯者延之曰升。升成拜。覲畢請罪。王勞之。再拜稽首。擯者延之曰升。升成拜。王賜侯氏車服。侯氏降兩階之閒。北面再拜稽首。升成拜。

注。太史辭之降也。此皆先拜於堂下。君使人辭之。復拜于堂上者也。又如燕禮大射。公舉媵爵爲賓舉旅行酬。公立卒觶。賓下拜。小臣辭。賓升再拜稽首。注不言成拜者。爲拜故下。實未拜也。下不輒拜。禮殺也。又賓升酌膳觶下拜。小臣辭。賓升再拜稽首。注。下拜。下亦未拜。凡下未拜有二。或禮殺。或君親辭。君親辭。則聞命卽升。升乃拜。是以不言成拜。燕禮。賓媵觚于公酌散下拜。公降一等。小臣辭。賓升再拜稽首。大射。獻獲後。飲不勝者。若飲公。則侍射者降拜。公降一等。小臣正辭。賓升再拜稽首。此皆降而未拜。君辭之。卽升堂再拜稽首。故不云升成拜也。士相見禮。若君賜之爵。則下席再拜稽首受爵。但降席。不云降階者。指無算爵而言。燕禮大射。無算爵命所賜。所賜者與受爵降席下奠爵再拜稽首。疏云。旅酬以前受公爵。皆降拜。升成拜。至此不復降拜者。禮殺故也。燕禮大射。賓媵觚于公。大射飲公凡卒爵。皆于階上再拜稽首者。蓋前酌散之時。已降階拜。因君辭而升堂甫拜。故卒爵不復再降。亦殺其禮也。唯燕禮大射將終之時。公有命徹幕。則卿大夫皆降西階下北面東上再拜稽首。公命小臣辭。公答再拜。大夫皆辟。此則君雖辭之。亦不復升拜。注謂小臣辭。不升成拜。明雖辟正臣禮也。凡此瑣節雖不同。皆君以客禮待之。故拜于堂上也。又案以客禮待異國之臣亦然。公食大夫禮。賓升。公當楣再拜。賓降西階東北面答拜。擯者辭。賓栗階升不拜。命之成拜階上。北面再拜稽首。此先降階拜。異國之君。使人辭之。然後升成拜也。聘禮。主君禮賓受幣降拜。公辭升。再拜稽首。私覿。賓授幣。降階東拜送。君降一等辭。栗階升。公西鄉。賓階上再拜稽首。公食大夫禮。賓祭正饌。賓祭加饌。公以束帛侑賓。賓皆降拜。公辭。賓升再拜稽首。此降階未拜。異國之君親辭之。卽升拜也。聘禮。禮賓公壹拜送。凡賓不降階上答再拜稽首。又賓不降壹拜受醴。公食大夫禮。賓卒食。揖讓如初。升賓再拜稽首。此皆拜于堂上。禮殺故也。又歸饔餼。大夫東面致命。賓降階西再拜稽首。大夫辭。升成拜。上介如賓禮聘賓問卿賓東面致命。大夫降階西再拜稽首。賓辭升成拜。此使者奉其君命。以客禮待異國之臣。故降拜升成拜。亦如見其君也。至于公食大夫禮。卒食後。賓降階東面再拜稽首。公降再拜。注。答之也。不辭之。使升堂。明禮有終。則賓降拜。公亦降拜。唯稽首與再拜不同。蓋待異國之臣。其禮有加焉爾。案淩說甚覈。當夫子時。君弱臣彊。凡應於堂下拜者。不復循臣禮之正。而皆拜乎堂上。故孔子非之。鄭此注云。禮。臣之於君。酬酢受爵。當拜於堂下。時臣驕泰。故拜於堂上。注所云禮。指燕禮。舉一以例其餘耳。臣酌酒獻君曰酢。君酌酒答臣曰酬。燕禮所云公舉媵爵爲賓舉旅行酬。又賓媵觚于公。公爲士舉旅行酬。卽其禮也。酬酢授爵。當拜於堂下。及君辭。復升成拜。當時則於授爵之際。已拜於堂上。無復下拜。及君辭復升成拜之禮。故爲驕泰也。周官大祝九拜。一曰稽首。賈疏。稽首。臣拜君法。稽與䭫同。說文手部𢷎。頭至地也。頭至地卽䭫首。拜中之一。許意據周官先言稽首。故舉一以該之。今隸變作拜。○注。臣之於君行禮者下拜然後升成禮。○正義曰。升字從皇本補。邢疏申注亦有升字。下拜者。臣禮之正。其下拜。而君待以客禮辭。復升成拜。或下未拜。君辭。乃升拜。皆禮之殺。非謂凡行禮下拜者。必升成拜也。注說未晰。

子絕四。毋意。注以道爲度。故不任意。毋必。注用之則行。舍之則藏。故無專必。毋固。注無可無不可。故無固行。毋我。注述古而不自作。處羣萃而不自異。唯道是從。故不有其身。正義曰。說文。絕。斷絲也。釋名釋言語。絕。截也。如割截也。言子有絕去四事。與人異也。公羊昭十二年疏。子絕四者。備於鄭注。今此注已佚。毋者。禁止之辭。毋即絕也。說文云。意。志也。從心音。察言而知意也。段氏玉裁注意之訓爲測度。如論語毋意。不億不信。億則屢中。其字俗作億。王氏引之經義述聞。少儀。毋測未至。注曰。測。意度也。毋意。即毋測未至也。案段王說同。公羊傳。伯于陽者何。公子陽生也。子曰。我乃知之矣。在側者曰。子苟知之。何以不革。曰。如爾所不知何。何休注。此夫子欲爲後人法。不欲令人妄億錯。下引此文云云。即是以意爲億度也。釋文。意如字。或於力反。非。於力之音。亦是讀億。陸不當以爲非也。莊氏存與說。智毋意。先覺也。義毋必。義之與比也。禮毋固。時中也。仁毋我。與人爲善也。善則稱親。讓善於天也。又云。以億逆爲意而去之是也。以擬議爲意而去之非也。以適莫爲必而去之是也。以果斷爲必而去之非也。以窮固爲固而去之是也。以貞固爲固而去之非也。以足己爲我而去之是也。以修己爲我而去之非也。

子畏於匡。注包曰。匡人誤圍夫子。以爲陽虎。陽虎曾暴於匡。夫子弟子顏剋時又與虎俱行。後剋爲夫子御。至於匡。匡人相與共識剋。又夫子容貌與虎相似。故匡人以兵圍之。曰。文王既沒。文不在茲乎。注孔曰。茲。此也。言文王雖已死。其文見在此。此自謂其身。天之將喪斯文也。後死者。不得與於斯文也。注孔曰。文王既沒。故孔子自謂後死。言天將喪此文者。本不當使我知之。今使我知之。未欲喪也。天之未喪斯文也。匡人其如予何。注馬曰。其如予何者。猶言柰何我也。天之未喪此文。則我當傳之。匡人欲柰我何。言其不能違天以害己也。正義曰。說文云。畏。惡也。廣雅釋詁。畏。懼也。恐也。夫子見圍於匡。有畏懼之意。猶孟子言有戒心也。人若因畏而死亦稱畏。禮檀弓死而不弔者三。畏。厭。溺。是也。史記孔子世家。或譖孔子於衞靈公。孔子去衞。將適陳。過匡云云。五日顏淵後子曰云云。匡人拘孔子益急。弟子懼。孔子曰。文王既沒云云。是孔子此語。爲解慰弟子之辭。江氏永先聖圖譜載此事。於魯定十三年時。孔子年五十六也。茲者。有所指之辭。下兩言斯文。斯茲同義。文武之道。皆存方策。夫子周遊。以所得典籍自隨。故此指而言之。文在茲。即道在茲。故孟子以孔子爲聞而知之也。天將喪斯文。久當湮沒。必不令夫子得之。後死者。夫子自謂後文王死也。後死者既與於斯文。是天欲未喪斯文可知。天未欲喪斯文。匡人必不能違天害己。致使斯文遺毀失也。○注。匡人至圍之。○正義曰。匡邑見左氏傳。凡有數處。左僖十五年。諸侯盟于牡丘。遂次于匡。杜注。匡在陳留長垣縣西南。此匡爲衞邑也。文元年。衞孔達侵鄭。取綿訾及匡。杜注。匡在潁川新汲縣東北。此匡爲鄭邑。衞取之也。又十一年。叔孫彭生會晉郤缺于承筐。杜注。宋地。在陳留襄邑縣西。此匡爲宋邑也。子畏於匡之匡。舊說不一。莊子秋水篇，孔子遊於匡。宋人圍之。釋文引司馬彪曰。宋當作衞。匡。衞邑也。案莊子以匡爲宋邑。宋人卽匡人。不必改宋作衞。說苑雜言篇言孔子之宋匡。簡子將殺陽虎。孔子似之。因圍孔子。亦以匡爲宋邑。史記世家言匡人圍孔子。孔子使從者爲甯武子臣於衞。然後得去。則以匡爲衞邑。寰宇記謂長垣西十里有匡邑城。又襄邑西三十里有古匡城。皆爲子畏於匡地。蓋兩說並存。閻氏若璩釋地。顧氏棟高春秋大事表。專主長垣。然以陽虎暴匡之事。求之衞宋。皆無可考。毛氏奇齡四書賸言。案春秋傳公侵鄭取匡。在定公六年。是時季氏雖在軍。不得專制。凡過衞不假道。反穿城而躪其地。其令皆出自陽虎。是虎實帥師。當侵鄭時。匡本鄭鄙邑。必欲爲晉伐取以釋憾。而匡城適缺。虎與僕顏尅就其穿垣而入之。世家顏尅曰。昔吾入此。由彼缺也。琴操孔子到匡郭外。顏尅擧策指匡穿垣曰。往與陽貨。正從此入。此卽圍師入城之事。案毛說甚近理。此匡在文元年。已爲衞所取。而不能得其田。故文八年。晉侯使解揚歸匡戚之田于衞。其後復屬鄭。至定六年。乃爲魯所取。然恐魯終不能有。則仍屬鄭耳。杜謂匡在新汲東北。而一統志云。匡城在扶溝縣西。扶溝與新汲壤正相接。實一地矣。莊子言宋人圍孔子數匝。而弦歌不輟。幾何將甲者進曰。以爲陽虎也。故圍之。今非也。請辭退。韓詩外傳。簡子將殺陽虎。孔子似之。帶甲以圍孔子舍。子路慍怒。奮戟將下。孔子止之曰。由。何仁義之寡裕也。夫詩書之不習。禮樂之不講。是丘之罪也。吾非陽虎。而以我爲陽虎。則非丘之罪也。命也。子歌我和若。子路歌。孔子和之。三終而圍解。此是當日實事。蓋感之以弦歌。不待自辨。而匡人已知其非陽虎矣。世家謂夫子使從者臣於甯武子。然後得去。此傳聞之謬。甯氏當獻公世已滅。而武子仕文成之世。豈得與孔子時相值。世家此文。毫不足據。索隱又謂夫子再阨匡人。或設辭以解圍。或彈琴而釋難。分一事爲二。尤屬臆說。顏尅。世家作顏刻。弟子列傳無尅刻名。但有顏高字子驕。惠氏棟九經古義。疑高卽尅。王氏引之春秋名字解詁。高乃亭之譌。亭刻同聲。古字通用。其說並是。

大宰問於子貢曰。夫子聖者與。何其多能也。注孔曰。大宰。大夫官名。或吳或宋。未可分也。疑孔子多能於小藝。子貢曰。固天縱之將聖。又多能也。注孔曰。言天固縱大聖之德。又使多能也。子聞之曰。大宰知我乎。吾少也賤。故多能鄙事。君子多乎哉。不多也。注包曰。我少小貧賤。常自執事。故多能爲鄙人之事。君子固不當多也。正義曰。鄭注云。大宰。是吳大宰嚭。僞孔兼存吳宋。方氏觀旭偶記。鄭以爲吳大宰。蓋以夫子雖兩居宋。但一則年十九娶于亓官氏之女。時子貢猶未生。一則年五十六去衞後。過曹適宋。於時有桓魋拔樹之難。宜無冢卿向子貢私論夫子之聖。惟吳大宰則左氏傳哀七年。公會吳于鄫時。與子貢語。十二年公會吳于橐皋時。與子貢語。其秋公會衞侯宋皇瑗于鄖時。又與子貢語。故定爲吳大宰。史記孔子世家。吳客聞夫子防風氏骨節專車及僬僥氏三尺之語。於是曰善哉聖人。是前此固有以夫子之多能爲聖者。亦吳人也。案說苑善說篇。子貢見大宰嚭。大宰嚭問曰。孔子何如。對曰。臣不足以知之。大宰嚭曰。子不知。何以事之。對曰。唯不知。故事之。夫子其猶大山林也。百姓足其材焉。大宰曰。子增夫子乎。對曰。夫子不可增也。夫賜其猶一累壤。以增大山。不益其高。且爲不知。此子貢與大宰嚭論述聖德之證。而大宰之爲吳大宰嚭益信。縱者。朱子集注云。肆也。言不爲限量也。李氏光地論語劄記說聖固是天縱。多能亦是天縱。子貢此言。可謂智足知聖。故夫子舍子貢之言。而但言大宰知我。明知我多能也。多能是鄙事。君子且不貴。況聖人乎。蓋遜聖之名而示人以學聖之方也。風俗通窮通篇引固天縱之。莫盛於聖。似以縱之爲句。皇本大宰知我下有者字。○注。大宰至小藝。○正義曰。鄭周官目錄云。冢。大也。宰者。官也。又大宰注。變冢言大。進退異名也。先考典簿君秋槎雜記說天子六卿。冢宰亦曰大宰。宋備六卿。同於天子。魯則羽父求大宰。鄭有大宰石㚟。楚有大宰子商。蓋散位從卿。列國之僭制也。謹案散位從卿。卽是大夫。故此注以大宰爲大夫官名也。列子仲尼篇。商大宰見孔子曰。丘聖者與。孔子曰。聖則丘何敢。然則丘博學多識者也。宋是商後。故亦稱商。此注兼存吳宋。或卽暗據列子之文。今不從者。商大宰是與夫子語。非問子貢。不若吳大宰親問子貢爲得實也。疑孔子多能於小藝者。正以禮樂是藝之大。不得爲鄙事。惟書數射御。皆是小藝。大宰所指稱也。淮南子主術訓。孔子之通智過於萇弘。勇服於孟賁。足躡郊菟。力招城關。能亦多矣。此相傳夫子多能之事。大宰以多能爲聖。但有美辭。無疑辭也。注亦微誤。○注。言天固縱大聖之德。又使多能也。○正義曰。注以固天縱之將聖爲句。亦通。大聖。卽將聖也。錢氏大昕潛研堂文集。詩有娀方將我受命溥將之將。並訓爲大。然則將聖者。大聖也。案荀子堯問篇。然則孫卿懷將聖之心。亦謂大聖也。論衡實知篇。子貢曰。故天縱之將聖。將者。且也。不言已聖。言且聖者。以爲孔子聖未就也。孔子從知天命至耳順。學就知明成聖之驗也。未五十六十之時。未能知天命至耳順也。則謂之且矣。當子貢答大宰時。殆三十四十之時也。案故與固通。將聖當從此注訓大聖。子貢初與大宰嚭語。在哀七年。夫子年六十五。至哀十二年。則已七十。而云在三十四十之時。誤矣。○注。我少至多也。○正義曰。居官。則有府史或胥徒。用給繇役。不自執事也。夫子少小貧賤。始習爲之。故多能爲鄙人之事。周官遂人五鄰爲鄙。荀子非相注。鄙人。郊野之人也。鄙卽是賤。下篇鄙夫訓同。君子者。則有德堪在位者也。

牢曰。子云。吾不試。故藝。【注】鄭曰。牢。弟子子牢也。試。用也。言孔子自云我不見用。故多技藝。正義曰。此引弟子述孔子語。與前章少賤多能語同。故類記之。○注。牢弟子子牢也試用也。○正義曰。莊子則陽篇。長梧封人問子牢。子牢名僅見此。左昭二十年傳。琴張聞宗魯死。將往弔之。仲尼曰。齊豹之盜。

而孟縶之賊。女何弔焉。杜注。琴張。孔子弟子。字子開。名牢。孔疏家語云。孔子弟子琴張。與宗魯友。七十子篇云。琴牢。衛人。字子開。一字張。則以字配姓爲琴張。卽牢曰子云是也。賈逵鄭衆皆以爲子張顓孫師。服虔云。案七十子傳云子張。少孔子四十餘歲。孔子是時四十。知未有子張。鄭賈之說。不知所出。案趙岐注孟子盡心。亦以琴張爲子張。並沿舊說之誤。漢書古今人表有琴牢。王氏念孫讀書雜志。以琴牢爲琴張之誤。云人表所載。皆經傳所有。左傳及孟子皆作琴張。莊子作子琴張。無作琴牢者。琴牢字張。始見家語。乃王肅僞撰。後人據家語以改漢書。其說良然。白水碑琴張琴牢並列。此及左傳杜注。皆爲家語所惑。不足憑也。自家語琴牢之名出。唐贈琴牢南陵伯。宋贈頓丘侯。改贈陽平侯。則皆由家語之說誤之矣。竊謂琴張非子張。服氏之辨最確。而子牢非琴張。則鄭此注最當。莊子則陽釋文引司馬彪云卽琴牢。孔子弟子。與杜預同誤。史記仲尼弟子列傳。無牢名。當是偶闕。云試用者。爾雅釋詁文。說文同。

子曰。吾有知乎哉。無知也。【注】知者。知意之知也。知者言未必盡。今我誠盡。有鄙夫問於我。空空如也。我叩其兩端而竭焉。【注】孔曰。有鄙夫來問於我。其意空空然。我則發事之終始兩端以語之。竭盡所知。不爲有愛。正義曰。夫子應問不窮。當時之人。遂謂夫子無所不知。故此謙言無知也。釋文。空空。鄭或作悾悾。此與前篇悾悾而不信同。鄭彼注云。悾悾。誠戇也。大戴禮王言篇。兩戇女憧婦空空。呂氏春秋下賢篇。空空乎其不爲巧故也。空空並卽悾悾。此鄙夫來問夫子。其意甚誠戇。故曰空空如。皇疏以爲虛空。非也。叩者。反問之也。因鄙夫力不能問。故反問而詳告之也。說文云。叩。扣也。段氏玉裁注引此文。似以叩卽叩字。鄭注云。兩端。末也。凡事物之始。皆起微末。故末有始義。說文。耑。物初生之題也。是也。焦氏循補疏。此兩端。卽中庸舜執其兩端。用其中於民之兩端也。鄙夫來問。必有所疑。惟有兩端。斯有疑也。故先叩發其兩端。謂先還問其所疑。而後卽其所疑之兩端而窮盡其意。使知所向焉。蓋凡事皆有兩端。如楊朱爲我。無君也。乃曾子居武城。寇至則去。墨子兼愛。無父也。乃禹手足胼胝。至於偏枯。一旌善也。行之。則詐僞之風起。不行。又無以使民知勸。一伸枉也。行之。則刁訴之俗甚。不行。又無以使民知懲。一理財也。行之。則頭會箕斂之流出。不行。則度支或不足。一議兵也。行之。則生事無功之說進。不行。則國威將不振。凡若是。皆兩端也。而皆有所宜。得所宜則爲中。孔子叩之。叩此也。竭之。竭此也。舜執之。執此也。用之。用此也。處則以此爲學。用則以此爲治。通變神化之妙。皆自此兩端而宜之也。皇本鄙夫下有來字。據僞孔注。亦似有來字。○注。知者至誠盡。○正義曰。皇疏云。知謂有私意於其間之知也。聖人體道爲度。無有用意之知。故先問弟子云。吾有知乎哉也。又云無知也。明己不有知意之知也。卽是無意也。

子曰。鳳鳥不至。河不出圖。吾已矣夫。【注】孔曰。聖人受命。則鳳鳥至。河出圖。今天無此瑞。吾已矣夫者。傷不得見也。河圖。八卦是也。正義曰。説文云。鳳。神鳥也。毛詩卷阿傳。雄曰鳳。雌曰凰。此對文。若散文通稱鳳。大戴記曾子天圓篇。羽蟲之精者曰鳳。是也。鄭注尚書顧命曰。河圖。圖出於河。帝王聖者之所受。不言圖爲何物。及所出之形。左傳序疏引鄭説河圖洛書。龜龍銜負而出。此依中候握河紀爲言。宋氏翔鳳以疏上文引論語、則此鄭説當爲論語注也。漢書董仲舒傳對策曰。故爲人君者。正心以正朝廷。正朝廷以正百官。正百官以正萬民。正萬民以正四方。四方正。遠近莫敢不壹於正。而亡有邪氣奸其閒者。是以陰陽調而風雨時。羣生和而萬物殖。五穀熟而屮木茂。天地之閒。被潤澤而大豐美。四海之内。聞盛德而皆徠臣。諸福之物。可致之祥。莫不畢至。而王道終矣。孔子曰。鳳鳥不至。河不出圖。吾已矣夫。自悲可致此物。而身卑賤。不得致也。是董以夫子此歎。爲己不得受命之故。易坤鑿度。仲尼偶筮。其命。得旅。泣曰。天也。命也。鳳鳥不至。河無圖至。嗚乎。天命之也。歎息而後息志。與仲舒説同。又漢書儒林傳。周道既衰。壞於幽厲。禮樂征伐。自諸侯出。陵夷二百餘年。而孔子興。以聖德遭季世。知言之不用。而道不行。迺歎曰。鳳鳥不至云云。此以吾已矣夫。爲己不逢明君。與董氏異。當由古魯不同。故論衡問孔篇解此文。卽備二義。其實後一義勝也。孔子世家載此文於西狩獲麟後。○注。聖人至是也。○正義曰。受命。謂受天之命。躬致王也。鳳鳥至。爲聖王之瑞。故尚書言簫韶九成。鳳凰來儀。左傳言少皞氏鳳鳥適至。周語言周之興。鸑鷟鳴于岐山。賈逵解詁以爲鸑鳳別名。則知上古之時。鳳常至也。淮南子繆稱訓。昔二皇鳳凰至於庭。三代至乎門。周室至乎澤。德彌麤所至彌遠。德彌精所至彌近。是鳳鳥至。爲聖瑞也。易稽覽圖。孔子曰。天之將降嘉瑞。應河水清三日。青四日。青變爲赤。赤變爲黑。黑變爲黄。各各三日。河中水安。井天乃清明。圖乃見。又云。夜不可見。水中赤煌煌如火。英圖書蚰皆然也。又坤靈圖。聖人受命。瑞應先見于河。是河出圖爲聖瑞也。書顧命有河圖。與大玉夷玉天球並列東序。當是玉石之類。自然成文。此元俞炎之説。最近事理者也。云河圖八卦者。書顧命某氏傳。河圖八卦。伏羲王天下。龍馬出河。遂則其文以畫八卦。謂之河圖。孔疏漢書五行志。劉歆以爲伏羲氏繼天而王。受河圖則而畫之。八卦是也。易繫辭云。伏羲氏仰則觀象于天。俯則觀法于地。觀鳥獸之文與地之宜。近取諸身。遠取諸物。于是始作八卦。都不言法河圖。此言河圖者。蓋易理寬宏。無所不法。直如繫辭之言。取法已自多矣。亦何妨更法河圖也。且繫辭又云。河出圖。洛出書。聖人則之。若八卦不則河圖。餘復何所取也。王氏鳴盛尚書後案。蓋八卦是伏羲所受河圖。而河圖不止是八卦。書傳所載古帝王。如黄帝堯舜禹湯。皆受河圖。亦不獨一伏羲。由書疏後案説推之。河圖文不皆具八卦。此特假伏羲事言之耳。姚信易注。連山氏得河圖。夏人因之曰連山。歸藏氏得河圖。商人因之曰歸藏。伏羲氏得河圖。周人因之曰周易。此略本山海經。足知三易多法河圖矣。

子見齊衰者。冕衣裳者。與瞽者。見之雖少必作。過之必趨。【注】包曰。冕者。冠也。大夫之服。瞽。盲也。作。起也。趨。疾行也。此夫子哀有喪。尊在位。恤不成人。正義曰。見謂目所接遇。非以禮往來也。前言見。後復言見之者。稱見之與過之文相儷也。說文。齌。緶也。從衣齊聲。廣雅釋詁。𧞤。緁也。𧞤齌同。古字本作齊。釋名喪制云。齊。齊也。言緝其衣裳之邊際而整齊之也。是也。喪服記。衰長六寸。博四寸。說文。縗。服衣。長六寸。博四寸。直心。從糸衰聲。是衰卽縗省。論語釋文。衰七雷反。其字或從糸作縗。與說文合。賈公彥喪服記疏。衰綴於衣。衣統名爲衰。通典引雷次宗說。衰者。當心六寸布也。在衣則衣爲衰。在裳則裳爲衰。男子離其衣裳。故衰獨在衣上。婦人同爲一服。故上下共稱也。喪服記。凡衰外削幅。裳內削幅。言凡者。明五服皆有衰也。外削幅者。言縫之邊幅向外也。內削幅者。言縫之邊幅向內也。據禮齊衰。有三年杖期不杖期三月之異。所謂四齊也。江氏永鄉黨圖考。案五服一斬四齊。第言見齊衰者。舉齊以兼斬也。由江說推之。則此文齊衰亦當兼斬言。喪服傳。斬者何。不緝也。齊者何。緝也。斬衰服重。齊衰服輕。論語是舉輕以該重矣。釋文。冕音免。鄭本作弁。云魯讀弁爲絻。今從古。陳氏鱣古訓。說文。兗。冕也。從兒象形。弁或兗字。冕。大夫以上服也。從月免聲。絻或從糸。蓋古論作兗。魯論作冕。字本相似也。案周官司服。卿大夫之服。自玄冕而下。如孤之服。士之服。自皮弁而下。如大夫之服。此上下通制。故侯國同之。冕弁各異。說文以冕訓兗者。散文或通稱也。鄭依古論作弁者。冕弁義雖兩通。但言弁可以該冕。言冕不可以該弁。猶之齊衰。言齊可該斬。若言斬。則不得該齊也。白虎通紼冕篇。弁之爲言攀也。所以攀持其髮也。鄭注士冠禮云。弁名出於槃。槃。大也。言所以自光大也。任氏大椿弁服釋例。士冠禮疏。冕者。俛也。低前一寸二分。故得冕稱。其爵弁則前後平。故不得冕名。案爵弁旣以弁名。則其狀當似弁。不特弁下無旒。及前後延平。異於冕也。考釋名。弁如兩手相合抃時也。以爵韋爲之。謂之爵弁。以鹿皮爲之。謂之皮弁。以韎韋爲之。謂之韋弁也。然則此三弁。皆作合手狀矣。其延下當上銳下圜。案雜記。大夫冕而祭於公。士弁而祭於公。又禮運。冕弁兵革藏於私家。非禮也。是冕弁皆藏公所。大夫士行禮時。於公所取服之。故孟子以夫子去魯。不稅冕而行爲微罪。明助祭後。當稅冕仍藏公所也。曾子問。尸弁冕而出。卿大夫士皆下之。尸必式。出謂出廟門。非謂出大門在道上也。若然。夫子得見冕衣裳者。意卽在公時所見。其過之。謂行出其前也。閻氏若璩釋地三續。汪氏中經義知新記。並謂夫子見冕衣裳。是見其人當服此者。不必眞見其服。非也。錢氏大昕潛研堂文集。亦疑冕是祭服。非夫子燕居所見。遂據魯論作絻。以冕卽絻之譌。絻與免同。士喪禮。衆主人免于房。喪服記。朋友皆在他邦袒免。先儒以爲免象冠。一寸。用麻布爲之。齊衰。服之重者。絻。服之輕者。舉其至重與至輕者。而五服統之。古論作弁。疑卽司服所云弔事之弁經服。鄭彼注云。弁經者。如爵弁而素加環經也。此以冕爲絻譌。絻與齊衰。同爲喪服。亦是彊別爲義。不必與經旨相應也。裳者。在下之服。毛詩七月傳。上曰衣。下曰裳。說文。常。下裠也。裳常或從衣。於禮玄冕爵弁服皆純衣纁裳。皮弁服素衣素裳。韋弁服則衣韎韋。裳或朱或素也。少。謂年少也。史記孔子世家。見齊衰瞽者。雖童子必變。以童子爲少者。此安國故也。禮四十始仕。此童子得服冕或弁者。春秋時。世卿持位。不據有年少已貴仕也。皇本少下有者字。宋石經趨作趍。○注。冕者至行也。○正義曰。說文云。冕。大夫以上冠也。司服云。公之服。自衮冕而下。如王之服。侯伯之服。自鷩冕而下。如公之服。子男之服。自毳冕而下。如侯伯之服。孤之服。自希冕而下。如子男之服。卿大夫之服。自玄冕而下。如孤之服。是大夫有玄冕。玄者。衣無文。裳刺黼而已。瞽爲盲者。說文。瞽。目但有眹也。眹。目精也。今謂之眼珠。又盲。目無牟子也。牟子。今謂之瞳人。許意瞽盲二字同義。皆是有眼珠而無牟子。鄭司農周官注云。無目眹謂之瞽。與許異者。蓋瞽有二。一是有眹而無睟。一是並眹無之。許鄭各據一義也。釋名疾病云。瞽。鼓也。瞑瞑然目平合如鼓皮也。與司農合。作起。見說文。鄉黨必變色而作。先進舍瑟而作。訓並同。說文。趨。走也。釋名姿容云。兩腳進曰行。徐行曰步。疾行曰趨。爾雅釋宮。門外謂之趨。門外行。可疾走也。曲禮鄭注云。行而張足曰趨。

顏淵喟然歎曰。注喟。歎聲。仰之彌高。鑽之彌堅。注言不可窮盡。瞻之在前。忽焉在後。注言恍惚不可爲形象。夫子循循然善誘人。注循循。次序貌。誘。進也。言夫子正以此道進勸人有所序。博我以文。約我以禮。欲罷不能。既竭吾才。如有所立卓爾。雖欲從之。末由也已。注孔曰。言夫子既以文章開博我。又以禮節節約我。使我欲罷而不能。已竭我才矣。其有所立。則又卓然不可及。言已雖蒙夫子之善誘。猶不能及夫子之所立。○正義曰。仰者。說文。仰。舉也。廣雅釋詁。卬。嚮也。卬與仰同。謂舉向上也。彌。說文作镾。云久長也。儀禮士冠禮注。彌。益也。鑽者。說文云。鑽。所以穿也。漢嚴發碑。鑽堅仰高。鑽作鑚。當由齊古文異。堅者。爾雅釋詁。堅。固也。論衡恢國篇。解此二句云。此言顏子學於孔子。積累歲月。見道彌深也。瞻者。爾雅釋詁。瞻。視也。忽者。左傳。其亡也忽焉。杜注。忽。速貌。瞻之在前。謂夫子道若可見也。忽焉在後。謂終不可見也。邢本集注本忽焉作忽然。誤。循循。或作恂恂。後漢書趙壹傳。失恂恂善誘之德。注引論語夫子恂恂然善誘人。又李膺傳注三國志步騭傳孟子明堂章章指引文並同。又蔡邕姜伯淮碑。後漢郭泰傳論。宋書禮志載晉袁瓌疏。南史王琳傳。魏書高允傳。賈思伯傳。隋書煬帝紀。用此文亦作恂恂。其趙壹傳注。先引論語。復云恂恂恭順貌。與鄭注鄉黨恂恂恭慎貌同。故翟氏灝考異。馮氏登府異文考證。臧氏庸鄭注輯本。並以恭順之訓。亦本鄭氏。則謂鄭本作恂恂矣。博文約禮。即善誘之法。先博文。後約禮。所謂循循也。顏子之所仰所鑽者也。罷者。孫綽云。猶罷息也。才者。能也。卓爾者。說文。卓。高也。卓古文皁。漢韓勑修孔廟禮器碑。違顯之恩。錢氏大昕養新錄。謂卽論語卓爾。此亦齊古文異。鄭注云。卓爾。絕望之辭。絕望者。言絕於瞻望也。此探下文欲從末由爲義。法言學行篇。顏不孔。雖得天下。不足以爲樂。然亦有苦乎。曰。顏苦孔之卓之至也。或人蹙然曰。玆苦也。祗其所以爲樂也與。是卓爾。乃言夫子之道極精微者。不敢必知。不可灼見。故以如有形之。韓詩外傳。孔子與子夏論書云。丘嘗悉心盡志。已入其中。前有高岸。後有深谷。泠泠然如此既立而已矣。不能見其裏。蓋謂精微者也。外傳所云既立。與此文所言立同。孟子盡心篇公孫丑曰。道則高矣美矣。似不可及也。何不使彼爲可幾及而日孳孳也。孟子曰。大匠不爲拙工。改廢繩墨。羿不爲拙射。變其彀率。君子引而不發。躍如也。中道而立。能者從之。中道而立。亦謂道之高者美者。與此文言立義亦同也。能者從之。明不能者難以從之。即此所言欲從末由也。春秋繁露二端云。小大微著之分也。夫覽求微細於無端之處。誠知小之將爲大也。微之將爲著也。吉凶未形。聖人所獨立也。雖欲從之。末由也與。此之謂也。按董所言。亦以欲從者。欲從夫子之所立也。聖不可及。故聖但獨立。姚氏配中一經廬文鈔。道也者。萬物之奧。所以變化而凝成萬物。使各終其性命者也。是以仁者見之謂之仁。知者見之謂之知。百姓日用而不知其爲道也。屢遷變動不居。周流六虛。上下无常。剛柔相易。不可爲典要。唯變所適。此則道之權也。知變化之道者。知神之所爲。其唯聖人乎。知進退存亡而不失其正者。其唯聖人乎。故孔子曰。可與立。未可與權。神而明之。存乎其人。苟非其人。道不虛行。唯聖人則巽以行權。巽。入也。精義入神以致用。巽。伏也。寂然不動。感而遂通天下之故。所謂龍蛇之蟄以存身。至精者也。至變者也。至神者也。聖人之所以極深而研幾也。案姚氏之論聖道精矣。夫子七十從心所欲。不踰矩。從心所欲。即變動不居之謂。孟子言大化聖神。皆是其詣。意顏子此言。所以窺聖道者。在此時矣。道不外學。學不外禮。夫子十五志學。三十而立。志學。即博文也。立。即立於禮也。亦即約禮也。如有所立卓爾。謂禮之所立。無非道也。顏子於博約之教。服習既久。故舉其所已知者以自明。求其所未知者以自勉。莊子田子方篇。顏淵曰。夫子步亦步。夫子趨亦趨。夫子馳亦馳。夫子既奔逸絕塵。而回瞠若乎後矣。奔逸絕塵。則夫子之所立卓爾也。回瞠若後。則欲從末由也。惟欲從末由。故仰鑽既竭。而彌高彌堅也。在前可瞻。而忽焉在後也。此顏子之未達一間也。然雖欲從末由。而終是欲罷不能。故夫子又言回。吾見其進。未見其止矣。末由。史記世家作蔑繇。蔑末聲轉。繇由今古文異。○注。喟。歎聲。○正義曰。說文。喟。大息也。或作嘳。歎吟也。顏子贊美聖道。自以竭力學之。終不可幾及。故有此歎。○注。言不可窮盡。○正義曰。皇疏引孫綽曰。夫有限之高。雖嵩岱可陵。有形之堅。雖金石可鑽。若乃彌高彌堅。鑽仰所不逮。故知絕域之高堅。未可以力至也。○注。言恍惚不可爲形象。○正義曰。說文。恍。狂貌。引申爲無定之辭。恍即怳俗。老子道經。道之爲物。惟怳惟忽。惚亦忽俗。○注。循循至所序。○正義曰。說文。循。順行也。順行則有次序。注就本字爲訓。亦得通也。誘。說文。𧦝。相訹呼也。從厶羑。誘。或從言秀。詩野有死麕傳。誘。道也。道與導同。學記云。故君子之善喻也。道而弗牽。又云。道而弗牽則和。繁露基義云。凡有興者。稍稍上之以遜順往。使人心說而安之。無使人心恐。即進勸人法也。

子疾病。【注】包曰。疾甚曰病。子路使門人爲臣。【注】鄭曰。孔子嘗爲大夫。故子路欲使弟子行其臣之禮。病閒曰。久矣哉。由之行詐也。【注】孔曰。少差曰閒。言子路久有是心。非今日也。無臣而爲有臣。吾誰欺。欺天乎。且予與其死於臣之手也。無寧死於二三子之手乎。【注】馬曰。無寧。寧也。二三子。門人也。就使我有臣而死其手。我寧死於弟子之手乎。且予縱不得大葬。【注】君臣禮葬。予死於道路乎。【注】馬曰。就使我不得以君臣禮葬。有二三子在。我寧當憂棄於道路乎。正義曰。爾雅釋詁。詐。僞也。說文。詐。欺也。無臣而爲有臣。爲卽是僞。謂無臣而僞有臣也。考士喪禮。雖有夏祝商祝御者徹者擯者奠者之屬。皆暫時司其事者。謂之有司。本不爲臣。今用大夫禮。是僞有臣也。僞所以爲欺。故曰吾誰欺。欺天乎。皇疏云。天下人皆知我無臣。則人不可欺。今日立之。此政是遠欲欺天。故云欺天乎。鄭注云。大夫退死。葬以士禮。致仕以大夫禮葬。案年老歸政曰致仕。其爵未失。故從大夫禮葬。若大夫退。是君疏斥己。或己避位弗仕。旣去大夫之位。則不得以大夫禮葬。故宜以士禮葬也。王制云。大夫廢其事。終身不仕。死以士禮葬之是也。夫子去魯是退。當以士禮葬。今子路用大夫之禮。故夫子責之。宋氏翔鳳鄭注輯本云。據此爲孔子未反魯事。故有死於道路之語。蓋孔子自知必反魯也。今案此當是魯以幣召孔子。孔子將反魯。適於道路中得疾也。大葬。謂魯復用己。以大夫禮葬也。夫子言己雖未必復見用以禮大葬。亦當得歸魯。不致死於道路。所以然者。以天未喪斯文。必將命以制作以教萬世。故決不死於道路。亦兼明子路豫凶事爲過計也。○注。疾甚曰病。○正義曰。說文。病。疾加也。加甚義同。鄭此注云。病謂疾益困也。○注。孔子嘗爲大夫。故子路欲使弟子行其臣之禮。○正義曰。夫子仕魯爲司寇。是大夫也。及去魯以微罪行。宜降用士禮。今子路尊榮夫子。欲用大夫喪葬之禮。故使門人爲臣助治之。○注。少差曰閒。○正義曰。方言。差。知愈也。南楚病愈者謂之差。或謂之閒。郭注。閒。言有閒隙。文王世子。文王有病。旬有二日。乃閒。注。閒猶瘳也。○注。就使我有臣而死其手。我寧死弟子之手乎。○正義曰。有臣死於臣手。禮也。夫子願死於弟子手者。以弟子情益親也。故皇疏云。在三事同。若以親察而言。則臣不及弟子也。又云。臣禮就養有方。有方則隔。弟子無方。無方則親也。○注。就使至路乎。○正義曰。大葬。謂用大夫禮葬也。大夫稱君者。對臣言之。有二三子在。不憂棄於道路。明二三子亦能葬其師。不必迫以君臣之義也。

子貢曰。有美玉於斯。韞匵而藏諸。求善賈而沽諸。【注】馬曰。韞。藏也。匵。匱也。謂藏諸匱中。

沽。賣也。得善賈。寧肯賣之耶。子曰。沽之哉。沽之哉。我待賈者也。注包曰。沽之哉。不衒賣之辭。我居而行賈。

正義曰。君子於玉比德。時夫子抱道不仕。故子貢借美玉以觀夫子藏用之意。善賈。喻賢君也。雖有賢君。亦待聘乃仕。不能枉道以事人也。釋文。匵本又作櫝。通用字。物茂卿論語徵云。善賈者。賈人之善者也。賈音古。先典籌君秋槎雜記。儀禮聘禮。賈人西面坐啓櫝取圭。注。賈人。在官知物價者。古人重玉。凡用玉必經賈人。況鬻之乎。昭十六年左傳。宣子有環。其一在鄭商。韓子買諸賈人。既成賈矣。此沽玉必經賈人之證。謹案論語釋文。善賈音嫁。一音古。是舊讀賈有古音。卽賈人也。說文。賈。市也。段氏玉裁注。賈者。凡買賣之稱也。引伸之。凡賣者之所得。買者之所出。皆曰賈。俗又別其字作價。別其音入禡韻。古無是也。竊謂下句待賈。亦謂待賈人。白虎通商賈篇。商之爲言商也。商其遠近。度其有無。通四方之物。故謂之商也。賈之爲言固也。固其有用之物。以待民來以求其利者也。行曰商。止曰賈。易曰。先王以至日閉關。商旅不行。論語曰。沽之哉。我待價者也。白虎通引論語以證止賈。亦當作待賈。今作待價。明爲後人所改矣。沽。漢石經俱作賈。見東觀餘論。段氏以買賣皆可云賈。沽是叚借字。玉篇引求善賈而夃諸。說文云。秦以市買多得爲夃。則作夃亦通。此當出齊古文異。羣經音辨四。論語沽之哉。鄭康成亦音故。此就鄭義爲音。○注。韞藏至匵中。○正義曰。鄭注云。韞。裹也。匵。匱也。卽本馬注。裹藏同義。韞既訓藏。經下文又言藏者。古人自有複語。若詩采采芣苢。薄言采之。上下句皆言采矣。說文。匵。匱也。匱。匣也。今俗別作櫃。○注。沽之至待賈。○正義曰。太平御覽珍寶部三引鄭此注云。寧有自衒賣之道乎。我居而待價者。與包此注同。沽之哉。乃反言以決絕之辭。明沽是衒賣也。皇疏引王弼曰。重言沽之哉。賣之不疑也。此與包鄭義異。似亦通也。說文。衒。行且賣也。從行從言。衒或從玄。顏師古漢書東方朔傳注。衒。行賣也。包鄭均云居而待賈。亦似音古。御覽引鄭作待價字之誤。

子欲居九夷。或曰。陋。如之何。子曰。君子居之。何陋之有。注馬曰。九夷。東方之夷。有九種。君子所居則化。

正義曰。子欲居九夷。與乘桴浮海。皆謂朝鮮。夫子不見用於中夏。乃欲行道於外域。則以其國有仁賢之化故也。說見前浮海疏。後漢書東夷列傳。昔箕子違衰殷之運。避地朝鮮。始其國俗。未有聞也。及施八條之約。使人知禁。遂乃邑無淫盜。門不夜扃。回頑薄之俗。就寬略之法。行數百千年。故東夷通以柔謹爲風。異乎三方者也。苟政之所暢。則道義存焉。仲尼懷憤。以爲九夷可居。或疑其陋。子曰。君子居之。何陋之有。亦徒有以焉爾。此本前漢地理志而意更顯。九夷者。夷有九種。朝鮮特九夷之一。淮南齊俗訓謂泗上十二諸侯。率九夷以朝越王勾踐。惟九夷在東。故泗上諸侯得以率之。戰國秦策。楚包九夷。魏策。楚破南陽九夷內沛許鄢陵危。史記李斯傳。惠王用張儀之計。南取漢中。包九夷。制鄢郢。索隱曰。九夷。卽屬楚之夷也。呂氏祖謙大事記。據索隱說。以爲孔子在陳蔡。相去不遠。所以有欲居九夷之言。案呂氏說也。南方曰蠻。其稱夷稱九夷者。皆叚借稱之。況楚地之夷。其風俗獷悍。至今猶然。則正或人所譏。夫子不應欲居之矣。陋者。言其地僻陋。人不知禮儀也。何異孫十一經問對箕子受封於朝鮮。能推道訓俗。敎民禮義田蠶。至今民飲食以籩豆爲貴。衣冠禮樂。與中州同。以箕子之化也。君子居之。指箕子言。非孔子自稱爲君子。○注。九夷至則化。○正義曰。皇疏云。東有九夷。一玄菟。二樂浪。三高麗。四滿飾。五鳧更。六索家。七東屠。八倭人。九天鄙。皆在海中之夷。玄菟樂浪高麗。皆朝鮮地。後漢東夷傳。夷有九種。曰畎夷。于夷。方夷。黃夷。白夷。赤夷。玄夷。風夷。陽夷。故孔子欲居之也。此謂夷之九種。凡在海中及居中國。皆得名之。與皇疏所指略異。蓋皇疏以地言。漢傳以類言也。爾雅釋地。九夷。八狄。七戎。六蠻。謂之四海。白虎通禮樂篇。東所以九何。蓋來過者九。九之爲言究也。德徧究。故應德而來亦九也。非故爲之。道自然也。孟子盡心篇。君子所過者化。所存者神。故君子居之。則能變其舊俗。習以禮儀。若泰伯君吳。遂治周禮也。

子曰。吾自衞反魯。然後樂正。雅頌各得其所。注鄭曰。反魯。哀公十一年冬。是時道衰樂廢。孔子來還乃正之。故雅頌各得其所。

正義曰。皇本反下有於字。雅者。正也。所以正天下也。周室西都。爲政治之所自出。故以其音爲正而稱雅焉。至平王東遷。政教微弱。不能復雅。故降而稱風。風雅皆以音言。頌者。容也。以舞容言之也。蓋風雅但絃歌笙閒。惟三頌始有舞容。故稱頌。此阮氏元釋頌義。孔子正樂。兼有風雅頌。此不及風者。舉雅頌。則風可知。○注。鄭曰至其所。○正義曰。皇本此注作包曰。反魯。在哀十一年冬。見左氏傳。時孔子年六十九。後漢書范升傳奏曰。詩書之作。其來已久。孔子尙周流遊觀。至於知命。自衞反魯。迺正雅頌。以正樂爲在知命時。誤也。鄉飲酒禮注云。後世衰微。幽厲尤甚。禮樂之書。稍稍廢棄。孔子曰。吾自衞反於魯云云。謂當時在者而復重雜亂者也。惡能存其亡者乎。周官太師先鄭注。亦云時禮樂自諸侯出。頗有謬亂不正。孔子正之。則二鄭皆以雅頌得所。爲整理其篇第也。毛氏奇齡四書改錯。不從鄭說。謂正樂非正詩。又云。正樂。正樂章也。正雅頌之入樂部者也。部者。所也。如鹿鳴一雅詩。奏於鄉飲酒禮。則鄉飲酒禮。其所也。又用之鄉射禮燕禮。則鄉射燕禮。亦其所也。然此三所。不止鹿鳴。又有四牡皇皇者華兩詩。則以一雅分數所。與聯數雅合一所。總謂之各得其所。乃從而正之。則先正諸雅之在諸所者。並正此雅之錯入他所。與他雅之錯入此所者。皆謂之正雅。惟頌亦然。淸廟祀文王。則祀文其所也。然而祭統謂大嘗禘歌淸廟。則嘗禘又其所。又且文王世子謂天子養老。登歌淸廟。而仲尼燕居。且謂淸廟者。兩君相見之樂歌。則養老與君相見禮。無非其所。此必夫子當時專定一書。合統諸節目。正其出入。如漢後樂錄名色。而今不傳矣。茲但就雅頌二詩之首。約略大概如此。若其他雜見。如肆夏爲時邁一詩。饗禮天子所以享元侯。而祭禮謂大祭迎尸。采蘋采蘩。燕禮用之。而射義謂大夫以采蘋爲射節。士以采蘩爲射節。祭禮祀文以雍徹。而仲尼燕居謂大饗賓出。亦以雍徹。大武舞勺又舞象。勺卽酌詩。象卽維清詩。而內則入學。亦復十三舞勺。成童舞象。是樂各有所眞。有不如是而必不可者。所謂正也。毛氏之論。視鄭爲嚴。包氏愼言敏甫文鈔。以雅頌爲音。與毛又異。而義亦逼。今都錄其說云。論語雅頌以音言。非以詩言也。樂正而律與度協。聲與律諧。鄭衞不得而亂之。故曰得所。詩有六義。曰風。曰賦。曰比。曰興。曰雅，曰頌。而其被之於樂。則雅中有頌。頌中有雅。風中亦有雅頌。詩之風雅頌以體別。樂之風雅頌以律同。本之性情。稽之度數。協之音律。其中正和平者。則俱曰雅頌焉云爾。揚雄法言曰。或問五聲十二律也。或雅或鄭。何也。曰。中正爲雅。多哇爲鄭。請問本曰黃鍾以生之。中正以平之。確乎鄭衞不能入也。由是言之。樂有樂之雅頌。詩有詩之雅頌。二者固不可比而同也。七月。邠風也。而籥章吹以養老息物則曰雅。吹以迎送寒暑則曰頌。一詩而可雅可頌。邠風然。知十五國亦皆然也。大戴禮投壺云。凡雅二十六篇。鹿鳴貍首鵲巢采蘩采蘋白駒伐檀騶虞八篇可歌。鵲巢采蘩采蘋伐檀騶虞。此五篇皆風也。而名之爲雅者。其音雅也。投壺又云。八篇廢不可歌。七篇商齊可歌。商頌也。齊風也。而皆曰雅。由是言之。雅頌者。通名也。漢杜夔傳。雅樂四曲。有鹿鳴伐檀騶虞文王。墨子謂騶虞爲文王之樂。與武勺並稱。則風詩之在樂。可名雅。而又可名頌矣。淮南泰族訓曰。雅頌之聲。皆發於辭。本於情。故君臣以睦。父子以親。故韶夏之樂也。聲乎金石。潤乎草木。然則韶夏亦云雅頌。豈第二雅三頌之謂哉。又曰。言不合乎先王者。不可以爲道。音不調乎雅頌者。不可以爲樂。然則雅頌自有雅頌之律。性情正。音律調。雖風亦曰雅頌。性情不正。音律不調。卽雅頌亦不得爲雅頌。後世非無雅頌之詩。而不能與雅頌並稱者。情乖而律不調也。太史公樂書曰。凡作樂者。所以節樂。君子以謙退爲禮。減損爲樂。其如此也。以爲州異國殊。情習不同。故博采風俗。協比聲律。以補短移化。助流政教。天子躬於明堂臨觀。而萬民咸滌蕩邪穢。斟酌飽滿以飾厥性。故云雅頌之音理而民正。夫州異國殊。風也。天子博采而協比以音律。則俱曰雅頌。樂之雅頌。其果以詩分乎。不以詩分乎。樂書又言天子諸侯。聽鐘磬未嘗離於庭。卿大夫聽琴瑟之音。未嘗離於前。所以養仁義。防淫佚也。夫淫佚生於無禮。故聖人使耳聞雅頌之音。目視威儀之禮。由是言之。樂之雅頌。猶禮之威儀。威儀以養身。雅頌以養心。聲應相保。細大不踰。使人聽之而志意得廣。心氣和平者。皆雅頌也。以詩之雅頌。爲樂之雅頌。則經傳多格而不通矣。樂記曰。故人不能無樂。樂不能無形。形而不爲道。不能無亂。故制雅頌之聲以道之。周南召南。莫非先王所制。則莫非雅頌也。非先王所制。而本之性情。稽之度數。協之聲律。不悖於先王者。聖人有取焉。史記儒林傳言詩三百五篇。孔子皆弦歌之。以求合乎韶武雅頌之音。三百篇之於雅頌。不必盡合也。其合乎雅頌者。卽謂之雅頌。故伐檀也。齊也。亦曰雅。大戴所言。杜夔所傳。豈其謬哉。漢書禮樂志云。周衰。王官失業。雅頌相錯。孔子論而定之。故曰吾自衞反魯。然後樂正。雅頌各得其所。班氏所謂雅頌相錯者。謂聲律之錯。非謂篇章錯亂也。所謂孔子論而定之者。謂定其聲律。非謂整齊其篇次也。子曰。師摯之始。關雎之亂。洋洋乎盈耳哉。關雎篇次。非有所錯。然洋洋之盛。必待孔子正樂之後。蓋自新聲旣起。音律以乖。先王雅頌。皆因之以亂。詩則是也。聲則非也。故曰惡鄭聲之亂雅樂也。淮南曰。先王之制法也。因民之所欲。而爲之節文者也。因其好色而制婚姻之禮。故男女有別。因其好音而正雅頌之聲。故風不流。關雎葛覃卷耳。正所謂節而不使流者也。然使以鄭聲弦之歌之。則樂者淫。哀者傷矣。明乎此。而雅頌之不係乎詩可知。得所之非整理其篇章亦可知。

子曰。出則事公卿。入則事父兄。喪事不敢不勉。不爲酒困。何有於我哉。注馬曰。困。亂也。正義曰。鄉飲酒禮注。大國有孤。四命謂之公。胡氏匡衷儀禮釋官。天子有三孤。副三公。大國無公。惟有孤。故孤亦號爲公。白虎通爵篇。卿之爲言章也。章善明理也。禮王制。大國三卿。皆命于天子。次國三卿。二卿命于天子。一卿命于其君。小國二卿。命于其君。夫子此言事公卿。則已仕魯時也。邢疏云。言出仕朝廷。則盡其忠順以事公卿也。入居私門。則盡其孝悌以事父兄也。若有喪事。則不敢不勉力以從禮也。未嘗爲酒亂其性也。案何有。言不難有也。說見前默識章疏。○注。困。亂也。○正義曰。困訓亂者。引申之義。鄉飲酒義降說屨升堂。脩爵無數。飲酒之節。朝不廢朝。莫不廢夕。賓出。主人拜送。節文終遂焉。知其能安燕而不亂也。下篇說夫子事云。唯酒無量不及亂。

子在川上曰。逝者如斯夫。不舍晝夜。注包曰。逝。往也。言凡往也者。如川之流。注。包曰至之流。○正義曰。皇本作鄭注。高麗本及文選秋興賦注引此注作包。與邢本同。凡者。非一之辭。明君子進德修業。孳孳不已。與水相似也。法言學問篇或問進曰水。或曰爲其不舍晝夜與。曰有是哉。滿而後漸者。其水乎。法言所謂進。與夫子言逝義同。逝者。往也。言往進也。春秋繁露山川頌篇。水則源泉混混沄沄。晝夜不竭。既似力者。盈科後行。既似持平者。循微赴下。不遺小閒。既似察者。循谿谷不迷。或奏萬里而必至。既似知者。障防山而能淸淨。既似知命者。不淸而入。潔淸而出。既似善化者。赴千仞之壑。入而不疑。既似勇者。物皆困於火。而水獨勝之。既似武者。咸得之生。失之而死。既似有德者。孔子在川上曰。逝者如斯夫。不舍晝夜。此之謂也。董引論語以證似力一節。非以論全德也。至法言所謂滿而後漸。則又一意。孟子離婁篇徐子曰。仲尼亟稱于水曰。水哉水哉。何取於水也。孟子曰。源泉混混。不舍晝夜。盈科而後進。放乎四海。有本者如是。是之取爾。此卽滿而後漸之義。亦前意之引申。故趙岐孟子章指云。言有本不竭。無本則涸。虛聲過實。君子恥諸。是以仲尼在川上曰。逝者如斯。明夫子此語。既贊其不息。且知其有本也。如川之流。詩天保文。地官序官注。川。流水。

子曰。吾未見好德如好色者也。注疾時人薄於德而厚於色。故發此言。正義曰。史記孔子世家言孔子居衞。靈公與夫人同車。宦者雍渠參乘出。使孔子爲次乘。招搖市過之。孔子曰。吾未見好德如好色者也。於是醜之。去衞過曹。是歲魯定公卒。則此語在定十四年。史記集解引李充曰。使好德如好色。則棄邪而反正矣。○注。疾時人薄於德而厚於色。○正義曰。坊記注解此文云。疾時人厚於色之甚而薄於德也。卽此注文所本。毛詩序。女曰雞鳴。刺不好德也。陳古義以刺今。不說德而好色也。鄭注。德謂賢士大夫有德者。

子曰。譬如爲山。未成一簣。止。吾止也。注包曰。簣。土籠也。此勸人進於道德。爲山者其功雖已多。未成一簣而中道止者。我不以其前功多而善之。見其志不遂。故不與也。譬如平地。雖覆一簣。進。吾往也。注馬曰。平地者將進加功。雖始覆一簣。我不以其功少而薄之。據其欲進而與之。正義曰。爲山。謂積土爲山也。簣。漢書禮樂志。後漢班固傳注。達摩多羅禪經上注引此文並作匱。唐化度寺碑。貪覆匱以成山。亦用此文。蓋叚借也。荀子宥坐篇。孔子曰。如垤而進。吾與之。如丘而止。吾已矣。卽此章異文。孟子盡心篇。有爲者辟若掘井。掘井九軔而不及泉。猶爲棄井也。大戴禮勸學云。積土成山。風雨興焉。積水成淵。蛟龍生焉。積善成德。而神明自得。聖心循焉。故不積跬步。無以至千里。不積小流。無以成江河。騏驥一躍。不能十步。駑馬十駕。功在不舍。鍥而舍之。朽木不折。鍥而不舍。金石可鏤。二文並與此章義相發。○注。簣土至與也。○正義曰。鄭此注云。簣。盛土器。與包注互備。廣雅釋器。簣筹篓簝籯篝笭。籠也。皆異名同物。顏師古王莽傳注。匱。織竹爲器。所以盛土。又禮樂志注。織草爲器。草疑竹之誤。勸人進於道德者。明人進於道德。當如爲山。積土不已。期於成也。見其志不遂。故不與者。明己設教。當觀其志能遂與否。若見志不遂。則其功終不能就。如斯之人。不能復與之也。禮中庸云。故天之生物。必因其材而篤焉。故栽者培之。傾者覆之。此之謂也。

子曰。語之而不惰者。其回也與。注顏淵解。故與之而不惰。餘人不解。故有惰語之時。正義曰。說文。憜。不敬也。從心嫷省聲。惰。憜或省𨸏。不敬。則有懈倦之意。廣雅釋詁。惰。嬾也。○注。顏淵至之時。○正義曰。顏子於夫子言無所不說。說者。解也。夫子與顏子言終日。是語之不惰也。學記云。古之教者。時觀而勿語。必力不能問。然後語之。語之而不知。雖舍之可也。舍之。卽惰矣。

子謂顏淵曰。惜乎。吾見其進也。未見其止也。注包曰。孔子謂顏淵進益未止。痛惜之甚。注。包曰至之甚。○正義曰。皇本作馬注。說文。惜。痛也。楚辭惜誓序。惜者。哀也。皇疏云。顏淵死後。孔子有此歎也。

子曰。苗而不秀者。有矣夫。秀而不實者。有矣夫。注孔曰。言萬物有生而不育成者。喻人亦然。正義曰。說文。苗。草生於田者。草謂穀也。倉頡篇。苗。禾之未秀者也。何休公羊莊二十八年注。苗者。禾也。生曰苗。秀曰禾。秀卽采也。說文。采。禾成秀也。凡禾黍先作華。華蕃收。卽爲稃。而成實。實卽稃中之仁也。苗而不秀。秀而不實。謂年穀不順成也。翟氏灝考異。牟融理惑論云。顔淵有不幸短命之記。苗而不秀之喻。禰衡顔子碑云。亞聖德。蹈高蹤。秀不實。振芳風。李軌法言注云。仲尼悼顔淵苗而不秀。子雲傷童烏育而不苗。文心雕龍云。苗而不秀。千古斯慟。皆以此爲惜顔子。而世說新語謂王戎之子萬有大成之風。苗而不秀。梁書徐勉因子悱卒爲客喻云。秀而不實。尼父爲之歎息。是六朝以前人。皆以此節謂爲顔子而發。自必古論語家相傳舊義。案漢沛相范君墓碣。茂而不實。顔氏暴顯茂秀義同。唐玄宗顔子贊。秀而不實。得無慟焉。漢唐人說皆如此。皇疏云。又爲歎顔淵爲譬也。邢疏云。此章亦以顔淵早卒。孔子痛惜之。爲之作譬說。並得之。○注。言萬物有生而不育成者。喻人亦然。○正義曰。法言問神篇。育而不苗者。吾家之童烏乎。後漢書章帝八王傳贊。振振子孫。或秀或苗。皆以此章喻人早夭也。人早夭。故成德亦有未至。

子曰。後生可畏。焉知來者之不如今也。四十五十而無聞焉。斯亦不足畏也已。注後生。謂年少。正義曰。後生可畏。謂生質獨美也。不如今。謂不如今日之可畏也。人少時有聰慧。爲人所畏。至年壯老。學力復充。故人常畏服之。曰焉知者。論衡實知篇解此文。以爲後生難處是也。大戴禮曾子立事篇。三十四十之閒而無藝。卽無藝矣。五十而不以善聞。則無聞矣。與此文義同。無聞。謂無善聞於人也。無聞由於無藝。藝謂所學之業也。禮學記云。時過然後學。則勤苦而難成。學貴不失時。故君子愛日也。胡氏紹勳拾義。人至五十爲老年。是以養老自五十始。曲禮云。五十曰艾。王制云。五十始衰。縱能加功。進境有限。況王制又云。六十不親學。五十無聞。更無望於六十矣。據內則二十博學不敎。三十博學無方。學至有聞。早則定於四十以前。遲則定於五十以前。斷不定於五十以後。因直決之曰。斯亦不足畏也已。皇本可畏下有也字。已下有矣字。

子曰。法語之言。能無從乎。改之爲貴。注孔曰。人有過。以正道告之。口無不順從之。能必自改之。乃爲貴。巽與之言。能無說乎。繹之爲貴。注馬曰。巽。恭也。謂恭孫謹敬之言。聞之無不說者。能尋繹行之。乃爲貴。說而不繹。從而不改。吾末如之何也已矣。正義曰。釋文。語。於據反。謂告語之也。方言。

悛懌。改也。自山而東或曰懌。郭注引懌之爲貴。廣雅釋詁。懌。改更也。繹懌古多通用。詩板泮水釋文。並云繹本作懌。頍弁釋文。懌本作繹可證也。郭注方言。引此文。是訓懌爲改。與馬注異。亦得通也。法語之言。巽與之言。言者稱此二術。故說而不繹。從而不改。雖聖人亦無如之何矣。淮南子原道訓。故聽善言便計。雖愚者知說之。稱至德高行。雖不肖者知慕之。說之者衆而用之者鮮。慕之者多而行之者寡。所以然者。何也。不能反諸性也。○注。人有至爲貴。○正義曰。法者。灋之借字。說文。灋。荆也。平之如水。从水。廌。所以觸不直者去之。從去。引申爲典則灋度之稱。故此注法爲正道也。用正道告之。人畏義而服。故口不能不順從。○注。巽恭至爲貴。○正義曰。易巽彖傳。順以巽也。虞注。巽。外迹相卑下也。是巽有恭義。人有過。我以恭遜謹敬與之言。人感我柔順。不能不說也。說文。繹。繹理也。繹。抽絲也。方言。繹。理也。絲曰繹之。是尋繹謂抽引其理也。既尋繹之。則能行之可知。注義自爲引伸也。鄭注云。繹。陳也。此本爾雅釋詁。其義未詳。

子曰。主忠信。無友不如己者。過則勿憚改。【注】慎所主友。有過務改。皆所以爲益。正義曰。皇疏云。此事再出也。范寧云。聖人應於物作教一事。時或再言。弟子重師之訓。故又書而存焉。

子曰。三軍可奪帥也。匹夫不可奪志也。【注】孔曰。三軍雖衆。人心不一。則其將帥可奪而取之。匹夫雖微。苟守其志。不可得而奪也。正義曰。帥者。衛之借字。說文。衛。將衛也。匹夫者。爾雅釋詁。匹。合也。書堯典疏。士大夫已上。則有妾媵。庶人無妾媵。惟夫妻相匹。其名既定。雖單亦通謂之匹夫匹婦。鄭注云。匹夫之守志。重於三軍之死將者也。死將。謂奪取軍將而致之死也。三軍之帥。以人爲衛。故遇彊敵。可覆而取之。匹夫守志。志有一定。不可得而奪也。禮緇衣云。子曰。言有物而行有格也。是以生則不可奪志。死則不可奪名。又儒行云。儒有今人與居。古人與稽。今世行之。後世以爲楷。適弗逢世。上弗援。下弗推。讒諂之民。有比黨而危之者。身可危也。而志不可奪也。○注。三軍至取之。○正義曰。孫子始計篇。道者。令民與上同意。可與之死。可與之生。而不畏危也。又九地篇。故善用兵者。攜手若使一人。不得已也。是言行軍貴一心也。若衆心不一。則士卒懈散。莫有關志。故其將可奪而取之。吳子論將云。士輕其將而有歸志。塞易開險。可邀而取。

子曰。衣敝縕袍。與衣狐貉者立。而不恥者。其由也與。【注】孔曰。縕。枲著。正義曰。釋文云。弊本今作敝。皇本及說文衣部。亦作弊。釋文引鄭注。縕。枲也。藝文類聚三十五御覽四百八十二引鄭注。枲並作絮。盧氏文弨釋文考證以作絮爲正。蓋鄭與孔異。故釋文引之。若亦謂枲。則與孔無甚異矣。

禮玉藻。纊爲繭。縕爲袍。注云。衣有著之異名也。纊謂今之新綿也。縕謂今之纊及舊絮也。李氏惇羣經識小。古無木綿。著皆以絮爲之。絮。絲餘也。玉藻注所云今者。指漢末而言。古以新綿爲纊。舊絮爲縕。漢則以精者爲綿。而粗者爲纊。古今語異也。案韓詩外傳。士褐衣縕著。未嘗完也。又云。曾子褐衣縕絮。未嘗完也。漢書東方朔傳。衣縕無文。師古注。縕。亂絮也。皆以縕爲絮。說文。絮。敝綿也。袍者。說文。袍。襺也。爾雅釋言。襺。袍也。互相訓。釋名釋衣服云。袍。丈夫著下至跗者也。袍。包也。包內衣也。任氏大椿深衣釋例。喪大記。袍必有表。謂之一稱。注，袍。褻衣。蓋袍爲深衣之制。特燕居便服耳。故云褻衣。周官玉府注云。燕衣服者。巾絮寢衣袍襗之屬。論語紅紫不以爲褻服。鄭注云。褻服。袍襗。此袍爲褻衣之明證也。案袍是春秋二時之服。若袷褶之類。於時人已服裘。子路猶衣敝袍也。狐貉二獸名。汗簡引古論語。貉作貈。說文。貈。似狐。善睡。引論語狐貈之厚以居。段氏玉裁注謂凡狐貉連文者。皆當作貈。今字作貉。皆叚借。貉。說文以爲北方豸種。先鄭職方注。北方曰貉。是貉乃夷狄之名。別一義也。詩七月。一之日于貉。取彼狐貍。爲公子裘。貉狐貍。皆公子之裘。詩文參互。鄭箋以于貉爲邠民自取。非也。春秋繁露服制篇。百工商賈。不敢服狐貉。則狐貉並貴者所服。江氏永鄉黨圖考謂狐貉之裘爲褻裘。則此文狐貉與縕袍。並爲燕居之服矣。○注。縕枲著。○正義曰。枲者。麻之異名。注與鄭異。亦通。說文。縕。紼也。紼。亂系也。又襺下云。以絮曰襺。以縕曰袍。別絮言縕。則縕是枲可知。漢書蒯通傳。束縕請火於亡肉家。師古注。縕。亂麻也。著猶言藏也。士喪禮。著組繫。注。著。充之以絮也。

不忮不求。何用不臧。注 馬曰。忮。害也。臧。善也。言不忮害。不貪求。何用爲不善。疾貪惡忮害之詩。子路終身誦之。子曰。是道也。何足以臧。注 馬曰。臧。善也。尚復有美於是者。何足以爲善。

正義曰。終身者。言常誦之將終身也。誦者。周官大司樂注。以聲節之曰誦。孔氏廣森經學卮言。子路終身常誦不忮不求二言。猶南容一日三復白圭之玷。子以其取於詩者小。故語之曰。不忮不求。是或一道也。然止于是而已。則亦可足以臧哉。尋省舊注。絕不與上衣敝縕袍相蒙。作疏者始以引詩爲美子路又以終身誦之爲聞譽自足。既重誣賢者。且夫子先既取詩詞何用不臧。而後頓抑之。謂何足以臧。是自異其枘鑿。不可通也。又云。注疏本三十章。釋文則云三十一章。竊疑陸所見古本多一章者。正分不忮不求以下矣。案仲尼弟子列傳。載衣敝縕袍一節。無不忮不求二句。亦一證。○注。忮害至之詩。○正義曰。忮害臧善。並毛傳文。說文。忮。很也。漢書甯成傳。汲黯爲忮。師古曰。忮。意堅也。義並相近。何用爲不善。用不忮不求。卽爲善也。韓詩外傳。夫利爲害本。而福爲禍先，唯不求利者爲無害。不求福者爲無禍。又云。故非道而行之。雖勞不至。非其有而求之。雖強不得。故智者不爲非其事。廉者不求非其有。是以害遠而名彰也。又云。安命養性者。不待積委而富。名號傳乎世者。不待勢位而顯。德義暢乎中而無外求也。三節。皆引詩不忮不求何用不臧。按韓之意。似以不害由於不求也。害謂己有禍患。不謂傷害人也。此義與馬不同。並得通也。鄭詩箋云。言君子之行。不忮害。不求備於一人。解不忮與馬同。不求與韓馬異。或本齊魯說。疾貪惡忮害之詩者。貪惡謂貪求之惡。詩者。衞風雄雉篇文。○注。臧善至爲善。○正義曰。臧。善也。見上注。此當術。尙復有美於是者。言學道無止境也。譬若富者無驕。貧者無諂。尙未若富好禮貧樂道也。克伐怨欲不行。可以爲難。尙未可以爲仁也。是皆未足爲善也。

子曰。歲寒。然後知松柏之後彫也。注大寒之歲。衆木皆死。然後知松柏小彫傷。平歲則衆木亦有不死者。故須歲寒而後別之。喻凡人處治世。亦能自修整。與君子同。在濁世。然後知君子之正不苟容。正義曰。歲寒者。孫炎爾雅注云。四時一終曰歲。取歲星行一次也。說文。寒作𡫾。云凍也。從人在宀下。以茻薦覆之。下有仌。釋名釋天。寒。扞也。扞格閉塞不通也。翟氏灝考異云。莊子讓王篇。天寒既至。霜雪既降。吾是以知松柏之茂也。陳蔡之隘。于丘其幸乎。乃子厄陳蔡時。謂子路之言。案此又見風俗通窮通篇。說文云。凋。半傷也。彫。琢文也。義別。今多通用。○注。大寒至苟容。○正義曰。玉篇。寒。冬時是寒。乃歷歲氣候。注必言大寒者。極言之耳。荀子大略篇。君子隘窮而不失。勞倦而不苟。臨患難而不忘細席之言。歲不寒。無以知松柏。事不難。無以知君子。史記伯夷列傳。歲寒然後知松柏之後凋。舉世混濁。清士乃見。淮南子俶眞訓。夫大寒至。霜雪降。然後知松柏之茂也。據難履危。利害陳於前。然後知聖人之不失道也。潛夫論交際篇。昔魏其之客。流於武安。長平之吏。移於冠軍。廉頗翟公。載盈載虛。夫以四君之賢。藉舊貴之夙恩。客猶若此。則又況乎生貧賤者哉。惟有古烈之風。志義之士。爲不然爾。恩有所結。終身無解。心有所矜。賤而益篤。故歲寒然後知松柏之後凋也。諸說或以歲寒喻事難。喻亂世。喻勢衰。義均得通。注就亂世言。

子曰。知者不惑。注包曰。不惑亂。仁者不憂。注孔曰。無憂患。勇者不懼。正義曰。申鑒雜言下。君子樂天知命故不憂。審物明辨故不惑。定心致公故不懼。若乃所憂懼則有之。憂己不能成天性也。懼己惑之。憂不能免天命無惑焉。

子曰。可與共學。未可與適道。可與適道。未可與立。可與立。未可與權。注適之也。雖學或得異端。未必能之道。雖能之道。未必能有所立。雖能有所立。未必能權量其輕重之極。唐棣之華。偏其反而。豈不爾思。室是遠而。子曰。未之思也。夫何遠之有。注逸詩也。唐棣。移也。華反而後合。賦此詩者。以言權道反而後至於大順。思其人而不得見者。其室遠也。以言思權而不得見者。其道遠也。夫思者當思其反。反是不思。所以爲遠。能思其反。何遠之有。言權可知。唯不知思耳。思之有次序。斯可見矣。

正義曰。與者。以也。淮南子氾論訓。孔子曰。可以共學矣。而未可以適道也。可與適道。未可立也。可以立。未可與權。與以錯出。與卽以也。學者。業之所同。講習切磋。彼此資益。故曰共學。至適道立權。各由人所自得。故不曰共也。高誘淮南子注曰。道。仁義之善。道立。謂立德立功立言。戴氏震孟子字義疏證。蓋同一所學之事。試問何爲而學。其志有去道甚遠者矣。求利祿聲名者是也。道責於身。不使差謬。而觀其守道。能不見奪者寡矣。故未可與立。守道卓然。知常而不知變。由精義未深。所以增益其心志之明。使全乎聖智者。未之盡也。故未可與權。唐棣之華云云者。此引詩言以華之反而後合。喻權之反經而合道也。春秋繁露竹林篇。文選廣絕交論注。引此文作棠棣。唐棠通用字。爾雅釋草云。木謂之華。草謂之榮。此唐棣是木。亦言華者。散文可通稱。故說文云。𠌶。榮也。是也。偏其反而者。皇疏云。言偏者。明唯其道偏與常反也。朱子集注。引晉書偏作翩。似晉書無此文。角弓詩。翩其反矣。桑柔詩。旟旐有偏。釋文。偏本亦作翩。韋昭周語注。翩翩。動搖不休止之意。然則偏讀翩。義亦通矣。而者。語助之辭。皇疏云。豈不爾思。室是遠而者。言凡思其人而不得見者。其居室遼遠故也。人豈不思權。元邈如其室奧遠故也。劉氏逢祿述何篇。夫子以思爲未思者。不欲誘咎於室。誠之至也。馮氏登府異文考證。韓詩正義。及三國志魏武帝紀注。說苑權謀。北周書宇文護傳論。並作可與適道未可與權。筆解作可與共學。未可與立。可與適道。未可與權。謂今文錯簡。唐文粹馮用之權論引與筆解同。此當由後人隨意引入。非今文有錯簡也。釋文未音味。或作未者。非。夫音符。一讀以夫字屬上句。高麗本讀正同。武氏億經讀考異。謂如一讀有咏嘆淫佚之趣。又謂古人釋詩之詞。多以夫字屬句末。歷引左傳僖二十四年。宣十二年。成八年。襄二十四年。中庸注。法言爲證。其說良然。皇本有下多哉字。○注。適之至之極。○正義曰。之者。往也。法言問道篇。或問道曰。道也者。通也。無不通也。或曰。可以適他與。曰適堯舜文王者爲正道。非堯舜文王者爲他道。君子正而不他。塗雖曲而通諸夏則由諸。川雖曲而通諸海則由諸。宋咸注。他。異端也。與此注相發。玉篇。權。稱錘也。孟子梁惠王篇。權然後知輕重。焦氏循說權曰。權之於稱也。隨物之輕重以轉移之。得其平而止。物增損而稱則長平。轉移之力也。不轉移。則隨物爲低昂而不得其平。故變而不失常。權而後經正。皇疏引王弼曰。權者。道之變。變無常體。神而明之。存乎其人。不可豫設。尤至難者也。○注。唐棣至見矣。○正義曰。唐棣栘者。爾雅釋木文。又常棣棣。二木皆見詩。陳氏奐毛詩疏。謂爾雅當作唐棣。棣常棣栘。以棣之名專屬唐棣。而以常棣爲棣之類。若然。則此注所云唐棣栘。栘字亦棣之誤矣。陳疏又云。說文。栘。棠棣也。棣。白棣也。棠當作常。爾雅邢疏引陸機義疏云。許愼曰。白棣樹也。如李而小。如櫻桃正白。今官園種之。又有赤棣樹。亦似白棣。葉如刺榆葉而微圓。子正赤。如郁李而小。五月始熟。自關西天水隴西多有之。案元恪謂白棣以實白而得名。赤棣如郁李。其實正赤。郁李一名奧李。一名雀李。一名車下李。爲棣之屬。乃論語邢疏引義疏云。唐棣。奧李也。一名雀李。亦曰車下李。所在山皆有。其華或白或赤。六月中熟。大如李子。可食。此與齊民要術引豳風七月篇義疏。鬱樹高五六尺。實大如李。赤色。食之甜。正同。則論語疏引唐棣。必是常棣之誤。小雅之常棣。七月之鬱。皆即赤棣歟。而非此唐棣也。案陳說是也。郭注爾雅。以唐棣似白楊。郝氏懿行義疏引牟願相說。即今小桃白。其樹高七八尺。其華初開反背。終乃合幷。但其樹皮色紫赤。不似白楊耳。牟氏此說。得之目驗。與許慎所稱白棣。當無異矣。皇疏云。夫樹木之花。皆先合而後開。唐棣之花。則先開而後合。是華反而後合也。高誘淮南子注云。權因事制宜。權量輕重。無常形勢。能合醜反善。合于時適義。是由反而至大順。亦用權之道。所謂無常形勢也。公羊桓十一年傳。權者何。反乎經。然後有善者也。後漢周章傳。北周宇文護傳。引論語解之。並爲反經。用公羊義也。焦氏循說權曰。說者疑於經不可反。夫經者。法也。法久不變。則弊生。故反其法以通之。不變則不善。故反而後有善。不變則道不順。故反而後至於大順。故反寒爲暑。反暑爲寒。日月運行。一寒一暑。乃爲順行。恆寒恆燠。則爲咎徵。禮減而不進則消。樂盈而不反則放。禮有報而樂有反。此反經所以爲權。春秋繁露竹林篇。春秋之常辭也。不予夷狄而予中國爲禮。至邲之戰。偏然反之。何也。曰。春秋無通辭。從變而移。故盟不如不盟。然而有所謂善盟。戰不如不戰。然而有所謂善戰。不義之中有義。義之中有不義。辭不能及。皆在於指。非精心達思者。其孰能知之。詩云。棠棣之華。偏其反而。豈不爾思。室是遠而。子曰。未之思也。夫何遠之有。由是觀之。見其指者不任其辭。然後可與適道矣。劉勰新論明權篇。古之權者。審其輕重。必當於理而後行焉。易稱巽以行權。語稱可以適道。未可與權。權者反於經而合於道。反於善而後有善。若唐棣之華。反而更合。孝子事親。和顏卑體。盡孝盡敬。及其溺也。則攬髮而拯之。非敢侮慢。以救死也。故溺而捽之。父祝則名君。勢不得已。權之所設也。二說皆足發明此章經注之義。毛氏奇齡稽求篇。毛詩不思其反。反是不思。陽固嫉邪詩。反是不思。維塵及矣。皆未之思也之注。若相反之思。則王符潛夫論有云。夫長短大小。清濁疾徐。必相應也。然攻玉以石。洗金以鹽。濯錦以魚。浣布以灰。夫物固有以賤理貴。以醜化好者矣。智者棄短而取長。則才可致。賢者激濁以見清。則士可用。孔子曰。未之思也。夫何遠之有。此正以貧賤好醜長短清濁。相反而實相成。見思反之意。又云嘗讀王祥傳。知祥以漢魏遺老。身爲三公。而卒預晉禪。心嘗愧恨。雖不奉朝請。不立殿陛。而終不自安。故於臨歿時。屬後人使不澣濯。不含斂。不沐棺槨。不起墳塋。家人不送喪。祥禫不饗祀。雖不用古法。而反經行權。期合于道。故旣以孝弟信讓通屬之。而終之曰未之思也。夫何遠之有。此正取唐棣是篇以反作正之一證也。案如毛說。未之思是思反。亦即是思權。與此注說亦正合。云次序者。謂先反後順也。

卷十一　鄉黨第十

正義曰。皇疏言古論以鄉黨爲第二篇。此僞本不足據。

集解　凡一章

正義曰。此篇雖一章。而其閒事義。各以類從。皇邢疏別爲科段。當有所受。今略本之。分爲二十五節。

孔子於鄉黨。恂恂如也。似不能言者。【注】王曰。恂恂。溫恭之貌。正義曰。江氏永鄉黨圖考。諸侯五十里內爲三鄉。亦如天子之制。鄉者。舉其大名。黨者。舉其中所屬之一也。孔子雖居國都。亦曰鄉黨。對朝廷言之也。王氏瑬鄉黨正義說。孔子生於陬邑。遷於闕黨而設教焉。故新序云。孔子在州里。篤行孝道。居於闕黨。闕黨之子弟。畋漁分有。親者得多。孝以化之也。可知此文鄉黨。兼彼二地矣。鄭注云。恂恂。恭愼貌。案說文恂。信心也。信者。實也。人有信心。則能恭愼。史記世家載此文索隱曰。恂恂有本作逡逡。音七旬反。漢祝睦後碑。鄉黨逡逡。朝廷便便。與索隱合。史記李廣傳贊。李將軍悛悛如鄙人。口不能正辭。索隱曰。漢書作恂恂。音詢。悛與逡同。亦與恂同。並聲近字。劉脩碑。其於鄉黨遜遜如也。亦音義相近。當由齊古魯三家文異。集注云。似不能言者。謙卑巽順。不以賢知先人也。鄉黨。父兄宗族之所在。故孔子居之。其容貌辭氣如此。

其在宗廟朝廷。便便言。唯謹爾。【注】鄭曰。便便。辯也。雖辯而敬謹。正義曰。集注云。在宗廟朝廷。謂助祭於公與見君時也。白虎通。宗廟云。宗者。尊也。廟者。貌也。象先祖之尊貌也。所以有室何。所以象生之居也。爾雅釋宮室。有東西廂曰廟。東西廂者。東堂西堂也。白虎通朝覲云。朝者。見也。周官大宗伯注。朝猶早也。欲其來之早。此說朝。即朝夕以朝。時見君謂之朝。因而見君之地。亦稱朝。舊說諸侯三朝。在庫門外者曰外朝。在雉門內者曰治朝。在路門內者曰燕朝。又曰射朝。若以治朝燕朝對外朝。亦稱內朝。玉藻。諸侯朝服以日視朝於內朝。則治朝也。文王世子公族朝于內朝。則燕射之朝也。若以治朝對燕朝。則治朝亦稱外朝。文王世子其在外朝。據注卽治朝也。江氏永圖考。治朝外朝。皆是平地無堂階。故謂之朝廷。廷者。平地也。鄭注。文王世子云外朝。路寢門之外庭是也。覲司士路門左路門右之位可見。聘禮使者夕幣于朝。時管人布幕于寢門外。亦可見路門外是平地無堂。曾子問。諸侯旅見天子。雨霑服失容則廢朝。明在廷中也。又曰外朝治朝。皆平地無堂。惟路寢朝有堂有階。案三朝朝位皆平地。鄭注太僕云。燕朝。朝於路寢之庭。注文王世子云。內朝。路寢庭。路寢卽燕寢。別寢而言庭。明朝位在庭也。左傳韓獻子從公立于寢庭。卽是從公於內朝。是燕朝朝位亦平地。不獨治朝外朝矣。金氏鶚禮說。凡言庭者。皆廟寢堂下也。若治朝外朝。皆無堂。則亦無庭。而名之曰廷。所謂朝廷也。庭與廷字有別。說文云。庭。宮中也。廷。朝中也。庭有堂。故其文從广。廷無堂。而但爲平地。故其文從廴。案金說是也。玉篇。庭。堂階前也。是庭雖平地。必有堂階而後名之。自來解者。庭廷二文多混。禮說又云。考工記市朝一夫。夫百步也。堂下至路門百步。內朝之庭也。路門至應門百步。治朝之廷也。應門至皐門百步。外朝之廷也。此爲天子之制。其諸侯則無文以明之。王氏鎏正義引楊履安說。諸侯之堂。七雉三分。其廣以其二爲之。內庭三堂之深。當爲七十步。此義或得之。外朝人君不常至。治朝禮略。君臣不能多言。凡議政事。皆於燕朝。或於路寢。夫子便便言。當在燕朝。然則此文朝廷。是舉治朝以賅燕朝矣。便便。史記世家作辯辯。書。平章百姓。伏傳作辯章。史記作便章。平秩南訛。鄭作辯秩。伏傳作便秩。詩。平平左右。毛傳。平平。辯治也。韓詩作便便。是平便辯音近義同。○注。便便。辨也。○正義曰。爾雅釋訓。諸諸便便。辨也。辨辯同。謂辯論之也。夫子於宗廟每事問。又傳正祭器。於朝廷則對問政述儒行。是言辯也。

朝。與下大夫言侃侃如也。與上大夫言誾誾如也。注孔曰。侃侃。和樂之貌。誾誾。中正之貌。

正義曰。據下文君在爲視朝。則此言朝。是君未視朝時也。玉藻云。朝辨色始入。君日出而視之。則臣入朝在君先。秦氏蕙田五禮通考。古者視朝之禮甚簡。既朝而退。君適路寢聽政。臣適諸曹治事。諸臣治事之所。即匠人所謂外九室是也。其室在治朝之左右。如今午門朝房矣。康成箋詩。以治事之所爲私朝。蓋以卿大夫議朝政於此。故亦得名朝。曲禮。在朝言朝。論語。朝。與下大夫言。與上大夫言。皆指治事之朝。案秦說亦通。王制云。大國三卿。皆命於天子。下大夫五人。次國三卿。二卿命於天子。一卿命於其君。下大夫五人。小國二卿。皆命於其君。下大夫五人。孔疏崔氏云。三卿者。依周制而言。謂立司徒兼冢宰之事。立司馬兼宗伯之事。立司空兼司寇之事。故左傳云。季孫爲司徒。叔孫爲司馬。孟孫爲司空。下大夫五人者。崔氏云。謂司徒之下。置小卿二人。一是小宰。一是小司徒。司空之下。亦置二小卿。一是小司寇。一是小司空也。司馬之下。惟置一小卿。小司馬也。案崔說本何休公羊傳注。王氏鎏正義。王制。上大夫卿。下大夫五人。是諸侯之上大夫即卿。而無中大夫也。三卿對大夫爲上。於三卿中。又自分上中下。王制有上卿中卿下卿是也。五大夫對三卿爲下。於五大夫中。又自分上下。王制所謂當其上大夫當其下大夫是也。案大射儀。卿席賓東東上。小卿賓西東上。大夫繼而東上。胡氏培翬正義。五大夫。爲卿之副貳。故謂之小卿。又云。諸侯大夫。不止五人。惟三卿下五大夫謂之小卿。其餘大夫。不稱小卿。故云大夫繼而東上。由胡說推之。是五大夫下。仍有大夫。當是分職治事者。如周官大小卿下之有羣司矣。此與小卿並下大夫也。夫子仕魯爲小司空小司寇。是下大夫。而孔子世家及趙岐孟子注。皆謂孔子爲大司寇。案司寇爲司空兼官。孟孫居之。其小司寇。則臧孫世爲此官。定公時。臧氏不見經傳。意其時臧氏式微。司寇職虛。故孔子得爲之。傳者虛張聖功。以爲孔子實爲大司寇矣。上大夫職尊。孔子所事。下大夫則與孔子同列者也。不及上士以下者。統於下大夫也。世家此文先上大夫。後下大夫。聘禮注引同。馮氏登府異文考證。以爲此古論。胡氏藻鄉黨義考據魯論。謂貴者未至。而賤者先盈。故先與下大夫相見。進而與上大夫相見。則是魯論據與言爲先後。古論則據爵之秩次書之。○注。侃侃。和樂之貌。誾誾。中正之貌。○正義曰。爾雅釋詁。衎。樂也。說文。衎。喜貌。侃衎古通。故注訓侃爲和樂。謂侃爲衎之叚借也。後漢袁安傳。誾誾衎衎。得禮之容。又唐扶頌。衎衎誾誾。並本此文。說文侃訓剛直。於此義不相應。若漢書張敞傳。衎衎履忠進言。後漢樊準傳。每燕食則論難衎衎。並通衎爲侃。但文雖互通。義則各有當也。說文。誾。和說而諍也。或省作言。玉藻二爵而言言斯。注。言言。和敬貌。與許義近。諍者。辨論其是非也。言不妄諧俗。故注以中正解之。方氏東樹說。此注本以中正詁侃侃。和樂。詁誾誾。傳寫倒誤。案侃通作衎。故訓和樂。誾有諍義。故訓中正。蓋事上不難於和樂。而中正爲難。接寮屬不難於中正。而和樂爲難。方說非是。

君在，踧踖如也，與與如也。注：馬曰：「君在，視朝也。踧踖，恭敬之貌。與與，威儀中適之貌。」注「君在」至「之貌」。○正義曰：玉藻云：「天子皮弁以日視朝。」「諸侯朝服以日視朝於內朝。」「朝辨色始入。」「君日出而視之。」此時君正在朝，故馬以君在爲視朝。皇疏：「君視之則一一揖，卿大夫而都一揖士。當此之時，則臣皆起恭敬之貌。故孔子踧踖如也。雖須踧踖，又不得急速，與與猶徐徐也。所以恭而安也。」案：羣臣當君揖時，皆須還辟，故有此容。說文：「踧，行平易也。踖，長脛行也。一曰踧踖。」廣雅釋訓：「跦踖，敬畏也。」詩節南山「蹙蹙靡所騁」，鄭箋：「蹙蹙，縮小之貌。」孟子「曾西蹵然」，注：「蹵猶蹵踖也。」蹙、蹵、跦並與踧同。詩楚茨「執爨踖踖」，毛傳：「言爨竈有容也。」亦謂恭敬之容。鄭此注云「踧踖，敬恭貌」，即本馬注。說文：「𧼈，安行也。」「𢖋，趨步𢖋𢖋也。」漢書敍傳下：「長倩𢖋𢖋。」注引蘇林曰：「𢖋，行步安舒也。」義皆可證。威儀猶容儀。中適猶言得宜也。

君召使擯，注：鄭曰：「君召使擯者，有賓客使迎之。」正義曰：說文：「召，評也。」王逸招魂序：「以手曰招，以言曰召。」江氏永羣經補義：「史記謂孔子爲魯司寇，攝行相事。非相國事也。當時魯政，專自季桓子，孔子安得攝之？所謂攝行相事者，攝相禮之事，若夾谷之會，孔子相是也。君召使擯，亦是有賓客來，重孔子知禮，特使爲擯而兼相。大夫當爲承擯，何待於召？所以特召者，承擯兼攝上擯事也。揖所與立，擯事也。趨進及賓退復命，攝相事也。」案：釋文：「擯本又作儐，亦作賓。」皆同。孔子世家正作儐。說文：「儐，導也。從人賓聲。」擯儐或從手，是擯儐一字，或省作賓。史記廉藺列傳：「設九賓於廷。」漢書叔孫通傳：「大行設九賓。」即九擯也。周官司儀云：「凡諸公相爲賓，主國五積三問，皆三辭，拜受皆旅擯。主君郊勞，交擯三辭。及將幣，交擯三辭，車逆拜辱。諸公之臣相爲國客，及大夫郊勞，旅擯三辭。及將幣，旅擯三辭。」據此，是兩君相見，用交擯，故惟主君郊勞及將幣行之。將幣，亦兩君相見也。若五積三問，是主國遣卿大夫爲之，臣與賓君行禮用旅擯。其聘禮則君待使臣，亦君與臣行禮用旅擯也。交擯者，敵禮之禮。旅擯者，君臣相行之禮。旅擯猶觀禮言傳擯也。在主曰擯，在賓曰介。鄭注司儀，謂賓介亦稱擯者，依經立文，叚借之義也。聘禮云：「卿爲上擯，上夫爲承擯，士爲紹擯。」注云：「紹，繼也。其位相承繼而出也。主君，公也，則擯者五人；侯伯也，則擯者四人；子男也，則擯者三人。」此依周官大行人言之。若然，是天子諸侯禮，賓擯數同也。淩氏廷堪禮經釋例引敖繼公說諸侯禮，賓擯當用三人，猶以諸侯同天子之制爲疑。而先鄭注司儀，謂主擯九人，後鄭謂七人，則反踰於天子之數，其不然也明矣。至兩君相見，交擯之數，先鄭注無明文，後鄭謂亦用九人。其賓介則交擯旅擯，同用九人。案：大行人言介九人，乃上公朝覲天子之禮，非謂羣侯兩君相見，及遣使行聘，賓介用九人也。聘義云：「聘禮上公七介，侯伯五介，子男三介，所以明貴賤也。」然則聘賓至多不過七介，故禮器云：「七介以相見也。」既上公賓介七人，則意主賓如爲上公之國，亦用七人；侯伯之國五人，子男之國三人。擯介皆得相當。而康成謂交擯各陳九介，亦非也。先鄭以交擯旅擯皆傳辭，後鄭以交擯傳辭，旅擯不傳辭，故其注司儀云：「旅讀爲鴻臚之臚，陳之也。」謂陳擯位也。其注聘禮云。賓出次直闑西北面。上擯在闑東闑外西面。其相去也。公之使者七十步。侯伯之使者五十步。子男之使者三十步。此旅擯耳。不傳命。上介在賓西北東面。承擯在上擯東南西面。各自次序而下。末介末擯。旁相去三丈六尺。上擯出請事進南面揖賓。俱前賓至末介。上擯至末擯。亦相去三丈六尺止。揖而請事。還入告于公。此鄭以旅擯之禮。上擯面賓請事。不須承擯紹擯傳辭。說與先鄭異也。先從叔丹徒君駢枝曰。叔孫通傳。大行設九賓。臚句傳。賓與擯。臚與旅。古今字也。蘇林曰。上傳語告下爲臚。下告上爲句。莊周曰。大儒臚傳。然則臚擯。猶傳擯也。聘義曰。介紹而傳命。君子於其所尊。弗敢質。敬之至也。又曰。三讓而後傳命。安在其不傳辭哉。康成讀旅爲鴻臚之臚是矣。而訓爲臚陳。故有但陳擯位不傳辭之說。蓋不然也。謹案駢枝說。即先鄭義。吳氏廷華儀禮章句謂不傳辭。何必旅擯。愚竊謂旅擯行於國中。上擯往來傳君命。於禮尙不失。若五積三問。及郊勞。君不在行。而上擯輒自詣賓請事。雖以君命辭之許之。然一無往還之節。直情徑行。似非禮所宜。且論語此文有復命事。明是聘賓用旅擯而左右揖。既左右揖。知有傳辭無疑矣。司儀無諸侯將幣。交擯三辭。下云車逆拜辱。賓車進。答拜。注謂既三辭。主君乘車出大門而迎賓。是將幣時。主君尙在門內。曲禮疏謂諸侯至主國大門外。主人及擯出門相接。行交擯三辭之禮。是將幣之時。主君已在門外。若然。是主君先乘車出大門外。降車行將幣。交擯三辭。禮竟。復升車向前迎賓也。其說與鄭小異。以孔疏爲長。孔疏又謂聘禮賓至門外。主君立大門內。不出限行旅擯禮。江氏永圖聘禮。君立大門內。從孔說也。聘禮云。公迎賓於大門內。聘義云。君親拜迎於大門之內。則知旅擯之禮。主君不出門限也。旅擯。是君與臣行禮。君不出限。則兩君相見。行交擯禮。君必出限可知。又案聘禮賓至于朝。謂外朝也。在大門外。鄭注。聘禮說旅擯相去三丈六尺。門容二徹參个。旁加各一步。此據考工記以爲應門也。應門。天子之中門。諸侯則曰雉門。其說亦誤。故江氏擯介傳命圖。仍依鄭君朝士注。外朝在大門外也。此篇紀夫子行事。而考之春秋。夫子仕魯時。無諸侯大夫來聘事。江氏永圖考謂聘問之禮。大聘爲聘。使卿。小聘爲問。使大夫。大夫以小聘往來。不書於春秋。又羣經補義謂晏子嘗聘魯。而春秋不書。晏子未爲卿也。孔子爲司寇。亦是大夫。故出聘亦不書。其說並是。君朝用交擯。臣聘用旅擯。論語此文。專指旅擯。

色勃如也。【注】孔曰。必變色。**足躩如也。**【注】包曰。足躩盤辟貌。

正義曰。北堂書鈔禮儀部七引鄭此注云。勃。矜莊貌也。案呂覽重言注。矜。嚴也。嚴者。敬也。玉藻色容莊。注謂勃如戰色。說文。兩引勃如句。一作孛。一作艴。汗簡云。艴見古論語。竊謂孛亦古論異文。作勃者。其齊魯論與。說文。孛。𣎵也。人色𣎵者。盛也。謂夫子盛氣貌也。廣雅釋訓。勃勃。盛也。勃孛義同。許意與鄭似異實同。蓋許言其形。鄭言其義也。○注。足躩盤辟貌。○正義曰。說文。躩。足躩如也。本此文。包云。盤辟者。說文。般。辟也。象舟之旋。從舟從殳。殳令舟旋者也。爾雅釋言。般。還也。漢書何武傳。槃辟雅拜。槃與般盤並同。大射儀賓辟注。辟。逡遁不敢當盛。即此注意。書鈔禮儀部七引鄭此注云。躩如。逡巡貌。逡巡。亦盤辟之義。

揖所與立。左右手。衣前後。襜如也。【注】鄭曰。揖左

人。左其手。揖右人。右其手。一俛一仰。衣前後。襜如也。正義曰。皇本左右下有其字。○注。揖左至如也。○正義曰。夫子時爲承擯。左立者是紹擯。右立者是上擯。每一傳辭。則宜揖也。司儀云。凡行人之儀。不朝不夕不正。其主面亦不背客。注謂擯相傳辭時也。不正東鄉。不正西鄉。當視賓主之前。卻得兩鄉之而已。據此。則擯介雖東西平列。而面之所鄉。不能咸正。則自上擯望承擯。稍在後爲東南也。推之紹擯。亦在承擯東南。而承介在上介西北。末介又在承介西北。故聘禮疏。謂上擯位次宜稍在承擯西。得以轉身望承擯在東南也。江氏永圖考。擯者。雁行立於東方西面北上。是以南北爲左右。東西爲前後。其傳主命達於賓。當左其手。則左臂縮而右臂伸。右者隨之而左。其傳賓命達主。當右其手。右肱短而左肱長。則左者亦緣之而右矣。至傳辭之法。在朝禮則上擯奉主君之命。問賓所以來之意。恐其以他事至。不欲自承以人來詣己也。上擯揖而傳與承擯。承擯復揖而傳與末擯。末擯與末介。東西相直。則向末介揖而傳問之也。末介揖而傳與承介。承介揖而傳與上介。上介乃傳以告於賓。賓稱己所以來之意。以告於上介。復還傳以至於上擯。上擯以告於君。君辭不敢當。而命上擯復傳於承擯。還傳至賓。賓對主君又辭。賓終請不獲辭。是爲三辭。主君乃進車迎賓也。其聘禮。則上擯述君命請事。還傳至賓。賓辭還傳至上擯。上擯述君命辭之。至不獲己。始命紹擯入復於君。而君出迎賓也。當擯者揖時。必俛其首。及揖畢。而仍仰立。故曰一俛一仰。揖分左右。故衣之前後。亦與爲轉移也。江氏永圖考。衣之前面西。衣之後背東。手之右者既左。則面西者可移之左。而背之負繩乃向棖闑之閒矣。手之左者既右。則背東者可移之右。而裳有後裾。乃向車衡之閒矣。襜襜動搖之貌。故皇疏引江熙曰。揖兩手。衣裳襜如動也。楚辭九歎。裳襜襜而含風兮。洪慶善補注。襜襜。衣動貌。

趨進。翼如也。注孔曰。言端好。正義曰。江氏永羣經補義。趨進。謂廟中相禮時。非迎賓入門時。入門不謂之進。進者。行步而前。左傳所謂公孫傁趨進。王孫賈趨進。是也。聘禮云。納賓。賓入門左。三揖。至于階。三讓。公升二等。賓升西楹西東面。擯者退中庭。賓致命。公左還北鄉。擯者進。公當楣再拜。所謂趨進在此時。謂從中庭進至阼階。而釋辭于賓以相公拜也。所釋之辭云。子以君命在寡君。寡君拜君命之辱是也。是時急遽。行步必趨。禮不言趨。省文也。又鄉黨圖考云。擯者從中庭進至阼階西。有數十步。不宜紆緩。故必當趨。趨則急遽。或至垂手掉臂。難其容。故特記容。趨進必有辭。辭無常者。不能記。辭有常者。不必記也。今案江氏據聘禮爲說是也。淩氏曙典故覈。公食大夫禮食聘賓也。始賓升。擯者在中庭釋辭相拜。公退于箱。擯者退負東塾而立。及公將侑幣。擯者進相幣。是趨進也。案此亦見聘禮。所謂禮賓也。竊又意士介覿授幣時。擯者自廟門外。進至中庭。亦是趨進。當並數之義爲備矣。典故覈又云。凡趨有二法。一曰徐趨。君之徐趨接武。大夫徐趨繼武。士徐趨中武。其行皆足不離地。舉前曳踵。謂之圈豚行。一曰疾趨。其步不繼武中武。但身須小折。而頭直手足正。玉藻曰。疾趨則欲發。而手足無移。又曰。端行頤霤如矢。弁行剡剡起屨。此趨進。是疾趨也。翼如。說文引作趩如。此出古論語。○注。言端好。○正義曰。爾雅釋詁。翼。敬也。釋訓。翼翼。恭也。恭敬則端正可知。賈子容經。趨以微磬之容。飄然翼然。肩狀右流。足如射箭。

賓退，必復命曰：「賓不顧矣。」注鄭曰：復命，復白君。賓已去矣。

正義曰。司儀言聘事云。出及中門之外。問君。客再拜對。君拜。客辟而對。君問大夫。客對。君勞客。客再拜稽首。君答拜。客趨辟。聘禮云。擯者出請事。賓告事畢。擯者入告公。公出送賓。及大門內。公問君。賓對。公再拜。公問大夫。賓對。公勞賓。賓再拜。送賓不顧。注云。公既拜。客趨辟。君命上擯送賓出。反告。賓不顧。於此。君可以反路寢矣。下引此文云云。案司儀言君送賓在中門之外。聘禮言在大門內。是二禮文同。鄭注謂君命上擯送賓出者。謂出大門外也。司儀言諸侯相朝云。及出車送。三請三進。再拜。賓三還三辭。告辟。注云。三請三進。請賓就車也。主君每一請。車一進。欲遠送之也。三還三辭。主君一請者。賓亦一還一辭。考彼文言辟是賓退。告辟則上擯之事。主君迎賓於大門外。則送賓亦於大門外。故但有告辟。無命上擯送賓及上擯復命事也。說文。顧。還視也。詩匪風箋。迴首曰顧。賓退所以不顧者。不敢當威。且以示有終也。公食大夫禮言禮賓畢。公送于大門內。再拜。賓不顧。又聘禮言聘賓問卿面卿及介面卿畢。賓出。大夫送于外門外。再拜。賓不顧。鄭注公食大夫云。初來揖讓而退不顧。退禮略也。示難進易退之義。又有司徹尸出侑。從主人送于廟門之外。拜尸不顧。則凡賓客退皆不顧。淩氏廷堪禮經釋例。凡拜送之禮。送者拜。去者不答拜。歷引鄉飲酒鄉射特牲饋食士冠士昏士相見有司徹。及此朝聘禮爲言。知賓退皆不答拜。不答拜。則亦不顧矣。江氏永圖考鄉黨記。復命。若非君有命。何以謂之復命乎。經但言賓不顧。無命上擯送賓。及擯者復命之文者。文不具耳。又云。聘禮云賓請有事于大夫。公禮辭。許注謂上擯送賓出。賓東面而請之。擯者反命因告之。是復命時有二事。一告賓不顧。一告賓請明日有事于大夫也。當時有無未可知。惟孔子是擯上擯。則召是特召。君命爲尤重矣。案孔子本爲承擯。及入廟相禮出大門送賓。皆是攝上擯。惟公送賓出時。承擯紹擯皆在。如初賓來時之禮。而孔子已攝上擯。則承擯當已別遣人爲之。

入公門，鞠躬如也，如不容。注孔曰：斂身。

正義曰。此及下節言孔子爲聘賓事也。公門者。諸侯之外門中門。即庫門雉門也。戴氏震三朝三門考云。天子之室。有皐門。有應門。有路門。諸侯之室。有庫門。有雉門。有路門。皐門。天子外門。庫門。諸侯外門。應門。天子中門。雉門。諸侯中門。異其名。殊其制。辨等威也。案聘禮云。賓皮弁聘至于朝。朝在庫門外。又云。公皮弁迎賓于大門內。大夫納賓。賓入門左。則賓由外朝至庫門內。復入雉門也。二者皆爲公門。公者。君也。曲禮大夫士出入公門。彼據己國。此稱所聘之國。辭亦同也。王氏引之經義述聞。以入門爲廟門。云公衍字也。聘禮記。執圭入門。鞠躬如也。正與此同。案聘記雖雜說孔子行事。其文不必與論語悉同。彼於執圭下言入門。自指廟門。論語公門。則以朝門賅廟門也。且以詩言公庭萬舞觀之。廟庭稱公。即此公門爲廟門。奚不可者。而王氏以公爲衍字。非也。書鈔禮儀部七引鄭此注云。鞠躬。自歛斂之貌也。案聘記注引此下文。執圭鞠躬如也。

釋文。躬。作窮。廣雅釋訓。匑匔。謹敬也。王氏念孫疏證引此文說之云。踧踖鞠躬。皆雙聲以形容之。故皆言如。史記韓長孺傳贊。斯鞠躬君子也。太史公自序。務在鞠躬。君子長者。漢書馮奉世傳贊。鞠躬履方。顏師古注云。鞠躬。謹敬貌。皆當讀爲鞠窮。盧氏文弨鍾山札記段氏玉裁說文注說略同。段又引魯世家匔匔如畏然。徐廣云。見三蒼。謹敬貌也。音穹窮。則鞠躬者。匔匔之假借。孫氏志祖讀書脞錄。蓋鞠躬與踧踖一例。若作曲身解。則當云躬鞠如也。方與色勃如也。足躩如也。句法合矣。案鞠躬義爲謹敬。鄭君以爲歛斂之貌者。後漢書張衡傳注。歛斂也。二字訓同。亦謹敬之義。老子云。歛歛爲天下渾其心。釋文引顧注。歛歛。危懼貌。義可證。如不容者。言謹畏之形。若無所容廁足也。○注。斂身。○正義曰。注以鞠爲斂。躬爲身。說文云。匔。曲脊也。鞠匔音同。王氏念孫廣雅疏證謂孔義與匔匔同。其說恐未必然。

立不中門。行不履閾。注孔曰。閾。門限。

正義曰。立卽位也。下文復其位。承此言之。聘禮言賓及廟門。公揖入。立于中庭。賓立接西塾。注云。接。近也。西塾。在廟門之外。所謂門側之堂。謂之塾也。賓與主人同至廟門。而君先入以省內事。故賓在門外闑西近西塾之地。立少俟。此立不知何面。胡氏培翬正義引蔡說。賓是東面。案雜記。弔者卽位于門西東面。其介在其東南西上西於門。注。賓立門外不當門。以此例之。知聘賓亦東面。曲禮云。爲人子者。立不中門。可知中門。爲尊者之迹。人臣人子。皆當辟之。鄭此注云。立行不當棖闑之中央。經言立法。鄭君兼行言之者。行謂入門也。玉藻云。賓入不中門。蓋擯者自廟門出請賓。賓由所立處。稍進身向東。復轉身向北。由闑西入門。是爲入不中門。玉藻云。公事自闑西。注謂聘享是也。其聘賓私覿。則與臣入君門同。玉藻云。私事自闑東。私事卽私覿是也。曲禮云。大夫士出入君門。由闑右。孔疏謂右在東。此爲臣入君門法。彼入門由闑東。亦不得中門。以此文例之可知矣。棖者。爾雅釋宮。棖謂之楔。鄭注玉藻云。棖。楔也。丰詩箋云。棖。門梱上木近邊者。皇疏云。門左右兩橽。各豎一木。名之爲棖。棖以禦車過。恐觸門也。闑者。釋宮云。橛謂之闑。又云。樴在地者謂之臬。郭注。卽門橛也。案闑臬字同。以木爲之。置於門中。以爲界別。皇疏云。門中央有闑。闑以硋門兩扇之交處也。曲禮疏亦云。中央有闑。是皇孔謂門止有一闑。而儀禮賈疏謂有二闑。誤矣。玉藻云。君入門。介拂闑。大夫中棖與闑之閒。士介拂棖。注云。此謂兩君相見也。君入必中門。上介夾闑。大夫介士介雁行於後。示不相沿也。此說入公門之法。君臣同行一門。亦所謂公事自闑西者也。君入中門。臣辟君。故用雁行法。上介拂闑。而鄭云夾闑者。謂上介行闑西。與上擯行闑東相夾也。以彼文例之。此孔子爲聘賓入廟門。當亦自闑西。與上介之拂闑相似矣。履者。踐也。曲禮云。大夫士出入君門不踐閾。踐閾卽履閾。彼疏云。所以爾者。一則自高。二則不淨。並爲不敬是也。焦氏循惑於賈疏二闑之說。遂謂兩闑中閒有閾。兩闑外無閾。以通車行至掩門。則徹去兩闑與閾。而別設門限。又謂云履云踐。是度越之。非蹴其上。其說雜見所著禮記補疏羣經宮室圖雕菰樓文集中。案閾卽門限。不得分爲二門。是一闑故由門出入。嫌於中門。若有兩闑。則君行兩闑之中。臣行棖闑之中。判然異路。何至人臣貿然直行。而與君同中門。且至履其閾耶。履踐並謂蹴其上。解爲度越。亦無據。此皆焦氏之誤。所當辨正者也。竊謂凡門皆有閾。然門啓時。或去其閾以通車行。惟廟門不行車。故閾常設而不去。其閾或寬以庳。故行者多至踐履其上。夫子則以不履爲敬也。○注。閾門限。○正義曰。釋宮云。柣謂之閾。郭注。閾。門限。邢氏晉涵正義。柣。說文作榍。云限也。閾。門榍也。繫傳云。榍所以爲限閾。閾亦名梱。士冠禮注。閾。閫也。曲禮注。閫。門限也。案說文限下云。一曰門榍也。然則柣也。閾也。榍也。梱也。門限也。五名實一物。但說文訓閫亦爲闑。闑者。門中所植之木。與門限別。故鄭注曲禮。以闑爲門橛。不用許說。

過位色勃如也。足躩如也。注包曰。過君之空位。其言似不足者。正義曰。從叔丹徒君駢枝曰。過位者。過主君之位。廟門之內。中庭之位也。主君先入門右。卽中庭之位俟賓。賓後入門左。及中庭。乃與主君並行。故以過位爲節。而色勃如。足躩如。事彌至。容彌蹙也。鄭此注云。過位。謂入門右。北面君揖之位。王氏正義引胡縉曰。聘禮。賓入門左。介皆入門左。北面西上三揖。至於階。注。君與賓也。入門將曲揖。旣曲。北面揖。此卽論語注所云北面君揖之位也。中庭。據鄭注昏禮。及賈疏所釋。則中庭。南北之中也。三分庭。一在北設碑。是聘禮所云公揖入立於中庭者。其位在碑南。當庭之中。行聘之時、公入門而右。賓入門而左。則鄭注過位。所云入門右者。據君言之。賓入門左。北面西上。旣曲。則賓主俱北面揖。當碑又揖。揖時賓在左。君位在中庭之右。由是三讓升階。則過君所立之位。故云入門右北面君揖之位也。聘禮君行一。臣行二。賓主三揖時。君位在右而居前。賓在左而稍退居後。故揖之後。必過君揖之位也。今案胡說。卽本駢枝而義加詳。但引申鄭注則未然。蓋統鄭注全觀之。知以爲臣朝君也。其曰入門右者。謂入雉門之右。所謂大夫士出入君門由闑右者也。由是北面行至治朝之廷。君視朝。揖羣臣畢。退適路寢。臣適私朝治事。若有政事當議者。君命臣隨至路寢之庭。或升路寢之堂議之。其由治朝入路門。過君治朝。揖羣臣之位。故曰君揖之位。此則鄭義在朝非在廟。在己國朝君。非在他國行聘也。必知鄭說不然者。鄉黨言禮。雖不盡爲周禮所有。然若此節及下執圭節。皆見聘記。俞不足爲據耶。鄭注聘記。引論語此文。而注論語不據聘記者。鄭注論語在前。所謂人閑行已久。不復追改矣。過位所以有言者。駢枝云有揖讓之禮。卽有應對之辭是也。○注。過君之空位。○正義曰。君退適路寢。則治朝之位虛。故曰空位。此鄭注所本。

攝齊升堂。鞠躬如也。屏氣似不息者。注孔曰。皆重愼也。衣下曰齊。攝齊者。摳衣也。正義曰。駢枝云。攝。斂也。整也。舉足登階。齊易發揚。故以收斂整飭爲難。士冠禮。攝酒。注云。攝猶整也。襄十四年傳。書於伐秦。攝也。注云。能自攝整。旣醉。朋友攸攝。正義云。攝者。收斂之言。又引戰國策。攝衽抱几。弟子職。攝衣共盥。管晏列傳。晏子戄然攝衣冠。皆攝訓整之證。謹案賓執圭升堂。此時衣之下齊整齊。故曰攝齊。猶上節言衣前後襜如者。皆是自然合禮。不假手爲更動也。齊與齎同。漢書朱雲傳。唐貞觀中。孔子廟堂碑。俱引作齎。用正字也。升堂者。升。登也。諸侯堂高七尺。見禮器。聘禮言賓至于階。三讓。公升二等。賓升西楹西東面。是賓升階。後君一等。曲禮云。主人與客讓登。

主人先登。客從之拾級。聚足連步以上。上於東階。則先右足。上於西階。則先左足。注云。拾當爲涉。級。等也。涉等聚足。謂前足躡一等。後足從之。併連步以上。重蹉跌也。連步。謂足相隨不相過也。曲禮此文。是賓主升階法。此聘賓禮亦當同。若急趨君命。則有越等。謂之栗階。燕禮記云。凡公所辭皆栗階。又云。栗階不過二等。注云。左右各一發而升堂。則與聚足連步之禮異矣。屛氣者。說文。屛。蔽也。廣雅釋詁。屛。藏也。摒。除也。義皆相近。說文。息。喘也。從心從自。自亦聲。案自卽鼻也。夫子屛攝其氣。若呼吸俱泯者。蓋氣容宜肅也。士相見禮疏引論語鄉黨云。孔子與君圖事於庭。圖事於堂。說者以爲約鄭注之文。愚輒憶他書引此文。亦以爲鄭注也。圖事於庭。庭卽路寢之庭。疑鄭此文釋其言似不足之義。圖事於堂。則此升堂是也。書鈔禮儀部七引鄭注云。屛氣自靜。以俟君言也。俟君言。謂所圖事之言。此則鄭義以爲常朝也。陳氏壽祺左海經辨謂鄭云圖事。卽是謀聘。似是臆測。○注。衣下至衣也。○正義曰。曲禮。兩手摳衣。去齊尺。注云。齊。裳下緝也。裳下卽此注衣下。衣裳得通稱也。說文。攝。引持也。摳。繑也。一曰摳衣。段注疑繑爲褰字之譌。褰者。舉也。卽席摳衣下去地尺。若此攝衣。當相似矣。駢枝斥此注云。拾級聚足。連步以上。自不致有傾跌失容之患。不必摳衣也。摳謂之褰。褰謂之揭。揭謂之撅。子事父母。不涉不撅。侍坐於君子。暑毋褰裳。避不敬也。獨奈何升堂見君。而反以攝衣爲敬乎。此可知其不然也。

出降一等。逞顏色。怡怡如也。注孔曰。先屛氣。下階舒氣。故怡怡如也。沒階。趨進。翼如也。注孔曰。沒。盡也。下盡階。復其位。踧踖如也。注孔曰。來時所過位。

正義曰。出者。聘禮云。賓降介逆出。賓出。謂賓出廟門。仍接於西塾也。駢枝云。聘享每訖。卽出廟門以俟命。出字爲下文之目。等者。階之級也。曲禮拾級注。級。等也。是也。士冠禮降三等注云。下至地。疏引賈馬說。天子堂九尺。階九等。諸侯堂七尺。階七等。大夫堂五尺。階五等。士堂三尺。階三等。胡氏培翬正義引程瑤田云。階三等者。連堂廉而言。若除堂廉言。則九尺之堂。其階止八等。七尺者六等。五尺者四等。三尺者二等也。所謂盡等不升堂者。當是盡其廉下之等。而不踐廉以升堂也。張惠言云。降三等而下至地。則凡階上等。卽堂廉也。公食大夫禮食賓受醬湆等。皆自阼階。降堂受。注云。降堂。謂止階上。則堂廉上也。士昏禮廟見。婦降堂取笲菜。注。降堂。階上也。婦人無降階之事。則在堂廉上又可知。蓋堂之界。以廉爲限。廉以前卽爲階。自堂而出至階廉。卽爲降堂。階一等。乃爲降階。在階之上等接簷下。爲盡階不升堂。今案程氏張氏義同。胡君以其說爲然。胡又云。賓降一等。在二等之上。則此文出降一等之義也。怡怡者。爾雅釋詁。怡怡。樂也。說文。怡。和也。樂和義同。沒階者。謂降西階盡等。下至地也。說文。階。陛也。詩瞻卬箋。階。所由上下也。洪氏頤煊禮經宮室答問鄉射禮。賓降立于西階。西當西序。又云。賓降立于階西當序。西階在西序之東。東階當在東序之西。聘禮賓升西楹西東面。公當楣再拜。賓三退負序。西楹西已當階。又三退。然後負序。則階必當楹序之中。階上北直房戶。其兩階相去。亦東西四筵之地。釋文云。沒階趨。一本作沒階趨進。

誤。臧氏琳經義雜記。史記世家作役階趨進。聘禮注引論語同。曲禮士相見禮疏引並有進字。趨進者。趨前之謂也。舊有此字。非誤。復其位者。駢枝云。復聘賓之位。廟門之外。接西塾之位也。謹案此節。自入公門至私覿。皆說聘問之事。而分言者。一記所歷門位堂階之容。一記執圭之容也。聘禮記賓入門。皇升堂讓將授。志趨下階。發氣怡焉。再三舉足。又趨及門正焉。注云。皇。自莊盛也。讓謂舉手平衡也。志猶念也。念趨。謂審行步也。孔子之執圭。鞠躬如也云云。再三舉足。自安定乃復趨也。孔子之升堂。鞠躬如也云云。又注。及門正焉句。云容色復故。此皆心變見於威儀。是此節爲聘禮。明明載之記中。而鄭君卽以論語文釋之。惜其先注論語時。未能據之也。古義湮晦。至駢枝而始明。同時淩氏廷堪禮經釋例。王氏引之經義述聞。並稱其精審。厥後胡縉亦略本之。此可無疑者矣。鄭君及包孔注。皆以此節爲趨朝。然上節言朝及君在。已說趨朝之事。不應中隔以爲擯。而復言趨朝也。陳氏壽祺左海經辨。據鄭注圖事於庭於堂之言。謂是孔子於己國與君謀聘。則與平時議政事何異。且孔子在本國圖事。與聘記言賓入門升堂亦不合。則知陳說非也。宋氏翔鳳發微以爲擯禮。不知擯者本不升堂。且上節已言趨進。此不必復記矣。說既多歧。而其中門位堂階。又人自爲義。今皆刊落。不欲繁擾學者耳目焉。○注。先屛至如也。○正義曰。上文言屛息。息。卽氣也。顏色。是氣之見於外者。故注明之。聘記云。下階發氣怡焉。注。發氣。舍息也。舍與舒音同。舒與逞義同。方言。逞。解也。快也。說文。逞。通也。義俱相近。下階者。釋言云降下也。

執圭。鞠躬如也。如不勝。注包曰。爲君使聘問鄰國。執持君之圭。鞠躬者。謹愼之至。正義曰。說文。圭。瑞玉也。上圜下方。古文圭作珪。又云。剡上爲圭。白虎通文質篇。珪以爲信者何。珪者。兌上象物始生。見於上也。萬物之始。莫不自潔。珪之爲言潔也。上兌。陽也。下方。陰也。上兌卽剡上。亦卽上圜。凡諸圭形。當略相同。周官大宗伯。王執鎭圭。公執桓圭。侯執信圭。伯執躬圭。子執穀璧。男執蒲璧。注云。桓圭蓋亦以桓爲瑑飾。長九寸。又云。信當爲身。身圭躬圭。蓋皆象以人形爲瑑飾。圭皆長七寸。穀蒲二玉。蓋或以穀爲飾。或以蒲爲瑑飾。璧皆徑五寸。案此卽瑞圭也。考工玉人謂之命圭。諸侯朝天子。及諸侯相朝。並執之。若使人聘於天子。及諸侯交相聘。則用瑑圭。典瑞云。瑑圭璋璧琮以頫聘。注。鄭司農云。瑑有圻鄂瑑起。又攷工記。瑑圭璋八寸。璧琮八寸。以頫聘。注云。瑑。文飾也。疏云。此謂上公之臣。執以頫聘。享用璧琮於天子及后也。若兩諸侯自相聘。亦執之。侯伯之臣。宜六寸。子男之臣。宜四寸。凡諸侯之臣頫聘。不得執君之桓圭信圭之等直瑑爲文飾也。案說文。瑑。圭璧上起兆瑑也。從玉篆省聲。上起兆瑑。卽先鄭瑑起之義。兆垗一字。圻如封圻之圻。所以界別內外也。李賢後漢明帝紀注。圻岸。圻堮也。堮鄂字同。當謂刻圭凸起以爲飾也。康成謂六瑞亦是瑑飾。但不爲桓躬等之文。此康成存疑。故屢加蓋詞以箸之。惠氏士奇禮說。瑑者。頫問之圭璧。六瑞則不瑑也。故曰大圭不瑑。美其質也。康成依漢禮而言。遂謂六瑞皆瑑。如其說。則與頫聘之圭何以異乎。說者又謂頫聘之圭璧。有圻鄂瑑起。無桓信躬穀蒲之文也。不知桓信躬穀蒲。

乃玉之形體與其彩。非瑑飾之文。故曰和氏之璧。不飾以五彩。隨侯之珠。不飾以銀黃。其實至美。物不足以飾之。六瑞無瑑飾者以此。山海經。圭璧十五。五彩惠之。惠猶飾也。祀山川。造賓客。皆曰素功。素功者。設色之工。畫繢之事。是爲瑑書之八體。大篆小篆。亦以此取名焉。說者。謂素功無飾。其不然乎。案惠說是也。聘禮言賓及廟門。公揖入立于中庭。賓立接西塾。擯者出請命。賈人東面坐啓櫝取圭。垂繅不起。而授上介。上介不襲執圭屈繅授賓。賓襲執圭。擯者入告。出辭玉納賓。賓入門左。三揖。至于階。三讓。公升二等。賓升西楹西東面。賓致命。公側襲受玉於中堂。與東楹之閒。賓降。公側受宰玉。此行聘時賓執圭以致君命也。曲禮云。執天子之器。則上衡。國君則平衡。衡者。衡於心也。此執圭亦當平衡。故鄭解聘記升堂讓云。謂舉手平衡也。是也。聘記云。上介執圭如重授賓。賓入門。皇升堂讓。將授志趨。授如爭承。下如送。君還而後退。又云。執圭入門。鞠躬焉。如恐失之。皇且行。入門主敬。升堂主慎。注以爲記執圭異說。此與論語文悉合。作記者采孔子事入之。鄭云異說者。謂記者非一人也。書鈔禮儀部七引鄭此注云。如不勝者。敬之至也。案曲禮云。凡執主器。執輕如不克。注云。重慎也。重慎卽敬義。○注。爲君使聘問鄰國。執持君之圭。○正義曰。聘亦訓問。見詩采薇傳及鄭君禮注。曲禮云。諸侯使大夫問於諸侯曰聘。是也。大行人云。諸侯之邦交。歲相問也。殷相聘也。世相朝也。注云。小聘曰問。殷。中也。久無事。又於殷朝者及而相聘也。父死子立曰世。凡君卽位。大國朝焉。小國聘焉。案聘問不異圭。故注兼舉之。書鈔禮儀部七引鄭此注云。執圭謂以君命聘於鄰國。與包義同。云執持君之圭者。凡瑑圭璋璧琮。皆是君物。故使者受圭於朝。及聘畢返國。致玉於君。並見聘禮。解者誤會此注君圭之文。或以命圭當之。非也。

上如揖。下如授。勃如戰色。足蹜蹜如有循。

【注】鄭曰。上如揖。授玉宜敬。下如授。不敢忘禮。戰色。敬也。足蹜蹜如有循。舉前曳踵行。

正義曰。蹜蹜。玉藻作縮縮。說文無蹜字。縮下云一曰蹴也。蹴與蹙一字。詩。蹙蹙靡所騁。鄭箋。縮小之貌。縮小亦不敢自肆意。○注。上如至踵行。○正義曰。授玉。謂賓升堂東面授玉也。授玉爲上者。後漢書河閒孝王開傳。上案其罪。注。上。奏上也。又禮記郊特牲。尙用氣。注。尙謂先薦之。史記絳侯周勃世家。太子勝之。尙之。集解引韋昭曰。尙。奉也。尙與上同。臣授玉於君。亦是奉上之。聘禮記。授如爭承。彼文之授。卽此文所云上也。爭承者。言趨而授玉。其禮宜速。與此言如揖。各具一義。江氏永圖考曰。古之揖。如今人與人相拱手。有高平下之別。孔子執圭。上如揖。與天揖推手小舉者相似。此不過平衡也。云不敢忘禮者。是解下謂下堂。雖已授玉。不敢忘禮。猶如授時也。聘記云。下如送。送當謂送物與人。與此言授同也。鄭注輯本不敢忘禮句下。更云魯讀下爲趨。今從古。案下字古音如戶。與趨音近。故魯論作趨。鄭以趨而授玉不煩言如。故從古作下。錢氏坫後錄。謂如而古通。上如揖。卽賓入門後三揖至于階之事。趨而授玉。卽聘記所謂志趨。從魯論爲說。與下兩如字。別自爲義。非也。書鈔禮儀七引此注云。勃如戰色。恐辱君命也。是注佚文。當在敬也句下。敬與儆同。愼懼之義。恐辱君命者。懼有失隊。遺君羞辱也。舉前曳踵行者。說文。循。順行也。兩足不能分步。則趾踵相接。順循而行。故舉前足。則曳後踵隨之。謂曲禮云。執主器。操圭璧。則尙左手。行不舉足。車輪曳踵。注云。行不舉足。重愼也。車輪。謂行不絕地也。疏云。踵。腳後也。若執器行時。則不得舉足。但起前拽後。使踵如車輪曳地而行。故云車輪曳踵。又玉藻。執龜玉。舉前曳踵。縮縮如也。注云。著徐趨之事。又圈豚行不舉足。齊如流。注云。圈。轉也。豚之言若有所循。不舉足曳踵。則衣之齊如水之流矣。孔子執圭則然。此徐趨也。案舉前足。曳後踵。則後足不舉。故云行不舉足。其踵趾相接。旋轉若圈。故爲圈豚。言其圈而循行也。聘記云。將授志趨。注云。志猶念也。謂審行步也。孔子之執圭云云。鄭以志趨卽徐趨。故引執圭全節。而以足蹜蹜如有循爲志趨之證。與玉藻注所云徐趨義合。玉藻言徐趨之法。君與尸行接武。謂蹈半跡得三尺也。大夫繼武。謂跡相及也。士中武。謂跡閒容跡也。是皆圈豚行也。夫子大夫。當用繼武。故舉前曳踵行。卽是跡相及也。推鄭君玉藻及聘記注義。是足蹜蹜如有循。在授玉之時。蓋授玉當徐趨也。所以用徐趨者。以君行一。臣行二。故聘記言授如爭承。卽此義也。賈氏聘記疏解足縮縮爲廟門內執玉行步之容。江氏永圖考。王氏鎏正義。並從其說。非鄭君之旨。士相見禮。凡執幣者不趨。執玉者則惟舒武。舉前曳踵。注云。不趨者。主愼也。惟舒者。重玉器。尤愼也。此則執玉常度。與授玉時用徐趨不同。蓋舉前曳踵。一爲舒武。一爲徐趨。名同而法異也。

享禮。有容色。注鄭曰。享。獻也。聘禮。既聘而享。用圭璧。有庭實。正義曰。聘記云。及享。發氣焉盈容。注云。發氣。舍氣也。孔子之於享禮有容色。案舍與舒同。謂顏色舒解。江氏永圖考。聘執圭。享執璧。嚴與和微異。享禮有容色。正對勃如戰色。謂身容手容足容如初。惟發氣盈容。不若初之變色耳。夫圭獻其德。璧獻其情。圭以申信。璧以交歡。聘使之將入也。主君有辭玉之禮。辭者。不敢當禮之盛也。至於享。則擯者請事而不辭。聘禮之入門也。使者有襲衣之儀。襲者。以其玉所藉也。至於享。則賓主皆揚而不襲。書曰。享多儀。儀不及物。言乎盡物者。貴盡志也。於是有容色云爾。案聘君後以璋。聘夫人。享君後以琮享夫人。其禮與聘享君略同。○注。享獻至庭實。○正義曰。享獻。釋詁文。說文作亯。云獻也。從高省。曰象進孰物形。周官玉府注。古者致物於人。尊之則曰獻。何休公羊隱五年注。獻者。下奉上之辭。聘禮言聘畢賓出。公揖降立。擯者出請。賓裼奉束帛加璧享。擯者入告出許。是聘禮既聘而享也。覲禮四享。是諸侯見天子之禮。鄭注以四享爲三享。而使人於諸侯但用一享。禮之殺也。聘記。諸侯相朝。公侯伯皆以璧帛享君。琮錦享夫人。子男則降用琥以繡。璜以黼。皆不用圭。此注用圭璧。兼圭言之者。鄭以上公及二王後。享天子用圭。見小行人注。是圭亦享禮所用。鄭君廣言之也。庭實者。實於庭也。聘記云。凡庭實隨入左先。注云。隨入。不並行也。又覲禮言庭實奉束帛匹馬卓上九馬隨之中庭西上奠幣。再拜稽首。是諸侯享天子。亦有庭實也。書鈔禮儀部七引鄭此注云。皮馬相閒也。此句當在有庭實下。聘禮云。庭實。皮則攝之。毛在內。內攝之入設也。注云。皮。虎豹之皮。攝之者。右手並執前足。左手並執後足。毛在內。不欲文之豫見也。內攝之者。兩手相鄉也。入設亦參分庭一在南言則者。或以馬記。又云。凡庭實皮馬相閒可也。注云。閒猶代也。土物有宜。君子不以所無爲禮。畜獸同類。可以相代。疏云。當國有馬而無虎豹皮。則用馬。或以虎豹皮並有馬。則以皮爲主而用皮也。此相閒之義也。聘禮言設庭實云。賓入門左。揖讓如初。升致命。張皮。公再拜受幣。士受皮者。自後右客。賓出當之。坐攝之。公側受宰幣皮。如入右首而東張者。釋外足見文也。自後右客者。從東方來。由客後西。居其左受皮也。坐攝之者。象受於賓也。如入右首而東者。如入左在前皮右首者。變於生也。皆鄭注說也。

私覿。愉愉如也。注鄭曰。覿。見也。既享。乃以私禮見。愉愉。顏色和。正義曰。郊特牲云。朝覲。大夫之私覿。非禮也。大夫執圭而使。所以申信也。不敢私覿。所以致敬也。而庭實私覿。何爲乎諸侯之庭。爲人臣者無外交。不敢貳君也。案此周時儒者譏禮之言。先言朝覲。後言大夫執圭而使。謂聘禮則以朝聘之私覿。皆爲非禮。鄭注云。其君親來。其臣不敢私見於主國君也。以君命聘。則有私見。是鄭據周禮。以臣聘得行私覿。未爲失禮也。○注。覿見至色和。○正義曰。覿見。釋詁文。荀子大略云。私覿。私見也。說文無覿字。而愉下引論語作私覿。其訓見者，作儥意。許以儥卽覿矣。據聘禮言聘享畢。賓奉束錦以請覿。擯者入告出辭。請醴賓。賓禮辭聽命。及醴賓畢。復請覿。是既享後仍有醴賓一節。論語無文。略之也。私覿。爲以私禮見者。聘享皆邦交之事。臣爲君行禮。同於爲賓。此則臣於君行禮。非公家之事。故稱私也。玉藻云。公事自闑西。公事。謂聘享。私事自闑東。私事。謂私覿是也。書鈔禮儀部七引鄭此注云。用束帛乘馬者也。此佚文。當在乃以私禮見下。聘禮云。賓覿奉束錦總乘馬二人贊。入門右北面奠幣。再拜稽首。擯者辭。賓出。擯者坐取幣出。有司二人牽馬以從。出門西面于東塾南。擯者請受。賓禮辭聽命。牽馬右之入設。賓奉幣入門左。介皆入門左西上。公揖讓如初升。公北面再拜。賓三退。反還負序。振幣當東楹北面。士受馬者。自前還牽者後適其右受牽馬自前西乃出。賓降階東拜送。君辭拜也。君降一等辭。擯者曰。寡君從子。雖將拜起也 栗階升。公西鄉。賓階上再拜稽首。公少退。賓降出。公側受宰幣馬出。此賓請覿之禮。有束帛乘馬也。束帛卽束錦。鄭注士冠禮云。束帛。十端也。十端一束。故言束也。乘馬者。四馬。聘禮言二人贊。卽扣馬者也。賓覿後。大夫介。士介。亦有私覿。禮略同。夏官校人云。凡國之使者。共其幣馬。注云。使者所用私覿。彼謂天子使人於諸侯。得行私覿。私覿之馬。校人供之。則諸侯聘賓私覿所用之幣。宜亦君爲供之。聘禮云。有司展羣幣以告。注云。羣幣私覿及大夫者有司載幣者自展自告。告者。告之於君。明羣幣亦君供之矣。愉愉顏色和者。爾雅釋詁。愉。樂也。聘記。私覿愉愉焉。彼注云。容貌和敬。與此注互證。說文。愉。薄也。引此文。許意以愉爲媮薄字。其引論語乃別義。說文此例甚多。段注疑爲薄樂。非是。

卷十二

君子不以紺緅飾。注孔曰。一入曰緅。飾者不以爲領袖緣也。紺者齊服。盛色以爲飾衣。似衣齊服。緅者

三年練。以緅飾衣。爲其似衣喪服。故皆不以爲飾衣。紅紫不以爲褻服。注王曰。褻服。私居服。非公會之
服。皆不正。褻尙不衣。正服無所施。正義曰。君子謂孔子。變言之者。見凡君子宜然也。鄭注云。紺緅。紫
玄之類也。紅纁之類也。玄纁所以爲祭服。等其類也。紺緅木染。不
可爲衣飾。紅紫草染。不可爲褻服而已。飾謂純緣也。褻衣。袍襗也。案說文。紺。深青而揚赤色
也。釋名釋采帛。紺。含也。青而含赤色也。許劉義同。廣雅釋器。紺。青也。不兼赤言。略也。故
漢書王莽傳。時莽紺袀服。蔡邕獨斷。袀紺繒也。袀者。玄也。紺者。青赤之色。但深青近黑。故
訓紺者又爲黑。考工記鍾氏疏引淮南說山訓。以涅染紺。則黑於涅。涅卽今皁礬之類。墨子節用篇。
黚。黑也。說文。黚。淺黃黑也。從黑甘聲。讀若染繒帛東緅黚。黚與紺同。淺黃卽近赤之色。黑
卽近深青之色也。段氏玉裁說文注。謂紺。卽今之天青。又名紅青。以考工鍾氏疏。纁入黑汁爲紺
之義爲非。其說良是。但深青近黑。故此注以紺爲玄類也。說文無緅字。纔下云帛爵頭色也。從糸
毚聲。一日散黑色如紺。纔。淺也。讀若纔。許以纔微黑比於紺者。紺色深青。與黑相近故也。鍾
氏言染羽法。以朱湛丹秫三月而熾之。淳而漬之。三入爲纁。五入爲緅。注。染纁者三入而成。又
再染以黑則爲緅。緅今禮俗文作爵。言如爵頭色也。又注士冠禮云。爵弁者。其色赤而微黑。如爵
頭然。或謂之緅。鄭以爵爲俗文。則以緅爲正字。許以纔爲正字。意爵卽纔之或體矣。士冠禮注云
赤而微黑。而巾車注又云。雀黑多赤少之色。辭不同者。五入之黑。比玄緇爲淺。故爲微黑。而於赤爲
多。是爲黑多赤少矣。廣雅云。緅。青也。字林云。緅。帛青色。深青之色近黑也。說文又云。紫。
帛青赤色也。段注謂青當作黑。甚是。然許意或以青亦近黑矣。紺緅紫皆近黑色。故鄭此注以爲玄
類。毛詩七月傳。玄。黑而有赤也。說文云。黑而有赤色者爲玄。鍾氏言五入爲緅。七入爲緇。不
言六入。注云。凡玄色者。在緅緇之閒。其六入者與。是鄭義與毛許合。金氏鶚禮說。玄色是黑而
兼青。非赤黑之色。引六證以明之。其尤可據者。則周髀經云。天青黑。地黃赤。玄以象天。則必
黑而兼青。其說固是。然非毛許鄭氏義也。說文又云。紅。帛赤白色也。段注謂如今之粉紅桃紅。
案爾雅釋詁。一染謂之縓。再染謂之赬。三染謂之纁。縓赬纁皆赤色。故說者謂縓卽紅。而此注亦
以紅爲纁類。說文云。纁。淺絳也。絳。大赤也。是也。玉藻注冕服玄上纁下。詩七月我朱孔陽爲
公子裳傳云。朱。深纁也。祭服玄衣纁裳。周官方相氏玄衣朱裳。皆謂衣用玄。裳用纁也。鄭以玄纁
是祭服之色。而紺緅紫爲玄類。紅爲纁類。亦是相等。故云等其類也。旣與祭服色類。則亦不得用
之矣。紺緅用木染。紅紫用草染者。案大司徒土會之法。山林其植物宜皁物。先鄭以爲柞栗之屬。
今世閒以柞實爲皁斗。說文。栩。其實皁。一曰樣。陸機詩疏徐州人謂櫟爲杼。或謂之爲栩。其子
爲皁。或言皁斗。其殼爲汁可以染皁。案皁卽黑色。掌染草注所云象斗。卽皁斗也。此木染之可考者。
紺緅所用當取此。又爾雅釋草。葝鼠尾。欔烏階。郭注並云可以染皁。但爲草類。當非紺緅所用也。
又釋草。蒤虎杖。郭注可以染赤。茹藘茅蒐。郭注今之蒨也。可以染絳。絳赤皆紅類也。又藐茈草。
郭注可以染紫。一名茈䓞。掌染草注作紫茢。此紅紫爲草染也。陳氏壽祺左海經辨引此注解之云。

染人掌染絲帛。凡染。春暴練。夏纁玄。秋染夏。注云。考工記鍾氏則染纁術也。是鄭意以染絲帛。如染羽法。用朱湛丹秫。不用草木。蓋草木染者。可施之他物。祭服等則當以丹秫染也。今案陳說非是。蓋木染草染。乃言紺緅四者所受之色。其色與祭服相似而不可用。非謂其爲草木染而不可用也。士冠禮爵弁服有韎韐。爵弁是祭服。鄭君以爵爲緅俗文。而韎爲祭服之韠。茅蒐所染。則鄭以祭服得有草木染矣。墨子節用篇。冬服紺緅之衣。輕且暖。則後世俗變。且以紺緅爲衣。不獨用爲飾也。江氏永圖考曰。飾必用正色。深衣篇云。具父母大父母衣純以繢。具父母衣純以青。孔子少孤。母存。宜純以青。母沒則惟純以素。紺緅不飾。猶之紅紫不服耳。案曲禮云。爲人子者。父母存。冠衣不純素。孤子當室。冠衣不純采。亦說深衣之制。江意夫子不以爲飾。當指深衣。其義足裨鄭氏所未言。但以紺緅爲閒色。則爵弁用爲冠服。冠重於衣。衣用正色。冠必不用閒色。又爵韠亦用爵爲飾。則紺緅絕非閒色而可知。鄭義以爲類祭服者。信而有徵矣。圖考又曰。按孔子言惡紫之奪朱。當時尙紫亦有漸。玄冠紫緌。自魯桓公始。戰國策曰。齊紫。敗素也。而賈十倍。蓋齊桓公有敗素染以爲紫。下令貴紫。人爭買之。賈十倍。其貴紫有由來矣。哀十七年。衛渾良夫紫衣狐裘。太子數其三罪殺之。紫衣居一。杜注。紫衣僭君服。可見當時君服紫。王氏瑬正義。服紅者雖鮮聞。亦必有爲褻服者。此皆謂當時褻服用紅紫也。皇疏以紅紫爲閒色。引潁子嚴說。紅是赤白。爲南方閒。紫是黑赤。爲北方閒。解者據之。因謂閒色不可用。案玉藻云。衣正色。裳閒色。荀子正論言天子衣被。則服五采雜閒色。則謂閒色不可用者誤也。飾謂純緣者。爾雅釋器。純謂之緣。郭注。衣緣飾也。說文。緣。衣純也。玉藻云。緣廣寸半。深衣云。純袂緣純邊。廣各寸半。注。純謂緣之也。緣袂謂其口也。緣緆也。緣邊衣裳之側。廣各寸半。則表裏共三寸矣。釋文引鄭注旣夕禮云。飾衣領袂口曰純。裳邊側曰綼。下曰緆也。是言衣裳飾也。又冠屨帶韠矢服席亦有飾。論語此文。當兼有之。鄭君止說衣裳。舉其重者以例之耳。褻衣。爲袍襗者。說文。褻。私服。字林。褻。衷衣也。又云。重衣也。喪大記注。袍。褻衣。詩無衣云。與子同袍。與子同襗。袍在外。襗在內。皆爲褻也。毛傳。襗。潤澤也。鄭箋。襗褻衣近汚垢。釋名釋衣服。汗衣近身。受汗垢之衣也。詩謂之襗。受汗襗也。或曰鄙袒。或曰羞袒。作之用六尺布裁足覆胸背。方言。汗襦。江淮南楚之閒謂之褶。注云。卽衫也。說文。襦。短衣也。袴。脛衣也。褻。袴也。皆褻服之類。○注。一入至飾衣。○正義曰。鍾氏言五入爲緅。無一入爲緅之文。錢氏大昕潛研堂文集。孔氏經文當是縓字。爾雅云。一染謂之縓。卽孔所云一入也。檀弓云。練。練衣黃裏縓緣。注云。小祥練冠。練中衣。以黃爲內。縓爲飾。卽孔所云三年練以飾衣者也。然則孔本經注。皆當作縓。不作緅矣。錢氏坫後錄論語此有兩本。古文作紺緅。今文作紺縓。孔本古文。鄭本今文也。今集解乃後人妄改。今案二錢說是也。但孔本非眞古文。此說稍誤。喪服記公子爲其母練冠麻麻衣縓緣。與檀弓同。士喪禮公子爲其妻縓冠。又記有縓綼。則縓爲喪飾。說文云。縓。赤黃也。廣雅云。縓謂之紅。紅赤色相近也。三年練者。謂三年之喪有練祭也。練卽小祥之祭。喪服四制云。父母之喪。十三月而練是也。孔謂縓卽是紅。不可爲飾。又不可爲褻服。縓舉其名。紅舉其色。說與鄭異。則孔所傳本異也。至以紺爲齊服。禮無明文。玉藻云。齊則爵韠。爵卽緅。或孔以緅紺色近。得此同之也。○注。褻服至所施。○正義曰。褻訓私居者。引申之義。私居之服。卽是褻衣。故曰非公會之服。與下文稱褻裘同。此義亦通。正服謂朝祭諸服。在外者也。

當暑袗絺綌。必表而出之。

注孔曰。暑則單服。絺綌。葛也。必表而出之。加上衣。○正義曰。當暑者。謂當暑時也。釋名釋天。暑。煑也。熱如煑物也。紾。釋文及唐石經五經文字皆作紾。皇本作縝。邢本作袗。段氏玉裁說文注。以紾爲正。袗爲叚借。縝爲俗。御覽八百十九引鄭此注云。縝。單也。暑月單衣葛。爲其形褻也。案縝單者。玉藻。振絺綌不入公門。注云。振讀爲袗。袗。單也。單謂衣無裏。對袷褶之有裏者言之也。單衣葛者。以葛爲絺綌。用爲單衣也。毛詩葛覃傳。葛所以爲絺綌。精曰絺。麤曰綌。說文。葛。絺綌草也。絺。細葛也。綌。麤葛也。段注。謂緝績之。一如麻枲。其粗者則如今之黃草葛也。形褻者。絺綌近親身之衣。形或露見。故言褻也。喪大記注引此文說之云。亦爲其褻也。是也。御覽引鄭注又云。必表而出之。若今單衣也。案單衣。卽裼衣。裼衣在絺綌外。故稱表其衣。亦是單衣無裏。鄭據目見。故以今明之。喪大記。袍必有表不禪。注云。袍。褻衣。必有以表之。乃成稱也。禪與單同。古人之服。先著親身之衣。次則春秋加袷褶。夏加絺綌。冬加裘。又次各加裼衣。又次上加禮服。此文必表而出。與下文緇衣素衣黃衣。皆論裼衣。裼者。所以充美。燕居不裼。故可單衣葛也。玉藻振絺綌與表裘連文。注云。二者形且褻。皆當表之乃出。是鄭以出爲出門。皇疏云。在家無別加衣。若出行接賓。皆加上衣。當暑絺綌可單。出則不可單。必加上衣。故云必表而出也。卽鄭義也。云出之者。之是語辭。皇本無之字。○注。必表而出之。加上衣。○正義曰。說文。表。上衣也。上衣。謂衣之在外加於上者。卽裼衣也。又謂之中衣。其外又加禮服。禮服對中衣言。亦稱上衣。

緇衣羔裘。

正義曰。鄭注云。緇衣羔裘。諸侯視朝之服。亦卿大夫士祭於君之服。諸侯之朝服。其服緇布衣而素裳。緇帶素韠。諸侯之朝服。羔裘者。必緇衣爲裼。卿大夫朝服。亦羔裘。唯豹袪。與君異耳。案士冠禮。玄冠朝服。注云。諸侯與其臣朝服以日視朝。又司服。凡甸冠弁服。注云。冠弁委貌。諸侯以爲視朝之服。然則玄冠朝服。卽冠弁服。司裘疏以爲冕服者。弁冕得通稱也。玄冠。是黑色。其上衣及中衣。皆用緇布爲之。緇亦黑色。所謂衣與冠同色也。說文。緇。帛黑色也。釋名釋采帛。緇。滓也。泥之黑者曰滓。此色然也。是也。詩羔羊傳。小曰羔。大曰羊。說文。羔。羊子也。經傳凡言羔裘。皆謂黑裘。若今稱紫羔矣。緇衣羔裘爲朝服。又爲卿大夫士祭於君之服者。玉藻注冕服絲衣也。中衣用素。素卽帛。任氏大椿弁服釋例。謂用緇帛。是卿大夫助祭於君。用緇衣爲裼也。司裘疏引鄭此注解之云。卿大夫助祭用冕服。士用爵弁。君祭服冕服羔裘。卿大夫弁冕用羔裘。至於朝服。亦用羔裘。卽是君臣祭服。同服羔裘也。是也。玉藻疏解此注謂助君祭。用朝服誤矣。鄭又云諸侯之朝服。其服緇布衣而素裳。緇帶素韠者。此緇布衣。謂上服也。詩。緇衣之宜兮。卽謂朝服上衣。雜記云。朝服十五升。去其半而緦。故知上衣是布也。士冠禮。主人玄冠朝服。緇帶素韠。卽此注所本。惟不言裳色。而鄭云素裳者。士冠禮又云素韠。韠從裳色。此朝服旣用素韠。知裳亦是用素。詩素冠篇所云素衣者。謂素裳也。緇帶者。鄭注士冠禮云。黑繒帶也。韠者。蔽膝。以韋爲之。鄭注士冠禮云。素韠白韋韠也。特牲饋食記言朝服緇韠。注云。緇韠者。下大夫之臣。孔氏詩緇衣疏謂士助祭。則韠用緇。亦由朝服之緇韠推之。是謂士韠不與裳同色也。鄭此注不言士韠有異者。略也。秦氏蕙田五禮通考。不用鄭說。謂特牲饋食之緇韠。疑當爲素。涉上緇帶而誤。其說亦通。朝服羔裘用裼者。玉藻云。裘之裼也。見美也。鄭注云。袒而有衣曰裼。必覆之者。裘褻也。卿大夫朝服。亦羔裘。唯豹袪。與君異者。禮朝服。君臣同服。但君用純物。臣下之。故用豹袪。玉藻云。羔裘豹飾。緇衣以裼之。注云。飾猶褎也。詩鄭風云。羔裘豹飾。傳云。豹飾。緣以豹皮也。又唐風云。羔裘豹袪。傳云。袪。袂末也。箋云。在位卿大夫之服也。其下章云。羔裘豹褎。傳云。褎猶袪也。陳氏奐疏云。袂口之緣。是爲袂末。深衣袂末續緣廣寸半。長衣中衣袂末揜餘一尺。裘制如長中。袂末亦宜揜餘一尺。此餘一尺。乃用豹皮與。案卿大夫朝服羔裘用豹袪。則祭服羔裘亦豹袪可知。

素衣麑裘。正義曰。鄭注云。素用繒。素衣麑裘。諸侯視朔之服。其臣則青豻褎絞衣以裼之。案繒者。說文云。繒。帛也。詩素冠疏。凡經傳之言素衣。皆謂白絹也。此素衣。是皮弁服之裼衣。司服注云。皮弁之服。十五升白布衣。上服用布而裼用帛。與狐青裘用玄綃衣爲裼。狐白裘用錦衣爲裼同。若然。玉藻云。以帛裏布。非禮也。彼謂袷褶。不得用帛爲布衣之裏。不謂裼衣。檀弓云。練。練衣黃裏。注云。練中衣。以黃爲內。疏云。黃裏者。黃爲中衣裏也。又云。故小祥而爲之。黃袷裏也。此稱裏。爲袷褶之衣也。鄭注玉藻。誤以裏爲中衣。而以帛裹布。與玄綃錦衣諸文。不可通矣。爾雅釋獸。鹿牡麚牝麀其子麛。說文。麛。鹿子也。論語字當作麛。叚麑字爲之。說文云。麑。狻麑獸也。別一義。鄭君玉藻聘禮注引論語俱作麛。此注出詩羔裘疏引作麑。或後人據今本改之也。玉藻云。皮弁以聽朔於太廟。皮弁以白鹿皮爲之。衣與冠同色。故用白布衣爲上服。而裼衣用白絹。亦與上服相稱矣。麛裘之色。當亦近白。君服麛裘用純物。臣下之。用青豻爲褎。玉藻。君子麛裘青豻褎。絞衣以裼之。注云。君子。大夫士也。豻。胡犬也。絞。蒼黃之色也。又聘禮注引玉藻論語文說之云。皮弁時。或素衣。其裘同。可知也。素衣專說君視朔之服。其裘同。則謂君臣凡視朔聘享。同服麑裘也。江氏永圖考謂夫子無麑裘。記者廣言諸侯禮。則與鄭義不合。玉藻疏引皇氏云。素衣爲正。記者亂言絞耳。任氏大椿弁服釋例。謂絞衣經不多見。記者不應亂言。絞疑絞衣。或爲春秋時制。不能如古。故夫子仍用素衣爲裼。其說視皇爲勝。若然。則論語素衣麑裘。實爲夫子之服。其用素衣。正以矯時人絞衣之失耳。皮弁服。兼有視朔聘享。鄭君止言視朔。是舉一端。皇疏云。謂國有凶荒。君素服則羣臣從之。故孔子魯臣。亦服之也。喪服。則大鹿爲裘也。檀弓云。鹿裘橫長袪是也。此凶荒之服既輕。故裘用鹿子。鹿子文勝於大鹿也。或云大蜡祭百物之神。皮弁素服也。故郊特牲云。皮弁素服而祭。以送終也。注云。素服。衣裳皆素也。案皇疏二說亦通。但郊特牲素服。是皮弁上衣。不指裼衣。當補云素服爲上衣。其裼衣亦得用素。斯爲得之。

黃衣狐裘。注孔曰。服皆中外之色相稱也。正義曰。鄭注云。狐裘。取温裕而已。温。煖也。裕。厚也。詩都人士箋。亦云都人之有士行者。冬則衣狐裘黃黃然。取溫裕而已。案鄭此注。不言爲何服。文有佚也。玉藻。狐裘黃衣以裼之。注云。黃衣。大蜡時臘先祖之服也。孔子曰。黃衣狐裘。又郊特牲言歲十二月。天子大蜡旣畢。黃衣黃冠而祭。息田夫也。野夫黃冠。黃冠草服也。注云。祭謂旣蜡臘先祖五祀也。於是勞農以休息之。論語云。黃衣狐裘。黃冠草服。言祭以息民。象其時物之色。季秋而草木黃落是也。臘祭黃衣。其上更無上服。據鄭禮注二文。則固謂黃衣狐裘。爲息民之祭矣。都人士詩。狐裘黃黃。謂長民者之服。此文狐裘配上衣。裼衣則亦狐黃矣。皇疏云。孔子爲臣助蜡祭。亦隨君著黃衣也。禮運云。昔者仲尼。預於蜡賓是也。邢疏云。息民用黃衣狐裘。大蜡則皮弁素服。二者不同。以其事相次。故連言之耳。二疏並暗據鄭氏。邢謂皮弁素服連言者。卽指素衣麑裘。爲蜡祭服也。但玉藻言黃衣以裼之。有裼衣必有上衣。而郊特牲注臘祭黃衣。其上更無上服。未必然也。金氏鶚禮說。緇衣羔裘。素衣麑裘。其用皆最廣。又多係大禮。而黃衣狐裘。止有息民之祭一用。而其禮又甚輕。何得與緇衣素衣等服並列乎•竊謂黃衣狐裘。韋弁服也。玄端服亦用之。周官司服云。凡兵事韋弁服。鄭注云。以韎韋爲弁。又以爲衣裳。韎爲赤黃色。玉藻云。一命緼韍。鄭注。緼。赤黃之閒色。所謂韎也。兵事象火。故其服上下皆赤。上服赤黃。其內之裘。宜用狐黃。裼之宜黃衣。詩羔羊疏云。兵事韎韋衣。則用黃衣狐裘。象衣色故也。襄四年傳云。臧之狐裘。敗我于狐駘。是也。然則韋弁以黃衣狐裘。有確證矣。聘禮。君使卿韋弁歸饔餼。鄭注。韋弁。兵服也。而服之者。皮韋同類。取相近耳。其服蓋韋布以爲衣而素裳。是聘禮亦用黃衣狐裘也。今案以黃衣狐裘爲韋弁服。凌氏廷堪禮經釋例。先有此說。但止言兵服。未言聘事。則夫子卻未主兵。鄉黨無爲記之。然則金氏之據聘禮。實較凌說爲確。但鄭氏主蜡祭之服。宜亦兼存。蓋此言夫子雜服。不必以輕重相衡。又且與於蜡賓。明見禮運則謂爲息民之服。非無據也。雜記云。子貢觀於蜡。夫子告以一張一弛。文武之道。先王重視此禮。黃衣黃冠。祭於先祖五祀。亦不得疑爲鄙賤矣。○注。服皆中外之色相稱也。○正義曰。外是上服。中卽裼衣也。中外色相稱者。示表裏當如一也。論語止言中衣。以言中。則外可知。

褻裘長。短右袂。

注 孔曰。私家裘長主溫。短右袂。便作事。

正義曰。說文絬下引論語絬衣長。短右袂。此當出古論。段氏玉裁注謂玉篇絬。堅也。廣韻注堅絬。皆本說文古本。因補衣堅也三字於絬篆下。又謂論語自訓私服作絬者。同音叚借。江氏永圖考。褻裘。卽狐貉裘。玉藻云。犬羊之裘不裼。注謂庶人無文飾。然則犬羊是庶人之裘。非君子所服也。唯宜狐貉而已。禮服之狐裘。欲其文與褻服之狐裘異。裘褻長。則禮服之裘宜短。以其行禮時。有升降上下。長則不便於行禮也。褻裘之外。當服深衣。深衣所以襲裘者。犬羊之裘不裼。褻裘亦不裼也。袂者。說文云。袂。褎也。褎。袂也。凡衣之制。袂皆二尺二寸。而屬幅與身正方。又加緣寸半。爲二尺三寸半。深衣曰。袂之長短。反詘之及肘。玉藻曰。長中繼揜尺。謂長衣中衣又繼深衣之袂揜一尺。此袂之定制也。胡氏紹勳拾義。說文口部右。助也。从又口。又部亦有右字。解義略同。古有右字。無佑字。右手之右。古止作又。猶左手之左。古止作ナ也。言又可兼ナ。說文。又。手也。象形。單言手。不言右手者。明又爲兩手之統詞。不分ナ又。卽以又部他字證之。

如秉。禾束也。從手持禾。叔。拾也。從又尗聲。汝南名收芋爲叔。取。捕取也。從又耳。不分ナ又矣。竊意右袂之右。當讀爲又。右本從又聲。右袂之右。即又之同音借字。袂獨短者。或較禮服之褻稍短。或因褻裘之長而適形其短。孔注泥於右字立說。遂使後人疑夫子衣不中度。夏氏炘景紫堂文集極取胡說。又申其義云。右袂。即世俗所謂手褎也。褻裘即深衣之裘。短右袂。對長中繼揜尺。與禮服之褎而言。玉藻注云。長衣中衣繼袂揜一尺。若今褎矣。深衣則緣而已。然後知古人之褎繼袂之末揜餘一尺。另用裘與布爲之。若今袍之有褎頭也。惟深衣有緣無褎。若今人之齊褎袍。故褻裘亦無褎。其制較有褎之裘爲短。故曰短右袂。今案深衣本有定制。春秋時或不如禮。故夫子正之。孔注以短右袂爲便作事。夫人之作事。兩手皆欲其便。豈有單用右手之理。或又謂卷右袂使短。案弟子職。凡拚之道。攘袂及肘。即謂卷袂使短。然無事時必仍舒之。人作事皆是如此。論語不應記之。緣情測義。胡夏爲長。**必有寢衣。長一身有半。**注孔曰。今之被也。正義曰。寢衣。鄭注云。今小臥被是也。案說文。被。寢衣也。長一身有半。衾。大被也。此處寢衣之制。解者多端。惟許鄭義得之。古人衣不連裳。夫子製此寢衣。較平時所服之衣稍長。寢時著之以臥。周官玉府掌王之燕衣服。注。燕衣服者。巾絮寢衣袍襗之屬。鄭解燕衣服。爲近身之衣。巾絮袍襗。晝所服。寢衣。夜所服。故此注以寢衣爲小臥被也。小臥被者。對衾爲大被言之。凡衣可曰被。如左傳被組練三千。楚靈王翠被。孟子被袗衣。皆是。鄭以衣被通稱。恐人不曉。故言臥被以明之。王氏引之經義述聞解寢衣亦誤。而解長一身有半最確。其說云。人自頂以下。踵以上。總謂之身。考工記。廬人凡兵無過三其身。鄭注曰。人長八尺與尋齊。進退之度三尋是也。頸以下。股以上。亦謂之身。艮六四艮其身。在艮趾艮腓之上。艮輔之下。則舉中而言矣。故彖傳曰。艮其身。止諸躬也。躬亦舉中而言。渙六三渙其躬。荀注。體中曰躬。是也。以今尺度之。中人頸以下。股以上。約有一尺八寸。一身之長也。再加九寸。爲一身之半。則二尺七寸矣。以古六寸爲尺計之。得四尺又五寸。一身又半之長也。案如王說。寢衣當至膝。急就篇注短衣曰襦。自膝以上。然則寢衣略如襦與。○注。今被也。○正義曰。孔亦本鄭。然不言小被。則與衾溷。廣雅釋器。寢衣。衾被也。與孔注同。**狐貉之厚以居。**注鄭曰。在家以接賓客。正義曰。說文引此文作狐貈。貈正字。貉叚借字。鳳氏韶經說。論語。居吾語女。孝經。坐吾語女。孟子。坐吾明語子。居坐互出。則居字有坐義。閻氏據此及小戎詩文茵。謂狐貉之厚以居爲坐褥。良是。案鳳說是也。古人加席於地。而坐其上。大夫再重。至冬時氣寒。故夫子於所居處。用狐貉之厚者爲之藉也。○注。在家以接賓客。○正義曰。鄭以居爲燕居。狐貉爲燕居之裘。即上所稱褻裘也。繁露服制篇。百工商賈。不敢服狐貉。豳詩七月篇。一之日于貉。取彼狐狸。爲公子裘。知狐貉是貴服。夫子燕居。亦不服此裘。故鄭以接賓客解之。明未接賓客時。亦但服犬羊之裘矣。皇疏云。既接賓客。則其上亦應有衣也。**去喪。無所不佩。**注孔曰。去。除也。非喪則備佩所宜佩也。正義曰。說文云。佩。大帶佩也。從人凡巾。佩必有巾。故從巾。段氏玉裁注。大帶佩者。謂佩必系於大帶也。從人者。人所利用。從凡者。無所不佩。從巾者。其一端也。案釋名釋衣服。佩。陪也。言其非一物有陪貳也。此以音求義。亦是也。玉藻云。凡帶必有佩玉。唯喪否。注云。喪主於哀。去飾也。凡謂天子以至士。又云。君子無故。玉不去身。君子於玉比德焉。注云。故謂喪與災眚。則凶荒亦去飾。舉其至重。則止言喪矣。閒傳曰。期而小祥。又期而大祥。中月而禫。無所不佩。禫者。除喪之祭。在二十七月。於此月喪竟。得用佩也。○注。去除至佩也。○正義曰。去除。此常訓。言喪既除。則皆佩也。凡設佩。玉佩在左。事佩在右。玉藻言世子之禮云。君在。不佩玉。左結佩。右設佩。結者。結其綬不使鳴。故謂之不佩玉也。設者。設事佩也。至玉藻又言佩玉。右徵角。左宮羽者。左右謂佩玉行列。王氏鎏鄉黨正義謂爲身之左右。非也。云所宜佩者。言爵有尊卑。當視禮所宜用之也。玉藻云。佩玉有衝牙。天子佩白玉而玄組綬。公侯佩山玄玉而朱組綬。大夫佩水蒼玉而純組綬。世子佩瑜玉而綦組綬。士佩瓀玟而緼組綬。孔子佩象環五寸而綦組綬。注云。衝牙。居中央以前後觸也。玉有山玄水蒼者。視之文色所似也。綬者。所以貫佩玉相承受者也。純當爲緇。綦。文雜色也。緼。赤黄也。孔子佩象環五寸。謙不比德。亦不事也。環取可循而無窮。任氏大椿弁服釋例考大戴禮保傅篇云。上有雙衡。下有雙璜。衝牙玭珠以納其閒。琚瑀以雜之。蓋佩上有衡。衡之中一組。中貫一玉曰瑀。下貫一玉曰衝牙。旁二組各中貫一玉曰琚。下貫一玉曰璜。其閒皆以組貫玭珠。此其制也。夫子爲士佩瓀玟。仕魯爲大夫。宜佩水蒼玉。而復有象環者。初學記二十六引三禮圖曰。孔子去魯。佩象環五寸。孔氏玉藻疏亦有此說。蓋孔子謙不比德。又玉佩非道途所宜。故別製象環以爲之飾。環者。還也。不忘魯之意也。至與列國君臣相見行禮。則大夫去國。宜從士禮。當佩瓀玟。反魯後。從大夫之後。自仍佩水蒼玉。不復用象環矣。象環以比玉佩。其事佩則不妨設之。鄭君以爲亦不事者。未必然也。鄭注閒傳云。無所不佩。紛帨之屬。鄭以玉佩。人所易知。故舉事佩言之。內則云。子事父母。左右佩用。左佩紛帨刀礪小觿金燧。右佩玦捍管遰大觿木燧。注云。必佩者。備尊者使令也。紛帨。拭物之佩巾也。刀礪。小刀及礪礱也。小觿。解小結也。觿貌如錐。以象骨爲之。金燧。可以取火於日。捍謂拾也。言可以捍弦也。管。筆彄也。遰。刀鞞也。木燧。鑽火也。此皆事佩。爲子事父母之飾。意人子當室後。事佩或不復用。夫子則以事佩便於事用。故與玉佩並垂爲飾。卽僞孔此注所云備者。得兼有之也。

非帷裳。必殺之。注王曰。衣必有殺縫。惟帷裳無殺也。正義曰。鄭注云。帷裳。謂朝祭之服。其制。正幅如帷也。非帷裳者。謂深衣也。殺之者。削其幅使縫齊倍要者也。案說文。帷。在旁曰帷。釋名釋牀帳云。帷。圍也。所以自障帷也。說文釋名。各具一義。鄭語。王使婦人不幃而譟之。韋昭注。裳正幅曰幃。幃與帷同。鄭注喪服云。祭服朝服。襞積無數。凡裳。前三幅。後四幅。襞積若今人百襵。於要閒收攝其布。使狹以著身也。朝祭之裳。襞積無數。以人要中寬狹不一。各就所宜爲之。不著其節也。深衣者。鄭氏禮記目錄云。深衣。連衣裳而純之以采者。孔疏云。以餘服則上衣下裳不相連。此深衣衣裳相連。被體深邃。故謂之深衣。案朝祭服外。祇有深衣。爲諸侯大夫上之所服。庶人更用爲吉服。鄭以非指深衣言者。亦以深衣不帷裳。而朝祭服外。

更無餘服也。深衣云。古者深衣。蓋有制度。以應規矩。繩權衡。短毋見膚。長毋被土。續衽鉤邊。要縫半下。袼之高下。可以運肘。袂之長短。反詘之及肘。制十有二幅。以應十有二月。袂圜以應規。曲袷如矩以應方員。負繩及踝以應直。下齊如權衡以應平。故先王貴之。故可以爲文。可以爲武。可以擯相。可以治軍旅。完且弗費。善衣之次也。注云。續猶屬也。衽。在裳旁者也。屬連之不殊裳前後也。鉤邊。若今曲裾也。三分要中。減一以益下。下宜寬也。裳六幅。幅分之。以爲上下之殺。袷。交領也。古者方領。如今小兒衣領。繩謂裻與後幅相當之縫也。齊。緝也。深衣者。用十五升布。鍛濯灰治。純之以采。善衣。朝祭之服也。自士以上深衣爲之。次庶人吉服深衣而已。又玉藻云。夕深衣。深衣三袪。縫齊倍要。衽當旁。袂可以回肘。袷二寸。袪尺二寸。緣廣寸半。注云。三袪者。謂要中之數也。袷尺二寸。圍之二尺四寸。三之七尺二寸。縫。紩也。紩下齊倍要。中齊丈四尺四寸。衽謂裳幅所交裂也。凡衽者。或殺而下。或殺而上。是以小要取名焉。衽屬衣。則垂而放之。屬裳則縫之以合前後上下相變。案深衣上下同制。故禮經言之獨詳。鄭君謂裳幅分之爲上下之殺。則是邪裁。又以十二幅專屬裳。近人江氏永深衣考誤。陳氏澧東塾類稿。皆不謂然。江云深衣者。聖賢之法服。衣用正幅。故裳之中幅。亦以正裁。惟衽在裳旁。始用斜裁。陳云深衣制十有二幅。此通衣裳數之也。衣中二幅。袂二幅。凡四幅。裳中正幅二。兩旁斜裳之幅各一。爲四幅。合前後凡八幅。通衣裳數之。則爲十有二幅也。裳左前後縫合。而右有鉤邊一幅。以其在內不見。故不數之也。衣前之右。別有外襟一幅。然自後觀之則不見。自前觀之則又掩去內幅。故亦不數之也。二君之說。視鄭爲長。又夏氏炘學禮管釋引董彥輝深衣考誤。謂深衣對襟。其書愚未之見。夏君極稱之。謂古服皆作對襟。無揜襟者。爾雅衣皆謂之襟。說文。眥。目匡也。襟取眥名者。言兩襟對開。亦如目匡之對開也。又謂深衣以單布爲之。有綿者曰繭曰袍。褻曰褻衣。皆與深衣同制。雜記繭衣裳注云。若今大襺也。釋名。襺。屬也。衣裳上下相聯屬也。一曰襜褕。說文。直裾謂之襜褕。直裾卽直襟。直襟卽對襟。其說甚悉。若然。則鉤邊當謂左右裳幅。前後縫合。而非別有一幅。在右爲鉤邊。鹽鐵論散不足篇言庶人之服。直領無褘。直領卽是直襟。故釋名釋衣服云。直領。邪直而交下。亦如丈夫服袍方也。明丈夫服袍。是直領邪直而交下。卽是對襟矣。此亦視鄭說爲合。江氏永圖考曰。深衣。裳無襞積。必有兩旁斜裁倒縫之衽。方能上狹下廣。意當時或有不用斜裁。而作襞積於裳者。故特記非帷裳必殺之。明夫子深衣。必用古制也。○注。衣必有殺縫。○正義曰。說文。縫。以鍼紩衣也。詩羔羊傳。縫。言縫殺之大小得其宜。則殺縫。謂縫之所殺也。

羔裘玄冠不以弔。注孔曰。喪主素。吉主玄。吉凶異服。正義曰。白虎通紼冕篇。所以有冠者。帣也。所以帣持其髮也。說文。冠。絭也。所絭髮弁冕之總名也。冠有法制從寸。鄭注此云。玄冠委貌。諸侯視朝之服。案冠稱玄者。謂冠梁與武。皆用黑繒爲之也。後漢輿服志注引石渠論。玄冠朝服。戴聖曰。玄冠委貌也。此鄭所據。士冠禮記。委貌周道也。鄭注。或謂委貌爲玄冠。委猶安也。所以安正容貌。任氏大椿弁服釋例。玄冠一曰委貌。廣二寸。以繒爲之。藻飾與韋弁皮弁同。衡縫內畢緣邊居。冠屬武非。燕居則冠與武別。冠武異材。冠纓異材。天子朱組纓。諸侯丹組纓。大夫士綦組纓。緌之有飾者曰緌。有安髻之笄。無固冠之笄。有纚有總有髦。此其制也。凡朝服。君臣同服。其緇裘則君用純。臣用豹袖。是此緇裘玄冠爲朝服也。鄭以玄冠是通上下。故舉諸侯視朝。以包卿大夫士言之。又以緇裘是朝服。已見上注。故此不言也。弔者。說文作弔。云問終也。史記集解引賈逵曰。問凶曰弔。檀弓云。曾子襲裘而弔。子游裼裘而弔。主人既小斂。袒括髮。子游趨而出。襲裘帶絰而入。注云。於主人變乃變也。所弔者朋友。疏云。凡弔喪之禮。主人未變之前。弔者吉服而弔。吉服。謂緇裘玄冠。緇衣素裳。又袒去上服以露裼衣。則此裼裘而弔是也。主人既變之後。雖著朝服。而加武以絰。又掩其上服。若是朋友。又加帶。則此襲裘帶絰而入是也。又喪大記。弔者襲裘加武帶絰。注。始死。弔者朝服裼裘。如吉時也。小斂則改襲裘而加武帶絰矣。武。君冠之卷也。加武者。明不改冠。亦不免也。此鄭說始死及小斂時之弔服也。周官司服云。凡弔事弁絰服。注云。弁絰者。如爵弁而素加環絰。論語曰。緇裘玄冠不以弔。禮記雜記。凡弁絰。其衰侈袂。注云。弁絰服者。弔服也。孔疏引舊說。以此爲大斂後之弔服。至成服以後。則用衰麻。司服所謂錫衰緦衰疑衰是也。是弔服有四變也。金氏榜禮箋云。弔服錫衰緦衰疑衰。皆有經帶。弔者加絰與衰。咸視主人爲節。未小斂。吉服而往。天子爵弁服。諸侯卿大夫皮弁服。士玄冠朝服。既小斂。天子爵弁加絰。諸侯卿大夫皮弁加絰。謂之弁絰。士則易玄冠爲素委貌加絰焉。雜記。小斂環絰。公大夫士一也。謂此主人既成服。則弔者亦服衰而往。天子爲三公六卿錫衰。爲諸侯緦衰。爲大夫士疑衰。諸侯卿大夫弔服錫衰。士弔服疑衰。其尊卑之差也。案舊說弔服凡有四變。金說則小斂大斂同服。凡有三變。求之經傳。金說爲允。弁絰服。依禮是小斂後大夫之弔服。而鄭注司服引論語說之。不知緇裘玄冠。乃始死之弔服。不得在小斂之後。禮記檀弓云。夫子曰。始死。緇裘玄冠者。易之而已。緇裘玄冠。夫子不以弔。孔疏謂養疾者朝服。緇裘玄冠。卽是朝服。始死。則易去朝服。著深衣。故云易之。考問喪云。親始死。扱上衽。注。上衽。深衣之裳。又既夕注。謂始死易深衣。皆孔疏所本。既是主人深衣。則弔者亦可服深衣。故緇裘玄冠。夫子不以弔。正指始死時之弔服而言。家語子夏問篇。季桓子死。魯大夫朝服而弔。子游問於孔子曰。禮乎。夫子不答。他日又問，夫子曰。始死。緇裘玄冠者。易之而已。汝何疑焉。家語此文與檀弓正可互證。蓋當時大夫亦用朝服爲弔服。不用皮弁。與士同也。主人於親始死。易朝服爲深衣。弔者方用深衣。如主人仍用朝服。當時弔者亦用朝服。所謂視主人爲節也。夫子不答子游之問。正以舊禮本是如此。不能遽責弔者以無禮也。始死弔服用深衣。此特夫子之制。亦以朝服爲弔服。於心未安故也。深衣之裘。當用狐貉爲之。其首服或緇布冠與。自來解者誤依鄭司服注。以緇裘玄冠不以弔。爲小斂後弔服。則小斂之前。緇裘玄冠以往者。將不謂之弔乎。且小斂後。亦豈有用朝服以弔者。此實於理未達矣。○注。喪主至異服。○正義曰。檀弓云。奠以素器。以生者有哀素之心焉。注。哀素。言哀痛無飾。凡物無飾曰素。是喪主素也。禮祭服皆玄衣。是吉主玄也。白虎通喪服篇。玄冠不以弔者。不以吉服臨人凶。示助哀也。是吉凶當異服也。皇本異服下有故不相弔也五字。

吉月。必朝服而朝。【注】孔曰。吉月。

月朔也。朝服。皮弁服。正義曰。朝服者。冠弁服也。集注以爲孔子在魯致仕時之禮。其義甚允。先從叔丹徒君駢枝曰。鄉黨。記禮之書也。吉月必朝服而朝。禮也。孔子述之。而七十子之徒記之也。玉藻曰。諸侯皮弁以聽朔於太廟。朝服以日。視朝於內朝。聽朔亦謂之視朔。視朝亦謂之聽朝。雖有在朝在廟之異。其爲君臣相見。聽治國政則同。旣視朔。則疑於不復視朝也。故曰吉月必朝服而朝。明不以一廢一也。朝正者。一年之禮也。視朔者。一月之禮也。視朝者。一日之禮也。不以月廢日。不以大禮廢小禮也。玉藻記孔子之言曰。朝服而朝。卒朔。然後服之。是其義也。曰卒朔然後朝。不已晏乎。曰。周以夜半爲朔。其時早矣。卒朔而朝。無妨也。其曰朝服而朝。何也。曰。告朔則朝於廟。春秋書閏月不告月。猶朝於廟是也。但言朝。則未知朝於廟與。朝於內朝與。故以其服別之也。朝服對皮弁而言之也。謹案丹徒君此說。亦備一義。王氏引之經義述聞從之。然王謂吉月爲告月之譌。引緇衣篇尹吉。鄭注吉當爲告爲證。又謂古無稱朔日爲吉月者。天官大宰正月之吉。地官黨正孟月吉日。族師月吉。皆日之善者。日之善者。不必爲朔日也。其說似是而非。蓋告朔乃天子之禮。天子告朔於諸侯。歲僅一次。諸侯受而藏之祖廟。每月朔。朝廟而視之。然後頒而行之。惟視朔爲每月常行。人所易忽。故人臣或於視朔時。自以已見君。遂不復朝也。今改吉月爲告月。於情事未能合矣。月朔稱吉月。取令善之義。必謂月朔不可稱吉。亦失之拘。月吉倒文稱吉月。猶詩言朔月辛卯爲月朔也。夏氏炘學禮管釋。周禮大宰大司徒鄉大夫州長大司馬大司寇布憲。皆言正月之吉。鄭君以周正朔日解之。族師月吉。鄭君以每月朔日解之。詩小明。二月初吉。毛公亦以朔日解之。此相傳之古訓也。古訓善不訓始。然亦有始義。爾雅。元。始也。元又訓善。故天子之善士名元士。則吉訓善。亦可訓始。故凡始月始日。皆以吉名之。所謂吉人爲善。惟日不足。故履端於始。尤其爲善之初。先王勗人之意蓋如此。案夏氏從集注。以此節爲孔子禮。義自優。但謂劉以吉月爲告月。輕改經字則非。改吉月爲告月。乃王氏說。非駢枝有此言。○注。朝服皮弁服。○正義曰。鄭注云。朝服。皮弁服也。此僞孔所本。曾子問。諸侯相見。必告于禰。朝服而出視朝。疏引熊氏說。亦以爲皮弁服。蓋因鄭此注而誤也。玉藻言諸侯皮弁以聽朔。疑鄭以論語此文。指朝廟言之。蓋視朔之禮。君臣同用皮弁以朝於廟也。然皮弁不得言朝服。秦氏蕙田五禮通考。皮弁自皮弁服。朝服自朝服。未有以皮弁爲朝服者。何也。蓋皮弁。天子視朝之服。玄端。卿大夫視私朝之服。二者似皆可稱朝服。而不然者。以在朝君臣同服。而皮弁綦飾。有五采三采之不同。玄端服。則有玄裳黃裳雜裳之別。獨冠弁爲諸侯君臣之朝服。上下同之。其不同者。惟諸侯白舄。大夫士白屨。諸侯之羔裘純色。大夫羔裘豹袖。二端無大分別。故謂之朝服也。玉藻稱朝服而朝。卒朔。然後服之。夫告朔之服。皮弁服也。必卒朔而視朝。然後脫皮弁而服朝服。則朝服非皮弁服甚明。孔氏廣森經學卮言。觀儀禮記皮弁與朝服。截然異名。不相叚借。況皮弁爲天子之朝服。稱名之際。尤所宜謹。然則朝服當指冠弁服。用玄冠緇衣素裳矣。

齊必有明衣。布。注孔曰。以布爲沐浴衣。正義曰。御覽五百卅引鄭注云。明衣。親身衣。所以自潔清也。以布爲之。案親身衣。卽汗襗襦袴之屬。因其潔清。故稱明衣。衣者。

上下服之通稱。士喪禮。明衣裳用布。注云。所以親身爲圭絜也。旣夕記。明衣裳用幕布。袂屬幅長下膝。有前後。裳不辟。長及觳。縓綼緆。緇純。此襲尸之服。與生人明衣必異制。但以同是絜清。故均稱明衣耳。士昏禮姆加景。注云。景之制蓋如明衣。加之以爲行道禦塵。令衣鮮明也。鄭意以景衣加於外以禦塵。猶明衣爲親身以遠汚垢。其制之意同。故舉爲況也。○注。以布爲沐浴衣。○正義曰。玉藻云。將適公所。宿齊戒。居外寢。沐浴。是凡齊宜沐浴也。玉藻又云。君衣布晞身。是浴竟有布衣之也。士喪禮。浴用巾。挋用浴衣。設明衣裳。彼文言明衣裳爲浴後襲尸之服。鄭君以爲去浴衣而衣之是也。僞孔以生人沐浴有明衣。亦是暗據彼文。但喪禮之明衣裳。不爲浴衣。此注直以明衣爲沐浴衣。誤矣。說文云。沐。濯髮也。浴。洒身也。論衡譏日篇。沐者。去首垢也。浴者。去身垢也。

卷十三

齊必變食。注孔曰。改常饌。注。改常饌。○正義曰。周官膳夫。王日一舉。王齊日三舉。注。鄭司農云。齊必變食。賈疏。齊謂散齊致齊。齊必變食。故加牲體至三太牢。案古人日三食。王日一舉。謂朝時用一太牢。並日中夕皆食之。至齊時。則日中及夕。皆特殺。與平時常饌異。所謂變食者也。淩氏曙典故覈云。變食者。謂盛饌也。君子敬其事則盛其禮。故不餕餘也。國語曰。大夫舉以特牲。士食魚炙。然則夫子之變食。或特牲而不餕餘焉。案莊子人閒世。顏回曰。回之家貧。惟不飲酒。不茹葷者。數月矣。若此。則可以爲齊乎。曰。是祭祀之齊。非心齊也。據周語言。耕籍前五日。王入齊宮。飲醴。醴味醇淡。與酒不同。故莊子言不飲酒也不茹葷者。禮玉藻注。葷者。薑及辛菜也。荀子哀公篇。夫端衣玄裳。絻而乘路者。志不在於食葷。端衣玄裳。即是齊服。楊倞注。葷。葱薤之屬也。不飲酒。不茹葷。是異常饌。解者誤以葷爲肉食。而凡齊皆禁用之。與禮意悖矣。士喪禮記言人子養疾皆齊。而曲禮言父母有疾。食肉不至變味。飲酒不至變貌。齊時或可飲酒。則謂齊禁肉食。於古無徵矣。高誘注呂覽孟春紀引齊必變食二句云。自禋潔也。禋潔亦不餕餘之意。

居必遷坐。注孔曰。易常處。注。易常處。○正義曰。說文。㘴。止也。坐古文㘴。釋名釋姿容。坐。挫也。骨節挫屈也。江氏永圖考曰。古人之坐。兩膝著地而坐於足。與跪相似。但跪者直身。又謂之䠊。䠊危而坐安。此跪坐之別也。案居與凥同。居即是坐。言遷坐者。謂所居之處耳。胡氏培翬燕寢考旣夕記。士處適寢。又云。有疾。疾者齊。注云。適寢者。不齊。不居其室。禮記檀弓曰。君子非致齊也。非疾也。不晝夜居於內。注。內。正寢之中。玉藻云。將適公所。宿齊戒。居外寢。外寢。正寢也。穀梁傳云。公薨於路寢。路寢。正寢也。寢疾居正寢。正也。大戴禮盛德篇云。此天子之路寢也。不齊。不居其室。古者自天子以至於士。常居。皆在燕寢。惟齊及疾。乃居於正寢。鄉黨所云齊居必遷坐以此。孔注云易常處。蓋常處在燕寢。至齊。必遷居正寢。今案皇疏引范甯云。齊以敬潔爲主。以期神明之享。

故改常之食。遷居齊室也。齊室卽適寢。旣居在適寢。則宿亦在適寢。論語無文。從可知也。

食不厭精。膾不厭細。正義曰。張栻解厭當作平聲。言不待精細者而後屬厭也。案周語不可厭也。韋注。厭。足也。晉語民志無厭。韋注。厭。極也。夫子疏食飲水。樂在其中。反以士恥惡食爲不足與議。故於食膾皆不厭精細也。精者。善米也。東山經糈用五種之精。郭注以爲五穀之美。九章算術。糲米率三十。粺米二十七。糳米二十四。侍御二十一。是侍御爲米之極精矣。膾者。說文云。膾。細切肉也。釋名釋飲食。膾。會也。細切肉。散分其赤白。異切之。乃會和之也。少儀云。牛與羊魚之腥。聶而切之爲膾。注云。聶之言牒也。先藿葉切之。後報切之。則成膾。又內則云。肉腥細者爲膾。大者爲軒。注云。言大切細切異名也。膾者必先軒之。所謂聶而切之也。李氏惇羣經識小謂其制與今之肉絲相似。釋文。膾本又作鱠。

食饐而餲。注孔曰。饐餲。臭味變。魚餒而肉敗。不食。注魚敗曰餒。正義曰。朱氏彬經傳考證解此文云。而與若同。猶與也。釋文。餒本又作鮾。史記世家作餧。敗者。說文云。毀也。爾雅釋器。肉謂之敗。郭注以爲臭腐。○注。饐餲臭味變。○正義曰。爾雅釋器。饐謂之餲。郭注。飯饖臭。說文。饐。飯傷溼也。餲。飯餲也。字林。饐。飯傷熱溼也。餲。食敗也。饐與餲。爲淺深之異。廣雅釋詁。餯。敗也。釋器。餲。臭也。餯餲一聲之轉。段氏玉裁說文注。皇侃云。饐謂飲食經久而腐臭也。餲謂經久而味惡也。是則孔注本作饐臭。餲味變也。今本誤倒。○注。魚敗曰餒。○正義曰。皇本此注作孔曰。爾雅云。魚謂之餒。郭注。肉爛。說文餒下一曰魚敗曰餒。論語釋文引字書作餧。廣雅釋詁。餒。敗也。釋器。餒。臭也。義訓並同。

色惡。不食。臭惡。不食。正義曰。色惡臭惡。謂凡生熟物色味有變也。月令春其臭羶。夏其臭焦。中央土其臭香。秋其臭腥。冬其臭朽。皆謂味也。皇本作臰惡。此後出俗字。周官內饔職。辨腥臊羶香之不可食者。牛夜鳴則庮。羊冷毛而毳。羶。犬赤股而躁。臊。鳥皫色而沙鳴。貍。豕盲眡而交睫。腥。馬黑脊而般臂。螻。注云。腥臊羶香可食者。是別其不可食者。則所謂者皆臭味也。冷毛。毛長總結也。皫。失色不澤美也。沙。澌也。交睫腥腥當爲星。聲之誤。肉有如米者似星。般臂。臂毛有文。鄭司農云。庮。朽。木臭也。螻。螻蛄臭也。賈疏引此文色惡臭惡說之。

失飪。不食。注孔曰。失飪。失生熟之節。不時。不食。注鄭曰。不時。非朝夕日中時。注。失飪失生熟之節。○正義曰。方言。飪。熟也。徐揚之閒曰飪。說文。飪。大熟也。廣雅釋詁作飪同。鄭注文王世子云。飪。生熟之節。此孔所本。爾雅。摶者謂之糷。米者謂之糪。郭注。糷。飯相著。糪。飯中有腥。腥與胜同。卽生字。說文。胜。不熟也。江氏永曰。失飪。有過熟。有不熟。不熟者尤害人也。爾雅惟言飯之失飪。肉物亦有之。肉之過熟者。亦謂糜爛。半腥半熟者。謂之爓。祭禮。腥法上古。爓法中古。熟之爲臉進。後世之食。若生人之食。不可不熟也。案過熟無傷於人。夫子不食。專指未熟言。○注。不時。非朝夕日中時。○正義曰。方氏觀旭偶記。左傳卜楚丘云。食日爲二。是一日之中。食有常時也。閻沒女寬云。或賜一二人酒。不夕食。

謂不及待夕之時而食也。禮內則云。孺子食無時。則成人以上。食必有時也。詩蝃蝀傳云。從旦至食時爲終朝。孟子云。朝不食。夕不食。淮南子云。臨於曾泉。是爲蚤食。次於桑野。是謂晏食。並是食時之證。又云。鄭以朝夕日中爲三時。亦大略言之。其實貴賤猶有分別。天子食則四時。諸侯三時。大夫以下。惟朝夕二時。四時者。白虎通云。王者平旦食。晝食。晡食。暮食。三時者玉藻云。諸侯朝服以食。特牲三俎。祭肺。夕深衣。祭牢肉。注。天子言日中。諸侯言夕。天子言餕。諸侯言祭牢肉。互相挾則特牲三俎。在朝時。日中又餕之。二食者。內則云。由命士以上。昧爽而朝。慈以旨甘。日入而夕。慈以旨甘。又云。父母在。朝夕恒食。子婦佐餕。是也。今案周官膳夫。王齊日三舉。齊是盛禮。不過三舉。則天子三食可知。既夕記。燕養饋羞湯沐之饌。如他日。注云。饋。朝夕食也。疏云。鄭注鄉黨云。不時。非朝夕日中時。一日之中三時食。今注云朝夕。不言日中者。或鄭略之。亦有日中也。或以死後略去日中。直有朝夕食也。此賈據鄭注朝夕日中時。爲上下通禮。非有四食三食再食之異。論語太師摯等爲殷人。或者殷禮天子四時食也。經傳多略日中者。舉日中。則朝夕可知。惟既夕之饋。當無日中。賈疏後說是也。疏云一日之中三時食。此句未知爲鄭注。抑賈釋鄭義。今臧宋輯本列入注中。稍失闕疑之意。公羊僖三十三年傳。十有二月。霣霜不殺草。李梅實。何以書。記異也。何異爾。不時也。王制。五穀不時。果食未熟。不粥於市。又漢書召信臣傳。大官園種冬生葱韭菜茹。覆㠯屋廡。晝夜爇蘊火。待溫氣乃生。信臣㠯爲此皆不時之物。有傷於人。不宜㠯奉供養。後漢書鄧皇后紀。詔曰。凡供薦新味。多非其節。或鬱養強孰。或穿掘萌芽。味無所至。而夭折生長。豈所㠯順時育物乎。傳曰。非其時不食。自今當奉祠陵廟及給御者。皆須時迺上。二說並爲不時。解者多據以釋此文。亦通。

割不正不食。不得其醬不食。注馬曰。魚膾非芥醬不食。

正義曰。爾雅釋言。割。裂也。周官內饔注。割。肆解也。少牢饋食禮。牢心舌載於肵俎。心皆安下切上。午割勿沒。其載於肵俎。末在上。舌皆切本末。亦午割勿沒。注云。牢。羊豕也。安。平也。平割其下。於載便也。凡割本末。食必正也。彼文是言祭禮割法。賈疏引此文說之。則意孔子燕食。其割法略得同矣。邢疏云。割不正。謂折解牲體脊脅臂臑之屬。體有正數。若解割不得其正。則不食也。毛氏奇齡淩氏廷堪並主其說。毛云。此與周禮掌割烹之事。必先辨體名。少牢禮辨羊豕。必分前體後體。自肩臂臑。及三脊三脅。凡十一體。所謂諸子正六牲之體者。不特大祭祀有之。淩云。如鄉飲酒。賓俎脊脅肩肺。主人俎脊脅臂肺。肩尊臂卑。是正數也。若賓俎用臂。主人俎用肩。則尊卑倒置。即爲割不正。此說亦通。但淩謂牲體爲割。截膾爲切。少牢所云是切非割。識賈疏引鄉黨文爲誤。則少牢文上言切。下言午割。割切通言。賈未誤也。江氏永圖考曰。凡切割皆當有法。肉體亦有不能盡割以正者。聖人惟食其正者耳。又羣經補義曰。食肉惟取其方正者。則不正之割。自不來前矣。配食之醬。如醯醢。皆不設。此家人進食者之小過。夫子偶一不食。微示其意。後自知設醬得宜矣。凡此皆未嘗形於言。愆於色。庶幾不失聖人氣象。○注。魚膾非芥醬不食。○正義曰。說文云。醬。醢也。酒㠯和醬也。醢。肉醬也。周官膳夫注。醬謂醯醢也。汪氏烜四書詮義。

醬者。醯醢鹽梅之總名。古人設食。皆以醢與穀相間。如內則。牛炙。醢。牛胾。醢。牛膾。羊炙。羊胾。醢。豕炙。醢。豕胾。芥醬。魚膾。雉兔鶉鷃一節。又如服脩蚳醢。脯羹兔醢。麋膚魚醢。魚膾芥醬。麋腥醢醬。桃諸梅諸卵鹽。又周禮韭菹醓醢。昌本麋臡。菁菹鹿臡。茆菹麇臡。葵菹蠃醢。脾析蠯醢。蜃蚳醢。豚拍魚醢。芹菹兔醢。深蒲醓醢。箈菹鴈醢。筍菹魚醢之類。此皆必以氣味相宜。或性相制。故相配而設。皆所謂得其醬也。穀與醢並設食。則以其物濡醢而食之。蓋此節乃侍御陳設者之失。非烹調之失。說者多以內則濡雞醢醬。濡魚卵醬條實此。失之矣。濡雞濡魚有失。則失飪之事。非陳設之不備也。案注說甚備。此注但言魚膾芥醬。亦是舉一以概其餘。

肉雖多。不使勝食氣。唯酒無量。不及亂。

正義曰。氣猶性也。周官瘍醫以五氣養之。五氣。卽五穀之氣。人食肉多。則食氣爲肉所勝。而或以傷人。說文。旣。小食也。論語云。不使勝食旣。段氏玉裁說。魯論作氣。古論作旣。用假借。或援許氏小食之訓解論語。非也。呂氏春秋孝行覽節飲食。肉雖多。不使勝食氣。正用魯論此文。鄭注中庸云。旣讀爲餼。注聘禮云。古文旣爲餼。是旣氣通用。量猶度也。淩氏廷堪說。肉雖多不使勝食氣。爲食禮言之也。惟酒無量不及亂。爲燕禮言之也。胡氏培翬研六室文鈔。亟稱淩說。爲之明其義云。以公食禮考之。初設正饌。次設加饌。正饌有牛俎。羊俎。豕俎。魚俎。臘俎。腸胃俎。膚俎。醓醢麋臡鹿臡三者盛於豆。此下大夫六豆也。加饌。有牛臐。牛炙。牛胾。牛鮨。羊臐。羊炙。羊胾。豕膮。豕炙。豕胾。魚膾。肉可不謂多與。然而黍稷六簋。宰夫設之。稻粱二簋。公親設之。賓初食稻粱。三飯卽止。卒食黍稷。不以醬湆。是所謂以穀爲主。不使肉勝食氣也。又以燕禮考之。尊於堂上東楹之西者兩方壺。尊於堂下門西者兩圜壺。初時獻賓。賓酢主人。主人自酢。主人酬賓。二大夫媵爵于公。公取媵爵酬賓。禮亦盛矣。而獻卿獻大夫後。復作樂以樂賓。立司正以安賓。脫屨升席。晏坐盡歡。至於爵行無算。眞所謂無量矣。然而君曰無不醉。有命徹冪。則必降階下拜。明雖醉。正臣禮也。賓醉而出。鐘人爲之奏陔。則以所執脯賜鐘人。明雖醉。不忘禮也。此非所謂以醉爲節。而不及亂乎。然則此節。或夫子嘗言其禮如此。或出聘鄰國。鄰國食之燕之。夫子一守禮經。記者因爲記之。俱未可知。案淩氏此說甚核。然淩主禮食。不兼常食。於義稍隘。蓋常食如賓朋燕飲。亦得備物盡歡也。

沽酒市脯不食。

正義曰。沽與酤同。說文云。酤。一宿酒也。一曰買酒也。說文具二義。一宿之酒。卽是醴酒。不應夫子不食。然則沽酒。當謂買酒也。廣雅釋詁。酤。賣也。酤爲買賣通稱。說文廣雅。各舉其一耳。周官萍氏幾酒謹酒。注云。幾酒。苛察沽買過多非時者。是周時有酤酒。漢書食貨志。王莽居攝羲和魯匡言。百禮之會。非酒不行。故詩曰無酒酤我。而論語曰酤酒不食。二者非相反也。夫詩據承平之世。酒酤在官。和旨便人。可以相御也。論語孔子當周衰亂。酒酤在民。薄惡不誠。是以疑而弗食。此引論語作酤。御覽資產部引亦作酤。酤本字。沽。水名。叚借字。梁氏玉繩瞥記。酒正注。作酒有功沽之巧。疏云。功沽知善惡。夏官司兵注。功沽上下義同。因思論語沽酒。當是酒之惡者。梁此說亦通。但酒當云飲。而云不食。古人趁文不分別也。說文。市。買賣所之也。脯。乾肉也。釋名釋飲食。脯。搏也。

乾相燥搏著也。周官腊人掌乾肉。凡田獸之脯腊膴胖之事。注云。薄析曰脯。內則。牛脩肉脯。田豕脯。麋脯。麕脯。注云。脯。所謂析乾牛羊肉也。市脯不食。亦恐其不精潔。且恐日久。味少變也。

不撤薑食。注孔曰。撤。去也。齊禁葷物。薑辛而不葷。故不去。**不多食。**注孔曰。不過飽。

正義曰。撤。宋九經本作徹。薑辛辣。多食。生內熱之疾。故不多食。陶宏景注本草祝穆事文類聚。皆如此解。閻氏若璩釋地。不多食。承上薑說。與惟酒無量不及亂一例。○注。齊禁葷物。薑辛而不葷。故不去。○正義曰。集解從孔說。以食不厭精至不多食。皆齊禮。故孔解此爲齊禁葷物。但不去薑耳。朱子集注。以明衣變食遷坐爲齊禮。食不厭精以下。爲禮食常食之節。於義更合。說文。薑。御濕之菜也。本草經。乾薑主逐風。濕痺腸澼。下痢。生者尤良。久服去臭氣。通神明。是其功用。有益於人。故每食餕不撤去之。玉藻注謂葷有薑。此言薑不葷者。散文辛亦爲葷。對文葷辛異也。姚氏鼐經說。古者有庋食之閣。大夫于閣三。士于坫一。大夫七十而有閣。則未知孔子之已有閣與其坫也與。凡食畢鼎食則徹。于造脯醢葷菜則不徹。庋以備時食。所以優尊者也。禮。夜侍坐于君子。君子問夜膳葷。請退可也。故不徹葷者。禮也。薑亦葷也。孔子以爲葱蒜之類。氣皆濁。不若薑之清。則所庋。薑而已。

祭於公。不宿肉。注周曰。助祭於君所得牲體。歸則以班賜。不留神惠。**祭肉不出三日。出三日。不食之矣。**注鄭曰。自其家祭肉過三日不食。是褻鬼神之餘。

注。助祭至神惠。○正義曰。雜記。大夫冕而祭於公。士弁而祭於公。注。助君祭也。是大夫士有助祭之禮。禮運。仲尼與於蜡賓。史記世家。魯今且郊。如致膰於大夫。則吾猶可以止。本篇云入太廟。皆夫子助祭之徵。周官大宗伯。於兄弟有脤膰。異姓有賀慶。此互文明兼有之也。穀梁定十四年傳。脤者。何也。俎實也。祭肉也。生曰脤。熟曰膰。說文。鐇。宗廟火熟肉。春秋傳曰。天子有事鐇焉。今或作燔作膰。又說文。胙。祭福肉也。左僖九年傳。王使宰孔賜齊侯胙。脤膰胙。皆祭肉名。天子諸侯祭畢。助祭之臣。皆班賜之。以均神惠。卽此注所云牲體也。少儀言致膳之法云。其體大牢。則以牛左肩臂臑折九箇。少牢。則以羊左肩七箇。犆豕則以豕左肩五箇。注。折。斷分之也。皆用左者。右以祭也。羊豕不言臂臑。因牛序之可知。由少儀此文推之。凡天子諸侯所班之胙。是依牢禮爲之。其牲體當亦準此矣。曲禮云。凡祭於公者。必自徹其俎。疏云。此謂士助君祭也。若大夫以上。則君使人歸之。然則助祭之臣。亦得各徹俎肉。禮所云賓俎者也。與君賜之胙。同名爲脤膰。故江氏永以膰肉不至爲賓俎。而左昭十六年傳。亦云爲嗣大夫喪祭有職。受脤歸脤。受脤。謂受君賜。歸脤。則君使人歸之賓俎也。祭公不宿之肉。當兼君賜及己所徹之俎。注言所得牲體。當專指賜胙。不及歸俎。或是舉一以例之耳。凡殺牲皆於祭日且明行事。至天子諸侯祭之明日又祭。謂之繹祭。祭畢。乃頒所賜肉。及歸賓客之俎。則胙肉之來。或已二日。故不可再宿。○注。自其至之餘。○正義曰。少儀。爲人祭曰致福。爲己祭而致膳於君子曰膳。祔練曰告。凡膳告於君子。主人展之。以授使者。於阼階之南。南面再拜稽首送。反命。主人又再拜稽首。注。此皆致祭祀之餘於君子也。攝主言致福。申其辭也。自祭言膳。謙也。祔練言告。不敢以爲福膳也。展。省具也。此致祭肉之禮。所以云不出三日者。卿大夫祭後又祭曰賓尸。本日無暇致胙。又禮。賜君子與小人不同日。自諸父兄弟逮及賤者。頒有先後。故必二日而徧。合前祭日爲三日也。過三日。則肉不堪食。必爲人所棄。是褻鬼神之餘爲不敬矣。出三日不食之文。正申明不出三日之故。

食不語。寢不言。正義曰。詩公劉傳。直言曰言。論難曰語。禮雜記注。言。言己事。爲人說爲語。是言語義別。此文互見之也。書鈔禮儀部七引鄭此注云。爲其不敬。明當食寢。非言語時也。王氏塗正義引任啓運曰。當食時。心在於食。自不他及。日常如此。故記之。若禮食相會。豈無應對辭讓之文。祭與養老。更有合語乞言之禮。但行禮時則語。食時自不語也。

雖疏食菜羹瓜祭。必齊如也。注孔曰。齊。嚴敬貌。三物雖薄。祭之必敬。正義曰。皇本疏作蔬。誤。菜羹者。以菜爲羹也。說文云。䰞。五味盉羹也。小篆作羹。釋名釋飲食。羹。汪也。汁汪郎也。爾雅釋器。肉謂之羹。言羹肉之有汁者也。凡肉汁和以鹽菜爲鉶羹。不和鹽菜爲大羹。其常食之羹。如雞犬兔及菜羹。皆和米屑作之。呂覽愼人云。孔子窮於陳蔡之閒。藜羹不糝。糝即米屑也。內則。別有芼羹蓳苣葵薇之類。彼是禮食。此文菜羹與疏食相儷。則但謂藜藿之類耳。瓜。魯論作必。鄭注云。魯讀瓜爲必。今從古。李氏惇羣經識小。必字从八戈。篆文作𡰪。與瓜相近而誤。李氏此說。用魯論義得之。臧氏庸拜經日記。公羊襄二十九年傳。飮食必祝。注。祝。因祭祝也。論語曰。雖疏食菜羹瓜祭。是也。何劭公止通今學。不當引古論。此蓋用魯論之文。以證傳中必祝。後人誤據今本改之。案臧說是也。鄭所以從古者。瓜字義亦可通。玉藻云。瓜祭上環。食中棄所操。注云。上環。頭忖也。錢氏坫後錄。上環。是疐閒。下環。是脫華處。食瓜者必祭用上環。而食其中忖。忖即刌字。刌之言切也。此瓜祭之說。鄭之所以必從古與。案從古論。則祭字當爲一句。瓜有二種。一果實。一蔬實。此是果食。即曲禮所云削瓜也。皇本作苽。此形近之誤。食所以有祭者。禮運曰。昔者先王未有火化。食草木之實。鳥獸之肉。飮其血。茹其毛。後聖有作。然後修火之利。范金合土。以炮以燔。以烹以炙。以爲醴酪。以養生送死。以事鬼神上帝。皆從其朔。此以祭之。所以報功。不忘本也。春官大祝辨九祭。一曰命祭。二曰衍祭。三曰炮祭。四曰周祭。五曰振祭。六曰擩祭。七曰絕祭。八曰繚祭。九曰共祭。此通言祭食之禮。義具彼注。凡祭皆出少許。置之籩豆之閒。或上豆或醬湆之閒。凌氏廷堪禮經釋例。言之詳矣。公食大夫禮。魚腊醬湆不祭。注云。不祭者。非食物之盛者。疏云。以其有三牲之體。魚腊醬湆非盛者。故不祭也。玉藻云。唯水漿不祭。若祭爲已偯卑。注云。水漿。非盛饌也。祭之爲大有所畏迫。臣於君則祭之。疏云。言食於敵體之人。若祭水漿。

爲大厭降也。卑微有所畏迫也。臣於君則祭之者。公食大夫禮。祭觶漿是也。據此。是盛物方祭。非盛物。或可不祭。夫子家居。所食雖極之疏食菜羹。亦必祭之。又必致其肅敬之容。所謂不敢以菲薄廢禮者也。○注。齊。嚴敬貌。三物雖薄。祭之必敬。○正義曰。齊者。整肅。故訓嚴敬。今人讀側皆反。非也。孔云三物。亦從鄭作瓜。

席不正。不坐。正義曰。說文云。席。藉也。謂以席藉之於地也。凡先設迫地者爲筵。後加者爲席。故春官序官注云。鋪陳曰筵。藉之曰席。然其言之筵席通矣。謂散文筵席得通稱也。禮器云。諸侯三重。大夫再重。據司几筵。天子亦三重。則天子諸侯制同。天子諸侯同是三重。則士與大夫亦同是再重可知。凡席之名。司几筵有莞繅次蒲熊。又有葦柏。莞者。蒲類。繅者。削蒲蒻展之。編以五采。次者。桃枝席有次列成文。柏者。鄭司農謂迫地之席。康成謂椁字磨滅。藏中神坐之席。不言席身所用。又禮器有越席。郊特牲有蒲越稾鞂。玉藻有蒯席。尙書有篾席。底席。豐席。筍席。玉府有袵席。越卽蒲越。稾鞂者。用禾稾爲之。蒯者。草名。篾者。析竹之次青爲之。底席。卽蒲席。豐者。刮凍竹席。筍者。析竹青皮。袵者臥席。其字從衣。疑以布爲之。加於席上。凡皆諸席異稱也。不正者。謂設席有所移動偏斜也。下文云。君賜食。必正席。先嘗之。曲禮云。主人跪正席。客跪撫席而辭。可知凡坐時。皆有正席之禮。夫子於席之不正者。必正之而後坐也。

鄉人飲酒。杖者出。斯出矣。注孔曰。杖者。老人也。鄉人飲酒之禮。主於老者。老者禮畢出。孔子從而後出。正義曰。稱鄉人者。言同一鄉之人。與下鄉人儺同。周官酒正有爲公酒者。疏云。鄉射飲酒數事。爲國行禮。不可歛民。故得公酒。又族師疏云。州長黨正有飲酒禮。皆得官物爲之。然則此文飲酒。亦是公酒。○注。杖者至後出。○正義曰。說文云。杖。持也。曲禮注云。杖。可以策身。呂氏春秋異用云。孔子以六尺之杖。諭貴賤之等。辨疏親之義。所云六尺。亦大略言之。王制云。五十杖於家。六十杖於鄉。七十杖於國。八十杖於朝。年六十以上有杖。卽注所云老人也。禮鄉飲酒義疏云。此篇前後凡有四事。一則三年賓賢能。二則鄉大夫飲國中賢者。三則州長習射飲酒也。四則黨正蜡祭飲酒。總而言之。皆謂之鄉飲酒。鄉則三年一飲。州則一年再飲。黨則一年一飲也。段氏玉裁經韻樓集說。鄉飲酒禮。古謂之饗。說文。饗。鄉人飲酒也。從鄉食會意。其禮主於養老。賓與賓能之文。見於鄉飲酒義者。乃用尙齒之禮。以禮賢能。鄉大夫之職。所謂以禮禮賓之者也。方氏觀旭偶記。此經云杖者出。斯出矣。是主於敬老。黨正職云。國索鬼神而祭祀。則以禮屬民。而飲酒於序。以正齒位。鄉飲酒義第五節云。六十者坐。五十者立侍以聽政役。所以明尊長也。六十者三豆。七十者四豆。八十者五豆。九十者六豆。所以明養老也。注以黨正正齒位之禮解之。與此經有杖者。同是敬老之事。故知此鄉人飲酒。爲黨正蜡祭飲酒也。若鄉大夫飲國中賢者。與州長習射飲酒。無關養老。其賓賢能之鄉飲酒。則以鄉學之士將升者賢者爲賓。其次爲介。其次爲衆賓。此皆年少者爲之。不得有杖者也。禮言六十杖於鄉。夫子與鄉人飲酒。而出後杖者。則時爲立侍之衆賓可知。黨正飲酒亦稱鄉者。黨。鄉之細。與州長以禮會民而射於州序之飲。同得爲鄉飲酒。康成云。謂之鄉者。州黨。鄉之屬也。又有別解云。或則鄉之所居州黨。鄉大夫親爲主人焉是也。蜡祭飲酒。初雖正齒位。及其禮末。皆以醉爲節。雜記云。子貢觀於蜡曰。一國之人皆若狂。是旣醉而出之時。不復有先後之次。此夫子杖者出。斯出矣。所以爲異於人。案方說卽此注意。鄉飲酒禮云。明日息。司正記云。徵惟所欲以告于先生君子可也。注云。先生不以筋力爲禮。於是可以來。君子。國中有盛德者。是賓賢能之禮。不主養老。故惟蜡飲近之。又族師有春秋祭酺。詩鳧鷖箋。有祭社宗燕飲。皆民間自爲飲酒之事。其禮亦非養老。解者多援以釋論語。蓋未是。

鄉人儺。朝服而立於阼階。【注】孔曰。儺。驅逐疫鬼。恐驚先祖。故朝服而立於廟之阼階。

正義曰。周官占夢云。季冬遂令始難毆疫。注。難謂執兵以有難卻也。故書難或爲儺。杜子春儺讀爲難問之難。其字當作難。月令。季春之月。命國難。九門磔攘。以畢春氣。仲秋之月。天子乃難。以達秋氣。季冬之月。命有司大難。旁磔。出土牛以送寒氣。段氏玉裁周禮漢讀考案儺。杜子春讀爲難問之難。而鄭從之。故占夢方相氏注。皆云難卻。於月令季春仲秋季冬注云。此難。難陰氣也。此難。難陽氣也。難皆當讀乃旦反。案淮南時則訓高誘注。儺猶除也。儺讀躁難之難。譙周論語注。儺。卻之也。並同杜鄭之義。舜典。而難任人。難亦謂屛卻之。鄭此注云。儺。魯讀爲獻。今從古。十二月。命方相氏索室中逐疫鬼。段氏玉裁周禮漢讀考。謂鄭從古論作難。後人改之。加偏旁耳。方相氏疏引論語正作難。劉昌宗依杜難音乃旦反。是也。咸衮音乃多反。乃詩竹竿儺字之音。陸氏無識。於方相氏月令郊特牲鄉黨。皆音乃多反。淺人反以儺爲毆疫正字。改易淆譌。音形俱失。案乃旦乃多。一音之轉。若以古正音。則當是乃多。故隰桑以阿難何爲韻。而魯讀儺亦爲獻也。阮氏元校勘記。郊特牲汁獻涚於醆酒。注。獻讀當爲莎。齊人語。聲之誤也。此讀儺爲獻。亦聲近之誤。案儺獻旣由聲近。獻字或用叚借。未必爲誤字矣。郊特牲。鄉人禓。孔子朝服立於阼。注云。禓。強鬼也。謂時儺索驅疫逐彊鬼也。禓或爲獻。或爲儺。段氏說文注。疑易聲與獻儺音理遠隔。記當本是禓字。從示易聲。則與獻難差近。其說似是而非。任氏大椿弁服釋例說曰。禓自爲彊鬼之名。儺自爲攘祭之名。郊特牲言鄉人禓。言於儺時驅逐疫鬼。又兼驅逐禓。故卽以禓名祭也。說文。禓。道上祭也。急就篇。謁禓塞禱鬼神寵。顔師古注。禓。道上之祭也。蓋驅逐彊鬼而祭之於道上也。案任說是也。但彊鬼卽疫鬼。不必分爲二。言鬼名則曰禓。言驅除此鬼則曰儺。其後叚鬼名以爲祭名。則亦曰禓。太平御覽五百二十九引世本云。微作禓五祀。注。微者。殷之八世孫也。禓者。強死鬼也。謂時儺索室驅疫逐強死鬼也。此驅疫鬼稱禓之證。禮記別本作獻。與魯讀同。作儺。與古論同。徐仙民音禓爲儺。大誤。禓從易聲。自讀如傷也。月令季春注云。陰寒至此不止。害將及人。所以及人者。陰氣右行。此月之中。日行歷昴。昴有大陵積尸之氣。氣佚則厲鬼隨而出行。仲秋注云。陽暑至此不衰。害亦將及人。所以及人者。陽氣左行。此月宿值昴畢。昴畢亦得大陵積尸之氣。氣佚則厲鬼亦隨而出行。季冬注云。陰氣右行。此月之中。日歷虛危。虛危有墳墓四司之氣。爲厲鬼。將隨彊陰出害人也。孔疏於季冬云。言大者。以季春唯國家之難。仲秋唯天子之難。此則下及庶人。故云大難。據此。

則三儺惟季冬之儺。徧於上下。而皇侃論語疏。反主季春。非也。周官方相氏。狂夫四人。掌蒙熊皮。黃金四目。玄衣朱裳。執戈揚盾。帥百隸而時難。以索室毆疫。注云。方相。猶言放想。可畏怖之貌。蒙。冒也。冒熊皮者。以驚毆疫癘之鬼。如今魌頭也。時難。四時作方相氏以難卻凶惡也。月令。季冬命國難索廋也。此以方相氏兼有三難。而季冬爲大難。稱四時者趁辭。非季夏亦有儺也。論語儺在季冬。故鄭以十二月解之。又引方相文爲證矣。阼階者。說文云。阼。主階也。儀禮鄉射禮注。阼階。東階。士冠禮注。阼猶酢也。東階。所以答酬賓客也。釋文於阼本或作於阼階。臧氏琳經義雜記。郊特牲文與論語同。亦無階字。○注。恐驚先祖。故朝服而立於廟之阼階。○正義曰。郊特牲。鄉人裼。孔子朝服立于阼。存室神也。注云。存室神。神依人也。疏云。於時驅逐彊鬼。恐己廟室之神。時有驚恐。故著朝服立于廟之阼階。存安廟室之神。使神依己而安也。大夫朝服以祭。故用祭服以依神。孔疏之說。卽僞孔此注義。

問人於他邦。再拜而送之。注拜送使者敬也。正義曰。說文。問。訊也。己或有事問人。或聞彼有事。使人問之。凡問人。有物以表意。故問亦訓遺。曲禮。凡以弓劍苞苴簞人是也。此問人於他邦。亦當有物。人指朋友言。皇疏。以問爲聘問。人爲鄰國之君。非也。再拜。卽禮之空首。鄭注大祝。以空首爲拜。頭至手。段氏玉裁釋拜。以空首爲跪而拱手。首俯至手。故對稽首之頭著地。而以不著地者爲空首。王氏鎣正義。以空首爲首俯而不至手。首與尻平。故荀卿言平衡曰拜。但以手據地。故曰拜手。其首空懸。故曰空首。三說不同。以王爲允。王又云。經中不見有空首之文。以或言拜。或言拜手。皆空首也。據王說。則此文再拜。當爲空首之再拜矣。大祝七曰奇拜。八曰褒拜。鄭大夫云。奇拜。謂一拜也。褒讀爲報。報拜。再拜是也。凡拜有奇有耦。耦者尤爲敬也。曲禮。君使反。則拜送於門外。己使歸。則下堂而受命。己使卑於君。受命旣在堂下。則拜送亦必在堂下。異於君使反送之禮矣。少儀。凡膳告于君子。主人展之。以授使者。於阼階之南。南面再拜稽首送。是拜送不出門。以彼例此。知亦不出門矣。江氏永圖考曰。其時使者不答拜。鄭注儀禮云。凡爲人使不當其禮。是也。

康子饋藥。注包曰。饋孔子藥。拜而受之。曰。丘未達。不敢嘗。注孔曰。未知其故。故不敢嘗。禮也。正義曰。周官疾醫以五藥養其病。注。養猶治也。病由氣勝負而生。攻其贏。養其不足者。五藥。草木蟲石穀也。此饋藥。當爲丸散之類。拜而受之。謂空首奇拜也。玉藻云。酒肉之賜。弗再拜。弗再拜。則祇用一拜。饋藥亦酒肉之類。用一拜。與前再拜異也。釋文引一本無而之二字。說文云。嘗。口味之也。引申爲飲食之義。若詩。酌言嘗之。與此文不敢嘗。皆謂飲之也。鄭此注云。饋。遺也。拜受。敬也。曰丘未達。言不服之義。藥從中制外。故當愼也。案饋遺也者。鄭注檀弓坊記並同。說文。饋。餉也。周官玉府注。古者致物於人。尊之則曰獻。通行曰饋。拜受敬也者。禮。大夫賜。皆拜受於家。故此拜受爲敬也。據鄭云拜受。亦似經文無而之二字。丘未達云云者。達猶曉也。言不曉此藥治何疾。恐飲之反有害也。服者。言病亦宜此藥服之。曲禮。醫不三再。不服其藥。

是也。集注引楊氏曰。未達不敢嘗。謹疾也。必告之。直也。○注。饋孔子藥。○正義曰。皇本作遺孔子藥也。釋文。遺。唯季反。本今無此字。案無遺字。則孔子上當有饋字。即邢疏所據本。今注。未知其故。○正義曰。故。猶言性也。

廄焚。子退朝。曰。傷人乎。不問馬。注鄭曰。重人賤畜。退朝。自君之朝來歸。正義曰。說文。廄。馬舍也。𢊁。古文從九。汗簡引古論作𢊁。即𢊁省。釋名釋宮室。廄。匃也。匃。聚也。牛馬之所聚也。廣雅釋言。焚。燒也。左氏傳。人火曰火。天火曰災。二者皆稱焚。邢疏云。不問馬一句。記者之言也。釋文。傷人乎絕句。一讀至不字絕句。此誤讀不爲否也。揚雄太僕箴。廄焚問人。仲尼深醜。以問人爲醜。則不徒問人。此即釋文一讀之義。○注。退朝。自君之朝來歸。○正義曰。少儀云。朝廷曰退。言臣自朝廷歸爲退也。夫子仕魯爲大夫。得有馬乘。故鄭以退朝爲自朝來歸。明此廄。爲夫子家廄矣。雜記云。廄焚。孔子拜鄉人爲火來者。拜之。士壹。大夫再。亦相弔之道也。注云。拜謝之。是廄焚。爲夫子家廄之證。家語子貢篇。孔子爲大司寇。國廄焚。鹽鐵論刑德篇。魯廄焚。孔子罷朝。問人不問馬。賤畜而重人也。又揚雄太僕箴。引此文。亦似指公廄。均與雜記異。但是公廄。則新延廄。書於春秋。此廄焚。亦當書之。今既未書。知宜爲家廄矣。

君賜食。必正席。先嘗之。注孔曰。敬君惠也。既嘗之。乃以班賜。君賜腥。必熟而薦之。注孔曰。薦其先祖。君賜生。必畜之。正義曰。食是熟食。雖爲君賜。然來自外閑。恐有不潔。或兼有餕餘。故不敢以薦。腥者。釋文云。腥音星。說文字林並作胜。云不熟也。案說文。腥。星見食豕令肉生小息肉也。此別一義。而與胜同从生。故多叚腥爲胜字。鄭此注云。魯讀生爲牲。今從古。考說文。牲。牛完全也。引申爲凡獸畜之稱。周官庖人注。始養之曰畜。將用之曰牲。鄭以言牲爲行禮時所稱。此賜生。泛說平時。不必言牲。故從古論作生也。畜者。詩我行其野傳云。畜。養也。集注云。畜之者。仁君之惠。無故不敢殺也。淩氏廷堪禮經釋例。君賜食。即聘禮所謂飪也。君賜腥。即聘禮所謂腥也。君賜生。即聘禮所謂餼也。凡牲。殺曰饔。生曰餼。聘禮。歸賓饔餼。飪一牢鼎九。設於西階前。陪鼎當內廉東面北上。上當碑。南陳牛羊豕魚腊腸胃。同鼎。膚鮮魚鮮腊。設扃鼏膷臐膮。蓋陪牛羊豕。牲之已亨者謂之飪。腥二牢鼎二七。無鮮魚鮮腊。設于阼階前西面。南陳如飪鼎二列。牲之未亨者謂之腥。飪與腥。皆饔也。是牲之殺者曰饔也。又歸聘賓餼二牢。陳于門西北面東上。牛以西羊豕。豕西牛羊豕。注。餼。生也。是牲之生者曰餼也。王氏鎏正義。按淩氏以君賜當聘禮。似精而未核。聘禮記賜饔。惟羹飪。筮一尸。如饋食之禮。假器於大夫。注。腥餼不祭。則明與此篇腥異矣。蓋彼爲大禮。三者一時俱致。則獨薦飪耳。意者此爲尋常小賜之禮。在歸饔餼後。所謂燕與時賜無數也。然以君賜屬聘禮。第爲鄰國君之所賜。其義未賅。若本國之君。有所賜予。其儀亦當準此。證之以孔子賜鯉事。及穆公饋子思鼎肉事。則聘禮外君賜亦括其中也。案王氏是也。天官膳夫。凡肉脩之頒賜皆掌之。內饔。凡王之好賜肉脩。則饔人共之。注云。好賜。王所善而賜之。玉藻。酒肉之賜。弗再拜。並謂平時所賜。論語此文。當得兼之。○注。敬君惠也。既嘗之。乃以班賜。○正義曰。君惠統三句言。惠卽賜也。初學記人事部引何曰。賜。惠也。所見本異。已承君賜。當先受之。若未嘗。不敢頒賜於人。恐褻君惠之意。○注。薦。薦其先祖。○正義曰。爾雅釋詁。薦。進也。此常訓。凡祭。進熟食曰薦。此因君賜而薦。如嘗新。先薦寢廟。不爲祭禮也。

侍食於君。君祭。先飯。注鄭曰。於君祭。則先飯矣。若爲君嘗食然。正義曰。先飯。先嘗食之。謂黍稷也。不言徧嘗羞飲而俟者。以言飯。則餘可知。○注。於君祭則先飯矣。若爲君嘗食然。○正義曰。士相見禮。君賜之食。則君祭先飯。徧嘗膳。飲而俟。君命之食。然後食。若有將食者。則俟君之食。然後食。又玉藻云。若賜之食。而君客之。則命之祭。然後祭。先飯。辯嘗羞飲。而俟。若有嘗羞者。則俟君之食。然後食。飯飲而俟。是二禮文同。特士相見無君客之及命祭之文。玉藻無君祭及君命食然後食之文。詳略互見。正可參攷。蓋命食。禮之所同。命祭不命祭。禮之所異。命祭。則君祭後臣亦祭。禮優於君。是以客禮待之。不命祭。則臣不得祭。臣統於君。是不以客禮待之。故但有命食而無命祭。二者皆爲侍食。於膳夫之有無無與也。惟有膳夫。則不命祭者。於君祭之後。取己前之食。命祭者。於已祭之後。皆飯飲而俟。俟者。俟膳夫嘗食畢。君已就食。命臣食而後食也。無膳夫。則於君祭之後。或於已承君命祭之後。取君前之食先飯。徧嘗膳飲而俟。此則代膳夫之職。若爲君嘗食然也。論語君祭先飯。正以無膳夫在旁。君祭之時。夫子先取君前之食嘗之。故曰先飯。且徧嘗飲而俟。卽注所云若爲君嘗食者。是也。邢疏云。若敵客。則得先自祭。降等之客則後祭。若臣侍君而賜之食。則不祭。若賜食而以客禮待之。則得祭。雖得祭。又先須君命之祭。然後敢祭也。此言君祭先飯。則是非客禮也。故不祭而先飯。若爲君嘗食也。案命祭不命祭。論語無文。不得遽指爲非客禮。疏說稍泥。鄭注士相見云。君祭先飯。於其祭食。臣先飯。示爲君嘗食也。此謂君與之禮食。膳謂進庶羞。既嘗庶羞。則飲俟君之徧嘗也。將食。猶進食。謂膳宰也。膳宰嘗食。則臣不嘗食。周禮。膳夫授祭品嘗食。王乃食。此注未誤。又於玉藻賜食至先飯云云下注云。雖見賓客。猶不敢備禮也。侍食則正不祭。君將食。臣先嘗之。忠孝也。又注若有嘗羞者云云下注云。不祭。侍食。不敢備禮也。不嘗羞。膳宰存也。飯飲利將食也。據注以有膳宰。臣不得祭。爲用臣禮而不祭。遂得專侍食之名。於是斷爲兩節。有客禮臣禮之分。客禮則無膳夫。君祭後。臣卽應祭。猶不敢備禮。故須君命之祭。然後敢祭。及臣祭畢。乃爲君嘗食以俟也。臣禮則有膳夫。君祭之後。不命臣祭。臣取己前之食。飯飲而俟。名爲侍食。此則鄭注之誤不祭專爲侍食。又以客禮爲無膳夫也。不知侍食乃通名。客禮臣禮。分於命祭不命祭。不分於有膳宰無膳宰也。蓋君禮食及平時常食。皆膳宰嘗食。然或膳宰有故。或設饌未畢。或監視加饌。未得侍列。旁近之臣。皆得嘗食。故此侍食。得爲君嘗食之也。嘗食。雖膳夫之職。然凡臣皆可代嘗。則鄭注所謂忠孝不嫌於越職矣。若必以有膳宰無膳宰。定禮之隆殺。則有膳宰爲君嘗食。己但膳飲而俟。正似客禮。無膳宰。則己爲君嘗食。同於膳夫。正似臣禮。今乃故反其說。亦理之所未達矣。若然。膳宰職云。凡王祭祀賓客食。則徹王之胙俎。不言嘗食者。以上文嘗食。已言授祭品嘗食。故此不須言也。王氏引之經義述聞士相見所記者。侍食之常禮。玉藻所記者。則見客於君者也。常禮則臣不祭。故士相見但言君祭也。客禮則臣亦得祭。故玉藻言命之祭然後祭也。二者不同。鄭注賈疏彊合之。非也。論語邢疏以爲非客禮。足以正鄭賈之失。又云侍食之常禮。與見客於君之禮。所異者。祭不祭耳。其餘則同。王氏此說亦通。至以邢疏非客禮之言爲是。則未然。凡客禮。雖先飯。後亦可命祭。玉藻云。侍食於先生異爵者。後祭先飯。疏云。此饌不爲己故後祭而先飯者。示爲尊者嘗食也。然則先飯後。不妨更取巳前之食祭之。論語但言先飯。其後命祭不命祭。俱不可知。而邢疏遽斷爲非客禮。王氏且是之。誤矣。若然。淮南說山訓。先祭而後饗則可。先饗而後祭則不可。高誘注。饗猶食也。爲不敬故曰不可者。彼文言饗。是已前之食。故已食不可更祭。若先爲君或長者嘗食。後更取己前之食祭之。亦無不可。

疾。君視之。東首。加朝服拖紳。注包曰。夫子疾。處南牖之下。東首。加其朝服拖紳。紳。大帶。不敢不衣朝服見君。

正義曰。喪大記。君於大夫疾。三問之。士疾。一問之。荀子大略篇。君於大夫三問其疾。三臨其喪。於士一問一臨。而雜記云。卿大夫疾。君問之無算。士一問之。此通說君親視疾。及遣使來問之事。蓋三問之後。若病未愈。君亦得使人。或親自問之。故曰無算。賈疏以三問爲君自行。無算爲遣使。未然也。既夕記。士處適寢。寢東首於北墉下。注。將有疾。乃寢於適室。疏士喪云。士死於適室。此記云適寢者。寢室一也。若不疾。則在燕寢。東首者。鄉生氣之所。墉下者。墉謂之牆。必在北墉下。亦取十一月一陽生於北。生氣之始也。毛氏奇齡稽求篇。玉藻。君子之居。恆當戶。寢恆東首。是平時臥寢。無不東首者。惟大禮易衽。如昏禮御衽于奧。則北趾而南首是也。老者更臥。如曲禮少事長。止請衽何趾。內則。子婦事舅姑。亦請衽何趾是也。若君來視疾。則論語與儀禮及喪大記皆云寢東首。是不問遷臥與否。必令東首者。以室制尊西。君苟入室。則必在奧與屋漏之閒。負西而向東。故當東首以示面君之意。並非受生氣也。疾在平時。當受生氣。會面君而受生氣乎。案毛說是也。但禮言寢恆東首。明亦有不東首者。故請衽之文。見於曲禮內則。非必爲老者之更臥也。病者惟意所適。亦無定鄉。惟君來視疾。必正東首之禮。則可面君。故論語特箸其文。若既夕記喪大記所云寢東首。則兼取謹終之義。蓋寢臥本以東首爲正也。加者。加於衾上也。既夕記云。徹褻衣。加新衣。注云。故衣垢汙。爲來人穢惡之。疏云。徹褻衣。謂故玄端。加新衣者。謂更加新朝服。喪大記亦云徹褻衣。加新衣。鄭注云。徹褻衣。則所加者新朝服矣。必知褻衣是玄端。新衣是朝服者。據司服士之齊戒服玄端。則疾者與養疾者。皆齊明服玄端矣。案以疏語推之。人平時服褻衣。疾時齊服玄端。人來視疾亦然。君來視疾。易以朝服。君去。仍服玄端。及臨死。徹去玄端服。加以朝服。則二禮所云新衣也。拖。釋文作拕。云本或作拖。皇邢本皆作拕。

阮氏元校勘記石經拖作拕。案拖拕一字。本字作拕。故漢書龔勝傳作拕紳。說文。拕。曳也。易訟上九鄭注。三拕三加之也。皇疏云。孔子旣病。不能復著衣。故加朝服覆之體上。而牽引大帶於心下。如健時著衣之爲。案拖紳。謂引紳於心下垂之。玉藻云。凡侍於君。紳垂。此其義也。玉藻云。紳長制。士三尺。有司二尺有五寸。子游曰。參分帶下。紳居二焉。孔疏謂人長八尺。大帶之下。四尺五寸。分爲三分。紳居二分。是爲三尺。若然。則以士禮推之。此拖紳之下至足。餘一尺五寸。其大夫紳制。當比士爲長。今無文以明之。說文又云。袘。裾也。引此文作袘紳。段注謂許所見本作袘。叚借爲拕字。是也。錢氏坫後錄。據士昏禮。纁裳緇袘。袘爲裳緣。謂與袘同。袘卽是裾。此則穿鑿。非其理矣。○注。夫子至見君。○正義曰。云處南牖之下東首者。漢書龔勝傳。莽遣使者奉璽書印綬立門外。勝稱病篤。爲牀室戶中。西南牖下。東首。加朝服拕紳。又前篇伯牛有疾。夫子自牖執其手。故解此爲南牖下也。皇疏引欒肇曰。南牖下。欲令南面而視之是也。然旣夕記喪大記。皆言寢東首於北墉下。室中以奧爲尊。君視臣疾。盡可主奧。不必以南面爲尊。若因君視疾之故而遷牖下。則君視大夫及遣使問疾無數。豈將屢爲遷動耶。必不然矣。然則伯牛龔勝。何以居牖下也。蓋伯牛有惡疾。恐人來視己。不便入室。故遷於牖下。龔勝不欲仕莽。辭以不敢當尊之意。故亦居於牖下。皆禮之變。不可以解此文也。室中止一牖。但言牖下。其義已明。注言南牖者。以喪大記北墉下。相傳誤爲北牖。故解此爲南牖也。云紳大帶也者。說文訓同。玉藻注云。紳。帶之垂者也。言其屈而重也。禮有二帶。一大帶。以絲爲之。一革帶。以皮爲之。王氏鎏正義。紳爲帶之垂者。又卽爲大帶之名。大帶之垂者謂之紳。革帶之垂者謂之厲。革帶又謂之鞶。上服用二帶。深衣用革帶而已。朝服拖紳。則不必有革帶也。

君命召。不俟駕行矣。注鄭曰。急趨君命。出行而車駕隨之。正義曰。玉藻云。凡君召以三節。二節以走。一節以趨。在官不俟屨。在外不俟車。孟子公孫丑篇。禮曰。君命召。不俟駕。趙岐注。俟。待也。又萬章篇。萬章曰。孔子君命召。不俟駕而行。然則孔子非與。曰。孔子當仕有官職。而以其官召之也。荀子大略篇。諸侯召其臣。臣不俟駕。顚倒衣裳而走。禮也。○注。出行而車駕隨之。○正義曰。說文。駕。馬在軛中也。軛加於馬頸。馬在軛中。則爲駕車。可知大夫不可徒行。而此承君命召。急迫先行。其家人必亦速駕。隨出及之。

入太廟。每事問。正義曰。此弟子類記行事。與前篇別出。皇本有鄭注云。爲君助祭也。太廟。周公廟也。

朋友死。無所歸。曰。於我殯。注重朋友之恩。無所歸。言無親昵。正義曰。說文云。殯。死在棺。將遷葬柩。賓遇之。士喪禮注。棺在肂中斂尸焉。所謂殯也。檀弓。賓客至。無所館。夫子曰。生於我乎館。死於我乎殯。彼謂館而殯之。此則無所歸者。雖非館。亦殯之。檀弓論語。文互相足。鄭志問朋友死。無所歸。於我殯。

若此者。當迎彼還己館。皆當停柩于何所。答曰。朋友無所歸。故呼而殯之。不謂己殯迎之也。館而殯之者。殯之而已。不於西階也。云呼而殯之者。此釋經曰字。其殯資皆出自夫子。就其所在殯之。不迎於家也。若館而殯之。不於西階。則但殯之於館也。

朋友之饋。雖車馬。非祭肉。不拜。注孔曰。不拜者。有通財之義。正義曰。曲禮云。獻車馬者執策綏。又云。效馬效羊者右牽之。坊記云。父母在。饋獻不及車馬。是朋友饋禮有車馬也。夫車馬。饋之重者。車馬不拜。則他饋自非祭肉。皆不拜可知。

寢不尸。注包曰。偃臥四體。布展手足。似死人。居不容。注孔曰。為室家之敬難久。正義曰。釋文云。居不容。本或作容。羊凶反。唐石經亦作客。臧氏琳經義雜記。邢疏云。不為容儀。夫君子物各有儀。豈以私居廢乎。是當從陸氏作客。案容客二字。形近易譌。祭義。容以遠疏。或容為客字。莊子天地篇。此謂德人之容。釋文依注當作客。皆其證。○注。偃臥四體。布展手足似死人。○正義曰。書鈔禮儀部七引鄭此注云。惡其死也。義與包同。說文云。尸。陳也。象臥之形。屍。終主也。從尸死。義同。段氏玉裁注云。方死無所主。以是為主。故曰終主。即此注所謂死人也。偃臥者。說文。偃。僵也。左傳。偃且射子鉏。凡仰仆皆曰偃。四體。謂二手二足也。皇疏言人臥法云。眠當欹而小屈。謂足小屈也。夫子曲肱而枕。則側臥可知。今養生家亦如此說。○注。孔曰。為室家之敬難久。○正義曰。書鈔禮儀部七引作鄭注。臧氏琳曰。謂因一家之人。難久以客禮敬己也。

見齊衰者。雖狎必變。注孔曰。狎者。素親狎。見冕者與瞽者。雖褻必以貌。注周曰。褻謂數相見。必當以貌禮之。正義曰。皇本見上有子字。子罕篇釋文云。冕。鄭本作弁。云魯讀弁為絻。今從古。鄉黨篇亦然。鄉黨篇亦然五字。疑亦鄭注。今輯本全載鄭注如前。則此五字為陸氏語。○注。狎者。素親狎。○正義曰。爾雅釋詁。狎。習也。說文。狎。犬可習也。夫子於素所親習之人。亦變容待之者。哀敬之異於常時也。○注。褻謂數相見。必當以貌禮之。○正義曰。褻與狎同。故解為數相見。或為褻為私居。非也。冕與絻同。亦是喪服。說見前子罕篇。洪範。貌曰恭。恭者。禮也。故注以禮釋之。與必變亦互文。

凶服者式之。式負版者。注孔曰。凶服者。送死之衣物。負版者。持邦國之圖籍。正義曰。阮氏元車制圖解。輿前衡木謂之式。自注考工記曰。三分其隧。一在前。二在後。以揉其式。又曰。以其廣之半為之式崇。是式長與輿廣等。崇于軫三尺三寸。其兩旁居輢板上。則須揉治而詘之。一在前卽式深。二在後則輢深也。江氏永圖考。式是揉木作三曲之形。在前可憑式者。固是式。左右曲向後。接兩輢。左人可憑左手。右人可憑右手者。亦是式。案式又作軾。說文。軾。車前也。釋名釋車。軾。式也。所伏以式所敬者也。古人車皆立乘。若有所禮以為擻。則微俯其身。以手伏軾。曲禮所謂撫式是也。負版者。說文云。版。判也。判木爲片。名之爲版。段氏玉裁改判爲片。非也。版又名方。中庸云。文武之政。布在方策。鄭注。方。版也。聘禮記。百名以上書于策。不及百名書于方。策以竹爲之。方以木爲之。稱方者。當謂其形正方也。鄭此注云。版謂邦國圖籍也。負之者。賤隸人也。圖籍者。惠氏士奇禮說。古者邦國土地人民戶口車服禮器。皆有圖冊書之以爲信。謂之冊圖。如民約。則書於戶口圖。地約。則書於土地圖。器約。則書於禮器圖。此司約所謂小約劑書於冊圖者與。籍卽典籍之籍。孟子言諸侯去其籍。晉有籍氏。籍兼方策二者而言。圖籍非止一物。申鄭義者未能備矣。隸謂隸於官府有職業者也。周官謂之胥徒。鄭以夫子式圖籍。非式所負之人。若其人。不過賤隸人耳。王氏塈正義引葉少蘊云，喪服有負版。翟公巽謂式負販者。非版籍之版。乃喪服之版。則不知喪服負版。卽二衰之制。上文見齊衰必變已言之。此不應重述。或又讀爲曲禮雖負販者必有尊也之販。則逼衢市賈。將有不勝爲禮者矣。翟氏及或說並誤。○注。凶服至圖籍。○正義曰。說文。凶。惡也。釋名釋言語。凶。空也。就空亡也。穀梁傳。乘馬曰賵。衣衾曰襚。貝玉曰含。錢財曰賻。皆送死者衣物也。哀敬死者。故送死者衣物。亦式之也。負訓持者。負本義置之於背。而圖籍非可負之物。故解爲手持。亦引申之義。

有盛饌。必變色而作。注孔曰。作。起也。敬主人之親饋。

注。作。起也。敬主人之親饋。○正義曰。曲禮云。食至起。注云。爲饌變，此侍長者食禮。若食於同等者。雖盛饌。或不起。○夫子必變色而起。所以敬主人也。注言主人親饋者。曲禮疏云。饋謂進饌也。有盛饌。當兼親饋。若不親饋。雖盛饌亦不起矣。曲禮云。侍食於長者。主人親饋。則拜而食。主人不親饋，則不拜而食。坊記云。故食禮。主人親饋則客祭。主人不親饋則客不祭。故君子苟無禮。雖美不食焉。據此。則親饋乃爲禮盛。不祇在食品之多備矣。玉藻云。孔子食於季氏。不辭不食肉而飧。注云。以其待己及饌。非禮也。雜記。孔子曰。吾食於少施氏而飽。少施氏食我以禮。吾祭。作而辭曰。疏食。不足祭也。吾飧作而辭曰。疏食。不敢以傷吾子。此卽少施氏親饋爲禮盛。

迅雷風烈必變。注鄭曰。敬天之怒。風疾雷爲烈。

注。敬天之怒風疾雷爲烈。○正義曰。敬天之怒。詩板篇文。爾雅釋詁。迅。疾也。此常訓。釋天云。疾雷爲霆。注云。雷之急激者謂霹靂。說文云。雷。陰陽薄動。雷雨生物者也。烈。火猛也。方言。烈。暴也。迅烈二文本通稱。故注互言之曰。風疾雷爲烈也。玉藻云。若有疾風迅雷甚雨。則必變。雖夜必興。衣服冠而坐。

升車。必正立執綏。注周曰。必正立執綏。所以爲安也。

注。必正立執綏。所以爲安也。○正義曰。升者。登也。凡升車皆自車後。曲禮云。僕展軨效駕。奮衣由右上。言僕由右上。則凡乘車者。當由左可知。正立者。正身而立。不必皆四正也。曲禮又云。君出就車。僕并轡授綏。疏云。綏有二。一是正綏。儗君之升。一是副綏。儗僕右之升。說文。綏。車中把也。把與靶同。綏系於車中。人將升車。援之以上。所以執綏者。防有攀陟傾跌。故注云所以爲安也。崔駰車左銘。正位受綏，車中內顧。正位卽正立。言受綏者。謂自僕手受綏而執之也。升車在左。故於車左銘之。賈子容經立乘以經立之容。左持綏而左臂詘。是其儀也。陳祥道禮書。其既登也。正立執綏。引左傳范鞅逆魏舒。請驂乘而持帶爲證。案此言升車。下文別言車中。則正立執綏。非在既升後矣。陳說似是而非。

車中不內顧。不疾言。不親指。注包曰。車中不內顧者。前視不過衡軛。傍視不過輢轂。

正義曰。鄭注云。魯讀車中內顧。今從古。案鄭從古作不內顧。與下二句一例。漢成帝紀贊引此文。亦用古論。白虎通車旂篇。車中不內顧者何。仰卽觀天。俯卽察地。前聞和鸞之聲。旁見四方之運。此車教之道。亦古論說。皇疏。內猶後也。顧。迴顧也。升在車上。不迴頭內顧也。所以然者。後人從己。不能常正。若轉顧見之。則掩人私不備。非大德之所爲。故不爲也。故衞瓘曰。不掩人之不備也。又云。疾。高急也。在車上言易高。故不疾言。爲驚於人也。故繆協云。車行則言。傷疾也。車上既高。亦不得手有所親指點。爲惑下人也。案親字義不可解。曲禮云。車上不妄指。親疑卽妄字之誤。鄭彼注云。爲惑衆。蓋人在車上。若無事。虛以手指麾於四方。是惑衆也。○注。車中至輢轂。○正義曰。皇本作輿中。云車牀名輿。釋文。本亦作輿中。江氏永圖考曰。按車輿之制。前與左右皆有板。而缺其後以升下。則與今之後襠車略同。按包氏是魯論當作內顧。無不字。盧氏文弨鍾山札記。文選張平子東京賦云。夫君人者。黈纊塞耳。車中內顧。李善引魯論語。及崔駰車左銘車中內顧以爲注。正以魯論語作內顧。與此合也。乃刻本於賦及注。俱增不字。此但知今所讀之本。而不知魯論語之本無不字也。崔駰銘有三章。其車右銘云。儀闕旋賁。內顧自勑。車後銘云。望衡顧轂。允愼茲容。段若膺云。觀此二章。益可證車左銘之爲內顧矣。又案漢書成帝紀贊。升車正立不內顧。顏師古注云。今論語云車中內顧。內顧者。說者以爲前視不過衡軛。旁視不過輢轂。與此不同。然則師古所見之論語。亦無不字。說者云云。乃包咸注。是包亦依魯論爲說也。包氏愼言溫故錄。風俗通過譽云。升車必正立執綏。內顧不掩不備。不見人短。亦魯論說。今本亦多不字。案車後銘望衡顧轂。卽此注之義。東京賦以黈纊塞耳。車中內顧。相比爲辭。正是收視反聽之義。集解用包注。而後人妄增不字。經注兩不相合。可謂謬矣。又漢書成帝紀贊注引魯論內顧。今本亦妄增不字。皇疏申注云。衡軛。轅端也。若前視不得遠。故曲禮云立視五巂。五巂。九丈九尺地也。式視馬尾。馬尾近在車牀欄閒也。並是不過衡軛之類也。旁謂兩邊也。輢竪在車箱兩邊。三分居前之一承較者也。轂在箱外。當人兩邊。故云旁視不過輢轂也。邢疏曲禮云。立視五巂。式視馬尾。顧不過轂。注云。立。平視也。巂。猶規也。謂輪轉之度。案車輪一周爲一規。乘車之輪。高六尺六寸。徑一圍三。三六十八。得一丈九尺八寸。五規爲九十九尺。六尺爲步。總爲十六步半。則在車上得視前十六步半也。而此注云前視不過衡軛者。禮言中人之制。此言聖人之行。前視不過衡軛耳。案邢疏本於曲禮。孔疏陸佃埤雅云。乘車之輪。六尺有六寸。五六三十。積尺爲三丈。積寸爲三尺。則五巂之袤。三丈三尺。荀子立視前六尺而大之。六六三十六。三丈六尺。卽此是也。按荀子說見大略篇。楊倞注以爲臣於君前視法。殆未然。五巂之度三丈三尺。則此注所謂前視不過衡軛也。埤雅又云。國馬之衡。高八尺有七寸。田馬之衡。高七尺有七寸。駑馬之衡。高六尺有七寸。以中言之。衡高七尺七寸。人長八尺。則高與人目略平。故曰前有錯衡。所以養目也。所謂衡視也。國君綏視。言俯不下于帶。大夫衡視。則言仰不上于面。互相備也。

色斯舉矣。【注】馬曰。見顏色不善。則去之。翔而後集。【注】周曰。迴翔審觀而後下止。正義曰。此二句。先經起義。乃記者之辭。泛說羣鳥。不專指雌雉言。王氏鎏正義引眞德秀說。色斯舉矣。去之速也。翔而後集。就之遲也。古人所謂三揖而進。一辭而退。雖相見聚會之閒。猶謹諸此。案眞說。卽君子難進易退之義。○注。見顏色不善則去之。○正義曰。色謂人色。色有不善。則鳥見之而飛去也。人去危就安。亦如此。王氏引之經傳釋詞。色斯者。狀鳥舉之疾也。色斯。猶色然驚飛貌也。呂氏春秋審應篇。蓋聞君子猶鳥也。駭則舉。哀六年公羊傳曰。諸大夫見之。皆色然驚而駭。何注曰。色然。驚駭貌。義與此相近也。漢人多以色斯二字連讀。論衡定賢篇。大賢之涉世也。翔而有集。色斯而舉。議郎元賓碑。翻翳色斯。竹邑侯相張壽碑。君常懷色舉。遂用高逝。堂邑令費鳳碑。色斯輕翔。翻然高絜。費鳳別碑。功成事就。色斯高舉。案王說亦通。○注。迴翔審觀而後下止。○正義曰。說文。翔。回飛也。釋名釋言語。翔。佯也。言仿佯也。曲禮鄭注。行而張拱曰翔。注以迴翔卽是審觀。故增成其義。說文又云。雧。羣鳥在木上也。集。雧或省。引申爲凡鳥所止處之稱。故注訓下止。

曰。山梁雌雉。時哉時哉。子路共之。三嗅而作。【注】言山梁雌雉得其時。而人不得其時。故歎之。子路以其時物故共具之。非本意。不苟食。故三嗅而作。作起也。正義曰。釋文。山梁音良。鄭云。孔子山行。見雉食粱粟也。是鄭以梁爲粱。淮南齊俗訓芻豢黍粱。素問生氣通天論。膏粱之變。又通評虛實論。高粱之疾。王砯注並云。粱。梁也。是粱亦通梁。集解不釋山梁之義。與鄭同異不可知。今解者多爲橋梁。其說亦通。說文云。梁。水橋也。橋。水梁也。山梁。則山澗中橋。以通人行也。雌雉者。說文云。雌。鳥母也。對雄爲鳥父言之。雉者。野鳥。爾雅說文。具載其名。釋文云。時哉。一本作時哉時哉。皇邢疏述經俱兩言時哉。阮氏元校勘記。後漢書班固傳注。太平御覽九百十七並引此文。時哉二字不重。則今本重者。乃釋文所載一本也。釋文又云。共。本又作供。皇本作供。藝文類聚鳥部上。太平御覽羽族部。並引作拱。案作拱。是也。呂氏春秋審己篇。故子路揜雉而復釋之。高誘注。所得者小。不欲夭物。故復釋之。揜卽是拱。爾雅釋詁。拱。執也。意者雉正倦飛。子路揜而執之。此亦隨意之樂趣。而旋卽釋之。於是雌雉駭然驚顧。遂振迅而起也。集注云。劉聘君曰。嗅當作臭。古闃反。張兩翅也。見爾雅。考爾雅釋獸云。獸曰釁。人曰撟。魚曰須。鳥曰臭。並動走之名。臭字從目從犬。說文訓犬視。亦驚顧之意。其字與臭相似。故相沿譌爲臭。唐石經臭字左旁加口作嗅。則後人所改。五經文字。此字尙作臭也。然玉篇已引作齅。齅卽嗅正字。集注引石經又作戛。錢氏大昕養新錄。以爲孟蜀刻字經三寫。不能無誤。其信然矣。劉氏逢祿述何篇。孟子曰。可以仕則仕。可以止則止。可以久則久。可以速則速。聖之時者也。鄉黨篇。孔子言行皆律乎禮。而歸之時中。禮以時爲大也。○注。子路至起也。○正義曰。皇疏云。子路不達孔子時哉之嘆。而謂嘆雌雉是時月之味。故馳逐驅拍。遂得雌雉。煑熟而進。以供養孔子。嗅謂鼻歆翕其氣也。焦氏循補疏荀子禮論云。利爵之不醮也。成事之俎不嘗也。三臭之不食也。一也。何注本此。案說文齅以鼻就臭也。从鼻从臭。臭亦聲。說文無嗅字。嗅卽齅別體。

卷十四　先進第十一

集解　凡二十三章

正義曰。皇邢本皆二十四章。釋文從鄭氏。以德行章。合上從我於陳蔡爲一章。然集解本各自爲章。故不引鄭說。則此所云二十三章三字。當爲陸所改也。又釋文於回也章云或別爲章。今所不用。亦是依集解。故不用或說。朱子集注。則德行章。回也章。論篤章。皆別章。凡二十六章。

子曰。先進於禮樂。野人也。後進於禮樂。君子也。注包曰。先進後進。謂仕先後輩。禮樂因世損益。後進與禮樂俱得時之中。斯君子矣。先進有古風。斯野人也。如用之。則吾從先進。注將移風易俗。歸之純素。先進猶近古風。故從之。正義曰。鄭注云。先進後進。謂學也。野人。粗略也。鄭此注文不備。莫由知其義。愚謂此篇皆說弟子言行。先進後進。卽指弟子。大戴禮衞將軍文子篇。吾聞夫子之施敎也。先以詩世。盧辯注引此文。則先進後進。皆謂弟子受夫子所施之敎。進學於此也。禮王制云。樂正崇四術。立四敎。順先王詩書禮樂以造士。春秋敎以禮樂。冬夏敎以詩書。王大子。王子。羣后之大子。卿大夫元士之適子。國之俊選。皆造焉。凡入學以齒。大樂正論造士之秀者。以告于王而升諸司馬。曰進士。司馬辨論官材。論進士之賢者。以告於王而定其論。論定然後官之。任官然後爵之。位定然後祿之。尙書大傳。古之帝王者。必立大學小學。使王大子。王子。羣后之子。以至公卿大夫元士之適子。十有三年。使入小學。見小節焉。踐小義焉。年二十。入大學。見大節焉。踐大義焉。小師取小學之賢者。登之大學。大師取大學之賢者。登之天子。天子以爲左右。是古用人之法。皆令先習禮樂而後出仕。子產所云學而後入政者也。其國之俊選。不嫌有卑賤。故王大子等入學皆以齒。所謂天子元子視士者也。夫子以先進於禮樂爲野人。野人者。凡民未有爵祿之稱也。春秋時。選擧之法廢。卿大夫皆世爵祿。皆未嘗學問。及服官之後。其賢者。則思爲禮樂之事。故其時後進於禮樂爲君子。君子者。卿大夫之稱也。觀子路問成人。夫子答以臧武仲孟公綽卞莊子冉求諸人。又云。文之以禮樂。可爲成人。此四人先已出仕。若文以禮樂。則亦後進於禮樂之君子也。夫子弟子。多是未學。故亟亟以禮樂敎之。所云興於詩。立於禮。成於樂。卽是從先進。而冉求則以禮樂願俟君子。子路且以有民人社稷。何必讀書。乃爲學。讀書者。讀禮樂之書也。當時子路冉有皆已仕。未遑禮樂。而夫子以禮樂爲重。故欲從先進。變當時世爵祿之法。從古選擧正制也。用之。謂用其人也。後進於禮樂。雖亦賢者。然朝廷用人。

當依正制。且慮有不肖。濫入仕途也。此章之義。沈薶千載。自盧辨戴記注發之。而後人莫之能省。至邢疏但知先進後進指弟子。而以進爲仕進。以從先進爲歸淳素。猶依注說爲之。宋氏翔鳳發微謂先進。爲士民有德者。登進。爲卿大夫自野升朝之人。後進。謂諸侯卿大夫皆世爵祿。生而富貴。以爲民上。是謂君子。說皆得之。但以進爲仕進。先進爲殷法。先進後進。俱不兼弟子。尙未爲是。故略本諸義。別爲釋之。○注。先進至人也。○正義曰。以先進後進。爲仕先後輩者。王制言大樂正論造士之秀者。以告于王曰進士。孟子言治則進。是進有仕義。管子宙合云。是故聖人傳之簡筴。傳以告後進。又云。故傳之簡筴。傳以告後世人。是先進後進。謂人之先後仕者也。言輩者。非一之辭。禮樂因世損益者。禮樂隨風俗爲盛衰。故質勝。當救之以文。文勝。當救之以質。是於文質二者之中。或損或益也。後進與禮樂。俱得時之中者。與卽於字之誤。言夫子稱後進中君子。是其禮樂俱能因世損益。得時之中也。邢疏申此注。謂先進。當襄昭之世。後進。當定哀之世。皆謂夫子同時人。案夫子論文質。甚貴時中。故曰質勝文則野。文勝質則史。文質彬彬。然後君子。又言周監於二代。郁郁乎文哉。吾從周。此文亦是得中之文。其有爲尙質之論。皆是救時之法。如奢儉易戚。俱爲失禮。夫子則甯從儉從戚。亦以二者俱不得中。故甯從質勝。不從文勝也。若顯然舉一中道。稱爲君子。而不欲從之。則與平時所稱爲彬彬。所稱爲從周者不合。下篇棘子成欲棄文從質。子貢卽桀斥之。若如此注所云。則夫子正與棘子成同見。而奚其可哉。

子曰。從我於陳蔡者。皆不及門也。注鄭曰。言弟子之從我而厄於陳蔡者。皆不及仕進之門。而失其所。正義曰。陳蔡之厄。史記孔子世家敍於吳伐陳。楚救陳。軍於城父後。在魯哀六年。朱子據論語以爲自衞如陳。在魯哀二年。江氏永鄉黨圖考。以爲在魯哀四年。其言曰。孟子云。君子之厄於陳蔡之閒。言閒者。兩地相接之處。陳卽今陳州府。蔡始封。在今汝甯之上蔡縣。其後平侯徙汝甯之新蔡縣。皆與陳相近。新蔡在陳南。夫子哀二年至陳。若非適蔡。則不得至陳蔡之閒。哀二年十二月。蔡昭侯畏楚。遷於吳之州來。州來之蔡城。在今鳳陽府壽州北三十里。與陳相距。中閒隔絕。亦不得言陳蔡之閒也。然則絕糧陳蔡之間。當在哀四年。自陳適蔡時。指故地上蔡言之耳。蔡既遷。則故蔡地皆屬於楚。是時楚昭王賢。葉公又賢。夫子欲用楚。故如蔡如葉。按四年傳云。楚左司馬販申公壽餘葉公諸梁致葉於負函。十六年傳云。葉公在蔡。蓋故蔡邑。葉公兼治之。夫子自陳如蔡。就葉公耳。與蔡國無涉也。今案江說甚覈。然史記亦自可從。先從叔丹徒君經傳小記。爾雅淮南有州黎丘。注今在壽春縣。案鹽鐵論。孔子能方不能圓。故飢於黎丘。哀公二年。蔡遷於州來。四年。孔子自陳適蔡。三歲。吳伐陳。楚救陳。軍於城父。使人聘孔子。於是絕糧陳蔡之閒。鹽鐵論所謂黎丘。蓋卽州黎之丘也。此直從史記在六年。而陳蔡之閒。據新遷之蔡言。蓋其地距陳雖遠。然中閒無他國相隔。則亦爲陳蔡之閒矣。當時從遊弟子。據世家有顏淵。子貢。子路。弟子列傳。有子張。呂氏春秋愼人篇。有宰予。此外皆無考。鄭氏以下章德行云云。合此爲一章。

然冉有於魯哀三年。爲季康子所召。不應於此年。復有一冉有從夫子也。尤氏侗艮齋雜說引陳善捫日。陳蔡從者。豈止十人。患難之時。何必分列四科乎。斯知鄭說未敢從也。皆不及門也。皇本門下有者字。○注。言弟至其所。○正義曰。孔門弟子。無仕陳蔡者。故注以爲不及仕進之門。孟子云。君子之厄於陳蔡之閒。無上下之交也。無上下之交。卽此所云不及門也。孔子世家言匡人拘孔子。孔子使從者爲甯武子臣於衞。然後得去。雖甯武子非孔子同時人。然必有從者臣衞之事。譔以屬之甯武子耳。及陳蔡之厄。孔子亦使子貢如楚。楚昭王與師迎孔子。然後免。又檀弓言夫子將之荆。先之以子夏。申之以冉有。可知夫子周遊。亦賴羣弟子仕進。得以維護之。今未有弟子仕陳蔡。故致此困厄也。焦氏循補疏申此注云。堯典。闢四門。鄭氏注云。卿士之職。使爲已出政教於天下。言四門者。亦因卿士之私朝在國門。魯有東門襄仲。宋有桐門右師。是後之取法於前也。鄭以門爲卿士之門。則及門者。謂仕於卿大夫之私朝也。周禮。大司馬辨名號之用。帥以門名。注云。帥軍將以門名者。所被徽識。如其在門所樹者也。軍將皆命卿。古者軍將蓋爲營治於國門。魯有東門襄仲。宋有桐門右師。皆上卿爲軍將者也。春官小宗伯。掌三族之別以辨親疏。其正室皆謂之門子。掌其政令。注云。正室。適子也。將代父當門者也。襄九年。鄭六卿及其大夫門子。皆從鄭伯。注云。門子。卿之適子。卿之子稱門子。是卿以門名。卿當門。以門名。適子代父當門。則稱門子。其士于卿大夫之門。謂之及門矣。

德行。顏淵閔子騫冉伯牛仲弓。言語。宰我子貢。政事。冉有季路。文學。子游子夏。

正義曰。釋文云。鄭云以合前章。盧氏文弨攷證曰。鄭云當作鄭氏。案鄭氏非辨見前疏。皇疏云。此章初無子曰者。是記者所書。並從孔子印可而錄在論中也。史記仲尼弟子列傳。孔子曰。受業身通者。七十有七人。皆異能之士也。德行。顏淵。閔子騫。冉伯牛。仲弓。政事。冉有。季路。言語。宰我。子貢。文學。子游。子夏。是此四科。爲夫子平時所論列。不必在從陳蔡時。弟子傳。先政事於言語。當出古論。周官師氏注云。德行內外之稱。在心爲德。施之爲行。顏子好學。於聖道未達一閒。閔子騫孝格其親。不仕大夫。不食汚君之祿。仲弓可使南面。荀子以與孔子並稱。冉伯牛事無考。觀其有疾。夫子深歎惜之。此四子。爲德行之選也。孟子公孫丑篇。宰我子貢。善爲說辭。冉伯牛閔子。善言德行。孔子兼之曰。我於辭命。則不能也。是言語以辭命爲重。毛詩定之方中傳。故建邦能命。龜田能施命。作器能銘。使能造命。升高能賦。師旅能誓。山川能說。喪紀能誄。祭祀能語。此九者。皆是辭命。亦皆是言語。皇疏引范甯曰。言語。謂賓主相對之辭也。范以當時最重邦交。故言語當指此事。亦是舉彼一端。以例其餘。弟子列傳。宰予利口辯辭。子貢利口巧辭。是宰我子貢。爲言語之選也。夫子言求也藝。由也果。可使從政。是冉有季路。爲政事之選也。沈氏德潛吳公祠堂記曰。子游之文學。以習禮自見。今讀檀弓上下二篇。當時公卿大夫士庶。凡議禮弗決者。必得子游之言。以爲重輕。故自論小斂戶內。大斂東階。以暨隱詠猶無諸節。其閒共一十有四。而其不足於人者。惟縣子汏哉叔氏一言。則其畢生之合禮可以知。朱氏彝尊文水縣卜子祠堂記曰。徐防之言。詩書禮樂。定自孔子。發明章句。始於子夏。蓋自六經删述之後。詩易俱傳自子夏。夫子又稱其可與言詩。儀禮則有喪服傳一篇。又嘗與魏文侯言樂。鄭康成謂論語爲仲弓子夏所撰。特春秋之作。不贊一辭。夫子則曰。春秋屬商。其後公羊穀梁二子。皆子夏之門人。蓋文章可得而聞者。子夏無不傳之。文章傳。性與天道亦傳。是則子夏之功大矣。由沈朱二文觀之。是子游子夏。爲文學之選也。皇疏引王弼曰。此四科者。各舉其才長也。又曰。弟子才不徒十。蓋舉其美者。以表業分名。其餘各以所長從四科之品也。案王說是也。徐幹中論智行篇。人之行。莫大於孝。莫顯於清。曾參之孝。有虞不能易。原憲之清。伯夷不能閒。然不得與游夏列在四行之科。以其才不如也。此則故爲苛論。不免以辭害義矣。

子曰。回也。非助我者也。於吾言無所不說。【注】孔曰。助。益也。言回聞言即解。無可起發增益於己。注。助益至於己。○正義曰。爾雅釋詁。助。勴也。勴。佐助也。說文。助。左也。左即佐。說此訓益者。引申之義。教學本是相長。故夫子言子夏爲起予。正以質疑問難。義益可明也。說如說釋之說。曾子立事云。閒而不決。承閒觀色而復之。雖不說。亦不彊爭也。不說猶言不解。學記云。相說而解。此注云聞言即解。亦以解訓說也。徐幹中論智行篇。仲尼亦奇顏淵之有盛才也。故曰回也。非助我者也。於吾言無所不說。顏淵達於聖人之情。故無窮難之辭。是以能獨獲亹亹之譽。爲七十子之冠。

子曰。孝哉閔子騫。人不閒於其父母昆弟之言。【注】陳曰。言子騫上事父母。下順兄弟。動靜盡善。故人不得有非閒之言。正義曰。閔子稱字者。夫子述時人所稱也。昆者。毛詩葛藟傳。昆。兄也。爾雅釋親。晜。兄也。說文。周人謂兄曰䍮。從眔弟。䍮是本字。晜是䍮省。昆則音近假借也。亢倉子順道篇。閔子騫問孝於仲尼。退而事之於家。三年。人無閒於父母昆弟之言。○注。言子至之言。○正義曰。焦氏循補疏。漢書杜鄴傳舉方正對曰。昔曾子問從令之義。孔子曰。是何言與。善閔子騫守禮不苟。從親所行。無非禮者。故無可閒也。後漢范升傳。升奏記王邑曰。升聞子以人不閒於其父母爲孝。臣以下不非其君上爲忠。又云。知而從令。則過大矣。二者皆引爲從令之證。蓋以從令而致親於不義。則人必有非閒其父母昆弟之言。惟不苟於從令。務使親所行。均合於義。人乃無非閒其親之言。是乃得爲孝。然則閔子之孝。在人無閒於其父母昆弟之言。人所以無閒於其父母昆弟之言者。以其不苟從令也。陳注動靜盡善。或即指此。藝文類聚孝部引說苑云。閔子騫兄弟二人。母死。其父更娶。復有二子。子騫爲其父御車。失轡。父持其手。衣甚單。父則歸。呼其後母兒。持其手。衣甚厚溫。即謂其婦曰。吾所以娶汝。乃爲吾子。今汝欺我。去無留。子騫曰。母在一子單。母去四子寒。其父默然。故曰孝哉閔子騫。一言其母還。

再言三子溫。依此事。閔子不從父令。則後母不違。是其上事父母。兩弟溫煖。無慍心。而恐母還而兩弟寒。是下順兄弟。於是父感之。其後母與兩弟亦感之。可知。則此一不從父令而諫。一家孝友克全。尤非尋常不苟從令可比。孔子稱其孝。兼言兄弟。正指此事。是所謂動靜盡善也。閔子之孝。不啻大舜之乂不格姦。若恭世子不肯傷公之心。不言志而死。非可言孝也。不字作無字解。自明人無非閒之言。不是無非閒閔子之言。乃無非閒其父母昆弟之言也。今案論衡知實篇。孔子曰。孝哉閔子騫。人不閒於其父母昆弟之言。虞舜大聖。隱藏骨肉之過。宜愈子騫。瞽叟與象。使舜治廩浚井。意欲殺舜。舜當見殺己之情。早諫豫止。既無如何。宜避不行。何故使父與弟得成殺己之惡。使人非閒父弟。萬世不滅。是漢世說此文。皆謂人不非其父母昆弟爲孝。陳君此注。義正然也。韓詩外傳載此事云。母悔改之後。至均平。遂成慈母。可爲焦說取證。

南容三復白圭。【注】孔曰。詩云。白圭之玷。尚可磨也。斯言之玷。不可爲也。南容讀詩至此。三反覆之。是其心慎言也。孔子以其兄之子妻之。

正義曰。古人言數之多。自三始。故此稱三復也。仲尼弟子列傳。三復白圭之玷。多之玷二字。當出古論。大戴禮衞將軍文子篇。獨居思仁。公言言義。其聞詩也。一日三復百圭之玷。是南宮縚之行也。夫子信其仁。以爲異姓。盧辯注謂以兄之子妻之也。言一日三復者。猶子路終身誦之也。張栻論語解謹言如此。則謹行可知。○注。詩云至言也。○正義曰。稱詩云者。大雅抑篇文。毛傳云。玷。缺也。說文。𠜴缺也。從刀占聲。詩曰。白圭之𠜴。義與毛同。今詩叚玷爲𠜴。玷訓玉有瑕。不訓缺也。不可爲者。爲。治也。南容一日三復此四語。而注云讀詩至此。三反覆之者。是據初讀時言。其後遂日誦以爲戒也。

季康子問弟子孰爲好學。孔子對曰。有顏回者好學。不幸短命死矣。今也則亡。

正義曰。釋文云。康子問弟子。一本作季康子。鄭本同。案皇邢本皆有季字。又皇本今也則亡下。有未聞好學者五字。皇疏此與哀公問同。而答異者。舊有二通。一云。緣哀公有遷怒貳過之事。故孔子因答以箴之也。康子無此事。故不煩言也。又一云。哀公是君之尊。故須具答。而康子是臣爲卑。故略以相酬也。案疏後說是。大戴禮虞戴德云。子曰。丘於君唯無言。言必盡。於他人則否。是其證。

顏淵死。顏路請子之車以爲之椁。【注】孔曰。路。顏淵父也。家貧。欲請孔子之車。賣以作椁。子曰。才不才。亦各言其子也。鯉也死。有棺而無椁。吾不徒行以爲之椁。以吾從大夫之後。不可徒行也。【注】孔曰。鯉。孔子之子。伯魚也。孔子時爲大夫。言從大夫之後。不可以徒行。謙辭也。正義曰。顏子卒年。據公羊傳及史記孔子世家。當在子路之死及獲麟之前。故江氏永聖蹟表載於哀十三年時。夫子年七十一也。說詳雍也篇疏。以爲之椁。高麗本足利本無此四字。阮氏元校勘記曰。釋文。至下文無椁始作音。是陸氏所據本亦無此四字也。說文云。槨。有木𩫏也。從木𩫏聲。今論語皇本作槨與椁一字。白虎通崩薨篇。所以有棺槨何。所以掩藏形惡也。槨之爲言廓。所以開廓辟土。無令迫棺也。據喪大記。士有雜木椁。但顏子家貧。不能備椁。故顏路爲之請耳。才謂顏子。不才謂伯魚。史記世家云。伯魚年五十。先孔子死。家語本姓解云。孔子年十九。娶宋之幵官氏。生伯魚。則伯魚之生。夫子年正二十二三。爲昭十一十二年。其死當在哀公十一年。夫子年六十九。江氏永聖蹟表差後一年。五經異義。臣子先死。君父猶名之。孔子曰。鯉也死。是已死稱名。左氏說。既沒。稱字而不名。桓二年。宋督弒其君與夷。及其大夫孔父。先君死故稱其字。穀梁同左氏說。謹案論語稱鯉也死。時實未死。假言死。從左氏穀梁說。玄之聞也。論語云鯉也死。有棺而無椁。死是實未葬前也。設言死。凡人於恩猶不然。況賢聖乎。案鄭駮是也。許君必謂鯉死爲設言者。意以史記言顏淵少孔子三十歲。至二十九歲。髮盡白蚤死。又列子淮南子。皆以顏子夭死。而伯魚之死。年已五十。則鯉死應在顏子之後。不知史記言顏子少孔子三十歲。前人謂三十爲四十之譌。而列子淮南皆傳聞之誤。本不爲據。鯉死既在顏子前。則論語非爲設言可知。棺者。白虎通崩薨篇。棺之爲言完。所以藏尸令完全也。說文。棺。關也。所以掩尸。有棺無椁。亦因貧之故。所謂有其禮。無其財。君子弗行者也。徒。說文。赴。步行也。今經傳皆作徒。易賁初九。舍車而徒。詩黍苗。我徒我輦。皆謂步行也。吾不徒行以爲之椁。言未嘗賣車以爲椁也。孔子初仕魯爲大夫。及去位。從士禮。其後魯人以幣召孔子歸。自必復其爵。而不居位。若大夫致仕者然。故但從大夫之後。孔子世家所以言魯終不能用孔子也。魯語。吳子使來好聘。發幣於大夫及仲尼。亦以孔子時從大夫後矣。既從大夫之後。與聞國政。故畜有馬乘。不得徒行。王制云　君子耆老不徒行是也。案顏路請子之車以爲椁。不嫌於自請者。公羊隱元年傳。喪事有賵。賵者。蓋以乘馬束帛。車馬曰賵。是賵喪之禮。本有車馬。故夫子於舊館人之喪。說驂以賻。今此顏子死。夫子必亦有賵。而顏路復請子之車以爲椁。哀痛迫切。不遑計及於禮之當否。且知夫子於顏淵誼厚。不妨以情告也。趙岐孟子公孫丑章句。禮。喪事不外求。不可稱貸而爲悅也。周官宰夫注。凡喪。始死。弔而含襚。葬而賵贈。其閒加恩厚。則有賻焉。春秋譏武氏子來求賻。賈疏云。隱公三年。公羊文云。喪事無求。求賻非禮。何休云。禮本爲有財者制。有則送之。無則致哀而已。不當求。求則皇皇傷孝子心。蓋通於下。何休云。爾者嫌天子財多。不當求下。財少可求。故明皆不當求。顏路請子之車。孔子不與。亦是不合求。故抑之也。由買此言。顏路請車。禮有未合。夫子以其哀迫。不欲深責。而但婉言告之。至以鯉死爲比。則亦視顏子猶子矣。皇本吾不下有可字。不可上有吾以二字。徒行下無也字。○注。路顏至作椁。○正義曰。鄭注云。欲得賣之以爲顏淵作椁也。顏路。顏回之父。此僞孔所襲。弟子列傳。顏無繇字路。路者。顏回父。父子嘗各異時事孔子。索隱曰。家語顏由字路。孔子始教於闕里。而受學焉。少孔子六歲。○注。鯉孔至辭也。○正義曰。鄭注云。鯉。孔子之子伯魚也。此僞孔所襲。家語本姓解云。魚之生也。魯昭公以鯉魚賜。孔子榮君之貺。故因以名鯉。而字伯魚。案顏子卒時。夫子久不居位。而注云時爲大夫。謙言從大夫之後。顯然謬誤。其爲僞託無疑。

顏淵死。子曰。噫。注包曰。噫。痛傷之聲。天喪予。天喪予。注天喪予者。若喪己也。再言之者。痛惜之甚。正義曰。漢書董仲舒傳贊。劉歆曰爲伊呂乃聖人之耦。王者不得則不興。故顏淵死。孔子曰。噫。天喪余。唯此一人。爲能當之。自宰我。子贛。子游。子夏。不與焉。顏師古注。言失其輔佐也。蓋天生聖人。必有賢才爲之輔佐。今天生德於夫子。復生顏子爲聖人之耦。並不見用於世。而顏子不幸。短命死矣。此亦天亡夫子之徵。故曰天喪予。○注。噫。痛傷之聲。○正義曰。何休公羊傳注。噫。咄嗟貌。詩噫嘻傳。噫。歎也。

顏淵死。子哭之慟。注馬曰。慟。哀過也。從者曰。子慟矣。曰。有慟乎。注孔曰。不自知己之悲哀過。非夫人之爲慟而誰爲。正義曰。皇疏云。孔子往顏家哭之也。從者。謂諸弟子。隨孔子往顏淵家。有見孔子哀甚。故云子慟矣。案皇本。曰有慟乎。曰上有子字。又誰爲下。有慟字。○注。慟。哀過也。○正義曰。說文無慟字。漢碑多作憅。憅當卽慟省。鄭注云。慟。變動容貌。亦以慟字從動得義。此卽是哀過。鄭與馬不異也。

顏淵死。門人欲厚葬之。子曰。不可。注禮貧富各有宜。顏淵家貧。而門人欲厚葬之。故不聽。門人厚葬之。子曰。回也視予猶父也。予不得視猶子也。非我也。夫二三子也。注馬曰。言回自有父。父意欲聽門人厚葬。我不得割止。非其厚葬。故云耳。正義曰。厚葬者。謂凡葬事求豐備也。晉語欒共子云。成聞之。民生於三。事之如一。父生之。師教之。君食之。顏子事夫子猶父。故曰子在。回何敢死。則同於父母在。不許友以死之義也。史記弟子傳。夫子言自吾得回。門人日親。及夫子歿。門人心喪三年。若喪父而無服。則皆同顏子事夫子猶父矣。然夫子喪顏子。若喪子而無服。是亦視回猶子。惟不能止門人之厚葬。終心自歉。故深責二三子也。唐石經初刻。猶子下也字作曰。○注。言回至云耳。○正義曰。鄭注。顏路欲聽門人厚葬之。同馬義。吳氏嘉賓說。喪具稱家之有無。然而禮有賻喪者。賻之亦惟其稱焉耳。使顏子死無附身以斂。無附棺以爲葬。師與友說驂竭財以助之可也。是非得已也。有棺而無槨。有葬而爲之厚葬。則非也。以其得已也。君子所以受於人者義如此。必不得已而後受。苟可以已而已。故曰周之亦可受也。免死而已矣。夫子之視顏子。視之猶其生也。彼門人者。以其生之所不受者而與之。是死之也。故曰。君子之愛人也以德。小人之愛人也以姑息。

季路問事鬼神。子曰。未能事人。焉能事鬼。敢問死。曰。未知生。焉知死。【注】陳曰。鬼神及死事難明。語之無益。故不答。正義曰。事人。若子事父。臣事君。是也。焉能事鬼。言鬼則神可知。或以事鬼下脫神字。非也。趙氏佑溫故錄。禮有五經。莫重於祭。古之所爲事鬼神者。嘗無不至。則子路之問。不爲不切。夫先王之事鬼神。莫非由事人而推之。故生則盡養。死則盡享。惟聖人爲能饗帝。惟孝子爲能享親。云事鬼也。莫非敎天下之事人也。吾未見孝友不敦於父兄。而愛敬能達乎宗廟者也。則盡乎事鬼神之義矣。進而問死。欲知處死之道也。人有所當死。有所不當死。死非季路所難。莫難乎其知之明。處之當。然而死非可預期之事。故爲反其所自生。君子之窮理盡性。以至於命。歸於得正而斃。其不敢以父母之身行殆。不敢以匹夫之諒爲名者。皆惟其知生。敬吾生。故重吾死也。否則生無以立命。死適爲大愚而已。則盡乎知死之義矣。子嘗言之矣。務民之義。卽所以事人。敬鬼神而遠之。卽所以事鬼也。夫孝者。善繼人之志。善述人之事。事死如事生。事亡如事存。孝之至也。所謂能事人。能事鬼也。人之生也直。罔之生也幸而免。所以敎知生。志士仁人。無求生以害仁。有殺身以成人。所以敎知死也。孟子曰。知命者不立乎巖牆之下。盡其道而死者。正命也。桎梏死者。非正命也。所謂知生知死也。皇邢本。唐宋石經。敢問上有曰字。○注。陳曰至不答。○正義曰。世說簡傲篇注。引馬融注曰。死事難明。語之無益。故不答。與此陳注同。當是彼文誤引。

閔子侍側。誾誾如也。子路。行行如也。冉有子貢。侃侃如也。子樂。【注】鄭曰。樂各盡其性。行行。剛彊之貌。若由也。不得其死然。【注】孔曰。不得以壽終。正義曰。閔子少子路六歲。而先閔子者。閻氏若璩釋地三續。謂以德序。是也。皇本閔子下有騫字。冉有。唐石經作冉子。說文侃下引子路侃侃如也。疑作子貢。或許氏誤記。宋氏翔鳳過庭錄。說文解字。侃。剛直也。從㐰。㐰。古文信。從川。取其不舍晝夜。論語曰。子路侃侃如也。此引作侃侃是正字。鄉黨篇之侃侃。及此下文冉有子貢侃侃如也。並當爲衎衎。假借作侃侃。故並訓爲和樂也。鄭注論語行行剛強之貌。與許君解侃爲剛直義同。行行疑涉下文衎衎而誤。蓋古文論語。冉有子貢。侃侃如也。本作衎衎。案宋說亦通。若由也不得其死然。皇本若上有曰字。孫奕示兒編。子樂。必當作子曰。聲之誤也。始以聲相近。而轉曰爲悅。又以義相近。而轉悅爲樂。知由也不得其死。則何樂之有。阮氏元校勘記。文選幽通賦。及座右銘兩注。並引子路行行如也。子曰。若由也。不得其死然。與孫說合。案淮南子精神訓注。亦引作孔子曰。有無曰字。皆可通。惟樂字。鄭注已釋之。斷非曰字之誤。夫子是樂四賢。才德足用。不必專言子路。若者。逆料之辭。不能遽決也。○注。樂各盡其性。行行。剛彊之貌。○正義曰。凡人賦性。

剛柔不齊。惟各盡其性。斯有所成立。可同歸於善也。朱子集注云。樂得英才而教育之。又一義亦通。行行訓剛彊。此會意。釋名釋姿容。兩脚進曰行行。抗足而前也。漢孫根碑。行行義勇。○注。不得以壽終。○正義曰。皇疏云。後果死衛難也。袁氏曰。道直時邪。自然速禍也。

魯人爲長府。閔子騫曰。仍舊貫。如之何。何必改作。注鄭曰。長府。藏名也。藏財貨曰府。仍。因也。貫。事也。因舊事則可也。何乃復更改作。子曰。夫人不言。言必有中。注王曰。言必有中者。善其不欲勞民改作。○正義曰。閻氏若璩釋地。左傳昭二十五年。公居於長府。杜注。長府。官府名。九月戊戌伐季氏。遂入其門。長府。今不知所在。意其與季氏家實近。公居焉。出不意而攻之。論語鄭注。藏財貨曰府。又意公微弱。將攻權臣。必先據藏貨財之府。庶可結士心。翟氏灝考異。長府。蓋魯君別館。稍有蓄積。可備驕警之所。季氏惡公恃此伐己。故於已事後。牽魯人卑其閈閎。俾後之君。失所憑恃。其心尙可問乎。閔子能爲微辭諷之。則與聖人彊公弱私之心。深有契矣。淩氏鳴喈解義。疇昔昭公。嘗居是伐季氏矣。定哀之閒。三家因欲改爲之。將以弱所恃也。稱魯人。衆也。是時三家皆欲之。包氏愼言溫故錄。案長府。宮館之屬。非藏名也。漢書元帝紀詔曰。惟德薄。不足以充入舊貫之居。其令諸宮館。希幸御者勿繕治。注。應劭曰。舊貫者。常居也。此足爲證。昭公欲伐季氏。而先居長府。必其地爲君常所臨幸。故人不以爲疑。魯人爲長府。蓋欲擴其舊居以壯觀瞻。魯君失民數世矣。隱民皆取食於季氏。復爲長府以重勞之。是爲淵驅魚也。閔子故婉言以諷之。後漢書郎顗傳。顗上書曰。夏禹卑室。盡力致美。又魯人爲長府。閔子騫曰。仍舊貫。何必改作。臣以爲諸所繕修事可減省。郎顗引經。亦以長府爲宮館。義與元帝詔若合符契。仍舊貫。何必改作。臣以爲諸所繕修事可減省。

不可易也。案諸說略有異同。惟閻氏得之。而義亦未盡。蓋府自是藏名。周官玉府職云。掌王之金玉玩好兵器。凡王之獻金玉兵器文織良貨賄之物。受而藏之。內府職云。掌受九貢九賦九功之貨賄。良兵良器。以待邦之大用。凡四方之幣獻之金玉齒革兵器。凡良貨財入焉。又外府掌邦布。及王后世子祭服。是兵器藏內府。不藏外府。然則玉府掌兵器。亦當在內。魯之長府。自是在內。而爲兵器貨賄所藏。魯君左右。多爲季氏耳目。公欲伐季氏而不敢發。故居於長府。欲藉其用以伐季氏。且以使之不疑耳。昭公伐季氏。在二十五年。孔子時正居魯。則知魯人爲長府。正是昭公居之。因其毀壞。而欲有所改作。以爲不虞之備。但季氏得民已久。非可以力相制。故子家羈力阻其謀。宋樂祁知魯君必不能逞。而閔子亦言仍舊貫。言但仍舊事。略加繕治。何必改作。以諷使公無妄動也。論語書之曰魯人。明爲公諱。且非公意也。當時伐季之謀。路人皆知。閔子所言。正指其事。然其辭微而婉。故夫子稱其言必有中也。若如翟說。魯人指季平子。淩說魯人指三家。在定哀時爲長府者。欲改爲之。以奪魯君之所恃。夫昭公居長府以伐季氏。其事已無成。定哀卽欲伐季氏。亦斷無仍居長府。蹈此覆轍。而煩三家之重慮之也。且既患公復居長府。何不毀壞之。而反從而修治也耶。

如包說長府是別宮。非藏名。則昭公居長府以伐季氏。將何所取意耶。諸說於情事多未能合。若閭氏以長府去季氏家近。亦非是。長府自在公宮內也。○注。長府至改作。○正義曰。說文。府。文書藏也。廣雅釋宮。府。舍也。府。聚也。凡財賄兵器文書皆藏之府。許祇言文書者。舉一以例之也。鄭云藏財貨者。凡居財貨曰府。故周官玉府內府外府。又大府泉府。皆稱府也。仍因。貫事。並爾雅釋詁文。王氏念孫說貫訓行。亦通。見前一貫章疏。鄭注又云魯讀仍爲仁。今從古。惠氏棟九經古義。揚雄將作大匠箴云。或作長府。而閔子不仁。用魯論也。臧氏庸鄭注輯本釋云。魯讀仁字爲句。言仁在舊貫。改作是不仁也。義雖通而稍迂。古作仍字。義益明。故鄭從之。仍仁音相近也。

子曰。由之瑟奚爲於丘之門。注馬曰。子路鼓瑟。不合雅頌。門人不敬子路。子曰。由也。升堂矣。未入於室也。注馬曰。升我堂矣。未入於室耳。門人不解。謂孔子言爲賤子路。故復解之。正義曰。白虎通禮樂篇。瑟者。嗇也。閑也。所以懲忿。窒欲。正人之德也。郭璞注爾雅云。長八尺一寸。廣一尺八寸。二十七弦。邵氏晉涵正義引禮圖。雅瑟廣長。與郭注同。惟二十三弦。與郭異。頌瑟長七尺二寸。廣一尺八寸。二十五弦。而風俗通又言今瑟長五尺五寸。皆是依仿古制。不能畫一。皇本作由之鼓瑟。似因注誤衍。升堂入室。喻學道有淺深。聘禮疏云。後楣以南曰堂。堂凡四架。前楣與棟之閒。爲南北堂之中。則後楣北。爲室與房矣。凡入室必由堂。至入室則已觀止。故夫子言善人之道。亦以入室爲喻也。說苑修文篇。子路鼓瑟。有北鄙之聲。孔子聞之曰。信矣。由之不才也。冉有侍。孔子曰。求。爾奚不謂由。夫先王之制音也。奏中聲爲中節。流入於南。不歸於北。南者生育之鄉。北者殺伐之域。故君子執中以爲本。務生以爲基。故其音溫和而居中。以象生育之氣。憂哀悲痛之感。不加乎心。暴厲淫荒之動。不在乎體。夫然者。乃治存之風。安樂之爲也。彼小人則不然。執末以論本。務剛以爲基。故其音湫厲而微末。以象殺伐之氣。和節中正之感。不加乎心。溫儼莊恭之動。不存乎體。夫殺者。乃亂亡之風。奔北之爲也。昔舜造南風之聲。其興也勃焉。至今王公述而不釋。紂爲北鄙之聲。其廢也忽焉。至今王公以爲笑。彼舜以匹夫。積正合仁。履中行善。而卒以興。紂以天子。好慢淫荒。剛厲暴賊。而卒以滅。今由也匹夫之徒。布衣之醜也。既無意乎先王之制。而又有亡國之聲。豈能保七尺之身哉。冉有以告子路。子路曰。由之罪也。小人不能耳。陷而入於斯。宜矣。夫子之言也。遂自悔。不食七日而骨立焉。孔子曰。由之改過矣。此相傳子路鼓瑟。夫子責之之事。○注。子路鼓瑟。不合雅頌。○正義曰。雅頌以音言。史記孔子世家。詩三百五篇。孔子皆弦歌之。以求合韶武雅頌之音。又樂書云。樂之雅頌。猶詩之威儀。威儀以養身。雅頌以養心。聲應相保。細大不踰。使人聽之。而志意得廣。心氣和平者。皆雅頌也。

子貢問師與商也孰賢。子曰。師也過。商也不及。注孔曰。言俱不得中。曰。然則師愈與。子曰。過猶不及。注愈猶勝也。正義曰。皇本問下有曰字。賢下有乎字。過猶不及下有也字。○注。言俱不得中。○正義曰。仲尼燕居云。子曰。師爾過。而商也不及。子貢越席而對曰。敢問將何以爲此中者也。子曰。禮乎禮。夫禮。所以制中也。鄭注。過與不及。言敏鈍不同。俱違禮也。案敏鈍以氣質言。觀子張與子夏除喪而見孔子。子張彈琴成聲曰。不敢不及。子夏彈琴不成聲曰。不敢過也。可見中庸云。道之不明也。我知之矣。知者過之。愚者不及也。道之不行也。我知之矣。賢者過之。不肖者不及也。其下卽引顏子之擇中庸。舜之執其兩端。用其中於民。明過與不及。皆有所失。故惟以禮制之中也。

季氏富於周公。而求也爲之聚斂而附益之。注孔曰。周公。天子之宰卿士。冉求爲季氏宰。爲之急賦稅。子曰。非吾徒也。小子鳴鼓而攻之可也。注鄭曰。小子。門人也。鳴鼓。聲其罪以責之。正義曰。季氏富於周公者。周公封魯。取民之制。不過什一。自後宣公稅畝。已爲什而取二。季氏四分公室。已取其二。量校所入。踰於周公賦稅之數。故曰季氏富於周公。公羊定八年。或曰。猶千乘之主。而不克舍此可乎。何休注。時季氏邑宰。至于千乘。此可知季氏之富也。聚斂者。說文。聚。會也。斂。收也。爾雅釋詁。斂。聚也。二字訓義並同。胡氏紹勳拾義。解聚字爲驟。謂急於斂取。亦備一解。大學引孟獻子曰。與其有聚斂之臣。寧有盜臣。其下言長國家而務財用。必自小人。小人。卽指聚斂之臣言。附益者。說文。附。益也。附與坿同。漢書哀帝紀。武有衡山淮南之謀。設附益之法。亦謂徵斂之厚。鄭注此云。求。冉有名也。季氏富矣。而求聚民財以增之。增卽附益之義。孟子離婁篇。孟子曰。求也爲季氏宰。無能改於其德。而賦粟倍他日。孔子曰。求。非我徒也。小子鳴鼓而攻之。可也。趙岐注。季氏。魯卿。季康子。案左哀十一年傳。季氏欲以田賦。使冉有訪諸。仲尼曰。丘不識也。三發卒曰。子爲國老。待子而行。若之何子之不言也。仲尼不對。而私於冉有曰。君子之行也。度於禮。施取其厚。事舉其中。斂從其薄。如是。則以丘亦足矣。若不度於禮。而貪冒無厭。則雖以田賦。將又不足。且子季孫若欲行而法。則周公之典在。若欲苟而行。又何訪焉。弗聽。十二年春王正月。用田賦。魯語載此事。仲尼私於冉有曰。汝不聞乎先王制土。籍田以力。而砥其遠邇。賦里以入。而量其有無。任力以夫。而議其老幼。於是乎有鰥寡孤疾。有軍旅之出則徵之。無則已。其歲收。田一井。出稯禾秉芻缶米。不是過也。先王以爲足。若子季孫欲其法也。則有周公之籍矣。苟欲犯法。則苟而賦。又何訪焉。何休公羊注解用田賦云。田謂一井之田。賦者。斂取其財物也。言用田賦者。若今漢家斂民錢。以田爲率矣。何解賦爲財物。而孟子以爲賦粟倍他日。粟卽財物也。倍他日者。倍乎稅畝之制也。倍之爲言大略之辭。賈逵杜預解左傳。以賦爲軍制。誤矣。用田賦。自是季氏之謀。特冉子不能救止其事。故夫子深責之。見凡爲人臣。當以道事君。不可則止。亦冀季孫聞魯言能改悟也。鳴鼓。謂擊鼓使鳴也。皇本而附益之。

之作也。鳴鼓下無而字。○注。周公天子之宰卿士。○正義曰。周公封魯。元子嗣之。其次子世守采地。官於王朝爲卿士。春秋時所稱周公召公是也。此注知不然者。春秋內外傳。皆舉周公典籍。是夫子欲以周公所制賦法。正季氏之失。故此文卽言富於周公以譏之也。若泛指天子之宰。便爲回遠。且於內外傳所言周公不合。○注。鳴鼓。聲其罪以責之。○正義曰。左莊二十九年傳。凡師有鐘鼓曰伐。晉語。伐備鐘鼓。聲其罪也。昭十七年傳。日有食之。天子伐鼓于社。諸侯伐鼓于朝。杜注謂天子責羣陰。諸侯自責。是凡責讓。多用鼓也。說文。攻。擊也。此訓責者。引申之義。宋氏翔鳳發微云。春秋繁露曰。大旱者。陽滅陰也。陽滅陰者。尊壓卑也。固其義也。雖大甚。拜請之而已。無敢有加也。大水者。陰滅陽也。陰滅陽者。卑勝尊也。日食亦然。皆下犯上。以賤傷貴。逆節也。故鳴鼓而攻之。朱絲而脅之。爲其不義也。此亦春秋之不畏強禦也。按董生之言。知魯有季氏。世卿專政。祿去公室。攘奪克剝。而有用田賦之事。是亦卑勝尊。賤傷貴。不義之至者與。季氏不能聽。冉有不能救。厥罪惟均。故鳴鼓而攻。若傑疾冉有。實正季氏之惡。

柴也愚。注弟子高柴。字子羔。愚。愚直之愚。參也魯。注孔曰。魯。鈍也。曾子性遲鈍。師也辟。注馬曰。子張才過人。失在邪僻文過。由也喭。注鄭曰。子路之行。失於畔喭。正義曰。此節亦夫子所論。而不署子曰。與前四科同。師也辟。朱子集注。辟。便辟也。謂習於容止。少誠實也。案便辟猶盤辟。武氏億羣經義證。案墨子再拜便僻。是便僻與再拜連文。卽漢書何武傳。見所舉者盤辟雅拜。服虔曰。行禮容拜也。儒林傳注。蘇林曰。張氏不知經。但能盤辟爲禮容。盤亦便之轉。案荀子非十二子云。禹行而舜趨。子張氏之賤儒也。大戴禮五帝德云。孔子曰。吾欲以容貌取人。於師也改之。皆可證。竊謂愚魯近狷。辟喭近狂。故夫子願與之進於禮樂也。其後四子德成學立。故子貢答衞將軍文子。咸稱其美行矣。皇本辟作僻。此依馬注誤改。喭。書無逸疏引作諺。阮氏元校勘記。說文有諺無喭。喭乃諺之俗字。○注。弟子至之愚。○正義曰。弟子列傳。高柴字子羔。少孔子三十歲。子羔長不盈五尺。受業孔子。孔子以爲愚。集解引鄭玄曰。衞人子羔。亦稱季羔。見左傳。檀弓作子皋。皋與羔同。家語作子高。齊人。少孔子四十歲。高旣爲氏。不當又爲字。三十四十。積畫相亂。衞齊二說亦異。當以鄭氏爲是。愚直。謂如古之愚者直也。○注。魯。鈍也。○正義曰。說文云。魯。鈍詞也。論語曰。參也魯。段氏玉裁注。左傳。魯人以爲敏。謂鈍人也。釋名曰。魯。魯鈍也。國多山水。民性樸鈍。按椎魯卤莽。皆卽此。○注。子張才過人。失在邪僻文過。○正義曰。注以僻釋辟。非是。經文作僻。但邪僻文過。乃小人怙惡之行。不可以優子張。○注。子路之行。失於畔喭。○正義曰。釋文云。畔喭。皇本釋文所見本並作畈喭。書無逸云。乃逸乃諺。僞孔傳。畈諺不恭。畈諺與畔喭同。焦氏循論語補疏。大雅皇矣。無然畔援。箋云。畔援。跋扈也。韓詩云。武強也。漢書敘傳注。作無然畔換。文選魏都賦云。雲撤畈換。劉淵林注。畈換。猶恣睢也。拚援諺。聲近相通。

子曰。回也。其

庶乎。屢空。賜不受命。而貨殖焉。億則屢中。注言回庶幾聖道。雖數空匱而樂在其中。賜不
受教命。唯財貨是殖。億度是非。蓋美回所以勵賜也。一曰。屢猶每也。空猶虛中也。以聖人之善道。教數子之庶幾。
猶不至於知道者。各內有此害。其於庶幾每能虛中者唯回懷道深遠。不虛心不能知道。子貢雖無數子之病。然
亦不知道者。雖不窮理而幸中。雖非天命而偶富。亦所以不虛心也。正義曰。蘇氏秉國四書求是云。其庶乎。未明指其所庶若何。以下文不受
命對觀之。蓋即指受命而言。案蘇說是也。命謂祿命也。古者四民。各習其業。未有兼爲之者。凡
其所業。以爲命所受如此也。子貢學於夫子。而又貨殖。非不受命而何。俞氏樾平議。古者商賈。
皆官主之。故呂氏春秋上農篇曰。凡民自七尺以上。屬諸三官。農攻粟。工攻器。賈攻貨。以周禮
考之。賈師掌於官。度量純制掌於官。貨賄之璽節掌於官。下至春秋之世。晉則絳之富商韋藩木楗
以過於朝。鄭則商人之一環必以告君大夫。蓋猶皆受命於官也。若夫不受命於官。而自以其財。市
賤鬻貴。逐什一之利。是謂不受命而貨殖。管子乘馬篇曰。賈知賈之貴賤。日至於市。而不爲官賈。
此其濫觴與。蓋不屬於官。即不得列於太宰之九職。故不曰商賈。而曰貨殖。子貢以聖門高弟。亦
復爲之。陶朱白圭之徒。由此起也。太史公以貨殖立傳。而首列子貢。有開必先。在子貢固不得而
辭也。案俞說亦近理。若然。則其庶乎。仍謂庶幾聖道也。廣雅釋詩。殖。積也。周語。財蕃殖。
韋昭解殖。長也。子貢貨殖。謂居貨財以生殖也。億。度也。皇本億作憶。漢書貨殖傳。漢陳度碑
引並作意。字異義同。貨殖傳云。子贛既學於仲尼。退而仕衛。發貯鬻財曹魯之閒。七十子之徒。
最爲饒。而顏淵簞食瓢飲。在于陋巷。子贛結駟連騎。束帛之幣。聘享諸侯。所至國君。無不分庭
與之抗禮。然孔子賢顏淵而譏子贛曰。回也。其庶乎。屢空。賜不受命而貨殖焉。意則屢中。班傳
全引此文。此以賜不受命二句。爲孔子所譏。是意則屢中。即承上貨殖言。論衡知實篇。賜不受命
而貨殖焉。億則屢中。罪子貢。善居積。意貴賤之期。數得其時。故貨殖多富比陶朱。又云。子貢
善意以得貨利。蓋論衡以意貴賤之期解億字。數得其時解屢字。得其時解中字。此漢人解誼之最
顯然可據者。皇疏引殷仲堪曰。不受矯君命。○江熙曰。賜不受濁世之榮。以不受命爲辭祿。與貨殖
傳子貢仕衛不合。非也。○注。言回至心也。○正義曰。爾雅釋言。庶幾。尙也。又云。庶幸也。
易繫辭傳。顏氏之子。其殆庶幾乎。謂庶幾於道也。詩節南山。不宜空我師。毛傳。空。窮也。引
申之。凡貧窮無財者。亦謂之空。史記伯夷列傳。然回也屢空。糟糠不厭。鹽鐵論地廣云。夫賤不
周知。貧不妨行。顏淵屢空。不爲不賢。孔子不容。不爲不聖。後漢賈逵傳。帝謂馬防曰。賈逵母
病。此子無人事。於外屢空。將從孤竹之子於首陽矣。是漢人解屢空皆爲空匱。注前說是也。財貨
者。說文。貨。財也。億度是非者。謂於事理之是非。能先億度之也。皇疏云。故左傳。邾隱公朝
魯。執玉高。其容仰。魯定公受玉。卑。其容俯。子貢曰。以禮觀之。二君皆有死亡。君爲主。其

先亡乎。是歲。定公卒。仲尼曰。賜不幸言而中。是使賜多言者也。此億中之類也。案漢書眭宏等傳贊。漢興。推陰陽之災異者。假經設誼。依託象類。或不免乎億則屢中。此明謂億度事理。注說亦非無本。

子張問善人之道。子曰。不踐迹。亦不入於室。注孔曰。踐。循也。言善人不但循追舊迹而已。亦少能創業。亦不入於聖人之奥室。正義曰。孔氏廣森經學卮言。問善人之道。則非問何如而可以爲善人。乃問善人當何道以自處也。故子告以善人所行之道。當效前言往行。以成其德。譬諸入室。必踐陳於堂戶之跡。而後循循然至也。案孔說是也。踐迹者。謂學禮樂之事也。善人質美未學。我必進於禮樂。乃可入室。漢書刑法志。孔子曰。如有王者。必世而後仁。善人爲國百年。可以勝殘去殺矣。言聖王承衰撥亂而起。被民以德教。變而化之。必世然後仁道成焉。至於善人。不入於室。然猶百年勝殘去殺矣。據志此言。以善人指諸侯言。上篇言聖人善人吾不得見之。彼言善人。義亦同也。王者以德教化民。制禮作樂。功致太平。若善人爲邦百年。仍不能與禮樂之事。故僅可勝殘去殺。若仁道猶未能成。所謂不入於室也。漢志所云。於義亦通。釋文。迹本亦作跡。說文。迹。步處也。蹟或從足責。速。籀文迹。从朿。並不作跡。是跡乃迹俗。

子曰。論篤是與。君子者乎。色莊者乎。注論篤者。謂口無擇言。君子者。謂身無鄙行。色莊者。不惡而嚴。以遠小人。言此三者。皆可以爲善人。正義曰。邢疏云。此亦善人之道也。故同爲一章。當是異時之語。故別言子曰也。案夫子言善人不得見之。及此言及善人。舉所見論篤君子色莊三者以當之。蓋此三者。皆可謂之善人。然容有似是而非者與乎其間。故但爲疑辭。或言與。或言乎者。文法之變。○注。論篤至善人。○正義曰。口無擇言。身無鄙行。約孝經文。擇與殬同。敗也。彼作擇行。謂無敗行。

子路問聞斯行諸。注包曰。賑窮救乏之事。子曰。有父兄在。如之何其聞斯行之。注孔曰。當白父兄。不得自專。冉有問聞斯行諸。子曰。聞斯行之。公西華曰。由也問聞斯行諸。子曰。有父兄在。求也問聞斯行諸。子曰。聞斯行之。赤也惑。敢問。注孔曰。惑其問同而答異。子曰。求也退。故進之。由也兼人。故退之。注鄭曰。言冉有性謙退。子路務在勝尚人。各因其人之失而正之。正義曰。觀公西華之問。冉有亦當有父兄在。而夫子答之。與答子路異。此亦所以惑也。夫聞義即當力行。君子善則歸親。苟有所爲而合於義。

稱父母或兄之命爲可也。若必待稟命。而或爲父兄所阻不得行。是亦奚得爲義。但子路有聞卽行。其中有宜稟命父兄。而迫不能待。不特失承順之道。並其所行。或因急遽而未合於義。此夫子所以抑之也。至冉有固自言說子之道。而以力不足自諉者。不患其不稟命。但慮其逡巡退縮。而爲之不勇耳。夫子所以進之。二子之問。非在一時。而公西華之竊聖人。有以得其異同。亦可謂善學者矣。如之何其聞斯行之。皇本行之下。有也字。○注。賑窮救乏之事。○正義曰。義事多端。注必指賑窮救乏者。舉所重言之。錢氏大昕潛研堂文集。曲禮。父母在。不許友以死。不有私財。檀弓。未仕者不敢稅人。如稅人。則以父兄之命。注云。不專家財也。白虎通云。朋友之道。親存不得行者二。不得許友以其身。不得專通財之恩。友饑。則白之於父兄。父兄許之。乃稱父兄與之。不聽卽止。故論語曰。有父兄在。如之何其聞斯行之也。包咸之說。蓋出於此。吳志全琮以父命齎米數千斛。到吳市易。琮悉以賑贍士大夫。空船而還。裴松之引論語有父兄在之文。謂琮輒散父財。誠非子道。亦用包說。○注。言冉至正之。○正義曰。謙退者。謙與慊同。不足也。冉有子路。各有所失。夫子教之。亦因其所失正之。不能同也。學記曰。學者有四失。教者必知之。人之學也。或失則多。或失則寡。或失則易。或失則止。此四者。心之莫同也。知其心。然後能救其失也。教也者。長善而救其失者也。

子畏於匡。顏淵後。注孔曰。言與孔子相失。故在後也。子曰。吾以女爲死矣。曰。子在。回何敢死。注包曰。言夫子在。已無所敢死也。

正義曰。曲禮云。父母在。不許友以死。顏子事夫子猶父。故云子在。回何敢死。呂氏春秋勸學篇。曾子曰。君子行於道路。其有父者可知也。其有師者可知也。曾點使曾參。過期而不至。人皆見曾點曰。無乃畏耶。曾點曰。彼雖畏。我存。夫安敢畏。孔子畏於匡。顏淵後。孔子曰。吾以汝爲死矣。顏淵曰。子在。回何敢死。顏回之於孔子也。猶曾參之於父也。此周秦人解誼之最古者。蓋顏子隨夫子行。忽遇匡人之難。相失在後。夫子必心焉望之。望之而不至。則疑其爲匡人所殺。雖在顏子。必不輕身赴鬬。如子路之慍怒奮戟。然亂離之時。或不幸而死於非命。此亦人事所恆有。及後顏子來見。夫子喜出望外。故直道心之所疑。初不料顏子之未死也。至顏子之對夫子曰。子在。回何敢死。夫夫子遇難而曰子在。何也。蓋以夫子狀類陽虎。匡人疑爲陽虎。而誤圍之。非眞欲殺夫子。此直俟其細詢蹤跡。審其動靜。自足知之。書傳言夫子弦歌不輟。曲三終。而匡人解甲。忠信篤敬。蠻貊可行。此豈陽虎之所能爲者。蓋不待夫子自辨。而聖德光著。匡人已知決非陽虎矣。夫子之不輕於一死。顏子蓋眞知之。故曰子在。而因子在不敢就死。自必潛身遠害。或從他道迂行。此其所以相失在後也。惟知子在。故顏子獨後。惟顏子獨後。而夫子又疑爲死。聖賢往迹。及其心事。可按文而得之。他說以死爲先字之誤。或以子在爲在圍中。死爲赴鬬。皆不合。

季子然問仲由冉求。可謂大臣與。注孔曰。子然。季氏子弟。自多得臣此二子。故問之。子曰。

吾以子爲異之問。曾由與求之問。注孔曰。謂子問異事耳。則此二人之問。安足大乎。所謂大臣者。以道事君。不可則止。今由與求也。可謂具臣矣。注孔曰。言備臣數而已。曰。然則從之者與。子曰。弑父與君。亦不從也。注孔曰。問爲臣皆當從所欲。言二子雖從其主。亦不與爲大逆。正義曰。釋文云。恧古文臣字。本今作臣。此古文出六朝時所製。大臣者。謂公卿大夫爲諸侯佐者也。異者。謂異人也。若顔淵仲弓之類。會由與求之問。會猶乃也。見王氏引之經傳釋詞。以道事君。不可則止者。謂事君當以正道。若君所行有過失。即以道諫正之。止謂去位不仕也。曲禮云。爲人臣之禮。不顯諫。三諫而不聽。則逃之。白虎通諫諍篇。諸侯之臣。諍不從得去。所以屈尊伸卑。孤恧君也。並言大臣事君之法。劉敞春秋意林具臣者。其位下。其實薄。小從。可也。大從。罪也。大臣者。其任重。其實厚。小從。罪也。大從。惡也。包氏愼言温故錄。韓詩外傳云。大夫有諍臣三人。雖無道不失其家。季氏爲無道。僭天子舞八佾。旅泰山以雍徹。然而不亡者。以有冉求季路爲宰臣也。故曰。有諤諤諍臣者。其國昌。依此則二子事季。亦能匡正以道。故季子然以大臣許之。而夫子斥之者。以其不能以去就爭也。公羊莊二十四年。曹羈下傳云。三諫不從。遂去之。君子以爲得君臣之義也。注云。孔子曰。所謂大臣者。以道事君。不可則止。此之謂也。不從得去者。仕爲行道。道不行。義不可素餐。所以申賢者之志。孤恧君也。夫二子非黨惡之臣。然不能直伸己志。折奸人僭竊之萌。故曰具臣。張栻論語解。或曰。弑父與君。亦不從。何必自求而能之。曾不知順從之臣。其始也。惟利害之是狥而已。履霜堅冰之不戒。馴至陵跌以至於從人弑君者多矣。如荀彧劉穆之之徒。其始從曹操劉裕之時。亦豈遂欲弑父與君哉。惟其漸浸順長。而勢卒至此耳。察夫子此言。明二子尚能守正。亦所以警季氏。使無自陷大逆也。○注。子然季氏子弟。○正義曰。宋氏翔鳳發微云。文選注四十七引論語摘輔象曰。子然公順多略。知季子然亦弟子之一。戴氏望論語注。疑子然即季寤。○注。謂子至大乎。○正義曰。注以異爲異事。會爲則。並不合。○注。言備臣數而已。○正義曰。說文云。具。共置也。廣雅釋詁。具。備也。大夫家臣。當有員數。此二子仕季。亦但備數任職事。不能如大臣能匡正人主也。漢書翟方進傳。爲具臣以全身。

子路使子羔爲費宰。子曰。賊夫人之子。注包曰。子羔學未熟習而使爲政。所以爲賊害。子路曰。有民人焉。有社稷焉。何必讀書。然後爲學。注孔曰。言治民事神。於是而習之。亦學也。子曰。是故惡夫佞者。注孔曰。疾其以口給應。遂已非而不知窮。正義曰。史記弟子傳作使子羔爲費郈宰。論衡藝增篇亦作郈宰。戴氏望說史記費字。後人所增。張守節正義引括地志。釋郈在鄆城宿縣。未言費所在。知所見本無費字。漢地理志。東平國無鹽縣有郈鄉。今山東東平州東境也。子路以墮郈後。不可無良宰。故欲任子羔治之。案戴說頗近理。然論語集解。亦不釋郈。則包周馬鄭諸家所據本。皆作費。豈當時已文誤。莫之能正耶。所當闕疑。各就文解之也。有民人者。民謂庶人在官。人謂羣有司。皆所以佐宰治事也。有社稷者。祭法云。大夫以下。成羣立社曰置社。鄭注。大夫不得特立社。與民族居百家以上。則共立一社。今時里社是也。稷者。穀神。白虎通社稷篇。人非土不立。非穀不食。土地廣博。不可徧敬也。五穀衆多。不可一一而祭也。故封土立社。示有土也。稷。五穀之長。故立稷而祭之也。稷者得陰陽中和之氣。而用尤多。故爲長也。歲再祭之何。春求秋報之義也。夏氏炘學禮管釋。社稷。皆祀土神也。土爰稼穡。社與稷不能分而爲二。言稷必兼言社。言社不必言稷。而稷在其中。鄭氏所謂稷者。社之細是也。社稷共祀於一壇。歷考諸經傳。只有社壇。並無稷壇。自王莽官社之外。復增官稷。光武州治之社無稷。而後世遂社稷分壇。失古義矣。案天子諸侯。行禮於社甚多。白虎通祗舉求報言者。以社稷皆土神。求報是其正祭。不煩廣說他事也。大夫祭社稷。亦是春求秋報。凡舉民事時皆同矣。讀書者。說文云。讀。誦書也。書者。詩書禮樂之統名。於時世卿持祿。不由學進。故子路言仕宦。亦不以讀書爲重也。韓詩外傳。哀公問於子夏曰。必學然後可以安國保民乎。子夏曰。不學而能安國保民者。未之有也。卽夫子此言之旨。左氏傳。子皮欲使尹何爲邑。子產曰。未知可否。子皮曰。愿。吾愛之。不吾叛也。使夫往而學焉。夫亦愈知治矣。子產曰。不可。人之愛人。求利之也。今吾子愛人則以政。猶未能操刀而使割也。其傷實多。子之愛人。傷之而已。其誰敢求愛於子。僑聞學而後入政。未聞以政學者也。若果行此。必有所害。與夫子此語意同。○注。所以爲賊害。○正義曰。說文云。賊。敗也。敗害義近。○注。疾其至知窮。○正義曰。上篇言佞事云。禦人於口給。給謂應之速。如供給者也。遂。猶成也。窮謂窮理也。

子路。曾晳。冉有。公西華。注孔曰。晳。曾參父。名點。侍坐。子曰。以吾一日長乎爾。毋吾以也。注孔曰。言我問女。女無以我長故難對。居則曰。不吾知也。注孔曰。女常居云人不知己。如或知爾。則何以哉。注孔曰。如有用女者。則何以爲治。子路率爾而對曰。注率爾。先三人對。千乘之國。攝乎大國之閒。加之以師旅。因之以饑饉。注包曰。攝。迫也。迫於大國之閒。由也爲之。比及三年。可使有勇。且知方也。注方。義方。夫子哂之。注馬曰。哂。笑。正義曰。侍坐者。謂四子侍坐於夫子坐側也。上篇或言侍。或言侍側。此獨言侍坐。明四子亦坐也。子路少夫子九歲。冉有少夫子二十九歲。公西華少夫子四十二歲。惟曾晳年無考。其坐次在子路下。是視子路年稍後。夫子長於四子。不欲多引年。故謙言一日也。毋吾以者。毋與無同。皇本作無。以。用也。言此身既差長。已衰老。無人用我也。釋文云。吾以。鄭本作已。鄭謂毋以我長之故。已而不言。已。止也。義似紆曲。夫子自言身老。若四子則年力未衰。宜爲世用。故就其平居所發論。誘之盡言。以觀其才志何如耳。率爾。皇本作卒爾。注同。莊子人閒世注。率然附之。釋文。率本又作卒。是率卒二字通用。加之以師旅者。謂己國有征討。及他國來侵伐者也。加者。益也。說文云。二千五百人爲師。從帀從𠂤。𠂤四帀衆意也。軍以五百人爲旅。從㫃從从。周官小司徒。五人爲伍。五伍爲兩。四兩爲卒。五卒爲旅。五旅爲師。五師爲軍。以起軍旅。以作田役。以比追胥。以令貢賦。鄭注。伍兩卒旅師軍。皆衆之名。兩二十五人。卒百人。旅五百人。師二千五百人。軍萬二千五百人。此皆先王所因農事而定軍令者也。因之以饑饉者。老子儉武篇云。師之所處。荆棘生焉。大軍之後。必有凶年。所謂因也。爾雅釋天云。穀不熟爲饑。蔬不熟爲饉。郭注。凡草菜可食者。通名爲蔬。邵氏晉涵正義。穀梁襄十四年傳云。一穀不升謂之嗛。二穀不升謂之饑。三穀不升謂之饉。四穀不升謂之康。五穀不升謂之大饑。又謂之大侵。此以穀入多寡。分立差等。兼取荒饉爲名。其實五者皆爲饑也。墨子七患篇。一穀不收謂之饉。二穀不收謂之饑。墨子以五穀不收爲饑。合於雅訓矣。案穀不熟。蔬不熟。皆可名饉。爾雅及穀梁墨子。各具一義。釋文。饑。鄭本作飢。說文。飢。餓也。義稍別。今經傳通用。由也爲之者。爲。治也。比及三年者。比。近也。見廣雅釋詁。周官小司徒云。乃頒比法於六鄉之大夫。使各登其鄉之衆寡。六畜。車輦。辨其物。以歲時入其數。以施政教。行徵令。及三年。則大比。大比則受邦國之比要。乃會萬民之卒伍而用之。是三年乃大比之期。又書言三載考績。三考凡九年。乃行黜陟。子路言甫及三年。初奏績之時。已有成功。蓋子路長於治軍旅。故夫子亦言千乘之國。可使治賦也。○注。晳會參父名點。○正義曰。弟子列傳。曾蔵字晳。會參父。說文。黬雖晳而黑也。從黑箴聲。古人名黬字晳。段注。弟子列傳曾蔵字晳。奚容箴字子晳。又狄黑字晳。蔵箴皆黬之省。論語曾晳名點。則同音叚借字也。○注。言我問女女無以我長故難對。○正義曰。注意吾以二字爲倒詞。於文未順。又難對之義。非經所有。並非是。○注。率爾先三人對。○正義曰。率者。輕遽之意。孟子梁惠王篇。卒然問曰。卒率義同。曲禮。侍於君子不顧望而對。非禮也。注云。禮。尙謙也。不顧望。若子路率爾而對。案四子以子路爲年長。自當先對。但亦當顧望。不得急遽先三人也。又其言自負太甚。故夫子以爲不讓。○注。攝迫也。○正義曰。迫謂迫近也。焦氏循補疏。荀子禮論云。其立哭泣哀戚也。不至於隘懾。楊倞注。隘。窮也。懾猶戚也。此戚卽蹙字。窮蹙與迫同。楚辭哀時命。衣攝葉以儲與兮。王逸章句云。攝葉。不舒貌。迫蹙故不舒。○注。方義方。○正義曰。廣雅釋詁。方。義也。鄭注此云。方。禮法也。禮法卽是義。漢書禮樂志引此句解之云。敎㠯禮誼之謂也。與鄭注及此注同。司馬法云。古之教民。必立貴賤之倫。經使不相陵。德義不相踰。材技不相掩。勇力不相犯。故力同而意和也。是其義也。○注。哂笑。○正義曰。曲禮。笑不至矧。鄭注。齒本曰矧。大笑則見。釋文。矧本又作哂。是哂與矧同。宋氏翔鳳過庭錄。說文。弞。笑不壞顏曰弞。從欠引省聲。說文無哂字。作弞爲正。矧是叚借。凡笑以至矧爲度。通此則壞顏。且失容。故曰笑不壞顏。非微笑之謂。會皙亦以夫子有異常笑。故問之爾。**求。爾何如。對曰。方六七十。如五六十。**注求性謙退。言欲得方六七十。如五六十里小國。治之而已。**求也爲之。比及三年。可使足民。如其禮樂。以俟君子。**注孔曰。求自云能足民而已。謂衣食足也。若禮樂之化。當以待君子。謙也。正義曰。爾何如者。謂其志何如也。方六七十里者。謂國之四竟。以正方計之。有此數也。如五六十里者。王氏引之經傳釋詞云。如猶與也。及也。方六七十。如五六十。宗廟之事。如會同。如字並與與同義。書堯典曰。脩五禮五玉三帛二生一死贄如五器。儀禮。鄉飲酒禮。公如大夫入。史記。虞卿傳。趙王問樓緩曰。予秦地如毋予孰吉。新序善謀篇。如作與。是其證。如與聲相近。故如訓爲與。與亦可訓爲如。足民者。謂使民財用足也。亦待三年者。漢書食貨志云。三年耕。則餘一年之畜。衣食足。而知榮辱。廉讓興。而爭訟息。故三載攷績。然則足民。亦須以三年計之也。皇本民下有也字。○注。求性至而已。○正義曰。冉求能治大國。而祗言小國。是其性謙退也。王制。孟子。皆言公侯方百里。伯七十里。子男五十里。周官大司徒云。公五百里。侯四百里。伯三百里。子二百里。男百里。與王制孟子不同。蓋周官言封域。王制孟子專就出稅之田言耳。春秋時。列國兼併。小國見侵削。不能如制。故有此六十里之國。**赤。爾何如。對曰。非曰能之。願學焉。宗廟之事。如會同。端章甫。願爲小相焉。**注鄭曰。我非自言能。願學爲之。宗廟之事。謂祭祀也。諸侯時見曰會。殷頫曰同。端。玄端也。衣玄端。冠章甫。諸侯日視朝之服。小相謂相君之禮。正義曰。宗廟之事。鄭注。指祭祀。胡氏紹勳拾義云。宗廟之事。祭祀在其中。獨此經不得指祭祀。宜主朝聘而言。下言如會同者。會同不在廟而在壇。舉宗廟不言朝聘。舉會同不言壇坫。皆互文見義。如不見宗廟之美。百官之富。言宗廟可該禮器。言百官可該朝廷也。案胡說是也。大夫士助祭。無用端服者。則宗廟爲朝聘可知。如會同者。如。猶與也。金氏鶚禮說。案會同之禮。非必諸侯會同於天子也。左襄四年傳云。文王。兩君相見之樂也。杜注以諸侯會同。解兩君相見。孔疏云。朝而設享。是亦二君聚會。故以會同言之。爾雅釋詁云。會。合也。又云。會。對也。說文云。同。合會也。合。合口也。是會同二字本義。原止二人相合。曲禮云。諸侯相見于郤地曰會。春秋所書。公會某君于某。皆兩君相見也。相見于郤地。可謂之會。則相見於宗廟之中。亦可謂之會矣。此會同之小者也。至於十餘君聚會。不于廟而于壇。則會同之大者也。左定四年經云。公會劉子。晉侯。宋公。蔡侯。衞侯。陳子。鄭伯。許男。曹伯。莒子。邾子。頓子。胡子。滕子。薛伯。杞伯。小邾子。齊國夏于召陵。五月。公及諸侯盟于皐鼬。傳云。衞子行敬子言於靈公曰。會同難。嘖有煩言。莫之治也。其使祝佗從。此十餘君聚會稱會同之證。十餘國聚會。所謂嘖有煩言者。必貴有言語之才以爲相。若兩君相見。則長於禮樂者。可爲相也。公西華志於禮樂。則其所謂會同者。必指兩君相見言之。又云。兩君相見。自在宗廟之中。爲諸侯之事。故曰宗廟會同。非諸侯而何。自注宗廟之事不一。而會同其一事也。故曰宗廟之事如會同。如字乃指點詞。非更端詞，案金說是也。左僖八年傳云。不赴於同。春秋繁露竹林篇。會同之事。大者主小。又云。齊頃公卽位九年。未嘗肯一與會同之事。王道篇。諸侯會同。賢爲主。賢賢也。據此諸文。明列國會盟稱會同也。惟如字作指點詞。與王氏訓與者義異。愚以下文言宗廟會同。明宗廟有專指之事。則如訓爲與。王義自優。而宗廟之事。必如胡氏以爲朝聘。乃合經旨。端章甫者。鄭君注爲諸侯視朝之服。然此是相者所服。於諸侯無涉。說文云。褍。衣正幅。從衣耑聲。段氏玉裁注。凡衣及裳。不衺殺之幅曰褍。左傳。端委。杜注。禮衣端正無殺。故曰端。今案褍是正幅之名。故說文巾部幨下曰正褍裂。今經傳皆作端。自是同音段借。凡朝祭之服。皆用正幅。通得端名。故樂記言魏文侯端冕而聽古樂。是祭服名端也。左傳言太伯端委以治周禮。是朝服名端也。胡氏紹勳拾義。古時布廣二尺二寸，端用正幅。衣形正方。自衮鷩至玄端服不同。而其爲端則同。何論朝服也。周禮司服。士之服。自皮弁而下。如大夫之服。其齊服有玄端素端。康成注云。端者。取其正也。士之衣袂皆二尺二寸而屬幅。是廣袤等也。其袪尺二寸。大夫已上侈之。侈之者。蓋半而益一。半而益一。則其袂三尺三寸。袪尺八寸。賈氏疏云。其袪尺二寸。據玉藻深衣之袪尺二寸而言也。陳氏禮書云。謂之端。則衣袂與袪，廣袤等矣。無大夫士之辨也。果士之袪。殺於袂尺。非端也。大夫之袂。侈以半而益一。亦非端也。夏氏炘學禮管釋。又謂男子五冕服。五衰服。皆端。惟弔服弁絰侈袂。婦人服侈袂。亦以鄭氏爲誤。案大夫以上侈袂。鄭君此說。必非無據。侈袂。謂侈於士之袂一尺一寸也。蓋士之袂。以布一幅爲之。大夫以上之袂。加半幅布。故曰半而益一。然袂雖侈。仍用正幅。何妨得有端名。陳夏二君之疑。殊所未曉。釋名釋衣服云。玄端。其袖下正直端方。與要接也。此亦舉玄端以例其餘耳。朝服。是緇衣素裳。玄端。則玄衣。而裳無定色。緇玄色近。緇是七入之黑。玄是六入之黑。故禮或稱朝服爲玄端。而冠亦同用玄色。謂之玄冠。其不同者。惟裳與韠諸飾。士冠禮。玄端。玄裳黃裳雜裳可也。緇帶爵韠。注云。玄端。卽朝服之衣。易其裳耳。上士玄裳。中士黃裳。下士雜裳。前玄後黃。胡氏培翬正義。玄裳。黃裳。雜裳。三等裳。以配玄端。乃士服。特牲饋食記云。玄端。玄裳黃裳雜裳可也。皆爵韠。與此同。又云。若大夫以上則有異。大夫玄端用素裳。天子諸侯用朱裳也。金氏榜禮箋解士冠禮云。玄端三裳。主論列其服。非差次所服之人。可也云者。謂唯其所服服之。不定之辭也。上經爵弁服纁裳。皮弁服素積。皆上下通服。則玄端玄裳黃裳雜裳。明不專爲士設。經記說玄端服。唯見此三裳。然則服玄端者。無異裳。蓋可知也。玉藻。韠。君朱。大夫素。士爵韋。乃言玄端之韠色不同。猶冕弁服之有韞韍赤韍。與裳無涉。其說雖與鄭異。而於經旨實合。蓋韠固從裳色。然亦取其相近。如朱色淺黑。則近於玄。淺赤則近於黃。素色淺白。亦近於黃。凡色之相近。皆可配以爲用。不必裳韠同用一色也。荀子哀公篇。端衣玄裳。絻而乘路者。志不在於食葷。云絻而乘路。則爲天子冕服。蓋冕服亦通名端。當用纁裳。而云玄裳。纁玄色近。玄卽纁也。

天子冕服有玄裳。則玄裳非但爲上士所服矣。朝聘會同擯相之服。經無明文。舊說謂君臣同服。聘禮。賓主旣同用皮弁。則擯介亦當用皮弁。而朝與會同皆爲皮弁可知。此於經無徵。直以意爲之說。案士冠禮。主人玄端爵鞸。擯者玄端。賓如主人服。贊者玄端從之。賈疏云。擯者不言如主人服。別言玄端。則與主人不同可知。然則主人玄端。爲士之正服。擯者玄端爲朝服。合之論語此文。有朝聘會同。則凡士之爲擯者。自助祭外。皆用朝服而非皮弁可知。然朝服當云委貌。今云章甫者。以章甫與委貌。同爲玄冠也。郊特牲士冠記。並云委貌。周道也。章甫。殷道也。毋追。夏后氏之道也。鄭注士冠記云。委猶安也。言所以安正容貌。章。明也。殷質言以表明大夫也。甫或爲父。毋。發聲也。追猶堆也。夏后氏質以其形明之。三冠。皆所服以行道也。其制之異同未之聞。白虎通紼冕云。所以謂之委貌何。周統十一月爲正。萬物始萌小。故爲冠飾最小。故曰委貌。委貌者。言委曲有貌也。殷統十二月爲正。其飾微大。故曰章甫。章甫者。尚未與極其本相當也。夏統十三月爲正。其飾最大。故曰毋追。毋追者。言其追大也。案此則三代冠制。稍有大小之差。班言其形。鄭君兼釋其義。互相備耳。周用六代禮樂。當時本有章甫。爲大夫士之冠。故夫子冠章甫之冠。魯人誦孔子。亦云袞衣章甫。及此子華。又言端章甫。皆當時禮冠用章甫之證。若當時未有此制。而夫子與子華乃舍周之委貌。而服殷冠。是畔民也。乃解者疑其與禮不合。又以子華爲謙。夫子華能爲大相。而謙言小相可也。未有舉其禮服。而亦謙不敢用。且未聞以前代之制。而用爲謙言。此亦理之未可達矣。小相者。言諸侯有宗廟會同之事。己爲小相。佐助君也。上篇夫子曰。赤也。束帶立於朝。可使與賓客言也。與賓客言。是大相之事。則赤言小相爲謙可知。大戴禮衞將軍文子篇。子貢志通而好禮。擯相兩君之事。篤雅其有禮節也。是公西赤之行也。孔子曰。禮儀三百。可勉也。威儀三千。則難也。公西赤問曰。何謂也。孔子曰。貌以擯禮。禮以擯辭。是之謂也。孔子之語人也。曰當賓客之事則通矣。請門人曰。二三子欲學賓客之禮者。於赤也。觀此。則子華爲相。是自道其實。然舊時解此節。以宗廟爲天子之宗廟。會同爲諸侯見天子之禮。端章甫爲諸侯之服。夫赤自思爲諸侯。其妄已甚。而會同之禮。諸侯當服裨冕。不聞用玄端章甫。宜閻氏若璩四書釋地又續淩氏廷堪禮經釋例。皆斥其謬也。○注。宗廟至之禮。○正義曰。注以宗廟之事爲諸侯廟祭。而解會同爲諸侯時見殷見。則皆見天子之禮。周官大宰。大朝覲會同。注。大會同。或於春朝。或於秋覲。舉春秋則冬夏可知。疏云。大會雖無常期。當春來。即是春朝。當秋來。即是秋覲。當夏來。即是夏宗。當冬來。即是冬遇。若大同。則有常期。春。東方六服盡來。夏。西方六服盡來。秋冬。司農云。舉春秋。即冬夏可知者。經直云大朝覲。不言宗遇。有宗遇可知。在國行朝禮訖。乃皆爲壇於國外而命事焉。又大宗伯。時見曰會。殷見曰同。注。時見者。言無常期。諸侯有不順服者。王將有征討之事。則旣朝覲。王爲壇於國外。合諸侯命而事焉。春秋傳曰。有事而會。不協而盟。是也。殷猶衆也。十二歲。王如不巡守。則六服盡朝。朝禮旣畢。王亦爲壇。合諸侯以命政焉。所命之政。如王巡守。殷見四方。四時分來。終歲則徧。疏云。若不當朝之歲。則不須行。朝覲於國中。直壇朝而已。其當朝之歲者。則於國中春夏行。朝宗於王朝。受享於廟。秋冬則一受之於廟也。大行人云。十二歲王乃巡守殷國。若王無故則巡守。若王有故。六服衆皆同來。是其禮也。淩氏曙典故覈云。案鄭注云云。葢宗廟一事也。會同二事也。端章甫謂視朝。三事也。三者皆須相禮、或舉地。或舉事。或舉服。古人文法互見如此。案此鄭誤注。今不用也。小相。有主國曰擯。賓國曰介。擯介統謂之相。邢疏曰。聘禮云。卿爲上擯。大夫爲承擯。士爲紹擯。玉藻云。君入門。介拂闑。大夫中棖與闑之閒。士介拂棖。則卿爲上介。大夫爲次介。士爲末介也。此云願爲小相者。謙不敢爲上擯上介之卿。願爲承擯紹擯次介末介之大夫士耳。案依鄭注。兼有朝祭之相。雜記云。大夫冕而祭於公。士弁而祭於公。此廟中之相也。諸侯視廟之相。無明文。周官大宰贊聽治是大相。小司寇擯外朝。司士擯治朝。太僕正服位。皆小相。則諸侯視朝。亦有相可知。點爾何如。

鼓瑟希。【注】孔曰。思所以對。故音希。鏗爾。舍瑟而作。對曰。異乎三子者之撰。【注】孔曰。置瑟起對。撰。具也。爲政之具。鏗者。投瑟之聲。子曰。何傷乎。亦各言其志也。【注】孔曰。各言己志。於義無傷。

曰。莫春者。春服既成。冠者五六人。童子六七人。浴乎沂。風乎舞雩。詠而歸。

【注】包曰。莫春者。季春三月也。春服既成。衣單袷之時。我欲得冠者五六人。童子六七人。浴乎沂水之上。風涼於舞雩之下。歌詠先王之道。而歸夫子之門。夫子喟然歎曰。吾與點也。【注】周曰。善點獨知時。

正義曰。朱子集注云。四子侍坐。以齒爲序。則點當次對。以方鼓瑟。故夫子先問求赤而後及點也。鼓瑟希者。說文云。鼓。郭也。从屮又。又象其手擊之也。周官小師掌教鼓鼗柷敔塤簫管弦歌。注。出音曰鼓。此字虛實兩義。毛晃岳珂。並分鼓舞字從鼓。鐘鼓字從鼓。非也。方氏觀旭偶記。爾雅釋樂云。徒鼓瑟謂之步。注謂獨作之。會點但鼓瑟。未有口歌。又云。少儀云。侍坐。弗使。不執琴瑟。則點之侍坐鼓瑟。必由夫子使之。其說並是。鏗爾。玉篇引作摼爾。廣雅釋言。鏗。擊也。摼與鏗同。說文小徐本摼下云。讀若論語鏗爾舍琴而作。大徐本作舍瑟。段氏玉裁注。依小徐本改正。又⿰車眞下引此文。段氏亦改舍琴。其說云。論語釋文云。鏗。苦耕反。投琴聲。是則陸氏本作舍琴而作。下文云本今作瑟者。後人所增語。廣韻曰。摼。琴聲。口莖切。玉篇曰。摼。口耕切。琴聲。引論語摼爾舍琴而作。案由段所引。是古本皆作琴字。此文孔注云。投瑟之聲。投瑟必投琴之誤。釋文所云投琴。即本孔注也。作。起也。曲禮云。侍坐於君子。君子問更端。則起而對。鄭注。離席對。敬異事也。君子必令復坐。此擧問異事。當如前之敬。葢君子有問於己。皆當起對。對畢就坐。若對未畢。君子詔己坐。亦得坐。若夫子問六言大蔽。子路起而對。夫子復令之坐是也。若然。此三子承夫子之問。並應作而後對。前不言者。從可知也。撰。鄭本作僎。云僎讀曰詮。詮之言善也。案廣韻曰。詮。善言也。本鄭義。陳氏鱣古訓曰。鄉飲酒禮。遵者降席。注。今文遵爲僎。或爲全。是全僎本通•

故讀僎爲詮。非改字也。案鄭以點爲謙言。故夫子云何傷以解之。若僞孔訓爲爲政之具。是正點自負。有異三子。視子路之率爾。更有甚矣。以此知鄭義精審。多若此也。釋文云。亦各言其志。一本作亦各言其志也。今皇邢本皆有也字。莫春者。舉時所值言之。釋文。本亦作暮春。說文無暮字。茻下云日且冥也。從日在茻中。引申爲遲晚之訓。故此春盡。言莫春也。皇本冠者上有得字。儀禮鄭目錄云。童子任職居士位。年二十而冠。故曲禮云。二十曰弱冠。白虎通紼冕云。所以有冠者何。冠者。幨也。所以幨持其髮也。人懷五常。莫不貴德。示成禮有修飾文章。故制冠以飾首。別成人也。禮所以十九見正而冠者何。漸二十之人耳。男子陽也。成於陰。故二十而冠。童子者。人年十五以上爲成童。此則未冠者也。浴乎沂。風乎舞雩。詠而歸者。鄭注云。沂水。出沂山。沂水在魯城南。雩壇在其上。饋。饋酒食也。魯讀饋爲歸。今從古。案水經泗水注。沂水出魯城東南尼丘山。山西北平地發泉。流經魯縣故城南。沂水北對稷門。亦曰雩門。門南隔水有雩壇。壇高三丈。曾點所欲風舞處也。尼丘山即鄭注所云沂山。此水在魯城東南歷城南西。右注。泗水。鄭注止云魯城南者。就雩壇所在言之。顧氏棟高春秋大事表曰。沂水在今曲阜縣南二里。西入滋陽縣境。合于泗水。論語所謂浴乎沂即此。齊亦有沂水。今沂州府沂水縣西北一百七十里雕崖山。接蒙陰縣界。南流至江南宿遷縣北。匯爲駱馬湖。又南入運河。書淮沂其乂是也。又出武陽之冠石山者。亦謂之沂水。在今兗州府費縣。俗呼小沂水。哀二年。取沂西田是也。案齊之沂水在東。故齊乘以魯沂爲西沂水也。雩壇者。雩時爲壇設祭於此。有樂舞。故曰舞雩。爾雅釋訓。舞號雩也。周官女巫疏引春秋考異郵云。雩者。吁嗟求雨之聲。說文。雩。夏祭樂於赤帝以祈甘雨也。從雨亏聲。雩或從羽。雩。羽舞也。周官司巫云。若國大旱。則帥巫而舞雩。又女巫云。旱暵則舞雩。舞師云。教皇舞帥而舞旱暵之事。注云。旱暵之事。謂雩也。鄭司農云。皇舞蒙羽舞。玄謂皇析五采羽爲之。亦如帔。是雩祭有樂舞也。雩壇在沂水上。鄭自舉目見言之。水經言壇高三丈。其遺蹟也。饋爲饋酒食者。周官大宗伯。以饋食享先王。鄭注言饋食者。著有黍稷。然則雩祭。或亦用黍稷與。鄭君此處注。雖殘佚不完。然以饋訓酒食觀之。當以雩祭有酒食事矣。饋歸字通用。魯論作歸。依本字釋之。少儀燕遊曰歸。是也。史記弟子列傳。詠而歸。徐廣曰。一作饋。史公采古文論語。當本作饋。徐廣所見一本是也。論衡明雩篇解此文云。魯設雩祭於沂水之上。暮者。晚也。春謂四月也。春服既成。謂四月之服成也。冠者童子。雩祭樂人也。浴乎沂。涉沂水也。象龍之從水中出也。風乎舞雩。風。歌也。詠而饋。詠歌饋祭也。歌詠而祭也。說論之家。以爲浴者。浴沂水中也。風。乾身也。周之四月。正歲二月也。尙寒。安得浴而風乾身。由此言之。涉水不浴。雩祭審矣。春秋左氏傳曰。啓蟄而雩。又曰。龍見而雩。啓蟄龍見。皆二月也。春二月雩。秋八月亦雩。春祈穀雨。秋祈穀實。當今靈星。秋之雩也。春雩廢。秋雩在。故靈星之祀歲雩祭也。孔子曰。吾與點也。善點之言。欲以雩祭調和陰陽。故與之也。案論衡說。與鄭君同異不可知。宋氏翔鳳發微。按王仲任說論語此條最當。其云說論之家。當指魯論。當時今文魯論最盛也。其以雩在正歲二月。則非。蒼龍昏見東方。在正歲四月。始舉雩祭。故左傳龍見而雩。杜注以爲建巳。若啓蟄。則夏正郊天而非雩。論語暮春。

春盡爲暮。已將四月。故云春服既成。言時已暖也。然建巳之月。亦不可浴水中而風乾身。浴沂。言祓濯於沂水。而後行雩祭。蓋三子者之僎，禮節民心也。點之志。由鼓瑟以至風舞詠饋。樂和民聲也。樂由中出。禮自外作。故孔子獨與點相契。唯樂不可以僞爲。故曾皙託志於此。孔子問如或知爾。則何以哉。何以言何以爲治。若以魯論所說。則點有遺世之意。不特異三子。並與孔子問意反矣。又云。公羊桓五年經。秋大雩。注。使童男女各八人。舞而呼雩。故謂之雩。疏云。論語冠者五六人。童子六七人。與此異者。彼言暮春者春服既成。明魯人正雩。故其數少。復不言男女。今此書見於經。非正雩也。凡脩雩者。皆爲旱甚而作。故其數多。又兼男女矣。是以司巫職云。若大旱。則帥巫而舞雩是也。春秋說云冠者七八人。童子八九人者。蓋是天子雩也。又周官司巫疏云。若四月正雩。非直有男巫女巫。按論語曾皙云。春服既成。童子六七人。冠者五六人。兼有此等。又禮記月令。仲夏大雩帝。用盛樂。注。雩。吁嗟求雨之祭也。雩帝。爲壇南郊之地。雩五精之帝。配以先帝也。自鞀鞞至柷敔皆作曰盛樂。凡他雩。用歌舞而已。天子雩上帝。諸侯以下雩上公。疏云。正雩。則非惟歌舞。兼有餘樂。故論語云舞雩詠而歸是也。以上三事。皆明論語舞雩爲雩祭。今案宋說。雩在正歲四月。非二月。甚是。又以浴爲祓濯。亦較論衡涉水之訓爲確。月令仲夏之月。令有司爲民祈祀山川百源。大雩帝。用盛樂。乃命百縣雩祀百辟卿士有益於民者。以祈穀實。此以雩正祀在五月。不在四月。鄭注以爲禮文有失。又云。凡周之秋三月之中而旱。亦修雩禮。以求雨。則謂秋時因旱得用雩禮。若不旱。則不雩。與春秋書秋雩之義合。而論衡謂周人一歲再祀。春以二月。秋以八月。是謂秋有雩爲正祀。則以漢禮誤解周制也。又鄭注月令。謂周冬及春夏雖旱。禮有禱無雩。此說四月正雩之外。若冬春夏有旱。但用禱不雩。惟秋旱得用雩禮。而董氏春秋繁露求雨篇。備列春夏季夏秋冬雩祭之法。或董氏言旱甚則然。鄭君言春夏冬用禱者。指小旱言之。若旱甚。亦是用雩禮也。沈氏濤孔注辨僞。解龍見而雩云。案古以角亢爲龍。以星度攷之。龍星昬見。蓋在三月。春秋左氏傳。凡土功龍見而畢務。注謂今九月。周十一月。龍星角亢。晨見東方。周語單子曰。夫辰角見而雨畢。注曰。辰角。大辰蒼龍之角。角。星名也。見者。朝見東方。建戌之初。寒露節也。天根見而水涸。注曰。天根。亢氐之閒也。謂寒露雨畢之後五日。天根朝見。本見而草本節解。注曰。本。氐也。謂寒露之後十日。陽氣盡。駟見而隕霜。注曰。駟。天馬房星也。謂建戌之中。霜始降。火見而清風戒寒。注曰。謂霜降之後。是蒼龍諸星皆在九月朝見。每差五日。其在三月昬見亦然。故左氏傳梓愼曰。火見於夏爲三月。於商爲四月。於周爲五月。三月火見。豈容龍見反在四月。夏小正四月。初昬。南門正大。衍議謂立夏在井四度。昬角中南門。右星入角。距西五度。左星入角。距東六度。是四月角星昬中。非初見也。詩周頌噫嘻序。春夏祈穀於上帝也。箋日。月令孟春。祈穀於上帝。夏則龍見而雩。是與正義曰言是與者。爲若不審之辭。是鄭亦以四月雩祭。經無明文。疑不能定。攷漢舊儀。夏則龍星見而始雩。蓋漢以四月爲正雩。故服鄭因之。據左傳龍見。此經暮春。則周之雩月。夏正三月也。今案沈說甚覈。然左傳郊雩嘗烝。備列四時之祭。則雩之正祭。自在四月。沈君以龍見在三月固是。然三月初見。至四月祭之。未爲不可。經云龍見。

非云始見。月令且云仲夏大雩。而謂周無夏雩。豈其然乎。詩序春夏祈穀。鄭以夏無祈穀。故舉雩祀當之。亦是暗據月令仲夏大雩之文。而又未能定。故云與以疑之。非疑夏無雩祭也。至沈君以浴乎沂爲浴土龍。點言志爲欲逐季氏。卽昭二十五年秋七月上辛季辛兩雩。此皆附會。於義遠隔。今並刪之。不欲滋後世之疑也。予友柳氏興恩解此文。亦從論衡云。春服既成。謂雩時所服也。國語楚語。在男曰覡。在女曰巫。是使制神之處位次主而爲之牲器時服。韋昭解時服。四時服色所宜。又春秋繁露求雨篇言春雩之制。祝服蒼衣。小童八人。服青衣而舞之。是也。今案由繁露文觀之。此冠者疑卽祝類。童子卽雩舞童子也。五六人者。或五人或六人也。六七人者。或六人或七人也。太平御覽禮儀部漢舊儀曰。禮后稷於東南。常以八月祭。舞者七十二人。冠者五六。三十人。童子六七。四十二人。爲民祈農報功。然則冠者童子。皆是舞人。而五六六七。則合七十二人之數。又晉張協洛禊賦。童冠八九。八九亦合七十二人。疑漢晉時雩禊之制。本用七十二人。而遂以論語所云五六六七以巧合之也。又漢唐扶頌四遠。童冠摳衣受業。五六六七。化導若神。此以童冠爲曾點弟子。是魯論之說。而隸釋載員興宗答洪丞相書。指七十二子。失之遠矣。宋氏翔鳳發微云。詠是歌詩。所歌蓋絲衣篇也。毛詩篇義曰。絲衣繹賓尸。高子曰。靈星之尸也。論衡以靈星爲龍星。龍與靈聲之轉。漢書郊祀志。高祖詔御史令天下立靈星祠。張晏曰。龍星左角曰天田。則農祥也。晨見而祭之。論衡祭意篇曰。靈星之祭。祭水旱也。於禮舊文曰雩。雩之禮。爲民祈穀實也。春求雨。秋求實。一歲再祀。蓋重穀也。春以二月。秋以八月。張晏以爲農祥。晨見而祭。王充以爲二月祭。並非稷正。要之靈星之祭。卽左傳龍見而雩。雩祭有壇。蔡邕獨斷。壇謂築土起堂。何休公羊莊三年傳注。土基三尺。土階三等。曰壇。故絲衣篇曰。自堂徂基。又云。自羊徂牛。鼐鼎及鼒。兕觥其觩。旨酒思柔。皆饋酒食之事。則高子之說。當是詩古文家舊說也。今案靈星一歲再祀。乃是漢制。宋君亦誤以爲周禮。竊以古論解此節爲雩祀。自是勤恤愛民之意。其時或值天旱。未行雩禮。故點卽時言志。以諷當時之不勤民者。家語弟子解。曾點疾時禮教不行。欲修之。孔子善焉。論語所謂浴乎沂。風乎舞雩之下。以浴沂風舞雩爲禮教。正與論衡所云調和陰陽之旨合。乃漢人解此文。又誤會古論之義。以禊當舞雩。月令季春。天子始乘舟。蔡邕章句。乘舟禊於名川也。論語暮春者。浴乎沂。今三月上巳。祓禊於水濱。蓋出於此。張協洛禊賦。顧新服之既成。將祓除於水濱。又云。攜朋接黨。童冠八九。亦同蔡氏章句之說。沈氏濤十經齋文集云。攷祓禊之禮。於古無徵。晉書束晳傳言周公卜成洛邑。因流水以泛酒。秦昭王三月上巳。置酒河曲。出吳均續齊諧記。不足爲據。宋書禮志續漢志注補引韓詩曰。鄭國之俗。三月上巳之溱洧兩水之上。招魂續魄。秉蘭草。祓除不祥。則亦以爲溱洧之淫俗。非鄗洛之盛典。周禮。女巫掌歲時祓除釁浴。注。歲時祓除。如今三月上巳如水上之類。蓋鄭舉漢法以況周制。西京雜記載戚夫人正月上辰。出池邊盥濯。食蓬餌。以祓禊邪。三月上巳。張樂於流水。續漢禮儀志。是月上巳。官民皆絜於東流水上曰洗濯。祓除去宿垢爲大絜。是西漢始於宫闈。東京則沿爲民俗。古祓禳皆除惡之祭。女巫之祓除。卽女祝之禬禳。禮月令九門磔禳以畢春氣。注謂昴有積尸大陵之氣。佚則厲隨而出行。磔牲以禳於四方之神。

所以畢止其災。周禮，男巫春招弭以除疾病。注。招。招福也。弭讀爲敉。敉。安也。安凶禍也。招弭皆有祀衍之禮，杜篤祓禊賦謂巫咸之徒，秉火祈福。猶存古制。魏晉以後。但以絲竹觴詠爲樂。而蔡邕張協之徒，且以論語舞雩當之。匪特義異古訓。抑更專乖前典。案沈說是也。月令磔禳。即春儺之禮。後世祓禊。即其遺俗。與舞雩爲請雨祈穀實者各別。此則蔡張誤會古論之旨。妄以祓禊當舞雩也。○注。思所以對。故音希。○正義曰。說文云。稀。疏也。稀從希聲。希有鮮少之義。蓋點聞夫子問己。而思所以對。故鼓琴略緩。而其音稀疏也。○注。置瑟至之聲。○正義曰。注以置訓舍。起訓作。故云置瑟起對也。說文。僎。具也。僎與撰同。周官大司馬撰車徒。謂具車徒也。具者。備也。鏗爾投瑟之聲者。投亦置也。投瑟。當作投琴。○注。包曰至之門。○正義曰。箋解引此注作孔曰。莫春爲季春三月者。莫。晚也。季。少也。凡四時首月爲孟。次月爲仲。末月爲季。此三月。是春末月。故言季春三月也。周正建子。以十一月爲歲首。而仍用夏令。則莫春謂建辰月矣。單袷者。夏小正云。二月。往耰黍禪。禪與單同。玉藻云。禪爲絅。凡衣有裏曰袷。無裏曰禪。說文云。袷衣無絮。史記匈奴傳。服繡袷綺衣。注引字林。與說文同。今人稱裌衣。亦袷之轉聲。凡單袷皆是春服。故注舉以言之。風涼於舞雩之下者。言魯人時正舞雩。點往其下。得風涼適體也。後漢書王符傳。仲長統欲卜居淸曠。以樂其志。論之曰。諷於舞雩之下。詠歸高堂之上。與此包注意同爲魯論說也。惟風字作諷。或係叚借。李賢注。以古論之義解之。非也。○注。善點獨知時。○正義曰。皇疏引李充云。善其能樂道之時。逍遙游詠之至也。

三子者出。曾晳後。曾晳曰。夫三子者之言何如。子曰。亦各言其志也已矣。曰。夫子何哂由也。曰。爲國以禮。其言不讓。是故哂之。注包曰。爲國以禮。禮貴讓。子路言不讓。故笑之。唯求則非邦也與。安見方六七十。如五六十。而非邦也者。唯赤。則非邦也與。宗廟會同。非諸侯而何。注孔曰。明皆諸侯之事。與子路同。徒笑子路不讓。赤也爲之小。孰能爲之大。注孔曰。赤謙言小相耳。誰能爲大相。

正義曰。夫子何哂由也。皇本夫子作吾子。曰爲國以禮。曰上有子字。唯求唯赤二語。皇邢疏皆謂夫子語是也。夫子以求赤所言。皆爲邦之事。而求祇言能仕方六七十如五六十之小地。赤祇言能爲小相。則所言皆讓。與子路異。故夫子反言以明之。言方六七十如五六十。安見非邦。宗廟會同。皆諸侯之事。安見不能爲大相。而二子之言皆讓。故無可譏議也。安見。釋文作焉見。云焉。於虔反。本今無此字。盧氏文弨攷證曰。古焉安二字通用。禮記三年問焉字。荀子禮論篇。皆作安。校者不知。因云今本無。釋文又云宗廟會同。本或作宗廟之事如會同。非諸侯而何。一本作非諸侯如之何。皇本唐石經初刻。均與釋文一本同。又皇本小大下。各有相字。

卷十五　顏淵第十二

集解　凡二十四章　正義曰。釋文云。子路無宿諾。或分此爲別章。

顏淵問仁。子曰。克己復禮爲仁。〔注〕馬曰。克己。約身。孔曰。復。反也。身能反禮。則爲仁矣。一日克己復禮。天下歸仁焉。〔注〕馬曰。一日猶見歸。況終身乎。爲仁由己。而由人乎哉。〔注〕孔曰。行善在己。不在人也。正義曰。克。皇本作剋。克己復禮。所以爲仁。爲猶事也。謂用力於仁也。下句爲仁由己義同。左昭十二年傳言楚右尹子革。諷靈王以祈招之詩。王揖而入。饋不食。寢不寐。不能自克。以及于難。仲尼曰。古也有志克己復禮。仁也。信善哉。楚靈王若能如是。豈其辱于乾谿。是克己復禮爲仁。乃古成語。而夫子引之。一日克己復禮。天下歸仁者。言己誠爲仁。人必知之。故能歸仁。己得成名也。言天下者。大之也。毛氏奇齡稽求篇。禮記哀公問。百姓歸之。名謂之君子之子。則歸亦祇是名謂之義。先教諭云。漢長安令陽興說史高將軍誠召置幕府。舉士歸仁。後漢和帝皇太后詔稱大尉鄧彪。海內歸仁。爲羣賢首。言甚夸大。而不嫌於僭悖者。祇稱名也。今案漢書王莽傳贊。宗族稱孝。師友歸仁。後漢書郎顗傳。昔顏子十八。天下歸仁。並以歸仁爲稱仁。禮記禮器云。故君子有禮。則外諧而內無怨。故物無不懷仁。鬼神饗德。鄭注以懷仁卽歸仁。懷歸並訓稱也。○注。克己至仁矣。○正義曰。爾雅釋詁。克。勝也。又勝。克也。轉相訓。此訓約者。引申之義。顏子言夫子博我以文。約我以禮。約如約束之約。約身。猶言修身也。後漢書安帝紀。夙夜克己。憂心京京。鄧皇后紀。接撫同列。常克己以下之。祭遵傳。克己奉公。何敞傳。宜當克己以疏四海之心。凡言克己。皆如約身之訓。法言謂勝己之私之謂克。此又一義。劉炫援以解左傳克己復禮之文。意指楚靈王多嗜慾。誇功伐而言。乃邢疏卽援以解論語。朱子集注。又直訓己爲私。並失之矣。復反者。反猶歸也。吾將有所視聽言動。而先反乎禮。謂之復禮。非謂己先有私。己先無禮。至此乃復也。

顏淵曰。請問其目。〔注〕包曰。知其必有條目。故請問之。子曰。非禮勿視。非禮勿聽。非禮勿言。非禮勿動。〔注〕鄭曰。此四者。克己復禮之目。顏淵曰。回雖不敏。請事斯語矣。〔注〕王曰。敬事此語。必行之。正義曰。勿者。禁止之辭。視聽言動。皆在己不在人。故爲仁由己。不由人也。動猶行也。謂所行事也。禮中庸云。齊明盛服。非禮不動。所以修身也。蓋視聽言動。古人皆有禮以制之。若曲禮少儀內則諸篇。及賈子容經所載。皆是其禮。惟能克己復禮。凡非禮之事。所接於吾者。自能有以制吾之目而勿視。制吾之耳而勿聽。制吾之口而勿言。制吾之心而勿行。所謂克己復禮者如此。春秋繁露天道施篇。夫禮。體情而防亂者也。民之情。不能制其欲。使之度禮。目視正色。耳聽正聲。口食正味。身行正道。非奪之情。所以安其情也。周語。單子論晉侯事曰。步言視聽。必皆無謫。則可以知德矣。視遠。日絕其義。足高。日棄其德。言爽。日反其信。聽淫。日離其名。夫目以處義。足以踐德。口以庇信。耳以聽名。故不可不愼也。然則視聽言動。古人皆致愼之。所以勉成德行。而不使不仁者。加乎其身也。樂記云。是故君子反情以和其志。比類以成其行。姦聲亂色。不留聰明。淫樂慝禮。不接心術。惰慢邪辟之氣。不設於身體。使耳目鼻口心知百體。皆由順正以行其義。卽此文所嚴非禮諸事也。○注。知其必有條目。故請問之。○正義曰。目者。如人目有所識別也。凡行事撮舉總要謂之目。注言條目者。非止一目。當有細數。若木枝條也。古人爲學。皆有數記。所以備循習。戒遺忘。故此注言條目。知必有之也。鄭注云。欲知其要。顏回意以禮有三百三千。卒難周備。故請問其目。是目爲事之要。周官箸人。四曰巫目。注云。目謂事衆筮其要所當也。亦訓目爲要。

仲弓問仁。子曰。出門如見大賓。使民如承大祭。注孔曰。爲仁之道。莫尚乎敬。己所不欲。勿施於人。在邦無怨。在家無怨。注包曰。在邦爲諸侯。在家爲卿大夫。仲弓曰。雍雖不敏。請事斯語矣。

正義曰。史記弟子傳作仲弓問政。馮氏登府異文考證。以爲古論。然前後章皆是問仁。不應此爲問政。史記誤也。出門。謂出大門。與人相接晤時也。如見大賓。見謂往迎賓也。賓位尊於己。故稱大也。凡迎賓之禮。賓降等者於門內。賓敵者。或尊者。皆於門外。此言出門。又言大賓。故知是尊於己也。承者。說文云。承。奉也。受也。如承大賓。如承大祭。言仁者能敬畏人。故能愛人也。左僖三十三年傳。晉臼季曰。臣聞之。出門如賓。承事如祭。仁之則也。亦古有此語。而臼季及夫子引之。傳言承事。此言使民。文略不同。施猶加也。韓詩外傳。己惡饑寒焉。則知天下之欲衣食也。己惡勞苦焉。則知天下之欲安佚也。己惡衰乏焉。則知天下之欲富足也。知此三者。聖王所以不降席而匡天下。故君子之道。忠恕而已矣。由外傳此言觀之。己所不欲。勿施於人。則己所欲。必又當施諸人。故孟子言仁者。得民之心有道。所欲與之聚之。所惡勿施爾也。是也。翟氏灝考異。曾子小問篇。引語曰。非其所欲。勿施於人。仁也。是勿施二句亦古語。在邦。謂仕於諸侯之邦。在家。謂仕於卿大夫家也。觀下篇子張問士。夫子告以在邦在家可證。包注以在邦指諸侯。在家指卿大夫。失之矣。在邦在家無怨者。言仁者愛人。故人亦愛之。無可復怨也。

司馬牛問仁。子曰。仁者。其言也訒。注孔曰。訒。難也。牛。宋人。弟子司馬犂。曰。其言也訒。斯謂之仁矣乎。子曰。爲之難。言之得無訒乎。注孔曰。行仁難。言仁亦不得不難。正義曰。釋文。訒或作仞。案仞是假借字。汗簡引古論作訒。鄭注云。訒。不忍言也。此注文不備。莫曉其義。包氏愼言温故錄。公羊宣八年冬十月己丑。葬我小君頃熊。雨不克葬。庚寅日中而克葬。傳。而者何。難也。乃者何。難也。曷爲或言而。或言乃。乃難乎而也。注。孔子曰。其爲之也難。言之得無訒乎。皆所以起孝子之情也。案依何氏意。似訒者謂其辭之委曲煩重。心有所不忍。而不能徑遂其情。故言之亦多遏難。鄭注云。訒。不忍言也。說與何氏同。牛之兄桓魋。有寵於宋景公。而爲害於公。牛憂之。情見乎辭。兄弟怡怡。不以義傷恩也。而魋之不共。上則禍國。下致絕族。爲之弟者。必須隱泣而道。徐遵明公羊疏申解論語云。言難言之事。必須訒而言之。蓋訒而言。正所以致其不忍之情。故夫子以爲仁。案包說或得鄭義。若然。則爲之猶言處之也。斯經之仁矣乎。皇本斯下有可字。矣乎上有已字。○注。訒難也牛宋人弟子司馬犂。○正義曰。說文。訒。頓也。頓與鈍同。此訓難者。引伸之義。荀子正名篇。外是者謂之認。楊倞注。認。難也。認與訒同。犂爲宋桓魋弟。故曰宋人。史記仲尼弟子傳。司馬耕字子牛。是牛名耕。不名犂。此注不知何本。○注。行仁難言仁亦不得不難。○正義曰。此以言爲言仁。則上文其言也訒。謂仁者不輕言仁也。皇疏引江熙曰。禮記云。仁之爲器重。其爲道遠。舉者莫能勝也。行者莫能致也。勉於仁者。不亦難乎。夫易言仁者。不行之者也。行仁然後知勉仁爲難。故不敢輕言也。案此注亦通。

司馬牛問君子。子曰。君子不憂不懼。注孔曰。牛兄桓魋將爲亂。牛自宋來學。常憂懼。故孔子解之。曰。不憂不懼。斯謂之君子已乎。子曰。內省不疚。夫何憂何懼。注包曰。疚。病也。自省無罪惡。無可憂懼。

正義曰。皇本作斯可謂君子已乎。○注。牛兄至解之。○正義曰。不憂不懼。卽仁者不憂。勇者不懼之義。注謂牛憂懼。夫子以不憂不懼解之。夫桓魋謀亂。有覆宗絕世之禍。牛爲之弟。豈得漠然無動於心。孟子謂越人關弓射我。我談笑而道之。其兄關弓而射我。則己垂涕泣而道之。如此乃爲親親。乃爲仁。今牛因兄爲亂。常致憂懼。乃人倫之變。人情之所萬不能已者。而夫子解以不憂不懼，是教牛以待越人者待兄也。悖義傷教。遠失此經之旨。云自宋來學者。據桓魋未作亂。司馬牛來學於夫子時也。○注。疚病也。○正義曰。疚病。爾雅釋詁文。禮中庸云。故君子內省不疚。無惡於志。君子之所不可及者。其惟人之所不見乎。鄭注。疚。病也。君子自省。身無愆病。

司馬牛憂曰。人皆有兄弟。我獨無。注鄭曰。牛兄桓魋行惡。亡無日。我爲無兄弟。子夏曰。商聞之矣。死生有命。富貴在天。君子敬而無失。與人恭而有禮。四海之內。皆兄弟也。君子何患乎無兄弟也。注包曰。君子疏惡而友賢。九州之人。皆可以禮親。

正義曰。商聞之。謂聞

諸夫子也。錢氏大昕潛研堂集、此文自死生有命。至四海之內皆兄弟也。皆子夏述所聞之言。蓋牛以無兄弟爲憂。故引四海皆兄弟之文爲證。乃以何患無兄弟足成之。若但云死生有命。富貴在天。則與無兄弟之憂何與焉。案錢說是也。論衡祿命辨祟篇引此文。皆作孔子語可證。戴氏望注云。牛以魋故。喪其世祿。出奔他國。故稱天言命。以寬牛之憂。明有命當順受。其正在天。非人所能爲。李氏惇羣經識小。案向魋既奔衞。牛致邑與珪而適齊。及魋復奔齊。牛復致邑而適吳。吳人惡之而反。趙簡子召之。陳成子亦召之。如過魯而卒於魯郭門之外。此憂。想當其時。故死生富貴。子夏以解其意。未幾而卒。則或以憂而死矣。有命。謂祿命也。有命在天。互文見義。敬而無失。謂修己以敬。無所放失也。四海之內皆兄弟。言四海之內。皆與吾親。如兄弟也。大戴禮曾子制言上。曾子門弟子。或將之晉曰。吾無知焉。曾子曰。何必然。往矣。有知焉謂之友。無知焉謂之主。且夫君子執仁立志。先行後言。千里之外。皆爲兄弟。苟是之不爲。則雖汝親。庸孰能親汝乎。說苑雜言篇。夫子曰。敏其行。修其禮。千里之外。親如兄弟。若行不敏。禮不合。對門不通矣。並與此文義相發。皇本皆下有爲字。阮氏元校勘記。鹽鐵論和親章。及文選蘇子卿古詩注。並引此文有爲字。○注。牛兄桓魋行惡亡無日我爲無兄弟。○正義曰。邢疏云。案哀十四年左傳云。宋桓魋之寵。害於公。公將討之。未及。魋先謀公。公知之。召皇司馬子仲及左師向巢以命其徒攻桓氏。向魋遂入於曹。以叛民叛之而奔衞。遂奔齊。是其行惡死亡之事也。案魋弟尙有子頎子車並黨惡。魋兄向巢伐魋不克。欲質大夫以入。不能。亦入于曹。後遂來奔。故曰我爲無兄弟。明不專指一人言。○注。君子至禮親。○正義曰。注以與人雖當恭而有禮。然人不皆賢。又牛正以兄弟不賢爲憂。故以疏惡友賢言之。九州者。周仍夏制。有九州。見職方氏。注以經言四海。嫌有四夷荒遠。故但舉中國以九州言之。

子張問明。子曰。浸潤之譖。膚受之愬。不行焉。可謂明也已矣。【注】鄭曰。譖人之言。如水之浸潤。漸以成之。馬曰。膚受之愬。皮膚外語。非其內實。浸潤之譖。膚受之愬。不行焉。可謂遠也已矣。【注】馬曰。無此二者。非但爲明。其德行高遠。人莫能及。

正義曰。明者。言任用賢人。能不疑也。荀子解蔽篇。傳曰知賢之謂明。春秋繁露五行五事篇。視曰明。明者。知賢不肖者分明黑白也。漢書五行志。故堯舜舉羣賢而命之朝。遠四佞而放諸壄。孔子曰。浸潤之譖。膚受之訴。不行焉。可謂明矣。觀班志所言。是明謂知人。周書謚法解。譖訴不行曰明。然則夫子答子張。亦是舉明謚告之矣。說文。譖。愬也。從言朁聲。訴。告也。從言㡿聲。𧦅訴或從言朔。愬訴或從朔心。五行志引論語愬作訴。當爲訴或體。遠者。言明之所及者遠。凡民情事。無不周知也。漢書劉向傳。讒邪之所以並進者。由上多疑心。既已用賢人而行善政。知或譖之。則賢人退而善政還。夫執狐疑之心者。來讒賊之口。持不斷之意者。開羣枉之門。讒邪進則衆賢退。羣枉盛則正士消。由向此言觀之。凡人君信譖愬之言。皆由君心多疑所致。多疑卽是不明也。荀子致士篇。衡聽顯幽。重明退姦進良之術。朋黨比周之譽。君子不聽。殘賊加累之譖。君子不用。隱忌雍蔽之人。君子不近。貨財禽犢之請。君子不許。凡流言流說。流事流謀。流譽流愬。不官而衡至者。君子愼之。是衡聽顯幽。乃絕譖愬之萌。漢書梅福傳。傅覽兼聽。謀及疏賤。令深者不隱。遠者不塞。所謂辟四門。明四目也。如此。則讒賊奚由而至。卽有一二齊小，妄施譖愬。而人君知人之明。終不可欺掩之也。○注。譖人至內實。○正義曰。說文。寖本水名。此作浸。卽寖之省。廣雅釋詁。寖。漬也。寖。積也。潤。益也。漬也。漢書高五王傳。事浸淫聞於上。顏師古注。浸淫。猶言漸染也。此言譖者。徐徐用言來說己。如水漸漬久之生潤濕。令人常不覺也。皮膚外語。非其內實者。說文。臚。皮也。膚。籀文臚。釋名釋形體。膚。布也。布在表也。愬者本無情實。而徒爲皮膚外語。故曰膚受。以其在外所受。非內實如此。文選東京賦。末學膚受。注。膚受。謂皮傳之不經于心匈。卽馬義也。陳氏鱣古訓曰。後漢戴憑傳注。論語孔子曰。膚受之訴。注云。謂受人之訴辭。皮膚之不深知其情核也。按此與馬說小異。似是鄭注。今案皇疏。亦謂馬此注。與鄭不類。而未引鄭注之文。今戴憑傳注以受爲聽者所受。後漢張法滕馮度楊傳。論膚受之言。並及李賢注。謂得皮膚之言而受之。不知其情核者也。正戴憑傳注所引論語注之義。此與馬注膚受爲喻言不同。故皇氏陳氏皆各辨之。然聽者旣已受之。奚有不行之明。終是馬義勝也。

子貢問政。子曰。足食。足兵。民信之矣。子貢曰。必不得已而去。於斯三者何先。曰。去兵。子貢曰。必不得已而去。於斯二者何先。曰。去食。自古皆有死。民無信不立。【注】孔曰。死者古今常道。人皆有之。治邦不可失信。

正義曰。足食者。禮王制云。冢宰制國用。必於歲之杪。五穀皆入。然後制國用。用地小大。視年之豐耗。以三十年之通。制國用。量入以爲出。又云。國無九年之蓄曰不足。無六年之蓄曰急。無三年之蓄曰國非其國也。荀子富國篇云。足國之道。節用裕民。而善臧其餘。是足食由於能制國用。有餘蓄。則藏穀以備凶荒。周官倉人云。掌粟入之藏。有餘則藏之。以待凶而頒之。是也。足兵者。說文云。兵。械也。从廾持斤。并力之貌。周官司右五兵。注引司馬法曰。弓矢圍。殳矛守。戈戟助。兵本戰器。因而執兵之人亦曰兵。左隱四年。諸侯之師。敗鄭徒兵。又襄元年。敗其徒兵於洧上。皆謂士卒也。此文足兵去兵。兼有兵器與人。顧氏炎武日知錄謂以執兵之人爲兵。始於秦漢。非也。春秋穀梁傳。天子有六軍。諸侯上國三軍。次國二軍。下國一軍。金氏鶚禮說。天子六軍。出于六鄉。大國三軍。出于三鄉。蓋家出一人爲兵也。又三遂亦有三軍。三鄉爲正卒。三遂爲副卒。鄉遂出兵而不出車。都鄙出車而不出兵。孔仲達成元年丘甲疏云。古者天子用兵。先用六鄉。六鄉不足。取六遂。六遂不足。取都鄙及諸侯。若諸侯出兵。先盡三鄉三遂。

鄉遂不足。然後徧徵境內。賈公彥小司徒疏。亦云大國三軍。次國二軍。小國一軍。皆出于鄉遂猶不止。徧境出之。今案兵制。咸有定額。所以患不足者。容民貧寡。不及出軍之數。又平時武事多未講。車甲朽頓。備防不設。此雖空有兵籍。實則不足觀。公孫輒言魯有名而無情。而晉車千乘。衛車甫及其半。皆由兵不足之故。故騋牝三千。詩人以美衛文。公車千乘。公徒三萬。閟宮又美魯僖。可見當時兵多不能足也。民信之者。民字當略讀。信謂上予民以信也。大戴禮王言云。其禮可守。其信可復。其跡可履。其於信也。如四時春秋冬夏。其博有萬民也。如飢而食。如渴而飲。下土之人信之。若夫暑熱凍寒。遠若邇。非道邇也。及其明德也。是以兵革不動而威。用利不施而親。此之謂明王之守也。折衝乎千里之外。此之謂也。又晉語箕鄭對晉文公曰。信於君心。信於民。信於令。信於事。信於君心。則美惡不踰。信於民。則上下不干。信於令。則時無廢功。信於事。則民從事有業。咸以信爲政要。故夫子言道千乘之國。亦云敬事而信也。民信之與足食足兵爲三政。故子貢言於斯三者。鄭注云。政有此三者。則國彊也。言國彊者。明夫子此言爲國貧弱言之。若本彊國。但須民信之。不煩言足食足兵矣。不得已而去者。言三者本不宜去。若不得已。如國凶札禍裁之類。政不及備者乃去也。去兵。謂去力役之征。周書糴匡解。年饑則兵備不制。又云男守疆。戎禁不出。是凶歲去兵。其時雖輕徭薄賦。然食政猶未去。所謂凶年則寡取之者也。去兵而有食與信。與民固守。自足立國也。去食者。謂去兵之後。勢猶難已。凡賦稅皆蠲除。周官均人所謂凶札。則無力政。無財賦。不收地守地職。又發倉廩以振貧窮。周書大匡解。農廩分鄉。鄉命受糧。成年不償。信誠匡助。以輔殖財。是凶荒去食也。若信則終不可去。故曰自古皆有死。民無信不立。明去兵去食。極其禍難。不過人君國滅身死。是自古人皆有死。死而君德無所可譏。民心終未能忘。雖死之日。猶生之年。況民戴其上。如手足之衛身。子弟之衛父兄。雖值危難。其猶可以濟。是故信者。上所以治民之準也。苟無信。雖足兵足食。猶不能守。況更值不得已。而兵食皆將去之乎。晉語云。晉饑。公問於箕鄭曰。救饑何以。對曰信。又云。於是乎民知君心。貧而不懼。藏出如入。何匱之有。可知信能立國。雖箕鄭亦知此義矣。鄭此注云。言人所特急者。食也。自古皆有死。必不得已。食又可去也。民無信不立。言民所最急者。信也。皇疏引李充曰。朝聞道夕死。孔子之所貴。捨生取義。孟軻之所尙。自古有不亡之道。而無有不死之人。故有殺身非喪己。苟存非不亡己也。皇本民信上有令字。釋文於斯三者一讀。而去於斯爲絕句。又去兵下子貢曰。皇本無子貢二字。無信作不信。

棘子成曰。君子質而已矣。何以文爲。注鄭曰。舊說云。棘子成。衞大夫。**子貢曰。惜乎。夫子之說君子也。駟不及舌。**注鄭曰。惜乎夫子之說君子也。過言一出。駟馬追之不及。**文猶質也。質猶文也。虎豹之鞟。猶犬羊之鞟。**注孔曰。皮去毛曰鞟。虎豹與犬羊别。正以毛文異耳。今使文質同者。何以別虎豹與犬羊耶。正義曰。棘子成。皇本成作城。何以文爲。以。用也。爲。語助辭，訓義並同。夫子言文質彬彬。然後君子。棘子成或聞其語。妄以君子但當尙質。不必用文。故子貢惜其說君子爲易言。雖追悔之。無及於舌也。文猶質。質猶文者。禮無本不立。無文不行。是文質皆所宜用。其輕重等也。虎豹犬羊。皆獸名。鄭注云。鞹。革也。革者。皮也。詩載馳正義引說文。鞹。革也。今本說文作鞹。云皮去毛也。與詩疏所引異。然鞹爲革。凡去毛不去毛。皆得稱之。不必專主去毛一訓。周易象下傳。大人虎變。其文炳也。君子豹變。其文蔚也。此文虎豹之鞹喻文。犬羊之鞹喻質。虎豹犬羊。其皮各有所用。如文質二者。不宜偏有廢置也。皇本作鞹。說文亦引作鞹。又犬羊之鞹下。皇本有也字。○注。舊說云棘子成衞大夫。○正義曰。稱舊說者。著所自也。漢書古今人表。三國志秦宓傳。作革子成。棘革通用。如詩匪棘其欲。禮器作匪革其猶。列子湯問篇。殷湯問於夏革。莊子逍遙游。湯之問棘也。皆可證。莊子釋文引李云。湯時賢人。又云是棘子。鹽鐵論相制篇。紂之時。內有微箕二子。外膠鬲棘子。疑棘子本殷人。衞居殷都。棘子成。卽棘子後也。知爲大夫者。以子夏云夫子。當時稱大夫皆爲夫子也。○注。惜乎至不及。○正義曰。說文云。駟。一乘也。詩清人箋。駟。四馬也。言出於舌。過誤一成。雖駕馬追之。亦無及也。緇衣注云。駟馬不能及。不可得悔也。○注。皮去至羊耶。○正義曰。注以文猶質。質猶文。卽說棘子。故解爲文質同。謂棘子成同文於質。無所分別。故喻以虎豹犬羊。咸去毛。則皮亦無所別也。然棘子棄文用質。非有文質同之見。注此義失之。

哀公問於有若曰。年饑。用不足。如之何。有若對曰。盍徹乎。【注】鄭曰。盍。何不也。周法什一而稅。謂之徹。徹。通也。爲天下之通法。曰。二。吾猶不足。如之何其徹也。【注】孔曰。二謂什二而稅。對曰。百姓足。君孰與不足。百姓不足。君孰與足。【注】孔曰。孰。誰也。正義曰。釋文云。饑。鄭本作飢。舊有一說云。哀公十二年十三年。皆有螽。連年用兵於邾。又有齊警。此所以年饑而用不足也。愚謂此問。當在十二年用田賦之前。故云二。吾猶不足。明據宣公稅畝爲用二也。但哀公十二年以前。春秋未書年饑。疑當是穀收歉薄。未至成災。抑因用不足。故爲此言。若在哀十二年後。則與二吾猶不足之文不合。殆未然也。俞氏正燮癸巳類稿。哀公言年饑。用不足。用者。布縷之征。力役之征。民有食。而後能輸賦役。有若請留民食以裕國用。蓋徹者。米粟之征。言徹。則年饑之民庶足食。君孰與不足用也。宣公十五年。初稅畝。左傳云。非禮也。穀出不過藉以豐財也。亦言民足食。則賦役之用供。故爲豐財之禮。荒政務在使民得食。君卿從無年饑不足食之事。惟必欲取二。則民徹賦缺。不足用耳。大司徒荒政十二。二曰薄征。故有若於饑年言徹足用。此籌國老謀至計。蓋用非米粟也。徵非賦役也。百姓者。說文云。姓。人所生也。民不一姓。故稱百焉。百姓足。君孰與不足者。言貨財皆出於民。百姓足用。君亦足用也。百姓不足。君孰與不足者。言百姓不足用。君亦不足也。與如取與之與。漢書谷永傳。與作予通用字。荀子富國篇。下貧則上貧。下富則上富。故田野縣鄙者。財之本也。垣窌倉廩者。財之末也。百姓時和。事業得敍者。貨之源也。等賦府庫者。貨之流也。故明主必謹養其和。節其流。開其源。而時斟酌焉。潢然使天下必有餘。而上不憂不足。如是。則上下俱富交。無所藏之。是知國計之極也。故禹十年水。湯七年旱。而天下無菜色者。十年之後。年穀復孰。而陳積有餘。是無它故焉。知本末源流之謂也。淮南子主術訓。夫民之爲生也。一人蹠耒而耕。不過十畝。中田之獲。卒歲之收。不過畝四石。妻子老弱。仰而食之。時有涔旱災害之患。無以給上之徵賦車馬兵革之費。由此觀之。則人之生憫矣。夫天地之大計。三年耕。而餘一年之食。率九年而有三年之畜。十八年而有六年之畜。二十七年而有九年之儲。雖涔旱災害之殃。民莫困窮流亡也。故國無九年之畜。謂之不足。無六年之積。謂之憫急。無三年之積。謂之窮乏。故有仁君明王。其取下有節。自養有度。則得承受於天地。而不離饑寒之患矣。若貪主暴君。撓於其下。侵漁其民。以適無窮之欲。則百姓無以被天和而履地德矣。二文並足發明此文之旨。說苑政理篇。魯哀公問政於孔子。對曰。政有使民富。哀公曰。何謂也。孔子曰。薄賦斂。則民富矣。公曰。若是。則寡人貧。孔子曰。詩云。愷悌君子。民之父母。未見其子富而父母貧者也。與此章問答正同。○注。周法至通法。○正義曰。邢疏云。公羊傳曰。古者什一而藉。什一者。天下之中正也。多乎什一。大桀小桀。寡乎什一。大貉小貉。什一者。天下之中正也。什一行而頌聲作矣。穀梁傳亦云。古者什一而藉。孟子云。夏后氏五十而貢。殷人七十而助。周人百畝而徹。其實皆什一也。趙岐注云。民耕五十畝者。貢上五畝。耕七十畝者。以七畝助公家。耕百畝者。徹取十畝以爲賦。雖異名義。多少同。故云皆什一也。書傳云十一者多矣。故杜預云。古者公田之法。十取其一。謂十畝內取一。舊法既已十畝取一矣。春秋魯宣公十五年。初稅畝。又履其餘畝。更復十收其一。乃是十取其二。故此哀公曰。二。吾猶不足。謂十內稅二。猶尚不足。則從宣公之後。遂以十二爲常。故曰初。言初稅十二。自宣公始也。諸書皆言十一而稅。而周禮載師云。凡任地近郊十一。遠郊二十而三。甸稍縣都。皆無過十二。漆林之征。二十而五者。彼謂王畿之內所共多。故賦稅重。諸書所言什一。皆謂畿外之國。故此鄭玄云。什一而稅謂之徹。徹。通也。爲天下之通法。言天下皆什一耳。不言畿內亦什一也。詩甫田孔疏云。周制有貢有助。助者。九夫而稅一夫之田。貢者。什一而貢一夫之穀。通之二十夫而稅二夫。是爲什中稅一也。故冬官匠人注。廣引經傳而論之云。周制畿內。用夏之貢法。稅夫無公田。邦國用殷之助法。制公田。不稅夫。貢者。自治其所受田。貢其稅穀。助者。借民之力。以治公田。又使收斂焉。諸侯謂之徹者。通其率以什一爲正。孟子云。野九夫而稅一。國中什一。是邦國亦異外內之法耳。是鄭解通率爲什一之事也。孟子又云。方里而井。井九百畝。其中爲公田。八家皆私百畝。同養公田。公事畢。然後敢治私事。所以別野人也。是說助法井別一夫以入公也。云別野人者。別野人之法。使與國中不同也。助法既言百畝爲公田。

則使自賦者。明是自治其田。貢其稅穀也。助則九而助一。貢則什一而貢一。通率爲什一也。如鄭之言。邦國亦異外內。則諸侯郊內貢。郊外助矣。而鄭正言畿內用夏法。邦國用助法。以爲諸侯皆助者。以諸侯郊內之地少。郊外助者多。故以邦國爲助。對畿內之貢爲異外內也。史傳說助貢之法。惟孟子爲明。鄭據其言以什一而徹。爲通外內之率。理則然矣。而食貨志云。井方一里。是九夫八家共之。各受私田百畝。公田八十畝。是爲八百八十畝。餘二十畝爲廬舍。其言取孟子爲說。而失其本旨。班固既有此言。由是羣儒遂謬。何休之注公羊。范甯之解穀梁。趙岐之注孟子。宋均之說樂緯。咸以爲然。皆義異於鄭。理不可通。何則。言井九百畝。其中爲公田。有中央百畝。共爲公田。不得家取十畝也。又言八家皆私百畝。則百畝皆屬公矣。何得復以二十畝爲廬舍也。言同養公田。共是八家理公事。何得家分十畝自治之也。若家取十畝各自治之。安得謂之同養也。若二十畝爲廬舍。則家二畝半。亦入私矣。則家別私有百二畝半。何得爲八家皆私百畝也。此皆諸儒之謬。鄭於匠人注云。野九夫而稅一。此箋云井稅一夫。其田百畝。是鄭意無家別公田十畝。及二畝半爲廬舍之事。俗以鄭說同於諸儒。是又失鄭旨矣。案詩疏引申鄭義甚詳辨。然鄭氏以徹法。爲諸侯郊內貢。郊外助。因訓徹爲通。近儒亦不從之。而多以趙岐孟子注爲然。劉熙注孟子云。家耕百畝。徹取十畝以爲賦也。與趙岐義同。案說文。則徹本訓通。彎下云發也。趙劉以徹爲取。或卽彎之叚字。然孟子云徹者。徹也。就本字爲訓。似不煩叚借。則鄭義爲長。稍人職云。巡野觀稼。以年之上下出斂法。姚氏文田求是齋稿。謂斂法。卽徹法。蓋徹無常額。惟通豐凶及君民計之。合百畝。而以十畝之入爲稅。此徹訓通之義。鄭君但言通率什一者。欲明徹制。與貢助相通。其取於民。無不通計可知。至郊內貢。郊外助。不獨文見孟子。卽以載師任地證之。王畿內外。既斂法各異。則謂諸侯郊內郊外。斂法不同。亦奚疑也。後漢書陸康傳。夫什一而稅。周謂之徹。徹者。通也。言其法度。可通萬世而行也。此與鄭君訓同義異。且未言徹制何若。其義終難明也。○注。孔曰二謂什二而稅。○正義曰。匠人疏引此注作鄭曰。或鄭亦有注。而僞孔襲之。據鄭上注云。周制什一而稅。則此二爲什而取二矣。此卽指宣公稅畝之事。至哀公蓋有子之諫。復用田賦。比什二爲益重。宜乎至孟子時。亟亟以薄賦斂爲仁政也。

子張問崇德辨惑。【注】孔曰。辨。別也。子曰。主忠信。徙義。崇德也。【注】包曰。徙義。見義則徙意而從之。愛之欲其生。惡之欲其死。既欲其生。又欲其死。是惑也。【注】包曰。愛惡當有常。一欲生之。一欲死之。是心惑也。誠不以富。亦祇以異。【注】鄭曰。此詩小雅也。祇。適也。言此行誠不可以致富。適足以爲異耳。取此詩之異義以非之。正義曰。吳氏嘉賓說。克己復禮。崇德辨惑。皆古之言也。古訓多協韻。以便蒙誦。案崇德者。爾雅釋詁。崇。高也。謂於人之有德。尊崇之也。主忠信者。鄭於學而篇注云。主。親也。言於忠信之人。親近之也。愛之欲其生。惡之欲其死者。言其人非有可愛可惡之實。己但任情愛惡之也。先從叔丹徒君駢枝曰。愛之欲其生。惡之欲其死。猶之進人若將加諸膝。退人若將除諸淵。皆形容譬況之辭。既欲其生。又欲其死。覆舉上文而迫笮其詞。以起惑字。非兩意也。又云。人情之偏。愛惡爲甚。內無知人之明。外有毀譽之蔽。鮮有能至當而不易者。謹案樂記云。著則賢不肖別矣。著猶明也。孔疏云。所好得其善。所惡得其惡。則賢不肖自然分別矣。今此忽愛忽惡。是好惡未著。故賢不肖亦不能辨。非惑而何。釋文云。惑本亦作或。案說文。或。亂也。惑或爲古今字。皇本崇德也。無也字。愛之欲其生三句下各有也字。誠。毛詩作成。○注。辨別也。○正義曰。辨別亦常訓。說文。辨。判也。判別義同。○注。愛惡至惑也。○正義曰。愛惡當有常者。言愛惡不失其理。則能有常。不至變異也。一欲生之。一欲死之。謂一念欲生之。一念欲死之。此總釋經文愛之欲其生四句之意。漢書王尊傳。公乘興等訟王尊曰。尊以京師廢亂。羣盜並興。選賢徵用。起家爲卿。賊亂既除。豪猾伏辜。即以佞巧廢黜。一尊之身。三期之間。乍賢乍佞。豈不甚哉。孔子曰。愛之欲其生。惡之欲其死。是惑也。觀此文所引。其義益明。○注。此詩至非之。○正義曰。詩關雎疏引此注首句云。此詩小雅我行其野之句也。文較備。祗適。毛傳文。鄭彼箋云。女不以禮爲室家成事。不足以得富也。女亦適以此自異於人道。言可惡也。不足以得富。即此注不可以致富。惟成誠二字。各就文爲訓。其實毛詩作成。亦誠之叚借。自異人道。即是惑。故取其義。以非此之惑也。

齊景公問政於孔子。孔子對曰。君君。臣臣。父父。子子。【注】孔曰。當此之時。陳恆制齊。君不君。臣不臣。父不父。子不子。故以對。公曰。善哉。信如君不君。臣不臣。父不父。子不子。雖有粟。吾得而食諸。【注】孔曰。言將危也。陳氏果滅齊。正義曰。景公名杵臼。莊公異母弟。見史記齊太公世家。周書謚法解。布義行剛曰景。君君臣臣父父子子。言君當思所以爲君。臣當思所以爲臣。父當思所以爲父。子當思所以爲子。乃傑寀名號之大者。白虎通三綱六紀篇。君臣者。何謂也。君。羣也。下之所歸心。臣者。纏堅也。屬志自堅固。父子者。何謂也。父者。矩也。以法度教子。子者。孳孳無已也。故孝經曰。父有爭子。則身不陷於不義。此君臣父子稱名之實也。呂氏春秋處方篇。凡爲治。必先定分。君臣父子夫婦。六者當位。則下不踰節。而上不苟爲矣。少不悍辟。而長不簡慢矣。又云。同異之分。貴賤之別。長幼之義。此先王之所慎。而治亂之紀也。左昭二十六年傳。齊侯與晏子坐於路寢。公歎曰。美哉室。其誰有此乎。對曰。其陳氏乎。陳氏雖無大德。而有施於民。後世若少惰。陳氏而不亡。則國其國也已。公曰。善哉。是可若何。對曰。唯禮可以已之。在禮。家施不及國。又曰。君令。臣共。父慈。子孝。兄愛。弟敬。夫和。妻柔。姑慈。婦聽。禮也。君令而不違。臣共而不貳。父慈而教。子孝而箴。兄愛而友。弟敬而順。夫和而義。妻柔而正。姑慈而從。婦聽而婉。禮之善物也。晏子所言。正與夫子答齊侯意同。阮氏元校勘記云。皇本高麗本吾下有豈字。釋文出吾焉得而食諸云。本亦作焉得而食諸。焉。於虔反。本今作吾得而食諸。案史記仲尼世家。及漢書武五子傳。並作豈。與皇本合。太平御覽二十二引吾惡得而食諸。豈焉惡三字。義皆相近。疑今本吾下有脫字。○注。當此之時陳恒制齊。○正義曰。黄氏式三後案引狄惺菴曰。孔子至齊。在景公三十一年。當魯昭公二十五年。踰年卽反魯。是時陳氏爲武子開。字子彊。見昭二十六年左傳。無宇之子。乞之兄也。乞卒。子代之。乃爲陳恒。案狄說本孔子世家。觀此益知僞孔之謬。○注。言將危也陳氏果滅齊。○正義曰。顏師古漢書武五子傳言父子君臣之道不立。則國必危亡。倉廩雖多。吾不得食也。卽此注將危之意。陳氏至太公和遷齊康公海上。自立爲齊侯。是陳氏滅齊也。景公時。其兆已見。故注云然。

子曰。片言可以折獄者。其由也與。注孔曰。片猶偏也。聽訟必須兩辭以定是非。偏信一言以折獄者。惟子路可。

正義曰。釋文引鄭注云。片。半也。魯讀折爲制。今從古。御覽六百三十九引鄭注云。半言爲單辭。折。斷也。惟子路能取信。所言必直。故可令斷獄也。案說文。片。判木也。从半木。片半一音之轉。故鄭注卽讀片爲半。漢書李陵傳。令軍士人持一半冰。注引如淳曰。半讀曰片。此其證也。片旣讀半。義亦從之。故釋文所載片半之訓。卽是檃括鄭義。非鄭別有注也。半言爲單辭者。書呂刑云。明清于單辭。民之亂。罔不中。聽獄之兩辭。是獄辭有單有兩。兩者。兩造具備也。單則一人具辭。後漢光武紀。永平三年詔曰。明察單辭。朱浮傳。有人單辭告浮事者。單辭皆謂片言也。折斷者。說文。斯。斷也。从斤斷艸。譚長說。折。篆文斯从手。魯讀折爲制。今從古者。呂刑制以刑。墨子尙同中篇引作折則刑。是折制字通。說文。制。裁也。从刀未。制。古文制如此。此與折斷音訓相近。廣雅釋詁。制。折也。大戴禮保傅篇。不中于制獄。卽折獄也。鄭以作折作制義同。而古論出自壁中。無煩改讀。故定從古也。惟子路能取信者。言子路忠信。能取信於人也。所言必直。故可令斷獄者。言人旣信子路。卽可令依此斷獄也。說文。獄。确也。从犾从言。二犬所以守也。鄭異義駁云。獄者。埆也。囚證於角核之處。周禮謂之圜土。此云斷獄。謂決斷獄中所訟事也。毛氏奇齡四書改錯。古折民獄訟。必用兩辭。故周官司寇以兩劑禁民獄。先取兩劵而合之。使兩造獄詞。各書其半。卽今告牒與訴牒也。及聽獄後。復具一書契而兩分之。使各錄其辯答之辭于其中。卽今兩造兩口供也。是折獄之法。前劵後契。必得兩具。劵不兩具。卽謂之單詞。單詞不治。如司寇禁凡不賫劵。卽自坐不直。不俟上于朝而遽斥之是也。契不兩具。則謂之不能舉契。亦不治。如春秋晉聽王訟。王叔氏不能舉其契。王叔奔晉是也。是半劵半契。總無折理。惟子路明決。單辭可斷。在他人豈能之。案毛說與鄭義略同。然鄭言子路能取信。故所言必直。本非誣捏。故無須對質。如此乃可令斷獄。明子路以忠信感人。不止如毛氏所云明決已也。原鄭之意。亦以片言折獄。不可爲法。故若所言必直。方可令斷獄。

否則仍須兩辭矣。僞孔注亦與鄭同。孔穎達書呂刑疏引此文說之云。子路行直聞於天下。不敢自道其長。妄稱彼短。得其單辭。即可斷獄者。惟子路爾。凡人少能然也。此與論語皇疏所載孫綽說同。焦氏循補疏。即依爲說。義涉迂曲。所不敢從。

子路無宿諾。注宿猶豫也。子路篤信。恐臨時多故。故不豫諾。正義曰。說文。宿。止也。引申之有久義。漢書韓安國傳。孝文寤於兵之不可宿。注。宿。久留也。諾者。應也。子路有聞即行。故無留諾。其於折獄亦然。蓋折獄一定。即予開釋。不使訟者受羈累之苦。此子路忠信之事。故記者類記於此。大戴禮子張問入官篇。行事勿留。注。凡行政事。勿稽留之。即此義。釋文云。子路無宿諾。或分此爲別章。文選江淹雜體詩注引上有子曰字。與釋文所載或本合。然夫子口中不應稱子路。或本非。○注。宿猶至豫諾。○正義曰。管子地圖篇。宿定所征伐之國。注。宿猶先也。公羊桓元年傳注。宿者。先誠之辭。並與豫義相近。毛氏奇齡四書改錯。集解作不豫諾。謂不先許也。正所謂然諾不苟者。急則輕諾矣。據左傳小邾射要子路盟。而子路辭之。是不許諾也。及季康子使冉有謂曰。千乘之國。不信其盟。而信子之言。子何辱焉。對曰。魯有事於小邾。不敢問。故死城下可也。彼不臣而濟其言。是義之也。由弗能。是終不許諾也。此正不豫諾之證。案此注亦通。但與折獄事無涉。故不用以釋經。

子曰。聽訟吾猶人也。注包曰。與人等。**必也使無訟乎。**注王曰。化之在前。正義曰。聽訟者。言聽其所訟之辭。以判曲直也。周官小司寇云。以五聲聽獄訟。求民情。一曰辭聽。二曰色聽。三曰氣聽。四曰耳聽。五曰目聽。此皆聽訟之法。吾猶人者。言己與人同。但能聽訟。不能使無訟也。禮記大學云。子曰。聽訟。吾猶人也。必也使無訟乎。無情者不得盡其辭。大畏民志。鄭注。情猶實也。無實者。多虛誕之辭。聖人之聽訟。與人同耳。必使民無實者。不敢盡其辭。大畏其心志。使誠其意不敢訟。大戴禮禮察篇。凡人之知。能見已然。不能見將然。禮者。禁將然之前。而法者。禁於已然之後。是故法之用易見。而禮之所爲生難知也。若夫慶賞以勸善。刑罰以懲惡。先王執此之正。堅如金石。行此之信。順如四時。處此之功。無私如天地爾。豈顧不用哉。然如日禮云禮云。貴絕惡於未萌。而起敬於微眇。使人日徙善遠罪。而不自知也。孔子曰。聽訟。吾猶人也。必也使無訟乎。此之謂也。潛夫論德化篇。是故上聖。故不務治民事。而務治民心。故曰聽訟。吾猶人也。必也使無訟乎。導之以德。齊之以禮。務厚其情而明。則務義。民親愛。則無相害傷之意。動思義。則無姦邪之心。夫若此者。非律之所使也。非威刑之所彊也。此乃教化之所致。二文並言無訟。由於德教。此最是難能。正如勝殘去殺。必俟百年。王者必世而後仁。皆須以歲年。非可一朝能者。故祗言必也以期之。顏師古漢書賈誼傳注言使吾聽訟。與衆人等。然能先以德義化之。使其無訟。又酷吏傳注言使我獄訟。猶凡人耳。然而立政施德。則能使其絕於爭訟。並以無訟爲夫子自許。失聖意矣。○注。與人等。○正義曰。言聽訟吾與人同。無異能異法也。史記孔子世家云●孔子在位聽訟。文辭有可與人共者。弗獨有也。是與人等可知。

子張問政。子曰。居之無倦。行之以忠。注王曰。言爲政之道。居之於身。無得懈倦。行之於民。必以忠信。正義曰。北堂書鈔三十六引鄭此注云。身居正位。不可懈卷 是鄭之居爲居位。卷即倦之省。釋文云。倦。亦作劵。鄭君攷工記注。劵。今倦字也。疑書鈔所引鄭注。本是懈劵。轉寫作懈卷也。詩假樂云。不懈于位。民之攸塈。管子形勢解。解惰簡慢。以之事主則不忠。以之起事則不成。○注。行之於民。必以忠信。○正義曰。大戴禮子張問入官云。故不先以身。雖行必鄰也。不以道御之。雖服必強矣。故非忠信。則無可以取親於百姓矣。外內不相應。則無可取信者矣。

子曰。博學於文。約之以禮。亦可以弗畔矣夫。注鄭曰。弗畔。不違道。正義曰。釋文云。博學於文。一本作君子博學於文。案皇本有君子。皆因前篇致誤。

子曰。君子成人之美。不成人之惡。小人反是。正義曰。穀梁隱元年傳。春秋成人之美。不成人之惡。大戴禮曾子立事篇。君子己善。亦樂人之善也。己能。亦樂人之能也。君子不說人之過。成人之美。存往者。在來者。朝有過。夕改則與之。夕有過。朝改則與之。孔氏廣森補注。彼有過者。方畏人非議。我從而爲之辭說。則彼將無意於改。是成人之惡矣。故君子不爲也。

季康子問政於孔子。孔子對曰。政者。正也。子帥以正。孰敢不正。注鄭曰。康子。魯上卿。諸臣之帥也。正義曰。子帥以正。趙岐孟子章指。史記平津侯主父列傳贊引此文。並作子率而正。皇本亦作而正。說文。䢦。先道也。經傳省作率。叚借作帥。帥。佩巾也。別一義。大戴禮哀公問篇。公曰。敢問何謂爲政。孔子對曰。政者。正也。君爲正。則百姓從政矣。君之所爲。百姓之所從也。君所不爲。百姓何從。又王言篇。上者。民之表也。表正。則何物不正。故君先立於仁。則大夫忠。而士信。民敦。工樸。商愨。女憧。婦悾悾。並與此章義相發。○注。康子魯上卿諸臣之帥也。○正義曰。魯有三卿。季孫爲司徒。是上卿。故爲諸臣之帥。言此者。明帥諸臣同歸於正。百姓孰敢不正也。史記平津侯主父列傳贊。夫三公者。百寮之率。萬民之表也。未有樹直表而得曲影者也。即此注義。

季康子患盜。問於孔子。孔子對曰。苟子之不欲。雖賞之不竊。注孔曰。欲。多情慾。言民化於上。不從其令。從其所好。正義曰。說文云。盜。私利物也。左文十八年傳。竊賄爲盜。當康子時。魯國多盜。故康子患之。雖賞之不竊者。說文。賞。賜有功也。盜自中出曰竊。上言盜。此言竊者。互相訓。說苑貴德篇。周天子使家父毛伯求金於諸侯。春秋譏之。故天子好利。則諸侯貪。諸侯貪。則大夫鄙。大夫鄙。則庶人盜。上之變下。猶風之靡草也。然則民之竊盜。正由上之多欲。故夫子以不欲勖康子也。荀子君子篇。聖王在上。分義行乎下。則士大夫無流淫之行。百吏庶人。無怠慢之事。衆庶百姓。無姦怪之俗。無盜賊之罪。莫敢犯大上之禁。天下曉然知夫盜竊之人。不可以爲富也。皆知夫賊害之人。不可以爲壽也。皆知夫犯上之禁。不可以爲安也。由其道。則人得其所好焉。不由其道。則必遇其所惡焉。是故刑罰綦省。而威行如流。與此章義相發。張栻論語解引張橫渠曰。假設以子不欲之物。賞子使竊。子必不竊。故爲政者。先乎足民。使民無所不足。則不見可欲。而盜心息矣。蓋盜生於欲之不足。使之足乎此。則不欲乎彼。此古人弭盜之原也。案此說。卽孟子民有菽粟如水火。焉有不仁之意。於義亦通。皇本不欲上無之字。○注。欲多至所好。○正義曰。欲生於情。故說文云。情。人之陰氣有欲者也。慾字說文不載。此云情慾者。從俗作之。邢疏云。大學曰。堯舜率天下以仁。而民從之。桀紂率天下以暴。而民從之。其所令。反其所好。而民不從。注云。言民化君行也。君若好貨。而禁民淫於財利。不能正也●案緇衣篇亦云。下之事上也。不從其所令。從其所行。上好是物。下必有甚者矣。

季康子問政於孔子曰。如殺無道以就有道。何如。【注】孔曰。就。成也。欲多殺以止姦。孔子對曰。子爲政。焉用殺。子欲善。而民善矣。君子之德風。小人之德草。草上之風必偃。【注】孔曰。亦欲令康子先自正。偃。仆也。加草以風。無不仆者。猶民之化於上。正義曰。說文。殺。戮也。釋名喪制云。罪人曰殺。殺。竄也。埋竄之。使不復見也。子爲政。焉用殺者。言子爲政。當以德化民。不當先用殺也。說苑政理篇。引此經說之云。王者尙其德而布其刑。霸者刑德並湊。彊國先刑而後德。鹽鐵論疾貪篇。百姓不治。有司之罪也。春秋刺譏。不及庶人。責其率也。又云。政教闇而不著。百姓顚蹶而不扶。猶赤子臨井焉。聽其入也。若此。則何以爲民父母。故君子急於教。緩於刑。又申韓篇。所貴良吏者。貴其絕惡於未萌。使之不爲非。非貴其拘之囹圄。而刑殺之也。皆言爲民上。不貴用殺也。子欲善。而民善者。言子苟欲善。雖無道之民。亦化而爲善。復申言不必用殺之效也。賈誼新書大政下云。王者有易政。而無易國。有易吏。而無易民。故因是國也而爲安。因是民也而爲治。又云。故君能爲善。則吏必能爲善矣。吏能爲善。則民必能爲善矣。是其義也。君子之德風。小人之德草者。邢疏。此爲康子設譬也。在上君子。爲政之德若風。在下小人。從化之德如草。韓詩外傳。傳曰。魯有父子訟者。康子欲殺之。孔子曰。未可殺也。夫民爲不善。則是上失其道。上陳之教而先服之。則百姓從風矣。疑父子訟。卽此康子所指無道之事。然荀子宥坐。則在夫子爲司寇時。傳聞異辭。要亦爲此文合證也。皇本德風德草下。並有也字。釋文云。尙本或作上。案孟子滕文公篇亦作偃。○注。偃仆至於上。○正義曰。趙注孟子云。偃。伏也。仆伏義同。趙云。偃。猶風加也。以風加草。莫不偃伏也。此注云加草以風。亦訓上爲加也。說苑君道篇。夫上之化下。猶風靡草。東風則草靡而西。西風則草靡而東。

子張問士何如斯可謂之達矣。子曰。何哉爾所謂達者。子張對曰。在邦必聞。在家必聞。注鄭曰。言士之所在。皆能有名譽。子曰。是聞也。非達也。夫達也者。質直而好義。察言而觀色。慮以下人。注馬曰。常有謙退之志。察言語。見顏色。知其所欲。其知慮常欲以下人。在邦必達。在家必達。注馬曰。謙尊而光。卑而不可踰。夫聞也者。色取仁而行違。居之不疑。注馬曰。此言佞人假仁者之色。行之則違。安居其僞而不自疑。在邦必聞。在家必聞。注馬曰。佞人黨多。

正義曰。達者。通也。通於處人處己之道。故行之無所違阻。所謂忠信篤敬。蠻貊可行。卽達義也。在邦在家。謂士之仕於邦家者也。質直而好義者。謂達者之爲人。樸質正直。而行事知好義也。察言而觀色。慮以下人者。言心存敬畏。不敢忤慢人也。如此。則攸往咸宜。雖不求名譽。名必歸之。大戴禮曾子制言上。弟子問於曾子曰。夫士何如則可以爲達矣。曾子曰。不能則學。疑則問。欲行則比賢。雖有險道。循行達矣。今之弟子。病下人。不知事賢。恥不知。而又不問。欲作則其知不足。是以惑闇。終其世而已矣。是謂窮民也。曾子之論達。與夫子略同。皆謂謹身篤行。不求聲聞者也。若夫聞者。多是虛僞。故以仁之美德而色取之。不顧其行違也。身居於仁。而若無所疑也。如此以得名譽。是之謂聞。荀子宥坐篇。孔子爲魯攝相。朝七日而誅少正卯。門人進問曰。夫少正卯。魯之聞人也。夫子爲政而始誅之。得無失乎。孔子曰。人有惡者五。而盜竊不與焉。一曰。心達而險。二曰。行辟而堅。三曰。言僞而辯。四曰。記醜而博。五曰。順非而澤。此五者。有一於人。則不得免於君子之誅。而少正卯兼有之。故居處足以聚徒成羣。言談足以飾邪營衆。強足以反是獨立。此小人之桀雄也。不可不誅也。觀此。則聞乃聖人所深惡。漢書王莽傳贊。王莽始起外戚。折節力行。以要名譽。宗族稱孝。師友歸仁。及其居位輔政。成哀之際。勤勞國家。直道而行。動見稱述。豈所謂在家必聞。在國必聞。色取仁而行違者耶。以莽之姦邪。亦是好爲聞人。故讒說殄行。不免震驚朕師也。子張堂堂。難與爲仁。夫子恐其於仁亦是色取。故於聞者亟斥之。且恐其以聞卽爲達也。皇本夫達夫聞下。無也字。○注。常有至下人。○正義曰。謙退者。言達者常有謙退之志。故能察言觀色。更下人也。知其所欲者。言於人既察觀而知之。當順情以施也。志慮者。志之所慮也。察言觀色。不敢有加於人。是常欲以下人。所謂君子無衆寡。無小大。無敢慢者也。俞氏樾平議云。按廣雅釋詁曰。無慮都凡也。漢書食貨志曰。天下大氐無慮。皆鑄金錢矣。無慮與大氐同。古人自有複語耳。亦或止言慮。賈誼傳。慮無不帝制而天子自爲者。慮卽無慮。亦猶大氐也。慮以下人之慮。乃無慮之慮。言察言觀色。大氐以下人也。馬以志慮說之。非是。大元元瑩篇。故君子內正而外馴。每以下人。其句法卽本之。此案俞說甚是。然馬注亦未誤。此當並存。○注。謙尊而光卑而不可踰。○正義曰。此易謙卦彖辭。尊者。卑約也。曲禮云。故君子恭敬。撙節退讓以明禮。荀子仲尼篇。恭敬而僔。楊倞注。僔與撙同。卑。退也。尊撙僔音義並同。○注。佞人黨多。○正義曰。此解邦家必聞之故。言所稱譽之者。皆是佞黨。若君子則衆好必察。不致爲所惑也。顏師古王莽傳注。朋黨比周。故能在家在國。皆有名譽。卽本馬義。

樊遲從遊於舞雩之下。注包曰。舞雩之處有壇墠樹木。故下可遊焉。曰。敢問崇德。脩慝。辨惑。注孔曰。慝惡也。脩治也。治惡爲善。子曰。善哉問。先事後得。非崇德與。注孔曰。先勞於事。然後得報。攻其惡。無攻人之惡。非脩慝與。一朝之忿。忘其身。以及其親。非惑與。

正義曰。言舞雩之下者。明時魯雩祭。樊遲從夫子往遊其下也。崇德。脩慝。辨惑者。此當是雩禱之辭。以德慝惑爲韻。如湯禱桑林。以六事自責也。攻其惡。無攻人之惡者。攻猶責也。春秋繁露仁義法篇解此文。謂君子以仁造人。義造我。所謂躬自厚而薄責於人也。忿者。廣雅釋詁云。怒也。以及其親者。春秋桓二年。宋督弑其君與夷。及其大夫孔父。公羊傳云。及者何。累也。論衡明雩篇。樊遲從遊。感雩而問。刺魯不能崇德而徒雩也。戴氏望論語注云。春秋昭二十五年秋七月。上辛。大雩。季辛又雩。傳曰。又雩者。非雩也。聚衆以逐季氏也。樊遲從遊。有感昭公孫齊之事。因以發問。事。勤也。先勤求賢者。任之以政。乃能得民。昭公不用子家羈。失民失政。以致出奔。是不能崇德也。子家駒曰。諸侯僭於天子。大夫僭於諸侯。公曰。吾何僭乎哉。是攻人之惡。不知攻其惡也。昭公不從其言。終弑之而敗焉走之齊。是不忍一朝之忿。忘身以及宗廟。惑之甚也。時哀公亦欲去三家。故微其辭以危其事。案戴氏此說。本之宋氏翔鳳發微。與論衡刺魯之義極合。皇本無攻人之惡。無作毋。○注。舞雩之處。有壇墠樹木。○正義曰。禮祭法注云。封土曰壇。除地曰墠。又雩宗注云。水旱壇。月令雩帝注云。爲壇於南郊之旁。水經泗水注言魯雩壇。高三丈。在魯縣故城南。雩門之外。此注兼言墠者。壇外平地。時亦除治之。卽爲墠也。知有樹木者。周官大司徒言設社稷之壝。樹之田主。各以其野之所宜木。社稷是壇。有所宜之木。此雩壇。亦當有樹木可知。○注。慝。惡也。脩。治也。○正義曰。左僖十五年傳。於是展氏有隱慝焉。杜注。隱惡非法所得。周官環人察軍慝。注。慝。陰姦也。脩與修同。廣雅釋詁。修。治也。此常訓。○注。先勞於事。然後得報。○正義曰。注說非。解後字爲自然之辭。尤不合。

樊遲問仁。子曰。愛人。問知。子曰。知人。樊遲未達。子曰。舉直錯諸枉。能使枉者直。注包曰。舉正直之人用之。廢置邪枉之人。則皆化爲直。樊遲退。見子夏曰。鄉也吾見於夫子而問知。子曰。舉直錯諸枉。能使枉者直。何謂也。子夏曰。富哉言乎。注孔曰。富盛也。舜有天下。選於衆。舉皐陶。不仁者遠矣。湯有天下。選於衆。舉伊尹。不仁者遠矣。注孔曰。言舜湯有天下。選擇於衆。舉皐陶伊尹。則不仁者遠矣。仁者至矣。

正義曰。大戴禮王言篇。孔子曰。仁者莫大於愛人。知者莫大於知賢。荀子君道篇。子貢對夫子問曰。知者知人。仁者愛人。是愛人知人。爲仁知之大用。樊遲未達者。宋氏翔鳳發微云。書曰。知人則哲。能官人。自世卿專國。其君雖知人。而不能官人。遲之未達。職此之由。案遲未達。當更有問辭。今無文者。略也。舉直錯諸枉。能使枉者直者。言舉爾所知之直者。錯諸枉者之上。卽是知人也。錯。釋文引或本作措。樊遲又未達夫子所言之理。不敢復問。故退見子夏告之也。鄉。皇本作嚮。釋文。鄉又作嚮同。說文云。曏。不久也。不久者。言日近也。阮氏元校勘記。曏正字。嚮俗字。鄉叚借字。富哉言乎。皇本言上有是字。鄭注云。皐陶爲士師。號曰庭堅。案書舜典。命皐陶曰。汝作士。孟子萬章篇。亦云皐陶爲士。不名士師也。疑師字誤衍。周官有士師。屬大司寇。以下大夫爲之。左文五年傳。皐陶庭堅。又十八年傳。高陽氏才子八人。有庭堅。杜注。庭堅卽皐陶字。是皐陶號庭堅也。伊尹。湯臣。說文伊字注。殷聖人阿衡尹治天下者。從人從尹。疑伊是氏。尹是名。說文所云尹治者。就文說之。若白虎通說顓頊帝嚳堯舜。皆有聖德之義。是也。鄭注尚書。謂伊尹名摯。與孫子用閒篇合。摯爲名。則尹爲字。可信也。宋氏翔鳳發微云。子夏知孔子之意。必堯舜禹湯之爲君。而後能盡用人之道。以垂百世之法。故言選舉之事曰云云。公羊隱元年何休說。當春秋時。廢選舉之務。置不肖於位。輒退絕之。以生過失。至於君臣忿爭出奔。國家之所以昏亂。社稷之所以危亡。故皆錄之。隱三年。何休說。禮公卿大夫士。皆選賢而用之。卿大夫任重職大。不當世爲。其秉政久。恩德廣大。小人居之。必奪君子威權。故尹氏世立王子朝。齊崔氏世弒其君光。君子疾其末。則正其本。見譏於卒者。亦不可造次無故驅逐。必因其過。卒絕之明君。案見勞授賞。則衆譽不能進無功。案見惡行誅。則衆讒不能退無罪。此春秋譏世卿之義。蓋卿大夫世。則舉直錯枉之法不行。有國者宜以不知人爲患。故子夏述舜舉皐陶。湯舉伊尹。皆不以世而以賢。以明大法。漢書王吉言堯舜不用三公九卿之世。而舉皐陶伊尹。不仁者遠。今俗吏得任子弟。率多驕驁不通古今。至於積功治人。無益於民。此伐檀所爲作也。宜明選求賢。除任子之令。卽論語之義。富哉言乎。富者。備也。必如舜舉皐陶。湯舉伊尹。而後用人之法備。○注。舉正至爲直。○正義曰。左襄七年傳。正直爲正。正曲爲直。小明詩傳。能正人之曲曰直。曲者。枉也。枉爲直者所正。其必皆化爲直可知。○注。言舜至至矣。○正義曰。選擇常訓。不仁者遠。言不仁之人。自知枉曲皆遠去也。左宣十六年傳。晉侯請于王。以黻冕命士會將中軍。且爲大傅。於是晉國之盜。逃奔于秦。羊舌職曰。吾聞之。禹稱善人。不善人遠。此之謂也夫。杜注。稱。舉也。漢書劉向傳。向上封事曰。故賢人在上位。則引其類而聚之於朝。在下位。則思與其類俱進。故湯用伊尹。不仁者遠。而衆賢至。類相致也。即此注不仁者遠。仁者至之義。其不仁既知遠去。必亦化而爲善。故能使枉者直也。

子貢問友。子曰。忠告而善道之。不可則止。毋自辱焉。注包曰。忠告以是非。告之以善道。導之不見從。則止。必言之。或見辱。正義曰。責善。朋友之道也。然不可則宜止。不復言。所以全交。亦所以養其羞惡之心。使之自悟也。皇本而下有以字。道作導。不可作否。

曾子曰。君子以文會友。注孔曰。友以文德合。以友輔仁。注孔曰。友相切磋之道。所以輔成己之仁。正義曰。文謂詩書禮樂也。以文會友。謂共處一學者也。爾雅釋詁。輔。俌也。引伸之。有佐訓。禮學記云。大學之敎也。時敎必有正業。退息必有居學。故君子之於學也。藏焉修焉。息焉遊焉。夫然故安其學而親其師。樂其友而信其道。是以雖離師輔。而不反也。說苑說叢篇。賢師良友在其側。詩書禮樂陳于前。棄而爲不善者鮮矣。○注。友以文德合。○正義曰。文德者。言所學文皆在德也。爾雅釋詁。會。合也。亦常訓。

卷十六 子路第十三

集解 凡三十章

子路問政。子曰。先之勞之。注孔曰。先導之以德。使民信之。然後勞之。易曰。說以使民。民忘其勞。請益。曰。無倦。注孔曰。子路嫌其少。故請益。曰無倦者。行此上事。無倦則可。正義曰。禮月令云。以道敎民。必躬親之。大戴禮子張問入官篇。故躬行者。政之始也。又云。君子欲政之速行也者。莫若以身先之也。欲民之速服也者。莫若以道御之也。皆言政貴身先行之。所謂其身正。不令而行是也。釋文。勞。孔如字。鄭力報反。陳氏鱣古訓曰。鄭讀若郊勞之勞者。即孟子放勳曰勞之來之意也。案勞之者。勸勉民使率敎。不用刑趨勢迫也。無倦。釋文作毋倦。胡炳文四書通曰。子張堂堂。子路行行。皆易銳於始而怠於終。故答其問政。皆以無倦告之。○注。先導至其勞。○正義曰。下篇子夏曰。君子信而後勞其民。子張問政。夫子告以擇可勞而勞之。卽此注所云勞之也。魯語敬姜曰。昔聖王之處民也。擇瘠土而處之。勞其民而用之。故長王天下。夫民勞則思。思則善心生。逸則淫。淫則忘善。忘善則惡心生。沃土之民。不材。淫也。瘠土之民。莫不嚮義。勞也。又曰。君子勞心。小人勞力。先王之訓也。自上以下。誰敢淫心舍力。並言政尙勞民之誼。孔注此文。雖與鄭異。亦得通也。導之以德。爲政篇文。引易者。兌彖傳文。○注。子路嫌其少。故請益。○正義曰。曲禮。請益則起。注。益謂受說不了。欲師更明說之。不了。謂說有未盡。故此注以爲嫌少也。

仲弓爲季氏宰。問政。子曰。先有司。注王曰。言爲政當先任有司。而後責其事。赦小過。舉賢才。曰。焉知賢才而舉之。曰。舉爾所知。爾所不知。人其舍諸。注孔曰。女所不知者。人將自舉其所知。則賢才無遺。正義曰。宰者。大夫家臣及大夫邑長之通稱。皇疏獨謂仲弓將往費爲季氏邑宰。則以夫子所言得專刑賞。任人當爲邑宰事也。有司者。宰之羣屬。言先有司信任之。使得舉其職也。呂氏春秋審分覽。凡爲善難。任善易。奚以知之。人與驥俱走。則人不勝驥矣。居於車上而任驥。則驥不勝人矣。人主好治人官之事。則是與驥俱走也。必多所不及矣。又云。人主之車。所以乘物也。察乘物之理。則四極可有。不知乘物而自怙恃。奪其智能。多其教詔。而好自以。若此。則百官恫擾。少長相越。萬邪並起。權威分移。不可以卒。不可以教。此亡國之風也。觀此。是凡爲政者。宜先任有司治之。不獨邑宰然矣。赦小過者。爾雅釋詁。赦。舍也。說文。赦。置也。有司或有小過。所犯罪至輕。當宥赦之。以勸功褒化也。言小過赦。明大過亦不赦可知。賢才。謂才之賢者。有賢才。可自辟舉。爲己輔佐。若有盛德之士。更升進之。不敢私蔽之也。宋氏翔鳳發微云。自世卿世大夫。而舉賢之政不行。故仲弓獨質其疑。以求其信。皐陶曰。在知人。禹曰。惟帝其難之。此爲知賢才之慮也。如舜舉皐陶。湯舉伊尹。皆舉爾所知也。不仁者遠。則仁者咸進。易曰。拔茅茹以其彙征。此爾所不知。人其舍諸之說也。是先有司者。必以舉賢才爲本。舉賢才者。必以知其人爲要。○注。言爲政當先任有司而後責其事。○正義曰。此謂先任以官。而後寻之以事。非經恉。

子路曰。衞君待子而爲政。子將奚先。注包曰。問往將何所先行。子曰。必也正名乎。注馬曰。正百事之名。正義曰。衞君者。出公輒也。待者。下篇齊景公待孔子。史記孔子世家作止孔子。魯語。其誰云待之。說苑正諫作止之。是待止同義。時孔子在衞。爲公養之仕。知衞君將留用孔子。故子路舉以問也。史記孔子世家。是時衞公輒父不得立在外。諸侯數以爲讓。而孔子弟子多仕于衞。衞君欲得孔子爲政。子路曰。衞君待子而爲政云云。是正名指蒯聵之事。此必

古論家說。受之安國者也。正名者何。正世子之名也。春秋哀二年夏。晉趙鞅帥師納衛世子蒯聵于
戚。孔疏。世子者。父在之名。蒯聵父旣死矣。而稱世子者。晉人納之。世子告之。是正世子以示宜
爲君也。春秋以其本是世子。未得衛國。無可褒貶。故因而書世子耳。據此。是世子之稱。春秋不
以爲非而存之。則此正名。卽世子之名可知。全氏祖望結軿亭集正名論曰。孔子以世子稱蒯聵。則
其嘗爲靈公所立無疑矣。觀左傳累稱爲太子。固有明文矣。不特此也。其出亡之後。靈公雖怒。而
未嘗廢之也。靈公欲立公子郢而郢辭。則靈公有廢之意而不果。又有明文矣。惟蒯聵未嘗爲靈公所
廢。特以得罪而出亡。則聞喪而奔赴。衛人所不可拒也。蒯聵之歸有名。而衛人之拒無名也。況諸
侯之子。得罪於父而仍歸者。亦不一矣。晉之亂也。夷吾奔屈。重耳奔蒲。及奚齊卓子之死。夷吾
兄弟。相繼而歸。不聞以得罪而晉人拒之也。然則於蒯聵何尤焉。故孔子之正名也。但正其世子之
名而已。旣爲世子。則衛人所不可拒也。全氏此論。實先得我心所欲言。愚謂春秋之義。世子繼體以
爲君。爲輒計者。內迫於南子。不能迎立蒯聵。則惟如叔齊及公子郢之所爲。遜避弗居斯已耳。乃輒
儼然自立。當時必援無適子立適孫之義。以王父命爲辭。是輒不以世子予蒯聵。觀於公子郢之言。有亡
人之子輒在。忠貞如子郢。在輒未立時。已不敢以世子稱蒯聵。則輒旣立後。假以王父之命。其誰
敢有稱蒯聵爲世子者。所以蒯聵入戚。衛命石曼姑同齊國夏帥師圍戚。明是待蒯聵以寇仇。其不以
世子稱蒯聵審矣。太史公自序云。南子惡蒯聵。子父易名。謂不以蒯聵爲世子。而輒繼立也。名之顚
倒。未有甚於此者。夫子亟欲正之。而輒之不當立。不當與蒯聵爭國。顧名思義。自可得之言外矣。
穀梁哀二年經注鄭君曰。蒯聵欲殺母。靈公廢之是也。若君薨。有反國之道。當稱子某。如齊子糾
也。今稱世子如君存。是春秋不與蒯聵得反立明矣。江熙曰。鄭世子忽反正有明文。子糾但於公子
爲貴。非世子也。又傳曰。納者。內弗受也。帥師而後納者。有伐也。何用弗受也。以輒不受也。
以輒不受父之命。受之王父也。信父而辭王父。則是不尊王父也。其弗受。以尊王父也。注甯不達
此義。江熙曰。齊景公廢世子。世子還國書篡。若靈公廢蒯聵立輒。則蒯聵不得稱曩日世子也。稱
蒯聵爲世子。則靈公不命輒審矣。此矛盾之喻也。然則從王父之言。傳似失矣。經云納衛世子。鄭
世子忽復歸于鄭。稱世子。明正也。明正則拒之者非也。案范甯經傳兩注。皆引江熙說是也。鄭忽
許其反正。而於莊公卒後。亦稱世子。則謂君薨稱世子。無反國之道非矣。竊謂以王父命辭父命。
乃衛輒所據之義。其意以父得罪王父。雖其子。得申王父之命以辭父也。不知王父之命。固行之於
父。而辭父之命。豈爲子者所忍言。哀三年經。齊國夏。衛石曼姑。帥師圍戚。此明是衛爲兵主。
而先國夏者。當是夫子特筆。蓋蒯聵得罪於父。曁父死而又爭國。不可以莫之討也。故託於齊國夏
以爲伯討。以正蒯聵之罪。而又存蒯聵世子之名於春秋。以正輒之罪。所以兩治之也。春秋繁露玉
英篇。謂一元者。大始也。知元年志者。大人之所重。小人之所輕。是故治國之端在正名。名之正。
與五世。五傳之外。美惡乃形。可謂得其眞矣。非子路之所能見。非其位而卽之。雖受之先君。春
秋危之。宋繆公是也。非其位不受之先君。而自卽之。春秋危之。吳王僚是也。案仲舒以正名。當
先正始。而引宋繆公吳王僚說之。夫宋繆受之先君而非其位。爲春秋所危。則衛輒雖如公羊說。亦

是受之靈公。而非其位。非其位則危。故夫子正名之旨。必非子路所能見。董生此論。未爲誤也。惲氏敬先賢仲子廟立石文曰。衞出公。未嘗拒父也。衞靈公生于魯昭公二年。其卒年四十七。而蒯聵爲其子。出公爲其子之子。蒯聵先有姊衞姬。度出公之卽位也。內外十歲耳。二年蒯聵入戚。三年春圍戚。衞之臣石曼姑等爲之。非出公也。夏氏炘衞出公輒論。亦云靈公薨時。輒至長亦年十餘歲耳。以十餘歲之童子卽位。則拒蒯聵者。非輒也。蒯聵有殺母之罪。斯時南子在堂。其不使之入。明矣。輒不得自專也。及輒漸長。而君位之定已久。勢不可爲矣。考蒯聵於靈公四十二年入居於戚。及至出公十四年。始與渾良夫謀入。凡在戚者十五年。此十五年中。絕無動靜。則輒之以國養可知。孔子於輒之六年。自楚至衞。輒年可十七八歲。有欲用孔子之意。故子路曰。衞君待子而爲政。孔子以父居於外。子居於內。名之不正。莫甚於此。故有正名之論。而子路意輒定位已久。且以國養父。未爲不可。故以子言爲迂。其後孔子去衞。而果有孔悝之難。甚矣聖人之大居正。爲萬世人倫之至也。孟子曰。孔子於衞孝公。公養之仕。先儒謂孝公卽出公輒。孔子在衞凡六七年。輒能盡其公養。則此六七年中。必有不忍其父之心。孔子以爲尙可與爲善。而欲進之以正名。惜乎優柔不斷。終不能用孔子耳。設也輒果稱兵拒父。而孔子猶至衞。且處之六七年。何以爲孔子。案惲氏夏氏此言。亦屬持平。故附箸之。○注。問往將何所先行。○正義曰。往謂往居位也。○注。正百事之名。○正義曰。禮祭法云。黃帝正名百物。百物卽百事。左氏傳曰。唯器與名。不可以假人。此指稱謂與爵位之名。穀梁僖十九年傳。梁亡鄭棄其師。我無加損焉。正名而已。言因事之實。無所加損。但正其名而書之爾。韓詩外傳。孔子侍坐於季孫。季孫之宰通曰。君使人假馬。其與之乎。孔子曰。吾聞君取於臣謂之取。不曰假。季孫悟。告宰通曰。今以往。君有取。謂之取。無曰假。孔子正假馬之言。而君臣之義定矣。論語曰。必也正名乎。春秋繁露深察名號篇。孔子曰。名不正。則言不順。春秋辨物之理以正其名。名物如其眞。不失秋毫之末。故名霣石。則後其五。言退鷁。則先其六。聖人之謹於正名如此。毛氏奇齡稽求篇。漢藝文志謂名家者流。蓋出於禮官。古者名位不同。禮亦異數。孔子曰。必也正名乎。凡辨名所在。不可苟爲鉤析。且從來有名家書。如鄧析尹文子公孫龍毛公諸篇。俱以堅白同異。辨名義爲辭。此則名家之說之所由著也。若漢後儒者。猶尙名。曰名物。曰名義。曰名象。而寖尋失眞。至晉時魯勝注墨辨一書。深論名理。謂名者。所以列同異。明是非。道義之門。政化之準繩也。孔子曰。必也正名云云。墨子著辨經以立名本。而荀卿莊周輩皆非之。然終不能易其論也。其序尙存晉史。約四五百言。極言隱顯虛實同異眞似之辨。毫釐纖悉。皆有分部。其文甚著。則是稱名之名。祇是一節。而百凡事爲。莫非是名。鄭此注云。正名。謂正書字也。古者曰名。今世曰字。禮記曰。百名已上。則書之於策。孔子見時教不行。故欲正其文字之誤。陳氏鱣古訓曰。周禮。外史掌達書名於四方。注。古曰名。今曰字。使四方知書之文字。得能讀之。賈疏。古者文字少。直曰名。後代文字多。則曰字。字者。滋也。滋益而生。故更稱曰字。正其名字。使四方知而讀之也。大行人九歲屬瞽史。論書名。注。書名。書之字也。古曰名。聘禮曰。百名以上。此注引禮記者。聘禮記文。彼云百名以上書於策。不及百名書於方。注。名。書文也。今謂之字。賈疏引此注以證。是文字通謂之名。臧氏庸鄭注輯本釋云。孔子書字。必從保氏所掌古文爲正。病時不行故。衞君待子爲政。而子以是爲先也。君子於其所不知。蓋闕如也。卽史闕文之意。說文解字敍引此二句。是許君同以爲文字。又云。正名。乃爲政之本。與刪詩書。定禮樂。同一垂敎萬世。不可以空言視之也。隋經籍志太學類正名一卷。敍云。孔子曰。必也正名乎。名謂書字云云。釋文敍同。是隋以前俱鄭學。梁氏玉繩庭立紀聞。引魏書世祖造新字詔。江式文字表。北齊書儒林傳。李鉉字辨。俱引孔子語。今案風俗通正失篇。樂正后夔。有一足之論。晉師己亥渡河。有三豕之文。非夫大聖至明。孰能原析之乎。論語。名不正。則言不順。易稱失之毫釐。差以千里。故糾其謬曰。正失也。亦與鄭同。蓋正文字。是正名之一端。鄭君此義。亦馬注百事所得包也。然馬注古論。而但渾言百事。不用世家。依衞事言之。則與安國旨趣稍異。抑別有注。爲集解所刪佚耶。若鄭氏固篤信公穀。以王父命辭父命之說。宜其解正名。不及衞父子爭國事也。

子路曰。有是哉。子之迂也。奚其正。注包曰。迂猶遠也。言孔子之言遠於事。子曰。野哉由也。注孔曰。野猶不達。君子於其所不知。蓋闕如也。注包曰。君子於其所不知。當闕而勿據。今由不知正名之義。而謂之迂遠。名不正。則言不順。言不順。則事不成。事不成。則禮樂不興。禮樂不興。則刑罰不中。刑罰不中。則民無所措手足。注孔曰。禮以安上。樂以移風。二者不行。則有淫刑濫罰。故君子名之必可言也。言之必可行也。注王曰。所名之事。必可得而明言。所言之事。必可得而遵行。君子於其言。無所苟而已矣。

正義曰。釋文云。迂。鄭本作于。云于。往也。案文王世子。況于其身以善其君乎。鄭注。于讀爲迂。又檀弓于則于。孔疏于音近迂。迂是廣大之義。莊子應帝王其臥徐徐。其覺于于。司馬彪注。于于。無所知貌。是于迂義近。字亦通用。鄭以正名爲正文字。而訓于爲狂。狂者。疎闊之意。或鄭亦讀此于爲迂也。校釋文者。或以狂爲枉之誤。或以狂爲往之誤。均須改字。殆未然矣。蓋闕如者。段氏玉裁說文敍注云。論語言如或單字。孛如。躩如。是。或重字。申申如。夭夭如。是。或疊韻雙聲字。踧踖如。鞠躬如。是。蓋闕如。是。蓋。舊音如割。漢書儒林傳曰。疑者。丘蓋不言。蘇林曰。不言者。不言所不知之意也。如淳曰。齊俗以不言所不知。爲丘蓋。丘蓋。荀卿書作區蓋。丘區闕三字雙聲。宋氏翔鳳過庭錄。荀子大略篇。言之信者。在乎區蓋之閒。疑則不言。未問則不立。漢書儒林傳。疑者。丘蓋不言。丘古音同區。丘蓋卽區蓋。區闕聲之轉。論語之蓋闕。卽荀子之區蓋。爲未見闕疑之意。故曰蓋闕如也。與踧踖如也同辭。讀論語以闕如連文者。非也。刑罰不中者。周官職金掌受士之金罰貨罰。注。罰。罰贖也。說文。刑。罰辠也。罰。辠之小者。罰是小辠。則刑爲辠大可知。釋文云。中。下仲反。孫氏志祖讀書脞錄。中當如字讀刑罰之所重者中。呂刑一篇。言中者十。周禮。鄉士獄訟成。士師受中。鄭司農云。中者。刑罰之中也。今案後漢書梁統傳上言曰。經曰爰制百姓于刑之衷。孔子曰。刑罰不衷。則民無所錯手足。衷之爲言。不輕不重之謂也。衷與中。古字通。無所錯手足者。錯。皇本作措。釋文。錯。本又作措。說文。措。置也。措本字。錯假借字。皇疏云。刑罰既濫。故下民畏懼。刑罰之濫。所以跼天蹐地。不敢自安。是無所自措立手足也。案事不成。禮樂不興。刑罰不中。皆推言名不正則言不順之失。言者。所以出令布治也。呂氏春秋審分覽。夫名多不當其實。而事多不當其用者。故人主不可以不審名分也。今有人於此。求牛則名馬。求馬則名牛。所求必不得矣。而因用威怒。有司必誹怨矣。牛馬必擾亂矣。百官。衆有司也。萬物。羣牛馬也。不正其名。不分其職。而數用刑罰。亂莫大焉。故名不正。則人主憂勞勤苦。而官職煩亂悖逆矣。國之亡也。名之傷也。從此生矣。呂覽此言。名不正。則刑罰失亂。與此文意同。黃氏式三後案云。王道不外彝倫。而家人莫重於父子。孟子曰。人人親其親。長其長。而天下平。又曰。瞽瞍厎豫。而天下之爲父子者定。王者本孝出治。父子之倫爲重也。治國者。不正一家父子之名。而欲正一國之父子。無諸己而求諸人。則一己多忌諱之私。而事亦阻窒而不成矣。禮樂刑罰。事之大也。禮莫大於父子之序。樂莫大於父子之和。刑罰莫大於不孝。三者失。而事之不成甚矣。故治世之要務。在彝倫攸敍。○注。迂猶遠也。○正義曰。說文。迂。避也。此云猶遠者。引申之義。呂覽先己篇。寡人以爲迂言也。高誘注。迂。遠也。○注。孔曰至濫罰。○正義曰。皇本作包注。孝經云。安上治民。莫善於禮。移風易俗。莫善於樂。樂記。樂也者。聖人之所樂也。而可以善民心。其感人深。其移風易俗。故先王著其教焉。

樊遲請學稼。子曰。吾不如老農。請學爲圃。曰。吾不如老圃。注馬曰。樹五穀曰稼。樹菜蔬曰圃。樊遲出。子曰。小人哉。樊須也。上好禮。則民莫敢不敬。上好義。則民莫敢不服。上好信。則民莫敢不用情。注孔曰。情。情實也。言民化於上。各以實應。夫如是。則四方之民。繈負其子而至矣。焉用稼。注包曰。禮義與信。足以成德。何用學稼以教民乎。負者以器曰繈。○正義曰。說文云。農。耕人也。今字作農隸變。漢書食貨志。闢土植穀曰農。當春秋時。世卿持祿。廢選擧之務。賢者多不在位。無所得祿。故樊遲請夫子學稼學圃。蓋諷子以隱也。書無逸云。知稼穡艱難。則知小人之依。又云。舊爲小人。爰曁小人。是小人卽老農老圃之稱。孟子滕文公篇。有大人之事。有小人之事。與此同也。古者四民各有恒業。非可見異而遷。若士之爲學。則由成己以及成物。己欲立而立人。己欲達而達人。但當志於大人之事。而行義達道。以禮義信自治其身。而民亦嚮化而至。安用此學稼圃之事。徒潔身而廢義哉。孝經曰。君子言思可道。行思可樂。德義可尊。作事可法。容止可觀。進退可度。以臨其民。是以其民畏而愛之。則而象之。故能成其德敎。而行其政令。是上好禮。則民咸知敬也。荀子王霸篇之所與爲之者之人。則舉義士也。之所以爲布陳於國家刑法者。則舉義法也。主之所極然帥羣臣而首鄉之者。則舉義志也。如是則下仰上以義矣。是綦定也。是上好義則民服也。晉語箕鄭曰。信於君心。則美惡不踰。信於民。則上下不干。信於令。則時無廢功。信於事。則民從事有業。禮運曰。故天不愛其道。地不愛其寶。人不愛其情。則是無故先王能修禮以達義。體信以達順。故此順之實也。愛者隱也。人不隱其情。由於上能修禮體信。是上好信。則民莫敢不用情也。皇本請學爲圃下有子字。襁負。釋文云。繈。居丈反。又作襁同。張參五經文字曰。作襁非。段氏玉裁說文注云。五經文字非也。古繈繦字從糸。不從衣。說文襁字。乃淺人妄增。○注。樹五穀曰稼。樹菜蔬曰圃。○正義曰。樹與尌同。謂種植也。五穀。禾黍稷稻麥也。詩伐檀傳。種之曰稼。周官司稼注。種穀曰稼。是凡樹穀曰稼也。說文。圃。所以種菜曰圃。周官大宰九職。二曰園圃毓草木。注。樹果蓏曰圃。蓏兼有菜蔬。禮記射義注云。樹菜蔬曰圃。與此訓同。○注。情。情實也。○正義曰。情者。好惡之誠。無所欺隱。故曰情實。下篇如得其情。亦謂所犯罪之實也。○注。禮義至曰襁。○正義曰。注以學稼學圃爲因敎民。是逆探下文爲此語。殆未然也。負者以器曰襁。弟子傳集解引作負子之器曰襁。皇疏引注亦作負子。又引李充曰負子以器。則負者乃負子之譌。說文。繈。觕纇也。段注。呂覽明理篇。道多繈緥。高注。繈。褸上繩也。又直諫篇注。繈。褸格繩。褸卽縷。格卽絡。織縷爲絡。以負之於背。其繩謂之繈。高說最分明。博物志云。織縷爲之。廣八寸。長二尺。乃謂其絡。未及其繩也。案顏師古漢書宣紀注。襁卽今之小兒繃也，李奇曰。以縕布爲之。李賢後漢書清河孝王慶傳注。以縕帛爲之。皇疏云。以竹爲之。或云以布爲之。今蠻夷猶以布帊裹兒負之背也。皆各據所見言之。小兒繃。兼有絡繩。蓋統名繈。後起之義也。史記魯周公世家。成王少在强葆之中。索隱曰。强葆卽襁褓。假借用之。

子曰。誦詩三百。授之以政。不達。使於四方。不能專對。雖多。亦奚以爲。注專。猶獨也。正義曰。誦詩者。周官大司樂。以樂語敎國子興道。諷誦言語。注。倍文曰諷。以聲節之曰誦。謂但以樂聲節之。不用樂也。墨子公孟篇。誦詩三百。弦詩三百。歌詩三百。舞詩三百。是學詩有誦弦歌舞之法。此但及誦詩者。主於口讀。尋繹其義指也。毛詩序云。先王以是經夫婦。成孝敬。厚人倫。美敎化。移風俗。是詩之理。可通政事。故宜達也。使於四方。能專對者。謂得詩溫柔敦厚之敎。則能應對賓客也。閻氏若璩釋地又續。專。擅也。卽公羊傳聘禮。大夫受命。不受辭出竟。有可以安社稷。利國家者。則專之可也。案漢書王莽傳。選儒生能顓對者。注曰。顓與專同。專對。謂應對無方。能專其事。聘記云。辭無常。孫而說。注云。孫。順也。大夫使受命。不受辭。辭必順且說。疏云。謂受君命聘于鄰國。不受賓主對答之辭。必不受辭者。以其口及。則言辭無定準。故不受之也。此卽專對之義。孫而說。亦所習於詩教然也。韓詩外傳。齊景公使人於楚。楚王與之上九重之臺。顧使者曰。齊有臺若此乎。使者曰。吾君有治位之坐。土階三等。茅茨不翦。樸椽不斷者。猶以謂爲之者勞。居之者泰。吾君惡有臺。若此者。使者可謂不辱君命。其能專對矣。此事正可舉證。鄭注云。誦習此道。不能爲用。雖多亦奚以爲也。案多。謂詩三百也。黃氏式三後案。以多指未刪之詩。誤。○注。專猶獨也。○正義曰。左襄十九年傳服注。專。獨也。此常訓。胡炳文四書匾。古者遣使。有正有介。正使不能達。則介使助之。如正使自能致辭。不假衆介之助。是謂能專對。卽此助訓獨之義。閻氏若璩釋地又續非之云。果爾。先王遣聘。只使者一人足矣。胡爲而從以上介及衆介耶。蓋應對之事。使者固多。而上介次介末介。亦非噤無語者。聘禮一篇可見。

子曰。其身正。不令而行。其身不正。雖令不從。注令。教令也。正義曰。漢書公孫弘傳。上古堯舜之時。不貴爵賞而民觀善。不重刑罰而民不犯。躬率以正。而遇民信也。末世貴爵厚賞。而民不勸。深刑重罰。而姦不止。其上不正。遇民不信也。淮南子主術訓。是故有諸己不非諸人。無諸己不求諸人。所立於下者。不廢於上。所禁於民者。不行於身。所謂亡國非無君也。無法也。變法者。非無法也。有法者而不用。與無法等。是故人主之立法。先自爲檢式儀表。故令行於天下。孔子曰云云。故禁勝於身。則令行於民矣。繆稱訓。無諸己。求諸人。古今未之聞也。同言而民信。信在言前也。同令而民化。誠在令外也。聖人在上。民遷而化。情以先之也。動於上不應於下者。情與令殊也。新序雜事四。唱而不和。動而不隨。中必有不全者矣。夫不降席而匡天下者。求之己也。孔子曰云云。先王之所以拱揖指揮而四海賓者。誠德之治。已形於外。故詩曰王猶允塞。徐方既來。此之謂也。諸文並足發明此章之旨。○注。令教令也。○正義曰。說文云。令。發號也。鹽鐵論詔聖篇。令者。教也。所以導民人。

子曰。魯衞之政。兄弟也。注包曰。魯。周公之封。衞。康叔之封。周公康叔。既爲兄弟。康叔睦於周公。其國之政。亦如兄弟。正義曰。皇本無也字。○注。魯周至兄弟。○正義曰。史記世家。周公旦者。周武王弟也。衞康叔名封。周武王同母少弟也。左定五年傳。公叔文子曰。大姒之子。惟周公康叔爲相睦也。是周公康叔爲兄弟最睦也。方氏觀旭偶記。包注不就衰亂言。案左氏定四年傳。皆啓以商政。注。皆魯衞也。又夫子嘗言魯一變至於道。而五至衞國。則有三年有成之語。又論子賤而以魯爲多君子。與季札稱衞多君子。辭若一轍。齊大陸子方曰。何以見魯衞之士。並見二國之政俗。末世猶賢於他國。更證之漢書馮奉世傳。人歌立與野王曰。大馮君。小馮君。兄弟繼踵相因循。聰明賢知惠吏民。政如魯衞德比均。周公康叔猶二君。政如魯衞二句。正用魯論語。漢世之解如此。今案方說。深得經注之意。朱子集注就衰世言。則語涉詼諧。非其理矣。

子謂衞公子荊善居室。注王曰。荊與蘧瑗史鰌並爲君子。始有。曰。苟合矣。少有。曰。苟完矣。富有。曰苟美矣。正義曰。云衛公子荆者。金氏文淳蛾術篇。謂魯亦有公子荆。哀公庶子。見左哀二十五年傳。故論語特加衛以別白之。是也。善居室者。皇疏云。居其家能治。不爲奢侈。故曰善也。有者。有財也。列子說符篇。羨施氏之有。張湛注。有猶富也。公子荆仕衛得祿。終致富有。苟者。誠也。信也。合者。言已合禮。不以儉爲嫌也。完者。器用完備也。美者。盡飾也。公子荆處衛富庶之時。知國奢當示之以儉。又深習驕盈之戒。故言苟合苟完苟美。言其意已足。無所復歛也。○注。荆與蘧瑗史鰌並爲君子。○正義曰。左氏傳。吳公子札適衛說蘧瑗史狗史鰌公子荆公叔發公子朝曰。衛多君子。未有患也。此注所本。

子適衛。冉有僕。注孔曰。孔子之衛。冉有御。子曰。庶矣哉。注孔曰。庶。衆也。言衛人衆多。冉有曰。既庶矣。又何加焉。曰。富之。曰。既富矣。又何加焉。曰。教之。正義曰。冉有。皇本作冉子。阮氏元校勘記。春秋繁露仁義法篇。論衡問孔篇。風俗通義十反卷。並作冉子。說苑建本篇。子貢問爲政。孔子曰。富之。既富。乃教之也。與此問答略同。或傳聞之異。孫氏奇逢四書近指。漢荀悅云。人不畏死。不可懼以罪。人不樂生。不可勸以善。故在上者。先豐民財以定其志。是謂養生。禮教榮辱。以加君子。化其情也。桎梏鞭扑。以加小人。化其形也。若教化之廢。推中人而墜於小人之域。教化之行。引中人而納於君子之塗。是謂章化。按悅此語。與孔子富教之說相發明。今案管子治國云。凡治國之道。必先富民。民富則易治也。民貧則難治也。奚以知其然也。民富則安鄉重家。安鄉重家。則敬上畏罪。敬上畏罪。則易治也。民貧則危鄉輕家。危鄉輕家。則敢陵上犯禁。陵上犯禁。則難治也。亦言爲政宜先富民也。孟子梁惠王篇。是故明君制民之產。必使仰足以事父母。俯足以畜妻子。樂歲終身飽。凶年免於死亡。然後驅而之善。故民之從之也輕。明富民當制民之產。民得恆產。乃易教也。荀子大略篇。不富無以養民情。不教無以理民性。故家五畝宅。百畝田。務其業而勿奪其時。所以富之也。立大學。設庠序。修六禮。明十教。所以道之也。詩曰。飲之食之。教之誨之。王事具矣。○注。孔子之衛。冉有御。○正義曰。說文云。僕。給事者。御車亦以給事。故通稱僕。周官有大僕戎僕。○注。庶。衆也。○正義曰。庶衆。爾雅釋詁文。說文。庶。屋下衆也。

子曰。苟有用我者。期月而已可也。三年有成。注孔曰。言誠有用我於政事者。期月而可以行其政教。必三年乃有成功。正義曰。史記孔子世家云。靈公老怠於政。不用孔子。孔子喟然歎曰。苟有用我者。期月而已。三年有成。是此語爲在居衛時。故次於適衛章之後。當春秋時。魯衛之政。尙爲兄弟。故夫子去魯後。獨久居衛。願治之也。說文。稘。復其時也。從禾其聲。期。會也。從月其聲。訓義略同。會者。合也。復其時。仍合於此月也。積月成年。故周年謂之期年。又謂之期月。言十二月至此一合也。漢書食貨志。民三年耕。則餘一年之畜。衣食足而知榮辱。廉讓生而爭訟息。故三載考績。孔子曰。苟有用我者。期月而已可也。三年有成。成此功也。然則三年有成。兼有富教之術。故上章載夫子與冉有語。備文見之。凡善人王者。不外此術也。

子曰。善人爲邦百年。亦可以勝殘去殺矣。注王曰。勝殘。勝殘暴之人。使不爲惡也。去殺。不用刑殺也。誠哉是言也。注孔曰。古有此言。孔子信之。正義曰。鄭注云。善人居中。不踐迹。不入室也。此人爲政。不能早有成功。百年乃能無殘暴之人。案居中者。對下王者言之。上不及王者。下不同時君。故言中也。上篇言善人之道。不踐迹。亦不入於室。此注本之。而以入室喻王者。漢書刑法志。孔子曰。如有王者。必世而後仁。善人爲國百年。可以勝殘去殺矣。言聖王承衰撥亂而起。被民以德教。變而化之。必世然後仁道成焉。至於善人不入於室。然猶百年勝殘去殺矣。此爲國者之程式也。並謂善人旣未入室。不能早有成功。故必期之百年也。○注。勝殘至殺也。○正義曰。說文。殘。賊也。孟子梁惠王篇。賊義者謂之殘。言善人爲邦百年。殘暴之人。不能盡絕。但其政治。足以勝之。使不爲惡。故亦不至用刑殺也。殺是重刑。言去殺。明諸輕刑未能免矣。

子曰。如有王者。必世而後仁。注孔曰。三十年曰世。如有受命王者。必三十年仁政乃成。正義曰。臧宋輯本鄭注云。周自太王。王季。文王。武王。賢聖相承四世。又云。周道至美。武王伐紂。至成王乃致太平。由承殷紂敝化之後故也。案御覽四百十九引鄭此注又云。聖人受命而王。必父子相承。而後天下之民能仁也。鄭以周之王業。肇基大王。歷三世至武王。受命而有天下。武王承大亂之後。勝殷未久而崩。至成王六年。乃制禮作樂。功致太平。由成王上溯大王。多有歷年。則以周承殷紂之後。俗敝已久。難可卒化。與尋常受命而王。其事勢有不同也。云必父子相承者。以三十年未必適當一君。故兼父子計之。荀子大略篇。文王誅四。武王誅二。周公卒業。至成康則案無誅已。亦謂成王時。民已能仁。故無誅也。包氏愼言溫故錄。漢書食貨志云。三年耕。則餘一年之畜。衣食足而知榮辱。廉讓與而爭訟息。故三載考績。三考黜陟。餘三年食。進業曰登。再登曰平。餘六年食。三登曰太平。二十七歲。餘九年食。然後以德化流洽。禮樂成焉。故曰如有王者。必世而後仁。繇此道也。案依志言必世後仁。蓋謂養而後教。食者。民之本。飢寒並至。雖堯舜在上。不能使民無寇盜。貧富兼幷。雖皋陶制法。不至使彊不淩弱。故王者初起。必先制田里。教樹畜。使民家給人足。然後以禮義化導之。言必世者。量民力之所能。不迫切之也。刑法志。亦引此經解之云。言王者乘衰撥亂而起。被民以德教。變而化之。必世然後仁道成焉。義亦略同。案包說。乃探原之論。可補鄭義。○注。三十至乃成。○正義曰。漢書平當傳。引此文解之云。三十年之間。道德和洽。

制禮興樂。災害不生。禍亂不作。是世爲三十年也。受命者。受天命也。仁政乃成者。言民化於仁。是上之仁政有成功也。

子曰。苟正其身矣。於從政乎何有。不能正其身。如正人何。正義曰。政者。正也。言爲政當先正其身也。皇疏云。其身不正。雖令不從。故云如正人何也。

冉子退朝。注周曰。謂罷朝於魯君。子曰。何晏也。對曰。有政。子曰。其事也。如有政。雖不吾以。吾其與聞之。注馬曰。政者。有所改更匡正。事者。凡行常事。如有政。非常之事。我爲大夫。雖不見任用。必當與聞之。正義曰。冉子卽冉有。稱子者。箸其爲師也。晏者。說文云。晏。天淸也。此文訓日暮。當是引申之義。解者謂晏爲旰之叚借。亦通。毛氏奇齡稽求篇。凡朝無晏退之禮。晏則必問。國語。范文子暮退於朝。武子曰。何暮也。與子問正同。方氏觀旭偶記。禮玉藻云。揖私朝。煇如也。登車則有光矣。注。揖其臣乃行。玉藻又云。朝辨色始入。案先視私朝。然後朝君。猶當辨色之時。則家臣之退。自然宜蚤。此子所以問冉有退朝之晏。○注。周曰謂罷朝於魯君。○正義曰。釋文云。周生烈曰。君之朝。是此周爲周生也。鄭注云。朝於季氏之私朝。與周生異。方氏觀旭偶記。案左氏哀十一年傳。季孫使冉子從於朝。俟於黨氏之溝。可見家臣從大夫之公朝。僅得使於朝中之地。無朝魯君之事。其朝於大夫之私朝者。左氏襄三十年傳。鄭伯有嗜酒。朝之未已。朝者曰。公焉在。魯語。公父文伯之母如季氏。康子在其朝。與之言弗應。康子辭於朝而入。注云。辭其家臣。是其證也。從鄭說是。陳氏鱣古訓謂其事。其字卽指季氏。自餘若閻氏若璩。毛氏奇齡。宋氏翔鳳。皆以鄭注爲然。魯語曰。自卿以下。合官職於外朝。合家事於內朝。韋注。外朝。君之公朝也。內朝。家朝也。此冉子退朝。卽是大夫內朝。在正寢門外。○注。政者至聞之。○正義曰。馬以政大事小。而政亦是事。故云非常之事。政既非常之事。故或有改更匡正。當集衆卿大夫並議之。夫子反魯。雖不見用。然猶從大夫之後。故云我爲大夫。當與聞之。左哀十一年傳。季氏欲以田賦使冉有訪諸仲尼曰。子爲國老。待子而行。是其證也。鄭注云。君之教令爲政。臣之教令爲事也。故云其事也。與馬注異。左昭二十五年傳。爲政事庸力行。務以從四時。杜注。在君爲政。在臣爲事。是政事各別。魯語所云官職。謂政也。所云家事。謂事也。但政事對文異。散文亦通。故仲弓爲季氏宰問政。而詩亦言王事是政事。不分別也。揆鄭之意。當以政事有公私之別。故夫子辨之。亦正名定分之意。若以政大事小。則無與於名分。非其義矣。魏書高閭傳解此文云。政者。君上之所施行。合於法度。經國治民之屬。皆謂之政。臣下奉敎承旨。作而行之。謂之事。此與鄭義又異。然承奉君敎。仍是君事。於義非也。

定公問一言而可以興邦。有諸。孔子對曰。言不可以若是其幾也。注王曰。以其大要一言不能正興國。幾近也。有近一言可以興國。人之言曰。爲君難。爲臣不易。如知爲君之難也。不幾乎一言而興邦乎。注孔曰。事不可以一言而成。如知此。則可近也。正義曰。皇本如知爲君下無之字。韓詩外傳傳曰。言爲王之不易也。大命之至。其太宗太史太祝斯素服執策北面而弔乎。天子日。大命既至矣。如之何憂之長也。授天子策一矣。日敬享以祭。永主天命。畏之無疆。厥躬無敢寧。授天子策二矣。日敬之。夙夜伊祝。厥躬無怠。萬民望之。授天子策三矣。日天子南面。受於帝位。以治爲憂。未以位爲樂也。詩曰。天難諶斯。不易惟王。〇注。以其至興國。〇正義曰。一言祗是大要。不能正興國。此釋言不可以若是之文也。幾近。爾雅釋詁文。易月幾望。詩維其幾矣。幾並訓近。此謂有一言近於興國也。王氏若虛論語辨惑。其幾也三字。自爲一句。一言得失。何遽至於興喪。然有近之者。孟氏夢恂四書辨疑。經文兩其幾也。皆三字爲句。舊注文亦是作兩句說。

曰。一言而喪邦。有諸。孔子對曰。言不可以若是其幾也。人之言曰。予無樂乎爲君。唯其言而莫予違也。注孔曰。言無樂於爲君。所樂者。唯樂其言而不見違。如其善而莫之違也。不亦善乎。如不善而莫之違也。不幾乎一言而喪邦乎。注孔曰。人君所言善。無違之者。則善也。所言不善。而無敢違之者。則近一言而喪國。正義曰。違者。背也。言臣下不從君。言有所違背也。周語云。故天子聽政。使公卿至於列士獻詩。瞽獻典。史獻書。師箴。瞍賦。矇誦。百工諫。庶人傳語。近臣盡規。親戚補察。瞽史敎誨。耆艾脩之。而後王斟酌焉。是以事行而不悖。是爲君冀有人諫諍。不嫌有予違也。吳語云。申胥曰。今王播棄黎老而近孩童焉。比謀曰。余令而不違。夫不違。乃違也。夫不違。亡之階也。韓非子外儲說。晉平公與羣臣飲。飲酣乃喟然嘆曰。莫樂爲人君。惟其言而莫之違。師曠侍坐於前。援琴撞之曰。啞。是非君人者之言也。皆以言莫予違爲非也。黃氏式三後案言莫予違。則讒諂所蔽。禍患所伏。而人莫之告。自古喪國之禍。多由於此。陸敬輿所謂天下大慮。在於下情不通。所謂忽於戒備。逸於居安。憚忠鯁之拂心。甘諛詐之從欲。不聞其失。以致大失也。

葉公問政。子曰。近者說。遠者來。正義曰。釋文。葉。舒涉反。本今作葉。盧氏考證以葉爲唐人避諱所改。本今作葉。則宋人校語是也。韓非子難篇。葉公子高問政於仲尼。仲尼曰。政在悅近而來遠。又曰。葉都大而國小。民有背心。故曰。政在悅近而來遠。言使近民歡說。則遠人來至也。墨子耕柱篇。葉公子高問政於仲尼曰。善爲政者。若之何。仲尼對曰。善爲政者。遠者近之。而舊者新之。語異義同。管子版法解。凡衆者。愛之則親。利之則至。又云。愛施俱行。則說君臣。說朋友。說兄弟。說父子。愛施所設。四固不能守。又云。愛施之德。雖行而無私。內行不修。則不能朝遠方之君。是故正君臣上下之義。飾父子兄弟夫婦之義。飾男女之別。別疏數之差。使君德臣忠。父慈子孝。兄愛弟敬。禮義章明。如此。則近者親之。遠者歸之。

子夏爲莒父宰。問政。注鄭曰。舊說云莒父。魯下邑。子曰。無欲速。無見小利。欲速。則不達。見小利。則大事不成。注孔曰。事不可以速成。而欲其速。則不達矣。小利妨大。則大事不成。正義曰。爾雅釋詁。速。急也。此常訓。大戴禮子張問入官篇。故君子蒞民。不道以遠。又云。道以數年之業。則民疾。疾則辟矣。注云。使成數年之業。則民困矣。荀子致士篇。臨事接民。而以義變應。寬裕而多容。恭敬以先之。政之始也。然後中和察斷以輔之。政之隆也。然後進退誅賞之。政之終也。故一年與之始。三年與之終。並言爲政不可欲速也。利謂便國益民也。爲政者見有大利。必宜與行。但不可見小耳。大戴禮四代篇。好見小利妨於政。呂覽勸勳篇。利不可兩。忠不可兼。不去小利。則大利不得。不去小忠。則大忠不至。故小利。大利之殘也。小忠。大忠之賊也。並與此文義相發。釋文毋欲音無。本今作無。皇本上字作毋。下字作無。○注。舊說云莒父魯下邑。○正義曰。稱舊說者。箸所自也。春秋定十四年。城莒父及霄。杜注。莒父魯邑。公叛晉。助范氏。故懼而城二邑。閻氏若璩釋地。是時荀寅士吉射據朝歌。晉人圍之。魯與齊衞謀救之。朝歌在魯正西將八百里。則莒父屬魯之西鄙。此亦據杜注約略言之。其實杜氏備晉之說。本屬臆測。難爲據也。顧氏棟高春秋大事表。莒係以父。魯人語音如梁父亢父單父是也。今爲沂州府莒州地。山東通志云。莒始封在萊州府高密縣東南。乃莒子之都。而子夏所宰之莒父也。春秋時。莒子遷於城陽。漢始封劉章爲城陽王。置莒縣。卽今青州府之莒州。莒父之邑。蓋以莒子始封得名耳。案通志與大事表異。通志較可據。

葉公語孔子曰。吾黨有直躬者。注孔曰。直躬。直身而行。其父攘羊。而子證之。注周曰。有因而盜曰攘。孔子曰。吾黨之直者異於是。父爲子隱。子爲父隱。直在其中矣。

正義曰。說文云。證。告也。韓非子五蠹篇。楚之有直躬。其父竊羊而謁之吏。令尹曰。殺之。以爲直於君。而屈於父。執而罪之。呂氏春秋當務篇。楚有直躬者。其父竊羊而謁之上。上執而將誅之。直躬者請代之。將誅矣。告吏曰。父竊羊而謁之。不亦信乎。父誅而代之。不亦孝乎。信且孝而誅之。國將有不誅者乎。荆王聞之。乃不誅也。孔子聞之曰。異哉直躬之爲信也。一父而載取名焉。故直躬之信。不若無信。高誘注。謁。告也。宋氏翔鳳過庭錄。兩書所記。一誅一不誅。異者。蓋其始楚王不誅。而躬以直聞於楚。葉公聞孔子語。故當其爲令尹而誅之。案宋說是也。鄭此注云。攘。盜也。我鄉黨有直人名弓。父盜羊則證其罪。據注。是鄭本作直弓。必出古魯齊異文。隸續陳寔殘碑。寔字仲躬。史傳雜書蔡中郎集。並作仲弓。是躬弓古多通用。鄭以弓爲人名。高誘淮南氾論訓注。亦云直躬。楚葉縣人也。躬蓋名其人。必素以直稱者。故稱直躬。直舉其行。躬舉其名。直躬猶狂接輿盜跖之比。僞孔以爲直身而行。非也。隱者。說文云。蔽也。檀弓云。事親有隱而無犯。鄭注。隱謂不稱揚其過失也。蓋子之事親。當時微諫。諭父母於道。不致有過誤。若不幸而親陷不義。亦當爲諱匿。公羊文十五年。齊人來歸子叔姬。閔之也。父母之于子。雖有罪。猶若其不欲服罪然。何休注。引此文說之云。所以崇父子之親。是也。鹽鐵論周秦篇。父母之於子。雖有罪，猶匿之。豈不欲服罪。子爲父隱。父爲子隱。未聞父子之相坐也。漢宣詔曰。自今子首匿父母。妻匿夫。孫匿大父母。皆勿坐。其父母匿子。夫匿妻。大父母匿孫。殊死皆上請。足知漢法。凡子匿父母等。雖殊死。皆勿坐。父母匿子等。殊死以下。皆不上請。蓋皆許其匿可知。皇疏云。今王法則許期親以上。得相爲隱。不問其罪。是也。白虎通諫諍篇。君不爲臣隱。父獨爲子隱。何以爲父子一體。榮恥相及。明父子天屬得相隱。與君臣異也。程氏瑤田論學小說。人有恒言。輒曰一公無私。此非過公之言。不及公之言也。此一視同仁。愛無差等之教也。其端生於意必固我。而其弊必極於父攘子證。其心則陷於欲博大公之名。天下之人。皆枉己以行其私矣。而此一人也。獨能一公而無私。果且無私乎。聖人之所難。若人之所易。果且易人之所難乎。果且得謂之公乎。公也者。親親而人民。仁民而愛物。有自然之施爲。自然之等級。自然之界限。行乎不得不行。止乎不得不止。時而子私其父。時而弟私其兄。自人視之。若無不行其私者。事事生分別也。人人生分別也。無他。愛之必不能無差等。而仁之不能一視也。此之謂公也。非一公無私之謂也。儀禮喪服傳之言昆弟也。曰昆弟之道無分。然而有分者。則辟子之私也。子不私其父。則不成其子。孔子之言直躬也。曰父爲子隱。子爲父隱。直在其中。皆言以私行其公。是天理人情之至。自然之施爲等級界限。無意必固我於其中者也。如其不私。則所謂公者。必不出於其心之誠。然不誠。則私焉而已矣。○注。有因而盜曰攘。○正義曰。高誘淮南注云。凡六畜自來而取之曰攘也。卽此注有因而盜之義。爾雅釋詁。儴仍因也。郭注皆謂因緣。案儴與攘同。樊孫引此文釋之云。因來此盜曰攘。

樊遲問仁。子曰。居處恭。執事敬。與人忠。雖之夷狄。不可棄也。注包曰。雖之夷狄。無禮義之處。猶不可棄去而不行。

正義曰。居處謂所居之處。執猶行也。此章所言。亦克己復禮爲仁之意。恭敬。說文俱訓肅。爾雅釋詁。恭。敬也。二字訓同。此對文稍異。漢書五行志。內曰恭。外曰敬。

子貢問曰。何如斯可謂之士矣。子曰。行己有恥。注孔曰。有恥者。有所不爲。使於四方。不辱君命。可謂士矣。曰。敢問其次。曰。宗族稱孝焉。鄉黨稱弟焉。曰。敢問其次。曰。言必信。行必果。硜硜然小人哉。抑亦可以爲次矣。注鄭曰。行必果。所欲行必果敢爲之。硜硜者。小人之貌也。抑亦其次。言可以爲次。正義曰。士謂已仕者也。聘使之事。士爲擯相。之從仕於大夫而爲政也。行己有恥者。皇疏云。言自行己身。恆有可恥之事。故不爲也。曾子制言上。夫行也者。行禮之謂也。又曰。故君子不貴與道之士。而貴有恥之士也。夫有恥之士。富而不以道則恥之。貧而不以道則恥之。皆言士所恥事也。不辱君命者。君命已出。使當守禮達辭。不使君命見淩辱也。毛詩序云。皇皇者華。言臣出使。能揚君之美。延其譽于四方。則爲不辱命也。聘義云。使者聘而誤。主君弗親饗食也。所以愧厲之也。誤者。謂失禮儀應對之節。當春秋時。最重邦交。故能不辱命。乃爲士之上矣。宗族者。白虎通宗族篇。宗者何謂也。宗者。尊也。爲先祖主者。宗人之所尊也。大宗能率小宗。小宗能率羣弟。通其有無。所以紀理族人者也。族者何也。族者。湊也。聚也。謂恩愛相流湊也。上湊高祖。下至玄孫。一家有吉。百家聚之。合而爲親。生相親愛。死相哀痛。有會聚之道。故謂之族。稱與偁同。說文。偁。揚也。廣雅釋訓。偁。譽也。今經典通用稱字。稱。銓也。別一義。趙氏佑溫故錄。此以鄉舉里選之法言。周禮自比閭族黨六鄉六遂皆立學。鄉師鄉大夫。各受教法於司徒。以教其所治。考其德行道藝。黨正各掌其黨以屬民正齒位。族師掌書其孝友睦婣有學者。以次而升于大學。士之造就。必由此爲正。案春秋之時。卿大夫皆世官。選舉之法已廢。此文所言。猶是舊法。故子貢復問今之從政。明前所舉。皆是昔時有然也。稱孝稱弟。即孟子所謂一鄉之善士。此雖德行之美。然孝弟爲人所宜盡。不必待學而能。故夫質性之善者。亦能行之。而非爲士職分之所盡也。故以爲次。荀子子道篇。以入孝出弟爲人之小行。志以禮安。言以類從。爲儒道之極。與此章義相發。志以禮安。則知所恥。言以類從。則能出使。不辱君命矣。言必信。行必果。謂不度於義。而但守小忠小信之節也。孟子離婁篇。孟子曰。大人者。言不必信。行不必果。唯義所在。明大人言行皆視乎義。義所在。則言必信。行必果。義所不在。則言不必信。行不必果。反是者爲小人。趙岐孟子注云。大人仗義。義有不得必信其言。子爲父隱也。有不能得。果行其所欲行者義。若親在。不得以其身許友也。硜硜。孟子公孫丑下。悻悻然見於其面。趙注引此文作悻悻。孫奭音義。悻悻字或作俓俓。案俓硜同。論語作悻。當出齊古異文。〇注。行必至爲次。〇正義曰。果與惈同。蒼頡篇。惈。憨也。憨即敢字。皇本作必敢爲之。必下脫果字。硜硜。堅確之意。小人賦性愚固。故有此貌。下篇鄙哉硜硜乎。義異訓同。史記樂書石聲硜。樂記作石聲磬。說文。磬。古文從金。是硜卽磬字。釋名釋樂器。磬。罄也。其聲罄罄然堅緻也。莊子至樂篇。誙誙乎如將不得已。釋文引李云。趣死貌。本又作脛脛。漢書楊敞傳。脛脛者未必全也。師古曰。脛脛。直貌也。爾雅釋詁。鞕。固也。郝氏懿行義疏。鞕轉爲硻。玉篇。硻。口耕切。別作硜。是誙脛鞕硻。並與硜同也。抑亦其次注。是檃括經文。孔氏廣森經學卮言。疑鄭所據本如此。非也。

曰。今之從政者何如。子曰。

噫。斗筲之人。何足算也。注鄭曰。噫。心不平之聲。筲。竹器。容斗二升。算。數也。

正義曰。斗筲之人。言今之從政。但事聚斂也。釋文云。算本或作筭。案說文。筭。長六寸。計歷數者。从竹从弄。算。數也。从竹从具。讀若筭。二字義略同。漢書公孫賀傳贊。斗筲之徒。何足選也。鹽鐵論雜論作何足選哉。選算一聲之轉。此當出齊古異文。詩柏舟不可選也。朱穆絕交論作不可算也。周官大司馬撰車徒。鄭注。撰讀曰算。算車徒。謂數擇也。是選算音近通用。○注。噫心至數也。○正義曰。噫是歎聲。心有所不足。亦不能平也。斗筲皆器名。說文。斗。十升也。象形有柄。鄭以斗是量名。人所共知。故不具釋。或鄭亦有注。集解删佚之耳。筲字從竹。故云竹器。儀禮旣夕云。筲三黍稷麥。下文又有菅筲。以菅草爲之。亦得名筲者。草竹同類也。鄭彼注云。筲。畚種類也。其容蓋與簋同一㪺。賈疏云。豆實三而成㪺。昭三年。晏子云。四升曰豆。則㪺受斗二升。此筲與㪺同。盛黍稷約同之。案說文䈰下云飯筥也。受五升。从竹稍聲。秦謂筥曰䈰。𥳓下云一曰飯器。容五升。筥。𥳓也。从竹呂聲。方言。籅。南楚謂之筲。趙魏之郊謂之笅籅。郭曰。籅。盛餅筥也。今建平人呼筲音鞭鞘。籅卽筥字。筲卽䈰字。說文筥𥳓。據段說。𥳓當作䈰。士昏禮鄭注云。笲形蓋如今之筥䕯蘆。䕯蘆卽笅籅也。說文。凵盧。飯器。以柳爲之。象形。笅。凵或从竹去聲。又廣雅釋器。嵠𡵆。筲籅也。太平御覽引纂文云。嵠𡵆。大筥也。據此。則筥籅䕯蘆嵠𡵆。皆卽筲之異名。用以盛飯。故與斗連稱。而𥳓本爲飯帚。又爲箸桶。皆是別義。與論語無涉。惟許鄭言筲容數各異。宋氏翔鳳過庭錄。以爲論語先言斗。後言筲。筲量宜更小於斗。則作五升爲是。既夕用筲禮亦殺。不必定容斗二升。今案後漢書禮儀志。更云筲八盛容二升。或後世大小異制。若顏師古漢書公孫賀等傳贊注。及文選王命論注。引漢書音義。並以筲受一斗。則謂筲斗同量。非矣。算數。爾雅釋詁文。說文云。數。計也。

子曰。不得中行而與之。必也狂狷乎。注包曰。中行。行能得其中者。言不得中行。則欲得狂狷者。狂者進取。狷者有所不爲也。注包曰。狂者進取於善道。狷者守節無爲。欲得此二人者。以時多進退。取其恆一。

正義曰。淩氏鳴喈論語解義云。中行者。依中庸而行也。在易復四益三四稱中行。謂孚中以行。可與之自治治人也。孚化萬邦。中庸鮮能。故不得隱怪。鄉原又不可與。

故必也狂狷乎。案說文無狷字。獧下云疾跳也。一曰急也。段氏玉裁注云。獧狷古今字。今論語作狷。孟子作獧。大徐別增狷篆。非。又心部。懁。忣也。从心瞏聲。讀若絹。段注。論語狷。孟子作獧。其實當作懁。今案忣與急同。獧者性褊急。則有所謹畏不爲也。孟子盡心下萬章問曰。孔子在陳。何思魯之狂士。孟子曰。孔子不得中道而與之。必也狂獧乎。狂者進取。獧有所不爲也。孔子豈不欲中道哉。不可必得。故思其次也。敢問何如斯可謂狂矣。曰。如琴張曾晳牧皮者。孔子之所謂狂矣。何以謂之狂也。曰。其志嘐嘐然曰。古之人。古之人。夷考其行而不掩焉者也。狂者又不可得。欲得不屑不潔之士而與之。是獧也。是又其次也。趙岐注。中道。中正之大道也。狂者能進取。獧者能不爲不善。時無中道之人。以狂獧次善者。故思之也。嘐嘐。志大言大者也。重言古之人。欲慕之也。考察其行。不能掩覆其言。是其狂也。屑。絜也。既不能得狂者。欲得有介之人。能恥賤汚行不絜者。則可與言矣。是獧人次於狂者也。後漢書獨行傳序。孔子曰。與其不得中庸。必也狂狷乎。此蓋失於周全之道。而取諸偏至之端者也。然則有所不爲。亦將有所必爲者矣。既云進取。亦將有所不取者矣。○注。狂者至恆一。○正義曰。左氏傳曾子誡曰。前志有之曰。聖達節。次守節。下失節。狷者慎守一節。雖不能進取。亦自不爲不善。故云無爲。時多進退。謂無恆之人。或進或退也。狂狷雖未得中道。然其性情恆一。使人知其所失。易反之於中道。故願與之也。禮中庸云。道之不行也。我知之矣。知者過也。愚者不及也。狂近知。狷近愚。彼言道不行。卽謂中庸之道。知愚雖未得中。然皆可與之。此夫子所以思有恆也。詩載馳正義。引鄭此注云。狂者仰法古制。不顧時俗。仰法古制。則孟子所稱狂者之言。古之人古之人也。不顧時俗。言不顧時俗之所宜而合之也。若鄉原。則閹然媚世。所謂非之無舉。刺之無刺。同乎流俗。合乎汚世。與狂狷者異矣。

子曰。南人有言曰。人而無恆。不可以作巫醫。【注】孔曰。南人。南國之人也。鄭曰。言巫醫不能治無恆之人。善夫。【注】包曰。善南人之言也。正義曰。說文。巫。祝也。女能事無形以舞降神者也。公羊隱四年傳注。巫者。事鬼神禱解。以治病請福者也。男曰覡。女曰巫。案巫覡對文異。散文通。周官司巫中士二人。男巫無數。女巫無數。其師中士四人。是男女皆稱巫也。說文。醫。治病工也。周官醫師上士二人。下士二人。食醫中士二人。疾醫中士八人。瘍醫下士八人。是巫醫皆以士爲之。世有傳授。故精其術。非無恆之人所能爲也。楚語。古者民神不雜。民之精爽不攜貳者。而又能齊肅衷正。其智能上下比義。其聖能光遠宣朗。其明能光照之。其聰能聽徹之。如是。則明神降之。在男曰覡。在女曰巫。是使制神之處。位次主而爲之牲器時服。楊泉物理論。夫醫者。非仁愛不可託。非聰明達理不可任。非廉潔淳良不可信。古之用醫。必選名姓之後。又云。其德能仁恕博愛。其智能宣暢曲解。知天地神祇之次。明性命吉凶之數。處虛實之分。定順逆之理。原疾量藥。貫微達幽。觀此。則巫醫皆抱道懷德。學徹天人。故必以有恆之人爲之解者。或以巫醫爲賤役。非也。禮記緇衣云。子曰。南人有言曰。人而無恒。不可以爲卜筮。古之遺言與。龜筮。猶不能知也。而況於人乎。詩云。我龜既厭。不我告猶。兌命曰。爵無及惡德。名立而正。事純而祭祀。是爲不敬。事煩則亂。事神則難。易曰。不恒其德。或承之羞。恒其德貞。婦人吉。夫子凶。鄭注云。猶。道也。言褻而用之。龜厭之。不告以吉凶之道也。惡德。無恒之德。純猶皆也。言君祭祀。賜諸臣爵。毋與惡德之人也。民將立以爲正。言傚傚之疾是事皆如是。而以祭祀。是不敬鬼神也。惡德之人。使事煩。事煩則亂。使事鬼神。又難以得福也。純或爲煩。案緇衣與論語文異意同。當由記者各據所聞述之。龜曰卜。蓍曰筮。二者皆有守職。宜以有恒之人爲之。無恒之人。不常厥性。故雖以龜筮之先知。猶不能知其爲人。而況於凡人乎。夫龜筮既厭其人。不告以卦兆吉凶。而其所以不可爲卜人筮人也。下文引詩言。正以無恒之人。雖欲褻用之而不可得。是不可爲卜筮明矣。又下文引說命。言惡德之人。不可事神。故云事神則難。此正不可爲卜筮之證。以其文略與論語同。故具釋之。可互明也。金樓子立言篇。引論語作不可卜筮。此誤以緇衣文合論語。支允堅異林。又疑巫卽筮字。古通用。尤妄說。〇注。南人至之人。〇正義曰。南人。爲南國之人。猶詩言東人西人之比。禮記疏以爲殷掌卜之人。未知所本。巫醫不能治無恒之人。言巫醫之事。皆能治疾。獨不能治無恒之人。故無恒者。不可以作巫醫。言不能以巫醫自治。必不能爲人治疾也。緇衣注云。不可爲卜筮。言卦兆不能見其情。定其吉凶也。不能見其情。定其吉凶。正言龜筮不能知無恒之人也。與此注可互證。

不恒其德。或承之羞。注孔曰。此易恒卦之辭。言德無常。則羞辱承之。子曰。不占而已矣。注鄭曰。易所以占吉凶。無恒之人。易所不占。正義曰。皇疏云。羞辱必承。而云或者。或。常也。言羞辱常承之也。詩無不爾或承。鄭曰。或。常也。老子。湛兮似或存。河上公注。或。常也。案易象傳云。不恒其德。无所容也。言無恒之人。无所容身。將承羞辱也。後漢書馬援傳注。恒卦。巽下震上。鄭玄注云。巽爲進退不恒其德之象。又互體爲兌。兌爲毀折後。或有羞辱也。張氏惠言周易虞氏義恒九三。不恒其德。或承之羞。貞吝。卦變成益三上失位三宜立不易方。則上亦不變。而旣濟定。所謂聖人久於其道。而天下化成也。乾爲德。坤爲恥。三不守乾。則二四與爲坤。故或承之羞。至承羞而後貞。雖正猶吝。此鄭虞易義以互體解之也。惟張氏以或指二四。與皇疏訓常不同。似皇疏說勝。〇注。易所至不占。〇正義曰。說文云。占。視兆問也。周官占人注。占蓍龜之卦兆吉凶。無恒之人。有凶無吉。故云或承之羞。貞吝。吝者。羞也。惟無恒。雖貞而終吝。故易亦不占之也。六五云。恒其德貞。婦人吉。夫子凶。此則有恒之人。吉凶皆占之。象傳云。婦人貞吉。從一而終也。夫子制義。從婦凶也。婦人貞壹之行。以恒爲吉。義者。宜也。言不必信。行不必果。惟義所在。夫子制義。而從婦人之貞壹。雖恒德亦爲凶也。此別是一義。所謂易無達占也。鄭注緇衣。以夫子凶爲無恒之人。誤。

子曰。君子和而不同。小人同而不和。注君子心和。然其所見各異。故曰不同。小人所嗜好者則同。然各爭利。故曰不和。正義曰。和因義起。同由利生。義者。宜也。各適其宜。未有方體故不同然不同因乎義。而非執己之見。無傷於和。利者。人之所同欲也。民務於是。則有爭心。故同而不和。此君子小人之異也。鄭語史伯曰。今王去和而取同。夫和實生物。同則不繼。以他平他謂之和。故能豐長而物生之。若以同裨同。盡乃棄矣。故先王以土與金木水火雜以成百物。是以和五味以調口。剛四支以衛體。和六律以聰耳。正七體以役心。平八索以成人。建九紀以立純德。合十數以訓百體。出千品。具萬方。計億事。材兆物。收經入。行姟極。故王者居九畡之田。收經入以食兆民。周訓而能用之。和樂如一。夫如是。和之至也。於是乎先王聘后於異姓。求財於有方。擇臣取諫工而講以多物。務同和也。聲一無聽。物一無文。味一無果。物一不講。王將棄是類也。而與剸同。天奪之明。欲無弊得乎。左昭二十年傳。齊侯論子猶云。惟據與我和夫。晏子對曰。據亦同也。焉得爲和。公曰。和與同異乎。對曰。異。和如羹焉。水火醯醢鹽梅以烹魚肉。燀之以薪。宰夫和之。齊之以味。濟其不及。以洩其過。君子食之。以平其心。君臣亦然。君所謂可而有否焉。臣獻其否以成其可。君所謂否而有可焉。臣獻其可以去其否。是以政成而不干。民無爭心。先王之濟五味和五聲也。以平其心。成其政也。聲亦如味。一氣。二體。三類。四物。五聲。六律。七音。八風。九歌。以相成也。清濁小大。短長疾徐。哀樂剛柔。遲速高下。出入周疏。以相濟也。君子聽之以平其心。心平德和。今據不然。君所謂可據亦曰可。君所謂否據亦曰否。若以水濟水。誰能食之。若琴瑟之專壹。誰能聽之。同之不可也如是。

子貢問曰。鄉人皆好之何如。子曰。未可也。鄉人皆惡之何如。子曰。未可也。不如鄉人之善者好之。其不善者惡之。注孔曰。善人善己。惡人惡己。是善善明。惡惡著。正義曰。公羊莊十七年傳注引此文。徐彥疏。一鄉之人。皆好此人。此人何如。子曰。未可卽以爲善。何者。此人或者行與衆同。或朋黨矣。子貢又曰。若一鄉之人。皆惡此人。此人何如。子曰。未可卽以爲惡也。何者。此人或者行與衆異。或孤特矣。不若鄉人之善行者善之。惡行者惡之。與善人同。復與惡人異。道理勝於前。故知是實善云云之說。備於鄭注。案疏依鄭爲說。則朋黨孤特。亦皆鄭注之義。宋氏輯本止取與善人同以下四句。非也。○注。善人至惡著。○正義曰。善人善己。惡人惡己。是此人眞善。而我之善善明也。反是而善人惡己。惡人善己。是此人眞惡。而我之惡惡著也。

子曰。君子易事而難說也。注孔曰。不責備於一人。故易事。說之不以道。不說也。及其使人也器之。注孔曰。度才而官之。小人難事而易說也。說之雖不以道。說也。及其使人也。求備焉。正義曰。君子小人。皆謂居位者。釋文云。說音悅。謂投以所好也。說之不以道四句。卽申釋易事難說之故。蓋不可說以非道。所以難說。使人器之。所以易事也。禮記曲禮云。禮不妄說人。鄭注爲近佞媚也。君子說之不以其道。則不說也。不以其道。卽是佞媚。卽是妄說。孔疏以言說解之。非矣。荀子大略篇。知者明於事。達於數。不可以不誠事也。故曰。君子難說。說之不以道。不說也。○注。不責備於一人。故易事。○正義曰。微子篇云。周公謂魯公曰。卽求備於一人。求卽責也。說苑雜言篇。曾子曰。夫子見人之一善。而忘其百非。是夫子之易事也。○注。度才而官之。○正義曰。大戴記子張問入官篇。短長人得其量。故治而不亂。

子曰。君子泰而不驕。小人驕而不泰。注君子自縱泰似驕而不驕。小人拘忌而實自驕矜。

注。君子至驕矜。○正義曰。焦氏循補疏。案泰者。通也。君子所知所能。放而達之於世。故云縱泰似驕。然實非驕也。小人所知所能。匿而不露。似乎不驕。不知其拘忌正其驕矜也。君子不自矜。而通之於世。小人自以爲是。而不據通之於人。此驕泰之分也。今案泰訓通。見易序卦傳。漢書劉向傳。泰者。通而治也。子張篇云。君子無衆寡。無小大。無敢慢。斯不亦泰而不驕乎。衆寡小大。皆無敢慢。則君子達之於世也。則無驕可知。

子曰。剛毅木訥近仁。注王曰。剛無欲。毅果敢。木質樸。訥遲鈍。有斯四者。近於仁。

○注。剛無至於仁。○正義曰。上篇言申棖欲。不得爲剛。是剛爲無欲也。果敢。謂作事見義必爲。故曾子言士當弘毅也。中庸言力行近乎仁。力行。卽謂剛毅也。漢書周勃傳。勃爲人木彊敦厚。張周傳贊。周昌木彊人也。酷吏傳。尹齊木彊少文。顏師古以爲強直如木石。是謂木爲樸質無文也。訥卽訥於言之訥。故曰仁者其言也訒。注云遲鈍。謂其言遲鈍。不致妄說也。後漢書吳漢傳論引此文。李賢注云。訥。忍於言也。是也。李又云。四者皆仁之質。若加文。則成仁矣。故曰近仁。案加文者。謂文以禮樂也。

子路問曰。何如斯可謂之士矣。子曰。切切偲偲。怡怡如也。可謂士矣。注馬曰。切切偲偲。相切責之貌。怡怡。和順之貌。朋友切切偲偲。兄弟怡怡。

正義曰。朋友以義合。兄弟以恩合。處之各有所宜。此盡倫之事。非凡民不學者所能。故如此。乃可稱士也。斯可謂之士矣。皇本無之字。釋文。偲音絲。本又作愢。集韻云。偲。或作愢。則偲愢一字。切切偲偲。怡怡如也。可謂士矣。夫子語止此。當時皆習見語。故夫子總言之。記者恐人不明。故釋之曰。朋友切切偲偲。兄弟怡怡。所謂七十子之大義也。皇本兄弟怡怡句末。有如也二字。高麗本同。阮氏元校勘記。文選求通親親表注。初學記十七。藝文類聚二十一。太平御覽四百十六。引此文。並有如也二字。大戴禮曾子立事篇。宮中雍雍。外焉肅肅。兄弟憘憘。朋友切切。遠者以貌。近者以情。友以立其所能。而遠其所不能。苟無失其所守。亦可與終身矣。憘與怡。音義略同。案孟子言父子不責善。責善。朋友之道也。○注。父子責善。賊恩之大者。合夫子此語觀之。是兄弟亦不可責善。當時諷諭之于道。乃得宜也。○注。切切至之貌。○正義曰。說文云。切。刌也。引申之。凡以物相摩按謂之切。故切有責訓。後漢書陳忠傳注。切。責也。竇憲傳注。切切。猶勤勤也。勤勤。亦責勉之義。爾雅釋訓。丁丁嚶嚶。相切直也。郭注以爲喻朋友切磋相正。廣雅釋訓。切切。敬也。敬與儆同。謂儆戒也。鄭注云。切切。勸競貌。勸競。卽切責之意。鄭與馬同也。又云。怡怡。謙順貌。謙順。卽和順。說文云。怡。和也。台。樂也。爾雅釋詁。怡。樂也。和樂義同。毛詩常棣傳。兄弟尙恩熙熙然。朋友以義切切節節然。孔疏云。兄弟之多則尙恩。其聚集則熙熙然。朋友之交則以義。其聚集切切節節然。切切節節者。皆切磋勉勵之貌。論語云。朋友切切偲偲。兄弟怡怡。此熙熙當彼怡怡。節節當彼偲偲也。定本熙熙作怡怡。節節作偲偲。依論語則俗本誤。此疏所載傳言甚明晰。但熙怡義同。節偲聲轉。俗本亦不誤也。解者因疑節節熙熙。是古論語。切切怡怡。是魯論語。說亦近之。節者。限制也。荀子彊國篇。內節於人。注云。節。卽謂限禁也。朋友相勉。不使爲非。其告語節節然有所限制也。詩卷阿疏引白虎通說。鳳雄鳴日節節。亦狀其聲之相似。

子曰。善人教民七年。亦可以卽戎矣。注包曰。卽。就也。戎。兵也。言以攻戰。正義曰。朱子集注云。教民者。教之以孝弟忠信之行。務農講武之法。吳氏嘉賓說。七年。謂其久也。凡以數爲約者。皆取諸奇。若一。若三。若五。若七。若九。九者。數之究也。古人三載考績。三考而後黜陟。皆中閒一年而考。五年則再考。七年則三考。故三年爲初。七年爲終。記曰中年考校。○注。卽就也戎兵也言以攻戰。○正義曰。卽就。此常訓。說文。戎。兵也。从戈从甲。今作戎隸省。御覽二百九十六引鄭此注云。可就兵攻戰也。與包義同。

子曰。以不教民戰。是謂棄之。注馬曰。言用不習之民。使之攻戰。必破敗。是謂棄之。正義曰。棄謂絕去之也。穀梁僖二十三年傳。宋公茲父卒。茲父之不葬。何也。失民也。其失民何也。以其不教民戰。則是棄其師也。爲人君而棄其師。其民孰以爲君哉。據彼文。則此言棄之。亦謂棄其師也。孟子告子下。魯欲使愼子爲將軍。孟子曰。不教民而用之。謂之殃民。與此同意。○注。言用至棄之。○正義曰。習謂肄習之也。范甯穀梁集解何休曰。所謂教民戰者。習之也。公羊桓六年傳。秋八月壬午。大閱。大閱者何。簡車徒也。何以書。蓋以罕書也。何休注。孔子曰。以不教民戰。是謂棄之。故比年簡徒謂之蒐。三年簡車謂之大閱。五年大簡車徒謂之大蒐。存不忘亡。安不忘危。徐彥疏云。何氏之意與鄭別。宋氏翔鳳輯本鄭論語注。謂何以教民爲習戰。而疏謂何與鄭別。則鄭謂教民以禮義。不謂教民習戰也。愚謂鄭注今已亡。無由知其說。然古人教戰。未始不教以禮義。觀子犯對晉文語。

雖霸國急用其民。亦必示之義信與禮。而後用之。故白虎通三教篇云。教者。效也。上爲之。下效之。故孝經曰。先王見教之可以化民。論語曰。不教民戰。是謂棄之。則言教。而二者已賅之矣。周官。大司馬中春教振旅。司馬以旗致民。平列陳如戰之陳。鄭注。兵者。守國之備。孔子曰。以不教民戰。是謂棄之。兵者凶事。不可空設。因蒐狩而習之。凡師出曰治兵。入曰振旅。皆習戰也。四時各教民以其一焉。觀此。則鄭與何同。公羊疏所云何與鄭別。或鄭別有一說。非如宋君所測也。

卷十七　憲問第十四

集解　凡四十四章

憲問恥。子曰。邦有道。穀。注孔曰。穀。祿也。邦有道。當食祿。邦無道。穀。恥也。注孔曰。君無道而在其朝。食其祿。是恥辱。正義曰。憲不稱氏。疑此篇卽憲所記。吳氏嘉賓說憲之狷介。雖邦有道。且不顧祿。觀其辭子之與粟可見也。故曰邦有道穀。廣之也。○注。邦有道。當食祿。○正義曰。泰伯篇。子曰。天下有道則見。又曰。邦有道。貧且賤焉。恥也。

克伐怨欲不行焉。可以爲仁矣。注馬曰。克。好勝人。伐。自伐其功。怨。忌小怨。欲。貪欲也。子曰。可以爲難矣。仁則吾不知也。注包曰。四者行之難。未足以爲仁。正義曰。史記弟子列傳。克伐上有子思曰三字。可以爲仁矣。矣與乎同義。管子法法云。行有難而非善者。又云。行必思善。不苟爲難。荀子不苟篇。君子行不貴苟難。唯其當之爲貴。○注。克好至小怨。○正義曰。說文。克。肩也。謂以肩任事也。引申之。有勝義。爾雅釋詁。剋。勝也。剋與克同。說文。忌。憎惡也。詩瞻卬傳。忌。怨也。展轉相訓。故怨亦爲忌。但怨有恚怒之意。忌則秪心有所諱惡。故爲小怨也。注文怨忌當讀斷。○注。包曰至爲仁。○正義曰。史記集解。引此注作鄭曰。阮氏元論仁篇。此但能無損於人。不能有益於人。未能立人達人。所以孔子不許爲仁。案四者不行。已近忠恕。但可以求仁。不可遽謂仁也。

子曰。士而懷居。不足以爲士矣。注士當志道不求安。而懷其居。非士也。注。士當至士也。○正義曰。士志仁義。大人之事備。不得但懷居。惟耽樂之是從也。左僖二十三年傳。懷與安。實敗名。吳氏英經句說。士初生時。設弧於門左。爲將有事於四方也。膂力方剛。經營四方。士之志也。若繫戀所居。乃偸安而無意人世者。故孔子警之。

子曰。邦有道。危言危行。【注】包曰。危。厲也。邦有道。可以厲言行也。邦無道。危行言孫。【注】孫。順也。厲行不隨俗。順言以遠害。正義曰。行貴有恆。不以有道無道異也。戴氏望注曰。正行以善經。言孫以行權。○注。危。厲也。邦有道。可以厲言行也。○正義曰。詩民勞傳。厲。危也。展轉相訓。故危亦爲厲。廣雅釋詁。厲。高也。上也。邦有道。得行其志。申其說。故可厲言行也。鄭注云。危猶高也。據時高言高行者皆見危。故以爲論也。案說文。危。在高而懼也。莊子盜跖篇。去其危冠。李注。危。高也。凡高多致險。故又有險難之義。鄭所云高言高行皆見危者。此危。謂危難也。高言高行。皆見危難。注兼二義爲引申矣。論猶言也。鄭與包意亦當同。錢氏坫後錄云。孫星衍曰。廣雅。危。正也。釋此爲長。○注。順言以遠害。○正義曰。順言者。無所違犯也。荀子臣道篇。迫脅於亂時。窮居於暴國。而無所避之。則崇其美。揚其善。違其惡。隱其敗。言其所長。不稱其所短。以爲成俗。繁露楚莊王篇。義不訕上。智不危身。故遠者以義諱。近者以智畏。畏與義兼。則世逾近而言逾謹矣。此定哀之所以微其辭。以故用則天下平。不用則安其身。春秋之道也。二文與此注義相發。漢明之末。學者知崇氣節。而持之過激。釀爲黨禍。毋亦昧於遠害之旨哉。

子曰。有德者必有言。有言者不必有德。【注】德不可以億中。故必有言。仁者必有勇。勇者不必有仁。正義曰。德不以言見。仁不以勇見。而此云必有者。就人才性所發見推之也。荀子非相篇。法先王。順禮義。黨學者。然而不好言。不樂言。則必非誠士也。故君子之於言也。志好之。心安之。樂言之。故君子必辯。又曰。故仁言大矣。起於上所以道於下。正令是也。起於下所以忠於上。謀救是也。故君子之行仁也無厭。又性惡篇。仁之所在。无貧窮。仁之所亡。无富貴。天下知之。則欲與天下同苦之。天下不知之。則傀然獨立天地之間而不畏。是上勇也。二文並足發明德必有言。仁必有勇之旨。若夫有言者。或但口給以禦人。勇者或但逞血氣之彊。故知有言者不必有德。勇者不必有仁也。○注。德不可以億中。故必有言。○正義曰。邢疏云。德不可以無言億中。故必有言也。案注義甚晦。邢疏解之。亦不憭。

南宮适問於孔子曰。羿善射。奡盪舟。俱不得其死然。【注】孔曰。适。南宮敬叔。魯大夫。羿。有窮國之君。篡夏后相之位。其臣寒浞殺之。因其室而生奡。奡多力。能陸地行舟。爲夏后少康所殺。此二子者。皆不得以壽終。禹稷躬稼。而有天下。夫子不答。【注】馬曰。禹盡力於溝洫。稷播百穀。故曰躬稼。禹及其身。稷及後世。皆王。适意欲以禹稷比孔子。孔子謙。故不答也。南宮适出。子曰。君子哉若人。尚德哉若人。注孔曰。賤不義而貴有德。故曰君子。正義曰。南宮者。氏也。閻氏若璩釋地續。古者命士以上。父子皆異宮。故儀禮言有東宮。有西宮。有南宮。有北宮。世之氏某宮者。應各以所居之宮。應劭或氏於宮。正謂此。釋文。适本又作括。說文羽部羿。羽之䍐風。亦古諸侯也。一曰射師。從羽幵聲。弓部𢏚。帝嚳䠶官。夏少康滅之。從弓幵聲。論語曰。𢏚善䠶。案𢏚羿一字。今作羿。隸體省變。許所據論語。當出安國古文。其以𢏚爲帝嚳時射官之名。則意羿之後。世襲其職。凡在堯時。在夏少康時所稱之羿。皆是舉其官矣。奡。舊音工到反。王逸楚辭天問注引奡作澆。此聲近通用字。盪。說文夰部引作湯。漢書天文志注引晉灼曰。湯猶盪滌也。古盪滌字祇作湯。盪字說文所無也。顧氏炎武日知錄。竹書紀年帝相二十七年。澆伐斟鄩。大戰於濰。覆其舟滅之。楚辭天問。覆舟斟鄩。何道取之。正謂此也。又云。古人以左右衝殺爲盪陣。其銳卒謂之跳盪。別帥謂之盪主。晉書載紀隴上健兒歌曰。丈八蛇矛左右盪。十盪十決無當前。盪舟蓋兼此義。與蔡姬之乘舟蕩公者不同。淩氏鳴喈解義。适疾時君好力戰。不修民事而問。夫子爲尊者諱。故不答。夫子善其不斥言時事。得古人援古諷今之義。知有天下以德服。不以力服也。○注。适南至壽終。○正義曰。注以适爲南宮敬叔。誤。辨見公冶長疏。左襄四年傳。魏絳曰。昔有夏之方衰也。后羿自鉏遷于窮石。因夏民以代夏政。恃其射也。不修民事。而淫於原獸。棄武羅伯。因熊髡尨圉而用寒浞。寒浞。伯明氏之讒子弟也。伯明后寒棄之。夷羿收之。信而使之。以爲己相。浞行媚于內。而施賂于外。愚弄其民。而虞羿于田。樹之詐慝。以取其國家。外內咸服。羿猶不悛。將歸自田家。衆殺而亨之。以食其子。其子不忍食諸。死于窮門。靡奔有鬲氏。浞因羿室生澆及豷。恃其讒慝詐僞。而不德于民。使澆用師滅斟灌及斟鄩氏。處澆于過。處豷于戈。靡自有鬲氏收二國之燼以滅浞。而立少康。少康滅澆于過。后杼滅豷于戈。有窮由是遂亡。又哀元年傳。伍員曰。昔有過澆殺斟灌以伐斟鄩。滅夏后相。后緡方娠。逃出自竇。歸于有仍。生少康焉。爲仍牧正。惎澆能戒之。澆使椒求之。逃奔有虞。爲之庖正。以除其害。虞思於是妻之以二姚。而邑諸綸。有田一成。有衆一旅。能布其德。而兆其謀。以收夏衆。撫其官職。使女艾諜澆。使季杼誘豷。遂滅過戈。復禹之績。祀夏配天。不失舊物。此其事也。注以奡爲澆甚是。而云陸地行舟似假書益稷所云罔水行舟。語附合之。此則誤解書及論語之義矣。吳仁傑兩漢刊誤補遺。陶唐夏后氏。各有一羿。孟氏書逢蒙學射於羿。使天下惟羿爲愈己。乃殺羿。此堯時羿也。寒浞虞羿于田。殺而亨之。此有窮后羿也。二人俱舊爲射官。又皆不得其死。故世或以爲一人。正自不然。而奡亦非所謂澆者。奡在禹稷之前。與堯時羿並世。書稱毋若丹朱傲。惟慢遊是好。傲虐是作。罔水行舟。朋淫于家。按此文上云丹朱傲。下又云傲虐。傲雖凶德。一言足以盡之。何至申言之乎。陸德明于丹朱傲云。字又作奡。乃知丹朱奡爲兩人名。朋淫云者。指此兩人言之。南宮适言奡盪舟。則罔水行舟之事。奡在禹前。故禹舉之以戒舜。南宮适舉之。亦先羿奡而後禹稷也。案如吳說。是以論語之羿。即堯時羿也。王應麟困學紀聞。說文。奡。嫚也。引虞書若丹朱奡。論語奡湯舟。按書有罔水行舟之語。則奡盪舟者。恐即謂丹朱。二說並與僞孔異。孫氏志祖讀書脞錄。李氏惇羣經識小。趙氏翼陔餘叢考。並從吳說。梁氏玉繩漢書古今人表考。不從吳氏王氏之說。謂羿奡傲三字。古多通借。則以論語之羿奡。卽人表所載第九列之羿浞奡也。周氏柄中典故辨正。亦云逢蒙殺羿之羿。乃是有窮之君。春秋傳所謂家衆殺之者。堯時之羿。淮南子稱其有功於天下。死爲宗布。人皆祀之。無不得其死之說。傲之爲奡。古字通用。說文。奡。嫚也。引書若丹朱奡。並不是人名。至南宮适之問意。本在禹稷。故語分賓主。非以時代先後爲序也。斗南旣以丹朱奡爲兩人。指爲羿奡之奡。王伯厚又疑論語奡盪舟。卽指丹朱。總以罔水行舟之語而傅會之。不知盪舟。與罔水行舟。本是兩事，鄭康成曰。丹朱見洪水時。人乘舟。今水已治。猶居舟中。使人頟頟推行之。此丹朱罔水行舟之事。卽孟子從流忘反之義也。竹書帝相二十七年。澆伐斟鄩。大戰於濰。覆其舟滅之。此奡盪舟之事。卽古人以左右衝殺爲盪陣之義也。孔氏於尙書論語。俱以陸地行舟解之。遂啓後誤。夫丹朱非不得其死者。而謂奡卽丹朱。豈可通乎。今案梁周二說皆是。而周說尤辨。孔子廣森經學卮言。丹朱與敖是二人。敖卽象也。帝繫曰。瞽叟產重華及產象敖。象爲人傲很。因以爲號。若共工稱康回。鮌稱檮杌之比。漆書古文作奡。論語奡盪舟。卽所謂罔水行舟者也。自注管子曰。若敖之在堯。劉景昇與袁譚書曰。昆弟相嫌。未若重華之于象敖。今案象固稱敖。然堯典言象傲克諧。則象後亦感化爲善。故封之有庳。富貴終身。何爲有不得其死之事。則知孔說亦誤也。說文奡嫚是本訓。其引書丹朱奡。正爲奡嫚之證。故下云讀若傲。明奡傲一也。又下引論語奡湯舟。此兼存異義。謂古論段奡爲澆。與奡嫚之義無涉。故箸其文於讀若傲之下。則論語與書義異。許氏固不誤也。○注。禹盡至答也。○正義曰。盡力溝洫。泰伯篇文。書皐陶謨云。禹曰。予濬畎澮距川。曁稷播奏庶艱食鮮食。烝民乃粒。禹貢亦言辨土作貢。是禹治水。兼及農事。故曰躬稼也。舜典。帝曰棄。黎民阻飢。汝后稷播時百穀。鄭注時讀曰蒔。此注云播殖。卽播蒔也。稷者。五穀之長。故以名官。稱后稷焉。案适之言。乃降祥降殃之理。其稱禹稷。正以諷時君當盡心民事也。注謂以禹稷比孔子。誤。○注。賤不義而貴有德。故曰君子。○正義曰。不義者不得其死。有德者皆有天下。此天道福善禍淫。适兩舉之。是賤不義而貴有德也。若夫不義者不得禍。或反得福。有德者不得福。或反得禍。變數也。君子不以變數疑常數。故荀子榮辱篇云。仁義德行。常安之術也。然而未必不危也。汙僈突盜。常危之術也。然而未必不安也。故君子道其常。而小人道其怪。

子曰。君子而不仁者有矣夫。未有小人而仁者也。【注】孔曰。雖曰君子。猶未能備。正義曰。仁道難成。故以令尹子文之忠。陳文子之清。猶不得爲仁。卽克伐怨欲不行。亦言不知其仁。故雖君子有不仁也。易繫辭傳。小人以小善爲无益而弗爲也。以小惡爲无傷而弗去也。故惡積而不可揜。罪大而不可解。是小人必無有仁也。

子曰。愛之能勿勞乎。忠焉能勿誨乎。【注】孔曰。言人有所愛。必欲勞來之。有所忠。必欲教誨之。

正義曰。此爲勞者誨者表也。不欲愛。卽勿勞。不能忠。卽勿誨。故夫言者旣竭懷以達誠。聞者亦宜原心以容直也。○注。言人至誨之。○正義曰。說文云。勑。勞勑也。今通用行來字。王氏引之經義述聞。解此文云。呂氏春秋高注。勞。勉也。勉與誨義相近。故勞誨並稱。鹽鐵論授時篇。縣官之於百姓。若慈父之於子也。忠焉能勿誨乎。愛之而勿勞乎。而與能古字通。白虎通義。臣所以有諫君之義何。盡忠納誠也。論語曰。愛之能勿勞乎。忠焉能勿誨乎。自注小雅隰桑篇。心乎愛矣。遐不謂矣。箋曰。謂。勤也。孔子曰。愛之能勿勞乎。忠焉能勿誨乎。襄二十七年左傳。子產賦隰桑。趙孟曰。武請受其卒章。杜注曰。趙武欲子產之見規誨。案王說足以發明此注之義。然勞來與規誨。意似重。竊疑勞當訓憂。淮南精神訓。竭力而勞萬民。氾論訓。以勞天下之民。高誘注。並云勞。憂也。又里仁篇。勞而不怨。卽憂而不怨。憂者。勤思之也。正此處確詁。

子曰。爲命。裨諶草創之。注孔曰。裨諶。鄭大夫氏名也。謀於野則獲。謀於國則否。鄭國將有諸侯之事。則使乘車以適野。而謀作盟會之辭。世叔討論之。行人子羽修飾之。東里子產潤色之。

注馬曰。世叔。鄭大夫游吉也。討。治也。裨諶旣造謀。世叔復治而論之。詳而審之。行人掌使之官。子羽公孫揮。子產居東里。因以爲號。更此四賢而成。故鮮有敗事。正義曰。裨。鄭本作卑。見羣經音辨𠂇部。鄭司農周官大祝注。後漢書皇后紀下注。引風俗通並作卑諶。漢書古今人表作卑湛。凡作卑與鄭本合。湛諶通用字。江氏聲論語竢質。裨諶裨竈。當卽一人。諶當從火作煁。毛詩傳。煁。烓竈也。則名竈字煁矣。左傳於襄三十一年。再見裨諶。以後但有裨竈。與子產相終始。而裨諶更不見。考其論議。正是一人也。草創者。釋文云。創依說文。此是創瘡字。創制之字當作刱。案說文。刱。造法刱業也。從井刅聲。讀若創。是創刱音同。故論語叚創爲刱也。草者。言始制之。若草蕪雜也。史記屈原列傳。屬草藁未定。修飾者。朱子集注云。謂增損之。蓋以增訓飾。以損訓修也。潤色者。廣雅釋詁。潤。飾也。謂增美其辭。使有文采可觀也。鄭之爲命。皆子產主之。其裨諶世叔子羽。皆子產所使。稱東里者。美之故詳之。書呂刑云。表厥宅里。○注。謀於至之辭。○正義曰。左襄三十一年傳。子產之從政也。擇能而使之。馮簡子能斷大事。子大叔美秀而文。公孫揮能知四國之爲。而辨於其大夫之族姓班位。貴賤能否。而又善爲辭令。裨諶能謀。謀於野則獲。謀於邑則否。鄭國將有諸侯之事。子產乃問四國之爲於子羽。且使多爲辭令。與裨諶乘以適野。使謀可否。而告馮簡子使斷之。事成乃授子大叔。使行之以應對賓客。是以鮮有敗事。北宮文子所謂有禮也。並此注所本。惟傳言子羽裨諶。同是草創。子大叔則受而應對。與論語敍述稍異耳。謀於野。謀於邑。謂於野之人邑之人也。子大叔卽世叔。世大通用。如世子亦稱大子之比。謀作盟會之辭。此釋爲命文也。周官大祝。二曰命。注。鄭司農云。命。論語所謂爲命。公羊莊十九年傳。

聘禮大夫受命不受辭。命者。凡聘問會盟所受於主國之命。其語皆有一定。故聘記云。辭無常。明命有常也。左傳言子產使子羽多爲辭令。則於禮命之外。更多爲辭以爲之備。即論語所言爲命者。得兼有之也。○注。世叔至爲號。○正義曰。游吉游眅之子。見左襄二十二年傳討治本說文。鄭注云。討論整理。理。亦治也。謂整比其辭而治之也。邢疏云。周禮秋官有大行人小行人。皆大夫也。掌諸侯朝覲宗廟會同之禮儀。及時聘會同之事。則諸侯之行人亦然。故云掌使之官。謂掌其爲使之官也。公孫揮。揮與翬同。故字子羽。若魯大宰翬字羽父也。東里。里名。列子仲尼篇。鄭之圃澤多賢。東里多才。多才即謂子產之屬。因以爲號者。謂人以是號之也。

或問子產。子曰。惠人也。注孔曰。惠愛也。子產。古之遺愛。問子西。曰。彼哉彼哉。注馬曰。子西。鄭大夫。彼哉彼哉。言無足稱。或曰。楚令尹子西。問管仲。曰。人也。注猶詩言所謂伊人。奪伯氏駢邑三百。飯疏食。沒齒無怨言。注孔曰。伯氏。齊大夫。駢邑。地名。齒。年也。伯氏食邑三百家。管仲奪之。使至疏食。而沒齒無怨言。以其當理也。

正義曰。荀子大略篇。子謂子產惠人也。不如管仲。管仲之爲人。力功不力義。力知不力仁。野人也。不可以爲天子大夫。與此文褒貶不同。蓋傳聞之異。詩匪風疏。引鄭注論語云。人偶同位。人偶之辭。莫知所屬。近輯本皆列入人也之下。宋氏翔鳳過庭錄云。以非常之人。偶然得之。謂之人偶。言同是在位。而管仲爲非常人。故曰同位人偶之辭。鄭注聘禮曰。每門輒揖者。以相人偶爲敬。又注中庸曰。人也。讀如相人偶之人。言相尊敬。故曰相人偶也。此蓋漢時常言。賈誼新書匈奴篇曰。胡貴人更進得佐酒前上。時人偶之。亦謂尊異也。阮氏元論仁篇。人偶。猶言爾我親愛之辭。孟子曰。仁也者。人也。謂仁之意即人之也。論語問管仲曰人也。鄭氏注曰。人偶同位之辭。此乃直以人也爲仁也。案鄭注大射儀。公食大夫禮及箋詩匪風。皆有人偶之語。宋阮二家釋之各異。以阮說爲近。禮表記云。仁者。人也。注。人也謂施以仁恩也。釋名釋形體。人。仁也。仁。生物也。是人有仁訓。鄭以管仲與同位。皆相親愛。而伯氏以罪見奪。非管仲有私忿。故不失爲仁。朱氏彬經傳攷證。孔子於子產稱其惠。於管仲稱其仁。觀伯氏之沒齒無怨。則仲之仁可知。故子路子貢疑其非仁。而孔子特信之。案朱說與阮同。並鄭義也。釋文。蔬。本今作疏。皇本同。○注。惠。愛也。子產。古之遺愛。○正義曰。左昭二十年傳。及子產卒。仲尼聞之。出涕曰。古之遺愛也。○注。子西至子西。○正義曰。鄭子西。即公子騑之子公孫夏。楚子西。即公子申。二人俱字子西。故注兼存其義。實則鄭子西。無行事可稱。楚子西有遜國之美德。昭王復國。改紀其政。亦有大功。故或人問之也。彼者。爾汝之稱。子西雖功足錄。然以囊瓦之貪庸。不能啓悟昭王。使早黜退之。知孔子大聖。又沮昭王封之。其後召白公至。喪身禍國。斯其智仁皆無可紀。故注以爲無足稱也。鹽鐵論雜論云。車丞相即周魯之列。

當軸處中。括囊不言。容身而去。彼哉彼哉。亦是以彼哉爲無足稱也。宋氏翔鳳過庭錄。公羊傳。陽虎曰。夫孺子得國而已。如丈夫何。睋而曰。彼哉彼哉。趣駕。既駕。公斂處父帥師而至。何休注曰。望見公斂處父師而曰彼哉。再言之曰切遽意。彼哉。言彼地不可久處。禍將及也。楚令尹子西之治國。足以招亂。故孔子思速去之。與公羊言趣駕語意同。蓋魯齊兩論也。廣韻五寘。彼。哀也。論語云子西彼哉。言子西不若子產治政之有遺愛。管仲治齊之無怨言。終於掩面而死。固可哀也。廣韻所載。蓋古文論語之遺。案宋君前說。依公羊解之。可備一義。後說則謬甚。埤蒼曰。彼。邪也。廣雅釋詁曰。彼。衺也。邪衺一字。衺與哀形最相近。故廣韻傳寫之本。遂誤作哀。而宋君即就而爲之者也。王氏念孫廣雅疏證。謂論語作佊。於義爲長。然彼衺之訓。以論子西。不免太過。廣韻所引未可據也。○注。猶詩言所謂伊人。○正義曰。皇本作鄭注。誤。所謂伊人。詩蒹葭白駒皆有其文。鄭箋。伊當作緊。緊猶是也。詩云伊人。皆說賢人。注以管仲爲夫子所賢。故以詩言譬之。○注。伯氏至理也。○正義曰。鄭注云。伯氏。齊大夫。駢邑三百家。齊下大夫之制。此僞孔所本。○注。皇疏云。伯氏名偃。未詳所出。荀子仲尼篇言。齊桓公立管仲爲仲父。與之書社三百。而富人莫之敢距也。書社三百。即駢邑三百。富人即伯氏。古以祿多爲富也。易訟九二云。其邑人三百戶。鄭注。小國之下大夫。采地方一成。其定稅三百家。故三百戶也。鄭以大國下大夫。與小國下大夫同制。故此注以三百家爲齊下大夫也。雜記注云。諸侯之大夫。邑有三百戶之制。是不分大國小國。彼疏引熊氏云。下大夫。三百家。一成之地也。一成所以三百家者。一成九百夫。宮室涂巷山澤。三分去一。餘有六百夫地。又不易再易。通於一家。而受二夫之地。是定稅三百家也。孔氏廣森經學卮言。左傳襄二十七年。唯卿備百邑。百邑者。四百井也。井十爲通。通十爲成。四百井者。四成也。成出革車一乘。四成者。四乘之地也。蓋侯國上卿采地如是。今案大夫一成。卿四成。近於卿祿四大夫之文。諸家皆從鄭說。若然。則書社三百。謂書駢邑社中之人三百家也。孔云駢邑地名者。說文。郱。地名。段氏玉裁注。前志齊郡臨朐應劭云。有伯氏駢邑。後志齊郡臨朐有古郱邑。據春秋莊元年。齊師遷紀郱鄑郚。杜云。郱在東莞臨朐縣東南。齊取其地。然則伯氏駢邑。即此地。駢即郱字。今山東青州府臨朐縣東南有郱城是也。齒年廣雅釋詁同。焦氏循補疏。天官大宰八柄。六曰奪以馭其貧。注云。奪謂臣有大罪沒入家財者。蓋伯氏時有罪。管仲復其家財。故注云當理。廣雅。理。治也。治獄之官名理。當理。謂治獄得當也。此管氏所以爲法家之冠矣。經學卮言亦云。此奪義。如八枋之奪。蓋伯氏有異。管仲削其邑。非奪以自益之謂也。今案論語言奪伯氏。以自奪爲文。蓋管仲執政。桓公奪邑以與管仲。無異於仲之自奪也。特其奪當理。故能使伯氏不怨。管子正篇。制斷五刑。各當其名。罪人不怨。善人不驚。曰刑。

子曰。貧而無怨難。富而無驕易。

正義曰。習鑿齒漢晉春秋言。管仲奪伯氏駢邑三百。沒齒而無怨言。聖人以爲難。焦氏循補疏謂習氏所引。連下貧而無怨爲一章。若然。則無怨無驕。謂使之無怨無驕也。孟子謂制民之產。仰足事父母。俯足畜妻子。然後驅而之善。故民之從之也輕。驅而之善。則無驕也。輕者。易也。言此者。明在位者當知小人之依。先其難者。後其易者。富之而後教之也。

子曰。孟公綽爲趙魏老則優。不可以爲滕薛大夫。注孔曰。公綽。魯大夫。趙魏皆晉卿。家臣稱老。公綽性寡欲。趙魏貪賢。家老無職。故優。滕薛小國。大夫職煩。故不可爲。正義曰。釋文。綽本又作繛。緩也。綽。繛或省。優者。饒也。亦見說文。皇本夫下有也字。漢書薛宣傳。頻陽縣北當上郡西河。爲數郡湊。多盜賊。其令平陵薛恭。本縣孝者。功次稍遷。未嘗治民。職不辦。而粟邑小。辟在山中。民謹樸易治。令鉅鹿尹賞久郡用事吏。宣即召令奏賞。與恭換縣。二人視事數月。而兩縣皆治。宣因移書勞勉之曰。昔孟公綽優於趙魏。而不宜滕薛。故或以德顯。或以功舉。是言爲趙魏老。當以德。爲滕薛大夫當以才。故能有功也。集注引楊氏曰。知之弗豫。枉其才而用之。則爲棄人矣。此君子所以患不知人也。○注。公綽至可爲。○正義曰。史記仲尼弟子列傳。孔子之所嚴事於魯孟公綽。是孟公綽爲魯人。云大夫者。以意言之。趙之先與秦同姓嬴。至造父始封於趙。今直隸趙州地。其後入晉。仕爲卿。魏。國名。括地志。魏故國在芮城縣北五里。今解州芮城縣河北故城是也。晉滅魏。以其地賜大夫畢萬。因以爲氏。子孫亦仕晉執政。故曰趙魏。皆晉卿也。士昏禮授老鴈。注云。老。羣吏之尊者。賈疏云。大夫家臣稱老。是以喪服公食大夫。以貴臣爲室老。春秋傳云。執臧氏老。禮記云。大夫室老。皆是。是家臣稱老也。下章言公綽之不欲。是性寡欲也。貪賢者。言務多賢也。皇疏云。趙魏賢人多。職不煩雜。故家臣無事。所以優也。滕薛。二國名。滕。周文王子錯叔繡之後。薛。任姓。奚仲之後。彙纂云。今兗山府滕縣西南十五里。有古滕縣。即滕國也。又云。薛城在滕縣南四十里。

子路問成人。子曰。若臧武仲之知。注馬曰。魯大夫臧孫紇。公綽之不欲。注馬曰。孟公綽。卞莊子之勇。注周曰。卞邑大夫。冉求之藝。文之以禮樂。亦可以爲成人矣。注孔曰。加之以禮樂文成。正義曰。說苑辨物篇。顏淵問於仲尼曰。成人之行何若。子曰。成人之行。達乎情性之理。通乎物類之辨。知幽明之故。睹遊氣之源。若此而可謂成人。既知天道。行躬以仁義。飭躬以禮樂。夫仁義禮樂。成人之行也。窮神知化。德之盛也。是成人爲成德之人。最所難能。此告子路。但舉魯四人。是降等論之。故言亦可也。禮禮器云。禮也者。猶體也。體不備。君子謂之不成人。設之不當。猶不備也。左氏傳子大叔曰。人之能自曲直以赴禮者。謂之成人。是備禮樂乃可爲成人。於是四子已出仕。未嘗學問。若能文以禮樂。是以後進於禮樂者也。○注。魯大夫臧孫紇。○正義曰。武仲。文仲之子。紇其名。○注。卞邑大夫。○正義曰。左傳十七年會于卞。杜注。魯國卞縣。王氏塗地理考。卞在今兗州府泗水縣東五十里。是卞爲魯邑也。荀子大略篇。齊人欲伐魯。忌卞莊子。不敢過卞。是莊子仕卞爲大夫也。周氏柄中典故辨正云。路史國名紀氏族大全。並以卞爲莊子之姓。蓋曹叔振鐸之後。支庶食采於卞。因以爲氏。然卞非曾國之地。鄭樵通志嘗辨之。則知卞姓之說誤也。韓詩外傳。卞莊子善事母。母無恙時。三戰而三北。交游非之。國君辱之。及母死三年。魯興師伐齊。莊子請從。遂赴敵。獲一甲首而獻之曰。此塞一北。又入獲一甲首而獻之曰。此塞再北。又入獲一甲首而獻之曰。此塞三北。將軍止之。莊子曰。三北以養母也。是子道也。今士節小具而塞責焉。吾聞之。節士不以辱生。遂反敵殺數十人而死　新序義勇略同。史記陳軫傳言卞莊子有刺虎事。國策秦策作管莊子。管卞古字通用。皆言莊子勇事也。孔氏廣森經學巵言。卞莊子始末。不見於左傳。疑卽孟莊子也。襄公十六年。齊侯圍成。孟孺子速徼之。齊侯曰。是好勇。去之以爲之名。速遂塞海陘而還。是孟莊子有勇名。或嘗食采於卞。因以爲號。若合左師苦成叔之比。卞本魯邑。檀弓。弁人有其母死。而孺子泣者。卽此卞也。左傳。齊歸孟穆伯之喪。卞人以告。則卞爲孟氏之私邑。非無稽言。自注楚語魯有弁費。謂孟孫季孫也。晃弁之弁。篆體作弁。隸變作卞。因變成卞。故漢書杜欽傳。小弁作小卞。東方朔傳。以卞莊子爲弁嚴。其實弁卞一字。周氏柄中典故辨正。引江永說。略同。案孟莊子以孝稱。而外傳言莊子善事母。亦一證也。惟外傳言莊子赴敵而死。又荀子言齊侯不敢過卞。與左傳齊侯圍成去之之文不同。並傳聞之異。鄭注此云。秦大夫。不用周說。原鄭之意。當以陳軫對秦惠王言管莊子。則卞莊子爲秦人。王氏瑬四書地理考。陳軫說君不必定引本國之人。從魯爲長。○注。加之以禮樂文成。○正義曰。言加以禮樂。乃得成文。故曰文之以禮樂。

曰。今之成人者何必然。見利思義。注馬曰。義然後取。不苟得。見危授命。久要不忘平生之言。亦可以爲成人矣。注孔曰。久要。舊約也。平生。猶小時。正義曰。皇邢疏以曰爲夫子語。文選曹植責躬詩注。沈約別范安成詩注。引此文。曰上有子字。蓋夫子移時復語也。集注引胡說。獨以爲子路言。於義似較長。授命猶言致命。曲禮云。臨財毋苟得。臨難毋苟免。案此皆謂忠信之人也。雖未文以禮樂。亦可次於成人。○注。久要。舊約也。平生。猶少時。○正義曰。廣雅釋言。要。約也。周官小宰。八曰聽出入以要會。鄭司農注。要會。謂計最之簿書。月計曰要。歲計曰會。宰夫掌官法以治要。注。古者凡有約。則書其文於簿書。故謂要爲約也。平生猶言平時。注言少時者。以久要或由少及老也。皇疏云。言成人平生期約雖久。至今不得忘少時之言。

子問公叔文子於公明賈曰。信乎。夫子不言不笑不取乎。注孔曰。公叔文子。衞大夫公孫拔文謚。公明賈對曰。以告者過也。夫子時然後言。人不厭其言。樂然後笑。人不厭其笑。義然後取。人不厭其取。子曰。其然。豈其然乎。注馬曰。美其得道。嫌不能悉然。正義曰。公明賈。疑亦衞人。公明氏。賈名也。時謂時當言也。其然者。左襄二十三年傳。申豐對季武子曰。其然。杜注。其然猶必爾。義與此同。皇疏云。其然者。然如此也。言今汝所說者。當如此也。一云豈其然乎者。謂人所傳不言不笑不取。豈容如此乎。皇本其言其笑其取下。俱有也字。○注。公叔至文謚。○正義曰。檀弓注。公叔文子。衞獻公之孫。名拔。或作發。孔疏。按世本衞獻公生成子當。當生文子拔。拔是獻公孫也。或作發者。以左傳作發。故云。案據檀弓公叔文子。謚貞惠文子。而止稱文者。鄭彼注云。不言貞惠者。文足以兼之。○注。美其得道。據不能悉然。○正義曰。皇疏以此注爲第二說。是疏不從此注。

子曰。臧武仲以防求爲後於魯。雖曰不要君。吾不信也。注孔曰。防。武仲故邑。爲後。立後也。魯襄公二十三年。武仲爲孟氏所譖。出奔邾。自邾如防。使爲以大蔡納請曰。紇非能害也。知不足也。非敢私請。苟守先祀。無廢二勳。敢不辟邑。乃立臧爲。紇致防而奔齊。此所謂要君。正義曰。汪氏烜詮義。以者。不當以也。於魯者。絕武仲於魯也。案要。約也。言約君如己所求也。表記子曰。事君三違而不出竟。則利祿也。人雖曰不要君。吾弗信也。與此言要君義同。孝經五刑章。要君者無上。○注。防武至要君。○正義曰。顧氏棟高春秋大事表。隱九年。公會齊侯于防。杜注。在琅邪華縣東南。據魯有兩防。此所謂東防也。在今費縣東北六十里。世爲臧氏食邑。臧紇以防求後。卽此。隱十年取防。此所謂西防也。杜注。高平昌邑縣西南有西防城。宋防既爲魯有。欲別於臧氏之防。故謂之西防。在今兗州府金鄉縣西北。又昭五年莒牟夷以防來奔。杜注。莒邑城陽平昌縣西南有防亭。今青州府安邱縣西南六十里。有故平昌防亭。據如顧說。是魯有三防。定五年傳。季孫還。未至。卒于房。顧氏炎武左傳杜解補正。謂此卽近費之防。史漢防房二字多通用也。立後者。謂立爲己後。禮云爲人後者。爲之子是也。左氏傳載此事云。孟孫惡臧孫。季孫愛之。孟孫卒。臧孫入哭甚哀。多涕。孟氏閉門。告于季孫曰。臧氏將爲亂。不使我葬。季孫不信。臧孫聞之。戒。冬十月。孟氏將辟藉。除于臧氏。臧孫使正夫助之。除於東門。甲從已而視之。孟氏又告季孫。季孫怒。命攻臧氏。乙亥。臧紇斬鹿門之關以出奔邾。是武仲爲孟孫所譖也。自邾如防以下皆傳文。臧爲武仲之異母兄宣叔。娶于鑄所生者也。大蔡。龜名。二勳謂文仲宣叔。

子曰。晉文公譎而不正。注鄭曰。譎者。詐也。謂召天子而使諸侯朝之。仲尼曰。以臣召君。不可以訓。故書曰。天王狩于河陽。是譎而不正也。齊桓公正而不譎。注馬曰。伐楚以公義。責包茅之貢不入。問昭王南征不還。是正而不譎也。正義曰。晉者。國名。周成王弟叔虞所封也。文公名重耳。齊桓公名小白。王氏引之經義述聞。說文。譎。權詐也。訓詐則爲惡德。訓權則亦可爲美德。毛詩序曰。主文而譎諫。言之者無罪。聞之者足以戒。鄭注曰。譎諫。詠歌依違不直諫。鹽鐵論力耕篇。昔管仲以權譎伯。而范氏以強大亡。安平相孫根碑仲伯撥亂。蔡足譎權。春秋繁露玉英篇。諸侯在不可以然之域者謂之大德。大德無踰閑者謂正經。諸侯在可以然之域者謂之小德。小德出入可也。權譎也。尚歸之以奉鉅經耳是也。論語晉文公譎而不正。齊桓公正而不譎。譎。權也。正。經也。言晉文能行權而不能守經。齊桓能守經而不能行權。各有所長。亦各有所短也。鹽鐵論論儒篇。今硜硜然守一道。引尾生之意。即晉文之譎諸侯。以尊周室不足道。而管仲蒙恥辱以存亡。不足稱也。遵道篇。晉文公譎而不正。齊桓公正而不譎。所由不同。俱歸於霸。漢書鄒陽傳。魯哀姜薨于夷。孔子曰。齊桓公法而不譎。以爲過也。顏注曰。法而不譎者。言守法而行。不能用權以免其親也。法與正同義。法而不譎。古人以爲齊桓之過。則守正爲齊桓之所長。權譎爲齊桓之所短。較然甚明。然則晉文公譎而不正。亦是嘉其譎。而惜其不正可知矣。淮南繆稱篇。至德。小節備。大節舉。齊桓舉而不密。晉文密而不舉。高注云。齊桓有大節。小節疏也。晉文有小節。大節廢也。語義與此相似。皆謂各得其一偏也。不然。則經但云晉文公譎。齊桓公正。其義已明。何須又言不正不譎乎。宋氏翔鳳發微云。鄒陽傳作齊桓公法而不譎。法古文作佱。是班書所引法而不譎爲魯論語。今作正者。蓋古論語本作佱。後人罕見佱字。就法有正義。遂改佱爲正。按兩正字。皆當作佱同法。法者。聖人之經法也。譎者。聖人之權衡也。善用譎則爲權。不善用譎則爲詐。故許君以權詐兩義解譎。此譎字當以權爲義。案王宋說同。惟宋以正當作佱。作正當後人所改。此近臆測。應劭風俗通。春秋說齊桓。晉文。秦繆。宋襄。楚莊。是五霸也。齊桓九合一匡。牽成王室。責彊楚之罪。復菁茅之貢。晉文爲踐土之會。修朝聘之禮。納襄冠帶。翼戴天子。孔子稱民到於今受其賜。又曰。齊桓正而不譎。晉文譎而不正。至於三國。既無歎譽一言。而繆公襄公莊王。皆無與微繼絕尊親王室之功。是以譎正爲歎譽。漢人久見及此。先晉文後齊桓者。明行事終歸正也。楊愼丹鉛錄曰。文公之功多於桓公。罪亦多於文公。事速於桓公。義則害於桓公。名盛於桓公。實則衰於文公也。春秋不以功蓋罪。不以事掩義。不以名誣實。桓公得江黃而不用以伐楚。文公則云非致秦不足與楚爭。楚抑而秦與矣。此桓公之所不肯爲者也。桓公會則不邇三川。盟則不加王人。文會畿內則伉矣。文盟子虎則悖矣。此桓公之所不敢爲者也。桓公寧不得鄭。不納子華。懼其獎臣抑君。不可以訓。文公爲元咺執衛侯。則三綱五常於是廢矣。此又桓公之所不忍爲者也。觀此。則吾夫子正譎之論孟子獨表桓公五禁而不及晉文。余謂文非桓匹。豈一人之私言乎。楊氏此論。尤能持平。蓋譎雖爲權。然君子行事。以正爲先。必以正不行。乃始用權。故如城濮之戰。不厭其用譎。若衛雍召王及執衛侯之類。此亦安用譎爲耶。大約文公求霸過亟。殊爲可疑。左氏內外傳。謂文公生十七年而亡。又十九年反國。實止三十六歲。又八年而薨。而史記晉世家言文公奔狄時。年已四十三。又十九歲反國。年六十二。何休公羊注。亦云時晉文公年老。恐霸功不成云云。則暮年行事。或不能不欲速而行權耳。○注。譎者至正也。○正義曰。鄭以譎爲詐。蓋不寺之也。春秋僖二十八年夏五月。盟于踐土。後書公朝于王所。冬會于溫。天王狩于河陽。左傳云。晉師還。至于衡雍。作王宮于踐土。會于溫。討不服也。是會也。晉侯召王。以諸侯見。且使王狩。是晉文用譎詐之事也。仲尼云云見左傳。范甯於穀梁會踐土注云。所謂譎而不正。亦同鄭說。○注。伐楚至譎也。○正義曰。桓行事類此者多。馬據一端言之。左僖四年傳。楚貢苞茅而不入。王祭不供。無以縮酒。寡人是徵。昭王南征而不復。寡人是問。此齊責楚之辭。以王事爲言。故近正也。穀梁僖四年傳。侵蔡而蔡潰。以桓公爲知所侵也。不土其地。不分其民。明正也。楊疏論語稱齊桓公正而不譎。指謂伐楚。此侵蔡亦言正者。伐楚是責正事大。故馬鄭指之。其實侵蔡不土其地。不分其民。亦是正事。故傳言正也。據此疏。則鄭亦有注。與馬同。

子路曰。桓公殺公子糾。召忽死之。管仲不死。曰。未仁乎。注孔曰。齊襄公立無常。鮑叔牙曰。君使民慢。亂將作矣。奉公子小白出奔莒。襄公從弟公孫無知殺襄公。管夷吾召忽奉公子糾出奔魯。齊人殺無知。魯伐齊。納子糾。小白自莒先入。是爲桓公。乃殺子糾。召忽死之。子曰。桓公九合諸侯。不以兵車。管仲之力也。如其仁。如其仁。注孔曰。誰如管仲之仁。

正義曰。管子小匡篇。齊僖公生公子諸兒。公子糾。公子小白。僖公卒。以諸兒長得爲君。是爲襄公。史記齊世家。襄公弟子糾。其母魯女也。次弟小白。其母衞女也。左昭十三年傳。齊桓。衞姬之子。有寵于僖。則公子糾與桓公爲異母昆弟也。周秦漢人言糾兄桓弟。自管子史記外。若莊子。荀子。韓非子。越絕書。說苑。皆是如此。卽公羊以桓公爲篡。穀梁以桓公爲不讓。亦以糾是桓兄。庽當立也。惟漢薄昭上淮南王長書。言齊桓殺其弟以反國。則以漢文是兄。淮南王是弟。不敢斥言殺兄。故改兄作弟。顏師古注引韋昭曰。子糾。兄也。言弟者。諱也。是也。曰未仁乎。此起子路問詞。故加曰字。皇疏以爲時議。非也。九合者。合會也。謂合諸侯也。左氏傳言晉悼公八年之中。九合諸侯。又祁午謂趙文子再合諸侯。五合大夫。皆計實數。與此文同。管子小匡云。兵車之會六。乘車之會三。史記齊世家封禪書。並云兵車之會三。乘車之會六。與管子互異。均以大概言之。穀梁莊二十七年傳。衣裳之會十有一。未嘗有歃血之盟也。信厚也。兵車之會四。未嘗有大戰也。愛民也。論語言九合不以兵車。則爲衣裳之會。解者莫知所指。鄭氏此處亦無注。惟釋穀梁廢疾。略存其義。而又爲後人增亂。莫可究詰。今案鄭云。自柯之明年。葵丘以前。去貫與陽穀。固已九合矣。考柯會在莊十三年冬。鄭不數柯而以明年爲始。則以十四年鄄會始也。十五年又會鄄。十六年盟幽。二十七年又盟幽。僖元年會檉。五年會首止。七年盟甯母。九年會葵丘。是葵丘以前。止有七合。並葵丘數之。亦止有八耳。其二年會貫。三年會陽穀。鄭不據之者。穀梁疏引劉炫以爲貫與陽穀。非管仲之功。劉意以穀梁傳言貫之盟有江黃。桓公不能救。管仲謂爲近楚遠齊。齊不能救。則無以宗諸侯。桓公不聽。遂與之盟。其後楚伐江滅黃。桓公不能救。故君子閔之。又陽穀之會。亦有江黃。二會非管仲意。故鄭數九合。去貫與陽穀。此劉申釋鄭氏以意知之也。愚案鄭注論語。一匡天下。以陽穀指一匡。一匡是管仲功。可有陽穀。豈九合不可有陽穀耶。九合去陽穀。則鄭以一匡爲陽穀。先自矛盾。竊謂江黃遠來就盟。正是管仲之力。其後齊不能救。雖爲桓失。不得因此而謂貫與陽穀非爲衣裳之會也。反覆思之。疑穀梁疏所引釋廢疾。去貫與陽穀五字。當是誤衍。疏家不能辨正。而一匡指陽穀。亦並載其義。而不知正與九合去陽穀之言相背。此疏家之失。非鄭指也。若然。鄭數兩鄄兩幽檉貫陽穀首戴甯母。正符九合之數。鄄會在柯後一年。甯母在葵丘前二年。故云自柯之明年。葵丘以前。已有九合也。今就穀梁爲鄭疏之傳云。莊公十三年春。齊人。宋人。陳人。蔡人。邾人。會于北杏。是齊侯宋公也。其曰人。何也。始疑之。何疑焉。桓非受命之伯也。將以事授之者也。曰。可矣乎。未乎。舉人衆之辭也。是北杏之會。諸侯尙未許桓爲伯也。傳又云。冬公會齊侯盟于柯。曹劌之盟也。信齊侯也。桓盟雖內與不日信也。范甯集解桓公之信。著於天下。自柯之盟始。其明年會鄄。又明年會鄄。皆謀推齊爲伯。又明年同盟于幽。經書同。則成爲伯矣。二十七年。又同盟于幽。傳云。于是而後授之諸侯也。齊侯得衆也。桓會不致安之也。桓盟不日信之也。信其信。仁其仁。觀此。則桓伯始於柯。而成於鄄。故鄭亦不數柯。而云柯之明年。則明指九合爲始鄄矣。呂氏春秋貴信篇言柯之盟。莊公與曹劌皆懷劍劫盟云云。下云夫九合之而合。壹匡之而匡。皆從此生矣。新序雜事篇。亦云柯之盟。齊不倍盟。天下諸侯翕然而歸之。爲鄄之會。幽之盟。諸侯莫不至焉。爲陽穀之會。貫澤之盟。遠國皆來。又云。九合諸侯。一匡天下。功次三王。爲五伯長。本信起乎柯之盟也。皆以九合在柯後。知鄭說非無據矣。至貫之盟。左傳云。服江黃也。公羊傳謂江人黃人不召而至。雖穀梁傳有楚伐江滅黃。齊不能救。君子閔之之言。然閔其不能救。非不肯救也。且以哀江黃之服德而無援也。此固無損於齊伯。至陽穀之會。左傳曰。謀伐楚也。公羊曰。無障谷。無貯粟。無易樹子。無以妾爲妻。穀梁曰。桓公委端搢笏而朝諸侯。諸侯皆諭乎桓公之志。此桓盛會。亞於葵丘。九合當數之無疑矣。至檉謀救鄭。首戴謀甯周。甯母謀伐鄭。皆無異辭。至葵丘爲桓極盛。亦於是始衰。故鄭不數葵丘。已有九也。自鄭釋廢疾傳寫有去貫與陽穀五字。而申鄭者。遂不得其解。今綜各說以附於後。穀梁疏引劉炫。謂有洮與葵丘。以當貫陽穀之數。且以穀梁傳洮會兵車爲誤。李賢後漢書延篤傳注同。用劉說也。淩氏曙典故覈亦從其說。謂洮會在僖八年。明年會葵丘。葵丘以前皆衣裳。用管仲也。葵丘以後用兵車。管仲死也。案穀梁言洮會爲兵車。合於鹹牡丘淮爲四會。左傳云。會于洮。謀王室也。襄王定位而後發喪。其時叔帶作難。襄王懼不立。不發喪而告難于齊。桓公奉王命以兵車會諸侯謀之。此正理之所宜。何乃以爲傳誤。且究是傳誤。亦爲劉義。非康成有傳誤之言。此一說也。范甯解十三年會北杏。十四年會鄄。十五年又會鄄。十六年會幽。二十七年又會幽。僖元年會檉。二年會貫。三年會陽穀。五年會首戴。七年會甯母。九年會葵丘。凡十一會。論語皇疏引范注。謂鄭不取北杏及陽穀爲九會。則有貫與葵丘。又一說也。陸氏論語釋文云。范甯注云。十三年會北杏。又會柯。十四年會鄄。十五年又會鄄。十六年會幽。二十七年又會幽。僖元年會檉。二年會貫。三年會陽穀。五年會首戴。七年會甯母。凡十一會。鄭不取北杏及陽穀爲九。則有柯貫二會。又一說也。盧氏文弨釋文攷證。從陸氏而小變其說云。穀梁疏引鄭釋廢疾云。去貫與陽穀。或云與猶數也。言數陽穀。故得爲九也。僖九年盟于葵丘。疏云。論語一匡天下。鄭不據之。而指陽穀者。鄭據公羊之文。故指陽穀。然則鄭注不數貫而數陽穀。陸言鄭有貫無陽穀。互誤。陳氏鱣古訓略同。則有柯陽穀二會。又一說也。案北杏在柯會前。柯會不數。北杏安得數之。其數柯與葵丘。顯與鄭義不合。又鄭論語此文無注。盧謨記有注。凡諸述鄭。未符厥指。至穀梁疏又列二說。或云葵丘會盟異時。故分爲二。或取公子結與齊桓宋公盟爲九。先師劉炫難之云。若以葵丘之盟。盟會異時而數爲二。則首戴之會。亦可爲二也。離會不數鄄盟去公子結。則惟有齊宋二國之會。安得數之。是前二說。皆劉難塙。疏所不從矣。若劉澂意林。以始幽終淮爲九。萬斯大學春秋隨筆。以莊二十七年會幽。並檉貫陽穀首止甯母洮葵丘鹹爲九。羅泌路史以第九次合諸侯。專指葵丘。朱子集注以九與糾通。與左傳九年傳。桓公糾合諸侯文同。異義錯出。雖可徧曉。後之學者。當無爲所惑矣。不以兵車。以者。用也。桓公假仁義以服諸侯。諸侯皆來就桓會盟。不用兵車驅迫之也。呂氏春秋勿躬篇。桓公令五子皆任其事。以受令於管子。十年九合諸侯。一匡天下。皆夷吾與五子能也。新序雜事篇。夫管仲能知人。桓公能任賢。所以九合諸侯。一匡天下。不用兵車。管仲之功也。然則管仲能知人用人。成此伯功。所以論語歸美管仲也。如其仁者。王氏引之經傳釋詞。如猶乃也。此訓最當。蓋不直言爲仁。而言如其仁。明專據功業言之。穀梁傳所云仁其仁者也。胡氏紹勳拾義。據廣雅釋言訓如爲均。亦通。俞氏樾諸子平議。謂法言是擬論語。其中所云如其富。如其富。如其智。如其智。如其寖。如其寖。皆不予之辭。則如其仁。如其仁。蓋不許其仁也。言管仲但論其事功可也。不必論其仁也。俞君此說。深得揚子之意。其與論語本旨。不必合也。鄭注云。重言如其仁者。九合諸侯。功齊天下。此仁爲大。死節仁小者也。○注。齊襄至死之。○正義曰。襄公立無常。至出奔魯。見左莊八年傳。襄公。僖公之子。公孫無知。則僖公母弟夷仲年所生之子。故此注以無知爲襄公從弟也。無知弒襄公。遂自立。左傳云。九年春。齊人雍廩殺無知。公及齊大夫盟于蔇。齊無君也。夏。公伐齊。納子糾。桓公自莒先入。秋。師及齊師戰于乾時。我師敗績。鮑叔帥師來言曰。子糾。親也。請君討之。管召。讎也。請受而甘心焉。乃殺子糾於生竇。召忽死之。管仲請囚。鮑叔受之。及堂阜而稅之。史記齊世家。小白少好善。大夫殺無知。高國先陰召小白。魯亦發兵送子糾。而使管仲別將兵遮莒道。射中小白帶鉤。小白佯死。管仲使報魯。魯送糾者行遲六日。至齊。小白已入立爲桓公。桓公載溫車中馳行。又有高國應。故得先入立。管子大匡篇。齊請管仲召忽於魯。魯君乃遂束縛管仲與召忽。管仲謂召忽曰。子懼乎。召忽曰。何懼乎。吾不蚤死。將胥有所定也。今既定矣。令子相齊之左。必令忽相齊之右。雖然。殺君而用吾身。是再辱我也。子爲生臣。忽爲死臣。子其勉之。乃行入齊境。自刎而死。管仲遂入。君子聞之曰。召忽之死也。賢其生也。管仲之生也。賢其死也。

子貢曰。管仲非仁者與。桓公殺公子糾。不能死。又相之。子曰。管仲相桓公。霸諸侯。一匡天下。【注】馬曰。匡。正也。天子微弱。桓公帥諸侯以尊周室。一正天下。民到于今受其賜。【注】受其賜者。爲不被髮左衽之惠。微管仲。吾其被髮左衽矣。【注】馬曰。微。無也。無管仲。則君不君。臣不臣。皆爲夷狄。

正義曰。左莊九年傳。管仲請囚。鮑叔受之。及堂阜而稅之。歸而以告曰。管夷吾治於高傒。使相可也。公從之。列子力命篇。桓公遂召管仲。魯歸之。齊鮑叔牙郊迎釋其囚。桓公禮之。而位於高國之上。鮑叔牙以身下之。任以國政。號曰仲父。是管仲相齊事也。鄭注云。天子衰。諸侯興。故曰霸。霸者。把也。言把持王者之政教。故其字作伯。或作霸也。案說文。伯。長也。諸侯受命爲一州諸侯之長。謂之州伯。又謂之方伯。伯轉聲爲霸。故其字亦作霸。白虎通號篇。霸者。伯也。行方伯之職。會諸侯。朝天子。不失人臣之義。故聖人與之。非明王之法不張。霸猶迫也。把也。迫脅諸侯。把持其政。然則霸者。諸侯之長。所以爲政之名也。把持者。固守之意。固守王者之政教。以令於諸侯。此文王爲西伯。不嫌稱聖也。春秋時。如齊桓晉文。先未受命。恃其國彊。迫脅諸侯。雖後亦序之爲伯。然伯道未純。故聖門羞稱之。鄭此注謂天子衰。諸侯興。故曰霸者。即據周五霸。皆當衰世言之也。吾者。吾中國也。被髮者。皇疏云。被髮。不結也。禮。男女及時。則結髮於首。加冠笄爲飾。戎狄無此禮。但編髮被之體後也。左僖二十二年傳。初平王之東遷也。辛有適伊川。見被髮而祭於野者。曰。不及百年。此其戎乎。其禮先亡矣。是被髮爲戎狄俗也。左衽者。說文。衽。衣裣也。裣。交衽也。蒼頡解詁。衽。衣襟也。裣襟一字。聲類。襟。交領也。交領即交衽。蓋衣領下屬於衣前右幅。通稱爲衽。爲裣。爲襟。必言交者。謂領兩頭相交周人頸也。領右則衣前幅掩向右。領左則衣前幅掩向左。中夏禮服皆右衽。深衣則用對襟。對襟用直領。故鹽鐵論散不足篇。及釋名釋衣服所云直領。即指深衣而言。戎狄無禮服。亦無深衣。止隨俗所好服之。而多是左衽。故夫子舉爲言也。毛氏奇齡四書改錯。江氏永鄉黨圖考。皆據玉藻衽當旁釋此文。彼衽是掩縫之用。長二尺五寸。綴之右腋之裳端以垂於下。此深衣之制。然江考朝服祭服喪服。左右皆有衽。即深衣之裳左旁亦有衽。玉藻所云續衽鉤邊者。江謂在左旁縫之以合前後。則凡裳無不左衽。而何夷夏之別乎。是知玉藻之衽當旁。與論語左衽名同實異。論語當用說文蒼頡聲類諸訓解之矣。漢書韋賢傳引劉歆說。謂周自幽王後。南夷與北夷交侵中國。不絕如綫。春秋紀齊桓南伐楚。北伐山戎。孔子曰。微管仲。吾其被髮左衽矣。是故棄桓之過。而錄其功以爲伯首。案被髮左衽。乃戎狄之俗。楚雖南夷。未有此制。歆之言。亦趁辭耳。毛本衽作袵。係俗體。○注。匡正至天下。○正義曰。爾雅釋言。皇。匡。正也。詩六月。以匡王國。謂正王國也。周自東遷。王室微弱。天子之尊。與諸侯無異。齊桓率諸侯。令天下。知尊周室。故曰一正天下。馬氏統論桓功。當訓一爲皆也。鄭注以一匡指陽穀。穀梁疏謂鄭據公羊。案公羊僖三年秋。齊公宋公江人黃人會于陽穀。傳云。此大會也。曷爲末言爾。桓公曰。無障谷。無貯粟。無易樹子。無以妾爲妻。穀梁傳亦云。桓公委端搢笏而朝諸侯。諸侯皆諭乎桓公之志。志者。志在尊周室也。此桓大會。故鄭指之。後葵丘之會。壹明天子之禁。穀梁傳及孟子並言其盛。而鄭解一匡。不據之者。公羊傳言葵丘之盟。桓公震而矜之。叛者九國。桓伯之衰自此始。鄭依公羊爲言。故不指葵丘也。以義言之。馬鄭說皆通。然一匡九合。一字九字。皆是計數。則鄭義爲長。漢書郊祀志注。一匡天下。謂定襄王爲天子之位也。一說謂陽穀之會令諸侯云云。天下皆從。故云一匡者也。一說指鄭注前說。則六朝人解義。○注。微無至夷狄。○正義曰。微無。常訓。見詩式微傳。漢書匈奴傳。苟利所在。不知禮義。傳贊云。夷狄之人。貪而好利。被髮左衽。人面獸心。其與中國殊章服。異習俗。飲食不同。言語不通。故知其人。君不君。臣不臣也。注言此者。見夷狄入中國。必用夷變夏。中國之人。既習於被髮左衽之俗。必亦滅棄禮義。馴至不君不臣也。

豈若匹夫匹婦之爲諒也。自經於溝瀆。而莫之知也。

注 王曰。經。經死於溝瀆中也。管仲召忽之於公子糾。君臣之義未正成。故死之未足深嘉。不死未足多非。死事既難。亦在於過厚。故仲尼但美管仲之功。亦不言召忽不當死。

○正義曰。顏師古漢書敘傳注。凡言匹夫匹婦。謂凡庶之人。一夫一婦。當相配匹。宋氏翔鳳發微云。中論知行篇云。召忽伏節死難。人臣之美義也。仲尼比爲匹夫匹婦之爲諒矣。後漢書應劭傳。劭議曰。召忽親死子糾之難。而孔子曰。經於溝瀆。人莫之知。則漢儒皆以經於溝瀆爲召忽事。子罕篇云。匹夫不可奪志。則匹夫者。所謂獨行之士。惜一己之節。不顧天下者也。非以匹夫爲賤而非之。諒者。說文。諒。信也。爾雅釋詁。亮。信也。亮與諒同。匹夫匹婦以言許人。必踐其言。是之謂諒。發微又云。左傳乃殺子糾于生竇。杜注。生竇。魯地。史記作笙瀆。集解賈逵曰。魯地句瀆也。索隱按鄒誕生本作莘瀆。莘笙聲相近。笙如字。瀆音豆。論語作溝瀆。蓋後代聲轉而字異。故諸文不同。桓十二年。公會宋人燕人盟于穀丘。杜注。穀丘。宋地。左傳作盟于句瀆之丘。杜注。句瀆之丘。即穀丘也。水經濟水注。濮水又東與句瀆合。句瀆首受濮水枝渠于句陽縣。東南逕句陽縣故城南。春秋之穀丘。左傳以爲句瀆之丘矣。縣處其陽。故縣氏焉。按句陽故城。在今曹州府治北三十里。即穀丘也。則在春秋爲曹地。其境與魯相錯。亦得有魯地。又左傳哀六年。齊囚王豹于句瀆之丘。或其時曹將亡。齊亦侵其地而有之。要之。生竇笙瀆句瀆與溝瀆是一地。而齊魯曹宋壤地相接。各得有其一隅。復以聲轉而異其字也。按論語言召忽經死溝瀆。而管子大匡言入齊境自刎而死。傳聞各異。莫之知者。言無功績爲人所知也。○注。經經至當死。○正義曰。晉語。申生雉經。史記田單傳。遂經其頸於樹枝。索隱。經猶繫也。荀子彊國篇。救經而引其足也。楊倞注。經。縊也。經死於溝瀆中。此以溝瀆爲田間水道。爾雅釋地。水注谷曰溝。注澮曰瀆。是也。說苑善說篇。管子者。天子之佐。諸侯之相也。死之則不免爲溝中之瘠。與此注合。皆不以溝瀆爲地名也。管仲召忽。舊爲子糾之傅。雖糾於次當立。而未即位而死。君臣之義尚未正成。

故仲雖不死。未足多非也。管子大匡云。召忽曰。百歲之後。犯吾君命而廢吾所立。奪吾糾也。雖得天下。吾不生也。兄與我。齊國之政也。受君令而不改。奉所立而不濟。是吾義也。管仲曰。夷吾之爲君臣也。將承君命。奉社稷。以持宗廟。豈死一糾哉。夷吾之所死者。社稷破。宗廟滅。祭祀絕。則死之。非此三者。則夷吾生。夷吾生則齊國利。夷吾死則齊國不利。觀此。則二子之死與不死。各自有見。仲志在利齊國。而其後功遂濟天下。使先王衣冠禮樂之盛。未淪於夷狄。故聖人以仁許之。且以其功爲賢於召忽之死矣。然有管仲之功。則可不死。若無管仲之功。而背君事讎。貪生失義。又遠不若召忽之爲諒也。

公叔文子之臣大夫僎。與文子同升諸公。注孔曰。大夫僎。本文子家臣。薦之使與己並爲大夫。同升在公朝。子聞之曰。可以爲文矣。注孔曰。言行如是。可謚爲文。

正義曰。毛氏奇齡四書賸言。臣大夫。卽家大夫也。又經問引先仲氏說。謂臣大夫三字不分。檀弓。陳子車死於衞。其妻與其家大夫謀以殉葬。蓋仕於家曰家大夫。仕於邑曰邑大夫。而統爲臣大夫。閻氏若璩四書釋地略同。今案家臣之中。爵秩不同。尊者爲大夫。次亦爲士。故此別之云大夫僎。明僎爲家臣中之爲大夫者也。毛氏謂臣大夫三字不得分。殊泥。漢書古今人表。作大夫選。則漢人讀。不以大夫連臣字也。僎作選。釋文云。僎本又作撰。先進篇。異乎三子者之撰。鄭作僎。是僎撰故通用也。錢氏坫論語後錄。案周書謚法。文有六等。稱經天緯地。道德博厚。學勤好問。慈惠愛民。愍民惠禮。錫民爵位。並無修制交鄰。不辱社稷等例。檀弓。公叔文子卒。其子戍請謚於君。君曰。夫子聽衞國之政。修其班制。以與四鄰交。衞國之社稷不辱。不亦文乎。靈公之謚。不本典制。故夫子舉同升佚事以合之。意深矣。〇注。薦之至公朝。〇正義曰。注意以僎因文子薦之。同升於公爲大夫。經言大夫僎者。從後書之。李賢後漢吳良傳注。文子家臣名僎。操行與文子同。文子乃升進之於公。與之同爲大夫。卽本注義。

子言衞靈公之無道也。康子曰。夫如是。奚而不喪。孔子曰。仲叔圉治賓客。祝鮀治宗廟。王孫賈治軍旅。夫如是。奚其喪。注孔曰。言雖無道。所任者各當其才。何爲當亡。

正義曰。記子言者。謂子與康子言及之也。周書謚法解。亂而不損。靈。好祭鬼神。皆曰靈。衞靈之謚。當取亂而不損矣。朱子集注云。喪。失位也。釋文云。子曰衞靈公之無道。一本作子言。鄭本同。案皇本作子曰。李賢後漢書明帝紀注。亦是曰字。邢本從鄭作子言。言字是也。又無道下。皇本有久字。然攷疏文無久字。此後人所增。

子曰。其言之不怍。則爲之也難。注馬曰。怍。慙也。內有其實。則言之不慙。積其實者。爲之難。正義曰。皇本作則其爲之難。大戴禮曾子立事篇。盧注。引其言不作。其後爲之難。嚴氏杰校云。所引論語。當讀如史記作作有芒之作。包氏愼言溫故錄。案作。起也。勇於有爲者。其言必有振厲奮起之色。言不奮起。則行必觀望。故曰爲之也難。案盧引論語。未知何本。或作卽是怍之譌。嚴包二君。但就文說之。○注。怍慙至之難。○正義曰。說文。怍。慙也。誹。慙語也。段注謂論語此文。當作誹。今通用怍字。己所能爲。卽是內有其實。皇疏引王弼曰。情動於中。而外形於言。情正實而後言之不怍。此卽馬義。後漢書皇甫規傳論。孔子稱其言之不怍。則其爲之也難。察皇甫規之言。其心不怍哉。夫其審己則干祿。見賢則委位。故干祿不爲貪。而委位不求讓。稱己不疑伐。而讓人無懽情。故能功成於戎狄。身全於邦家也。此引文以不怍爲美詞。與馬義合。曾子立事云。是故君子出言以鄂鄂。行身以戰戰。亦殆免於戾矣。盧注。鄂鄂。辨厲也。竊謂辨厲。卽不怍之意。戰戰。卽爲之也難之意。

陳成子弒簡公。孔子沐浴而朝。告於哀公曰。陳恆弒其君。請討之。注馬曰。成子。齊大夫陳恆也。將告君。故先齊。齊必沐浴。公曰。告夫三子。注孔曰。謂三卿也。孔子曰。以吾從大夫之後。不敢不告也。君曰。告夫三子者。注馬曰。我禮當告君。不當告三子。君使我往。故復往之三子告。不可。孔子曰。以吾從大夫之後。不敢不告也。注馬曰。孔子由君命之三子告。不可。故復以此辭語之而止。正義曰。左哀十四年傳。齊陳恆弒其君壬於舒州。孔丘三日齊而請伐齊。三公曰。魯爲齊弱久也。子之伐之。將若之何。對曰。陳恆弒其君。民之不與者半。以魯之衆。加齊之半。可克也。公曰。子告季孫。孔子辭退而告人曰。吾以從大夫之後也。故不敢不言。與此文略同。壬卽簡公名。周書謚法解。一德不懈。平易不訾。皆曰簡。此當取平易不訾爲謚也。公羊僖元年傳。上無天子。下無方伯。天下諸侯。有爲無道者。臣弒君。子弒父。力能討之。則討之可也。白虎通征伐云。論語曰。陳恆弒其君。孔子請討之。王者諸侯之子。篡弒其君而立。臣下得誅之者。廣討賊之義也。春秋傳曰。臣弒君。臣不討賊。非臣也。顧氏棟高春秋大事表。魯之兵權在三子。三子之兵權在家臣。觀陽貨弗擾且能以其衆畔。而冉求季路獨不可出其兵以仗義討賊乎。孔子能使由求墮費郈。而三子靡然聽從。豈孔子當日奉魯君之命。命家臣出其卒。而三子敢或梗令乎。誠得哀公一言聽許。委夫子以兵權。空魯國之甲。使家臣將之。此時子路雖仕衞。而冉有自在。加以樊遲有若。皆勇銳之士。移檄遠近。聲罪致討。四鄰諸侯。必有聞風響應。縱不能梟陳恆之首。亦當誅當日之推刃於齊君者。而更定其嗣。如此。則國威可振。周道可與矣。豈空言而不可見諸實事者哉。案魯自四分公室。兵衆皆在三家。誠使哀公奮發有爲。許夫子之請討。則奉辭伐罪。夫子必能得之三子。而大服齊人。則一舉而兩國之權奸皆有所顧忌。斯亦亂世之一治也。而惜乎哀公之終不能用孔子也。吳氏嘉賓說謂春秋絕筆於獲麟。卽以是年夏有陳恆執君弒君之事。當時無一人敢正其罪。故弗忍更書之。其說未爲無理矣。魯三家與齊陳氏情事相同。故不可夫子之請。然魯君臣釁隙雖深。終不敢一加刃於其君。未始非夫子之淸議有以維持之也。此春秋之作。所爲不能以已也。釋文。弒。本又作殺同音試。案皇本作殺。告夫三子。唐石經皇本高麗本三上有二字。考文引足利本同。下告夫三子者之三子告並同。釋文云。之三子告。本或作二三子告。非也。第二節。不敢不告也。皇本無也字。○注。成子至沐浴。○正義曰。史記齊世家。田常卒。常謚爲成子。是成子卽陳恆謚也。其世家上文云。齊人歌之曰。嫗乎采芑。歸乎田成子。此史家從後記之。或成字誤衍爾。禮於常朝不齊。此重其事。故先齊也。注據左傳三日齊爲言。明此文沐浴。亦因齊而設。故玉藻云。將適公所。宿齊戒。居外寢。沐浴。是見君齊必沐浴也。說文云。沐。濯髮也。浴。洒身也。○注。我禮至復往。○正義曰。注意謂夫子此語。是退而語人也。不當告三子者。言臣當統於君也。君使往。復往者。示君命己不敢逆也。

子路問事君。子曰。勿欺也而犯之。注孔曰。事君之道。義不可欺。當能犯顏諫爭。正義曰。皇本也作之。

○注。事君至諫爭。○正義曰。注以勿欺卽謂能犯顏諫爭也。孟子言齊人謂其君何足語仁義。是爲不敬。又言謂其君不能者。是賊其君。與此言欺同也。子路仕季氏。夫子恐其爲具臣。又季氏伐顓臾。子路力未能諫止。故此告子路以勿欺。而又嫌其意不明。故更云而犯之。禮檀弓云。事君有犯而無隱。若隱卽爲欺矣。

子曰。君子上達。小人下達。注本爲上。末爲下。正義曰。達。通也。論語比考讖。君子上達。與天合符。言君子德能與天合也。○注。本爲上。末爲下。○正義曰。皇疏。上達者。達於仁義也。下達謂達於財利。所以與君子反也。案禮大學云。德者。本也。財者。末也。

子曰。古之學者爲己。今之學者爲人。注孔曰。爲己履而行之。爲人徒能言之。注。爲己至言之。○正義曰。徒能言之。謂己但能稱說以求知於人也。荀子勸學篇。君子之學也。入乎耳。著乎心。布乎四體。形乎動靜。端而言。蝡而動。一可以爲法則。小人之學也。入乎耳。出乎口。口耳之閒。則四寸耳。曷足以美七尺之軀哉。又云。古之學者爲己。今之學者爲人。君子之學也以美其身。小人之學也。以爲禽犢。楊倞注。禽犢。饋獻之物也。北堂書鈔引新序云。齊王問墨子曰。古之學者爲己。今之學者爲人。何如。對曰。古之學者。得一善言。以附其身。今之學者。得一善言。務以悅人。又後漢桓榮傳論。孔子曰。古之學者爲己。今之學者爲人。爲人者。憑譽以顯揚。爲己者。因心以會道。

顯揚。邢疏引作顯物。謂顯之於物也。諸文並與此注義合。

蘧伯玉使人於孔子。注孔曰。伯玉。衞大夫蘧瑗。孔子與之坐而問焉。曰。夫子何爲。對曰。夫子欲寡其過而未能也。注言夫子欲寡其過。而未能無過。使者出。子曰。使乎。使乎。注陳曰。再言使乎者。善之也。言使得其人。正義曰。孔子於衞主蘧伯玉。此時孔子去衞。伯玉使人來。使雖微者。必與之坐。爲賓主禮也。與猶授也。夫子者。大夫之稱。○注。伯玉衞大夫蘧瑗。○正義曰。陳留風俗傳。長垣縣有蘧伯鄉。有蘧伯玉冢。一日新鄉有蘧亭。疑蘧本以邑氏也。呂覽召類注。伯玉衞大夫。蘧莊子無咎之子瑗。謚曰成子。○注。言夫子欲寡其過而未能無過。○正義曰。莊子則陽篇。蘧伯玉行年六十而六十化。未嘗不始於是之而卒詘之以非也。未知今之所謂是之非五十九非也。淮南子原道訓。蘧伯玉年五十而知四十九年非。觀此。是伯玉欲寡過。而常若未能無過。亦是實語。其平居修省不自滿假之意可見。使者宜對以實。能尊其主。非祇爲謙辭。○注。再言使乎者。善之也。言使得其人。○正義曰。段氏玉裁經韵樓集。使乎使三字逗。下一乎字爲永歎之辭。與此注違。亦未必合經旨。漢書藝文志。子曰。誦詩三百。使於四方。不能專對。孔子曰。使乎使乎。言其當權事制宜。受命而不受辭。亦以此言寡過未能。非爲所受之辭。故爲使得其人也。論衡問孔篇。孔子曰。使乎使乎。非之也。說論語者曰。非之者。非其代人謙也。此當時駁義。不足信。

子曰。不在其位。不謀其政。曾子曰。君子思不出其位。注孔曰。不越其職。正義曰。毛氏奇齡稽求篇。夫子既言位分之嚴。故曾子引夫子贊易之詞以爲證。此與牢曰子云吾不試故藝正同。又曰。思不出位。係艮卦象辭。世疑象傳多以字。或古原有此語。而夫子引以作象辭。曾子又引以證不在其位之語。故不署象曰子曰二字。亦未可知。案禮中庸云。君子素其位而行。不願乎其外。素富貴。行乎富貴。素貧賤。行乎貧賤。素夷狄。行乎夷狄。素患難。行乎患難。君子無入而不自得焉。在上位。不陵下。在下位。不援上。正己而不求於人。則無怨。上不怨天。下不尤人。鄭注不願乎其外。謂思不出其位也。與此章義相發。

子曰。君子恥其言而過其行。正義曰。此與里仁篇。古者言之不出。恥躬之不逮。語意正同。禮雜記云。有其言而無其行。君子恥之。表記云。君子恥有其辭而無其德。有其德而無其行。亦此意。皇本而作之。行下有也字。

子曰。君子道者三。我無能焉。仁者不憂。知者不惑。勇者不懼。子貢曰。夫子自道也。正義曰。自道者。言夫子身能備道也。孟子引子貢語。以夫子仁且知爲旣聖。皆所謂知足知聖也。

子貢方人。注孔曰。比方人也。子曰。賜也賢乎哉。夫我則不暇。注孔曰。不暇比方人也。正義曰。釋文云。方人。鄭本作謗。謂言人之過惡。盧氏文弨攷證。古論謗字作方。蓋以聲近通借。子貢言人過惡。故子曰。賜也。賢乎哉。言汝己身果皆賢乎。而謗人也。夫我則不暇謗人而自治。孫氏志祖讀書脞錄說此文云。左傳。庶人謗。正義云。謗謂言其過失。使在上聞之而自改。亦是諫之類也。昭四年傳。鄭人謗子產。國語。厲王虐。國人謗王。皆是言其實事。謂之爲謗。但傳聞之事。有實有虛。或有妄謗人者。今世遂以謗爲誣類。是俗易而意異也。案三國志王昶傳。昶戒子書曰。夫毀譽。愛惡之原。而禍福之機也。是以聖人愼之。孔子曰。吾之於人。誰毀誰譽。如有所譽。必有所試。又曰。子貢方人。賜也賢乎哉。我則不暇。以聖人之德。猶當如此。況庸庸之德。而輕毀譽哉。以方人爲毀。是亦讀方爲謗。用鄭義也。暇者。說文云。閑也。皇本作賜也賢乎我夫哉。我則不暇。文有誤。○注。比方人也。○正義曰。莊子田子方篇。魯多儒者。少爲先生方者。是方訓比也。學以相備而成。故朋友切磋。最爲學道之益。夫子嘗問子貢與回孰愈。又子貢問子張子夏孰愈。夫子亦未斥言不當問。是正取其能比方人也。此文何反譏之。注說誤。

子曰。不患人之不己知。患其不能也。注王曰。徒患己之無能。正義曰。皇本作患己無能也。

子曰。不逆詐。不億不信。抑亦先覺者。是賢乎。注孔曰。先覺人情者。是寗能爲賢乎。或時反怨人。正義曰。漢書翟方進傳。上以方進所舉應科。不得用逆詐。廢正法。顏師古注。逆詐者。謂以詐意逆猜人也。逆。迎也。大戴禮曾子立事篇。君子不先人以惡。不疑人以不信。與此文意同。先覺者。詐取不信。未容施行。已覺之也。荀子非相篇。聖人何以不欺。曰聖人者。以己度者也。故以人度人。以情度情。以類度類。以說度功。古今一度也。類不悖。雖久同理。故鄉乎邪曲而不迷。觀于雜物而不惑。以此度之。○注。先覺至怨人。○正義曰。注以先覺卽逆億。故云是安能爲賢乎。反怨人。皇疏謂反受怨責。非也。釋文云。怨本或作寃。盧氏文弨考證。古怨與寃通。

微生畝謂孔子曰。丘何爲是栖栖者與。無乃爲佞乎。注包曰。微生姓。畝名。孔子曰。非敢爲佞也。疾固也。注包曰。病世固陋。欲行道以化之。正義曰。微生稱夫子名。當以齒長故也。釋文云。丘何。或作丘何爲。鄭作丘何是。本或作丘何爲是栖栖者。邢疏云。猶皇皇也。案說文。𠧧。鳥在巢上也。象形。日在𠧧方而鳥𠧧。故因以爲東𠧧之𠧧。棲𠧧或作木妻。棲與栖一字。則栖亦𠧧或體也。詩。可以棲遲。漢嚴發碑作西遲。毛傳。棲遲遊息也。凡人行緩急。皆得言棲。文選班固答賓戲曰。棲棲遑遑。孔席不煖。李善注。棲遑。不安居之意也。詩六月云。六月棲棲。毛傳。棲棲。簡閱貌。義亦同。夫子周流無已。不安其居。所至皆以禮義之道。陳說人主。微生疑夫子但爲口才以說時君。故曰佞也。孔子曰。皇本曰上有對字。○注。微生姓。畝名。○正義曰。漢書古今人表。作尾生晦。師古曰。卽微生畝也。晦古畝字。翟氏灝考異。引鄭曉說。以畝高爲一人。畝名高字。愚未敢以爲然。○注。病世固陋。欲行道以化之。○正義曰。固陋者昧於仁義之道。將以習非勝是也。夫子欲行道以化之。不得不干人主。此自明栖栖之意。呂氏春秋愛類篇。賢人之不遠海內之路。而時往來乎王公之朝。非以要利也。以民爲務者也。

子曰。驥不稱其力。稱其德也。注鄭曰。德者調良之謂。正義曰。太平御覽四百三引鄭注云。驥。古之善馬。德者。謂有五御之威儀。與此注異。當云驥。古之善馬。德者。調良之謂。謂有五御之威儀。集解節引此注。文不備耳。說文云。驥。千里馬也。莊子馬蹏篇釋文。驥。千里善馬也。謂驥一日行千里。此其力也。周官保氏職五馭。鄭司農云。五馭。鳴和鸞。逐水曲。過君表。舞交衢。逐禽左。此謂御者之容。驥馬調良。能有其德。故爲善馬。人之稱之當以此。

或曰。以德報怨。何如。子曰。何以報德。注德。恩惠之德。以直報怨。以德報德。正義曰。報者。廣雅釋言。報。復也。玉篇。報。酬也。荅也。朱子集注云。或人所稱。今見老子書。案道德經恩始章。大小多少。報怨以德。此朱子所指。禮表記。子曰。以德報怨。則寬身之仁也。以怨報德。則刑戮之民也。又曰。以德報德。則民有所勸。以怨報怨。則民有所懲。與此章義相發。寬身之仁。所謂厚於仁者也。雖是寬仁而不可爲法。故此告或人以報怨之道。宜以直也。以直不必不怨。故表記又云。以怨報怨矣。吳氏嘉賓說。以直者不匿怨而已。人之性情。未有不樂其直者。至於有怨。則欲使之含忍而不報。夫含忍而不報。則其怨之本。固未嘗去。將待其時之可報而報之耳。至於蓄之久而一發。將至於不可禦。或終于不報。是其人之於世。必以浮道相與。一無所用其情者。亦何所取哉。以直報怨。凡直之道非一。視吾心何如耳。吾心不能忘怨。報之直也。既報則可以忘矣。苟能忘怨而不報之。亦直也。雖不報。固非有所匿矣。怨期於忘之。德期於不忘。故報怨者曰以直。欲其心之無餘怨也。報德者曰以德。欲其心之有餘德也。其心不能忘怨。而以理勝之者。亦直以其心之能自勝也。直之反爲僞。必若教人以德報怨。是教人使爲僞也。烏乎可。

子曰。莫我知也夫。子貢曰。何爲其莫知子也。注子貢怪夫子言何爲莫知己。故問。子曰。不怨天。不尤人。注馬曰。孔子不用於世而不怨天。人不知己亦不尤人。下學而上達。注孔曰。下學人事。上知天命。知我者。其天乎。注聖人與天地合其德。故曰唯天知己。正義曰。莫我知者。夫子歎己不見用。由世人莫我知。故也。鄭注云。尤。非也。尤即訧省。夫子當衰周之世。天未欲平治天下。而但生德於己。正使夫子立文垂制以教萬世。故儀封人言天將以夫子爲木鐸也。包氏慎言溫故錄。史記孔子世家。哀公十四年春。狩于大野。叔孫氏車子鉏商獲獸。以爲不祥。仲尼視之曰。麟也。取之。曰。河不出圖。雒不出書。吾已矣夫。顏淵死。孔子曰。天喪予。及西狩獲麟曰。吾道窮矣。喟然曰。莫我知也夫。子貢曰。何爲莫知子。子曰。不怨天。不尤人。下學上達。知我者。其天乎。據史記此文莫知之歎。蓋發於獲麟之後。然則不怨天者。知天之以己制作爲後王法也。不尤人者。人事之厄。天所命也。孔子在庶而褒貶進退。王者所取則。故曰下學而上達。達。通也。張衡應閒曰。蓋聞前哲首務。務於下學上達。佐國理民。有云爲也。是上達者。謂達於佐國理民之道。史公自敍曰。董生云。周衰道廢。孔子知言之不用。道之不行也。是非二百四十二年之中。以爲天下儀表。貶天子。退諸侯。討大夫。以達王事而已矣。又云。仲尼悼禮樂廢崩。追修經術。以達王道。此上達之義也歟。春秋本天以治人。知我者其惟春秋。罪我者其惟春秋。故曰知我者。其天乎。案說苑至公篇。夫子行說七十。諸侯無定處。意欲使天下之民。各得其所。而道不行。退而修春秋。采毫毛之善。貶纖介之惡。人事浹。王道備。精和聖制。上通於天而麟至。此天之知夫子也。於是喟然而歎曰。天以至明爲不可蔽乎。日何爲而食。地以至安爲不可危乎。地何爲而動。天地而尚有動蔽。是故賢聖說於世。而不得行其道。故災異並作也。夫子曰。不怨天。不尤人。下學而上達。知我者。其天乎。亦以此節爲獲麟而發。下學上達。爲作春秋之旨。學通於天。故惟天知之。論語撰考讖云。下學上達。知我者。其天乎。通精曜也。與說苑意同。蓋春秋本天治人。包說夫子上達於佐國理民之道。即是上通於天也。漢書五行志。劉向以爲如人君下學而上達。災消而福興矣。顏師古注。上達。謂通於天道而畏威。此雖譬引之辭。然亦謂人君精誠格天。則自降之福。是上達爲上通於天也。〇注。聖人與天地合其德。〇正義曰。易文言傳文。

公伯寮愬子路於季孫。注馬曰。愬。譖也。伯寮。魯人。弟子也。子服景伯以告。注孔曰。魯大夫子服何忌也。告。告孔子。曰。夫子固有惑志。注孔曰。季孫信讒。恚子路。於公伯寮。吾力猶能肆諸市朝。注鄭曰。吾勢力猶能辨子路之無罪於季孫。使之誅寮而肆之。有罪既刑。陳其尸曰肆。子曰。道之將行也與。命也。道之將廢也與。命也。公伯寮其如命何。正義曰。說文。竂。從穴寮。論語有公伯竂。今作寮。九經字樣謂爲隸省。史記仲尼弟子列傳作僚。索隱引別本又作繚。作遼。並通用字。夫子謂季孫。弟子列傳。夫子固有惑志僚也。是於公伯寮四字。當連上爲句。言夫子疑於寮之言也。疑寮卽是愬子路。皇本於公伯寮下有也字。案子路以忠信見知於人。不知寮何所得愬。而季孫且信之。朱子或問以爲在墮三都出藏甲之時。說頗近理。當時必謂子路此舉。是彊公室。弱私家。將不利於季氏。故季孫有惑志。夫子言道將行將廢者。子路墮都。是夫子使之。今子路被愬。是道之將廢。而已亦不能安於魯矣。然行廢皆天所命。若天不廢道。雖寮有愬。季孫且不聽之。若天未欲行道。此自命所受宜然。非關寮愬。言此者。所以慰子路而止景伯之憤也。張氏爾岐蒿庵閒話云。人道之當然而不可違者。義也。天道之本然而不可爭者。命也。貧富貴賤得失死生之有所制而不可彊也。君子與小人一也。命不何知。君子當以義知命矣。凡義所不可。卽以爲命所不有也。故進而不得於命者。退而猶不失吾義也。小人嘗以智力知命矣。力不能爭。則智數之。智力無可施。而後謂之命也。君子以義安命。故其心常泰。小人以智力爭命。故其心多怨。衆人之於命。亦有安之矣。大約皆知其無可奈何而後安之者也。聖人之於命安之矣。實不以命爲準也。而以義爲準。故雖力有可爭。勢有可圖。而退然處之曰。義之所不可也。義所不可。斯曰命矣。故孔子之於公伯寮。未嘗無景伯之可恃也。於衞卿。未嘗無彌子瑕之可緣也。孟子之於臧倉。未嘗無樂正子之可力爲辨而重爲請也。亦曰義所不在耳。義所不在。斯命所不有矣。故聖賢之於命。一於義者也。安義斯安命矣。衆人之於命。不必一於義也。而命皆有以制之。制之至無可奈何而後安之。故聖賢之與衆人安命同也。而安之者不同也。○注。伯寮魯人弟子也。○正義曰。公伯複姓。見廣韻。稱伯寮者。猶冶長馬還之比。弟子傳。公伯僚字子周。不云魯人。或馬別有據也。家語弟子解。無公伯寮。有申繚字周。蓋以申繚一人。當申堂公伯寮二人。臧氏庸拜經日記。譏其僞造是也。明程敏政以寮爲聖門蟊螣。請罷其從祀。○注。魯大夫子服何忌也。○正義曰。世本獻子蔑生孝伯。孝伯生惠伯。惠伯生昭伯。昭伯生景伯。則景是謚也。邢疏左傳哀十二年。吳人將囚景伯。景伯曰。何也。立後於魯矣。杜注云。何。景伯名。然則景伯單名何。而此註云何忌。誤也。漢魯峻石壁畫七十二子象。有子服景伯。○注。吾勢至日肆。○正義曰。勢力者。言景伯是孟孫之族。當有勢力。能與季孫言也。辨子路之無罪。欲令季孫知寮之愬。然後使季孫誅寮。以國之常刑殺之也。陳其尸曰肆者。說文。肆。極陳也。周官鄉士云。協日刑殺。肆之三日。又遂士云。協日就郊而刑殺。各於其遂肆之三日。縣士云。協日刑殺。各就其縣肆之三日。又掌戮云。凡殺人者。踣于市。肆之三日。惟殺于甸師氏者不肆。是周制殺人有陳尸三日之法。故左傳載楚殺令尹子南于朝。三日。子南之子棄疾請尸。亦以陳尸三日故也。鄉士疏引論語注云。大夫於朝。士於市。公伯寮是士。止應云肆諸市。連言朝耳。此鄭注文。爲集解刪佚。檀弓。杞梁之妻曰。君之臣不免於罪。則將肆諸市朝而妻妾執。注。肆。陳尸也。大夫以上於朝。士於市。與論語注同。魯語云。大刑用甲兵。其次用斧鉞。中刑用刀鋸。其次用鑽笮。薄刑用鞭扑。以威民也。故大者。陳之原野。小者。致之市朝。五刑之次。是無隱也。韋昭注。其死刑大夫以上。尸諸朝。士以下。尸諸市。三處野朝市。韋與鄭同。據左傳楚殺令尹子南于朝。又晉尸三卻于朝。明以職會。故肆朝也。若晉尸雍子與叔魚于市。孔疏卽云。以其賤故也。其後董安于縊而死。趙孟尸諸市。亦以安于職卑。是鄭以大夫肆朝。士肆市。有明徵矣。王制云。刑人于市。

與衆棄之，無殺人于朝及肆朝之文。說者以王制爲殷禮。然周官鄉遂縣士及掌戮。亦止言肆市。不言肆朝。且掌戮又云。唯王之同族與有爵者。則殺之于甸師氏。有爵當謂大夫以上職尊者。與魯語及論語左傳之文不同。說者多以爲疑。毛氏奇齡經問。謂刑士於市。刑大夫于甸師氏。而苟有重罪宜肆者。則士肆市。大夫肆朝。而士以下各于其地刑之肆之。未爲不可。此說傑爲得理。若然。則周官不言肆朝。或以事不經見。故不載之。抑後周所增制。非元公舊典也。又案古人言市朝有二解。考工記。面朝後市。市朝一夫。周官鄉師以木鐸徇于市朝。檀弓遇諸市朝。不反兵而鬭。奔喪哭辟市朝。孟子若撻之于市朝。史記孟嘗君列傳。日暮之後。過市朝者。皆謂市中官治之所。司市云。掌市之治教政刑。量度禁令。以次敍分地而經市。注云。次謂吏所治舍思次介次也。若今市亭然。此卽是市朝。與論語此文市朝。爲二各別也。公伯寮是士。而廣韻稱爲魯大夫。未知所本。

子曰。賢者辟世。注孔曰。世主莫得而臣。其次辟地。注馬曰。去亂國。適治邦。其次辟色。注孔曰。色斯舉矣。其次辟言。注孔曰。有惡言乃去。正義曰。辟。皇本作避。說文。避。回也。蒼頡篇。避。去也。賢者所辟。有此四者。當由所遇不同。孟子告子下。言古之君子。所去三。亦云其次其下。與此文義同。周氏春秋先識覽。凡國之亡也。有道者必先去。古今一也。高注引此文辟色作避人。子華子神氣篇。亦言違世違地違人。後篇桀溺謂子路曰。且而與其從辟人之士也。豈若從辟世之士哉。辟人卽辟色。當時兩稱之。高誘或亦隨文引之耳。子華子以違世爲大上。違地違人皆其次。似以優劣論之。與論語意不同矣。管子宙合篇。賢人之處亂世也。知道之不可行。則沈抑以辟罰。靜默以侔免。辟之也。猶夏之就凊。冬之就溫焉。可以無及於寒暑之菑矣。非爲畏死而不忠也。夫強言以爲僇。而功澤不加。進傷爲人君嚴之義。退害爲人臣者之生。其爲不利彌甚。故退身不舍端。修業不息版。以待清明。○注。世主莫得而臣。○正義曰。世主。謂當世之主。明非一主也。儒行云。儒有上不臣天子。下不事諸侯。雖分國如錙銖。不臣不仕。○注。有惡言乃去。○正義曰。惡言。謂不善之言。或言有失禮也。

子曰。作者七人矣。注包曰。作。爲也。爲之者凡七人。謂長沮。桀溺。丈人。石門。荷蕢。儀封人。楚狂接輿。正義曰。復稱子曰者。移時乃言也。作如見幾而作之作。○注。作爲至接輿。○正義曰。作爲。常訓。爲之者。謂爲辟世辟地辟色辟言者也。七人所爲不同。此注無所分別。當以義難定故也。鄭注云。伯夷。叔齊。虞仲。辟世者。荷蓧。長沮。桀溺。辟地者。柳下惠。少連。辟色者。荷蕢。楚狂接輿。辟言者也。七當爲十。字之誤也。皇疏引王弼曰。七人。伯夷。叔齊。虞仲。夷逸。朱張。柳下惠。少連也。後漢書黃瓊傳注。引注云云。卽王弼說。蓋鄭王據孔子以前人。包據孔子同時人。應劭風俗通十反篇。孔子嘉虞仲夷逸。作者七人。卽王弼所本。陶潛羣輔錄徵七人。前說本包。後說本王鄭。又改七人爲十人。世遠義失。難得而折衷焉。

子路宿於石門。晨門曰。奚自。【注】晨門者。閽人也。子路曰。自孔氏。曰。是知其不可而爲之者與。【注】包曰。言孔子知世不可爲而彊爲之。

正義曰。子路宿於石門者。子路時自魯外出。晚宿石門也。鄭注云。石門。魯城外門也。晨門。主晨夜開閉者。此引見後漢書蔡邕傳注。又張晧王龔傳論注。引論語注。晨主守門晨夜開閉也。文小異。外門。當謂郭門也。水經洙水注。洙水北流。逕孔里。又西南枝津出焉。又西南逕瑕丘城東而南入石門。門右結石爲水門。跨於水上。閻氏若璩釋地。謂此卽子路宿處是也。太平寰宇記。古魯城凡有七門。次南第二門。名石門。此似指城門。恐未然。周官司門是下大夫。又每門下士二人。賈疏謂下士是在門開閉者。故其職云掌授管鍵以啓閉國門。授者。下大夫授之下士然。則此晨門。卽謂下士在門開閉者矣。說文。晨。早昧爽也。從日辰。辰。時也。爾雅釋詁。晨。早也。晨門職司晨夜之啓閉。故稱晨門。高士傳。石門守者。魯人也。亦避居不仕。自隱姓名。爲魯守石門。皇本。晨門上重石門二字。孔氏猶言孔家。以居相近。人所習知。故不舉名字也。知其不可而爲之者。謂知世衰亂不可與共事。而猶冀己見用爲治之也。下篇夫子云。吾非斯人之徒與而誰與。天下有道。丘不與易也。易者。治也。言丘之與易。正以天下無道之故。卽此意。○注。晨門者閽人也。○正義曰。周官。閽人王宮每門四人。注云。閽人司昏晨以啓閉者。賈疏。昏時閉門。則此名閽人也。晨時啓門。則論語謂之晨門也。皆以時事爲名耳。案閽人爲主宮門之稱。若司城郭諸門。則名司門。注以閽人例晨門。非謂晨門卽閽人也。

子擊磬於衞。有荷蕢而過孔氏之門者。曰。有心哉。擊磬乎。【注】蕢。草器也。有心謂契契然。既而曰。鄙哉。硜硜乎。莫己知也。斯己而已矣。【注】此硜硜者。徒信己而已。言亦無益。深則厲。淺則揭。【注】包曰。以衣涉水爲厲。揭。揭衣也。言隨世以行己。若過水。必以濟。知其不可。則當不爲。

子曰。果哉。末之難矣。【注】末知己志。而便譏己。所以爲果。末。無也。無難者。以其不能解己之道。

正義曰。釋文。荷蕢。本又作何。漢書古今人表作何蕢。說文。何。儋也。何本字。荷夫蕖葉。別一義。說文。臾古文蕢。論語有何臾。則許所見壁中文也。孔氏。皇本作孔子。御覽五百七十六引論語注云。子擊磬者。樂也。蕢。草器也。荷此器。賢人辟世也。有心哉。善其音有所病於世。不言注爲何人。諸家皆以爲鄭注。說文。擊。攴也。攴卽朴字。又磬。樂石也。象縣虡之形。殳擊之。籒文省爲殸。孟子告子云。我知其不爲蕢也。趙注。蕢。草器。漢書何武等傳贊。以一蕢障江河。李賢注。蕢。織草爲器。所以盛土也。上篇言爲山未成一簣。蕢簣同。注云。荷此器。賢人辟世者。鄭注上章。以荷蕢爲辟地。不爲辟世。或隨文變稱與。有所病於世者。病猶患也。憂也。禮樂記云。樂者。音之所由生也。其本在人心之感於物也。夫子感時衰亂。其心一寓於音。荷蕢聞知其聲。故善之也。旣。終也。卒也。言荷蕢又有言也。鄙哉硜硜者。謂音也。釋名釋州國。鄙。否也。小邑不能遠通也。趙岐孟子盡心注。鄙。狹也。樂記云。其哀心感者。其聲噍以殺。注云。噍。踧也。踧猶踧踖不安舒之貌。殺。減也。凡感於哀心。其聲衰減。抑而不揚。故荷蕢以爲鄙也。說文。硜。古文磬。史記樂書石聲硜。今樂記作磬。然則磬是以聲名之矣。釋名釋樂器。磬。罄也。其聲罄罄然堅緻也。罄與磬硜並通。莫己知者。言人莫知夫子而用之也。翟氏灝考異云。世家繫此事於三至衛時。蓋靈公老。怠於政。不用孔子。故荷蕢有莫己知之語。釋文。莫己音紀。下斯己同。唐石經尙不誤。斯己者。言但當爲己。不必爲人。卽孟子所云獨善其身者也。朱子集注。讀斯已爲以非是。深則厲。淺則揭。衛詩匏有苦葉文。荷蕢之言。亦天下有道則見。無道則隱之意。朱氏彬經傳考證。果哉六字爲句。自成韻語。末。無也。蔑也。言其所見小也。檀弓。末之卜也。曾子曰。微與詞意皆相類。戴氏望論語注云。果。信也。之。往也。信如其言。無所復往。行道難矣。案朱戴說皆通。○注。有心謂契契然。○正義曰。詩大東云。契契寤歎。哀我憚人。毛傳。契契。憂苦也。擊鼓傳契闊勤苦也。廣雅釋訓。絜絜。憂也。絜契同。○注。此硜硜者。徒信己而已。言亦無益。○正義曰。此硜硜者。亦謂磬聲也。徒信己。卽釋斯己二字。言夫子止可自信諸己。人不能知而用之。故不能有益於人。○注。以衣至不爲。○正義曰。爾雅釋水云。濟有深涉。深則厲。淺則揭。揭者。揭衣也。以衣涉水爲厲。繇膝以下爲揭。繇膝以上爲涉。繇帶以上爲厲。爾雅釋厲字具二義。包用第一義也。鄭注云。由膝以上爲厲。由膝以上與涉同。孫炎注爾雅云。以衣涉水。濡褌也。水但濡褌。卽是由膝以上。卽是以衣涉水。則鄭同包用第一義矣。說文。砅。履石渡水也。引詩深則砅。此當本三家。別一義。亦得通也。詩毛傳云。遭時制宜。如遇水。深則厲。淺則揭矣。後漢書張衡傳。深厲淺揭。隨時爲義。厲揭皆視時所宜。無一定也。注云。必以濟者。謂必以此法濟也。言夫子知世不可而猶爲之。不能適淺深之宜。○注。未知至之道。○正義曰。果與惈同。孫炎爾雅注。果。決之勝也。夫子以荷蕢所言。不知己志而輒譏己。是爲果也。末無。常訓。夫子言天下有道。丘不與易。是其不能忘天下。正以世亂不可以已耳。出處之際。夫子以道爲衡。若但如涉水之厲揭。則亦無所難矣。此正荷蕢不能解夫子之道也。

子張曰。書云。高宗諒陰。三年不言。何謂也。注孔曰。高宗。殷之中興王武丁也。諒。信也。陰猶默也。正義曰。書云者。伏生大傳說命篇。書曰。高宗梁闇。三年不言。何爲梁闇也。傳曰。高宗居凶廬。三年不言。此之謂梁闇。是此書文在說命篇。禮記喪服四制所引。亦其文也。坊記篇高宗云。三年其惟不言。言乃讙。鄭注。高宗殷王武丁也。名篇在尙書。謂在尙書說命篇也。稱高宗者。說命高宗所作也。江氏聲尙書集注音疏。未據伏傳。遽以此文立高宗。之訓一篇。誤矣。楚語白公曰。昔殷武丁能聳其德。至于神明。於是乎三年默以思道。卿士患之曰。王言以出令也。若不言。是無所稟令也。武丁於是作書曰。以余正四方。余恐德之不類。茲故不言。如是而又使以象夢求四方之賢聖。得傅說。賈唐云。書。說命也。呂氏春秋重言篇。人主之言。不可不愼。高宗。天子也。即位諒闇。三年不言。卿大夫恐懼患之。高宗乃言曰。以余一人正四方。余恐言之不類也。茲故不言。皆說命佚文。書無逸云。其在高宗時。舊勞於外。爰曁小人。作其即位。乃或亮陰三年不言。言乃雍。此本說命篇言高宗之事。鄭注此云。諒闇。謂凶廬也。其無逸注云。諒闇轉作梁闇。楣謂之梁。闇謂廬也。又云。三年之禮居倚廬柱楣。注喪服四制云。諒古作梁。楣謂之梁。闇讀如鶉鵪之鵪。闇謂廬也。廬有梁者。所謂柱楣也。如鄭此說。是伏傳作梁用正字。作亮作諒皆叚借。又漢書五行志。何休公羊注。作涼。亦叚借也。闇從音。與陰聲最近。惠氏士奇禮說。葛洪曰。橫一木長梁于東墉下著地。以草被之。既葬。則翦去草以短柱拄起。長梁謂之柱楣。楣亦名梁。既葬泥之。障以蔽風。愚謂古之闇。今之庵也。釋名曰。草圓屋曰蒲。又謂之庵。庵。掩也。所以自覆掩也。誅茅爲屋謂之翦屛。非庵而何。庵讀爲陰。猶南讀爲任。古今異音。廣雅。庵與廬。皆舍也。倚廬不塗。既葬塗廬。塗近乎堊。釋名曰。堊。亞也。次也。先泥之。次乃飾以白灰。康成謂堊室者。壘墼爲之。蓋柱楣倚壁爲一偏。壘墼成屋爲兩下。然則既葬除之。既練壘之加堊。既祥又加黝。總謂之廬。故尙書大傳曰。高宗有親喪。居廬三年。此之謂也。唐禮小祥。毀廬爲堊室。堊猶廬也。焉用毀哉。然則大夫居廬。士居堊室。何也。曰。非親且貴者不廬。廬。嚴者也。不言不笑謂之嚴。百官備。百物具。不言而事行。非親且貴者乎。言而後事行。及身自執事而後行者。故不廬也。案白虎通喪服篇。所以必居倚廬何。孝子哀不欲聞人之聲。又不欲居故處。居中門之外。倚木爲廬。質反古也。不在門內何。戒不虞故也。故禮閒傳曰。父母之喪。居倚廬。於中門外東牆下戶北面。練居堊室。無飾之室。又曰。天子七日。公諸侯五日。卿大夫三日而服成。居外門內東壁下爲廬。然則廬是倚木爲之。別以一木橫臥於地。以上承所倚之木。即葛洪所謂下著地者也。孝子於所倚木兩旁出入。或以苫蔽其一旁耳。既葬。則以短柱。將所橫臥於地之長梁拄起。若爲半屋然。則所謂柱楣者。謂有柱有楣也。梁闇以喪廬稱之。文選閑居賦注。以爲寒涼幽闇之處。此望文爲義。非古訓也。三年者。喪期也。不言者。不言政事也。喪服四制謂百官備。百物具。不言而事行者。扶而起。則謂天子諸侯居喪。皆不言矣。四制又云。斬衰之喪。唯而不對。齊衰之喪。對而不言。而自卿大夫以下與賓客之禮。若雜記云。三年之喪。言而不語。對而不問。此所言謂喪事。喪大記喪服四制既夕記。並謂父母之喪。非喪事不言是也。孟子滕文公篇。文公居定公之喪。五月居廬。未有命戒。五月者。定公葬時也。五月未有命戒。則既葬後有命戒。此時勢之異。非得已矣。若然。三年不言政事。乃天子居喪之禮。而高宗謂恐德不類。故不言者。自辟孝名而承之以謙也。大傳云。高宗有親喪。居廬三年。然未嘗言國事。而天下無背叛之心者。何也。及其爲大子之時。盡以知天下人民之所好惡。是以雖不言國事也。知天下無背叛之心。由大傳言觀之。高宗深悉民情。當時冢宰。必亦能不失民好惡。故能守禮。不亟言也。子張問何謂者。鄭注檀弓云。時人君無行三年喪之禮。問有此與。怪之也。則此言何謂。亦是怪而問之。以起夫子之發也。○注。高宗至默也。○正義曰。喪服四制。高宗諒闇。三年不言。善之也。王者莫不行此禮。何以獨善之也。曰。高宗者。武丁。武丁者。殷之賢王也。繼世卽位。而慈良於喪。當此之時。殷衰而復興。禮廢而復起。故善之。善之故載之書中而高之。故謂之高宗。殷本紀帝小乙崩。子帝武丁立。武丁修政行德。天下咸驩。殷道復興。又漢書五行志云。劉向以爲殷道旣衰。高宗承敝而起。盡諒陰之哀。天下應之也。是高宗爲殷之中興王。故孟子言武丁朝諸侯。有天下矣。馬融書注云。亮。信也。陰。默也。爲聽於冢宰。信默而不言。此僞孔所本。楚語言高宗云。於是乎三年。默以思道。此但釋不言之義。其不言在居喪時。故鄭從伏傳作梁闇。解爲喪廬。不用其師說也。

子曰。何必高宗。古之人皆然。君薨。百官總己注馬曰。己百官。**以聽於冢宰三年。**注孔曰。冢宰。天官卿。佐王治者。三年喪畢。然後王自聽政。

正義曰。古之人皆然。謂皆諒闇三年不言也。高宗之先。殷道稍衰。或不能守不言之禮。至高宗慈良於喪。故書載高宗傑美之。君薨者。曲禮云。天子死曰崩。諸侯曰薨。鄭注。自上顚壞曰崩。薨。顚壞之聲。說文。薨。公侯猝也。上得兼下。故此文稱君薨也。百官者。衆辭。總己。猶言率己。說文云。總。聚束也。李賢後漢和帝紀注。百官總己之職事。以聽於冢宰是也。白虎通爵篇。所以聽於冢宰三年者何。以爲冢宰職在制國之用。是以由之也。故王制曰。冢宰制國用。案周官云。乃立天官冢宰。使帥其屬而掌邦治。以佐王均邦國。是平時邦治掌於冢宰。而因喪攝政。則凡事皆當聽之。白虎通止以財用爲言。於義隘矣。書大傳孔子曰。古者君薨。王世子聽于冢宰三年。不敢服先王之服。履先王之位而聽焉。以民臣之義。則不可一日無君矣。不可一日無君。猶不可一日無天也。以孝子之隱乎。則孝子三年弗居矣。故曰。義者彼也。隱者此也。遠彼而近此。則孝子之道備矣。○注。冢宰至聽政。○正義曰。周官天官目錄云。象天所立之官。冢。大也。宰者。官也。天者。統理萬物。天子立冢宰。使掌邦治。亦所以總御衆官。使不失職。又大宰卿一人。注云。變冢言大。進退異名也。百官總焉。則謂之冢。列職於王。則稱大冢。大之上也。山頂曰冢。又曲禮云。天子建天官先六大。曰大宰。注。此蓋殷時制也。則天官之制。殷周皆同。故此注但云冢宰天官卿。卽據周官釋之矣。三年喪畢。然後聽政者。明喪未畢。君不聽政也。孟子萬章篇。舜相堯。二十有八載。堯崩。三年之喪畢。舜避堯之子於南河之南。舜薦禹於天。十有七年。舜崩。三年之喪畢。禹避舜之子於陽城。禹薦益於天。七年禹崩。三年之喪畢。益避禹之子於箕山之陰。夫不於堯舜禹始崩之時避政而去。而必俟三年之後。明三年之喪。王世子不言。而皆爲冢宰攝政也。其後如武王崩。周公攝政。亦是此禮。據閔予小子詩序。則嗣王除喪。初朝於廟。而成王此時。尚未能親政。故周公復攝行之。管蔡所以疑周公者。正因成王除喪。猶聽政於周公故也。於禮。天子諸侯在喪。皆自稱子。明子道未終也。白虎通爵篇。春秋傳曰。天子三年。然後稱王者。謂稱王統事發號令也。論語曰云云。緣孝子之心。則三年不忍當也。三年除喪。乃卽位統事。踐阼爲主。南面朝臣下。稱王以發號令也。是言喪畢。然後王自聽政也。

子曰：上好禮，則民易使也。【注】民莫敢不敬，故易使。正義曰。易象傳云。上天下澤履。君子以辨上下。定民志。春秋繁露立元神云。夫為國。其化莫大於崇本。崇本。則君化若神。不崇本。則君無以兼人。無以兼人。雖峻刑重誅而民不從。是所謂驅國而棄之者也。患孰甚焉。又曰。是故郊祀致敬。共事祖禰。舉顯孝弟。表異孝行。所以奉天本也。秉耒躬耕。採桑親蠶。墾草殖穀。開闢以足衣食。所以奉地本也。立辟廱庠序。修孝悌敬讓。明以教化。感以禮樂。所以奉人本也。三者皆奉。則民如子弟。不敢自專。邦如父母。不待恩而愛。不須嚴而使。

子路問君子。子曰：修己以敬。【注】孔曰：敬其身。曰：如斯而已乎？曰：修己以安人。【注】孔曰：人謂朋友九族。曰：如斯而已乎？曰：修己以安百姓。修己以安百姓，堯舜其猶病諸。【注】孔曰：病猶難也。正義曰。君子。謂在位者也。修己者。修身也。以敬者。禮無不敬也。安人者。齊家也。安百姓。則治國平天下也。易家人彖傳云。家人。女正位乎內。男正位乎外。此安人之義也。凡安人安百姓。皆本於修己以敬。故曰君子篤恭而天下平。

原壤夷俟。【注】馬曰：原壤，魯人，孔子故舊。夷，踞；俟，待也。踞待孔子。子曰：幼而不孫弟，長而無述焉，老而不死，是謂賊。【注】賊謂賊害。以杖叩其脛。【注】孔曰：叩，擊也。脛，腳脛。正義曰。說文。幼。小也。釋名釋長幼。幼。少也。言生日少也。不孫弟者。言事長上不恭順也。無述者。言無德為人所稱述也。案原壤母死。登木而歌。夫子若為弗聞而過之。及此夷俟。乃嚴責之者。母死登木而歌。乃罪惡之大者。當在誅殛之法。非祇以言相責。故惟若弗聞而過之。可全親故也。至此夷俟。不嫌重責。所云不孫弟者。當即指登木而歌之事。所以隱責其不孝也。一寬之。一嚴之。聖人之仁至而義盡也。大戴禮曾子立事篇。少稱不弟焉。恥也。壯稱無德焉。辱也。老稱無禮焉。罪也。與此文略同。○注。原壤至孔子。○正義曰。檀弓云。孔子之故人曰原壤。其母死。夫子助之沐槨。是原壤為孔子故舊也。云魯人者。以意言之。夷踞者。夷與䠶同。廣雅釋詁。䠶。踞也。王延壽魯靈光殿賦。卻負載而蹲䠶。蹲䠶連文同義。說文。居。蹲也。蹲。居也。段氏玉裁注謂今人居處字。古祇作居。又謂古人跪與坐。皆厀著於席。而跪聳其體。坐下其脾若蹲。則足底著地。而下其脾聳其厀曰蹲。其字亦作竢。原壤夷俟。謂蹲踞而待。不出迎也。段氏此說。即馬義也。爾雅釋詁。竢。待也。竢與俟同。穀梁莊八年傳。俟。待也。此常訓。焦氏循補疏。案法言五百篇。如夷俟倨肆。宋咸注云。皆驕倨之謂。廣雅云。蹲䠶廣啓隸踞也。夷俟即是䠶肆。俟肆音相近。夷俟猶䠶肆與藷躬爲𦢊躳同。鞠躬雙聲也。夷俟疊韻也。案焦說亦通。○注。賊謂賊害。○正義曰。左文十八年傳。毀則爲賊。荀子修身篇。保利非義。謂之至賊。原壤放恣無禮。時人或競傚之。將爲世道害也。○注。叩擊也脛腳脛。○正義曰。說文無叩字。敂下云擊也。卽此義。說文。脛。胻也。胻。脛耑也。釋名釋形體。脛。莖也。直而長。似物莖也。脛是人股之名。此云腳脛者。謂脛之下近腳者也。

闕黨童子將命。注馬曰。闕黨之童子將命者。傳賓主之語出入。或問之曰。益者與。子曰。吾見其居於位也。注童子隅坐無位。成人乃有位。見其與先生並行也。非求益者也。欲速成者也。注包曰。先生。成人也。並行。不差在後。違禮。欲速成人者。則非求益也。正義曰。荀子儒效篇。仲尼居於闕黨。闕黨之子弟。罔不分有親者。取多孝悌以化之也。闕黨是孔子所居。漢書梅福傳。今仲尼之廟。不出闕里。師古曰。闕里。孔子舊里也。闕里卽闕黨。寰宇記云。孔子家在魯故城中歸德門內。闕里之中。背洙面泗。矍相圃之東北。所謂洙泗之閒也。是也。漢書古今人表作厥黨童子。厥闕聲形相近。未知誰是。其命名之義。不能深究。漢史晨饗孔廟後碑。望見闕觀。此指孔廟之闕觀。漢高帝以大牢祠孔子。當時廟貌用王侯制也。水經泗水注。孔廟東南五百步。有雙石闕。卽靈光之南闕。北餘步卽靈光殿基。二者與闕里無涉。閻氏若璩混三者爲一。非也。說本宋氏翔鳳四書釋地辨證。兗州府志滋陽縣東北一里有闕黨。此出後世傅會。將命者。此童子自爲黨人將命也。或疑爲益者。疑爲求益也。居於位者。居於成人位也。鄭注云。玉藻。無事則立主人之南北面。謂童子侍長者。皆立而不坐。今此童子儼居成人之位。不復面立。與禮異也。皇本命下有矣字。○注。闕黨至出入。○正義曰。據士相見禮。請見用贄。賓主致辭。皆將命者達之。又云。主人曰。嚮者吾子辱使某見。請還贄於將命者。注。將猶傳也。傳命者。謂擯相也。又賓對曰。某也非敢求見。請還贄於將命者。主人對曰。某也既得見矣。敢固辭。賓對曰。某不敢以聞。固以請於將命者。是賓主紹介皆稱將命。故鄭以擯相釋之。此注傳賓主之語。亦兼二者而言。○注。童子隅坐無位成人乃有位。○正義曰。隅坐。謂當隅處坐也。檀弓云。曾子寢疾病。童子隅坐而執燭。注。隅坐。不與成人並。疑童子凡坐皆不當位中。與成人異也。注此義亦通。○注。先生至益也。○正義曰。爾雅釋親。男子先生爲兄。後生爲弟。兄既先己而生。故稱先生。注以成人解之者。正以先生先比童子而生。當爲成人也。年十六以上爲成人。曲禮記云。五年以長。則肩隨之。注云。肩隨者。與之並行差退。王制云。父之齒隨行。兄之齒雁行。並言成人之禮。肩隨卽雁行也。若童子。則卽五年之長及兄齒。皆宜隨行。注所云差在後也。今此童子與先生並行。不差在後。用成人之禮。故爲欲速成也。

集解　凡四十九章　正義曰。釋文於君子不可小知章後。有子曰父在觀其志父沒觀其行十二字。又鄭注曰。古皆無此章。今皇邢本無此章。則集解本與鄭本異也。但皇邢本祗四十二章。釋文亦止四十三章。今云四十九章。九字誤。當作三。

衞靈公問陳於孔子。注孔曰。軍陳行列之法。孔子對曰。俎豆之事。則嘗聞之矣。注孔曰。俎豆禮器。軍旅之事。未之學也。注鄭曰。萬二千五百人爲軍。五百人爲旅。軍旅末事。本未立。不可教以末事。明日遂行。正義曰。說文。敶。列也。今經典多省作陳。釋文作陣。顏氏家訓書證篇謂陣字始見王羲之小學章則。晉時俗體也。俎豆者。朝聘禮所用也。新序五。昔衞靈公問陳。孔子言俎豆。賤兵而重禮也。故春秋曰。善爲國者不師。史記孔子世家。孔子將西見趙簡子。至於河乃還。而反乎衞。入主蘧伯玉家。他日。靈公問兵陳。孔子曰。俎豆之事。則嘗聞之。軍旅之事。未之學也。明日與孔子語。見蜚鴻。仰視之。色不在孔子。孔子遂行。復如陳。夏。衞靈公卒。此事在魯哀二年。孔子去衞。實因靈公問陳之故。其明日。又適遇靈公仰視蜚鴻。故去志益決。論語記夫子去衞之本意。故但及問陳耳。左哀十一年傳。孔文子之將攻大叔也。訪於仲尼。仲尼曰。胡簋之事。則嘗學之矣。軍旅之事。未之聞也。退命駕而行。與此事略同。○注。軍陳行列之法。○正義曰。太公六韜。有天陳。地陳。人陳。雲鳥之陳。皆軍行陳列之名。春秋時。諸侯多別制陳法。如鄭有魚麗。魯有支離。楚有荊尸類。皆是。○注。俎豆禮器。○正義曰。說文。俎。禮俎也。從半肉在且上。且。薦也。從几足有二橫。一其下地也。明堂位。俎。有虞氏以梡。夏后氏以嶡。殷以椇。周以房俎。鄭注。梡。斷木爲四足而已。嶡之言蹷也。謂中足爲橫距之象。椇之言枳椇也。謂曲橈之也。房。謂足下跗也。上下兩閒。有似於堂房。聶崇義三禮圖。案舊圖云。俎長二尺四寸。廣尺二寸。高一尺。漆兩端赤。中央黑。案俎載牲體。豆盛葅醢及諸濡物。是皆禮器也。○注。萬二至末事。○正義曰。萬二千五百人爲軍。五百人爲旅。邢疏云。皆司馬序官文也。本末猶先後。本者。謂先教民使得所養。知尊君親上之義也。本立。乃教以兵事。則於蒐狩時習之。然後可以卽戎。故軍旅爲末事也。子路篇。子曰。以不教民戰。是謂棄之。孟子告子下。孟子曰。不教民而用之。謂之殃民。殃民者。不容於堯舜之世。

在陳絕糧。從者病。莫能興。注孔曰。從者。弟子。興。起也。孔子去衞如曹。曹不容。又之宋。遭匡人之難。又之陳。會吳伐陳。陳亂。故乏食。子路慍見曰。君子亦有窮乎。子曰。君子固窮。小人窮斯濫矣。注濫。溢也。君子固亦有窮時。但不如小人窮則濫溢爲非。正義曰。說文。糧。穀也。周官廩人注。行道曰糧。謂糒也。止居曰食。

謂米也。詩公劉。乃裹餱糧。是糧爲行食。夫子時在道。故稱糧矣。鄭注云。粻。糧也。本爾雅釋言。陳氏鱣古訓謂古論作糧。鄭所注魯論作粻。義或爾也。皇本作粮。係俗體。荀子宥坐篇。孔子南適楚。厄於陳蔡之閒。七日不火食。藜羹不糂。弟子皆有饑色。呂氏春秋愼人篇。孔子窮於陳蔡之閒。七日不嘗、藜羹不糝。宰予備矣。高誘注。備當作憊。憊。極也。莊子讓王。韓詩外傳。說苑雜言。並略同。高注呂氏春秋。連引問陳絕糧兩事。當時簡編相連。未有分別。而皇邢本又以明日遂行。屬此節之首。然以僞孔注觀之。兩事既非在一時。則不得合爲一節。而明日遂行。必屬上節無疑矣。君子亦有窮乎者。據天恆理言。君子當蒙福佑。不宜窮也。固窮者。言窮當固守也。尸子曰。守道固窮。則輕王公。荀子宥坐載此事。夫子告子路曰。君子之學。非爲通也。爲窮而不憂。困而意不衰也。知禍福終始。而心不惑也。又云。故君子博學深謀。修身端行。以俟其時。卽言困窮之義。易困彖曰。困。剛揜也。險以說。困而不失其所亨。其惟君子乎。象曰澤无水困。君子以致命遂志。致命遂志。此君子所以能困窮也。說文。濫。過差也。引此文作濫。嬚濫字異義同。鄭注云。濫。竊也。坊記。小人貧斯約。約斯盜。小人貧必至爲盜。故此注以竊言之。禮器注。濫亦竊盜也。是也。易繫辭傳。困。德之辨也。鄭注。辨。別也。遭困之時。君子固窮。小人窮則濫德。於是別也。○注。與起至乏食。○正義曰。與起。爾雅釋詁文。說文。起。能立也。孔子去衛如曹云云。據世家則在定十四十五兩年。至吳伐陳。陳亂。則在哀元年。世家云。孔子去衛過曹。去曹適宋。與弟子習禮大樹下。宋司馬桓魋欲殺孔子。拔其樹。孔子去適鄭。至陳。主司城貞子家。然則去宋之後。尙有適鄭一節。注不備耳。但由鄭至陳。不由蔡地。與陳蔡之閒之文不合。又在宋遭桓魋之難。與匡人無涉。孔注並誤。世家又云。孔子遷於蔡三歲。吳伐陳。楚救陳。軍于城父。聞孔子在陳蔡之閒。楚使人聘孔子。孔子將往拜禮。陳蔡大夫謀曰。孔子賢者。所刺者皆中諸侯之疾。今者久留陳蔡之閒。諸大夫所設行。皆非仲尼之意。今楚。大國也。來聘孔子。孔子用於楚。則陳蔡大夫用事危矣。於是乃相與發徒役。圍孔子於野。不得已絕糧。於是使子貢至楚。楚昭王興師迎孔子。然後得免。是絕糧事。在哀公六年。此注不本之。而以爲在哀元年。不知何本。江氏永鄉黨圖考。據世家孔子自陳還于蔡。是爲陳蔡之閒。在哀四年。其說較確。然世家亦可從。詳先進疏。惟世家言陳蔡大夫合謀圍孔子。故致絕糧。全氏祖望經史問答辨之云。陳事楚。蔡事吳。則讎國矣。安得二國之大夫合謀乎。又云。吳志在滅陳。楚昭至誓死以救之。陳之仗楚何如。感楚何如。而致圍其所用之人乎。全氏此辨極當。案孟子云。君子之厄於陳蔡之閒。無上下之交也。先進篇亦云。從我於陳蔡者。皆不及門也。明因其時弟子未仕陳蔡。無上下之交。故致困乏耳。此注以爲困亂。亦近臆測。而世家更附會爲陳蔡大夫合謀圍孔子。更非是也。○注。濫溢至爲非。○正義曰。說文云。濫。氾也。水氾濫則至潰溢。杜注左哀五年傳。濫。溢也。是也。不如猶言不似。孟子梁惠王上。孟子云。無恆產而有恆心者。惟士爲能、若民則無恆產。因無恆心。苟無恆心。放辟邪侈。無不爲矣。是小人窮則濫溢爲非也。

子曰。賜也。女以予爲多學而識之者與。對曰。然。注孔曰。然謂多學而識之。非與。注孔曰。問今不然。曰。非也。予一以貫之。注善有元。事有會。天下殊塗而同歸。百慮而一致。知其元則衆善舉矣。故不待多學而一知之。正義曰。史記孔子世家言孔子阨於陳蔡。子貢色作。孔子曰。賜。爾以予爲多學而識之者與云云。是此節亦絕糧時問答語。阮氏元一貫說。貫。行也。此夫子恐子貢但以多學而識學聖人。而不於行事學聖人也。夫子於曾子則直告之。於子貢則略加問難而出之。卒之告子貢曰。予一以貫之。亦謂壹是皆以行事爲教也。亦卽忠恕之道也。今案夫子言君子博學於文。又自言默而識之。是孔子以多學而識爲貴。故子貢答曰然。然夫子又言文莫吾猶人。躬行君子。未之有得。是聖門之教。行尤爲要。中庸云。博學之。審問之。愼思之。明辨之。篤行之。學問思辨。多學而識之也。篤行。一以貫之也。荀子勸學篇。君子博學而日參省乎己。則知明而行無過矣。又曰。其數則始乎誦經。終乎讀禮。其義則始乎爲士。終乎爲聖人。皆言能行之效也。否則徒博學而不能行。如誦詩三百。而授政。使四方不能達。不能專對。雖多亦奚爲哉。至其所以行之。不外忠恕。故此章與詔曾子語相發也。○注。善有至知之。○正義曰。焦氏循補疏。繫辭傳云。天下何思何慮。天下同歸而殊塗。一致而百慮。韓康伯注云。少則得。多則惑。塗雖殊。其歸則同。慮雖百。其致不二。苟識其要。不在博求。一以貫之。不慮而盡矣。與何晏說同。易傳言同歸而殊塗。一致而百慮。何氏倒其文爲殊塗而同歸。百慮而一致。則失乎聖人之恉。莊子引記曰。通于一而萬事畢。此何韓之說也。夫通於一而萬事畢。是執一之謂也。非一以貫之也。孔子以一貫語曾子。曾子卽發明之云。忠恕而已矣。忠恕者何。成己以成物也。孟子曰。大舜有大焉。善與人同。舍己從人。樂取於人以爲善。舜於天下之善。無不從之。是眞一以貫之。以一心而同萬善。所以大也。一貫則爲聖人。執一則爲異端。董子云。夫喜怒哀樂之發。與凊暖寒暑。其實一貫也。四氣者。天與人所同也。天與人一貫。人與己一貫。故一貫者。忠恕也。孔子焉不學。無常師。無可無不可。異端反是。孟子以楊子爲我。墨子兼愛。子莫執中。而不知有當爲我當兼愛之時也。爲楊者必斥墨。爲墨者必斥楊。楊已不能貫墨。墨已不能貫楊。使楊子思兼愛之說不可廢。墨子思爲我之說不可廢。則恕矣。則不執一矣。聖人之道。貫乎爲我兼愛執中者也。執一則人之所知所行。與己不合者。皆屛而斥之。入主出奴。不恕不仁。道日小而害日大矣。人之有技。若己有之。保邦之本也。己所不知。人其舍諸。舉賢之要也。知之爲知之。不知爲不知。力學之基也。善與人同。則人之所知所能。皆我之所知所能而無有異。惟事事欲出乎己。則嫉忌之心生。嫉忌之心生。則不與人同。而與人異。執兩端而一貫者。聖人也。執一端而無權者。異端也。記曰。夫言豈一端而已。夫各有所當也。各有所當何。可以一端概之。史記禮書云。人道經緯萬端。規矩無所不貫。惟孔子無所不貫。以忠恕之道。通天下之志。故無所不知。無所不能。非徒恃乎一己之多學而識也。忠恕者。絜矩也。絜矩者。格物也。物格而後致知。故無不知。由身以達乎家國天下。是一以貫之也。一以貫之。則天下之知。皆吾之知。天下之能。皆吾之能。何自多之有。自執其多。仍執一矣。案焦說亦是。

子曰。由。知德者鮮矣。注王曰。君子固窮。而子路慍見。故謂之少於知德。正義曰。中庸之德。民所鮮能。故知德者鮮。○注。君子至知德。○正義曰。荀子宥坐載夫子厄於陳蔡。答子路語畢。復曰。居。吾語女。昔者公子重耳霸心生於曹。越王句踐霸心生於會稽。齊桓公小白霸心生於莒。故居不隱者思不遠。身不佚者志不廣。佚與逸同。謂奔竄也。或卽此知德之義。但荀子語稍駁耳。

子曰。無爲而治者。其舜也與。夫何爲哉。恭己正南面而已矣。注言任官得其人。故無爲而治。正義曰。恭己者。修己以敬也。漢書王子侯表下饗共己之治。顏注引此文。亦作共己云。共讀曰恭。此所見本異也。正南面者。正君位也。禮中庸云。詩云。不顯惟德。百辟其刑之。是故君子篤恭而天下平。呂氏春秋先己篇。昔者。先聖王成其身而天下成。治其身而天下治。故善響者。不於響。於聲。善影者。不於影。於形。爲天下者。不於天下。於身。詩曰。淑人君子。其儀不忒。其儀不忒。正是四國。言正諸身也。故反其道而身善矣。行義則人善矣。樂備君道。而百官已治矣。萬民已利矣。三者之成也。在於無爲。無爲之道曰勝天。注。天無爲而化。君能無爲而治。民以無爲勝於天。○注。言任官得其人故無爲而治。○正義曰。注以恭己。固可以德化。然亦因輔佐得人。乃成郅治。此注可補經義。漢書董仲舒傳對策曰。堯在位七十載。迺遜于位。以禪虞舜。堯崩。天下不歸堯子丹朱而歸舜。舜知不可辟。迺卽天子之位。以禹爲相。因堯之輔佐。繼其統業。是以垂拱無爲而天下治。又曰。三王之道。所祖不同。非其相反。將以救溢扶衰。所遭之變然也。故孔子曰。亡爲而治者。其舜虖。改正朔易服色。以順天命而已。其餘盡循堯道。何更爲哉。此卽謂舜因堯舊任官得人也。大戴禮主言篇。昔者舜左禹而右皋陶。不下席而天下治。新序雜事三。故王者勞於求人。佚於得賢。舜舉衆賢在位。垂衣裳恭己無爲而天下治。詩卷阿云。伴奐爾游矣。優游爾休矣。鄭箋。伴奐。自縱弛之意也。賢者既來。王以才官秩之。各任其職。則得伴奐而優游自休息也。孔子曰。無爲而治者。其舜也與。恭己正南面而已。言任賢故逸也。並與此注義同。

子張問行。子曰。言忠信。行篤敬。雖蠻貊之邦行矣。言不忠信。行不篤敬。雖州里行乎哉。注鄭曰。萬二千五百家爲州。五家爲鄰。五鄰爲里。行乎哉。言不可行。立則見其參於前也。在輿。則見其倚於衡也。夫然後行。注包曰。衡。軛也。言思念忠信。立則常想見參然在目前。在輿。則若倚車軛。子張書諸紳。【注】孔曰。紳。大帶。正義曰。史記弟子傳。子張從在陳蔡閒。因問行。孔子曰。言忠信云云。是此問亦在絕糧時。翟氏灝考異。以子張時年少爲疑。過矣。篤與竺同。厚也。謂厚愛人也。荀子修身篇。體恭敬而心忠信。術禮義而情愛人。橫行天下。雖困四夷。人莫不貴。又說苑敬慎篇。顏回將西遊。問於孔子曰。何以爲身。孔子曰。恭敬忠信。可以爲身。恭則免於衆。敬則人愛之。忠則人與之。信則人恃之。人所愛。人所恃。必免於患矣。與此文義同。蠻貊者。說文云。蠻。南蠻蛇種。貉。北方豸種。孔子曰。貉之爲言惡也。此貉作貊。係別體。說文所無也。在輿。謂在車中也。戴氏震釋車云。車式較內謂之輿。自注大車名箱。書諸紳者。謂書夫子語於紳也。說文。書。箸也。又序云。箸於竹帛謂之書。趙氏佑溫故錄。據玉藻言帶之制。天子終辟。大夫辟垂。士率下辟。辟讀如字。卽襞積之襞率卽繂。謂纏緝也。終辟者。上下皆辟之。大夫止辟其垂者。卽紳也。士辟其垂之末而已。紳之長三尺。則書諸紳。亦刺文於其上與。或曰。紳有囊。蓋書而貯之。皇本參下有然字。此誤依注增入。又夫然後行句末有也字。○注。萬二千五百家爲州。○正義曰。弟子傳集解作二千五百家爲州。此有萬字。衍也。周官大司徒。五黨爲州。一黨五百家。五黨是二千五百家。鄭彼注及州長內則注並云二千五百家爲州。此注亦當同。釋名釋州國云。州。注也。郡國所注仰也。○注。衡軛至車軛。○正義曰。衡之言橫也。謂橫於車前。阮氏元車制圖考說衡與車廣等。長六尺四寸是也。衡兩旁下有曲木。又馬頸謂之軛。衡軛本二物。注以軛釋衡。意尚未晰。皇疏云。參猶森也。森森然滿亘於己前也。釋文。參。所金反。說文森字注。讀若曾參之參。是參森音同。然參不訓森。皇疏所云。未必卽得注意。朱子集注云。參讀如毋往參焉之參。言與我相參也。王氏引之經義述聞。家大人曰。參字可訓爲直。故墨子經篇曰。參。直也。論語參於前。謂相直於前也。呂氏春秋有始篇。夏至日行近道。乃參於上。謂直人上也。淮南說山篇。越人學遠射。參天而發。謂直天而發也。自注鄘風柏舟釋文引韓詩曰。直相當也。二說皆視此注爲長。俞氏樾羣經平議。又以參爲厽。玉篇曰。厽。今書以爲參字。蓋西伯戡黎篇。乃罪多參在上。古字作厽。說文厽部。厽。絫坂土爲牆壁。象形。今書論語並當作厽。厽之言絫也。言見其積絫於前也。其說亦有理。故附箸之。

子曰。直哉史魚。邦有道如矢。邦無道如矢。【注】孔曰。衞大夫史鰌。有道無道。行直如矢。言不曲。君子哉蘧伯玉。邦有道則仕。邦無道則可卷而懷之。【注】包曰。卷而懷。謂不與時政。柔順不忤於人。正義曰。韓詩外傳。正直者順道而行。順理而言。公平無私。不爲安肆志。不爲危激行。昔者衞大夫史魚。病且死。謂其子曰。我數言蘧伯玉之賢。而不能進。彌子瑕不肖。而不能退。爲人臣生不能進賢而退不肖。死不當治喪正堂。殯我於室足矣。衞君問其故。子以父言對。君造然召蘧伯玉而貴之。而退彌子瑕。徙殯於正堂。成禮而後去。生以身諫。死以尸諫。

可謂直矣。此相傳史魚直諫之事。可爲論語此文證也。外傳又云。外寬而內直。自設於隱括之中。直己不直人。善廢而不悒悒。蘧伯玉之行也。是伯玉亦守直道。但不似史魚之直人。不問有道無道。又其出處。深合有道則見。無道則隱之義。視史魚爲更賢。故夫子以君子許之。外傳云。善廢而不悒悒。即此所云卷而懷之也。儀禮公食大夫禮注。卷。收也。懷與褱同。藏也。下篇懷其寶訓同。卷而懷之。蓋以物喻。唐石經懷之。作懷也。阮氏元校勘記。後漢書周黃徐姜申屠傳序。亦作也。俞氏樾羣經平議。以也字爲是。而訓懷爲歸。引詩匪風皇矣毛傳爲證。亦通。○注。衛大至不曲。○正義曰。鄭注云。史魚。衛大夫。名鰌。君有道無道。行常如矢直不曲也。此僞孔所本。梁氏玉繩人表考案社譜。列史鰌在雜人。蓋不得其族系。而閻氏四書釋地又續。以爲史朝之子。高氏姓名考。亦云史魚朝子。並謂即檀弓之衛大史。柳莊。不知何據。詩大東云。其直如矢。亦以矢行最直。故取爲喻也。顏師古漢書貢禹傳注。如矢。言其壹志。謂志壹於直。不計有道無道。○注。卷而懷。謂不與時政。○正義曰。黃氏式三後案曰。左傳襄公十四年。孫林父逐其君衎。二十六年寧喜弒其君剽。蘧伯玉身遭其變。近關再出。或以伯玉爲無此事。而左氏爲誣。或以左氏有此事。而伯玉爲非。左氏信史也。伯玉賢大夫也。爲此說者。豈通論哉。孔子之再主伯玉家也。據史記在衛靈將卒之時。事在哀公二年。距襄公之十四年。年六十有七。則孫氏搆禍。伯玉年少。而名德旣著。物望攸歸。孫氏奸雄。意欲收拾人心。藉以爲重。卒能進退裕如。全身遠害。此明哲之知幾也。逮夫衎奔剽立。孫寧專國。伯玉當此無道。必已卷而懷之矣。惟其卷而懷之。寧喜亦聽其從近關出也。伯玉之答孫林父曰。君制其國。誰敢奸之。大義已懍懍矣。其答寧喜則曰。瑗不得聞君之出。敢聞其入。是出與入。皆可付之不聞矣。包子良謂其不與時政者。是也。潘氏德輿養一齋集曰。卷而懷之。殆未仕也。與夫獻公之暴。所謂邦無道時也。觀史魚之進伯玉。知伯玉始固未嘗進矣。又曰。未仕而國之卿大夫訪之。重其賢也。案黃潘二說義同。竊以伯玉年少時已仕。及見獻公無道。乃更不仕。故難作得從近關出也。不與時政。即是避位而去。若但以爲始未嘗仕。尙未盡然。

子曰。可與言而不與之言。失人。不可與言而與之言。失言。知者不失人。亦不失言。

正義曰。皇本。唐石經。宋十行本。岳珂本。考文引古本。足利本。高麗本。不與下無之字。後漢安帝紀引亦無之字。中論貴言篇。君子必貴其言。貴其言。則尊其身。尊其身。則重其道。重其道。所以立其教。言費則身賤。身賤則道輕。道輕則教廢。故君子非其人。則弗與之言。又曰。故君子之與人言也。使辭足以達其智慮之所至。事足以合其情之所安。弗過其任而強牽制也。苟過其任而強牽制。則將昏瞀委滯。而遂疑君子以爲欺我也。不則曰吾聞知矣。非故也。明偏而示之以幽。弗能照也。聽寡而告之以微。弗能察也。故孔子曰。可與言而不與之言。失人。不可與言而與之言。失言。知者不失人。亦不失言。夫君子之於言也。所致貴也。雖有夏后之璜。商湯之駟。弗與易也。今以施諸俗士。以爲志誣而弗貴聽也。不亦辱己而傷道乎。是以君子將與人語大本之源。而談性義之極者。必先度其心志。本其器量。視其銳氣。察其盛衰。然後唱焉以觀其和。導焉以觀其隨。隨和之微。發乎音聲。形乎視聽。著乎顏色。動乎身體。然後可以發齒而步遠。功察而治微。於是乎闓張以致之。因來以進之。審諭以明之。雜稱以廣之。立準以正之。疏煩以理之。疾而勿迫。徐而勿失。雜而勿結。放而勿逸。欲其自得之也。故大禹善治水。而君子善導人。導人必因其性。治水必因其勢。是以功無敗。而言無弃也。荀卿曰。禮恭然後可與言道之致。有爭氣者勿與辨也。孔子曰。惟君子然後能貴其言。貴其色。小人能乎哉。

子曰。志士仁人。無求生以害仁。有殺身以成仁。【注】孔曰。無求生以害仁。死而後成仁。則志士仁人不愛其身也。正義曰。志士者。孟子滕文公篇。志士不忘在溝壑。趙岐注。志士。守義者也。俞氏樾平議。謂志士卽知士。與仁人爲知仁並舉。其說亦通。害仁。唐石經作害人。文選曹植贈徐幹詩注。太平御覽四百十九亦引作人。皆從唐石經而誤也。張栻解人莫不重於其生也。君子亦何以異於人哉。然以害仁。則不敢以求生。以成仁。則殺身而不避。蓋其死有重於生故也。夫仁者。人之所以生者也。苟虧其所以生者。則其生也。亦何爲哉。曾子所謂得正而斃者。正此義也。焦氏循雕菰樓文集云。殺身成仁。解者引比干之諫。夷齊之餓。固矣。然殺身不必盡刀鋸鼎鑊也。舜勤衆事而野死。冥勤其官而水死。爲民禦大災。捍大患。所謂仁也。以死勤事。卽是殺身成仁。苟自愛其身。則焉不胼胝。顏色不黧黑。竅氣不塞。足不偏枯。而水不平。民生不遂。田賦不能成。卽是不能成仁。則爲求生以害仁也。管仲不死。而相桓公。霸諸侯。一匡天下。民到于今受其賜。是成仁不必殺身。夫聖賢之死不死。審乎仁不仁。非謂仁必死也。非謂死則仁也。

子貢問爲仁。子曰。工欲善其事。必先利其器。居是邦也。事其大夫之賢者。友其士之仁者。【注】孔曰。言工以利器爲用。人以賢友爲助。正義曰。爲仁者。爲猶行也。利其器。漢書梅福傳。作厲其器。惠氏棟九經古義。以利爲古論。馮氏登府異文考證。以厲爲魯論。二字訓義略同也。言居是邦。則在夫子周遊時。曾子制言下。凡行不義。則吾不事。不仁。則吾不長。奉相仁義。則吾與之聚羣。荀子哀公篇。所謂庸人者。不知選賢人善士。託其身焉。以爲己憂。然則所事所友。皆己德行之助。可資以砥厲。故宜愼選之也。皇疏云。大夫貴故云事。士賤故云友也。大夫言賢。士言仁。互言之也。案皇本仁者下有也字。

顏淵問爲邦。子曰。行夏之時。【注】據見萬物之生。以爲四時之始。取其易知。正義曰。爲邦者。謂鑑周而王。以何道治邦也。呂氏春秋察今篇。故治國無法則亂。守法而弗變則悖。悖亂不可以持國。世易時移。變法宜矣。譬之若良醫。病萬變。藥亦萬變。病變而藥弗變。嚮之壽民。今爲殤子矣。故凡舉事必循法。

以動變法者。因時而化。若此論。則無過務矣。夫不敢議法者。衆庶也。以死守者。有司也。因時變法者。賢主也。呂覽此言。正顏子問爲邦之意。干寶易雜卦注。弟子問政者數矣。而夫子不與言三代損益。以非其任也。回則備言王者之佐。伊尹之人也。故夫子及之焉。○注。據見至易知。○正義曰。見萬物之生。謂建寅月也。白虎通三正篇。正朔有三何。本天有三統。謂三微之月也。明王者當奉順而成之。故受命各統一正也。敬始重本也。三微者。何謂也。陽氣始施。黃泉萬物。動發而未著也。十一月之時。陽氣始養根株。黃泉之下。萬物皆赤。赤者。盛陽之氣也。故周爲天正。色尚赤也。十二月之時。萬物始牙而白。白者陰氣。故殷爲地正。色尚白也。十三月之時。萬物始達。孚甲而出。皆黑。人得加功。故夏爲人正。色尚黑。尚書大傳曰。夏以孟春月爲正。殷以季冬月爲正。周以仲冬月爲正。夏以十三月爲正。色尚黑。以平旦爲朔。殷以十二月爲正。色尚白。以雞鳴爲朔。周以十一月爲正。色尚赤。以夜半爲朔。三正之相承。若順連環也。孔子承周之弊。行夏之時。知繼十一月正者。當用十三月也。周書周月解。夏數得天。百王所同。其在商湯。用師于夏。除民之災。順天革命。改正朔。變服殊號。一文一質。示不相沿。以建丑之月爲正。易民之視。亦越我周王。致伐于商。改正異械。以垂三統。至于敬授民時。巡守祭享。猶自夏焉。是謂周月。以紀于政。據周書此言。是周亦用夏時。乾鑿度云。天氣三微而成一著。夏時萬物始達。雖微而已著。故白虎通以爲人得加功也。禮鄉飲酒義。春之爲言蠢也。產萬物者。聖也。周月解。凡四時成歲。有春夏秋冬。各有孟仲季。以名十二月。萬物春生夏長。秋收冬藏。天地之正。四時之極。不易之道。是春主生物。爲四時始。寅月爲孟春。夏時用之。民既便於施功。故易得知之也。**乘殷之輅。注馬曰。殷車曰大輅。左傳曰。大輅越席。昭其儉也。**正義曰。釋文。輅。本亦作路。說文。輅。車軨前橫木也。段注引應劭說。謂以木當胸以輓車者即此。又謂車名。本字自作路。案釋名釋車。天子所乘曰路。路亦車也。謂之路者。言行于道路也。是路爲車名。爾雅釋詁舍人注。路。車之大也。此引申之義。○注。殷車至儉也。○正義曰。禮明堂位。鸞車。有虞氏之輅也。鉤車。夏后氏之輅也。大輅。殷輅也。乘輅。周輅也。是歷代車制不同。名亦各異。此注殷車曰大輅。即據明堂位別之。鄭彼注云。鸞車。有鸞和也。鉤車。有曲輿者也。大路。木路也。乘路。玉路也。案周官巾車言王五路。木路居末。最質。故知殷大路。是木路也。鄭注巾車。謂玉路。以玉飾諸末。金路。以金飾諸末。象路。以象飾諸末。革路。輓之以革。而漆之無他飾。至木路則不輓以革。漆之而已。是木路最質。故亦稱素車也。郊特牲大路繁纓一就。先路三就。次路五就。疏云。殷則有三路。其世猶質。故以少質爲先。如疏所言。是殷有三路。論語此文。當得兼之。引左傳者。桓二年文。服虔云。大路木路。是據殷禮言之。越席者。結草爲席。置大路中以爲藉也。亦尚質之意。**服周之冕。注包曰。冕禮冠。周之禮文而備。取其黈纊塞耳。不任視聽。**注。冕禮至視聽。○正義曰。注有脫文。當云取其垂旒蔽明。黈纊塞耳。不任視聽也。大戴禮子張問入官篇。古者冕而前旒。所以蔽明也。黈絖塞耳。所以弇聽也。盧辯注禮緯含文嘉。以懸絖垂旒。爲閑姦聲。弇亂色。令不惑視聽。則黈纊之設。兼此二事也。孔氏廣森補注。玉篇曰。黈。黃色也。纊。綿也。以綿爲充耳。垂冕兩旁。其下綴玉。謂之瑱。懸纊之綫謂之紞。天子玄紞。諸侯黃。大夫青。士素。今案纊紞一字。注言此者。欲言冕制之善。亦文備之一端也。宋書禮志。周監二代。典制詳密。弁師掌六冕。司服掌六服。設擬等差。各有其序。周之祭冕。繅采備飾。故夫子曰。服周之冕。以盡美稱之。

樂則韶舞。注韶。舜樂也。盡善盡美。故取之。正義曰。俞氏樾羣經平議。舞當讀爲武。周官鄉大夫五曰興舞。論語八佾。馬注引作興武。莊十年左傳經文。以蔡侯獻舞歸。穀梁作獻武。皆古人舞武通用之證。樂則韶舞者。則之言法也。言樂當取法韶武也。子於四代之樂。獨於韶武有盡美之論。雖盡善未盡善。微有低昂。然俞論古樂。韶之後即及武。而夏殷之樂不與焉。可知孔子之有取於武矣。夏時。殷輅。周冕。皆以時代先後爲次。若韶舞專指舜樂。則當首及之。惟韶武非一代之樂。故列於後。且時言夏。輅言殷。冕言周。而韶舞不言虞。則非止舜樂明矣。案俞說是也。孔子世家言孔子絃歌詩以求合韶武雅頌之音。韶武並言。皆孔子所取也。武爲周一代之樂。合文武周公所作樂名之。說詳八佾疏。

放鄭聲。遠佞人。鄭聲淫。佞人殆。注孔曰。鄭聲。佞人。亦俱能惑人心。與雅樂賢人同。而使人淫亂危殆。故當放遠之。正義曰。放者。罷廢之也。樂記云。鄭音。好濫淫志。宋音。燕女溺志。衞音。趨數煩志。齊音。敖辟喬志。此四者。皆淫於色而害於德。是以祭祀弗用也。是四國皆有淫聲。此獨云鄭聲者。亦舉甚言之。五經異義魯論說鄭國之俗有溱洧之水。男女聚會。謳歌相感。故云鄭聲淫。左傳說煩手淫聲謂之鄭聲者。言煩手躑躅之聲。使淫過矣。謹案鄭詩二十一篇。說婦人十九矣。故鄭聲淫也。案白虎通禮樂篇。樂尚雅何。雅者。古正也。所以遠鄭聲也。孔子曰。鄭聲淫何。鄭國土地民人。山居谷汲。男女錯雜。爲鄭聲以相悅懌。又漢書禮樂志云。桑閒濮上。鄭衞宋趙之聲並出。內則致疾損壽。外則亂政傷民。庶民以爲利。列國以相閒。皆以鄭聲爲鄭國之聲。與魯論說同。其煩手淫聲謂之鄭聲。乃左傳別一義。服虔解誼據之。不與魯論同也。又魯論舉溱洧一詩。以爲鄭俗多淫之證。非謂鄭詩皆是如此。許氏錯會此旨。舉鄭詩而悉被以淫名。自後遂以鄭詩混入鄭聲。而謂夫子不當取淫詩。又以序所云刺時刺亂者。改爲刺淫。則皆許君之一言誤之矣。樂記云。世亂則禮慝而樂淫。是故其聲哀而不莊。樂而不安。慢易以犯節。流湎以忘本。廣則容姦。狹則思欲。感條暢之氣。而滅平和之德。是以君子賤之也。周官大司樂。凡建國禁其淫聲。過聲。凶聲。慢聲。注。淫聲。若鄭衞也。淫聲爲建國所宜禁。故此言爲邦亦放之矣。白虎通誅伐篇。佞人當誅何。爲其亂善行。傾覆國政。韓詩內傳曰。孔子爲魯司寇。先誅少正卯。謂佞道已行。亂國政也。佞道未行。章明遠之而已。論語曰。遠佞人。公羊莊十一年。齊人執鄭詹。書甚佞也。何注。孔子曰。放鄭聲。遠佞人。罪未成者。伯當討之而已。與白虎通義合。通鑑孝元帝紀引荀悅曰。子曰。遠佞人。非但不用而已。乃遠而絕之。隔塞其源。戒之極也。○注。鄭聲至遠之。○正義曰。鄭聲與雅樂同。佞人與賢人同。是其能惑人也。惑於鄭聲則思淫亂。惑於佞人則當危殆。下篇子曰。惡鄭聲之亂雅樂也。惡利口之覆邦家者。

利口卽佞人。二者皆似是而非。故易惑人也。

子曰。人無遠慮。必有近憂。注王曰。君子當思患而預防之。正義曰。皇本人下有而字。張栻解慮之不遠。其憂卽至。故曰近憂。○注。君子當思患而預防之。○正義曰。邢疏云。此易旣濟象辭也。案繫辭云。安不忘危。存不忘亡。是以身安而國家可保也。荀子大略篇。先事慮事。先患慮患。先事慮事謂之接。接則事優成。先患慮患謂之豫。豫則禍不生。事至而後慮者謂之後。後則事不舉。患至而後慮者謂之困。困則禍不可禦。又仲尼篇。智者之舉事也。滿則慮嗛。平則慮險。安則慮危。曲重其豫。猶恐及其禍。是以百舉而不陷也。皆言人宜遠慮也。

子曰。已矣乎。吾未見好德如好色者也。正義曰。皇本無乎字。

子曰。臧文仲其竊位者與。知柳下惠之賢。而不與立也。注孔曰。柳下惠。展禽也。知賢而不舉。是爲竊位。正義曰。文選陶徵士誄注引鄭注云。柳下惠。魯大夫展禽。食采柳下。謚曰惠。太平御覽四百二引鄭注。柳下惠。魯士師展禽也。其邑名柳下。謚曰惠。文小異。左僖二十六年疏。魯語展禽對臧文仲云。獲聞之。是其人氏展。名獲。字禽。柳下爲邑名者。柳下若桑中棘下之類。其地今不可考。閻氏若璩四書釋地說。國策顏斶言秦攻齊。令有敢去柳下季壟五十步而樵採者。死不赦。古人多葬於食邑。壟所在。卽邑所在。則柳下自當在齊南魯北。二國接壤處。昔爲魯地。後爲齊有也。惠爲謚者。列女傳。柳下惠死。門人將謚之。妻曰。夫子之謚。宜爲惠乎。門人從以爲謚。是惠爲謚也。高誘淮南說林訓注。柳下惠。魯大夫。展無駭之子。名獲。字禽。家有大柳樹。行惠德。因號柳下惠。一曰柳下邑。趙岐孟子公孫丑篇注。亦云柳下。是其號也。以柳下爲號。與晉陶潛自稱五柳先生同。疑未必然。至惠之爲謚。明見列女傳。而亦以爲生前之號。均與鄭異義。非也。又高誘謂柳下惠爲無駭之子。亦不知所本。柳下惠爲士師。見下微子篇。不與立者。邢疏云。不稱舉與立於朝廷也。方氏觀旭偶記。展喜犒齊師。使受命於展禽。正臧孫辰爲政之時。見內傳。展禽譏文仲祀爰居。文仲曰。是吾過也。季子之言。不可不法也。使書之以爲三筴。見外傳。並是文仲知柳下惠之證。李氏惇羣經識小。案臧氏世爲司寇。文仲當己爲之。或爲司空而兼司寇也。柳下惠爲士師。正其屬官。無容不知。此與文子同升事。正作一反照。○注。知賢而不舉。是爲竊位。○正義曰。竊如盜竊之竊。言竊居其位。不讓進賢能也。

子曰。躬自厚而薄責於人。則遠怨矣。注孔曰。責己厚。責人薄。所以遠怨咎。正義曰。春秋繁露仁義法篇。以仁治人。義治我。躬自厚而薄責於外。此之謂也。且論己見之而人不察曰。君子攻其惡。不攻人之惡。非仁之寬與。自攻其惡。非義之全與。此之謂仁造人。義造我。何以異乎。故自稱其惡謂之情。稱人之惡謂之賊。求諸己謂之厚。求諸人謂之薄。自責以備謂之明。責人以備謂之惑。呂氏春秋舉難篇。故君子責人則以人。自責則以義。責人以人則易足。易足則得人。自責以義則難爲非。難爲非則行飾。故任天地而有餘。不肖者則不然。責人則以義。自責則以人。責人以義則難贍。難贍則失親。自責以人則易爲。易爲則行苟。故天下之大而不容也。身取危。國取亡焉。此桀紂幽厲之行也。中論脩本篇。孔子之制春秋也。詳內而略外。急己而寬人。故於魯也。小惡必書。於衆國也。大惡始筆。夫見人而不自見者謂之矇。聞人而不自聞者謂之聵。慮人而不自慮者謂之瞀。故明莫大乎自見。聰莫大乎自聞。睿莫大乎自慮。

子曰。不曰如之何。如之何者。吾末如之何也已矣。注孔曰。不曰如之何者。猶言不曰奈是何。如之何者。言禍難已成。吾亦無如之何。正義曰。春秋繁露執贄篇。子曰。人而不曰如之何如之何者。吾莫如之何也矣。故匿病者不得良醫。羞問者聖人去之。以爲遠功而近有災。此以如之何爲問人之辭。凡稱何如是也。朱子集注云。如之何如之何者。熟思而審處之辭也。不如是而妄行。雖聖人亦無如之何矣。此以如之何。爲心自審度。亦通。荀子大略篇。天子卽位。上卿進曰。如之何。憂之長也。憂長。卽審度之義。○注。如之何者禍難已成。○正義曰。陸賈新語辨惑篇。故孔子遭君暗臣亂。衆邪在位。政道隔於王家。仁義閉於公門。故作公陵之歌。傷無權力於世。大化絕而不通。道德私而不用。故曰。無如之何者。吾末如之何也已矣。夫言道因權而立。德因勢而行。不在其位者。則無以齊其政。不操其柄者。則無以制其剛。此論語家舊說。指世亂言之。僞孔所云禍難已成。似卽竊取此義。然曰無如之何者。亦統兩如之何爲一句。非如僞孔橫分兩句也。

子曰。羣居終日。言不及義。好行小慧。難矣哉。注鄭曰。小慧。謂小小之才知。難矣哉。言終無成。正義曰。此章是夫子家塾之戒。說文云。羣。輩也。羣居。謂同來學共居者也。夫子言人羣居。當以善道相切磋。不可以非義小慧相誘引也。釋文。慧音惠。皇本作惠。注同。此依魯論改。不知鄭君定讀已作慧也。考文引古本作惠。卽指皇本。文選陳琳檄吳將校部曲文注。太平御覽人事部引。並作慧。○注。小慧謂小小之才知。○正義曰。說文。慧。儇也。史記索隱。慧。智也。左成十八年傳。周子有兄而無慧。杜注。蓋世所謂白癡。則慧爲有才知之稱。戴氏望注云。小慧。爲小辨慧也。哀公欲學小辨以觀於政。孔子曰。不可。社稷之主愛日。案戴說卽鄭義。釋文引注。更云魯讀慧爲惠。今從古作慧者。古論魯論用假借字作惠也。馮氏登府異文考證。案晉語巧文辯惠則賢。惠卽慧。後漢孔融傳。將不早惠乎。注。惠作慧。列子穆王篇。秦人逢氏有子少而惠。陸機弔魏武文。

知惠不能去其思。並與慧同。

子曰。君子義以爲質。禮以行之。孫以出之。信以成之。君子哉。注鄭曰。義以爲質。謂操行。孫以出之。謂言語。正義曰。釋文云。義以爲質。一本作君子義以爲質。鄭本略同。翟氏灝考異。孝經三才章疏引此文。無君子二字。臧氏琳經義雜記。以有者爲衍是也。義以爲質者。義者。宜也。人行事所宜也。禮運云。何謂人義。父慈子孝。兄良弟弟。夫義婦聽。長惠幼順。君仁臣忠。十者。謂之人義。講信修睦。謂之人利。爭奪相殺。謂之人患。故聖人之所以治人七情。修十義。講信修睦。尚辭讓。去爭奪。舍禮何以治之。又云。其居人也曰養。其行之以貨力辭讓飲食冠昏喪祭射御朝聘。注。養當爲義字之誤也。是凡禮皆以行義也。禮尚辭讓。去爭奪。故孫以出之。信者。申也。言以相申束。使不相違背。故信以成之。稱君子者。言其人有士大夫之行。可爲法則也。○注。義以至言語。○正義曰。禮器注。質猶性也。荀子臣道注。質。體也。操者。持也。守也。義本於心之裁度。而要以制事。故注以操行言之。出謂出諸口。鄭以行禮已是孫讓。故解孫以出之爲言語也。詩云。愼爾出話。無不柔嘉。

子曰。君子病無能焉。不病人之不己知也。注包曰。君子之人。但病無聖人之道。不病人之不己知。正義曰。憲問篇。子曰。不患人之不己知。患其不能也。義同。

子曰。君子疾沒世而名不稱焉。注疾猶病也。正義曰。沒世猶沒身也。史記孔子世家。子曰。弗乎弗乎。君子病沒世而名不稱焉。吾道不行矣。吾何以自見於後世哉。以此爲孔子作春秋時語。亦安國舊說。中論考僞篇。貴名乃所以貴實也。張栻論語解。有是實則有是名。名者。所以命其實也。終其身而無實之可名。君子疾諸。非謂求名於人也。錢氏大昕養新錄。孔子贊易曰。善不積。不足以成名。孝經曰。立身行道。揚名於後世。於論語曰。君子去仁。惡乎成名。又曰。君子疾沒世而名不稱焉。聖人以名立敎。未嘗惡人之好名也。孟子曰。令聞廣譽施於身。令聞廣譽。非名而何。唯聲聞過情。斯君子恥之耳。道家以無爲宗。故曰聖人無名。又曰無智名。無勇功。又以伯夷死名。與盜跖死利並言。此悖道傷敎之言。儒者所弗道。○注。疾猶病也。○正義曰。法言問神篇。君子病沒世而無名。

子曰。君子求諸己。小人求諸人。注君子責己。小人責人。正義曰。禮中庸云。君子素其位而行。不願乎其外。又云。正己而不求於人。則無怨。上不怨天。下不尤人。鄭注引此文說之。中論貴驗篇。子思曰。事自名也。聲自呼也。貌自眩也。物自處也。人自官也。無非自己者。故怨人之謂壅。怨己之謂遁。遁也知所悔。

塗也。從所誤。〇注。君子責己小人責人。〇正義曰。求訓責。亦引申之義。禮大學云。君子有諸己。而後求諸人。謂先責諸己也。若小人則藏身不恕。而即欲喻諸人。故但責人。孟子所謂今以其昏昏使人昭昭者也。

子曰。君子矜而不爭。羣而不黨。注包曰。矜矜莊也。孔曰。黨助也。君子雖衆。不相私助。義之與比。正義曰。矜易於爭。羣易於黨。故君子絕之。劉氏宗周論語學案。矜者。嶄嶄自持。不爭。則非絕物矣。羣者。油油與人。不黨。則非徇物矣。此君子持世之準也。〇注。矜矜莊也。〇正義曰。呂覽重言注。矜。嚴也。嚴莊義同。〇注。黨助至與比。〇正義曰。黨訓助者。引申之義。義之與比。言與人以義相親比也。

子曰。君子不以言舉人。注包曰。有言者。不必有德。故不可以言舉人也。不以人廢言。注王曰。不可以無德而廢善言。正義曰。禮文王世子云。凡語于郊者。必取賢斂才焉。或以德進。或以事舉。或以言揚。揚如揚于王廷之揚。蓋先揚之而後考其德事。乃進用之也。書舜典云。敷奏以言。明試以功。車服以庸。彼是考績之法。亦在試以功效。不專尚言。故管子明法解云。明主之擇賢人也。言勇者試之以軍。言智者試之以官。試於軍而有功者則舉之。試於官而事治者則用之。故以戰功之事定勇怯。以官職之治定愚智。故勇怯愚智之見也。如白黑之分。亂主則不然。聽言而不試。故妄言者得用。觀此。是古舉人之術。皆不以言可知。

子貢問曰。有一言而可以終身行之者乎。子曰。其恕乎。己所不欲。勿施於人。注言己之所惡。勿加施於人。正義曰。一言謂一字。春秋左氏疏引易云。伏羲作十言之教曰。乾坤震巽坎離艮兌消息。韓非子說林下。齊人曰。臣請三言而已。曰海大魚。又古人稱所著書若數萬言。數十萬言。及詩體四言五言七言。並以一字爲一言也。皇本行下無之字。人下有也字。〇注。言己之所惡勿加施於人。〇正義曰。皇本無此注。

子曰。吾之於人也。誰毀誰譽。如有所譽者。其有所試矣。注包曰。所譽者。輒試以事。不虛譽而已。斯民也。三代之所以直道而行也。注馬曰。三代夏殷周。用民如此。無所阿私。所以云直道而行。正義曰。集注云。毀者。稱人之惡而損其眞。譽者。揚人之善而過其實。包氏愼言溫故錄。斯民兩語。正申明上文所試句。如與而同。以。用也。言我之於人。無毀無譽。而或有所譽。稱揚稍過者。以斯人皆可獎進。而入於善之人。往古之成效可覩也。蓋斯民卽三代之民。三代用此民直道而行。而人皆競勸於善。安在今之不可與爲善哉。其有所試。謂三代已嘗試之。非謂身試之也。漢書藝文志儒家敍略云。孔子曰。如有所譽。其有所試。唐虞之隆。殷周之盛。仲尼之業。已試之效也。後漢書班彪傳。彪上議曰。國以簡賢爲務。賢以孝行爲先。孔子曰。事親孝。故忠可移於君。忠孝之人。持心近厚。鍛鍊之人。持心近薄。三代之所以直道而行者。在所以磨之故也。章懷注云。彪引之者。言三代選賢。皆磨礪選錄然後用之。合此二文。校其語意。則上文所云如有所譽。是卽直道也。直者。無私曲之謂。如有所譽。似偏於厚。而究其磨礪誘掖之意。非爲私曲。故曰直道。所謂善善宜從長也。班固景帝贊曰。孔子稱斯民三代之所以直道而行。信哉。周秦之敝。網密文峻。而姦軌不勝。漢興。掃除煩苛。與民休息。至於孝文。加之以恭儉。孝景遵業。五六十載之閒。移風易俗。至於黎民醇厚。周言成康。漢言文景。美矣。此贊以孔子之言證漢事。言秦人以刻薄馭民。而民俗益敝。至漢文景。務率民於寬厚。能容人過。而治迹蒸蒸日上。是直道本厚意而行之者也。案論衡率性篇。傳曰。堯舜之民。可比屋而封。桀紂之民。可比屋而誅。斯民也。三代所以直道而行也。聖主之民如彼。惡主之民如此。竟在化。不在性也。此亦謂堯舜以德化民。卽是直道而行。異於桀紂之暴虐。此與包君所引證。若合符也。皇本人下無也字。所作可。○注。所譽者輒試以事不虛譽而已。○正義曰。漢書薛宣傳。谷永薦宣疏。以宣爲御史中丞。擧錯皆當。○如有所用。必有所試。謂譽而用之也。以試爲夫子身試。與包注同。亦可通。○注。用民至而行。○正義曰。無所阿私。謂無所阿比。以私意毁譽人也。劉氏逢祿述何篇。春秋不虛美。不隱惡。褒貶予奪。悉本三代之法。無虛加之辭也。

子曰。吾猶及史之闕文也。有馬者借人乘之。今亡矣夫。【注】包曰。古之良史。於書字有疑則闕之。以待知者。有馬不能調良。則借人乘習之。孔子自謂及見其人如此。至今無有矣。言此者。以俗多穿鑿。

正義曰。毛詩抑傳。借。假也。亦常訓。唐石經。史下無之字。皇本今下有則字。朱子集注本。矣誤已。○注。古之至穿鑿。○正義曰。宋氏翔鳳發微云。周禮保氏教之六藝。四曰五馭。五曰六書。御與書同在六藝。皆國子之所當教。故孔子言執御。又言正名。言雅言。所以教門弟子者。與天子諸侯之設官。無以異也。史籀爲周宣王時太史。作大篆十五篇。周禮。內史掌達書名于四方。亦太史之屬。漢律。太史試學童能諷書九千字以上。乃得爲史。又以六體試之。課最者以爲尙書御史史書令史。吏民上書字或不正。輒擧劾。史書令史者。爲掌史書之令史。專以正書字爲職。故曰史書。曰史篇。皆謂書字掌於太史。而保氏以教。班氏藝文志云。古制。書必同文。不知則闕。問諸故老。至於衰世。是非無正。人用其私。故孔子曰。吾猶及史之闕文也。今亡矣夫。蓋傷其寖不正。其引論語史之闕文。卽上子路篇。不知蓋闕同義。志又言史籀篇。周官教學童者也。見論語之史。若漢代史書史篇之類。而不必爲紀言紀事之成書也。許氏說文解字敍云。詭更正文。鄉壁虛造不可知之書。以燿於世。與班氏言衰世之弊同。孔子之所歎。許氏又云。書曰。予欲觀古人之象言。必遵修舊文而不穿鑿。孔子曰。吾猶及史之闕文。今亡矣夫。蓋非其不知而不問。人用己私。是非無正。巧說衷辭。使天下學者疑。蓋文字者。經藝之本。王政之始。前人所以垂後。後人所以識古。故曰本立而道生。知天下之至嘖而不可亂也。班許兩家之言。若出一涂。故論語包注云云。凡有馬而借人乘習。則皆期於善御。亦六藝之一。弟子之事。而保氏之所教也。五馭之目。爲鳴和鸞。逐水曲。過君表。舞交衢。逐禽左。乘之者。習此者也。有一定之法。非可人用其私。故車能同軌。六書之目。爲指事。象形。諧聲。會意。轉注。叚借。闕文者。所不知者也。有一定之法。非可詭更正文。故書能同文。案宋說史闕文之義。至爲辭確。其謂有馬借人乘之。爲五馭之法。尤補注義。荀子禮論篇。故大路之馬。必倍至敎順。然後乘之。所以養安也。注。倍至。謂倍加精至也。則有馬須借人乘之。乃得敎順。此學御之事。夫子時。大藝之學將廢。故俗多穿鑿。不免自以爲是也。

子曰。巧言亂德。小不忍則亂大謀。注孔曰。巧言利口。則亂德義。小不忍則亂大謀。正義曰。吳氏嘉賓論語說。先王有不忍人之政。然非小不忍之謂也。故曰。惟仁者能愛人。能惡人。苟不忍於惡一人。則將有亂大謀者矣。聖人之所惡。常在於似是而非者。巧言亂德。所謂惡佞足以亂義也。小不忍。則亂仁。或曰。必有忍。其乃有濟。若後世所謂能有所忍以就大事者。不知此狙詐之術。雖於聖人之辭若可通。竊以爲非也。案漢書李尋傳。執乾剛之德。勉彊大誼。絕小不忍。外戚傳。夫小不忍則亂大謀。恩之所不能已。義之所割也。二傳文皆如吳說。

子曰。衆惡之必察焉。衆好之必察焉。注王曰。或衆阿黨比周。或其人特立不羣。故好惡不可不察也。正義曰。潛夫論潛歎篇云。孔子曰。衆好之。必察焉。衆惡之。必察焉。故聖人之施舍也。不必任衆。亦不必專己。必察彼己之所爲。而度之以義。或舍人取己。故舉無遺失。而政無廢滅也。或君則不然。己有所愛。則因以斷正。不稽於衆。不謀於心。苟眩於愛。惟言是從。此政之所以敗亂。而士之所以放佚者也。又管子明法解。亂主不察臣之功勞。譽衆者則賞之。不審其罪過。毀衆者則罰之。如此者。則邪臣無功而得賞。忠臣無罪而有罰。又云。如此則慤愿之人失其職。而廉潔之吏失其治。故明法曰。官之失其治也。是主以譽爲賞。而以毀爲罰也。案潛夫論引衆好句。在衆惡前。宋葛洪涉史隨筆。王氏論語辨惑。司馬溫公論選舉狀議貢舉狀。王臨川答段縫書。亦先好後惡。風俗通義正失篇。羅隱兩同書眞僞章。好均作善。亦衆善句在前。即王注。疑亦如此。俞氏樾平議以爲傳寫誤倒。或有然也。〇注。或衆至察也。〇正義曰。或衆阿黨比周。所以衆好。或其人特立不羣。所以衆惡。梁書劉孝綽傳。孤特。則積毀所歸。比周。則積譽斯信。即本王注。故亦引論語說之。

子曰。人能弘道。非道弘人。注王曰。才大者道隨大。才小者道隨小。故不能弘人。正義曰。皇本弘人下有也字。〇注。王曰至弘人。○正義曰。皇本不言王肅曰。則何晏等義也。道隨才爲大小。故人能自大其道。卽可極仁聖之詣。而非道可以弘人。故行之不著。習矣不察。終身由之。而不知其道。則仍不免爲衆。中庸記所云。苟不至德。至道不凝焉。卽此意也。漢書董仲舒傳。夫周道衰於幽厲。非道亡也。幽厲不繇也。至於宣王。思昔先王之德。興滯補弊。明文武之功業。周道粲然復興。下引此文。又禮樂志載平當說衰微之學。興廢在人。亦引此文。義皆可證。

子曰。過而不改。是謂過矣。正義曰。韓詩外傳三。孔子曰。過而改之。是不過也。當本此文而反言之。穀梁僖二十年傳。過而不改。又之是謂之過。

子曰。吾嘗終日不食。終夜不寢。以思。無益。不如學也。正義曰。思者。思其所學也。然思之不達。而一於思。反爲無益。故曰思而不學則殆。大戴禮勸學篇。孔子曰。吾嘗終日而思矣。不如須臾之所學也。略本此文。賈子新書修政語上。湯曰。學聖王之道者。譬其如日。靜思而獨居。譬其若火。夫舍學聖之道而靜居獨思。譬其若去日之明於庭。而就火之光於室也。然可以小見。而不可以大知。是故明君而君子貴尙學道。而賤下獨思也。

子曰。君子謀道不謀食。耕也。餒在其中矣。學也。祿在其中矣。君子憂道不憂貧。注鄭曰。餒。餓也。言人雖念耕而不學。故飢餓。學則得祿。雖不耕而不餒。此勸人學。正義曰。潛夫論讚學篇。引耕也餒在其中三句。連上吾嘗終日不食爲一章。當時簡編相聯。未分別也。○注。餒餓至人學。○正義曰。段本說文。餒。飢也。此常訓。耕者。說文云。犂也。謂以牛犂田也。念耕者。念猶思也。本非所習而思爲之。故曰念耕。古者四民各習其業。自非有秀異者。不升於學。春秋時。士之爲學者。多不得祿。故趨於異業。而習耕者衆。觀於樊遲以學稼學圃爲請。而長沮桀溺荷蓧丈人之類。雖隱於耕。而皆不免謀食之意。則知當時學者。以謀食爲亟。而謀道之心。或不專矣。夫子示人以君子當謀之道。學當得祿之理。而耕或不免餒。學則可以得祿。所以誘掖人於學。而凡爲君子者。當自勉矣。鄭謂念耕而不學。謂士之爲農者。但務農而不爲學也。既不學。不可得祿。故或遇凶歉。而不免於餒。是兩失之矣。若夫農務於耕。自習其業。安得概以謀食責之。潛夫論釋難篇。釋此文云。君子勞心。小人勞力。故孔子所稱。謂君子爾。誼與鄭同。夫耕原於謀食。謀食卽不得不憂貧。君子志其大者遠者。但憂謀道之無得於己。而豈口腹身家之圖所能易其志哉。

子曰。知及之。仁不能守之。雖得之。必失之。注包曰。知能及治其官。而仁不能守。雖得之。必失之。知及之。仁能守之。不莊以涖之。則民不敬。注包曰。不嚴以涖之。則民不敬從其上。知及之。仁能守之。莊以涖之。動之不以禮。未善也。注王曰。動必以禮然後善。正義曰。此章十一之字。包注指位言。但於動之句不可通。毛氏奇齡賸言補。指民言。知足以及民。卽知臨爲大君之宜。案知及之。謂政令條敎。足以及民也。仁不能守之。謂不能以仁守之。仁字置句首。與知及之配儷成文耳。大戴禮武王踐阼篇。師尙父曰。且臣聞之。以仁得之。以仁守之。其量百世。以不仁得之。以仁守之。其量十世。以不仁得之。以不仁守之。必及其世。是言凡得民者。皆當以仁守之也。孟子離婁篇。桀紂之失天下也。失其民也。失其民者。失其心也。得天下有道。得其民。斯得天下矣。得其民有道。得其心。斯得民矣。此文得之失之。卽謂得民失民也。莊以涖之者。涖。臨也。見毛詩采芑傳。說文。竦。臨也。卽涖本字。皇本作莅。又涖或體。謂威儀也。左氏傳北宮文子曰。有威而可畏謂之威。有儀而可象謂之儀。君有君之威儀。其臣畏而愛之。則而象之。故能有其國家 。令聞長世 。臣有臣之威儀。其下畏而愛之。故能守其官職。保族宜家。又曰。故君子在位可畏。施舍可愛。進退可度。周旋可則。容止可觀。作事可法。德行可象。聲氣可樂。動作有文。言語有章。以臨其下。謂之有威儀也。皆言臨民當莊之儀。動之以禮。謂以禮感動於民。使行之也。荀子王霸篇。上莫不致愛其下。而制之以禮。上之於下。如保赤子。政令制度。所以接下之人。百姓有不理者。如豪末。則雖孤獨鰥寡。必不加焉。故下之親上。歡如父母。可殺而不可使不順。君臣上下。貴賤長幼。至于庶人。莫不以是爲隆正。然後皆內自省。以謹於分。此動之以禮。爲治之善也。○注。知能至失之。○正義曰。後漢書劉梁傳。孔子曰。智之難也。有臧武仲之智。而不容於魯國。抑有由也作而不順。施而不恕矣。蓋善其知義。譏其違道也。下文又云。患之所在。非徒在智之不及。又在及而違之者矣。故曰。智及之。仁不能守之。雖得之。必失之也。此引論語以證武仲之失位。由於不順不恕。不順不恕。卽是不仁。與包義正合。易繫辭傳。何以守位。曰仁。

子曰。君子不可小知。而可大受也。小人不可大受。而可小知也。注王曰。君子之道深遠。不可以小了知而可大受。小人之道淺近。可以小了知而不可大受也。正義曰。集注云。知。我知之也。受。彼所受也。淮南子主術訓。是故有大略者。不可責以捷巧。有小智者。不可任以大功。人有其才。物有其形。有任一而太重。或任百而尙輕。是故審豪氂之計者。必遺天下之大數。不失小物之選者。惑於大數之舉。譬猶貍之不可使搏牛。虎之不可使搏鼠也。○注。王曰至受也。○正義曰。皇本無王肅曰。則何晏等義也。了者。無餘之辭。君子所知。皆深遠之道。不可以小了之也。小人祇知淺近。故可以小了知。

子曰。民之於仁也。甚於水火。注馬曰。水火及仁。皆民所仰而生者。仁最爲甚。水火。吾見蹈而死者矣。未見蹈仁而死者也。注馬曰。蹈水火。或時殺人。蹈仁。未嘗殺人。正義曰。說文云。蹈。踐也。惠氏棟周易述。仁乃乾之初生之道。故未見蹈仁而死。極其變。知求仁得仁。殺身成仁。乃全而歸之之義。不可言死。○注。水火至爲甚。○正義曰。孟子告子篇。民非水火不生活。是水火爲民所仰而生也。仰者。望也。鄭注云。甚於水火。於仁最急也。同馬義。

子曰。當仁。不讓於師。注孔曰。當行仁之事。不復讓於師。言行仁急。正義曰。此章是夫子示門人語。蓋事師之禮。必請命而後行。獨當仁。則宜急行。故告以不讓於師之道。恐以展轉譏人生死也。○注。當行至仁急。○正義曰。說文。當。田相值也。人於事值有當行仁者。不復讓於師。所謂聞斯行之也。春秋繁露竹林篇。論楚子反許宋平事云。今子反往視宋。聞人相食。大驚而哀之。不意之至於此也。是以心駭目動而違常禮。禮者。庶於仁文質而成體者也。今使人相食。大失其仁。安著其禮。方救其質。奚恤其文。故曰。當仁不讓。此之謂也。彼言子反不讓於君。與此義略同。故引文說之。

子曰。君子貞而不諒。注孔曰。貞正。諒信也。君子之人。正其道耳。言不必小信。注。貞正至小信。○正義曰。易彖傳。貞。正也。此常訓。君子以義制事。咸合正道。而不必爲小信之行。何異孫十一經問對。孟子曰。君子不亮。惡乎執。亮與諒同。孔子曰。豈若匹夫匹婦之爲諒也。又曰。君子貞而不諒。諒者。信而不通之謂。君子所以不亮者。非惡乎信。惡乎執也。故孟子又曰。所惡執一者。爲其賊道也。焦氏循孟子正義。論語云。好信不好學。其蔽也賊。蓋好信不好學。則執一而不知變通。遂至於賊道。君子貞而不諒。正恐其執一而蔽於賊也。友諒兼友多聞。多聞由於好學。則不至於賊。案上篇夫子答子貢曰。言必信。行必果。硜硜然小人哉。孟子離婁下。大人者。言不必信。行不必果。唯義所在。言必信。即此注所云小信也。亦即諒也。漢書王貢等傳贊。貞而不諒。薛方近之。顏注云。薛方志避亂朝。詭引巢許爲喻。近此義也。亦言不必信之證。

子曰。事君。敬其事而後其食。注孔曰。先盡力而後食祿。正義曰。敬者。自急敕也。禮表記云。子曰。事君軍旅不辟難。朝廷不辭賤。處其位而不履其事。則亂也。故君使其臣。得志則愼慮而從之。否則孰慮而從之。終事而退。臣之厚也。是言事君當敬其事也。檀弓云。仕而未有祿去。可見當時人臣居位。有不得祿。然君去位則可。若在位而但計及食祿。不復敬君之事。則大不可。朱子集注云。後與後獲之後同。儒行曰。先勞而後祿。亦此意。郡齋讀書志載蜀石經。作敬其事而後食其祿。是依注文妄增。

子曰。有教無類。注馬曰。言人所在見教。無有種類。注。言人所在見教無有種類。○正義曰。說文云。類。種類相似。唯犬爲甚。故其字從犬。皇疏云。

人乃有貴賤。同宜資敎。不可以其種類庶鄙。而不敎之也。敎之則善。本無類也。呂氏春秋勸學篇。故師之敎也。不爭輕重尊卑貧富。而爭於道。其人苟可。其事無不可。

子曰。道不同。不相爲謀。正義曰。吳氏嘉賓說。孟子曰。伯夷伊尹柳下惠。三子者不同道。道者。志之所趨舍。如出處語默之類。雖同於爲善。而有不同。其是非得失。皆自知之。不能相爲謀也。案孟子又言君子之行不同也。或遠或近。或去或不去。歸潔其身而已矣。歸潔其身。道也。而遠近去不去。行各不同。則不能相爲謀也。史記伯夷列傳。引此文云。亦各從其志也。即孟子不同道之說。顏注以天道人道爲言。失其旨矣。老莊申韓列傳。世之學老子者。則絀儒學。儒學亦絀老子。道不同不相爲謀。豈謂是耶。亦以老子之學。與儒不同。未可厚非也。若夫與時偕行。無可無不可。夫子之謂集大成。安有所謂不相謀哉。不相謀者。道之本能。相爲謀者。聖人之用。後世儒者。舉一廢百。始有異同之見。而自以爲是。互相攻擊。既非聖人覆燾持載之量。亦大昧乎不相爲謀之旨。

子曰。辭達而已矣。注孔曰。凡事莫過於實。辭達則足矣。不煩文豔之辭。注。凡事至之辭。○正義曰。辭皆言事。而事自有實。不煩文豔以過於實。故但貴辭達則足也。儀禮聘禮記。辭無常。孫而說。辭多則史。少則不達。辭苟足以達。義之至也。是辭不貴多。亦不貴少。皆取達意而止。錢氏大昕潛研堂文集。據聘記解此文。以爲論語亦是聘辭。則不若此注言凡事得兼舉也。

師冕見。注孔曰。師。樂人。盲者。名冕。及階。子曰。階也。及席。子曰。席也。皆坐。子告之曰。某在斯。某在斯。注孔曰。歷告以坐中人姓字所在處。師冕出。子張問曰。與師言之道與。子曰。然。固相師之道也。注馬曰。相。導也。正義曰。趙氏佑溫故錄。禮。迎客於門。每門必讓。降等之客。則於門內。此師冕見。當先有坐客。則第俟諸階。故紀從階始。案趙說是也。但師冕來見。必亦有扶工者。入門之後。當立堂下。故此及階及席。夫子皆爲扶工者。一一詔告之。又告以某某在斯者。令師冕知之。得與爲禮也。禮少儀云。其未有燭而有後至者。則以在者告。道瞽亦然。注。爲其不見。意欲知之也。師冕見云云。正瞽無目。惛如日闇。故道示之。亦如無燭時也。○注。歷告以坐中人姓字所在處。○正義曰。廣雅釋詁。某。名也。言以某名其人也。此歷舉姓字亦云某者。坐中非止一人。夫子本以姓字告之。記者不能盡述。故重言某以括之。姓字釋某。所在處釋在斯。○注。相導也。○正義曰。相導。爾雅釋詁文。鄭注云。相。扶也。扶導義同。周官。眡瞭凡樂事相瞽。注。相。扶工。

卷十九　季氏第十六

集解　凡十四章

季氏將伐顓臾。冉有季路見於孔子曰。季氏將有事於顓臾。【注】孔曰。顓臾伏羲之後。風姓之國。本魯之附庸。當時臣屬魯。季氏貪其土地。欲滅而取之。冉有與季路爲季氏臣。來告孔子。孔子曰。求。無乃爾是過與。【注】孔曰。冉求爲季氏宰。相其室。爲之聚斂。故孔子獨疑求教之。夫顓臾昔者先王以爲東蒙主。【注】孔曰。使主祭蒙山。且在邦域之中矣。【注】孔曰。魯七百里之封。顓臾爲附庸。在其域中。是社稷之臣也。何以伐爲。【注】孔曰。已屬魯。爲社稷之臣。何用滅之爲。

正義曰。季氏謂康子。說文云。伐。擊也。從人持戈。左莊二十九年傳。凡師有鐘鼓曰伐。季氏欲伐顓臾。二子知其謀。因見孔子告之。皇疏引蔡謨曰。冉有季路。並以王佐之姿。處彼相之任。豈有不諫季孫以成其惡。所以同其謀者。將有以也。量己揆勢。不能制其悖心於外。順其意以告夫子。實欲致大聖之言以救斯弊。是以夫子發明大義。以酬來感。宏舉治體。自救時難。斯乃聖賢同符。相爲表裏者也。集注引洪氏曰。二子仕於季氏。凡季氏所欲爲。必以告於夫子。則因夫子之言而救止者。宜亦多矣。伐顓臾之事。不見於經傳。其以夫子之言而止也與。無乃爾是過與。是猶寔也。說見王氏經傳釋詞。邦域者。周禮大宰注。邦。疆國之境。釋名釋州國。邦。封也。封有功於是也。釋文云。邦。或作封。蓋二字音義同。漢書王莽傳。封域之中。即邦域也。惠氏棟謂依孔注。邦當作封。然孔云七百里之封。乃釋邦爲封。非孔本作封。惠氏誤也。陳氏鱣又謂下文邦內。鄭作封內。明此邦域。亦當爲封域。然釋文於此。但云或作封。邦域義通。不必舍正本。用或本矣。說文云。或。邦也。从口从戈以守一。一。地也。域。或又从土。漢書賈誼傳注。域。界局也。是域即所封之界也。何以伐爲。與何以文爲。同一句法。皇本作何以爲伐也。○注。顓臾至取之。○正義曰。左僖二十一年傳。任宿須句顓臾。風姓也。實司大皡與有濟之祀。杜注。大皡。伏羲。四國。伏羲之後。故主其祀。附庸者。鄭注王制云。小城曰附庸。附庸者。以國事附於大國。未能以其名通也。案庸與墉同。詩以作爾庸。謂以作爾城也。顓臾爲魯附庸。故得稱臣。詩閟宮箋云。附庸。則不得專臣也。是謂附庸得自立國。繼世雖稱臣。不得專之矣。趙氏佑溫故錄。詩云。錫之山川。土田附庸。魯屬國之邦域者多矣。自向爲莒入宿。被宋遷郳。與魯世相仇殺。魯又滅項。取須句。取部。取鄟。取鄫。取卞。皆附庸而不克保。魯之不字小亦甚矣。獨顓臾爲幸存。非其事大謹職。何能至于今不貳。故曰社稷之臣。〇注。使主祭蒙山。〇正義曰。左傳言顓臾司有濟之祀。司者。主也。濟與東蒙。顓臾並主其祀。左傳論語。各舉其一耳。〇正義曰。蒙山卽東蒙山。在魯東。故云。胡氏渭禹貢錐指。蒙山在今蒙陰縣南四十里。西南接費縣界。漢志。蒙陰縣有蒙山祠。顓臾國在山下。後魏志。新泰縣有蒙山。劉芳徐州記。蒙山高四十里。長六十九里。西北接新泰縣界。元和志。蒙山在新泰縣東八十八里。費縣西北八十里。東蒙山在費縣西北七十五里。是謂蒙與東蒙。爲二山也。齊乘曰。龜山在今費縣西北七十里。蒙山在龜山東。二山連屬。長八十里。禹貢之蒙。論語之東蒙。正此蒙山也。後人惑於東蒙之說。遂誤以龜山當蒙山。蒙山爲東蒙。而隱沒龜山之本名。故今定正之。邑人公鼐論曰。蒙山高峯數處。俗以在東者爲東蒙。中央者爲雲蒙。在西北爲龜蒙。其實一山。龜山自在新泰。亦非卽龜蒙峯也。蔣氏廷錫尙書地理今釋。蒙山在今山東青州府蒙陰縣南八里。西南接兗州費縣界。廷袤一百餘里。今案蔣說。以蒙陰縣南八里諸山。爲卽蒙山。蓋統山之羣阜言之。與胡氏蒙陰縣南四十里。說異而實同也。蒙陰今屬沂州府。〇注。魯七百里之封顓臾爲附庸在其城中。〇正義曰。孟子云。公侯百里。伯七十里。子男五十里。不能五十里。不達於天子。附於諸侯曰附庸。解者謂此周初之制。其後成王用周公之法制。廣大邦國之竟。故周官大司徒言公方五百里。侯四百里。伯三百里。子二百里。男百里。先鄭注。以爲附庸在內。後鄭則以附庸不在其中。明堂位云。成王以周公爲有勳勞於天下。是以封周公於曲阜。地方七百里。注云。上公之封。地方五百里。加魯以四等之附庸方百里者二十四。幷五五二十五。積四十九。開方之。得七百里。是魯七百里。包有附庸。僞孔此注用後鄭義也。大司徒注又云。凡諸侯爲牧正帥長及有德者。乃有附庸。爲有祿者當取焉。公無附庸。侯附庸九同。伯附庸七同。子附庸五同。男附庸三同。進則取焉。退則歸焉。魯於周法不得有附庸。故言錫之也。地方七百里者。包附庸。以大言之也。附庸二十四。言得兼此四等矣。賈疏云。凡有功進地。侯受公地。附庸九同。伯受侯地。附庸七同。子受伯地。附庸五同。男受子地。附庸三同。魯本五百里。四面各加百里。四五二十。卽二十同。四角又各百里。爲四同。故附庸二十四。魯兼侯伯子男四等之附庸。以開方知之也。

冉有曰。夫子欲之。吾二臣者。皆不欲也。注孔曰。歸咎於季氏。孔子曰。求。周任有言曰。陳力就列。不能者止。危而不持。顚而不扶。則將焉用彼相矣。注馬曰。周任。古之良史。言當陳其才力。度己所任。以就其位。不能則當止。包曰。言輔相人者。當能持危扶顚。若不能。何用相爲。且爾言過矣。虎兕出於柙。龜玉毁於櫝中。是誰之過與。注馬曰。柙。檻也。櫝。匱也。失虎毁玉。豈非典守之過邪。冉有曰。今夫顓臾。固而近於費。注馬曰。固。謂城郭完堅。兵甲利也。費。季氏邑。今不取。後世必爲子孫憂。正義曰。陳力二句。是周任語。危而不持云云。則夫子設譬以曉之。止謂去位也。危者。行傾側也。顚者。失隊也。說文。持。握也。扶。佐也。集注云。相。瞽者之相也。此言瞽者將有危顚。則須相者扶持之。漢書陳球傳。傾危不持。焉用彼相邪。正本此文。矣與邪同。王氏經傳釋詞謂此矣字。與乎同義是也。虎兕皆獸名。爾雅釋獸。兕似牛。郭注。一角。青色。重千斤。說文。兕。如野牛而青。兕古文從几。周官囿人職。掌囿游之獸。禁牧百獸。注。養獸以宴樂視之。禁者。其蕃衞也。案蕃與藩同。蕃衞。卽此所云柙也。龜謂守龜。龜人掌之。玉謂命圭。典瑞掌之。皇本出下毀下無於字。釋文。匣。戶甲反。本今作柙。漢書文三王傳引。亦作匣。顓臾與費相近。閻氏釋地又續謂相距僅七十里。樊廷枚釋地補引兗州府志。故顓臾城。距古費城六十五里。是顓臾近費也。後世必爲子孫憂。釋文本無後世字。引或本有之。馮氏考證謂後漢臧宮傳注引。亦無後世字。○注。周任古之良史。○正義曰。左隱六年。昭五年。皆引周任說。不言爲史官。馬此注。當別有所本。杜預云。周大夫路史注。商太史。江氏永羣經補義。疑卽書盤庚遲任。不知然否。○注。柙檻也。○正義曰。說文。柙。檻也。臧虎兕也。從木甲聲。義本論語。○注。固謂城郭完堅兵甲利也。○正義曰。周官掌固云。掌脩城郭溝池樹渠之固。序官注云。固。國所依阻者也。國曰固。野曰險。此注兼兵甲言者。引申之義。

孔子曰。求。君子疾夫注孔曰。疾如女之言。舍曰欲之。而必爲之辭。注孔曰。舍其貪利之說。而更作他辭。是所疾也。丘也聞有國有家者。不患寡而患不均。不患貧而患不安。注孔曰。國。諸侯。家。卿大夫。不患土地人民之寡少。患政理之不均平。憂不能安民耳。民安則國富。蓋均無貧。和無寡。安無傾。注包曰。政教均平則不貧矣。上下和同。不患寡矣。小大安寧。不傾危矣。夫如是。故遠人不服。則脩文德以來之。既來之。則安之。正義曰。皇本而必下有更字。寡者。民多流亡也。均者。言班爵祿。制田里。皆均平也。左傳。子產言天子之地一圻。列國一同。自是以衰。春秋繁露度制篇。孔子曰。君子不盡利以遺民。故君子仕則不稼。田則不漁。食時不力珍。大夫不坐羊。士不坐犬。又云。孔子曰。不患貧而患不均。故有所積重。則有所空虛矣。大富則驕。大貧則憂。憂則爲盜。驕則爲暴。此衆人之情也。聖者則于衆人之情。見亂之所從生。故其制人道而差上下也。使富者足以示貴。而不至于驕。貧者足以養生。而不至于憂。以此爲度而調均之。是以財不匱而上下相安。故易治也。案繁露引不患貧而患不均。魏書張普惠傳同。蓋貪由於不均。故下文言均無貧。論語本錯綜其文。而繁露則依義引之。故不同也。和無寡者。言既均平。則上下和協。民皆思歸也。脩文德者。脩謂加治之。文德謂文治之德。所以別征伐爲武事也。周語云。有不祭。則脩意。有不祀。則脩言。有不享。則脩文。有不貢。則脩名。有不王。則脩德。序成而有不至則脩刑。於是乎有刑不祭。伐不祀。征不享。讓不貢。告不王。於是乎有刑罰之辟。有攻伐之兵。有征討之備。有威讓之令。有文告之辭。布令陳辭而又不至。則又增於德。無勤民於遠。是以近無不聽。遠無不服。周語此文。卽謂遠人不服。宜脩文德之事。來謂召來之也。趙岐孟子章指引作懷之。懷亦來也。安之者。施以養救之術。使之各遂其生也。

今由與求也。相夫子。遠人不服而不能來也。邦分崩離析而不能守也。注孔曰。民有異心曰分。欲去曰崩。不可會聚曰離析。而謀動干戈於邦內。注孔曰。干。楯也。戈。戟也。吾恐季孫之憂。不在顓臾。而在蕭牆之內也。注鄭曰。蕭之言肅也。牆謂屏也。君臣相見之禮。致屏而加肅敬焉。是以謂之蕭牆。後季氏家臣陽虎。果囚季桓子。

正義曰。閻氏釋地又續。徐文長謂顓臾在邦域中。非遠人。當以淮夷徐戎當之。余亦不謂然。淮夷徐戎竝興。乃伯禽之時。非哀公也。考哀公元年冬伐邾。二年春伐邾。三年冬圍邾。六年冬伐邾。七年秋伐邾。遂入之。以邾子益來。八年夏。以吳將伐我。乃歸邾子。遠人似卽謂邾。或曰。魯擊柝聞於邾。相距僅七十六里。何以爲遠。曰。敵國則遠人矣。邦分崩離析。謂四分公室。季氏取二。孟孫叔孫各一。此時賦用益繁。誅求無藝。上下相猜。將不能守其邦也。釋文。邦內。鄭本作封內。不在顓臾。或作不在於顓臾。馮氏考證唐石經亦有於字。阮氏校勘記曰。隸釋載漢石經殘字。而在下有於字。云盍毛包周無於。宋本而在下亦有於字。陳氏鱣曰。高麗本上句有於字，與釋文合。下句無於字。從包周本也。牆。漢石經作廧。下篇辟諸宮牆。亦作廧。脩華嶽碑。廧屋傾亞。皆段廧爲牆。方氏觀旭偶記。俗解以蕭牆之內。爲季氏之家。不知禮天子外屏。諸侯內屏。大夫以簾。士以帷。則蕭牆惟人君有耳。卿大夫以下。但得設帷薄。管仲僭禮旅樹。禮記不言自管仲始。可見管仲之後。諸國卿大夫。無有效之僭者。季氏之家。安得有此。竊謂斯時哀公欲去三桓。季氏實爲隱憂。又以出甲墮都之後。雖有費邑。難爲臧紇之防。孫林父之戚。可藉以逆命。君臣既已有隙。一旦難作。卽效意如之請。請囚於費而無可逞。又畏顓臾世爲魯臣。與魯犄角以逞己。惟有謀伐顓臾。克之。則如武子之取卞。以爲己有而益其彊。不克。則魯師實已勞憊於外。勢不能使有司討己以干戈。憂在內者攻彊。乃田常伐吳之故智。此後所爲。正不可知。所謂內變將作者也。然則蕭牆之內何人。魯哀公耳。不敢斥君。故婉言之。若曰季孫非憂顓臾而伐顓臾。實憂魯君疑己。而將爲不臣。所以伐顓臾耳。此夫子誅奸人之心。而抑其邪逆之謀也。案方說是也。漢書五行志。成帝建始三年。未央殿中地震。谷永曰。地震蕭牆之內。是蕭牆。當指人君。○注。干。楯也。戈。戟也。○正義曰。爾雅釋言。干。扞也。孫炎注。干盾自蔽扞。方言。盾。自關而東。或謂之瞂。或謂之干。關西謂之盾。廣雅釋器。干瞂。櫓盾也。楯與盾同。干盾瞂櫓。皆一物異名。方言又云。戟。楚謂之釨。凡戟而無刃。秦晉之閒謂之釨。或謂之鏔。吳揚之閒謂之戈。東齊。秦晉之閒。謂其大者曰鏝胡。其曲者。謂之鉤釨鏝胡。郭注。釨。取名於鉤釨也。鉤釨鏝胡。即今雞鳴鉤釨戟也。說文。戟。有枝兵也。戈。平頭戟也。據方言。是戈爲戟之異稱。據說文。則戈亦戟類。故此注以戟訓戈。○注。蕭之至桓子。○正義曰。說文云。蕭。艾蒿也。蕭牆義無取此。故鄭訓蕭爲肅。釋名釋宮室。蕭牆在門內。蕭。肅也。臣將入於此。自肅敬之處也。亦同鄭義。說文。牆。垣蔽也。屛亦短垣。所以障蔽內外。故亦稱牆。陽虎囚季桓子。在定公八年。而二子事季。則在哀公十一年。後鄭氏此言。未得其實。宜乎方氏之易其義也。

孔子曰。天下有道。則禮樂征伐。自天子出。天下無道。則禮樂征伐。自諸侯出。正義曰。禮記中庸云。非天子不議禮。不制度。雖有其德。苟無其位。不敢作禮樂焉。孟子盡心下云。征者。上伐下也。敵國不相征也。則禮樂征伐。皆宜自天子出。白虎通考黜篇。禮說九錫。車馬。衣服。樂則。朱戶。納陛。虎賁。鈇鉞。弓矢。秬鬯。皆隨其德可行而賜。能安民者賜車馬。能富民者賜衣服。能和民者賜樂則。民衆多者賜朱戶。能進善者賜納陛。能退惡者賜虎賁。能誅有罪者賜鈇鉞。能征不義者賜弓矢。孝道備者賜秬鬯。故王制曰。賜之弓矢。然後專殺。又曰。賜圭瓚。然後爲鬯。未賜者。資鬯於天子。禮。天子賜侯氏車服路。先設路下四亞之。又曰。諸公奉篋服。王制曰。天子賜諸侯樂則。以柷將之。詩曰。君子來朝。何錫與之。雖無與之。路車乘馬。又何與之。玄袞及黼。書曰。明試以功。車服以庸。朱戶納陛虎賁者。皆與之制度。而鈇鉞弓矢玉瓚。皆與之物。各因其宜也。按此謂九命。惟天子有賜諸侯。始得用之。故曰九命作伯。其諸侯自有之禮樂。及尋常刑賞。施之國中。亦由天子制定爲法。故曰禮樂征伐。自天子出。白虎通誅伐篇。諸侯之義。非天子之命。不得動衆起兵。誅不義者。所以彊幹弱枝。尊天子。卑諸侯也。是諸侯雖有征伐。亦須天子之命。蓋禮樂征伐。皆黜陟之大權。所以褒賢誅不肖。天子之所獨操之者也。此惟治世則然。故曰。天下有道。及無道之時。上替者必下陵。禮樂征伐。不待天子賜命。而諸侯輒擅行之。或更國有異政。僭上無等。雖極霸彊。要爲無道之天下矣。自諸侯出。

蓋十世希不失矣。注孔曰。希。少也。周幽王爲犬戎所殺。平王東遷。周始微弱。諸侯自作禮樂。專行征伐。始於隱公。至昭公十世。失政。死於乾侯矣。自大夫出。五世希不失矣。注孔曰。季文子初得政。至桓子五世。爲家臣陽虎所囚。陪臣執國命。三世希不失矣。注馬曰。陪。重也。謂家臣。陽虎爲季氏家臣。至虎三世而出奔齊。正義曰。云蓋十世者。蓋是大略之辭。下五世三世不言蓋。統上而省文也。劉氏逢祿述何篇。自諸侯出。蓋十世希不失。何也。曰。齊自僖公小霸。桓公合諸侯。歷孝昭懿惠頃靈莊景。凡十世。而陳氏專國。晉自獻公啓疆。歷惠懷文而代齊霸。襄靈成景厲悼平昭頃。而公族復爲彊臣所滅。凡十世。魯自隱公僭禮樂。滅極。至昭公出奔。凡十世。曰自大夫出。

五世希不失。獨驗於三桓。而齊陳氏。晉三家。終於竊國。何也。曰。陳氏三家。皆異姓公侯之後。其本國亡。故復其始也。曰陪臣執國命。若南蒯公山弗擾陽虎。皆及身失之。而云三世始失。何也。曰。計其同惡相連。故稱三世也。案十世五世三世。皆約略言之。故有及世而未失者。亦有未及世而失者。運有遲速。終於失之。匪惟人事。抑天道矣。馮氏李驊春秋三變說隱桓以下。政在諸侯。僖文以下。政在大夫。定哀以下。政在陪臣。當其初。會盟征伐。皆國君主之。隱十年。翬帥師會四國伐宋也。則貶而去族。桓十一年。柔會宋公陳侯蔡叔盟折也。亦貶而去族。權猶不遽下移也。僖十九年。大夫爲翟泉之盟以伐鄭。則諱不書公。文二年垂隴盟。書士縠。十五年。以上軍下軍入蔡。書郤缺。而大夫始專矣。寖淫至成二年。鞌之戰。魯以四卿帥師。而三家之勢張。襄十六年。溴梁之會。晉直以大夫主盟。而無君之勢成。于是物極必反。上行下效。諸侯專天子。大夫專諸侯。家臣專大夫。宋樂祁有陳寅。鄭罕達有許瑕。齊陳恒有陳豹。衞孔悝有渾良夫。晉趙鞅有董安于。魯仲孫有公斂處父。而莫狡且彊于季孫之陽虎。以公伐鄭。而實意在惡季孟于鄰國。盟公周社。而實意在詛三桓于國人。夫子于定八年。特書盜竊寶玉大弓。所以治陪臣也。春秋上治諸侯。中治大夫。下治陪臣。至目之曰盜。充其類以盡其義。諸侯大夫。一言以蔽之耳。顧氏棟高春秋大事表。春秋之中葉。討伐無書公者。政自大夫出也。定公之初。伐齊。反書公者。陪臣執國命。而欲叚公以與大夫抗也。哀公之世。征伐盟會無書公者。大夫復張。己專其利。而以危難之事陷其君也。馮氏景解春集。孔子不言禮樂征伐。自陪臣出。而曰執國命。其辭信。其義精。蔡氏蒙引。仍以禮樂征伐爲國命者。非也。家臣雖專政。無行禮樂征伐之事。禮樂征伐。必交乎四鄰。而國命不出境。陪臣執之云者。猶彊奴抗孱主。第相鬨於門之內而已矣。〇注。周幽至侯矣。〇正義曰。鄭注云。亦謂幽王之後也。平王東遷。政始微弱。諸侯始專征伐。此僞孔所襲。周本紀。幽王嬖褒姒。生伯服。幽王欲廢太子。太子母。申侯女而爲后。幽王得褒姒。欲廢申后。幷去太子。用褒姒爲后。以其子伯服爲太子。申侯怒。乃與繒西夷犬戎。共攻幽王。遂殺幽王驪山下。於是諸侯乃即申侯。而共立故幽王太子宜臼。是爲平王也。漢書地理志。平王東居洛邑。於是王室之尊。與諸侯無異。是平王東遷。周始微弱也。隱公名息姑。惠公之子。魯世家。魯孝公二十五年。犬戎殺幽王。二十七年。孝公卒。子弗湟立。是爲惠公。惠公立於平王之世。而春秋託始隱公。可知平王東遷之始。諸侯猶守王命。至隱公時。禮樂征伐。乃出自諸侯也。僞孔以十世失政。專據魯事言之。自隱後歷桓莊閔僖文宣成襄昭爲十世也。乾侯。晉地。昭二十五年。伐季氏不克。孫於齊。後如晉。居乾侯。三十二年卒於乾侯。〇注。季文至所囚〇正義曰。定五年左傳九月乙亥。陽虎囚季桓子。及公父文伯。由桓逆推至五世。知爲文子始專政也。〇注。陪重至奔齊。〇正義曰。說文。陪。重土也。引申爲凡加益之義。廣雅釋詁。陪。臣也。韋昭楚語注。臣之臣爲陪。曲禮。列國之大夫。入天子之國。自稱曰陪臣某。是諸侯大夫於天子爲陪臣。則諸侯大夫家臣。亦於諸侯爲陪臣矣。陽虎之先。爲季氏臣。未有所證。或馬據論語以意言之。但注陽虎虎字疑誤。當謂陽虎之先。別一人也。

天下有道。則政不在大夫。注孔曰。制之由

君。天下有道。則庶人不議。注孔曰。無所非議。正義曰。說文。議。語也。廣雅釋詁。議。謀也。詩北山。或出入風議。是謀論政事爲議也。方氏觀旭偶記云。議者。圖議國政。僉云私議君上之得失。則庶人傳語。正是先王之制。王者斟酌焉。而事行不悖。豈得謂非有道。蓋庶人有凡民有府史胥徒之屬。凡民可以傳語。府史胥徒不當與謀國政。況有道之時。野無遺賢。俊傑在位。王公論道經邦。自不下資於庶人之微。春秋傳齊定姜曰。舍大臣而與小臣謀。一罪也。鄭子國曰。國有大命而有正卿。童子言焉。將爲戮矣。冉有曰。君子有遠慮。小人何知。並言古之正法。若曹劌論戰事。足見魯卿大夫之巳鄙。重人告伯宗。足見晉卿大夫之無學。□□□□□□□鄙人論政而曹國亡。俱是無道之時。庶人之議。得聞於世者也。○注。制之由君。○正義曰。君。統天子諸侯言之。政制自上臣下奉而行之。所謂君令臣共者也。若夫桓文啓霸。政柄未移。雖禮樂征伐。出自諸侯。而考其世運。猶可稱有道矣。

孔子曰。祿之去公室五世矣。注鄭曰。言此之時。魯定公之初。魯自東門襄仲殺文公之子赤而立宣公。於是政在大夫。爵祿不從君出。至定公爲五世矣。政逮於大夫四世矣。注孔曰。文子。武子。悼子。平子。故夫三桓之子孫微矣。注孔曰。三桓。謂仲孫。叔孫。季孫。三卿皆出桓公。故曰三桓也。仲孫氏改其氏稱孟氏。至哀公皆衰。正義曰。爾雅釋詁。逮。及也。說文同。又云。隶。及也。隸。及也。音義並同。○注。言此至世矣。○正義曰。鄭知夫子此言在定公初者。以下文政逮大夫四世。又言三桓子孫微。是在定公五年陽虎作難之時。故知爲定公初也。毛氏奇齡稽求篇。按春秋昭二十五年。叔孫舍如宋。宋樂祁曰。魯君必出。政在季氏三世矣。魯君喪政四公矣。至三十二年。公薨乾侯。史墨對趙簡子曰。季友有大功於魯。受費以爲上卿。至于文子武子。世增其業。魯文公薨。而東門襄仲殺適立庶。魯君於是乎失國政。政在季氏。於此君也四公矣。兩人所言四公。上自文薨以後。下及昭終之年。宣成襄昭。總指四世。其不云五世者。樂祁與史墨言此在昭公時。子所言在定公時。多一世也。故史記魯世家云。文公卒。襄仲立宣公。魯由此公室卑。三桓彊。而漢食貨志云。魯自文公以後。祿去公室。政在大夫。則是文公以後。爲宣成襄昭定五世。案毛氏此言。足以證明鄭義。春秋繁露玉林篇。文公不能服喪。不時奉祭。倒序以不三年。又以喪取。取于大夫以卑宗廟。亂其羣祖以逆先公。小善無一。而大惡四五。故諸侯弗予盟命。大夫弗爲使。是惡惡之徵。不臣之效也。出侮于外。入奪于內。無位之君也。孔子曰。政逮于大夫四世矣。蓋自文公以來之謂也。案董氏以季文子始仕。在文公時。文公出侮入奪。固巳自啓其釁。故至宣公。祿去公室。繁露此言。與鄭意似異而實同也。左文十八年傳。文公二妃敬嬴生宣公。敬嬴嬖而私事襄仲。宣公長而屬諸襄仲。襄仲欲立之。叔仲不可。仲見于齊侯而請之。齊侯許之。冬十月。仲殺惡及視。而立宣公。公羊傳作子赤。是惡卽赤。此其事也。祿謂百官之俸。注爵祿連言者。謂有爵而後有祿也。祭統云。古者明君爵有德而祿有功。必賜爵祿于太廟。示不敢專也。故祭之日一獻。君降立於阼階之南。南鄉。所命北面。史由君右執策命之。再拜稽首。受書以歸。而舍奠于其廟。此爵賞之施也。今魯政在大夫。爵祿人皆不由君出。則用舍之權。俱是大夫主之可知。○注。孔曰文子武子悼子平子。○正義曰。皇本此注作鄭曰。左氏傳言魯文公薨而政在季氏。季氏者。文子也。文宣十八年傳。欲去三桓以張公室。成十六年傳。魯之有季孟。猶晉之有欒范也。政令于是乎成。竝指文子。江氏永羣經補義。專政者。東門遂。輔之者。季孫行父。襄仲死。逐子家者。文子也。觀傳所載斷姑成婦等事。行父亦專橫矣。故專政當自文子始。昭二十五年。宋樂祁曰。政在季氏三世矣。杜注。三世。文子武子平子。孔疏云。不數悼子者。悼子未爲卿而卒。不執魯政。故不數也。十二年傳曰。季悼子之卒也。叔孫昭子以再命爲卿。卿必再命。乃得經書名氏。七年三月。經書叔孫婼如齊涖盟。其年十一月。季孫宿卒。是悼子先武子而卒。平子以孫繼祖也。此疏甚確。當以文子武子平子桓子爲四世。案江氏是也。閻氏若璩毛氏奇齡焦氏景李氏惇方氏觀旭說並同。閻氏又引孔子世家言季武子卒。平子代立。亦一證。○注。三桓至皆衰。○正義曰。禮郊特牲注云。三桓。魯桓公之子。莊公之弟。公子慶父。公子牙。公子友。此注所云仲孫。則慶父之後。又稱爲孟氏也。叔孫卽公子牙之後。季孫卽公子友之後。方氏觀旭偶記曰。四世。是季文至桓。惟是宣公時。孟叔二家。與季文子共事。孟則慶父之曾孫獻子蔑。蔑生莊子速。速生孝伯鍚。鍚生僖子貜。貜生懿子何忌。與季桓子同時。叔則牙之孫莊叔得臣。得臣生宣伯僑如穆叔豹。豹生昭子婼。婼生成子不敢。不敢生武叔州仇。與季桓子同時。孟與叔竝已五世柄政。此經論三桓之子孫。而統云四世者。蓋惟就季氏之世爲言。季氏。孟叔二家所宗也。是以傳言季氏爲冢卿。二子爲介卿。叔孫穆子指楹曰。雖惡之。其可去乎。鬷戾曰。凡有季氏與無。於我孰利。皆曰無季氏。是無叔孫氏也。然則二家視季氏爲盛衰。舉季氏之世。而三桓可知矣。案方氏是也。此注謂至哀公皆衰。則統三家言之。三家微於定哀之時。至後益衰。不復自振矣。漢書楚元王傳。向上封事曰。祿去公室。政逮大夫。危亡之兆。

孔子曰。益者三友。損者三友。友直。友諒。友多聞。益矣。友便辟。注馬曰。便辟。巧辟人之所忌。以求容媚。友善柔。注馬曰。面柔也。友便佞。損矣。注鄭曰。便。辯也。謂佞而辯。

正義曰。公羊定四年傳。朋友相衞。何休解詁。君臣言朋友者。闔廬本以朋友之道。爲子胥復讎。孔子曰。益者三友云云。據何注則三友三樂。皆指人君言。直者能正言極諫。諒者能忠信不欺。多聞者能識政治之要。人君友此三者。皆有益也。便辟者。集注云。謂習於威儀。此但能爲容媚。與直相反。善柔能爲面柔。與諒相反。便佞但能口辯。非有學問。與多聞相反。人君友此三者。皆有損也。蓋便辟是體柔。卽所謂足恭也。善柔是面柔。卽所謂令色也。便佞是口柔。卽所謂巧言也。說文。諞。便巧言也。從言扁聲。周書曰。截截善諞言。論語曰。友諞佞。此當出古論。○注。便辟巧辟人之所忌以求容媚。○正義曰。巧辟者。辟與避同。諱君忌直言。則諱避不諫也。此義迂曲。於經旨不相應。釋文音辟爲婢亦反。謂注亦同。是誤以馬注讀避爲婢亦矣。盧氏文弨考證曰。公羊定四年傳疏云。便辟。謂巧爲譬喻。又云。今世閒有一論語音便辟爲便僻者。非鄭氏之意。遍人所不取矣。據此。則讀辟爲譬。本鄭注。馬融則讀爲避。與鄭義異。故皇本注中作避。惠氏云。馬鄭皆讀辟爲避。誤。案盧校是也。巧爲譬喻。已是便佞。鄭君此義。未爲得也。考文載一本高麗本經注皆作便僻。後漢爰延傳注。太平御覽交友部。引論語亦作僻。與公羊疏所稱世閒之音合。而徑寫經注字作僻。此直以義妄改。夫善柔便佞。皆邪僻之行則作便僻。便是渾言無所指稱。宜爲遍人所不取也。後漢書佞幸傳贊。咎在親便嬖。所任非仁賢。故仲尼箸損者三友。此又讀便辟爲便嬖。孟子梁惠王篇。爲便嬖不足使令于前與。便嬖是近倖小臣。不得稱友。且若輩亦非盡無良。以釋此文。未能允也。○注。面柔也。○正義曰。爾雅釋訓。戚施。面柔也。鄭箋詩新臺云。戚施面柔。下人以色。是其義也。鄭此注云。善柔。夸毗也。案爾雅。夸毗。體柔也。毛詩板云。無爲夸毗。傳云。夸毗。以體柔人也。鄭此訓與馬異。馬氏是也。公羊定四年疏云。善柔謂口柔面柔體柔之屬。與馬鄭各別。陳氏鱣古訓。疑爲鄭義。非也。○注。便辯也謂佞而辯。○正義曰。爾雅釋訓。諸諸便便。辯也。辨辯字同。何休公羊解詁。引此文釋文云。辯佞如字。本亦作便佞。疏云辯佞。辯爲媚矣。是陸徐所見。本均用鄭義。宋氏翔鳳輯鄭注按云。御覽四百大引此注便佞也。文異義同。

孔子曰。益者三樂。損者三樂。樂節禮樂。【注】動得禮樂之節。樂道人之善。樂多賢友。益矣。樂驕樂。【注】孔曰。恃尊貴以自恣。樂佚遊。【注】王曰。佚遊。出入不節。樂宴樂。損矣。【注】孔曰。宴樂。沈荒淫瀆。三者自損之道。

正義曰。道人之善者。道猶說也。若舜隱惡揚善也。賢友。即直諒多聞是也。佚遊者。佚猶放也。釋文云。佚本亦作逸。二字古通用。○注。動得禮樂之節。○正義曰。禮得其體。樂得其和。動必由之。有制節也。禮記玉藻云。古之君子。必佩玉。右徵角。左宮羽。趨以采薺。行以肆夏。周還中規。折旋中矩。進則揖之。退則揚之。然後玉鏘鳴也。鄭注。君子士已上。大戴記保傅云。行中鸞和。步中采茨。趨中肆夏。所以明有度也。又云。天子處位不端。受業不敬。言語不序。聲音不中律。進退節度無禮。升降揖讓無容。周旋俯仰視瞻無儀。安顧咳唾趨行不得色。不比順隱琴瑟。凡此其屬太保之任也。是言在位者。有禮樂之節也。○注。佚遊出入不節。○正義曰。出入猶言往反。書臯陶謨云。無若丹朱傲。惟慢遊是好。孟子梁惠王下載晏子對景公云。從流下而忘反謂之流。從流上而忘反謂之連。從獸無厭謂之荒。是佚遊爲非義也。無逸言文王不敢盤于遊田。其戒嗣王。無淫于觀于逸于遊于田。胥是意也。○注。宴樂沈荒淫瀆。○正義曰。說文云。宴。安也。飲食所以安體。故亦曰宴。漢書成帝紀。帝爲太子。其後幸酒樂燕。樂宴作燕者。叚借字。易象傳　君子以飲食宴樂。鄭注。宴。享宴也。彼是以禮飲食。與此宴樂爲沈荒淫瀆不同。書微子云。沈酗于酒。大雅抑詩云。荒湛于酒。湛與沈同。春秋左氏傳。以貪于飲食爲饕餮。而晏子亦以飲食若流戒齊景公。古人燕飲。非時不舉。非有故不特殺。不欲以口腹之欲。敗乃度也。淫瀆。謂淫於女色。注是推廣言之。史記樂書。宋音燕女。溺志。集解引王肅曰。燕。歡悅也。

孔子曰。侍於君子有三愆。注孔曰。愆。過也。言未及之而言。謂之躁。注鄭曰。躁不安靜。言及之而不言。謂之隱。注孔曰。隱匿不盡情實。未見顏色而言。謂之瞽。注周曰。未見君子顏色所趣向而便逆先意語者猶瞽也。正義曰。言及之而不言。皇本無而字。韓詩外傳曰。未可與言而言。謂之瞽。可與之言而不與之言。謂之隱。君子不瞽言。謹愼其序。略本論語此文。集注引尹氏焞曰。時然後言。則無三者之過。○注。愆過也。○正義曰。爾雅釋言。諐。過也。說文。愆。過也。諐。籀文。○注。躁不安靜。○正義曰。說文。躁。疾也。躁即趮字。考工記。羽豐則遲。殺則趮。趮與遲對文。亦訓疾。人性疾。則不安靜。釋名釋言語云。躁。燥也。物燥乃動而飛揚也。是也。釋文引注。更云魯讀躁爲傲。今從古。盧氏考證曰。未及言而先自言之。是以己所知者。傲人之不知也。此則魯義。與古不同。荀子勸學篇。未可與言而言。謂之傲。可與言而不言。謂之隱。不觀顏色而言。謂之瞽。君子不傲不隱不瞽。謹順其身。鹽鐵論孝養篇。言不及而言者。傲也。並用魯論作傲。陳氏鱣曰。繫辭傳云。躁人之辭多。故鄭從古作躁。

孔子曰。君子有三戒。少之時。血氣未定。戒之在色。及其壯也。血氣方剛。戒之在鬭。及其老也。血氣既衰。戒之在得。注孔曰。得。貪得。正義曰。說文云。弆。警也。从廾持戈。以戒不虞。又云。壯。大也。爾雅釋詁同。曲禮云。三十曰壯。鬭猶爭也。說文。鬥。兩士相對。兵杖在後。象鬥之形。鬭。遇也。從鬥斲。鬭鬥二字義微別。今經典通作鬭。釋文。得。或作德。非。翟氏灝考異。淮南詮言訓。凡人之性。少則猖狂。壯則強暴。老則好利。本此章。張栻論語解。人有血氣。則役於血氣。血氣有始終盛衰之不同。則其所役。亦隨而異。夫血氣未定。則動而好色。血氣方剛。則銳而好鬭。血氣既衰。則歛而志得。凡民皆然。爲其所役者也。於此而知戒。則義理存。義理存。則不爲其所役矣。

孔子曰。君子有三畏。畏天命。畏大人。注順吉逆凶。天之命也。大人即聖人。與天地合其德。畏聖人之言。注深遠不可易知測。聖人之言也。小人不知天命而不畏也。狎大人。侮聖人之言。注恢疏故不知畏。直而不肆。故狎之。不可小知。故侮之。

正義曰。天命。兼德命祿命言。知己之命。原於天。則修其德命。而仁義之道無或失。安於祿命。而吉凶順逆。必脩身以俟之。安爲希冀者非。委心任運者亦非也。且得位。則行義以達其道。不得位。亦必隱居以求其志。此方是天地生人。降厥德于我躬之意。故惟君子。能知天命而畏之也。其畏之者。恐己之德有未至。無以成己成物。有負於天耳。鄭注。大人。謂天子諸侯爲政教者。言天子諸侯能爲政教。是爲賢德之君。程氏廷祚說。大人。謂當時之天子諸侯也。天子有天下。建立諸侯。與之分而治之。君子之畏之者。豈爲其崇高富貴哉。位曰天位。事曰天職。則皆天命之所在也。故進退必以禮。匡諫必以正。所謂我非堯舜之道。不敢以陳於王前也。小人之於大人。效奔走之恭。極逢迎之巧。而日導之以非。所謂是何足與言仁義。則狎之甚也。程氏此說。指當時天子諸侯。不必是賢德之君。與鄭微異。均得通也。朱氏彬經傳考證。大人以位言。引禮運大人世及以爲禮。鄭注。大人謂諸侯。可證鄭說。又引士相見禮。與大人言。言事君。鄭注。大人。卿大夫也。昭十八年左傳。閔子馬曰。夫必多有是說。而後及其大人。大人患失而惑。杜注。大人。在位者。此解大人。兼及卿大夫。亦鄭義之引伸也。是故畏天命。則戒謹恐懼。必致其修己安人安百姓之學。畏大人。則秉禮懷刑。必無有干犯其長上者。畏聖人之言。則古訓是式。必無有敢蔑棄先王之典者。鄭注云。狎。慣忽也。孔穎達書疏謂慣見而忽之。是謂小人狎侮其君上。不加敬也。廣雅釋詁。侮。輕也。傷也。漢書外戚中山衛姬傳。不畏天命。侮聖人言。師古曰。侮。古侮字。案說文侮下云侮。古文從母。外戚傳所引。當出古論。○注。順吉至其德。○正義曰。易文言傳。積善之家。必有餘慶。積不善之家。必有餘殃。尸子曰。從道必吉。反道必凶。如影如響。卽此注義。春秋繁露郊語篇。引此文解之云。以此見天之不可不畏敬。猶主上之不可不謹事。不謹事主。其禍來至顯。不畏敬天。其殃來至闇。闇者。不見其端。若自然也。由是觀之。天殃與上罰所以別者。闇與顯耳。孔子同之。俱言可畏也。又順命篇說此文云。其祭社稷宗廟山川鬼神。不以其道。無災無害。至於祭天不享。其卜不從。使其牛口傷。鼷鼠食其角。或言食牛。或言食而死。或食而生。或不食而自死。或改卜而牛死。或卜而食其角。過有深淺厚薄。而災有簡甚。不可不察也。以此見其可畏。專誅絕者。其唯天乎。臣殺君。子殺父。三十有餘。諸其賤者則損。以此觀之。可畏者。其唯天命大人乎。亡國五十有餘。皆不事畏者也。況不畏大人。大人專誅之。君之滅者。何日之有哉。案董氏言天命。專主禍福。必論語家舊說。故此注同之。又董氏解大人爲君上。與鄭注同。此注以大人爲卽聖人者。孟子云。有大人者。正己而物正者也。是大人卽聖人。易文言傳。夫大人者。與天地合其德。此注所本。中庸云。仲尼上律天時。下襲水土。辟如天地之無不持載。無不覆幬。辟如四時之錯行。如日月之代明。是聖人與天地合德也。陳氏鱣古訓。何解大人卽聖人則與下聖人之言相複。是二畏矣。故今不從之也。○注。深遠不可易知測聖人之言也。○正義曰。繁露郊語篇云。天地神明之心。與人事成敗之眞。固莫之能見也。惟聖人能見之。聖人者。見人之所不見者也。故聖人之言。亦可畏也。又順命篇云。魯宣違聖人之言。變古易常。而災立至。聖人之言。

可不愼與。董氏之旨。亦主禍福。此注則以聖言深遠。難可知測。或慮德闇。易獲罪聖言也。與繁露旨意當同。○注。恢疎至侮之。○正義曰。邢疏云。案老子道德經云。天網恢恢。疎而不失。言天之網羅。恢恢疏遠。刑淫賞善不分也。案天道難測。故於報施有遲速顯闇之異。小人不明此理。故不畏也。肆。倨肆也。言大人正直。而無所肆傲於人。故小人狎之。左襄二十九年傳。直而不倨。杜注。倨傲意略同。小知者。小有所知也。小人不知聖言。故曰不可小知。

孔子曰。生而知之者。上也。學而知之者。次也。困而學之。又其次也。注 孔曰。困謂有所不通。困而不學。民斯爲下矣。正義曰。上次又次。皆言人資質之殊。非謂其知有淺深也。中庸云。或生而知之。或學而知之。或困而知之。及其知之一也。鄭注。困而知之。謂長而見禮義之事。己臨之而有不足。乃始學而知之。中庸又云。有弗學。學之弗能。弗措也。有弗問。問之弗知。弗措也。有弗思。思之弗得。弗措也。有弗辨。辨之弗明。弗措也。人一能之。己百之。人十能之。己千之。果能此道矣。雖愚必明。雖柔必彊。此言困學之事。當百致其功也。若使困而不學。則蠢然罔覺。斯爲材質之最下者。不得爲士類矣。○注。困謂有所不通。○正義曰。不通者。言心有所隔塞也。廣雅釋詁。困。窮也。

孔子曰。君子有九思。視思明。聽思聰。色思溫。貌思恭。言思忠。事思敬。疑思問。忿思難。見得思義。正義曰。孫氏奇逢近指。九思。皆思誠者之事。案孟子云。心之官則思。思則得之。不思則不得也。君子嚴於所思。而約之有此九端。蓋凡言行。莫能外是矣。說文。聰。察也。色謂顏色。貌謂禮容。尚書洪範。貌曰恭。言曰從。視曰明。聽曰聰。從謂順乎理。此文言忠。忠者。誠實之謂。誠實則順理可知。釋文。難。乃旦反。皇疏云。一朝之忿。忘其身。以及其親。是謂難也。案後漢吳祐傳。孝子忿必思難。動不累親。與皇疏合。大戴禮曾子立事云。忿怒思患。患難義同。

孔子曰。見善如不及。見不善如探湯。吾見其人矣。吾聞其語矣。注 孔曰。探湯喻去惡疾。隱居以求其志。行義以達其道。吾聞其語矣。未見其人也。正義曰。如不及。如己所不及也。文子上德篇。文王見善如不及。孟子云。文王望道而未之見。言文王如未之見也。亦如不及之意。探湯者。以手探熱。易致傷害也。爾雅釋詁。探。取也。郭注。探者。摸取也。說文。湯。熱水也。孟子冬日則飲湯。列子湯問篇。日初出。則滄滄涼涼。及日中。如探湯。亦以探湯喻熱。大戴禮曾子立事云。見善恐不得與焉。見不善者。恐其及己也。盧辨注引此文。明探湯卽恐其及己之意。聞其語。皆謂古語。隱居求志。行義達道。若伊尹耕莘。而樂堯舜之道。及湯三聘而行其君臣之義。以達其所守之道者也。春秋之末。賢人多隱。故長沮桀溺。接輿丈人。皆潔己自高。不復求其所志。夫子未見之歎。正緣於此。然夫子處無道之世。周遊諸侯。栖栖不已。而又言天下有道則見。無道則隱。隱者。即此隱居求志之謂。非如隱而果於忘世也。孟子云。故士窮不失義。達不離道。窮不失義。故士得己焉。達不離道。故民不失望焉。與此語義正同。程氏瑤田論學小記。隱居以求其志。求其所達之道也。當其求時。猶未及行。故謂之志。行義以達其道。行其所求之志也。及其行時。不止於求。故謂之道。志與道。通一無二。故曰士何事。曰尚志。案後漢書逸民列傳序引此文。李賢注云。求志。謂長沮桀溺。如其說。則夫子固見其人矣。○注。探湯喻去惡疾。○正義曰。毛氏奇齡賸言。案扁鵲傳湯液醴灑。所以治病者。故以探湯去疾。爲卻惡之喻。今案漢書楚元王傳。向上封事曰。見不善如探湯。今二府奏佞讇不當在位。歷年而不去。顏師古注。探湯。言其除難無所避也。與去疾義同。或論語舊說如此。僞孔襲其義也

齊景公有馬千駟。死之日。民無德而稱焉。注孔曰。千駟。四千匹。伯夷叔齊餓于首陽之下。注馬曰。首陽山在河東蒲坂縣。華山之北。河曲之中。民到于今稱之。其斯之謂與。注王曰。此所謂以德爲稱。

正義曰。此章亦孔子語。陳祥道禮書云。諸侯六閑。衛文公之騋牝三千。齊景公之有馬千駟。三千則近於天子十二閑之數。而千駟又過之。是皆僭侈而違禮者也。閻氏若璩釋地又續。引郝敬說。並申之云。千駟。蓋指公馬之畜於官者。非國馬之散在民閑者也。周禮校人。天子十有二閑。良馬十閑。二千一百六十匹。駑馬二閑。千二百九十六匹。共三千四百五十六匹。降而諸侯六閑。猶千二百九十六匹。皆所以給公用。備賜予也。齊景公時。地大於王畿。性又惟狗馬是好。故畜多如是。至出自民閑。則說苑所稱長轂三千乘。是非此數也。樊氏廷枚釋地補。漢書梅福傳。雖有景公之位。伏櫪千駟。臣不貪也。伏櫪。正與韋昭國語注繫馬良馬在閑非放牧者同義。包氏愼言溫故錄。後漢書濟南王康傳。康多殖貨財。大修宮室。廄馬千二百匹。奢侈恣欲。游觀無度。何敞上疏諫曰。諸侯之義節謙制度。然後能保其社稷。和其民人。楚作章華以凶。吳興姑蘇而滅。景公千駟。民無稱焉。依何敞疏。則千駟當指公廄之馬。蓋僭侈之事。民無德而稱者。言民無所知其德稱說之也。皇本作民無得稱焉。阮氏元校勘記云。德得雖通。此處自當作德。王注邢疏。皆以斯字即指德言。若改爲得。頗乖文義。今案皇疏云。生時無德而多馬。又云。言多馬而無德。是皇本亦作德。今字作得。當出異域所改。說文云。餓。飢也。淮南說山訓注。餓。困乏也。史記伯夷列傳。伯夷叔齊。聞西伯昌善養老。盍往歸焉。及至。西伯卒。武王東伐紂。伯夷叔齊叩馬而諫曰。父死不葬。爰及干戈。可謂孝乎。以臣弒君。可謂仁乎。左右欲兵之。太公曰。此異人也。扶而去之，武王已平殷亂。天下宗周。而伯夷叔齊恥之。義不食周粟。隱於首

陽山。采薇而食之。及餓且死。作歌曰云云。遂餓死於首陽山。此其專也。錢氏可選補闕。疑夷齊不食周粟。非絕粒不食也。古人祿皆以粟。如原思辭粟是也。餓而食薇者。粟或不足。有時采薇以充之。未必止食薇也。秦記謂其食薇三年。顏色不改。誕矣。察漢書王貢兩龔鮑傳。昔武王伐紂。遷九鼎於雒邑。伯夷叔齊薄之。餓于首陽，不食其祿。亦謂因不仕周食祿。故致餓也。其斯之謂與句上當有脫文。注以斯指德。亦是因文解之。蔡節論語集說。牽合上章而謂見善矣。又若不及見之也。見不善矣。猶未免於嘗試之。此指齊景公。隱居二句。爲指夷齊。殊爲穿鑿。張栻論語解。孔廣森經學卮言。並以隱居求志。行義達道。證合夷齊。而於見善見不善二句。略而不言。則亦集說之傅會矣。○注。首陽至之中。○正義曰。漢地理志。河東郡蒲反有堯山。首山祠。雷首山在南。司馬彪郡國志。河東郡蒲坂有雷首山。劉昭注補引論語此文並馬注說之。首山。首陽。雷首。三名實一地。反與坂同。華山卽太華。在蒲坂西南。大河之南。蓋河由壺口之西。循山麓南行。至太華。乃折而東。雷首山適當其北。故曰華山之北。河曲之中也。太平寰宇記。引論語鄭康成注。首陽山在河中蒲坂城南。今陽區山俗號爲首陽山。知鄭此文亦有注。與馬義同。唐詩采苓云。采苓采苓。首陽之巔。首陽之名。確見此詩。其序言刺晉獻公好聽讒言。讒言卽指驪姬。當時太子申生。被誣以死。驪姬復譖公子重耳夷吾曰。二公子皆知之。於是重耳奔蒲。夷吾奔屈。獻公復命寺人披伐蒲。故其詩言舍旃舍旃。勸公勿信讒言。致伐之也。重言舍旃者。非一之辭。晉語。重耳處蒲城。韋昭解。蒲今蒲坂。是首陽在蒲坂。卽是雷首。有明徵矣。金氏鶚求古錄。亦據詩首陽。以爲卽夷齊之所居。其說誠是。而以首陽爲在晉都平陽之西。則全無所據。揆其意。徒以采苓是晉詩。首陽應在晉都左右。不知獻公時。疆域甚廣。所謂河外列城五者。其地卽在蒲坂大河之西。蒲是晉邑。得舉其境內之山。豈必斤斤於晉都左右。求首陽之所在邪。莊子讓王云。夷齊北至于首陽之山。遂餓而死。所謂北至者。蓋夷齊自孟津諫武王伐紂後。遂由孟津西北至首陽也。莊子大略言之。故祇稱北至矣。大戴記曾子制言中。昔者伯夷叔齊。死於溝澮之閒。又云。夫二子者。居河濟之閒。孔氏廣森補注。首陽山在蒲坂河曲中。其南王屋。濟水所出。故云河濟之閒。孔氏釋首陽。卽本馬鄭也。金氏亦知平陽不在河濟之閒。因謂二子先居河濟閒。後乃隱首陽。河濟閒卽孟津。夷齊諫武王時居此。此則彊文成義。不可爲典要矣。至許愼說文。謂首陽在遼西。曹大家注幽通賦。謂在隴西。高誘注呂氏春秋有始覽。謂在洛陽東北。司馬貞史記索隱。謂在岐山之西。皆非是。

陳亢問於伯魚曰。子亦有異聞乎。注馬曰。以爲伯魚孔子之子。所聞當有異。對曰。未也。

嘗獨立。注孔曰。獨立謂孔子。鯉趨而過庭。曰。學詩乎。對曰。未也。不學詩。無以言。鯉

退而學詩。他日。又獨立。鯉趨而過庭。曰。學禮乎。對曰。未也。不學禮。無以立。

鯉退而學禮。聞斯二者。陳亢退而喜曰。問一得三。聞詩聞禮。又聞君子之遠其子也。正義曰。異聞者。謂有異教獨聞之也。稱鯉者。將述對父之語。若當父前。子自稱名也。趨而過庭者。禮。臣行過君前。子行過父前。皆當徐趨。所以爲敬也。過庭。謂東西徑過也。王通中說立命篇引姚義曰。夫教之以詩。則出辭氣。斯遠暴慢矣。約之以禮。則動容貌。斯立威嚴矣。義與此章相發。說苑建本篇。孔子曰。鯉。君子不可以不學、見人不可以不飾。不飾則無根。無根則失理。失理則不忠。不忠則失禮。失禮則不立。說苑所述。疑卽過庭學禮之訓。而文較詳。聞斯二者。伯魚自明所聞如此。未有異也。遠其子者。司馬光家範引此文說云。遠者。非疏遠之謂也。謂其進見有時。接遇有禮。不朝夕嘻嘻相褻狎也。案古者命士以上。父子皆異宮。所以別嫌疑。厚尊敬也。一過庭須臾之頃。而學詩學禮。教以義方。所謂家人有嚴君者。是之謂遠。白虎通五行篇云。君子遠子近孫。此其義也。皇本不學詩無以言。不上有曰字。言下有也字。二者下有矣字。

邦君之妻。君稱之曰夫人。夫人自稱曰小童。邦人稱之曰君夫人。稱諸異邦曰寡小君。異邦人稱之亦曰君夫人。注孔曰。小君。君夫人之稱。對異邦謙。故曰寡小君。當此之時。諸侯嫡妾不正。稱號不審。故孔子正言其禮也。正義曰。曲禮。天子之妃曰后。諸侯曰夫人。公羊隱二年傳。女在其國稱女。在塗稱婦。入國稱夫人。明夫人爲君所稱也。白虎通嫁娶篇。國君之妻。稱之曰夫人何。明當扶進夫人。謂非妾也。國人尊之。故稱君夫人也。自稱小童者。謙也。言己智能寡少如童蒙也。曲禮。夫人自稱於其君曰小童。注云。小童。若云未成人也。唐石經稱諸異邦。諸誤謂。皇本亦曰君夫人下有也字。○注。小君至禮也。○正義曰。小君者。比於君爲小也。春秋書葬我小君。是小君卽君夫人之稱。於本國稱小君。於異邦稱寡小君。稱諸異邦曰寡小君。猶稱其君於本國曰君。於異邦曰寡君也。白虎通云。論語曰。國君之妻。國人稱之曰君夫人。稱諸異邦曰寡小君。謂聘問兄弟之國。及臣於他國稱之。謙之辭也。白虎諸儒以稱諸異邦爲國人所稱。當是論語家舊義。故僞孔此注。亦以寡小君爲邦人謙稱也。曲禮。夫人自稱於諸侯曰寡小君。注云。謂饗來朝諸侯之時。彼文以寡小君。爲夫人自稱於異邦諸侯。與論語言寡小君。爲邦人所稱異。孫氏奇逢近指引郝敬說。稱諸異邦。如大夫士出使他邦致辭之類。非夫人自稱也。夫人無越國、亦無有自稱爲君者。曲禮謂夫人自稱於諸侯曰寡小君。誤也。此說足正從來傳注之誤。李氏光地劄記。下兩句皆以邦人之稱言。君尊之。則邦人尊之。故稱於本國者稱君。以重君命也。夫人自小。則邦人小之。故稱於異邦者不敢夷君。以順夫人意也。胡氏培翬研六室雜著。此節惟小童句。係夫人自稱。餘皆他人稱謂之辭。稱諸異邦。亦是邦人稱之。雜記夫人薨。赴於他國曰寡小君。此其確證也。聘禮。夫人使下大夫韋弁歸。禮注云。致辭當稱寡小君。又聘禮記。君以社稷故在寡小君。注云。此贊拜夫人聘享辭。明寡小君。是臣下對他邦人釋辭之稱。非夫人自稱審矣。俗解因曲禮有自稱於諸侯曰寡小君之文。途指爲夫人自稱。然則云寡小君不祿。亦可爲夫人自稱乎。曲禮當屬記者之譌。孔疏謂古者諸侯相饗。夫人亦出。故得自稱。考之禮饗食。主賓皆有擯贊傳辭。亦無夫人對他國君自稱之禮。內宰。凡賓客之祼獻瑤爵皆贊。其是證。況論語無自字。與記文本異。考古者當據論語以訂曲禮之非。不當因曲禮而滋論語之誤。案孫氏諸說皆精審。足以證明此注矣。云嫡妾不正者。詩江有汜釋文。嫡。正夫人也。白虎通嫁娶篇。妾者。接也。以時接見也。嫡尊得稱夫人。妾卽娣媵之屬。卑。不得稱夫人。春秋時。嫡妾之禮不正。多以妾爲夫人。故左傳言魯文公有二妃。齊桓公有三夫人。鄭文公有夫人芊氏姜氏。宋平公納其御步馬者稱君夫人。及左師受饋。亦改命曰君夫人。是當時妾稱夫人也。劉氏逢祿述何篇曰。春秋正適妾之名。仲子成風。以天王太廟異邦正之。不得稱夫人也。則妾子爲君。皆繫於子。君稱之曰母。自稱曰先君之妾。邦人稱之曰君母。稱諸異邦曰寡君之母。異邦人稱之。亦曰君之母而已。母以子貴。公羊氏之謬言也。以穀梁爲正。

卷二十　陽貨第十七

集解　凡二十四章

正義曰。漢石經凡二十六章。洪氏頤煊讀書叢錄。謂漢石經分子曰唯上知與下愚不移。子謂伯魚曰。各自爲一章。故云二十六。邢本古者民有三疾章下。有子曰。巧言令色。鮮矣仁。注。王曰。巧言無實。令色無質。唐石經亦有此章。係旁注。御覽三百八十八引論語陽貨曰。巧言令色。鮮矣仁。疑古傳本有二。有者非後人所增。無者亦非後人所刪也。皇本考文引古本足利本高麗本皆無此章。則從集解所據本也。王注亦見學而篇皇疏。

陽貨欲見孔子。孔子不見。注孔曰。陽貨。陽虎也。季氏家臣。而專魯國之政。欲見孔子。使仕。歸孔子豚。孔子時其亡也而往拜之。遇諸塗。注孔曰。欲使往謝。故遺孔子豚。塗。道也。於道路與相逢。

正義曰。孟子滕文公篇載此事云。陽貨欲見孔子而惡無禮。惡無禮者。謂孔子不往見。嫌己無禮以致之也。又云。大夫有賜於士。不得受於其家。則往拜其門。陽貨瞯孔子之亡也。而饋孔子蒸豚。孔子亦瞯其亡也。而往拜之。當是時。陽貨先。豈得不見。趙岐注。陽貨。魯大夫也。孔子。士也。瞯。視也。陽貨視孔子亡而饋之者。欲使孔子來答。恐其便答拜使人也。豚非大牲。故用熟饋也。孔子瞯亡者。心不欲見陽貨也。據孟子則歸豚。本由瞯亡。故孔子亦受而瞯亡拜之。彼文作饋。此作歸。二字通用。釋文載鄭本作饋。云魯讀饋爲歸。今從古。則作饋者古論。作歸者魯論也。廣雅釋詁。覸。視也。王氏念孫疏證引此文。謂時與覸同。釋言篇。時。伺也。此與孟子作瞯義合。陽貨稱大夫者。毛氏奇齡四書賸言。季氏是司徒。下有大夫二人。一曰小宰。一曰小司徒。故邑宰家臣。適稱大夫也。周氏柄中典故辨正說。禮玉藻云。酒肉之賜。弗再拜。又云。大夫親賜於士。士拜受。又拜於其室。孔疏此非酒肉之賜。故再拜。陽貨饋蒸豚。正是酒肉之賜。弗再拜者。故必瞯亡而來。○注。陽貨陽虎也。○正義曰。貨虎一聲之轉。疑貨是名。虎是字也。顧氏棟高春秋大事表。陽虎欲以己更孟氏。疑與孟孫同族。○注。欲使至相逢。○正義曰。廣雅釋詁。歸。遺也。孟子疏引此注。豚。豕之小者。今此文脫。說文。豚。小豕也。從彖省。象形。豚。篆文從肉豕。方言。豬。其子或謂之豚。或謂之豯。吳揚之閒謂之豬子。是豚為豕之小者也。爾雅釋宮。路。旅塗也。釋名釋道云。塗。度也。人所由得通度也。周官司險注。五塗徑畛。塗。道路也。此注塗訓道。又道路連言。皆渾舉不分別也。相逢者。訓遇為逢也。爾雅釋詁。遘。逢。遇也。遘逢遇遻見也。穀梁傳。不期而會曰遇。

謂孔子曰。來。予與爾言。曰。懷其寶而迷其邦。可謂仁乎。曰。不可。注馬曰。言孔子不仕。是懷其寶也。知國不治而不為政。是迷邦也。好從事而亟失時。可謂知乎。曰。不可。注孔曰。言孔子棲棲好從事。而數不遇失時。不得為有知。日月逝矣。歲不我與。注馬曰。年老。歲月已往。當急仕。孔子曰。諾。吾將仕矣。注孔曰。以順辭免。

正義曰。毛氏奇齡稽求篇。引明郝敬云。前兩曰不可。皆是貨自為問答。以斷為必然之理。此如史記留侯世家。張良阻立六國後八不可語。有云。今陛下能制項籍之死命乎。曰未能也。能得項籍頭乎。曰未能也。能封聖人墓。表賢者閭。式智者門乎。曰未能也。皆張良自為問答。至漢王輟食吐哺以下。纔是高祖語。此章至孔子曰以下。纔是孔子語。孔子答語祇此。故記者特加孔子曰三字以別之。閻氏若璩釋地又續同。樊氏廷枚釋地補云。孔子世家。楚令尹子西曰。王之使使諸侯。有如子貢者乎。曰無有。王之輔相。有如顏回者乎。曰無有。王之將率。有如子路者乎。曰無有。王之官尹。有如宰予者乎。曰無有。此亦子西自為問答。王氏引之經傳釋詞。有一人之言而自為問答者。則加曰字以別之。論語云云。孟子告子篇。為是其智弗若與。曰非然也。是也。懷其寶者。懷。藏也。皇疏。寶猶道也。義見廣雅釋詁。胡氏紹勳拾義。或謂身為寶。如老子輕敵幾喪吾寶。注云。寶。身也。呂覽先己篇。嗇其大寶。注云。大寶。身也。懷其寶謂藏其身。兩義並通。爾雅釋詁。迷。惑也。說文同。言懷道不仕。若己迷惑其邦。不使致治也。吾將仕者。言己當就仕也。左僖二十三年傳。策名委質。服虔解誼。古者始仕。必先書其名於策。委死之質於君。然則夫子言將仕。意亦策名委質。如今時投選報吏部矣。○注。言孔至有知。○正義曰。孔子初適周反魯。既又適齊反魯。是棲棲也。少儀。亟見曰朝夕。注。亟。數也。是亟有數訓。○注。年老歲月已往。○正義曰。陽虎於定八年冬叛魯。孔子年五十一。此語在未叛魯前。時孔子年亦近五十。始衰。得稱老也。○注。以順辭免。○正義曰。皇疏引郭象曰。聖人無心仕與不仕。隨世耳。陽虎勸仕。理無不諾。不能用我。則無自用。此直道而應者也。然免遜之理。亦在其中也。

子曰。性相近也。習相遠也。注孔曰。君子愼所習。

正義曰。戴氏震孟子字義疏證。性者。分於陰陽五行。以爲血氣心知。品物區以別焉。舉凡既生以後。所有之事。所具之能。所全之德。咸以是爲其本。故易曰。成之者性也。氣化生人生物以後。各以類滋生久矣。然類之區別。千古如是也。循其故而已矣。在氣化曰陰陽。曰五行。而陰陽五行之成化也。雜糅萬變。是以及其流形。不特品物不同。雖一類之中。又復不同。凡分形氣於父母。卽爲分於陰陽五行。人物以類滋生。皆氣化之自然。中庸曰。天命之謂性。以生而限於天。故曰天命。大戴禮記曰。分於道之謂命。形於一之謂性。分於道者。分於陰陽五行也。言乎分。則其限之於始。有偏全厚薄淸濁昏明之不齊。各隨所分而形於一。各成其性也。然性雖不同。大致以類爲之區別。故論語曰。性相近也。此就人與人近言之也。孟子曰。凡同類者。舉相似也。何獨至於人而疑之。聖人與我同類者。言同類之相似。則異類之不相似明矣。故詰告子生之謂性曰。然則犬之性。猶牛之性。牛之性。猶人之性與。明乎其不可混同言之也。又曰。問孟子之時。因告子諸人紛紛各立異說。故直以性善斷之。孔子但言相近。意在於警人愼習。非因論性而發。故不必直斷以善與。曰然。古今常語。凡指斥下愚者。矢口言之。每曰此無人性。稍舉其善端。則曰此猶有人性。以人性爲善稱。無人性。卽所謂人見其禽獸也。有人性。卽相近也。善也。論語言性相近。正見人無有不善。若不善。與善相反。其遠已縣絕。何近之有。分別性與習。然後有不善。而不可以不善歸性。凡得養失養。及陷溺梏亡。咸屬於習也。李氏光地論語劄記。案夫子此言。惟孟子能暢其說。其曰性善。卽相近之說也。其曰或相倍蓰而無算。其所以陷溺其心者然也。則習相遠之說也。先儒謂孔子所言者。氣質之性。非言性之本。孟子所言。乃極本窮源之性。愚謂惟其相近。是以謂之善。惟其善。是以相近。似未可言孔孟之指殊也。蓋孔孟所言者。皆人性耳。若以天地之理言。則乾道變化。各正性命。禽獸草木。無非是者。然禽獸之性。則不可言與人相近。相近者。必其善者也。故孝經曰。天地之性人爲貴。是孔子之說。無異於孟子也。禽獸之性。不可以言善。所謂善者。以其同類而相近也。故曰人皆可以爲堯舜。是孟子之說。又無異於孔子也。焦氏循性善解。性無他。食色而已。飲食男女。人與物同之。當其先民知有母不知有父。則男女無別也。茹毛飲血。不知火化。則飲食無節也。有聖人出。示之以嫁娶之禮。而民知有人倫矣。示之以耕耨之法。而民知自食其力矣。以此示禽獸。禽獸不知也。禽獸不知。則禽獸之性不能善。人知之。則人之性善矣。以飲食男女言性。而人性善。不待煩言自解也。禽獸之性不能善。亦不能惡。人之性可引爲善。亦可引爲惡。惟其可引。故性善也。牛之性。可以敵虎。而不可使之咥人。所知所能。不可移也。惟人能移。則可以爲善矣。是故惟習相遠。乃知其性相近。若禽獸。則習不能相遠也。案諸說皆精審。足以發明孔孟言性之旨。其他家言性。若荀子性惡。是就當時之人性皆不善。此有激之論。不爲典要。至世碩言性有善有惡。與公都子所言性有善有不善同。又告子言性無善無不善。或說性可以爲善。可以爲不善。及漢後儒者之說。皆多影響。故俱略之。漢書宣元六王傳。詔曰。夫人之性。皆有五常。及其少長。耳目牽於耆欲。故五常銷而邪心作。情亂其性。利勝其義。由是言之。性不外乎耆欲。習卽生於耆欲。善者能制其耆欲。而習而爲善。不善者不能制其耆欲。而習而爲不善。善惡殊途。所以云相遠也。○注。君子愼所習。○正義曰。後漢書班彪傳。時東宮初建。諸王國並開而官屬未備。師保多缺。彪上言曰。孔子稱性相近。習相遠。賈誼以爲習與善人居。不能無善。猶習與惡人居。不能無惡。是以聖人愼所與居。而戒愼所習。卽此注之義。漢書刑法志。風俗移人。人性相近。而習相遠。信矣。亦謂人習於俗也。

子曰。惟上知與下愚不移。注孔曰。上知不可使爲惡。下愚不可使彊賢。

正義曰。阮氏元論性篇。性中雖有秉彝。而才性必有智愚之別。然愚者。非惡也。智者善。愚者亦善也。古人每言才性。卽孟子所謂非才之罪也。韓文公原性因此。孔子之言。爲三品之說。雖不似李習之之悖於諸經。然以下愚爲惡。誤矣。或者更欲以性爲至靜至明。幾疑孔子下愚之言爲有礙。則更誤矣。尙書召誥曰。今天其命哲。哲與愚相對。哲卽智也。有吉必有凶。有智必有愚。召公曰。旣命哲者。言所命非愚。然則愚亦命之所有。下愚亦命之所有。但今若生子在厥初生。自貽哲命耳。孔子之言。與召公之言。無少差謬。又案韓文公原性篇。謂孔子性善之說。得上而遺下。蓋文公以子魚楊食我等爲性惡也。然此正是孔子所謂不移之下愚也。非惡也。今案阮說是也。漢書古今人表傳曰。譬如堯舜禹稷卨。與之爲善則行。鮌讙兜。欲與爲惡則誅。可與爲善。不可與爲惡。是謂上智。桀紂龍逢比干。欲與之爲善則誅。干莘崇侯。與之爲惡則行。可與爲惡。不可與爲善。是謂下愚。齊桓公。管仲相之則霸。豎貂輔之則亂。可與爲善。可與爲惡。是謂中人。此文略本賈誼新書連語篇。以上智爲善。下愚爲惡。論衡論性篇亦云。孔子曰。性相近也。習相遠也。夫中人之性。在所習焉。習善而爲善。習惡而爲惡也。至於極善極惡。非復在習。故孔子曰。惟上智與下愚不移。性有善不善。聖化賢敎。不能復移易也。是以上智下愚爲善惡之分。又以上章及此章爲三品。漢人早有此說。而文公因之。然有性善。有性不善。性可以爲善。可以爲不善。孟子已辭而闢之。而斷爲性善。則知三品之言非矣。夫子言生而知之爲上。卽此上智。困而學之爲又次。困卽是愚而爲又次。無不可移也。至困而不學。乃云民斯爲下。下卽此所云下愚。戴氏震孟子字義疏證。生而下愚。其人難與言禮義。由自絕於學。是以不移。然苟畏威懷惠。一旦觸於所畏所懷之人。啓其心而憬然覺悟。往往有之。苟悔而從善。則非下愚矣。加之以學。則日進於智矣。以不移定爲下愚。又往往在知善而不爲。知不善而爲之者。故曰不移。不曰不可移。雖古今不乏下愚。而其精爽幾與物等者。亦究異於物無不可移也。程氏瑤田論學小記。人之氣有淸濁。故有智愚。然人之智。固不同於犬牛之智。人之愚。亦不同於犬牛之愚。犬牛之愚。無仁義禮智之端。人之愚。未嘗無仁義禮智之端。是故智者知正其衣冠矣。愚者亦未嘗不欲正其衣冠也。其有不然者。則野人之習於鄕俗者也。然野人亦自有智愚。其智者。亦知當正其衣冠。而習而安焉。此習於惡則惡之事也。其愚者。見君子之正其衣冠也。亦有所不安於心。及欲往見君子。必將正其衣冠焉。此習於善則善之事也。案如程說。是愚亦可爲善。則愚非惡矣。如戴說。卽下愚亦可移。蓋均本孟子性善之旨。以發明夫子言外之意。

子之武城。聞弦歌之聲。【注】孔曰。子游爲武城宰。夫子莞爾而笑。【注】莞爾。小笑貌。曰。割雞焉用牛刀。【注】孔曰。言治小。何須用大道。正義曰。鄭注云。武城。魯之下邑。與前篇包注略同。御覽卷一百六十引此文注云。武城今在費縣北。注不知爲誰。宋氏翔鳳樸學齋札記謂亦鄭注。不知然否。弦歌者。說文。弦。弓弦也。從弓象絲軫之形。曹憲廣雅音凡弓弩琴瑟弦皆從弓。皇本此文作絃。是別體。文王世子。春誦夏弦。注。弦謂以絲播詩。周官小師弦歌。注。弦謂琴瑟也。歌。依詠詩也。依詠詩者。謂以琴瑟之弦。依詩詠之也。毛詩子衿傳。古人教以詩樂。誦之歌之。弦之舞之。夫子於武城得聞之者。樂記云。古之教者。家有塾。黨有庠。春秋時。庠塾之教廢。故禮樂崩壞。雅頌之音不作。子游武城宰。乃始復庠塾之教。於時受學者衆。故夫子得聞弦歌之聲也。莞爾。釋文。作莧。華版反。本今作莞。易夬九五莧陸夬夬。虞翻注。莧。悅也。讀如夫子莧爾而笑之莧。案說文莧讀若丸。與莧字從廿從見形最相似。莧訓山羊細角。羊有善義。故引申爲和睦之訓。論語正字作莧。叚借作莞。集解云。小笑貌。與虞氏莧睦之訓亦合。釋文所見本作莧。從音華版反。非也。此說略本之劉氏毓崧見其所著通義堂集。唐石經作莞。皇邢本同。列子天瑞篇。老韭之爲莞也。殷敬順釋文。莞。一作莧。亦二字混用不別。廣雅釋詁。莧。笑也。疑莞字小變。唐貞觀孔子廟碑。哯爾微笑。此後出俗字。割雞。謂分割肉節也。爾雅釋言。割。裂也。說文。雞。知時畜也。雞。籀文雞。從鳥。牛刀。謂割牛刀也。不言割者。家上省文。○注。莞爾小笑貌。○正義曰。唐貞觀碑哯爾微笑。微小義同。楚辭漁父云。漁父莞爾而笑。王逸注。笑。離斷也。文選張衡東京賦注。莞爾。舒張面目之貌也。○注。言治小何須用大道。○正義曰。此戲言也。皇疏引繆播曰。惜不得導千乘之國。如牛刀割雞。不盡其才。此深得夫子之意。子游對曰。昔者偃也聞諸夫子曰。君子學道則愛人。小人學道則易使也。【注】道謂禮樂也。樂以和人。人和則易使。子曰。二三子。【注】孔曰。從行者。偃之言是也。前言戲之耳。【注】孔曰。戲以治小而用大道。正義曰。君子者。謂王公士大夫之子孫也。小人者。謂凡庶民之子孫也。尚書大傳。新穀已入。耰鉏已藏。祈樂已入。歲事既畢。餘子皆入學。是小人亦入學習禮樂也。樂記云。樂者爲同。禮者爲異。同則相親。異則相敬。合情飾貌者。禮樂之事也。又云。樂至則無怨。禮至則不爭。揖讓而治天下者。禮樂之謂也。則學禮樂。自知相親相敬之道。故愛人也。又云。禮義立。則貴賤等矣。樂文同。則上下知矣。民知尊貴敬上之道。故易爲上所使也。戲者。爾雅釋詁。戲。謔也。呂覽重言篇注。戲。不誠也。

公山弗擾以費畔。召。子欲往。【注】孔曰。弗擾爲季氏宰。與陽虎共執季桓子。而召孔子。子路不說曰。末之也已。何必公山氏之之也。【注】孔曰。之。適也。無可之則止。何必公山氏之適。子曰。夫召我者而豈徒哉。如有用我者。吾其爲東周乎。【注】興周道於東方。故曰東周。【正義】曰。

潛夫論志氏姓。公山氏。魯公族。姬姓。弗擾。皇本弗作不。左傳及史記孔子世家。漢書古今人表。皆作不狃。王氏引之春秋名字解詁。不語詞。不。狃。狃也。論語作弗擾。叚借字也。古音狃與擾同。不狃字子洩。洩與忕通。皆貫習之義。金履祥通鑑前編。公山不狃以費畔季氏。佛肸以中牟畔趙氏。皆家臣畔大夫也。而召孔子。孔子雖卒不往。而云欲往者。蓋大夫畔諸侯。而陪臣以張公室爲名也。子韓皙曰。大夫而欲張公室。罪莫大焉。此當時流俗之言也。抑大夫而欲張公室。亦名義也。故欲往以明其可也。然二人者。皆以己私爲之。非眞可與有爲也。故卒不往。以知其不可也。案金說是也。翟氏灝考異。謂召。是季氏召。下文何必公山氏之之也。何必下脫因字。上之謂往。下之謂季氏。此不得其解。妄爲說之。豈徒者。言不徒召之而往也。吾其爲者。其與豈同。言不爲也。東周者。王城也。周自文王宅豐。武王宅鎬。及後伐紂有天下。遂都鎬。稱鎬京焉。天下謂之宗周。迨周公復營東都於郟鄏。是爲王城。幽王時。犬戎攻滅宗周。平王乃遷居東都。遂以東都爲東周。而稱鎬京爲西周也。史記孔子世家。定公九年。陽虎奔于齊。是時孔子年五十。公山不狃以費畔季氏。使人召孔子。孔子循道彌久。溫溫無所試。莫能己用。曰。蓋周文武起豐鎬。今費雖小。儻庶幾乎。欲往。子路不說。止孔子。孔子曰。夫召我。豈徒哉。如用我。其爲東周乎。然亦卒不行。據世家之文。是孔子欲以費復西周文武之治。此當出安國故也。鹽鐵論褒賢篇。孔子曰。如有用我者。吾其爲東周乎。庶幾成湯文武之功。爲百姓除殘去賊。豈貪祿樂位哉。亦據文武爲孔子欲復西周。而兼言成湯。此皆古論家說。其後夫子作春秋。據魯新周卽此意。必據魯者。周道幽厲傷之。而猶在魯。故據魯春秋而一新以西周之治。新以西周。不得不絀東周。故此文亦言不爲東周也。鄭注此云。東周。據時成周。案公羊傳曰。王城者何。西周也。成周者何。東周也。成周者。亦周公所營。以處殷頑民。在王城之東。胡氏渭禹貢錐指謂二城東西相去四十里是也。王子朝之亂。敬王出居成周。當時遂以王城爲西周。成周爲東周。鄭云。據時當指成周。爲當訓助。然考其時。王室已定。不致有爲東周之疑也。皇本用上有復字。○注。弗擾至孔子。○正義曰。左定五年傳。季桓子行野及費。子洩爲費宰。逆勞於郊。桓子敬之。九月乙亥。陽虎囚季桓子。又八年傳。季寤公鉏極公山不狃。皆不得志於季氏。叔孫輒無寵於叔孫氏。叔仲志不得志於魯。故五人因陽虎欲去三桓。將享桓子於蒲圃而殺之。桓子以詐入於孟氏。孟氏之宰公斂處父率兵敗陽虎。陽虎遂逃於讙陽關以叛。季寤亦逃而出。竊意不狃斯時正爲費宰。而陰觀成敗於其際。故畔形未露。直至九年。始據邑以叛。然猶曰張公室也。久之而並與魯爲敵。故定十二年。仲由爲季氏宰。將墮費。而不狃及叔孫輒率費人襲魯。夫子命申句須樂頎伐之而後北。國人追之。敗諸姑蔑。不狃及輒遂奔齊。此則不狃畔魯之事。而非此之以費畔也。史記孔子世家載以費叛。召孔子。在定九年。可補左氏之遺。趙氏翼陔餘叢考。信左傳而反譏史記。並疑論語。則過矣。若毛氏奇齡稽求篇。據此注謂陽虎囚季桓子。弗擾之畔。即在其時。則爲定五年。與世家不合。且不狃初以仲梁懷不敬己。而欲陽虎逐之。虎遂並囚桓子。桓子先亦甚敬不狃。斯時似尙無釁。其畔季氏。乃八年以後事。左傳文甚明顯。不得牽混。○注。之。適也。無可之則止。○正義曰。武氏億經讀考異。近讀從巳字絕句。案孔曰云云。是當以也字爲句。巳爲止。又作一讀。今案近讀義勝。○注。興周道於東方。故曰東周。○正義曰。費在周東。故曰東方。

子張問仁於孔子。孔子曰。能行五者於天下。爲仁矣。請問之。曰。恭。寬。信。敏。惠。恭則不侮。注孔曰。不見侮慢。寬則得衆。信則人任焉。敏則有功。注孔曰。應事疾。則成功。惠則足以使人。

正義曰。任謂任事也。國語晉語賓鄭曰。信於令。則時無廢功。信於事則民從事有業。即此義也。惠者。仁也。謂以仁心行仁政也。書皋陶謨云安民則惠。黎民懷之。民懷其上。故足使之也。趙氏佑溫故錄。惠。順也。此康誥惠不惠之惠。者待人。務順乎人情。凡有所使。皆量其長而不苛所短。予以佚而常體其勞。是之謂惠。此義亦通。○注。不見侮慢。○正義曰。鄭注云。不致人侮慢之言。即僞孔所本。皇疏引江熙曰。自敬者。人亦敬己也。○注。應事疾。則多成功。○正義曰。說文。敏。疾也。管子形勢云。朝忘其事。夕失其功。是言治事當敏疾也。焦氏循補疏。僖四年公羊傳注。生事有漸。故敏則有功。徐彥疏云。敏審也。言舉事敏審。則有成功矣。是敏之義爲審。僖二十三年左傳。辟不敏也。注云。敏猶審也。三十三年左傳。禮成而加之以敏。注云。敏。審當於事。亦以敏爲審。周官師氏。二曰敏德。注云。敏德。仁義順時者也。當其可之謂時。順時則審當之謂也。案焦從何義。亦通。

佛肸召。子欲往。注孔曰。晉大夫趙簡子之邑宰。子路曰。昔者由也聞諸夫子曰。親於其身爲不善者。君子不入也。注孔曰。不入其國。佛肸以中牟畔。子之往也。如之何。

正義曰。阮氏元校勘記。佛肸。皇本作胇肸。唐石經作佛肸。古今人表作茀肸。佛茀胇三字。音近通借。五經文字云。肸肸。上說文。下隸省。史記孔子世家。佛肸爲中牟宰。趙簡子攻范中行。伐中牟。佛肸畔。使人召孔子云云。是中牟爲范中行邑。佛肸是范中行之臣。於時爲中牟宰。而趙簡子伐之。故佛肸即據中牟以畔也。左哀五年傳。夏。趙鞅伐衞。范氏之故也。遂圍中牟。此即簡子伐中牟之事。然則佛肸之召孔子。當在哀五年無疑矣。翟氏灝考異云。簡子挾晉侯以攻范中行。佛肸爲范中行家邑宰。因簡子致伐距之。于晉爲畔。于范中行猶爲義也。且聖人神能知幾。范中行滅。則三分晉地之勢成。三分晉地之勢成。則大夫自爲諸侯之禍起。其爲不善。較佛肸孰大小哉。子路見未及此。但知守其常訓。聖人雖有見焉。卻難以前知之幾。爲門弟子語也。故但以堅白悟理答之。案翟說太傺。反失聖意。蓋聖人視斯人之徒。莫非吾與。而思有以治之。故於公山佛肸。皆有欲往之意。且其時天下失政久矣。諸侯畔天子。大夫畔諸侯。少加長。下淩上。相沿成習。恬不爲怪。若必欲棄之而不與易。則滔滔皆是。天下安得復治。故曰天下有道。丘不與易也。明以無道之故而始欲仕也。且以仲弓子路冉有皆仕季氏。夫季氏非所謂竊國者乎。而何以異於畔乎。子路身仕季氏。而不欲夫子赴公山佛肸之召。其謹守師訓。則固以親於其身爲不善君子不入二語而已。而豈知夫子用世之心。與行道之義。固均未爲失哉。中牟者。邑名。王氏瑬四書地理攷。洪氏亮吉曰。管子云。築五鹿中牟鄴者。三城相接也。五鹿。今直隸大名府元城縣。鄴。今河南彰德府安陽縣。是中牟在當時與五鹿鄴相接矣。韓非子。晉平公問趙武曰。中牟。三國之股肱。邯鄲之肩髀。邯鄲。卽今直隸廣平府邯鄲縣。是中牟在當時又與邯鄲咫尺矣。臣瓚引汲郡古文云。齊師伐趙東鄙。圍中牟。趙時已都邯鄲。是中牟又在邯鄲之東矣。戰國策。昔者趙氏襲衞。魏主身披甲底劍挑趙。索戰邯鄲之中。蘇河山之閒亂。衞得是藉也。亦收餘甲。而北面殘剛平墮中牟之郭。是中牟又在衞之北境矣。太平寰宇記。湯水在湯陰縣北。源出縣西牟山。去縣三十五里。元豐九域志亦云。湯陰縣有牟山。戰國策舊注云。中牟在相州湯陰縣。史記佛肸爲中牟宰。索隱云。此河北之中牟。蓋在漢陽西。漢陽蓋濮陽之誤。今湯陰縣正在濮州西也。張守節史記正義亦云。湯陰縣西五十八里有牟山。蓋中牟邑在此山側。則中牟在湯陰無疑也。今湯陰去安陽不五十里。去邯鄲元城。亦不出一二百里。益信管子韓非子所云相接。云肩髀。無一字妄設也。春秋傳。晉車千乘在中牟。中牟人欲伐之。哀五年。趙鞅伐衞。圍中牟。杜預以滎陽中牟爲注。而疑其回遠。裴駰集解。又以中牟非自衞適晉之次。不知春秋傳之中牟。卽今湯陰中牟也。晉在衞之西北。今湯陰縣正在滑縣等西北。爲衞入晉必由之道。若河南之中牟。漢雖立爲縣。而其名實未嘗見於經傳。班固地理志。于河南郡中牟縣注云。趙獻侯自耿徙此。則以鄭之中牟。爲趙之中牟。雖偶有未檢。然殊非小失矣。左傳正義。以爲中牟在河北。不復知其處。而又引臣瓚云。中牟當在溫水之上。史記集解。引瓚說溫水又作漯水。則又未知何據也。瑬案定九年。衞侯將如五氏過中牟。五氏在今邯鄲縣西南。蓋衞侯自今開州至邯鄲。而路由湯陰。是時中牟屬晉。至哀五年。趙鞅伐衞圍中牟。則中牟屬衞矣。豈因佛肸之叛地入于衞與。若臣瓚之說。引作溫水。或引作漯水。疑當爲湯水之譌也。案洪說甚核。全氏祖望經史問答。莊氏述祖別記略同。如之何者。之者。是也。謂佛肸也。言佛肸已畔。己雖往。如彼不善何也。〇注。晉大夫趙簡子之邑宰。〇正義曰。佛肸是范中行邑宰。見孔子世家。此當出安國舊義。今此孔注以爲趙簡子邑宰。與彼文不合。其僞顯然。

子曰。然。有是言也。不曰堅乎。磨而不磷。不曰白乎。涅而不緇。注孔曰。磷。薄也。涅可以染皁。言至堅者。磨之而不薄。至白者。染之於涅而不黑。喻君子雖在濁亂。濁亂不能汚。

吾豈匏瓜也哉。焉能繫而不食。注匏。瓠也。言匏瓜得繫一處者。不食故也。吾自食物。當東西南北。不得如不食之物。繫滯一處。正義曰。不曰堅乎句上。皇本有曰字。緇。史世家作淄。新語道基篇。論衡問孔篇。文選座右銘注。亦作淄。阮氏元校勘記。淄緇古字通。後漢后妃紀。恩隆好合。遂忘淄蠹。以淄爲緇。漢州輔碑所謂摩而不粼。涅而不緇者。摩與磨同。粼當磷之叚借。校勘記及翟氏灝考異。桂氏馥羣經義證。馮氏登府異文考證。引漢費鳳別碑。埿而不滓。廷尉仲安碑。泥而不宰。校尉熊君碑。泥而不滓穢。據史記屈賈列傳有云。皭然泥而不滓者也。後漢書隗囂傳。賢者泥而不滓。與三碑略同。皆是涅而不緇。異文書洪範疏引荀子。白沙在涅。與之俱黑。大戴禮曾子制言篇。涅作泥。是涅泥二字通用之證。鄭注云。我非匏瓜。焉能繫而不食者。冀往仕而得祿也。此非經旨。○注。磷。薄也。涅可以染皁。○正義曰。廣雅釋詁。磷。礴也。王氏念孫疏證。考工記。鮑人雖敝不甐。鄭注云。甐。古書或作鄰。鄭司農云。鄰讀爲磨而不磷之磷。磷䃠礫並通。礴。經傳皆通作薄。方言。涅。化也。燕朝鮮冽水之閒曰涅。說文。涅。黑土在水中也。是涅乃黑土。用以染物。故方言以涅訓化。漢書敘傳引此文。顏注。涅。汙泥也。可以染皁。以汙泥當黑土。辭之誤也。焦氏循補疏。孔謂可以染皁者。淮南齊俗訓云。素之質白。染之以涅則黑。俶眞訓云。今以涅染緇。則黑于涅。高誘注云。涅。礬石也。西山經。女牀之山。其陰多石涅。郭注云。卽礬石也。楚人名爲涅石。秦人名爲羽涅也。神農本草經。礬石一名羽碮。碮卽涅也。其可以染皁。蓋指今之皁礬。○注。匏瓠至一處。○正義曰。詩匏有苦葉傳。匏謂之瓠。說文。匏。瓠也。一物二名。言匏瓜者。匏亦瓜類也。詩傳又云。瓠葉苦不可食也。陸璣詩疏謂匏葉先甘後苦。王氏念孫廣雅疏證謂瓠有甘苦二種。瓠甘者。葉亦甘。瓠苦者。葉亦苦。甘者可食。苦者不可食。又引北方農人。謂瓠之甘者。次年或變爲苦。以陸氏先甘後苦之說爲非。如王之言。是此云不可食者。謂匏瓜之苦者也。魯語云。苦匏不材。於人共濟而已。韋昭云。材讀若裁也。不裁於人。言不可食也。是也。匏瓜以不食。得繫滯一處。王粲登樓賦。懼匏瓜之空懸。畏非渫之不食。空懸。卽謂懸繫也。韋昭解魯語共濟。謂佩匏。可以渡水。自是釋彼文宜然。或逾援以解論語。謂槃卽繫以渡水。則已有用於人。於取譬之旨不合矣。皇疏又載一通云。匏瓜。星名也。言人有材智。宜佐時理務。爲人所用。豈得如匏瓜繫天而不可食耶。黃震日鈔云。臨川應抑之天文圖有匏瓜星。其下注引論語。正指星而言。蓋星有匏瓜之名。徒繫於天而不可食。正與維南有箕。不可簸揚。維北有斗。不可挹酒漿。同義。今案匏瓜星名。見史記天官書。此義亦通。吾自食物者。言吾當如可食之物。與匏瓜異也。當東西南北者。言人當志在四方也。檀弓引夫子云。今丘也。東西南北之人也。

子曰。由也。女聞六言六蔽矣乎。【注】六言六蔽者。謂下六事。仁知信直勇剛也。對曰。未也。居。吾語女。【注】孔曰。子路起對。故使還坐。好仁不好學。其蔽也愚。好知不好學。其蔽也蕩。

注孔曰。仁者愛物。不知所以裁之。則愚蕩無所適守。好信不好學。其蔽也賊。注孔曰。父子不知相爲隱之輩。好直不好學。其蔽也絞。好勇不好學。其蔽也亂。好剛不好學。其蔽也狂。注孔曰。狂妄抵觸人。

正義曰。六言六蔽。是古成語。夫子以其義問子路也。廣雅釋詁。蔽。障也。荀子解蔽注。蔽言不能通明。滯于一隅。如有物壅蔽之也。戴氏震孟子字義疏證。人之血氣心知。本乎陰陽五行者。性也。如血氣。資飲食以養其化也。即爲我之血氣。非復所飲食之物矣。心知之資於問學。其自得之也亦然。以血氣言。昔者弱。而今者彊。是血氣之得其養也。以心知言。昔者狹小。而今者廣大。昔者闇昧。而今者明察。是心知之得其養也。故曰雖愚必明。案六言。皆心知之善。而不好學。皆有所蔽。故荀子勸學云。君子博學而參省乎己。則知明而行無過矣。即謂學能祛蔽也。管氏同紀聞。大人之所以言不必信者。惟其爲學而知義所在也。苟好信不好學。則惟知重然諾。而不明事理之是非。謹厚者則硜硜爲小人。苟又挾以剛勇之氣。必如周漢刺客游俠。輕身殉人。扞文網而犯公義。自聖賢觀之。非賊而何哉。案前篇云。直而無禮則絞。下章云。君子有勇而無義爲亂。與此言好直好勇之蔽同。蓋禮義皆須學以成也。皇本由下無也字。居上有曰字。○注。子路起對。故使還坐。○正義曰。凡尊長問己。己將答之。皆起離席以申敬也。對畢就坐。若未畢。尊長命之坐。則坐。○注。仁者至適守。○正義曰。仁者不好學。則不知裁度。或至愛無差等也。知者不好學。多妄自用。不能據德依仁。故無所適守。○注。狂妄抵觸人。○正義曰。說文。抵。側擊也。觸。牴也。牴與抵同。剛者性獷直。其言行多抵觸人也。

子曰。小子何莫學夫詩。注包曰。小子門人也。詩可以興。注孔曰。興引譬連類。可以觀。注鄭曰。觀風俗之盛衰。可以羣。注孔曰。羣居相切磋。可以怨。注孔曰。怨刺上政。邇之事父。遠之事君。注孔曰。邇。近也。多識於鳥獸草木之名。

正義曰。學詩可以事父事君者。荀子言詩故而不切。其依違諷諫。不指切事情。故言者無罪。聞者足戒。詩序言正得失。動天地。感鬼神。莫近於詩。先王以是經夫婦。成孝敬。厚人倫。美教化。移風俗。明詩教有益。故學之可事父事君也。焦氏循毛詩補疏序。夫詩。溫柔敦厚者也。不質直言之。而比興言之。不言理而言情。不務勝人而務感人。自理道之說起。人各挾其是非以逞其血氣。激濁揚清。本非謬戾。而言不本於情性。則聽者厭倦。至於傾軋之不已。而忿毒之相尋。以同爲黨。即以比爲爭。甚而假宮闈廟祀儲貳之名。動輒千百人哭於朝門。自鳴忠孝以激其君之怒。害及其身。禍於其國。全失乎所以事君父之道。余讀明史。每歎詩教之亡。莫此爲甚。案焦說甚通。說文。鳥。長尾禽總名也。爾雅釋鳥云。二足而羽謂之禽。四足而毛謂之獸。鳥獸草木。所以貴多識者。人飲食之宜。醫藥之備。必當識別。匪可妄施。故知其名。然後能知其形。知其性。爾雅於鳥獸草木。

皆專篇釋之。而神農本草。亦詳言其性之所宜用。可知博物之學。儒者所甚重矣。○注。與引譬連類。○正義曰。周官大師教六詩。曰風。曰賦。曰比。曰興。曰雅。曰頌。注。賦之言鋪。直鋪陳今之政教善惡。比。見今之失。不敢斥言。取比類以言之。興。見今之美。嫌於媚諛。取善事以喩勸之。鄭司農云。比者。比方於物也。興者。託事於物。案先鄭解比興就物言。後鄭就事言。互相足也。賦比之義。皆包於興。故夫子止言興。毛詩傳言興百十有六。而不及賦比。亦此意也。此注言引譬者。謂譬喩於物也。學記云。不學博依。不能安詩。注。博依。廣譬喩也。卽此引譬之義也。言連類者。意中兼有賦比也。○注。觀風俗之盛衰。○正義曰。謂學詩可論世也。詩序云。治世之音安以樂。其政和。亂世之音怨以怒。其政乖。亡國之音哀以思。其民困。世治亂不同，音亦隨異。故學詩可以觀風俗。而知其盛衰。若吳季札觀樂最著也。○注。羣居相切磋。○正義曰。焦氏循補疏。案詩之教。溫柔敦厚。學之則輕薄嫉忌之習消。故可以羣居相切磋。○注。怨刺上政。○正義曰。鄭注云。怨謂刺上政。此僞孔所本。廣雅釋詁。譏諫。怨也。諫刺同。凡君親有過。諫之不從。不能無怨。孟子所謂親親之義也。然必知比興之道。引譬連類而不傷於徑直。故言易入而過可改也。

子謂伯魚曰。女爲周南召南矣乎。人而不爲周南召南。其猶正牆面而立也與。注馬曰。周南召南。國風之始。樂得淑女以配君子。三綱之首。王教之端。故人而不爲。如向牆而立

正義曰。皇本召作邵。周南召南者。謂周公召公分郟所得南國之詩也。不主一國。故總繫焉。二南之詩。用於鄉人。用於邦國。當時鄉樂未廢。故夫子令伯魚習之。依其義說以循行之。故稱爲也。竊又意二南。皆言夫婦之道。爲王化之始。故君子反身。必先修諸己。而後可刑于寡妻。至于兄弟。以御于家邦。漢書匡衡傳。謂室家之道修。則天下之理得。卽此義也。時或伯魚授室。故夫子特舉二南以訓之與。○注。周南至而立。○正義曰。二南亦是國風。以列在前。故言國風之始。淑女謂大似。君子謂文王也。關雎序云。周南召南。正始之道。王化之基。是以關雎樂得淑女以配君子。注言此者。見二南多言德化之所及。其致治之本。則在關雎。故舉淑女配君子以爲言也。三綱者。謂君臣父子夫婦也。後漢荀爽傳。臣聞有夫婦。然後有父子。有父子。然後有君臣。有君臣。然後有上下。有上下。然後有禮義。禮義備。則人知所厝矣。夫婦。人倫之始。王化之端。故文王作易上經首乾坤。下經首咸恆。毛詩關雎傳亦云。夫婦有別。則父子親。父子親。則君臣敬。君臣敬。則朝廷正。朝廷正。則王化成。是夫婦爲三綱之首。王教之端也。向牆而立者。訓正爲向。與正南面之正同。向牆面之而立。言不可行也。孟子謂身不行道。不行於妻子。漢匡衡傳謂福之興。莫不本乎室家。禮之衰。莫不始乎梱內。並此意。

子曰。禮云禮云。玉帛云乎哉。注鄭曰。玉。圭璋之屬。帛。束帛之屬。言禮非但崇此玉帛而已。所貴者。

乃貴其安上治民。樂云樂云。鐘鼓云乎哉。注馬曰。樂之所貴者。移風易俗。非謂鐘鼓而已。正義曰。說文。鐘。樂鐘也。秋分之音物種成。白虎通五行篇。鐘者。動也。言陽氣於黃泉之下。動養萬物也。皇本鐘作鍾。鍾者。酒器。經傳二文多通用。荀子大略篇。聘禮志曰。幣厚則傷德。財侈則殄禮。禮云禮云。玉帛云乎哉。是言禮不重玉帛也。漢書禮樂志。樂以治內而爲同。禮以修外而爲異。同則和親。異則畏敬。畏敬之意難見。則著之於享獻辭受登降跪拜。和親之說難形。則發之於詩歌詠言鐘石筦弦。蓋嘉其敬意。而不及其財賄。美其歡心。而不流其聲音。故孔子曰。禮云禮云。玉帛云乎哉。樂云樂云。鐘鼓云乎哉。此禮樂之本也。案此謂敬爲禮本。和爲樂本也。禮記仲尼燕居云。師。爾以爲必鋪几筵升降酌獻酬酢。然後謂之禮乎。爾以爲必行綴兆興羽籥作鐘鼓。然後謂之樂乎。言而履之。禮也。行而樂之。樂也。亦與此章義相發。皇疏引繆播曰。玉帛。禮之用。非禮之本。鐘鼓者。樂之器。非樂之主。假玉帛以達禮。禮達。則玉帛可忘。借鐘鼓以顯樂。樂顯。則鐘鼓可遺。以禮假玉帛於求禮。非深乎禮者也。以樂託鐘鼓於求樂。非通乎樂者也。○注。玉圭至治民。○正義曰。周官典瑞云。瑑圭璋璧琮以覜聘。圭以聘君。璋以聘夫人。璧琮以享。皆瑞玉也。注。偏舉圭璋。故云屬以兼之。說文。帛。繒也。鄭注尚書云。帛。所以薦玉也。聘禮釋幣制玄纁束。注云。凡物十曰束。玄纁之率。玄居三。纁居二。朝貢禮云。制丈八尺。疏云。制謂舒之長短。雜記云。納幣一束。束五兩。兩五尋。然則每卷二丈。若作制幣者。每卷丈八尺爲制。合卷爲匹也。胡氏培翬正義謂雜記是言昏禮納徵束帛。用二丈。取成數。其他禮幣。皆以一丈八尺爲節也。案帛亦言屬者。據聘禮束帛之外。又有錦紡。鄭此注意兼有之也。孝經廣要道章。安上治民。莫善於禮。此鄭所本。○注。樂之至而已。○正義曰。孝經云。移風易俗。莫善於樂。亦馬所本。鄭注云。言樂不但崇此鐘鼓而已。所貴者。貴其移風易俗也。與馬略同。

子曰。色厲而內荏。注孔曰。荏。柔也。謂外自矜厲而內柔佞。譬諸小人。其猶穿窬之盜也與。注孔曰。爲人如此。猶小人之有盜心。穿。穿壁。窬。窬牆。正義曰。說苑修文篇。顓孫子莫曰。去爾外厲。曾子曰。外厲者必內折。內折與內荏同義。釋文。穿踰本又作窬。此誤依孔義改經文作踰。陸所見本已然也。先伯父五河君經義說略。儒行篳門圭窬。鄭注。圭窬。門旁窬也。穿牆爲之。釋文。圭窬。說文云。穿木戶也。郭璞三蒼解詁云。門旁小窬也。此則鄭本作竇。陸本作窬。玉篇引禮記及左傳並作圭窬。今左傳亦作圭竇。是知窬與竇通。說文。竇。空也。窬下曰。一曰空中也。窬是穿木戶。亦取空中之義。故凡物之取於空中者。皆得爲窬。淮南氾論訓。古者爲窬木方版以爲舟航。高誘曰。窬。空也。是也。窬與竇同。孟康漢書注曰。東南謂鑿木空中如曹曰腧。是也。此穿窬猶言穿戶。與踰牆之踰不同。孟子穿窬亦此解。謹案臧氏庸拜經日記略同。漢書胡建傳黃帝李法曰。壁壘已定。穿窬不繇路。是謂姦人。姦人者殺。此在軍律尤嚴也。○注。荏。柔也。○正義曰。漢書翟方進傳引此文。應劭注。荏。屈橈也。詩巧言荏染柔木。毛傳。荏染。柔意也。說文。集。弱貌。集。與荏同。廣雅釋詁。恁。弱也。○注。穿。穿壁。窬。窬牆○正義曰。說文。穿。通也。從牙在穴中。壁卽牆也。云窬。窬牆者。謂窬卽踰之叚借。孔注本亦是窬字。不作踰也。或謂僞孔亦解窬爲空。則與穿壁義複。孔意不如是。

子曰。鄉原。德之賊也。注 周曰。所至之鄉。輒原其人情。而爲意以待之。是賊亂德也。一曰。鄉。向也。古字同。謂人不能剛毅。而見人輒原其趣嚮。容媚而合之。言此所以賊德也。正義曰。孟子盡心篇云。萬章問。引孔子曰。過我門而不入我室。孟子答萬章我不憾焉者。其惟鄉原乎。鄉原。德之賊也。此孟子述所聞語較詳。曰何如斯可謂之鄉原矣。曰何以是嘐嘐也。言不顧行。行不顧言。則曰古之人。古之人。行何爲踽踽涼涼。生斯世也。爲斯世也。善斯可矣。閹然媚於世也者。是鄉原也。此孟子言鄉原異於狂獧也。萬子曰。一鄉皆稱原人焉。無所往而不爲原人。孔子以爲德之賊。何哉。曰。非之。無舉也。刺之。無刺也。同乎流俗。合乎汙世。居之似忠信。行之似廉潔。衆皆說之。自以爲是。而不可與入堯舜之道。故曰德之賊也。孔子曰。惡似而非者。惡莠恐其亂苗也。惡佞恐其亂義也。惡利口恐其亂信也。惡鄭聲恐其亂樂也。惡紫恐其亂朱也。惡鄉原恐其亂德也。趙岐注。萬章言人皆以爲原善所至。亦謂之善人。是趙訓原爲善。前篇侗而不愿。鄭注。愿。善也。原與愿同。中論考僞篇。鄉愿無殺人之罪。而仲尼深惡之。字直作愿。與趙訓同矣。一鄉皆稱善。而其忠信廉潔皆是假託。故足以亂德。所謂色取仁而行違者也。子貢問鄉人皆好。夫子以爲未可。亦是恐如鄉原者在其中也。○注。所至至德也。○正義曰。注前讀鄉如字。後讀鄉與向同。其解原字。並謂原人之情。與孟子不合。蓋未然也。

子曰。道聽而塗說。德之棄也。注 馬曰。聞之於道路。則傳而說之。正義曰。此爲闇於大道不知審擇者戒也。荀子大略篇。君子疑則不言。未問則不立。道遠日益矣。楊倞注。未會學問。不敢立爲論議。所謂不知爲不知也。爲道久遠。自日有所益。不必道聽塗說也。○注。聞之於道路。則傳而說之。○正義曰。皇疏云。記問之學。不足以爲人師。師人必當溫故而知新。研精久習。然後乃可爲人傳說耳。若聽之於道路。道路乃卽爲人傳說。必多謬妄。所以爲有德者所棄也。亦自棄其德也。案注傳而說之。卽言說之說。釋文。於塗說無音。於注說之音悅。此不可解。

子曰。鄙夫。可與事君也與哉。注 孔曰。言不可與事君。其未得之也。患得之。注 患得之。患不能得之。楚俗言。既得之。患失之。苟患失之。無所不至矣。注 鄭曰。無所不至者。言其邪媚無所不爲。正義曰。釋文。與哉本或作無哉。得之失之之者。是也。謂祿位也。鄙夫患不得祿位。則有貪緣干進之術。既得而又患失。則益思固其祿位。而不敢正言直諫。以取媚人主。招權納賄。以桀病民。漢書朱雲傳。今朝廷大臣。上不能匡主。下亡以益民。皆尸位素餐。孔子所謂鄙夫不可與事君。苟患失之。亡所不至者也。又後漢李法傳。法上疏諫。坐失旨。免爲庶人。還鄉里。人間其不合上意之由。法未嘗應對。固問之。法曰。鄙夫可與事君乎哉。苟患失之。無所不至。正以己無患失之心。故上疏諫。致罷免耳。是與鄙夫異也。若然。禮雜記云。既得之而又失之。君子恥之。與鄙夫所患同者。君子恥不稱其位。而失之與鄙夫思固其位之志殊也。先伯父五河君經義說略曰。自色厲而內荏。至鄙夫。凡四章。語意大略相同。皆言中不足而外有餘。蓋貌爲有德。則色厲。而陰實小人。故內荏。貌爲好學。則道聽。而中無所守。故塗說。是故居則爲鄉愿。出則爲鄙夫。欺世盜名之徒。其害可勝言哉。○注。言不可與事君。○正義曰。注以與爲我與之也。王氏引之經傳釋詞解此文云。與猶以也。下文患得患失。皆言鄙夫所以不可事君之故。非謂不可與鄙夫事君也。顏師古匡謬正俗曰。孔子曰。鄙夫可以事君也與哉。李善注文選東京賦曰。論語曰。鄙夫不可以事君。變與言以。正與經旨相合。○注。患得之者。患不能得之。楚俗言。○正義曰。臧氏琳經義雜記。古人之言。多氣急而文簡。如論語。其未得之也。患得之。以得爲不得。猶尙書以可爲不可。焦氏循補疏。古人文法有急緩。不顯。顯也。此緩讀也。公羊傳。如勿與而已矣。何休注云。如即不如也。齊人語也。此急讀也。以得爲不得。猶以如爲不如。何云楚俗語。孔子魯人。何爲效楚言也。今案荀子子道篇。孔子曰。小人者。其未得也。則憂不得。既已得之。又恐失之。是以有終身之憂。無一日之樂也。潛夫論愛日篇。孔子病夫未得之也。患不得之。又毛氏奇齡賸言引家語患弗得之。皆以訓詁增成其義。韓愈王承福傳。其賢於患不得之而患失之。以濟其生之欲者。亦此意。沈作喆寓簡據王承福傳。謂古本必如是。此未達古人立文之法。○注。無所不至者。言其邪媚無所不爲。○正義曰。鹽鐵論論誹篇。君子疾鄙夫之不可與事君。患其聽從而無所不至也。聽從者無所匡正。但知保其祿位。故必至邪媚無所不爲也。後漢李法傳注引此注。邪媚上多諂佞二字。

子曰。古者民有三疾。今也或是之亡也。注包曰。言古者民疾與今時異。古之狂也肆。注包曰。肆極意敢言。今之狂也蕩。注孔曰。蕩無所據。古之矜也廉。注馬曰。有廉隅。今之矜也忿戾。注孔曰。惡理多怒。古之愚也直。今之愚也詐而已矣。正義曰。朱子集注云。氣失其平則爲疾。故氣稟之偏者。亦謂之疾。昔所謂疾。今亦亡之。傷俗之益衰也。鄭注云。魯讀廉爲貶。今從古。陳氏鱣古訓曰。貶。自貶損也。釋名云。廉。自撿斂也。貶廉義同。案陳說固是。然廉字義勝。故鄭從古。宋氏翔鳳發微云。狂也。矜也。愚也。皆氣質之偏。古所謂疾也。有肆以救狂。有廉以救矜。有直以救愚。是不失爲古之疾也。蕩則失其所謂狂。忿戾則失其所謂矜。詐則失其所謂愚。此古個爲人疾。而今遂至於死亡。人情日變。風俗日偷。聖人所爲明禮樂以救之與。○注。肆。極意敢言。○正義曰。孟子盡心下言狂者云。其志嘐嘐然。曰。古之人。古之人。夷考其行而不掩焉者也。趙岐注。嘐嘐。志大言大者也。重言古之人。欲慕之也。志大言大。卽此注所云極意敢言也。○注。蕩無所據。○正義曰。據卽據於德之據。無所據。則自放禮法之外。若原壤者也。○注。有廉隅。○正義曰。說文。廉。仄也。仄與側同。漢書賈誼傳。廉遠地則堂高。注。廉。側隅也。荀子不苟篇。廉而不劌。注。廉。稜也。義俱相近。○注。惡理多怒。○正義曰。注以惡理訓戾。多怒訓忿。說文。戾。曲也。字林。戾。乖戾也。乖戾則多違理。故注云惡理。

子曰。惡紫之奪朱也。【注】孔曰。朱。正色。紫。閒色之好者。惡其邪好而奪正色。惡鄭聲之亂雅樂也。【注】包曰。鄭聲。淫聲之哀者。惡其奪雅樂。惡利口之覆邦家者。【注】孔曰。利口之人。多言少實。苟能說媚時君。傾覆國家。

正義曰。皇本者作也。孟子盡心下。引孔子此言。惡莠恐其亂苗也。惡佞恐其亂義也。惡利口恐其亂信也。惡鄭聲恐其亂樂也。惡紫恐其亂朱也。惡鄉原恐其亂德也。較此文爲詳。而總之云惡似而非者。趙岐注。似眞而非眞者。孔子之所惡也。○注。朱正至正色。○正義曰。說文云。朱。赤心木。趙岐孟子注。亦云朱。赤也。儀禮士冠禮注。凡染絳。一入謂之縓。再入謂之赬。三入謂之纁。朱則四入與。朱爲正色者。考工記畫繢之事。東方青。南方赤。西方白。北方黑。赤是朱。居南方之正。故爲正色也。紫爲閒色者。鄉黨皇疏引穎子嚴云。北方水。水色黑。水剋火。火色赤。以黑加赤。故爲紫。紫爲北方閒也。釋名釋采帛。紫。疵也。非正色也。五色之疵瑕以惑人者也。是紫爲閒色。以黑加赤。稍有赤。故與朱亂也。云閒色之好者。以時尙紫。知色好也。困學紀聞。周衰。諸侯服紫。玉藻云。玄冠紫緌。自魯桓公始。管子云。齊桓公好服紫衣。齊人尙之。五素易一紫。皆周衰之制也。江氏永鄉黨圖考。又引渾良夫紫衣僭君服。是當時好服紫矣。夫子以紫奪朱惡之。非謂其閒色也。若他閒色紅綠碧緇之類。皆得用之。○注。利口至國家。○正義曰。鄭注云。疾時利口。多言少實也。此僞孔所襲。多言少實。是其言不由中。但務爲說媚而已。中論覈辨篇。且利口者。心足以見小數。言足以盡巧辭。給足以應切問。難足以斷俗疑。然而好說而不倦。諜諜如也。夫類族辨物之士者寡。而愚闇不達之人者多。孰知其非乎。此其所以無用而不見廢也。至賤而不見遺也。先王之法。析言破律。亂名改作者殺之。行僻而堅。言僞而辨。記醜而博。順非而澤者。亦殺之。爲其疑衆惑民。而潰亂至道也。孔子曰。巧言亂德。惡似而非者也。

子曰。予欲無言。【注】言之爲益少。故欲無言。子貢曰。子如不言。則小子何述焉。子曰。天何言哉。四時行焉。百物生焉。天何言哉。

正義曰。皇疏引王弼曰。予欲無言。蓋欲明本。舉本統末。而示物於極者也。夫立言垂教。將以釐性。而弊至於湮。寄旨傳辭。將以正邪。而勢至於繁。既求道中。不可勝御。是以修本廢言。則天而行化。案夫子本以身教。恐弟子徒以言求之。故欲無言以發弟子之悟也。詩日月報我不述。毛傳。述。循也。言弟子無所遵行也。鄭注云。魯讀天爲夫。今從古。鄭以四時行。百物生。皆說天。不當作夫。故定從古。翟氏灝考異謂兩句宜有別。上句從魯論爲勝。誤也。四時行者。謂春夏秋冬四時相運行也。春秋繁露四時之副篇。天之道。春暖以生。夏暑以養。秋清以殺。冬寒以藏。暖暑清寒。異氣而同功。皆天之所以成歲也。又人副天數篇。春生夏長。百物以興。秋殺冬收。百物以藏。是百物之生。隨四時爲興藏也。詩文王云。上天之載。無聲無臭。載者。事也。天不言而事成。故無聲無臭也。禮哀公問篇。孔子云。無爲而物成。是天道也。已成而明。是天道也。荀子天論篇。列星隨旋。日月遞炤。四時代御。陰陽大化。風雨博施。萬物各得其和以生。各得其養以成。不見其事而見其功。夫是之謂神。皆知其所以成。莫知其無形。夫是之謂天。案聖人法天。故大易咸取爲象。夫子易傳特發明之。故曰大人者。與天地合其德。與日月合其明。與四時合其序。與鬼神合其吉凶。先天而天弗違。後天而奉天時。其教人也。亦以身作則。故有威可畏。有儀可象。亦如天道之直然循行。望之而可知。儀之而可得。固不必諄諄然有話言矣。○注。言之爲益少。○正義曰。夫子欲訥於言而敏於行。故恐徒言之。則爲益少也。

孺悲欲見孔子。孔子辭以疾。將命者出戶。取瑟而歌。使之聞之。【注】孺悲。魯人也。孔子不欲見。故辭之以疾。爲其將命者不知己。故歌。令將命者悟。所以令孺悲思之。正義曰。釋文。孺字亦作孺。此俗體。禮雜記云。恤由之喪。哀公使孺悲之孔子學士喪禮。士喪禮於是乎書。是孺悲實親學聖門。而孔子不見之者。此欲見。是始來見。尙未受學時也。儀禮士相見禮疏謂孺悲不由紹介。故孔子辭以疾。此義當出鄭注。御覽四百二引韓詩外傳云。子路曰。聞之於夫子。士不中間而見。女無媒而嫁者。非君子之行也。注云。中間。謂介紹也。禮少儀云。聞始見君子者。辭曰。某固願聞名於將命者。不得階主。此少者見尊長之禮。當有介紹。聘義所謂君子於其所尊。弗敢質。敬之至也。是也。鄭注又云。將命。傳辭者。此指主人之介。傳主人辭者也。戶。室戶也。古人燕居在室中。即見賓亦然。取瑟而歌。謂取瑟鼓之。而復倚聲以歌也。皇本辭下有之字。○注。爲其至思之。○正義曰。不知己。邢本脫知字。己誤巳。此從皇本補正。將命者悟知其非疾。必亦告之孺悲。令孺悲自思其失禮而改之也。

宰我問三年之喪。期已久矣。君子三年不爲禮。禮必壞。三年不爲樂。樂必崩。舊穀既沒。新穀既升。鑽燧改火。期可已矣。【注】馬曰。周書月令有更火之文。春取楡柳之火。夏取棗杏之火。季夏取桑柘之火。秋取柞楢之火。冬取槐檀之火。一年之中。鑽火各異木。故曰改火也。正義曰。

三年喪期。鄭君以爲二十七月。王肅以爲二十五月。儀禮士虞禮云。朞而小祥。又朞而大祥。中月而禫。是月也。吉祭猶未配。注。中猶閒也。與大祥閒一月。自喪至此。凡二十七月。胡氏培翬正義。三年之喪。二十五月而大祥。二十七月而禫。緰期之喪。十三月而大祥。十五月而禫。皆與大祥閒隔一月也。檀弓曰。祥而縞。是月禫。徙月樂。祥而縞。謂二十五月也。是月禫。二十七月也。徙月樂。二十八月也。戴德喪服變除禮云。二十五月大祥。二十七月而禫。白虎通云。二十七月而禫。通祭宗廟。去喪之殺也。自王肅誤讀祥而縞。是月禫之文。以禫亦在二十五月。祥禫同月。又以士虞禮中月而禫。爲月中而禫。謂在祥月之中。與鄭異說。非也。案二十五月之說。見禮三年問。及公羊閔二年傳。或從文止據大祥爲再期。未數禫月也。梁氏玉繩瞥記。閔二年。吉禘于莊公。傳云。譏始不三年也。文二年。公子遂如齊納幣。傳云。譏喪娶也。蓋周衰禮廢。三年之喪。久已不行。論語宰我問三年喪。疏引繆協。謂宰我思啓憤於夫子。以戒將來。義在屈己明道。此解極確。與齊宣王欲短喪不同。案詩素冠序。刺不能三年也。檜爲鄭武公所滅。此詩當作於平王之世。又公羊哀五年傳。秋九月癸酉。齊侯處臼卒。六年傳。秋七月。除景公之喪。是三年之喪。當時久不行。故滕文公問孟子。定爲三年之喪。而父兄百官皆不欲。且云吾宗國魯先君莫之行。吾先君亦莫之行。魯先君。則文公以來之謂也。然檀弓言子夏閔子騫。皆三年喪畢。見於夫子。是聖門之徒。皆能行之。宰我親聞聖敎。又善爲說辭。故舉時人欲定親喪爲期之意。以待斥於夫子。其謂君子三年不爲禮。禮必壞。三年不爲樂。樂必崩。此亦古成語。謂人久不爲禮樂。則致崩壞。非爲居喪者言。而當時短喪者。或據爲口實。故宰我亦直述其語。不爲諱隱也。期已久矣。期讀如其。釋文云。期音基。下同。一本作其。一本是也。其已久矣。謂三年太久。史記弟子列傳作不已久乎。可證也。下文期可已矣。方讀如基。與期已久矣之期。文同義異。盧氏文弨考證。反疑其爲朞之誤。非也。說文云。穀。續也。百穀之總名。沒。盡也。鄭注云。升。成也。言舊穀已盡。新穀已成。明期是周歲。天道將復始也。燧者。左文十年傳。命夙駕載燧。杜注。燧。取火者。禮內則。事佩有木燧金燧。鄭注。木燧。鑽火也。金燧。可取火於日。考工記。輈人鑒燧之齊。鄭注。鑒燧。取水火於日月之器也。此卽金燧之制。與木燧名同。世本云。造火者燧人。因以爲名也。周氏柄中典故辨正。鑽燧之法。書傳不載。揭子宣璇璣遺述云。如榆剛取心一段爲鑽。柳剛取心方尺爲盤。中鑿眼。鑽頭大。旁開寸許。用繩力牽如車。鑽則火星飛爆出竅。薄煤成火矣。此卽莊子所謂木與木相摩則然者。古人鑽燧之法。意亦如此。今案揭說頗近理。若然。則春取榆柳者。正用兩木。一爲鑽。一爲燧也。其棗杏桑柘。意亦然矣。徐氏頲改火解。改火之典。昉於上古。行於三代。迄於漢。廢於魏晉以後。復於隋而仍廢。尸子曰。燧人上觀星辰。察五木以爲火。故曰昉於上古也。周監二代。周禮有司爟行火之政令。故曰行於三代也。漢武帝時。別置火令丞中興省之。然續漢志曰。冬至鑽燧改火。故曰迄於漢。隋王劭以改火之義。近代廢絕。引東晉時有以雒陽火渡江者。世世事之。非見絀於魏晉後乎。隋文從劭請而復之。然其後不見踵行者。蓋視爲具文而已。故曰復於隋而仍廢者也。案周官司爟云。四時變國火以救時疾。管子禁藏篇。鑽燧易火。所以去茲毒也。蓋四時之火。各有所宜。若春用榆柳。至夏仍用榆柳便有毒。人易以生疾。故須改火以去茲毒。卽是以救疾也。○注。周書至火也。○正義曰。周書月令篇。今亡。漢書藝文志。周書七十一篇。劉向云。周時誥誓號令。蓋孔子所論百篇之餘。周禮司爟疏引鄭此注。周書日云云。與馬注同。漢人皆見周書。則隋書經籍志繫之汲冢。謂與竹書並出晉世。誤也。先鄭司爟注。引鄹子同。亦本周書。榆柳棗杏桑柘柞楢槐檀。皆木名。說文。柘。桑也。疑柘是桑之屬。又說文樜下云。樜木出發鳩山。而北山經發鳩之山。其上多柘木。則樜柘一也。此木今不知所指。鄭詩箋云。柞。櫟也。櫟今之皁斗。陸璣引三蒼。棫。卽柞也。爾雅釋木。棫白桵。郭注以爲小木叢生。二說各異。然高誘注淮南時則訓云。木不出火。惟櫟爲然。則以柞爲棫近之矣。說文。楢。柔木也。工官以爲耎輪。郭注中山經又云。楢。剛木也。中車材。段氏玉裁說文注。謂此木堅韌。故剛柔異稱而同實是也。皇疏云。榆柳色青。春是木。木色青。故春用榆柳也。棗杏色赤。夏是火。火色赤。故夏用棗杏也。桑柘色黃。季夏是土。土色黃。故季夏用桑柘也。柞楢色白。秋是金。金色白。故秋用柞楢也。槐檀色黑。冬是水。水色黑。故冬用槐檀也。案淮南時則訓。春爨萁燧火。夏秋爨柘燧火。冬爨松燧火。此與周書不同。又天文訓云。冬至甲子。受制木用事。火烟青。七十二日。戊子。受制土用事。火烟黃。七十二日。庚子。受制金用事。火烟白。七十二日。丙子。受制火用事。火烟赤。七十二日。壬子。受制水用事。火烟黑。七十二日。其次土先於金。金先於火。周氏柄中以董子繁露證之。木令後當次火。火令後當次土。今文錯誤。其說甚確。管子幼官篇又云。春以羽獸之火爨。夏以毛蟲之火爨。秋以介蟲之火爨。冬以鱗蟲之火爨。中央以倮蟲之火爨。周氏柄中云。月令春其蟲鱗。夏其蟲羽。秋其蟲毛。冬其蟲介。蓋冬至後改春火。春其蟲鱗。而時則猶冬也。故曰冬以鱗獸之火爨。其實木用事。乃春火也。由此推之。春改夏火。夏其蟲羽。故曰春以羽獸之火爨。夏改秋火。秋其蟲毛。故曰夏以毛獸之火爨。秋改冬火。其蟲介。故曰秋以介蟲之火爨。月令以四時之正言。管子以改火之始言。故異耳。

子曰。食夫稻。衣夫錦。於女安乎。曰。安。女安則爲之。夫君子之居喪。食旨不甘。聞樂不樂。居處不安。故不爲也。今女安則爲之。注孔曰。旨。美也。責其無仁恩於親。故再言女安則爲之。宰我出。子曰。予之不仁也。子生三年。然後免於父母之懷。注馬曰。子生未三歲。爲父母所懷抱。夫三年之喪。天下之通喪也。注孔曰。自天子達於庶人。予也有三年之愛於其父母乎。注孔曰。言子之於父母。欲報之德。昊天罔極。而予也有三年之愛乎。

正義曰。說文。稻。稌也。則二名。北方以稻爲穀之貴者。故居喪不食之也。儀禮喪服傳言居喪旣虞。食疏食水飮。旣練。始食菜果。飯素食。練者。小祥之祭。鄭彼注云。疏猶麤也。素猶故也。謂復平生時食也。程氏瑤田疏食素食說云。疏食者。稷食也。不食稻粱黍也。素食。鄭云復平生時食。謂黍稷也。賤者食稷。然豐年亦得食黍。若稻粱二者。據聘禮公食大夫禮皆加饌。非平生常食。居喪更何忍食。故夫子斥宰我曰。食夫稻。于女安乎。是雖既練飯素食。亦必不食稻粱。宜止於黍稷也。詩碩人箋。錦。文衣也。終南傳。錦衣。采色也。錦是有文采之衣。謂凡朝祭服。以帛爲之者也。檜詩刺不能三年。而云庶見素冠素衣。素冠。練冠也。禮檀弓云。練。練衣。黃裏縓緣。閒傳云。期而小祥。練冠縓緣。又期而大祥。素縞麻衣。注云。麻衣。十五升布深衣也。謂之麻者。純用布。無采飾也。陳氏奐毛詩疏。小祥大祥。皆用麻衣。大祥之麻衣。配縞冠。小祥之麻衣。配練冠。是未終喪。皆服麻衣。無采飾。則不得衣錦可知。皇本稻下錦下有也字。汝安則爲之句上有曰字。說文。甘。美也。詩多言旨酒。此文食旨。兼凡飲食言之。喪大記云。祥而食肉。謂大祥也。閒傳云。期而大祥。有醯醬。有醯醬者。明始得食肉也。又云。中月而禫。禫而飲醴酒。始飲酒者。先飲醴酒。始食肉者。先食乾肉。則自小祥後。但得食菜果飯素食。而醯醬食肉。必待至大祥之後。飲醴酒。必待至禫之後。則小祥後不得食旨明矣。喪大記。祥而外無哭者。禫而內無哭者。樂作矣故也。檀弓云。祥之日。鼓素琴。則自大祥之前。不與於樂。故曲禮云。居喪不言樂是也。居處謂居常時之處也。閒傳云。父母之喪。居倚廬。寢苫枕塊。不說絰帶。既虞卒哭。柱楣翦屏。芐翦不納。期而小祥。居堊室。寢有席。又期而大祥。居復寢。中月而禫。禫而牀。喪服傳言既虞。寢有席。與閒傳言寢有席。在小祥之後稍異。又喪服傳言既練舍外寢。注云。舍外寢於中門之外。所謂堊室也。則鄭以喪服傳與閒傳合也。又喪大記。既練居堊室。既祥黝堊。禫而從御。吉祭而復寢。復寢在禫後。與閒傳在大祥後。又稍異。以理衡之。當以大記爲備也。禮問喪云。夫悲哀在中。故形變於外也。痛疾在心。故口不甘味。身不安美也。孝經喪親章。服美不安。聞樂不樂。食旨不甘。此哀戚之情也。不仁者。言不愛父母。是不仁也。故又曰。予也有三年之愛於其父母乎。言無有也。大戴禮盛德篇。凡不孝。生於不仁愛也。不仁愛。生於喪祭之禮不明。喪祭之禮。所以教仁愛也。致愛故能致喪祭。即此義也。漢石經於其父母下無乎字。常談脫。○注。旨。美也。○正義曰。說文同。○注。子生未三歲。爲父母所懷抱。○正義曰。說文。褱。俠也。袌。褱也。今字作懷作抱。皆段借字。蓼莪詩云。父兮生我。母兮鞠我。拊我畜我。長我育我。顧我復我。出入腹我。○注。自天子達於庶人。○正義曰。禮三年問。引論語此文。通喪作達喪。注。達謂自天子至於庶人。此孔所本。禮中庸云。父母之喪。無貴賤一也。○注。欲報之德。昊天罔極。○正義曰。詩蓼莪文。注引此者。見三年之喪。亦是恩報德也。

子曰。飽食終日。無所用心。難矣哉。注馬曰。爲其無所據樂善。生淫欲。不有博弈者乎。爲之猶賢乎已。正義曰。孟子告子篇。心之官則思。思則得之。不思則不得也。思者。思理義也。無所用心。則於理義皆不知思。其不說學可知。難者。言難以成德也。孟子告子篇。今夫弈之爲數。小數也。不專心致志。則不得也。是博弈皆用心也。賢者。勝也。巳者。止也。博弈之人。知用其心。若作他事。當亦用心。故視無所用心者爲勝也。荀子脩身篇。偷儒憚事。無廉恥而嗜乎飲食。則可謂惡少者矣。偷儒憚事。卽無所用心之人也。博者。說文。簙。局戲也。六箸十二棊也。方言。簙謂之蔽。或謂之箘。秦晉之閒謂之簙。吳楚之閒或謂之蔽。或謂之箭裏。或謂之簙毒。或謂之夗專。或謂之匱璇。或謂之棊。簙與博同。荀子大略篇。六貳之博。楊倞注。六貳之博。卽六博也。王逸注楚辭云。投六箸。行六棊。故曰六博。今之博局。亦二六相對也。西京雜記。許博昌善陸博法。用六箸以竹爲之。長六分。或用二箸。列子說符篇。釋文引六博經云。博。二人相對坐向局。局分爲十二道。兩頭當中。名爲水。用棊十二枚。法六白六黑。又用魚二枚。置於水中。其擲采以瓊爲之。二名牽魚。每一牽魚。獲二籌。翻一魚。獲三籌。若已牽兩魚而不勝者。名曰被翻雙魚。彼家獲六籌爲大勝也。弈者。說文云。弈。圍棊也。文選博弈論注。引邯鄲淳藝經曰。棊局縱橫。各十七道。合二百八十九道。白黑棊子。各一百五十枚。焦氏循孟子正義。博蓋卽今之雙陸。弈爲圍棊。以其局同用板平承於下。則皆謂之枰。以其同行於枰。皆謂之棊。上高而銳如箭。亦如箸。今雙陸棊。俗謂之鎚。尙可考見其狀。故有箭箸之名。今雙陸枰上。亦有水門。其法古今有不同。如弈。古用二百八十九道。今則用三百六十一道。亦其例也。蓋弈但行棋。博以擲采而後行。棋。後人不行棊而專擲采。遂稱擲采爲博。博與弈益遠矣。○注。爲其無所據樂善生淫欲。○正義曰。不用心則無所據依以樂善。旣不樂善。則自生淫欲。魯語敬姜曰。夫民勞則思。思則善心生。逸則淫。淫則忘善。忘善則惡心生。

子路曰。君子尙勇乎。子曰。君子義以爲上。君子有勇而無義爲亂。小人有勇而無義爲盜。

正義曰。尙上義同。故二文並用。義以爲上者。言以義勇爲上也。禮聘義云。有行之謂有義。有義之謂勇敢。故所貴於勇敢者。貴其能以立義也。所貴於立義者。貴其有行也。所貴於有行者。貴其行禮也。故所貴於勇敢者。貴其敢行禮義也。故勇敢強有力者。天下無事。則用之於禮義。天下有事。則用之於戰勝。用之於戰勝。則無敵。用之於禮義。則順治。外無敵。內順治。此之謂盛德。故聖王之貴勇敢強有力如此也。勇敢強有力。而不用之於禮義戰勝。而用之於爭鬭。則謂之亂人。刑罰行於國。所誅者亂人也。又荀子榮辱篇。爲事利爭貨財。無辭讓。果敢而振。猛貪而戾。恈恈然惟利之見。是賈盜之勇。二文並可證此章之義。

子貢曰。君子亦有惡乎。子曰。有惡。惡稱人之惡者。【注】包曰。好稱說人之惡。所以爲惡。惡居下流而訕上者。【注】孔曰。訕。謗毀。惡勇而無禮者。惡果敢而窒者。【注】馬曰。窒。窒塞也。正義曰。皇本子貢下有問字。漢石經作君子有惡乎。子曰。有。案亦是承上之辭。此句上無所承。自不當有亦字。陳氏鱣古訓曰。子曰有者。與檀弓曾子曰有句法同。又漢石經惡居下而訕上者。無流字。惠氏棟九經古義云。當因子張篇。惡居下流。涉彼而誤。鹽鐵論。大夫曰。文學居下而訕上。漢書朱雲傳。小臣居下訕上。是漢以前無流字。陳氏鱣古訓云。四輩經比丘尼經音義引亦無流字。馮氏登府異文考證云。白六帖兩引俱無流字。案皇疏云。又憎惡爲人臣下。而毀謗其君上者也。邢疏云。謂人居下位。而謗毀在上。並無流字。今經文有流字。後人據誤本加也。少儀疏引此文。雖有流字。亦後人所增。蔡邕楊賜碑。惟我下流。二三小臣。此自稱爲謙辭。非本論語此文。鄭注云。魯讀窒爲室。今從古。馮氏登府異文考證。說文。室。實也。集韻。窒。實也。義本通。古二字亦相假。周卯敦銘。孚乎家窒。韓勑碑。廧城庫窒。漢書功臣表。有清簡侯窒中同。史記作室。皆其證也。馬氏應潮曰。室有窒義。太玄經曰。給竹爲管。室灰爲候。虞翻注。室。窒也。案室窒音義俱近。故魯論作室。鄭以窒義較顯。故從古。○注。好稱說人之惡。所以爲惡。○正義曰。君子隱惡揚善。故稱說人惡。爲君子惡也。○注。訕。謗毀。○正義曰。說文。訕。謗也。一切經音義五引蒼頡。訕。誹毀也。禮少儀云。爲人臣下者。有諫而無訕。孔疏謂道說君之過惡。○注。窒。窒塞也。○正義曰。注當云窒。實也。衍一窒字。說文。窒。塞也。塞。隔也。戴氏望注云。不通恕道。窒塞於事。廣雅釋詁。㤜。很也。王氏念孫疏證。玉篇。㤜。惡性也。論語惡果敢而窒者。窒與㤜通。言很戾也。馬融訓窒爲塞。失之。下文云。㤜。惡也。義與㤜相近。案王說亦備一義。其斥馬注爲失。誤也。

曰。賜也亦有惡乎。惡徼以爲知者。注孔曰。徼。抄也。抄人之意以爲己有。惡不孫以爲勇者。惡訐以爲直者。注包曰。訐謂攻發人之陰私。

正義曰。曰賜也亦有惡乎。皇本乎作也。以此語屬子貢。邢疏同。文選西征賦注。引子貢曰。賜也亦有惡乎。尤可證。釋文。徼。鄭本作絞。古卯反。中論覈辨篇。孔子曰。小人毀訾以爲辨。絞急以爲智。不遜以爲勇。斯乃聖人所惡。中論此文。誤以此節爲夫子語。毀訾以爲辨。即訐以爲直之義。絞急與鄭本作絞字同。阮氏元校勘記曰。敫聲交聲。古音同部。故得通借。案左成十四年傳。引詩彼交匪儌。漢書五行志引左傳彼交作匪徼。亦交敫二聲旁通之證。絞急者。謂於事急迫。自炫其能以爲知也。中論此文。可補鄭義。馮氏登府異文考證。禮記隱義云。齊以相絞訐爲掉磬。論語言絞以爲知。又云。訐以爲直。絞訐連文。正齊魯之方言。鄭氏北海人。其注三禮多齊言。故於齊古魯參校之時。不從古而從魯也。案鄭作絞。不知何論。必如隱義之說。亦是齊論。而馮君以爲從魯。殊屬臆測。惡不遜以爲勇者。言本無勇。叚不遜以爲勇也。荀子脩身篇。加惕悍而不順。險賊而不弟焉。則可謂不詳少者矣。即此文之意。○注。徼。抄也。抄人之意以爲己有。○正義曰。說文。徼。循也。循。順行也。漢書言中尉徼循京師。引申爲凡遮取之義。故注訓抄。說文。鈔。叉取也。無抄字。一切經音義二引字書。抄。掠也。又引通俗文。遮取謂之抄掠。音義又云。古文抄剿二形。案曲禮毋剿說。注。剿猶擥也。謂取人之說以爲己說。無此注意同。○

注。許謂攻發人之陰私。○正義曰。釋文引說文云。許。面相斥。是許爲攻發也。陰私。人所諱言。而面相攻發。以爲己直也

子曰。唯女子與小人爲難養也。近之則不孫。遠之則怨。正義曰。此爲有家國者戒也。養猶待也。左僖二十四年傳。女德無極。婦怨無終。杜注。婦女之志。近之則不知止足。遠之則忿怨無已。即此難養之意。易家人九三云。家人嗃嗃悔厲吉。婦子嘻嘻終吝。象傳。家人嗃嗃。未失也。婦子嘻嘻。失家節也。此即不孫之象。故初九云。閑有家。言當敎之於始也。六二云。无攸遂在中饋貞吉。言婦人惟酒食之議。故能順以巽也。師上六云。開國承家。小人勿用。小人即此篇上章所指鄉原鄙夫之屬。皇本怨上有有字。

子曰。年四十而見惡焉。其終也已。注鄭曰。年在不惑。而爲人所惡。終無善行。正義曰。漢石經卌年卌見惡焉。卌从兩廿。即四十字之併。漢碑多如此作。○注。年在至善行。○正義曰。皇疏云。人年未四十。則德行猶進。當時雖未能善。猶望可改。若年四十在不惑之時。猶爲衆人共所見憎惡者。則當終其一生。無復有善理。案曾子立事篇。三十四十之閒而無藝。即無藝矣。五十而不以善聞。則無聞矣。七十而無德。雖有微過。亦可以勉矣。孔氏廣森補注。勉當爲免。言不足責。並言人年至壯老。無所成德。譏論之也。

卷二十一　微子第十八

集解　凡十四章

正義曰。此篇實止十一章。疑四爲一誤。

微子去之。箕子爲之奴。比干諫而死。注馬曰。微箕二國名。子爵也。微子。紂之庶兄。箕子。比干。紂之諸父。微子見紂無道。早去之。箕子佯狂爲奴。比干以諫見殺。孔子曰。殷有三仁焉。注仁者愛人。三人行異而同稱仁。以其俱在憂亂寧民。正義曰。微箕皆有封國。還仕王朝爲卿士。至此諫紂。俱不聽。微子乃去其位。行遯於外。箕子以佯狂去位。爲紂奴也。史記宋微子世家。周武王克殷。微子乃持其祭器。造於軍門。肉袒面縛。左牽羊。右把茅。膝行而前以告。於是武王乃釋微子。復其位如故。復其位者。復其微子之位也。及武庚誅。乃改封國於宋。爲宋公。又宋世家言武王封箕子於朝鮮而不臣。是二子後皆別封。此仍言微箕者。從故爵也。舊時說者謂微子去之。是去殷如周。與載籍無一合者。抑亦妄矣。朱氏彬經傳考證。此章止敘比干之諫。

一似微箕兩賢。初無一言之悟主者。不知非也。微箕之諫。已貫於比干之諫之中。特文勢蟬聯而下。使人不覺耳。宋世家曰。紂既立不明。淫亂於政。微子數諫。紂不聽。及祖伊以西伯昌之修德滅阢。懼禍至以告紂。紂曰。我生不有命在天乎。是何能爲。於是微子度紂不可諫。欲死之。及出。未能自決。乃問于太師少師。于是太師少師乃勸微子去。遂行。又曰。紂爲淫泆。箕子諫不聽。人或曰。可以去矣。箕子曰。人臣諫不聽而去。是彰君之惡。而自說于民。吾不忍爲也。乃被髮佯狂而爲奴。又曰。王子比干。見箕子諫不聽而爲奴。則曰。君有過而不以死爭。則百姓何辜。乃直言諫紂。由此觀之。微箕非不諫也。特比干被禍尤烈耳。○注。微箕至見殺。○正義曰。微箕皆殷時封國。孔氏書疏引鄭玄說。以爲俱在圻內也。杜預春秋釋例。僖六年。微。東平壽張縣西北有微鄉微子冢。水經濟水注。濟水又北逕微鄉東。春秋莊公二十八年。經書冬築郿。京相璠曰。公羊傳謂之微。東平壽張縣西北三十里有故微鄉。魯邑也。杜預曰。有微子冢。西北去朝歌。尙在圻內。寰宇記云。博州聊城縣有微子城。博州。今東昌府治。聊城爲附郭首邑。與壽張毗連。故兩邑皆言有微地。實則壽張是也。閻氏若璩釋地謂今潞安府潞城縣東北十五里有微子城。此據明一統志。不足信也。左僖三十三年經。晉人敗狄于箕。注。太原陽邑縣南有箕城。閻氏釋地謂在今山西遼州榆社縣東南三十里。而彙纂謂在太谷縣東南三十五里。是榆社縣西。亦一邑兩載。皆在圻內。但未知孰是。又左傳秦入我河曲。焚我箕郜。江氏永春秋地理考實。謂今山西隰州蒲縣東北有箕城。當卽其地。然去朝歌甚遠。必非箕子所封邑也。比干未有封國。孟子稱王子比干。疑比干卽其名。或字也。路史謂唐之比陽。有比水。卽比干國。其說不知何本。考比陽於漢地志。屬南陽郡。非在圻內。路史誤也。白虎通爵篇。子者。孳也。孳孳無已也。殷爵三等。謂公侯伯也。此得有子者。鄭君王制注。異畿內謂之子是也。微子名啟。箕子名無考。莊子。大宗師若狐不偕務光。伯夷。叔齊。箕子胥餘。紀他。申徒狄。司馬彪注。以胥餘爲箕子名。尸子亦云。箕子胥餘。漆身爲厲。被髮佯狂。胥餘並承箕子之下。則彪說亦可信也。左定九年傳。陽虎曰。微子啓。帝乙之元子也。呂氏春秋仲冬紀紂之母。生微子啟與仲衍。其時猶尙爲妾。已而爲妻而生紂。史記殷本紀。帝乙長子曰微子啓。啓母賤。不得嗣。少子辛。辛母正后。辛爲嗣。帝乙崩。子辛立。是爲帝辛。天下謂之紂。宋世家。微子開者。殷帝乙之首子。而紂之庶兄也。庶兄者。謂微子生時。其母未爲后。則微子是帝乙庶子。卽是紂之庶兄。此馬注意亦然也。孟子告子篇。以紂爲兄之子。且以爲君。而有微子啓。王子比干。又以微比皆紂諸父。說比干者無異辭。而微子爲諸父。則止孟子一言。翟氏灝考異引陸象山說。從孟子。則以箕子稱微子曰王子。與比干稱謂同。或其行輩亦同。姚氏鼐經說。牧誓言播棄王父母弟不迪。苟有庶兄。播棄不迪。其罪不甚于王父母弟乎。而武王乃不言之乎。吾是以知惟孟子之言信也。宋世家又云。箕子者。紂親戚也。不言爲何行輩。服虔杜預以爲紂庶兄。而王肅以爲紂諸父。與馬此注同。高誘注淮南主術。爲紂庶兄。而注呂氏春秋必己離謂過理等篇。皆爲紂諸父。傳聞各異。未知孰是。殷本紀云。紂愈淫亂不止。微子數諫不聽。乃與太師少師謀遂去。比干曰。爲人臣者。不得不以死爭。迺強諫紂。紂怒曰。吾聞聖人心有七竅。剖比干。觀其心。箕子懼。乃佯狂爲奴。

紂又囚之。此紀先敍微子。次比干箕子。馬此注本之。遂以微子爲早去也。宋世家云。箕子諫不聽。乃被髮佯狂而爲奴。王子比干。見箕子諫不聽而爲奴。乃直諫紂。紂怒。乃遂殺王子比干。於是太師少師。乃勸微子去。遂行。則又先箕子。次比干。次微子。與殷紀敍述不同。韓詩外傳。紂作炮烙之刑。王子比干曰。主暴不諫。非忠也。畏死不言。非勇也。見過卽諫。不用卽死。忠之至也。遂諫三日不去。紂囚殺之。又云。比干諫而死。箕子曰。知不用而言。愚也。殺身以彰君之惡。不忠也。遂被髮佯狂而去。此傳先比干。次箕子。與殷紀同。與宋世家異。而不言微子去之在何時。竊以微子事。當從宋世家。以宋人所載。必得實也。若箕比先後。宜闕疑焉。佯狂者。佯。僞也。廣雅釋詁。狂。癡也。後漢陳忠傳注。狂易。謂狂而易性也。爲奴者。周官司厲。其奴男子入于罪隸。女子入于舂稾。凡有爵者。與七十者。與未齔者。皆不爲奴。鄭注謂坐爲盜賊而爲奴者。輸于罪隸。此據漢法以況爲盜賊之罰。其實凡有罪皆得輸入。故甘誓言奴戮汝也。箕子是有爵。雖有罪。不得爲奴。故必佯狂而後。得以役入。先鄭司厲注云。箕子爲之奴。罪隸之奴也。是也。御覽四百十九引鄭注云。此三人。紂同姓大臣。微子知紂惡而去之。箕子比干不忍去。故或爲奴。或見殺。詩邶栢舟疏引鄭注又云。箕子比干不忍去。皆是同姓之臣。有親屬之恩。君雖無道。不忍去之也。然君臣義合。道終不行。雖同姓有去之理。故微子去之。與箕子比干同稱三仁。案白虎通五行篇。親屬臣諫不相去何法。法木枝葉不相離也。何休公羊莊九年注。禮公子無去國道也。是同姓之臣無去理。然微子實處不得不去之勢。故鄭君復言同姓有去理以明之也。○注。仁者至寧民。○正義曰。憂亂者。憂君亂也。憂亂寧民。皆是愛人。故爲仁也。中論智行篇。微子介於石不終日。箕子內難而能正其志。比干諫而剖心。君子以微子爲上。箕子次之。比干爲下。故春秋大夫見殺。皆譏其不能以智自免也。案微子之去。在箕比事後。彼見二子及己諫已不行。故聽太師少師之勸。然後去也。以智許之。必非微子所願。而比干以忠愛受奇禍。復從而奪之。亦太近刻。然則夫子之次三子。或如胡炳文四書通謂先易者後難者也。以爲上下之次。殆未然矣。皇本此注作馬曰。

柳下惠爲士師。注孔曰。士師。典獄之官。三黜。人曰。子未可以去乎。曰。直道而事人。焉往而不三黜。枉道而事人。何必去父母之邦。注孔曰。苟直道以事人。所至之國。俱當復三黜。

正義曰。鄭注云。黜。退也。案說文。黜。貶下也。三黜仍爲此官。故先言爲士師。明非改官也。柳下被黜不去。卽是降志辱身之事。然不爲枉道。故孟子稱爲聖之和。又言不以三公易其介也。戰國燕策。燕王喜謝樂毅書曰。昔者柳下惠吏于魯。三黜而不去。或謂之曰。可以去。柳下惠曰。苟與人之異。惡往而不黜乎。猶且黜乎。寧于故國耳。與此文略同。○注。士師。典獄之官。○正義曰。鄭亦有此注。孔所襲也。周官士師。下大夫四人。鄭注。士。察也。主察獄訟之事。此官王朝得有下大夫。若侯國。不過以中下士爲之。故孟子言柳下惠不卑小官也。

齊景公待孔子。曰。若季氏。則吾不能。以季孟之閒待之。注孔曰。魯三卿。季氏爲上卿。孟氏爲下卿。不用事。言待之以二者之閒。曰。吾老矣。不能用也。孔子行。注以聖道難成。故云吾老不能用。正義曰。待孔子。史記孔子世家作止孔子。謂商所以安止之也。世家云。魯昭公奔於齊。頃之魯亂。孔子適齊。景公問政孔子。孔子曰。君君。臣臣。父父。子子。他日又復問政於孔子。孔子曰。政在節財。景公說。欲以尼谿田封孔子。晏嬰進云云。後景公敬見孔子。不問其禮。異日景公止孔子曰。奉子以季氏。吾不能。以季孟之閒待之。齊大夫欲害孔子。孔子聞之。景公曰。吾老矣。弗能用也。孔子遂行。反乎魯。其事在孔子三十五歲之後。四十二歲之前。景公欲以尼谿封孔子。晏嬰沮之。而公猶欲待之以季孟之閒。是公意猶未忘也。邢疏云。景公言我待孔子以上卿之位。則不能。以其有田氏專政故也。又不可使其位卑若魯孟氏。故將待之以季孟二者之閒。案左氏傳。劉康公曰。叔孫之位。不若季孟。又叔孫僑如曰。魯之有季孟。猶晉之有欒范。二文皆言季孟。全氏祖望問答。謂以權勢稱之。故四分公室。舍中軍。則季氏將左師。孟氏將右師。而叔孫氏自爲軍。是三桓之勢。季一孟二。不可墨守下卿之說而輕之。其說甚確。若然。則康公所言叔孫位不若孟者。亦是明其權重。假位說之。非其實也●此文季孟之閒。專是言位。周氏炳中典故辨正。謂季孟之閒。明明在季之下。孟之上。卽謂將以叔孫氏待孔子。亦無不可。周氏之言。尤洽經旨。景公雖欲待孔子。而終不果行。後又託於吾老而不能用。孔子所以去齊而反魯也。待孔子與吾老之言。非在一時。故論語用兩曰字別之。○注。魯三至之閒。○正義曰。昭四年左傳。季孫爲司徒。叔孫爲司馬。孟孫爲司空。司徒。上卿也。司空。下卿也。哀二年。經書季孫斯。叔孫州仇。仲孫何忌。帥師伐邾。此正魯三卿之位次。但孟氏雖居下卿。而權重於叔氏。故當時多言季孟。此注謂孟不用事。誤。○注。以聖道難成。故云吾老不能用。○正義曰。世家晏嬰曰。自大賢之息。周室旣衰。禮樂缺有閒。今孔子盛容飾繁。登降之禮。趨詳之節。累世不能殫其學。當年不能究其禮。若欲用之。以移齊俗。非所以先細民也。是晏嬰以聖道難成。故景公聞而止尼谿之封。其後以吾老不能用辭孔子。亦由晏嬰前言惑沮之也。左襄二十五年傳。叔孫宣伯之在齊也。叔孫還。納其女于靈公。嬖。生景公。宣伯在齊。爲魯成十六年。景公之生。當在成十七八年。計其卽位時。已二十七八歲。至孔子因魯亂適齊。則在景公三十一年後。故閻氏若璩釋地謂孔子在齊。爲景公三十二年。時年已六十。故稱老。

齊人歸女樂。季桓子受之。三日不朝。注桓子。季孫斯也。使定公受齊之女樂。君臣相與觀之。廢朝禮三日。孔子行。正義曰。釋文。歸如字。鄭作饋。案後漢蔡邕傳注。文選鄒陽上書注。並引作饋。用鄭本也。江氏永鄉黨圖考。按世家歸女樂。去魯適衛。皆敘於定公十四年。非也。定十二年夏。有築蛇淵囿大蒐比蒲。皆非時勞民之事。使夫子在位。而聽其行之。則何以爲夫子。考十二諸侯年表及衞世家。皆於靈公三十八年書孔子來。祿之如魯。衞靈三十八。當魯定十三。蓋女樂事。在十二十三冬春之閒。去魯實在十三年春。魯郊當在春。故經不書。當以衞世家爲正。○注。桓子至三日。○正義曰。孔子世家。孔子由大司寇。行攝相事。於是誅魯大夫亂政者少正卯。與聞國政三月。粥羔豚者弗飾賈。男女行者別於塗。塗不拾遺。四方之客至乎邑者。不求有司。皆予之以歸。齊人聞而懼曰。孔子爲政必霸。霸則吾地近焉。我之爲先并矣。盍致地焉。犂鉏曰。請先嘗沮之。沮之而不可。則致地庸遲乎。於是選齊國中女子好者八十人。皆衣文衣而舞康樂。文馬三十駟。遺魯君。陳女樂文馬於魯城南高門外。季桓子微服往觀。再三將受。乃語魯君。爲周道游。往觀終日。怠於政事。子路曰。夫子可以行矣。孔子曰。魯今且郊。如致膰乎大夫。則吾猶可以止。桓子卒受齊女樂。三日不聽政。郊又不致膰俎於大夫。孔子遂行。宿乎屯。而師己送曰。夫子則非罪。孔子曰。吾歌可夫。歌曰。彼婦之口。可以出走。彼婦之謁。可以死敗。蓋優哉游哉。維以卒歲。師己反。桓子曰。孔子亦何言。師己以實告。桓子喟然歎曰。夫子罪我以羣婢故也夫。此僞孔所本。韓非內儲說。言齊景公以女樂六遺哀公。此紀事之誤。又言仲尼諫不聽。去而之楚。謂孔子諫女樂。深合事情。足補世家之闕。案孟子言孔子於季桓子。有見行可之仕。世家亦言行乎季孫。三月不違。其任孔子甚專。至將死。命康子必反孔子。此不得謂不知孔子矣。乃受齊女樂。甘墮齊人術中。而迫孔子以不得不行。此當別有隱情。或即惑於公伯繚之愬。以夫子爲彊公弱私。不利於己。故孔子於女樂之受。雖諫亦不聽也。世家言孔子去魯適衞。而韓非及檀弓皆言適楚。亦傳聞各異。

楚狂接輿歌而過孔子。注孔曰。接輿。楚人。佯狂而來歌。欲以感切孔子。曰。鳳兮鳳兮。何德之衰。注孔曰。比孔子於鳳鳥。鳳鳥待聖君乃見。非孔子周行求合。故曰衰。往者不可諫。來者猶可追。已而已而。今之從政者殆而。注孔曰。已往所行。不可復諫止。自今已來。可追自止。辟亂隱居。已而已而者。言世亂已甚。不可復治也。再言之者。傷之深也。孔子下。欲與之言。趨而辟之。不得與之言。注包曰。下。下車。

正義曰。莊子人閒世云。孔子適楚。楚狂接輿遊其門曰。鳳兮鳳兮。何如德之衰也。來世不可待。往世不可追也。天下有道。聖人成焉。天下無道。聖人生焉。方今之時。僅免刑焉。福輕乎羽。莫之知載。禍重乎地。莫之知避。已乎已乎。臨人以德。殆乎殆乎。畫地而趨。迷陽迷陽。無傷吾行。吾行郤曲。無傷吾足。山木自寇也。膏火自煎也。桂可食故伐之。漆可用故割之。人皆知有用之用。而莫知無用之用也。此當是接輿歌原文。論語節引之耳。衰追已殆皆韻。戴氏望論語注。據莊子解此文云。往。往世。諫。正也。言禍亂相尋已往。不可以禮義正之。來。來世也。言待來世之治。猶可追耶。明不可追。殆。疑也。昭王欲以書社地封孔子。令尹子西沮之。故言今之從政者見疑也。案戴說是也。孔子世家載子西說云。且楚之祖。封於周。號爲子男五十里。今孔丘述三王之法。明周召之業。王若用之。則楚安得世世堂堂方數千里乎。夫文王在豐。武王在鎬。百里之君。卒王天下。今孔丘得據土壤。賢弟子爲佐。非楚之福也。是子西以夫子得志。不利於楚。故疑之也。莊子云。殆乎殆乎。畫地而趨。畫地即指封書社之事。明以此見殆。則殆訓疑至確也。何德之衰。此據邢本與世家同。漢石經作何而德之衰也。與莊子合。如而古字通。唐石經及皇本高麗本作何德之衰也。又諫下追下。漢石經及皇本高麗本並有也字。鄭注云。魯讀期斯已矣。今之從政者殆。今從古。陳氏鱣古訓曰。期。時也。言出處之道。惟其時而已矣。今之從政者殆。是可已之時也。此或得魯義。鄭所以必從古者。正據世家作已而已而。又莊子亦云已乎已乎。知古本爲近也。又皇本辟作避。不得與之言下有也字。○注。接輿至孔子。○正義曰。接輿。楚人。故稱楚狂。莊子逍遙游。肩吾問於連叔曰。吾聞言於接輿。應帝王篇。肩吾見狂接輿。狂接輿曰云云。又接輿曰云云。此外若荀子堯問。秦策。楚辭。史記。多稱接輿。故馮氏景解舂集謂接是姓。輿是名。引齊稷下辨士接子作證。皇甫謐高士傳。陸通字接輿。妄撰姓名。殊不足據。韓詩外傳稱楚狂接輿。躬耕以食。楚王使使者齎金百鎰。願請治河南。接輿笑而不應。乃與其妻偕隱。變易姓字。莫知所之。觀此。則接輿乃其未隱時所傳之姓字。後人因孔子下解爲下車。遂謂楚狂與夫子之輿相接而歌。誤也。秦策范雎曰。箕子接輿。漆身而爲厲。被髮而陽狂。無益於殷楚。史記鄒陽傳。上書曰。箕子佯狂。接輿避世。楚辭涉江云。接輿髡首。髡首如仲雍之斷髮。漆身髡首。皆佯狂之行。故此注言接輿佯狂也。感切猶感動。○注。已往至治也。○正義曰。注以往者來者指孔子。與莊子不合。陳氏奐論語孔注辨僞序云。已。止也。止所止息也。此即教孔子避亂隱居之意。訓解云云。與下句今之從政殆義重複。僞也。案陳說是也。以魯讀證之益見。○注。下。下車。○正義曰。注以下爲下車。則前云歌而過。當謂過夫子車前也。鄭注云。下堂出門也。與包異者。鄭以莊子言孔子適楚。楚狂接輿游其門。是夫子在門內。非在車上。故以下爲下堂也。前篇下而飲。拜下。皆不言堂。與此同。高士傳前用莊子游其門之文。及此復從包氏以爲下車。不免自相矛盾。

長沮桀溺耦而耕。使子路問津焉。注 鄭曰。長沮、桀溺。隱者也。耜廣五寸。二耜爲耦。津。濟渡處。正義曰。金履祥集注考證說長沮桀溺。名皆從水。子路問津。一時何自識其姓名。諒以其物色名之。如荷蕢晨門。荷蓧丈人之類。蓋二人耦耕於田。其一人長而沮洳。一人桀然高大而塗足。因以名之。案金說亦甚有理。漢婁壽碑。桀且溺之耦耕。且即沮省。史記世家敍此事於孔子去葉反蔡之時。則爲哀公六年。孔子年六十四也。水經潕水注。方城山水東流。注潕水。故地理志曰。南陽葉方城邑西有黃城山。是長沮桀溺耦耕之所。有東流水。則子路問津處。寰宇記略同。未知其說所本。而近時山東通志。又謂魚臺縣桀溺里。在縣北三十里。相傳爲子路問津處。其地乃濟水經流之地。有問律亭。碑載夫子適陳蔡。有渡。有橋。有菴。俱以問津名。考魚臺爲魯棠邑。夫子時非去魯。何緣於此問渡。地理書多難徵信若此。世家云。孔子吕隱者。使子路問津焉。論衡知實篇。謂孔子使子路問津。欲觀隱者之操。此或古論家說。然求意太深。反失事實。〇注。耜廣至渡處。〇正義曰。耜廣五寸。二耜爲耦。考工匠人文。說文。耜作梠。云臿也。臿者。耒之別名。三蒼云。耜。耒頭鐵也。京房易繫辭傳注。耜。耒下耓也。訓義相同。匠人注。古者耜一金。兩人併發之。今之耜。歧頭兩金。象古之耦也。鄭意古耜一金。一人發之。若兩人二耜併發。則謂之耦。說文。耦。耒廣五寸爲伐。二伐爲耦。伐與發同。許所解亦古制也。匠人疏云。二人雖並發一尺之地。未必並頭共發。知者孔子使子路問津於長沮。長沮不對。又問桀溺。若並頭共發。不應別問桀溺。明前後不並可知。雖有前後。其甽自得一尺。不假要並也。案漢書食貨志。后稷始甽田。吕二耜爲耦。廣尺深尺曰甽。長終晦。一晦三甽。一夫三百甽。而播種於甽中。此文下云耰爲覆種。則耦耕爲播種於甽中矣。津濟渡處者。說文。津。水渡也。水經河水注。自黃河泛舟而渡者。皆爲津也。

長沮曰。夫執輿者爲誰。子路曰。爲孔丘。曰。是魯孔丘與。曰。是也。曰。是知津矣。注馬曰。言數周流。自知津處。問於桀溺。桀溺曰。子爲誰。曰。爲仲由。曰。是魯孔丘之徒與。對曰。然。曰。滔滔者。天下皆是也。而誰以易之。注孔曰。滔滔。周流之貌。言當今天下治亂同。空舍此適彼。故曰誰以易之。且而與其從辟人之士也。豈若從辟世之士哉。注士有辟人之法。有辟世之法。長沮桀溺謂孔子爲士。從辟人之法。己之爲士。則從辟世之法。耰而不輟。注鄭曰。耰。覆種也。輟。止也。覆種不止。不以津告。正義曰。皇疏云。執輿。猶執轡也。子路初在車上。卽爲御。御者執轡。今既下車而往問津渡。則廢轡與孔子也。漢石經輿作車。誰下有子字。曰是下無也字曰字。皇本誰下有子字。曰是上有對字。釋文云。孔子之徒。一本作子是。今作孔丘之徒與。世家作子孔丘之徒與。又滔滔。釋文引鄭本作悠悠。世家載此文。正作悠悠。僞孔注本亦同。陳氏鱣古訓曰。後漢書朱穆傳。悠悠者皆是。其可稱乎。亦本此。洪氏頤煊讀書叢錄。文選養生論。夫悠悠者。既以未效不求。李善引此文。當作悠悠。今本作滔滔。後人所改。案鹽鐵論大論篇言孔子云。悠悠者皆是。皆同鄭本。當是古論。集解從魯論作滔滔也。又漢書班固敘傳。固作幽通賦曰。溺招路以從己兮。謂孔氏猶未可安。慆慆而不萉兮。卒隕身乎世旤。鄧展曰。慆慆者。亂貌也。萉。避也。師古曰。論語稱桀溺曰。慆慆者。天下皆是也。此引論語作慆。亦由所見本異。舀聲古音在蕭幽部。故與悠通。誰以易之。誰謂當時諸侯也。以。與也。易。治也。言當時諸侯皆無賢者。孔子得誰與治之耶。且而之而。謂子路也。顏師古敘傳注云。避人之士謂孔子。避世之士。

溺自謂也。耰而不輟。漢石經作櫌不輟。說文引亦作櫌。五經文字曰。櫌音憂。見論語。集韻耰或從耒。然則作耰。乃或體字。○注。滔滔至易之。○正義曰。盧氏文弨釋文攷證。史記世家集解引此注。滔滔作悠悠。又文選四十九干令升晉紀總論。悠悠風塵。注所引孔注亦同。是古論作悠悠。鄭孔皆同。何晏依魯論作滔滔。采孔注而改之。妄甚。今案悠悠訓周流。疑與詩淇水滺滺同。卽滔之或體。水回旋周流皆是。此水喻當世之亂同也。注云。治亂同者連言耳。空舍此適彼。言彼此皆同。不必以此易彼也。說似可通。但與下句丘不與易義不協。○注。士有至之法。○正義曰。注以兩從字爲孔子及沮溺所從。非謂子路從。於語意不合。○注。耰。覆種也。輟。止也。○正義曰。說文。櫌。摩田器。是櫌本器名。用以摩田。而此云覆種者。徐鍇說文繫傳云。謂布種後以此器摩之。使土開發處復合以覆種也。是也。江氏永羣經補義。或疑播種之後。不可摩。摩則種不固。然沮溺耦耕時卽耰。國語云。深耕而疾耰之。孟子亦曰。麰麥播種而耰之。是耰在播種之後。問諸北方農人曰。播種之後。以土覆是摩而平之。使種入土。鳥不能啄也。案齊民要術。耕荒畢。以鐵齒鎊再徧杷之。漫擲黍穄。勞亦再徧。勞與耰一音之轉。輟止者。爾雅釋詁。輟。已也。已止同訓。

子路行以告。夫子憮然。注爲其不達己意而便非己也。曰。鳥獸不可與同羣。吾非斯人之徒與。而誰與。注孔曰。隱於山林是同羣。吾自當與此天下人同羣。安能去人從鳥獸居乎。天下有道。丘不與易也。注言凡天下有道者丘皆不與易也。己大而人小故也。

正義曰。子路行以告。漢石經及史記世家並無行字。今皇邢本皆有行字。阮氏元校勘記。謂因丈人章誤衍是也。夫子憮然。漢石經無夫字。又皇本羣下有也字。○注。爲其不達己意。而便非己也。○正義曰。三蒼云。憮然。失意貌也。孟子滕文公上。夷子憮然。趙注。憮然者。猶悵然也。焦氏循正義。說文。憮。一日不動。爾雅釋言云。憮。撫也。廣雅釋詁。既訓撫爲安。又訓撫爲定。安定皆不動之義。蓋夫子聞子路述沮溺之言。寂然不動。久而乃有鳥獸不可同羣之言。此夷子聞徐辟述孟子之言。寂然不動。久而乃有命之之言。案焦說與三蒼義合。蓋人失意。每致寂然不動。如有所失然也。沮溺不達己意。而妄非己。故夫子有此容。○注。隱於至居乎。○正義曰。山林是鳥獸所居。人隱居山林。是與鳥獸同羣也。人與人同羣。故當相人偶也。言辟人辟世法皆非也。○注。言凡至故也。○正義曰。皇本作孔注。其申注云。言凡我道雖不行於天下。天下有道者。而我道皆不至與彼易之。是我道大彼道小故也。案注意謂天下卽有道。某亦不以治民之大道。易彼隱避之小道也。於義殊曲。故不從之。

子路從而後。遇丈人以杖荷蓧。注包曰。丈人老人也。蓧竹器。子路問曰。子見夫子乎。丈人曰。四體不勤。五穀不分。孰爲夫子。注包曰。丈人云不勤勞四體。不分植五穀。誰爲夫子而索之耶。植其杖而芸。【注】孔曰。植。倚也。除草曰芸。子路拱而立。【注】未知所以答。止子路宿。殺雞爲黍而食之。見其二子焉。明日。子路行以告。子曰。隱者也。使子路反見之。至。則行矣。【注】孔曰。子路反至其家。丈人出行不在。

正義曰。從而後者。謂從夫子行而在後也。釋文云。蓧本又作條。又作莜。盧氏文弨考證。說文。莜。從條省聲。論語曰。以杖荷莜。是莜爲正字。論語本與說文合。條乃條枚字。於六書爲叚借。今作蓧不省。皇本作篠誤。四體者。趙岐孟子注。體者。四枝股肱也。五穀者。禾黍稷稻麥也。說五穀者多家。此從程氏瑤田說定之。鄭注云。分猶理。謂理治之也。宋氏翔鳳發微云。王制百畝之分。鄭注。分或爲糞。此五穀不分。當讀如草人糞種之糞。必先糞種而後五穀可治。俞氏樾平議略同。於義亦通。朱氏彬經傳考證。宋呂本中紫薇雜說曰。四體不勤二語。荷蓧丈人自謂。其說得之。平議又云。兩不字。並語詞。不勤。勤也。不分。分也。引詩徒御不警大庖不盈不戢不難受福不那。諸傳爲據。亦是也。植其杖。漢石經植作置。惠氏棟九經古義。案商頌那詩置我鞉鼓。箋云。置讀曰植。正義云。金縢云植璧秉圭。鄭注云。植古置字。然則古者置植字同。說文曰。植或作櫃從置。今案依詩箋。植置本二字。金縢注謂植古置字者。謂古以植爲置。叚借之義也。段氏玉裁說文注云。丈人行來至田。則置杖於地。用莜芸田。植杖者。署杖也。此從漢石經作置爲訓。如呂氏春秋異用篇所云孔子置杖之比。然用莜芸田。必拄杖而後可芸。竊以此文作植爲正。作置亦是叚字。段說未能合也。芸本作䎣。蕓是或體。俱見說文。今作芸。漢石經作耘。俱隸省。拱者。說文。拱。斂手也。新書容經固頤正視。平肩正背。臂如抱鼓。足閒二寸。端面攝纓。端股整足。體不搖肘曰經立。因以微磬曰共立。共與拱同。檀弓。孔子與門人立拱。玉藻。臣侍於君垂拱。垂即微磬之象。子路聞丈人言。知其賢者。禮異之也。爲黍者。治黍爲飯也。黍。禾屬而黏者。其不黏者。別名穈穄。用以作飯。蓋食之貴者。所以徵禮客也。○注。丈人。老人也。蓧。竹器。○正義曰。淮南脩務訓注。丈人。長老之稱。與此注合。至道應訓注。以爲老而杖於人。故稱丈人。此說不免附會。易師丈人吉。鄭注。丈之言長。然以法度長於人。彼稱丈人爲位尊者。與此荷蓧丈人爲齒尊。異也。說文。莜。耘田器。其字從草。此注云竹器者。草竹一類也。皇本經注皆作篠。即本此注誤改。說文。癹。以足蹋夷草。從癶從殳。春秋傳曰。癹夷蘊崇之。丁氏杰曰。今南昌人耘田用一具。形如提梁。旁加索。納於足下。手持一杖。以足蹋草入泥中。名曰腳蹬。是可爲論語以杖荷蓧。植杖而芸。及說文莜字癹字之證。○注。丈人至之耶。○正義曰。宋氏翔鳳發微云。詳包意。亦以四體不勤。五穀不分。爲自述其不遑暇逸之義。故不能知孰爲夫子。以答子路。非以責子路也。○注。植。倚也。除草曰芸。○正義曰。植者。立也。故有倚訓。謂依倚之也。江氏永羣經補義。今人耘田。必扶杖乃能用足。則植杖正所以耘。猶云拄杖也。說文。䎣。除苗閒穢也。段氏玉裁注。小雅毛傳曰。耘。除草也。食貨志云。苗生三葉以上。稍耨壟草。因隤其土以附苗根。比成壟盡而根深。能風與旱。此古者耨耔爲一事也。謂苗初生之始也。既成以後。仍有蓐及童蓈生乎其閒。則又以薅薅之。薅者。拔田草也。亦謂之耨。今案用蓧芸草。亦在既成以後。吾鄉農人云。田宜多芸。不獨除草。且茂苗也。○注。子路反至其家。丈人出行不在。○

子路曰。注鄭曰。留言以語丈人之二子。

正義曰。注以丈人偶出行不遇。非知子路復來而避之也。

不仕無義。長幼之節。不可廢也。君臣之義。如之何其廢之。注孔曰。言女知父子相養不可廢。反可廢君臣之義邪。欲潔其身。而亂大倫。注包曰。倫。道理也。君子之仕也。行其義也。道之不行。已知之矣。注包曰。言君子之仕。所以行君臣之義。不必自己道得行。孔子道不見用。自己知之。

正義曰。義者。宜也。君子成己所以成物。故士必宜仕。仕卽是義。亦卽是道。不仕則無君臣之義。是爲亂倫。亂之爲言猶廢也。夫子栖栖不已。知其不可而猶爲之。亦是冀行其道而已。道行。而君臣之倫以盡。道不行。而君臣之倫終未嘗一日敢廢。故孟子言孔子三月無君。皇皇如也。明雖知道不行。猶不敢忘仕也。長幼之節。謂前見二子有兄弟之節次也。注以父子相養言之。非矣。漢石經君臣之禮。如之何其廢之也。皇本作如之何其可廢也。潔。阮據宋本作絜。道之不行。皇本行下有也字。釋文。己音紀。一音以。盧氏文弨考證曰。音以是。○注。倫。道理也。○正義曰。說文。倫。一曰道也。又訓理者。謂文理也。凡論侖字皆訓理。其證也。○注。不必至知之。○正義曰。注讀已知之已爲紀。己道不行。則望人行之。故曰不必自己道得行。明人行之之與己同也。此說稍曲。

逸民。伯夷。叔齊。虞仲。夷逸。朱張。柳下惠。少連。注包曰。此七人。皆逸民之賢者。

正義曰。說文。佚。佚民也。從人失聲。段氏玉裁注謂論語逸民。詩作佚民。佚正字。逸段借字。孟子曰。遺佚而不怨。案下篇舉逸民。亦用段字。顏師古漢書律厤志注。逸民謂有德而隱處者。此虞仲後雖爲君。柳下惠亦爲士師。要自其初。皆爲民也。左僖五年傳。宮之奇曰。太伯虞仲。太王之昭也。史記周本紀。古公有長子曰太伯。次曰虞仲。又云。太伯虞仲。知古公欲立季歷以及昌。乃二人亡如荆蠻。文身斷髮。以讓季歷。吳太伯世家。太伯之犇荆蠻。荆蠻義之。立爲吳太伯。太伯卒。無子。弟仲雍立。是爲吳仲雍。周武王克殷。求太伯仲雍之後。得周章。周章已君吳。因而封之。乃封周章弟虞仲於周之北故夏墟。是爲虞仲。列爲諸侯。案本紀以虞仲爲太伯弟。世家以仲雍爲太伯弟。虞仲則仲雍曾孫周章之弟。說似不同。吳仁傑兩漢刊誤補遺。謂仲雍亦名虞仲。是虞仲有兩人。漢書地理志。周大王長子太伯。次曰仲雍。少曰公季。公季有聖子昌。大王欲傳國焉。太伯仲雍。辭行采藥。遂奔荆楚。故孔子美而稱曰。太伯可謂至德也已矣。謂虞仲夷逸。

隱居放言。身中清。廢中權。師古曰。虞仲。卽仲雍也。志又云太伯卒。仲雍立。至曾孫周章。而武王克殷。因而封之。又封周章弟中于河北。是爲北吳。後世謂之虞。師古曰。中讀曰仲。班志此文。亦以周有兩虞仲。虞吳通用。如騶虞亦作騶吾之比。仲雍稱吳仲雍。故或稱虞仲。志引論語隱居放言。卽指逃竄荆蠻之事。兩虞仲本皆爲吳仲。故稱周章之弟爲北吳。對周章爲南吳也。後世稱北吳爲虞者。亦以兩吳不能分別。故取同音異字而爲虞矣。仲雍亦稱虞者。此又因音同而假之。其本字則爲吳也。虞仲在夷齊前。而先夷齊者。重德也。若孟子稱伯夷。在伊尹前矣。○注。逸民者。節行超逸也。○正義曰。後漢書逸民傳敍。蓋錄其絕塵不及。與此注義同。○注。此七人。皆逸民之賢者。○正義曰。虞仲。注不知何指。尸子云。夷逸者。夷詭諸之裔。或勸其仕。曰。吾譬則牛。寧服軛以耕於野。不忍被繡入廟而爲犧。禮雜記孔子曰。少連大連善居喪。三日不怠。三月不解。期悲哀。三年憂。東夷之子也。此夷逸少連二人事可考者。朱張見漢書古今人表。論語釋文云。朱張並如字。衆家亦爲人姓名。王弼注。朱張字子弓。荀卿以比孔子。案荀子非相篇非十二子篇儒效篇以仲尼子弓並言。楊倞注。以子弓爲仲弓。則是夫子弟子。豈得廁於古賢之列。而曰我異於是。且子弓之卽爲朱張。亦別無一據。則王說未可信也。竊以朱張行事。當夫子時已失傳。故下文論列諸賢。不及朱張。而但存其姓名於逸民之列。蓋其愼也。又釋文引鄭作侏張。云音陟留反。宋氏翔鳳過庭錄。文選劉琨答盧諶書。自頃輈張。注曰。輈張。驚懼之貌也。揚雄國三老箴。負乘覆餗。姦宄侏張。輈與侏古字通。此鄭本作侏張。知非人姓名矣。故鄭作此七人注。獨不舉夷逸朱張。郝氏敬曰。朱張。朱當作譸。書譸張爲幻。卽陽狂也。曰逸民。曰夷逸。曰朱張。三者品其目。夷齊仲惠連五者舉其人也。此說當得鄭義。臧氏庸拜經日記略同。今案鄭義不著。或如宋臧所測。然夷逸明見尸子。柳下豈爲陽狂。於義求之。似爲非也。漢地志說仲雍之事。引謂虞仲夷逸。本此文連言。師古以爲竄於蠻夷而遁逸。其義或與鄭同。要未必得班本旨也。七人爲逸民之賢者。是解逸民爲隱逸。不謂超逸也。是集解前後失撿處。

子曰。不降其志。不辱其身。伯夷叔齊與。注鄭曰。言其直己之心不入庸君之朝。謂柳下惠少連。降志辱身矣。言中倫。行中慮。其斯而已矣。注孔曰。但能言應倫理。行應思慮。如此而已矣。謂虞仲夷逸。隱居放言。注包曰。放。置也。不復言世務。身中清。廢中權。注馬曰。清。純潔也。遭世亂。自廢棄以免患。合於權也。

正義曰。孟子公孫丑篇孟子曰。伯夷非其君不事。非其友不友。不立於惡人之朝。不與惡人言。立於惡人之朝。與惡人言。如以朝衣朝冠。坐於塗炭。是故諸侯雖有善其辭命而至者。不受也。不受也者。是亦不屑就已。是卽伯夷不降其志不辱其身之事也。舉伯夷則叔齊可知。又云。柳下惠不羞汙君。不卑小官。遺佚而不怨。阨窮而不憫。故曰爾爲爾。我爲我。雖袒裼裸裎於我側。爾焉能浼我哉。故由由然與之偕而不自失焉。援而止之而止。援而止之而止者。是亦不屑去巳。是卽柳下惠降志辱身之事也。論出處之節。自以不降不辱爲優。而夷齊亦失之過峻。韓詩外傳謂夷齊爲磏仁。又曰。仁磏則其德不厚。又曰。磏仁雖下。然聖人不廢者。匡民隱括有在是中者也。是知夷齊雖聖人所許。亦聖人所不爲也。惠連降志辱身。出處之際。似無足觀。然中倫中慮。言行如此。實非枉道以殉人。故夫子亦許之也。虞仲夷逸。亦是不降不辱。故能中淸中權。而隱居放言。於世亦寡所合。但不及夷齊之行。故述逸民之目。仲逸亞於夷齊。論行事。則夷齊與惠連爲最異。故相次論之。而後及虞仲夷逸也。不辱其身。皇本身下有者字。其斯而已矣。漢石經作其斯以乎。謂虞仲夷逸。漢石經作夷佚。身中淸。世家身作行。行與廢當是對文。謂居位行道也。此安國舊義也。廢中權。釋文引鄭作發。云動貌。案貌疑作也。後漢隗囂傳方望曰。動有功。發中權。此謂行事所發見也。皇疏引江熙曰。晦明以遠害。發動中權也。二文並作發。與鄭本同。當由齊魯文異。江熙所云。可補鄭義。○注。但能至已矣。○正義曰。倫理者。訓倫爲理也。思慮者。謂心所思慮於道也。孟子以柳下惠爲和爲介。又大戴衞將軍文子篇。孝子慈幼。允德秉義。約貨去怨。蓋柳下惠之行也。是其言行有可稱也。○注。放。置也。不復言世務。○正義曰。放置。見廣雅釋詁。中庸云。國無道。其默足以容。卽此注義。後漢孔融傳。跌蕩放言。李賢注。放。縱也。又苟韓鍾陳傳論。漢自中世以下。閹豎擅恣。故俗遂以遁身矯潔放言爲高。李賢注。放肆其言。不拘節制也。論語曰。隱居放言。此解似勝包氏。○注。遭世亂。自廢棄以免患。合於權也。○正義曰。注以虞仲夷逸當亂世。則虞仲似非仲雍。疑指周章弟當紂世也。

我則異於是。無可無不可。注馬曰。亦不必進。亦不必退。惟義所在。

注。亦不必進。亦不必退。惟義所在。○正義曰。進者。可也。退者。不可也。逸民或治則進。亂則退。或雖治亦退。或雖亂亦進。行各不同。皆未適於大道。惟夫子本從心之矩。妙隱見之權。進退俱視乎義。義苟可進。雖亂亦進。義苟宜退。雖治亦退。孟子云。孔子可以仕則仕。可以止則止。可以久則久。可以速則速。久謂久居其國。速謂速去。此孔子之行也。孟子以孔子爲聖之時。此注則以義衡之。義者。宜也。卽時也。故易傳屢言時義也。鄭注此云。不爲夷齊之淸。不爲惠連之屈。故曰異於是也。案法言淵騫篇。或問李仲元。是夷惠之徒與。曰。不夷不惠。可否之閒也。後漢黃瓊傳。李固引傳曰。不夷不惠。可否之閒。可否卽可與不可也。孟子云。伯夷隘。柳下惠不恭。隘無不恭。君子不由也。君子卽孔子。是謂孔子不爲夷惠也。

太師摯適齊。亞飯干適楚。注孔曰。亞。次也。次飯樂師也。摯干皆名。三飯繚適蔡。四飯缺適秦。注包曰。三飯四飯。樂章名。各異師。繚缺皆名也。鼓方叔入於河。注包曰。鼓。擊鼓者。方叔名。入謂居其河內。播鼗武入於漢。注孔曰。播。搖也。武。名也。少師陽擊磬襄入於海。注孔曰。魯哀公時。

禮壞樂崩。樂人皆去。陽襄皆名。正義曰。太師摯等皆殷人。則太師少師等官。是殷制也。周官。有太師。少師。鼓人。磬師。又大司樂膳夫。皆以樂侑食。瞽矇眡瞭。皆掌播鼗。與此諸職尊卑同異。未聞也。亞飯三飯四飯者。禮王制云。天子日食舉樂。公羊隱五年傳注。魯詩傳曰。天子食日舉樂。白虎通禮樂篇。王者食。所以有樂何。樂食。天下之太平。富積之饒也。明天子至尊。非功不食。非德不飽。故傳曰。天子食時舉樂。王者所以日四食者何。明有四方之物。食四時之功也。王者平居中央。制御四方。平旦食。少陽之始也。晝食。太陽之始也。餔食。少陰之始也。暮食。太陰之始也。論語曰。亞飯干適楚。三飯繚適蔡。四飯缺適秦。諸侯三飯。卿大夫再飯。尊卑之差也。案此班氏所說殷制。當爲論語舊義。周官膳夫云。王齊日三舉。則天子亦三飯。又鄭注鄉黨云。不時。非朝夕。日中時。此通說大夫士之禮。則周制自天子至士皆三飯。與殷異也。又禮器曰。禮有以少爲貴者。天子一食。諸侯再。大夫士三。注云。謂告飽也。既告飽。則侑之。乃更食。凡三侑。儀禮特牲。是士禮有九飯。少牢。是大夫禮有十一飯。故鄭注以諸侯十三飯。天子十五飯。皆因侑更食之數。與論語亞飯三飯四飯之義不同。而近之儒者。若黃氏式三後案。淩氏曙典故覈。皆援之以釋論語。謂初飯不侑。始侑爲亞飯。再侑爲三飯。三侑爲四飯。案亞飯諸義。白虎通言之最晰。舍可據之明文。而別爲新義。未爲得理。且三侑不過須臾之頃。何得更人更爲樂也。漢書古今人表。太師摯等同在智人之列。其次在殷末周前。顏師古注。自師摯已下八人。皆紂時奔走分散而去。又禮樂志云。書序殷紂斷棄先祖之樂。迺作淫聲。用變亂正聲。以說婦人。樂官師瞽。抱其器而奔散。或適諸侯。或入河海。師古注論語云云。此志所云及古今人表所敍皆謂是也。云諸侯者。追繫其地。非爲當時已有國名。又董仲舒傳對策曰。至於殷紂。逆天暴物。殺戮賢知。殘賊百姓。伯夷太公。皆當世賢者。隱處而不爲臣。守職之人。皆奔走逃亡。入于河海。師古注論若鼓方叔播鼗武少師陽之屬也。然則以太師摯等爲殷人。董氏先有此義。而班氏承之。故其著白虎通義。於亞飯三飯四飯。卽據殷禮說之矣。惟齊楚蔡秦。皆周時國名。世多以爲疑。毛氏奇齡稽求篇辨之云。周成王封熊繹于楚蠻。孝王封非子爲附庸。而邑之秦。皆先名其地。而後封之者。國語。文王諏于蔡原。注。蔡公殷臣。樂記。齊者。三代之遺聲也。則齊在夏殷已先有之。案如毛說。則齊蔡秦楚。皆舊時國名。周人因而名之。如今府州縣多沿先朝之稱之比。顏師古以爲追繫其地。尙未然也。毛氏又曰。太師摯。摯字是疵字。其又云師摯之始。關雎之亂。此師摯是魯人。與人表所記不同。考周本紀太師疵。少師彊。抱其樂器而奔周。疵與彊。卽摯與陽兩音相近之名。殷本紀亦云。剖比干。囚箕子。殷之太師少師。乃持其祭樂器奔周是也。段氏玉裁尙書撰異。尙書微子篇。父師少師。史記作太師少師。宋世家於比干死之後云。太師少師。乃勸微子去。則少師非比干。太師非箕子。甚明。殷本紀亦云。微子與太師少師謀去。而比干剖心。箕子爲奴。殷之太師少師。乃持其祭樂器奔周。周本紀又云云。是則太師少師。爲殷之樂官。卽太師摯少師陽也。摯卽疵。陽卽彊。音皆相近。惟傳聞異辭。則所載如不一。而其事則一。此今文尙書說也。今案毛段說是也。上章逸民有夷齊。爲殷末周初。下章八士亦周初人。則此章太師摯等自爲殷末人。竊以太師適齊。少師入海。皆在奔周之前。伯夷大公。避紂居海濱。後皆適周。而大公仕爲太師。亦其類也。鄭此注以爲周平王時人。顏師古古今人表注。即不取之。案史記十二諸侯年表。大史公讀春秋厤譜諜至周厲王曰。師摯見之矣。鄭或據此文。以爲目及見之。則在厲王後。歷宣幽而當平王矣。不知年表所言師摯。即泰伯篇之師摯。當是魯之樂官。與此太師摯爲殷人異也。且師摯與夫子同時。以爲平王時。亦非入於河。皇本作于。下同。漢石經入于海。亦作于。說文。鞀。鞀遼也。從革召聲。鞉鞀或從兆聲。鼗鞀或從鼓兆。磬。籒文鞀從殸召。段氏玉裁注。遼者。謂遼遠必聞其聲也。案此則今本作鼗。即鼗之移寫。釋文鼗亦作鞉。皇本作鞀。皆或體。儀禮大射儀注。鼗。如鼓而小。有柄。周官小師注。鼗。如鼓而小。持其柄搖之。旁耳還自擊。據爾雅釋樂。大鼗謂之麻。小者謂之料。鼗有大小。鄭禮注據小者言之。論語播鼗。播爲搖。亦小鼗矣。○注。亞。次也。○正義曰。爾雅釋言。亞。次也。說文。亞。醜也。賈侍中說。以爲次第也。○注。三飯四飯樂章名。○正義曰。包原注句首當有亞飯二字。集解刪之耳。樂章名者。謂舉食之樂。取於亞飯三飯四飯爲章名也。鄭注此云。亞飯三飯四飯。皆舉食之樂。與包義同。○注。播。搖也。○正義曰。廣雅釋言。播。搖也。與此注同。說文。播。一曰布也。周官瞽矇掌播鼗柷敔塤簫管絃歌。注。播謂發揚其音。義皆相近。○注。魯哀公時。禮壞樂崩。樂人皆去。○正義曰。孔此說無據。顏師古禮樂志注。譏其未允是也。史記禮書云。仲尼沒後。受業之徒。沈淪而不舉。或適齊楚。或入河海。說者以子語魯太師樂。亞飯諸職。即其所屬之官。當時親聞樂於夫子。故皆爲受業之徒與孔氏哀公時之說。相爲影響。不知禮書所云齊楚河海。乃假論語以爲文。而非謂太師諸人。皆孔子弟子也。史公作弟子列傳。詳載諸賢。而不及師摯諸人。此可證矣。又或據孔子世家。孔子學琴師襄子。以爲即擊磬襄。閻氏若璩釋地說。夫子在衞學琴師襄子。則襄子自爲衞人。與論語曰襄者自別。又且一琴一磬。各爲樂師。不得妄有牽合。

周公謂魯公曰。君子不施其親。不使大臣怨乎不以。故舊無大故則不棄也。無求備於一人。注孔曰。魯公。周公之子伯禽封於魯。施。易也。不以他人之親易己之親。以。用也。怨不見聽用。大故。謂惡逆之事。正義曰。不施。漢石經同。釋文作不弛。施弛二字。古多通用。周官遂人注。施讀爲弛。可證也。此文不施。即不弛叚借。鄭注坊記云。弛。棄忘也。以訓此文最當。泰伯篇。君子篤於親。篤者。厚也。即不弛之義。禮中庸云。仁者。人也。親親爲大。又云。親親。則諸父昆弟不怨。儀禮喪服傳。始封之君。不臣諸父昆弟。則諸父昆弟。在始封國時。當加恩也。左昭十四年傳。乃施邢侯。晉語。施邢侯氏。孔晁注。廢其族也。此施亦當讀弛訓廢。與鄭君棄忘之訓相近。服虔注左傳云。施猶劾也。謂劾其罪也。惠氏棟九經古義。援以解此文。謂不施。爲隱其罪。此似讀施如字。亦待公族之道。於義得通者也。大臣。謂三卿也。不以。謂不用其言也。禮緇衣云。子曰。大臣不親。百姓不寧。則忠敬不足。而富貴已過也。大臣不治。而邇臣比矣。故大臣不可不敬也。是民之表也。又云。君毋以小謀大。則大臣不怨。蓋既用爲大臣。當非不賢之人。而以小臣閒之。則大臣必以不用爲怨矣。魏志杜恕傳引怨何不以。以意屬文。未足深據。包氏愼言溫故錄。以爲所見本異。武氏億羣經義證。更謂何與呵通。今本作乎。卽呼嗟之義。皆未然也。故舊者。周官大宗伯以賓射之禮。新故舊朋友。注云。王之故舊朋友。爲世子時共在學者。王制言大學之制云。王太子。王子羣后之太子。卿大夫元士之適子。國子俊選。皆造焉。此文故舊。卽謂魯公共學之人。苟非有大故。當存錄擇用之。不得遺棄。使失所也。備者。鄭注特牲禮云。備。盡也。人才知各有所宜。小知者不可大受。大受者不必小知。因器而使。故無求備也。漢書東方朔傳。顏師古注。士有百行。功過相除。不可求備。亦此義也。大傳云。聖人南面而聽天下。所且先者五。民不與焉。一曰治親。二曰報功。三曰舉賢。四曰使能。五曰存愛。以此五者爲先。當是聖人初政之治。周公此訓。略與之同。故說者咸以此文爲伯禽就封。周公訓誡之詞。當得實也。○注。魯公至之事。○正義曰。史記魯周公世家。武王破殷。徧封功臣同姓戚者。封周公旦於少昊之虛曲阜。是爲魯公。周公不就封。留佐武王。武王既崩。成王少。周公乃踐祚代成王攝行政當國。於是卒相成王。而使其子伯禽代就封於魯。又云周公卒。子伯禽固已前受封。是爲魯公。據此文是周公封魯。卽爲魯公。祇以周公身仕王朝。未得就封。故猶以王官稱之。而曰周公。至伯禽始得稱魯公耳。施易亦常訓。此注似以親爲父母。於義最謬。無足爲之引申。鄭注云。大故爲惡逆之事。此孔所襲。

周有八士。伯達。伯适。仲突。仲忽。叔夜。叔夏。季隨。季騧。【注】包曰。周時四乳生八子。皆爲顯仕。故記之爾。

正義曰。達适突忽夜夏隨騧。皆依韻命名。漢書古今人表。仲忽作中曶。顏師古注。曶與忽同。惠氏棟九經古義。周有叔液鼎。卽八士之叔夜也。古文液或省作夜。尙書大傳。時則有脂夜之妖。鄭注云。夜讀爲液。是古液字作夜。白虎通姓名篇。稱號所以有四何。法四時用事。先後長幼。兄弟之象也。故以時長幼。號曰伯仲叔季也。伯者。長也。伯者。子最長。迫近父也。仲者。中也。叔者。少也。季者。幼也。質家所以積於仲何。質者親親故積於仲。文家尊尊故積於叔。卽如是。論語曰。周有八士云云。不積於叔何。蓋以兩兩俱生故也。不積於伯季。明其無二也。○注。周時至之爾。○正義曰。乳猶生也。每生得二子。故四乳得生八子。釋文引鄭云。成王時。劉向馬融皆以爲宣王時。則馬鄭本有此章注義。集解佚之耳。盧氏文弨釋文考證云。聖賢羣輔錄云。周八士。見論語。賈逵以爲文王時。晉語說文王卽位。詢于八虞。賈唐云。八虞。周八士。皆在虞官。漢書古今人表載周八士在中上。列成叔武霍叔處之前。二人皆文王子。則班固亦以爲文王時。孔氏廣森經學卮言。逸周書和寤篇曰。王乃勵翼於尹氏八士。武寤篇曰。尹氏八士。太師三公。是八士皆尹氏。爲武王時人。有明證也。或疑十亂之南宮适。卽此伯适。又克殷篇曰。乃命南宮忽。振鹿臺之財。巨橋之粟。乃命南宮百達。史佚遷九鼎三巫。古者命士以上。父子皆異宮。故禮曰有東宮。有西宮。蓋達适忽。尹氏之子。別居南宮者。猶南宮敬叔。本孟氏子。而以所居稱之耳。國語。文王詢于八虞。賈侍中云。周八士皆在虞官。君奭言文王之臣有若南宮适。然則八士且逮事文王矣。案盧孔說是也。江氏永羣經補義。翟氏灝四書考異略同。春秋繁露郊語篇詩曰。唯此文王。小心翼翼。昭事上帝。允懷多福。多福者。非謂人事也。事功也。謂天之所福也。傳曰。周國子多賢蕃殖。至於駢孕男者四。四產而得八男。皆君子俊雄也。今此天之所以與周國也。非周國之所能為也。董引傳說以釋詩多福之文。則八士在文王時。董義亦然。此當無疑者也。包注雖不言八士在何時。然以八士皆為顯仕。當據晉語仕為虞官。則與董賈說亦合也。

卷二十二　子張第十九

集解　凡二十五章

子張曰。士見危致命。見得思義。祭思敬。喪思哀。其可已矣。注致命。不愛其身。正義曰。眞德秀四書集編。義敬哀皆言思。致命獨不言思者。死生之際。惟義是徇。有不待思而決也。

子張曰。執德不弘。信道不篤。焉能為有。焉能為亡。注孔曰。言無所輕重。正義曰。執德猶言據德。弘者。大也。執德不弘。即子夏所言小道不能致遠者也。篤者。厚也。固也。當時容有安於小成。惑於異端。故子張譏之。○注。言無所輕重。○正義曰。皇疏云。世無此人。則不足為輕。世有此人。亦不足為重。

子夏之門人問交於子張。注孔曰。問與人交接之道。子張曰。子夏云何。對曰。子夏曰。可者與之。其不可者拒之。子張曰。異乎吾所聞。君子尊賢而容衆。嘉善而矜不能。我之大賢與。於人何所不容。我之不賢與。人將拒我。如之何其拒人也。注包曰。友交當如子夏。汎交當如子張。正義曰。距者。棄絕之意。荀子仲尼注。拒。敵也。漢書趙廣漢傳注引晉灼曰。距。閉也。距與拒同。論語釋文云。距本今作拒。案漢石經作距。邢疏本集注本皆作拒。翟氏灝考異。漢石經可者下。者距上。凡闕四字。今此闕有五字。疑漢本無其字。嘉者。說文云。美也。嘉善猶尊賢。互辭。矜者。詩鴻雁傳。憐也。○注。友交當如子夏。汎交當如子張。○正義曰。注以二子論交。各有所宜。非互訾也。鄭注云。子夏所云。倫黨之交也。子張所云。尊卑之交也。尊卑亦是汎交。倫黨則與為同類。具友交矣。蔡邕正交論。子夏之門人。問交於子張。而二子各有所聞乎夫子。然則其以交誨也。商也寬。故告之以距人。師也褊。故告之以容衆。各從其行而矯之。若夫仲尼之正道。則汎愛衆而親仁。故非善不喜。非仁不親。交游以方。會友以仁。可無貶也。蔡邕此言。以二子所聞。各得一偏。其正道則汎愛衆。卽汎交。親仁卽友交。義與包鄭相發矣。世儒多徇子張之言。以子夏爲失。案呂氏春秋觀世篇。周公旦曰。不如吾者。吾不與處。累我者也。與我齊者。吾不與處。無益我者也。惟賢者必與賢於己者處。又上篇子曰。毋友不如己者。並子夏所聞論交之義。大戴禮衞將軍文子篇。孔子曰。詩云。式夷式已。無小人殆而。商也其可謂不險也。盧辯注。言其鄰於德也。子夏之行。抑由所聞而然。固無失矣。

子夏曰。雖小道。注小道謂異端。必有可觀者焉。致遠恐泥。注包曰。泥難不通。是以君子不爲也。正義曰。周官大司樂注。道多才藝。此小道。亦謂才藝。鄭注云。小道。如今諸子書也。鄭舉一端。故云如以例之。漢書宣元六王傳。東平王宇上疏求諸子及太史公書。上以問大將軍王鳳。對曰。諸子書。或反經術。非聖人。或明鬼神。信物怪。太史公書。有戰國縱橫權譎之謀。不可予。不許之辭。宜曰。五經。聖人所制。萬事靡不畢載。夫小辯破義。小道不通。致遠恐泥。皆不足以留意。藝文志小說家者流。蓋出於稗官。街談巷語。道聽塗說者之所造也。孔子曰。雖小道。必有可觀者焉。致遠恐泥。是以君子弗爲也。然亦弗滅也。閭里。小知者之所及。亦使綴而不忘。如或一言可采。此亦芻蕘狂夫之議也。後漢書蔡邕傳上封事曰。夫書畫辭賦。才之小者。匡國理政。未有其能。昔孝宣會諸儒於石渠。章帝集學士於白虎。通經釋義。其事優大。文武之道。所宜從之。若乃小能小善。雖有可觀。孔子以爲致遠則泥。君子故當志其大者。據此。則小道爲諸子書。本漢人舊義。故鄭注同之。江熙曰。百家競說。非無其理。用鄭義也。〇注。小道。謂異端。〇正義曰。焦氏循補疏。聖人一貫。則其道大。異端執一。則其道小。孟子以爲大舜有大爲。善與人同。能通天下之志。故大。執己不與人同。其小可知。故小道爲異端也。〇注。泥難不通。〇正義曰。泥難二字連讀。鄭注云。泥謂滯陷不通。與包義同。漢書五行志中之上震遂泥。注引李奇曰。泥者。泥溺於水。不能自拔。爾雅釋獸。威夷長脊而泥。郭注。泥。少才力。亦滯難之義。

子夏曰。日知其所亡。月無忘其所能。可謂好學也已矣。注孔曰。日知其所未聞。正義曰。皇疏云。日知其所亡。是知新也。月無忘所能。是溫故也。劉氏宗周學案。君子之於道也。日進而無疆。其所亡者。旣日有知之。則拳拳服膺而弗失之。至積月之久而終不忘。所謂學如不及。猶恐失之者矣。

子夏曰。博學而篤志。注孔曰。廣學而厚識之。切問而近思。仁在其中矣。注切問者切問於己所學未悟之事。近思者。近思己所能及之事。汎問所未學。遠思所未達。則於所學者不精。所思者不解。正義曰。

中庸言博學審問愼思明辨篤行。爲擇善固執之功。與此章義相發。擇善固執。是誠之者。誠者。所以行仁也。故曰仁在其中。○注。廣學而厚識之。○正義曰。注以志爲識。謂博學而識之也。集注讀志如字。謂篤志好學也。亦通。○注。近思己所能及之事。○正義曰。此從皇本校改。邢本脫近字。所下衍未字。

子夏曰。百工居肆以成其事。君子學以致其道。注包曰。言百工處其肆則事成。猶君子學以致其道。正義曰。說文云。肆。極陳也。凡陳物必有所居之處。故市廛爲貨物所居。亦通名肆。俞氏樾羣經平議。周易說卦傳。巽爲工。虞翻曰。爲近利市三倍。子夏曰。工居肆。然則此肆字。卽市肆之肆。市中百物俱集。工居於此。則物之良苦。民之好惡。無不知之。故能成其事。案致如致知致曲之致。致者。極也。盡也。禮記大學云。大學之道。在明明德。在親民。在止於至善。止至善。則致其道之謂。故大學又言君子無所不用其極。極致義同。趙氏佑溫故錄。此學以地言。乃學校之學。對居肆省一居字。卽國語稱士羣萃而州處。少而習焉。其心安焉。不見異物而遷者也。學記。大學之教也。退息必有居學。此說亦通。

子夏曰。小人之過也必文。注孔曰。文飾其過。不言情實。正義曰。皇本必下衍則字。○注。文飾其過。不言情實。○正義曰。小人不欲改過。故於人之責之也。則爲文飾之言以自解說。若爲無過者然。史記孔子世家。齊羣臣對景公曰。君子有過。則謝以質。小人有過。則謝以文。文謂文飾也。孟子云。且古之君子。過則改之。今之君子。過則順之。又云。今之君子。豈徒順之。又從爲之辭。辭卽文也。

子夏曰。君子有三變。望之儼然。卽之也溫。聽其言也厲。注鄭曰。厲。嚴正。正義曰。望之。謂遠望之。觀其容也。卽。就也。在近就見之。觀其色也。釋文。儼本或作嚴。案皇本作嚴。邢本作儼。二字通用。爾雅釋詁。儼。敬也。詩澤陂傳。儼。矜莊貌。下篇云。君子正其衣冠。尊其瞻視。儼然。人望而畏之。

子夏曰。君子信而後勞其民。未信。則以爲厲己也。信而後諫。未信。則以爲謗己也。注王曰。厲猶病也。正義曰。子夏此言。亦無欲速之意。鄭注云。厲讀爲賴。恃賴也。案左昭四年。楚滅賴。公羊作厲。又公羊僖十五年。釋文。厲。舊音賴。是厲賴字通。音亦同。然鄭注非全文。恃賴之義。亦頗難曉也。○注。厲猶病也。○正義曰。曾子度地。厲一害也。注。厲。疾病也。言上勞己。使己病也。

子夏曰。大德不踰閑。小德出入可也。注孔曰。閑猶法也。小德則不能不踰法。故曰出入可。注。閑猶至入可。○正義曰。說文。閑。闌也。此訓法者。引申之義。廣雅釋詁。閑。灋也。灋與法同。注以小德當行權。故云不能不踰法。書酒誥云。越小大德。小子惟一。此據常經。可不行權。若雖小德。不當出入。荀子王制篇。孔子曰。大節是也。小節是也。上君也。大節是也。小節一出焉。一入焉。中君也。大節非也。小節雖是也。吾無觀其餘矣。荀子言小節未可出入。卽酒誥之意。子夏所云可者。謂反經合權。有不得不出入者也。繁露玉英篇。夫權雖反經。亦必在可以然之域。不在可以然之域。故雖死亡。終弗爲也。故諸侯在不可以然之域者。謂之大德。大德無踰閑者。謂正經。諸侯在可以然之域。謂之小德。小德出入可也。權。譎也。尙歸之以奉鉅經耳。董解亦謂行權。與此注同。韓詩外傳云。孔子遭齊程木子於郯之間。傾蓋而語。終日。有間。顧子路曰。由。束帛十匹。以贈先生。子路曰。昔者由也。聞之於夫子。士不中道相見。女無媒而嫁者。君子不行也。孔子曰。大德不踰閑。小德出入可也。此相傳夫子佚事。於義得證者也。邢疏以大德小德指人言。方氏觀旭偶記亦同。非也。

子游曰。子夏之門人小子。當洒埽。應對。進退。則可矣。抑末也。本之則無。如之何。注包曰。言子夏弟子。但當對賓客。修威儀禮節之事則可。然此但是人之末事耳。不可無其本。故云本之則無如之何。○正義曰。子游。漢石經作游。稱小子者。子游呼而告之也。釋文。洒埽。上色買反。又所綺反。正作灑。經典相承作洒。下素報反。本今作埽。盧氏文弨考證。說文。灑。汛也。洒。滌也。古文以爲灑埽字。經典中如毛詩論語。及周禮隸僕。國語晉語。皆作洒埽。是借用。凡糞除。先以水灑地。使塵不揚而後埽之。故洒先於埽。曲禮云。凡爲長者糞之。禮必加帚於箕上。以袂拘而退。其塵不及長者。以箕自鄉而扱之。弟子職云。凡拚之道。實水于槃。攘袂及肘。堂上則播灑。室中握手。執箕膺揲。厥中有帚。入戶而立。其儀不貸。執帚下箕。倚于戶側。凡拚之紀。必由奧始。俯仰磬折。拚毋有徹。拚前而退。聚于戶內。坐板排之。以葉適已。實帚于箕。此洒埽之事也。應。說文作䧹。云以言對也。今經作應。散文應對無別。對文則應是唯諾。不必有言。與對專主答辭異也。曲禮云。在父母之所。有命之。應唯敬對。又云。父召無諾。先生召無諾。唯而起。又云。進曰周旋愼齊。凡摳衣趨隅。與夫正立拱手。中規中矩之節。皆幼儀所當習者。子游習於禮樂。以學道爲本。而以洒埽應對進退。爲禮儀之末。故譏子夏爲失教法。大戴禮曾子事父母篇。曾子曰。夫禮大之由也。不與小之自也。又謂趨翔周旋。俛仰從命。爲未成於弟。亦此意。釋文云。末。本末之末。字或作未。非也。○注。但當對賓客修威儀禮節之事。○正義曰。當對卽應對。爾雅釋詁。應。當也。子夏聞之曰。噫。言游過矣。君子之道。孰先傳焉。孰後倦焉。注孔曰。噫。心不平之聲也。包曰。言先傳業者。必先厭倦。故我門人先教以小事。後將教以大道。譬諸草木。區以別矣。君子之道。焉可誣也。注馬曰。言大道與小道殊異。譬如草木。異類區別。言學當以次。君子之道。焉可使誣言我門人但能洒掃而已。有始有卒者。其惟聖人乎。注孔曰。終始如一。惟聖人耳。正義曰。君子之道。謂禮樂大道。卽子游所謂本也。此當視人所能學。而後傳之。故曰。孰先傳焉。孰後倦焉。倦卽誨人不倦之倦。言誰當爲先而傳之。誰當爲後而倦教。皆因弟子學有淺深。故教之亦異。草木區別。卽淺深之喩。今子游所譏。則欲以君子之道。概傳之門人。是誣之也。毛氏奇齡稽求篇。倦卽古劵字。傳與劵。皆古印契傳信之物。一如教者之與學者。兩相印契。故借其名曰傳曰劵。如毛此說。則倦爲劵譌。亦得備一義也。漢書薛宣傳。宣令薛恭尹賞換縣。移書勞勉之曰。昔孟公綽優于趙魏。而不宜滕薛。故或以德顯。或以功舉。君子之道。焉可憮也。注。蘇林曰。憮。同也。兼也。晉灼曰。憮音誣。師古曰。謂行業不同。所守各異。此引論語作憮。當由齊古異文。毛詩巧言傳。憮。大也。訓大故有同兼之義。師古所說。從蘇解也。晉灼音憮爲誣。正謂憮卽誣也。焦氏循補疏謂憮乃誣字叚借。說文。誣。加也。加與同兼義近。其說良然。漢石經惟作唯。○注。言先至大道。○正義曰。注以先傳必先厭倦。後傳則後厭倦。非經旨。○注。言大至而已。○正義曰。草木區別。喩人學有不同。故注云。大道小道。則指本末言之。本爲大道。末爲小道也。○華嚴經音義上引注云。區。別也。疑注有脫文。凡地域謂之區。區以分別。故區卽訓別。注以誣爲欺誣。言教人以所不能。則爲誣也。於義亦通。○注。終始如一。惟聖人耳。○正義曰。大學云。物有本末。事有終始。知所先後。則近道矣。此大學教人之法。雖聖人亦不外此。然聖道體備。學其本而末已賅。學其末而本不廢。故能終始如一。如一者。一貫之謂也。

子夏曰。仕而優則學。注馬曰。行有餘力則以學文。學而優則仕。正義曰。古者大夫士。年七十致事。則設教於其鄉。大夫爲大師。士爲少師。是仕而優則學也。學至大成乃仕。是學而優則仕也。○注。行有餘力。則以學文。○正義曰。說文。優。饒也。饒。餘也。言人從事於所當務。而後及其餘。不泛騖也。故引學而文說之。此又一義。

子游曰。喪致乎哀而止。注孔曰。毀不滅性。正義曰。朱子集注云。致極其哀。不尙文飾也。楊氏曰。喪。與其易也寧戚。不若禮不足而哀有餘之意。案問喪云。故哭泣辟踊。盡哀而止矣。與此而止文法同。夏氏之蓉喪說。人未有自致者也。必也親喪乎。先王制禮。非由天降。非自地出。人情之所不能自已者而已矣。是故衰麻免絰之數。哀之發於容服者也。擗踊哭泣之節。哀之發於聲音者也。斬衰唯而不對。齊衰對而不言。大功言而不議。哀之發於言語者也。父母之喪。朝一溢米。莫一溢米。齊衰之喪。不食菜果。大功不食醯醬。小功不飲酒醴。哀之發於飲食者也。父母之喪。居倚廬。寢苫枕塊。齊衰之喪。居堊室。哀之發於居處者也。凡此者無他。創鉅者其日久。痛深者其愈遲。凡有知者之所固然。稱情以立文焉而已矣。○注。毀不滅性。○正義曰。注說非經意。性與生同。喪服四制云。三日而食。三月而沐。期而練。毀不滅性。不以死傷生也。

子游曰。吾友張也。爲難能也。然而未仁。注包曰。言子張容儀之難及。注。言子張容儀之難及。○正義曰。焦氏循補疏。此文但言難能。未言所以難能者何在。故下連載曾子之言堂堂。知堂堂爲難能。即知難能指堂堂。此自相發明之例。案焦說本此注。大戴禮衞將軍文子篇。孔子言子張不弊百姓。以其仁爲大。又言其不伐。不侮可侮。不佚可佚。是子張誠仁。而子游譏其未仁者。以其容儀過盛。難與並爲仁。但能成己而不能徧成物。即是未仁。未仁者。未爲仁也。以此見仁道之至難也。

曾子曰。堂堂乎張也。難與並爲仁矣。注鄭曰。言子張容儀盛而於仁道薄也。正義曰。弟子羣居。脩德講學。皆是爲仁。但必忠信篤敬。慮以下人。而後與人以能親。容人以可受。故可與並爲仁。若容儀過盛。則疑於矜己。或絕物矣。故難與並爲仁。列子仲尼篇子曰。師之莊。賢於丘也。又曰。師能莊而不能同。莊卽謂堂堂。不能同。卽難與並之意。○注。言子張容儀盛而於仁道薄也。○正義曰。御覽三百八十九引仁道薄下有勉難進三字。容儀。謂容貌之儀。子張平居。容儀過盛。故云師也辟。辟者。盤辟也。知堂堂爲容儀盛者。廣雅釋詁。堂。明也。釋訓。堂堂。容也。後漢書伏湛傳。杜詩上疏曰。湛容貌堂堂。國之光輝。字徧作棠。魯峻碑棠棠忠惠。

曾子曰。吾聞諸夫子。人未有自致者也。必也親喪乎。注馬曰。言人雖未能自致盡於他事。至於親喪。必自致盡。正義曰。漢石經作吾聞諸子。人未有自致也者。孟子云。親喪。固所自盡也。意同。

曾子曰。吾聞諸夫子。孟莊子之孝也。其他可能也。其不改父之臣與父之政。是難能也。注馬曰。孟莊子。魯大夫仲孫速也。謂在諒陰之中。父臣及父政。雖有不善者。不忍改也。正義曰。皇本難下無能字。朱子集注云。其父獻子。名蔑。獻子有賢德。而莊子能用其臣。守其政。故其他孝行。雖有可稱。而皆不若此事之爲難。○注。謂在至改也。○正義曰。注意以三年不改爲孝。故云在諒陰之中。諒陰。凶廬。上下徧稱。其實三年不改。亦謂其父善道。己能守之。便是至孝。若有不善。正當改易。何爲云不忍哉。注說誤也。

孟氏使陽膚爲士師。問於曾子。注包曰。陽膚。曾子弟子。士師。典獄之官。正義曰。檀弓疏引鄭注論語云。慶父輈經死。時人爲之諱。故云孟氏。爲王應麟集本繫於孟懿子問孝章。丁氏杰以爲當在此下。臧氏庸從之。公羊僖元年傳。慶父於是抗輈經而死。此鄭所本。公羊疏引鄭云。慶父輈死。當即論語注文。臧氏以此注稱字。爲經之誤。陳氏鱣以稱字謚衍，二說均有理。考鄭以魯人諱慶父之事。故稱孟氏。會此義未知所出。杜預謂慶父是莊公長庶兄。庶長稱孟。於理爲順。問於曾子者。陽膚問也。

子曰。上失其道。民散久矣。如得其情。則哀矜而勿喜。注馬曰。民之離散。爲輕漂犯法。乃上之所爲。非民之過。當哀矜之。勿自喜能得其情。正義曰。張栻解先王之於民。所以養之敎之者。無所有不率焉。而後刑罰加之。蓋未嘗不致哀矜惻怛也。若夫後世禮義衰微。所以養之敎之者。皆蕩而不存矣。上之人。未嘗心乎民也。故民心亦渙散而不相屬。以陷於罪戾。而蹈於刑戮。此所謂上失其道。民散久矣。情者。實也。謂民所犯罪之實也。周官小宰以敍聽其情。禮記大學。無情者不得盡其辭。哀矜者。哀其致刑。矜其無知。或有所不得已也。書呂刑云。哀矜折獄。與此文同。論衡雷虛篇引論語作哀憐。或是以義代之。段氏玉裁遂疑矜當作矝。矝讀如憐。恐未是也。韓詩外傳。昔之君子。道其百姓不使迷。是以威厲而刑措不用也。故形其仁義。謹其敎道。使民目晰焉而見之。使民耳晰焉而聞之。使民心晰焉而知之。則道不迷。而民志不惑矣。詩曰。示我顯德行。故道義不易。民不由也。禮樂不明。民不見也。詩曰。周道如砥。其直如矢。言其易也。君子所履。小人所視。言其明也。睠言顧之。潸焉出涕。哀其不聞禮敎而就刑誅也。夫散其本敎。而待之刑辟。猶扶其牢而發以毒矢也。不亦哀乎。鹽鐵論後刑篇。引此文說之云。夫不傷民之不治。而伐己之能得奸。猶弋者覩鳥獸挂罻羅而喜也。○注。民之至之過。○正義曰。離散。謂民心畔離。違經犯道。故以輕漂形之。禮樂記云。流辟邪散。荀子勸學篇注。散謂不自撿束。

子貢曰。紂之不善。不如是之甚也。是以君子惡居下流。天下之惡皆歸焉。注孔曰。紂爲不善以喪天下。後世憎甚之。皆以天下之惡歸之於紂。正義曰。紂者。殷王帝乙之子。名辛。字受。又字紂。高誘呂氏春秋功名注。蔡邕獨斷。並以桀紂爲謚。書堯典疏謂後人見其惡。爲作惡謚是也。皇本善下有也。漢石經之甚作其甚。○注。紂爲至於紂。○正義曰。列子楊朱篇。天下之美。歸之舜禹周孔。天下之惡。歸之桀紂。漢書敍傳。班伯以侍中起眠事時。乘輿幄坐張畫屏風。畫紂醉踞妲己。作長夜之樂。上因顧指畫而問伯。紂爲無道。至於是虖。伯對曰。書云迺用婦人之言。何有踞肆於朝。所謂衆惡歸之。不如是之甚者也。楊惲傳惲書曰。下流之人。衆毀所歸。後漢書竇憲傳論。憲率羌胡邊雜之師。一舉而空朔庭。列其功庸。兼茂於前多矣。而後世莫稱者。章末釁以降其實也。是以下流。君子所甚惡。

爲。諸文皆以天下之惡爲惡名。此注與之同也。皇疏引蔡謨曰。聖人之化。由羣賢之輔。闇主之亂。由衆惡之黨。是以有君無臣。宋襄以敗。衞靈無道。夫奚其喪。言一紂之不善。其亂不得如是之甚。身居下流。天下惡人皆歸之。是故亡也。此以天下之惡爲惡人。其說亦通。左昭七年傳。楚芋尹無宇曰。昔武王數紂之罪以告諸侯曰。紂爲天下逋逃主。萃淵藪。杜注。天下逋逃。悉以紂爲淵藪。集爲歸之。孟子滕文公篇言紂臣有飛廉。墨子非樂有費中惡來崇侯虎。淮南覽冥訓有左彊。道應訓有屈商。是紂時惡人皆歸之證。

子貢曰。君子之過也。如日月之食焉。過也。人皆見之。更也。人皆仰之。【注】孔曰。更。改也。正義曰。皇本食焉作蝕也。釋名釋天。日月虧曰食。稍稍侵虧。如蟲食草木葉也。淩氏曙典故覈。日月之行天上。日居上。月居下。日爲月所揜。故日食。月在天上。日乃在地下。地球居中隔之。日光爲地球所掩。不能耀月。故月食。人皆仰之者。言人皆仰戴之也。孟子公孫丑篇有此文。當亦古語。而二賢述之。○注。更。改也。○正義曰。說文云。更。改也。此常訓。

衞公孫朝【注】馬曰。公孫朝。衞大夫。問於子貢曰。仲尼焉學。子貢曰。文武之道。未墜於地。在人。賢者識其大者。不賢者識其小者。莫不有文武之道焉。夫子焉不學。而亦何常師之有。【注】孔曰。文武之道。未墜落於地。賢與不賢。各有所識。夫子無所不從學。無所不從學。故無常師。正義曰。春秋時。魯有成大夫公孫朝。見昭廿六年傳。楚武城尹公孫朝。見哀十七年傳。鄭子產兄公孫朝。見列子楊朱篇。及此凡四人。故論語稱衞以別之。與公子荆書法同。此翟氏灝考異說。云公孫者。白虎通姓名篇。諸侯之子。稱公子。公子之子。稱公孫。史記弟子傳。此章爲陳子禽問子貢。蓋涉下章而誤。焉學者。焉所從受學也。夫子學皆從周。中庸云。仲尼祖述堯舜。憲章文武。憲者。法也。章者。明也。大道之傳由堯舜。遞至我周。制禮作樂。於是大備。故言文王既沒。其文在茲。及此子貢言道。亦稱文武也。漢石經墜作隧。識作志。馮氏登府考證。荀子儒效篇。至共頭而山隧。漢西狹頌。數有顚覆霣隧之患。前漢王莽傳。不隧如髮。並與墜同。周官保章氏注。志。古文識。漢書楚元王傳。劉歆引此文。孟子尹士章章指引並作志。或出古論。賢與不賢。謂孔子同時人。此與大受小知章。君子小人皆以才器言也。賢者識其承天治人之大。不賢者識其名物制度之細。文武之道。所以常存。而夫子删定贊修。皆爲有徵之文獻可知。其書傳言夫子問禮老聃。訪樂萇弘。問官郯子。學琴師襄。其人苟有善言善行足取。皆爲我師。此所以爲集大成也與。

叔孫武叔語大夫於朝【注】馬曰。魯大夫叔孫州仇。武謚。曰。子貢賢於仲尼。子服景伯以告子貢。子貢曰。譬之宮牆。賜之牆也及肩。窺見室家之好。夫子之牆數仞。注包曰。七尺曰仞。不得其門而入。不見宗廟之美。百官之富。得其門者或寡矣。夫子之云。不亦宜乎。注夫子謂武叔。

正義曰。夫子歿後。諸子切劘砥礪以成其學。故當時以有若似聖人。子夏疑夫子。而叔孫武叔陳子禽皆以子貢賢於仲尼。可見子貢晚年進德修業之功。幾幾乎超賢入聖。然孟子言子貢智足知聖人。又子貢有若。皆言夫子生民未有。故此及下兩章。皆傑致贊美。法言問明篇。仲尼。聖人也。或劣諸子貢。子貢辭而精之。然後廓如也。宮牆者。室四周有牆。凡寢廟皆居其中。牆南面有門。以通出入。此制上下當同。但高卑廣狹。必有差別。今無文以明之。金氏鶚禮說。謂士庶人垣牆不周。未必然也。墨子辭過篇。故聖王作爲宮室。宮牆之高。足以辨男女之禮。說文。寏。周垣也。寏當爲宮牆之名。漢石經作譬諸宮牆。下賜之牆同。皇本作譬諸句末多也字。及肩者。說文。肩。髆也。肩俗從戶。言宮牆卑。與人肩齊也。窺。釋文作闚，皇本宋石經同。說文。窺。小視也。闚。閃也。義別而音近。故二字通用。錢氏坫後錄。王宮牆高五丈。爲六仞四分仞之一。故曰數仞。錢氏據仞爲八尺之說推之。其義未審。所據釋文仞一作刃。魏李仲璇孔子廟碑。汲縣太公碑。用此文並作刃。當時傳本用叚字也。錢氏又曰。考工記。外有九室。九卿朝焉。注。外。路門之表也。九室如今朝堂諸曹治事處。百官之富。卽指此。案及肩之牆。是士庶人。故以室家爲言。數仞之牆。指天子諸侯。故有宗廟百官。此其美富。惟得其門而入者見之。門謂宮牆之門。及朝廟諸門也。武叔未親聖敎。本在門外。而但自宮牆窺之。故於士庶人室家之好能見之。於天子諸侯宗廟百官。則不得見焉。今但舉所見者稱之。則謂子貢賢於夫子。固其宜矣。皇本作夫夫子之牆。又入下有者字。夫子云。無之字。○注。魯大夫叔孫州仇。○正義曰。邢疏云。案世本州仇。公子叔牙六世孫。叔孫不敢子也。春秋定十年秋。叔孫州仇帥師圍郈。左傳武叔懿子圍郈。是知叔孫武叔卽州仇也。○注。七尺曰仞。○正義曰。鄭此注與包同。高誘呂氏春秋適威注亦同。趙岐注孟子。王逸注楚辭。樊光注爾雅。及許氏說文。並云八尺曰仞。應劭注漢書食貨志云。五尺六寸曰仞。考工記匠人疏引王肅說莊子庚桑楚釋文引小爾雅廣度。並云四尺曰仞。諸家不同。程氏瑤田通藝錄。以七尺爲是。其說曰。揚雄方言云。度廣曰尋。杜預左傳仞溝洫注。度深曰仞。二書皆言人伸兩手以度物之名。而尋爲八尺。仞必七尺者。何也。同一伸手度物。而廣深用之。其勢自不得不異。人長八尺。伸兩手亦八尺。用以度廣。其勢全伸而不屈。而用之以度深。則必上下其左右手而側其身焉。身側則身與所度之物。不能相摩。於是兩手不能全伸而成弧之形。弧而求其弦以爲仞。必不能八尺。故七尺曰仞。亦其勢然也。

叔孫武叔毀仲尼。子貢曰。無以爲也。仲尼不可毀也。他人之賢者。丘陵也。

猶可踰也。仲尼。日月也。無得而踰焉。人雖欲自絕。其何傷於日月乎。多見其不知量也。注言人雖欲自絕棄於日月。其何能傷之乎。適足自見其不知量也。正義曰。毁謂非毁夫子。以爲他人得賢之也。無以爲者。言無以爲毁禁止之也。說文。丘。土之高也。非人所爲也。陵。大𨸏也。猶可踰者。言於丘陵可過之也。仲尼日月者。日月至高。非人所得踰之也。皇本日月上有如字。阮氏元校勘記。後漢書孔融傳列女傳二注引此文。並有如字。又皇本絕下有也字。○注。言人至量也。○正義曰。絕如晉侯使呂相絕秦之絕。絕棄於日月者。絕棄卽謂毁也。云適足者。多與秖同。秖訓適也。左襄廿九年傳。多見疎也。服本作秖。云秖。適也。此證甚多。不具引。

陳子禽謂子貢曰。子爲恭也。仲尼豈賢於子乎。子貢曰。君子一言以爲知。一言以爲不知。言不可不愼也。夫子之不可及也。猶天之不可階而升也。正義曰。爲恭者。言爲恭敬以尊崇其師也。公羊桓元年。鄭伯以璧假許田。易之也。易之則其言假之何爲恭也。何休注爲恭遜之辭。與此義同。釋文爲知音智。下同。智者知人。知人則無失言。故君子於人之一言。就其言之得失。識其人之智與不智。故言當極愼也。喪大記虞人設階。注。階所乘以升屋者。說文。梯。木階也。子貢以夫子道高若天。亦前章以日月爲喻之意。夫子之得邦家者。注孔曰。謂爲諸侯若卿大夫。所謂立之斯立。道之斯行。綏之斯來。動之斯和。其生也榮。其死也哀。如之何其可及也。注孔曰。綏安也。言孔子爲政。其立教則無不立。道之則莫不與行。安之則遠者來至。動之則莫不和穆。故能生則榮顯。死則哀痛。正義曰。立者。以禮立之也。所謂立人也。道猶導也。所謂達人也。達者。通也。行也。綏之者。言有仁政安集之也。動之者。以禮樂興動之也。荀子儒效云。造父者。天下之善御者也。無輿馬。則無所見其能。羿者。天下之善射者也。無弓矢。則無所見其巧。大儒者。善調一天下者也。無百里之地。則無所見其功。夫子未得大用。故世人莫知其聖而或毁之。然至誠必能動物。存神過化。理有不忒。夫子仕魯未幾。政化大行。亦可識其略矣。○注。綏。安也。○正義曰。爾雅釋詁文。

卷二十三　堯曰第二十

正義曰。漢書藝文志。論語古二十一篇。出孔子壁中。兩子張。何晏等序亦云。古論分堯曰下章子張問以爲一篇。有兩子張。

兩子張者。前第十九篇是子張。此子張問從政又爲子張。故云兩也。如淳注漢書。以此子張篇名從政。金氏履祥集注考證。以此篇名子張問。金說似爲得之也。翟氏灝考異。引毛奇齡說。未有一章可爲一篇者。是必別有子張一篇。未必是從政章。此說似非。蓋論語自微子篇。說夫子之言已訖。故子張篇皆記弟子之言。至此更搜集夫子遺語。綴於冊末。而有兩篇者。以論語非一人所撰。兩篇皆更待裒錄。而末有所得。故堯曰止一章。子張止二章也。此眞孔壁之舊。其合併爲一篇。則齊魯家學者爲之矣。翟氏灝考異以堯曰云云。爲論語後序。故專爲篇。而文今不全。歷引周易序卦。及先秦兩漢諸子史後序。皆居篇尾。又以堯曰章及孟子由堯舜章。皆爲一書後序。子張問以下。古原別分爲篇。蓋於書成後續得附編。故又居後序之後。此說尤誤。論語之作。非出一人。此序果誰所作。且泰伯篇末。嘗論堯舜文武禹矣。亦將謂爲後序耶。必不然矣。篇內文有脫佚。自昔儒者曾言之。

集解　凡三章　正義曰。翟氏灝考異。古論語分此一篇爲二。則堯曰凡一章。子張凡二章。魯論無不知命章。則堯曰凡二章。

堯曰。咨爾舜。天之歷數在爾躬。注歷數謂列次也。**允執其中。四海困窮。天祿永終。**注包曰。允信也。困極也。永長也。言爲政信執其中則能窮極四海。天祿所以長終。**舜亦以命禹。**注孔曰。舜亦以堯命己之辭命禹。正義曰。爾雅釋詁。咨。嗟也。詩文王。咨女殷商。毛傳。咨。嗟也。堯有所重誡於舜。故歎而後言也。書堯典云。乃命羲和。欽若昊天。歷象日月星辰。敬授民時。歷象歷數。詞意竝同。洪範五紀。一曰歲。二曰月。三曰日。四曰星辰。五曰歷數。歷數。是歲日月星辰運行之法。曾子天圓篇。聖人愼守日月之數。以察星辰之行。以序四時之順逆。謂之歷。中論歷數篇。昔者聖王之造歷數也。察紀律之行。觀運機之動。原星辰之迭中。寤晷景之長短。於是營儀以準之。立表以測之。下漏以考之。布算以追之。然後元首齊乎上。中朔正乎下。寒暑順序。四時不忒。夫歷數者。先王以憲殺生之萌。而詔作事之節也。使萬國不失其業者也。此歷數之義也。史記歷書言黃帝考定星歷。建立五行。起消息。正閏餘。於是有天地神祇物類之官。又言堯復遂重黎之後。立羲和之官。明時正度。年耆禪舜。申戒文祖云。天之歷數在爾躬。舜亦以命禹。由是觀之。王者所重也。據史記之文。則咨舜云云。乃堯禪位語。舜不陟帝位。故當堯之世。但攝政也。王者。天之子。當法天而行。故堯以天之歷數責之於舜。春秋繁露郊祭篇。引此文釋之云。言察身以知天也。此蓋以在訓察。躬訓身也。在之爲察。見爾雅釋詁。察身者。謂省察其身。當止至善以承天之事。受天之大福。故天垂象而人主法焉。天示異而人主懼焉。書洪範云。王省惟歲。詩大明云。唯此文王。小心翼翼。昭事上帝。聿懷多福。翼翼者。敬也。竝皆察身之義也。鄭此注云。歷數在汝身。謂有圖籙之名。圖籙者。帝王受命。有符瑞之徵。可先知也。其書起於周末。漢世儒者用以說經。故康成據之。實則於義非也。執中者。謂執守中道用之。禮中庸云。子曰。舜其大知也與。執其兩端。用其中於民。執而用中。舜所受堯之道也。用中卽中庸。故庸訓用也。中庸之義。自堯發之。其後賢聖論政治學術。咸本此矣。四海困窮者。孟子滕文公上。當堯之時。天下猶未平。洪水橫流。氾濫於天下。草木暢茂。禽獸繁殖。五穀不登。禽獸偪人。獸蹄鳥跡之道。交於中國。堯獨憂之。舉舜而敷治焉。又滕文公下。當堯之時。水逆行。氾濫於中國。蛇龍居之。民無所定。下者爲巢。上者爲營窟。書曰。洚水警余。洚水者。洪水也。是堯時四海困窮之徵。堯舉舜敷治之。故此咨告之言。當憂恤之也。其後舜命禹亦言此者。水土初平。民猶艱食鮮食故也。天祿者。天子玉食萬方。有祿食自天予之。故言天也。毛氏奇齡稽求篇。閻潛丘云。四海困窮。是儆辭。天祿永終。是勉辭。蓋四海當念其困窮。天祿當期其永終也。江氏聲尚書集注音疏。疑此節爲舜典佚文。東晉古文。入之大禹謨。○注。歷數。謂列次也。○正義曰。爾雅釋詁。歷。數也。歷卽是數。故歷數連文。禮記郊特牲注。簡歷。謂算具陳列之也。次亦數也。○注。允信至長終。○正義曰。允信永長。皆爾雅釋詁文。段氏玉裁說文注云。困之本義。爲止而不過。引申之爲極盡。論語四海困窮。謂君德充塞宇宙。與橫被四海之義略同。段說卽包此注意。然非經旨。天祿所以長終者。言享天祿能終竟之也。易歸妹象傳。君子以永終知敝。書金縢。惟永終是圖。漢魏人用此經語。班彪王命論云。福祚流于子孫。天祿其永終矣。雋不疑謂暴勝之曰。樹功揚名。永終天祿。韋賢傳。匡衡曰。其道應天。故天祿永終。其他封策禪詔。若漢武帝立子齊王閎策。漢靈帝立皇后詔。吳大帝卽位告天文。漢禪位于魏册。魏使鄭沖奉册于晉。凡引此文。皆作永長解。惟魏明帝青龍二年。山陽公薨。魏志注引獻帝傳。有山陽公深識天祿永終之運。禪位文皇帝。又曰。惟山陽公昔知天命。永終於己。深覩歷數。允在聖躬。傳祚禪位。是解永終爲永絕。在魏末晉初。而嗣後宋齊梁陳。其文一轍。皆曰敬禪神器。授帝位于爾躬。四海困窮。天祿永終。於戲。王其允執厥中。儀刑前典。以副昊天之望。于是皆以天祿永終。繼困窮之後。爲卻位絕天之辭。於古義絕不相應。此閻氏若璩毛氏奇齡說。

曰。予小子履。敢用玄牡。敢昭告于皇皇后帝。注孔曰。履。殷湯名。此伐桀告天之文。殷家尚白。未變夏禮。故用玄牡。皇。大。后。君也。大大君帝。謂天帝也。墨子引湯誓。其辭若此。有罪不敢赦。注包曰。順天奉法。有罪者不敢擅赦。帝臣不蔽。簡在帝心。注言桀居帝臣之位。罪過不可隱蔽。以其簡在天心故。朕躬有罪。無以萬方。萬方有罪。罪在朕躬。注孔曰。無以萬方。萬方不與也。萬方有罪。我身之過。正義曰。曰予上當有湯字。稱小子者。王者父天母地。爲天之子。湯告天。故謙言小子也。鄭注以此文爲舜命禹事。則舜本不名履。殊可疑。俞氏樾羣經平議。謂鄭本無履字。或得之。昭告者。詩大明。昭事上帝。箋云。昭。明也。言明告上帝。不敢有所隱飾也。鄭注云。皇皇后帝。並謂大微五帝。在天爲上帝。分王五方爲五帝。用玄牡者。爲舜命禹事。於時總告五方之神。莫適用。用皇天大帝之牲。案周官司服。祀昊天上帝。則服大裘而冕。祀五帝亦如之。大宗伯以蒼璧禮天。以黃琮禮地。以青圭禮東方。以赤璋禮南方。以白琥禮西方。以玄璜禮北方。皆有牲幣。各放其器之色。注云。此禮天以冬至。謂天皇大帝在北極者也。禮東方以立春。謂蒼精之帝。禮南方以立夏。謂赤精之帝。禮西方以立秋。謂白精之帝。禮北方以立冬。謂黑精之帝。鄭不言中央之帝。以經文不見。故略之也。史記天官書南宮朱鳥權衡御太微三光之廷。又言掖門內五星五帝坐。是五帝屬太微。故此注言太微五帝也。在天爲上帝。卽謂昊天上帝。亦卽大宗伯注所云天皇大帝也。舜命禹總祭五帝。卽是受終文祖也。五帝分祭牲幣。各有所向。今此是總祭。故莫適用。而以昊天爲主。用玄牡。故夏禮亦尙玄也。說文。牡。畜父也。廣雅釋獸。牡。雄也。凡大祭。牲用牛。則此玄牡爲黑牛矣。如鄭之言。有罪謂四凶。帝臣卽謂禹。其注云。簡閱在天心。言天簡閱其善惡也。周官小宰。二曰聽師田以簡稽。鄭司農注。遂大夫簡稼器注。竝云簡閱也。是簡有閱訓。帝臣爲善。有罪爲惡。帝心承上二句。言所舉黜。皆本天心所簡閱也。周語王子晉言皇天嘉禹胙以天下。韋昭注。引論語帝臣不蔽。簡在帝心爲證。韋同鄭義。而與白虎通及包孔注。以爲湯伐桀告天者異。當亦經師相傳。有此訓也。無以萬方。漢石經無作毋。又萬方有罪下不重罪字。皇本亦不重。爾雅釋詁。朕。我也。郭注。古者貴賤皆自稱朕。至秦世始爲天子尊稱。案此告天亦稱朕。是朕未爲尊稱也。東晉古文。采此節文入湯誥。○注。履殷至若此。○正義曰。孫氏志祖讀書脞錄。據大戴禮少閒篇。商履代興。白虎通姓名篇。湯王後更名爲子孫法。本名履也。則湯名天乙。又名履。自無可疑。案潛夫論五行志。亦稱子履。是履爲湯名也。明堂位。夏后氏牲尙黑。殷白牡。是殷尙白。於時湯甫伐桀。仍用夏禮。爲玄牡也。說文。皇。大也。詩楚茨先祖是皇傳。亦云大也。爾雅釋詁。后。君也。說文。后。繼體君也。象人之形。天帝稱后者。尊之故君之也。墨子兼愛下。夫兼相愛。交相利。不惟禹誓爲然。雖湯說亦猶是也。湯曰。惟予小子履。敢用玄牡。告于上天后曰。今天大旱。卽當朕身。履未知得罪于上下。有善不敢蔽。有罪不敢赦。簡在帝心。萬方有罪。卽當朕身。朕身有罪。無及萬方。呂氏春秋順民篇。亦云湯克夏而天大旱。湯以身禱于桑林曰。余一人有罪。無及萬夫。萬夫有罪。在余一人。然則此語爲因旱禱雨之辭。墨子謂之說者。周官大祝。掌六祈以同鬼神示。曰類。曰造。曰禬。曰禜。曰攻。曰說。又詛祝亦掌類造攻說禬禜之祝號。說謂以詞自解說也。孔注本墨子。而云湯誓爲伐桀告天之辭。與墨子不合。作僞者之疏可知。白虎通三軍篇。王者受命。質家先伐。文家先改正朔何。質家言天命己。使己誅無道。今誅得爲王。故先伐。故論語曰云云。此湯伐桀告天。用夏家之牲也。與此包孔注合。周語內史過引湯誓。余一人有辠。無以萬夫。萬夫有辠。在余一人。是湯誓亦有其文。疑伐桀告天及禱雨文略相同。然禱雨在克夏後。無爲仍用夏牲。故白虎諸儒。不用墨子爲說也。伐桀所以告天者。繁露四祭篇。已受命而王。必先祭天。乃行王事。文王之伐崇是也。又郊祀篇。是故天子每將興師。必先郊祭以告天。乃敢征伐行子道也。文王先郊。乃敢行事。而興師伐崇。下俱引詩棫樸證之。是此告天。亦郊祭也。○注。言桀至心故。○正義曰。墨子云。有善不敢蔽。是帝臣謂善臣。呂氏春秋簡選篇言湯反桀之事。遂其賢良是也。此注以帝臣爲桀。與墨子不合。又簡在帝心。承上有罪帝臣言之。故鄭注謂簡閱其善惡也。此注單承桀言。亦誤。○注。無以萬方。萬方不與也。○正義曰。以。與也。與。預也。世之治也。在位者皆自引過。以求盡乎治民之道。世衰。則君諉罪於臣。臣諉罪於民。於是以民皆不肖。而視之如仇讎。欲民之治。不可得已。

周有大賚。善人是富。注周。周家。賚。賜也。言周家受天大賜。富於善人。有亂臣十人是也。注。周周至是也。○正義曰。爾雅釋詁。賚。賜也。說文。賜。予也。詩周頌序云。賚大封於廟也。賚。予也。言所以錫予善人也。鄭注。大封。武王伐紂時。封諸臣有功者。是大賚。謂武王所賚。此注言周家受天者。當謂受天命。因大賜也。孔氏詩疏云。樂記說武王克殷。未及下車而封薊祝陳。下車而封杞宋。又言將率之士。使爲諸侯。是大封也。昭二十八年左傳曰。昔武王克商。光有天下。其兄弟之國者。十有五人。姬姓之國四十人。皆是武王大封之事。此注舉十亂者。以十亂中若周召太公畢公。皆封國爲諸侯。餘亦畿內諸侯也。亂臣臣字當衍。此後人所加。說見前疏。

雖有周親。不如仁人。注孔曰。親而不賢不忠則誅之。管蔡是也。仁人謂箕子微子。來則用之。百姓有過。在予一人。正義曰。墨子兼愛中。昔者武王將事泰山隧。傳曰。泰山有道。曾孫周王有事大事。既獲仁人尚。作以祗商夏。蠻夷醜貉。雖有周親。不若仁人。萬方有過。維予一人。宋氏翔鳳說周親四語。蓋封諸侯之辭也。武王封大公於齊。在泰山之陰。故將事泰山。而稱仁人尚。爲封大公之辭也。今案說苑貴德篇。武王克殷。問周公曰。將奈其士衆何。周公曰。使各宅其宅。田其田。無變舊親。惟仁是親。百姓有過。在予一人。舊親。韓詩外傳作舊新。彼爲誓衆之辭。與此封諸侯略同。周者。至也。見逸周書諡法解。毛詩鹿鳴傳。親者。近也。密也。周親兼舊新言之。百姓有過。在予一人。言凡諸國百姓有不虞。天性不迪率典者。皆我一人之責。所以然者。百姓有過。亦由所封諸侯。未得其人。故引以自責也。曲禮云。君天下曰天子。朝諸侯。分職。授政。任功。曰予一人。分職。即謂封諸侯也。白虎通號篇。王者自謂一人者。謙也。欲言己材能當一人耳。東晉古文采諸文入泰誓。○注。親而至用之。○正義曰。注不解周字。而以管蔡當周親。是以周爲周家也。管蔡作亂被誅。在成王時。注言此者。欲見管蔡是周親。其封當亦在武王時。是不如仁人也。呂氏春秋離謂篇。周公召公以此疑。高誘注。以管蔡流言。故疑也。論語曰。雖有周親。不如仁人。此之謂。亦以管蔡當周親。與此注意同。史記宋世家。周武王克殷。微子乃造於軍門。肉袒面縛。左牽羊。右把茅。膝行而前以告。於是武王乃釋微子。復其位如故。又曰。武王乃封箕子於朝鮮而不臣也。是箕子微子來則用之也。

謹權量。審法度。修廢官。四方之政行焉。注包曰。權。秤也。量。斗斛。正義曰。漢書律歷志。虞書。乃同律度量衡。所以齊遠近。立民信也。自伏羲畫八卦由數起。至黃帝堯舜而大備。三代稽古。法度章焉。周衰官失。孔子陳後王之法曰。謹權量。審法度。修廢官。舉逸民。四方之政行矣。據志此文。是謹權量云云以下。皆孔子語。故何休公羊昭三十二年注。引此節文。冠以孔子曰。說文云。寀。悉也。知寀諦也。審。篆文從番。考工記弓人注。審猶定也。成氏蓉鏡經義駢枝曰。法度與權量。相對爲文。當爲二事。法謂十二律。度謂五度也。堯典同律度量衡。馬融注。律。法也。量衡。卽論語之權量。則律度亦卽論語之法度矣。漢書律歷志。引虞書及論語此文。又云。元始中羲和劉歆等。言之最詳。一曰備數。二曰和聲。三曰審度。四曰嘉量。五曰權衡。聲者。宮商角徵羽也。五聲之本，生於黃鐘之律。二十有二。律卽法也。寀成說是也。律者。聲之所出。聲正而後數可明。數明而後萬物可正。故黃鐘爲萬物根本也。度者。漢志云。分寸尺丈引也。謹審之本。在於正律。故漢志引劉歆曰。五聲之本。生於黃鐘之律。九寸爲宮。或損或益。以定商角徵羽。九六相生。陰陽之應也。又云。度本起黃鐘之長。以子穀秬黍中者一黍之廣度之九十分。黃鐘之長一爲一分。十分爲寸。十寸爲尺。十尺爲丈。十丈爲引。而五度審矣。量本起于黃鐘之龠。用度數審其容。以子穀秬黍中者千有二百實其龠。以井水準其槪。十龠爲合。十合爲升。十升爲斗。十斗爲斛。而五量嘉矣。權本起于黃鐘之重。一龠容千二百黍。重十二銖。兩之爲兩。二十四銖爲兩。十六兩爲斤。十斤爲鈞。四鈞爲石•而五權謹矣。包氏愼言溫故錄。漢志引此文云云。顏氏不解修廢官者。意蓋以官卽職此權量法度者。志上云周衰官失。孔子陳後王之法。下乃引論語。明繼周而起者。惟修此數官爲急耳。志下又引劉歆鐘律篇。分敍權量法度云。權者。所以稱物平施知輕重也。職在大行人。鴻臚掌之。量者。所以量多少也。職在太倉。大司農掌之。度者。所以度長短也。職在內官。廷尉掌之。以修廢官爲修此數官。故劉氏每敍一事。而結云某職在某官。某官掌之。案包說是也。據成君義法訓律。當據志補云。聲所以作樂者。職在大樂。太常掌之。昔舜一歲四巡守。皆同律度量衡。月令春秋分。皆同度量。正權槪。周官大行人十有一歲。同度量。同數器。蓋奸民貿易。積久弊生。古帝王特設專官以審察之。其官歷代皆未廢。至周衰而或失耳。趙氏佑溫故錄。或有職而無其官。或有官而不舉其職。皆曰廢是也。四方之政行焉。謂凡所以治四方者。其政皆舉而行之也。皇本焉作矣。○注。權。秤也。量。斗斛。○正義曰。說文無秤字。稱下云銓也。謂銓量多少也。周易象傳。君子以稱物平施。左傳地平天成。稱也。稱所以平物。故俗作秤。廣韻。秤。昌孕切。俗稱字是也。漢志云。權重也。衡所以任權。而均物平輕重也。又云。權者。銖兩斤鈞石也。權衡皆統名稱。故此注以秤釋權也。志又云。量者。龠合升斗斛也。所以量多少也。又云。合者。合龠之量也。升者。登合之量也。斗者。聚升之量也。斛者。角斗平多少之量也。此注舉斗斛二者以槪其餘。

興滅國。繼絕世。舉逸民。天下之民歸心焉。

正義曰。爾雅釋詁。滅。絕也。公羊僖五年傳。滅者。亡國之善辭也。許氏五經異義解此文云。國謂諸侯。世謂卿大夫。白虎通封公侯篇。王者受命而作。興滅國。繼絕世。何爲。先王無道。妄殺無辜。及嗣子幼弱。爲彊臣所奪。子孫皆無罪囚而絕。重其先人之功。故復立之。論語曰云云。據此是興滅國。爲無罪之國。若有罪當滅者。亦不與之也。尚書大傳。古者諸侯始受封。則有采地。百里諸侯以三十里。七十里諸侯以二十里。五十里諸侯以十五里。其後子孫。雖有辠黜。其采地不黜。使其子孫賢者守之。世世以祠其始受封之人。此之謂與滅國。繼絕世。書曰。茲予大享于先王。爾祖其從與享之。此之謂也。韓詩外傳同。此言平時立國。不以有辠黜其采地。亦與滅繼絕之義。凡封國當有此制也。漢成帝詔曰。蓋聞褒功德。繼絕統。所以重宗廟。廣聖賢之路也。又曰。夫善善及子孫。古今之通義也。五經異義。按公羊穀梁說云。卿大夫世。則權幷一姓。防賢塞路。經譏尹氏崔氏是也。古春秋左氏說。卿大夫得世祿。不世位。父爲大夫死。子得食其故采地。如有賢才。則復父故位。許愼謹案易爻位三爲三公。食舊德。謂食父故祿。尙書云。世選爾勞。予不絕爾善。論語與滅國。繼絕世。詩云。凡周之士。不顯亦世。孟子云。文王之治岐也。仕者世祿。故周世祿也。從左氏義。鄭氏無駁。與許同。

所重民食喪祭。

注孔曰。重民。國之本也。重食。民之命也。重喪。所以盡哀。重祭。所以致敬。正義曰。東晉古文采此文入武成。○注。重民至致敬。○正義曰。夏書曰。衆非元后何戴。后非衆無與守邦。孟子盡心下。民爲貴。又言諸侯之寶有人民。周官大宰。以九兩繫邦國之民。大司徒掌人民之數。司民掌登萬民之數。自生齒以上。皆書于版。異其男女。歲登下其死生。及三年大比。以萬民之數詔司寇。司寇獻其數于王。王拜受之。登于天府。內史司會冢宰貳之。以贊王治。是民爲國之本也。書洪範八政。一曰食。伏生傳。食者。萬物之始。人事之所本。故八政先食。周官大宰以九職任萬民。一曰三農生九穀。二曰園圃毓草木。大司徒辨十有二壤之物。而知其種。以教稼穡樹藝。又云。頒職事十有二于邦國都鄙。使以登萬民。一曰稼穡。二曰樹藝。是食爲民命當重之也。喪以哀爲主。祭以敬爲主。喪祭者。所以教民反本追孝也。禮記經解云。喪祭之禮廢。則臣子之恩薄。臣子之恩薄。則背死亡生者衆矣。

寬則得衆。信則民任焉。敏則有功。公則說。

注孔曰。言政教公平。則民說矣。凡此二帝三王所以治也。故傳以示後世。正義曰。漢石經。無信則民任焉句。皇本足利本高麗本亦無。翟氏灝考異。阮氏元校勘記。竝疑爲子張問仁章誤衍。又公則說。皇本說上有民字。考異又云。按四語與上文絕不蒙。與前論仁章文。惟公說二字。殊疑子張問仁一章原在古論子張篇首。而此爲脫亂不盡之文。古書簡盡則止。不以章節分簡。故雖大半脫去。猶得餘其少半。連絡于下章也。下章子張問政。孔子約數以示。俟張請目。然後詳晰言之。與問仁章文勢畫一。顯見其錄自一手。又二十篇中。唯此二章。以子答弟子之言。加用孔字。蓋古分堯曰子張問以下。別爲一篇。與前季氏篇。爲別一記者所錄。稱孔子是其大例。故知命章首。舊本亦有孔字。今以問仁章亂入陽貨之篇。旣據其體例不符。而公山佛肸連類竝載之閒。橫隔以此。亦頗不倫。又云。恭寬信敏惠之本。獨舍此句。未足該歷代帝王爲治之體要也。○注。言政教公平。則民說矣。○正義曰。呂氏春秋貴公篇。昔先聖王之治天下也必先公。公則天下平矣。平得於公。嘗試觀於上志。其得之以公。其失之必以偏。故洪範曰。無偏無黨。王道蕩蕩。無偏無頗。遵王之義。無或作好。遵王之道。無或作惡。遵王之路。天下。非一人之天下也。天下之天下也。陰陽之和。不長一類。甘露時用。不私一物。萬民之主。不阿一人。是言政教宜公平也。公平則舉措刑賞皆得其宜。民服於上。故說也。

子張問於孔子曰。何如斯可以從政矣。子曰。尊五美。屛四惡。斯可以從政矣。注孔曰。屛除也。子張曰。何謂五美。子曰。君子惠而不費。勞而不怨。欲而不貪。泰而不驕。威而不猛。子張曰。何謂惠而不費。子曰。因民之所利而利之。斯不亦惠而不費乎。注王曰。利民在政。無費於財。擇可勞而勞之。又誰怨。欲仁而得仁。又焉貪。君子無衆寡。無小大。無敢慢。斯不亦泰而不驕乎。注孔曰。言君子不以寡小而慢也。君子正其衣冠。尊其瞻視。儼然人望而畏之。斯不亦威而不猛乎。正義曰。皇本問下有政字。尊者。崇尙之意。或作遵。漢平都相蔣君碑。遵五迸四。後漢祭遵傳。遵美屛惡。洪适隸釋。以遵迸爲尊屛異文。方言。遵。行也。此義亦通。貪者。說文云。欲物也。呂覽愼大注。求無厭。是爲貪。阮氏元校勘記。益卦注。旅師疏。及文選洞簫賦注。引此文。並作因民所利而利之。皇疏兩述經文。皆無上之字。疑後人妄增。又皇本擇下有其字。案擇可勞而勞之以下。皆因子張問而答之。不言子張問者。統於首句何謂惠而不費。凡諸問辭。皆從略也。勞民。如治溝洫。及耕斂之類。又農隙講武事。興土功。並是擇而勞之。荀子富國篇言古人使民。夏不宛暍。冬不凍寒。急不傷力。緩不後時。事成功立。上下俱富。而百姓皆愛其上。人歸之如流水。親之歡如父母。爲之出死斷亡而愉者。無它故焉。忠信調和均辨之至也。是言勞民而民不怨也。欲仁得仁。謂欲施仁政於民。卽可施行。故易得仁也。皇疏云。君子正其衣冠者。衣無撥。冠無免也。中論法象篇。夫法象立。所以爲君子。法象者。莫先乎正容貌。愼威儀。是故先王之制禮也。爲冕服采章以旌之。爲佩玉鳴璜以聲之。欲其尊也。欲其莊也。焉可懈慢也。夫容貌者。人之符表也。符表正。故情性治。情性治。故仁義存。仁義存。故盛德著。盛德著。故可以爲法象。斯謂之君子矣。故孔子曰。君子威而不猛。泰而不驕。詩云。敬爾威儀。惟民之則。○注。屛。除也。○正義曰。穀梁宣九年傳。放猶屛也。廣雅釋詁。摒。除也。摒與屛同。○注。利民在政。無費於財。○正義曰。左氏傳云。上思利民。忠也。利民在政者。政在養民。故當順民之性。使之各遂其生。邢疏云。民居五土。所利不同。山者利其禽獸。渚者利其魚鹽。中原利其五穀。人君因其所利。使各居其所安。不易其利。則是惠愛利民在政。且不費於財也。說文。費。散財用也。廣雅釋言。費。耗也。費。損也。○注。言君子不以寡小而慢也。○正義曰。寡小。人所易慢。經意所主。故注別言之。書無逸。至于小大。無時或怨。鄭注。小大。謂萬民上及羣臣。詩泮水。無小無大。從公于邁。皆與此釋小大同。皇疏引殷仲堪曰。君子處心以虛。接物以敬。不以衆寡異情。大小改意。無所敢慢。斯不驕也。即此注意。說文。慢。惰也。一曰不畏也。二義相近。

子張曰。何謂四惡。子曰。不教而殺謂之虐。不戒視成謂之暴。注馬曰。不宿戒而責目前成爲視成。慢令致期。謂之賊。注孔曰。與民無信而虛刻期。猶之與人也。出納之吝。謂之有司。注孔曰。謂財物俱當與人。而吝嗇於出納惜難之。此有司之任耳。非人君之道。

正義曰。不教而殺。謂未以禮義教民。民犯於法。則以罪殺之。此爲虐也。說文。虐。殘也。今從隸省作虐。京房易傳。不教而誅茲謂虐。義本此。毛詩終風傳。暴。疾也。高誘淮南天文訓注。暴。虐也。戒者。說文。戒。警也。儀禮士冠禮。主人戒賓。注。戒。警也。告也。言上於民。當先告戒之。而後責成功也。慢令者。新序雜事篇。緩令急誅。暴也。緩令即慢令。說文訓慢爲惰。凡怠惰。則致緩也。王氏樵紹聞編。視成。如今官府之受成。致期。如今官府之立限。周公之營洛邑也。賦工命役。咸勸諧治。戒之如此其至也。然後視其成焉。而不愆于素。若但曰吾知責其成而已。而無夙戒之道。則卒遽無漸。而人難於效功矣。費誓。魯公之令衆也。甲戌我惟征徐戎。甲戌我惟築期會。明審如此。糗糧之不備。楨榦之不供。則有某刑。其令之嚴又如此。孰敢不依期而集哉。今也慢其令於先。而刻期於後。以誅其民而必刑之。則是賊之而已。荀子宥坐篇。魯有父子訟者。拘之三月。其父請止。孔子舍之。季孫不說。孔子曰。嫚令謹誅。賊也。今生也有時。斂也無時。暴也。不教而責成功。虐也。已此三者。然後刑可即也。韓詩外傳。孔子曰。不戒責成。害也。慢令致期。暴也。不教而誅。賊也。君子爲政。避此三者。又子貢謂季孫曰。託法而治謂之暴。不戒致期謂之虐。不教而誅謂之賊。以身勝人謂之責。責者失身。賊者失臣。虐者失政。暴者失民。文皆略同。出納者。說文。納。絲濕納納也。別一義。內。入也。从冂。自外而入也。經傳多叚納爲內。此處皇本釋文本皆作內。唯邢本作納。公羊桓二年傳。納者。入辭也。上句言與人。此言出。又言納者。俞氏樾平議。因出納爲人之恆言。故言出而竝及納。史記刺客傳。多人不能無生得失。言失而竝言得也。游俠傳。緩急人之所時有也。言急而竝言緩也。此言出納。亦猶是矣。案俞說是也。胡氏紹勳拾義。納亦主與人。凡財物出於己。必入於人。亦謂之納。引禹貢納總納銍納秸。昏禮納采納吉納徵。曲禮納女於天子諸文爲據。其說亦通。夏小正納卵蒜。傳云。納者。何也。入之君也。亦一證。○注。不宿戒而責目前成爲視成。○正義曰。公食大夫記。不宿戒。注。申戒爲宿。又鄉飲酒注。再戒爲宿戒。○注。與民無信而虛刻期。○正義曰。注謂令旣出。而行之有違。是虛刻期爲無信也。此說雖通。究非經旨。○注。俱當至之道。○正義曰。方言。荆汝江湘之郊。凡貪而不施。或謂之悋。虞翻易注。坤爲吝嗇。皇疏云。有司。謂主典物者也。猶庫吏之屬也。庫吏雖有官物。而不得自由。故物應出入者。必有所諮問。不敢擅易。人君若物與人而吝。卽與庫吏無異。故云謂之有司也。案夫子言從政之道，而人君爲政，亦不異此。故注廣言之。

孔子曰。不知命。無以爲君子也。注孔曰。命謂窮達之分。不知禮。無以立也。不知言。無以知人也。注馬曰。聽言而別其是非。正義曰。釋文本。皇邢本。唐宋石經。並作孔子。唯集注本無孔字。當是誤脫。釋文云。魯論無此章。今從古。此亦出鄭注。韓詩外傳。子曰。不知命。無以爲君子。言天之所生。皆有仁義禮智順善之心。不知天之所以命生。則無仁義禮智順善之心。謂之小人。又曰。大雅曰。天生蒸民。有物有則。民之秉彝。好是懿德。言民之秉德以則天也。不知所以則天。又焉得爲君子乎。漢書董仲舒傳對策曰。天令之謂命。人受命於天。固超然異於羣生。貴於物也。故曰。天地之性人爲貴。明於天性。知自貴於物。然後知仁義禮智。安處善樂循理。謂之君子。故孔子曰。不知命。無以爲君子。此之謂也。二文皆言德命。其義極精。蓋言德命。可兼祿命也。說詳前疏。○注。聽言而別其是非。○正義曰。言者心聲。言有是非。故聽而別之。則人之是非亦知也。易繫辭傳。將叛者其辭慚。中心疑者其辭枝。吉人之辭寡。躁人之辭多。誣善之人其辭游。失其守者其辭屈。此孔子知言卽知人之學。孟子自許知言云。詖辭知其所蔽。淫辭知其所陷。邪辭知其所離。遁辭知其所窮。亦謂知言卽可知人也。

卷二十四　論語序

正義曰。經典釋文唐石經標題如此。必是何晏等原式。皇疏本作論語集解敍。邢疏本則每篇首行題論語註疏解經卷第幾。此序首行題論語註疏解經序。次行題序解疏三字。案何晏等作序時。止有註。未有疏也。今竟稱註疏序。此自作疏時妄題。其後失檢。遂仍之也。

序曰。漢中壘校尉劉向言魯論語二十篇。皆孔子弟子記諸善言也。大子大傅夏侯勝。前將軍蕭望之。丞相韋賢及子玄成等傳之。正義曰。序。皇疏本作敍。爾雅釋詁。敍。緒也。孫炎注。敍謂端緒也。說文。敍。次第也。凡紀錄一篇誌。述其大義。並傳授源流。令人識而知之。故謂之序。周易傳有序卦。此稱序之始。序者。東西牆之名。蓋假借也。漢者。水名。高祖初爲漢王。王巴蜀漢中。後因以爲有天下之號。中壘校尉者。漢書百官公卿表。中壘校尉。掌北軍壘門內。外掌西域。顏師古注。掌北軍門之內。而又外掌西域。案壘者。軍所立營壘以爲固也。校尉。官名。若司隸城門屯騎越騎胡騎射聲虎賁經車。皆有校尉。秩皆二千石。劉向官終中壘校尉。故此舉爵稱之。邢疏云。劉向者。高祖少弟楚元王之後。辟彊之孫。德之子。字子政。本名更生。成帝卽位更名向。數上疏言得失。以向爲中壘校尉。向爲人簡易。專精思於經術。成帝詔校經傳諸子詩賦。每一書已。向輒條其篇目。撮其指意。錄而奏之。著別錄新序。此言魯論語二十篇皆孔子弟子記諸善言也。蓋出於彼。故何晏引之。案此言出別錄。邢氏連言新序耳。魯論語二十篇者。言魯人所傳論語有此篇。漢書藝文志。漢興。有齊魯之說。明齊人魯人所傳論語。始於漢興時也。釋名釋典藝。論語。紀孔子與弟子所語之言也。論。倫也。有倫理也。語。敍也。敍己所欲說也。案論倫字皆從侖。說文侖部云。侖。理也。倫理之訓。實爲至當。故皇侃序疏。首列其義。其下二塗。則經綸今古。輪轉無窮。均爲傅會。通人所不取也。藝文志云。論語者。孔子應答弟子時人及弟子相與言而接聞於夫子之語也。當時弟子各有所記。門人相與輯而論纂。故謂之論語。此謂夫子及弟子之語。門人論之。何異孫十一經問對。論語有弟子記夫子之言者。有夫子答弟子問者。有弟子自相答問者。又有時人相言者。有臣對君問者。有師弟子對大夫之問者。皆所以討論文義。故謂之論語。案如何說。是夫子與弟子時人各有討論之語。非謂夫子弟子之語。門人始論之也。此則視漢志爲得也。藝文志又云。論語魯二十篇。魯王駿說二十篇。是二十篇爲魯論也。漢書武帝紀。著之於篇。顏師古注。篇謂竹簡也。竹簡用以寫書。故說文訓篇爲書。實則書成竹簡。編連之方名篇也。皆孔子弟子記諸善言也者。說文。皆。俱詞也。言孔子弟子不止一人也。史記孔子世家云。孔子生魯昌平鄉陬邑。其先宋人也。曰孔防叔。防叔生伯夏。伯夏生叔梁紇。紇禱於尼丘。得孔子。生而首上圩頂。故因名曰丘。字仲尼。姓孔氏。此言孔子者。弟子稱其師曰子。尊者之名。不敢斥言也。弟子是對兄與父之稱。當時弟子事夫子比於父兄。故自稱弟子。若公西華言弟子不能學是也。弟子亦稱門人者。言爲夫子門內受業之人也。釋名釋典藝。記。紀也。紀識之也。言恐有遺忘。故識於策也。諸者。不一之辭。廣雅釋言。善。佳也。漢書匡衡傳。論語孝經。聖人言行之要。趙岐孟子題辭。論語者。五經之錧鎋。六藝之喉衿。揚泉物理論。論語者。聖人之至論。王者之大化。是論語所言爲善言也。漢書百官公卿表。太子太傅。古官。秩二千石。前後左右將軍。皆周末官。秦因之。位上卿。漢不常置。或有前後。或有左右。皆掌兵及四夷。相國丞相。皆秦官。掌丞天子。助理萬機。有左右。高帝卽位。置一丞相。十一年更名相國。孝惠高后置左右丞相。文帝二年。復置一丞相。是太子太傅前將軍丞相皆漢官名也。邢疏引漢書傳云。夏侯勝字長公。東平人。少好學精熟。善說禮服。徵爲博士。宣帝立。太后省政。勝以尚書授太后。遷長信少府。坐議廟樂事下獄。繫再更冬。會赦。出爲諫大夫。上知勝素直。復爲長信少府。遷太子太傅。受詔撰尚書論語說。賜黃金百斤。年九十卒官。賜冢塋。葬平陵。太后賜錢三百萬。爲勝素服五日。以報師傅之恩。儒者以爲榮。始勝每講授。謂諸生曰。士病不明經術。經術苟明。其取青紫如俛拾地芥耳。學經不明。不如歸耕。蕭望之字長倩。東海蘭陵人也。好學齊詩。事同縣后倉。又從夏侯勝問論語禮服。以射策甲科爲郎。累遷諫大夫。後代丙吉爲御史大夫。左遷爲太子太傅。及宣帝寢疾。選大臣可屬者引至禁中。拜望之爲前將軍。元帝卽位。爲弘恭石顯等所害。飲鴆自殺。天子聞之。驚拊手。爲之卻食涕泣。哀動左右。長子伋嗣。爲關內侯。韋賢字長孺。魯國鄒人也。賢爲人質朴少欲。篤於學。兼通禮尚書。以詩教授。號稱鄒魯大儒。徵爲博士給事中。進授昭帝詩。稍遷光祿大夫。及宣帝卽位。以先帝師甚見尊重。本始三年。代蔡義爲丞相。封扶陽侯。年七十餘。爲相五歲。地節三年。以老病乞骸骨。賜黃金百斤罷歸。加賜第一區。丞相致仕自賢始。年八十二薨。謚曰節侯。少子玄成。字少翁。復以明經歷位至丞相。鄒魯諺曰。遺子黃金滿籯。不如一經。玄成爲相七年。建昭三年薨。謚曰共侯。此四人皆傳魯論。案漢藝文志。魯夏侯說二十一篇。此當卽夏侯勝受詔所作說也。志載韋賢不及玄成。然韋賢傳言玄成復以明經位至丞相。且遺子一經。著於時諺。是玄成固傳其父之學。張禹傳言韋玄成說論語。故此序及陸德明釋文敍錄並載之。東平蘭陵鄒皆屬魯。故漢儒林瑕丘江公傳言韋賢夏侯勝。皆魯人也。又漢志。魯論語家傳十九篇。當是傳魯論語者所作。翟氏灝考異謂古人釋經。經與傳說俱各篇兩行。故經二十篇。而傳說之篇。或十九或二十一也。至漢志復有常山都尉龔奮魯扶卿。又王駿說二十篇。師古曰王吉子。據王吉傳。吉子駿從梁丘臨學易。左曹陳咸薦駿賢父子經明行修。是駿亦經生。然王吉本傳齊論。而駿傳魯論者。蓋父子異學。若孟卿爲禮春秋。而使子孟喜從田王孫受易。劉向受穀梁。而劉歆獨好左氏春秋也。龔奮魯扶卿王駿不載此序。皆所遺也。又敍錄復有太子少傳夏侯建。亦序所遺。

齊論語二十二篇。其二十篇中章句頗多於魯論。琅邪王卿及膠東庸生昌邑中尉王吉皆以教授。

正義曰。齊論語者。齊人所傳。與魯不同。故多二篇。章句者。說文云。章。樂竟爲一章。從音從十。十。數之終也。本言樂竟。故文字每節已終則謂之章。說文云。句。曲也。詩關雎疏云。句者。局也。聯字分疆。所以局言者也。東觀漢紀。徐防上疏曰。試論語本文章句。但通度勿以射策。趙岐孟子敍言論四百八十六章。漢石經釋文敍錄。每篇亦載章數。自是漢經師所傳有之。惟不言句數。或文失傳。或但有章連言句耳。今惟毛詩有章句。舊題也。漢書張禹傳。始魯扶卿及夏侯勝王陽蕭望之韋玄成皆說論語篇第或異。王陽是傳齊論。餘皆傳魯論。齊魯篇第既有或異。則齊論章句。容亦增多。馮椅論語解。以子張問仁於孔子稱孔子爲齊論。盧氏文弨鍾山札記。以陳成子弒簡公。不稱齊。亦爲齊論。洪與祖論語說引或說。以季氏篇爲齊論。或當是也。竊又疑此文所云章句。專指訓釋之詞。若下言周氏包氏章句者也。章句聯綴於本文。故言二十篇中章句也。漢志於魯論。載傳十九篇。而於齊論載說二十九篇。則多魯論十篇。齊說卽此序所言章句也。二十九篇之言。爲齊論章句。則十九篇之傳。亦爲魯論章句矣。魯傳齊說。不著作者姓氏。明是諸儒相傳之義。非一人也。琅邪。郡名。膠東。國名。昌邑屬山陽郡。武帝天漢四年。更山陽爲昌邑國。並見漢地理志。邢疏云。王卿。天漢元年。由濟南太守爲御史大夫。庸生名譚。生蓋古謂有德者也。案翟氏灝考異引七略曰。論語家近有琅邪王卿。不審名。蓋卿非王氏名。據七略、此文不言王卿居何官。又漢志及釋文敍錄。亦不詳庸生之名。邢疏云云。當別有所本。中尉者。百官公卿表云。中尉。秦官。掌徼循京師。又云。諸侯王掌治其國。有中尉掌武職。成帝綏和元年。令中尉如郡都尉。此昌邑中尉。卽昌邑國所置之中尉也。漢書王吉傳。王吉字子陽。琅邪皐虞人也。少好學明經。以郡吏舉孝廉爲郎。補若盧右丞。遷雲陽令。舉賢良。爲昌邑中尉。此三人皆傳齊論。其見於王吉傳。若臣聞高宗諒闇。三年不言。天不言。四時行焉。百物生焉。舜揚不用三公九卿之世。而舉皐陶伊尹。皆齊論也。王卿所教授。今無可考。王吉傳。初吉兼通五經。能爲騶氏春秋。以詩論語教授。張禹傳。禹先事王陽。後從庸生。王陽即王吉。是庸生王吉。皆以齊論教授於人也。漢志云。傳齊論者。昌邑中尉王吉。少府宋畸。御史大夫貢禹。尚書令五鹿充宗。膠東庸生。惟王陽名家。釋文敍錄同。此序不及宋畸貢禹五鹿充宗。亦所遺也。

故有魯論有齊論。

正義曰。論語亦單稱論。故有魯論齊論及古論之名。董仲舒春秋繁露。趙岐孟子章句。凡引論語。多直稱論。史游急就章宦學諷詩孝經論。張禹傳欲爲論念張文是也。亦有單稱語者。後漢書邳彤傳引語曰。一言可以興邦。橋玄傳引語曰。三軍可奪帥。匹夫不可奪志。翟酺傳引語曰。不患無位。患所以立是也。又有稱經者。漢書于定國傳引經曰。萬方有罪。罪在朕躬是也。又有稱傳者。漢書魯共王傳得古文經傳。傳謂論語。其他見於史者甚多。揚雄傳贊所謂傳莫大於論語是也。又有稱記者。後漢書趙咨傳引記曰。喪。與其易也寧戚。是也。又有稱說者。前漢書郊祀志引論語說曰。子不語怪神是也。

魯共王時。嘗欲以孔子宅爲宮。壞得古文論語。

正義曰。邢疏云。傳曰。魯共王餘。景帝子。程姬所生。以孝景前二年立爲淮陽王。前三年徙王魯。二十八年薨。謚曰共王。初好治宮室。壞孔子舊宅以廣其宮。聞鐘磬琴瑟之音。遂不敢復壞。於其壁中得古文經傳。即謂此論語及孝經爲傳也。酈道元水經泗水注言曲阜武子臺南四里許。則孔廟即夫子之故宅也。宅大一頃。所居之堂。後世以爲廟。又云。孔廟東南五百步。有雙石闕。即靈光之南闕。北百餘步。即靈光殿基。是魯恭王之所造也。據此文。夫子宅東南三四百步外。即近靈光。則共王所居之宮。與夫子宅相毗連可知。故欲壞孔子宅以廣其宮也。其孔子壁中有經傳者。孔叢子獨治篇。陳餘謂子魚曰。秦將滅先王之籍。而子書籍之主。其危矣乎。子魚曰。顧有可懼者。必或求天下之書焚之。書不出則有禍。吾將先藏之以待其求。求至無患矣。孔叢雖僞書。然此言當得其眞。顏師古注漢書藝文志。引漢紀尹敏傳云孔鮒所藏。鮒即子魚也。若家語以爲孔騰所藏。今文書序以爲孔惠所藏。則異說矣。論衡佚文篇。恭王壞孔子宅以爲宮。聞弦歌之聲。懼復封塗。上言武帝。武帝遣吏發取古經論語。然則恭王始壞孔宅而復封塗。未竟壞也。武帝乃更毀壁發取古文。則古文非共王所得。此序以壞宅得論語屬之共王者。本以共王始事故也。漢藝文志言武帝末。魯恭王壞孔子宅。案恭王初封淮陽。後封魯。在位二十八年。薨當元朔元年。其壞孔子宅事。又在其前。則爲武帝初年。漢志以爲武帝末。未審也。志又云。得古文尚書及禮記論語孝經凡數十篇。皆古字也。魏書江式傳。亡新居攝。使大司空甄豐校文字之部。時有六書。一曰古文。孔子壁中書也。魯恭王壞孔子宅而得禮尚書春秋論語孝經也。許愼說文自敍云。倉頡之初作書。蓋依類象形。故謂之文。其後形聲相益。即謂之字。及周宣王大史籀著大篆十五篇。與古文或異。至孔子書六經。左丘明述春秋傳。皆以古文。是古文爲倉頡所作。言古者依後世今文別之也。晉書衞恒傳。漢武時魯恭王壞孔子宅。得尚書春秋論語孝經。時人以不復知有古文。謂之科斗書。漢世祕藏。希得見之。段氏玉裁說文序注云。古文出於壁中。故謂之壁中書。晉人謂之科斗文。王隱曰。科斗文者。周時古文也。其字頭麤尾細。似科斗之蟲。故俗名之焉。又說文自敍。稱論語亦爲古文。此古文據段說兼有大篆。今其著者。惟樀史字爲古文。其餘所引。則段氏謂所説字形字音字義。皆合倉頡史籀。非謂皆用壁中古文也。翟氏灝四書考異云。按魏正始中立三字石經。嘗倣效孔壁古文。備爲一書。又晉咸甯時汲郡人發古冢。得竹册十餘萬言。其間具有論語。又云。魏所立石。隋志僅錄其尚書春秋。未定論語之曾刊否也。汲冢所出羣書。隨復散棄。存於後者。惟周書魏史穆天子傳瑣語數種。其論語。自六朝皆絕口不稱。恐已旋滅之矣。據此則論語古文。久已無傳。而郭忠恕汗簡錄。古論語字。如都作䣊。紂作紂。甯作甯。昆作巛。備作葡。奪作奞。弄作弄。訓作訓。舉作舉。虐作䖈。勃作勃。慈作𢚩。貉作貉。又作𦘔。綽作䋋。篤作竺。廄作𠆿。朱雲金石韻府續錄。古論語如弟作𠈀。鼗作鞀。媚作𡟤。押作押。褻作絬。凡所載古文。疑皆後人依放鐘鼎及說文爲之。未必及見孔壁古文也。齊論有問王知道。多於魯論二篇。古論亦無此二篇。分堯曰下章子張問。以爲一篇。有兩子張。凡二十一篇。篇次不與齊魯論同。正義曰。漢藝文志齊二十二篇。多問王知道。如淳曰。問王知道。皆篇名也。晁公武郡齋讀書志。詳其名。當是內聖之道。外王之業。朱氏彝尊經義考。斥晁說爲附會。謂今逸論語見於說文。初學記。文選注。太平御覽等書。其詮玉之屬特詳。竊疑齊論所逸二篇。其一乃問玉。非問王也。考之篆文。三畫正均者爲王。中畫近上者爲玉。初無大異。因譌玉爲王耳。王伯厚亦云。問王疑即問玉。亶其然乎。案說文引逸論語。玉粲之璱兮。其瑮猛也如玉之瑩。段氏玉裁注云。張禹魯論所無。則謂之逸論語。如十七篇之外爲逸禮。二十九篇之外爲逸尚書也。其初學記所引璠璵。魯之寶玉也。孔子曰。美哉璠璵。遠而望之。奐若也。近而視之。瑟若也。一則理勝。一則孚勝。又初學記及御覽所引玉十謂之區。治玉謂之琢。又謂之雕。瑳。玉色鮮白也。瑩。玉色也。瑛。玉光也。璓。赤玉也。璿瑾璐。美玉也。璑。三采玉也。玲瓏瑲瑣瑝。玉聲也。璬。玉佩也。瑱。充耳也。璪。玉飾以水藻也。凡所詮玉之辭。與說文所引逸論語文全不類。朱氏不當並數之。今家語亦有問玉篇。當是依用論語篇名。然則問王之爲問玉。其說信不誣也。宋氏翔鳳師法表。以問王爲春秋素王之事。備其問答。又合知道爲發揮堯曰篇之義蘊。此曲說。不可從。漢石經論語碑末記諸家有無不同之說。有蓋肆乎其肆也句。不知何篇之文。則亦逸文之僅存也。漢志云。論語古二十一篇。出孔子壁中。有兩子張。蓋古論分堯曰下章子張問從政。別爲一篇。而題以子張問。與第十九篇之子張篇題略同。故有兩子張。如氏注以爲篇名從政。殆未然也。論衡正說篇。漢興失七。至武帝發取孔子壁中古文。得二十一篇。共齊魯河間九篇。本三十篇。至昭帝女讀二十一篇。宣帝下太常博士時。尚稱書難曉。後更隸寫傳誦。又云。今時稱論語二十篇。又失齊魯河間九篇。本三十篇。分布亡失。或二十一篇目。或多或少。文讚或是或誤。案齊魯河間九篇。不知何篇。翟氏灝考異。以藝文志論語十二家。有燕傳說三篇。河間趙地。偪近於燕。燕傳。疑即論衡所云河間者也。案翟說亦是存疑。不足爲據。魯論齊論。已見前志。不得別有齊魯合河間爲九篇。出於漢志之外。又合古論爲三十篇也。史記孔子世家。時魯共王壞孔子舊宅。壁中得古文虞夏商周之書。

及傳論語孝經。悉還孔氏。漢藝文志亦言武帝末。魯共王壞孔子宅。得古文尚書及禮記論語孝經。凡數十篇。孔安國者。孔子後也。悉得其書。則古文論語。久入孔氏。昭帝女何由得讀。既帝女能讀。而宣帝時博士轉難曉耶。此皆無稽之說。不足與深辨也。皇侃義疏敍曰。古論篇次。以鄉黨爲第二篇。雍也爲第三篇。內倒錯不可具說。是古論篇次。不與齊魯論同。然皇本多爲異域人所改。此等說。他處未見。恐難據也。隋書經籍志。古論語章句煩省。與魯論不異。然學而篇末若貧而樂。古論樂下有道字。鄉黨篇車中內顧。古論作不內顧。衞靈公篇子曰。父在觀其志。父沒觀其行。鄭云古皆無此章。堯曰篇知命章。鄭云魯論無此章。則謂古齊有此章也。古齊魯章句。本有不同。而隋志謂其煩省不異。亦大略言之爾。經典敍錄引桓譚新論說古論云。文異者四百餘字。今略見史記說文並鄭注中。

安昌侯張禹本受魯論。兼講齊說。善者從之。號曰張侯論。爲世所貴。

正義曰。安昌。據漢地理志屬汝南郡。漢書傳云。張禹字子文。河內軹人也。從沛郡施讎受易。琅邪王陽膠東庸生問論語。既皆明習。有徒衆。舉爲郡文學。甘露中諸儒薦禹。有詔太子太傅蕭望之問禹對易及論語大義。望之善焉。奏禹經學精習。有師法。可試事。奏寢罷歸故官。久之試爲博士。初元中立皇太子。而博士鄭寬中以尚書授太子。薦言禹善論語。詔令禹授太子論語。由是遷光祿大夫。數歲出爲東平內史。成帝即位。徵禹寬中。皆以師賜爵關內侯給事中領尚書事。河平四年。代王商爲丞相。封安昌侯。爲相六歲。鴻嘉元年。以老病乞骸骨就第。建平二年薨。謚曰節侯。最始魯扶卿及夏侯勝王陽蕭望之韋玄成。皆說論語篇第或異。禹先事王陽。後從庸生。采獲所安。最後出而尊貴。諸儒爲之語曰。欲爲論。念張文。由是學者多從張氏。餘家寖微。釋文敍錄云。安昌侯張禹。受魯論於夏侯建。又從庸生王吉受齊論。擇善而從。號曰張侯論。據敍錄。是禹受魯論於夏侯建。而禹傳不及建。蓋所遺也。宋氏翔鳳師法表。張論合齊魯兩家之學。特其篇章與魯論同。故多以張論爲魯論。後漢熹平石經。即用張論。案藝文志魯安昌侯說二十一篇。師古曰。張禹也。考禹傳云。初禹爲師。以上難數對己問經。爲論語章句獻之。意此即二十一篇說也。隋書經籍志。張氏晚講齊說。後遂合而考之。刪其繁惑。除去問王知道二篇。從魯論二十篇爲定。是張論本二十篇。而漢志言禹有二十一篇。說者疑一字誤衍。或是經二十篇。說一篇。志連經言之。得有二十一篇也。又禹傳云。禹成就弟子。尤著書。淮陽彭宣至大司空。沛郡戴崇至少府九卿。當亦傳論語之學者。此序未之及也。

包氏周氏章句出焉。

正義曰。後漢儒林傳。包咸字子良。會稽曲阿人也。少爲諸生。受業長安。師事博士右師細君。習魯詩論語。王莽末。去歸鄉里。光武即位。舉孝廉。除郎中。建武中。入授皇太子論語。又爲其章句。拜諫議大夫。永平五年。遷大鴻臚。經傳有疑。輒遣小黃門就舍即問。年七十。卒於官。子福。拜郎中。亦以論語入授和帝。邢疏云。周氏。不詳何人。不言名而言氏者。蓋爲章句之時。義在謙退。不欲顯題其名。但欲傳之私族。故直云氏而已。或曰。以何氏諱咸故沒其名。但言包氏。連言周氏耳。釋文敍錄云。後漢包咸周氏並爲章句。立於學官。宋氏翔鳳師法表云。謂立石大學。非張論曾立博士也。案宋說似誤。趙岐孟子題辭。孝文欲廣遊學之路。論語孝經孟子爾雅。皆置博士。劉歆移讓太常書。孝文時。尙書初出屋壁。詩始萌芽。天下衆書。往往頗出皆諸子傳說。猶立於學官爲置博士。時所稱傳。卽論語孟子類也。唐書薛放傳。漢時論語首立於學官。則論語西漢時已立。至後漢百官志。太常博士。凡十四人。不及論語。然後漢徐防傳云。防疏謂博士及甲乙試策。宜從其家章句。開五十難以試之。五經各取上第六人。論語不宜射策。雖所失或久。差可矯革。詔書下公卿。皆從防言。翟氏灝考異云。據通典載漢小郡都尉博士督郵板狀曰。通易尙書詩禮春秋孝經論語。兼綜載籍。窮微闡奧。都尉博士。猶講授論語。太常博士。詎轉不講授與。此正可與徐防事。互爲發明。蓋其時諸經皆兼論語。故不復設專官耳。案翟氏甚是。論語惟立博士。故得立石大學。洪适隸釋載殘字石經堯曰篇末云。而在於蕭牆之內。盍毛包周無於此以諸家校魯論之異同。宋氏翔鳳師法表云。盍氏毛氏。不知與包周孰爲先後。又不知爲齊爲魯。

古論唯博士孔安國爲之訓解。而世不傳。至順帝時。南郡太守馬融亦爲之訓說。

正義曰。古論者。古字論語也。史記孔子世家。安國。孔子十一世孫。爲武帝博士。漢書孔光傳言安國爲武帝博士。至臨淮太守。世家但言博士者。當是史公就目見時言之。此序本世家。故亦祗言博士。未詳其後所居之官耳。世家又云。時魯共王壞孔子舊宅。壁中得古文虞夏商周之書。及傳論語孝經。悉還孔氏。漢書藝文志云。魯共王壞孔子宅。而得古文尙書及禮記論語孝經。凡數十篇。皆古字也。孔安國者。孔子後也。悉得其書。是古文論語。爲安國所得也。然漢志不言安國注論語。而此序謂安國爲古論訓解者。王肅家語後序云。魯恭王得壁中書。以歸夫子十一世孫子國。子國乃考論古今文字。撰衆師之義。爲古文論語訓二十一篇。尙書傳五十八卷。其後孝成帝詔劉向校定衆書都記錄。名古文尙書論語別錄。子國孫衍爲博士。上書辨之。略曰。古文尙書論語。世人莫有能言者。臣祖安國爲之今文讀而訓傳。其義旣畢。會値巫蠱事起。遂各廢不行於時。然其典雅正實。與世所傳者不同日而語也。光祿大夫向以爲其時所未施行之故。尙書則不記于別錄。論語則不使名家也。臣竊惜之。臣愚以爲宜皆記錄別見。奏上。天子許之。未卽論定。而遇帝崩。向又病亡。遂不果立。案漢藝文志列論語十二家。於齊魯論傳說皆備載之。而於古論不言有孔氏說。劉向雅博。爲世通儒。倘及見典雅正實之安國古文訓。豈有廢置之不使名家乎。安國以今文書古文。而司馬遷正從安國問故。其孔子世家弟子列傳所載論語文。必是安國之學。今校之孔注。如在陳絕糧。敍孔子去衞如曹。又之宋之陳。佛肸爲趙簡子邑宰。顯與史記不合。其他差謬。遠失經旨者甚多。是此注必非安國所作。今所傳尙書傳孝經傳。往時儒者皆知其僞。而論語因爲集解所采。無敢異議。近陳氏鱣著論語古訓。自序疑其不類。沈氏濤著論語孔注辨僞。自序譏其詮義膚淺。徵典舛謬。疑爲平叔所作。丁氏晏著論語孔注證僞。以爲王肅所作。蓋王肅好與鄭難。故論者以尙書傳爲肅作。則此論語注。必亦出肅之手。而特於家語序互證成之。丁氏此說。較沈氏爲得。論衡正說篇。謂安國以授魯人扶卿。官至荆州刺史。始曰論語。案扶卿爲魯論之學。見漢藝文志。不傳古論。且漢志及張禹傳經典敍錄。皆言魯扶卿。是魯爲其姓。論衡獨言魯人扶卿。與漢志諸文不同。又荆州刺史。似謂扶卿所居之官。此論衡此言。未知所本。至論語之名。早見坊記。豈至安國及扶卿時始有其名。王充於經術頗疎。此等說。終是不可據也。邢疏云。案後漢紀孝順皇帝諱保。安帝之子也。地理志云。南郡秦置。高帝元年。更爲臨江郡。五年復故。景帝二年。復爲臨江郡。中二年復故。屬荆州。表云。郡守。秦官。掌治其郡。秩二千石。景帝中二年。更名太守。後漢書傳云。馬融字季長。扶風茂陵人也。有俊才。初京兆摯恂以儒術教授。隱於南山。融從其遊學。博通經籍。永初四年。拜爲校書郎中。詣東觀典校秘書。陽嘉二年。拜議郎大將軍。梁商表爲從事中郎。轉武都太守。三遷。桓帝時爲南郡太守。融才高博洽。爲世通儒。註孝經論語詩易三禮尚書。年八十八。延熹九年。卒於家。據融傳。但言註論語。而此謂以爲古論者。以融注他經。多爲古文。故意所注論語。亦是古論。其後康成取古論校正魯論。當亦受之融者也。皇侃疏。隋經籍志謂馬融亦注魯論。似未然。

漢末大司農鄭玄就魯論篇章。考之齊古。爲之註。

正義曰。康成生當靈獻時。故曰漢末。大司農者。漢書百官公卿表云。治粟內史。秦官。掌穀貨有兩丞。景帝後元年。更名大農令。武帝太初元年。更名大司農。司馬彪百官志。大司農卿一人。中二千石。後漢書傳云。鄭玄字康成。北海高密人也。受業師事京兆第五元先。始通京氏易公羊春秋三統歷九章算術。又從東郡張恭祖。受周官禮記左氏春秋韓詩古文尚書。以山東無足問者。迺西入關。因涿郡盧植事扶風馬融。融素驕貴。玄在門下三年。不得見。迺使高業弟子傳受於玄。玄日夜尋誦。未嘗怠倦。會融集諸生考論圖緯。聞玄善算。迺召見於樓上。玄因從質諸疑義。問畢。辭歸。融喟然謂門人曰。鄭生今去。吾道東矣。玄自游學十餘年。迺歸鄉里。家貧。客耕東萊。學徒相隨。已數百千人。及黨事起。迺與同郡孫嵩等四十餘人。俱被禁錮。遂隱修經業。杜門不出。建安元年。自徐州還高密。玄後嘗疾篤自慮。以書戒子益恩云云。時大將軍袁紹。總兵冀州。遣使邀玄。舉玄茂才。表爲左中郎將。皆不就。公車徵爲大司農。給安車一乘。所過長吏送迎。迺以病自乞還家。卒年七十四。自郡守以下。嘗受業者。縗絰赴會千餘人。凡玄所注周易。尚書。毛詩。儀禮。禮記。論語。孝經。尚書大傳。中候乾象歷。又著天文七政篇。魯禮禘祫議。六藝論。毛詩譜。駁許愼五經異義。答臨孝存周禮難。凡百餘萬言。玄質於詞訓。通人頗譏其繁。至於經傳洽孰。稱爲純儒。齊魯間宗之。就魯論篇章云云者。隋書經籍志。鄭以張侯論爲本。參校齊古而爲注。張論卽魯論。陸氏音義云。鄭校周之本。以齊古讀正。凡五十事。宋氏翔鳳師法表云。周之本。卽周氏之出於張侯者。蓋張論出。而三家遂微。鄭學興。而齊古差見。是康成雖就魯侯。實兼通齊古。而於古論尤多徵信。故注中從古讀正魯論者。不一而足。其從齊讀已不可考。然尋兩家之學。可以得其一二。案音義謂鄭以齊古校正周本。凡五十事。今以鄭氏佚注校之。祇得二十四事。皆明箸魯讀之文。其哀公問主解爲社主。雖從周本作主。仍是從古論義爲社主也。至如有酒食先生饌。饌。鄭作餕。無適也。適。鄭作敵。異乎三子者之撰。撰。鄭作僎。云僎讀曰詮。子貢方人。方。鄭作謗。朱張。鄭作侏張。廢中權。廢。鄭作發。皆與集解本異。疑此卽據齊論校正者也。又衞靈公篇。子曰。父在觀在志。父沒觀其行。鄭云古皆無此章。謂古論及齊論無此章。鄭仍從周本有此章也。又堯曰篇知命章。鄭云魯論無此章。此又從齊古挍補周本者也。宋氏謂鄭從齊讀已不可考。是大略言之。未細撿耳。宋氏師法表又云。隋經籍志論語注十卷。鄭玄注。經典敍錄同。隋志又言梁有古文論語。鄭玄注亡。蓋阮孝緒所箸錄。鄭無別注古文。其所注論。即用古文。故別題古文論語。案舊唐書經籍志論語十卷。鄭玄注。論語釋義十卷。鄭玄注。新唐書藝文志論語。鄭玄注十卷。又注論語釋義一卷。分注與釋義爲二。疑釋義即鄭君論語敍。故新志作一卷。其舊志云十卷者。字之誤也。又二志有鄭君論語篇目弟子一卷。今略見史記集解中。宋氏翔鳳師法表云。隋志言梁陳之時。惟鄭玄何晏立於國學。而鄭氏甚微。周齊鄭學獨立。至隋何鄭並行。鄭氏盛於人間。考箸錄家說論語者。康成以前。俱已久佚。至鄭氏。大抵佚於五季之亂。略存於何解陸音。

近故司空陳羣太常王肅博士周生烈皆爲義說。正義曰。邢疏云。年世未遠。人已歿故。是近故也。晉書職官志。太尉司徒司空。並古官也。自漢歷魏。置以爲三公。漢書百官公卿表。奉常。秦官。掌宗廟禮儀。景帝中六年。更名太常。司馬彪百官志。太常卿一人。中二千石。本注曰掌禮儀祭祀。百官公卿表。博士。秦官。掌通古今。是司空太尉博士。皆官名也。魏志陳羣傳。陳羣字長文。潁川許昌人也。太祖辟羣爲司空西曹掾屬。文帝即位。遷尚書僕射。明帝即位。進封潁陰侯。頃之。爲司空。青龍四年薨。謚曰靖侯。王朗傳。王朗。東海蘭陵人。子肅。字子雍。年十八。從宋忠讀太玄而更爲之解。黃初中爲散騎黃門侍郎。太和三年。拜散騎常侍。正始元年。出爲廣平太守。公事徵還。拜議郎。頃之。爲侍中。遷太常。時大將軍曹爽專權。任用何晏鄧颺等。肅曰。此輩即弘恭石顯之屬。後爲光祿勳。徙爲河南尹。後還中領軍。加散騎常侍。甘露元年薨。初肅好賈馬之學。而不好鄭氏。采會同異。爲尚書詩論語三禮左氏解。皆列於學官。經典敍錄有王肅論語注十卷。後漢馮衍傳。尚書周生豐。李賢注風俗通曰。周生。姓也。王朗傳。自魏初徵士燉煌周生烈。明帝時。董遇等亦歷注經傳。頗傳於世。裴松之注。臣按此人姓周生。名烈。何晏論語集解。有烈義例。餘所箸述。見晉武帝中經簿。經典敍錄周生烈。注引七錄。字文逢。邢疏引七錄云。字文逸。本姓唐。魏博士侍中。案逢逸二字。形相近。未知孰是。隋志周生子要論一卷。魏侍中周生烈撰。新唐志儒家有周生烈子五卷。是周生後官侍中。其說論語。即裴氏所云義例也。今邢疏集解。但有周氏。無周生氏。至皇疏又但有周生烈。而無周氏。蓋二家之注。久爲後人混倂。莫可識別矣。惟冉有退朝注云君之朝。見於釋文所引。此則確爲周生義也。

前世傳受師說。雖有異同。不爲訓解。中間爲之訓解。至于今多矣。所見不同。互有得失。正義曰。邢疏云。據今而道往古。謂之前世。上敎下曰傳。下承上曰受。中間爲之訓解。謂自古至今。中間包氏周氏等爲此論語訓解。有二十餘家。故曰至于今多矣。以其趣舍各異。故得失互有也。案前世當指前漢。藝文志載有魯齊之說。即僞孔此注。亦見采錄。則非不爲訓解矣。序之此言。舉其大略。未爲篤論也。

後漢儒林傳言何休註訓論語。不爲集解所采。是當時已佚不傳矣。北堂書鈔六十六引論語。女爲君子儒。無爲小人儒。何休注云。君子爲儒。將以明道。小人爲儒。則矜其名。劉氏逢祿據書鈔所引。爲何休佚注。推演其義。爲論語述何篇一卷。然集解載此注爲孔安國注。史記弟子傳集解引作何曰。何者。何晏。非何休也。足利本不載姓名。則亦以爲何曰矣。且小人儒。不必是矜名。其義殊狹。決非劭公語可知。

今集諸家之善。記其姓名。有不安者。頗爲改易。名曰論語集解。

正義曰。爾雅釋言。集。會也。彙作輯。若劉歆有輯略也。邢疏云。註但記其姓。而此連言名者。以著其姓。所以名其人。非謂名字之名也。頗爲改易者。註首不言包曰馬曰。及諸家說下一曰者。皆是何氏自下己意。改易先儒者也。案此語。亦見晉書鄭沖傳。惟記其姓名下有因從其義四字。集解姓名並舉。以皇疏本證之自見。邢氏亦本皇疏。而此疏云云。或所見別本。實不稱名也。集解者。集諸家解論語之義。杜預注春秋左傳。合經傳諸文。比其義類。亦名集解。與此言同旨異。經典敍錄。隋志。唐志。俱云何晏集解十卷。

光祿大夫關內侯臣孫邕。光祿大夫臣鄭沖散騎常侍中領軍安鄉亭侯臣曹羲。侍中臣荀顗。尙書駙馬都尉關內侯臣何晏等上。

正義曰。漢百官公卿表。大夫掌論議。有大中大夫。中大夫。諫大夫。皆無員。多至數十人。太初元年。更名中大夫爲光祿大夫。秩比二千石。無印綬。晉書職官志。光祿大夫。加金章紫綬者。品秩第二。祿賜班位。冠幘車服佩玉。置吏卒羽林。其以爲加官者。惟假章綬祿賜班位而已。不別給車服吏卒也。光祿大夫假銀章靑綬者。品秩第三。位在金紫將軍下。諸卿上。漢時所置無定員。多以爲拜假賵贈之使。及監護喪事。魏氏已來。轉復優重。不復以爲使命之官。其諸公告老者。皆家拜此位。及在朝顯職。復用加之。又云。光祿大夫。與卿同秩中二千石。據晉志。則魏時貴重之臣。方拜此職。而孫邕以關內侯得爲光祿大夫者。大約如諸公告老家拜此位也。司馬彪百官志。關內侯。承秦爵十九等爲關內侯。無土。寄食在所縣民租。多少各有戶數爲限。劉昭注。關內侯者。依古畿內子男之義也。秦都山西。以關內爲王畿。故曰關內侯也。邢疏云。孫邕字宗儒。樂安靑州人也。案魏志齊王紀注引魏書廢齊王表。有光祿大夫關內侯邕。卽孫邕也。晉任城太守夫人孫氏碑云。夫人。濟南孫氏之中女也。父列卿光祿大夫建德亭侯。又歷述其父於魏文帝時爲侍郞。又爲勃海太守十餘年。其後爲吏部尙書。又爲侍中。武氏億跋尾。據盧毓傳。孫邕代毓爲吏部尙書。與碑言吏部尙書合。而關內侯特名號侯之一。至其後。乃獲實封有建德亭侯爵矣。桂氏馥跋尾。據管寧傳。侍中孫邕薦寧。與碑言侍中合。魏文帝典論。光和中北海王和平。亦好道術。自以當仙。濟南孫邕少事之。則邕爲濟南人。邢疏云樂安者。樂安與濟南同隸靑州。地最相近。故兩地並稱。案王和平事。亦見後漢方術傳。典論言王和平爲光和時人。而邕少事之。則邕亦爲靈帝或獻帝時人。計終魏世。必已殁矣。晉書鄭沖傳。鄭沖字文和。滎陽開封人也。起自寒微。卓爾立操。淸恬寡欲。耽玩經史。遂博究儒術及百家之言。及魏文帝爲太子。命沖爲文學。累遷尙書。出補陳留太守。大將軍曹爽引爲從事中郎。轉散騎常侍光祿勳。嘉平三年。拜司空。及高貴鄉公講尙書。沖執經親授。與侍中鄭小同俱被賞賜。俄轉司徒。常道鄉公卽位。拜太保。封壽光侯。時文帝輔政平蜀之後。命賈充羊祜等分定禮儀律令。皆先諮于沖。然後施行。按曹爽輔政。在正始之際。沖由從事中郎轉至光祿勳。在曹爽輔政時。惟傳言爲光祿勳。與此敍光祿大夫不同。疑光祿勳是其實官。光祿大夫則加官也。作此序時。未爲光祿勳。故但言光祿大夫。及陳壽作傳。詳其實官。亦不及加官矣。晉職官志。散騎常侍。本秦官也。秦置散騎。又置中常侍。散騎騎從乘輿車後。中常侍得入禁中。皆無員。亦以爲加官。漢東京初省散騎。而中常侍用宦者。魏文帝黃初初置散騎。合之于中。同掌規諫。不典事。合之于中者。晉灼漢表注云。魏文帝合散騎中常侍爲散騎常侍也。晉志又云。中領軍將軍。魏官也。漢建安四年。魏武丞相府自置。及拔漢中。以曹休爲中領軍。文帝踐阼。始置領軍將軍。以曹休爲之。主五校中壘武衞等三營。據志此文。則中領軍。卽中領軍將軍也。不言將軍者。辭之省。曹爽傳。爽弟羲爲中領軍。與武衞將軍訓散騎常侍彥並列。且稱其貴寵莫盛。其後司馬懿奏誅曹爽。亦言其破壞諸營。盡據禁兵。羣宮要職。皆置所親。殿中宿衞。歷世舊人。皆復斥出。卽指曹羲等言。齊王紀正始三年秋七月乙酉。以領軍將軍蔣濟爲太尉。則曹羲之官中領軍。必在三年秋後矣。安鄉亭侯者。安鄉不知所在。說文。亭。民所安定也。亭有樓。從高省。丁聲。漢書百官公卿表云。大率十里一亭。十亭一鄉。皆秦制也。此安鄉亭卽是十亭之鄉。故舉鄉名以表之。司馬彪百官志。列侯所食縣爲侯國。本注曰。承秦爵二十等爲徹侯。金印紫綬。以賞有功。功大者食縣。小者食鄉亭。得臣其所食吏民。然則安鄉亭侯。卽列侯食於安鄉者也。邢疏云。曹羲。沛國譙人。魏宗室曹爽之弟。晉志又云。秦置侍中。漢因之。俱無定員。魏晉以來置四人。掌儐贊威儀。漢表注引應劭曰。入侍天子。故曰侍中。荀顗傳。字景倩。潁川人。魏太尉彧之第六子也。博學洽聞。理思周密。魏時以父勳除中郎。擢拜散騎侍郎。累遷侍中。爲魏少帝執經。拜騎都尉。賜爵關內侯。難鍾會易無互體。又與扶風王駿論仁孝孰先。見稱於世。案顗爲魏少帝執經。指高貴鄉公。見三國志注。其爲侍中在其前。則當齊王時。故廢齊王表亦有侍中臣顗。卽荀顗也。晉志又曰。列曹尙書。本漢承秦置。至成帝又置尙書五人。一人爲僕射。而四人分爲四曹。通掌圖書祕記章奏之事。各有其任。其一曰掌侍曹。主丞相御史公卿事。其二曰二千石曹。主刺史郡國事。其三曰民曹。主吏民上書事。其四曰主客曹。主外國夷狄事。後成帝又置三公曹。主斷獄。是爲五曹。後漢光武改常侍曹爲吏部曹。主選舉祠祀事。又云六曹。並令僕二人。謂之八座尙書。雖有曹名。不以爲號。靈帝以侍中梁鵠爲選部尙書。於此始見曹名。及魏改選部爲吏部。主選部事。凡五曹尙書。二僕射。一令爲八座。此何晏所官尙書。卽是吏部。魏志傅嘏傳。時曹爽秉政。何晏爲吏部尙書。經典敍錄亦言吏部尙書何晏。又文選景福殿賦注引典略云。平叔還尙書主選。裴松之曹爽傳注。晏爲尙書。主選舉。其宿與之有舊者。多被拔擢。言晏主選舉。則爲吏部無疑。此序但言尙書者。當時不列曹名。齊王紀正始八年。有尙書何晏奏。亦是祇言尙書也。漢表云。奉車都尉駙馬都尉。皆武帝初置。秩比二千石。

師古曰。駙。副馬也。非正駕車。皆爲駙馬。司馬彪志本注曰。無員。掌駙馬。魏制無考。曹眞傳。晏。何進孫也。母尹氏。爲太祖夫人。晏長於宮省。又尚公主。少以才秀知名。好老莊言。作道德論。及諸文賦著述。凡數十篇。裴松之注。晏字平叔。尚主又好色。故黃初時。無所事任。及明帝立。頗爲冗官。至正始初。曲合於曹爽。亦以才能故。爽用爲散騎侍郎。遷侍中尚書。晏前以尚主得賜爵爲列侯。案此序晏爲關內侯。而裴注言爲列侯者。蓋晏初封列侯。繼封關內侯耳。宋氏翔鳳師法表云。鄭沖傳。初。沖與孫邕荀顗何晏。共集論語諸家訓註之善者。記其姓名。因從其義。有不安者。輒改易之。名曰論語集解。成。奏之魏朝。于今傳焉。魏志言何晏作道德論。及諸文賦著述。凡數十篇。不言注論語。而沖在高貴鄉公時。講尚書。執經親授。與侍中鄭小同俱被賞賜。是沖本經生。論語集解之成。當定自沖手。今使平叔專其姓氏者。蓋上論語集解。奏列邕沖等名。而晏最在後。著錄家見奏末稱臣何晏等上。遂以集解爲晏一人所撰。相沿至今也。劉氏毓崧通義堂筆記曰。唐宋時。臣下上表結銜。皆尊者居後。此序末列銜。亦是由下逆數。蓋平叔官最顯要。故最居後。專集解之名也。考通典二十一言尚書至後漢。則爲優重。出納王命。敷奏萬幾。蓋政事之所由宣。選舉之所由定。罪賞之所由正。斯乃文昌天府。衆務淵藪。內外所折衷。遠近所稟仰。故李固云。陛下之有尚書。猶天之有北斗。斗爲天之喉舌。尚書亦爲陛下之喉舌。斗斟酌元氣。運平四時。尚書出納王命。賦政四海。據此。則尚書之權甚重。吏部專掌選舉。又晏以國戚尚主。貴莫與比。故晏居首。漢表言侍中得入禁中。通典二十一云。侍中。漢代爲親近之職。魏晉選用。稍增華重。而大意不異自注。晉任愷爲侍中。萬機大小。多管綜之。是侍中職亦甚重。故荀顗居次。中領軍則掌三營兵。故曹羲又居次。其光祿大夫。皆是加官。同於閑散。故鄭沖孫邕又居次。何晏曹羲孫邕。沒於魏世。惟荀顗鄭沖皆仕晉。故晉書有傳。沖傳居前。故詳言與孫邕等共爲集解之事。荀顗傳居後。自不復述。今宋氏據沖傳所言。以爲集解定自沖手。恐非。案劉說是也。經典釋文載論語舊題。止集解二字。在學而第一之下。自注一本作何晏集解。可見陸氏所見正本。未嘗以集解專屬何晏。其兼載一本。自是後人改題之誤。故釋文云。何晏集孔安國云云。其文兩見。則皆爲後人改題所惑矣。然裴松之注曹眞傳。即稱何晏論語集解。裴爲此注。在宋文帝時。是其誤久矣。蔡邕獨斷。凡羣臣上書于天子者。有四名。一曰章。二曰奏。三曰表。四曰駁議。此文稱上。則奏類也。經典敍錄。正始中上之。盛行于世。正始即齊王芳。曹羲何晏。以齊王嘉平元年。爲司馬宣王所殺。上此集解。則在正始三年後也。晉書禮志魏齊王正始二年。帝講論語。通使太子釋奠。則意當時諸臣。亦以帝通論語。故撰集訓說以獻之爾。羣臣上書不書姓。而此稱姓者。著述之體。所以紀實也。結銜當別爲一行。故獨斷所云。左方下附曰某官臣某甲上也。今連綴序末。亦後人所合併。

附錄

鄭玄論語序逸文 正義曰。略本宋氏翔鳳所輯。

仲弓子游子夏等撰。正義曰。此引見論語音義。至敍錄則云仲弓子夏等所撰定。不及子游。邢疏與音義同。兩處引文不言鄭序。陳氏鱣古訓宋氏翔鳳輯鄭注並采入敍。雖由意測。當得之也。仲弓子游子夏。皆孔子弟子。論語崇爵讖曰。子夏六十四人。共撰仲尼微言。以當素王。明懋子夏之名傳休奕傳子。昔仲尼既歿。仲弓之徒。追論夫子之言。謂之論語。此當本鄭序。故數仲弓也。但作論語者。雖有三子之名。實非止三子所作。故鄭言等以明之。漢書藝文志。論語者。孔子應答弟子時人。及弟子相與言而接聞於夫子之語也。當時弟子。各有所記。夫子既卒。門人相與輯而論纂。故謂之論語。趙岐孟子題辭。七十子之疇。會集夫子所言。以爲論語。二文所言。皆以論語爲聖門羣弟子所作。故鄭君既箸其姓名。復言等以總括之也。鄭樵通志藝文略。有論語撰人名一卷。不知誰作。翟氏灝四書考異曰。通志所錄撰人名。恐即源本崇爵讖。今其書不傳。莫可詳矣。陸九淵象山語錄曰。鄭康成王肅謂論語爲子游子夏所編。亦有可考者。如學而篇子曰次章。便載有若一章。又子曰而下載曾子一章。皆不名而以子稱之。蓋子夏輩平昔所尊者●此二人耳。案陸以王肅說與鄭同。不知何本。其以有子曾子。爲子夏輩所尊。故稱子。其說良是。柳宗元文集論語辨。以論語稱曾子。子爲師稱。因以論語爲出自曾子弟子樂正子春子思之徒。程子朱子。則以爲出於曾子有子之門人。其說與象山異。雖亦得通。但不當取後遺前。而反歿羣賢箸錄之功也。又考論語弟子之稱子者。自有子曾子外。閔子騫皆書字。而先進篇一稱閔子。冉伯牛冉仲弓冉有皆書字。而雍也篇子路篇。各一稱冉子。則意書字者。爲弟子所記。書子者。爲三子之弟子所記也。胡寅論語詳解。趙順孫四書纂疏。謂憲問篇不書姓。且直稱名。疑通篇皆憲所記。其說亦頗得理。要之論語之作。不出一人。故語多重見。而編輯成書。則由仲弓子游子夏。首爲商定。故傳論語者。能知三子之名。鄭君習聞其說。故於序標明之也。撰定者。禮記內則注。撰。治擇之名也。廣雅釋詁。撰。具也。定也。凡有所作述。必具衆義。擇善從之。故此三訓。義皆通也。漢書揚雄傳譔以爲十三卷。顏師古注。譔與撰同。說文。定。安也。荀子王制。夫是之謂定論。楊倞注。定論。謂不易之論。仲弓等裒輯諸弟子所記。勒爲此編。故以爲所譔撰定也。既經撰定。不得無名以稱之。此論語二字。必亦仲弓等所題。漢志云。門人相與輯而論纂。故謂之論語。謂之者。門人謂之也。經典敍錄亦云。夫子既終。微言已絕。弟子恐離居以後。各生意見。而聖言永滅。故相與論撰。因輯時賢及古明王之語。合成一法。謂之論語。亦以論語爲弟子所題也。論衡正說篇。初孔子孫安國以教魯人扶卿。官至荊州刺史。始曰論語。以論語之名爲安國所題。此謬說也。翟氏灝考異曰。按論語名見禮坊記。及今家語弟子解。今家語不可信。坊記可信也。蓋自孔氏門人相論纂畢。隨題之爲論語矣。書以八寸策。鉤命決云。春秋二尺四寸書之。孝經一尺二寸書之。故知六經之策。皆長二尺四寸。易書詩禮樂春秋。皆尺二寸。孝經謙半之。論語八寸策者。三分居一。又謙焉。

正義曰。書以八寸策。見北史徐遵明傳。彼文作八十宗。乃傳寫之誤。徐氏就而通之。非也。說文云。書。箸也。又序云。箸於竹帛。謂之書也。八寸者。策之度。策者。册之叚借。說文。策。馬箠也。別一義。册。符命也。諸侯進受於王也。象其札。一長一短。中有二編之形。𥫔。古文册。從竹。符命。即天子賜諸侯之册書。故凡書簡編連之。亦曰策。魯語云。遂書以爲三筴。筴即俗策字。鄭注中庸云。策。簡也。聘禮記注同。爾雅釋器。簡謂之畢。郭注。今簡札也。說文。簡。牒也。釋名釋典藝。札。櫛也。編之如櫛齒相比也。凡皆異名同物。杜預春秋左傳序云。大事書之于策。小事簡牘而已。孔疏申之。以單執一札爲簡。連編諸簡爲策。分策簡爲二。非也。聘禮記云。百名以上書于策。不及百名書于方。鄭注。名。書文也。今謂之字。方。版也。用策用方。以字之多少有異。不以事之大小有異。則杜預以策與簡牘。分大事小事。亦非也。鉤命決者。緯篇名。鉤命決止言春秋孝經之策。鄭君據之。得以推測他經。故總言知六經之策也。易書詩禮樂春秋者。六經之名。說文。經。織也。織有文理。故羣經取以爲名。釋名釋典藝。經。徑也。常典也。如徑路無所不通。可常用也。此說經爲叚借。未必然也。管子戒篇。澤其四經。尹注。四經謂詩書禮樂。是孔子前已稱經。故禮記經解亦舉六藝也。孝經者。孔子爲弟子曾參說孝道。因亦稱經。孔子世家云。孔子晚好讀易。韋編三絕。易既得編成策。則他經可知。晉書束晳傳。太康二年。汲縣人盜發魏襄王冢。得竹書數十車。皆簡編科斗文字。雜寫經史。可見羣經皆有策矣。六經之策。二尺四寸。說見左傳序疏。若儀禮聘禮疏引作尺二寸。字之誤也。後漢書周磐傳。編二尺四寸簡。寫堯典一篇。又曹褒傳言箸新禮成。寫以二尺四寸簡。亦以新禮比於經也。獨斷云。策者。簡也。其制長二尺。短者半之。二尺下疑脫四寸二字。齊書王僧虔傳。文惠太子鎮雍州。有盜發楚王冢。獲竹簡書。青絲編簡廣數分。長二尺。有得十餘簡。以示王僧虔。僧虔曰。是科斗書。考工記。周官所闕文也。所言策長二尺者。則以齊尺大於古尺也。鹽鐵論詔聖篇云。二尺四寸之律。古今一也。是漢時律尺與經策同。若漢書杜周傳所言不循三尺法。則金氏鶚求古錄。以爲舉成數是也。鄭君據鉤命決之文。以推知六經之策。又據所見論語之策八寸。以六經之策較之。是爲三分居一矣。論衡正說篇說論者皆知說文解語而已。不知論語本幾何篇。但周以八寸爲尺。不知論語所以獨一尺之意。夫論語者。弟子共紀孔子之言行。勑己之時甚多。數十百篇。以八寸爲策。紀之約省。懷持之便也。以其遺非經傳文。紀識恐忘。故但以八寸策。不二尺四寸也。仲任所見論語之策。與鄭君同。彼謂論語以周尺度之爲一尺。於漢尺則爲八寸。然則六經之策二尺四寸。孝經之策一尺二寸。亦是據漢尺。若在周尺。六經策爲三尺。孝經策爲一尺五寸矣。宋氏翔鳳師法表。以八寸之策爲壁中古文。然若論衡所言八寸。爲據漢尺。則安知非魯齊論尺度也。鄭注尚書云。三十字一簡之文。漢書藝文志。劉向以中古文校歐陽大小夏侯三家經文。率簡二十五字者。脫亦二十五字。簡二十二字者。脫亦二十二字。是一簡容字有多寡之殊。服虔左傳注謂古文篆書。一簡八字。此或服氏所見適然。非謂羣經之策。皆是一簡八字也。金氏鶚求古錄云。論語策八寸。容八字。六經策二尺四寸者。容二十餘字至三十字。大約一寸容一字。古用科斗大篆。其字體不宜小。又一簡止容一行。則字體更不宜小。故每一寸容一字也。古人書策。每行亦不拘字體。故或有二十五字。或有二十二字。推之或二十三字。或二十四字。皆未可定。此由字體有繁簡。繁者宜疎。簡者宜密。總欲其點畫之明析而已。謙者。史記樂書王肅注。謙。自謙損也。陳氏鱣古訓曰。謙讀爲減。樂記。禮主其減。樂書減作謙。陳氏此說亦是也。孝經策一尺二寸。比之六經之策。爲損去其半。論語策八寸。比之六經之策爲三分居一。孝經已爲謙半。論語則又謙矣。段氏玉裁說文冊字注。考正此文。謂論語策八寸。尺二寸者三分居二又謙焉。語殊不憭。

魯扶先。

正義曰。此引見經典敘錄注。宋氏翔鳳師法表。以爲鄭序文也。案漢書張禹傳言魯扶卿說論語。漢志敍魯論家有魯扶卿。經典敍錄同。此稱扶先者。先是先生之省。史記鼂錯傳。學申商刑名於軹張恢先所。徐廣曰。先卽先生。漢書梅福傳。叔孫先。非不忠也。顏師古注。先。猶言先生也。是也。論衡正說篇。安國以教魯人扶卿。官至荊州刺史。始曰論語。案論衡以扶卿爲人姓名。而魯則所居之地。又以扶卿爲安國弟子。是傳古論之學。與漢志諸文不合。至以論語爲安國等所題。尤不可信。

後敍

班生有言。仲尼沒而微言絕。七十子喪而大義乖。聖人之言。中正和易而天下萬世莫易其理。故曰微言。非秖謂性與天道也。大義者。微言之義。七十子之所述者也。今其箸者。咸見論語。竊以先聖存時。諸賢親承指授。當巳屬稿。或經先聖筆削。故言特精善。迨後追錄言行。勒爲此編。作之者非一人。成之者非一時。先儒謂孔子沒後。弟子始共撰述。未盡然也。曾子子思孟子荀子。皆有箸書。於先聖之道。多所發明。而注家未之能及。至八佾鄉黨二篇。多言禮樂制度。漢人注者。惟康成最善言禮。又其就魯論兼考齊古而爲之注。知其所擇善矣。魏人集解。於鄭注多所刪佚。而僞孔王肅之說。反藉以存。此其失也。梁皇侃依集解爲疏。所載魏晉諸儒講義。多涉清玄。於宮室衣服諸禮。闕而不言。宋邢昺又本皇氏。別爲之疏。依文衍義。益無足取。我朝崇尙實學。經術昌明。諸家說論語者。彬彬可觀。而於疏義之作。尙未逮也。先君子少受學於從叔端臨公。研精羣籍。繼而授館郡城。多識方聞綴學之士。時於毛氏詩。鄭氏禮注。皆思有所述錄。初箸毛詩詳注。鄭氏釋經例。後皆輟業。及道光戊子。先君子應省試。與儀徵劉先生文淇江都梅先生植之涇包先生慎言丹徒柳先生興恩句容陳丈立始爲約。各治一經。加以疏證。先君子發策得論語。自是屛棄他務。專精致思。依焦氏作孟子正義之法。先爲長編。得數十巨冊。次乃薈萃而折衷之。不爲專己之學。亦不欲分漢宋門戶之見。凡以發揮聖道。證明典禮。期於實事求是而巳。旣而作宰畿輔。簿書繁瑣。精力亦少就衰。後所闕卷。舉畀恭冕。使續成之。恭冕承命惶悚。謹事編纂。及咸豐乙卯秋。將卒業。而先君子病足瘇。遂以不起。蓋知此書之將成而不及見矣。傷哉。丙辰後。邑中時有兵警。恭冕兢兢慎持。懼有遺失。暇日亟將此稾重復審校。手自繕錄。蓋又十年。及乙丑之秋而後寫定。述其義例。列於卷首。繼自今但求精校。或更得未見書讀之。冀少有裨益。是則先君子之所以爲學。而恭冕之所受於先君子者。不敢違也。世有鴻博碩儒。幸不吝言。補其缺漏。正其迷誤。跂予望之。同治五年歲次丙寅春三月。恭冕謹識。

孟　子　正　義

焦　循著

目次

孟子正義

焦循　著

孟子題辭。〔疏〕正義曰。音義云。張鎰云。即序也。趙注尙異。故不謂之序。而謂之題辭也。阮氏元校勘記云。十行本閩本無此篇。監毛本有。山井鼎考文。所謂孟子題辭。注疏本或無之者。是也。

趙氏。〔疏〕正義曰。校勘記云。音義孟子題辭下出趙氏字。今本無之。蓋失其舊。按後漢書本傳云。趙岐。字邠卿。京兆長陵人也。初名嘉。生於御史臺。因字臺卿。後避難。故自改名字。示不忘本土也。岐少明經。有才藝。娶扶風馬融兄女。融外戚豪家。岐常鄙之。不與融相見。仕州郡。以廉直疾惡見憚。年三十餘。有重疾。臥蓐七年。自慮奄忽。乃爲遺令勑兄子曰。大丈夫生世。遯無箕山之操。仕無伊呂之勳。天不我與。復何言哉。可立一員石於吾墓前。刻之曰。漢有逸人。姓趙名嘉。有志無時。命也奈何。其後疾瘳。永興二年。辟司空掾。議二千石得去官。爲親行服。朝廷從之。其後爲大將軍梁冀所辟。爲陳損益求賢之策。冀不納。舉理劇爲皮氏長。會河東太守劉祐去郡。而中常侍左悺兄勝代之。岐恥疾宦官。即日西歸。京兆尹延篤復以爲功曹。先是中常侍唐衡兄玹。爲京兆虎牙都尉。郡人以玹進不由德。皆輕侮之。岐及從兄襲又數爲貶議。玹深毒恨。延熹元年。玹爲京兆尹。岐懼禍及。乃與從子戩逃避之。玹果收岐家屬宗親。陷以重法。盡殺之。岐遂逃難四方。江淮海岱。靡所不歷。自匿姓名。賣餅北海市中。時安丘孫嵩。年二十餘。遊市見岐。察非常人。停車呼與共載。岐懼失色。嵩乃下帷。令騎屏行人。密問岐曰。視子非賣餅者。又相問而色動。不有重怨。即亡命乎。我北海孫賓石。闔門百口。勢能相濟。岐素聞嵩名。即以實告之。遂以俱歸。藏岐複壁中數年。岐作戹屯歌二十三章。後諸唐死滅。因赦乃出。三府聞之。同時並辟。九年。乃應司徒胡廣之命。會南匈奴烏桓鮮卑反叛。公卿舉岐。擢拜幷州刺史。岐欲奏守邊之策。未及上。會坐黨事免。因撰次以爲禦寇論。靈帝初。復遭黨錮十餘歲。中平元年。四方兵起。詔選故刺史二千石有文武才用者。徵岐。拜議郎。車騎將軍張溫西征關中。請補長史。別屯安定。大將軍何進舉爲敦煌太守。行至襄武。岐與新除諸郡太守數人。俱爲賊邊章等所執。欲脅以爲帥。岐詭辭得免。展轉還長安。及獻帝西都。復拜議郎。稍遷大僕。及李傕專政。使太傅馬日磾撫慰天下。以岐爲副。日磾行至洛陽。表別遣岐宣揚國命。所到郡縣。百姓皆喜曰。今日乃復見使者車騎。是時袁紹曹操與公孫瓚爭冀州。紹及操聞岐至。皆自將兵數百里奉迎。岐深陳天子恩德。宜罷兵安人臣之道。又移書公孫瓚。爲言利害。紹等各引兵去。皆與期會洛陽。奉迎車駕。岐南到陳留。得篤疾。經涉二年。期者遂不至。興平元年。詔書徵岐。會帝還洛陽。先遣衞將軍董承修理宮室。岐謂承曰。今海內分崩。唯有荆州境廣地勝。西通巴蜀。南當交阯。年穀獨登。兵人差全。岐雖迫大命。猶志報國家。欲自乘牛車。南說劉表。可使其身自將兵來衞朝廷。與將軍幷心同力。共獎王室。此安上救人之策也。承即表遣岐使荆州督租糧。岐至。劉表即遣兵詣洛陽。助修宮室。軍資委輸。前後不絕。時孫嵩亦寓於表。表不爲禮。岐乃稱嵩素行篤烈。因共上爲青州刺史。岐以老病。遂留荆州。曹操時爲司空。舉以自代。光祿勳桓典。少府孔融。上書薦之。於是就拜岐爲太常。年九十餘。建安六年卒。先自爲壽藏。圖季札子產晏嬰叔向四像居賓位。又自畫其像居主位。皆爲讚頌。敕其子曰。我死之日。墓中聚沙爲牀。布簟白衣散髮其上。覆以單被。即日便下。下訖便掩。岐多所述作。著孟子章句三輔決錄傳於時。劉攽兩漢刊誤云。趙岐傳要子章句。要當作孟。古書無要子。而岐所作孟子章句傳至今。本傳何得反不記也。惠氏棟後漢書補注云。劉氏要既有刊誤名。國子監本遂刊去要字。改爲孟子章句。

孟子題辭者。所以題號孟子之書。本末指義。文辭之表也。【疏】正義曰。劉熙釋名釋書契云。書稱題。題。諦也。審諦其名號也。亦言第。因其第次也。周禮春官司常。官府各象其事。州里各象其名。家各象其號。注云。事名號者徽識。所以題別衆臣。樹之於位。朝各就焉。士喪禮曰。爲銘各以其物。亡則以緇長半幅。赬末長終幅廣三寸。書名於末。此蓋其制也。徽識之書。則云某某之事。某某之名。某某之號。襄公十年左傳。舞師題以旌。夏注云。題。識也。趙氏自釋稱題辭之義。稱述孟子氏名事實之本末。所以著書之指義。以表其文辭。猶徽識題號之在旌常。故謂之題辭也。

孟姓也。子者。男子之通稱也。此書孟子之所作也。故總謂之孟子。【疏】正義曰。此題識孟子名書之義。孟。氏也。如下云出自孟孫。則與魯同姓。後世姓氏不分。氏亦通稱姓。文選褚淵碑文注引劉熙注云。子。通稱也。論語學而篇子曰。集解引馬曰。子者。男子通稱也。謂孔子也。孟子稱子。猶孔子稱子。何異孫十一經問對云。論語是諸弟子記諸善言而成編集。故曰論語。而不號孔子。孟子是孟軻所自作之書。如荀子。故謂之孟子。

其篇目則各自有名。【疏】正義曰。如梁惠王。公孫丑。滕文公。離婁。萬章。告子。盡心。

孟子。鄒人也。名軻。字則未聞也。鄒本春秋邾子之國。至孟子時。改曰鄒矣。國近魯。後爲魯所幷。又言邾爲楚所幷。非魯也。今鄒縣是也。【疏】正義曰。史記列傳云。孟軻。騶人也。騶與鄒通。騶衍。漢書古今人表作鄒衍是也。王應麟困學紀聞云。孟子字未聞。孔叢子云子車。注一作子居。居貧坎軻。故名軻。字子居。亦稱字子輿。聖證論云。子思書孔叢子有孟子居。即是軻也。傅子云。孟子輿。疑皆傅會。史鶚三遷志云。孟子字。自司馬遷班固趙岐。皆未言及。魏人作徐幹中論序曰。孟軻荀卿。懷亞聖之才。著一家之法。皆以姓名自書。至今厥字不傳。原思其故。皆由戰國之士。樂賢者寡。不早記錄耳。是直以孟子爲逸其字矣。按王肅傳云元生趙氏後。趙氏所不知。肅何由知之。孔叢僞書。不足證也。王氏疑其傅會。是矣。說文邑部云。鄒。魯縣。古邾婁國。帝顓頊之後所封。段氏玉裁說文解字注云。魯國騶。二志同。周時或云鄒。或云邾婁者。語言緩急之殊也。周時作鄒。漢時作騶。古今字之異也。左穀作邾。公羊作邾婁。邾婁之合聲爲鄒。國語孟子作鄒。三者鄒爲正。邾則省文。漢時縣名作騶。如韓勅碑陰騶韋仲卿足證。鄭語曰。曹姓。鄒。莒。韋云。陸終第五子曰安。爲曹姓。封於鄒。杜譜云。邾。曹姓。顓頊之後有陸終。產六子。其第五子曰安。邾即安之後也。周武王封其苗裔俠爲附庸。居邾。前志曰騶。故邾國曹姓。二十九世爲楚所滅。按左傳顓頊氏有子曰黎。爲祝融。祝融之後八姓。妘曹其二也。然則上文鄅祝融之後。妘姓所封。此云帝顓頊之後。互文錯見也。今山東兗州府鄒縣東南二十六里。有古邾城。趙氏岐曰。鄒本春秋邾子之國。至孟子時改曰鄒。此未知其始本名鄒也。周氏廣業孟子出處時地考云。鄒有二。皆顓帝後所封國。一早著於幽王之世。國語。史伯謂鄭桓公曰。當成周者東有齊魯曹宋滕薛鄒莒。又曰。黎爲高辛氏火正。命曰祝融。其後以姓存者。妘姓鄔鄶路偪陽。曹姓鄒莒。皆爲采衞。此鄒人春秋不復見。惟晏子載景公爲鄒之長塗。晏子諫而息。疑爲齊所滅。漢志濟南郡有鄒平梁鄒二縣。水經注謂鄒平古侯國。舜後姚姓。蓋即今濟南府鄒平縣地也。其一即邾。大戴記。顓頊子老童。產重黎及吳回。吳回產陸終。陸終六子。其五曰安。是爲曹姓。曹姓者。邾氏也。俠以下至儀父。始見春秋。十四世文公遷於繹。今兗州府鄒縣北嶧山是也。漢志屬魯國。今爲兗州府鄒縣。其改邾爲鄒。齊乘謂始文公。但遷繹在魯文公十三年。而終春秋不聞有鄒。至戰國更無邾名。故趙氏以謂至孟子時改也。藝文類聚引劉薈騶山記云。騶山。古之嶧陽。魯穆公改爲騶。徐鉉說文亦云。魯穆公改邾爲鄒。改名不應出魯。或謂鄒穆公爲魯穆公耳。按鄒即邾。不關更改。段氏說是也。杜預春秋釋例世族譜云。邾國春秋後八世而楚滅之。此自本漢書地理志。趙氏又言是也。春秋時。魯與邾爲仇。哀公時。無歲不與爲難。二年取漷東田及沂西田。三年城啓陽。六年城邾瑕。七年入邾處其公宮。以邾子益來。獻於亳社。趙氏言邾爲魯井。或指此。然吳齊救之。邾子益得歸。則邾未滅也。哀公七年左傳云。魯擊柝聞於邾。是國近魯。

或曰。孟子。魯公族孟孫之後。故孟子仕於齊。喪母而歸葬於魯也。三桓子孫。既以衰微。分適他國。

【疏】正義曰。魯桓公生同爲莊公。次慶父爲仲孫氏。次叔牙爲叔孫氏。次季友爲季孫氏。是爲三桓。仲孫氏即孟孫氏。慶父生公孫敖。即孟穆伯。穆伯生文伯惠叔。文伯生仲孫蔑。即孟獻子。獻子生仲孫速。即孟莊子。莊子生羯子秩。秩生仲孫貜。即孟僖子。僖子生仲孫何忌。即孟懿子。懿子生孟孺子洩。即孟武伯。武伯生仲孫捷。即孟敬子。入春秋後。其獻子次子懿伯生仲孫羯。杜預世族譜。以懿伯即子服仲叔它。生孟椒。椒生子服回。回生子服何。是爲子服景伯。別爲子服氏。孟氏之族。有孟公綽。孟之反。孟懿子之弟有南宮敬叔。孟武伯之弟有公期孟。獻子賢大夫。固當爲孟子所稱矣。莊子之孝。公綽之不欲。之反之不伐。爲孔子所稱。僖子懿子武伯。皆知欽敬孔子。敬子則受教於曾子。孟氏尊師重道。其後宜有達人。孟子既以孟爲氏。宜爲孟孫之後。但世系不可詳。故趙氏以或曰疑之耳。閻氏若璩孟子生卒年月考云。孟子。蓋魯公族孟孫之後。不知何時分適鄒。遂爲鄒人。猶葬歸於魯者。太公子孫反葬周之義也。然考今孟母墓碑。墓在鄒縣北二十里馬鞍山陽。又非魯地。疑古爲魯地。猶魯鄒邑。今亦在鄒縣界內。二國密邇。左傳魯擊柝聞於邾是也。周氏廣業孟子出處時地考云。劉昭注續漢志。騶本邾國。引劉薈騶山記。邾城在山南。去山二里。北有繹山。左傳文十三年。邾遷於繹。郭璞云。繹山連屬地。北有牙山。牙山北有唐口山。唐口山北有陽城。北有孟軻冢焉。此葬鄒之確證。宋孫復兗州鄒縣建孟廟記云。景祐丁酉。龍圖孔公。爲東魯之二年。謂有功於聖門者。無先於孟子。且鄒爲孟子之里。今爲所治之屬。吾當訪其墓而表之。新其祠而祀之。以旌其烈。於是符下官吏博求之。果於邑之東北三十里。有山曰四基。四基之陽。得其墓焉。遂命去其榛莽。肇其堂宇。以公孫萬章之徒配。明年春。廟成。其序地域墓山。尤爲明切。又齊乘尼邱山。在滕州鄒縣東北六十里。有宣聖廟。其東顏母山。有顏母廟。南有昌平山。夫子所生之鄉。又南馬鞍山。有孟母墓。又南唐口山。有孟子墓。然則郰邑當金元時亦隸鄒縣。而唐口之墓。孫明復云東北三十里。于容思云馬鞍之南。孟衍泰三遷志。又謂孟母墓在今縣北二十五里。與孟墓不甚遠。要之不越三十里內外也。自是而北。爲昌平。爲防鳳。又三十里。蓋不特思近聖人之居。而墓亦接壤焉。又云係孟孫之後。則祖墓自當在魯。論語季氏篇云。故夫三桓之子孫微矣。集解引孔曰。至哀公皆衰。

孟子生有淑質。夙喪其父。幼被慈母三遷之教。

疏 正義曰。淑。善也。夙。早也。列女傳母儀篇云。鄒孟軻之母也。號孟母。其舍近墓。孟子之少也。嬉遊爲墓間之事。踴躍築埋。孟母曰。此非吾所以居處子。乃去舍市旁。其嬉戲爲賈人衒賣之事。孟母又曰。此非吾所以居處子也。復徙舍學宮之傍。其嬉遊乃設俎豆揖讓進退。孟母曰。眞可以居吾子矣。遂居。及孟子長。學六藝。卒成大儒之名。君子謂孟母善以漸化。此三遷之事也。周氏廣業孟子出處時地考云。趙氏題辭云。孟子生有淑質。夙喪其父。幼被慈母三遷之教。及注後喪踰前喪云。孟子前喪父。約。後喪母。奢。前後雖無定時。然以士大夫三鼎五鼎之言推之。相隔必不甚久遠。禮曰。喪從死者。祭從生者。祭以三鼎。則孟子喪父在爲士之後甚明。其時年蓋四十餘矣。題辭所謂夙喪者。亦以父先母沒耳。非必幼孤也。陳鎬闕里志。薛應旂四書人物考。遂謂孟子三歲喪父。考韓詩外傳列女傳。俱無此說。且列女傳載孟母斷機事云。績織而食。中道廢而不爲。寧能衣其夫子而長不乏糧食哉。觀此言。則非嫠恤可知。後人殆因孟父無聞。妄爲說耳。夫士及三鼎。斷非襁褓間事。且去喪母五六十年。魯人亦何從知其前後豐儉懸絕。而臧倉得以行其毀鬲邪。王復禮曰。若前喪在三歲。則豐嗇非所自主。倉安得譖之。蓋孟父實未嘗卒。其三遷斷機。或者父出遊。慈母代嚴父耳。

長師孔子之孫子思。治儒術之道。通五經。尤長於詩書。

疏 正義曰。列女傳云。孟子旦夕勤學不息。師事子思。遂成天下之名儒。漢書藝文志。儒家孟子十一篇。名軻。鄒人。子思弟子。有列傳。風俗通窮通篇云。孟子受業於子思。既通。與趙氏同。史記列傳云。受業子思之門人。索隱云。王劭以人爲衍字。則以軻親受業孔伋之門也。今言門人者。乃受業於子思之弟子也。毛氏奇齡四書賸言云。王草堂謂史記世家。子思年六十二。孔子卒在周敬王四十一年。伯魚先孔子卒已三年。向使子思生於伯魚所卒之年。亦止當在威烈王三四年之閒。乃孟子實生於烈王四年。其距子思卒時。已相去五十年之久。又謂魯繆公會尊禮子思。然繆公卽位。在威烈王十九年。則史記所云子思年六十二者。或是八十二之誤。若孟子則斷不能親受業也。予祇以孟子本文計之。梁惠王三十年。齊虜太子申。則孟子遊梁。自當在三十年之後。何則。以本文有東敗於齊。長子死焉之語也。然孟子居梁不及一二年。而惠王已卒。襄王已立。何則。以本文有見梁襄王之語也。乃實計其時。梁惠王卽位之年。距魯繆公卒年。亦不過四十零年。然而孟子已老。本文有王曰叟是也。則受業子思。或未可盡非者與。按史記魯世家。哀公十六年。孔子卒。二十七年。卒於有山氏。悼公立。三十七年卒。子元公立。二十一年卒。子顯立。是爲穆公。穆公立三十三年卒。自穆公元年上溯至孔子卒之年。當有六十八年。孔子未卒。子思已生。而孟子明言子思當穆公時。則子思之年。不止六十二明矣。穆公子共公立。二十二年卒。子康公立。九年卒。子景公立。二十九年卒。子叔立。是爲平公。平公元年上溯穆公卒之年。當有六十年。再溯穆公初年。則九十年矣。則孟子不能親受業於子思又明矣。草堂之說是也。乃六國表魯穆公元年。卽周威烈王十九年。魏惠王元年。當周烈王六年。相距三十八年。惠王三十五年。孟子來大梁。上溯魯穆公時。已有七十餘年。如以親受業子思言之。則子思年必大耋。而孟子則童子時也。劉向司馬遷皆西漢人。一以爲受業子思。一以爲受業子思之門人。而史記紀年多不可據。大抵異同不過此兩端。識者察之。列女傳言通六藝。史記滑稽傳云。孔子曰。六藝於治一也。禮以節人。樂以發和。書以道事。詩以達意。易以神化。春秋以義。漢書藝文志。以六經爲六藝。一百三家。趙氏以爲通五經。七篇中言書凡二十九。言詩凡三十五。史記列傳云。序詩書述仲尼之意。故以爲尤長於詩書。然孟子於春秋獨標亂臣賊子懼。爲深知孔子作春秋之指。至於道性善稱堯舜。則於通德類情。變通神化。已洞然於伏羲神農黃帝堯舜文王周公孔子之道。豈獨詩書云乎哉。

周衰之末。戰國縱橫。用兵爭強。以相侵奪。當世取士。務先權謀。以爲上賢。先王大道。陵遲墮廢。

【疏】正義曰。史記列傳云。當是之時。秦用商君。富國彊兵。楚魏用吳起。戰勝弱敵。齊威王宣王用孫子田忌之徒。而諸侯東面朝齊。天下方務於合縱連衡。以攻伐爲賢。劉向校戰國策書錄云。仲尼旣沒之後。田氏取齊。六卿分晉。道德大廢。上下失序。至秦孝公捐禮讓而貴戰爭。棄仁義而用詐譎。苟以取強而已矣。晚世益甚。萬乘之國七。千乘之國五。敵侔爭權。蓋爲戰國爭強。勝者爲右。兵革不休。詐僞並起。當此之時。雖有道德。不得施謀。故孟子孫卿儒術之士。棄捐於世。而游說權謀之徒。見貴於俗。是以蘇秦張儀公孫衍陳軫代厲之屬。生縱橫短長之說。左右傾側。蘇秦爲縱。張儀爲橫。橫則秦帝。縱則楚王。所在國重。所去國輕。荀子宥坐篇云。今夫世之陵遲亦久矣。楊倞注云。遲。慢也。陵遲。言邱陵之勢漸慢也。文選難蜀父老。反衰世之陵夷。李善注云。陵夷。卽陵遲也。史記張釋之曰。秦陵遲而至於二世。天下土崩。漢書作陵夷至於二世。漢書司馬相如傳注云。陵夷。頹弛替也。墮。說文𨸏部作隓。云取城邑曰隍。篆文作墉。淮南子修務訓。故名立而不墮。高誘注云。
墮。廢也。禮記月令。毋有墮壞。釋文云。墮本作隳。隳俗字也。異端並起。若楊朱墨
翟放蕩之言。以干時惑衆者非一。疏 正義曰。論語爲政篇云。攻乎異端。斯害也已。
何爲異端。各持一理。此以爲異已也而擊之。彼
亦以爲異已也而擊之。未有不成其害者。楊墨各持一說。不能相通。故爲異端。孟子之學。通變神
化。以時爲中。易地皆然。能包容乎百家。故能識持一家之說之爲害也。苟不能爲通人以包容乎百
家。持已之說。而以異已者爲異端。則闢異端者。即身爲異端也。漢書藝文志言道家云。及放者爲
之。則欲絕去禮學。兼棄仁義。注云。放。蕩也。廣雅釋詁云。放。妄也。呂氏春秋審分篇云。無
使放悖。悖亦妄也。論語陽貨篇。好知不好學。其蔽也蕩。集解引孔曰。蕩。無所適
守也。又今之狂也蕩。集解引孔曰。蕩。無所據也。楊墨之言。虛妄無據。故云放蕩。孟子閔
悼堯舜湯文周孔之業。將遂湮微。正塗壅底。仁義荒怠。佞僞馳騁。紅紫亂
朱。於是則慕仲尼。周流憂世。遂以儒道遊於諸侯。思濟斯民。由不肯枉尺
直尋。時君咸謂之迂闊於事。終莫能聽納其說。疏 正義曰。說文水部云。湮。沒也。
小爾雅廣詁云。沒。滅也。昭公
元年左傳云。勿使有所壅蔽湫底。注云。底。滯也。釋文引服虔云。底。止也。底止。爾雅釋詁文。
止而不行故爲滯。則。法也。慕。習也。以孔子爲法而習之也。周流二字。見禮記仲尼燕居。文選
甘泉賦云。據軨軒而周流兮。李善注云。周流。流行周遍也。史記列傳云。道既通。游事齊宣王。
宣王不能用。適梁。梁惠王不果所言。則見以爲迂遠而闊於事情。風俗通窮通篇云。遊於諸侯。所
言皆以爲迂遠而闊於事情。然
終不屈道趣合。枉尺以直尋。孟子亦自知遭蒼姬之訖錄。值炎劉之未奮。進不
得佐興唐虞雍熙之和。退不能信三代之餘風。恥沒世而無聞焉。是故垂
憲言以詒後人。疏 正義曰。音義云。信音伸。謂三代遺風。鬱塞不伸也。史記孔子世家云。
子曰。弗乎弗乎。君子病沒世而名不稱焉。吾道不行矣。吾何以自見於後
世哉。乃因史記作春秋。爾雅釋詁云。憲。法也。漢書揚雄傳云。雄見諸子各以其知舛馳。大抵詆
譏聖人。即爲怪迂。析辯詭辭。以撓世事。雖小辯。終破大道。故人時有問雄者。常用法應之。譔
以爲十二卷。象論語。號曰仲尼有云。我欲託之空言。不如載之行事之深切著
法言。憲言。猶法言也。
明也。疏 正義曰。春秋繁露俞序篇云。孔子曰。吾因其行事而加乎王心
焉。以爲見之空言。不如行事博深切明。史記太史公自敘亦云。於是退而論集所

與高第弟子公孫丑萬章之徒難疑答問。又自撰其法度之言。著書七篇。

【疏】正義曰。史記列傳云。孟軻所如不合。退與萬章之徒。序詩書。述仲尼之意。作孟子七篇。是七篇爲孟子所自作。故趙氏前旣云此書孟子之所作也。此又云自撰法度之言。閻氏若璩孟子生卒年月考云。七篇爲孟子自作。至韓昌黎故亂其說。論語成於門人之手。故記聖人容貌甚悉。七篇成於已手。故但記言語或出處耳。又云。卒後書爲門人所敘定。故諸侯王皆加謚焉。趙氏注弟子十五人萬章。公孫丑。樂正子。陳臻。公都子。充虞。徐辟。高子。咸邱蒙。陳代。彭更。屋廬子。桃應。季孫。子叔。學於孟子者四人。孟仲子。告子。滕更。盆成括。呂氏春秋樂成篇。盡難攻中山之事也。高誘注云。難。說也。史記五帝本紀。死生之說。存亡之難。索隱云。難猶說也。凡事是非未盡。假以往來之辭。則曰難。所以韓非著書。有說林說難。難疑者。有疑則解說之也。答問者。有問則答之也。平日與諸弟子解說之辭。諸弟子各記錄之。至是孟子聚集而論次之。如篇中諸問答之文是也。其不由問答。如離婁盡心等章。則孟子自撰也。又有與齊魏鄒滕諸君所言。景子莊暴淳于髡周霄景春宋牼宋勾踐夷之陳相絡稽戴盈之戴不勝儲子沈同陳賈愼子王驩等相問答。蓋亦諸弟子錄之。而孟子論集之矣。

二百六十一章。三萬四千六百八十五字。

【疏】正義曰。音義標梁惠王上七章。下十六章。公孫丑上九章。下十四章。滕文公上五章。下十章。離婁上二十八章。下三十二章。萬章上九章。下七章。告子上二十章。下十六章。盡心上四十七章。下三十九章。共爲二百五十九章。今以章指計之。盡心下篇。止得三十八。則共爲二百五十八章。校此題辭所云少三章。崇文總目謂陸善經刪去趙岐章指。邵武士人作疏。依用陸本。章指旣刪。章數遂不可定。戴氏震得朱氏文游校本二云。一爲虞山毛扆手校。何岷瞻云。毛斧季從眞定梁氏借得宋槧本影鈔。今未見其影鈔者。而此本盡心下。惟梓匠輪輿章有章指。餘並缺。一爲何仲子手校。末記云。文注用盱郡重刊廖氏善本校。而盡心上有事君人者一章。孔子登東山以下三章。盡心下吾今而後知以下七章。並缺章指。二校各有詳略。得以互訂。外有章邱李氏所藏北宋蜀大字章句本。毛斧季影鈔者。並得趙岐孟子篇敘。於是臺卿之學。殘失之餘。合之復完。然則今孔氏所刻章指。亦拾掇於殘缺之餘。焉保無分合之譌。然欲傳會於二百六十一之數。而強分以足之。則亦非後學所敢矣。陳士元孟子雜記云。趙氏謂三萬四千六百八十五字。今計字數。梁惠王篇上下共五千三百六十九。公孫丑篇上下共五千一百四十四。滕文公篇上下共五千零四十五。離婁篇上下共四千七百八十九。萬章篇上下共五千一百二十五。告子篇上下共五千二百五十五。盡心篇上下共四千六百八十三。統之實有三萬五千四百一十字。較趙說多七百二十五字。詳考趙注孟子文。與今本不差。趙蓋誤算也。周氏廣業孟子異本考云。趙注孟子。三年乃成。謂可縮疑辨惑。字數易明。豈復疏於布算。但舊書古簡。脫漏居多。唐宋本固應減於漢。否亦不能加多。今茲贏字。得毋有後人所羼入者乎。按今以孔本經文計之。梁惠王共五千二百六十四字。公孫丑共五千一百四十二字。滕文公共四千九百八十字。離婁共四千七百八十九字。萬章共五千一百五十四字。告子共五千二百二十三字。盡心共四千六百七十四字。七篇共三萬五千二百二十六字。校趙氏所云。實多五百四十一字。別詳見篇敍正義中。包羅天地。揆敍萬類。仁義道德。性命禍福。粲然靡所不載。帝王公侯遵之。則可以致隆平。頌清廟。卿大夫士蹈之。則可以尊君父。立忠信。守志厲操者儀之。則可以崇高節。抗浮雲。有風人之託物。二雅之正言。可謂直而不倨。曲而不屈。命世亞聖之大才者也。疏 正義曰。命世卽名世也。詳見公孫丑下篇。亞。次也。命世亞聖。卽所謂名世次聖也。包羅天地。至曲而不屈。皆發明所以名世之實。

孔子自衞反魯。然後樂正。雅頌各得其所。乃刪詩定書。繫周易。作春秋。疏 正義曰。論語子罕篇云。吾自衞反魯。然後樂正。雅頌各得其所。集解引鄭曰。反魯。魯哀公十一年冬也。是時道衰樂廢。夫子來還。乃正之也。史記孔子世家云。孔子之去魯。凡十四歲而反乎魯。然魯終不能用孔子。孔子亦不求仕。孔子之時。周室微而禮樂廢。詩書缺。追迹三代之禮。序書傳。上紀唐虞之際。下至秦繆。編次其事。語魯太師樂其可知也。始作翕如。從之純如。皦如。繹如也。以成。吾自衞反魯。然後樂正。雅頌各得其所。古者詩三千餘篇。至孔子去其重。取其可施於禮義。三百五篇。皆弦歌之。以求合韶武雅頌之音。晚而喜易。序彖繫象說卦文言。乃因史記作春秋。筆則筆。削則削。子夏之徒。不能贊一辭。

孟子退自齊梁。述堯舜之道而著作焉。此大賢擬聖而作者也。疏 正義曰。擬聖。卽所謂述仲尼之意也。

七十子之疇。會集夫子所言。以爲論語。論語者。五經之錧鎋。六藝之喉衿也。疏 正義曰。何晏論語敍云。漢中壘校尉劉向言。魯論語二十篇。皆孔子弟子記諸善言也。漢書藝文志有論語家。列六藝之中。次五經之後。故云五經之錧鎋。六藝之喉衿也。音義出錧鎋。丁云。上音管。方言作輨。車釭也。下音黠。車轄也。按錧鎋當作輨轄。說文車部云。輨。轂耑錔也。轄。鍵也。轄與舝通。舛部云。舝。車軸耑鍵也。戴氏震考工記釋車云。轂空壺中所以受軸。以金裹轂中謂之釭。轂端沓謂之輨。以鐵爲管。約轂外兩端。軸端之鍵。以制轂者謂之舝。亦作轄。行車者脂釭中以利轉。又設舝以制轂。邶風。載脂載舝。小雅。間關車之舝兮。淮南子。車之能轉千里者。其要在三寸舝。蓋車之轉運在軸轂。而輨如環約於轂。轄如笄約於軸。非此。則軸與轂不可以運。五經非論語。則無以運行。故爲五經之輨轄也。說文口部云。喉。咽也。衿與襟通。任氏大椿深衣釋例云。爾雅衣眥謂之襟。孫炎曰。襟。交領也。文選魏都賦。不以邊陲爲襘也。注。引聲類曰。

袷。衣交領也。曲禮。天子視不上於袷。注云。袷。交領也。袷屬於襟。卽與襟同體。襟交則袷交。故袷謂之交領。與襟謂之交領。一也。說文曰。襟。交衽也。戰國策。輒以頸血濺足下之袷。注云。袷。交衽也。方言。襟謂之交。襟無不交。則袷無不交矣。小兒擁咽領。則卽服虔廣川王傳注云。頸下施衿。領正方直者也。詁訓諸書。多以襟言領。亦以領統於襟。遂名曰襟。玉篇云。袷。衣領也。詩青青子衿傳。青衿。青領也。正義云。衿領一物。然則衿爲交領交衽之通名。此與喉並言。則正以爲領人之一身。內則韝之以喉。外則鍵之以領。謂論語爲六藝之總領也。

孟子之書則而象之。疏 正義曰。易繫辭傳云。象也者像也。像之言似也。謂以孔子爲法則。而似續其道也。

衛靈公問陳於孔子。孔子答以俎豆。梁惠王問利國。孟子對以仁義。宋桓魋欲害孔子。孔子稱天生德於予。魯臧倉毀鬲孟子。孟子曰。臧氏之子焉能使予不遇哉。旨意合同。若此者衆。疏 正義曰。衛靈公桓魋事。俱見論語。音義出毀鬲。云丁音隔。蓋譖毀之使情隔耳。又音歷。按鬲爲鼎屬。其音歷。此鬲自當讀如隔。說文𨸏部云。隔。障也。漢書五行志引京房易傳云。上下皆蔽。茲謂之隔是也。按以孟子似續孔子。自趙氏發之。其後晉咸康三年。國子祭酒袁瓌。太常馮懷上疏云。孔子恂恂。道化洙泗。孟軻皇皇。誨誘無倦。是以仁義之聲。於今猶存。禮讓之風。千載未泯。見宋書禮志。韓愈原道云。斯道也。堯以是傳之舜。舜以是傳之禹。禹以是傳之湯。湯以是傳之文武周公。文武周公傳之孔子。孔子傳之孟軻。皆本諸趙氏。

又有外書四篇。性善辯文說孝經爲政。其文不能宏深。不與內篇相似。似非孟子本眞。後世依放而託也。疏 正義曰。漢書藝文志。孟子十一篇。風俗通窮通篇云。作書中外十一篇。是七篇爲中。餘四篇爲外。王應麟困學紀聞云。漢七略所錄。若齊論之問王知道。孟子之外書四篇。今皆無傳。孫奕履齋示兒篇云。昔嘗聞前輩有云。親見館閣中有孟子外書四篇。曰性善辯。曰文說。曰孝經。曰爲政。劉昌詩蘆浦筆記云。予鄉新喻謝氏。多藏古書。有性善辯一帙。翟氏灝考異云。趙氏不爲外書章句。嗣後傳孟子者。悉以章句爲本。外書悉以廢閣。致亡。南宋去趙氏時。千有餘歲。不應館閣中能完然如故也。孫氏僅得耳聞。當日在館閣諸公。未有以目擊詳言之者。道聽塗說。必不足爲援據。新喻謝氏所藏一帙。劉氏似及見之。隋書經籍志錄有梁綦母邃孟子注九卷。他家注俱七卷。獨綦母氏多出二卷。豈所謂四篇者。在梁時嘗得其二。至宋乃僅存劉氏所見之一篇邪。但綦母氏書。李善注文選。猶引用之。似流行於唐世。而其有無外書。唐人絕無片言論及。則又難以質言。且外書之篇目。自宜以性善爲一。辯文爲一。說孝經爲一。劉氏以所見之性善辯。遂以辯字上屬。而謂文說一篇。孝經一篇。據論衡本性篇。但云孟子作性善之篇。不綴辯字。疑新喻謝氏所藏性善辯。又屬後人依放而作。

非外書本眞也。周氏廣業孟子逸文考云。史記十二諸侯表云。荀卿孟子韓非之徒。各往往捃摭春秋之文以著書。不可勝記。今考孟子內書。言春秋者。止迹熄詩亡。及知我罪我。無義戰三章。亦未嘗捃摭其文。至若列女傳擁楹之歎。韓詩外傳轂織殺豚。及不敢去婦二條中所載孟子之言。皆瑣屑不足述。明季姚士粦等所傳孟子外書四篇。云是熙時子注。友人吳騫板行。丁杰爲之條敵甚詳。顧屬僞托。槪無取焉。按熙時子相傳以爲劉貢父。此書前有馬廷鸞敘。夫外書四篇。趙氏斥爲依託。其亡已久。孫奕所聞。新喻所藏。已難信據。況此又贋之尤者乎。顧氏炎武日知錄云。史記法言鹽鐵論等所引孟子。今孟子書無其文。豈俱所謂外篇者邪。是則然矣。

孟子既沒之後。大道遂絀。逮至亡秦。焚滅經術。坑戮儒生。孟子徒黨盡矣。其書號爲諸子。故篇籍得不泯絕。疏正義曰。史記秦始皇三十四年。丞相李斯言曰。臣請史官非秦紀皆燒之。非博士官所職。天下敢有藏詩書百家語者。悉詣守尉雜燒之。所不去者。醫藥卜筮種樹之書。三十五年。使御史案問諸生四百六十餘人。皆坑之咸陽。漢書藝文志云。秦燔書而易爲筮卜之事。傳者不絕。又云。諸子之言。紛然殽亂。至秦患之。乃燔滅文章。以愚黔首。是時所最忌者。學古道古之士。所坑者皆誦法孔子。長子扶蘇之言可證。不知孟子何得與周易同不焚。逢行珪注鬻子敘云。遭秦暴亂。書紀略盡。鬻子雖不與焚燒。編帙由此殘缺。此亦以諸子不焚也。翟氏灝考異云。漢書河閒王傳。稱孟子爲獻王所得。似亦遭秦播棄。至漢孝武世始復出者。然孝文已立孟子博士。而韓氏詩外傳董氏繁露。俱多引孟子語。則趙氏所云書號諸子得不泯絕。定亦不虛。

漢興。除秦虐禁。開延道德。孝文皇帝欲廣遊學之路。論語孝經孟子爾雅。皆置博士。後罷傳記博士。獨立五經而已。疏正義曰。王應麟五經通義說云。猗哉漢之尊經乎。儒五十三家。莫非賢傳也。而孟子首置博士。翟氏灝考異云。孟子尊立最久。時論語孝經通謂之傳。而孟子亦謂之傳。如論衡對作篇曰。楊墨不亂傳義。則孟子之傳不造。劉向傳引傳曰。聖人不出。其閒必有名世者。後漢書梁冀傳引傳曰。以天下與人易。爲天下得人難。越絕書序外傳記引傳曰。於厚者薄。則無所不薄矣。說文解字引傳曰。簞食壺漿。詩邶風正義引傳曰。外無曠夫。內無怨女。中論天壽篇引傳曰。所好有甚於生者。所惡有甚於死者。又法象篇曰。傳稱大人正已而物自正。皆可爲證。故趙氏以論語孝經孟子爾雅博士。統言之曰傳記博士。錢氏大昕潛研堂答問云。問劉子駿移太常博士書。言孝文帝時。天下衆書。往往頗出。皆諸子傳說。猶廣立於學官。爲置博士。據趙邠卿孟子題辭。則論語孝經孟子爾雅。孝文時皆立博士。所謂傳記博士也。此等博士。未識罷於何時。曰漢書贊武帝云。孝武初立。卓然罷黜百家。表章六經。以本紀考之。建武五年。置五經博士。則傳記博士之罷。當在是時矣。按禮記正義引盧植云。漢文皇帝令博士諸生作此王制之書。今王制篇中制祿爵關市等文。多取諸孟子。則孝文時立孟子博士。審矣。

訖今諸

經通義。得引孟子以明事。謂之博文。疏

正義曰。後漢書儒林傳云。建初中。大會諸儒於白虎觀。考詳同異。連月乃罷。肅宗親臨稱制。如石渠故事。顧命史臣著爲通義。注云。卽白虎通義是。觀趙氏此文。孟子雖罷博士。而論說諸經。得引以爲證。如鹽鐵論載賢良文學對丞相御史。多本孟子之言。而鄭康成註禮箋詩。許愼作說文解字。皆引之。其見於史記兩漢書兩漢紀。如鄒陽引不含怒不宿怨。終軍引枉尺直尋。倪寬引金聲玉振。王褒引離婁公輸。貢禹引民飢馬肥。梅福引位卑言高。馮異稱民之飢渴易爲飲食。李淑引緣木求魚。郅惲言强其君所不能爲忠。量君所不能爲賊。馮衍言臧倉。言泰山北海。班彪引檮杌春秋。崔駰言登牆摟處。申屠蟠言處士橫議。王暢言貪夫廉懦夫有立志。傅燮言浩然之氣。亦當時引以明事之證。

孟子長於譬喻。辭不迫切。而意已獨至。其言曰。說詩者不以文害辭。不以辭害志。以意逆志。爲得之矣。斯言殆欲使後人深求其意以解其文。不但施於說詩也。今諸解者往往摭取而說之。其說又多乖異不同。疏

正義曰。方言云。摭。取也。陳宋之間曰摭。說文手部云。拓。拾也。陳宋語。或从庶。拾取而說之。謂未能通其全書。悉其恉趣。僅拾取一章一句而解說之。旣不能貫通其義。自然乖異矣。

孟子以來五百餘載。傳之者亦已衆多。疏

正義曰。閻氏若璩孟子生卒年月考云。孔子生卒出處年月。具見史記孔子世家。而孟子獨略。於是說者紛紜。余嘗以七篇爲主。參以史記等書。然後歷歷可考。蓋生爲鄒人。卒當是赧王之世。萬氏斯同羣書疑辨云。山陽閻百詩著孟子生卒年月考。究不知生卒在何年。蓋實無可考也。孟子世譜言孟子生於周烈王四年己酉。卒於赧王二十六年壬申。年八十四。其言似可信。今姑以萬氏此言推之。赧王立五十九年。則歷三十四年至乙巳而卒。又八年壬子周亡。爲秦莊襄王元年。三年卒。始皇立。三十七年卒。二世立。三年秦亡。又五年。天下爲漢。漢高帝至平帝十二主。共二百十年。新莽十八年。更始立三年。光武中興至獻帝十二主。共一百九十五年。自孟子沒至漢末。五百十三年。趙氏卒於建安六年。而出亡著書。則尚在延熹時。自周赧王二十六年至漢桓帝延熹間。僅四百五十年耳。此云五百餘載。蓋趙氏以孟子親受業於子思。則其生卒之年。必前於烈王四年。赧王二十六年也。故趙氏注由周而來七百有餘歲。必推自太王文王以來。然則孟子謂由孔子而來。至於今百有餘歲。蓋謂孔子沒後至孟子著書之年。非謂孔子沒之年至孟子生之年也。趙氏言孟子以來五百餘載。謂孟子沒後至趙氏著書之年。非謂孟子沒之年至趙氏生之年也。孟子後徵引孟子者。如荀卿。韓嬰。董仲舒。劉向。揚雄。王充。班固。張衡。鄭康成。許愼。何休等。皆所謂摭取而說之。漢文時立孟子博士。必有授受之人。惜不可考。河間獻王所得先秦舊本。不詳得自何人。至東觀漢紀。言章帝以孟子賜黃香。則香能傳之讀之與否。不可知。劉陶復孟軻。其所以復者不傳。

惟後漢書儒林傳云。程曾字秀升。豫章南昌人。作孟子章句。建初三年。舉孝廉。遷海西令。建初爲章帝年號。則生東漢之初。在趙氏前。專爲孟子之學者。自此始著。乃其章句不傳。莫可考究。高誘呂氏春秋敍。自言正孟子章句。誘涿郡人。從盧植學。建安十年。辟司空掾。除東郡濮陽令。十七年。遷監河東。所注戰國策呂氏春秋淮南子皆存。惟孟子章句亡。誘於建安十年。始舉孝廉。趙氏卒於建安六年。年已九十餘。是誘爲趙氏後輩。隋書經籍志有漢鄭康成孟子注七卷。漢劉熙孟子注七卷。鄭康成本傳。詳列所著書。不言孟子。隋志所載。未知所據。熙嘗撰釋名。畢氏沅釋名疏證敍云。隋書經籍志釋名八卷。劉熙撰。又大戴禮記十三卷下注云。梁有謚法三卷。後漢安南太守劉熙注。亡。後漢無安南郡。惟漢陽郡注引秦州記曰。中平五年。分置南安郡。則安南或南安之譌。晉李石續博物志云。漢博士劉熙。宋陳振孫書錄解題。馬端臨文獻通考。並云漢徵士北海劉熙。字成國。不知何本。三國吳志。韋昭言見劉熙所作釋名。信多佳者。程秉傳。言秉避亂交州。與劉熙考論大義。又薛綜傳。言綜避地交州。從劉熙學。交州。孫吳之地也。按程秉逮事鄭康成。避亂交州。與熙考論。綜博通五經。其後士燮乃命爲長史。然則程秉薛綜與劉熙在交州。乃士燮爲交趾太守時。燮附孫權。在建安十五年。時秉綜俱已爲權所得。是其師事劉熙時。仍遠在建安十五年以前。秉爲太子太傅。黃武四年。太子登親迎秉進說。病卒官。登以赤烏四年卒。秉嘗卒於登前。自建安十五年至此。止二十餘年。蓋秉已老矣。而薛綜卒於赤烏六年。距建安十五年。亦止三十二年。其師事熙蓋少時。當在獻帝初年。則是時交州仍爲漢地。劉熙爲漢人無疑。士燮附孫權時。熙蓋已前歿。何也。秉綜權尙以其名儒而禮徵之。況所師事者乎。或謂熙及魏受禪後。非也。其相傳爲安南太守者。亦以其在交州而譌。非南安之譌也。劉熙高誘。皆與趙氏先後同時。劉熙注見於史記漢書後漢書文選等注所引。今散著各經文之下。高誘章句。無引之者。而所注諸書。多及孟子。尙可考見。呂氏春秋至忠篇。人主無不惡暴刼者。而日致之。惡之何益。注云。日致爲暴刼之政也。孟子曰。惡溼而居下。故曰惡之何益也。論太篇。及匡章之辯。惠子以王齊王也。注云。匡章乃孟軻所謂通國稱不孝者。本味篇。已成而天子成。注云。已成仁義之道。而成爲天子。孟子曰。得乎邱民爲天子。愼人篇。百里奚之未遇時也。亡虢而虜晉。注云。虢當爲虞。孟子曰。百里奚。虞人也。晉人以垂棘之璧。假道于虞以伐虢。宮之奇諫之。百里奚知虞公之不可諫也。而去之秦。此云亡虢。誤矣。去私篇。堯有子十人。注云。孟子曰。堯使九男二女事舜。此曰十子。殆丹朱爲胄子。不在數中。當染篇。湯染於伊尹仲虺。注云。孟子曰。王者師臣也。盡數篇。故凡養生莫若知本。知本則疾無由至矣。注云。傳曰。人受天地之中以生。所謂命也。孟子曰。人性無不善。本其善性。閉塞利欲。疾無由至矣。論人篇。凡論人。通則觀其所禮。注云。通。達也。孟子曰。達則兼善天下。故觀其所賓禮。用衆篇。今使楚人長乎戎。戎人長乎楚。則楚人戎言。戎人楚言矣。注云。孟子曰。有楚大夫欲其子之齊言也。使一齊人傅之。衆楚人咻之。雖日撻而求其齊也。不可得矣。引而置之莊嶽之間數年。雖日撻而求其楚。亦不可得矣。此之謂也。懷寵篇。誅國之民。望之若父母。行地滋遠。得民滋衆。注云。所誅國之民。睎望義兵之至。若望其父母。滋益衆多也。孟子曰。百姓簞食壺漿以迎王師。奚爲後予。此之謂也。驕恣篇。齊宣王爲大室。大益百畝。注云。宣王。齊威王之子。孟子所見易鐘釁之牛者也。開春篇。魏惠王死。葬有日矣。注云。孟子所見梁惠王也。秦伐魏。魏徙都大梁。梁在陳留浚儀西大梁城是也。壹行篇。彊大之國誠可知。則其王不難矣。注云。孟子曰。以齊王猶反手也。故曰不難矣。自知篇。鑽荼龐涓太子申。不自知而死。注云。鑽荼龐涓。魏惠王之將。申。魏惠王之太子也。與龐涓東伐齊。戰於馬陵。齊人盡殺之。故惠王謂孟子曰。晉國天下莫強焉。叟之所知也。及寡人身。東敗於齊。長子死。此之謂也。樂成篇。賢者得志則可。不肖者得志則不可。注云。賢者得志則忠。故曰可也。不肖得志則驕。驕則亂。故曰不可。公孫丑曰。伊尹放太甲於桐宮。太甲賢。又反之。賢者之爲人臣。其君不賢。則可放與。孟子曰。有伊尹之志則可。無伊尹之志則簒也。又中主以之哅哅也止善。賢主以之哅哅也立功。注云。孟子見梁襄王。出語人曰。望之而不似人君。就之而不見所畏焉。何能決善哉。此言復謬也。審應篇。魏惠王使人請韓昭侯。注云。惠王。魏武侯子也。孟子所見梁惠王也。不屈篇。齊威王幾弗受。注。威王田和之孫。孟子所見宣王之父。又匡章謂惠子於魏王之前。注云。匡章。孟子弟子。淮南子俶眞訓。若夫墨楊申商之於治道。注云。墨。墨翟也。其術兼愛非樂。摩頂放踵而利國者爲之。楊。楊朱。其術全性保眞。雖拔骭一毛而利天下。弗爲也。又是故聖人之學也。欲以返性於初。注云。人受天地之中以生。孟子曰。性無不善。而情欲害之。故聖人能返其性於初也。修務訓。今夫毛嬙西施。天下之美人。若使之銜腐鼠。蒙蝟皮。衣豹裘。帶死蛇。則布衣韋帶之人過者。莫不左右睥睨而掩鼻。注云。言雖有美姿。人惡聞其臭。故睥睨掩其鼻。孟子曰。西子蒙不潔。則人皆掩其鼻而過之。是也。主術訓。故握劍鋒以離北宮子。注云。北宮子。齊人。孟子所謂北宮黝也。繆稱訓。魯以偶人葬而孔子歎。注云。偶人。相人也。歎其象人而用之。齊俗訓。豈必鄒魯之禮。注云。鄒。孟軻邑。說山訓。此全其天器者。注云。器。猶性也。孟子曰人性善。故曰全其天性。氾論訓。舜不告而娶。非禮也。注云。堯知舜賢。以二女妻舜。不告父。父頑。常欲殺舜。舜知告則不得娶也。不孝莫大於無後。故孟子曰。舜不告猶告耳。又全性保眞。不以物累形。楊子之所立也。而孟子非之。注云。全性葆眞。謂不拔骭毛。以利天下弗爲。不以物累己身形也。孟子受業於子思之門。成唐虞三代之德。敍詩書孔子之意。塞楊墨淫辭。故非之也。又堯無百戶之郭。舜無置錐之地。以有天下。禹無十人之衆。湯無七里之分。以王諸侯。文王處岐周之間。地方不過百里。而立爲天子者。有王道也。注云。堯舜禹湯文王。皆王有天下。孟子曰。以德行仁者王。王不待大是也。又夏桀殷紂之盛也。人跡所至。舟車所通。莫不爲郡縣。然而身死人手。而爲天下笑者。有亡形也。注云。孟子曰。惡死亡樂不仁。不仁必死亡。故曰有亡形也。又故溺則捽父。祝則名君。注云。孟子曰。嫂溺而不援。是豺狼也。而況父兄乎。又季襄陳仲子立節抗行。不入洿君之朝。不食亂世之食。遂餓而死。注云。季襄。魯人。孔子弟子。陳仲子。齊人。孟子弟子。居於陵。戰國策齊策。威王薨。宣王立。注云。宣王。孟軻所見以羊易釁鐘之牛者也。又田忌爲齊將。係梁太子申。禽龐涓。注云。申。梁惠王太子也。龐涓。魏將也。田忌與戰於馬陵而係獲之也。故梁惠王謂孟子曰。寡人東伐。

殺於馬陵。太子死。龐涓禽。此之謂也。又攻燕三十日而舉燕國。注云。孟子曰。子噲无王命而與子之國。子之无王命擅受子噲國。故齊宣王伐而取之也。秦策。西國爲一。將於攻秦。秦王召羣臣賓客六七人而問曰。姚賈對曰云云。注云。姚賈譏周公誅管蔡不仁不知者。在孟子之篇也。其訓詁有與孟子可參考者。亦藉以窺見其概。故正義引高氏呂氏春秋淮南子注爲多。余生西京。世尋丕祚。有自來矣。疏正義曰。趙氏爲京兆長陵人。長陵。前漢屬馮翊。後漢屬京兆。京兆爲西漢所都。故云西京。張衡有西京賦。說文寸部云。尋。繹理也。文選東都賦。漢祚中。缺注引國語賈注云。祚。位也。史記趙世家云。趙氏之先。與秦共祖。至中衍。爲帝大戊御。秦本紀云。秦之先。帝顓頊之苗裔。潛夫論志氏姓云。皋陶事舜。其子伯翳。能議百姓以佐舜禹。擾馴鳥獸。舜賜姓嬴。後有仲衍。爲夏帝大戊御。嗣及費仲。生惡來季勝。季勝之後有造父。以善御事周穆王。封造父於趙城。因以爲氏。至於趙夙仕晉卿大夫。十一世而爲列侯。五世而爲趙靈王。趙世之先爲列卿諸侯王。故尋繹其始原。出帝顓頊。故尋繹其丕祚。有自來也。少蒙義方。訓涉典文。疏正義曰。傳稱生於御史臺。李賢注云。以其祖爲御史。故生於臺。其祖父之名不詳。傳有從兄襲。從子戩。注引決錄注云。襲字元嗣。先是杜伯度崔子玉。以工草書稱於前代。襲與羅暉拙書。蚩於張伯英。英頗自矜高。與朱賜書云。上比崔杜不足。下方羅趙有餘。又云。岐長兄襲。州都官從事。早亡。次兄無忌。字世卿。部河東從事。王允傳。允及宗族十餘人。皆見誅害。莫敢收允尸者。惟故吏平陵令趙戩。棄官營喪。趙戩。字叔茂。長陵人。性質正多謀。初平中。爲尚書典選舉。董卓數欲有所私授。戩輒堅拒不聽。言色強厲。卓怒。召將殺之。衆人悚慄。而戩辭貌自若。卓悔謝釋之。長安之亂。客於荊州。劉表厚禮焉。及曹操平荊州。乃辟之。執戩手曰。恨相見晚。卒相國鍾繇長史。此即與岐同避難者也。從兄襲。三國志閻溫傳云。引魏略孫賓碩傳作趙息。息襲音同。息即襲也。云唐衡弟爲京兆虎牙都尉。不修於京兆尹。入門不持版。郡功曹趙息呵廊下曰。虎牙儀如屬城。何故放臂入府門。促收其主簿。衡弟顧促取版。既入見尹。尹欲修主人。勑外爲市買。息又啓曰。左悺子弟來爲虎牙。非德選。不足爲特酤買。宜隨中舍菜食而已。及其到官。遣吏奉牋謝尹。息又勑門言無常見。此無陰兒輩子弟邪。用其牋記爲通乎。晚乃通之。又不得即令報。衡弟皆知之。甚恚。欲滅諸趙。因書與衡。求爲京兆尹。旬月之間得爲之。息自知前過。乃逃走。時息從父仲臺。見爲涼州刺史。於是唐衡爲詔徵仲臺。遣歸。遂詔中都官及郡部督郵。捕諸趙尺兒以上。及仲臺皆殺之。時息從父岐。爲皮氏長。聞有家禍。因從官舍逃走之河間。變姓名。又轉詣北海。著絮巾布袴。常於市中販胡餅。趙氏兄弟族屬可考者。附錄於此。知命之際。嬰戚於天。遘屯離蹇。詭姓遁身。經營八紘之內。十有餘年。心劋形瘵。何勤如焉。疏正義曰。謂延熹元年逃難四方事也。趙氏年九十餘。卒於建安六年辛巳。上溯延熹元年戊戌四十四年。是年五十。然則趙氏年九十四卒也。蓋生於安帝永初二年。遘。遇也。離。罹也。屯蹇。皆謂難也。列子湯問篇。

八紘九野之水。張湛注云。八紘。八極也。淮南子地形訓云。八殥之外而有八紘。高誘注云。紘。維也。經營八紘之內。卽所謂江淮海岱。靡所不歷也。傳云。數年乃出。此云十有餘年。或逢靈帝時禁錮言與。音義云。勦。子小切。絕也。按說文刀部云。劋。絕也。夏書曰。天用劋絕其命。力部云。勦。勞也。春秋傳曰。安用勦民。天用剿絕其命。今在尚書甘誓作剿。曹憲博雅音云。剿從刀而勦從力。此云心勦。乃從力之勦。當訓勞。謂心勞也。音義訓絕。則是從刀之剿。爲剿字矣。心不可言絕也。失之矣。爾雅釋詁云。瘵。病也。詩大雅瞻卬篇。邦靡有定。士民其瘵。箋云。天下騷擾。邦國無有安定者。士卒與民皆勞病。勦瘵義皆爲勞。故以勤字總承之。嘗息肩弛擔於海岱之閒。或有溫故知新。雅德君子。疏 正義曰。謂安邱孫嵩也。漢書地理志。北海郡安邱。其地在濟岱之閒。息肩弛擔。謂藏複壁中。矜我劬瘁。睠我皓首。訪論稽古。慰以大道。疏 正義曰。睠。說文作眷。云顧也。詩曰。乃眷西顧。人經困瘁。則毛髮易白。故趙氏五十而皓首也。訪論稽古。謂孫嵩與之論學也。後漢書鄭康成傳云。及黨事起。乃與同郡孫嵩等四十餘人。俱被禁錮。三國志注引邴原別傳云。欲遠遊學。詣安邱孫崧。崧卽嵩。在當時與鄭邴等交。則亦讀書稽古之士也。余困吝之中。精神遐漂。靡所濟集。疏 正義曰。說文辵部云。遴。行難也。易曰。以往遴。今易作吝。則吝之義爲難行。說文水部云。漂。浮也。易雜卦傳云。旣濟。定也。毛詩邶風載馳篇。不能旋濟。傳云。濟。止也。止與定義同。集猶聚也。精神遐遠而漂浮。故無所定止而斂聚也。聊欲係志於翰墨。得以亂思遺老也。疏 正義曰。音義云。張云。亂。治也。思。去聲。按思謂憂思也。著書明道。則可治其憂思。說文歺部云。遺。亡也。亡卽忘。禮記鄉飲酒義。知其能弟長而無遺矣。注云。遺。猶脫也。忘也。遺老。謂忘其老。論語述而篇云。發憤忘食。樂以忘憂。不知老之將至云爾。惟六籍之學。先覺之士。釋之辯之者。旣已詳矣。疏 正義曰。儒見漢書儒林傳藝文志。後漢書儒林傳。儒家惟有孟子。閎遠微妙。緼奧難見。宜在條理之科。疏 正義曰。禮記月令。其器圜以閎。注云。閎讀如紘。紘謂中寬。象土含物。閎與宏通。考工記梓人。其聲大而宏。注云。宏讀如紘綖之紘。謂聲音大也。閎宏通借字。漢書藝文志。昔仲尼沒而微言絕。注。引李奇云。微言。隱微不顯之言也。妙與眇同。揚雄傳。閎意眇旨。儒林張山拊傳。嚴然總五經之眇論。注皆云。眇讀曰妙。方言云。眇。小也。蓋言其大。閎而且遠。言其小。微而且妙。禮記玉藻緼爲袍。注云。緼。今之纊及故絮也。爾雅釋宮云。西南隅謂之奧。緼在袍之裏。奧在室之內。故不易見。條理見萬章下篇。說文木部云。條。小枝也。自根發而爲幹。自幹分而爲枝。枝又分而爲條。故條之義爲分。分則暢達。故義又爲暢爲達。韓非子解老云。凡理者。方圓短長麤靡堅脆之分也。荀子儒效篇云。井井乎其有理也。楊倞注云。有條理也。廣雅釋言云。科。條也。又云。科。品也。蓋當時著書之法。各有科等。孟子之意指。既縕奧難見。則宜條分縷析。使之井井著明。故宜在條理之科。如下所云是也。於是

乃述己所聞。證以經傳。爲之章句。具載本文。章別其指。分爲上下。凡十四卷。

疏 正義曰。趙氏自述少蒙義方。則所學授諸祖父。別無師傳。子孫述祖父。往往諱其名字。久而轉致無聞。此其憾也。本傳注引三輔決錄注云。岐娶馬敦女宗姜爲妻。敦兄子融。嘗至岐家。問趙處士所在。岐厲節不以妹壻之故。屈志於融。與其友書曰。馬季常雖有名當世。而不持士節。三輔高士。未嘗以衣裾撇其門也。岐會讀周官二義不通。一往造之。然則岐雖鄙融之爲人。而義有不通。亦往請問。則其虛心取善可知。雖無常師。而非不知而作者矣。故聲音訓詁之學。不殊馬鄭。證以經傳。注中所引是也。毛詩正義云。漢初爲傳訓者。皆與經別行。三傳之文。不與經連。故石經書公羊傳。皆無經文。藝文志云。毛詩經二十九卷。毛詩故訓傳三十卷。是毛爲詁訓。亦與經別也。及馬融爲周禮之注。乃云欲省學者兩讀。故具載本文。然則東漢以來。始就經爲注。按趙氏用馬融之例。故具載本文。然漢世說經諸家。各有體例。如董仲舒之春秋繁露。韓嬰之詩外傳。京房之易傳。自抒所見。不依章句。伏生書傳。雖分篇附著矣。而不必順文理解。然其書殘缺。不覩其全。毛詩傳全在矣。訓釋簡嚴。言不盡意。鄭氏箋之。則後世疏義之濫觴矣。鄭於三禮詳說之矣。乃周禮本杜子春鄭司農而討論。則又後人集解之先聲也。何休公羊學。專以明例。故文辭廣博。不必爲本句而發。蓋經各有義。注各有體。趙氏於孟子既分其章。又依句敷衍而發明之。所謂章句也。章有其指。則總括於每章之末。是爲章指也。疊詁訓於語句之中。繪本義於錯綜之內。於當時諸家。實爲精密而條暢。文多故分七篇爲十四爲上下。而不以十四爲次第者。不敢紊七篇之舊目也。

究而言之。不敢以當達者。

疏 正義曰。史記孔子世家云。孟釐子曰。吾聞聖人之後。雖不當世。必有達者。今孔丘年少好禮。其達者與。莊子齊物論云。惟達者知通爲一。

施於新學。可以寤疑辯惑。

疏 正義曰。廣雅釋言云。新。初也。新學。即初學也。毛詩周南關雎篇寤寐求之。傳云。寤。覺也。說文心部云。悟。覺也。寤與悟通。

愚亦未能審於是非。後之明者見其違闕。儻改而正諸。不亦宜乎。

疏 正義曰。趙氏後爲孟子注者。梁七錄有綦毋邃孟子注九卷。周氏廣業孟子古注考云。綦毋複姓。左傳有晉大夫綦毋張。見廣韻毋字注。戰國有綦毋子。見劉向別錄。後漢有東莞綦毋君。見謝承書。劉表在荊州時。有儒士綦毋闓。邃世次行事無考。隋志載其列女傳七卷。在皇甫謐後。又云二京賦二卷。李軌綦毋邃撰。邃又注三都賦三卷。撰誡林三卷。並梁有今亡。宋裴駰注史記。嘗兩引其說。知爲晉人。正義不考。但云在梁時。又有綦毋邃注九卷。疏也。唐志作綦毋邃注孟子七卷。又陸善經注孟子七卷。張鎰孟子音義三卷。崇文總目云。善經。唐人。以軻書初爲七篇。因刪去趙岐章指。與其注之繁重者。復爲七篇。舊唐書。張鎰。蘇州人。朔方節

度使齊邱之子也。大歷五年。除濠州刺史。爲政清靜。州事大理。乃招經術之士。講訓生徒。撰三禮圖九卷。五經微旨十四卷。孟子音義三卷。尋拜中書侍郎平章事。集賢殿學士。盧杞忌鎰名重道直。無以陷之。以方用兵。因薦鎰以中書侍郎爲鳳翔隴右節度使。李楚琳作亂。鎰出鳳翔三十里。爲候騎所得。楚琳殺之。贈太子太傅。新唐書鎰傳。在第七十七。言其字季權。一字公度。宋史藝文志。張諡孟子音義三卷。丁公著孟子手音一卷。張諡蓋鎰之譌。手音不載唐志。唐書列傳八十九。丁公著。字平子。蘇州吳人。三載喪母。甫七歲。見鄰媼抱子。哀感不肯食。請於父緒。願絕粒學老子道。父聽之。稍長。父勉勅就學。舉明經高第。授集賢校書郎。不滿秩輒去。侍養於家。父喪負土作冢。貌力癯惙。見者憂其死孝。觀察使薛苹表上至行。詔刺史存問。賜粟帛旌闕其閭。淮南節度使李吉甫。表授太子文學。兼集賢校理。會入輔政。擢爲右補闕。遷直學士。充皇太子諸王侍讀。因著太子諸王訓十篇。穆宗立。擢給事中。遷工部侍郎。知吏部選事。辭疾求外遷。授浙西觀察使。徙爲河南尹。治以清靜聞。四遷禮部尚書。翰林侍講學士。長慶中。浙東災癘。拜觀察使。詔賜米七萬斛。使賑饑捐。久之。入爲太常卿。太和中。以病丐身還鄉里。卒。年六十四。贈尚書右僕射。按作孟子手音者。蓋卽其人。宋孫奭孟子音義敍云。自陸善經已降。其所訓說。雖小有異同。而共宗趙氏。張氏徒分章句。漏略頗多。丁氏稍識指歸。譌謬時有。其尚書虞部員外郎同判國子監臣王旭。諸王府侍講太常博士國子監直講臣馬龜符。鎮寧軍節度推官國子學說書臣吳易。前江陰軍江陰縣尉國子學說書臣馮元等。推究本文。參考舊注。集成音義二卷。宋史儒林傳云。孫奭。字宗古。博州博平人。幼與諸生師里中王徹。徹死。有從奭問經者。奭爲解析微指。人人驚服。於是門人數百。皆驚服奭。後徙居須城。九經及第。與莒縣主簿。上書願試講說。遷大理評事。爲國子監直講。太宗幸國子監。召奭講書。賜五品服。眞宗以爲諸王府侍讀。會召百官轉對。奭上十事。判太常禮院國子監司農寺。累遷工部郎中。擢龍圖閣待制。大中祥符初。得天書於左承天門。帝將奉迎。召問奭。奭對曰。臣愚所聞。天何言哉。豈有書也。仁宗卽位。宰相請擇名儒以經儒侍講讀。乃召爲翰林侍講學士。知審官院。判國子監。丁父憂起復。兼判太常寺及禮院。三遷兵部侍郎龍圖閣學士。每講讀至前世亂君亡國。必反覆規諷。仁宗意或不在書。奭則拱默以俟。帝爲竦然改聽。嘗畫無逸圖上之。帝施於講讀閣。三請致仕。召對承明殿。敦論之。以不得請。求近郡。優拜工部尚書。復知兗州。改禮部尚書。既而累表乞歸。以太子少傅致仕。卒贈左僕射。諡曰宣。常掇五經切於治道者。爲經典徽言五十卷。又撰崇祀錄。樂記圖。五經節解。五服制度。嘗奉詔與邢昺杜鎬校定諸經正義。莊子爾雅釋文考正。尚書論語孝經爾雅謬誤。及律音義。此皆生趙氏後。治趙氏學者也。陸善經刪削。實爲趙氏之蠹。若孫氏。其有裨於趙氏矣。

孟子正義

卷一

【疏】正義曰。周氏廣業孟子古注考云。山井鼎考文。謂說古本足利篇題。古本首行孟子卷第一。次行梁惠王章句上。三行低二格。趙氏注。下夾注梁惠王者。魏惠王也云云。四行孟子見梁惠王。足利本前二行同。古本第三行低一格。夾注梁惠王云云。第四行低三格。後漢太常趙岐邠卿注。五行孟子見梁惠王。與今孔氏韓氏新刻本不同。按今孔氏刻本。首行以梁惠王章句上六字頂格。而此行之下。繫之以孟子卷第一五字。次行趙氏注。今依古本提孟子卷第一在前。

趙氏注。【疏】正義曰。阮氏元校勘記云。閩監毛三本並作漢趙氏注。足利本作後漢趙岐邠卿注。與各本皆不合。非也。廖瑩中經注本作趙岐亦非。毛詩正義云。不言名而言氏者。漢承滅學之後。典籍出於人間。各專門命氏以顯其家之學。故諸為傳訓者。皆云氏。不言名。

梁惠王章句上凡七章。【疏】梁惠王者。魏惠王也。魏國名。惠謚也。王號也。時天下有七王。皆僭號者也。猶春秋之時。吳楚之君稱王也。魏惠王居於大梁。故號曰梁王。聖人及大賢有道德者。王公侯伯及卿大夫。咸願以為師。孔子時。諸侯問疑質禮。若弟子之問師也。魯衛之君皆尊事焉。故論語或以弟子名篇。而有衛靈公季氏之篇。孟子亦以大儒為諸侯所師。是以梁惠王滕文公題篇。與公孫丑等而為一例也。【疏】梁惠王章句上。〇正義曰。文心雕龍云。夫設情有宅。置言有位。宅情曰章。位言曰句。章者。明也。句者。局也。局言者解字以分疆。明情者總義以包體。道昣相異。而衢路交通矣。漢書藝文志。易章句有施孟梁邱各二篇。書有歐陽章句三十一卷。大小夏侯章句各二十九卷。春秋有公羊章句三十八篇。穀梁章句三十三篇。漢書張禹傳。禹為論語章句。後漢書儒林傳。包咸入授太子論語。又為其章句。趙氏以章句命名。其來尚矣。周氏廣業孟子古注考云。意林云。蜀郡趙臺卿作章句。章句曰指事。廣按臺卿京兆人。而稱蜀郡者。蓋因避難改籍也。章句曰指事者。謂斷章而揭其大指。籀句而證以實事也。意林錄自梁庾仲容子抄。當是庾所見舊本標題如此。或云。史記稱莊周善屬書離辭。指事類情。指事之名本此。案指事為六書之一。許慎說文敘云。視而可識。察而可見。上下是也。趙意蓋兼取顯著之義。後漢書儒林傳云。程曾。字秀升。著書百餘篇。又作孟子章句。高誘呂氏春秋序云。誘正孟子章句。程高生趙氏先後。均有章句。而今不傳。孔氏繼涵韓氏岱雲所刻趙氏章句本。無凡七章三字。然則此三字非趙氏之舊。山井鼎考文古本。亦無此三字。孫氏音義有之。〇注梁惠至王也。〇正義曰。史記魏世家云。魏之先。畢公高之後也。其苗裔曰畢萬。事晉獻公十六年。趙夙為御。畢萬為右。以伐霍耿魏。滅之。

以魏封畢萬爲大夫。從其國名爲魏氏。生武子。治於魏。生悼子。徙治霍。生魏絳。徙治安邑。卒諡爲昭子。生魏嬴。嬴生魏獻子。爲國政。與趙簡子中行文子范獻子並爲晉卿。生魏侈。侈之孫桓子。與韓康子趙襄子共滅智伯。分其地。桓子之孫曰文侯。都魏。二十一年。魏趙韓列爲諸侯。二十五年。子擊生子罃。文侯卒。子擊立。是爲武侯。武侯卒。子罃立。是爲惠王。六國表。周威烈王二十三年。韓趙魏始列爲諸侯。安王二年。太子罃生。二十六年。魏韓趙滅晉。烈王元年。爲魏惠王元年。距始列爲侯凡三十四年。距分晉僅六年。詩魏譜云。魏者。虞舜夏禹所都之地。在禹貢冀州雷首之北。析城之西。周以封同姓焉。其封域南枕河曲。北涉汾水。至春秋閔公元年。晉獻公竟滅之。以其地賜大夫畢萬。是魏爲國名也。周書諡法解云。諡者。行之迹也。號者。功之表也。仁義所在曰王。柔質慈民曰惠。愛民好與曰惠。是惠爲諡。王爲號也。周氏廣業孟子出處時地考云。史序列國稱王之年多舛出。詳考之。則魏最先。齊次之。秦又次之。然惟齊大書於田完世家云。威王二十六年擊魏。大敗之桂陵。於是齊最強於諸侯。自稱爲王。以令天下。魏秦或晦或顯。二國亦不公言之。蓋以魏先強後弱。秦先弱後強。其王號皆數稱而後定也。何以明之。魏世家稱王始惠王。其後乃云襄王元年。與諸侯會徐州。相王也。追尊父惠王爲王。追尊固無是理。國策蘇秦說齊閔王曰。昔者魏王擁土千里。帶甲三十六萬。恃其強。拔邯鄲。西圍定陽。又從十二諸侯朝天子。以西謀秦。秦王恐。爲戰具守備。衛鞅曰。魏氏功大而令行於天下。有十二諸侯而朝天子。其與必多。乃見魏王曰。大王有伐齊楚從天下之志。不如先行王服。然後圖之。魏王悅其言。廣公宮。制丹衣柱。建九斿之旗。此天子之位也。而魏王居之。於是齊楚怒伐魏。殺其太子。覆其十萬之衆。當是時。秦王垂拱而得西河之外。是魏之僭號。早在商鞅用事秦孝公之日。故杜平之會。儼然稱王也。顯王二十六年。致伯於秦孝公。三十三年。賀秦惠王。三十五年。致文武胙於秦惠王。四十四年。秦惠君立王。其後諸侯皆稱王。秦本紀。孝公卒。子惠文君立。又云惠文君二年。天子賀。三年。王冠。四年。天子致文武胙。齊魏爲王。十三年四月戊午。魏君爲王。韓亦爲王。夫周紀之不先齊魏。以秦之王爲代周之漸。特以首惡歸之。獨計賀及致胙之日。去致伯未遠。何遽改稱王。而秦紀上兩稱惠文君。下忽書曰王冠。殊不可解。及觀始皇紀後序秦世系云。惠文王二年。初行錢。有新生嬰兒曰。秦且王。然後知秦應讖稱王。即在受天子賀之年也。是時魏已寖弱。方改元與民更始。聞秦稱王。欲後結以爲援。既與議婚。復遠涉齊境。藉其威力以脅諸侯。名爲自王。實欲王秦。史於會徐州相王。魏齊世家及年表備書之。蓋其事雖未愜衆心。而魏固以名震河山以東。秦亦侈然自肆於國中矣。秦史特變文曰齊魏爲王。意蓋謂齊魏皆奉之爲王。故與天子致胙連書以爲榮。而年表復書魏夫人來。以見魏實爲之謀主。蘇秦所謂有西面事秦稱東藩者也。特以崛起西陲。又值六國從親。兵不敢闚函谷。旋自詔晦耳。及滅巴蜀。取河西。益富厚輕諸侯。而王號遂達於周京焉。張儀傳。秦惠王十年。以儀爲相。儀相秦四年。立惠王爲王。與周紀正合。是再稱而後定也。魏是杜平之後。兵敗子虜。國威日替。中間頗示貶損。故其爲王。一見於秦孝公之初。再見於徐州之會。最後秦紀所云魏君爲王。凡三稱而後定也。魏終稱王。殆亦張儀所爲。儀魏人而相秦。其還魏蒲陽。

公子繇出質。欲魏先事秦。而諸侯效之。因使與秦並立爲王。史獨書日月者。欲自詡其功耳。否則魏王久矣。何尚稱君。且亦何與於秦。而必詳書之哉。七王者。魏。齊。秦。韓。趙。燕。楚也。說文云。僭。假也。隱公五年穀梁傳云。下犯上謂之僭。史記楚世家云。三十七年。楚熊通怒曰。吾先鬻熊。文王師也。早終。成王擧我先公。乃以子男田。令居楚。蠻夷皆率服。而王不加位。我自尊耳。乃自立爲武王。吳太伯世家云。壽夢立而吳始益大。稱王。稱王壽夢。王諸樊。王餘眛。王僚。王闔閭。王夫差。此吳楚之君稱王之事也。○注魏惠王至梁王。○正義曰。魏世家云。秦用商君。地東至河。而齊趙數破我。安邑近秦。於是徙治大梁。徐廣云。今浚儀。水經注云。浚儀縣大梁城。本春秋之陽武高陽鄉。於戰國爲大梁。周梁仲之故居。魏惠王自安邑徙都之。故曰梁。戰國策稱魏惠王。又稱梁王魏嬰。是當時亦號梁王也。趙氏佑溫故錄云。孟子獨稱梁。不一言魏。則是時必有因遷都而並改國號之事。○注聖人至例也。○正義曰。周氏廣業孟子出處時地考云。史稱孟子困於齊梁。而揚雄解嘲有云。孟子雖連蹇。猶爲萬乘師。蓋以齊宣稱夫子明以教我。梁惠言寡人願安承教。皆以師道尊之故也。孟子言五教而答問居其一。故諸侯質疑問禮。卽是以師道尊之。乃論語名篇。但擧篇首以爲之目。其稱衞靈公。以篇首有衞靈公問陳。其稱季氏。以篇首有季氏將伐顓臾。與學而述而等篇同。孟子以梁惠王滕文公名篇。亦如是耳。非謂例衞靈公季氏於子路顏淵。例梁惠王滕文公於公孫丑萬章也。趙氏所云。恐未盡然。

孟子見梁惠王。【注】孟子適梁。魏惠王禮請孟子見之。【疏】注孟子至見之。○正義曰。魏世家云。惠王數被軍旅。卑禮厚幣以招賢者。鄒衍淳于髡孟軻皆至梁。六國表云。魏惠王三十五年。孟子來。王問利國。

王曰。叟不遠千里而來。亦將有以利吾國乎。【注】曰。辭也。叟長老之稱也。猶父也。孟子去齊。老而之魏。故王尊禮之曰父。不遠千里之路而來至此。亦將有可以爲寡人興利除害乎。【疏】注曰辭至父也。○正義曰。說文曰部云。曰。詞也。司部云。詞。意內而言外也。辛部云。辭。訟也。從𤔔。𤔔猶理辜也。𤔔。理也。曰宜訓詞。此注作辭。通借字也。方言云。傁艾。長老也。東齊魯衞之間。凡尊老謂之傁。或謂之艾。周晉秦隴謂之公。或謂之翁。南楚謂之父。或謂之父老。戴氏震疏證云。傁本作叜。說文云。老也。俗通作叟。史記馮唐列傳云。文帝輦過問唐曰。父老何自爲郎。後又曰。父知之乎。廣雅云。傁艾。長老也。翁傁。父也。史記集解引劉熙孟子注云。叟。長老之稱。依皓首之言。○注孟子至害乎。○正義曰。史記孟子列傳云。孟子。騶人也。受業子思之門人。道既通。游事齊宣王。宣王不能用。適梁。此趙氏所本也。周氏柄中辨正云。孟子於齊梁先後。當以六國年表及魏世家爲據。不當以孟子列傳爲據。年表魏惠王三十五年。齊宣王之七年也。是年特書曰孟子來。若孟子於齊宣七年以前。先已游齊。年表何以不書。則孟子傳所謂游事齊宣王。宣不能用而後適梁者。乃史公駁文。非實事也。以本書觀之。篇首卽載見梁惠王諸章。及見襄王有出語云云。自此以下十數章。皆在齊。與宣王問答事。此其先後蹤跡。較然可知。不必如通鑑移下宣王十年。以合伐燕殺噲之事。然後見孟子先游梁後至齊也。江氏永羣經補義云。孟子見梁惠王。當在周愼靚王元年辛丑。是年爲惠王後元之十五年。至次年壬寅。惠王卒。子襄王立。孟子一見卽去梁矣。蓋魏僭於周顯王三十五年丁亥。與齊威王會於徐州。以相王。是年爲惠王卽位後三十七年。於是始稱王。而改元稱一年也。二說與趙氏異。未知孰是。時秦用商君。富國強兵。惠王所以還梁。故曰亦將有以利吾國。謂亦如商君之於秦。俾富國強兵也。論衡刺孟篇述此文。作將何以利吾國乎。

孟子對曰王何必曰利。亦有仁義而已矣。【注】孟子知王欲以富國強兵爲利。故曰王何必以利爲名乎。亦惟有仁義之道者。可以爲名。以利爲名。則有不利之患矣。因爲王陳之。【疏】注孟子至陳之。○正義曰。孟子謂宋牼云。先生之號則不可。名猶號也。曰利。卽是以利爲號。廣雅釋言云。曰。言也。國語周語云。有不祀則脩言。韋昭注云。言。號令也。名言義皆爲號。故用以解曰利之義。惟以利爲號令。故大夫士庶人應之。洪範初一曰五行。一曰水。二曰火。三曰木。四曰金。五曰土。隱公二年左傳。以條之役生太子。命之曰仇。其弟以千畝之戰生。命之曰成師。又嘉耦曰妃。怨耦曰仇。曰之爲詞。所以標名號。故趙氏以名釋曰。

王曰何以利吾國。大夫曰何以利吾家。士庶人曰。何以利吾身。上下交征利。而國危矣。【注】征。取也。從王至庶人。故云上下。交爭各欲利其身。必至於篡弒。則國危亡矣。論語曰。放於利而行。多怨。故不欲使王以利爲名也。又言交爲俱也。【疏】注。征。取也。○正義曰。盡心篇下。有布縷之征。注云。征。賦也。哀公十二年公羊傳。何休注云。賦者。斂取其財物也。僖公二十七年左傳。賦納以言。杜預注云。賦。猶取也。荀子富國篇。其於貨財取與。楊倞注云。取謂賦斂。是征賦取三字轉注。故趙氏訓征爲賦。又訓征爲取也。○注從王至名也。○正義曰。從。自也。自王取於大夫。大夫取於士庶人。爲上征下。士庶人又取利於大夫。大夫取利於王。爲下征上。是交征也。云交爭者。魏世家云。孟子至梁。梁惠王曰。叟不遠千里。幸辱敝邑之庭。將何以利吾國。孟軻曰。君不可以言利若是。夫君欲利。則大夫欲利。大夫欲利。則庶人欲利。上下爭利。國則危矣。司馬遷每以改易字代解詁。上下交取。勢則必爭。故以爭利解交征。趙氏所本也。征無爭訓。故先以取訓之。而後本史記言交爭。惟爭而國乃危。國策秦策云。王攻其南。寡人絕其西。魏必危。高誘注云。危。亡也。以亡訓危。與趙氏此注同。監本毛本脫亡字。引論語者。里仁第四篇文。○注又言交爲俱。○正義曰。前言上下交爭。是以交爲交互之交。交又訓俱。高誘注齊策。韋昭注國語。皆如此訓。趙氏兼存之。故云又言。謂天子以至庶人。俱惟利是取。不必上取下。下取上。此別一義也。

萬乘之國。弒其君者。必千乘之

家。注萬乘兵車萬乘謂天子也千乘兵車千乘謂諸侯也夷羿之弒夏后是以千乘取萬乘也。疏注萬乘兵車至侯也。○正義曰。漢書刑法志云。因井田而制軍賦。地方一里爲井。井十爲通。通十爲成。成方十里。成十爲終。終十爲同。同方百里。同十爲封。封十爲畿。畿方千里。有稅有賦。稅以足食。賦以足兵。故四井爲邑。四邑爲邱。邱十六井也。戎馬一匹。牛三頭。四邱爲甸。甸六十四井也。有戎馬四匹。兵車一乘。牛十二頭。甲士三人。卒七十二人。干戈備具。是謂乘馬之法。一同百里。提封萬井。除山川沈斥城池邑居園囿術路。三千六百井。定出賦六千四百井。戎馬四百匹。兵車百乘。此卿大夫采地之大者也。是謂百乘之家。一封三百一十六里。提封十萬井。定出賦六萬四千井。戎馬四千匹。兵車千乘。此諸侯之大者也。是謂千乘之國。天子畿方千里。提封百萬井。定出賦六十四萬井。戎馬四萬匹。兵車萬乘。故稱萬乘之主。論語道千乘之國。集解馬氏云。司馬法六尺爲步。步百爲畝。畝百爲夫。夫三爲屋。屋三爲井。井十爲通。通十爲成。成出乘車一乘。然則千乘之賦。其地千成。居地方三百一十六里有奇。惟公侯之封。乃能容之。雖大國之賦。亦不是過焉。包氏曰。千乘之國者。百里之國也。古者井田方里而井。十井爲乘。百里之國。適千乘也。融依周禮。包依王制。孟子。疑。故兩存焉。毛氏奇齡經問云。古千乘之國。地方百里。出兵車千乘。故稱千乘之國。方里而井。百里之國爲萬井而出千乘。是十井出一乘。不問可知。周禮乃謂九夫爲井。四井爲邑。四邑爲邱。四邱爲甸。甸六十四井。出車一乘。則是百里之國。止出兵車一百五十六乘。何名千乘乎。曰。周禮小司徒職。惟有九夫爲井。四井爲邑。四邑爲邱。四邱爲甸四甸。其下甸出一乘云云。皆司馬法文。杜預引此注左傳。不注明司馬法三字。而混幷在周禮文下。或遂以之詬周禮。特所謂司馬法者。原非周制。史記齊景公時。有司馬穰苴。會著兵法。至戰國時。齊威王使大夫追論古司馬兵法。而附穰苴於其中。名司馬法。今其書不傳久矣。然且有兩司馬法。兩言出車之制。其一又曰。六尺爲步。步百爲畝。畝百爲夫。夫三爲屋。屋三爲井。井十爲通。通十爲成。成出革車一乘。此馬融引之注論語。鄭康成引之注周禮。然皆非是。大抵侯國以百里爲斷。百里之地。以開方計之。實得萬里。孟子方里而井。萬里者。萬井也。乃以甸出一乘計之。甸方八里。實得六十四井。以成出一乘計之。成方十里。實得百井。百井出一乘。則萬夫止百乘。六十井出一乘。則萬夫止出一百五十有六乘矣。雖爲之說者曰。成之十里。卽是甸之八里。以甸八里外有治溝洫之夫。各受一井得二里。不出車賦。仍是十里。然其與千乘之賦。則總不合。於是馬融謂侯封不止百里。當有方三百一十六里有奇。而鄭康成則直據周禮。謂公五百里。侯四百里。伯三百里。子二百里。男一百里。以求合於成甸出車之數。夫列爵惟五。分土惟三。眞周制也。公侯百里。伯七十里。子男五十里。王制之等也。故易曰震驚百里。言建侯象雷震地。止百里。而春秋傳曰。列國一同。一同者。百里之地。孟子謂周公太公。其始封俱止百里。非地有不足。而限制如此。此在漢後五經諸家。如何休張苞包咸范寧輩。皆歷爲是說。而乃以五等班祿。亂周家三等之制。以一人之書。盡反易春秋尙書孟子王制諸經傳之文。豈可訓也。王氏鳴盛周禮軍賦說云。大國三軍。車五百乘。若計地出賦。則得千乘。千乘出賦之法。則服虔注左傳所引司馬法。載詩正義所謂甸六十四井出車一乘。士卒共七十五人者是。馬鄭注論語引之。欲見邦國疆域實數。故改甸爲成。其實一耳。孫子云。與師十萬。日費千金。怠於操事者。七十萬家。蓋謂七家而賦一兵也。今以此法推。六十四井。五百七十六家。可出八十二人。尙餘二夫。今秖出七十五人。則是七家又十之五強。出一人也。此說本無可疑。自何休注公羊傳注稅畝云。聖人制井田之法。十井共出兵車一乘。包咸因之。亦謂十井爲乘。百里之國。應千乘也。何楷辨之。謂使十井出一甸之賦。則其虐又過於成公之邱甲矣。此說最精。顧後儒猶有惑於其說者。則以邦國疆域。諸國參差不合也。王制云。公侯田方百里。伯七十里。子男五十里。孟子云。諸侯之地方百里。不百里。不足以守宗廟之典籍。周公之封於魯。爲方百里也。地非不足。而儉於百里。太公之封於齊也。亦爲方百里也。地非不足。而儉於百里。今考王制云云。康成以爲夏制五等之爵。三等受地。至殷變爵爲三等。合子男與伯以爲一。其地亦三等不變。則白虎通辭言之。武王克商。復增子男爵爲五等。其受地則與夏殷三等同。齊魯之封。皆在武王之世。孟子所謂地非不足而儉於百里者。大都據初制而言。賈公彥職方氏疏。申鄭意。謂其時九州之界尙狹。至武王崩。成王幼。周公攝政致太平。制禮樂。成武王之意。斥大九州。於是五等之爵。以五等受地。則周禮大司徒云。凡建邦國。諸公之地。封疆方五百里。諸侯之地。封疆方四百里。諸伯之地。封疆方三百里。諸子之地。封疆方二百里。諸男之地。封疆方百里是也。左氏傳言不過半天子之軍。坊記言不過千乘。不過云者。謂軍賦以是爲限。非地止三百一十六里。故馬云大國亦不是過。史記云。周封伯禽於魯。地方四百里。明堂位則以成王欲廣魯於天下。故封周公於曲阜。地方七百里。然其言魯之賦。亦不過革車千乘而已。若孟子對北宮錡曰。周室班爵祿。公侯皆方百里。伯七十里。子男五十里。不能五十里。不達於天子。附於諸侯。曰附庸。此以夏制爲周制者。其言曰。軻也嘗聞其略。則爲傳聞約略之詞。而非載籍之明據可知。王與之云。孟子見戰國爭雄。壤地廣袤。遂援百里七十里五十里之制。以抑當時幷吞無厭之心。若今之偏州下邑。奚啻百里。周禮所載。不爲過也。此說得之。蓋千乘其地千成。則九萬井有餘。其爲百里已九有奇矣。尙得以爲百里乎。左傳襄二十五年。鄭子產獻捷。晉人責之何故侵小。子產對曰。昔天子之地一圻。列國之地一同。今大國多數圻矣。若無侵小。何以至焉。此亦救時之譚。非核實之論也。謹按說者多以千乘三百一十六里爲長。乃孟子說公侯百里。則孟子言千乘。當自以百里矣。錄毛氏王氏兩說。以俟識者參之。○注夷羿至乖也。○正義曰。襄公四年左傳云。昔有夏之方衰也。后羿自鉏遷於窮石。因夏民以代夏政。不脩民事。而淫於原獸。棄武羅伯因熊髡尨圉。而用寒浞。寒浞。伯明氏之讒子弟也。伯明后寒棄之。夷羿收之。杜預注云。夷。氏也。哀公元年左傳云。昔有過澆。殺斟灌以代斟鄩。滅夏后相。然則羿代夏政。不言弒君。其滅相者。自是澆。非羿也。書序稱太康失邦。昆弟五人。須於洛汭。周書嘗麥云。其在夏之五子。忘伯禹之命。假國無正。用胥興作亂。遂凶厥國。皇天哀禹。賜以彭壽。思正夏略。五子武觀也。彭壽者。彭伯也。是太康失國。由於五觀。惟僞古文尙書言羿距於河。某氏傳以爲羿廢太康。立其弟仲康。趙氏所據未聞。

千乘

之國。弒其君者。必百乘之家。注天子建國。諸侯立家。百乘之家。謂大國之卿。食采邑。有兵車百乘之賦者也。若齊崔衞寧晉六卿等。是以其終亦皆弒其君。此以百乘取千乘也。上千乘當言國而言家者。諸侯以國為家。亦以避萬乘稱國。故稱家。君臣上下之辭。疏注天子建國。諸侯立家。○正義曰。春秋桓公二年左傳文。周禮地官載師。以家邑之田任稍地注云。家邑。大夫之采地。夏官大司馬家以號名注云。家。謂食采地者之臣也。○注若齊崔至乘也。○正義曰。齊崔。謂崔杼。衞寧。謂寧喜。春秋襄公二十五年夏五月乙亥。齊崔杼弒其君光。二十六年春王二月辛卯。衞寧喜弒其君剽。是其事。馬氏繹史云。晉三卿韓魏趙氏。起於獻公之世。卒分晉國。夫晉自三郤之亡。七族並盛。知罃。范匄。荀偃。韓起。欒黶。范魴。魏絳。趙武。襄八年傳稱悼公之八卿也。其後欒氏復亡。韓起。趙成。荀吳。魏舒。范鞅。知盈。五年傳稱平公之六卿也。至於定公而范荀亡。晉止四卿矣。至於哀公而知伯滅。晉又止三卿矣。○注上千至之辭。○正義曰。諸侯稱國。大夫稱家。上云千乘之家。故趙氏說之。太史公以吳太伯以下凡諸侯目為世家。索隱引董仲舒云。王者封諸侯。非官之也。得以代代為家者也。是諸侯以國為家也。按孟子言天子之卿受地視侯。大夫受地視伯。元士受地視子男。然則天子之卿大夫。其采地同於侯。則千乘之家。正指畿內之卿。如王孫蘇殺毛召而王室亂。尹氏召伯立王子朝而王室亂。雖無弒君之迹。而爭奪之釁。起自王臣矣。萬取千焉。千取百焉。不為不多矣。注周制君十卿祿。君食萬鍾。臣食千鍾。亦多矣。不為不多矣。疏注周制至多矣。○正義曰。君十卿祿。萬章下篇文。王制亦云。故以為周制也。王制諸侯之下士祿食九人。中士食十八人。上士食三十六人。下大夫食七十二人。卿食二百八十八人。君食二千八百八十人。周禮廩人。凡萬民之食食者。人四鬴。上也。人三鬴。中也。人二鬴。下也。注云。此皆謂一月食糧也。六斗四升曰鬴。賈氏疏云。此雖列三等之年。以中年是其常法。以是推之。人一月三鬴。一歲十二月。食三十六鬴。二百八十八人。則每歲食一萬零三百六十八鬴。考工記㮚氏量之以為鬴注云。四升曰豆。四豆曰區。四區曰鬴。鬴六斗四升也。鬴十則鍾。然則一萬零三百六十八鬴。為鍾一千零三十六八。總其整數。是為千鍾。君食二千八百八十人。是歲食十萬零三千六百八十鬴。為一萬零三百六十八鍾。總其整數。是為萬鍾。云君食萬鍾者。指諸侯千乘也。云臣食千鍾者。指大夫百乘也。經文承上萬乘千乘百乘。則萬千百仍指乘言。是諸侯於天子萬乘中取其千。大夫於諸侯千乘中取其百。趙氏以祿言之。則君臣實取之數。諸侯於千乘中食萬鍾。大夫於百乘中食千鍾。推之天子於萬乘如食十萬鍾。其千乘之家。卽於萬乘中食萬鍾。食萬鍾者非一家。食千鍾於千乘者亦非一家。分各定。不容更盜。故不為不多也。苟為後義而先利。不奪不饜。注苟。誠也。誠令大臣皆後仁義而先自利。則不篡奪君位。不足自饜飽其欲矣。

疏注苟誠至欲矣。○正義曰。苟誠。論語苟志於仁矣孔注。詩桑柔荅荀亦無信毛傳。皆如此訓。白虎通誅伐篇云。篡。猶奪也。取也。說文厶部云。逆而奪取曰篡。故以篡訓奪。國語晉語云。屬厭而已。韋昭注云。厭。飽也。饜與厭通。故以飽訓饜。

未有仁而遺其親者也。未有義而後其君者也。注仁者親親。義者尊尊。人無行仁而遺棄其親。行義而忽後其君者。疏未有至者也。○正義曰。篡奪則不止遺其親後其君矣。以利為名。其弊至此。行仁義則愛其親。敬其君。不遺不後。詎至篡奪乎。○注忽後。○正義曰。論語忽焉在後。忽之故後之也。監本毛本作無行義而忽後其君長。

王亦曰仁義而已矣。何必曰利。注孟子復申此者。重嗟嘆其禍。疏注孟子至其禍。○正義曰。監本毛本無嗟字。音義有之。

章指言。治國之道。明當以仁義為名。然後上下和親。君臣集穆。天經地義。不易之道。故以建篇立始也。疏章指言。○正義曰。漢書藝文志。詩有魯故二十五卷。顏師古云。故者。通其指義也。又春秋左氏微二篇。顏師古云。微謂釋其微指。今毛詩關雎篇後云。關雎五章章四句。故言三章。一章章四句。二章章八句。釋文云。五章是鄭所分。故言是毛公本意。然則名故者。即分章句之指也。錢氏大昕養新錄云。趙岐注孟子。每章之末。括其大旨。間作韻語。謂之章指。文選注所引趙岐孟子章指是也。南宋後僞正義出。託名孫奭所撰。盡刪章指正文。仍剽掠其語。散入正義。明國子監刊十三經。承用此本。世遂不復見趙氏原本矣。考崇文總目載陸善經注孟子七卷。稱善經刪去趙岐章指。與其注之繁重者。復為七篇。是刪去章指。始於善經。邵武士人作疏。蓋用善經本也。周氏廣業孟子古注考云。章句者。檃括一章之大指也。董生言春秋文多數萬。其指數千。知文必有指。趙氏因舉以為例。又云。考文言古本章旨當作章指。旨。意也。易繫其旨遠是也。指。歸趣也。孟子願聞其指是也。傳記用意指事指經指等字。間有通借。其實非也。顏師古漢書注。指謂義之所趣。如人以手指物也。周氏有疏證孟子章指一卷。今依用其原文。而稍增損之。山井鼎考文云。古本足利本無章注。末有章指。孔本韓本注末別行載章指。宋本章指下皆有言字。考文亦然。蓋謂此章大旨所言如此也。孔本作章指曰。無言字。恐非趙氏之舊。○治國至始也。○正義曰。史記漢興以來諸侯年表云。形勢雖強。要當以仁義為本。魏武帝秋胡行云。仁義為名。禮樂為榮。禮記樂記云。禮義立則貴賤等矣。樂文同則上下和矣。仁以愛之。義以正之。又云。樂在宗廟之中。君臣上下同聽之。則莫不和敬。在閨門之內。父子兄弟同聽之。則莫不和親。音義云。集穆。張鎰云。當為輯穆。左傳隨武曰。卒乘輯穆。季武子曰。其天下輯睦。黃公紹韻會云。穆通作睦。引此及史記司馬相如傳旼旼睦睦。漢書作旼旼穆穆為證。大戴記虞戴德篇云。衆則集。寡則繆。孔氏廣森補注云。繆古通以為穆字。集繆皆和也。孟子章指。上下和親。君臣集穆。昭公二十五年左傳。子太叔曰。禮。天之經也。地之義也。禮樂必本仁義。故不易之道。孟子七篇。主明仁義。以此立首也。

孟子見梁惠王。王立於沼上。顧鴻鴈麋鹿。曰。賢者亦樂此乎。注沼。池也。王好廣苑囿。大池沼。與孟子遊觀。顧視禽獸之衆多。心以為娛樂。夸咤孟子曰。賢者亦樂此乎。疏注沼池也。○正義曰。毛詩傳文。○注王好至此乎。○正義曰。國策魏策云。梁王魏嬰。觴諸侯於范臺。魯君興。避席擇言曰。楚王登強臺而望崩山。左江而右湖。其樂忘死。遂盟強臺而弗登。曰。後世必有以高臺陂池亡其國者。今主君前夾林而後蘭臺。強臺之樂也。是惠王好廣苑囿大池沼也。毛詩小雅鴻雁篇傳云。大曰鴻。小曰雁。說文鳥部云。鴻。鵠也。鴈。鵝也。隹部云。雁。鳥也。雁鴈字異物異。此鴻鴈連文。鴈宜是雁。古字通也。又鹿部云。麋。鹿屬。鹿。獸也。言雁又言鴻。言鹿又言麋。以見禽獸衆多。餘可例也。音義云。咤。丁丑嫁切。詩也。玉篇作詫。史記司馬相如傳云。子虛過詫烏有先生。集解引郭璞云。誇也。潛夫論浮侈篇云。驕侈僭主。轉相誇詫。又述赦篇云。令惡人高會而夸詫。後漢書王符傳注云。詫。誇也。咤與詫通。咤。說文訓叱怒。與夸連文。故亦為誇。夸亦誇也。

孟子對曰。賢者而後樂此。不賢者雖有此不樂也。注惟有賢者然後乃得樂此耳。謂脩堯舜之道。國家安寧。故得有此以為樂也。不賢之人。亡國破家。帝有此。當為人所奪。故不得以為樂也。疏注謂脩堯舜之道。○正義曰。孟子道性善。言必稱堯舜。故知孟子之意。在脩堯舜之道。堯舜通其變。使民不倦。神而化之。使民宜之。神化民宜。即文王有靈德也。

詩云。經始靈臺。經之營之。庶民攻之。不日成之。注詩大雅靈臺之篇也。言文王始經營規度此臺。衆民並來治作之。而不與之相期日限。自來成之也。疏注詩大至之也。○正義曰。詩序云。靈臺。民始附也。文王受命而民樂其有靈德。以及鳥獸昆蟲焉。毛傳云。神之精明曰靈。四方而高曰臺。經。度之也。攻。作也。不日有成也。箋云。文王應天命。度始靈臺之基趾。營表其位。衆民則築作。不設期日而成之。觀臺而曰靈者。文王化行以神之精明。故以名焉。趙氏此注。與毛鄭同。云規度此臺。本毛以度訓經也。云並來治作之。本毛以作訓攻也。又以規明度義。以治明作義。說文夫部云。規。有法度也。考工記攻木之工注云。攻。猶治也。云不與之相期日限。即不設期日也。國語引此詩韋昭注云。不課程以時日。趙氏佑溫故錄云。古者工必計日。左傳宣十一年。蔿艾獵城沂。量功命日。杜預注云。命作日數。昭二十三年士彌牟營成周。量事期。注云。知事幾時成。皆於事前預為期限。文王使民不勞。不急於成功。故曰不日成之。宋本作不與期日限。廖本作不與期日。

經始勿亟。庶民子來。注言文王不督促使之亟疾也。衆民自來趣之。若子來為父使也。疏注言文至使也。○正義曰。督。音義云丁作裻。阮氏元校勘記云。裻疑裻之譌。古裻與督義同音同。

毛詩箋云。亟。急也。度始靈臺之基趾。非有急成之意。衆民各以子成父事而來攻之。疾猶急也。云子來爲父使。即是子成父事。經始勿亟。申不日意。庶民子來。申攻之成之意也。

王在靈囿。麀鹿攸伏。麀鹿濯濯。白鳥鶴鶴。〔注〕麀鹿。牝鹿也。言文王在此囿中。麀鹿懷任。安其所而伏。不驚動也。獸肥飽則濯濯。鳥肥飽則鶴鶴而澤好。〔疏〕注麀鹿至澤好。○正義曰。鶴鶴詩作翯翯。毛詩傳云。囿所以域養禽獸也。天子百里。諸侯四十里。靈囿。言靈道行於囿也。麀。牝也。濯濯。娛遊也。翯翯。肥澤也。箋云。攸。所也。文王親至靈囿。視牝鹿所遊伏之處。言愛物也。鳥獸肥盛喜樂。趙氏解與傳箋有同有異。特鹿毛本作牝鹿。特亦牝也。攸伏箋以所遊伏解之。遊指下濯濯。伏與遊對。則遊言其動。伏言其靜耳。趙氏云。懷任安其所而伏。以伏爲懷任者。任亦作妊。孕也。伏古與包通。伏羲氏一作包羲氏。伏包皆訓藏。說文包部云。包象人裹妊也。已在中。象子未成形也。夏小正雞桴粥傳云。嫗伏也。方言云。北燕朝鮮洌水之閒。謂伏雞曰抱。其卵伏而未孚。始化謂之涅。禽鳥之伏卵。猶獸畜之懷任。故詩言伏。趙氏以懷任解之。國語楚語引詩韋昭注。亦云視牝鹿所伏息愛牸任之類。此或齊魯韓三家所傳也。廣雅釋訓云。濯濯。肥也。皭皭。白也。王氏念孫疏證云。釋器云。皭。白也。重言之則曰皭皭。何晏景福殿賦。皠皠白鳥。並與皭皭同。按從翟從隺從高。古多通用。釋名云。臛。蒿也。說文手部云。搉。敲也。爾雅釋器云。隺謂之䨏。說文乇部云。隺。高也。易。家人嗃嗃。釋文云。荀作確。一切經音義。確。埤蒼作碻。又字書作碻。哀公四年左傳。釋文引郭璞解詁云。鄗者臛。漢書韓信傳注引李奇云。鄗音羹臛之臛。史記秦始皇記索隱云。鶴古鶴字。說文冂部云。隺。高至也。鶴之名鶴。以高至望及於高。故確爲望。亦取義於高。鶴亦作鸖。從隺與從翟同。詩作翯翯。孟子引作鶴鶴。其字通也。趙氏云。肥飽則濯濯鶴鶴。非以濯濯鶴鶴爲肥飽。其以澤好申之。仍用毛傳肥澤之訓。因肥而澤。因澤而白也。濯濯未訓娛遊。蓋以澤申鶴鶴。以好申濯濯。詩文王有聲。王公伊濯。釋文引韓詩云。美也。美即好也。

王在靈沼。於牣魚躍。〔注〕文王在池沼。魚乃跳躍喜樂。言其德及鳥獸魚鼈也。〔疏〕注文王至鼈也。○正義曰。毛詩傳云。靈沼。言靈道行於沼也。牣。滿也。箋云。靈沼之水。魚盈滿其中。皆跳躍。亦言得其所。音義云。牣。丁公著本作仞。吳氏玉搢別雅云。史記殷本紀充仞宮室。司馬相如傳。充仞其中者。不可勝紀。仞皆與牣通。按文選上林賦。虛館而勿仞。郭璞注云。仞。滿也。云德及鳥獸魚鼈。即毛傳所謂靈道行於囿。靈道行於沼也。

文王以民力爲臺爲沼。而民歡樂之。謂其臺曰靈臺。謂其沼曰靈沼。樂其有麋鹿魚鼈。〔注〕孟子爲王誦此詩。因曰文王雖以民力築臺鑿池。民由歡樂之。謂其臺沼若神靈之所爲。欲使其多禽獸以養文王者也。〔疏〕注孟子至所爲。○正義曰。爲。治也。故以築臺解爲臺。

以鑿沼解爲沼。由毛本作猶。猶由通也。臧氏琳經義雜記云。宋孫氏音義云。歡樂本亦作勸樂。案左傳昭九年。叔孫昭子引詩曰。經始勿亟。庶民子來。杜注詩大雅。言文王始經營靈臺。非急疾之。衆民自以爲子義來勸樂爲之。正義云。衆民以爲子成父事。而來勸樂而早成之耳。是可知晉唐時本。皆作勸樂。故杜注孔疏據之。與孫宣公音義正合。蓋經言庶民子來。孟子以而民勸樂釋之。猶禮記中庸謂子庶民則百姓勸也。因歡與勸形相近。故經注皆譌爲歡。漢書王莽傳上。詩之靈臺。師古曰。始立此臺。兆庶自勸就其功作。故大雅靈臺之詩云云。當亦本孟子云謂其臺沼若神靈之所爲者。周氏柄中辨正云。詩小序民樂文王有靈德。據此。則靈臺因文德命名。說苑脩文篇云。積恩爲愛。積愛爲仁。積仁爲靈。靈臺之所以爲靈者。積仁也。其義與小序合。趙氏佑溫故錄云。趙注神靈之所爲。殆乎託意鬼神然者。然靈之訓善。書傳於弔由靈。丕靈承帝事。惟我周王靈承於旅。苗民弗用靈。皆云善也。詩靈雨箋亦云善。蓋猶好雨之謂。其兼神言之者。如黃帝生而神靈之類。則與明同義。故序云民樂文王有靈德。傳云。神之精明者稱靈。箋云。文王化行若神之精明。則皆以文王之德言。初不繫乎臺成之速。有歸諸冥冥不可得知之意。後世始有以靈爲鬼神奇異之稱者。又謚法靈若厲之靈。不可與文王之神靈相出入也。謹按靈訓善。此說是也。靈德卽善德也。靈道卽善道也。則靈臺卽善臺。靈沼卽善沼。漢書地理志。濟陰成陽有堯冢靈臺。水經注成陽城西二里有堯陵。陵南一里。有堯母慶都陵。稱曰靈臺。此陵墓稱靈臺。當以鬼神之義言之。文王之靈臺靈沼。自以善稱。詩云。經始靈臺。則名自此始。故箋云。本觀臺而曰靈臺。非堯冢靈臺之例也。趙氏與毛鄭異。○注欲使至者也。○正義曰。呂氏春秋務大篇。然後皆得其所樂。高誘注云。樂。願也。願猶欲也。故以欲解樂。易雜卦傳云。大有衆也。繫辭傳云。富有之謂大業。有之義爲衆爲富。衆富卽多。故以多解有。樂其有麋鹿魚鼈。卽欲其多麋鹿魚鼈也。

古之人與民偕樂。故能樂也。注偕。俱也。言古之賢君與民共同其所樂。故能樂之。疏注偕俱至樂之。○正義曰。偕。俱也。毛詩傳文說文部云。俱。皆也。偕與皆通。皆亦同也。故又以共同申言之。監本毛本作與民同樂。故能得其樂。

湯誓曰。時日害喪。予及汝偕亡。注湯誓。尚書篇名也。時。是也。日。乙卯日也。害。大也。言桀爲無道。百姓皆欲與湯共伐之。湯臨士衆而誓之。言是日桀當大喪亡。我及女俱往亡之。疏注湯誓至亡之。○正義曰。書序云。伊尹相湯伐桀。升自陑。遂與桀戰於鳴條之野。作湯誓。其書今存。作時日曷喪。予及汝偕亡。伏生大傳云。夏人飲酒。醉者持不醉者。不醉者持醉者。相和而歌曰。盍歸乎亳。亳亦大矣。故伊尹退而閑居。深聽樂聲。更曰。覺兮較兮。吾大命假兮。去不善而就善何樂兮。伊尹入告於王曰。大命之去有日矣。王僩然歎。啞然笑曰。天之有日。猶吾之有民也。日亡吾亦亡矣。鄭康成本此注湯誓云。桀見民欲叛。乃自比於日曰。是日何嘗喪亡。日若喪亡。我與汝亦皆喪亡。引不亡之徵。以脅恐下民也。孟子引此文而申之云。民欲與之皆亡。則伏鄭之解。乖於孟子矣。江氏聲尚書古文集注音疏云。桀自比於日。民卽假日以諭桀。言是日何時喪乎。我將與汝皆亡。甚欲桀之亡也。予者。民自予也。及。與也。汝。汝日也。假日以諭桀。實則汝桀也。謹按趙氏以此爲湯諭民之言。以予及汝偕亡爲我及汝俱往亡之。則我爲湯自我。汝謂民。乃書文於此下云。夏德若茲。今朕必往。語爲重沓矣。孟子引詩稱文王之德。全在而民歡樂之。引書言桀之失德。全在民欲與之皆亡。若作湯諭民往亡桀之辭。無以見桀之失德矣。趙氏之旨。旣殊孟子。亦違伏鄭。未知所本。其訓時爲是。爾雅釋詁文。日爲乙卯日者。禮記檀弓杜蕢飲師曠曰。子卯不樂。注云。紂以甲子死。桀以乙卯亡。左傳昭公十八年春王二月乙卯。周毛得殺毛伯過而代之。萇宏曰。毛得必亡。是昆吾稔之日也。杜預注云。以乙卯日與桀同誅。是桀以乙卯日亡也。害大者。音義云。害如字。張音曷如字。則讀傷害之害。傷害字無訓大之義。蓋曷與盍通。說文皿部云。盍。覆也。爾雅釋詁云。曷。盍也。趙氏讀害爲曷。而通其義於覆。覆何以有大義。覆義與奄同。說文大部云。奄。覆也。大有餘也。詩皇矣奄有四方傳云。奄。大也。覆是奄覆有大義也。覆亦通於幠。說文巾部云。幠。覆也。爾雅釋詁云。幠。大也。是幠覆有大義也。阮氏元校勘記云。宋本孔本日乙卯日上日作時。非。當作是日乙卯日也。

民欲與之皆亡。雖有臺池鳥獸。豈能獨樂哉。注孟子說詩書之義。以感喻王。言民皆欲與湯共亡桀。雖有臺池禽獸。何能復獨樂之哉。復申明上言不賢者雖有此不樂也。疏注何能復獨樂之哉。○正義曰。始侈而獨樂。旣民欲與之皆亡。則不能獨樂矣。章指言不能保守其所樂。故云何能復獨樂哉。閩監毛三本無復字。非也。

章指言。聖王之德。與民共樂。恩及鳥獸。則忻戴其上。太平化興。無道之君。衆怨神怒。則國滅祀絕。不得保守其所樂也。疏恩及至化與。○正義曰。恩及鳥獸。即章句言德及鳥獸魚鼈也。白虎通封禪篇云。王者德至鳥獸是也。忻戴者。忻與欣同。國語周語云。祭公謀父諫穆王曰。商王帝辛大惡於民。庶民弗忍。欣戴武王。以致戎於商牧。是先王非務武也。勤恤民隱而除其害也。韋昭注云。戴。奉也。晉語史蘇明告大夫曰。昔者之伐也。起百姓以爲百姓也。是以民能欣之。韋昭注云。欣。欣戴也。又郭偃曰。夫人美於中。必播於外而越於民。民實戴之。韋昭注云。戴。欣戴也。音義云。大平。丁音泰。○衆怨神怒。則國滅祀絕。○正義曰。國語周語內史過曰。國之將亡。其君貪冒辟邪。淫佚荒怠。麤穢暴虐。其政腥臊。馨香不登。其刑矯誣。百姓攜貳。明神弗蠲。而民有遠志。民神怨痛。無所依懷。故神亦往焉。觀其苛慝而降之禍。昔夏之興也。融降於崇山。其亡也。回祿信於聆隧。湯誓言衆怨。趙氏兼言神怒者。以文王靈臺靈沼所以稱靈。是爲神所佑。衆樂則神佑。衆怨則神怒矣。

梁惠王曰。寡人之於國也。盡心焉耳矣。注王侯自稱孤寡。言寡人於治國之政。盡心欲利百姓。焉耳者。懇至之辭。疏注王侯自稱孤寡。○正義曰。禮記曲禮下云。庶方小侯。入天子之國曰某人。於外曰子。自稱曰孤。又云。諸侯與民言。自稱曰寡人。注云。謙也。於臣亦然。呂氏春秋君守篇云。君名孤寡而不可障壅。高誘注云。孤寡。人君之謙稱也。○注言寡至百姓。○正義曰。下言移民移粟。皆是利百姓之事。故知盡心指欲利百姓。○注焉耳者懇至之辭。○正義曰。焉耳當作焉爾。禮記三年問云。然則何以三年也。曰。加隆焉爾也。隱公二年公羊傳云。託始焉爾。何休注云。焉爾。猶於是也。然則此言盡心焉爾者。猶云盡心於是矣。

凶。則移其民於河東。移其粟於河內。河東凶亦然。注言凶年以此救民也。魏舊在河東。河內後爲強國。兼得河內也。疏河內至亦然。○正義曰。凶謂荒年。移民之壯者。就食於河東。移河東之粟以賑河內之老稚也。亦然。則移河東之壯者於河內。而移河內之粟於河東也。○注魏舊至內也。○正義曰。漢書地理志。河東郡安邑。魏絳自魏徙此。至惠王徙大梁也。是魏舊在河東。又云。河內本殷之舊都。周既滅殷。分其畿內爲三國。詩風邶鄘衞國是也。周公誅之。盡以其地封弟康叔。至十六世懿公亡道。爲狄所滅。齊桓公帥諸侯伐狄。而更封衞於河南曹楚邱。而河內殷墟。更屬於晉。魏分晉。則河內爲魏得。故云後爲強國。兼得河內。閻氏若璩四書釋地又續云。梁河東。今之安邑等縣。梁亦有河西。六國表魏入河西地於秦是也。梁河內。今之河內濟源等縣。梁亦有河外。蘇秦傳。大王之地。北有河外。注云。謂河南地是也。河東西亦謂之河內外。左傳僖十五年。賂秦伯以河外列城五。內及解梁城。魏世家無忌曰。所亡於秦者。河外河內是也。至河內外。則梁之河北河南地。蘇代曰。秦正告魏。我陸攻則擊河內。水攻則滅大梁是也。然則梁之地。自河西逶迤而至河南。幾將二千里。蘇秦曰。魏地方千里。蓋從長而橫不足。絕長補短算耳。

察鄰國之政。無如寡人之用心者。注言鄰國之君。用心憂民。無如己也。疏注用心憂民。○正義曰。用心即盡心。憂民即欲利百姓。

鄰國之民不加少。寡人之民不加多。何也。注王自怪爲政有此惠。而民人不增多於鄰國者何也。疏注王自至河也。○正義曰。加多是增多。則加少是增少。鄰國之民歸附於我。則鄰之民少而益增其少。我之民多而益增其多矣。

孟子對曰。王好戰。請以戰喻。注因王好戰。故以戰事喻解王意。疏注喻解王意。○正義曰。廣雅釋言云。喻。曉也。漢書翼奉上封事云。何聞而不諭。顏師古云。諭。謂曉解之。諭與喻通。

塡然鼓之。兵刃既接。棄甲曳兵而走。或百步而後止。或五十步而後止。以五十步笑百步。則何如。注塡。鼓音也。兵以鼓進。以金退。孟子問王曰。今有戰者。兵刃已交。其負者棄甲曳兵而走。五十步而止。足以笑百步止者不。疏注塡鼓至金退。○正義曰。說文土部云。塡。塞也。荀子非十二子云。塡塡然。楊倞注云。塡塡然滿足之貌。聲之滿足爲塡塡。猶貌之滿足爲塡塡。僖公十大年公羊傳云。霣石記聞。聞其磌然。塡然亦磌䃗也。楚辭九歌云。靁塡塡兮雨冥冥。鼓聲之滿盛。猶雷聲也。云兵以鼓進。以金退者。荀子議兵篇云。聞鼓聲而進。聞金聲而退。哀公十一年左傳云。吾聞鼓而已。不聞金矣。杜預注云。鼓以進軍。金以退軍。亦本荀子也。此兵刃交接之時。鼓聲督戰。故塡塡充塞而盛也。李文仲字鑑云。鼓。說文從壴從支持之支。五經文字云作皷。非。鼓。說文擊鼓也。孟子塡然鼓之。從攴從壴。攴音撲。○注今有至者不。○正義曰。既。即已也。接。即交也。趙氏以已交解既接。曳。拖也。棄甲拖兵。是奔敗也。故云其負者。閩監毛三本作足以笑百步者否。音義出者不。是蓋作不。不否字通也。

曰。不可。直不百步耳。是亦走也。注王曰。不足以相笑也。是人俱走。直爭不百步耳。疏注不足至步耳。○正義曰。不足以相笑解不可。是人解是字。指五十步而止之人。云直爭不百步者。謂爭衡其輕重也。王氏引之經傳釋詞云。直。猶特也。但也。直特古同聲。史記叔孫通傳云。吾直戲耳。漢書直作特。

曰。王如知此。則無望民之多於鄰國也。注孟子曰。王如知此不足以相笑。王之政猶此也。王雖有移民轉穀之善政。其好戰殘民。與鄰國同。而猶望民之多。何異於以五十步笑百步者乎。疏注孟子曰。○正義曰。趙氏凡於經文但稱曰字。必實指何人曰。如前云王曰。此云孟子曰。推之稱樂正子曰。丑曰。薛君曰。大夫曰。賈曰。相曰。周霄曰。彭更曰。不勝曰。匡章曰。兒曰。克曰。萬章曰。告子曰。公都子曰。陘曰。白圭曰。高子曰。皆然。惟云某某以為某某以者。原其意恉。與云某某曰者為異。又有云某某言。某某問。亦猶某某曰也。○注王雖至者乎。○正義曰。閩監毛三本穀作粟。無以字。

不違農時。穀不可勝食也。注從此以下。為王陳王道也。使民得三時務農。不違奪其要時。則五穀饒穰。不可勝食。疏注為王陳王道也。○正義曰。胡氏煦篝燈約旨云。春秋時五霸迭興。臣強君弱。斷有壟斷同僭。決裂臣道。渺視周君之意。是君權將替。而臣道已亢。故孔子作春秋。寓意於尊周。所以維持臣道也。孟子時。七國雄據其地。強悍自用。君道亦已不振。而草菅人命。各圖恢擴。故孟子遊齊梁。說以王道。所以維持君道而已。與孔子非有異也。○注使民得三時務農。○正義曰。荀子王制篇云。以春耕夏耘秋收冬藏四者不失時。趙氏云。三時者。春秋莊公三十一年秋。築臺于秦。穀梁傳云。不正罷民三時。桓公六年左傳云。謂其三時不害。而民和年豐也。杜預注云。三時春夏秋。

數罟不入洿池。魚鼈不可勝食也。注數罟。密網也。密細之網。所以捕小魚鼈者也。故禁之不得用。魚不滿尺不得食。疏注數罟至得用。○正義曰。毛詩豳風九罭之魚。傳云。九罭緵罟。小魚之網也。釋文云。緵又作總。小雅。魚麗于罶。毛傳云。庶人不數罟。罟必四寸。然後入澤梁。釋文云。數。七欲反。又所角反。陳氏云。數。細也。孔氏正義云。庶人不總罟。謂罟目不得總之使小。言使小魚不得過也。集本總作緵。依爾雅定本作數。義俱通也。按詩召南。素絲五總。毛傳云。總。數也。陳風。越以鬷邁。毛傳云。鬷。數也。商頌。鬷假無言。毛傳云。鬷。總也。鬷總同聲。鬷總數三字同。趨數即迫促。文公十六年左傳云。無日不數於六卿之門。杜預注云。數。不疏。不疏是密也。說文糸部云。總。聚束也。聚束即促速。促束即趨數也。倪氏思寬二初齋讀書記云。周禮言羅襦。猶孟子言數罟。蜡則作羅襦。明非蜡則不用羅襦矣。周禮取禽。孟子收魚。其實是一例。韓非子說林云。君聞大魚乎。網不能止。繳不能絓也。是繳所以收小魚。鹽鐵論數不足篇。賢良曰。鳥獸魚鼈不中殺不食。故繳網不入於澤。說文糸部云。繳。生絲縷也。蓋以生絲縷作網。則其目小。繳網。即數罟也。今俗猶以細密者爲絲網是也。○注魚不滿尺不得食。○正義曰。呂氏春秋具備篇云。宓子賤治亶父三年。巫馬旗往觀化。見夜漁者。得則舍之。巫馬旗問焉。對曰。宓子不欲人之取小魚也。所舍者小魚也。高誘注云。古者魚不尺不升於俎。宓子體聖人之化。爲盡類也。故不欲人取小魚。淮南子主術訓云。魚不長尺不得取。彘不期年不得食。

斧斤以時入山林。材木不可勝用也。注時。謂草木零落之時。使林木茂暢。故有餘。疏注時謂至有餘。○正義曰。禮記王制云。草木零落。然後入山林。毛詩小雅。魚麗于罶。傳云。太平而後。微物衆多。取之有時。用之有道。則物莫不多矣。古者草木不折。不操斧斤。不入山林。翟氏灝考異云。鹽鐵論通有章引孟子曰。不違農時。穀不可勝食。蠶麻以時。布帛不可勝衣也。斧斤以時入。材木不可勝用。佃魚以時。魚肉不可勝食。荀子王制篇云。春耕夏耘。秋收冬藏。四者不失時。故五穀不絕。而百姓有餘食也。網罟毒藥不入澤。汙池淵沼。謹其時禁。故魚鼈優多。而百姓有餘用也。斬伐長養。不失其時。故山林不童。而百姓有餘材也。逸周書大聚解云。禹之禁。春三月。山林不登斧斤。以成草木之長。夏三月。川澤不入網罟。以成魚鼈之長。且以弁農力。執成男女之功。夫然。則有生而不失其宜。孟荀之言。並本如此。

穀與魚鼈不可勝食。材木不可勝用。是使民養生喪死無憾也。注憾。恨也。民所用者足。故無恨。疏注憾恨也。○正義曰。論語。憾之而無憾。孔氏注。淮南子本經訓高誘注皆如此訓。

養生喪死無憾。王道之始也。注王道先得民心。民心無恨。故言王道之始。

五畝之宅。樹之以桑。五十者可以衣帛矣。注廬井邑居。各二畝半以爲宅。冬入保城二畝半。故爲五畝也。樹桑牆下。古者年五十乃衣帛矣。疏注廬井至畝也。○正義曰。漢書食貨志云。六尺爲步。步百爲畮。畮百爲夫。夫三爲屋。屋三爲井。井方一里。是爲九夫。八家共之。各受私田百畮。公田十畮。是爲八百八十畮。餘二十畮以爲廬舍。春令民畢出在壄。冬則畢入於邑。趙氏所本也。毛氏奇齡四書賸言補云。廬井邑居各二畝半。則已五畝。又云。冬入保城二畝半。何解。漢書食貨志云。在野曰廬。則廬井者。井間之廬也。又云。在邑曰里。則邑居者。里邑之居也。爾雅。里。邑也。鄭康成稱里居。與趙稱邑居並同。蓋廬井二畝半在公田中。一名廬舍。何休云。一夫受田百畝。
又受公田十畝。廬舍二畝半。謂一夫受田一百十畝。又分受公田之二十畝。各得二畝半作廬居也。
此易曉也。至在邑之二畝半。以國城當之。則大謬不然。管子內政云。四民勿使雜處。處工就官府。
處商就市井。處農就田野。而韋昭謂國都城郭之城。惟士工商而已。農不與焉。則二畝半在邑。只
在井邑。與國邑無涉。蓋古王量地制邑。其在國邑外。如公邑家邑邱邑都邑。類凡所屬井地。皆可
置宅。然且諸井邑中。亦惟無城者可處農民。若有城如費邑郈邑所稱都邑者。則農不得入。管子與
韋氏之言稍可據。然而趙邠卿乃有冬入保城之說。或係衍文。或有脫簡。且或原有師承。如周禮夫
一廛。鄭康成所謂城邑之居者。則或諸邑有城者亦置里居。事未可知。若在國城。則周禮載師氏明
有國宅無征。園廛二十而一之文。鄭司農注云。國宅。國城中宅也。而鄭康成卽云國宅者。凡官所有
之宮室。與吏所治者。又名國廛。與園宅園廛農民所居者。正相分別。安可以農民園廛。溷當之官
吏之國宅乎。則此二畝半當云在井邑。不問有城與無城。並得入保。此擧近地井里而言。如四井爲
邑。則必邑中有里居可爲保守之地。故其居名里居。又名邑居。倪氏思寬二初齋讀書記云。晉語尹
鐸請於趙簡子曰。以爲繭絲乎。抑爲保鄣乎。韋昭注。小城曰保。引禮記遇入保者以爲證。然則趙
注當亦指井邑中小城言之。若旣無城。何云入保。毛氏說未免於率。周氏柄中辨正云。季彭山讀禮
疑圖。言農民所宅。必是平原可居之地。別以五畝爲一處。不占公田。取於便農功。遠饋餉。去田
亦不宜遠。其所聚居。或止八家。或倍八家以上。各隨便宜。聚爲一邑。置堡以相守望。故擧成數
言。則有十室之邑。千室之邑。非必都邑然後爲邑。而都邑亦豈可寓農民哉。農民之宅鄉里也。卽制
里以導其妻子養老者也。國中之廛。市廛也。但爲士旅寄居之所。工商懋遷之區而已。段氏玉裁說
文解字注云。說文。廬。寄也。秋冬去。春夏居。廛。二畝半也。一家之居。大雅。于時廬旅。毛傳
云。廬。寄也。小雅。中田有廬。箋云。中田。田中也。農人作廬焉。以便其田事。春秋宣十五年
公羊傳注云。一夫受田百畝。公田十畝。廬舍二畝半。凡爲田一頃十二畝半。八家而九頃。共爲一
井。在田曰廬。在邑曰里。春夏出田。秋冬入保城郭。按許廬義與下廛義互相足。在野曰廬。在邑曰
廛。皆二畝半也。趙氏尤明里卽廛也。詩伐檀毛傳云。一夫之居曰廛。遂人夫一廛。先鄭云。廛。居
也。後鄭云。廛。城邑之居。載師以廛里任國中之地。後鄭云廛里者。若今云邑居廛居之區域也。
里居也。毛鄭皆未明言二畝半。要其意同也。許於廬不曰二畝半。於廛曰二畝半。以錯見互足。〇
注古者年五十乃衣帛。〇正義曰。任氏大椿深衣釋例云。大司徒六曰同衣服。注。民雖有富者。衣
服不得獨異。按雜記注。麻衣。白布深衣。深衣注。庶人吉服深衣。管子立政篇云。刑餘戮民。不
敢服絲。然則非刑餘戮民。可以服絲矣。春秋繁露服制篇。散民不敢服采。刑餘戮民不敢服絲。然
則散民不敢服采耳。絲得服也。又繁露度制篇。古者庶人衣縵。縵。無文帛也。尙書大傳命民得乘
飾車駢馬。衣文駢錦。未有命者不得衣。不得乘。庶人墨車單馬。衣布帛。然則命民亦得衣文。不
命之民。亦得衣帛。與鄭注庶人白布深衣異說。今考士昏禮注。士而乘墨車攝盛。蓋士庶人往往有
攝盛之事。鄭注深衣爲庶人之服。言其常服皆布也。若行盛禮。或當攝盛。則衣絲也。刑餘戮民。

並不得攝盛矣。周禮閭師。凡庶民不蠶者不帛。疏引孟子曰五十可以衣帛。以不蠶故。身不得衣帛。然則不蠶雖五十不得衣帛。蠶而未五十亦不得衣帛。則庶人布深衣其常也。鹽鐵論。古者庶人耋老而後衣絲。其餘則麻枲而已。故命曰布衣。雞豚狗彘之畜。無失其時。七十者可以食肉矣。注言孳字不失時也。七十不食肉不飽。疏注七十不食肉不飽。○正義曰。禮記王制云。五十始衰。六十非肉不飽。七十非帛不煖。此云七十不食肉不飽者。六十宿肉。已非肉不飽矣。至七十益可知。五十可以衣帛。或不衣帛尙可煖。至七十則非帛不煖矣。詩無羊正義引孟子曰。七十者可以食雞豚。蓋撮孟子之文。如淦人注引孟子五畝之宅樹之以桑麻。古人引經不拘。往往增損。非孟子經文有作此本也。百畝之田。勿奪其時。數口之家。可以無飢矣。注一夫一婦。耕耨百畝。百畝之田。不可以徭役奪其時功。則家給人足。農夫上中下所食多少各有差。故總言數口之家也。疏可以無飢矣。○正義曰。監本毛本作無饑。阮氏元校勘記云。飢餓之字當作飢。饑乃饑饉字。此經當以飢爲正。按下文黎民不飢不寒。毛本正作飢。謹庠序之教。申之以孝悌之義。頒白者不負戴於道路矣。注庠序者。教化之宮也。殷曰序。周曰庠。謹脩教化。申重孝悌之義。頒者。班也。頭半白班班者也。壯者代老。心各安之。故曰頒白者不負戴於道路也。疏注庠序至之義。○正義曰。爾雅釋宮云。宮謂之室。室謂之宮。劉熙釋名釋宮室云。宮。穹也。屋見於垣上。穹隆然也。凡有屋皆通稱宮。故云教化之宮。教化不脩則弛廢。謹。嚴也。振起其廢弛而謹嚴之。故云謹脩教化。申重。爾雅釋詁文。○注頒者至路也。○正義曰。阮氏元校勘記云。頭半白班班者也。閩監毛三本同。宋本白下有曰字。岳本廖本韓本者上並有然字。孔本作頭半白曰頒。班班然者也。以斑爲班。古字假借。毛本孔本韓本班作斑。非也。段氏玉裁說文解字注云。說文䰉。須髮半白也。此孟子頒白之正字也。趙注云。頒者。斑也。頭半白斑斑者也。卑與斑雙聲。是以漢地理志卑水縣。孟康音斑。蓋古䰉讀如斑。故亦假大頭之頒。藉田賦。士女頒斌。李注。頒斌相雜之貌也。其引申之義也。禮記王制云。道路輕任并。重任分。斑白不提挈。注云。皆謂以與少者。雜色曰斑。祭義云。斑白者不以其任行乎道路。注云。斑白者。髮雜色也。任。所擔持也。不以任。少者代之。負謂負於背。戴謂戴於首。漢書東方朔傳顏師古注云。寠藪。戴器也。以盆盛物戴於頭者。則以寠數薦之。此戴之謂也。提挈以手。頒白之老。一身俱宜安佚。可互見矣。毛本作故頒白者不負戴也。周氏廣業古注考云。宋本作故斑白者。七十者衣帛食肉。黎民不飢不寒。然而不王者。未之有也。注言百姓老稚溫飽。禮義脩行。積之可以致王也。孟子欲以風王何不行此。

可以王天下。有率土之民。何但望民多於鄰國。【疏】然而不王者。○正義曰。王氏引之經傳釋詞云。然。詞之轉也。然而者。亦詞之轉也。孟子公孫丑篇。夫二子之勇。未知其孰賢。然而孟施舍守約也。今人用然而二字。皆與此同義。然而者。詞之承上而轉者也。猶言如是而也。梁惠王篇然而不王者。未之有也。謂如是而也。今人用然而二字。則與此異義矣。○注有率土之民。○正義曰。詩小雅北山。率土之濱。莫非王臣。天下之民皆歸附於梁。何止鄰國。

狗彘食人食而不知檢。塗有餓莩而不知發。【注】言人君但養犬彘。使食人食。而不知以法度檢斂也。塗。道也。餓死者曰莩。詩曰。莩有梅。莩。零落也。道路之傍有餓死者。不知發倉廩以用振救之也。【疏】注言人至斂也。○正義曰。漢書食貨志贊云。孟子亦非狗彘食人之食不知斂。野有餓莩而弗知發。應劭云。養狗彘者使食人之食。而不知以法度斂之也。顏師古云。孟子。孟軻之書。言歲豐孰。菽粟饒多。狗彘食人之食。此時可斂之也。趙氏之義同於應氏。師古不從者。食貨志云。李悝爲魏文侯作盡地力之教。云糴甚貴傷民。甚賤傷農。民傷則離散。農傷則國貧。善平糴者。必謹觀歲有上中下孰。上孰其收自四。餘四百石。中孰自三。餘三百石。下孰自倍。餘百石。小飢則收百石。中飢七十石。大飢三十石。故大孰以上。糴三而舍一。中孰則糴二。下孰則糴一。使民適足賈平則止。小飢。則發小孰之所斂。中飢。則發中孰之所斂。大飢。則發大孰之所斂而糴之。故雖遇飢饉水旱。糴不貴而民不散。取有餘以補不足也。此斂發正用孟子。則斂指豐年。發指凶歲。管子國蓄篇云。歲適美則市糶無與。而狗彘食人食。歲適凶則市糴釜十鏹。而道有餓民。故人君斂之以輕。散之以重。食貨志贊既引孟子。即承云管氏之輕重。李悝之平糴。固以孟子與管李之義同也。羅大經鶴林玉露云。孟子狗彘食人食而不知檢。檢字一本作斂。蓋狗彘食人食。粒米狼戾之歲也。法當斂之。塗有餓莩。凶歲也。法當發之。此皆用管子以明孟子。趙氏雖以斂釋檢。而義同於應。則與管班不合。閻氏若璩釋地三續云。古雖豐穰。未有以人食予狗彘者。狗彘食人食。即下章庖有肥肉意。謂厚斂於民以養禽獸者耳。不必泥班志也。錢氏大昕養新錄。則從漢書之說。云發斂之法。豐歲則斂之於官。凶歲則糶之於民。記所謂雖遇凶旱水溢。民無菜色者。用此道也。惠王不修發斂之制。豐歲任其狼戾。一遇凶歉。食廩空虛。不得已爲移民移粟之計。自以爲盡心。惑矣。閩監毛三本犬彘作狗彘。陸宣公奏議云。犬彘厭人之食而不知檢。蓋用注以參經文。○注塗道至之也。○正義曰。論語陽貨篇。遇諸塗。集解。孔氏云。塗。道也。高誘注呂氏春秋。王逸注楚辭。皆以塗爲道。漢書食貨志贊引孟子。莩作⿱艹𠬪。杜引鄭氏云。⿱艹𠬪音蔈有梅之蔈。⿱艹𠬪。零落也。人有餓死零落者。不知發倉廩貸之也。此注頗與趙同。顏師古云。⿱艹𠬪音頻小反。諸書或作殍字。音義亦同。說文𠬪部云。𠬪。物落上下相付也。讀若詩摽有梅。毛詩傳云。摽。落也。爾雅釋詁云。落。死也。然則餓⿱艹𠬪猶云餓落。楚辭離騷。惟草木之零落兮。王逸注云。零落皆墜也。人生則縱立。死則橫墜。方其行於道。尚能縱立。以餓而橫墜於地。故云餓莩。趙既以餓死者釋莩字。又以莩爲零落之名。因連餓字乃爲餓死。故引詩以明莩字本義也。段氏玉裁說文解字注云。毛詩摽字。正受之假借。孟子作莩者。莩字之誤。丁公著云。莩有梅。韓詩也。阮氏元校勘記云。以用賑救之也。廖本考文古本足利本同。宋本孔本韓本賑作振。閩監毛三本用作周。按振即古之賑字。作賑者非。人死。則曰。非我也。歲也。是何異於刺人而殺之。曰。非我也。兵也。注人死。謂餓疫死者也。王政使然。而曰非我殺之。歲殺之也。此何以異於用兵殺人。而曰非我也。兵自殺之也。疏注用兵殺人。○正義曰。顧氏炎武日知錄云。古之言兵。非今日之兵。謂五兵也。故日天生五材。誰能去兵。世本蚩尤以金作兵。一弓。二殳。三矛。四戈。五戟。周禮司右五兵注。引司馬法云。弓矢圍。殳矛守。戈戟助是也。詰此兵也。踊躍用兵。用此兵也。無以鑄兵。鑄此兵也。秦漢以下。始謂執兵之人為兵。五經無此語也。以執兵之人為兵。猶之以被甲之人為甲。王無罪歲。斯天下之民至焉。注戒王無歸罪於歲。責己而改行。則天下之民皆可致也。疏注皆可致也。○正義曰。致猶至也。故以致明至。章指言。王化之本。在於使民養生送死之用備足。然後導之以禮義。責己矜窮。則斯民集矣。疏導之至矜窮。○正義曰。國語晉語云。禮賓矜窮。禮之宗也。

梁惠王曰。寡人願安承教。注願安意承受孟子之教令。孟子對曰。殺人以梃與刃。有以異乎。注梃。杖也。疏注梃杖也。○正義曰。呂氏春秋簡選篇云。鋤耰白梃。可以勝人之長銚利兵。高誘注云。梃。杖也。阮氏元校勘記云。閩本經注並作挺。按音義云。從木。則閩本誤也。曰。無以異也。注王曰。梃刃殺人。無以異也。以刃與政。有以異乎。注孟子欲以政喻王。曰。無以異也。注王復曰。政殺人無以異也。曰。庖有肥肉。廄有肥馬。民有飢色。野有餓莩。此率獸而食人也。注孟子言人君如此。為率禽獸以食人也。獸相食。且人惡之。為民父母行政。不免於率獸而食人。惡在其為民父母也。注虎狼食禽獸。人猶尚惡視之。牧民為政。乃率禽獸食人。安在其為民父母之道也。疏庖有至母也。○正義曰。毛氏奇齡四書賸言云。漢王吉傳。今民大饑而死。死又不葬。為犬豬所食。而廄馬食粟。苦其太肥。王者受命於天。為民父母。固當若是乎。此借孟子語疏而為言。乃吉言犬豬所食。則是實有獸食人。按趙氏義。蓋以人君以人之食養禽獸。故禽獸肥。不以食養百姓。故民之生者有飢色。其死者莩於野。不異率獸食人。非眞使禽獸食人也。鹽鐵論園池章云。廚有腐肉。國有飢民。廄有肥馬。路有餧人。古文苑揚雄太僕箴云。孟子蓋惡夫廄有肥馬而野有餓殍。皆同趙義。

仲尼曰。始作俑者。其無後乎。爲其象人而用之也。如之何其使斯民飢而死也。注俑。偶人也。用之送死。仲尼重人類。謂秦穆公時。以三良殉葬。本由有作俑者也。夫惡其始造。故曰此人其無後嗣乎。如之何其使此民飢而死邪。孟子陳此以敎王愛民。疏注俑偶至送死。○正義曰。說文人部云。偶。桐人也。淮南子繆稱訓云。魯以偶人而孔子歎。高誘注云。偶人。相人也。說文桐人。疑是相人之譌。相人。卽象人也。禮記檀弓云。塗車芻靈。自古有之。明器之道也。孔子謂爲芻靈者善。謂爲俑者不仁。不殆於用人乎哉。注云。芻靈。束茅爲人馬。謂之靈者。神之類。俑。偶人也。有面目機發。似於生人。周禮春官冢人。及葬言鸞車象人注云。鄭司農云。象人。謂以芻爲人。玄謂孔子謂爲芻靈者善。謂爲俑者不仁。非作象人者。不殆於用生乎。後鄭不用。先鄭以俑與芻人異。蓋以芻爲人。但形似而不能轉動。俑則能轉動象生人。以其象生人。故卽名象人。冢人之象人。卽俑之名也。孟子言爲其象人。則所以名象人之故也。說文人部云。俑。痛也。足部云。踊。跳也。廣韻引埤蒼云。俑。木人。送葬設關而能跳俑。故名之。然則俑爲踊之假借。以其能跳踊。斯名爲俑。則爲其象人者。謂爲其象人之轉動跳踊也。春秋僖公十九年已酉。邾婁人執鄫子用之。公羊傳云。惡乎用之。用之社也。左傳司馬子魚曰。古者六畜不相爲用。小事不用大牲。而況敢用人乎。此用生人。故春秋惡之。象人而用之送葬。雖非生人。其用之云者。猶執鄫子用之之用也。○注謂秦至者也。○正義曰。文子微明篇云。魯以俑人葬而孔子歎。見其所始。卽知其所終。總謂至於以生人爲殉也。故趙氏引三良殉死事。事見詩秦風黃鳥篇。文公六年左傳云。秦伯任好卒。以子車氏之三子奄息仲行鍼虎爲殉。是其事也。推孟子之意。蓋謂木偶但象人耳。用之。孔子尙歎其無後。況眞是人而使之飢而死。其爲無後。更當何如。趙氏推孔子之意。以其始於作偶。終至用生人爲殉。此孔子歎無後之意。非孟子引以況使斯民飢死之意也。○注夫惡至愛民。○正義曰。閩監毛三本無夫字。邪作也。阮氏元校勘記云。音義出夫惡。山井鼎考文云。古本本由有作俑者也下有夫字。以夫字屬上讀。非也。音義出死邪。毛本作愛其民也。

章指言。王者爲政之道。生民爲首。以政殺人。君之咎。猶以白刃。疾之甚也。

梁惠王曰。晉國。天下莫強焉。叟之所知也。注韓魏趙本晉六卿。當此時號三晉。故惠王言晉國天下強也。疏注韓魏至強也。○正義曰。史記六國表云。六卿擅晉權。征伐會盟。威重於諸侯。總之卒分晉。量秦之兵。不如三晉之強也。楚世家云。宣王六年。三晉益大。魏惠王尤強。戰國策楚策。張子曰。王無求於晉國乎。魏策王鍾云。此晉國之所以強也。是當時稱魏爲晉國。

及寡人之身。東敗於齊。長子死焉。西喪地於秦七百里。南辱於楚。寡人恥之。願比死者壹洒之。如之何則可。

【注】王念有此三恥。求策謀於孟子。【疏】東敗至死焉。○正義曰。史記魏世家。惠王十七年。圍趙邯鄲。二十八年。拔邯鄲。趙請救於齊。齊使田忌孫臏救趙。敗魏桂陵。二十八年。齊威王卒。中山君相魏。三十年。魏伐趙。趙告急齊。齊宣王用孫子計。救趙擊魏。魏遂大興師。使龐涓將。而令太子申爲上將軍。與齊人戰。敗於馬陵。齊虜魏太子申。殺將軍涓。軍遂大破。周氏柄中辨正云。齊救趙敗魏者。桂陵之役。救韓敗魏者。馬陵之役。魏世家俱以爲救趙。與國策異。而孫臏傳又以爲救韓。則自相矛盾矣。又國策蘇代說齊閔王篇曰。昔魏王擁土千里。帶甲三十六萬。恃其強而拔邯鄲。西圍定陽。又從十二諸侯朝天子以西謀秦。秦王用衛鞅之謀。說魏王先行王服。然後圖齊楚。魏王悅於衛鞅之言。故身廣公宮。制丹衣柱。建九斿。從七星之旟。此天子之位也。而魏王處之。於是齊楚怒。諸侯奔齊。齊人伐魏。殺其太子 覆其十萬之軍。此又與前策不同。戰國時紀載之異如此。曾氏之升四書摭餘云。梁惠王曰 及寡人之身。東敗於齊。長子死焉。此經文也。然魏世家云。魏伐趙。趙告急齊。田齊世家云。魏伐趙。趙與韓親。共擊魏。趙不利。韓請救於齊。孫子列傳云。魏與趙攻韓。韓告急於齊。史載異辭。以經證之。孟子曰。梁惠王以土地之故。糜爛其民而戰之。大敗。將復之。恐不能勝。故驅其所愛子弟以殉之。按周顯王十五年。魏圍趙邯鄲 十六年。邯鄲降齊。齊伐魏。敗魏桂陵。惠王初立。即與二家不和。後遂相仇靡已。覆者邯鄲垂拔。中北於齊。固無時不圖報復。至三十年。爲周顯王之二十八年。又令太子申爲上將軍以伐趙。惟其爲趙也。故曰復。惟其在桂陵之敗之後也。故曰。大敗將復之。此孟子經文之明注也。然則魏世家魏伐趙之說。不爲無據。因趙與韓親。共擊魏不利。致韓有南梁之難而請救於齊。故又曰。齊起兵救韓趙。以擊魏也。列傳謂魏與趙攻韓。誤矣。閻百詩釋地。謂惠王九年已未。秦魏戰於少梁。六國表。秦云虜其太子。魏云虜我太子。此太子即名申。後死於齊者。中相距二十二年。必虜後復歸魏爲太子。復令之將龐涓兵。余以爲不然。秦本紀。獻公二十三年。與魏晉戰少梁。虜其將公孫痤。魏世家。九年。與秦戰少梁。虜我將公孫痤。痤是魏相。即衛公孫鞅所事者。故明年痤卒而鞅乃奔秦。表誤爲太子耳。且即是太子。亦是痤。不是申。趙世家所謂秦獻公使庶長國伐魏少梁。虜其太子痤。是也。閻說誤。○西喪至百里。○正義曰。魏世家云。三十一年。秦趙齊共伐我。秦將商君。詐我將軍公子卬而襲奪其軍。破之。秦用商君。東地至河。而齊趙數破我。安邑近秦。於是徙治大梁。商君列傳云。齊敗魏軍於馬陵。虜其太子。殺將軍龐涓。其明年。衛鞅說孝公。孝公使衛鞅將而伐魏。魏使公子卬將而擊之。軍既相距。鞅遺魏將公子卬書。與公子面相見。盟樂飲而罷兵。鞅伏甲士而襲虜公子卬。因攻其軍。盡破之以歸秦。魏惠王兵數破於齊秦。國內空。日以削。恐。乃使割河西之地獻於秦以和。而魏遂去安邑。徙都大梁。閻氏若璩釋地又續

云。班固曰。魏界自高陵以東。此距安邑。指東西言。張守節曰。自華州北至同州。並魏河西之地。北至此指南北。言其地四至固可據。又有上郡。襄王七年癸巳始入秦。守節曰。今丹鄜延綏等州。北至固陽。並其地。又即惠文君十年。魏納上郡十五縣者也。蓋至是而魏河西濱洛之地，築長城以界秦者，盡失之矣。自屬兩截事。○南辱於楚。○正義曰。周氏柄中辨正云。史記魏世家及楚世家。惠王在位三十六年。未嘗與楚構兵。故南辱於楚。趙注闕。其事惟戰國策載。魏圍趙邯鄲。楚使景舍救趙。取魏睢濊之間。乃惠王時事。南辱指此無疑。史記楚將昭陽攻魏。在梁襄十二年。魏世家所稱楚敗我襄陵者。而在楚世家則云懷王六年。楚使柱國昭陽將兵而攻魏，破之於襄陵。得八邑。此襄王時事。而說者引之。亦據竹書惠王改元又十六年之說也。○願比死者壹洒之。○正義曰。廣雅釋詁云。比。代也。洒洗古通。說文水部云。洒。滌也。音義云 洒之丁音洗。謂洗雪其恥也。死者。舊疏謂死不惜命者。蓋即長子死之死。太子申之死。西河之喪。睢濊之辱。三者俱宜洗雪。死重於毀辱。舉死者以互見耳。謂願代死者專壹洗雪之。或謂比讀比方之比。蓋將不顧其生。願效前之戰死者。與敵決戰。以雪其恥也。閩監毛三本壹作一。

孟子對曰。地方百里而可以王。注言古聖人以百里之地以致王天下。謂文王也。疏注謂文王也。○正義曰。文王以百里。公孫丑上篇文。

王如施仁政於民。省刑罰。薄稅斂。深耕易耨。壯者以暇日修其孝弟忠信。入以事其父兄。出以事其長上。可使制梃。以撻秦楚之堅甲利兵矣。注易耨。芸苗令簡易也。制。作也。王如行此政。可使國人作杖。以捶敵國堅甲利兵。何患恥之不雪也。疏注易耨至易也。○正義曰。爾雅釋器云。斪斸謂之定。廣雅釋器云。定謂之耨。說文木部云。槈。薅器也。或作鎒。呂氏春秋任地篇云。耨柄尺。此其度也。其耨六寸。所以閒稼也。高誘注云。耨所以芸苗也。刃廣六寸。所以入苗閒也。耨槈鎒字同。芸苗之器名耨。因而即稱芸苗為耨。盡心篇易其田疇注。訓易為治。本詩禾易長畝毛傳也。此耨為芸苗。若訓易為治。治耨於辭為不達。且上云深耕。謂耕之深。此云易耨。則為耨之易也。禾中有草雜之。則煩擾矣。故芸之使簡易。閻氏若璩釋地三續云。即朱虛侯劉章為高后言田立苗欲疏之意。○注制作至利兵。○正義曰。楚辭招魂云。晉制犀比。王逸注云。制。作也。制作古多連文。故以作釋制。然備乃弓矢。鍛乃戈矛。礪乃鋒刃。無敢不善。王者以弧矢威天下。豈容自損其兵。謂使民作梃。言近於迂。按劉熙釋名釋姿容云。掣。制也。制頓之使順已也。制宜讀為掣。謂可使提掣木梃。以撻其堅甲利兵。若誠自恃施仁。造作此梃。即宋公不禽二毛之智矣。廣雅撻捶皆訓擊。故以捶釋撻。禮記文王世子云。成王有過。則撻伯禽。說文手部云。捶以杖擊也。撻入用杖。其義一也。省刑罰以下八句。趙氏以行此政括之未詳。注以其易明也。惟省刑罰薄稅斂。使得深耕易耨。所以得有暇日。潛夫論愛日篇云。國之所以為國者。以有民也。民之所以為民者。

以有穀也。穀之所以豐殖者。以有人功也。功之所以能建者。以有日力也。治國之日舒以長。故其民閑暇而力有餘。亂國之民促以短。故其民困務而力不足。詩云。王事靡盬。不遑將父。言在古閑暇而得行孝。今迫促不得養也。迫促不得養。則奪其農時。使不得耕耨之謂也。富而後教。民有暇日以養其父母。及其兄弟妻子。乃可脩其孝弟忠信也。民知孝弟忠信。則入以事其父兄。出以事其君上矣。此所以可以以梃撻強也。彼奪其民時。使不得耕耨。以養其父母。父母凍餓。兄弟妻子離散。彼陷溺其民。王往而征之。夫誰與王敵。注彼謂齊秦楚也。彼困其民。願王往征之也。彼失民心。民不爲用。夫誰與共禦王之師。爲王敵乎。疏注彼謂齊秦楚也。○正義曰。惠王所問。舉齊秦楚三國。孟子對僅稱秦楚。便文耳。其實制梃撻秦楚。亦兼撻齊。故趙氏申明之。○注爲王敵乎。○正義曰。閩監毛三本作而爲王之敵乎。故曰。仁者無敵。王請勿疑。注鄰國暴虐。己脩仁政。則無敵矣。王請行之勿有疑也。章指言以百里行仁。天下歸之。以政傷民。民樂其亡。以梃服強。仁與不仁也。

孟子見梁襄王。出語人曰。望之不似人君。注襄。謚也。梁之嗣王也。望之無儼然之威儀也。

疏注襄謚至王也。○正義曰。周書謚法解云。辟地有德曰襄。甲胄有勞曰襄。是襄爲謚也。史記魏世家集解。荀勖曰。和嶠云。紀年起自黃帝。終於魏之今王。今王者。魏惠成王子。按太史公書惠成王但言惠王。惠王子曰襄王。襄王子曰哀王。惠王三十六年卒。襄王立。十六年卒。并惠襄王爲五十二年。今按古文惠成王立三十六年。改元稱一年。改元後十七年卒。太史公書爲誤分惠成之世。以爲二王之年數也。世本惠王生襄王而無哀王。然則今王者。魏襄王也。索隱辨之云。按系本襄王生昭王。無哀王。蓋脫一代耳。而紀年說惠成王三十六年。又稱後元一十七年卒。今此文分惠王之歷以爲二王之年。又有哀王凡二十二年。紀事甚明。蓋無足疑。而孔衍敘魏語。亦有哀王。蓋紀年之作，失哀王之代。故分襄王之年爲惠王後元。即以襄王之年包哀王之代耳。近時顧氏炎武日知錄。主古文之說。以襄哀字相近。史記誤分爲二人。江氏永羣經補義申其說云。魏罃於周顯王三十五年丁亥。與齊威王會於徐州。以相王。是年爲惠王即位後三十七年。於是始稱王而改元稱一年。司馬溫公通鑑考異。旣從紀年書魏惠王薨。子襄王立。於愼靚王二年壬寅。又載孟子一見而出語是矣。乃於顯王三十三年乙酉。書鄒人孟軻見魏惠王。豈孟子在魏十八年乎。誤矣。蓋惠王卑禮厚幣以招賢。在後元之末年。而史記誤謂在惠王即位之三十五年也。此年尚未稱王。孟子何得稱之爲王。依顧氏江氏之說。史記襄王之年。仍惠王之後元。則襄王五年予河西之地。六年秦取汾陰皮氏焦。七年盡入上郡於秦。秦降我蒲陽。皆在七百里中。而十二年楚敗我襄陵。則所云辱於楚也。然近所行之竹書紀年。固後人僞託。即和嶠所引。亦魏晉間贋書。不足徵信。西京雜記記廣川王發古冢。

有魏襄王冢哀王冢。然則襄哀二冢。漢時尚存。顯然可考。故世本雖失紀哀王。而司馬公則核實言之。和嶠所引。又何庸議。閻氏若璩孟子生卒年月考云。魏世家云。惠王三十一年辛巳。徙都大梁。三十五年乙酉。卑禮厚幣以招賢者。孟軻等至梁。故六國表於三十五年。特書孟子來。問利國。對曰。君不可言利。三十六年丙戌。惠王卒。子嗣立。是爲襄王。孟子入而見王。出而告人。有不似人君之語。蓋譏君初即位之辭。不然。如通鑑五十二年壬寅。惠始卒而襄王立。孟子入見。豈孟子竟久淹於梁如是耶。不然。以襄王之庸。豈能以禮聘孟子而復至梁耶。不以禮聘孟子。而孟子肯枉見耶。果受其禮聘至。而初見時即譏議之耶。此史記所以可信也。或曰。竹書紀年。彼既魏史。所書魏事。司馬公以爲必得其眞。故從焉。余曰不然。紀年云。惠成王九年四月甲寅。徙都大梁。不知是年秦孝公甫立。衛公孫鞅來相。魏公子卬未虜。地不割。秦不偪魏。何遽徙都以避之耶。即一徙都事如此。尚謂其生卒年月盡足信耶。此余所以信史記以信孟子也。閩監毛三本作魏之嗣王。○注望之至儼也。○正義曰。論語云。望之儼然。又云。儼然人望而畏之。

就之而不見所畏焉。注就與之言。無人君操秉之威。知其不足畏。疏注就與至足畏。○正義曰。望之既指威儀。則就之當指言論。故云與之言。秉。閩監毛三本作柄。柄。說文重文作棅。通於秉。儀禮大射儀有柄。釋文云。劉本作秉。文選六代論注云。秉即柄字。是也。詩。定之方中。毛傳云。秉。操也。禮運注云。柄所操以治事。莊子天道篇。司馬彪注云。棅。威權也。故趙氏云操柄之威。

卒然問曰。天下惡乎定。注卒暴問事。不由其次也。問天下安所定。言誰能定之。疏注卒暴至次也。○正義曰。漢書成帝紀云。與卒暴之作。注云。卒。謂急也。師丹傳云。卒暴無漸。注云。卒讀曰猝。說文犬部云。猝。犬從草暴出逐人也。古卒暴二字連文。故趙氏以卒暴明卒然。不由其次。即無漸也。○注問天至定之。○正義曰。惡。猶安也何也。字亦作烏。高誘注呂氏春秋本生篇曰。惡。安也。昭二十一年公羊傳曰。惡有言人之國賢若此者乎。何注曰。惡有猶何有。又莊二十年公羊傳曰。魯侯之美惡乎至。注曰。惡乎至。猶何所至。由公羊傳注及孟子注推之。蓋惡本訓何。惡乎猶言何所。

吾對曰。定于一。注孟子謂仁政爲一也。疏注孟子至一也。○正義曰。易文言傳云。元者。善之長也。君子體仁足以長人。董子繁露重政篇云。唯聖人能屬萬物于一而繫之元也。終不及本所從來。而承之不能遂其功。是以春秋變一謂之元。元即仁。仁即一。故趙氏以仁政爲一。孟子對滕文公亦云。夫道一而已。趙氏章指言定天下者。一道而已。謂孟子對梁襄王之定于一。即對滕文公之道一也。趙氏之說正矣。然下云能一之。又云民歸之。則謂時無王者。不能統一。故天下爭亂而不能定。惟有王者布政施教於天下。天下皆遵奉之而後定。孔子作春秋。書王正月。公羊傳云。大一統也。孟子當亦謂此。

孰能一之。注言孰能一之者。對曰。不嗜殺人者能一之。注嗜。猶甘也。言今諸侯有不甘樂殺人者。則能一之。疏注嗜猶至人者。○正義曰。說文口部云。嗜。嗜欲。

喜之也。呂氏春秋謹聽篇。高誘注云。嗜。猶樂也。淮南子覽冥訓高誘注云。甘。猶耆也。耆與嗜同。一切經音義。引廣雅云。甘。樂也。是嗜甘樂三字義同。

孰能與之。注王言誰能與不嗜殺人者乎。疏孰能與之。○正義曰。齊語云。桓公知天下諸侯多與己也。韋昭注云。與。從也。呂氏春秋執一篇高誘注云。與。猶歸也。

對曰。天下莫不與也。注孟子曰時人皆苦虐政。如有行仁。天下莫不與之。**王知夫苗乎。七八月之閒旱。則苗槁矣。天油然作雲。沛然下雨。則苗浡然興之矣。其如是。孰能禦之。**注以苗生喻人歸也。周七八月。夏之五六月。油然。興雲之貌。沛然下雨。以潤槁苗。則浡然已盛。孰能止之。疏注以苗至六月。○正義曰。夏小正匡之與傳云。其不言生而言興。何也。不知其生之時。故曰興。廣雅釋詁云。興。生也。苗生即下苗浡然興。以生釋興。故下云浡然已盛。不復解興義也。白虎通三正篇云。正朔有三何。本天有三統。謂三微之月也。明王者當奉順而成之。故受命各統一正也。禮三正記曰。十一月之時。陽氣始養根株。黃泉之下。萬物皆赤。赤者。盛陽之氣也。故周爲天正。色尚赤也。十二月之時。萬物始芽而白。白者陰氣。故殷爲地正。色尚白也。十三月之時。萬物始達孚甲而出皆黑。人得加功。故夏爲人正。色尚黑。尚書大傳云。夏以孟春月爲正。殷以季冬月爲正。周以仲冬月爲正。夏以十三月爲正。色尚黑。以平旦爲朔。殷以十二月爲正。色尚白。以雞鳴爲朔。周以十一月爲正。色尚赤。以夜半爲朔。後漢書陳寵奏云。夫冬至之節。陽氣始萌。故十一月有蘭射于芸荔之應。時令曰諸生蕩。安形體。天以爲正。周以爲春。十二月陽氣上通。雉雊雞乳。地以爲正。殷以爲春。十三月陽氣已至。天地已交。萬物皆出。蟄蟲始振。人以爲正。夏以爲春。春秋昭公十七年夏六月朔。日有食之。左傳太史曰。當夏四月。是謂孟夏。又冬有星孛于大辰。左傳梓慎曰。火出。于夏爲三月。于商爲四月。于周爲五月。推之周之七八月爲夏之五六月。夏之五月建午。六月建未。周之七月建午。八月建未也。說者或以孟子七八月爲夏正。趙氏佑溫故錄云。若是夏正之月。則邠風八月其穫。月令七月登穀。是時安得尚言苗邪。○注油然至之貌。○正義曰。大戴記文王官人篇云。喜色由然以生。注云。由當爲油。油然。新生好貌。禮記祭義云。則直易子諒之心。油然生矣。注云。油然。物始生好美貌。又樂記注云。油然新生好貌也。油與由通。由與粵通。說文丂部云。粵。木生條也。古文言由枿。惠氏棟九經古義云。經傳由字皆訓爲生。毛詩序云。由儀。萬物之生各得其宜。是由訓爲生。儀訓爲宜。春秋傳云。吉凶由人。言吉凶生乎人也。段氏玉裁說文解字注云。左傳史趙云。陳。顓頊之族也。歲在鶉火。是以卒滅。陳將如之。今在析木之津。猶將復由。此以生滅對言。由即粵之假借。由訓爲生。故雲之新生。木之新生。以及喜色之新生。易直子諒之心新生。其自未生而始生之狀。皆爲油然。故趙以興雲之貌解之。○注沛然下苗至止之。○正義曰。文選思元賦。凍雨沛其灑塗。舊注云。沛。雨貌也。文公十四年公羊傳云。

力沛若有餘。注云。沛。有餘貌。音義云。沛字亦作霈。初學記太平御覽俱引作霈。華嚴經音義引文字集略云。霈。謂大雨也。大雨亦有餘意。詩信南山云。益之以霢霂。既優既渥。既霑既足。箋云。冬有積雪。春而益之以小雨。潤澤則饒洽。沛有澤義。澤有潤義。趙氏以潤釋沛。與詩箋同。苗當枯槁之時。非小雨所能生。劉熙此注云。霈然注雨貌。惟大雨傾注。枯苗乃得潤澤。義乃備也。廣雅釋詁云。浡。盛也。又釋訓云。勃勃。盛也。莊公十一年左傳。其興也悖焉。注云。悖。盛貌。釋文云。悖本亦作勃。悖勃浡字通。爾雅云。禦。禁也。禁義同止。鄭康成注書大傳。高誘注呂氏春秋。張揖廣雅。皆以禦訓止。

今夫天下之人牧。未有不嗜殺人者也。如有不嗜殺人者。則天下之民。皆引領而望之矣。誠如是也。民歸之。由水之就下。沛然誰能禦之。注 今天下牧民之君。誠能行此仁政。民皆延頸望欲歸之。如水就下。沛然而來。誰能止之。疏 注今天下至止之。○正義曰。書堯典覲四岳羣牧。立政宅乃牧。鄭氏注云。殷之州牧曰伯。虞夏及周曰牧。周禮大宰。一曰牧。以地得民。大司馬建牧立監。注皆云。牧。州牧也。曲禮云。九州之長入天子之國曰牧。是天下之人牧。即天下之人君也。說文攴部云。牧。養牛人也。牧之義爲養。每一州之中。天子選諸侯之賢者。以養州之人。即以名之爲牧。故趙氏云牧民之君。即養民之君也。君所以養民。而反嗜殺人。失其爲君之道。趙氏探孟子稱人牧之義而說之也。趙氏以一爲仁政。故云行此仁政。呂氏春秋順說篇云。莫不延頸。高誘注云。延頸引領也。引延義皆爲長而引申也。望則伸其頸。故爲引領也。音義云。由與猶同。古字通用。猶即如也。故趙氏云如水就下。翟氏灝考異言宋九經本由作如。經已作如。注不必以如釋之。宋本非也。廣雅釋訓。沛沛。流也。劉熙釋名釋水云。水從河出曰雍沛。言在河岸限內。時見雍出。則沛然也。水之壅出。與雨之下注同。故皆云沛然。趙氏解兩沛然不同者。經以沛然下雨。比不嗜殺人者以仁恩及民。故以潤澤解之。此水之就下。比天下來歸。故云沛然而來。謂民之來如水之潙也。章指言定天下者一道。仁政而已。不貪殺人。人則歸之。是故文王視民如傷。此之謂也。疏 言定至而已。○正義曰。孟子言道二。仁與不仁而已。以仁定天下。故爲一道。韓本足利本無一道二字。○不貪至謂也。○正義曰。鄭氏檀弓注。廣雅。韋昭注楚語。皆云。嗜。貪也。故前既以甘多樂釋之。此又云貪也。文王視民如傷。離婁下篇文。

齊宣王問曰。齊桓晉文之事。可得聞乎。注 宣。謚也。宣王問孟子。欲庶幾齊桓公小白。晉文公重耳。孟子冀得行道。故仕於齊。齊不用而去。乃適於梁。建篇先梁者。欲以仁義爲首篇。因言魏事。章次相從。然後道齊之事也。疏注宣謚也。〇正義曰。周書謚法解云。聖善周聞曰宣。又云。施而不成爲宣。〇注宣王至重耳。〇正義曰。齊桓公名小白。晉文公名重耳。見春秋。欲庶幾。謂心慕桓文之所爲。思有以近之。〇注孟子至事也。〇正義曰。周氏廣業孟子出處時地考云。孟子書先梁後齊。此篇章之次。非遊歷之次也。趙氏注可謂明且核矣。後儒不喜趙注。見其展卷即云孟子見梁惠王。遂斷爲歷聘之始。今考田完世家。桓公大年。威王三十六年。宣王十九年。湣王四十年。索隱桓公卒。注云。紀年梁惠王十三年。當齊桓公十八年。後威王始見。則桓公十九年而卒也。宣王二年。田忌譏蚤救韓。敗魏馬陵。注云。紀年威王十四年。田盼伐梁。戰馬陵。又孟嘗君傳。宣王二年。殺魏將龐涓。注云。紀年當梁惠王二十八年至三十六年。改爲後元。又七年。韓昭侯與魏惠王會齊宣王東阿南。明年。復與梁惠王會甄。是歲梁惠王卒。注云。宣王七年。紀年當惠王後元十一年。作平阿。又云十三年。會齊威王于甄。與此齊宣王與梁惠王會甄文同。但齊威宣二王文舛互不同也。又湣王三年。封田嬰於薛。注云。紀年以爲梁惠王後元十三年四月。齊威王封田嬰於薛。十五年。齊威王薨。皆與此文異。據此五引紀年。今本所無。又字多錯午。無可覈核。就其言考之。爲威爲宣。必有一誤。戰國策蘇子謂秦王曰。齊威宣者。古之賢王也。德博而地廣。國富而民用。將武而民強。宣王用之。後破韓威魏。以南伐楚。西攻秦。上言威宣。下言宣王。又曰。今富非齊威宣之餘也。鄒陽書。齊用越人蒙而強威宣。史記威宣連稱者非一。則威宣是兩謚。如魏惠成安釐。韓宣惠。秦惠文莊襄之例。周自考王以下皆兩謚。呂氏春秋聞春論韓昭釐侯注。覈謚也。或先謚威。後改謚宣。國策因誤分之。實非有兩人也。據紀年桓公之立在年表威王之四年。而桓公十九年卒。與世家宣王卒年正同。秦紀本無年月。史蓋因其錯簡而倒置之。又以桓公附見康公之表。故讀者愈不可曉。今誠以桓公之元。當魏武侯十二年。至惠十三年。適得十八年。明年十九年卒。宣王之元。當惠十四年。盡前元二十五年。加後元十五年始卒。適得三十六年。是史所云威王乃桓公。宣王即威王。戰國趙策魯仲連曰。昔齊威王嘗行仁義矣。率天下諸侯朝周。居歲餘。周烈王崩。諸君皆弔。齊侯往云云。按烈王之崩。史表齊威王十七年。考其實爲桓公十七年。此威王爲桓公之謚也。而湣王前三年。實屬宣王。桓公未稱王。故國策但稱田侯及陳侯。宣有複謚。故亦稱威王。淳于髡所謂威行三十六年者是也。而世家所載鄒忌以鼓琴見威王事。見劉向新序。威王與魏惠論寶事。見韓詩外傳。俱明指宣王。參錯不同。皆由於此。更有證者。莊子胠篋篇及索隱引鬼谷子。俱云田成子十二世而有齊國。今由田完數至威宣王。正得十二世。史記田完世家。敬仲生穉孟夷、穉孟夷生湣孟莊。湣孟莊生文子須無。須無生桓子無宇。無宇生釐子乞。乞生成子常。常生襄子盤。盤生莊子白。白生太公和。篡齊自立爲齊侯。和生桓公午。午生威王因齊。因齊生宣王辟彊。共十二世。幷威宣爲一人。恰十二世。此後惟湣王襄王。至王建爲秦所滅。莊子與宣王同時。鬼谷書蘇秦所述。言必不謬。使分威宣爲二。則當云十三世矣。又威王名因齊。尤可疑。名不以國。既名之。子孫臣庶。不聞避諱。或作嬰齊。則又與庶子田嬰同名。皆必無之事。漢書人表闕而不書。蓋亦疑之。莊子釋文則陽篇。魏瑩與田侯。一本作田侯牟。司馬云。齊威王也。名牟。桓公子。按史記威王名因。不名牟。齊事莫詳於孟子。史公嘗自言讀孟子書而作田完世家。終不敢采錄一字。雖足用爲參如宣王。亦止以用淳于髠等當之。非因紊其昭穆世次。兼誤以梁惠王卒。繫諸宣王八年。與孟子中事實。百無一合。有不得不盡行劃棄者哉。通鑑大事記等書。徒增損威潛年代。以曲從孟子之書。而終未知史之誤分威宣爲二也。今亦未敢臆斷。伐燕總在宣王三十年內外。如是。則不特國策儲子請宣王伐燕。王令章子將兵。與孟子備交與辭相合。而吾憯之言。適當倦勤之日。宣王三十年。當顯王四十二年。去孔子百五十二年。去武王克商七百二十三年。與去聖未遠數過時可亦合。而遊梁之歲。乃得而定之矣。又云。建篇之首。梁惠王也。趙氏之說疑矣。風俗通篇首敍孟子仕齊爲卿。去之鄒薛。作書中外十一篇。終言梁惠王復聘請之爲上卿。庶爲得實。其體依仿論語。不似諸子自立篇目。大率起齊宣王至滕文公爲三冊。記仕宦出處。離婁以下爲四冊。記師弟問答雜事。追歸自梁。而孟子已老于行。文既絕少。又暮年所述。故僅與啓事分附諸牘末。其後門人論次遺文。分篇列目。以齊宣王舊君。不可用以名篇。而仁義兩言。爲全書綱領。孟子所謂願學孔子。以直接堯舜禹湯文武周公之心法治法。無出乎此。因劃其六章冠首。而以梁惠王題篇。又特變文曰孟子見梁惠王。以尊其師。今盡心卷下尚有梁惠王一章可證也。

孟子對曰。仲尼之徒。無道桓文之事者。是以後世無傳焉。臣未之聞也。［注］孔子之門徒。頌述宓戲以來。至文武周公之法制耳。雖及五霸。心賤薄之。是以儒家後世。無欲傳道之者。故曰臣未之聞也。［疏］注孔子至之者。○正義曰。孔子贊易繫辭傳云。包犧氏之有天下也始作八卦。以通神明之德。以類萬物之情。又云。包犧氏沒。神農氏作。神農氏沒。黃帝堯舜氏作。通其變。使民不倦。神而化之。使民宜之。治天下之道。開於包犧。備于堯舜。故刪書首堯典舜典。禹湯文武周公之法制。皆法堯舜者也。孔子以易書詩禮教門弟子。故所頌述。惟宓犧氏以來至文武周公之法制也。春秋大文王之統。而書桓文之事。是及五霸也。書齊桓救邢城楚邱。實與而文不與。盟葵邱。書曰以危之。伐鄭。書圍以惡之。書晉文盟踐土。書曰以著其諱。書天子狩于河陽。爲不與再致天子。是心賤薄之也。漢書藝文志云。儒家者流。蓋出于司徒之官。助人君順陰陽。明教化者也。遊文於六經之中。留意於仁義之際。祖述堯舜。憲章文武。宗師仲尼。以重其言。其五十三家八百三十六篇。孟子十一篇列于內。今存者。荀卿子。陸賈新語。賈誼新書。董仲舒春秋繁露。桓寬鹽鐵論。劉向說苑新序列女傳。揚雄太元法言。新語道基篇。首述宓犧圖畫乾坤。以定人道。賈山言治亂之道。稱述文王好仁。荀子仲尼篇云。仲尼之門人。五尺之豎子。言羞稱乎五伯。是何也。曰然。彼非本政教也。非致隆高也。非綦文理也。非服人之心也。鄉方略。審勞佚。畜積修鬭而能顛倒其敵者也。詐心以勝矣。彼以讓飾爭。依乎仁而蹈利者也。小人之傑也。彼固曷足稱乎大君子之門哉。董子對膠西王云。春秋之義。貴信而賤詐。詐人而勝之。雖有功。君子弗爲也。是以仲尼之門。五尺之童子。言羞稱五伯。爲其詐以成功。苟爲而已也。故不足稱於大君子之門。揚雄解嘲云。五尺童子。羞稱晏嬰與夷吾。凡此皆後世儒家。稱述宓羲以來至文王周公之法。而賤薄桓文。不欲傳道之也。頌與誦通。頌述即誦述。閩監毛三本作宓羲。

無以，則王乎。【注】既不論三皇五帝。殊無所問。則倘當問王道耳。不欲使王問霸事也。【疏】注不論三皇五帝。○正義曰。周禮春官外史。掌三皇五帝之書。邱光庭兼明書云。鄭康成以伏羲女媧神農爲三皇。宋均以燧人伏羲神農爲三皇。白虎通以伏羲神農祝融爲三皇。孔安國以伏羲神農黃帝爲三皇。明日。女媧燧人祝融事。經典未嘗以帝皇言之。蓋霸而不王者也。且祝融乃顓頊之代。火官之長。可列於三皇哉。則知諸家之論。唯安國爲長。鄭康成以黃帝少昊顓頊帝嚳唐堯虞舜爲五帝。六人而云五帝者。以其俱合五帝座星也。司馬遷以黃帝顓頊帝嚳唐堯虞舜爲五帝。孔安國以少昊顓頊高辛唐虞爲五帝。明日。康成以女媧爲皇。軒轅爲帝。按軒轅之德。不劣女媧。何故不爲稱皇。而綸之入帝。仍爲六人哉。考其名迹。未爲允當者也。司馬遷近遺少昊而遠收黃帝。其爲疎略。一至于斯。安國精詳。可爲定論。按尚書說皇者。皆天德也。皇。王人也。帝。諦也。公平通達。舉事審諦也。人主德周天覆。故德優者謂之皇。其次謂之帝。然則皇者帝者。皆法天爲名。或曰。子以軒轅爲皇。何故謂之黃帝。答曰。凡言有通析。析而言之。則皇尊于帝。通而言之。則帝皇一也。月令云。其帝太昊。則伏羲亦謂之帝也。呂刑云。皇帝清問下民。則堯亦謂之皇也。按趙氏以則王之王指三王。故云不論三皇五帝。慈湖家記云。孟子凡與齊宣王言王。皆如字耳。後儒讀者多轉爲去聲。非也○注殊無。至事也。○正義曰。殊無所問。解無以二字。蓋謂孔子之徒所道者。三皇五帝及王道也。所不道者。五伯也。王乃問桓文之事。豈舍此遂無所問乎。縱不問三皇五帝。亦當問王道。而不當問桓文霸者之事。元人四書辨疑云。無以。無以言也。桓文之事既無以言。則言王道可乎。此以無以二字屬上解以爲用。謂桓文之事。儒者不道。無用言之。與趙氏義異。

曰。德何如則可以王矣。【注】王曰。德行當何如而可得以王乎。【疏】注德行至王乎。○正義曰。陸賈新語云。齊桓公尚德以霸。然則霸功亦不離乎德。但德之用於霸與用於王。自有別。

曰。保民而王。莫之能禦也。【注】保。安也。禦。止也。言安民則惠黎民懷之。若此以王。無能止也。【疏】注保。安也。○正義曰。周禮大司徒以保息六養萬民。注云。保息。謂安使蕃息也。毛詩傳多以安訓保。○注言安至懷之。○正義曰。尚書皋陶謨文。

曰。若寡人者。可以保民乎哉。【注】王自恐懷不足以安民。故問之。

曰。可。【注】孟子以爲如王之性。可以安民也。

曰。何由知吾可也。【注】王問孟子何以知吾可以安民。

曰。臣聞之胡齕曰。王坐於堂上。有牽牛而過堂下者。王見之。曰。牛何之。對曰。將以釁鐘。王曰。舍之。吾不忍其觳觫。若無罪而就死地。對曰。然則廢釁鐘與曰。何可廢也。以羊易之。不識有諸。【注】胡齕。王左右近臣也。觳觫。牛當到死地處恐貌。新鑄鐘。殺牲以血塗其釁郄。因以祭之曰釁。周禮大祝曰。墮釁。逆牲逆尸。令鐘鼓。天府。上春釁寶鐘及寶器。孟子曰。臣受胡齕言。王嘗有此仁。不知誠有之否。【疏】注胡齕至臣也。○正義曰。周禮天官寺人注云。寺之言侍也。賈氏疏云。取親近侍御之義。夏官司士正朝儀之位。王族故士虎士。在路門之右。南面東上。大僕大右大僕從者。在路門之左。惠氏士奇禮說云。春秋時。周禮未改。列國猶重大僕一官。位雖下大夫。而正王服位。出入王命。王眡朝則前王。燕飲則相王。射則贊王。眡燕朝則擯。而上士小臣。中士祭僕。下士御僕。皆其僚屬。爲羣僕侍御之臣。荀子曰。便嬖左右者。人主之所以窺遠收衆之門戶牖嚮也。故人主必將有便嬖左右足信者。然後可。秦武王令甘茂擇僕與行事。則親近之臣。自古重之。賈誼官人篇曰。修身正行。道語談說。服一介之使。能合兩君之驩。執戟居前。能舉君之失過。不難以死持之者。左右也。事君不敢有二心。居君旁不敢泄君之謀。君有失過。憔悴有憂色。不勸譽從者。侍御也。蓋古親近之臣若此。諸侯無大僕。而儀禮小臣小臣正小臣師僕人正僕人師僕人士。皆左右親近之官。胡齕所居。未知何職。然堂上堂下牽牛問答。非左右近臣。無以知之。故趙氏注之如此。○注觳觫至恐貌。○正義曰。廣雅釋訓云。踧踖。畏敬貌。又文選東京賦薛綜注云。踧踖。恐懼之貌。趙氏蓋以觳觫音近踧踖。故以爲恐貌。王氏念孫廣雅疏證云。廣韻云。觳觫死貌。出廣雅。又觳觫𧯛斷觳五字。諸書並訓爲死。玉篇觳觫死貌。孟子梁惠王篇。吾不忍其觳觫。若無罪而就死地。義與觳觫同。荀子王霸篇云。出若入若。史記禮書云。若者必死。若皆訓爲如此。此云若無罪而就死地。猶云如此無罪而就死地也。○注新鑄至寶器。○正義曰。釁本間隙之名。故殺牲以血塗器物之隙。即名爲釁。隙即郄字。漢書高帝紀釁鼓注。應劭云。釁。祭也。殺牲以血塗鼓釁。呼爲釁。呼同罅。釁罅猶言釁隙。今人以瓦器有裂璺者爲璺。讀若問。即釁也。以木之有裂縫者爲罅。讀若呵。呵乎音之轉也。周禮大祝天府。俱屬春官。大祝作隨釁。鄭氏注云。謂薦血也。凡血祭曰釁。疏引賈氏云。釁釁宗廟。馬氏云。血以塗鐘鼓。鄭不從。然則血祭之釁。與釁器之釁。自是兩事。趙氏合爲一事。與應劭同。天府上春釁寶鎮及寶器。趙氏引作釁寶鐘。阮氏元校勘記云。當依周禮作鎮。形相涉而誤。趙氏佑溫故錄云。古人用釁之禮不一。定四年左傳。君以軍行。祓社釁鼓。文王世子。始立學者。既興器用幣。注。與讀爲釁。月令孟冬命太史釁龜筴。雜記下成廟則釁之。其禮雍人舉羊升屋自中。中屋南面封羊血流于前。乃降。門夾室皆用雞。其衈者於屋下割雞。門當門。夾室中室。又云。路寢成則考之而不釁。釁者。交神明之道也。凡宗廟之器。其名者成則釁之以豭豚。大戴禮亦有釁廟。獨爲篇。其具在周官者。大祝天府而外。春官則有肆師。以歲時序其祭祀。及其祈珥。小祝大師掌釁祈號祝。龜人上春釁龜。雞人凡祭祀禳釁。共其雞牲。夏官則大司馬若大師。帥執事涖釁主及軍器。小子掌珥于社稷。祈于五祀。釁邦器及軍器。羊人凡祈珥釁積共其羊牲。圉師春除蓐釁廄。秋官則士師凡刏衈則奉犬牲。犬人凡幾珥用駹可也。司約若有訟者。則珥而辟藏。康成注皆以祈卽刏字。珥卽衈字。是用毛牲者刏。用羽牲者衈。皆取血以釁之事。釁之者，神之也。先鄭則釁讀曰徽。謂飾美之也。是凡器物皆用釁。龜玉亦釁之。廟社皆用釁。圭亦釁。馬廐亦釁之。蓋非止爲塗其郤。其牲則以羊爲犬。亦用豭犬與雞。獨未有言牛者。牛爲牲之最大。不輕用也。此以一鐘而用牛。明非禮之正經定制。亦見古禮失之一端。孟子則第就事論事而已。周氏柄中辨正。謂釁之義有三。一是祓除不祥。一是彌縫罅隙使完固之義。一是取其膏澤。護養精靈。鐘爲祭器。釁鐘是塗其罅隙。按塗其罅隙。卽是鄭司農讀徽。賈疏以爲取飾義也。亦康成所不從。

曰。有之。注 王曰有之。曰。是心足以王矣。百姓皆以王爲愛也。臣固知王之不忍也。注 愛，嗇也。孟子曰。王推是仁心。足以至於王道。然百姓皆謂王嗇愛其財。臣知王見牛恐懼不欲趨死。不忍。故易之也。疏 注愛，嗇也。○正義曰。周書謚法解云。嗇於賜予曰愛。漢書竇嬰傳云。豈以爲臣有愛。集注云。愛。猶惜也。惜亦吝嗇之義。故下注云愛惜。

王曰。然。誠有百姓者。齊國雖褊小。吾何愛一牛。卽不忍其觳觫。若無罪而就死地。故以羊易之也。注 王曰。亦誠有百姓所言者矣。吾國雖小。豈愛惜一牛之財費哉。卽見其牛哀之。釁鐘又不可廢。故易之以羊耳。

曰。王無異於百姓之以王爲愛也。以小易大。彼惡知之。王若隱其無罪而就死地。則牛羊何擇焉。注 異，怪也。隱，痛也。孟子言無怪百姓之謂王愛財也。見王以小易大故也。王如痛其無罪。羊亦無罪。何爲獨釋牛而取羊。疏 注異怪也。隱痛也。○正義曰。昭公二十六年左傳云。然據有異焉。賈氏注云。異，猶怪也。史記魯世家有異焉。集解引服虔云。異。猶怪也。是異之義與怪同也。王氏念孫廣雅疏證云。逸周書謚法解云。隱。哀之方也。檀弓云。拜稽顙。哀戚之至隱也。隱與㥯通。隱哀一聲之轉。哀之轉爲㥯。猶薆之轉爲隱矣。

王笑曰。是誠何心哉。我非愛其財而易之以羊也。宜乎百姓之謂我愛也。注 王自笑心不然。而不能自免爲百姓所非。乃責己之以小易大。故曰宜乎其非我也。疏 注王自至我也。○正義曰。自笑心不然。解首二句。不然二字。解我非愛其財。謂我之心果何心哉。自信非愛財也。乃責己之以小易大。解而易之以羊也句。故曰宜乎其非我也。解末句。於其間隔以而不能自免爲百姓所非一句。明我非愛其財斷句。不與下而字連。而易之以羊也不斷句。與宜乎一氣接下。趙氏此書名章句。故是分析明白如此。舉此以例其餘。曰。無傷也。是乃仁術也。見牛未見羊也。君子之於禽獸也。見其生。不忍見其死。聞其聲。不忍食其肉。是以君子遠庖廚也。注孟子解王自責之心。曰。無傷於仁。是乃王爲仁之道也。時未見羊。羊之爲牲次於牛。故用之耳。是以君子遠庖廚。不欲見其生食其肉也。疏君子至廚也。○正義曰。賈子新書禮篇云。禮。聖王之於禽獸也。見其生。不忍見其死。聞其聲。不忍嘗其肉。故遠庖廚。仁之至也。大戴禮保傅篇云。於禽獸見其生不食其死。聞其聲不嘗其肉。故遠庖廚。所以長恩。且明有仁也。翟氏灝考異云。大戴禮保傅篇。卽自賈子採錄。而篇題不同。文亦小異。君子遠庖廚。本禮記玉藻文。孟子述之。故加有是以二字。○注無傷至道也。○正義曰。賈子新書道術篇云。道者。所從接物也。其末者謂之術。說文行部云。術。邑中道也。○注鄭康成注禮記。高誘注淮南子。呂氏春秋。韋昭注國語。皆以道釋術。故趙氏以仁道解仁術。○注羊之至之耳。○正義曰。周禮宰夫注云。三牲牛羊豕具爲一牢。桓公八年公羊傳注云。牛羊豕凡三牲曰大牢。羊豕凡二牲曰少牢。王制云。天子社稷皆太牢。諸侯社稷以少牢。諸侯無故不殺牛。大夫無故不殺羊。是羊之爲牲次於牛也。王說曰。詩云。他人有心。予忖度之。夫子之謂也。夫我乃行之。反而求之。不得吾心。夫子言之。於我心有戚戚焉。此心之所以合於王者何也。注詩。小雅巧言之篇也。王喜悅。因稱是詩以嗟歎孟子忖度知己心。戚戚然心有動也。寡人雖有是心。何能足以王也。疏注詩小至已心。○正義曰。詩小序云。巧言。刺幽王也。大夫傷於讒。故作是詩也。箋云。因已能忖度讒人之心。王引此處斷章取義。毛詩釋文云。忖本又作寸。漢書律厤志云。寸者。忖也。忖與寸義同。前此詰駁。王意不能解。孟子以仁術言之。王乃解悅。解悅則喜矣。喜故歎美孟子以爲識己心。○注戚戚至王也。○正義曰。王氏念孫廣雅疏證云。方言。衝俶。動也。衝俶與廣雅衝侏同。衝亦動也。方俗語有輕重耳。釋訓。衝衝。行也。說文。憧。不定也。咸。九四。憧憧往來。皆動之貌也。聲轉爲俶。爾雅。動。俶作也。是俶與動同義。說文俶。氣出于土也。義亦與俶同。孟子於我心有戚戚焉。趙氏注云。戚戚然心有動也。戚與俶亦聲近義同。合與洽義同。說文水部云。洽。霑也。霑有足義。故趙氏以足以王解合於王。閩監毛三本作何能足以合於王也。非是。曰。有復於王者曰。吾力足以舉百鈞。而不足以舉一羽。明足以察秋豪之末。而不見輿薪。則王許之乎。注復。白也。許。信也。人有白王如此。王信之乎。百鈞。三千斤也。【疏】注復白也。許信也。○正義曰。典禮云。願有復也。鄭氏注國語。正月之朔。鄉長復事。章昭注呂氏春秋勿躬篇。管子復於桓公。高誘注。皆訓復爲白。周禮宰夫諸臣之復。注云。復。謂奏事也。說文言部云。許。聽也。呂氏春秋首時篇。王子信。高誘注云。許諾。惟信之。故諾之聽之也。○注百鈞三千斤也。○正義曰。說苑辨物篇云。三十斤爲一鈞。百鈞故三千斤。

曰。否。【注】王曰我不信也。今恩足以及禽獸。而功不至於百姓者。獨何與。然則一羽之不舉。爲不用力焉。輿薪之不見。爲不用明焉。百姓之不見保。爲不用恩焉。故王之不王。不爲也。非不能也。【注】孟子言王恩及禽獸而不安百姓。若不用力不用明者也。不爲耳。非不能也。曰。不爲者與不能者之形何以異。【注】王問其狀何以異也。曰。挾太山以超北海。語人曰。我不能。是誠不能也。爲長者折枝。語人曰。我不能。是不爲也。非不能也。故王之不王。非挾太山以超北海之類也。王之不王。是折枝之類也。【注】孟子爲王陳爲與不爲之形若是。王則不折枝之類也。折枝案摩折手節解罷枝也。少者耻見役。故不爲耳。非不能也。太山北海皆近齊。故以爲喻也。【疏】挾太山以超北海。○正義曰。墨子兼愛篇云。挈太山以超江河。生民以來。未嘗有也。蓋當時有此語。墨子之書。孟子未必引之。○注折枝至見役。○正義曰。毛氏奇齡四書賸言云。趙氏注折枝案摩折手節解罷枝。此卑賤奉事尊長之節。內則子婦事舅姑。問疾痛疴癢而抑搔之。鄭注。抑搔卽按摩。屈抑枝體。與折義正同。以此皆卑役。非凡人屑爲。故曰是不爲。非不能。後漢張皓王龔倫云。豈同折枝於長者。以不爲爲難乎。劉熙注。按摩不爲非難爲可驗。若劉峻廣絕交論折枝舐痔。盧思道北齊論。韓高之徒。人皆折枝舐痔。朝野僉載薛稷等舐痔折枝。阿附太平公主。類皆朋作媟諂之具。音義引陸善經云。折枝。折草樹枝。趙氏佑溫故錄云。文獻通考載陸筠解爲罄折腰枝。蓋猶今拜揖也。元人四書辨疑以枝與肢通。謂斂折肢體。爲長者作禮。與徐行後長意類。正竊其意而衍之。○注太山北海皆近齊。○正義曰。閻氏若璩四書釋地云。禹貢海岱惟青州。故蘇秦說齊宣王。齊南有太山。北有渤海。司馬遷言吾適齊。自泰山屬之琅邪。北被於海。降至漢景帝。猶置北海郡於營陵。營陵舊營邱地。左傳云。君處北海是也。高帝置泰山郡。領博縣。縣有泰山廟。岱在其西北。禮記云。齊人將有事泰山是也。以知挾泰山以超北海。皆取齊境內之地設譬耳。

老吾老。以及人之老。幼吾幼。以及人之

幼。天下可運於掌。注老。猶敬也。幼。猶愛也。敬吾之老。亦敬人之老。愛我之幼。亦愛人之幼。推此心以惠民。天下可轉之掌上言其易也。疏注老猶至易也。○正義曰。禮記大學篇云。上老老而民與孝。上長長而民與弟。注曰。老老長長，謂尊老敬長也。此老吾老幼吾幼。猶云老老長長。老無敬訓。幼無愛訓。故云猶敬猶愛也。廣雅釋詁云。運。轉也。故以轉解運。詩云。刑于寡妻。至于兄弟。以御于家邦。言舉斯心加諸彼而已。注詩大雅思齊之篇也。刑。正也。寡。少也。言文王正己適妻。則八妾從。以及兄弟。御。享也。享天下國家之福。但舉己心加於人耳。疏注刑于至妾從。○正義曰。詩釋文引韓詩云。刑。正也。毛詩傳云。寡妻。適妻也。白虎通嫁娶篇云。天子諸侯一娶九女。一爲適妻。餘爲八妾。○注御享至之福。○正義曰。享之義爲獻。御之義爲進。進獻同。詩六月飲御諸友。傳云。御。進也。謂飲享諸友也。獨斷云。所至曰幸。所進曰御。又云。御者。進也。凡衣服加於食。飲食入於口。妃妾接於寢。皆曰御。天下國家之福。皆進於天子。故御享天下國家之福也。○注但舉至人耳。○正義曰。阮氏元校勘記云。監毛本。心作以。形近而譌。

故推恩足以保四海。不推恩無以保妻子。古之人所以大過人者無他焉。善推其所爲而已矣。注大過人者。大有爲之君也。善推其心所好惡。以安四海也。今恩足以及禽獸。而功不至於百姓者。獨何與。注復申此言。非王不能。不爲之耳。權。然後知輕重。度。然後知長短。物皆然。心爲甚。王請度之。注權。銓衡也。可以稱輕重。度。丈尺也。可以量長短。凡物皆當稱度乃可知。心當行之乃爲仁。心比於物。尤當爲之甚者也。欲使王度心如度物也。疏注權銓至長短。○正義曰。漢書律秝志云。衡。平也。權。重也。衡所以任權而均物。平輕重也。廣雅釋器云。錘謂之權。又云。稱謂之銓。呂氏春秋仲秋紀平權衡。高誘注云。權。秤衡也。說文金部云。銓。衡也。韋昭注國語云。銓。稱也。是銓衡即稱衡。權爲錘。衡之輕重。視乎錘之進退。而所以銓衡輕重。全視乎錘。故孟子舉權。趙氏以銓衡明之。漢書律秝志云。度者。分寸尺丈引也。所以度長短也。舉丈尺以攝其餘。尚書堯典同律度量衡。鄭氏注亦云。度。丈尺也。阮氏元校勘記云。閩監毛三本量作度。按音義云。度之。待各切。注稱度。度心度物皆同。不云度長短。是音義本亦當作量。改爲度者。閩本之誤。監毛二本因而不革也。○注凡物至物也。○正義曰。趙氏之意。謂凡物皆有輕重長短。必宜以權度度之。故云物者然。以行字解爲字。讀心爲一頓。心之所爲。即心之所行。故云心當行之。又云尤當爲之甚者也。蓋以心爲之爲。卽上節推其所爲之爲。節推其所爲之爲。旣解作心所好惡。則此云度心。卽度心之所好惡、如度物之輕重長短也。乃近人通解以心字一頓。爲甚二字連讀。按物有輕重長短。以權度度之。卽以心度之。物之輕重長短。不度猶可。心之輕重長短不度。則不知推恩以保四海。故爲甚也。心愛禽獸。心之輕短者也。心愛百姓。心之重長者也。不以心度心。則不知愛禽獸之心。輕於愛百姓之心也。

抑王興甲兵。危士臣。構怨於諸侯。然後快於心與。

注抑。辭也。孟子問王抑亦如是乃快邪。疏注抑辭也。○正義曰。禮記中庸抑而強與注。宣公十一年左傳。抑人亦有言注。皆以抑爲辭詩。十月之交。抑此皇父。箋云。抑之言噫。釋文引韓詩云。抑。意也。國語。敢問天道抑人故也。賈子新書禮容語下作意人。是抑卽意。意其如此。辭之未定者也。故昭公八年左傳。抑臣又聞之。注云。抑。疑辭。論語抑亦先覺者。是賢乎。王氏引之經義述聞云。繫辭傳。噫亦要存亡吉凶。則居可知矣。噫亦卽抑亦也。大戴禮武王踐阼篇云。黃帝顓頊之道存乎。意亦忽不可得見與。荀子脩身篇云。將以窮無窮逐無極與。意亦有所止之與。秦策云。誠病乎。意亦思乎。史記吳王濞傳。願因時循理棄軀以除患害於天下。億亦可乎。漢書億作意。字並與抑亦同。趙以抑亦猶抑。故云抑亦如是。

王曰。否。吾何快於是。將以求吾所大欲也。注王言不然。我不快是也。將欲以求我心所大欲者耳。曰。王之所大欲可得聞與。注孟子雖心知王意而故問者。欲令王自道。遂緣以陳之。王笑而不言。注王意大而不敢正言。曰。爲肥甘不足於口與。輕煖不足於體與。抑爲采色不足視於目與。聲音不足聽於耳與。便嬖不足使令於前與。王之諸臣。皆足以供之。而王豈爲是哉。注孟子復問此五者。欲以致王所欲也。故發異端以問之也。疏注孟子至之也。○正義曰。漢書公孫宏傳云。致利除害。注云。致。謂引而至也。王笑而不肯言。孟子以言引之。故云欲以致王所欲也。異端者。論語云。攻乎異端。何晏注云。異端不同歸也。又以小道爲異端。皇侃義疏。以異端爲諸子百家之書。謂其與聖經大道異也。漢賢良策問云。良玉不瑑。又云。非文無以輔德。二端異焉。韓詩外傳云。序異端使不相悖。異端之云。第謂說之不同耳。故諸葛長民貽劉敬宣書云。異端將盡。世路方夷。則凡異已者。通稱爲異端。禮記大學篇云。斷斷兮無他技。注云。他技。異端之技也。異卽他也。此與彼異。是爲他端。後漢書尚書令韓歆上疏。欲立費氏易左氏春秋。范升以爲異端。杜預春秋序云。簡二傳而去異端。范升習二傳。故以左氏爲異端。杜預注左氏。故以二傳爲異端。袁紹客多豪俊。並有才說。見鄭康成儒者。未以通人許之。競設異端。百家互起。故儒者必拘守舊說。故競逐異前儒之說以難之也。康成依方辨對。咸出問表。則韓詩外傳所謂序異端安。王之大欲。本在辟土地。朝秦楚。涖中國而撫四夷。而故舉肥甘輕煖采色聲音便嬖五者。此五者非王之所大欲。則爲所大欲外之他端。故云發異端以問之也。

曰。否。吾不爲是也。【注】王言我不爲是也。曰。然則王之所大欲可知已。欲辟土地。朝秦楚。莅中國而撫四夷也。【注】莅。臨也。言王意欲庶幾王者。莅臨中國而安四夷者也。【疏】注莅臨至者也。○正義曰。莅即涖。涖之爲臨。經典傳注。不勝舉數。爾雅釋詁云。臨。涖視也。說文手部云。撫。安也。周禮大行人云。王之所以撫邦國諸侯者。淮南子原道訓云。以撫四方。鄭康成高誘皆以撫訓安。閩監毛三本作臨莅中國。

以若所爲。求若所欲。猶緣木而求魚也。【注】若。順也。順嚮者所爲。謂搆兵諸侯之事。求順今之所欲莅中國之願。其不可得。如緣喬木而求生魚也。【疏】注若順至魚也。○正義曰。若順。爾雅釋言文。按若宜同若無罪而就死地之若。若。如此也。謂以如此所爲。求如此所欲。解爲順於辭不達。管子形勢解云。緣高出險。猨猱之所長。而人之所短也。此云緣木。故知其爲喬木。緣木求魚。或小木或枯魚。猶或有之。若喬木生魚。則必無可求之理。故趙氏申明之。

王曰。若是其甚與。【注】王謂比之緣木求魚爲大甚。曰。殆有甚焉。緣木求魚。雖不得魚。無後災。以若所爲。求若所欲。盡心力而爲之。後必有災。【注】孟子言盡心戰鬬。必有殘民破國之災。故曰。殆有甚於緣木求魚者也。【疏】殆有甚焉。○正義曰。王氏引之經傳釋詞云。有猶又也。言殆又甚焉。

曰。可得聞與。【注】王欲知其害也。【疏】注王欲知其害也。○正義曰。易復上六有災眚。釋文引子夏傳云。傷害曰災。隱公五年公羊傳云。記災也。注云。災者有害於人物。隨事而至者。是災即害也。

曰。鄒人與楚人戰。則王以爲孰勝。【注】言鄒小楚大也。曰。楚人勝。【注】王曰楚人勝也。曰。然則小固不可以敵大。寡固不可以敵衆。弱固不可以敵強。海內之地。方千里者九。齊集有其一。以一服八。何以異於鄒敵楚哉。【注】固。辭也。言小弱固不如強大。集會齊地。可方千里。譬一州耳。今欲以一州服八州。猶鄒欲敵楚。【疏】海內至者九。○正義曰。王制云。凡四海之內九州。州方千里。注云。大界方三千里。三三而九。方千里者九也。其一爲縣內。餘八各立一州。此殷制也。周公制禮。九州大界。方七千里。七七四十九。方千里者四十有九也。其一爲畿內。餘四十八。八州各方千里者六。又云。夏末既衰。夷狄內侵。諸侯相并。土地減。國數少。殷湯承之。更制中方三千里之界。亦分爲九州。周公復唐虞之舊域。尚書皐陶謨云。弼成五服。至于五千。釋文引鄭氏注云。五服已五千。又弼成爲萬里。王制疏亦引此。鄭注云。輔五服而成之。至于面方各五千里。四面相距爲方萬里。堯初制五服。服各五百里。要服之內。方四千里曰九州。其外荒服曰四海。此禹所受地記書曰昆侖山東南地方五千里。名曰神州者。禹弼五服之殘數。亦每服者合五百里。故有萬里之界。萬國之封焉。猶用要服之內爲九州。州更方七千里。七七四十九。得方千里者四十九。其一以爲圻內。餘四十八。八州分而各有六。然則唐虞與殷海內之地。方三千里。夏周海內之地。方七千里。孟子所說唐虞及殷之制也。古者內有九州。外有四海。爾雅釋地云。九夷八狄七戎六蠻。謂之四海。此海內。即指四海之內。謂要服之內也。○注固辭至強大。○正義曰。高誘注國策及呂氏春秋。皆訓固爲必。固然者。必然之辭。固不如強大。即必不如強大。禮記投壺注云。固之言如故也。如故即不可還移之辭也。○注集會至州耳。○正義曰。集會。爾雅釋言文。凡方千里則爲積一百萬里。國策蘇秦爲趙合從。說齊宣王曰。齊南有泰山。東有瑯邪。西有淸河。北有勃海。此所謂四塞之國也。齊地方二千里。蘇秦侈言齊之強大。孟子言齊地小弱。故一言方二千里。一言方千里。大抵俱約略之辭。太山至勃海。南北不足千里。自淸河至瑯邪。東西不止千里。絕長補短。計其積數約方千里。故云集會也。

蓋亦反其本矣。【注】王欲服之之道。蓋當反王道之本。【疏】注蓋當至之本。○正義曰。蓋與盍古通。周氏廣業孟子逸文考云。增修禮部韻略盍韻蓋字。引孟爲證。韻會合韻。盍或作蓋。亦引孟。按史記孔子世家。夫子蓋少貶焉。檀弓。子蓋愼諸。並以盍爲蓋。此從閩監毛孔諸本作蓋。韓本足利本作盍。蓋與盍同也。趙氏以當明蓋。爾雅釋詁云。盍。合也。史記司馬相如傳。索隱引文穎云。蓋。合也。趙氏讀蓋爲合。故以當釋蓋。蓋當。猶合當也。下文則盍反其本矣。與此義同。故趙氏不複注。或謂此文蓋字。乃盍字之誤。或謂下文蓋字該改盍字。說者又謂蓋是疑辭。盍是決辭。皆非是。王氏引之經傳釋詞云。凡言盍亦者。以亦爲語助。左傳僖二十四年。盍亦求之。盍求之也。昭元年。子盍亦遠績禹功而大庇民乎。盍遠績禹功而大庇民也。吳語王其盍亦鑑於人。盍鑑於人也。孟子盍亦反其本矣。

今王發政施仁。使天下仕者皆欲立於王之朝。耕者皆欲耕於王之野。商賈皆欲藏於王之市。行旅皆欲出於王之塗。天下之欲疾其君者。皆欲赴愬於王。其若是。孰能禦之。【注】反本道行仁政若此。則天下歸之。誰能止之者。

王曰。吾惛。不能進於是矣。願夫子輔吾志。明以教我。我雖不敏。請嘗試之。

注王言我情思惛亂，不能進行此仁政，不知所當施行也。欲使孟子明言其道以教訓之。我雖不敏，願嘗使少行之也。疏注王言至惛亂。○正義曰：說文心部云：「惛，不憭也。」國策「皆惛于教」，高誘注云：「惛，不明也。」不明猶不憭。廣雅釋訓云：「惛惛，亂也。」詩民勞「以謹惛怓」，毛傳云：「惛怓，大亂也。」惛與昏同。呂氏春秋貴直篇云：「先生之老與昏與？」高誘注云：「昏，亂也。」楚辭涉江篇「固將重昏而終身」，王逸注云：「昏，亂也。」國語「僮昏不可使謀」，韋昭注云：「昏，闇亂也。」故趙氏以亂解惛。○注不能至之也。○正義曰：周禮大司馬「徒銜枚而進」，注云：「進，行也。」考工記「輪人進而行之」，注云：「進，猶行也。」故趙氏以進爲行。廣雅釋詁云：「試，嘗也。」檀弓注云：「嘗，試也。」嘗試二字義同。文選思元賦「非余心之所嘗」，舊注云：「嘗，行也。」則嘗試亦訓爲行。桓公八年公羊傳注云：「嘗者，先辭也。秋穀成者非一，黍先熟可得薦，故曰嘗。」一切經音義引廣雅云：「嘗，暫也。」嘗試之義，謂未即全行，先暫行之。如飲食未大歠，先以口嘗之。故說文旨部云：「嘗，口味之也。」趙氏云「嘗使少行之」，少行即暫行，解試字，謂先使暫行之也。曰：無恆產而有恆心者，惟士爲能。若民則無恆產，因無恆心。注孟子爲王陳其法也。恆，常也。產，生也。恆產則民常可以生之業也。恆心，人所常有善心也。惟有學士之心者，雖窮不失道，不求苟得耳。凡民迫於飢寒，則不能守其常善之心。疏注恆常至業也。○正義曰：「恆，常」，爾雅釋詁文。服虔注左傳、韋昭注國語，皆以生訓產。詩谷風「既生既育」，箋云：「生，謂財業也。」漢書嚴助傳云「民生未復」，注云：「生謂生業。」大宗伯「天產謂六牲之畜，地產謂土地之性」。呂氏春秋上農篇高誘注云：「地產，嘉穀也。」然則恆產者，田里樹畜，民則恃以長養其生者也。苟無恆心，放辟邪侈，無不爲已。及陷於罪，然後從而刑之，是罔民也。注民誠無恆心，放溢辟邪，侈於姦利，犯罪觸刑，無所不爲，乃就刑之，是由張羅罔以罔民者也。疏注放溢至姦利。○正義曰：漢書五行志引京房易傳云：「君樂逸人茲謂放。」韋賢傳集注引臣瓚云：「逸，放也。」說文兔部云：「逸，失也。」逸、泆、失、溢音同義通。故趙氏以溢釋放，謂縱泆放蕩也。淮南子精神訓「而不僻矣」，高誘注云：「僻，邪也。」漢書鼂錯傳云：「使主內無邪僻之行。」董仲舒傳云：「邪僻之說息。」杜欽傳云：「反因時信其邪僻。」谷永傳云：「蕩滌邪僻之惡志。」佞倖石顯傳云：「知顯專權邪辟。」辟即僻。文選登徒子好色賦注云：「邪，僻也。」邪辟二字可互注，趙以邪釋辟，即以辟釋邪，明辟邪二字義同。音義云：「侈，丁作移。」阮氏元校勘記云：「考工記鳧氏『侈弇之所由興』，注云：『故書侈作移。』又儀禮少牢篇『侈袂』，又禮記『衣服以移之』，是移爲侈之假借。」按禮記表記注云：「移讀如水氾移之移。移猶廣大也。」水氾移，猶云水氾溢。儀禮少牢饋食注云：「侈者，蓋半士妻之袂以益之。」以益訓侈，益猶溢也。趙氏以溢釋放，則放義同侈，故侈不訓其義，而云侈於姦利。姦利二字。統承放辟邪侈而言。罔與網同。說文网部云：网，庖犧所結繩以漁。罔，或從亡。網，或從系。罔即罔羅之罔也。音義云：罔民，張如字，丁作司民。不同。阮氏元校勘記：丁本作司。讀爲伺。司伺古通用。依趙注則是罔字。丁作司者，非趙本也。焉有仁人在位，罔民而可爲也。【注】安有仁人爲君，罔陷其民，是政何可爲也。是故明君制民之產，必使仰足以事父母，俯足以畜妻子，樂歲終身飽，凶年免於死亡，然後驅而之善，故民之從之也輕。【注】言衣食足，知榮辱，故民從之教化輕易也。【疏】注言衣至榮辱。○正義曰：管子牧民篇云：倉廩實知禮節，衣食足知榮辱。說苑說叢亦引此。○注故民至易也。○正義曰：漢書賈誼傳集注引蘇林云：輕，易也。高誘注呂氏春秋知接篇，亦云：輕，易也。故趙氏以易釋輕。今也制民之產，仰不足以事父母，俯不足以畜妻子，樂歲終身苦，凶年不免於死亡。此惟救死而恐不贍，奚暇治禮義哉。【注】言今民困窮，救死恐凍餓而不給，何暇修禮行義也。【疏】今也至身苦。○正義曰：趙氏佑溫故錄云：或問明君制民之產，如下五畝之宅云云是也。迨古法既壞，但有奪民之產，未有能制民之產者也。孟子何以於今無異辭。蓋凡古法變易之初，未嘗不託於權時制宜之說。是故齊作內政，晉作轅田，魯作丘甲用田賦，鄭作丘賦，固皆以爲制民之產也。李悝之盡地力，商鞅之開阡陌，莫不以爲制民之產也。而適使民仰不足以事，俯不足以畜，爲其本不從民起見也。夫彼即不爲民，亦何樂使至此。而不知其必使至此也，爲夫制之非其制也。後世井法既蕩無可復。限民名田之議，亦有不能行。民生宅田，一切皆民自營之。上之人聽其自勤自惰，自貧自富，自買自賣於其閒，而惟征科之是計。安問所謂制民之產。民亦無取乎上之制。何也。立一法反增一擾也。宋之營田制置諸使，其已事也。然則爲長民者，又將以何爲知本乎。○注今民至義也。○正義曰：仰不足事，俯不足畜，樂歲苦，凶年死亡，所謂困窮也。漢書食貨志東方朔傳趙充國傳集注皆云：贍，給也。說文糸部云：給，相足也。凶年死於凍餓，有衣食則不凍餓，可救其死。故救死者，恐凍餓也。恐凍餓而不足，尙不能免於凍餓也。治，猶理也。脩之行之，即是治禮義也。王欲行之，則盍反其本矣。五畝之宅，樹之以桑，五十者可以衣帛矣。雞豚狗彘之畜，無失其時，七十者可以食肉矣。百畝之田，勿奪其時，八口之家可以無飢矣。謹庠序之教，申之以孝悌之義，頒白者不負戴於道路矣。老者衣帛食肉。黎民不飢不寒。然而不王者。未之有也。注其說與上同。八口之家。次上農夫也。孟子所以重言此也。乃王政之本。常生之道。故爲齊梁之君。各具陳之。當章究義。不嫌其重也。疏注其說至重也。○正義曰。此節與第三章末節同。但彼言數口。此言八口。彼言七十者。此言老者。故趙氏以次上農夫解之。雖隨意立文。然以老者與七十者互明。謂不獨七十。凡六十及八十以上例此也。以八口與數口互明。謂不獨八口。凡九人及七人以下例此也。王政卽仁政。常生卽恒產。上兩言反其本。至此辭言之。故云王政之本。常生之道也。列子天瑞篇云。常生常化者。無時不生。無時不化。義各異而大指則同。章指言。典籍攸載。帝王道純。桓文之事。譎正相紛。撥亂反正。聖意弗珍。故曰後世無傳未聞。仁不施人。猶不成德。釁鐘易牲。民不被澤。王請嘗試。欲踐其跡。答以反本。惟是爲要。此蓋孟子不屈道之言也。疏典籍至未聞。○正義曰。此言首兩節之指也。典籍。謂易尚書詩禮春秋也。淮南子原道訓云。純德獨存。高誘注云。純。不雜糅也。文選西京賦薛綜注云。紛。雜也。純與紛相反。帝王之道。專一於正。故純。桓文之事。譎正相雜。故紛。紛亦亂也。哀公十四年公羊傳云。君子曷爲爲春秋。撥亂世反諸正。莫近諸春秋。何休注云。撥。猶治也。聖人治桓文之紛亂。反乎堯舜之正道。爾雅釋詁云。珍。美也。廣雅釋詁云。珍。重也。謂孔子之意。不重桓文之事也。○仁不至言也。○正義曰。此言德何如以下至末之指也。仁但施於禽獸。不施於人。猶不可成其爲德。易牲。考文古本作易牲。誤也。易牲則澤及於牛。未至於民也。澤。卽恩也。被。猶及也。周氏廣業作歆澤云。按王者德澤如膏雨。故曰歆。舊唐書音樂志云。百蠻歆澤。萬國來王。本此。跡與迹同。楚辭天問王逸注云。迹。道也。踐其迹。猶言履其道也。考文古本跡作路。史記孟子列傳云。天下方務合從連橫。以攻伐爲賢。而孟軻乃述唐虞之德。是以所如者不合。又云。孟軻困於齊梁。故趙氏以崇王黜霸爲不屈道之言。

卷二一 梁惠王章句下 凡十六章。

莊暴見孟子曰。暴見於王。王語暴以好樂。暴未有以對也。曰。好樂何如。注莊暴。齊臣也。不能決知之。故無以對而問曰。王好樂何如。疏注莊暴齊臣也。○正義曰。此章承上章。上章爲齊宣王。此章之王。亦宣王也。王爲齊王。知莊暴爲齊臣矣。下注以世俗之樂爲鄭聲。則趙氏以好樂爲好音樂也。孟子曰。王之好樂甚。則齊國其庶幾乎。注王誠能大好古之樂。齊國其庶幾治乎。【疏】注王誠至治乎。○正義曰。趙氏以甚訓大。故以誠能大好解好樂甚。云古之樂者。探下文言之。他日。見於王曰。王嘗語莊子以好樂。有諸。【注】孟子問王有是語不。【疏】王嘗至有諸。○正義曰。閻氏若璩釋地又續云。莊暴。齊臣。若前臣名。禮也。莊子對孟子猶三稱名。而孟子於王前不一斥其名。曰莊子。此爲記者之誤。○注有是語不。○正義曰。阮氏元校勘記云。考文古本不作否。按古可否字祇作不。王變乎色。曰。寡人非能好先王之樂也。直好世俗之樂耳。【注】變乎色。愠恚莊子道其好樂也。王言我不能好先王之樂也。直好世俗之樂。謂鄭聲也。曰。王之好樂甚。則齊其庶幾乎。今之樂。由古之樂也。【注】甚。大也。謂大要與民同樂。古今何異也。【疏】由古之樂也。○正義曰。由與猶通用。阮氏元校勘記云。石經宋本岳本咸淳衢州本孔本考文古本由作猶。○注甚大至異也。○正義曰。後漢書樊準傳注云。大。猶甚也。大甚之大讀若泰。與廣大之大古通。素問標本病傳論云。謹察間甚。以意調之。注云。甚。謂多也。禮記郊特牲云。大報天而主日也。注云。大。猶徧也。徧與多義亦相近。然則王之好樂甚。即謂王之好樂徧。徧則充滿廣衆。合人已君民而共之矣。漢書陳咸傳注云。大要。大歸也。無論古樂今樂。俱要歸於與民同樂。故云大要。趙氏以大訓甚。不屬於前齊國其庶幾之下。而屬於此下。大要二字。承而言之。似以前之好樂甚謂大好古樂。此之好樂甚謂大要與民同樂。甚之爲大同。而前後義異。前渾言好樂。則自宜古不宜今。王既自明爲世俗之樂。則孟子順其意而要歸於與民同樂。乃探經文前後兩稱好樂甚。皆謂好樂能徧及於民。不宜殊異。趙氏大要之大。不必即訓甚爲大之大。大要二字。自解今樂猶古樂之義。惟甚大之訓誤係於此。轉令學者惑耳。曰。可得聞與。【注】王問古今同樂之意寧可得聞邪。曰。獨樂樂。與人樂樂。孰樂。【注】孟子復問王獨自作樂樂邪。與人共聽樂樂也。曰。不若與人。【注】王曰。獨聽樂不如與衆共聽之樂也。曰。與少樂樂。與衆樂樂。孰樂。【注】孟子復問王與少人共聽樂樂邪。與衆人共聽樂樂也。曰。不若與衆。【注】王言不若與衆人共聽樂樂也。臣請爲王言樂。【注】孟子欲爲王陳獨樂與衆人樂之狀。【疏】曰獨至言樂。○正義曰。音義云。獨樂樂。丁上音岳。下音洛。下文及注樂樂皆同。孰樂音洛。此章內孰樂樂邪樂也同樂樂其字皆同。餘並音岳。趙氏解獨樂樂與人樂樂與少樂樂與衆樂樂。凡上樂字爲作樂聽樂。則上音岳。下音洛是也。閻氏若璩釋地又續云。宋陳善捫蝨新語云。莊暴一章。皆言悦樂之樂。而世讀爲禮樂之樂。誤矣。惟鼓樂當爲禮樂。其他獨樂樂與衆樂樂。

亦悅樂之樂也。不然。方言禮樂。又及田獵。無乃非類乎。眞這人之言也。蓋孟子告齊宣以先王無流連之樂。荒亡之行。一旦語及其心病。故不覺變色答以云云。若果爲好禮樂。莊暴庸臣。縱不能對其所以。亦何至向孟子而猶咨詢何如乎。正緣好歡樂與好貨好色一例事耳。今樂古樂之異。子夏對魏文侯辯之甚悉。卽齊音敖辟喬志。與韶樂之在齊者。可比而同邪。不可比而同。豈孟子之言。先順其君以非道。而後轉之於當道邪。應不至此。必讀爲悅樂字。文義方協。郝氏孟子解亦云樂樂。猶言樂其樂。上樂謂好。下樂謂所樂之事也。至所樂之事。下文鼓樂其一也。田獵又其一也。故曰臣請爲王言樂。釋地三續云。或謂子解今之樂由古之樂爲歡樂之樂。但古之樂三字別未見。愚曰。左傳昭公二十年晏子曰。古而無死。則古之樂非與。翟氏灝孟子考異云。儀禮鄉射禮請以樂樂賓。釋文音義云。下樂音洛。又皆如字。舊注讀上樂如字。儀禮堪爲證。後漢書臧宮傳引黃石公記云。有德之君。以所樂樂人。無德之君。以所樂樂身。晏子春秋雜上篇樂者上下同之。故天子與天下。諸侯與境內。自大夫以下。各與其僚。無有獨樂。今上樂其樂。下傷其費。是獨樂也。說苑載晏子語同。陳氏欲讀諸樂字盡爲悅樂。觀晏子春秋與後漢書。亦不爲無因。舊注所倚。旣屬有經傳大典。其他子史中依稀之說。終恐難爲據。

今王鼓樂於此。百姓聞王鐘鼓之聲。管籥之音。舉疾首蹙頞而相告曰。吾王之好鼓樂。夫何使我至於此極也。父子不相見。兄弟妻子離散。

【注】鼓樂者。樂以鼓爲節也。管。笙。籥。簫。或曰。籥若笛短而有三孔。詩云。左手執籥。以節衆也。疾首。頭痛也。蹙頞。愁貌。言王擊鼓作樂。發賦徭役。皆出於民。而德不加之。故使百姓愁。

【疏】舉疾首蹙頞。○正義曰。音義云。丁云。舉。猶皆也。屬下句。舉俱音近。假借與俱同。故猶皆。左傳注。漢書集注。荀子注。莊子注。史記索隱。多如此訓。丁氏特標屬下。然則當時固有屬上者。○注鼓樂至節也。○正義曰。周禮地官鼓人。掌教六鼓四金之音聲。以節聲樂。是樂也鼓爲節也。禮記學記云。鼓無當於五聲。五聲弗得弗和。荀子樂論云。鼓其樂之君邪。周禮大司樂以下皆屬春官。惟鼓人屬地官。標異于衆樂之外。故衆樂統謂之樂。而鼓專謂之鼓。與樂相配。辭爲鼓樂。趙氏以擊鼓解鼓字。以作樂解樂字。○注管笙至衆也。○正義曰。爾雅釋樂云。大管謂之簥。其中謂之篞。小者謂之篎。大籥謂之產。其中謂之仲。小者謂之箹。又大笙謂之巢。小者謂之和。大簫謂之言。小者謂之筊。笙與管別。簫與籥別。趙氏以笙釋管。以簫釋籥者。說文竹部云。竽管三十六簧也。笙十三簧。廣雅釋樂云。笙以匏爲之。十三管。宮管在左方。竽象笙三十六管。宮管在中央。段氏玉裁說文解字注云。竽管三十六簧也。管下當有樂字。凡竹爲者皆曰管。笙十三簧。蒙上管樂而言。然則竽笙說文並以管字冠之。管之三十六簧者爲竽。管之十三簧者爲笙。是笙爲管也。說文竹部云。籟。三孔龠也。大者謂之笙。其中謂之籟。小者謂之箹。又云。箹。小籟也。廣雅釋樂云。籟謂之簫。大者二十四管。小者十六管。有底。淮南子齊俗訓云。

若風之過簫。高誘注云。簫、籟也。籥之中者名簫。與簫名籟同。故趙氏以簫釋籥也。又引或說者。周禮笙師注云。籥如篴三孔。說文竹部云。別爲書僮竹笘。龠部。龠樂之竹管三孔。所以和衆聲也。籥龠古通用。三孔卽三空。和衆聲卽節衆。笛卽篴也。引詩左手執籥。邶風簡兮篇文。毛傳云。籥七孔。箋云。碩人多材多藝。又能籥舞。周禮籥師掌教國子舞羽龡籥。注云。文舞有持羽吹籥者。所謂籥舞也。文王世子曰。秋冬學羽籥。詩曰。左手執籥。右手秉翟。趙氏以籥舞之籥。卽此節衆音之籥。故引詩耳。唯毛以爲六孔。與鄭氏趙氏俱異。按說文以籟爲三孔龠。管爲如篪六孔。笛爲七孔筩。廣雅釋樂云。龠謂之笛。有七孔。管象篪。長尺圍寸。六孔無底。篪長尺四寸。八孔。一孔上出寸三分。然則篪八孔最長。笛七孔次之。管六孔又次之。龠三孔最小。四物同類。以長短異名。毛傳以籥爲六孔。蓋以管爲龠也。廣雅以籥有七孔。蓋以笛爲籥也。杜子春注笙師讀篴爲蕩滌之滌。今時所吹五空竹篴。則篴有五孔爲漢時所有也。史記索隱以篪爲今之橫笛。七孔。一孔上出。則以笛爲篪矣。鄭司農以管如篪六孔。康成則謂管如篴而小。併兩而吹之。今大子樂官有焉。此據當時所見。與司農異。蓋別一管也。要之管之名有二。其一爲笙竽篪篴等器之統名。此趙氏以笙釋管者也。其一爲六孔之名。與籥同類而小別者也。籥爲如篴三孔之器。篴七孔。籥故短於篴。其名籟與簫同。故趙氏直以籥爲簫。而簫編管參差象鳳翼。與三孔之籟實別。故趙氏以若笛短而有三孔者。爲或說與簫別也。○注疾首至愁貌。○正義曰。詩衞風云。願言思伯。甘心首疾。因憂思而頭爲之病。說文疒部云。疾。病也。痛。病也。疾痛義同。周禮天官疾醫。春時有痟首疾。注云。痟。酸削也。首疾。頭痛也。陽氣爲憂愁所鬱。猶春木爲金沴也。說文頁部云。頞鼻莖也。或從鼻曷。廣雅釋親云。頞。䪼也。王氏念孫疏證云。頞爲鼻頭之䪼。䪼通作準。漢高帝紀。隆準而龍顏。服虔曰。準音拙。李斐曰。準鼻也。文穎曰。音準的之準。李說文音是也。段氏玉裁說文解字注云。鼻謂之準。鼻直莖謂之頞。史記唐舉相蔡澤曰。先生曷鼻巨肩。魋顏蹙齃。旣言鼻又言頞者。曷同遏。遏鼻言其內不遏而斷。蹙齃則言在外鼻莖也。鼻有中斷者。蔡澤諸葛恪之相是也。有憂愁而蹙縮者。孟子言蹙頞是也。有病而辛頞者。此言其內酸辛。素問所言是也。

今王田獵於此。百姓聞王車馬之音。見羽旄之美。舉疾首蹙頞而相告曰。吾王之好田獵。夫何使我至於此極也。父子不相見。兄弟妻子離散。此無他。不與民同樂也。【注】田獵無節。以非時取牲也。羽旄之美。但飾羽旄使之美好也。發民驅獸。供給役使。不得休息。故民窮極而離散犇走也。【疏】注田獵至牲也。○正義曰。周禮夏官大司馬。中春教振旅。遂以蒐田。中夏教茇舍。遂以苗田。中秋教治兵。遂以獮田。中冬教大閱。遂以狩田。隱公五年左傳。臧僖伯曰。春蒐夏苗秋獮冬狩。皆於農隙以講事也。是田獵有時也。桓公四年穀梁傳云。春日田。夏日苗。秋日蒐。冬日狩。四時也。四用三焉。何休注。公羊謂夏但去害苗。不田獵。禮記月令。季春田獵罝罘羅網畢翳餧獸之藥。毋出九門。孟夏之月。驅獸毋害五穀。毋大田獵。王制云。獺祭魚。然後虞人入澤梁。豺祭獸。然後田獵。鳩化爲鷹。然後設罻羅。則田獵有節。不可以非時取也。詩齊風序云。還。刺荒也。哀公好田獵。從禽獸而無厭。盧令。刺荒也。襄公好田獵畢弋。而不修民事。百姓苦之。此謂田獵無節者也。天官太宰以八則治都鄙。八曰田役以馭其衆。地官大司徒。大田役以旗致萬民。而治其徒庶之政令。鄉師。凡四時之田。出田法於州里。簡其鼓鐸旗物兵器。修其卒伍。其州長黨正族師縣師遂人遂師縣正稍人等。皆掌作民起衆。是田獵必發民驅獸。供給役使也。○注羽旄至好也。○正義曰。禹貢荆州厥貢羽毛。史紀夏本紀作羽旄。旄毛二字通也。僖公二十三年左傳。重耳對楚子曰。羽毛齒革。則君地生焉。楚語王孫圉亦云。楚之所寶。齒角皮革羽毛。所以備賦用。襄公十四年左傳云。范宣子假羽毛於齊。注云。析羽爲旌。王者遊車之所建。齊私有之。因謂之羽毛。定公四年左傳云。晉人假羽旄於鄭。注亦云。析羽爲旌。王者游車之所建。鄭私有之。因謂之羽旄。爾雅釋天云。注旄首曰旌。錯革鳥曰旟。詩疏引孫炎云。析五采羽。注旄上也。其下亦有旒縿。又引李巡云。旄牛尾。注干首。鄭氏注明堂位云。縿爲注旄牛尾於杠首。所謂大麾。周禮大麾以田也。曲禮云。前有水。則載青旌。前有塵埃。則載鳴鳶。前有車騎。則載飛鴻。前有士師。則載虎皮。前有摯獸。則載貔貅。注云。載。謂舉於旌首以警衆也。鴻鳶則載其羽。虎貔則載其皮。是皆飾羽毛使之美好也。晉既假於齊。又假於鄭。必齊鄭所飾精美異常。惟晉人所欲見矣。

今王鼓樂於此。百姓聞王鐘鼓之聲。管籥之音。舉欣欣然有喜色而相告曰。吾王庶幾無疾病與。何以能鼓樂也。注百姓欲令王康強而鼓樂也。今無賦斂於民。而有惠益。故欣欣然而喜也。今王田獵於此。百姓聞王車馬之音。見羽旄之美。舉欣欣然有喜色而相告曰。吾王庶幾無疾病與。何以能田獵也。此無他。與民同樂也。注王以農隙而田。不妨民。時有慼民之心。因田獵而加撫恤之。是以民悅也。疏注有慼民之心。○正義曰。閩監毛三本慼作惻。說文心部云。慼。痛也。昭公元年左傳云。吾代二子慼矣。服虔注云。慼。憂也。廣雅釋詁。一訓憂。一訓愛。惟其愛故憂之。義亦相備。僖公二十年穀梁傳云。是爲閔宮也。漢書五行志作慼宮。毛詩序。禮記儒行釋文。並云閔本作慼。是慼或通閔。惟淮南子主術訓云。年衰志憫。高誘注云。憫。憂也。慼之作憫。非其義也。

今王與百姓同樂。則王矣。注孟子言王何故不大好樂。效古賢君與民同樂。則可以王天下也。何惡莊子之言王好樂也。章指言。人君田獵以時。鐘鼓有節。發政行仁。民樂其事。則王道之階在於此矣。故曰天時不如地利。地利不如人和矣。【疏】故曰至和矣。○正義曰。考文古本矣作也。周氏廣業云。按尉繚子兵議篇。引天時二句作古語。陸機辨亡論引稱古人之言。意孟子自有所本。史記引親之欲其貴。愛之欲其富。亦以爲古人之言。

齊宣王問曰。文王之囿方七十里。有諸。【注】王言聞文王苑囿方七十里。寧有之。【疏】注王言至有之。○正義曰。說文口部云。囿。苑有垣也。一曰。禽獸曰囿。艸部云。苑所以養禽獸也。國語周語云。囿有林池。楚辭愍命篇云。熊羆羣而逸囿。韋昭王逸皆注云。囿。苑也。淮南子本經訓云。侈苑囿之大。高誘注云。有牆曰苑。無牆曰囿。一切經音義。引呂忱字林同。然則說文言苑有垣三字連屬。明囿無垣也。呂氏春秋重己篇。高誘注云。畜禽獸所。大曰苑。小曰囿。周禮天官閽人。王宮每門四人。囿游亦如之。注云。囿。御苑也。游。離宮也。地官囿人掌囿游之獸禁。注既云囿今之苑。又云囿游囿之離宮小苑觀處也。養鳥獸以宴樂觀之。賈氏疏云。孟子。文王之囿七十里。芻蕘者往焉。天子之囿百里。井是田獵之處。又書傳云。鄉之取於囿。是勇力取。是爲蒐狩之常處也。今此云禁。故知非大囿。是小苑觀處也。離宮小於御苑。故小爲囿。此囿方七十里。則卽苑也。蓋散文則通耳。

孟子對曰。於傳有之。【注】於傳文有是言。【疏】注於傳文有是言。○正義曰。劉熙釋名釋典藝云。傳。傳也。以傳示後人也。傳述爲文。故云傳文。毛詩疏引作書傳有之。曰。若是其大乎。【注】王怪其大。曰。民猶以爲小也。【注】言文王之民尚以爲小也。曰。

寡人之囿方四十里。民猶以爲大。何也。【注】王以爲文王在岐豐時雖爲西伯。土地尚狹。而囿已大矣。今我地方千里。而囿小之民以爲寡人囿大。何故也。【疏】注王以至故也。○正義曰。閻氏若璩釋地云。從來說者皆以文王七十里之囿爲疑。三輔黃圖云。靈囿在長安縣西四十二里。王伯厚以文王之囿方七十里注於下。余謂今鄠縣東三十里。正漢地理志所謂文王作酆。有鄠杜竹林。南山檀柘。號稱陸海。爲九州膏腴者。文王當日弛以與民。恣其芻獵以往。但有物以蕃界之。遂名之曰囿云爾。此實作邑于豐時事。非初岐山事也。豐去岐三百餘里。說者不察乎囿之所在。徒執以岐山國僅百里。不知文王由方百里起耳。豈終於是者哉。閻氏據閩監毛三本趙注作岐山之時。故辨囿在豐不在岐也。宋本廖本考文古本孔本韓本並作岐豐時。則趙氏已兼豐言之。詩大雅靈臺篇。王在靈囿。毛傳云。囿所以域養禽獸也。天子百里。諸侯四十里。孔氏正義云。解正禮耳。其文王之囿則七十里。故孟子云文王之囿方七十里。寡人之囿方四十里。是宣王自以爲諸侯而問。故云諸侯四十里。以宣王不舉天子而問及文王之七十里。明天子不止七十里。故宜以爲百里也。毛詩舉百里四十里明靈囿。則文王七十里之囿卽靈囿無疑。閻氏說是也。穀梁成公十八年築鹿囿。疏引毛詩傳作天子百里。諸侯三十里。此三十自是誤文。乃揚雄羽獵賦云。

文王囿百里。民尙以爲小。齊宣王囿四十里。民以爲大。袁宏後漢紀樂松云。宣王之囿五十里。民以爲大。文王百里。民以爲小。後漢書楊震傳。樂松等言齊宣五里。則脫落十字也。然則文王之囿百里。古有此說。故毛氏以爲天子百里。非因孟子言七十里而約言之也。唐陸贄奏罷瓊林庫狀云。周文王之囿百里。時患其尙小。齊宣王之囿四十里。時病其太大。此本揚雄說也。惟樂松言宣王囿五十里。與孟子異。亦與毛傳殊。臧氏琳經義雜記云。穀梁成十八年築鹿囿。疏云。毛詩傳云。囿者。天子百里。諸侯三十里。詩傳蓋據孟子稱文王囿七十里。寡人囿三十里。故約之爲天子百里。諸侯三十里耳。琳案袁宏漢書皆言文王囿百里。宣王囿五十里。楊疏引毛詩傳。諸侯三十里。三卽五字之譌。古本孟子蓋作文王之囿方百里。寡人之囿方五十里。故毛公據之以分天子諸侯之制。按周禮天官閽人疏。引白虎通云。天子百里。大國四十里。次國三十里。小國二十里。成公十八年公羊傳注云。天子囿方百里。公侯十里。伯七里。子男五里。皆取一也。意者公羊傳所指爲離宮。毛詩傳白虎通所指爲御苑與。乃天子則皆云百里。而白虎通自四十里以下析言之。無五十里者。則樂松五十里之說。未足爲三十里之證。公羊傳疏以天子囿方百里。公侯十里。伯七里。子男五里。爲孟子文。司馬法亦云。今孟子固無此文也。趙氏佑溫故錄云。文王必不得有七十里之囿。孟子以爲於傳有之。非正答也。閩本已作以。阮氏元校勘記云。以已古通用。此處自作已爲長。孟子曰。

文王之囿。方七十里。芻蕘者往焉。雉兔者往焉。與民同之。民以爲小。不亦宜乎。注芻蕘者。取芻薪之賤人也。雉兔。獵人取雉兔者。言文王聽民往取禽獸。刈其芻薪。民苦其小。是其宜也。

疏注芻蕘至人也。○正義曰。毛詩板篇。詢于芻蕘。傳云芻蕘。采薪者。說文艸部云。芻。刈草也。象包束草之形。蕘。薪也。薪。蕘也。蓋芻所以飼牛馬。蕘所以供爨火。芻義易明。故以芻薪釋芻蕘。月令。收秩薪柴。注云。大者可析謂之薪。薪施炊爨是也。揚雄羽獵賦云。麋鹿蒭蕘。與百姓共之。蒭芻之俗字。

臣始至於境。問國之大禁。然後敢入。注言王之政嚴刑重也。臣聞郊關之內有囿方四十里。殺其麋鹿者。如殺人之罪。注郊關。齊四境之郊皆有關。

疏注郊關至有關。○正義曰。周禮地官司關注云。關。界上之門。儀禮聘禮。賓及竟。乃謁關人。是關在界上。趙氏謂四境之郊皆有關。似卽指此。閻氏若璩釋地續云。白虎通近郊五十里。遠郊百里。則孟子郊關之郊。自屬遠郊。苟近郊何能容四十里之囿。趙氏注却說得遠闊。一云齊地四境之郊皆有關。齊地方二千里。以二千里之地爲陷阱者四十里。民亦不以病。古天子九門。此爲第八層門。又外此則第九層曰關門。按趙氏以經文云始至於境。又云郊關。故合稱四境之郊。然境與郊不同也。襄公十四年左傳云。遣伯玉從近關出。注云。欲速出竟。此界上之關也。哀公十四年左傳云。豐邱人執子我。殺諸郭關。此郊上之關也。爾雅釋地云。邑外謂之郊。

郊外謂之牧。牧外謂之野。野外謂之林。林外謂之坰。坰說文作冂。云象遠界也。然則四境分界之地爲坰。如王畿千里。每面五百里。則竟上之關。遠在五百里矣。說文邑部云。距國百里爲郊。牧在郊外。鄭氏注尙書君陳序云。天子之國。近郊半遠郊。去國五十里。禮記大傳云。牧之野。武王之大事也。旣事而退。柴於上帝。祈於社設。奠於牧室。注云。牧室。牧野之室也。古者郊關皆有館焉。牧室。而鄭以爲郊關之館。蓋牧亦謂之郊。分言之則近郊爲郊。遠郊爲牧。郊關在此。則去城百里也。國之稱有三。其一。大曰邦。小曰國。如惟王建國。以佐王治邦國是也。其一。郊內曰國。齊語云。參其國而伍其鄙。韋昭注云。國郊以內。鄙郊以外是也。其一。城中曰國。小司徒。稽城中及四郊都鄙之夫家。質人。國中一旬。郊二旬。野三旬是也。合天下言之。則每一封爲一國。就一國言之。則郊以內爲國。外爲野。就郊以內言之。又城內爲國。城外爲郊。此經云臣始至於境。始至界上也。問國之大禁。此國指一國而言。然後敢入。謂入竟也。是時尙未至郊。而聞郊關之內有囿方四十里也。爲阱於國中。此國中。指郊以內。囿在郊關之內。故爲阱於國中也。周廣業孟子逸文考云。後漢紀靈帝作靈泉畢圭苑。司徒楊賜上書曰。六國之際。取獸者有罪。傷槐者被誅。孟軻爲梁惠王極陳其事。傷槐事見晏子春秋。取獸有罪。亦非梁惠王。此誤引也。

則是方四十里。爲阱於國中。民以爲大。不亦宜乎。注設陷阱者。不過丈尺之間耳。今王陷阱。乃方四十里。民苦其大。不亦宜乎。疏注設陷至宜乎。○正義曰。說文𨸏部云。阱。陷也。穽或從穴。世說政事篇注。引孟子此文作穽。穽阱同也。尙書費誓云。擭敜乃穽。鄭氏注云。山林之田。春始穿地爲穽。所以陷墜之。周禮雍氏。春令爲阱擭溝瀆之利于民者。鄭氏注云。阱穿地爲塹。所以禦禽獸。其或超踰則陷焉。世謂之陷阱。阱可敜塞。其度狹小。故云不過丈尺之間也。阮氏元校勘記云。閩監毛三本苦作言。誤。章指言。譏王廣囿專利。嚴刑陷民也。

齊宣王問曰。交鄰國有道乎。注問於鄰國交接之道。孟子對曰。有。注欲爲王陳古聖賢之比。疏注欲爲至之比。○正義曰。阮氏元校勘記云。閩監毛三本比作交。誤。按比如文公元年左傳亦其比也之比。謂比例以況之也。釋名釋言語云。事類相似謂之比。監毛本聖賢作聖王。亦非。下舉勾踐不可爲聖王也。

惟仁者爲能以大事小。是故湯事葛。文王事混夷。注葛伯放而不祀。湯先助之祀。詩云。混夷兌矣。唯其喙矣。謂文王也。是則聖人行仁政。能以大事小者也。疏注詩云至王也。○正義曰。引詩者。大雅緜第八章文。今詩作混夷駾矣。維其喙矣。毛傳云。駾。突也。喙。困也。箋云。混夷見文王之使者將士衆過己國。則惶怖驚走。奔突入此柞棫之中而逃。甚困劇也。是之謂一年伐混夷。又皇矣詩云。串夷在路。箋云串夷卽混夷。西戎國名也。串同患。與混一音之轉。串亦與犬一音之轉。故書大傳說文作畎夷。依鄭箋。此言文王伐昆夷。不可爲以大事小之證。詩正義引帝王世紀云。文王受命四年。周正丙子。混夷伐周。一日三至周之東門。文王閉門修德而不與戰。王肅同其說以申毛義。以爲柞棫生柯葉拔然時。混夷伐周。推此則詩言肆不殄厥慍。亦不隕厥問。謂昆夷伐周奔突。而周爲之困如此。文王雖不絕慍怒。然且使聘問而不廢交鄰之禮。是正文王事昆夷之事。故趙氏引詩以證。若鄭箋則謂文王使將士聘問他國。過昆夷之地。昆夷見之而驚困。與趙氏引詩義殊也。阮氏元校勘記云。音義石經作混夷。閩監毛三本作昆。非也。

惟智者爲能以小事大。故大王事獯鬻。句踐事吳。

注獯鬻。北狄彊者。今匈奴也。大王去邠避獯鬻。越王句踐退於會稽。身自臣事吳王夫差。是則智者用智。是故以小事大而全其國也。

疏注獯鬻至獯鬻。○正義曰。史記周本紀云。古公亶父修后稷公劉之業。薰育戎狄攻之。欲得財物予之。又匈奴列傳云。匈奴。其先祖夏后氏之苗裔曰淳維。唐虞以上。有山戎獫狁葷粥。居於北蠻。隨畜牧而轉移。夏道衰而公劉失其稷官。變於西戎。邑於豳。其後三百有餘歲。戎狄攻太王亶父。亶父亡走岐下。集解引晉灼云。堯時曰葷粥。周曰獫狁。秦曰匈奴。漢書作葷粥。葷薰與獯通。粥育與鬻通也。毛詩采薇序云。文王之時。西有昆夷之患。北有獫狁之難。是時周已拓大。命以天子命命將帥遣戍役以守衛之。則在太王時彊大可知。詩稱獫狁。孟子稱獯鬻者。舉古名也。音義作大王。閩監毛三本作太。阮氏元校勘記云。經文皆大。作太者非。北狄彊者。監毛本作強。按唐人彊弱字通作強。強勉強字作彊。宋人避所諱多作彊。彊乃彊界字。非也。○注越王至夫差。○正義曰。句踐。越王允常子。夫差。吳王闔廬子。哀公元年左傳云。吳王夫差敗越於夫椒。遂入越。越子以甲楯五千保於會稽。使大夫種因吳太宰嚭以行成。此退於會稽之事也。史記越王句踐世家云。越王乃以餘兵五千人。保棲於會稽。吳王追而圍之。乃命大夫種行成於吳。膝行頓首曰。君王亡臣句踐。使陪臣種。敢告下執事。句踐請爲臣。妻爲妾。國語云。越人飾美女八人。納之太宰嚭。卑事夫差。宦士三百人於吳。其身親爲夫差前馬。此身自臣事之事也。閩監毛三本作身自官事。按國語入宦于吳。韋昭注云。宦爲臣隸也。則官事或作宦事亦通。

以大事小者。樂天者也。以小事大者。畏天者也。樂天者保天下。畏天者保其國。詩云。畏天之威。于時保之。

注聖人樂天行道。如天無不蓋也。故保天下。湯文是也。智者量時畏天。故保其國。大王句踐是也。詩。周頌我將之篇。言成王尚畏天之威。於是時故能安其太平之道也。

疏注以大至其國。○正義曰。易繫辭傳云。樂天知命故不憂。此以知命申明同天之義。聖人不忍天下之危。包容涵畜。爲天下造命。故爲知命。是爲樂天。天之生人。欲其並生並育。仁者以天爲量。故以天之並生並育爲樂也。天道又虧盈而益謙。不畏則盈滿招咎。戮其身即害其國。智者不使一國之危。故以天之虧盈益謙爲畏也。而究之樂天者無不畏天。故引周公之頌申明之。畏天爲畏天之威。

則樂天爲樂天之德也。○注聖人至是也。○正義曰。天生萬物無不蓋。聖人道濟天下無不容。行道者。所以樂天也。不知時不可爲。則將以所養人者害人。量時者。所以畏天也。國語范蠡對句踐云、聖人隨時以行。是謂守時。天時不作。弗爲人客。今君王未盈而溢。未盛而驕。不勞而矜其功。天時不作而先爲人客。此逆於天而不和於人。將妨於國家。此謂不量時。則不保其國也。其後卑辭尊禮。身爲之市。蠡又戒王勿早圖。謂人事必與天地相參。然後乃可以成功。此亦能量時者矣。○注詩周至道也。○正義曰。毛詩我將箋云。于。於。時。是也。早夜敬天。於是得安文王之道。趙氏以是釋時。以安釋保。與鄭氏同。周頌我將承維天之命。後序云。維天之命。太平告文王也。我將。祀文王於明堂也。鄭解我其收之。駿惠我文王。引洛誥考朕昭子刑。乃單文祖德一句。鄭解洛誥云。成我所用明子之法度者。乃盡明堂之德。詩正義云。文王之德我制之以授子。是用文王之德制作之事。彼注直以文祖爲明堂。不爲文王。彼上文注云。文祖者。周曰明堂。以稱文王。是文王德稱文祖也。然則周公成文王之德以制禮作樂。成王時乃克致太平。是太平由文王之道也。能保安文王之道。即能保安太平之道。趙氏於我將言太平。鄭氏於維天之命引文祖。同一互見之義也。成王爲天子。亦宜樂天保天下。乃周公欲其保太平之道。而以畏天戒之。天子且然。況諸侯乎。故云。成王尙畏天之威也。

王曰。大哉言矣。寡人有疾。寡人好勇。注王謂孟子之言大。不合於其意。答之云。寡人有疾。疾在好勇。不能行聖賢之所履也。疏注王謂至其意。○正義曰。大如表記不自大其事之大。王問交鄰。孟子比以古聖賢之所履。故以爲詩大也。

對曰。王請無好小勇。夫撫劍疾視曰。彼惡敢當我哉。此匹夫之勇。敵一人者也。注疾視。惡視也。撫劍瞋目曰。人安敢當我哉。此一夫之勇。足以當一人之敵者也。疏注疾視至者也。○正義曰。鄭康成注少儀。王逸注楚辭惜誦。皆云。疾。惡也。說文目部云。瞋。張目也。張目其狀不善。故爲惡視。說文又云。瞯。目疾視也。瞋。恨張目也。詩曰。國步斯瞯。今詩瞯作頻。毛傳云。急也。張目有急疾義。是疾視與張目。可互見也。說文手部云。撫。安也。儀禮士喪禮。君坐撫當心。注云。撫手案之。案與安通。撫劍卽按劍。蓋手按下其劍。而張其兩目也。趙氏每以安釋惡。故以惡敢爲安敢。僖公三十三年公羊傳注云。匹馬。一馬也。趙氏解經身先於匹夫爲一夫。此注云一夫。以一解匹也。史記項羽本紀云。劍一人敵。故孟子云敵一人。趙氏以當一人之敵解之。爾雅釋詁云。敵。當也。閩監毛三本作一匹夫。阮氏元校勘記云。以一夫釋匹夫。不得云一匹。

王請大之。詩云。王赫斯怒。爰整其旅。以遏徂莒。以篤周祜。以對于天下。此文王之勇也。文王一怒而安天下之民。注詩大雅皇矣之篇也。言文王赫然斯怒。於是整其師旅。以遏止往伐莒者。以篤周家之祜。以揚名於天下。文王一怒而安民。願王慕其大勇。無論匹夫之小勇。疏注詩大至天下。○正義曰。詩毛傳云。旅。師。遏。止也。莒。地名也。對。遂也。箋云。赫。怒意。斯。盡也。五百人爲旅。對。答也。文王赫然與羣臣盡怒。曰。整其軍旅而出。以却止徂國之兵衆。以厚周當王之福。以答天下鄉周之望。釋文云。斯。毛如字。此也。鄭音賜。趙氏不破斯字之義。而云赫然斯怒。與鄭同也。鄭以曰解爰。趙氏以於是解爰。蓋以斯爲此。赫然者此怒也。即以怒解赫然。是赫爲怒意。與鄭異。蓋用毛義。師旅亦用毛義也。遏今詩作按。釋文云。按本又作遏。此二字俱訓止也。莒詩亦作旅。毛以爲地名。趙氏言遏止往伐莒者。是亦以莒爲國名。國名地名。義亦相近。鄭以阮徂共爲二國。故以徂旅爲徂國之兵衆。孔氏廣森經學卮言云。毛詩雖作徂旅。其傳曰。旅。地名也。則亦與莒同義。古書音同相借者多。莒字從吕。即音吕可耳。未可遂易爲師旅之旅也。依鄭君說徂爲國名。遏徂之事。古書散軼不可復考。遏莒之事。見於韓非子。云文王侵孟克莒是已。王氏念孫廣雅疏證云。簇即筥字。衆經音義云。筥又作簇。古者筥簇同聲。周禮掌客注云。筥讀如棟梠之梠。大雅以遏徂旅。孟子作徂莒。皆其證也。以篤周祜。詩作以篤于周祜。以福解祜。與鄭同。鄭以厚解篤。趙氏不破者。以其易識也。鄭以對爲答。毛以對爲遂。孔氏詩正義申毛謂遂天下心。則義與答天下鄉周之望義近。廣雅釋詁云。對。揚也。詩江漢對揚王休。禮記祭統對揚以辟之。以揚速對。而毛傳鄭注皆訓對爲遂。對揚乃疊字。對即遂。遂即揚。趙氏用毛義以遂于天下。爲揚名于天下。不用鄭義。孔氏申毛。殊于趙也。月令遂賢良注云。遂。進也。進賢良即舉賢良。說文手部云。揚。飛舉也。是揚遂之義相疊也。月令慶賜遂行注云。遂。達也。此遂行亦猶云舉行。達行猶云通行。亦相疊爲義。或以遂揚爲已遂稱揚君命。是以遂爲因事之辭。時孔悝方稽首。詎突冠虛助之辭乎。爲不然矣。祭統云。福者。備也。百順之名也。注云。世所謂福者。謂受鬼神之祐助也。賢者之所謂福者。謂受大順之名顯也。揚名於天下。乃爲篤祜。趙氏之說長也。

書曰。天降下民。作之君。作之師。惟曰其助上帝寵之。四方有罪無罪惟我在。天下曷敢有越厥志。注書。尚書逸篇也。言天生下民。爲作君。爲作師。以助天光寵之也。四方善惡皆作己。所謂在予一人。天下何敢有越其志者也。疏注書尚書逸篇也。○正義曰。惠氏棟古文尚書考云。孔安國古文五十八篇。漢世未嘗亡也。三十四篇與伏生同。二十四篇增多之數。篇名具在。劉歆造三統秝。班固作律秝志。鄭康成注尚書序。皆得引之。特以當日未立於學官。故賈逵馬融等。雖傳孔學。不傳逸篇。融作書序亦云逸十六篇。絕無師說。蓋漢重家學。習尚書者。皆以二十九篇爲備。於時雖有孔壁之文。亦止謂之逸書。無傳之者。然其書已入中祕。是以劉向校古文。得錄其篇著于別錄。至東京時。雖亡武成一篇。而藝文志所載。五十七篇而已。其所逸十六篇。當時學者咸能案其篇目。舉其遺文。雖無章句訓故之學。翕然皆知爲孔氏之逸書也。今世所傳古文。

乃梅賾之書。非壁中之文。按此孟子所引書。在梅賾書泰誓上篇。江氏聲尚書集注音疏云。太誓上中下三篇。孔氏古文亦有之。不在二十四篇逸書之數。以當時列於學官。博士所課。不目之爲逸書也。按泰誓不爲逸書。而此趙氏以逸書目之。則非泰誓之文矣。臧氏琳經義雜記云。孟子所引爲尚書逸篇。趙氏亦未言所屬。今見於泰誓。不知其何本也。○注言天至者也。○正義曰。趙氏讀惟曰其助上帝寵之八字句。四方二字連下有罪無罪惟我在九字句。易師九二傳云。承天寵也。釋文引鄭注云。寵。光耀也。詩蓼蕭爲龍爲光。毛傳云。龍。寵也。趙氏以光解寵。論語堯曰篇。言百姓有過。在予一人。有過在予。與有罪惟我在相近。故趙氏引以證之。尚書集注音疏云。趙氏以助天光寵之者。謂以其能助天。故光寵之。作兩句解。義了明白。趙氏聯言助天光寵。意恉不明。又惟我在之言。非在我之謂。而乃引在予一人以況。殊不合。故聲不取而自爲解。寵尊居也。言天降生下民。爲作之君。爲作之師者。惟曰其助天牧民。故尊寵之。使居君師之任。我。我君師也。在。察也。四方有罪無罪。惟我君師司察焉。天下何敢有險越其志者乎。襄十四年左傳云。天生民而立之君。使司牧之。勿使失性。是作君師爲牧民也。云故尊寵之。使居君師之任者。從趙氏讀寵之絕句也。

一人衡行於天下。武王恥之。此武王之勇也。注衡。横也。武王恥天下一人有横行不順天道者。故伐紂也。疏一人至恥之。○正義曰。王氏鳴盛尚書後案云。孟子所引自天降下民起。直到一人衡行於天下武王恥之。皆書詞。皆史臣所作。故孟子從而釋之曰。此武王之勇也。此亦猶上文引詩畢。然後從而釋之曰。此文王之勇也。臧氏琳經義雜記云。趙注讀四方有罪無罪爲句。與孟子釋書意一人衡行於天下句正合。或云書詞至武王恥之止。非也。趙注亦斷天下曷敢有越厥志住。○注衡横至紂也。○正義曰。考工記玉人注云。衡。古文横。假借字也。周禮野廬氏禁野之横行經險者。注云。横行。安由田中。是横行爲不順。紂不順天道。故亦以爲横行。史記周本紀集解引瓚云。以威勢相脅曰横是也。曲禮天子自稱予一人。故以一人指紂。越厥志。故横行也。

而武王亦一怒而安天下之民。今王亦一怒而安天下之民。民惟恐王之不好勇也。注孟子言武王好勇。亦則文王一怒而安天下之民也。今王好勇。亦則武王一怒而安天下之民。民恐王之不好勇耳。王何爲欲小勇而自謂有疾也。疏注孟子至勇耳。○正義曰。國語周語云。奕世載德。韋昭注云。奕亦前人也。謂前人如是。後人效法之。故趙氏以則解亦。謂武王亦一怒。爲武王效法文王。今王亦一怒。爲今王效法武王。章指言。聖人樂天。賢者知時。仁必有勇。勇以討亂而不爲暴。則百姓安之。

齊宣王見孟子於雪宮。王曰。賢者亦有此樂乎。注雪宮。離宮之名也。宮中有苑囿臺池之飾。禽獸之鐃。王自多有此樂。故問曰。賢者亦能有此樂乎。疏注雪宮至之鐃。○正義曰。文選雪賦云。臣聞雪宮建於東國。注引劉熙孟子注云。雪宮。離宮之名也。與趙氏同。離宮即囿人闔人所掌也。禮記雜記云。公館者。公宮與公所爲也。注云。公所爲君所作離宮別館也。多。謂誇大也。閻氏若璩釋地云。解者謂雪宮孟子之館。宣王就見於此。因誇其禮遇之隆。賢者指孟子。與梁惠王賢者指人君不同。果爾。孟子當正色而對。以明不屑。漢章帝祀闕里。大會孔氏男子六十二人。謂孔僖曰。今日之會。其於卿宗有光榮乎。對曰。臣聞明王聖主。莫不尊師貴道。今陛下親屈萬乘。辱臨敝里。此乃崇禮先師。增輝聖德。至於光榮。非所敢承。僖尚能爲斯言。況巖巖之孟子耶。賢者指人君言。元和郡縣志。齊雪宮故址。在青州臨淄縣。縣即齊都東北六里。晏子春秋所爲齊侯見晏子於雪宮。蓋齊離宮之名。遊觀勝迹。宣延見孟子於其地。非就見之謂。管晏孟子羞稱。茲詎及晏子。蓋亦以其地曾爲先齊君臣共游觀。以近事爲驗。則言易及。曹氏之升摭餘說云。閻氏說非也。趙氏注孟子將朝王章。亦云寡人就孟子之館相見也。蓋雪宮如漢甘泉唐九成之屬。齊宣尊禮孟子。館之離宮。不使儕於稷下。故景丑氏以爲丑見王之敬子也。齊宣以孟子爲賓師。極致尊禮。其問隱然自表其優遇之至意。趙氏佑溫故錄。亦云此蓋齊王館孟子於雪宮而來就見也。賢者即謂孟子。與梁惠王之問不同。按孟子見梁惠王。與宣王見孟子於雪宮。文順逆不同。謂孟子在雪宮。宣王就見。義似爲長。齊宣有此雪宮之樂。今館孟子於此。則賢者亦有此雪宮之樂。見能與賢者共此樂也。趙氏下云非其矜夸雪宮。而欲以苦賢者。則此賢者即陰指孟子。非指賢君也。翟氏灝考異云。齊侯見晏子於雪宮。今晏子春秋無此語。當因下文述晏子事。元和志遂訛孟子爲晏子也。

孟子對曰。有。人不得則非其上矣。不得而非其上者非也。爲民上而不與民同樂者亦非也。注有人不得。人有不得志者也。不責己仁義不自修。而責上之不用己。此非君子之道。人君適情從欲。獨樂其身。而不與民同樂。亦非在上不驕之義也。疏注有人至義也○正義曰。何異孫十一經問對云。有字是句。人不得則非其上矣是句。或曰有人當作人有。韓愈送齊皞下第序云。吾觀於人有不得志。則非其上者衆矣。蓋趙氏解有人爲人有。韓氏本趙氏也。不得志爲上不用己。故以指下第。齊宣館孟子。自以能用孟子。孟子之志得。乃能亦有此樂。孟子推及於凡人。以爲不特賢者得志有此樂。凡人皆得志。乃有此樂。有此樂則不非其上。不與民同樂。則民不得志也。音義云。從欲。丁音縱。本亦作縱。

樂民之樂者。民亦樂其樂。憂民之憂者。民亦憂其憂。注言民之樂。君與之同。故民亦樂使其君有樂也。民之所憂者。君助憂之。故民亦能憂君之憂。爲之赴難也。樂以天下。憂以天下。然而不王者。未之有也。注言古賢君樂則以己之樂與天下同之。憂則以天下之憂與己共之。如是未有不王者。孟子以是答王者。言雖有此樂。未能與人共之。【疏】注言雖至共之。○正義曰。齊宣王自多以己有此樂。能與賢者共之。孟子推及於人。謂其有此樂未與人共之。小人即民也。賢者亦有此樂。民未嘗亦有此樂也。昔者齊景公問於晏子曰。吾欲觀於轉附朝儛。遵海而南。放於琅邪。吾何修而可以比於先王觀也。【注】孟子言往者齊景公嘗問其相晏子若此也。轉附朝儛。皆山名也。又言朝。水名也。遵。循也。放。至也。循海而南至於琅邪。琅邪。齊東南境上邑也。當何修治。可以比先王之遊觀乎。先王。先聖之王也。【疏】注孟子至王也。○正義曰。王逸離騷注云。昔。往也。爾雅釋詁云。遵。循也。高誘注淮南子氾論訓云。循。遵也。禮記祭義云。推而放諸東海而準。注云。放。至也。論語敢問崇德脩慝辨惑。集解引孔注云。脩。治也。高誘注呂氏春秋季春紀。禁婦女無觀。云。觀。遊也。故趙氏用以爲釋。閻氏若璩釋地云。趙注琅邪齊東南境上邑。漢郊祀志作在齊東北。非也。今諸城縣東南一百五十里。有琅邪山。山下有城。即其處。余曾徧考轉附朝儛二山。杳不知所在。惟趙氏德南宋人。有轉附附作䣓。屬萊州之說。殊無依據。意此二山當在海之東盡頭。如成山召石山之類。登之可以觀海。然後回轍循海之濱。西行以南。至琅邪。亦可觀海焉。按史記秦始皇紀。二十八年。並勃海以東。過黃腄。窮成山。登之罘。立石頌秦德焉。而去。南登琅邪。大樂之。三十七年。自琅邪北至榮成山。至之罘。漢書郊祀志。後五年。東幸琅邪。禮日成山。登之罘。浮大海。司馬相如子虛賦云。且齊東陼巨海。南有琅邪。觀乎成山。射乎之罘。晉灼曰。之罘山在東萊腄縣。蓋之罘即轉附也。之與轉一聲之轉。之之爲轉。猶之之爲旃也。罘與附古音同。罘之爲附。猶不之爲柎也。山川之名。古今更變。乃以聲音求之尚可得。秦皇漢武所游。自琅邪而北。則至之罘成山。自之罘成山而南。則至琅邪。齊景欲觀乎轉附朝儛。轉附。即之罘也。朝儛。即成山也。于欽齊乘云。召石山在文登之東。三齊略云。始皇造石橋渡海。觀日出處。有神人召石山下。城陽一山石。岌岌相隨而行。石去不駛。神人鞭之見血。今召石山石色皆赤。伏琛齊記云。始皇造橋觀日。海神爲之驅石豎柱。今驗成山東入海道水中有豎石。往往相望。似橋柱之狀。又有柱石二。乍出乍沒。又云。召石山與成山相近。因始皇會海神。故後世遂呼成山曰神山。然則召石。即成山也。劉向九歎遠逝篇云。朝四靈于九濱。王逸注云。朝。召也。召四方之神。會於大海九曲之涯也。董子繁露朝諸侯篇云。朝者。召而問之也。左傳蔡朝吳。公羊傳作昭吳。是朝召古通。朝宜讀朝夕之朝。俗讀爲朝廷之朝。非也。朝儛即柱之綴聲。蓋以石形似柱而綴呼之爲朝儛。古儛石聲近。顧氏炎武唐韻正云。石上聲。常主切。漢書楊王孫傳。口含玉石。與棺槨朽腐。乃得歸土。與腐土爲韻。段氏玉裁六書音均表所立十七部。舞聲石聲同第五部。孔氏廣森詩聲類。从無从石同陰聲。第三魚類。古讀石爲上聲。聲近於舞。是朝儛即召石。海神鞭石。則後人附會之妄也。閻氏疑此二山。當如成山召石山之類。未以聲音轉借求之。故不能定爾。或謂轉附朝儛。卽華不注。乃華不注在今濟南歷城之西。去齊都不遠。無煩欲觀。毛氏奇齡四書賸言補。引管子戒篇。謂轉附朝儛。卽猶軸轉斛。按傳子謂管子乃後之好事者所加。剌取孟子之文入之。是猶軸轉斛爲轉附朝儛之譌。不得謂轉附朝儛卽猶軸轉斛之譌也。然卽其斛字。益知儛字爲石字之聲。何也。聘禮記十斗曰斛。說苑辨物篇。十斗爲一石。周語單穆公引夏書云。關石龢鈞。韋昭注云。石。今之斛也。莊子田子方篇。鍼斛不敢入於四竟。釋文斛音庾。司馬本作鍼斞。蘋讀曰鍾。斞讀曰臾。斞爲十六斛。與斛自異。而與石之音則近。斛卽石。石古讀若暑。故斛一作斞。以孟子之朝儛而管子用之作斛。則儛字當時或本與石字通借。而好事者乃變石爲斛以加入管子也。其文云。桓公將東游。問於管子曰。我游猶軸轉斛。南至琅邪。我游二字句。謂我之東游也。猶與由通。謂由轉附朝斛南至於琅邪也。軸字衍文。因轉字而誤也。轉軸二字之閒。缺附朝二字。幸存斛字。可知孟子之儛字。卽斛字之借。而斛字則石字之轉注。亦卽斞字之近音也。細繹管子之文。益信朝儛爲召石矣。房玄齡注猶軸轉斛。謂猶軸之轉載斛石。乃望文生意。失之矣。趙氏雖未詳。而以爲皆山名。則是。又言朝水名者。存異說也。淮南子修務訓云。耳未嘗聞先古。高誘注云。先古。謂聖賢之道也。文選東京賦。憲先靈而齊軌。薛云。先靈。先聖之神靈。是凡稱先皆謂先古聖賢。先王爲先聖之王。猶先靈爲先聖之神靈也。

晏子對曰。善哉問也。天子適諸侯曰巡狩。巡狩者。巡所守也。諸侯朝于天子曰述職。述職者。述所職也。無非事者。春省耕而補不足。秋省斂而助不給。

注言天子諸侯出。必因王事有所補助於民。無非事而空行者也。春省耕。閔耒耜之不足。秋省斂。助其力不給也。

疏注春省耕至給也。○正義曰。管子戒篇云。春出原農事之不本者。秋出補人之不足者。朱長春云。不本春從不足於耕稼者。原省助之。春種爲本。秋穫爲利。今田家諺下工用本是也。耒耜用於耕。耒耜不足。卽謂耕稼之本不足也。房玄齡云。秋謂西成尚有不足者當補之。秋稼已斂而力仍有不給於衣食。故云力不給也。力卽力田之力。謂雖力田而所穫不足以養其父母妻子。又國蓄篇云。春以奉耕。夏以奉芸。耒耜械器種穰糧食。畢取贍於君。又輕重丁云。使吾萌春有以傳耜。夏有以決芸。

夏諺曰。吾王不遊。吾何以休。吾王不豫。吾何以助。一遊一豫。爲諸侯度。

注晏子道夏禹之世。民之諺語也。言王者巡狩觀民。其行從容。若遊若豫。豫亦遊也。春秋傳曰。魯季氏有嘉樹。晉范宣子豫焉。吾王不遊。我何以得見勞苦蒙休息也。吾王不豫。我何以得見振贍助不足也。王者一遊一豫。行恩布德。應法而出。可以爲諸侯之法度也。

疏注晏子至語也。○正義曰。說文言部云。諺。傳言也。廣雅釋詁云。諺。傳也。然則夏諺謂夏世相傳之語。國語。諺有之。韋昭注云。諺。俗之善謠也。俗所傳聞。故云民之諺語。而其辭如歌詩。則謠之類也。○注言王至度也。○正義曰。易觀象傳云。先王以省方觀民設教。是巡狩所以觀民也。遊爲優遊。豫爲暇豫。詩都人士序云。從容有常。箋云。從容。謂休燕也。史記留侯世家云。良嘗間從容步遊下邳圯上。索隱云。從容。閒暇也。故以其行從容解遊豫也。引春秋傳者。昭公二年傳文。其文作宴于季氏。有嘉樹焉。宣子譽之。彼正義引服虔云。譽。遊也。宣子遊其樹下。夏諺曰。一遊一譽。爲諸侯度。惠氏棟左傳補注云。周易序卦傳。豫必有隨。鄭康成注。引孟子吾君不豫以爲證。則知此傳譽字本作豫。故服趙互引爲證。孫子兵法云。人效死而上能用之。雖優游暇譽。令猶行也。外傳作暇豫。李善云。譽與豫古字通。爾雅釋詁云。休。息也。說文云。度。法制也。故以息釋休。以法釋度。孔氏廣森經學巵言云。晏子春秋曰。春省耕而補不足者謂之遊。秋省實而助不給者謂之豫。故於遊言休。謂休息耕者。於豫言助。所謂助不給也。東京賦云。既春遊以發生。啓諸蟄於潛戶。度秋豫以收成。觀豐年之多稌。薛綜注。秋行曰豫。是漢人舊說。猶以遊豫分春秋也。趙氏章句始混爲一。管子云。先王之遊也。春出原農事之不本者謂之遊。秋出補人之不足者謂之夕。變豫言夕。古音之轉注也。古讀夕如樹。詩曰。三事大夫。莫肯夙夜。邦君諸侯。莫肯朝夕。是也。古讀豫亦如樹。故儀禮鄉射禮。豫則鉤楹內。豫通作宣樹之樹。樹豫並音序。爲諸侯度者。言諸侯法之。亦以春秋行其境內。歲舉不過再。倪氏思寬讀書記云。春爲發生。生氣可觀。故曰遊。秋爲收成。成功可喜。故曰豫。秋行曰豫。則春行曰遊可知。蓋先王之觀。惟以物成爲可樂。他無所樂也。翟氏灝考異云。管晏二書。俱有後人附託。或反從孟子襲入之。蓋百家之書。尤多竄易。

今也不然。師行而糧食。飢者弗食。勞者弗息。睊睊胥讒。民乃作慝。注今也者。晏子言今時天下之民。人君與師行軍。皆遠轉糧食而食之。有飢不得飽食。勞者致重亦不得休息。在位者又睊睊側目相視。更相讒惡。民由是化之而作慝惡也。疏注人君至惡也。○正義曰。周禮夏官序官云。二千有五百人爲師。萬有二千五百人爲軍。師軍亦通稱。國語魯語。天子作師。韋昭注云。師。謂六軍之衆也。小司徒。五人爲伍。五伍爲兩。四兩爲卒。五卒爲旅。五旅爲師。五師爲軍。注云。伍兩卒旅師軍。皆衆之名。是也。論語子路曰。則禮樂不興。皇侃義疏云。與猶行也。趙氏此注以軍釋師。以與釋行。閩監毛三本作行師與軍。按經先師後行。趙氏以師行猶軍興而互明之也。毛氏奇齡賸言補云。管子戒篇云。夫師行而糧食其民者謂之亡。予幼讀師行糧食句。疑糧食二字難通。似有脫誤。今始知糧食其民爲確不可易也。錢氏大昕潛研堂答問云。周禮廩人職云。凡邦有會同師役之事。則治其糧食。注。行道曰糧。謂糒也。止居曰食。謂米也。鄭鍔云。遠者治其糧。莊子適百里者宿舂糧。適千里者三月聚糧。蓋言遠也。近者治其食。詩。朝食于株。左傳。食時而至。蓋言近也。予按說文訓糒爲乾。詩。乃裹餱糧。于橐于囊。孟子謂居者有積倉。行者有裹糧。此糧與食之辨。按趙氏云。遠轉糧食而食之。此以食釋糧。而食之三字解食字。說文云。糧。穀食也。國策西周策云。而藉兵乞食于西周。注云。食。糧也。糧食二字亦可通稱。故以食釋糧。糧食與師行對言。謂軍師之與，以糧米爲食。糧既是行道所紿之名。則以糧爲食。必須遠轉。轉即運也。遠行轉運。則必負重不得休息矣。晏子春秋問下篇云。今君不然。師行而糧食。與孟子同。則孟子糧食之下。非有脫譌。亦非食于民之義也。音義云。睊。古縣切。字亦作䛥。王氏念孫廣雅疏證云。睊睊。視也。說文。睊。視貌。重言之則曰睊睊。然則趙氏不單言視而云側目相視者。漢書鄒陽傳云。太后怫鬱泣血。無所發怒。切齒側目於貴臣矣。然則側目者。忿恨之貌。說文心部云。悁。忿也。後漢書陳蕃傳云。至于陛下。有何悁悁。注。悁悁。恚忿也。蓋趙氏以睊睊與悁悁通。合言之。爾雅釋詁云。胥。相也。鄒陽傳云。羊勝公孫詭疾陽。惡之孝王。下云。陽客遊。以讒見禽。是惡之即讒。故顏師古注云。惡。謂讒毀也。樊噲灌嬰等傳注。亦多以惡爲讒。讒言人罪惡。更。代也。互相讒短。則其目亦互相忿視。故知睊睊爲側目相視。下言民乃作慝。知此胥讒者。爲在位之人矣。閩監毛三本在位下有在職二字。詩大雅民勞篇云。無俾作慝。毛傳云。慝。惡也。是作慝即作惡也。周禮秋官小行人云。其悖逆暴亂作慝猶犯令者爲一書。注曰。慝。惡也。猶圖也。然則作惡謂悖逆暴亂。希圖犯令之謂也。

方命虐民。飲食若流。流連荒亡。爲諸侯憂。注方猶放也。放棄不用先王之命。但爲虐民之政。恣意飲食。若水流之無窮極也。謂沉湎於酒。熊蹯不熟。怒而殺人之類也。流連荒亡。皆驕君之溢行也。言王道虧。諸侯行霸。由當相匡正。故爲諸侯憂也。疏注方猶至行也。○正義曰。方猶放者。假借字也。堯典云。方命圮族。漢書傅喜傳朱博傳並作放命。尚書正義鄭康成注云。方放。謂放棄敎命。趙氏與之同。閩監毛三本作方猶逆也。逆先王之命。非是。引沉湎于酒者。尚書序云。羲和湎淫。廢時亂日。酒誥云。罔敢湎于酒。又云。殷之迪諸臣。惟工乃湎于酒。鄭氏注云。飲酒齊色曰湎。詩大雅蕩云。天不湎爾以酒。箋云。天不同女顏色以酒。有沉湎于酒。是乃過也。論衡云。紂沉湎于酒。以糟爲邱。以酒爲池。牛飲者三千人。說文水部云。湎。湛于酒也。湛與沈同。熊蹯不熟怒人，晉靈公事。見左傳宣公四年。溢與佚通。溢行。謂淫佚之行也。驕君。指夏之羲和。殷紂之臣工。周之晉靈公之屬。○注言王至憂也。○正義曰。憂。思也。慮也。亦勞也。由與猶通。趙氏之意。謂驕君流連荒亡。王道既虧廢。天子雖不能討。而諸侯之行霸。如齊桓晉文者。思匡救其惡。猶將問罪而伐之。匡即正也。即一匡天下之義。行霸之諸侯。不能置此驕君于度外而加之師旅。則國且危矣。故云猶當相匡正。當相匡正解憂字。如公羊傳桓公有憂中國之心之憂也。蓋指當時晉楚將加兵於齊。不質言者。對君之體宜如此也。全氏祖望經史問答云。爲諸侯憂。古注以爲列國諸侯。試觀僖公四年桓公欲循海而歸。轅宣仲謂申侯曰。師出陳鄭之閒。供其資糧屝屨。國必甚病。哀公時。吳爲黃池之會。過宋鄭。殺其丈夫。囚其婦人。霸者之世。役小役弱。不可勝道。豈但徵百牢索三百乘而已。

春秋之晚。雖魯亦困于征輸。顧降而與邾滕爲伍。而杞至自貶爲子。則其與附庸之君相去不遠。此申趙氏之說。則以驕君之流連荒亡。即指行霸之君。而爲諸侯憂之諸侯。則事霸國之諸侯。非行霸之諸侯。乃趙氏稱諸侯行霸。是以行霸解爲諸侯憂之諸侯也。云當相匡正。似不謂驕君矣。或云如同盟或婣國。皆憂其國之將亡。

從流下而忘反謂之流。從流上而忘反謂之連。從獸無厭謂之荒。樂酒無厭謂之亡。先王無流連之樂。荒亡之行。惟君所行也。

注言驕君放遊無所不爲。或浮水而下。樂而忘反謂之流。若齊桓與蔡姬乘舟於囿之類也。連者。引也。使人徒引舟船上行而忘反以爲樂。故謂之連。書曰。罔水行舟。丹朱慢遊。無水而行舟。豈不引舟於水而上行乎。此其類也。從獸無厭。若羿之好田獵。無有厭極。以亡其身。故謂之荒亂也。樂酒無厭。若殷紂以酒喪國也。故謂之亡。言聖人之行。無此四者。惟君所欲行也。晏子之意。不欲使景公空遊於琅邪。而無益於民也。

疏注或浮至類也。○正義曰。浮水而下。謂順流而下也。齊桓與蔡姬乘舟於囿。見僖公三年左傳。其下文云蕩公。公懼變色。杜氏注云。蕩。搖也。囿。苑也。蓋魚池在苑中。推其義。蓋蔡姬搖動桓公。趙氏引爲流之證者。流猶放也。放猶蕩也。管子宙合篇云。君失音則風律必流。注云。流謂蕩散。以蕩與流義合。取爲流之證也。○注連引至類也。○正義曰。連訓引者。段氏玉裁說文解字注云。連。負車也。各本作負連。今正。連即古文輦也。周禮。鄉師輂輦。故書輦作連。大鄭讀爲輦。巾車連車本亦作輦車。負車者。人輓車而行。車在後如負也。說文云。輦。輓車也。从車扶。扶在車前引之也。又云。輓。引車也。連輦同字。而輦爲輓。輓爲引。是連訓引也。逆水而上。必用徒役輓引之。如負車然。故其名曰連。引書者。見虞書臯陶謨。其文云。無若丹朱傲。惟慢遊是好。傲虐是作。罔晝夜頟頟。罔水行舟一句是書辭。丹朱慢遊。無水而行舟。是趙氏申釋書辭。謂無水行舟。必用人輓引。引以爲名連之證也。鄭氏注書此文云。丹朱見洪水時人乘舟。今水已治。猶居舟中頟頟。使人推行之。王氏鳴盛尚書後案云。鄭云云者。即孟子從流忘反也。傳以論語奡盪舟。孔安國云陸地行舟。遂取以解此經。陸地行舟。事之所無。孔彼注失之。孔氏廣森經學卮言云。論語奡盪舟。即所謂罔水行舟也。舊說以爲夏時澆。非是。按無水行舟。即陸地行舟。孔安國注論語。以陸地行舟爲寒浞之子奡。而說文夰部云。奡。嫚也。虞書曰。若丹朱奡。讀若傲。論語奡盪舟。是當時有以盪舟即丹朱傲之事。故趙氏以罔水爲無水。即陸地行舟。鄭氏謂水已治。則以水由地中。前此氾濫已平。亦是以罔水爲無水。鴻水氾濫。人居舟中。今水已落。仍爲陸地。而丹朱猶居舟中。使人推行。鄭雖不明言陸地行舟。而其意可見也。趙氏以陸地方使人推引。其在水使人推引可知。故以爲類例也。○注從獸至亂也。○正義曰。易屯六三即鹿无虞傳云。以從禽也。從禽，猶從獸也。厭，足也。引羿之好田獵者。襄公四年左傳云：后羿自鉏遷於窮石。因夏民以代夏政。恃其射也，不修民事。而淫于原獸。棄武羅伯因熊髡尨圉。而用寒浞以爲己相。浞行媚于內。施賂于外。愚弄其民，而虞羿于田。樹之詐慝。以取其國家。外內咸服。羿猶不悛。將歸自田。家衆殺而亨之。此羿好田亡身之事也。詩魏風蟋蟀。好樂無荒。箋云：荒，廢亂也。廢亂者。荒怨迷亂。羿好于田。遂怨于浞之謀已。是爲田所迷也。故引以爲名荒之證。○注樂酒至之亡。○正義曰：引殷紂者。史記殷本紀云：帝紂好酒淫樂。以酒爲池。縣肉爲林。使男女倮相逐其閒。爲長夜之飲。百姓怨望。而諸侯有畔者。是以酒喪國事也。翼孟音解讀樂酒若樂山樂水。樂酒，即好酒也。論語雍也篇。亡之命矣夫。孔安國注云：亡，喪也。白虎通崩薨篇云：喪者。亡也。故引以爲名亡之證。管子戒篇云：夫師行而糧食於民者謂之亡。從樂而不反者謂之荒。晏子春秋問下篇云：夫從南歷時而不反謂之流。從下而不反謂之連，從獸而不歸謂之荒。從樂而不歸謂之亡。管晏書剌取孟子。而文有不同。○注言聖至民也。○正義曰：聖人，即先王也。先王但有春遊秋豫。一休一助。爲民而出。無此從上從下從獸樂酒之事也。先王既非無事空行。故晏子欲效法。亦不無事空行也。對其何修以比先王之觀如此。

景公說。大戒於國。出舍於郊。於是始興發補不足。【注】景公說晏子之言也。戒，備也。大脩戒備於國。出舍於郊。示憂民困。始興惠政。發倉廩以振貧困不足者也。【疏】注戒備至者也。○正義曰：鄭康成注禮記曾子問。高誘注淮南子精神訓。皆云：戒，備也。大修戒備。謂預備補助之事。即晏子春秋所謂命吏計公掌之粟。籍長幼貧氓之數是也。景公將身親振給。故出舍於郊。示憂民困也。興與發義同。並言則有別。周禮地官。遂大夫則帥其吏而興甿。注云：興，舉也。故謂舉行惠政。廣雅釋詁云：發，開也。月令。雷乃發聲。注云：發，出也。故謂開發倉廩而出其粟。閩監毛三本作以振貧困不足者也。振即古賑字。晏子春秋云：吏所委發倉廩出粟以予貧民者三千鍾。公所身見癃老者七十人。賑贍之然後歸也。

召大師曰：爲我作君臣相說之樂。蓋徵招角招是也。【注】大師，樂師也。徵招角招，其所作樂章名也。【疏】注大師至名也。○正義曰：周禮春官大司樂，中大夫二人。樂師下大夫四人。大師下大夫二人。天子之官，樂師與大師自別。趙氏以太師爲樂師，蓋以諸侯之官大師爲之長。即樂師也。胡氏匡衷儀禮釋官云：僕人正徒相大師僕人正師相少師僕人士相上工。注云：大師少師。工之長也。凡國之瞽矇正焉。杜預曰：矇，瞽也。大師也。按論語有大師摯，少師陽。是諸侯亦有大師少師之官。凡言工，皆瞽矇也。大師少師亦瞽者爲之。故通稱工。大師樂工之長。非樂官之長。周禮春官有大司樂樂師同官。其職掌教國子，與尚書與樂官同。非瞽者爲之。劉氏台拱經傳小記云：國語。細鈞有鐘無鎛。昭其大也。大鈞有鎛無鐘，甚大無鎛。鳴其細也。大昭小鳴。和之道也。按細大有以聲言者。上章言大不踰宫。細不過羽是也，有以調言者。此言細鈞大鈞是也。有以器言者。此言昭其大鳴其細是也。鈞亦作均。

春秋昭二十年服注云。黃鍾之均。黃鍾爲宮。大蔟爲商。姑洗爲角。林鍾爲徵。南呂爲羽。應鍾爲變宮。蕤賓爲變徵。續漢志云。天子常以日冬夏至陰氣應則樂均濁。西京郊祀宗廟樂。惟用黃鍾一均。章帝時。太常丞鮑鄴始旋十二宮。旋宮以七聲爲鈞。蓋古所謂均。卽今所謂調。五聲十二律。旋相爲宮。爲六十調。皆具五聲。故有五均。而韋注細鈞爲徵羽角。大鈞爲宮商者。古人以聲命調。若孟子言徵招角招。師曠言淸商淸徵淸角。皆爲調名。韋氏之意。或亦爾也。其詩曰。畜君何尤。畜君者。好君也。【注】其詩樂詩也。言臣說君謂之好君。何尤者。無過也。孟子所以道晏子景公之事者。欲以感喻宣王。非其矜夸雪宮而欲以苦賢者。【疏】注言臣至過也。○正義曰。王氏念孫廣雅疏證云。說文。嬙。媚也。孟康注漢書張敞傳云。北方人謂媚好爲詡畜。畜與嬙通。說文。媚。說也。故媚好謂之畜。相說亦謂之畜。又謂之好。孟子梁惠王篇。畜君者。好君也。本承上君臣相悅而言。故趙氏注云。言臣悅君謂之好君。好畜古聲相近。畜君何尤。卽好君何尤。祭統云。孝者。畜也。順於道不逆於倫。是之謂畜。孔子閒居及坊記注並云。畜。孝也。釋名云。孝。好也。愛好父母。如所悅好也。畜孝好聲並相近。畜君者。好君也。絳水者。洪水也。皆取聲近之字爲訓。後世聲轉義乖。而古訓遂不可通矣。阮氏元毛詩王欲玉女解云。許氏說文金玉之玉無一點。其加一點者。解云。朽玉也。從王有點。讀若畜牧之畜。毛詩玉字皆金玉之玉。惟民勞篇王欲玉女玉字。專是加點之玉。詩言玉女者。畜女也。畜女者。好女也。好女者。臣悅君也。召穆公言王乎。我正惟欲好女畜女。不得不用大諫也。孟子曰。爲我作君臣相悅之樂。其詩曰。畜君何尤。畜君者。好君也。孟子之畜君。與毛詩召穆公之玉女無異也。後人不知玉爲假借字。是以鄭箋誤解爲金玉之玉矣。段氏玉裁說文解字注云。訧。罪也。邶風毛傳。訧。過也。亦作郵。釋言。郵。過也。亦作尤。孟子引詩畜君何尤。○注孟子至賢者。○正義曰。道。言也。閩監毛三本。作導晏子景公之事者。阮氏元校勘記云。道導古今字。古書多用道。矜夸雪宮。閩監毛三本夸作誇。誤增言旁。而欲以苦賢者。閩監毛三本同。廖本孔本考文古本苦作若。形相涉而誤也。按苦有困辱之義。漢書馮奉世傳。爲外國所苦。是也。廣雅釋詁云。苦。窮也。謂宣王言賢者亦有此樂乎。是自矜夸其雪宮。而用以困辱賢者。故孟子言晏子景公之事。以感喻而非斥之。

章指言。與天下同憂者。不爲慢遊之樂。不循肆溢之行。是以文王不敢盤於遊田也。【疏】與天至之行。○正義曰。賈子新書道術篇云。反敬爲嫚。嫚與慢同。說文心部云。慢。惰也。先王因助給而遊。非無事而空行也。無事空行。是爲慢遊矣。肆古本作四。周氏廣業云。注云。流連荒亡。皆暴君之溢行。則四溢爲是。董子繁露云。桀紂驕溢妄行。阮氏元校勘記云。孔本韓本作事是也。○是以至田也。○正義曰。文王不敢盤于遊田。周書無逸篇文。

齊宣王問曰。人皆謂我毀明堂。毀諸。已乎。【注】謂泰山下明堂。本周天子東巡狩朝諸侯之

處也。齊侵地而得有之。人勸宣王諸侯不用明堂可毀壞。故疑而問於孟子當毀之乎。已止也。【疏】注謂泰至毀壞。○正義曰。閻氏若璩釋地云。封禪書初天子封太山。太山東北阯。古時有明堂處。是古明堂。至漢武帝時猶有遺蹤。釋地續云。左傳隱八年。鄭伯使宛來歸祊。不祀泰山也。注云。鄭桓公封鄭。有助祭泰山湯沐邑在祊。祊在瑯邪國費縣東南。鄭以天子不能復巡狩。故欲以祊易於魯。以從魯所宜。計爾時距東遷五十六年。泰山下湯沐邑。鄭尚能守之。則明堂仍爲周天子所有。齊焉致侵。不知幾何時而爲齊得。又至宣王時。不復東巡者四百四十年矣。人咸謂齊毀明堂。無王愈可知。孔氏廣森經學卮言云。此非如國中明堂爲五室十二堂之制。荀子曰。築明堂于塞外而朝諸侯。楊倞注云。明堂。壇也。謂巡狩至方嶽之下。會諸侯。爲宮方三百步。四門。壇十有二尋。深四尺。加方明于壇上。蓋其堂祀方明。故以明堂名之。而朝享義言方明之下。公侯伯子男覲位。亦並與明堂位同。漢時公玉帶上明堂圖。中有一殿。四面無壁。近泰山明堂之遺象。金氏榜禮箋云。巡狩則方岳之下覲其方之羣后。亦曰明堂。孟子書齊宣王曰。人皆謂我毀明堂。左氏傳爲王宮於踐土。亦其類也。宋吳仁傑兩漢刊誤補遺。並主斯說。此皆用趙氏義。毛氏奇齡四書賸言云。明堂在魯地。而後爲齊有。不知所始。若謂泰山明堂。因巡狩而設。則西南諸嶽。其有無明堂。不見經傳。且欲行王政。而但以文王治岐爲言。其於立言之意。亦多不合。不知此即出王配帝所也。古明堂之制。原爲饗帝而設。自黃帝以來。唐虞夏商俱有之。但饗帝必有配。后稷既配天於郊。而文王則配天於明堂。且天子繼祖爲宗。必有宗祀。而周制以文王當之。孝經所云宗祀文王於明堂者。是宗祖之祭。周頌我將。詩小序。所云祀文王於明堂。則配帝之祭也。特魯本侯國。諸侯不敢祖天子。則祖文宗武。非魯宜有。而獨文王以出王之故。大宗之國。不祖而宗。因特立周廟在祖廟之外。而又以文當配帝。特設明堂爲出王配帝之所。蓋天子二郊。既祭昊天上帝。而於明堂則兼及五帝。原是殺禮。故明堂九室。祇以中央太室。與東西南北之太廟合名五室。而祀方明於其中。故天子祖文王於明堂。而魯則得以大宗宗之。天子以歲祭饗上帝於明堂。而魯亦得以四時迎氣。五方饗帝。十二月聽朔降及之。蓋周郊在二至。而魯郊祇在孟春祈穀。季秋報享。鎬京明堂並祀文武。而泰山明堂。則祇祀文王。孝經所謂嚴父配天。則周公其人者。專指此泰山明堂爲言。若然則其舉文王治岐。亦即因祭文王而推本及之。以治岐者亦宗祀所自來也。春秋文公十六年毀泉臺注云。毀。壞之也。故趙氏以壞釋毀。○注已止也。○正義曰。毛詩傳箋。鄭氏禮注。韋昭國語注。高誘戰國策呂氏春秋淮南子注皆然。不勝徵。

孟子對曰。夫明堂者。王者之堂也。王欲行王政。則勿毀之矣。【注】言王能行王道者。則可無毀也。【疏】夫明堂者王者之堂也。○正義曰。阮氏元明堂論云。粵惟上古。水土荒沈。橧穴猶在。政教朴略。宮室未與。神農氏作。始爲帝宮。上圓下方。重蓋以茅。外環以水。是以祭寒暑。待風雨。實惟明堂之始。明堂者。天子所居之初名也。是故祀上帝則於是。祭先祖則於是。朝諸侯則於是。養老尊賢教國子則於是。饗射獻俘馘則於是。治天文告朔則於是。抑且天子寢食恆於是。此古之明堂也。黃帝堯舜氏作。宮室乃備。洎夏商周三代。文治益隆。於是天子所居。在邦畿王城之中。三門三朝。後曰路寢。四時不遷。路寢之制。準郊外明堂四方之一。鄉南而治。故路寢猶襲古號曰明堂。若於祭昊天上帝。則有圜丘。祭祖考。則有廟門內左之宗廟。朝諸侯。則有朝廷。養老尊賢教國子獻俘馘。則有辟雍學校。其地既分。其禮益備。故城中無明堂也。然而聖人事必師古。禮不忘本。於近郊東南別建明堂。以存古制。藏古帝治法冊典於此。或祀五帝。布時令。朝四方諸侯。非常大禮。乃於此行之。以繼古帝王之蹟。譬之上古衣裳未成。始有韍皮。椎輪初制。惟尙越席。後世聖人采備繪繡。無廢赤芾之垂。車成金玉。不增大路之飾。此後世之明堂也。自漢以來儒者。惟蔡邕盧植。實知異名同地之制。尙昧上古中古之分。後之儒者。執其一端。以蔽衆說。分合無定。制度舛錯。蓋未能融洽經傳。參驗古今。二千年來。遂成絕學。試執吾言以求之經史百家。有相合無相戾者。別勒成書。以備稽覽。括其大指。著於斯篇。

王曰。王政可得聞與。注王言王政當何施。其法寧可得聞。對曰。昔者文王之治岐也。耕者九一。仕者世祿。關市譏而不征。澤梁無禁。罪人不孥。注言往者文王爲西伯時。始行王政。使岐民脩井田。八家耕八百畝。其百畝者以爲公田及盧井。故曰九一也。紂時稅重。文王復行古法也。仕者世祿。賢者子孫。必有土地。關以譏難非常。不征稅也。陂池魚梁不設禁。與民共之也。孥。妻子也。詩云。樂爾妻孥。罪人不孥。惡惡止其身。不及妻子也。疏注言往至王政。○正義曰。往即昔也。史記周本紀云。公季卒。子昌立。是爲西伯。西伯曰文王。自岐下而徙都豐。明年西伯崩。然則文王爲西伯治豐未久。故孟子以爲治岐。趙氏以爲爲西伯時也。○注使岐至法也。○正義曰。史記殷本紀言紂厚賦稅。以實鹿臺之錢。而盈鉅橋之粟。淮南子要略訓云。紂爲天子。賦斂無度。是紂時稅重也。趙氏佑溫故錄云。王制古者公田藉而不稅。市廛而不稅。關譏而不征。林麓川澤。以時入而不禁。夫圭田無征。與孟子此文脗合。鄭氏注謂古者爲殷時。則正是紂廢其法。而文獨脩行之。○注賢者至土地。○正義曰。王制云。天子之縣。內諸侯祿也。外諸侯嗣也。注云。選賢置之於位。其國之祿如諸侯。不得位有功。乃封之。使之世也。冠禮記曰。繼世以立諸侯。象賢也。孔氏正義云。得采國爲祿而不繼世。故云祿。下云大夫不世爵是也。此謂畿內公卿大夫之子。父死之後。得食父之故國采邑之地。不得繼父爲公卿大夫也。畿外諸侯。世世象賢。傳嗣其國。公卿大夫輔佐于王。非賢不可。故不世也。然則世祿兩分。世謂繼世爲諸侯。祿謂但食采地。此仕者世祿。比例天子之內諸侯。不可世爵。祇可世祿。則世祿謂世食其采地。故云賢者子孫。解世字也。必有土地。解祿字也。昭公三十一年公羊傳云。賢者子孫宜有地也。趙氏所本也。五經異義引古春秋左氏說。卿大夫得世祿不世位。父爲大夫死。子得食其故采地。如有賢才。則復父故位。毛詩大雅文王篇。凡周之士。不顯亦世。傳云。世者。世祿也。○注關以至稅也。○正義曰。廣雅釋詁云。譏。問也。閔。亦難也。周禮地官大司徒。制天下之地征。注云。征。稅也。○注陂池至之也。○正義曰。毛詩陳風。彼澤之陂。傳云。陂。澤障也。周禮雍氏注云。池謂陂障之水道也。是澤爲陂池也。毛詩。無逝我梁。傳云。梁。魚梁也。周禮䱷人掌以時䱷爲梁。鄭司農注云。梁。水偃也。偃水爲關空。以笱承其空。王制云。然後漁人入澤梁。注云。梁絕水取魚者。此云澤梁。故知爲魚梁也。○注孥妻至子也。○正義曰。孥與奴同。假借作帑。國語鄭語寄孥與賄焉。楚語見藍尹亹載其孥。注皆云妻子曰孥。晉語以其孥適西山。注云。孥。妻子也。文公六年左傳。宣子使臾駢送其帑。注云。帑。妻子也。引詩者。小雅常棣第八章。毛傳云。帑。子也。禮記中庸引此詩。鄭氏注云。古者謂子孫曰帑。詩正義云。上云妻子好合。子卽此孥也。左傳曰。秦伯歸其帑。書曰。予則帑戮汝。皆是子也。周禮秋官司厲。其奴男子入于罪隸。女子入于舂槀。鄭司農云。謂坐爲盜賊而爲奴者。輸于罪隸舂人槀人之官也。由是觀之。今之爲奴婢。古之罪人也。故書曰。予則奴戮汝。論語曰。箕子爲之奴。罪隸之奴也。故春秋傳曰。斐豹。隸也。著於丹書。請焚丹書。我殺督戎。恥爲奴。欲焚其籍也。玄謂奴從坐而沒入縣官者。男女同名。賈氏疏云。先鄭引尙書予則奴戮汝。及論語箕子爲之奴。皆與此經奴爲一。若後鄭義。尙書奴爲子。若詩樂爾妻奴。奴卽子也。後鄭不破者。亦得爲一義。玄謂奴男女從坐沒入縣官者。謂身遭大罪合死。男女沒入縣官。漢時名官爲縣官。非謂州縣也。按說文女部云。奴。奴婢。皆古之罪人也。周禮曰。其奴男子入于罪隸。女子入于舂槀。呂氏春秋開春篇云。故獄爲之奴。高誘注云。奴。戮也。律坐父兄沒入爲奴。然則凡父兄妻子從坐沒入之罪名爲奴。罪人不孥。謂罪及本身。不沒入其父兄妻子爲奴也。故賈氏謂先鄭後鄭義同。不罪其妻子。卽是不以其妻子爲奴。說文別無孥字。是罪人爲奴婢爲此奴。因而妻子子孫通稱爲奴。古者大罪坐其妻子。亦僅沒爲奴婢。殊于秦人族誅之法。而文王猶除之。僅及本身。非謂本身奴罪亦除之也。潛夫論述赦篇云。養稊稗者傷禾稼。惠姦軌者賊良民。書曰。文王作罰。刑茲無赦。先王制刑。非好傷人肌膚。斷人壽命。乃以威姦懲惡。除民害也。又論榮篇云。堯聖父也。而丹朱傲。舜聖子也。而叟頑惡。鯀殛而禹與。管蔡爲戮。周公祐王。故書稱父子兄弟不相及也。僖三十三年左傳。晉季臼引康誥云。父不慈。子不祗。兄不友。弟不恭。不相及也。昭公二十年傳。苑何忌引康誥曰。父子兄弟。罪不相及。此正文王罪人不孥之事也。罪人。謂加罪于人。卽不慈不孝不友不恭。文王作罰。刑茲無赦也。不孥。謂本身惡宜加罪。其父子兄弟不從惡。則不坐也。若從惡卽是本身有罪。當不止奴戮。故王符引丹朱有聖父。鯀有聖子。管蔡有聖兄。不當因其本身之罪。濫及其父子兄弟也。孫氏星衍罪不相及論云。康誥云。元惡大憝。矧惟不孝不友者。說文。矧。詞也。字作矤。言此元惡大憝。其惟不孝不友之人。所爲大惡。必不謀於骨肉親戚。下云子不祗厥父事等是也。云惟弔茲不于我政人得罪者。弔。善也。弔茲猶茲弔。言惟慈善者不爲政人所罪。政人卽下文惟厥正人。若大正少正之屬也。下云天惟與我民當斷句。言有常之民。爲天意所與。下云大泯亂。曰乃其速由又當斷句。言大泯亂彝常之人。乃其召罪也。曰同爰。速。召也。由同繇。繇也。謂罪也。速由。卽酒誥自速辜之義。書意言大惡之人。所聽父兄教誨子弟勸阻。而其父兄子弟亦有善者。不可株連坐罪。此善人有彝常爲天所與。惟泯亂彝常之人。乃自取罪。尤應加以文王不救之罰耳。老而無妻曰鰥。老而無夫曰寡。老而無子曰獨。幼而無父曰孤。此四者。天下之窮民而無告者。文王發政施仁。必先斯四者。注 言此四者皆天下之窮民。文王常恤鰥寡存孤獨也。疏 文王至四者。○正義曰。書無逸文王懷保小民。惠鮮鰥寡。是其事也。詩云。哿矣富人。哀此煢獨。注 詩小雅正月之篇。哿可也。詩人言居今之世可矣富人但憐憫此煢獨羸弱者耳。文王行政如此也。疏 注詩小至此也。○正義曰。引詩在正月篇第十三章。煢作惸。毛傳云。哿可。獨單也。箋云。此言王政如是。富人猶可。惸獨將困也。說文云。哀。閔也。憫即閔。閔亦憐也。單則弱。困則羸。趙氏本毛傳而申之也。王氏念孫廣雅疏證云。鄭注大司寇云。無兄弟曰惸。洪範云。無虐煢獨。小雅正月篇云。哀此惸獨。唐風杕杜篇云。獨行睘睘。周頌閔予小子篇云。嬛嬛在疚。說文。赹。獨行也。並字異而義同。孟子梁惠王篇。老而無妻曰鰥。老而無夫曰寡。老而無子曰獨。幼而無父曰孤。襄二十七年左傳。齊崔杼生成及彊而寡。則無妻亦謂之寡。鰥寡孤一聲之轉。皆與獨同義。因事而異名耳。王曰善哉言乎。注 善此王政之言。曰王如善之。則何爲不行。注 孟子言王如善此王政則何爲不行也。王曰。寡人有疾。寡人好貨。注 王言我有疾。疾在好貨。故不能行。對曰。昔者公劉好貨。詩云。乃積乃倉。乃裹餱糧。于橐于囊。思戢用光。弓矢斯張。干戈戚揚。爰方啓行。故居者有積倉。行者有裹囊也。然後可以爰方啓行。王如好貨。與百姓同之。於王何有。注 詩大雅公劉之篇也。乃積穀於倉。乃裹盛乾食之糧於橐囊也。思安民。故用有寵光也。戚斧。揚鉞也。又以武備之四方。啓道路。孟子言公劉好貨若此。王若則之。於王何有不可也。疏 行者有裹囊也。○正義曰。阮氏元校勘記云。宋本孔本同。石經閩監毛三本韓本囊作糧。按鹽鐵論。公劉好貨。居者有積。行者有囊。與裹囊合。臧氏琳經義雜記云。孟子以積與裹對。倉與囊對。謂積穀於倉。裹糧於囊也。詩云。乃積乃倉。乃裹餱糧。于橐于囊。有三乃字。二于字。曰餱又曰糧。曰橐又曰囊。皆重文以助句。至孟子釋詩。止積倉裹囊四言也。俗本改裹囊爲裹糧。則詩于橐于囊句似贅矣。舊疏釋孟子之言云。

故居者有穀積于倉。行者有糧裹于囊。則北宋作疏時。尙作行者有裹囊。○注詩大至光也。○正義日。詩在公劉篇首章。乃詩作迺。古字通也。音義作糇。詩作餱。詩釋文云。字或作糇。說文無糇字。食部。餱。乾食也。毛本作餱。戢。詩作輯。毛傳云。公劉居於邰。而遭夏人亂。迫逐公劉。公劉乃辟中國之難。遂平西戎而遷其民。邑於豳焉。迺積迺倉。言民事時和。國有積倉也。小曰橐。大曰囊。思輯用光。言民相與和睦以顯於時也。箋云。邰國乃有積委及倉也。安安而能遷。積而能散。爲夏人迫逐己之故。不忍鬬其民。乃裹糧食於橐囊之中。棄其餘而去。思在和其民人。用光大其道。爲今子孫之基。詩以積倉與上揚疆對。揚疆是二事。故鄭以積爲委積。與倉對亦爲兩事。趙氏謂積穀于倉。與鄭異也。爾雅釋詁云。輯。和也。故毛鄭皆以和釋之。說文戈部云。戢。藏兵也。詩云。載戢干戈。藏兵不戰。所以安民。故趙氏以安釋之。惟和則安。亦惟安則和。二義可相傳。以寵釋光。詩長發箋云。寵。榮名之謂。榮名卽毛傳顯於時之義。鄭云。光大則讀光爲廣。與毛趙異也。○注戚斧揚鉞也。○正義曰。程氏瑤田通藝錄考工創物小記云。斧屬之器。說文云。斧。斫也。戉。大斧也。戚。戉也。余謂斧斤異於戈戟者。戈戟銳鋒。斧斤闊鋒也。故用之爲斫擊。戈戟之鋒銳。同於矛之刺。但矛直刺。而戈戟則橫擊以刺之也。公劉之詩云。干戈戚揚。毛傳云。戚。斧也。揚。戉也。正義云。廣雅鉞戚斧也。則戚揚皆斧鉞之別名。傳以戚爲斧。以揚爲鉞。鉞大而斧小。太公六韜云。太阿斧重八斤。一名大鉞。是鉞大於斧也。戚之言蹙也。其刃蹙狹。對戉名揚者言之。彼爲發越飛揚。故其刃侈張。蹙之張之。顧名思義。曰戚曰揚。弗可易也。戉今俗名月斧。以爲象形。然實戉聲之譌也。趙氏不釋干戈。箋云。干。盾也。戈。句矛戟也。考工創物小記云。冶氏爲戈。廣二寸。內倍之。胡三之。援四之。倨句外博。重三鋝。戟廣寸有半。寸內三之。胡四之。援五之。倨句中矩。與刺重三鋝。戈戟並有內有胡有援。二者之體。大略同矣。其不同者。戟獨有刺耳。故說文云。戈。平頭戟也。戟。有枝兵也。然則戈爲戟之無枝者矣。說文言枝。考工言刺。枝刺一物也。是故戈之制有援。援其刃之正者橫出以啄人。其本卽內也。內橫貫于柲之鑿而出之。故謂之內。援接內處下垂謂之胡。胡上不冒援而出。故曰平頭也。方言凡戟而無刃。秦晉之閒謂之釨。或謂之鏔。吳揚之閒謂之戈。此言內之無刃者。謂之戈也。說文。孑。無右臂也。戈右無刃謂之孑者。假借會意。而象其形以名之也。又云三刃枝。南楚宛郢謂之匽戟。此言戈內之有刃者謂之戟也。戈之刃在援與胡。其用主於援。戟則刃之在援在胡。依然一刃。而復有刺之刃。則其用主於刺。三刃者。一援一胡一刺也。○注又以至道路。○正義曰。閩監毛三本作又以武備之。曰方啓行道路。按毛傳云。張其弓矢。束其干戈戚揚。以方開道路去之豳。箋云。爰。曰也。公劉之去邰。整其師旅。設其兵器。告其士卒曰。爲女方開道而行。鄭釋爰爲曰。用爾雅釋詁文。毛但云方開道路。則不釋爰爲曰。第作于是而已。爾雅釋詁又云。爰。于也。是也。趙氏云。又以武備解弓矢斯張干戈戚揚也。云之四方。之字釋行。四方釋方。謂爰方啓行爲于四方啓行。參用毛傳。與鄭不同。以趙推毛。毛傳以方爲是四方之義。

王曰。寡人有疾。寡人好色。注王言我有疾。疾在好色。不能行也。對曰。

昔者太王好色。愛厥妃。詩云。古公亶甫。來朝走馬。率西水滸。至于岐下。爰及姜女。聿來胥宇。當是時也。內無怨女。外無曠夫。王如好色。與百姓同之。於王何有。注詩大雅緜之篇也。亶甫。太王名也。號稱古公。來朝走馬。遠避狄難。去惡疾也。率。循也。滸。水涯也。循西方水滸。來至岐山下也。姜女。太王妃也。於是與姜女俱來相土居也。言太王亦好色。非但與姜女俱行而已也。普使一國男女無有怨曠。王如則之。與百姓同欲。皆使無過時之思。則於王之政何有不可乎。疏注詩大至古公。○正義曰。詩在緜篇第二章。甫詩作父。古字通也。毛傳於首章云。古公。豳公也。古言久也。亶父字。或殷以名言質也。爲名爲字。毛氏不定。趙氏以爲名者。如春秋齊侯祿父季孫行父。皆以父爲名。不必字也。按古猶昔也。當謂古昔公亶甫。公亶甫三字稱號。猶公劉公非公祖類。加公於名上而已。○注來朝至疾也。○正義曰。箋云。來朝走馬。言其避惡早且疾也。早解來朝。疾解走馬。避惡解其早且疾之故。劉熙釋名釋姿容云。疾行曰趨。疾趨曰走。趙氏云。疾解走字也。來朝爲早易明。故不釋耳。○注率循至下也。○正義曰。毛傳云。率。循也。滸。水厓也。箋云。循西水厓沮漆水側也。率循。爾雅釋詁文。滸水厓。釋水文。涯厓字通也。閻氏若璩釋地云。太史公周本紀云。發去豳。渡漆沮。踰梁山。止於岐下。將自邠抵岐東南二百五十餘里。登山涉水。敘次如畫。然程大昌雍錄。謂渭水實在梁山下之南。循渭西上。可以達岐。則詩水字又與漆沮無涉。似益精確矣。○注姜女至居也。○正義曰。毛傳云。姜女。太姜也。胥。相也。宇。居也。箋云。爰於及與聿自也。於是與其妃太姜自來相可居者。著太姜之賢智也。太姜爲太王妃。與太任太姒爲周室三母。詳見列女傳。趙氏以於是釋爰。以與釋及。以相釋胥。以居釋宇。與毛鄭同。惟不用自來之訓。而以聿來爲俱來。聿猶律。說文彳部云。律。均布也。蔡邕月令章句云。律。率也。漢書宣帝紀杜注云。率者。總計之言也。均總即俱。趙氏以自來之義不協。故讀聿爲律爲率也。相士居。即詩正義云相土地之可居也。管子樞言篇。與人相胥。注云。胥。視也。說文云。相。省視也。胥之爲視。即相之爲省視也。

章指言。夫子恂恂然。善誘人。誘人以進於善也。齊王好貨好色。孟子推以公劉太王。所謂責難於君謂之恭者也。疏夫子至誘人。○正義曰。論語子罕篇文。論語作循循。後漢書趙壹傳云。失恂恂善誘之德。三國志步騭傳云。論語言夫子恂恂然善誘人。並作恂恂。與此章指同。

孟子謂齊宣王曰。王之臣有託其妻子於其友而之楚遊者。注假此言以爲喻。

比其反也。則凍餒其妻子。則如之何。【注】言無友道當如之何。【疏】比其反也。○正義曰。音義云。此丁必二切。及也。高誘注呂氏春秋達鬱篇云。比猶致也。致即密推之致爲至。故論語比及三年。皇侃義疏云。比。至也。孫氏以比及連文。故以比有及義。按比之義爲方。比方猶言譬如。孟子謂託孥於友而友諾之矣。設若其反。則其友未嘗顧恤而致凍餒其妻子。今人設言倘云比方。正其義也。論語比及三年。當亦云比方及於三年爾。王曰。棄之。【注】言當棄之絕友道也。【疏】注絕友道也。○正義曰。哀公十五年左傳云。絕世于良。注云。絕世。猶言棄也。曰。士師不能治士。則如之何。【注】士師獄官吏也。不能治獄。當如之何。【疏】注士師獄官吏也。○正義曰。見周禮秋官。王曰。已之。【注】已之者去之也。【疏】注已之者去之也。○正義曰。詩陳風墓門篇。知而不已。箋云。已。猶去也。按去之謂罷退其職。禮記學記云。古者仕焉而已者。論語。令尹子文三已之。曰。四境之內不治。則如之何。【注】境內之事。王所當理。不勝其任。當如之何。孟子以此動王心令戒懼也。王顧左右而言他。【注】王慙而左右顧視道他事。無以答此言也。【疏】注王慙至言也。○說文頁部云。顧。還視也。詩晉風。顧瞻周道。箋云。回首曰顧。左右立王少後。視之必回首。故云左右顧視。即回旋視之也。周禮訓方氏。掌道四方之政事。撢人。道國之政事。注並云。道。猶言也。故以道解言。章指。言君臣上下。各勤其任。無墮其職。乃安其身也。【疏】無墮其職。○正義曰。墮許規切。亦音隋。墮廣韻在四支。俗作隳。呂氏春秋必己篇。愛則隳。高誘注云。隳。廢也。禮記月令毋有壞墮。釋文云。墮本作隳。周禮守祧既祭則藏其隋。儀禮士儀禮注作既祭則藏其墮。是墮又讀隋也。此當爲墮敗之墮。

孟子見齊宣王曰。所謂故國者。非謂有喬木之謂也。有世臣之謂也。【注】故者。舊也。喬高也。人所謂是舊國也者。非但見其有高樹大木也。當有累世脩德之臣。常能輔其君以道。乃爲舊國可法則也。【疏】注故者至高也。○正義曰。國策秦策。寡人與子故也。楚辭招魂。樂先故些。高誘王逸注並云故舊也。喬高。爾雅釋詁文。○注人所至則也。○正義曰。尚書君奭云。則商實百姓王人。罔不秉德明恤。小臣屏侯甸。矧惟奔走。惟茲惟德稱。用乂厥辟。江氏聲集注音疏云。百姓。異姓之臣。王人。王之族人。同姓之臣也。无不秉持其德。明恤政事。乂讀當爲艾。艾。相也。辟。君也。惟此羣臣。各稱其德以輔相其君。此指上伊尹伊陟臣扈巫咸巫賢甘盤等。所謂累世修德之臣。常能輔其君以道也。王無親臣矣。【注】今王無可親任之臣。【疏】注今王至之臣。○正義曰。詩邶風仲氏任只箋云。任。以恩相親信也。大戴記文王官人篇云。觀其任廉。注云。任。以信相親也。是親臣爲親任之臣。昔者所進。今日不知其亡也。【注】言王取臣不詳審。往日之所知。今日爲惡當誅亡。王無以知也。【疏】注言王至知也。○正義曰。往日解昔者。所知解所進。進者。引也。登也。知其人乃登進之使爲臣也。誅。責也。亡。喪棄也。始不詳審而登進之。固以爲知其賢也。久而爲惡至于誅責而棄去之。則是始以爲知之者。原未嘗知之也。今日不知其亡。謂不知其今日之亡。經文倒言之也。故下王問何以先知其不才。閩監毛作我無以名之。非。王曰。吾何以識其不才而舍之。【注】王言我當何以先知其不才而舍之不用也。曰。國君進賢。如不得已。將使卑踰尊。疏踰戚。可不愼與。【注】言國君欲進用人。當留意考擇。如使忽然不精心意。如不得已而取備官。則將使尊卑親疏相踰。豈可不重愼之。【疏】注如使至愼之。○正義曰。忽之言迷忘也。荀子正名篇云。故愚者之言。芴然而粗。芴然卽忽然。粗卽不精心意。精猶靜也。靜其心意。乃能詳審。今忽忽若迷若忘。解如不得已之狀也。已。止也。不得已者。本不當用。因無人充職。姑且用之。故云不得已而取備官。不得已而取備官。乃是明知其不才而姑且用之。今原非明知其不才。但以不精心意若迷若忘。昏昏忽忽。故言如不得已。如者。擬而形容之之詞也。經以如不得已形容不詳審之狀。趙氏以忽然不精心意形容如不得已之狀。國語魯語。使僮子備官而未之聞耶注云。僮。僮蒙。不達也。正忽然不精心意之謂。左右皆曰賢。未可也。諸大夫皆曰賢。未可也。國人皆曰賢。然後察之。見賢焉。然後用之。【注】謂選大臣防比周之譽。核鄉原之徒。論語曰。衆好之必察焉。【疏】注選大至察焉。○正義曰。累世修德輔君以道。是大臣也。文公十八年左傳云。昔帝鴻氏有不才子。掩義隱賊。好行凶德。醜類惡物。頑嚚不友。是與比周。漢書谷永傳云。無用比周之虛譽。注云。比周。言阿黨親密也。鄉原之徒。若漢之胡廣。晉之王衍。以虛名而登上位。宜核其實。引論語者。衛靈公篇文。左右皆曰不可。勿聽。諸大夫皆曰不可。勿聽。國人皆曰不可。然後察之。見不可焉。然後去之。【注】衆惡之必察焉。惡直醜正。實繁有徒。防其朋黨以毀忠正。【疏】注衆惡之必察焉。○正義曰。亦論語衛靈公篇文。○注惡直至忠正。○正義曰。昭公二十八年左傳云。鄭書有之。惡直醜正。實繁有徒。文選上林賦注云。蕃與繁古字通。曾子參忠篇云。行邪者不變。則羣臣朋黨。才能之人去亡。荀子臣道篇云。不卹公道通義。朋黨比周。以環主圖私爲務。是篡臣者也。

注云。環主。環繞其主。不使賢臣得用。此朋黨毀忠正也。春秋繁露五行相勝篇云。司農爲姦。朋黨比周。以蔽主明。退匿賢士。絕滅公卿。左右皆曰可殺。勿聽。諸大夫皆曰可殺。勿聽。國人皆曰可殺。然後察之。見可殺焉。然後殺之。故曰國人殺之也。【注】言當慎行大辟之罪。五聽三宥。古者刑人於市。與衆棄之。【疏】注言當至三宥。○正義曰。尚書呂刑云。大辟之罰。其屬二百。禮記文王世子云。其死罪。則曰某之罪在大辟。周禮秋官掌戮掌斬殺注云。殺以刀刃。若今棄市也。司刑掌五刑之法。殺罪五百。注云。殺。死刑也。經言可殺。故知爲大辟之罪也。五聽者。周禮秋官小司寇。以五聲聽獄訟。求民情。一曰辭聽。二曰色聽。三曰氣聽。四曰耳聽。五曰目聽。是也。三宥者。司刺掌三刺三宥三赦之法。以贊司寇聽獄訟。壹宥曰不識。再宥曰遺失。三宥曰遺忘。是也。○注刑人於市。與衆棄之。○正義曰。禮記王制文。如此。然後可以爲民父母。【注】行此三慎之聽。乃可以子畜百姓也。章指言人君進賢退惡。翔而後集。有世賢臣。稱曰舊國。則四方瞻仰之以爲則矣。【疏】人君選賢退惡。○正義曰。白虎通云。進善乃以退惡。○翔而後集。○正義曰。論語鄉黨篇文。周氏廣業孟子古注考云。後古本作后。韓詩外傳載楚王使人齎金請接輿治河南。辭不受。其妻曰。不如去之。乃變姓名。莫知所之。論語曰。色斯舉矣。翔而後集。接輿之妻是也。詩卷阿鳳凰鳴矣。于彼高岡。鄭箋云。喩賢者待禮乃行。翔而後集。趙引此見人君當審愼用人之意。其進銳者其退速。注云不審人而遽進。不貪越其倫。退而悔之必速矣。當翔而後集。愼如之何。正與此同。

齊宣王問曰。湯放桀。武王伐紂。有諸。【注】有之否乎。孟子對曰。於傳有之。【注】於傳文有之矣。曰。臣弑其君可乎。【注】王問臣何以得弑其君。豈可行乎。曰。賊仁者謂之賊。賊義者謂之殘。殘賊之人。謂之一夫。聞誅一夫紂矣。未聞弑君也。【注】言殘賊仁義之道者。雖位在王公。將必降爲匹夫。故謂之一夫也。但聞武王誅一夫紂耳。不聞弑其君也。書云獨夫紂。此之謂也。【疏】注書云獨夫紂。○正義曰。荀子議兵篇云。誅桀紂若誅獨夫。故太誓云獨夫紂。此之謂也。趙氏引書。蓋卽謂此。又正論篇云。誅暴國之君若誅獨夫。湯武非取天下也。修其道。行其義。興天下之同利。除天下之同害。而天下歸之也。天下歸之之謂王。天下去之之謂亡。故桀紂無天下。而湯武不弑君。由此效之也。漢書劉向傳。以蕭望之周堪劉向爲三獨夫。顏師古云。獨夫猶言匹夫。章指言孟子言紂以崇惡失其尊名。不得以君臣論之。欲以深寤齊王。垂戒於後也。

孟子謂齊宣王曰。爲巨室。則必使工師求大木。工師得大木。則王喜以爲能勝其任也。匠人斲而小之。則王怒。以爲不勝其任矣。注巨室。大宮也。爾雅曰。宮謂之室。工師。主工匠之吏。匠人。工匠之人也。將以此喻之也。疏注巨室至人也。○正義曰。廣雅釋詁云。巨。大也。引爾雅者。釋宮文也。春秋隱公五年考仲子之宮。公羊傳云。考宮者何。考猶入室也。詩鄘風作于楚宮。又作于楚室。毛傳云。室猶宮也。此皆宮室通稱之證也。呂氏春秋驕恣篇云。齊宣王爲大室。大益百畝。堂上三百戶。以齊之大。具之三年而未能成。翟氏灝考異云。孟子巨室之言。疑卽覩斯而發。月令季春之月。命工師令百工審五庫之量。注云。工師。司空屬官也。又孟冬之月。命工師效功。注云。工師。工官之長也。爲司空屬官。故爲主工匠之吏。吏卽官也。莊公二十二年左傳云。陳公子完奔齊。齊侯使爲工正。注云。掌百工之官。胡氏匡衷儀禮釋官云。工正。工官之長。總掌百工。如月令工師之職。然則工師又名工正也。考工記攻木之工。有匠人爲百工中之一工。禮記雜記云。匠人執羽葆注云。匠人。工人也。是匠亦通稱工。此經上言工師。下言匠人。故趙氏於工師互稱主工匠之吏。於匠人互稱工匠之人。國語魯語云。嚴公丹桓公之楹而刻其桷。匠師慶言於公。注云。匠師慶。掌匠大夫御孫之名。周禮地官鄉師。及葬。執纛以與匠師御匶而治役。及窆。執斧以涖匠師。注云。匠師事官之屬。其於司空若鄉師之於司徒。由鄉師主役。匠師主衆匠。儀禮釋官云。據國語。則匠師之官。諸侯亦有之。鄉師下大夫。匠師與鄉師同。諸侯之官降於天子。匠師蓋士爲之。趙氏以工師爲主工匠。然則匠師卽工師。月令以其令百工稱工師。周禮國語以其專主攻木。稱匠師歟。抑主百工者自有工師。專主攻木者。別有匠師歟。

夫人幼而學之。壯而欲行之。王曰。姑舍女所學而從我。則何如。注姑。且也。謂人少學先王之正法。壯大而仕。欲施行其道。而王止之曰。且舍置汝所學而從我之教命。此何如也。疏注姑且至如也。○正義曰。詩卷耳。我姑酌彼金罍。毛傳云。姑。且也。姑且疊韻字也。定公五年左傳云。吾未知吾道。注云。道猶法術。法卽是道。呂氏春秋仲春上農等篇。高誘皆注云舍置也。又必己篇云。舍故人之家。高誘注云。舍。止也。故以置釋舍。而云王止之。說文教部云。教。上所施。下所效也。易象傳習教事。虞氏注云。巽爲教令。令猶命也。下文言何以異於教玉人。則此姑舍女所學而從我。卽下所云教也。故預於此以命釋教。爾雅釋詁云。使。從也。此云使工師求大木。下云使玉人彫琢之。皆任使之義。求木琢玉。必從工匠玉人爲之。能勝任與不能勝任。王蓋其成而喜之怒之可也。今不從彼而從我。所以求之斲之雕琢之之法。豈能之。故云從我之教命。

今有璞玉於此。雖萬鎰。必使玉人彫琢之。至於治國家。則曰姑舍女所學而從我。則何以異於教玉人彫琢玉哉。【注】二十兩為鎰。彫琢。治飾玉也。詩曰彫琢其章。雖有萬鎰在此。言衆多也。必須玉人能治之耳。至於治國家而令從我。是爲教玉人治玉也。教人治玉不得其道。則玉不得美好。教人治國不以其道。則何由能治者乎。【疏】注二十兩爲鎰。○正義曰。禮記喪大記云。朝一溢米。莫一溢米。注云。二十兩爲溢。於粟米之法。一溢爲米一升二十四分升之一。儀禮既夕注同。史記平準書。黃金以溢名。孟康云。二十兩爲溢。漢書張良傳賜良金百溢。服虔云。二十兩爲溢。呂氏春秋異寶篇。金千鎰。高誘注云。二十兩爲一鎰。漢儒解鎰字。皆與趙氏同。國語晉語黃金四十鎰。韋昭注亦云二十兩爲鎰。惟文選詠懷詩。黃金百溢盡。注引賈逵國語注云。一鎰二十四兩。又吳都賦金鎰磊砢。劉淵林注云。金二十四兩爲鎰。二者皆見文選注。當是李善誤衍四字。賈公彥既夕疏云。二十四兩曰溢。亦衍四字。按孫子算經云。稱之所起。起於黍。十黍爲一絫。十絫爲一銖。二十四銖爲一兩。十六兩爲一斤。三十斤爲一鈞。四鈞爲一石。四鈞爲一百二十斤。故一百二十斤爲一石。以每斤十六兩通之。是一石爲一千九百二十兩。一斗爲一百九十二兩。一升爲一十九兩二錢。古以二十四銖爲兩。不以十錢爲兩。以一十九兩二錢乘二十四銖。得四百六十銖零八絫。於四百八十銖減去四百六十銖零八絫。餘一十九銖零二絫。置一升四百六十銖零八絫。以二十四除之。確得一十九銖零二絫。是一升二十四分升之一。爲四百八十銖。即是二十兩。甄鸞五經算術云。置一斛米重一百二十斤。以十六乘之。爲積一千九百二十兩。以溢法二十兩除之。得九十六溢爲法。以米一斛爲百升爲實。實如法得一升不盡四升。與法俱再半之。名曰二十四分升之一。此不用銖法而用石法。以九十六溢除百升。每溢一升。除去九十六升。尚餘四升。故云不盡四升。半其四升爲二升。再半其二升爲一升。半其九十六爲四十八。再半其四十八爲二十四。二十四分升之一。即九十六分升之四。以九十六分升之四。約爲二十四分升之一。所謂可半則半之術也。鄭氏以爲粟米法本溢法石法言之。則明其爲二十兩。賈氏作疏。不致違背之。以爲二十四。知二十四之四。必爲衍字。推之文選注。蓋亦衍也。阮氏元校勘記云。經注中鎰字。皆俗字也。當依儀禮作溢。溢之言滿也。滿於十六兩爲一斤之外也。○注彫琢至其章。○正義曰。爾雅釋器云。玉謂之雕。又云。玉謂之琢。說文云。雕琢文也。琢。治玉也。則雕琢同。禮記少儀注云。雕。畫也。禮器注云。琢當爲篆。畫者。分界之名。篆者。文飾之名。是雕第治之。而琢則飾之。說文蓋互見之。散文則通。故雕亦爲琢。琢亦爲治也。考工記玉人之事。所掌圭璧冒瓚琮璋等。有終葵首羨好射勺鼻衡等篆飾。別有雕人文闕。蓋言雕琢之事也。璞。猶樸也。玉之未治者爲璞。必治之飾之。而後成器。故趙氏以治飾解之。引詩者。大雅棫樸第五章也。詩作追琢其章。毛傳云。追。彫也。金曰彫。玉曰琢。毛以下言金玉。故以彫屬金。與爾雅異。孔氏正義以爲對文則別是也。鄭氏箋云。追琢玉使成文章。趙氏以彫易追。本毛氏也。用以證治玉飾玉。專指玉言。則同鄭氏矣。○注雖有至治乎。○正義曰。萬鎰爲一萬二千五百斤。故衆多。言玉雖衆多。不能不委任於人。猶國雖廣大。不能不委任於人也。蓋玉人學治玉之道。乃能治以其衆多而矜重之。旣不能自治。而又不委任之而掣其肘。雖有良工。弗能善其事矣。教人治玉。謂舍其彫琢之正法。而從己之教命。所教違其所學。爲能得其道哉。　章指。言任賢使能。不違其學。則功成而不墮。屈人之是。從己之非。則人不成道。玉不成圭。善惡之致。何可不察哉。疏人不成道玉不成圭。○正義曰。禮記學記云。玉不琢不成器。人不學不知道。趙氏語本此。古本作玉不成器。周氏廣業云。依韻當作圭。

齊人伐燕勝之。宣王問曰。或謂寡人勿取。或謂寡人取之。以萬乘之國。伐萬乘之國。五旬而舉之。人力不至於此。不取。必有天殃。取之何如。注萬乘非諸侯之號。時燕國皆侵地廣大。僭號稱王。故曰萬乘。五旬五十日也。書曰朞三百有六旬。言五旬未久而取之。非人力乃天也。天與不取。懼有殃咎。取之何如。疏注五旬至六旬。○正義曰。說文勹部云。旬。徧也。十日爲旬。鄭康成注儀禮禮記。高誘注呂氏春秋淮南子。皆以旬爲十日。故五旬爲五十日。戰國策齊策云。張儀以秦魏伐韓。齊王曰。韓。吾與國也。秦伐之。吾將救之。田臣思曰。王之謀過矣。不如聽之。子噲與子之國。百姓不戴。諸侯弗與。秦伐韓。楚趙必救之。是天下以燕賜我也。王曰善。因起兵攻燕。三十日而舉燕國。此三字當是五字之譌。引書者。堯典文。王肅注堯典云。期。四時也。一朞三百六十五日四分日之一。又入六日之內。舉全數以言之。故云三百六十六日也。引此以明旬爲十日之證。○注天與不取懼有殃咎。○正義曰。說文歺部云。殃。咎也。國語越語云。得時無怠。時不再來。天與不取。反爲之災。史記張耳陳餘列傳云。臣聞天與不取。反受其咎。淮陰侯列傳云。天與弗取。反受其咎。時至不行。反受其殃。說苑說叢最引作時至不迎。

孟子對曰。取之而燕民悅。則取之。古之人有行之者。武王是也。注武王伐紂而殷民喜悅。篚厥元黃而來迎之。是以取之也。取之而燕民不悅。則勿取。古之人有行之者。文王是也。注文王以三仁尚在。樂師未奔。取之懼殷民不悅。故未取之也。疏注三仁尚在樂師未奔。○正義曰。論語云。微子去之。箕子爲之奴。比干諫而死。孔子曰。殷有三仁焉。史記殷本紀云。西伯旣卒。周武王之東伐至盟津。諸侯叛殷會周者八百。諸侯皆曰。紂可伐矣。武王曰。爾未知天命。乃復歸。紂愈淫亂不止。微子數諫不聽。乃與太師少師謀遂去。比干曰。爲人臣者。不得不以死爭。乃強諫紂。紂怒曰。吾聞聖人心有七竅。剖比干觀其心。箕子懼。乃佯狂爲奴。紂又囚之。殷之太師少師。乃持其祭樂器犇周。周武王於是率諸侯伐紂。周本紀云。諸侯不期而會盟津者八百諸侯。諸侯皆曰。紂可伐矣。武王曰。女未知天命。未可也。乃還師歸。居二年。聞紂昏亂暴虐滋甚。殺王子比干。囚箕子。太師疵少師彊抱其樂器而犇周。樂師即所云太師疵少師彊也。當武王會孟津時。且以天命未去。未可伐紂。必俟三仁旣喪。樂師旣去。乃率諸侯伐紂。然則在文王時。其未可伐。益可知也。燕策云。孟軻謂齊宣王曰。今伐燕。此文武之時。不可失也。孟子言文武之時不可失。即孟子所謂取之而燕民悅。則取之。武王是也。取之而燕民不悅。則勿取。文王是也。而策不達其辭耳。

以萬乘之國。伐萬乘之國。簞食壺漿以迎王師。豈有他哉。避水火也。如水益深。如火益熱。亦運而已矣。注燕人所以持簞食壺漿來迎王師者。欲避水火難耳。如其所患益甚。則亦運行犇走而去矣。今王誠能使燕民免於水火。亦若武王伐紂。殷民喜悅之時。則可取之。疏注則亦運行犇走而去矣。○正義曰。爾雅釋詁云。運。徙也。淮南子原道終身覽冥等篇。高誘注皆云。運。行也。故以行釋運。以行字未了。以犇走申之。犇走而去。是行亦即是避也。章指。言征伐之道。當順民心。民心悅則天意得。天意得。然後乃可以取人之國也。疏征伐至國也。○正義曰。呂氏春秋順民篇云。先王先順民。故功名成。古本無複天意得三字。

齊人伐燕。取之。諸侯將謀救燕。宣王曰。諸侯將謀伐寡人者。何以待之。注宣王貪燕而取之。諸侯不義其事。將謀伐齊救燕。宣王懼而問之。孟子對曰。臣聞七十里爲政於天下者。湯是也。未聞以千里畏人者也。注成湯修德。以七十里而得天下。今齊方千里。何畏懼哉。書曰。湯一征。自葛始。天下信之。東面而征。西夷怨。南面而征。北狄怨。曰奚爲後我。民望之。若大旱之望雲霓也。歸市者不止。耕者不變。誅其君而弔其民。若時雨降。民大悅。書曰。徯我后。后來其蘇。注此二篇。皆尚書逸篇之文也。言湯初征自葛始。誅其君。恤其民。天下信湯之德。面者。嚮也。東嚮征西夷。怨者去王城四千里夷服之國也。故謂之四夷。言遠國思望聖化之甚也。故曰何爲後我。霓。虹也。雨則虹見。故大旱而思見之。徯。待也。后。君也。待我君來。則我蘇息也。

疏注此二至息也。○正義曰。逸篇義見前。王氏鳴盛尚書後辨云。書序云。湯征諸侯。葛伯不祀。湯始征之。作湯征。則葛伯仇餉及湯一征自葛始云云。正湯征中語。江氏聲尚書集注音疏云。天下信之之言。不似尚書之文。又滕文公篇云。湯始征自葛載。十一征而無敵於天下。言東面而征云云。云湯始征自葛載。與梁惠王篇所引小異。而梁惠王篇明稱書曰。滕文公篇則否。十一征而無敵於天下。與天下信之之文絕殊。信乎皆非尚書文也。僖公年公羊傳云。古者周公東征則西國怨。西征則東國怨。按荀子王制篇云。周公南征而北國怨。曰何獨不來也。東征而西國怨。曰何獨後我也。後漢書班固奏記。古者周公一舉則三方怨。曰奚爲而後已。然則東西而征云云。乃本周公事。孟子引以釋書耳。襄公十四年左傳云。有君不弔。注云。弔。恤也。史記宋微子世家云。魯使臧文仲往弔水。集解引賈逵云。問凶曰弔。恤即問凶也。鄭氏注周禮撣人。考工記匠人。禮記玉藻。皆云面。猶鄉也。鄉同嚮。亦同向。鄭氏注皋陶謨云。禹弼成五服。去王城五百里曰甸服。其弼當侯服。去王城千里。其外五百里爲侯服。當甸服。去王城一千五百里。其弼當男服。去王城二千里。又其外五百里爲綏服。當采。去王城二千五百里。其弼當衞服。去王城三千里。又其外五百里爲要服。與周要服相當。去王城五千五百里。四面相距爲七千里。是九州之內也。要服之弼當其夷服。去王城當四千里。又其外五百里曰荒服。當鎭服。其弼當蕃服。去王城五千里。趙氏此注云。去王城四千里。夷服之國。本禹弼成五服而言也。臧氏琳經義雜記云。西夷北狄。嘗見前明翻刻北宋板。趙注本上下皆作夷字。趙注梁惠王篇云。東向征西夷怨者。去王城四千里夷服之國也。故謂之四夷。又注盡心云。四夷怨王。滕文公正義云。湯之十一征而天下無敵者。故東面而征其君。則西夷之國怨之。以爲不征其我君之罪。南面而征其君。則北夷之國怨之。以爲不征其我君之罪。而先於彼。盡心正義云。故南面而征。則北夷怨。東面而征。則西夷怨。曰奚爲後我。惟梁惠王正義引仲虺之誥。乃葛伯仇餉。初征自葛。東征西夷怨。南征北狄怨。次釋孟子西夷北夷之言亦同。書作西夷北狄。孟子三處皆作西夷北夷。魏晉間采孟子作尚書。始改北夷爲北狄。以與西夷儷句。北宋時爲正義者。猶未誤作狄字。爾雅釋天云。螮蝀。虹也。霓爲挈貳。注云。雙出色鮮盛者爲雄。曰虹。闇者爲雌。曰霓。說文雨部云。霓。屈虹。青赤或白色。蓋青赤所謂雙色也。白色所謂闇也。虹青赤而彎曲。故云屈也。詩蝃蝀云。朝隮于西。崇朝其雨。周禮視祲注云。隮。虹也。故云雨則虹見。當其望也。雨猶未降。及誅君弔民。乃若時雨降也。呂氏春秋愼大篇云。湯立爲天子。夏民大悅。朝不易位。農不去疇。商不變肆。大戴禮主言篇云。孔子曰。明主之所征。必道之所廢也。彼廢道而不行。然後誅其君致弔其民。故曰明主之征也。猶時雨也。則民悅矣。孟子釋書之辭。蓋當時傳聞如是也。徯。待。后。君。皆爾雅釋詁文。漢書武帝紀集注引應邵云。蘇。息也。王氏念孫廣雅疏證云。穌。生也。鄭注樂記云。更息曰蘇。孟子梁惠王篇引書后來其蘇。蘇與穌通。

今燕虐其民。王往而征之。民以爲將

拯己於水火之中也。簞食壺漿以迎王師。若殺其父兄。係累其子弟。毀其宗廟。遷其重器。如之何其可也。【注】拯。濟也。係累。猶縛結也。燕民所以悅喜迎王師者。謂濟救於水火之中耳。今又殘之若此。安可哉。【疏】今燕至王師。○正義曰。戰國策燕策云。燕王噲既立。蘇秦死於齊。齊宣王復用蘇代。燕噲三年。子之相燕。蘇代爲齊使於燕。燕王問之曰。齊宣王何如云云。王因收印自三百石吏而效之子之。子之南面行王事。而噲老不聽政。顧爲臣。國事皆決子之。子之三年。燕國大亂。百姓恫怨。儲子謂齊宣王因而仆之。破燕必矣。孟軻謂齊宣王曰。今伐燕。此文武之時。不可失也。王因令章子將五都之兵。以因北地之衆以伐燕。士卒不戰。城門不閉。燕王噲死。齊大勝燕。子之亡。此齊往征燕。燕民迎王師之事也。○遷其重器。○正義曰。戰國策望諸君報燕書曰。奉令擊齊。大勝之。輕卒銳兵。長驅至國。齊王逃遁走莒。僅以身免。珠玉財寶。車甲珍器。盡收入燕。大呂陳於天英。故鼎反乎歷室。高誘注云。子噲亂。齊伐燕殺噲。得鼎。鮑彪注云。故鼎齊所得燕鼎。然則重器即指歷室之鼎也。昭七年左傳云。齊侯次於虢。燕人行成曰。敝邑知罪。敢不聽命。先君之敝器。請以謝罪。二月戊午。盟于濡上。燕人歸燕姬賂以瑤罋玉櫝斝耳。不克而還。此亦燕器之可考者。○注拯濟至可哉。○正義曰。易渙初六用拯馬壯吉。釋文引伏曼容注云。拯。濟也。文選思元賦。蒙厖褫以拯民。舊注同。周禮大司徒注云。抍捄天民之窮者也。抍同拯。捄同救。趙氏既以濟釋拯。又云濟救。義詳備也。閩監毛三本作拯。捄也。十行本作拯。所也。誤。國語吳語係馬舌注云。係。縛也。禮記儒行不累長上注云。累。猶繫也。繫與係通。說文云。係。絜束也。絜猶結。束即縛。漢書張釋之傳。跪而結之注云。結讀曰絜。儀禮士喪禮注云。組繫爲可結也。是係累爲縛結也。國策秦策云。張儀之殘樗里疾也。高誘注云。殘。害也。又云昔智伯瑤殘范中行注云。殘。滅也。史記樊酈滕灌傳云。具二十七縣殘。集解引張晏云。殘。有所毀也。列子說符篇云。遂共盜而殘之。注云。殘。賊殺之。是殘兼殺害毀滅之名。故統括殺其父兄係累其子弟毀其宗廟遷其重器而謂之殘。

天下固畏齊之彊也。今又倍地而不行仁政。是動天下之兵也。【注】言天下諸侯。素畏齊彊。今復并燕一倍之地。以是行暴。則多所危。是動天下之兵共謀齊也。【疏】注言天至齊也。○正義曰。禮記投壺注云。固之言如故也。國策魏策注云。固。久也。儀禮喪服傳歠素食注云。素。猶故也。後漢書呂布傳注云。素。舊也。舊。即久也。是素固同義。故趙氏以素解固。不仁則爲暴。故以行暴解不行仁政。即上所謂殘也。國策云。齊破燕。趙欲存之。乃以河東易齊。楚魏憎之。令淖滑惠施之趙請伐齊而存燕。又云。楚許魏六城。與之伐齊而存燕。此天下諸侯謀齊救燕之事也。

王速出令。反其旄倪。止其重器。謀於燕衆。置君而後去之。則猶可及止也。【注】速。疾也。旄。老耄也。倪。弱小。繄倪者也。孟子勸王急出令。先還其老小。止勿徙其寶重之器。與燕民謀。置所欲立君而去之。歸齊天下之兵。猶可及其未發而止之也。【疏】注疾速至老小。○正義曰。速疾爾雅釋詁文。禮記曲禮云。八十九十日耄。射義旄期注云。八十九十日旄。是旄即耄也。劉熙釋名釋長幼云。人始生日嬰兒。或曰嫛婗。嫛。是也。言是人也。婗。其啼聲也。說文儿部云。兒。孺子也。女部云。婗。嫛婗也。禮記雜記云。中路嬰兒失其母焉。何常聲之有。注云。嬰。猶鷖彌也。言其若小兒亡母啼號。安得常聲乎。鷖即嫛。繄爲嫛字。聲之轉。繄婗疊韻字。爲小兒啼聲。繄倪即嫛兒。釋名解嫛爲是人。非也。王氏念孫廣雅疏證云。釋親。婗。兒子也。婗亦兒也。方俗語有輕重耳。凡物之小者謂之倪。嫛兒謂之婗。鹿子謂之麑。小蟬謂之蜺。老人齒落更生細齒謂之齯齒。義並同也。阮氏元校勘記云。弱小倪倪者也。閩監毛三本同。音義出繄字旄倪下。云詳註意。倪謂繄倪小兒也。作倪。倪者。誤也。說文云。返。還也。商書曰祖甲返。返與反同。故以還釋反。史記燕世家云。燕人共立太子平。是爲燕昭王。燕所立君也。是章指。言伐惡養善。無貪其富。以小王大。夫將何懼也。【疏】伐惡至懼也。○正義曰。宣公十一年左傳。申叔時曰。夏徵舒弑其君。其罪大矣。討而戮之。君之義也。今縣陳。貪其富也。以討召諸侯。而以貪歸之。無乃不可乎。伐惡無貪富義本此。考文古本作以小至大。足利本作以大王小。

鄒與魯鬨。穆公問曰。吾有司死者三十三人。而民莫之死也。誅之則不可勝誅。不誅。則疾視其長上之死而不救。如之何則可也。【注】鬨。鬭聲也。猶構兵而鬭也。長上。軍率也。鄒穆公忿其民不赴難而問其罰當謂何也。【疏】注鬨鬭至鬭也。○正義曰。音義云。鬨。張胡弄切。一云鬭聲。從門下者。下降切。義意巷同。此字從鬥。丁豆切。與門不同。丁又胡降切。劉熙曰。鬨。構也。構兵以鬭也。說文云鬭也。王氏念孫廣雅疏證云。字亦作鬨。呂氏春秋愼行篇。崔杼之子相與私鬨。高誘注云。鬨。鬭也。鬨讀近鴻。緩氣言之。大雅召旻篇。蟊賊內訌。鄭箋云。訌。爭訟相陷人之言也。義與鬨相近。○注長上軍率也。○正義曰。音義本作率。率與帥通。監本毛本誤作師。非也。周禮夏官敘官云。凡制軍。萬有二千五百人爲軍。王六軍。大國三軍。次國二軍。小國一軍。軍將皆命卿。二千五百人爲師。師帥皆中大夫。五百人爲旅。旅帥皆下大夫。百人爲卒。卒長皆上士。二十五人爲兩。兩司馬皆中士。五人爲伍。伍皆有長。注云。軍師旅卒兩伍。皆衆名也。伍一比。兩一閭。卒一旅。旅一黨。師一州。軍一鄉。家所出一人。將帥長司馬者。其師吏也。言軍將皆命卿。則凡軍帥不特置。選於六官六鄉之吏。自卿以下。德任者使兼官焉。賈氏疏云。六軍之將。還選六卿中有武者爲軍將。又別言六鄉之吏者。據六鄉大夫。及州長黨正族師閭胥比長中有武者。今出軍之爵。還遣在鄉所管之長爲軍吏也。兼官者。在鄉爲鄉官。在軍爲軍吏。若無武德不堪任爲軍吏者。則衆屬他軍吏。身不得爲軍吏。此穆公以小國一軍所云長上。蓋合指軍師旅卒兩伍等帥而言。故有三十三人之多。趙氏但舉軍帥以例其餘也。若以一軍言之。僅有一帥矣。以此時之軍吏。卽平時之鄉官。故凶年饑歲有救民之責。宜上告也。雖臨時選擇。有兼官。有不爲軍吏。不必皆所屬之鄉官。而有司平日不能愛民。不必所屬而皆疾視不救。其情勢有然矣。

孟子對曰。凶年饑歲。君之民。老弱轉乎溝壑。壯者散而之四方者。幾千人矣。而君之倉廩實。府庫充。有司莫以告。是上慢而殘下也。

【注】言往者遭凶年之阨。民困如是。有司諸臣無告白於君。有以振救之。是上驕慢以殘賊其下也。【疏】注有司至下也。○正義曰。呂氏春秋贊能篇云。敢以告于先君。高誘注云。告。白也。白乃明顯之義。民間困苦達之于君。使之明顯。不使壅於上聞。故以白釋告也。戰國策秦策云。王兵勝而不驕。高誘注云。驕。慢也。呂氏春秋期賢篇云。吾安敢驕之。高誘注云。驕。慢之也。說文歺部云。殘。賊也。故以驕釋慢。以賊釋殘。賊之言害也。

曾子曰。戒之戒之。出乎爾者。反乎爾者也。【注】曾子有言。上所出善惡之命。下終反之。不可不戒也。夫民今而後得反之也。君無尤焉。【注】尤。過也。孟子言百姓乃今得反報諸臣不哀矜耳。君無過責之也。【疏】注尤過也。○正義曰。毛詩鄘風許人尤之傳云。尤。過也。爾雅釋言作郵。古字通。襄公十五年左傳云。尤其室。注云。尤。責過也。

君行仁政。斯民親其上。死其長矣。【注】君行仁恩。憂民困窮。則民化而親其上。死其長矣。【疏】君行至長矣。○正義曰。夫民今而後得反之。謂出命而惡。以惡反之也。行仁政斯民親上死長。謂出命而善。以善反之也。故前趙氏兼善惡之命言之。憂民窮困。則是哀矜。不哀矜卽是不行仁政。注亦互明之。周氏廣業孟子出處時地考云。穆公行仁政。見於賈誼新書。有云鄒穆公有食鳧鴈者必以粃。毋得以粟。于是食無粃而求易于民。二石粟得一石粃。吏以爲費。請以粟食鴈。公曰。粟。人之上食也。奈何以養鳥也。君者民之父母。取倉中之粟移之於民。此非吾子粟乎。粟在倉與在民。與我何擇。鄒民聞之。皆知私積之與公家爲一體也。又新序稱穆公食不重味。衣不雜采。自刻以廣民。親賢以定國。親民如子。鄒國之治。路不拾遺。臣下順從。故以鄒子之細。魯衛不能輕。齊楚不能脅。穆公死。鄒之百姓若失慈父。行哭三日。四境之鄰於鄒者。士民嚮方而道哭。據其言與孟子所謂上慢而殘下者迥異。登壅於上聞。罪固專在有司。而孟子一言悟主。乃側身修行。發政施仁。以致此歟。

章指。言上恤其下。下赴其難。惡出乎己。害及其身。如影響自然也。【疏】如影響自然也。○正義曰。管子心術篇云。若影之象形。響之應聲也。語亦見

任法篇。列子天瑞篇引黃帝書云。形動不生形而生影。聲動不生聲而生響。又說符篇云。言美則響
美。言惡則響惡。身長則影長。身短則影短。董子繁露包位權云。有聲必有響。有形必有影。聲出
於內。響報於外。形立於上。影報於下。賈子新書大政篇云。君鄉善於此。則佚佚然協民皆鄉善於
彼矣。猶景之寫形也。君爲惡於此。則啍啍然協民皆爲惡於彼矣。猶響之應聲也。漢書天文志云。
政失於此。則變見於彼。如景之象形。響之應聲。自然之符也。論衡寒溫篇云。虎嘯而谷風至。
龍興而景雲起。同氣共類。動相招致。故曰以形逐影。以龍致雨。雨應龍而來。影應形而去。

滕文公問曰。滕。小國也。間於齊楚。事齊乎。事楚乎。【注】文公言我居齊楚之間。非其所事。
不能自保也。【疏】注非其所事。○正義曰。言非其所當事也。孟子對曰。是謀非吾所能及也。無已。則有一焉。
鑿斯池也。築斯城也。與民守之。效死而民弗去。則是可爲也。【注】孟子以二大國之
君。皆不由禮。我不能知誰可事者也。不得已有一謀焉。惟施德義以養民。與之堅守城池。至死使民不畔去。則可
爲矣。【疏】無已。○正義曰。管子大匡篇云。公幷出曰。勿已。其勉霸乎。又戒篇云。勿已朋其可乎。
呂氏春秋尊師篇云。勿已者。則好學而不厭。好教而不倦。勿已卽無已。史記魯仲連說燕將
曰。亡意亦捐燕棄世。東
游於齊乎。亡意卽無已。章指。言事無禮之國。不若得民心與之守死善道也。

滕文公問曰。齊人將築薛。吾甚恐。如之何則可。【注】齊人幷得薛。築其城以偪於滕。故文
公恐也。【疏】注齊人至恐也。○正義曰。杜預春秋釋例世族譜云。薛國任姓。黃帝之苗裔奚仲封爲薛侯。
今魯國薛縣是也。奚仲遷於邳。仲虺居薛。以爲湯左相。武王復以其冑爲薛侯。齊桓霸諸
侯。黜爲伯。獻公始與魯同盟。小國無記世不可知。亦不知爲誰所滅。按孟子言齊人築薛。則薛已
屬齊。故以爲齊人所幷。抑趙氏有所據。今不詳耳。江氏永羣經補義云。齊威王以薛封田嬰爲靖郭
君。齊人將築薛。其時薛已滅也。史記正義薛故城在徐州滕縣南四十四里。與滕切近是也。閻氏若
璩釋地。依田齊世家孟嘗君傳。謂湣王三年庚子。封田嬰於薛。今考戰國策齊策。靖郭之交大不善
於宣王。辭而之薛。齊貌辨見宣王曰。靖郭君曰。薛受於先王。且先王之廟在薛。此云先王。謂威
王也。又齊王夫人死。有七孺子皆近。薛公欲知王所欲立。高誘注云。齊威王子宣王也。又孟嘗君
在薛。齊王制其顏色。高誘注云。齊宣王也。威王之子。淮南子人間訓云。唐子短陳駢子於齊威王。
威王欲殺之。陳駢子與其屬出亡奔薛。孟嘗君聞之。使人以車迎之。然則田嬰封於薛。在威王時無
疑。此築薛。卽田氏築之。孟子於薛。餽兼金七十鎰。亦田氏也。周氏廣業孟子出處時地考云。
考策靖郭君將城薛。客多諫。戒謁者勿通。後有諫者曰。君失齊。雖隆薛之城到於天。猶無益也。

乃轂城薛。薛本有城。靖郭君欲更築而崇隆之。故諫者甚多。而客言如是。滕文公言齊人將築薛。築即築斯城也之築。曰將則固其初議也。

孟子對曰。昔者大王居邠。狄人侵之。去之岐山之下居焉。非擇而取之。不得已也。【注】大王非好岐山之下。擇而居之。迫不得已。困於強暴。故避之。【疏】居邠。○正義曰。顧氏炎武日知錄云。唐書言邠州故作豳。開元十三年以字類幽。故改為邠。今推孟子書用邠字。蓋唐以後傳錄之變也。翟氏灝考異云。說文邠字下云。周太王國重文作豳。是邠實古字。漢書匡衡傳疏。大王躬仁邠國。貴恕已用之。師古注云。邠即今豳州。師古尚在開元前。得云傳錄變乎。段氏玉裁說文解字注云。邠。周大王國。左右扶風美陽。从邑分聲。豳美陽亭。即豳也。民俗以夜市。有豳山。从山。从豩闕。按此二篆說解可疑。豳者。公劉之國。史記云。慶節所國。非大王國。疑一。漢地理志毛詩箋郡國志皆云豳在右扶風栒邑。不在美陽。疑二。地理郡國二志。皆云栒邑有豳鄉。徐廣曰。新平漆縣之東北有豳亭。疑三。從山豩聲。非有闕也。而云从豩闕。疑四。假令許果以豳合邠。當云或邠字。而不言及。疑五。蓋古地名作邠。山名作豳。而地名因於山名同音通用。如邠岐之比。是以周禮籥章經文作豳。注作邠。漢人於地名用邠不用豳。經典多作豳。惟孟子作邠。唐開元十三年。始改豳州為邠州。見通典元和郡縣志。郭忠恕云。因如豳而易誤也。按顧氏謂孟子多近今字。於豳之作邠外。又舉強之作彊。知之作智。辟之作避。女之作汝。說之作悅。說文虫部云。強。蚚也。蚚。強也。是強為蟲名。弓部彊。有力也。與強字異。其力部云。勥。迫也。從力強聲。重文作𢐋。云古文從彊。然則彊而後可之彊當作勥。孟子作彊為勥之省。勥省作彊。猶勥省作強也。說文矢部云。知。詞也。白部云。𥏼。識詞也。智乃𥏼省。禮智小智解作智識者。皆宜作智。他書作知者通用也。說文辵部云。避。回也。口部云。辟。法也。從口從辛。節制其罪也。然則辟為刑辟之辟。太王避狄之避。正宜作避。他書作辟者。省文也。說文汝為水名。女為婦人名。其為爾汝之汝。本屬假借。書盤庚格汝眾。康誥汝為小子亦作汝。則女之為汝。不特孟子也。悅字說文所無。言部之說。為詞說之說。而爾雅釋詁云。悅。樂也。亦從心。孟子諸字。皆非近今字也。顧氏失之。

苟為善。後世子孫必有王者矣。【注】誠能為善。雖失其地。後世乃可有王者若周家也。君子創業垂統。為可繼也。若夫成功則天也。君如彼何哉。彊為善而已矣。【注】君子造業垂統。貴令後世可繼續而行耳。又何能必有成功。成功乃天助之也。君豈如彼齊何乎。但當自強為善法以遺後世也。【疏】注君子至世也。○正義曰。說文云。刱。造法刱業也。從井刅聲。讀若創。蓋創之義為懲艾。經典多借創為刱。故此經作創。趙氏以造釋之。國語周語云。以創制天下。注云。創。造也。亦刱作創矣。說文云。繼。續也。故以續釋繼。毛本經作彊。注作強。

石經經作強。宋本經亦作強。翟氏灝考異云。注文以平聲讀。則爲有力之彊。按爾雅釋詁云。
彊。勤也。淮南子修務訓云。功可彊成。高誘注云。彊。勉也。自彊爲善法。即自勉爲善法也。章指
言君子之道。正己任天。強暴之來。非己所招。謂窮則獨善其身者也。疏正己任天。○正義日。古本作在天。

滕文公問曰。滕。小國也。竭力以事大國。則不得免焉。如之何則可。注問免難全
國於孟子。孟子對曰。昔者大王居邠。狄人侵之。事之以皮幣。不得免焉。事之
以犬馬。不得免焉。事之以珠玉。不得免焉。注皮。狐貉之裘。幣。繒帛之貨也。疏注皮狐至貨也。○正義
曰。毛詩豳風七月篇云。一之日于貉。取彼狐貍。爲公子裘。傳云。于貉。謂取貉。貉。貉皮。狐
貍。狐貍皮也。狐貉之厚以居。是狐貉爲豳地所有。故趙氏以皮爲狐貉之皮也。周禮太宰九貢有幣
貢。鄭氏注云。幣貢。玉馬皮帛也。小行人合六幣。圭以馬。璋以皮。璧以帛。琮以錦。琥以繡。
璜以黼。然則皮馬玉帛皆通名爲幣。乃此皮幣對舉。下別言犬馬珠玉。則幣非統名。故以帛繒釋之。
說文云。幣。帛也。戰國策齊策云。請具車馬皮幣。高誘注云。幣。束帛也。淮南子時則訓云。用
圭璧更皮幣。高誘注云。幣謂元纁束帛也。儀禮士昏禮記云。皮帛必可制注云。皮帛儷皮束帛也。
此皮帛即皮幣。秦策云。約車幷幣。高誘注云。幣。貨也。故趙氏釋幣爲繒帛之貨。說文云。繒。
帛也。帛。繒也。大宗伯公孤執皮帛注云。帛如今璧色繒也。是繒帛一物。毛詩七月篇云。八月載
績。載元載黃。我朱孔陽。爲公子裳。傳云。元黑而有赤也。朱。深
纁也。陽。明也。祭服元衣纁裳。然則元纁束帛。亦豳地所有矣。乃屬其耆老而告之
曰。狄人之所欲者。吾土地也。吾聞之也。君子不以其所以養人者害人。二
三子何患乎無君。我將去之。去邠。踰梁山。邑于岐山之下居焉。注屬會也。土地
生五穀所以養人也。會長老告之如此而去之。疏踰梁至居焉。○正義曰。閻氏若璩釋地續云。雍州有二梁山。一在今韓城郃陽兩縣境。書治梁及岐。詩奕奕梁
山。春秋梁山崩。爾雅梁山晉望也皆是。於孟子之梁山無涉。孟子梁山。則以今乾州西北五里。其
山橫而長。自邠抵岐二百五十餘里。山適界乎一百三十里之間。太王當日必踰此山。然後可遠狄患。
營都邑。改國曰周。○注屬會至去之。○正義曰。伏生尙書大傳略記云。狄人將攻大王。亶父召耆
老而問焉曰。狄人何欲。耆老對曰。欲得菽粟財貨。大王曰。與之。每與之至無而攻不止。大王贅
其耆老而問之曰。狄人又何欲乎。耆老對曰。欲君之土地。大王曰。與之。耆老曰。君不爲社稷乎。
大王曰。社稷所以爲民也。不可以所爲民者亡民也。耆老曰。君縱不爲宗廟乎。大王曰。

宗廟吾私也。不可以吾私害民也。遂策杖而去。踰梁山。邑岐山。國人之束修奔走而從之者三千乘。一止而成三千戶之邑。翟氏灝考異云。按桑柔詩具贅卒荒傳。訓贅為屬。疏云。謂繫綴而屬之。故書大傳述為贅其耆老。王氏念孫廣雅疏證云。說文贅。最也。隱元年公羊傳。會。猶最也。何休注云。最。聚也。漢書武帝紀毋贅聚。如淳注云。贅。會也。會最聚並同義。說苑奉使篇。梁王贅其羣臣。即屬其羣臣也。又云。孟子曰。大王屬其耆老。書傳曰。贅其耆老。是贅為屬也。襄十六年公羊傳注云。贅。繫屬之辭。若今俗名就壻為贅壻矣。劉熙釋名說贅肬之義云。贅。屬也。横生一肉屬着體也。並事異而義同。然則趙氏以會釋屬。正以贅釋屬也。經上言土地。下言養人。土地何以能養人。以其能生五穀，供人飲食。故趙氏申言之。列子說符篇。牛缺謂盜曰。君子不以所養害其所養。鹽鐵論刑德章云。聞以六畜禽獸養人。未聞以所養害人者也。然則不以其所以養人者害人。蓋古有此語。不必專指土地。

邠人曰。仁人也。不可失也。從之者如歸市。【注】言樂隨大王如歸趨於市。若將有得也。【疏】注言樂至得也。○正義曰。史記孟嘗君傳云。君獨不見夫朝趨市者乎。淮南子氾論訓云故終身而無所定趨。俶眞訓云。若周員而趨。高誘注並云。趨。歸也。歸市卽趨市。故趙氏以趨釋歸。凡赴市者。以所有易所無。交易而退。各有所得。日用之需。皇皇求利。故樂趨之。邠人樂隨大王而趨。故云若將有所得也。孟子所述。亦見莊子讓王篇云。大王亶父居邠。狄人攻之。事之以皮帛而不受。事之以犬馬而不受。事之以珠玉而不受。狄人之所求者。土地也。大王亶父曰。與人之兄居而殺其弟。與人之父居而殺其子。吾不忍也。子皆勉居矣。為吾臣與為狄人臣。奚以異。且吾聞之。不以所用養害所養。因杖筴而去之。民相連而從之。遂成國於岐山之下。呂氏春秋審為篇。淮南子道應訓。俱錄莊子之文。高誘注呂氏春秋云。所以養者土地也。所養者謂民人也。連。結也。民相與結檥隨之衆多。復成為國也。莊與孟小異而事略同。史記劉敬傳說高帝云。大王以狄伐故去豳。杖馬箠居岐。國人爭隨之。馬箠卽筴、所謂來朝走馬也。毛詩大雅緜篇傳云。古公處豳。狄人侵之。事之以皮幣。不得免焉。事之以犬馬。不得免焉。事之以珠玉。不得免焉。乃屬其耆老而告之曰。狄人之所欲吾土地。吾聞之。君子不以其所以養人而害人。二三子何患乎無君。去之踰梁山。邑乎岐山之下。豳人曰。仁人之君。不可失也。從之如歸市。孔氏正義云。皆孟子對滕文公之辭也。唯彼云大王居豳。此因古公之下。卽云處豳為異耳。莊子與呂氏春秋書傳略說。與此大意皆同。此言不得免焉。略說云。每與之不止。呂氏春秋言不受。異人則說。故不同耳。此言犬馬。略說言菽粟。明國之所有。莫不與之。故鄭於稷起及易注皆云事之以牛羊。明當時亦有之。史記周本紀云。古公亶父復修后稷公劉之業。積德行義。國人皆戴之。薰育戎狄攻之。欲得財物。與之。已復攻。欲得地與民。民皆怒欲戰。古公曰。有民立君將利之。今戎狄所為攻戰。以吾地與民。民之在我與其在彼何異。民欲以我故戰。殺人父子而君之。予不忍為。乃與私屬遂去邠。度漆沮。踰梁山。止于岐下。豳人舉國扶老攜弱。盡復歸古公於岐下。及他旁國聞古公仁。亦多歸之。說苑至仁篇云。大王有至仁之恩。不忍戰其百姓。故事薰育戎氏以犬馬珍幣。而伐不止。問其所欲者。

曰土地也。於是屬其羣臣耆老而告之曰。土地者所以養人也。不以所以養人而害其養也。吾將去之。逾居岐山之下。邠人負幼扶老從之。如歸父母。吳越春秋太伯傳云。古公亶甫修公劉后稷之業。積德行義。爲狄人所慕。薰鬻戎姤而伐之。古公事之以犬馬牛羊。其伐不止。事之以皮幣金玉重寶。而亦伐之不止。古公問所欲。曰。欲其土地。古公曰。君子不以養害所養。國所以亡也。而爲身害。吾所不居也。古公乃杖策去邠。踰梁山而處岐周。曰。彼君與我何異。邠人父子兄弟相帥負老攜幼。揭釜甑而歸古公。居三月成城郭。一年成邑。二年成都。而民五倍其初。周氏廣業孟子逸文考云。趙注交鄰章云。獯鬻。北狄強者。今匈奴也。大王去邠避獯鬻。此章狄人無注。是獯鬻即狄也。吳越春秋似狄與獯鬻爲二種。按吳越春秋後漢趙氏所撰。蓋剌取史記說苑等書爲之。其書視諸說最後。而獯鬻姤狄之說。前此無之。未足爲據也。或曰。世守也。非身之所能爲也。效死勿去。君請擇於斯二者。注或曰。土地乃先人之所受也。世世守之。非己身所能專爲。至死不可去也。欲令文公擇此二者。惟所行也。疏注非已至去也。○正義曰。爾雅釋詁云。身我也。趙氏注盡心篇。楊子取爲我。云爲我。爲已也。是身已我三字轉注也。呂氏春秋貴生篇云。譬之若官職不得擅爲。高誘注云。爲。作也。專爲猶擅爲。作者。自我作之。不繼述也。申本有專擅之義。故以專釋爲也。淮南子主術訓云。以效其功。又云所以效善也。高誘注皆云。效。致也。戰國策西周齊秦諸策。高誘注皆云效致也。致與至。故以致釋效。

章指。言太王去邠。權也。效死而守業。義也。義權不並。故曰擇而處之也。疏太王至之也。○正義曰。毛詩大雅緜正義云。曲禮下曰。國君死社稷。公羊傳曰。國滅君死之。正也。則諸侯爲人侵伐。當以死守之。而公劉太王皆避難遷徙者。禮之所言。謂國正法。公劉太王。則權時之宜。論語曰。可與適道。未可與權。公羊傳云。權者。反經合義。權者稱也。稱其輕重。度其利害而爲之。太王爲狄人所攻。必求土地。不得其地。攻將不止。戰以求勝。則人多殺傷。故棄戎狄而適岐陽。所以成三分之業。建七百之基。雖於禮爲非。而其義則是。此乃賢者達節。不可以常禮格之。按梁惠王上下篇至此二十二章。皆對時君之言。而結之以君請擇於斯二者。趙氏以權解之是也。權之義。孟子自申明之。聖人通變神化之用。必要歸於巽之行權。請擇者。行權之要也。孟子深於易。七篇之作。所以發明伏羲神農黃帝堯舜之道。疏述文王周公孔子之言。端在于此。儒者未達其指。猶沾沾於井田封建而不知變通。豈知孟子者哉。

魯平公將出。嬖人臧倉者請曰。他日君出。則必命有司所之。今乘輿已駕矣。有司未知所之。敢請。注平謚也。嬖人愛幸小人也。疏注平謚至人也。○正義曰。史記魯世家云。悼公之時。三桓勝魯。如小侯卑於三桓之家。三十七年。悼公卒。子嘉立。是爲元公。元公二十一年卒。子顯立。是爲穆公。穆公三十三年卒。子奮立。是爲共公。共公二十二年卒。子屯立。是爲康公。康公九年卒。子匽立。是爲景公。景公二十九年卒。子叔立。是爲平公。是時六國皆稱王。二十二年。平公卒。漢書律厤志。魯平公名旅。與史記異。周書謚法解云。治而無眚曰平。執事有制曰平。布綱治紀曰平。說文女部云。嬖便。嬖愛也。隱公三年左傳。公子州吁。嬖人之子也。注云。嬖。親幸也。此嬖人指妃妾之寵愛者。禮記緇衣云。毋以嬖御人疾莊后。毋以嬖御士疾莊士大夫卿士。注云。嬖御人。愛妾也。嬖御士。愛臣也。然則男女之賤而得幸者。通稱嬖人。史記有佞幸列傳云。非獨女以色媚。而仕官亦有之。昔以色幸者多矣。高祖。至暴抗也。然籍孺以佞幸。孝惠時有閎孺。此兩人非有才能。徒以婉佞貴幸。與上臥起。嬖人臧倉。籍孺閎孺之類也。

公曰。將見孟子。【注】平公敬孟子有德。不敢請召。將往就見之。曰。何哉君所爲輕身以先於匹夫者。以爲賢乎。禮義由賢者出。而孟子之後喪踰前喪。君無見焉。【注】匹夫。一夫也。臧倉言君何為輕千乘而先匹夫乎。以爲孟子賢故也。賢者當行禮義。而孟子前喪父約。後喪母奢。君無見也。公曰。諾。【注】諾。止不出。【疏】注諾止不出。○正義曰。說文言部云。諾。譍也。宣公十五年公羊傳注云。諾者。受語辭。臧倉云。君無見焉。戒止平公之出見孟子也。平公諾之。卽受其無見之言。故以止不出解之。

樂正子入見曰。君奚爲不見孟軻也。【注】樂正。姓。子。通稱。孟子弟子也。爲魯臣。問公何爲不便見孟軻。【疏】注樂正至孟軻。○正義曰。禮記王制云。樂正崇四術。注云。樂正。樂官之長。樂正蓋以官爲氏者。魯人曾子弟子有樂正子春是也。論語學而篇子者集解引馬注云。子者。男子之通稱也。白虎通云。子者。丈夫之通稱也。云不便見孟軻也。便猶利也。利猶快也。謂其遲滯不卽見。

曰。或告寡人曰。孟子之後喪踰前喪。是以不往見也。【注】公言以此故也。曰。何哉君所謂踰者。前以士。後以大夫。前以三鼎。而後以五鼎與。【注】樂正子曰。君所謂踰者。前者以士禮。後者以大夫禮。士祭三鼎。大夫祭五鼎故也。【疏】注禮士至五鼎。○正義曰。儀禮士虞禮云。陳三鼎於門外之右。北面北上。設扃鼏。是士用三鼎也。少牢饋食禮云。雍人陳鼎五。三鼎在羊鑊之西。二鼎在豕鑊之西。是大夫用五鼎也。禮記郊特牲云。鼎俎奇而籩豆偶。孔氏正義云。少牢陳五鼎。羊一。豕二。膚三。魚四。腊五。特牲三鼎。牲鼎一。魚鼎二。腊鼎三。楊復儀禮旁通鼎數圖云。三鼎特豕。而以魚腊配之也。羊豕曰少牢。凡五鼎皆用羊豕。而以魚腊配之。少牢五鼎。大夫之常事。又有殺禮而用三鼎者。如有司徹。

乃升羊豕魚三鼎。腊爲庶羞，膚從豕。去腊膚二鼎陳於門外。如初。以其釋祭殺於正祭。故用少牢而鼎三也。又士禮特牲三鼎。有以盛葬奠加一等用少牢者。如既夕遣奠。陳鼎五於門外是也。桓二年公羊傳注云。禮祭。天子九鼎。諸侯七。卿大夫五。元士三。徐氏疏云。春秋說文士冠禮士喪禮皆一鼎者。士冠士喪略於正祭故也。

曰。否。謂棺椁衣衾之美也。注公曰。不謂鼎數也。以其棺椁衣衾之美惡也。曰。非所謂踰也。貧富不同也。注樂正子曰。此非薄父厚母。令母喪踰父也。喪父時為士。喪母時為大夫。大夫祿重於士。故使然。貧富不同也。

樂正子見孟子曰。克告於君。君爲來見也。嬖人有臧倉者沮君。君是以不果來也。注克。樂正子名也。果。能也。曰克告君。以孟子之賢。君將欲來。臧倉者沮君。故君不能來也。疏君爲來見也。○正義曰。禮記檀弓注云。爲。猶行也。君爲來見。猶云君行來見也。今人稱事之將然者。每云行將。毛詩傳多以行訓將。廣雅釋詁云。將。欲也。是將欲爲三字轉注互訓。君爲來。卽君行將來。君行將來。卽君將欲來。故趙氏以將欲釋爲字也。王氏引之經傳釋詞云。爲。猶將也。趙氏注君將欲來是也。史記盧綰傳。盧綰妻子亡降漢。會高后病不能見。舍燕邸。爲欲置酒見之。高后竟崩不得見。言高后將欲置酒見之。會高后崩不得見也。衛將軍驃騎傳曰。驃騎始爲出定襄。當單于捕虜。虜言單于東。乃更令驃騎出代郡。言始將出定襄。後更出代郡也。○沮君。○正義曰。音義出沮字云。本亦作阻。按毛詩巧言篇亂庶遄沮傳云。沮。止也。呂氏春秋至忠篇。人不知不爲沮。高誘注云。沮。止也。又知士篇云。故非之弗爲阻。高誘注亦云。阻。止也。是沮阻同訓止。其字可通也。○注果能也。○正義曰。王氏念孫廣雅疏證云。果。能也。見西征賦注。孟子梁惠王篇君是以不果來也。離婁篇果有以異於人乎。趙氏注並云果。能也。晉語是之不果奉而暇晉是皇。韋昭注云。果。克也。克。亦能也。

曰。行或使之。止或尼之。行止。非人所能也。吾之不遇魯侯。天也。臧氏之子。焉能使予不遇哉。注尼。止也。孟子之意。以爲魯侯欲行。天使之矣。及其欲止。天令嬖人止之耳。行止天意。非人所能爲也。如使吾見魯侯。冀得行道。天欲使濟斯民也。故曰吾之不遭遇魯侯。乃天所爲也。臧倉小人。何能使我不遇哉。疏注尼止也。○正義曰。爾雅釋詁文。音義云。尼。女乙切。丁本作屔。云居字。按呂氏春秋愼人篇云。胼胝不居。高誘注云。居。止也。義亦同。周氏廣業孟子逸文考云。顏元孫干祿字書。平聲有𡰥尼二字。注云。上俗下正。疑屔是𡰥之譌。○注吾之不遭遇魯侯。○正義曰。呂氏春秋長攻篇云。必有其遇。注云。遇。猶遭也。說文辵部云。遭。遇也。遭遇二字轉注。

章指。言讒邪搆賢。賢者歸天。不尤人也。【疏】讒邪搆賢。○正義曰。後漢書劉向上封事云。讒邪進則衆賢退。周氏廣業逸文考云。劉峻辨命篇云。孟子輿困臧倉之訴。李函政辨惑論云。孟軻干魯。不慍臧倉之蔽。夫孟子既非干魯。亦何嘗爲臧倉所困哉。按治平之要。歸之於權。出處之命。歸之於天。此梁惠王一篇之大旨。亦卽七篇之大旨也。

卷二　公孫丑章句上

凡九章【注】公孫丑者。公孫姓。丑名。孟子弟子也。丑有政事之才。問管晏之功。猶論語子路問政。故以題篇。【疏】注公孫至題篇。○正義曰。魯公孫茲爲叔孫氏。公孫敖爲仲孫氏。公孫歸父爲東門氏。公孫嬰齊爲叔氏。鄭公孫舍之爲罕氏。公孫申爲孔氏。公孫黑公孫夏爲駟氏。公孫僑爲國氏。公孫蠆爲游氏。此如公子王子之稱。非氏也。齊有公孫氏。未知所出。董子繁露云。公孫之養氣曰。禮義泰實。則氣不通。泰虛。則氣不足。泰勞。則氣不入。泰佚。則氣宛。至怒。則氣高。喜則氣散。憂則氣狂。懼則氣攝。凡此皆氣之害。陶淵明聖賢羣輔錄八儒篇云。公孫氏傳易。爲道。爲潔淨精微之儒。樂正氏傳春秋爲道。爲屬辭比事之儒。說者謂卽公孫丑樂正克。趙氏謂丑有政事之才。未詳所出。齊乘人物篇云。公孫丑滕州北公村有墓。

公孫丑問曰。夫子當路於齊。管仲晏子之功。可復許乎。【注】夫子謂孟子。許猶與也。如使夫子得當仕路於齊。而可以行道。管夷吾晏嬰之功。寧可復與乎。【疏】注許猶與也。○正義曰。毛詩大雅昭茲來許傳云。許。進也。與亦進義。故以與釋許。○注當仕路於齊。○正義曰。文選阮嗣宗詠懷詩注。引晉綦毋邃孟子注云。當路。當仕路也。

孟子曰。子誠齊人也。知管仲晏子而已矣。【注】誠實也。子實齊人也。但知二子而已。豈復知王者之佐乎。【疏】注誠實也。○正義曰。呂氏春秋論威篇云。此之謂至成之誠。淮南子主術訓云。抱德推誠。高誘注並云。誠。實也。

或問乎曾西曰。吾子與子路孰賢。曾西蹵然曰。吾先子之所畏也。【注】曾西。曾子之孫。蹵然。猶蹵踖也。先子。曾子也。子路在四友。故曾子畏敬之。曾西不敢比。【疏】注曾西至敢比。○正義曰。毛氏奇齡四書賸言云。經典序錄。曾申。字子西。子夏以詩傳曾申。左邱明作傳以授曾申。則是曾西卽曾申。爲曾子之子。非孫也。其以申字西者。或以申枝爲西方之辰。如春秋楚鬭宜申公子申皆字子西可驗。江氏永羣經補義云。曾西卽曾申。曾子之子。非曾子之孫。稱先子者謂父。非謂祖父也。閻氏若璩釋地亦同。周氏柄中辨正云。曾子二子。元申見禮記檀弓。而大戴禮云。曾子疾病。曾元持首。曾華抱足。華卽申之字也。申既字華。不當又字子西。曲禮孔疏亦以曾西爲曾子之孫。是趙注爲是。趙氏佑溫故錄云。以楚鬭宜申字子西公子申字子西例之。申西止爲一人名字。近是。但必謂曾西是曾子子非孫。則未見其確。何者。錢吉曾元養曾子。檀弓所記曾子寢疾病。曾元曾申坐於足者。安見其非子孫並侍。曾子以老壽終。自宜有孫也。翟氏灝四書考異云。禮記曲禮注引曾子曰。吾先子之所畏。檀弓穆公之母卒。使人問於曾子。時稱曾申爲曾子也。史記吳起事曾子。其曾子亦是曾申。記述曾子語獨多。未必皆子輿子矣。王氏念孫廣雅疏證云。釋訓蹴踖畏敬也。論語鄉黨篇。踧踖如也。馬融注云。踧踖。恭敬之貌。孟子公孫丑篇。曾西蹵然。趙氏注云。蹵然。猶蹵踖也。踖蹵並與蹴同。伏生尚書大傳云。周文王胥附奔輳先後禦侮。謂之四鄰。以免乎牖里之害。懿子曰。夫子亦有四鄰乎。孔子曰。吾有四友焉。自吾得回也。門人加親。是非胥附乎。自吾得賜也。遠方之士日至。是非奔輳乎。自吾得師也。前有光。後有輝。是非先後乎。自吾得由也。惡言不至於門。是非禦侮乎。

曰。然則吾子與管仲孰賢。曾西艴然不悅曰。爾何曾比予於管仲。【注】艴然。慍怒色也。何曾。猶何乃也。【疏】注艴然至乃也。〇正義曰。王氏念孫廣雅疏證云。說文艴字注引論語色艴如也。今本作勃。玉篇廣韻類篇艴字並音勃。集韻類篇引廣雅。艴。𪏭色也。𪏭與艴同。凡人敬則色變。若論語色勃如是也。怒則色變。若孟子曾西艴然不悅。王勃然變乎色是也。說文孛字注。又引論語色孛如也。秦策云。秦王悖然而怒。楚策云。王怫然作色。淮南子道應訓云。佊非瞋目勃然。並字異而義同。段氏玉裁說文解字注云。曾之言乃也。詩曾是不意。曾是在位。曾是在服。曾是莫聽。論語曾是以爲孝乎。曾謂泰山不如林放乎。孟子爾何曾比予於管仲。皆訓爲乃。按爾雅釋詁云。仍。乃也。仍從乃聲。乃聲古與仍同。與曾爲疊韻。故曾乃義同。

管仲得君。如彼其專也。行乎國政。如彼其久也。功烈。如彼其卑也。爾何曾比予於是。【注】曾西答或人言。管仲得遇桓公。使之專國政如彼。行政於國。其久如彼。功烈卑陋如彼。謂不帥齊桓公行王道而行霸道。故言卑也。重言何曾比我。恥見比之甚也。【疏】注得遇桓公。〇正義曰。莊子大宗師注云。當所遇之時。世謂之得。淮南子精神訓云。故事有求之於四海之外而不能遇。高誘注云。遇得也。易小過弗遇過之注云。遇而得之謂之遇。故趙氏以遇釋得。

曰。管仲曾西之所不爲也。而子爲我願之乎。【注】孟子心狹曾西。曾西尚不欲爲管仲。而子爲我願之乎。非丑之言小也。【疏】曰管至之乎。〇正義曰。四書辨疑云。自子誠齊人也。下連此節皆孟子言。此處不當又有孟子發語之辭。曰本衍字無疑。王氏引之經傳釋詞云。此述古語既畢。而更及今事也。呂氏春秋驕恣篇。李悝述楚莊王之言畢。則云曰。此霸王之所憂也。而君獨伐之。文義與此同。而子爲我願之者。國語晉語云。爲後世之見之也。魯語云。其爲後世昭前之令聞也。韋昭注並云。爲。使也。此爲字同之。蓋謂子乃使我願之乎。經傳釋詞云。家大人曰。爲。猶謂也。

言予謂我顧之也。宣二年穀梁傳曰。天乎天乎。予無罪。孰爲盾而忍弒其君者乎。公羊傳曰。吾不弒君。誰謂吾弒君者乎。是其證。廷琥云。史記殷本紀曰。帝乙崩。子辛立。是爲帝辛。天下爲之紂。按爲之紂。卽謂之紂也。亦爲謂可通之證。○注孟子心狹曾西。○正義曰。說文𨸏部云。陜。隘也。陜與狹同。文選東京賦云。狹三王之趢趗。薛綜注云。狹。謂陋也。狹隘卽小。故云非丑之言小。

曰。管仲以其君霸。晏子以其君顯。管仲晏子猶不足爲與。〔注〕丑曰。管仲輔桓公以霸道。晏子相景公以顯名。二子如此。尚不可以爲邪。〔疏〕晏子以其君顯。○正義曰。馬氏驌繹史云。晏平仲之在齊也。歷事三君。皆暗主也。崔慶既亡。陳氏得政。所際之時。則季世也。方莊公之弒。晏子伏尸成禮。大宮之歃。舍命不渝。是可謂仁者之勇矣。景公嗣位。若能委權任用。承霸國之餘烈。晉失諸侯。齊國之與日可俟也。乃景公固非能大有爲之君也。所寵任者梁邱據裔款之流。所好者宮室臺榭之崇。聲色狗馬之玩。晏子也隨事補敎。以諷諫匡君心者。朝夕不怠。危行言孫。故能身處亂世。顯名諸侯。而齊國賴之。

曰。以齊王由反手也。〔注〕孟子言以齊國之大而行王道。其易若反手耳。故譏管晏不勉其君以王業也。〔疏〕由反手也。○正義曰。音義云。由義當作猶。古字借用耳。按趙氏以若字釋由字。則由讀爲猶矣。

曰。若是。則弟子之惑滋甚。且以文王之德。百年而後崩。猶未洽於天下。武王周公繼之。然後大行。今言王若易然。則文王不足法與。〔注〕丑曰。如是言。則弟子惑益甚也。文王尚不能及身而王。何謂王易然也。若是。則文王不足以爲法邪。〔疏〕今言王若易然。○正義曰。翟氏灝考異云。或讀然屬下文。後文今時則易然也。如此然字必不當屬下。按趙氏云。何謂王易然也。斷然字句甚明。

曰。文王何可當也。由湯至於武丁。賢聖之君六七作。天下歸殷久矣。久則難變也。武丁朝諸侯。有天下。猶運之掌也。〔注〕武丁。高宗也。孟子言文王之時難爲功。故言何可當也。從湯以下。賢聖之君六七興。謂太甲太戊盤庚等也。運之掌。言易也。〔疏〕注武丁高宗也。○正義曰。史記殷本紀云。武丁修政行德。天下咸驩。殷道復興。帝武丁崩。子帝祖庚立。祖己嘉武丁之以祥雉爲德。立其廟爲高宗。是武丁爲高宗也。○注孟子至當也。○正義曰。此當字與下當今之時當字相應。趙氏注下是以難也。云文王當此時故難也。與此注互明。近逼解謂文王之德何可敵也。與趙氏異。○注從湯至等也。○正義曰。殷本紀云。湯崩。太子太丁未立而卒。立太丁之弟外丙。帝外丙卽位三年。崩。立外丙之弟中壬。帝中壬卽位四年。崩。伊尹乃立太丁之子太甲。帝太甲稱太宗。太宗崩。子沃丁立。沃丁崩。弟太庚立。帝太庚崩。子帝小甲立。帝小甲崩。弟雍已立。殷道衰。諸侯或不至。帝雍已崩。弟太戊立。殷復興。諸侯歸之。故稱中宗。中宗崩。子帝仲丁立。帝仲丁崩。弟外壬立。帝外壬崩。弟河亶甲立。殷復衰。河亶甲崩。子帝祖乙立。殷復興。祖乙崩。子帝祖辛立。帝祖辛崩。弟沃甲立。帝沃甲崩。立沃甲兄祖辛之子祖丁。帝祖丁崩。立弟沃甲之子南庚。帝南庚崩。立帝祖丁之子陽甲。殷衰。帝陽甲崩。弟盤庚立。渡河南。復居成陽之故居。殷道復興。帝盤庚崩。弟小辛立。殷復衰。帝小辛崩。弟小乙立。帝小乙崩。子帝武丁立。修政行德。天下咸驩。殷道復興。然自湯興以來。若太甲。若太戊。若祖乙。若盤庚。若武丁。皆當殷衰而復興之君共六人。尚書序。湯武丁之閒。太甲沃丁太戊仲丁河亶甲祖乙盤庚七君。皆有所紀述。則六七作者。或雜湯武丁。卽指其閒之六七君。乃史記稱河亶甲時。殷復衰。則不得與于賢聖之君矣。趙氏僅數太甲太戊盤庚。以太甲盤庚。尚書詳之。而太戊爲中宗。見稱于無逸。亦明有可徵。故略舉此耳。趙氏佑溫故錄云。注謂自湯以下。太甲太戊盤庚等。脱去祖乙。然以四君連湯武丁。亦止六而非七。豈孟子七字虛設邪。竊以書無逸明言及高宗及祖甲。祖甲爲武丁後一代賢君。自史記以爲帝甲淫亂。殷復衰。蓋因國語帝甲亂之五世而隕之文。于是二孔皆以太甲當祖甲。鄭氏注。祖甲。武丁子帝甲也。有兄祖庚賢。武丁欲廢兄立弟。祖甲以爲不義。逃之民閒。故曰不義惟王。舊爲小人。以經證史。亦可見殷紀之疏。是六七作宜兼數祖甲。或曰。然則孟子何以獨言由湯至于武丁。紂之去武丁。皆不及祖甲。曰。子統於父也。祖甲卽武丁子。且其兄亦賢。兩世皆承武丁之烈。則以武丁統之可矣。惟由武丁歷祖甲。皆能以賢嗣賢。享年又長。有傑仁厚澤以綿殷道。故益見其久而難變。不然。僅至武丁而止。則紂之去武丁。中閒更無接續。相越且百年。亦不得言未久也。按此說是也。六七非約略之辭。湯太甲太戊祖乙盤庚武丁六作。及祖甲則七作。不直云七作六作。連云六七作。正以祖甲在武丁後。故如此屬文也。馬融無逸注云。祖甲有兄祖庚。而祖甲賢。武丁欲立之。祖甲以王廢長立少。不義。逃之民閒。此是也。惟祖庚不甚賢。祖甲賢。故武丁欲廢長立少。鄭氏注有兄祖庚賢。武丁欲廢兄立弟。豈武丁而有此。鄭注已殘。當是傳寫者有缺譌。不然。則鄭不及馬。若祖庚亦賢。則是賢聖之君。不止六七。惟祖庚不甚賢。不能承武丁之化。祖甲復振興之。與太戊祖乙盤庚武丁同。乃爲六七作也。呂氏春秋義賞篇。高誘注云。與。作也。周禮舞師注云。與。猶作也。故以與釋作。

紂之去武丁。未久也。其故家遺俗。流風善政。猶有存者。又有微子微仲。王子比干。箕子膠鬲。皆賢人也。相與輔相之。故久而後失之也。尺地莫非其有也。一民莫非其臣也。然而文王猶方百里起。是以難也。【注】紂得高宗餘化。又多良臣。故久乃亡也。微仲膠鬲皆良臣也。但不在三仁中耳。

文王當此時故難也。疏紂之去武丁未久也。○正義曰：史記殷本紀云：帝武丁崩，子帝祖庚立。帝祖庚崩，弟祖甲立，是爲帝甲。帝甲崩，子帝廩辛立。帝廩辛崩，弟庚丁立，是爲帝庚丁。帝庚丁崩，子帝武乙立。武乙無道，震死。子帝太丁立。帝太丁崩，子帝乙立。帝乙長子曰微子啓。啓母賤不得嗣。少子辛。辛母正后，辛爲嗣。帝乙崩，子辛立，是爲帝辛，天下謂之紂。蓋武丁之後，祖甲爰知小人之依，能保惠于庶民，故高宗嘉靖殷邦之化，雖歷武乙之無道，餘化猶存。今文尚書高宗饗國百年。漢書五行志及劉向杜欽二傳、王充論衡無形異虛二篇，皆本今文。則以高宗百年，加以祖甲三十三年，百餘年深仁厚澤。其下歷五世至紂，無逸因云或十年，或七八年，或五六年，或四三年，此即指廩辛庚丁武乙文丁帝乙而言。故孟子言未久。晉人僞作竹書紀年，謂武乙三十五年，文丁十三年，顯與無逸相悖，是不足識也。○其故至存者。○正義曰：故家勳舊世家。謂臣也。遺俗，教靡善俗。謂民也。流風之播，恩澤之政。謂君上也。尚書微子篇云：殷罔不小大好草竊姦宄，卿士師師非度。凡有辜罪，乃罔恆獲。小民方興，相爲敵讎。馬融注云：非但小人學爲姦宄，卿士以下，轉相師效爲非法度。鄭氏注云：羣臣皆有是罪，其爵祿又無常得之者。言屢相攻奪。又云天毒降災荒殷邦，方興沈酗于酒。乃罔畏畏，咈其耇長舊有位人。今殷民乃攘竊神祇之犧牷牲，用以容，將食無災。按卿士爲非，羣臣相奪，則故家不存矣。小民姦宄竊攘以容，則遺俗無存矣。顧氏炎武日知錄云：自古國家承平日久，法制廢弛，而上之令不能行於下，未有不亡者也。紂以不仁而亡天下，人人知之。吾謂不盡然。紂之爲君，沈湎於酒，而逞一時之威，至於刳孕斮脛。蓋齊文宣之比耳。商之衰也久矣。一變而盤庚之書，則卿大夫不從君令。再變而微子之書，則小民不畏國法。至於攘竊神祇之犧牷牲，用以容，將食無災，可謂民玩其上，而威刑不立者矣。即以中主守之，猶不能保，而況以紂之狂酗昏虐，又祖伊奔告而不省乎。文宣之惡，未必減於紂，而齊以强。高緯之惡，未必甚於文宣，而齊以亡者，文宣承神武之餘，紀綱粗立，而又有楊愔輩爲之佐，主昏於上而政清於下也。至高緯而國法蕩然矣。故宇文得而取之。按小民草竊，至于盜犧牷牲而容之不問，此遺俗之所以不存，而姦民無忌畏矣。酒誥云：在昔殷先哲王，自成湯咸至於帝乙，不敢自暇自逸，矧曰其敢崇飲。越在外服，侯甸男衛邦伯，越在內服，百僚庶尹惟亞惟服宗工，越百姓里居，罔敢湎于酒。周續之詩序義云：由我化物，則謂之風。上不崇飲，則下不湎酒，此遺風之善也。自紂酣身荒腆于酒，于是庶羣自酒，至康誥尚書譸以羣飲民湎于酒爲戒，此流風不存，而愚民無儀戒矣。至於重刑辟有炮烙之法，厚賦稅以實鹿臺之錢，盈鉅橋之粟，則祖宗之善政乃無存，而良民皆盡讎矣。云猶有存者，文王時尚未盡喪也。故家與國同休戚，與民相係屬，故盤庚遷殷民，因在位之言不樂從，盤庚必再三告誡，反復於乃祖乃父，以馴服其心。然則故家存，則君有所顧忌，不即妄作。民有所係屬，不即離心。於盤庚之誥，正見陽甲時亂雖九世，而故家大臣尚存。故盤庚藉是而興。此孟子所以以故家之存，冠乎遺俗流風善政之首也。○又有至相之。○正義曰：微子箕子比干，孔子稱三仁。其賢可知。微仲膠鬲，非孔子所稱。故趙特表云皆良臣也。但不在三仁中耳。呂氏春秋當務篇云：紂之同母三人，其長曰微子啓，其次曰仲衍，其次曰受德。受德乃紂也。紂之母生微子啓與仲衍也。其時尙猶爲妾。已而爲妻而生紂。史記宋微子世家云。微子故能仁賢。微子開卒。立其弟衍。是爲微仲。是皆以微仲爲微子弟。唯鄭氏注禮記檀弓舍其孫腯而立衍。云微子適子死。立其弟衍。殷禮也。似是以衍爲微子適子之弟。閻氏若璩釋地續云。微。畿內國名。微子既國於此。其長子應曰微伯早卒。有子名腯。次子曰微仲。名衍。卽後國於宋者。以周禮適子死立適孫。次子不得干焉。微子則從其故殷之禮。舍己之長子之子腯。而立己次子衍。故微仲實微子之第二子。非其弟也。此與子服伯子引以況公儀仲子者脗合。其證一。班固古今人表。於微子下注云紂兄。宋微仲下注云啓子。其證二。啓既殷帝乙之元子。衍果屬次子。王畿千里。豈少閒土。斷無兄弟並封一國之理。其證三。則知微仲也者。子蒙父氏。上有伯兄。字降而次氏者。胙之土而命之氏。字者五十以伯仲之字也。顧氏炎武日知錄云。微子之於周。但受國而不受爵。受國所以存先王之祀。不受爵所以示不臣之節。故終身稱微子也。微子卒。立其弟衍。是爲微仲。然繼宋非繼微也。而稱微仲者。猶微子之心也。至于衍之子稽則遠矣。於是始稱宋公。後之經生。不知此義。而抱器之臣。倒戈之士。接跡於天下矣。毛氏奇齡經問云。檀弓所謂舍孫腯而立衍者。固是微仲。然是微子之弟。非微子子也。其云舍孫立衍者。謂微子之子死。不立孫腯而立弟微仲也。自鄭氏注禮記。遂有疑衍是庶子爲適子之弟者。此終是誤解。考殷代傳弟之法。先傳及而後傳世。及者兄終弟及。如微子傳弟衍是也。世者父子相繼。謂傳弟之後。弟卽傳已子而不傳兄子兄孫。如微仲傳己子稽。而不傳微子之孫腯是也。此是殷法。至微仲傳子宋公稽後。始不稱微而稱宋。始遵周法。若微仲。是微子之子。則微子舍適立庶。非殷法亦非周法。于禮家何取焉。且微子之子。不得稱微伯與微仲也。微是畿內國名。紂以封其兄。而其後武王伐紂。仍使居微。故仲以微君介弟稱爲微仲。猶季札以吳君之弟稱吳季也。若微子之子。則長世子次公子也。雖蔡叔之子亦稱蔡仲。然彼仍封於蔡。故仍以蔡名。微子之子。未嘗再封微也。卽周初立國。尙有襲殷遺法傳弟者。魯伯禽之子考公。傳弟煬公是也。然斷無魯公之子稱魯伯魯仲者。此必見衞世家康叔之子卽名康伯。謂國號可襲稱。而作系本世記及古史考諸書者。遂僞造此名。不知康叔國號。康伯者謚也。且孟子稱微子微仲王子比干箕子膠鬲輩。同時並稱。且稱爲賢人。又稱相與輔相之。又稱久而後失。則直是商辛老臣。何微子之子之有。又辨日知錄云。微子存國抱器。是實。若封微又封宋。則直受爵矣。微。商畿內國號。商所封也。至武王伐紂。微子持祭器造于軍門。史稱武王乃釋微子復其位如故。則在周已仍封微矣。至成王殺武庚。封微子於宋。則初以武庚續殷祀。微子不過與臣備子爵耳。至是改封宋爲公。承殷祀以守三恪。則既爲周臣。復爲周賓。詩稱侯服于周。祼將于京者。其始終臣周之心。極其明白。若其終身稱微子而不稱宋公。康叔初封康。亦畿內國也。及成王封康叔于衞。則衞侯矣。然而尙書春秋傳皆稱康誥。不稱衞誥。叔亦終其身稱康叔。不稱衞侯。豈康叔受國不受爵邪。抑亦倒戈之士。有不臣之心邪。然則弟衍稱微仲。則衍未嘗封微也。何也。周有同封而同稱者。虢仲虢叔是也。仲叔皆封虢而兩分其地。遂以並稱。微仲不同封也。有先後立國而亦同稱者矣。吳太伯吳仲雍是也。太伯仲雍先後君吳國。而亦以並稱。微仲同宋國。未嘗同微國也。然而稱微仲者。其稱微。則以國君介弟。原得稱兄之國號以爲號。春秋書吳季是也。其稱仲。則以既爲國君。仍得稱已之字以爲字。詩序吳秦仲是也。皆史例也。周氏柄中辨正云。檀弓鄭注。微子適子死。立其弟衍。殷禮也。北齊刁柔云。然則殷適子死。立適子之母弟。按詩大明疏引鄭康成書序注云。紂母本帝乙之妾。生啓及衍。後立爲后。生受德。是鄭本以衍爲微子之弟。非謂立適子之弟也。刁柔謬解鄭注。不可爲據。膠鬲之事。見於呂氏春秋者二。一誠廉篇云。武王即位。使叔旦就膠鬲於次四內而與之盟曰。加富三等。就官一列。爲三書同辭。血之以牲。埋一於四內。皆以一歸。其一貴因篇云。武王至鮪水。殷使膠鬲候周師。武王見之。膠鬲曰。西伯將何之。無欺我也。武王曰。不子欺。將之殷也。膠鬲曰。曷至。武王曰。將㠯甲子至殷郊。子㠯是報矣。膠鬲行。天雨日夜不休。武王疾行不輟。軍師皆諫曰。卒病請休之。武王曰。吾已令膠鬲㠯甲子之期報其主矣。今甲子不至。是令膠鬲不信也。膠鬲不信也。其主必殺之。吾疾行以救膠鬲之死也。國語晉語云。妹喜有寵。於是乎與伊尹比而亡夏。妲已有寵。於是乎與膠鬲比而亡殷。注云。比。比功也。伊尹欲亡夏。妹喜爲之作禍。其功同也。膠鬲殷賢臣。自殷適周。佐武王以亡殷也。韓非子喻老篇云。周有玉版。紂令膠鬲索之。文王不予。費仲來求。因予之。是膠鬲賢而費仲無道也。音義出輔相二字。云丁作押音甲。廣雅云輔也。義與夾同。王氏念孫廣雅疏證云。說文云。挾。押持也。古通作夾。押挾聲相近。

齊人有言曰。雖有智慧。不如乘勢。雖有鎡基。不如待時。今時則易然也。【注】齊人諺言也。乘勢。居富貴之勢。鎡基。田器。耒耜之屬。待時。三農時也。今時易以行王化者也。【疏】注鎡基至之屬。○正義曰。王氏念孫廣雅疏證云。釋器。鎡錤。鉏也。鉏之言除也。說文鉏立薅斫也。又云斫。齊謂之鎡。其衆經音義引蒼頡篇云。鉏。茲其也。孟子雖有鎡基。不如待時。漢書樊酈滕灌傳靳周傳贊作茲其。周官薙氏注作茲其。月令注作鎡錤。並字異而義同。程氏瑤田通藝錄磬折古義云。考工車人之事。半矩之倨句謂之宣。宣之爲物。未知其審也。又判其宣爲半宣。以加於半矩之宣。其倨句謂之欘。欘之爲物。鉏屬也。鄭注云。欘斵斤。引爾雅句欘謂之定。爾雅字作斪斸。說文欘。斫也。齊謂之鎡錤。按說文有欘字。又有斸字。並訓斫。斫訓擊。吾以欘從木當爲鉏。斸從斤則斤屬。一以起土。田器之句而斫之者也。故曰鎡錤。一以攻木。今木工斧劈之後。木已粗平。然後用斸斤向懷句斫之。俗呼錛子。二者同名異實。然皆擊而用之。故同訓斫也。蓋曰欘曰斸。皆言其器之爲曲體。無論治田攻木。並向懷而斫擊之。其倨句之度。則皆一宣有半。元人王楨農書載三器。一曰鎛。耨別名也。良耜詩曰。其鎛斯趙。以薅荼蓼。釋名鎛。迫也。迫地去草也。二曰耨。除草器。呂氏春秋曰。耨柄尺。此其度也。其耨六寸。所以間稼也。三曰鑁鉏。古云斫斸。一名定。鑁爲鉏柄也。齊民要術曰。其刃如半月。比木橿稍狹。上有短銎以受鉏鉤。鉤如鵝頂。下帶深袴。皆以鐵爲之。以受木柄。鉤長二尺五寸。柄亦如之。上三事皆鉏屬。倨句形之已句者。而有淺深之殊。又云。車人爲耒。庛長尺有一寸。中直者三尺有三寸。上句者二尺有二寸。自其庛緣其外以至於首。以弦。其內六尺有六寸。與步相中也。弦田謂注内外二字誤解。其内六尺有六寸七字連讀爲一句。自其庇緣其外以至於首以弦十二字連讀爲一句。内謂本體之實數。耒木三折之六尺有六寸也。外謂空中之虛數。所弦中步之六尺也。此持表弦之之法以示人。謂欲据其内之六尺有六寸而弦之。其法當如何。只須自其庇緣其外以至於首。如是以弦之。則得其弦之數爲六尺。以與步相中也。後鄭注庇讀爲棘刺之刺。刺耒下前曲接耜。則耜爲耒頭金。上有銎以貫耒末。庇即耒末之木。以納於耜銎者。先鄭以庇爲耜之異文。謂耒下岐。耒下岐者。後鄭耜廣五寸注。所謂今之耜岐頭兩金也。今指庇爲木材。故宜與耜金材異也。程氏所說鎡基耒耜。分別精詳。趙氏以皆田器。故以相貺耳。○注待時三農時也。○正義曰。周禮天官大宰。以九職任萬民。一曰三農生九穀。注。鄭司農云。三農。平地山澤也。元謂三農原隰及平地三農。時謂此原隰平地之農。所種九穀。各有其時。

夏后殷周之盛。地未有過千里者也。而齊有其地矣。雞鳴狗吠相聞而達乎四境。而齊有其民矣。地不改辟矣。民不改聚矣。行仁政而王。莫之能禦也。【注】三代之盛。封畿千里耳。今齊地土民人已足矣。不更辟土聚民也。雞鳴狗吠相聞。言民室屋相望而衆多也。以此行仁而王。誰能止之也。【疏】注不更辟土聚民也。○正義曰。說文云。改。更也。此經言地不改辟。即是地不更辟。民不改聚。即是民不更聚。故趙氏以更釋改。○注鷄鳴至多也。○正義曰。莊子胠篋篇云。昔者齊國鄰邑相望。鷄狗之音相聞。翟氏灝考異云。此必時俗語。故老子亦云樂其俗。安其居。鄰里相望。鷄犬之聲相聞。百家之書。凡非孟子後時而其辭有同者。如挾山超海。杯水車薪。絶長補短。濕化存神之類。均當持此論觀。

且王者之不作。未有疏於此時者也。民之憔悴於虐政。未有甚於此時者也。飢者易爲食。渴者易爲飲。孔子曰。德之流行。速於置郵而傳命。【注】言王政不與久矣。民患虐政甚矣。若飢者食易爲美。渴者飲易爲甘。德之流行。疾於置郵傳書命也。【疏】注言王至甚矣。○正義曰。作與也。故以不與釋不作。淮南子氾論訓云。體大者節疏。高誘注云。疏。長也。長與久同義。故以久釋疏。說文云。顇。顦顇也。顦顇與憔悴古字通。楚辭離世篇云。身憔悴而考旦。王逸注云。憔悴。憂貌也。憂與患同義。故以患釋憔悴。○注疾於置郵傳書命也。○正義曰。爾雅釋詁云。速。疾也。閻氏若璩釋地續云。顏師古漢書注云。傳若今之驛。古者以車謂之傳車。其後單置馬謂之驛騎。字書曰。馬遞曰置。步遞曰郵。馬遞指駕車之馬。非徒馬也。周氏廣業孟子逸文考云。毛晃禮部增韻。馬遞曰置。步遞曰郵。漢烏孫傳有便宜因騎置以聞。師古曰。即今鋪置也。黃霸傳。郵亭鄉官。師古曰。行書舍傳送文書所止處。如今驛館。引孟子爲證。此解置郵甚明。王氏念孫廣雅疏證云。郵。置驛也。方言驛傳也。郭璞注云。傳。宣語也。爾雅。遽。傳也。注云。皆傳車驛馬之名。玉篇云。驛。譯也。三者皆取傳遞之義。故皆謂之驛郵置者。說文郵。竟上行書舍也。驛。置騎也。孟子速於置郵而傳命。段氏玉裁說文解字注云。釋言。郵。過也。按經過與過失。古不分平去。故經過曰郵。過失亦曰郵。按置郵傳三字。同爲傳遞之稱。以其車馬傳遞謂之置郵。謂之驛。其傳遞行書之舍。亦即謂之置郵。謂之驛。自竟上行書之舍而傳。亦即傳遞所行之書于舍止之處。置郵即傳命之名。經文傳命二字。已足申明置郵二字。故趙氏於置郵二字不復解。置郵本亦名傳。而經文傳命之傳。則言其傳遞。故以而字間之。周禮春官典命注云。命謂王遷秩羣臣之書。是書謂之命。故以書釋命。呂氏春秋上德篇云。三苗不服。禹請攻之。舜曰。以德可也。行德三年而三苗服。孔子聞之曰。通乎德之情。則孟門太行不爲險矣。故曰德之速疾乎以郵傳命。此爲孟子引孔子言之證。

當今之時。萬乘之國行仁政。民之悅之。猶解倒懸也。故事半古之人。功必倍之。惟此時爲然。【注】倒懸。喻困苦也。當今所施恩惠之事。半於古人。而功倍之矣。言今行之易也。【疏】民之悅之。○正義曰。文選論盛孝章書。注引孟子作民悅而歸之。又馬汧督誄注作民悅之。按李善注文選。與李賢注後漢書。每引孟子不與今本同。當是唐人以意增損。或據以爲別本。非也。陸機豪士賦序云。故曰才不半古而功已倍之。蓋得之於時勢也。用孟子語。以事爲才。按趙氏自是事。機文士。亦不足爲孟子解矣。

章指言德流之速。過於置郵。君子得時。大行其道。是以呂望覩文王而陳王圖。管晏雖勤。猶爲曾西所羞也。【疏】呂望覩文王而陳王圖。○正義曰。覩。見也。圖。謀也。史記齊太公世家云。周西伯政平。及斷虞芮之訟。而詩人稱西伯受命。曰文王伐崇密須犬夷。大作豐邑。天下三分。其二歸周者。太公之謀計居多。漢書藝文志。太公二百三十七篇。謀八十一篇。言七十一篇。兵八十五篇。

公孫丑曰。夫子加齊之卿相。得行道焉。雖由此霸王不異矣。如此則動心否乎。【注】加。猶居也。丑問孟子。如使夫子得居齊卿相之位。行其道德。雖用此臣位而輔君行之。亦不異於古霸王之君矣。如是寧動心畏難。自恐不能行否邪。丑以此爲大道不易。人當畏懼之。不敢欲行也。【疏】注加猶居也。○正義曰。淮南子主術訓云。雖懸者不加體焉。高誘注云。加。猶止也。呂氏春秋慎人篇云。胼胝不居。高誘注云。居。止也。加居並有止義。故轉注加亦猶居也。說文云。家。居也。家通嘉。桓公公羊左傳家父。漢書古今人表作嘉父是也。嘉亦通加。詩行葦箋云。以脾臄爲加。故謂之嘉是也。加之猶居。又家之假借也。○注行其至君矣。○正義曰。大戴禮王言篇云。道者。所以明德也。又盛德篇云。冢宰之官以成道。司徒之宮以成德。賈誼新書道德篇云。道者。德之本也。故經言行道。趙氏以行其道德解之。毛詩君子陽陽。右招我由房傳云。由。用也。趙氏斷雖由此三字為句。以此字指卿相之位。故云用此臣位輔君行之。行即行道也。行不異於古霸王之君。是解異為同異之異。公孫丑倒言之。注順解之也。近解不異。謂雖從此而成霸王之業。不足怪異。與趙氏異。孟子曰。

否。我四十不動心。【注】孟子言禮四十強而仕。我志氣已定。不妄動心有所畏也。【疏】注禮四十強而仕。○正義曰。四十曰強而仕。禮記曲禮上篇文。孔氏正義云。強有二義。一則四十不惑。是智慮強。一則氣力強也。呂氏春秋知分篇云。有所達則物弗能惑。高誘注云。惑。動也。然則強即不惑。不惑即不動。故引以釋不動心也。惟智慮氣力未能堅強。則有所疑惑。疑惑則生畏懼。故以動心為畏難自恐也。顧氏炎武日知錄云。凡人之動心與否。固在其加卿相行道之時也。枉道事人。曲學阿世。皆從此而始矣。我四十不動心者。不動其行一不義殺一不辜而得天下有不為也之心。

曰。若是。則夫子過孟賁遠矣。【注】丑曰。若此。夫子志意堅勇。過孟賁。賁勇士也。孟子勇於德。【疏】注賁勇士也。○正義曰。呂氏春秋用衆篇云。故以衆勇無畏乎孟賁矣。田駢謂齊王曰。孟賁庶乎患衛而邊境弗患。注云。孟賁。古之大勇士。必已篇云。孟賁過於河。先其五。船人怒而以楫虓其頭。顧不知其孟賁也。中河。孟賁瞋目而視船人。髮植目裂鬢指。舟中之人盡揚播入於河。使船人知其孟賁。弗敢直視。涉無先者。又況於辱之乎。此以不知故也。高誘注云。船人不知孟賁為勇士故也。史記范雎列傳。集解引許慎曰。孟賁。衛人。史記袁盎傳。索隱引尸子云。孟賁水行不避蛟龍。陸行不避兕虎。漢書東方朔傳注引尸子云。人問孟賁生乎勇乎。曰勇。貴乎勇乎。曰勇。富乎勇乎。曰勇。三者人之所難能。而皆不足以易勇。此其所以能攝三軍服猛獸之故也。毛氏奇齡逸講箋云。夫子過孟賁。非借之贊不動心之難。正以氣強之人。心有揖讓。易於不動。故勇者多桀傲自逞。遺落一切。此正與養勇養氣相接入。○注孟子勇於德。○正義曰。音義引揚子曰。請問孟軻之勇。曰勇於義而果於德。不以貧富貴賤死生動其心。於勇也其庶乎。

曰。是不難。告子先我不動心。【注】孟子言是不難也。告子之勇。未四十而不動心矣。曰。不動心有道乎。【注】丑問不動心之道云何。曰。有。【注】孟子欲為言之。北宮黝之養勇也。不膚撓。不目逃。思以一豪挫於人。若撻之於市朝。不受於褐寬博。亦不受於萬乘之君。視刺萬乘之君。若刺褐夫。無嚴諸侯。惡聲至。必反之。【注】北宮姓。黝名也。人刺其肌膚不為撓卻。刺其目目不轉精逃避之矣。人拔一毛若見捶撻於市朝之中矣。褐寬博獨夫被褐者。嚴尊也。無有尊嚴諸侯可敬者也。以惡聲加己，己必惡聲報之。言所養育勇氣如是。【疏】注北宮至中矣。○正義曰：錢氏大昕潛研堂答問云：問：孟子書有北宮黝，北宮錡。趙氏注以錡爲衞人，而黝獨未詳。亦可考否。曰：黝事固不可考。然淮南子有云，握劍鋒以离北宮子司馬蒯蕢。不使應敵。操其觚，招其末，則庸人能以制勝。高誘注：北宮子，齊人也。孟子所謂北宮黝也。誘生於漢世，所見書籍尚多，以黝爲齊人，宜可信。春秋之世，衞亦有北宮氏。世爲正卿。戰國策趙威后問齊使云：北宮之女嬰兒子，無恙，則齊亦有北宮氏也。翟氏灝考異云：韓非子顯學篇云：漆雕之議，不色撓，不目逃，行曲則違於臧獲，行直則怒於諸侯。世主以爲廉而禮之。按韓非所稱漆雕之議，上二語與此文同，下二語與曾子謂子襄意似。其漆雕爲北宮黝字敷，抑子襄之出於漆雕氏也。韓言儒分爲八，有漆雕氏之儒。漢志儒家有漆雕子十二篇。其書久亡，無能案驗矣。春秋繁露度制篇云：肌膚血氣之情也。劉熙釋名釋形體云：肌，懻也。膚幕堅懻也。故以肌釋膚。音義云：橈，一奴効切。五經文字云：枉橈之橈，女絞反，俗從手者，撓擾之撓，火刀反。阮氏元校勘記云：閩監毛三本橈作撓。按音義出橈字作撓，非也。易大過棟橈。釋文云：曲折也。成公二年左傳云，師徒橈敗。注云：橈，曲也。曲猶屈也。卻同却。廣雅釋言云：卻，退也。史記魯仲連鄒陽傳云：勇士不却死而滅名。索隱云：却死，猶避死也。廣雅釋詁云：逃，避也。畏其刺則必退却逃避。黝不畏其刺，是不因膚被刺而屈，不因目被刺而避也。橈卻逃避互明。文選注引聲類云：豪，長毛也。故以毛釋豪。挫之訓爲摧。素問五常政大論云：其變振拉摧拔。是挫亦拔也。說文手部云：撻，鄉飲酒罰不敬，撻其背。遽，古文撻。周書遽以記之。撻同箠。司馬遷報任安書云：其次關木索被箠楚受辱。漢書吾邱壽王傳云：民以耰鉏棰梃相撻擊。棰本馬杖之名，用以撻擊，故撻亦謂之棰矣。顧氏炎武日知錄云：若撻之於市朝，諸書所言若撻於市。古者朝無撻人之事，市則有之。周禮司市市刑，小刑憲罰，中刑徇罰，大刑扑罰。又曰：胥執鞭度而巡其前，掌其坐作出入之禁令。凡有罪者撻戮而罰之是也。禮記檀弓遇諸市朝，不反兵而鬭。兵器非可入朝之物。奔喪哭辟市朝。奔喪亦但過市，無過朝之事也。其謂之市朝者，史記孟嘗君傳：日莫之後，過市朝者，掉臂不顧。索隱云：言市之行列，有如朝位，故曰市朝。閻氏若璩釋地續云：市朝二字，見論語者，乃殺人陳尸之所。左傳殺三郤，皆尸諸朝。董安于縊而死。趙孟尸諸市是也。見孟子者，僅得一市字。蓋古者撻人各有其所，容有於市，於市則辱之極矣。是以斷斷無撻之於朝者。或曰：市朝乃連類而及之文。若躬稼本稷而亦稱禹，三過不入本禹而亦稱稷。以紂爲兄之子本指王子比干，而亦及微子啓。善哭其夫而變國俗，本指杞梁之妻，而亦及華周之妻。皆因其一而並言其一。古文體則有然者。趙氏佑溫故錄云：朝市雙言，朝也市也。朝市單言，市之朝也。若撻之於市朝，正是司市之朝耳。古者朝之名通於上下。冉子退朝，周生烈云君之朝，鄭康成云季氏朝。則有司聽事之處，言朝猶是公所矣。今京城內外街市，多立堆撥，設員役以備巡徼。其大者謂之官廳。漢唐謂之街彈室。○注褐寬至褐者。○正義曰：詩七月篇無衣無褐。箋云：人之貴者無衣，賤者無褐。是褐爲賤者所服。上言褐寬博，下言褐夫，則褐寬博即是衣褐之匹夫，故云獨夫被褐者。褐寬博。蓋當時有此稱也。老子云。聖人被褐懷玉。○注嚴尊至是也。○正義曰。呂氏春秋審應篇。高誘注云。嚴。尊也。禮記學記云。嚴師爲難。注云。嚴。尊敬也。廣雅釋詁云。尊。敬也。尊嚴敬三字同義。嚴字連諸侯。謂可尊敬之諸侯。黝心目中蔑視之。無有可尊敬之諸侯。故云無尊嚴諸侯可敬者也。先以尊釋嚴。又申言可敬。謂無尊嚴卽無可敬也。惡聲。猶惡言也。史記仲尼弟子列傳云。自吾得由。惡言不入於耳。集解引王肅云。子路爲孔子侍衞。故侮慢之人。不敢有惡言。惡猶過也。指斥過惡之言也。至猶來也。惡聲至。卽惡言來矣。漢書外戚傳云。爲致椁注云。致。謂累也。又酷吏傳云。致令辟爲。郭注云。致。謂積累之也。致。至也。積累加也。是至亦有加義。故云加己。國語晉語云。反使者注云。反。報也。必反之。見必報之也。爾雅釋詁云。育。養也。故以育釋養。禮記中庸萬物育焉注云。育。生也。長也。養育勇氣。卽是生長勇氣。養勇卽是養氣。但孟子之氣。以直養而無害。則爲善養。黝等之氣。不以直養則不善也。善在直。其養所以不同也。

孟施舍之所養勇也。曰。視不勝猶勝也。量敵而後進。慮勝而後會。是畏三軍者也。舍豈能爲必勝哉。能無懼而已矣。【注】孟姓舍名。施發音也。施舍自言其名則但曰舍。舍豈能爲必勝哉。要不恐懼而已也。以爲量敵少而進。慮勝者足勝乃會。若此畏三軍之衆者耳。非勇者也。【疏】慮勝而後會。○正義曰。詩大明篇會朝清明箋云。會。合也。合兵以清明。詩又云殷商之旅。其會如林。箋云。殷盛合其兵衆。陳于商郊之牧野。此云慮勝而後會。謂合兵也。○注孟姓至曰舍。○正義曰。閻氏若璩釋地又續云。原趙氏之意。以古人二字名。無單稱一字者。今曰舍。則舍其名也。古未見有複姓孟施者。則孟其姓也。遂以發音當施字。不知發聲在首。如吳曰勾吳。越曰於越。若在中則語助詞多用之字。未聞以施字者。且孔子時魯有少施氏。安知孟施非少施一例乎。翟氏灝考異云。古人二字名。或稱一字。如紂名受德。書但稱商王受。曹叔名振鐸。國語但稱叔振。晉文公名重耳。左傳但稱晉重。魯叔孫氏名何忌。春秋經定六年但稱忌。孟施舍不嫌其自稱舍也。○注舍豈至而已矣。○正義曰。孔本韓本考文古本無舍字。閩毛監三本有之。經言能無懼。趙氏言要不恐懼者。要。約也。以下言孟施舍守約。豫言之也。

孟施舍似曾子。北宮黝似子夏。夫二子之勇。未知其孰賢。然而孟施舍守約也。【注】孟子以爲曾子長於孝。孝百行之本。子夏知道雖衆。不如曾子孝之大也。故以舍譬曾子。黝譬子夏。以施舍要之以不懼爲約要也。【疏】注孟子至要也。○正義曰。史記仲尼弟子列傳云。曾參。南武城人。字子輿。孔子以其能通孝道。故受之業。作孝經。陸賈新語云。曾子孝於父每。昏定晨省。調寒溫。適輕重。勉之於糜粥之間。行之於衽席之上。而德美重於後世。是曾子長於孝也。孝經云。孝。德之本也。論衡書說篇云。實行爲德。周禮師氏注云。德行內外之稱。在心爲德。施之爲行。百行之本。即是德之本。後漢書江革傳云。夫孝百行之冠。衆善之始也。顏氏家訓勉學篇云。孝爲百行之首是也。說苑言子夏讀易。尚書大傳言子夏讀書。韓詩外傳言子夏讀詩。新序稱其論五帝師。大戴禮記稱其言易之生人。是知道衆也。大戴記曾子大孝篇云。夫孝者。天下之大經也。是道雖衆。不如孝之大也。北宮黝事事皆求勝人。故似子夏知道之衆。孟施舍不問能必勝與否。但專守己之不懼。故似曾子得道之大。約之訓爲要。於衆道之中得其大。是得其要也。下言大勇。是知得其要爲得其大也。

昔者曾子謂子襄曰。子好勇乎。吾嘗聞大勇於夫子矣。自反而不縮。雖褐寬博。吾不惴焉。自反而縮。雖千萬人。吾往矣。孟施舍之守氣。又不如曾子之守約也。注 子襄。曾子弟子也。夫子。謂孔子也。縮。義也。惴。懼也。詩云。惴惴其慄。曾子謂子襄言孔子告我大勇之道。人加惡於己。己內自省有不義不直之心。雖敵人被褐寬博一夫。不當輕驚懼之也。自省有義。雖敵家千萬人。我直往突之。言義之強也。施舍雖守勇氣。不如曾子守義之爲約也。疏 注子襄至約也。○正義曰。子襄薛應旂人物考以爲南武城人。未知所本。禮記投壺篇。奇則直諸純。釋文云。縮。直也。廣雅釋詁云。直義也。縮之爲義。猶縮之爲直。蓋縮之訓爲從。從故直。從亦順也。順故義。義者宜也。趙氏既以義訓縮。又申之云不義不直。明義即直也。引詩者。秦風黃鳥篇傳云。惴惴。懼也。是惴即懼也。易傳言驚遠而懼邇。是驚懼義同。褐夫易於驚懼之。不惴。是不驚懼之也。謂不以氣臨之使之惴惴也。王若虛孟子辨惑云。不字爲衍。不然則謬爾。閻氏若璩釋地三續云。不。豈不也。猶經傳中敢爲不敢。如爲不如之類。此以惴爲自己驚懼。與趙氏異。王氏引之經傳釋詞云。不語詞。不惴。惴也。言雖被褐之夫吾懼之。趙氏前引禮記。以不動心爲強。強猶勇也。黝以必勝爲強。不如施舍以不懼爲強。然施舍之不懼。但以氣自守。不問其義不義也。會子之強。則以義自守。是爲義之強也。推黝之勇生于必勝。設有不勝。則氣屈矣。施舍之勇生于不懼。則雖不勝其氣亦不屈。故較黝爲得其要。然施舍一以不懼爲勇。而不論義不義。會子之勇。則有懼有不懼。一以義不義爲斷。此不獨北宮黝之勇不如。即孟施舍之守氣亦不如也。

曰。敢問夫子之不動心與告子之不動心。可得聞與。注 丑曰不動心之勇。其意豈可得聞與。告子曰。不得於言。勿求於心。不得於心。勿求於氣。不得於心。勿求於氣。可。不得於言。勿求於心。不可。注 不得者。不得人之善心善言也。求者取也。告子爲人勇而無慮。不原其情。人有不善之言加於己。不復取其心有善也。直怒之矣。孟子以爲不可也。告子知人之有惡心。雖以善辭氣來加己。亦直怒之矣。孟子以爲是則可。言人當以心爲正也。告子非純賢。其不動心之事。一可用。一不可用也。【疏】告子至不可。○正義曰。不得於言不得於心。與不得於君不得於親句同。不得於君親爲失意於君親。則此不得於言不得於心。亦指人之言人之心。謂人以惡言加己而已受之。人以惡心待己而已受之也。成公二年公羊傳注云。得曰取。淮南子說山訓。高誘注云。求猶得也。然則求得取三字可同義。蓋人有惡心而詐善其辭氣以欺我。我之心不爲之動。則能知其心而不惑於其詐。故可也。若人本有善心。而言語之間。不免暴戾。如鬻拳之諫。先軫之唾是矣。我則但怒其言。不復能知其心。故不可也。若是則告子所言勿求於心不得於心。皆人之心。而告子之不動心。第於兩勿求見之。毛氏奇齡逸講箋云。告子惟恐求心即動心。故自言勿求於心。心焉能不動。裁說不動。便是道家之嗒然若喪。佛氏之離心意識參。儒者無是也。孟子平日亦以存心求放心爲主。未嘗言不動。存心是工夫。不動心是效驗。心之本體不能不動。學人用功。則不使不動。此不過以卿相王霸不攖於心。直是得失不變寵辱不驚。一鎭定境界。故孟子自言不動心有道。則明有前事矣。卿相王霸有何恐懼。孟子生平何許學問。而慮其恐懼。在公孫弟子並無此意。此不動心祇是老子所云寵辱不驚。孟子所云大行不加。孟子自言將降大任。必動心忍性。豈有大任是身。而尙可侈言無懼。肆然稱不動心者。又云不動心有養勇一道。皆以氣制心而使之不動。此即告子所云求氣也。有直養一道。則專以直道養其心。使心得慊然而氣不餒。此即孟子所云持志。告子所云求心也。是不動心之道。有直從心上求者。自反是也。有轉從心之所關上求者。養勇是也。曾子自反祇求心。北宮黝孟施舍養勇。則但求氣。惟告子則不求心并不求氣。大抵生人言行皆從心出。言行得失。即與心之動不動兩相關合。假如心不得於言。則當求心。何則。言之詖淫邪遁。皆由心之蔽陷離窮所生。所云生於其心是也。則言有不得。毋論人之言與己之言。皆當推其所由生而求之於心。此所貴乎知言也。而告子則惟恐動心而強而勿求。又如行不得於心。則仍當求心。何則。志與氣本不相持。而轉相爲用。故以直養者言之。則自反而縮。使氣常不餒。則不問得心與不得心。而心自不動。此曾子與孟子求心不求氣也。以養勇者言之。則稍不得於心。惟恐心動。當急求之氣以強制其心。此黝舍之所養勇也。求於氣也。而告子則又但力制其心。而并不求氣。是既不能反。又不能養。舉凡心所不得與不得於心。皆一概屛絕。而更不求一得心與心得之道。徒抱此冥頑方寸。謂之不動。此其所以卿相不驚。霸王不怪。有先於孟子者。蓋其自言有如此。不得心而勿求氣。則合當如是。故曰可也。生平既不能自反。直養無害。而一有不得。則又借此虛矯之氣以爲心之制。此黝舍之學。豈可爲法。且養氣能得心。不能強之制不得之心。自反而慊。行不慊於心。則動心已耳。焉得有急急求氣之理。若心不得於言。則言爲心聲。心有所害。則正當在心上求。於此不急求。當復何待。故猶是心之不得與不得於心。而不求氣則可。不求心則不可。此斷斷然者。

夫志。氣

之帥也。氣體之充也。【注】志心所念慮也。氣所以充滿形體爲喜怒也。志帥氣而行之。度其可否也。【疏】夫志至充也。○正義曰。毛詩序云。在心爲志。儀禮聘禮記注云。志猶念也。大射儀注云。志意所擬度也。故趙氏以心所念慮爲志。又云度其可否。禮記祭義云。氣也者。神之盛也。淮南子原道訓云。夫形者。生之舍也。氣者。生之充也。神者。生之制也。夫舉天下萬物蚑蟯貞蟲蝡動蚑作。皆知其所喜憎利害者。何也。以其性之在焉而不離也。忽去之則骨肉無論矣。今人之所以眭然能視。營然能聽。形體能抗而百節可屈伸。察能分白黑視醜美。而知能別同異明是非者。何也。氣爲之充而神爲之使也。論衡無形篇云。形氣性天也。生之舍生之充生之制。生即性也。性情神志。皆不離乎氣。以其能別同異明是非。則爲志。以帥乎氣。萬物皆有喜憎利害而不能別同異明是非。則第爲物之性。而非人之性。僅爲氣而已。故喜憎利害視聽屈伸。皆氣也。骨肉則形體也。趙氏言氣專指喜怒以上。勿求於心。勿求於氣。作以怒言。故於此言之耳。人有志而物無志。故人物皆有是性皆有是氣。而人能以志帥。則能度其可否。而性乃所以善也。阮氏元校勘記云。音義出之帥云。本亦作師。按據干祿字書。唐人帥字多作師。乃俗字也。既又譌師。夫志至焉。氣次焉。【注】志爲至要之本。氣爲其次。【疏】注志爲至次。○正義曰。趙氏以至爲至極。次爲說文不前之義。謂次于志也。毛氏奇齡逸講箋云。此次字如毛詩傳主人入次。周禮宮正掌次之次。言舍止也。若然。則至爲來至之至。志之所至。氣即隨之而止。正與趙氏下注志嚮氣隨之意合。故曰持其志無暴其氣。【注】暴亂也。言志所嚮氣隨之。當正持其志。無亂其氣。妄以喜怒加人也。【疏】注暴亂至人也。○正義曰。淮南子主術訓高誘注云。暴虐亂也。呂氏春秋慎大篇高誘注云。持。守也。持其志。即曾子之守義。異乎孟施舍之守氣矣。直即正也。自反而縮。故爲正。持其志可喜則喜。可怒乃怒。即義也。即不妄以喜怒加人也。毛氏奇齡逸講箋云。心爲氣之主。氣爲心之輔。志與氣不相離也。然而心之所至。氣即隨之。志與氣又適相須也。故但持其志力。求之本心。以直自守。而氣之在體。則第不虛戾而使之充周已耳。是不求於心者。謂之不持志。無一而可。既曰志至焉。氣次焉。又曰持其志無暴其氣者。何也。【注】丑問暴亂其氣云何。曰。志壹則動氣。氣壹則動志也。今夫蹶者趨者。是氣也。而反動其心。【注】孟子言壹者。志氣閉而爲壹也。志閉塞則氣不行。氣閉塞則志不通。蹶者相動。今夫行而蹶者。氣閉不能自持。故志氣顛倒。顛倒之間。無不動心而恐矣。則志氣之相動也。【疏】注志壹至其心。○正義曰。趙氏讀壹爲噎。說文口部云。噎。飯窒也。一切經音義引通俗文。塞喉曰壹。史記賈誼傳云。子獨壹鬱其誰語。段氏玉裁說文解字注云。易曰。天地壹壺。虞翻以否之閉塞解絪縕。

趙岐亦以閉塞釋志壹氣壹。其轉語爲抑鬱。淮南子精神訓云。形勞國不休則蹶。高誘注云。蹶。顛也。荀子富國篇注云。蹶。顛倒也。國語越語云。蹶而趨之。注云。蹶。走也。呂氏春秋愼小篇云。人之行不蹶於山。則蹶由於行。廣雅釋詁云。趨。行也。經云。蹶者。趨者。趙氏以行而蹶者解之。文則蹶者趨。猶云蹶而趨矣。志壹則動氣。氣壹則動志。故云相動。按說文壹部云。壹。專壹也。是志壹也。毛氏奇齡逸講箋云。志一動氣。自然之理。且志亦不容不一者。不一則二三。安所持志。此所謂一。正志至之解。惟志一能動氣。故志帥而氣卽止也。若氣一動志。則帥轉爲卒所動。反常之道。故須善養使不一耳。按毛氏此說。陳組綬近聖居燃犀解已言之。云志至之志。是至到之至。氣次之次。是次舍之次。至如行次如止。日氣之帥體之充。是帥其氣以充體者志也。日至日次。言至其處卽次其處。丑問志氣既不相離。持志卽是養氣。何必又無暴其氣。志本不動。不壹則渙散無其帥。氣本周流。不動則枯槁無其充。故志可壹而氣不可壹。氣可動而志不可動。如無心而蹶。是所壹之氣也而反動其心。非氣壹動志之明驗歟。此告子勿求氣可也。但既不得於心。則全不知持志之道耳。按丑問夫子之不動心與告子之不動心。孟子述告子之言。以明告子之不動心。有可有不可也。志至氣次。所以申言可不可之故。志帥氣以充體。志至而氣卽隨之而止。此勿求氣所以可。而勿求心所以不可也。求於心卽持其志也。毋暴其氣。似是又當求氣。故丑又問之。趙氏言丑問暴亂其氣。云何是也。故孟子發明之。仍申明勿求於氣之可也。不得於心。有所逆于心也。斯時能持其志。則度其可否而知其直不直義不義。義則伸吾氣以往來。不義則屈吾氣以退矣。此持志以帥氣之道也。志壹則動氣也。若不能持志。不度其可否。不問其直不直義不義。而專以伸吾氣爲主。是氣壹也。此孟施舍守氣之道也。是不持志而暴其氣也。彼不論直義而徒暴其氣。固以此爲不動心。而不知氣壹心轉不能不動。故云氣壹則動志也。因舉一行而顛蹶者以例之。行而顛蹶。是不持志而暴其氣也。當其蹶也。心且因之動矣。則可知徒任氣者不能不動其心。此告子不得於心勿求於氣。所以爲可也。然告子勿求於氣並不求於心。雖不暴其氣。而亦不持不志。則是屏心與氣於空虛寂滅。雖直與義所在。而亦却而不前。視曾子自反而持守其志者殊矣。雖不求氣而不可不善養氣。求氣以爲養氣。是蹶之養勇。舍之守氣。不如告子之勿求於氣也。不求氣而求心以爲養氣。是曾子之自反。孟子之持志。乃爲善養氣也。施舍有氣無志。告子無志無氣。曾子孟子以志帥氣。則有志有氣。施舍養氣而不善者也。告子不善養氣者也。以氣養氣則不善養。以心志養氣。乃爲善養。所養者氣。所以善養者心。心之所以善養者。在直與義。此孟子所以爲善養浩然之氣也。此上但言告子之不動心。未明孟子之不動心。故下文丑又問孟子何以長於告子也。

敢問夫子惡乎長。【注】丑問孟子才志所長何等。曰。我知言。我善養吾浩然之氣。【注】孟子云。我聞人言。能知其情所趨。我能自養育我之所有浩然之大氣也。【疏】注我能氣也。○正正義曰：淮南子墬形訓高誘注云：「浩亦大也。」廣以浩然之氣爲大氣。臧氏琳經義雜記云：「文選班孟堅答賓戲：『仲尼抗浮雲之志，孟軻養浩然之氣。』李善注：『孟子曰：我善養吾浩然之氣。項岱曰：浩，白也。如天之氣皓然也。』後漢書傅燮傳：『世亂不能養浩然之氣。』李賢注：『孟子曰：養吾浩然之氣。趙岐曰：浩然，天氣也。』按春秋繁露循天之道云：『陽者，天之寬也。陰者，天之急也。中者，天之用也。和者，天之功也。舉天地之道而美於和。是故物生皆貴氣而迎養之。孟子曰：我養吾浩然之氣者也。』則董子以養浩然之氣爲養天之和氣。班孟堅以浩然與浮雲相對，亦是以浩然爲天氣。趙、項之釋，有所本矣。今本趙注作浩然之大氣，當是俗人所改。漢書敘傳上注：『師古曰：浩然，純一之氣也。』文選五臣注劉良曰：『浩然，自放逸也。』與古義異。」

敢問何謂浩然之氣。【注】丑問浩然之氣狀何如。曰：難言也。其爲氣也，至大至剛，以直養而無害，則塞於天地之閒。【注】言此至大至剛，正直之氣也。然而貫洞纖微，洽於神明，故言之難也。養之以義，不以邪事干害之，則可使滋蔓，塞滿天地之閒，布施德教無窮極也。【疏】注「言此」至「極也」。○正義曰：云「至大至剛，正直之氣」者，惟正直故剛大。下言「養之以義」，解「以直養」三字。直即義也。緣以直養之，故爲正直之氣。爲正直之氣，故至大至剛。或謂趙氏以「至大至剛以直」爲句，非也。淮南子原道訓云：「故植之而塞于天地，橫之而彌於四海，施之無窮而無所朝夕。」高誘注云：「塞，滿也。施，用也。用之無窮竭也。」又云：「約而能張，幽而能明，甚淖而滒，甚纖而微。」高誘注云：「言道能小能大，能昧能明。」精神訓云：「夫靜漠者，神明之宅也。」趙氏云「貫洞纖微，洽於神明」，謂其微而未著，虛而未彰，故難於言也。說文干部云：「干，犯也。」國語周語云「水火之所犯」，注云：「犯，害也。」故以干釋害，謂以邪事干害之也。既以滿釋塞，又云滋蔓者，隱公元年左傳云：「無使滋蔓。」謂如草之由小而蔓延也。當其纖微靜漠，難於言之。及其養以直而無干害以邪，則蔓延由微而著，由靜而動，則用之德教無窮竭也。毛氏奇齡逸講箋云：「以直養者，集義所生自反而縮也。無害者，不助長也。以助長則非徒無益而又害之也。」

其爲氣也，配義與道，無是，餒也。【注】重說是氣。言此氣與道義相配偶俱行。義謂仁義，可以立德之本也。道謂陰陽大道，無形而生有形，舒之彌六合，卷之不盈握，包絡天地，稟授羣生者也。言能養此道氣而行義理，常以充滿五藏；若其無此，則腹腸飢虛，若人之餒餓也。【疏】注「重說」至「餒也」。○正義曰：易豐初九「遇其配主」，釋文云：「鄭作妃。」桓公二年左傳云：「嘉耦曰妃。」耦通作偶。周禮掌次「射則張耦次」，注云：「耦，俱升射者。」故以偶釋配，又申之以俱行也。賈誼新書道德說云：「義者，理也。」德之理也。禮記禮運云：「義者，仁之節也。」祭統云：「夫義者，所以濟志也，諸德之發也。」故以義兼言仁，又以孯釋義而爲立德之本也。道謂陰陽大道者，阮氏元校勘記云：「纂人皆以陰陽五行爲天道。易曰一陰一陽之謂道。趙氏用此語。按列子云。昔者聖人因陰陽以統天地。夫有形者生於無形。有形生於無形。故云無形生有形也。疏本作生於無形非是。淮南子原道訓云。包裹天地。稟受無形。又云。舒之幎於六合。卷之不盈於一握。趙氏本此。以上言無形。故改云羣生。落與絡古字通。絡爲纏繞。亦裹之義也。道既爲陰陽。陰陽是氣。故云道氣。陰陽分之爲五行。五行各屬於五藏。白虎通性情篇云。人本含五行六律之氣而生。而內有五藏六府。此情性之所由出入也。五藏肝仁肺義心禮腎智脾信也。淮南子精神訓云。血氣者。人之華也。而五藏者。人之精也。夫血氣能專於五藏而不外越。則胸腹充而嗜欲省矣。胸腹充而嗜欲省。則耳目清聽視達矣。耳目清聽視達謂之明。五藏能屬於心而無乖。則敦志勝而行不僻矣。敦志勝而行之不僻。則精神盛而氣不散矣。又云。使耳目精明元達而無誘慕。氣志虛靜恬愉而省嗜欲。五藏定安充盈而不泄。此趙氏所本也。說文食部云。餧。飢也。餒同餧。飢即餓也。不能以直養而邪或干害之。則氣以誘慕嗜欲而散。五藏外越而不能充滿。故腸腹飢虛。若人之不飲食而餒餓也。毛氏奇齡逸講箋云。配義與道。餒正分疏直養。無論氣配道義。道義配氣。總是氣之浩然者。藉道義以充塞耳。無是者是無道義。餒者是氣餒。道義不能餒也。李氏紱配義與道解云。心之裁制爲義。因事而發。即羞惡之心也。身所踐履爲道。順理而行。即率性之謂也。未嘗集義養氣之人。自反不縮。嘗有心知其事之是非而不敢斷者。氣不足以配義也。亦有心能斷其是非而身不敢行者。氣不足以配道也。吾性之義。遇事而裁制見焉。循此裁制而行之。乃謂之道。義先而道後。故曰配義與道。不曰配道與義也。全氏祖望經史問答云。配義則直養而無害矣。苟無是義。便無是氣。安能免於餒。然配義之功在集義。集義者。聚於心以待其氣之生也。曰生。則知所謂配者。非合而有助之謂也。蓋氤氳而化之謂也。不能集而生之。而以襲而取之。則是外之也。襲則偶有合。仍有不合而不慊於心。氣與義不相配。仍不免於餒矣。

是集義所生者。非義襲而取之也。【注】集。雜也。密聲取敵曰襲。言此浩然之氣。與義雜生。從內而出。人生受氣所自有者。【疏】注集雜至有者。○正義曰。雜從集。方言云。雜。集也。古雜集二字皆訓合。與義雜生。即與義合生也。與義合生。是即配義與道而生也。生即育也。育即養也。氣因配義而生。故爲善養。與徒養勇守氣者異矣。莊公二十九年左傳云。凡師有鐘鼓曰伐。無曰侵。輕曰襲。淮南子氾論訓云。秦穆興兵襲鄭。高誘注云。以兵伐國。不擊鼓密聲曰襲。僖公三十三年公羊傳注云。輕行疾至不戒以入曰襲。

行有不慊於心則餒矣。【注】慊。快也。自省所行仁義不備。干害浩氣。則心腹飢餒矣。【疏】注慊。快也。○正義曰。呂氏春秋本生篇云。耳聽之必慊。又知接篇云。以慊寡人。高誘注並云。慊。快也。慊與嗛同。國策魏策齊桓公夜半不嗛。高誘注云。嗛。快也。

我故曰告子未嘗知義。以其外之也。【注】孟子曰。仁義皆出於內。而告子嘗以爲仁內義外。故言其未嘗知義也。【疏】注孟子至義也。○正義曰。趙氏以密聲取敵解襲字。而未詳義襲而取之意。推其解。集義而生。爲從內而出。則義襲而取。乃自外而取矣。氣合義而生。則有此氣卽有此義。故爲人生受氣所自有者。義襲而取。則義本在氣之外。取以附於氣耳。若然。則義不關於內。卽所行義有不附。將於心無涉矣。乃自省所行仁義不具備。而邪事干之。則心必不快。可見義在於內。關係於心。不與氣配氣。則餒矣。告子勿求於氣。並不求於心。是不知義在於內。與氣俱生。故造爲外義之說。不知義。故不知持志。卽不知善養浩然之氣也。趙氏佑溫故錄云。告子固識孟子之集義爲襲而取之也。由其不知在內。妄疑爲徒取於外。取如色取仁而行違之取。加一襲字。如表裘襲裘之襲。言其多事增益掩蓋之勞。孟子特辨正之。此非義襲而取之也。句意與非由外鑠我也。皆反覆揭示。講者。以義襲而取之屬告子。說告子本外義。安肯取義。彼全是助長。與襲取亦殊。按以直養則氣合義。自內而生。不以直養而邪事干害之。則氣不與義合。卽是暴其氣。無所爲義襲也。義襲而取。自指言義外者之說如此。故直非斥之。一事合義。卽是以直養。一事不合義。卽是事害之。集爲雜。雜爲合。合爲配。一也。生爲育。育爲發。一也。義爲直。直爲縮。一也。取爲求。一也。趙氏訓詁能貫通其脈。集合在內。襲取在外。是集非襲。則是內非外。集之訓未明。則襲之說遂窒。六書訓詁。所關於道義者深矣。

必有事焉而勿正。心勿忘。勿助長也。注言人行仁義之事。必有福在其中。而勿正。但以爲福。故爲仁義也。但心勿忘其爲福。亦勿汲汲助長其福也。汲汲則似宋人也。疏注言人至福也。○正義曰。經言必有事。趙氏以必有福在其中解之。是以福釋事。乃事無福訓也。翟氏灝考異云。通篇凡十見福字。古文福但作畐。中筆引長形。便類事。舊本孟子當作必有畐焉。故趙氏注之如此。而勿正。但以爲福故爲義也者。蓋以但字解正字。趙氏於訓詁。每以二字相疊爲釋。此常例也。詩終風序箋云。正。猶止也。莊子應帝王篇云。不正。釋文云。正本作止。正之義通於止也。爲仁義。卽上云行仁義之事。自然得福。不可止以得福之故。始行仁義之事。而勿正。但以爲福故。爲仁義也。十二字一氣。正但連下。此趙氏之義也。淮南子精神訓云。非直夏后氏之璜也。高誘注云。直但也。直正義同。正之爲但。猶直之爲但也。趙氏以必有事焉。爲必有福焉。故而勿正。是不可止爲此福也。心勿忘。是心不忘其爲福也。勿助長。是不可助長其福也。隱公元年公羊傳云。及猶汲汲也。及我欲之。此云汲汲助長其福。謂心急欲其長而助之也。按趙氏讀事爲福。其所本不可詳。其讀正爲止。而以心勿忘爲句。則經義可明。蓋正之爲止。卽是巳止之止。必有事焉而勿止。謂必有事於集義而不可止也。何以不止。心勿忘則不止也。心何以勿忘。時時以不得於言者求諸心。卽時時以不得於心者求諸心。使行無不慊於心。則心勿忘而義集也。凡事求諸心。卽曾子之自反而縮。雖千萬人吾往。往者氣也。然自反而縮乃往。自反而不縮則不往。是不徒恃氣。而以心帥氣。以心帥氣。則能善養氣而不暴其氣。若不求諸心而但求諸氣。則無論縮不縮而皆往。務以氣勝人。是爲北宮黝孟施舍之養勇也。是暴其氣也。能自反。則持其志。不致暴其氣。凡氣之所往。皆自反而縮。自反而縮。則配義與道。配義與道。則以直養而無害。其氣緣集義而生。乃浩然充塞於天地之間而不餒矣。北宮黝孟施舍。不求諸心。但求諸氣者也。故告子不得於心勿求於氣。孟子以爲可也。不得於言勿求心。即是不得於氣勿求於心。蓋告子以外其義者忘其心。以忘其心者制其氣。北宮黝孟施舍一味用氣。告子一味不用氣。而皆不求心。皆不持志。即皆不能集義。在黝舍則暴其氣。在告子則餒其氣。惟孟子之學。在自反以求心。持志以帥氣。縮而合乎義道。則氣不餒。不縮而乖乎義道。則氣不暴。全以心勿忘爲要而已。忘猶妄。即易无妄之妄。事即遁變之謂事之事。正猶止。即終止則亂之止。遁變則爲道爲義。勿止則自彊不息。勿妄則進德修業。此孟子發明周易之旨。故深於易者。莫如孟子也。

無若宋人然。宋人有閔其苗之不長而揠之者。芒芒然歸。謂其人曰。今日病矣。予助苗長矣。其子趨而往視之。苗則槁矣。【注】揠。挺拔之欲亟長也。病。罷也。芒芒。罷倦之貌。其人。家人也。其子。揠苗者之子也。趨。走也。槁。乾枯也。以喻人助情邀福也。必有害。若欲急長苗而反使之枯死也。

【疏】注揠挺至死也。○正義曰。方言云。揠。擢。拂。戎。拔也。自關而西。或曰拔。或曰擢。自關而東。江淮南楚之間。或曰戎。東齊海岱之間曰揠。郭璞注云。今呼拔草心者爲揠。說文手部云。挺。拔也。呂氏春秋仲冬紀云。荔挺出。高誘注曰，挺生出也。拔或連根拔起云。挺拔則但拔之使高出。如荔之挺生。不出其根也。故云挺拔之欲亟長。禮記少儀云。師役曰罷。注云。罷之言罷勞也。春秋傳曰。師還曰疲。孔子正義引莊公八年公羊傳云。此滅同姓。何善爾。病之也。何休云。慰勞其罷病也。是鄭用公羊爲注也。罷與疲同。廣雅釋詁疲罷皆訓勞。國語齊語云。罷士無伍。罷女無家。注云。罷。病也。今日病。謂今日勞苦疲憊也。趙氏以芒芒爲罷倦之貌。音義云。丁音忙。則讀若茫茫。方言云。茫。遽也。急遽所以致罷倦。罷倦則怠緩不急遽矣。詩僕夫況瘁。楚辭憂苦篇作僕夫慌悴。廣雅釋言云。慌。夢也。釋詁云。忽。慌忘也。文選歎逝賦。何視天之芒芒。注云。芒芒。猶夢夢也。爾雅釋訓云。夢夢訰訰。亂也。儚儚。昏也。孫炎注云。夢夢昏昏。昏亂也。釋文引顧野王云。夢夢訰訰。煩懣亂也。楚辭九章云。中悶瞀瞀之忳忳。賈誼新書先醒篇云。不知治亂存亡之所由。忳忳然猶醉也。云煩懣。云悶瞀。云如醉。皆倦罷之狀。趙氏蓋讀芒芒爲夢夢。慌之訓爲夢。與芒芒爲夢夢同。慌悴謂慌忽憔悴。慌忽者疲其神。憔悴者疲其形。此芒芒所以爲倦罷之貌也。詩桃夭宜其家人。毛傳云。一家之人。箋云。猶室家也。趙氏以其人爲家人。蓋即謂一家之人也。若國語齊語云。罷女無家。注云。夫稱家。是婦以夫爲家。楚辭離騷云。浞又貪夫厥家。注云。婦謂之家。是夫亦以妻爲家。周禮小司徒注云。有夫有婦。然後爲家。故周易家人卦。統言男女父子夫婦兄弟。而詩箋以家人猶室家。亦男女夫婦統稱。此宋人爲男子。其揠苗而歸。不必專告一人。則其人之爲家人。泛指一家而言耳。其子亦家人中之一人也。說文走部云。趨。走也。高誘注呂氏春秋淮南子。皆以走釋趨。說文木部云。槀。木枯也。周禮小行人注云。故書槁爲槀。國語魯語云。矠魚鼈以爲夏槁。注云。槁。乾也。是乾枯槁義同。閩監毛三本作喻人之情邀福者必有害。者與也義同。俱適下之詞。列子黃帝篇邀於敬。釋文云。邀。抄也邀也。情非中節而發。則氣不由直養而生。助其喜怒之情。以要求呵護之福。勢敗撥綴身名俱喪。是反使有害也。趙氏義如此。

天下之不助苗長者寡矣。以爲無益而舍之者。不耘苗者也。助之長者。揠苗者也。非徒無益而又害之。注天下人行善。皆欲速得其福。恬然者少也。以爲福祿在天。求之無益。舍置仁義不求爲善。是由農夫任天不復耘治其苗也。其邀福欲急得之者。由此揠苗之人也。非徒無益於苗而反害之。言告子外義。常恐其行義欲急得其福。故爲丑言。人之行當內治善。不當急欲求其福。

疏注天下至者矣。○正義曰。邀福閩監毛三本作遲福。阮氏元校勘記云。遲。是也。讀如遲容之遲。常恐其行義。考文古本作常恐其作義。又閩監毛三本注末多亦若此揠苗者矣七字。按孟子經文辭句明達。不似詩書艱奧。而趙氏注順繹其意。亦極詳了。不似毛鄭簡嚴。待於申發。故但疏明訓詁典辭。則趙氏解經之意明而經自明。而趙氏有未得經義者。以經文涵詠之。亦可會悟而得其眞。固無取乎強經以從注也。此注既讀必有事爲必有福。故皆以邀福得福求福言之。說文心部云。恬。安也。老子云。恬淡爲上。謂不求福也。由。即猶也。毛詩甫田或耘或耔傳云。耘。除草也。禮記曲禮云。馳道不除。注云。除。治也。故以治釋耘。言告子外義。常恐其行義欲急得其福。蓋謂告子既以義爲外。則必不行義。故惟恐其行義也。行義福不可必得。故不行義而別有以助之以急求其福。行義即是內治善。內治善。則福不能急得。欲急得福。故告子不內治善。且惟恐其行義以緩其急求福也。孟子與之相反。故言當內治善。不當急求其福。此趙氏義也。乃以孟子經文核之。告子者。不得於言。勿求於心。不得於心。勿求於氣者也。勿求心。勿求氣。正老子所謂恬澹。淮南子所謂恬愉。豈尙有急求其福之事。則是以急求其福擬告子者。誣也。若謂勿求心勿求氣即是助長。長即生也。亦即養也。告子勿求心則不集義。因不能如孟子之善養氣。告子勿求氣。則不守氣。亦並不似孟施舍之養勇。告子本不欲氣之生長。又何用助長。且告子之學雖偏。而其勿求心勿求氣。自造爲義外之說。亦當時處士之傑出者。使助長即指告子。則孟子明云天下之不助苗長者寡矣。然則天下皆助長之人。豈天下皆爲告子之勿求心勿求氣。則趙氏以揠苗助長比急求其福以急求其福爲告子之惟恐行義。於孟子經文。殊難脗合矣。試即經文涵詠之。不得於言勿求於心。忘其爲心者也。忘其心。而勿求。則無事。此告子外義不善養浩然之氣之說也。孟子既辨明義非外襲。必事內集。故云必有事焉而勿正。必有事。則必求於心而勿止。則非一求而已。且心勿忘矣。此辨明告子之不動心。與孟子之不動心。已畢。以下勿助長。則推黝舍之養勇而言之。謂不可爲告子之必無事而餒。亦不可爲黝舍之守氣以養氣也。守氣以養氣。是助長也。長即養也。亦即生也。爲不以直養而無害。則氣由義生。爲善養即爲善長。而非助長助養。以守氣爲養勇。則氣由氣生。

善養卽不善長。而爲助長助養。天下能自反持志直養集義者。能有幾人。大抵多暴其氣以生長其氣。是故云天下之不助苗長者寡矣。以爲無益而舍之。是不有事而止。而不求氣者也。此不芸苗者也。是告子之求得于心勿求其氣而可者也。故無害也。助之長者。氣本不能從義直而生。而助之生。此揠苗者也。是勦舍之守氣以暴其氣者也。暴其氣則不能自反。不能持志。不能集義。凡無義無道。此雖不慊於心。而一以其氣行之。以直長養之而無害者。以不直長養而有害必矣。故非徒無益而又害之也。此害字卽申明以直養而無害之害。以直養則氣自生長於義。而無容助之。然則助長者。不能以直養之謂也。治田者培其苗之根。除其非種。苗自生于根矣。無以揠爲也。總之以持志自反爲要。則心勿忘三字。爲善養浩然之學。忘其心。爲勦舍之暴氣非也。爲告子之勿求氣亦非也。勿求氣雖較暴氣爲無害。然勿求氣卽不復求心以生氣。雖無害而實無益。譬如不揠苗亦不耘苗。苗之槁雖不自我害之。而苗亦莫能長矣。安用此枯槁寂寞之學爲哉。程氏瑤田通藝錄論學小記云。人於日用之間。無時無地之非事。卽無時無地之非動。聖人之言敬也。道國曰敬事。事君曰敬其事。論仁曰執事敬。論君子曰執事敬。又曰事上敬。交久敬。行篤敬。敬鬼神。祭思敬。蓋悉數之不能終其物。靜時涵養以收斂放心。是敬之一事。蓋人生日用之間。動處多。靜處少。以三達德行五達道。處處是動。處處當用敬。其或有少間靜時。亦須以敬聯屬之。故曰君子不動而敬。君子戒愼乎其所不睹。恐懼乎其所不聞。言其用功於動。用功於睹聞。已無絲毫之不敬。而千萬動中或有一靜。千萬睹聞中或有一不睹不聞。亦以敬聯屬之。如此言敬。始謂之修己以敬。始謂之敬而無失。以靜時繼續其動時之敬。非主於靜而以動時繼續其靜時之敬也。孟子不動心有道。以能養氣也。氣何以得養。以集義也。義何以集。以格物而致其知也。能致其知。則心有主而義以集。然後見之於行。事事皆合於義。易所謂義以方外。如此義方外者。必敬直內。敬義相須。無舍敬而能義。亦無舍義而能敬者。故義雖方外而實謂之內。行吾敬故謂之內。告子未嘗知義。以其外之也。此孟子之論義。卽孟子之論敬也。敬也者。用其心焉而已矣。夫子曰無所用心。心不用則於不可已者而亦已。故斥之曰難。孟子之不動心。非釋氏之事一寂守以主靜。得以冒其號。而謂之曰不動心也。而告子之不動心。所以異於孟子之不動心。一在動處用功一在靜處用功。烏得不相背而馳哉。

何謂知言。注丑問知言之意謂何。曰。詖辭知其所蔽。淫辭知其所陷。邪辭知其所離。遁辭知其所窮。注孟子曰。人有險詖之言。引事以褒人。若賓孟言雄雞自斷其尾之事。能知其欲以譽子朝蔽子猛也。有淫美不信之辭。若驪姬勸晉獻公與申生之事。能知其欲。以陷害之也。有邪辟不正之事。若豎牛勸仲任賜環之事。能知其欲。行譖毀以離之於叔孫也。有隱遁之辭。若秦客之廋辭於朝。能知其欲以窮晉諸大夫也。若此四者之類。我聞能知其所趨者也。疏注人有至猛也。○正義曰。王氏念孫廣雅疏證云。譣。詖也。見集韻類篇。譣。玉篇音盧儉息廉二切。說文引立政勿以譣人。徐鍇傳云。譣猶險也。今本譣作憸。馬融注云。憸利佞人也。說文憸。憸詖也。憸利於上。佞人也。懇疾利口也。引盤庚相時懇民。今本懇作憸。馬融注云。憸利小小見事之人也。韓非子詭使篇云。損仁逐利謂之疾險。並字異而義同。文選顏延之和謝監靈運詩注。引倉頡篇云。詖。佞諂也。孟子公孫丑篇。詖辭知其所蔽。趙岐注云。險詖之言。荀子成相篇云。讒人罔極。險詖傾側。詩序云。內有進賢之志。而無險詖私謁之心。並字異而義同。賓孟言雄雞自斷其尾之事。見昭公二十二年左傳。廣雅釋詁云。蔽。障也。景王太子壽卒。既立子猛。又欲立王子朝。故賓起因雄雞斷尾以說王。國語周語賓起云。吾見雄雞自斷其尾。而人曰憚其犧也。吾以爲信畜矣。人犧實難。已犧何害。抑其惡爲人用也乎。則可也。人異于是。犧者實用人也。注云。人犧。謂雞也。謂人作犧實難，言將見殺也。已謂子朝。已自爲犧。當何害乎。雖惡爲人所用。自斷其尾可也。人之美則宜君人事宗廟也。人自作犧。則能治人。此譬子朝欲王立之。不必毀子猛。子朝立。猛自廢矣。故云蔽也。賓起爲子朝傅。謀立子朝以廢子猛。是爲險詖。○注有淫美至之也。○正義曰。說文水部云。淫。侵淫隨理也。侵猶漸也。由漸而入。隨其脈理。則不違逆。故云淫美。毛詩雨無正巧言如流箋云。巧猶善也。善即美也。淫美猶云淫巧。詩小雅僭始既涵箋云。僭。不信也。驪姬勸晉獻公與申生之事。見莊公二十八年左傳。驪姬本欲廢申生。而先言曲沃君之宗也。不可以無主。若使大子主曲沃。則可以威民而懼戎。且旌君伐。晉侯說之。是巧言不信。欲殺之先與之也。誰其與之使居曲沃。而乃由是得罪。是陷害之也。周禮雍氏注云。穿地爲塹。所以禦禽獸。其或超踰則陷焉。世謂之陷阱。禽獸不知有坑阱。人巧設以害之。驪姬欲害申生。故先爲此巧美之言。使之墜入。如禽獸之陷於阱。故爲陷害也。○注有邪至孫也。○正義曰。邪。辟也。邪則不正。故云邪辟不正。豎牛勸仲任賜環之事。見昭公四年左傳。豎牛者。叔孫穆子在庚宗所私婦生也。仲壬。穆子在齊娶國姜所生也。壬與公御萊書私遊于公宮。昭公與仲壬玉環。壬使牛入告穆子。牛入不告。而詐傳穆子命。使壬佩之。乃譏於叔孫曰。不見而自見矣。公與之環而佩之矣。遂逐仲壬。仲壬被逐。是父子相離也。○注有隱至夫也。○正義曰。淮南子繆稱訓云。不身遁斯亦不遁人。高誘注云。遁隱也。故遁辭爲隱遁之辭。秦客廋辭於朝事見國語晉語。韋昭注云。廋。隱也。謂以隱伏譎詭之言聞於朝也。東方朔曰。非敢試也。乃與爲隱耳。是也。大夫莫之能對。故云欲以窮晉諸大夫也。○注若此至趨也。○正義曰。知其所趨。謂知其趨向所在也。按賓孟驪姬豎牛同一譏詐。無以分其爲詖淫邪。且當時晉獻公周景王雖惑之。則史蘇劉蚠皆能知之。不必孟子大賢也。至秦客廋辭。即所謂隱。漢藝文志有隱書十八篇。劉向別錄云。隱書者。疑其言以相問。對者以慮思之。可以無不論。呂氏春秋重言篇。言荊莊王好隱。韓非子難篇。言人有設桓公隱者。古人託言譎諫。與詩人比興正同。無所爲窮。知之尤無足爲難。故晉大夫莫能對。范文子且知其三也。豈遂爲孟子之知言乎。鶡冠子能天篇云。詖辭者。革物者也。聖人知其所離。淫辭者。因物者也。聖人知其所合。詐辭者。沮物者也。聖人知其所飾。遁辭者。請物者也。聖人知其所極。陸佃注云。詖辭蓋若告子之類。告子外義。

聖人無之。故曰革物者也。淫辭蓋若墨子之類。兼愛。聖人有之。故曰因物者也。詐猶邪也。飾又從而爲之辭。極猶窮也。鶡冠之說。與孟子小異。以詖辭聖人知其所蔽。蓋此詖辭。即孟子所云邪辭。其別云詐辭。則孟子所未言也。說文言部云。詖。辨論也。古文以爲頗字。頗。廣雅訓邪。說文訓偏。書洪範云頗僻。即邪僻。故鶡冠以詖即邪。又無偏無頗。遵王之義。此頗與偏並舉。頗。即偏也。段氏玉裁說文解字注云。凡從皮之字。皆有分析之意。分則偏。偏則各持一說。則辨論此詖之正義也。聖人變通神化。不執於一。孔子稱大言六蔽。雖仁知信直勇剛。不學以通之。則有所蔽。而爲愚蕩賊絞亂狂。荀子解蔽篇云。凡人之患。蔽于一曲而闇於大理。又云。凡萬物異則莫不相爲蔽。墨子蔽於欲而不知得。愼子蔽於法而不知賢。申子蔽於埶而不知知。惠子蔽於辭而不知實。莊子蔽於天而不知人。即詖辭之由於有所蔽也。淫爲侵淫隨理。鶡冠以爲因。陸佃證以墨子之兼愛是也。班固漢書藝文志言九流之學。儒家出於司徒之官。道家出於史官。陰陽家出於羲和之官。法家出於理官。名家出於禮官。墨家出於淸廟之守。從橫家出於行人之官。雜家出於議官。農家出於農稷之官。所謂因也。然各引一端。崇其所善。儒則違離道本。五經乖析。道則獨任淸虛。兼棄仁義。陰陽則舍人事而任鬼神。法則傷恩薄厚。名則鉤鈲析亂。墨則不知別親疏。從橫則上詐諼而棄其信。雜則侵羨而無所歸。農則欲使君臣並耕。誖上下之序。蓋水循理隙而入。侵漸其中。不能復出。荀子非十二子。所謂持之有故。言之成理。是淫辭之有所陷入也。至於邪辟之辭。則顯然悖謬於倫理道義。鶡冠所謂革是也。萬氏斯大學春秋隨筆云。春秋弒君有稱名稱人稱國之異。左氏定例。以爲稱君君無道。稱臣臣之罪。甚矣其說之頗也。孟子曰。世衰道微。邪說暴行有作。所謂暴行。即弒父弒君是也。所謂邪說。即亂臣賊子與其儕類。將不利於君。必飾君之惡。張己之功。造作語言。誣惑衆庶是也。有邪說以濟其暴。遂若其君眞可弒。而已可告無罪然者。相習既久。政柄下移。羣臣知有私門。而不知有公室。且鄰封執政。相倚爲姦。凡有逆節。多蔽過於君。鮮有罪及其臣者。如魯衛出君。師曠史墨之言可證也。左氏之例亦猶是耳。於弒君而謂君無道。是春秋非討亂賊而反爲之先導矣。邪說之惑人。一至是乎。蓋邪說直造爲悖道之言。其甘於爲此說者。則心久離於倫理道義。乃至於是。故邪辭由於有所離也。沮之言止。請之言乞。止之使去。乞之使來。若明白直實言之。未能售也。故曲言之亦隱言之。鶡冠合邪辭于詖辭。而分遁辭爲詐辭。陸佃以詐爲邪。非也。何則。所憎者欲其止。所好者欲其來。不能必其止與來也。故以詭詐行之。在本意則隱而不明。是爲遁。在所言則妄而不實。是爲詐。遁即詐也。離謂離於道義。窮謂窮於道義。心中本無義無道。祗特此詭詐隱藏以爲鉤致。此遁辭所以由於窮也。戰國時張儀蘇秦等之言。大多知是也。此四者。非通於大道。明於六經。貫乎伏羲神農黃帝堯舜文王周公孔子之學。鮮克知之。孟子聞而能知其趨。則好古窮經之學深矣。

生於其心。害於其政。發於其政。害於其事。聖人復起。必從吾言矣。

注生於其心。譬若人君有好殘賊嚴酷心。必妨害仁政。不得行之也。發於其政者。若出令欲以非時田獵。築作宮害。必妨害民之農事。使百姓有飢寒之患也。吾見其端欲妨而止之。如使聖人復興。必從吾言也。【疏】注生於至言矣。○正義曰。按此與滕文公下篇好辯章互相發。彼云吾爲此懼。閑先聖之道。距楊墨。放淫辭。邪說者不得作。作於其心。害於其事。作於其事。害於其政。聖人復起。不易吾言矣。又云我亦欲正人心。息邪說。放淫辭。則是詖淫邪三者。楊墨兼有之。蓋楊偏執於爲我。墨偏執於兼愛。是詖也。楊之爲我。有合於曾子居武城。墨子兼愛。有合於禹稷三過其門而不入。各侵淫失其本。則淫也。至於無父無君。則邪也。特不似儀秦之詐飾耳。此生於其心四句。承上蔽陷離窮皆心也。詖淫邪遁。生於心之蔽陷離窮。是生於其心也。此詖淫邪遁之言。造之自下。大有害乎聖人治天下之法。故害於政也。若將此詖淫邪遁之言見之於政。則天下效之。三綱由是淪。百行由是壞。故害於事也。政謂法教也。事謂事爲也。吾言。指以直養而無害以下。至必有事焉而勿正。心勿忘勿助長之言。告子義外之言。不免詖邪。聖人復起。必從吾配義集義之言也。注以政爲仁政。故指人君言之。

宰我子貢善爲說辭。冉牛閔子顏淵善言德行。孔子兼之。曰我於辭命。則不能也。【注】言人各有能。我於言辭命教。則不能如二子。【疏】注言辭命教。○正義曰。禮記表記注云。辭謂解說也。說亦言也。上言說辭。則辭即言也。詩下武永言配命箋云。命。教令也。是命爲教。

然則夫子既聖矣乎。【注】丑見孟子但言不能辭命。不言不能德行。謂孟子欲自比孔子。故曰夫子既已聖矣乎。【疏】注丑見至矣乎。○正義曰。趙氏以上節仍孟子之言。曰我於辭命。則不能也。爲孟子自言其不能此。然則乃丑問之言。然必從吾言矣。已綰上文。近時通解以宰我以下皆丑問之言。曰我於辭命則不能也。乃孔子之言。是也。

曰。惡。是何言也。昔者子貢問於孔子曰。夫子聖矣乎。孔子曰。聖則吾不能。我學不厭而教不倦也。子貢曰。學不厭。智也。教不倦。仁也。仁且智。夫子既聖矣。夫聖孔子不居。是何言也。【注】惡者。不安事之歎辭也。孟子答丑言。往者子貢孔子相答如此。孔子尚不敢安居於聖。我何敢自謂爲聖。故再言是何言也。【疏】注惡者至辭也。○正義曰。葉夢得避暑錄話述此文。惡作烏。云烏。蓋齊魯發語不然之辭。至今用之作鼻音。亦通於汝潁。周氏廣業孟子逸文考云。音義惡音烏。非作烏也。韓詩外傳新序載楚邱先生答孟嘗君曰。惡何君謂我老。則烏惡信齊音。王氏引之經傳釋詞云。惡。不然之詞也。莊子人間世篇曰。惡惡可。上惡字不然之詞。下惡字訓爲安。荀子法行篇云。惡賜是何言也。韓子難篇云。啞。是非君人者之言也。啞與惡同。按啞惡二音。今皆有之。實一聲之轉。意不然而纍咤之。則云噁。意不然而直拒之。則云惡。○注言往者孔子子貢相答如此。○正義曰。呂氏春秋尊師篇云。子貢問孔子曰。後世將何以稱夫子。孔子曰。吾何足以稱哉。勿已者。則好學而不厭。好教而不倦。其惟此耶。翟氏灝考異云。論語爲之不厭。誨人不倦。是向公西華言之。此向子貢言之。日知錄謂孟子書所引孔子之言。其載於論語者八。學不厭而教不倦。一也。今據呂氏春秋。則此實別一時語。學不厭。論衡引作饜。

昔者竊聞之。子夏子游子張皆有聖人之一體。冉牛閔子顏淵則具體而微。〔注〕體者。四枝股肱也。孟子言昔日竊聞師言也。丑方問欲知孟子之德。故謙辭言竊聞也。一體者。得一枝也。具體者。四枝皆具。微。小也。比聖人之體微小耳。體以喻德也。〔疏〕注昔者至而微。○正義曰。近通解以爲丑問之言是也。○注體者四枝股肱也。○正義曰。文選注引劉熙注云。體者。四支股脚也。具體者。皆微者也。皆具聖人之體微小耳。體以喻德也。與趙氏此注同。毛詩相鼠人而無禮傳云。體。支體也。禮記喪大記注云。體。手足也。周書武順篇云。左右手各握五。左右足各履五。曰四枝。肱屬手。股屬足。故云四枝股肱。枝與支通。說文作肞。亦作胑。

敢問所安。〔注〕丑問孟子所安比也。〔疏〕注所安比也。○正義曰。趙氏讀安爲案。周禮縣正各掌其縣之政令徵比。注云。比。案比也。按安猶處也。處猶居也。謂夫子於諸賢欲何居也。

曰。姑舍是。〔注〕姑。且也。孟子曰。且置是。我不願比也。〔疏〕注姑且至比也。○正義曰。毛詩卷耳傳云。姑。且也。呂氏春秋貴生上農等篇。高誘注並云舍。置也。

曰。伯夷伊尹何如。〔注〕丑曰。伯夷之行何如。孟子心可願比伯夷不。〔疏〕注可願比伯夷否。○正義曰。阮氏元校勘記云。盧文弨抱經堂文集云。依趙氏注。經文但云伯夷何如。無伊尹二字。按此說極確。趙注本僚然。丑問伯夷一人。孟子乃及伊尹。

曰。不同道。〔注〕言伯夷之行。不與孔子伊尹同道也。非其君不事。非其民不使。治則進。亂則退。伯夷也。〔注〕非其君。非己所好之君也。非其民。不以正道而得民。伯夷不願使之。故謂之非其民也。何事非君。何使非民。治亦進。亂亦進。伊尹也。〔注〕伊尹曰。事非其君者何傷也。使非其民者何傷也。要欲為天理物。冀得行道而已矣。〔疏〕注要欲至已矣。○正義曰。五經通義云。荷天命以爲王使理羣生。此所謂爲天理物也。可以仕則仕。可以止則止。可以久則久。可以速則速。孔子也。〔注〕止。處也。久。留也。速。疾去也。〔疏〕注止處至去也。○正義曰。說文几部云。処。止也。重文作處。是止即處也。莊公八年公羊傳云。

何言乎祠兵爲久也。注云。爲久稽留之辭。說文辵部云。速。疾也。久屬仕言。故云留。速屬止言。故云去。

皆古聖人也。吾未能有行焉。乃所願。則學孔子也。【注】此皆古之聖人。我未能有所行。若此乃言我心之所庶幾。則願欲學孔子所履進退無常量時爲宜也。【疏】注乃言至宜也。○正義曰。爾雅釋詁云。幾。近也。淮南子要略云。所以使學者孳孳以自幾也。高誘注云。幾。庶幾也。然則庶幾即幾也。我心之所庶幾。言我心之所近也。進退無常。量時爲宜。即集義矣。義之所在。即仕即久是進也。義之所不在。即止即速是退也。禮記學記云。當其可之謂時。仕止久速。皆視其可。是爲量時。

伯夷伊尹於孔子。若是班乎。【注】班。齊等之貌也。丑嫌伯夷伊尹與孔子相比。問此三人之德班然而等乎。【疏】注班齊至等乎。○正義曰。方言云。班。列也。北燕曰班。儀禮旣夕注云。班。次也。文選東京賦云。次和樹表。薛綜注云。次。比也。禮記服問注云。列等比也。淮南子精神訓。高誘注云。齊等也。原道訓高誘注云。齊。列也。是班列次比等齊同義轉注。故趙氏以齊等解班。又以相比解之。說文女部云。嫌疑也。謂丑疑三人相等也。

曰。否。自有生民以來。未有孔子也。【注】孟子曰。不等也。從有生民以來。非純聖人。則未有與孔子齊德也。

曰。然則有同與。【注】丑曰。然則此三人有同者邪。

曰。有。得百里之地而君之。皆能以朝諸侯有天下。行一不義。殺一不辜而得天下。皆不爲也。是則同。【注】孟子曰。此三人君國。皆能使鄰國諸侯尊敬其德而朝之。不以其義得之。皆不爲也。是則孔子同之矣。【疏】行一至爲也。○正義曰。荀子王霸篇云。故用國者。義立而王。信立而霸。行一不義殺一無罪而得天下。仁者不爲也。又儒效篇云。行一不義殺一無罪而得天下。不爲也。與孟子同。不義則自反而不縮也。不爲則不惴也。

曰。敢問其所以異。【注】丑問孔子與二人異謂何。

曰。宰我子貢有若。智足以知聖人。汙不至阿其所好。【注】孟子曰。宰我等三人之智。足以識聖人。汙下也。言三人雖小汙不平。亦不至阿其所好以非其事。阿私所愛而空譽之。其言有可用者。欲爲丑陳三子之道孔子也。【疏】注汙下至用者。○正義曰。說文水部云。窪。窊也。穴部云。窊。汙衺下也。音義云。丁音蛙。不平貌。趙氏讀汙爲窪也。按汙本作洿。孟子蓋用爲夸字之假借。夸者大也。謂言雖大而不至於阿曲。成公綏嘯賦云。大而不洿。蘇徇有三子知聖人汙論。以汙屬上讀。則智足以知聖人汙。亦是智足以知聖人之大也。宰我曰：以予觀於夫子，賢於堯舜遠矣。注予，宰我名也。以爲孔子賢於堯舜，以孔子但爲聖，不王天下，而能制作素王之道，故美之。如使當堯舜之處，賢之遠矣。疏注如使當堯舜之世。○正義曰：阮氏元校勘記云：如使當堯舜之世。觀其制度。閩監毛三本足利本同，廖本孔本韓本考文古本世作處。無觀其制度四字。按無者是。子貢曰：見其禮而知其政，聞其樂而知其德。由百世之後，等百世之王，莫之能違也。自生民以來，未有夫子也。注見其制作之禮，知其政之可以致太平也。聽聞其雅頌之樂，而知其德之可與文武同也。春秋外傳曰：五聲昭德，言五音之樂聲可以明德也。從孔子後百世上推，等其德於前百世之聖王，無能違離孔子道者。自從生民以來，未有能備若孔子也。疏子貢至子也。○正義曰：趙氏佑溫故錄云：李文貞讀孟子劄記云：夫子宰我子貢有若推尊之意，蓋皆以此。而子貢獨顯言之。如能言夏殷之禮，知韶武之美善，告顏子爲邦之類，皆所謂見禮知政，聞樂知德。等百王而莫違者也。孟子引之以是爲孔子所以異者。蓋聖則同德，孔子則神明天縱，有以考前王而不謬，俟後聖而不惑，非列聖所可同也。○注春秋至德也。○正義曰：引見國語周語隨會聘周篇。韋昭國語解敘云：昔孔子發憤於舊史，垂法於素王，左邱明因聖言以攄意，託王義以流藻。以爲國語其文不主於經，故號曰外傳。宋庠國語補音敘云：魏晉以後書錄所題，皆曰春秋外傳國語。是則左傳爲內，國語爲外。按趙氏生後漢，已稱外傳，則外傳之題，不始魏晉矣。韋昭注云：昭德，謂政平者。其樂和也。亦謂見其樂知其德。○注從孔至道者。○正義曰：呂氏春秋貴公篇云：而莫知其所由始。注云：由，從也。毛詩谷風傳，及說文辵部，皆云違離也。故以從釋由，以離釋違。孔子無可無不可，其道大備，故從孔子百世後，上推孔子。又比孔子之德於百世前之聖王，皆莫能越孔子之範圍。上推即推而放諸東海而準之推。有若曰：豈惟民哉？麒麟之於走獸，鳳凰之於飛鳥，泰山之於丘垤，河海之於行潦，類也。聖人之於民，亦類也。出於其類，拔乎其萃，自生民以來，未有盛於孔子也。注垤，蟻封也。行潦，道傍流潦也。萃，聚也。有若以爲萬類之中各有殊異，至於人類卓絕，未有盛美過於孔子者也。若三子之言孔子，則所以異於伯夷伊尹也。夫聖人之道同符合契，前聖後聖，其揆一也，不得相踰。

云。生民以來無有者。此三子皆孔子弟子。緣孔子聖德高美而盛稱之也。孟子知其言太過。故貶謂之汙下。但不以無爲有耳。因事則褒辭在其中矣。亦以明師徒之義。得相褒揚也。【疏】注垤蟻至聚也。○正義曰。詩豳風鸛鳴于垤。毛傳云。垤。蟻冢也。方言云。垤。封場也。楚郢以南蟻土謂之封垤。中齊語也。蠅同蟻。禮記樂記云。封比干之冢注云。積土爲封。廣雅釋邱云。封冢也。是蟻封卽蟻冢也。法言問神篇云。太山之於蟻垤。詩召南于彼行潦。大雅泂酌彼行潦。毛傳皆云行潦。流潦也。孔氏正義云。行者。道也。說文水部云。潦。雨水也。然則行潦。道路之上流行之水。漢書司馬相如傳注。引應劭云。潦。流也。此云道旁流潦。以道釋行。以流釋潦也。萃。聚也。周易彖傳文。阮氏元校勘記云。泰山之於邱垤。咸淳衢州本泰作太。○注有若至尹也。○正義曰。呂氏春秋論人篇云。人同類而智殊。高誘注云。殊。異也。文選薦禰衡表云。英才卓躒。注云。卓躒。絕異也。萬類統人物而言。麒麟與衆獸異。鳳凰與衆鳥異。泰山河海與邱垤行潦異。聖人與凡民異。是萬類各有殊異也。聖人在人類之中。本是卓然絕異於凡俗。是出於其類。拔乎其萃也。而孔子在卓絕之中。尤爲盛美。此所以異于伯夷伊尹也。蓋以黜舍告子之不知求心。不知集義。必要之於曾子之自反。自反而縮。則得百里之地而君。皆能朝諸侯有天下。自反不縮。則行一不義殺一不辜得天下。皆不爲。是伯夷伊尹與孔子。皆自反而配道義矣、乃伯夷之非其君不仕。非其民不使。尙專於淸。伊尹之何仕非君。何使非民。尙專於任。任之不已。則流於黜舍。淸之不已。則流於告子。故雖能集義。又必量時合宜。而要之於孔子之可仕可止可久可速。易之道大中而上下應之。此志帥氣之學也。分陰分陽。迭用柔剛。通其變使民不倦。神而化之。使民宜之。此可仕可止可久可速之學也。至於通變神化。而集義之功。極於精義。求心之要。妙於先心。此伏羲神農黃帝堯舜文王周公相傳之教。孔子備之。而孟子傳之。惟得乎此。而皷淫邪遁之言。乃不致以似是而非者。惑亂而昧所從也。○注夫聖至揚也。○正義曰。趙氏佑溫故錄云。此章舊注時多違失。如以子夏不如曾子孝之大。以告子之言心氣。皆屬人言。宰我子貢善爲說辭一節。昔者竊聞之一節。皆爲孟子自言。莫不善於有若曰節注此三人皆孔子弟子云云。直說成阿其所好。全相鬪背。此漢注之所以不可廢而有可廢也。　章指言義以行勇則不動心養氣順道。無效宋人。聖人量時。賢人道偏。是以孟子究言情理而歸之學孔子也。

孟子曰。以力假仁者霸。霸必有大國。以德行仁者王。王不待大。湯以七十里。文王以百里。【注】言霸者以大國之力。假仁義之道。然後能霸。若齊桓晉文等是也。以己之德行仁政於民。小國則可以致王。若湯文王是也。【疏】湯以至百里。○正義曰。顧氏炎武日知錄云。湯以七十里。文王以百里。孟子爲此言以證王之不待大爾。其實文王之國。不止百里。周自王季伐諸戎。疆土日大。文王自岐遷豐。其國已跨三四百里之地。伐崇伐密。自河以西舉屬之周。至於武王。而西及梁益。東臨上黨。無非周地。紂之所有。不過河內殷墟。其從之者亦但東方諸國而已。一舉而克商。宜其如振槁也。書之言文王曰。大邦畏其力。文王何嘗不藉力哉。按孟子前言文王由方百里起。是以難也。謂其起自百里。非謂遷豐之後。仍止百里也 孟子之文。彼此互見。實而通之。乃見其備。湯文始小而終大。由能行仁政而諸侯歸之。謂文王藉力。當未必然。史記平原君列傳。毛遂曰。遂聞湯以七十里之地王天下。文王以百里之地而臣諸侯。荀子仲尼篇云。文王載百里地而天下一。韓詩外傳云。客有說春申君者曰。湯以七十里。文王以百里。皆兼天下一海內。陸賈新語明誠篇云。湯以七十里之封而升帝王之位。史記三代世表後。褚先生答張夫子問云。堯知稷契皆賢人。天之所生。故封之契七十里。後十餘世至湯王天下。堯知后稷子孫之後王也。故益封之百里。其後世且千歲至文王而有天下。

以力服人者。非心服也。力不贍也。以德服人者。中心悅而誠服也。如七十子之服孔子也。【注】贍足也。以己力不足而往服從於人。非心服也。以己德不如彼而往服從之。誠心服者也。如顏淵子貢等之服於仲尼。心服者也。【疏】注贍足至者也。○正義曰。贍古作澹。呂氏春秋順民篇云。愁悴不贍者。高誘注云。贍猶足也。又先已篇云。期年而有扈氏服。注云服從也。閩監毛三本作服就於人。廣雅釋詁云。就。歸也。非心服承以力服人。則以力服人。即指此非心服者而言。故云以己力不足而往服從於人。上但言以力。未言以力不贍。故下以力不贍也補明之。以力服人。既是以力不贍而從人。則以德服人。即是以德不贍而從人。故云以己德不如彼而往服從之。顏淵子貢於孔子。無力可言。其從之惟心悅於德耳。若以力服人者。即上以力假仁之人。則與下非心服也不貫。且以德行仁者。豈用以服人乎。

詩云。自西自東。自南自北。無思不服。此之謂也。【注】詩大雅文王有聲之篇。言從四方來者。無思不服武王之德。此亦心服之謂也。【疏】注詩大至謂也。○正義曰。詩在大雅文王有聲篇第六章。箋云。自。由也。武王於鎬京行辟廱之禮。自四方來觀者。皆感化其德。心無不歸服者。是詩謂服武王之德也。自訓由。亦訓從東西南北。謂自鎬京之四方來也。無思不服。猶云無不心服。故鄭箋謂心無不歸服。趙氏亦云此亦心服之謂。

章指。言王者任德。霸者兼力。力服心服。優劣不同。故曰遠人不服。修文德以懷之。【疏】王者任德。○正義曰。漢書禮樂志云。天任德不在刑。○遠人至懷之。○正義曰。論語季氏篇文。足利本懷作來。韓本同。

孟子曰。仁則榮。不仁則辱。今惡辱而居不仁。是猶惡濕而居下也。【注】行仁政。則國昌而民安、得其榮樂。行不仁則國破民殘。蒙其恥辱。惡辱而不行仁。譬猶惡濕而居埤下近水泉之地也。疏注行仁至地也。○正義曰。國語晉語云、非以翟爲榮。注云。榮。樂也。濕宜作溼。素問生氣通天論云。秋傷於溼。注云。溼。謂地溼氣也。埤。閩監毛三本作卑。卑埤通。管子水地篇云。人皆赴高。已獨赴下。卑也。卑也者。水以爲都居。注云。都。聚也。水聚居於下卑也。荀子宥生篇云。其流也埤下、裾拘必循其理。注云。埤讀爲卑。裾與倨同。方也。拘讀爲鉤。曲也。其流必就卑下。或方或曲。必循卑下之理。是卑下爲近水泉之處、爲水漸洳。不免於溼也。

如惡之。莫如貴德而尊士。賢者在位。能者在職。注諸侯如惡辱之來、則當貴德以治身。尊士以敬人。使賢者居位。得其人。能者居職任其事也。疏注使賢至事也。○正義曰。廣雅釋詁云。在。凥也。說文几部云。凥、處也。今通作居。故以兩居釋兩在。禮記文王世子云。記曰。虞夏商周。有師保。有疑丞。設四輔。及三公。不必備。唯其人。注云。無則已。小人處其位。不如且闕。今賢者處位、是有其人。故云得其人。淮南子俶眞訓云。大夫安其職。高誘注云。職。事也、居職故任其事

國家閒暇。及是時。明其政刑。雖大國。必畏之矣。注及無鄰國之虞、以是閒暇之時。明修其政教。審其刑罰。雖天下大國必來畏服。疏注及無至畏服、○正義曰。國語晉語。平公謂陽畢曰、自穆侯以至於今。亂兵不輟。民志無厭。禍敗無已。離民且速寇。恐及吾身。若之何。陽畢對曰。今若大其柯、去其枝葉。絕其本根。可以少閒。注云。閒、息也。閒暇謂安息、此以除去欒氏內亂爲少閒。則不獨無敵國之虞。國家閒暇。謂不用兵戈。無論外患內亂。戰攻則不得休息。趙氏舉其外以概其內也、國語晉語注云。明。著也。說文彡部云。修。飾也。廣雅釋詁云。飾。著也。是明著修三字義通、管子宙合篇云。見察之謂明。淮南子本經訓云。審於符者。高誘注云。審。明也。明之義。一爲修明。一爲明審。趙氏以政教宜分。刑罰宜審、故分釋之。畏之訓亦有二。一爲畏懼。廣雅釋詁畏懼也是也。一爲畏服。曲禮畏而愛之注云心服曰畏是也、大國無容畏懼。故以畏服言之。

詩云。迨天之未陰雨。徹彼桑土。綢繆牖戶。今此下民。或敢侮予。孔子曰。爲此詩者。其知道乎。能治其國家。誰敢侮之。注詩邠國鴟鴞之篇。迨。及。徹。取也。桑土。桑根也、言此鴟鴞小鳥。猶知及天未陰雨而取桑根之皮。以纏緜牖戶。人君能治其國家。誰敢侮之。刺邠君曾不如此鳥。孔子善之。故謂此詩知道也。疏注詩邠至道也。○正義曰。詩在今毛詩鴟鴞篇第二章。傳云。迨。及、徹。剝也。桑土。桑根也、箋云。綢繆。言纏緜也。趙氏注與傳箋同。王肅云。鴟鴞及天之未

陰雨，剝取彼桑根，以纏緜其牖戶。桑根之皮。必須剝而取之。故毛傳訓徹爲剝。趙氏訓徹爲取。廣雅釋詁云，撤，取也。撤徹字通。毛詩釋文云。土音杜。韓詩作杜，方言云。東齊謂根曰杜。大雅自土沮漆。漢書地理志注云，齊詩作自杜。荀子解蔽篇所言乘杜卽相土。是土杜古字通也。綢繆。卽纏緜之轉聲。廣雅釋詁云。綢繆。纏也。謂以桑根之皮。絞結束縛之成巢也。爾雅釋鳥云。鴟鴞鸋鴂。陸璣詩疏云。鴟鴞似黃雀而小。是鴟鴞爲小鳥也。今此下民。今毛詩作今女下民。詩序云。鴟鴞，周公救亂也。成王未知周公之志。公乃爲詩以遺王。名之曰鴟鴞焉。事見周書金縢篇。趙氏則以爲剌邠君曾不如此鳥。此蓋三家之說。與毛異者。

今國家閒暇。及是時。般樂怠敖。是自求禍也。禍福無不自己求之者。注 般。大也。孟子傷今時之君。國家適有閒暇。且以大作樂怠惰敖遊。不修政刑。是以見侵而不能距。皆自求禍者也。疏 注般大也。○正義曰。段氏玉裁說文解字注云。伴大貌。方言廣雅孟子注皆云。般。大也。亦謂般卽伴。○注怠惰敖遊。○正義曰。禮記少儀云。怠則張而相之。注云。怠惰也。毛詩小雅嘉賓式燕以敖傳云。敖。遊也。說文出部云。敖。出遊也。敖同遨。

詩云。永言配命。自求多福。注 詩大雅文王之篇。永長言我也。長我周家之命。配當善道。皆內自求責。故有多福也。疏 注詩大至福也。○正義曰。詩在文王篇第六章。毛傳云。永長言我也。趙氏訓詁與毛同。皆爾雅釋詁文。廣雅釋詁云。配。當也。箋云。常言當配天命而行。則福祿自來。亦以當釋配，分於道謂之命。配當善道。則配當天命矣。莊公二十五年公羊傳云。求乎陰之道也。注云，求，責求也。故自求卽是自責。易雜卦傳云，大有衆也。衆與多義同。故以有釋多。能謂能自責。則有福也。

太甲曰。天作孽。猶可違。自作孽。不可活。此之謂也。注 殷王太甲言天之妖孽。尚可違避。譬若高宗雊雉。宋景守心之變。皆可以德消去也。自己作孽者。若帝乙慢神震死。是爲不可活也。疏 注殷王至活也。○正義曰。尚書太甲三篇。今文古文皆不傳。不在逸書之列。故趙氏但云殷王太甲言。不言逸書也。周氏廣業孟子逸文考云。說文蠥从虫薛聲。衣服歌謠草木之怪謂之祥。禽獸蟲蝗之怪謂之蠥。又孼，庶子也。从子薛聲。玉篇蠥或作孼。江氏聲尚書集注音疏云。高宗雊雉者。經云。高宗肜日。越有雊雉。敍云，高宗祭成湯。有飛雉升鼎耳而雊。史記云。武丁祭成湯。明日。有飛雉登鼎耳而雊。武丁懼。祖己曰。王勿憂。先修政事。武丁修政行德。天下咸驩。殷道復興。是其事云。宋景守心者。呂氏春秋制樂篇云，宋景公之時。熒惑在心。公懼。召子韋而問焉。子韋曰。熒惑者。天罰也。心者。宋之分野也。禍當於君。雖然。可移於宰相。公曰。宰相所與治國家也。而移死焉。不祥。子韋曰，可移於民。公曰。民死。寡人將誰爲君乎。寧獨死。子韋曰。可移於歲。公曰。歲害則民饑。民饑必死。爲人君而殺其民以自活。其誰以我爲君乎。是寡人之命固盡矣。子毋復言矣。子韋還走北面再拜曰。臣敢賀君。天處高而聽卑。君有至德之言三。天必三賞君。今夕熒惑其徙三舍。君延年二十一歲。公曰。子何以知之。對曰。有三善言。必有三賞。熒惑三徙舍。舍行七星。星一徙當一年。三七二十一。臣故曰君延年二十一歲。臣請伏於陛下以司候之。熒惑不徙。臣請死。公曰。可。是夕。熒惑果徙三舍。是其事也。高宗宋景。皆以德弭災。故云皆可以德消去也。云帝乙慢神震死者。史記云。帝武乙無道。爲偶人謂之天神。與之博。令人爲行。天神不勝。乃僇辱之。爲革囊盛血。仰而射之。命曰射天。武乙獵於河渭之閒。暴雷。武乙震死。是其事也。故云是爲不可活。聲謂活或爲逭。禮記緇衣引太甲曰。天作孽可違也。自作孽不可以逭。與孟子所引字雖有異。而大恉無殊。惟逭之與活。義訓不同。鄭康成曰。逭。逃也。

章指。言國必修政。君必行仁。禍福由己。不專在天。言當防患於未亂也。【疏】言當防患於未亂也。○正義曰。易既濟象傳云。君子以思患而豫防之。老子德經云。其安易持。其未兆易謀。其脆易泮。其微易散。爲之於未有。治之於未亂。

孟子曰。尊賢使能。俊傑在位。則天下之士皆悅而願立於其朝矣。【注】俊。美才出衆者也。萬人者稱傑。【疏】注俊美至稱傑。○正義曰。鶡冠子能天篇云。德萬人者謂之俊。德千人者謂之豪。德百人者謂之英。史記屈原賈生傳。索隱引尹文子云。千人曰俊。萬人曰傑。春秋繁露爵國篇云。故萬人者曰英。千人者曰俊。百人者曰傑。十人者曰豪。淮南子泰族訓云。故智過萬人者謂之英。千人者謂之俊。百人者謂之豪。十人者謂之傑。明於天道。察於地理。通於人情。大足以容衆。德足以懷遠。信足以一異。知足以知變者。人之英也。德足以教化。行足以隱義。仁足以得衆。明足以照下者。人之俊也。行足以爲儀表。知足以決嫌疑。廉足以分財。信可使守約。作事可法。出言可道者。人之豪也、守職而不廢。處義而不比。見難不苟免。見利不苟得者。人之傑也。英俊豪傑。各以小大之材處其位得其宜。白虎通聖人篇引禮別名記云。五人曰茂。十人曰選。百人曰俊。千人曰英。倍英曰賢。萬人曰傑。萬傑曰聖。禮記月令正義引蔡氏辯名記。宣公十五年左傳。正義亦引辯名記。辯名即別名也。惟作倍人曰茂。倍選曰俊。所說各異。東漢人注書說文人部云。俊。材過千人也。傑。埶也。材過萬人也。高誘注呂氏春秋孟秋孟夏兩紀、皆云才過萬人曰桀。千人曰俊。而注功名篇。則云才過百人曰豪。千人曰桀。注國策齊策。又云才勝萬人曰英。千人曰桀。王逸注楚辭大招云。千人才曰豪。萬人才曰傑。注九章懷沙篇云　千人才曰俊。一國高曰傑焉。鄭注尚書臯陶謨云。才德過千人爲俊。百人爲乂。均無定說。大要皆才美出衆者之名。故典籍隨舉爲稱。或言俊傑。或言俊乂。或言豪傑。或言英傑。趙氏雖以萬人者稱傑。而俊則不言千人。而但云美才出衆也。

市。廛而不征。法而不廛。則天下之商皆悅而願藏於其市矣。【注】廛。市宅也。古者無征。衰世征之。王制曰。市廛而不稅。

周禮載師曰。國宅無征。法而不廛者。當以什一之法征其地耳。不當征其廛宅也。疏注市廛至宅也。○正義曰。王制。小戴禮記篇名。鄭氏注云。廛。市物邸舍。稅其舍不稅其物。載師周禮地官之職注云。征。稅也。鄭司農云。國宅。城中宅也。無征。無稅也。元謂國宅。凡官所有宮室。吏所治者也。載師職云。以廛里任國中之地。鄭司農云。廛。市中空地。未有肆。城中空地未有宅者。元謂廛里者。若今云邑里居矣。廛。民居之區域也。里。居也。蓋商與民居於國中皆有廛。商賈所居之廛在市。王制市廛而不稅是也。此國宅。不專指市中之宅。凡民之居與官吏之居皆可統稱。趙氏以市宅亦在其中。故引以爲證。然則廛而不征。謂商賈居此宅。不征其稅。與鄭氏稅其舍不稅其物之說不同。故云古者無征。衰世征之。謂古者並此舍亦不征稅。稅其舍者。衰世也。地官廛人。凡珍異之有滯者。斂而入於膳府。注云。故書滯或作廛。鄭司農云。謂滯貨不售者。官而居之。貨物沉滯於廛中不決。民待其直以給喪疾而不可售。賈賤者也。廛。謂市中之地。未有肆而可居以蓄藏貨物者也。孟子曰。市廛而不征。法而不廛。則天下之商皆悅而願藏於其市矣。謂貨物儲藏於市中而不租稅也。故曰廛而不征。其有貨物久滯於廛而不售者。官以法爲居取之。故曰法而不廛。元謂不售而在廛久。則將瘦臞腐敗。爲買之入膳夫之府。所以紓民事而官不失實。此先鄭解說廛而不征。謂貨物藏於此而不征稅。與後鄭異。趙氏蓋本先鄭。廛人掌斂布絘布總布質布罰布廛布而入於泉府。注云廛布者。貨賄諸物邸舍之稅。後鄭據此。故注王制以廛爲稅其舍。卽此貨賄諸物邸舍之稅也。但明日廛而不征。是不征卽不征此廛之稅。賈公彥疏云。周則廛有征。上文廛布是也。云不征者非周法。蓋趙氏以周禮非文王之法。文王治岐。關市不征。故不依周禮也。趙氏謂法而不廛者。當以什一之法征其地耳。不當征其廛宅。則是法而不廛。乃申明上廛而所以不征之故。謂當以什一之法征其一夫百畝之地。不當征其市中之舍。與先鄭所說亦不同。先鄭以貨物有滯而不售。以法出之。使不久滯于市廛。趙氏所不用也。序官廛人注云。故書廛爲壇。杜子春讀壇爲廛。說云市中空地。元謂廛民居區域之稱。賈氏疏云。遂人云。夫一廛田百畝。及載師廛里任國中之地。皆是民之所居區域。又其職有廛布。謂貨賄停儲邸舍之稅。卽市屋舍名之爲廛。不得爲市中空地。按杜子春仍兼顧壇壝之義。故以市中空地解之。司農與之同。然廛非壇壝也。屋之次舍爲廛。廛猶廛也。故後鄭以爲民居區域。市物邸舍。商賈貨物。宜藏居舍之中。不得儲於空地。趙氏不用空地之說以爲市宅。是也。

關譏而不征。則天下之旅皆悅而願出於其路矣。注言古之設關。但譏禁異言識異服耳。不征稅出入者也。故王制曰。古者關譏而不征。周禮大宰曰。九賦七曰關市之賦。司關曰。國凶札則無關門之征。猶譏。王制謂文王以前也。文王治岐。關譏而不征。周禮有征者。謂周公以來。孟子欲令復古去征。使天下行旅悅之也。疏注言古至之也。○正義曰。王制注云。譏。譏異服。識言異。征亦稅也。周禮國凶札則無門關之征。猶譏也。孔氏正義云。

關。壇上門也。譏。謂呵察。公家但呵察非違。不稅行人之物。此夏殷法。周則有門關之征。但不知稅之輕重。若凶年則無稅也。猶須譏禁。大宰。天官家宰也。司關。地官。職司貨賄之出入者。掌其治禁與其征廛。注云。征廛者。貨賄之稅。與所止邸舍也。關下亦有邸客舍。其出布如市之廛。是周禮關市有征也。周禮相傳以爲周公所作。故以爲周公以來也。猶譏。周禮作幾。古字通。賈氏疏云。孟子陳正法與周異。閩監毛三本關市之賦作之征。去征作之征。並非。

耕者助而不稅則天下之農皆悅而願耕於其野矣。【注】助者。井田什一。助佐公家治公田。不橫稅賦。若履畝之類。【疏】注助者至之類。○正義曰。王制云。古者公田藉而不稅注云。藉之言借也。借民治公田。美惡取於此。不稅民之所自治也。孟子曰。夏后氏五十而貢。殷人七十而助。周人百畝而徹。則所云古者謂殷時。借民力。則藉即是助。履畝者。春秋宣公十五年初稅畝。公羊傳云。初者何。始也。稅畝者何。履畝而稅也。古者什一而藉。注云。時宣公無恩信於民。民不肯盡力於公田。故履踐按行。擇其善畝穀最好者稅取之。左傳云。初稅畝。非禮也。穀出不過藉。以豐財也。注云。公田之法。十取其一。今又履其餘畝復十收其一。故哀公曰。二吾猶不足。遂以爲常。按何休杜預二說不同。然因民不力於公田。因踐其私田而收其善畝之穀。仍是什一。不爲橫征。若民因有饑。明年加力於公田。使公田之穀好於私田。則仍收公田之穀。不踐其私田矣。惟於公田之外又收其私田之什一。乃是加賦。趙氏以爲橫。則當如杜說矣。

廛無夫里之布。則天下之民皆悅而願爲之氓矣。【注】里。居也。布。錢也。夫。一夫也。周禮載師曰。宅不毛者有里布。田不耕者出屋粟。凡民無職事者。出夫家之征。孟子欲使寬獨夫去里布則人皆樂爲之民矣。氓者。謂其民也。【疏】注里居至民也。○正義曰。載師注鄭司農云。宅不毛者。謂不樹桑麻也。布。泉也。孟子曰。廛無夫里之布。則天下之民。皆悅而願爲其民矣。故曰宅不毛者有里布。民無職事出夫家之征。欲令宅樹桑麻。民就四業。則無稅賦以勸之也。元謂宅不毛者。罰以一里二十五家之泉。空田者。罰以三家之稅粟。民雖有閒無職事者。猶出夫稅家稅也。夫稅者。百畝之稅。家稅者。士徒車輦給繇役。鄭氏注禮記檀弓云。古者謂錢爲帛布。韋昭注國語。周語云。錢者。金幣之名。古曰泉。後轉曰錢。是布爲錢即爲泉也。江氏永羣經補義云。凡民居區域關市邸舍。通謂之廛。上文廛而不征法而不廛之廛。是市宅。此廛謂民居。即周禮上地夫廛。詩行願受一廛之廛。非市宅也。布者。泉也。亦即錢也。非布帛之布。夫布見周禮閭師。凡無職者出夫布。謂閒民爲民傭力者。不能赴公旬三日之役。使之出一夫力役之泉。猶後世之僱役錢也。里。謂里居。即孟子收其田里之里。非二十五家也。里布。見地官載師。凡宅不毛者有里布。謂有宅不種桑麻。或荒其地。或爲臺榭游觀。則使之出里布。猶後世凡地皆有地稅也。此皆民之常賦。戰國時一切取之。非傭力之閒民。已有力役之征。而仍使之別出夫布。宅有種桑麻。有嬪婦布縷之征。而仍使之別出里布。是額外之征。借夫布里布之名而橫取者。今皆除之。則居廛者皆受惠也。周氏柄中辨正云。周禮閭師。凡民無職者出夫布。載師。凡宅不毛者有里布。即此夫里之布是已。注中止據載師而不及閭師。載師之無職事者。是游手浮泛之人。夫家之征。所以罰之也。閭師之無職者。則九職中之閒民。非游手也。夫布乃其常賦。非罰也。太宰九職。一曰閒民無常職。轉移執事。載師之無職事者。無職而並不事事也。閭師之無職者。無常職也。而轉移職事。則猶有事也。故但曰無職。而不曰無職事。閭師疏。劉氏問夫家之征與夫布。其異如何。鄭答云。夫家之征者田稅。如今租矣。夫布者。如今算斂在凡賦中者也。按鄭氏解兩夫字不同。解夫字不當用一夫百畝之稅之說。夫布者。論丁出錢以爲賦。猶漢口稅之法。漢口率出泉。擬施之有職。周則惟施之閒民而已。趙氏佑溫故錄云。夫家之征。乃夫稅家稅二事。本非經所及。趙氏注廣言之也。段氏玉裁說文解字注云。氓。民也。从民亡聲。讀若盲。詩氓之蚩蚩傳云。氓。民也。方言亦云氓民也。孟子則天下之民。皆悅而願爲之氓矣。趙注氓者。謂其民也。按此則氓與民小別。蓋自他歸往之民。則謂之氓。故字从民亡。阮氏元校勘記云。音義出氓字云。或作萌。或作甿。按作萌最古。漢人多用萌字。經典內萌多改氓改甿。如說文引周禮以興鋤利萌是也。氓者。謂其民也。閩監毛三本同。廖本孔本韓本考文古本無者。謂其三字。按尋讀字。則經文當本作萌。翟氏灝考異云。一讀以天下之民皆悅斷句。上士商旅農。悉連下皆悅二字句。似亦可通。王氏引之經傳釋詞云。呂氏春秋音律篇注云。之。其也。故爲之氓。周官載師注。引作爲其民。之可訓爲其。其亦可訓爲之。

信能行此五者。則鄰國之民。仰之若父母矣。率其子弟。攻其父母。自有生民以來。未有能濟者也。注今諸侯誠能行此五事。四鄰之民。仰望而愛之如父母矣。鄰國之君。欲將其民來伐之。譬率勉人子弟使自攻其父母。生民以來。何能以此濟成其所欲者也。疏注今諸至者也。○正義曰。說文言部云。信。誠也。故以誠釋信。仰之義爲向。自卑向高。自近向遠。皆望也。孟子離婁篇言仰望而終身。則仰之義同於望。故云仰望。廣雅釋詁云。愛。仁也。仁之於父子。云若父母。是愛之也。小爾雅廣詁云。率。勸也。勸之義與勉同。故以勉釋率。爾雅釋言云。濟。成也。故以成釋濟。

如此則無敵於天下。無敵於天下者。天吏也。然而不王者。未之有也。注言諸侯所行能如此者。何敵之有。是爲天吏。天吏者。天使也。爲政當爲天所使。誅伐無道。故謂之天吏也。疏注言諸至吏也。○正義曰。使從吏聲。故吏之義通於使。襄公三十年左傳。使走問於朝。釋文云。使本作吏。段氏玉裁說文解字人部注云。水部沺。水吏也。吏同使。

章指。言修古之道。鄰國之民以爲父母。行今之政。自己之民不得而子。是故衆夫擾擾。非所常有。命曰天吏。明天所使也。疏衆夫擾擾。○正義曰。國語晉語云。范文子謂厲公曰。唯有諸侯故擾擾焉。廣雅釋訓云。擾擾。亂也。

孟子曰。人皆有不忍人之心。注言人人皆有不忍加惡於人之心也。先王有不忍人之心。斯有不忍人之政矣。以不忍人之心。行不忍人之政。治天下可運之掌上。注先聖王推不忍害人之心。以行不忍傷民之政。以是治天下。易於轉丸於掌上也。疏注易於轉丸於掌上。○正義曰。說文丸部云。丸。圜也。傾側而轉者。置丸掌上。其轉易易也。

所以謂人皆有不忍人之心者。今人乍見孺子將入於井。皆有怵惕惻隱之心。非所以內交於孺子之父母也。非所以要譽於鄉黨朋友也。非惡其聲而然也。注乍。暫也。孺子。未有知小子也。所以言人皆有是心。凡人暫見小小孺子將入井。賢愚皆有驚駭之情。情發於中。非為人也。非惡有不仁之聲名。故怵惕也。疏注乍暫至怵惕也。○正義曰。僖公三十三年公羊傳云。詐戰不日。注云。詐。卒也。廣雅釋詁云。暫。猝也。釋言云。乍。暫也。乍與詐通。卒與猝通。乍暫卒三字轉注也。說文子部云。孺。乳子也。劉熙釋名釋長幼云。兒始能行曰孺子。孺。濡也。言濡弱也。禮記內則云。孺子蚤寢晏起。注云。孺子。小子也。始能行而尙無知識。不知井之溺人。故將入井也。國語周語芮良夫云。猶日怵惕懼怨之來也。注云。怵惕。恐懼也。文選東京賦云。猶怵惕於一夫。薛綜注云。惕。驚也。驚即駭。驚駭。猶恐懼也。趙氏解梁惠王上篇。隱其無罪爲痛。說文心部云。惻。痛也。漢書鮑宣傳云。豈有肯加惻隱於細民。注云。惻隱。皆痛也。然則怵惕惻隱。謂驚懼其入井。又哀痛其入井也。以隱之義已見前經文下亦自申明之言。惻隱爲仁。故略之耳。音義云。內本亦作納。納交於孺子之父母。要譽於鄉黨朋友。皆爲人之事。故統之云非爲人也。孔本作發於中。非爲其人也。無情字。有其字。呂氏春秋過理篇云。臣聞其聲。淮南子修務訓云。聲施千里。高誘注並云聲名也。禮記表記云。先王諡以尊名。注云名者。謂聲譽也。故以名釋聲。

由是觀之。無惻隱之心。非人也。無羞惡之心。非人也。無辭讓之心。非人也。無是非之心。非人也。注言無此四者。當若禽獸。非人心耳。為人則有之矣。凡人但不能演用為行耳。疏注言此至行耳。○正義曰。孟子道性善。謂人之性皆善。禽獸之性則不善也。禽獸之性不善。故無此四者。禽獸無此四者。以其非人之心也。若爲人之心。無論賢愚。則皆有之矣。孟子四言非人。乃極言人心必有此四者。趙氏此注。深得孟子之指。不愧通儒。三國志鍾繇傳注。引先賢行狀。李膺謂鍾覲曰。孟子以爲人無好惡是非之心非人也。禮記曲禮注引孟子。人無是非之心。非人也。孔氏正義兼引人無惻隱之心。非人也 人無是非之心。非人也。於句首俱加人字。則四稱非人。竟爲指斥罵詈之辭。非孟子義。趙氏云。人但不能演用爲行。正申明人必有此心。惟禽獸無之耳。

惻隱之心。仁之端也。羞惡之心。義之端也。辭讓之心。禮之端也。是非之心。智之端也。注端者。首也。人皆有仁義禮智之首。可引用之。疏注端者至用之。○正義曰。儀禮鄉射禮注云序端。東序頭也。頭。首也。故端爲首。端與耑通。說文耑部云。耑。物初生之題也。題亦頭也。故考工記輪人鑿端。注云。內題方有頭。可由此推及全體。惠氏士奇大學說云。大學致知。中庸致曲。皆自明誠也。中庸謂之曲。孟子謂之端。在物爲曲。在心爲端。致者。擴而充之也。戴氏震孟子字義疏證云。仁者。生生之德也。民之質矣。日用飲食。無非人道所以生生者。一人遂其生。推之而與天下共遂其生。仁也。言仁可以賅義。使親愛長養不協於正大之情。則義有未盡。亦卽仁有未至。言仁可以賅禮。使無親疏上下之辨。則禮失而仁亦未爲得。且言義可以賅禮。言禮可以賅義。先王之以禮教。無非正大之情。君子之精義也。斷乎親疏上下。不爽幾微。而舉義舉禮。可以賅仁。又無疑也。舉仁舉禮。可以賅智。智者。知此者也。易曰立人之道。曰仁與義。而中庸曰仁者人也。親親爲大。義者宜也。尊賢爲大。親親之殺。尊賢之等。禮所生也。益之以禮。所以爲仁至義盡也。語德之盛者。全乎智仁而已矣。而中庸曰。智仁勇三者。天下之達德也。益之以勇。蓋德之所以成也。就人倫日用。究其精微之極致。曰仁曰義曰禮。合三者以斷天下之事。如權衡之於輕重。於仁無憾。於禮義不愆。而道盡矣。自人道遡之天道。自人之德性遡之天德。則氣化流行。生生不息。仁也。由其生生有自然之條理。觀其條理之秩然有序。可以知禮矣。觀於條理之截然不可亂。可以知義矣。在天爲氣化之生生。在人爲生生之心。是乃仁之爲德也。在天爲氣化推行之條理。在人爲其心知之通乎條理而不紊。是乃智之爲德也。惟條理是以生生。條理苟失。則生生之道絕。凡仁義對文及智仁對文。皆兼生生條理而言之者也。程氏瑤田通藝錄論學小記云。仁主於愛。與忍相反。故言仁政。則曰以不忍人之心行不忍人之政也。凡視聽言動之入於非禮者。皆生於己心之忍。忍則已去仁。已去仁則已去禮。故曰克己復禮爲仁。按賈誼新書道術篇云。惻隱憐人謂之慈。反慈爲忍。不忍人之心。卽是惻隱之心。惻隱爲仁之端。仁義禮智四端一貫。故但舉惻隱。而羞惡辭讓是非卽具矣。但有仁之端。而義禮智之端卽具矣。

人之有是四端也。猶其有四體也。有是四端而自謂不能者。自賊者也。注自謂不能爲善。自賊害其性使不爲善也。疏人之至體也。○正義曰。四端之有於心。猶四支之有於身。言必有也。毛氏奇齡賸言補云。惻隱之心。仁之端也。言仁之端在心。不言心之端在仁。四德是性之所發。藉心見端。然不可云心本於性。觀性之得名。專以生於心爲言。則本可生道。道不可生本明矣。

謂其君不能者。賊其君者也。注謂君不能爲善而不匡正者。賊其君使陷惡也。凡有四端於我者。知皆擴而充之矣。若火之始然。泉之始達。苟能充之。足以保四海。苟不充之。不足以事父母。注擴。廓也。凡有端在於我者。知皆廓而充大之。若水火之始微小。廣大之則無所不至。以喻人之四端也。人誠能充大之。可保安四海之民。誠不充大之。內不足以事父母。言無仁義禮智。何以事父母也。疏注擴廓至母也。○正義曰。音義云。擴音郭。字亦作彍。音矍。王氏念孫廣雅疏證云。說文彍。滿弩也。孫子兵勢篇云。勢如彍弩。太平御覽引尸子云。扞弓彀弩。漢書吾邱壽王傳。十賊彍弩。顏師古注云。引滿曰彍。並字異而義同。孟子公孫丑篇知皆擴而充之矣。趙氏注云。擴。廓也。方言云。張小使大謂之廓。義亦與彍同。按說文弓部云。彍讀若郭。郭即廓。釋名云。郭。廓也。廓落在城外是也。趙氏本作擴。以滿弩之訓。於此文不切。故以廓解之。即說文讀若郭之義。淮南子原道訓云。廓四方。高誘注云。廓。張也。說文弓部云。引開弓也。開弓與滿弩義同。趙氏上注云。可引用之。引用即此彍矣。彍亦廣也。下注云廣大。即即謂彍而充之。淮南子說山訓云。近之則鍾聲充。高誘注云。充。大也。故以大釋充。彍而充之。即引而大之也。說文火部云。然。燒也。火始燒。泉始達。其勢不可遏止。故由微小而無所不至。猶人之有四端。既知擴而充之。則亦無所不至也。注無所不至。故放諸四海而民皆安保也。論語里仁篇。苟志於仁矣。孔氏注。毛詩秦風苟亦無信傳。皆云苟誠也。毛詩小雅保艾爾後傳云。保。安也。保四海即安四海之民也。人不能事父母。即是不仁不義。無禮無智。雖愚蒙豈不知父母之當事。惟賊害其性。遂至不能順於父母。趙氏言無仁義禮智。何以事父母。不能事父母。豈尚能保安四海。此言性善之切。可謂通儒矣。章指。言人之行。當內求諸己以演大四端。充廣其道。上以匡君。下以榮身也。

孟子曰。矢人豈不仁於函人哉。矢人惟恐不傷人。函人惟恐傷人。巫匠亦然。故術不可不慎也。注矢。箭也。函。鎧也。周禮曰。函人爲甲。作箭之人。其性非獨不仁於作鎧之人也。術使之然。巫欲祝活人。匠梓匠。作棺。欲其蚤售。利在於人死也。故治術當慎脩其善者也。疏注矢箭至爲甲。○正義曰。方言云。箭自關而東謂之矢。江淮之間謂之鏃。關西曰箭。爾雅釋地云。東南之美者。有會稽之竹箭焉。太平御覽引字林云。箭。矢竹也。箭爲竹名。可爲矢。故矢即名箭也。閩監毛三本作函。甲也。音義出鎧字。則鎧是也。武氏億釋甲云。鎧爲甲之通名。釋名鎧猶塏。堅重之言也。禮記注。甲鎧也。廣雅甲介。鎧也。自周禮司甲注。甲今之鎧也。世乃有以金制鎧之名。禮記疏言古用皮謂之甲。今用金謂之鎧。書費誓正義。古之作甲用皮。秦漢以來用鐵。鎧鍪二字皆從金。蓋用鐵爲之。而因以爲名。儀禮既夕禮甲胄干笮疏。甲鎧胄兜鍪者。古者用皮。故名甲胄。後代用金。故名鎧兜鍪。隨世爲名故也。億考之獨不謂然。鄭氏注甲今之鎧者。今蓋以漢制況之。謂漢名甲爲鎧。詩正義云。經典皆謂之甲。後世乃名爲鎧。箋以今曉古。此疏所指。亦謂以漢制況也。其實用皮用金。在古並有此制。管子地數篇。葛盧之山發而出水。金從之。蚩尤受而制之。以爲劍鎧矛戟。蚩尤造兵之始者。已以金作鎧。鎧所由來遠矣。非自後世爲然。春秋時此制益廣。車馬被甲皆得用金。鄭風駟介旁旁傳云。介。甲也。秦風俴駟孔羣箋云。俴。淺也。謂以薄金爲介之札。介。甲也。僖二十八年傳駟介百乘。成二年傳不介馬而馳之。注。介。甲也。是馬亦用金爲鎧。定八年傳。主人焚衝注云。衝。戰車。考淮南子覽冥訓大衝車。高氏注云。衝車大鐵著其轅端。馬被甲。車被兵。所以衝於敵城也。是車亦用金爲鎧。昭二十五年傳。季氏介其雞。郈氏爲之金距。呂氏春秋察微篇注。介。甲也。作小鎧著雞頭。鄭衆亦云介甲爲雞著甲。見儀禮疏。按此介與金距對。則小鎧亦以金爲之。此又可爲證。以見當時鬭雞之戲尙如此。蓋必有所仿效爲然。其人得用金爲鎧者。吳越春秋王僚乃被棠鐵之甲。又戰國策當敵則斬堅甲盾鞮鍪鐵幕。劉氏云。謂以鐵幕爲臂脛之衣。呂氏春秋貴卒篇。趙氏攻中山。中山之人多力者曰。吾兵爣衣鐵甲。操鐵杖以戰。而所擊無不碎。所衝無不陷。此又自春秋至戰國。世變益甚。所備益密。則甲用金與革。古蓋兼之。而諸說妄爲區分其義。非也。函人爲甲見考工記。○注巫欲至死也。○正義曰。周禮春官。男巫掌望祀望衍。授號。旁招以茅。冬堂贈。無方無算。春招弭以除疾病。注云。衍讀爲延。望祀謂有牲粢盛者。延進也。謂但用幣致其神。二者詛祝所授。類造攻說禬禜之神號。男巫爲之招。杜子春云。堂贈。謂逐疫也。招。招福也。弭讀爲敉。敉。安也。安凶禍也。招敉皆有記衍之禮。祝號掌於大祝小祝。而授男巫。是祝之事。巫爲之也。逐疫祝於未病時。除疾病祝於已病時。皆所以求活人也。惠氏士奇禮說云。古者巫彭初作醫。攻有祝由之術。移精變氣以治病。春官大祝小祝。男巫女巫。皆傳其術焉。大祝言甸讀禱。代受告烖。小祝將事候禳。求遠辠疾。男巫祝衍旁招。弭寧疾病。女巫歲時祓浴。祓除不祥。故曰病者寤席。醫之用針石。巫之用糈藉。所救鈞也。梓人匠人。並見考工記。皆不言作棺。而宮室廬之匠人。棺槨。亦宮室之類。地官鄉師。及葬執纛。以與匠師御匶而治役。及窆。執斧以涖匠師。注云。匠師主衆匠。又云。匠師主豐碑之事。檀弓云。公室視豐碑。三家視桓楹。注云。豐碑。天子斲大木爲之。形如石碑。於椁前後四角樹之。桓楹。斲之形如大楹耳。四植謂之桓。窆內之碑。匠師主之。則棺槨亦匠人所爲明矣。故儀禮既夕記云。既正柩。賓出。遂匠納車于階間。注云。遂匠。遂人匠人也。匠人主載柩窆。雜記云。匠人執羽葆御柩。襄公四年左傳。定姒薨。初。季孫爲已樹六檟於蒲圃東門之外。匠慶請木。詩木則棺爲匠所作。惟匠人作棺。故載柩御柩之事。皆匠人主之。此國之職事。而士大夫之棺。亦必匠人所作。故孟子爲母治棺。使虞敦匠事。此云作棺欲其蚤售者。則主買棺者而言。蓋士庶之家。不能自治。必市於匠人。而匠人即以棺爲售。閻氏若璩釋地三續云。漢書形法志引諺曰。鬻棺者欲歲之疫。非憎人欲殺之。利在於人死也。即孟子巫匠亦然意。

孔子曰。里仁爲美。擇不處仁。焉得智。【注】里居也。仁最其美者也。夫簡擇不處仁爲不智。【疏】注簡擇不處仁。○正義曰。爾雅釋詁云。柬。擇也。說文手部云。擇。柬選也。柬部云。柬。分別簡之也。柬古簡字。

夫仁。天之尊爵也。人之安宅也。莫之禦而不仁。是不智也。【注】爲仁則可以長天下。故曰天所以假人尊爵也。居之則安。無止之者。而人不能知入是仁道者。何得爲智乎。【疏】注爲仁至智乎。○正義曰。易文言傳云。元者。善之長也。體仁足以長人。故爲仁可以長天下也。假如漢書儒林傳假因利兵之假。顏師古注云。給與也。謂天以仁給與人。使得長人也。爾雅釋言云。宅。居也。安宅是安居。故云居之則安。禦。止也。莫之禦。是無止之者也。智屬知。此言不仁是不智。故云不能知人是仁道也。

不仁不智。無禮無義。人役也。人役而恥爲役。由弓人而恥爲弓。矢人而恥爲矢也。【注】治其事而恥其業者惑也。【疏】注惑也。○正義曰。智者不惑。上云不仁是不智。故云惑。阮氏元校勘記云。上云不矢人而恥爲矢也。各本同。孔本上有由字。按音義由反手下云。下文由弓人由矢人義同。是音義本此文上有由字。

如恥之。莫如爲仁。【注】如其恥爲人役而爲仁。仁則不爲役也。

仁者如射。射者正己而後發。發而不中。不怨勝己者。反求諸己而已矣。【注】以射喻人爲仁不得其報。當反責己仁恩之未至。【疏】仁者至已矣。○正義曰。禮記射義云。射者仁之道也。射求正諸己。己正而後發。發而不中。則不怨勝己者。反求諸己而已矣。孟子此文蓋有所本。首言術不可不愼。術承上矢函巫匠。則指藝術而言。藝術人之所習也。習於爭戰。則糜爛其民。如矢人之不仁矣。所以習於爭戰者。以欲勝人也。故此以射爲喻。而戒其不怨勝己也。不特諸侯之習爭戰也。推之士庶人。惟知利己損人。則時以忮害爲心。以爭勝於人。此不能勝。必多方乞助於他人。役於彼以求伸於此。心日益刻。氣日益卑。苟治以正己。繼以反求。本無傾軋之心。無事屈身之辱。儒者求勝以學。市人求勝以利。朋黨阿比。託一人以爲庇。其趨同也。章指。言各治其術。術有善惡。禍福之來。隨行而作。恥爲人役。不若居仁。治術之忌。勿爲矢人也。

孟子曰。子路。人告之以有過則喜。禹聞善言則拜。【注】子路樂聞其過。過而能改也。尚書曰。禹拜讜言。【疏】注尚書至讜言。○正義曰。段氏玉裁說文解字注云。咎繇謨曰。禹拜昌言。今文尚書作讜。趙注孟子引尚書。禹拜讜言。逸周書祭公解拜手稽首黨言。張平子碑。黨言允諧。劉寬碑對策嘉黨。皆昌言字之假借也。至於讜言亦見漢人文字。字林。讜言。美言也。此又因黨言而爲之言傍。謂之正俗字可。盧氏文弨校逸周書祭公解云。黨讜古字通。荀子非相篇。博而黨正。注謂直言也。

大舜有大焉。善與人同。舍己從人。樂取於人以爲善。【注】大舜。虞帝也。孔子稱曰巍巍。故言大舜有大焉。能舍己從人。故爲大也。於子路與禹同者也。【疏】注大舜至者也。○正義曰。阮氏元校勘記云。虞帝也。閩監毛三本。孔本韓本同。廖本考文古本作虞也。按當本作虞舜也。淺人或刪舜，或改爲帝。論語子罕篇云。巍巍乎舜禹之有天下也而不與焉。又云。大哉堯之爲君也。巍巍乎。是孔子稱舜巍巍。而巍巍之爲大也。云於子路與禹同者。趙氏以善與人同之人指子路與禹。謂舜之善在舍己從人。而舍己從人。此舜之善與子路禹同者也。經文善與人同在上。注倒言之耳。按周易同人彖傳云。同人。柔得位乎中而應乎乾。曰同人。惟君子惟能通天下之志。序卦傳云。物不可以終否。故受之以同人。與同人者物必歸焉。同即通也。上下交而其志同。所謂善與人同也。禮記中庸云。舜其大知也與。舜好問而好察邇言。隱惡而揚善。執其兩端。用其中於民。其兩端。人之兩端也。執兩而用中。則非執一而無權。執一無權。則與人異。執兩用中。則與人同。執一者。守乎己而不能舍己。故欲天下人皆從乎己。通天下之志者。惟善之從。故舍己從人。樂取於人以爲善。意林引尸子云。見人有善如己有善。見人有過如己有過。此虞氏之盛德也。禮記大學篇引秦誓云。斷斷兮無他技。其心休休焉其如有容焉。人之有技。若己有之。人之彥聖。其心好之。不啻若自其口出。注云。他技。異端之技也。若己有之。不啻若自其口出。皆樂人有善之甚也。樂人有善。則無他技。無他技是不爲異端。不爲異端。是善與人同也。舍己。即子路之改過。從人。即禹之拜昌言。聖賢之學。不過舍己從人而已。孟子闢楊墨。以其執一。此章發明尊己執一之非也。

自耕稼陶漁以至爲帝。無非取於人者。取諸人以爲善。是與人爲善者也。故君子莫大乎與人爲善。【注】舜從耕於歷山及其陶漁。皆取人之善謀而從之。故曰莫大乎與人爲善。【疏】注舜從至爲善。○正義曰。史記五帝本紀云。舜耕歷山。歷山之人皆讓畔。漁雷澤。雷澤上人皆讓居。陶河濱。河濱器皆不苦窳。一年所居成聚。二年成邑。三年成都。此舜耕稼陶漁之事也。爾雅釋詁云。謨。謀也。書序云。皋陶矢厥謨。禹成厥功。帝舜申之。作大禹皋陶謨棄稷。今大禹棄稷篇不存。唯存皋陶謨。禹既拜皋陶之言。帝乃命禹亦昌言。又曰迪朕德。時乃功惟敘。及皋陶拜手稽首颺言。賡元首叢脞之歌。而帝且拜而俞之。可爲舜取善謀之證。乃此其爲帝時也。孟子則通言自耕稼陶漁以至於帝。無非取於人者。然則舍己從人之道。自天子以至庶人。無不當如是。取諸人以爲善。是與人爲善者也。與人爲善。猶云善與人同。上言善與人同。而下申言其所以同者爲舍己從人。舍己從人。卽是樂取于人以爲善。是取人爲善。卽是與人同爲此善也。莫大乎與人爲善。此舜之舍己從人所以大也。

章指。言大聖之君。由采善於人。故曰討及下者無遺策。舉及衆者無廢功也。疏由采善於人。○正義曰。董子春秋繁露云。春秋采善不遺小。○故曰至功也。○正義曰。桓寬鹽鐵論刺議篇云。謀及下者無失策。舉及衆者無頓功。周氏廣業云。文選注有討及下句。豈此二語皆外書之文。而趙稱之歟。

孟子曰。伯夷非其君不事。非其友不友。不立於惡人之朝。不與惡人言。立於惡人之朝。與惡人言。如以朝衣朝冠坐於塗炭。推惡惡之心。思與鄉人立。其冠不正。望望然去之。若將浼焉。注伯夷。孤竹君之長子。讓國而隱居者也。塗。泥。炭。墨也。浼。汚也。思。念也。與鄉人立。見其冠不正。望望然慙愧之貌也。去之。恐其汚己也。疏注伯夷至己也。○正義曰。史記伯夷列傳云。伯夷叔齊。孤竹君之二子也。父欲立叔齊。及父卒。叔齊讓伯夷。伯夷曰。父命也。遂逃去。叔齊亦不肯立而逃之。國人立其中子。於是伯夷叔齊聞西伯昌善養老。盍往歸焉。及至。西伯卒。武王載木主號爲文王。東伐紂。伯夷叔齊叩馬而諫曰。父死不葬。爰及干戈。可謂孝乎。以臣弒君。可謂仁乎。左右欲兵之。太公曰。此義人也。扶而去之。武王已平殷亂。天下宗周。而伯夷叔齊恥之。義不食周粟。隱於首陽山。采薇而食之。及餓且死。此讓國而隱居之事也。毛詩角弓如塗塗附傳云。塗。泥也。說文火部云。炭。燒木未灰也。灰。死火餘𤈦也。从火又。又。手也。火旣滅可以執持。灺。燭𤈦也。𤈦。火餘也。廣雅釋詁云。炭。𤈦炮也。然則炭爲燒木已𤈦之名。但未成死灰。而已無火矣。本經火燒未灰。其黑能汚白。故趙氏以墨釋之。滕文公上篇面深墨注云。墨。黑也。王氏鳴盛尚書後辨云。炭與塗聯言。是無火之黑炭。非如左傳廢於爐炭之炭。周氏柄中辨正云。若是炭火。豈必朝衣朝冠而後不坐哉。趙氏云。塗泥炭墨。則非炭火明矣。王氏念孫廣雅疏證云。浼。汚也。方言泥浼𤁤洼。洿也。自關而東。或曰洼。或曰泥。東齊海岱之間或曰浼。或曰𤁤。洿與汙同。孟子公孫丑篇。若將浼焉。趙岐注云。浼。汚也。丁公著音漫。莊子讓王篇云。欲以辱行漫我。呂氏春秋離俗覽不漫於利。高誘注云。漫。汚也。漫浼並與醆湢同。莊子讓王篇云。其並乎周以塗吾身也。不如避之以絜吾行。呂氏春秋誠廉篇。塗作漫。漢書王尊傳云。塗汚宰相。摧辱公卿。汚塗漫義相同。故汚謂之漫。亦謂之塗。塗𤄊謂之墁。亦謂之圬矣。爾雅釋詁云。念。思也。是思爲念也。禮記問喪云。其送往也。望望然。汲汲然。如有追而弗及也。注云。望望。瞻望之貌也。此云慙愧。趙氏蓋讀爲惘惘。惘惘卽罔罔。文選西征賦注云。惘猶罔罔。失志之貌。失志故慙愧也。按毛詩大雅思皇多士傳云。思。辭也。此思與鄉人立思。當亦語辭。非有義也。

是故諸

侯雖有善其辭命而至者。不受也。不受也者。是亦不屑就已。注屑。絜也。詩云不我屑已。伯夷不絜諸侯之行。故不忍就見也。殷之末世。諸侯多不義。故不就之。後乃歸西伯也。疏注屑絜至伯也。○正義曰。絜與潔通。楚辭招魂篇云。朕幼清以廉潔兮。注云。不汙曰潔。引詩者。邶風谷風第三章。已作以。古已以通。毛傳云。屑。潔也。箋云。言君子不復潔用我。蓋不我屑以。謂不以我爲潔而用我也。此不屑就。謂不以諸侯爲潔而就之也。言不忍就見者。說文心部云。忍。能也。能卽耐。故廣雅釋言云。忍。耐也。既以爲汙。故不耐就之矣。毛詩大雅蕩篇云。文王曰咨。咨女殷商。如蜩如螗。如沸如羹。小大近喪。人尚乎由行。內奰于中國。覃及鬼方。此言商紂失道。其奰然惡行。延及中國之外。至於遠方諸侯。是當時諸侯。皆化于紂之不善。多黨紂而爲暴亂大惡。所謂詢爾仇方。如虞芮未質成之先。則爭田而訟。此不義之小者。文王所伐。有犬戎密須阮徂其耆邘孟莒等。皆不義之國。不獨崇侯虎蔑侮父兄。不敬長老。聽獄不中。分財不均。百姓盡力不得衣食也。故云殷之末世。諸侯多不義。柳下惠不羞汙君。不卑小官。進不隱賢。必以其道。遺佚而不怨。阨窮而不憫。故曰。爾爲爾。我爲我。雖袒裼裸裎於我側。爾焉能浼我哉。注柳下惠。魯公族大夫也。姓展。名禽。字季。柳下是其號也。進不隱己之賢才。必欲行其道也。憫。懣也。云善己而已。惡人何能汙我也。疏遺佚而不怨阨窮而不憫。○正義曰。阮氏元校勘記云。音義出遺佚云。或作逸。或作失。皆音逸。音義出阨窮云。本亦作厄。按說文兔部云。逸。失也。人部云。佚。佚民也。逸佚失三字古通。此云遺佚。卽遺失也。柳下惠是賢。而魯不能得之。是遺失之也。一切經音義引蒼頡篇云。厄。困也。後漢書翟義傳集注引晉灼云。阨古厄字。阨窮卽困窮。由遺佚至於困窮也。文選嵇康絕交書注。引孟子阨字作厄。○袒裼裸裎。○正義曰。段氏玉裁說文解字注云。但。裼也。衣部曰。裼者。但也。古但裼字如此。袒則訓衣縫。今之綻裂字也。今經典凡但裼字皆改爲袒裼矣。衣部又云。羸者。但也。裎者。但也。釋訓毛傳皆曰袒裼。肉袒也。肉袒者。肉外見無衣也。引申爲徒。凡曰徒曰但。皆一聲之轉。空也。王氏念孫廣雅疏證云。羸裎。徒裼袒也。羸者。說文。羸袒也。僖公二十三年左傳。欲觀其裸。王制羸股肱。釋文。羸本又作臝。大戴禮天圓篇。唯人爲倮。匈而生也。史記陳丞相世家。裸身而佐刺船。並字異義同。羸之言露也。月令中央土。其蟲倮。鄭注云。物象露見不隱藏。虎豹之屬恆淺毛。荀子羸賦有物於此。儳儳兮其狀。楊倞注云。儳儳。無毛羽之貌。裸並與羸同。裎者。說文裎。袒也。孟子公孫丑篇云。雖袒裼裸裎於我側。裎之言呈也。方言襌衣無袒者。趙魏之閒謂之裎衣。義亦相近也。徒與袒。一聲之轉也。韓非子初見秦篇云。頓足徒裼。韓策云。秦人捐甲徒裎以趨敵。裼者。說文裼袒也。凡去上衣見裼衣謂之裼。或謂之袒裼。玉藻袭之褐也。見美也。內則不有敬事。不敢袒裼是也。其去衣見體。亦謂之袒裼。鄭風大叔于田篇。禮裼暴虎。爾雅云。禮裼肉裼是也。禮與袒同。毛氏奇齡經問云。沈玉亮問。內則云。不有敬事。不敢袒裼。夫袒裼裸裎。見於孟子。此大不敬之事。乃以袒裼爲敬事。鄭康成注。則云父黨無容。謂居父之側。不事容飾。則袒與裼有何容飾。經與注皆不可解。曰往讀樂記云。周旋裼襲。禮之文也。又玉藻云。不文飾也不裼。又云。裘之裼也。見美也。君在則裼者。盡飾也。此所爲裼。謂裼衣裼裘。使美見於外。正文飾之事。與孟子袒裼裸裎。截然不同。袒裼見美。本爲文飾。而即以之爲敬君之事。此正與不有敬事不敢袒裼兩相發明。蓋袒裼者。事君之敬。不敢袒裼者。事父母之情也。然則何以同一袒裼。而一以爲褻。一以爲敬。曰。袒裼本不同。有去衣之袒裼。有加衣之袒裼。去衣之袒裼。如射禮袒決。喪禮袒括髮。鄭詩袒裼暴虎。郊特牲肉袒割牲。左傳鄭伯肉袒牽羊。史記微子世家。面縛肉袒。俱是也。此脫衣見體。不必皆敬事也。若加衣之袒裼。則衞風衣錦絅衣。裳錦絅裳。謂夫人衣錦必加單衣於其上。謂之裼衣。但又加一衣袒而不襲。則其美見焉。又有裼裘。如狐白加錦衣。狐青加緇衣。狐黃加黃衣。羔裘加緇衣。皆加單衣於裘上。但外又加一衣。袒則裼之而美見。襲則掩之而美不見。檀弓所云襲裘而弔。裼裘而弔是也。去衣之袒裼爲褻。加衣之袒裼爲敬。明有分別矣。○注柳下至我邪。○正義曰。春秋釋例世族譜云。展氏。司空無駭公子展之孫。魯公族夷伯展氏。祖父展禽。食邑柳下。隱公八年左傳云。無駭卒。公命以字爲展氏。注云。無駭。公子展之孫。故爲展氏。僖公十五年左傳云。震夷伯之廟。罪之也。於是展氏有隱慝焉。注云。夷伯。魯大夫展氏之祖父。二十六年左傳云。公使展喜犒師。使受命於展禽。注云。柳下惠。國語魯語云。齊孝公來伐。臧文仲欲以辭告。問於展禽。對曰。獲聞之。注云。展禽。魯大夫展無駭之後。柳下惠也。字季禽。獲。展禽之名也。是爲魯公族大夫也。又魯語海鳥爰居篇云。文仲聞柳下季之言。注云。柳下展禽之邑。季字也。莊子盜跖篇。稱孔子與柳下季友。國策齊策顏斶對齊宣王。亦稱秦攻齊。令有敢去柳下季壟五十步而樵採者。則季爲字也。文選陶徵士誄注。引鄭氏論語注云。柳下惠。魯大夫展禽。食采柳下。謚曰惠。淮南子說林訓。柳下惠見飴。高誘注云。柳下惠。魯大夫展無駭之子。名獲。字禽。家有大柳。樹惠德。因號柳下惠。一曰柳下邑。柳下有此二說。趙氏同。高前說以爲號也。號如史記呂尚號曰太公望。荀子南郭惠子居南郭。因以爲號是也。惟名獲字季。而趙氏以爲名禽字季。未知所本。孔氏左傳正義云。季是五十字。禽是二十字。是也。隱。藏也。以。用也。不隱己之賢才。謂不肯自藏蹤其賢才也。必以其道。是必用其道。卽是必欲行其道也。韓非子難三云。故羣公公正而無私。不隱賢。不進不肖。鹽鐵論刺權篇云。受祿以潤賢。非私其利。見賢不隱。食祿不專。此公祿之所以爲文。魏成子之所以爲賢也。潛夫論明闇篇云。且凡驕臣之好隱賢也。既患其正義以繩己矣。又恥居上位而明不及下。尹其職而策不出於己。此隱賢謂隱蔽賢人。與趙氏義異。淮南子主術訓云。年衰志憫。注云。憫。憂也。漢書佞幸石顯傳。憂滿不食注云。滿讀曰懣。說文心部云。悶。懣也。鬼谷子云。憂者。閉塞而不泄也。然則憫卽憂悶。凡憂悶不能泄則憤。故憫又訓憤也。善己而已。解我爲我。惡人何能浼於我。以惡人解袒裼裸裎之人。

故由由然與之偕。而不自失焉。援而止之而止。援而止之而止者。是亦不屑去已。注由由。浩浩之貌。不憚與惡人同朝並立。偕俱也。與之儷行於朝何傷。但不失己之正心而已耳。援而止之。謂三黜不暫去也。是柳下惠不以去爲潔也。疏注由由至潔也。○正義曰。廣雅釋訓云。浩浩油油。流也。由與油通。故以由由爲浩浩。趙氏解浩然之氣爲大氣。注孟子然後浩然有歸志。云浩然。心浩浩有遠志也。遠與大義同。楚辭懷沙云。浩浩沅湘。王逸注云。浩浩。廣大貌。是也。此由由爲浩浩。亦謂其不似伯夷之隘。而寬然大而能容也。乃油油本新生之狀。詳見前油然作雲。而禮記玉藻云。三爵而油油然。注云。油油。悅敬貌。史記微子世家云。禾黍油油。索隱云。油油。禾黍之苗光悅貌。油油爲悅。故韓詩外傳引萬章由由然不忍去也。作愉愉然不去也。大戴記文王官人云。喜色由然以生。由爲生亦爲喜。喜悅。生之象也。流動。生之機也。水生則流。物生則悅。禾黍之油油。猶云木欣欣而向榮也。列女傳賢明篇云。柳下惠處魯。三黜而不去。憂民救亂。妻曰。無乃瀆乎。柳下惠曰。油油之民。將陷於害。吾能已乎。且彼爲彼。我爲我。彼雖裸裎。安能汚我。油油然與之處。仕於下位。其妻誄曰。夫子之不伐兮。夫子之不竭兮。夫子之信誠而與人無害兮。屈柔從俗。不強察兮。蒙恥救民。德彌大兮。雖遇三黜。終不蔽兮。愷悌君子。永不厲兮。嗟乎惜哉。乃下世兮。庶幾遐年。今遂逝兮。嗚呼哀哉。魂神泄兮。夫子之諡。宜爲惠兮。門人從之以爲誄。此與孟子相表裏。兩言油油。其云油油之民。即謂此生生之民。與下將陷於害相貫。害則將戕其生矣。故憂之而救之。惟憂民救亂之心切。故不憚委蛇容忍。周旋補救於其間。所謂進不隱賢。必行其道。謂不藏此憂民救亂之才。欲行此蒙恥救民之道也。推此裸裎之人。即害民之人。彼自害民。我自救民。所爲爾爲爾。我爲我也。因其人害民而潔身遠去。則不與之偕。因其人害民而詭隨阿附。則與之偕而自失。惟惠則油油然救斯民全其生生者。與此害民之人並處於朝。彼焉能浼我。蓋我染其所爲而附之。則彼能浼我。我以救民者補救挽回其害。則與之偕而不自失。彼焉能浼我哉。不自失。所以不能浼。必行其道。所以三黜不去。以兩油油相例。則油油即由由。由由即生生矣。趙氏此解袒裼裸裎四字。而云與惡人同朝。即使脫衣露體。何致遂爲惡人。且惡人居朝。亦豈脫衣露體。則趙氏明本列女傳爲說。以此袒裼裸裎。即指陷害斯民之人。故以一惡字明之。管子七臣七主篇云。春無殺伐。無割大陵。倮大衍。注云。倮。謂焚燒令蕩然俱盡。周禮大司徒以虎豹也羸物。列子以豹爲裎。羸裎。即裸裎也。然則柳下惠所云裸裎。假借以喻害民者之割剝。猶管子以焚燒爲倮也。荀子議兵篇云。仁人之兵。不可詐也。彼可詐者。怠慢者也。路亶者也。注云。路。暴露也。亶讀爲袒。謂上下不相覆。露袒與怠慢並言。亦假借之言矣。故爲惡人也。若徒以赤體之人在側。而以爲焉能浼我。此即尋常之人。亦豈見有爲赤體之人浼者。無救民行道之心。援之即止。黜之不去。何以爲柳下惠哉。後世秉國者。一言未合。乞骸而退。以有潔身去亂。不知執一己倖直之名。而以軍國生民之重。一任諸羣小之爲。莫或救止。則亦豈得爲潔哉。故位不以去爲潔。而悠游下位。是爲以爲潔爲高者示之鵠也。孟子舉一伯夷以戒人之輕進。舉一柳下惠以戒人之輕退。豈徒然哉。阮氏元校勘記云。謂三黜。閩監毛三本同。廖本孔本韓本黜作絀。是。音義出絀字。

孟子曰。伯夷隘。柳下惠不恭。隘與不恭。君子不由也。〔注〕伯夷隘。懼人之汚來及己。故無所含容。言其太隘狹也。柳下惠輕忽時人。禽獸畜之。無欲彈正之心。言其大不恭敬也。聖人之道不取於此。故曰君子不由也。先言二人之行。孟子乃評之。〔疏〕注伯夷至評之。○正義曰。禮記禮器云。君子以爲隘矣。注云。隘。猶狹陋也。音義云。隘或作阸。或作阨。並烏懈切。文選吳都賦。邦有湫阨。劉逵注云。阨。小也。湫阨卽湫隘。小猶狹也。文選注引晉綦毋邃孟子注云。隘。謂疾惡太甚。無所容。不恭。謂禽獸畜人。是不敬。然此不爲褊隘。不爲不恭。此解隘不恭與趙氏同。而其不同趙氏者。趙氏謂伯夷之不屑就爲隘。柳下惠之不屑去爲不恭。以君子不由爲聖人不取。由。用也。取亦用也。然孟子以夷爲聖之淸。惠爲聖之和。夷惠旣是聖人。則隘不恭聖人不由。不得謂夷惠爲隘不恭。故綦毋邃易趙氏義云。此不爲褊隘。不爲不恭。此字指夷之不屑就。惠之不屑去。謂如是爲隘。如是爲不恭。若謂伯夷隘。柳下惠不恭。則伯夷柳下惠皆君子也。隘與不恭。君子皆不爲。則夷不爲隘。惠不爲不恭也。後漢書黃瓊傳。李固遺瓊書云。君子謂伯夷隘。柳下惠不恭。故傳曰不夷不惠。可否之間。趙氏之義。固有所本矣。

章指。言伯夷柳下惠。古之大賢。猶有所闕。介者必偏。中和爲貴。純聖能然。君子所由。堯舜是尊。〔疏〕介者必偏。○正義曰。文選注引者作然。音義云。介者丁云字多作分。誤也。

卷四　公孫丑章句下凡十四章。

孟子曰。天時不如地利。地利不如人和。三里之城。七里之郭。環而攻之而不勝。夫環而攻之。必有得天時者矣。然而不勝者。是天時不如地利也。〔注〕天時謂時日支干五行王相孤虛之屬也。地利險阻城池之固也。人和得民心之所和樂也。環城圍之。必有得天時之善處者。然而城有不下。是不如地利。〔疏〕天時至人和。○正義曰。尉繚子戰威篇云。故曰天時不如地利。地利不如人和。聖人所貴。人事而已。又武議篇引此二句。亦謂之曰古之聖人。謹人事而已。翟氏灝考異云。尉繚與孟子同時。兩述斯言。皆以聖人稱之。荀子王霸篇亦云。上不失天時。下不失地利。中得人和。斯言也。孟子之前。應見古別典。○三里至利也。

〇正義曰。臧氏玉林經義雜記云。晉書段灼傳云。臣聞天時不如地利。地利不如人和。三里之城。五里之郭。圜圍而攻之。有不剋者。此天時不如地利。城非不高。池非不深。穀非不多。兵非不利。委而去之。此地利不如人和。然古之王者。非不先推恩德。結固人心。人心苟和。雖三里之城。五里之郭。不可攻也。人心不和。雖金城湯池。不能守也。此本孟子。今公孫丑下作三里之城。七里之郭。疑誤也。郭爲外城。猶椁爲外棺。闊廣二里。已不爲狹。若城三里而郭七里。是外城反過倍於內城矣。外城旣有七里。內城又當不止三里。段兩言五里之郭。必非誤。按戰國策齊策貂勃云。三里之城。五里之郭。田單又云。五里之城。七里之郭。皆指卽墨而言其城郭之小。七里五里。固未可拘也。閻氏若璩釋地又續云。左傳疏曰。天子之城方九里。諸侯禮當降殺。則知公七里。侯伯五里。子男三里。尙書大傳云。古者七十里之國。三里之城。然則孟子蓋謂伯子男之城也。尉繚子天官篇云。今有城東西攻不能取。南北攻不能取。四方豈無順時而乘之者耶。不能取者。城高池深。兵器備具。財穀多積。豪士一謀者也。若城下池淺守弱。則取之矣。由是觀之。天官時日。不若人事也。此言東西攻南北攻。卽所云環而攻之。呂氏春秋愛士篇云。晉人已環繆公之車矣。高誘注云。環。圍也。謂周旋圍繞之也。周氏柄中辨正云。周禮春官筮人。九曰巫環。註謂筮可致師不也。孟子環而攻之之環。卽周禮巫環之環。環而攻之。謂巫而攻之也。張氏爾岐蒿菴閒話云。趙注以長兵家言。天時多言向背。如背孤擊虛。背亭亭擊白奸之類。每日每時。各有其宜。背宜向之方，環而攻之。則四面必有一處合天時之善者。〇注天時至處也。〇正義曰。時。十二辰地支也。日卽十日。天干也。太元元數篇云。五行用事者王。王所生相。故王廢勝。王囚王所勝。死。淮南子地形訓云。木壯水老。火生金囚。土死火壯。木老土生。水囚金死。土壯火老。金生木囚。水死金壯。土老水生。火囚木死。水壯金老。木生土囚。火死。論衡難歲篇云。立春艮王震相。巽胎離沒。坤死兌囚。乾廢坎休。王之衝死。相之衝囚。王相衝位。有死囚之氣。此王相之說也。史記龜策列傳云。日辰不全。故有孤虛。集解云。甲乙謂之日。子丑謂之辰。六甲孤虛法。甲子旬中無戌亥。戌亥卽爲孤。辰巳卽爲虛。甲戌旬中無申酉。申酉爲孤。寅卯爲虛。甲申旬中無午未。午未爲孤。子丑爲虛。甲午旬中無辰巳。辰巳爲孤。戌亥卽爲虛。甲辰旬中無寅卯。寅卯爲孤。申酉卽爲虛。甲寅旬中無子丑。子丑爲孤。午未卽爲虛。劉歆七略有風后孤虛二十卷。此孤虛之說也。周禮春官太史職。太師抱天時。與太師同車。鄭司農云。大出師。則太史主抱式以知天時。處吉凶。史官主知天道。故國語曰。吾非瞽史。焉知天道。春秋傳云。楚有雲如衆赤鳥。夾日以飛。楚子使問諸周太史。太史主天道周時。術士以七政占驗爲天道。故裨竈云。天道多在西北。子產雖正斥之云天道遠。人道邇。竈焉知天道。然其時則猥以天時爲天道。至孔子贊易。明元亨利貞爲天之道。言天道虧盈而益謙。言立天之道。曰陰與陽。立地之道。曰柔與剛。立人之道。曰仁與義。而天道乃明。孟子以天道與仁義禮智並言。而此五行時日之術。別之爲天時。而天時天道乃曉然明於世也。

城非不高也。池非不深也。兵革非不堅利也。米粟非不多也。委而去之。是地利不如人和也。【注】有堅強如此而破之走者。不得民心。民不爲守。衛懿公之民曰。君其使鶴戰。余焉能戰是也。【疏】注有堅至是也。○正義曰。破之走者。解委而去之。走字釋去之矣。委無破義。阮氏元校勘記云。岳本破作彼。淮南子精神訓云。委物而不利。高誘注云。委。棄也。漢書地理志千乘郡被陽注。蔣引如淳云。一作疲。音罷。罪之罷。罷即疲。國語周語注云。棄。廢也。禮記中庸半塗而廢注云。廢。猶罷止也。表記中道而廢注云。廢喻力極罷頓。不能復行。則止也。趙氏當作疲之走者。通疲爲彼。傳寫譌作破也。罷而去之。即棄而去之也。岳本得之。引衛懿公之事。見閔公二年左傳云。狄人伐衛。衛懿公好鶴。鶴有乘軒者。將戰。國人受甲者皆曰使鶴。鶴實有祿位。余焉能戰。是其事也。

故曰。域民不以封疆之界。固國不以山谿之險。威天下不以兵革之利。【注】域民。居民也。不以封疆之界。禁之使民懷德也。不依險阻之固。恃仁惠也。不恃兵革之威。仗道德也。【疏】注域民居民也。○正義曰。荀子禮論篇云。是君子之壇宇宮廷也。人有是士。君子也。史記禮書云。是以君子之性。守宮廷也。人域。是域士君子也。毛詩正域彼四方傳云。域。有也。有是即域是。索隱云。域。居也。言君子之行。非人居亦弗居也。上言宮廷下言域。故知域是居。與趙氏同也。閻氏若璩釋地云。漢地理志言齊初封地爲國。寡人民。迺勸業通商。而人物始輻湊。先務端云。古者有分土無分民。顏師古注。無分民者。謂通往來不常厥居也。最是。所以碩鼠之詩。逝將去女。論語之襁負而至。若至七國便不然。域民不以封疆之界。則當時封疆之界。固以域其民矣。按呂氏春秋愼人篇云。胼胝不居。高誘注云。居。止也。以法禁之。使民止於此居也。以德懷之。未嘗禁之而民自止於此。亦居也。居民不以封疆之界。謂止民不以法禁之。以德懷之也。居此民則止此民。止此民即有此民矣。

得道者多助。失道者寡助。寡助之至。親戚畔之。多助之至。天下順之。以天下之所順。攻親戚之所畔。故君子有不戰。戰必勝矣。【注】得道之君。何嚮不平。君子之道貴不戰耳。如其當戰。戰則勝矣。【疏】得道至勝矣。○正義曰。音義云。寡助之至。至或作主。按多助之至。亦當作多助之主。趙氏云。得道之君。即解多助之主。上言得道者多助。則多助之主。即是得道之君也。有不戰。不當戰也。當戰則戰矣。當戰則戰。所以必勝。

章指。言民和爲貴。貴於天地。故曰得乎丘民爲天子也。

孟子將朝王。王使人來曰。寡人如就見者也。有寒疾。不可以風。朝將視朝。

不識可使寡人得見乎。【注】孟子雖仕於齊，處賓師之位，以道見敬，或稱以病，未嘗趨朝而拜也。王欲見之，先朝使人往謂孟子云：寡人如就見者，若言就孟子之館相見也。有惡寒之病，不可見風，儻可來朝，欲力疾臨視朝，因得見孟子也。不知可使寡人得相見否。【疏】注王欲至見否。○正義曰：云寡人如就見者，若言就孟子之館相見也。此以若言釋如字。儀禮鄉飲酒禮云：如大夫入。注云：如讀若今之若。廣雅釋言云：如，若也。云若言者，爾雅釋詁云：圖、如、歠，謀也。釋言云：歠，圖也。歠，若也。然則如與若義同。而如之爲謀爲圖爲歠，與若之爲歠爲圖同。寡人如就見者也，即寡人圖就見者也。釋詁又云：歠，言也。趙氏疊若言二字釋如字，謂如者，若也言也。若之爲如，不必爲圖歠之義，必疊言字，則其爲歠爲圖，了然明白。此趙氏訓釋之精也。或訓如爲往，不及趙氏遠矣。王氏引之經傳釋詞云：如字亦與將同義。閻氏若璩釋地三續云：古者雞鳴而起朝，辨色始入，君日出而視之。以知孟子將朝王，蓋雞鳴之後，辨色之前，朝將之朝，則日出時也。愚初解如此。復閱趙注云：儻可來朝，欲力疾臨視朝。視朝內仍帶有力疾不得已之意，頗妙。不然，既惡寒，大廷之上，與道塗奚別焉。朝將視朝，上朝字當讀住。齊王以孟子肯來朝，方視朝。不然，仍以疾罷。語頗婉切。按張仲景傷寒論云：太陽之爲病，脈浮，頭項強痛而惡寒。又云：太陽中風，嗇嗇惡寒，淅淅惡風。此云不可以風，則是惡風。惡風而云寒疾，蓋是太陽中風。寒水之經疾也。趙以云寒疾不可以風，故以爲惡寒之疾。高誘注呂氏春秋淮南子，多云：識，知也。故以不知解不識。

對曰：不幸而有疾，不能造朝。【注】孟子不悅王之欲使朝，故稱有疾。明日，出弔於東郭氏。公孫丑曰：昔者辭以病，今日弔，或者不可乎。【注】東郭氏，齊大夫家也。昔者，昨日也。丑以爲不可。【疏】注東郭至日也。○正義曰：史記平準書東郭咸陽，索隱引風俗通云：東郭牙，齊大夫，咸陽其後也。是齊有東郭氏爲大夫家也。翟氏灝考異云：韓詩外傳云：孟子所重，賢而已矣，何必定大夫。齊有東郭先生梁石君，不詘身下志以求仕，世之賢也。孟子所弔梁石君，應其人耳。按東郭先生，蓋住居東郭，未必即東郭氏。此明稱氏爲大夫家是也。文選悼亡詩注引蒼頡篇云：昨，隔日也。廣韻云：昨，隔一宵也。昔之訓爲久爲舊爲往，則逾隔日以前，俱謂之昔。孟子辭疾僅隔一宵，故云明日出弔。下計隔日爲明日，上計隔日爲昨日，故以昔者爲昨日也。莊子齊物論云：今日適越而昔至也。釋文引向秀注云：昔者，昨日之謂也。與趙氏此注同。阮氏元校勘記云：今日弔，閩監本孔本韓本同。廖本毛本日作以。形近之譌。考文引作今以弔。云今下古本有日字。足利本同。尤非。

曰：昔者疾，今日愈，如之何不弔。【注】孟子言我昨日病，今日愈，我何爲不可以弔。王使人問疾，醫來。【注】王以孟子實病，遣人將醫來。且問疾也。孟仲子對曰。昔者有王命。有采薪之憂。不能造朝。今病小愈。趨造於朝。我不識能至否乎。【注】孟仲子。孟子之從昆弟。學於孟子者也。權辭以對如此。憂。病也。曲禮云。有負薪之憂。【疏】注孟仲至者也。○正義曰。孟仲子之名兩見。毛詩傳所引。一維天之命傳云。孟仲子曰。大哉天命之無極而美。周之禮也。一閟宮傳云。孟仲子曰。是禖宮也。孔氏正義云。孟子云。齊王以孟子辭病。使人問。醫來。孟仲子對。趙岐云。孟仲子。孟子從昆弟。學於孟子者也。譜云。孟仲子者。子思弟子。蓋與孟子共事子思。後學於孟軻。著書論詩。毛氏取以爲說。曾氏之升撫餘說云。孟子且不親受業於子思之門。何有仲子。以趙氏從昆弟之說爲信。而告子篇之孟季子。又當爲仲子之弟也。至序錄所稱子夏傳曾申。申傳魏人李克。克傳魯人孟仲子者。當別是一人。按東萊讀詩記。引陸璣草木鳥獸蟲魚疏云。子夏傳魯人申公。申公傳魏人李剋。李剋傳魯人孟仲子。孟仲子傳趙人孫卿。陸德明釋文序錄。既引徐整說。謂子夏授高行子。高行子授薛倉子。薛倉子授帛妙子。帛妙子授河閒人大毛公。又引一說云。子夏傳曾申。申傳魏人李克。克傳魯人孟仲子。孟仲子傳根牟子。根牟子傳趙人孫卿子。孫卿子傳魯人大毛公。後一說同於陸氏。而仲子於孫卿中間。多一根牟子。皆不言孟仲子受學於子思孟子。趙氏謂爲孟子從昆弟。必有所出。今未詳矣。禮記樂記云。病不得其衆也。注云。病。憂也。是憂即病也。引曲禮者。見禮記曲禮下篇云。君使士射。不能則辭以疾。言曰某有負薪之憂。是也。使數人要於路。曰。請必無歸而造於朝。【注】仲子使數人要告孟子。君命宜敬。當必造朝也。不得已而之景丑氏宿焉。【注】孟子迫於仲子之言。不得已而心不欲至朝。因之其所知齊大夫景丑之家而宿焉。且以語景子。【疏】景丑氏。○正義曰。翟氏灝考異云。漢書藝文志有景子三篇。列儒家者流。此稱景丑爲景子。其言父子主恩。君臣主敬。及引禮父召君召諸文。頗有見於儒家大意。景子似即著書之景子也。孟子宿於其家。蓋亦以氣誼稽合。往焉。○注而心不欲至朝。○正義曰。儀禮鄉飲酒禮。賈氏疏云。齊王召。孟子不肯朝。後不得已而朝之。宿於大夫景丑氏之家。此解不得已爲不得已而朝。是也。趙氏言迫於仲子之言不得已。已。止也。不得止者。不得不往朝也。但身雖至朝。而心不欲至朝。蓋是時王未視朝。或已視朝而退。孟子雖造朝而未見王。故宿於景丑氏。而以所以辭疾之故告也。考文古本心作必。非。景子曰。內則父子。外則君臣。人之大倫也。父子主恩。君臣主敬。丑見王之敬子也。未見所以敬王也。【注】景丑責孟子不敬何義也。曰。惡。是何言也。齊人無以仁義與王言者。豈以仁義爲不美也。其心曰。是何足與言仁義也云爾。則不敬莫大乎是。【注】曰惡者。深嗟歎云。景子之責我何言乎。今人皆謂王無知。不足與言仁義。云爾。絕語之辭也。人之不敬。無大於是者也。【疏】注云爾絕語之辭也。○正義曰。云爾。分言之皆語詞也。文選古詩故人心尙爾。注引字書云。爾。詞之終也。疊云爾兩字是終竟無疑之詞，故爲語絕也。

我非堯舜之道。不敢以陳於王前。故齊人莫如我敬王也。【注】孟子言我每見王。常陳堯舜之道以勸勉王。齊人豈如我敬王者邪。景子曰。否。非此之謂也。禮曰。父召無諾。君命召不俟駕。固將朝也。聞王命而遂不果。宜與夫禮若不相似然。【注】景子曰。非謂不陳堯舜之道。謂爲臣固自當朝也。今有王命而不果行。果能也。禮父召無諾。無諾而不至也。君命召。輦車就牧。不坐待駕。而夫子若是。事宜與夫禮若不相似然乎。愚竊惑焉。【疏】注景子至惑焉。○正義曰。非謂不陳堯舜之道。解否非此之謂也句。謂爲臣固自當朝也。解固將朝也。以自當二字釋將字。自當將之緩聲。近時通解。謂將朝即指孟子將朝王而言。禮記曲禮云。父召無諾。先生召無諾。唯而起。玉藻云。父命呼唯而不諾。又云。君召以三節。二節以走。一節以趨。在官不俟屨。在外不俟車。曲禮注云。應辭唯恭於諾。論語鄉黨篇云。君命召。不俟駕行矣。集解云。鄭曰。急趨君命。行出而車駕隨之。趙氏言無諾而不至。與唯而不諾義異。云輦車就牧者。荀子大略篇云。諸侯召其臣。臣不俟駕。顛倒衣裳而走。禮也。詩曰。顛之倒之。自公召之。天子召諸侯。輦輿就馬。禮也。詩曰。我出我車。于彼牧矣。自天子所。謂我來矣。注云。輦謂人挽車。言不暇待馬至。故輦輿就馬也。出車就馬于牧地。趙氏撮其辭。音義云。宜與丁音餘。下是與死與言與伐與殺與之與過與皆同。此宜與亦如字。翟氏灝考異云。書齋夜話曰。宜與之與音歟。古者歟字。皆作與字。宜歟即可乎之謂。當以與字絕句。不當連下文。爾雅釋詁云。宜。事也。故以事釋宜。宜與夫禮。謂夫子之事。與禮所云。若不相似。趙氏讀與如字。孫奭謂宜與如字是也。丁讀宜與爲句。非也。王氏引之經傳釋詞云。家大人曰。宜。猶殆也。成二年左傳。宜將竊妻以逃者也。孟子公孫丑篇。宜與夫禮若不相似然。滕文公篇不見諸侯。宜若小然。又枉尺而直尋。宜若可爲也。離婁篇。宜若無罪焉。盡心篇。宜若登天然。齊策救趙之務。宜若奉漏甕沃焦釜。宜字並與殆同義。

曰。豈謂是與。曾子曰。晉楚之富。不可及也。彼以其富。我以吾仁。彼以其爵。我以吾義。吾何慊乎哉。夫豈不義而曾子言之。是或一道也。【注】孟子答景丑云。我豈謂是君臣召呼之間乎。謂王不禮賢下士。故道曾子之言。自以不慊晉楚之君。慊。少也。曾子豈嘗言不義之事邪。是或者自得道之一義。欲以喻王猶晉楚。我猶曾子。我豈輕於王乎。【疏】注慊少也。○正義曰。王氏念孫廣雅疏證云。歉。少也。說文。歉。食不滿也。襄二十四年穀梁傳。一穀不升謂之嗛。范寧注云。嗛。不足貌。韓詩外傳作鎌。廣雅釋天作歉。孟子公孫丑篇。吾何慊乎哉。趙岐注云。慊。少也。逸周書武稱解云。爵位不謙。田宅不虧。並字異而義同。翟氏灝考異云。呂氏春秋魏文志曰。段干木光乎德。寡人光乎地。段干木富乎義。寡人富乎財。吾安敢驕之。與此語意相同。文侯嘗受經義於子夏。宜得聞曾子言也。

天下有達尊三。爵一。齒一。德一。朝廷莫如爵。鄉黨莫如齒。輔世長民莫如德。惡得有其一以慢其二哉。【注】三者天下之所通尊也。孟子謂賢者長者。有德有齒。人君無德。但有爵耳。故云何得以一慢二哉。【疏】注賢者長者有德有齒。○正義曰。儀禮鄉飲酒禮注云。凡鄉黨飲酒必於民聚之時。欲其見化。知尚賢尊長也。孟子曰。天下有達尊三。爵也。德也。齒也。德是尚賢。齒是尊長。故云賢者長者。

故將大有爲之君。必有所不召之臣。欲有謀焉則就之。其尊德樂道不如是。不足與有爲也。【注】言古之大聖大賢。有所與爲之君。必就大賢臣而謀事。不敢召也。王者師臣。霸者友臣也。【疏】注有所與爲之君。○正義曰。爲。作也。與。亦作也。故以與釋爲。○注王者師臣。霸者友臣。○正義曰。荀子王制篇云。臣諸侯者王。友諸侯者霸。敵諸侯者亡。又堯問篇引中蘬之言云。諸侯自爲得師者王。得友者霸。得疑者存。自爲謀而莫己若者亡。白虎通王者不臣篇。引韓詩內傳云。師臣者帝。友臣者王。臣臣者霸。魯臣者亡。

故湯之於伊尹。學焉而後臣之。故不勞而王。桓公之於管仲。學焉而後臣之。故不勞而霸。【注】言師臣者王。桓公能師臣而管仲不勉之於王。故孟子於上章陳其義。譏其烈之卑也。

今天下地醜德齊。莫能相尚。無他。好臣其所教。而不好臣其所受教。【注】醜。類也。言今天下之人君。土地相類。德教齊等。不能相絕者。無他。但好臣其所教敕役使之才可驕者耳。不能好臣大賢可從受教者。【疏】注醜類至教者。○正義曰。禮記哀公問云。節醜其衣服。注云。醜。類也。是醜之義爲類。戴氏震方言疏證云。方言掩醜掍綷同也。江淮南楚之閒曰掩。宋衞之閒曰綷。或曰掍。東齊曰醜。按掩奄古通用。詩周頌奄有四方。毛傳。奄。同也。醜訓類。類亦同也。孟子。今天下地醜德齊。莫能相尚。趙岐注云。醜。類也。以方言證之。於義尤明。高誘注呂氏春秋淮南子皆云。齊。等也。絕。過也。故以等釋齊。相類相等。則不能相過矣。廣雅釋詁云。敎。敕語也。是敎與敕義同。劉熙釋名釋書契云。敕。飭也。使自警飭。不敢廢慢也。敎敕之使不敢慢。是我所使役之才也。禮記內則云。降德於衆兆民。注云。德。猶敎也。當時諸侯無德可言。故德齊。亦謂其所敎敕於臣民者同也。

湯之於伊尹。桓公之於管仲。則不敢召。管仲且猶不可召。而況不爲管仲者乎。【注】孟子自謂不爲管仲。故非齊王之召己。己是以不往也。章指。言人君以尊德樂義爲賢。君子以守道不回爲志。【疏】君子至爲志。○正義曰。毛詩大雅。厥德不回。傳云。回。違也。小雅。其德不回。傳云。回。邪也。

陳臻問曰。前日於齊。王餽兼金一百而不受。於宋。餽七十鎰而受。於薛。餽五十鎰而受。前日之不受是。則今日之受非也。今日之受是。則前日之不受非也。夫子必居一於此矣。【注】陳臻。孟子弟子。兼金。好金也。其價兼倍於常者。故謂之兼金。一百。百鎰也。古者以一鎰爲一金。鎰二十兩也。【疏】注古者至兩也。○正義曰。國策秦策云。黃金萬溢。高誘注云。萬溢。萬金也。二十兩爲一溢。是一溢爲一金也。閩監毛三本誤作二十四兩。阮氏元校勘記云。廖本考文古本孔本韓本作鎰。二十兩也。作二十兩。乃與爲巨室章合。

將有遠行。行者必以贐。辭曰餽贐。予何爲不受。【注】贐。送行者贈賄之禮也。時人謂之贐。【疏】注贐送至之贐。○正義曰。臧氏庸述其高祖琳經義雜記云。論衡刺孟引孟子云。行者必以賮。辭曰歸賮。文選魏都賦繈負賮贄。劉淵林注。賮。禮贄也。孟子曰。將有遠行。行者必以賮。蒼頡篇曰。賮。財貨也。赭白馬賦。或踰遠而納賮。李善注。孟子曰。有遠行者必以賮。知孟子本作賮。今作贐乃俗字。段氏玉裁說文解字注云。賮。會禮也。以財貨爲會合之禮也。或假進爲之。如漢高紀曰。蕭何爲主吏。主進。是也。

當在薛也。予有戒心。辭曰聞戒。故爲兵餽之。予何爲不受。【注】戒。

有戒備不虞之心也。時有惡人欲害孟子。孟子戒備。薛君曰。聞有戒。此金可鬻以作兵備。故餽之。我何為不受也。

疏當在薛也。○正義曰。周氏廣業孟子出處時地考云。孟子所在之薛。乃齊靖郭君田嬰封邑。非春秋之薛也。左傳隱十一年薛侯注云。魯國薛縣。公羊哀四年注云。滕薛俠轂。此春秋之薛也。史記孟嘗君列傳。湣王三年。封嬰於薛。嬰卒。子文代立。續漢志魯國薛縣本注云。本國。六國時曰徐州。補注引皇覽曰。靖郭君家在城中東南陬。此戰國之薛也。其時薛爲齊有。地鄰於楚。故國策載齊將封嬰於薛。楚王聞之大怒。將伐齊。公孫閈往見楚王曰。齊削地以封嬰。是以所以弱也。楚王乃止。後昭陽又請以數倍之地。薛嬰不可。時嬰以宣王庶弟。相齊十數年。得於薛立先王之廟。至田文直稱薛公。蓋不特大都耦國。其名數亦儼同列侯。故孟子過此。亦受其餽也。薛與滕近。文公聞築薛而恐是也。齊湣王將之薛。假途於鄒。而太史公言吾嘗過薛。其俗與鄒魯殊。則地近鄒魯又可知矣。方孟子在宋而有遠行。其欲遊梁無疑。但梁宋接境。史記貨殖傳。自鴻溝以東芒碭以北屬鉅野。此梁宋也。陶、睢陽、亦一都會也。徐廣曰。梁爲今陶之浚儀。陶睢陽。今之定陶。又國策魏太子申之攻齊也。過宋外黃。高誘曰。今陳留外黃。故宋城也。後徙睢陽。然則自梁至齊。必先過宋。孟子之遊梁。固宜由睢陽西達大梁。否亦徑歸鄒。而反折而東自薛歸鄒者。有戒心故也。趙岐言時有惡人欲害孟子。應劭云。又絕糧於鄒薛。困殆甚。薛之俗。在孟嘗未招致任俠奸人之前。其子弟已多暴桀。異於鄒魯。故惡孟子欲害之耶。抑上下無交。有如孔子之阨於陳蔡者耶。是皆未可知。而孟子設兵戒備。則非尋常剽掠明矣。孟子在齊。東郭公行輩。皆所往還。寧獨遺一田嬰。薛是其取道於薛。固因避禍。而餽金以共困乏。亦東道主之義也。江氏永羣經補義云。孟子過薛。薛君餽五十鎰。當宣王時。即孟嘗君田文也。○注戒有至受也。○正義曰。襄公三年左傳云。不虞之不戒。又十三年左傳云。吳乘我喪。謂我不能師也。必易我而不戒。注並云。戒。備也。說文云。戒。警也。從廾持戈以戒不虞。爲。猶作也。趙氏以作兵釋爲兵。

若於齊。則未有處也。無處而餽之。是貨之也。焉有君子而可以貨取乎。注我在齊時無事。於義未有所處也。義無所處而餽之。是以貨財取我。欲使懷惠也。安有君子而以貨財見取乎。章指言取與之道。必得其禮。於其可也。雖少不辭。義之無處。兼金不顧。疏義之無處兼金不顧。○正義曰。後漢書張衡傳。衡作應閒云。意之無疑。則兼金盈百而不嫌辭。孟軻以之。

孟子之平陸。謂其大夫曰。子之持戟之士。一日而三失伍。則去之否乎。注平陸。齊下邑也。大夫。治邑大夫也。持戟。戰士也。一日三失其行伍。則去之否乎。去之。殺之也。戎昭果毅。疏注平陸至果毅。○

正義曰。毛詩鄘風在浚之都傳云。下邑曰都。不言王之爲都者。平陸是都。故云下邑也。秦風無衣云。王于興師。修我矛戟。序云。秦人刺其君好攻戰。亟用兵。宣二年左傳云。靈輒爲公介。倒戟以禦公徒。韓非子勢難篇云。地方數千里。持戟數千萬。戰國策秦策云。楚地持戟百萬。是持戟爲戰士也。戎昭果毅。亦見宣二年左傳云。戎昭果毅以聽之之謂禮。殺敵爲果。致果爲毅。易之。戮也。軍法以殺敵爲令。故宜聽之常存於耳。若易之則戮。此失伍是不聽政令。故當殺戮之。國語吳語云。明日徙舍。斬有罪者以徇。曰莫如此不從其伍之令。是失伍者當殺也。閻氏若璩釋地云。史記商君列傳。持矛而操闟戟者。旁車而趨。聶政列傳。韓相俠累方坐府上。持兵戟而衛侍者甚衆。因悟孟子持戟之士亦然。蓋爲大夫守衛者。非指戰士。伍亦非行間。七國時尙武備。多姦變生於不測。而平陸又屬齊邊邑。故雖治邑大夫。亦日日陳兵自衛。孟子即所見以爲喻。郝京山曰。伍。班次也。失伍。不在班也。去之。罷去也。亦指守衛者言。或問平陸之爲齊邊邑者何也。余曰。大國表。田齊世家。康公貸十五年。魯敗我平陸。徐廣曰。東平陸縣。余謂漢屬東平國。爲古厥國。孔子時爲魯中都邑地。爾時屬齊。即今汶上縣是。又有陶平陸。則梁門不開。張守節云。平陸唐兗州縣。即中都。在大梁東界。故曰平陸。齊邊邑也。周氏柄中辨正云。史記封禪書。漢書郊祀志云。蚩尤在東平陸。監鄉。齊之西竟。水經注。汶水又西南逕東平陸故城北。應劭曰。古厥國也。又西南逕致密城。郡國志曰。須昌縣有致密城。古中都也。即夫子所宰之邑。則東平陸爲厥國。須昌爲中都。其地相近。後漢省平陸入須昌。遂合而爲一耳。

曰。不待三。【注】大夫曰。一失之則行罰。不及待三失伍也。然則子之失伍也亦多矣。凶年饑歲。子之民老羸轉於溝壑。壯者散而之四方者。幾千人矣。【注】轉。轉尸於溝壑也。此則子之失伍也。【疏】注轉轉至壑也。○正義曰。淮南子主術訓云。生無乏用。死無轉尸。高誘注云。轉。棄也。劉熙釋名釋喪制云。不得埋曰棄。謂棄之於野也。國語吳語云。子有父母耆老。而子爲我死。子之父母。將轉於溝壑。注云。轉。入也。入於溝壑。亦謂無以送死。與轉尸之義同耳。周書大聚解。則生無乏用。死無傳尸。注云。傳於溝壑。惠氏棟云。傳尸。猶轉尸也。淮南子轡而無轉。高誘注云。轉讀作傳。鹽鐵論錯有篇云。今吳越之竹。隨唐之材。不可勝用。而曹衛梁宋采棺轉尸。盧氏文弨羣書拾補云。當即近世以舊用之棺。賣於人者。按文學對云。是以生無乏資。死無轉尸。即用周書。與淮南主術同。

曰。此非距心之所得爲也。【注】距心。大夫名。曰此乃齊王之大政。不肯賑窮。非我所得專爲也。曰今有受人之牛羊而爲之牧之者。則必爲之求牧與芻矣。求牧與芻而不得。則反諸其人乎。抑亦立而視其死與。【注】牧。牧地。以此喻距心不得自專。何不致爲臣而去乎。何為立視民之死也。疏注牧牧地。○正義曰。周禮天官大宰。以九職在萬民。四曰藪牧養蕃鳥獸。注云。牧。牧田。在遠郊。皆畜牧之地。賈氏疏云。載師云。牧田賞田在遠郊之地。鄭注云。牧田。畜牧者之家所受田也。非畜牧之地。但牧六畜之地無文。鄭約與家人所受田處。即有六畜之地。故云在遠郊也。國語周語云。周制有之曰。國有郊牧。注云。國外曰郊牧。放牧之地。

曰。此則距心之罪也。注距心自知以不去位為罪也。他日見於王曰。王之為都者。臣知五人焉。知其罪者。惟孔距心。為王誦之。王曰。此則寡人之罪也。注孔。姓也。為都。治都也。邑有先君之宗廟曰都。誦。言也。為王言所與孔距心語者也。王知本之在已。故受其罪。疏注孔姓至其罪。○正義曰。前自稱距心是名。此加孔字。知是姓也。為。治也。為都。猶論語言善人為邦。能以禮讓為國。呂氏春秋舉難篇。言說桓公以為天下。淮南子俶眞訓。言與造物者為人。是即治都也。莊二十八年左傳云。凡邑有宗廟先君之主曰都。無曰邑。說文邑部云。有先君之舊宗廟曰都。閻氏若璩釋地續云。都與邑雖有大小。君所居。民所聚。有宗廟及無之別。其實古多通稱。如商邑翼翼。四方之極。即伐于崇作邑于豐。此都稱邑之明徵也。趙岐曰。君何不歸十五都。孟子曰。王之為都者。此邑稱都之明徵也。釋地又續云。向謂都與邑可通稱。今不若直以曲沃證。莊二十八年宗邑無主。閔元年云分之都城。更證以費昭十三年云誰與居邑。定十二年云將墮三都。是非爾雅宮謂之室室謂之宮一例乎。以言釋誦者。亦見廣雅釋詁。漢書呂后紀云勃尙恐不勝。未敢誦言誅之。注引鄭展云。誦言。公言也。說文言部云。諷。誦也。誦。諷也。周禮春官大司樂。以樂語敎國子與道諷誦言語。注云。倍文曰諷。以聲節之曰誦。發端為言。答述曰語。蓋諷誦言語四字。分言之義別。單舉之義通。誦可訓諷。亦可訓言矣。毛詩公劉傳云。直言曰言。直言即公言。為王誦之。為王直言之。與孔距心語為王述之。即是倍誦之也。

章指。言人臣以道事君。否則奉身以退。詩云。彼君子兮。不素餐兮。言不尸其祿也。疏注人臣至祿也。○正義曰。論語先進篇云。所謂大臣者。以道事君。不可則止。襄公二十六年左傳云。臣之祿。君實有之。義則進。否則奉身而退。專祿以周旋。戮也。哀公六年左傳云。義則進。否則退。引詩者。魏風伐檀篇文。毛傳云。素。空也。文選注引薛君韓詩章句云。何為素餐。素者質也。人但有質樸而無治民之材。名曰素餐。尸祿者。頗有所知善惡不宜默之不語。苟欲得祿而已。譬若尸焉。漢書鮑宣傳上書云。以拱默尸祿為智。顏師古注云。尸。主也。不憂其職。但言食祿而已。又貢禹傳上書云。所謂素餐尸祿洿朝之臣。尸祿。猶云專祿也。

孟子謂蚳鼃曰。子之辭靈丘而請士師。似也。為其可以言也。今既數月矣。

未可以言與。注 蚳鼃齊大夫。靈丘齊下邑。士師。治獄官也。周禮士師曰。以五戒先後刑罰。毋使罪麗於民。孟子見蚳鼃辭外邑大夫。請爲士師。知其欲近王以諫正刑罰之不中者。數月而不言。故曰未可以言與。以感責之也。疏 注蚳鼃至之也。○正義曰。楊桓六書統。引石經孟子作蚳鼃。周氏廣業孟子逸文考云。此石經當是蜀中所刻。說文蚳字重文有三。其籀文从氐从䖵。疑䖵爲蚳字之譌也。閻氏若璩釋地云。靈邱亦屬齊邊邑。趙世家敬侯二年。敗齊於靈邱。六國表敬侯九年。魏武侯九年。韓文侯九年。因齊喪共伐之。至靈邱。又趙世家惠文王十四年。樂毅將趙秦韓魏攻齊。取靈邱。明年。燕獨深入取臨淄。加以蚳鼃去王遠。無以箴王闕。特辭靈邱請士師。足徵爲邊邑實不知其所在。爾時趙別有靈邱。以葬武靈王得名。即今靈邱縣。孝成王以靈邱封黃歇。絳侯擊破陳豨於靈邱。皆其地。注史記者。以此之靈邱爲齊之靈邱。無論齊境不得至代北。而敬侯時安得國有靈邱。胡三省注齊靈邱。又以漢清河郡之靈縣當之。抑出臆度。毋寧闕疑。江氏永羣經補義云。蚳鼃辭靈邱。趙岐注云。齊下邑。胡三省注通鑑。謂即漢清河郡之靈縣。今之高唐夏津皆其地。疑此說是。楚魏皆嘗伐齊至靈邱。正是漢清河郡。今之東昌府地也。于欽齊乘。則云今滕縣東三十里明水河之南。有靈邱故城。未知何據。士師爲刑官之屬。在大司寇小司寇下。是爲治獄官。五戒者。一曰誓。用之於軍旅。二曰誥。用之於會同。三曰禁。用諸田役。四曰糾。用諸國中。五曰憲。用諸都鄙。注云。先後猶左右也。五戒皆告語於民。使不犯刑罰。則士師得掌刑獄之言語。但五戒下告於民。推之則刑罰不中。亦可上諫於君。故引以爲可言之證也。

蚳鼃諫於王而不用。致爲臣而去。注 三諫不用。致仕而去。疏 注三諫至而去。○正義曰。禮記曲禮下云。爲人臣之禮不顯諫。三諫而不聽。則逃之。莊公二十四年公羊傳云。三諫不從。遂去之。故君子以爲得君臣之義也。何休注云。諫必三者。取月生三日而成魄。臣道就也。不從得去者。仕爲行道。道不行。義不可以素餐。

齊人曰。所以爲蚳鼃則善矣。所以自爲則吾不知也。注 齊人論者譏孟子爲蚳鼃謀。使之諫而去。則善矣。不知自諫又不去。故曰我不見其自爲謀者。疏 注我不見其自爲謀者。○正義曰。呂氏春秋自知篇云。知於顏色。注云。知。猶見也。蓋謂之云。孟子既爲蚳鼃謀如是。則亦必自爲謀。特吾未見之耳。

公都子以告。注 公都子。孟子弟子也。以齊人語告孟子也。疏 注公都至子也。○正義曰。廣韻公字注云。漢複姓八十五氏。孟子稱公都子有學業。楚公子食邑於都。後氏焉。

曰。吾聞之也。有官守者。不得其職則去。有言責者。不得其言則去。我無官守。我無言責也。則吾進退。豈不綽綽然有餘裕哉。注官守。居官守職者。言責。獻言之責。諫爭之官也。孟子言人臣居官。不得守其職。諫正君不見納者。皆當致仕而去。今我居師賓之位。進退自由。豈不綽綽乎。綽裕皆寬也。疏注官守至寬也。○正義曰。漢書谷永傳。永對曰。臣爲大中大夫。備拾遺之臣。從朝者之後。進不能盡思納忠。輔宣聖德。還至北地太守。臣聞事君之義。有言責者盡其忠。有官守者修其職。臣永幸得免於言責之辜。有官守之任。當畢力遵職。養綏百姓而已。不宜復關得失之辭。淮南子俶眞訓云。大夫安其職。高誘注云。職。事也。師賓之位者。禮記文王世子云。記曰。虞夏商周。有師保。有疑丞。學記云。君子所不臣於其臣者二。當其爲師。則弗臣也。注云。尊師重道。不使處臣位也。武王踐阼。召師尚父而問焉。曰。昔黃帝顓頊之道有乎。意亦忽不可得見與。師尚父曰。在丹書。王欲聞之。則齊矣。王齊三日。端冕。師尚父亦端冕。奉書而入。負屏而立。王下堂南面而立。師尚父曰。先王之道不北面。王行西折而南。東面而立。師尚父西面道書之言。史記齊太公世家云。周西伯遇太公於渭之陽。載與俱歸。立爲師。此不臣而師之尊也。周禮地官鄉大夫。三年則大比。考其德行道藝。而與賢者能者。鄉老及鄉大夫帥其吏。與其衆寡。以禮禮賓之。注云。興賓。敬也。敬所舉賢者能者。元謂合衆而尊寵之。以鄉飲酒之禮禮以賓之。呂氏春秋高義篇云。墨子曰。若越王聽吾言。用吾道。翟度身而衣。量腹而食。比於賓萌。未敢求仕。高誘注云。賓。客也。萌。民也。莊子徐無鬼篇云。徐無鬼見武侯。武侯曰。先生居山林。食芧栗以賓寡人久矣。釋文引李氏云。賓。客也。然則凡賢能盛德之士。未食君祿。俱爲賓。此賓之事也。孟子之盛德。起爲諸侯師。而仕不受祿。所以爲師賓也。周氏廣業孟子出處時地考云。山東之國號齊強大。其地勢雄於天下。宣王修然有撫落華夷之意。昭徠文學游學之士。以爲圖王不成。猶可以霸也。孟子見天下大亂。民生憔悴。冀王可爲湯武。跋涉千里。始至境。問禁而入。然未即見王也。過平陸。與大夫孔距心善處焉。齊相儲子以幣交。且言於王。王疑其必有異。使人瞷之。而孟子終守不見之義。萬章隙代之徒並疑之。既而王求見甚迫。乃由平陸之齊。屋廬子以季任故事。度必一往報儲子。孟子卒不往。三見齊王。未嘗言事。適從胡齕聞易牛之事。喜曰。是心可以王矣。他日。王問桓文。孟子即語以王道。王雖自言惛不能進。而敬禮有加。奉爲賓師。班視列大夫。前後進說甚多。所陳必堯舜之道。王稍稍厭之。甚至語以境內不治。顧左右而言他。而孟子亦以母喪去職。自齊葬魯。棺槨衣衾之美。殆過父喪時。後竟因此爲臧倉所毀。事畢反于齊。止于嬴。既免喪。自范之齊。見王于崇。退有去志。王命孟子爲卿。致祿十萬。辭不受祿。號爲客卿。蓋不欲變其初心。且可爲進退地也。時弟子日益進。公孫丑公都子陳臻咸邱蒙盆成括高子等。皆齊人來學者。因材施教。引而不發。躍如也。顧孟子志在行道以王齊。而國無親臣。都無良牧。蓋大夫王驩方嬖幸用事。進爵右師。舉朝視其君如國人。絕無以仁義與王言者。王怠於政事。或數日不視朝。諫言不用。孟子進見固罕。而王之意。且欲孟子舍所學而從之。會燕王噲讓國子之。齊伐燕勝之。王謂天與不可不取。于是毀其宗廟。遷其重器。盡有其地。諸侯多謀伐齊。孟子言急爲燕置君。則諸侯之師可及止也。王勿聽。未幾。燕人畔。王甚慚悔。有陳賈者。乃從爲之辭。而當時且有謗傳孟子勸齊伐燕者。齊人之虛詐不情好議論如此。初。孟子無意仕齊。有以師命不可以請。然非有官守言責之得失也。齊人不知。優以蚳鼃之義繩之。而公孫丑亦以素餐爲疑。不知君子居國。爲功於君及子弟者甚大。卽有故而去。亦豈小丈夫之悻悻哉。孟子知難與有爲。不得已致爲臣而歸。王卒不改。猶欲以授室萬鍾。餽金一百。爲虛拘貨取之計。齊人亦卒無善於留行者。及出晝而終不追。然後浩然有歸志。此則愛君澤民之深意。固非尹士所知。而淳于髡名實未加之謂。尤不識君子所爲矣。孟子在齊最久。先後凡數載。時年已六十內外。去齊之日。計自周以來七百餘歲。方孟子在齊。自王子以及嬖大夫。皆願見顏色。承風旨。子敖驕膺寵任。尤以得見親比爲幸。然出弔于滕。朝夕進見。欲一與言行事而不可得。至公行之喪。朝士爭趨。孟子獨否。卒亦不能加慝焉。同寮則莊暴時子景子東郭公行。雖嘗往來。不必莫逆。至若不孝之匡章。獨與之遊。巨擘之仲子。則不之信。則更有察之衆好衆惡者。初至日少。繼至日多。初至爲大夫。繼至加卿相。七篇中紀齊事者凡四十六章。稱宣王者十四章。亦可見其久居於齊也。毛詩小雅角弓綽綽有裕傳云。綽綽。寬也。禮記表記引此詩注云。綽綽。寬裕貌也。周易蠱六四裕父之蠱。釋文引馬注云。裕。寬也。是綽裕皆寬也。閩監毛三本作豈不綽綽然舒緩有餘裕乎。舒緩亦寬也。

章指言執職者劣。藉道者優。是以臧武仲雨行而不息。段干木偃寢而式閭。

【疏】臧武仲雨行而不息。○正義曰。臧武仲。魯大夫臧孫紇也。襄公二十二年左傳云。臧武仲如晉。雨。過御叔。御叔在其邑。將飲酒。曰。焉用聖人。我將飲酒而已。雨行。何以聖爲。穆叔聞之曰。不可使也。而傲使人。注云。言御叔不任使四方。此引以爲執職者劣證也。武仲有官守。當使四方。故雖遇雨不敢止息。所以爲劣。廣雅釋言云。劣。鄙也。猶云食肉有鄙也。○段干木偃寢而式閭。○正義曰。呂氏春秋尊師篇云。段干木。晉國之大駔也。學於子夏。高誘注云。駔。儈人也。期賢篇云。魏文侯過段干木之閭而軾之。其僕曰。君胡爲軾。曰。此非段干木之閭與。段干木蓋賢者也。吾安敢不軾。且吾聞段干木未嘗肯以己易寡人也。吾安敢驕之。段干木光乎德。寡人光乎地。段干木富乎義。寡人富乎財。其僕曰。然則君何不相之。於是君請相之。段干木不肯受。則君乃致祿百萬而時往館之。於是國人皆喜。相與誦之曰。吾君好正。段干木之敬。吾君好忠。段干木之隆。居無幾何。秦興兵欲攻魏。司馬唐諫秦君曰。段干木。賢者也。而魏禮之。天下莫不聞。無乃不可加兵乎。秦君以爲然。乃按兵輟不敢攻之。高誘注云。閭。里也。軾。伏軾也。又順說篇云。田贊可謂能立其方矣。若夫偃息之義。則未之識也。高誘注云。段干木偃息以安魏。田贊辯說以服荊。比之偃息。故曰未知。淮南子脩務訓云。段干木闔門不出以安秦魏。所述事與呂氏春秋期賢篇同。文選班孟堅幽通賦云。木偃息以蕃魏兮。左太沖魏都賦云。閑居監巷。室邇心遐。富仁寵義。職競弗羅。千乘爲之軾廬。諸侯爲之止戈。則干木之德自解紛也。又詠史詩云。吾希段干木。偃息藩魏君。趙氏云。偃寢卽偃息也。引此以爲藉道者優之證也。謂段干木無官守之職。故優裕而閑居偃息於監巷之閒。致魏文侯過而軾之也。

孟子爲卿於齊，出弔於滕，王使蓋大夫王驩爲輔行。王驩朝暮見，反齊滕之路，未嘗與之言行事也。【注】孟子嘗爲齊卿，出弔滕君。蓋，齊下邑也。王以治蓋之大夫王驩爲輔行。輔，副使也。王驩，齊之諂人，有寵於王，後爲右師。孟子不悅其爲人，雖與同使而行，未嘗與之言行事，不願與之相比也。【疏】注孟子至滕君。○正義曰：告子下篇淳于髡曰「夫子在三卿之中」，是孟子嘗爲齊卿也。閻氏若璩釋地云：「予少時習孟子，疑蓋大夫王驩與兄戴蓋祿之蓋，當是二邑。後讀左氏春秋傳趙衰爲原大夫，於時先軫亦稱原軫；子趙同爲原同，於時先穀亦稱原穀。唐孔氏云：蓋分原邑而共食之。僖二十五年狐溱爲溫大夫，文六年陽處父至自溫，故成十一年劉子單子曰：襄王勞文公而賜之溫，狐氏陽氏先處之。亦共食一邑者。因悟蓋一也。以半爲王朝之下邑，王驩治之；以半爲卿族之私邑，陳氏世有之。按漢書地理志：泰山郡有蓋。本注云：臨樂于山，洙水所出，西北至蓋入池水。又沂水南至下邳入泗。即此蓋也。」毛氏奇齡改錯云：「明稱齊卿，且云位不小。古侯國卿，有左師右師。故趙有左師觸龍，宋有右師華元，皆是正卿。驩是右師，侯國上卿，多以邑冠，如楚司馬沈氏，以食葉名葉公；晉卿趙氏，以守原名原大夫。不止邑宰專稱也。趙岐謂右師在後，總疑右師必不當與蓋大夫作同時稱耳。宋向戌以左師而食采於合，春秋傳名合左師，則此蓋大夫，即直云蓋右師，何不可焉。」周氏柄中辨正云：「左傳凡大夫加邑號者，皆治邑之大夫。僖二十五年傳，晉趙衰爲原大夫。二十七年傳，命衰爲卿，則當其守原之日，未爲卿也。楚僭號，縣尹俱稱公，如申公、鄖公、白公之類，皆邑大夫。惟葉公嘗爲令尹司馬，以老於葉，故始終稱葉公。此固不可爲例者。王驩爲蓋大夫，猶距心爲平陸大夫。」陳組綬燃犀解引徐伯聚云：「經文明言孟子爲卿，驩爲大夫，則公孫丑所言之卿，蓋孟子也。」按此說是也。趙氏言王以蓋邑之大夫王驩爲輔行，輔是副使。是時孟子以卿爲正使，驩以大夫副之。副使原不必攝卿，且卿遂可與言，大夫遂不可與言乎？惟是時孟子以卿爲正使，驩以大夫爲副使，凡一切使事，驩宜聽命於孟子。乃驩則自專而行，此丑所以問也。言夫子以卿爲正使，位不爲小，何得聽其自專而不與言，故孟子所答云云。趙氏於齊卿之位二句不注者，正以此卿位，即孟子爲卿之卿，不必更注。而下言驩專知自善，則孟子之不與言，正非徒以不悅其爲人而不與相比而已也。出弔於滕，趙氏云出弔滕君。按滕定公薨，孟子時居鄒，非此爲齊卿時也。季本孟子事蹟圖譜云：「其與王驩使滕，爲文公之喪也。非大國之君，無使貴卿及介往弔之禮。此固重文公之賢而隆其數。亦孟子欲親往弔以盡存沒始終之大禮也。」事雖無據，可存以備參考。或謂即滕定公之喪，則謬矣。

公孫丑曰：「齊卿之位，不爲小矣；齊滕之路，不爲近矣；反之而未嘗與言行事，何也？」【注】丑怪孟子不與驩議行事也。曰：「夫既或治之，予何言哉？」【注】既，已也。或。有也。孟子曰。夫人既自謂有治行事。我將復何言哉。言其專知自善。不知諮於人也。【疏】注既已至人也。○正義曰。毛詩周南既見君子傳云。既。已也。王氏念孫廣雅疏證云。微子殷其弟或亂正四方。史記宋世家作殷不有治政不治四方。洪範無有作好。呂氏春秋貴公篇作無或作好。高誘注云。或。有也。小雅天保篇。無不爾或承。鄭箋云。或之言有也。此或訓有之證。禮記曲禮。若夫坐如尸。注云。言若欲為丈夫也。檀弓云。夫猶賜也見我。釋文云。夫舊音扶。皇如字。謂丈夫卽伯高。文云二夫人相為服。注云。二夫人。猶言此二人也。昭公十年左傳云。喪夫人子力。注云。夫人謂子尾。又三十一年左傳云。則不能見夫人。己所能見夫人者有如河。注云。夫人謂季孫。此孟子稱王驩為夫。趙氏以夫人解之。其義一也。驩原為副使。而自專行事。孟子若與之言謙卑。則轉似為驩所節。高亢。則又似忌其攬權而爭之。故為往反千里。一概以默而不言處之。既不啻彼司其職。我統其成。又不致以伺問之嫌。陰成覬隙。孟子與權臣共事。所處如此。若驩果以孟子為之主。事事請問而行。則孟子豈拒之不言乎。丑因驩自專行事。疑孟子當言。孟子因驩已自專行事。而以為又何言。丑以孟子卿位不小於驩。疑孟子當言。孟子正以卿位不小於驩而不必言。至驩為諂人。孟子不悅與比。此丑所知之。苟孟子徒以其諂人不悅與比而不言。則亦狹隘者所有。非大賢之學矣。　章指。言道不合者不相與言。王驩之操。與孟子殊。君子處時。危行言遜。故不尤之。但不與言。至於公行之喪。以禮為解也。【疏】道不至解也。○正義曰。道不同不相為謀。邦有道危言危行。邦無道危行言遜。皆論語文。閩本以道不合者不相與言。誤入注中。

孟子自齊葬於魯。反於齊。止於嬴。充虞請曰。前日不知虞之不肖。使虞敦匠事。嚴。虞不敢請。今願竊有請也。木若以美然。【注】孟子仕於齊。喪母。歸葬於魯。嬴。齊南邑。充虞。孟子弟子。敦匠。厚作棺也。事嚴。喪事急。木若以泰美然也。【疏】注孟子至然也。○正義曰。顧氏炎武日知錄云。孟子自齊葬於魯。言葬而不言喪。此改葬也。禮。改葬緦。事畢而除。故反於齊。止於嬴。而充虞乃得承間而問。若日奔喪而還。營葬方畢。卽出赴齊卿之位。而門人未得發言。可謂三月無君則皇皇如也。而身且不行三年之喪。何以教滕世子哉。閻氏若璩釋地云。京山郝氏解孟子為行三年之喪云。或問孟子歸葬於魯。時未幾也。充虞治木。言前日耳。輒反於齊。豈不終喪而遂復為齊卿乎。按喪禮。三日成服。杖拜君命及衆賓。不拜棺中之賜。禮。凡尊者有賜。則明日往拜。喪則孝子不忍遽死其親。故贈襚之賜。拜於葬後。孟子奉母仕於齊。母卒。王以卿禮含襚。及歸魯三月而葬。反於齊。拜君賜也。其止於嬴何也。禮。衰絰不入公門。大夫去國。踰竟為壇位。鄉國而哭。此喪禮也。故自魯越國至齊境上為壇位。成禮於嬴。畢將遂反也。郝氏可為精矣。少錯解止於嬴句。嬴。齊南邑。春秋桓三年。公會齊侯於嬴。杜注云，嬴今泰山嬴縣。按嬴縣故城在萊蕪縣西北四十里北，汶水之北。去齊都臨淄尚三百餘里。安有拜君賜於三百餘里之外者。且衰絰不入公門。未聞不入國門也。爲壇位而哭。乃出亡禮。非喪者所用。蓋孟子母歿於齊。及奉喪來歸。皆哀戚匆遽，無暇可語。惟至往齊拜賜。舍於逆旅，始得以一論匠事耳。又曰。或問子以孟子奉母仕於齊，亦有徵乎。余曰。徵之劉向列女傳云。孟子處齊有憂色。擁楹而歎。孟母見之云云。則知母蓋同在齊。自齊葬於魯。則知母卽歿於齊也。然則既歿而葬。宜終喪於家。曷爲而遽反於齊，余曰。此蓋終三年喪復至齊而爲卿。非遽也。果爾。何以爲前日辭。余曰。孟子之書。有以昔與今對言。昔似在所遠。而亦有指昨日者。昔者辭以疾是也。以前日與今日對言。前日似在所近。而亦有指最遠者。前日願見而不可得是也。夫孟子久於齊而後去。去齊之日。上溯其未游齊之日。猶目之爲前日。安在僅三年者而不可以目前日耶。或謂曰。充虞蓄一疑於心。至三年始發之與。余曰。此尤足見孟門弟子之好問也。陳臻從於齊於宋於薛辭受之後而問。屋廬子從居鄒處平陸以至見季任不見儲子之後而問。其事之相距。誠非止一二年。而歷歷記憶。反覆以究其師之用心者，猶一日也。夫充虞亦猶是耳。且尤可證者。孝子之喪親。言不文。今也。援古論今，幾於文矣。三年之喪。言而不語。語爲人論說也。後魏孝文帝以與公卿往復。追用慟絕。曰。朕在不言之地。不應如此喋喋。然則孟子反喋喋邪。故充虞問答。斷自於免喪之後者爲得其實。毛氏奇齡經問云。孔子要絰而赴季氏之饗。孟子甫葬卽來齊。聖賢行事。有不可以憑臆斷者。先仲氏嘗謂自齊葬魯。則必喪在齊而葬於魯者。若母喪在魯，則其文當云孟子自齊奔喪於魯。戰國游士。多家於寄。以孟母嫠婦。孟子孤兒。則出必偕出。處必偕處。未有拋母居魯而可獨身仕齊者。故列女傳云，孟子處齊有憂色。孟母見之。是孟母與孟子同在齊國有明據矣。特以墳墓在魯。不得不至魯合葬。而究之魯翻無家而齊有家。故記曰。反於齊。反者。反哭之反也。且本文序事原有文法。其云自齊者。謂葬自齊也。非謂孟子自齊而還魯也。若謂孟子自齊還魯。則葬需三月。未有甫還魯卽葬者。亦未有在齊聞赴。至三月而始還葬於魯者。是必斂尸殯堂。斵材井椁諸節。行之在齊，至三月而歸葬於魯。故甫葬而卽反齊。以亡者魂氣尚在齊也。近儒閻潛邱云。葬魯反齊。當是終三年喪後復至齊爲卿云云。吾仍以孟子本文解之。其曰止嬴而充虞問者。謂充虞之問在止嬴時也。然則何故止嬴。以反於齊也。何以反齊。以葬於魯也。然則此止嬴接葬魯時矣。若在三年後。則直以充虞問曰起作起句。與陳臻問曰正等。何必序自齊反齊諸來歷乎。且充虞明曰嚴虞不敢請。今願有請。兩請相接。正頂嚴字。謂大斂時也。三年後不嚴久矣。其所以不敢請者。以三年不言。故初非以三年嚴故。何必又接此句。若以孝子喪親言不文。三年之喪言而不語爲據。則居喪不言不對之說，言人人殊。孝經云。言不文，謂不飾語詞耳，非不言也。若曲禮居喪不言樂。第不言作樂之事。而他事皆可言。雜記云。三年之喪。言而不語。對而不問。則他事自可言而不得告語。可對人之問而不得問人。非謂言事與答問皆當絕也。至間傳與喪服四制，皆云。斬衰。唯而不對。齊衰。對而不言。此則又稍刻者。然孟子齊衰。亦尚在對之列。雖在他事尚可對。而況祇問喪。而三年之間。竟不置對。並無此禮。況人第知居喪不言。而不知居喪則必言。喪事重大。正須言說講論以求其故。故既夕禮云。非喪事不言。謂喪事必言。非喪事故不言耳。蓋論議喪事。古分貴賤。天子諸侯不自言喪事。臣下得代言之。四制所云百官備。百官具。不言而事行者。此天子諸侯禮也。若大夫與士。則必身爲論議。然後得備物具禮。四制所云言而後事行者。此大夫士禮也。至庶人則不止言之論議之。且必身執其事。故曰身自執事而後行。則在大夫與士正當論議。而以不對不言之例律之。是戒諫官以緘口。於禮悖矣。是以曲禮居喪。未葬讀喪禮。既葬讀祭禮。所謂讀者。謂講說而討論之。則孟子此時可講祭禮。而況棺椁厚薄之閒乎。周氏廣業孟子出處時地考云。孟子居母憂三年。非喪事不言。獨充虞一答。爲喪葬盡禮之大者。故記之。自齊至止嬴十一字。括數年行止。藏無限心事。後人誤認止爲舍於逆旅。遂使異說紛起。可歎也。夫止嬴非即至齊也。止如綿詩曰止曰時之止。留也。留於此而終喪也。誠使既至於齊。則言及足矣。何必復言止於嬴。若云因充虞敦匠事於此。故繫之。則後有路問之例。亦不必詳其地。況往送如慕。其反如疑。當此時而信宿中途何爲乎。蓋嬴去臨淄尙遠。史記正義。故嬴縣在兗州博城縣東北百里。乃齊之邊境。近魯與鄒者也。或謂孟子葬母於魯。乃不卽廬於魯。或徑歸鄒。而必反齊止嬴何也。古無廬墓之說。蓋葬以藏體魄。其魂氣每於居常遊息之地有餘戀焉。故送形而往。迎精而反。葬日必速反而虞。孟子所以不廬於魯而反也。遭喪去國。未嘗致爲臣。安得遽旋故里。孟子所以不反於鄒而反於齊也。反齊矣。於嬴是止者。孟子之自齊葬魯 。以孟母之生 。就養於齊也。列女傳載孟子處齊有憂色。孟母問之。對曰。道不用於齊。願行而母老。是以憂也。孟母曰。夫死從子。禮也。子行乎子禮。吾行乎吾禮。揆當日情事。孟子之久留齊。固由王足爲善。實因母老待養。而又不欲藉口祿仕。故特不受其田里。亦不拘於職守。因得優游終養以終母餘年。晉書劉長盛曰。子輿所以辭大夫。良以色養無主故耳。斯言深得其意。追葬母而反。終喪之禮又可以義起。喪服小記云。速葬者。比反哭者皆冠。及郊而後免。反哭。此言本國臣民墓在四郊之外者也。孟子居師賓之位。不與在朝廷諸臣一律。且已奉喪越竟而葬。其去始死纔三月餘。方哀之在外而居於倚堊。哀親之在土而寢苦枕塊。豈忍遽加冠飾。遽入人國都之理。於是權其所止。嬴爲齊地而介鄒魯之閒。可以展墳墓。望宗廟。銜恤以待喪畢。因以爲五虞卒哭練祥之所。此實孟子有望弗至之至情。權而不失其經者也。毛詩邶風王事敦我傳云。敦。厚也。故以敦爲厚。匠爲作棺。事爲喪事。嚴爲急。急者。謂不暇也。趙氏讀敦匠句。事嚴句。孔氏廣森經學卮言云。敦。治也。讀如敦商之旅之敦。

曰。古者棺椁無度。中古棺七寸。椁稱之。自天子達於庶人。非直爲觀美也。然後盡於人心。【注】孟子言古者棺椁薄厚無尺寸之度。中古。謂周公制禮以來。棺厚七寸。椁薄於棺。厚薄相稱相得也。從天子至於庶人。厚薄皆然。但重累之數。牆翣之飾有異。非直爲人觀視之美好也。厚者難腐朽。然後能盡於人心所不忍也。謂一世之後。孝子更去辟世。是爲人盡心也。過是以往。變化自其理也。疏注中古至理也。○正義曰。周易繫辭傳云。古之葬者。厚衣之以薪。葬之中野。不封不樹。喪期無數。後世聖人易之以棺椁。蓋取諸大過。禮記檀弓云。有虞氏瓦棺。注云。始不用薪也。又云。夏后氏堲周。殷人棺椁。周人牆置翣。注云。有虞氏上陶。火熟曰堲。燒土冶以周於棺也。或謂之土周由是也。椁大也。以木爲之。言椁大於棺也。殷人上梓。牆。柳衣也。然則棺始於唐虞。而椁始於殷人。殷雖備棺椁。尙無尺寸之度。是古者指殷以前。而周乃有尺寸。是中古指周公制禮以來也。孔氏廣森經學卮言云。中古尙指周公以前。周公制禮。則自天子至於庶人皆有等。故喪大記曰。君大棺八寸。屬六寸。下大夫大棺六寸。屬四寸。士棺六寸。夫子制於中都。亦爲四寸之棺。五寸之椁。是庶人不得棺椁同七寸矣。易繫辭。後世聖人易之以棺椁。大抵通言黃帝堯舜。墨子偏主節葬之說。然已云禹有桐棺三寸。則木椁代瓦。不始於殷。而檀弓特舉殷人棺椁。似殷乍始定棺椁尺寸之度者也。孟子多言殷法。分田則取助不取徹。分國則言三等不言五等。春秋變周之文。從殷之質。孟子學長春秋。每於此見之。趙氏云。重累之數。牆翣之飾者。檀弓云。天子之棺四重。水兕革棺被之。其厚三寸。杝棺一。梓棺二。四者皆周。注云。諸公三重。諸侯再重。大夫一重。士不重。以水牛兕牛之革以爲棺被。革各厚三寸。合六寸。此爲一重。杝棺所謂椑棺也。梓棺所謂屬與大棺。喪大記於天子言屬六寸。椑四寸。上大夫屬六寸。下大夫屬四寸。注云。大棺。棺之在表者也。檀弓曰。天子之棺四重云云。此以內說而出也。然則大棺及屬用梓。椑用杝。以是差之。上公革棺不被。三重也。諸侯無革棺。再重也。大夫無椑。一重也。士無屬。不重也。禮器云。天子七月而葬。五重八翣。諸侯五月而葬。三重六翣。大夫三月而葬。再重四翣。注云。五重者。謂抗木與茵也。葬者抗木在上。茵在下。士喪禮下篇。陳器曰抗木。橫三縮二。加抗席三。加茵用疏布。緇翦有幅。亦縮二橫三。此士之禮一重者。以此差之。上公四重。正義引皇氏云。下棺之後。先加折於壙上。以承抗席。折。猶庪也。方鑿連木爲之。蓋如牀。縮者三。橫者五。無簀。於上加抗木。抗木之上加抗席三。此爲一重。如是者五。則爲五重。然則棺有重數在棺內。椁有重數在棺外。所謂重累之數也。周禮天官。縫人掌王宮之縫線之事。縫棺飾焉。衣翣柳之材。注云。孝子既啟。見棺猶見親之身。既載飾而以行。遂以葬。若存時居於帷幕而加文繡。喪大記所云諸侯禮也。禮器曰。天子八翣。漢禮器制度。飾棺。天子龍火黼黻皆五列。又有龍翣二。其戴皆加璧。柳之言聚。諸飾之所聚。喪大記云。飾棺。君龍帷三池。振容。黼荒。火三列。黻三列。素錦褚。加僞荒。纁紐六。齊。五采五貝。黼翣二。黻翣二。畫翣二。皆戴圭。魚躍拂池。君纁戴六。纁披六。大夫畫帷。二池不振容。畫荒。火三列。黻三列。素錦褚。纁紐二。元紐二。齊三采三貝。黼翣二。畫翣二。皆戴綏。魚躍拂池。大夫戴前纁後元。披亦如之。士布帷布荒。一池。揄絞。纁紐二。緇紐二。齊三采一貝。畫翣二。皆戴綏。士戴前纁後緇。二披用纁。注云。飾棺者。以華道路及壙中。不欲衆惡其親也。荒。蒙也。在旁曰帷。在上曰荒。皆所以衣柳也。士布帷布荒者。白布也。君大夫加文章焉。黼荒。緣邊爲黼文。畫荒。緣邊爲雲氣。火黻爲列於其中耳。僞當爲帷。大夫以上有褚。以襯覆棺。乃加帷荒於其上。紐所以結連帷荒者也。池以竹爲之。如小車笭。

衣以青布。柳象宮室縣池於荒之爪端。若承霤然。云君大夫以銅爲魚。縣於池下。揄。揄翟也。青質五色。畫之於絞。繒而垂之。以爲振容。象水草之動搖。行則又魚上拂池。雜記云。大夫不揄絞。屬於池下。是不振容也。士則去魚。齊象車蓋。蕤緌合雜采爲之。形如瓜分然。綴貝絡其上及旁。戴之言值也。所以連繫棺束與柳材使相值。因而結前後披也。漢禮翣以木爲筐。廣三尺。高二尺四寸。方兩角高。衣以白布。畫者畫雲氣。其餘各如其象。柄長五尺。車行使人持之而從。旣窆樹於壙中。檀弓曰。周人牆置翣。是也。緌當爲緌。讀如冠蕤之蕤。蓋五采羽注於翣首也。此所謂牆置翣之飾也。孝子更去辟世。辟世猶歿世也。父死子繼曰世。終已之身。不可使父母棺椁腐朽。己身後以往。其腐朽原不能免。但及人子之身不腐朽。爲盡人心所不忍也。不得不可以爲悅。無財不可以爲悅。得之爲有財。古之人皆用之。吾何爲獨不然。注悅者。孝子之欲厚送親。得之則悅也。王制所禁。不得用之。不可以悅心也。無財以供。則度而用之。禮喪事不外求。不可稱貸而為悅也。禮得用之。財足備之。古人皆用之。我何爲獨不然。然。如是也。疏不得至不然○正義曰。翟氏灝考異云。檀弓子思與柳若論喪禮曰。吾聞有其禮無其財。君子弗行也。有其禮無其財無其時。君子弗行也。孟子此言。乃即受之於子思者。得之爲。猶云有其禮。禮記檀弓上云。不仁而不可爲也。注云。爲。猶行也。方言云。用。行也。爲。用。皆訓行。故荀子富國篇云。仁人之用國。注云。用。爲也。郊特牲云。以爲稷牛。注云。爲。用也。趙氏云。禮得用之。解得之爲句。財足備之。解有財句。以用釋爲。以足備釋有也。大傳云。其義然也。注云。然。如是也。淮南子主術訓云。治國則不然。高誘注亦云。然。如是也。呂氏春秋應言篇云。墨者師曰然。高誘注云。然。如是也。趙氏以如是釋然字。與鄭氏高氏同。閩監毛三本作不然者。不如是也。意亦同。王引之經傳釋詞云。家大人曰。爲。猶與也。管子戒篇。自妾之身之不爲人持接也。尹知章注云。爲。猶與也。孟子得之爲有財。言得之與有財也。○注喪事不外求。○正義曰。隱公三年公羊傳云。武氏子來求賻。何以書。譏。何譏爾。喪事無求。求賻。非禮也。注云。禮本爲有財者制。有則送之。無則制哀而已。不當求。求則主傷孝子之心。即趙氏不外求之說也。莊公二十八年穀梁傳云。古者稅什一。豐年補敗。不外求而上下皆足。此不外求。謂糞田已足。不煩稱貸益之。且比化者。無使土親膚。於人心獨無恔乎。注恔。快也。棺椁敦厚。比親體之變化。且無令土親肌膚。於人子之心。獨不快然無所恨乎。疏注恔快至恨乎。○正義曰。方言云。逞曉恔苦。快也。自關而東。或曰曉。或曰逞。江淮陳楚之閒曰逞。宋鄭周洛韓魏之閒曰苦。東齊海岱之閒曰恔。自關而西曰快。戴氏震方言疏證云。孟子於人心獨無恔乎。趙氏云。恔。快也。義本此。高誘注呂氏春秋淮南子。皆云。化。變也。淮南子精神訓云。故形有靡而神未嘗化者。以不化應化。千變萬紾而未始有極。化者復歸於無形也。高誘注云。化。猶死也。不化者精神。化者形骸。死者形爲灰土。爲日化也。說文肉部云。肌。肉也。廣雅釋詁云。膚。肉也。劉熙釋名釋形體云。體。第也。骨肉毛血表裏大小相次第也。是膚卽肌。肌膚卽體。比。猶至也。親。近也。棺槨不厚。則木先腐。肌膚尚存。必與土近。惟棺槨敦厚。則肌膚先朽而化。故至肌膚不存。而木猶足以護之。不使近於土。化。雖有死訓。而不言死言化者。以形體變化言也。成公二年左傳。臧宣叔言知難而有備。乃可以逞。注云。逞。解也。亦本方言逞之訓爲快。亦爲解恔之訓爲快。卽爲逞。獨無恔乎。猶云乃可以逞。知齊楚之同我而有以備之。則難可解免。知親體之將親於土而先厚其棺槨以護之。則恨可解免。倘無財不可以厚。則一思及泉壤之閒。終身大恨。何日解乎。

吾聞之也。君子不以天下儉其親。注我聞君子之道。不以天下人所得用之物儉約於其親。言事親竭其力者也。章指言孝必盡心。匪禮之踰。論語曰。生事之以禮。死葬之禮。可謂孝矣。疏論語至孝矣。○正義曰。生事之以禮。死葬之以禮。見爲政篇第二。可謂孝矣。見學而篇第一。閩監毛三本以此羼入注中。

沈同以其私問曰。燕可伐與。孟子曰。可。子噲不得與人燕。子之不得受燕於子噲。注沈同。齊大臣。自以其私情問。非王命也。故曰私。子噲。燕王也。子之。燕相也。孟子曰可者。以子噲不以天子之命而擅以國與子之。子之亦不受天子之命而私受國於子噲。故曰其罪可伐。疏沈同至子噲。○正義曰。史記燕世家云。易王立十二年卒。子燕噲立。燕噲既立。齊人殺蘇秦。蘇秦之在燕。與其相子之爲婚。而蘇代與子之交。及蘇秦死而齊宣王復用蘇代。燕噲三年。與楚三晉攻秦。不勝而還。子之相燕貴重主斷。蘇代爲齊使於燕。燕王問曰。齊王奚如。對曰。必不霸。燕王曰。何也。對曰。不信其臣。蘇代欲以激燕王以尊子之也。於是燕王大信子之。子之因遺蘇代百金。而聽其所使鹿毛壽。謂燕王不如以國讓相子之。燕王因屬國於子之。子之南面行王事。而噲老不聽政。顧爲臣。國事皆決於子之。此燕王子噲讓國與其相子之之事也。史記此文全本戰國策燕策。明云。齊宣王復用蘇代。與策同也。惟策云。儲子謂齊宣王曰。破燕必矣。孟子謂齊宣王曰。今伐燕。此文武之時。不可失也。燕世家則改云。諸將謂齊湣王曰。因而赴之。破燕必矣。孟子謂齊王曰。今伐燕。此文武之時。不可失也。閻氏若璩孟子生卒年月考云。史記與孟子不同者。惟伐燕一事。史記以爲湣王。孟子以爲宣王。然就史記燕世家載噲初立。有齊宣王復用蘇代之文。是噲與宣王同時。與孟子合。而與六國表異。六國表燕王噲五年乙巳。讓國於子之。當湣王八年。七年丁未。噲及子之死。當湣王十年。後年己酉。燕立太子平。是爲昭王。當湣王十二年。若移此五年事置於宣王八年丙戌後。丁酉前。

以合孟子游齊之歲月。則戰國策載儲子謂宣王宜伐燕。而儲子正爲相者也。王令章子將五都兵以伐燕。而章子正與遊者也。王氏懋竑白田雜著孟子敘說考云。通鑑據孟子以伐燕爲齊宣王。而宣王卒於周顯王之四十五年。又三年。愼靚王元年。燕王噲始立。又七年。齊人伐燕。則不可以爲宣王之事也。於是上增齊威王之十年。下減湣王之十年。以就伐燕之歲。其增減皆未有據。而又以伐燕爲宣王時。燕人畔爲湣王時。與孟子亦不合。齊湣王初年。彊於天下。與秦爲東西帝。其所以自治其國者。亦必有異矣。末年驕暴。以至於敗亡。此時唐元宗秦苻堅之比。元宗開元之治。幾於貞觀。苻堅始用王猛。有天下大半。其初豈可不謂之賢君哉。故孟子謂以齊王由反手。王由足用爲善。皆語其實。而湣王之好色好貨好樂好勇。卒不能以自克。末年之禍。亦基於此。後來傳孟子者。乃改湣王爲宣王。以爲孟子諱。蓋未識此意。今以宣王爲湣王。則處處相合。而通鑑之失。亦可置而不論矣。周氏廣業孟子出處時地考云。孟子事齊宣王始末。本書甚明。自史記誤以伐燕一事繫之湣王十年。以致諸家聚訟。通鑑割湣王十年以屬宣王。似矣。而錄其文不計其世。赧王元年逆推至武王有天下。已八百有九年。可云由周以來七百有餘歲乎。古史直云先事齊宣王。後見梁惠襄。又事齊湣。黃氏日抄據史記伐燕有二事。一爲宣王。卽梁惠王篇所載。一爲湣王。卽公孫丑篇所載。時湣王尙在。故不稱謚。止稱齊王。皆泥史記而變亂孟子之遊歷者也。史記於攻伐靡不詳記。獨齊之伐燕。世家年表俱絕不道一字。惟燕表書君噲及相子之皆死。其年當湣王十年耳。然亦不言爲齊所破。至燕世家本極疏略。如惠侯以下皆失名。又不言屬桓獻二公。爲他書所無。而伐燕事則撦撦國策之文。云易王初立。齊宣因喪伐我 取十城。蘇秦說使復歸。又云噲旣立。齊人殺蘇秦。齊宣王復用蘇代。夫復用蘇代者爲齊宣王。則噲立秦死。俱不在湣王初明矣。而其下又言湣言齊何也。且秦惠王十一年。燕王讓其臣子之。據表是年子之死。是較遲二年。趙世家武靈王十年。齊破燕。燕相子之爲君。君反爲臣。據表在十二年。十一年王召公子職於韓。立爲燕王。使樂池送之。是較早二年。而立職卽在明年。則燕之畔齊。亦不待二年矣。同在一書而前後背馳若此。試以國策考之。燕策燕王噲旣立篇。其用蘇代。及儲子勸齊宣王伐燕。孟軻謂齊王等語。俱明指宣王。與孟子悉合。史乃取其文而改儲子爲諸將。於宣王之字一改爲湣王。以曲護年表之失。一改爲齊王。以影附孟子之書。此其當從策而棄世家。不待智者決矣。又其前蘇秦死一篇。載蘇代見燕王噲曰。臣聞王居處不安。飲食不甘。思報齊有之乎。王曰。我有深意積怨於齊。欲報之二年矣。齊者。我讎國也。寡人所欲報也。代又言齊王。長主也。南攻楚。西攻秦。又舉五千乘之勁宋云云。大事記謂此說昭王之辭。策謂爲噲。是也。然則齊王決非湣王。何也。湣王卽位未久。其對齊貌辯。自言寡人少殆。不知此何得遽稱長主。其所稱舉宋者。據宋策。康王前兩言齊攻宋。又言拔宋五城。卽其事也。如依田完世家。以湣王三十八年滅宋事當之。則燕昭王已立二十六年。與欲報二年更不合。則知是時宣王尙在也。宣王年老。故稱長主也。齊策曰。張儀以秦魏伐韓。齊王將救之。田臣思曰。王之謀過矣。子噲與子之國。百姓勿戴。諸侯勿與。秦伐韓。楚趙必救之。是天以燕賜我也。齊因起兵攻燕。三十日而舉燕。所謂三十日舉燕者。非卽孟子稱五旬而舉者乎。策係之閔王卽湣王固誤。史則斷却子噲句。輒舉其詞。雜入邯鄲之難南梁之難二篇。繫之桓公五年。又繫之威王二十六年。又繫之宣王二十二年。文雖三見。終不及伐燕。子噲一語。大可怪也。按田臣思索隱謂即田忌。史謂其與鄒忌不善。亡之楚。宣王召而復之。其說王伐燕爲宣王甚明。又趙策武靈王首篇云。齊破燕趙。欲存之。樂毅請以河東易燕地於齊。王從之。楚魏憎之。令淖滑惠施之趙。請伐齊而存燕。武靈元年。史表當齊宣王十八年。策係於首。則知破燕在其前矣。魏策襄王記云。楚許魏六城。與之伐齊而存燕。張儀欲敗之。謂魏王曰。齊畏三國之合也。必反燕地。以下楚。據史儀相魏。在襄十三年。張儀傳魏入上郡少梁於秦。又在其前數年。則知敗魏伐齊之事。必在相秦惠王時。約其年亦宣王時也。夫史之踳駁既如彼。策之明白又如此。伐燕之斷非湣王十年。而在宣王三十年內外。灼然無疑矣。至謂伐燕前事。即梁惠王篇所載。尤非。夫易王初立。何至虐民而謀置君。乘喪伐人。豈得云拯之水火。取僅十城。旋因蘇秦之說歸之。何云倍地。且欲出令反旄倪止重器也。若以稱謚與否爲斷。則莊暴章幾篇不見宣字。將亦謂之湣王邪。林希元四書存疑云。宣王會以取燕問。不用孟子言而致燕畔。此所以慚於孟子也。若湣王何慚之有。不曰宣王而曰王。亦偶然致辭不同耳。○注沈同齊大夫。○正義曰。沈同無考。知爲齊大夫者。以下云彼然而伐之。則同必齊王左右之臣。能主軍國大事。是大臣也。

有仕於此而子悅之。不告於王而私與之吾子之祿爵。夫士也。亦無王命而私受之於子。則可乎。何以異於是。【注】子謂沈同也。孟子設此以譬燕王之罪。【疏】有仕於此。○正義曰。論衡刺孟篇述此文仕作士。四書辨疑云。仕當作士。傳寫之差也。翟氏灝考異云。禮記曲禮士載言注云。士或爲仕。周禮載師以宅田士田賈田任近郊之地。注云。士讀爲仕。後漢書趙壹傳。昔人或思士而無從。注以思士爲孟軻。蓋亦以士讀仕。仕與士古多通用。不必定傳寫差也。○夫士也。○正義曰。夫士猶言夫人。王氏引之經傳釋詞云。夫猶此也。禮記檀弓曰。夫夫也爲習於禮者。鄭注曰。夫夫。猶言此丈夫也。僖三十年左傳曰。微夫人之力不及此。成十六年曰。夫二人者。魯國社稷之臣也。襄二十六年曰。君淹恤在外十二年矣。而無憂色。亦無寬言。猶夫人也。言猶然如此之人也。魯語曰。饜於何有。而使夫人怒也。論語先進篇曰。夫人不言。言必有中。孟子公孫丑篇曰。夫士也。亦無王命而私受之於子。夫皆此也。

齊人伐燕。【注】沈同以孟子言可因歸勸其王伐燕。或問曰。勸齊伐燕。有諸。【注】有人問孟子勸齊王伐燕有之。曰。未也。沈同問燕可伐與。吾應之曰可。彼然而伐之也。【注】孟子曰。我未勸王也。同問可伐乎。吾曰可。彼然而伐之。彼如曰孰可以伐之。則將應之曰。爲天吏則可以伐之。【注】彼如將問我曰。誰可以伐之。我將曰。爲天吏則可以伐之。天吏。天所使。謂王有得天意者也。彼不復問孰可。便自往伐之。今有殺人者。或問之曰。人可殺與。則將應之曰可。彼如曰。孰可以殺之。則將應之曰。爲士師。則可以殺之。今以燕伐燕。何爲勸之哉。注今有殺人者問此人可殺否。將應之曰可。爲士官主獄。則可以殺之矣。言燕雖有罪。猶當王者誅之耳。譬如殺人者雖當死。士師乃得殺之耳。今齊國之政。猶燕政也。不能相踰。又非天吏也。我何爲當勸齊伐燕乎。疏注問此人可殺否。○正義曰。問人可殺。不得應之日可。惟殺人者死。則可殺也。故人可殺之人。指此殺人之人。○注我何爲當勸齊伐燕乎。○正義曰。國語晉語云。非德不當。韋注云。當。猶任也。謂沈同等勸王伐燕。何爲以我爲任此勸齊伐燕之事乎。文選甘泉賦注引鄭氏注云。當。主也。意亦與任同。論衡刺孟云。夫或問孟子勸王伐燕。不誠是乎。沈同問燕可伐與。此挾私意欲自伐之也。知其意慊於是。宜曰燕雖可伐。須爲天吏乃可以伐之。沈同意絕。則無伐燕之計矣。不知有此私意而徑應之。不省其語。是不知言也。孟子知言者也。又知言之所起之禍。其極所致之福。見彼之問。則知其措辭所欲之矣。按燕噲之事。君臣易位。其亂極矣。觀燕民簞食壺漿以迎齊師。則燕民望救如望雲霓矣。例以孔子沐浴而朝。則爲齊贊畫出師。固孟子之心也。而不遽發者。特以握權主事。別自有人。萬一齊師既出。未必終其拯救之心。將有如儲子之破燕必矣。田臣思云。天以燕賜我者。溯厥所由。倡謀有在。形迹已著。分辨未能。迨至沈同私問。未必非陰承王旨。將假大賢一語。以爲戡克借端。斯時孟子豈不知之。阻之非拯亂之心。許之失進言之體。第以可應之。言子噲子之當伐。誠立言之當矣。自是匡章將五都之兵。因北地之衆。士卒不戰。城門不閉。雖湯武之舉。誠未過此。所謂齊人伐燕勝之也。是時宣王以齊師之出。端由孟子。故質之以諸臣之議。告之以天與之機。孟子是時慨然陳文王武王之事。戒之以益深益熱之虞。是即明告以天吏之爲。與所以可伐之故。使宣王是時聽而從之。則以德行仁之道。於齊見之。而勸齊伐燕之策。孟子亦何不可當之乎。乃廟毀器遷。諸侯兵動。王又咨焉。孟子是時。固又反覆詳明。陳其利害。顯告以王速出令反旄倪。止重器。謀于燕衆。爲之置君。則仍天吏之所爲也。乃至王終不悟。而諸侯之謀定。燕人立太子平。此王所以慚也。而時人不知。仍以勸伐之謀。惟孟子當之。此孟子所以以天吏明之。而以爲燕伐燕也。蓋沈同之私問。在未伐燕之先。斯時誠無容阻而絕之。既兩對宣王之問。則燕所以可伐。所以須爲天吏。孟子非不服服言之。而時人勸齊伐燕之疑。則在取燕之後。方伐燕未取燕。王師也。拯民水火也。非燕伐燕也。可勸也。既取燕。則水益深也。火益熱也。是乃燕伐燕也。不可勸也。至于以燕伐燕。而以勸齊疑孟子。孟子所不受矣。梁惠王篇所載。皆對齊王之言。故與梁惠王滕文公鄒穆公魯平公等相次。公孫丑篇所載。皆對齊臣之言。故與景丑氏孔距心蚳鼃王驩等相次。其互見之旨。思之自畧。孟子兩對宣王。皆明燕雖可伐。須爲天吏之說。豈必沈同私問之時不耐。而預刺刺言之乎。王充淺學。詎足知大賢哉。章指言誅不義者必須聖賢禮樂征伐自天子出。王道之正也。注禮樂征伐自天子出。○正義曰。見論語季氏篇第十六。

燕人畔。王曰。吾甚慙於孟子。注燕人畔。不肯歸齊。齊王聞孟子與沈同言爲未勸王。今竟不能有燕。故慙之。疏注燕人至慙之。○正義曰。宣王欲取燕。孟子告以置君。及燕人立公子平。則燕人自立君。不肯歸附於齊矣。此所謂燕人畔也。畔與叛同。違背之意。故以不肯歸齊爲畔。此皆宣王事。至燕昭王用樂毅下齊城。乃湣王事耳。陳賈曰。王無患焉。王自以爲與周公孰仁且智。王曰。惡。是何言也。注陳賈齊大夫也。問王曰。自視何如周公仁智乎。欲爲王解孟子意。故曰王無患焉。王歎曰。是何言。言周公何可及也。疏注。陳賈齊大夫。○正義曰。國策秦策。四國爲一。將以攻秦。秦王召羣臣賓客六十人而問焉。姚賈對曰云云。高誘注云。姚賈譏周公誅管蔡不仁不智者。在孟子之篇也。鮑彪注云。高誘。妄人也。此策以姚賈爲陳賈。初不考其歲月。賈乃與李斯同時。安得見於孟子之書。魏策周最入齊。秦王怒。令姚賈讓魏王。鮑彪注云。按此姚賈與始皇所問之人。相去八十餘年。高誘欲以爲陳賈。甚此人者可也。蓋陳舜後得爲姚姓。而孟子與秦武魏哀時。猶得相及。猶以毀韓非相毀之人爲此人。則年時相絕太遠矣。按高誘嘗注孟子。其以陳賈即秦臣姚賈。當時必有書可證。趙策又有姚賈。趙使約韓魏。茅舉以爲趙之忠臣。吳師道以爲時不可考。顧韓非以賈爲梁之大盜。趙之逐臣。而不言其仕齊。此陳賈爲齊王說。則齊臣也。趙氏注孟子訓詁多與高氏同。而此但云齊大夫。其言慎矣。曰。周公使管叔監殷。管叔以殷畔。知而使之。是不仁也。不知而使之。是不智也。仁智。周公未之盡也。而況於王乎。賈請見而解之。注賈欲以此說孟子也。疏注賈欲以此說孟子也。○正義曰。詩衞風。氓猶可說也。淮南子道應訓。以說於衆。高誘注皆云。說。解也。故以說釋解。見孟子問曰。周公何人也。注賈問之也。曰。古聖人也。注孟子曰周公古之聖人也。曰。使管叔監殷。管叔以殷畔也。有諸。注賈問有之否乎。曰。然。注孟子曰如是也。曰。周公知其將畔而使之與。注賈問之也。曰。不知也。注孟子曰。周公不知其將畔也。然則聖人且有過與。注過。謬也。賈曰聖人且猶有謬誤。【疏】注過謬至謬誤。○正義曰。國策秦策云。王之料天下過矣。高誘注云。過。謬也。又過聽於張儀。高誘注云。過。誤也。曰。周公弟也。管叔兄也。周公之過。不亦宜乎。【注】孟子以爲周公雖知管叔不賢。亦不必知其將畔。周公惟管叔弟也。故愛之。管叔念周公兄也。故望之。親親之恩也。周公於此過謬。不亦宜乎。【疏】注周公至恩也。○正義曰。周書金縢云。管叔及其羣弟。乃流言於國。某氏傳云。周公攝政。其弟管叔及蔡叔霍叔。乃放言於國以誣周公。孔氏正義云。孟子曰。周公弟也。管叔兄也。史記亦以管叔爲周公之兄。孔似不用孟子之說或可。孔以其弟謂武王之弟。與史記亦不違也。乃下公將不利於孺子傳云。三叔以周公大聖。有次立之勢。然則孔自以周公爲武王弟。管叔爲周公弟。乃爲有次立之勢。其弟管叔。承周公攝政之下。自指爲周公弟。非承上爲武王弟也。蓋漢時原有二說。史記管蔡世家。武王同母兄弟十人。其長子曰伯邑考。次曰武王發。次曰管叔鮮。次曰周公旦。此以管叔爲周公之兄也。列女傳母儀篇云。太姒生十男。長伯邑考。次武王發。次周公旦。次管叔鮮。白虎通姓名篇。文王十子引詩傳云。伯邑考。武王發。周公旦。管叔鮮。此以周公爲管叔之兄也。盧氏文弨校白虎通引孫侍御云。此所引詩傳。疑出韓詩內傳。以周公爲管叔之兄。與趙岐注孟子合。按白虎通誅伐篇云。尚書曰。肆朕誕以爾東征。誅弟也。又云。誕以爾東征。誅祿甫也。誅弟正指管蔡。不可以蔡統管。若管是周公兄。則宜以管統蔡云。誅兄今云誅弟。則管蔡皆周公弟也。高誘注淮南子氾論訓云。管叔。周公兄也。此用史記注。呂氏春秋開春篇云。管叔。周公弟。又注察微篇云。管叔。周公弟也。蔡叔。周公兄也。誘亦嘗注孟子者也。後漢書樊儵傳。儵云。周公誅弟。注云。周公之弟。管蔡二叔。流言於國。又張衡傳思元賦云。且獲讒於羣弟兮。啓金縢而乃信。注云。成王立。周公攝政。其弟管叔蔡叔等謗言云。公將不利於孺子。周公乃誣二叔。魏志毌邱儉討司馬師表云。春秋之義。大義滅親。故周公誅弟。嵇康管蔡論云。按記管蔡流言。叛戾東都。周公征討。誅凶逆。頑惡顯著。流名千里。且明父聖兄。會不鑒凶愚於幼稺。覺無良之子弟。而乃使理亂殷之弊民。下云。文王列而顯之。發旦二聖。舉而任之。又云。三聖未爲不明。則聖不佑惡而任頑凶。不容於時世。而管蔡無取私於父兄。此論正本孟子發之。而以文武周公爲管蔡之父兄。與趙氏同。李商隱雜記云。周公去弟。此皆以周公爲兄者。毛氏奇齡四書賸言云。予嘗以此質之仲兄及張南士。亦云此事有可疑者三。周公稱公。而管叔以下皆稱叔。一。周公先封周又封魯。而管叔並無畿內之封。二。周制立宗法。以嫡弟之長者爲大宗。周公管蔡皆嫡弟。而周公爲大宗。稱魯宗國。三。趙氏所注。非無據也。周氏柄中辨正云。趙氏以周公爲兄。管叔爲弟。列女傳母儀篇。數太姒十子。亦以管蔡爲周公弟。鄧析子無厚篇云。周公誅管蔡。此於弟無厚也。傅子通志篇云。管叔蔡叔。弟也。爲惡。周公誅之。又舉賢篇云。周公誅弟而典型立。漢晉諸儒。固有以管叔爲周公弟者。不特臺卿此注也。按趙氏自有所本。但孟子直云周公弟也。管叔兄也。自是以管叔爲周公之兄。程氏瑤田通藝錄論學小記云。父子相隱。是事已露而私之也。周公使管叔監殷。是事未形而私之也。周公之爲不知而使不待言。然自陳賈言之。以爲不智。何說之辭。自孟子言之。則曰周公弟也。管叔兄也。故私其兄而不疑之。此乃天理人情之至。斷無疑其兄畔之理。故曰周公之過。不亦宜乎。惟孟子爲能善道聖人。天下無於兄弟而動畔之念者。則無疑於兄弟畔之人也。一切不仁不智。皆以私心測聖人。而不知聖人之公。不過自途其私而已。故可以使而使之。可以過而過之。陳賈何知焉。

且古之君子過則改之。今之君子過則順之。古之君子其過也。如日月之食。民皆見之。及其更也。民皆仰之。今之君子豈徒順之。又從爲之辭。

【注】古之所謂君子。眞聖人賢人君子也。周公雖有此過。乃誅三監作大誥。明勑庶國。是周公改之也。今之所謂君子。非眞君子也。順過飾非。就爲之辭。孟子言此。以譏賈不能匡君。而欲以辭解之。

【疏】注。乃誅至之也。○正義曰。尙書序云。武王崩。三監及淮夷畔。周公相成王。將黜殷。作大誥。毛詩正義引鄭氏注云。三監。管叔蔡叔霍叔三人。爲武庚監於殷國者也。王氏鳴盛尙書後案云。逸周書作雒解云。武王克殷。立王子祿父。俾守商祀。建管叔於東。蔡叔霍叔於殷。俾殷監臣。是管蔡霍爲三監之明文。金縢云。武王既喪。管叔及其羣弟。乃流言於國曰。公將不利於孺子。周公乃告二公曰。我之弗辟。我無以告我先王。周公居東二年。則罪人斯得。列子楊朱篇云。四國流言。周公居東三年。誅兄放弟。史記周本紀云。管叔蔡叔羣弟疑周公。與武庚作亂畔周。周公奉成王命。伐誅武庚管叔。放蔡叔。此周公誅三監之事也。大誥云。王若曰。猷。大誥爾多邦。越爾御事。又云。肆予告我友邦君。越尹氏庶士御事。曰予得吉卜。予惟以爾庶邦。于伐殷逋播臣。是明勑庶國之事也。劉氏台拱周公居東論云。武庚席勝國之餘業。地方千里。連大國以窺周室。而管蔡以骨肉至親。爲之陰伺虛實。相機舉事。表裏相應。動出百全。然猶以周公之故。不敢遽發。故以流言之謗。爲反閒之謀。意欲先陷周公。而後逞志於成王。詩曰。相彼雨雪。先集爲霰。禍亂之萌。見於此矣。而周公於此。顧乃懵然而不察。坦然而無疑。引嫌畏罪。去不旋踵。以墮於敵人之術中。直至四國並起。猖獗中原。然後倉皇奔命。僥倖於一日之成功。則周公之智。何遠出管蔡下哉。論者必曰。周公弟也。管叔兄也。豈忍料其將變哉。此以施於使監之時。則至言也。施之於流言之後。則妄說也。今有人。聞謗而不辨者。是君子也。無故加已以篡弒之名。而安然不問。則冥頑不靈之人而已矣。況其爲反閒之謀。覬覦之漸。豈有安然受之。而不究所從來者乎。是故流言之初起也。周公萬萬不料其爲管蔡。而心識其爲商人之閒已。則不敢以不察。察而得之。必且始而駭。中而疑。終則痛哭流涕。引以爲終身之大感。此天理人情之至。以義推之而可見者也。而謂周公必當守不忍料之意以終身。則舜何以知象之將殺已哉。鴟鴞鴟鴞。既取我子。無毀我室。迨天之未陰雨。徹彼桑土。綢繆牖戶。則成王二公。未始以爲憂。而周公獨識之。此爲罪人斯得者也。鴟鴞取子。以喻管蔡爲武庚之所脅從。恩斯勤斯。鬻子之閔斯。所以末減其倡亂之罪。而不忍盡其辭。親親之道也。至於閔王業之艱難。懼覆亡之無日。情危辭蹙。幾於大聲而疾呼。自書契以來。哀慟迫切。未有若此詩之甚者。而說者紛紜顚倒。致使周公救亂之志。闇而不章。豈不惜哉。按三監之建。在武王時。賈以爲周公使之。已非其實。至於東征破斧。零雨心悲。公自行其所當然。原非謂先此誤使。爲斯救敗之舉也。惟孟子不爲周公辨過。而轉爲周公任過。且謂其能改過。特以取燕之舉。過於前不能稱於後。假周公之事以規齊耳。必謂誅三監作大誥。爲周公改過之徵。倘非孟子之指矣。○注順過飾非。○正義曰。荀子成相篇云。拒諫飾非。愚而上同。章指言聖人親親。不文其過。小人順非。以諂其上也。疏聖人至上也。○正義曰。論語子張第十九云。小人之過也必文。禮記王制云。順非而澤。荀子宥坐篇。孔子論少正卯。亦云。順非而澤。按澤即釋。謂順其非而爲之解釋。或云潤澤。失之。

孟子致爲臣而歸。注辭齊卿而歸其室也。疏注。辭齊至室也。○正義曰。禮記王制云。七十致政。注云。致政還君事。明堂位云。七年致政於成王。注云。致政以王事歸授之。宣公元年公羊傳云。退而致仕。注云。退。退身也。致仕還祿位於君。然則致之義爲還。孟子爲卿於齊。是爲齊之臣也。致爲臣。是還此爲臣於齊。不爲其臣也。還此爲臣於齊。即是辭齊卿也。下王就見。則孟子尙在齊。故非歸鄒。是不立朝而退歸其室也。王就見孟子曰。前日願見而不可得。注謂未來仕齊也。遙聞孟子之賢。而不能得見之。得侍同朝。甚喜。注來就爲卿。君臣同朝。得相見。故喜也。疏注。來就至喜也。○正義曰。孔氏廣森經學卮言云。章句言來就爲卿。君臣同朝。得相見。故喜之也。然則得侍同朝者謙辭。言與孟子得爲君臣而同朝也。甚喜。王自言甚喜也。俗讀得侍絕句者謬。按說文人部云。侍。承也。手部云。承。奉也。受也。惟孟子來就。齊王乃得承受之。與之同朝。禮記喪大記云。大夫之喪。大胥侍之。注云。侍。猶臨也。或趙氏解侍爲臨。爲孟子來臨於齊。故云來就爲卿。今又棄寡人而歸。注今致爲臣棄寡人而歸也。不識可以繼此而得見乎。注不知可以續今日之後。遂使寡人得相見否。對曰。不敢請耳。固所願也。注孟子對王言。不敢自請耳。固心之所願也。孟子意欲使王繼今當自來謀也。他日。王謂時子曰。我欲中國而授孟子室。養弟子以萬鍾。使諸大夫國人皆有所矜式。子盍爲我言之。注時子。齊臣也。王欲於國中央爲孟子築室。使養教一國君臣之子弟。與之萬鍾之祿。中國者。使學者遠近均也。矜。敬也。式。法也。

欲使諸大夫國人皆敬法其道。盍何不也。謂時子何不為我言之於孟子。知肯就之否。疏注時子至之否。○正義曰。薛應旂人物考云。齊大夫時子。古今姓纂齊有賢人時子著書。見孟子新論。荀子大略篇云。欲近四旁。莫如中央。趙氏以中央解中國。謂中於國也。鈞。國監毛三本作均。均鈞字通。論語衞靈公篇云。君子矜而不爭。包氏注云。矜。莊也。呂氏春秋孝行篇云。居處不莊。高誘注云。莊。敬也。以此通之。是矜為敬也。式。法也。見周書諡法解。禮記檀弓云。盍嘗問焉。論語公冶長篇云。盍各言爾志。注皆云。盍。何不也。

時子因陳子而以告孟子。注陳子。孟子弟子陳臻。陳子以時子之言告孟子。孟子曰。然。夫時子惡知其不可也。如使予欲富。辭十萬而受萬。是為欲富乎。注孟子曰。如是。夫時子安能知其不可乎。時子以我為欲富。故以祿誘我。我往者饗十萬鍾之祿。以大道不行。故去耳。今更當受萬鍾。是為欲富乎。距時子之言也。疏注孟子至言也。○正義曰。以如是釋然字。以安釋惡。王氏引之經傳釋詞云。范望注太元務測云。然。猶是也。常語也。廣雅。然。譍也。禮記檀弓。有子曰。然。然則夫子有為言之也。論語陽貨篇。然。有是言也。孟子公孫丑篇曰。然。夫時子惡知其不可也。此三然字。但為應詞而不訓為是。呂氏春秋忠廉謹聽務本遇合愼大權勳長利求人等篇。高誘注皆云。惡。安也。惡與烏焉通。荀子多言案。即安也。漢書多言烏。即惡也。襄公二十九年公羊傳云。僚焉得為君乎。釋文焉本又作惡。廣雅釋詁云。焉。安也。閻氏若璩孟子生卒年月考云。或問於余曰。養弟子以萬鍾。齊宣亦自侈其厚矣。而孟子又云曾辭十萬鍾。然則齊卿之祿。厚至此與。余應之曰。此蓋孟子通計仕齊所辭之數。非一歲有也。晏子曰。齊舊四量。豆區釜鍾。四升為豆。各自其四以登於釜。釜十則鍾。然則區一斗六升也。釜六斗四升也。鍾六石四斗也。萬鍾則六萬四千石矣。十萬鍾則六十四萬石矣。此豈齊卿一歲所能有哉。以孟子所云陳戴蓋祿萬鍾。戴為齊公族。祿所入如此。而孟子在三卿之中。使其祿同於陳戴。則仕齊當十年矣。倍於陳戴。則仕齊當五年矣。或少倍於陳戴。當亦不下六七年矣。夫燕噲讓國。君臣被戮。太子復興。俱孟子仕齊所見聞者。則固已歷五年矣。又況於崇見王。喪母復歸。又必有一二年。故曰當不下六七年也。周氏廣業孟子出處時地考引馮氏景少作論萬鍾云。六石四斗曰鍾。則六萬四千石。足以食其徒一萬八千餘人。蓋古量甚少。漢二斗七升。當今五升四合。六萬四千石。今猶得一萬二千八百石。乃歎崇儒重道之風。雖戰國不替也。弟子為一國君臣之子弟。使孟子教養之。則讀養弟子三字為句屬上。爾雅釋詁云。應。當也。廣雅釋言云。應。受也。毛詩周頌我應受之。當受即應受也。故以當釋受。

季孫曰。異哉。子叔疑。注二子。孟子弟子也。季孫知孟子意不欲。而心欲使孟子就之。故曰異哉。弟子之所聞也。子叔心疑。亦以為可就也。疏注。二子至就也。○正義曰。周氏廣業孟子出處時地考云。魯有季孫氏子叔氏。並見左傳。二子當是其後。氏而不名。與公都子同例。孟門從遊者。趙氏注弟子十五人。樂正子。公孫丑。陳臻。公都子。充虞。季孫。子叔。高子。徐辟。咸邱蒙。陳代。彭更。萬章。屋廬子。桃應。學於孟子四人。孟仲子。告子。滕更。盆成括。見漢書古今人表者五人。公孫丑。萬章。告子。樂正子。高子。宋政和五年。從祀孟廟。視趙注。無盆成括。為十八人。詳宋史禮志。吳萊孟子弟子考序稱十九人。則與趙注同。張九韶羣言拾唾。載孟門十七弟子。去季孫子叔滕更盆成括。而益以孟季子周霄。經義考亦去季孫子叔。而謂告子與浩生不害是二人。因去告子而列浩生不害。竊謂從者數百。彭更既明言之。則弟子之姓名。湮沒者何可勝數。季孫子叔盆成括等。幸附見七篇。尚何去取之紛紛乎。使己為政。不用。則亦已矣。又使其子弟為卿。人亦孰不欲富貴。而獨於富貴之中。有私龍斷焉。注孟子解二子之異意疑心。曰齊王使我為政。不用。則亦自止矣。今又欲以其子弟故。使我為卿。而與我萬鍾之祿。人亦誰不欲富貴乎。是猶獨於富貴之中。有此私登龍斷之類也。我則恥之。疏注：孟子至恥之。○正義曰。趙氏以季孫子叔為孟子二弟子。子叔疑。猶論語言門人惑也。此則孟子解之之辭。又使其子弟為卿。子弟即上弟子。使教養其子弟。使我為卿。則讀為卿二字不屬上。趙氏佑溫故錄云。以季孫子叔為孟子弟子。不應但書氏而絕無名稱。不合一也。異哉一語。既不了。疑字更未有言。遽接以孟子自解語。與上節全不相屬。不合二也。就注文齊王使我為政。不用。則亦自止矣。今又欲以其子弟故。使我為卿云云。孟子正因王不使為政而去。何忽云爾。本文使其子弟為卿。忽倒換使我為卿。上文養弟子以萬鍾。自當指孟子之弟子。忽易為齊王子弟。不合三也。按今通解以此皆季孫譏子叔疑之言。周氏廣業孟子出處時地考云。以子叔疑為名。莫知其為何人。惟左傳昭二十九年經。叔詣卒。公羊穀梁俱作叔倪。釋文倪有五計五兮二音。五兮頗與疑音相近。意即其人。此子叔敬子之孫。嘗欲納昭公。故季孫意如曰。叔倪無疾而死。此皆無公也。是天命也。非我罪也。以是推之。龍斷之說。或出愛憎之口歟。然趙岐熟於左傳。不應忘之。古之為市也。以其所有易其所無者。有司者治之耳。有賤丈夫焉。必求龍斷而登之。以左右望而罔市利。人皆以為賤。故從而征之。征商。自此賤丈夫始矣。注古者市置有司。但治其爭訟。不征稅也。賤丈夫。貪人可賤者也。入市則求龍斷而登之。龍斷。謂堁斷而高者也。左右占望。見市中有利。罔羅而取之。人皆賤其貪。故就征取其利。後世緣此送征商人。孟子言我苟貪萬鍾。不恥屈道。亦與此賤丈夫何異也。古者。謂周公以前。周禮有關市之賦也。

【疏】古之至無者。○正義曰。易繫辭傳云。日中爲市。致天下之民。聚天下之貨。交易而退。各得其所。蓋取諸噬嗑。交易。卽以所有易所無。彼此各有所有。各有所無。一交易而無者皆有。故各得其所。虞書皋陶謨云。貿遷有無化居。史記夏本紀云。食少。調有餘補不足。徙居是也。周氏廣業逸文考云。古之爲市也。石經宋本同。白帖引作者。翟氏灝考異云。古之爲市者。宋本宋石經者俱作也。張南軒本孟子集疏本。亦俱作也。文選魏都賦注引作也。阮氏元校勘記云。古之爲市也。石經閩監毛三本韓本同。孔本也作者。○注。古者至稅也。○正義曰。周禮地官。有司市。賈人。廛人。胥師。賈師。司虣。司稽。皆市官。司市以質劑結信而止訟。以賈民禁僞而除詐。以刑罰禁虣而去盜。凡市入。胥執鞭度守門。市之羣吏。平肆展成奠賈。上旌于思次以令市。市師涖焉。而聽大治大訟。胥師賈師涖于介次。而聽小治小訟。此有司治爭訟也。廛人掌斂布。絘布。總布。質布。罰布。廛布。而入于泉府。是周時有征稅。不征稅是周公以前也。辭見上篇音義出龍斷云。丁云。案龍與隴聲相近。隴。高也。蓋古人之言耳。如胥須之類也。張云。斷如字。或讀如斷割之斷。非也。陸云。龍斷。謂岡壟斷而高者。如陸之釋。則龍音壟。又出壠字。云丁云。廣雅音隴。開元字音塊。翟氏灝考異云。列子湯問篇。說愚公移山事。云自此冀之南。漢之陰。無隴斷焉。可爲陸善經說龍斷之確證。說文買字下引下文直作登壟斷。三家之釋。要惟陸氏爲長。段氏玉裁說文解字注云。買。市也。从网貝。孟曰。登壟斷而网市利。此引以證從网貝之意也。壟。孟子作龍。丁公著讀爲隴。陸善經乃讀爲壟。謂岡壟斷而高者。按趙注釋爲堁斷而高者也。堁。塵塺也。高誘云。楚人謂塵爲堁。趙本蓋作尨斷。尨。塵雜之貌。囂塵不到。地勢略高之處也。古書尨龍二字多相亂。許書亦當作尨斷。淺人以陸善經說改爲壟耳。方言云。占。猶瞻也。毛詩邶風。瞻望弗及。此以占釋望。占望卽瞻望也。罔。說文作网。重文罔。今作網。毛詩王風。雉離于羅。傳云。鳥網曰羅。是罔市利。爲罔羅而取利也。禮記檀弓云。從而謝焉。注云。從。猶就也。故以就釋從。

章指言

君子正身行道。道之不行。命也。不爲利回。創業可繼。是以君子以龍斷之人爲惡戒也。

【疏】道之不行命也。○正義曰。論語憲問第十四云。道之將行也與。命也。○不爲利回。○正義曰。昭公二十年左傳云。不爲利疚於回。注云。疚。病也。回。邪也。以利故不能去是病身於邪。又三十一年左傳云。君子動則思禮。行則思義。不爲利回。不爲義疚。注云。回。正心也。

孟子去齊。宿於晝。有欲爲王留行者。【注】晝。齊西南近邑也。孟子去齊欲歸鄒。至晝地而宿也。齊人之知孟子者。追送見之。欲爲王留孟子之行。

【疏】孟子至行者。○正義曰。閻氏若璩孟子生卒年月考云。繫致爲臣章於燕畔王慙之後。蓋君臣之隙既開。有不可以復合者矣。故孟子欣然請去。釋地又續云。當日爲王留行者。豈有不通姓名之理。爲其人可略。作七篇時。遂從而略之。○注。晝齊至宿也。○正義曰。周密齊東野語云。高郵黃彥利謂孟子去齊宿晝。讀如晝夜之晝。非也。史記田單傳畫邑注云。齊西南近邑。音獲。故孟子三宿而出。時人以爲濡滯也。毛氏奇齡經問云。齊固有晝邑。然焉知無畫邑。趙岐云。晝。齊西南近邑。是明有晝邑矣。且趙岐注孟子。正在齊郡。其地有晝邑。城在臨淄縣西南。相傳孟子出宿處。故鑿然注此。此眞身歷其地。見之眞故言之確者。若畫邑在臨淄西北三十里。卽戟里城。戰國燕破齊時。將封王蠋以萬家。卽此地。是燕從西北至齊。當是畫邑。孟子從西南至滕。當是晝邑。一南一北。字形雖相蒙。地勢無可混也。阮氏元校勘記云。宿於晝。各本同。孔本韓本晝作畫。注同。按此當是采用舊說。廣韻四十九宥晝字下云。又姓。畫邑大夫之後。因氏焉。出風俗通。孟子晝字。不當改爲畫字。按史記田單列傳。燕之初入齊。聞畫邑人王蠋賢。集解引劉熙云。齊西南近邑。畫音獲。此劉熙云云。蓋卽其孟子注。裴駰引以爲畫邑之注。則是駰所見孟子本。固作畫字邪。

坐而言。不應。隱几而臥。

注客危坐而言。留孟子之言也。孟子不應答。因隱倚其几而臥也。

疏注。客危至而臥。○正義曰。劉熙釋名釋姿容云。跪。危也。兩膝隱地。體危跪也。禮記曲禮。授立不跪。授坐不立。釋文云。跪本又作危。昭公二十七年左傳云。坐行而入。注云。坐行。膝行。禮記曲禮云。先生書策。琴瑟在前。坐而遷之。孔氏正義云。坐亦跪也。坐通名跪。跪名不通坐。趙氏以危坐解坐字。謂此坐爲跪也。白虎通衣裳篇云。衣者。隱也。說文衣部云。衣。依也。受部云。𤔔。所依據也。𤔔卽隱。毛詩商頌依我磬聲。傳云。依。倚也。隱依倚三字義同。故以倚釋隱。段氏玉裁說文解字注云。臥。伏也。从人臣。取其伏也。伏大徐作休。誤。臥與寢異。寢於牀。論語寢不尸是也。臥於几。孟子隱几而臥是也。臥於几。故曰伏。統言之則不別。故宀部云。寢者。臥也。曲禮云。寢毋伏。則謂寢於牀者。毋得俯伏也。

客不悅曰。弟子齊宿而後敢言。夫子臥而不聽。請勿復敢見矣。

注齊。敬。宿。素也。弟子素持敬心來言。夫子慢我不受我言言而遂起。退欲去請絕也。

疏注。齊敬至我言。○正義曰。音義云。齊字亦作齋。今孔氏本作齋。經典通作齊。毛詩召南。有齊季女傳云。齊。敬也。是齊爲敬也。禮記禮器云。三日宿。注云。宿。致齊也。趙氏釋爲素者。宿素一聲之轉。小爾雅廣詁云。宿。久也。漢書霍去病傳注云。宿。舊也。桓公元年公羊傳注云。宿。先誡之辭。論語子路無宿諾。注云。宿。預也。後漢書呂布傳注云。素。舊也。禮記喪大記正義引皇氏云。素。先也。文選關中詩注引國語賈逵注云。素。預也。是宿素二字之義。本得相通。素持敬心。謂預持敬心。亦久持敬心也。周禮地官鄰長。凡歲時之戒令皆聽之。注云。聽之。受之而行也。國策秦策云。則王勿聽其事。注云。聽。從也。受也。隱几而臥。禮記樂記云。吾端冕而聽古樂。則惟恐臥。聽鄭衛之音。則不知倦。是臥爲倦怠。心愛之故不倦。心厭之故臥。說文心部云。慢。惰也。惰。懶倦也。是倦怠疏慢之也。不聽。是不受其言也。○注。言而至絕也。○正義曰。閻氏若璩釋地又續云。兩膝著地。伸腰及股而勢危者爲跪。兩膝著地。以尻著蹠而少安者爲坐。趙氏於坐而言曰危坐。於坐我明語子單曰坐。蓋危坐者。客跪而言留孟子之言。迨不聽。然後變色而起。孟子於是命之以安坐以聽我語。此兩坐字殊不同。趙氏注於勿敢見下。先云言而遂起。退欲去請絕也。爲下文坐字張本。郝氏解亦云。請勿復敢見矣。起而告退之辭。

曰：「坐。我明語子。【注】孟子止客曰。且坐。我明告語子。【疏】注。我明告語子。○正義曰。周禮春官。大司樂諷誦言語注云。荅述曰語。呂氏春秋節喪篇云。傳以相告。高誘注云。告。語也。

昔者魯繆公無人乎子思之側，則不能安子思；泄柳申詳無人乎繆公之側，則不能安其身。【注】往者魯繆公尊禮子思。子思以道不行則欲去。繆公常使賢人往留之。說以方且聽子爲政。然後子思復留。泄柳申詳亦賢者也。繆公尊之不如子思。二子常有賢者在繆公之側。勸以復之。其身乃安也。【疏】注。往者至復留。○正義曰。以往釋昔。爾雅釋詁云。安。止也。說文田部云。留。止也。安留皆訓止。故以留釋安。○注。泄柳至安也。○正義曰。禮記雜記。泄柳之母死。注云。泄柳。魯繆公時賢人也。孔氏正義云。孟子云。魯繆公之時。公儀子爲政。子柳子思爲臣。魯之削也滋甚。若是乎賢者之無益於國也。彼子柳即此泄柳也。故云魯繆公時賢人。檀弓云。子張病。召申詳而語之。注云。申詳。子張子。太史公傳曰。子張姓顓孫。今日申詳。周秦之聲。二者相近。未聞孰是。又申詳之與言思也亦然。注云。說者曰。言思。子游之子。申詳妻之昆弟。故閻氏若璩釋地又續云。申詳。子張之子。子游之壻。是陳之顓孫氏。與吳之言氏。遠爲婚姻。檀弓又云。季子皐葬其妻。犯人之禾。申詳以告曰。請庚之。注云。申祥。子張子。祥詳古字通。說文力部云。勸。勉也。文選注云。勸者進善之名。周禮夏官大僕注云。復。謂奏事也。呂氏春秋勿躬篇云。管仲復於相公。高誘注云。復。白也。勸而復之。謂有賢者在繆公之側。以善言勸勉而奏白之。泄柳申詳。乃留止于魯而不去。子思之賢。魯人無過之者。故必聽子思之言爲政。乃不去。二子賢不及子思。不必聽二子之言。必有賢如子思。進言於君而君聽之。二子乃留。二子視子思之留爲留也。非虛言所能止。

子爲長者慮，而不及子思；子絕長者乎？長者絕子乎？」【注】長者。老者也。孟子年老。故自稱長者。言子爲我慮。不如子思時賢人也。不勸王使我得行道。而但勸我留。留者何爲哉。此爲子絕我乎。又我絕子乎。何爲而愠恨也。【疏】注長者至長者。○正義曰。儀禮鄉飲酒禮鄉射禮皆云揖衆賓之長升。注皆云長其老者。是長者爲老者也。

章指。言惟賢能安賢。智能知微。以愚喻智。道之所以乖也。

孟子去齊。尹士語人曰。不識王之不可以爲湯武。則是不明也。識其不可。然且至。則是干澤也。千里而見王。不遇故去。三宿而後出晝。是何濡滯也。士則茲不悅。〔注〕尹士。齊人也。干。求也。澤。祿也。尹士與論者言之。云孟子不知則爲求祿。濡滯。猶稽也。既去近留於晝三日。怪其猶久。故云士於此事不悅也。〔疏〕注干求至悅也。○正義曰。干。求也。爾雅釋言文。澤無祿訓。風俗通窮通篇云。孟子嘗仕於齊。位至卿。後不能用。孟子去齊。尹士曰。不識王之不可以爲湯武。則是不明也。識其不可。然且至。則是干祿也。此亦以祿代澤。說文水部云。澤。光潤也。干求人君光寵。以得祿位。故干澤亦即干祿也。阮氏元校勘記云。濡滯。淹久也。閩監毛三本足利本同。廖本孔本作猶稽也。韓本作孰稽也。考文古本作熟稽也。考文一本作淹留。按史記平準書集解引李奇云。稽。貯滯也。貯滯猶濡滯。說文稽部云。稽。留止也。从禾从尤旨聲。淮南子時則訓云。流而不滯。高誘注云。滯。止也。楚辭涉江篇云。淹回水而凝滯。注云。滯。留也。滯與稽義同。滯從帶聲。帶聲與旨聲同韻。段氏玉裁六書音均表。同列十五部。孔氏廣森詩聲類。六脂十二齊五十二霽同屬陰聲。脂類第十二則滯稽音近。故以濡滯猶稽也。爾雅釋詁云。佇。久也。國語晉語云。敢告滯積。以紓執事。注云。滯。久也。故又以久解之。云猶久者。對下孟子以三宿爲猶速也。茲之義爲此。故解茲爲此事。悅之義爲解。士則茲不悅。謂士於此事不解也。

高子以告。〔注〕高子亦齊人。孟子弟子。以尹士之言告孟子也。曰。夫尹士惡知予哉。千里而見王。是予所欲也。不遇故去。豈予所欲哉。予不得已也。〔注〕孟子曰。夫尹士安能知我哉。我不得已而去耳。何汲汲而驅馳乎。予三宿而出晝。於予心猶以爲速。王庶幾改之。王如改諸。則必反予。〔注〕我自謂行速疾矣。冀王庶幾能反覆招還我矣。〔疏〕注我自至我矣。○正義曰。速之義爲疾。即上所云汲汲驅馳也。毛詩周頌。福祿來反。傳云。反。復也。說文又部云。反。覆也。支部云。改。更也。呂氏春秋愼人篇云。反瑟而弦。高誘注云。反。更也。此經文云。王庶幾改之。王如改諸。則必反予。趙氏以冀王庶幾能反覆招還我解之。以反復釋改字。以招還釋反字也。夫出晝而王不予追也。予然後浩然有歸志。〔注〕浩然心浩浩然有遠志也。予雖然。豈舍王哉。王由足用爲善。王如用予。則豈徒齊民安。天下之民舉安。王庶幾改之。予日望之。【注】孟子以齊大國。知其可以行善政。故戀戀望王之改而反之。是以安行也。豈徒齊民安。言君子達則兼善天下也。【疏】注孟子至下也。○正義曰。用。以也。爲。猶行也。故足用爲善。是可以行善政也。易小畜。有孚攣如。釋文云。子夏傳作戀。漢書外戚李夫人傳云。上所以攣攣顧念我者。注云。攣音力全反。又讀曰戀。此經云。豈舍王哉。趙氏解云。戀戀。即攣攣。謂係念於王不忍舍也。注云。襄公七年左傳云。吾子其少安。注云。安。徐也。後漢書崔駰傳。駰作達旨云。繫余馬以安行。注云。安行。不奔馳也。三宿而後出晝。故爲徐行。即不汲汲驅馳也。達則兼善天下。見下盡心篇。

予豈若是小丈夫然哉。諫於其君而不受。則怒悻悻然見於其面。去則窮日之力而後宿哉。【注】我豈若悁急小丈夫。恚怒其君而去。極日力而宿。懼其不遠者哉。論語曰。悻悻然。小人哉。言己志大。在於濟一世之民。不爲小節也。【疏】注我豈至節也。○正義曰。說文心部云。悁。忿也。急。說文作忞。云褊也。淮南子繆稱訓云。汲於不已知者。注云。汲。急也。悁急。趙氏爲怒字解也。所以爲小丈夫者。緣其諫君不受則怒也。因怒而小。故以悁急加小丈夫上。謂其因忿汲而小也。怒。即恚也。窮之言極也。音義云。悻悻。丁云。字當作婞。形頂切。很也。直也。又胡耿切。字或作悻悻然。論語音義。今論語子路篇。作硜硜然小人哉。禮記樂記石聲磬。史記樂書作石聲硜。集解引王肅禮記注云。硜聲果勁。說文石部磬。古文從巠。硜即磬字。劉熙釋名釋樂器云。磬。罄也。其聲罄罄然堅緻也。離騷云。鯀婞直以亡身兮。說文女部云。婞。很也。楚辭曰。鯀婞直果勁。與很直義近。蓋堅執不回。不知通變。故鄭氏注論語云。硜硜。小人之貌也。婞婞磬磬聲近。相通借也。閩監毛三本作論曰。阮氏元校勘記云。趙注多稱論。趙氏不解是字。蓋以是字爲語助。無所指實。王氏引之經傳釋詞云。是猶夫也。禮記三年問。今是大鳥獸。荀子禮論篇作今夫。宥坐篇今夫世之陵遲亦久矣。韓詩外傳作今是。是小丈夫。夫小丈夫也。是訓爲夫。故夫亦訓爲是。

尹士聞之曰。士誠小人也。【注】尹士聞義則服。章指言大德洋洋。介士察察。賢者志其大者。不賢者志其小者。此之謂也。【疏】大德至謂也。○正義曰。史記禮書云。洋洋美德乎。索隱云。洋洋美盛貌。老子云。俗人察察。注云。察察。疾且急也。論語子張第十九。賢者識其大者。不賢者識其小者。漢石經。識作志。漢書劉歆傳。讓太常博士引亦作志。與此同。周禮保章氏注云。志古文識。

孟子去齊。充虞路問曰。夫子若有不豫色然。前日虞聞諸夫子曰。君子不怨天。不尤人。【注】路。道也。於路中問也。充虞謂孟子去齊有恨心。顏色不悅也。【疏】注路道至悅也。○正義曰。路。道也。爾雅釋宮文。論衡刺孟篇以塗代路。路亦塗也。易豫卦鄭氏注云。豫。喜豫。悅樂之貌也。是不豫即不悅也。說文心部云。恨。怨也。心有怨恨。則顏色不悅。曰。彼一時。此一時也。五百年必有王者興。其間必有名世者。由周而來。七百有餘歲矣。以其數則過矣。以其時考之。則可矣。【注】彼前聖賢之出是有時也。今此時亦是其一時也。五百年有王者興。有興王道者也。名世。次聖之才。物來能名。正一世者。生於聖人之閒也。七百有餘歲。謂周家王迹始興。大王文王以來。考驗其時。則可有也。【疏】注。彼前至有也。○正義曰。趙氏以彼一時爲以前聖賢興王道之時。聖指王者。賢指名世者。彼即前也。謂前此聖賢之出。是應此五百年之運而出。是聖賢之出有時也。此即今也。此一時爲孟子之時。謂今時已是聖賢當出之時也。論衡引此作彼一時也。此一時也。文選答客難五等諸侯論二注引孟子。亦云彼一時也。此一時也。觀趙氏注。則彼一時下當有也字。近通解以彼一時爲充虞所聞君子不怨天不尤人之時。時爲暇豫之時。則論爲經常之論也。此一時爲今孟子去齊之時，爲行藏治亂關係之時也。則憂天憫人之意。不得不形諸顏色也。國語魯語云。黃帝能成命百物。以明民共財。注云。命。名也。尹文子云。大道無形。稱器有名。名也者。正形者也。形正由名。則名不可差。故仲尼曰。必也正名乎。名不正則言不順也。名有三科。一曰命物之名。方圓白黑是也。二曰毀譽之名。善惡貴賤是也。三曰況位之名。賢愚愛憎是也。今萬物具存。不以名正之則亂。荀子有正名篇云。聖王沒。名守慢。奇辭起。名實亂。是非之形不明。則雖守法之吏。誦數之儒。亦皆亂也。若有王者起。必將有循於舊名。有作於新名。貴賤不明。同異不別。如是則志必有不喻之患。而事必有困廢之禍。故知者爲之分別。制名以指實。上以明貴賤。下以別同異。貴賤明。同異別。如是則志無不喻之患。事無困廢之禍。此所爲有名也。物來能以名正於一世。則貴賤明而同異別。漢書古今人表。列九等之敍。上上爲聖人。上中爲仁人。上下爲智人。此明貴賤別同異之人。爲智者。故爲次聖之才。漢書楚元王傳贊云。仲尼稱材難。不其然歟。自孔子後。綴文之士衆矣。惟孟軻。孫況。董仲舒、司馬遷。劉向。揚雄。此數公者。皆博物洽聞。通達古今。其言有補於世。傳曰。聖人不出。其間必有命世者焉。豈近是乎。命世即名世。謂前聖既沒。後聖未起之間。有能通經辨物。以表章聖道。使世不惑者也。江氏永羣經補義云。孟子去齊。在燕人畔之後。蓋當周赧王三年己酉。孟子言由周而來七百有餘歲。邵子皇極經世。金吉甫通鑑綱目前編考之。周武王伐殷己卯。距赧王己酉八百一十一年。與孟子言不合。蓋周初自共和庚申以前。有譌衍之年。其譌衍始於劉歆秝譜也。共和庚申以前之年。史遷不能紀。惟魯世家自考公以下有其年。考公四年。煬公六年。幽公十四年。魏公五十年。厲公三十七年。獻公三十二年。眞公三十年。眞公之十四年。厲王出奔彘。共和行政。爲共和前年己未。自考公至眞公十四年。凡一百五十七年。魯公伯禽。史記未著卒年。秝譜謂成王元年爲命魯公之歲。

魯公四十六年。至康王六年而薨。以四十六加一百五十七。則成王元年至厲王已未。二百單三年耳。而祿譜累推七十六年之朔旦冬至。數諸公之年。謂世家煬公即位六十年。是得史記誤本。以六年爲六十年也。又謂獻公即位五十年。是又誤以三十二年爲五十年也。煬公衍五十四年。獻公衍十八年。共衍七十二年。則自成王元年。至厲王已未。有二百七十五年。今經世諸書。成王立於乙酉。至厲王已未。二百七十五年。正承劉歆之誤也。前計武王已卯至赧王已酉。八百一十一年。除去七十二年。實得七百三十九年。正與孟子語七百有餘歲合矣。否則孟子生於周。豈不知其年數。乃鈌去七十餘年邪。按趙氏解七百有餘歲。推本太王文王以來。於劉歆祿譜之年尤淺矣。趙氏蓋以孟子去齊在顯王時。閻氏若璩孟子生卒年月考云。孟子在齊。不獨不在赧王時。亦不在愼靚王時。當在顯王四十五年。乃趙氏謂孟子去齊後至梁。既以顯王三十三年乙酉至梁。則去齊在三十三年以前。於武王已卯至赧王已酉七百三十九年。又除去赧王已酉上溯顯王甲申共二十五年。止存七百一十四年。加以太王文王之年。仍是七百有餘歲也。周禮大司馬。以待考其誅賞。注云。考。謂考校其功。呂氏春秋察傳篇云。必驗之以理。高誘注云。驗。效也。淮南子主術訓云。驗在近。高誘注云。驗。效也。効效校通。是考即驗也。

夫天未欲平治天下也。如欲平治天下。當今之世。舍我其誰也。吾何爲不豫哉。【注】孟子自謂能當名世之士。時又值之。而不得施。此乃天自未欲平治天下耳。非我之愆。我固不怨天。何為不悅豫乎。【疏】夫天至豫哉。○正義曰。趙氏佑溫故錄云。此正申所以不豫之故。上言徵已過。時已可。而未有王者興。是天未欲平治天下也。我所以有不豫爲此也。否則天誠厭亂。而與王者。使我得如古之名世。大展其堯舜君民之素。何不豫之有。蓋舊解如此。按趙氏之意云。我固不怨天。何爲不悅豫哉。乃是辨其未嘗怨天。未嘗不豫。謂是天不欲平治天下。非我之愆。我自不必怨天而不悅也。故章指言知命者不憂不懼。

章指。言聖賢興作。與時消息。天非人不因。人非天不成。是故知命者不憂不懼也。【疏】天非人不因。人非天不成。○正義曰。揚子法言重黎篇云。兼才尚權。右計左數。動謹於時。人也。天不人不因。人不天不成。管子勢篇云。天因人。聖人因天。揚氏所本也。

孟子去齊。居休。公孫丑問曰。仕而不受祿。古之道乎。【注】休。地名。丑問古人之道。仕不受祿邪。怪孟子於齊不受其祿也。【疏】注休地名。○正義曰。閻氏若璩釋地續云。孟子致爲臣而歸。歸於鄉也。中間經過地名休者少憩焉。與丑論在齊事。故曰居休。故休城在今兗州府滕縣北一十五里。距孟子家約百里。

曰。非也。於崇吾得見王。退而有去志。不欲變。故不受也。

【注】崇。地名。孟子言不受祿非古之道也。於崇。吾始見齊王。知其不能納善退出。志欲去矣。不欲卽去。若爲變詭。見非泰甚。故且宿留。心欲去。故不復受祿。【疏】注。崇地名。〇正義曰。周氏廣業孟子古注考云。宋本作崇。齊地。今作地名。〇注不欲卽至受祿。〇正義曰。趙氏云。不欲卽去。若爲變詭。以詭字釋變字也。禮記曾子問。日有食之。則變乎。注云。變謂異體。荀子禮論云。憰詭。注云。憰。變也。詭。異也。呂氏春秋孟春紀云。無變天之道。高誘注云。變。戾也。文選長笛賦。窊隆詭戾。注云。詭戾。乖違之貌。又幽通賦云。變化故而相詭兮。曹大家注云。詭。反也。是變與詭義同。始見於王。退而卽去。形迹近似乖戾詭異。變動不常。非。猶責也。爲此詭異。人必以太甚見責矣。不欲卽去。是不欲跡似詭異。致見譏讓爲太甚也。閩監毛三本泰作太。太泰字通也。不欲迹似詭異。致見譏讓爲太甚。故宿留不卽去也。音義云。宿留。上音秀。下音霤。孔氏廣森經學巵言云。易需象傳鄭君注云。需讀爲秀。古語遲延有所俟曰宿留。封禪書。宿留海上。漢五行志。其宿留告曉人。具備深切。李尋傳。宿留瞽言。來歷傳。此誠聖恩所宜宿留。何氏春秋僖元年解詁。宿留城之。趙氏孟子萬章下章句。宿留以答之。並上音秀。下音霤。東觀漢記和帝詔。且復宿留。後漢書作須留。需與須同。故讀爲秀也。漢世訓詁皆音義相將。卽六書轉注之學。撥風俗通過譽篇。亦云。何敢宿留。

繼而有師命。不可以請。久於齊。非我志也。【注】言我本志欲速去。繼見之後。有師旅之命。不得請去。故使我久而不受祿耳。久非我本志也。【疏】注。言我至志也。〇正義曰。知師命是師旅之命者。聖賢之道。不爲太甚。旁通以情。故孟子於始見王。志雖不合。必宿留而後去。既宿留可以去矣。而仍不去者。既居其國。被其款遇。惟此軍戎大事。卽當休戚相關。豈容度外置之。飄然遠引。此所以不可以請也。說者不察。徒以孟子爲巖巖難近。舊疏以不可變爲不欲遽變其欲去之心。又以師命爲賓師之命。顧命以賓師。有何不可請之有。中國授室。養弟子以萬鍾。使諸大夫國人有所矜式。此正命之爲師矣。何以辭而不就邪。孟子之學。惟趙氏知之深矣。

章指。言祿以食功。志以率事。無其事而食其祿。君子不由也。

卷五　滕文公章句上。凡五章。

【注】滕文公者。滕國名。文。諡也。公者。國人尊君之稱也。文公於當時尊敬孟子。問以古道。猶衞靈公問陳於孔子。論語因以題篇。【疏】注滕文至題篇。〇正義曰。春秋隱公七年滕侯卒。始見於經。漢書地理志沛郡公邱注云。故滕國。周懿王子錯叔繡所封。三十一世爲齊所滅。師古云。左氏傳云。郜雍曹滕。文之昭也。系本亦云。錯叔繡。文王子。此志云懿王子。未詳其義。春秋釋例土地名云。沛國公邱縣東南有滕城。世族譜云。自叔繡及宣公十七世。乃見春秋。隱公以下。春秋後六世。而齊滅滕矣。周書諡法解。文之諡有六。一經緯天地。二道德博聞。三學勤好問。四慈惠愛民。五愍民惠禮。六錫民爵位。又

云。謚爲文也。乃宣公嬰齊之孫昭公。毛伯之子文公鍾。亦謚文公。名與故繡相犯。而孟子之文公。又復謚文。未可考也。爾雅釋詁云。公。君也。國君有公侯伯子男五等。公之爵最尊。自侯以下。國人統稱爲公。是尊之也。

滕文公爲世子。將之楚。過宋而見孟子。孟子道性善。言必稱堯舜。注文公爲世子使於楚而過宋。孟子時在宋。與相見也。滕侯。周文王之後也。古紀世本錄諸侯之世。滕國有考公麋。與文公之父定公相直。其子元公弘。與文公相直。以後世避諱。改考公爲定公。以元公行文德。故謂之文公也。孟子與世子言。人生皆有善性。但當充而用之耳。又言堯舜之治天下。不失仁義之道。欲勸勉世子也。疏滕文至孟子。○正義曰。莊公三十二年。子般卒。公羊傳云。君存稱世子。注云。明當世父位爲君。僖公五年春。晉侯殺其世子申生。夏。會王世子于首戴。公羊傳云。世子。貴也。猶世世子也。禮記喪服小記注云。世子。天子諸侯之適子也。是時滕定公在位。故文公稱爲世子。則其之楚。是君命之也。閻氏若璩釋地續云。余向主孟子游宋。當在愼靚王三年癸卯後。宋稱王故也。是時楚地久廣至泗上。泗上十二諸侯者。宋魯滕薛郳莒。在淮泗之上國。滕南與楚鄰。苟有事於楚。一舉足則已入其境。何必迂而西南行三百五十餘里過宋都乎。過宋都者。以孟子在焉。往也如是。反也如是。不憚假道於宋之勞。其賢可知。周氏柄中辨正云。頃襄王二十一年。始徙都陳。是時楚都於郢。在今湖北襄陽府宜城縣西南九十里。宋都商邱。在今河南歸德府商邱縣。滕在今山東兗州府滕縣西南十四里。自滕之楚而取道商邱。路稍回遠。謂非迂道固謬。謂一舉足卽入其境。亦未明悉。周氏廣業孟子出處時地考云。孟子去齊居休。旋歸於鄒。年六十餘矣。聞宋王偃將行仁政。往游焉。時滕文公爲世子。將之楚。過宋來見。蓋孟子嘗以齊卿出弔於滕。稔知其賢故也。太史公以孟子荀子合傳。乃孟子道性善。○正義曰。孟子生平之學。在道性善稱堯舜。故於此標之。○孟子道性善言必稱堯舜。荀子則言性惡。孟子稱堯舜。荀子則法後王。其言云。今人之性。生而離其朴。離其資。必失而喪之。所謂性善者。不離其朴而美之。不離其資而利之也。人之性惡明矣。其善者僞也。此駁孟子道性善也。又云。略法先王而不知其統。案往舊造說。謂之五行。甚僻違而無類。幽隱而無說。閉約而無解。此譏孟子稱堯舜也。爲荀氏之學者。調和而文飾之。云孟子言性善。欲人之盡性而樂於善。荀言性惡。欲人之化性而勉於善。僞卽爲也。乃作爲之爲。非詐僞之僞。孟荀生於衰周之季。閔戰國之暴。欲以王道救之。孟子言先王。荀言後王。皆謂周王。與孔子從周之義不異也。按孟子之學。述孔子者也。孔子之學。述伏羲神農堯舜文王周公者也。陸賈新語道基篇云。先聖仰觀天文。俯察地理。圖畫乾坤。以定人道。民始開悟。知有父子之親。君臣之義。夫婦之道。長幼之序。於是百官立。王道乃生。白虎通暢其說云。古之時未有三綱六紀。民人但知其母。不知其父。能覆前不能覆後。臥之詓詓。起之吁吁。飢卽求食。飽卽棄餘。茹毛飲血。而衣皮葦。於是伏羲觀象於天。俯法於地。因夫婦。正五行。始定人道。畫八卦。以治天下。繫辭傳云。以通神明之德。以類萬物之情。神明之德。卽所謂性善也。善卽靈也。靈卽神明也。荀子云。今人之性。飢而欲飽。寒而欲煖。勞而欲休。此人之情性也。是也。人如此。禽獸亦如此也。荀子又云。今人飢見長而不敢先食者。將有所讓也。勞而不敢求息者。將有所代也。夫子之讓乎父。弟之讓乎兄。子之代乎父。弟之代乎兄。此正人性之善之證也。而荀子乃以爲性惡之證焉。試言之。人之有男女。猶禽獸之有牝牡也。其先男女無別。有聖人出。示之以嫁娶之禮。而民知有人倫矣。示之以耕耨之法。而民知自食其力矣。以此敎禽獸。禽獸不知也。禽獸不知。則禽獸之性不善。人知之。則人之性善矣。聖人何以知人性之善也。以己之性推之也。己之性旣能覺於善。則人之性亦能覺於善。第無有開之者耳。使己之性不善。則不能覺已。能覺則己之性善。已與人同此性。則人之性亦善。故知人性之善也。人之性不能自覺。必待先覺者覺之。故非性善無以施其敎。非敎無以通其性之善。敎。卽荀子所謂僞也。爲也。爲之而能善由其性之善也。如鳥獸則性不善者也。故同此飲食男女嫁娶。以別夫婦。人知之。禽獸不知之。耕鑿以濟飢渴。人知之。禽獸不知之。禽獸旣不能自知。人又不能使之知。雖爲之亦不能善。然人之性。爲之卽善。非由性善而何。人縱淫昏無恥。而已之妻。不可爲人之妻。固心知之也。人縱貪饕殘暴。而人之食。不可爲已之食。固心知之也。是性善也。故孔子論性。以不移者屬之上知下愚。愚則仍有知。禽獸直無知。非徒愚而已矣。世有伏羲。不能使禽獸知有夫婦之別。雖有神農。不能使鳥獸知有耕稼之敎。善豈由爲之哉。文學技藝才巧勇力。有一人能之。不能人人能之。惟男女飲食。則人人同此心。人不能孝其父。亦必知子之當孝乎已。不能敬其食。亦必知卑賤之當敬乎已。子讓食於父而代勞於兄。此可由敎而能之。所謂爲之者善也。然荀子能令鳥讓食乎。能令獸代勞乎。此正率性之明證。乃以爲悖性之證乎。故孟子之道性善。由讀書好古。能貫通乎伏羲神農堯舜文王周公孔子之道。而後言之者也。非荀子所知也。羲農之前。人苦於不知。旣人人知有三綱六紀。其識日開。其智日深。寖而至於黃帝堯舜之世。則民不患其不知。轉患於太知。許氏說文解字敍云。庶業其繁。飾僞萌生。黃帝之史蒼頡。初造書契。是知黃帝之時。民情飾僞矣。於是堯舜時有靜言庸違象恭滔天之人。於是有方命圮族之人。當羲農之前。人苦於不知。故羲農盡人物之性以通其神明。其時善不善顯然易見。積之旣久。靈智日開。凡仁義道德忠孝友悌。人非不能知。而巧僞由以生。奸詐由以起。故治唐虞以後之天下。異於治羲農以後之天下。夫謀而能言。以方自命善也。而實則庸違滔天圮族。績用弗成。朝士如是。庶民可知。固羲農以來所未有。亦堯舜以前之人所未知。故聖人治天下之道。至堯舜而一變。繫辭傳云。黃帝堯舜氏作。通其變。使民不倦。神而化之。使民宜之。又云。易窮則變。變則通。通則久。黃帝堯舜垂衣裳而天下治。蓋堯舜以變通神化治天下。不執一而執兩端。用中於民。實爲萬世治天下之法。故孔子刪書首唐虞。而贊易特以通變神化。詳著於堯舜。孟子稱堯舜。正稱其通變神化也。荀子云。逢衣淺帶。解果其冠。略法先王而足亂世術。呼先王以欺愚者。而求衣食爲。此正不知通變神化之道者也。夫通變神化之道。堯舜所以繼羲農而開萬世。故稱堯舜欲天下後世法其通變神化。不執一而執兩端。以用中於民。非徒以其揖讓都俞。命羲和咨二十二人之迹也。後若云法後王。後王無定之稱也。荀子固云有治人無治法矣。治人。卽能通變神化之人也。後王而如是。則是能法堯舜者。法後王仍法堯舜矣。故稱堯舜。卽法後王之能通變神化者。若但云法後王。則後王不皆能通變神化如堯舜。其說爲敝矣。蓋孟子之稱堯舜。卽孔子刪書首唐虞。贊易特以通變神化歸於堯舜之意也。又非荀子所知也。孟子學孔子之學。惟此道性善稱堯舜兩言盡之。提其綱於此篇之首。其後申言之。可按而得也。○注。古紀至公也。○正義曰。漢書藝文志春秋二十三家。有世本十五篇。注云。古史官記黃帝以來訖春秋時諸侯大夫。此云古紀世本是也。禮記檀弓。邾考公之喪。注云。考或爲定。高誘注呂氏春秋淮南子。皆云定成也。隱公五年穀梁傳云。考之者成之也。是考與成字義皆通。此考公所以爲定公也。翟氏灝考異云。春秋傳成十六年夏四月。滕文公卒。滕之先君已有謚文者。後世不應犯同。信乎文非本謚。而但以行文德稱也。同時魯文公見於史記。在世本乃云湣公。宋康王見於國策。在荀子乃云獻王徵弱之國。垂至於亡。故臣民各懷舊德私謚。不獨一滕君矣。趙氏佑溫故錄云。滕文公爲周末第一賢君。孟子採取其人。故一見卽舉生平所得於聖教者敎之。惜其國小而偪。終以不振。至今廟食在滕。猶與鄒國鄰並相望。誰謂賢愚千古知誰是也。注據古紀世本。以文公當元公宏。則文公名宏。然元亦文之譌耳。未必旣謚元又謚文也。

世子自楚反。復見孟子。注從楚還復詣孟子。欲重受法則也。孟子曰。世子疑吾言乎。夫道一而已矣。注世子疑吾言有不盡乎。夫天下之道。一言而已。惟有行善耳。復何疑也。疏夫道一已矣。○正義曰。戴氏震孟子字義疏證云。孟子答公孫丑曰。大匠不爲拙工改廢繩墨。羿不爲拙射變其彀率。言不因人之聖智不若堯舜文王。有二道也。蓋才質不齊。有生知安行。有學知利行。且有困知及勉強行。中庸曰。及其知之一也。及其成功一也。成覸謂齊景公曰。彼丈夫也。我丈夫也。吾何畏彼哉。注成覸勇果者也。與景公言曰。尊貴者與我同丈夫耳。我亦能爲之。何爲畏之哉。疏注。成覸勇果者也。○正義曰。音義云。覸。古莧切。一音閑。古莧切。是瞯字。說文云。戴目也。江淮之間謂眡曰瞯。王使人瞯夫子是此字也。音閑。則當作覸。說文云。覸。很視也。齊景公之勇臣有成覸者。廣韻云。覸人名。出孟子。段氏玉裁說文解字注云。成覸。淮南子齊俗訓作成覸。覸爲荆。猶考工記故書顧或作牼也。按淮南子齊俗訓云。孟賁成荆。無所行其威。注云。成荆。古勇士也。漢書廣川王傳。其殿門有成慶畫短衣大絝長劍。師古云。成慶。古之勇士。事見淮南子。成慶卽成荆。戰國策趙策鄭同云。內無孟賁之威。荆慶之斷。鮑彪注云。荆。成荆。史記范雎傳云。成荆孟賁王慶忌夏育之勇焉而死。集解引許慎云。成荆。古勇士。荆慶覸。古字通也。趙氏以彼爲尊貴者。蓋指景公言。卽所爲無嚴諸侯也。

顏淵曰。

舜何人也。予何人也。有爲者亦若是。【注】言欲有所爲。當若顏淵庶幾。成覸不畏。乃能有所成耳。又以是勉世子也。【疏】注。欲有至子也。○正義曰。趙氏以舜何人也予何人也。二句爲顏淵之言。有爲者亦若是。乃總上成覸顏淵所言。爲孟子勉世子之言。經文是字。指顏淵庶幾。成覸不畏。鹽鐵論執務章引顏淵曰。舜獨何人也。回何人也。亦不違下句。近通解以有爲者亦若是爲顏淵之言。謂有爲者亦如舜。

公明儀曰。文王我師也。周公豈欺我哉。【注】公明儀。賢者也。師文王。信周公。言其知所法則也。【疏】注。公明至則也。○正義曰。禮記檀弓云。子張之喪。公明儀爲志焉。祭義云。公明儀問於曾子曰。夫子可爲孝乎。注云。公明儀。曾子弟子。儀學於曾子而得聞其道。當時稱賢者。故子張卒乞其爲志。孔穎達謂是子張弟子。則注無文也。趙氏言師文王信周公。下云言其知所法則。則是知法文王周公兩人。

今滕絕長補短。將五十里也。猶可以爲善國。【注】滕雖小。其境界長短相補。可得大五十里子男之國也。尚可以行善者也。【疏】今滕至善國。○正義曰。翟氏灝考異云。墨子非命篇云。古者湯封於亳。絕長繼短。方地百里。文王封於岐周。絕長繼短。方地百里。戰國策韓非說秦王曰。今秦地形斷長續短。方數千里。又莊辛對楚王曰。今楚雖小。絕長續短。猶以數千里。絕長補短。乃當時習言。故諸俱言之。周禮醫師疏引孟子。滕文公爲世子。將之楚。過宋見孟子而謂之云。今滕絕長補短。將五十里。猶可以爲善國乎。以此爲文公問辭。按趙氏不以爲問辭。賈氏未知何本。當有誤也。○注。可得大五十里。○正義曰。爾雅釋詁云。將。大也。趙氏以大釋將。故云大五十里。廣雅釋詁云。方。大也。大五十里。即方五十里也。

書曰。若藥不瞑眩。厥疾不瘳。【注】書逸篇也。瞑眩。藥攻人疾。先使瞑眩憒亂。乃得瘳愈也。喻行仁當精熟。德惠乃洽。【疏】注。書逸至乃洽。○正義曰。國語楚語云。武丁於是作書曰。以余正四方。恐余德之不類。茲故不言。如是而又使以象夢求四方之賢聖。得傅說以來。升以爲公。而使朝夕規諫曰。若金。用汝作礪。若津水。用汝作舟。若天旱。用汝作霖雨。啓乃心。沃朕心。若藥不瞑眩。厥疾不瘳。若跣不視地。厥足用傷。江氏聲尚書集注音疏云。賈逵唐固皆以武丁所作書爲說命。韋昭曰。非也。其時未得傅說。聲按以余正四方云云。不類尚書之文。蓋是白公子張諷武丁求傅說之意。若金以下。則皆命說之辭。孟子滕文公篇引若藥不瞑眩。明稱書曰。自是說命之文矣。按說命三篇。今文古文皆無。此云逸篇。未知所屬也。音義云。瞑眩。莫甸切。下音縣。又作眠眴。音同。周禮天官。醫師聚毒藥以共醫事。注云。毒藥。藥之辛苦者。藥之物恆多毒。孟子曰。若藥不瞑眩。厥疾不瘳。方言云。凡飲藥傅藥而毒。南楚之外謂之瘌。北燕朝鮮之間謂之癆。東齊海岱之間謂之瞑。或謂之眩。自關而西謂之毒。韋昭注楚語云。瞑眩頓瞀。攻已急也。金匱痓溼暍病脈篇。白朮附子湯下云。一服覺身痺。半日許再服。

三服都盡。其人如冒狀。勿怪。如冒狀。卽頓瞀也。一服再服三服都盡。藥乃充滿而得此狀。故喻仁當精熟。德惠乃洽。史記司馬相如傳大人賦云。視眩眠而無見兮。漢書揚雄傳甘泉賦云。目冥眴而亡見。凡冒者。眩亂目視不明。憒亂亦猶是也。毛詩鄭風。云胡不瘳。傳云。瘳。愈也。方言云。愈或謂之瘳。章指。言人當上則聖人。秉仁行義。高山景行。庶幾不倦。論語曰。力行近仁。蓋不虛云。疏人當至虛云。○正義曰。阮氏元校勘記云。韓本人下有主字。音義云。力行近仁。論語無此語。是禮記中庸篇。趙氏以爲論語。文之誤也。

滕定公薨。世子謂然友曰。昔者孟子嘗與我言於宋。於心終不忘。今也不幸至於大故。吾欲使子問於孟子。然後行事。注定公。文公父也。然友。世子之傅也。大故。謂大喪也。疏注。然友世子之傅也。○正義曰。說文人部云。傅。相也。禮記文王世子云。太傅在前。少傅在後。是世子有傅相也。○注。大故謂大喪也。○正義曰。禮記曲禮云。君無故玉不去身。注云。故。謂災患喪病。周禮春官大宗伯。國有大故。注云。故。謂凶裁。然友之鄒問於孟子。注孟子歸在鄒也。疏注孟子歸在鄒也。○正義曰。孟子蓋自宋歸鄒也。史記正義云。今鄒縣。去徐州滕縣四十餘里。蓋往反不過大半日。故可問而後行事。孟子曰。不亦善乎。親喪固所自盡也。注不亦者。亦也。問此亦其善也。疏注。不亦至善也。○正義曰。亦。重也。世子本善。今又問此。不重見其善乎。曾子曰。生事之以禮。死葬之以禮。祭之以禮。可謂孝矣。注曾子傳孔子之言。孟子欲令世子如曾子之從禮也。時諸侯皆不行禮。故使獨行之也。疏注。曾子至之也。○正義曰。曾子之言。見論語爲政第二。乃孔子對樊遲之言。故云傳孔子之言也。翟氏灝考異云。四書辨疑言曾字本是孔字。蓋後人傳寫之誤。按大戴禮曾子本孝篇。孝子之於親也。生則有義以輔之。死則哀以莅焉。祭祀則莅之以敬。曾子固嘗誦此告門人矣。下文齊疏數語。亦明出自曾子。祭義樂正子春云。吾聞曾子。曾子聞諸夫子。彼原其詳。此從其省。孟子學由曾子遞傳。據所及聞。曾字何足疑焉。曾子從禮。故欲世子亦如曾子之從禮云。諸侯皆不行禮。故使獨行之。解上故所自盡之意。自盡卽獨行也。諸侯之禮。吾未之學也。雖然。吾嘗聞之矣。三年之喪。齊疏之服。飦粥之食。自天子達於庶人。三代共之。注孟子言我雖不學諸侯之禮。嘗聞師言三代以前君臣。皆行三年之喪。齊疏。齊衰也。飦。糜粥也。【疏】注。嘗聞師言至粥也。○正義曰。禮記檀弓云。穆公之母卒。使人問於曾子曰。如之何。對曰。申也聞諸申之父曰。哭泣之哀。齊斬之情。饘粥之食。自天子達。是孟子亦述曾子之言。蓋嘗聞諸師者也。阮氏元校勘記云。齊疏之服。閩監毛三本孔本。齋作齊。韓本作齋。按音義出齋作齊。經典假借字也。作齋者。正字也。作齊者。齋之誤。儀禮喪服首章云。斬衰裳。苴絰杖絞帶。冠繩纓。菅屨者。次章云。疏衰裳齊。牡麻絰。冠布纓。削杖布帶疏屨三年者。三章云。疏衰裳齊。牡麻絰。冠布纓。削杖布帶疏屨期者傳云。斬者何。不緝也。齊者何。緝也。注云。凡服上曰衰。下曰裳。疏猶麤也。按此自齊衰三年以下皆用疏衰。故趙氏以齊衰釋齊疏也。襄公十七年左傳云。齊晏桓子卒。晏嬰麤縗斬。其老曰。非大夫之禮也。曰。唯卿爲大夫。禮記雜記云。大夫爲其父母兄弟之未爲大夫者之喪。服如士服。士爲其父母兄弟之爲大夫者之喪。服如士服。注引晏嬰麤衰斬以證。云言已爲大夫。故爲父服士服耳。麤衰斬者。其縷在齊斬之間。謂縷如三升半。而三升不緝也。斬衰。以三升爲正微細焉。則屬於麤也。然則士與大夫爲父服異者。有麤衰斬枕草矣。其爲母五升縷而四升。爲兄弟六升縷而五升乎。惟大夫以上。乃能備儀盡飾。士以下。則以臣服君之斬衰爲其父。以臣從君而服之齊衰爲其母與兄弟。亦勉人爲高行也。按斬衰不稱疏。齊衰以下乃稱疏。此天子諸侯大夫之禮。士旣降於大夫。則斬亦用疏。此晏嬰用士禮。所以稱麤衰斬也。孟子言未學諸侯之禮。則所言乃士禮。其稱衰疏內。原包有斬衰。孟子言齊疏。猶曾申言齊斬耳。孔氏雜記正義云。士與大夫爲父異。大夫以上。斬衰枕草。士則疏衰枕草是也。檀弓釋文云。饘本作飦。是飦饘字通。說文食部云。饘。糜也。周謂之饘。宋衛謂之餰。又鬻部云。鬻。鬻也。重文。餰飦饘。又云。鬻。鍵也。鬻。鍵也。爾雅釋言云。餬。饘也。餬即鬻。粥即鬻。劉熙釋名釋飲食云。糜。煑米使糜爛也。粥。濁於糜。粥粥然也。蓋今俗以整米煑爲粥。粉米煑爲餬。古之饘。即今之粥。古之粥。則今之餬。饘爲糜。飦爲粥。而糜亦通稱餬。粥亦通稱饘。趙氏釋飦爲糜粥。則粥之濃而稀者。異於餬之濁而膏者。是飦宜爲饘也。趙注飦。糜粥也。汲古本作糜。孔本作糜。音義出糜。云字亦作糜。音義與糜同。按說文有糜字。無糜麿字。

然友反命。定爲三年之喪。父兄百官皆不欲。曰吾宗國魯先君莫之行。吾先君亦莫之行也。至於子之身而反之不可。【注】父兄百官。滕之同姓異姓諸臣也。皆不欲使世子行三年。滕魯同姓。俱出文王。魯周公之後。滕叔繡之後。敬聖人故宗魯者也。【疏】定爲至之喪。○正義曰。毛氏奇齡賸言云。滕文公問孟子始定爲三年之喪。豈戰國諸侯。皆不行三年喪乎。若然。則齊宣欲短喪何與。然且曰吾宗國魯先君不行吾先君亦不行。則是魯周公伯禽滕叔繡。並無一行三年之喪者。往讀論語子張問高宗三年不言。夫子曰。何必高宗。古之人皆然。殊疑子張此問。夫子此答。其周制當必無此事可知。何則。子張以高宗爲創見。而夫子又言古之人。其非今制昭然也。及讀周書康王之誥。

成王崩方九日。康王遽即位冕服。出命令誥諸侯。與三年不言。絕不相同。然猶曰此天子事耳。後讀春秋傳晉平公初即位。改服命官。而通列國盟戒之事。始悟孟子所定三年之喪。引三年不言爲訓。而滕文奉行。即又曰五月居廬。未有命戒。是皆商以前之制。並非周制。周公所制禮。並未有此。故侃侃然曰。周公不行。叔繡不行。悖先祖。違授受。歷歷有辭。而世讀其書而逾不察也。蓋其云定三年之喪。謂定三年之喪制也。然則孟子何以使行商制曰使滕行助法。亦商制也。顧氏棟高春秋大事表示。滕文公欲行三年之喪。父兄百官羣然駭怪。孟子去孔子之世未百年。而當日之習尚如此。則其泯爲廢墜。豈一朝夕之故哉。余嘗辭考左氏傳。而知天子諸侯喪紀。已廢絕於春秋時無疑也。蓋自周道陵遲。皇綱解紐。有以諸侯不奔天子之喪。不會天王之葬。而甘僕僕於晉楚者矣。有以天子貧乏不備喪具。至七年乃葬。於魯求賻求金。甚至景王三月而葬。以天子而用大夫之禮者矣。逮子朝作亂。王室如沸。奉周之典籍以奔楚。而周天子之禮遂亡。列國不守侯度。其侈者如宋文公之椁有四阿。棺有翰檜。僭然用王禮。而苟簡不備者。如晉欒書以車一乘。葬公於東門之外。齊崔杼葬莊公。四翣不蹕。鄰封不與知。公喪不備位。魯號秉禮。而葬昭公於墓道之南。檀弓載孟敬子之言。明知食粥爲天子之達禮。而居然食食。其餘列國。尤放肆不軌。由是惡其害己。而皆去其籍。而諸侯之禮亦亡。孔子以大聖人而不得位。退與門弟子講習於杏壇之上。故孺悲曾學士喪禮於孔子。而天子諸侯之禮。無由釐正。三傳之所記。僅存什一於千百。至孟子時。有土之君。靦爲人面。○以三年之喪之達禮。而怪駭爲不經。杞宋之無徵。豈獨爲夏殷之禮歎哉。○吾宗國魯先君莫之行。○

正義曰。閻氏若璩釋地續云。漢梅福有言。諸侯奪宗。如淳曰。奪宗。始封之君尊爲諸侯。則奪其舊爲宗子之事也。蓋大小宗法。大夫士有之。諸侯則絕。然亦間有見於諸侯者。如魯與邢凡蔣茅胙祭。同出於周公。故稱六國爲同宗。襄十二年。凡諸侯之喪。同宗臨於祖廟。是曾蔡郕霍衞毛聃郜雍曹滕畢原酆郇。與魯同出於文王。皆稱魯爲宗國。滕父兄百官。所謂吾宗國魯先君是。趙氏注云。魯。周公之後。滕。叔繡之後。敬聖人故宗魯。眞得其旨矣。毛氏奇齡經問云。古者立宗法。國君無宗。祇以相傳之諸君爲宗。故除一祖外。餘皆爲宗。不立小宗。若天子諸侯之弟。則不敢與天子諸侯爲一宗。而別爲宗族。使天子諸侯之嫡弟一人。立爲大宗。而諸兄弟之爲小宗者宗之。如魯周公之弟。皆宗周公。而稱魯國爲宗國。然人孰無父。周公不敢祖王季。而可立文王之廟於魯國。鄭桓公不敢祖厲王。而可立厲王之廟於鄭國。不敢祖。非不敢父也。故大傳云。宗其繼。別子之所自出者。百世不遷者也。夫別子。宗子也。別子所自出。則宗子之父也。繼宗子之父。而可有百世不遷之廟。則父君矣。趙氏注云。滕與魯皆出自文王。此據春秋魯以文王名出王。以文王之廟名出王廟而言。此正是宗法。特其稱宗聖。則不可解。或者周公以宗子而爲聖人。當時或原有宗聖之稱。亦未可知。或曰。宗國者。同宗之稱。滕可稱魯。魯亦可稱滕則不然。國語舟之僑曰。宗國既卑。諸侯遠己。內外無親。其誰救之。專以宗國指魯言。宗在故也。哀八年公山不狃對叔孫輒曰。以小惡而覆宗國。不亦難乎。哀十五年子貢見公孫成曰。利不可得而喪宗國。將焉用之。皆指魯國言。宗在故也。宗法自天子諸侯外。國以庶子宗嫡子。倘皆庶。則以長庶爲別子。而諸庶子皆宗之。倘皆嫡。則祇以次嫡爲別子。而其餘諸嫡皆宗之。周公爲武王母弟之弟。二人不當爲宗。無如長伯邑考早卒。次武王爲天子。次管叔已辟。則周公升爲次嫡。即別子矣。程氏瑤田通藝錄宗法小記云。宗法載大傳及喪服小記。列其節目。明其指歸。大宗小宗之名。有遷與不遷之別。又爲之通宗道之窮。究立宗之始。此所謂宗法也。宗法者。大夫士別於天子諸侯者也。公子不得禰先君。公孫不得祖諸侯矣。使無宗法。則支分派衍。無所統。諸侯將無以治其國。天子將無以治其天下。故宗法者。爲大夫士立之。以上承夫天子諸侯而治其家者也。若夫太戊之稱中宗。傳以爲殷家中世尊其德也。武丁之稱高宗。傳以爲德高可尊也。皆與宗法無與。至於公劉之詩。雖毛氏傳以謂爲之大宗。而鄭箋則曰羣臣尊之。所以易傳者。以國君尊族人。不敢以其戚戚君。不當有大小宗之名也。故毛氏於板之詩。亦曰王者天下之大宗。而鄭氏亦易之。以爲大宗王同姓之適子。同姓之適子。所謂繼別爲宗者也。若天子諸侯。則固絕其宗名矣。維宗子維城。鄭氏以爲王之適子。蓋宗者主也。即雲漢傳所謂守宗廟社稷以爲祭主。春秋傳里克所謂太子奉冢祀社稷之粢盛。而士蒍以爲修德以固宗子者也。皆非宗法之謂。祭法有虞氏宗堯。夏后氏宗禹。殷人宗湯。周人宗武王。此祭上帝於明堂。尊之以配食。孝經所謂宗祀文王於明堂。以配上帝是也。蓋宗之言尊也。凡有所尊。皆可以宗。孟子稱滕之父兄百官曰。吾宗國魯先君。亦謂兄弟之國尊之。豈得以宗法例之哉。

且志曰。喪祭從先祖。曰吾有所受之也。注父兄百官且復言也。志。記也。周禮小史掌邦國之志。曰喪祭之事。各從其先祖之法。言我轉有所承受之。不可於己身獨改更也。一說吾有所受之。世子言我受之於孟子也。

疏注。父兄百官且復言也。○正義曰。阮氏元校勘記云。且志曰。此與左傳且諺曰。匪宅是卜。惟鄰是卜。文法正同。依注疑且字下奪曰字。左傳亦然。○注。志記至子也。○正義曰。劉熙釋名釋典藝云。記。紀也。紀識之也。周禮保章氏注云。志。古文識。志之爲記。即記之爲識也。小史屬天官。鄭司農云。志。謂記也。春秋傳所謂周志。國語所謂鄭書之屬是也。小史所掌之志。記世系昭穆之事。容有喪祭從先祖云云。故趙氏引以爲證。實不知爲何書也。儀禮喪服云。受以小功衰。注云。受。猶承也。故以承釋受。承受則遵而從之。故不改更也。閻氏若璩釋地又續云。吾有所受之也。爲世子答父兄百官語。吾與下謂然友曰吾字。正一人。此解首發於趙氏。按趙氏前說。以此言父兄百官之言。受是承受先祖。然則句上不應加曰字。加曰字。則自明其爲世子答言。言定爲三年之喪。非我臆見。吾受之於孟子。孟子則聞之於師說也。故下謂然友曰上。更不加世子。否則謂然友竟似父兄百官謂然友矣。趙氏不以前說爲安。故存一說。蓋前說當時相傳之說。一說則趙氏所折衷也。

謂然友曰。吾他日未嘗學問。好馳馬試劍。今也父兄百官不我足也。恐其不能盡於大事。子爲我問孟子。注父兄百官見我他日所行。謂我志行不足。似恐我不能澁大事之禮。故止我也。為我問孟子。當何以服其心。使信我也。【疏】恐其不能盡於大事。○正義曰。趙氏以其字乃指他人之辭。若世子自恐。不當用其字。直云恐不能盡於大事可矣。今云恐其不能。是連上句一貫。乃父兄百官恐世子且不我足也。連下意乃足也。然友復之鄒問孟子。孟子曰。然。不可以他求者也。孔子曰。君薨。聽於冢宰。歠粥。面深墨。即位而哭。百官有司莫敢不哀。先之也。【注】孟子言如是不可用他事求也。喪尚哀。惟當以哀戚感之耳。國君薨。委政冢宰大臣。嗣君但盡哀情。歠粥不食。顏色深墨。深。甚也。墨。黑也。即喪位而哭。百官有司莫敢不哀者。以君先哀故也。

【疏】注。孟子至故也。正義曰。以如是釋然字。以用字釋以字。他為他事。虛言之以起下文也。論語子張篇云。喪思哀。為政篇云。喪與其易也寧戚。禮記少儀云。喪事主哀。莊子漁父篇云。處喪以哀為主。是喪尚哀也。論語憲問篇云。子張曰。書云。高宗諒陰。三年不言。何謂也。子曰。何必高宗。古之人皆然。君薨。百官總已以聽於冢宰三年。集解孔氏云。冢宰。天官卿。佐王治者也。三年喪畢。然後王自聽政也。禮記檀弓云。子張問曰。書云。高宗三年不言。言乃讙。有諸。仲尼曰。胡為其不然也。古者天子崩。王世子聽於冢宰三年。注云。冢宰天官卿。貳王事者。三年之喪。使之聽朝。尚書大傳亦引書曰。高宗梁闇。三年不言。子張曰。何謂也。孔子曰。古者君薨。世子聽於冢宰三年。不敢服先王之服。履先王之位而聽焉。是君薨聽於冢宰。為孔子之言也。禮記曲禮云。食居人之左。注云。食。飯屬也。說文歠部云。歠。飲也。重文。吷。歠粥不食。謂但飲粥不啜也。深甚音近相通。國策秦策云。三國之兵深矣。高誘注云。深。猶盛也。盛甚義皆為多。呂氏春秋禁塞篇云。害莫深焉。高誘注云。深。重也。惟其甚故重。義亦同也。哀十三年左傳云。肉食者墨。今吳王有墨。國勝乎。國語吳語云。臣觀吳王之色。類有大憂。注引左傳云。墨。黑氣也。蓋心憂痛不舒。則色形於面。居喪哀戚之甚。故面上晦黑。深。重也。士喪禮云。有大夫。則特拜之。即位如西階下。庶兄弟襚。使人以將命於室。主人拜於位。設明衣裳。主人入即位。奉尸侇於堂。男女如室位。踊無算。主人拜賓。即位踊。卒塗。祝取銘。置於肂。主人復位踊。襲。闔門。主人揖就次。三日成服。朝夕哭。不辟子卯。婦人即位於堂。南上。哭。丈夫即位於門外。西面北上。辟門。是自始死以至朝夕哭皆有位。所謂喪位也。是時父兄百官俱在。故主人即位哭。則衆主人衆兄弟衆賓。無不戚而哭矣。

上有好者。下必有甚焉者矣。君子之德風也。小人之德草也。草尚之風必偃。是在世子。【注】上之所欲。下以為俗。尚。加也。偃。伏也。以風加草。莫不偃伏也。是在世子以身帥之也。【疏】注。上之至之也。○正義曰。禮記緇衣篇云。子曰。下之事上也。

不從其所令。從其所行。上好是物。下必有甚者矣。注云。甚者。甚於君也。論語顏淵篇云。孔子曰。子欲善而民善矣。君子之德風。小人之德草。草上之風必偃。集解孔氏曰。偃。仆也。加草以風。無不仆者。猶民之化於上也。釋文云。尙本或作上 是陸德明所見論語作草尙之風。與孟子同。趙氏以加解尙。與孔氏同也。說文人部云。偃。僵也。淮南子說山訓云。致釋緇而偃。注云。偃。仆也。趙氏以偃仆乃僨斃之義。於小人向化之義不合。故改訓爲伏。易繫辭釋文。引孟喜京房云。伏。服也。伏地猶仆地。伏爲服。則從化之象也。必偃以上。皆孟子述孔子之言。是在世子。爲孟子勉世子之言。

然友反命。世子曰。然。是誠在我。【注】世子聞之。知其在身欲行之也。五月居廬。未有命戒。百官族人可謂曰知。【注】諸侯五月而葬。未葬居倚廬於中門之內也。未有命戒。居喪不言也。異姓同姓之臣。可謂曰知世子之能行禮也。【疏】百官族人可謂曰知。○正義曰。說文可部云。可。肯也。爾雅釋言云。肯。可也。始而云至於子之身而反之。不可。是不肯謂之曰知也。至是乃肯謂曰知。心服而首肯之也。○注。諸侯至禮也。○正義曰。隱公元年左傳云。天子七月而葬。同軌畢至。諸侯五月。同盟至。大夫三月。同位至。士踰月。外姻至。是諸侯五月而葬也。儀禮喪服斬衰章傳云。居倚廬。寢苫枕塊。哭晝夜無時。歠粥朝一溢米。夕一溢米。寢不脫絰帶。既虞。翦屛柱楣。寢有席。注云。楣謂之梁。柱楣所謂梁闇。舍外寢於中門之外屋下。壘墼爲之。不塗墍。所謂堊室也。既夕記云。居倚廬。注云。倚木爲廬。在中門外。東方北戶。賈氏疏云。北戶者。以倚東壁爲廬。一頭至北明北戶鄉陰。至既虞之後。柱楣翦屛。乃西鄉開戶也。據既虞之後。始有楣有柱。謂之堊室。以其雖有梁楣。而冥闇不高明。故亦謂之梁闇。卽諒陰也。其未葬之前。無柱無楣。但用兩木斜倚於東壁作墼堵形。向西順斜倚之木。以草爲屛。故名倚廬。高宗三年不言。謂既葬居梁闇中。故云高宗諒陰。滕文五月居廬。謂未葬居倚廬中。在高宗三年居梁闇。則未葬之七月居倚廬可知。滕文既定三年之喪。則未葬居倚廬。其既葬亦居梁闇可知。何以知之。方父兄百官不可時。且必使然友之鄒反復咨問。至是百官族人。無不感悅。則孟子之言已驗。世子之心益堅。五月既葬。豈反自怠乎。或謂文公僅能五月未葬前守諒陰之制。殉坐井之見耳。可謂曰知。趙氏增成其義云。可謂曰知。世子之能行禮也。是知謂百官族人自謂其知。始時皆不欲其行三年之喪。以爲不可。至是首肯而謂之曰。吾今乃知。知猶覺也。亦解也。若曰吾始聞其定行三年之喪。不以爲可者。不解其義也。今則解矣。知如字平聲。或讀若智非也。孟子之文。微與晶神。每同左傳檀弓。可謂曰知。日字是矣。

及至葬。四方來觀之。顏色之戚。哭泣之哀。弔者大悅。【注】四方諸侯之賓來弔會者。見世子之憔悴哀戚。大悅其孝行之高美也。章指。言事莫大於奉禮。孝莫大於哀慟。從善如流。文公之謂也。【疏】從善如流。○正義曰。昭公十三年左傳文。

滕文公問爲國。孟子曰。民事不可緩也。【注】問治國之道也。民事不可緩之使怠惰。當以政督趣。教以生產之務也。【疏】注。問治至務也。○正義曰。高誘注呂氏春秋淮南子。皆云。爲。治也。是爲國即治國也。易序卦傳云。解者。緩也。解即懈。義爲怠惰。不可緩。即不可使怠惰也。何以不使怠惰。故又申言之云。以政督趣。教以生產之務。如下所云。

詩曰。晝爾于茅。宵爾索綯。亟其乘屋。其始播百穀。【注】詩豳風七月之篇。言教民晝取茅草。夜索以爲綯。綯。絞也。及爾閒暇。亟而乘蓋爾野外之屋。春事起。爾將始播百穀矣。言農民之事無休已。【疏】注。詩豳至休已。○正義曰。詩在七月第七章。毛傳云。宵。夜。綯。絞也。乘。升也。箋云。爾。女也。女當晝日往取茅歸。夜作絞索。以待時用。亟。急。乘。治也。十月定星將中。急當治野廬之外。其始播百穀。謂祈來年百穀於公社。趙氏與之略同。毛詩周南之子于歸傳云。于。往也。鄭氏以往釋于。以取茅釋茅。趙氏不言往者。以于之爲往易知也。取茅謂之茅。猶搏絡謂之絡也。綯。絞也。爾雅釋言文。李巡云。綯。繩之絞也。方言云。當查自關而東。周洛韓鄭汝潁而東謂之緻。或謂之曲綯。郭氏注云。綯亦繩名。儀禮喪服傳云。絞帶者。繩帶也。是絞即繩。綯是絞。即是繩矣。易說卦傳云。一索而得男。馬融注云。索。數也。毛傳陳風越以鬷邁傳云。鬷。數也。箋云。鬷。總也。蓋以兩股摩而交之。總爲一繩。以其絞之索之而成。故亦名爲索爲絞。猶繩爲定名。而彈正之即謂之繩。爾雅釋器。繩之謂之縮之是也。此又綯是繩。索是索此綯。故云夜索以爲綯。鄭云夜作絞索。則以絞釋索。以索釋綯。其義同也。以茅蓋屋。用繩固之。故云乘。蓋爾野外之屋。農至冬月。可以閒暇。猶督趣其取茅索綯以治屋。晝夜不緩。恐妨來春田事。所以終歲無休已也。箋以播百穀爲祈穀於公社。與趙氏說異。

民之爲道也。有恆產者有恆心。無恆產者無恆心。苟無恆心。放辟邪侈。無不爲已。及陷乎罪。然後從而刑之。是罔民也。焉有仁人在位。罔民而可爲也。【注】義與上篇同。孟子既爲齊宣王言之。滕文公問。復爲究陳其義。故各自載之也。是故賢君必恭儉禮下。取於民有制。【注】古之賢君。身行恭儉。禮下大臣。賦取於民。不過什一之制也。陽虎曰。爲富不仁矣。爲仁不富矣。【注】陽虎。魯季氏家臣也。富者好聚。仁者好施。施不得聚。道相反也。陽虎非賢者也。言有可采。不以人廢言也。【疏】注。陽虎至言也。○正義曰。春秋定公九年。盜竊寶玉大弓。公羊傳云。盜者孰謂。謂陽虎也。陽虎者曷爲者也。季氏之宰

也。季氏之宰。則徵者也。九年左傳。齊鮑文子曰。夫陽虎有寵於季氏。而將殺季孫。以不利魯國而求容焉。親富不親仁。君焉用之。論語陽貨篇。陽貨欲見孔子。集解孔氏曰。陽貨。陽虎也。季氏家臣而專魯國之政。家臣即宰也。專政。春秋以盜書。是非賢者也。虎親富不親仁。則重在富。孟子引之。所重在仁。仁人不爲罔民之政。則不爲富而爲仁矣。不以人廢言。論語衞靈公篇文。鹽鐵論地廣章引楊子云。爲仁不富。爲富不仁。誤以陽虎爲楊子。

夏后氏五十而貢。殷人七十而助。周人百畝而徹。其實皆什一也。徹者徹也。助者藉也。注夏禹之世號夏后氏。后君也。禹受禪於君。故夏稱后。殷周順人心而征伐。故言人也。民耕五十畝。貢上五畝。耕七十畝者。以七畝助公家。耕百畝者。徹取十畝以爲賦。雖異名而多少同。故曰皆什一也。徹猶人徹取物也。藉者借也。猶人相借力助之也。疏注夏禹至人也。○正義曰。禮記檀弓正義引白虎通云。夏稱后者。以揖讓受於君。故稱后。殷周稱人者。以行仁義。人所歸往。故稱人。此趙氏所本也。皇侃論語義疏。謂夏以揖讓受禪爲君。故褒之稱后。后。君也。又重其世。故氏係之也。殷周以干戈取天下。故貶稱人也。以稱人爲貶。非趙氏義矣。○注。民耕至一也。○正義曰。顧氏炎武日知錄云。古來田賦之制。實始於禹。水土既平。咸則三壤。後之王者。不過因其成蹟而已。故詩曰。信彼南山。維禹甸之。畇畇原隰。曾孫田之。我疆我理。南東其畝。然則周之疆理。猶禹之遺法也。孟子乃曰。夏后氏五十而貢。殷人七十而助。周人百畝而徹。夫井田之制。一井之地。畫爲九區。故蘇洵謂萬夫之地。蓋三十二里有半。而其間爲川爲路者一。爲澮爲道者九。爲洫爲涂者百。爲溝爲畛者千。爲遂爲徑者萬。使夏必五十。殷必七十。周必百。則是一王之興。必將改畛涂。變溝洫。移道路以就之。爲此煩擾無益於民之事也。豈其然乎。蓋三代取民之異。在乎貢助徹。不在乎五十七十百畝。其五十七十百畝。特丈尺之不同。而田未嘗易也。故曰。其實皆什一也。王制曰。古者以周尺八尺爲步。今以周尺六尺四寸爲步。而當日因時制宜之法。亦有可言。夏時土曠人稀。故其畝特大。殷周土易人多。故其畝漸小。以夏之一畝爲二畝。其名殊而實一矣。錢氏塘溉堂考古錄。三代田制考云。三代田制曷以異。曰。無異也。無異則孟子何以言五十畝七十與百畝。曰。名異而實不異。非不欲異。其制固不能異也。其不能異奈何。曰。井田始於黃帝。洪水之後。禹修而復之。孔子所謂盡力乎溝洫也。溝洫既定。不可復變。殷周遂而用之耳。考工記。匠人爲溝洫。始於廣尺深尺之畎。田首倍之爲遂。爲井間之溝。倍其溝爲成間之洫。倍其洫爲同間之澮。賈公彥繪一成之圖。謂畎縱遂橫。溝縱洫橫。澮縱自然川橫。然則見畎知畝。見遂知夫。見溝知井。見洫知成。見澮知同也。一同之田。川與澮爲方。一成之田。洫與溝爲方。一井之田。溝與遂爲方。一夫之田。遂與畎爲方。畎伐也。不爲夫田限。故夫三爲屋。遂與溝遇也。至溝與洫遇。則爲遛矣。洫與澮遇。則爲終矣。屋者。三分夫之一。遛者。十分成之一。終者。十分同之一。皆不爲方。水覽有鑱嶺故也。禹自言濬畎澮距川。明畎澮濬而川則橫。周制本乎夏制矣。使周異於殷。殷異於夏。必盡更夏后氏之制。更其畎遂固易也。溝洫則難矣。川澮抑又難矣。我因川澮溝洫之不能更。而知周用夏制也。我因周用夏制。而知殷與周之未嘗各異也。然則。畝數之不同何歟。曰。所謂異其名也。其名何以異。曰。以度法之各異也。蔡邕謂夏以十寸爲尺。殷以九寸爲尺。周以八寸爲尺。夫殷之尺。非遂得夏之九寸也。蓋九寸則不足。周之尺。非止得夏之八寸也。蓋八寸而有餘。何則。夏之百分。殷以爲百一十二分。周以爲百二十分。最其率。則五十之爲五十六與六十也。而夫田之廣長與其步法俱得矣。是故同此一夫之田。夏以廣十尺長五百尺爲畝。殷以廣八尺長五百六十尺爲畝。周以廣六尺長六百尺爲畝。如其畝法。而五十七十與百畝之數立矣。步則夏以五尺。殷以五尺六寸。周以六尺。一畝同長百步。而夏廣二步。殷廣一步五十六分步之二十四。周廣一步。推之一里則廣長皆三百步。其積皆九萬步也。夫如是。則自遂以上。殷周皆不必更。而獨更其畎。豈不甚易也哉。夫三代步法。與其夫田之廣長。皆與率數相應。故夫有異畝。畝無異步。是之謂名異而實同。少康有田一成。即考工之十里。其明證也。曰。井與夫皆方。畝何以不方。曰。畝之水注於遂。遂在田首。故不能方。溝洫之水注於洫。洫在通首。亦不能方。即詩所謂南東其畝。而韓嬰謂之長一步廣一步者也。南畝之長。即東畝之廣。分言之則皆一步。而或者變之。則畝必廣長皆十步耶。易爲晉欲令齊盡東其畝也。孟子又謂皆什一奈何。曰。此殷周侯國之制也。康成所謂公田不稅夫。故其名曰助與徹。夏則稅夫無公田。而名爲貢。貢爲什一。助與徹爲九一。九一之與什一。趨廟異名耳。故曰皆什一。禹貢。賦有九等。果什一歟。曰。禹以九州爲等。非一井也。烏得言非什一。錢氏大昕潛研堂答問云。鄭康成注周禮。嘗引孟子野九夫而稅一。國中什一之文。孔穎達詩正義申其旨云。周制有貢有助。助者。九夫而稅一夫之田。貢者。什一而貢一夫之穀。通之二十夫而稅二夫。是爲什中稅一也。九一而助。爲九中一。知什一自賦。非什中一者。以言九一。即云而助。明九中一助也。國中言什一。乃云使自賦。是什一之中使自賦之。明非什中一爲賦也。孟子又云。方里而井。井九百畝。其中爲公田，八家皆私百畝。同養公田。公事畢。然後敢治私事。所以別野人也。言別野人者。別野人之法。使與國中不同也。爾雅云。郊外曰野。則野人爲郊外也。野人爲郊外。則國中爲郊內也。郊內謂之國中者。以近國。故繫國言之亦可。地在郊內。居在國中故也。郊外國中人各受田百畝。或九而取一。或什一而取一。通內外之率。則爲什而取一。故曰徹。徹之爲言通也。康成之義。得孔氏而益明。若分公田爲廬舍。八家各二畝半。其說始於班固。而何休注公羊。趙岐注孟子。范甯注穀梁。宋均注樂緯。皆因之。非鄭義也。段氏玉裁說文解字注云。耡。殷人七十而耡。耡。耤稅也。从耒助聲。周禮曰。呂與耡利萌。今孟子作助。周禮注引作莇。耡即以耤釋之。耤稅者。借民力以食稅也。遂人注云。鄭大夫讀耡爲藉。杜子春讀耡爲助。謂起民人令相佐助。按鄭意耡者。合耦相助。以歲時合耦於耡。謂於里宰治處合耦。因謂里宰治處爲耡也。許意以周禮證七十而耡。謂其意同。王氏念孫廣雅疏證云。大雅韓奕篇。實畝實藉。鄭箋云。藉。稅也。宣十六年左傳。穀出不過藉。杜預注云。周法民耕百畝。公田十畝。借民力而治之。稅不過此。王制古得公田藉而不稅。鄭注云。藉之言借也。借民力治公田。美惡取於此。不稅民之所自治也。說文。殷人七十而耡。耡耤稅也。耡字亦作莇。又作助。助與藉古同聲。孟子公孫丑篇。耕者助而不稅。卽藉而不稅也。論語顏淵篇盍徹乎。鄭注云。周法什一而稅謂之徹。徹。通也。爲天下之通法。孟子滕文公篇。夏后氏五十而貢。殷人七十而助。周人百畝而徹。其實皆什一也。徹者。徹也。助者。藉也。趙氏注云云。鄭氏注匠人云。貢者。自治其所受田。貢其稅穀。莇者。借民之力以治公田。又使收斂焉。徹者。通其率以什一爲正也。按趙氏注徹彼桑土。釋徹爲取。此注同之。孝經正義引劉熙孟子注云。家耕百畝。徹取十畝以爲賦也。亦以徹爲取。與鄭氏義異。姚氏文田求是齋自訂稿云。徹之名義。嘗屢求其說而不得。因考公劉崧高兩詩。毛傳皆訓徹爲治。鄭氏公劉箋云。什一而稅謂之徹。又於匠人注云。周之畿內。稅有輕重。諸侯謂之徹者。通其率以什一爲正。論語注云。徹。通也。爲天下之通法。趙氏孟子注。耕百畝者。徹取十畝以爲賦。徹猶人徹取物也。賈氏匠人疏引之。孔氏公劉疏亦云。徹取此隰原所收之粟。以爲軍國之糧。是又以徹爲取。以他處徹俎徹樂之類證之。皆是收取之義。孟子亦言徹者徹也。不煩更增一解。似徹取之義。尤爲了當。然其制度何若。終不能明。惟周官司稼云。巡野觀稼。以年之上下出斂法。是知徹無常額。惟視年之凶豐。此其與貢異處。助法正是八家合作。而上收其公田之入。無煩更出斂法。然其弊必有如何休所云。不盡力於公田者。故周直以公田分授八夫。至斂時則巡野觀稼。合百一十畝通計之。而取其什一。其法亦不異於助。故左傳云。穀出不過藉。然民自無公私緩急之異。此其與助異處。至魯宣公因其舊法而倍收之。是爲什而稅二矣。謂之徹者。直是通盤核算。猶徹上徹下之謂。並非通融之義。於此求之。則徹法亦可想見。故孟子既分釋徹助之義。而又據大田之詩。以證其與助同法。先儒以貢助兼用爲詞。殆未然矣。倪氏思寬讀書記云。徹者徹也。二句承上文言之。不及貢法者。有龍子云云在也。商助周徹。乃先說徹後說助者。孟子意在行助。徹爲賓。助爲主。謂徹之爲徹。其法固良。而助之爲藉。其法尤美也。

龍子曰。治地莫善於助。莫不善於貢。貢者挍數歲之中以爲常。

注 龍子古賢人也。言治土地之賦。無善於助者也。貢者。挍數歲以為常類而上之。民供奉之。有易有不易。故謂之莫不善也。疏 挍數歲之中以爲常。○正義曰。翟氏灝考異云。舊趙注本校字從手作挍。與下學校字不同。釋文云。校戶教反。从木。若从手。是比挍字。今人多亂之。五經文字云。校音教。又音効。皆從木。字鑑云。校字元有二音。借爲比挍字。明末避諱。校省作挍。汲古閣注疏本。此校與下學校俱作挍。○注。龍子古賢人也。○正義曰。列子仲尼篇。有龍叔謂文摯云。吾鄉譽不以爲榮。國毀不以爲辱。得而不喜。失而弗憂。視生如死。視富如貧。視人如豕。視吾如人。處吾之家。如逆旅之舍。觀吾之鄉。如戎蠻之國。或其人與。

樂歲粒米狼戾。多取之而不爲虐。則寡取之。凶年糞其田而不足。則必取盈焉。

注 樂歲豐年。狼戾猶

狼藉也。粒米，粟米之粒也。饒多狼藉棄捐於地。是時多取於民，不爲暴虐也。而反以常數少取之。至於凶年飢歲，民人糞治其田，尚無所得，不足以食，而公家取其稅，必滿其常數焉。不若從歲飢穰以爲多少，與民同之也。【疏】注「樂歲至之也」。○正義曰：鶡冠子學問篇云：「所謂樂者，無菑者也。年豐無菑，故稱樂歲。」淮南子覽冥訓云：「孟嘗君爲之增欷歍唈，流涕狼戾不可止。」高誘注云：「狼戾，猶交橫也。」廣雅釋詁云：「狼，盭也。」盭即戾。狼戾一聲之轉。國策燕策云：「趙王狼戾無親。」漢書嚴助傳「狼戾不仁」，以其貪棄不甚愛恤，故爲不仁無親之名。而錢之零落於地，與粟之拋棄於地，其名不同而義實相引也。告子篇「狼疾」，趙氏亦以狼藉釋之。漢書燕剌王旦傳云：「首籍籍兮亡居。」注云：「籍籍，縱橫貌。」縱橫猶交橫，故狼戾猶狼籍也。段氏玉裁說文解字注云：今俗語謂米一顆爲一粒。孟子「樂歲粒米狼戾」，趙注云：「粒米，粟米之粒也。」皐陶謨「烝民乃粒」，周頌「立我烝民」，鄭箋「立當作粒」。詩書之粒，皆王制所謂粒食，按「粒米狼戾」，言米之粒不愛恤而縱橫於地也。因豐年饒多，故不愛恤而棄捐之也。鹽鐵論未通篇云：「樂歲粒米梁糲而寡取之。」此即本之孟子。梁糲即狼戾之同聲。張之象注本依孟子改作狼戾，不知古人聲音通借之例也。周書金縢「遘厲虐疾」，某氏傳云：「虐，暴也。」高誘淮南子注訓虐爲害。說文訓虐爲殘。殘害亦暴也。周禮地官司關「國凶札」，鄭司農注云：「凶，謂凶年饑荒也。」孟子亦言凶年飢歲，是凶年即飢歲也。禮記月令季夏「大雨時行，燒薙行水，利以殺草，如以熱湯，可以糞田疇，可以美土疆」。孔氏正義云：「糞，壅苗之根也。」蔡云：「穀田曰田，麻田曰疇。」言燒草可以糞田使肥也。是糞其田即是治其田，故云糞治其田。說文皿部云：「盈，滿器也。」取盈，是取其稅而滿其常數。如器定受若干，如其量以盈之也。「從歲飢穰以爲多少」，則助是矣。孔氏廣森經學卮言云：「均是田也，糞之則收自倍。然未有不費而食利者也。羊麋犬豕之骨汁，所以爲糞種之具者，孰非待粟而易之。歲凶則粟不足食，幸而足食，亦無餘粟以易其所無。於是來歲所以糞其田者，無以爲資矣。又凶之甚者，其所穫不足以償今歲糞田之費矣，遑供稅乎。且來歲之田，糞既不足，則土疆不美，雖自天降康，亦將不逮其平歲之穫。故一歲遇凶，盬三歲而後其力可復。此稼穡之艱難，有國所當知也。」

爲民父母，使民盻盻然，將終歲勤動，不得以養其父母，又稱貸而益之，使老稚轉乎溝壑，惡在其爲民父母也？【注】盻盻，勤苦不休息之貌。動，作。稱，舉也。言民勤身動作，終歲不得以養食其父母，公賦當畢，有不足者，又當舉貸子倍而益滿之，至使老小轉尸溝壑，安可以爲民之父母也。【疏】注「盻盻至母也」。○正義曰：音義云：「盻，說文五禮切，亦四莧切。丁作肸肸然，許乙切。」阮氏元校勘記云：「盻字見說文，云恨視貌。但趙注以勤苦不休息爲訓，趙作肸，不作盻也。說文肸蠁，布也。肸，振也。肸、肸古通用。肸肸猶屑屑。方言云：屑屑，不安也。

勳。作也。爾雅釋詁文。周禮天官小宰。以官府之八成經邦國。四曰聽稱責以傳別。鄭司農云。稱責。謂貸子。賈氏疏云。稱責。謂舉責生子。彼此俱爲稱意。於官於民。俱是稱也。段氏玉裁說文解字注云。爯。幷舉也。从爪冓省。冓爲二爪者手也。一手舉二。故曰幷舉。趙注孟子稱貸曰。稱。舉也。凡手舉字當作爯。凡偁揚當作偁。凡銓衡當作稱。今字通用稱。禮記郊特牲云。食。養陰氣也。淮南子說山訓云。幸善食之而勿苦。高誘注云。食。養也。養其父母。卽食其父母。貸。借也。周禮地官泉府。凡民之貸者。與其有司辨而授之。以國服爲之息。鄭司農云。貸者。謂從官借本賈也。故有息使民弗利。元謂以國服爲之息。受國廛之田而貸萬泉者。則朞出息五百。禮記月令注云。火出而畢賦。此言賦沐。此公賦當畢。謂公家之稅當完納也。稅盡賦。猶沐盡賦矣。當盡賦則不敢齬缺。無如田之所出不足。故假借於人而舉債焉。子卽息也。史記貨殖傳云。子貸金千貫。又云。吳楚七國兵起時。長安中列侯封君。行從軍旅。齎貸子錢。子錢家以爲侯邑國在關東。關東成敗未決。莫肯與。唯無鹽氏出捐千金。貸其息什之。三月吳楚平。一歲之中。則無鹽氏之息什倍。蓋每歲萬息二千。此常息也。至窘急時。則利息必加倍於常。如無鹽氏之利。所以什之矣。萬息二千。二其子也。什之。則貸萬息亦萬爲倍。故云子倍。益之。言加也。卽上取盈之義。因畢賦不足。又稱貸於子錢家。以益滿此不足之數。而所貸子錢。乃倍於所不足之數。由此積累。至使父母妻子飢寒而死矣。閻氏若璩釋地三續云。胡朏明曰。龍子言貢者挍數歲之中以爲常。樂歲粒米狼戾。多取之而不爲虐。則寡取之。凶年糞其田而不足。則必取盈焉。此貢之所以不善也。某謂貢異於助。惟無公田耳。其取之制雖云於一夫受田五十畝之中。稅其五畝之所收。然亦每歲各視其豐凶。以爲所入之多寡。與助法無異。非上之人科定此五畝者出穀若干斗斛以爲常也。藉令樂歲不多取。凶年必取盈。賦何以有上上錯乎。然則龍子之言非與。曰。龍子蓋有爲言之也。夏氏僎曰。戰國諸侯。重斂掊克。立定法以取民。不因豐凶而損益。且託貢法以文過。故孟子有激而云。其所謂不善者。特救戰國之失耳。禹法實不然也。蓋自魯宣公稅畝以後。諸侯廢公田而行貢法。取民數倍於古。樂歲猶可勉供。凶年則不勝其誅求之甚。而皆藉口於夏后氏以文其貪暴。龍子所以痛心疾首而爲是言。孟子方勸滕君行助。以革當時之弊。意在伸助。不得不抑貢。故舉龍子之言以相形。而未暇深求其義理。其實龍子所謂莫不善者。乃戰國諸侯之貢法。非夏后氏之貢法也。

夫世祿。滕固行之矣。〔注〕古者諸侯卿大夫士有功德。則世祿賜族者也。官有世功者。其子雖未任居官。得世食其父祿。賢者子孫必有土之義也。滕固知行是矣。言亦當恤民之子弟。閔其勤勞者也。〔疏〕注。古者至義也。○正義曰。隱公八年左傳云。天子建德。因生以賜姓。胙之土而命之氏。諸侯以字爲謚。因以爲族。官有世功。則有官族。邑亦如之。白虎通封公侯篇云。大夫功成未封。子得封者。善之及子孫也。春秋傳曰。賢者子孫宜有土地也。趙氏本此爲說也。詳見梁惠王下篇。阮氏元校勘記云。其子雖未任居官。閩監毛三本韓本同。孔本考文古本任作士。音義出未任音壬作任。是也。

詩云。雨我公田。

遂及我私。惟助爲有公田。由此觀之。雖周亦助也。【注】詩小雅大田之篇。言太平時民悅其上。願欲天之先雨公田。遂以次及我私田也。猶殷人助者。為有公田耳。此周詩也。而云雨公田。知雖周家時亦助也。【疏】注。詩小至助也。○正義曰。詩在小雅大田第三章。箋云。古者陰陽和。風雨時。其來祈祈然而不暴疾。其民之心。先公後私。今天主雨於公田。因及私田爾。此言民怙君德。蒙其餘惠。趙氏言太平時。本上與雨祈祈言也。萬氏斯大學春秋隨筆云。孟子言三代田制。莫善於助。言助法之形體曰。方里而井。井九百畝。其中爲公田。八家皆私百畝。同養公田。非謂成周之徹法如此也。漢書食貨志。直本此以言周制。後儒多相因不變。若是。則周人乃百畝而助矣。何名爲徹哉。惟趙岐孟子注云。周人耕百畝者。徹取十畝以爲賦。斯言得之矣。司馬法云。畝百爲夫。夫三爲屋。屋三爲井。小司徒亦云。夫九爲井。据此二文。是周人井九百畝。分之九夫。每夫百畝。中以十畝爲公田。君取其入而不收餘畝之稅。宣公於公田之外。更稅餘畝之十一。故曰稅畝也。周氏柄中辨正云。充宗之說。良不誣也。徹本無公田。故孟子云。惟助爲有公田。言惟助有則徹無。以明其制之異。言雖周亦助。見助豐凶相通。徹亦豐凶相通。明其意之同。若徹原是助。則人人共知。孟子何用辭費。徹無公田。詩曰雨我公田者。商家同井。公田在私田外。周九夫爲井。公田在私田中。夏小正云。三農服於公田。公田之稱。可施於貢。獨不可施於徹乎。然則周何以變八家爲九夫。此則任鈞臺嘗言之矣。蓋自商至周。歷六百餘年。生齒必日繁。無田可給。不得不舉公田授之民。及列國兵爭。殺戮過甚。民數反少於周初。而徹法之壞已甚。故孟子欲改行助法。所謂與時宜之者。此眞通人之論也。鍾氏懷菽匪考古錄云。孟子論井田之制。以夏爲貢。殷爲助。周爲徹。顯分其制。及引大田之詩。又謂雖周亦助。可知助徹乃通名也。夏后氏五十而貢。其實亦是什一。獨不得通助徹之名者。蓋因諸侯去籍。孟子末由考之耳。夏小正。正月。農及雪澤。初服于公田。傳云。古有公田焉者。古言先服公田而後服其田也。可知公田之制。自夏已然。公劉雖由夏居戎。亦循有邰之舊而不改也。然則貢即助即徹。皆不離乎什一而稅。誤以公劉創什一之稅可乎。大抵周家一切典禮。多夏殷之制。特其斟酌損益。少有不同耳。阮氏元校勘記云。猶殷人助者。宋本孔本考文古本足利本同。閩監毛三本韓本猶作惟。按猶當猶字之誤。閩本改爲惟。非也。

設爲庠序學校以教之。【注】以學習禮教化於國。庠者。養也。校者。教也。序者。射也。夏曰校。殷曰序。周曰庠。學則三代共之。皆所以明人倫也。【注】養者。養耆老。教者。教以禮樂。射者。三耦四矢以達物導氣也。學則三代同名。皆謂之學。學乎人倫。人倫者。人事也。猶洪範曰彝倫攸敍。謂常事所敍也。【疏】庠者至倫也。○正義曰。史記儒林傳。公孫宏乃請與太常臧博士平等議曰。聞三代之道。鄉里有敎。夏曰校。殷曰序。周曰庠。漢書儒林傳。則作殷曰庠。周曰序。說文與漢書同。未知孰是也。閻氏若璩釋地又續云。陳氏禮書曰。孟子論井地而及夏曰校。商曰序。周曰庠。蓋校庠序者。鄉學也。鄉飲酒。主人迎賓於庠門之外。鄉師不帥敎。耆老皆朝於庠。則庠鄉學名也。周官州長會民射於州序、黨正屬民飲酒於序。則序亦鄉學名也。鄭人之所欲毀者。謂之鄉校。則校亦鄉學名也。然鄉曰庠。記言黨有庠。州曰序。記言遂有序。何也。古之致仕者。敎子弟於閭塾之基。則家有塾云者。非家塾也。合二十五家而敎之閭塾。謂之家有塾。則合五黨而敎之鄉庠。謂之黨有庠可也。周禮遂官各降鄉官一等。則遂之學亦降鄉一等矣。降鄉一等而謂之州長。其爵與遂大夫同。則遂之學。其名與州序同可也。小戴本雜記之書。陳氏能將儀禮周官左氏及孟子融會於一。無少抵牾。眞經術之文也。周氏柄中辨正云。孟子言夏曰校。殷曰序。周曰庠。此鄉學也。而王制所識虞曰庠。夏曰序。爲國學之稱。考之周禮。則州黨之學皆曰序。而庠校不見於經。學記云。黨有庠者。庚氏謂夏殷制。非周法。其說皆與孟子不合。讀孟子書。當就孟子求其義。不得又以他說汩亂之。安溪李文貞公云。立太學以敎於國。設庠序以化於邑。董子雖言之而莫行也。故在漢代辟雍太學之制。博士弟子員之設。僅於京師而已。自後天下州邑。亦徒廟事孔子。而無學。宋之中世。始詔天下有州者皆得立學。而縣之學士。滿二百人。始得爲之。少則不能中律。今荒州僻縣。無不設之學矣。意三代相承亦如此。夏之時。鄉爲置校而已。殷之時。州莫不有序焉。周人修而兼用之。而黨庠以徧。此自古及今。其制寖廣也。黨近於民。故主於上齒尊長。而以養爲義。鄉近於國，故總乎德行道藝。而以敎爲義。州則自黨而升。而將賓於鄉。故修乎禮樂容節。而以射爲義。此則自上而下。其法寖備也。文貞此說最善。蓋黨統於州。州統於鄉。故序以承校。庠以承序。制以漸而始大備。俗說謂三代之鄉學各一。而惟遞變其名。不可通矣。王氏念孫廣雅疏證云。孟子滕文公篇。庠者養也。校者敎也。序者射也。廣雅卷四云。校。敎也。卷五云。序。射也。皆本孟子。引之云。說文。庠。禮官養老也。王制有虞氏。養國老於上庠。鄭注云。庠之言養也。趙岐注孟子云。養者養耆老。射者三耦四矢以達物導氣。此皆緣辭生訓。非經文本意也。養國老於上庠。謂在庠中養老。非謂庠以養老名也。州長職云。春秋以禮會民而射於州序。謂在序中習射。非謂序以習射名也。王制耆老皆朝於庠。元日習射上功。而庠之義獨取於養老何也。文王世子。適東序養老。而序之義獨取於習射何也。庠謂學校。皆爲敎學而設。養老習射偶一行之。不得專命名之義。庠訓爲養。序訓爲射。皆是敎導之名。初無別異也。文王世子。立太傅少傅以養之。欲其知父子君臣之道也。鄭注云。養猶敎也。言養者積寖養成之。保氏職云。掌養國子以道。此庠訓養之說也。射繹古字通。爾雅云。繹。陳也。周語云。無射所以宣布哲人之令德。示民軌儀也。則射者陳列而宣示之。所謂謹庠序之敎。申之以孝弟之義也。此序訓爲射之說也。養射皆敎也。敎之爲父子。敎之爲君臣。敎之爲長幼。故曰。皆所以明人倫也。徹者徹也。助者藉也。庠者養也。校者敎也。序者射也。皆因本事以立訓。豈嘗別指一事以名之哉。○注。養者至敎也。○正義曰。趙氏以養爲養耆老。卽本王制養國老於上庠。說文亦以庠爲禮官養老也。鄭風詩序云。子衿。刺學校廢也。亂世則學校不修焉。其三章一日不見如三月兮。毛傳云。言禮樂不可一日而廢。趙氏本此。故以教禮樂言之。其實不僅教以禮樂。故鄭箋云。鄭國謂學爲校。言可以校正道藝。道藝則不止禮樂也。儀禮鄉射云。豫則鉤楹內。注云。豫者。謂州學也。讀如成周宣榭災之榭。周禮作序。今文豫爲序。序即榭。榭射學堂。是榭因鄉射而立名。鄉射禮云。三耦俟於堂東。注云。還弟子之中德行道藝之高者。以爲三耦。又云。兼挾乘矢。又云。三耦皆執弓。搢三而挾一個。注云。乘矢。四矢也。白虎通鄉射篇云。天子所以親射何。助陽氣達萬物也。春氣微弱。恐物有窒塞不能自達者。夫射自內發外。貫堅入剛。象物之生。故以射達之也。是所云達物導氣之義也。學。謂大學也。庠序校皆鄉學。在郊。禮記王制云。耆老皆朝於庠。元日習射上功。習鄉上齒。大司徒帥國之俊士與執事焉。不變。命國之右鄉。簡不帥教者移之左。命國之左鄉。簡不帥教者移之右。不變。移之郊。不變。移之遂。此由鄉下移於郊遂。皆鄉學也。又云。命鄉論秀士。升之司徒曰選士。司徒論選士之秀者而升之學。此學即大學。在城中王宮之左者也。三代同名爲學。無異名也。文王世子云。春夏學干戈。秋冬學羽籥。皆於東序。春誦夏弦。大師詔之瞽宗。秋學禮。執禮者詔之。冬讀書。典書者詔之。禮在瞽宗。書在上庠。又云。凡祭與養老乞言合語之禮。皆小樂正詔之於東序。周禮大司樂。掌成均之法。以治建國之學政。而合國之子弟焉。凡有道有德者使教焉。死則以爲樂祖。祭於瞽宗。又有成均東序瞽宗上庠等名者。蓋統名爲學而分爲四。其東爲東序也。其西爲瞽宗。瞽宗即西學。故祭義云。祀先賢於西學。即祭有道德者於瞽宗也。其北爲上庠。秋學禮在瞽宗爲西學。則冬學書在上庠爲北學矣。東序瞽宗上庠。分列東西北三方。則成均爲南學，青陽總章元堂。統其名於明堂。則東序瞽宗上庠。統其名於成均。故大司樂分言之則云東序瞽宗。統言之則言掌成均之法也。雖分有四名。而實統謂之學。祭義云。天子設四學。大戴記云。帝入東學。帝入南學。帝入西學。帝入北學。但仍僅謂之學也。吳氏鼎易堂問目云。今考定五學。東學。周名東膠。又名東序。本夏學總名。西學。周名瞽宗。又名右學。本殷學總名。北學。周名上庠。本虞學總名。南學。周名成均。舊說五帝學名。蓋陶唐以前學之總名。大學。周名辟雍。魯兼四代之學。序在東。瞽宗在西。米廩在北。頖宮在南。文王世子。王乃命公侯伯子男及羣吏曰。反養老幼於東序。則諸侯國學。疑皆同此制。鄭氏注禮記曲禮樂記。皆以倫爲類。高誘注呂氏春秋達鬱。淮南子說林等篇。皆以類爲事。趙氏注告子篇。此之謂不知類也。亦云類。事也。此以倫爲事。即以倫爲類也。洪範周書篇名。惟十有三祀。王訪於箕子。王乃言曰。嗚呼箕子。惟天陰騭下民。相協厥居。我不知其彝倫攸敘。王肅注云。言天深定下民。與之五常之性。王者當助天和。合其居所行天之性。我不知常道倫理所以次敘。漢書五行志引洪範此文。應劭注云。陰。覆。騭。升。相。助。協。和。倫。理。攸。所也。言天覆下民。王者當助天居。我不知居天常理所次敘也。禮記樂記云。理之不可易者也。注云。理。猶事也。倫之爲事。即倫之爲理。與應劭王肅義同。顧氏炎武日知錄云。彝倫者。天地人之常道。如下所云五行五事八政五紀皇極三德稽疑庶徵五福六極。皆在其中。不止孟子之言人倫而已。能盡人之性。盡物之性。則可以贊天地之化育。而彝倫敘矣。按趙氏引洪範彝倫。以證孟子之人倫。謂其常事有敘。則正以孟子此言人倫。卽洪範之彝倫。蓋國學鄉學。爲王大子王子。羣后之大子。卿大夫元士之適子。國之俊選。
皆由此出。樂正崇四術。立四敎。順先王詩書禮樂以造士。雖申之以孝弟之義。而一切人事常理。
無不講明也。人倫明於上。小民親於下。有王者起。必來取法。是爲王者師也。【注】有行
三王之道而興起者。當取法於有道之國也。詩云周雖舊邦。其命惟新。文王之謂也。子力
行之。亦以新子之國。【注】詩大雅文王之篇。言周雖后稷以來舊爲諸侯。其受王命惟文王新復修治
禮義以致之耳。以是勸勉文公。欲使庶幾新其國也。【疏】注。詩大至國也。○正義曰。詩在文王篇首章。閩
監毛三本惟作維。閻氏若璩孟子生卒年月考云。春
秋公羊傳。君存稱世子。君薨稱子某。旣葬稱子。踰年稱公。左氏例則未葬稱子。旣葬稱君。不待
踰年始稱君。此二傳之同異也。及以孟子證。則又有異。君存稱世子。滕文公爲世子。是君薨亦稱
世子。滕定公薨。世子謂然友。是未葬稱子。不待旣葬爲然。至於子之身而反之。是皆孟子所稱子
力行之。則在旣葬之後。但未踰年耳。何以驗之。滕文公旣定爲三年之喪。五月居廬。未有命戒。
則亦無禮聘賢人之事可知。繇至葬後。始以禮聘孟子至滕。而問國事焉。故孟子猶稱之爲子。直至
踰年改元。然後兩稱爲君。曰君如彼何哉。曰君請擇於斯二者。然則孟子於滕。行踐歲月。亦略可
覩矣。按禮記坊記云。未沒喪不稱君。示民不爭也。故魯春秋記晉喪。曰殺其君之子奚齊。及其君
卓。注云。沒。終也。春秋傳曰。諸侯其封於內。三年稱子。至其臣子。踰年則謂之君矣。孟子未
臣於齊。恐其稱君在終喪之後。未必旣葬卽聘賢人。蓋滕文行三年之喪。喪將終。
乃聘孟子。孟子至未幾卽終喪。故此仍在三年之內則稱子。旣三年喪畢則稱君也。使畢戰問井
地。【注】畢戰。滕臣也。問古井田之法。時諸侯各去典籍。人自為政。故井田之道不明也。【疏】注。畢戰至明也。○正
義曰。畢戰爲文公所
使。知爲滕臣也。考工記匠人注。引滕文公問爲國於孟子云云。文公又問井田。賈氏疏云。彼是文
公使畢戰問。今以爲文公問者。畢戰文公臣。君統臣功。亦得爲文公問也。鄭氏以井田代井地。是
井地卽井田也。毛氏奇齡經問云。滕文公使畢戰問井地。豈戰國時無井地與。曰。據春秋有井衍沃
之文。則晉亦嘗作井地。但淮坦衍而沃膏者。間一行之。他無是也。若戰國則未必有矣。史記秦孝
公四十一年。爲田開阡陌。正在戰國。與魏惠王齊威王同時。則此
時方改阡陌廢井田之際。雖問或有是。亦將毀棄。況未必有也。孟子曰。子之君將行仁
政。選擇而使子。子必勉之。夫仁政必自經界始。經界不正。井地不鈞。穀祿
不平。【注】子。畢戰也。經。亦界也。必先正其經界。勿侵鄰國。乃可鈞井田。平穀祿。穀所以為祿也。周禮小司徒曰。乃

經土地而井牧其田野。言正其土地之界。乃定受其井牧之處也。【疏】注。子畢至處也。○正義曰。畢戰來問。此云子之君。君指文公。則子指畢戰也。周禮地官司市。以次敍分地而經市。注云。經。界也。趙氏以此經界卽各國之疆界。封疆與井田相表裏。故先不相侵奪。而井田乃可均也。阮氏元校勘記云。井地不鈞。石經岳本咸淳衢州本廖本孔本韓本考文古本足利本同。閩監毛三本鈞作均。按均鈞古字通也。穀。祿也。爾雅釋言文。周禮天官冢宰。以八柄詔王馭羣臣。二曰祿以馭其富。注云。班祿所以富臣下。書曰。凡厥正人。旣富方穀。是以穀釋祿。天府祭天之司民司祿注云。祿之言穀也。詩小雅。蔌蔌方有穀。箋亦云。穀。祿也。祿奉以穀。故穀卽祿矣。小司徒。地官職也。云乃經土地而井牧其田野。九夫爲井。四井爲邑。四邑爲邱。四邱爲甸。四甸爲縣。四縣爲都。以任地事而令貢賦。凡稅斂之事。注云。此謂造都鄙也。采地制井田異於鄉遂。重立國。小司徒爲經之。立其五溝五塗之界。其制似井之字。因取名焉。孟子曰。夫仁政必自經界始。經界不正。井地不均。穀祿不平。是故暴君汙吏。必慢其經界。經界旣正。分田制祿。可坐而定也。九夫爲井者。方一里九夫所治之田也。此制小司徒經之。匠人爲之溝洫相包。乃成耳。鄭氏以小司徒所經。卽井田之界。經土地之經。爲經始靈臺之經。謂小司徒經度之。與趙氏說異。是故暴君汙吏必慢其經界。經界旣正。分田制祿。可坐而定也。【注】暴君。殘虐之君。汙吏。貪吏也。慢經界。不正本也。必相侵陵長爭訟也。分田。賦廬井也。制祿。以庶人在官者比上農夫。轉以爲差。故可坐而定也。【疏】注。暴君至定也。○正義曰。周禮地官大司徒。辨其邦國都鄙之數。制其畿疆而溝封之。凡建邦國。以土圭土其地而制其域。凡造都鄙。制其地域而封溝之。邦國爲公侯伯子男附庸。各有界矣。都鄙爲王子弟公卿大夫采地。亦各有界矣。蓋建邦國。造都鄙。必審井田之形勢以爲之界。各滿其爲邑爲成爲終爲同爲封爲畿以界之。邦國都鄙之界。視井田之界而定。則井田之在各國各采邑者乃均。自諸侯之殘虐者。侵奪鄰國。而邦國之界不正。自卿大夫之貪汙者。侵占鄰邑。而采地之界不正。於是爲成爲邑爲井者。將不能滿其數。合其度。而亦不均矣。惟外而邦國之大界正。內而都鄙采邑之小界正。而井田乃正。以之分授於夫。以之制諸臣之祿。皆可定也。此諸氏以正經界爲勿侵鄰國之義也。荀子性惡篇云。所見者汙慢淫邪貪利之行也。列女傳貞順篇云。且夫棄義從欲者汙也。見利忘死者貪也。夫貪汙之人。王何以爲哉。是汙卽貪也。劉熙釋名釋言語云。慢。漫也。漫漫。心無所限忌也。心輕慢之。不以先王所定爲制。在邦國必相侵陵。卽所云侵鄰國也。在都鄙則長爭訟。如郤錡奪夷陽五田。郤犨與長魚矯爭田是也。前但言侵鄰國。此兼言之也。廬謂二畝半在田。井謂一夫百畝也。以庶人在官者比上農夫。轉以爲差者。禮記王制云。諸侯之下士祿食九人。中士食十八人。上士食三十六人。下大夫食七十二人。卿食二百八十八人。君食二千八百八十人是也。

夫滕壤地褊小。將爲君子焉。將爲野人焉。無君子莫治野人。無野人莫養君子。【注】褊小謂五十里也。爲有也。雖小國亦有君子。亦有野人。言足以爲善政也。【疏】注。爲有也。○正義曰。梁惠王篇會推其所爲而已矣。說苑引作善推其所有而已。詩大雅。婦有長舌。大戴記本命注。作婦爲長舌。是有爲二字古通。請野九一而助。國中什一使自賦。【注】九一者。井田以九頃爲數而供什一。郊野之賦也。助者。殷家稅名也。周亦用之。龍子所謂莫善於助也。時諸侯不行助法。國中什一者。周禮園廛二十而稅一。時行重賦。責之什一也。而。如也。自從也。孟子欲請使野人如助法。什一而稅之。國中從其本賦。二十而稅一。以寬之也。【疏】注。九一至之也。○正義曰。宣公十五年公羊傳云。古者什一而籍。什一者。天下之中正也。注云。夫饑寒並至。雖堯舜躬化。不能使野無寇盜。貧富兼并。雖皋陶制法。不能使彊不淩弱。是故聖人制井田之法而口分之。一夫一婦。受田百畝。以養父母妻子。五口爲一家。公田十畝。卽所謂什一而稅也。廬舍二畝半。凡爲田一頃十二畝半。八家而九頃。共爲一井。蓋百畝爲一頃。九頃者。九百畝也。郊野在郊外。自百里至五百里。通都鄙言之也。地官載師園廛二十而一。又云。以廛里任國中之地。以場圃任園地。是園廛在國中。故以此國中爲園廛二十有一也。而與如通。故亦與如通。詩小雅。垂帶而厲。箋云。而。如也。是也。鄭康成箋毛詩。高誘注呂氏春秋淮南子。皆以自爲從。趙氏以當時郊野之稅。不止什一。孟子欲其什一而藉。如殷人之行助。其國中園廛之稅。本二十取一。當時則什取一。是爲行重賦。民不能什一而以什一誅求之。故云責之什一也。野宜什一。則不止什一。國中不宜什一。乃重賦而責其什一。是國中什一也。非郊野什一也。國中不可什一而什一。孟子則欲其仍從舊賦二十取一。故云寬之也。趙氏義如此。程氏瑤田通藝錄周官畿內經地考云。王畿千里。自王城居中視之。四面皆五百里。五十里爲近郊。百里爲遠郊。二百里爲甸地。三百里爲稍地。四百里爲縣地。五百里爲疆地。大司徒之職。令五家爲比。五比爲閭。四閭爲族。五族爲黨。五黨爲州。五州爲鄉。鄉凡萬二千五百家。如此者六。綜計之。受地者凡七萬五千家也。六鄉之地在郊。遂人掌邦之野。造都鄙形體之法。五家爲鄰。五鄰爲里。四里爲酇。五酇爲鄙。五鄙爲縣。五縣爲遂。六遂亦受地者凡七萬五千家。數如六鄉。但異其名耳。其地在甸。六遂之授地也。亦遂人掌之。其職云。辨其野之土。上地中地下地以頒田里。上地夫一廛。田百畮。萊五十畮。餘夫亦如之。中地夫一廛。田百畮。萊百畮。餘夫亦如之。下地夫一廛。田百畮。萊二百畮。餘夫亦如之。其治溝洫以制地也。亦遂人掌之。其職云。凡治野。夫間有遂。遂上有徑。十夫有溝。溝上有畛。百夫有洫。洫上有涂。千夫有澮。澮上有道。萬夫有川。川上有路。以達於畿。此六遂之田制也。而六鄉田制。不見於經。經獨見鄉之軍法。故鄭氏注云。鄉之田制與遂同。遂之軍法如六鄉。六鄉軍法。在小司徒之職。五人爲伍。五伍爲兩。四兩爲卒。五卒爲旅。五旅爲師。五師爲軍。軍萬二千五百人。出於鄉。家一人也。大鄉六軍。夏官大司馬之職。所謂王六軍也。此郊甸經地之法。在二百里內者也。其外則稍地縣地畺地。謂之都鄙。都鄙者。王子弟及公卿大夫之采地。其界曰都。而鄙則其所居者也。大司徒之職。凡造都鄙。制其地域而封溝之。以其室數制之。不易之地家百畮。一易之地家二百畮。再易之地家三百畮。其造都鄙也，則小司徒經之。其職云。乃經土地而井牧其田野。九夫爲井。四井爲邑。四邑爲邱。四邱爲甸，四甸爲縣。四縣爲都。鄭氏注云。隰皋之地。九夫爲牧。二牧而當一井。今造都鄙授民田。有不易。有一易。有再易。通率二而當一。是之謂井牧。據此是鄭氏以都鄙授井田。爲不易一易再易之地。與經所謂以室數制之者。無異義矣。乃其注載師職之任地。則又以易不易之田歸之六鄉，以上中下有萊之田。歸之甸稍縣都。且云。郊內謂之易。郊外謂之萊。爲善言近六遂之民奇受廛上地有萊爲所以饒遠也。不但與經相戾。卽與其自注亦不相蒙。豈謂遂人所掌之野。得包甸稍縣都。授以有萊之地爲從其類。而易不易之田。在大司徒司徒主六鄉。因以所制田授之與。井田溝洫之制。在考工記匠人爲溝洫。耜廣二寸。二耜爲耦。一耦之伐。廣尺深尺謂之甽。田首倍之。廣二尺深二尺謂之遂。九夫爲井。井間廣四尺深四尺謂之溝。方十里爲成。成間廣八尺深八尺謂之洫。方百里爲同。同間廣二尋深二仞謂之澮。專達於川。鄭氏所謂井牧之制。小司徒經之。匠人爲之溝洫相包乃成者是也，此都鄙經地之法也。載師職云。以廛里任國中之地。以場圃任園地。以宅田士田賈田任近郊之地。以官田牛田賞田牧田任遠郊之地。以公邑之田任甸地。以家邑之田任稍地。以小都之田任縣地。以大都之田任畺地。據六鄉之田在郊。宅田士田賈田官田牛田賞田牧田。則六鄉之餘地也。六遂之田在甸。公邑則六遂之餘地也。家邑之田在稍。小都之田在縣。大都之田在畺。稍縣畺皆有餘地。亦謂之公邑。今於甸言餘地。於稍縣畺言其正田。旣互相足。亦以鄉遂形體。詳司徒遂人職中。不煩復言其正田也。家邑方二十五里。凡四甸。大夫之采地也。小都方五十里。凡四縣。卿之采地也。大都方百里。凡四都。公之采地也。王母弟王之庶子與公同食百里地於畺。王子弟稍疏者。與卿同食五十里地於縣。其又疏者。與大夫同食二十五里地於稍。其入稅於王也。皆四之一。故曰四甸入一甸。四縣入一縣。四都入一都。四都者。一同之地。故曰大都。四縣者。一都之地。故曰小都。四甸者。一縣之地。故曰家邑。王氏鳴盛周禮軍賦說云。鄭康成以遂人所言。爲溝洫之法。卽夏之貢法。鄉遂公邑用之。匠人所言。爲井田之法。卽殷之助法。都鄙用之。其溝洫與井田之異。則正義遂人云。夫間有遂。十夫有溝。百夫有洫。千夫有澮。萬夫有川。方三十三里少半里九而方。一同九澮。而川周其外。則百里之內。九九八十一澮。井田則一同惟一澮。一溝澮彌多。一溝澮稀少。其異一。匠人井田之法。畎縱遂橫。溝縱洫橫。澮縱川橫。其夫間縱者。分夫間之界耳。無遂。其遂注入溝。溝注入洫。洫注入澮。澮注入川。略舉一成。以三隅反之。一同可見矣。遂人云。夫間有遂。以南畝圖之。則遂縱而溝橫。匠人不云夫間有遂。云田首倍之謂之遂。遂則橫。溝縱也。自餘洫澮川依此。遂溝縱橫。參之可知。其異二。遂人云。九澮而川周其外。川是人造之。匠人百里有澮。澮水注入川。相去逆。宜爲自然大川。非人所造。其異三。溝洫之法。祇就夫稅之十一而貢。井田之法。九夫爲井。井稅一夫。美惡取於此。不稅民之所自治。其異四。倪氏思寬讀書記云。鄭氏匠人注云。野九夫而稅一。甫田箋云。井稅一夫。其田百畝。竊嘗據鄭旨校分數。八家九百畝。而公田百畝。通公私之率。無異家別一百一十二畝半。於一百一十二畝半抽其一十二畝半。則於九分之中而稅其一分。正合九一之旨。其數甚明。不待持籌而知也。馬端臨謂遂人之十夫。特姑舉成數言之。不必拘以十數。此言殊謬。十夫有溝。明係古人成法。蓋國中行鄉遂之法。皆五五相連屬。而五倍之則十也。如五家爲比。二比則十夫。五家爲鄰。二鄰則十夫。十夫有溝。當從義於此。豈得謂姑舉成數言之。至謂行貢之地。無問高原下隰。截長補短。所爲溝洫者。不過隨地高下而爲之蓄洩。異日井田之溝洫。有一定之尺寸。此言也。適足以啓慢其經界之弊矣。古人於高原下隰。別有通融之法。如楚蔿掩所書者。旣言鄉遂用貢法。十夫有溝。則經界森列。有條不紊。庸詎得如馬說也。其實皆什一也。聖賢立言。文無虛設。假令貢助果皆什一。則其實一語爲贅文矣。唯立法九一什一不同。而論其實。則於中正之準。初無不合。鄭注載師云。周稅輕近而重遠。近者多役也。則是國中什一而役多。野九一而役少。會而通之。總皆什一。其理易明。孟子特立此文。以明助法九一之善。若鄭氏又謂孟子言其實皆什一。據通率而言耳。則經文九一什一文聯義對。鄭說雖巧而近於鑿。不得從之。據趙氏以國中爲城中。野爲鄉遂都鄙通稱。則九一之制。自國門外皆然。依鄭氏則以國中當鄉遂用貢。野當都鄙用助。乃鄭氏又以周制畿內用夏之貢法稅。夫無公田。邦國用殷之助法制。公田不稅。夫旣以都鄙井田異於鄉遂。遂人注又謂野爲甸稍縣都。甸是六遂。則遂亦通爲野。與都鄙異於鄉遂之說異。蓋又以郊內六鄉爲國中。遂以外皆野矣。一人之說。已參差不一。其與趙氏之異。又何若矣。備載之以俟考。

卿以下。必有圭田。圭田五十畝。餘夫二十五畝。

注 古者卿以下至於士。皆受圭田五十畝。所以共祭祀。圭。絜也。士田故謂之圭田。所謂惟士無田。則亦不祭。言絀士無絜田也。井田之民。養公田者受百畝。圭田半之。故五十畝。餘夫者。一家一人受田。其餘老小尚有餘力者受二十五畝。半於圭田。謂之餘夫也。受田者田萊多少。有上中下。周禮曰。餘夫亦如之。亦如上中下之制也。王制曰。夫圭田無征。謂餘夫圭田。皆不出征賦也。時無圭田餘夫。孟子欲令復古。所以重祭祀利民之道也。

疏 注。古者至十畝。○正義曰。周禮地官載師。以士田任近郊之地。注云。鄭司農云。士田者。士大夫之子得而耕之田也。元謂士讀爲仕。仕者亦受田。所謂圭田也。孟子曰。自卿以下。必有圭田。圭田五十畝。圭田旣是仕田。則卿以下通大夫士而言。卽載師之士田也。毛詩小雅天保篇。吉蠲爲饎傳云。蠲。絜也。秋官蜡氏。凡國之大祭祀。令州里除不蠲。注云。蠲讀爲吉圭惟饎之圭。圭。潔也。儀禮士虞禮記云。圭爲而哀薦之饗。注亦云。圭。絜也。詩曰。吉圭爲饎。呂氏春秋尊師篇云。必蠲絜。高誘注云。蠲讀曰圭。是圭之義爲絜也。禮記王制云。夫圭田無征。注云。夫猶治也。征。稅也。孟子曰。卿以下必有圭田。治圭田者不稅。所以厚賢也。此則周禮之士田以任近郊之地稅什一。孔氏正義云。圭。潔也。言德行潔白也。而與之田。殷所不稅者。殷政寬厚重賢人。周則稅之。士以潔白而升。則與以圭田。使供祭祀。若以不潔白而黜。則收其田里。故士無田則不祭。有田以表其潔。無田以罰其不潔也。說文田部云。畦田五十畝。曰。畦从田圭聲。段氏玉裁說文解字注云。畦留夷與揭車。王逸注。五十畝曰畦。蜀都賦劉注云。楚辭倚沼畦瀛。王逸云。瀛。澤中也。班固以爲畦田五十畝也。孟子曰。圭田五十畝。然則畦从圭田。會意兼形聲與。孫氏蘭輿地隅說云。孟子圭田。或以圭訓潔。非也。九章方田有圭田。求廣從法有直田截圭田法。有圭田截小截大法。凡零星不成井之田。一以圭法量之。圭者。合二句股之形。井田之外有圭田。明係零星不井者也。此上二說。與趙氏異。按鄭司農以士田爲士大夫之子所耕。荀子王制篇云。雖王公士大夫之子孫。不能屬於禮義。則歸之庶人。然則士大夫之子孫。其不能嗣爲士大夫者。即授之田。正與餘夫一例。若然。則圭田不以潔取義。正指不能成井者而言。不能成井。則以五十畝爲一畦。畦之數。又即由圭形而稱焉者也。史記貨殖傳云。千畦薑韭。集解引徐廣云。一畦二十五畝。文選注引劉熙注。病於夏畦云。今俗以二十五畝爲小畦。以五十畝爲大畦。然則餘夫二十五畝。亦即蒙上圭田而言。○注。餘夫至等也。○正義曰。宣公十五年公羊傳注云。多於五口。名曰餘夫。以率受田二十五畝。此趙氏義也。多於五口。則不拘何人。故趙氏兼言老少也。漢書食貨志云。民受田。上田夫百畮。中田夫二百畮。下田夫三百畮。歲耕種者。爲不易上田。休一歲者。爲一易中田。休二歲者。爲再易下田。三歲更耕之。自爰其處。農民戶人已受田。其家衆男爲餘夫。亦以口受田。如此士工商家受田五口。乃當農夫一人。此云如比。則如一夫百畝之例。與孟子餘夫二十五畝之餘夫不同。地官遂人。辨其野之土。上地中地下地。以頒田里。上地夫一廛。田百畮。萊五十畮。餘夫亦如之。中地夫一廛。田百畮。萊百畮。餘夫亦如之。下地夫一廛。田百畮。萊二百畮。餘夫亦如之。注云。萊。休不耕者。鄭司農云。戶計一夫一婦而賦之田。其一戶有數口者。餘夫亦受此田也。廛。居也。揚子雲有田一廛。謂百畝之居也。後鄭此處不注。而注於載師云。餘夫在遂。地之中如比。則士工商以事入在官。而餘夫以力出耕公邑。賈氏疏云。六鄉七萬五千家。家以七夫爲計。餘子弟多三十壯有室。其合受地。亦與正夫同。孟子云。圭田五十畝。餘夫二十五畝。彼餘夫與正夫不同者。彼餘夫是二十九已下未有妻。受口田。故二十五畝。若三十有妻。則受夫田百畝。故鄭注內則云。三十受田給征役。士與工商之家。丈夫成人。受田各受一夫。則云半農夫者是也。其家內無丈夫。其餘家口。不得如成人。故五口乃當農夫一人。百里內置六鄉。以九等受地。皆以一夫爲計。其地則盡。至於餘夫無地可受。則六鄉餘夫等。並出耕在遂地之中。百里之外。其六遂之餘夫。並亦在遂地之中受田矣。如是。則遂人之餘夫。不同於孟子之餘夫。乃趙氏引周禮遂人餘夫以證孟子。則是以遂人所云餘夫亦如之。即此餘夫二十五畝之餘夫也。彼注者因上言夫一廛田百畮。下言餘夫亦如之。故以爲此三十授田之餘夫所授。亦如一夫之百畝。趙氏解遂人謂一夫所受田萊多少。有上中下。餘夫亦如上中下之等。非亦如百畝也。陳詳道禮書云。先王之於民。受地雖均百畝。然其子弟之衆。或食不足而力有餘。則又以餘夫任之。此載芟詩所謂侯彊。周禮所謂以彊予任甿者也。然餘夫之田。不過二十五畝。以其家既受田百畝。而又以百畝予之。則彼力有所不逮矣。故其田四分農夫之一而已。上地田二十五畝。萊半之。中地二十五畝。萊亦二十五畝。下地二十五畝。萊五十畝。所謂如之者。如田萊之多寡而已。非謂餘夫亦受百畝之田如正農夫也。此得趙氏義矣。○注。王制至道也。○正義曰。趙氏佑溫故錄云。王制夫圭田無征注云云。依鄭注則王制夫字直下讀。而夫之訓治。既少證佐。依趙注則以夫爲餘夫。當讀夫字斷。與圭田爲二事。而餘夫獨省去餘字。以何明之。或讀夫音扶。則本文上承古者公田藉而不稅。市廛而不稅。關譏而不征。林麓川澤。以時入而不禁。皆以次銜接。不應所用助辭。今按周禮每言夫受田征稅。皆必計夫爲率。故有夫家之征。注謂夫稅家稅。夫稅者。百畝之稅。家稅者。出士徒車輦給繇役。考工記匠人注。以載師職云。園廛二十而一。近郊十一。遠郊二十而三。甸稍縣都。皆無過十二。謂田稅也。皆就夫稅之近輕遠重耳。下即引孟子此章文云。以載師職及司馬法論之。則周制畿內用夏之貢法。稅夫無公田。以詩春秋論語孟子論之。周制邦國用殷之助法。制公田不稅夫也。則此圭田在畿內。當稅夫而謂無征。正言圭田不稅夫。倒夫字於句上也。蓋井田計夫。畝百爲夫。圭田半之。不合計夫。故不稅夫以優恤卿士之子孫。使得專力於祭祀也。是王制原可作夫字一句讀。與上市關等一例。不必訓治。更無餘夫在內。餘夫二十五畝。又半於圭田。其人老弱。或當亦不計夫。

死徙無出鄉。【注】死謂葬死也。徙謂爰土易居。平肥磽也。不出其鄉。易爲功也。【疏】注。死謂至功也。○正義曰。荀子禮論云。死。人之終也。夫厚其生而薄其死。是敬其有知。而慢其無知也。此但云死。則送死也。送死惟葬則有出鄉不出鄉之別。故云葬死也。周書大聚解云。墳墓相連。民乃有親是也。阮氏元校勘記云。謂受土易居也。肥磽也。閩監毛三本如此。廖本孔本韓本。受作爰。上也字作平。作爰作平。是爰土即國語之轅田。賈侍中云。轅。易也。爲易田之法。左傳作爰田。食貨志云。三歲更耕之。自爰其處。公羊傳注云。三年一換土易居。然則爰者。換也。平肥磽者。是謂一易之地家百畝。再易之地家二百畝。三易之地家三百畝。無偏枯不均也。按晉於是作爰田。是僖公十五年左傳。孔疏引服虔孔晁皆云。爰。易也。賞衆以田。易其疆畔。易亦換也。古爰音與換近。故畔換即畔援也。說文走部云。𧻚。田易居也。段氏玉裁說文解字注云。周禮大司徒不易之地家百畝。一易之地家二百畝。再易之地家三百畝。大鄭云。不易之地。歲種之美。故家百畝。一易之地。休一歲乃復。地薄。故家二百畝。再易之地。休二歲乃復種。故家三百畝。遂人辨其野之土。上地中地下地。以頒田里。上地夫一廛。田百畝。萊五十畝。中地夫一廛。田百畝。萊百畝。下地夫一廛。田百畝。萊二百畝。注。萊。謂休不耕者。公羊何注云。司空謹別田之高下美惡。分爲三品。上田一歲一墾。中田二歲一墾。下田三歲一墾。肥饒不得獨樂。墝埆不得獨苦。故三年一換主易居。財均力平。漢書食貨志云。民受田。上田夫百畝。中田夫二百畝。下田夫三百畝。歲耕種者爲不易上田。休一歲者爲一易中田。休二歲者爲再易下田。三歲更耕。自爰其處。地理志云。秦孝公用商君制轅田。張晏云。周制三年一易。以同美惡。商鞅始割裂田地。開立阡陌。令民各有常制。

孟康云。三年爰土易居。古制也。末世寖廢。商鞅相秦。復立爰田。上田不易。中田一易。下田再易。爰自在其田。不復易居也。據何云。換主易居。班云。更耕自爰其處。趙云。爰土易居。許云。趣田易居。爰轅趄換四字。音義同也。古者每歲易其所耕。則田廬皆易。云三年者。三年而上中下田徧焉。三年後一年仍耕上田。故曰自爰其處。孟康說古制易居爲爰田。商鞅自在其田不復易居爲轅田。名同實異。孟說是也。依孟則商鞅田分上中下而少多之。得上田者百畝。得中田者二百畝。得下田者三百畝。不令得田者彼此相易。其得中田二百畝者。每年耕百畝。二年而徧。得下田三百畝者。亦每年耕百畝。三年而徧。故曰上田不易。中田一易。下田再易。爰自在其田。不復易居。周禮之制。得三等田者。彼此相易。今年耕上田百畝。明年耕中田二百畝之百畝。又明年耕下田三百畝之百畝。又明年仍耕上田之百畝。如是乃得有休一歲休二歲之法。故日三歲更耕。自爰其處。與商鞅法雖異而實同也。鞅之害民在開阡陌。

鄉田同井。出入相友。守望相助。疾病相扶持。則百姓親睦。注同鄉之田。共井之家。各相營勞也。出入相友。相友耦也。周禮太宰曰。八曰友以任得民。守望相助。助。察姦也。疾病相扶持。扶持其羸弱。救其困急。皆所以教民相親睦之道。睦。和也。疏注。同鄉至和也。○正義曰。說文䣈部云。鄉國離邑民所封也。嗇夫別治。从䣈皂聲。封圻之內六鄉。六鄉治之。段氏玉裁說文解字注云。離邑如言離宮別館。國與邑名可互稱。析言之。則國大邑小。一國中離析爲若干邑。封。猶域也。所封。謂民域其中。所鄉謂歸往也。劉熙釋名釋州國云。鄉。向也。衆所向也。以同音爲訓也。嗇夫別治。言[illegible]制六鄉。六鄉治之。謂周禮。按此分別鄉之名甚析。畿內六鄉。別乎六遂都鄙而言。此鄉之專名也。凡民所向往。國之別邑。皆謂之鄉。此鄉之通名也。逸周書大聚解云。以國爲邑。以邑爲鄉。以鄉爲閭。禍災相恤。資喪比服。合閭立教。以威爲長。合族同親。以敬爲長。飲食相約。興彈相庸。耦耕日耘。男女有婚。墳墓相連。民乃有親。孟子此文略同。同鄉之田。即同國同邑之謂。非專指六鄉也。韓詩外傳云。古者八家而井。田方里而爲井。廣三百步。長三百步。一里其田九百畝。八家爲鄰。家得百畝。餘夫各得二十五畝。家爲公田十畝。餘二十畝。共爲廬舍。各得二畝半。八家相保。出入更守。疾病相憂。患難相救。有無相貸。飲食相召。嫁娶相謀。漁獵分得。仁恩施行。是以其民和親而相好。此本孟子而衍之。共井之人。即此八家爲鄰之謂也。呂氏春秋辯土篇云。所謂今之耕也。營而無獲者。廣雅釋地云。營。耕也。爾雅釋詁云。勞。勤也。各相營勞。謂各耕治其田。而各盡其勤苦也。周禮天官大宰。以九兩繫邦國之民。八曰友以任得民。注云。友謂同井相合耦鋤作者。引孟子此文。趙氏以耦釋友。故引大宰職證之。說文又部云。同志爲友。淮南子時則訓云。令農計耦耕事。高誘注云。耦。合也。農夫同志合耕。亦是友也。廣雅釋詁云。望。候也。覗同伺。一切經音義引字林云。伺。候也。察也。伺亦通作司。秋官禁殺戮。掌司斬殺戮者。注云。司。察也。是也。故趙氏解守望相助云。助察姦惡。以察釋望也。楚辭招魂云。天地四方多賊姦些。淮南子氾論語。姦符節。高誘注云。姦私亦盜也。是姦指盜賊而言。守者防備所已知。望者伺察所未形。守之義易明。故略之。專言察。伺察之。又戒備之。言察而守在矣。鬼谷子捭闔篇云。是故聖人一守•司其門戶。審察其所先後。守司即守望。上兼言守司。而以審察自解之。則審察明司。亦兼明守矣。漢書食貨志引孟子云。出入相友。守望相助。疾病相救。民是以和睦。而教化齊同。力役生產•可得而平也。以救守代扶持。方言云。扶。護也。護亦救也。荀子榮辱篇云。以相羣居。以相持養•注云。持養。保養也。扶持二字義同。人有疾病。則羸弱困急。保養之即救護之矣。凡此皆由有以教化之本。食貨志言之。志言民是以和睦。是睦即和也。

方里而井。井九百畝。其中爲公田。八家皆私百畝。同養公田。公事畢。然後敢治私事。所以別野人也。注方一里者。九百畝之地也。爲一井。八家各私得百畝。同共養其公田之苗稼。公田八十畝。其餘二十畝以爲廬井宅園圃。家二畝半也。先公後私。遂及我私之義也。則是野人之事。所以別於士伍者也。疏注。方一至伍者也。○正義曰。方者。開方也。方一里。謂縱橫皆一里。畫爲九。則積九百畝者。其方三百畝也。其形如井字。故爲一井也。或云。方是法不是形。古九數。一曰方田。若其田本方。安用算。山水之坐。皆以曲而委走。即廣野平疇。其縱必自山出。大約中出者必中高。邊出者必邊高。斷無百十里直如繩。平如砥者。孟子方里云云。亦舉一方者以爲例耳。阮氏元校勘記云。以爲廬井宅園圃。家一畝半也。閩監毛三本同。廖本孔本韓本考文古本無井字。一作二。無井字。非也。穀梁傳云。古者公田爲居。井竈葱韭取焉。一作二是也。此二畝半。合城保二畝半。是爲五畝之宅。徹法九夫爲井。則每家受田一頃。一十二畝半。稅其一十二畝半。是九分取一也。無所爲公私也。助法八家皆私百畝。同養公田。則每以二畝半爲廬井宅園圃。餘八十畝。八家同養。是八百八十畝稅其八十畝。名爲九一。實乃什一分之一也。此助法所以善也。惟是公私之田既分。而先後之期乃定也。野人謂都鄙之人。國語齊語云。罷士無伍。注云。無行曰罷。無伍。無與爲伍也。然則士伍猶云士列也。即謂食祿之君子。公田君子所食。先之。私田野人所食。後之。是別野人於君子也。又地官小司徒。九會萬民之卒伍而用之。五人爲伍。五伍爲兩。四兩爲卒。五卒爲旅。五旅爲師。五師爲軍。尙書費誓云。魯人三郊三遂。孔氏正義云。天子六軍。出自六鄉。則諸侯大國三軍。亦當出自三鄉也。周禮又云。萬二千五百人爲遂。遂人職云。以歲時稽其人民。簡其兵器。以起征役。則六遂亦當出六軍。鄉爲正。遂爲副也。設百里之國。去國十里爲郊。則諸侯之制。亦當鄉在郊內。遂在郊外。然則軍伍屬鄉郊。毛詩小雅采芑傳云。宣王能新美天下之士。箋云。士。軍士也。荀子王制篇云。故王者富民。霸者富士。注云。士。卒伍也。則士伍指鄉遂之人。鄉遂什一自賦。無公田私田之分。則無先公後私之法。是別都鄙之人於鄉遂之人也。二者未知孰是。校勘記云。韓本考文古本伍作位。

此其大略也。若夫潤澤之。則在

君與子矣。【注】略。要也。其井田之大要如是。而加慈惠潤澤之。則在滕君與子共戮力撫循之也。【疏】注略要至如是。○正義曰。淮南子本經訓云。其言略而循理。高誘注云。略。約要也。約之義爲要。略約音近義通也。○注加至循之也。○正義曰。風俗通山澤篇云。澤者。言其潤澤萬物以阜民用也。井田大要如是。此法也。若無慈惠之心行之。則法雖立而民仍不被其澤。荀子富國篇云。垂事養民。拊循之。呴嘔之。注云。拊與撫同。撫循慰悦之也。無井田之法而徒撫循呴嘔之。則爲小惠。井田之法立。而無撫循慈惠之意。則法亦橋餧而無光澤。所謂有治人無治法也。注而加慈惠潤澤之。孔本無而字。章指言尊賢師知。采人之善。善之至也。修學校。勸禮義。勅民事。正經界。均井田。賦什一。則爲國之大本也。【疏】知采人之善。○正義曰。史記太史公自序云。春秋采善貶惡。又禮書云。悉內六國禮儀。采擇其善。韓本無善之至也四字。

有爲神農之言者許行。自楚之滕。踵門而告文公曰。遠方之人聞君行仁政。願受一廛而爲氓。【注】神農。三皇之君炎帝神農氏也。許。姓。行。名也。治爲神農之道者。踵。至也。廛。居也。自稱遠方之人。願爲氓。氓。野人之稱。【疏】注神農至之稱。○正義曰。以神農氏爲三皇者。白虎通號篇云。三皇者何謂也。謂伏羲神農燧人也。或曰。伏羲神農祝融也。按易繫辭傳。首稱伏羲。次神農。次黃帝堯舜並稱。淮南子以伏羲神農爲泰古二皇是也。女媧祝融。孔子所未言。何足以配羲農哉。漢書藝文志云。農家者流。神農二十篇。六國時。諸子疾時怠於農業。道耕農事。託之神農。顏師古云。劉向別錄云。疑李悝及商君所說。商子畫策篇云。神農之世。公耕而食。婦織而衣。刑政不用而治。呂氏春秋愛類篇云。神農之教曰。士有當年而不耕者。則天下或受其饑矣。女有當年而不績者。則天下或受其寒矣。故身親耕。妻親績。所以見致民利也。神農之教。即所謂神農之言也。太平御覽皇王部引尸子云。神農氏夫負妻戴。以治天下。堯曰。服之比神農。猶旦之與昏也。北堂書鈔帝王部引尸子云。神農氏並耕而食。以勸農也。尸佼魯人。其書屬雜家。商鞅師之。其言並耕而治。與許行同。許行之學。蓋出於尸佼。呂氏春秋審時篇云。夫稼。爲之者人也。高誘注云。爲。治也。禮記大學篇。道學也。注云。道。言也。是爲神農之言。即治神農之道也。古之人民。食鳥獸蟲蛇之肉。多疾病毒傷之害。故神農因天時。分地利。制耒耜。教民播種五穀。久而耒耨之利。民皆粒食。黃帝堯舜垂衣裳而天下治。通變神化。定尊卑。辨上下。爲萬世法。故孟子言必稱堯舜。尸商之徒。仍託神農之言以惑天下。許行從而術之。猶墨者之託於翟耳。國策齊策。單重踵高宛。高誘注云。踵。至也。毛詩。胡取禾三百廛兮傳云。一夫之居曰廛。是廛即居也。氓與甿同。周禮地官遂人。凡治野。以下劑治甿云云。注云。變民言甿。異外內也。氓猶懵懵無知貌也。賈氏疏云。大司徒小司徒主六鄉。皆云民。不言氓。此變民言氓。直是異內外而已。然則鄉遂稱民。都鄙稱氓。氓屬都鄙。故爲野人。國策秦策云。而不憂民氓。淮南子脩務訓云。以寬民氓。高誘注皆云野民曰氓。史記三王世家索隱出邊氓云。三蒼云。邊人云氓。邊人。亦即都鄙之民也。

文公與之處。其徒數十人。皆衣褐。捆屨織席以爲食。注文公與之居處。舍之宅也。其徒學其業之也。衣褐。貧也。捆猶叩㧻也。織屨欲使堅。故叩之也。賣屨席以供食飲也。疏注。文公與之居處舍之宅也。○正義曰。呂氏春秋功名篇云。故民無常處。高誘注云。處。居也。文公與之處。即文公與之居。故以居解處。毛詩魚表箋云。舍猶處也。爾雅釋言云。宅。居也。荀子王制篇云。定廛宅。趙氏既以居釋宅。乃以其意未明。故又以舍之宅申明之。謂與之居處者。止舍之以廛宅也。○注。捆猶至叩之也。○正義曰。音義出捆屨。云丁音閫。案許叔重曰。捆。織也。埤蒼曰。捆。緻也。從手。從木者誤也。張作捆。音同。又出叩㧻。云。丁音卓。擊也。從手旁豕。此所引許說。蓋淮南子注。淮南子修務訓云。蔡之幼女。衛之稚質。捆纂組。高誘注云。捆叩㧻纂組。邪文如今之緩。沒黑見赤。亦其巧也。謂織組而叩㧻之也。毛詩大雅。室家之壼。箋云。壼之言捆也。室家先以相捆緻。孔氏正義云。捆逼而密緻。緻即緻。叩之使堅。堅亦緻也。高注淮南同於許。趙注孟子同於高矣。捆屨織席何以爲食。知其賣之以供食飲也。

陳良之徒陳相與其弟辛負耒耜而自宋之滕。曰。聞君行聖人之政。是亦聖人也。願爲聖人氓。注陳良。儒者也。陳相。良之門徒也。辛。相弟。聖人之政。謂仁政也。陳相見許行而大悅。盡棄其學而學焉。注棄陳良之儒道。更學許行神農之道也。疏注。棄陳良之儒道。○正義曰。漢書藝文志云。儒家者流。游文於六經之中。留意於仁義之際。祖述堯舜。憲章文武。宗師仲尼以重其言。於道爲最高。荀子儒效篇。言大儒之效。首推周公。其對秦昭王。則以仲尼爲歸。陳良悅周公仲尼之道。是儒家者流也。

陳相見孟子。道許行之言曰。滕君則誠賢君也。雖然。未聞道也。注陳相言許行以爲滕君未達至道也。賢者與民並耕而食。饔飧而治。今也滕有倉廩府庫。則是厲民而以自養也。惡得賢。注相言許子以爲古賢君。當與民並耕而各自食其力。饔飧。熟食也。朝曰饔。夕曰飧。當身自具其食。兼治民事耳。今滕賦稅有倉廩府庫之富。是爲厲病其民以自奉養。安得爲賢君乎。三皇之時質樸無事。故道若此也。疏注。饔飧至事耳。○正義曰。說文食部云。饔。孰食也。飧。餔也。从夕食。餔。申時食也。段氏玉裁說文解字注云。小雅傳云。孰食曰饔。魏風
傳云。孰食曰飧。然則。饔飧皆謂孰食。分別之。則謂朝食夕食。許於饔不言朝。於飧不言孰。互
文錯見也。趙注孟子曰。朝食曰饔。夕曰飧。此析言之。公羊傳。趙盾食魚飧。左傳。僖負羈饋盤
飧。趙衰以壺飧從。皆不必夕時。渾言之也。司儀注云。小禮曰飧。大禮曰饔餼。掌客。上公飧五
牢。饔餼九牢。侯伯飧四牢。饔餼七牢。子男飧三牢。饔餼五牢。此饔飧與常食不同。且多腥。不
皆孰食。王氏念孫廣雅疏證云。釋器。孰食謂之餕饔。餕讀若飧。小雅祈父篇有母之尸饔。毛傳云。
孰食曰饔。大東篇有饛簋飧。傳云。飧。熟食也。合言之則曰飧饔。周禮外饔云。賓客之飧饔饗食
之事是也。昭二十五年公羊傳。餕饔未就。何休注云。餕。熟食。饔。熟肉。餕饔即飧饔。淮南子
道應訓。釐負羈遺之壺餕而加璧焉。壺餕即壺飧。是飧餕古通用。倒言之則曰饔飧。孟子滕文公篇
饔飧而治是也。○注。是爲至君乎。○正義曰。毛詩大雅思齊篇。烈假不瑕。箋。讀烈爲厲。云。
厲。病也。論語子張篇云。信而後勞其民。未信則以爲厲己也。王肅云。厲。病也。此厲民。正論
語所云厲己。故以病釋之也。昭公六年左傳云。奉之以仁。注云。奉。養也。說文食部云。養。供
養也。周書謚法。敬事供上曰恭。注云。供。奉也。是養爲奉養也。上云滕君則誠賢君。此又云惡
得賢。賢即指上賢君。惡之言安也。孟子曰。許子必種粟而後食乎。注問許子必自身種粟乃食之邪。曰。然。
注相曰。然。許子自種之。許子必織布而後衣乎。注孟子曰。許子自織布然後衣之乎。曰。否。許子
衣褐。注相曰。不自織布。許子衣褐。以毳織之。若今馬衣者也。或曰。褐。枲衣也。一曰。粗布衣也。疏注。以毳至衣也。○正義曰。
周禮春官司服。鄭司農注云。毳。罽衣也。天官掌皮。共其毳毛爲氈。注云。毳毛。毛細縟者。淮
南子覽冥訓云。短褐不完。注云。短褐。虞騃物之人也。褐。毛布。如今之馬衣也。定公八年左傳
云。侵齊攻廩丘之郛。主人焚衝。或濡馬褐以救之。注云。馬褐。馬衣。說文衣部云。褐。編枲韤。
一曰粗衣。趙氏云馬衣。本左傳及高注也。云枲衣。本說文編枲韤也。云粗布衣。本說文粗衣也。
段氏玉裁說文解字注云。取未績之麻。編之爲足衣。如今草鞵之類。枲衣亦謂編枲爲衣。按說文云
編枲韤。此云衣褐非韤。故趙氏不言韤。但言衣也。任氏大椿深衣釋例云。說文褐編枲韤。一曰粗
衣。急就篇。鞍褸卬角褐韤巾。注。褐毛爲衣。或曰麤衣也。按詩七月箋孟子注急就篇注。並以褐
爲毛布。孟子注又以褐爲編枲衣。又以褐爲粗布衣。淮南子齊物訓注。楚人謂袍爲短褐大布。潘岳
籍田賦。被褐振裾。注。褐。麤布也。然則褐一衣耳。而毛枲布各異。說文曰粗衣。蓋統毛枲布而
言之也。詩七月無衣無褐箋云。貴者無衣。賤衣無褐。則別褐於衣。史記劉敬曰。臣衣褐衣褐
見。衣帛衣帛見。則別褐於帛。即說文所云粗衣也。褐爲粗衣。又爲短衣。晏子諫上篇。百姓老弱
凍寒。不得短褐而欲羅。荀子大略篇。衣則豎褐不完。注。豎褐。童豎之褐。亦短褐也。淮南子齊

俗謂。必有當䆋䟴跨短褐不完者。宛冥謂。霜雪盈集。短褐不完。新序無鹽乃拂短褐。自請宣王。亦曰
史記秦始皇帝紀。夫寒者利短褐。索隱曰。謂褐布豎裁爲勞役之衣。短而且狹。故謂之短褐。亦曰
豎褐。凡此言褐者必曰短褐。師古貢禹傳注。以褐爲布長襦。
櫳襤縷又以褐爲裾垂至地。豈褐之長短。亦有古今之異與。許子冠乎。注孟子問相。曰冠。注
相曰。冠也。曰奚冠。注孟子問許子何冠也。曰冠素。注相曰許子冠素。曰自織之與。注孟子曰。許子
自織素與。曰否。以粟易之。注相言許子以粟易素。曰許子奚爲不自織。注孟子曰。許子何爲
不自織素乎。曰害於耕。注相曰。織妨害於耕故不自織也。疏注。織妨害於耕。○正義曰。阮氏元校勘
記云。織紡害於耕。閩監毛三本孔本韓
本同。廖本紡作妨。按作妨是也。說
文女部云。妨。害也。故以妨釋害。曰許子以釜甑爨以鐵耕乎。注爨炊也。孟子曰。許子寧
以釜甑炊食。以鐵爲犂用之耕否邪。疏注爨炊也。○正義曰。說文火部云。炊。爨也。又爨部云。爨。
齊謂炊爨。段氏玉裁說文解字注云。齊謂炊爨者。齊人謂炊曰爨。
古言謂則不言曰。如毛傳婦人謂嫁歸。是也。特牲少牢禮注。皆曰爨。竈也。此因爨必於竈。故謂
竈爲爨。楚茨傳云。爨。饔爨廩爨也。此謂竈。又曰。踖踖爨竈有容也。此謂炊。按此言以釜甑爨。
釜甑作竈。則爨不得又爲竈。故是炊矣。說文牛部云。犂。耕也。段氏玉裁說文解字注云。犂耕二
字互訓。皆謂田器。故云以鐵爲犂。爨本竈名。用以炊。即以炊爲爨。猶犂本田器。用以耕。即以
耕爲犂
也。曰然。注相曰。用之。自爲之與。注孟子曰。許子自冶鐵陶瓦器邪。疏注。冶鐵陶瓦器。○正義曰
考工記㮚氏爲量。改煎金
錫則不耗。量之以爲鬴。深尺。內方尺而圜其外。其實一鬴。說文鬲部云。鬴。鍑屬也。重文釜。
或從父金聲。是釜屬金冶爲之也。故云冶鐵。考工記。陶人爲甗。實二鬴。厚半寸。脣寸。甑實二
鬴。厚半寸。脣寸。七穿。鄭司農云。甗無底甑。說文瓦部云。甑。甗也。甗。甑也。一穿。段氏
玉裁說文解字注云。無底。即所謂一穿。蓋甑七穿而小。甗一穿而大。一穿而大。則無底矣。其底
七穿。故必以箅蔽甑底。而加米其上而餴之。而餾之。甑屬瓦陶爲之也。故云陶瓦器。按古釜有足
如鼎。今釜無足。別以土爲爐承其下。說文言秦名土鬴曰䵺是也。䵺讀若過。今俗作鍋。然土其下
仍鐵其上。俗猶呼其上之鐵爲鍋。其下土爲鍋臺耳。甑今以木爲之。其下
亦以木爲櫺。則七穿之遺制矣。或以竹爲之。俗呼蒸籠。亦甑之類也。曰否。以粟易之。注
相曰。不自作鐵瓦。以粟易之也。以粟易械器者。不爲厲陶冶。陶冶亦以其械器易粟
者。豈爲厲農夫哉。且許子何不爲陶冶。舍皆取諸其宮中而用之。何爲紛

紛然與百工交易。何許子之不憚煩。注械。器之總名也。厲。病也。以粟易器。不病陶冶。陶冶亦何以為病農夫乎。且許子何為不自陶冶。舍者。止也。止不肯皆自取之其宮宅中而用之。何為反與百工交易紛紛為煩也。疏注。械器之總名也。○正義曰。說文木部云。械。桎梏也。一曰。器之總名。桎梏為刑罰之器。莊三十二年公羊傳。以攻守之器為械。而實非桎梏兵甲之專名。故荀子王制篇。言喪祭械用。禮記王制云。器械異制。注云。謂作務之用。孟子此文。又指釜甑耕犂而言。是凡器皆得稱械。故云器之總名也。○注。舍止也至用之。○正義曰。舍為居止之止。此為禁止之止。故又申解止為不肯。爾雅釋宮云。宮謂之室。室謂之宮。邵氏晉涵正義云。春秋隱五年考仲子之宮。穀梁文十三年傳云。伯禽曰世室。魯公曰宮。是宮廟通稱宮室也。左氏莊二十一年傳云。虢公為王宮於玤。鄘詩。定之方中。作于楚宮。又云。作于楚室。是天子諸侯所居通稱宮室也。左氏僖二十八年傳云。令無入僖負羈之宮。檀弓云。季武子成寢。杜氏之喪在西階之下。請合葬焉。許之。入宮而不敢哭。是大夫通稱宮室也。士昏禮云。請吾子之就宮。喪服傳云。所適者以其貨財為之築宮廟。大戴禮千乘篇云。百姓不安其居。不樂其宮。是士庶人通稱宮室也。釋文云。古者貴賤同稱宮。秦漢以來。惟王者所居稱宮焉。按宮是貴賤通稱。此許行所居即廛宅。故以宅解宮也。毛氏奇齡四書賸言云。舍皆取諸其宮中而用之。舍。止也。言止取宮中。不須外求也。趙注舍止。又以不肯為止。謂不肯皆自取宮室之中。則猶是止字。而解又不同。

曰。百工之事。固不可耕且為也。注相曰。百工之事。固不可耕且為。故交易也。然則治天下獨可耕且為與。注孟子言百工各為其事。尚不可得耕且兼之。人君自天子以下。當治天下政事。此反可得耕且為邪。欲以窮許行之非滕君不親耕也。孟子謂五帝以來。有禮義上下之事。不可復若三皇之道也。言許子不知禮也。有大人之事。有小人之事。且一人之身。而百工之所為備。如必自為而後用之。是率天下而路也。注孟子言人道自有大人之事。謂人君行教化也。小人之事。謂農工商也。一人而備百工之所作。作之乃得用之者。是率導天下之人以羸路也。疏注。一人而備百工之所作。○正義曰。爾雅釋言云。作。為也。諸經注或以為釋作。或以作釋為。二字轉注。此以百工之所作解百工之所為。以備字倒加句上。明為字斷。不與備字連也。作之乃得用之。解自為而後用之。作即為也。荀子富國篇云。故百技所成。所以養一人也。而能不能兼技。人不能兼官。○注。是率導至路也。○正義曰。禮記中庸云。率性之謂道。管子君臣篇云。道也者。上之所以導民也。道爲導。而以率性解之。是率卽導也。音義出路也。云。丁張並云。路與露同。又出羸路。云。力爲切。字亦作羸。郎果切。各本作是率天下之人以羸困之路也。阮氏元校勘記云。音義出羸路。云。字亦作羸。則宣公所見。本無困之二字。路與露古通用。露羸見於古書者多矣。大雅串夷載路。鄭箋以瘠羸路。俗人乃改瘠爲應。此緣困之二字。其謬同也。力爲切。瘦也。羸路。謂瘦瘠暴露也。音義前說是亦作者。非。翟氏灝考異云。道注謂導人羸困之路。居丁張覺其未安。而欲改字爲露。不若奔走道路爲得。管子四時篇云。不知五穀之故。國家乃路。房氏注曰。路謂失其常居。可爲此路字之證。故曰。或勞心。或勞力。勞心者治人。勞力者治於人。治於人者食人。治人者食於人。天下之通義也。注勞心者君也。勞力者民也。君施敎以治理之。民竭力治公田以奉養其上。天下通義所常行也。疏故曰至義也。○正義曰。襄公九年左傳。知武子云。君子勞心。小人勞力。先王之制也。國語魯語。公父文伯之母云。君子勞心。小人勞力。先王之訓也。是勞心勞力。古有此法。孟子上言大人小人。此云或勞心。卽君子勞心也。云或勞力。卽小人勞力也。以先王之法。是以加故曰二字。勞心者治人以下。則孟子申上之辭也。○注。君施至其上。○正義曰。荀子修身篇云。少而理曰治。淮南子說山訓云。牽畜食之而勿苦。注云。食。養也。前章言無君子莫治野人。無野人莫養君子。此云勞心者治人。治人者食於人。卽君子治野人也。此云勞力者治於人。治於人者食人。卽野人養君子也。彼云養食。正是食卽是養。故以理釋治。而以奉養釋食。施敎化以治理之。卽使之同鄉共井。相友相助相扶持以親睦也。民竭力治公田。則八家同養公田。公事畢然後敢治私事也。戰國時諸侯卿大夫。但知多取於民。故不樂分別公私之界。不知助法行。則先公後私之分定。而君子野人之辨明。不特小人之利。正君子之福也。許行以孟子分別尊卑貴賤。持其並耕之說。同君子於小人。思有以破之。故孟子復引先王勞心勞力之辨。以申明君子治野人。野人養君子之義。義而通。非一人之私言矣。故云所常行者也。當堯之時。天下猶未平。洪水橫流。氾濫於天下。草木暢茂。禽獸繁殖。五穀不登。禽獸偪人。獸蹄鳥迹之道。交於中國。堯獨憂之。舉舜而敷治焉。注遭洪水故天下未平。水盛故草木暢茂。草木盛故禽獸繁息衆多也。登升也。五穀不足升用也。猛獸之迹當在山林。而反交於中國。懼害人。故堯舜獨憂念之。敷治也。書曰。禹敷土治土也。疏當堯之時。○正義曰。孟子舉堯舜之事。明通變神化。必法堯舜。神農之言。非其時也。○注。遭洪至害人。○正義曰。洪與鴻通。呂氏春秋執一篇。神農以鴻。高誘注云。鴻。盛也。說文水部云。濫。氾也。氾。濫也。二字轉注以疊韻。故連稱之。

楚辭九辯云。何氾濫之浮雲兮。注云。浮雲晻翳。晻翳。雲之盛也。史記韓非傳云。氾濫博文。則多而久之。博。多。說之盛也。劉向九歎憂苦篇云。折銳摧矜凝氾濫兮。注云。氾濫。猶浮沉也。水盛故浮沉於中國。經先言天下未平。注先言洪水。明洪水橫流二句。申上天下猶未平也。凡事繇則順。橫則逆。橫行。水逆行也。天下所以未平。繇洪水。水所以盛。繇逆流。惟逆流。則浮沉於天下。而天下所以未平也。毛詩秦風小戎傳云。暢轂。長轂也。呂氏春秋知度篇。此神農之所以長。高誘注云。長。猶盛也。說文艸部云。茂草豐盛。是暢茂爲草木之盛也。毛詩。正月繁霜。傳云。繁。多也。淮南子氾論訓。當市繁之時。高誘注楚辭離騷。佩繽紛其繁飾兮。王逸注皆云。繁。衆也。繁通作蕃。周禮地官大司徒。以蕃鳥獸。注云。蕃。蕃息也。國語晉語。惡不殖也。注云。殖。蕃也。魯語云。所以生殖也。注云。殖。長也。昭公十八年左傳云。夫學殖也。注云。殖。生長也。史記孔子世家云。自大賢之息。索隱云。息者。生也。然則繁殖二字義同。繁殖卽繁息。繁息卽蕃多也。隱公五年左傳。不升於俎。服虔注云。登爲升。是登卽升也。爾雅釋詁云。登。成也。淮南子時則訓云。農始升穀。高誘注云。升。成也。其義亦同。呂氏春秋明理篇云。五穀萎敗不成。又貴信篇云。則五種不成。高誘注並云。成。熟也。五穀不登。則五穀不成。故登卽成。禮記檀弓云。是故竹不成用。毛詩齊風。儀旣成兮。箋云。成。猶備也。成用猶備用。備用猶升用也。鄭氏解不成用爲不可善用。竹無邊縢。則不可善用。猶穀不秀實。則不足升用也。偪。古逼字。爾雅釋言云。逼。迫也。猛獸與人相迫近。則害人。惟害人。故堯獨憂念之。謂堯懼其傷害人。故憂念之也。經言禽獸。注舉言猛獸者。舉獸以見鳥也。見於山海經者。多猛獸亦多怪鳥矣。爾雅釋詁云。憂。思也。念。思也。是憂亦念也。王氏念孫廣雅疏證云。傳治也。孟子滕文公篇堯獨憂之。舉舜而敷治焉。趙岐注云。敷。治也。引禹貢禹敷土。敷與傳同。故史記夏本紀作傅土。今本孟子敷下有治字。後人取注義加之也。按禹貢禹敷土。史記集解引馬氏注云。敷。分者。敷之訓布。布。散也。散亦分也。然則敷治卽分治。堯一人獨憂。不能一人獨治。故使舜分治之。下文使益掌火。使禹疏河。舜又使益禹等分治之也。趙氏以治釋敷。則趙本似無治字。乃今各本皆無治字者。儀禮喪服傳云。故名者。人治之大者也。注云。治。猶理也。淮南子原道訓。夫能理三苗。高誘注云。理。治也。二字轉注。毛詩小雅。我疆我理。傳云。理。分地里也。禮記樂記云。樂者。通倫理者也。注云。理。分也。理之謂分。則治之義亦爲分，蓋趙氏以治釋敷。卽以理釋敷。亦正以分釋敷。趙氏注經。每有此例。無緣經之有治字也。

舜使益掌火。益烈山澤而焚之。禽獸逃匿。【注】掌。主也。主火之官。猶古火正也。烈。熾也。益視山澤草木熾盛者而焚燒之。故禽獸逃匿而遠竄也。【疏】注。掌主至正也。○正義曰。周禮天官凌人掌冰。杜子春讀掌冰爲主冰。是掌爲主也。掌火猶掌冰。故掌火卽主火之官。云猶古之火正者。襄公九年左傳。晉士弱對晉侯曰。古之火正。或食於心。或食於咮。以出內火。陶唐氏之火正閼伯。居商丘。祀大火而火紀時焉。相土因之。故商主大火。唐時有此官。蓋先使益爲之。後命益爲虞。閼伯乃代益爲火正。其後又相土代之也。說文火部云。烈。火猛也。呂氏春秋盡數篇。無以烈味重酒。高誘注云。烈。猶酷也。趙氏以益焚草木。乃焚所當焚。不可謂之酷猛。以烈之從火與熾同。爾雅釋言。熾。盛也。毛詩商頌。如火烈烈。箋云。其威勢如猛火之炎熾。是烈可訓熾。熾爲盛。烈亦爲盛。即上所云草木暢茂也。故以烈屬草木。謂視山澤艸木熾盛者。以熾釋烈。又以盛釋熾也。視山澤爲熾。故云熾山澤。猶視以爲陋。則云陋之。視以爲美。則云美之。此視以爲烈。則云烈山澤也。胡氏渭禹貢錐指云。書言刊木。而孟子云舜使益掌火。益烈山澤而焚之。其說不同。蓋刊乃常法。間有深林窮谷。蓊蔚蒙蘙。斧斤不可勝除者。則以火焚之。殊省人力。按皐陶謨隨山刊木。江氏聲尚書集注音疏云。史記夏本紀。作行山栞木。又錄禹貢隨山栞木。作行山表木。說文。栞。槎識也。國語魯語云。山不槎蘖。賈逵注云。槎。衺斫也。說文木部亦云。槎。衺斫也。槎識。謂衺斫其木以爲表識也。段氏玉裁說文解字注云。斫之以爲表識。如孫臏斫大樹白而書之曰。龐涓死此樹下。是其意也。然則刊木自爲表識道里。與此焚草木驅禽獸不同。非孟子異於尙書也。楚辭大招云。魂無逃只。注云。逃。竄也。淮南子說林訓云。淸則見物之形。弗能匿也。高誘注云。匿。猶逃也。說文穴部云。竄。匿也。三字轉注。故以竄釋逃匿。逃竄則遠去。故加遠字也。閩監毛三本遠竄上多奔走二字。

禹疏九河。瀹濟漯而注諸海。決汝漢排淮泗而注之江。然後中國可得而食也。當是時也。禹八年於外。三過其門而不入。雖欲耕。得乎。注 疏。通也。瀹。治也。排。壅也。於是水害除。故中國之地可得耕而食也。禹勤事於外。八年之中三過其家門而不得入。書曰。辛壬癸甲。啓呱呱而泣。予弗子。如此。寧得耕乎。疏 〇正義曰。禹疏九河。

禹貢濟河爲兗州。九河旣道。又云。導河積石。至于龍門。南至于華陰。東至于底柱。又東至于孟津。東過洛汭。至于大伾。北過降水。至于大陸。又北播爲九河。同爲逆河。入于海。毛詩正義引鄭氏注云。河水自上至此流盛。而地平無岸。故能分爲九。以衺其勢。壅塞故通利之也。九河之名。徒駭。太史。馬頰。覆釜。胡蘇。簡。絜。鉤盤。鬲津。周時齊桓公塞之。同爲一河。今河間弓高以東。至平原鬲津。往往有其遺處焉。又云。播。散也。謝氏身山黃河圖說云。水降土升。則河底日低。而地日高。水升土降。則河底日高。而地日低。凡水過寒涼。則反凝結堅實而成冰。土過寒涼。則反融化柔虛而爲塵。黃河之水。出積石之西。寒涼之甚者也。但水雖堅流於衆石之間。則不能濁。此積石以西之水。所以最淸。至積石東。漸過柔虛之土。所以漸濁。水降土升。隨之而去。則溝底漸下。今觀底柱以上。地高河低。則水降土升。礌然可見。滎陽以下。則水復上升。土復下降。此河底所以日高。在西北寒涼之地。則水反堅實。土反柔虛。此滎武以上。所以水降土升也。至東南溫煖之地。則水復柔虛。土復堅實。此滎武以下。所以水升土降也。且汾洛經渭之原。皆出西北寒涼之地。故水上容土。土下容水。彼此相濕。而皆爲濁河。此滎武以上。所以水降土升也。濟伊洛滙洞涉泌之源。皆出東南溫潑之地。故水不容土。土不容水。彼此相拒。而皆爲清河爲。此榮武以下。所以水升土降也。夫濁河之水。容土者也。清河之水。不容土者也。清河之水。入於濁河之中。則濁河之土。必不容於清水之土。自必漸降於下。而河底漸高。以致水行地上。左右衝決也。鯀之治河。績用弗成。固宜罪之。然九載河事所行雖錯。亦未必非大禹八年於外之一助。蓋大禹雨扯泌此。深恐水土之性。故傑以水由地上行爲憂。故掘地注海。使水由地中行。又何泥濫衝決之有。而聖人猶憂傑慮遠。惟恐日後之水升土降。水復行於地上。乃思惟有濬去河底之淤。然黃河之水。甚湮奔騰。直趨而下。又何能使之暫停於上。以取其泥哉。聖人於此。再四躊躇。乃於河外加河。而作逐一疏濬之法。遂將一河播爲九道。每至夏秋水涸之後。乃以八河通流注海。一河閘斷上流之口。使河底之淤盡露。然後濬而去之。則此一河之內。無淤塞之泥。因而二河三河。以及八九河。復至一二河。輪流更替。一歲必深濬一河。九歲必各濬一次。周而復始。永濬勿廢。萬載千年。可無患爲。後世不明其意。乃誤解之曰播九河者。殺水勢也。是豈知水之勢者哉。○瀹濟漯。○正義曰。禹貢云。導沇水。東流爲濟。入于河。溢爲滎。東出于陶邱北。又東至于菏。又東北會于汶。又北東入于海。兗州云。浮于濟漯。達于河。段氏玉裁說文解字注云。泲。沇也。東入于海。从水𠂔聲。四瀆之泲字如此。而尙書周禮春秋三傳。爾雅史記風俗通釋名。皆作濟。毛詩邶風有泲字。而傳云地名。則非水也。惟地理志引禹貢職方作泲。然以濟南濟陰名郡。志及漢碑皆作濟。則知漢人皆用濟。班志許書。僅存古字耳。胡氏渭禹貢錐指云。孟子曰。禹疏九河。瀹濟漯。皆在兗域。而經於濟漯。不言施功。以貢道見之。曰浮于濟漯。則二水之治可知矣。濟漯之漯。說文本作濕。濕經之經。說文本作經。隸改日爲田。又省一糸。遂作漯。而濕轉爲經。濕經二字。混而無別。王氏鳴盛尙書後案云。漢志言漯水所經。除東武陽尙有四縣。一平原郡高唐。桑欽言漯水所出。二漯陰。三千乘郡千乘。四漯沃。所過郡三者。謂東郡平原千乘也。高唐之水。當爲漯水別支。河渠書云。禹導河至大伾。於是禹以爲河所從來者高。水湍悍。數爲敗。乃厮二渠以引其河。孟康曰。二渠其一出貝邱西南南折者。卽河之經流也。其一則漯川也。河自王莽時遂定。惟用漯耳。孟康言河徙惟用漯。雖似小誤。其以禹釃二渠。一爲漯川。此用古義。不可改也。以水經注元和志寰宇記諸書考之。濟水最南。漯水在中。河水最北。今小清河所經。自歷城以東。如章邱長山新城高苑博興樂安諸縣。皆古濟水所行。而大清河所經。自歷城以上至東阿。固皆濟水故道。而自歷城東北。如濟陽齊東靑城諸縣。則皆古漯水所行。蒲臺以北。則古河水所經。蓋宋時河嘗行漯瀆。及河去則大清河兼行河漯二瀆。其小清河則斷爲濟水故道也。○決汝漢。○正義曰。禹貢云。嶓冢導瀁。東流爲漢。又東爲滄浪之水。過三澨。至于大別。南入于江。而汝水禹貢無之。漢書地理志。汝南郡定陵云。高陵山。汝水出。東南至新蔡入淮。過郡四。行千三百四十里。南陽郡魯陽縣注云。有魯山。滍水所出。東北至定陵入汝。又有昆水。東南至定入汝。潁川郡亦有定陵。續郡國志。潁川郡有定陵。汝南郡無定陵。劉昭注。於潁川定陵引地道記云。高陵山汝水所出。汝南定陵。蓋卽潁川定陵。前漢有一縣分隸兩郡者。定陵在汝南潁川之閒。故分屬之。光武時省併爲一。僅存爲一。故續志屬潁川耳。

班氏於魯陽序滍水至定陵入汝。於定陵序汝入淮。定陵以西。統汝於滍。滍亦汝也。連滍水數之。東歷南陽河南潁川汝南。故有四縣。杜預春秋釋例。郭璞山海經注。並云汝出南陽魯陽縣大盂山。東北至河南梁縣。東南經襄城潁川汝南。至汝陰褒信縣入淮。襄城晉置。汝陰魏置。在晉則歷六縣也。說文言汝水出宏農。盧氏。還歸山。班志。盧氏縣。熊耳在東。伊水出東北。然則漢時盧氏縣在伊水之南。與魯陽爲接壤。酈氏目驗之。故水經注言汝出魯陽大盂縣山。蒙柏谷西卽盧氏界。許氏雖與班氏異。而其指則同。若水經言出河南梁縣勉鄉西天息山。此本山海經。非班許義也。酈注於滍汝分流。始言汝水趣狼皐山。狼皐在梁縣西南六十里。見寰宇記。蓋汝自魯陽越百餘里。始至梁縣。元和志謂出魯山縣。是矣。謂出魯山縣之天息山。是又以魯陽大盂混入勉鄉之天息也。淮南子地形訓云。汝出猛山。猛與蒙柏長短讀。蒙谷卽猛山。而猛與盂形近而譌。大盂山卽猛山也。高誘注云。猛山一名高陵也。在汝南定陵縣。汝水所出。東南至新蔡入淮。此據班氏而未知其指。○排淮泗而注之江。○正義曰。禹貢云。導淮自桐柏。東會于泗沂。東入于海。揚州云。沿于江海。達于淮泗。孫氏蘭輿地隅說云。淮水發源胎簪。至桐柏流百里而伏。溢爲二瀆。又見流千里。會泗至淸江浦入海。揚州地勢散漫。不能約束淮流。禹則開淸江一渠。堰其下流。入揚之處。一自淸江浦入海。其餘波之流散不盡者。又導之由盧州巢湖胭脂河以入江。又導之由天長六合以入江。所謂排淮泗者也。久而入江之口漸淤。今故蹟猶存也。或曰。高堰始於陳登。是不然。若禹不築堰。則下流散漫。何以入海。蓋高堰創於神禹。修補或登耳。蘭字滋九。居吾鄉北湖。順治康熙時人。於天算地圖。研究極精。此說實能羽翼孟子。近時則有陽湖孫氏星衍。作分江導淮論。大略與蘭同而加詳。其言云。孟子言排淮泗而注之江。今不得其解。或以爲誤。或以爲據吳溝通江淮之後言之。不知禹貢揚州。已云沿于江海。達于淮泗。解者又謂沿江入海。自淮入泗。此僞孔之言。本不足信。貢道迂回海運。古無是法。又有泥四瀆各獨入海。以爲淮必不注江者。不知各獨入海。言入海處與江分道。不謂上游支流也。孟子言排者。通其上游支流。以殺淮之勢。水經注淮水與泚水淝水施水合。淮水注濡須口。施水受肥東南流。逕合肥縣城。又東注巢湖。謂之施口。而應劭漢書注。並以夏水爲出城父東南。至此與肥合。故曰合肥。合肥壽春之間。有芍陂。舩官湖。東臺湖。逍遙津。見於水經注。王象之輿地紀勝云。古巢湖水北合於肥河。故魏窺江南。則循渦入淮。自淮入肥。由肥而趨巢湖。吳人撓魏。作必由此。又引貨殖傳合肥受南北湖。今史記湖譌作潮也。歐陽忞輿地廣記。王存元豐九域志。合肥有肥水淮水。宋時盧州有鎮淮壘。蓋肥合於淮。淮水盛則被於肥。此淮水至合肥之證。孫叔敖時開芍陂。當因舊迹爲渠。方輿勝覽引合肥舊志。肥水北支入淮。南支入巢湖。合於爾雅歸異同出之說。合肥城在四水中。故梁韋叡堰水破城。近世水利不修。淮肥流斷。然巢湖之水。夏時猶達合肥。古迹可尋求也。且古說大別在安豐。爲今霍邱地。禹迹至此排淮。故導江有至大別之文。此又淮流與江通之證矣。然則夏時貢道。正可由巢湖溯施淝。肥水之流。通淮達於菏澤。菏澤合沛泗之流。故云達于淮泗。從此達河。則至禹都矣。江淮泗通流。不必在吳王溝通之後也。淮之上游壽春。東則有施肥通流。西則有芍陂灌溉。盛夏水漲。則逕合肥入巢湖。以達於江。故宋以前。淮流不爲洪澤湖之患。上言注諸海。此言注之江。之諸異者。王氏引之經傳釋詞云。之猶諸也。之諸一聲之轉。互文耳。詩伐檀篇。寘之河之側兮。漢書地理志作寘諸。襄二十六年左傳。棄諸堤下。五行志作棄之。○注。疏通至壅也。○正義曰。說文疋部云。疏。通也。國語周語云。疏爲川谷以導其氣是也。說文水部云。瀹。漬也。字同於鬻。一切經音義引通俗文云。以湯煑物曰瀹。皆與此文不合。莊子知北遊云。汝齊戒疏瀹其心。瀹與疏連文。當與疏同義。廣雅云。疏。治也。趙氏以治釋之。仍以爲疏耳。按淮南子原道訓。高誘注云。疏。分也。既離爲二。又播爲九。離播皆分。疏瀹亦皆分也。開通亦分義。趙氏上以治釋疏。此以治釋瀹。皆兼有分義也。說文手部云。排。擠也。擠。排也。抵。擠也。推。排也。排抵擠推。皆拒而退去之之名。與通相反。故趙氏以壅解之。壅與雍同。周禮雍氏注云。雍。謂隄防止水者也。淮將南溢。蔽塞其南以拒之。壅。即抵之推之使東去也。趙氏蓋指高堰與。且說者疑淮泗不入江。乃汝入淮亦不入江。而孟子以汝漢並稱爲決。下承注江。豈孟子不知淮。並不知汝邪。嘗細推之。有精義焉。淮自桐柏而東。在上則汝潁沙溳等水入之。在下則泗挾沂入之。以一淮受諸水。泗口以東。地勢散漫。難於專流入海。故在上則決之。在下則排之。趙氏以壅解排。義爲至精。何爲壅。於泗口之下築隄以東之。不使其流瀰漫於樊良射陽之間。推抵之偪令東入於海。有此排而淮乃挾泗入海。而不致南溢於江矣。乃壅障之功。施於泗入淮以下。可以壅泗。而汝潁諸流之入於淮者。不可以此壅之。故於泗口以西。決之使注於江。此地泗未入淮。所決者淮。異決汝也。泗既入淮。所壅者淮。寘壅泗也。言排泗而沂在其中。言決汝而潁溳等水在其中。下以泗與淮並言。明泗入淮。此汝即入淮之汝。不可云決淮汝。致與下句沓複。故云決汝漢。是時漢在安豐之間入江。汝入淮而決之入江。蓋與漢合。故云決汝漢。謂決汝以合於漢。而南注之江也。蓋注江者。汝漢之決也。注海者。淮泗之排也。以上文言注諸海。故此但言注江。此古人屬文互見之法也。以今推之。汝水至汝寧鳳陽之間汝口入淮。至霍邱西決出。會於巢湖入江。淮決即汝決。而汝入淮之勢洶矣。又東則潁水。自潁上縣入淮。沙水溳水。自懷遠縣入淮。而淮勢又盛。至盱眙又決出。由天長六合入江。而潁沙溳諸水入淮之勢又洶矣。又東沂泗。乃自宿遷入淮。而淮勢又盛。遂不決之入江。轉壅障入江之路。排之使專由安東注海。汝入淮。則決之使合漢水以注之江。泗入淮。則壅之使並入於海。故云決汝漢排淮泗而注之江。自漢不至安豐。而汝漢之合。遂莫可解。於孟子稱決汝漢。可以考見當時之地勢。益知杜預酈元疑大別不在安豐之非也。宣王命召公平淮夷。而詩言江漢浮浮。孔氏正義引大別在盧江安豐縣界。則江漢合處在揚州之境。漢近淮。故淮水之決出者與之合。不言決淮。而言決汝。明決淮。所以決汝入淮之勢也。不言決汝淮。而言決汝漢。明淮決於六安安豐間入漢。與漢合入江也。孟子此文。至精至妙。補禹貢所未詳。趙氏以壅釋排。孟子之義益顯。班固撰漢書地理志。其言水道多用互見。最爲奇奧。而爲地理之學者。尚不能識之。況孟子乎。○注。書曰至弗子。○正義曰。皋陶謨文。

后稷教民稼穡。樹藝五穀。五穀熟而民人育。注棄爲后稷也。樹。種。藝。殖也。五穀爲稻黍稷麥菽也。五穀所以養人也。故言民人育也。【疏】注。棄爲后稷也。○正義曰。尚書堯典云。帝曰。棄。黎民阻飢。汝后稷。播時百穀。是棄爲后稷也。○注。樹種蓺殖也。○正義曰。呂氏春秋任地篇云。而樹麻與菽。淮南子本經訓。益樹蓮菱。高誘並注云。樹。種也。方言云。樹。植立也。禮記中庸。地道敏樹。注云。樹。殖也。毛詩齊風。蓺麻如之何。傳云。蓺。樹也。說文丮部云。蓺。種也。木部云。樹。生植之總名也。是樹蓺種植四字義通。故樹可訓種。亦可訓植。蓺可訓植。亦可訓種也。○注。五穀謂稻黍稷麥菽也。○正義曰。素問金匱眞言論云。東方青色。其穀麥。南方赤色。其穀黍。中央黃色。其穀稷。西方白色。其穀稻。北方黑色。其穀豆。周禮夏官職方。揚州荊州宜稻。豫州幷州宜五種。青州宜稻麥。兗州宜四種。雍州冀州宜黍稷。幽州宜三種。注云。三種。黍。稷。稻。四種。黍。稷。稻。麥。五種。黍。稷。菽。麥。稻。趙氏所本也。程氏瑤田九穀考云。鄭康成氏注周官大宰職之九穀。黍。稷。稻。粱。麻。大豆。小豆。麥。苽。南方無黍。而稷粱二者。言人人殊。鄭氏注三禮及箋詩。覈不詳稷之形狀。呂氏淮南子其所著書。往往言諸穀之得時。及太歲所值之年。穀之或昌或疾。東西南朔之地。地各有所宜種矣。而獨不及於稷。而鄭衆班固服虔孫炎韋昭郭璞之流。其言稷者。類皆冒粟之名。唐以前。以粟爲稷。唐以後。或以黍之黏者爲稷。或以黍之不黏者爲稷。今讀說文。較然不可相冒。及搜尋鄭氏說。稷粱兼收。黍稷不溷。足正諸家之謬。其考粱云。說文。禾。嘉穀也。二月始生。八月而孰。得時之中。故謂之禾。禾。木也。木王而生。金王而死。粟。嘉穀實也。米。粟實也。粱。米名也。聘禮米禾。皆兼黍稷稻粱言之。以他穀連稾者。不別立名。假借通稱。抑以事難件繫。有足相包者。屬文之法耳。非謂禾爲諸穀大名也。七月詩云。禾麻菽麥。禾爲諸穀中之一物明矣。納稼專言禾者。稼以禾爲主。故重見於上以目之也。周官倉人職掌粟入之藏。注九穀盡藏焉。以粟爲主。鄭氏注大宰職。九穀中無粟。此言九穀以粟爲主。則是粱即粟矣。史記索隱載三蒼云。粱好粟。其證也。內則言飯有粱。又有黃粱。是粱者。白粱也。今北方猶呼粟米之純白者曰粱米。先鄭注九穀。有稷無粱。然於六穀則稷粱並錄。韋昭注國語。直曰。稷。粱也。顯與禮經相畔。及其注百穀。於稷之外又復舉粱。稷粱二穀見於經者。判然兩事。秦漢以後。溷而一之。舉粱輒遺稷。舉稷又遺粱。後鄭知稷粱之不可相無也。而終然改司農九穀之說。吾於是服康成氏之識之卓也。其注疾醫職之五穀。曰麻黍稷麥豆。據月令之文。膳夫王用六穀。从司農說。稌黍稷粱麥苽。蓋據食醫會膳食之宜而知之。於九穀必入粱者。據食醫六穀有粱而入之也。五穀於六穀中缺其一。不知宜缺何穀。不能據六穀意爲增損。且五穀養疾。宜與藏氣相應。故直據月令配五行者爲之注。其注職方宜五種。不據月令者。以本經他州所見。有稻黍稷麥四種。四種有稻。而月令五穀無稻。故據所已見之四種。而益之以菽。諸家言五穀者。月令曰。麻黍稷麥豆。鄭氏據之。注疾醫。史記天官書與月令同物。顏師古注漢書食貨志之五種。盧辯大戴禮注。亦皆同之。素問論五方之穀。曰麥。黍。稷。稻。豆。鄭氏注職方氏之五種。曰黍。稷。菽。麥。稻。漢書地理志引職方氏。師古注之。全同後鄭。管子地員五土所宜。曰黍。秫。菽。麥。稻。淮南子五穀注。菽。麥。黍。稷。稻。漢書音義。韋昭曰。五種。黍。稷。

菽。麥。稻也。五常政大論。又進麻爲木穀。至火穀則麥黍互用。以上言五穀者十二事。皆有稷無粱。楚辭大招。五穀六仞。設菰粱只。王逸注。五穀。稻。稷。麥。豆。麻也。大招於五穀外明言有菰有粱。而王逸則以粱爲菰米之美稱。是亦有稷無粱。汲冢周書言五方之穀。曰麥黍稻粟菽。粟。粱也。是爲有粱無稷。漢書平當傳注。如淳曰。律稻米一斗。得酒一斗爲上尊。稷米一斗。得酒一斗。爲中尊。粟米一斗。得酒一斗。爲下尊。稷粟二穀。兩不相冒。亦可以爲諸經之左證矣。其考稷云。說文。稷。齋也。五穀之長。齋。稷也。粢齋重文。秫。稷之黏者。稷。齋大名也。黏者爲秫。北方謂之高粱。或謂之紅粱。通謂之秫。秫又謂之蜀黍。蓋穄之類。而高大似蘆。月令孟春行冬令。首種不入。鄭氏注。舊說首種謂稷。今以北方諸穀播種先後考之。高粱最先。粟次之。黍糜又次之。則首種者。高粱也。諸穀惟高粱最高大。而又先種。謂之五穀之長。不亦宜乎。周官食醫職。宜稌。宜黍。宜稷。宜粱。宜麥。宜苽。見稷則不見秫。內則菽麥蕡稻黍粱秫。惟所欲。見秫則不見稷。故鄭司農說九穀。稷秫並見。後鄭不從。入粱去秫。以其闕粱而秫重稷也。良耜之箋云。豐年之時。雖賤者猶食黍。疏云。賤者食稷耳。今北方富室。食以粟爲主。賤者食以高粱爲主。是賤者食稷。不可以冒粱爲稷也。其考黍云。說文。黍。禾屬而黏者也。以大暑而種。故謂之黍。糜。穄也。穄。糜也。說文以禾況黍。謂黍爲禾屬而黏者。非謂禾爲黍屬而不黏者也。禾屬而黏者黍。則禾屬而不黏者糜。對文異。散文則通。飯用不黏者。黏者釀酒。及爲餌餈酏粥之屬。故簠簋實糜爲之。以供祭祀。故異其名曰穄。黍之不黏者。獨有異名。祭尚黍也。不黏者有糜與穄之名。於是黏者得專稱黍矣。說文糜穄互釋。稷齋互釋。其爲二物甚明。程氏考九穀。精確不移。見戴通藝錄中。略錄其粱稷黍三條。其麥稻菽苽等考不具錄。○注五穀所以養人也。○正義曰。說文𠫓部云。育。養子使作善也。是育即養。故以五穀養解民人育。

人之有道也。飽食煖衣。逸居而無教。則近於禽獸。聖人有憂之。使契爲司徒。教以人倫。父子有親。君臣有義。夫婦有別。長幼有敘。朋友有信。【注】司徒主人教以人事。父父子子。君君臣臣。夫夫婦婦。兄兄弟弟。朋友貴信。是爲契之教也。

【疏】人之至有信。○正義曰。虞書堯典云。帝曰。契。百姓不親。五品不遜。汝作司徒。敬敷五教。在寬。此使契爲司徒之事也。戴氏震孟子字義疏證云。人道。人倫日用。身之所行皆是也。在天地則氣化流行。生生不息。是謂道。在人物則凡生生所有事。亦如氣化之不可已。是謂道。易曰。一陰一陽之謂道。繼之者善也。成之者性也。言有天道。以有人物也。大戴禮記曰。分於道謂之命。形於一謂之性。言人物分於天道。是以不齊也。中庸曰。天命之謂性。率性之謂道。言日用事爲。皆由性起。無非本於天道然也。中庸又曰。君臣也。父子也。夫婦也。昆弟也。朋友之交也。五者天下之達道也。言身之所行。舉凡日用事爲。其大經不出乎五者也。孟子稱契爲司徒。教以人倫。父子有親。君臣有義。夫婦有別。長幼有序。朋友有信。此即中庸所言脩道之謂教也。曰性曰道。

指其實體實事之名。曰仁曰禮曰義。稱其純粹中正之名。人道本於性。而性原於天道。天地之氣化。流行不已。生生不息。然而生於陸者。入水而死。生於水者。離水而死。生於南者。習於溫而不耐寒。生於北者。習於寒而不耐溫。此資之以爲養者。彼受之以害生。天地之大德曰生。物之不以生而以殺者。豈天地之失德哉。故語道於天地。舉其實體實事而道自見。一陰一陽之謂道。立天之道。曰陰與陽。立地之道。曰柔與剛。是也。人之心知有明闇。當其明則不失。當其闇則有差謬之失。故語道於人。人倫日用。咸道之實事。率性之謂道。脩身以道。天下之達道五是也。此所謂道不可不修者也。修道以仁。及聖人修之以爲教是也。其純粹中正。則所謂立人之道。曰仁與義。所謂中節之爲達道是也。中節之爲達道。純粹中正。推之天下而準也。君臣父子。夫婦昆弟。朋友之交。五者爲達道。但舉實事而已。智仁勇以行之。而後純粹中正。然而即謂之達道者。達諸天下而不可廢也。易言天道而下及人物。不徒曰成之者性。而先曰繼之者善。繼謂人物於天地。其善固繼承不隔者也。善者。稱其純粹中正之名。性者。指其實體實事之名。一事之善。則一事合於天。成性雖殊。而其善也則一。善其必然也。性其自然也。歸於必然。適完其自然。此之謂自然之極致。天地人物之道。於是乎盡。在天道不分言。而在人物分言之始明。易又曰。仁者見之謂之仁。智者見之謂之智。百姓日用而不知。故君子之道鮮矣。言限於成性而後不能盡斯道者衆也。程氏瑤田通藝錄論學小記云。吾學之道在有。釋氏之道在無。有父子。有君臣。有夫婦。有長幼。有朋友。父子則有親。君臣則有義。夫婦則有別。長幼則有序。朋友則有信。以有倫故盡倫。以有職故盡職。誠者實有焉而已矣。毛氏奇齡四書賸言補云。契所教人倫。在尚書舊傳。極是明白。總見春秋文十八年傳。季文子引臧文仲之言。使史克告曰。高辛氏舉八元。使布五教於四方。父義。母慈。兄友。弟恭。子孝。謂之五教。而杜預注云。契作司徒。五教在寬。是當時五倫。只父母兄弟子五者。而莫爲教。則又與春秋義方，大學慈孝。康誥友恭相左證。五帝紀述五教。亦無異辭。因之虞書愼徵五典傳云。五典者。五常之教。父義。母慈。兄友。弟恭。子孝。五者是也。至五品不遜。正義謂五品。即父母兄弟子五者。敬敷五教。正義謂五教。即教之義慈友恭孝五者。漢唐儒者。不以五達道爲五倫。不使孟子人倫闌入一字。孟子所言。必戰國相傳。別有如此。大來曰。孟子所言人倫。在春秋時已有之。論語子路曰。長幼之節。不可廢也。君臣之義。如之何其廢之。欲潔其身而亂大倫。則亦以君臣長幼爲人倫之二矣。曰古經極重名實。猶是君臣父子諸倫。而名實不苟。偶有稱舉。必各爲區目。如管子稱六親。是父母兄弟妻子。衛石碏稱六順。是君義。臣行。父慈。子孝。兄愛。弟敬。王制稱七教。是父子。兄弟。夫婦。君臣。長幼。朋友。賓客。禮運稱十義。是父慈。子孝。兄良。弟弟。夫義。婦聽。長惠。幼順。君仁。臣忠。齊晏嬰稱十禮。是君令。臣恭。父慈。子孝。兄愛。弟敬。夫和。妻柔。姑義。婦聽。祭統稱十倫。是事鬼神。君臣。父子。貴賤。親疏。爵賞。夫婦。政事。長幼。上下。白虎通稱三綱六紀。是君臣。父子。夫婦。兄弟。諸父。族人。諸舅。師長。朋友。雖朝三暮四。總此物數。而十倫非十義。五道非五常。中庸三德，斷非洪範之三德。則五達道必非五倫也。按史記集解引鄭氏注堯典云。五品。父，母。兄。弟。子也。又云。五典。五敎也。蓋試以司徒之職。馬融注堯典云。五敎。五品之敎。王肅注云。五品。五常也。鄭氏自本文十八年左傳。以所云五敎之目如是。乃取以爲堯典五敎注耳。然史克所舉。不必卽爲尙書疏義。書命契。此舉八元。已不相合。如管子五輔篇言聖王飭八禮以道民。八者。君中正無私。臣忠信不黨。父慈惠以敎。子孝弟以肅。兄寬裕以誨。弟比順以敬。夫敦懞以固。妻勸勉以貞。夫然。則下不倍上。臣不殺君。賤不踰貴。少不陵長。遠不間親。新不間舊。小不加大。淫不破義。隱公三年左傳。石碏言六逆六順。則省下倍上臣殺君。但言君義臣行。父慈子孝。兄愛弟敬。惠氏棟九經古義云。石碏止舉六者爲君陳古義。倍畔之事。非所宜言。又公方寵嬖人。夫婦之際。所宜深諱。然則古人諱事。原無一定。史克所說。烏知非石碏一例。孟子深於詩書。所目五敎。宜得其眞。禮記樂記云。道五常之行。論衡問孔篇云。五常之道。仁義禮智信也。王肅以五常爲五品。亦不同於鄭氏。司徒五敎。宜以孟子爲定論。未可據左傳以疑孟子也。王氏引之經傳釋詞云。家大人曰。人之有道也。言人之爲道如此也。若言人之爲道也。有恆產者有恆心。無恆產者無恆心。爲有一聲之轉。聖人有憂之。言聖人又憂之也。又字承上文憂洪水而言。○注。司徒至敎也。○正義曰。禮記祭法云。契爲司徒而民成。民卽人也。白虎通封公侯篇云。司徒主人。不言人言徒者。徒。衆也。重民衆。趙氏所本也。趙氏前解明人倫爲人事。此敎以人事。亦以人事解人倫也。易家人彖傳云。父父子子。兄兄弟弟。夫夫婦婦。而家道正。論語顏淵篇。孔子對齊景公曰。君君臣臣。父父子子。家人專以門內言之。故不及君。原朋友對齊景切其時事。故僅舉君臣父子。亦立言各有其當。乃序卦傳云。有夫婦而後有父子。有父子而後有君臣。兌象傳言朋友講習。則君臣夫婦朋友。與父子兄弟五者。自不可缺一。故趙氏合易論語而言父父子子。君君臣臣。夫夫婦婦。兄兄弟弟。又益以朋友貴信也。是爲契之所敎。則五敎之中。不得偏指父子兄弟。而缺君臣夫婦朋友矣。

放勳曰。勞之來之。匡之直之。輔之翼之。使自得之。又從而振德之。【注】放勳。堯號也。遭水災。恐其小民放辟邪侈。故勞來之。匡正直其曲心。使自得其本善性。然後又復從而振其羸窮。加德惠也。【疏】放勳日。○正義曰。臧氏琳經義雜記云。孫宣公音義。引丁音日音馹。或作曰。誤也。按趙注云。意不以爲堯之言。則今讀日爲越者誤。自上文當堯之時。天下猶未平至此。皆敍事之辭也。蓋日日二字。形近易譌。唐石經日字皆作曰。釋文於日字每加音別之。亦有不能別而具越實兩音者。無識者橫取此勞之來之以下。竄入尙書徵數五敎在寬之後。妄甚。按孔本作放勳日。與音義同。他本俱作曰。作日是也。言旣命益禹稷契而不自已也。日日勞來匡直輔翼。所以然者。使自得之也。而未已也。又從而振德之。日字與又字相應。與大學日日新。又日新同。下云聖人之憂民如此。緊承此數語。不然。徒使益禹等勤勞。放勳轉有暇矣。而暇耕乎四字。正從日字一貫。○注。放勳堯號也。○正義曰。閻氏若璩釋地又續云。古帝王有名有號。如堯舜禹其名也。放勳重華文命。皆其號也。孟子引古堯典曰。放勳乃徂落。許氏說文正同。屈原賦二十五篇最近古。離騷云。就重華而隙詞。九章涉江云。吾與重華遊乎瑤之圃。懷沙云。重華不可牾兮。重華凡三見。皆實謂舜。豈本史臣贊舜之詞。屈子因以爲舜號乎。江氏聲尙書集注音疏云。大戴禮帝系篇云。少典產軒轅。是爲黃帝。又昌意產高陽。是爲帝顓頊。又蟜極產高辛。是爲帝嚳。帝嚳產放勳。是爲帝堯。是放勳與軒轅高陽等同稱也。漢書古今人表云。黃帝軒轅氏。帝顓頊高陽氏。左傳亦稱高陽氏。高辛氏。軒轅高陽等。旣皆是氏。則放勳當同。按古之稱氏。如宓犧氏。神農氏。女媧氏。共工氏。夏后氏。是其號。如斟灌氏。斟尋氏。皆國號。而係以氏。以軒轅高陽例之。放勳之爲號信矣。堯典稱允。子朱稱嚚。皆名。其云有鰥在下曰虞舜。鄭氏注云。虞氏。舜名。是也。史記五帝本紀云。黃帝者。名曰軒轅。虞舜者。名曰重華。夏禹名曰文命。名號通稱。淮南子原道訓云。則名實同居。高誘注云。勢位爵號之名也。周書謚法解云。大行受大名。細行受細名。注云。名。謂號謚是也。○注。遭水至德也。○正義曰。趙氏讀放勳曰。故如是解也。遭水災。民爲不善。故堯勞來之。不謂實之也。王氏念孫廣雅疏證云。說文。勑。勞勑也。爾雅。勞來。勤也。大雅下武篇。昭茲來許。鄭箋云。來。勤也。史記周紀。武王曰。日夜勞來。定我西土。墨子尙賢篇云。垂其股肱之力而不相勞來。皆謂勤也。孟子滕文公篇。放勳曰勞之來之。亦謂聖人之勤民也。又云。輔。整也。戾與整通。說文輔。車戾也。字通作匡。考工記。輪人則輪雖敝不匡。鄭衆注云。匡。枉也。枉亦匡也。說文云。韏皮之韏。可以束枉戾相違背是也。管子輕重甲篇。弓弩多匡軵者。枉謂之匡。故正枉枉亦謂之匡。孟子滕文公篇云。匡之直之。義有相反而實相因者。皆此類也。趙氏以正釋匡。匡正也。爾雅釋言文。直其曲心。則匡爲正其邪心也。人性本善。遭水災則心曲而不直。邪而不正。放勳不憚其勤。而匡之直之。使有以開牖其蒙。而復歸於善焉。匡正而必申以使自得者。此聖人無爲而治。無一日息其勤民之念。實無一日見其勤民之迹。通其變使民不倦。神而化之。使民宜之。所以匡之直之者如是。所爲使自得之也。大戴記子張問入官篇云。枉而直之。使自得之。孟氏所本歟。呂氏春秋季春紀。振乏絕。高誘注云。振。救也。昭公十四年傳云。分貧振窮。此振義同。羸窮。即乏絕貧窮也。呂氏春秋報恩篇云。張儀所德於天下者。高誘注云。德。猶恩也。論語憲問篇云。何以報德。注云。德。恩惠之德也。又從而振救其羸窮。而加以恩德。皆孟子稱述放勳勤民之事也。阮氏元校勘記云。堯。號也。廖本考文古本號作名。遭水災恐其小民放辟邪侈。宋本恐作忽。閩監毛三本災恐作逆行。

聖人之憂民如此。而暇耕乎。【注】重喻陳相。堯以不得舜爲己憂。舜以不得禹皋陶爲己憂。夫以百畝之不易爲己憂者。農夫也。分人以財謂之惠。教人以善謂之忠。爲天下得人者謂之仁。【注】言聖人以不得賢聖之臣爲己憂。農夫以百畝不易治爲己憂。【疏】舜以不得禹皋陶爲己憂。○正義曰。大戴禮主言篇云。昔者舜左禹而右皋陶。不下席而天下治。孟子本曾子之言。故於舜所得賢聖之臣。舉禹皋陶也。○注。

農夫以不易治爲己憂。○正義曰。毛詩。甫田禾易長畝。傳云。易。治也。故以治釋易。是故以天下與人易。爲天下得人難。注爲天下求能治天下者難得也。故言以天下傳與人。尙爲易也。孔子曰。大哉堯之爲君。惟天爲大。惟堯則之。蕩蕩乎民無能名焉。君哉舜也。巍巍乎有天下而不與焉。堯舜之治天下。豈無所用其心哉。亦不用於耕耳。注天道蕩蕩乎。大。無私。生萬物而不知其所由來。堯法天。故民無能名堯德者也。舜得人君之道哉。德盛乎。巍巍乎有天下之位。雖貴盛不能與益舜巍巍之德。言德之大。大於天子位也。堯舜蕩蕩巍巍如此。但不用心於躬自耕也。疏注。天道至耕也。○正義曰。引孔子之言。見論語泰伯第八。其云巍巍乎舜禹之有天下也而不與焉。與此小異。集解引包云。蕩蕩。廣遠之稱。廣遠亦大也。所以大者。以其無私。故趙氏既以大釋蕩蕩。又以無私申大之義也。方言云。巍。高也。楚辭遠遊。貌揭揭以巍巍。注云。巍巍。大貌。高大亦盛。故趙氏以盛釋之。禮記射義云。與爲人後者。注云。與。猶奇也。儀禮士昏禮。記我與在。注云。與。猶兼也。奇兼皆加多之義。故以益釋與。音義出不與。云下音預。又如字。如字則讀與之庾與之釜之與。有所施於人。亦有所滋益於人也。周書謚法解云。民無能名曰神。孟子言聖而不可知之之謂神。殺之而不怨。利之而不庸。民日遷善而不知爲之者。故君子所過者化。所存者神。不可知。故無能名。無爲而治。故不可知。論語。爲政以德。譬如北辰。居其所。而衆星共之。包氏注云。德者無爲。天以寒暑日月運行爲道。聖人以元亨利貞運行爲德。用中而不執一。故無爲。民運行於聖人之元亨利貞。猶衆星運行於天之寒暑日月。故黃帝堯舜。承伏羲神農之後。以通變神化。立萬世治天下之法。論語凡言堯舜。皆發明之也。孟子述孔子之言而申明之。云。豈無所用心哉。蓋惟恐說者誤以民無能名。有天下而不與。爲屏棄一切。無所用心。蓋堯舜之無爲。正堯舜之用心。曰爲政以德。曰恭己正南面。曰修己以敬。曰使民不倦。曰使民宜之。非用心何以爲德。何以爲恭爲敬。何以能使民不倦。使民宜之。故堯舜治天下。非不以政不以法。其政逸。而心以運之則勞。其法疏。而心以聯之則密。非運以心。聯以心。不能無爲而治。卽不能民無能名。亦卽不能有天下而不與。是爲爲政以德。執其兩端。用其中於民。此堯舜所以通變神化。此堯舜之用其心也。用心卽勞心。勞心如此。何能勞力以躬耕乎。吾聞用夏變夷者。未聞變於夷者也。注當以諸夏之禮義。化變夷蠻之人耳。未聞變化於夷蠻之人。則其道也。疏注。則其道也。○正義曰。則。法也。謂效法夷蠻之道。○閩監毛三本作同其道。陳良。楚產也。悅周公仲尼之道。北學於中國。北方之學者。未能或之先也。彼所謂豪傑之士也。子之兄弟事之數十年。師死而遂倍之。注 陳良生於楚。北游中國。學者不能有先之者也。可謂豪傑過人之士也。子之兄弟。謂陳相陳辛也。數十年師事陳良。良死而倍之。更學於許行。非之也。疏 師死而遂倍之。○正義曰。音義出倍之云。丁云義當作偝。古字借用耳。下子倍同。按荀子大略篇云。教而不稱師謂之倍。禮記大學云。而民不倍。注云。倍或作偝。劉熙釋名釋形體云。背。倍也。在後稱也。楚辭招魂云。工祝招君。背行先些。注亦云。背。倍也。偝背倍三字通。借字見禮記坊記。

昔者孔子沒。三年之外。門人治任將歸。入揖於子貢。相嚮而哭。皆失聲。然後歸。子貢反。築室於場。獨居三年。然後歸。注 任擔也。失聲悲不能成聲。場孔子冢上祭祀壇場也。子貢獨於場左右築室。復三年。慎終追遠也。疏 注。任擔也。○正義曰。毛詩大雅生民篇云。是任是負。箋云。抱負以歸。國語齊語云。負任儋何。服牛軺馬。以周四方。注云。背曰負。肩曰儋。任。抱也。何。揭也。毛詩小雅。我任我輦。我車我牛。傳云。任者輦者車者牛者。箋云。有負任者。有輓輦者。有將車者。有牽傍牛者。淮南子道應訓云。甯越欲干齊桓公。困窮無以自達。於是爲商旅將任車。以商於齊。高誘注云。任。載也。按婦人懷子爲任子也。禮記樂記注云。孕。任也。郊特牲注云。孕。任子也。孕懷抱在前。則任之爲抱。其本義也。因而擔於肩者。載於車者。通謂之任。散言之則通也。○注。失聲悲不能成聲。○正義曰。方言云。自關而西。秦晉之間。凡大人小兒。泣而不止。謂之唴。哭極音絕。亦謂之唴。平原謂啼極無聲謂之唴哴。哭極音絕。啼極無聲。此趙氏所云悲不能成聲也。按失亦與佚通。佚之言放。失聲或亦謂放聲也。禮記檀弓云。文伯卒。朋友諸臣。未有出涕者。而內人皆哭失聲。此失聲正謂放聲。太平御覽引漢名臣奏云。王莽斥出王閎。太后憐之。閎伏泣失聲。太后親自以手巾拭閎泣。此言先伏地而泣。繼而至於放聲也。○注。場孔至三年。○正義曰。爾雅釋宮云。場。道也。說文土部云。場。祭神道也。國語楚語云。壇場之所。注云。除地曰場。蓋於冢墓之南。築地使平坦。以爲祭祀。揚子法言謂之壇場。說文謂之祭神道也。後人樹碑於此。謂之神道碑。神道在冢前。未可當正中而室。故知在偏左偏右。猶倚廬堊室之偏倚東壁也。毛詩周頌。福祿來反。傳云。反。復也。趙氏以復釋反。故云復三年。讀子貢反築室於場爲一句。反字連築室也。閻氏若璩釋地續云。反云者。子貢送諸弟子各歸去。己獨還次於墓所。或曰。反。復也。

他日。子夏子張子游。以有若似聖人。欲以所事孔子事之。彊曾子。曾子曰。不可。江漢以濯之。秋陽以暴之皜皜乎不可尚已。【注】有若之貌似孔子。此三子者。想孔子而不可復見。故欲尊有若以作聖人。朝夕奉事之。如事孔子。以慰思也。曾子不肯。以爲聖人之潔白。如濯之江漢。暴之秋陽。秋陽。周之秋。夏五六月。盛陽也。皜皜。甚白也。何可尚。而乃欲以有若之質。放聖人之坐席乎。尊師道。故不肯。【疏】注。有若至孔子。○正義曰。史記仲尼弟子列傳云。孔子既没。弟子思慕。有若狀似孔子。弟子相與共立爲師。師之如夫子時也。趙氏所本也。禮記檀弓云。子游曰。甚哉有子之言似夫子也。然則有子之似夫子。不特狀貌然矣。○注。秋陽至陽也。○正義曰。段氏玉裁說文解字注云。暘。日出也。洪範八庶徵。日雨。日暘。某氏傳云。雨以潤物。暘以乾物。祭義。夏后氏祭其闇。殷人祭其陽。周人祭日。以朝及闇。鄭云。闇。昏時也。陽讀爲日雨日暘之暘。謂日中時也。朝。日出時也。暘之義當從鄭。孟子秋陽以暴之。亦當作秋暘。周正建子。改時改月。故周之秋。乃夏之夏。周之七八月。乃夏之五六月。又當日中。最能乾物。文選注引綦毋邃孟子注云。周之秋。於夏爲盛陽也。亦仍趙氏也。○注。皜皜甚白也。○正義曰。王氏念孫廣雅疏證云。釋訓。杲杲。白也。漢書司馬相如傳云。暠然白首。暠與杲同字。又作皜。重言之。則曰皜皜。又云。杲之言皎皎也。說文。杲。明也。衛風伯兮篇。杲杲出日。曾子內業篇云。杲乎如登乎天。孟子滕文公篇。皜皜乎不可尚已。趙氏注云。皜皜。甚白也。義與杲相近。毛氏奇齡四書索解云。江漢以濯之。秋陽以暴之。從來訓作潔白。夫道德無言潔白者。惟志行分清濁。則有是名。故夫子稱丈人欲潔其身。孟子稱西子蒙不潔。又稱狷者爲不屑不潔之士。司馬遷稱屈原其志潔。大抵獨行自好者。始有高潔之目。此非聖德也。夫子自云。不曰白乎。涅而不緇。祇以不爲物汚。與屈原傳之皭然泥而不滓語同。豈有曾子擬夫子。反不若子貢之如天如日。宰我之超堯越舜。而僅云潔白。非其旨矣。況潔白二字。曾見之詩序。白華。孝子之潔白。此但以物言。並不以德言也。按毛氏說是也。列子湯問篇云。皜然疑乎雪。釋文云。皜又作皓。文選李少卿與蘇武詩云。皓首以爲期。注云。皓與顥古字通。說文頁部云。顥。白貌。楚辭曰。天白顥顥。皜皜即是顥顥。爾雅釋天云。夏爲昊天。劉熙釋名釋天云。其氣布散皓皓也。然則皜皜謂孔子盛德。如天之元氣皓旰。尚。即上也。不可上。即子貢云猶天之不可階而升也。以此推之。江漢以濯之。以江漢比夫子也。秋陽以暴之。以秋陽比夫子也。皜皜乎不可上。以天比夫子也。同一水。池沼可濯也。不能及江漢之濯也。同一火。燔燎可暴也。不能及秋陽之暴也。乃以江漢擬之猶未足也。以秋陽擬之猶未盡也。其如天之皜皜不可上矣。此曾子之推崇比擬。尤逾於宰我子貢也。徒以爲潔白。良非矣。○注。放聖至席乎。○正義曰。史記仲尼弟子列傳云。他日弟子進問曰云云。有若默然無以應。弟子起曰。有子避之。此非子之座也。趙氏意本此。阮氏元校勘記云。於聖人之坐席乎。閩監毛三本同。廖本孔本韓本考文古本於作放。音義出質放。放是也。放者今之倣字。

今也南蠻鴃舌之人。非先王之道。子倍子之

師而學之。亦異於曾子矣。吾聞出於幽谷。遷于喬木者。未聞下喬木而入於幽谷者。〔注〕今此許行乃南楚蠻夷。其舌之惡如鴃鳥耳。鴃。博勞也。詩云。七月鳴鴃。應陰而殺物者也。許子託於大古。非先聖王堯舜之道。不務仁義。而欲使君臣並耕。傷害道德。惡如鴃舌。與曾子之心亦異遠也。人當出深谷。上喬木。今子反下喬木。入深谷。〔疏〕注。其舌至物者也。○正義曰。爾雅釋鳥云。鵙。伯勞也。引詩在豳風七月篇第二章。亦云。七月鳴鵙。禮記月令云。仲夏之月。鵙始鳴。大戴禮夏小正云。五月鴂。則鳴鴂者。百鷯也。百鷯即伯勞。是鴃通作鴂。故趙氏以鴂爲博勞。鄭氏月令注亦云。鵙。博勞也。高誘注呂氏春秋仲夏紀云。鵙。伯勞也。是月陰作於下。陽發於上。伯勞夏至後。應陰而殺蛇。磔之於棘而鳴其上。注淮南時則訓云。五月陰氣生於下。伯勞夏至應陰而鳴。伯勞即博勞。伯博一聲之轉也。豳風箋云七月者。王肅謂古五字如七。則詩亦本是。五月鳴鵙。鄭氏謂豳地晚寒。豳極西北。寒當早於中國。晚寒之說。恐未然也。曹植惡鳥論云。伯勞以五月鳴。應陰氣而動。陽爲生仁養。陰爲殺殘賊。伯勞蓋賊害之鳥也。趙氏謂許子傷害道德。惡如鴃舌。正以鴃應陰氣而鳴。鳴則傷害天地之生氣。堯舜仁義之道。亦天地之生氣也。許子以並耕之說害之。故惡如伯勞之舌。非謂其聲之嘵嘵嘩譊也。禮記王制云。南方曰蠻。許行楚人。故稱南蠻。趙氏明以夷釋蠻。非謂其音之蠻。與鴃舌同也。南蠻不皆鴃舌。鴃舌不必南蠻。南蠻言其地。鴃舌言其賊害也。○注。與曾子至入深谷。○正義曰。說文異部云。異。分也。呂氏春秋知接篇。顧君之遠易牙。高誘注云。遠。猶疏也。淮南子道應訓。襄子疏險而擊之。高誘注云。疏。分也。以是通之。則異有遠義。故以遠釋異。孟子謂陳相之倍陳良而從許行。異於曾子之尊孔子而不事有若。趙氏注。惡如鴃舌以上斥許行。與曾子之心亦遠異也。責下斥陳相。爾雅釋言云。幽。深也。故解幽谷爲深谷。下云下喬木。則遷是上喬木矣。俗本作止喬木。非是。

魯頌曰。戎狄是膺。荊舒是懲。周公方且膺之。子是之學。亦爲不善變矣。〔注〕詩魯頌閟宮之篇也。膺。擊也。懲。艾也。周家時擊戎狄之不善者。懲止荊舒之人。使不敢侵陵也。周公常欲擊之。言南夷之人難用。而子反悅是人而學其道。亦爲不善變更矣。孟子究陳此者。深以責陳相也。〔疏〕注。詩魯至相也。○正義曰。引詩在魯頌閟宮第三章。毛傳云。膺。當也。箋云。懲。艾也。爾雅釋詁云。膺。當也。毛氏讀膺爲應。故以當訓之。史記建元以來侯者王表。引作戎狄是應。音義出膺擊云。丁本作應。云按古訓應訓當。此注訓擊。蓋以當對是擊敵之義。故轉訓耳。呂氏春秋察微篇。宋華元帥師應之大棘。又處方篇。荊令唐蔑將而應之。高誘注並云。應。擊也。淮南子主術訓云。不使應敵。高誘注云。應。猶擊也。是應有擊義。趙氏亦讀膺爲應矣。周廣業續云。車鑒擊。注云。擊。相當。是當與擊義亦相近。下文周公方且膺之。不可云方且當之。故以擊釋之也。毛詩小雅沔水篇。寧莫之懲。傳云。懲。止也。趙氏既釋以艾。又釋以止。明艾之即所以止之。禮記內則云。方物出謀發慮。注云。方。猶常也。故以常釋方。鄭氏以此爲公僖與齊桓舉義兵之事。閻氏若璩釋地又續云。左氏僖十三年秋。爲戎難故。諸侯戍周。齊仲孫湫致之。十六年秋。王以戎難告於齊。齊徵諸侯而戍周。齊桓舉義兵。僖公無役不從。況勤王戍周。尤爲第一義。豈有兩諸侯無魯在其中者。周氏柄中辨正云。春秋宣八年。楚滅舒蓼。成十七年。楚滅舒庸。襄二十五年。楚滅舒鳩。當僖公從齊桓伐楚時。舒尚未滅。正義云。舒。楚之與國。故連言荊舒。此說得之。翟氏灝考異云。詩序云。閟宮頌僖公能復周公之宇也。首二章止陳姜嫄后稷太王文武之勳。三章言成王封魯。魯子孫率由不愆。祭則受福。戎狄是膺。荊舒是懲。第四章文也。上三章未暇序及周公。所云周公之宇者。非於此章頌之而孰頌哉。故自公車千乘。至莫我敢承。皆周公。而不屬僖公也。俾爾昌而熾。俾爾壽而富。周公俾之也。五章六章。總周公而頌伯禽。所謂淮夷來同。遂荒徐宅。顯係伯禽事。見諸尚書費誓者也。七章八章。方頌僖公復宇。如此說之。則詩書春秋孟子。彼此悉無疑義。而詩備亦未嘗有錯。孟子兩引此文。皆確指爲周公。必有自聖門授受師說。不得以漢儒箋注之訛。反疑孟子。子是之學。子字一頓。是指許行。故云子反悅是人而學其道。反悅者。膺上方且之詞也。

從許子之道。則市賈不貳。國中無僞。雖使五尺之童適市。莫之或欺。布帛長短同。則賈相若。麻縷絲絮輕重同。則賈相若。五穀多寡同。則賈相若。屨大小同。則賈相若。〔注〕陳相復爲孟子言此。如使從許子淳樸之道。可使市無二賈。不相僞誕。不相欺愚小也。長短謂丈尺。輕重謂斤兩。多寡謂斗石。大小謂尺寸。皆言其同賈。故曰無二賈者也。〔疏〕注。可使市無二賈。○正義曰。禮記王制。喪事不貳。注云。貳之言二也。故經言市價不貳。趙氏云。無二賈也。閩監毛三本賈作價。○注。不相僞誕。○正義曰。說文人部云。僞。詐也。趙氏注萬章篇。然則舜僞喜者與。亦云。僞。詐也。淮南子本經訓。其心愉而不僞。高誘注云。僞。虛詐也。詐兼以虛。國語楚語是言誕也。注云。誕。虛也。呂氏春秋應言篇云。令許綰誕魏王。高誘注云。誕。詐也。故趙氏此注。以誕釋僞。閩監毛本作僞詐。義同。十行本作爲詐。爲即僞也。○注。不相欺愚小也。○正義曰。閩監毛三本作不相欺愚小大。阮氏元校勘記云。孔本韓本作不欺愚小民也。考文古本作不相欺愚小也。愚小。謂五尺之童也。考文古本得之。○注。大小謂尺寸。○正義曰。布帛長至數丈。故云丈尺。屨大極尺。無至丈者。故云尺寸。

曰。夫物之不齊。物之情也。或相倍蓰。或相什百。或相千萬。子比而同之。是亂天下也。巨屨小屨同賈。人豈爲之哉。從許子之道。相率而爲僞者也。惡能治國家。

注孟子曰。夫萬物好醜異賈。精粗異功。其不齊同。乃物之情性也。蓰。五倍也。什。十倍也。至於千萬相倍。譬若和氏之璧。雖與凡玉之璧。尺寸厚薄適等。其賈豈可同哉。子欲以大小相比而同之。則使天下有爭亂之道也。巨。粗屨也。小。細屨也。如使同賈而賣之。人豈肯作其細者哉。時許子敎人僞者耳。安能治國家者也。

疏注。其不齊同乃物之情性也。○正義曰。楚辭雲中君。與日月兮齊光。注云。齊。同也。是不齊即不同也。呂氏春秋上德篇。此之謂順情。淮南子本經訓。人愛其情。高誘注並云。情。性也。性情有陰陽之分。而賓一貫。荀子正名篇云。性之好惡喜怒哀樂謂之情。易文言傳云。利貞者。性情也。亦性情並稱。故趙氏以性釋情。長短輕重多寡大小。此形也。形同而情或不同。則好醜精粗是也。○注。蓰五倍也什十倍也。○正義曰。音義出倍蓰云。丁音師。云從竹下徙。開元禮文字音義曰。倍謂半倍而益之。又音麗。山綺切。史記作倍灑。徐廣云。一作五倍曰蓰。按倍爲半倍。而益者即一倍也。如本有三。倍之爲大。得六而三爲半矣。主原數則益數爲倍。主益數則原數爲半。故云半倍而益之。蓰字說文所無。竹下徙。說文訓簁箄竹器也。所綺切。丁音師。則宜是籭。說文竹器。可以取麤去細。籭亦通簁也。簁通灑。故亦作灑。爾雅釋樂。大瑟謂之灑。大琴謂之離。離亦麗也。麗者連也。蓋五弦相麗則離也。由琴之五弦。五倍之爲二十五弦而爲灑。以其數五五而稱灑。故凡五倍即通稱爲灑。灑通籭。又通於簁。蓰則傳寫之譌也。周書大聚篇云。十夫爲什。管子立政篇云。十家爲什。由一夫一家數之。皆十倍也。○注。譬若和氏至同哉。○正義曰。史記藺相如傳云。趙惠文王時。得和氏璧。秦昭王聞之。使人遺趙王書。願以十五城請易璧。璧之尺寸等耳。此璧値十五城。不已千萬相倍乎。○注。則使天下有爭亂之道也。○正義曰。大戴禮記曾子事父母篇云。爭辨者。作亂之所由興也。故以爭釋亂。○注。巨粗屨也小細屨也。○正義曰。呂氏春秋蕩兵篇云。有巨有微而已矣。高誘注云。巨。麤也。麤同粗。即麤字。淮南子主術訓云。而枹鼓爲小。高誘注云。小。細也。漢書揚雄傳。集注引應劭云。精。細也。禮記樂記云。凝是精粗之體。注云。精粗。謂萬物大小也。是精粗謂之大小。巨爲大。即爲麤也。小爲精。即爲細也。粗疏易成。細巧功密。此物情之迥異。許子屨大小以形論。此巨小以情論。治國家以情不以形。此堯舜所以用心而通變神化也。豈特一屨之微哉。

章指。言神農務本。敎於凡民。許行蔽道。同之君臣。陳相倍師。降於幽谷。不理萬情。謂之敎樸。是以孟子博陳堯舜上下之敍。以匡之也。

疏神農務本。○正義曰。呂氏春秋上農篇云。古先聖王之所以導其民者。先務於農民。農非徒爲地理也。貴其志也。民農則樸。樸則易用。又云。民舍本而事末。則不令。后稷曰。所以務耕織者。以爲本敎也。○不理萬情謂之敎樸。○正義曰。萬者文古本作万。足利本韓本作物情敦樸者。老子云，敦兮其若樸。趙氏所本也。考文引足利本作惇樸。敦通純。純亦通惇也。○得陳堯舜上下之敍以匡之。○正義曰：漢書藝文志云：農家者流。及鄙者為之。以為無所事聖王。欲使君臣並耕。誖上下之序。又云：儒家者流。祖述堯舜。君臣並耕。即所為同之君臣也。誖亂上下之敍。故以上下之敍匡正之。

墨者夷之，因徐辟而求見孟子。【注】夷之，治墨家之道者。徐辟，孟子弟子也。求見孟子，欲以辯道也。【疏】注「夷之治墨家之道者」。○正義曰：漢書藝文志云：墨家者流。蓋出於清廟之守。茅屋采椽。是以貴儉。養三老五更。是以兼愛。選士大射。是以上賢。宗祀嚴父。是以右鬼。順四時而行。是以非命。以孝視天下。是以上同。此其所長也。及蔽者為之。見儉之利。因以非禮。推兼愛之意。而不知別親疏。共六家。尹佚二篇。田俅子三篇。我子一篇。隨巢子六篇。胡非子三篇。墨子七十一篇。隨巢胡非。皆墨翟弟子。我子為墨子之學。韓非子顯學篇云：自墨子之死也。有相里氏之墨。有相夫氏之墨。有鄧陵氏之墨。儒分為八。墨分為三。呂氏春秋：墨者有鉅子腹䵍居秦。又墨者鉅子孟勝。又東方之墨者謝子。淮南子墨者有田鳩者。田鳩亦見韓非子。馬氏驌繹史云：田鳩蓋即田俅子。論衡：墨家之役纏子。皆所謂墨者也。

孟子曰：吾固願見。今吾尚病，病愈，我且往見。【注】我常願見之。今值我病，不能見也。病愈將自往見，以辭卻之。夷子不來。他日，又求見孟子。【注】是日夷子聞孟子病，故不來。他日復往求見。【疏】夷子不來。○正義曰：趙氏以夷子不來。是記其實事。近時通解謂亦孟子言。謂我病愈往見夷子。夷子不必來。王氏引之經傳釋詞云：不，毋也。勿也。言我將往見夷子。夷子勿來也。孟子曰：吾今則可以見矣。不直，則道不見；我且直之。【注】告徐子曰：今我可以見夷子矣。不直言攻之，則儒家聖道不見。我且欲直攻之也。吾聞夷子墨者，墨之治喪也，以薄為其道也。夷子思以易天下，豈以為非是而不貴也？然而夷子葬其親厚，則是以所賤事親也。【注】我聞夷子為墨道。墨者治喪貴薄而賤厚。夷子思欲以此道易天下之化，使從己，豈肯以薄為非是而不貴之也。如使夷子葬其父母厚也，是以所賤之道奉其親也。如其薄也，下言上世不葬者，又可鄙，足為戒也。吾欲以此攻之也。【疏】墨之治喪以薄為其道也。○正義曰：墨子有節葬三篇。上中亡。下篇尚存。其言云：古聖王治為葬埋之法。曰棺三寸，足以朽骼。衣衾三領，足以覆惡。以及其葬也，下毋及泉，上毋通臭。壟若參附之論。則止矣。此以薄爲道也。孫氏星衍墨子後序云。其節葬亦禹法也。尸子稱禹之喪法。死於陵者葬於陵。死於澤者葬於澤。桐棺三寸。制喪三月。見後漢書注。韓非子顯學稱墨者之葬也。冬日冬服。夏日夏服。桐棺三寸。服喪三月。然則三月之喪。夏有是制。墨始法之矣。汪氏中述學云。古者喪期無數。黃帝堯舜垂衣裳而天下治。則五服精粗之制立矣。放勳殂落。百姓如喪考妣。其可見者也。夏后氏三年之喪。既殯而致事。則禹之爲父三年矣。禹崩三年之喪畢。益避禹之子於箕山之陰。則夏之爲君三年矣。士喪禮自小斂奠。朔月半薦遣奠。大遣奠。皆用夏祝。使夏后氏制喪三月。祝豈能習其禮。以贊周人三年之喪哉。若夫陵死陵葬。澤死澤葬。此爲天下大水不能具禮者言之。荒政殺哀。周何嘗不因於夏禮以聚萬民哉。墨子者。蓋學焉而自爲其道者也。故其節葬曰。聖王制爲節葬之法。又曰。墨子制爲節葬之法。則謂墨子自製者是也。故曰墨子之治喪。以薄爲其道也。○然而夷子葬其親厚。○正義曰。趙氏如使云云。則是設辭。近時通解以夷子葬其親厚。乃是夷子實事。孟子因其有此實事。異乎墨子之道。故直指爲以所賤事親。攻其瑕。所以激發其性也。此說爲得。

徐子以告夷子。夷子曰。儒者之道。古之人若保赤子。此言何謂也。之則以爲愛無差等。施由親始。注之夷子名也。言儒家曰。古之治民。若安赤子。此何謂乎。之以爲當同其恩愛。無有差次等級相殊也。但施愛之事。先從己親屬始耳。若此何爲獨非墨道也。疏注。若安赤子。○正義曰。若保赤子。周書康誥文。毛詩魏風。他人是保。傳云。保。安也。故以安釋保。○注。之以爲至始耳。○正義曰。毛詩豳風鴟鴞篇云。恩斯勤斯。傳云。恩。愛也。是愛即恩也。廣雅釋詁云。差。次也。呂氏春秋召類篇。士階三等。高誘注云。等。級也。禮記樂記然後立之樂等。注云。等。差也。是差等二字義同。有階級即有次第也。國語晉語。夫齊侯好示務施。注云。施。惠也。周書謚法解云。惠。愛也。爾雅釋詁同。故趙氏以愛釋施。恩施愛三字義通。愛無差等。即施無差等。施由親始。即愛由親始。孔本韓本作施厚之事。

徐子以告孟子。孟子曰。夫夷子。信以爲人之親其兄之子。爲若親其鄰之赤子乎。彼有取爾也。赤子匍匐將入井。非赤子之罪也。注親。愛也。夫夷子以爲人愛兄子。與愛鄰人之子等邪。彼取赤子將入井。雖他人子亦驚救之。謂之愛同也。但以赤子無知。非其罪惡。故救之耳。夷子必以此況之。未盡達人情者也。疏注。赤子至罪也。○正義曰。江氏聲尚書集注音疏云。赤子無知。或觸陷於死地。惟在保之者安全之。小民亦猶是也。保民如保赤子。則民其安治矣。孟子滕文公篇。墨者夷之求見孟子。稱儒者之道。古之人若保赤子。以爲愛無差等。施由親始。孟子解之曰。彼有取爾也。赤子匍匐將入井。非赤子之罪也。詳孟子之意。謂愚民無知與赤子同。其或入於刑辟。猶赤子之入井。非其罪也。保赤子者。必能扶持防護之。使不至於入井。保民者當明其政教以教道之。使不陷於罪戾。是之謂若保赤子。此孟子說書之意。○注。親愛也。○正義曰。論語樊遲問仁。子曰愛人。禮記中庸云。仁者人也。親親爲大。一切經音義引蒼頡篇云。親。愛也。親之爲愛。猶愛之爲仁也。康誥此言。主用刑。言民無知而將犯刑罰。不必爲吾之親近始保救之。猶赤子無知而將入井。不必爲吾兄之子始保救之。故云若。若之言同也。故趙氏云。雖他人子亦愛救之。謂之愛同也。蓋赤子唯保救其將入井。愚民惟保救其將犯刑罰。至於平時親愛之。則鄰之赤子。終不若兄之子。愚民終不若己之父兄。是以鄰里有喪。非不助之殯葬。然斷不必厚如葬其親也。此人情也。夷子不知此。是爲不達人情。孔本韓本亦愛救之作竊救之。

且天之生物也。使之一本。而夷子二本故也。注天生萬物。各由一本而出。今夷子以他人之親與己親等。是爲二本。故欲同其愛也。

蓋上世嘗有不葬其親者。其親死。則舉而委之於壑。注上世未制禮之時。壑路旁坑壑也。其父母終。舉而委棄之壑中也。疏注。上世未制禮之時。○正義曰。易繫辭傳云。古之葬者。厚衣之以薪。葬之中野。翟氏灝考異云。此云上世。乃上古也。故與易所言古事不同。然二事相因。自有虆梩之掩。遂漸成衣薪葬野之世。○注。壑路至中也。○正義曰。爾雅釋詁云。壑。阬阬。虛也。注云。壑。谿壑也。阬阬謂阬壍也。阬卽坑字。禮記郊特牲。水歸其壑。注云。壑猶坑也。趙氏以坑釋壑。而云路旁者。以下云他日過之。過則偶然行路過此。是壑在路旁也。楚辭離騷云。委厥美以從容兮。注云。委。棄也。故以棄釋委。

他日過之。狐狸食之。蠅蚋姑嘬之。其顙有泚。睨而不視。夫泚也。非爲人泚。中心達於面目。蓋歸反虆梩而掩之。掩之誠是也。則孝子仁人之掩其親。亦必有道矣。注嘬。攢共食之也。顙。額也。泚。汗出泚泚然也。見其親爲獸蟲所食。形體毀敗。中心慙。故汗泚泚然出於額。非爲他人而慙也。自出其心。聖人緣人心而制禮也。虆梩。籠臿之屬。可以取土者也。而掩之實是其道。則孝子仁人掩其親有以也。疏狐狸食之。○正義曰。阮氏元校勘記云。石經狸作貍。案詩取彼狐貍。釋文唐石經皆作貍。○蠅蚋姑。○正義曰。音義出此三字。云張音訥。云諸本或作蠕。謀也。丁云蠕未詳所出。或以蠕與蜹同。謂蜉蝣也。音由。又一說云。蠕姑。卽螻姑也。趙氏佑溫故錄云。姑。螻蛄也。南人謂之地螜。螜讀爲狗。北人謂之喇喇姑。亦曰螻狗。初生鳴土中。食穀種。最在螟螣蟊賊先。東俗每於布穀後候苗將發。則以小石輪周歷左右壓治之。及秋飛出。趨壁光能咬人起瘡。蟲之毒者。音義一說蝍。或作蟈。一說蟈姑卽螻姑也。則似以蝍姑爲一物。予在山東。一老門子爲予言甚詳。因及月令孟夏螻蟈鳴。卽此物也。蟈與姑聲相亂耳。王氏念孫廣雅疏證云。螻姑疊韻字。聲轉爲螻蟈。倒言之則爲蛞螻。方言。螻螲謂之螻姑。或謂之蟓蛉。南楚謂之杜狗。或謂蛞螻。今人謂此蟲爲土狗。卽杜狗也。順天人謂之拉拉古。卽螻蛄之轉聲也。其單言之。則或爲螻。呂氏春秋應同篇。黃帝之時。天先見大螾大螻。高誘注云。螻。螻蛄也。愼小篇云。巨防容螻。注云。隄有孔穴。容螻蛄也。或又謂之蟪蛄。埤雅引廣志小學篇云。螻蛄。會稽謂之蝍姑。孟子音義。蝍。諸本或作蟈。一說云。蟈姑卽螻姑也。蟈與螻聲正相近矣。螻蛄短翅四足。穴土而居。至夜則鳴。聲如蚯蚓。按趙氏無訓。但以一蟲字括之。蟈爲蝍爲蟈姑則二物。爲蝍爲蝍爲姑則三物。說文虫部云。蜹。秦晉謂之蜹。楚謂之蟁。阮氏元釋且云。且字加口爲咀。春秋左傳僖二十八年。晉侯夢楚子伏己而盬其腦。盬與咀同。謂咀噬其腦。故方言云。盬。且也。且與姑同音。故姑亦有咀義。孟子滕文公。蠅蚋姑嘬之。姑與方言盬同。卽咀也。謂蠅與蚋同咀嘬之也。○注。嘬攢共食之也。○正義曰。禮記曲禮云。毋嘬炙。注云。嘬謂一舉盡臠。蓋獸食之餘。諸蟲又盡之也。趙氏謂攢共食之者。嘬從最。隱公元年公羊傳云。會猶最也。注云。最。聚也。最之爲言聚。文選西都賦注。引蒼頡篇云。攢。聚也。趙氏讀嘬爲聚。故以攢共解之。○注。顙額至於出額。○正義曰。方言云。中夏謂之頟。東齊謂之顙。顙卽額也。考工記。車人爲耒。疵長尺有一寸。注云。疵讀爲其顙有疵之疵。賈氏疏云。俗人爲顙領之上有疵病。故從之也。爾雅釋詁云。疵。病也。是孟子本有作疵者。其顙有疵。謂頭額病。猶云疾首也。趙氏本作泚。毛詩邶風。新臺有泚。傳云。泚。鮮明貌。說文作玼。而謂泚爲清。蓋顙色鮮明必爲汗漬。故以爲汗出泚泚然。說文心部云。慙。媿也。人媿則汗出於額。故以爲慙。然以爲慙。不如以爲哀痛而疾首。泚宜爲疵之借耳。○注。虆梩至取土者也。○正義曰。段氏玉裁說文解字注云。梠。臿也。從木吕聲。一曰徙土輂。齊人語也。梩或從里。周禮注引司馬法曰。輂一斧一斤一鑿一梩。疏云。梩或解作臿。或解作鏵。鏵臿亦不殊。孟子蓋歸反虆梩而掩之。趙曰。虆梩。籠臿之屬。可以取土者也。虆卽欙之假借。可以舁土者。梩同梠。可以臿地掘土者。一曰徙土輂。此別一義。謂梠卽钁。孫奭孟子音義云。梩。土舉也。本此。王氏念孫廣雅疏證云。爾雅斛謂之疀。郭注云。皆古鍫鍤字。管子度地篇云。籠臿版築各什六。齊策云。坐而織蕢。立而杖插。並字異而義同。按籠蕢卽虆臿。插卽梩。故云籠臿之屬。○注。而掩之實是其道。○正義曰。高誘注呂氏春秋淮南子。皆云。誠。實也。

徐子以告夷子。夷子憮然爲閒。曰。命之矣。

注孟子言是以爲墨家薄葬。不合道也。徐子復以告夷子。夷子憮然者。猶悵然也。爲閒者。有頃之閒也。命之。猶言受命教矣。

疏注。夷子憮然者猶悵然也。○正義曰。一切經音義引三蒼云。憮然。失意貌也。失意則悵恨。故以爲猶悵然也。按論語微子篇。子路行以告。夫子憮然。集解云。謂其不達己意。與趙氏此注義同。乃說文心部云。憮。愛也。韓鄭曰憮。一日不動。爾雅釋言云。憮。撫也。廣雅釋詁既訓撫爲安。又訓撫爲定。安定皆不動之義。蓋夫子聞子路述沮溺之言。寂然不動。久而乃有鳥獸不可同羣之言。此夷之聞徐辟述孟子之言。寂然不動。久而乃有命之之言。是夷子憮然四字絕句。爲閒二字絕句。謂不動聲色者良久也。後漢書文苑禰衡傳云。表嘗與諸文人共草章奏。並極其才思。時衡出還見之。開省未周。因毀以抵地。表憮然爲駭。蓋是時劉表必正稱譽歡笑。衡笑將章奏擲諸地。表乃寂然不動。揣其心以爲此時所以不動者。爲駭之也。蔡邕傳。邕在陳留。其鄰人有以酒食召邕者。客有彈琴於屏。邕至門試潛聽之。曰。憘。以樂召我而有殺心。何也。遂反。主人遽自追問其故。邕具以告。莫不憮然。此憮然。亦謂彙聞邕言。莫知所謂。都寂然不動也。孔融傳。曹操激厲融云。當收舊好。而怨毒漸積。志相危害。聞之憮然。中夜而起。大凡聞人之言。見人之事。與己所期所見不同。往往靜默不動。躊躇既久。有以見其說之非。則夫子之辨沮溺是也。有以見其說之是。則夷之之從孟子是也。亦有躊躇不解其故。或蓄怒而未形。或懷疑而莫決。如劉表之於禰衡。陳留賓客之於蔡邕是也。說文以不動二字括之。精矣。○注。爲間者有頃之間也。○正義曰。呂氏春秋去私篇云。居有間。高誘注云。間。頃也。國策秦策云。乃留止間曰。高誘注云。間。須臾也。列子黃帝篇云。立有間。不言而出。釋文云。間。少時也。○注。命之猶言受命教矣。○正義曰。禮記坊記云。命以防欲。注云。命。謂教命。

章指。言聖人緣情。制禮奉終。墨子元同。貧而違中。以直正枉。憮然改容。蓋其理也。[疏]墨子元同賢而違中。○正義曰。墨子有尚同三篇。同即與差等之謂也。老子云。和其光。同其塵。是謂元同。左思魏都賦云。道洪化隆。世篤元同。後漢書張衡傳注。引桓譚新論云。元者。天也。道也。此元同謂道同也。太史公自序云。墨者儉而難遵。是以其事不偏循。賢。猶儉也。違中。故不可偏從也。

卷六　滕文公章句下凡十章。

陳代曰。不見諸侯。宜若小然。今一見之。大則以王。小則以霸。且志曰。枉尺而直尋。宜若可爲也。[注]陳代。孟子弟子也。代見諸侯有來聘請孟子。孟子有所不見。以爲孟子欲以是爲介。故言此介得無爲狹小乎。如一見之。儻得行道。可以輔致霸王乎。志。記也。枉尺直尋。欲使孟子屈己信道。故言宜若可爲也。[疏]且志曰枉尺而直尋。○正義曰。翟氏灝考異云。隸釋鄗郎元賓碑。進退不枉尺直攆。用孟子。而以攆爲尋。文子上義篇。屈寸而申尺。小枉而大直。聖人爲之。尸子引孔子曰。詘寸而信尺。小枉而大直。吾爲之也。文子。東周初人。而尸佼爲商鞅師。穀梁傳嘗引其言。亦略前於孟子。陳代所云志。或者即此等書。○注。得無爲狹小乎。○正義曰。漢金廣甄册紀產碑云。耕殖陜少。陜少即狹小也。禮記表記云。仁有數。義有長短小大。注云。畦仁義者。其數長大。取仁義者。其數短小。孔氏正義云。小。謂所施狹近也。孟子曰。昔齊景公田。招虞人以旌。不至。將殺之。注虞人守苑囿之吏也。招之當以皮冠。而以旌。故不至也。疏昔齊至殺之。〇正義曰。昭公二十年左傳云。十二月。齊侯田于沛。招虞人以弓。不進。公使執之。辭曰。昔我先君之田也。旃以招大夫。弓以招士。皮冠以招虞人。臣不見皮冠。故不敢進。乃舍之。仲尼曰。守道不如守官。君子韙之。閻氏若璩釋地三續云。虞人。守苑囿之吏也。周禮山虞。每大山中士四人。澤虞。每大澤大藪。中士四人。迹人掌田獵者。亦中士四人。餘皆下士及府史等。自不敢上擬乎大夫。招以旌豈敢進。此守官也。而即守道也。左氏生大國初。孟子之前。不知於何聞之。所傳尹公佗學射庾公差。齊侯田于沛二事。與孟子輒異。志士不忘在溝壑。勇士不忘喪其元。孔子奚取焉。取非其招不往也。如不待其招而往。何哉。注志士守義者也。君子固窮。故常念死無棺椁。沒溝壑而不恨也。勇士。義勇者也。元。首也。以義則喪首不顧也。孔子奚取。取守死善道也。非禮招己則不往。言虞人不得其招。尙不往。如何君子而不待其招。直事妄見諸侯者。何爲也。疏注志士至善道。〇正義曰。韓詩外傳云。子路與巫馬期薪於韞丘之下。陳之富人有處師氏者。脂車百乘。觴於韞丘之上。子路與巫馬期曰。使子無忘子之所知。亦無進子之所能。得此富終身。無復見夫子。子爲之乎。巫馬期喟然仰天而嘆。闟然投鐮於地。曰。吾嘗聞之夫子。勇士不忘喪其元。志士仁人。不忘在溝壑。子不知予與。試予與。意者其志與。此以志士仁人並稱。論語衞靈公篇云。志士仁人。無求生以害仁。有殺身以成仁。集解引孔曰。無求生以害仁。死而後成仁。則志士仁人。不愛其身也。孔子謂殺身成仁。孟子謂舍生取義。惟取義乃成仁。故志士爲仁人。即亦守義者也。巫馬期不顧處師氏之富。固死無棺椁。棄尸溝壑而不恨者也。死不愛其身。則生可喪其元。生不愛其元。則死何難於在溝壑。志與勇皆以義揆之。故趙氏均以義言。論語陽貨篇云。君子義以爲上。君子有勇而無義爲亂。小人有勇而無義爲盜。故云義勇者也。勇而非義。雖喪元不顧。爲要離聶政之流。非君子所貴矣。元。首也。爾雅釋詁文。僖公三十三年左傳。先軫曰。匹夫逞志於君而無討。敢不自討乎。免冑入狄師。死焉。狄人歸其元。面如生。哀公十一年傳。公使大史固歸國子之元。皆喪其元之事也。守死善道。論語泰伯篇文。〇注。直事妄見諸侯者。〇正義曰。韓非子喩老篇云。事。爲也。直事者。不俟其招。徑直爲此見諸侯之事。無端而往。是爲妄也。且夫枉尺而直尋者。以利言也。如以利。則枉尋直尺而利。亦可爲與。注尺小尋大。不可枉大就小而以要利也。疏枉則至爲輿。○正義曰：風俗通十反篇云：孟軻稱不枉尺以直尋，況於枉尋以直尺。
豈不待招而見。實不能一見卽霸王。是枉尋直尺而已。趙氏之義，與應劭正同。昔者趙簡子
使王良與嬖奚乘，終日而不獲一禽。嬖奚反命曰：天下之賤工也。注趙簡子，晉
卿也。王良，善御者也。嬖奚，簡子幸臣。以不能得一禽，故反命於簡子，謂王良天下鄙賤之工師也。疏注：趙簡子晉卿也。○
正義曰：史記趙世家云：晉獻公賜趙夙耿。夙生共孟。共孟生趙衰。趙衰生盾。趙盾卒，謚爲宣孟。
子朔嗣。屠岸賈殺趙朔。平公十二年，趙武爲正卿。趙武生景叔。趙景叔卒，生趙鞅，是爲簡子。
○注。王良善御者也。○正義曰：哀公二年左傳云：郵無恤御簡子。注云：郵無恤，王良也。孔氏
正義云：下云子良授綏是也。服虔曰：王良也。孟子說王良善御之事。古者車駕四馬，御之爲難。
故爲六藝之一。王良之善御，最有名。於書傳多稱之。楚辭云：當世豈無騏驥兮，誠無王良之善御。
見執轡者非其人兮，故駒跳而遠去。國語晉語云：趙簡子使尹鐸爲晉陽。郵無正進曰云云。又云：
初伯樂與尹鐸有怨，以其賞如伯樂氏。注云：無正，晉大夫郵良伯樂。又云：伯樂，無正字。淮南
子覽冥訓云：昔者王良造父之御也，上車攝轡，馬爲整齊而斂諧，投足調均，勞逸若一，心怡氣和，
體便輕畢，安勞樂進，馳騖若滅。高誘注云：王良，晉大夫郵無恤子良也。所謂御良也。一名孫無
政。爲趙簡子御。死而託精於天駟星。天文有王良星是也。○注。天下鄙賤之工師也。○正義曰：
王良爲大夫，不可爲卑賤。賤與下良對。故釋爲鄙。謂其技藝鄙陋。鄙野異於國中。言其俚
野非國工也。以師釋工者。儀禮燕禮大師告於樂正注云：大師，上工也。是工亦稱師也。或以
告王良。良曰：請復之。注聞嬖奚賤之，故請復與乘。強而後可。注強嬖奚乃肯行。一朝而獲
十禽。嬖奚反命曰：天下之良工也。注以一朝得十禽，故謂之良工。簡子曰：我使掌與
女乘。注掌，主也。使王良主與女乘。疏注：掌主也。○周禮天官凌人注云：杜子春讀掌冰爲主冰。小爾雅廣言云：掌，主也。謂王良。良不
可。注王良不肯。曰：吾爲之範我馳驅，終日不獲一。爲之詭遇，一朝而獲十。注範，法
也。王良曰：我爲之法度之御，應禮之射，正殺之禽，不能得一。橫而射之曰詭遇。非禮之射，則能獲十。言嬖奚小人
也，不習於禮。疏注：範法至於禮。○正義曰：範，法也。爾雅釋詁文。昭公八年秋，蒐于紅。穀梁傳云：艾蘭以爲防。置旃以爲轅門。以葛覆質以爲槷。流旁握御。轚者不得入。車軌塵
•馬候蹄。揜禽旅。御者不失其馳。然後射者能中。過防弗逐。不從奔之道也。面傷不獻。不成禽
不獻。所云車軌塵馬候蹄者。法度之御也。毛詩小雅車攻篇傳云：一曰乾豆。二曰賓客。三曰充君

之庖。故自左膘而射之達於右腢爲上殺。達右耳本次之。射左髀達於右䯚爲下殺。面傷不獻。踐毛不獻。不成禽不獻。孔氏正義云。上殺以其貫心死疾。肉最絜美。故以爲乾豆。次殺以其遠心死稍遲。肉已微惡。故以爲賓客。下殺以其中腸死最遲。肉又益惡。充君之庖也。凡射獸。皆逐從左廂而射之達於右䯚。獨言射左髀爲上殺。達於右腢。當自左脅也。次達右耳本。當自左肩腢也。不言自左。舉下殺之射左髀。可推而知也。面傷不獻者。謂當面射之。翦毛不獻。謂在旁而逆射之。二者皆爲逆射。按此上殺次殺中殺。皆爲應禮之射。正殺之禽。王氏念孫廣雅疏證云。釋天。王者以四時畋。以奉宗廟。因簡戎事。刈草爲防。敺而射之。不題禽。不㓕遇。不捷草越防。不追題禽。題。迎禽而射之。㓕遇。謂旁射也。㓕或作詭。孟子滕文公篇。爲之詭遇。一朝而獲十。趙岐注云。橫而射之曰詭遇。比九五。王用三驅失前禽。桓四年左傳。正義引鄭注云。失前禽者。謂禽在前來者。不逆而射之。旁去又不射。惟背走者。順而射之。用兵之法亦如之。降者不殺。奔者不禦。加以仁恩養威之道。亦其義也。說苑修文篇云。不抵禽。不詭遇。班固東都賦云。弦不睼禽。轡不詭遇。抵睼並與題通。按此題禽詭遇。皆爲非禮之射。王良僅云詭遇。蓋亦括題禽言之。如穀梁傳但言面傷。亦括橫射言之也。音義出範我。云。或作范氏。范氏古之善御者。範古與范通。範或作范者有之。我氏形近。其作氏者譌也。趙氏訓範爲法。則其經文必不作范氏矣。音義見諫本。而以爲古之善御者。班固東都賦云。游基發射。范氏施御。弦不失禽。轡不詭遇。文選李善注引括地圖云。夏德盛。二龍降之。禹使范氏御之。以行程南方。又引孟子此文。仍作吾爲之範我馳驅。違下爲之詭遇。又引劉熙注。橫而射之曰詭遇。則引括地圖注范氏施御句。引孟子注轡不詭遇句。非范氏卽孟子之範我也。李賢注後漢書班固傳此文。則云范氏。趙之御人也。此趙字譌。當是古字。引孟子此文。亦作範我。又引趙注範法也云云。然則李賢所引孟子。不作范氏可知。又云弦不失禽。謂由基也。轡不詭遇。謂范氏也。范氏指賦所云之范氏。非孟子之範我也。宋書樂志馬君篇云。願爲范氏驅。雖容步中畿。豈效詭遇子。馳騁趨危機。此則本班固賦言之。皆未足以證孟子之爲范氏馳驅也。凡說經先求辭達。若作范氏。則云我爲之范氏馳驅。於辭不達。而王良何取於范氏。賦以范氏儷由基。范氏爲範我矣。由基何屬邪。卽使誠有異本孟子作范氏馳驅。究以趙氏爲正而已。白氏六帖執御篇引孟子此文及注云。範。法也。爲以法式爲御。故不獲禽。詭。譎也。不依御。故苟得矣。與趙氏注異。白氏引之。蓋唐以前舊注。其釋範爲法。亦同於趙。音義作范氏。非也。

詩云不失其馳。舍矢如破。我不貫與小人乘。請辭。

〔注〕詩。小雅車攻之篇也。言御者不失其馳驅之法。則射者必中之。順毛而入。順毛而出。一發貫臧。應矢而死者如破矣。此君子之射也。貫。習也。我不習與小人乘。不願掌與嬖奚同乘。故請辭。

〔注〕注。詩小至射也。○正義曰。引詩在小雅車攻篇第六章。毛傳云。言習於射御法也。不失其馳驅之法。則範我馳驅也。順毛而入。順毛而出。則不踐毛。不順。則毛踐躪復藉矣。一發貫臧。阮氏元校勘記云。足利本臧作藏。音義

毌貫臧作饑。非。臧卽今五臟字。徂浪切。一發貫臟。應矢而死。所謂貫心死疾爲上殺也。孫宣公云。臧如字。非也。鄭氏箋云。御者之良。得舒疾之中。射者之工。矢發則中。如椎破物也。孔氏正義云。如椎破物。則中而驟也。王氏引之經傳釋詞云。如猶而也。不失其馳。舍矢如破。如破而破也。家大人曰。舍矢而破。與舍拔則獲同意。皆言其中之速也。楚策云。壹發而殪。意亦與此同。鄭箋及孟子趙注。皆誤解如字。○注。貫習也。○正義曰。貫。習。爾雅釋詁文。段氏玉裁說文解字注云。貫假借作摜字。習也。如孟子我不貫與小人乘是也。毛詩曰。串夷傳云。串。習也。串卽毌之隸變。傳卽謂摜字。御者且羞與射者比。比而得禽獸。雖若丘陵。弗爲也。如枉道而從彼何也。【注】孟子引此以喻陳代云。御者尚知恥羞此射者。不欲與比。子如何欲使我枉正道而從彼驕慢諸侯而見之乎。【疏】注。御者尚知恥羞此射者。○正義曰。國語周語云。姦禮爲羞。注云。羞。恥也。閩監毛三本。作羞恥。且子過矣。枉己者未有能直人者也。【注】謂陳代之言過謬也。人當以直矯枉耳。已自枉曲。何能正人。【疏】注。過謬也。○正義曰。國策秦策云。王之料天下過矣。高誘注云。過。謬也。淮南子本經訓云。壞險以爲平。矯枉以爲直。高誘注云。矯。正也。枉。曲也。說文矢部云。矯。揉箭箝也。易說卦傳云。坎爲矯揉。宋衷注云。曲者更直爲矯。蓋物之曲者。以直物糾戾之使同直。故云以直矯枉也。章指。言脩禮守正。非招不往。枉道富貴。君子不許。是以諸侯雖有善其辭命。伯夷亦不屑就也。【疏】是以至就也。○正義曰。周氏廣業孟子章指考正云。伯夷不就辭命無考。惟韓非子和氏篇。古有伯夷叔齊者。武王讓以天下而弗受。二人餓死首陽之陵。莊子讓王篇。昔周之興。伯夷叔齊相謂曰。吾聞西方有人。似有道者。盍往觀焉。至於岐陽。武王聞之。使叔旦往見之。與之盟曰。加富二等。就官一列。血牲而埋之。二人相視而笑曰。嘻。異哉。此非吾所謂道也。比入至首陽之山。遂餓而死焉。孟子所云。或卽指此。

景春曰。公孫衍張儀。豈不誠大丈夫哉。一怒而諸侯懼。安居而天下熄。【注】景春。孟子時人。爲從橫之術者。公孫衍。魏人也。號爲犀首。常佩五國相印爲從長。秦王之孫。故曰公孫。張儀合從者也。一怒則構諸侯。使強陵弱。故言懼也。安居不用辭說。則天下兵革熄也。【疏】注。景春至術者。○正義曰。漢書藝文志云。從橫家者流。蓋出於行人之官。孔子曰。誦詩三百。使於四方。不能專對。雖多亦奚以爲。又曰。使乎使乎。言其當權事制宜。受命而不受辭。此其所長也。及邪人爲之。則上詐諼而棄其信。凡十二家。以蘇秦張儀爲首。周氏廣業孟子出處時地考云。景春稱儀衍而不及蘇秦。秦時已爲齊所殺矣。又孟子古注攷云。漢藝文志兵陰陽家。有景子十三篇。疑卽此人。○注。公孫至合從長。○正義曰。史記秦本紀云。惠文君五年。陰晉人犀首爲大良造。六年。魏納陰晉。陰晉更名寧秦。裴駰集解云。犀首官名。姓公孫。名衍。徐廣曰。陰晉。今之華陰也。衍爲大良造時。陰晉尙屬魏。衍爲陰晉人。是魏人也。又張儀列傳附公孫衍傳云。犀首者。魏之陰晉人也。名衍。姓公孫氏。與張儀不善。張儀已卒之後。犀首入相秦。嘗佩五國之相印。爲約長。集解引司馬彪云。犀首魏官名。若今虎牙將軍。按此則衍在魏爲犀首之官。在秦爲大良造之官。趙氏云。號爲犀首。未詳所本。國策秦策云。王用儀言。取皮氏卒萬人。車百乘。以與魏犀首。吳師道云。年表陰晉人犀首爲大良造。則非官名。而韓策樓留以犀首張儀並言。何爲一人獨以官稱乎。恐犀首或姓名也。魏亦有犀武。按犀首卽公孫衍。明見史記。意者先在魏爲此官。後遂以爲號。故人遍稱之。史記言約長。趙氏言從長者。周氏柄中辨正云。衍本衡人。史記以儀衍同傳。而贊云。夫言從衡彊秦者。大抵皆三晉之人。是衍亦衡人之彊秦者也。所以離秦魏之交。致義渠之襲者。特以傾張儀而然。非合從也。卽其用陳軫之計。三國委事。亦並無合從事跡。其爲秦敗楚。則見於韓非子史記等書。黃東發謂衍或從或橫。殊非其實。趙注云。衍嘗佩五國相印。爲從長。史記犀首入秦爲約長。此言衍相秦約五國。與秦橫親。正破從爲橫之事。約長非從長也。未有相秦而合從者也。衍生長於魏。趙氏謂秦王之孫。故曰公孫。亦未知所出。○注。張儀合從者也。○正義曰。呂氏春秋報更篇云。張儀。魏氏餘子也。將西游於秦。過東周。昭文君送而資之。至於秦。留有間。惠王悅而相之。張儀所德於天下者。無若昭文君。史記張儀列傳云。張儀者。魏人也。蘇秦已說趙王而得相。約從親。而恐秦之攻諸侯敗約負念。莫可使用於秦者。乃使人微感張儀。張儀遂得以見秦惠王。惠王以爲客卿。二說不同。索隱云。張儀說六國使連橫而事秦。故云成其橫道。然山東地形從長。蘇秦相六國令從親而賓秦也。關西地形橫長。張儀相六國令破其從而連秦之橫。故蘇爲合從。張爲連橫也。乃趙氏以儀爲合從者。未詳所本。

孟子曰。是焉得爲大丈夫乎。子未學禮乎。丈夫之冠也。父命之。女子之嫁也。母命之。往送之門。戒之曰。往之女家。必敬必戒。無違夫子。以順爲正者。妾婦之道也。注孟子以禮言之。男子之道。當以義匡君。女子則當婉順從人耳。男子之冠。則命曰就爾成德。今此二子從君順指。行權合從。無輔弼之義。安得爲大丈夫也。

疏丈夫之冠也父命之。○正義曰。江氏永羣經補義云。父命之者。迎賓冠子。父主其事。至於士冠禮諸祝辭。皆賓祝之。非父命也。父醮則有辭矣。周氏柄中辨正云。陳亦韓曰。士冠禮無父命之文。賓則有三加祝辭。又有醴辭字辭。冠後以贄見於卿大夫鄉先生。如晉趙文子冠見欒武子范文子韓獻子智武子。皆有言以勸勉之。蓋父不自命。而以其命之意出於賓。亦不親敎子之意也。○女子至夫子。○正義曰。閻氏若璩釋地又續云。門即父母家之門。非女子所適之壻家之門。今人祗緣俗有母送其女至壻家禮。遂以爲壻門。不知婦人迎送不出門。又內言不出於梱。古豈有是耶。然孟子此一禮。與儀禮士昏禮記亦殊不同。記云。父在阼階上西面戒女。母戒諸西階上不降。又云。父送女。命之曰。戒之敬之。夙夜毋違命。母施衿結帨曰。勉之敬之。夙夜無違宮事。庶母及門內施鞶。申之以父母之命。命之曰。敬恭聽宗爾父母之言。夙夜無愆。視諸衿鞶。是戒者非止母一人。與所送亦非止門一處。大抵孟子言禮。多主大綱。不暇及詳。抑儀禮定於周初。而列國行之久。頗各隨其俗。如衞人之祔也離之。魯人之祔也合之。雖孔子善魯。而衞當日仍行自若。周氏柄中辨正云。士昏禮。女父不降送。母戒諸西階上亦不降。而孟子言往送之門。穀梁傳亦言送女不出祭門。乃指廟之大門。則送不止於階矣。或說送至壻門。毛西河引戰國策。婦車至門。送諸母還。謂諸母有送至壻門者。按穀梁傳諸母兄弟送不出闕門。謂祭門外兩觀門也。所指諸侯嫁女之禮。與士昏禮等所言庶母及門內略同。並無送至壻門之說。國策恐未可據。○注男子至丈夫也。○正義曰。毛詩鄘風蝃蝀傳云。婉。順也。說文女部云。婉。順也。春秋傳曰。太子痤婉。是順之義爲婉也。以義匡君。義不可從。則須諫正。是以義爲正也。不論義之當從當違。一概無違。是以順爲正。非以義爲正者也。故趙氏以婉解之。別其不能以義匡君矣。趙氏佑溫故錄云。注男子之冠。則命曰。就爾成德。補義甚好。此出士冠禮。祝曰。今月吉日。始加元服。棄爾幼志。順爾成德之文也。按儀禮士冠禮作順爾成德。此改爲就者。以孟子斥順爲妾婦。故易順爲就。廣雅釋詁云。就。歸也。賈子道術篇云。行歸而過謂之順。莊子人間世云。就不欲入。注云。就者形順。是就亦順也。乃所順在成德。成德則能以義匡君。是以義爲順者也。惟以無違爲順。而不以義。則妾婦之順也。言有古今之不同。賴聖賢發明之。文王繫易。以利爲重。其時所謂利。以利物言。故孔子贊之云。利者。義之和也。利物足以和義。蓋至孔子時所謂利。共以爲利己。於是以放利而行爲利。故孔子罕言利。而以義爲利。易以坤爲順。孔子贊易。屢以順言其時。以輔弼正君爲順。荀子臣道篇云。以從命而利君謂之順。從命而不利君謂之諂。是也。至孟子時。則徒以從君順指爲順。故孟子斥爲妾婦之道。孟子之斥順。猶孔子之斥利也。妻道猶臣道。妻之順夫。亦當諤諤有以調和而補救之。惟妾婦婢媵之旅。徒以取容爲婉媚耳。

居天下之廣居。立天下之正位。行天下之大道。得志與民由之。不得志獨行其道。富貴不能淫。貧賤不能移。威武不能屈。此之謂大丈夫。注廣居。謂天下也。正位。謂男子純乾正陽之位也。大道。仁義之道也。得志行正。與民共之。不得志隱居。獨善其身。守道不回也。淫。亂其心也。移。易其行也。屈。挫其志也。三者不惑。乃可以爲大丈夫矣。疏注廣居至道也。○正義曰。趙氏以廣居爲天下。則居天下之廣居。即謂人生天地間也。天地之間。至廣大。隨在可以自得。必以富貴而婉順求之。是天下至廣。而所營至狹矣。男女共生天地之間。在女子則當婉順。既身爲男子。則在八卦爲乾。易家人彖傳云。女正位乎內。男正位乎外。內則囿於一家。外則周乎天下。故居天下之正位也。說卦傳云。是以立天之道。曰陰與陽。立地之道。曰柔與剛。立人之道。曰仁與義。分陰分陽。迭用柔剛。異乎妾婦之徒。以柔順爲道。故爲大道也。蓋既生於天地間。居如此其廣也。又身爲男子。位如此其正也。則所行自宜爲天下之大道。而奈何蹈踏而效妾婦爲也。下數句卽申明行天下之大道。以全其居廣居立正位之身也。趙氏注精矣。○注。得志行至夫矣。○正義曰。論語顏淵篇云。政者正也。周禮地官黨正注云。正之言政也。趙氏以行正解得志。行正卽爲政也。天下之居既廣。而男子行仁義之道。可仕而爲政。則以此仁義之道。共之於民。不可仕則隱居。而以此仁義之道獨行於身。何處不可居。何處不可行道也。呂氏春秋古樂篇云。有正有淫矣。高誘注云。淫。亂也。又蕩兵篇云。而工者不能移。高誘注云。移。易也。漢書揚雄傳音義引諸詮云。屈古詘字。廣雅釋詁云。詘。屈也。挫。詘折也。是屈卽挫也。男子行仁義之道。故富貴不能亂其心。貧賤不能易其行。威武不能挫其志。自彊不息。乃全其爲男子。全其爲男子。斯得爲大丈夫也。

章指。言以道匡君。非禮不運。稱大丈夫。阿意用謀。善戰務勝。事雖有剛。心歸柔順。故云妾婦。以況儀衍。疏非禮不運○正義曰。周氏廣業孟子章指攷證云。戴記有禮運篇。按莊子山木篇云。運物之泄也。釋文引司馬注云。運。動也。

周霄問曰。古之君子仕乎。注周霄。魏人也。問君子之道當仕否。疏注。周霄魏人也。○正義曰。戰國魏策云。魏文子田需周霄相善。欲罪犀首。鮑彪注云。周霄。孟子時有此人。至是三十年矣。吳師道正云。田文前相魏。當襄王時。孟子見梁襄王。相去不遠也。周氏廣業孟子出處時地考云。按史田需犀首。皆在秦惠王時。故霄得問於孟子也。魏策又云。周宵謂宮他曰。子爲宵。謂齊王曰。宵願爲外臣。令齊資我於魏。鮑彪注云。疑卽霄。吳師道正云。孟子記魏人。若以爲此人。則非安釐之世矣。

孟子曰。仕。傳曰。孔子三月無君。則皇皇如也。出疆必載質。注質臣所執以見君者也。三月。一時也。物變而不佐君化。故皇皇如有求而不得。疏注。質臣所執以見君者也。○正義曰。音義出載質云。張音贄。云義與贄同。白虎通瑞贄篇云。贄者。質也。質己之誠。致己之悃愊也。儀禮士相見禮云。贄。冬用雉。夏用腒。左頭奉之。曰。某也願見。無由達。某子以命。命某見。注云。贄所執以至者。君子見於所尊敬。必執贄以將其厚意也。士冠禮云。奠摯見於君。遂以摯見於卿大夫鄉先生。注云。摯。雉也。是見君用摯也。贄摯質三字通。○注三月至不得。○正義曰。大戴記本命篇云。人生而不具者五。目無見。不能食。不能行。不能言。不能化。三月而徹眴。然後能有見。注云。三月萬物一成。易繫辭傳云。變通莫大乎四時。春秋繁露官制象天篇云。三人而爲一選儀。於三月而爲一時也。天有四時。時三月。如天之時。固有四變也。白虎通四時篇云。歲時何。謂春夏秋冬也。時者。期也。陰陽消息之期也。春夏物變盛。秋冬氣變盛。此三月爲一時而物變之說也。變卽化也。歷一時而物變化。君子亦當趣時爲變化。春秋繁露四時之副篇云。天之道。春暖以生。夏暑以養。秋清以殺。冬寒以藏。暖暑清寒。異氣而同功。皆天之所以成歲也。聖人副天之所行以爲政。故以慶副暖而當春。以賞副暑而當夏。以罰副清而當秋。以刑副寒而當冬。慶賞罰刑。異事而同功。皆王者之所以成德也。慶賞罰刑。與春夏秋冬以類相應也。禮記檀弓上云。既殯。瞿瞿如有求而弗得。皇皇如有望而弗至。注云。皆憂悼在心之貌也。檀弓下云。始死。皇皇焉如有求而弗得。問喪篇云。其往送也。望望然。汲汲然。如有追而弗及也。其反哭也。皇皇然。如有求而弗得也。楚辭離世篇云。征夫皇皇其孰依兮。注云。皇皇。惶遽貌。廣雅釋訓云。惶惶。劇也。惶惶。卽皇皇也。

公明儀曰。古之人三月無君則弔。【注】公明儀。賢者也。而言古人三月無君則弔。明當仕也。

三月無君則弔。不以急乎。【注】周霄怪乃弔於三月無君。何其急也。

曰。士之失位也。猶諸侯之失國家也。禮曰。諸侯耕助以供粢盛。夫人蠶繅以爲衣服。犧牲不成。粢盛不絜。衣服不備。不敢以祭。惟士無田。則亦不祭。牲殺器皿衣服不備。不敢以祭。則不敢以宴。亦不足弔乎。【注】諸侯耕助者。躬耕勸率其民。收其藉助以供粢盛。粢。稷。盛。稻也。夫人親執蠶繅之事。以率女功。衣服。祭服。不成。不實肥腯也。惟。辭也。言惟絀祿之士無圭田者不祭。牲必特殺。故曰殺。皿所以覆器者也。不祭則不宴。猶喪人也。不亦可弔乎。【疏】禮曰至衣服。○正義曰。禮記祭統云。天子親耕於南郊。以共齊盛。王后蠶於北郊。以共純服。諸侯耕於東郊。亦以共齊盛。夫人蠶於北郊。以共冕服。注云。齊或爲粢。孟子所引之禮。蓋如是也。桓公十四年穀梁傳云。天子親耕以共粢盛。王后親蠶以共祭服。又成十七年穀梁傳云。宮室不設。不可以祭。車馬器械不備。不可以祭。有司一人不備其職。不可以祭。與孟子所言略同。然則犧牲不成以下。亦孟子述禮之文也。禮記曲禮云。無田祿者不設祭器。又王制云。大夫士宗廟之祭。有田則祭。無田則薦。○注諸侯至祭服。○正義曰。國語周語云。宣王卽位。不藉千畝。虢文公諫曰。不可。夫民之大事在農。上帝之粢盛。於是乎出。又云。及期。王祼鬯。乃行。百吏庶民畢從。及藉。后稷監之。膳夫農正陳藉禮。太史贊王。王敬從之。王耕一墢。班三之。庶人終於千畝。注云。藉。借也。借民力以爲之。天子藉田千畝。諸侯百畝。蓋田名藉田。以借助於民。故名。天子先親耕。而後民終之。是躬耕勸率於民也。天子雖躬耕。不過三推而已。其終收穫得共粢盛。實由民之助力。故云收其藉助也。是耕爲躬耕。助爲民助。若禮記樂記云。耕藉然後諸侯知所以敬。此耕藉專謂躬耕藉田。與孟子云耕助不同。助雖與藉義同。然藉指田名。助爲民助也。棄稷。爾雅釋草文。桓公十四年。公羊傳注引云。黍稷曰粢。在器曰盛。說文皿部云。齍。黍稷器。所以祀者。盛黍稷在器中以祀者也。地官舂人。祭祀共其齍盛之米。注云。齍盛。謂黍稷稻粱之屬。可盛以爲簠簋實。春官小宗伯辨六齍之名物。注云。齍讀爲粢。六粢謂六穀。黍稷稻粱麥苽。然則以器內之實言之。謂之齍卽粢也。稷爲穀長。以統衆穀而名也。以諸穀在器言之。謂之盛。黍稷稻粱等皆在器。皆爲盛也。解者以黍稷曰粢。在器曰盛。爲互釋。趙氏以黍稷曰粢。則是稻粱曰盛。故云。盛。稻也。其實黍稷在器亦名盛。稻粱爲簠簋實。亦統名粢。段氏玉裁說文解字注云。周禮一書。或兼言齍盛。若舂人肆師小祝是也。單言齍。若大宗伯小宗伯大祝是也。單言盛。若饎人廩人是也。小宗伯從齍注云。受饎人之盛以入。然則齍盛可互稱也。甸師注云。粢。稷也。穀者稷爲長。是以名。齍粢古今字也。毛詩甫田作齊。亦作齍。用古文。禮記作粢盛。用今文。左傳作粢盛。則用今字之始。左傳曰。絜粢豐盛。毛傳云。器實曰齍。在器曰盛。鄭注周禮。齍或專訓稷。或訓黍稷稻粱。盛則皆訓在器。是則粢之與盛別者。齍謂穀也。盛謂在器也。許則云器曰齍。實之則曰盛。似與毛鄭異。蓋許主說字。其字從皿。故謂其器可盛黍稷曰齍。要之。齍可盛黍稷。而因謂其所盛黍稷曰齍。凡文字故訓。引伸每多如此。說經與說字。不相妨也。禮記祭義云。古者天子諸侯。必有公桑蠶室。及大昕之朝。君皮弁素積。卜三宮之夫人世婦之吉者。使入蠶於蠶室。奉種浴於川。桑於公桑。風戾以食之。此夫人蠶之事也。又云。世婦卒蠶。奉繭以示於君。遂獻繭於夫人。及良日。夫人繅三盆手。遂布於三宮夫人世婦之吉者使繅。遂朱綠之。玄黃之。以爲黼黻文章。君服以祀先王先公。注云。三盆手者。三淹也。凡繅。每淹大總。而手振之以出緒也。此夫人繅之事也。周禮天官內宰。中春詔后帥外內命婦。始蠶於北郊。以爲祭服。帥卽率也。是衣服卽祭服也。○注。不成至辭也。○正義曰。禮記曲禮云。豚曰腯肥。注云。腯亦肥也。腯充貌也。桓公六年。左傳云。吾牲牷肥腯。又云。故奉牲以告曰。博碩肥腯。謂民力之普存也。謂其畜之碩大蕃滋也。謂其不疾瘯蠡也。謂其備腯咸有也。犧牲而云不成。禮記中庸云。誠者自成也。誠之義爲實。則成之義亦爲實。故以不實解不成。呂氏春秋明理篇云。五穀萎敗不成。又貴信篇云。則五種不成。高誘注並云。成。熟也。此不成亦卽不實。但五穀之不實。謂其不熟。牲犧之不實。謂其不肥腯。故又申之以肥腯也。劉熙釋名釋言語云。成。盛也。肥腯。爲充盛也。詩齊風。儀旣成兮。箋云。成。猶備也。不成。亦爲不備腯也。文選羽獵賦云。帝將惟田。於靈之囿。注引薛君韓詩章句云。惟。辭也。○注。牲必特殺故曰殺。○正義曰。儀禮特牲饋食禮。爲諸侯大夫士祭祖禰。少牢饋食禮。爲諸侯卿大夫祭祖禰之禮。以少牢特牲名篇。少牢禮。主人朝服卽位于廟門之外。東方南面。宰宗人西面北上。牲北首東上。司馬刲羊。司士擊豕。宗人告備。乃退。注云。刲擊皆謂殺之。特牲禮。宗人視牲告充。雍正作豕。夙興。主人立于門外。東方南面。視側殺。注云。側殺。殺一牲也。此皆特殺之事也。○注。皿所以覆器者也。○正義曰。說文。皿。飯食之用器也。象形。與豆同意。讀若猛。段氏玉裁說文解字注。謂汲古閣本。飯作飲。

謨。孟子惟殺器皿。趙注皿所以覆器者。此謂皿爲幎之假借。似非孟意。廷琥按皿本無覆器之訓。皿讀若猛。古音冥孟同爲一部。孟津亦曰盟津。揚子太元經。冥者。明之藏也。皿幎假借。段說是也。段又謂趙氏覆器之訓。似非孟意。豈以器之有幎。無關禮制乎。說文。幎。幔也。周禮有幎人。幎即冪。亦作冪。鼏亦與冪通。公食大夫禮。甸人陳鼎設扃鼏。鼏若束若編。少牢饋食禮皆設扃冪。冪即鼏。此覆鼎之冪也。以其覆鼎。故字作鼏。鼎鼏以茅爲之。天子諸侯有牛鼎。大夫有羊鼎。士有豕鼎魚鼎。庶人魚炙之薦無鼎。則亦無鼏。此不待言。周禮天官冪人注云。以巾覆物曰冪。小爾雅廣服云。大巾謂之冪。冪即巾也。以其冪物。故亦謂之鼏。用布。或用葛。大射儀膳尊兩甒。冪用錫。若絺。鄉飲酒禮。尊綌冪。鄉射禮。尊綌冪。燕禮。公尊瓦大兩。冪用綌若錫。少牢尊兩甒於房戶之間。同棜。皆有冪。所以覆尊者也。特牲禮。覆兩壺卒奠冪。所以覆壺者也。特牲禮。籩巾以綌。纁裏。所以覆籩者也。士昏禮。醯醬二豆。菹醢四豆。兼巾之。所以覆豆者也。公食大夫禮。簠有蓋冪。有司徹。簋有蓋冪。所以覆簋者也。尊壺籩豆簠簋皆有冪。故趙氏以覆器二字統之。而上下等殺由此分焉。天子祀天地。則以疏布巾冪八尊。祭宗廟。則以畫布巾冪六彝。冪人凡王巾皆黼。則諸侯大夫士之巾不黼矣。賈公彥鄉射禮疏。凡用醴不見用冪。質故也。醴用酒。亦無冪者。從禮于質也。或以尊厭卑亦無冪。燕禮君尊有冪。方圜壺則無冪。昏禮尊于室故有冪。尊于房戶外。爲賤御賤。故無冪。陳用之云。人君尊也。故燕與大射之冪用葛若錫。冬夏異也。人臣卑也。故鄉飲士昏喪祭之冪用葛而已。冬夏同也。是冪之有無。分乎文質。即分乎尊卑貴賤。庶人分卑。魚炙之薦。質而無文。則其無冪也宜矣。燕禮公尊瓦大兩有冪。尊于東楹之西。兩方尊壺。非旅食于門西。兩圜壺。注。尊方壺。爲卿大夫士也。旅衆也。士衆食謂未得正祿。所謂庶人在官者也。方圜壺無冪。亦足爲庶人不用冪之一證。曲禮爲天子削瓜者副之。巾以絺。爲國君者華之。巾以綌。爲大夫累之。士疐之。庶人齕之。大夫降於諸侯。即不用巾。孔疏謂此削瓜當在公庭。則不用巾者。亦以尊厭卑。又巾冪等級之可考見者也。士之祭禮用冪。禮有明文。孟子惟士無田云云。蒙上禮字。若皿是飯食之器。則本文器字。已可該括。故趙氏以幎字假借解之。曰牲殺。殺即所以用牲也。曰器皿。皿即所以覆器也。殺字與牲字一貫。皿字與器字一貫。趙氏之訓。未必非孟意也。○注。不祭則不宴猶喪人也。○正義曰。禮記檀弓下云。喪亦不可久也。又云。喪人無寶。注云。喪謂亡失位。昭公二十五年公羊傳云。喪人不佞。失守魯國之社稷。注云。自謂亡人。

出疆必載質。何也。【注】周霄問出疆何爲復載質。曰。士之仕也。猶農夫之耕也。農夫豈爲出疆舍其耒耜哉。【注】孟子言仕之爲急若農夫不可不耕。曰。晉國亦仕國也。未嘗聞仕如此其急。仕如此其急也。君子之難仕何也。【注】魏本晉也。周霄曰。我晉人也。亦仕而不知其急若此。君子何爲難仕。君子謂孟子。何爲不急仕也。【疏】注。我晉人也。亦仕而不知其急若此。○正義曰。推趙氏注。似趙氏所據之本作晉人亦仕國也。我晉人也解晉人二字。亦仕解亦仕國也四字。謂我爲晉人。亦仕於晉國也。乃相傳諸本俱作晉國亦仕國也。則趙氏注。我晉人也。爲無所附矣。近解謂晉國亦君子遊宦之國。

曰。丈夫生而願爲之有室。女子生而願爲之有家。父母之心。人皆有之。不待父母之命。媒妁之言。鑽穴隙相窺。踰牆相從。則父母國人皆賤之。【注】言人不可觸情從欲。須禮而行。【疏】媒妁之言。○正義曰。音義出媒妁云。音酌。丁云。謂媒氏酌二姓之可否。故謂之媒妁也。周禮地官媒氏注云。媒之言謀也。謀合異類使和成者。今齊人名麴麩曰媒。說文女部云。媒。謀也。謀合二姓。妁。酌也。斟酌二姓人。段氏玉裁說文解字注云。斟者。酌也。酌者。盛酒行觴也。斟酌二姓者。如挹彼注茲。欲其調適也。

古之人未嘗不欲仕也。又惡不由其道。不由其道而往者。與鑽穴隙之類也。【注】言古之人雖欲仕而不由其正道。是與鑽穴隙者何異。【疏】注。是與鑽穴隙者何異。○正義曰。趙氏與字屬下讀。何異解類字。疑趙氏所據本作與鑽穴隙類也。閩監毛三本作亦與鑽穴隙者無異。孔氏廣森經學卮言云。與音歟。絕句。此以與字屬上句讀。王氏引之經傳釋辭云。與。語助也。無意義。

章指。言君子務仕。思播其道。達義行仁。待禮而動。苟容干祿。踰牆之女。人之所賤。故弗爲也。【疏】苟容干祿。○正義曰。韓詩外傳云。偷合苟容以持祿養身者。是謂國賊也。

彭更問曰。後車數十乘。從者數百人。以傳食於諸侯。不以泰乎。【注】泰。甚也。彭更。孟子弟子。怪孟子徒衆多而傳食於諸侯之國。得無爲甚奢乎。【疏】後車數十乘。○正義曰。閻氏若璩釋地三續云。詩綿蠻講義云。古人惟尊貴有後車。微賤則無之。孟子後車。即弟子所乘者。不然。從者徒步矣。○傳食於諸侯。○正義曰。音義出傳食云。丁直戀切。言轉食也。按爾雅釋言云。馹。遽傳也。成公五年左傳云。晉侯以傳召伯宗。注云。傳。驛也。劉熙釋名釋宮室云。傳。傳也。人所止息而去。後人復來。轉轉相傳。無常主也。然則傳食謂舍止諸侯之客館而受其飲食也。○注。泰甚也。○正義曰。詩小雅巧言昊天泰憮箋云。泰。言甚也。荀子王霸篇云。縣樂奢泰游抗之脩。注云。泰與汰同。奢泰連文。是泰亦奢也。

孟子曰。非其道。則一簞食不可受於人。如其道。則舜受堯之天下。不以爲泰。子以爲泰乎。【注】簞。笥也。非以其道。一笥之食不可受也。子以舜受堯天下爲泰乎。【疏】注。簞笥也。○正義曰。禮記曲禮云。凡以弓劍苞苴簞笥問人者。注云。簞笥。盛飯食者。圜曰簞。方曰笥。儀禮士冠禮云。櫛實于簞。注云。簞。笥也。蓋雖有方圜之別。亦得通稱之也。曰。否。士無事而食。不可也。【注】彭更曰。不以舜爲泰也。謂士無功事而虛食人者不可也。曰。子不通功易事。以羨補不足。則農有餘粟。女有餘布。子如通之。則梓匠輪輿皆得食於子。【注】孟子言凡人當通功易事。乃可各以奉其用。梓匠。木工也。輪人輿人作車者。交易則得食於子之所有矣。周禮攻木之工七。梓匠輪輿是其四者。羨。餘也。【疏】注。周禮至其四者。○正義曰。見考工記。○注。羨餘也。○正義曰。毛詩小雅。十月之交。四方有羨。傳云。羨。餘也。趙氏以餘釋羨。明孟子農有餘粟。女有餘布。兩餘即上以羨之羨。女以所羨之布。易農所羨之粟。兩相補。則皆無不足。惟不相補。則各有所餘。斯各有所不足矣。於此有人焉。入則孝。出則悌。守先王之道。以待後之學者。而不得食於子。子何尊梓匠輪輿而輕爲仁義者哉。【注】入則事親孝。出則敬長順也。悌。順也。守先王之道。上德之士。可以化俗者。若此不得食子之祿。子何尊彼而賤此也。【疏】注。悌順也。○正義曰。白虎通三綱六紀篇云。弟。悌也。心順行篤也。是悌爲順也。由長而幼。不失次第之序。則順。若以幼陵長。則失其序而非順矣。○注。守先至俗者。○正義曰。上。尚也。尚德之士。解守先王之道。可以化俗。解以待後之學者。待無化義。儀禮公食大夫禮。左人待載。注云。古文待爲侍。周禮服不氏。以旌居乏而待獲。杜子春云。待當爲持。書亦或爲持。蓋趙氏讀待爲持。謂扶持後之學者。使不廢古先之教。惟守先道以扶持後學。所以有功。曰。梓匠輪輿。其志將以求食也。君子之爲道也。其志亦將以求食與。【注】彭更以爲彼志於食。此亦但志食也。【疏】注。此亦但志食也。○正義曰。也字當作邪字。荀子正名篇云。其求物也。養生也。粥壽也。三也字。皆與歟邪同。曰。子何以其志爲哉。其有功於子。可食而食之矣。且子食志乎。食功乎。【注】孟子言祿以食功。子何食乎。曰。食志。【注】彭更以爲當食志也。曰。有人於此。毀瓦畫墁。其志將以求食也。則子食之乎。【注】孟子言但破碎瓦。畫地則復墁滅之。此無用之爲也。然而其意反欲求食。則子食乎。【疏】注孟子至爲也。○正義曰。廣雅釋詁云。破。碎壞也。小爾雅廣言云。毀。壞也。孝經釋文引蒼頡篇云。毀。破也。說文石部云。破。碎石也。是毀瓦即破碎瓦也。音義云。墁。張武安切。云與謾同。阮氏元校勘記云。謾必誤字。謾者欺也。於此文理不順。依注云墁滅。則當云與槾同。集韻墁槾墁三字同也。墁乃槾之俗。翟氏灝考異云。趙氏以毀瓦畫墁四字爲一義。則畫墁是畫脂鏤冰。費日損功之意。宋張芸叟著雜說一卷。名畫墁集。蓋取此。按爾雅釋宮云。鏝謂之杇。說文木部云。杇所以涂也。秦謂之杇。關東謂之槾。槾。杇也。金部云。鏝。鐵杇也。或從木。段氏玉裁說文解字注云。此器今江浙以鐵爲之。或以木。戰國策。豫讓變姓名入宮塗廁。欲以刺襄子。襄子如廁心動。執問塗者。則豫讓也。刃其杅。曰欲爲智伯報仇。杅謂塗廁之杅。今本皆作扞。謬甚。刃其杅。謂皆用木而獨刃之。然則墁杅皆器名。論語八佾篇云。糞土之牆。不可圬也。王肅注云。圬。槾也。襄公三十一年左傳云。圬人以時塓館宮室。注云。圬人塗者。塓。塗也。圬槾皆器。用以塗牆。則塗謂之圬。即謂之槾。因而塗牆之人即謂之圬人。塓即墁。一聲相轉。推趙氏之義。蓋破碎瓦爲一事。即謂將全瓦破碎之。非以破碎瓦畫地也。畫地則復墁滅之。別爲一事。說文云。畫。界也。象田四界。聿所以畫之。又刀部云。則等畫物也。謂物有差等。畫以爲界。趙氏謂田地已有界畫。而復將所界畫之迹。用泥涂而滅去之。瓦破碎則無能造屋。所畫界圬滅。則等差無所驗。是皆以有用爲無用也。若劃爲古文畫。說文刀部云。刉。劃傷也。務。剝也。劃也。劃。錐刀曰劃。依此則謂漸圬墁之牆。而用錐刀務劃之。義亦通。

否。【注】彭更曰。不然也。曰。然則子非食志也。食功也。【注】孟子曰。如是則子果食功也。章指言百工食力。以祿養賢。修仁尚義。國之所尊。移風易俗。其功可珍。雖食諸侯。不爲素餐。【疏】移風易俗。○正義曰。語見孝經廣要道章。又禮記樂記云。移風易俗。天下皆寧。

萬章問曰。宋。小國也。今將行王政。齊楚惡而伐之。則如之何。【注】問宋當如齊楚何也。【疏】今將至伐之。○正義曰。史記。宋世家云。偃自立爲宋君。君偃十一年。自立爲王。東敗齊。取五城。南敗楚。取地三百里。西敗魏。君乃與齊魏爲敵國。盛血以韋囊。縣而射之。命曰射天。淫於酒婦人。羣臣諫者。輒射之。於是諸侯皆曰桀宋。宋其復爲紂所爲。不可不誅。告齊伐宋。王偃立四十七年。齊湣王與魏楚伐宋。殺王偃。遂滅宋。三分其地。按史記稱宋王爲桀紂。與萬章行王政之言迥別。或出於齊楚惡之之口。史非其實歟。周氏廣業孟子出處時地考云。孟子去齊居休。旋歸於鄒。年六十餘矣。聞宋王偃將行仁政。往遊焉。會齊楚惡而伐之。萬章以國小爲慮。孟子以湯武之事告之。蓋以弔伐望宋王也。觀孟子與萬章問答。意其初政尚有可觀者。戰國策所謂射天笞地。世家所書淫於酒婦人。諸侯皆謂桀宋者。乃其晚節不終。時孟子去宋已久矣。齊楚之伐。國策云。齊攻宋。使臧子索救於荆。荆王許救而卒不至。齊因拔宋五城是也。實纍於剔成之世。鮑彪注因言孟子所稱審皆剔成矣。與師道已識其傅會。又史蘇秦傳，齊伐宋。宋急。蘇代乃遺燕昭王書。謂之伐齊。亦正在殺子噲後。

孟子曰。湯居亳。與葛爲鄰。葛伯放而不祀。湯使人問之曰。何爲不祀。曰。無以供犧牲也。湯使遺之牛羊。葛伯食之。又不以祀。注葛。夏諸侯。嬴姓之國。放縱無道。不祀先祖。疏湯居亳。與葛爲鄰。〇正義曰。漢書地理志。陳留郡寧陵。孟康曰。故葛伯國。今葛鄉是。山陽郡。薄。臣瓚曰。湯所都河南郡。偃師尸鄉。殷湯所都。臣瓚曰。湯居亳。今濟陰縣是也。今亳有湯冢。師古曰。瓚說非也。皇甫謐所云湯都在穀熟。事並不經。劉向云。殷湯無葬處。安得湯冢乎。閻氏若璩尚書古文疏證云。亳有三。一南亳。後漢梁國穀熟縣。是湯所都也。一北亳。梁國蒙縣是。卽景亳。湯所盟地。一西亳。河南尹偃師縣。是盤庚之遷都也。鄭康成謂湯亳在偃師。皇甫謐卽據孟子以正之。曰湯居亳。與葛爲鄰。葛卽今梁國寧陵之葛鄉。若湯居偃師。去寧陵八百餘里。豈當使民爲之耕乎。亳今穀熟縣是也。其說精矣。王氏鳴盛尚書後案云。皇甫謐以偃師爲西亳。而別以蒙爲北亳。穀熟爲南亳。案續志。梁國屬縣有蒙有穀熟。劉昭注卽引謐帝王世紀蒙北亳穀熟南亳之文。梁國屬縣又有薄。司馬彪自注湯所都。此蓋彪本之臣瓚者。劉昭又引杜預左傳注注之。云蒙縣西北有薄城。中有湯冢。於是張守節史記正義云。湯卽位。都南亳。後徙西亳。謐又以孟子湯居亳與葛鄰。葛在寧陵。去偃師八百里太遠。故知湯本居南亳穀熟。後乃還西亳偃師。與葛鄰。乃是居南亳時事。晁帝告釐沃序疏。盤庚言商先王五遷。鄭馬王皆以湯始居商邱。後還於亳。當五遷之二。水經注。汳水東經大蒙城北。大蒙城在今河南歸德府商邱縣北四十里。穀熟故城。在今商邱縣東南四十里。湯本居此。後還偃師。卽其後微子封此。亦以湯之舊邑而封之。謐說似非無稽。但馬鄭惟言湯會居商邱。商邱本不名亳。觀漢志但於偃師言湯都。而梁國蒙縣山陽郡薄縣不言是亳可見。謐因經言三亳。遂造北亳南亳配偃師而名三。其實蒙穀熟古但名商邱。不名亳也。杜預臣瓚司馬彪皆晉人。劉昭梁人。妄相附和。豈如班固鄭康成之可信乎。其辨一也。既名三亳。宜遠近相等。對商邱偃師相去七八百里。蒙穀熟相去只數十里。分之無可分也。卽如其說。只有東西二亳耳。奈何於數十里中強分爲二。欲以充數乎。其辨二也。商邱平衍。與成皐等地。大不類。何山險之有。而云阪乎。其辨三也。漢志云。宋地今之沛。梁。楚。山陽。泲陰。東平。及東郡之須昌壽張。皆宋分也。蓋諸郡國皆微子所封。社猶稱亳。當時人或以亳在宋地。班氏於此文下。又云昔堯遊成陽。舜漁雷澤。湯止於薄。則此爲湯嘗遊息之地。後人遂往往指稱亳在梁國泲陰山陽之間。而其實湯都則在偃師。與宋地無涉也。蓋薄縣者。漢本屬山陽郡。後漢分其地置蒙穀熟。與薄並改屬梁國。晉又改薄爲亳。且改屬泲陰。故臣瓚所謂湯都在泲陰亳縣者。卽其所謂在山陽薄縣者也。亦卽司馬彪所謂在梁國薄縣。杜預所謂在蒙縣北亳城者也。而亦卽皇甫謐所分屬於蒙穀熟者也。本一說也。薄薄也。非亳也。立政三亳。鄭解爲還亳之民而分爲三亳。

本一耳。焉得有三。湯都定在偃師。而所謂偃師去葛太遠。不便代耕。不足辨矣。○注。葛夏諸侯嬴姓之國。○正義曰。僖公十七年左傳云。葛嬴生昭公。葛嬴爲如夫人之一。以衞姬鄭姬華子等例之。則葛爲國。嬴爲姓矣。說文女部云。嬴。帝少皞之姓也。春秋時秦徐江黃郯莒皆嬴姓。葛嬴猶徐嬴。齊桓時葛尙存歟。○注。放縱無道。○正義曰。楚辭離騷云。夏康娛以自縱。注云。縱。放也。

湯又使人問之曰。何爲不祀。曰。無以供粢盛也。湯使亳衆往爲之耕。老弱饋食。葛伯率其民。要其有酒食黍稻者奪之。不授者殺之。有童子以黍肉餉。殺而奪之。書曰。葛伯仇餉。此之謂也。注童子未成人。殺之尤無狀。書尙書逸篇也。仇怨也。言湯所以伐殺葛伯。怨其害此餉也。疏注。童子至無狀。○正義曰。禮記曲禮云。自稱於其君曰小童。注云。小童若云未成人也。雜記稱陽童某甫注云。童。未成人之稱也。少儀童子曰聽事。注云。童子未成人。詩芄蘭。正義以十九歲以下皆是。漢書東方朔傳。竇大主徒跣頓首謝曰。妾無狀。負陛下。身當伏誅。師古曰。狀。形貌也。無狀。猶言無顏面以見人也。一曰。自言所行醜惡無善狀。按趙氏用無狀爲葛伯罪。當謂其醜惡無善狀也。○注。尙書至餉也。○正義曰。王氏鳴盛尙書後案云。考之書序湯征。諸侯葛伯不祀。湯始征之。作湯征。則葛伯仇餉及湯一征自葛始云云。正湯征中語。上引仇餉旣言書曰。則中雖間以釋書。而其下引一征。則不復言書曰。至其下徯我后。則又加書曰。其非一篇甚明。桓公二年左傳云。怨耦曰仇。是仇爲怨也。葛伯不當怨餉者。云仇餉。是謂其殺童子使餉者仇怨之。不云餉者仇葛伯。而云葛伯仇餉。古人屬文每如是也。下云爲匹夫匹婦復仇。則仇在匹夫怨葛伯也。葛仇殺餉。是葛伯以仇怨授餉者。故云仇餉也。江氏聲尙書集注音疏云。仇餉謂葛伯殺餉者。是仇此餉者矣。

爲其殺是童子而征之。四海之內皆曰非富天下也。爲匹夫匹婦復讎也。注四海之民皆曰湯不貪天下富也。爲一夫報仇也。疏注。爲一夫報仇也。○正義曰。周禮天官宰夫諸侯之復注云。復。報也。是復讎卽報仇。史記晉世家云。仇者。讎也。讎作仇。孟子以讎釋之。趙氏以仇釋讎。明孟子言讎。卽書仇餉之仇也。

湯始征。自葛載。十一征而無敵於天下。東面而征。西夷怨。南面而征。北狄怨。曰。奚爲後我。民之望之。若大旱之望雨也。歸市者弗止。芸者不變。誅其君。弔其民。如時雨降。民大悅。書曰。徯我后。后來其無罰。注載。始也。言湯初征自葛始也。十一征而服天下。一說吉當作再字。再十一者。湯再征十一國。再十一。凡征二十二國也。書逸篇也。民曰待我君。君來我則無罰矣。歸市不止。不以有軍來征。故市者止不行也。不使芸者變休也。【疏】注。載始至國也。○正義曰。載與哉通。爾雅釋詁云。哉。始也。故毛詩周頌載見辟王傳云。載。始也。梁惠王篇云。湯一征。自葛始。與此文略同。一即始也。始即載也。爾雅釋天云。唐虞曰載。孫炎注云。載取萬物終而復始。終而復始義爲再。故一說以載作再。載屬下讀。則湯始征自葛爲句。晚出古文尚書仲虺之誥作初征自葛。蓋本此一說也。隋書煬帝伐高麗詔云。黃帝五十二戰。成湯二十七征。此又多於二十二。古書殘缺。未知所本矣。王氏鳴盛尚書後案云。其蘇無罰互異。乃古人引經不拘處。猶上文易一爲始。易始爲載耳。○注。不使芸者變休也。○正義曰。爾雅釋詁云。休。息也。謂芸者本勤動。變而止息。

有攸不惟臣。東征綏厥士女。匪厥元黃。紹我周王見休。惟臣附于大邑周。其君子實元黃於匪以迎其君子。其小人簞食壺漿以迎其小人。救民於水火之中。取其殘而已矣。【注】從有攸以下。道周武王伐紂時也。皆尚書逸篇之文。攸。所也。言武王東征安天下士女。小人各有所執往。無不惟念執臣子之節。匪厥元黃。謂諸侯執元三纁二之帛。願見周王。望見休善。使我得附就大邑周家也。其君子小人各有所執以迎其類也。言武王之師。救殷民於水火之中。討其殘賊也。【疏】注。從有攸至賊也。○正義曰。江氏聲尚書集注音疏云。不類孟子之文。而大類尚書。雖不稱書曰。自是尚書文也。據孟子本文承大邑周之下。云其君子實元黃于匪。至取其殘而已矣。趙氏章指於而已矣下。乃云從有攸以下。道武王伐紂時也。皆尚書逸篇之文也。是則統其君子以下云云。皆爲逸書文矣。辭繹其文。則其君子以下。乃孟子申說書意。非尚書文。攸。所也。爾雅釋言文。大戴記夏小正綏多士女傳。云綏。安也。綏厥士女。即安天下士女也。爾雅釋詁云。惟。思也。詩惟天之命序。釋文引韓詩云。惟。念也。云小人各有所執往。解有攸二字。無不惟念執臣子之節。不惟。惟也。猶不顯顯也。不承承也。故以無不解不字。詩商頌有截其所箋云。所。處也。孟子云。無處而餽之。此有攸即有所。有所即有處。因下言其小人簞食壺漿。小人即士女。故通下而言有所執往也。謂其執往非無處也。其有所處也。即惟念執臣子之節也。有攸不惟臣。乃小人故申言東征綏厥士女。謂士女所以有所惟臣者。以武王東征來安之也。趙氏倒解之耳。音義出匪厥云。丁云義當作篚。篚以盛贄幣。此作匪。古字借用。阮氏元校勘記云。說文匚部。匪似竹篋。引周書實元黃于匪。非借用。乃正字也。竹部篚訓車笭也。儀禮聘禮云。釋幣制元纁束注云。凡物十日束。元纁之率。元居三。

纁居二。賈氏疏云。言率皆如是。元三纁二者。象天三覆地二載也。禹貢荆州厥篚元纁。說文糸部云。絳。大赤也。纁。淺絳也。蓋赤和以黃則淺。赤合黃爲纁。赤合黑爲元。故元黃卽元纁也。史記魯仲連列傳。平原君曰。勝請爲紹介而見之於先生。集解引郭璞云。紹介。相佐助者。趙氏以願見釋紹字。本此。凡請見必由介紹也。周禮秋官司儀。及將幣。交擯三辭。車逆拜辱。賓車進答拜。三揖三讓。每門止一相。及廟。唯上相入。注云。相謂主君擯者。及賓之介也。謂之相者。於外傳辭耳。介紹而傳命者。君子於其所尊。不敢質。敬之至也。是時諸侯匪厥元黃來請見。謂相者曰。其介紹我周王。傳我願見之意。使我得見休而臣附於大邑周也。曰我周王，親之也。曰大邑周，尊之也。二句乃述諸侯請見之辭也。以望釋見。以善釋休。以就釋附。惟臣卽不惟臣。亦念也。

太誓曰。我武惟揚。侵于之疆。則取于殘。殺伐用張。于湯有光。【注】太誓。古尚書百二十篇之時太誓也。我武王用武之時。惟鷹揚也。侵于之疆。侵紂之疆界。則取于殘賊者。以張殺伐之功也。民有簞食壺漿之歡。此於湯伐桀爲有光寵。美武王德優前代也。今之尚書太誓篇。後得以充學。故不與古太誓同。諸傳記引太誓。皆古太誓。【疏】注。太誓至古太誓。○正義曰。尚書序正義。引鄭氏書論依尚書緯云。孔子求書。得黃帝元孫帝魁之書。迄於秦穆公。凡三千二百四十篇。斷遠取近。定可以爲世法者百二十篇。以百二篇爲尚書。十八篇爲中候。此趙氏云古尚書百二十篇所本也。史記儒林傳云。秦時焚書。伏生壁藏之。其後兵大起流亡。漢定。伏生求其書。亡數十篇。獨得二十九篇。劉向別錄云。武帝末。民有得泰誓書於壁內者獻之。與博士讀說之。漢書藝文志。尚書古文經四十六卷。爲五十七篇。經二十九卷。大小夏侯二家。楚元王傳注。臣瓚曰。當時學者謂尚書惟有二十八篇。惠氏棟古文尚書考云。二十八篇者。伏生也。二十九篇者。夏侯也。依伏生數增太誓一篇。蓋伏生所藏百篇。僅存二十八篇。已無太誓。其時列於學官二十九篇之太誓。乃民間於壁中得之。故云後得以充學也。此文明云太誓當時後得之。太誓無此文。故趙氏以爲是古太誓也。後得之泰誓。今亦不存。惟史記周本紀載之。近儒王氏鳴盛。江氏聲。孫氏星衍。皆掇拾成篇。然坊記引太誓曰云云。鄭氏注云。此武王誓衆以伐紂之辭也。今太誓無此章。則其篇散亡。鄭云。今太誓無此章。則亦以爲古太誓矣。馬融書敘云。泰誓後得。按其文似若淺露。春秋引太誓曰。朕夢協朕卜。襲於休祥。戎商必克。孟子引太誓曰。我武惟揚。侵于之疆。取彼凶殘。我伐用張。于湯有光。孫卿引太誓曰。獨夫受。禮記引太誓曰。予克受。非予武。惟朕文考無罪。受克予。非朕文考有罪。惟予小子無良。今文太誓皆無此語。吾見書傳多矣。所引太誓而不在太誓者甚多。弗復悉記。趙氏云。諸傳記引太誓。皆古泰誓。固馬氏說也。孔氏廣森經學卮言云。經典釋文云。漢宣帝本始中。河內女子得太誓一篇獻之。與伏生所誦合三十篇。漢世行之。按劉向別錄云。武帝末。有得泰誓於壁內者。陸謂本始中。非也。然其云太誓一篇者得之。蓋漢世僅見三篇之一。故語孟左傳所引太誓。皆適在其所未見雨篇中。意時博士有附會書序。強分爲二者。乃適致馬融之疑耳。時維鷹揚。毛詩大雅大明第八章文。傳云。如鷹之飛揚也。易師九二傳云。承天寵也。釋文引鄭注云。寵。光耀也。是光即寵也。

不行王政云爾。苟行王政。四海之內皆舉首而望之。欲以爲君。齊楚雖大。何畏焉。【注】萬章憂宋迫於齊楚。不得行政。故孟子爲陳殷湯周武之事以喻之。誠能行之。天下思以爲君。何畏齊楚焉。章指言脩德無小。暴慢無強。是故夏商之末。民思湯武。雖欲不王。末由也已。【疏】修德無小。暴慢無強。○正義曰。韓非子內儲說衞嗣君曰。治無小而亂無大。亦此意。○民思湯武。○正義曰。淮南子道應訓云。尹佚曰。天地之間。四海之內。善之則吾畜也。不善則吾讎也。昔夏商之臣。反讎武。是其義也。

孟子謂戴不勝曰。子欲子之王之善與。我明告子。【注】不勝宋臣。【疏】注。不勝宋臣。○正義曰。荀子解蔽篇云。唐鞅蔽於欲權而逐載子。注云。載讀而戴。戴不勝使薛居州傳王者。見孟子。或曰。戴子。戴驩也。按戴驩爲宋太宰。見韓非子內儲說上。楊倞以或曰別之。則不勝非驩矣。趙氏佑溫故錄云。戴不勝即戴盈之。一名一字也。宋之公族執政者。唯宋始終以公族爲政。左傳紀列最詳。至戰國晉分齊篡。而宋猶綫脈相延。不失舊物。本枝之道得也。全氏祖望經史問答云。曆邱謂孟子去齊適宋。當周愼靚王之三年。正康王改元之歲。宋始稱王是也。孟子不見諸侯。故問答止於梁齊。小國則滕而已。雖曾游宋。而於康王無問答。則不足以定其見與否也。然所以游宋亦有故。蓋康王初年。亦嘗講行仁義之政。其臣如盈之。如不勝。議行什一。議去關市之征。進居州以輔王。斯孟子所以往而受七十鎰之餽也。謂孟子在辟公時游宋。蓋是鮑彪。其考古最疏略。

有楚大夫於此。欲其子之齊語也。則使齊人傅諸。使楚人傅諸。【注】孟子假喻有楚大夫在此。欲變其子使學齊言。當使齊人傅之邪。使楚人自傅相之邪。曰。使齊人傅之。【注】不勝曰。使齊人。曰。一齊人傅之。衆楚人咻之。雖日撻而求其齊也。不可得矣。引而置之莊嶽之間數年。雖日撻而求其楚。亦不可得矣。【注】言使一齊人傅相。衆楚人咻之。咻之者讙也。如此雖日撻之欲使齊言。不可得矣。言寡不勝衆也。莊嶽。齊街里名也。多人處之數年而自齊也。【疏】注。咻之者讙也。○正義曰。音義出嚾也云。丁云按玉篇音囂。召呼也。今釋注意音歡爲便。蓋字讙嚾同。阮氏元校勘記云。韓本作嚾。是。孔本盧本作嚾。非。讙即今之諠譁字也。玉篇音囂。召呼也。此語甚誤。讙不得有囂音。考玉篇㗊部嚻荒貫切。呼也。與喚同。然則丁云按玉篇作嚻。轉寫譌作音嚻。○注。莊嶽齊街里名也。○正義曰。顧氏炎武日知錄云。莊是街名。嶽是里名。左傳襄二十八年。得慶氏之木百車於莊。注云。六軌之道。反陳于嶽。注云。嶽。里名。昭十年又敗諸莊。哀六年戰于莊敗。注並同。閻氏若璩釋地。引炳燭齋隨筆與顧同。按宋費袞梁谿漫志解孟子莊嶽。即引左氏襄公二十八年傳。又云曹參爲齊相。屬後相曰。以齊獄市爲寄。勿擾也。獄字合從嶽音。蓋謂嶽市。乃齊闤闠之地。姦人所容。故當勿擾之耳。

子謂薛居州。善士也。使之居於王所。在於王所者。長幼卑尊。皆薛居州也。王誰與爲不善。注孟子曰。不勝常言居州。宋之善士也。欲使居於王所。如使在王所者。小大皆如居州。則王誰與爲不善也。在王所者。長幼卑尊。皆非薛居州也。王誰與爲善。一薛居州。獨如宋王何。注如使在王左右者。皆非居州之疇。王當誰與爲善乎。一薛居州。獨如宋王何。而能化之也。周之末世。列國皆僭號自稱王。故曰宋王也。疏獨如宋王何。○正義曰。獨猶一也。僅一居州。獨能如宋王何乎。此趙氏義也。王氏引之經傳釋詞云。獨。猶將也。宣四年左傳曰。棄君之命。獨誰受之。楚語曰。其獨何力以待之。孟子滕文公篇曰。一薛居州。獨如宋王何。

章指。言自非聖人。在所變化。故諺曰。白沙在涅。不染自黑。蓬生麻中。不扶自直。言輔之者衆也。疏白沙至衆也。○正義曰。大戴禮記曾子制言上云。蓬生麻中。不扶自直。白沙在泥。與之俱黑。注云。古說云。扶化之者衆。荀子勸學篇云。蓬生麻中。不扶而直。故君子居必擇鄉。遊必就士。所以防邪僻而近中正也。褚先生補史記三王世家云。傳曰。蓬生麻中。不扶自直。白沙在泥中。與之俱黑者。土地教化使之然也。說文水部云。涅。黑土在水中者也。黑土在水中。即汙泥耳。故廣雅釋詁三云。涅。泥也。故趙氏以涅代泥。文選潘安仁爲賈謐作贈陸機詩云。在涅則渝。注既引曾子白沙在泥與之俱黑。又引趙岐孟子章句云。白沙入泥。不染自黑。此泥字乃涅之譌。詩作涅。注並引曾子趙岐。明涅是泥。若均作泥。何以釋詩之涅矣。說苑作白沙入泥。李善蓋以是誤也。音義出涅字云。奴結切。是趙氏作涅不作泥也。說苑又作蓬生枲中。枲亦麻也。扶即輔也。

公孫丑問曰。不見諸侯何義。注丑怪孟子不肯每輒應諸侯之聘。不見之。於義謂何也。孟子曰。古者不爲臣不見。注古者不爲臣不肯見。不義而富且貴者也。疏注。不義而富且貴也。○正義曰。論語述而篇文。○段干木踰垣而辟之。泄柳閉門而不内。是皆已甚。迫。斯可以見矣。注孟子言魏文侯魯繆公有好義之心。而此二人距之太甚。迫窄則可以見之。【疏】段干木踰垣而辟之。○正義曰。史記老子列傳云。老子之子名宗。宗爲魏將。封於段干。裴駰集解云。此云封於段干。段干應是魏邑名也。而魏世家有段干木段干子。田完世家有段干明。疑此三人。是姓段干也。本蓋因邑爲姓。風俗通氏姓注云。姓段名干木。恐或失之矣。魏世家云。文侯受子夏經藝。客段干木。過其閭。未嘗不軾也。秦嘗欲伐魏。或曰。魏君賢人是禮。國人稱仁。上下和合。未可圖也。文侯由此得譽於諸侯。張守節正義引皇甫謐高士傳云。木。晉人也。守道不仕。魏文侯欲見。造其門。干木踰牆避之。文侯以客禮待之。呂氏春秋下賢篇云。魏文侯見段干木。立倦而不敢息。然則其始雖踰垣避。其後亦見矣。○注泄柳閉門而不內。○正義曰。國監毛三本內作納。阮氏元校勘記云。音義出不內作內。是也。○注。迫窄。○正義曰。說文竹部云。笮。迫也。辵部云。迫。近也。蓋謂君既來近我。我則可以見之。窄即笮字。又通作迮。爾雅釋言云。迮。迫也。小爾雅廣詁云。迮。近也。是迮迫義亦爲近。陽貨欲見孔子而惡無禮。大夫有賜於士。不得受於其家。則往拜其門。【注】陽貨魯大夫也孔子士也。【疏】大夫至其門。○正義曰。毛氏奇齡四書賸言云。大夫有賜於士。不得受於其家。則往拜其門。此大夫禮也。乃引之以稱陽貨。向以此詢之座客。皆四顧駭愕。不知季氏家臣。原稱大夫。季氏是司徒。下有大夫二人。一曰小宰。一曰小司徒。此大國命卿之臣之明稱也。故邑宰家臣。當時通稱大夫。如郈邑大夫。郕邑大夫。孔子父鄹邑大夫。此邑大夫也。陳子車之妻與家大夫謀。季康子欲伐邾。問之諸大夫。季氏之臣申豐。杜氏注爲屬大夫。公叔文子之臣。論語稱爲臣大夫。此家大夫也。然則陽貨大夫矣。全氏祖望經史問答云。嘗考小戴記玉藻篇有云。大夫親賜於士。士拜受。又拜於其室。敵者不在。拜於其室。則是大夫有賜。無問在與不在。皆當往拜。若不得受而往拜者。是乃敵體之降禮。陽虎若以大夫之禮來。向何事瞯亡。正惟以敵者之故。不得不出此苦心曲意。而乃瞯其所行者爲大夫之故事。則不惟誣孔子。亦並冤陽貨也。或曰。然則孟子非與。曰孟子七篇。所引尙書論語及諸禮文。互異者十之八九。古人援引文字。不必屑屑章句。而孟子爲甚。孔子所行者是玉藻。非如孟子所云也。周氏柄中辨正云。旣拜受而又拜于其室者。禮謂之再拜。此記上言酒肉之賜弗再拜。孔疏云。酒肉輕。但初賜至時則拜。至明日不重往拜也。下言大夫親賜士。士拜受。又拜於其室。孔疏云。此非酒肉之賜。故再拜。陽貨饋蒸豚。正所謂酒肉之賜弗再拜者。故必瞰亡而來。非以敵體之禮而然也。全氏讀禮不審。而反以孟子爲冤誣。妄矣。陽貨瞯孔子之亡也。而饋孔子蒸豚。孔子亦瞯其亡也。而往拜之。當是時。陽貨先。豈得不見。【注】瞯。視也。陽貨視孔子亡而饋之者。欲使孔子來答。恐其便答拜使人也。孔子瞯其亡者。心不欲見陽貨也。論語曰饋孔子豚。孟子曰蒸豚。豚非大牲。故用褻黷也。是時陽貨先加禮。豈得不往拜見之哉。疏注。瞯視至見之哉。○正義曰。王氏念孫廣雅疏證云覷。瞯視也。玉篇廣韻並云。覷。視也。集韻類篇。覷又音時。引廣雅覰覷也。釋言篇云。時。伺也。論語陽貨篇。孔子時其亡也而往拜之。義與覷同。瞯與瞰字同。字亦作矙。說文。瞯。望也。阮氏元校勘記云。音義矙或作瞯。依說文則瞯是正字。趙氏佑溫故錄云。陽貨援大夫賜士之禮以嘗孔子。又矙亡而饋。無禮已明。不得謂貨之能先也。亦矙亡而往。乃孔子之以人治人也。終於不見。不得謂之往見也。孟子蓋即從往拜一事。原聖人不爲已甚之心。以申追斯可見之意。言以貨之悖慢。孔子猶往拜之。使是時貨果能先加禮如文侯繆公之來就見。孔子豈有必不見之如踰垣閉門之甚者哉。注似能體之。故云孔子矙其亡者。心不欲見陽貨也。明以不見爲賓事。而先爲設辭。豈得二字。爲反言以申之。不似俗解直以貨之饋爲先而孔子之往拜爲見也。蓋此兩篇。皆正答不見之義。以見之必待於先。段泄先猶不見。孔子不先不見也。不先而見。則小人而已矣。方言云。豬。北燕朝鮮之間謂之豭。關東西謂之彘。或謂之豕。其子或謂之豚。是豚非大豬也。

曾子曰。脅肩諂笑。病于夏畦。

注脅肩。竦體也。諂笑。強笑也。病。極也。言其意苦勞極。甚於仲夏之月治畦灌園之勤也。疏注。脅肩竦體也。諂笑強笑也。○正義曰。詩大雅抑篇云。視爾友君子。輯柔爾顏。箋云。今視女諸侯及卿大夫。皆脅肩諂笑。以和安女顏色。此文選揚雄解嘲注。引劉熙孟子注云。脅肩。悚體也。趙氏注與之同。悚竦字通也。閻氏若璩釋地又續云。漢書外戚傳。上官太皇太后。親霍后之姊子。故常霍后朝竦體敬而禮之。豈諂之謂乎。吳王濞傳。脅肩絫足。鄒陽傳。脅肩低首。師古注並云。脅。翕也。謂斂之也。揚雄傳則作翕肩。注則云。翕。斂也。蓋斂其兩肩爲卑縮之。狀小人之事人者耳。按趙氏以爲竦體者。脅翕聲相近。說文羽部云。翕。起也。翕肩。正是竦起其肩。蓋人低首爲恭敬。則兩肩必竦起。吳王劉濞列傳。廣雅說膠西王曰。常患見疑。無以自白。脅肩絫足。猶懼不見釋。鄒陽列傳。公孫玃爲濟北王。說梁王曰。功義如此。尚見疑於上。脅肩低首。絫足撫衿。猶懼不見釋。兩脅肩正言竦懼。則脅正是竦。鄒陽於脅肩絫足之間。加以低首二字。尤爲明白。列女傳魯義姑姊云。如是則脅肩無所容。而絫足無所履也。此正以卑諂言。謂雖卑諂。亦不吾與。師古不知翕訓爲起。而徒以歛訓之。閻氏依以譏趙氏。未爲得也。荀子修身篇云。從命而不利君謂之諂。莊子漁父云。希意道言謂之諂。因人之意爲笑。是爲諂笑。笑非由中。故是強也。脅肩者。故爲竦敬之狀也。諂笑者。強爲媚悅之顏也。○注。病極至之勤也。○正義曰。呂氏春秋適音篇云。以危聽清。則耳谿極。高誘注云。極。病也。又權勳篇云。豎子苦之。高誘注云。苦。病也。淮南子精神訓云。好憎者使人之心勞。高誘注云。勞。病也。是苦勞極皆病也。孟子言周正。則夏爲夏之二月三月四月。趙氏以仲夏言。則周之五月。夏之三月也。史記貨殖傳云。千畦薑韭。楚辭離騷篇云。畦留夷與揭車兮。是畦爲菜圃之埒也。何氏焯讀書記云。治畦。是先築土爲行水之道。灌園則桔槔俯仰。引水注之。莊子天地篇敘。漢陰丈人方爲圃畦。鑿隧而入井。抱甕而出灌。子貢告以鑿木爲機。後重前輕。挈水若抽。其名爲槔。日浸百畦。是其事也。

子路曰。未同而言。觀其色赧赧然。非由之所知也。【注】未同。志未合也。不可與言而與之言。謂之失言也。觀其色赧赧然面赤。心不正貌也。由。子路名。子路剛直。故曰非由所知也。【疏】注。未同至言也。○正義曰。淮南子說林訓云。異形者不可合於一體。高誘注云。合。同也。易同人彖傳云。唯君子爲能通天下之志。上九傳云。同人于郊。志未得也。是同以志言。故未同爲志未合也。不可與言而與之言失言。論語衛靈公篇文。方言云。赧。愧也。晉曰悔。或曰㥏。秦晉之間。凡愧而見上謂之赧。梁宋曰𢢽。說文赤部云。赧。面慙赤也。小爾雅廣名云。不直失節謂之慙。慙。愧也。面慙曰戁。心慙曰恧。體慙曰逡。郭璞方言注引作面赤愧曰赧。赧戁音近古通也。不直失節。是心不正也。由是觀之。則君子之所養可知已矣。【注】孟子言。由是觀曾子子路之言。以觀君子之所養志可知矣。謂君子養正氣。不以入邪也。【疏】注。以觀至邪也。○正義曰。孟子言所養。即養浩然之氣。養氣在於持志。故可知謂志可知。脅肩諂笑未同而言皆不正。故云邪。章指言。道異不謀。迫斯強之。段泄已甚。矯亡得宜。正己直行。不納於邪。赧然不接。傷若夏畦也。【疏】不納於邪。○正義曰。隱公三年左傳石碏語。○赧然至畦也。○足利本脫此九字。

戴盈之曰。什一。去關市之征。今茲未能。請輕之。以待來年然後已。何如。【注】戴盈之。宋大夫。問孟子欲使君去關市征稅。復古行什一之賦。今年未能盡去。且使輕之。待來年然後復古。何如。【疏】注。今年未能盡去。○正義曰。閻氏若璩釋地三續云。茲。年也。左傳僖十六年今茲魯多大喪。明年齊有亂。杜注曰。今茲此歲。呂氏春秋今茲美禾。來茲美麥。史記蘇秦傳。今茲效之。明年又復求割地。後漢明帝紀。昔歲五穀登衍。今茲蠶麥善收。孟子曰。今有人日攘其鄰之雞者。或告之曰。是非君子之道。曰。請損之。月攘一雞。以待來年然後已。如知其非義。斯速已矣。何待來年。【注】攘。取。是取自來之物也。孟子以此爲喻。知攘之惡。當即止。何可損少月取一雞。待來年乃止乎。謂盈之之言若此類者也。【疏】注。攘取至物也。○正義曰。周書呂刑云。奪攘矯虔。鄭氏注云。有因而盜曰攘。淮南子氾論訓云。直躬其父攘羊。高誘注云。凡六畜自來而取之曰攘之。章指言。從善改非。坐而待旦。知而爲之。罪重於故。譬猶攘雞。多少同盜。變惡自新。速然後可也。【疏】罪重於故。○正義曰。論衡答侯篇云。故曰刑故無小。宥過無大。某氏書傳云。不忌故犯。雖小必刑。說文支部云。故使爲之也。知而使之。卽知而爲之也。○變惡自新。○正義曰。阮氏元校勘記云。孔本新作心。非。

公都子曰。外人皆稱夫子好辯。敢問何也。【注】公都子。孟子弟子也。外人。他人論議者也。好辯。言子好與楊墨之徒辯爭。【疏】注。公都子孟子弟子也。○正義曰。廣韻公字注云。漢複姓八十五氏。孟子稱公都子有學業。楚公子食邑於都。後氏焉。○注。好辯至辯爭。○正義曰。大戴記曾子事父母篇云。孝子之諫。達善而不敢爭辯。爭辯者。作亂之所由與也。說文言部云。訟。爭也。淮南子俶眞訓云。分徒而訟。高誘注云。訟。爭是非也。又易訟卦釋文引鄭注云。辯財曰爭。是辯有爭義。孟子時。聖道壅塞。百家妄起。許行農家。景春周霄從橫家。他如告子言性。高子說詩。愼到宋鈃。各鳴所見。孟子均與辯論其是非。不獨楊朱墨翟也。故云楊墨之徒。

孟子曰。我豈好辯哉。予不得已也。【注】曰。我不得已耳。欲救正道。懼爲邪說所亂。故辯之也。天下之生久矣。一治一亂。當堯之時。水逆行。氾濫於中國。蛇龍居之。民無所定。下者爲巢。上者爲營窟。【注】天下之生。生民以來也。迭有亂治非一世。水生蛇龍。水盛則蛇龍居民之地也。民患水避之。故無定居。埤下者於樹上爲巢。猶鳥之巢也。上者。高原之上也。鑿岸而營度之。以爲窟穴而處之。【疏】注。埤下至處之。○正義曰。禮記禮運云。昔者先王未有宮室。冬則居營窟。夏則居橧巢。注云。寒則累土。暑則聚薪柴居其上。此上古之世。五帝時已有臺榭宮室牖戶。不爲巢窟。堯時洪水氾濫。民居蕩沒。故仍爲巢爲窟也。爾雅釋獸云。豕所寢橧。邵氏晉涵正義云。禮運夏則居橧巢。是上古穴居野處。橧亦爲人所居。旣有宮室。則橧爲豕所寢矣。方言云。其檻及蓐曰橧。今牧豕者積草以居之。旁爲之檻。按此緣夏月暑熱。故架柴爲闌檻。或依樹爲之。故稱橧巢。不必在樹上。此以水溢之故。埤下已沈水中。故必巢於樹上。如鳥之巢。呂氏春秋孟冬紀云。營邱壟之小大高卑。高誘注云。營。度也。高原水所未溢。而民無力爲屋。故鑿而爲窟。鄭氏以累土解營窟。則是於窟穴之上。又增累以土。淮南子氾論訓云。古者民澤處復穴。注云。復穴。重窟也。一說穴毀隄防崖岸之中以爲窟室。重窟。卽鄭所云累土。穴毀隄防。卽趙所云鑿岸。按說文宮部云。營。市居也。凡市闤軍壘周市相連。皆曰營。此營窟當是相連爲窟穴。營度卽是爲。不得云爲爲窟矣。

書曰。洚水警余。洚水者。洪水也。【注】尚書逸篇也。水逆行。洚洞無涯。故曰洚水。洪。大也。【疏】注。尚書至大也。○正義曰。謂之逸篇。不知百篇中何篇也。江氏聲尚書集注音疏云。堯典曰湯湯洪水方割。孟子舉此洚水。卽堯典所謂洪水也。孟子告子篇云。水逆行謂之洚水。說文水部云。洚。水不遵其道。

故趙氏云水之逆行洚洞無涯。說文言部云。警。戒也。爾雅釋詁云。余。我也。段氏玉裁說文解字注云。洪水。洚水也。从水共聲。洚水不遵道。堯典皋陶謨皆言洪水。釋詁曰。洪。大也。引申之義也。孟子以洪釋洚。許以洚釋洪。是曰轉注。水不遵道。正謂逆行。惟其逆行。是以絕大。洚洪二字。義實相因。淮南子原道訓云。靡濫振蕩。與天地鴻洞。高誘注云。鴻。大也。洞。通也。鴻與洪通。鴻洞即洚洞。馬融長笛賦云。港洞坑谷。李善注云。港洞相通也。港。胡貢切。港洞亦即洚洞。使禹治之。禹掘地而注之海。驅蛇龍而放之菹。水由地中行。江淮河漢是也。險阻既遠。鳥獸之害人者消。然後人得平土而居之。注堯使禹治洪水。通九州。故曰掘地而注之海也。菹。澤生草者也。今青州謂澤有草者爲菹。水流行於地而去也。民人下高就平土。故遠險阻也。水去故鳥獸害人者消盡也。疏○注。菹澤至爲菹。○正義曰。禮記王制云。居民山川沮澤。注云。沮謂萊沛。孔氏正義云。何允云。沮澤。下溼地也。草所生曰萊。水所生曰沛。言沮地。是有水草之處也。左思蜀都賦云。潛龍蟠於沮澤。李善注云。綦毋邃孟子注曰。澤生草曰葅。沮與葅通。然則孟子之菹。即王制之沮。綦毋邃作葅。黃公紹韻會引孟子作葅。。即菹字。葅爲菹之通也。○注水流行於地而去之。○正義曰。說文沝部云。𣶃。水行也。重文流。𣶃越絕書篇敍外傳記云。行者去也。鄭氏注檀弓。高誘注呂氏春秋淮南子。皆以去釋行。是水由地中行。即水由地中流去也。○注。水去故鳥獸害人者消盡也。○正義曰。說文水部云。消。盡也。堯舜既沒。聖人之道衰。暴君代作。壞宮室以爲汙池。民無所安息。棄田以爲園囿。使民不得衣食。邪說暴行又作。園囿汙池沛澤多而禽獸至。注暴。亂也。亂君更興。殘壞民室屋。以其處爲汙池。棄五穀之田以爲園囿。長逸遊而棄本業。使民不得衣食。有飢寒並至之厄。其小人則放辟邪侈。故作邪僞之說。爲姦寇之行。沛。草水之所生也。澤。水也。至。衆也。田疇不墾。故禽獸衆多。謂羿桀之時也。疏注。暴亂也。亂君更興。○正義曰。淮南子主術訓云。其次賞賢而罰暴。高誘注云。暴。虐亂也。易繫辭傳云。以待暴客。干寶注云。卒暴之客。爲奸寇也。故下暴行趙氏又以姦寇釋之。說文人部云。代。更也。代。代作。謂更代而作。非一君也。○注。故爲邪僞之說。○正義曰。文選西京賦云。邪贏優而足恃。薛綜注云。邪。僞也。呂氏春秋離謂篇云。辨而不當理則僞。高誘注云。僞。巧也。淮南子本經訓云。其心愉而不僞。高誘注云。僞。虛詐也。巧詐則不正。故以邪爲僞。○注。沛草至水也。○正義曰。後漢書崔駰傳注。引劉熙孟子注云。沛。水草相半。風俗晝山澤篇云。沛者。草木之蔽茂。禽獸之所蔽匿也。僖公四年公羊傳云。大陷於沛澤之中。注云。草棘曰沛。漸洳曰澤。蓋分言之。則沛以草蔽芾名。澤以水鋼澤名。故趙氏注與何休同。渾言之。則沛之草即生於水。此劉熙釋名。專以下而有水爲澤。注孟子又以水草相半爲沛是也。澤之水亦草所生。此風俗通既以草木蔽沛。又云。水草交厝名之爲澤是也。○注。至衆至衆多。○正義曰。周禮夏官大司馬注。鄭司農云。致。謂聚衆也。至與致通。故以至爲衆多。○注。謂羿桀之時也。○正義曰。上云暴君代作。下云及紂之身。紂之前暴君著於書傳者惟羿桀。故舉之耳。

及紂之身。天下又大亂。周公相武王。誅紂。伐奄。三年討其君。驅飛廉於海隅而戮之。滅國者五十。驅虎豹犀象而遠之。天下大悅。

注奄。東方無道國。武王伐紂。至於孟津還歸。二年復伐。前後三年也。飛廉。紂諛臣。驅之海隅而戮之。猶舜放四罪也。滅與紂共爲亂政者五十國也。奄大國。故特伐之。尚書多方曰。王來自奄。

疏注。奄東至自奄。○正義曰。說文邑部云。郁。周公所誅郁國。在魯。段氏玉裁說文解字注云。玉篇作周公所誅叛國商奄是也。奄郁二字。周時並行。單呼曰奄。累呼曰商奄。書序孟子左傳皆云奄。如踐奄歸自奄伐奄。昭元年周有徐奄是也。左傳又云商奄。如昭九年蒲姑商奄。吾東土也。定四年因商奄之民。命伯禽而封於少皞之墟是也。大鄭云。奄。覆也。爾雅云。弇。蓋也。故商奄亦呼商蓋。墨子曰。周公旦非關叔辭三公東處於商蓋。韓非子。周公將攻商蓋。辛公甲曰。不如服衆小以劫大。乃攻九夷而商蓋服矣。商蓋。即商奄也。奄在淮北近魯。故詩云在魯。鄭注書序云。奄在淮夷之北。注多方云。奄在淮夷旁是也。況餘說因商奄之民封魯者。杜云。或近散在魯。是也。今山東兗州府曲阜縣縣城東二里有奄城。云故奄國。即括地志之奄里。此可證近散在魯之說。豳風。四國是皇。毛傳云。四國。管蔡。商。奄也。商謂武庚。則此傳商奄爲二。按奄在淮夷旁。爲周所伐。是東方無道國也。若王伐紂。至於孟津。還歸二年復伐。詳見史記周本紀。然則三年討其君。指武王伐紂。伐奄與誅紂並言。則亦此三年時事矣。秦本紀云。中潏在西戎。保西垂。生蜚廉。蜚廉生惡來。惡來有力。蜚廉善走。父子俱以材力事殷紂。周武王之伐紂。並殺惡來。是時蜚廉爲紂石北方。還無所報。爲壇霍太山而報得石棺。死遂葬於霍太山。然則武王未殺飛廉。但驅之海隅以戮辱之。故趙氏比諸舜放四罪而已。或云。戮即殺也。史記非其實。閻氏若璩釋地續云。說者謂武王誅紂。並殺惡來。飛廉獨以善走漏網。竄伏海隅。以爲周無如我何。豈知聖人除惡務盡。於窮無復之之地。仍執而戮之。以彰天討。此亦是隨文詮解。而皇甫謐云。河東彘縣十五里。有飛廉冢。民常祠之。酈道元云。霍太山上有飛廉墓。皆與秦紀文合。蓋殺者一處。葬者又一處。其辭不可得聞矣。翟氏灝考異云。逸周書世俘篇云。武王既克殷。狩禽。虎二十有二。犀十有二。熊羆麋麈等若干。遂征四方。凡憝國九十有九。馘俘若干。凡服國六百五十有二。憝國。謂不服殷國也。本九十有九。而誠止五十。蓋又有其半也。

狩爲文但求及象。而呂氏仲夏紀。言象爲虐於東夷。周公以師逐之。至於江南。乃爲三象樂以嘉其德。適補周書所缺。武周滅國驅獸二事。正經中不得明證。故邊旁之書。未可以駁難而全置也。趙氏佑溫故錄云。滅國者五十。諸家無說。惟逸周書凡所征熊盈族十有七國。俘殷獻民。遷於九里。熊楚之先。盈即嬴。飛廉同姓。可備五十之一。孔氏廣森經學卮言云。書序武王伐殷，往伐歸獸。識其政事。作武成，歸獸之事。蓋孟子所謂驅虎豹犀象而遠之者。出於此篇。書序云。成王東伐淮夷。遂踐奄。作成王征。成王既踐奄。將遷其君于蒲姑。周公告召公。作將蒲姑。成王歸自奄。在宗周誥庶邦。作多方。多方云。惟五月丁亥。王來自奄。鄭氏注云。奄國在淮夷之旁。周公居攝之時。亦叛。王與周公征之。三年滅之。此自周公相成王時事。奄非武王所滅。故說者謂三年討其君。專指伐奄。則誅紂二字。當屬上周公相武王句。伐奄二字屬下三年討其君句。蓋三年討其君二句。不得既爲武王伐紂之三年。又爲成王踐奄之三年也。倪氏思寬讀書記云。據書所言伐奄。總在成王之時。故顧亭林曰。伐奄。成王時事。上言相武王。因誅紂而連言之耳。而毛西河又謂多方本文。明言至於再。至於三。舊儒亦明注再叛三叛。是以周公伐奄有三。一是相武王時伐奄。孟子所云是也。一是周公攝政初年又伐奄。多士所云是也。相武王時伐奄。孟子本文也。何得因他經書無考。而轉孟子伐奄。亦是成王時事。且據事理論之。當時助紂爲虐。惟奄爲最大之國。豈有既誅紂而可以不伐奄之理。豈有討紂而可以不討奄君之理。反覆思之。覺西河考訂之學。誠有出於亭林之上者矣。按趙氏以伐奄與誅紂皆武王一時事。又引多方者。明奄爲大國耳。趙氏以孟子特以奄與紂並稱。而不彈入五十國之內。故申明之。且五十國則滅矣。奄雖特伐實未滅。故至周公攝位時。又嫌祿父請舉事。叛至再三。仍但遷之於蒲姑而已。終不滅也。

書曰。丕顯哉。文王謨。丕承哉。武王烈。佑啓我後人。咸以正無缺。【注】書。尚書逸篇也。丕。大。顯。明。承。纘。烈。光也。言文王大顯明王道。武王大纘承天光烈。佑開後人。謂成康皆行正道。無虧缺也。此周公輔相以撥亂之功也。

【疏】注。尚書至功也。○正義曰。此引書亦不見二十八篇中。是逸書也。丕大烈光。爾雅釋詁文。禮記祭法云。顯考廟。注云。顯。明也。說文頁部云。顯。明飾也。毛詩秦風。不承權輿。傳云。承。纘也。豳或載纘武功傳云。纘。繼也。是承即纘也。爾雅釋詁云。謨，謀也。文王所圖謀論誠。一如大禹皋陶。顯明帝王之道。故云大顯明王道。易師九二傳云。承天寵也。光亦寵也。故云承天光烈。啓之義爲開。咸之義爲皆。缺之義爲虧。文王武王後人。是爲成王康王。邪說既消。正道復著。周公輔相撥亂反之正。故咸以正也。僖公二十八年左傳云。奉揚天子之丕顯休命。昭公三年左傳云。昧旦丕顯。注皆云。丕。大也。丕顯與此丕顯同。王氏引之經傳釋詞云。玉篇曰。丕。詞也。經傳所用。或作不。顯哉承哉。贊美之詞。丕則發聲也。趙注訓丕爲大。失之。

世衰道微。邪說暴行有作。臣弑其君者有之。子弑其父者有之。孔子懼。作春秋。

春秋。天子之事也。是故孔子曰。知我者。其惟春秋乎。罪我者。其惟春秋乎。

注世衰道微。周衰之時也。孔子懼王道遂滅。故作春秋。因魯史記。設素王之法。謂天子之事也。知我者。謂我正王綱也。罪我者。謂時人見彈貶者。言孔子以春秋撥亂也。

疏世衰至春秋乎。○正義曰。毛氏奇齡四書賸言云。管子法法篇云。故春秋之記。臣有弒其君。子有弒其父者矣。此二語似孟子臣弒其君者有之。子弒其父者有之所本。然此是舊時春秋。非夫子春秋也。則意封建之世。多有此禍。特夫子以前簡策。總不傳耳。萬氏斯大學春秋隨筆云。暴行。即弒父弒君是也。所謂邪說。即亂臣賊子與其儕類。將不利於君。必飾君之惡。張已之功。造作語言。誣惑衆庶是也。有邪說以濟其暴。遂若其君眞可弒。而己可告無罪然者。相習既久。政柄下移。羣臣知有私門。而不知公室。且鄰封執政。相倚爲姦。凡有逆節。多蔽遺於君。鮮有罪及其臣者。如魯衛出君。師曠史墨之言可證也。惠氏士奇春秋說云。人皆知春秋尊宗周。莫知春秋尊宗國。春秋以魯爲列國之宗而尊之。故孟子曰。春秋。天子之事也。董仲舒亦謂春秋有王魯之文。諸儒謂之羣起而譁。譊譊讙咋。以爲王魯誠不可。匹夫而行天子之事。可乎哉。且宗國之尊。非自春秋始也。古者太史采風。獻之天子。而魯不陳詩。故魯詩列於頌。次周頌而在商頌之上。則宗國之尊久矣。是以孔子獨尊之。以爲至尊無弒道。故不書弒而書薨。不地亦不葬。至尊之體當然。故曰魯王禮也。天子崩。諸侯薨。大夫卒。春秋諸侯皆書卒者。臨天下之辭。獨魯稱薨者。臨一國之辭。亦所以尊宗國。雖尊宗國之禮如尊宗周而爲僭焉。故曰知我者其惟春秋乎。罪我者其惟春秋乎。四方亂獄。莫大於弒君。天王先命諸士成之。成之者。斷之也。斷其孰爲首孰爲從。而後行刑。如負固不服。大司馬以九伐之法。或正之。或殘之。春秋九伐之法。不行於邦國。而諸士亦失其官。故君子於宋魯弒君。特著其法曰。會于稷以成宋亂。言宋之亂。天王不能成。而以成之之實予魯。明宗國亦得奉天王之命而往成之。自是宗周微而宗國亦微。顧往朝齊晉及楚而聽命焉。四方亂獄。莫有往而成之者矣。故春秋特一書不再書者。以此。莊公三十有二年冬十月乙未。子般卒。公子慶父如齊。明弒子般者慶父也。文公十有八年子卒。季孫行父如齊。明弒子赤者。非獨襄仲。而行父亦與聞焉。春秋書法。有譏而書者。事異而情亦異。有連而書者。事同而情亦同。慶父行父前後如齊。皆以子般子赤之卒連而書之者也。據經覈傳。前後若一。其情不更顯乎。或曰。魯桓非其人。曷爲以成之之實予之。曰。以成之之實予魯。非予桓公也。若夫桓公不能成。乃假成之之名而反取賂焉。春秋因直書之而不諱矣。春秋有書一事而兩義並見者。類此。春秋之初。四方亂獄。未聞告亂於宗周。猶來告亂於宗國。隱公四年春。衛州吁弒其君。衛人來告亂。蓋以魯爲列國之宗而來告也。隱公不能會諸侯往而成之。則宗國之微。自隱公始。桓公二年宋督之亂。亦來告。可知桓公乃假成之之名而取賂焉。由是宗國益微。不可復振矣。宋兩弒君。晉一弒君。凡三書及。所以旌死難之臣也。弒君何爲或稱名。或稱國。稱國謂專國者。晉之專國者欒書。故稱國。欒書弒厲公。猶趙盾弒靈公。

厝直稱名。書獨隱其名而稱國。則晉之董狐失其官矣。董史失其官。曷爲孔子不正之。孔子曰。吾
猶及史之闕文也。又曰。其文則史。其義則丘竊取之。然則其義安在。稱國者其義。不稱名者其文。
仍其文而存其義。左氏雖虛張郤至之伐。仍不能掩其忠。雖盛稱欒書之美。仍不能掩其惡。春秋穀
稱欒書帥師。一救鄭。一侵蔡。一伐鄭。明專國也。及厲公死。而書乃弑君之賊。其名卒不復見矣。
穀梁謂弑君。賤者窮諸人。莒稱人者賤之。文公十有六年冬。宋人弑其君杵臼。杵臼者宋昭公。弑
昭公者乃其君祖母王姬。使帥甸師攻而殺之。而謂之賤。可乎。宋平公殺其子。可直斥宋公。襄夫
人殺其孫。不可直斥君祖母。直斥君祖母。則名不正而言不順。辭窮故稱人以賤之。以君祖母王姬
之尊且貴。而與賤者同辭。此春秋之特筆。後世君母臨朝。而擅廢置其君之柄者。亦當以春秋爲鑒
焉。文公十有四年九月。齊公子商人弑其君舍。此未踰年之君也。曷爲直稱君。踰年稱君者。緣孝
子之心。不忍當君位也。在朝之臣。固已北面稽首而君之矣。一國之人。亦莫不奉以爲君。其諡曰
非君也。哀公四年春。盜弑蔡侯申。蔡公孫辰出奔吳。明弑蔡侯申者。公孫辰也。此連而書者。與
魯慶父弑閔公。宋萬弑殤公同。而經稱盜何也。蔡人以盜赴。故稱盜。又蔡昭公將如吳。明不在國
而在塗。則其稱盜也亦宜。傳稱文之鍇殺公孫翩。經書蔡殺其大夫公孫姓公孫霍。明皆辰之黨。而
辰獨出奔。譏失盜也。左傳謂蔡人逐之。則慶父亦魯人逐之。可知不殺之而逐之。是爲逸賊。宋萬
出奔陳。宋人力不能討也。春秋猶書以示譏。魯季友力能討慶父。乃不討而緩追逸賊。使慶父出奔
莒。君子謂季友有無君之心。當坐與聞乎弑之罪。雖酖叔牙。縊慶父。其功未足以掩其罪也。○注。
設素王之法。○正義曰。趙氏佑溫故錄云。知春秋者。無如孟子。天子。周天子也。孔氏憲章文武。
尊禮從周。爲下不倍。以周時之人。紀周時之事。豈有出於周外。先自爲倍。而猶以責人者。趙岐
設素王之法一語。似孔子意中別設一天子。蓋從公羊家黜周王魯之說出。及宋以後。又多謂孔子改
制行權。直以天子自處。當時之天子。聽其忽貶忽褒。其至以天自處。天子又不足言。惟明新鄭相
國高文襄拱春秋正旨一卷可稱焉。首論春秋乃明天子之義。非以天子賞罰之權自居。次論孔子必不
敢改正朔用夏時。次論託之魯史者。以其尙存周禮。非以其周公之後而假之。次論王不稱天。乃偶
然異文。滕薛稱子。乃時王所黜。聖人必無貶削天子升降諸侯之理。次論齊人歸三田小事。非聖人
自當其功。深斥以天自處之文。次論哀十四年。乃孔子卒前二年。適遇獲麟。因而書之。非感麟而
作。麟亦非應經而至。其後又述嘉靖己酉。鄭州生麟二事親見之。麟固有種。麟之時有時無。俱無
關係。非天特生以示瑞。可謂迥出諸儒之上。素王本出史記。殷本紀伊尹從湯言素王及九主之事。
索隱。素王者。太素上皇。其道質素。故稱素王。九主者。三皇五帝及夏禹也。杜預左傳序。辨素
王素臣。孔疏述董仲舒對策云。孔子作春秋。先正王而繫以萬事。是素王之文焉。賈逵春秋序云。
就是非之說。立素王之法。蓋皆以素王爲古皇之稱。趙岐所言由此。至鄭氏六藝論。孔子旣西狩獲
麟。自號素王。異矣。卽杜所謂非通論。而孔亦引家語齊太史子餘歎美孔子云。天其素王之乎。素。
空也。言無位而空王之。非孔子自號。先儒蓋因此而謬。遂謂春秋立素王之法。其以邱明爲素臣。
又未知誰所說。嗚呼。孔子被誣久矣。賴杜預始雪之者也。若彼造祖庭廣記者。復有水精之子。生哀

周而爲衰王之謚。益妖妄不足道。聖王不作，諸侯放恣，處士橫議，楊朱墨翟之言盈天下。天下之言不歸楊則歸墨。楊氏爲我，是無君也。墨氏兼愛，是無父也。無父無君，是禽獸也。【注】言孔子之後，聖王之道不興，戰國縱橫，布衣處士游說以干諸侯，若楊墨之徒，無尊異君父之義，而以橫議於世也。【疏】注。言孔子至世也。○正義曰。呂氏春秋禁塞篇云。而無道者之恣行。高誘注云。恣。放也。說文心部云。恣。縱也。列子黃帝篇云。橫心之所念。釋文云。橫。放縱也。是放恣即縱橫也。漢書異姓諸侯王表云。秦既稱帝。患周之敗。以爲起於處士橫議。注云。處士。謂不官朝而居家者也。橫音胡孟反。又賈山傳至言云。夫布衣韋帶之士。脩身於內。成名於外。注云。言貧賤之人也。布衣之士。即不仕家居之士也。故云布衣處士。荀子非十二子云。古之所謂處士者。德盛者也。能靜者也。脩正者也。知命者也。著是者也。今之所謂處士者。無能而云能者也。無知而云知者也。利心無足而佯無欲者也。行僞險穢而彊高言謹慤者也。以不俗爲俗。離縱而跂訾者也。士君子之所不能爲。注云。離縱。謂離於俗而放縱。跂訾。亦謂跂足自高而訾毀於人。按離縱跂訾。即橫議也。段氏玉裁說文解字注云。議者。誼也。誼者。人所宜也。言得其宜之謂議。至於詩言出入風議。孟子言處士橫議。而天下亂矣。按從則順。橫則逆。故政之不順者爲橫政。行之不順者爲橫行。則議之不順者爲橫議。庖羲以前。無三綱六紀。人與禽獸同。既設卦觀象。定人道。辨上下。於是有君臣父子之倫。此人性之善。所以異於禽獸也。自楊墨之說行。至於無父無君。仍與禽獸等矣。

公明儀曰：庖有肥肉，廄有肥馬，民有飢色，野有餓莩，此率獸而食人也。【注】公明儀，魯賢人。言人君但崇庖廚，養犬馬，不恤民，是爲率禽獸而食人也。楊墨之道不息，孔子之道不著，是邪說誣民，充塞仁義也。仁義充塞，則率獸食人，人將相食。【注】言仁義塞則邪說行，獸食人則人相食，此亂之甚也。【疏】注。言仁至甚也。○正義曰。無父是不仁。無君是不義。無父無君之說。滿於天下。則仁義之道不明。是仁義爲邪說所擠。故爲充塞仁義也。但知爲我。不顧民之飢寒。故率獸食人。因而民亦但知爲我。互相殘害。故將相食。此似專指諸侯放恣。爲楊氏爲我之害。乃楊氏厚身而薄人。固人受其害。而墨氏厚人而薄親。夫以布衣處士。舍其親以施惠於人。此尤亂賊所爲。故其禍與楊等。當時楊墨之言滿天下。天下不歸楊則歸墨。必其言足以惑天下。故孟子切指之曰無父無君。且深斥之曰是禽獸。自有孟子。而後世乃知楊墨之非道也。小心齋劄記云。聖人之仁義。何以爲楊墨所塞。曰。聖人隨時順應。無可驚可喜。墨氏之仁。至於摩頂放踵利天下亦爲之。是何如慈惠。聖人親親而仁民。仁民而愛物。反若多所分別。楊氏之義。至於拔一毛而利天下不爲。是何知倫序。聖人立必欲立人。達必欲達人。反若多所牽攬。故曰惡紫奪朱。惡鄭奪雅。豈惟亂之。又能奪之。何者。朱不知紫之豔。雅不知鄭之濃也。爲我兼愛之能充塞仁義亦若是。按孔子之道。乃述伏羲神農黃帝堯舜文王周公之道。立天之道。曰陰與陽。立人之道。曰仁與義。仁義即一陰一陽也。趙氏謂孔子之後。聖王之道不興。即此帝王相傳之道。載在六經者。莫有述而明之者也。孟子明於六經。能述孔子之道。即能知伏羲以來聖人所傳述之道。故深悉楊墨之非。然則欲知言之邪正是非者。仍求諸六經可矣。

吾爲此懼。閑先聖之道。距楊墨。放淫辭。邪說者不得作。〔注〕閑。習也。淫。放也。孟子言我懼聖人之道不著。爲邪說所乘。故習聖人之道以距之。〔疏〕注閑習至距之。○正義曰。閑。習。爾雅釋詁文。此字或訓防。或訓法。然非講習於六經。無以知其道。既習之乃能知之。知之乃能法之。法之仍能防之。未習六經。空憑心臆而依附以爲先聖。此曰吾防衞乎道也。彼曰吾守法乎聖也。因而門戶各立。傾軋相加。不自知其身爲楊墨。而此楊墨者。又互相楊墨焉。天下國家。遂陰受其害而不知。是皆不習故也。孟子與楊墨辨。必原本於習先聖之道。習先聖之道。即講習六經。不空憑心悟也。趙氏訓閑爲習。其義精矣。禮記哀公問云。淫德不倦。注云。淫。放也。周禮宮正去其淫怠與其奇衺之民。注云。淫。放濫也。楊墨不習六經。違悖先聖之道。作爲爲我兼愛之言。因而天下人亦不習六經。由楊墨之言。而又放縱之。遂成一無父無君之害。所謂淫辭也。孟子習六經先聖之道知此。無父無君之淫辭。起於楊墨。故先距之。距與拒通。論語子張篇。其不可者拒之。石經作距。淮南子本經訓。載角出距之獸。高誘注云。距讀爲拒守之拒是也。既拒楊墨以絕其原。於是放逐其依附淫佚之辭以絕其流。宣公元年穀梁傳云。放。猶屏也。說文支部云。放。逐也。小爾雅廣言云。放。投棄也。蓋不啻舜之放驩兜。屏之遠方。投畀豺虎。深絕之也。詩大雅常武。王舒保作箋云。作。行也。使天下後世。深知其無父無君必亂天下。不復興起以行於世。皆習六經明先聖之道故也。

作於其心。害於其事。作於其事。害於其政。聖人復起。不易吾言矣。〔注〕說與上篇同。〔疏〕注。說與上篇同。○正義曰。上篇公孫丑上篇養氣章也。彼云生於其心。此云作於其心。彼云發於其政。此云作於其事。彼先言政後言事。此先言事後言政。彼此不同。互相發明。非偶然也。彼謂詖淫邪遁之辭。皆生於心之蔽陷離窮。而心之蔽陷離窮。則由於不習六經。不知先聖之道。憑己心之空悟而無所憑依。遂自以爲是。造作語言。其黠者以心孳心。則楊之外有墨。墨之外有楊。楊墨之外。又有似楊似墨之言。其鈍者以心變心。則楊有歸楊之人。墨有歸墨之人。似楊似墨者。又有歸似楊似墨之人。皆未嘗習六經知先聖之道。其邪說由心而生。即由心而作。故云生於其心者。習於其心也。作於其心。非述於其心也。惟習於其心。因而述於其心。故以其言措之於事。而事不悖。施之於政。而政不亂。乃不習不述。惟憑心之空悟。自道其道。自仁其仁。自義其義。未嘗不攀援古昔。附會聖賢。而已論於無父無君之害。苟無習大經知先聖之道者出而距之放之。其說行於天下。以其言措之於事。而事害矣。述先聖之道以爲法。則事有所循。而非妄作。今不述先聖之道。而循諸心。則措之於事。無所法守。是爲作於其事矣。爲下者妄作其言。妄作其事。愚者惑之。黠者傳之。釜成一無父無君之天下。而君之政有爲所格拒而莫能行矣。故害於其政也。自下行其邪說於事。則害君上之政。自上用其邪說於政。則害士民之習。聖人治天下。教學爲先。師氏以三德三行教國子。保氏養國子以道。教以六藝六儀。大司徒以六德六行六藝教萬民而賓興之。王制言樂正崇四術。立四教。順先王詩書禮樂以造士。春秋教以禮樂。冬夏教以詩書。習於詩書禮樂。則不致以邪說害政。孔子好古敏求。下學上達。古卽先王之道也。學卽詩書六藝之文也。大戴禮曾子立事篇云。君子既學之。患其不博也。既博之。患其不習也。既習之。患其無知也。論語學而篇。曾子云。傳不習乎。注云。言凡所傳之事。得無素不講習而傳之乎。不習而傳諸人。是生於其心。作於其心之言也。楊墨無所習而言爲邪說。孟子博學而習。故知其邪說而距之。舍六德六行六藝詩書禮樂。而以心悟爲宗者。皆亂天下之楊墨也。孟子本習述先聖之言。故聖人復起。不易吾言。吾言指此辨楊墨之言。

昔者禹抑洪水而天下平。周公兼夷狄。驅猛獸。而百姓寧。孔子成春秋而亂臣賊子懼。注抑。治也。周公兼懷夷狄之人。驅害人之猛獸也。言亂臣賊子懼春秋之貶責也。疏注。抑治也。○正義曰。

廣雅釋詁云。禦。抑治也。抑洪水。卽道河道紅道漢道淮也。荀子成相篇云。禹有功抑下鴻。抑下連稱。是抑卽下。說文手部云。抑。按也。按之亦下之也。洪水高溢地上。道之使歸地中。是爲下鴻。亦卽所以治之也。○注。周公兼懷夷狄之人。○正義曰。荀子非相篇云。故君子賢而能容罷。知而能容愚。博而能容淺。粹而能容雜。夫是之謂兼術。詩曰。徐方既同。天子之功。此之謂也。上言容。下引詩言同。中言兼術。是兼同容三字義同。故楊倞注以兼術爲兼容之法。君子之容物。亦猶天子之同徐方。廣雅釋詁云。兼。同也。本諸此。容之義爲包。包之義爲懷。宣公十二年左傳云。兼弱攻昧。武之善經也。下又云。撫弱耆昧。撫弱卽是兼弱。故孔穎達尚書正義解兼昧云。兼爲包之。包亦懷也。故趙氏以懷釋兼。○注。言亂臣至責也。○正義曰。顧氏棟高春秋大事表。有孔子成春秋而亂臣賊子懼論云。謂亂臣賊子懼者。第書其弒逆之名於簡而懼乎。吾恐元凶劭及安慶緒史朝義之徒。雖日揭其策以示於前。而彼不知懼也。且此亦夫人能書之。何待聖人。況人已成其簒弒。懼之亦復何益。聖人之作春秋。蓋有防微杜漸之道。爲爲人君父者言之。則書所云制治於未亂。保邦於未危是也。爲爲人臣子者言之。則禮所云齒路馬有誅是也。聖人嘗自發其旨於坤卦文言曰。臣弒其君。子弒其父。非一朝一夕之故。其所由來者漸矣。由辨之不早辨也。按顧氏說未盡善。若謂作春秋爲爲人君父者言之。則孔子成春秋。非使亂臣賊子懼。是使君父懼矣。人之性所以異於禽獸者。以其知有父子君臣也。注邪說如師曠史墨之言。有以蔽之。則有所恃而不知懼。自孔子作春秋。直書其弒。邪說者曰。君無道可弒也。春秋則無論君有道無道。弒之罪皆在臣。邪說者曰。

君無道可逐也。春秋則無論君有道無道。逐之罪皆在臣。以爲可弑可逐。則有所借口而無懼。無懼則斷視爲固然。而世莫以爲怪。以爲不可弑不可逐。則無所借口而懼。春秋全爲邪說暴行而作。趙氏謂懼春秋之貶責是也。自孔子作春秋。而天下後世。無不明大義所在。宋础梁珪。固卽伏誅。卽司馬師劉裕蕭道成高歡宇文泰之流。奸竊已成。而擧義師以討賊者。代不乏人。明成祖亦歎泰之爲也。以靖難爲名。自飾以周公輔佐成王。一聞方孝儒卓敬等篡奪之言。遂怒而磔其身。夷其族。其怒也。卽其懼也。伏羲之前。人不知有夫妻父子。自伏羲作八卦。而人盡知之。孔子之前。人不知弑父與君之爲亂臣賊子。自孔子作春秋。而人盡知之。謂亂臣賊子。夫人能誅之。何待孔子。得毋曰夫妻父子。夫人能定之。何待伏羲。譬如五穀。神農未敎之前。人不能知。旣有神農敎之。無論智愚。無不知五穀。豈曰五穀夫人能辨之。何待神農乎。伏羲定人道之後。不能無淫奔。然人人知其爲淫奔也而賤之。孔子作春秋之後。不能無亂賊。然人人知其爲亂賊也而誅之。易治未亂。春秋治已亂。臣弑其君。子弑其父。非一朝一夕之故。所以戒天下後世辨之於早也。惟不能辨之於早。而臣已亂。子已賊。此時仍望早辨之說。譬諸病已危急。宜審其寒熱虛實。以大溫大寒大補大攻。挽回於俄頃。而仍徒徐徐責其不審調和保護。可乎。使春秋之作。仍不過履霜早辨之義。則孔子贊易。已足明之。何必又作春秋戒早辨。治未亂防其亂也。撥亂賊。治已亂還其未亂也。余春秋左傳補疏中詳言之。

詩云。戎狄是膺。荆舒是懲。則莫我敢承。【注】此詩已見上篇說。無父無君。是周公所膺也。【注】是周公所欲伐擊也。我亦欲正人心。息邪說。距詖行。放淫辭。以承三聖者。豈好辯哉。予不得已也。【注】孟子言我亦欲正人心。距詖行。以奉禹周公孔子也。不得已而與人辯耳。豈好之哉。能言距楊墨者。聖人之徒也。【注】孟子自謂能距楊墨也。徒。黨也。可以繼聖人之道。謂名世者也。【疏】注。徒黨也。○正義曰。淮南子俶眞訓云。分徒而訟。呂氏春秋執更篇云。與天下之賢者爲徒。高誘注並云徒黨也。周氏廣業孟子逸文考云。揚子法言。古者楊墨塞路。孟子辭而闢之。廓如也。此卽距楊墨之言而推衍之也。王充論衡亦云。楊墨之道。不亂仁義。則孟子之傳不造。牟子理惑論。楊墨塞羣儒之路。車不得定。人不得步。孟子闢之。乃知所從。陸倕答法雲書。昔者異學爭途。孟子抗周公之法。於是楊墨之黨。舌擧口張。皆此意也。楊之學無傳。淮南子氾論訓云。全性保眞。不以物累形。楊子之所立也。而孟子非之。此可見其大略也。

章指。言憂世撥亂。勤以濟之。義以匡之。是故禹稷駢躓。周公仰思。仲尼皇皇。墨突不及汙。聖賢若是。豈得不辯也。

【疏】禹稷駢躓。○正義曰。音義云。蒲田切。下張尼切。丁云。史記作胼胝。謂手足生胝也。此躓乃顚躓字。音致。宜依史記讀之爲是。周氏廣業孟子章指考證云。文子自然篇稱胼胝。史記李斯傳稱禹手足胼胝。毛晃禮部增韻。引趙注作胼蹟。韻會先韻胼字注云。胼胝。皮堅也。或作骿。最作骿。引孟注爲證。支韻胝字注引廣韻云。皮厚也。又骿也。或作䟡。亦作蹟。其下亦引孟注。一似胼骿蹟胝之字。初無異義。然說文但有骿字。無胼字。胝訓爲腄。謂瘢胝也。竹尼切。蹟訓爲跲。引詩載蹟其尾。言顚蹟也。陟利切。則其音義固判然矣。呂氏春秋求人篇云。禹顏色黎黑。竅氣不通。足不相過。荀子非相篇。禹跳湯偏。楊倞注引尸子云。禹手不爪。脛不生毛。偏枯之病。步不相過。人曰禹步。尚書大傳云。禹其跳。其跳者踦也。所謂足不相過者。穀梁昭二十年傳有云。兩足不能相過。齊謂之綦。楚謂之踙。衞謂之輒。陸德明釋文據劉兆云。綦。連併也。踙。聚合不解也。輒本亦作縶。如見縶絆也。据此。則胼蹟正言手足不仁。非直重繭明矣。蓋胼是攣局不分。與左傳胼脅莊子駢指一例。列子楊朱篇。禹身體偏枯。手足胼胝。正作胼。其確證也。蹟謂瘺躄弱行。列子說符篇。其行足蹟株埳。焦貢易林。擔載差蹟。踠跌右足。又跛蹟未起。失利後市。皆此義。其以胼蹟爲胼胝。乃後人傳寫之誤。然顏師古注漢書胼字云。併也。猶不失其本。自字書不審本末輒云相遁。去之遠矣。稷胼蹟無可考。蓋因禹及之。猶論語禹稷躬稼。孟子禹稷當平世。三過其門而不入也。○周公仰思。○正義曰。音義云。仰字書卬讀如仰。又離婁下章云。周公思兼三王。以施四事。其有不合者。仰而思之。夜以繼日。幸而得之。坐以待旦。是其事也。○仲尼皇皇。墨突不及汙。○正義曰。周氏廣業孟子章指考證云。仲尼皇皇。出揚子法言學行篇。文子自然篇。淮南子脩務訓。並云孔子無黔突。墨子無暖席。陸賈新語亦云。墨子皇皇。席不暇暖。仲尼栖栖。突不暇黔。則黔突本係孔子事。自班固答賓戲。聖哲之治。栖栖遑遑。孔席不暇。墨突不黔。始顚倒其語。唐韓昌黎因之云。孔席不暇暖。而墨突不得黔。其實非也。趙雖稍後於班。未必遽襲其謬。況本書距楊墨以承三聖。墨安得與禹稷周孔並列。家語孔子厄於陳蔡。顏回仲田。炊於壞屋之下。有埃墨墮飯中。回取食之。是墨突卽塵飯之謂。去齊接淅。又孔子實事。故趙氏以此證其皇皇耳。其改黔爲汙。蓋以協韻故也。

匡章曰。陳仲子。豈不誠廉士哉。居於陵。三日不食。耳無聞。目無見也。井上有李。螬食實者過半矣。匍匐往將食之。三咽。然後耳有聞。目有見。【注】匡章。齊人也。陳仲子。齊一介之士。窮不苟求者。是以絕糧而餒也。螬。蟲也。李實有蟲食之過半。言仲子目不能擇也。【疏】注匡章。齊人也。○正義曰。匡章見於戰國策。一在齊策。秦假道韓魏以攻齊。齊威王使章子將而應之。秦兵大敗。一在燕策。齊宣王令章子將五都之兵。以因北地之衆以伐燕。齊大勝燕。然則章子在齊。歷仕兩朝。屢掌軍伐。當孟子在齊時。章年固亦長矣。趙氏但云。齊人。不以爲弟子也。呂氏春秋不屈篇云。匡章謂惠子於魏王之前。高誘注云。匡章。孟子弟子也。周氏廣業孟子出處時地考云。

章在孟門。所禮異於滕更。稱子有同樂正。謂爲著錄也宜。呂覽有匡章與惠王及惠施問答。殆從遊於梁者歟。閻氏若璩釋地又續云。戰國策齊宣王與羣臣皆稱爲章子。蓋於人名下繫以子字。當時多有此稱。謂田盼人稱爲盼子。田嬰人稱爲嬰子。田文人稱爲文子。以及秦魏冉亦稱爲冉子。皆此類。莊子盜跖篇云。匡子不見母。釋文引司馬彪注云。匡子名章。齊人。諫其父。爲父所逐。終身不見父。按此事見孟子。是匡爲姓。章爲名。○注。陳仲子至餓也。○正義曰。陳仲子見於戰國策齊策。趙威后問齊使云。於陵子仲尚存乎。是其爲人也。上不臣於王。下不治其家。中不索交諸侯。此率民而出於無用者。何爲至今不殺乎。周氏柄中辨正云。鮑彪注此自一人。若孟子所稱。已是七八十年矣。愚按陳仲子。齊宣王時。趙威后。齊王建時。考六國表。自宣王元年至王建元年。凡七十有九年。仲子若壽考。何妨是時尚在。況云其率民而出於無用。明是孟子所稱。韓非子外儲說左云。齊有居士田仲者。宋人屈穀曰。田仲不恃仰人而食。亦無益人之國。亦堅瓠之類也。田仲卽陳仲。不仰人而食。所謂一介之士。窮不苟求者也。淮南子氾論訓云。季襄陳仲子立節抗行。不入洿君之朝。不食亂世之食。遂餓而死。高誘注云。陳仲子。齊人。孟子弟子。居於陵。以仲子爲孟子弟子。未詳所出。趙氏所不用也。○注。螬蟲至擇也。○正義曰。爾雅釋蟲云。蟦。蠐。螬。蝤。蠐。蝎。方言云。蠀螬謂之蟦。自關而東謂之蝤蠀。或謂之卷蠾。或謂之蝖毂。梁益之間謂之蛒。或謂之蝎。或謂之蛭蛒。秦晉之間謂之蠹。或謂之天螻。說文䖵部云。蠹。木中蟲。論衡商蟲篇云。桂有蠹。桑有蝎。螬食李。卽李木中蠹也。文選。劉伶酒德頌注。引劉熙孟子注云。螬者。齊俗名之。如酒槽也。周氏廣業孟子古注考云。槽爲螬字之譌。說文作𧏯。蠐螬也。以背行駛於足。狀似酒槽。以齊俗所名。故謂之蠐螬也。按淮南子氾論訓。槽矛無擊。高誘注云。槽讀領如蠐螬之螬。螬槽固可假借。而蠐與蠀通。皆與螬爲聲之轉。緩呼爲蠐螬。急呼則單爲螬。以爲齊俗名之。非也。又文選張景陽雜詩注。引孟子章句云。陳仲子。豈不誠廉士哉。居於陵。三日不食。耳無聞。目無見。井上有李實。螬食者過半矣。匍匐往將食之。下引劉熙曰。陳仲子。齊一介之士也。螬蟲也。李實有蟲食之過半。言仲子目無見也。此注與趙氏略同。而章句則以實字連李字上。在螬字上。是時仲子匍匐而往。則必李實之墜於地者。然文選注引孟子。每有增減。未可爲據。蓋古人屬文。每多倒置。趙氏注亦恆顚倒明之。故孟子實字原在食字下。而劉趙倒置於上。以明井上有李。指李實不指李樹也。爾雅釋言云。將。資也。謂匍匐而往井上。資此李實食之。說文口部云。咽。嗌也。劉熙釋名釋形體云。嚥。嚥物也。嚥卽咽食物下於咽嗌。故卽謂之嚥。三咽者。不及細嚼也。井上之李實非一。特取此螬食者。是目盲不知擇也。夫螬食之餘。匍匐就食。極形仲子之不堪。匡章非以仲子爲可尚也。

孟子曰。於齊國之士。吾必以仲子爲巨擘焉。雖然仲子惡能廉。充仲子之操。則蚓而後可者也。夫蚓上食槁壤。下飲黃泉。【注】巨擘。大指也。比於齊國之士。吾必以仲子爲指中大者耳。非大器也。蚓。蚯蚓之蟲也。

充滿其操行，似蚓而可行者也。蚓食土飲泉，極廉矣，然無心無識。仲子不知仁義，苟守一介，亦猶蚓也。[疏]注。巨擘至器也。○正義曰：曹氏之升摭餘說云：春秋正義，手五指之名曰巨指、食指、將指、無名指、小指。巨指，卽儀禮大射儀所謂左巨指鉤弦是也。孟子稱巨擘，亦稱大擘，鄭注右巨指，右手大擘是也。亦稱擘指，鄉射禮賈疏，以左擘指拓弓，右擘指鉤弦，是也。食指、將指，俱見左傳。鄉射禮，凡挾矢於二指之間橫之。鄭注：二指，謂左右之二指。此以食指將指挾之。賈疏以左傳子公之食指動，釋第二指，是也。而以左傳闔閭傷於將指，釋第三指，則不然。第三指既夕禮亦名中指。蓋足以大指為將指，手以中指為將指。說文：拇，將指也。易：咸其拇。疏：拇是足大指。闔閭所傷是足，故下云取其一屨。而賈誤以解手之中指，非也。無名指，僅一見於孟子。趙岐注以其餘皆有名。無名指者，非手之用指也。按大射儀朱極三注：極，猶放也。所以韜指利放弦也。以朱韋為之。三者，食指、將指、無名指。則第四指亦非竟無用也。鄭惟謂小指短不用。然敖氏繼公謂凡挾矢，有挾一矢者，有挾四矢五矢者。寡則挾以食指將指，多則以餘指分挾之。小指亦餘指也。又作季指。特牲饋食、少牢饋食禮：挂於季指。注：季，猶小也。而敖氏則直謂季指左手之小指是也。○注蚓蚯蚓至蚓也。○正義曰：禮記月令孟夏蚯蚓出，仲冬蚯蚓結。淮南子時則訓作蚯螾。單名之則為蚓為螾。荀子勸學篇云：螾無爪牙之利，筋骨之彊，上食埃土，下飲黃泉，用心一也。螾卽蚓也。大戴禮易本命云：食土者無心而不息。注云：蚯蚓之屬，不氣息也。郭璞爾雅讚云：蚯蚓土精，無心之蟲。故趙氏謂蚓無心。荀子以喻目不能兩視，耳不能兩聽，故言螾之心一。孟子以蚓喻仲子之不知仁義，故趙氏言無心無識也。大戴禮勸學篇作上食晞土。晞乃日暴乾之名。土乾則成塵，故荀子作埃土。埃卽塵也。土枯無澤，故孟子謂之槁壤。隱公元年左傳云：不及黃泉，無相見也。注云：地中之泉，故曰黃泉。黃泉至清而無濁，槁壤至潔而無汙。充其操，必食此至清至潔如蚓，乃可也。仲子所居之室，伯夷之所築與？抑亦盜跖之所築與？所食之粟，伯夷之所樹與？抑亦盜跖之所樹與？是未可知也。[注]孟子問匡章：仲子豈能必使伯夷之徒築室樹粟，乃居室之邪？抑亦得盜跖之徒使作也？是殆未可知也。[疏]注仲子至知也。○正義曰：蚓必至清至潔而食。使仲子如蚓，則所居所食，必伯夷所築所樹乃可。若為盜跖所築所樹，則不清不潔，便不可居食。然築者樹者不可知，則不能決其為至清至潔矣。不可知而漫居之食之，是不能如蚓也。下是何傷哉，專指盜跖之所築所樹。知此是未可知也，專屬盜跖所築所樹而言。

曰：是何傷哉？彼身織屨，妻辟纑，以易之也。[注]匡章曰：惡人作之何傷哉，彼仲子身自織屨，妻緝纑以易食宅耳。緝績其麻曰辟，練其麻曰纑，故曰辟纑。[疏]注緝績至辟纑。○正義曰：文選張景陽雜詩注引劉熙孟子注云：仲子自織屨，妻紡纑以易食也。緝績其麻曰辟。練絲曰纑也。與趙氏略同。段氏玉裁說文解字注云。蓏𦬆之總名也。當云治蓏枲之總名。下文云蓏所治也。可證。趙岐劉熙注孟子妻辟纑。皆云緝績其麻曰辟。辟音劈。今俗語績麻析其絲曰劈。卽𦬆也。糸部云。纑。布縷也。劉熙孟子注云。練絲曰纑。練絲。謂取所緝之縷湅治之也。練者湅也。湅者𤄊也。汏諸湅灡之也。巳湅曰纑。未湅曰縈。廣雅曰。縈。緒也。緒是生絲。未湅之縷如生絲然。故曰緒也。知成國謂巳湅曰練絲。言布縷者。以別乎絲縷也。績之而成縷。可以爲布。是曰纑。禮經縷分別若干升以爲麤細。五服之縷不同也。趙岐曰。湅麻曰纑。麻部。縈。未湅治纑也。然曰湅治之乃曰纑。蓋縷有不湅者。若斬衰齊衰大功小功之縷皆不湅。總衰之縷則湅之。若吉服之縷。則無不湅者。不湅者曰縈。湅者曰纑。統呼曰縷。周氏廣業孟子古注考云。緝卽績也。毛詩陳風。釋文。西州人謂績爲緝。按說文糸部云。緝。績也。績。緝也。二字轉注。趙氏緝績相疊者。蓋二字亦有別。爾雅釋詁云。緝。光也。績。繼也。先以爪剖而分則辟也。績其短者而連之使長。則績也。其績處以兩手摩挲之使不散。則緝也。故劉熙作緝纘其麻。緝纘卽緝績也。

曰。仲子。齊之世家也。兄戴。蓋祿萬鍾。以兄之祿爲不義之祿而不食也。以兄之室爲不義之室而不居也。避兄離母。處於於陵。【注】孟子言仲子齊之世卿大夫之家。兄名戴。爲齊卿。食采於蓋。祿萬鍾。仲子以爲事非其君。行非其道。以居富貴。故不義之。竄於於陵。【疏】注。兄名至於蓋。○正義曰。水經注濟水篇。引孟子云。仲子齊國之世家。兄戴祿萬鍾。仲子非而不食。古人引書。每自增損。乃此去蓋字。則戴字連兄字。是爲其兄之名。用趙氏注也。孔氏廣森經學卮言云。元李治敬齋古今黈讀兄戴蓋爲句。二云戴蓋祇是乘軒。愚按蓋既爲王驩邑。不當又爲仲子兄邑。楊子八十一家務之次四曰。見矢自升。升羽之朋。蓋戴車載。是李氏戴蓋之語。未爲無本矣。○注。竄於於陵。○正義曰。閻氏若璩釋地續云。顧野王輿地志。齊城有長白山。陳仲子夫妻所隱處。酈注魚子溝水。南出長白山。東抑泉口山。卽陳仲子夫妻之所隱。唐張說石泉驛詩。目下自注於陵仲子宅。漢於陵故城。章懷太子賢曰。在今淄川長山縣南。與通典合。石泉非孟子所謂井者邪。江編江發源長白山南。今章邱縣淯河是。計於陵仲子家。離其母所居。幾二百里矣。

他日歸。則有饋其兄生鵝者。己頻顣曰。惡用是鶂鶂者爲哉。【注】他日。異日也。歸省其母。見兄受人之鵝而非之。己。仲子也。頻顣不悅曰。安用是鶂鶂者爲乎。鶂鶂。鵝鳴聲。【疏】注。頻顣不悅。○正義曰。音義出己頻顣云。上音紀。頻亦作嚬。同。下子六切。易復卦六三頻復。釋文云。本又作嚬。嚬。眉也。鄭作顰。音同。又巽卦九三頻巽。李鼎祚集解。虞翻云。頻。頻也。王弼注云。頻。頻蹙。不樂而窮不得巳之謂也。文選魯靈光殿賦云。㥾顣蹙而含悴。顣悴卽不樂。不樂卽不悅也。說文云。頻。水涯。人所賓附。犨戚不前而止。又犨涉水犨戚也。从頻卑聲。頻爲犨省。戚爲顣省也。文選弔魏武帝文云。執姬女而嚬瘁。注云。孟子曰。嚬蹙而言。嚬蹙。謂人嚬眉蹙額。憂貌也。此孟子蓋注文傳寫譌譌。不詳何人。嚬蹙而言四字。卽解已頻顣曰。而下又申明頻爲嚬眉。顣爲蹙額。顣卽頞。莊子至樂篇云。髑髏深矉蹙頞。矉卽頻字之假借。蹙頻連文。則深矉指頻眉可知。乃通俗文云。蹙頞爲矉。虞翻因以頻爲頞。失之矣。四書釋疑云。已當作己。上皆言仲子之文。未嘗間斷。至此不當又有已字謂稱仲子也。已頻顣亦不成文。從已字說。初見其所饋生鵝。固已頻顣而惡之矣。他日偶食其肉。聞兄之言而哇之。則前後意有倫次。按此說非也。生鵝之饋。乃交際之常。人人不以爲怪。獨仲子一己以爲不是也。用一己字。正見其孤矯非人情。克己復禮爲仁。正克此己耳。○注鶃鶃鵝鳴聲。○正義曰。音義出鶃鶃云。丁五歷切。鵝也。阮氏元校勘記云。五歷切與鵝鳴聲。不相似。蓋孟子書本作兒。如今人之讀小童。與鵝聲相近也。俗人加鳥作鶃。則爲說文大鶃字。

他日。其母殺是鵝也。與之食之。其兄自外至。曰。是鶃鶃之肉也。出而哇之。以母則不食。以妻則食之。以兄之室則弗居。以於陵則居之。是尚爲能充其類也乎。若仲子者。蚓而後充其操者也。

注異日母食以鵝。不知是前所頻顣者也。兄疾之。告曰是鶃鶃之肉也。仲子出門而哇吐之。孟子非其不食於母而食妻所作屨纑易食也。不居兄室而居於於陵人所築室也。是尚能充人類乎。如蚓之性。然後可以充其操也。

疏注。仲子出門而哇吐之。○正義曰。論衡刺孟子篇述此文。作出而吐之。以吐代哇。是哇卽吐也。○注。孟子至操也。○正義曰。全氏祖望經史問答云。問陳仲子之生平。孟子極口詆之。國策中趙后亦詆之。厚齋王氏則又稱之。何也。曰。厚齋先生之言是也。仲子若生春秋之世。便是長沮桀溺荷蕢荷蓧楚狂晨門一流。然諸人遇孔子。則孔子欲化之。仲子遇孟子。則孟子力詆之。便是聖賢分際不同。須知仲子辟三公而灌園。豈是易事。孟子是用世者。故七篇之中。不甚及隱士逸民。較之孔子之惓惓沮溺一輩。稍遜之矣。平情論之。若如孟子之譏仲子。則母不食以兄不食。直是不孝不弟。然仲子豈眞不食於母。不過不食於兄。其兄之蓋祿萬鍾。雖未知其爲何如人。然諒亦未必盡得於義。故仲子孑然長往。但觀其他日之歸。則於寢門之徵。亦未嘗竟絕。孟子責之過深矣。故厚齋謂其淸風遠韻。視末世徇利苟得之徒如腐鼠。乃公允之論。若趙后何足以知此。彼第生於七國之時。所謂天子不臣。諸侯不友之士。不特目未之見。抑亦耳未之聞。而以爲率民出於無用。亦豈知隱士逸民之有補於末俗。正在無用中得之也。周氏柄中辨正云。孟子以仲子爲齊之巨擘。自非徇利苟得之徒可比。何待厚齋發此公論。但其辟兄離母。不可爲訓。故孟子極詆之。而全氏謂兄蓋之祿。未必盡得於義。他日之歸。未嘗竟絕寢門之徵。以此爲仲子解說。則大不然。陳爲齊之同姓。

固公族也。蓋祿萬鍾。受之先君。傳之祖父。有何不義而汲汲去之。於陵在今濟南府長山縣西南。
辟其母所餽二百里。他日之歸。亦僅事耳。爲寢門之敬者。固如是乎。孔子之語丈人曰。欲潔其身
而亂大倫。彼丈人猶知有長幼之節也。即爲亂倫。而仲子辟兄離母。幷長幼之節而
廢之。故曰無親戚君臣上下。孔孟之言。若出一口。而全氏左袒仲子。拾王充刺孟之唾餘。沾沾焉
動其喙。亦妄乎。

不 章指言聖人之道。親親尚和。志士之操。耿介特立。可以激濁。不可常法。是以孟子喻以蚯蚓。比諸巨
擘也。疏可以激濁不可常法。○正義曰。尸子君治篇云。水有四德。揚清激濁。蕩去滓穢。義也。漢
書兩龔傳贊云。清節之士。大率多能自治。而不能治人。所以不可常法也。僖公十六年公羊
傳注云。石者。陰德之專者也。鶂者。鳥中之耿介者也。宋襄欲行霸事。不納公子目夷之謀。事事
耿介自用。卒以五年見執。六年終敗。如五石六鶂之數。天之與人昭昭著明。甚可畏也。古人不重
耿介如
此。

卷七　離婁章句上

凡二十八章。注離婁。古之明目者。黃帝時人也。黃帝亡其元珠。使離朱索之。
離朱即離婁也。能視於百步之外。見秋毫之末。然必須規矩乃成方員。猶論語述而不作。信而好古。故以題篇。

疏注。離婁至方員。○正義曰。莊子天地篇云。黃帝遊乎赤水之北。登乎崑崙之丘而南望。還歸
遺其元珠。使知索之而不得。使離朱索之而不得。又駢拇篇云。是故駢於明者。亂五色。淫文
章。青黃黼黻之煌煌非乎。而離朱是矣。釋文引司馬云。黃帝時人。百步見秋毫之末。一云。見
千里針鋒。孟子作離婁是矣。列子湯問篇云。離朱子羽。方晝拭眥。揚眉而望之。弗見其形。注
云。離朱。黃帝時明目人。能百步望秋毫之末。朱婁音近。朱之爲婁。猶邾人呼邾聲曰婁也。凡
治器工必以目程之。故執柯伐柯。睨而視之。猶以爲遠。然目必憑以規矩準繩。以爲方員平直。
考工記。匠人建國。水地以縣。置槷以縣。眡以景。爲規。識日出之景。與日入之景。晝參諸日中之
景。夜考之極星。以正朝夕。注云。於四角立植而縣以水。望其高下。高下既定。乃爲位而平地。
於所平之地中央。樹八尺之臬。以縣正之。眡之以其景。將以正四方也。日出日入之景。其端則
東西正也。又爲規以識之者。爲其難審也。望地之高下。眡景之出入。目爲之也。乃必水地以縣
爲規而後審。則目雖明。不可恃也。此目必以規也。周髀算經。商高曰。數之法出於圓方。圓出
於方。方出於矩。矩出於九九八十一。故折矩以爲句廣三。股脩四。徑隅五。既方其外。平其一
矩。環而共盤。得成三四五。兩矩共長二十有五。是爲積矩。周公曰。請問用矩之道。商高曰。
平矩以正繩。偃矩以望高。覆矩以測深。臥矩以知遠。環矩以爲圓。合矩以爲方。方屬地。圓屬
天。天圓地方。方數爲典。以方出圓。正繩望高。測深知遠。皆目之明也。非平矩偃矩覆矩臥矩。
目雖明無可恃也。此目必以矩也。所以離婁之明。必待規矩。乃成方圓也。孟子習先聖之道。爾

楊墨。放邪說。指其爲生於其心。作於其心。作於其心。則不習先聖之道。故此章首發明之。目雖明如離婁。耳雖聰如師曠。心雖仁如堯舜。不以規矩。則目無所憑。不以六律。則耳無所憑。不以先王之道。則心無所憑。明人講學。至徒以心覺爲宗。盡屏聞見。以四教六藝爲桎梏。是不以規矩便可用其明。不以六律便可用其聰。於是強者持其理以與世競。不復顧尊卑上下之分。以全至誠惻怛之情。弱者恃其心以爲道存。不復求詩書禮樂之術。以爲脩齊治平之本。以不屈於君父爲能。以屏棄文藝爲學。眞邪說誣民。孟子所距者也。孟子之學。在習先聖之道。行先王之道。習先聖之道。行先王之道。必誦其詩。讀其書。博學而詳說之。所謂因也。仰觀於天。俯察於地。近取諸身。遠觀於物。伏羲所因也。神農則因於伏羲。故云伏羲氏沒。神農氏作。黃帝堯舜則因於神農。故云神農氏沒。黃帝堯舜氏作。惟其因乃有所變通。通其變使民不倦。通其所因。變其所因也。神而化之。使民宜之。神其所因。化其所因也。殷因於夏禮。所損益可知也。周因於殷禮。所損益可知也。損其所因也。益其所因也。先王之道。載在六經。非好古敏求。何以因。卽何以通變神化。何以損益。故非習則莫知所因。非因則莫知所述。孔子云。述而不作。信而好古。孟子云。爲高必因丘陵。爲下必因川澤。其義一也。彼但憑心覺者。眞孟子所距者也。趙氏引論語以證孟子。可謂深知孟子者矣。

孟子曰。離婁之明。公輸子之巧。不以規矩。不能成方員。注公輸子。魯班。魯之巧人也。或以爲魯昭公之子。雖天下至巧。亦猶須規矩也。疏注。公輸至之子。○正義曰。禮記檀弓云。季康子之母死。公輸若方小。斂。般請以機封。注云。公輸若。匠師。方小。言年尚幼。般若之族多技巧者。見若掌斂事而年尚幼。請代之而欲嘗其技巧。般爲公輸若之族。則亦氏公輸。故稱公輸子。班與般同。戰國策宋策云。公輸般爲楚設機。將以攻宋。高誘注云。公輸般。魯般之號也。蓋般爲魯人。故又稱魯般。當時有此號也。周氏柄中辨正云。案亦見墨子魯問篇。說者因謂有兩輪般。班固答賓戲。班輸摧巧於斧斤。顏師古注。魯班與公輸氏皆有巧藝。故樂府云。公輸與魯般。吳斗南謂墨子之書。恐非事實。未必有兩公輸般。一在春秋。一在戰國也。愚按公輸班。或以爲魯昭公之子。雖未可信。而與季康子同時。則爲春秋時人無疑。墨翟亦生春秋之末。史記云。或曰並孔子時。或曰在其後。蓋生稍後而實同時也。班爲楚攻宋。墨翟槃之。戰國策在宋景公時。景公卽位。在魯昭公二十六年。兩人正當其世。顏注固非。而斗南疑墨子不足據。亦未之考耳。

師曠之聰。不以六律。不能正五音。注師曠。晉平公之樂太師也。其聽至聰。不用六律。不能正五音。六律陽律太蔟。姑洗。蕤賓。夷則。無射。黃鍾。五音。宮商角徵羽也。疏注。師曠至至聰。○正義曰。襄公十八年左傳云。晉人聞楚師。師曠曰。不害。吾驟歌北風。又歌南風。南風不競。多死聲。楚必無功。又齊師夜遁。師曠告晉侯曰。鳥烏之聲樂。齊師其遁。呂氏春秋長見篇云。晉平公鑄爲大鍾。使工聽之。皆以爲調矣。師曠師曠曰。不調。請更鑄之。皆其聽至聰之事也。○注。六律至羽也。○正義曰。周禮春官大師。掌六律大同。以合陰陽之聲。陽聲黃鍾太蔟姑洗蕤賓夷則無射。陰聲大呂應鍾南呂函鍾小呂夾鍾。皆文之以五聲。宮商角徵羽。注云。黃鍾子之氣。十一月建焉。大呂丑之氣。十二月建焉。太蔟寅之氣。正月建焉。應鍾亥之氣。十月建焉。姑洗辰之氣。三月建焉。南呂酉之氣。八月建焉。蕤賓午之氣。五月建焉。林鍾未之氣。六月建焉。夷則申之氣。七月建焉。中呂巳之氣。四月建焉。無射戌之氣。九月建焉。夾鍾卯之氣。二月建焉。辰與建交錯貿處如表裏然。是其合也。其相生則以陰陽六體爲之。黃鍾初九也。下生林鍾之初六。林鍾又上生太蔟之九二。太蔟又下生南呂之六二。南呂又上生姑洗之九三。姑洗又下生應鍾之六三。應鍾又上生蕤賓之九四。蕤賓又下生大呂之六四。大呂又上生夷則之九五。夷則又下生夾鍾之六五。夾鍾又上生無射之上九。無射又上生中呂之上六。同位者象夫妻。異位者象子母。所謂律取妻而呂生子也。黃鍾長九寸。其實一籥。下生者。三分去一。上生者。三分益一。五下六上。乃一終矣。大呂長八寸。二百四十三分寸之一百四。太蔟長八寸。夾鍾長七寸。二千一百八十七分寸之千七十五。姑洗長七寸九分寸之一。中呂長六寸。萬九千大百八十三分寸之萬二千九百七十四。蕤賓長六寸。八十一分寸之二十六。林鍾長六寸。夷則長五寸。七百二十七分寸之四百五十一。南呂長五寸三分寸之一。無射長四寸。六千五百六十一分寸之大千五百二十四。應鍾長四寸二十七分寸之二十。文之者。以調五聲使之相次。如錦繡之有文章。尚書皋陶謨云。予欲聞六律五聲八音。鄭氏注云。舉陽從陰可知也。蓋舉六律以該六呂也。大師自子丑爲次。六律首黃鍾終無射。趙氏蓋依月令自夏時孟春徵之。故始太蔟終黃鍾也。國語周語。王問伶州鳩曰。七律者何。注云。周有七音。王問七音之律。意謂七律爲音器。用黃鍾爲宮。太蔟爲商。姑洗爲角。林鍾爲徵。南呂爲羽。應鍾爲變宮。蕤賓爲變徵。漢書律歷志引尚書在治忽三字作七始詠。李氏光地謂即宮徵商羽角變宮變徵也。然則七音自虞已有之。止云正五音者。吳氏鼎考律緒言云。音有七而統之以五者。猶五星五行五常之理。不可減不可增。故二變兩聲。仍名之爲宮徵。所謂變化而不離乎五音者也。音既七。律何以不止七。律既不止七。又何故止於十二。惟七故十二也。蓋五音者。正宮正徵正商正羽正角之律。二變者。比宮比徵之律。既有比宮比徵之律。則必有比商比羽比角之律。是故宮商之間有律焉。蕤賓所以生大呂也。徵羽之間有律焉。大呂所以生夷則也。商角之間有律焉。夷則所以生夾鍾也。羽宮之間有律焉。夾鍾所以生無射也。角徵之間有律焉。無射所以生仲呂也。蓋以五該七。猶以六該十二也。禮記禮運云。五聲六律十二管。還相爲宮也。注云五聲宮商角徵羽也。其管陽曰律。陰曰呂。布十二辰。始於黃鍾。管長九寸。下生者三分去一上生者三分益一。終於仲呂。更相爲宮。凡六十也。此即韋昭國語注七律之說。不數變宮變徵。故止六十聲。以二變參之。則爲八十四聲。二變不可爲調。故調止用六十。此六律五音之大略也。管子地員篇云。凡將起五音。凡首先主一而三之。四開。以合九九。以是生黃鍾小素之首。以成宮。三分而益之。以一爲百有八爲徵。不無有三分。而去其乘適足。以是生商。有三分而復於其所。以成是羽。有三分去其乘。適足。以是成角。律呂正義云。絲之爲樂。其器雖十餘種。而弦音所應。以不外乎十二律呂所生。五聲二變之音。夫十二律呂之管。既分音於長短。而不在圍徑。則絃音飲亦宜分於長短。而不在巨細矣。不知絃之長短同者。分音於巨細。絃之巨細同者。分音於長短。而絲樂之中。用絃之多寡。又各不同。故必審各器之體製。而定其取分之大小焉。總之以各絃全分之音。與各絃內所分之音。互相應合爲律。是以不外乎十二律呂所生之七音也。管子淮南子司馬氏律書。此三者。絲樂絃音之大本也。又考之白虎通曰。八音法易八卦。絃離音也。盛德象火。其音徵。蓋謂絲之屬於卦爲離。其德象火。故其音尙徵也。夫審弦音。無論某絃之全分定爲首音。因而半之。平分爲二。其聲旣與首音相合。而爲第八音矣。次以首音之全分因而四之。去其一分而用其三分。其聲應於全分首音之第四音。此度乃全分首音與半分八音之間。又平分爲二分之度。是卽管子所謂凡將起五音。凡首先主一而三之四開以合九九者也。先主一而三之者。以全分首音一分之度爲主。而以三因之。其數大於全分之度爲三倍也。四開以合九九者。以三倍全分之數。四分之而取其一。以合九九八十一之度。爲宮聲之分也。小素云者。素白練乃熟絲。卽小絃之謂。言此度之聲。立爲宮位。其小於此絃之他絃。皆以是爲主。故曰以是生黃鐘小素之首以成宮也。以八十一三分益一。爲百有八爲徵。乃此絃首音全分之度也。於是以百有八三分去一爲七十二。是爲商。商之七十二三分益一爲九十六。是爲羽。羽之九十六三分去一爲六十四。是爲角。按司馬氏律書。徵羽之數小於宮。而管子徵羽之數大於宮者。用徵羽之倍數。所謂下徵下羽者也。其首絃起於下徵。卽白虎通絃音尙徵之義。然而猶有不得不起於下徵之故焉。以下徵之百有八。取其四分之三爲八十一。所謂去其乘而適足也。若以宮之八十一取其四分之三。則爲六十分。小餘七五。比宮之變徵五十六則大。比宮之角六十四則小。此所以絃音之度。必起於下徵而理始明也。又云。樂之節奏。成於聲調。而聲調之原。本自旋宮。聲也者。五聲二變之七音。而調也者。所以調七音而互相爲用者也。旋宮乃秦漢以前諸聲之法。聲調爲隋唐以後度曲之名。稽之於古六律五聲八音。聲自虞書。而周官太師掌六律六同。以合陰陽之聲。七音之名。見於左傳國語。至管子淮南子。始着五聲二變之數。禮運篇五聲六律十二管。旋相爲宮。孟子曰。不以六律。不能正五音。此旋宮之義所自來也。迨及漢晉之世。樂經殘缺。律呂失度。雜以鄭聲。所見於經史注者。類多隱見。故旋宮之理。晦而不明。然周人遺書猶可考證。如管子徵羽之數大於宮。國語伶州鳩曰。宮逐羽音。卽此二者。旋宮之法可定焉。古旋宮之法。合竹與絲並著之。而自隋以迄于今。獨以弦音發明五聲之分。律呂旋宮。遂失其傳。夫旋宮者。十二律呂皆可爲宮。立一均之主。各統七聲。而十二律呂。皆可爲五聲二變也。聲調者。聲自爲聲。調自爲調。而又有主調起調轉調之異。故以轉調合旋宮言之。名爲宮調。五聲二變旋於淸濁二均之一十四聲。則成九十八聲。此全音也。若夫八十四聲六十調。實皆生於弦度。以絃音七聲之位。遞配以十二律呂之分。則爲八十四聲。除二變不用。止以五聲之位。遞配以十二律呂之分。則爲六十調。此乃案分以命聲調。非旋宮轉調之法也。周禮大司樂未載商調。唐宋以來無徵調。夫以宮立羽位主調。則商當變宮不用。以羽立羽位主調。則徵不起調。所謂無商調與無徵調二者。名異而理則同也。主謂起調。皆以宮位爲主。故曰宮調。然調雖以宮爲主。而宮又自爲宮。調又自爲調。如宮立一均之主。而下羽之聲又大於宮。故爲一調之首。卽國語之宮逐羽音也。羽主調。宮立宮。一均七聲之位已定。則當二變者不起調。而與調首音不合者。亦不得覆調。蓋調以羽起調。徵在其前。變宮居其後。二音與羽相近。得聲濟雜。故不相合。而變徵爲六音。亦與羽首音濟雜不合。此所以當二變之位。與五正聲中當徵位者。俱不得起調也。至於止調。亦取本調相合。可以起調之聲終之。當二變與徵位者。亦不用焉。按尚書堯典云。詩言志。歌永言。聲依永。律和聲。八音克諧。無相奪倫。鄭氏注云。聲之曲折。又依長言。聲中律。乃爲和。國語周語伶州鳩云。律所以立均出度也。古之神瞽。考中聲而量之。以制度律均鍾。注云。度律。度律呂之長短。以平其鍾。和其聲。又云。聲以和樂。律以平聲。物得其常。曰樂極。極之所集曰聲。聲應相保曰和。細大不踰曰平。音以和平爲正。以六律正五音。卽以律和聲。以律平聲也。律呂正義已得音之精微。近時學者研求實學。多有自得之解。略附於後。王氏坦琴音云。孟子曰。不以六律。不能正五音。蓋以六律六呂三分損益。隔八相生之理。正此五音也。黃鍾之長九十黍。爲分寸尺丈引曰度。以較匏竹之音。黃鍾之容千二百黍爲龠。合升斗斛曰量。以較土樂之音。黃鍾所容千二百黍之重爲銖兩斤鈞石。曰權衡。以較金石之音。因五聲之數以取聲。無迹可見。故用律呂相生之理。而象樂之長短多寡輕重。皆得其指歸。絲樂之取聲。雖與律呂之理相通。若覈其至要。用五聲相生之理。最爲簡便。絲聲之較以五聲而不用律呂。猶之衆樂較以律呂而不用五聲。都四德乾文氏黃鍾通韻云。孟子曰。師曠之聰。不以六律。不能正五音。細詳孟子之言。五音有音無律。六律有律無音。以六律多寡之數。正五音輕重之聲。是知欲正五音。非六律不可。欲正六律。非管絃無憑。陽爲律。黃鍾爲陽律之本。在管爲筩。內聲在琴爲第一弦。聲氣至重至低。六陰一陽。屬子。爲第一律。上升大呂丑爲二陽第二律。太蔟寅爲三陽第三律。夾鍾卯爲四陽第四律。姑洗辰爲五陽第五律。仲呂巳爲六陽第六律。陽極生陰。陰爲呂。蕤賓爲陰呂之本。在管爲極上孔。在琴爲第七絃。聲氣至輕至高。六陽一陰。屬午。爲第一呂。下降林鍾未爲二陰第二呂。夷則申爲三陰第三呂。南呂酉爲四陰第四呂。無射戌爲五陰第五呂。應鍾亥爲六陰第六呂。陽陰各六管。自筩內聲上升至第五孔爲陽六律。自極上孔下降至第六孔爲陰六律。琴自第一絃前進至第六絃爲陽六律。自第七絃後退至第二絃爲陰六律。六律定。然後能正五音宮商角徵羽。五音必得律呂二聲合爲七均。方能循環一調。所以管有七聲。琴有七絃。左傳謂七音。漢前志謂七始。自黃鍾上升至蕤賓爲七均。自蕤賓下降至黃鍾爲七均。循環消長。共爲一調。十二律對待。則爲六律。錯綜則爲七均。七均合爲一調。若更插一聲。便不合管孔琴絃。管只有七管。琴只有七絃。不能分爲方圓。十二律以五音循環。加變宮變徵。只可將十二律錯綜爲七均。以五音來往爲循環。方能被於管絃。律呂各家。盡知七均爲一調。而俱不以陰陽六律錯綜爲七均。惟以五音加二變爲七均。不分陰陽各爲六律。而僅用陰陽十二律。不以黃鍾爲律本。而以黃鍾爲宮。太蔟爲商。姑洗爲角。林鍾爲徵。南呂爲羽。五音不敷六律。乃以應鍾爲變宮。變宮猶不敷七均。乃以蕤賓爲變徵。雖敷七均。而十二律中。猶虛五律。乃又以宮循環遍應五律。以敷其數。致有高低奪倫。輕重失次者。又作變律半聲之例。猶如不用枝惟用幹。不以子午月爲二至。卯酉月爲二分。惟憑甲乙循環推算。其寒暑失節。春秋失序。亦理之所必至。況惟六律能正五音。五音不能正六律。若因五音不數循環十二律之故。以十二律作爲變宮變徵變律半聲。是五音能正六律矣。竊謂欲正五音。仍依漢志所載。以黃鍾爲律本。以六律多寡之數。正五音輕重之位。宮居中。以五徵論。宮居三位。自重至輕爲羽角宮商徵。自輕至重爲徵商宮角羽。以黃鍾爲律本。以羽角宮商徵爲五位。以蕤賓爲呂本。以徵商宮角羽爲五位。黃鍾屬子聲至低。蕤賓屬午聲至高。二律單用。其餘十律。同位同音。陰陽並用。律有十二。不曰十二律而曰六律者。只用一邊之故。一邊陽律合管。一邊陰律合琴。琴是六陰律用一陽律。管是六陽律用一陰律。陰陽六律。俱是各自相生。一宮爲土屬第四律。二商爲金屬第五律。三角爲木屬第三律。四徵爲火屬第六律。第六律是管之正中孔。琴之第六絃。與第一律黃鍾合律同聲。故只有六律五羽爲水屬第二律。第二律是管之極下孔。琴之第二絃。與第七律蕤賓合律同音。故只有七均。七均只有六律。六律只有五音。故孟子曰。不以六律。不能正五音。五音如四時。十二律如十二月。四時惟依寒暑。五音亦惟依高低。自寒至暑。俱是正律。並無變聲。蔡季通律呂新書有八十四聲圖。六十調圖。內注正律變律。正聲半聲之處。甚爲詳細。然止可施之於筆墨。不能被之於管絃。今之管絃七均。第一均八十一。第二均七十二。第三均六十四。第四均五十四。第五均四十八。第六均四十二。第七均三十六。至重至低之均八十一。至輕至高之均三十六。方成一調五十四。爲陰陽際會之中。理應爲宮。宮者中也。中聲定。其餘輕重高低之聲。皆依律數可定。是以五聲之中。以宮爲首。圖內所載七均。宮八十一。商七十二。角六十四。變徵五十六。正徵五十四。羽四十八。變宮四十二。四十二爲至輕至高之均。與今之管絃三十六不相合。少一輕六分之均。不能成調。是知變宮宮不成宮。變徵五十六。在太蔟六十四夾鍾五十四之間。與夾鍾止間得一分。多一間一分之律。管孔琴徵。又不見有相間一分之律。是知變徵徵不成徵。宮不成宮。徵不成徵。古人謂之和繆。正徵五十四。變徵五十六。相間甚微。雖師曠之聰。亦未必易正。故前人有變聲非正。故不爲調之說。淩氏廷堪燕樂考原云。律者。六律六同也。其長短分寸有定者也。如黃鍾之長。不可爲無射也。應鍾之短。不可爲大呂也。聲者。五聲二變也。其高下相旋。於六律六同之中無定者也。如大司樂黃鍾爲角。又可爲宮。大徵爲徵。又可爲角。姑洗爲羽。又可爲徵。堯典律和聲。大師掌六律六同。皆文之以五聲。禮運五聲六律十二管。還相爲宮。孟子不以六律。不能正五音。皆此義也。燕樂之字譜。即五聲二變也。蓋出於龜茲之樂。中外之語不同。故其名亦異。當其初入中國時。鄭譯以其言不雅馴。故假聲律緣飾之。其言曰。應用林鍾爲宮。乃用黃鍾爲宮。所謂林鍾者。即徵聲也。黃鍾者。即宮聲也。所謂宮者。則字譜之合字也。猶言應用徵聲爲合字者。乃用宮聲爲合字也。以聲配律。實始於此。黃鍾聲最濁。故以合字配之。又云。應用林鍾爲宮。則亦疑徵聲當爲合字。宮聲不當爲合字。至宋楊守齋以琴律考之。確然知宮聲非合字。乃以仲呂爲宮聲。燕樂以仲呂配上字。是以上字爲宮聲也。蓋琴律一絃爲黃鍾。三絃爲仲呂。正宮調一絃爲合字。故以合字配黃鍾。三絃爲上字。故以上字配仲呂也。何嘗以合字爲宮聲。上字爲角聲哉。宋人樂譜所注十二律呂。及四唐聲者。蓋即字譜高下之別名耳。不可以稱謂之古。遂疑其別有神奇也。自學者不明律有定聲無定之理。遂泥定黃鐘一均不可移易。不論何均。遇黃鐘之律。則以爲宮聲。遇太蔟之律。則以爲商聲。遇姑洗之律。則以爲角聲。遇林鐘之律。則以爲徵聲。遇南呂之律。則以爲羽聲。遇應鐘之律。則以爲變宮聲。遇蕤賓之律。則以爲變徵聲。而旋宮之義遂晦。於是論燕樂者。以宮聲爲合字。而有一凡不當應鐘蕤賓之疑。論雅樂者。以七聲用七律。而有隨廢旋宮止存黃鐘一均之疑。論琴律者。以三絃獨下一徽。而有不用姑洗而用仲呂爲角之疑。而脩書周禮孟子諸書。舉不可讀矣。皆以聲配律之說啓之也。不知燕樂字譜。即五聲二變也。非六律六同也。宋人以六律六同代字譜者。蓋緣飾之以美名。即鄭譯之意也。以聲配律。始於鄭譯。成於沈括。皆無他奧義。後儒不追探求其故。遂怖其言若河漢之無極。苟明律與聲不同之故。則千古不解之惑。可片言而決矣。程氏瑤田通藝錄。論黃才伯樂典書云。古者一律一呂。各爲一聲。其每管設孔。備五聲二變之數。兼旋宮換調之法。乃後世樂器律呂之用也。未可以是推求制律之本。是書言吹無孔之管。則氣從下激。無復旁獨高下。五音何由而正。夫以律正音。即今之吹笙定弦。其遺徑也。只以一律正一音。不聞無孔之管。不能正五音也。

堯舜之道。不以仁政。不能平治天下。注當行仁恩之政。天下乃可平也。今有仁心仁聞。而民不被其澤。不可法於後世者。不行先王之道也。注仁心。性仁也。仁聞。仁聲遠聞也。雖然。猶須行先王之道。使百姓被澤。乃可爲後法也。疏注仁心性仁也。○正義曰。白虎通性情篇云。陽氣者仁。陰氣者貪。故情有利欲。性有仁也。又云。五性者何。謂仁義禮智信也。五藏。肝仁。肺義。心禮。腎智。脾信。性既有五。而獨言仁者。仁足以貫五性也。五藏心主禮。而趙氏以性仁解仁心者。淮南子原道訓云。心者。五藏之主也。雖或以心配土。或以心配火。而五藏實統以心。性之仁發諸心也。人性仁皆有惻隱之心。故白虎通亦云。心之言任也。任於恩也。任於恩即任於仁矣。○注。仁聞至聞也。○正義曰。毛詩小雅車攻篇。有聞無聲。傳云。有善聞。又大雅卷阿篇。令聞令望。箋云。人聞之則有善聲譽。淮南子脩務訓云。聲施千里。高誘注云。聲。名也。是仁聞謂仁之聲名揚於遠方也。人以仁惠之心所發有所施濟。其名亦可播於遠。然惠及一人。不能徧於人人。惠及一方。不能普於天下。且或恩及此而害在彼。視在甲而詘在乙。此未習先王之道。不足爲後世法也。○注。乃可爲後世之法也。○正義曰。阮氏元校勘記云。閩監毛三本同。廖本無之字。孔本考文古本無世之二字。韓本足利本無之字也字。

故曰。徒善不足以爲政。徒法不能以自行。注但有善心而不行之。不足以爲政。但有善法度而不施之。法度亦不能獨自行也。疏注。但有善至行也。○正義曰。呂氏春秋離俗篇云。惕然而寤。徒夢也。高誘注云。徒。但也。故徒善是但有善心。徒法是但有善法度。行仁政必有法。徒有仁心而無法。不可用爲政也。有法而不以仁心施之。仍與無法等。有善心而不以法。與無善心以施行法。同一不行先王之道也。先王之道。旣不行於無善心之人。又不行於有善心之人。孟子爲作於其心。不習先王之道者發。趙氏能發明之。易繫辭傳云。制而用之謂之法。利用出入民咸用之謂之神。非法無以爲通變神化之用也。

詩云。不愆不忘。率由舊章。遵先王之法而過者。未之有也。注詩大雅嘉樂之篇。愆。過也。所行不過差矣。不可忘者。以其循用舊故文章。遵用先王之法度。未聞有過也。疏注。詩大至過也。○正義曰。詩在大雅假樂第二章。毛傳云。假。嘉也。禮記中庸引作嘉樂。此作嘉樂。與中庸同。音義出嘉樂。則趙氏作嘉。閩監毛三本作假。蓋以詩改之也。箋云。愆。過也。率。循也。成王之令德。不過誤。不遺失。循用舊典之文章。趙氏注略同。惟鄭以不愆不忘平對。趙氏以孟子下申言專指出過字。故以不愆爲不過差。而不忘別屬下。謂不可忘者。因其遵舊法而無過也。按鄭義是也。愆。過也。忘爲遺失。亦過也。孟子言過。兼該愆忘。遵用先王之法。乃不愆不忘。則屏棄詩書。專恃心覺者。其愆忘可勝言哉。

聖人旣竭目力焉。繼之以規矩準繩。以爲方員平直。不可勝用也。注盡己目力。續以四者。方員平直可得而審知。故用之不可勝極也。疏注。盡已至極也。○正義曰。禮記大傳云。人道竭矣。注云。竭。盡也。說文系部云。繼。續也。文選神女賦云。不可勝贊。注云。勝。盡也。盡之言窮也。窮之言極也。若果無待於規矩準繩。則以聖人之聰明睿智。而旣竭盡其力。可憑其目力以爲方圓平直矣。乃聖人旣竭目力。仍必繼之以規矩準繩。規矩準繩。先王所制而用也。雖聖人不能不繼述之。惟其繼述規矩準繩。而目力所竭。乃能不窮其用。倘舍去規矩準繩。但準目力。方圓平直必不能以臆成之。而其用窮矣。不可勝用。猶云用之不窮。聖人原非全恃規矩準繩而不竭目力。然其通變神化。在耳目心思。而必繼述規矩準繩。而耳目心思所竭。乃能通變神化。運用不窮也。

既竭耳力焉。繼之以六律正五音。不可勝用也。注音須律而正也。疏注。音須律而正也。○正義曰。易需卦彖傳云。需。須也。須。即待也。音必待律而正。方圓平直。必待規矩準繩而成。仁心必待先王不忍人之政而覆天下。可勿繼述之乎。

既竭心思焉。繼之以不忍人之政。而仁覆天下矣。注盡心欲行恩。繼以不忍加惡於人之政。則天下被覆衣之仁也。疏注。盡心至仁也。○正義曰。楚辭招魂云。皋蘭被徑兮。注云。被。覆也。易繫辭傳九家注云。衣取乾。乾居上覆物。是被覆衣三字同義。經言仁覆天下。是聖人以仁衣芘天下。而天下皆被其澤。是天下被其所覆衣之仁也。不行先王之道。雖有仁心。而民不被其澤。今旣有仁心。又能繼述先王之道。民被其澤可知也。不忍人之政。仁政也。即先王之道也。以仁心行仁政而法行。非徒法矣。法行而心之仁乃行。非徒善矣。徒法不能以自行。荀子所謂有治人無治法也。有治人。

即有此旣竭心思又繼述先王之道之人也。舍治法亦無治人矣。故曰。爲高必因邱陵。爲下必因川澤。爲政不因先王之道。可謂智乎。注言因自然。則用力少而成功多矣。疏注云。言因至多矣。○正義曰。禮記禮器云。故作大事必順天時。爲朝夕必放於日月。爲高必因邱陵。爲下必因川澤。注云。謂冬至祭天於圜丘之上。夏至祭地在方澤之中。孟子引此二句。以起爲政必因先王之道。趙氏謂因自然則用力少而成功多。是以爲高爲累土。爲下爲掘渫。與鄭異義。因即所云繼也。是以惟仁者宜在高位。不仁而在高位。是播其惡於衆也。注仁者能由先王之道。不仁逆道。則自播揚其惡於衆人也。疏注。仁者至人也。○正義曰。昭公三十年左傳云。將焉用自播揚焉。周禮春官大師。皆播之以八音。注云。播。猶揚也。謂之仁者。則不獨有仁心仁聞。乃實能因先王之道。遵先王之法。而繼之以不忍人之政也。非徒善者也。不因先王之道。不遵先王之法。不能竭心思而繼之以不忍人之政。則爲不仁如下所云。上無道揆也。下無法守也。朝不信道。工不信度。君子犯義。小人犯刑。國之所存者幸也。注言君無道術可以揆度天意。臣無法度可以守職奉命。朝廷之士。不信道德。百工之作。不信度量。君子觸義之所禁。謂學士當行君子之道也。小人觸刑。愚人罹於密罔也。此亡國之政。然而國存者僥倖耳。非其道也。疏注。言君至道也。○正義曰。國語吳語云。道將不行。注云。道。術也。賈誼新書道術篇云。道者。所從接物也。其本者謂之虛。其末者謂之術。虛者。言其精微也。平素而無設施也。術也者。所從制物也。動靜之數也。凡此皆道也。又云。術者。接物之隙。其爲原無屈。其應變無極。故聖人尊之。爾雅釋言云。揆。度也。一陰一陽之謂道。元亨利貞謂之四德。顯道神德行。全在能揆度以合天德。此通變神化。所以垂衣裳而天下治也。若無道術。則不能揆度。不能揆度。則不能制而用之爲法。臣下遂無以守職奉命矣。揆度天意。乾健之不已也。守職奉命。坤順之承天也。奉命猶承天。故以守職爲奉命也。以揆度言爲術。以施行言爲德。皆道也。不以道揆。則不信道。故云朝廷之士。不信道德也。趙氏以工爲百工。以度爲度量。趙氏佑溫故錄云。工爲四民之一。特言之者。奇技淫巧之興。皆以蕩人心蠹風俗也。按毛詩周頌。嗟嗟臣工。傳云。工。官也。國語魯語夜儆百工。尚書堯典允釐百工。百工即謂百官。度。謂法度也。史記天官書。其入守犯太微。集解引韋昭云。自下觸之曰犯。淮南脩務訓云。犯津關。注云。犯。觸也。是犯義即觸義。犯刑即觸刑也。有道術而後知義。禁不以道術揆度。則不知義。故君子觸義之所禁而妄爲也。上旣不知義。則小人詐僞欺誣。無所不至。而愚人罹於密罔矣。此皆不能因先王之道。遵先王之法者也。雖有仁心而不能以道揆。則下無法守。至於工不信度而犯義犯刑。亦仍歸於不亡。孟子言因言繼。先王之道。在通變神化。因者。因此也。繼者。繼此也。不揆度。則徒法不能自行矣。王氏引之經傳釋詞云。所。猶若也或也。國之所存者幸也。言國之或存者幸也。

故曰。城郭不完。兵甲不多。非國之災也。田野不辟。貨財不聚。非國之害也。上無禮。下無學。賊民興。喪無日矣。注言君不知禮。臣不學法度。無以相檢制。則賊民興。亡在朝夕。無復有期日。言國無禮義必亡。疏注。言君至必亡。○正義曰。趙氏以下無學爲臣不學法度。近時通解。以下指民。趙氏佑溫故錄云。古之教者。五家爲比。五比爲閭。閭有塾。四閭爲族。五族爲黨。黨有庠。五黨爲州。州有序。大而六鄉六遂皆有序。曰學。匪獨國有學也。學非特以教國子。國之貴遊子弟。國之俊秀也。舉彼耕甿雜作。至愚且賤。自六尺以上。皆比而使入其中。故大司徒頒職事十有二於邦國都鄙。以登萬民。一曰稼穡。十曰學藝。終日服事。小司徒頒比法於六鄉之大夫。以施政教。行徵令。鄉師鄉大夫。各掌其鄉之教。以正月之吉。受教法於司徒。退而頒之於其鄉吏。使各以教有所治。考其德行。察其道藝。有鄉射之禮。大比之禮。州長各屬其州之民而讀法。歲時祭祀州社。亦如之。有會民而射於州序之禮。黨正各掌其黨，有屬民而飲酒於序。以正齒位之禮。族師掌書其孝弟睦婣有學者。以逮閭胥比長所掌。莫不設之學。蓋之官。其平日相保相受。既有以察知其衆寡之數。明其禁令。又擇夫仕焉而已者爲之大師小師。民自新穀既成。餘子皆入學。距冬至四十五日出學。學有進。則由比閭而升之族黨。以次升於州學鄉學。民不皆選。司徒入太學。而已知禮樂詩書之文。孝弟忠信禮義廉恥之事。一國之中。貴賤賢否。等列有常。自其上世以來。習知賤之不可以干貴。愚之不可以敵賢。各循其分而不敢肆。浸淫漸靡。雖有桀黠不帥。一里老得而譏撻之。無有黨同相濟者。官長賢。易於治。官長不賢。亦難於亂也。蓋教學之功如此。降而春秋。此意亦既微矣。然而鄭存鄉校。魯聞弦歌。原伯不說學。則以取譏於時。理之者蓋非無人。故其民猶知先王之澤。一時相攻相取。皆強力之諸侯。卿大夫爲之。至於征役頻興。暴骨如莽。而罕聞有窮巷小民。起而相抗撓爲寇亂。如後世史書之事者。豈其民性之醇哉。由教化之積也。迨戰國遂以蕩然。其君方日尋干戈。遑問學校。民皆救死不贍。疾視其上。去從椎埋。孟子蓋逆知六國之必亡。暴秦之不終。而閭左之禍將作也。故爲歸本於上無禮。其於下也。不曰無義而曰無學。謂夫學也者。乃所以明義也。漢荀悅有云。人不畏死。不可懼以罪。人不樂生。不可勸以義。故在上者。先豐民財以定其志。是謂養生。禮教榮辱以加君子。化其情也。桎梏鞭扑以加小人。化其形也。若教化之廢。推中人而墜於小人之域。教化之行。引中人而納于君子之塗。是謂章化。斯言也。爲能洞於道揆法守。不可以老生之常談忽之。

詩云。天之方蹶。無然泄泄。泄泄猶沓沓也。事君無義。進退無禮。言則非先王之道者。猶沓沓也。疏詩大雅板之篇。天謂王者。蹶。動也。言天方動女。無敢沓沓。但爲非義非禮。背棄先王之道。而不相匡正也。疏注。詩大至正也。○正義日。詩在大雅板篇之第二章。毛傳云。蹶。動也。泄泄。猶沓沓也。箋云。天斥王也。段氏玉裁說文解字注云。呭。多言也。从口世聲。詩日。無然呭呭。孟子毛傳皆日。泄泄猶沓沓也。日部云。沓。語多沓沓也。言部又云。詍。多言也。引詩無然詍詍。蓋四家之訓也。誻。譅誻也。譅譅。誻語相及也。誻與日部沓字音義皆同。荀卿書。愚者之言。誻誻然而沸。注。誻誻。多言也。按蕩篇箋云。其笑語沓沓。又如湯之沸。羹之方熟。亦以沓沓爲笑語。孟子以言則非先王之道爲沓沓。言則非先王之道。即生於其心而爲詖爲淫爲邪爲遁之言。言不本諸詩書。道不揆諸先聖。徒以心覺心悟。自以爲是。一倡百和。眞沓沓矣。趙氏以無然爲無敢。鄭氏以然泄泄爲泄泄然。無然泄泄。即無泄泄泄泄然也。故日。責難於君謂之恭。陳善閉邪謂之敬。吾君不能謂之賊。注人臣之道。當進君於善。責難爲之事。使君勉之。謂行堯舜之仁。是爲恭臣。陳善法以禁閉君之邪心。是爲敬君。言吾君不肖。不能行善。因不諫正。此爲賊其君也。疏注。人臣至君也。○正義日。後漢書鄧悝傳云。孟軻以彊其君之所不能爲忠。量其君之所不能爲賊。彊其君之所不能。謂責難於君也。彊即勉也。彊其君之所不能。即勉其君之所能也。禮記中庸云。或安而行之。或利而行之。或勉彊而行之。及其成功一也。劉熙釋名釋言語云。難。憚也。人所忌憚也。難爲之事。憚爲之事也。說文貝部云。責。求也。定公元年穀梁傳云。求者請也。君所憚爲。臣請求之。使君勉彊爲之。何以責難於君。即陳善閉邪是也。君有邪心。故憚於爲善。呂氏春秋君守篇云。外欲不入謂之閉。乃不知所以閉之之道。而婞直以觸之。矯拂以爭之。言不可得而入。邪究不可閉塞。且激而成害矣。故欲閉其邪。惟婉陳其善道。善道明則邪心自絕。此所以爲恭爲敬。白虎通諫諍篇云。人懷五常。故知諫有五。其一日諷諫。二日順諫。三日闚諫。四日指諫。五日陷諫。諷諫者智也。知禍患之萌。深睹其事未彰而諷告焉。此智之性也。順諫者仁也。出辭遜順。不逆君心。此仁之性也。闚諫者禮也。視君顏色不悅。且卻。悅則復前。以禮退。此禮之性也。指者。質也。質相其事而諫。此信之性也。陷諫者。義也。惻隱發於中。直言國之害。勵志忘生。爲君不避喪身。此義之性也。故孔子日。諫有五。吾從諷之諫。事君進思盡忠。退思補過。去而不訕。諫而不露。故曲禮日。爲人臣者不顯諫。纖微未見於外。如詩所刺也。孔子取諷諫。則指與陷所不取矣。

章指。言雖有巧智。猶須法度。國由先王。禮義爲要。不仁在位。播越其惡。誣君不諫。故謂之賊。明上下相須而道化行也。疏國由先王。○正義日。周氏廣業孟子章指考證云。國。小字宋本作因。

孟子日。規矩方員之至也。聖人人倫之至也。注至。極也。人事之善者。莫大取法於聖人。猶方員須規矩也。【疏】注。至極至矩也。○正義曰。至之爲極。猶謂也。人倫卽人事也。毛詩小雅節南山箋云。至猶善也。故又以人倫之至爲人事之善。欲爲君盡君道。欲爲臣盡臣道。二者皆法堯舜而已矣。【注】堯舜之爲君臣道備。【疏】注。堯舜之爲君臣道備。○正義曰。禮記月令農事備收注云。備。猶盡也。君臣是人倫。堯舜是聖人。不以舜之所以事堯事君。不敬其君者也。不以堯之所以治民治民。賊其民者也。【注】言舜之事堯。敬之至也。堯之治民。愛之盡也。孔子曰。道二。仁與不仁而已矣。暴其民。甚則身弒國亡。不甚則身危國削。名之曰幽厲。雖孝子慈孫。百世不能改也。【注】仁則國安。不仁則國危亡。甚謂桀紂。不甚謂幽厲。厲王流於彘。幽王滅於戲。可謂身危國削矣。名之。謂謚之也。謚以幽厲。以章其惡。百世傳之。孝子慈孫。何能改也。【疏】注。甚爲桀紂不甚謂幽厲。○正義曰。趙氏佑溫故錄云。暴其民句。甚不甚各爲句。以後之遺禍言。非以暴之有甚不甚。幽厲之暴。豈猶得爲不甚。按趙氏以甚指桀紂以下。引詩言厲王不能鑒紂。猶紂之不能鑒桀也。堯舜之道。仁其民者也。鑒于桀紂。則法堯舜。故疊引孔子之言。及詩之言以明之。○注。名之至其惡。○正義曰。逸周書謚法解云。是以大行受大名。細行受細名。行出於已。名生於人。是名卽謚也。又云。壅遏不通曰幽。動祭亂常曰幽。殺戮無辜曰厲。是幽厲爲章其惡也。詩云。殷鑒不遠。在夏后之世。此之謂也。【注】詩大雅蕩之篇也。殷之所鑒視。近在夏后之世耳。以前代善惡爲明鏡也。欲使周亦鑒於殷之所以亡也。【疏】注。詩大雅至亡也。○正義曰。詩在大雅蕩第八章。箋云。此言殷之明鏡不遠也。近在夏后之世。謂湯誅桀也。後武王誅紂。今之王者。何以不用爲戒。爾雅釋詁云。監。視也。監與鑒通。亦作鑑。考工記輈人云。金錫半謂之鑒燧之齊。注云。鑒。鏡也。是鑒爲視。亦爲鏡也。章指。言法則堯舜以爲規矩。鑒戒桀紂。避遠危殆。名謚一定。千載而不可改也。【疏】法則堯舜以爲規矩。○正義曰。春秋繁露楚莊王篇云。春秋之道。奉天而法古。是故雖有巧手。弗修規矩。不能正方員。雖有察耳。不吹六律。不能定五音。雖有知心。不覽先王。不能平天下。然則先王之遺道。亦天下之規矩六律也。故聖者法天。賢者法聖。蓋孟子之學。在習先聖之道而行先王之法。故言稱堯舜。願學孔子。承前章而又申明之如此。

孟子曰。三代之得天下也以仁。其失天下也以不仁。國之所以廢興存亡者亦然。【注】三代夏商周。國謂公侯之國。存亡在仁與不仁也。【疏】注。三代夏商周。○正義曰。失天下。謂禮樂征伐不自天子出。天下不奉天子之命也。故周自東遷以後。祚雖未改。亦爲失天下也。天子不仁。不保四海。諸侯不仁。不保社稷。卿大夫不仁。不保宗廟。士庶人不仁。不保四體。今惡死亡而樂不仁。是由惡醉而强酒。【注】保。安也。四體。身之四肢。强酒則必醉也。章指言人所以安。莫若爲仁。惡而勿去。患必在身。自上達下。其道一焉。

孟子曰。愛人不親反其仁。治人不治反其智。禮人不答反其敬。行有不得者。皆反求諸己。其身正而天下歸之。【注】反其仁。己仁猶未至邪。反其智。己智猶未足邪。反其敬。己敬猶未恭邪。反求諸身。身已正則天下歸就之。服其德也。【疏】愛人至其敬。○正義曰。僖公二十二年穀梁傳云。故曰。禮人而不答。則反其敬。愛人而不親。則反其仁。治人而不治。則反其知。荀子法行篇引曾子云。同遊而不見愛者。吾必不仁也。交而不見敬者。吾必不長也。臨財而不見信者。吾必不信也。三者在身曷怨人。怨人者窮。怨天者無識。失之己而反諸人。豈不亦迂哉。○注則天下歸就之。○正義曰。廣雅釋詁云。歸。就也。詩云。永言配命。自求多福。【注】此詩已見上篇。其義同。章指言行有不得於人。一求諸身。責己之道也。改行飭躬。福則至矣。

孟子曰。人有恆言。皆曰天下國家。【注】恆。常也。人之常語也。天下謂天子之所主。國謂諸侯之國。家謂卿大夫也。【疏】注。恆常也。○正義曰。爾雅釋詁文。天下之本在國。國之本在家。家之本在身。【注】治天下者。不得良諸侯。無以爲本。治其國者。不得良卿大夫。無以爲本。治其家者。不得良身。無以爲本也。章指言天下國家。各依其本。本正則立。本傾則踣。雖曰常言。必須敬慎也。

孟子曰。爲政不難。不得罪於巨室。【注】巨室。大家也。謂賢卿大夫之家。人所則效者。言不難者。但不使巨室罪之則善也。疏注。巨室至善也。○正義曰。以巨室爲大家者。尚書梓材云。以厥庶民暨厥臣。達大家。王氏鳴盛尚書後案云。大家者。封建諸侯。使與大家巨室共守之。以爲社稷之鎭。九兩所謂宗以族得民。公劉所謂君之宗之。周公分康叔以殷民七族。陶氏。施氏。繁氏。錡氏。樊氏。饑氏。終葵氏。即衛之大家。降至春秋。猶有晉六卿。魯三桓。齊諸田。楚昭屈景之類是也。周氏用錫尚書證義云。大家若伊巫之族。禮記少儀云。不願於大家。注云。大謂富之廣也。孔氏正義云。大家。謂富貴廣大之家。謂大夫之家也。趙氏佑溫故錄云。不得罪巨室。非徇巨室也。巨室之資力有餘。氣習深固。易爲善亦易爲惡。彼其謹厚世傳。爲德鄉里。與或安自尊大。武斷把持者。所在多有。古之爲政。有行法不避貴戚大姓。爲史書稱者。果其人積負不仁。如律所謂勢惡土豪。爲世指疾。何足言一國之所慕。爲政者自宜亟創懲之。爲齊民先。而何得罪之與有。注故深體經文。以巨室爲賢卿大夫之家。人所則效者。惟賢故不愧爲巨室。不可以得罪。能使一國慕之。天下慕之。而有裨吾德教也。不得罪奈何。曰。禮而已矣。禮以類族辨物。無過也無不及也。後世政不古若。庸才下吏。專阿勢利而虐愚柔。固齪促不足道。其有故持成見。務爲刻深。偏樂得搢紳素封之事而文致之。不察其平居之望實。事理之是非。下以飽欲壑。上以弋能名。其亦爲巨室者有以階之厲邪。巨室之所慕。一國慕之。一國之所慕。天下慕之。故沛然德教溢乎四海。注慕。思也。賢卿大夫一國思隨其所善惡。一國思其善政。則天下思以爲君矣。沛然大洽德教。可以滿溢於四海之內。疏注。慕思至之內。○正義曰。楚辭懷沙云。邈不可慕兮。注云。慕。思也。政善則巨室善之。而一國隨其所善也。政不善則巨室惡之。而一國隨其所惡也。廣雅釋詁云。沛。大也。溢。滿也。一切經音義引三倉云。洽。徧徹也。徧徹亦盈滿之義。故以大洽釋沛然。大洽即是滿溢。滿溢即是沛然也。德教溢乎四海。然則巨室之所慕。慕其德教也。有此德教。即不得罪於巨室。而爲政不難矣。章指。言天下傾心思。慕鄉善。巨室不罪。咸以爲表。德之流行。可以充四海也。

孟子曰。天下有道。小德役大德。小賢役大賢。天下無道。小役大。弱役強。斯二者天也。順天者存。逆天者亡。注有道之世。小德小賢。樂爲大德大賢役服於賢德也。無道之時。小國弱國。畏懼而役於大國強國也。此二者。天時所遭也。當順從之。不當逆也。齊景公曰。既不能令。又不受命。是絕物也。涕出而女於吳。注齊景公。齊侯。景。謚也。言諸侯既不能令告鄰國。使之進退。又不能事大國往受教命。是所以自絶於物。物。事也。大國不與之通朝聘之事也。吳。蠻夷也。時爲強國。故齊侯畏而恥之。泣涕而與爲婚。疏涕出而女於吳。○正義曰。說苑權謀篇云。齊景公以其子妻闔廬。送諸郊。泣曰。余死不汝見矣。高夢子曰。齊負海而縣山。縱不能全收天下。誰干我。君愛則勿行。公曰。余有齊國之固。不能以令諸侯。又不能聽。是生亂也。寡人聞之。不能令則莫若從。遂遣之。吳越春秋闔閭內傳云。闔閭謀伐齊。齊侯使女爲質於吳。因爲太子波聘齊女。注云。齊景公女。孟子所謂涕出而女於吳。卽此也。翟氏灝考異云。左傳僖公七年。孔叔言於鄭伯曰。既不能彊。又不能弱。所以斃也。景公言蓋本其意。○注。物事至事也。○正義曰。毛詩大雅烝民有物有則傳云。物。事也。周禮大司徒以鄉三物教萬民。禮記文王世子。行一物而三善皆得者。注並云。物。猶事也。兩國相交之事。莫如朝聘。故以絶物爲不與通朝聘之事也。今也小國師大國而恥受命焉。是猶弟子而恥受命於先師也。注今小國以大國爲師。學法度焉而恥受教命。不從其進退。譬猶弟子不從師也。疏注。今小國至度焉。○正義曰。禮記學記云。夫然故安其學而親其師。又云。師也者。所以學爲君也。故趙氏以學釋師。謂師大國卽學大國也。書大傳云。學。效也。淮南子脩務訓。以通明師。高誘注云。師所以取法則。法則卽法度。以大國爲師。卽是以大國爲法度。故疊以師學法度明之。如恥之。莫若師文王。師文王。大國五年。小國七年。必爲政於天下矣。注文王行仁政以移殷民之心。使皆就之。今師效文王。大國不過五年。小國七年。必得政於天下矣。文王時難。故百年乃洽。今之時易。文王由百里起。今大國乃踰千里。過之十倍有餘。故五年足以爲政。小國差之。故七年。詩云。商之孫子。其麗不億。上帝既命。侯于周服。侯服于周。天命靡常。殷士膚敏。祼將于京。注詩大雅文王之篇。麗。億數也。言殷帝之子孫。其數雖不但億萬人。天既命之。惟服於周。殷之美士。執祼鬯之禮。將事於京師。若微子者。膚大敏達也。此天命之無常也。疏注。詩大雅至常也。○正義曰。詩在大雅文王第四章。及第五章。四章毛傳云。麗。數也。盛德不可爲衆也。箋云。于。於也。商之孫子。其數不徒億。多言之也。至天已命文王之後。乃爲君於周之九服之中。言衆之不如德也。五章毛傳云。則見天命之無常也。殷士。殷侯也。膚。美。敏。疾也。祼。灌鬯也。周人尚臭將行。京。大也。箋云。無常者。善則就之。惡則去之。殷之臣壯美而敏來助周祭。趙氏義略同。方言云。讎。數也。注云。偶物爲讎。讎與麗同。

周禮夏官校人注云。麗。耦也。小爾雅廣言云。麗。兩也。凡物自兩以上皆數也。其麗不億。謂其偶不止於億也。十萬爲億。億而偶。則二十萬也。謂不止二十萬也。鄭以侯于周服爲爲君於周之九服之內。是以君釋侯。以九服釋周服。趙氏此句無釋。而注侯服于周云。惟服于周。則是以惟釋侯。以服爲服從。乃鄭氏云善則就之。是以服于周爲就于周。與趙義不殊。微子封於微。趙氏舉此爲殷士。則亦以殷士爲殷侯。隱公五年公羊傳云。美。大之之辭也。毛詩小雅以奏膚公傳。亦云。膚。大也。大與美其義亦通也。敏爲疾。才識捷速。正其達也。音義出暢字。丁云謂鬯酒也。古鬯通作暢。禮記雜記云。暢臼以椈。春秋繁露執贄篇云。天子用暢是也。

孔子曰。仁不可爲衆也。夫國君好仁。天下無敵。【注】孔子云。行仁者。天下之衆不能當也。諸侯有好仁者。天下無敢與之爲敵。今也欲無敵於天下而不以仁。是猶執熱而不以濯也。詩云。誰能執熱。逝不以濯。【注】詩。大雅桑柔之篇。誰能持熱而不以水濯其手。喻爲國誰能違仁而無敵也。【疏】注。詩大至敵也。○正義曰。詩在大雅桑柔篇第五章。毛傳云。濯所以救熱也。箋云。當如手持熱物之用濯。與趙氏義同。禮記內則云。炮取豚。及將塗。以謹塗。炮之。塗皆乾。擘之。濯手以摩之。孔氏正義云。手既擘泥不淨。其肉又熱。故濯手摩之去其皺矣。此執熱以濯之事也。章指。言遭衰逢亂。屈服強大。據國行仁。天下莫敵。雖有億衆。無德不親。執熱須濯。明不可違仁也。

孟子曰。不仁者。可與言哉。安其危而利其菑。樂其所以亡者。不仁而可與言。則何亡國敗家之有。【注】言不仁之人。以其所以爲危者反以爲安。必以惡見亡。而樂行其惡。如使其能從諫從善。可與言議。則天下何有亡國敗家也。【疏】不仁者至之有。○正義曰。以上四章。示人反身改過之義。前言改其師大國者師文王。則轉弱爲強。化小爲大。此言不仁者改其不可與言而爲可與言。則國可不亡。家可不敗。此孟子發明周易之指也。危即菑也。安之即利之也。故趙氏於利其菑不復注。有孺子歌曰。滄浪之水清兮。可以濯我纓。滄浪之水濁兮。可以濯我足。孔子曰。小子聽之。清斯濯纓。濁斯濯足矣。自取之也。【注】孺子。童子也。小子。孔子弟子也。清濁所用。尊卑若此。自取之。喻人善惡見尊賤乃如此。【疏】有孺子至我足。○正義曰。楚辭漁父云。漁父莞爾而笑。鼓枻而去。歌曰。滄浪之水清兮。可以濯吾纓。滄浪之水濁兮。可以濯吾足。水經。

沔水過武當縣東北。注云：縣西北四十里漢水中有洲。名滄浪洲。庚仲雍漢記。謂之千齡洲。非也。是世俗語訛。音與字變矣。地說曰。水出荆山東南流。爲滄浪之水。是近楚都。故漁父歌曰。滄浪之水淸兮。可以濯我纓。滄浪之水濁兮。可以濯我足。按尚書禹貢言導漾水。東流爲漢。又東爲滄浪之水。不言過而言爲者。明非他水決入也。蓋漢沔水自下有滄浪通稱耳。纏絡鄢郢。地連紀都。咸楚都矣。漁父歌之不違水地。按歌出孺子。孔子所聞。遠在屈原之前。屈原取此假爲漁父之辭耳。非其本也。閻氏若璩釋地云。滄浪。蓋地名也。漢水流經此地。遂得名滄浪之水。善乎宋葉夢得言。大抵禹貢水之正名。可以單舉者。若漢若濟之類是。不可單舉者。則以水足之。若黑水弱水之類是。非水之正名而因以爲名。則以水別之。若滄浪之水是。胡氏渭禹貢錐指云。水名。或單舉。或配水字。各有所宜。弱黑並配水。漾單舉。沇配水。皆屬辭之體應爾。非有他義。山海經凡山水二字爲名者。其上必加之字。猶此滄浪之水也。亦古人屬辭之體。安見滄浪爲地名而非水名乎。王氏鳴盛尚書後案云。水經夏水篇引鄭注下。即引劉澄之永初山水記云。夏水。古文以爲滄浪。漁父所歌也。鄭云。今謂之夏水。意以今之所謂夏水。即古之所謂滄浪也。水經云。夏水出江。流于江陵縣東南。又東過華容縣南。即所謂又東爲滄浪者也。酈氏強以千齡洲改爲滄浪洲。以當禹貢滄浪之水。其說詭甚。酈所指者。乃均州漢水中一小洲。即庾仲雍所云千齡洲。千齡滄浪音義全別。即屈原遊江潭遇漁父。並不在均州之境。又思念楚都而託歌滄浪。正當在古郢都。今江陵。故地說援此歌以爲楚都之切證。酈乃云漁父歌之。不達水地。尤爲妄謬。張平子南都賦。流滄浪而爲隍。廓方城而爲墉。李善注引左傳。屈完所謂楚國方城以爲城。漢水以爲池。則是滄浪旋繞楚都。正當在江陵。盧氏文弨鍾山札記云。倉浪青色。在竹曰蒼筤。在水曰滄浪。古詞東門行。上用倉浪天。天之色正青也。豔歌何嘗行上慙滄浪之天。俱見晉宋書樂志。又呂氏春秋審時篇。麥後時者。弱苗而蒼狼。亦言其青色。蒼倉滄三字並通用。非謂天之色如水。以滄浪相比況也。周氏廣業孟子古注考云。文選塘上行。劉熙注滄浪之水淸兮。滄浪水色也。蘇子美於吳下作滄浪亭。正取此義。葉夢得避暑錄話。謂滄浪地名非水名。非也。○淸斯至自取之也。○正義曰。周氏柄中辨正云。或云漢水本淸。而滄浪又去源未遠。名之滄浪者。惟其淸也。則可以濯纓者。其本然。而濯足之辱。乃水自取之也。愚按水經注。漢水自發源嶓冢。流至武當之滄浪洲。幾二千里。去源遠矣。襄陽縣志云。漢水重濁。與大河相似。童承敍亦謂漢水至濁。與江河水合。其流必澄。故常塡淤。然則漢水本濁。其時而淸者。正以合他水而流澄。安得言淸者其本然乎。按滄浪是夏水。本以淸得名。則其淸是本然，濁乃習染。下云自侮自毀自伐。俱從濁斯濯足相貫。是水本可濯纓。由自濁而濯足。人本可活。由自作孽而不可活。周氏之辨非也。自作孽不可活。是本淸而自變爲濁。由善而惡也。不仁而可與言。是旣濁而自改爲淸。由惡而善也。淸斯濯纓。承上濁斯濯足。起下尊而賤賤而尊。皆自取矣。○注孺子童子也。○正義曰。錢氏大昕養新錄云。今人以孺子爲童稚之通稱。蓋本於孟子。考諸經傳。則天子以下。嫡長爲後者。乃得稱孺子。金縢洛誥立政之孺子。謂周成王也。晉語里克先友杜原款稱申生爲孺子。里克又稱奚齊爲孺子。晉獻公之喪。秦穆公使人弔公子重耳。稱爲孺子。而舅犯亦稱之。是時秦欲納之爲君也。孺子䵍之喪。哀公欲設撥。亦以世子待之也。齊侯荼已立爲君。而陳乞館牧稱爲孺子。其死也。謚之曰安孺子。則孺子非卑幼之稱矣。欒盈爲晉卿。而晉午稱爲欒孺子。左傳稱孟莊子爲孺子速。武伯曰孺子洩。莊子之子秩雖不得立。猶稱孺子。是孺子貴於庶子也。齊子尾之臣稱子良曰。孺子長矣。韓宣子稱鄭子齹曰。孺子善哉。皆世卿而嗣立者也。內則。異爲孺子室於宮中。母某。敢用時日。祇見孺子。亦貴者之稱。惟檀弓載有子與子游立。見孺子慕者。弁人有其母死而孺子泣者。此爲童子通稱。與孟子同。○注。小子孔子弟子也。○正義曰。禮記少儀。小子走而不趨。注云。小子。弟子也。詩小雅思齊篇。肆成人有德。小子有造。箋云。成人謂大夫士也。小子。其弟子也、論語泰伯篇。曾子有疾。召門弟子曰。吾知免夫小子。集解引周生曰。小子。弟子也。又子張篇。子夏之門人小子。集解引包曰。言子夏弟子。此小子自孔子呼之。是孔子弟子也。

夫人必自侮。然後人侮之。家必自毀。而後人毀之。國必自伐。而後人伐之。注人先自爲可侮慢之行。故見侮慢也。家先自爲可毀壞之道。故見毀也。國先自爲可誅伐之敵。故見伐也。疏注。人先至伐也。○正義曰。呂氏春秋遇合篇云。是侮也。高誘注云。侮。慢也。小爾雅廣言云。毀。壞也。荀子議兵篇。堯伐驩兜注云。伐。亦誅也。

太甲曰。天作孽。猶可違。自作孽。不可活。此之謂也。注已見上篇。說同也。章指。言人之安危。皆由於己。先自毀伐。人乃攻討。甚於天孽。敬慎而已。如臨深淵。戰戰恐栗也。疏如臨深淵戰戰恐栗。○正義曰。恐栗一本作恐懼。音義出恐栗。丁云。義當作慄。古字借用。趙氏本作栗也。毛詩小雅小閔篇云。戰戰兢兢。如臨深淵。傳云。戰戰。恐也。後漢書注引太公金匱云。黃帝居民上。惴惴如臨深淵。禹居民上。慄慄如不滿日。史記樂書云。戰戰恐懼。說苑說叢篇云。戰戰慄慄。日愼其事。淮南子人間訓。引堯戒曰。戰戰慄慄。日愼一日。

孟子曰。桀紂之失天下也。失其民也。失其民者。失其心也。注失其民之心。則天下畔之。簞食壺漿以迎武王之師是也。得天下有道。得其民。斯得天下矣。得其民有道。得其心。斯得民矣。得其心有道。所欲與之聚之。所惡勿施爾也。注欲得民心。聚其所欲而與之。爾近也。勿施行其所惡。使民近。則民心可得矣。疏注。欲得至與之。○正義曰。聚之義有二。禮記曲禮注云。聚猶共也。國語晉語云。聚居異情。注云。聚。共也。所欲與之聚之。即所欲與之共之也。左傳顏涿聚。說苑正諫篇作燭趨。是聚與趨通。易萃卦彖傳云。聚以正也。釋文云。荀本作取。劉熙釋名釋言語云。取。趣也。趣亦即趨。

是聚與趨趣取逼。趙氏言聚其所欲而與之。即是趣其所欲而與之也。王氏引之經傳釋詞云。家大人曰。與猶爲也。爲字讀去聲。所欲與之聚之。言之所欲則爲民聚之也。楚策曰。吾與子出兵矣。言吾爲子出兵也。漢書高帝紀。漢王爲義帝發喪。漢記爲作與。戴氏震孟子字義疏證云。宋以來儒者。舉凡飢寒愁怨飲食男女常情隱曲之感。則名之曰人欲。故終其身見欲之難制。其所謂存理。空有理之名。究不過絕情欲之感耳。何以能絕。天下必無舍生養之道而得存者。凡事爲皆有於欲。無欲則無爲矣。有欲而後有爲。有爲而歸於至當不可易之謂理。無欲無爲。又焉有理。老莊釋氏生於無欲無爲。故不言理。聖人務在有欲有爲之咸得理。是故君子亦無私而已矣。不貴無欲。君子使欲出於正。不出於邪。不必無飢寒愁怨飲食男女常情隱曲之感。於是讒說誣辭。反得刻議君子而罪之。此理欲之辨。使君子無完行者。爲禍如是也。以無欲然後君子。而小人之爲小人也。依然行其貪邪。獨執此以爲君子者。謂不出於理則出於欲。不出於欲則出於理。其言理也如有物焉。得於天而具於心。於是未有不以意見爲理之君子。且自信不出於欲。則曰心無愧怍。夫古人所以不愧不怍者。豈此之謂乎。不悟意見多偏之不可以理名。而持之必堅。意見所非。則謂其人自絕於理。此理欲之辨。適成忍而殘殺之具。爲禍又如是也。夫堯舜之憂四海困窮。文王之視民如傷。何一非爲民謀其人欲之事。惟順而導之。使歸於善。今既截然分理欲爲二。治己以不出於欲爲理。治人亦必以不出於欲爲理。舉凡民之飢寒愁怨飲食男女常情隱曲之感。咸視爲人欲之甚輕者矣。輕其所輕。乃吾重天理也。公義也。言雖美而用之治人。則禍其人。至於下以欺僞應乎上。則曰人之不善。胡弗思聖人體民之情。遂民之欲。不待告以天理公義。而人易免於罪戾者之有道也。孟子於民之放辟邪侈無不爲以陷於罪。猶曰是罔民也。又曰。救死而恐不贍。奚暇治禮義哉。古之言理也。就人之情欲求之。使之無疵之爲理。今之言理也。離人之情欲求之。使之忍而不顧之爲理。此理欲之辨。適以窮天下之人。盡轉移爲欺僞之人。爲禍何可勝言也。其所謂欲。乃帝王之所盡心於民。其所謂理。非古聖賢之所謂理。蓋雜乎老釋之言以爲言。是以弊至此也。然宋以來儒者。皆力破老釋。不自知雜襲其言。而一一傅合於經。遂曰六經孔孟之言。其惑人也易。而破之也難。數百年於茲矣。人心所知。皆彼之言。不復知其異於六經孔孟之言矣。世又以躬行實踐之儒。信焉不疑。夫楊墨老釋。皆躬行實踐。勸善懲惡。救人心。贊治化。天下尊而信之。帝王因尊而信之者也。孟子韓子闢之於前。聞孟子韓子之言。人始知其與聖人異。而究不知其所以異。至宋以來儒者之言。人咸曰。是與聖人同也。辯之是欲立異也。此如嬰兒中路失其父母。他人子之。而爲其父母。既長不復能知他人之非其父母。雖告以親父母而決爲非也。而怒其告者。故曰破之也難。○注。爾近至得矣。○正義曰。爾與邇通。儀禮燕禮。南鄉爾卿。特牲饋食禮。祝命爾敦。爾字皆訓近。皆爲邇也。趙氏佑溫故錄云。讀爾也自爲句。

民之歸仁也。猶水之就下。獸之走壙也。故爲淵敺魚者獺也。爲叢敺爵者鸇也。爲湯武敺民者。桀與紂也。今天下之君有好仁者。則諸侯皆爲之敺矣。雖欲無王。不可得矣。注民之思明君。猶水樂埤下。獸樂壙野。敺之則歸其所樂。獺。獱也。鸇。土鸇也。故云諸侯好爲仁者敺民若此也。湯武行之矣。如有則之者。雖欲不王。不可得也。疏注。民之至所樂。○正義曰。埤與卑通。亦作庳。國語周語云。晉侯執玉卑。注云。卑。下也。說文土部云。壙。塹穴也。一日大也。其訓大者通於曠。毛詩小雅何草不黃篇。率彼曠野。傳云。曠。空也。昭公元年左傳云。居於曠林。賈注云。曠。大也。野空闊故大。大即廣也。故字亦通於廣。趙氏以壙野釋之。讀壙爲曠也。說文馬部云。驅。驅馬也。从馬區聲。敺古文驅。段氏玉裁說文解字注云。攴者小擊也。今之扑字。鞭箠策。所以施於馬而驅之也。故古文从攴。引申爲凡驚敺追逐之稱。周禮以靈鼓敺之。以炮土之鼓敺之。孟子爲淵敺魚。爲叢敺爵。爲湯武敺民。皆用古文。其實皆可作驅。與殳部之毆義別。○注。獺。獱也。○正義曰。王氏念孫廣雅疏證云。說文。猵。獺屬也。或從賓作獱。又云。獺如小狗。水居食魚。李善羽獵賦注。引郭璞三倉解詁云。獱似狐青色。居水中食魚。呂氏春秋孟春紀獺祭魚。高誘注云。獺獱水禽也。取鯉魚置水邊四面陳之。世謂之祭魚。淮南子兵略訓。蓄池魚者必去猵獺。爲其害魚也。故鹽鐵論輕重篇云。水有猵獺而池魚勞。御覽引博物志云。獱。頭如馬。腰以下似蝙蝠。毛似獺。大可五六十斤。名醫別錄陶注亦云。獺有兩種。獱獺形大。頭如馬。身似蝙蝠。則獱乃獺之大者。而顏師古注漢書揚雄傳。以獱爲小獺。非也。○注。鸇土鸇也。○正義曰。爾雅釋鳥云。晨風鸇。注云。鷂屬。邵氏晉涵爾雅正義云。鸇爲鷹類。有生於土窟者。故亦謂之土鸇。詩疏引陸璣疏云。鸇似鷂。青黃色。燕喙。嚮風搖翅。乃因風飛急。疾擊鳩鴿燕雀食之。○注。諸侯至得也。○正義曰。好爲仁者當作爲好仁者。若此此指獺鸇。趙氏讀有好仁者則爲句。言湯武好仁。桀紂爲之敺民使歸之。今天下之君有好仁者。以湯武爲法。則今之諸侯皆爲之敺民。亦如桀紂爲湯武敺民矣。

今之欲王者。猶七年之病。求三年之艾也。苟爲不畜。終身不得。苟不志於仁。終身憂辱。以陷於死亡。注今之諸侯。欲行王道而不積其德。如至七年病而卻求三年時艾。當畜之乃可得。以三年時不畜藏之。至七年而欲卒求之。何可得乎。艾可以爲灸人病。乾久益善。故以爲喻。志仁者亦久行之。不行之則憂辱以陷死亡。桀紂是也。疏注。艾可至益善。○正義曰。毛詩王風。彼采艾兮。傳云。艾所以療疾。名醫別錄云。艾葉味苦微溫。主灸百病。一名冰臺。一名醫草。阮氏元校勘記云。灸音久。亦音究。孫氏不爲音。俗譌作炙。說文火部云。灸。灼也。从火久聲。○注。以三年不畜藏之。○正義曰。趙氏解爲爲何爲奚爲之爲。爲猶以也。故云以三年。王氏引之經傳釋詞云。爲猶使也。亦假設之詞也。孟子離婁篇。苟爲不畜。又苟爲無本。告子篇曰苟爲不熟。皆言苟使也。

詩云。其何能

淑載胥及溺。此之謂也。【注】詩大雅桑柔之篇。淑。善也。載。辭也。胥。相也。刺時君臣何能爲善乎。但相與爲沈溺之道也。【疏】注。詩大至道也。○正義曰。詩在大雅桑柔第五章。箋云。淑善。胥相。及與也。女若云。其於政事何能善乎。則女君臣皆相與陷溺於禍難。孔氏正義云。王肅以爲如今之政。其何能善。但君臣相與陷溺而已。趙氏與王肅同。　章指。言水性趨下。民樂歸仁。桀紂之毆使就其君。三年之艾畜而可得。一時欲仁猶將沈溺。所以明鑒戒也。【疏】猶得沈溺。○正義曰。阮氏元校勘記云。沈依說文當作湛。沈假借字。沉俗字。

孟子曰。自暴者。不可與有言也。自棄者。不可與有爲也。言非禮義。謂之自暴也。吾身不能居仁由義。謂之自棄也。【注】言人尚自暴自棄。何可與有言有爲。仁。人之安宅也。義。人之正路也。曠安宅而弗居。舍正路而不由。哀哉。【注】曠。空。舍。縱。哀。傷也。弗由居是者。是可哀傷哉。【疏】注。曠空至傷哉。○正義曰。論衡藝增篇云。曠。空也。呂氏春秋無義篇云。則無曠事矣。高誘注云。曠。廢也。文選西京賦云。矢不虛舍。薛綜注云。舍。放也。放卽縱也。廣雅釋詁舍縱並訓置。則舍亦縱也。說文口部云。哀。閔也。國策秦策云。天下莫不傷。注云。傷。愍也。愍。卽閔也。章指。言曠仁舍義。自暴棄之道也。【疏】曠仁至道也。○正義曰。前言不能居仁由義。是自棄。則曠弗居舍弗由。承上仁義而言。乃自謂不能而曠之舍之。與非之以爲不足居不足由而曠之舍之。同一曠仁舍義也。故兼暴棄言之。或說下二節專指自棄者。以自暴者已不可與之言也。

孟子曰。道在邇而求諸遠。事在易而求諸難。人人親其親長其長而天下平。【注】邇。近也。道在近而患人求之遠也。事在易而苦人求之難也。謂不親其親不事其長。故其事遠而難也。【疏】道在至天下平。○正義曰　自首章言平治天下。必因先王之道。行先王之法。反復申明。歸之於居仁由義。何爲仁。親親是也。何爲義。敬長是也。道卽平天下之道也。事卽平天下之事也。指之以在邇在易。要之以其親其長。親其親則不致於無父。長其長則不致於無君。堯舜之道。孝弟而已。其爲人也孝弟。犯上作亂。未之有也。舍此而高談心性。辨別理欲。所謂求諸遠求諸難也。或說道可致而不可求。求便非易簡之道。蓋讀遠字難字爲句。謂道在邇不必他求也。若求諸則遠矣。事在易。不必他求也。若求之則難矣。邇。考古文本作爾。　章指。言親親敬長。近取諸己。則邇而易也。

孟子曰。居下位而不獲於上。民不可得而治也。獲於上有道。不信於友。弗獲於上矣。信於友有道。事親弗悅。弗信於友矣。悅親有道。反身不誠。不悅於親矣。誠身有道。不明乎善。不誠其身矣。【注】言人求上之意。先從己始。本之於心。心不正而得人意者。未之有也。【疏】居下位至身矣。○正義曰。禮記中庸篇與此同。鄭氏注云。獲。得也。言臣不得於君。則不得居位治民。言知善之爲善。乃能行誠。戴氏震孟子字義疏證云。誠。實也。據中庸言之。所實者知仁勇也。實之者仁也。義也。禮也。由血氣心知而語於智仁勇。非血氣心知之外。別有智有仁有勇以予之也。就人倫日用而語於仁。語於禮義。舍人倫日用。無所謂仁所謂義所謂禮也。血氣心知者。分於陰陽五行而成性者也。故曰天命之謂性。人倫日用。皆血氣心知所有事。故曰率性之謂道。全乎知仁勇者。其於人倫日用行之。而天下覩其仁。覩其禮義。善無以加焉。自誠明者也。學以講明人倫日用。務求盡夫仁。盡夫禮義。則其智仁勇所至。將日增益。以於聖人之德之盛。自明誠者也。質言之。曰人倫日用。精言之。曰仁曰義曰禮。所謂明善。明此者也。所謂誠身。誠此者也。質言之。曰血氣心知。精言之。曰智曰仁曰勇。所謂致曲。致此者也。所謂有誠。有此者也。言乎其盡道。莫大乎仁。而兼及義。兼及禮。言乎其能盡道。莫大於智。而兼及仁。兼及勇。是故善之端。不可勝數。舉仁義禮三者而善備矣。德性之美。不可勝數。舉智仁勇三者而德備矣。曰善曰德。盡其實之謂誠。

是故誠者。天之道也。思誠者。人之道也。至誠而不動者。未之有也。不誠。未有能動者也。【注】授人誠善之性者天也。故曰天道。思行其誠以奉天者。人道也。至誠則動金石。不誠以爲獸不可親狎。故曰未有能動者也。【疏】誠者至動者也。○正義曰。禮記中庸云。誠者。天之道也。誠之者。人之道也。注云。言誠者。天性也。誠之者。學而誠之者也。趙氏佑溫故錄云。中庸言誠之者而下詳其目。故以慎思爲誠之一事。乃就所學所問而次第及之。然後進以明辨篤行。孟子渾括其辭。獨揭一思字加本句上。則統所知所行而歸重言之。明示人以反求諸身爲誠身之要。惟思故能擇善。惟思故能固執。君子無往而不致其思。無思而不要於誠。故曰君子有九思。曰思不出其位。孟子嘗警人之弗思而致以思。則得之先立乎大。程氏瑤田通藝錄論學小記云。誠者。實有而已矣。天實有此天也。地實有此地也。人實有此人也。人有性。性有仁義禮智之德。無非實有者也。故曰性善也者。實有此善爲者也。故曰誠者物之終始。不誠無物。死乃無此人。未死則實有此人。實有此性。實有此性之善。

實有此性之善。故曰誠者。能實有此性之善。故曰誠之者。誠之者。自明誠者也。能自明誠。實有此能也。能由教人。實有此能也。故曰自誠明謂之教。雖不謂之能。非不實有此性也。如不實有此性。則自誠明者。天下一人而已矣。有誠者無誠之者。雖有教無益也。惟人皆實有此性。故人人能擇善固執以誠之。而實有此教矣。非實有此人之氣質。亦安能實有此性之善乎。若夫未死先巳。未終先終。不誠矣。惟不實有。故曰無物。是不誠之者也。非不能誠之也。是故不空之謂實。不無之謂有。皆指物而言。而二氏空之無之。是已無物矣。此不必與辨者也。今乃指其所謂空與無者。而曰雖空而實實。雖無而實有。此釋氏所謂色即是空。空即是色。其語不反覺精妙邪。從空無下轉出實有。異乎吾學從物上致力焉者也。謹按由悅親而信友。由信友而獲上。由獲上而治民。皆人倫日用之常也。必反身而歸之於誠。其反身而誠也。必歸之以明善。蓋伏羲之前。未有人倫。不知有善。何以有誠。乃天既授人以善性。此誠者天之道也。人性既誠有此善。則自能明。故先覺者自誠而明。因以覺人。而人亦無不自誠而明。然未明患其不明。既明矣。又患其不誠。故莫不知親之當悅也。友之當信也。上之當獲而民之當治也。亦莫不曰吾能悅親也。吾能信友也。吾能獲乎上而治乎民也。乃民不治。上不獲。友不信。親不悅。此非不明之故。而不誠之故。不誠者。非天不以誠授我也。是我未嘗思也。是以孟子既由誠身而歸重於明善。又由明善而申言思誠。既明矣又思其誠。誠身乃能悅親信友獲上治民。所謂動也。悅親而親悅。信友而友信。事上而上獲。治民而民治。至誠而動物也。不誠。則悅親而親不悅。信友而友不信。事上而上不獲。治民而民不治。所謂未有能動者也。惟天實授我以善。而我乃能明。亦惟我實有此善。而物乃可動。誠則明。明生於天道之誠。明則誠。誠又生於人道之思誠。人能思誠。由其明也。人能明。由其誠也。惟天下至誠。爲能盡其性。能盡其性。則能盡人之性。能盡人之性。則能盡物之性。能盡物之性。則可以贊天地之化育。可以贊天地之化育。則可以與天地參矣。此自誠明謂之性也。其次致曲。曲能有誠。誠則形。形則著。著則明。明則動。動則變。變則化。惟天下至誠爲能化。自明誠。謂之教也。曲者。明而不誠也。未明之先。則自誠而明以盡其性。既明之後。則自明而誠以致其曲。致曲之功。仍在於明。蓋雖明而仍未明。所以曲也。何也。明於悅親。而未明誠於悅親也。明於信友。而未明誠於信友也。明於事上治下。未明誠於事上誠於治下也。故誠其身。仍必明其善矣。孟子此章。括中庸之旨而言之。○注至誠至親狎。○正義曰。此本列子黄帝篇爲說。動金石者有一人。從石壁中出。子夏言遊金石蹈水火皆可是也。鳥獸不可親狎者。海上漚鳥舞而不下是也。張湛注云。海童誠心充於內。坦蕩形於外。雖未能利害兩忘。猜忌兼消。然輕羣異類。亦無所多怪。又云。誠心無二者。則處水火而不燋溺。涉木石而不悖閡。觸鋒刃而無傷殘。履危險而無顛墜。萬物靡逆其心。入獸不亂羣。韓詩外傳云。昔者楚熊渠子夜行。見寢石。以爲伏虎。彎弓而射之。沒金飲羽。下視知其石也。因復射之。矢躍無迹。熊渠子見其誠心而金石爲之開。呂氏春秋精通篇。鍾子期夜聞擊磬者而悲歎。嗟曰。悲夫悲夫。心非臂也。臂非椎非石也。悲存乎心。而木石應之。故君子誠乎此而諭乎彼。感乎己而發乎人。又具備篇云。誠有誠乃合於情。精有精乃通於天。木石之性。皆可動也。又況於有血氣者乎。故凡說與治之務莫若誠。章指。言事上得君。乃可臨民。信友悅親。本在於身。是以曾子三省。大雅矜矜。以誠爲貴也。疏曾子三省大雅矜矜。○正義曰。周氏廣業孟子章指考證云。是章歸重誠身。故趙氏特引三省證之。下二句乃申贊之辭。詩序云。雅者。正也。雅詩皆正人君子所作。張揖謂小雅之材七十二人。大雅之材三十二人是也。因借言凡有美德者。皆稱大雅。史記孟子傳。不能尚德若大雅。文選西都賦。大雅宏達。李善注云。大雅。謂有大雅之才者。詩有大雅。故以立稱。漢書贊云。夫惟大雅。旣明且哲。以保其身。趙氏於盆成括章亦言。大雅先人。又文選韋孟諷諫詩。矜矜元王。李善注引孔安國尚書傳曰。矜矜戒懼。則知趙意謂雅德君子。當自恐懼脩省。必以誠身爲貴也。班固幽通賦。盍惴惴之臨深兮。乃二雅之所祗。

孟子曰。伯夷辟紂。居北海之濱。聞文王作興。曰。盍歸乎來。吾聞西伯善養老者。注伯夷讓國。遭紂之世。辟之隱遁北海之濱。聞文王起與王道。盍歸乎來歸周也。疏伯夷至老者。○正義曰。史記周本紀云。伯夷叔齊在孤竹。聞西伯善養老。盍往歸之。太顛閎夭散宜生鬻子辛甲大夫之徒。皆往歸之。此伯夷歸文王之事也。王氏引之經傳釋詞云。來。句末語助也。孟子盍歸乎來。莊子人間世篇。嘗以語我來。又子其有以語我來。來字皆語助。○注。聞文王起與王道。○正義曰。毛氏奇齡四書賸言云。趙注聞文王作興。以興字句。離騷呂望之鼓刀兮。遭周文而得舉。王逸注。太公避紂。居東海之濱。聞文王作興。則正引孟子文。而以興字句者。翟氏灝考異云。毛詩酌篇正義。孟子說伯夷居北海之濱。太公居東海之濱。聞文王作興而歸之。中論亡國篇。昔伊尹在田畝之中。聞成湯作興而自夏如商。太公辟紂之惡。居於東海之濱。聞文王作興。亦自商如周。毛西河之說良是。離騷章句外。更有詩疏中論可證。又子華子北宮子仕篇。王者作興。將以躍滌。用此作興二字。子華子雖似後人擬託。然猶唐以前書。亦可備一證也。

太公辟紂。居東海之濱。聞文王作興。曰。盍歸乎來。吾聞西伯善養老者。注太公。呂望也。亦避紂世。隱居東海。曰。聞西伯養老。二人皆老矣。往歸文王也。疏太公至老者。○正義曰。史記齊太公世家云。呂尚蓋嘗窮困。年老矣。以漁釣奸周西伯。西伯獵。遇太公於渭之陽。載與俱歸。立爲師。或曰。太公博聞。嘗事紂。紂無道。去之。游說諸侯無所遇。而卒西歸周西伯。或曰。呂尚處士。隱海濱。周西伯拘羑里。散宜生閎夭素知而招呂尚。呂尚亦曰。吾聞西伯賢。又善養老。盍往焉。史記列三說。是當以孟子爲斷。陶潛聖賢羣輔錄引尚書大傳云。太公辟紂。居東海之濱。皆率其屬曰。盍歸乎。吾聞西伯昌善養老。此二人者。蓋天下之大老也。往而歸之。是天下之父歸之也。天下之父歸之。其子曷往。王楙野客叢書云。淵明引此。謂出尚書大傳。知孟子引逸書之辭。

〇注。太公至東海。〇正義曰。閻氏若璩釋地續云。齊世家。太公望呂尚者。東海上人。注未悉。後漢琅邪國海曲縣劉昭引博物記注云。太公呂望所出。今有東呂鄉。又釣於棘津。其浦今存。又於清河國廣川縣棘津城。辨其當在琅邪海曲。此城殊非。余謂海曲故城。酈與稱在莒縣東。則當日太公辟紂居東海之濱。即是其家。漢崔瑗晉盧無忌立齊太公碑。以爲汲縣人者謬。伯夷。孤竹國之世子也。前漢遼西郡令支縣。有孤竹城。括地志。孤竹古城。在盧龍縣南十二里。余謂今永平府治。河入海從右碣石。正古之北海。在今昌黎縣西北。亦是當日避紂處。去其國都不遠。通志以居北海爲濰縣者亦謬。

二老者。天下之大老也。而歸之。是天下之父歸之也。天下之父歸之。其子焉往。注此二老。猶天下之父也。其餘皆天下之子耳。子當隨父。二父往矣。子將安如。言皆將往也。疏注。子將安如。〇正義曰。爾雅釋詁云。如。往也。廣雅釋詁云。歸。往也。韓本將往作歸往。閩監毛三本同。

諸侯有行文王之政者。七年之內。必爲政於天下矣。注今之諸侯。如有能行文王之政者。七年之間。必足以爲政矣。天以七紀。故七年。文王時難。故久。衰周時易。故速也。上章言大國五年者。大國地廣人衆。易以行善。故五年足以治也。疏注天以七紀。〇正義曰。昭公十年左傳。鄭禆竈云。天以七紀。注云。二十八宿面七。撥白虎通嫁娶篇云。七。歲之陽也。又云。陽數七。說文云。七。陽之正也。如日月五星爲七政。周髀算經以日月運行之圓周爲七衡。易復卦彖傳云。七日來復。天行也。國語周語云。自鶉及駟七列。南北之揆七同。韋昭注云。鶉火之分。張十六度。駟。天駟房。五度。歲月之所在。從張至房七列。合七宿。謂張翼軫角亢氐房也。歲在鶉火五。辰星在天黿。子鶉火周分野。天黿及辰星。周所出。自午至子。其度七同。皆以七紀數也。不獨二十八宿面七而已。乃尙書洛誥。惟周公誕保文武受命惟七年。馬融注云。周公攝政七年。天下太平。鄭氏注云。文王得赤雀。武王俯取白魚受命皆七年。文武受命七年而崩。周公不敢過其數也。此言行文王之政。故以七年言之。周公成文武之德。七年而天下太平。諸侯效法文王。是可爲證。遠徵天紀。或近在矣。

章指。言養老尊賢。國之上務。文王勤之。二老遠至。父來子從。天之順道。七年爲政。以勉諸侯。欲使庶幾於行善也。

孟子曰。求也爲季氏宰。無能改於其德。而賦粟倍他日。孔子曰。求非我徒也。小子鳴鼓而攻之可也。注求。孔子弟子冉求。季氏。魯卿季康子。宰。家臣。小子。弟子也。孔子以冉求不能改季氏使從善，爲之多斂賦粟，故欲使弟子鳴鼓以聲其罪而攻伐責讓之，曰求非我徒，疾之也。疏注：求孔子至疾之也。○正義曰：論語先進篇云：季氏富於周公，而求也爲之聚斂而附益之。子曰：非吾徒也，小子鳴鼓而攻之可也。集解孔曰：冉求爲季氏宰，爲之急賦稅也。鄭曰：小子，門人也。鳴鼓，聲其罪以責之也。哀公十一年左傳云：季氏欲以田賦，使冉有訪諸仲尼。仲尼曰：某不識也。三發，卒曰：子爲國老，待子而行，若之何子之不言也？仲尼不對，而私於冉有曰：君子之行也，度於禮，施取其厚，事舉其中，斂從其薄。如是，則以丘亦足矣。若不度於禮，而貪冒無厭，則雖以田賦，將又不足。且子季孫，若欲行而法，則周公之典在；若欲苟而行，又何訪焉？弗聽。十二年春王正月，用田賦。用田賦自是季氏。孔子直責冉有，謂冉有爲之聚斂而附益之，斥爲非吾徒。孟子言無能改於其德，而賦粟倍他日。賦粟倍他日，卽指季氏用田賦。緣冉有爲其宰，不能改之使從善，則季氏賦粟倍他日，卽爲冉有爲之聚斂而附益之。皇侃論語義疏引繆協云：季氏不能納諫，故求也莫能匡救，致譏於求，所以深疾季也，是也。邢昺疏以爲冉子聚斂財物，失之矣。季孫斯以哀公三年卒，康子卽位。用田賦，時正康子爲政，故知季氏爲季康子也。杜預注左傳用田賦云：邱賦之法，因其田財通出馬一匹，牛三頭。今欲別其田及家財各爲一賦，故言田賦。孔氏正義云：司馬法：四邱爲甸，有馬四匹，牛十二頭，是爲革車一乘。今用田賦，賈逵以爲欲令一井之間出一邱之稅，井別出馬一匹，牛三頭。如此，則一邱之內有一十六井，其出馬牛乃多於常一十六倍。杜以如此則非民所能給，故改之。舊制邱賦一馬三牛，今別其田及家資各爲一賦，計一邱民之家資，令出一馬三牛，田之所收，更出一馬三牛，是倍於常也。說文攴部云：攻，擊也。人部云：伐，擊也。是攻卽伐也。莊公二十九年左傳云：凡師有鐘鼓曰伐。釋例云：鳴鐘鼓以聲其過曰伐。經言鳴鼓而攻，故趙氏以攻伐釋之，乃係假借用兵之鳴鼓而攻。其實孔子言攻，但爲責讓，故又以責讓釋之。論衡順鼓篇云：攻者，責也，責讓之也。周禮春官大祝：五曰攻，六曰說。注云：攻說則以辭責之，是也。由此觀之，君不行仁政而富之，皆棄於孔子者也。況於爲之強戰，爭地以戰，殺人盈野；爭城以戰，殺人盈城，此所謂率土地而食人肉，罪不容於死。注孔子棄富不仁之君者，況於爭城爭地而殺人滿之乎。此若率土地使食人肉也。言其罪大，死刑不足以容之。疏注：孔子棄富不仁之君者。○正義曰：不仁之君，解君不行仁政。富不仁之君，解而富之。謂富此不行仁政之君也。趙氏於經文，每顛倒解之。荀子王制篇云：不安職則弃。弃卽棄也。如移之郊，移之遂，屏之遠方之意也。故善戰者服上刑，連諸侯者次之，辟草萊任土地者次之。注孟子言天道重生，戰者殺人，故使善戰者服上刑。上刑，重刑也。連諸侯。合從者也。罪次善戰者。辟草任土。不務修德而富國者。罪次合從連橫之人也。疏注。孟子天道重生。〇正義曰。韓非子解老篇云。凡兵革者。所以備害也。重生者。雖入軍無忿爭之心。又云。禮天地之道。故曰無死地焉。動無死地。而謂之善攝生矣。愛子者慈於子。重生者慈於身。春秋繁露王道通三云。仁之美者在於天。天。仁也。天覆育萬物。既化而生之。有養而成之。事功而已。終而復始。又云。陽氣生而陰氣殺。是故陽常居實位而行於盛。陰常居空位而行於末。天之好仁而近。惡戾之變而遠。大德而小刑之意也。又煖燠孰多篇云。天之道出陽爲煖以生之。以陰爲淸以成之。是故非薰也不能有育。非凓也不能有熟。自正月至於十月。而天之功畢。計其間陰與陽各居幾何。薰與凓其日孰多。距物之初生至其畢成。露與霜其下孰倍。故從中春至於秋氣。溫柔和調。及季秋九月。陰乃始多於陽。天於是時出凓下霜。出凓下霜而大降。物固已皆成矣。功已畢成之後。陰乃大出。天之成功也。少陰與而太陰不與。少陰在內而太陰在外。故霜加物而雪加於空。空者亶地而已。不逮物也。此天道重生之說也。〇注。上刑重刑也。〇正義曰。方言云。上。重也。尚書呂刑云。上刑適輕下服。下刑適重上服。某氏傳云。重刑有可以虧減。則之輕服下罪。一人有二罪。則之重而輕幷數。江氏聲尚書集注音疏云。服。治也。下服。減等也。上服。加等也。本在上刑之科。而情適輕。則減一等治之。本在下刑之科。而情適重。則加一等治之。按重刑。死刑也。上言罪不容於死。則上刑不得適輕。服上刑則不減等下服也。合從。蘇秦是也。連橫。張儀是也。辟草萊任土地。商鞅等是也。井田之法。有萊田。有一易再易之田。有阡陌徑遂。皆開墾。是爲辟草萊。呂氏春秋有任地篇。乃講耕耨蓄藏之術。專以富國爲事。則不務修德。善戰者。兵家也。連諸侯。從橫家也。辟草任土。農家也。阮氏元校勘記云。廖本作辟草任土。孔本韓本作辟草任地。按音義出任土別作任地。非也。閻氏若璩釋地又續云。連諸侯。是封建之將盡也。辟草萊任土地。是井田之將盡也。陳組綬燃犀解云。連諸侯而使之戰。闢草萊任土地而助之戰。均非身親爲戰者。姑次之。

章指。言聚斂富君。棄於孔子。冉求行之。固閧鳴鼓。以戰殺民。土食人肉。罪不容死。以爲大戮。重人命之民也。疏聚斂富君。〇正義曰。韓本孔本作富。民非。〇以爲大戮。〇正義曰。宣公十二年左傳云。古者明王伐不敬。取其鯨鯢而封之。以爲大戮。〇重人命之至也。〇正義曰。漢書蕭望之傳云。獄吏顯等曰。人命至重。望之所坐語言薄罪。必亡所憂。

孟子曰。存乎人者。莫良於眸子。眸子不能掩其惡。注眸子。目瞳子也。存人。存在人之善惡也。疏注。眸子至惡也。〇正義曰。荀子非相篇。堯舜參牟子。注云。牟與眸同。說文目部云。盲目無牟子。矑盧童子也。睞目。童子不正也。牟童皆不从目。劉熙釋名釋形體云。瞳子。瞳重也。膚幕相裹重也。子小稱也。主謂其精明者也。或曰。眸子。眸冒也。相裹冒也。荀子大略篇云。眸而見之也。注云。眸謂以眸子審視之也。廣雅釋親云。珠子謂之眸。蓋亦有从目者。爾雅釋訓云。

存。存在也。說文土部云。在。存也。禮記文王世子云。必在視寒煖之節。注云。在。察也。趙氏以在釋存。而云存在人之善惡。章指云。存而察之。蓋以存爲在。卽以在爲察。蓋察人之善惡也。

胸中正。則眸子瞭焉。胸中不正。則眸子眊焉。【注】瞭。明也。眊者。蒙蒙目不明之貌。【疏】注。瞭明至之貌。○正義曰。周禮春官眡瞭注云。瞭。目明者。說文目部云。眊。目少精也。目少精。卽是不明。劉熙釋名釋天云。蒙。日光不明蒙蒙然也。廣雅釋訓云。蒙蒙。暗也。眊蒙一音之轉。故趙氏以眊之不明。猶目之蒙蒙也。翟氏灝考異云。論衡本性篇。孟子相人以眸子焉。心清而眸子瞭。心濁而眸子眊。又佚文篇同。白氏六帖述孟子曰。人之善不善。在其目。其心正。則童子瞭然。其心不正。則童子眊然。大戴記曾子立事篇。目者。心之浮也。言者。事之指也。作於中。則播於外矣。故曰以其見者占其隱者。蓋孟子此章所本。故既辟言眸子。下復兼聽言言之。

聽其言也。觀其眸子。人焉廋哉。【注】廋。匿也。聽言察目。言正視端。人情可見。安可匿哉。【疏】注。廋匿也。○正義曰。論語爲政篇云。人焉廋哉。集解引孔曰。廋。匿也。方言云。廋。隱也。故趙氏以匿釋廋。章指又以不隱釋之。

章指。言目爲神候精之所在。存而察之。善惡不隱。知人之道。斯爲審矣。【疏】目爲神候精之所在。○正義曰。白虎通性情篇云。肝。木之精也。萬物始生。故肝象木色青而有枝葉。目爲之候。此神候猶云精候耳。周氏廣業孟子章指考證云。精與睛通。目珠子也。魏志管輅曰。吾目中無守精。晉書顧愷之。每畫人。或數年不點眼精是也。按精。卽謂肝木之精。目既爲肝木之精之候。則精神卽在此目矣。上言神。下言精。正是一事。大戴記曾子天圓云。陽之精氣曰神。是也。不必爲目珠之睛所假借。

孟子曰。恭者不侮人。儉者不奪人。侮奪人之君。惟恐不順焉。惡得爲恭儉。【注】爲恭敬者不侮慢人。爲廉儉者不奪取人。有好侮奪人之君。有貪陵之性。恐人不順從其所欲。安得爲恭儉之行也。【疏】注。爲恭至取人。○正義曰。爾雅釋詁云。恭。敬也。呂氏春秋遇合篇。是侮也。高誘注云。侮。慢也。淮南子原道訓云。不以廉爲悲。高誘注云。廉猶儉也。劉熙釋名釋言語云。廉。斂也。自檢斂也。賈子道術篇云。廣較自斂謂之儉。說文大部云。奪。手持隹鳥失之也。攴部云。敓。彊取也。周書曰。敓攘矯虔。奪取當作敓。經典通作奪。奪爲手持隹鳥失之。卽脫去之脫也。奪乃敓之假借。

恭儉豈可以聲音笑貌爲哉。【注】恭儉之人。儼然無欲。自取其名。豈可以和聲諂笑之貌彊爲之哉。【疏】注。恭儉至爲之哉。○正義曰。爾雅釋詁云。儼。敬也。禮記曲禮云。毋不敬。儼若思。論語子張篇云。望之儼然。儼然卽儼若。謂恭敬也。無欲。謂廉儉也。論語憲問篇云。公鍏之不欲。說文欠部云。欲。貪欲也。不貪欲。故爲廉也。儼然而恭。無欲而儉。恭儉之名。以儼然無欲取之。故云自取其名。賈子六術篇云。是故五聲宮商角徵羽。唱和相應而調和。調和而成理。謂之音。白虎通禮樂篇云。音者。飲也。言其剛柔淸濁和而相飲也。趙氏以和聲釋聲音。謂聲而音言其和也。貌。說文作皃。云。皃頌儀也。从人白。象人面形。君子樂然後笑。笑貌。則笑見於面。故趙氏以諂笑之貌釋之。趙氏前注諂笑云。强笑也。

章指。言人君恭儉。率下移風。人臣恭儉。明其廉忠。侮奪之惡。何由干之而錯其心。

【疏】人臣恭儉明其廉忠。○正義曰。孟子言侮奪人之君。趙氏推及人臣。蓋孟子指當世諸侯。在兩漢則宰輔皆是也。趙氏習見當時張禹胡廣之流。故及此耳。史記魯世家。君子曰季文子廉忠矣。

淳于髡曰。男女授受不親。禮與。【注】淳于髡齊人也。問禮男女不相親授。【疏】注。淳于髡齊人也。○正義曰。戰國策齊策云。淳于髡一日而見七人於宣王。又齊欲伐魏。淳于髡止之。史記孟荀列傳云。淳于髡。齊人也。博聞强記。學無所主。其諫說慕晏嬰之爲人也。然而承意觀色爲務。客有見髡於梁惠王云云。惠王欲以卿相位待之。髡因謝去。於是送以安車駕駟。束帛加璧。黃金百鎰。終身不仕。又云。齊諸騶子亦頗采騶衍之術以紀文。於是齊王嘉之。自如淳于髡以下。皆命曰列大夫。爲開第康莊之衢。滑稽傳云。淳于髡。齊之贅壻也。長不滿七尺。滑稽多辯。數使諸侯。未嘗屈辱。齊威王時。淳于髡說之以隱。於是乃朝諸縣令長七十二人。賞一人。誅一人。奮兵而出。諸侯振驚。皆還其侵地。威行三十六年。然則髡在齊仕威宣兩朝。又仕於梁惠王者也。閻氏若璩釋地又續云。孟子與淳于髡問答僅兩章。後章是去齊之後不待言。前章似相值於梁惠王朝。何則。魏世家明云卑禮厚幣以招賢者。鄒衍淳于髡孟軻皆至梁。孟子素不見諸侯。祗因惠王延禮。始至其國。又未嘗仕。眞有孔子循道彌久。溫溫無所試之象。髡故發問。夫子何不援天下。不然。于齊。則仕矣。髡將譏其援之無效。與或力不能援。詎肯作是語。千載而下。殆可以情測哉。周氏廣業孟子出處時地考云。淳于髡見史記滑稽傳。威王八年。使之趙請救兵。至與孟子相見。年當耆老。而稱孟子爲夫子。自稱曰髡。如年相若也。○注。問禮男女不相親授。○正義曰。禮記曲禮云。男女不雜坐。不同椸枷。不同巾櫛。不親授。坊記云。好德如好色。諸侯不下漁色。故君子遠色以爲民紀。故男女授受不親。注云。不親者。不以手相與也。內則曰。非祭非喪。不相授器。其相授。則女受以篚。其無篚。則皆坐。奠之而後取之。

孟子曰。禮也。【注】禮不親授。

曰。嫂溺。則援之以手乎。【注】髡曰。見嫂溺水。則當以手牽援之不邪。【疏】注。則當以手牽援之。○正義曰。禮記中庸篇不援上注云。援謂牽持之也。

曰。嫂溺不援。是豺狼也。【注】孟子曰。人見嫂溺不援出。是爲豺狼之心也。男女授受不親。禮也。嫂溺援之以手者。權也。【注】孟子告髡曰。此權也。權者。反經而善也。【疏】注。權者反經而善也。○正義曰。桓公十一年公羊傳云。權者何。權者。反於經然後有善者也。權之所設。舍死亡無所設。行權有道。自貶損以行權。不害人以行權。殺人以自生。亡人以自存。君子不爲也。疏云。權之設所以扶危濟溺。舍死亡無所設也。若使君父臨溺河井。豈不執其髮乎。是其義也。論語子罕篇云。可與立未可與權。唐棣之華。偏其反而。注云。賦此詩以言權道。反而後至於大順也。說者疑於經不可反。夫經者法也。制而用之謂之法。法久不變則弊生。故反其法以通之。不變則不善。故反而後有善。不變則道不順。故反而後至於大順。如反寒爲暑。反暑爲寒。日月運行。一寒一暑。四時乃爲順行。恆寒恆燠。則爲咎徵。禮減而不進則消。樂盈而不反則放。禮有報而樂有反。此反經所以爲權也。

曰。今天下溺矣。夫子之不援何也。注髠曰。今天下之道溺矣。夫子何不援之。曰。天下溺援之以道。嫂溺援之以手。子欲手援天下乎。注孟子曰。當以道援天下。而道不得行。子欲使我以手援天下乎。疏天下溺至天下乎。○正義曰。此孟子論權與道合之義也。權者。變而通之之謂也。變而通之。所謂反復其道也。孟子時。儀衍之流。以順爲正。突梯滑稽。如脂如韋。相習成風。此髡之所謂權也。孟子不枉道以見諸侯。正所以挽回世道。矯正人心。此卽孟子援天下之權也。髡以枉道隨俗爲權。孟子以道濟天下爲權。髡譏孟子不枉道。是不以權援天下。不知孟子之不枉道。正是以權援天下。權外無道。道外無權。聖賢之道。卽聖賢之權也。髡不知道。亦不知權矣。　章指。言權時之義。嫂溺援手。君子大行。拯世以道。道之指也。

公孫丑曰。君子之不教子。何也。注問父子不親教何也。疏君子之不教子。○正義曰。閻氏若璩釋地又續云。古人文字簡。須讀者會其意所指。如君子之不教子。子謂不肖子也。猶左傳叔向曰。肸又無子。子謂賢子也。不然。當日揚食我見存。觀孟子直承曰勢不行也。則知丑所問。原非爲周公之於伯禽。孔子之於伯魚一輩子言矣。

孟子曰。勢不行也。教者必以正。以正不行。繼之以怒。繼之以怒。則反夷矣。夫子教我以正。夫子未出於正也。則是父子相夷也。父子相夷。則惡矣。注父親教子。其勢不行。教以正道而不能行。則責怒之。夷傷也。父子相責怒。則傷義矣。一說曰。父子反自相非。若夷狄也。子之心責其父云。夫子教我以正道。而夫子之身未必自行正道也。執此意則爲反夷矣。故曰惡也。疏注。夷傷也。○正義曰。易序卦傳云。進必有所傷。故受之以明夷。夷者傷也。教之以正道。子違而不行。卽繼以怒。求之太驟也。反夷有二解。一屬上讀。謂父之教子。本望其善。非傷之也。

今繼以怒。反是傷之矣。一屬下讀。父既繼之以怒。其子不受而心誹以報之。因父之傷已。而反以傷其父。下夫子敎我以正。夫子未出於正也。卽申上反夷之事也。趙氏言子之心責其父云云。而承之云執此意。則爲反夷。是以反夷屬其子。卽指心責其父云云也。舉一說云。父子反自相非。謂父子本宜有恩。而反相非責。此解反字有不同。故以一說別之。父子相責怒。解父子相夷。則傷義矣。解則惡矣。惡謂傷義。經先言反夷。後言相夷。趙氏先解相夷。後解反夷。因反夷有反自相非之一說。故倒相夷在前。一說以夷爲夷狄。則反不得爲報。故爲反自相非也。莊子應帝王云。告我君人者以已出行。釋文引司馬注云。出行也。是未出於正。卽未行於正。不必形之於口。卽此心責而執此意。卽爲反以相傷也。古者易子而敎之。父子之閒不責善。責善則離。離則不祥莫大焉。【注】易子而敎。不欲自責以善。父子主恩。離則不祥莫大焉。章指言父子至親。相責離恩。易子而敎。相成以仁。敎之義也。

孟子曰。事孰爲大。事親爲大。守孰爲大。守身爲大。不失其身而能事其親者。吾聞之矣。失其身而能事其親者。吾未之聞也。【注】事親。養親也。守身。使不陷於不義也。失不義則何能事父母乎。孰不爲事。事親。事之本也。孰不爲守。守身。守之本也。【注】先本後末。事守乃立也。【疏】孰不至本也。○正義曰。禮記哀公問孔子云。君子無不敬也。敬身爲大。身也者。親之枝也。敢不敬與。不能敬其身。是傷其親。傷其親。是傷其本。傷其本。枝從而亡。又云。君子言不過辭。動不過則。百姓不命而敬恭。如是則能敬其身。能敬其身。則能成其親矣。孟子此義。蓋本於此。言不過辭。行不過則。則能守身不陷於不義矣。曾子養曾晳。必有酒肉。將徹。必請所與。問有餘。必曰有。曾晳死。曾元養曾子。必有酒肉。將徹。不請所與。問有餘。曰亡矣。將以復進也。此所謂養口體者也。若曾子。則可謂養志也。事親若曾子者可也。【注】將徹請所與。問曾晳所欲與子孫所愛者也。必曰有。恐違親意也。故曰養志。曾元曰無。欲以復進曾子也。不求親意。故曰養口體也。事親之道。當如曾子之法。乃爲至孝也。【疏】將以復進也。○正義曰。孔氏廣森經學卮言云。注云欲以復進曾子也。此似不然。曾元但不能養志耳。何至嗇飲食之費以欺其親。遂同下愚所爲。且以倩揆之。既對無餘。而復以餘進其父。能無疑乎。能無怒乎。夫曰亡矣者。乃實無也。曾子之必曰有，雖無亦曰有。所謂孝子唯巧變。故父母安之者。曾元不能。但道其實而已。此與必曰有對文。而不云必曰亡。非實有言無明矣。蓋將以復進也。亦曾元之辭。言餘則無矣。若嗜之。將復作新者以進之爾。按孔氏之說是也。孟子深於易。悉於聖人通變神化之道。故此篇首言行先王之道。而要之以道援。蓋不獨平天下宜如是也。人倫日用。均宜如是。既明援天下以道。道何在。通變神化也。如父之教子。宜以正矣。有時而勢不行。則宜變通使易子而教。子之事親。宜其養矣。有時而問有餘。則宜變通使必曰有以養志。父子之間。且宜如是。何在而可不援以道乎。於父之教子也。曰夫子未出於正。於子之事親也。曰守身爲大。不失其身。則出於正。未出於正。則失其身。父當如是以教其子。子當如是以事其父。又兩章互發明者也。章指。言上孝養志。下孝養體。曾參事親。可謂至矣。孟子言之。欲令後人則曾子也。

孟子曰。人不足與適也。政不足間也。惟大人爲能格君心之非。注適。過也。詩云。室人交徧適我。間。非。格。正也。時皆小人居位。不足過責也。政教不足復非訧。獨得大人爲輔臣。乃能正君之非法度也。疏政不足間。○正義曰。諸本作政不足與間也。音義出足間二字。則趙氏本無與字。○注。適過至度也。○正義曰。毛詩邶風北門作室人交徧讁我。傳云。讁。責也。讁與適通。方言云。讁。過也。南楚以南。凡相非議人謂之讁。商頌殷武勿予禍適。箋云。適。過也。列子力命篇云。不相讁發。釋文云。讁。謂責其過也。小爾雅廣言方言皆云。間。非也。方言云。格。正也。僖公二十六年穀梁傳云。人微者也。莊公十七年穀梁傳云。人者。衆辭也。下言大人。上言人不足間。則人兼微衆二義。故云時皆小人居位。小之言微也。皆之言衆也。文選盧子諒贈劉琨詩注。引韓詩章句云。尤。非也。訧與尤通。故趙氏以非釋間。又以訧釋非。或作非訧。誤也。上二章言父子。此章言君臣。父子教子。必先自出於正。子之事父。必先不失其身。君之定國。必先正其心之非。而臣之輔君。必先自居於正。大人者。與天地合其德。與日月合其明。與四時合其序。與鬼神合其吉凶。臣之身無不正。以是輔君。而君心之非自格。君無不正。而國自安定。然則臣之德未至於大人。而徒見居位者皆小人而過責之。徒見政事之未善而非訧之。不自覺其未正。而刺刺爲言君之不正。其乖忤抵觸。不相激而成禍不止。卒之人相傾軋。政益乖違。猶自以爲直爲忠。而予君以非。是未讀孟子者也。顧非在君心而能格之。既未嘗過責其所用之人。又未嘗非訧其所行之政。而曰能格。則是格也。非以言格之。非以貌格之。即以自修其身成大人。故能格之也。然則未能格君心之非者。亦自反已未爲大人可耳。

君仁莫不仁。君義莫不義。君正莫不正。一正君而國定矣。注正君之身。一國定矣。欲使大人正之。疏君仁至定矣。○正義曰。何爲正。仁義而已。何以爲大人。居仁由義而已。章指。言小人爲政。不足間非。賢臣正君。使握道機。君正國定。下不邪侈。將何間也。

孟子曰。有不虞之譽。有求全之毁。【注】虞。度也。言人之行。有不度其將有名譽而得者。若尾生本與婦人期於梁下。不度水之卒至。遂至沒溺。而獲守信之譽。求全之毁。若陳不瞻將赴君難。聞金鼓之聲失氣而死。可謂欲求其全節。而反有怯弱之毁者也。【疏】注。虞度至之譽。○正義曰。爾雅釋言云。虞。度也。莊子盜跖篇云。尾生與女子期於梁下。女子不來。水至不去。抱梁柱而死。釋文云。尾生一本作微生。戰國策作尾生高。高誘以爲魯人。○注。求全至毁者也。○正義曰。太平御覽引韓詩外傳云。崔杼殺莊公。陳不占東觀漁者。聞君難。將往死之。飡則失哺。上車失軾。僕曰。敵在數百里外。今食則失哺。上車失軾。雖往其有益乎。陳不占曰。死君。義也。無勇。私也。遂驅車至門。聞鐘鼓之音。戰鬭之聲。遂駭而死。君子聞之曰。陳不占可謂志士矣。無勇而能行義。天下鮮矣。事亦載新序義勇篇。廣雅釋言云。占。瞻也。占與瞻古通。襄公二十五年左傳云。崔杼之難。申蒯侍漁者。退謂其宰曰。爾以帑免。我將死。其宰曰。免。是反子之義也。與之皆死。杜預注謂侍漁爲監取魚之官。侍之言寺也。寺之言司也。侍漁即司漁。即所謂東觀漁者。申蒯音近。申蒯蓋即陳不占。占之爲蒯。猶覘之爲窺。周秦人姓氏。往往記錄有異同。以聲音求之。倘可仿佛耳。章指。言不虞獲譽。不可爲戒。求全受毁。未足懲咎。君子正行。不由斯二者也。【疏】不虞獲譽不可爲戒。○正義曰。易萃卦象傳云。戒不虞。襄公三年左傳云。不虞之不戒。戒猶備也。趙氏本此。謂此不虞之譽。非可豫備致之也。

孟子曰。人之易其言也。無責耳矣。【注】人之輕易其言。不得失言之咎責也。一說人之輕易不肯諫正君者。以其不在言責之位者也。【疏】注。人之至責也。○正義曰。禮記樂記云。易慢之心入之矣。注云。易。輕易也。說文訓責爲求。求之義不足以盡。故以咎釋之。說文人部云。咎。災也。从人从各。各者。相違也。輕易其言。至於相違成災咎。則已晚矣。無責之時。先當自愼矣。章指。言言出於身。駟不及舌。不惟其責。則易之矣。

孟子曰。人之患。在好爲人師。【注】人之所患。患於不知已未有可師而好爲人師者。惑也。【疏】人之患在好爲人師。○正義曰。禮記樂記論倫無患注云。患。害也。章指言不愼則有患。則此患字。正與上章責字同。易其言則有災咎。好爲師則有患害。皆深切言之也。易其言。如趙括韓非。凡好建白相傾軋攻擊者皆是也。好爲師。如揚朱墨翟。凡立宗旨以傳授聚講者皆是也。章指。言君子好謀而成。臨事而懼。時然後言。畏失言也。故曰。師哉師哉。桐子之命。不愼則有患矣。〔注〕君子至言也。○正義曰。周氏廣業孟子章指考證云。四句似與本章不甚合。恐有誤。似宜在前駟不及舌句下。按故曰二字承上。則非有誤。蓋趙氏以兩章相貫而言。此好爲人師之人。卽易其言之人。皆由於不知臨事而懼好謀而成也。蓋未能博學詳說。習先聖之道。而執其一端。自以爲是。不顧其成。不知其害。用之於君父僚友。則輕易其言以爲蹇直。不學者依附之。又輕易其言而高談心性。傳播宗旨。入主出奴。各成門戶。始則害乎風俗人心。繼則禍於朝廷軍國。而或且曰。此正人。此君子。則不虞之譽也。以上三章相貫。趙氏牽連言之。爲知言矣。○故曰。師哉師哉桐子之命。○正義曰。周氏廣業孟子章指考證云。古本旁注。桐讀爲僮。音義云。與童字同。按二語出揚子法言學行篇。司馬光集注。桐。侗也。桐子侗然未有所知之時。制命於師也。孔韓本哉並作乎。按左傳哀五年齊景公卒。五公子爭立。萊人歌曰。師乎師乎。何黨之乎。此師字作衆字解。與此絕異。乎哉雖同一語助。不可改易。

樂正子從於子敖之齊。樂正子見孟子。〔注〕魯人樂正克孟子弟子也。從於齊之右師子敖。子敖使而之魯。樂正子隨之來之齊也。孟子在齊。樂正子見之也。孟子曰。子亦來見我乎。〔注〕孟子見其來見遲。故云亦來也。曰。先生何爲出此言也。〔注〕樂正子曰。先生何爲非克而出此言。曰。子來幾日矣。〔注〕孟子問子來幾日乎。〔疏〕子來幾日矣。○正義曰下。趙氏以昔者爲數日之間。之數日卽幾日。是孟子已知樂正子來已幾日。此乃實詰之辭。曰。昔者。〔注〕克曰。昔者來至。昔者。往也。謂數日之間也。〔疏〕注。昔者至間也。○正義曰。楚辭離騷云。昔三后之純粹今。注云。昔。往也。公孫丑篇。昔者辭以疾。承上明日出弔言。故趙氏解爲昨日。此上承幾日。則不止昨日。故以數日之間解之。若昨日來今日見。尙不得爲遲之又久也。曰。昔者則我出此言也。不亦宜乎。〔注〕孟子曰。昔者來至而今乃來。我出此言。亦其宜也。孟子重愛樂正子。欲亟見之。思深望重也。曰。舍館未定。〔注〕克曰。所止舍館未定。故不卽來。館。客舍。〔疏〕注。館客舍。○正義曰。周禮委人。凡軍旅之賓客館焉。注云。館。舍也。樂正子雖從子敖之便而來。旣至齊。遂不相依而自投客舍。此語亦有意也。曰。子聞之也。舍館定。然後求見長者乎。〔注〕孟子曰。子聞見長者之禮。當須舍館定乃見之乎。曰。克有罪。〔注〕樂正子謝過服罪也。章指。言尊師重道。敬賢事長。人之大綱。

樂正子好善，故孟子譏之，責賢者備也。【疏】責賢者備也。○正義曰：論語微子篇云：「無求備於一人。」求備，責也。淮南子氾論訓云：「君子不責備於一人。」漢書王嘉傳：上疏哀帝云：「惟陛下留神於擇賢，記善忘過，容忍臣子，勿責以備。」新唐書太宗紀贊云：「春秋之法，常責備於賢者。」毛氏奇齡聖門釋非錄云：「王草堂曰：樂正子不絕驩，或驩故以禮遇之，未可遽絕，原非失身。趙氏云：孟子譏之，責賢者備，此爲得之。」

孟子謂樂正子曰：「子之從於子敖來，徒餔啜也。我不意子學古之道而以餔啜也。」【注】子敖，齊之貴人右師王驩也。學而不行其道，徒食飲而已，謂之餔啜也。樂正子本學古聖人之道，而今隨從貴人，無所匡正，故言不意子但餔啜也。【疏】注「學而至啜也」。○正義曰：趙氏以食飲解餔啜，於章指又以沈浮釋之，則餔啜二字，乃假借之辭，非實指飲食也。楚辭漁父云：「舉世皆濁，何不淈其泥而揚其波？衆人皆醉，何不餔其糟而歠其釃？」王逸注淈泥云：「同其風也。」注揚波云：「與沈浮也。」注餔糟云：「從其俗也。」注歠釃云：「食其祿也。」然則餔啜即與世推移同流從俗之意。向來說此章者，率謂驩本倖佞，樂正子必不從之以求爵位。欲見其師而資斧未充，因乘子敖之便，未免依附。又謂觀餔啜二字，當時必有優偓可憑藉者。顧樂正子孟門之賢者也，自魯之齊，亦非甚遠，何至以車馬資糧之乏而從子敖？且子敖雖便，豈能從端而從之？既可相從，必爲相識，即偶從一相識貴人之便，爲之師者，遽直揭其醜以爲飲食之人，何至於此！蓋樂正子從於子敖之齊，非偶然從其便也。是時孟子仕齊，出弔於滕，驩且嘗爲輔行。驩之在魯，必謬託爲孟子之交，此樂正子所以識之也。以孟子道行於齊，驩又招之以禮，故從子敖之齊。此實錄也。不知是時孟子雖仕齊，而道實不行，仕不受祿，久非其志，在孟子方將致臣而去，則樂正何爲貿貿而來？故以餔啜言之。謂此來但爲沈浮隨俗，不能行道匡正，非謂偶從子敖，遂爲飲食之人之可賤惡也。趙氏得之。趙氏佑溫故錄云：「或疑不過附便借行，因以得見長者，則亦可謂之因，不可謂之從。然既爲長者來，即當直造師門，何勞別定舍館？知其說有不然也。凡言從者，皆彼爲政而我從之。子敖有納交孟子之心，或欲假諸徒以致其師，必將有術以動樂正。樂正子與子敖或故或訴，其來見必有欲白之辭，孟子則一見斥之，又明揭其從子敖。」

章指：言學優則仕，仕以行道，否則隱逸。兔罝窮處，餔啜沈浮，君子不與。是以孟子咨嗟樂正子也。【疏】兔罝窮處。○正義曰：周氏廣業孟子章指考證云：「兔罝，古本、足利、孔本、韓本並作兔罝。今從小字宋本。」按詩周南肅肅兔罝鄭箋云：「兔罝之人，賢者也。」墨子曰：「文王舉閎夭、泰顛於罝網之中，授之政。」正與詩意合。文選桓溫薦譙元彥表：「兔罝絕響於中林。」五臣注：劉良曰：「兔罝，網也。詩曰：肅肅兔罝。喻殷紂之賢人，退於山林，網禽獸而食之。」趙氏引此以見不當徒餔啜之意。按趙氏謂仕所以行道，道不能行，則當隱處，不可沈浮隨俗，與世推移。是不以餔啜爲口腹也。

孟子曰。不孝有三。無後爲大。【注】於禮有不孝者三者。謂阿意曲從。陷親不義。一不孝也。家貧親老。不爲祿仕。二不孝也。不娶無子。絕先祖祀。三不孝也。三者之中。無後爲大。舜不告而娶。爲無後也。君子以爲猶告也。【注】舜懼無後。故不告而娶。君子知舜告爲不得而娶。娶而告父母。禮也。舜不以告權也。故曰猶告。與告同也。【疏】注。舜不以告權也。○正義曰。孟子之書。全是發明周易變通之義。道不行而徒沈溺餔啜。不可變通者也。爲無後不告而娶。可變通者也。趙氏以權明之。是也。告則不得娶至於無後。故不告與告同。謂告。禮也。道也。不告與告同。則亦禮也道也。告而得娶而不告。與告而不得娶而必告。皆非禮非道。於此量度之。則權之即禮即道明矣。章指。言量其輕重。無後不可。是以大舜受堯二女。夫三不孝。蔽者所闇。至於大聖。卓然匪疑。所以垂法也。

孟子曰。仁之實。事親是也。義之實。從兄是也。智之實。知斯二者弗去是也。【注】事皆有實。事親從兄。仁義之實也。知仁義所用而不去之。則智之實也。【疏】注。事皆至實也。○正義曰。仁義之名至美。慕其名者。高談深論。非其實也。孟子指其爲事親從兄。然則於此二者有未盡。雖日馳騖於仁義之名。皆虛妄矣。不知仁義之實。在此二者。非智之實也。知仁義之用。在斯二者。而不能力行。則所知仍虛而不實矣。禮之實。節文斯二者是也。樂之實。樂斯二者。【注】禮樂之實。節文事親從兄。使不失其節。而文其禮敬之容。而中心樂之也。【疏】注。禮樂至樂之也。○正義曰。太過則失其節。故節之。大實。則無禮敬之容。故文之。禮之爲節文。樂之爲樂。不待言者也。然節文在斯二者。樂在斯二者。乃爲禮樂之實。凡實字皆指事親從兄。仁義智禮樂之名。皆爲斯二者而設。樂則生矣。生則惡可已也。惡可已。則不知足之蹈之手之舞之。【注】樂此事親從兄。出於中心。則樂生其中矣。樂生之至。安可已也。豈能自覺足蹈節手舞曲哉。【疏】注。樂此至曲哉。○正義曰。禮記樂記云。故歌之爲言也。長言之也。說文故言也。言之不足。故長言之。長言之不足。故嗟歎之。嗟歎之不足。故不知手之舞之。足之蹈之。注云。不知手之舞之足之蹈之。歡之至也。詩序亦云。情動於中而形於言。言之不足。故嗟歎之。嗟歎之不足。故咏歌之。咏歌之不足。不知手之舞之足之蹈之也。然則不知手之舞之足之蹈之。樂之事也。而必由事親從兄二者而生乃爲實。不從事親從兄二者而生。雖不知手之舞之足之蹈之。乃非其實也。全氏祖望經史問答云。古來聖人言語中。極言孝弟之量者。始於孔子。其論大舜。推原其大德受命之由。本於大孝。其論武周。推極於郊社禘嘗之禮樂。以爲達孝。曾子申之以上老老民興孝。上長長民興弟。爲平天下之大道。有子申之以孝弟則犯亂不作爲仁之本。其言之廣狹。各有所當。而義則一。而最發明之者爲孟子。曰人人親其親長其長而天下平。曰達之天下。曰堯舜之道孝弟而已。而尤暢其說於是章。綜羅五德。至於制禮作樂之實。不外乎此。河間獻王采樂記。亦引孔子之言。以爲宗祀明堂。所以教孝。享三老五更於太學。冕而總干。執醬執爵。所以教弟。皆是章之疏證也。如此解節文。解手舞足蹈。方有實地。蔡文成以爲舞蹈只是手足輕健之意。則是不過布衣野人之孝弟耳。孟子意中却不然。雖有其德。苟無其位。則一身一家之中。手舞足蹈之樂。亦自在。而究未可以言禮樂之全量也。又云。孝弟之量。原未易造其極。故古今以來所稱孝弟。不過至知而弗去一層。其於禮樂二層皆未到。便到得知而弗去一層。已是大難。假如尹伯奇履霜之操。尹伯封彼黍之詩。天然兄弟。兄則事親。弟則從兄。皆是賢者。然吉甫非竟頑父也。不能化而順之。其餘如申生急子壽子。司馬牛匡章。皆値父兄之變。甚者以身爲殉。不然者。棄家蕪萃以終其身。其志節可哀。而使聖人處之。其節文之處。自有中道。諸君恐尚多未盡善處。是其於禮之實。尚待擬議。況樂乎。彼其繁冤悲怨。足以感動天地。然不足以語樂而生。生而至於舞蹈也。是非大舜不能也。故孟子下章卽及舜之事親而天下化。蓋以類及之也。其安常履順而極其盛。則武周矣。周公於管蔡之難。非不値其變也。然其成文武之德者大。破斧缺斨之恫。不足以玷其躋趾騶虞之仁也。是則禮樂之極隆者也。然則無位者之孝弟。至於曾閔。尚未足盡禮樂之實耶。曾子以晳爲之父。處其常。閔子乃處其變。然閔子竟能化其父母。便是足蹈手舞地位。曾子之養志。便是惡可已。章指。言仁義之本在於孝弟。孝弟之至。通於神明。況於歌舞不能自知。蓋有諸中形諸外也。〔疏〕仁義至外也。○正義曰。論語學而篇云。孝弟也者。其爲仁之本與。孝弟之至。通於神明。見孝經感應章第十大。歌舞卽謂足蹈手舞也。言歌者。以樂記蹈舞爲歌言也。仁義智禮樂必本孝弟乃實。孝弟必依仁義智禮樂乃至。本末兼該。內外一貫。說仁義而不本孝弟。說孝弟而不極於禮樂。皆失之也。

孟子曰。天下大悅而將歸己。視天下悅而歸己。猶草芥也。惟舜爲然。〔注〕舜不以天下將歸己爲樂。號泣于天。不得乎親。不可以爲人。不順乎親。不可以爲子。舜盡事親之道。而瞽瞍底豫。瞽瞍底豫而天下化。瞽瞍底豫而天下之爲父子者定。此之謂大孝。〔注〕舜以不順親意爲非人子。底。致也。豫。樂也。瞽瞍頑父也。盡其孝道而頑父致樂。使天下化之，爲父子之道者定也。【疏】注。舜以不順親意爲非人子。○正義曰。趙氏以不順乎親。所以不得乎親。故不順親意。衆括不得不順兩語。而並不可以爲人。不可以爲子兩語。爲爲非人子。毛氏奇齡四書賸言補云。不得乎親。是不相能。如虛子敎子類。順則悅之矣。即下文底豫。所謂底致豫悅是也。悅親之由。全在舜能盡其道。與中庸順乎親有道正同。○注。底致至定也。○正義曰。底。致也。爾雅釋言文。豫。樂也。爾雅釋詁文。致樂者。由不樂而至於樂也。以父之頑如瞽瞍。而舜盡事親之道。卒能至於豫樂。則是天下無難事之親。凡其親不能致樂者。皆人子於事親之道未盡也。夫以瞽瞍之頑而致樂，則天下之事親者。皆由是而化。亦由是而定。定者。人子不得疑於父母之難事而不盡其道也。閻氏若璩釋地又續云。余嘗以五帝紀舜之踐帝位。載天子旗。往朝瞽瞍。夔夔惟謹如子道。此方是瞽瞍亦允若。瞽瞍底豫時候。較舜之身爲庶人。僅云不格姦者。殊有淺深次第之不同。只觀帝使其子九男二女節。有爲不順於父母語。天下大悅而將歸己節。有不得乎親語。此皆試舜於畎畝之中事也。況前此雖云克諧以孝。舜猶不告而娶。以爲告則不得娶。是子不能得之於父也。堯亦知告焉則不得娶。是君並不能得於臣也。其頑至此。則既娶之後。猶復欲殺之而分其室。萬章斷非傳聞。史遷斷非無據可知。而諸儒或疑之。或傅會之。概未嘗設身乎處地。與爲按文切理者也。大抵親但不至于姦惡。其格淺。親能諭之於道、其格深。以舜之聖。年踰六十。始臻斯境。豈易言哉。按尙書堯典云。克諧以孝。烝烝乂不格姦。江氏聲集注音疏。述其師惠松厓先生云。楊孟文石門頌曰。烝烝艾。是本諸尙書。則古尙書作艾也。艾養格至也。言舜能和於弟。孝於親。厚以奉養。使不致於姦惡。僞孔本艾作乂。訓爲治。正義云。上歷言三惡。此美舜能養之。蓋孔穎達必見漢注有訓艾爲養者。故爲此言。由此知艾當訓養。此說是也。克諧以孝。則舜之和其兄弟以怡父母。於此句見之。然徒以和孝之虛情。焉能變化其頑嚚之本質。故必厚以養之。姦。私也。瞽瞍蓋亦市井之人。營營於耳目口體之欲。故違於德義耳。既厚以養之。則已得滿所欲。豈尙與人爭利而無賴乎。所以不至於私。聖人變通神化之用。必從實處行之。可知舜之耕稼陶漁而號泣於窮人者。均坐此耳。迨至踐帝位以天下養。而又能夔夔齊慄。既養其身。又悅其心。所以致樂也。今之孝者。能養而不能敬。固不可以爲大孝。舍厚養而但空言克諧。亦未必其即諧也。菽水承歡。可以事賢父。未可以例瞽瞍。況以曾子養志於曾皙。且須酒肉。則所以事親之道。可於是參之矣。

章指。言以天下之富貴爲不若得意於親。故能懷協頑嚚。底豫而欣。天下化之。父子加親。故稱盛德者必百世祀。無與比崇也。【疏】故稱至崇也。○正義曰。昭公八年左傳。史趙云。自幕至於瞽瞍無違命。舜重之以明德。寘德於遂。遂世守之。及胡公不淫。故周賜之姓。使祀虞帝。臣聞盛德必百世祀。虞之世又未也。繼守將在齊。其兆既存矣。史記陳杞世家贊云。舜之德可謂至矣。禪位於夏。而後世血食者。居三代。及楚滅陳。而田常得政於齊。卒爲建國。百世不絕。苗裔茲茲。有土者不乏焉。

卷八　離婁章句下凡三十三章

孟子曰：舜生於諸馮，遷於負夏，卒於鳴條，東夷之人也。注生始卒終。記終始也。諸馮負夏鳴條皆地名。負海也。在東方夷服之地，故曰東夷之人也。疏注，生始至始也。○正義曰。荀子禮論篇云。生。人之始也。死。人之終也。爾雅釋詁云。卒。終也。禮記曲禮云。大夫曰卒。孔氏正義云。大夫是有德之位。仕能至此。亦是畢了卒生。故曰卒也。檀弓云。君子曰終。小人曰死。注云。事卒爲終。消盡爲澌。孔氏正義云。言但身終功名尚在。舜文王爲天子諸侯。不當稱卒。其稱卒。爲君子曰終之義，故以始終言之也。○注諸馮負夏至人也。○正義曰。諸馮不可攷。史記五帝本紀云。舜。冀州之人也。舜耕歷山。漁雷澤。作什器於壽邱。就時於負夏。集解引鄭康成云。負夏衞地。索隱云。就時猶逐時。若言乘時射利也。尚書大傳云。販於頓邱。就時負夏。孟子曰遷於負夏是也。翟氏灝攷異云。司馬遷伏生之意。似讀孟子遷字。如益稷篇懋遷之遷。書序云。伊尹相湯伐桀。升自陑。遂與桀戰於鳴條之野。作湯誓。夏師敗績。湯遂從之。遂伐三朡。俘厥寶玉。誼伯仲伯作典寶。後漢書郡國志。濟陰郡定陶縣有三鬷亭。三鬷卽三朡。由鳴條遂伐三朡。則鳴條當亦不遠。其所在則未詳也。鄭康成以爲南夷地名。蓋檀弓謂舜葬於蒼梧之野。而孟子言卒於鳴條。又呂氏春秋簡選篇。言殷湯登自鳴條。乃入巢門。淮南子主術訓。湯困桀鳴條。擒之焦門。修務訓。湯整兵鳴條。困夏南巢。譙以其過。放之歷山。南巢卽焦門。在今江南巢縣，均與鳴條皆異。故鄭意鳴條之在南也。趙氏佑溫故錄云。趙注不詳地所在之實而言名。又言負海。豈以爲經負字釋乎，必無之理也。負海也者。明其地之負海也。夷考負夏衞地。見檀弓注。鳴條見書序。史記則曰舜冀州之人也。古冀州直北位非東。亦未嘗近海，惟青徐揚三州禹貢並言海。而徐揚之海在東南，惟青居大東。海在其北。故郡稱北海。海在北如負之者然。趙氏蓋略聞諸馮之地之負海而未得其實。故渾而言之。今青州府有諸城縣。大海環其東北。說者以爲卽春秋書城諸者。其地有所謂馮山馮村。蓋相傳自古。就疑近是。凡言人地以所生爲斷。遷卒皆在後。孟子亦據舜生而言東也。由此以推。則知歷山雷澤河濱。與夫負夏壽邱頓邱之皆東土。班班可攷。若河東之虞。蓋本舜祖虞幕之封。故書稱虞舜。史言冀州。猶後人稱祖籍標郡望耳。然自漢以來。皆專主河東。於是諸馮湮。注意隱矣。按孔本作負。負海也。上負字衍。

文王生於岐周，卒於畢郢，西夷之人也。注岐周畢郢地名也。岐山下周之舊邑。近畎夷。畎夷在西。故曰西夷之人也。書曰。太子發上祭于畢。下至于盟津。畢。文王墓。近於酆鎬也。疏注。岐周至鎬也。○正義曰。漢書地理志右扶風美陽。禹貢岐山在西北中水鄉。周大王所邑。又云　大王徙𨙸。文王作酆。顏師古注云。𨙸今岐山縣是。酆今長安西北界靈臺鄉豐水上是。文王生時尚未徙豐。岐在豐西而近於畎夷。閻氏若璩釋地續云。畎夷。

即文王之所辜者。采薇序。文王時。西有昆夷之患是也。引書在太誓篇云。惟四月。太子發上祭於畢。下至於孟津之上。此即後出之太誓。合今文二十八篇為二十九篇者也。趙氏時此篇尚存。故直引為書曰云云。今見於毛詩周頌思文。正義所引僞孔傳所傳之太誓三篇。無此文也。孔氏廣森經學巵言云。郢與程通。周書史記解曰。昔有畢程氏。損祿增爵。羣臣貌匱。此而戾民。畢程氏以亡。畢程本商時國。為周所滅。文王遂居之。大匡解曰。惟周王宅程三年。遭天之大荒是也。土地名字。後人多改从阝旁。其實仍當讀程。以別於郢楚之郢。文王既伐于崇。作邑于豐。然其卒也。還葬畢程。故成王葬周公於畢。以為從文王墓。孟子不言卒於豐。而言卒於畢郢。就據其葬地言之耳。劉氏台拱經傳小記釋畢郢云。自來注孟子者。不詳郢地所在。漢書地理志右扶風安陵。闞駰以為本周之程邑。括地志云。安陵故城。在雍州咸陽縣東二十一里。周之程邑也。此邑中之地為程也。其西有畢陌。一名畢原。皇甫謐所謂安陵西畢陌。元和郡縣志云。畢原即咸陽縣所理也。原南北數十里。東西二三百里。亦謂之畢陌。此邑外之地為畢也。畢者。程地之大名。程者。畢中之小號也。杜佑云。王季都畢。通國內言之。春秋昭九年傳。周景王之言曰。我自夏以后稷。魏駘芮岐畢。吾西土也。注言在夏世以后稷功。受此五國。為西土之長。是則岐也畢也。皆古之建國也。周者。大王所邑。而岐之小別也。故繫岐而言之。曰岐周。程者。王季所邑。而畢之小別也。故繫畢而言之曰畢程。呂覽具備篇云。武王嘗窮於畢程矣。畢程即畢郢。周書史記解云。昔有畢程氏。則畢郢之名之所起遠矣。又按畢地有二。其一文王墓地也。太史公曰。畢在鎬東南杜中。皇覽云。周文王武王周公冢。在京兆長安縣鎬聚東杜中。而括地志以為在雍州萬年縣西南二十八里畢原上。則唐亦謂之畢原。是故有咸陽縣之畢原。所謂文王卒於畢郢也。有萬年縣之畢原。所謂文王葬於畢也。一在渭北。一在渭南。異所同名。往往相亂。杜佑言畢初王季都之。後畢公封焉。此言在渭北者當矣。而以為文王所葬則失之。帝王世紀云。文武葬於畢。畢在杜南。晉書地道記亦云。畢在杜南。與畢陌別。此則文武所葬不在畢陌明矣。是以裴駰辨之云。皇覽曰。秦武王冢。在扶風安陵縣西北畢陌中大冢是也。人以為周文王冢。非也。周文王冢在杜中。張守節亦云。括地志云。秦惠文王陵。在雍州咸陽縣西北一十四里。秦悼武王陵。在雍州咸陽縣西十里。俗名周武王陵。非也。羣書剖析。具有明文。惟顏師古注漢書劉向傳。文王周公葬於畢。用畢陌為釋。而杜亦云。然自茲以降。莫不謬指秦陵。誣稱周墓。傳之方志。載之祀典。謬所從來。非一世矣。趙岐注言畢文王墓。近於酆鎬之地。此言在渭南者當矣。而以訓畢郢則失之。文王始亦宅程。周書稱文王在程。作程寤程典。其後作邑於酆。而先君宗廟。故居宮室。猶於是乎存。因是往來舊都。而末年仍卒乎此。以情事推之。昭然可見。卒於畢郢。不言為葬。而趙以墓地當之。畢地既誤。何郢之可言。闕而不究。其不以此乎。陸賈新語術事篇云。文王生於東夷。大禹出於西羌。世殊而地絕。法合而度同。此本孟子而以文王生東夷者對西羌言之。則岐周之地為東也。鹽鐵論國病篇。賢良曰。禹出西羌。文王生北夷。地

之相去也。千有餘里。世之相後也。千有餘歲。得志行乎中國。若合符節。先

聖後聖。其揆一也。注土地相去。千有餘里。千里以外也。舜至文王千二百歲。得志行政於中國。蓋謂王也。如合符節。節。玉節也。周禮有六節。揆。度也。言聖人之度量同也。疏注。土地相至外也。○正義曰。禮記王制云。自東河至於東海。千里而遙。自東河至於西河。千里而近。自西河至於流沙。千里而遙。文王所生之岐周。在西河之西。而未至流沙。舜所生之諸馮。在東河之東。而未至東海。約在二千里之內。一千里之外。故云千有餘里也。舜生於帝堯四十年內外。壽百有十歲。歷夏十七帝。並從之四十三年。共四百四十二年。文王生於商祖甲時。約五百二三十年。自舜之生至文王之生。約計一千一百年之內。趙氏言舜至文王千二百歲者。蓋自舜生之年。數至文王之卒。當商紂時也。周禮地官掌節。掌守邦節而辨其用。以輔王命。守邦國者用玉節。守都鄙者用角節。凡邦國之使節。山國用虎節。土國用人節。澤國用龍節。皆金也。以英蕩輔之。門關用符節。貨賄用璽節。道路用旌節。秋官小行人。達天下之六節。山國用虎節。土國用人節。澤國用龍節。皆以金爲之。道路用旌節。門關用符節。都鄙用管節。皆以竹爲之。然則符節乃六節中之一。而玉節亦掌節八節中之一。乃孟子言符節。而趙氏以玉節釋節字。又引周禮之六節何也。說文卩部云。卩。瑞信也。守邦國者用玉卩。守都鄙者用角卩。使山邦者用虎卩。土邦者用人卩。澤邦者用龍卩。門關者用符卩。貨賄用璽卩。道路用旌卩。竹部云。符。信也。漢制以竹長六寸。分而相合。蓋符與節爲瑞信之通名。說文玉部云。瑞以玉爲信也。春官典瑞。掌玉瑞玉器之藏。鄭注序官云。瑞。節信也。典瑞。若今符璽郎。又注其職云。瑞。符信也。節爲瑞信之名。則是玉節乃節之本。故掌守邦節。鄭氏注云。邦節者。珍圭牙璋穀圭琬圭琰圭也。此皆玉也。而八節亦首以玉。而角金竹附之。故趙氏直以節爲玉節。又以節之名通於角。金竹所爲。故申之云。周禮有六節也。玩說文。則節爲玉節之名。符爲竹節之名。鄭氏注掌節云。以金爲節鑄象焉。今漢有銅虎符。符節者。如今宮中諸官詔符也。注小行人云。管節。如今之竹使符也。然則漢時金竹皆名爲符。天官小宰。以官府之八成經邦治。四曰聽稱責以傅別。注云。故書作傅辨。鄭大夫讀爲符別。則符之名。不必專於門關之所用。周氏柄中辨正云。史記言黃帝合符釜山。蓋符與節皆信也。故或言節。或言符。或並言符節。實一而已。孟子所言。豈專指八節中之符節哉。荀子儒效篇云。張法而度之。則晻然若合符。是大儒者也。注云。如合符節。言不差錯也。晻與暗同。符節相合之物也。周禮門關用符節。蓋以全竹爲之。剖之爲兩。各執其一。合之以爲驗也。楊氏以符節爲門關所用。與趙氏義異。乃荀子謂張法而度之。卽孟子所謂揆矣。揆者。通變神化之用也。陳組綬撰屏解云。符節言其驗也。揆言其度也。蓋指聖人之所以度量天下者言。事有古今。量度主焉。按圖索驥。膠柱鼓瑟。安有是處。夫孰知不一者爲之一。而至合者在至不合乎。不曰得位而曰得志。位者所以抒其志也。

章指。言聖人殊世而合其道。地雖不比。由通一軌。故可以爲百王法也。

子產聽鄭國之政。以其乘輿濟人於溱洧。注子產鄭卿。爲政聽訟也。溱洧水名。見人有冬涉者。仁心不忍。以其乘車度之也。疏注子產至度之也。○正義曰。子產。子國之子公孫僑也。陳氏厚耀春秋世族譜云。襄公八年。代子皮爲政。昭公二十年卒。鄭卿多無謚。晉語鄭簡公使公孫成子來聘。韋昭云。成子。子產之謚也。其子思。思亦謚桓。豈以賢者之故邪。淮南子氾論訓云。聽天下之政。高誘注云。政。治也。周禮地官鄉師。各掌其所治鄉之教而聽其治。注云。聽謂平察之。尚書大傳云。諸侯不同聽。鄭氏注云。聽。議獄也。趙氏以聽爲平察。故以政指訟獄也。閻氏若璩釋地云。溱洧。二水名。說文引詩溱與洧作潧。曰潧水出鄭國。洧水出潁川陽城山東南入潁。史記注引括地志。以爲古新鄭城南。洧與溱合。水經亦云。余讀酈道元注。於溱水相鄰者。若丹水汝水潁水澳水渠水沙水。皆不載有橋梁。獨洧水。一則曰又東逕陰坂北。水有梁焉。再則曰又屈而南流。其水上有梁。謂之桐門橋。則洧水之宜置有梁。孟子言殊非無因。竊以諸葛武侯相蜀。好治官府次舍橋梁道路。所至井竈藩溷。皆應繩墨。子產治鄭。何獨不然。此亦不過偶於橋有未修。以車濟人。而孟徑即其事以槩論之。禮記仲尼燕居云。子產猶衆人之母也。能食之不能教也。注云。子產嘗以其乘車濟冬涉者。而車梁不成。是慈仁亦違禮。家語正論解。子游問於孔子曰。夫子之極言子產之惠也。可得聞乎。孔子曰。謂在愛民而已矣。子游曰。愛民謂之德教。何翅惠哉。孔子曰。夫子產者。猶衆人之母也。能食之而不能教也。子游曰。其事可言乎。孔子曰。子產以所乘之車濟冬涉。是愛而無教也。車即輿。鄭氏言乘車。此同之。乘車是所乘之車。音義音剩。則讀爲千乘萬乘之乘。非也。爾雅釋言云。濟。渡也。度與渡同。說苑致理篇云。景差相鄭。鄭人有冬涉水者。出而脛寒。後景差過之。下陪乘而載之。覆以上衽。此所記與孟子異。

孟子曰。惠而不知爲政。歲十一月徒杠成。十二月輿梁成。民未病涉也。注以爲子產有惠民之心。而不知爲政。當以時修橋梁。民何由病苦涉水乎。周十一月夏九月。可以成步度之功。周十二月夏十月。可以成輿梁也。疏惠而不知爲政。○正義曰。此申明有仁心而民不被澤之義。○注周十至梁也。○正義曰。國語周語單子云。夫辰角見而雨畢。天根見而水涸。故先王之教曰。雨畢而除道。水涸而成梁。故夏令曰。九月除道。十月成梁。注云。天根。氐亢之間也。涸。竭也。謂寒露雨畢之後五日。天根朝見。水潦盡竭也。月令仲秋水始涸。天根見。乃盡竭。九月雨畢。十月水涸。夏令夏后氏之令。周所因也。除道所以便行旅。成梁所以便民使不涉也。禮記月令注。引王居明堂禮云。季秋除道致梁。以利農也。孔氏正義曰。農既收則當運輦。故法地治道。水上爲梁。便利民之轉運。準此則季秋致梁。即十一月徒杠成。十月成梁。即十二月輿梁成。翟氏灝攷異云。爾雅釋宮注。引孟子歲十月徒杠成。疏曰。孟子十一月。此作十月脫誤。或所見本異。今注疏本趙注云。周十月夏九月。可以成步度之功。周十一月夏十月。可以成輿梁也。與爾雅注所引却合。然周正建子。夏正建寅。人人之所熟悉。安可以如是言之。舊本趙氏注。上自爲周十一月。下自爲周十二月。此舊書所以可貴。阮氏元校勘記云。周十月夏九月。閩監毛三本同。廖本孔本韓本作周十一月。推求文義。趙氏本作周十月夏八月。周十一月夏九月。而經文本作歲十月徒杠成。十一月輿梁成。後人亂之。而閩監毛本尙存舊迹。廖孔韓本則似是而實非也。周禮之例。凡夏正皆曰歲。凡曰歲終。曰正歲。曰歲十有二月。皆謂夏時也。凡言正月之吉。不曰歲。謂周正也。說詳戴震文集。孟子言歲十月十一月謂夏正。兩言七八月之閒則謂周正。正與周禮同例。趙注未解其例。今本則經注又皆舛謬矣。夏令曰。十月成梁。孟子與國語合。按趙氏注明作夏九月夏十月。則其時之本。自是十一月徒杠成。十二月輿梁成。仲尼燕居正義引孟子。亦作歲十一月徒杠成。十二月輿梁成。則據閩監毛三本之十月十一月。而改趙氏爲夏八月夏九月。恐亦無確證。備錄如右。識者參之。段氏玉裁說文解字注云。榷。水上橫木所以渡者。橋。水梁也。梁。水橋也。釋宮云。石杠謂之倚。孟子歲十月徒杠成。趙岐釋爲步渡。郭釋云。步渡彴。然則石杠者。謂兩頭聚石。以木橫架之可行。非石橋也。凡直者曰杠。橫者亦曰杠。杠與榷雙聲。孝武紀曰。榷酒酤。韋昭曰。以木渡水曰榷。謂禁民酤釀。獨官開置如道路。設木爲榷。獨取利也。水梁者。水中之梁也。梁者宮室所以關舉南北者也。然其字本從水。則橋梁其本義。而棟梁其假借也。凡獨木曰杠。駢木者曰橋。大則爲陂陀者。曰橋梁之字。用木跨水。則今之橋也。孟子輿梁成。夏令十月成梁。大雅造舟爲梁。皆今之橋制見於經傳者。言梁不言橋也。若爾雅隄謂之梁。毛傳石絕水曰梁。謂所以偃塞取魚者。亦取亘於水中之義謂之梁。凡毛詩自造舟爲梁外。多言魚梁。

君子平其政。行辟人可也。焉得人人而濟之。故爲政者每人而悅之。日亦不足矣。

注 君子爲國家平治政事刑法。使無違失其道。辟除人使卑辟尊可爲也。安得人人濟渡於水乎。每人而輒欲自加恩以悅其意。則日力不足以足之也。

疏 注。君子至足之也。○正義曰。淮南子時則訓。平詞訟。高誘注云。平。治也。禮記王制云。齊其政。注云。政謂刑禁。論語爲政篇云。道之以政。集解引孔曰。政。法教也。趙氏解平其政爲治政事刑法。以政卽刑禁法教也。橋梁不修。民甚冬涉。則政有違失矣。其道辟除人者。道字釋行字。說文辵部云。道所行道也。鄭氏注禮記射義。儀禮喪服傳。皆云道猶行也。是也。音義出辟人云。丁張並音闢。亦如字。注辟除同。又出卑辟云音避。周禮秋官條狼氏。掌鞭以趨辟。王出入。則八人夾道。注云。趨辟。趨而辟行人。秋官野廬氏。凡有節者。及有爵者至。則爲之辟。注云。辟。辟行人。小爾雅廣言云。辟。除也。是辟人卽辟除人。謂辟人使避之。段氏玉裁說文解字注云。僻。辟也。辟者。法也。引申爲辟人之辟。辟人而人避之亦曰辟。若周禮閽人。凡外內命婦出入。則爲之辟。孟子。行辟人可也。曲禮。若主人拜。則客還辟。辟。拜。郊特牲。有由辟焉。包咸論語注。躩。盤辟貌也。投壺。主人盤旋曰辟。賓盤旋曰辟。大射儀賓辟注曰。辟。逡遁不敢當盛。他書辟人辟邪辟塞辟壓之類。語意大略相似。自辟之者言。則閻人離婁篇郊特牲是也。自退者言。則曲禮設壺論語注所云是也。辟之言邊也。辟於一邊也。僻之本義如是。然則辟除人與卑辟尊。字同義亦同。音義雖兼存兩音。音兩而義一也。俗以辟除之辟作闢。辟尊之辟作避。非古義矣。以每人而悅之爲欲自如恩以悅其意者。莊子人間世。無門無毒。釋文毒。崔本作每。云貪也。漢書賈誼傳鵩賦云。夸者死權。品庶每生。萬康云。每。貪也。說文貝部云。貪。欲物也。趙氏以每爲貪。以貪爲欲。每人而悅。是貪於悅人。故云欲自加恩以悅其意也。趙氏佑溫故錄云。此節正辨子產以乘輿濟人之無其事也。君子即謂子產。子產有君子之道者也。其爲政使都鄙有章。上下有服。田有封洫。廬井有伍。大夫之忠儉者。從而與之。泰侈者因而斃之。蓋能平其政。非務悅人。明矣。濟涉細事。本不足爲執政輕重。而當執政經臨。輿衛森嚴。肆吏祇候。即有往來喧競。自當靜俟軒車。必無辱親聽。而煩左右者。大夫之乘。非小人所得假。其人既衆。豈一輿所能用。此必無之理。會子產而有之。而世徒妄傳失實。是則子產不知爲政也。是子產將不得爲君子也。章指。言重民之道。平政爲首。人君由天。天不家撫。是故子產渡人。孟子不取也。【疏】人君由天。○正義曰。音義云。丁云由義當作猶。猶如也。古字通用。

孟子告齊宣王曰。君之視臣如手足。則臣視君如腹心。君之視臣如犬馬。則臣視君如國人。君之視臣如土芥。則臣視君如寇讎。【注】芥。草芥也。臣緣君恩以爲差等。其心所執若是也。【疏】注。芥草芥也。○正義曰。方言云。芥。草也。自關而西。或曰草。或曰芥。哀公元年左傳。逢滑曰。臣聞國之興也。視民如傷。是其福也。其亡也。以民爲土芥。是其禍也。楚雖無德。亦不艾殺其民。吳日敝於兵。暴骨如莽。注云。芥草也。又云。草之生於廣野。莽莽然。故曰草莽。然則土芥謂視之如土如草。不甚愛惜也。孟子本諸逢滑。○注臣緣至是也。○正義曰。趙氏以視爲心相視。非形相視。故曰心之所執若是。

王曰。禮。爲舊君有服。何如斯可爲服矣。【注】宣王問禮。舊臣爲舊君服喪服。問君恩如何。則可爲服。【疏】注。禮舊臣爲舊君服喪服。○正義曰。儀禮喪服。爲舊君君之母妻。傳云。爲舊君者孰謂也。仕焉而已者也。何以服齊衰三月也。言與民同也。君之母妻。則小君也。大夫在外。其妻長子爲舊國君。傳云何以服齊衰三月也。妻言與民同也。長子言未去也。舊君傳云。大夫爲舊君。何以服齊衰三月也。大夫去君。歸其宗廟。故服齊衰三月也。言與民同也。何大夫之謂乎。言其以道去君而猶未絕也。然則有致仕之舊君。有去國之舊君。致仕則君恩本未絕。故不特爲君服。且爲君之母妻服。若已去國則不服。惟妻子仍居本國者服。雖待放於郊。尚未去國。乃爲舊君服。

曰。諫行言聽。膏澤下於民。有故而去。則君使人導之出疆。又先於其所往。去三年不反。然後收其田里。此之謂三有禮焉。如此。則爲之服矣。【注】爲臣之時。諫行言從。德澤加民。若有他故。不得不行。譬如華元奔晉。隨會奔秦是也。古之賢君遭此。則使人導之出竟。又先至其所到之國。言其賢良。三年不反。仍收其田桒及里居也。此三者有禮。則爲之服矣。【疏】注。若有至秦是也。○正義曰。成公十五年左傳云。秋八月。葬宋共公。於是華元爲右師。蕩澤爲司馬。蕩澤弱公室。殺公子肥。華元曰。我爲右師。君臣之訓。師所司也。今公室卑而不能正。吾罪大矣。不能治宜。敢賴寵乎。乃出奔晉。文公六年左傳云。八月乙亥。晉襄公卒。靈公少。晉人以難故。欲立長君。趙孟曰。立公子雍。使先蔑士會如秦逆公子雍。七年左傳云。穆嬴日抱太子以啼於朝。朝出。則抱以適趙氏。宣子與諸大夫皆患穆嬴。且畏偪。乃背先蔑而立靈公。以禦秦師。戊子。敗秦師于令狐。至于刳首。己丑。先蔑奔秦。士會從之。十三年左傳云。趙宣子曰。隨會在秦。賈季在狄。難日至矣。若之何。郤成子曰。賈季亂。且罪大。不如隨會能。賤而有恥。柔而有犯。其知使也。且無罪。此華元奔晉隨會奔秦之事也。○注。古之至服矣。○正義曰。昭公元年穀梁傳云。疆之爲言猶竟也。竟與境通。是出疆即出境也。廣雅釋詁云。往。至也。爾雅釋詁云。到。至也。是往即到也。史記酈生列傳云。沛公麾下騎士。適酈生里中子也。酈生謂之曰。吾聞沛公慢而易人。多大略。此眞吾所願從游。莫爲我先。若見沛公謂曰。臣里中酈生。年六十餘。長八尺。人皆謂之狂生。生自謂我非狂生。臣里中云云。即爲之先也。莊子秋水篇云。莊子釣於濮水。楚王使大夫二人往先焉。曰。願以竟內累矣。釋文云先焉。先。謂宣其言也。此又先於其所往之先。與之同。故趙氏云。言其賢良。蓋先則有所宣之言。如二大夫之於莊子。騎士之於酈生也。阮氏元校勘記云。乃收其田里。田。業也。里。居也。閩監毛三本同。廖本韓本作乃收其田桒及里居也。孔本攷文古本作乃收其田桒及里居也。足利本作乃收其田里。田桒及里居。音義亦出田桒。桒當作采。大夫采地字。古書多或作菜。桒誤爲桒。作業則更誤矣。三者有禮。使人導之出疆。一也。又先於其所往。二也。去三年不反。然後收其田里。三也。

今也爲臣。諫則不行。言則不聽。膏澤不下於民。有故而去。則君搏執之。又極之於其所往。去之日。遂收其田里。此之謂寇讎。寇讎何服之有。【注】搏執其族親也。極者。惡而困之也。遇臣若寇讎。何服之有乎。【疏】注。搏執至有乎。○正義曰。音義云。搏音博。說文手部云。搏。索持也。宀部云。索。入家搜也。顏氏家訓引通俗文云。入室求曰搜。入其家室搜索而持執之。故知爲搏執其族親。族親指其父母妻子兄弟而言。故入其家而索之族親。正釋搏字。其義精矣。禮記月令。孟秋之月。命有司脩法制。繕囹圄。

具極捨。禁止姦。愼罪邪。務搏執。鄭氏不注。高誘注呂氏春秋云。愼戒有姦罪者博執之也。亦未詳謝。接此姦邪。蓋指邪說左道之類。罪此邪人。必審愼得其實。旣審得其實。則必搜索其家。執而禁之。聖人於惑民致亂之姦邪。不姑息以遺患如此。孟子之搏執。非月令之搏執亦明矣。說文穴部云。窮。極也。論語堯曰篇云。四海困窮。集注引包曰。困。極也。極是困窮。極之於其所往。即困之於其所往也。緣其所以困之之故。則云惡而困之也。尙書洪範云。鯀則殛死。釋文云。殛本作極。極鯀於羽山。亦是困之於羽山。鄭志答趙商云。鯀非誅死。鯀放居東裔。至死不得反於朝。蓋置鯀於東海。永不復用。又收管之不許他往。所以困之窮之。使之終死於是。所謂極也。此極之於其所往。蓋旣不得如士會之復歸。又不能若賈季之從翟。且如商任之台。禁錮欒盈。使諸侯不得受。則所以困之窮之者至矣。是時臣之心。惟恐遭其荼毒。故擬之曰寇讎。非眞如與曲沃之甲。轉身爲亂賊也。禮記檀弓云。穆公問於子思曰。爲舊君反服。古與。子思曰。古之君子。進人以禮。退人以禮。故有舊君反服之禮也。今之君子。進人若將加諸膝。退人若將隊諸淵。毋爲戎首。不亦善乎。又何反服之禮之有。注云。言放逐之臣。不服舊君也。爲兵主來攻伐曰戎首。孟子此章。正申明子思之義。

章指。言君臣之道。以義爲表。以恩爲裏。表裏相應。猶若影響。舊君之服。蓋有所與。諷諭宣王。勸以仁也。

孟子曰。無罪而殺士。則大夫可以去。無罪而戮民。則士可以徙。注惡傷其類。視其下等。懼次及也。語曰。鳶鵲蒙害。仁鳥曾逝。此之謂也。疏注。惡傷至謂也。○正義曰。士大夫爲類而六等上士一位。下於大夫。士農工商爲四民。是士實民爲類。士居四民之首。則民下於士。故爲下等也。引語者。漢書梅福傳云。成帝委任大將軍王鳳。鳳專執擅朝。而京兆尹王章素忠直。譏刺鳳。爲鳳所誅。福上書曰。夫鳶鵲遭害。則仁鳥增逝。愚者蒙戮。則知士深退。顏師古注云。鳶。鴟也。音緣。禮記中庸引詩鳶飛戾天。釋文云。本又作戴。阮氏元校勘記云。仁鳥增逝。閩監毛三本同。廖本孔本韓本增作曾。作曾是。曾。高也。

章指。言君子見幾而作。故趙殺鳴犢。孔子臨河而不濟也。疏君子至濟也。○正義曰。易繫辭傳云。幾者動之微。吉之先見者也。君子見幾而作。不俟終日。史記孔子世家云。孔子將西見趙簡子。至於河。聞竇鳴犢舜華死。臨河而歎曰。美哉水。洋洋乎。某之不濟此。命也夫。子貢趨而進曰。敢問何謂也。孔子曰。竇鳴犢舜華。晉國之賢大夫也。某聞之也。刳胎殺夭。則麒麟不至郊。竭澤涸漁。則蛟龍不合陰陽。覆巢毀卵。則鳳凰不翔。何則。君子諱傷其類也。

孟子曰。君仁莫不仁。君義莫不義。注君者。一國所瞻仰以爲法。故必從之。疏君仁至不義。○正義曰。前言人臣格君心之非。明人臣當自脩其身。此言人君自格其心。明人君當自脩其身。

章指。言君以仁義率衆。孰不順焉。上爲下效也。疏上爲下效也。○正義曰。白虎通三教篇云。教者效也。上爲之。下效之。

孟子曰。非禮之禮。非義之義。大人弗爲。注若禮而非禮。陳質娶婦而長拜之也。若義而非義。藉交報仇是也。此皆大人所不爲也。疏注。若禮至之也。○正義曰。若。猶似也。似禮非禮。似義非義。皆似是而非者也。周氏廣業孟子古注攷云。陳質疑是奠贄之義。董子繁露五行相勝篇云。營蕩爲齊司寇。太公問治國之要。曰。在仁義而已。仁者愛人。義者尊老。愛人者。有子不食其力。尊老者。妻長而夫拜之。太公曰。寡人欲以仁義治齊。今子以仁義亂齊。寡人立而誅之。以定齊國。此拜妻之證也。阮氏元校勘記云。音義本陳質。亦作質。按孫志祖云。長讀長幼之長。長字句絕。按古事相傳。名、姓往往各異。如虞慶之爲高陽魋。壺脣之爲去乘。此營蕩之爲陳質。亦其類耳。○注。藉交報仇是也。○正義曰。周氏廣業孟子古注攷云。史記貨殖傳云。閭巷少年。借交報仇。篡逐幽隱。實皆爲財用耳。游俠傳云。郭解少時陰賊。以軀借交報仇。漢書朱雲少時。通輕俠。借交報仇。師古注。借。助也。音子夜切。孫公音義。藉。慈夜切。義與借同。則藉交卽借交也。章指言禮義人之所以折中。履其正者。乃可稱中。是以大人不行疑禮。疏禮義人之所以折中。○正義曰。禮記仲尼燕居云。夫禮所以制中也。表記云。義者天下之制也。文選羽獵賦云。不制中以梟臺。注引韋昭云。制或爲折。

孟子曰。中也養不中。才也養不才。故人樂有賢父兄也。注中者。履中和之氣所生。謂之賢。才者。謂人之有俊才者。有此賢者。當以養育教誨不能。進之以善。故樂父兄之賢以養己也。疏注。中者至之賢。○正義曰。白虎通五行篇云。中。和也。中和居六德之首。周禮鄉大夫興賢者能者。注云。賢者有德行者。履中和之氣所生。則有德行。有德行故謂之賢。說文貝部云。賢。多才也。老子云。不尙賢。王弼注云。賢猶能也。然則中才皆得謂之賢。故下承言賢父兄。兼中與才而言也。趙氏以中爲賢。下亦云賢者養育教誨不能。不能卽不才。則賢者亦兼指才而言矣。○注。才者謂人之有俊才者。○正義曰。淮南子氾論訓云。天下雄俊豪英。注云。才過千人爲俊。禮記王制云。司徒論選士之秀者而升之學曰俊士。月令云。命太尉贊傑俊。注云。傑俊。能者也。天官太宰。四曰使能。注云。能。多才藝者。國語晉語云。夫教者因體能質而利之者也。注云。能。才也。○注、有此賢者至己也。○正義曰。禮記文王世子云。立太傅少傅以養之。注云。養。猶教也。言養者。積浸成長之。說文去部云。育。養子使作善也。虞書曰。教育子。馬融注堯典教胄子云。胄。長也。教長天下之子弟。爾雅釋詁云。育。長也。馬亦讀胄爲育。孟子言得天下英才而教育之。教育卽堯典之教育。教育連文。育卽是教。此中也養不中。才也養不才。卽是中也教不中。才也教不才也。注云。樂父兄之賢以養己。卽是樂父兄之賢以教己也。故趙氏以育釋養。又以教誨釋養育。下言訓導。訓導亦教誨也。禮記內則云。獻其賢者於宗子。注云。賢猶善也。以賢教不賢。是以善教不善。則不善者進之以善。賢既得兼才能而言。則以賢教不賢。亦是以能教不能。則不能者亦進之以能。上云有此賢者。下云教誨不能。進之以善。互發明之也。

如中也棄不中。才也棄不才。則賢不肖之相去。其間不能以寸。注 如使賢者棄愚。不養其所當養。則賢亦近愚矣。如此賢不肖相覺。何能分寸。明不可不相訓導也。疏 注不養至愚矣。○正義曰。諸本作不養其所以當養。廖本無以字。是也。子弟之不中不才。父兄下當教也。棄而不教。是未知當教也。以子弟為父兄所當教而且不知。是亦近于愚矣。○注。如此賢至分寸。○正義曰。阮氏元校勘記云。孔本覺作較。非。按音義出相覺。丁云義當作校。蓋覺即校之假借字。古書往往用覺字。盧氏文弨鍾山札記云。覺有與校音義並同者。詩定之方中。正義引鄭志云。今就校人職相覺甚異。趙岐注孟子中也養不中章。如此賢不肖相覺何能分寸。又富歲子弟多賴章。聖人亦人也。其相覺者。以心知耳。續漢書律麻志中。至元和二年。太初失。天愈遠。日月宿度相覺浸多。晉書傅元傳。古以步百為畝。今以二百四十步為畝。所覺過倍。宋書天文志。斗二十一。井二十五。南北相覺四十八度。凡此皆以覺為校也。後人有不得其義而致疑者。更或輒改他字。故為詳證之。說苑辨物篇云。十分為一寸。趙氏連言分寸。明此寸謂十分之寸也。

章指。言父兄已賢。子弟既頑。教而不改。乃歸自然。

孟子曰。人有不為也。而後可以有為。注 人不為苟得。乃能有讓千乘之志。疏 人有至有為。○正義曰。有不為。是介然自守。行己有恥。趙氏以不為苟得解之是也。義可為乃為之。義所不可為則不為。人能知擇。故有不為者。有為者。讓千乘仍是不為苟得。趙氏以讓千乘為有為。故云義乃可申。荀子不苟篇云。君子行不貴苟難。說不貴苟察。名不貴苟傳。唯其當之為貴。負石而赴河。是行之難為者也。而申徒狄能之。然而君子不貴者。非禮義之中也。山淵平。天地比。入乎耳。出乎口。鉤有須。卵有毛。是說之難持者也。而惠施鄧析能之。然而君子不貴者。非禮義之中也。盜跖吟口。名聲若日月。與舜禹俱傳而不息。然而君子不貴者。非禮義之中也。趙氏以不為為不為非義。蓋本於此。

章指。言貴廉賤恥。乃有不為。不為非義。義乃可申。

孟子曰。言人之不善。當如後患何。注 人之有惡。惡人言之。言之當如後有患難及己乎。疏 言人至患何。○正義曰。孟子距楊墨。比之為禽獸。正所以息其無父無君之患也。若言人之不善。而轉貽將來之患。則患不在人之不善。而轉在吾之言矣。是當審而愼之。

章指。言好言人惡。殆非君子。故曰。不忮不求。何用不臧。

孟子曰。仲尼不爲已甚者。注 仲尼弹邪以正。正斯可矣。故不欲爲已甚泰過也。疏 仲尼不爲已甚者。○正義曰。郝敬孟子說解云。孟子不見諸侯。而齊梁好士。未嘗不往。仕不受祿。而宋薛之餽。未嘗不受。道不苟合。而不爲小丈夫之悻悻。故去齊三宿。廉不苟取。而不爲陳仲子之矯情。故交際不辭。匡章得罪於父。不以人言而不加禮貌。夷之受學於墨。不以異端而吝其教誨。其告君也。園囿亦可。臺池鳥獸亦可。好貨好色亦可。故曰人不足責。政不足間。惟格君心之非而已。是故以臧倉之譖。不遇於魯而未怨其沮已。以王驩之佞倖。出弔於滕。而未嘗不與之朝暮。雖不悅於公行子之家。而從容片辭。嫌疑立解。宛然若孔子待陽貨公伯寮氣象。豈非願學之深。有得於溫良恭儉讓之遺範者歟。是故以伯夷爲隘。柳下惠爲不恭。以仲尼爲不爲已甚。其所向慕可知。而世儒猶謂其鋒鋩太露。何歟。

章指言論曰。疾之已甚。亂也。故孟子譏踰牆距門者也。

孟子曰。大人者。言不必信。行不必果。惟義所在。注 果能也。大人杖義。義有不得必信其言。子爲父隱也。有不能得果行其所欲行者。若親在不得以其身許友也。義或重於信。故曰惟義所在。疏 注。大人杖義。○正義曰。諸本作仗。孔本作杖。當爲杖。說文木部云。杖。持也。漢書高帝紀云。杖義而西。注云。杖亦倚任之義。○注、義有至隱也。○正義曰。論語子路篇云。父爲子隱。子爲父隱。直在其中矣。呂氏春秋當務篇云。楚有直躬者。其父竊羊而謁之上。上執而將誅。直躬者請代。將誅。告吏曰。父竊羊而謁之。不亦信乎。父誅而代之。不亦孝乎。荊王乃不誅。孔子曰。異哉直躬之爲信也。一父而載取名焉。故直躬之信。不若無信。○注、有不至友也。○正義曰。趙氏以能釋果。見梁惠王篇。禮記中庸云。果能此道矣。注云。果。猶決也。果能二字連文。是果即能。果義爲決。能義亦爲決。周禮春官大卜。五曰果德。云果謂以勇決爲之。此云有不能得果行其所欲行者。疊能得果三字。不果行即不得行。不得行即不能行也。禮記曲禮云。父母存。不許友以死。注云。爲忘親也。死爲報仇讎。孔氏正義云。親亡則得許友報仇。故周禮有主友之讎視從父兄弟。白虎通云。親友之道。不得行者。亦不許友以死耳。論語子路篇云。言必信。行必果。硜硜然。小人哉。集解引鄭曰。行必果。所欲行必敢爲之。陽貨篇云。好信不好學。其蔽也賊。集解引孔曰。父子不知相爲隱之輩也。又云。惡果敢而窒者。

章指言大人之行。行其重者。不信不果。所求合義也。

孟子曰。大人者。不失其赤子之心者也。注 大人謂君。國君視民當如赤子。不失其民心之謂也。一說曰。赤子。嬰兒也。少小之心。專一未變化。人能不失其赤子時心。則爲貞正大人也。疏 注。大人至大人也。○正義曰。前一說是也。嬰兒無知。大人通變。其相異遠矣。趙氏疑存兩說。章指則以前一說爲定。程氏瑶田通藝録論學小記云。孟子曰。大人者。不失其赤子之心者也。則誠意莫如赤子。而赤子非能格物以致其知者也。此可以見人性之善。而吾人之學。必先於格物以致其知者何也。蓋以意誠誠矣。意之誠誠。知赤子之死妄矣。而卒不得謂之爲明明德者也。明明德者。無所不知之誠。赤子之誠。一無所知之誠也。故赤子之誠。雖與聖人之誠。適一無二。而赤子之爲赤子。則不必其皆爲聖人。然則使赤子中有生而能爲聖人者。亦必不能不格物致知。而徒恃其一無所知之誠。以造乎其極也。此吾夫子所以終其身於格物致知。而至於七十。乃自信其從心所欲不踰矩也。此古昔聖人。所以緣人情以制禮。而禮儀三百。威儀三千。所以必待其人而後行者。待此格物以致其知之人。乃能於獨見獨聞之時。愼之又愼以造其意而誠之。而於是乎能行此禮也。此之謂明明德。而大異乎赤子一無所知之誠矣。撥程氏主後一說。而亦疑赤子之心不可以擬大人。故爲之分別而申言之。康誥言如保赤子。上承惟民其畢棄咎。下接惟民其康乂。孟子因墨者夷之。引此而解之。云赤子匍匐將入井。非赤子之罪也。蓋以愚民無知比赤子無知。禮記大學引此。釋之云。心誠求之。雖不中不遠矣。鄭氏注云。養子者。推心爲之。而中於赤子之嗜欲也。皆以保之養之之言。說苑貴德篇云。聖人之於天下百姓也。其猶赤子乎。饑者則食之。寒者則衣之。將之養之。育之長之。惟恐其不至於大也。此正所謂不失赤子之心也。荀子臣道篇云。若馭樸馬。若養赤子。若食餧人。故因其懼也而改其過。因其憂也而辨其故。因其喜也而入其道。因其怒也而除其怨。曲得所謂焉。此且以比暴君。未聞赤子之心可以比大人也。孟子方言不爲已甚。爲義所在。所以發明聖人通變之旨。豈取一專一未變化之赤子而擬之哉。老子云。衆人熙熙。如登春臺。我獨泊然其未兆。如嬰兒之未孩。又云。知其雄。守其雌。爲天下谿。爲天下谿。常德不離。復歸以嬰兒。此亦自比愚人之無知。識聖人之樸散。爲老氏清淨之宗。與孟子正相反者。此趙氏又一說之義也。人之爲赤子。猶天地有洪荒。伏羲以前。無三綱六紀。飲食男女之事。與禽獸同。自伏羲定人道。而乃有君臣父子夫婦之倫。人道不定。天下大亂。可推而知也。莊子繕性篇乃云。古之人。在混芒之中。與一世而得澹漠焉。是時也。陰陽和靜。鬼神不擾。四時得節。萬物不傷。羣生不夭。人雖有知。無所用之。豈知晦世憔悴之初。八卦未畫。四時何由而節。漁佃之利未興。弧矢之威未作。人與鳥獸相雜。其靈於鳥獸者凡幾。不知粒食。其疾病疢毒於鳥獸蟲蛇之肉者又凡幾。而謂之不傷不夭。不亦妄乎。赤子之無知。故匍匐可以入井。必多方保護之。教誨之。自桑弧蓬矢。方名六甲。就外傳。入小學。以至博學無方。乃能知類通達。強立而不反。若失而不教。則終於愚而無知。吾見若而人者。人詐之而莫悟。衆擠之而弗翻。衆共以爲愿。可謂不失其赤子之心矣。卒之文字不能通。農商不成就。衣食不能自力。父母不能養。妻子不能保。自轉死於溝壑。彼老氏之徒。乃以爲眞樸未散。不亦愼乎。夫老莊之徒。非不學者也。學而不能知聖人之道。故爲是詖辭耳。於是受其說者。以爲不必博文。不必好古。不必審問而明辨。第靜其心。存其心。守其心。則不失乎赤子之心。而即爲大人。於是僞人匠賢。皆可自命爲聖賢。相習成風。其禍於天下。與吃菜事魔者等矣。夫孟子所謂大人。即易之利見大人也。前云惟大人爲能格君心之非。故申言其所以爲大人者如是。一則云。非禮之禮。非義之義。大人弗爲。再則云。大人者。言不必信。行不必果。惟義所在。此又云不失其赤子之心。後又云正己而物正。高出乎事君人安社稷。達可行於天下之人之上。而豈擬以無知之赤子哉。大人以先覺覺後覺。以先知覺後知。不以己之聖而忘人之愚。不以己之明而忘人之闇。如羲農黃帝堯舜文王周公孔子是也。惟不失其赤子之心。所以正已而物正。孟子蓋深於易。而此其發明之者也。章指。言人之所愛。莫過赤子。視民則然。民懷之矣。大人之行。不過是也。

孟子曰。養生者不足以當大事。惟送死可以當大事。【注】孝子事親致養。未足以爲大事。送終加禮。則爲能奉大事也。【疏】注養生至大事。○正義曰。由養志而申言之也。周禮倉人。凡國之大事。注云。大事謂喪戎。禮記雜記云。於士既事成踊。注云。事謂大小斂之屬。少儀云。喪俟事不植弔。注云。事朝夕哭時。說文史部云。事。職也。謂人子之職。惟此爲大。章指。言養生竭力。人情所勉。哀死送終。行之高者。事不違禮。可謂難矣。故謂之大事。

孟子曰。君子深造之以道。欲其自得之也。【注】造。致也。言君子問學之法。欲深致極竟之以知道意。欲使己得其原本。如性自有之也。【疏】注造致至有之也。○正義曰。鄭氏注禮記周禮儀禮。皆云造。至也。至。即致也。爾雅釋詁云。極。至也。國語吳語云。飲食不致味注云。致。極也。楚辭謬諫云。又何路之能極。注云。極。竟也。趙氏以致釋造。又以極釋致。以竟釋極。下資之深。解爲得其根。則深爲深造之深。異於略觀大意不求深解以総其學。趙氏以問學之法表明之。即下章博學詳說之事也。戴氏震孟子字義疏證云。論語曰。多聞闕疑。愼言其餘。多見闕殆。愼行其餘。又曰。多聞擇其善者而從之。多見而識之。知之次也。又曰。我非生而知之者。好古敏以求之者也。然聞見不可不廣。而務在能明於心。一事豁然使無餘蘊。更一事亦如是。久之心知之明。進於聖智。易曰。精義入神。以致用也。又曰。智周乎萬物而道濟天下。故不過。孟子曰。君子深造之以道。欲其自得之也。自得之則居之安。居之安則資之深。資之深則取之左右逢其源。凡此皆精於道之謂也。按易繫辭傳云。夫易所以極深而研幾也。唯深也。故能通天下之志。唯幾也。故能成天下之務。深造。即極深也。以道。即研幾也。自得則通天下之志。成天下之務也。一陰一陽之謂道。道者。反復變通者也。博學而不深造。則不能精。深造而不以道。則不能變。精且變。乃能自得。自得乃能不疾而速。不行而至。爲至神也。非博學無以爲深造之本。非深造無以爲以道之路。非以道無以爲自得之要。非自得無以爲到用之權。讀書好古而能自得之。乃不空疏。不拘滯。而示之以深造以道。又申之以博學詳說。兩章牽連互發。趙氏以問學之法標之。可謂知言矣。自得之則居之安。居之安則資之深。資之深。則取之左右逢其原。故君子欲其自得之也。【注】居之安。若己所自有也。資。取也。取之深。則得其根也。左右取之在所逢遇。皆知其原本也。故使君子欲自得之也。【疏】注。居之至之也。○正義曰。此節發明自得之義。小爾雅廣言云。諸。取也。禮記孔子閒居云。必達於禮樂之原。注云。原。本也。爾雅釋詁云。逢。遇也。雖生知之聖。必讀書好古。既由博學而深造之以道。則能通古聖之道而洞達其本原。而古聖之道與性相融。此自得之所謂如性自有之也。如性自有之。故居之安。凡之字皆指所學而言。未能自得。則道不與性融。不能通其變而協其宜。道與性睽。故居之不安。既自得而居之安。則取於古聖之道。即取乎吾之性。非淺襲於口耳之間。非強擬於形似之迹。故資之深也。至於資之深。左取而左宜之。右取而右宜之。無不逢其原也。左右者。兩端也。取之左右逢其原。即執其兩端。用其中於民也。學而不思則罔。罔者。不能自得之也。思而不學則殆。殆者。空悟而本無所。居則不安也。深造纔於心之虛。以道憑於學之實。得之。得此道也。自得之。則學洽於思。居之。居此道也。居之安。則思繹於學。舍學而言恃心。舍心而守學。兩失之矣。章指言學必根原。如性自得。物來能名。事來不惑。君子好之。朝益暮習。道所以臻也。【疏】注。學必至臻也。○正義曰。根原即根本也。孔本作根源。非是。物來能名。詳見公孫丑下篇。漢書儁不疑傳贊云。儁不疑學以從政。臨事不惑。遂立名迹。終始可述。管子弟子職云。朝益暮習。小心翼翼。一此不解。是謂學則。

孟子曰。博學而詳說之。將以反說約也。【注】博。廣。詳。悉也。廣學悉其微言而說之者。將以約說其要。意不盡知。則不能要言之也。【疏】注。博廣至言之也。○正義曰。鄭氏注周禮儀禮。多以廣釋博。荀子修身篇云。多聞曰博。是也。說文心部云。悉。詳盡也。言部云。說。說釋也。詩衛風氓篇云。猶可說也。箋云。說。解也。淮南子主術訓。所守甚約。高誘注云。約。要也。少也。廣學則無不學。大戴記曾子立身云。博學而孱守之。微言而篤行之。趙氏本此。以微言即詳說。微有二義。一幽隱。一纖細。言幽隱。則輕淺者不易解。言纖細。則高簡者不屑解。悉其微言而說之。則盡其幽隱纖細之言而解釋之。要即根原也。不博學而徒憑空悟者。非聖賢之學。無論也。博學而不能解說。文士之浮華也。但知其一端。則詖而非要。但知其大略。則淺而非要。故必無所不解。而後能知其要博。詳與約相反。惟博且詳。反能解得其約。舍博且詳而言約。何以能解。中鑒時事篇云。道雖要也。非博無以通矣。博其方。約其說。趙氏云。不能盡知。則不能要言之。得之矣。戴氏震孟子字義疏證云。約謂得其至當。阮氏元曾子注釋云。孔門論學。首在於博。孔子曰。君子博學於文。約之以禮。達巷黨人以博學深美孔子。孔子又曰。博學之。審問之。顏子曰。夫子循循然善誘人。博我以文。約我以禮。子夏曰。博學而篤志。孟子曰。博學而詳說之。故先王遺文有一未學。非博也。按孔孟所以重博學者。即堯舜變通神化之本也。人情變動。不可以意測。必博學於古。乃能不拘一端。彼徒執一理以爲可以勝天下。吾見其亂矣。章指。言廣尋道意。詳說其事。要約至義。還反於樸。說之美者也。

孟子曰。以善服人者。未有能服人者也。以善養人。然後能服天下。天下不心服而王者。未之有也。【注】以善服人之道治世。謂以威力服人者也。故人不心服。以善養人。養之以仁恩。然後心服矣。文王治岐是也。天下不心服。何由而王也。【疏】注。以善至心服矣。○正義曰。趙氏解善服人爲善於服人。善養人爲善於養人。故以服爲威力。養爲仁恩也。兩善字皆虛活。近時通解善即指仁義。以仁義求勝於人。即有相形相忌之意。何能服人。章指。言五伯服人。三王服心。其服一也。功則不同。上論堯舜。其是違乎。【疏】五伯服人。○正義曰。音義出五伯云如字。丁云。伯者長也。言爲諸侯之長。亦音霸。諸本俱作霸。非趙氏舊矣。

孟子曰。言無實不祥。不祥之實。蔽賢者當之。【注】凡言皆有實。孝子之實。養親是也。義之實。仁義是也。祥。善。當。直也。不善之實何等也。蔽賢之人。直于不善之實也。【疏】注。凡言至實也。○正義曰。說文言部云。直言曰言。論衡書說篇云。出口爲言。言謂言語。言語中有所謂不祥者。恆言也。爾雅釋詁云。祥。善也。說文示部云。祥。福也。禮記中庸云。國家將興。必有禎祥。禍福將至。善必先知之。祥善福三字義相近。章指以蔽顯戮爲不祥。則以善釋祥。固以福爲善也。呂氏春秋孟夏紀云。必當其位。注云。當。直也。趙氏以實不祥三字連屬。謂人每言不祥。不過空泛言之。無有指實其所以不祥之處。試爲按之。不祥之實惟蔽賢者與相直也。蔽賢爲不善之實。猶養親爲孝之實。仁義爲善之實也。章指。言進賢受上賞。蔽賢蒙顯戮。故謂之不祥也。【疏】進賢受上賞。蔽賢蒙顯戮。○正義曰。漢書武帝紀元朔元年詔云。且進賢受上賞。蔽賢蒙顯戮。古之道也。亦見說苑叢說篇。鶡冠子道端篇云。進賢受上賞。則下不相蔽。晏子春秋諫下篇云。國有三不祥。有賢而不知。一不祥。知而不用。二不祥。用而不任。三不祥也。亦見說苑君道篇。

徐子曰。仲尼亟稱於水。曰。水哉水哉。何取於水也。【注】徐子。徐辟也。問仲尼何取於水而稱之也。孟子曰。原泉混混。不舍晝夜。盈科而後進。放乎四海。有本者如是。是之取爾。【注】言水不舍晝夜而進。盈滿科坎。放。至也。至於四海者。有原本也。以況於事。有本者皆如是。是之取也。【疏】原泉混混。○正義曰。阮氏元校勘記云。源泉混混。閩監毛三本同。宋九經本岳本咸淳衢州本廖本孔本韓本。源作原。原正字。源俗字。上文取之左右逢其原。不从水。可以證从水之誤矣。段氏玉裁說文解字注云。混。豐流也。盛滿之流也。孟子曰。源泉混混。古音讀如衮。俗字作滾。山海經曰。其源渾渾泡泡。郭云。水濆涌也。衮泡二音渾渾者。假借渾爲混也。王氏念孫廣雅疏證云。司馬相如上林賦云。汩乎混流。重言之則曰混混。荀子富國篇云。財貨渾渾如泉源。渾與混同。淮南子原道訓云。混混汩汩。○注。盈滿科坎。○正義曰。說文皿部云。盈。滿器也。王氏念孫廣雅疏證云。科。空也。史記張儀傳。虎賁之士。徒蹻科頭。集解云。科頭。謂不著兜鍪入敵也。亦空之義也。說文。窠。空也。孟子離婁篇。盈科而後進。趙岐注云。科。坎也。義並相近。又云。釋水欿窞科臽坑也。說文。阬。虛也。阬與坑同。坑之言康也。爾雅康。虛也。康坑欿科窠。皆空之轉聲也。孟子離婁篇。原泉盈科而後進。盡心篇。流水之爲物也。不盈科不行。趙岐注並云。科。坎也。太元從次五。從水之科滿。科亦坎也。范望注以科爲法。失之。○注。放至至取也。○正義曰。禮記祭義云。推而放諸東海而準。注云。放。猶至也。至於四海。卽注諸海入於海之海。閻氏若璩釋地又續云。胡朏明執爾雅四海解。以解凡云四海者。曰九夷八狄七戎六蠻。謂之四海。古書所稱四海。皆以地言。不以水言。故爾雅此條繫釋地不繫水。余曾以書經質孟子放乎四海。禹以四海爲壑。此得謂不以水言邪。大抵四海之義有二。有宜從爾雅解者。四海遏密八音是也。有宜從鄭康成周禮注四海猶四方也解者。如上云天下慕之。下云溢乎四海。上云中天下而立。下云定四海之民。蓋四海卽天下字面也。按閻氏所云四海之義有二者。當一指水。一指地。而指地之中。又有此二義。一爲爾雅所云。一爲鄭氏周禮注所云也。況者。比也。譬也。以水之有原本者。比事之有原本者。

苟爲無本。七八月之間雨集。溝澮皆盈。其涸也。可立而待也。【注】苟。誠也。誠令無本。若周七八月夏五六月。天之大雨。潦水卒集。大溝小澮皆滿。然其涸乾可立待者。以其無本故也。【疏】注。苟誠至故也。○正義曰。論語里仁篇云。苟志於仁矣。集解引孔曰。苟。誠也。禮記月令。季夏之月。水潦盛昌。大雨時行。仲秋之月。水始涸。見雨集在周八月夏六月也。乃孟秋之月。亦備水潦。蓋夏至之後五六月間多大雨者常也。或秋霖不時而至。亦所當備。孟子奉周朔，舉其常耳。澮大於溝。此言大溝小澮當有誤。程氏瑤田溝洫疆理小記云。遂人職云。凡治野。夫間有遂。遂上有徑。十夫有溝。溝上有畛。百夫有洫。洫上有涂。千夫有澮。澮上有道。萬夫有川。川上有路。以達於畿。鄭氏注以南畝圖之。則遂縱溝橫。洫縱澮橫。九澮而川周其外焉。按畝長畝也。一夫之田。析之百畝。以爲百畝。南畝者。自北視之。其畝横陳於南也。南畝故𤰝横。𤰝流於遂。故遂縱。遂在兩夫之間。故謂之夫間。夫間。東西之間也。其南北之間。則溝橫連十夫。故曰十夫有溝。不可謂二十夫之間。

故變閒言夫也。溝經十夫。旒入于洫。洫之長如溝。縱承十溝。十溝之水皆入焉。故曰百夫有洫也。洫之水入澮。澮長十倍於洫。而橫承十洫之分布千夫中者。故曰千夫有澮也。澮十之。橫貫萬夫之中。十澮之水。並入於川。故曰萬夫有川。澮橫川自縱也。鄭氏謂九澮而川周其外。恐不然矣。川上有路以達於畿。安得有縱路復有橫路邪。其橫者則二萬夫閒之道也。澮但言九。亦考之不察矣。匠人爲溝洫。耜廣五寸。二耜爲耦。一耦之伐。廣尺深尺謂之甽。田首倍之。廣二尺深二尺謂之遂。九夫爲井。井閒廣四尺深四尺謂之溝。方十里爲成。成閒廣八尺深八尺謂之洫。方百里爲同。同閒廣二尋深二仞謂之澮。專達於川。各載其名。凡天下之地勢。兩山之閒。必有川焉。大川之上。必有涂焉。按甽在一夫百畝中。物其土宜而爲之南畝。甽橫順其畝之首尾以行水入於遂。故遂在田首井田夫三爲屋。三夫田首同枕一遂。遂在屋閒。非夫閒也。謂之屋者。三夫相連綿如屋然。但彊之以別夫而已。不若遂人夫爲一遂以受甽水。此所以別夫閒而言田首也。而鄭氏猶以遂者夫閒小溝釋之。遂非不在夫閒。而記變是文者。蓋自有義。不宜襲用遂人之文矣。遂旒井外。溝橫承之。井中無溝。溝當兩井之閒。故以井閒命之。其長連十井。不嫌井閒之稱。倜十井之縱者。其縱亦遂之在屋閒而受甽水者也。溝十之。含百井爲成一。十溝之水。咸入於洫。洫縱當兩成之閒。故曰成閒有洫也。洫之長連十成。亦不嫌成閒之稱。倜十成之橫者。其橫亦溝之在井閒而受遂水者也。洫十之。含萬井爲一同。十洫之水。咸入於澮。澮橫當兩同之閒。故曰同閒有澮也。澮達於川。川在山閒。命之曰兩山之閒。以例澮在同閒。洫在成閒。溝在井閒。其專相同。厥名斯稱矣。況夫閒爲兩夫之閒。人所共知。遞相疏證。辨惑析疑。舊聞舛互。咎安辭哉。是故萬溝之田一澮。界兩同之閒。萬夫之田十澮。納百洫之水。故一同之澮。獨著專達於川之文。而萬夫有川。但舉溝水十遂之日。形證之端緒不同。纚錄自爾殊致矣。賈公彥云。井田之法。甽縱遂橫。溝縱洫橫。澮縱川橫。余謂縱橫無定法。視其畝之東南而爲之。如賈說是東畝法耳。左傳晉使齊盡東其畝。以晉伐齊必向東。東畝則川橫。而川上路乃可東西行。故曰惟吾子戎車之利也。此甽縱爲東畝。甽橫爲南畝之確證。遂入匠人二法所同者。賈氏不明匠人於遂不命夫閒之故。而以爲夫閒縱者。但分其界而無遂又不明遂人夫閒之遂亦於田首爲之。而以爲田首必在百畝之南。故必易其縱橫以遷其說。若然。是井田之制必無南畝矣。豈其然乎。而後世解斯記者。亦由不明田首之遂不命夫閒之故。而以爲與遂人夫閒之遂同其實。而橫爲之於三夫相連之中。因置閒字之義。勿復深考。而強以屋閒之遂。當井閒之溝。以井閒之溝。當成閒之洫。以成閒之洫。當同閒之澮。而以同閒之澮。當兩山之閒之川。而於是專達於川之一澮。不得不十倍增之。而又或以爲九矣。神禹之治水也。濬甽澮以入於川。是故水之行於地中也。小大之形。三者而已。故制字以象形。一水爲く。卽甽。二く爲巜。卽澮。巜爲川。及其盡力於溝洫也。則以爲非多其廣狹淺深之等。不足以盡疏瀹之理。而奠萬世農業之安。於是由川而澮。又等而增之而洫。而溝。而遂。乃以承夫百畝中之甽。夫然後一旦雨集。以大受小。遞相承焉。不崇朝而盡達於川矣。其承甽者名之爲遂。何也。慮其蓄而弗暢也。故遂之。易爲承之以溝也。一縱一橫。乃見交暢之義。冓。冓也。縱橫之說也。名之曰溝。所以象其形。象形曰溝。會意曰洫。洫字从血。以洫承溝。謂是血脈之流通也。澮。會也。會上衆水以達於川。初分終合。所以盡水之性情。而不使有汎溢之害也。鄭氏注小司徒云。溝洫爲除水害。余亦以爲備潦非備旱也。歲歲治之。務使水之來也。其涸可立待。若以之備旱。則宜瀦之。不宜溝之。宜蓄之。不宜洩之。今之遷廣而遷深也。是溝之法。非瀦之法。是洩之非蓄之也。故使溝洫之制。存而不壞。豈惟原田之利。農無水潦之患。而天下之川。亦因之而治矣。夫川之淤塞也。有所以淤塞之者也。溝洫不治。則入川之水。皆汙濁之渾流。實足以爲川害。然則溝洫不壞。卽謂天下之川永無崩決之虞可也。爾雅釋詁云。涸。竭也。章指以不竭爲有本。是以竭釋涸也。呂氏春秋愼大篇云。商涸旱。高誘注云。涸。枯也。藝文類聚引洪範五行傳云。旱之言乾。廣雅釋詁云。胋。乾也。胋卽枯。乾枯皆燥。水竭故燥也。

故聲聞過情。君子恥之。注人無本行。暴得善聲。令聞過其情。若潦水不能久也。故君子恥之。章指言有本不竭。無本則涸。虛聲過實。君子恥諸。是以仲尼在川上曰。逝者如斯。疏注云虛聲過實。○正義曰。禮記大學注云。情猶實也。故此以過實爲過情。○是以至如斯。○正義曰。論語子罕篇云。子在川上曰。逝者如斯夫。不舍晝夜。

孟子曰。人之所以異於禽獸者幾希。庶民去之。君子存之。注幾希。無幾也。知義與不知義之間耳。衆民去義。君子存義也。疏注。幾希無幾也。○正義曰。告子篇。其好惡與人相近也者幾希。注云。幾。豈也。豈希。言不遠也。盡心篇。其所以異於深山之野人者幾希。注云。希。遠也。當此之時。舜與野人相去豈遠。此兩注互相訓詁。幾通作譏與豈通。爾雅釋詁云。譏。汔也。郭璞注云。謂相摩近。方言云。希。摩也。廣雅希覬皆訓磨。磨摩皆通靡。幾者動之微。微靡義同無。幾希二字疊韻。幾訓近。希訓少。無幾卽甚近甚少之謂。以希爲遠。則幾爲豈。以幾爲近。則以希爲少。二義可互明。又其妻妾不羞也而不相泣者幾希矣。注云。言今苟求富貴。妻妾雖不羞泣者。與此良人妻妾何異也。何異猶曰幾何。亦豈遠之意。○注。知義與不知義之間耳。○正義曰。飲食男女。人有此性。禽獸亦有此性。未嘗異也。乃人之性善。禽獸之性不善者。人能知義。禽獸不能知義也。因此心之所知而存之。則異於禽獸。心雖能知之而舍而去之。則同於禽獸矣。庶民不能自存。必賴君子教而存之。此孟子道性善之本旨。而趙氏能明之。趙氏不愧通儒也。

舜明於庶物。察於人倫。由仁義行。非行仁義也。注倫。序。察。識也。舜明庶物之情。識人事之序。仁義生於內。由其中而行。非彊力行仁義也。故道性善。言必稱堯舜。疏注。倫序至堯舜。○正義曰。說文人部云。倫。輩也。一曰。道也。等輩則有類次。故趙氏以序釋倫。儀禮既夕記云。倫如朝服。禮記中庸云。毛猶有倫。注並云倫。比也。顏師古匡謬正俗云。序。比也。倫比序義亦同也。一曰道。則人倫卽是人道。論語微子篇云。而亂大倫。集解引包曰。倫。道理也。則人倫又即人理。楚辭懷沙云。執察其撥正。王逸注呂氏春秋功名篇云。不可不察。高誘注皆云。察。知也。知。即識也。庶物。即禽獸也。明於庶物。知禽獸之性情不可教之使知仁義也。同此飲食男女。人有知則有倫理次序。察於人倫。知人可教之使知仁義也。舜。君子也。庶民不能明於庶物。察於人倫。故去之。舜能明於庶物。察於人倫。故存之。性本知有仁義。因而存之。是由本知之仁義行也。若禽獸性本不知有仁義。而彊之行仁行義。則教固必不能行。威亦必不能制。故庶民不知仁義者。君子教之使知。則庶民亦能知仁義。庶民知仁義而行之。亦是由仁義行。非彊之以所本不能知。而使之行仁義也。此庶民所以異於庶物也。明庶物察人倫。始於伏羲氏。其時民全不知有人倫之序。同於禽獸。直可謂之昧。不可謂之去。人道既定。庶民雖愚。皆知有人倫矣。故其不仁義也。非昧也。是去之也。舜明之察之。通變神化。使之由仁義行。由即民可使由之之由。是時民皆知有仁義。而莫不日行仁。莫不日行義。以仁濟其不仁。以義濟其不義。蓋行仁義正所以去仁義也。由仁義行。則百姓日用而不知。乃正所以存仁義也。此孟子所以不稱伏羲氏而稱堯舜也。

章指。言人與禽獸俱含天氣。就利避害。其間不希。衆人皆然。君子則否。聖人超絕。識仁義之生於己也。疏人與至不希。○正義曰。白虎通禮樂篇云。人無不含天地之氣。有五常之性者。漢書匈奴傳。孝文後二年遺匈奴書云。下及魚鼈。上及飛鳥。跂行喙息蠕動之類。莫不就安利。避危殆。

孟子曰。禹惡旨酒而好善言。注旨酒。美酒也。儀狄作酒。禹飲而甘之。遂疏儀狄而絕旨酒。書曰。禹拜讜言。疏注旨酒至讜言。○正義曰。戰國策魏策云。梁王魏嬰觴諸侯於范臺。酒酣。請魯君舉觴。魯君興避席擇言曰。昔者帝女令儀狄作酒而美。進之禹。禹飲而甘之。遂疏儀狄。絕旨酒。曰。後世必有以酒亡其國者。引書詳見公孫丑篇。

湯執中。立賢無方。注執中正之道。惟賢速立之。不問其從何方來。舉伊尹以爲相也。疏注執中至相也。○正義曰。禮記檀弓云。左右就養無方。內則云。博學無方。注皆云。方。常也。荀子臣道篇云。應卒遇變。齊給如響。推類接譽。以待無方。曲成制象。是聖臣者也。注云。齊。疾也。應事而至謂之給。夫卒變人所遲疑。今聖臣應之疾速。如響之應聲。無方無常也。待之無常。謂不滯於一隅也。此以無常爲不滯於一隅。則兼方所之義言之。論語八佾篇云。父母在不遠遊。遊必有方。此方固指方所。而鄭氏亦訓爲有常。趙氏以無方爲不問其從何方來。是以方爲方所之方。云惟賢速立之。即荀子應卒遇變齊給如響之謂。是兼以無方爲無常矣。蓋執中無權。猶執一之害道。惟賢則立。而無常法。乃申上執中之有權。無方當如鄭氏注之爲無常也。史記殷本紀云。伊尹欲干湯而無由。乃爲有莘氏媵臣。負鼎俎以滋味說湯。致於王道。趙氏引伊尹。似謂自媵臣保伍中升之。仍無常之謂也。越絕書外傳枕中篇云。湯執其中和。舉伊尹收天下雄雋之士。此即本孟子此言而衍之。以執中爲執中和。以無方爲收天下雄雋之士。亦以無方所言。與趙氏同。

文王視民如傷，望道而未之見。【注】視民如傷者，雍容不動擾也。望道而未至，殷錄未盡，尚有賢臣，道未得至，故望而不致誅於紂也。【疏】注「視民至擾也」。○正義曰：周氏廣業孟子章指攷證云：「杜注左傳逢滑曰：『臣聞國之興也，視民如傷，是其福也。』杜注：『如傷，恐驚動。』與趙注雍容不動擾也正合。」按呂氏春秋分職篇云：「天寒起役，恐傷民。」注云：「傷，病也。」文王視民如有疾病。凡有疾病之人，不可動擾，故如傷爲不動擾。因不動擾，故雍容不急迫也。○注「望道至紂也」。○正義曰：漢書司馬相如傳子虛賦云：「先生又見客。」顔師古注云：「見猶至也。」白虎通歷述帝王之號，自伏羲定人道，祝融屬續三皇之道，顓頊專正天人之道，舜能推信堯道，夏者大也，明當守持大道，殷者中也，當明爲中和之道也，周者至也密也，道德周密，無所不至也。又云：「王者受命，質家言天命已，使已誅無道。」趙氏之意，謂紂無道，誅之所以致道。文王三分天下有其二，以服事殷，故望道而未至。道即命也。天命已在文王，而不代殷有天下也。近時通解有二：一謂文王以紂在上，望天下有治道而未之見，此仍趙氏義而稍變者也。一讀而爲如，謂文王愛民無已，未傷如傷，望道心切，見如未見也。

武王不泄邇，不忘遠。【注】泄，狎。邇，近也。不泄狎近賢，不遺忘遠善。近謂朝臣，遠謂諸侯也。【疏】注「泄狎至侯也」。○正義曰：方言云：「媟，狎也。」說文女部云：「媟，嬻也。」荀子榮辱篇云：「橋泄者，人之殃也。」注云：「泄與媟同。」泄本發洩之洩，通於媟，故以狎釋之也。邇近，爾雅釋詁文。說文辵部云：「遺，亡也。」心部云：「忘，不識也。」詩邶風綠衣「曷維其亡」，箋云：「亡之言忘也。」是忘即遺亡也。武王以太公望爲師，周公旦爲輔，召公畢公之徒左右王師，脩文王緒業。說苑載其問太公，賈子新書載其問王子旦，問粥子，管子載其問癸度。觀兵孟津，自稱太子發，言奉文王以伐，不敢自專，乃告司馬、司徒、司空諸節齊栗。此皆不泄邇之事也。是邇謂朝臣也。牧誓告友邦冢君，及庸蜀羌髳微盧彭濮人。大傳言牧野既事而退，柴于上帝，祈于社稷，奠于牧室，率天下諸侯執豆籩，駿奔走。史記言封諸侯，班賜宗彝，作分殷之器物，封先聖王之後，封功臣謀士。此皆不忘遠之事也。是遠謂諸侯也。

周公思兼三王，以施四事；其有不合者，仰而思之，夜以繼日；幸而得之，坐以待旦。【注】三王，三代之王也。四事，禹湯文武所行事也。不合，已行有不合也。仰而思之，參諸天也。坐以待旦，言欲急施之也。【疏】注「周公至待旦」。○正義曰：細審此章之指，云兼三王，明三王不相沿襲可知也。云其有不合，則所以通變神化可知也。禹承堯舜之後，天下乂安，則易生驕佚，故惡旨酒，好善言，以通其變。夏之末，必各執偏意而用人拘以資格，故湯執中，立賢無方，以通其變。商紂之初，民傷已極，而天眷未更，故文王但愛民以輔救之，守臣節以帥天下諸侯，則所以通其變於湯之放桀也。武王時，紂益無道，故不泄邇，不忘遠，修己以安天下，則所以通其變於文王之服事也。凡三王之事，皆各有合。至周公相成王，成文武之德。其時又異於禹湯文王之時。則所以合不合者。非思莫得也。三王四事。先王之法也。有不合則思所爲以道揆也。堯舜以通變神化治天下。爲萬世法。孟子歷述禹湯文王周公以明之。皆法堯舜之變通神化者也。江氏聲尚書集注音疏云。孟子周公思兼三王以施四事。伏生大傳。則云周公兼思三王之道。以施於春秋冬夏。據此。則孟子所言三王謂天地人三統。四事。謂四時之事。是則帝王出政。必參乎三才。合乎四時。按參三才合四時。亦損益通變之義。○注。已行有不合也。○正義曰。阮氏元校勘記云。已行有不合。世岳本廖本孔本攷文古本同。閩監毛三本世作者。韓本作也。韓本是也。○注。仰而思之參諸天也。○正義曰。易繫辭傳云。仰則觀象於天。詩大雅雲漢云。瞻仰昊天。列子黃帝篇云。中道仰天而歎。故以仰爲參諸天。按自下望上爲仰。自後觀前亦爲仰。此仰思。蓋卽謂仰舉三王之事而思其合也。

章指。言周公能思三王之道。以輔成王太平之隆。禮樂之備。蓋由此也。

孟子曰。王者之迹熄而詩亡。詩亡。然後春秋作。注王者。謂聖王也。太平道衰。王迹止熄。頌聲不作。故詩亡。春秋撥亂。作於衰世也。疏王者至秋作。○正義曰。顧氏棟高春秋大事表。王迹拾遺序云。孟子曰。王者之迹熄而詩亡。詩亡然後春秋作。東遷以後。政教號令。不行於天下。然當春秋初年。聲靈猶未盡泯也。鄭伯虢公爲王左右卿士。鄭據虎牢之險。虢有桃林之塞。左提右挈。儼然三輔雄封。其時賦車萬乘。諸侯猶得假王號令以征伐與國。故鄭以王師伐邾。秦偕王師伐魏。二邾本附庸也。進爵而爲子。滕薛杞。本列侯也。降爵而爲子伯。列國之卿。猶請命於天子。諸侯之妾。猶不敢僭同於夫人。虎牢已兼幷於鄭。仍奪之還王朝。曲沃以支子篡宗。赫然與師而致討。衛朔逆命。子突救衛書王人。樊皮叛王。虢公奉命誅不服。庶幾得命德討罪與滅繼絕之義。然鄭以懿親而且交質矣。曲沃之伐。不惟無功。日後荀賈且爲晉所滅。甚至射王中肩。列國無爲王敵愾者。而僖王之世。命曲沃爲晉侯。貪寵賂。獎篡弒。三綱盡矣。嗣後王室益微。迨至晉滅虢。而襄王復以溫原賜晉。舉崤函之險固。河內之殷實。悉舉而畀諸他人。自是王朝不復能出一旅。與初年聲勢大異矣。以文武成康維持鞏固之天下。而陵夷衰微至此。豈一朝一夕之故哉。惠襄以後。世有兄弟之難。子頹子帶子朝。迭亂王室。徵發勤諸侯之師。蓋齊家之道有闕。政本不脩。皇綱陵遲。君子閔焉。獨能憑藉先靈。稱述祖制。折服強暴。若襄王拒請隧。定王詰鞏伯。而王孫滿以片言卻強楚於近郊之外。譬之以太阿授人。而欲以朽索控跅弛之馬。嗚呼。其難哉。楊氏椿與顧棟高書云。竊嘗論春秋家之弊。在於賤霸。謂春秋專治桓文之罪。桓文時天命未改。周室已衰。陵夷至於徵王。然後王迹熄者。桓文之力也。故孔子仁管仲而正齊桓。孟子生戰國。王者之不作已久。生民之憔悴已甚。齊宜有其地有其民。而不行王政。僅僅以桓文爲問。故孟子斥之爲不足道耳。要之桓文正未可輕貶者也。孟子曰。王者之迹熄而詩亡。詩亡然後春秋作。其事則齊桓晉文。蓋自隱五年王師伐翼代曲沃。至莊六年救衛。未嘗無征伐之事。而是非倒置。喜怒失當。故號令不行。每戰輒敗。莊十四年。諸侯伐宋。齊桓請師於周。單伯會之。取成於宋而還。自是大盟會大征伐。必皆請王人主之。諸侯亦遂無敵抗者。定四年。劉子會召陵而後。成桓公之會侵鄭。單平公之會黃池。皆不復見於經。蓋霸者之事。即王者之迹。霸者亡而王迹熄矣。顧氏鎮虞東學詩迹熄詩亡說云。孟子歷敍羣聖之事。而以孔子作春秋繼之。迹熄詩亡。著明所以作春秋之義。蓋自鄭康成曰不能復雅之云。而范甯序穀梁。遂謂列黍離以國風。齊王德於邦君。然考趙岐注孟子。則曰太平道衰。王迹止熄。頌聲不作。故詩亡。是漢儒原立兩義。後世鄭學盛行。遂置趙說。李任仲兼而存之。古義略具。愚竊以爲所欲究者。王迹耳。王者之迹。何預於詩。春秋之作。何預於迹。此義不明。則不獨黍離降風。支離莫據。即任仲諸說。亦可存而不論。蓋王者之政。莫大於巡守述職。巡守則天子采風。述職則諸侯貢俗。太史陳之以考其得失。而慶讓行焉。所謂迹也。夷厲以來。雖經板蕩。而甫田東狩。爲荊來同。撻伐震於徐方。疆理及乎南海。中興之迹。爛然著明。二雅之篇可考焉。洎乎東遷。而天子不省方。諸侯不入覲。慶讓不行。而陳詩之典廢。所謂迹熄而詩亡也。孔子傷之。不得已而託春秋以彰袞鉞。所以存王迹于筆削之文。而非進春秋於風雅之後。詩者。風雅頌之總名。無容舉彼遺此。若疑國風多錄東周。魯頌亦當僖世。則愚謂詩之存亡。繫於王迹之熄與不熄。不繫於本書之有與無也。趙氏佑溫故錄云。注太平道衰。王迹止熄。頌聲不作。故詩亡。不用雅亡風降之說。獨爲正大。而向來罕述之者。

晉之乘。楚之檮杌。魯之春秋。一也。其事則齊桓晉文。其文則史。孔子曰。其義則丘竊取之矣。

注此三大國史記之名異。乘者。興於田賦乘馬之事。因以爲名。檮杌者。嚚凶之類。興於記惡之戒。因以爲名。春秋以二始舉四時。記萬事之名。其事則五伯所理也。桓公五伯之盛者。故舉之。其文。史記之文也。孔子自謂竊取之。以爲素王也。孔子人臣不受君命。私作之故言竊。亦聖人之謙辭。疏晉之至之矣。○正義曰。萬氏斯大學春秋隨筆云。春秋書弒君。誅亂賊也。等而趙盾崔杼之事。時史亦直載其名。安見亂賊之懼。獨在春秋而不在諸史。曰。孟子言之矣。春秋之文則史也。其義則孔子取之。諸史無義而春秋有義也。義有變有因。不修春秋曰。雨星不及地尺而復。君子修之曰。星霣如雨。諸侯之策曰。孫林父甯殖出其君。春秋書之曰。衛侯衎出奔。此以變爲義者也。晉史書曰趙盾弒其君。春秋亦曰趙盾弒其君。齊史書曰崔杼弒其君。春秋亦曰崔杼弒其君。此以因爲義者也。因與變相參。斯有美必著。無惡不顯。三綱以明。人道斯立。春秋之義。遂與天地同功。彼董狐南史左氏傳春秋而獲存晉乘楚檮杌。孟子論春秋而幸及當時。則書久則亡焉。懼在春秋而不在諸史。有由然也。雖然。以盾杼之姦惡。齊晉得以名赴。春秋得以名書。賴史官之直筆也。使晉宋與莒之弒逆。得董狐南史其人。則書必以名。赴必以實。鮑與庚輿必不書人書偃。僕光必不稱國。良史又曷可少哉。按昭公十二年公羊傳引孔子之言云。春秋之信史也。其序則齊桓晉文。其會則主會者爲之也。其詞則某有罪焉爾。此與孟子所述略同。其云有罪者。則括知我罪我之言。何休注云。其貶絕譏刺之辭有所失者。是某之罪與。趙氏注。罪我。爲詩人見彈貶者。義同公羊氏。以此當其義。則義指貶刺撥亂可知。孟子述孔子之言。特指出義字。義者宜也。舜之所察。周公之所思。皆此義。利者義之和。變而通之以盡利。察於民之故。乃能變通。即舜之察於人倫也。天下何思何慮。天下同歸而殊途。百致而一慮。精義入神以致用。即周公之思兼三王也。舜察之。故由仁義行而不行仁義。周公思之。故知其有不合而兼三王。孔子當迹熄詩亡之後。作春秋以撥亂反正。亦由察之思之而知其義也。舜以王。周公以相。孔子不得位。所變通在言。亦變通趣時之妙也。○注此三至謙辭爾。○正義曰。杜預春秋序云。春秋者。魯史記之名也。記事者以事繫日。以日繫月。以月繫時。以時繫年。所以紀遠近。別同異也。故史之所記。必表年以首事。年有四時。故錯舉以爲所記之名也。孔氏正義云。昭二年韓起聘魯。稱見魯春秋外傳。晉語司馬侯對晉悼公云。羊舌肸習於春秋楚語。申叔時論傳太子之法云。教之以春秋。禮坊記曰。魯春秋記晉喪曰。殺其君之子奚齊。又經解曰。屬辭比事。春秋教也。凡此諸文所說。皆在孔子之前。則知未脩之前。舊有春秋之目。據周世法則。每國有史記。當同名春秋。據墨子書稱吾見百國春秋又云著在周之春秋。著在燕之春秋。著在宋之春秋。著在齊之春秋。則孔氏以爲同名春秋。似矣。乃孟子於晉楚明舉乘檮杌爲名。故趙氏以爲三大國史記之名。異孔氏春秋。正義又云。春秋是其大名。晉楚私立別號。魯無別號。故守其本名。是也。乘是兵車之名。管子書亦有乘馬臣乘馬數問乘馬等篇。本以一乘四馬。廣及陰陽地里農耕國筴之事。晉史之名乘。或亦同之。與于此。謂作于此也。文公十八年左傳云。顓頊有不才子。不可教訓。不知話言。告之則嚚。傲很明德以亂天常。天下之民謂之檮杌。賈逵注云。檮杌。凶頑無儔匹之貌。是檮杌爲嚚凶之類。史記以檮杌名。亦鑄鼎象物。使民知神姦之例。故云與於記惡之戒。說文木部作梼柮。云斷木也。引春秋傳國語周語云。商之興也。檮杌次於丕山。注云。檮杌。鯀也。服虔引神異經云。檮杌狀似虎。毫長二尺。人面虎足豬牙。尾長丈八尺。能鬭不退。音義云。乘。丁音剩。云晉名春秋爲乘者。取其善惡無不載。檮杌。惡獸名也。楚謂春秋爲檮杌者。在記惡而與善也。惡獸。本服虔假獸之惡人之惡爲戒。其義亦同。惟檮杌皆從木。則爲斷木之定名。說文頁部云。頑。梱頭也。木部云。梱。梡木未析也。梡。梱木薪也。析。破木也。掞薪有析者有不析。其未析者名梡。即名梱。纔破爲析。橫斷爲檮杌。斷而未析其頭。則名頑。是檮杌即頑之名。因其頑。假斷木之名以名之爲檮杌。亦戒惡之意也。孔氏春秋正義云。年有四時。不可徧舉四字以爲書號。故交錯互舉。取春秋二字以爲所記之名。春先於夏秋先於冬。舉先可以及後。言春足以見冬。故舉二字以包四時也。四時之內。一切萬物生植孕育。盡在其中。春秋之書。無物不包。無物不記。賈逵云。取法陰陽之中。春爲陽中。萬物以生。秋爲陰中。萬物以成。賀道養云。春貴陽之始。秋取陰之初。趙氏言二始舉四時。二始即春爲陽始。秋爲陰始。舉謂包舉。即舉春秋以包冬夏也。記萬事之名。即所謂無物不記也。董仲舒對策云。孔子作春秋。先正王而繫萬事。見素王之文焉。趙氏名記萬事之名以爲素王。亦本此爲說也。素王詳見滕文公篇。呂氏春秋知士篇云。孟嘗君竊以諫靜郭君。高誘注云。竊。私也。故以竊取爲私作。何休以孔子稱有罪爲聖人德盛愈謙。故自名。論語述而篇言竊比於我老彭。亦自謙之辭。此云某竊取之。既自名。又稱竊。故云亦聖人之謙辭也。章指。言詩可以言。頌詠太平。時無所詠。春秋乃與。假史記之文。孔子正之以匡邪也。疏詩可以言頌詠太平。○正義曰。毛詩序云。發言爲詩。又云。維天之命。太平告文王也。宣公十五年公羊傳云。什一行而頌聲作矣。注云。頌聲者太平歌頌之聲。帝王之致政也。

孟子曰。君子之澤。五世而斬。小人之澤。五世而斬。注澤者滋潤之澤。大德大凶。流及後世。自高祖至元孫。善惡之氣乃斷。故曰五世而斬。疏注。澤者至而斬。○正義曰。說文水部云。澤。光潤也。毛詩小雅節南山國既卒斬傳云。斬。斷也。趙氏以君子爲大德。小人爲大凶。其善惡之氣。流于後世。猶水之潤澤。近時通解以君子爲聖賢在位者。小人爲聖賢不在位者。予未得爲孔子徒也。予私淑諸人也。注予我也。我未得爲孔子門徒也。淑善也。我私善之於賢人耳。蓋恨其不得學於大聖也。疏注。予我至人也。○正義曰。予我淑善。皆爾雅釋詁文。江氏永羣經補義云。孟子言予私淑諸人。人謂子思之徒。是孟子與子思。年不相接。孔叢子有孟子子思問答語。不足信。章指。言五世一體。上下通流。君子小人。斬各有時。企以高山。跌以陷汙。是以孟子恨不及乎仲尼也。疏跌以陷汙。○正義曰。方言云。跌。蹷也。漢書鼂錯傳云。跌而不振。注云。跌。足失據也。又揚雄傳解嘲云。不知一跌將赤吾之族也。注云。跌。足失厝也。

孟子曰。可以取。可以無取。取傷廉。可以與。可以無與。與傷惠。可以死。可以無死。死傷勇。注三者皆謂事可出入不至違義。但傷此名。亦不陷於惡也。疏注。三者至惡也。○正義曰。趙氏以出解無取無與無死。以入解取與死。一事可出可入。謂取可無取亦可。是事之兩可者也。既可取可與可死。故取與死亦非惡。但既可以無取。可以無與。可以無死。故取與死則傷廉惠勇之名。可以取可以無取。取則傷廉之名。此廉士所知也。亦人所共知也。若可以與可以無與。則忠厚長者。豈不以必與爲惠乎。若可以死可以無死。則忠臣烈士。豈不以必死爲勇乎。而不知其傷惠傷勇。正與傷廉者同。傷廉不得名爲廉也。傷惠傷勇。不得名爲惠名爲勇也。說苑權謀篇引揚子曰。事之可以之貪可以之富者。其傷行者也。事之可以之生可以之死者。其傷勇者也。趙氏之義本此。毛氏奇齡聖門釋非錄云。金仁山謂此必戰國之世。豪俠之習勝。多輕施結客。若四豪之類。糾客輕生。若荆聶之類。故孟子爲當時戒耳。章指。言廉勇惠。人之高行也。喪此三名。列士病諸。故設斯科以進能者也。【疏】列士病諸。○正義曰。韓本攷文古本作列。孔本作則。列是也。周髀算經云。此列士之爵智。說苑臣術篇云。列士者。所以參大夫也。劉向有列士傳三卷。見隋書經籍志。

逢蒙學射於羿。盡羿之道。思天下惟羿爲愈己。於是殺羿。【注】羿。有窮后羿。逄蒙。羿之家衆也。春秋傳曰。羿將歸自田。家衆殺之。【疏】注。羿有至殺之。○正義曰。襄公四年左傳魏莊子云。夏訓有之曰。有窮后羿。注云。有窮國名。后。君也。羿。有窮君之號。孔氏正義云。羿居窮石之地。故以窮爲國號。以有窮配之。猶言有周有夏也。古司射之官多名羿。故趙氏明此羿爲有窮后羿。非他司射者也。引春秋傳。即襄公四年左傳。傳云將歸自田。家衆殺而亨之。以食其子。楚辭離騷云。羿淫遊以佚田兮。又好射夫封狐。固亂流其鮮終兮。浞又貪夫厥家。注云。浞。寒浞。羿相也。言羿因夏衰亂。代之爲政。娛樂田獵。不恤民事。信任寒浞。使爲國相。浞行媚於內。施賂於外。樹之詐慝而專其權勢。羿田將歸。使家臣逄蒙射而殺之。是左傳所云家衆即逄蒙。左傳不詳言其姓名。孔氏正義云。家衆。謂羿之家衆人反羿而從浞。爲浞殺羿也。史記龜筴傳云。羿名善射。不如雄渠蠭門。集解云。淮南子曰。射者重以逢蒙門子之巧。劉歆七略有蠭門射法。荀子王霸篇云。羿蠭門者。善服射者也。注云。蠭門即逢蒙。學射於羿。呂氏春秋具備篇云。今有羿蠭蒙繁弱於此而無弦。則必不能中也。高誘注云。羿。夏之諸侯。有窮之君也。善射。百發百中。蠭蒙。羿弟子也。亦能百中。淮南子原道訓云。重之羿逢蒙子之巧。高誘注云。羿。古諸侯有窮之君也。逄蒙羿弟子。皆攻射而百發百中。蓋蒙門一音之轉。蒙即門。裴駰引此作逢蒙門子。術一門字也。列子湯問篇云。甘蠅。古之善射者。彀弓而獸伏鳥下。弟子名飛衛。學射於甘蠅而巧過其師。紀昌者。又學射於飛衛。紀昌既盡衛之術。計天下之敵己者。一人而已。乃謀殺飛衛。呂氏春秋聽言篇云。蠭門始習於甘蠅。與孟子所述事近而異。

孟子曰。是亦羿有罪焉。【注】罪羿不擇人也。故以下事喻之。公明儀曰。宜若無罪焉。曰。薄乎云爾。惡得無罪。鄭人使子濯孺子侵衛。衛使庾公之斯追之。子濯孺子曰。今日我疾作。不可以執弓。吾死矣夫。【注】孺子。鄭大夫。庾公。衛大夫。疾作。瘧疾。【疏】注。孺子至瘧疾。○正義曰。孺子爲鄭人所使。故知是鄭大夫。庾公爲衛人所使。故知爲衛大夫。襄公十四年左傳云。衛公出奔齊。孫氏追之。初。尹公佗學射於庾公差。庾公差學射於公孫丁。二子追公。公孫丁御公。子魚曰。射爲背師。不射爲戮。射爲禮乎。射兩軥而還。尹公佗曰。子爲師。我則遠矣。公孫丁授公轡而射之。貫臂。注云。子魚。庾公差。孔氏正義云。孟子云云。其姓名與此略同。行義與此正反。不應一人之身。有此二行。孟子辨士之說。或當假爲之辭。此傳應是實也。毛氏奇齡四書賸言云。鄭人使子濯孺子侵衞事。左傳是孫林父追衞獻公事。非鄭侵衞而衞使追也。且是尹公佗學射於庾公差。非庾公差學射於尹公佗。其中或射或不射。卽此事。而不甚合。大抵春秋戰國間。其記事不同多類此。按此知孟子未見左傳。則左傳固晚出之書也。趙氏佑溫故錄云。古說有難盡解者。孺子今日我疾作注。何必知是瘧疾。殆以言今則有昨。言作則有止。疾之以日作止者。瘧是也。然疾儘有偶然一作。與年月一作。多日不作而作者。安必其獨瘧乎。按書金縢王有疾弗豫。史乃祝冊曰。惟爾元孫某。遘厲虐疾。某氏傳云。虐。暴也。周氏用錫尙書證義云。厲。作也。虐古瘧省。月令民多瘧疾。月令在孟秋。注云。瘧疾寒熱所爲者。今月令瘧疾爲厲疫。蓋瘧疾寒熱暴至。故名瘧。諸凡暴至之疾。均可謂之虐。昭公十九年左傳。許悼公瘧。此瘧亦是暴至之疾。與武王之遘虐疾正同。孺子若素有恆疾。則知其期。不當使來侵鄭。突然疾作。知是暴疾。故以虐疾明之耳。瘧卽虐也。

問其僕曰。追我者誰也。其僕曰。庾公之斯也。曰。吾生矣。【注】僕。御也。孺子曰。吾必生矣。【疏】注。僕御也。○正義曰。毛詩小雅出車召彼僕夫傳云。僕夫。御夫也。文選思元賦云。僕夫儼其正策兮。舊注云。僕夫。謂御車人也。

其僕曰。庾公之斯。衞之善射者也。夫子曰吾生。何謂也。曰。庾公之斯學射於尹公之他。尹公之他學射於我。夫尹公之他。端人也。其取友必端矣。【注】端人用心不邪辟。知我是其道本所出。必不害我也。【疏】注。知我是其道本所出。○正義曰。莊子庚桑楚云。出無本。郭象注云。欻然自生爲無本。釋文云。出。生也。本。始也。董子對策云。道之大原出於天。天不變。道亦不變。是以禹繼舜。舜繼堯。三聖相受而守一道。原卽本也。凡授受相承。皆有其始。故斯學於他。他學於孺子。爲其所出之本始也。

庾公之斯至。曰。夫子何爲不執弓。曰。今日我疾作。不可以執弓。曰。小人學射於尹公之他。尹公之他學射於夫子。我不忍以夫子之道。反害夫子。雖然。今日之事。君事也。我不敢廢。抽矢叩輪。去其金。發乘矢而後反。【注】庾公之斯至。竟如孺子之所言。而曰我不敢廢君事。故叩輪去鏃。使不害人。乃以射孺子。禮射四發而去。乘四也。詩云。四矢反兮。孟子言是以明羿之罪。假使如子濯孺子之得尹公之他而教之。何由有逢蒙之禍。【疏】注。禮射至反兮。○正義曰。毛詩齊風猗嗟云。四矢反兮。以禦亂兮。傳云。四矢乘矢。箋云。

反。復也。禮射三而止。每射四矢。皆得其故處。此之謂復。射必四矢者。象其能禦四方之亂也。發乘矢而後反。反是還鄙。庚斯發四矢而還歸於衞。「不逆儲子。故趙氏以去解之。云禮射四發而去。謂既去矢鏃。乃以禮射四發其矢而歸去。引詩以證四發爲禮射。至詩之反謂反覆其正鵠之故處。與反去不同。趙氏引之。非以詩之反卽庚公之發四矢而反也。儀禮大射儀云。司馬師坐乘之。注云。乘四四數之。聘禮云。乘皮設。注云。物四曰乘。禮記少儀云。其以乘壺酒。注云。乘壺。四壺也。方言云。四雁曰乘。凡四皆爲乘。是乘爲四也。章指言求交取友。必得其人。得善以全。善凶獲患。是故子濯濟難。夷羿以殘。可以鑒也。

孟子曰。西子蒙不潔。則人皆掩鼻而過之。注西子。古之好女西施也。蒙不絜。以不絜汙巾帽而蒙其頭也。面雖好。以蒙不絜。人過之者。皆掩鼻懼聞其臭。疏注。西子古之好女西施也。○正義曰。管子小稱篇云。毛嬙西施。天下之美人也。盛怨氣於面。不能以爲可好。西施見管子。故趙氏以爲古之好女也。周氏柄中辨正云。西子卽西施。張邦基墨莊漫錄云。管仲在越吳前二百餘年。而其書已云西施。豈越之西施。冒古之美人以爲名邪。按傅元謂管子書。過半是後人好事者所加。其稱加西施。或是後人附益。然莊子厲與西施。司馬彪注云。夏姬。夫越女名西施。夏姬亦稱西施。則又似古有此美人。而後世相因。借以相美。如善射者皆稱羿之類。○注。蒙不至其臭。○正義曰。賈誼新書勸學篇云。夫以西施之美而蒙不潔。則過之者莫不睨而掩鼻。今以二三子材而蒙愚惑之智。予恐過之有掩鼻之客也。淮南子脩務訓云。今夫毛嬙西施。天下之美人。若使之銜腐鼠。蒙蝟皮。衣豹裘。帶死蛇。則布衣韋帶之人過者。莫不左右睥睨而掩鼻。此本孟子而衍之。高誘注云。雖有美姿。人惡聞其臭。故睥睨掩其鼻。孟子曰。西子蒙不潔。則人皆掩鼻而過之是也。亦本淮南爲說。周禮夏官方相氏。掌蒙熊皮。注云。蒙。冒也。說文曰部云。冒。蒙而前也。考工記韗人凡冒鼓。注云。冒。蒙鼓以革。劉熙釋名釋首飾云。帽。冒也。漢書雋不疑傳。著黃冒。注云。冒所以覆冒其首。是蒙爲冒。而冒卽帽。故以巾帽釋蒙字也。

雖有惡人。齋戒沐浴。則可以祀上帝。注惡人。醜類者也。面雖醜而齋戒沐浴。自治淨絜。可以侍上帝之祀。言人當自治以仁義。乃爲善也。疏注。惡人醜類者也。○正義曰。書洪範六極。五曰惡。鄭氏注云。惡。貌不恭之罰。貌恭則容儼。形美而成性。以終其命。容毀故致惡也。莊子德充符云。衞有惡人焉曰哀駘它。郭象注云。惡。醜也。釋文引李云。哀駘醜貌。它其名。呂氏春秋去尤篇云。魯有惡者。其父出而見商咄。反而告其鄰曰。商咄不若吾子矣。且其子至惡也。商咄至美也。高誘注云。惡。醜也。昭公二十八年左傳云。厲蔑惡。又云。昔賈大夫惡。皆指貌醜。此惡人對上西子。知爲醜類者也。章指。言貌好行惡。西子冒臭。醜人潔服。供事上帝。明當脩飾。

惟義爲常也。【疏】明當脩飾。○正義曰：鹽鐵論殊路章云：「蒙以不潔，鄙人掩鼻；惡人盛飾，可以宗祀上帝。」

孟子曰：「天下之言性也，則故而已矣。故者以利爲本。【注】言天下萬物之情性，常順其故則利之也。改戾其性，則失其利矣。若以杞柳爲桮棬，非杞柳之性也。【疏】注「言天」至「之性也」。○正義曰：曲阜孔氏所刻趙氏注如此。其義明白可見。故卽苟求其故之故。推步者求其故，則日至可知。言性者順其故，則智不鑿。易文言傳云：「利者義之和也。」荀子臣道篇云：「從命而利君謂之順。」脩身篇云：「以善和人者謂之順。」詩鄭風知子之順之箋云：「順謂與己和順。」利之義爲順，故虞翻易注謂巽爲利。是利爲順其故也。賈子道術篇云：「心兼愛人謂之仁，反仁爲戾。」仁爲性，反其仁則乖戾，故失其利也。湛園靜語云：「莊周有云：吾生於陵而安於陵，故也；長於水而安於水，性也。此適有故與性二字，疑戰國時有此語。」毛氏奇齡四書賸言補云：「天下之言性也，則故而已矣。觀語氣自指汎言性者，與人之爲言彼所謂道語同。至以利爲本，然後斷以己意。因是時俗尙智計，多用穿鑿，故原有謂智者。淮南原道訓：不設智故。謂不用機智穿鑿之意。正與全文言智相合。是以孟子言天下言性，不過智計耳。顧智亦何害，但當以通利不穿鑿爲主。夫所惡於智，爲穿鑿也。如不穿鑿，則行水治秝，智亦大矣。」按孟子此章，自明其道性善之恉，與前異於禽獸相發明也。易雜卦傳云：「革，去故也。鼎，取新也。」故謂已往之事。當時言性者，多據往事爲說。如云文武興則民好善，幽厲興則民好暴；以堯爲君而有象，以瞽瞍爲父而有舜；及荀子性惡篇所云，曾騫孝已，獨厚於孝之實，而全於孝之名；秦人不如齊魯之孝具敬父；皆所謂故也。孟子獨於故中指出利字。利卽周易元亨利貞之利。繫辭傳云：「變而通之以盡利。」彖傳云：「乾道變化，各正性命，保合太和，乃利貞。」利以能變化言。於故事之中，審其能變化，則知其性之善。利者義之和。禮記表記云：「道者義也。」注云：「謂斷以事宜。」春秋繁露仁義法云：「義者謂宜在我者。」其性能知事宜之在我，故能變通。上古之民，始不知有父，惟知有母，與禽獸同。伏羲教以嫁娶，定人道，無論賢智愚不肖，皆變化而知有夫婦父子。始食鳥獸蠃蛖之肉，飢則食，飽棄餘。神農教之稼穡，無論賢智愚不肖，皆變化而知有火化粒食。是爲利也。於故之中，知其利，則人性之善可知矣。繫辭傳云：「感而遂通天下之故。」又云：「是以明於天之道，而察於民之故。」又云：「又明於憂患與故。」通者，通其故之利也；察者，察其故之利也；明者，明其故之利也。故者事也。傳云：「通變之謂事。」非利不足以言故，非通變不足以言事。諸言性者，據故事而不通其故之利，不察其故之利，不明其故之利，所以言性惡，言性善惡混，或又分氣質之性、義理之性，皆不識故以利爲本者也。孟子私淑孔子，述伏羲、神農、文王、周公之道，以故之利而直指性爲善，於此括全易之義，而以六字盡之：云故者以利爲本。明人之所以異於禽獸者，在此利不利之間。利不利卽義不義，義不義卽宜不宜。能知宜不宜，則智也；不能知宜不宜，則不智也。智，人也；不智，禽獸也。幾希之間，一利而已矣，卽一義而已矣，卽一智而已矣。

所惡於智者，爲其鑿

也。【注】惡人欲用智而妄穿鑿。不順物之性而改道以養之。【疏】注。惡人至養之。○正義曰。說文金部云。鑿。穿木也。成公十三年公羊傳云。公鑿行也。注云。鑿。猶更造之意。故趙氏以穿釋鑿。又以改釋之。改卽更造也。趙氏以養物言。言當順其情性以養之。不可戾其情性以養之。按此智卽人性之利也。孔子言性相近習相遠。惟上智與下愚不移。移謂變通也。禽獸無知。直不能移其性之不善。所以與人異。則人無論賢愚。皆能知卽皆能轉移。愚者可以轉而善。智者可以轉而爲不善。此智所以相遠。智者何以轉而爲不善。爲其鑿也。惟其因智而鑿。故惡其智。蓋伏羲以前。人苦於不知。則惡其愚。黃帝堯舜以後。人不苦於不知。正苦於知而鑿其知。則聖人轉惡其智。故無爲而治。可使由而不可使知也。鑿有二義。其一爲空。荀子哀公篇云。五鑿爲正是也。其一爲細。楚辭離騷云。精瓊靡以爲粻。注云。精。鑿也。凡物精之則細小是也。鑿其內則空。鑿其外則細。空虛細小。皆非大智。下言行所無事則智大。此孟子自明鑿字之意。行所無事。由仁義行也。然則行仁義則爲鑿。夫知其爲仁義。是已智矣。乃假仁以濟其不仁。假義以濟其不義。用忠孝廉直以名。以行其巧詐離奇之術。是鑿也。是智小也。知其爲仁爲義。是已智矣。乃無所依據。憑己之空見以爲仁。憑己之空見以爲義。極精微奧妙之論。而不本讀書好古之實。是鑿也。是智小也。

如智者若禹之行水也。則無惡於智矣。禹之行水也。行其所無事也。【注】禹之用智。決江疏河。因水之性。因地之宜。引之就下。行其空虛無事之處。【疏】注。禹之至之處。○正義曰。趙氏謂水性就下。宜行地中。故決江疏河。使由地中行。空虛謂地中也。水行地上。則失水之性。而水不能安于無事矣。胡氏渭禹貢錐指云。賈讓曰。昔大禹治水。山陵當路者毀之。故鑿龍門。辟伊闕。析底柱。破碣石。此鑿山之事也。孟子曰。禹掘地而注之海。太史公曰。禹廝二渠以引其河北載之高地。過降水。至於大陸。此穿地之事也。儒者蔽於一己之意見。凡耳目所不會及。皆以爲安。過泥禹之行水行所無事之言。謂禹絕無所穿鑿。殊不知堯之水災。非尋常之水災。禹之行水。非尋常之行水。審如所云。則後世築隄置埽開渠減水之人。皆得與禹功並垂天壤矣。繇何以績用弗成。禹何以配天無極哉。按禹鑿山穿地。不能無事。正所以使水行所無事。若禹祗憑空論。無有實事。則水轉不能無事矣。聖人明庶物察人倫。仰而思之。夜以繼日。憂勤極矣。乃所以使民行所無事也。春秋繁露王道通三篇云。陽常居實位而行於盛。陰常居空位而行於末。故陰夏入居下。不得任歲事。冬出居上。置之空處也。養長之時。伏於下。遠去之。弗使得爲陽也。無事之時。起之空處。使之備次陳守閉塞也。陰陽終始篇云。陰之行。固常居虛而不得居實。至於冬而止空虛。太陽乃得北就其類。而與水起寒。此謂寒水之性。宜居空虛無事。趙氏之言本此。

如智者亦行其所無事。則智亦大矣。【注】如用智者不妄改作。作事循理。若禹行水於無事之處。則爲大智也。【疏】如智至亦大矣。○正義曰。孟子以禹之行水。明大智者之行所無事。行所無事。卽舜之無爲而治也。禮記中庸云。舜其大智也與。舜好問而好察邇言。隱惡而揚善。執其兩端。用其中於民。舜之大智。卽舜之無爲。而舜之無爲。本於好問察言。執兩用中。好問察言執兩用中。則由仁義行。所以無爲而治。孟子恐人以行所無事爲老氏之淸淨無爲。故以禹之行水例之。行水必決河疏江。鑿山穿地。而乃能使水行所無事。無爲而治。必好問察言。執兩用中。而乃能使民由仁義行。中庸云。天命之謂性。率性之謂道。脩道之謂教。率乎性則行所無事。自以爲智而用其智。則非率性。而天下亦不能行所無事。此智之大小所由分也。

天之高也。星辰之遠也。苟求其故。千歲之日至。可坐而致也。

注　天雖高。星辰雖遠。誠能推求其故常之行。千歲日至之日。可坐知也。星辰日月之會致至也。知其日至在何日也。

疏　天之至致也。○正義曰。禮記中庸篇云。今夫天。斯昭昭之多。及其無窮也。日月星辰繫焉。素問云。黃帝曰。地之爲下否乎。岐伯曰。地爲人之下。太虛之中也。日大氣舉之也。蓋地居中。天周其外。而地之去天。楚辭天問篇云圜則九重。而其里度實不可知。其高之無窮也。所可測者。日月星辰而已。星者。二十八宿也。辰者。十二次也。分天爲十二次。依於星象。天本無度。以星辰爲度。辰星本無度。以日行爲度。故測天者先測星辰。測星辰者先求日至。東方之宿。角亢氐房心尾箕爲蒼龍。南方之宿。東井鬼柳七星張翼軫爲朱鳥。西方之宿。奎婁胃昴畢觜參爲白虎。北方之宿。斗牛女虛危室壁爲元武。蔡邕月令章句云。周天三百六十五度。四分度之一。分爲十二次。日月之所躔也。每次三十度。三十二分之十四。日至其初爲節。至其中爲中氣。自危十度至壁八度。謂之豕韋之次。立春雨水居之。自壁八度至胃一度。謂之降婁之次。驚蟄春分居之。自胃一度至畢六度。謂之大梁之次。淸明穀雨居之。自畢六度至井十度。謂之實沈之次。立夏小滿居之。自井十度至柳三度。謂之鶉首之次。芒種夏至居之。自柳三度至張十二度。謂之鶉火之次。小暑大暑居之。自張十二度至軫六度。謂之鶉尾之次。立秋處暑居之。自軫六度至亢八度。謂之壽星之次。白露秋分居之。自亢八度至尾四度。謂之大火之次。寒露霜降居之。自尾四度至斗六度。謂之析木之次。立冬小雪居之。自斗六度至須女二度。謂之星紀之次。大雪冬至居之。自須女二度至危十度。謂之元枵之次。小寒大寒居之。此十二次卽爲十二辰。天每日左旋一周。日每日右行一度。天行赤道。日行黃道。黃道斜交於赤道。其交處爲春秋分。自春分交赤道之北。至夏至而極北。距赤道最遠。轉而南行。至秋分交赤道之南。至冬至而極南。距赤道最遠。又轉而北行。至春分復交於赤道。其道斜絡於二十八宿之間。故日之出入南北。皆以星辰爲識。堯典。日中星鳥。日永星火。宵中星虛。日短星昴。月令。孟春日在營室。仲春日在奎。季春日在胃。孟夏日在畢。仲夏日在東井。季夏日在柳。孟秋日在翼。仲秋日在角。季秋日在房。孟冬日在尾。仲冬日在斗。季冬日在婺女是也。日每歲環行於十二辰二十八宿之間。則此黃道之絡於星辰者。爲日躔之軌迹。卽所謂故也。求其故。求日所行於星辰之度也。日所行之度卽其故。而可知其所在。則兩分兩至定矣。日之行極於兩至。故以日至言之。張氏爾岐蒿庵閒話云。厤法每十九年爲一章。第一章之初年月日時。俱會於甲子朔旦冬至。是爲蔀元。以後章首冬至必在朔旦。而非甲子日時。四章七十六年爲一蔀。朔旦冬至在夜半子。與第一章同。而日月非甲子。二十蔀爲一紀。凡一千五百二十年。冬至朔旦乃甲子日甲子時。而非甲子歲首。三紀共四千五百六十年。至朔同日。而年月日時俱會於甲子知初矣。孟子所謂千歲之日至。正求此一元之初。年月日時俱會甲子朔旦冬至者也。梅氏文鼎厤學疑問云。造法者必有起算之端。是謂律元。然律元之法有二。其一遠溯初古。爲七曜齊元之元。自漢太初至金重修大明術各所用之積年是也。其一爲截算之元。自元授時不用積年日法。直以至元辛巳爲元。而今西法亦以崇禎戊辰爲元是也。二者不同。然以是爲起算之端。一而已矣。夫所謂七曜齊元者。謂上古之時。歲月日時皆會甲子。而又日月如合璧。五星如聯珠。取以爲造法之根數也。使其果然。雖萬世遵用可矣。乃今二十一史中所載諸家律元。無一同者。是其積年之久近。皆非有所受之於前。直以巧算取之而已。然謂其一無所據。而出於胸臆。則又非也。當其立法之初。亦皆有所驗於近事。然後本其時之所實測。以旁證於書傳之所傳。紬其合者。既有數端。遂援之以立術。於是溯而上之。至於數千萬年之遠。庶幾各率可以齊同。積年之法所由立也。然既欲其上合律元。又欲其不違近測。畸零分秒之數。必不能齊。勢不能不稍爲整頓。以求巧合。其始也據近測以求積年。其既也且將因積年而改近測矣。又安得以爲定法乎。授時術知其然。故一以實測爲憑。而不用積積年虛率。上考下求。即以至元十八年辛巳歲前天正冬至爲元。其見卓矣。孟子千歲日至。趙注只云日至可知其日。疏則直云千歲以後之日至。可坐而定。初不言立元。方氏觀承五禮通考云。孟子此章極精。並無律元之說。立元至太初術始有之。孟子當時豈知後世將有太初之術而預言之。夫律豈無元。然隨代可立。不必追上古十一月甲子朔夜半冬至耳。孟子所謂日至者。亦兼二至在內。非專指冬至也。周禮土圭反專重夏至。堯典觀象。亦兼永短二至。其專以冬至爲元者。亦始自太初也。孔子删書。斷自堯典。司馬遷作史。必欲追至黃帝。而穿鑿附會不少矣。按孟子以水之行所無事。比例率性者之行所無事。仍恐其不明也。故又例之以求日至。夫天之行赤道。日之行黃道。其所躔於星辰而爲分爲至。不容小智之鑿者也。談性者可以鑿空。求日至者斷不容鑿空。故孟子舉一必不容鑿空之日至以例言性。所以明性之不容鑿空也。何也。凡治厤者。極精微巧妙。必與實測相孚。稍一鑿空。便與天行不合。所以學問之事。至於測天。斷不容以小智妄說也。天之行如此。吾測之。吾求其故也。其至可致也。人之性如此。吾察之。吾求其故也。其利可知也。引喻之義。全在求其故。言性者雖以故爲說。實未嘗求其故。故不知以利爲本。言天者雖以故爲說。實未嘗求其故。故千歲之日至。不能坐而致。禮記禮器云。物産之致也精微。注云。致。致密也。樂記云。致樂以治心。注云。致。猶深審也。然則可坐而致。即可坐而密。亦即可坐而深審。凡治厤必求其密。密必由於深審。所以必深審而密者。則以天行不測。以變爲常。至於千歲。則不能不遍其變。蓋不能豫其故而不能拘守其故。所以必求其故。求其故。即實測而深審之。斯其術乃可坐而知其密也。梅氏文鼎厤學疑問云。治厤者當順天以求合。不當爲合以驗天。若預爲一定之法。而不隨時修改以求無弊。是爲合以驗天乎。吾嘗徵之天道矣。日有朝有暮。有中有昃。有夜有晨。此歷一日而可知者也。

月有朔有生明。有弦有望。有生魄有下弦有晦。此歷一月而可知者也。時有春夏秋冬。晝夜有永短。中星有推移。此歷一歲而可知者也。乃若熒惑之周天。則歷二年。歲星則十二年。土星則二十九年。夫至於十二年二十九年而一周。已不若前數之易見矣。又其每周之間。必有過不及之餘分。所差甚微。非歷多周。豈能灼見。乃若歲差之行。六七十年始差一度。歷二萬五千餘年而始得一周。雖有期頤上壽。所見之差。不過一二度。亦安從辨之。迨其歷年既久。差數愈多。然後共見。而差法立焉。此非前人之智不若後人也。前人不能預見後來之差數。而後人則能盡考前代之度分。故愈久而愈明。法愈脩而愈密。勢則然耳。問者曰。若是。則聖人之智有所窮歟。曰。使聖人爲一定之法則窮矣。惟聖人深知天載之無窮。而不爲一定之法。必使隨時脩改以求合天。是則合天下萬世之聰明。以爲其耳目。聖人之所以不窮也。按自黃帝迎日推策。攷定日星。少皞立司分司至之官。顓頊制秝。由來尙矣。而堯典則紀嵎夷南交西朔方之宅。舜又有璿璣玉衡之在。周禮地官。用土圭之法。以測日景之長短。歷代皆用實測。未有鑿空以言者也。誠以寒暑晝夜有常。而其差則隨時而變。非卽其故而時時求測之。不易合也。人性之善。亦如寒暑晝夜之有常也。至其智之隨時而變。亦如天行之有歲差也。非卽其故而時時察之思之。不易言也。歲而無差。則故不必求。日至不千歲。則差不著見。孟子言日至而曰千歲。千歲二字。卽括歲差而言。舍故則日至不可知。泥其故而不能隨時以實測求之。則千歲之日至不可致。此孟子言秝之精。卽孟子言性之精也。江氏永冬至權度云。履端於始。序則不愆。術家詳求冬至。且求千歲以上冬至證之。史傳或離或合。其故難言。元史有六術冬至。閱載魯獻公戊寅至至元庚辰四十九事紀。大衍宣明紀元統天。重脩大明授時時刻之異同。勿菴梅氏因之。作春秋以來冬至考。刪去獻公一事。各以其術。本法詳衍。算術雖明。而未有折衷。永因梅氏所考定者。用實法推算。有不合者。斷其爲術誤史誤。俟知數者考焉。一論平歲實。太陽本天有平行。盡黃道一周爲平歲實。與月五星周平朔策合率同故。別有本輪均輪最高最卑之行。以視行加減平行。二十四氣時刻多少。歲歲不同。而古今冬至。不能以一率齊之。是爲活汎之歲實。猶之月有實會。逐月不同。五星有實合。每周不同也。授時大統以前。太陽高卑之理未明。雖知一歲之行有盈縮。不悟盈縮之中爲平歲實。但求歲實於活汎之冬至。故一術必更一周率與歲實。然合今則戾古。合古又違今。統天術遂立距差躔差之法。暗藏消長。以求上下兩合。授時術本之。有百年長一消一之說。西法本回回。以春分相距。測定歲周。小餘五小時三刻三分四十五秒。以萬分通之。爲二四二一八七五。此爲平行之歲實小餘。而各節氣之定氣。則以均度加減定之。此不易之法也。欲考往古冬至。當以平歲實爲本。算當年平冬至時刻。乃以定冬至較之。知其距最卑之遠近。或與今法有不合。則知其時本輪均輪之有半徑差。有相去之遠者。則知史傳所記非實測。所謂苟求其故。千歲之日至可坐而致者。此爲庶幾焉。倘以授時之歲實爲歲實。而以百年長一消一爲準。則非法矣。一論最卑行。太陽本輪最卑點爲縮末盈初之端。歲有推移。與月入轉五星入律。皆有盈度理同。平冬至之改爲定冬至也。視此點之前後遠近。以加度而減時。減度而加時焉。至元辛巳間。最卑與平冬至同度。自是以前。定冬至皆在平冬至前。以後定冬至皆在平冬至後。最卑有行度故也。西法近率。

最卑歲行一分一秒十微。以遠年冬至考之。此率似微嬴。大約當加二秒。上求古時定冬至。以此爲準焉。一論輪徑差。既卑既有行度矣。而太陽之體在均輪。均輪之心在本輪。本輪之心在本天。此兩輪半徑。古今又有不同。則距地遠近兩心有差。西法始定兩輪半徑。併千萬分之。三十五萬八千四百一十六。而今又漸減。則古時必多於此半徑。大則加減差亦大。而以均度變時分。加減於平冬至者。視今時必稍嬴焉。此差率出於恆差之外。術家亦不能定者也。上考往古。又當以此消息之。

章指。言能脩性守故。天道可知。妄智改常。必與道乖。性命之指也。疏修性守故。○正義曰。周氏廣業孟子章指考證云。脩。文選注作循。唐人書脩循二字多混淆。

公行子有子之喪。右師往弔。入門。有進而與右師言者。有就右師之位而與右師言者。注公行子。齊大夫也。右師。齊貴臣王驩。字子敖。公行之喪。齊卿大夫以君命會。各有位次。故下云朝廷也。與言者。皆諂於貴人也。疏公行子至言者。○正義曰。顧氏炎武日知錄云。禮。父爲長子斬衰三年。故云公行子有子之喪。而孟子與右師及齊之諸臣皆往弔。毛氏奇齡經問云。或問公行子有子之喪。說者皆曰公行子喪親而身居子位。名曰子喪。謂有人子之喪也。然乎。曰。非也。公行子有子之喪。謂公行子喪其子。非身居子喪也。凡喪必有主。然有君爲臣主者。有父爲子主者。如小記云。父主子喪而有杖。又奔喪云。凡喪。父在父爲主。是子喪父主。明有定禮。當時公行氏喪子。正身爲喪主。以受賓弔。一如檀弓所云子夏喪其子而曾子弔之。禮。凡稱有某喪。皆實指死者言之。謂其人之死喪也。若以指生者。則檀弓曾子有母之喪。子路有姊之喪。不成有人母人姊之喪乎。錢氏大昕潛研堂答問云。問公行子有子之喪。何以君命往弔。曰。儀禮喪服篇。父爲長子斬衰三年傳曰。何以三年也。正體於上。又乃將所傳重也。庶子不得爲長子三年。不繼祖也。鄭氏注云。此言爲父後者。然後爲長子三年。重其當先祖之正體。又以其將代己爲宗廟主也。公行子當是爲父後者。其子蓋長子也。大夫之嫡長。在國謂之國子。入學與世子齒焉者也。在家謂之門子。春秋傳大夫門子皆從鄭伯。是也。故其喪也。父爲之服斬衰三年。君使人弔。卿大夫咸往會焉。周禮卿大夫士之喪。職喪以國之喪禮涖其禁令。孟子所稱不歷位不踰階之禮。即職喪之禁令也。趙氏佑溫故錄云。進。前也。此右師甫入門未即位時。趨迎揖之者。即所謂踰階也。與下就右師之位。皆人之進人之就。衆人皆往弔先集。而右師獨後至。書法特書右師往弔。亦似以右師主其事。孟子蓋不得已從衆也。○注。公行子齊大夫也。○正義曰。荀子大略篇云。公行子之之燕注云。孟子曰。公行子有子之喪。右師往弔。趙岐注云。齊大夫也。子之蓋其先也。廣韻公字注云。孟子有公行子著書。左傳。晉成公以卿之庶子爲公行大夫。其後氏焉。

孟子不與右師言。右師不悅曰。諸君子皆與驩言。孟子獨不與驩言。是簡驩也。

【注】右師謂孟子簡其無德。故不與言。是以不悅也。【疏】是簡驕也。○正義曰。呂氏春秋驕恣篇云。自驕則簡士。高誘注云。簡。傲也。說苑脩文篇云。君子思禮以脩身。則怠惰慢易之節不至。又云。孔子曰。可也簡。簡者。易野也。易野者。無禮文也。簡則非禮。故孟子以禮言之。

孟子聞之曰。禮。朝廷不歷位而相與言。不踰階而相揖也。我欲行禮。子敖以我爲簡。不亦異乎。【注】孟子聞子敖之言曰。我欲行禮。故不歷位而言。反以我爲簡易也。云以禮者。心惡子敖而外順其辭也。【疏】禮朝廷至揖也。○正義曰。禮記曲禮云。臨喪不笑。揖人必違其位。孔氏正義云。位謂己之位也。於位而見前人。已所宜敬者。當離己位而鄉彼遙揖。禮以變爲敬。是以燕禮君降階爾卿大夫。鄭注云。爾。近也。揖而後移近之。明君臣皆須違位而揖也。陳祥道禮記講義云。此所言乃燕居之禮。孟子所言朝廷之禮。朝廷尚嚴。燕居尚和。言之不同。所主之禮異也。○注。反以我爲簡易也。○正義曰。趙氏以易釋簡也。閩監毛三本作異。非是。

章指言循禮而動。不合時人。阿意事貴。脅肩所尊。俗之情也。是以萬物皆流而金石獨止。【疏】阿意事貴。○正義曰。漢書劉向傳。武帝詔曰。周堪不能阿尊事貴。○是以萬物皆流而金石獨止。○正義曰。說苑說叢篇云。水浮萬物。玉石留止。

孟子曰。君子所以異於人者。以其存心也。君子以仁存心。以禮存心。仁者愛人。有禮者敬人。愛人者人恒愛之。敬人者人恒敬之。【注】存。在也。君子之在心者。仁與禮也。愛敬施行於人。人必反之己也。【疏】注。存在也。○正義曰。趙氏以在釋存。蓋以在爲察。在心卽省察其心。下文自反皆察也。

有人於此。其待我以橫逆。則君子必自反也。我必不仁也。必無禮也。此物奚宜至哉。【注】橫逆者。以暴虐之道來加我也。君子反自思省。謂己仁禮不至也。物。事也。推此人何爲以此事來加我。【疏】注。物事至加我。○正義曰。毛詩大雅蒸民有物有則傳云。物。事也。爾雅釋詁云。宜。事也。韓非子喻老篇云。事。爲也。是奚宜卽何爲也。至之義爲來。故云來加我。

其自反而仁矣。自反而有禮矣。其橫逆由是也。君子必自反也。我必不忠。【注】君子自謂我必不忠。

自反而忠矣。其橫逆由是也。君子曰。此亦妄人也已矣。如此則與禽獸奚擇哉。於禽獸又何難焉。【注】妄人。妄作之人。無知者。與禽獸何擇異也。無異於禽獸。又何足難也。【疏】又何難焉。○正義曰。周禮調人掌司萬民之難而調和之。注云。難相與爲仇讎。○注。妄人至知者。○正義曰。禮記儒行篇云。今衆人之命儒也妄。注云。妄之言無也。虞翻解易无妄云。妄。亡也。亡卽無也。不知而作。是爲妄作。故妄作卽猶禽獸之無知也。○注。與禽獸何擇異也。○正義曰。呂氏春秋簡選篇云。與惡劍無擇。高誘注云。擇。別也。又離謂篇云。其與橋言無擇。高誘注云。擇。猶異也。

是故君子有終身之憂。無一朝之患也。乃若所憂則有之。舜人也。我亦人也。舜爲法於天下。可傳於後世。我由未免爲鄉人也。是則可憂也。【注】君子之憂。憂不如堯舜也。【疏】是故至憂也。○正義曰。禮記檀弓云。子思曰。喪三日而殯。凡附於身者。必誠必信。勿之有悔焉耳矣。三月而葬。凡附於棺者。必誠必信。勿之有悔焉耳矣。喪三年以爲極。亡則弗忘之矣。故君子有終身之憂。而無一朝之患。鄭氏注以終身之憂爲念其親。無一朝之患爲毀不滅性。蓋君子有終身之憂。無一朝之患。此二語當古有之。子思引以說人子之念親。孟子引之說君子之待橫逆。故下申言之。賈誼新書勸學篇云。謂門人學者。舜何人也。我何人也。夫啓耳目。載心意。從立移徙。與我同性。而舜獨有賢聖之名。明君子之實。而我曾無鄉里之閭寬徇之智者。獨何與。然則舜僶俛而加志。我儃僈而弗省耳。此卽用孟子之言而衍之。故下卽言西子蒙不潔。亦用孟子語也。

憂之如何。如舜而已矣。【注】憂之當如之何乎。如舜而後可。故終身憂也。若夫君子所患則亡矣。非仁無爲也。非禮無行也。如有一朝之患。則君子不患矣。【注】君子之行。本自不致患。常行仁行禮。如有一朝橫來之患。非己愆也。故君子歸天。不以爲患也。【疏】注。故君子歸天。○正義曰。後漢書順帝紀云。令刺史二千石之選歸任三司。注云。歸。猶委任也。此云歸天。委任於天也。

章指。言君子責己。小人不改。比之禽獸。不足難矣。蹈仁行禮。不患其患。惟不若舜。可以憂也。

禹稷當平世。三過其門而不入。孔子賢之。顏子當亂世。居於陋巷。一簞食。一瓢飲。人不堪其憂。顏子不改其樂。孔子賢之。孟子曰。禹稷顏回同道。【注】當平世三過其門者。身爲公卿憂民急也。當亂世安陋巷者。不用於世。窮而樂道也。孟子以爲憂民之道同。用與不用之宜若是也。故孔子俱賢之。禹思天下有溺者。由己溺之也。稷思天下有飢者。由己飢之也。是以如是其急也。禹稷顔子易地則皆然。【注】禹稷急民之難若是。顔子與之易地。其心亦然。不在其位。勞佚異矣。【疏】禹思至飢之也。○正義曰。音義於上章我由未免爲鄉人也云。丁云。由與猶義同。後皆放此。然則此由亦猶也。謝少宰墉謂由當讀如字。蓋已既爲司空。則天下之溺。由於已。已既爲后稷。則天下之飢由於已。讀爲猶。尙是譬况未合。此深得孟子之恉矣。

今有同室之人鬭者。救之。雖被髮纓冠而救之可也。鄉鄰有鬭者。被髮纓冠而往救之。則惑也。雖閉戶可也。【注】纓冠者。以冠纓貫頭也。鄉鄰。同鄉也。同室相救。是其理也。喻禹稷。走赴鄉鄰。非其事。顔子所以閉戶而高枕也。【疏】注。纓冠者以冠纓貫頭也。○正義曰。說文糸部。纓。冠系也。劉熙釋名釋首飾云。纓。頸也。自上而下繫於頸也。急於戴冠。不及使纓攝於頸。而與冠並加於頭。是以纓爲冠。故云纓冠。趙氏此注精矣。○注。以冠纓貫頭。○廷琥曰。按劉熙釋名釋首飾云。冠。貫也。所以貫韜髮也。說文云。毋讀若冠。是冠有貫義。○注。顔子所以閉戶而高枕也。○正義曰。楚辭九辨云。堯舜皆有舉任令。故高枕而自適。韓非子守道篇云。戰如賁育。守如金石。則君人者高枕而守已完矣。戰國策魏策。張儀曰。則大王高枕而臥。國必無憂矣。賈誼新書益壤篇。史記留侯世家。揚雄解嘲。皆云高枕。

章指。言上賢之士得聖一概。顔子之心。有同禹稷。時行則行。時止則止。失其節則惑矣。【疏】上賢之士得聖一概。○正義曰。揚子法言重黎篇序云。仲尼以來。國君將相。卿士名臣。參差不齊。一概諸聖。○○失其節則惑矣。○正義曰。易雜卦傳云。節。止也。失節謂不知止。

公都子曰。匡章通國皆稱不孝焉。夫子與之遊。又從而禮貌之。敢問何也。【注】匡章。齊人也。一國皆稱不孝。問孟子何爲與之遊。又禮之以顔色喜悅之貌也。【疏】注。又禮至貌也。○正義曰。荀子禮論篇云。情貌之盡也。注云。情。忠誠也。貌。恭敬也。言人所施忠敬無盡於君者。說苑脩文篇云。書曰五事。一曰貌。貌若男子之所以恭敬。婦人之所以姣好也。其以入君朝。尊以嚴。其以入宗廟。敬以忠。其以入鄉曲。和以順。其以入州里族黨之中。和以親。荀子言禮貌屬君。則當爲尊嚴。孟子之禮貌在匡章。則當爲和親。故以爲顔色喜悅之貌也。楚辭九章惜誦篇云。情與貌其不變。注云。志願爲情。顔色爲貌。

孟子曰。世俗所謂不孝者五。惰其四支。不顧父母之養。一不孝也。

博弈好飲酒。不顧父母之養。二不孝也。好貨財。私妻子。不顧父母之養。三不孝也。從耳目之欲。以爲父母戮。四不孝也。好勇鬭很。以危父母。五不孝也。章子有一於是乎。【注】惰懈不作。極耳目之欲以陷罪。戮及父母。凡此五者。人所謂不孝之行。章子豈有一事於是五不孝中也。【疏】好勇鬭很。○正義曰。翟氏灝考異云。說文彳部。很。胡懇切。不聽從也。鬩也。犬部。狠五還切。吠鬭聲。兩字截然不同。此鬭很字。必當如曲禮很毋求勝之很。而坊本多誤作狠。據廣韻很字下注云。俗作狠。蓋以狠代很。唐固嘗有之。然音與義悉大別。縱或俗行。不可施諸經典。荀子榮辱篇云。鬭者。忘其身者也。忘其親者也。忘其君者也。行其少頃之怒。而喪終身之軀。然且爲之。是忘其身也。室家立殘。親戚不免於刑戮。然且爲之。是忘其親也。注云。蓋當時禁鬭殺人之法。戮及親戚。尸子曰。非人君之用兵也。以爲民傷鬭。則以親戚徇一言而不顧之也。

夫章子。子父責善而不相遇也。責善。朋友之道也。父子責善。賊恩之大者。【注】遇。得也。章子子父親教。相責以善。不能相得。父逐之也。朋友切磋。乃當責善耳。父子相責以善。賊恩之大也。【疏】注。遇得也。○正義曰。隱公四年夏。公及宋公遇于清。穀梁傳云。遇者。志相得也。桓公十年秋。公會衞侯于桃丘。弗遇。穀梁傳云。弗遇者。志不不相得也。○注。章子至大也。○正義曰。全氏祖望經史問答云。章子之事。見於國策。姚氏春秋後語證之。所紀略同。吳禮部曰。孟子以爲子父責善而不相遇。恐卽此事。然必國策所云。何以言責善。況在威王時。頗疑與孟子不相接。答曰。章子見國策最早。當威王時。據國策。威王使章子將而拒秦。威王念其母爲父所殺。埋於馬棧之下。謂曰。全軍而還。必更葬將軍之母。章子對曰。臣非不能更葬母。臣之母得罪臣之父。未教而死。臣葬母。是欺死父也。故不敢。軍行。有言章子以兵降秦者三。威王不信。有司請之。王曰。不欺死父。豈欺生君。章子大勝秦而返。國策所述如此。然則所云責善。蓋必勸其父以弗爲已甚。而父不聽。遂不得近。此自是人倫大變。章子之黜妻屏子非過也。然而孟子以爲賊恩則何也。蓋章子自勝秦以前。所以處此事者。本不可以言過。然其勝秦而還。則王必葬其母矣。而章子之黜妻屏子。終身如故。是在章子亦以恫母之至。不僅以一奉君命得葬了事。未嘗非孝。而不知是則似於揚父生前之過。自君子言之。以爲非中庸矣。故孟子亦未嘗竟許之。而究之矜其遇。諒其心。蓋章子自是至性孤行之士。晚近所不可得。雖所行未必盡合。而直不失爲孝子。但章子之事。未必在威王之世。威王未嘗與秦交兵。齊秦之鬭。在宣王時。而伐燕之役。將兵者正是章子。則恐其誤編於威王策中者。卽不然。亦是威王末年。

夫章子豈不欲有夫妻子母之屬哉。爲得

罪於父。不得近。出妻屏子。終身不養焉。【注】夫章子豈不欲身有夫妻之配。子有子母之屬哉。但以身得罪於父。不得近父。故出去其妻。屏遠其子。終身不爲妻子所養也。其設心以爲不若是。是則罪之大者。是則章子已矣。【注】章子張設其心。執持此屏出妻子之意。以爲人得罪於父。而不若是以自責罰。是則罪益大矣。是章子之行已矣。何爲不可與言。【疏】注。章子至之意。○正義曰。說文言部云。設。施陳也。弓部云。張。施弓弦也。是設即張也。張則有彊義。昭公十四年左傳云。臣欲張公室也。國策西周策云。破秦以張韓魏。注皆以張爲彊是也。以此意張設於心。彊而莫改。故爲執持此意也。○注。是章至與言。○正義曰。周氏廣業孟子古注攷云。宋本古本有之。今並闕。章指言。匡章得罪。出妻屏子。上不得養。下以責己。衆曰不孝。其實則否。是以孟子禮貌之也。

曾子居武城。有越寇。或曰。寇至。盍去諸。【注】盍。何不也。曾子居武城。有越寇將來。人曰寇方至。何不去之。【疏】曾子居武城有越寇。○正義曰。周氏柄中辨正云。史記仲尼弟子列傳。曾參。南武城人。澹臺滅明。武城人。後人遂疑魯有兩武城。而謂子羽爲今費縣之武城。曾子則別一武城。在今之嘉祥縣。愚按嘉祥縣有南武山。上有阿城。亦名南武城。後人因南武山之城。遂附會爲曾子所居。此大謬也。新序云。魯人攻鄪。曾子辭於鄪君。戰國策甘茂亦言。曾子處鄪。是曾子所居即費縣之武城。非有二地。而史記云南武城者。因清河有東武城。在魯之北。故加南以別之。據漢人之稱耳。武城漢志作南成。後漢志作南城。至晉始爲南武城。今故城在費縣西南九十里。屬兗州府。又云。漢志越王句踐嘗治琅邪。起館臺。攷春秋時琅邪。爲今山東沂州府。魯費在沂州府費縣西南七十里。武城在縣西南九十里。哀八年吳伐魯。從武城。初。武城人或有因於吳境田焉。拘鄫人之漚菅者。曰何故使吾水滋。又吳師至。拘者道之以伐武城。克之。是沂州之地。久已爲吳之邊壤。越滅吳而有其地。且徙治琅邪。則與武城密邇。閻氏若璩謂吳未滅。與吳鄰。吳既滅。與越鄰。是也。或云越寇季氏。非寇魯。此並無所據。左傳哀二十一年。越人始來。二十三年。叔青如越。越諸鞅來報聘。二十四年。公如越。二十五年。公至自越。二十六年。叔孫舒帥師會越人納衞侯。二十七年。越使后庸來聘。是年八月。公如越。越又嘗與魯泗東地方百里。以此觀之。越自滅吳後。與魯脩好。未嘗加兵。而哀公嘗欲以越伐魯而去三桓。武城近費。季氏之私邑在焉。說者因謂越寇季氏。非寇魯。亦臆度之言耳。趙氏佑溫故錄云。仲尼弟子列傳。曾參。南武城人。澹臺滅明。武城人。同言武城。而上獨別之以南。明是兩地。曾子居武城。自即今費縣之武城。爲子游子羽邑。而非即南武城爲曾子本邑者。若其本邑也。則家室在焉。邱墓在焉。即云爲師。亦黨庠里塾之常。所謂鄉先生是矣。一旦寇難之來。方將效死徙無出鄉。相守望扶持之義。而徙以舍去鳴高。豈繫人情。嘉祥今於曲阜爲西南。與鉅野縣皆古大野地。曾子祠墓存焉。質諸傳記。或離或合。要於魯有兩武城。武城地險多事。故見經屢。南武城絕不見經。而曾子自爲南武城人。非武城人。

曰。無寓人於我室。毀傷其薪木。寇退。則曰。脩我牆屋。我將反。注 寓。寄也。曾子欲去。戒其守人曰。無寄人於我室。恐其傷我薪草樹木也。寇退。則曰治牆室之壞者。我將來反。疏 注。寓寄至來反。○正義曰。方言云。寓。寄也。齊衛宋魯陳晉汝潁荆州江淮之間。或曰寓。孔子廣森經學卮言云。按兩寇退文複。以前十一字皆曾子屬武城人語。言無毀傷我薪木。假令寇退。則急脩我牆屋。我猶反耳。此曰字義如日爲改歲之日。語辭也。

寇退。曾子反。左右曰。待先生如此其忠且敬也。寇至則先去以爲民望。寇退則反。殆於不可。注 左右相與非議曾子者。言武城邑大夫。敬曾子。武城人爲曾子忠謀。勸使避寇。君臣忠敬如此。而先生寇至則先去。使百姓瞻望而效之。寇退安寧則復來還。殆不可如是。怪曾子何以行之也。疏 殆於不可。○正義曰。王氏引之經傳釋詞云。於猶爲也。禮記郊特牲。埽地而祭。於其質也。又曰。於其質而已矣。皆謂爲其質不爲其文也。大戴禮曾子本孝篇曰。如此而成於孝子也。言如此而後成爲孝子也。孟子殆於不可。言殆爲不可也。於與爲同義。

沈猶行曰。是非汝所知也。昔沈猶有負芻之禍。從先生者七十人。未有與焉。注 沈猶行。曾子弟子也。行謂左右之人曰。先生之行。非汝所能知也。先生。曾子也。往者先生嘗從門徒七十七人舍吾沈猶氏。時有作亂者曰負芻。來攻沈猶氏。先生率弟子去之。不與其難。言師賓不與臣同。疏 注。沈猶行曾子弟子也。○正義曰。廣韻二十一侵。沈。直深切。漢複姓。有沈猶氏。翟氏灝攷異云。荀子儒效篇。仲尼將爲司寇。沈猶氏不敢朝飲其羊。沈猶。蓋魯之著氏也。漢書楚元王傳。景帝封其子歲爲沈猶侯。晉灼注曰。沈音審。王子侯表屬千乘郡高宛。地與氏古應相因。地既讀審。氏亦未必他讀。廣韻所收。惟備博聞而已。○注。時有作亂者曰負芻。○正義曰。錢氏大昕潛研堂答問云。春秋有曹伯負芻。史記有楚王負芻。負芻爲人名審矣。

子思居於衛。有齊寇。或曰。寇至。盍去諸。子思曰。如伋去。君誰與守。注 伋。子思名也。子思欲助衛君赴難。疏 注。伋子至赴難。○正義曰。史記孔子世家云。孔子生鯉。字伯魚。伯魚年五十。先孔子死。伯魚生伋。字子思。年六十二。嘗困於宋。子思作中庸。孟子曰。曾子子思同道。曾子師也。父兄也。子思臣也。微也。曾子子思易地則皆然。【注】孟子以為二人同道。曾子為武城人作師。則其父兄。故去留無毀。子思微小也。又為至委質為臣。當死難。故不去也。子思與曾子易處同然。【疏】故注。故去留無毀。○廷琥按說文土部云。毀。缺也。廣雅釋言云。毀。虧也。去留無毀。謂曾子處師位。去留皆可於道。無所虧缺也。章指言臣當營君。師有餘裕。二人處義非殊者也。是故孟子紀之。謂得其同。【疏】謂得其同。○正義曰。周氏廣業孟子章指攷證云。同。小字宋本足利本並作宜。

儲子曰。王使人瞯夫子。果有以異於人乎。【注】儲子。齊人也。瞯。視也。果。能也。謂孟子曰。王言賢者身貌必當有異。故使人視夫子。能有異於衆人之容乎。【疏】王使人瞯夫子。○正義曰。阮氏元校勘記云。王使人瞯夫子。宋九經本岳本咸淳衢州本孔本韓本攷文古本同。監毛二本瞯作瞷。閩本注作瞷。按音義出瞯。本作瞷。蓋此正與滕文公篇陽貨瞯孔子同。字音瞰。譌為瞯。而以古莧切之。非也。下章同。○注。儲子至容乎。○正義曰。儲子見戰國策燕策。謂齊宣王破燕者。此亦言儲子為相。是為齊人也。王氏念孫廣雅疏證云。瞯之言間也。間。覗也。方言云。瞯。眄也。吳揚江淮之間曰瞯。孟子滕文公篇。王使人瞯夫子注云。瞯。視也。瞯與覵同。按趙氏以視釋瞯。自非瞯字。荀子非相篇云。相人。古之人無有也。學者不道也。古者有姑布子卿。今之世。梁有唐舉。相人之形狀顏色。而知其吉凶妖祥。世俗稱之。古之人無有也。學者不道也。故相形不如論心。論心不如擇術。形不勝心。心不勝術。相即視也。周禮大司徒。以相民宅而知其利害。注云。相。古視也。趙氏蓋以齊王使善相人者相孟子之形狀也。下注言堯舜之貌。與凡人同。所以異。乃仁義之道在內。即荀子相形不如相心之說也。孟子曰。何以異於人哉。堯舜與人同耳。【注】人生同受法於天地之形。我當何以異於人哉。且堯舜之貌與凡人同耳。其所以異。乃以仁義之道在於內也。章指言人以道殊。賢愚體別。頭員足方。善惡如一。儲子之言。齊王之不達也。【疏】頭員足方。○正義曰。大戴記曾子天員篇云。單居離問於曾子曰。天圓而地方者。誠有之乎。曾子曰。天之所生上首。地之所生下首。上首之謂圓。下首之謂方。注云。人首圓足方。因繫之天地。漢書刑法志云。人肖天地之貌。注引應劭云。肖。類也。頭員象天。足方象地。周氏廣業孟子章指攷證云。應氏說。本孝經援神契。

齊人有一妻一妾而處室者。其良人出。則必饜酒肉而後反。其妻問所與飲食者。則盡富貴也。〔注〕良人。夫也。盡富貴者。夫詐言其姓名也。〔疏〕注。良人至名也。○正義曰。儀禮士昏禮云。媵御良席在東。注云。婦人稱夫曰良。孟子曰。將見良人之所之。王氏念孫廣雅疏證云。良。長也。齊語云。四里爲連。連爲之長。十連爲鄉。鄉有良人。是良與長同義。婦稱夫曰良人。義亦同也。又云。郎之言良也。少儀負良綏。鄭注云。良綏。君綏也。良與郎聲之侈弇耳。猶古者婦稱夫曰良。而今謂之郎也。當時富貴之人。皆有姓名。其夫必悉言之。經渾括其辭云則盡富貴。故趙氏明之。其

妻告其妾曰。良人出。則必饜酒肉而後反。問其與飲食者。盡富貴也。而未嘗有顯者來。吾將瞯良人之所之也。〔注〕妻疑其詐。故欲視其所之。〔疏〕吾將瞯良人之所之也。○正義曰。臧氏琳經義雜記云。祭義記燔燎羶薌。見以蕭光。又薦黍稷羞肝肺首心。見間以俠甒。注。見及見間。皆當爲覸字之誤也。燔燎羶香。覸以蕭光。取牲祭脂也。覸以俠甒。謂雜之兩甒醴酒也。正義曰。覸謂雜也。據意皆是覸雜之理。觀此可知。說文見部無覸字。覞部云。䚃。很視也。齊景公之勇臣有成䚃者。今孟子滕文公上。成覸謂齊景公曰。與離婁下覸良人同字。然則覸卽䚃之俗。說文覞。並視也。从二見。䚃从覞。故鄭訓爲雜。與說文義合。孟子將覸良人之所之者。謂齊人妻。將雜並衆人之中。而視其夫所至也。趙氏祇訓爲視。語意未周。按鄭以覸爲雜者。讀覸爲間雜之間也。趙氏本瞯自是瞯。故訓爲視。釋名釋姿容云。視。是也。察其是非也。此不過察其是非。不必爲間諜也。

蚤起。施從良人之所之。徧國中無與立談者。卒之東郭墦閒。之祭者乞其餘。不足。又顧而之他。此其爲饜足之道也。〔注〕施者。邪施而行。不欲使良人覺也。墦閒。郭外冢閒也。乞其祭者所餘酒肉也。〔疏〕注。施者邪施而行。○正義曰。錢氏大昕潛研堂答問云。施。古斜字。史記賈生列傳。庚子日施兮。漢書作斜。邪斜音義同也。按施與迤通。淮南子要略訓云。接徑直施。注云。施。衺也。故趙氏以邪釋施。程氏瑤田通藝錄。溝洫疆理小記云。東郭墦閒。墦之言墳也。以不墳者閒之。則墦閒亦猶兩者之閒類也。王氏念孫廣雅疏證云。釋邱墦冢也。說文。冢。高墳也。墦之言般也。方言云。般。大也。山有墦冢之名。義亦同也。閻氏若璩釋地云。余每讀東郭墦閒之祭者。趙注墦閒。郭外冢閒也。以爲此古墓祭之切證。不知何緣至東漢建寧五年。蔡邕從車駕上陵。謂同坐者曰。聞古不墓祭。魏文帝黃初三年詔曰。古不墓祭。自作終制曰。禮不墓祭。此言旣與。下到今紛紛撰述。皆以墓祭爲非古。余謂孟子且勿論。請博徵之成陽靈臺碑。慶都僊歿。蓋葬於茲。名曰靈臺。上立黃屋。堯所奉祠。非墓祭之見於集乎。韓詩外傳。

曾子曰。椎牛而祭墓。不如雞豚逮親存。非墓祭之見於子乎。周本紀成王上祭於畢。畢。文王墓地也。非墓祭之見於史乎。周禮冢人。凡祭墓爲尸。非墓祭之見於經乎。更有可言者。孟子之前。孔子卒。葬魯城北泗水上。魯世世相傳。以歲時奉祠孔子冢。豈有非禮之祭。而敢輒上聖人之冢者哉。曹氏之升摭餘說云。何氏焯讀書記云。宋元刊本。以卒之東郭墦間句。之祭者乞其餘句。不足句。又顧而之他句。上文瞯良人之所之。此卒之字。之祭者字。之他字。緊相貫注。據卒字句。之字屬下東郭。東郭之墦冢非一。不必冢間皆有祭者。則其之東郭墦間矣。再瞯之。乃之祭者乞其餘矣。趙氏言乞祭者所餘酒肉。固以之祭者乞其餘爲句。

其妻歸告其妾曰。良人者。所仰望而終身也。今若此。與其妾訕其良人。而相泣於中庭。【注】妻妾於中庭悲傷其良人。相對涕泣而謗毀之。【疏】注。妻妾至毀之。○正義曰。說文言部云。訕。謗也。一切經音義引蒼頡篇曰。訕。誹毀也。容齋二筆。謂孟子齊人有一妻一妾云云。反復數十百語。而以今若此三字結之。比諸左傳叔孫武叔使郈馬正侯犯殺郈宰云云。未以使如之三字結之。按孟子敘事。前云其良人出。則必饜酒肉而後反。其妻問所與飲食者。則盡富貴也。其妻告其妾曰。良人出。必饜酒肉而後反。問所與飲食者。盡富貴也。複上文不嫌煩也。下云蚤起。施從良人之所之。徧國中無與立談者。卒。之東郭墦閒。之祭者乞其餘。不足。又顧而之他。此其爲饜足之道也。其妻歸。告其妾。蚤起下四十四字。上承吾將瞯良人之所之也。下接其妻歸告其妾。所瞯於目中者如此。所歸而告於妾者亦如此。用其妻告其妾六字括上四十四字。不須複述也。旣告之後。乃復曰。良人者。所仰望而終身者也。今若此。此字指上四十四字。已歸而告。故用此字指之。其妻歸告其妾六字句。不遑日字也。其下原有訕毀之辭。不復行之於文。而故於今若此三字下云。與其妾訕其良人。乃渾括之辭。與則盡富貴同。今若此三字。非結語也。

良人未之知也。施施從外來。驕其妻妾。【注】施施。猶扁扁。喜悅之貌。以爲妻妾不知。如故驕之也。【疏】注。施施猶扁扁喜悅之貌。○正義曰。音義云。施施。丁依字。詩曰。將其來施施。按毛詩王風邱中有麻傳云。施施。難進之意。箋云。施施。舒行伺間。獨來見已之貌。趙氏皆不用。以爲猶扁扁者。詩小雅巷伯。緝緝翩翩。釋文云。翩字又作扁。張華鷦鷯賦云。翩翩然有以自樂也。施之義爲衺。偏之義亦爲衺。施施猶扁扁。卽猶偏偏。以轉注爲假借也。漢書敘傳云。魏其翩翩。顏師古注亦云。翩翩。自喜之貌。

由君子觀之。則人之所以求富貴利達者。其妻妾不羞也。而不相泣者。幾希矣。【注】由。用也。用君子之道觀今求富貴者。皆以枉曲之道。昏夜乞哀而求之。以驕人於白日。由此良人爲妻妾所羞爲所泣傷也。幾希者。言今苟求富貴。妻妾雖不羞泣者。與此良人妻妾何異也。【疏】

注。由用也。○正義曰。毛詩王風君子陽陽。右招我由房。傳云。由。用也。此由如字。故訓用。下由此良人之由。則爲猶之叚借字。章指言小人苟得。謂不見知。君子觀之與正道乖。妻妾猶羞。況於國人。著以爲戒。恥之甚焉。

卷九 萬章章句上

凡九章。注 萬章者。萬姓章名。孟子弟子也。萬章問舜孝。猶論語顏淵問仁。因以題篇。疏 注。萬章至子也。○正義曰。齊乘云。萬章滕州南萬村有墓。齊人。孟子弟子。趙氏佑溫故錄云。萬章上卷皆以類相從。論次古帝王聖賢遺事。蓋自仲尼沒而微言絕。七十子喪而大義乖。詩書傳記之稱述。或失其指歸。帝王聖賢之行事。徒便於依託。放恣橫議。而謬傳悠繆之談以滋。孟子獨得聖人之傳。探窺古人之心。與其徒相發明而是正之。萬子尤孟門高弟。故其辨難獨多。然則孟子誠不在禹下。而萬章之功亦偉矣。

萬章問曰。舜往于田。號泣于旻天。何爲其號泣也。注 問舜往至于田。何爲號泣也。謂耕於歷山之時。疏 注。舜往至于田。○正義曰。禮記玉藻云。大夫有所往。注云。往。之也。呂氏春秋貴生篇云。必察其所以之。高誘注云。之。至也。是往即至也。王氏鳴盛尚書後案云。往于田三句見孟子。不言是書辭。江氏聲尚書集注音疏云。文似尚書而不稱書曰。說文日部引虞書云。仁覆閔下。則稱旻天。據許君五經異義引古尚書說。仁覆閔下則稱旻天。則日部所引虞書。乃古尚書說也。孟子曰。怨慕也。注 言舜自怨遭父母見惡之厄而思慕也。萬章曰。父母愛之。喜而不忘。父母惡之。勞而不怨。然則舜怨乎。注 言孝法當不怨。如是舜何故怨。疏 注。父母至不怨。○正義曰。禮記祭義云。曾子曰。父母愛之。喜而弗忘。父母惡之。懼而無怨。注云。無怨。無怨於父母之心。亦見大戴記。曾子大孝篇。尸子勸學篇引曾子云。父母愛之。喜而不忘。父母惡之。懼而無咎。曰。長息問於公明高曰。舜往于田。則吾既得聞命矣。號泣于旻天于父母。則吾不知也。公明高曰。是非爾所知也。注 長息。公明高弟子。公明高。曾子弟子。旻天。秋也。憂陰氣也。故訴于旻天。高非息之問不得其義。故曰非爾所知。疏 注。旻天至旻天。○正義曰。爾雅釋天云。秋爲旻天。劉熙釋名釋天云。秋日旻天。旻。閔也。物就枯落。可閔傷也。禮記鄉飲酒義云。秋之爲言愁也。春秋繁露官制象天云。秋者。少陰之選也。說文心部云。憂。愁也。愁。憂也。憂愁即閔傷。故云憂陰氣。閩監毛三本作幽陰。爾雅釋言云：「號，謼也。」宣公十二年左傳：「號申叔展。」國語晉語：「公號慶鄭。」顏氏家訓風操篇云：「禮以哭有言者爲號。」此云號泣，則是且言且泣，故云訴也。

孝子之心，爲不若是恝。【注】恝，無愁之貌。孟子以萬章之問，難自距之，故爲言高息之相對如此。夫公明高以爲孝子不得意於父母，自當怨悲，豈可恝恝然無憂哉？因爲萬章具陳其意。【疏】注「恝無愁之貌」。○正義曰：臧氏琳經義雜記云：「說文心部無恝字，有忿字，云：『忽也。从心介聲。孟子曰：孝子之心不若是忿。』據此知古本孟子作忿。今作恝爲俗字。忽忘於心，即是無愁，與趙氏義合。」知本作忿也。段氏玉裁說文解字注云：「忿恝古今字。」

我竭力耕田，共爲子職而已矣。父母之不我愛，於我何哉？【注】我共人子之事，而父母不我愛，於我之身獨有何罪哉？自求責於己而悲感焉。【疏】「我竭至何哉」。○正義曰：此即代述訴天之言也。我雖竭力耕田，不過共子職而已。此外宜盡者甚多，則得罪於父母處亦甚多。不知父母之不我愛，是於何罪也。何哉，正言罪之多也。一說此申言上恝字。若恝然無愁，則以我既竭力耕田共子職矣，尙有何罪而父母不我愛哉？孝子必不若是也。此說與經文不違，宜從趙氏。

帝使其子九男二女，百官牛羊倉廩備，以事舜於畎畝之中。【注】帝，堯也。堯使九子事舜以爲師，以二妻女舜，百官致牛羊倉廩，致粟米之餼，備具饋禮，以奉事舜於畎畝之中。由是遂賜舜以倉廩牛羊，使得自有之。堯典曰：「釐降二女。」不見九男。孟子時尙書凡百二十篇，逸書有舜典之敍，亡失其文。孟子諸所言舜事，皆堯典及逸書所載。獨丹朱以胤嗣之子臣下以距堯求禪，其餘八庶無事，故不見於堯典。猶晉獻公之子九人，五人以事見於春秋，其餘四子亦不復見。【疏】注「帝堯至有之」。○正義曰：堯舜皆稱帝。此使事舜者堯，知帝即堯也。二女事舜是妻舜。九男云事舜，自是事以爲師。周禮秋官掌客：「掌四方賓客之牢禮餼獻飲食之等數。其饋禮牽四牢，米百有二十筥。」掌訝：「若將有國賓客至，則戒官修委積。」注云：「官，謂牛人、羊人、舍人、委人之屬。」賈氏疏云：「以委積有牛羊豕米禾芻薪之等。舍人掌給米稟，委人掌芻薪之委。」是牛羊米粟，皆有官掌之。故云百官致牛羊倉廩，致粟米之餼。倉廩亦百官所致也。以周禮推之，堯時當亦然也。後云「牛羊父母，倉廩父母」，則是爲舜所自有，故趙分別言之。言此牛羊倉廩爲百官所致者，乃初以賓禮饋舜之餼牽也。其舜得自有之者，則堯所賜也。○注「堯典至復見」。○正義曰：虞書堯典云：「岳曰：瞽子，父頑，母嚚，象傲，克諧以孝，烝烝乂，不格姦。帝曰：我其試哉！女于時，觀厥刑于二女。釐降二女于嬀汭，嬪于虞。」江氏聲尙書集注音疏云：「二女長曰娥皇，次曰女英。夫婦之際。人道之大倫。故堯欲以此觀舜。論衡正說篇云。妻以二女。觀其夫婦之法是也。此王氏鳴盛尚書後辨云。愼徽五典。與帝曰欽哉緊相承接。本係一篇。直至陟方乃死。皆堯典也。此伏生本。而孔安國所得眞古文與之合。安國於堯典之外。又有舜典。如論語天之厤數。孟子秪載見瞽瞍。皆舜典文。但逸書不列學官。藏在秘府。人不得見。按趙氏言逸書有舜典之敍。亡失其文。是趙氏未見古文舜典。蓋疑九男事在所亡失之舜典中。史記五帝本紀云。堯乃以二女妻舜以觀其內。使九男與處。以觀其外。舜居嬀汭。內行彌謹。堯二女不敢以貴驕事舜親戚。甚有婦道。堯九男皆益篤。毛氏奇齡舜典補亡云。尚書有堯舜二典。出伏生壁中。謂之今文。漢司馬談作本紀時。采其文。依次抄入紀中。相傳亡舜典一篇。不知何時而亡。細檢其辭。則舜典尚存半篇在堯典後。徒以編今文者脫去書序。誤與堯典連篇。謂但有堯典而無舜典。而其在古文。則實亡舜典前截。未嘗全亡。而不曉舜典後截在堯典中。以致蕭齊建武間。吳人姚方興。得舜典二十八字於大桁頭。妄擬之釐降二女之後。愼徽五典之前。以爲舜典不亡。而不知愼徽五典以後。至放勳殂落。尚是堯典。惟月正元日以後。始是舜典。春秋戰國間。諸書引經。凡稱堯典者。秪在愼徽五典以後。放勳殂落以前。史記五帝本紀。則正載二典之全者。雖引援皆不用原文。然蹤跡可見。是自曰若稽古帝堯起。至放勳乃殂落止。是堯紀。卽是堯典。自月正元日起。至舜生三十徵庸止。是舜紀。卽是舜典。而月正元日以前。則尚有舜典半截。在帝舜紀中。因卽取帝舜紀文在月正元日以前者。補舜典之亡。雖其辭與本經不同。然大概可睹也。毛氏此說。則史記言九男。卽剌取舜典之文。正可申明趙氏注義。惠氏棟古文尚書考云。孟子趙岐注云云。則可證其未嘗見古文舜典矣。蓋古文舜典別自有一篇。與今文之尚書。析堯典而爲二者不同。故孟子引二十有八載放勳乃徂落爲堯典不爲舜典。史記載愼徽五典至四罪而天下咸服於堯本紀。不於舜本紀。孟子時典謨完具。篇次未亂。固的然可信。馬遷亦親從安國問古文。其言亦未爲謬也。余嘗意舜往于田秪載見瞽瞍。與不及貢以政接於有庳等語。安知非舜典之文。又父母使舜完廩一段。文辭古崛。不類孟子本文。史記舜本紀亦載其事。其爲舜典之文無疑。惠氏略與毛氏同。段氏玉裁尚書撰異云。趙氏言皆堯典及逸書所載。此堯典乃舜典之誤。及字衍。傳寫之失也。此章及不告而娶章。及原原而來數語。及秪載見瞽瞍數語。皆當是舜典中語。蓋舜登庸以後事全見於堯典。登庸以前及家庭事。乃在舜典也。此注上文云逸書有舜典之敍亡失其文。則此正當作孟子所言。諸舜事皆舜典逸書所載。謂亡失文中語也。舜旣譌堯。淺人乃又妄沾及字。呂氏春秋去私篇云。堯有子十人。不與其子而授舜。高誘注云。孟子曰。堯使九男二女事舜。此曰十子。殆丹朱爲胄子。不在數中。趙氏於丹朱外稱八庶。不依呂覽。以丹朱在九子中。史記索隱引皇甫謐云。堯娶散宜氏之女曰女皇。生丹朱。又有庶子九人。皆不肖也。此依呂覽爲說也。孔氏廣森經學卮言云。丹朱之外尚有九庶。高誘亦以意推說耳。若據莊子堯殺長子考監明。則丹朱本以次長宜嗣。或當事舜之時長子巳亡。惟有九男。丹朱仍得在數中。又未可定。謂丹朱獨見堯典者。堯典云。帝曰。疇咨若時登庸。放齊曰。允子朱啓明。馬融注云。羲和爲卿。官堯之末年。皆以老死。庶績多闕。故求賢順四時之職。欲用以代羲和。周氏用錫尚書證義云。疇。誰。若。順也。

釋詁。登。成也。周禮司勳。民功曰庸。若時登庸。順天時以成民功也。史記本紀。於命羲和之下。即承云堯曰誰可順此事。放齊曰。嗣子丹朱開明。此事指上羲和而言。馬氏正本此爲注。然則並非求禪。未知趙氏所本。趙氏佑溫故錄云。天下定於與子。本萬古之常經。自堯始變之。亦以得人如舜而然耳。然且至歷年多。施澤於民久而後定。若當洪水未作。天下方平。堯止應率其常。苟欲息肩。亦惟禪子。朱即不肖。擇在朝賢相以輔之可矣。萬不獲已。擇九男中之賢與之可矣。必無預設成心。急圖改計。求不知誰何之人。草之而爲次。是亂天下也。讀堯之所以爲堯哉。彼以疇咨爲求禪。不可不辨也。引晉獻公之事者。僖公二十四年左傳。介之推云。獻公之子九人。惟君在矣。君謂重耳。五人以事見於春秋者。重耳之外。若申生夷吾奚齊卓子是也。

天下之士多就之者。帝將胥天下而遷之焉。爲不順於父母。如窮人無所歸。【注】天下之善士。多就舜而悅之。胥。須也。堯須天下悉治。將遷位而禪之。順。愛也。爲不愛於父母。其爲憂愁若困窮之人無所歸往也。【疏】注天下至悅之。○正義曰。史記五帝本紀云。一年而所居成聚。二年成邑。三年成都。呂氏春秋愼人篇云。舜耕於歷山。陶於河濱。釣於雷澤。天下悅之。秀士從之。善士即秀士也。又云。其遇時也。登爲天子。賢士歸之。萬民譽之。丈夫女子。振振殷殷。無不戴說。○注胥須至禪之。○正義曰。漢書敘傳上。集注引應劭云。胥。須也。史記廉頗藺相如傳。索隱云。胥須古人通用。管子大匡云。姑少胥。其自及也。注云。胥。待也。待即須也。堯待天下悉平。謂既歷試諸艱。齊七政。類上帝。揖五瑞。作敎刑四罪。而天下咸服。然後令舜攝行天子之政也。按爾雅釋詁云。胥。相也。方言云。胥。輔也。吳越曰胥。胥天下即輔相天下。易所謂裁成輔相以左右民也。史記本紀云。堯知子丹朱之不肖。不足授天下。於是乃權授舜。授舜則天下得其利。而丹朱病。授丹朱則天下病。而丹朱得其利。堯曰。終不以天下之病而利一人。而卒授舜以天下。以利天下而授舜。即是輔相天下也。說文辵部云。遷。登也。登即升也。進也。謂進而升諸君位也。○注順愛至往也。○正義曰。趙氏以不順於父母。即上云父母之不我愛。故以順爲愛也。論語堯曰篇云。四海困窮。廣雅釋詁云。困。窮也。歸。往也。

天下之士悅之。人之所欲也。【注】欲。貪也。【疏】注欲貪也。○正義曰。說文欠部云。欲。貪欲也。呂氏春秋大樂篇云。天使人有欲。論威篇云。人情欲生而惡死。高誘皆以貪釋欲。

而不足以解憂。好色人之所欲。妻帝之二女。而不足以解憂。富人之所欲。富有天下。而不足以解憂。貴人之所欲。貴爲天子。而不足以解憂。人悅之好色富貴。無足以解憂者。惟順於父母。可以解憂。【注】言爲人所悅。將見禪爲天子。皆不足以解憂。獨見愛於父母。爲可以解己之憂。人少則慕父母。知好色則慕少艾。有妻子則慕妻子。仕則慕君。不得於君則熱中。注慕。思慕也。人少。年少也。艾。美好也。不得於君。失意於君也。熱中。心熱恐懼也。是乃人之情。疏注。艾美好也。○正義曰。翟氏灝考異云。程氏考古篇曰。經傳無以艾爲好之文。獨有士子陳其所見云。少當讀爲少長則習騎射之少。艾當爲乂。艾卽衰減之義。慕少艾云者。知好色則慕差減于孺子時也。按曲禮五十曰艾疏。謂髮蒼白色如艾也。蓋古但訓艾爲白。而白義含有二焉。以髮蒼白言謂之老。以面白皙言則謂之美。同取於艾之色也。戰國策魏牟謂趙王曰。王不以予工乃與幼艾。高誘注云。艾。美也。屈子九歌。竦長劍兮擁幼艾。王逸注亦以艾爲美好。晉語狐突語申生曰。國君好艾大夫殆。韋昭注以艾爲嬖臣。乃指男色之美好者。按張衡東京賦。齊騰驤以沛艾。薛綜注以沛艾爲作姿容貌。程氏謂傳載中無以艾爲好者。豈誠說乎。說文祇據魯頌曲禮訓爲長老。遺孟子國語國策等所用。一義不當。因以改讀孟子。翟氏說是也。然艾古通乂。亦通刈。說文云。乂。芟艸也。或从刀。是乂刈艾字同。書臯陶謨云。俊乂在官。馬鄭注並云。才德過千人爲俊。百人爲乂。以美好爲乂。猶以美才爲俊。卽猶以美士爲彥。乂爲芟艸。故義亦爲絕。宣公十五年左傳云。酆舒有三儁才。注云。儁。絕異也。儁卽俊。美好之爲艾。又如稱美色者爲絕色。彼以艾無美好之義者謬矣。然亦非取於艾色之白也。○注。熱中心熱恐懼也。○正義曰。禮記文王世子云。禮樂交錯於中。注云。中。心也。故熱中爲心熱。素問陰陽應象大論云。人有五藏。化五氣以生喜怒悲憂恐。北方生寒。在變動爲慄。在志爲恐。宣明五氣篇云。五精所并。精氣并於腎則恐。王冰注云。心虛則腎并之爲恐。然則恐懼生於寒。不生於熱。生於心虛。不生於心熱。趙氏以不得於君。是不爲君所寵用。將被譴斥。故恐懼耳。近時通解以熱中爲躁急是也。腹中論云。帝曰。夫子數言熱中消中。不可服高粱芳草石藥。石藥發癲。芳草發狂。夫熱中消中者。皆富貴人也。今禁高粱。是不合其心。禁芳草石藥。是病不愈。願聞其說。岐伯曰。夫芳草之氣美。石藥之氣悍。二者其氣急疾堅勁。故非緩心和人。不可以服此二者。又云。熱氣慓悍。藥氣亦然。此謂熱中之病。心不和緩。心不和緩。是爲焦急。孟子借病之熱中以形容失意于君者也。大孝終身慕父母。五十而慕者。予於大舜見之矣。注大孝之人。終身慕父母。若老萊子七十而慕。衣五采之衣爲嬰兒匍匐於父母前也。我於大舜見五十而尚慕父母。書曰。舜生三十徵庸。三十在位。在位時尚慕。故言五十也。疏注。若老萊至前也。○正義曰。舊疏引高士傳云。老萊子楚人。少以孝行養親。極甘脆。年七十。父母猶存。萊子服荆蘭之衣。爲嬰兒戲親前。言不稱老。爲親取食。上堂足跌而偃。因爲嬰兒啼。誠至發中。楚室方亂。乃隱耕於蒙山之陽。著書號萊子。莫知所終。今皇甫謐高士傳無此文。馬氏繹史引列女傳云。老萊子孝養二親。行年七十。作嬰兒自娛。著五采斑斕衣。嘗取漿上堂跌仆。因臥地爲小兒啼。或弄雛鳥於親側。今劉向列女傳亦無此文。○注。書曰至五十也。○正義曰。阮氏元校勘記云。廖本孔本韓本足利本作三十在位。閩監毛三本三作五。考文古本作二。段玉裁曰。作五者非也。作三者亦未是。作二者是也。古文尚書舜生三十登庸。三十在位。五十載。馬融王肅姚方與本之。爲舜年百十二歲之說。今文尚書舜生三十徵庸。二十在位。五十載。大戴禮五帝德。史記五帝本紀。皇甫氏帝王世紀皆本之。爲舜年百歲之說。王充趙岐皆從今文者也。論衡氣壽篇曰。舜生三十徵用。二十在位。五十載陟方乃死。適百歲矣。趙注此章五十而慕云。書曰。舜生三十徵庸。二十在位。在位時尚慕。故言五十也。合三十二十。正是五十。乃爲五十而慕之證。今本作三十在位。何可通邪。今本論衡亦改二十在位作三十在位。使下文適百歲之語不可接。皆由不知今文古文之異也。鄭康成注古文。而用今文正古文。正義曰。鄭元讀此經云。舜生三十。謂生三十年也。登庸二十。謂歷試二十年。在位五十載。陟方乃死。謂攝位至死爲五十年。舜年一百歲也。此正鄭記。三當作二。以今正古。故正義冠之以鄭元讀此經云六字。不則直曰鄭某云鄭云而已。未嘗有鄭元讀此經云之例。讀此經者。明此經之本不如是也。此所以馬王姚作三十在位。而鄭作二十也。

章指。言夫孝百行之本。無物以先之。雖富有天下。而不能取悅於其父母。莫有可也。孝道明著。則六合歸仁矣。【疏】夫孝至先之。○正義曰。周氏廣業孟子章指考證云。孔韓本作夫。古本作大。白虎通孝道之美。百行之本也。漢書平當上言。稱孝經曰。人之行莫大於孝。鄭康成論語注。孝爲百行之本。人之爲行。莫先於孝。漢書杜欽傳。欽對策白虎殿云。孝人行之所先也。

萬章問曰。詩云。娶妻如之何。必告父母。信斯言也。宜莫如舜。舜之不告而娶。何也。【注】詩齊國風南山之篇。言娶妻之禮。必告父母。舜合信此詩之言。何爲違禮不告而娶也。【疏】注。詩齊至娶也。○正義曰。引詩在南山篇第三章。傳云。必告父母廟。箋云。取妻之禮。議於生者。卜於死者。此之謂告。蓋詩爲文姜嫁魯桓公而發。時魯惠公及仲子俱歿。桓娶文姜。無父母可告。故傳以爲告廟。而箋則兼言生死以補之。舜之告則議於生者矣。近時通解信斯言也。宜莫如舜。謂誠如詩之所言。則告而娶宜莫如舜。詩在舜後。趙氏謂舜合信此詩之言。非其義也。

孟子曰。告則不得娶。男女居室。人之大倫也。如告。則廢人之大倫。以懟父母。是以不告也。【注】舜父頑母嚚。常欲害舜。告則不聽其娶。是廢人之大倫。以怨懟於父母也。【疏】注。舜父至母也。○正義曰。父頑母嚚。尚書堯典文。史記五帝本紀云。瞽瞍愛後妻子。常欲殺舜。後焚廩揜井。亦其事也。爾雅釋言云。懟。怨也。

萬章曰。舜之不告而娶。則吾既

得聞命矣。帝之妻舜而不告。何也。【注】禮。娶須五禮。父母亢答以辭。是相告也。帝謂堯也。何不告舜父母也。【疏】注。禮娶至告也。○正義曰。五禮者。蓋納采。問名。納吉。納徵。請期。然後親迎也。儀禮士昏禮記納采之辭云。昏辭也。吾子有惠。貺室某也。某有先人之禮。使某也請納采。對曰。某之子惷愚。又弗能教。吾子命之。某不敢辭。致命曰敢納采。記問名之辭云。問名。曰。某既受命。將加諸卜。敢請女爲誰氏。對曰。吾子有命。且以備數而擇之。某不敢辭。記納吉之辭云。納吉。曰。吾子有貺命。某加諸卜。占曰吉。使某也敢告。對曰。某之子不教。唯恐弗堪。子有吉。我與在。某不敢辭。記納徵之辭云。納徵。曰。吾子有嘉命。貺室某也。某有先人之禮。儷皮束帛。使某也請納徵。致命曰。某敢納徵。對曰。吾子順先典。貺某重禮。某不敢辭。敢不承命。記請期之辭云。請期。曰。吾子有賜命。某既申受命矣。惟是三族之不虞。使某也請吉日。對曰。某既前受命矣。唯命是聽。曰。某命某聽命於吾子。對曰。某固惟命是聽。使者曰。某使某受命。吾子不許。某敢不告期。曰某日。對曰。某敢不須敬。凡此皆父母亢答之辭也。史記酈生陸賈傳云。與天子抗衡。索隱引崔浩云。抗。對也。抗與亢通。亢答即對答。漢書高帝紀。沛公還軍亢父。注引鄭氏云。亢音人相抗答是也。

曰。帝亦知告焉則不得妻也。【注】帝堯知舜大孝。父母止之。舜不敢違。則不得妻之。故亦不告。【疏】注。帝堯至不告。○正義曰。趙氏佑溫故錄云。此言瞽義不可以違帝。而可以禁其子。帝力可以制瞽。而不可強舜爲違父也。析義精審。

萬章曰。父母使舜完廩。捐階。瞽瞍焚廩。使浚井。出。從而揜之。【注】完。治也。廩。倉。階。梯也。使舜登廩屋而捐去其階。焚燒其廩也。一說捐階。舜即旋從階下。瞽瞍不知其已下。故焚廩也。使舜浚井。舜入而即出。瞽瞍不知其已出。從而蓋其井。以爲死矣。【疏】注。完治至死矣。○正義曰。說文宀部云。完。全也。古文以爲寬字。禮記祭統云。不明其義。君人不全。注云。全猶具也。蓋原有此廩屋。有破毀處。使舜登而補葺完全之。亦是治也。說文云。㐭。穀所振入宗廟粢盛。倉黃㐭而取之。故謂之㐭。从入回。象屋形中有戶牖。倉。穀藏也。倉黃取而藏之。故謂之倉。呂氏春秋季春紀。發倉窌。高誘注云。方者曰倉。荀子榮辱篇云。有囷窌。注云。方曰廩。是倉廩通稱也。劉熙釋名釋宮室云。階。梯也。如梯之有等差也。禮記喪大記云。虞人設階。注云。階所乘以升屋者。說文木部云。梯。木階也。蓋階與梯略有別。此完廩所用以升屋者。則是木階。故以梯釋之。以別乎東階西階之階也。說文手部云。捐。棄也。棄即去也。故云捐去其階。一說旋階者。訓捐爲旋也。爾雅釋器云。環謂之捐。小爾雅廣言云。旋。還也。環還字通。捐爲環。是即爲旋也。捐階與出對言。出是入而即出。故以捐階是旋從階下也。史記五帝本紀云堯乃賜舜絺衣與琴。爲築倉廩。予牛羊。瞽瞍尚復欲殺之。使舜上塗廩。瞽瞍從下縱火焚廩。舜乃以兩笠自扞而下去。得不死。後瞽瞍又使舜穿井。舜穿井爲匿空旁出。舜旣深入。瞽瞍與象共下土實井。舜從匿空出去。索隱引列女傳云。二女敎舜鳥工上廩是也。正義引通史云。瞽叟使舜滌廩。舜告堯二女。女曰。時其焚汝。鵲汝衣裳鳥工往。舜旣登廩。得免去。舜穿井。又告二女。二女曰。去汝裳衣龍工往。入井。瞽叟與象下土實井。舜從他井出去也。按今列女傳但言舜往飛出。不言鳥工。蓋飛出卽所謂旋也。通史梁武帝撰。見隋書經籍志。或云使完廩者父母也。焚廩者瞽瞍也。只一瞽瞍。此舜所以得免。出從而揜之。此句尤明。蓋雖惑於後妻。而父子之恩。原不泯斷。到死生之際。自有以斡旋之。卽謂之慈父可也。史記集解引劉熙云。舜以權謀自免。亦大聖有神人之助也。

象曰謨蓋都君咸我績。【注】象。舜異母弟。謨。謀。蓋。覆也。都。於也。君。舜也。舜有牛羊倉廩之奉。故謂之君。咸。皆。績。功也。象言謀覆於君而殺之者。皆我之功。欲與父母分舜之有。取其善者。故引其功也。【疏】注。象舜至功也。○正義曰。史記五帝本紀云。舜父瞽叟盲。而舜母死。瞽叟更娶妻而生象。是象爲舜異母弟也。爾雅釋詁云。謨。謀也。釋言云。弇。蓋也。孫炎注云。蓋亦覆之意。襄公十七年左傳云。不如蓋之。服虔注云。蓋。覆蓋之。是蓋爲揜。卽爲覆也。爾雅釋詁云。都。於也。近時通解。謂舜所居三年成都。故謂都君。趙氏謂有倉廩牛羊之奉。故謂之君。奉卽漢帝紀列侯幸得餐錢奉邑之奉。廣雅釋詁云。奉。祿也。旣食祿奉。則是尊官。儀禮喪服傳。君至尊也。注云。天子諸侯及卿大夫有地者皆曰君。雖成都未嘗君之。故解都爲於。是時未知所處何等。故但以奉知爲君也。咸。皆也。績。功也。均爾雅釋詁文。阮氏元釋蓋云。爾雅釋言。蓋。割裂也。害曷盍末未古音皆相近。每加偏旁。互相假借。若以爲正字則失之。書呂刑曰。鰥寡無蓋。蓋卽害字之借。言堯時鰥寡無害也。僞傳云。使鰥寡得所。無有掩蓋。失之矣。爾雅釋文蓋舍人本作害。孟子謀蓋都君。此兼井廩言之。蓋亦當訓爲害也。若專以謀蓋爲蓋井。而不兼焚廩。則咸我績咸字。無所著矣。

牛羊父母。倉廩父母。【注】欲以牛羊倉廩與其父母。干戈朕。琴朕。弤朕。二嫂使治朕棲。【注】干。楯。戈。戟也。琴。舜所彈五弦琴也。弤。彫弓也。天子曰彫弓。堯禪舜天下。故賜之彫弓也。棲。牀也。二嫂。娥皇女英。使治牀。欲以爲妻也。【疏】注。干楯至妻也。○正義曰。干楯戈戟。詳見梁惠王下。邵氏晉涵爾雅正義云。通典引揚雄琴清英云。舜彈五弦之琴而天下化。堯加二弦以合君臣之恩。是舜彈五弦之琴也。音義云。弤。都禮切。丁音彫。云義與弴同。趙氏讀弤爲彫。故以爲彫弓。毛詩大雅。行葦敦弓旣堅。傳云。敦弓。畫弓也。天子敦弓。釋文云。敦音彫。孔氏正義云。敦與彫。古今之異。彫是畫飾之義。故曰敦弓。畫弓也。冬官弓人爲弓。唯言用漆。不言畫。則漆上又畫之。彼不言畫。文不具耳。此述天子擇士。宜是天子之弓。故言天子敦弓。其諸侯公卿。宜與射者自當各有其弓。不必畫矣。定四年公羊傳。何休注云。天子彫弓。諸侯彤弓。大夫嬰弓。士盧弓。事不經見。未必然也。按氐周皆訓至。說文車部云。輊。

抵也。鄭氏士喪禮注云。韣。韜也。韜弢字同。韣之爲抵。猶弢之爲弤矣。乃此時堯不當有禪舜之意。以弤爲天子之弓。於義未協。趙氏佑溫故錄云。弤或別一弓之名。舜所常用。亦如五弦之琴爲舜自作者耳。按廣韻引埤蒼云。弤。舜弓名。趙氏佑溫故錄之說。爲得之矣。廣雅釋器云。棲謂之牀。釋詁云。棲。攱也。王氏念孫廣雅疏證云。棲者。人物所棲也。即庋閣之意也。藝文類聚引尸子云。堯聞其賢。徵之草茅之中。與之語禮樂而不逆。與之語政。至簡而易行。與之語道。廣大而不窮。於是妻之以媓。媵之以娥。列女傳母儀傳云。有虞二妃者。帝堯之二女也。長娥皇。次女英。漢書古今人表。女英作女罃。大戴禮記帝繫篇云。舜娶於帝堯之子。謂之女匽。匽英一聲之轉也。荀子修身篇云。少而理曰治。呂氏春秋振亂篇云。欲民之治也。高誘注云。治。整也。使二嫂整理安息之處。猶云侍寢也。

象往入舜宮。舜在牀琴。象曰。鬱陶。思君爾。忸怩。注象見舜生在牀鼓琴。愕然反辭曰。我鬱陶思君。故來。爾。辭也。忸怩而慙。是其情也。疏注。象見至情也。○正義曰。說文土部云。在。存也。存亡猶死生也。故以生釋在。史記五帝本紀云。象乃止舜宮居。鼓其琴。舜往見之。象愕不懌曰。我思舜正鬱陶。舜曰。然。爾其庶矣。此與孟子略不同。按孟子之文。舜已出井而象乃揜蓋。是舜先已在宮。象揜畢而後來。未見舜。先已聞琴。故愕然反。愕與遻同。說文辵部云。遻。相遇驚也。漢書張良傳云。良愕然欲毆之。注云。愕。驚貌也。淮南子氾論訓云。紂居於宣室而不反其過。高誘注云。反。悔也。列子仲尼篇云。回能仁而不能反。注云。反。變也。謂悔其不當來而變易其初心也。史記以瞽瞍與象實土後。舜乃從匿空旁出。故以爲象先居舜宮鼓其琴。舜後入宮見之。若而。則象先不知舜未死。既居舜宮。必已彰其跋扈之迹。則鬱陶思舜之言。何能自揜。史記非也。惟舜先從井出。潛自入宮。知象將來。故鼓琴以示之。既示其未死。且感以和。而象所以愕然而悔也。說苑建本篇云。曾子芸瓜而誤斬其根。曾晳怒。援大杖擊之。曾子仆地。有頃蘇。蹷然而起。退屏鼓琴而歌。欲令曾晳聽其歌聲。令知其平也。孔子聞之。告門人曰。參來勿內也。汝聞瞽瞍有子名曰舜。舜之事父也。索而使之。未嘗不在側。求而殺之。未嘗可得。小箠則待。大箠則走。以逃暴怒也。然則舜之牀琴。非漫然矣。王氏念孫廣雅疏證云。方言。鬱。悠思也。晉宋衞魯之間謂之鬱悠。鬱。猶鬱鬱也。悠。猶悠悠也。楚辭九辯云。馮鬱鬱其何極。鄭風子衿篇云。悠悠我思。合言之則曰鬱悠。方言注云。鬱悠。猶鬱陶也。凡經傳言鬱陶者。皆當讀如臯陶之陶。鬱陶鬱悠古同聲。舊讀陶如陶治之陶。失之矣。閻氏若璩尚書古文疏證云。爾雅釋詁篇。鬱陶。繇喜也。郭璞注引孟子鬱陶思君。禮記曰。人喜則斯陶。邢昺疏引孟子趙注云。象見舜正在牀鼓琴。愕然反辭曰。我鬱陶思君。故來爾辭也。忸怩而慙。是其情也。又引下檀弓鄭注云。陶。陶鬱也。據此則象曰鬱陶思君爾。乃喜而思見之辭。故舜亦從而喜曰。惟茲臣庶。女其于予治。孟子固已明言象喜亦喜。蓋統括上二段情事。其先言象憂亦憂。特以引起下文。非眞有象憂之事也。因悉數諸書。以鬱陶爲憂思之誤。念孫按象曰鬱陶思君爾。則鬱陶乃思之意。非喜之意。言我鬱陶思君。是以來見。非喜而思見之辭也。孟子言象喜亦喜者。象見舜而僞喜。自述其鬱陶思舜之意。故舜亦誠信而喜之。非謂鬱陶爲喜也。凡人相見而喜。必自道其相思之切。豈得卽道其相思之切爲喜乎。趙注云。我鬱陶思君。故來。是趙意亦不以鬱陶爲喜。史記五帝紀述象之言。亦云我思舜正鬱陶。楚辭九辯云。豈不鬱陶而思君兮。則鬱陶爲思。其義甚明。與爾雅之訓爲喜者不同。郭璞以孟子證爾雅。誤也。閻氏必欲解鬱陶爲喜。喜而思君爾甚爲不辭。旣不達於經義。且以史記及各傳注爲非。傎矣。又按爾雅。悠傷。憂思也。說文。悠。憂也。悠憂思三字同義。故鬱悠旣訓爲思。又訓爲憂。曾子內業篇云。憂鬱生疾。是鬱爲憂也。悠。憂也。小雅十月之交篇。悠悠我里。毛傳云。悠悠。憂也。是悠爲憂也。悠與陶古聲同。小雅鼓鐘篇。憂心且妯。衆經音義引韓詩作憂心且陶。是陶爲憂也。故廣雅釋言云。陶。憂也。合而言之。則曰鬱陶。九辯。鬱陶而思君。王逸注云。憤念蓄積。盈胸臆也。魏文帝燕歌行云。憂來思君不敢忘。又云。鬱陶。思君未敢言。皆以鬱陶爲憂。凡一字兩訓而反覆旁通者。若亂之爲治。故之爲今。擾之爲安。臭之爲香。不可悉數。爾雅云。鬱陶。繇喜也。又云。繇。憂也。則繇字卽有憂喜二義。鬱陶亦猶是也。是故喜意未暢謂之鬱陶。檀弓正義引何氏隱義云。鬱陶。懷喜未暢意是也。憂思憤盈。亦謂之鬱陶。孟子楚辭史記所云是也。暑氣蘊隆。亦謂之鬱陶。摯虞思游賦云。戚溽暑之鬱陶兮。余安能乎留斯。夏侯湛大暑賦云。何太陽之赫曦。乃鬱陶以與熱是也。事雖不同。而同爲鬱積之義。故命名亦同。閻氏謂憂喜不同名。廣雅謏訓陶爲憂。亦非也。爾爲辭者。禮記檀弓。爾毋從從爾。注云。爾。語助。是也。方言云。忸怩。慙歰也。楚郢江淮之間謂之忸怩。或謂之戚咨。戴氏震方言疏證云。晉語。君忸怩顏。韋昭注云。忸怩。慙貌。趙岐注孟子云。忸怩而慙。廣雅。忸怩。戚咨也。忸怩戚咨並雙聲。廣雅疏證云。忸與恧同。恧字从心衄聲。忸怩戚咨。皆局縮不伸之貌也。釋言云。衄。縮也。縮與慙義相近。縮謂之衄。又謂之蹙。猶慙謂之忸怩。又謂之戚咨也。

舜曰。惟茲臣庶。汝其于予治。注茲。此也。象素憎舜。不至其宮也。故舜見來而喜曰。惟念此臣衆。汝故助我治事。

疏注。茲此至治事。○正義曰。爾雅釋詁云。茲。此也。惟。思也。庶。衆也。詩周頌維天之命序。釋文引韓詩云。惟。念也。汝其于予治。解爲汝故助我治事者。白虎通五行篇云。姑者故也。毛詩周南卷耳。我姑酌彼金罍。傳云。姑。且也。汝其于予治。謂汝姑且于予治也。于與於通。爾雅釋詁云。於。代也。代予治。卽是助我治也。王氏引之經傳釋詞云。于。爲也。爲。助也。趙注女故助我治事是也。閻氏若璩釋地又續云。孟子或問。著於淳熙丁酉後。其辭曰。林氏謂司馬公以爲是時堯將以天下禪舜。瞽象雖愚。亦豈不利其子與兄之爲天子。而欲殺之乎。借使殺之。堯必誅已。宜亦有所不敢矣。蘇氏以爲舜之側微。旣能使瞽象之不格姦矣。豈至此而猶欲害之哉。以此皆疑孟子之誤。程子以爲此非孟子之言。乃萬章傳聞之誤。而孟子有不暇辨耳。是數說者。恐其皆未安也。蓋天下之事。有不可以常情測度者。使瞽象而猶知利害之所在。則亦未爲甚頑且傲。而舜之所處。亦未足爲天下之至難矣。不格姦者。但能使之不陷於刑戮。且聖賢於世俗傳聞之事。有非實者。必辯而明之。以曉天下後世。豈有知其不然而不暇辯者哉。余謂世誣舜以瞽瞍朝已。孟子則辯其必無。誣舜以放象。則辯其未嘗有，凡於傳譌之迹。未有不辨而明之以曉天下後世者。豈有知其不然。而故設言其理。若金氏謂秪在發明聖人處變之心。苟得其心。則事迹有無。都不必辯。殆幾於戲矣。人固習而不察耳。不識舜不知象之將殺己與。【注】萬章言我不知舜不知象之將殺之與。何爲好言順辭以答象也。曰。奚而不知也。象憂亦憂。象喜亦喜。【注】奚何也。孟子曰。舜何爲不知象惡己也。仁人愛其弟。憂喜隨之。象方言思君。故以順辭答之。曰。然則舜僞喜者與。【注】僞。詐也。萬章言如是則爲舜行至誠。而詐喜以悅人矣。【疏】注。僞詐也。○正義曰。淮南子本經訓云。其心愉而不僞。高誘注云。僞。虛詐也。曰。否。昔者有饋生魚於鄭子產。子產使校人畜之池。校人烹之。反命曰。始舍之。圉圉焉。少則洋洋焉。攸然而逝。子產曰。得其所哉。得其所哉。【注】孟子言否。云舜不詐喜也。因爲說子產以喻之。子產。鄭子國之子公孫僑。大賢人也。校人。主池沼小吏也。圉圉。魚在水羸劣之貌。洋洋。舒緩搖尾之貌。攸然。迅走水趨深處也。故曰得其所哉。重言之。嘉得魚之志也。【疏】注，孟子言否云舜不詐喜也。○正義曰。段氏玉裁說文解字注云。否。不也。不者。事之不然也。否者。說事之不然也。故音義皆同。孟子萬章曰。然則舜僞喜者與。孟子曰否。注。孟子言舜不詐喜也。又咸丘蒙問舜南面而立。瞽瞍亦北面而朝之。孟子曰。否。注言不然也。又萬章曰。堯以天下與舜。有諸。孟子曰。否。注堯不與之。又萬章問曰。人有言。伊尹以割烹要湯。孟子曰。否然也。萬章又問孔子於衛主癰疽。孟子曰。否然也。萬章又問百里奚自鬻於秦養牲者。孟子曰。否然。注皆曰。否。不也。不如是也。注以不如是釋否然。今本正文皆誤作否不然。語贅而注不可通矣。否字引伸之義。訓爲不通。如易之泰否。堯之否德。小雅之否難知也。論語之予所否者。皆殊其音讀符鄙切。○注。校人主池沼小吏也。○正義曰。校人見周禮夏官。掌馬政。鄭康成以爲主馬者。必仍校視之。賈氏疏以爲讀從曲禮與少儀效馬效羊。取效見義。此於畜魚之校人無涉。漢書司馬相如傳上林賦云。天子校獵。顏師古注云。校獵者。以木相貫穿。總爲闌校。遮止禽獸而獵取之。說者或以爲周官校人掌田獵之馬。因云校獵。亦失其義。養馬稱校人者。謂以爲闌校以養馬耳。故呼爲闌也。按師古解校人是也。廣雅釋木云。校。𣟴柴也。哀公四年公羊傳云。亡國之社蓋揜之。揜其上而柴其下。地官媒氏注云。亡國之社。奄其上而棧其下。是柴即棧。亦校即棧也。管子內業篇云。傳馬棧者。最難。先傳曲木。曲木又求曲木。曲木已傳。直木無所施矣。先傳直木。直木又求直木。直木已傳。曲木亦無所施矣。淮南子道應訓云。柴箕子之門。注云。箕子亡之朝鮮。舊居空。故柴護之。蓋編木圍其四面。用之於亡國之社。則爲柴其下。用之以護箕子之居。則爲柴箕子之門。用於車上爲車箱。則爲棧車。亦爲柴車。用以畜馬。則爲馬棧。亦卽爲校爲闌。用以畜魚。則爲積柴。爲槮。卽亦爲校。爾雅釋器云。槮謂之涔。毛詩正義引孫炎云。積柴養魚曰涔。說文木部云。栫以柴木雝也。郭璞江賦云。栫澱爲涔。編木爲棧以養馬。因而主馬者稱校人。編木爲涔以養魚。因而主魚者稱校人。此校人所以爲主池沼小吏也。春秋左傳吳囚邾子於樓臺。栫之以棘。謂以棘柴其下也。說文木部云。校。木囚也。以編木四繫人。與以編木繫馬畜魚同。禮記禮運云。鳳凰麒麟皆在郊棷。龜龍在宮沼。此郊棷。蓋卽校棷。卽所謂以木相貫穿爲闌校。以遮禽獸也。○注。圉圉至志也。○正義曰。爾雅釋言云。圉。禁也。圉與圄通。宣公四年左傳云。圄伯嬴。注云。圄。囚也。說文口部云。圄。囹圄。所以拘辠人。囹圉卽囹圄也。下弅弅爲舒緩搖尾。此時尚未改幽閉囚禁之狀。故爲圉圉。國語晉語優施歌曰。暇豫之吾吾。不如烏烏。人皆集於苑。已獨集於枯。注云。吾吾不敢自親之貌。苑。茂木貌。施謂烏烏集於茂木則暇豫。里克不暇豫而集於枯。則吾吾不如烏烏。吾吾爲集枯之狀。不能暇豫。故先云暇豫之欲其不吾吾也。此吾吾卽圉圉。不敢自親之貌。卽在水羸劣之貌也。毛詩大雅。敉野弅弅。傳云。弅弅。廣也。隰風。焱之弅弅。傳云。弅弅。廣大也。廣大則不局促。不局促故舒緩。哀十七年左傳云。如魚竀尾。衡流而方羊。孔氏正義云。鄭衆以爲魚肥則尾赤。方羊遊戲。弅弅猶言方羊。魚遊尾動。故以搖尾狀其舒緩遊戲之情也。攸與悠同。爾雅釋詁云。悠。遠也。舍人注云。行之遠也。遠與倏義同。逝如論語逝者如斯夫之逝。陽貨篇。日月逝矣。皇侃疏云。逝。速也。走水趣倏處解攸然。迅字解逝字。閩監毛三本。水趣二字倒。嘉誤作喜。

校人出。曰。孰謂子產智。予既烹而食之。曰得其所哉。得其所哉。故君子可欺以其方。難罔以非其道。彼以愛兄之道來。故誠信而喜之。奚僞焉。注 方。類也。君子可以事類欺。故子產不知校人之食其魚。象以其愛兄之言來向舜。是亦其類也。故誠信之而喜。何爲僞喜也。疏 注。方類至類欺。○正義曰。淮南子精神訓云。以萬物爲一方。高誘注云。方。類也。方之義爲比。類之義。亦爲比。凡事之荒誕非理者。則無所比類。校人之言。有倫有脊。實有此圉圉弅弅攸然而逝之情而比類之也。故不虞其欺耳。

章指。言仁聖所存者大。舍小從大。達權之義也。不告而娶。守正道也。

萬章問曰。象日以殺舜爲事。立爲天子則放之。何也。注 怪舜放之何故。疏 注。怪舜放之何故。○正義曰。翟氏灝考異云。韓非有云。瞽瞍爲舜父而舜放之。象爲舜弟而舜殺之。放父殺弟。不可爲仁。則云象欲殺舜。猶其繆之小焉者矣。萬章知無放瞍殺象之事。而不能無疑於放象之說。孟子力辨其弁無之。則其餘邪說。恐不待辨而息已。

孟子曰。封之也。或曰放焉。注 舜封象於有庳。或有人以爲放之。

萬章曰。舜流共工于幽州。放驩兜于崇山。殺三苗于三危。殛鯀于羽山。四罪而天下咸服。誅不仁也。象至不仁。封之有庳。有庳之人奚罪焉。仁人固如是乎。在他人則誅之。在弟則封之。注 舜誅四佞。以其惡也。象惡亦甚。且封之。仁人用心當如是乎。罪在他人當誅之。在弟則封之。疏 舜流至咸服。○正義曰。此虞書堯典文也。段氏玉裁說文解字注云。竄。塞也。讀若虞書竄三苗之竄。二竄本皆作竅。妄人所改也。竄三苗于三危。與言流言放言殛一例。謂放之令自匿。故孟子作殺三苗。即左傳粲蔡叔之粲。粲爲正字。竄殺爲同音假借。殛鯀爲極之假借。左傳曰。流四凶族。投諸四裔。劉向曰。舜有四放之罰。屈原曰。永遏在羽山。夫何三年不施。王注言堯長放鯀於羽山。絕在不毛之地。三年不舍其罪也。周禮廢以馭其罪注。廢。猶放也。舜極鯀于羽山是也。此條釋文宋本極紀力反可證。洪範鯀則殛死。釋文本又作極。多方我乃其大罰殛之。釋文本又作極。左傳昭七年。昔堯殛鯀於羽山。釋文本又作極。魯頌。致天之屆于牧之野箋云。屆。極也。引書鯀則極死。又云。天所以罰極紂于商郊牧野。正義云。屆極虞度。釋言文。釋言又云。極。誅也。武王致天所罰。誅紂於牧野。定本集注皆云殛紂於牧野。殛是殺。非也。小雅。後予極焉。毛曰。極。至也。鄭曰。極。誅也。正義曰。極至釋詁文。極誅釋言文。合魯頌小雅兩箋兩正義觀之。則釋言之爲殛誅甚明。今爾雅作殛誅也。蓋誤以洪範多方殛字鄭作極例之。則如周禮注引極鯀於羽山。鄭所見尚書。自是極。不作殛也。假殛爲極。亦如孟子假殺爲竄。鯀因極而死於東裔。韋昭注晉語云。殛。放而殺也。此當作放而死也。高注呂覽云。先殛後死。此當作先極後死。若呂覽副之以吳刀。山海經殺鯀于羽郊。則言之不從。不可信矣。然則馬注尚書。趙注孟子。韋注國語。皆云。殛。誅也。何也。曰。此皆用釋文極誅也之文。謂正文殛當作極也。江氏聲尚書集注音疏云。史記云。請流共工于幽陵。以變北狄。放驩兜于崇山。以變南蠻。遷三苗于三危。以變西戎。殛鯀于羽山。以變東夷。竅。塞也。謂塞之使不得通中國。周禮大司馬職云。犯令陵政則杜之。鄭注云。杜之者。杜塞使不得與鄰國交通。亦此義也。殛誅。誅謂責遣之。非殺之也。按萬章以舜放象爲問。故舉四罪之放以例之。○封之有庳。○正義曰。顧氏炎武日知錄云。水經注王隱曰。應陽縣本泉陵之北部。東五里有鼻墟。象所封也。山下有象廟。後漢東平王蒼傳注。有鼻。國名。在今永州營道縣北。袁譚傳注。今猶謂之鼻亭。舜都蒲阪。而封象於道州鼻亭。在三苗以南荒服之地。誠爲可疑。如孟子所論親之欲其貴。愛之欲其富。又且欲其源源而來。何以不在中原近畿之地。而置之三千餘里之外邪。蓋上古諸侯之封萬國。其時中原之地。必無閒土可以封故也。閻氏若璩釋地續云。有庳之在今永州府零陵縣。已成千古定所。經文。欲常常而見之。故源源而來。不及待一年之貢期。五年之朝期。以伸吾親愛情者。有兄居蒲阪。弟居零陵。陸阻太行。水絕洞庭。較諸驩兜放處。尤遠千里之理。且果零陵之國。比歲一至。則往返幾將萬里。其勢已甚。數歲而數至。勢必日奔走於道路風霜之中而不少寗息。親愛弟者。固如是乎。蓋有庳之封。必近在帝都。而今不可考。或曰。然則今零陵曷爲傳有是名也。括地志云。鼻亭神在營道縣北六十里。故老傳言舜葬九疑。象來至此。後人立祠。名爲鼻亭神。此爲得之。翟氏灝考異云。漢書鄒陽傳作封之於有畀。服虔注曰。畀音畀予之畀。師古注曰。音鼻。又武五子傳。舜封象於有鼻。師古注曰。有鼻在零陵。今鼻亭是也。後漢東平王蒼傳。昔象封有鼻。三國志樂陵王茂傳。亦曰。昔象之爲虐至甚。而大舜猶侯之有鼻。庳與鼻皆從畀與之畀。昔皆讀爲庇。故其字得通借。○注。舜誅四佞。○正義曰。書言四罪。趙氏謂之四佞者。明其罪在佞也。論衡答佞篇云。富貴皆人所欲也。雖有君子之行。猶有飢渴之情。君子則以禮防情。以義制欲。故得循道。循道則無禍。小人縱貪利之欲。踰禮犯義。故進得苟佞。苟佞則有罪。夫賢人。君子也。佞人。小人也。佞人問曰。行合九德則賢。不合則佞。世人操行者。可盡謂佞乎。曰。諸非皆惡。惡中之逆者。謂之無道。惡中之巧者。謂之佞人。聖人刑憲。佞在惡中。聖王賞勸。賢在善中。純潔之賢。善中殊高。賢中之聖也。善中大佞。惡中之雄也。○注。仁人用心當如是乎。○正義曰。當與嘗通。萬章上篇。是時孔子當阨。說苑引作是孔子嘗阨。荀子君子篇。先祖當賢。注云。當或爲嘗是也。禮記少儀。馬不當秣。釋文云。當本亦作嘗。是當嘗二字通。國語周語。固有之乎。注云。固。猶嘗也。禮記曲禮毋固注云。固。常也。固之義爲常。嘗即亦爲當。故趙氏以當釋之。王引之經傳釋詞云。固猶乃也。

曰。仁人之於弟也。不藏怒焉。不宿怨焉。親愛之而已矣。親之欲其貴也。愛之欲其富也。封之有庳。富貴之也。身爲天子。弟爲匹夫。可謂親愛之乎。注孟子言仁人於弟。不問善惡。親愛之而已。封之欲使富貴耳。身爲天子。弟雖不仁。豈可使爲匹夫也。敢問或曰放者。何謂也。注萬章問放之意。曰。象不得有爲於其國。天子使吏治其國。而納其貢稅焉。故謂之放。豈得暴彼民哉。注象不得施教於其國。天子使吏代其治。而納貢賦與之。比諸見放也。有庳雖不得賢君。象亦不侵其民也。疏象不至民哉。○正義曰。趙氏佑溫故錄云。象不得有爲。非舜禁之使不得也。乃或之見爲如是耳。蓋天子使吏治其國。即大國三卿皆命於天子。使其大夫爲三監。監於方伯之國。國三人事。古封建之本如是。後世始擅命自爲。然漢制諸侯王猶爲置傅相。蓋循古意。舜固以之休逸象。優其賦入以奉養象。或者不察。遂妄意舜之禁象使不得有爲。故謂之放。就令如此。象亦豈有暴民之事哉。是皆孟子推或言之意。又正答有庳之人何罪一語意也。故下復有雖然一轉。此時象久被舜烝乂之教。亦自不至於暴民。然舜之爲是。正不慮象之暴民。第欲其常常來見。唯使治國有人。賦入無缺。故象得輕身時來歡聚。與他人必及朝貢之期者不同。又時以政事相接。使象得觀己所行以益進於善。此之謂也。與上故謂之相比照。論舜之待象。當如此不當如彼也。蓋孟子所以發明仁人親愛之心。委婉詳盡如此。

雖然。欲常常而見之。故源源而來。不及貢以政接于有庳。

注雖不使象得豫政事。舜以兄弟之恩。欲常常見之無已。故源源而來。如流水之與源通。不及貢者。不待朝貢諸侯常禮乃來也。其間歲歲自至京師。謂若天子以政事接見有庳之君者。實親親之恩也。

疏注。欲常常見之無已。○正義日。詩大雅文王箋云。○長猶常也。說文云。長。久遠也。長而又長。故爲無已。○注。故源源而來如流水之與源通。○正義日。說文言部云。謜。徐語也。从言原聲。孟子曰。故謜謜而來。段氏玉裁說文解字注云。趙注如流水之與源通。據此。謜本作源。源古作原。蓋許引孟原原而來。證從原會意之恉。○注。不及至恩也。○正義日。虞書堯典云。五載一巡守。羣后四朝。鄭康成注云。四朝。四季朝京師也。巡守之年。諸侯見於方岳之下。其間四年。四方諸侯分來朝於京師也。王氏鳴盛尚書後案云。鄭意謂每天子巡守之明年。東方諸侯春季來朝京師。其又明年。南方諸侯夏季來朝。又明年。西方諸侯秋季來朝。又明年。北方諸侯冬季來朝。又明年。則天子復巡守矣。孝經鄭注云。諸侯五年一朝天子。天子亦五年一巡守。熊氏以爲虞夏制法。諸侯之朝。代爲四部。四年乃徧。總是五年一朝。天子乃巡守。孝經注。先儒疑非鄭注。然此條則是熊氏推衍。亦得鄭意。按此所謂常禮也。常禮五年一朝。此不待朝貢常禮。故歲歲自至京師也。謂若天子以政事接見有庳之君者。詩鄭風緇衣序云。父子並爲周司徒。善於其職。孔氏正義云。武公旣爲鄭國之君。又復入作司徒。衞風淇澳序云。淇澳。美武公之德也。以禮自防。故能入相于周。孔氏正義云。武公將兵佐周平戎。甚有功。平王命爲公。卒章傳云。卿士者。卿爲典事。公其兼官。在尚書如蘇公爲司寇。齊侯呂伋爲天子虎賁氏。皆以諸侯兼理京師之故事。推之於虞，當亦有然。有庳之君。不依朝貢常期。而歲歲自至。故若兼治京師政事。而天子以政事接見之也。經文直云以政接於有庳。則是實有政事。原非空至。觀上云使其于予治。則象以諸侯兼治王朝政事可知。封象於有庳而兼掌朝政。所以不得有爲於其國也。人見其不得有爲於國。故謂之放。不知所以不得有爲於其國者。正有爲於天子之朝也。其非放也明矣。趙氏增若字。則以本非有政事矣。

此之謂也。

注此常常以下。皆尚書逸篇之辭。孟子以告萬章。言此乃象之謂也。

疏注。此常至謂也。○正義日。趙氏蓋亦以此文在舜典中也。江氏聲尚書集注音疏云。據云此之謂也。則有庳以上。自是古書成文。當是尚書文矣。其欲常常句承雖然之下。雖然云者。承上轉下之詞。則欲常常二句。乃孟子之言。非古書成文矣。斷自不及貢始。以爲尚書逸文。庶幾近之也。

章指。言懇誠

於內者。則外發於事。仁人之心也。象爲無道極矣。友于之性。忘其悖逆。況其仁賢乎。【疏】友于之性。○正義曰。後漢書袁紹傳云。友于之性。生於自然。

咸丘蒙問曰。語云。盛德之士。君不得而臣。父不得而子。舜南面而立。堯帥諸侯北面而朝之。瞽瞍亦北面而朝之。舜見瞽瞍。其容有蹙。孔子曰。於斯時也。天下殆哉岌岌乎。不識此語誠然乎哉。【注】咸丘蒙。孟子弟子。語者。諺語也。言盛德之士。君不敢臣。父不敢子。堯與瞽瞍皆臣事舜。其容有蹙踖不自安也。孔子以爲君父爲臣。岌岌乎不安貌也。故曰殆哉。不知此語實然乎。【疏】注。咸丘蒙孟子弟子。○正義曰。廣韻邱字注云。漢複姓四十四氏。孟子有咸丘蒙隱居。閻氏若璩釋地續云。古人以所居之地得姓氏。不必定常於其地。如咸丘魯地。而蒙則齊人。是咸丘二字見爾雅左高曰咸丘。見春秋桓公七年焚咸丘。杜注。咸丘。魯地。高平國鉅野縣南有咸亭。咸丘複氏自以此。○注。其容至實然乎。○正義曰。趙氏連云蹙踖。蓋讀蹙爲曾西蹙然之蹙。卽踧踖也。楚辭離騷云。高余冠之岌岌兮。注云。岌岌。高也。高則危而不安。漢書韋賢傳云。岌岌其國。注引應劭云。岌岌。欲毀壞也。翟氏灝考異云。舜見瞽瞍。其容有蹙五句。墨子非儒篇。孔某與其門弟子閒坐。曰夫舜見瞽瞍蹴然。此時天下圾乎。韓非子忠孝篇引記曰。舜見瞽瞍。其容造焉。孔子曰。當是時也。危哉。天下岌岌。有道者父固不得而子。君固不得而臣也。文選諷諫詩注引孟子曰。天下殆哉岌岌乎。按韓非所引之記。卽咸丘蒙所引之語。蓋當時早有以此等說筆之於書者矣。蹙造二字古通。韓詩外傳。史魚死不於正堂治喪。衛君問知其故造然。召蘧伯玉貴之。而退彌子瑕。淮南子道德訓。孔子觀宥巵。造然革容曰。善哉持盈者乎。並以造代蹙。殆哉岌乎。乃時人恆語。莊子天地篇述許由之言。亦云殆哉圾乎天下。音義曰。圾本又作岌。管子小問篇。桓公言欲勝民。管仲曰。危哉君之國岌乎。

孟子曰。否。【注】言不然也。此非君子之言。齊東野人之語也。【注】東野。東作田野之人所言耳。咸丘蒙。齊人也。故聞齊野人之言。書曰。平秩東作。謂治農事也。【疏】注。東野至事也。○正義曰。趙氏以東爲東作治農事。故引書堯典以證之。非東爲東方之東也。閻氏若璩釋地續云。趙氏注此章。於東字妙有體會。不然。何不云齊之西或北野人乎。至今濟南府齊東縣。則置於元憲宗三年。以鎮而名。於孟子無涉。

堯老而舜攝也。堯典曰。二十有八載。放勳乃徂落。百姓如喪考妣。三年。四海遏密八音。【注】孟子言舜攝行事耳。未爲天子也。放勳。堯名。徂落。死也。如喪考妣。思子如父母也。遏。止也。密。無聲也。八音不作。哀思甚也。【疏】堯典曰。○正義曰。毛氏奇齡四書賸言云。孟子堯典曰二十有八載至四海遏密八音。今所行尚書在舜典中。按伏生尚書原只堯典一篇。無粵若稽古帝舜二十八字。以舊別有舜典。而其時已亡。故東晉梅賾獻尚書孔傳。亦無舜典。至齊建武年。吳興姚方興於大航頭得孔氏傳古文。始分堯典爲二。以愼徽五典至末謂之舜典。而加二十八字於其中。此僞書也。故漢光武時。張純奏宜遵唐堯之典。二月巡狩。至章帝時。陳寵奏言。唐堯著典。眚災肆赦。皆是舜典文。而皆冠以堯典之名。卽前漢王莽傳所引十有二州皆稱堯典。後西晉武帝初。幽州秀才張髦上疏。引肆類上帝諸文。亦稱堯典。自僞書一出。而羣然改從。則是古書一篇。而今誤分之。非古書二篇而今誤合之也。今尚書作帝乃殂落。百姓如喪考妣三載。臧氏琳經義雜記云。孟子萬章上堯典曰。二十有八載。放勳乃徂落。百姓如喪考妣。三年四海遏密八音。春秋繁露煖燠孰多篇。尚書曰。二十有八載。放勳乃殂落。百姓如喪考妣。四海之內。閼密八音三年。說文歺部。殂。往死也。虞書曰。放勛乃殂落。此可證尚書本作放勳。釋文引馬融注。以放勳爲堯名。孟子滕文公上。放勳曰。勞之來之。注。放勳。堯號也。此古義也。王氏鳴盛尚書後案云。史記堯立七十年得舜。二十年而老。令舜攝行天子之政。薦之於天。堯辟位。凡二十八年而崩。徐廣曰。堯在位凡九十八年。按上文堯欲巽位。自言朕在位七十載。合二十八載。凡九十八年。史記與經合。段氏玉裁說文解字注云。殂。往死也。从歺且聲。虞書曰。勛乃殂。二徐本皆如是。宋本說文及集韻所引皆可證。至集韻類篇。乃增放字。至李仁甫乃增之曰放勛乃殂落。或用改大徐本。堯典曰二十有八載放勳乃殂落。見孟子。春秋繁露皇甫謐帝王世紀所引皆如是。此作勛乃殂。據力部。勳者小篆。勛者古文。勳則許所稱眞壁中文也。而無放落二字。蓋孟子董子所稱者。皆今文尚書也。許所稱者。古文尚書也。孟子何以稱今文尚書。伏生本與孔安國本皆出周時。放勛何以但稱勛。或言放勛或言勛。一也。蓋當時臣民所稱不一也。殂落何以但言殂。云殂則已足矣。不必言殂落也。釋詁崩薨無祿卒殂落殪。死也。白虎通曰。書言殂落死者各自見義。堯皆慘痛之。舜見終各一也。此其所據。皆今文尚書。且爾雅無妨殂落二字各爲一句也。師古注王莽傳。引虞書放勳乃殂。則唐初尚書。尚有無落字者。閻氏若璩釋地又續云。百姓義二。有指百官言者。書百姓與黎民對。禮大傳百姓與庶民對。是也。有指小民言者。不必夏代。亦始自唐虞之時。百姓不親。五品不遜是也。四書中百姓凡二十五見。惟百姓如喪考妣三年。指百官。蓋有爵土者。爲天子服斬衰三年禮也。孟子已明注曰。舜帥諸侯以爲堯三年喪。喪並平聲。持服曰喪。如喪考妣三年。卽檀弓方喪三年耳。江氏聲尚書集注音疏云。孟子所引上言二十有八載。下云三年。則堯典之文。可載年皆有。僞孔氏因爾雅唐虞曰載之文。改年爲載。且三年是喪考妣之期。當屬上爲句。不可改載而下屬也。此經下文別言四海乃謂民間。則百姓自是羣臣矣。○注。放勳堯名。○正義曰。名號通稱。詳見滕文公篇。○注。如喪至甚也。○正義曰。趙氏言思之如父母。谿云親其君如父母也。蓋謂百姓卽下四海之民。惟如喪考妣。所以遏密八音也。故云八音不作。哀思甚也。兩思字相貫爲一事也。遏。止也。爾雅釋詁文。說文言部云。謐。靜語也。一曰。無聲也。詩周頌夙夜基命宥密。禮記孔子閒居引此詩。注云。密。靜也。賈子新書禮容篇引詩作宥謐。趙氏讀密爲謐。故云無聲也。

孔子曰。天無二日。民無二王。舜既爲天子矣。又帥天下諸侯以爲堯三年喪。是二天子矣。

注曰一王一。言不得並也。

疏孔子曰至二王。○正義曰。禮記曾子問篇云。孔子曰。天無二日。土無二王。嘗禘郊社。尊無二上。坊記云。子云。天無二日。土無二王。家無二主。尊無二上。喪服四制云。天無二日。土無二王。國無二君。家無二尊。大戴禮記本命篇云。天無二日。國無二君。家無二尊。

咸丘蒙曰。舜之不臣堯。則吾既得聞命矣。

注不以堯爲臣也。

詩云。普天之下。莫非王土。率土之濱。莫非王臣。而舜既爲天子矣。敢問瞽瞍之非臣如何。

注詩小雅北山之篇。普。偏。率。循也。徧天下循土之濱。無有非王者之臣。而曰瞽瞍非臣如何也。

疏注詩小雅至之臣。○正義曰。詩在小雅北山第二章。毛傳云。溥。大。率。循。濱。涯也。說文日部云。普。日無色也。水部云。溥。大也。孟子作普。是假借字。詩作溥。正字也。儀禮士虞禮記云。普淖。注云。普。大也。詩大雅召旻。溥斯害矣。箋云。溥。徧也。周徧卽大也。率。循也、爾雅釋詁文。孔氏詩正義云。說文云。浦。水濱。廣雅云。浦涯。然則滸濱涯浦。皆水畔之地。同物而異名也。詩意言民之所居。民居不盡近水。而以濱爲言者。古先聖人謂中國爲九州。以水中可居曰洲。言民居之外。皆在水也。鄒子曰。中國名赤縣。赤縣內自有九州。禹之序九州是也。其有瀛海環之。是地之四畔皆至水也。濱是四畔近水之處。言率土之濱。舉其四方所至之內。見其廣也。

曰。是詩也。非是之謂也。勞於王事而不得養父母也。曰。此莫非王事。我獨賢勞也。

注孟子言此詩。非舜臣父之謂也。詩言皆王臣也。何爲獨使我以賢才而勞苦。不得養父母乎。是以怨也。

疏此莫至勞也。○正義曰。王氏念孫廣雅疏證云。賢。勞也。小雅北山篇。我從事獨賢。孟子萬章篇引此詩而釋之曰。此莫非王事。我獨賢勞也。賢亦勞也。賢勞猶言劬勞。故毛傳云。賢。勞也。鹽鐵論地廣篇亦云。詩云。莫非王事。而我獨勞。刺不均也。鄭箋趙注。並以賢爲賢才。失其義也。段氏玉裁說文解字注云。賢。多財也。賢本多財之稱。引伸之。凡多皆曰賢。人稱賢能。因習其引伸之義而廢其本義矣。小雅。大夫不均。我從事獨賢。傳曰。賢。勞也。謂事多而勞也。故孟子說之曰。我獨賢勞。戴先生曰。投壺某賢於某若干純。賢。多也。按呂氏春秋愼人篇云。舜自爲詩曰。普天之下。莫非王土。率土之濱。莫非王臣。所以見盡有之也。蓋當時相傳此詩爲舜作。故咸丘蒙引見爲問。孟子直據北山之詩解之。則詩非舜作明矣。六經之學。至戰國疏陋已極。孟子不獨論舜。兼以明詩。

故說詩者。不以文害辭。不以辭害志。以意逆志。是爲得之。如以辭而已矣。雲漢之詩曰。周餘黎民。靡有孑遺。信斯言也。是周無遺民也。【注】文。詩之文章。所引以興事也。辭。詩人所歌詠之辭。志。詩人志所欲之事。意。學者之心意也。孟子言說詩者。當本之志。不可以文害其辭。文不顯乃反顯也。不可以辭害其志。辭曰。周餘黎民。靡有孑遺。志在憂旱災民無孑然遺脫不遭旱災者。非無民也。人情不遠。以己之意逆詩人之志。是爲得其實矣。王者有所不臣。不可謂皆爲王臣。謂舜臣其父也。【疏】故說詩至得之。○正義曰。說文文部云。文。錯畫也。序云。倉頡之初作書。蓋依類象形。故謂之文。宣公十五年左傳云。故文反正爲乏。國語晉語云。夫文蟲皿爲蠱。是文即字也。段氏玉裁說文解字注云。詞。意內而言外也。从司言。有是意於內。因有是言於外。謂之詞。意者。文字之義也。言者。文字之聲也。詞者。文字形聲之合也。詞與辛部之辭。其意迥別。辭者說也。从𤔔辛。𤔔辛猶理辜。謂文辭足以排難解紛也。然則辭謂篇章也。詞者。意內而言外。从司言。此謂摹繪物狀。及發聲助語之文字也。積文字而爲篇章。積詞而爲辭。孟子曰。不以文害辭。不以詞害辭也。孔子曰。言以足志。詞之謂也。文以足言。辭之謂也。大行人故書計詞命。鄭司農云。詞當爲辭。此二篆之不可混也。顧氏鎮虞東學詩以意逆志說云。書曰。詩言志。歌永言。而孟子之詔咸丘蒙曰。以意逆志。是爲得之。後儒因謂吟哦上下。便使人有得。又謂少間推來推去。自然推出道理。此論讀書窮理之義則可耳。詩則當知其事實。而後志可見。志見而後得失可判也。說者又引子貢之知來。子夏之起予。以爲聖門之可與言詩者如是。而後世必求其人與其事。此孟子所謂固哉高叟者。而非聖賢相與言詩之法也。不知學者引申觸類。大通四闢。無所不可。而考其本旨。義各有歸。如切磋本言學問之事。則凡言學問者。無不可推。而謂詩論貧富可乎。素絢本有先後之序。則凡有先後者。無不可推。而論詩論禮後可乎。斷章取義。當用之論理論事。不可用以釋詩也。然則所謂逆志者何。他日謂萬章曰。頌其詩。讀其書。不知其人可乎。是以論其世也。正惟有世可論。有人可求。故吾之意有所措。而彼之志有可通。今不問其世爲何世。人爲何人。而徒吟哦上下去來推之。問其所逆。乃在文辭而非志也。此正孟子所謂害志者。而烏乎逆之。而又烏乎得之。孟子之論北山也。惟知爲行役者之刺王。故逆之而得其嘆賢勞之志。其論凱風也。惟知七子之母。未嘗去其室。故逆之而得其邇小不怨之志。不然。則普天率土。特悉主悉臣之恆談耳。凱風自南。吹彼棘心。亦蓼蓼者莪匪莪伊蒿之同類耳。何由於去古茫茫之後。核事考情。而得其所指哉。夫不論其世。欲知其人。不得也。

不知其人。欲逆其志。亦不得也。孟子若預憂後世將秘藏一切。而自以其察言也。特著其說以防之。故必論世知人。而後逆志之說可用之。○注。文詩至之辭。○正義曰。說文彡部云。彣。䤴也。有部云。䤴。有彣彰也。然則文章之文本作彣。省而作文。與文字之文義別。趙氏以文章釋文。是讀文爲彣也。淮南子本經訓云。發動而成於文。高誘注云。文。文章也。禮記仲尼燕居云。文爲在禮。注云。文章所爲。皆以文爲彣。與趙氏同辭、則孟子已明指周餘黎民。靡有孑遺爲辭。卽曾天之下四句爲辭。此是詩人所歌詠之辭。已成篇章者也。○注。文不顯乃反顯也。○正義曰。趙氏以文爲文章。是所引以興事。卽篇章上之文采。如我獨賢勞。辭之志也。莫非王臣。則辭之文也。說詩當以辭之志爲本而顯之。若不以意逆志。則志宜顯而反不顯。文不顯而反顯矣。文字於說詩非所取。故解爲詩之文章。詩之文章。卽辭之文采也。○注。辭曰至父也。○正義曰。雲漢詩在大雅序言宣王遇災而懼。每章首言旱旣太甚。知詩人之志。在憂旱災也。毛傳云。孑然。遺失也。箋云。黎。衆也。周之衆民。多有死亡者矣。幸其餘無有孑遺者。言又餓病也。孔氏正義云。孑然。孤獨之貌。言靡有孑遺。謂無有孑然得遺漏。拔遺失。失卽佚。遺佚卽遺漏。無有遺漏。是皆不免於死亡。下云旻天上帝。則不我遺。胡不相畏。先祖于摧。箋云。天將遂旱餓殺我與。先祖何不助我恐懼。使天雨也。然則靡有孑遺。乃虛設之辭。謂旱災如此。先祖若不助我恐懼使天雨。則旻天上帝。旣不欲使我民有遺留。周餘黎民。必將飢饉餓病。無有孑遺也。不逆胡不相畏之志。則周眞無遺民。不逆我從事獨賢之志。則溥天之下。眞莫非王臣。趙氏言民無孑然遺脫不遭旱災者。與毛鄭義異。白虎通有王者不臣篇。言王者所不臣者三。謂二王之後。妻之父母。夷狄也。是王者有所不臣也。妻之父母且不臣。而轉臣父乎。

孝子之至。莫大乎尊親。尊親之至。莫大乎以天下養。爲天子父。尊之至也。以天下養。養之至也。【注】尊之至。瞽瞍爲天子父。養之至。舜以天下之富。奉養其親。至極也。詩曰。永言孝思。孝思惟則。此之謂也。【注】詩大雅下武之篇。周武王所以長言孝道。欲以爲天下法則。此舜之謂也。【疏】注。詩大至謂也。○正義曰。詩在大雅下武篇第三章。毛傳云。則其先人也。箋云。長我孝心之所思。所思者其維則三后之所行。子孫以順祖考爲孝。義與趙氏異。趙氏以孝思爲孝道者。說文亼部云。侖。思也。段氏玉裁說文解字注云。侖下云。侖。理也。大雅毛傳云。論。思也。論者侖之假借。思與理義同也。呂氏春秋察傳篇云。必驗之以理。高誘注云。理。道理也。淮南子本經訓云。喜怒剛柔。不離其理。高誘注云。理。道也。是思亦道也。大王王季文王。皆明哲可法。故毛以則爲則其先人。舜之父頑。未可法則。故趙氏不從毛義。而云爲天下則法也。箋解永言配命。以爲武王言。趙氏以此永言爲周武王所以長言孝道。則與鄭同。

書曰。祗載見瞽瞍。夔夔齋栗。瞽瞍亦允若。是爲父不得而子也。【注】書。尚書逸篇。

祇。敬。載。事也。夔夔齊栗。敬慎戰懼貌。舜既爲天子。敬事嚴父。戰栗以見瞽瞍。瞍亦信知舜之大孝。若是爲父不得而子也。以是解咸丘蒙之疑。疏注。書尚至之疑。○正義曰。此引書不見二十八篇之中。故爲逸篇。蓋亦舜典文也。祇。敬也。爾雅釋詁文。周書謚法解云。載。事也。國語楚語云。爲齋敬也。禮記內則云。進退周旋愼齊。是齊爲敬愼也。論語八佾篇云。使民戰栗。毛詩秦風黃鳥。惴惴其慄。傳云。慄。慄懼也。栗通慄。是爲戰懼也。趙氏以夔夔爲齊栗之貌。故云敬愼戰懼貌也。閻氏若璩釋地又續云。炳燭齋隨筆曰。夔。一足之物也。凡人之立。常時則兩足舒布。有所畏則兩足緊並。有若一足之物。故曰夔夔也。史記。使天下之士。重足而立。亦此意。按酷吏義縱傳。南陽吏民重足一迹。語尤顯白。爾雅釋詁云。允。信也。趙氏以瞽瞍亦信知舜之大孝。釋瞽瞍亦允。是讀允字句。若字屬下。爲孟子說書之辭。近讀允若爲句。從晚出古文大禹謨也。江氏聲尚書集注音疏云。孟子既引此經。然言曰是爲父不得而子也。趙氏讀允字絕句。若字屬下。入孟子語中。似不合孟子語意。故聲裁節之而別爲之解。允。誠也。若。善也。舜敬事瞽瞍。見之必敬愼戰栗。瞽瞍化之。亦誠實而善。所謂烝烝乂不格姦也。章指。言孝莫大於嚴父而尊之矣。行莫過於蒸蒸執子之政也。此聖人之軌道。無有加焉。疏章指孝莫大於嚴父。○正義曰。見孝經聖治章第九。執子之敬。一本作執子之政。

萬章曰。堯以天下與舜。有諸。注欲知堯實以天下與舜否。孟子曰。否。注堯不與之。天子不能以天下與人。注當與天意合之。非天命者。天子不能違天命也。堯曰。咨爾舜。天之厤數在爾躬。是也。疏注。堯曰至是也。○正義曰。文見論語堯曰篇。然則舜有天下也。孰與之。注萬章言誰與之也。曰。天與之。注孟子言天與之。天與之者。諄諄然命之乎。注萬章言天有聲音命與之乎。疏注。萬章至之乎。○正義曰。說文言部云。諄。告曉之孰也。从言𦎫聲。讀若庉。段氏玉裁說文解字注云。大雅誨爾諄諄。左傳年未盈五十而諄諄如八九十者。孟子諄諄然命之乎。大雅諄諄。鄭注中庸引作忳忳。云忳忳。懇誠貌也。其中懇誠。其外乃曉告之孰。義相足也。按告曉之孰。則有聲音。故云天有聲音也。爾雅釋詁云。命。告也。命之即是告曉之。諄諄然命之。則懇誠而孰告之也。曰。否。天不言。以行與事示之而已矣。注孟子曰。天不言語。但以其人之所行善惡。又以其事從而示天下也。曰。以行與事示之者。如之何。注萬章欲知示之之意。曰。天子能薦人於天。不能使天與之天下。諸侯能薦人於天子。不能使天子與之諸侯。大夫能薦人於諸侯。不能使諸侯與之大夫。昔者堯薦舜於天而天受之。暴之於民而民受之。故曰天不言。以行與事示之而已矣。注孟子言下能薦人於上。不能令上必用之。舜天人所受。故得天下也。曰。敢問薦之於天而天受之。暴之於民而民受之。如何。注萬章言天人受之。其事云何。曰。使之主祭而百神享之。是天受之。使之主事而事治。百姓安之。是民受之也。天與之。人與之。故曰天子不能以天下與人。注百神享之。祭祀得福也。百姓安之。民皆謳歌其德也。舜相堯。二十有八載。非人之所能爲也。天也。注二十八年之久。非人爲也。天與之也。堯崩。三年之喪畢。舜避堯之子於南河之南。天下諸侯朝覲者。不之堯之子而之舜。訟獄者。不之堯之子而之舜。謳歌者。不謳歌堯之子而謳歌舜。故曰天也。夫然後之中國。踐天子位焉。而居堯之宮。逼堯之子。是篡也。非天與也。注南河之南。遠地南夷也。故言然後之中國。堯子。允之丹朱。訟獄。獄不決其罪。故訟之。謳歌。謳歌舜德也。疏三年之喪畢。○正義曰。趙氏佑溫故錄云。程氏逸箋。言後漢李固傳。昔堯殂之後。舜仰慕三年。坐則見堯於牆。食則見堯於羹。此舜居堯喪之實事。○而居堯之宮。○正義曰。王氏引之經傳釋詞云。而猶如也。易明夷象傳。君子以莅衆用晦而明。虞注云。而。如也。詩君子偕老曰。胡然而天也。胡然而帝也。毛傳云。尊之如天。審諦如帝。都人士曰。垂帶而厲。箋曰。而厲如鞶厲也。孟子萬章篇而居堯之宮。逼堯之子。而字並與如字同義。故二字可以互用。詩都人士曰。彼都人士。垂帶而厲。彼君子女。卷髮如蠆。大戴記衛將軍文子篇曰。滿而不滿。實如虛。過之如不及。孟子離婁篇曰。文王視民如傷。望道而未之見。○注。南河至中國。○正義曰。史記集解引劉熙云。南河。九河之最在南者。又云。天子之位。不可曠年。於是遂反格於文祖而當帝位。帝王所都爲中。故曰中國。張守節史記正義云。括地志。故堯城在濮州鄄城縣東北十五里。又有偃朱故城。在縣西北十五里。濮北臨漯大川也。河在堯都之南。故曰南河。禹貢至于南河是也。其偃朱城所居。即舜讓避丹朱於南河之南處也。按禹貢浮于江沱潛漢。逾于洛。至于南河。指豫州北之河。濮在豫河之東南。固可謂之南河之南。九河在兗州。濮亦適當其南。故劉熙以爲九河之最南者。所解南河不同。而其指濮則一也。曹濮之間。春秋時向戎狄雜處。則以爲南夷。似亦可。乃趙氏稱遠地南夷。則不同熙說矣。蓋遠在豫河之南。戎狄之地也。濮去冀州固非遠地矣。閻氏若璩釋地續云。古帝王之都。皆在冀州。堯治平陽。舜治蒲阪。禹治安邑。安邑在今夏縣西北十五里。三都相去各二百餘里。在大河之北。其河之南。則豫州地。非帝畿矣。舜避堯之子於此。得毋亦如左氏所云越竟乃免乎。禹避於陽城。益避於箕山之陰。皆此意。文選陸機答賈長淵詩云。獄訟違魏。謳歌適晉。注引孟子萬章。作天下朝覲獄訟者。又云。舜曰天也。夫然後歸中國。踐天子之位焉。史記五帝本紀云。獄訟者不之丹朱而之舜。謳歌者不謳歌丹朱而謳歌舜。舜曰天也。與文選注所引同。劉熙言於是遂反。則熙所據之本。正作歸中國。故以反釋歸。然則趙本作之中國。與劉異。周禮地官大司徒云。凡民之不服教而有獄訟者。注云。爭罪曰獄。爭財曰訟。賈氏疏云。秋官大司寇。以兩造禁民訟。以兩劑禁民獄。獄訟相對。故獄爲爭罪。訟爲爭財。若獄訟不相對。則爭財亦爲獄。其義具在秋官。按秋官大司寇。言諸侯之獄訟。卿大夫之獄訟。庶民之獄訟。小司徒聽萬民之獄訟。命夫命婦不躬坐獄訟。以五聲聽獄訟。以三刺斷庶民獄訟之中。士師察獄訟之辭。鄉士遂士聽其獄訟。辨其獄訟。禮記月令。孟秋決獄訟。淮南子氾論訓云。有獄訟者搖鞀。皆稱獄訟。文選注所引。正與之同。趙氏本作訟獄。故解云獄不決其罪。故訟之。是以訟獄爲訟此獄。劉熙釋名釋宮室云。獄。确也。言實确人情僞也。獄不決其罪。則不能确人情僞。故爭訟之也。蓋主獄訟自有其官。惟主獄者不能決。乃上就舜而訟之。如後世叩閽擊登聞鼓。此趙氏之義也。

泰誓曰。天視自我民視。天聽自我民聽。此之謂也。注泰誓。尚書篇名。自從也。言天之視聽。從人所欲也。疏注泰誓至欲也。○正義曰。泰誓詳見前。此二語今文尚書無之。阮氏元校勘記云。宋九經本咸淳衢州本泰作大。廖本孔本韓本作太。注同。泰太皆俗。古祇作大。

章指言德合於天。則天爵歸之。行歸於仁。則天下與之。天命不常。此之謂也。

萬章問曰。人有言。至於禹而德衰。不傳於賢而傳於子。有諸。注問禹之德衰。不傳於賢而自傳於子。有之否乎。疏人有言至於子。○正義曰。翟氏灝考異云。新序節士篇。禹問伯成子高曰。昔者堯治天下。吾子立爲諸侯。堯授舜。吾子猶存焉。及吾在位。子辭諸侯而耕。何故。子高曰。昔堯之治天下。舉天下而傳之他人。至無欲也。擇賢而與之。至公也。舜亦猶然。今君之所懷者私也。百姓知之。貪爭之端自此始矣。德自此衰。刑自此繁矣。吾不忍見。以是野處也。韓非子外儲說。潘壽對燕王曰。禹愛益而任天下於益。已而以啓人爲吏。及老而以啓爲不足任天下。故傳天下於益。而勢重盡在啓也。已而啓以友黨攻益而奪之天下。是禹名傳天下於益、而實令啓自取之也。此禹之不及堯舜明矣。萬章所謂人言。蓋此等言也。故孟子姑援別典之說。明益方避啓。而未嘗貪其位。啓順人心卽位。而未嘗奪於益。以絕其尤甚之謬矣。而禹德衰發。不暇更置辨也。孟子曰。否。不然也。【注】否不也不如人所言。【疏】注。否不也不如人所言。○正義曰。阮氏元校勘記云。岳本廖本孔本韓本考文古本足利本並有注否不也不如人所言八字。注疏本無之。有者是也。因此可正今本經文之誤。經文本作孟子曰否然也三字一句。無不字。故注之云否不也。不如人所言。孟子之否然。卽今人之不然也。他否字皆不注。獨此注者。恐人之誤斷其句於否字句絕。則然也不可通矣。天與賢則與賢。天與子則與子。【注】言隨天也。昔者舜薦禹於天。十有七年。舜崩。三年之喪畢。禹避舜之子於陽城。天下之民從之。若堯崩之後。不從堯之子而從舜也。禹薦益於天。七年。禹崩。三年之喪畢。益避禹之子於箕山之陰。朝覲訟獄者不之益而之啓。曰。吾君之子也。謳歌者不謳歌益而謳歌啓。曰。吾君之子也。丹朱之不肖。舜之子亦不肖。舜之相堯。禹之相舜也。歷年多。施澤於民久。啓賢。能敬承繼禹之道。益之相禹也。歷年少。施澤於民未久。【注】舜薦禹。禹薦益。同也。以啓之賢。故天下歸之。益又未久故也。陽城箕山之陰。皆嵩山下深谷之中以藏處也。【疏】丹朱至亦不肖。○正義曰。閻氏若璩釋地續云。漢縣志引帝系曰。陶唐氏讓天下於虞。使子朱處於丹淵爲諸侯。丹淵雖有。范注荊州記。魏王泰括地志。各言所在。恐未可據信。蓋世遠也。因思堯在位七十年。放齊曰允子朱啓明。止曰朱。未有國也。及後三載。薦舜於天。朱始出封丹。故有丹朱之號。其避堯之子。則以朱奔父喪在平陽耳。丹朱貍姓。在周爲傅氏。見國語。燃犀解引徐自諛云。二子不肖。但不似父之神聖耳。使果大不肖。則且起而與舜禹爭天下。安能成父之志。昔人稱丹朱自託於傲以成禪讓。眞無愧爲堯之子。○注。陽城至處也。○正義曰。史記夏本紀云。舜薦禹於天爲嗣。十七年而帝舜崩。三年喪畢。禹辭避舜之子商均於陽城。集解引劉熙云。今潁川陽城是也。本紀又云。帝禹東巡狩。至於會稽而崩。以天下授益。三年之喪畢。益讓帝禹之子啓。而辟居箕山之陽。集解云。孟子陽字作陰。劉熙曰。崇高之北。閻氏若璩釋地云。陽城山名。漢潁州有陽城縣。以山得名。洧水所出。唐武后改曰告成。後又曰陽邑。五代周省入登封。故此山在今登封縣北三十八里。去嵩山幾隔三十里。安得卽云嵩山下之深谷。與箕山爲嵩高之北。而張守節云。箕山一名許由山。在洛州陽城縣南十三里。括地志云。陽城縣在箕山北十三里。守節又云。陽城縣在嵩山南二十三里。括地志云。嵩山一名外方山。在洛州陽城縣西北二十三里。足互相證明。斷斷其非一山也。酈道元注。先敍太室山。次五渡水。並屬崇高縣。又敍禹避商均於此。及周公測日景處。次箕山及上有許由冢。並屬陽城縣。雖同見潁水條內。而山固區以別矣。趙氏所以誤者。注曾在蘇於複壁時。想無多書册可討尋。又無交遊以質問。虛理或可意會。實跡豈容臆度。地理多誤。正坐此爾。周氏柄中辨正云。箕山之陰。史記作箕山之陽。山北曰陰。陽城在箕山之北。故張守節云陰即陽城也。史記作陽。則爲箕山之南。與孟子不合。故張守節疑史記箕字是嵩字之譌。蓋陽城在嵩山南二十三里。則爲嵩山之陽也。趙注陽城箕山之陰。皆嵩山下深谷中可藏處。閻百詩非之。其說良然。但謂箕山爲嵩高之北。此本劉熙語。愚謂北字疑譌。括地志陽城縣在箕山北十三里。嵩山在陽城縣西北二十三里。則陽城在嵩山之南。箕山又在陽城之南。非北也。

舜禹益相去久遠。其子之賢不肖。皆天也。非人之所能爲也。莫之爲而爲者。天也。莫之致而至者。命也。〔注〕莫。無也。人無所欲爲而橫爲之者。天使爲也。人無欲致此事而此事自至者。是其命祿也。〔疏〕注。莫無至祿也。○正義曰。毛詩大雅抑篇。莫捫朕舌。傳云。莫。無也。荀子致士篇云。凡流言流說流事流謀流譽流愬、不官而衡至者。君子愼之。注云。流者。無根源之謂。不官。謂無主首也。衡讀爲橫。橫至。橫逆而至也。此言橫爲之。猶荀子言衡至。從爲順。橫爲逆。從所欲爲而爲。順也。無所欲爲而爲。故爲橫也。是其命祿也。閩監毛三本作是其命而已矣。故曰命也。

匹夫而有天下者。德必若舜禹。而又有天子薦之者。故仲尼不有天下。繼世以有天下。〔注〕仲尼無天子之薦。故不得有天下。繼世之君。雖無仲尼之德。襲父之位非匹夫。故得有天下也。〔疏〕繼世以有天下。○正義曰。趙氏屬上。近時通解屬下。

天之所廢。必若桀紂者也。故益伊尹周公不有天下。〔注〕益値啓之賢。伊尹値太甲能改過。周公値成王有德。不遭桀紂。故以匹夫而不有天下。

伊尹相湯以王於天下。湯崩。大丁未立。外丙二年。仲壬四年。大甲顚覆湯之典刑。伊尹放之於桐。三年。大甲悔過。自怨自艾。於桐處仁遷義。三年。以聽伊尹之訓己也。復歸于亳。〔注〕大丁。湯之太子。未立而薨。外丙立二年。仲壬立四年。皆大丁之弟也。太甲。大丁子也。伊尹以其顛覆典刑。放之於桐邑。處。居也。遷。徙也。居仁徙義。自怨其惡行。艾。治也。治而改過。以聽伊尹之教訓己。故復得歸之於亳。反天子位也。

疏注。大丁至子也。○正義曰。史記殷本紀云。湯崩。太子太丁未立而卒。於是迺立太丁之弟外丙。是爲帝外丙。帝外丙即位三年崩。立外丙之弟中壬。是爲帝中壬。帝中壬即位四年崩。伊尹迺立太丁之子太甲。太甲。成湯適長孫也。是爲帝太甲。趙氏所本也。書序云。成湯既殁。太甲元年。伊尹作伊訓肆命徂后。江氏聲尚書集注音疏云。成湯之殁久矣。于此言成湯既殁者。蓋三篇皆稱述成湯。故推本之耳。孟子萬章篇云。湯崩。太丁未立。外丙二年。仲壬四年。太甲顛覆湯之典型。則成湯之殁。距太甲元年。中隔兩君。歷有年所。非湯殁之後。即爲太甲元年也。○注。伊尹至位也。○正義曰。史記殷本紀云。帝太甲既立三年。不明暴虐。不遵湯法亂德。於是伊尹放之於桐宮三年。伊尹攝行政當國。以朝諸侯。帝太甲居桐宮三年。悔過自責反善。於是伊尹迺迎帝太甲而授之政。書序云。太甲既立。不明。伊尹放諸桐三年。復歸於亳。思庸。伊尹作太甲三篇。周氏柄中辨正云。當以書序爲正。蓋居桐在諒陰時。自史記以放桐在既立三年後。於是霍光將廢昌邑。田延年遂以伊尹廢太甲以安社稷爲辭。王氏鳴盛尚書後案云。鄭康成所傳眞古文。原有伊訓。其書雖亡。猶見於漢書律厤志所引。曰惟太甲元年十有二月乙丑朔。伊尹祀於先王。誕資有牧方明。蓋劉向歆父子領校祕書。親見古文。歆撰三統厤載伊訓。故班固采入律厤志。的確可信。孟子言湯崩太丁未立先卒。外丙立二年崩。仲壬立四年崩。乃立太甲。趙岐注甚明。史記殷本紀及律厤志載並同。眞伊訓所云太甲元年。乃仲壬崩之明年。書序成湯既殁。太甲元年。既者。追溯之辭。不可泥。商人以丑月爲正月。則十二月是子月。據劉歆以三統厤推是年爲太甲元年十二月乙丑朔旦冬至。至朔同日。厤家以爲厤元。伊尹祀於先王者。以冬至配上帝故也。律厤志既引此文而解之云。言雖有成湯太丁外丙之服。以冬至越茀祀先王於方明。以配上帝。是朔旦冬至之歲也。且無論太甲繼仲壬不繼湯。即爲繼湯。湯必以去年崩。至踰年正月。太甲改稱元年。至此十二月朔。乃行郊祀之禮。十二月是元年末。非元年初也。乃僞作者幷朔字去之。改爲即位陳訓。遂掩卻至朔同日之事。以改祀先王爲奠殯告即位。幷謂此時湯崩方踰月。果如此。則崩年即改稱元年矣。崩年改元。亂世之事。會謂伊尹爲之乎。又云。如僞書。則是自湯崩太甲立。不率教即被放。後改悔。復迎歸復位。其事皆在二十六月之內。悖謬極矣。放君大變之事。伊尹豈輕有是舉。不明則訓之。冀其改悔。不改則又誠之。至再至三猶不改。然後不得已而放之。計始立至被放。必不在一二年之內。即放後亦必令其動心忍性。徐徐熟察。實見其能改。方始迎歸。必不作放作迎。如疊棊然也。史記殷本紀首三年字。指初即位後。下三年字。指被放後。蓋前後共六年。最爲明白。書序云。太甲既立。不明。伊尹放諸桐。三年。復歸於亳。既之爲言。可該久遠。不必在一二年內。古文簡略。省首三年字耳。與史記不乖剌也。孟子。太甲顛覆湯之典刑。伊尹放之於桐。三年。太甲悔過。自怨自艾。於桐處仁遷義。三年。以聽伊尹之訓己也。復歸於亳。據文似在桐有六年之久。孟子行文取便。要其爲六年則同。奈何作僞者意謂太甲即位未久。即被放廢。放後未幾。又即復位。伊尹之無人臣禮。一至於此。僞敎害義。不可不辨。閻氏若璩釋地又續云。鄭康成書序注。桐。地名也。有王離宮焉。初不指爲湯葬地。余以後漢書梁國虞縣有桐亭。太甲所放處。應即在於此。虞今歸德虞城縣。距湯都南亳。僅七十里。方可伊尹既攝國政。復時時往訓大甲三年。不然。如人言湯亳爲偃師。去虞城八百餘里。尹豈有縮地之法。分身以應乎。湯都仍屬穀熟鎭爲是。周氏柄中辨正云。湯都實在偃師。史記正義引晉太康地記云。尸鄉南有亳坂。東有城。大甲所放處也。尸鄉在洛州偃師縣西南五里。據此。則大甲放處。密邇湯都。閻氏指桐亭爲放處。而移湯都於穀熟以就之。非也。尙書後案云。趙岐注桐爲邑。亦不云葬地。緣孔傳欲傅會大甲居近先王。致生此說。後儒見有居憂字。並謂桐宮乃諒陰三年之制。非關放廢。顯悖孟子。尤爲怪矣。毛詩召南殷其靁莫敢遑處。小雅四牡不遑啓處。傳皆云。處。居也。遷。徙也。乂。治也。並爾雅釋詁文。艾乂字通。

周公之不有天下。猶益之於夏。伊尹之於殷也。孔子曰。唐虞禪。夏后殷周繼。其義一也。注周公與益伊尹。雖有聖賢之德。不遭者時。然孔子言禪繼。其義一也。疏孔子至一也。○正義曰。義得宜也。孟子私淑孔子。全得其通變神化之學。故於此明之。

章指。言篤志於仁。則四海宅心。守正不足。則聖位莫繼。丹朱商均是也。是以聖人孜孜於仁德也。

萬章問曰。人有言。伊尹以割烹要湯。有諸。注人言伊尹負鼎俎而干湯。有之否。疏注人言至之否。○正義曰。翟氏灝考異云。墨子尙賢篇。昔伊尹爲莘氏女師僕。親爲庖人。湯得而舉之。莊子庚桑楚。湯以庖人籠伊尹。秦穆公以五羊之皮籠百里奚。史記殷紀。阿衡欲干湯而無由。乃爲有莘氏媵臣。負鼎俎以滋味悅湯。呂不韋書有本味一篇。言有侁氏得嬰兒於空桑之中。令烰人養之。是爲伊尹。湯請有侁爲婚。有侁以伊尹爲媵送女。尹說湯以至味。極論水火調劑之事。周舉天下魚肉之美。菜果之美。和之美。飯之美。水之美者。而云非爲天子不得具。割烹要湯之說。無如此篇之詳盡者。其文若果之美者。箕山之東有盧橘。應劭史記注引之。飯之美者。元山之禾。南海之秬。蓋許愼說文引之。所稱書曰。俱不曰呂覽曰。伊尹。考班固藝文志有伊尹二十七篇。列於小說家。蓋呂氏聚斂羣書爲書。所謂本味篇。乃剟自伊尹說中。故漢人之及見原書者。猶標著其原目如此。夫小說之怪誕猥鄙。何足挂齒。而其時枉己辱身之徒。援以自衞。津津樂道。至輾轉傳聞於孟子之門。又烏可不辨論哉。馬遷自命良史。殷紀中雜陳二說。且次孟子正說於後。又作孟子傳而云牛鼎之意。近世學者。不復料前古有小說。而但奉遷史爲信書。則雖經孟子明辨。猶其惑未盡袪也。愚故追索其根株以實抉之。曰是說也。但本伊尹說也。伊尹說。乃怪誕猥鄙之小說也。

孟子曰。否。不然。注否。不是也。疏否不然。○正義曰。阮氏元校勘記云。不字衍文。說見上注。否。不是也。當同前。後章作否不也。不如是也。奪三字。伊尹耕於有莘之野。而樂堯舜之道焉。非其義也。非其道也。祿之以天下。弗顧也。繫馬千駟。弗視也。非其義也。非其道也。一介不以與人。一介不以取諸人。注 有莘國名。伊尹初隱之時。耕於有莘之國。樂仁義之道。非仁義之道者。雖以天下之祿加之。不一顧而覵也。千駟。四千匹也。雖多不一眄視也。一介草不以與人。亦不以取於人也。疏 注。有莘國名。○正義曰。大戴記帝繫篇。鯀娶於有莘氏之女。謂之女志氏。漢書古今人表。女志。鯀妃。有㜪氏女。此唐虞以前之有莘。未知所在。列女傳湯妃有㜪者。有㜪氏之女也。又大姒者。武王之母。禹後有㜪姒氏之女。於大姒別之曰禹後姒氏。而湯妃則曰有㜪氏。史記殷本紀云。阿衡欲干湯而無由。乃爲有莘氏媵臣。正義引括地志云。古莘國。在汴州陳留縣東五里故莘城是也。呂氏春秋本味篇。有侁氏採得嬰兒於空桑。後居伊水。命曰伊尹。元和郡縣志。汴州陳留縣故莘城。在縣東北三十五里。古莘國地。湯伐桀。桀與韋顧之君拒湯於莘之墟。此卽湯妃所生之國。伊尹耕於是野者也。閻氏若璩釋地云。汴州陳留縣。古莘國地。計其去湯都南亳。不過四百里。所以湯使可三往聘。若大姒所產之莘國。則在今西安府郃陽縣南二十里。道里遥遠矣。○注。雖以至人也。○正義曰。祿之以天下。謂爲天子也。故曰以天子之祿加之。說文頁部云。顧。還視也。書多方云。開厥顧天。鄭氏注云。顧。由視念也。還視謂回首而視。心念之不能舍也。說氏見部云。覵。欲也。欲與念義同。故以覵釋顧也。詩鄭風清人。駟介旁旁。箋云。駟。四馬也。千駟。是爲四千匹。禮記曲禮云。毋淫視。注云。淫視。睇眄也。以眄釋視。謂欣慕此千駟而淫視之也。方言云。芥。草也。自關而西。或曰草。或曰芥。趙氏讀介爲芥。故以草釋之也。

湯使人以幣聘之。囂囂然曰。我何以湯之聘幣爲哉。我豈若處畎畝之中。由是以樂堯舜之道哉。注 湯聞其賢。以元纁之幣帛往聘之。囂囂然。自得之志無欲之貌也。曰。豈若居畎畝之中而無憂哉。樂我堯舜仁義之道。疏 注。囂囂至貌也。○正義曰。爾雅釋言云。囂。閑也。注云。謂囂然閑暇貌。淮南子本經訓云。閑靜而不躁。高誘注云。閑靜。言無欲也。

湯三使往聘之。既而幡然改曰。與我處畎畝之中。由是以樂堯舜之道。吾豈若使是君爲堯舜之君哉。吾豈若使是民爲堯舜之民哉。吾豈若於吾身親見之哉。注 幡。反也。三聘既至。而後幡然改本之計。欲就湯聘以行其道。使君爲堯舜之君。使民爲堯舜之民。疏注。幡反也。○正義曰。音義云。幡。張云與翻同。荀子彊國篇云。反然舉惡桀紂而貴湯武。注云。反音翻。翻然。改變貌。幡然即翻然。翻然即反然也。天之生此民也。使先知覺後知。使先覺覺後覺也。予天民之先覺者也。予將以斯道覺斯民也。非予覺之而誰也。注覺悟也。天欲使先知之人悟後知之人。我先悟覺者也。我欲以此仁義之道覺悟未知之民。非我悟之。將誰教乎。疏注。覺悟也。○正義曰。說文見部云。覺。寤也。寤悟字通。思天下之民。匹夫匹婦有不被堯舜之澤者。若己推而內之溝中。其自任以天下之重如此。故就湯而說之以伐夏救民。注伊尹思念。不以仁義之道化民者。如己推排內之溝壑中也。自任其重如此。故就湯說之伐夏桀救民之厄也。吾未聞枉己而正人者也。況辱己以正天下者乎。注枉己者尚不能以正人。況於辱己之身而有正天下者乎。聖人之行不同也。或遠或近。或去或不去。歸絜其身而已矣。注不同。謂所由不同。大要當同歸。但殊塗耳。或遠者。處身遠也。或近者。仕者近君也。或去者。不屑就也。或不去者。云爲能浼我也。歸於絜身不汚己而已。疏聖人至而已矣。○正義曰。程氏瑤田通藝錄論學小記云。孔子之棲棲皇皇。爲天下也。然而爲己而已。道至於贊化育參天地。始完得盡己之性也。沮溺丈人晨門荷蕢儀封人諸人。考其言論。察其舉止。豈石隱者流哉。其爲己也。亦豈絕不爲人謀乎。故曰聖人之行不同也。或遠或近。或去或不去。歸絜其身而已矣。絜身者。豈獨善其身而不兼善天下之謂哉。窮則獨善。沮溺丈人之行也。達則兼善。大聖人之志也。是志也。蓋隱居之所求。而行義以達之者也。故曰君子之仕也。行其義也。道之不行。已知之矣。明乎此而君子爲己之學。與爲仁由己不由人之義。不昭然若揭乎。吾聞其以堯舜之道要湯。未聞以割烹也。注我聞伊尹以仁義干湯。致湯爲王。不聞以割烹牛羊爲道。伊訓曰。天誅造攻自牧宮。朕載自亳。注伊訓。尚書逸篇名。牧宮。桀宮。朕。我也。謂湯也。載。始也。亳。殷都也。言意欲誅伐桀。造作可攻討之罪者。從牧宮桀起。自取之也。湯曰。我始與伊尹謀之於亳。遂順天而誅也。【疏】注。伊訓至誅也。○正義曰。伏生今文二十九篇無伊訓。孔安國古文五十八篇有伊訓。鄭康成注書序典寶。引伊訓云。載孚于亳。又云。征是三朡。則此篇漢末猶存。崔實政論曰。皐陶陳謨而唐虞以興。伊箕作訓而殷周用隆。則伊訓之篇。子眞曾見之矣。江氏聲尚書集注音疏云。牧宮桀宮者。言天誅之所自。則自是桀宮。下又別言自亳。亳是殷都。則牧宮是桀宮矣。朕我。釋詁文。云謂湯也。則未然也。詩周頌序云。載見諸侯。始見乎武王廟也。故云。載。始也。書序云。湯始居亳。從先王居。故云。亳。殷都也。此篇是伊尹訓太甲之文。朕載自亳之語。無以見是述湯言。古人朕字上下通稱。安見伊尹不稱朕乎。聲謂伊尹自謂也。按趙氏以作釋造。謂桀自造作可攻討之罪。故天誅之。自之訓由。由通猶。猶即猷。爾雅釋詁云。猷。謀也。故趙氏以謀之於亳釋自亳。兩自字義別也。晚出古文伊訓作造攻自鳴條，某氏傳訓造爲始。趙氏不訓造爲始者。湯始征自葛載。其後又伐韋伐顧伐昆吾。而後乃伐桀。牧宮既爲桀宮。不得爲始攻自桀也。若鳴條尤不可言始矣。所與謀者。顧天救民之事。非割烹也。湯謀之於亳。非伊尹以割烹要之。此孟子引書之意。謂伊尹攻桀自亳。與孟子引書不合矣。

章指。言賢達之理世務也。推正以濟時物。守己直行。不枉道而取容。期於益治而已矣。【疏】不枉道而取容。○正義曰。史記白起王翦傳贊。偷合取容。朱建傳云。行不苟合。義不取容。

萬章問曰。或謂孔子於衞主癰疽。於齊主侍人瘠環。有諸乎。【注】有人以孔子爲然。癰疽。癰疽之醫也。瘠姓。環名。侍人也。衞君齊君之所近狎人。【疏】注。有人至狎人。○正義曰。孟子對云。不然。故注言或以孔子爲然也。戰國策衞策云。衞靈公近癰疽。高誘注云。孟子有其人。蓋醫之幸者。翟氏灝考異云。說苑至公篇述此章文。孔子上無或謂二字。癰疽作雍雎。侍作寺。瘠作脊。史記孔子世家。雍渠爲驂乘。韓非子作雍鉏。輾轉相推。雍鉏雍雎爲一人。而癰疽亦即雍渠。均以聲同通借字耳。閻氏若璩釋地又續云。周禮瘍醫掌腫瘍潰瘍之祝藥。腫瘍。氣聚而不散者。潰瘍。血盜而將破者。雖癰淺於疽。而二瘍皆有之。戰國策衞策。衞靈公時。癰疽彌子瑕專君之勢。以蔽左右。蓋亦下士之職云。錢氏大昕潛研堂答問云。孔子世家。衞靈公與夫人同車。宦者雍渠驂乘。出。使孔子爲次乘。又報任安書云。衞靈公與雍渠同載。孔子適陳。雍渠即孟子所稱癰疽。趙氏以爲癰疽之醫者。似是臆說。

孟子曰。否。不然也。好事者爲之也。【注】否。不也。不如是也。好事毀人德行者爲之辭也。【疏】否不然也。○正義曰。阮氏元校勘記云。不字衍文。

於衞主顏讎由。彌子之妻。與子路之妻。兄弟也。彌子謂子路曰。孔子主我。衞卿可得也。子路以告。孔子曰。

有命。孔子進以禮。退以義。得之不得曰有命。而主癰疽與侍人瘠環。是無義無命也。注顏讎由，衞賢大夫。孔子以爲主。彌子，彌子瑕也。因子路欲爲孔子主。孔子知彌子幸於靈公。不以正道。故不納之而歸於命。孔子進以禮。退以義。必曰有天命也。若主此二人。是爲無義無命也。疏孔子進至有命。○正義曰。張氏爾岐蒿菴閒話云。人道之當然而不可違者。義也。天道之本然而不可爭者。命也。貪富貴賤得失生死之有所制而不可強也。君子與小人一也。命不可知。君子當以義知命矣。凡義所不可。即以爲命所不有也。故進而不得於命者。退而猶不失吾義也。小人嘗以智力知命矣。力不能爭。則智邀之。知力無可施。而後謂之命也。君子以義安命。故其心常泰。小人以智力爭命。故其心多怨。衆人之於命。亦有安之矣。大約皆知其無可奈何而後安之者也。聖人之於命。安之矣。實不以命爲準也。而以義爲準。故雖力有可爭。勢有可圖。而退然處之。曰。義之所不可也。義所不可。斯曰命矣。故孔子之於公伯寮。未嘗無景伯之可恃也。於衞卿。未嘗無彌子瑕之可緣也。孟子之於臧倉。未嘗無樂正子之可力爲辯而重爲請也。亦曰義所不在耳。義所不在。斯命所不有矣。故聖賢之於命。一於義者也。安義斯安命矣。衆人之於命。不必一於義也。而命皆有以制之。制之至無可奈何而後安之。故聖賢之與衆人。安命同也。而安之者不同也。○注。顏讎由至孔子主。○正義曰。全氏祖望經史問答云。漢書古今人表。以顏濁鄒爲顏涿聚。濁鄒子路妻兄。見史記孔子世家。索隱疑其與孟子不合。其實無所爲不合也。孔叢子言讎由善事親。其後有非罪之執。子路資金以贖之。或疑其私於所昵。而孔子白其不然。則於妻兄有證。是讎由即濁鄒也。孔子在衞主伯玉。亦主讎由。則讎由之賢亞於伯玉。因東道之誼而列於門牆。固其宜也。至涿聚則齊人也。呂覽言其少爲梁父大盜。而卒受業於孔子。得爲名士。亦見莊子。然則於衞之讎由無豫矣。涿聚死事於齊。見左傳犂丘之役。然則顏涿聚者。顏庚也。非濁鄒也。張守節附會於字音。更不足信。閻氏若璩釋地又續云。顏讎由。子路妻兄。則亦彌子瑕妻兄。彌子瑕見主其妻兄之家。遂謂主我衞卿可得。語亦非無因云。程氏灝考異云。彌子欲借重於孔子。孔子拒之。此文甚明。呂氏愼大覽。乃云孔子道彌子瑕見釐夫人因也。淮南泰族訓亦云。孔子欲行王道。七十說而無所偶。故因衞夫人彌子瑕而欲通其道。當時謗孔子者。且不僅造爲癰疽瘠環言矣。按癰疽與彌子瑕同幸於衞君。二人專君之勢。以蔽於左右。韓非子說難云。昔者彌子瑕有寵於衞君。衞國之法。竊駕君車者罪刖。彌子瑕母病。人閒往夜告彌子。彌子矯駕君車以出。君聞而賢之曰。孝哉。爲母之故。忘其刖罪。異日與君遊於果園。食桃而甘。不盡。以其半啗君。君曰。愛我哉。忘其口味以啗寡人。然則彌子之寵甚於癰疽。彌子有子路之親。且自求結交於孔子。孔子且以義命拒之。則主癰疽必無之事矣。蓋因參乘之事而傅會之耳。

孔子不悅於魯衞。遭宋桓司馬。將要而殺之。微服而過宋。是時孔子當阨。

主司城貞子爲陳侯周臣。注孔子以道不合。不見悅魯衛之君而去適諸侯，遭宋桓魋之故。乃變更微服而過宋。司城貞子，宋卿也。雖非大賢。亦無諂惡之罪。故謚爲貞子。陳侯周。陳懷公子也。爲楚所滅。故無謚。但曰陳侯周。是時孔子遭阨難。不暇擇大賢臣。而主貞子爲陳侯周臣於衛。齊無阨難。何爲主癰疽瘠環也。疏注。孔子至過宋。○正義曰。不爲苟合取容。故不悅。趙氏以道不合明之。是也。史記孔子世家云。定公十四年。孔子年五十六。由大司寇行攝相事。齊人聞而懼。於是選齊國中女子好者八十人。皆衣文衣而舞康樂。文馬三十駟。遺魯君。季桓子微服往觀再三。將受。乃語魯君爲周道游。往觀終日。怠於政事。孔子遂行。宿乎屯。歌曰。彼婦之口。可以出走。彼婦之謁。可以死敗。蓋優哉游哉。維以卒歲。桓子喟然嘆曰。夫子罪我以羣婢故也夫。孔子遂適衛。主于子路妻兄顏濁鄒家。此不悅於魯之事也。又云。衛靈公致粟六萬。居十月去衛。將適陳。過匡。月餘反乎衛。主蘧伯玉家。居衛月餘。靈公與夫人同車。宦者雍渠參乘。出。使孔子爲次乘。招搖市過之。於是醜之。去衛適曹。是歲魯定公卒。孔子去曹適宋。此不悅於衛之事也。又云。與弟子習禮大樹下。宋司馬桓魋欲殺孔子。拔其樹。孔子去。弟子曰。可以速矣。孔子曰。天生德於予。桓魋其如予何。此微服過宋之事也。○注。司城至臣也。○正義曰。趙氏此注甚詳明。上言宋桓司馬。已標國名。司城貞子蒙上宋字爲宋臣。爲孔子在宋時所主也。過宋則不在宋而適陳。故下明標陳侯周。言孔子適陳。爲陳侯周之臣也。惟史記以司城貞子爲孔子適陳所主。是貞子爲陳卿非宋卿。孔氏廣森經學卮言云。趙氏云。司城貞子。宋卿也。下又云。是時孔子遭阨難。不暇擇大賢臣。而主貞子爲陳侯周臣也。則司城仍似陳卿。蓋順經意。明是陳人。特膠於司城當爲宋官。故依違兩說之。愚謂陳之司寇。可效楚官名司敗。安見其司空不可效宋官亦名司城邪。若以左傳子展入陳。司空致地之文爲疑。則服注以三司爲陳官者。固不若劉炫謂爲鄭官之說爲審也。且司城亦不定是貞子之官。檀弓有司寇惠子。司徒敬子。鄭注云。司徒。官氏也。惠子雖官司寇。至其子虎。則亦以司寇爲氏。見於世本。宋華向之族奔陳者非一。而司城師之後仲佗。即宋人之在陳者。安知非有以先世宋官爲其族氏者乎。宋大夫皆遵殷之制。以字爲謚。猶在傳世。本未有稱子而配謚者。今據稱貞子。即決非宋卿。愚故獨信史記世家曰。孔子遂至陳。主於司城貞子家。爲讀孟子不誤也。近儒有謂夫子在陳。不得謂之爲臣者。此尊聖而過耳。羈旅之臣。是亦臣也。還以孟子之言證之。孔子三月無君。則皇皇如也。若所至之國皆不爲臣。不且終歲無君乎。但世家載至陳歲餘。吳王夫差伐陳。取三邑而去。楚圍蔡。蔡遷於吳。此魯哀公二年之事。而又云居陳三歲。陳常被寇。於是孔子去陳。過蒲。會公叔氏以蒲畔。蒲人止孔子曰。苟毋適衛。吾出子。與之盟。出孔子東門。孔子遂適衛。衛靈公聞孔子來。喜。郊迎。校其年歲。靈公歿已久矣。考先聖生平。嘗再至陳。十二諸侯年表。陳湣公六年下云。孔子來。是初如陳也。主司城貞子者。再如陳也。微蒲要盟。則初至陳而去陳時事。太史公誤著之於此耳。

先聖年譜。卒多附會失實。唯當以世家近古爲最可據。然頗復錯亂。觀其敘歸與之歎。主蘧伯玉之事。及蔡之請還於吳。皆前後兩見。非稍爲整比。條理棼然。謹按世家先聖自三十五歲以前。皆居魯。嘗爲乘田。爲委吏。昭公二十五年。三家攻昭公。魯亂。始適齊。聞韶。學之三月。是其時事。故昭公二十七年。吳公子札聘於上國。而檀弓記先聖在齊。嘗觀季札葬子於嬴博之閒。此可證者也。顧世家既誤以孟僖子不能相禮之歲。就爲其死歲。故併南宮敬叔之隨子適周。亦舉而置諸適齊之前。考左傳孟僖子實卒於昭二十四年。將死乃命敬叔來學。比敬叔服闋。魯已無君矣。知所謂言於魯君。與之一乘兩馬者。必定公非昭公也。子在周時。家語有劉文公論聖人之語。定公四年。文公卽卒。元二兩年。未沒昭公之喪。訪樂萇宏。又非攸宜。前後推校。則適周其在定之三年歟。世家云定公九年。以孔子爲中都宰。一年。四方皆則之。由中都爲司空。由司空爲大司寇。定公十年。會於夾谷。攝相事。十三年。墮三都。十四年。與聞國政。三月。季桓子受齊女樂。孔子遂行。此並與左傳合。且定公十四年。春秋經不書冬。公羊師說。亦以爲齊人歸女樂之歲也。世家云。孔子遂適衞。主於子路妻兄顏濁鄒家。居頃之。去衞。將適陳。過匡。匡人止孔子。去。卽過蒲。月餘反乎衞。按此過蒲之下。卽當以後文會公叔氏以蒲畔云云。至作爲陬操以哀之。六百六十四字移置其間。蓋過匡至陳。去陳過蒲。自蒲如衞。去衞如晉。臨河而返。乃復至衞。主蘧伯玉家。尋以醜南子之行。會靈公禮貌衰。又復去衞。世家他日靈公問兵陳。孔子曰。俎豆之事。則嘗聞之。軍旅之事。未之學也。明日與孔子語。見蜚鴈。仰視之。色不在孔子。孔子遂行。四十七字。則又當移於於是醜之之下。去衞過曹。是歲魯定公卒之上。檢子國注論語問陳章。卽云孔子去衞過曹。如曹。曹不容。又之宋。與世家云去衞過曹。去曹適宋。桓魋欲殺孔子。去適鄭。遂至陳者正合。其所以在陳絕糧者。或如子國所言與伐陳。陳亂乏食之故。抑或就以微服避難。倉卒喪其所齎。皆未可知。要與異日在蔡被圍之事。不可混合爲一也。既至陳主司城貞子家。於是有對肅愼矢之語。有桓僖廟災之語。最後有歸與歸與之語。實哀公之三年。而陳侯周之十年也。世家又云。明年孔子自陳還於蔡。三歲。楚使人聘孔子。陳蔡大夫圍孔子於野。楚昭王興師迎孔子。然後得免。其秋楚昭王卒。於是孔子自楚返乎衞。由是推之。定公十四年以前。仕魯時也。哀元年以迄六年。居陳蔡時也。自六年返衞。以迄左傳所載魯人以幣召夫子之歲。則恆在於衞。孟子所謂於衞孝公公養之仕者也。子之去魯。所謂大夫以道去君者。非有君命召。則終不可復歸。夫豈出入自如。而好爲旅人哉。其見衞靈公。主顏讎由。畏于匡。畏于蒲。歷曹鄭杞宋。遭宋桓司馬之難。則皆在定末哀初一二年閒也。是爲先聖出處大端。徵徵審而備識之。云陳侯周。陳懷公子者。史記陳世家云。惠公卒。子懷公柳立。卒吳。陳乃立懷公之子越。是爲湣公。湣公六年。孔子適陳。二十四年。楚惠王復國。以兵北伐。殺陳湣公。遂滅陳而有之。是歲孔子卒。然則陳侯周有謚矣。又名越。與孟子異。阸古厄字。詩谷風箋云。厄難勤苦之事也。是阸卽難也。

吾聞觀近臣。以其所爲主。觀遠臣。以其所主。若孔子主癰疽與侍人瘠環。何以爲孔子。【注】近臣當爲遠方來賢者爲主。遠臣自遠而至。當主於在朝之臣賢者。若孔子主於卑幸之臣。是爲凡人耳。何謂孔子得見稱爲聖人。章指。言君子大居正。以禮進退。屈伸達節。不違貞信。故孟子辯之。正其大義也。【疏】君子大居正。○正義曰。隱公三年公羊傳文。

萬章問曰。或曰。百里奚自鬻於秦養牲者。五羊之皮。食牛。以要秦繆公。信乎。【注】人言百里奚自賣五羖羊皮。爲人養牛。以是而要秦繆公之相。實然否。【疏】注。人言然否。○正義曰。毛氏奇齡四書賸言云。孟子百里奚事。趙岐注謂奚自賣五羖羊皮。爲人養牛。賣已物以養人牛。貪而不吝。可以爲要譽之具。此依文度事。其解不過如此。實則百里五羊。有必不可解者。奚舊稱五羖大夫。其人全以此得名。是必有一五羊實事。旋傳人間。乃言人人殊。如扊扅之歌曰。百里奚。新娶我今五羊皮。是聘物也。又曰。西入秦。五羊皮。則攜作客貲者也。史記百里奚亡秦走宛。楚鄙人執之。繆公以五羊之皮贖之歸秦。是又贖奚物也。其不可通如此。若謂得五羊之皮。爲之食牛。從來無此說。且此亦何足要譽。趙氏去古未遠。或有師承。趙氏佑溫故錄云。百里奚有五羖大夫之稱。孟子亦言其舉於市。則養牛之言非無據。但謂以要秦繆公非耳。注人言百里奚自賣五羖羊皮。爲人養牛。當讀賣字爲句。賣下五上脫一得字。遂似奚自有羊賣之。反爲人牧。理所必無。毛西河不審而妄爭。周氏柄中辨正云。朱竹垞五羖辨。言趙注人言百里奚自賣五羖羊皮爲人養牛。蓋言衣此食牛也。扊扅之歌云。百里奚。初娶我時五羊皮。又曰。西入秦。五羖皮。然則奚蓋服五羊之皮入秦者。緝五羊爲裘。毛之最豐。而賤者所服也。范處義詩補傳釋羔羊之詩云。素絲必以五言。蓋合五羊之皮爲一裘。循其合處。以素絲爲英飾也。百里奚衣五羊之皮。爲秦養牲。蓋仿古制。古之羔裘。其製甚精。養牲者被五羊之皮。蓋賤者之服。而召南在位之君子亦服之。非節儉而何。其說竟與余合。史記百里奚亡秦走宛。楚鄙人執之。繆公聞百里奚賢。欲重贖之。請以五羖羊皮贖之。楚遂許與之。蓋百里奚在秦。五羖其素所被服。繆公慮楚不信。故以奚所衣之服與之。不然。五羖微物。楚人豈貪之乎。按扊扅歌乃漢詞賦家所爲。本不足據。其以史記贖奚事爲證亦非是。史記言欲重贖之。恐楚人不與者。此即齊欲請管仲於魯。而桓公謂知吾將用之。必不與我矣之意。故其謂楚人曰。吾媵臣。微之也。請贖以五羖羊皮。示其無足重輕也。所以杜楚人之疑。而使之不忌也。若謂以此取信於楚。則奚之素所被服。楚人烏得知之。史記商鞅傳。又載趙良之言曰。五羖大夫。荊之鄙人也。自鬻於秦客。被褐食牛。期年。繆公知之。舉之牛口之下。而加之百姓之上。史遷所傳。已自相矛盾。則幷贖奚之事。亦屬傳疑不足信也。至所引范處義釋詩之說。則尤爲不根。夫五紽五緎五總。絲數非縫數也。戴侗六書故曰。紽緎總俱以五言。皆絲之量數。更證之西京雜記云。五絲爲繻。倍繻爲升。倍升爲緎。是緎爲絲數。益無可疑。范氏謂合五羊爲一裘。則羔羊。兒羊也。豈有兒羊而五皮而可以成裘者哉。嘗考韓詩外傳云。百里奚。齊之乞者也。逐於齊。自賣五羊皮爲一軛車入秦。戰國策。百里奚。虞之乞人。傳買以五羊之皮。說苑。百里奚自賣。取五羊皮伯氏養牛。又臣術篇云。賈人買百里奚以五羖羊皮。使將璽車之秦。又善說篇云。百里奚自賣五羊之皮。爲秦人虜。繆公得之。諸說並以五羊皮爲自鬻之直。竹垞所云。則昔人未有此解者。惟莊子庚桑楚篇云。湯以庖人籠伊尹。秦繆公以五羊之皮籠百里奚。陸德明音義。既引史記贖奚事。又曰。或云百里奚好五色皮裘。此頗合於竹垞之解。而又不能引據。徒割截趙注以就其說。閻氏若璩釋地又續云。百里奚此事。當孟子時已無所據。夫曰虞人也。址實見矣。不諫之秦。行蹤見矣。年已七十。齒已見矣。又曰舉於市。仕宦見矣。獨秦之號爲五羖大夫。傳至孝公時。猶嘖嘖於趙良之口。則當以秦本紀補之。蓋其由虞之秦。不知又何故亡秦走宛。宛今南陽府南陽縣。秦繆公時地屬楚。楚鄙人執之。繆公聞百里奚賢。欲重贖之。恐楚人不與。乃使人謂楚曰。吾媵臣百里奚在焉。請以五羖羊皮贖之。楚人遂許與之。繆公釋其囚。授之國政。故有五羖大夫之號。其云吾媵臣。亦繫記詞以誑楚。左氏媵秦穆姬者。乃虞大夫井伯。非百里奚也。漢表以次之於各等矣。或問謂之舉於市者何故。余曰。論語市脯注云。市。買也。說文云。買。市也。孟子蓋謂百里奚從買得來耳。細讀孟子合左傳。奚之去虞。當於僖二年宮之奇諫不聽之日。不待僖五年宮之奇復諫以其族行之日。故曰先云。安得有如史記奚爲晉虜以媵於秦之妄說。

孟子曰。否。不然。好事者爲之也。注 好事毀敗人之德行者爲之設此言。疏 否不然。○正義曰。阮氏元校勘記云。不字衍文。

百里奚虞人也。晉人以垂棘之璧與屈產之乘。假道於虞以伐虢。宮之奇諫。注 垂棘美玉所出地名。屈產地良馬所生。乘四馬也。晉國之所寶。宮之奇虞之賢臣。諫之不欲令虞公受璧馬假晉道。疏 晉人至奇諫。○正義曰。事見僖公二年。虞師晉師滅下陽。左傳。及五年冬。晉人執虞公。左傳。閻氏若璩釋地云。杜注虞國在河東大陽縣。余謂山西之平陸縣也。虢。西虢國。宏農陝縣東南有虢城。余謂河南之陝州也。名雖二省。而界相連。裴駰引賈逵注云。虞在晉南。虢在虞南。一言之下。而形勢瞭然。爾時爲晉獻公十九年。正都於絳。絳在太平縣之南。絳州之北。士人至今呼故晉城。遺址宛然。○注。垂棘至所生。○正義曰。僖公二年公羊傳白璧注云。屈產出名馬之地。乘。備駟也。垂棘出美玉之地。玉以尙白爲美。徐氏疏云。謂屈產爲地名。不似。服氏謂產爲產生也。閻氏若璩釋地云。豈與慈州文城郡即吉昌縣。春秋時晉之屈邑。獻公子夷吾所居。漢河東北屈縣。左傳云。晉有屈產之乘。此有駿馬。與劉昭注後漢志同。余謂今山西吉州是。樂史傳會爲石樓縣。但石樓乃漢西河土軍縣。非北屈地自非。垂棘又見成五年。杜但注晉云地。

百里奚不諫。知虞公之不可諫而去之秦。年已七十矣。曾不知以食牛干秦繆公之爲汙也。可謂智乎。不可諫而不諫。可謂不智乎。知虞公之將亡而先去之。不可謂不智也。時舉於秦。知繆公之可與有行也而相之。可謂不智乎。相秦而顯其君於天下。可傳於後世。不賢而能之乎。注百里奚知虞公之不可諫而去之秦。年七十而不知食牛干人君之爲汙。是爲不智也。欲言其不智。下有三智。知食牛干秦爲不然也。卒相秦顯其君。不賢之人。豈能如是。言其實賢也。自鬻以成其君。鄉黨自好者不爲。而謂賢者爲之乎。注人自鬻於汙辱。而以傳相成立其君。鄉黨邑里自喜好名者。尚不肯爲也。況賢人肯辱身而爲之乎。疏百里奚至爲之乎。○正義曰。趙氏以百里奚不諫冠此兩篇之首。蓋謂奚所以不諫者。知虞公之不可諫也。下不可諫而不諫。可謂不智乎。卽申此二句之義。知卽智矣。於其閒反入不智一層。此孟子屬文之法。故用而字轉捩。若曰百里奚不諫。乃是知其不可諫也。知其不可諫而卽不諫。是其智也。而去之秦。年已七十。曾不知以食牛干秦穆爲汙。可謂智乎。錯綜言之也。又因其一智。推而爲三智。知虞公之不可諫而不諫。一智也。知虞公之將亡而先去之。二智也。知繆公之可與有行而相之。三智也。三智從三知字而出。智屬知。賢屬能。但知而不能。不可爲賢。故又實能相其君以顯於天下。是非獨智而且賢矣。前以知斷其不知之非。後以能斷其不爲之是也。一說晉時強大。可與晉敵者莫如秦。奚故去虞入秦。三置晉君。正是爲虞報仇。所以不諫而去之秦者以此。翟氏灝考異云。戰國時。處士橫議。蔑人倫。廢禮義。以爲親可怨。弟可放。夫婦可苟合也。竊威福之柄。萌篡逆之心。以爲君臣無定分。禪繼無定命也。枉己辱身。營營富貴。利達之途。以爲苟賤可甘。近倖可援也。爰是造爲事端。託諸舜禹伊孔。誣聖人且有甚者。欲假以濟其私而掩其醜。孟子懼焉。故特設爲門弟子疑難問答。著諸篇編。以徹抉其燊蘊。好辨章所謂正人心。息邪說。距詖行。放淫辭者。正於此篇詳盡見之。風俗通言孟子退與萬章之徒作書。而舉好辨章文爲旨。萬章之徒。非就此篇實據之歟。故此篇雖若泛論往事。而實爲孟子一書之領要。讀孟子論百里奚已無所據。惟以事理反覆推之。則列國之信史。若輩惡其害己。並早滅於秦火前矣。讀馬遷爲史。凡孟子所旣排斥。仍多取爲實錄。則時之邪說惑人。綵幾於杯水車薪之不可熄矣。使非此篇之傳。雖舜禹伊孔。且無以見白於今日。其他是非之顛倒者。可勝言乎。

章指言君子時行則行。時舍則舍。故能顯君明道。不爲苟合而違正也。疏不爲苟合。○正義曰。史記封禪書云。阿諛苟合之徒。

卷十　萬章章句下。凡九章。

孟子曰。伯夷。目不視惡色。耳不聽惡聲。非其君不事。非其民不使。治則進。亂則退。橫政之所出。橫民之所止。不忍居也。思與鄉人處。如以朝衣朝冠坐於塗炭也。當紂之時。居北海之濱。以待天下之清也。故聞伯夷之風者。頑夫廉。懦夫有立志。【注】孟子反覆差伯夷伊尹柳下惠之德。以爲足以配於聖人。故數章陳之。猶詩人有所誦述至於數四。蓋其留意者也。義見上篇矣。此復言不視惡色。謂行不正而有美色者。若夏姬之比也。耳不聽惡聲。謂鄭聲也。後世聞其風者。頑貪之夫。更思廉絜。懦弱之人。更思有立義之志也。【疏】伯夷至立志。○正義曰。趙氏佑溫故錄云。伯夷叔齊。論語每言之。必兼二人。而孟子則獨舉伯夷。史記之言伯夷。以讓國以恥周也。而孟子則言其辟紂。且屢言之。此章與前伯夷隘章。極言其惡惡。非君不事。不立惡人之朝。猶是辟紂意。於恥周有可疑。於讓國則絕無與也。若以史傳爲不實。則非讓國。何爲子貢援以問衞事。論語言餓於首陽。言逸民。明是恥粟採薇事。史即可爲經注也。孟子何獨有異。竊以伯夷當紂之時。親發其暴。至於脯醢無罪諸侯。爲從古所未有。廉來之助惡。皆非可以力爭。而自以遠國疏臣。欲諫正之不得。徒苟奉職貢而以爲恥。固久有欲辟之心矣。而不忍言。因生事之既終。有遺命之可託。遂以不顧而逃。叔齊與兄同志者也。亦以有託而逃。叔齊特從兄也。孟子故不及之。爲其舉兄可以見弟也。其事從讓國起。而其心實從辟惡起。史傳據事書之。孟子原心論之也。然而曰待天下之清。則夷惟辟紂之惡。未嘗不待紂之改。辟之已耳。其於君臣之大義。未嘗有他志也。故以諫武王。武誅紂。遂以恥周粟。而孔子特表之曰。不念舊惡。是則伯夷之所以爲伯夷者。其行事甚委曲。其用心甚平直。第求無污於己。而非必有苛於人。故得爲聖之清。○注。若夏姬之比也。○正義曰。列女傳孽嬖篇云。陳女夏姬者。大夫夏徵舒之母也。其狀美好無匹。內挾伎術。蓋老而復壯者。三爲王后。七爲夫人。公侯爭之。莫不迷惑失意。頌曰。夏姬好美。滅國破陳。走二大夫。殺子之身。殆誤楚莊。敗亂巫臣。子反悔懼。申公族分。○注。頑貪之夫更思廉絜。○正義曰。毛氏奇齡四書賸言云。孟子頑夫廉。頑字古皆是貪字。漢王吉傳。孟子云。聞伯夷之風者。貪夫廉。懦夫有立志。晉書辛祐傳亦曰。貪夫反廉。懦夫立志。雖夷惠之操。無以尚也。南史稱任昉能使貪夫不取。懦夫有立志。臧氏琳經義雜記云。韓詩外傳云。伯夷目不視惡色。耳不聽惡聲。非其君不事。非其民不使。橫政之所出。橫民之所止。不忍居也。思與鄉人居。若朝衣朝冠坐於塗炭也。故聞伯夷之風者。貪夫廉。懦夫有立志。又漢書王貢兩龔鮑傳序。引孟子云。聞伯夷之風者。貪夫廉。懦夫有立志。奮乎百世之上。行乎百世之下。莫不興起。非賢人而能若是乎。又後漢書王龔傳云。聞伯夷之風者。

貪夫廉。懦夫有立志。丁鴻傳論曰。孟子曰。聞伯夷之風者。貪夫廉。懦夫有立志。列女傳曹世叔
妻云。昔夷齊去國。天下服其廉。高李注引孟子曰。聞伯夷之風者。貪夫廉。懦夫有立志。又藝文
志隱逸下。引魏王粲弔夷齊文曰。厲清風於貪士。立果志於懦夫。當亦用孟子。孟子萬章盡心皆作
頑夫廉。趙氏於萬章下注云。頑貪之夫。更思廉潔。於盡心下注云。頑貪。是趙本作頑矣。據下文
懦夫有立志。鄙夫寬。薄夫敦。皆以相反者言之。則作貪爲是。趙氏以頑訓貪。未詳其所出。而兩
漢及唐人。皆引作貪。知必非無本矣。孟子漢有劉熙注。梁有綦毋邃注。作貪者或斷於二家之本與。
王氏念孫廣雅疏證云。頑。鈍也。如淳注漢書陳平傳云。頑頓。謂無廉隅也。頓與鈍同。孟子萬章
篇云。頑夫廉。按王氏說是也。頑之義爲鈍。廉之義爲稜。稜則有隅角。鈍則無鋒鍔。二者正相對。
呂氏春秋慎大篇云。桀愎頑貪。是頑亦貪也。諸書引作貪。亦頑訓貪之證。國語
晉語。少懦於諸侯注云。懦。弱也。說文心部。懦。駑弱者也。故以懦爲弱。伊尹曰。何事
非君。何使非民。治亦進。亂亦進。曰。天之生斯民也。使先知覺後知。使先覺
覺後覺。予天民之先覺者也。予將以此道覺此民也。思天下之民。匹夫匹
婦。有不與被堯舜之澤者。如己推而内之溝中。其自任以天下之重也。【注】說
與上同。柳下惠不羞汙君。不辭小官。進不隱賢。必以其道。遺佚而不怨。阨窮
而不憫。與鄉人處。由由然不忍去也。爾爲爾。我爲我。雖袒裼裸裎於我側。
爾焉能浼我哉。故聞柳下惠之風者。鄙夫寬。薄夫敦。【注】鄙狹者更寬優。薄淺者更深
厚。【疏】注鄙狹至深厚。○正義曰。周禮地官遂人。掌邦之野。以土地之圖經田野。五家爲鄰。五鄰爲
里。五里爲酇。五酇爲鄙。五鄙爲縣。劉熙釋名釋州國云。鄙。否也。小邑不能遠通也。呂氏
春秋尊師篇云。子張。魯之鄙家也。愛類篇云。墨子見荊王曰。臣北方之鄙人也。高誘注皆云。鄙。
小也。又君守篇云。魯鄙人遺宋元王閉。高誘注云。鄙人。小人也。小即狹也。對下寬言之。故不
訓小而訓狹也。賈子道術篇云。優賢不逮謂之寬。詩大雅瞻卬維其優矣箋云。優。寬也。是寬即優
也。淮南子齊俗訓云。煩挐澆淺。高誘注云。淺。薄也。是薄即淺也。毛詩邶風北門王事敦我傳云。
敦。厚也。薄既是淺。則
厚即是深。故云深厚。孔子之去齊。接淅而行。去魯。曰。遲遲吾行也。去父母國
之道也。可以速而速。可以久而久。可以處而處。可以仕而仕。孔子也。【注】淅。漬

米也。不及炊。避惡亟也。魯父母之國。遲遲不忍去也。是其道也。孔子聖人。故能量時宜。動中權也。疏注淅漬米也至亟也。○正義曰。說文水部云。滰浚。乾漬米也。孟子曰。孔子去齊。滰淅而行。淅。汰米也。段氏玉裁說文解字注云。毛詩傳曰。釋。淅米也。爾雅。溞溞。淅也。孟子注。淅。漬米也。凡釋米淅米漬米汏米滫米淘米洮米灑米。異稱而同事。淅箕謂之籅。自其方漚未淘言之曰漬米。不及淘抒而起之曰滰。萬章篇今滰作接。當是字之誤。王氏念孫廣雅疏證云。浚滰。盝也。說文。滫。酋酒也。一曰浚也。鄭興注周官甸師云。莤讀爲縮。束茅立之祭前。沃酒其上。酒滲下去。若神歆之。故謂之縮。縮。浚也。說文。滰浚。乾漬米也。引孟子孔子去齊滰淅而行。今本滰作接。所見本異也。滰之言竟。謂瀝乾之也。今俗語猶謂瀝乾漬米爲滰乾矣。西漢叢語云。異聞集引李吉甫南銘曰。孟子去齊而滰淅。唐本作滰字。

孟子曰。伯夷。聖之清者也。伊尹。聖之任者也。柳下惠。聖之和者也。孔子。聖之時者也。孔子之謂集大成。集大成也者。金聲而玉振之也。金聲也者。始條理也。玉振之也者。終條理也。注伯夷清。伊尹任。柳下惠和。皆得聖人之道也。孔子時行則行。時止則止。孔子集先聖之大道。以成己之聖德者也。故能金聲而玉振之。振。揚也。故如金音之有殺。振揚玉音。終始如一也。始條理者。金從革。可治之使條理。終條理者。玉終其聲而不細也。合三德而不撓也。疏注振揚至不撓也。○正義曰。說文手部云。振。舉救也。一曰奮也。揚。飛舉也。呂氏春秋必己篇云。盡揚播入於河。高誘注曰。搖。動也。淮南子本經訓云。共工振滔洪水。高誘注云。振。動也。是振與揚同義也。程大昌演蕃露云。管子曰。玉有九德。叩之其音清專徹遠。純而不殺亂也。此諸家之言孔子玉振者。曰其謂終條理者。爲其叩之其聲首尾如一。不比金之始洪終殺。是爲終條理。據始條理。音義云。本亦作治條理。下同。玩趙氏言金從革。可治之使條理。則趙氏本正作治條理也。下文始條理者。智之事也。注云。智者知理物。理物即治物。以理字解治字。正作治條理者智之事也。玉終其聲之聲。指金聲。金聲有殺。以玉振揚之。所謂治之使條理也。殺則細。振以終之。則其聲不細矣。金音音字解聲字。近時說解。謂金。鎛鐘也。聲以宣之於先。玉。特磬也。振以收之於後。條理是節奏次第。金以始此條理。玉以終此條理。所爲集大成也。王氏念孫廣雅疏證云。中庸振河海而不洩。鄭注云。振。猶收也。孟子萬章篇云。金聲而玉振之也。周官職幣。掌式法以斂官府都鄙。與凡用邦財者之幣。振掌事者之餘財。斂振皆收也。故鄭注云。振。猶抍之。檢也。廣雅卷三云。抍。收也。孟子梁惠王篇注云。檢。斂也。賈疏云。以財與之謂之抍。知其足剩謂之檢。皆失之。秦風小戎篇。小戎俴收。毛傳云。收。軫也。正義曰。軫所以收斂所載。故名收焉。軫與振亦聲近義同。始條理者。智之事也。終條理者。聖之事也。【注】智者知理物。聖人終始同。【疏】始條至事也。○正義曰。戴氏震孟子字義疏證云。理者。察之而幾微必區以別之名也。是故謂之分理。在物之質。日肌理。日腠理。日文理。得其分則有條而不紊。謂之條理。孟子稱孔子之謂集大成曰。始條理者。智之事也。終條理者。聖之事也。聖智至孔子而極其盛。不過舉條理以言之而已矣。易曰。易簡而天下之理得。自乾坤言。故不曰仁智而曰易簡。以易知。知一於仁愛平恕也。以簡能。能一於行所無事也。易則易知。易知則有親。有親則可久。可久則賢人之德。若是者仁也。簡則易從。易從則有功。有功則可大。可大則賢人之業。若是者智也。天下事情條分縷析。以仁且智當之。豈或爽失幾微哉。中庸曰。文理密察。足以有別也。樂記曰。樂者通倫理者也。鄭康成注云。理。分也。許叔重說文解字序曰。知分理之可相別異也。古人所謂理。未有如後儒之所謂理者矣。

智。譬則巧也。聖。譬則力也。由射於百步之外也。其至。爾力也。其中。非爾力也。【注】以智。譬由人之有技巧也。可學而益之。以聖。譬由力之有多少。自有極限。不可強增。聖人受天性。可庶幾而不可不及也。夫射遠而至。爾努力也。其中的者。爾之巧也。思改其手。用巧意乃能中也。【疏】注以智至中也。○正義曰。說文工部云。巧。技也。故以技釋巧也。章指云。言聖人猶力。力有常也。賢者由巧。巧可增也。與此注相發明。趙氏以巧比三子。以力比孔子。三子可學。孔子不可及也。然則兩爾字宜皆指三子。其至如清任和。為三子之力所可至。其中如孔子聖之時。為三子之力所不可至。至中俱承上力字。至為三子之力。中為孔子之力。乃注云其中的者。爾之巧也。意殊矛盾。不可詳知。又云。改其手用巧意乃能中。似謂孔子之時。三子力不能及。故改而用巧。為清任和。則中字轉屬三子之清任和矣。又似謂孔子以時為中的。三子各以清任和為中的。三子自知不能為孔子之中的。因思改而用巧。為三子之中的。故各用清任和也。是孔子以力中的。三子不以力而以巧中的也。以力。則但能至不能中也。趙氏本義。未知何如。姑擬之以質知者。近時通解。智巧。卽靈明不測。妙乎神也。聖力。卽造詣獨到。因乎應也。聖知兼備。而唯智乃神。巧力並用。則惟巧乃中。此孔子所以獨為聖之時。或云。巧力之喻。是孟子自擬作聖之功。由射於百步之外。望道之比也。孔子之聖。非力可擬。力則人。巧則天也。

章指。言聖人由力。力有常也。賢者由巧。巧可增也。仲尼天高。故不可階。他人丘陵。丘陵由可踰。所謂小同而大異者也。

北宮錡問曰。周室班爵祿也。如之何。【注】北宮錡。衞人。班。列也。問周家班列爵祿等差謂何。【疏】

注班列也。○正義曰：方言云：班，徹，列也。北燕曰班，東齊曰徹。戴氏震方言疏證云：趙岐孟子注：孟子班爵祿云：班，列也。春秋昭公二年左傳：遂從逆班。杜預注云：班，列也。任昉奏彈曹景宗曰：榮高列侯。李善注引方言：列，班也。所引即此文。詩大雅王命召伯：徹申伯土田。毛傳：徹，治也。鄭箋云：治者，正其井牧，定其賦稅。亦於班列之義為近。廣雅：列，班布也。

孟子曰：其詳不可得聞也。諸侯惡其害己也，而皆去其籍。然而軻也嘗聞其略也。注詳，悉也。不可得備知也。諸侯欲恣行，憎惡其法度妨害己之所為，故滅去典籍。今周禮司祿之官無其職。是則諸侯皆去之，故使不復存也。軻，孟子名。略，麤也。言嘗聞其大綱如此。今考之禮記王制則合也。

疏注「詳悉」至「存也」。○正義曰：詳悉見離婁下。荀子非相篇云：詳則舉小。注云：詳，周備也。故又以備釋詳也。周禮地官司祿：中士四人，下士八人，府二人，史四人，徒四十人。注云：主班祿。賈氏疏云：在此者其職既闕，未知所掌云何。但班祿者，用粟與之。司祿職次倉人，明是班多少之官，故鄭云主班祿。○注「今考之禮記王制則合也」。○正義曰：禮記正義云：鄭目錄云：名曰王制者，以其記先王班爵授祿祭祀養老之法度。此於別錄屬制度。王制之作，蓋在秦漢之際。鄭答臨碩云：孟子當赧王之際。王制之作，復在其後。盧植云：漢孝文皇帝令博士諸生作此王制之書。周禮春官內史：王制祿，則贊為之，以方出之。鄭司農、鄭康成皆引王制以注之。趙氏佑溫故錄云：自當以孟子為正，不必與周禮規規求合也。與孟子合者惟王制，猶不免有不合者。由其又在孟子後，雜采遺文所致。即孟子亦第言聞其略也。鄭康成於王制與周禮不合處，輒謂之夏殷制，皆求其說而不得，從而為之辭而已。即如百里七十里五十里，孟子明言周室，得謂之夏殷然歟？于是又以開方法兩圓之，然子二百里，男百里，又何法？又豈所謂同一位者歟？唯其不必求合而必求合也。然則，奚其不合？蓋注以周禮司祿官無其職，為諸侯去籍證。周禮本不完之書，司祿之亡，猶他官之闕，未必去籍獨去此。即去亦其中一端，就孟子王制所言之與周禮不合，初非獨此班爵祿事矣，是不足以定也。若謂盡去其合而獨存其不合，則是周禮一書，已自有不能盡合之失，更不足以定也。彼其放恣橫議之習已久，秦至敢於燔燒三代之書，諸侯皆秦也。何嫌於竄易一朝之制？去者既全去之，其姑存者，爭以意增損之。上下相蒙，若為故然，蓋所必至，不待劉歆之徒也。恐劉歆亦定負此枉於千古也。然則，宜其不合之多矣。文景時去古尤近，諸儒纂輯王制，何不就其所據書名人代，明白標準，而一概釋同，使後學者莫別其由然，斯則前儒之過歟。翟氏灝考異云：周禮司祿之官，今無其職。趙氏據此為戰國諸侯去籍之證。孟子於典籍既亡之後，側聞其略，自不能顯若畫一。且有嫌於時君之爭并無厭也，故於所聞異詞中，寧信其數之少，而不肯失之多。若王制，乃漢文帝敕令博士諸生，撰集傳記，斟酌損益以成其篇。制祿爵節，明屬採自孟子。時周禮未顯於世，諸博士猶不及見之。故惟以孟子一書為本。其所以微有異同，正博士之所斟酌損益，何可轉據之議孟子乎？

天子一

位，公一位，侯一位，伯一位，子、男同一位，凡五等也。【注】公謂上公九命及二王後也。自天子以下，列尊卑之位凡五等。【疏】天子至等也。○正義曰。禮記王制云。王者之制祿爵。公侯伯子男。凡五等。彼言王者之制。故不數天子。與此異。白虎通爵篇云。天子者。爵稱也。爵所以稱天子者何。王者父天母地。爲天之子也。所以名之爲公侯者何。公者。通也。公正無私之意也。侯者。候也。候逆順也。伯者。白也。子者。孳也。孳孳無已也。男者。任也。顧氏炎武日知錄云。爲民而立之君。故班爵之意。天子與公侯伯子男一也。而非絕世之貴。代耕而賦之祿。故班祿之意。君卿大夫士與庶人在官一也。而非無事之食。是故知天子一位之意。則不敢肆於民上以自尊。知祿以代耕之義。則不敢厚取於民以自奉。不明乎此。而侮奪人之君。常多於三代以下矣。○注公謂至後也。○正義曰周禮春官典命。掌諸侯之五儀。諸臣之五等之命。上公九命爲伯。其國家宮室車旗衣服禮儀。皆以九爲節。侯伯七命。其國家宮室車旗衣服禮儀。皆以七爲節。子男五命。其國家宮室車旗衣服禮儀。皆以五爲節。又云。王之三公八命。注云。上公謂王之三公有德者。加命爲二伯。二王之後亦爲上公。賈氏疏云。三公八命。出封皆加一等。謂若周公太公有勳。封於齊魯。身雖在王朝。使其子就國。亦是出封加命爲上公九命者。白虎通爵篇云。春秋傳曰。天子三公稱公。王者之後亦稱公。其餘大國稱侯。小國稱伯子男也。

君一位，卿一位，大夫一位，上士一位，中士一位，下士一位，凡六等。【注】諸侯法天子，臣名亦有此六等，從君下至於士也。【疏】君一至六等。○正義曰。王制云。諸侯之上大夫卿。下大夫。上士。中士。下士。凡五等。諸侯即君也。王制五等不連諸侯。孟子六等連君。不連君猶不連天子也。白虎通爵篇云。卿之爲言章也。章善明理也。大夫之爲言大扶。扶進人者也。故傳曰。進賢達能。謂之卿大夫。王制云。上大夫。卿也。士者。事也。任事之稱也。故傳曰。通古今。辯然不。謂之士。諸侯所以無公爵者。下天子也。故王制曰。上大夫。下大夫。上士。中士。下士。凡五等。此謂諸侯臣也。大夫但有上下。士有上中下何。明卑者多也。爵皆一字。大夫獨兩字何。春秋傳曰。大夫無遂事。以爲大夫職在之適四方。受君之法。施之於民。故獨兩字言之。或曰。大夫爵之下者也。稱大夫。明從大夫以上受下施。皆大自著也。天子之士獨稱元士何。士賤不得體君之尊。故加元以別於諸侯之士也。禮經曰。士見於大夫。諸侯之士也。王制曰。王者八十一元士。沈氏彤周官田祿考云。周天子具六官。官之爵六等。曰公。曰孤卿。曰中大夫下大夫。曰上士。曰中士。曰下士。庶人在官者屬焉。凡天子之官之爵。其有常數可周知。而見本經及注者。公三人。孤三人。卿五官。官一人。又地官鄉大夫。每鄉卿一人。六鄉則六人。凡十一人。中大夫。天官四人。地官五人。又州長每州一人。三十州則三十人。遂大夫每遂一人。六遂則六人。春官五人。夏官十四人。秋官四人。凡六十八人。下大夫天官十二人。地官十五人。又黨正每黨一人。百五十黨。則百五十人。秋官縣正每縣一人。三十縣則三十人。春官二十四人。夏官三十人。秋官八人。凡二百六十九人。上士天官四十六人。地官四十八人。又族師每族一人。七百五十族。則七百五十人。鄙師每鄙一人。百五十鄙。則百五十人。春官五十三人。夏官六十七人。又僕夫十人。秋官二十人。又象胥每翟一人。六翟則六人。凡千一百五十人。中士天官百一十八人。地官百四十八人。又閭胥每閭一人。三千閭則三千人。鄰長每鄰一人。七百五十鄰。則七百五十人。春官百五十八人。夏官百五十八人。秋官百五十二人。又象胥每翟二人。六翟則十二人。凡四千四百九十六人。下士天官百七十九人。又寺人五人。地官二百七十二人。又比長五家一人。萬五千比。則萬五千人。里宰每里一人。三千里則三千人。司門每門二人。王城十二門。則二十四人。司關每關二人。王畿十二關。則二十四人。場人每場二人。九穀九場。則十八人。春官二百七十五人。夏官二百四十三人。又馭夫二人。趣馬百九十二人。庾人每閑二人。天子十二閑。則二十四人。秋官百九十三人。又條狼氏八人。象胥每翟八人。六翟則四十八人。凡萬九千五百有七人。其不見經注而數皆可推者。上士爲郊之縣正。十一縣則十一人。中士爲郊之鄙師。野之縣正。郊五十五。鄙野九百五十三。縣人各如縣鄙之數。凡千有八人。下士爲郊之鄰長。野之鄙師。郊二百七十四。鄰野四千七百六十五。鄙人各如鄰鄙之數。凡五千有三十九人。通計三萬一千五百六十五人。若內諸侯之官之爵。由經注及他傳紀所見推之。則在公四等。自卿而下。在孤卿三等。自大夫而下。在大夫二等。自上士而下。其數。公之卿二人。下大夫五人。上下士各若干人。孤卿之大夫二人。上士五人。下士若干人。大夫之上士二人。下士五人。其縣鄙之士。皆上士爲縣正。下士爲鄙師。公七縣。三十三鄙。孤卿二縣八鄙。大夫二鄙。上下士各皆如縣鄙之數。通計爵數之可知者。在公四十七人。在孤卿十七人。在大夫九人。若外諸侯之官之爵。則在上公六等。自孤而下。在侯伯五等。在子男四等。皆自卿而下。其數。公之孤一人。卿三人。下大夫五人。上士二十七人。中下士各若干人。侯伯之卿大夫士如之。子男之卿大夫亦如之。士則上二十七人。下若干人。無中。此皆見於經注及他傳記。其無所見而可推知者。上公爲大國。三卿三遂。卿。鄉大夫三人。下大夫州長十五人。遂大夫三人。凡十八人。上士黨正七十五人。縣正十五人。凡九十人。中士族師三百七十五人。鄙師七十五人。凡四百五十人。下士閭胥千五百人。鄰長三百七十五人。凡千八百七十五人。其野二百二十六縣。千一百三十鄙。中士爲縣正。下士爲鄙師。皆各如縣鄙之數。侯伯爲次國。二鄉二遂。卿。鄉大夫二人。下大夫州長十人。遂大夫二人。凡十二人。上士黨正五十人。縣正十人。凡六十人。中士族師二百五十人。鄙師五十人。凡三百人。下士閭胥千人。鄰長二百五十人。凡千二百五十人。其野。侯百四十四縣。七百一十九鄙。伯七十二縣。三百六十一鄙。皆中士爲縣正。下士爲鄙師。各如其縣鄙之數。子男爲小國。一鄉一遂。卿。鄉大夫一人。下大夫州長五人。遂大夫一人。凡六人。上士黨正二十五人。縣正五人。凡三十人。下士族師百二十五人。鄙師二十五人。凡百五十人。其野。子三十一縣。百五十五鄙。上士爲縣正。下士爲鄙師。皆各如縣鄙之數。男一鄙。下士爲鄙師。如其數。通計爵數之可知者。在上公三千八百二十八人。在侯二千五百二十二人。在伯二千有九十二人。在子四百有八人。在男二百二十三人。周官之爵。曰公。曰孤。曰卿。曰中大夫。曰下大夫。曰上士。

曰中士。曰下士。凡八等。而合孤卿爲一等。中下大夫爲一等。何也。曰。典命王之三公八命。其卿六命。不別言三孤命數。則幷孤於卿矣。云其大夫四命。則大夫不以中下殊矣。爵與命之等常相因。故二者皆合爲一等也。且考工記稱九卿。鄭康成以六卿三孤注之。則孤亦名卿。而爲一等。孟子王制序。大夫皆止一等。是又不分二等之明證也。經何以無上大夫。曰。上大夫即孤卿也。大戴記盛德篇云。三少皆上大夫也。三少謂三孤。王制云。諸侯之上大夫卿。天子亦然。凡內外諸侯之官。其爵等人數。何以定之。曰。大宰云。乃施典於邦國。而建其牧。立其監。設其參。傳其伍。陳其殷。置其輔。注云。監。謂公侯伯子男各監一國。參。謂卿三人。伍。謂大夫五人。殷。謂衆士。王制諸侯上士二十七人。輔府史庶人在官者。此外諸侯官爵等人數之大略也。何以知上公之一孤也。曰。典命公之孤四命。注以爲九命。上公。得置孤卿一人也。何以知子男之無中士也。曰。襄十一年公羊傳云。古者上士下士。明中士非周官初制也。若子男而有中士。則田祿不皆以四爲差。而國亦不足於用矣。公羊所云。乃通指諸侯。今獨歸之子男何也。曰。惟子男不當有中士耳。謂公侯伯而亦無中士。傳之誤也。

天子之制。地方千里。公侯皆方百里。伯七十里。子男五十里。凡四等。不能五十里。不達於天子。附於諸侯。曰附庸。注凡此四等土地之等差也。天子封畿千里。諸侯方百里。象雷震也。小者不能特達於天子。因大國以名。通曰附庸也。疏天子至附庸。○正義曰。王制云。天子之田方千里。公侯田方百里。伯七十里。子男五十里。不能五十里者。不合於天子。附於諸侯曰附庸。注云。不合。謂不朝會也。小城曰附庸。附庸者。以國事附於大國。未能以其名通也。此地殷所因夏爵三等之制也。殷者。鬼侯梅伯。春秋變周之文。從殷之質。合伯子男以爲一。則殷爵三等者。公侯伯也。與畿內謂之子。周武王初定天下。更立五等之爵。增以子男。而猶因殷之地。以九州之界尚狹也。周公攝政致太平。斥大九州之界。制禮成武王之意。封王者之後爲公。及有功之諸侯。大者地方五百里。其次侯四百里。其次伯三百里。其次子二百里。其次男百里。所因殷之諸侯。亦以功黜陟之。其不合者。皆益之地爲百里焉。是以周世有爵尊而國小。爵卑而國大者。閻氏若璩釋地又續云。孟子一則公侯皆方百里。再則大國地方百里。證以周公太公。其封齊魯。不過方百里耳。而孟子時魯地且五倍之。以爲有王者作。魯必在所削。安得有成王封周公於曲阜地方七百里之說哉。爲此說者。乃明堂位謬中多誣。不可勝舉。余嘗上稽周易。雷聞百里。公侯國制。厥象取此。下徵魯頌。革車千乘。惟百里國數適相應。子產曰。昔天子之地一圻。列國一同。同。方百里也。今晉地多數圻矣。皆侵小故。管仲曰。昔賜我先君履。南至於穆陵。北至於無棣。穆陵山名。今在沂水縣。無棣溝名。今爲海豐慶雲兩縣。南北相距七百里。亦應是後來侵小所至。周氏柄中辨正云。封國之制。孟子言公侯百里。伯七十里。子男五十里。與王制同。周官大司徒。則謂公五百里。侯四百里。伯三百里。子二百里。男百里。與孟子異。鄭康成謂孟子所言。周初制。周公斥大九州之地。始皆益之。此說最謬。後儒陸農師昜山齋金仁山輩。並言周之幅員。不廣於虞夏。安得加封若此。且武王封之。周公大之。其勢必有所并。有所并。必有所徙。一公之封。而子男之國爲之徙者二十餘。封數大國。天下盡擾。此必不然之事。唐仲友謂古之封國。有軍有賦。自軍言之。則方百里而具三軍。方七十里而具二軍。方五十里而具一軍。自賦言之。則公之國方二百一十里。而具千乘。伯之國方一百四十里。而具六百乘。男之國方百里。而具三百乘。子下同於男。侯上同於公。自是而外。則山川土田附庸。皆在封疆之內。然皆非出車制賦之壤。孟子言百里七十里五十里者。獨舉軍制而言也。周官於諸公言五百里。諸侯言四百里。伯言三百里。子言二百里者。包山川土田附庸於封疆內也。於諸男言百里者。獨舉其出軍賦之封疆也。凡此皆省文而互見。詳而考之。未有不合者。按唐氏此說。極爲支離。即以周禮解之。自諸公至諸男。封疆之數。遞爲降殺。各以百里爲等差。今忽分二解於公侯伯子。則以爲兼虛封。於諸男。則以爲舉實封。此在周禮先不可通。而以牽合孟子之說。其誰信之。陳氏禮書。謂孟子三等之地。正封也。周官五百里四百里云云者。則所統之附庸。葉少蘊又謂兼山林川澤而言。汪武曹駁之云。方五百里者。爲方百里者二十五也。豈公之正封。止得方百里者一。而附庸反得方百里者二十四乎。方四百里者。爲方百里者十六也。豈侯之正封。止得方百里者一。而附庸反得方百里者十五乎。即合山林川澤言之。亦不應如此之多。則其說又難通矣。惠氏據尚書大傳。謂諸侯受封。必有采地。封五百里與四百里者。其采百里。封三百里者。其采七十里。封二百里與百里者。其采五十里。采則全入於其君。而封爲天子之土。故天子得而食之。王制言采。周官言封。二者必合而相備。據大傳言百里諸侯之國。以五十里爲采。七十里諸侯。以二十里爲采。五十里諸侯。以十里爲采。此說合於孟子。而異於周禮。惠氏假借傅會。以調和其說。以巧則巧矣。而非其實也。李剛主謂百里專言土田山川附庸。則量功而錫。不在百里內。孟子曰。天子巡狩有慶。慶以地。是初封百里。而其後慶地何算。故周禮約其數曰。公不過五百里。侯不過四百里。伯子男不過三百里二百里。此說亦本之唐仲友。據周禮明言凡建邦國。以土圭土其地而制其域。則五百里四百里。乃其彊域。於建國之初已定之。豈有豫約慶地之數。而爲之制其城者。果如其說。本文何以不云公之地無過五百里。侯之地無過四百里邪。任鈞臺又疑大司徒文誤。當是方百里五。方百里四。此亦不然。職方氏明言千里之地。以方五百里封公。則四公。以方四百里封侯。則六侯。若止方百里五。則千里當封二十公。方百里四。則千里當封二十五侯。職方之制。合於大司徒。其非誤文可知矣。然則孟子與周禮決不可合。自當以孟子爲正。或反據周禮以疑孟。不亦謬哉。○注。諸侯方百里象雷震也。○正義曰。白虎通爵篇云。人皆千乘。象雷震百里。所潤同。盧氏文弨校云。御覽載援神契曰。二王之後稱公。大國稱侯。皆千乘。象雷震百里。所潤雲雨同。梁云。周禮小司徒注。十終爲同。同方百里。疏云。謂之爲同者。取象雷震。百里所聞同。易震正義。雷之發聲。聞乎百里。古帝王制國。公侯地方百里。故以象焉。○注。小者至庸也。○正義曰。白虎通爵篇云。人皆五十里。差次功德。小者不滿爲附庸。附庸者。附大國以名通也。隱公元年公羊傳疏引春秋說云。庸者。通也。此趙氏所本也。孔氏廣森經學卮言云。不達於天子者。隱春秋所謂未能以其名通也。繁露曰。附庸字者。方三十里。名者。方二十里。人氏者。方十五里。書大傳曰。古者諸侯始受封。則有采地。百里諸侯。以三十里。七十里諸侯、以二十里。五十里諸侯。以十五里。其後子孫雖有罪。黜。其采地不黜。使其子孫賢者守之。世世以祠其始受封之人。此之謂興滅國。繼絶世。昔齊人滅紀。紀季以酅爲齊附庸。酅者。紀之采也。然則附庸多亡國之後。先世有功德者。故追錄之。使世食其采。以臣屬於大國。三十里者。其先公侯也。二十里者。其先伯也。十五里者。其先子男也。董仲舒說。正與書傳相合。

天子之卿受地視侯。大夫受地視伯。元士受地視子男。注視。比也。天子之卿大夫士。所受采地之制也。疏天子至子男。○正義曰。周氏柄中辨正云。王制天子三公之田視公侯。天子之卿視伯。天子之大夫視子男。天子之元士視附庸。與孟子不合。當以孟子爲正。蓋古者三公不必備。常以六卿兼之。卿兼公孤。亦止食卿之祿。公孤之爵不爲位。故無祿。則受地當自卿始。此孟子是而王制非也。內臣之命。降於外諸侯。而祿必視乎外。故以六命之卿。視九命之公侯。四命之大夫。視七命之伯。三命之元士。視五命之子男。皆卑其命而崇其祿者。元士之命。不下於附庸。而受地視附庸。則非卑其命而崇其祿之義。與卿大夫不一例矣。此又孟子是而王制非者也。吳氏禮記纂言。反謂孟子當諸侯去籍之時。但以意言其大略。不若王制所記爲得之。顚倒甚矣。沈氏彤周官田祿考云。上公之地。方五百里。侯方四百里。伯方三百里。子方二百里。男方一百里。見大司徒之經。而孟子云。公侯皆方百里。伯七十里。子男五十里。大都之地方八十里。加爲百里。小都方四十里。加爲五十里。家邑方二十里。加爲二十五里。本載師及小司徒之經注。而孟子云。天子之卿受地視侯。大夫受地視伯。元士受地視子男。其說並殊於周官。何也。曰。孟子因籍去而僅聞其略。此所云。並周所沿夏商之制耳。考諸周官。畿內外皆無七十里之國。王制有七十里之國。注疏以爲夏商之制。而湯國七十里。即見孟子書。由是以觀。而其他之沿於夏商亦明矣。王制謂天子之三公之田視公侯。卿視伯。大夫視子男。元士視附庸。與孟子之說又殊。何也。曰。王制蓋別有所據。然要非周所定制也。其曰田者。即孟子之地。篇末云方百里者。爲田九十億畝。則未去三之一而已稱田矣。或以爲皆實田。誤也。周公於畿內外之國。既各別差其里數。而尙存夏殷之制。何也。曰。周制初定。豈得盡行。苟前代諸國。無故而增減其地。勢必煩擾不安。故且因之。周公別差諸國之里數。畿內視夏商則減。畿外則大增。何也。曰。畿外諸國。夏商以來。漸相吞併。廓地已大。周公因更定其制。以安其無辜者。而又以待封大功德之臣。俾錯處其閒。以藩衞王室。故大增。若畿內諸國。本無權力。又象賢而世守者少。周公因稍更焉。以就井田。以四上下之差。故減也。然則孟子於畿外諸國。謂齊魯俱封百里。而以今魯方百里者五爲當損。何也。曰。此孟子即所傳聞以論當時之地域。意在風止其戰伐耳。若論封疆之實。則必如晏子春秋內篇。謂太公受地五百里。史記漢興以來諸侯年表。謂伯禽康叔各四百里者。乃與周公之制合也。後人好以孟子駁周官。否則强傅會之。皆未及深考者也。胡氏匡衷儀禮釋官云。諸侯孤卿大夫之采地。無明文可證。唯雜記疏引熊氏云。公大都采地方百里。侯伯大都方五十里。子男大都方二十五里。中都無文。小都一成之地方十里。今按公之采地當三等。侯伯子男采地當二等。公之孤方百里。卿方五十里。大夫方十里。侯伯之卿大夫亦如之。子男之卿方二十五里。大夫方十里。據周禮大國有孤。如天子三公。天子之公采地與卿異。則大國之孤。亦當與卿異。侯伯子男無孤。惟有卿大夫。故采地當但分二等。不必有中都也。侯伯之卿。采地與公之卿俱方五十里者。以其命數同也。子男之卿。異於公侯伯者。以子男國小地狹。故卿降而爲方二十五里。大夫仍方十里不降者。據孟子言班祿之制。大小國大夫之祿不殊。而卿以上各異。則知侯國之大夫。采地皆一成也。

大國地方百里。君十卿祿。卿祿四大夫。大夫倍上士。上士倍中士。中士倍下士。下士與庶人在官者同祿。祿足以代其耕也。【注】公侯之國爲大國。卿祿居於君祿十分之一也。大夫祿居於卿祿四分之一也。上士之祿居大夫祿二分之一也。中士下士轉相倍。庶人在官者。未命爲士者也。其祿比上農夫。士不得耕。以祿代耕也。【疏】注。庶人至士者也。○正義曰。禮士旅食于門西兩圜壺。注云。旅。衆也。士衆食。謂未得正祿者。所謂庶人在官者也。按士旅食。謂未得爵命之士。疏以爲府史胥徒。非也。王制云。大樂正論造士之秀者以告於王。而升諸司馬。曰進士。司馬辨論官材。論進士之賢者以告於王。而定其論。論定然後官之。任官然後爵之。位定然後祿之。蓋上士中士下士。此正爵也。下士食九人以上。此正祿也。學校之士。升於司馬。祿於司士。論定後官。而未得正爵正祿者。則羣食於公。謂之旅食。檀弓所謂仕而未有祿者。司士職所謂以久奠食。即此。但未得正爵。故謂之庶人在官者。趙岐注孟子。亦云。庶人在官。未命爲士者。非謂府史胥徒也。若府史胥徒。官長所除。不命於國君。當爲燕之所不及。安得與諸臣相獻酬乎。又云。古者有未得爵命之士。謂之士。旅食其祿。與庶人在官者等。亦謂之庶人在官者。周禮序官。若地官鄉長。賈公彥云。鄉長是不命之士爲之。是也。孟子云。上士一位。中士一位。下士一位。此正爵也。謂之命士。若學校之士。升於司馬。祿於司士。而未有命者。則先試之以官。俟其任官。然後以正爵命之。所試之官。則如鄉長之類。諸侯之官。降天子一等。凡天子下士之官。諸侯當使不命之士爲之。但無正爵。則亦未得九人以上之正祿。故比諸府史以下。庶人在官者。兼不命之士。方爲賅備。大夫以上。有采地者。其祿取於采地。無則以公田所入之稅祿之。士無采地。其祿一受於公。故周禮有司祿主班祿。禮運云。大夫有采以處其子孫。國語云。大夫食邑。士食田。韋注云。受公田也。此足證諸侯之士無地矣。

次國地方七十里。君十卿祿。卿祿三大夫。大夫倍上士。上士倍中士。中士倍下士。下士與庶人在官者同祿。祿足以代其耕也。【注】伯爲次國。大夫祿居卿祿三分之一也。小國地方五十里，君十卿祿，卿祿二大夫，大夫倍上士，上士倍中士，中士倍下士，下士與庶人在官者同祿，祿足以代其耕也。【注】子男爲小國。大夫祿居卿祿二分之一也。【疏】大國至耕也。○正義曰：王制云：「諸侯之下士視上農夫，祿足以代其耕也。中士倍下士，上士倍中士，下大夫倍上士。卿四大夫祿，君十卿祿。次國之卿三大夫祿，君十卿祿。小國之卿倍大夫祿，君十卿祿。」諸侯之下士祿食九人，中士食十八人，上士食三十六人，下大夫食七十二人，卿食二百八十八人，君食二千八百八十人。次國之卿，食二百一十六人，君食二千一百六十人。小國之卿，食百四十四人，君食千四百四十人。周氏柄中辨正云：「安溪李文貞公曰：諸侯之卿，不命於天子者，其祿秩與大夫等；命於天子者，不論大小國，其祿皆當四大夫也。但大國三卿，皆命於天子，故視大夫四倍。次國三卿，二卿命於天子，其一與大夫同祿，則以三卿與三大夫總較，祗三倍耳。小國三卿，一卿命于天子，其二與大夫同祿，則以三卿與三大夫相較，惟二倍耳。故曰次國之上卿，位當大國之中卿，中當其下，下當其上大夫；小國之上卿，位當大國之下卿，中當其上大夫，下當其下大夫。當大夫者，皆非命卿也。秩既相當，祿亦相等明矣。考王制言大國之卿四大夫祿，食二百八十八人；次國之卿三大夫祿，食二百一十六人；小國之卿倍大夫祿，食四百四十四人。孔疏卿祿重，故隨國之大小爲節，則謂命於天子者，其祿皆當四大夫，非也。王制又云：次國之卿命於其君者，如小國之卿。孔疏次國三卿，二卿命於天子者，祿各食二百一十六人，而卿命于其君者爲賤，祿不可等天子命者，故視小國卿食一百四十四人。則謂不命於天子者，與大夫同祿，亦非。況諸侯有大夫五人，但以三大夫與三卿相較，尤不合。」

耕者之所獲，一夫百畝，百畝之糞，上農夫食九人，上次食八人，中食七人，中次食六人，下食五人。庶人在官者，其祿以是爲差。【注】獲，得也。一夫一婦，佃田百畝。百畝之田，加之以糞，是爲上農夫，其所得穀足以食九口。庶人在官者食祿之等差，由農夫有上中下之次，亦有此五等。若今之斗食佐史除吏也。【疏】耕者至爲差。○正義曰：王制云：「制農田百畝。百畝之分，上農夫食九人，其次食八人，其次食七人，其次六人，下農夫食五人。庶人在官者，其祿以是爲差也。」注云：「農夫皆受田於公，田肥墽者有五等，收入不同也。庶人在官，謂府史之屬，官長所除，不命於天子國君者。」分或爲糞。翟氏灝考異云：「孟子自君卿順序，王制自農夫倒序。文有繁省，義未有鉏鋙也。惟一云下士與庶人在官者同祿，一云下士視下農夫，小異。蓋庶人在官，有府史胥徒四等，其祿以農之五等爲差，則爲府者當視上農，而史暨胥徒以次視中下矣。下士與爲府者同，故雖兩說之，而義仍一。周禮小司徒：上地家七人，中地家六人，下地家五人。禮記燕義云。周禮農夫之差。三等而已。孟子則五等者。先王之於民。養之欲其富。保之欲其庶。故家七人者。必授以九人之上地。家六人者。必授以七人之中地。而下地則以地稱人而已。管子揆度篇。上農挾五。中農挾四。下農挾三。呂覽士容論。上田夫食九人。下田夫食五人。可以益不可以損。一人治之。十人食之。六畜皆在其中矣。周氏柄中辨正云。周家授田之制。如大司徒遂人之說。則田肥者少授之。田瘠者多授之。如小司徒之說。則口衆者授之肥田。口少者授之瘠田。如孟子王制之說。則一夫定以百畝爲率。而良農食多。惰農食少。愚按三說本同。當以孟子王制爲主。而參觀周禮之說。蓋田有不易一易再易之殊。左氏異義。自衍沃之地九夫爲井而外。又有二而當一。以至九而當一者。此大司徒遂人授田。所以有多寡之差也。孟子王制言一夫百畝。則周禮不易之地。左傳衍沃之地。舉其最上者以定賦也。至小司徒之法。亦具於遂人中。遂人云。以歲時稽其人民而授之田野。蓋人有生耗。即田有予取。故稽而授之。或以小司徒之說爲疑者。未考遂人歲時稽授之法也。○注。獲得至吏也。○正義曰。史記春申君傳。集解引韓嬰章句云。獲得也。毛詩齊風無田甫田。釋文云。無田音佃。孔氏正義云。上田謂墾耕。下田謂土地。猶多方云。宅爾宅田爾田。今人謂佃食。古之遺語也。按說文人部。佃。中也。支部。畋。平田也。多方正作畋。此注云佃。乃畋之假借。而徧作田也。周禮地官遂人。上地夫一廛。田百晦。注云。鄭司農云。戶計一夫一婦而賦之田。趙氏本此爲說也。按夫之名從人起。亦從田起。六尺爲步。步百爲畝。畝百爲夫。此夫指地而言。蓋一夫授田百畝。故百畝之地。即以一夫名之。此上言耕者所獲。下言上農夫食九人。則以人言也。同受此百畝之田。而其所得穀。或足以食九口。或足以食八口。或足以食七口。以至僅能食六口五口。所以多寡不一者。以糞種培溉之有殊也。地官。草人掌土化之法。以物地相與宜而爲之種。凡糞種。騂剛用牛。赤緹用羊。墳壤用麋。渴澤用鹿。鹹潟用貆。勃壤用狐。埴壚用豕。彊檃用蕡。輕爂用犬。秋官薙氏掌殺草。若欲其化也。則以水火變之。注云。謂以火燒其所芟萌之草。已而水之。則其土亦和美矣。月令。季夏燒薙行水。利以殺草。如以熱湯。是其一時著之。此皆糞饒之事也。漢書百官公卿表云。縣令長。皆秦官。掌治其縣。萬戶以上。爲令。秩千石至六百石。減萬戶爲長。秩五百石至三百石。皆有丞尉。秩四百石至二百石。是爲長吏。百石以下。有斗食佐史之秩。是爲少吏。大率十里一亭。亭有長。十亭一鄉。鄉有三老。有秩。嗇夫。游徼。三老掌教化。嗇夫職聽訟收賦稅。游徼徼循禁賊盜。顏師古引漢官名秩簿云。斗食月奉十一斛。佐史月奉八斛。一說斗食者。歲奉不滿百石。計日而食一斗二升。故云斗食也。後漢百官志。斗食奉月十一斛。佐史奉月八斛。與名秩簿同。劉昭引漢書音義云。斗食祿日以斗爲計。此師古所引或一說也。趙氏舉其時奉祿。有斗食佐史兩目。用以除吏。吏即有秩。三老。嗇夫。游徼。亭長。五者也。

章指。言聖人制祿。上下差敘。貴有常尊。賤有等威。諸侯僭越。滅籍從私。孟子略記。言其大綱。以答北宮子之問。

疏貴有常尊賤有等威。○正義曰。宣公十二年左傳。隨會之言也。○諸侯僭越滅籍從私。○正義曰。漢書藝文志云。及周之衰。諸侯將踰法度。惡其害己。皆滅去其籍。自孔子時而不具。

萬章問曰。敢問友。〔注〕問朋友之道也。孟子曰。不挾長。不挾貴。不挾兄弟而友。友也者。友其德也。不可以有挾也。〔注〕長。年長。貴。貴勢。兄弟。兄弟有富貴者。不挾是乃爲友。謂相友以德也。〔疏〕注。兄弟兄弟有富貴者。○正義曰。趙氏以挾貴爲挾在已身之富貴。挾兄弟爲挾兄弟之富貴。兄弟即包上貴字而言。江氏永羣經補義云。古人以昏婣爲兄弟。如張子之於二程。程允夫之於朱子。皆有中表之親。既爲友則有師道。不可謂我與彼爲婣親。有疑不肯下問也。挾兄弟而問。與挾故而問相似。俗解謂不挾兄弟多人而友。兄弟多人。有何可挾乎。須辨別之。趙氏佑溫故錄云。兄弟等夷之稱。必其人之與己等夷而後友之。則不肯與勝己處。不能不恥下問矣。兄弟有富貴者。則仍挾貴意耳。孟獻子。百乘之家也。有友五人焉。樂正裘。牧仲。其三人。則予忘之矣。獻子之與此五人者友也。無獻子之家者也。此五人者。亦有獻子之家。則不與之友矣。〔注〕獻子魯卿孟氏也。有百乘之賦。樂正裘牧仲。其五人者。皆賢人無位者也。此五人者。自有獻子之家。富貴而復有德。不肯與獻子友也。獻子以其富貴下此五人。五人屈禮而就之也。〔疏〕注。獻子至而就之也。○正義曰。陳氏厚耀春秋世族譜云。孟孫叔孫季孫。俱出桓公。謂之三桓。公子慶父生公孫敖。公孫敖生文伯。魯語稱孟文子。文子生孟獻子。仲孫蔑。文十五見。襄十九卒。國語晉語。趙衛子曰。魯孟獻子有鬭臣五人。注云。鬭臣。扞難之士。未知即此五人否。漢書古今人表。孟獻子樂正裘牧中。並居第四等。是以其德同也。禮記坊記云。家富不過百乘。胡氏匡衷儀禮釋官云。左傳唯卿備百邑。鄭志以爲邑方二里。據小司徒四井爲邑言之。其說自確。百邑即方二十里之縣。小國之卿采地也。此免餘主辭邑。故據卿祿之少者言之。自卿以上乃有百邑。則大夫不得備百邑。故惟一成方十里也。周禮司勳。掌賞地之政令。凡賞無常。輕重眡功。又云。惟加田無國正。諸凡云百乘者。當據采地之外有加賜者言之。如左傳魯賜季友汶陽之田及費。晉賞桓子狄臣千室。亦賞士伯以瓜衍之縣是也。杜預解百邑。以爲一乘之邑。百邑即百乘。說無所據。趙氏以無獻子之家爲賢人無位。有獻子之家爲富貴而復有德。舊疏云。此五人如亦有獻子之家富貴。則不與獻子爲友。無他。以其兩貴不能以相下故也。獻子與之爲友。則以貴下賤故也。近時通解無獻子之家。謂視之若無。不欲挾之也。有獻子之家。謂有之爲重也。五人知有獻子之家。則知有貴。知有貴。則獻子不與之友。知有獻子之貴。則獻子不與友。獻子之不挾貴可知。非惟百乘之家爲然也。雖小國之君亦有之。費惠公曰。吾於子思。則師之矣。吾於顏般。則友之矣。王順長息。則事我者也。【注】小國之君。若費惠公者也。王順長息。德不能見師友。故曰事我者也。

【疏】注。小國之君若費惠公者也。○正義曰。顧氏炎武日知錄云。春秋時有兩費。其一見左傳成公十三年。晉侯使呂相絕秦曰。殄滅我費滑。注。滑國都於費。今河南緱氏縣。襄公十八年。楚蔿子馮公子格率銳師侵費滑。蓋本一地。秦滅之。而後屬晉耳。其一僖公元年。公賜季友汶陽之田及費。齊乘。費城在費縣西北二十里。魯季氏邑。在子思時。滑國之費。其亡久矣。疑即季氏之後而僭稱公者。魯連子稱陸子謂齊湣王曰。魯費之衆臣。甲舍於襄賁。而楚人對頃襄王。有鄒費郯邳。殆所謂泗上十二諸侯者邪。仁山金氏曰。費本魯季氏之私邑。而孟子稱小國之君。曾子書亦有費君費子之稱。蓋季氏專魯。而自春秋以後。計必自據其邑如附庸之國矣。大夫之爲諸侯。不待三晉而始然。其來亦漸矣。閻氏若璩釋地續云。余更博考之。呂氏春秋。言以滕費則勞。以鄒魯則逸。劉向說苑。言魯人攻鄪。曾子辭於鄪君。鄪君曰。寡人之於先生也。魯世家言悼公時。三桓勝。魯如小侯。卑於三桓之家。六國表並同。則爲季氏之竊僭。以私邑爲國號。殆無復疑。毛氏奇齡經問云。或問孟子有費惠公。且曰小國之君。按戰國並無費國。有謂費在春秋。係魯都、或是魯君。則魯此時爲魯繆公。並無惠公。且魯有惠公。未有子孫與祖宗可同謚者。有謂費本季氏巖邑。或即季氏子孫世居費者。遂於此僭稱公歟。曰。俱不然。魯國無恙。固無有降而稱費國之理。即季氏子孫世爲魯卿。亦斷無有出居於費者。大夫有采邑。但其收賦稅而不居其地。故孟孫之郕。叔孫之郈。季孫之費。皆他人居之。春秋公斂處父居郕。侯犯居郈。南蒯公山弗狃陽虎。皆居費。是也。季氏宗卿。焉得居費。若謂魯惠費惠不當同謚。則衛有兩莊公。燕有三桓公。祖宗謚法。何曾禁同。而以此立說。則又誤矣。大抵春秋戰國閒。凡都邑之長。皆與有地之君相比。原有邑宰都君之稱。以長於其地也。此所稱國。猶顓臾邾極各爲君臣。因亦得以公名之。此不特楚僭稱王。始有申公葉公之稱。即以齊言之。在春秋有棠公。在戰國有薛公。其稱邑以公皆是也。況魯在戰國方五百里。則費或稍寬。其得以都君而僭國君。容有然耳。惠氏士奇春秋說云。虞虢焦滑霍揚韓魏。皆姬姓也。滑國都於費。謂之費滑。水經注緱氏縣故滑費。春秋滑國都。莊公十六年同盟於幽。滑伯與焉。滑一名費。猶宋一名商。孟子所謂費惠公者。滑伯之後也。自秦人滅滑。而滑或屬周。或屬晉。或屬鄭。屬周者曰馮滑。見定公六年傳。屬晉者曰虛滑。見成公十七年傳。屬鄭者曰費滑。見襄公八年傳。蓋滑介於鄭周之閒。仍爲附庸於晉鄭。故至戰國而鄒邳郯費。猶號小國之君。說者不知春秋有費滑。遂謂戰國無費。而以魯之費當之。誤矣。按漢書古今人表。費惠公顏敢王順長息同列第四等。敢殺形近而譌。越慎字通。

非惟小國之君爲然也。雖大國之君亦有之。晉平公之於亥唐也。入云則入。坐云則坐。食云則食。雖蔬食菜羹。未嘗不飽。蓋不敢不飽也。然終於此而已矣。【注】大國之君。如晉平公者也。亥唐晉賢人也。隱居陋巷者。平公嘗往造之。亥唐言入。平公乃入。言坐乃坐。言食乃食也。蔬食。糲食也。不敢不飽。敬賢也。終於此。平公但以此禮下之而已。【疏】注大國至而已。○正義曰。太平御覽引皇甫士安高士傳云。亥唐者。晉人也。晉平公時。朝多賢臣。祁奚趙武師曠叔向。皆爲卿大夫。名顯諸侯。唐獨不官。隱於窮巷。平公聞其賢。致禮與相見而請事焉。平公待於門。唐曰入。公乃入。唐曰坐。公乃坐。唐曰食。公乃食。唐之食公也。雖蔬食菜羹。公不敢不飽。史記晉世家云。悼公卒。子平公彪立。抱朴子欽士篇云。晉文接亥唐。腳痺而坐不敢正。此文爲平之譌。其逸民篇云。晉平非不能吏亥唐也。然尊而肆之。貴而重之。誠以百行殊尚。默默難齊。樂尊賢之美稱。恥賊善之醜迹。亥唐一作期唐。亥之爲期。猶箕之爲荄也。惠氏棟左傳補注云。史趙以亥字推算其年者。蓋以亥爲絳縣人之名。即孟子之亥唐。韓非子言晉平公於唐亥云云。或孟子傳寫倒其名氏也。詩大雅召旻。彼疏斯粺。箋云。疏。麤也。謂糲米也。蔬與疏通。趙氏佑溫故錄云。晉平承悼公復伯之烈。而不能繼與。悼之末年。已不免弛。平益替焉。溴梁盟而大夫張。平邱盟而諸侯散。自是天下變亟。大勢稍成。方且遠故向築虒祁。其不知求賢輔國亦甚矣。區區禮一亥唐。不過取快佚遊。苟圖虛譽。非有示我周行之誠。唐復無可表見。即使不終於此。而與共職位。豈遂能破相疑之勢。樹疏遠之勸哉。孟子特以爲友道證。未暇深論晉本末也。弗與共天位也。弗與治天職也。弗與食天祿也。士之尊賢者也。非王公之尊賢也。【注】位職祿皆天之所以授賢者。而平公不與亥唐共之。而但卑身下之。是乃匹夫尊賢之禮耳。王公尊賢。當與共天職也。舜尚見帝。帝館甥于貳室。亦饗舜。迭爲賓主。是天子而友匹夫也。【注】尚。上也。舜在畎畝之時。堯友禮之。舜上見堯。堯舍之於貳室。貳室。副宮也。堯亦就饗舜之所設。更迭爲賓主。禮謂妻父曰外舅。謂我舅者。吾謂之甥。堯以女妻舜。故謂舜甥。卒與之天位。是天子之友匹夫也。【疏】注尚上至夫也。○正義曰。尚與上通。論衡須頌篇引尚書或說云。尚者上也。儀禮覲禮云。尚左。注云。古文尚作上。是也。說文貝部云。貳。副益也。爾雅釋宮云。宮謂之室。是貳室即副宮也。趙氏以堯館舜於貳室。則舜饗堯之所設。堯亦就往舜宮。饗舜之所設。是爲更迭爲賓主也。詩小雅彤弓一朝饗之。箋云。大飲賓曰饗。周禮秋官大行人饗禮九獻。注云。饗。設盛禮以飲賓也。是以酒食待賓客爲饗。趙氏以饗舜爲堯就饗舜之所設。則謂舜設盛禮饗堯。而堯就饗其所饗。此饗當解作受。哀公十五年左傳云。其使終饗之。注云。饗。受也。是也。小爾雅廣詁云。迭。更也。故以更釋迭。一說亦饗舜。是以祿養舜。即上共天祿意。以君臣之禮更爲賓主之禮。謂略上下而交際往來。非堯爲主則舜爲賓。舜爲主則堯爲賓也。爾雅釋親云。

妻之父爲外舅。又云。謂我舅者。吾謂之甥也。郭氏注云。謂我舅者。吾謂之甥。然則亦宜呼壻爲甥。孟子曰。帝館甥於貳室是也。用下敬上謂之貴貴，用上敬下謂之尊賢。貴貴尊賢，其義一也。【注】下敬上，臣恭於君也。上敬下，君禮於臣也。皆禮所尙，故云其義一也。章指言匹夫友賢，下之以德；王公友賢，授之以爵。大聖之行，千載爲法者也。【疏】大聖之行千載爲法。○正義曰。襄公三十一年左傳云。文王之行。至今爲法。

萬章曰：敢問交際何心也？【注】際，接也。問交接道當執何心爲可者。【疏】注。際接也。○正義曰。爾雅釋詁云。際接也。捷與接通。說文手部云。接。交也。是際亦交也。執。持也。操也。謂諸侯以禮儀幣帛與士相交接。其道當操持何心。孟子曰：恭也。【注】當執恭敬爲心。曰：卻之卻之爲不恭，何哉？【注】萬章問卻不受尊者禮謂之不恭，何然也。【疏】注。卻不受尊者禮謂之不恭。○正義曰。音義出却之云。正體卻字。下皆同。或作郤。譌。此謂當从卩作卻。不當從邑作郤也。文選東京賦云。卻走馬以糞車。薛綜注云。卻。退也。呂氏春秋知接篇云。無由接固卻其忠言。高誘注云。卻不用。退其所交接之禮物而不用。即不受也。疊言卻之卻之者。卻之至再。堅不受也。萬章以不受亦是廉以律己。何以爲不恭。一說卻之是萬章問。卻之爲不恭。是孟子答。何哉又是萬章問。曰：尊者賜之，曰其所取之者義乎不義乎，而後受之，以是爲不恭，故弗卻也。【注】孟子曰：今尊者賜己，己問其所取此物，寧以義乎？得無不義，乃後受之，以是爲不恭，故不當問尊者不義而卻之也。【疏】注今尊至卻之也。○正義曰。已問解曰字。趙氏以曰是問之之詞。問此所賜之物。義不義。彼必以義對。故受之也。若不義則卻之矣。尊者賜而問其義不義。是輕慢之也。輕慢故不恭。故不問其義不義而不卻也。曰：請無以辭卻之，以心卻之，曰其取諸民之不義也，而以他辭無受，不可乎？【注】萬章曰：請無正以不義之辭卻也，心知其不義，以他辭讓無受之，不可邪？曰：其交也以道，其接也以禮，斯孔子受之矣。【注】孟子言其來求交己以道理，其接待己有禮者，若斯孔子受之矣，言可受也。【疏】其交至之矣。○正義曰。以道。謂所賜有名。如餽贐聞戒。以禮。謂儀及其物。云受之矣。不問其義也。萬章曰：今有禦人於國門之外者。其交也以道。其餽也以禮。斯可受禦與。【注】禦人以兵禦人而奪之貨。如是而以禮道來交接已。斯可受乎。【疏】注禦人至之貨。○正義曰。尚書牧誓。弗禦克奔。鄭注云。禦。彊禦。謂彊暴也。克。殺也。不得暴殺紂師之奔走者。然則禦人於國門之外。即暴人於國門之外也。王氏鳴盛尚書後案云。詩大雅蕩云。曾是彊禦。毛傳。彊禦。彊梁禦善也。烝民不畏彊禦。疏亦云。彊梁禦善之人。趙岐注禦人以兵。古者扞人以兵曰禦。以兵傷人。亦曰禦也。受禦。謂受此所禦得之貨。曰。不可。康誥曰。殺越人于貨。閔不畏死。凡民罔不譈。是不待教而誅之者也。殷受夏。周受殷。所不辭也。於今爲烈。如之何其受之。【注】孟子曰。不可受也。康誥。尚書篇名。周公戒成王封康叔。越。于。皆於也。殺於人取於貨。閔然不知畏死者。譈。殺也。凡民無不得殺之者也。若此之惡。不待君之教命。遭人則討之。三代相傳以此法。不須辭問也。於今爲烈。烈明法。如之何受其餽也。【疏】注康誥尚至康叔。○正義曰。書序云。成王既伐管叔蔡叔。以殷餘民封康叔作康誥。趙氏以爲周公戒成王封康叔者。康誥云。王若曰。孟侯朕其弟小子封。鄭注云。依略說。太子十八爲孟侯。而呼成王。王氏鳴盛尚書後案云。成王即位年十三。至是六年十八矣。十八爲孟侯。此伏生書傳略說義也。彼文云。天子太子十八曰孟侯。孟侯者。四方諸侯來朝。迎於郊。見周禮秋官大行人疏。伏生書傳。秦火以前先師遺義。故鄭用之。文王世子篇。仲尼曰。昔周公攝政踐阼而治。抗世子法於伯禽。所以善成王也。又云。成王幼不能踐阼。故抗世子法於伯禽。使與成王居。欲令成王知父子君臣長幼之義。是周公居攝。以世子禮教成王。呼成王爲孟侯。不足異也。趙岐注孟子。以康誥爲周公戒成王及康叔封而作。是亦以孟侯爲成王可知。江氏聲尚書集注音疏云。鄭康成注伏生大傳云。孟。迎也。孟侯呼成王也。○注越于至之者也。○正義曰。尚書康誥云。凡民自得罪。寇攘姦宄。殺越人于貨。暋不畏死。罔弗憝。趙氏以越于皆於者、爾雅釋詁云。粵于。於也。史記宋世家集解引馬融云。越。於也。越粵通也。江氏聲尚書集注音疏云。越于也。于猶取也。凡民所由得罪。以寇攘姦宄殺人取貨也。殺于人取其貨。冒冒然不畏死刑。凡民無不怨之。此言不待教而誅者也。七月詩云。一之日于貉。毛傳云。于貉。謂取狐貍皮也。故于猶取也。孟子萬章篇。引殺越人。趙氏以爲殺于人。據其解越爲于。則越乃假借字。當以粵爲正。孟子說此經云。是不待教而誅者也。上文義刑義殺勿庸以即。言當先教後殺。此言殺人取貨。則彊暴之人不可教訓者。明不在先教之列。說文攴部云。暋。冒也。周書曰暋不畏死。段氏玉裁說文解字注云。今本爾雅。昏暋强也。盤庚不昏作勞。鄭注昏讀爲暋。勉也。似鄭所據爾雅。與今本不同。康誥暋不畏死。孟子作閔。立政其在受德暋。心部作忞。王氏鳴盛後案云。冒昧爲惡。自强爲惡。義亦同。

按趙氏以不知畏死解閔。然則。謂其冒昧無知。願殺人取貨。罪犯不畏。豈有不知者。惟知之而故犯之。乃爲自彊。閔爲暋之假借。知其不當爲而强爲之也。王氏念孫廣雅疏證云。憝。惡也。說文。憝。怨也。康誥罔不憝。傳云。人無不惡之者。孟子萬章篇引書作譈。荀子議兵篇云。百姓莫不敦惡。法言重黎篇。楚憞羣策而自屈其力。李軌注云。憞惡也。譈憞敦並與憝同。凡人凶惡亦謂之憝・康誥云。元惡大憝。逸周書銓法解云。近憝自惡是也。方言。譈。憎所疾也。宋魯凡相疾苦謂之譈憎。若秦晉言可惡矣。譈與憝聲亦相近。按趙氏訓譈爲殺。以爲凡民無不得殺之。與訓怨訓惡不同。譈字說文所無。莊子逍遙遊云。越人斷髮文身。釋文云。司馬本作敦。一云敦。斷也。又說劍篇云。試使士敦劍。釋文引司馬注云。敦。斷也。說文斤部云。斷。截也。釋名釋言語云。絕。截也。如割截也。然則。敦有割截斬斷之義。趙氏讀譈爲敦。故以爲殺也。禮記樂記云。故樂者天之命・注云・命教也。是敎亦命也。說文辵部云。遭。遇也。言部云。誅。討也。趙氏以不待教而誅。爲孟子解說。凡民罔不譈之義。旣凡民無不得殺之。則不待教即是不待君之教命。遭遇此殺人取貨之人・人即得而誅討之。不待教命而誅。故不須辭問。國語魯語云。魯大夫辭而復之。注云。辭。請也。不須請問。極言其當討也。國語晉語云。君有烈名注云。烈。明也。管子心術篇云。殺戮禁誅謂之法。鹽鐵論刑德篇云。法者所以督姦也。於今爲烈。趙氏以爲烈烈明法。謂此不待教而誅之法・三代傳之。至今猶明顯也。遭遇此等之人。方且誅討之。奈何受其餽。以烈烈解烈字。又以明字解烈烈。猶毛詩傳以洸洸潰潰解洸潰。樂記以肅肅雍雍解肅雍也。

曰。今之諸侯取之於民也。猶禦也。苟善其禮際矣。斯君子受之。敢問何說也。注萬章曰。今諸侯賦稅於民。不由其道。履畝彊求。猶禦人也。苟善其禮以接君子。君子且受。受之何說也。君子謂孟子。疏注萬章至人也。○正義曰。春秋宣公十五年初稅畝。穀梁傳云。古者什一藉而不稅。初稅畝者。非公之去公田而履畝十取一也。楊氏疏引徐邈以爲除去公田之外。又稅私田之什一。私田本不當稅。今履而稅之。是爲強求。孟子時諸侯橫斂。有不止於稅畝者矣。趙氏第舉此一端以爲例耳。

曰。子以爲有王者作。將比今之諸侯而誅之乎。其敎之不改而後誅之乎。夫謂非其有而取之者盜也。充類至義之盡也。孔子之仕於魯也。魯人獵較。孔子亦獵較。獵較猶可。而況受其賜乎。注孟子謂萬章曰。子以爲後如有聖人興作。將比地盡誅今之諸侯乎。將教之。其不改者乃誅之乎。言必教之。誅其不改者也。殷之衰亦猶周之末。武王不盡誅殷之諸侯。滅國十五而已。知後王者亦不盡誅也。謂非其有而竊取之者爲盜。充滿至甚也。滿其類大過至者。但義盡耳。未爲盜也。諸侯本當税民之類者。今大盡耳。亦不可比於禦。孔子隨魯人之獵較。獵較者。田獵相較奪禽獸得之以祭。時俗所尚以爲吉祥。孔子不違而從之。所以小同於世也。獵較尚猶可爲。況受其賜而不可也。【疏】注。將比地盡誅今之諸侯乎。○正義曰。音義出將比云。丁毗失切。云比地而誅。猶言比屋而誅也。亦毗志切。禮記樂記云。比於慢矣。注云。比猶同也。後漢書鄭康成傳注云。比膝。猶連膝也。比而誅之。即同而誅之。比地而誅之。即連地而誅之也。○注。謂非至比於禦。○正義曰。呂氏春秋重已篇云。味衆珍則胃充。高誘注云。充。滿也。楚辭離騷云。蘇糞壤以充幃兮。注云。充。猶滿也。呂氏春秋求人篇云。至。勞也。高誘注云。至。大也。詩小雅巧言昊天泰憮箋云。泰言甚也。泰與大同。是至即甚也。故趙氏以甚釋至。又以大過釋至。禮記緇衣云。行無類也。注云。類。謂比式。方言云。類。法也。什一而稅。此法式也。充類。謂已盈滿其法式。乃於法式之外又多取之。則是充類而又大甚。是爲充類至。充類至。則是爲義之盡。義者宜也。盡亦至也。諸侯本當稅民之類者。當字解義字。取稅於民。本爲義禮。但於所當取之法式爲太甚。故爲義之盡。趙氏以大釋盡。明盡與至。其義一也。與盜爲非類。故不可比於禦。湛囦靜語云。充類至一句。義之盡也一句。是也。近時遍解。夫謂非其有而取之即爲盜者。乃充不取之類。至於義之至極而後爲然也。○注。獵較者至世也。○正義曰。張氏爾岐蒿菴閒話云。古人田獵既畢。擇取三等中殺者。每等得十。以充君庖。其餘則與士衆習射於射宮。射而中。田不得禽。則得禽。田得禽。而射不中。則不得禽。蓋田時各奮武勇。及既獲則公之。辭讓而後取也。若夫獵較者。不復習射。唯以所獲之多少。爲所取之多少。當其獵時。自互相攙奪。此亦古法變壞之一端。然皆用以祭其祖先。殊無大過。周氏柄中辨正云。王孚皆謂較奪禽獸以祭。正與下正祭器相應。趙義爲長。愚謂不特此也。周禮獲禽者取左耳。及弊田。植虞旗致禽而珥焉。言致禽於旗下取耳。以較所獲之多少。則獵而較獲。正禮之所有。不得爲弊俗。故趙說爲長。楊文采曰。還與盧令。齊俗也。猶但以便捷輕利相稱譽。魯俗重禮教。君戾泮宮。而無小無大。從公于邁。猶有先王之遺風焉。何至公行攙奪。會齊俗之不若乎。其意蓋在貴四方之異物。所得之多且異者。則於獻禽時誇耀於衆。謂人莫已若耳。非獨較多寡。亦較珍異也。楊氏此說亦自近理。然孟子引此。正以較奪禽獸。與取非其有一例。故舉以相形。若作比較解。則與取民猶禦。毫無干涉。下文不當云獵較猶可。況受其賜矣。嘗推求獵較之故。大抵出於魯之三家。非田獵之百姓相較奪也。襄三十年傳。鄭豐卷將祭。請田。子產弗許。曰。惟君用鮮。衆給而已。是因祭而獵。惟諸侯得行之。而大夫不與焉。魯自三家僭竊。禮則擬於君。祀則豐於昵。務以多品異物爲觀美。於是有田獵較奪之事。若謂魯人之習俗如是。則孔子爲政。能使市不飾賈。塗不拾遺。而獨不能變此陋習乎。且庶民有何祭器。庶民之祭。豈得用四方之食。而煩孔子之簿正邪。知此。則無疑於趙氏較奪之說矣。孔氏廣森經學卮言云。言魯人獵較。孔子爲政。亦聽之而不禁耳。非亦從而身爲之也。

焦氏袁熹此木軒四書說云。此魯人。皆士大夫奉祭祀者也。習俗已然。本非禮所得用。而孔子不違。以小同於俗。不汲汲於更張也。

曰。然則孔子之仕也。非事道與。【注】萬章問孔子之仕。非欲事行其道與。【疏】注。非欲事行其道與。○正義曰。韓非子喻老篇云。事。爲也。禮記樂記云。事蚤濟也。注云。事。猶爲也。檀弓云。不仁而不可爲也。注云。爲。猶行也。呂氏春秋愛類篇云。無不行也。高誘注云。行。爲也。行事爲二字義同。故以行釋事。事道即行道也。

曰。事道也。【注】孟子曰。孔子所仕者。欲事行其道。事道奚獵較也。【注】萬章曰。孔子欲事道。如何可獵較也。曰。孔子先簿正祭器。不以四方之食供簿正。【注】孟子曰。孔子仕於衰世。不可卒暴改戾。故以漸正之。先爲簿書以正其宗廟祭祀之器。即其舊禮取備於國中。不以四方珍食。供其所簿正之器度。珍食難常。有乏絕則爲不敬。故獵較以祭也。【疏】注。孔子至祭也。○正義曰。趙氏以孔子仕衰世。不可遽然矯戾改變其俗。先此宗廟祭祀之器。且有不正者。不獨獵較也。若一時既正其祭器。又禁其獵較。則卒暴難行。故正之以漸。先簿正其祭器。不即禁其獵較也。音義出簿正云。丁步古切。本多作薄。錢氏大昕養新錄云。經典無簿字。惟孟子有先簿正祭器一語。孫奭音義云。本或作薄。則北宋本猶不盡作簿也。唐美原神泉詩碑篆。書主簿字从艸。是唐人尚識字。按簿書之簿。即帷薄之薄。劉熙釋名釋書契云。笏。忽也。君有教命及所啟白。則書其上。備忽忘也。或曰簿。言可以簿疏物也。畢氏沅釋名疏證云。簿俗字也。據漢夏承碑爲主薄督郵韓勅碑。主簿魯薛陶武榮碑。郡曹史主薄。古薄字皆从艸明矣。然諸史書並从竹。如籍藉之類。亦互相通。古用笏。漢魏以來謂之簿。即手板也。蜀志稱秦宓以簿擊頰即此是已。書之於簿謂之簿。故先爲簿而書之。以正其宗廟祭祀之器也。獵較皆取國中所備。若不獵於國中。而取珍食於四方。四方遠在魯國之外者也。則恐難常有。而不免有時乏絕。簿爲不敬。孔子所以不禁其獵較也。近時通解。則以簿正祭器。不以四方之食供簿正。即是陰止其獵較之術。張氏爾岐蒿菴閒話云。夫子欲革其俗。故先簿正祭器。使上下尊卑。祭有常器。器有常品。用三鼎五鼎者乃有獸臘。庶人只用特牲。則所獲兔麋之屬。皆不得用。而人將斷知顧禮。覺其較奪之非。此則四方指魯國中之四方。若是。則孔子簿正祭器。正是禁止其獵較。不得云亦獵較矣。惟正祭器是一事。禁獵較又是一事。二者相度。則祭器不可不正。故先正之。不以四方難得之食供簿正。恐其乏絕不敬。則獵較尚不爲無說。故姑容之。此聖人權衡之當。而先正斷正之宜也。所以對奚獵較之義。謂因此所以亦獵較也。

曰。奚不去也。【注】萬章曰。孔子不得行道。何爲不去。曰。爲之兆也。兆足以行矣。而不行。而後去。是以未嘗有所終三年淹也。【注】兆。始也。孔子每仕。常爲之正本遂始。欲以次始之而不見用。占其事始而退。足以行之矣。而君不行也。然後則孔子去矣。終者竟也。孔子未嘗得竟事一國也。三年淹留而不去者也。【疏】注。兆始至始之。○正義曰。哀公元年左傳云。有田一成。有衆一旅。能布其德而兆其謀。注云。兆。始也。兆其謀承上始有一成一旅而言。是兆之義爲始也。廣雅釋詁造本皆訓始。故以始釋兆。又以正本造始申言之。○始亦先也。先簿正祭器。爲之正本造始也。以漸止其獵較。是欲以次始之也。○注。而不至而退。○正義曰。此二句解而不行而後去。不見用是不行也。儀禮士冠禮鄉飲酒禮注。皆云退去也。是去即退也。謂雖不見用。亦示以可行之兆而去。如吉雖未形於事。而龜筮先見其兆。周禮春官占人注云。占蓍龜之卦兆吉凶。經言兆。故趙氏以占言之。○注足以至去矣。○正義曰。此順解足以行矣而不行而後去也。而後去。不遂去也。雖不行必爲之兆而後去。故不遂也。孔子亦獵較。已是道不行。而必先簿正祭器以爲之兆。而後乃退去。爲之兆原在不行之後。經先言爲之兆。故趙氏屈曲申明之•此趙氏解經之妙也。萬章問云。猶不行奚爲不去。曰不行而不去者。爲之兆也。所以爲之兆者。以示兆足以行。兆足以行而君不行。所以爲之兆而後去也。不行在爲之兆之前已然。非爲之兆而君不行也。經文奧折。趙氏得之。○注。終者至去者也。○正義曰。詩大雅瞻卬譖始竟背箋云。竟。猶終也。說文音部云。樂曲盡爲竟。爾雅釋詁云。淹。久也。宣公十二年左傳云。二三子無淹久。注云。淹留也。故以三年淹爲留而不去。淹留至於終竟三年。則得竟事一國。未嘗終竟三年之留。是未嘗得竟事一國也。謂爲之兆而後乃去。雖不遂去。而亦未嘗久留終於三年。

孔子有見行可之仕。有際可之仕。有公養之仕。於季桓子。見行可之仕也。於衞靈公。際可之仕也。於衞孝公。公養之仕也。【注】行可冀可行道也。魯卿季桓子秉國之政。孔子仕之。冀可得因之行道也。際接也。衞靈公接遇孔子以禮。故見之也。衞孝公以國君養賢者之禮養孔子。故宿留以答之矣。【疏】注。行可至道也。○正義曰。史記孔子世家云。定公十四年。孔子年五十六。由大司寇行攝相事。誅魯大夫亂政者少正卯。與聞國政。三月。粥羔豚者弗飾賈。男女行者別於塗。塗不拾遺。四方之客至乎邑者。不求有司。皆予之以歸。是所爲行可之仕也。桓子以定公五年秉國政。嘗穿井得土缶。中若羊。以問孔子。孔子爲司寇。溝昭公墓而合之。家語謂季桓子曰。貶君以彰己罪。非禮也。今合之。所以揜夫子以不臣。然則是時季桓子實能聽用孔子之言。定公十年公羊傳云。孔子行乎季孫。三月不違。注云。孔子仕魯。政事行乎季孫。三月之中不見違過。是違之也。不言政行乎定公者。政在季氏之家。十二年公羊傳云。孔子行乎季孫。三月不違。曰。家不藏甲。邑無百雉之城。於是帥師墮郈。帥師墮費。孔子世家云。齊人聞而懼曰。孔子爲政必霸。霸則吾地近焉。我之爲先幷矣。於是選齊國中女子好者八十人。皆衣文衣而舞康樂。文馬三十駟。遺魯君。陳女樂文馬於魯城南高門外。季桓子微服往觀再三。將受。乃語魯君爲周道遊往觀終日。怠於政事。桓子卒受齊女樂。三日不聽政。郊又不致膰俎於大夫。孔子遂行。宿乎屯。而師己送曰。夫子則非罪。孔子曰。吾歌可夫。歌曰。彼婦之口。可以出走。彼婦之謁。可以死敗。蓋游哉優哉。維以卒歲。師已反。桓子曰。孔子亦何言。師己以實告。桓子喟然嘆曰。夫子罪我以羣婢故也。然則孔子之仕魯。以季桓子不違。去魯。以季桓子之受女樂。故云於季桓子。見行可之仕也。○注。際接至見之也。○正義曰。周氏柄中辨正云。史記孔子在衛。衛靈公致粟六萬。此固公養之實據。然以其接遇有禮。不徒能養。故曰際可之仕。則非公養之仕矣。○注。衛孝公至答之矣。○正義曰。毛氏奇齡四書賸言云。春秋史記並無孝公。惟夫子於衛靈死後。在哀七年。當出公輒時。亦會至衛。但出公並不謚孝。然舍此又別無他公往來。疏謂仍是靈公。史記春秋年表。衛靈三十八年。孔子來。祿之如魯。又孔子世家。衛靈問孔子居魯得祿幾何。對曰。奉粟六萬。衛人亦致粟六萬。此正公養之實據。然明明有孝公字。豈可不信孟子。而反信史記。惟趙岐注衛孝公以國公養賢之禮養孔子。故孔子爲宿留以答之。其曰養賢之禮。曰宿留。似古原有成文。而邠卿引之者。漢去古未遠。必有師承。未可以今世所見疑古人也。翟氏灝考異云。衛輒使石曼姑率師距蒯聵於戚。公羊傳云。固可以距之也。輒以王父命辭父命。是父之行乎子也。以家事辭王事。是上之行乎下也。故檀弓正義謂衛輒拒父。而公羊以爲孝子。後儒之論且然。則當時臣下之謚以掩非。想自有之矣。若其一人兩謚。更無足怪。蒯聵謚莊公。漢書人表謂之簡公。則亦嘗有兩謚。趙氏佑溫故錄云。謚法解無出。衛孝公之即出公輒無疑。出公者。特當其出奔在外之稱。及後返國稱後元年。二十一年卒。而謚爲孝。史不備耳。經每有可以正史者。周氏柄中辨正云。蓋出公繼立時。孔子又嘗過衛。大約其致粟仍襲靈公之舊。而禮遇不衰。故第爲公養之仕耳。宿留詳見公孫丑篇。章指。言聖人憂民。樂行其道。苟善辭命。不忍逆距。不合則去。亦不淹久。蓋仲尼行止之節也。

孟子曰。仕非爲貧也。而有時乎爲貧。娶妻非爲養也。而有時乎爲養。【注】仕本爲行道濟民也。而有以居貧親老而仕者。娶妻本爲繼嗣也。而有以親執釜竈。不擇妻而娶者。【疏】注。仕本至娶者。○正義曰。韓詩外傳云。曾子仕於莒。得粟三秉。方是之時。曾子重其祿而輕其身。親沒之後。齊迎以相。楚迎以令尹。晉迎以上卿。方是之時。曾子重其身而輕其祿。懷其寶而迷其國者。不可與語仁。窘其身而約其親者。不可與語孝。任重道遠者。不擇地而息。家貧親老者。不擇官而仕。列女傳賢明篇。周南之妻云。家貧親老。不擇官而仕。親操井臼。不擇妻而娶。

爲貧者。辭尊居卑。辭富居貧。【注】爲貧之仕。當讓高顯之位。無求重祿。辭尊居卑。辭富居貧。惡乎宜乎。抱關擊柝。注 辭尊富者安所宜乎。宜居抱關擊柝監門之職也。柝。門關之木也。擊。椎之也。或曰。柝。行夜所擊木也。傳曰。魯擊柝聞於邾。疏 注。監門之職也。○正義曰。周禮地官司門。祭祀之牛牲繫焉。監門養之。注云。監門門徒。荀子榮辱篇云。或監門御旅。抱關擊柝。而不自以爲寡。楊氏注云。監門。主門也。抱關。門卒也。擊柝。擊木所以警夜者。史記信陵君列傳云。魏有隱士曰侯嬴。年七十。家貧。爲大梁夷門監者。既云終不以監門困故而受公子財。又云嬴乃夷門抱關者也。故趙氏以監門爲抱關擊柝者。○注。柝門至於邾。○正義曰。說文門部云。關以木橫持門戶也。趙氏解柝有二。一爲門關之木。謂即此橫持門戶者也。一爲行夜所擊木。周禮天官宮正。夕擊柝以比之。鄭司農云。柝。戒守者所擊也。秋官挈壺氏。縣壺以序聚㯶。野廬氏。若有賓客。則令守涂地之人聚㯶之。修閭氏。掌比國中宿互㯶者。鄭司農云。擊㯶。兩木相敲行夜時也。引傳云。魯擊柝聞於邾。哀公七年左傳文。行夜即巡夜。阮氏元校勘記云。行字如月令出行田原之行。經典釋文皆下孟反。秋官司寤氏。掌夜時以星分夜。以詔夜士夜禁。注云。夜士主行夜徼候者。賈氏疏云。行夜徼候者。若宮伯掌受八次八舍。注云。於徼候便也。則行夜往來周旋。謂徼候者也。按趙氏以抱關擊柝爲監門之職。則柝即是關。若以柝爲行夜所擊。則是抱關爲一職。擊柝又爲一職。柝㯶字通也。爲門關之木。則擊爲椎之使固。爲行夜之木。則擊爲敲之使有聲。義亦別矣。孔子嘗爲委吏矣。曰會計當而已矣。嘗爲乘田矣。曰牛羊茁壯長而已矣。位卑而言高。罪也。立乎人之本朝而道不行。恥也。注 孔子嘗以貧而祿仕。委吏。主委積倉庾之吏也。不失會計當直其多少而已。乘田。苑囿之吏也。主六畜之芻牧者也。牛羊茁壯肥好長大而已。茁。生長貌也。詩云。彼茁者葭。位卑不得高言豫朝事。故但稱職而已。立本朝大道當行。不行爲己之恥。是以君子祿仕者。不處大位。疏 注。委吏至少而已。○正義曰。周禮地官遺人。中士二人。下士四人。掌邦之委積。注云。委積者。廩人倉人計九穀之數足國用。以其餘共之。所謂餘法用也。少曰委。多曰積。又委人中士二人。下士四人。軍旅共其委積薪芻。注云。主斂甸稍芻薪之賦。以共委積。倉人中士四人。下士八人。掌粟入之藏。辨九穀之物。以待邦用。若穀不足。則止餘法用。有餘則藏之。注云。止。猶殺也。殺餘法用。謂道路之委積。然則委積爲遺人。委人。倉人。所共掌。故以委吏爲主委積倉庾之吏也。說文亼部云。會。合也。言部云。計。會也。算也。天官小宰聽出入以要會。注云。謂計最之簿書。月計曰要。歲計曰會。宰夫乘其財用之出入。注云。乘。猶計也。賈氏疏云。計者。算法乘除之名。出於此也。大宰歲終則令百官府。各正其治。受其會。三歲則大計羣吏之治而誅賞之。注云。會。大計也。然則零星算之爲計。總合算之爲會。說文田部云。當。田相值也。呂氏春秋孟夏紀云。必當其位。高誘注云。當。直也。直值同。直其多少無差。故不失也。孫氏星衍平津館文稿委吏解云。史記孔子世家云。孔子嘗爲季氏史。料量平。史記所言。正足證孟子。周禮遺人。掌邦及鄉里門關郊里野鄙縣都之委積。地官司徒之屬。是其事也。司會則逆羣吏之治而聽其會計。冢宰之屬。孔子正爲遺人之官。稱季氏史者。時季氏秉國政。得專司徒之事。孔子爲其屬。故季氏史亦魯臣。非仕於私家也。會計是司會之事。所云當者。讀如奏當之當。謂料量委積。上之司會。適當國家會計之數。不爲季氏求贏餘也。故史記則云料量平。說文料字解量也。料量猶言概量。以概平斗斛無浮入也。此正對求也爲季氏聚斂附益言之。不獨辭尊居卑。亦辭富居貧之一端。若止以供職爲當。則人人能之。且國家亦不容有不供職之吏也。○注。乘田至者茂。○正義曰。周禮地官囿人。中士四人。下士八人。注云。囿。今之苑。趙氏苑囿之吏。似指此。周氏柄中辨正云。毛大可曰。苑囿。囿人所掌。祇游觀鳥獸之事。並無牛羊。亦並不芻牧。考周禮牛人有職人主芻豢者。職讀作樴。杙也。所以繫牛。凡牧人掌牧六牲。牛人掌養國之公牛。必授職人芻豢之。史記謂之司職吏。其又名乘田者。以公牛芻豢皆甸田中事也。愚按古乘與甸通。毛說良是。引詩者。毛詩召南騶虞篇文。傳云。茁。出也。說文艸部云。茁。艸初生出地貌。詩曰。彼茁者葭。爾雅釋詁云。壯。大也。茁爲草木生出之名。借以形容牛羊。故以肥好解之。然後引詩以明其本義。音義云。長。張丈切。呂氏春秋論大篇任數篇。高誘注皆云。長。大也。故以大釋長。長是生長。茁是生長之貌。茁壯。言其貌之肥好。而以長字承之。猶言其生長則茁壯肥好也。 章指。言國有道。則能者取卿相。國無道。則聖人居乘田。量時安卑。不受言責。獨善其身之道也。

萬章曰。士之不託諸侯。何也。【注】託。寄也。謂若寄公食祿於所託之國也。【疏】注。託寄至國也。○正義曰。方言云。託。寄也。凡寄爲託。儀禮喪服傳。齊衰三月章。寄公爲所寓。傳曰。寄公者何也。失地之君也。毛詩邶風式微序云。式微。黎侯寓于衞。其臣勸以歸也。箋云。寓。寄也。黎侯爲狄人所逐。棄其國而寄於衞。孔氏正義云。此被狄所逐而云寄者。若春秋出奔之君所在亦曰寄。故左傳曰。齊以郲寄衞侯是也。喪服傳失地之君。謂削地盡者。與此別。 孟子曰。不敢也。諸侯失國而後託於諸侯。禮也。士之託於諸侯。非禮也。【注】謂士位輕。本非諸侯敵體。故不敢比失國諸侯。得爲寄公也。【疏】注。士位輕。○正義曰。周氏廣業孟子出處時地考云。古之上士中士下士者。皆有職之人也。其未仕而讀書譚道者。通謂之儒。周禮儒以道得民。魯論女爲君子儒是也。問亦稱士。如管子士農工商爲四民。曾子士不可以不弘毅之類。春秋而後。有游士處士。則皆無位而客游人國者矣。孟子所言士。亦有二。萬章之不託諸侯。彭更之無事而食。及王子墊所問。此無位者也。答北宮錡。及士以旂。大夫以旌。前以士。後以大夫。則並指有位者也。 萬章曰。君餽之粟。則受之乎。

【注】士窮而無祿。君餽之粟。則可受之乎。曰。受之。【注】孟子曰。受之也。受之何義也。【注】萬章曰。受粟何意也。曰。君之於氓也。固周之。【注】氓。民也。孟子曰。君之於民。固當周其窮乏。況於士乎。【疏】注。氓民也。○正義曰。詳見公孫丑篇。不言君之於民而言氓者。氓是自他國至此國之民。與寄之義合。曰。周之則受。賜之則不受。何也。【注】萬章言士窮。君周之則受。賜之則不受。何也。周者。謂周急稟貧民之常科也。賜者。謂禮賜橫加也。【疏】注。周者至科也。○正義曰。周與賙通。周禮地官鄉師。以歲時巡國及野。而賙萬民之艱阨。以王命施惠。注云。艱阨。飢乏也。鄭司農云。賙讀爲周急之周。賈氏疏云。讀從論語周急不繼富之周。又司祿掌均萬民之食而賙其急。注云。賙稟其艱阨。說文禾部云。稟。賜穀也。廣雅釋詁云。稟。予也。稟貧民之常科。謂因民貧乏。以穀給予之。此常法也。禮記月令。季春之月。天子布德行惠。開府庫。出幣帛。周天下。注云。周。謂給不足也。呂氏春秋季春紀。高誘注則云。周。賜也。蓋周與賜義亦通。而並舉。則各別也。○注。賜者謂禮賜橫加也。○正義曰。橫加。謂不當賜而賜也。不敢受賜。曰。敢問其不敢何也。【注】萬章問何爲不敢。曰。抱關擊柝者。皆有常職以食於上。無常職而賜於上者。以爲不恭也。【注】孟子曰。有職事者可食於上祿。士不仕。自以不任職事而空受賜。爲不恭。故不受也。【疏】注。有職至受也。○正義曰。周禮天官大宰。祿位以馭其士。注云。祿若今月奉也。自卿大夫以至庶人在官皆有祿。呂氏春秋懷寵篇云。皆益其祿。高誘注云。祿。食也。禮記王制云。王者之制祿爵。注云。祿所受食。故以祿解食於上之食也。既不仕。即不當食其祿。不仕而受其賜。即是受其祿也。不仕而受其祿。即是以士而託於諸侯。不恭。即非禮也。曰。君餽之則受之。不識可常繼乎。【注】萬章曰。君禮餽賢臣。賢臣受之。不知可繼續而常來致之乎。將當輒更以君命將之也。【疏】注。曰君至繼乎。○正義曰。前章言餽也以禮。則孔子受之。是君餽之則受之。不待復問矣。故直以可常繼爲問耳。前云爲貧而仕。惡乎宜乎。抱關擊柝。謂仕有常職以受祿也。蓋賜即餽也。賜之可受者也。此云君餽之粟則受之。又云無常職而賜於上。以爲不恭。賜非餽也。賜之不可受者也。蓋仕有常職。則可受其祿。不仕無常職。則可受其餽。不可受其祿。君餽之。以惠及氓則爲周。以禮下賢則爲交際。皆可受者也。合上二章。其義備矣。曰。繆公之於子思也。亟問。亟餽鼎肉。子思不悅。於卒也。摽使者出諸大門之外。北面

稽首再拜而不受。曰。今而後知君之犬馬畜伋。蓋自是臺無餽也。【注】孟子曰。魯繆公時。尊禮子思。數問。數餽鼎肉。子思以君命煩。故不悅也。於卒者。末後復來時也。摽。麾也。麾使者出大門之外。再拜叩頭不受。曰。今而後知君犬馬畜伋。伋。子思名也。責君之不優以不煩。而但數與之食物。若養犬馬。臺。賤官主使令者。傳曰僕臣臺。從是之後。臺不持餽來。繆公慍也。慍。恨也。【疏】鼎肉。○正義曰。禮記少儀云。其以鼎肉。則執以將命。注云。鼎肉。謂牲體已解。可升於鼎。○注。於卒者末後復來時也。○正義曰。爾雅釋詁云。卒。終也。儀禮燕禮云。卒受者以虛爵降。奠於篚。注云。卒猶後也。故以末後解之。據自是臺無餽。則此爲末後也。據亟餽。則此爲復來也。○注。摽麾至不受。○正義曰。音義云。摽音抅。又音拋。莊十三年公羊傳云已盟。曹子摽劍而去之。注云。摽。辟也。時曹子端劍守桓公。已盟。乃摽劍置地。與桓公相去離。釋文云。摽劍。普交反。辟也。辟劍置地。劉兆云。辟。捐也。此音與孟子同。毛詩邶風柏舟寤辟有摽傳云。辟。拊心也。摽。拊心貌。釋文云。摽。符小反。與公羊傳音異。而摽辟同爲拊心。則摽正即是辟。與公羊注同矣。毛詩召南摽有梅傳云。摽。落也。此摽乃荾字之假借。因思曹沫摽劍。此摽亦荾。謂墜落其劍於地也。哀公十三年左傳云。長木之斃。無不摽也。此摽亦荾也。木之長者既枯斃。久之枝格必墜落。杜氏注摽爲擊。失其義矣。說文手部擘。撝也。撝。裂也。一曰手指撝也。摽。旌旗所以指麾也。麾即俗摩字。摩通撝。撝訓擘。擘即寤辟有摽之辟。摽訓麾。撝訓辟也。禮記禮運云。捭豚。釋文云。捭又作擗。孔氏正義云。捭。拆豚肉。拆即分裂之義。說文手部又云。拊。揗也。揗。摩也。則拊心是以手撫摩其心。云擗云摽。則當是以兩手分擘。蓋怨憤搥擊之極。用手開解之。辟亦闢也。闢亦開也。蓋自上分而落於下爲摽。自近分而屛於遠亦爲摽。其義可引申而見。摽使者出諸大門之外。自近分而屛於遠也。是可推而通矣。閻氏若璩釋地又續云。周禮吉拜是拜而後稽顙。凶拜是稽顙而後拜。則凡先稽首後再拜。凶拜之類也。先再拜後稽首。吉拜之類也。吉拜拜之常。故主于受。凶拜拜之異。故主不受。說文手部云。㩻。首至手也。古文從二手。揚雄說從兩手下。首部云。䭬。䭬首也。頁部云。頓。下首也。段氏玉裁釋拜云。拜者何也。頭至手也。頭至手故經謂之拜手。凡經或言拜手。或單言拜。一也。周禮大祝謂之空手。鄭曰。空首。拜頭至手。所謂拜手也。何休注公羊宣六年傳。頭至手曰拜手。某氏注尙書召誥曰。拜手。首至手。皆其證也。何以謂之頭至手也。說文解字曰。跪者。所以拜也。既跪而拱手。而頭俯至于手。與心平。是之謂頭至手。荀卿子曰。平衡曰拜是也。頭不至于地。是以周禮謂之空首。曰空首者。對稽首頓首之頭著地言也。拜本專爲空首之稱。引申之則稽首頓首肅拜皆曰拜。稽。說文作䭬。稽首者何也。拜頭至地也。既拜手而拱手下至於地。而頭亦下至于地。荀卿子曰。下衡曰稽首是也。白虎通姓名篇。鄭注周禮大祝。何注公羊宣六年。某氏注尙書召誥。皆曰拜頭至地。曰稽首。拜重手。故字從手。諸重首。故字從首也。頓首者何也。頭叩地也。叩者何。敂也。敂者何。擊也。既拜手而拱手下至於地。而頭不徒下至地。且敂觸之。是之謂頓首。稽首者。言乎首舒遲至於地也。頓首者。言乎首急遽至於地也。是稽頓之別也。周禮言頓首不言稽顙。禮經十七篇。禮記羣經言稽顙。不言頓首。稽顙與頓首有二歟。曰。無二也。何以知其無二也，鄭注周禮頓首曰。頭叩地也。注士喪禮曰。稽顙。頭觸地也。又檀弓注云。稽顙者。觸地無容。叩地觸地之非有二。可知矣。至地者。以首不以顙。敂地者必以顙。故謂之稽顙。亦謂之顙。公羊昭二十五年再拜顙何。曰顙猶今叩頭矣。亦謂之頓顙。吳語。諸稽郢行成於吳曰。頓顙於邊。何言乎稽顙。稽之言至也。其至地與稽首同。其以顙與稽首異也。荀卿子曰，平衡曰拜。下衡曰稽首。至地曰稽顙。是即鄭君之頭至手曰空手。頭至地曰稽首。頭叩地曰頓首也。周禮大祝九拜。一曰稽首。二曰頓首。三曰空首。此三者。蓋拜之經歟。四曰振動。五曰吉拜。六曰凶拜。七曰奇拜。八曰褒拜。九曰肅拜。此六者。其舉前三者。權其吉凶輕重之宜而用之歟。他經曰拜手。曰拜。無曰空首者。故知空首即拜手也。拜者。拜手之省文也。禮經十七篇。禮記曰稽顙。無言頓首者。故知周禮之頓首。即稽顙也。凡言拜手稽首。言拜稽首。言再拜稽首。皆先空首而後稽首也。言拜而後稽顙者。先空首而後頓首也。言稽顙而後拜者。先頓首而後空首也。言稽顙不拜者。頓首而不空首也。拜者常禮。稽首者。敬之至也。稽顙者。哀之至也。凡祭必稽首。諸侯於天子稽首。大夫於國君稽首。於鄰國之君稽首。于君夫人鄰國君夫人稽首。禮有非祭非君而稽首者。特牲饋食禮。宿尸。尸許諾。主人再拜稽首。少牢饋食禮。宿尸祝賓主人再拜稽首。尸拜許諾。主人又再拜稽首。此皆未入廟之尸也。而再拜稽首者。鄭重之至。以定其爲尸也。士昏禮。賓升北面奠雁。再拜稽首。妻之父非君也。以逆女之事至重。稽首主爲授女。故主人不答拜。聘禮郊勞。賓用束錦儐勞者。儐者再拜稽首受。注云。尊國賓也。又受饔餼儐大夫。大夫北面當楣再拜稽首受幣。注云。尊君客也。下文皆云賓再拜稽首送幣。又下文大夫餼賓。賓再拜稽首受。是亦猶上文尊國尊賓君客之再拜稽首也。凡行禮必拜手。凡敵者拜手。卿大夫互相於一也。凡諸侯相於拜手。凡臣於君。君於臣。皆拜手。凡喪必稽顙以拜賓。即頓首也。何以謂之振動也。鄭曰。戰栗變動之拜也。有不必拜手而拜手者。有不必稽首而稽首者。有不必頓首而頓首者。如文三年晉侯享公。公降拜。襄四年穆叔如晉。歌鹿鳴之三。三拜、如雒誥成王拜手稽首於周公。襄九年魯襄公稽首於晉君。如昭二十五年季孫意如稽顙於叔孫昭子。昭八年陳無宇稽顙於欒施。公羊昭二十五年。昭公子家駒再拜顙於齊侯。是皆謂之振動。振動者。言非常也。因事制宜之謂也。吉拜者何也。謂拜之常也。當拜而拜。當稽首而稽首。是吉拜也。吉拜對凶之辭也。凡稽首未有用於凶者也。凶拜者何也。拜而後稽顙。稽顙而後拜。皆凶拜也。凡頓首未有不用于凶者也。奇拜者何也。謂一拜也。奇者不耦也。凡禮經言拜不言再者。皆謂一拜也。經者明言一拜者。士相見禮曰，君答一拜。聘禮曰。公一拜送几。又賓不降一拜。稽首頓首。則經未嘗有言再者。褒拜者何也。謂再拜已上也。褒者。大也。有所多大之辭也。凡禮經聘禮少牢饋食禮特牲饋食禮言三拜。及僖十五年左傳言三拜稽首。襄四年言三拜。定四年言九頓首。以及婦人之俠拜皆是也。肅拜者何謂也。與首下手之拜也。婦人之拜也。少儀曰。婦人雖有君賜。肅拜。是則肅拜爲婦人之常。猶拜手爲男子之常也。婦人以肅拜當男子之空首。以手拜當男子之稽首。以稽顙當男子之頓首。○注。臺賤至恨也。○正義曰。臺即僮也。方言云。僮服。農夫之醜稱也。南楚凡罵庸賤謂之田僮。或謂之服臺。爲賤稱。故官之賤者名臺。引傳者。昭公七年左傳芊尹無宇曰。人有十等。下所以事上。上所以共神也。故王臣公。公臣大夫。大夫臣士。士臣皁。皁臣輿。輿臣隸。隸臣僚。僚臣僕。僕臣臺。服虔云。臺。給臺下微名也。臺次輿隸僚僕之下。是賤官主使令者。故引此以證也。論語學而篇云。人不知而不慍。鄭氏注云。慍怨也。說文心部云。恨怨也。怨恚也。毛詩大雅緜肆不殄厥慍。傳云。慍恚也。是慍恨怨恚四字義同。趙氏以臺無餽爲繆公心不平子思之言。而不使之餽。故以爲慍。又以恨明之。阮氏元校勘記云。慍恨也。玩此三字。似經文有奪。抑注文作繆公慍恨也五字。今本衍二字耳。

悅賢不能舉。又不能養也。可謂悅賢乎。〔注〕孟子譏繆公之雖欲有悅賢之意。而不能舉用。使行其道。又不能優養終竟之。豈可謂能悅賢也。〔疏〕注又不能優養終竟之。○正義曰。趙氏以繆公慍恨子思之言。不使臺餽食爲不能優養終竟之。近時通說繆公因子思不悅自愧。故臺無饋。此不能養指上亟問亟饋事。非指臺無餽也。

曰。敢問國君欲養君子。如何斯可謂養矣。〔注〕萬章問國君養賢之法也。〔疏〕敢問至養矣。○正義曰。此因孟子言不能養而問也。

曰。以君命將之。再拜稽首而受。其後廩人繼粟。庖人繼肉。不以君命將之。子思以爲鼎肉。使己僕僕爾亟拜也。非養君子之道也。〔注〕將者行也。孟子曰。始以君命行禮。拜受之。其後倉廩之吏繼其粟。將盡復送。廚宰之人日送其肉。不復以君命者。欲使賢者不答。以敬所以優之也。子思所以非繆公者。以爲鼎肉使己數拜故也。僕僕。煩猥貌。謂其不得養君子之道也。〔疏〕注。將者至道也。○正義曰。毛詩傳以行釋將。不一而足。趙氏所本也。爾雅釋言云。將。送也。孫炎注云。行之送也。是將有行送二義。以君命將之。亦即是以君命送之。故繼粟繼肉。皆以送字明之。廩人繼粟。廩人送之。不以君命送之也。庖人繼肉。庖人送之。不以君命送之也。周禮地官。廩人掌九穀之數。以待國之匪頒賙賜稍食。天官庖人。共賓客之禽獻。胡氏匡衷侯國官制考云。周禮廩人下大夫二人。據少牢大夫有廩人。則諸侯當亦有之。國語云。敵國賓至。廩人獻餼。是諸侯有廩人也。禮記祭統云。夫祭有畀煇胞翟閽者。惠下之道也。唯有德之君。爲能行此。胞者。肉吏之賤者也。詩簡兮疏云。胞即周禮庖人。漢書百官公卿表有胞人。師古曰。胞人主掌宰割者。胞與庖同。天子庖人。中士。諸侯當下士爲之。凡諸侯之官。降天子一等。趙氏兼言倉廩之吏者。粟藏于倉。倉人主之。廩人之粟。亦取之自倉。故兼言倉廩之吏也。桓公四年公羊傳云。三日充君之庖。注云。庖。廚也。淮南子說林訓云。治祭者庖。注云。庖。宰也。是庖人爲廚宰之人也。說文二部云。亟。敏疾也。段氏玉裁說文解字注云。今人亟分入聲去聲。入之訓急也。去之訓數也。古無是分別。數亦急也。非有二義。趙氏以亟拜爲數拜。又云欲使賢者不答。以敬所以優之也。毛詩大雅瞻卬維其優矣箋云。優。寬也。國語魯語云。獨恭不優。注云。優。裕也。優裕是不急數。使之亟拜。非所以優裕之矣。說文丵部云。業瀆業也。段氏玉裁說文解字注云。瀆業疊韻字。瀆，煩瀆也。業如孟子書之僕僕。煩猥猶煩瀆也。廣雅釋詁云煩勞也。釋言云。猥頓也。

堯之於舜也。使其子九男事之。二女女焉。百官牛羊倉廩備。以養舜於畎畝之中。後舉而加諸上位。故曰王公之尊賢者也。注堯之於舜如是。是王公尊賢之道也。九男以下已說於上篇。上位。尊帝位也。疏堯之至者也。○正義曰。雖能養。仍必舉之乃爲尊賢。百官即廩人庖人之屬。牛羊倉廩備。則餼肉餼粟。不能瀆矣。此因養以及舉也。加之上位。謂愼徽五典。納于百揆。賓于四門。納于大麓。極而至於登庸攝政也。

章指。言知賢之道。舉之爲上。養之爲次。不舉不養。賢惡肯歸。是以孟子上陳堯舜之大法。下刺繆公之不宏。疏下刺繆公之不宏。○正義曰。廷琥按孔本宏作閎。

萬章曰。敢問不見諸侯。何義也。注問諸侯聘請而夫子不見之。於義何取。孟子曰。在國曰市井之臣。在野曰草莽之臣。皆謂庶人。庶人不傳質爲臣。不敢見於諸侯。禮也。注在國謂都邑。民會於市。故曰市井之臣。在野居之人。莽亦草也。庶。衆也。庶衆之人。未得爲臣。傳。執也。見君之質。執雉之屬也。未爲臣則不敢見之。禮也。疏注。在國至之屬也。○正義曰。儀禮士相見禮云。宅者在邦。則曰市井之臣。在野。則曰草茅之臣。庶人則曰刺草之臣。注云。宅者。謂致仕者。去官而居宅。或在國中。或在野。此宅者。指已仕而罷官之人。與孟子言庶人未仕之人有別。按宅者謂士之家居而未仕者也。可以孟子之言證。禮所云若去官致仕。終不可爲庶人矣。閻氏若璩釋地續云。後漢劉寵傳。拜會稽太守。山民愿朴。乃有白首不入市井者。父老自稱山谷鄙生。未嘗識郡朝。郡朝。太守之廨事也。此可證。市井貼在國都言。張守節曰。古人未有市及井。若朝聚井汲水。便將貨物於井邊貨賣。故言市井。淮南子本經訓云。野莽白素。泰族訓云。食莽飲水。注皆云。莽草也。草莽。猶草茅也。庶。衆也。爾雅釋詁文。釋名經審契云。傳。轉也。轉移所在。執以爲信也。是傳有執義。音義云。贄。丁讀如贄。士相見之禮。冬用雉。夏用腒。執贄請見。必由將命者傳之。故謂之傳贄。禮云。見於君。執摯。至下容彌蹙。庶人見於君。不爲容。進退走。賈氏疏云。此不言民而言庶人。則是庶人在官。即府史胥徒是也。然則自卿大夫士以至庶人在官。皆得執摯見君而爲臣。孟子所謂庶人。未在官者也。庶人之摯用鶩。趙氏探摯見君之摯。故云執雉之屬。括執羔執鴈執鶩而言之也。

萬章曰。庶人召之役。則往役。君欲見之。召之。則不往見之。何也。〔注〕庶人召使給役事。則往供事。君召之見。不肯往見。何也。曰。往役。義也。往見。不義也。且君之欲見之也。何爲也哉。〔注〕孟子曰。庶人法當給役。故往役義也。庶人非臣也。不當見君。故往見不義也。且君何爲欲見之而召之也。〔疏〕注。庶人法當給役。○正義曰。禮記王制云。用民之力。歲不過三日。注云。治宮室城郭道渠。周禮地官。鄉大夫。以歲時登其夫家之衆寡。辨其可任者。國中自七尺以及六十。野自六尺以及六十有五。皆征之。賈氏疏云。謂築作挽引道渠之役。若田獵。五十則免。是以祭義云。五十不爲甸徒。若征伐。六十乃免。是以王制云。六十不與服戎。此皆法當給役之事也。言分則爲庶人。言德則爲士。往役爲庶人之分。往見則失士之節。故有義不義之分也。君以庶人待之。即召之役。義所當往。君而欲見之。則是待之以士。乃不師之友之而召之。此士所以不往也。

曰。爲其多聞也。爲其賢也。〔注〕萬章曰君以是欲見之也。曰。爲其多聞也。則天子不召師。而況諸侯乎。爲其賢也。則吾未聞欲見賢而召之也。〔注〕孟子曰。安有召師召賢之禮而可往見也。繆公亟見於子思曰。古千乘之國以友士。何如。子思不悅。曰。古之人有言曰。事之云乎。豈曰友之云乎。子思之不悅也。豈不曰。以位。則子君也。我臣也。何敢與君友也。以德。則子事我者也。奚可以與我友。千乘之君。求與之友而不可得也。而況可召與。〔注〕魯繆公欲友子思。子思不悅而稱曰。古人曰。見賢人當事之。豈云友之邪。孟子云。子思所以不悅者。豈不謂臣不可友君。弟子不可友師也。若子思之意。亦不可友。況乎可召之。〔疏〕古之人至云乎。○正義曰。閻氏若璩釋地三續云。事之云乎。豈曰友之云乎。此外惟公羊莊公二十四年傳。然則易用。棄栗云乎。服修云乎。何休注曰。云乎。辭也。按云乎是辭。則但云古之人有言曰。事之。豈曰友之。語意自了。

齊景公田。招虞人以旌。不至。將殺之。志士不忘在溝壑。勇士不忘喪其元。孔子奚取焉。取非其招不往也。注已說於上篇。曰。敢問招虞人何以。注萬章問招虞人以何用也。曰。以皮冠。庶人以旃。士以旂。大夫以旌。注孟子曰招禮若是。皮冠。弁也。旃。通帛也。因章曰旃。旂。旌有鈴者。旌。注旄竿首者。

疏注。皮冠弁也。○正義曰。周氏柄中辨正云。周禮司服。凡甸。冠弁服。鄭注。冠弁委貌。此田獵之冠也。薛氏禮圖。以冠弁即皮弁。又以皮弁即皮冠。此說非是。襄十四年傳。衞獻公射鴻於囿。孫寧二子從之。不釋皮冠而與之言。二子怒。孔疏謂敬大臣宜去皮冠。若皮冠即弁。則衞獻之不釋皮冠。正自應爾。孫寧二子。何爲而怒乎。然則皮弁者。禮服之冠。皮冠蓋加于禮冠之上。田獵則以禦塵。亦以禦雨雪。楚靈狩於州來。去皮冠而與子革語。必非科頭也。可見去皮冠而仍有禮冠矣。以其爲田獵所有事。故招虞人以之。而禮冠中不徹也。或云天子田獵服委貌。諸侯服皮冠。亦是臆說。○注。旃通至首者。○正義曰。周禮春官司常云。交龍爲旂。通帛爲旜。析羽爲旌。爾雅釋天云。注旄首曰旌。有鈴曰旂。因章曰旃。鄭氏注司常云。通帛謂大赤。從周正色無飾。郭氏注爾雅云。以帛練爲旒。因其文章。不復畫之。趙氏解旃。既云通帛。又云因章。兼周禮爾雅言之也。郭氏注旂云。縣鈴於竿頭。畫蛟龍於旒。是兼司常交龍言之。鄭氏注旌云。全羽析羽皆五采。繫之於旞旌之上。所謂注旄於竿首也。是合爾雅注旄首言之。趙氏言注旄干首爲旌。於爾雅增干字。言旌有鈴爲旂。於爾雅增旌字。蓋旌則注旄於干。旂則繫鈴於干。以旌明旂。謂旂繫鈴於干。猶旌注旄於干。非謂既析旄。又繫鈴也。周氏柄中辨正云。毛大可曰。此爲孟子解。當據司常大閱文。凡大閱治徒役。必爲諸侯卿大夫士。及州里庶人。顧士未有位。惟諸侯得召之。而侯車載旂。故即以旂招士。孤卿可招庶人。而孤卿載旃。故即以旃招庶人。愚按旃車載旌。旃車者。五路中之木路。田獵乘之。巾車云。木路以田是也。王正田獵。則建大麾。小田獵。則建旌。故即以旌招大夫。此正所謂以所招之人之物。與旂招士旃招庶人一例也。陳氏禮書曰。孤卿建旃。庶人。孤卿之所治者也。故招以旃。諸侯建旂。士。君之所禮也。故招以旂。旃車載旌。大夫從旃燕之樂者也。故招以旌。以此解孟子。何不可爲。閻氏若璩釋地三續云。余既篤信左傳。亦閒以孟子較之。則以孟子爲據。如昭二十年齊侯田於沛是也。傳言招虞人以弓。不合孟子者一。旃以招大夫。弓以招士。不合孟子者二。不引志士不忘在溝壑二語。而撰守道不如守官爲仲尼曰。爲柳子厚之所毆。不合孟子者三。此三者既不可信。則言昔我先君田。各招大夫士以其物。又豈可信哉。皮冠者。諸侯田獵之冠。故即以皮冠招掌田獵之人。虞人既至。先示以期日。即告以田於某所。庶幾虞人芟除其草萊。爲可陣之地。招之須及早。若庶人士大夫。皆從公于狩之人。周禮大司馬至期。立熊虎之旗于期所以集衆。故曰以旗致民。又曰。質明弊旗。誅後至者。此豈待招而後至者哉。孟子緣答虞人以皮冠。遂連類而及庶人士大夫平日之招。以明各有等威。據左傳而謂四招者皆田制。拘矣。廷琥按趙氏旃字旃者。孔本字作干。以大夫之招招虞人。虞人死不敢往。以士之招招庶人。庶人豈敢往哉。況乎以不賢人之招招賢人乎。注以貴者之招招賤人。賤人尚不敢往。況以不賢人之招招賢人乎。不賢之招。不以禮也。欲見賢人而不以其道。猶欲其入而閉之門也。夫義。路也。禮。門也。惟君子能由是路。出入是門也。注欲人之入而閉其門。可得而入乎。閉門猶閉禮也。詩云。周道如底。其直如矢。君子所履。小人所視。注詩小雅大東之篇。底。平。矢。直。視。比也。周道平直。君子履直道。小人比而則之。以喻虞人能效君子守死善道也。疏注。詩小至道也。○正義曰。詩在小雅大東第一章。底詩作砥。孔氏正義云。砥謂礪之石。禹貢曰。礪砥砮丹。以砥石能磨物使平。矢則幹必直。砥言周道。則其直亦周道也。如矢言其直。則如砥言其平。互相通也。翟氏灝考異云。說文厂部。底柔石也。重文作砥。並職雉切。广部底，山居也。下也。都禮切。底實砥之本字。故禹貢底柱析城。漢書底礪其節。底礪名號。皆以底爲砥。今坊刻經文。多上加點。與底下字無別。讀者遂讀音如邸。並詩之砥字。或亦誤爲邸音。按底底並從氏聲。義異而音則通。禮記王制云。天子三公之田視公侯。雜記云。妻視叔父母姑姊妹。注並云。視。猶比也。廣雅釋詁云，視。效也。效即法。法即則。故旣以比釋視。又以則效解之。守死善道。論語述而篇文。趙氏以引詩君子所履。證君子之由是路。小人所視。證虞人之非其招不往。按毛詩本意。周道謂周家貢賦賞罰之道。如砥。言其均平。如矢。言其不偏。君子所履。謂君子效法而履行之。小人所視。謂小人視其平直而供承之。所履所視皆謂周道。非謂小人比效君子。然則孟子引詩以周道如底其直如矢。證義之爲路。禮之爲門。禮義即道也。不獨君子履此道。小人亦視此道。小人視此道。故以大夫之招招虞人。虞人死不敢往也。君子履此道。故君子由是路。出入是門也。抑君子履之。故召之則不往見之也。小人視之。故庶人不傳質爲臣。不敢見諸侯也。

萬章曰。孔子君命召。不俟駕而行。然則孔子非與。注俟。待也。孔子不待駕而應君命也。孔子爲之非與。曰。孔子當仕有官職。而以其官召之也。注孟子曰。孔子所以不待駕者。孔子當仕位有官職之事。君以其官名召之。豈得不顛倒。詩云。顛之倒之。自公召之。不謂賢人無位，而君欲召見也。疏注「孔子至見也」。○正義曰：仕於朝則有爵次之位。周禮天官大宰「祿位以馭其士」是也。禮記樂記云：「樂之官也。」注云：「官猶事也。」淮南子俶眞訓云：「大夫安其職。」高誘注云：「職，事也。」官職義皆爲事，故云位有官職之事。事以位別，名以事起，司某事則以某官爲名，故君以官名召之也。引詩者，齊風東方未明之篇。箋云：「羣臣促遽，顛倒衣裳。」趙氏引此，謂孔子不俟駕而朝，猶齊臣顛倒衣裳而朝，其促遽以應召一也。無位則無官職之事，故不可召見之。趙氏佑溫故錄云：「此言亦孟子權以答問，而於孔子事君之正，固未盡發。何也？孟子之不見諸侯，皆君非其君，孟子又仕而不受祿，可以不應其召。若孔子仕魯，乃本國之君，即不當事有官職，本有可召之義。所惡乎往見者，爲其無因而妄干耳。是以庶人不傳贄爲臣，所以循其爲庶人。若君欲見之而召之，方勃邱圜之賁，豈效汝上之辭。吾知孔子必不爲已甚也。即孟子亦不爲已甚也。」章指：言君子之志，志於行道，不得不禮，亦不苟往。於禮之可，伊尹三聘而後就湯；道之未洽，沮溺耦耕，接輿佯狂，豈可見乎。疏「接輿佯狂」。○正義曰：楚辭九章涉江云：「接輿髡首兮，桑扈臝行。」注云：「接輿，楚狂接輿也。髡，剔也。首，頭也。自刑身體，避世佯狂也。」史記范雎傳云：「箕子接輿，漆身爲厲，被髮爲狂。」東方朔非有先生論云：「接輿避世，箕子被髮佯狂。」論語微子篇云：「楚狂接輿歌而過孔子。」集解孔子：「接輿，楚人也。佯狂而來歌。」

孟子謂萬章曰：「一鄉之善士，斯友一鄉之善士；一國之善士，斯友一國之善士；天下之善士，斯友天下之善士。注鄉，一鄉之善者。國，國中之善者。天下，四海之內也。各以大小來相友，自爲疇匹也。疏注「鄉一至匹也」。○正義曰：趙氏以一國之善士爲國中之善者，而以國中解國字。閩監毛三本則作國。一國之善者，此誤國中爲一國也。推之鄉，一鄉之善者，亦是鄉鄉中之善者，以鄉中解鄉字，猶以國中解國字也。鄉爲鄉中，國爲國中，故天下爲四海之內。蓋取善無窮，在一鄉則友一鄉，在一國則友一國，在天下則友天下。趙氏謂各以大小來相友，自爲疇匹，謂一鄉之善士，與一鄉之善士友；一國之善士，與一國之善士友；天下之善士，與天下之善士友。以友天下之善士爲未足，又尚論古之人。頌其詩，讀其書，不知其人，可乎？是以論其世也，是尚友也。」注好善者，以天下之善士爲未足，極其善道，尚，上也，乃復上論古之人。頌其詩，詩歌頌之，故曰頌。讀其書，猶恐未知古人高下，故論其世以別之也。在三皇之世爲上，在五帝之世爲次，在三王之世爲下，是爲好上友之人也。

【疏】注。好善至人也。○正義曰。以友天下之善士爲未足。因而上友古人。此互明友一鄉未足。則進而友一國。友一國未足。則進而友天下。友天下猶未足。則進而友古人也。惟一鄉斯友一鄉。惟一國斯友一國。惟天下斯友天下。何也。同在一鄉。乃知此一鄉之善士也。同在一國。乃知此一國之善士也。同在今世之天下。乃知今世天下之善士也。若生今世而上友古人。則不同世。何以知其人之善。故必頌其詩。讀其書。而論其世。惟頌其詩讀其書而論其世。乃可以今世而知古人之善也。上下兩節互明如此。周禮春官大師注云。頌之言誦也。頌其詩即誦其詩。段氏玉裁說文解字注云。諷。誦也。誦。諷也。讀。籒書也。大司樂以樂語教國子。興道諷誦言語。注。倍文曰諷。以聲節之曰誦。倍同背。謂不開讀也。誦則非直背文。又爲吟咏。以聲節之。周禮經注析言之。諷誦是二。許統言之。諷誦是一也。竹部籒。讀書也。庸風傳曰。讀。抽也。方言曰。抽。讀也。蓋籒抽古通用。史記紬史記石室金匱之書。字亦作紬。抽擇其義蘊。至於無窮。是之謂讀。故卜筮之辭曰籒。謂抽繹易義而爲之也。尉律學僮十七已上。始試諷籒書九千字。乃得爲吏。諷謂背其文。籒謂能繹其義。太史公作史記曰。余讀高祖侯功臣。曰。太史公讀列侯至便侯。太史公讀秦楚之際曰。余讀諜記。曰。太史公讀春秋譜諜曰。太史公讀秦記。皆謂紬繹其事以作表也。漢儒注經。斷其章句爲讀。如周禮注鄭司農讀火絕之。儀禮注。舊讀昆弟在下。舊讀合大夫之妾爲君之庶子。女子子嫁者未嫁者是也。擬其音曰讀。凡言讀如讀若皆是也。易其字以釋其義曰讀。凡言讀爲讀曰當爲皆是也。人所誦習曰讀。如禮記注云。周田觀文王之德。博士讀爲厥亂勸寧王之德是也。諷誦亦爲讀。如禮言讀賵讀書。左傳公讀其書皆是也。諷誦亦可云讀。而讀之義不止于諷誦。諷誦止得其文詞。讀乃得其義蘊。孟子云。誦其詩。讀其書。則互文見義也。趙氏佑溫故錄云。三皇之世爲上。五帝之世爲次。三王之世爲下三語。當有成文。其即上古中下古之謂邪。然經言詩書固古。不必遠追書契以前。按古人各生一時。則其言各有所當。惟論其世。乃不執泥其言。亦不鄙棄其言。斯爲能上友古人。孟子學孔子之時。得堯舜通變神化之用。故示人以論古之法也。趙氏先解頌其詩。而以論世屬之讀其書。似頌詩不必論世。大戴記衛將軍文子問於子貢曰。吾聞夫子之施教也。先以詩世。孔氏廣森補注云。詩世者。誦其詩。論其世也。周禮曰。諷誦詩世奠繫。然則詩書俱宜論世。趙氏蓋亦以論世兼承頌其詩讀其書。而先解頌字繫頌詩下耳。章指。言好高慕遠。君子之道。雖各有倫。樂其崇茂。是以仲尼曰毋友不如己者。高山仰止。景行行止。

齊宣王問卿。孟子曰。王何卿之問也。【注】王問何卿也。王曰。卿不同乎。曰。不同。有貴戚之卿。有異姓之卿。【注】孟子曰卿不同。貴戚之卿謂內外親族也。異姓之卿謂有德命爲三卿也。【疏】注。貴戚至卿也。○正義曰。貴戚之卿。以親而任。故云內外親族也。異姓之卿。以賢而任。故云有德命爲三卿也。王曰。請問貴戚之卿。【注】問貴戚之卿如何。曰。君有大過則諫。反覆之而不聽。則易位。注孟子曰。貴戚之卿。反覆諫君。君不聽則易君之位更立親戚之賢者。疏君有大過則諫。○正義曰。貴戚必待大過方諫。餘則有異姓卿在也。○注。更立親戚之賢者。○正義曰。孔本作立親戚之貴者非。王勃然變乎色。注王聞此言愠怒而驚懼。故勃然變色。曰。王勿異也。王問臣。臣不敢不以正對。注孟子曰。王勿怪也。王問臣。臣不敢不以其正義對。王色定。然後請問異姓之卿。注王意解顏色定。復問異姓之卿如之何也。曰。君有過則諫。反覆之而不聽。則去。注孟子言異姓之卿。諫君不從。去而待放。遂不聽之。則去而之他國也。疏注。諫君至國也。○正義曰。周氏廣業孟子古注考云。公羊宣元年。晉放其大夫胥甲父于衛。傳云。放之者何。猶云無去是云爾。古者大夫已去。三年待放。君放之。非也。大夫待放。正也。白虎通諫諍篇。援神契曰。三諫待放。復三年盡惓惓也。言放者。臣爲君諱。若言有罪放之也。所諫事已行者。遂去不留。凡待放。冀君用其言耳。事已行。菑咎將至。無爲留之也。臣待放於郊。君不絕其祿者。示不欲其去也。鄭康成詩檜風羔裘箋。三諫不從待放而去。與此趙注俱用此事。按儀禮喪服舊君注云。以道去君。謂三諫不從。待放於郊未絕者。賈氏疏云。此以道去君。據三諫不從。在境待放。得環則還。得玦則去。禮記曲禮云。爲人臣之禮不顯諫。三諫而不聽。則逃之。注云。逃去也。君臣有義則合。有義則離。又云。大夫士去國。踰竟爲壇位。孔氏正義云。此大夫士三諫而不從。出在境上。大夫則待放三年。聽於君命。若與環則還。與玦便去。隱義云。去國當待放也。若士不待放。又云。所以待放必三年者。三年一閏。天道一變。因天道變。望君自改也。然在竟未去。聽君環玦。不謂待歸而謂待放者。既已在竟。不敢必還。言惟待君見放乃去也。此云遂不聽之者。謂賜玦也。故去而之他國。荀子大略篇云。召人以瑗。絕人以玦。反絕以環。注云。古者臣有罪待放于境。三年不敢去。與之環則還。與之玦則絕。皆所以見意也。

章指。言國須賢臣。必擇忠良。親近貴戚。或遭殃禍。伊發有莘。爲殷興道。故云成湯立賢無方也。疏或遭殃禍。○正義曰。周氏廣業孟子章句疏證云。正義作禍殃與韻協。○伊發有莘爲殷興道。○正義曰。音義云。丁云言伊尹有莘之媵臣。發起於草萊。爲殷湯與其王道也。周氏廣業孟子章指疏證云。越絕書殷湯臣伊尹。伐夏放桀而王道興躍。史記伊尹爲有莘氏媵臣。以滋味說湯。致于王道。按趙氏之意。謂以貴戚爲卿。致于易位。是爲禍殃。不若任賢。以異姓爲卿。三諫而去。無易位之禍也。引伊尹者。言異姓出自草萊。有益於國。良於親近貴戚也。

卷十一　告子章句上

凡二十章。注告子者。告姓也。子。男子之通稱也。名不害。兼治儒墨之道者。

嘗學於孟子。而不能純徹性命之理。論語曰。子罕言命。謂性命之難言也。以告子能執弟子之問。故以題篇。疏注告子至題篇。○正義曰。趙氏以告子名不害。蓋以爲即浩生不害也。閻氏若璩釋地又續云。浩生複氏。不害其名。與見公孫丑之告子。及以告子題篇者。自各一人。趙氏偶於告子篇。誤注曰名不害。且臆度其嘗學於孟子。毛氏奇齡亦以趙氏爲錯。胡氏煦篝燈約旨云。告子。孟子之弟子也。後來荀揚知性惡禮僞善惡混之說。皆各執一見。終身不易。而告子則往復辨論。不憚煩瑣。又且由淺入深。屢易其辭。安知最後無復有言。不既曉然於性善之旨乎。今人謂告子諸章。皆告子之言。其言固屢易其說矣。安有自謂知性。曾無定論。猶向他人屢易其說者也。屢易其說。則請益之辭也。今觀其立言之敍。其始杞柳之喻。疑性善爲矯揉。此即性僞之說也。得戕賊之喻。知非矯揉矣。則性中有善可知矣。然又疑性中兼有善惡。而爲湍水之喻。此即善惡混之說也。得搏激之說。知性本無惡矣。則疑生之謂性。此即佛氏之見也。得犬牛之喻。知性本善矣。則又疑仁內而義外。及得耆炙之喻。然後知性中之善。如是其確而切美且備也。今知讀書窮理。以文章取功名止耳。求寢食不忘。諄諄性學如告子者。幾無人矣。告子之未可量也。顧乃以孟子爲闢告子何邪。翟氏灝考異云。管子戒篇。仁從中出。義由外作。墨子經下篇。仁義之爲內外也。愛利不相爲內外。所愛利亦不相爲內外。其爲仁內也義外也。舉愛與所利也。告子仁內義外之言。遠本管子。而近受自墨子。墨子公孟篇。二三子曰。告子言義而行甚惡。請棄之。墨子曰。不可。告子言談甚辯。言仁義而不吾毀。又告子受教於墨之實驗。趙氏云。告子兼治儒墨。非僅臆度爲言。

告子曰。性猶杞柳也。義猶桮棬也。以人性爲仁義。猶以杞柳爲桮棬。注告子以爲人性爲才幹。義爲成器。猶以杞柳之木爲桮棬也。杞柳。柜柳也。一曰。杞。木名也。詩云。北山有杞。桮棬。桮素也。疏注告子至素也。○正義曰。杞柳植物有枝幹。故趙氏以人性爲才幹。桮棬是器。故趙氏以義爲成器。杞柳本非桮棬。其爲桮棬也。有人力以之也。以喻人性本非仁義。其爲仁義也。有人力以之也。非人力則杞柳不可以爲桮棬。非人力則人性不可以爲仁義。爾雅釋木云。援。柜柳。郭氏注云。未詳。或曰。柳當爲柳。柜柳以柳皮可煑作飲。陶隱居本草別錄云。欅樹削取裏皮。去上甲煎服之。夏日作飲去熱。此欅樹即柜柳。柜即欅也。寇宗奭本草衍義云。欅木。今人呼爲欅柳葉。謂柳非柳。謂槐非槐。本最大者。高五六十尺。合二三人抱。湖南北甚多。然亦不材也。不堪爲器。嫩枝取以緣栲栳與箕脣。緣栲栳箕脣。即爲桮棬之類。故趙氏以杞柳爲柜柳也。毛詩鄭風無折我樹杞。傳云。杞。木名也。陸璣毛詩草木疏云。杞。柳屬也。生水旁。樹如柳。葉粗而白色。木理微赤。故今人以爲車轂。是杞柳亦是木名。毛傳以樹杞之杞爲木名。正指杞柳。趙氏言一曰木名。引詩以證之者。詩在小雅南山有臺第三章。傳不釋何物。即指樹杞也。而釋文引草木疏。則云其樹如樗。一名狗骨。

陳氏大章詩名物集覽云：狗骨，即今黐棉樹。按黐棉樹與柜柳固殊，此趙氏所以分別之與桮棬者。爾雅釋木檴落，郭氏注亦云：可以爲桮器素。詩正義引某氏云：可作桮圈，圈即棬。邢氏疏云：素，謂樸也。段氏玉裁說文解字注云：樸，木素也。素猶質也。以木爲質未彫飾，如瓦器之坯然。士喪禮、周禮槀人，皆云獻素獻成，注云：形法定爲素，飾治畢爲成是也。蓋桮醆之類，飾以彫琢，華以金玉。未飾未彫之先，以杞柳等木爲之質，故爲素也。禮記玉藻云：母沒而桮棬不能飲焉，注云：圈屈木所爲，謂卮匜之屬。已可用爲飲，則非未成之樸矣。方言云：桮其通語也。大戴記曾子事父母篇，盧辯注云：杯，盤盎盆盞之總名也。蓋桮爲總名，其未彫未飾時，名其質爲棬。因而桮器之不彫不飾者，即通名爲棬也。翟氏灝考異云：趙氏訓桮棬爲桮素，孫氏音桮爲坯，蓋素與樸，坯與坯，惟以木作土爲別。字體音義則並同也。說文繫傳曰：杅即孟子所謂桮棬也。以坯作杯，殊失趙氏訓素本意。又云：荀子性惡篇：工人斲木而成器，器生於工人之僞，非故生於木之性也。聖人積思慮，習僞故，以生禮義而起法度。然則禮義法度者，是生於聖人之僞，非故生於人之性也。又曰：檃栝之生，於枸木也；繩墨之起，於不直也。立君上，明禮義，爲性惡也。皆與告子此說正同。

孟子曰：子能順杞柳之性而以爲桮棬乎？將戕賊杞柳而後以爲桮棬也？〔注〕戕，猶殘也。春秋傳曰：戕舟發梁。子能順完桮柳，不傷其性，而成桮棬乎？將斧斤殘賊之，乃可以爲桮棬乎？言必殘賊也。〔疏〕注：戕猶至賊也。○正義曰：宣十八年邾人戕鄫子于鄫，穀梁傳云：戕猶殘也。趙氏引春秋傳者，襄二十八年左傳云：陳無宇濟水而戕舟發梁是也。彼注亦云：戕，殘落也。易豐卦傳云：自藏也。釋文引鄭氏注作戕云：戕，傷也。故又以傷明之。傷殘則不能完全，故以順爲完。說文宀部云：完，全也。呂氏春秋本生篇：以全天爲故者也。高誘注云：全猶順也。是完即順也。賊，害也。義與傷同。

如將戕賊杞柳而以爲桮棬，則亦將戕賊人以爲仁義與？〔注〕孟子言以人身爲仁義，豈可復殘傷其形體乃成仁義邪？明不可比桮棬也。率天下之人而禍仁義者，必子之言夫！〔注〕以告子轉性以爲仁義，若轉木以成器，必殘賊之，故言率人以禍仁義者，必子之言夫！歎辭也。〔疏〕注以告至之言。○正義曰：金匱婦人雜病篇云：轉胞不得溺，以胞系了戾，故致此病。嵇康與山巨源絕交書云：令胞中略轉。略轉猶了戾。方言云：軫，戾也。郭璞注云：相了戾也。廣雅以轉戾釋軫抱。是轉即軫。義皆爲戾。了與戾一聲，軫與轉一聲。轉木謂矯戾其木，轉性謂矯戾其性矣。呂氏春秋孟春紀：無變天之道。高誘注云：變猶戾也。故章指云：殘木爲器，變而後成。變亦謂矯。戾與轉同義。非變通轉運之謂。蓋人性所以有仁義者，正以其能變通，異乎物之性也。以己之心通乎人之心，故則仁也。知其不宜，變而之乎宜，則義也。仁義由於能變通，人能變通，故性善；物不能變通，故性不善。豈可以草木之性。比人之性。杞柳之性。必戕賊之以爲桮棬。人之性。但順之卽爲仁義。故不曰戕賊性以爲仁義。而曰戕賊人以爲仁義也。比人性於草木之性。草木之性不善。將人之性亦不善矣。此所以稱仁義。而孟子所以辨也。杞柳之性可戕賊之以爲桮棬。不可順之爲仁義。何也。無所知也。人有所知。異於草木。且人有所知而能變通。異乎禽獸。故順其不能變者而變通之。卽能仁義也。杞柳爲桮棬。在形體不在性。性不可變也。人爲仁義。在性不在形體。性能變也。以人力轉戾杞柳爲桮棬。杞柳不知也。以教化順人性爲仁義。仍其人自知之自悟之。非他人力所能轉戾也。劉熙釋名釋言語云。順。循也。循其理也。爾雅釋詁云。率。循也。故周書大匡云。州諸侯咸率。孔晁注云。率。奉順也。孟子所謂順性。卽中庸所云率性。胡氏煦篝鐙約旨云。性相近云者。第如云不遠云爾。後說上智下愚。不說賢不肖。原指天資明昧而言。蓋賢不肖皆有爲立事之後所分別之品行。而智愚則據性之所發而言也。人初生便解飲乳。便解視聽。此良知也。然壯年知識。便與孩提較進矣。老年知識。便與壯年較進矣。同爲此人。一讀書一不讀書。其知識明昧。又大相懸絕矣。同焉受業。一用心一不用心。其知識多寡。又大相懸絕矣。則明之與昧。因習而殊。亦較然矣。聖人言此。所以指明學者達天。徑路端在學習。有以變化之耳。又以見習染之汙。錮而不知返者。非其本性然也。○注。夫歎辭也。○正義曰。句末用夫字。與論語曰是夫善夫等句同。故知爲歎辭。

章指。言養性長義。順夫自然。殘木爲器。變而後成。告子道偏。見有不純。內仁外義。違人之端。孟子拂之。不假以言也。疏順天自然。○正義曰。孔本作順天。

告子曰。性猶湍水也。決諸東方則東流。決諸西方則西流。人性之無分於善不善也。猶水之無分於東西也。注湍者。圜也。謂湍湍瀠水也。告子以喻人性若是水也。善惡隨物而化。無本善不善之性也。疏注。湍者至性也。○正義曰。說文水部云。湍。急瀨也。急則有所分。廣雅團圌皆訓圜。圌通作篅。說文竹部云。篅以判竹。圜以盛穀也。劉熙釋名釋宮室云。圌以草作之。團團然也。淮南子精神訓。高誘注云。篅讀顓頊之顓。漢書賈捐之傳云。顓顓獨居一海之中。顏師古注云。顓與專同。專專圜貌也。趙氏讀湍爲團。湍湍。猶顓顓也。性水流回旋。故無分東西。此以無上下者而言。趙氏體告子之意以爲訓。精矣。毛詩周南葛藟縈之傳云。縈。旋也。音義云。縈字書作縈。余傾切。波勢回貌。按縈卽縈也。隨物而化。謂習於善則善。習於惡則惡也。乃人性有上智下愚之不移。則不得謂隨物而化也。

孟子曰。水信無分於東西。無分於上下乎。人性之善也。猶水之就下也。人無有不善。水無有不下。今夫水。搏而躍之。可使過顙。激而行之。可使在山。是豈水之性哉。其勢則然也。人之可使爲不善。其性亦猶是也。【注】孟子曰。水誠無分於東西。故决之而往也。水豈無分於上下乎。水性但欲下耳。人性生於有善。猶水欲下也。所以知人皆有善性。似水無有不下者也。躍跳。顙額也。人以手跳水。可使過顙。激之可令上山。皆迫於勢耳。非水之性也。人之可使爲不善。非順其性也。亦妄爲利欲之勢所誘迫耳。猶是水也。言其本性非不善也。【疏】注。躍跳至善也。○正義曰。說文足部云。跳。蹶也。一曰躍也。是躍爲跳也。方言云。中夏謂之領。東齊謂之顙。是顙即領也。趙氏言人以手跳水。手字釋搏字。音義云。搏。張補各切。云以手擊水。丁作摶。音團。通俗文云。摶黍爲手團。蓋掬其掌以超騰其水。義亦可通。以杞柳爲桮棬。比以人性爲仁義。而以人之善由戕賊而成也。不順也。孟子則明示以順其性爲善。以水無分於東西。比人性無分於善不善。是以人之善不善皆由决而成也。皆順也。孟子則明示以不順其性乃爲不善。兩章互相發明。搏而躍之使過顙。激而行之使在山。猶戕賊杞柳爲桮棬也。不順也。順其　則善。不順其性則可使爲不善。而人性之善明矣。且水之東西無分優劣。而人之善不善。則判若天淵。决東决西。本不足以比人性之善不善。决東則東流。東必下。决西則西流。西必下。此但可喻人性之善。故云人無有不善。水無有不下。告子始以不順其性爲善。既知順其性爲善矣。又並以順其性爲不善。云杞柳。云湍水。皆僞不於倫也。

章指。言人之欲善。猶水好下。迫勢激躍。失其素真。是以守正性者爲君子。隨曲拂者爲小人也。【疏】失其至人也。○正義曰。莊子刻意篇云。能體純素。謂之眞人。淮南子精神訓云。所謂眞人者。性合於道也。趙氏言素眞。郭象所謂不假於物而自然者也。眞之義同於正。故上言素眞。下言正性。詩皇矣篇四方以無拂箋云。拂猶佹也。言無復佹戾文王者。曲。邪也。邪則不正。佹戾則非自然。摶躍過顙。非水之自然。故爲曲拂也。

告子曰。生之謂性。【注】凡物生同類者皆同性。【疏】生之謂性。○正義曰。荀子正名篇云。生之所以然者謂之性。春秋繁露深察名號篇云。如其生之自然之資謂之性。白虎通性情篇云。性者。生也。論衡初稟篇云。性生而然者也。說文心部云。性。人之陽氣。性善者也。从心生聲。性從生。故生之謂性也。○注。凡物至同性。○正義曰。物生同類者。謂人與人同類。物與物同類。物之中。則犬與犬同類。牛與牛同類。人與物不同類。則人與物之性不同。趙氏蓋探孟子之恉而言之。非告子意也。孟子曰。生之謂性也。猶白之謂白與。【注】猶見白物皆謂之同白無異性也。曰。然。【注】告子曰然。白羽之白也。

猶白雪之白。白雪之白猶白玉之白與。【注】孟子以爲羽性輕，雪性消，玉性堅，雖俱白，其性不同。問告子。子以三白之性同邪。【疏】注。孟子至同邪。○正義曰。文選雪賦注。引劉熙注云。孟子以爲白羽之性輕。白雪之性消。白玉之性堅。雖俱白。其性不同。問告子。告子以爲三白之性同。與趙氏此注同。告子但言生之謂性。未見其非。若如趙氏說。凡同類者性同。則不同類者性不同。是性之不同也。亦如三白之不同也。故孟子先詰之。得其瑕而後辨。

曰。然。【注】告子曰然。性以爲同也。然則犬之性猶牛之性。牛之性猶人之性與。【注】孟子言犬之性。豈與牛同所欲。牛之性。豈與人同所欲乎。【疏】注。孟子至欲乎。○正義曰。孟子此章。明辨人物之性不同。人之性善。物之性不善。蓋渾人物而言。則性有善有不善。專以人言。則無不善。故首章不曰戕賊性以爲仁義。必明之曰戕賊人以爲仁義。次章不曰性無有不善。而曰人無有不善。惟告子亦云。人性之無分於善不善。性上明標以人。故孟子必辨之曰。人性之善也。猶水之就下也。性上亦必明標以人。人性之異乎物。已無待言。此章則明辨之也。禮記樂記云。人生而靜。天之性也。感於物而動。性之欲也。物至知知。然後好惡形焉。人欲即人情。與世通全是此情。己所不欲勿施於人。己欲立而立人。己欲達而達人。正以所欲所不欲爲仁恕之本。人生而靜。首出人字。明其異乎禽獸。靜者未感於物也。性已賦之。是天賦之也。感於物而有好惡。此欲也。即出於性。欲即好惡也。物至知知二句。申上感物而爲欲也。知知者。人能知而又知。禽獸知聲不能知音。一知不能又知。故非不知色。不知好妍而惡醜也。非不知食。不知好精而惡疏也。非不知臭。不知好香而惡腐也。非不知聲。不知好清而惡濁也。惟人知知。故人之欲異於禽獸之欲。即人之性異於禽獸之性。趙氏以欲明性。深能知性者矣。葉紹翁四朝聞見錄云。劉黻字季文。號靜春。其自爲論云。惟人受天地之中以生。故謂之性。豈物之所得而擬哉。凡混人物而爲一者。必非識性者也。孟子道性善。亦第謂人而已。假如或兼人物而言。則犬之性猶牛之性。牛之性猶人之性。當如告子之言。李氏光地榕村藏稿自記云。孟子所謂性善者。人性也。故既言人性異於犬牛。又言犬馬與我不同類。又言違禽獸不遠。可見所謂性善者。惟指人性爲說。人性所以善。以其陰陽之交。五行之秀氣。孔子所謂天地之性人爲貴也。夫以其稟陰陽五行之全而謂之善。則孟子論性。已兼氣質矣。謂孟子專以天命言性。遺却氣質。與孔子言相近者異。豈其然乎。戴氏震孟子字義疏證云。性者。分於陰陽五行。以爲血氣心知。品物區以別焉。舉凡既生以後。所有之事。所具之能。所全之德。咸以是爲其本。故易曰。成之者性也。氣化生人生物以後。各以類滋生久矣。然類之區別千古之是也。循其故而已矣。在氣化曰陰陽曰五行。而陰陽五行之成化也。雜糅萬變。是以及其流形。不特品物不同。雖一類之中。又復不同。凡分形氣於父母。即爲分於陰陽五行。人物以類滋生。皆氣化之自然。中庸曰。天命之謂性。以生而限於天。故曰天命。大戴禮記曰。分於道之謂命。形於一之謂性。分於道者。分於陰陽五行也。一言乎分。則其限之於始。有偏全厚薄清獨昏明之不齊。各隨所分而形於一。各成其性也。然性雖不同。大致以類爲之區別。故論語曰。性相近也。此就人與人近言之也。孟子曰。凡同類者。舉相似也。何獨至於人而疑之。聖人與我同類者。言同類之相似。則異類之不相似明矣。故詰告子生之謂性曰。然則犬之性猶牛之性。牛之性猶人之性與。明乎其不可混同言之也。凡有生卽不隔於天地之氣化。陰陽五行之運而不已。天地之氣化也。人物之生生本乎是。由其分而有之不齊。是以成性各殊。是以本之以生。見乎知覺運動也亦殊。氣之自然潛運。飛潛動植皆同。此生生之機。肖乎天地者也。而其本受之氣。與所資以養之氣則不同。所資以養之氣。雖由外而入。大致以本受之氣召之。五行有生克。遇其克之者則傷。甚則死。此可知性之各殊矣。氣運而形不動者。卉木是也。凡有血氣者。皆形能動者也。由其成性各殊。故形質各殊。則其形質之動而爲百體之用者。利用不利用亦殊。知覺云者。如寐而寤曰覺。心之所通曰知。百體皆能覺。而心之知覺爲大。凡相忘於習。則不覺。見異焉乃覺。魚相忘於水。其非生於水者。不能相忘於水也。則覺不覺亦有殊致矣。聞蟲鳥以爲候。聞雞鳴以爲辰。彼之感而覺。覺而聲應之。又覺之殊致有然矣。無非性使然也。若夫鳥之反哺。雎鳩之有別。蜂蟻之知君臣。豺之祭獸。獺之祭魚。合於人之所謂仁義者矣。而各由性成。人則能擴充其知。至於神明。仁義禮智。無不全也。仁義禮智非他。心之明之所止也。知之極其量也。知覺運動者。人物之生。知覺運動之所以異者。人物之殊其性。孟子言人無有不善。以人之心知異於禽獸。能不惑乎所行之爲善。且其所謂善也。初非無等差之善。卽孔子所云相近。孟子所謂苟得其養。無物不長。苟失其養。無物不消。所謂求則得之。舍則失之。或相倍蓰而無算者。不能盡其才者也。卽孔子所云習。至於相遠。不能盡其才。言不擴充其心知而長惡遂非也。彼悖乎禮義者。亦自知其失也。是人無有不善。以長惡遂非故。性雖善。不乏小人。孟子所謂梏之反覆。違禽獸不遠。卽孔子所云下愚之不移。孟子曰。如使口之於味也。其性與人殊。若犬馬之與我不同類也。則天下何耆皆從易牙之於味也。又言動心忍性。是孟子矢口言之。無非血氣心知之性。孟子言性。曷嘗歧而二哉。閩凡血氣之屬。皆有精爽。而人之精爽。可進於神明。論語稱上智與下愚不移。此不待習而相遠者。雖習不足以移之。豈下愚之精爽。與物等與。曰。生而下愚。其人雖與言禮義。由自絕於學。是以不移。然苟畏威懷惠。一旦觸於所畏所懷之人。啓其心而憬然覺悟。往往有之。苟悔而從善。則非下愚矣。加之以學。則日進於智矣。以不移爲下愚。又往往在知善而不爲。知不善而爲之者。故曰不移。不曰不可移。雖古今不乏下愚。而其精爽幾與物等者。亦究異於物。無不可移也。程氏瑤田通藝錄論學小記云。有天地然後有天地之性。有人然後有人之性。有物然後有物之性。有天地人物。則必有其質有其形有其氣矣。有質有形有氣。斯有是性。是性從其質其形其氣而有者也。是故天地位矣。則必有元亨利貞之德。是天地之性善也。人生矣。則必有仁義禮智之德。是人之性善也。若夫物則不能全其仁義禮智之德。故物之性。不能如人性之善也。使以性爲超乎質形氣之上。則未有天地之先。先有此性。是性生天地。天地又具此性以生人物。如是。則不但人之性善。卽物之性亦安得不善。惟指其質形氣而言。故物之性。斷乎不能如人性之善。雖虎狼有父子。蜂蟻有君臣。而終不能謂其性之善也。

智也。其質形氣。物也。非人也。物與物雖異。均之不能全乎仁義禮智之德也。人之質形氣。莫不有仁義禮智之德。故人之性、斷乎其無不善也。然則。人之所以異於物者。異於其質形氣而已矣。自不知性者。見夫質形氣之下愚不移。遂以性爲不能無惡。而不知質形氣之成於人者。無不善之性也。後世惑於釋氏之說。遂欲超乎質形氣以言性。而不知惟質形氣之成於人者。始無不善之性也。然則。人之生也。有五官百骸之形以成人。有清濁厚薄之氣質。不能不與物異者。以成人品之高下。即有仁義禮智之德。具於質形氣之中以成性。性一而已。有善而已矣。如必分言之。則具於質形氣者。爲有善有惡之性。超乎質形氣者。爲至善之性。夫人之生也。烏得有二性哉。氣質之性。古未有是名。必區而別之曰此氣質之性也。蓋無解於氣質之有善惡。恐其有累於性善之旨。因別之曰有氣質之性。有理義之性也。雖然。安得謂氣質中有一性。氣質外復有一性哉。且無氣質則無人。無人則無心。性具於心。無心安得有性之善。故溯人性於未生之前。此天地之性。乃天道也。天道亦有於其形其氣。有天之形與氣。然後有天之道。主於其氣之流行不息者而言之。故曰一陰一陽之謂道也。道在於天。生生不窮。因物付物。乃謂之命。故曰維天之命。於穆不已也。若夫天人賦稟之際。賦乃謂之命。稟乃謂之性。所賦所稟。並據氣質而言。性具氣質中。故曰天命之謂性。豈塊然賦之以氣質。而必先諄然命之以性乎。若以賦稟之前而言性。則是人物同之。犬之性猶牛之性。牛之性猶人之性。何獨至於人而始善也。故以賦稟之前而言性。釋氏之言性也。所謂如何是父母未生前本來面目也。是故性善斷以氣質言。主實有者而言之。人之氣有清濁。故有智愚。然人之智故不同於犬牛之智。人之愚亦不同於犬牛之愚。犬牛之愚。無仁義禮智之端。人之愚。未嘗無仁義禮智之端。是故智者知正其衣冠矣。愚者亦未嘗不欲正其衣冠也。其有不然者。則野人之習於鄙俗者也。然野人亦自有智愚。其智者亦知當正其衣冠。而習而安焉。此習於惡則惡之事也。其愚者見君子之正其衣冠也。亦有所不安於其心。及欲往見君子。必將正其衣冠焉。此習於善則善之事也。章指。

言物雖有性。性各殊異。惟人之性與善俱生。赤子入井以發其誠。告子一之。知其麤矣。孟子精之。是在其中。

告子曰。食色。性也。仁。内也。非外也。義。外也。非内也。【注】人之甘食悅色者。人之性也。仁由内出。義在外也。不從己身出也。【疏】食色至内也。○正義曰。飲食男女。人之大欲存焉。欲在是。性即在是。人之性如是。物之性亦如是。惟物但知飲食男女。而不能得其宜。此禽獸之性所以不善也。人知飲食男女。聖人教之。則知有耕鑿之宜。嫁娶之宜。此人之性所以無不善也。人性之善所以異於禽獸者。全在於義。義外非内。是人性中本無義矣。性本無義。將人物之性同。告子始以仁義同比桮棬。則仁亦在性外。此分仁義言之。管子戒篇云。仁從中出。義從外作。朱長春云。仁内義外昉於此。告子亦有本之言。孟子曰。何以謂仁内義外也。【注】孟子怪告子是言也。【疏】何以至外也。○正義曰。易文言傳云。義以方外。告子所云義外。或同此意。故詰之。曰。彼長而我長之。非有長於我也。猶彼白而我白之。從其白於外也。故謂之外也。【注】告子言見彼人年長大。故我長敬之。長大者非在於我也。猶白色見於外也。【疏】注告子至外也。○正義曰。呂氏春秋諭大篇云。萬夫之長。高誘注云。長。大也。禮記祭義云。立敬自長始。彼長之長。指彼人之年長。故以大釋之。我長之長。指我因其長而敬之。故以敬明之。長大之年。在彼不在我。故云非有長於我。彼在我之外。是長大之年在彼。卽是外也。非有長於我。卽是從其長於外。從其白於外。卽是非有白於我。互文相例也。近解非有長於我。謂非我先預有長之心。

曰。異於白馬之白也。無以異於白人之白也。不識長馬之長也。無以異於長人之長與。且謂長者義乎。長之者義乎。【注】孟子曰。長異於白。白馬白人同謂之白可也。不知敬老馬無異於敬老人邪。且謂老者爲有義乎。將謂敬老者爲有義乎。敬老者己也。何以爲外也。【疏】注長異至外也。○正義曰。孔氏廣森經學卮言云。趙氏讀異於白爲句。此答告子。猶彼白而我白之語意。言長之說異於白之說。不相猶也。古人文字。不必拘拘定以白馬與白人相偶。若必謂白字當屬馬上。或絕異字爲一句。下乃言人之於白馬之白。無以異於白人之白。文義亦通。先斷之曰異。而後申其所以異之處。正同他章每先曰否。而次詳其所以否之實也。按孔氏說是也。異字斷句。卽趙氏長異於白之謂也。於白馬之白也。無以異於白人之白也。所謂白馬白人。同以爲白可也。白無異於白。長則有異於長。此長之所以異於白也。儀禮鄉飲酒禮云。衆賓之長升。注云。長其老者。國語晉語云。齊侯長矣。韋昭注云。長。老也。是長卽老也。告子以長爲義。而不知以長之爲義。故先以白馬白人不異。別出長馬長人不同。言長人之長。必用我心長之。分明權在長之者。而不在長者。長之旣在我心。則權度悉由中出。安得以義爲外乎。長之權全在我。安得云非有長於我也。

曰。吾弟則愛之。秦人之弟則不愛也。是以我爲悅者也。故謂之內。長楚人之長。亦長吾之長。是以長爲悅者也。故謂之外也。【注】告子曰。愛從己則己心悅。故謂之內。所悅喜老者在外。故曰外。【疏】吾弟至外也。○正義曰。此告子再申義外之說也。孟子詰之以長者義長之者義。告子固不得云長者義也。故又以弟與長分別言之。義雖屬長之者。乃長之者因長者而生。故仍以爲外耳。弟同而愛與不愛異。是愛之權在我。長同則長之權不同。是長之權在彼。理本不足。難以豁然。

曰。耆秦人之炙。無以異於耆吾炙。夫物則亦有然者也。然則耆炙亦有外與。【注】孟子曰。耆炙同等。情出於中。敬楚人之老。與敬己之老。亦同己情往敬之。雖非己炙同美。故曰物則有然者也。如耆炙之意。豈在外邪。言楚秦喻遠也。[疏]注。耆炙至遠也。○正義曰。耆猶愛也。告子以愛不同明長同。孟子則以嗜之同。明長同愛不同。權固由我。耆炙同情亦出中。嗜同則情出於中。豈長同而情在於外乎。愛之長之。皆是以我爲悅。秦人之弟非吾弟。楚人之長非吾長。以其長同故同長。秦人之炙非吾炙。以其美同故同嗜。物亦有然。謂炙之同美矣。猶長之同長也。知吾所以嗜之者。由心辨其美。則知吾所以長之者。由心識其長。若謂義之同長爲外。則食之同美。亦可謂之外乎。告子既知甘食爲性。故孟子以嗜炙明之。孟子告子居齊。故以秦楚爲遠。音義云。耆本亦作嗜。

章指言事雖在外。行其事者皆發於中。明仁義由內。所以曉告子之惑也。

孟季子問公都子曰。何以謂義內也。[注]季子亦以爲義外也。[疏]孟季子。○正義曰。翟氏灝考異云。趙注未有孟字。而疏直以季任當之。知當時所據經文。實亦未有孟字。蓋此與任人食色之問。同在一時。觀兩章文勢畫一可見也。竊嘗疑季子爲孟子弟。有所疑問。何不親詣孟子。孟子亦何不詔之面命。而必輾轉於公都子。又疑宋政和五年。詔以樂正子享孟子廟。孟仲子封新泰伯。與公孫丑萬章等十七人皆從祀。惟季孫子叔之在疑似間也。未嘗缺失。而何獨無孟季子。今乃知孟子書中。本不云孟季子也。趙氏佑溫故錄云。孟仲子爲孟子從昆弟而學於孟子。則孟季子當亦其倫。何至執告子之言。重相啟難。全背孟子。殆別一人。故注無文與。

曰行吾敬。故謂之內也。[注]公都子曰。以敬在心而行之。故言內。曰鄉人長於伯兄一歲。則誰敬。[注]季子曰。敬誰也。曰敬兄。[注]公都子曰。當敬兄也。酌則誰先。[注]季子曰。酌酒則先酌誰。曰先酌鄉人。[注]公都子曰。當先鄉人。所敬在此。所長在彼。果在外。非由內也。[注]季子曰。所敬者兄也。所酌者鄉人也。如此義果在外。不由內也。果猶竟也。[疏]注。果猶竟也。○正義曰。國語晉語。果喪其田。韋昭注云。果猶竟也。呂氏春秋忠廉篇云。果伏劍而死。高誘注云。果。終也。終與竟義同。果在外非由內。謂終竟是義外非內也。公都子不能答。以告孟子。[注]公都子無以答季子之問。孟子曰。敬叔父乎。敬弟乎。彼將曰敬叔父。曰弟爲尸。則誰敬。彼將曰敬弟。子曰惡在其敬叔父也。彼將曰在位故也。子亦曰在位故也。庸敬在兄。斯須之敬在鄉人。注孟子使公都子答季子如此。言弟以在尸位故敬之。鄉人在賓位。故先酌之耳。庸。常也。常敬在兄。斯須之敬在鄉人也。疏注言弟至人也。○正義曰。孟子教公都子折破季子先酌鄉人之說。假其說以難之也。弟不在尸位。則叔父之敬。無時可易。鄉人不在賓位。則伯兄之敬。無時可易。庸敬斯須之敬。因事轉移。隨時通變。吾心確有權衡。此眞義內也。庸常。爾雅釋詁云。趙氏佑溫故錄云。古禮之繇。可議莫如祭必用尸。孫爲王父尸。所使爲尸者。於祭者爲子行也。而北面事之。則父且敬子。何況兄弟。此不言子猶言弟。特取與敬兄對文。蓋舉儀禮酌舉奠之禮。祭自君夫人。賓三獻旣行。則有上嗣舉奠以獻尸。而後行酬。旣醉之朋友。謂衆賓。君子有孝子。謂主祭者長嗣也。則尸用衆子或從子。是其弟矣。顧氏炎武日知錄云。先王治天下之具。五典五禮五服五刑。其出乎身加乎民者。莫不本之於心以爲之裁制。親親之殺。尊賢之等。禮所生也。酌鄉人敬尸二事。皆禮之用也。而莫非義之所宜。自此道不明。而二氏空虛之敎。至於搥提仁義。絕滅禮樂。從此起矣。自宋以下。一二賢智之徒。病漢人訓詁之學。得其粗迹。務矯之以歸於內。而達道達德九經三重之事。置之不論。此眞所謂告子未嘗知義者也。董子曰。宜在我而後可以稱義。故言義者。合我與宜以爲一言。以此操之。義之言我也。此與孟子之言相發。

季子聞之曰。敬叔父則敬。敬弟則敬。果在外。非由內也。注隨敬所在而敬之。果在外。疏注隨敬至在外。○正義曰。季子謂敬因人轉移。而中無所主。則前言所辨。終竟不易也。

公都子曰。冬日則飲湯。夏日則飲水。然則飲食亦在外也。注湯水雖異名。其得寒溫者中心也。雖隨敬之所在。亦中心敬之。猶飲食從人所欲。豈可復謂之外也。疏注湯水至外也。○正義曰。湯水之異。猶叔父與弟之異。冬則欲其溫。夏則欲其寒。是飲食從人所欲。非人從飲食爲轉移也。故飲湯飲水。外也。酌其時宜而飲者。中心也。敬叔父敬弟。外也。酌其所在而敬者。中心也。孟子言位。公都子言時。義之變通。時與位而已矣。孟子學孔子之時。而闡發乎通變神化之道。全以隨在轉移爲用。所謂集義也。而告子造義外之說。不隨人爲轉移。故以勿求於氣勿求於心爲不動心。與孟子之道適相反。義外之說破。則通變神化之用明矣。毛氏奇齡四書賸言云。嗜食在內。與敬長在外正別。此何足辨。亦何足以服告子。冬日則飲湯。夏日則飲水。與嗜秦人之炙二句相反。使難者曰。冬則飲湯。夏則飲水。果在外。非由內也。何以解之。嘗以二者問先仲氏。先仲氏一曰。敬長無人我。以長在人耳。今嗜炙亦無人我。此非人也。物也。且其無人我而必長人者。以長在外耳。今嗜炙主愛。而亦無人我。而惟外是愛。此非長在外。即愛亦在外也。上言長馬之長。異乎長人之長。則人物有別矣。此緊承長楚人之長二句。愛在外與嗜炙在內大別。此借仁內以毆義外也。一曰。以在位而易其敬。猶之以在時而易其飲也。夫嗜食甘飲者。愛也。愛亦在外矣。嗜炙是同嗜。此是異飲。嗜炙以仁內毆義外。此以義外毆仁內。不同。

章指。

言凡人隨形。不本其原。賢者達情。知所以然。季之信之。猶若告子。公都受命。然後乃理。

公都子曰。告子曰。性無善無不善也。【注】公都子道告子以爲人性在化。無本善不善也。【疏】注人性在化。○正義曰。化。變化也。

或曰。性可以爲善。可以爲不善。是故文武與。則民好善。幽厲與。則民好暴。【注】公都子曰。或人以爲可教以善不善。亦由告子之意也。故文武聖化之起。民皆喜爲善。幽厲虐政之起。民皆好暴亂。

或曰。有性善。有性不善。是故以堯爲君而有象。以瞽瞍爲父而有舜。以紂爲兄之子。且以爲君。而有微子啓。王子比干。【注】公都子曰。或人以爲人各有性。善惡不可化移。堯爲君。象爲臣。不能使之爲善。瞽瞍爲父。不能化舜爲惡。紂爲君。又與微子比干有兄弟之親。亦不能使此二子爲不仁。是亦各有性也。【疏】或曰性可至比干。○正義曰。孔氏廣森經學卮言云。王充論衡本性篇云。周人世碩以爲人性有善有惡。舉人之善性養而致之。則善長。惡性養而致之。則惡長。故世子作養書一篇。宓子賤漆雕開公孫尼子之徒。亦論性情。與世子相出入。按公都子此問。即其說也。漢藝文志世子二十一篇。名碩。陳人。七十子之弟子。韓非子八儒。有漆雕氏之儒。世子或其徒與。蓋或人二說。皆原於聖門。而各得其一偏。可以爲善。可以爲不善。所謂性相近習相遠也。有性善。有性不善。所謂上智與下愚不移者也。古論語傳曰。譬如堯舜。禹稷契與之爲善。則行。鯀驩兜欲與爲惡。則誅。可與爲善。不可與爲惡。是謂上智。桀紂。龍逢比干欲與爲善。則誅。于莘崇侯與之爲惡。則行。可與爲惡。不可與爲善。是謂下愚。詳見漢書古今人表。與或人舜象之喻略同。○注。紂爲君至不仁。○正義曰。顧氏炎武日知錄云。以紂爲弟且以爲君。而有微子啓。以紂爲兄之子且以爲君。而有王子比干。並言之。則於文有所不便。故舉此以該彼。此古人文章之善。翟氏灝考異云。陸象山集與周元忠書曰。以紂爲兄之子。此是公都子引當時人言。史記微子是紂庶兄。皆帝乙之子也。比干則但云紂之親戚。太史公亦莫知爲誰子也。今據公都所引文義。則是以微子比干爲帝乙之弟。而紂於二人爲兄之子也。此是孟子所載與史記不同處。按史記以微子爲紂庶兄。覈其所原。乃屬呂氏春秋。呂氏言宜難深信。殷王兄終弟及者十四。其後之傳及兄子。惟沃甲一人。則凡前王子未嗣立者，其孫曾中之嫡系。詎不得當元子稱邪。箕子稱微子曰王子。孟子書兩稱王子比干。二人稱謂同。或其行輩亦同。故趙氏謂紂與微比皆有兄弟之親。若言於紂父皆兄弟也。此孟子所載與史記不同處。象山言最爲超卓。孟子所聞。必當實於史記。覈孟子者。似不必因史記生疑也。

今日

性善。然則彼皆非與。〔注〕公都子曰。告子之徒。其論如此。今孟子曰人性盡善。然則彼之所言皆非邪。

〔疏〕今日至非與。○正義曰。戴氏震孟子字義疏證云。問告子言生之謂性。言性無善無不善。言食色性也。仁內義外。朱子以為同於釋氏。其杞柳湍水之喻。又以為同於荀揚。然則荀揚亦與釋氏同與。曰。否。荀揚所謂性者。古今同謂之性。即後儒稱為氣質之性者也。但不當遺理義而以為惡耳。在孟子時。則公都子引或曰。性可以為善。可以為不善。或曰有性善。有性不善。言不同。而所指之性同。荀子見於聖人生而神明者。不可概之人人。其下皆學而後善。順其自然。則流於惡。故以惡加之。論似偏與有性不善合。然謂禮義為聖心。是聖人之性獨善。實兼公都子兩引或曰之說。揚子見於長善則為善人。長惡則為惡人。故曰人之性也善惡混。又曰。學則正。否則邪。與荀子論斷似參差而匪異。韓子言性之品有上中下三。上焉者。善焉而已矣。中焉者。可導而上下也。下焉者。惡焉而已矣。此即公都子兩引或曰之說。會通為一。朱子云。氣質之性。固有美惡不同矣。然以其初而言。皆不甚相遠。但習於善則善。習於惡則惡。於是始相遠耳。人之氣質相近之中。又有美惡一定。而非習之所能移也。直會通公都子兩引或曰之說解論語矣。程子云。有自幼而善。有自幼而惡。是氣稟有然也。善固性也。然惡亦不可不謂之性也。此與有性善有性不善合。而於性可以為善可以為不善。亦未嘗不兼。特彼仍其性之名。此別之曰氣稟耳。程子又云。人生而靜以上不容說。纔說性時。便已不是性也。朱子釋之云。人生而靜以上。是人物未生時。止可謂之理。未可名為性。所謂在天曰命也。纔說性時。便是人生以後。此理已墮形氣中。不全是性之本體矣。所謂在人曰性也。據樂記人生而靜。與感於物而動對言之。謂方其未感。非謂人物未生也。中庸天命之謂性。謂氣稟之不齊。各限於生初。非以理為在天在人異其名也。況如其說。是孟子乃追遡人物未生未可名性之時而曰性善。若就名性之時。已是人生以後。已墮在形氣中。安得斷之曰善。由是言之。將天下古今。惟上聖之性。不失其性之本體。自上聖而下。語人之性。皆失其性之本體。人之為人。舍氣稟氣質。將以何者謂之人哉。是孟子言人無有不善者。程子朱子言人無有不惡。其視理儼如有物。以善歸理。雖顯遵孟子性善之云。究之孟子就人言之者。程朱乃離人而空論夫理。故謂孟子論性不論氣不備。若不視理如有物。而其見於氣質不善。卒難通於孟子之直斷曰善。立說似同於孟子。而實異。似異於荀子。而實同也。孟子不曰性無有不善。而曰人無有不善。性者。飛潛動植之通名。性善者。論人之性也。如飛潛動植。舉凡品物之性。皆就其氣類別之。人物分於陰陽五行以成性。舍氣類更無性之名。醫家用藥。在精辨其氣類之殊。不別其性。則能殺人。使曰此氣類之殊者。已不是性。良醫信之乎。凡植禾稼卉木。畜鳥獸蟲魚。皆務知其性。知其性者。知其氣類之殊。乃能使之碩大蕃滋也。何獨至於人。而指夫分於陰陽五行以成性者。曰此已不是性也。豈其然哉。自古及今。統人與百物之性以為言。氣類各殊是也。專言乎血氣之倫。不獨氣類各殊。而知覺亦殊。人以有禮義。異於禽獸。實人之知覺大遠乎物則然。此孟子所謂性善。而荀子視禮義為常人心知所不及。故別而歸之聖人。程子朱子。見於生知安行者罕覩。謂氣質不得概之曰善。荀揚之言固如是也。特以如是則悖於孟子。故截氣質爲一性。言君子不謂之性。截理義爲一性。別而歸之天。以附合孟子。其歸之天不歸之聖人者。以理爲人與我。是理者我之所無也。以理爲天與我。庶幾湊泊附著。可融爲一。是借天爲說。聞者不復疑於本無。遂信天與之得爲本有耳。彼荀子見學之不可以已。非本無何待於學。而程子朱子亦見學之不可以已。其本有者何以又待於學。故謂爲氣質所汙壞。以便於言本有者之轉而如本無也。於是性之名移而之理。而氣化生人生物。適以病性。性譬水之清。因地而汙濁。不過從老莊釋氏所謂眞宰眞空者之受形以後。昏昧於欲而改變其說。特彼以眞宰眞空爲我。形體爲非我。此仍以氣質爲我。難言性爲非我。則惟歸之天與我而後可。謂之我有。亦惟歸之天與我而後可。爲完全自足之物。斷之爲善。惟使之截然別於我。而後雖天與我完全自足。可以咎我之壞之。而待學以復之。以水之清喻性。以受汙而濁。喻性墮於形氣中汙壞。以澄之而清喻學。水靜則能清。老莊釋氏之主於無欲主於寂靜是也。因改變其說爲主敬。爲存理。依然釋氏敎人認本來面目。敎人常惺惺之法。若夫古聖賢之由博學審問愼思明辨篤行。以擴而充之者。豈徒澄清已哉。程子朱子於老莊釋氏。旣入其室操其矛矣。然改變其言。以爲六經孔孟如是。按諸荀子差近之。而非六經孔孟也。謹案禮記樂記云。好惡無節於內。知誘於外。不能反躬。天理滅矣。注云。理猶性也。以性爲理。自鄭氏已言之。非起於宋儒也。理之言分也。大戴記本命篇云。分於道之謂命。性由於命。卽分於道。性之猶理。亦猶其分也。惟其分。故有不同。亦惟其分。故性卽指氣質而言。性不妨歸諸理。而理則非眞宰眞空耳。

孟子曰。乃若其情。則可以爲善矣。乃所謂善也。若夫爲不善。非才之罪也。

[注]若。順也。性與情相爲表裏。性善勝情。情則從之。孝經曰。此哀戚之情。情從性也。能順此情。使之善者。眞所謂善也。若隨人而強作善者非善者之善也。若爲不善者。非所受天才之罪。物動之故也。

[疏]乃若至罪也。○正義曰。程氏瑤田通藝錄論學小記云。孟子以情驗性。總就下愚不移者。指出其情以曉人。如言惻隱羞惡辭讓是非之情。爲仁義禮智之端。謂人皆有之者。下愚不移者亦有也。故乍見孺子入井。皆有怵惕惻隱之心。正謂下愚不移者皆如是也。故曰乃若其情。則可以爲善。乃若者。轉語也。卽從下文若夫字生根。其情者。下愚不移者之情。卽下文爲不善者之情也。曰可以爲善者。可不可未可知之辭。然而未嘗不可以爲善也。若夫爲不善。乃其後之變態。非其情動之初。本然之才便如此也。性善之義。至孟子言之。乃眞透根之論。卽今日人人可自驗。人人可自信其性之無不善也。孔子曰。性相近也。習相遠也。此專論習也。習與性對言。性自性。習自習。習相遠。愈見性之相近也。習之相遠也。遠於智愚之相移也。性之相近也。愚者之性。未嘗遠於智者也。蓋氣稟受質而成人之形。其心卽具人之性。人與物異。故性無不善也。而不能無智愚之殊者。以氣質不能不分高下厚薄。因而知覺不能不分差等。其上焉者智也。等而漸下。則不智而愚矣。愚非無其智也•鬱其智而不達。則愚。智愚雖分。性未始不相近。相近云者。弗無其善之云也。然知覺旣有智愚

之殊。而薰習復有邪正之異。於是智者習於善。則愈遠於愚。卽愚者習於善。亦可遠於本然之愚。若智者習於惡。則可遠於其本然之智。而愚者習於惡。則愈遠於智。智有等差。習而移之。下達者可至於下愚。移而智者。性達而性之善見。移而愚者。性不達而性之善不見。夫豈性有不善哉。不見其善而已矣。然則相遠者。因習而移其智愚。非移其相近之性也。智愚每因於習之所移。見人不可不謹所習。而不得以此罪性也。惟夫生而上智之人。知覺獨異。雖與不善者相習。不能移而轉之乎愚。其本非上智而移而至於上智者。亦若是則已矣。而生而下愚之人。知覺極庸。雖與善者相習。亦不能移而轉之乎智。其本非下愚而移而至於下愚者。亦若是則已矣。其不移者。非其性之善。本有加於人。本有損於人也。其移焉者。非其性之善。忽有加於人。忽有損於人也。夫性未有不相近者也。何以知其然也。仁義禮智之性。其端見於惻隱羞惡辭讓是非之情者。雖下愚之人。未嘗不皆有也。由是言之。孟子性善之說。以情驗性之指。正孔子性相近之義疏矣。情。其善之自然而發者也。才。其能求本然之善而無不得者也。性善故情善。而才亦善也。誠意之功。在毋自欺。而毋自欺之事。曰愼獨。意非私意之謂。乃眞好眞惡之情發於性者。此眞好眞惡之情。人皆有之。孟子所謂乃若其情可以爲善者也。戴氏震孟子字義疏證云、問公都子問性列三說之與孟子言性善異者。乃舍性而論情、偏舉善之端爲證。彼荀子之言性惡也。曰今人之性。生而有好利焉。順是。故爭奪生而辭讓亡焉。生而有疾惡焉。順是。故殘賊生而忠信亡焉。生而有耳目之欲。有好聲色焉。順是。故淫亂生而禮義文理亡焉。然則從人之性。順人之情。必出於爭奪。合於犯分亂理。而歸於暴。故必將有師法之化。禮義之導。然後出於辭讓。合於文理。而歸於治。用此觀之、然則人之性惡明矣。是荀子證性惡。所舉者亦情也。安見孟子之得。而荀子之失與。曰。人生而後有情有欲有知。三者。血氣心知之自然也。給於欲者。聲色臭味也。而因有愛畏。發乎情者。喜怒哀樂也。而因有慘舒。辨於知者。美醜是非也。而因有好惡。聲色臭味之欲資以養其生。喜樂哀樂之情感而接於物。美醜是非之知極而通於天地鬼神。聲色臭味之愛畏以分。五行生克爲之也。喜怒哀樂之慘舒以分。時遇順逆爲之也。美醜是非之好惡以分。志慮從違爲之也。是皆成性然也。有是身故有聲色臭味之欲。有是身而君臣父子夫婦昆弟朋友之倫具。故有喜怒哀樂之情。惟有欲有情而又有知。然後欲得遂也。情得達也。天下之事。使欲之得遂。情之得達。斯已矣。惟人之知。小之能盡美醜之極致。大之能盡是非之極致。然後遂己之欲者。廣之能遂人之欲。達己之情者。廣之能達人之情。道德之盛。使人之欲無不遂。人之情無不達。斯已矣。欲之失爲私。私則貪邪隨之矣。情之失爲偏。偏則乖戾隨之矣。知之失爲蔽。蔽則差謬隨之矣。不私。則其欲皆仁也。皆禮義也。不偏。則其情必和易而平恕也。不蔽。則其知乃所謂聰明聖知也。孟子舉惻隱羞惡辭讓是非之心。謂之心。不謂之情。首云乃若其情。非性情之情也。孟子不又云乎。人見其禽獸也。而以爲未嘗有才焉。是豈人之情也哉。情猶素也。實也。孟子於性。本以爲善。而此云則可以爲善矣。可之爲言。因性之等差而斷其善。則未見不可也。下云乃所謂善也。對上今曰性善之文。繼之云若夫爲不善。非才之罪也。爲猶成也。卒之成爲不善者。陷溺其心。放其良心。至於梏亡之盡。違禽獸不遠者也。言才則性見。言性則才見。才於性無所增損故也。人之性善。故才亦美。其往不美。未有非陷溺其心使然。故曰非天之降才爾殊也。才可以始美而終於不美。由才失其才也。不可謂性始善而終於不善。性以本始言。才以體質言也。體質戕壞。究非體質之罪。又安可究其本始哉。謹按孟子性善之說。全本於孔子之贊易。伏羲畫卦觀象。以通神明之德。以類萬物之情。俾天下萬世。無論上智下愚。人人知有君臣父子夫婦。此性善之指也。孔子贊之。則云利貞者。性情也。六爻發揮。旁通情也。禽獸之情。不能旁通。卽不能利貞。故不可以爲善。情不可以爲善。此性所以不善。人之情則能旁通。卽能利貞。故可以爲善。情可以爲善。此性所以善。禽獸之情何以不可爲善。以其無神明之德也。人之情何以可以爲善。以其有神明之德也。神明之德在性。則情可旁通。則情可以爲善。於情之可以爲善。知其性之神明。性之神明。性之善也。孟子於此。明揭性善之恉在其情。則可以爲善。此融會乎伏羲神農黃帝堯舜文王周公孔子之言。而得其要者也。說文心部云。性。人之陽氣。性善者也。情。人之陰氣。有欲者。情陰而有欲。故貪婬爭奪。端由此起。荀子謂從人之性。順人之情。必出於爭奪。合於犯分亂理而歸於暴是也。情欲之爲不善。有師法之化。禮義之道。卽能出於辭讓合於文理而歸於治。此孟子所謂可以爲善也。荀子據以爲性惡。荀子但知禮而不通易者也。孟子據以爲性善。孟子深通於易而知乎禮之原也。孔子以旁通言情。以利貞言性情。利者變而通之也。以己之情通乎人之情。以己之欲通乎人之欲。己欲立而立人。己欲達而達人。己所不欲。勿施於人。因己之好貨。而使居者有積倉。行者有裹糧。因己之好色。而使內無怨女。外無曠夫。如是則情通。情通。則情之陰已受治於性之陽。是性之神明。有以運旋乎情欲。而使之善。此情之可以爲善也。故以情之可以爲善。而決其性之神明也。乃性之神明。能運旋其情欲。使之可以爲善者。才也。孔子贊易云。立天之道。曰陰與陽。立地之道。曰柔與剛。立人之道。曰仁與義。是爲三才。有此才乃能迭用柔剛。旁通情以立一陰一陽之道。才以用言。旁通者情。所以能旁通而窮理盡性以至於命者。才也。通其情可以爲善者。才也。不通情而爲不善也。無才也。云非才之罪。猶云無才之罪也。蓋人同具此神明。有能運旋乎情。使之可以爲善。有不能運旋乎情。使之可以爲善。此觀乎才與不才。才不才則智愚之別也。智則才。愚則不才。下愚不移。不才之至。不能以性之神明運旋情欲也。惟其才不能自達。聖人乃立敎以達之。其先民不知夫婦之宜別。上下尊卑之宜有等。此才不能自達也。伏羲敎之。無論智愚。皆知夫婦之別。皆知上下尊卑之等。所謂通其神明之德也。使性中本無神明。豈敎之所能通。民之不知有父但知有母。與禽獸同。聖人敎民。民皆知人道之宜定。而各爲夫婦。各爲父子。以此敎禽獸。禽獸仍不知也。人之性可因敎而明。人之情可因敎而通。禽獸之性。雖敎之不明。禽獸之情。雖敎之不通。孔子曰。五十學易。可以無大過矣。可以無大過。卽是可以爲善、性之善全在情。可以爲善。情可以爲善。謂其能由不善改而爲善。孟子以人能改過爲善。決其爲性善、伏羲之前。人同禽獸。其貪婬爭奪。思之可見。而伏羲能使之均歸於倫常之中。瞽瞍之頑。象之傲。亦近乎下愚矣。而舜能使之底豫。信乎無不可以爲善之情也。可以爲善。原不謂順其情卽善。乃若宜如程氏瑤田之說。趙氏以順釋若。非其義矣。○注。若順至性也。○正義曰。若順。爾雅釋言文。

情發於外。性藏於內。故相表裏。性之善。不爲情欲所亂。性能運情。情乃從性。則情可爲善。引孝經者。喪親章第十八。云孝子之喪親也。哭不偯。禮無容。言不文。服美不安。聞樂不樂。食旨不甘。此哀戚之情也。趙氏謂孝子仁於其親。由於天性。而情即從其性之仁爲哀戚。是性善勝情。情則從之之證也。趙氏以若其情爲順其情。故反言不順其情。是隨人而強作善者。則情非從性矣。

惻隱之心。人皆有之。羞惡之心。人皆有之。恭敬之心。人皆有之。是非之心。人皆有之。惻隱之心。仁也。羞惡之心。義也。恭敬之心。禮也。是非之心。智也。仁義禮智。非由外鑠我也。我固有之也。弗思耳矣。故曰。求則得之。舍則失之。或相倍蓰而無算者。不能盡其才者也。注仁義禮智。人皆有其端。懷之於內。非從外銷鑠我也。求存之則可得而用之。舍縱之則亡失之矣。故人之善惡。或相倍蓰。或至於無算者。不得相與計多少。言其絕遠也。所以惡乃至是者。不能自盡其才性也。故使有惡人。非天獨與此人惡性。其有下愚不移者。譬如被疾不成之人。所謂童昏也。疏注。仁義至我也。○正義曰。前以情之可以爲善明性善。此又以心之有惻隱羞惡恭敬是非明性善也。惟性有神明之德。所以心有是非。心有是非。則有惻隱羞惡恭敬矣。戴氏震孟子字義疏證云。問孟子言性。舉仁義禮智四端。與孔子之舉智愚有異乎。曰。人之相去。遠近明昧。其大較也。學則就其昧焉者牖之明而已。人雖有智有愚。大致相近。而智愚之甚遠者蓋鮮。智愚者遠近等殊科。而非相反。善惡則相反之名。非遠近之名。知人之成性。其不齊在智愚。亦可知任其愚而不學不思。乃流爲惡。愚非惡也。人無有不善明矣。舉智而不及仁禮義者。智於天地人物事。爲咸足以知其不易之則。仁有不至。禮義有不盡。可謂不易之則哉。發明孔子之道者。孟子也。無異也。說文金部云。鑠。銷金也。國語周語云。衆口鑠金。史記索隱引賈逵云。鑠。消也。消鑠我。猶云戕賊人。以仁義禮智爲由外鑠我。當時蓋有此言。如莊子言純樸不殘孰爲仁。故孟子直斥其非。而以爲我固有之也。孔氏廣森經學卮言云。爾雅釋詁云。鑠。美也。仁義禮智。得之則美。失之則醜。然美在其中。非由外飾成我美者也。所以不願人之文繡也。○注。譬如至昏也。○正義曰。國語晉語。胥臣曰。僮昏不可使謀。韋昭注云。僮無知。昏闇亂也。此與籧篨戚施僬僥侏儒矇瞍嚚瘖。同爲八疾。又云。質將善而賢良贊之。則濟可竢也。若有違質。教將不入。其何善之爲。此言僮昏之人。不可教之以善。故趙氏引以證下愚不移也。周禮秋官司刺。三赦曰惷愚。注云。惷愚生而癡騃童昏者。禮記禮器云。體不備。君子謂之不成人。生而癡騃童昏。既列於八疾。則與體不備同。故爲被疾不成之人。趙氏以下愚爲此癡騃童昏之人。則是不移由有疾所以不移也。無此疾者。固無不可移者矣。尤與性善之恉合。譬如者趙氏自謙未定。

詩曰。天生蒸民。有物有則。民之秉夷。好是懿德。孔子曰。爲此詩者。其知道乎。故有物必有則。民之秉夷也。故好是懿德。【注】詩。大雅蒸民之篇。言天生衆民。有物則有所法則。人法天也。民之秉夷。夷常也。常好美德。孔子謂之知道。故曰人皆有善也。【疏】注。詩大至善也。○正義曰。詩在大雅烝民篇第一章。蒸。詩作烝。夷。詩作彝。傳云。烝。衆。物。事。則。法。彝。常。懿。美也。箋云。秉。執也。天之生衆民。其性有物象。謂五行仁義禮智信也。其情有所法。謂喜怒哀樂好惡也。然而民所執持有常道。莫不好有美德之人。趙氏義與毛同。不釋秉義。當亦同箋訓執持也。趙氏既以法釋則。又以有物有則爲人法天。是以有物指天。有則指人之法天。蓋亦如箋物象之說。性爲天所命。性之有仁義禮智信。即象天之木金火土水。故以性屬天。以六情從五性。是以人之情法天之性。即前性善勝情情則從之之義也。程氏瑤田通藝錄論學小記云。天分以與人。而限之於天者謂之命。人受天之所命。而成之於己者謂之性。此限於天而成於己者。及其見於事爲。又有無過無不及之分以爲之則。是則也。以德之極地言之。謂之中庸。以聖人本諸人之四德之性。緣於人情而制以與人遵守者言之。謂之威儀之禮。蓋即其限於天成於己者之所不待學而可知。不待習而可能者也。亦即其限於天成於己者之所學焉而愈知。習焉而愈能者也。是之謂性善。孔子釋詩增必字也字故字。而性善之義見矣。章指。言天之生人。皆有善性。引而趨之。善惡異衢。高下相懸。賢愚舛殊。尋其本者。乃能一諸。【疏】注云。善惡異衢。○正義曰。荀子勸學篇云。行衢路者不至。楊倞注云。衢道。兩道也。今秦俗猶以兩爲衢。古之遺言與。

孟子曰。富歲子弟多賴。凶歲子弟多暴。非天之降才爾殊也。其所以陷溺其心者然也。【注】富歲。豐年也。凶歲。飢饉也。子弟。凡人之子弟也。賴。善。暴。惡也。非天降下才性與之異。以飢寒之阨。陷溺其心使爲惡者也。【疏】注。富歲豐年也。○正義曰。論語顏淵篇。富哉言乎。集解引孔安國云。富。盛也。呂氏春秋當染篇。弟子彌豐。高誘注云。豐。盛也。是富即豐也。故富歲爲豐年。○注。賴善。○正義曰。呂氏春秋離俗篇。苟可得已。則必不之賴。高誘注云。賴。利也。一曰善也。段氏玉裁說文解字注云。贏。賈有餘利也。賴。贏也。高帝紀。始大人常以臣無賴。應劭曰。賴者。恃也。晉灼曰。許愼曰。賴。利也。無利入於家也。或曰。江淮之間。謂小兒多詐狡獪爲亡賴。按今人云無賴者。謂其無衣食致然耳。方言云。賴。讎也。南楚之外曰賴。賴。取也。王氏念孫廣雅疏證云。衛策云。爲魏則善。爲秦則不賴矣。小雅采菽篇。亦是戾矣。毛傳云。戾。至也。正義云。明王之德能如此亦是至美矣。鄭注粊誓云。至猶善也。是戾與善同義。

又鄭注大學云。戾之言利也。利與善義亦相近。故利謂之戾。亦謂之賴。善謂之賴。亦謂之戾。戾賴。語之轉耳。阮氏元云。富歲子弟多賴。賴即孏。按說文女部云。孏。懈也。從女賴聲。一曰鋻也。貝部云。賴。贏也。從貝剌聲。禮記月令云。不可以贏。注云。贏。猶解也。解即懈。贏賴解同義。然則富歲子弟多賴。謂其粒米狼戾。民多懈怠。月令不可以贏。即是不可以孏。而子弟多賴。即是子弟多懈也。賴與暴俱是陷溺其心。若謂豐年多善。凶年多惡。未聞溫飽之家皆由禮者矣。阮氏說是也。○注。非天至惡者也。○正義曰。戴氏震孟子字義疏證云。才者。人與百物各如其性以爲形質。而知能遂區以別焉。孟子所謂天之降才是也。氣化生人生物。據其限於所分而言。謂之命。據其爲人物之本始而言。謂之性。據其體質而言。謂之才。由成性各殊。故才質亦殊。才質者。性之所呈也。舍才質安覩所謂性哉。以物譬之器。才則其器之質也。分於陰陽五行而成性各殊。則才質因之而殊。猶金錫之在冶。冶金以爲器。則其器金也。冶錫以爲器。則其器錫也。品物之不同如是矣。從而察之。金錫之精良與否。其器之爲質。一如乎所冶之金錫。一類之中。又復不同如是矣。爲金爲錫。及其金錫之精良與否。性之喻也。其分於五金之中。而器之所以爲器。即於是乎限。命之喻也。就器而別之。孰金孰錫。孰精良與孰否。才之喻也。故才之美惡。於性無所增亦無所損。夫金錫之爲器。一成而不變者也。人又進乎是。自聖人而下。其等差凡幾。或疑人之才非盡精良矣。而不然也。猶金之五品。而黃金爲貴。雖其不美也。莫與之比貴也。況乎人皆可以爲賢爲聖也。後儒以不善歸稟氣。孟子所謂性所謂才。皆言乎氣稟而已矣。其稟受之全。則性也。其體質之全。則才也。稟受之全無可據以爲言。如桃杏之性。全於核中之白。形色臭味無一弗具。而無可見。其萌芽甲坼。根榦枝葉。桃與杏各殊。由是爲華爲實。形色臭味。無不區以別者。雖性則然。皆據才見之耳。成是性斯爲是才。別而言之。曰命。曰性。曰才。合而言之。是謂天性。故孟子曰。形色天性也。惟聖人然後可以踐形。人物成性不同。故形色各殊。人之形。官器利用。大遠乎物。然而於人之道不能無失。是不踐此形也。猶言之而形不違。是不踐此言也。踐形之與盡性盡其才。其義一也。趙氏以與之異釋爾殊。蓋以爾字爲助詞。與之異但釋殊字也。王氏引之經傳釋詞云。爾猶如此也。非天之降才爾殊也。言非天之降才如此其異也。凡後人言不爾乃爾果爾聊復爾耳者。並與此同義。

今夫麰麥。播種而耰之。其地同。樹之時又同。浡然而生。至於日至之時。皆熟矣。雖有不同。則地有肥磽。雨露之養。人事之不齊也。

注　麰麥。大麥也。詩云。貽我來麰。言人性之同。如此麰麥。其不同者。人事雨澤有不足。地之有肥磽耳。磽。露也。

疏　播種而耰之。○正義曰。說文木部云。櫌。摩田器也。從木憂聲。論語曰。櫌而不輟。段氏玉裁說文解字注云。五經文字曰。經典及釋文皆作耰。鄭曰。耰。覆種也。與許合。許以物言。鄭以人用物言。齊語深耕而疾耰之。以待時雨。韋曰。耰。摩平也。齊民要術曰。耕荒畢。以鐵齒鎬楱再徧杷之。漫擲黍穄。勞亦再徧。即鄭所謂覆種也。

許云磨田。當兼此二者。賈又曰、春耕尋手勞、秋耕待白背勞。古曰耰、今日勞。勞、郎到切。集韻作撈。謹按撈。今俗所謂抄也、土初耕尙粗成塊、以鐵齒耙之。則細、屢耙則愈細。所謂抄也。先耙其土令細。是磨平也。旣布種又耙之、是耰種也。磨平耰種二事。而皆用此耰、耰種亦是磨田、而磨田不皆耰種也。此播種而耰。當是耰種、論語耰而不輟。方在耦耕之後、蓋始磨平其粗塊。不必卽耰種矣。音義引丁云。音憂。耰苗根也。時方播種、尙未生苗。種已生苗。詎容磨平。丁說非是。○至於日至之時皆熟矣。○正義曰。孔氏廣森經學巵言云。日至之時。謂仲夏日至、管子輕重乙曰。九月種麥。日至而穫。輕重己曰。以春日至始、數九十二日謂之夏至。而麥熟。趙氏佑溫故錄云。孟子兩言日至。千歲之日至。冬日至也。至於日至之時。夏日至也。割麥無過夏至 月令孟夏之月。麥秋至。乃大概言之。然有先四月熟者。有後四月熟者。要及夏至則無不熟。故言皆熟。乃舉最遲者以盡其餘。而下則言不同。此時有不熟。則無可復待。有盡去爲晚禾地矣。○注。麰麥至來麰。○正義曰。程氏瑤田通藝錄九穀考云。來。小麥也。麰。大麥也。王禎農書載雜陰陽書曰。大麥生於杏。二百日秀。秀後五十日成。小麥生於桃。二百一十日秀。秀後六十日成。生於杏生於桃、並指秀時也。農桑輯要載崔寔曰。凡種大小麥。得白露節可種薄田。秋分種中田、後十日種美田。二書言大小麥。皆宿麥也。漢書武帝紀注。師古曰。秋冬種之。經歲乃成、故云宿麥。呂氏春秋孟夏之昔。殺三葉而穫大麥。高誘注。大麥。旋麥也。按旋之言疾也。與宿麥對言。是謂大麥爲春麥。玉篇。麰。春麥也。蓋同之矣。余居北方。見種春麥者多矣。然皆小麥也。崔寔曰。正月可種春麥。盡二月止。亦不分大小麥。廣志。旋麥。三月種。八月熟。出西方。似亦言小麥。而非高氏注之旋麥。玉篇。麳。大麥也。今考崔寔言種大小麥。並以白露節爲始。惟麳麥早晚無常。是大小麥之外。復有麳麥。說者以麳麥爲大麥類。然則麳爲大麥之別種。非謂大麥盡名麳也。王氏念孫廣雅疏證云。釋草。大麥。麰也。周頌思文云。貽我來牟。傳云。牟。麥也。箋云。武王渡孟津後五日。火流爲烏。五至。以穀俱來。此謂貽我來牟。又臣工於皇來牟箋云。於美乎赤烏。以牟麥俱來。是不以來爲麥也。漢書劉向傳引詩作釐麰。而釋之云。釐麰。麥也。始自天降。則來牟俱是麥。於文義爲允也。說文云。來。周所受瑞麥。來麰一來二縫。象芒刺之形。天所來也。故爲行來之來。引詩云貽我來麰。又云。齊人謂麥爲秝。秝與來通。又云。麰來。麰麥也。則亦以來麰爲麥。與劉向同。但不言大小耳。李善注典引、引韓詩薛君章句云。𪌽。大麥也。𪌽與麰同。來麰對文。麰爲大則來爲小矣。古者大爲牟、御覽引淮南子注云。牟。大也。大麥故稱牟也。○注。磽薄也。○正義曰。說文石部云。礐。堅也。确。礐也。磽。礐也。毛詩王風丘中有麻傳云。丘中墝埆之處。墝埆卽磽确也。一切經音義。引孟子注云。磽确。薄瘠地也。又引通俗文云。物堅硬謂之磽确。蓋地土肥則和柔。堅硬則五穀不生。故薄也。

故凡同類者。舉相似也。何獨至於人而疑之。聖人與我同類者。注聖人亦人也。其相覺者。以心知耳。蓋體類與人同。故舉相似也。故龍子曰。不知足而爲屨。我知其不爲蕢也。屨之相似。天下之足同也。【注】龍子。古賢者也。雖不知足大小作屨者猶不更作蕢。蕢草器也。以屨相似。天下之足略同故也。【疏】注。蕢草器也。○正義曰：禮記曲禮云：天子之六工。曰土工。金工。石工。木工。獸工。草工。典制六材。注云：惟草木職亡。蓋謂作萑葦之器。蕢爲草器。蓋卽草工所職。凡葦竹所編者是也。論語憲問篇。有荷蕢。太平御覽引鄭氏注云：蕢。草器也。說文艸部云：蕢。草器也。臾古文蕢。象形。論語曰：有荷臾而過孔氏之門。又子罕篇云：譬如爲山。未成一簣。集解引包曰：簣，土籠也。簣與蕢通。草器。蓋卽盛土之籠。於臾之象形。可知其狀矣。晉書音義云：蕢本作蒯。蕢本與蒯通。檀弓杜蕢。左傳作屠蒯是也。今俗呼竹籃之小者爲蒯子。猶古之遺稱也。口之於味。有同耆也。易牙先得我口之所耆者也。如使口之於味也。其性與人殊。若犬馬之與我不同類也。則天下何耆皆從易牙之於味也。至於味。天下期於易牙。是天下之口相似也。【注】人口之所耆者相似。故皆以易牙爲知味。言口之同也。【疏】口之至似也。○正義曰：僖十七年左傳云：雍巫有寵於衛共姬。因寺人貂以薦羞於公。注云：雍巫。雍人名巫。卽易牙。孔氏正義云：此人爲雍。宜名巫而字易牙也。戰國策魏策云：齊桓公夜半不嗛。易牙乃煎熬燔炙。和調五味而進之。桓公食之而飽。至旦不覺。曰：後世必有以味亡其國者。此易牙知味之事也。孟子此章。特於口味指出性字。可知性卽在飲食男女。曰其性與人殊。可知人性不同於犬馬。同一飲食。而人能嗜味。鳥獸不知嗜味。推之同一男女。人能好色。鳥獸不知好色。惟人心最靈。乃知嗜味好色。知嗜味好色。卽知孝弟忠信禮義廉恥。理義之悅心。猶芻豢之悅口。悅口是性善。悅心亦是性善。惟耳亦然。至於聲。天下期於師曠。是天下之耳相似也。【注】耳亦猶口也。天下皆以師曠爲知聲之微妙也。惟目亦然。至於子都。天下莫不知其姣也。不知子都之姣者。無目者也。【注】目亦猶耳也。子都。古之姣好者也。詩云：不見子都。乃見狂且。儵無目者。乃不知子都好耳。言目之同也。【疏】注。子都至狂且。○正義曰：引詩在鄭風山有扶蘇。毛傳云：子都。世之美好者也。孔氏正義云：都謂美好而閑習於禮法。然則孔氏不以子都爲人名。乃孟子深於詩。其稱子都正本於詩。而與易牙師曠並舉。則子都實有其人矣。趙氏引詩以證是也。閻氏若璩釋地續云：子都。古之美人也。亦未詳爲男爲女。杜氏注左有之。於隱十一年傳云：子都鄭大夫公孫閼。故鄭風當昭公時。遂以爲國中美男之通稱。曰不見子都。荀子非相篇云：古者桀紂長巨姣美。天下之傑也。姣與美連文。是姣卽美。又成相篇云。君子由之佼以好。佼亦姣也。衞風碩人箋云。長麗佼好。齊風還篇子之昌兮。毛傳云。昌。佼好貌。釋文皆云佼本作姣。是姣卽好也。呂氏春秋達鬱篇云。侍者曰。公姣且麗。高誘注云。姣麗皆好貌也。韓詩外傳云。以爲姣好邪。則太公年七十二。齳然而齒墮矣。鹽鐵論殊路篇云。毛嬙。天下姣人也。故曰。口之於味也。有同耆焉。耳之於聲也。有同聽焉。目之於色也。有同美焉。至於心。獨無所同然乎。【注】言人之心性皆同也。【疏】至於心獨無所同然乎。○正義曰。毛氏奇齡賸言補云。至於心獨無所同然。承上同耆同聽言。謂同如是耳。與前惟耳亦然諸然亦相應。心之所同然者何也。謂理也義也。聖人先得我心之所同然耳。故理義之悅我心。猶芻豢之悅我口。【注】心所同耆者。義理也。理者。得道之理。聖人先得理義之要耳。理義之悅心。猶芻豢之悅口。誰不同也。草食曰芻。穀食曰豢。【疏】心之至我口。○正義曰。戴氏震孟子字義疏證云。當孟子時。天下不知理義之爲性。害道之言紛出。以亂先王之法。是以孟子起而明之。人物之生。類至殊也。類也者。性之大別也。孟子曰。凡同類者舉相似也。何獨至於人而疑之。聖人與我同類者。詰告子生之謂性。則曰犬之性猶牛之性。牛之性猶人之性與。蓋孟子道性善。非言性於同也。人之性相近。胥善也。明理義之爲性。所以正不知理義之爲性者也。是故理義性也。由孟子而後。求其說而不得。則舉性之名而曰理也。是又不可。耳之於聲也。天下之聲。耳若其符節也。目之於色也。天下之色。目若其符節也。鼻之於臭也。天下之臭。鼻若其符節也。口之於味也。天下之味。口若其符節也。耳目鼻口之官。接於物而心通。則其心之於理義也。天下之理義。心若其符節也。是皆不可謂之外也。性也。耳能辨天下之聲。目能辨天下之色。鼻能辨天下之臭。口能辨天下之味。心能動天下之理義。人之才質得於天。若是其全也。孟子曰。非天之降才爾殊也。曰。乃若其情。則可以爲善矣。乃所謂善也。若夫爲不善。非才之罪也。惟據才質而言。始確然可以斷人之性善。人之於聖人也。其才非如物之與人異。物不足以知天地之中正。是故無節於內。各遂其自然斯已矣。人有天德之知。能踐乎中正。其自然則協天地之順。其必然則協天地之常。莫非自然也。物之自然。不足語於此。孟子道性善。察乎人之才質所自然。有節於內之謂善也。告子謂性無善無不善。不辨人之大遠乎物。概之以自然也。告子所謂無善無不善也者。靜而自然。其神沖虛。以是爲至道。及其動而之善之不善。咸目爲失於至道。故其言曰。生之謂性。及孟子詰之。非豁然於孟子之言而後語塞也。亦窮於人與物之靈蠢殊絕。犬牛類又相絕。遂不得漫以爲同耳。主才質而遺理義。荀子告子是也。荀子以血氣心知之性。必教之理義。逆而變之。故謂性惡。而進其勸學修身之說。告子以上焉者無欲而靜。全其無善無不善。是爲至矣。下焉者理義以梏之。使不爲不善。荀子二理義於性之事能。儒者之未闢道也。告子貴性而外理義。異說之害道者也。凡遠乎易論語孟子之書者。性之說大致有三。以耳目百體之欲爲說。謂理義從而治之者也。以心之有覺爲說，謂其神獨先沖虛自然。理欲皆後也。以理爲說。謂有欲有覺。人之私也。三者之於性也。非其所去。貴其所取。彼自貴其神。以爲先形而立者。是不見於精氣爲物。秀發乎神也。以有形體則有欲。而外形體，一死生，去情欲。以安其神。冥是非。絕思慮。以苟語自然。不知歸於必然。是爲自然之極致。動靜胥得。神自安也。自孟子時以欲爲說。以覺爲說。紛如矣。孟子正其遺理義而已矣。心得其常。耳目百體得其順。純懿中正。如是謂之理義。故理義非他。心之所同然也。何以同然。心之明之所止。於事情區以別焉。無幾微爽失。則理義以名。專以性屬之理。而謂壞於形氣。是不見於理之所由名也。問孟子云。心之所同然者。謂理也義也。則未至於同然。存乎其人之意見。非理也。非義也。凡一人以爲然。天下萬世皆曰是不可易也。此之謂同然。舉理以見心能區分。舉義以見心能裁斷。分之各有其不易之則。名曰理。如斯而宜。名曰義。是故明理者。明其區分也。精義者。精其裁斷也。不明。往往界於疑似而生惑。不精。往往雜於偏私而害道。求理義而智不足者也。故不可謂之理義。自非聖人。鮮能無蔽。有蔽之深。有蔽之淺者。人莫患乎蔽而自智。任其意見執之爲理義。吾懼求理義者。以意見當之。孰知民受其禍之無所終極也哉。六經孔孟之言。以及傳記羣籍。理字不多見。今雖至愚之人。悖戾恣睢。其處斷一事。責詰一人。莫不輒曰理者。自宋以來。始相習成俗。然則理爲如有物焉。得於天而具於心。因以心之意見當之也。於是負其氣。挾其勢位。加以口給者。理伸。力弱氣慴。口不能道辭者。理屈。嗚呼。其孰謂以此制事。以此制人之非理哉。即其人廉潔自持。心無私慝。而至於處斷一事。責詰一人。憑在己之意見。是其所是而非其所非。方自信嚴氣正性。嫉惡如讎。而不知事情之難得。是非之易失於偏。往往人受其禍。己且終身不寤。或事後乃明。悔已無及。天下智者少而愚者多。以其心知明於衆人。則共推之爲智。其去聖人甚遠也。以衆人與其所共推爲智者較。其得理。則衆人之蔽必多。以衆所共推爲智者與聖人較。其得理。則聖人然後無蔽。凡事至而心應之。其斷於心。輒曰理如是。古聖賢未嘗以爲理也。不惟古聖賢未嘗以爲理。昔之人。異於今人之一啓口而曰理。其亦不以爲理也。昔人知在己之意見。不可以理名。而今人輕言之。夫以理爲如有物焉。得於天而具於心。未有不以意見當之者也。今使人任其意見則謬。使人自求其情則得。子貢問曰。有一言而可以終身行之者乎。子曰其恕乎。己所不欲。勿施於人。大學言治國平天下。不過曰所惡於上。毋以使下。所惡於下。毋以事上。以位之卑尊言也。所惡於前。毋以先後。所惡於後。毋以從前。以長於我與我長言也。所惡於右。毋以交於左。所惡於左。毋以交於右。以等於我言也。曰所欲。曰所惡。不過人之常情。不言理而理盡於此。惟以情絜情。故其於事也。非心出一意見以處之。苟舍情求理。其所謂理。無非意見也。未有任其意見而不禍斯民者。問以意見爲理。自宋以來。莫敢致斥者。謂理在人心故也。今日理在事情。於心之所同然。洵無可疑矣。孟子舉以見人性之善。其說可得聞與。曰。孟子言口之於味也。有同耆焉。耳之於聲也。有同聽焉。目之於色也。有同美爲。至於心獨無所同然乎。明理義之悅心。猶味之悅口。聲之悅耳。色之悅目之爲性。味也。聲也。色也。在物接於我之血氣。理義在事。而接於我之心。知血氣心知有自具之能。口能辨味。耳能辨聲。目能辨色。心能辨理義。味與聲色在物不在我。接於我之血氣。能辨之而悅之。其悅者。必其尤美者也。理義在事。情之條分縷析。接於我之心知。能辨之而悅之。其悅者。必其至是者也。子産言人生始化曰魄。既生魄。陽曰魂。曾子言陽之精氣曰神。陰之精氣曰靈。神靈者。品物之本也。蓋耳之能聽。目之能視。鼻之能臭。口之知味。魄之爲也。所謂靈也。陰主受者也。心之精爽。有思輒通。魂之爲也。所謂神也。陽主施者也。主施者斷。主受者聽。故孟子曰。耳目之官不思。心之官則思。是思者。心之能也。精爽有蔽隔而不能通之時。及其無蔽隔無弗通。乃以神明稱之。凡血氣之屬。皆有精爽。其心之精爽。鉅細不同。如火光之照物。光小者其照也近。所照者不謬也。所不照則疑謬承之。不謬之謂得理。其光大者。其照也遠。得理多而失理少。且不特遠近也。光之及又有明闇。故於物有察有不察。察者。盡其實。不察斯疑謬承之。疑謬之謂失理。失理者。限於質之昧。所謂愚也。惟學可以增益其不足而進於智。益之不已。至於其極。如日月有明。容光必照。則聖人矣。此中庸雖愚必明。孟子擴而充之之謂。聖人神明之盛也。其於事靡不得理。斯仁義禮智全矣。故理義非他。所照所察者之不謬也。何以不謬。心之神明也。人之異於禽獸者。雖同有精爽。而人能進於神明也。理義豈別若一物。求之所照所察之外。而人之精爽能進於神明。豈求諸氣稟之外哉。問後儒以人之有嗜欲。出於氣稟。而理者。別於氣稟者也。今謂心之精爽。學以擴充之。進於神明。則於事靡不得理。是求理於氣稟之外者非矣。孟子專舉理義以明性善何也。曰。古人言性。但以氣稟言。未嘗明言理義爲性。蓋不待言而可知也。至孟子時。異說紛起。以理義爲聖人治天下具。設此一法以彊之從。害道之言。皆由外理義而生。人徒知耳之於聲。目之於色。鼻之於臭。口之於味之爲性。而不知心之於理義。亦猶耳目鼻口之於聲色臭味也。故曰。至於心獨無所同然乎。蓋就其所知以證明其所不知。舉聲色臭味之欲。歸之耳目口鼻。舉理義之好歸之心。皆內也非外也。比而合之。以解天下之惑。俾曉然無疑於理義之爲性。害道之言。庶幾可以息矣。孟子明人心之通於理義。與耳目鼻口之通於聲色臭味。咸根於性。非由後起。後儒見孟子言性。則曰理義。則曰仁義禮智。不得其說。遂於氣稟之外。增一理義之性。歸之孟子矣。問聲色臭味之欲。亦宜根於心。今專以理義之好爲根於心。於好是懿德固然矣。抑聲色臭味之欲。徒根於耳目鼻口與。心。君乎百體者也。百體之能。皆心之能也。豈耳悅聲目悅色鼻悅臭口悅味。非心悅之乎。曰否。心能使耳目鼻口。不能代耳目鼻口之能。彼其能者各自具也。故不能相爲。人物受形於天地。故恒與之相通。盈天地之間。有聲也。有色也。有臭也。有味也。舉聲色臭味。則盈天地之間者。無或遺矣。外內相通。其開竅也。是爲耳目鼻口。五行有生尅。生則相得。尅則相逆。血氣之得其養失其養繫焉。資於外。足以養其內。此皆陰陽五行之所爲。外之盈天地之間。內之備於吾身。外內相得無間。而養道備。民之質矣。日用飲食。自古及今。以爲道之經也。血氣各資以養。而開竅於耳目鼻口以通之。既於是通。故各成其能而分職司之。孔子曰。少之時。血氣未定。戒之在色。及其壯也。血氣方剛。戒之在鬬。及其老也，血氣既衰。戒之在得。血氣之所爲不一。舉凡身之嗜欲。根於氣血明矣。非根於心也。孟子曰。理義之悦我心。猶芻豢之悦我口。非喻言也。凡人行一事有當於理義。其心氣必暢然自得。悖於理義。心氣必沮喪自失。以此見心之於理義。一同乎血氣之於嗜欲。皆性使然耳。耳目鼻口之官。臣道也。心之官。君道也。臣效其能而君正其可否。理義非他。可否之而當。是謂理義。然又非心出一意可以否之也。若心出一意以可否之。何異强制之乎。是故就事物言。非事物之外別有理義也。有物必有則。以其則。正其物。如是而已矣。就人心言。非別有理以予之而具於心也。心之神明。於事物咸足以知其不易之則。譬有光皆能照。而中理者乃其光盛。其照不謬也。人之血氣心知。本乎陰陽五行者。性也。如血氣資飲食以養。其化也卽爲我之血氣。非復所飲食之物矣。心知之資於問學。其自得之也亦然。以血氣言。昔者弱而今者强。是血氣之得其養也。以心知言。昔者狹小而今也廣大。昔者闇昧而今也明察。是心知之得其養也。故曰雖愚必明。人之血氣心知。其天定者。往往不齊。得養不得養。遂至於大異。苟知問學。猶飲食則貴其化。不貴其不化。記問之學。入而不化者也。自得之則居之安。資之深。取之左右逢其原。我之心知極而至乎聖人之神明矣。神明者。猶然心也。非心自心而所得者藏於中之謂也。心自心而所得者藏於中。以之言學。尙爲物而不化之學。况以之言性乎。問宋以來之言理也。其說爲不出於理則出於欲。不出於欲則出於理。故辨乎理欲之界。以爲君子小人。於此焉分。今以情之不爽失爲理。是理者。存乎欲者也。然則無欲亦非與。曰。孟子言養心莫善於寡欲。明乎欲不可無也。寡之而已。人之生也。莫病乎無以遂其生。欲遂其生。亦遂人之生。仁也。欲遂其生。至於戕人之生而不顧者。不仁也。不仁實始於欲遂其生之心。使其無此欲。必無不仁矣。然使其無此欲。則於天下之人。生道窮促。亦將漠然視之。己不必遂其生而遂人之生。無是情也。然則謂不出於正則出於邪。不出於邪則出於正。可也。謂不出於理則出於欲。不出於欲則出於理。不可也。欲其物。理其則也。不出於邪而出於正。猶往往有意見之偏。未能得理。而宋以來之言理欲也。徒以爲正邪之辨而已矣。不出於邪而出於正。則謂以理應事矣。理與事分爲二。而與意見合爲一。是以害事。夫事至而應者。心也。心有所蔽。則於事情未之能得。又安能得理乎。自老氏貴於抱一。貴於無欲。莊周書則曰。聖人之靜也。非曰靜也。善故靜也。萬物無足以撓心者。故靜也。水靜猶明。而况精神。聖人之心靜乎。夫虛靜恬澹寂寞無爲者。天地之平。而道德之至。此老莊之說。非中庸雖愚必明之道也。有生而愚者。雖無欲亦愚也。凡出於欲。無非以生以養之事。欲之失。爲私不爲蔽。自以爲得理。而所執之實謬。乃蔽而不明。天下古今之人。其大患。私與蔽二端而已。私生於欲之失。蔽生於知之失。欲生於血氣。知生於心。因私而咎欲。因欲而咎血氣。因蔽而咎知。因知而咎心。老氏所以言常使民無知無欲。彼自外其形骸。貴其眞宰。後之釋氏。其論說似異而實同。宋儒出入於老釋。故雜乎老釋之言以爲言。記曰。飲食男女。人之大欲存焉。聖人治天下。體民之情。遂民之欲。而王道備。人知老莊釋氏異於聖人。聞其無欲之說。猶未之信也。於宋儒則信以爲同於聖人。理欲之分。人人能言之。故今之治人者。視古聖賢體民之情。遂民之欲。多出於鄙細隱曲。不措諸意。不足爲怪。而及其實以理也。不難舉曠世之高節。著於義而罪之。尊者以理責卑。長者以理責幼。貴者以理責賤。雖失謂之順。卑者幼者賤者。以理爭之。雖得謂之逆。於是下之人。不能以天下之同情。天下所同欲。達之於上。上以理責其下。而在下之罪。人人不勝指數。人死於法。猶有憐之者。死於理。其誰憐之。嗚呼。雜乎老釋之言以爲言。其禍甚於申韓如是也。六經孔孟之書。豈嘗以理爲如有物焉。外乎人之性之發爲情欲者。而強制之也哉。孟子告齊梁之君。曰與民同樂。曰省刑罰薄稅斂。曰必使仰足以事父母俯足以畜妻子。曰居者有積倉行者有裹糧。曰內無怨女外無曠夫。仁政如是。王道如是而已矣。問樂記言滅天理窮人欲。其言有似於以理欲爲邪正之別。何也。曰。性譬則水也。欲譬則水之流也。節而不過。則爲依乎天理。爲相生養之道。譬則水猶地中行也。窮人欲而至於有悖逆詐僞之心。有淫佚作亂之事。譬則洪水橫流。汎濫於中國也。聖人教之反躬。以己之加於人。設人如是加於己。而思躬受之之情。譬則禹之行水。行其所無事。非惡汎濫而塞其流也。惡汎濫而塞其流。其立說之工者。且直絕其原。是遏欲無欲之喻也。口之於味也。目之於色也。耳之於聲也。鼻之於臭也。四體之於安佚也。此後儒視爲人欲之私者。而孟子曰性也。繼之曰有命焉。命者。限制之名。如命之東則不得而西。言性之欲之不可無節也。節而不過。則依乎天理。非以天理爲正。人欲爲邪也。天理者。節其欲而不窮人欲也。是故欲不可窮。非不可有。有而節之。使無過情。無不及情。可謂之非天理乎。試以人之形體與人之德性。比而論之。形體始乎幼小。終於長大。德性始乎蒙昧。終乎聖智。其形體之長大也。資於飲食之養。乃長日加益。非復其初。德性資於學問。進而聖智。非復其初明矣。人物以類區分。而人所稟受。其氣清明。異於禽獸之不可開通。然人與人較。其材質等差凡幾。古聖賢知人之材質有等差。是以重問學。貴擴充。老莊釋氏謂有生皆同。故主於去情欲以勿害之。不必問學以擴充之。在老莊釋氏。既守己自足矣。因毁訾仁義以伸其說。荀子謂常人之性。學然後知禮義。其說亦足以伸。陸子靜王文成諸人。同於老莊釋氏。而改其毁訾仁義者。以爲自然全乎仁義。巧於伸其說是也。程子朱子尊理。而以爲天與我。猶荀子尊禮義。以爲聖人與我也。謂理爲形氣所汙壞。是聖人而下。形氣皆大不美。即荀子性惡之說也。而其所謂理。別爲湊泊附著之一物。猶老莊釋氏所謂眞宰眞空之湊泊附著於形體也。理既完全自足。難於言學以明理。故不得不分理氣爲二本而咎形氣。蓋其說雜糅傅合而成。令學者眩惑其中。雖六經孔孟之言具在。咸習非勝是。不復求通。嗚呼。吾何敢默而息乎。○注。理者得道之理。○正義曰。易說卦傳云。和順於道德而理於義。窮理盡性以至於命。孔子言道德性命。指出理字。此孟子所本也。道者行也。凡路之可通行者爲道。則凡事之可通行者爲道。得乎道爲德。對失道而言也。道有理也。理有義也。理者分也。義者宜也。其不可通行者。非道矣。可行矣。乃道之達於四方者。各有分焉。即各有宜焉。趨燕者行乎南。趨齊者行乎西。行焉而弗宜矣。弗宜即爲失道。趨燕者雖行乎北。而或達乎趙。趨齊者雖行乎東。而或止乎魯。行焉而仍弗宜矣。弗宜則非義即非理。故道之分有理。理之得有義。理於義者。分而得於義也。惟分故有宜有不宜。理分於道。即命分於道。故窮理盡性以至於命。孟子以理義明性。即孔子以理於義明道也。趙氏以得道之理明之。得道之理。即和順於道德而理於義也。後儒言理。或不得乎孔孟之恉。故戴氏詳爲闢說是也。說者或並理而斥言之。則亦芒乎未聞道矣。○注。草食曰芻。穀食曰豢。○正義曰。禮記月令仲秋案芻豢注云。養牛羊曰芻。犬豕曰豢。說文艸部云。芻。刈草也。飼牛羊以草。故即稱牛羊爲芻。樂記云。夫豢豕爲酒。注云。以穀食犬豕曰豢。是犬豕穀食者也。故即稱犬豕爲豢。大戴記曾子天圓篇云。宗廟曰芻豢。山川曰犧牷。阮氏元校勘記云。宋本食作牲。章指。言人稟性。俱有好憎。耳目口心。於悅者同。或爲君子。或爲小人。猶辨麥不齊。雨露使然也。孟子言是。所以勗而好之。【疏】人稟性俱有好憎。○正義曰。好憎即好惡。孟子以悅心悅口言性。悅即是好。趙氏兼言好惡。好惡情也。仍申明可爲善之義也。淩氏廷堪好惡說云。人之性受於天。目能視則爲色。耳能聽則爲聲。口能食則爲味。而好惡實基於此。大學言好惡。中庸申之以喜怒哀樂。蓋好極則生喜。又極則爲樂。惡極則生怒。又極則爲哀。過則佚於情。反則失其性矣。性者。好惡二端而已。大學云。好人之所惡。惡人之所好。是謂拂人之性。然則人性初不外乎好惡也。受亦好也。故正心之忿懥恐懼好樂憂患。齊家之親愛賤惡畏敬哀矜敖惰。皆不離乎人情也。大學性字。祗此一見。即好惡也。左傳昭公二十五年。太叔對趙簡子曰。天地之經。而民實則之。則天之明。因地之性。生其六氣。用其五行。氣爲五味。發爲五色。章爲五聲。淫則昏亂。民失其性。此言性。即食味別聲被色者也。又云。是故審行信令禍福賞罰以制死生。生。好物也。死。惡物也。好物。樂也。惡物。哀也。哀樂不失。乃能協於天地之性。是以長久。蓋喜怒哀樂。皆由好惡而生。好惡正。則協於天地之性矣。

孟子曰。牛山之木嘗美矣。以其郊於大國也。斧斤伐之。可以爲美乎。是其日夜之所息。雨露之所潤。非無萌蘗之生焉。牛羊又從而牧之。是以若彼濯濯也。人見其濯濯也。以爲未嘗有材焉。此豈山之性也哉。【注】牛山。齊之東南山也。邑外謂之郊。息。長也。濯濯。無草木之貌。牛山木嘗盛美。以在國郊。斧斤牛羊使之不得有草木耳。非山之性無草木也。【疏】注。牛山至之貌。○正義曰。閻氏若璩釋地續云。牛山。齊之東南山。是趙氏在複壁中所注。方向少錯。無論今目驗在臨淄縣南一十里。亦在唐臨淄縣南二十一里。括地志所謂管仲冢與桓公冢連在牛山上是。酈道元注。牛山一名南郊山。天齊淵出焉。齊以此得名。梁劉昭不知引何人孟子注云。南小山曰牛山。晉左思齊都賦云。牛嶺鎮其南。列子力命篇。齊景公遊於牛山。北臨其國城而流涕。夫臨曰北。正以山實在南。邑外謂之郊。爾雅釋地文。息之義與生同。生亦長也。王氏念孫廣雅疏證云。總長也。息與總通。剝彖傳云。君子尚消息盈虛。消息即消長也。毛詩言濯濯者二。大雅靈臺篇麀鹿濯濯。傳云。濯濯。娛遊也。崧高篇鉤膺濯濯傳云。濯濯。光明也。濯是洗滌瀚滌之名。物經滌濯。則垢汙悉去。故光明爲濯濯。山有草木。則陰翳不齊。草木盡去。不異洗濯者然。故趙氏以濯濯爲無草木之貌也。

雖存乎人者。豈無仁義之心哉。其所以放其良心者。亦猶斧斤之於木也。旦旦而伐之。可以爲美乎。其日夜之所息。平旦之氣。其好惡與人相近也者幾希。

注存在也。言雖在人之性。亦猶山之有草木。人豈無仁義之心邪。其日夜之思欲息長仁義。平旦之志氣。其好惡凡人皆有與賢人相近之心。幾。豈也。豈希。言不遠也。

疏注。存在至遠也。○正義曰。爾雅釋言云。存。存在也。是存即在也。良之義爲善。良心即善心。善心即仁義之心。放者。存之反也。呂氏春秋順民篇云。以與吳王爭一旦之死。高誘注云。旦。朝也。旦旦猶云朝朝。亦即日日也。旦旦言非一日也。日日放其良心。猶日日伐其山木。山木由此不美。人心亦由此不良。良亦美也。其日夜之所息。趙氏解爲其日夜之思欲息長仁義。息之義爲生。長所息。指生長此心之仁義。仁義不能無端生長。破趙氏以思欲明之。蓋雖放其良心。其始陷溺未深。尙知自悔。雖爲不仁。而思欲尙轉而及仁。雖爲不義。而思欲尙轉而及義。此思欲之所轉。即仁義之心所生長。相近。即性相近之相近。放失之後。其平旦之氣。好惡尙與人相近。則性善可知矣。趙氏以人爲賢人。謂能存仁義之心。未放失其良者也。其實與人相近。正謂與禽獸相遠。謂之爲人。性原相近。但日放一日。則日遠於人一日。日遠於人一日。即日近於禽獸一日。而其日夜所息。則仍與人近而不遠。此孟子以放失仁義之人。明其性之善也。旦旦伐之。而所習仍相近。則良心不易亡如此。此極言良心不遠亡。非謂良心易去也。故趙氏以幾希爲不遠也。或以息爲歇息。非是。以幾希爲甚微。亦失之。趙氏佑溫故錄云。豈希言不遠。與前注幾希無幾也異。蓋亦隨文見義與。

則其旦晝之所爲。有牿亡之矣。牿之反覆。則其夜氣不足以存。夜氣不足以存。則其違禽獸不遠矣。人見其禽獸也。而以爲未嘗有才焉者。是豈人之情也哉。

注旦晝。晝日也。其所爲萬事。有牿亂之。使亡失其日夜之所息也。牿之反覆。利害于其心。其夜氣不能復存也。人見惡人禽獸之行。以爲未嘗有善才性。此非人之情也。

疏注。旦晝至情也。○正義曰。說文日部云。旦。明也。晝。日之出入與夜爲界。宣公八年穀梁傳。祭之旦日之享賓也。注云。旦日。猶明日也。漢書高帝紀。旦日合戰。注云。旦日。明日也。趙氏言晝日也。是以日釋晝也。旦晝猶云明日。謂今日夜所息平旦之氣。才能不遠於人。及明日出見紛華所悅。而所息者乃牿亡矣。音義云。丁云牿古沃切。謂悔吝刺害也。言利害之亂其性。猶桎梏之刑其身。此梏從木。書棐誓今惟淫舍牿牛馬。鄭氏注云。牿。桎梏之梏。是桎梏之梏通作牿。故梏亡作牿亡也。趙氏云。其所爲萬事有牿亂之。則是以亂釋牿。毛詩小雅何人斯云。祇攪我心。傳云。攪。亂也。詩大雅抑篇有覺德行。禮記緇衣引作有梏德行。是梏與覺古通。後漢書馬融傳廣成頌云。梏羽羣。注云。梏。諸家並古酷反。案字書捁從手。即古文攪字。謂攪擾也。捁牿梏同。趙氏讀牿爲攪。故訓爲亂。丁氏以爲桎梏，非其義也。何氏焯讀書記云。有捁之有當讀去聲則爲又。謂才有所生息。又捁亂而亡失之也。反覆即反復。息而牿。牿而又息。息而又牿。其始息多於牿。久則牿多於息。息則仁義之心存。牿則利害之見勝。牿之不已。則心但知有利害。不復能思欲息長仁義。是利害之邪。干犯仁義之良。故夜氣不足以存也。至牿之反覆。夜氣不足以存。乃違禽獸不遠。然則人之不遠於禽獸。亦非一日所遽至也。坤文言傳云。非一朝一夕之故。其所由來者漸矣。由辨之不早辨也。繫辭傳云。小人不恥不仁。不畏不義。不見利不勸。不威不懲。小懲而大誡。此小人之福也。又云。善不積不足以成名。惡不積不足以滅身。小人以小善爲无益而弗爲也。以小惡爲无傷而弗去也。故惡積而不可掩。罪大而不可解。且且伐之。牿之反覆。即漸積之謂也。當其日夜所息。好惡尙與人近。是時早辨。尙不至於牿亡。此聖人設教。所以恥之以仁。畏之以義。勸以利而懲以威也。

故苟得其養。無物不長。苟失其養。無物不消。孔子曰。操則存。舍則亡。出入無時。莫知其鄉。惟心之謂與。〔注〕誠得其養。若雨露於草木。法度於仁義。何有不長也。誠失其養。若斧斤牛羊之消草木。利欲之消仁義。何有不盡也。孔子曰。持之則在。縱之則亡。莫知其鄉。鄉猶里。以喻居也。猶心爲若是也。〔疏〕注。誠得至是也。○正義曰。楚辭離騷云。苟余情其信姱以練要兮。注云。苟誠也。故以誠釋苟。人之自治。必以問學。聖人治人則以禮樂。皆以法度於仁義也。息仁義必以思欲。養仁義必以法度。趙氏探能發孟子之恉。或謂靜以任其自然。非其義也。說文水部云。消。盡也。故以盡釋消。手部云。操。把持也。禮記曲禮操右契注云。操。持也。故以持釋操。舍即放。放即縱。論語雍也篇。以與爾鄰里鄉黨乎。集解引鄭曰。五家爲鄰。五鄰爲里。萬二千五百家爲鄉。五百家爲黨也。論語里仁篇。里仁爲美。擇不處仁。集解引鄭曰。里者。民之所居也。居於仁者之里。是爲善也。鄉大於里。而皆爲民之所居。故云鄉猶里。以喻居也。惟猶獨也。近讀鄉爲向。釋名釋州國云。萬二千五百家爲鄉。鄉。向也。衆所向也。鄉里之鄉。本取義於向。則其義通矣。毛氏奇齡聖門釋非錄云。出入無時。莫知其鄉。直接惟心之謂句。分明指心言。蓋存亡即出入也。惟心是一可存可亡可出可入之物。故操舍惟命。若無出入。則無事操存矣。大易憧憧往來。往來者。出入也。大學心有所心不在。有所不在。亦出入也。是心原可出入而操舍者。則因其出之入之也。

章指。言秉心持正。使邪不干。猶止斧斤不

伐牛山。山則木茂。人則稱仁也。

孟子曰。無或乎王之不智也。【注】王。齊王也。或。怪也。時人有怪王不智而孟子不輔之。故言此也。【疏】注。王齊王也或怪也。○正義曰。孟子仕齊久。下云吾見亦罕。吾退而寒之者至。則是孟子仕齊。乃有是語。故知王爲齊王也。呂氏春秋審爲篇云。世必惑之。高誘注云。惑。怪也。或與惑同。雖

有天下易生之物也。一日暴之。十日寒之。未有能生者也。吾見亦罕矣。吾退而寒之者至矣。吾如有萌焉何哉。【注】種易生之草木五穀。一日暴溫之。十日陰寒以殺之。物何能生。我亦希見於王。既見而退。寒之者至。謂左右佞諂順意者多。譬諸萬物何由得有萌芽生也。【疏】注。種易至生也。○正義曰。小爾雅廣言云。暴。曬也。說文日部云。曬。暴也。日光所曬故溫。草木五穀。雖有經冬而生者。然其種必得溫和之氣。乃能萌動。今農人清明後浸稻種。既發芽矣。設遇風霜。則必枯萎。是陰寒以殺之也。爾雅釋詁云。希。罕也。毛詩鄭風大叔于田。叔發罕忌傳云。罕。希也。故罕見即希見也。說文艸部云。萌。草芽也。芽。萌芽也。牙與芽通。故幼小稱童牙。萌牙即萌櫱也。

今夫奕之爲數。小數也。不專心致志。則不得也。【注】奕。博也。或曰圍棊。論語曰。不有博奕者乎。數。技也。雖小技。不專心則不得也。【疏】注奕博至奕者乎。○正義曰。方言云。簙謂之蔽。或謂之箘。秦晉之閒謂之簙。吳楚之閒。或謂之蔽。或謂之箭裏。或謂之簙毒。或謂之夗專。或謂之匴璇。或謂之棊。所以投簙謂之枰。或謂之廣平。所以行棊謂之局。或謂之曲道。圍棊謂之弈。自關而東齊魯之閒。皆謂之弈。戴氏震疏證云。簙博古通用。說文云。簙。局戲也。六箸十二棊也。古者烏胄作簙。簙。棊也。局博所以行棊。奕。圍棊也。荀子大略篇云。六貳之博。楊倞注云。即六博也。今之博局亦二六相對也。楚辭招魂篇。菎蔽象棊。有六簙些。王逸注云。菎。玉也。蔽。簙箸。以玉飾之也。投六箸。行六棊。故謂六簙也。史記范雎蔡澤列傳。君獨不觀夫博者乎。或欲大投。或欲分功。春秋襄二十五年左傳。今寧子視君不如奕棊。廣雅。簙箸謂之箭。夗專。簙也。廣平。枰也。曲道。梮也。圍棊。奕也。皆本此。王氏念孫廣雅疏證云。梮通作局。韓非子外儲說云。秦昭王以松柏之心爲博箭。西京雜記云。許博昌善陸博。法用六箸。以竹爲之。長六分。或用二箸。列子說符篇。釋文引六博經云。博法。二人相對坐向局。局分爲十二道。兩頭當中。名爲水。用棊十二枚。法六白六黑。又用魚二枚置於水中。其擲采以瓊爲之。二人互擲。采行棊。棊行到處即豎之。名爲驍。棊即入水食魚。亦名牽魚。每一牽魚。獲二籌。翻一魚。獲三籌。若已牽兩魚而不勝者。名曰被翻雙魚。彼家獲六籌。爲大勝也。廣平爲博局

之枰。取義於平也。說文云。枰。平也。韋昭博奕論云。所志不出一枰之上。小爾雅廣服棊局謂之奕。宋氏翔鳳訓纂云。說文奕。圍棊也。廣雅釋言。圍棊。奕也。奕通作亦。大戴禮小辨篇。夫亦固十棊之變由不可旣也。亦即奕字。文選博奕論注。引邯鄲淳藝經曰。棊局縱橫各十七道。合二百八十九道。白黑棊子各一百五十枚。後漢書張衡傳。奕秋以棊局取譽。注云。奕。圍局也。棊。即所執之子。按博奕皆用棊。奕為圍棊。博為局戲。說文簙。局戲也。六簙十二棊也。法與圍棊異。按謂博與奕異是也。博蓋即今之雙陸。奕為圍棊。今仍此名矣。以其局同用板平承於下。則皆謂之枰。以其同行於枰。皆謂之棊。史記日者列傳。旋式正棊。劉徽九章算術句股冪。用諸色棊別之。几用以布列者之通名。而博之棊。上高而銳如箭。亦如箸。今雙陸棊俗謂之錘。尚可考見其狀。故有箭箸之名。今雙陸枰上。亦有水門。其法古今有不同。如奕古用二百八十九道。今則用三百六十一道。亦其例也。班固奕旨云。夫博懸於投。不專在行。優者有不遇。劣者有僥倖。雖有雌雄。不足以為平也。至於奕則不然。高下相推。人有等級。若孔氏之門。回賜相服。循名責實。謀以計策。若唐虞之朝。考功黜陟。器用有常。施設無祈。因敵為資。應時屈伸。此分別博奕甚明。蓋奕但行棊。博以擲采而後行棊。後人不行棊而專擲采。遂稱擲采為博。博與奕益遠矣。趙氏以論語博奕連言。故以博釋奕。其實奕為圍棊之專名。與博同類而異事也。引論語在陽貨篇第十七。○注。數技至得也。○正義曰。呂氏春秋察賢篇。任其數而已矣。淮南子原道訓。貴其周於數。高誘注並云。數。術也。禮記鄉飲酒義。古之學術道者注云。術猶藝也。坊記尚技而賤車。注云。技猶藝也。技術皆訓藝。數之為技。猶數之為術。即數之為藝。禮記少儀游於藝注云。藝。六藝也。一曰五禮。二曰六樂。三曰五射。四曰五御。五曰六書。六曰九數。九數為六藝之一。故數可稱藝。其實數之名。漢書律歷志云。一十百千萬是也。九數之用。其為方田。粟米。差分。少廣。商功。均輸。方程。贏不足。旁要。今有重差夕桀句股。其用大矣。而一枰之間。方罫之內。勝負視乎多寡。所以商度而計較者。亦數之類也。故云小數。致之言細密也。用志不細不密。則負矣。故專一其心以細密其志也。致是細密。細密即是精。趙氏章句不解致志。而章指云。不精不能。不精即解不致志。不能即解不得也。趙氏注中所略。每於章指補之。

奕秋。通國之善奕者也。使奕秋誨二人奕。其一人專心致志。惟奕秋之為聽。一人雖聽之。一心以為有鴻鵠將至。思援弓繳而射之。雖與之俱學。弗若之矣。為是其智弗若與。曰。非然也。【注】有人名秋。通一國皆謂之善奕。曰奕秋。使教二人奕。其一人惟秋所善而聽之。其一人念欲射鴻鵠。故不如也。為是謂其智不如也。曰非也。以不致志也。故齊王之不慧亦若是。【疏】思援弓繳而射之。○正義曰。說文手部云。援。引也。淮南子說山訓云。好弋者先具繳與矰。注云。繳大綸。說文糸部云。繳。

生絲縷也。文選文賦李善注引說文云。謂縷系矰矢而以隿射也。矢部云。矰。隿射矢也。隹部云。隿者。繳射飛鳥也。詩鄭風女曰雞鳴箋。齊風盧令箋。皆云弋。繳射也。孔氏正義曰。以繩繫矢而射鳥謂之繳射。說文糸部又云。緍。釣魚繁也。然則繁爲生絲縷之名。可用以繫弓弋鳥。亦可用以繫竿釣魚。○曰非然也。○正義曰。王氏引之經傳釋詞云。有一人之言而自爲問答者。則加曰字以別之。孟子爲其智弗若與。曰非然也是也。爲與謂同義。言謂是其智弗若也。趙注云。爲是。謂其智弗如也。分爲與謂爲二。失之。○注。有人至奕秋。○正義曰。古之以技傳者。每稱之爲名。如醫和卜徒父是也。此名奕秋。奕是技名。故知秋爲其名，因通國皆謂之善奕。故以奕加名稱之也。文選齊故安陸昭王碑文云。弈思之微秋儲無以競考注云。孟子曰弈秋。通國之善弈者也。儲。謂儲蓄精思也。儲字承上思字。儲蓄精思。正是專心致志。李善注是也。王應麟以儲行善奕之人。非是。藝文類聚引尸子云。鴻鵠在上。扞弓彀弩以待之。若發若否。問二五曰弗知。非二五難計也。欲鴻之心亂也。此文殘闕。當即孟子此文之意。俱學者。俱習也。智即性之神明也。弗若者。習相遠也。非然者。非性本相遠也。此章以智明性。與前章以仁義明性互見之。章指。言奕爲小數。不精不能。一人善之。十人惡之。雖竭其道。何由智哉。詩云。濟濟多士。文王以寧。此之謂也。疏詩云至謂也。○正義曰。周氏廣業孟子章指考證云。濟濟二句。左傳成二年楚子重引之云。文王猶用衆。況吾儕乎。荀卿梅福王褒皆以爲文王賴多士以寧。獨管子云。濟濟者。誠莊事斷也。多士者。多長者也。周文王誠莊事斷。故國治。其羣臣明理以佐主。故主明。主明而國治。竟內被其澤利。殷民舉首而望文王。願爲文王臣。以濟濟指文王言。賈誼新書又云。輔翼文王。則身必已安也。以寧指多士言。二解並異。按此詩爲大雅文王篇第三章。傳云。濟濟。多威儀也。孔氏正義云。釋訓云。濟濟。容止也。孫炎云。濟濟。多士之容止也。少儀云。朝廷之儀。濟濟翔翔。與此同。濟濟與多士連文。自指多士。趙氏引以與一人善之相對。多士則寧。一人則不智也。

孟子曰。魚我所欲也。熊掌亦我所欲也。二者不可得兼。舍魚而取熊掌者也。生亦我所欲也。義亦我所欲也。二者不可得兼。舍生而取義者也。注熊掌。熊蹯也。以喻義。魚以喻生也。疏注。熊掌熊蹯也。○正義曰。周禮秋官穴氏。掌攻蟄獸。各以其物火之。以時獻其珍異皮革。注云。蟄獸。熊羆之屬。賈氏疏云。謂熊羆之皮及熊蹯之等。文公元年左傳云。以宮甲圍成王。王請食熊蹯而死。注云。熊掌難熟。冀久將有外救。宣公二年左傳云。宰夫胹熊蹯不熟。宣公六年公羊傳。熊蹯不熟注云。蹯。掌也。生亦我所欲。所欲有甚於生者。故不爲苟得也。死亦我所惡。所惡有甚於死者。

故患有所不辟也。如使人之所欲莫甚於生。則凡可以得生者。何不用也。使人之所惡莫甚於死者。則凡可以辟患者。何不爲也。【注】有甚於生者。謂義也。義者不可苟得。有甚於死者。謂無義也。不苟辟患也。莫甚於生。則苟利而求生矣。莫甚於死。則可辟患不擇善。何不爲耳。【疏】注。莫甚至爲耳。○正義日。趙氏謂人之所欲莫甚於生。是不知好義之人也。不知好義。乃苟求得生。人之所惡莫甚於死者。是不知惡不義之人也。不知惡不義。乃苟於辟患。是指喪失其良心者而言。於下由是云云不貫。近時通解。則以此爲反言以決人性之必善必有良心。以爲下人皆有之張本。欲生惡死。人物所同之性。乃人性則所欲有甚於生。所惡有甚於死。此其性善也。此其良心也。何以見其欲有甚於生。於其不爲苟得見之。何以見其惡有甚於死。於其患有所不辟見之。惟其有此良心。乃能如是。使本無良心。則惟欲生而已。惟惡死而已。所欲無有甚於生。則何以不爲苟得。所惡無有甚於死。則何以患有所不辟。反復以明人必有此良心。或謂此言生死之權度。所欲有甚於生。則不苟得此生。所惡有甚於死。則不苟於辟患。此舍生而取義之事也。使無義可取。則此時所欲莫甚於生。則又以得生爲是。此時所惡莫甚於死。則又以辟患爲是。生而不義。則不苟生。生而義。則亦不苟死。不爲苟得。患有所不辟。爲貪生亡義者言也。可以得生何不用。可以辟患何不爲。爲輕生不知義者言也。義不在生。亦不在死。當死而死。當生而生。聖人之權也。

由是則生而有不用也。由是則可以辟患而有不爲也。是故所欲有甚於生者。所惡有甚於死者。非獨賢者有是心也。人皆有之。賢者能勿喪耳。【注】有不用。不用苟生也。有不爲。不爲苟惡而辟患者。有甚於生。義甚於生也。有甚於死。惡甚於死也。凡人皆有是心。賢者能勿喪亡之也。【疏】由是至喪耳。○正義日。趙氏以由是以下爲一節。蓋以兩由是與是故二字相呼吸。○注。不爲苟惡。○正義日。苟惡。謂不肯苟且爲惡也。

一簞食。一豆羹。得之則生。弗得則死。嘑爾而與之。行道之人弗受。蹴爾而與之。乞人不屑也。【注】人之餓者。得此一器食可以生。不得則死。嘑爾。猶呼爾咄啐之貌也。行道之人。道中凡人。以其賤己。故不肯受也。蹴。蹋也。以足踐蹋與之。乞人不絜之。亦由其小。故輕而不受也。【疏】注。嘑爾至貌也。○正義日。音義云。嘑。呼故切。咄。丁都忽切。叱也。啐。七内切。呼也。呼與嘑通。文公元年左傳。江芊怒日。呼役夫。注云。

呼。發聲也。役夫賤者稱。怒而稱以賤者。而先發聲爲呼。則呼是怒聲。文選注於陟陽侯詩。注引倉頡篇云。咄。啐也。曹植贈白馬王彪詩。注引說文云。咄。叱也。說文口部。叱。訶也。吒。叱。怒也。言部云。訶。大言而怒也。嘑之訓爲號。趙氏以與嘑爾之義不合。故用左傳呼字讀之。又解以咄啐。明其爲怒也。或以嘑爲召呼。乃行道之人。招之使食。未見其必不肯受。下云道中凡人。以其賤己。正用呼役夫之意也。道中即路中。○注。蹴蹋至絜之。○正義曰。說文足部云。蹴。躡也。躡。蹈也。蹋。踐也。蹈。踐也。蹴躡蹋踐蹈五字相轉注。以足踐履之。則汙而不絜。毛詩邶風谷風不我屑以傳云。屑。絜也。絜與絜同。不屑。是不以爲絜也。萬鍾則不辯禮義而受之。萬鍾於我何加焉。爲宮室之美。妻妾之奉。所識窮乏者得我與。注言一簞食則貴禮。至於萬鍾則不復辯別有禮義與不。鍾。量器也。萬鍾於己身何加益哉。己身不能獨食萬鍾也。豈不爲廣美宮室。供奉妻妾。施與所知之人窮乏者。疏注言一至乏者。○正義曰。嘑爾蹴爾。無禮者也。不受不絜。貴禮也。萬鍾或以禮或不以禮。以禮則義可受。不以禮則義不可受。此宜辯別者也。不辯則有非禮而受者矣。音義云。辯丁本作變。云於義當爲辯。辯別也。阮氏元校勘記云。周易坤釋文由辯。荀作變。是辯變古字通用。按今本作變。五經文字云。辯。理也。辨。別也。經典或通用之。昭公三年左傳云。釜十則鍾。考工記。㮚氏量之以爲鬴。鬴即釜。是鍾爲量器也。釜爲六斗四升。鍾爲十釜。是六斛四斗也。淮南子修務訓。蟂蟂然日加數寸。注云。加。猶益也。人日食幾何。故於己身何有加益。昭公六年左傳奉之以仁注云。奉。養也。廣雅釋言云。供。養也。故以供釋奉。說文人部云。供。設也。一曰供給。謂蓄妻。妻則絕以養之。奉。即祿食也。詩大雅瞻卬篇君子是識箋云。識。知也。得字趙氏無釋。而云施與。音義出得我與云。張云平聲。亦如字。以施釋與。則趙氏讀與如字。得我與。謂得獲我之所施與也。讀與爲平聲。則得我不可爲得獲之得。哀公二十四年左傳云。公如越。得大子適郢。注云。適郢。越王大子。得。相親悅也。得與德通。禮記樂記云。德者得也。國策齊策云。必德王。秦策云。必不德王。此得我即德我。所知之人窮乏。而我施與之。則彼必以我爲思德而親悅我也。近時通解如是。鄉爲身死而不受。今爲宮室之美爲之。鄉爲身死而不受。今爲妻妾之奉爲之。鄉爲身死而不受。今爲所識窮乏者得我而爲之。是亦不可以已乎。此之謂失其本心。注鄉者不得簞食而食則身死。尚不受也。今爲此三者爲之。是亦不可以止乎。所謂失其本心也。章指。言舍生取義。義之大者也。簞食萬鍾。用有輕重。縱彼納此。蓋違其本。凡人皆然。君子則否。所以殊也。

孟子曰。仁。人心也。義。人路也。舍其路而弗由。放其心而不知求。哀哉。【注】不行仁義者。不由路不求心者也。可哀憫哉。【疏】注。可哀憫哉。○正義曰。說文口部云。哀。閔也。人有雞犬放。則知求之。有放心而不知求。學問之道無他。求其放心而已矣。【注】人知求雞狗。莫知求其心者。惑也。學問所以求之。【疏】注。學問所以求之。○正義曰。前言放其良心。失其本心。操則存。舍則亡。賢者能勿喪。蓋所以放之失之舍之喪之者。由於不能操之。所以不能求之也。何以操之。惟在學問而已。學問。即中庸所云博學之。審問之。論語所謂博學而篤志。切問而近思。孔子所云好古敏求。孟子所云誦詩讀書。聖人教人學以聚之。問以辨之者。無有他意。不過以此求其放心而已。顧氏炎武日知錄云。學問之道無他。求其放心而已矣。然則但求放心。可不必於學問乎。與孔子之言吾嘗終日不食終夜不寢以思無益不如學也者。何其不同邪。他日又曰。君子以仁存心。以禮存心。是所存者。非空虛之心也。夫仁與禮。未有不學問而能明者也。孟子之意。蓋曰能求放心。然後可以學問。使弈秋誨二人弈。其一人專心致志。惟弈秋之爲聽。一人雖聽之。一心以爲有鴻鵠將至。思援弓繳而射之。雖與之俱學。弗若之矣。此放心而不知求者也。然但知求放心。而未嘗窮中罫之方。悉雁行之勢。亦必不能從事於弈。趙氏佑溫故錄云。注學問所以求之一語精義。然求放心非學問不爲功。須兼到乃盡耳。求放心即是求仁義而全乎人也。章指。言由路求心。爲得其本。追逐雞狗。務其末也。學以求之詳矣。【疏】由路至詳矣。○正義曰。求心在於知義。知義在於學問。趙氏深得孟子之恉。通儒也。

孟子曰。今有無名之指。屈而不信。非疾痛害事也。如有能信之者。則不遠秦楚之路。爲指之不若人也。【注】無名之指。手之第四指也。蓋以其餘指皆有名。無名指者。非手之用指也。雖不疾痛妨害於事。猶欲信之。不遠秦楚。爲指不若人故也。【疏】注。無名至故也。○正義曰。無名指。詳見滕文公篇下。楚辭招魂云。敬而無妨些。王逸注云。妨。害也。故害事爲妨害於事。但不信則非疾痛。或雖不疾痛而以不信妨事。向須慮之。而又爲無名之指。非手之所常用。則不信亦不妨害事。可不慮也。指不若人。則知惡之。心不若人。則不知惡。此之謂不知類也。【注】心不若人。可惡之大者也。

而反惡指。故曰不知其類也。類。事也。〔疏〕注。類事也。○正義曰。呂氏春秋達鬱篇云。得其細。失其大。不知類耳。高誘注云。類。事也。禮記學記云。九年知類通達。注云。知類。知事義之比也。章指。言舍大惡小。不知其要。憂指忘心。不嚮於道。是以君子惡之也。

孟子曰。拱把之桐梓。人苟欲生之。皆知所以養之者。至於身而不知所以養之者。豈愛身不若桐梓哉。弗思甚也。〔注〕拱合兩手也。把以一手把之也。桐梓皆木名也。人皆知灌溉而養之。至於養身之道。當以仁義而不知用。豈於身不若桐梓哉。不思之甚也。〔疏〕注。拱合至名也。○正義曰。尚書序云。伊陟相大戊。亳有祥桑穀共生於朝。史記集解引鄭氏注云。兩手搤之曰拱。王氏鳴盛尚書後案云。共與拱通。僖三十二年傳。爾墓之木拱。杜預曰。合手曰拱。呂覽季夏紀制樂篇載此事。高誘注亦云。滿兩手曰拱是也。說文手部云。把。握也。莊子人閒世云。宋有荊氏者。宜楸柏桑。其拱把而上者。釋文云。拱。恭勇反。把。百雅反。司馬云。兩手曰拱。一手曰把。毛詩鄘風定之方中云。樹之榛栗椅桐梓漆。箋云。樹此六木於宮。謂桐梓與榛栗椅漆爲六。是桐梓皆木名。爾雅釋木云。榮。桐木。注云。即梧桐。又云。椅。梓。注云。即楸。是也。齊民要術有種桐梓法。章指。言莫知養身而養樹木。失事違務。不得所急。所以戒未達者也。〔疏〕而養樹木。○正義曰。孔本樹上有其字。阮氏元校勘記云。孔本韓本術其字。

孟子曰。人之於身也。兼所愛。兼所愛則兼所養也。無尺寸之膚不愛焉。則無尺寸之膚不養也。〔注〕人之所愛則養之於身也。一尺一寸之膚養相及也。〔疏〕注。人之至相及也。○正義曰。趙氏之意。以身對心而言。心身皆人之體。愛心亦兼愛身。則養心亦兼養身。故先言人之所愛則養之。渾括身心而言。次言於身也。一尺一寸之膚養相及。明養身由養心而兼及之也。膚爲肌肉。屬身言。所以考其善不善者。豈有他哉。於己取之而已矣。〔注〕考知其善否。皆在己之所養也。〔疏〕注。考知至養也。○正義曰。考與攷同。周禮夏官大司馬。以待攷而誅賞。注云。考謂考校其功。詩大雅文王有聲篇。考卜維王。箋云。考猶稽也。養身爲養心之所兼。則大小顯然可見。善則爲大人。不善則爲小人。欲知其爲大人小人。則不必攷校稽察於他事。即其所養在何體則知之矣。體有貴賤。有小大。無以小害大。無以賤害貴。養其小者爲小人。養其大者爲大人。〔注〕養小則害大。養賤則害貴。小。口腹也。大。心志也。頭頸。貴者也。指拇。賤者也。不可舍貴養賤者也。務口腹者爲小人。治心志者爲大人。【疏】注。養小至大人。○正義曰。趙氏佑溫故錄云。大貴小賤。無可易也。注以大謂心志。小謂口腹。是已。忽增出貴謂頭頸。賤謂指拇。則支矣。按頭頸貴者以下十八字。於上下文義不貫。恐非趙氏原文。

今有場師。舍其梧檟。養其樲棘。則爲賤場師焉。【注】場師治場圃者。場以治穀。圃園也。梧桐檟梓皆木名。樲棘小棘。所謂酸棗也。言此以喻人舍大養小。故曰賤場師也。【疏】注。場師至師也。○正義曰。周禮地官載師。以場圃任園地注云。圃。樹果蓏之屬。季秋於中爲場。場人每場下士二人。掌國之場圃。而樹之果蓏珍異之物。以時斂而藏之。注云。場。築地爲墠。季秋除圃中爲之。詩云。九月築場圃。十月納禾稼。場爲納禾稼而築。故云場。以治穀。場爲圃中之地。園圃乃樹草木。今言養其樲棘。故連圃言之。爾雅釋言云。師。人也。蓋場師即場人也。場人稱師。猶工師醫師漁師之屬。爾雅釋木。櫬梧與桐榮木別。槄山榎與椅梓別。蓋梧雖與桐異而爲一類。故梧亦稱梧桐。梓雖與榎異。考工記注云。梓榎屬。以其屬統言之。則梧亦桐也。榎亦梓也。段氏玉裁說文解字注云。檟。楸也。釋木。槐小葉曰榎。郭云。槐當爲楸。楸細葉者爲榎。又大而皵楸。小而皵檟。郭云。老乃皮粗。皵爲楸。小而皮粗皵爲榎。又槄山榎。郭云。今之山楸。榎者檟之或字。阮氏元校勘記云。樲棘。古書皆作樲棗。爾雅遵。羊棗。注引孟子養其樲棗。古本爾雅皆同。唐宋人本草注。亦作樲棗。毛傳云。棘者棗也。統言之也。故羊棗雖小而得稱棗。樲棘小棘。此是樲棗小棗之誤。不可不正。小棘之語。尤爲不通。說文解字注云。釋木曰。樲。酸棗。孟子曰。舍其梧檟。養其樲棗。趙曰。樲棗。小棗。所謂酸棗也。孟子本作樲棗。宋刻爾雅及玉篇廣本草。又本草圖經皆可證。今本改作樲棘。非是。樲之言副貳也。爲棗之副貳。故曰樲棗。本草經曰。酸棗味酸。平。主心腹寒熱邪結氣聚。四肢酸疼。濕痺煩心不得眠。諸家皆云似棗而味酸。是也。按齊民要術種棗第三十三云。孟子曾曰樲棗。藝文類聚引孟子作養其樲棗。則樲棘宜作樲棗。錢氏大昕養新錄云。爾雅樲酸棗。不聞樲棘爲小棗。梧檟二物。則樲棘必非一物。樲爲酸棗。棘即荊棘之棘也。

養其一指而失其肩背而不知也。則爲狼疾人也。【注】謂醫養人疾。治其一指。而不知其肩背之有疾。以至於害之。此爲狼藉亂不知治疾之人也。【疏】注。謂醫至人也。○正義曰。尋常養身。即但養一指。不致失其肩背。惟疾病隱於肩背而見於一指。醫但見其指有疾。而不能知疾之在肩背。徒治其指。而轉有傷害於肩背。老子云。輕則失本。王弼注云。失本。謂喪身也。易東北喪朋。釋文引馬注云。喪。失也。國語晉語而先紂喪。韋注云。喪。敗也。國策秦策云。紛彊欲敗之。高誘注云。敗。害也。是失喪敗害四字轉注。失即害也。趙氏讀狼疾爲狼藉。而以亂釋之。漢書劉屈氂傳云。事籍籍如此。注云。籍籍。猶紛紛也。呂氏春秋愼大篇。高誘注云。紛紛。猶亂也。楚辭憂苦篇。心紛錯而不受。王逸注云。

紛錯。憒亂也。狼藉猶紛錯。害而不知。此醫之昏憒瞀亂者矣。滕文公上篇狼戾。趙氏以爲猶狼藉。又云饒多狼藉。捐棄於地。凡饒多則紛錯。故爲亂。而饒多亦爲豐盛。故史記陸賈傳。名聲籍甚。漢書注引孟康云。言狼籍之甚。史記集解引漢書音義云。言狼藉甚盛。盛與亂之訓不同。而皆本於饒多則一也。注中醫養人疾。不知治疾。兩疾字與經文疾字無涉。經文疾字。趙氏以籍字讀之也。

飲食之人。則人賤之矣。爲其養小以失大也。飲食之人無有失也。則口腹豈適爲尺寸之膚哉。〔注〕飲食之人。人所以賤之者。爲其養口腹而失道德耳。如使不失道德存仁義以往。不嫌於養口腹也。故曰口腹豈但爲肥長尺寸之膚邪。亦爲懷道德者也。〔疏〕注。如使至德者也。○正義曰。爾雅釋詁云。適。往也。國策秦策云。疑臣者不適三人。高誘注云。適音翅。翅與啻同。不啻猶云不但也。然則適如字。則爲之往之義。讀如翅。則爲啻。但之詞。趙氏既云存仁義以往。是以往釋適字。又云口腹豈但爲肥長尺寸之膚邪。直以但字代適字。然則趙氏兼存兩義也。飲食之人。不以嗟來爲恥。故其往食也人賤之。存仁義而往。如大烹亦養聖賢。則不家食吉。利有攸往矣。謂其往因行仁義。非因貪口腹。故不爲尺寸之膚。爲仁義而飲食。則亦豈但爲口腹。兩讀皆可通。此所以兼存與。王氏引之經傳釋詞云。家大人曰。說文適從辵啻聲。適啻聲相近。故古字或以適爲啻。章指言養其行。治其正。俱用智力。善惡相厲。是以君子居處思義。飲食思禮也。〔疏〕是以君子至禮也。○正義曰。國語楚語藍尹亹謂子西曰。君子臨政思義。飲食思禮。同宴思樂。在樂思善。昭公二十二年左傳云。君子動則思禮。行則思義。不爲利回。不爲義疚。

公都子問曰。鈞是人也。或爲大人。或爲小人。何也。〔注〕鈞。同也。言有大有小何也。〔疏〕注。鈞同也。○正義曰。僖公五年左傳均服振振。賈注服注皆云。均。同也。說文金部云。鈞。三十斤也。土部云。均。平徧也。同爲平徧之義。鈞爲均之通借字。故訓同也。孟子曰。從其大體爲大人。從其小體爲小人。〔注〕大體心思禮義。小體縱恣情慾。曰。鈞是人也。或從其大體。或從其小體。何也。〔注〕公都子言人何獨有從小體也。曰。耳目之官不思。而蔽於物。物交物。則引之而已矣。心之官則思。思則得之。不思則不得也。此天之所與我者。先立乎其大者。則其小者弗能奪也。此爲大人而已矣。〔注〕孟子曰。人有耳目之官不思。故爲物所蔽。官。精神所在也。謂人有五官六府。物。事也。利慾之事來交引其精神。心官不思善。故失其道而陷爲小人也。比方天所與人情性。先立乎其大者。謂生而有善性也。小者。情慾也。善勝惡。則惡不能奪。

疏注人有至不能奪。○正義曰。荀子正名篇云。緣天官。形體、色理。以目異。聲音清濁。調竽奇聲。以耳異。甘苦鹹淡辛酸奇味。以口異。香臭芬鬱腥臊洒酸奇臭。以鼻異。疾養滄熱滑鈹輕重。以形體異。說故喜怒哀樂愛惡欲。以心異。心有徵知。徵知。則緣耳而知聲可也。緣目而知形可也。然而徵知必將待天官之當簿其類。然後可也。五官簿之而不知。心徵之而無說。則人莫不然。謂之不知。此所緣而以同異也。又天論篇云。耳目鼻口形能。各有接而不相能也。夫是之謂天官。心居中虛以治五官。夫是之謂天君。呂氏春秋貴生篇云。耳雖欲聲。目雖欲色。鼻雖欲芬香。口雖欲滋味。害於生則止。在四官者。不欲利於生者則弗爲。由此觀之。耳目鼻口不得擅行。必有所制。譬之若官職不得擅爲。必有所制。高誘注云。四官。耳目鼻口也。制。制於心也。制於君也。呂氏以耳目鼻口爲四官。心爲君。官。制於君。說文𠂤部云。官。吏事君也。此心不在官之列也。荀子天論以耳目鼻口形爲天官。以心爲天君。此義與呂氏同。其正名篇之天官。即此天官。五官。即此耳目鼻口形。不連心言。故五官簿之不知與心徵之無說對言。是不列五官也。楊倞以耳目鼻口心爲五官。失荀子意矣。孟子稱耳目爲官。亦稱心爲官。蓋心雖能統耳目。而各有所司。心不能代耳司聽。代目司視。猶耳目能聽能視而不能思。耳目不能思。須受治於心之思。心不能司聽司視。而非心之思。則視聽不能不蔽於物。廣雅釋詁云。官。君也。以其能治耳目之所司則爲君。以其各有所司。則君亦是官。禮記聘義云。精神見於山川注云。精神。亦謂精氣也。大戴記曾子天員云。陽之精氣爲神。精氣在心爲思。在耳爲聽。在目爲視。以其各有所主爲官。以其各有所施爲事。洪範敬用五事是也。物之義爲事。耳目之視聽。事也。外來之利慾。亦事也。物交物。謂以外來之利慾。交於耳目之視聽。斯時若不以心之思治之。則視聽之事。蔽於利慾之事。視聽之事所以蔽於利慾之事者。緣利慾之事。交接於視聽之事。因而引蔽此視聽也。甲乙經云。鼻者。肺之官。目者。肝之官。口者。脾之官。舌者。心之官。耳者。腎之官。肺合大腸爲傳道之府。心合小腸爲受盛之府。肝合膽爲清淨之府。脾合胃爲五穀之府。腎合膀胱爲津液之府。少陰屬腎。上連肺。故將兩藏。三焦爲中瀆之府。水道出焉。屬膀胱。是孤之府。此六府之所合也。心屬五藏。耳目屬五官。而耳目與五藏相表裏。心與六府相表裏。孟子以心與耳目同爲官。故趙氏舉五官連六府以明之。周禮春官大師注。鄭司農云。比者。比方於物也。故以比爲比方。阮氏元校勘記云。此天之所以與我者。廖本閩監毛三本同。岳本孔本韓本此作比。按朱子文集云。舊官本皆作比字。注中此乃亦作比方。又集注云。舊本多作比。而趙注亦以比方釋之。今本既多作此。而注亦作此乃。未詳孰是。趙注既云比方。安可因近本之譌而疑之。上文官有二。故比方之。而先立乎其大者。文意甚明。漢書賈誼傳。比物此志也。如淳曰。比。謂比方也。今多譌爲此物。公羊傳注。父老比三老孝弟官屬。

今本比亦譌此　此乃天所與人情性。廖本閩監毛三本同。岳本孔本韓本此乃作比方。按比方是。俔氏思寬二初齋讀書記云。此天之所以與我者。此字舊本作比。依舊本比方之中。即含下大小分列之義。孟子此節。詳辨耳目之官心之官。原取比方之意。舊本自不可易。王氏引之經傳釋詞云。說文曰。皆。俱詞也。從比從白。徐鍇曰　比。皆也。孟子比天之所以與我者。先立乎其大者。則其小者弗能奪也。家大人曰。言耳目心思。皆天之所與我者。而心爲大。趙注以比爲比方。謂比方天所與人性情。失之。或改彼爲此。改趙注比方爲此乃。尤非。謹按孟子之意。自以大者指心。小者指耳目。小者不能奪。是思則得也。趙氏以大者指性善。小者指情慾。情慾即耳目之蔽於物。緣性善。故心能思。立其大者。則心之思有以治耳目之聽視。不立其大者。則耳目之聽視有以奪心之思。趙氏以性情言之。蓋小固屬耳目。大亦不離耳目。以心治耳目。則能全其善性。即爲養其大體。以耳目奪心。則蔽於情慾。即爲養其小體。趙氏恐人舍耳目之聽視而空守其心思。故不以心與耳目分大小。而以善性情慾分大小。此趙氏深知孟子之恉。有以發明之也。善勝惡即解立字。非謂天以善性與人。即是立。不待操存。自能使小者不奪也。戴氏震孟子字義疏證云。人之才。得天地之全。能通天地之全德。其見於思乎。思誠則立乎其大矣。耳目之官不思。物之未交。沖虛自然斯已矣。心之官異是。人皆有天德之知根於心。自誠明也。思中正而達天德。則不蔽。不蔽則莫能引之以入於邪。自明誠也。耳之能聽也。目之能視也。鼻之能臭也。口之知味也。物至而迎而受之者也。心之精爽。馴而至於神明也。所以主乎耳目百體者也。聲之得於耳也。色之得於目也。臭之得於鼻也。味之得於口也。耳目百體之欲不得。則失其養。所謂養其小者也。理義之得於心也。耳目百體之欲之所受裁也。不得則失其養。所謂養其大者也。人之所以異於禽獸也者幾希。雖犬之性。牛之性。當其氣無乖亂。莫不沖虛自然也。動則蔽而罔。罔以行。人不求其心不蔽。於是惡外物之惑己而強禦之。可謂之所以異乎。是以老聃莊周之言尚無欲。君子尚無蔽。尚無欲者。主靜以爲至。君子達天德。秉中正。欲勿失之盈以奪之。苟焉以求靜。而欲之翦抑竄絕。君子不取也。程氏瑤田通藝錄論學小記云。孟子謂心之官則思。先立乎其大者。謂心能主乎耳目。非離乎耳目之官。而專致力於思。然則所謂先立乎其大者。舍視聽言動。無下手處也。不知循物。寂守其心。此異學之所以歧也。吾學則不然。吾於物之不當爲者。而斷乎其不爲。此吾志之定於其先。而立乎其大者。而至於耳目交物之時。而果能從不爲之意。此之謂無惡於志。此之謂愼獨。　章指言天與人性。先立其大。心官思之。邪不乖越。故謂之大人也。

孟子曰。有天爵者。有人爵者。仁義忠信。樂善不倦。此天爵也。公卿大夫。此人爵也。注天爵以德。人爵以祿。古之人。脩其天爵。而人爵從之。今之人。脩其天爵。以要人爵。既得人爵。而棄其天爵。則惑之甚者也。注人爵從之。人爵自至也。以要人爵。

要求也。得人爵棄天爵，惑之甚也。注。要，求也。○正義曰。呂氏春秋勸學篇。以要不可必。又直諫篇。將以要利矣。高誘注並云。要。求也。終亦必亡而已矣。注棄善忘德，終必亡之。章指言古脩天爵，自樂之也。今求人爵以誘時也。得人棄天，道之忌也。惑以招亡，小人事也。

孟子曰：欲貴者，人之同心也。人人有貴於己者，弗思耳。人之所貴者，非良貴也。趙孟之所貴，趙孟能賤之。注人皆同欲貴之心。人人自有貴者在己身，不思之耳。在己者，謂仁義廣譽也。凡人之所貴富，故曰非良貴也。趙孟，晉卿之貴者，能貴人能賤人。人之所自有者，他人不能賤之也。疏注。凡人至賤之也。○正義曰。良之訓爲善。毛韓之傳詩。鄭氏之注禮記周禮箋詩。何氏注公羊傳。韋氏注國語。高氏注呂氏春秋。許氏說文解字。張氏廣雅。司馬氏注莊子。某氏傳尚書。孟康如淳注漢書。孔晁注周書。無不然。故良心即指仁義之心。謂善心也。此良貴。趙氏明指仁義廣譽。則亦當訓爲善。謂貴之善者也。人所貴者富貴。富貴之貴。不如仁義之貴良也。易文言傳云。元者。善之長也。元有善義。亦有首義。故爾雅釋詁云。元良首也。良訓善。因亦爲元首。此善於彼。則此居彼上。故左傳所云良醫。即周禮所云上醫。若曰此醫之善者。亦即醫之首也。山海經西山經。瑾瑜之玉爲良。注云。良言最善也。最善。善之最。即善之長。善之長。即善之甚。故趙氏解良知良能爲甚知甚能。皆由善之義引申者也。人人所自有。此是解人人有貴於已者。言仁義不待外求。富貴則趙孟能貴能賤。此仁義之貴。比校富貴之貴。所以爲良。非良字有自有之訓也。良貴猶云最貴。非良貴猶云非最貴也。自儒者誤以良爲自有之訓。遂造爲致良知之說。六書訓詁之學不明。其害如此。周氏柄中辨正云。孫奕示兒編。晉有三趙孟。趙朔之子曰武。謚文子。稱趙孟。趙武之子曰成。趙成之子曰鞅。又名封父。謚簡子。亦稱趙孟。趙鞅之子曰無恤。謚襄子。亦稱趙孟。按吳斗南云。趙盾字孟。故其子孫皆稱趙孟。詩云：既醉以酒，既飽以德。言飽乎仁義也，所以不願人之膏粱之味也。令聞廣譽施於身，所以不願人之文繡也。注詩大雅既醉之篇。言飽德者，飽仁義於身，身之貴者也。不願人之膏粱矣。膏粱，細粱如膏者也。文繡，繡衣服也。疏注。詩大至服也。○正義曰。引詩在大雅既醉篇第一章。素問生氣通天論云。高粱之變。王冰注云。高。膏也。粱。粱也。又腹中論云。夫子致言熱中消中。不可服高粱。夫熱中消中者。皆富貴人也。今禁高粱。是不合其心。注云。高膏。粱米也。國語晉語。欒伯請公族大夫，公曰。夫膏粱之性難正也。韋昭注云。膏，肉之肥者。粱，食之精者。言食肥美者率多驕放。此與素問義合。富貴之人不徒食精米。必兼以肥。故左傳曹劌云。肉食者鄙，肉即膏，食即粱也。禮記喪大記云，不辟粱肉。肉即指膏也。說文肉部云。膏，肥也。米部云。粱，米名也。明分爲二。趙氏言細粱如膏。則專指粱米而言。周氏柄中辨正云，趙注膏粱。細粱如膏者，此猶山海經之膏菽。膏稻，膏黍。膏稷。郭注謂味滑如膏者也。按膏粱對下文繡，文是衣，繡是裳，則膏粱亦當是二物。謹按禮記月令仲秋文繡有恆注云。文。謂畫也，祭服之制畫衣而繡裳，孔氏正義云。尙書咎繇謨云。予欲觀古人之象。日月星辰山龍華蟲作會。是衣畫也。宗彝藻火粉米黼黻絺繡。是裳繡也。畫色輕。故在衣以法天。繡色重，故在裳以法地也。此周氏所本也。乃趙氏云文繡。繡，衣服也。亦不分爲二。劉熙釋名釋言語云。文者。會集衆采以成錦繡。會集衆文以成詞誼。如文繡然也。又釋采帛云。繡。修也。文修修然也。是文繡不分也。說文糸部云。繪會五采繡也。虞書曰。山龍華蟲作繪。段氏玉裁說文解字注云。繪會疊韻。今人分皐陶謨繪繡爲二事。古者二事不分。統謂之設色之工而已。繢謂畫。繪謂繡。䋛繡文如聚細米也。繢謂畫也。今皐陶謨作粉米。許見壁中古文作黺䋛。黹部云。黺。畫粉也。此云䋛繡。文如聚細米也，皆古文尙書說也。孫氏星衍五服五章。今文論云。大傳曰。山龍。青也。華蟲。黃也。作繪。黑也。宗彝。白也。璪火，赤也。說文黸。沃黑色。黲。妾黑色。義皆爲黑。會繡此四色於元衣。合爲五色，故於黑色獨云作繪也。大傳又云。天子衣服。其文華蟲作繪。宗彝璪火山龍。諸侯作繪，宗彝璪火山龍，子男，宗彝璪火山龍。大夫。璪火山龍。士山龍。自天子至士皆服山龍，周禮節服氏，掌祭祀朝覲衮冕。六人維王之大常。是下士亦服衮龍之證。周時沿古制也，士山龍亦在元衣。故禮器云。士元衣纁裳也。爾雅云。衮。黻也。廣雅云。山龍。彰也。說文黺字解云，以山龍華蟲爲衮衣。衮爲畫龍之衣。山龍爲五等共有之章服。故爾雅廣雅單舉之。以該華蟲等五章服色。天子備五色。得服華蟲。大戴禮五帝德，稱帝嚳服黃黼黻衣。言天子有華蟲。獨得服黃。說文黺黻繡三字皆從黹。黹即刺繡。黼爲白與黑相次文。黻爲黑與青相次文。黺爲畫粉䋛爲繡。文如聚米。又繢爲五采備也。是黺黼䋛黻皆繡文。說文云。繪。會五采繡也。言元衣黑衣，會山龍青。華蟲黃。宗彝白，璪火赤。而成五采云。彝從糸。糸。綦也。綦。言繡文如彝器之博綦文而艾白色云。璪玉飾如水藻文者，言繡文如冠玉之文。謂之藻火。即色赤而文似藻。史記夏本紀。以文繡二字，釋山龍至絺繡經文。文亦畫也。大戴禮稱黃帝黼黻衣大帶黼裳。孟子稱舜被袗衣。趙氏注，袗，畫也。被畫衣黼黻絺繡也。史記五帝本紀云。賜舜絺衣與琴。以袗衣爲絺衣者。刺繡於絺。說文以袗爲元服可證。元衣加繪繡，故亦謂之元袞。五帝本紀稱堯黃收純衣，純衣即黃黼黻衣。言其元質則曰純。言其畫采有華蟲，則曰黃。刺繡之事。以絺葛之精細者爲質布，畫山龍等五章於上而繡之。所謂畫衣，蓋畫而繡之。經云。以五采彰施於五色。五色。畫也。五采。繡也。故月令云。命婦官染采。以黼黻之文，刺於山龍等五章空隙之處。復分畫其界域。俾五色不能相亂。故謂之爲黺。視其文如聚米也。荀子正論篇。論天子則服五采。雜閒色。重文繡。云五采。如今文說山龍等五色也。閒色。如黼黻各有二色相閒也。亶文繡。謂衣裳俱用之重襲也。經文山龍華蟲作繪。宗彝藻火在上者。因刺繡必先布畫五章。而後刺粉米黼黻之文。衣則以黼黻加山龍以下五等。裳則黃質而有赤色。稱爲纁裳。僅用粉米黼黻而已。王制正義引鄭注易下繫云。南方色赤。黃而兼赤。故爲纁也。合之考工記及說文。黼爲白黑相次。黻爲黑青相次。纁裳不必有五章。而五色已備。詩人謂之繡裳。絹是備五采之名也。江氏聲尙書集注音疏云。說文黹部。黺。畫粉也。衞宏說糸部絑。繡文如聚細米也。蓋繡必先畫以粉。畫爲聚米之形。乃後依其畫粉而刺之。故謂之黺絑。但黺絑實爲一章。若用畫粉爲解。似分黺絑爲二。故不別解黺義。而合爲黺絑也。然則繡皆先用粉畫之。獨於絑言黺者。舉一以見例也。章指。言所貴在身。人不知求。膏粱文繡。己之所優。趙孟所貴。何能比之。是以君子貧而樂也。

孟子曰。仁之勝不仁也。猶水勝火。今之爲仁者。猶以一杯水。救一車薪之火也。不熄。則謂之水不勝火。此又與於不仁之甚者也。亦終必亡而已矣。

注水勝火。取水足以制火。一杯水何能勝一車薪之火也。以此謂水不勝火。爲仁者亦若是。則與作不仁之甚者也。亡猶無也。亦終必無仁矣。疏注。爲仁至仁矣。○正義曰。亦若是者。因杯水之仁。不能救輿薪之不仁。則謂之不仁勝仁也。儀禮士昏禮記云。我與在注云。與。猶兼也。廣雅釋詁云。兼。同也。此又與於不仁之甚者也。卽此又同於不仁之甚者也。則與作不仁之甚者也。卽則同作不仁之甚者也。此讀爲預。近解作助。則讀如字。國策秦策云。不知與魏以勁之。高誘注云。與。猶助也。惟其信不仁而屈仁。則足以助不仁。惟其助不仁。則雖有杯水之仁。亦同於不仁之甚。而此所有杯水之仁。且終亦歸於不仁。則不特同之而已。說文亡部云。無。亡也。亡無二字相通。惟其喪亡。所以無也。趙氏讀亡爲無。以爲終必無仁。蓋旣自以爲仁不勝不仁。則爲仁之心沮。而爲不仁之意萌。久而並此杯水之仁而亦喪之。則終於無仁而已矣。然則當不能勝之時。須自知仁之本微。發憤而充之擴之。則不勝進而爲勝。何至於亡乎。

章指。言爲仁不至。不反諸己。謂水勝火。熄而後已。不仁之甚。終必亡矣。爲道不卒。無益於賢也。

疏無益於賢也。○正義曰。荀子正論篇云。今宋子不能解人之惡侮。而務說人以勿辱也。豈不過甚矣哉。金舌弊口。猶將無益也。不知其無益則不知。知其無益也。直以欺人。則不仁。不仁不知。辱莫大焉。將以爲有益於人。則與無益於人也。趙氏以孟子言與於不仁之甚。猶荀子言與無益於人。故用此語以明與字之義。宋子言見侮之不辱。將以爲有益於人。不知同於無益於人。此言仁不勝不仁者，自以爲有仁。不知同於不仁之甚也。趙氏每以注中未詳者。於章指補明。若此尤甚奧矣。

孟子曰。五穀者。種之美者也。苟爲不熟。不如荑稗。夫仁亦在乎熟之而已矣。【注】熟成也。五穀雖美種之不成。不如荑稗之草。其實可食爲仁不成猶是也。【疏】注。熟成至是也。○正義曰。呂氏春秋明理篇。五穀萎敗不成。又貴信篇。則五種不成。高誘注並云。成。熟也。是熟卽成也。齊民要術種穀篇引孟子不如稊稗。古從夷從弟之字多通。爾雅釋草云。蕛苵注云。蕛。似稗。布地生穢草。邵氏晉涵正義云。蕛一名苵。孟子云不如荑稗。荑卽蕛也。莊子知北遊云。道在稊稗。李氏以爲二草名。蕛有米而細。故別於秕。秋水篇云。似稊米之在太倉。司馬彪云。稊米。小米也。一切經音義引爾雅注云。蕛似稗。布地穢草也。今之稗子是也。按蕛似稗耳。非卽稗也。蕛與稗俱堪水旱。種無不熟。北方農家種之以備凶年。程氏瑤田通藝錄九穀考云。說文稗。禾別也。稗似禾而別於禾之穀。余見京東州縣農家種之。莖勁采不下垂。略似粟。但穀色近黑耳。宋靖康之亂。役爲奴婢者。使供作務。人月支稗子五斗。舂得米八升。由是言之。稗斗才得米三升六合耳。而農人種之者。所以備凶年。氾勝之云。稗堪水旱。種無不熟是也。又說文䅽。黍屬。䅽音卑。今穀名中無卑音者。余以意斷之。曰禾別。曰稗黍別。曰䅽。而未敢信也。丙申歲居京師。庭中芒種後生一本數十莖。貼地橫出。至生節處乃屈而上聳。節如鶴膝。莖淡紫色。葉色深綠。每一莖又節節抽莖成數穗。穗疏散。至大暑後而穀熟。光澤如黍。余以爲此必䅽也。見農人問之。則曰稗也。余曰。農家所種稗似粟。與此殊不類。則對曰。此野稗也。亦曰水稗。余乃檢玉篇廣韻中䅽。皆有稗音。䅽爲黍別無疑也。稗䅽並宜卑溼地。又視禾黍爲卑賤。故字皆從卑。梁太清三年。鄱陽王範屯濡須。糧乏。采菰稗蓤藕以自給。其所謂稗。卽野稗也。曹植七啓云。芳菰精稗。亦指野稗。謂之精者。修辭家之美稱。與召旻詩。毛氏傳所云彼宜食疏。今反食精稗者異義。謹按不如稊稗。猶孔子言博弈猶賢。孔子非教人學博弈。孟子非教人種稊稗也。解者謂是理消物長之喻。不如荑稗。是天理之槁枯。不勝人欲之長旺。非孟子義也。

章指。言功毀幾成。人在慎終。五穀不熟。荑稗是勝。是以爲仁必其成也。

孟子曰。羿之教人射。必志於彀。學者亦必志於彀。【注】羿。古之工射者。彀。張也。張弩向的者。用思專時也。學也志道。猶射者之張也。【疏】必志於彀。○正義曰。阮氏元校勘記云。必志於彀。孔本韓本考文古本足利本同。閩監毛三本志作至。下同。補鑑云。志譌至。翟氏灝考異云。注疏本志俱作至。宋刻九經下一志字作至。南軒孟子說。上一志字作至。按章句曰。張弩向的。用思專時也。學者志道。猶射者之張也。則原本宜皆志字。南軒注羿教人使志於彀。則其上一正文亦不應作至。○注。羿古至張也。○正義曰。說文弓部云。羿。帝嚳射官。夏少康滅之。論語曰。羿善射。段氏玉裁說文解字注云。邑部窮下云。夏后時諸侯。夷羿國也。羽部羿下云。亦古諸侯也。皆即此。羿帝嚳射官爲諸侯。自鉏遷於窮石。所謂有窮后羿也。羿與羿古蓋同字。而堯時射師彈十日者。高誘云。此堯時羿。非有窮后羿。按說文弓部又云，彀。張弩也。弩。弓有臂者。周禮四弩。夾弩。庾弩。唐弩。大弩。毛詩小雅賓之初筵篇。發彼有的傳云。的。質也。禮記射義引此詩注云。的。謂所射之識也。弓弩既張。則心用於中的。故志專向於的。趙氏謂用思專於張弩之時。非謂用志於張弩也。商書盤庚上云。若射之有志。鄭氏注云。夫射者張弓屬矢。而志在所射必中。然後發之。此經云必志於彀。與書義同。趙氏注亦與鄭同也。阮氏元校勘記云。張弩向的。所謂若虞機張。往省括于度。則釋也。

大匠誨人必以規矩。學者亦必以規矩。【注】大匠攻木之工。規所以爲圓也。矩所以爲方也。誨。教也。教人必以規矩。學者以仁義爲法式。亦猶大匠以規矩者也。【疏】注。規所以爲圓也。○正義日。孔本無也字。○注。誨。教也。○正義日。說文言部云。誨。曉教也。○章指。言事各有本。道有所隆。彀張規矩。以喻爲仁。學不爲仁。猶是二教失其法而行之也。

卷十二　告子章句下凡十六章。

任人有問屋廬子曰。禮與食孰重。【注】任國之人問孟子弟子屋廬連。問二者何爲重。【疏】注。任國至爲重。○正義日。閻氏若璩釋地云。任。國名。太皞之後。風姓。漢爲任城縣。後漢爲任城國。今濟寧州東任城廢縣是。去古鄒城。僅百二三十里。宜屋廬子明日即可往問。禮稱宰我無宿問。連不誠有子之風哉。翟氏灝考異云。廣韻盧字下注云。孟子有屋盧著書。鄭樵通志氏族略云。晉賢人。屋廬子著書。言彭聃之法。按屋廬子未聞著書。即在當時有之。孟子之徒。豈應言彭聃之法。或爲別一人與。

曰。禮重。【注】答曰。禮重。色與禮孰重。曰。禮重。【注】重如上也。曰。以禮食則飢而死。不以禮食則得食。必以禮乎。親迎則不得妻。不親迎則得妻。必親迎乎。【注】任人難屋廬子云。若是。則必待禮乎。【疏】以禮食。○正義日。閻氏若璩釋地三續云。所謂禮食者。坊記云。故食禮。主人親饋則客祭。主人不親饋則客不祭。故君子苟無禮。雖美不食焉。按襄公三年左傳云。晉侯以魏絳爲能以刑佐民矣。反役與之禮食。使佐新軍。國語晉語。亦有此文。韋昭注云。禮食。公食大夫之禮。孔氏左傳正義云。與之禮食者。若公食大夫之禮也。以大夫爲賓。公親爲之特設禮食。儀禮。公食大夫禮。宰夫自東房授醯醬。公設之。公立于序內西鄉。注云。不立阼階上。示親饌。又大羹湆不和。實于鐙。宰右執鐙。左執蓋。由門入。升自阼階。盡階。不升堂。授公。公設之于醬西。又宰夫授公飯粱。公設之于湆西。此卽親饋之禮也。又賓升席。坐。取韭菹以辯擩于醢上豆之閒祭云云。又賓坐席末取粱。卽稻祭于醬湆閒。此卽主人親饋。則客祭之禮也。○親迎。○正義曰。周氏柄中辨正云。親迎之禮。自諸侯至士庶皆行之。天子之親迎。則禮無明文。左氏謂天子不親迎。公羊謂天子亦親迎。後儒或從左氏。或從公羊。愚竊取唐陸淳會無二上。不當親迎之說。以爲定論。或言無禮文可徵。不知禮固有卽此可以逼彼者。士昏禮。父醮子而命之迎。若宗子父母皆歿。則不親迎。以無命之者也。由此推之。則天子之不親迎可知矣。或問。然則諸侯卽位而娶。無命之者。亦不親迎乎。曰。是不然。諸侯雖無父命。有王命。古者諸侯之娶。告於天子。天子命之。故雜記云。夫人之不命於天子。自魯昭始也。夫有天子之命。則親迎焉。宜也。若天子則眞無命之者也。

屋廬子不能對。明日之鄒以告孟子。孟子曰。於答是也何有。注於音烏。歎辭也。何有爲不可答也。疏注。於音至答也。○正義曰。說文云。烏孝烏也。孔子曰。烏盱呼也。取其助气。故以爲烏呼。於象古文烏。省於卽於字。然則烏於本一字。後人以於爲于。故趙氏音烏。音烏。猶讀爲烏也。以爲歎辭。卽烏呼之辭也。論語里仁篇。能以禮讓爲國乎何有。何氏注云。何有。言不難也。雍也篇。於從政乎何有。皇氏疏引衞瓘云。何有者有餘力也。若以雍也篇。於從政乎何有。則於如字。不讀烏。若曰。於答此任人之說。何難之有。趙氏言。何有爲不可答也。則謂任人設難爲不可答。正與何氏解何有爲不難者相反。後漢書曹世叔妻傳。引論語曰。能以禮讓爲國。於從政乎何有。注云。何有言若無有。此似與趙氏之意相近。蓋趙氏謂揣本齊末。知其大小輕重。乃可言。可言卽可答。此歎其不可答。謂未能揣本齊末。知其大小輕重也。以何有爲不可答。故斷於字爲句。而以爲歎辭也。

不揣其本而齊其末。方寸之木可使高於岑樓。金重於羽者。豈謂一鉤金與一輿羽之謂哉。取食之重者。與禮之輕者而比之。奚翅食重。取色之重者。與禮之輕者而比之。奚翅色重。注孟子言夫物當揣量其本。以齊等其末。知其大小輕重乃可言也。不節其數。累積方寸之木。可使高於岑樓。岑樓山之銳嶺者。寧可謂寸木高於山邪。使重於羽。謂多少同而金重耳。一帶鉤之金。豈重一車羽邪。如取食色之重者比禮之輕者。何翅食色重哉。翅辭也。若言何其不重也。疏注。夫物至山邪。○正義曰。方言云。度高爲揣。昭公三十二年左傳云。揣高卑。杜預用方言解之。度與量義同。揣量卽揣度也。說文立部云。竱。等也。從立專聲。春秋傳曰。竱本肇末。等者。齊簡也。故凡齊皆曰等。齊語竱本肇末。韋昭注云。竱。等也。肇。正也。謂先等其本。以正其末。孟子曰。不揣其本而齊其末。揣蓋尊之假借字。趙注揣量。似失之。木部椯下云。一曰度也。孟子正當從木作椯。韻書謂稱量曰敁敪。丁錄丁括反。卽尊語之轉也。王氏念孫廣雅疏證云。方言。岑。高也。爾雅。山小而高岑。孟子告子篇。可使高於岑樓。趙岐注云。岑樓山之銳嶺者。釋名。岑嶄也。嶄嶄然也。岑嶄聲相近。故呂氏春秋審己篇。齊攻魯。求岑鼎。韓非子說林篇。作讒鼎。讒與岑皆言其高也。說文。厰。嶔也。又云。嵒。山巖也。讀若吟。僖三十三年穀梁傳云。必於殽之巖唫之下。楚辭招隱。士嶔岑碕礒兮。上音欽。下音吟。又云。狀貌崟崟兮峨峨。張衡思元賦云。冠嵒其映蓋兮。合言之。則曰岑崟。說文。山之岑崟也。漢書。司馬相如傳。岑崟參差。史記作岑巖。揚雄傳。玉石嶜崟。蕭該音義引字詁云。嶜。古文岑字。張衡南都賦。幽谷嶜岑。上音岑。下音吟。嵇康琴賦。崟崟岑嵓。並字異而義同。釋邱。培塿冢也。方言云。冢。秦晉之閒謂之墳。或謂之培。或謂之埝。或謂之埰。或謂之埌。或謂之壠。自關而東謂之邱。小者謂之塿。大者謂之邱。培亦高貌也。風俗通義云。部者。阜之類也。今齊魯之閒。田中少高卬者。名之爲部。義並與培同。塿亦高貌也。趙注。岑樓山之銳嶺者。義與塿同。方言注云。培塿亦堆高之貌。因名之也。培塿堷𡑮之轉也。冢謂之堷。亦謂之培塿。壟謂之𡑮。亦謂之甑甗。北陵謂之西隃。小山謂之部婁。義並相近也。趙氏謂不節其數。累積方寸之木。節其數。謂但以一木爲節。累積。譬如岑樓高一丈。則累積此木百餘。卽高過於一丈矣。方寸之木。本不能高於岑樓。今累積之。故可使高也。猶食色本不能重於禮。今變通之。故可使之重也。周氏柄中辨正云。寸木高於岑樓。猶韓非子所謂立尺材於高山之上。按近時通解如是。與趙氏義異。○注。一帶鉤之金。○正義曰。孔氏廣森經學卮言云。晏子春秋曰。大帶重半鉤。爲履倍重。鄭君說。東萊稱以大半兩爲鉤。然則帶鉤金半鉤。才重三分兩之一。○注。翅辭也至重也。○正義曰。阮氏元校勘記云。翅。辭也者。翅是語辭。卽不啻也。說文口部云。啻語時不啻也。奚翅不啻。猶史漢之言夥頤。或析翅字訓傎。誤矣。注云。若言何其重也。正謂食色之重者。後人添不字。遂不可解矣。段氏玉裁說文解字注云。寔病不翅也。翅同啻。口部啻。下云。語時不啻也。倉頡篇曰。不啻。多也。世說新語云。王文度弟阿至惡乃不翅。晉宋閒人。尙作此語。古書或言不啻。或言奚啻。啻皆或作翅。國語云。奚翅其聞之也。韋注云。奚何也。何啻。言所聞非一也。孟子奚翅色重。趙注。翅。辭也。若言何其重也。今刻本作何其不重也。誤。

往應之曰。紾兄之臂而奪之食則得食。不紾則不得食。則將紾之乎。踰東家牆而摟其處子則得妻。不摟則不得妻。則將摟之乎。

【注】教屋廬子往應任人如是。紾戾也。摟牽也。處子處女也。則是禮重食色輕者也。【疏】注紾戾至輕者也。○正義曰。王氏念孫廣雅疏證云。抮。盭也。抮。玉篇音火典切。引。戾也。方言。軫。戾也。郭璞注云。相了戾也。江東音善。說文紾。轉也。考工記弓人老牛之角紾而昔。鄭衆注云。紾讀如抮轉之抮。釋文。紾。劉徒展反。

許愼。尙展反。角絞縛之意也。孟子告子篇。紾兄之臂而奪之食。趙岐注云。紾。戾也。音義。紾。張音軫。又徒展反。淮南子原道訓。扶搖抮抱。羊角而上。高誘注云。抮。抱了戾也。抮。讀與左傳感而能眕者同。釋訓云。眕。鞄𩏑戾也。並聲近而義同。說文。戾。曲也。盭。弼戾也。盭與戾通。音義云。摟音婁。文選琴賦注引劉熙注云。摟。牽也。趙氏與劉同。說文牛部云。牽。引前也。毛詩魏風。山有樞。弗曳弗婁。傳云。婁。亦曳也。釋文引馬云。牽也。楚辭怨思篇。曳慧星之皓旰兮。注云。曳。引也。摟之爲牽。卽婁之爲曳也。爾雅釋詁云。摟。聚也。郭璞注云。摟猶今言拘。摟。聚也。說文手部云。摟。曳聚也。許之言曳聚。猶郭言拘。摟聚曳聚者。牽引使聚合也。摟必兼曳聚二義。而爾雅言聚以見曳。毛傳言曳以見聚。說文備其義耳。文選射雉賦云。來若處子。徐爰注云。處子。處女也。莊周云。藐姑射之山。有神人居。綽約若處子。善曰。司馬兵法曰。始如處女。莊周見逍遙遊。彼釋文云。處子。在室女也。易咸九三傳云。咸其股。亦不處也。虞翻注云。巽爲處女。士與女未用。皆稱處矣。凡章指言臨事量宜。權其輕重。以禮爲先。食色爲後。若有偏殊。從其大者。屋廬子未達。故譬摟紾也。

曹交問曰。人皆可以爲堯舜。有諸。孟子曰。然。注曹交。曹君之弟。交。名也。答曰。然者。言人皆有仁義之心。堯舜行仁義而已。疏注。曹交至名也。○正義曰。王應麟困學紀聞云。左傳哀公八年。宋滅曹。至孟子時。曹亡久矣。曹交蓋以國爲氏者。惠氏士奇春秋說云。曹滅於哀之八年。復見於哀之十四年。宋向魋入於曹以叛。杜注。曹。宋邑。非也。曹伯爵而當甸服。故曰曹爲伯甸。其國雖小。豈徒一邑哉。蓋宋雖滅曹。曹仍爲附庸於宋。故至戰國。而尙有曹君。趙岐注孟子曰。曹交。曹君之弟。然則曹與滑皆滅而仍存者也。故春秋言入不言滅者以此。閻氏若璩釋地續云。楚簡王十四年。越滅郯。後八十四年。楚滅越。郯實爲楚所有。乃頃襄王十八年。有鄒。費。郯。邳四國。則郯係重封者。薛任姓雖未知爲誰所滅。而齊湣王三年以封田嬰。故紀年稱薛子嬰來朝其子文。戰國策史記並稱薛公後中立爲諸侯無所屬。非滅薛之後。復有薛乎。又中山本鮮虞國。一滅於魏文侯十七年癸酉。再滅於趙惠文三年乙丑。相距百一十三年中。雖未詳知何年復國。及何以復國。要中山之後有中山。載世家列傳者班班也。安知曹滅如宋。在春秋哀八年。下到孟子居鄒時。已一百七十餘年。不更有國於曹者。交爲其介弟。觀其言。願因鄒君。假館舍。備門徒。儼然臉更挾貴之風。孟子則麾而去之。故趙岐以爲曹君之弟。非無謂也。按二說。一以爲曹雖滅而仍爲附庸。一以爲曹滅後有國於曹者。皆以爲實有曹君。交實爲曹君之弟。與趙氏注相引申。而辨王氏曹亡久矣之說。毛氏奇齡經問云。盛唐問孟子曹交。趙岐注曹君之弟。按春秋哀八年。宋人入曹。左傳竟云滅曹。執曹伯以歸。如此則孟子時已無曹矣。其曰曹君之弟何居。得非經祇書入。原未嘗滅乎。曰。經有書滅而並未滅者。定六年鄭帥師滅許是也。有書入而卽是滅者。此宋人入曹是也。史記曹世家載曹伯陽十五年。宋滅曹。執曹伯陽及公孫彊以歸而殺之。曹遂絕其祀。則曹此時信亡矣。趙岐之注。不知何所本。當是誤耳。然則孟子之曹交何如。曰。此張南士曾辨之。當是曹姓而交名者。何以言之。其曰交得見於鄒君。可以假館。鄒者魯縣。鄒卽邾。春秋注。邾本曹姓。爲顓頊之後。則曹交者與鄒君同姓。故得見鄒君而假館焉。或卽鄒君之弟。戰國禮衰。不分宗。不別氏。弟得以其戚戚君。故兄弟同姓。未可知也。江氏永羣經補義云。春秋之末。曹已爲宋所滅。曹交非曹君之弟。或是曹國之後。以國爲姓。或是鄒君之族人。鄒本邾國。邾本姓曹。故曰交得見於鄒君。可以假館。蓋欲於其同宗之爲君者假館也。便有挾貴之意。此二說。則仍王氏之說。而又爲曹鄒同姓之說。按以曹君之弟假館於鄒君。不必定爲同宗。至以交爲鄒君之弟。則交明云得見鄒君。此豈貌弟口吻。則趙氏之說。未可非也。趙氏佑溫故錄云。曹之復事在春秋後。趙氏蓋當有所案據。惟是曹交已知問堯舜憂食粟請受業。不可謂非有志。而孟子告之甚直且詳。卽其言鄒君。言假館。亦情事所有。未足遂爲深怪。而孟子復詔以歸而求之。有餘師。蓋學在身體力行。不在口說。古人從師。非必朝夕一堂。始爲受業也。非棄之也。故注無譏辭。自爲疏好逞臆於注外。遂以曹交挾貴而問。孟子辭之。然謂不屑教誨。則既明明教誨之矣。而何與滕更之不答同哉。

交聞文王十尺。湯九尺。今交九尺四寸以長。食粟而已。如何則可。注 交聞文王與湯皆長而聖。今交亦長。獨但食粟而已。當如何。疏 交聞至則可。○正義曰。春秋繁露三代改制質文篇云。天將授舜。主天法商而王。祖錫姓爲姚氏。至舜形體大。上而員首。而明有二童子。天將授禹。主地法夏而王。祖錫姓爲姒氏。至禹生。發於背。形體長。長足肵疾。天將授湯。主天法質而王。祖錫姓爲子氏。至湯體長專小足。天將授文王。主地法文而王。祖錫姓姬氏。至文王形體博長。有四乳。而大足。然則湯九尺。文王所云長專也。十尺。所云博長也。皆天授。故曹交舉而言之。史記正義引帝王世紀云。文王龍顏虎眉。身長十尺。有四乳。

曰。奚有於是。亦爲之而已矣。有人於此。力不能勝一匹雛。則爲無力人矣。今日舉百鈞。則爲有力人矣。然則舉烏獲之任。是亦爲烏獲而已矣。夫人豈以不勝爲患哉。弗爲耳。注 孟子曰。何有於是言乎。仁義之道。亦當爲之。乃爲賢耳。人言我力不能勝一小雛。則謂之無力之人。言我能舉百鈞。百鈞三千斤也。則謂之有力之人矣。烏獲古之有力人也。能移舉千鈞。人能舉其所任。是爲烏獲才也。夫一匹雛不舉。豈患不能勝哉。但不爲之耳。疏 注。何有於是言乎。○正義曰。小爾雅廣言云。奚。何也。是奚有卽何有。趙氏解答是也。何有爲不可答。則是以何有爲無有。此何有於是。亦是無有於是。蓋謂其不必如是說也。按何有亦宜解作不難。是字指文王湯之能爲堯舜。謂不難於湯文之爲堯舜也。○注。人言我力不能勝一小雛。○正義曰。音義出匹雛云。匹。張如字。丁作疋云。注云。疋。雛。小雛也。匹不訓小。而訓詁及諸書。疋。訓耦。訓小無文。今按方言。疋。小也。音節。蓋與疋字相似。後人傳寫誤耳。王氏念孫廣雅疏證云。說文疋少也。物多則大。少則小。故方言云疋小也。廣韻蠘疋小也。方言注作懱蠽。孟子告子篇。力不能勝一匹雛。趙岐注云。言我力不能勝一小雛。孫奭音義。謂疋與疋字相似。後人傳寫誤耳。按孫說是也。玉篇。鴜。小雞也。鴜與疋通。小雞謂之鴜。猶小蟬謂之蠽。爾雅。蠽。茅蜩。注云。江東呼爲茅蠽。似蟬而小。說文。鬕。束髮少小也。張衡西京賦云。朱髮鬕髽。疋鴜蠽鬕。並音姊列反。其義同也。方言謂小雞爲鍫子。鍫雛一聲之轉。廣韻。呲。姊列切。鳴呲呲也。呲呲猶啾啾。亦一聲之轉也。按禮記曲禮。云。庶人之摯匹。注云。說者以匹爲鶩。釋文云。匹依注作鶩。音木。玉篇集韻有鴄字。以此通之。孟子似匹雛。即鶩雛。乃鄭云。說者謂匹爲鶩者。白虎通瑞贄篇引曲禮而解之云。匹謂鶩也。鄭所云說者指此。周禮春官大宗伯。以禽作六贄。庶人執鶩。鶩用以相準。故白虎通以匹爲鶩。匹之訓爲偶。爲雙。不知何物而擬之云。此所云匹者。謂鶩。謂兩鶩也。非匹有鶩訓。鄭云。說者以匹爲鶩。即與匹謂鶩同義。訓詁之體。凡謂之云者。皆非定稱。釋文音匹爲木。孔氏正義直云。匹。鶩也。皆非是。至造爲鴄字尤非矣。張氏讀匹雛如字。亦義爲偶。爲雙。力不能勝一雙雛。則是兩雛。說文隹部云。雛。雞子也。禮記月令。仲夏之月。天子以雛嘗黍。淮南時則訓注云。雛。新雞也。然則雛爲雞之名。讀匹爲疋。則疋雛即是小雞。讀匹如字。則匹雛是即雙雞。曲禮單云匹。故擬之爲鶩。此已違稱匹雛。不得又援禮注以匹爲鶩也。學者以匹爲鶩。轉忘乎雛爲雞矣。○注。烏獲至爲之耳。○正義曰。史記秦本紀云。武王有力。好戲力士。任鄙烏獲孟說皆至大官。是烏獲爲古之有力人。韓非子觀行篇云。烏獲輕千鈞而重其身。非其身重於千鈞也。勢不便也。是烏獲能舉千鈞也。國語魯語云。不能任重。韋昭注云。任。勝也。論衡效力篇云。世稱力者。常褒烏獲。然則董仲舒揚子雲。文之烏獲也。秦武王與孟說舉鼎。不任。脈絕而死。少文之人與董仲舒等論胸中之思。必將不任。有絕脈之變。又云。夫一石之重。一人挈之。十石以上。二人不能舉也。世多挈一石之任。寡有舉十石之力。此所云任皆勝也。烏獲能移舉千鈞。此烏獲之任也。人亦能移舉千鈞。則是舉烏獲之任。能舉烏獲之任。即爲烏獲。此亦爲之爲。與上爲無力人。爲有力人二爲字。同上兩爲字。趙氏俱以謂解之。是人稱謂之此爲烏獲。亦是人見其能舉烏獲之任。即稱謂之爲烏獲而已。烏獲之力。不能強舉。故必視能舉其任。而乃可謂之烏獲。若一匹雛。則斷無不能舉之人。今日不能勝。此豈足患。由不肯爲耳。弗爲耳之爲。解作行爲。與上三爲字不同。趙氏之意。以孟子勝一匹雛。比人之爲堯舜。謂人之爲堯舜。非如爲烏獲。必能舉烏獲之任。人之爲堯舜。第如舉一匹雛。人人不患其不勝。特患其不爲。自解者以爲烏獲。比爲堯舜。則移舉千鈞。詎容僥致。閻氏若璩釋地三續。引隙幾亭之言。謂人皆可以爲堯舜。不聞人皆可以爲烏獲。以此譏孟子言辭小失。由未知孟子之恉。亦未審趙氏之注也。不勝原即不能勝。故以不勝爲患。即是以不能勝匹雛爲患。以不能舉烏獲之任爲患。則挾山超海謂人曰。我不能也。以不能勝匹雛爲患。則爲長者折枝語人曰。我不能也。爲堯舜。非舉烏獲之任也。乃舉一匹雛之力也。何也。堯舜之道。不過孝弟。人之於孝弟。未有不能勝者也。故儒生能說百萬章句。連句結章。篇至百十。作春秋。删五經。祕書微文。無所不定。此烏獲之任也。非人人所能爲也。孝弟之道。人人能爲。一匹雛之勝也。此趙氏之義也。又按鹽鐵論能言篇。大夫曰。夫坐言不行。則牧童兼烏獲之力。竊謂此即本孟子。牧童即力不能勝匹雛之人。若不行而徒言。則自言能舉百鈞。即可謂之烏獲矣。然則必能舉烏獲之任。乃可爲烏獲。力不能勝一匹雛之人。而徒空言。自詡其舉百鈞。豈得眞爲烏獲乎。此於孟子今曰二字。體會而出。烏獲不可以空言冒。堯舜不可以形體求。不可舉堯舜之任。但形體似堯舜。不可爲堯舜。猶不能舉烏獲之任。但口稱能舉百鈞。不可爲烏獲。此又一義也。姚氏文田求是齋自訂稿云。或疑不勝匹雛如何可以至烏獲。因遂譏孟子爲妄說。不知不勝匹雛與舉百鈞。皆必無之事。皆代其人摹寫之辭。並非正論。有人於此。於衆方角力之時。而彼獨逡巡退縮曰。吾之力。雖一匹雛。不能勝也。力雖薄。亦何至不勝匹雛。然由其頹靡之習。則必終爲無力之人矣。今或不然。於衆皆畏憚之事。而彼獨毅然不顧曰。吾之舉不至於百鈞不止也。力雖累。亦豈能遂舉百鈞。然竭其盧往之材。久之固亦得爲有力之人矣。天下之稱有力者莫如烏獲。其所任皆舉之而莫能勝也。然試思彼亦人耳。安在烏獲之途絶於天下也者。設使若人者勵而致之。而一旦遂至於烏獲。則亦一烏獲而已矣。人於堯舜。何獨不然。吾故曰。奚有於是。亦爲之而已矣。然則人且曰。吾弗勝者。何也。凡事必歷乎其途。然後可以知其難易。今之人直未一身歷焉。而遽以不能勝自諉也。此何異於不勝匹雛之說也。惡知夫堯舜之可爲。更非若烏獲之不可強而至哉。本文意甚縣密。學者粗心讀之。未免以辭害意。

徐行後長者謂之弟。疾行先長者謂之不弟。夫徐行者。豈人所不能哉。所不爲也。注長者。老者也。弟。順也。人誰不能徐行者。患不肯爲也。疏注。長者至爲也。○正義曰。國語晉語云。齊侯長矣。注云。長。老也。廣雅釋詁同是。長者。即老者也。荀子修身篇云。端慤順弟。漢書蕭望之傳云。前單于慕化。鄉善稱弟。蘇林云。弟。順也。顏師古云。弟爲悌。阮氏元校勘記云。孝悌而已矣。閩監毛三本同。宋九經本。岳本。咸淳衢州本。孔本。韓本。悌作弟。按悌者俗字。徐行舉一匹雛也。疾行不能勝一匹雛也。故云人誰不能徐行者。

堯舜之道。孝弟而已矣。子服堯之服。誦堯之言。行堯之行。是堯而已矣。子服桀之服。誦桀之言。行桀之行。是桀而已矣。注孝弟而已。人所能者。堯服衣服。不踰禮也。堯言仁義之言。堯行孝弟之行。桀服譎詭非常之服。桀言不行仁義之言。桀行淫虐之行也。爲堯似堯。爲桀似桀。

曰。交得見於鄒君。可以假館。

願留而受業於門。【注】交欲學於孟子。願因鄒君假館舍。備門徒也。曰。夫道若大路然。豈難知哉。人病不求耳。子歸而求之。有餘師。【注】孟子言堯舜之道較然若大路。豈有難知。人苦不肯求耳。子歸曹而求行其道。有餘師。師不少也。不必留此學也。【疏】注。孟子至學也。○正義曰。史記平津侯主父傳云。較然著明。又伯夷傳云。此其尤大彰明較著者也。漢書谷永傳云。白氣較然。起乎東方。張安世傳云。賢不肖較然。較然。皆言其明白易見也。呂氏春秋權勳篇云。豎子苦之。貴卒篇云。皆甚苦之。高誘注並云。苦。病也。是病即苦也。呂氏春秋辯土篇云。無使不足。亦無使有餘。高誘注云。餘。猶多也。多即不少也。論語子張篇云。夫子焉不學而亦何常師之有。述而篇云。三人行。必有我師焉。皆有餘師之謂也。

章指。言天下大道。人並由之。病於不為。不患不能。是以曹交請學。孟子辭焉。蓋詩三百。一言以蔽之。【疏】蓋詩至蔽之。○正義曰。周氏廣業孟子章指考證云。言在思無邪而已。蓋歇後語。東漢已有之。韓退之論語筆解云。蔽。猶斷也。李翺云。詩三百斷在一言。終於頌而已。或趙氏亦取一言斷之義。以為道在於為而已。

公孫丑問曰。高子曰。小弁。小人之詩也。孟子曰。何以言之。曰。怨。【注】高子。齊人也。小弁。小雅之篇。伯奇之詩也。怨者。怨親之過。故謂之小人。【疏】注。高子至小人。○正義曰。公孫丑篇。高子以告。注云。高子亦齊人。孟子弟子。盡心篇。孟子謂高子。注云。高子。齊人。嘗學於孟子。鄉道而未明。去而學於他術。此注則但稱齊人。毛詩序云。絲衣繹賓尸也。高子曰。靈。星之尸也。孔氏正義云。高子者。不知何人。孟軻弟子。有公孫丑者。稱高子之言以問孟子。則高子與孟子同時。趙岐以為齊人。此言高子蓋彼是也。翟氏灝考異云。韓詩外傳。又稱高子與孟子論衛女之詩。此人似長於孟子。以叟稱之。與尹士追蠡二章之高子蓋有別。趙氏佑溫故錄云。前已有高子以告。注。高子。齊人。孟子弟子。此又論詩。後論聲樂。毛詩序亦有高子曰之文。疑即釋文所述。吳人徐整言子夏授高行子。是亦一傳詩者。蓋本學於子夏。而後又從孟子。則其齒宿矣。故得閒稱叟。而曰固。曰茅塞。是後注所謂鄉道未明者。然毛詩以小弁為平王事。故得言親之過大。以所關在天下國家之大。故較之凱風失在一身者。則為小矣。足明孟子所主詩說與毛同。高子亦未嘗不同。特其見理未精。得孟子析言之而後明。遂為毛詩授受所從出。注則以為伯奇之詩。是見琴操尹吉甫愛後妻子。而棄其適子伯奇者。或以為韓詩說。蓋趙注言詩。往往從韓。如引摽有梅之摽。作莩解。以御于家邦之御為享。與毛異趣。以鴟鴞詩為刺邠君。並違尚書。孫氏音義。閒有證明。而此獨闕。第觀注云。父虐之。其辭甚輕。則亦與母不安其室者。均為人子所遭之不幸。不足深較大小。適足以見所傳之不確。此毛詩所以單行至今。而三家多放失也。按琴操云。履霜操者。尹吉甫之子伯奇所作也。吉甫。周上卿也。有子伯奇。伯奇母死。

吉甫更娶後妻。生子曰伯邦。乃譖伯奇於吉甫曰。伯奇見妾有美色。然有欲心。吉甫曰。伯奇爲人慈仁。豈有此也。妻曰。試置妾空房中。君登樓而察之。後妻知伯奇仁孝。乃取毒蜂綴衣領。伯奇前持之。於是吉甫大怒。放伯奇於野。伯奇編衣荷而衣之。采楟花而食之。清朝履霜。自傷無罪見逐。乃援琴而鼓之。太平御覽引韓詩云。黍離。伯封作也。曹植令禽惡鳥論云。昔尹吉甫信後妻之讒。而殺孝子伯奇。其弟伯封求而不得。作黍離之詩。此伯奇之事。而不言其爲小弁之詩。漢書中山靖王勝傳云。斯伯奇之所流離。比干所以橫分也。詩云。我心憂傷。惄焉如擣。假寐永歎。唯憂用老。心之憂矣。疢如疾首。臣之謂也。此上言伯奇。下引小弁之詩。乃中閒以比干。則未必以小弁爲伯奇所作。惟論衡書虛篇云。伯奇放流。首髮早白。詩云。惟憂用老。則或者當時有伯奇作小弁之說也。毛詩序云。小弁刺幽王也。太子之傅作焉。孔氏正義云。以此述太子之言。太子不可作詩以刺父。自傅意述而刺之。其首章民莫不穀。我獨于罹。傳云。幽王取申女。生太子宜臼。又說褒姒生子伯服。立以爲后。而放宜臼。將殺之。末章。我躬不閱。遑恤我後。傳云。念父孝也。引孟子此文。

曰。固哉。高叟之爲詩也。有人於此。越人關弓而射之。則己談笑而道之。無他。疏之也。其兄關弓而射之。則己垂涕泣而道之。無他。戚之也。小弁之怨。親親也。親親。仁也。固矣夫。高叟之爲詩也。

注　固。陋也。高子年長。孟子曰。陋哉。高父之爲詩也。疏越人故談笑。戚。親也。親其兄故號泣而道之。怪怨之意也。伯奇仁人。而父虐之。故作小弁之詩曰。何辜于天。親親而悲。怨之辭也。重言固陋。傷高叟不達詩人之意甚也。

疏　注。固陋至甚也。○正義曰。論語述而篇。儉則固。集解引孔氏云。固。陋也。荀子修身篇云。少見曰陋。所見寡少。不能通達。故又云不達。詩人之意不達。正是固。禮記曲禮云。君子謂之固。注云。固謂不達於禮也。堅守一說而不能通。是爲固也。廣雅釋親云。叟。父也。故以高叟爲高父。音義出爲。詩云。丁云。爲。猶解說也。按論語陽貨篇云。女爲周南召南矣乎。皇氏疏云。爲。猶學也。爲。本訓治。學之即是治之。治之則必解說之矣。音義出關弓云。丁張並音彎。文選三都賦。劉逵注。引孟子此文作彎。王氏念孫廣雅疏證云。抓之言弙也。說文。弙滿弓有所鄉也。字亦作扜。呂氏春秋壅塞篇。扜弓而射之。高誘注云。扜。引也。古聲並與抓同。彎亦抓也。語之轉耳。說文。彎持弓關矢也。昭二十一年左傳豹則關矣。杜預注云。關。引弓也。史記陳涉世家。士不敢貫弓而報怨。漢書作彎。關。貫並通。道。言也。大戴記曾子制言中云。君子雖言不受。必忠曰道。道之謂戒其不可射也。然疏則言之和。故談笑。親則言之迫。故號泣。號泣則欲其言之必受也。廣雅釋詁云。親。慽近也。說文。戚爲斧鉞之名。與慽通。故爲親也。何辜于天。我罪伊何。小弁首章之文。毛氏傳云。舜之怨慕。日號泣于旻天于父母。孔氏正義云。

毛意嫌子不當怨父以訴天。故引舜事以明之。言大舜尙怨。故太子亦可然也。趙氏特引此句。以明小弁之怨。同於舜之號泣。而特不以爲宜臼之詩。而言伯奇仁人。而父虐之。蓋以宜臼非仁人。不得比於舜之怨。故取他說也。曾氏之升搃餘說云。此章只是論詩。不是論平王。詩原非平王作也。平王旣立。遣師戍申。是但知有母。不知有父。但知申侯立已爲有德。而不知申侯弑父爲可誅。忘親逆理知此。則謂宜臼爲小人。幷其詩而斥爲小人之詩。何不可者。故孟子曰。何以言之。而不虞其以怨爲小人也。蓋宜臼之不仁。全是不怨而愈疏。宜臼不怨。而其傳道之以怨。明示以親親之道。而悚動其固有之仁。奈何。反以其怨爲小人哉。劉氏始與詩益云。孟子親之過大。據此一語。可斷其爲幽王太子宜臼之詩。蓋太子者。國之根本。國本動搖。則社稷隨之而亡。故曰親之過大。若在尋常放子。則己之被讒見逐。禍止一身。其父之過。與凱風七子之母不安其室等耳。何得云親之過大哉。又詩二章曰。踧踧周道。鞫爲茂草。我心憂傷。惄焉如擣。此有傷周室衰亂之意。若尋常放子。其於國家事何有焉。

曰。凱風何以不怨。注 詩。邶風。凱風之篇也。公孫丑曰。凱風亦孝子之詩。何以獨不怨。疏 注。詩邶至不怨。○正義曰。毛詩序云。凱風。美孝子也。衛之淫風流行。雖有七子之母。猶不能安其室。故美孝子。能盡其孝道。以慰其母心。而成其志爾。箋云。不安其室。故去嫁也。成其志者。成其孝子自責之意。是凱風亦孝子之詩也。

曰。凱風。親之過小者也。小弁。親之過大者也。親之過大而不怨。是愈疏也。親之過小而怨。是不可磯也。愈疏不孝也。不可磯亦不孝也。孔子曰。舜其至孝矣。五十而慕。注 孟子曰。凱風言莫慰母心。母心不悅也。知親之過小也。小弁曰。行有死人。尙或墐之。而曾不閔。已知親之過大也。愈益也。過已大矣。而孝子不怨。思其親之意。何爲如是。是益疏之道也。故曰不孝。磯。激也。過小耳。而孝子感激。輒怨其親。是亦不孝也。孔子以舜年五十而思慕其親不怠。稱曰孝之至矣。孝之不可以已也。知高叟譏小弁爲不得矣。疏 注。凱風至不孝也。○正義曰。趙氏說小弁。旣不用詩序。而以爲父虐伯奇。虐謂放之於野。以此爲過大。故以凱風之母。但心不悅。母心不悅。視虐放於野爲小。故引詩語以明大小之義。蓋亦不用凱風詩序不安其室之事也。毛氏奇齡四書賸言云。先仲氏曰。齊魯韓三家。以凱風爲母責子詩。予向取其說以說國風。旣讀孟子。則尤與不可磯。幷幽王逐子。尹吉甫殺子義合。彼皆戕害其子。故過大。此但責子過情。故過小。若不安室。則過不小矣。此即趙氏義也。閻氏若璩釋地又續云。宋晁說之以道詩序之論曰。孟子凱風。親之過小者也。而序詩者曰。衛之淫風流行。雖有七子之母。猶不能安其室。是七子之母者於先君無妻道。於七子無母道。過孰大焉。孟子之言安與。孟子之言不安。則序詩非也。黃大冲亟取其說。載孟子師說。余按序又曰。故美七子能盡其孝道。以慰其母心而成其志爾。成志。成母守節之志。非如鄭箋指孝子自責言。因檢孔疏。亦言母遂不嫁。爲之快絕。復憶東漢姜肱。性篤孝。事繼母恪勤。母既年少。又嚴厲。肱感凱風之孝。兄弟同被而寢。不入房室。以慰母心焉。歎作詩者能安母於千載之上。感詩者亦能安母於千載之下。詩之有益人倫如此。當日採風者親覩其事。序詩者申美其事。必不爲聖人所删。序曷可非也。蓋七子之母。徒有欲嫁之志云爾。若果嫁矣。則貞於先君無妻道。於七子無母道。是之謂愆。豈僅過而已哉。周氏柄中辨正云。從一而終者。婦人之大節。而孟子以凱風爲親之過小。豈小其失節哉。嘗即不可磯之義求之。蓋曰。一念雖差。過而未遂。斯爲小矣。人子當此。惟有負罪引慝。積誠婉諭。可以挽回。若遂呼天怨懟。則己心未盡。奚以悟親之心。或反至激怒而成之。故曰。不可磯。亦不孝也。謹按周氏解大小二字是也。蓋小大猶云微著。母不安室。與父亂德政。其過同。但母志未著。則微而可以感悟。父亂已成。則著而不容膜視。趙氏以激釋磯。蓋即讀磯爲激。不可磯即不可激也。楚辭招魂云。激楚之結。王逸注云。激。感也。趙氏讀磯爲激而釋之爲感。故云。孝子感激。輒怨其親。謂母以不悅激發其子。子因其激而遂怨。是不可耐此激發也。阮氏元校勘記云。不可磯。按段玉裁曰。注中訓磯激也。但於雙聲求之。磯與杚㮣字古音同。謂摩也。故毛詩音義云。磯。居依反。又古愛反。古假借字耳。近人以石激水解之。殊誤。說文固無磯字。按說文木部云。㮣。所以杚斗斛也。杚。平也。易月幾望。荀爽作月既望。周禮大人幾珥。注云。幾讀爲刏。從既從气。與從幾原可相通。是不可幾也。廣雅釋詁云。杚。摩也。摩之即所以平之。然則不可磯。即不可杚。亦即不可平。因母不安其室。心不能平。因而怨懟。與不可激之義亦相近。或磯即事父母幾諫之幾。顯露其親之過。是不可幾也。廣雅釋水云。磯。磧也。磧石在水中。晉書音義云。磯。大石激水也。此因磯之讀激。而附合於磯之爲磧。故有此解。趙氏則無之也。爾雅釋詁云。俞。益也。俞即古愈字。詩小雅小明篇。政事愈蹙。箋云。愈猶益也。益疏謂疏之甚也。蓋溫柔敦厚。詩教也。凡臣之於君。子之於親。朋友相規。兄弟相戒。均宜纏綿悱惻。相感以情。而不可相持以理。宜相化以誠。而不可相矜以氣。是以詩可以興觀羣怨。邇之事父。遠之事君。如凱風之孝子。以至誠之情自責。以感動其母。此詩教之常也。高子既授子夏之詩。習知其義。而小弁之詩。情辭憤激。迥非凱風可比。實與詩教相背。故以爲小人之詩。不知豔妻已煽。讒口已成。周室將亡。殊非小故。爲臣子者。竟惟以低聲緩步談笑處之。則視君父不啻路人。不亦疏已甚乎。高子但守其常。不達其變。故孟子以固執譏之。然臣子事君父之道。究以凱風爲正。專猶未著。失亦無多。不難平心婉議。誠有未便。惟宜載睍睆之音。樂棘心之義。消之於未形。乃直指其非。自沽其直。以激其君父之怒。害及其身。禍於家國。是則不可磯之爲不孝也。故孟子雖譏高子爲固。而仍以不可磯切言之。則高子者。蓋不失爲經師者也。舜之五十而慕。正與凱風七子同。母不安室。七子自責以慰安之。而母即不嫁。父頑母嚚。舜自責以乂養之。而瞽瞍即底豫。然則天下無不可事之君父。故諫有五。而知患禍未萌。探睹其事未彰而諷告焉。是爲諷諫。孔子獨從之。孟子引舜之五十而慕。以證凱風之不怨。非引以證怨也。小弁之章指。言生之膝下一體而分。喘息呼吸。氣通於親。當親而疏。怨慕號天。是以小弁之怨未足爲愆也。【疏】生之至於親。○正義曰。儀禮喪服傳。世父母叔父母傳云。世父叔父何以期也。與尊者一體也。父子一體也。夫妻一體也。昆弟一體也。故父子首足也。夫妻胖合也。昆弟四體也。白虎通諫諍篇云。子諫父。父不從。不得去者。父子一體而分。無相離之法。呂氏春秋精通篇云。周有申喜者。亡其母。聞乞人歌於門下而悲之。動於顏色。謂門者內乞人之歌者。自覺而問焉。曰。何故而乞。與之語。蓋其母也。故父母之於子也。子之於父母也。一體而兩分。同氣而異息。若草莽之有華實也。若樹木之有根心也。雖異處而相通。隱志相及。痛疾相救。憂思相感。生則相歡。死則相哀。此之謂骨肉之親。

宋牼將之楚。孟子遇於石丘。曰。先生將何之。【注】宋牼。宋人名牼。學士年長者。故謂之先生。石丘。地名也。道遇問欲何之。【疏】注。宋牼至名也。○正義曰。莊子天下篇云。墨子眞天下之好。宋鈃、尹文子聞其風而悅之。作爲華山之冠以自表。見侮不辱。救民之鬭。禁攻寢兵。救世之戰。以此周行天下。上說下教。雖天下不取。強聒而不舍者也。荀子非十二子篇云。不知壹天下。建國家之權稱、上功用。大儉約。而僈差等。曾不足以容辨異。縣君臣。然而其持之有故。其言之成理。足以欺惑愚衆。是墨翟宋鈃也。楊倞注云。宋鈃。宋人。與孟子。尹文子。彭蒙。愼到同時。孟子作宋牼。牼與鈃同音。口莖反。又天論篇云。宋子有見於少。無見於多。注云。宋子名鈃。宋人也。與孟子同時。下篇云。宋子以人之情爲欲寡。而皆以己之情爲欲多。爲。過也。據此說。則是少而不見多也。鈃。音形。又胡泠反。漢書藝文志有宋子十八篇。班固曰。荀卿道宋子其言黃老意。又藝文志名家者流有尹文子一篇。顏師古引劉向云。與宋鈃俱遊稷下。禮記曲禮云。從於先生。注云。先生。老人教學者。國策衛策云。乃見梧下先生。注云。先生。長者有德者稱。齊策云。孟嘗君讌坐。謂三先生。注云。先生。長老先己以生者也。牼蓋年長於孟子。故孟子以先生稱之而自稱名。閻氏若璩釋地續云。齊宣王喜文學游說之士。自如騶衍。淳于髡。田駢。接子。愼到。環淵之徒七十六人。皆賜列第爲上大夫。不治而議論。是以齊稷下學士復盛。孟子固嘗與宋牼有雅。故於齊別去。久之。忽邂逅石邱。呼以先生。請其所之。殆非未同而言者比也。石邱。趙氏但云地名。或以爲宋地。蓋以牼爲宋人也。張氏宗泰孟子諸國年表說云。當孟子時。齊秦所共爭者惟魏。若楚雖近秦。時方強盛。秦尙未敢與爭。惟梁襄王元年癸卯。有楚與五國共擊秦不勝之事。而獨與秦戰。則在懷王十七年。先是十六年。秦欲伐齊。而楚與齊從親。惠王患之。乃使張儀南見楚王。王爲儀絕齊。而不得秦所許。故分楚商於之地。懷王大怒。發兵西攻秦。秦亦發兵擊之。十七年春。與秦戰丹陽。大敗。虜大將軍屈丐等。遂取漢中。王復怒。悉國兵襲秦。戰於藍田。又大敗。韓魏聞之。襲楚。至鄧。楚乃引兵歸。此事恰當孟子時。孟子是年因燕人畔去齊。疑孟子或有事於宋。而自宋至薛。因與宋牼遇於石邱。曰：「吾聞秦楚構兵，我將見楚王說而罷之。楚王不悅，我將見秦王說而罷之。二王我將有所遇焉。」〔注〕牼自謂往說二王，必有所遇，得從其志。〔疏〕搆兵。○正義曰：國策秦策云：「秦楚之兵，搆而不離。」又齊策：「秦楚搆難。」高誘注云：「搆，連也。」呂氏春秋審爲篇云：「民相連而從之。」高誘注云：「連，結也。」又勿躬篇云：「車不結軌。」高誘注云：「結，交也。」搆與遘通。交、結、連、搆四字義同。搆兵即交兵也。說文冓部云：「冓，交積材也。」木部云：「搆，蓋也。杜林以爲椽桷字。」椽桷亦以交於梠棟得名。由冓之交取義也。曰：「軻也請無問其詳，願聞其指。說之將何如？」〔注〕孟子敬宋牼，自稱其名曰軻，不敢詳問，願聞其指，欲如何說之。〔疏〕願聞其指。○正義曰：指與旨同。禮記王制云：「有旨無簡不聽。」注云：「有旨，有其意。」漢書河閒獻王德傳云：「文約指明。」注云：「指謂意之所趨，若人以手指物也。」曰：「我將言其不利也。」〔注〕牼曰：我將爲二王言興兵之不利也。曰：「先生之志則大矣，先生之號則不可。先生以利說秦楚之王，秦楚之王悅於利，以罷三軍之師，是三軍之士樂罷而悅於利也。爲人臣者懷利以事其君，爲人子者懷利以事其父，爲人弟者懷利以事其兄。是君臣、父子、兄弟終去仁義，懷利以相接，然而不亡者，未之有也。」〔注〕孟子曰：先生志誠大矣，所稱名號不可用也。二王悅利罷三軍，三軍士樂之而悅利，則舉國尙利以相接待而忘仁義，則其國亡矣。〔疏〕注「則舉國」至「仁義」。○正義曰：大戴記保傅篇云：「接給而善對。」注云：「接給，謂應所問而給也。」又文王官人篇云：「取接給而廣中者。」注云：「接給謂應所問而對。」周禮天官太府「以待王之膳服」，外府「而待邦之用」，注並云：「待猶給也。」接待即接給也。劉熙釋名釋喪制云：「終，盡也。」呂氏春秋音律篇「數將幾終」，高誘注亦云：「終，盡也。」終去仁義，是盡去仁義。故云舉國尙利忘仁義。舉國皆忘是盡去也。亡與忘通。禮記少儀云：「有亡而無疾。」注云：「亡，去也。」故以去仁義爲忘仁義也。「先生以仁義說秦楚之王，秦楚之王悅於仁義而罷三軍之師，是三軍之士樂罷而悅於仁義也。爲人臣者懷仁義以事其君，爲人子者懷仁義以事其父，爲人弟者懷仁義以事其兄。是君臣父子兄弟去利懷仁義以相接也。然而不王者。未之有也。何必曰利。注以仁義之道。不忍興兵。三軍之士悅。國人化之。咸以仁義相接。可以致王。何必以利爲名也。章指言上之所欲。下以爲俗。俗化於善。久而致平。俗化於惡。失而致傾。是以君子創業。愼其所以爲名也。疏俗化至名也。○正義曰。文子精誠篇云。見其俗而知其化。荀子正名篇云。王者之制名。名定而實辨。道行而志通。則愼率民而一焉。昭公三十一年左傳云。君子曰。名之不可不愼也如此。

孟子居鄒。季任爲任處守。以幣交。受之而不報。處於平陸。儲子爲相。以幣交。受之而不報。注任。薛之同姓小國也。季任。任君季弟也。任君朝會於鄰國。季任爲之居守其國也。致幣帛之禮以交孟子。受之而未報也。平陸。齊下邑也。儲子。齊相也。亦致禮以交孟子。受而未答也。疏注任薛至國也。○正義曰。漢書藝文志。東平國任城。故任國。太昊後。風姓。隱公十一年。滕侯薛侯來朝。左傳云。寡人若朝於薛。不敢與諸任齒。孔氏正義引世本氏姓篇云。任姓。謝。章。薛。舒。呂。祝。終。泉。畢。過。言此十國皆任姓也。又引譜云。薛。任姓。黃帝之苗裔。奚仲封爲薛侯。今魯國薛縣是也。任。風姓。薛。任姓。非同姓之國。趙氏蓋誤以任爲任姓。與錢氏大昕養新錄云。國君之弟。以國氏字當在國下。春秋桓十七年。蔡季自陳歸於蔡。蔡侯弟也。莊二年紀季以酅入於齊。紀侯弟也。依春秋例。季任當爲任季。傳寫顚倒耳。閻氏若璩釋地續云。平陸爲今汶上縣。去齊都臨淄凡六百里。而儲子既相。必朝夕左右爲王辦政事。非奉王命。似亦未易出郊外。何必孟子望其身親至六百里外之下邑。方爲禮稱其幣。既思范雎列傳云。秦相穰侯東行縣邑至湖關。湖今閿鄉縣。去秦都咸陽亦幾六百里。是當日國相皆得周行其境之內。非令所禁。故曰。儲子得之平陸。他日由鄒之任。見季子。由平陸之齊。不見儲子。屋廬子喜曰。連得閒矣。問曰。夫子之任見季子。之齊不見儲子。爲其爲相與。注屋廬子名也。見孟子答此二人有異。故喜曰。連今日乃得一見夫子與之閒隙也。俱答二人。獨見季子。不見儲子者。以季子當君國子民之處。儲子爲相。故輕之邪。疏注俱答二人。○正義曰。趙氏以之任之齊。即是答其幣交之禮。但答季子則見之。答儲子則不見。所異在見不見。而答則同是也。若謂不見儲子。即是不答。詎有遠以幣交。既受其禮而至其地不答者乎。

曰。非也。書曰。享多儀。儀不及物。曰不享。惟不役志于享。爲其不成享也。【注】孟子曰。非也。非以儲子爲相故不見。尚書洛誥篇曰。享多儀。言享見之禮。多儀法也。物事也。儀不及事。謂有闕也。故曰不成享禮。儲子本禮不足。故我不見也。【疏】注。尚書至享禮。○正義曰。書序云。召公既相宅。周公往營成周。使來告卜。作洛誥。此文云。公曰。已。汝惟沖子。惟終。汝其敬。識百辟享。亦識其有不享。享多儀。儀不及物。惟曰不享。惟不役志于享。凡民惟曰不享。鄭氏注云。朝聘之禮至大。其禮之儀不及物。謂所貢篚者多。而威儀簡也。威儀既簡。亦是不享也。江氏聲尚書集注音疏云。享。獻也。言當識別諸侯之享與不享。孟子告子篇。引此經。趙岐訓物爲事。不若鄭注義長。據孟子所引。無惟字。惟不役志于享。故謂之不享。凡民亦惟謂是不享也。趙氏以孟子自以不成享解經文。故以不及事爲有闕。有闕即是不成享。淮南子精神訓云。可以爲天下儀。高誘注云。儀。法也。趙氏以法訓儀。謂享獻之禮。宜多儀法。今儀法有闕。即是不成享獻。儀不及物。謂享獻所當具之儀法。儀法所當行之事。今不足也。趙氏以不足解不及。素問天元紀大論云。各有太過不及也。王冰注云。不及。不足也。鄭氏以儀爲威儀。物即指所享之物。謂享獻宜多威儀。今儀不及物。是儀少而物多。意雖與趙亦略同。然儲子以幣交。幣。即物也。得之平陸而不自往。是威儀不及幣物也。鄭氏之義尤與孟子引經之指爲切矣。周氏用錫尚書證義云。多如漢書袁盎傳皆多盎之多。享多儀。享以儀爲多也。

屋廬子悅。或問之。屋廬子曰。季子不得之鄒。儲子得之平陸。【注】屋廬子已曉其意。聞義而服。故悅也。人問之曰。何爲若是。屋廬子曰。季子守國。不得越境至鄒。不身造孟子可也。儲子爲相。得循行國中。但遣交禮。爲其不尊賢。故答而不見。【疏】注。聞義而服。○正義曰。阮氏元校勘記云。閩本作聞義服。監本服上剜增而字。毛本。孔本。韓本。考文古本同監本。按當作聞義則服。用弟子聯語。

章指。言君子交接。動不違禮。享見之儀。亢答不差。是以孟子或見或否。各以其宜也。【疏】亢答不差。○正義曰。周氏廣業孟子章指考證云。古本亢作允。似誤。亢謂不見儲子。答謂見季子。按周說非也。趙氏明言答而不見。則不見非不答也。漢書高帝紀云。沛公還軍亢父。注引鄭氏云。亢。音人。相抗答。亢猶當也。當。即應也。亢答猶云應答耳。

淳于髡曰。先名實者。爲人也。後名實者。自爲也。夫子在三卿之中。名實未加於上下而去之。仁者固如此乎。【注】淳于姓。髡名。齊之辨士。名者有道德之名也。實者治國惠民之功實也。齊大國有三卿。謂孟子嘗處此三卿之中矣。未聞名實下濟於民。上匡其君。而速去之。仁者之道。固當然邪。【疏】注。齊大至中矣。○正義曰。禮記王制云。大國三卿。皆命於天子。孔氏正義云。大國謂公與侯也。翟氏云。三卿者。依周制而言。謂立司徒兼冢宰之事。立司馬兼宗伯之事。立司空兼司寇之事。故春秋左傳云。季孫爲司徒。叔孫爲司馬。孟孫爲司空。此是三卿也。以此推之。知諸侯不立冢宰宗伯司寇之官也。全氏祖望經史問答云。孟子之世。七國官制尤草草。國策中惟魏會有司徒之官一見。亦不足信。大抵三卿者。指上卿亞卿下卿而言。但未嘗有司徒等名。樂毅初入燕。乃亞卿。是其證也。或曰。一卿是相。一卿是將。其一爲客卿。而上下本無定員。亦通。周氏柄中辨正云。國策魏王使司徒執范痤。鮑注云。本周卿此主徒隸者。然芒卯爲魏司徒居中用事。此魏有司徒之證。楚襄王立昭常爲大司馬。使守東地。此楚有司馬之證。史記趙世家惠文王四年。公子成爲相。李兌爲司寇。此趙有司寇之證。又楚有司馬名翦。周有司寇名布。皆見國策。豈可謂七國時無此官。但三官並設者甚少。則以上卿亞卿下卿爲三卿。其說自不可易。

孟子曰。居下位。不以賢事不肖者。伯夷也。五就湯。五就桀者。伊尹也。不惡汙君。不辭小官者。柳下惠也。三子者。不同道。其趨一也。【注】伊尹爲湯見貢於桀。桀不用而歸湯。湯復貢之。如此者五。思濟民。冀得施行其道也。此三人雖異道。所履者一也。【疏】注。伊尹至一也。○正義曰。翟氏灝考異云。胡應麟少室山房筆叢曰。孟子稱伊尹五就桀。蓋屢言之。以明聖人去就不常。非定以爲五也。胡氏謂無五就之事。而古凡頻屢之辭。云三者多。云五未別見也。鬼谷子忤合篇。伊尹五就湯。五就桀。然後合於湯。鬼谷與孟子並時。其言合符。則孟子所得於傳聞者當實云五。禮記曲禮云。帷薄之外不趨。注云。步而張足曰趨。劉熙釋名釋姿容云。疾行曰趨。趨。赴也。赴所期也。禮記表記云。處其位而不履其事。注云。履猶行也。國語晉語云。下貳代履。韋昭注云。履。步也。趨與履義相近。故以其趨爲所履也。一者何也。【注】髡問一者何也。曰。仁也。君子亦仁而已矣。何必同。【注】孟子言君子進退行止。未必同也。趨於履仁而已。髡譏其速去。故引三子以喻意也。曰。魯繆公之時。公儀子爲政。子柳子思爲臣。魯之削也滋甚。若是乎賢者之無益於國也。【注】髡曰。魯繆公時。公儀休爲執政之卿。子柳。泄柳也。子思。孔伋也。二人爲師傅之臣。不能救魯之見削奪。亡其土地者多。若是賢者無所益於國家。何用賢爲。注。公儀休爲執政之卿。〇正義曰。史記循吏列傳云。公儀休者。魯博士也。以高弟爲魯相。奉法循理。無所變更。百官自正。食祿者。不得與下民爭利。受大者不得取小。鹽鐵論相刺章大夫曰。昔魯穆公之時。公儀爲相。子柳子原爲之卿。然北削於齊。以泗爲境。南畏楚人。西賓秦國。此卽因孟子而演爲者也。盧氏文弨羣書拾補云。子原說苑雜言篇。作子庚乃泄柳字。呂氏春秋觀表篇云。魏國從此削矣。高誘注云。削。弱也。此之削弱。由於彼之奪取。故去削奪。又申之云。亡其土地。說文水部云。滋。益也。公孫丑上。則弟子之惑滋甚。趙氏以益甚釋之。此訓爲多。土地之亡。日見其多。斯所存乃見其削弱也。曰。虞不用百里奚而亡。秦繆公用之而霸。不用賢則亡。削何可得與。注孟子云。百里奚所去國亡。所在國霸。無賢國亡。何但得削。豈可不用賢也。曰。昔者王豹處於淇。而河西善謳。緜駒處於高唐。而齊右善歌。華周杞梁之妻。善哭其夫。而變國俗。有諸內。必形諸外。爲其事而無其功者。髡未嘗覩之也。是故無賢者也。有則髡必識之。注王豹。衛之善謳者。淇。水名。衛詩竹竿之篇曰。泉源在左。淇水在右。碩人之篇曰。河水洋洋。北流活活。衛地濵於淇水。在北流河之西。故曰處淇水。而河西善謳。所謂鄭衛之聲也。緜駒。善歌者也。高唐。齊西邑。緜駒處之。故曰齊右善歌。華周。華旋也。杞梁。杞殖也。二人齊大夫。死於戎事者。其妻哭之哀。城爲之崩。國俗化之。則效其哭。髡曰。如是歌哭者。尙能變俗。有中則見外。爲之而無功者。髡不聞也。有功。乃爲賢者。不見其功。故謂之無賢者也。如有之。則髡必識知之。注。王豹至善歌。〇正義曰。周禮春官小師掌教鼓鼗柷敔塤簫管弦歌。毛詩魏風。園有桃。我歌且謠。傳云。曲合樂曰歌。楚辭大招云。謳和揚阿。王逸注云。徒歌曰謳。然則。謳歌同一長言。而歌依於樂。謳不依於樂。此所以分也。說文欠部云。歌。詠也。言部云。謳。齊歌也。齊歌之說有二。漢書高帝紀。皆歌謳思東歸。注云。謳。齊歌也。謂齊聲而歌。或曰齊地之歌。段氏玉裁說文解字注云。假令齊聲而歌。則當曰衆歌。不曰齊歌。李善注吳都賦。引曹植妾薄相行曰。齊謳楚舞紛紛。太平御覽引古樂志曰。齊歌曰謳。吳歌曰歈。楚歌曰豔。淫歌曰哇。若楚辭。吳歈。蔡謳。孟子河西善謳。則不限於齊也。謹按謳有衆義。說文。區。从品。在匸中品衆也。爾雅釋器云。玉十謂之區。考工記㮚氏四豆爲區。皆取積聚之名。劉熙釋名釋形體云。軀。區也。是衆名之大總。若區域也。聚衆聲而爲謳。故云謳和楊阿。謂齊聲相和也。漢書地理志。河內郡共北山淇水所出。東至黎陽。入河。魏郡鄴故大河在東北入海。史記河渠書云。道河自積石。歷龍門。南到華陰。東下底柱。及孟津雒汭至于大邳。於是禹以爲河所從來者。高水湍悍。難以行平地。數爲敗。乃廝二渠以引其河北。載之高地過降水。至於大陸。播爲九河。同爲逆河。入於勃海。載之高地。即鄴東也。溝洫志。王橫曰。禹之行河。水本隨西山下。東北去。周譜。定王五年河徙。則今所行。非禹所穿也。又秦攻魏。決河灌其都。決處遂大。不可復補。宜却從完平處更開空。使緣西山足乘高地而東北入海。賈讓云。今行上策。徙冀州之民。當水衝者。決黎陽遮害亭放河使北入海。橫言緣西山足乘高地。即太史公言載之高地。讓言西薄太山。即橫所謂隨西山下。此即鄴東大河故道。由黎陽北行。故洪水至黎陽入河。若黎陽之河既竭。不北行入海。則洪水已合於淸河矣。惟河水至黎陽北流。故衞風碩人云。河水洋洋。北流活活。左傳稱齊先君所履。西至於河。是齊在河東。衞在河西。故衞稱河西也。河水北流。淇水全在衞地。故云。衞地濱於淇水。在北流河之西。蓋趙氏當東漢時。鄴河久竭。河徙東行。衞地不在河西。而淇水不濱衞地。故兩引詩以明古河與淇之所在。此趙氏地學之精也。胡氏渭禹貢錐指云。詩。衞風。河水洋洋。北流活活。河至大伾山。西南折而北逕朝歌之東。故謂之北流。史記衞世家。封康叔爲衞君。居河淇閒故商墟。商墟即古朝歌城。淇水逕其西。河水逕其東。是爲河淇之閒。故淳于髡曰。王豹處於淇。而河西善謳是也。漢書地理志。平原郡有高唐。地在齊國之西。西在右。故其地爲齊右也。韓詩外傳云。淳于髡曰。昔者揖封生高商。齊人好歌。高商蓋即高唐。揖封蓋即緜駒。臧氏琳經義雜記云。文選陸士衡樂府吳趨行。楚妃且勿歎。齊娥且莫謳。唐劉良注。齊娥。齊后也。善爲謳歌。人皆採以爲曲。李善注。齊娥。齊后也。孟子淳于髡曰。昔緜駒處高唐。而齊后善歌。今孟子作齊右善歌。趙注。高唐。齊西邑。緜駒處之。故曰齊右善歌。則趙注本不作后字。而李劉注文選。皆以齊娥爲齊后。李注又引孟子證之。蓋有別本作后字者。按作后字非也。河西齊右。言其相化者衆。若善歌僅一齊后。非髡之恉也。○注。華周至其哭。○正義曰。襄公二十三年左傳云。齊襲莒。杞殖華還載甲。夜入且于之隧。宿於莒郊。明日。先遇莒子於蒲侯氏。莒子重賂之。使無死。華周對曰。貪貨棄命。亦君所惡也。昏而受命。日中而棄之。何以事君。莒子親鼓之。從而伐之。獲杞梁。齊侯歸。遇杞梁之妻於郊。使弔之。辭曰。殖之有罪。何用命焉。若免於罪。猶有先人之敝廬在。下妾不得與郊弔。齊侯弔諸其室。禮記檀弓亦載此事。言杞梁妻迎其柩於路而哭之哀。是華周即華旋。杞梁即杞殖。旋與還同。乃皆言杞梁死。杞梁之妻哭。按左傳載華周之言。則周志在死決矣。古人之文。每用互見。蓋周之言。梁亦同之。梁之死。周亦同之。梁妻以有對君之言而傳。不必周之妻不哭也。列女傳貞順篇云。杞梁之妻無子。內外皆無五屬之親。既無所歸。乃枕其夫之屍於城下而哭。內誠動人。道路過者。莫不爲之揮涕。十日而城爲之崩。此亦專言杞梁。乃說苑善說篇。孟嘗君曰。昔華舟杞梁戰而死。其妻悲之。向城而哭。隅爲之崩。城爲之阤。又立節篇云。杞梁華舟至莒城下。莒人以炭置地。二人立有閒。不能入。隰侯重爲右曰。吾聞古之士犯患涉難者。其去逸於物也。來。吾踰子。隰侯重伏楯伏炭。二子乘而入。顧而哭之。華舟後息。杞梁曰。汝無勇乎。何哭之久也。華舟曰。吾豈無勇哉。是其勇與我同也。而先吾死。是以哀之。莒人曰。子毋死。與子同莒國。杞梁華周曰。去國歸敵。非忠臣也。去長受賜。非正行也。且雞鳴而期。日中而忘之。非信也。深入多殺者。臣之事也。莒國之利。非吾所知也。遂進鬭。殺二十七人而死。其妻聞之而哭。城爲之阤。而隅爲之崩。此與孟子合。且足以發明左傳舟周古字通。趙氏言城爲之崩。本列女傳說苑所記也。論衡感虛篇云。傳書言杞梁氏之妻。嚮城而哭。城爲之崩。此言杞梁從軍不還。其妻痛之。嚮城而哭。至誠悲痛。精氣動城。故城爲之崩也。夫言嚮城而哭者實也。城爲之崩者虛也。或時城適自崩。杞梁妻適哭於下。世好虛不原其實。故崩城之名。至今不滅。然則城崩之說。由來久矣。詩大雅皇矣。不識不知。識亦知也。

曰。孔子爲魯司寇。不用。從而祭。燔肉不至。不稅冕而行。不知者以爲爲肉也。其知者以爲爲無禮也。乃孔子則欲以微罪行。不欲爲苟去。君子之所爲。衆人固不識也。

注孟子言。孔子爲魯賢臣。不用。不能用其道也。從魯君而祭於宗廟。當賜大夫以胙。燔肉不至。膰炙者爲燔。詩云燔炙芬芬。反歸其舍。未及稅解祭之冕而行。出適他國。不知者以爲不得燔肉而慍也。知者以爲爲君無禮。乃欲以微罪行。燔肉不至。我黨從祭之禮不備。有微罪乎。乃聖人之妙旨。不欲爲。誠欲急去也。衆人固不能知君子之所爲。謂凡不能知賢者之志。

疏孔子爲魯司寇。○正義曰。閻氏若璩釋地續云。司寇。魯官名。在司徒。司馬。司空三桓。世爲之三卿之下。侯國本無大稱。史記世家。作大司寇。非也。然司寇魯有以初命之大夫爲者。孔子是。韓詩外傳猶載孔子爲魯司寇。命辭曰。宋公之子。弗甫何孫。魯孔邱。命爾爲司寇。無大字。有以再命之卿爲之者。臧孫紇是。襄二十一年。季孫謂武仲曰。子爲司寇。及後二年。出奔邾也。書於經以爲卿。故若孔子雖與聞國政。實止大夫而非卿。故經沒而不見。不然。齊來歸鄆讙龜陰田。聖人未嘗以己功而諱之。豈有孔子出奔。載諸策書。修春秋時。竟削之哉。毛氏奇齡經問云。陳佑問。司空司寇。皆卿名也。魯之三卿則三家並爲之。何有於夫子。此豈三家之外。夫子別爲一卿乎。抑亦即此三卿而夫子代爲其一乎。且三卿之名。止司徒。司馬。司空也。若增司寇一名。即六卿矣。侯國焉得有六卿也。且司寇。卿名也。近惟南閻氏謂孔子初命爲大夫而非卿。不知何據。又謂侯國無大小卿。魯國焉得有大司寇。則是夫子爲司寇。或有之。曰大則未也。曰。魯國三卿。季氏爲司徒。叔孫爲司馬。孟孫爲司空。此是左傳文無可疑者。特夫子由司空爲司寇。則或代孟孫爲之。或別設一官。皆不可考。惟禮注崔氏說禮云。三卿周制。立司徒兼冢宰之事。立司馬兼宗伯之事。立司空兼司寇之事。則似家宰。宗伯。司寇。皆司徒。司馬。司空兼官。不必別設。孟孫既爲司寇。則不當又有司空。夫子旣爲司空。不當又進爲司寇。而予謂不然者。據春秋傳。臧孫紇爲司寇。夏父弗忌爲宗伯。皆非孟孫叔孫兼官。且隱十一年。羽父請殺桓以求太宰。是時羽父已掌兵柄。見爲司馬而尙求太宰。且不求司徒而求太宰。則太宰非兼官。且非司徒之兼官。抑可知矣。嘗讀書大傳。謂天子三公。皆六卿爲之而分爲三等。一家宰司徒。二宗伯司馬。三司寇司空。而三等之中。又取每等之下者以爲名。故曰司徒公。司馬公。司空公。而其餘不然。世但知三公爲三官。而不知六卿皆公也。由此推之。則侯國三卿必仿其制。雖六卿皆備而祇以三官爲名。抑或設冢宰時闕司徒。設司寇時闕司空。皆未可知。是六卿雖具。而仍不礙爲三卿。天子之公。與諸侯之卿。其制一也。若謂孔子祇初命大夫而非卿。則六官者卿名也。六官在朝名官卿。在鄉名鄉卿。在軍卽名軍卿。卿可名大夫。大夫不得名卿也。或者大國三卿。皆命於天子。次國三卿。二卿命於天子。一卿命於其君。魯本次國。而夫子又異姓之卿。不必爲天子所命。而命於魯君。則容有之。然魯君所命。歷有明據。韓詩外傳云。孔子爲魯司寇。其命辭曰。宋公之子。弗甫何孫。魯孔邱。命爾爲司寇。此是命卿之辭。非命大夫之辭也。至謂侯國無大小卿。魯但有司寇。不當有大司寇。則又不然。王制侯國三卿。俱有下大夫五人。其所云下大夫者。卽小卿也。所謂五人。則公羊謂司徒二人。司空二人。司馬止一人。統爲五人。其以此爲舍中軍之解。或未可信。然其爲小卿。則說同也。故崔氏禮注。謂司徒以下。有小宰小司徒二人。司空以下。有小司空小司寇二人。惟司馬下。祇小司馬一人。爲五人。是有小卽有大。小者大夫。則大者卿矣。夫子爲司空。或是小卿。故其進爲司寇。則加大以別之。此正由大夫而進爲卿之明證。若謂夫子自稱從大夫後。則季氏何嘗非魯大夫乎。周氏柄中辨正云。春秋之例。大夫名見於經者皆卿也。魯臧宣叔爲司寇。而經書臧孫許及晉侯盟。又書臧孫許帥師。其卒也。書臧孫許卒。則儼然卿矣。臧武仲爲司寇。而經書臧孫紇出奔。又儼然卿矣。卿則非小司寇。謂之大焉可矣。至於相。則當國執政之稱。執政必上卿。而孔子以司寇當國。故謂之攝。如齊有命卿國高。而管仲以下卿執政。鄭有上卿子皮。而子產以介卿聽政是也。成十五年公羊傳云。臧孫叔者。相也。宣叔爲司寇。謂之爲相。此孔子攝行相事之證。或以爲攝夾谷之相者非也。○注。從魯至去也。○正義曰。周禮春官。大宗伯以脤膰之禮。親兄弟之國。注云。脤膰社稷宗廟之肉。以賜同姓之國。同福祿也。說文肉部云。胙祭。福肉也。僖公九年左傳云。王使宰孔賜齊侯胙曰。天子有事於文武。使孔賜伯舅胙。此賜胙之事也。燔與膰同。說文作𤎅云。宗廟火孰肉。春秋傳曰。天子有事。𤎅焉以饋同姓諸侯。詩小雅楚茨正義云。燔者火燒之名。炙者遠火之稱。以難熟者近火。易熟者遠之。故肝炙而肉燔。生民傳曰。傅火曰燔。瓠葉傳曰。加火曰燔。對遙炙者爲近火。故云傅火。加之燔。其實亦炙。非炮燒之也。傅火卽膞炙。劉熙釋名釋飲食云。膞。迫也。薄椓肉迫著物使燥也。迫著卽近意。膞炙謂近而炙之。卽傅火也。考工記廬人重欲傅人注云。傅。近也。傅膞聲同義同也。引詩在大雅鳧鷖第五章。毛傳皆以祭宗廟之明日。設禮以燕尸。故引以明宗廟之祭有燔肉。鄭氏以燔炙爲褻味。乃祀門戶小神之用。趙氏所不取也。史記孔子世家云。齊陳女樂。季桓子微服往觀。怠於政事。子路曰。夫子可以行矣。孔子曰。魯今且郊。如致膰乎大夫。則吾猶可以止。桓子卒受齊女樂。三日不聽政。郊又不致膰俎於大夫。孔子遂行。宿乎屯。而師己送曰。夫子則非罪。江氏永鄉黨圖考云。孔子世家。誅少正卯。三月大治。歸女樂。去魯適衛。皆敘於定公十四年。非也。考十二諸侯表及魯世家。皆於定十二年書女樂去魯事。年表及衛世家。皆於靈公三十八年書孔子來。祿之如魯。衛靈三十八年當魯定公十三年。蓋女樂事在十二十三冬春之閒。去魯實在十三年春。魯郊嘗在春。故經不書。趙氏不用史記。而言從魯君祭於宗廟。蓋以春秋書郊在定公十五年夏五月辛亥。時孔子已去魯也。趙氏佑溫故錄云。郊本魯之僭。不當在常事得禮不書之例。嘗蓋有時舉。有時不舉。故經有書有不書。膰者。祭肉之名。不必膰以郊。是也。賜大夫胙。禮也。不得膰肉。是君失賜胙之禮。知者與不知者所見略同。特一以肉。一以禮。而皆歸過於君。乃孔子以不欲歸罪於君。而自以微罪行。何也。膰肉不至於大夫。固君之疏。亦從祭者之不備也。我亦從祭者。使君失賜胙之禮。凡從祭者。均不能無過。則我黨皆有微罪。我亦不免於微罪。故以此罪行。爲聖人之妙旨也。趙氏此解。從史記夫子則非罪一言悟人。蓋孔子當時臨行。必自稱此罪。故師己曰。夫子則非罪也。知與不知。皆莫測夫子妙旨。故云。衆人不識。閻氏若璩釋地續云。去魯曰。遲遲吾行也。正道路低回欲絕語。何故前此助祭反舍。未及稅所著之冕輒行。以適他國。不幾悻悻乎。與接淅曷異乎。蓋孔子爲魯司寇。既不用其道。宜去一。膰俎又不至。宜去二。其去之之故。天下自知之。但孔子不欲其失。純在君相。己亦帶有罪焉。其所爲有罪。卽在不稅冕而行一句。蓋冕原祭服。禮。大夫冕而祭於公是也。今也戴於道路閒。尙非罪乎。故當時不知者。以孔子爲爲肉。纔在知者亦以孔子爲爲無禮。乃孔子之意。則欲以己不稅冕之罪行。不欲爲苟去。苟去猶言徒去。空空而去。無已一點不是處。是爲徒去。樂毅報燕王、尙云。忠臣去國。不潔其名。況孔子乎。又禮大夫士去國。不說人以無罪。注云。己雖遭放逐。不自以無罪解說於人。過則稱己也。史記世家師己送曰。夫子則非罪。觀此。似孔子當日自認一罪名而行。師己則送而解之。千載而下。猶可以情測云。或云。以膰肉不至遂行。無乃太甚。此之謂以微罪行。魯人爲肉。爲無禮之譏。正憾孔子微罪之心。章指。言見幾而作。不俟終日。孔子將行。冕不及稅。庸人不識。課以功實。淳于雖辨。終亦屈服。正者勝也。

孟子曰。五霸者。三王之罪人也。【注】五霸者。大國秉直道以率諸侯。齊桓。晉文。秦繆。宋襄。楚莊。是也。三王。夏禹。商湯。周文王。是也。【疏】注。五霸至楚莊是也。○正義曰。白虎通號篇云。五霸者。何謂也。昆吾氏。大彭氏。豕韋氏。齊桓公。晉文公也。昔三王之道衰而五霸存其政。率諸侯朝天子。天下之化。與復中國。攘除夷狄。故謂之霸也。昔昆吾氏。霸於夏者也。大彭氏。豕韋氏。霸於殷者也。齊桓。晉文。霸於周者也。或曰。五霸謂齊桓公。晉文公。秦穆公。楚莊王。吳王闔閭也。霸者。伯也。行方伯之職。會諸侯。朝天子。不失人臣之義。故聖人與之。非明王之法不張。霸。猶迫也。把也。迫脅諸侯。把持其政。論語曰。管仲相桓公。霸諸侯。春秋曰。公朝于王所。於是知晉文之霸也。尙書曰。邦之榮懷。亦尙一人之慶。知秦穆之霸也。楚勝鄭而不告。從而攻之。又令還師而佚晉寇。圍宋。宋因而與之平。引師而去。知楚莊之霸也。蔡侯無罪而拘於楚。吳有憂中國心。興師伐楚。諸侯莫敢不至。知吳之霸也。或曰。五霸謂齊桓公。晉文公。秦穆公。宋襄公。楚莊王也。宋襄伐齊。不擒二毛。不鼓不成列。春秋傳曰。雖文王之戰不是過。知其霸也。毛氏奇齡四書賸言云。孟子稱五霸。趙岐注。齊桓。晉文。秦穆。宋襄。楚莊。此是漢儒之言。按荀子王霸篇。齊桓。晉文。楚莊。吳闔閭。越勾踐。謂之五霸。此戰國時所定。與後漢不同。故明盧京元謂秦穆公用之而霸。此據春秋傳。秦用孟明。遂霸西戎語。未霸中國。此言良然。若丁公著以夏昆吾。商大彭。豕韋。合齊桓晉文。爲五霸。則於桓公爲盛。就當時盟會。較量優劣。爲未合矣。閻氏若璩釋地三續云。崑山顧亭林炎武謂五伯有二。有三代之五伯。杜元凱注左傳成二年者。是有春秋之五伯。趙臺卿注。孟子五霸章。是孟子止就東周後言之。而以桓爲盛。如嚴安所謂周之衰。三百餘歲。而五伯更起者也。然亭林欲去宋襄而進勾踐。亦未允。襄雖未成霸。然當時以其有志承桓。故並數爲五。有是稱謂云爾。豈惟趙氏。卽董仲舒亦云然矣。仲舒云。仲尼之門。五尺之童。皆羞稱五伯。夫惟宋襄輩在仲尼之前。故言羞稱。不然。勾踐也。霸且不出仲尼後哉。按趙氏以齊桓。晉文。秦穆。宋襄。楚莊。爲五伯。本春秋說。○注。三王至是也。○正義曰。白虎通號篇云。三王者。何謂也。夏。殷。周也。詩云。命此文王。于周于京。此改號爲周。易邑爲京也。風俗通皇霸篇云。禮號謚記說。夏禹。殷湯。周武王。是三王也。尙書說。文王作罰。刑茲無赦。詩說。有命自天。命此文王。文王受命。有此武功。儀刑文王。萬國作孚。春秋說。王者孰謂。謂文王也。按易稱湯武革命。尙書武王戎車三百兩。虎賁八百人。擒紂于牧之野。惟十有三祀。王訪於箕子。詩云。亮彼武王。襲伐大商。勝殷遏劉。耆定爾功。由是言之。武王審矣。論語。文王率殷之叛國。以服事殷。時尙臣屬。何緣便得列三王哉。謹按三王。或列周武王。或列周文王。故應氏並列二說。而辨其宜列武王也。白虎通不言禹湯而專辭文王。正以禹湯稱王。不待辭說。惟三王列文王。不列武王。故引詩明文王卽政立號也。趙氏列文王不列武王。蓋卽本尙書說。詩說。春秋說與白虎通同。閻監毛三本。趙注作周文武。非是。

今之諸侯。五霸之罪人也。今之大夫。今之諸侯之罪人也。注謂當孟子之時。諸侯及大夫也諸侯臣總謂之大夫罪人之事下別言之。天子適諸侯。曰巡狩。諸侯朝於天子。曰述職。春省耕而補不足。秋省斂而助不給。入其疆。土地辟。田野治。養老尊賢。俊傑在位。則有慶。慶以地。入其疆。土地荒蕪。遺老失賢。掊克在位。則有讓。一不朝則貶其爵。再不朝則削其地。三不朝則六師移之。是故天子討而不伐。諸侯伐而不討。五霸者。摟諸侯以伐諸侯者也。故曰。五霸者。三王之罪人也。【注】巡狩。述職。皆以助人民。慶。賞也。養老。尊賢。能者在位。賞之以地。益其地也。掊克不良之人在位。則責讓之。不朝至三。討之以六師。移之。就之也。討者。上討下也。伐者。敵國相征伐也。五霸強摟牽諸侯以伐諸侯。不以王命也。於三王之法。乃罪人也。【疏】注。慶賞至地也。○正義曰。爾雅釋言云。慶。賀也。說文貝部云。賀。以禮相奉慶也。賞。賜有功也。詩小雅。楚楚者茨。孝孫有慶。箋云。慶。助也。淮南子時則訓云。行慶賞。高誘注云。賞。賜予。賞慶皆訓賜。則慶即賞。儀禮士喪禮注云。賀。加也。加。亦益也。故趙氏以賞釋慶。又以益釋賞也。禮記王制云。有功德於民者。加地進律。加地即賀以地。賀以地即慶以地也。閻氏若璩釋地又續云。王制方千里者。封方百里之國三十云云。名山大澤。不以封。其餘以爲附庸閒田。諸侯之有功者。取於閒田以祿之。其有削地者。歸之閒田。則孟子所謂慶以地。即於此一州之內也。故當其屢有所慶。天子不見其不足。或屢有所削。天子亦不見其有餘。蓋原在王畿千里外。而天子初無所與焉。○注。掊克至讓之。○正義曰。毛詩大雅蕩篇。會是掊克。傳云。掊克。自伐而好勝人也。孔氏正義云。自伐解掊。好勝解克。定本。掊。作倍。倍。即掊也。倍者。不自量度。謂已兼倍於人。而自矜伐。論語云。願無伐善。是也。克者。勝也。已實不能。恥於受屈。意在陵物。必勝而已。如此者謂之克也。箋云。女曾任用是惡人。使之處位執職事。惡人即不良之人。音義云。掊。丁薄侯切。㨨也。聚斂也。蓋謂㨨克賤民之人。與毛傳不同。段氏玉裁說文解字注云。掊。把也。史漢皆言掊視得鼎。師古曰。掊。手把土也。大雅。會是掊克。定本掊作倍。孟子書亦作掊克。趙注但云。不良也。毛意謂掊爲倍之假借字。掊有聚意。與捊音義近。有㨨取意。則不同捊。毛詩釋文云。掊克。聚斂也。此謂同捊也。方言曰。掊。㨨也。郭注云。掊尅㨨能。以㨨釋掊。以能釋尅。此亦必古說。但皆非毛義。方言掊訓㨨。與許說合。國語周語云。刑不祭。伐不祀。征不享。讓不貢。注云。讓。譴責也。○注。移之至命也。○正義曰。呂氏春秋義賞篇云 賞重則民移之。高誘注云。移。猶歸也。廣雅釋詁云。就。歸也。荀子大略篇云。移而從所仕。楊倞注云。移。就也。是移之即就之也。六師本在王畿。移而就此。是爲移之。即爲就之。李太青云。不朝者三。則非方伯連帥能制其命。亦非折衝可致。故須以天子六師移之。見先王武備之豫。紀律之緘。兵出於國都而此無徵發之勞。威行於侯服而彼無震驚之患。如以物加移之而已。作移易者恐非。說文言部云。誅。討也。討。治也。段氏玉裁說文解字注云。發其紛糾而治之曰討。秦風傳云。蒙。討羽也。箋云。蒙。尨也。討。雜也。畫雜羽之文於伐。故曰尨伐。據鄭所言。則討者亂也。治討曰討。猶治亂曰亂也。論語。世叔討論之。馬曰。討。治也。學記。古之學者。比物醜類。醜或作討。凡言討論探討。皆謂理其不齊者而齊之也。侯國亂。天子治之。故討爲上討下之辭。上討下卽上治下。禮記王制云。畔者君討。是也。隱公四年衞人殺州吁于濮。公羊傳云。其稱人何。討賊之辭也。白虎通誅伐篇云。討。猶除也。欲言臣當掃除弑君之賊也。何氏本之。曲禮跪道不除。注云。除。治也。除賊。亦治賊也。莊公二十九年左傳云。凡師有鐘鼓曰伐。杜預春秋釋例云。鳴鐘鼓以聲其過曰伐。蓋諸侯奉王命以聲諸侯之罪。旣伐之。當必告於王以治之。五霸不奉王命。而牽摟諸侯以伐諸侯。所以爲三王之罪人。摟之爲牽。詳見前。五霸不上稟天子之命。而以其命牽引諸侯。蓋伐之卽專治之矣。

五霸桓公爲盛。葵丘之會諸侯束牲載書而不歃血。初命曰。誅不孝。無易樹子。無以妾爲妻。再命曰。尊賢育才。以彰有德。三命曰。敬老慈幼。無忘賓旅。四命曰。士無世官。官事無攝。取士必得。無專殺大夫。五命曰。無曲防。無遏糴。無有封而不告。曰凡我同盟之人。既盟之後。言歸于好。今之諸侯。皆犯此五禁。故曰。今之諸侯。五霸之罪人也。【注】齊桓公五霸之盛者也。與諸侯會于葵邱。束縛其牲。但加載書。不復歃血。言畏桓公不敢負也。不得專誅不孝。樹立也。已立世子。不得擅易也。不得立愛妾爲嫡也。尊賢養才。所以彰明有德之人。敬老愛小。恤矜孤寡。賓客羈旅。勿忘忽也。仕爲大臣。不得世官。賢臣乃得世祿也。官事無攝。無曠庶僚也。取士必得賢。立之無方也。無專殺大夫。不得以私怒行誅戮也。無敢違王法。而以己曲意設防禁也。無遏止穀糴。不通鄰國也。無以私恩擅有所封賞而不告盟主也。言歸于好。無搆怨也。桓公施此五命。而今諸侯皆犯之。故曰罪人也。【疏】葵邱之會諸侯。○正義曰。閻氏若璩釋地續云。春秋有二葵邱。一齊地。近在臨淄縣西。連稱管至父所戍者。一宋地。司馬彪云。陳留郡外黃縣東。有葵邱聚。齊桓公會此城中。遠在齊之西南。故宰孔稱齊侯西爲此會也。全氏祖望經史問答云。葵邱有三。其一在齊。其一在陳留之外黃。其一在晉。見於水經注。然宰孔論桓公之盟。以爲西略。則似非陳留之外黃也。答云。杜預以爲外黃。亦有以爲汾陰之葵邱者。而杜非之。以爲若是汾陰。則晉乃地主。夏會秋盟。豈有不預之理。杜言亦近是。然愚則竊以爲宰孔明言西略。而以爲陳留。是仍東略也。則宜在汾陰。蓋當時之不服桓公者楚。而晉實次之。周惠王之言可驗也。故桓公特爲會於晉地以致之。亦霸者之用心也。翟氏灝考異云。春秋僖公九年九月戊辰。諸侯盟於葵邱。左傳。齊侯盟諸侯於葵邱。曰。凡我同盟之人。

既盟之後。言歸于好。穀梁傳。葵邱之盟。陳牲而不殺。讀書加於牲上。壹盟天子之禁。曰。毋壅泉。毋訖糴。毋易樹子。毋以妾爲妻。毋使國人與國事。管子大匡篇。桓公問管仲何行。對曰。公內修政而勸民。可以信於諸侯矣。公許諾。乃弛關市之征。爲賦祿之制。既已。管仲請曰。問病臣。願賞而無罰。五年諸侯可令傳。公曰。諾。既行之。又請曰。諸侯之君有行事善者。以重幣賀之。諸侯之臣有諫其君而善者。以璽問之。以信其言。公既行之。問管仲曰。將何行。對曰。君致諸侯爲民聚食。諸侯之兵不足者。君助之發。如此。則始可加之政矣。公既行之。又問管仲曰。何行。對曰。君會其君臣父子。公曰。會之道奈何。曰。諸侯毋專立妾以爲妻。毋專殺大臣。無國勞。無專予祿士庶人。毋專棄妻。毋曲隄。毋貯粟。毋禁材。行此卒歲。則始可以罰矣。君乃布之於諸侯。諸侯許諾。受而行之。管仲曰。可以加政矣。曰。從今以往。二年適子不聞孝。不聞愛其弟。不聞敬老國良。三者無一焉。可誅也。諸侯之臣及國事。三年不聞善。可罰也。君有過。大夫不諫。士庶人有善。而大夫不進。可罰也。桓公受而行之。近侯莫不請事。兵車之會六。乘車之會三。饗國四十有二年。又顯形薦。與楚王遇於召陵之上。而令之曰。毋貯粟。毋曲隄。毋擅廢適子。毋置妾以爲妻。按春秋三傳無如孟子之詳。管子大匡。雖其文極參錯。而事語實相當。其云適子不聞孝者誅。即誅不孝也。云君有善者以幣賀之。臣有善者以璽問之。即尊賢育才。以彰有德也。云愛其弟。敬老國良。即敬老慈幼也。云弛關市之征。及問病臣。即無忘賓旅也。云爲賦祿之制。即士無世官。官事無攝也。云士庶人有善不進者罰。即取士必得也。云無國勞。毋專予祿。即無有封而不告也。餘如無易樹子。無以妾爲妻。無專殺大夫。無曲防。無遏糴。更較然著同文矣。其曰既行之。又請云云。又問云云。亦與孟子初命至五命相值。謹按孟子五命。乃葵邱之會所命。次第如此。與管子不同。○注。束縛至負也。○正義曰。毛氏奇齡經問云。問孟子葵邱之會。諸侯束牲載書而不歃血。載書謂載其盟書於牲上也。趙岐注。有曰。但加載書。不復歃血。則既載而又加。不其複與。曰。載非加也。載書者。盟載書也。周禮司盟掌盟載之法。謂盟有載事。因而爲書。其法則殺牲取血。坎其牲而加書於上以埋之。故左傳襄十六年。伊戾誣太子痤與客盟。謂坎用牲加書是也。穀梁傳云。葵邱之會。陳牲而不殺。讀書加於牲上。壹盟天子之禁。此加字並不訓載字。然猶恐相混不分別。故趙氏云。但加載書。則曉然矣。蓋載書有用牲者。有不用牲者。襄九年。鄭與晉盟。晉士莊子爲載書。荀偃曰。改載書。此用牲者也。若襄十年。鄭子孔當國。爲載書。以位序。聽政辟。則但作書以示諸侯受職聽訟之法。此時未嘗用牲也。又襄二十二年。臧武仲據防出奔。季孫召外史掌惡者而問載書之首章。則逐臣示戒當用牲乎。然則用牲曰載。不用牲亦曰載。牲且無有。加於何所。故曰載者。事也。非加也。此明著者也。閻氏若璩釋地又續云。襄九年。晉士莊子爲載書。杜注。載書。盟書也。周禮司盟掌盟載之法。注云。載。盟辭也。盟者書其辭於策。殺牲取血。坎其牲。加書於上而埋之。謂之載書。可見載書二字是實字。非如今人解以載爲加。趙氏注。束縛其牲。但加載書。不復歃血得之矣。毛氏閻氏二說略同。蓋以趙氏但加載書。解爲但加盟書也。按趙氏解經之例。每以疊字爲訓。說文車部云。載。乘也。淮南子氾論訓云。強弱相乘。高誘注云。乘。加也。是載之訓爲加。趙氏壘加載二字。卽以加釋載。猶壘束縛二字。卽以縛釋束。但加載書。謂但加載此書。
非謂但加此載書也。若載不訓加。第是盟書。則經爲束牲盟書爲不辭。趙氏加字爲無涉於經文矣。
秋官司盟掌盟載之法。注云。載盟辭也。四字爲句。謂經言盟載。是載此盟辭也。非是以盟辭解載
字。下云。盟者書其辭於策。此解盟字。則盟字卽孟子此文之書字。下云。殺牲取血。坎其牲加書
於上而埋之。謂之載書。此解載字。書辭於策爲盟。卽爲書加載於牲上爲載書。卽爲盟載。鄭注甚
明。賈氏疏云。載者。正謂以牲載此盟書於上。故謂之載也。趙氏此注與穀梁傳同。與鄭氏注亦同。
毛氏閻氏未識趙氏壘字爲訓之例。亦未識鄭氏注司盟之義。而謂趙氏不以載爲加。失之甚矣。莊公
二十七年穀梁傳云。衣裳之會十有一。未嘗有歃血之盟也。信厚也。注云。十三年會北杏。十四年
會鄄。十五年又會鄄。十六年會幽。二十七年又會幽。僖元年會檉。二年會貫。三年會陽穀。五年
會首戴。七年會寧母。九年會葵邱。僖公九年傳云。葵邱之盟。陳牲而不殺。注云。所謂無歃血之
盟。鄭君曰。盟牲諸侯用牛。大夫用豭。楊氏疏云。衣裳之會。皆不歃血。而此會獨言之者。以此
會桓德極盛。故詳其事實。餘盟亦不歃血耳。八年洮會云。歃血與鄭伯者。彼兵車之會故也。徐邈
云。陳牲者不殺埋之。陳示諸侯而已。加於牲上者。亦謂活牲。非死牲。此不歃血之事也。○注。
不得專誅至易也。○正義曰。孔本作得專誅不孝。毛氏汲古閣本作不得專誅不孝。依毛本。則與經
文誅不孝似相戾。宜孔本是也。乃既云得專誅不孝。又云已立世子不得擅易。如當時晉殺其世子申
生。固以歸胙於公而寘毒也。以歸胙寘毒殺。卽以不孝誅矣。夫已立之世子。將廢立之。必以不孝
爲之罪。然則誅不孝。無易樹子二事。殊相牴牾。蓋趙氏以誅不孝無易樹子七字作一句。謂子之不
孝者當誅。但已立爲世子。不得以其不孝而專誅。而擅易之。須公論而後誅之。方言云。樹。植立
也。燕之外郊。朝鮮洌水之閒。凡言置立者。謂之樹植。僖公三年公羊傳云。無易樹子。注云。樹。
立也。趙氏與之同。不得擅易。然則世子誠不孝。亦當白之天下。公論誅之。無易樹子。是無擅易
樹子。則誅不孝。亦是公誅不孝。公誅不孝。卽是不得專誅不孝也。桓公命諸侯不可云毋專誅不孝。
亦不可云毋易不孝之樹子。故爲互辭。趙氏探其恉。一云不得專誅。一云不得擅易。實能斡旋經文。
而彌縫其關隙也。且實能禁當時假不孝之名。以擅易樹子也。○注。尊賢至之人。○正義曰。爾雅
釋詁云。育。稚也。彰與章同。書堯典云。平章百姓。鄭氏注云。章。明也。○注。敬老至忽也。
○正義曰。賈子道術篇云。親愛利子謂之慈。周禮地官大司徒以保息六養萬民。一曰慈幼。注云。
慈幼。謂愛幼少也。其二曰養老。三曰振窮。注云。窮者有四。曰矜。曰寡。曰孤。曰獨。此命言敬
老慈幼。故趙氏連類言恤矜孤寡也。說文心部云。忽。忘也。○注。仕爲至僚也。○正義曰。大戴
禮千乘篇云。凡事尙賢進能。使知事爵不世能。官之不徭。孔氏廣森補注云。古者有世祿。無世位。
故春秋譏尹氏也。大夫不世。苟有能者。必官之。無失人。書皋陶謨云。無曠庶官。僚亦官也。王
肅注云。不可不得其人也。曠之言空。不得其人。則空虛其職。論語八佾篇。管氏官事不攝。包氏
注云。禮。國君事大。官各有人。大夫幷兼事。大而兼攝之。則必空曠其事。故引書文以明之也。
○注。無敢至禁也。○正義曰。管子兩言無曲隄。然則防卽隄也。謂曲設隄防以障遏水泉。使鄰國

受水旱之害。趙氏言曲意設防禁。則盡指王法而言。謂王法所不禁。而曲意以禁之。是爲違王法。周禮秋官序。官使帥其屬而掌邦禁。注云。禁所以防姦者也。故以防爲禁也。然隄爲防之正訓。傳公三年公羊傳云。桓公曰。無障谷。無貯粟。無易樹子。無以妾爲妻。障谷即曲防也。何氏注云。無障斷川谷。專水利也。蓋所以障之者防也。僖公九年穀梁傳則云。毋壅泉。注云。專水利以障谷。此以公羊傳之障谷解壅泉。所以壅之則防也。閻氏若璩釋地續云。漢賈讓奏言。蓋隄防之作。近起戰國。壅防百川。各以自利。齊與趙魏。以河爲竟。趙魏頻山。齊地卑下。作隄去河二十五里。河水東抵齊隄。則西泛趙魏。趙魏亦爲隄去河二十五里。則是河水西抵趙魏隄。亦東泛齊矣。夫曰。近起戰國。豈非葵邱既會。申明天子之禁。諸侯猶有所憚而不敢爲。至七雄地大勢專。人人得自爲谿而不難以鄰國爲壑也。〇注。無以私至主也。〇正義曰。僖公二年城楚邱。左傳云。諸侯城楚邱而封衛焉。公羊傳云。曷爲不言桓公城之。不與諸侯專封也。諸侯之義不得專封。此言不得專封。謂不待天子之命而桓公自封之。此五命之告。若指告天子。則桓公封衛。轉是自犯其禁矣。故趙氏以爲不告盟主。此五霸之盛。亦即五霸所以爲三王之罪人也。其後十四年。城緣陵以遷杞。宣公十一年。楚莊王封陳。皆自以爲盟主。得專封也。衛。杞。陳。皆亡滅而復封。存亡繼絕。即示私恩。其成公十八年伐宋彭城。公羊傳云。魚石走之楚。楚爲之伐宋。取彭城。以封魚石。楚已取之矣。曷爲繫之宋。不與諸侯專封也。昭公四年公羊傳云。慶封走之吳。吳封之於防。然則曷爲不言伐防。不與諸侯專封也。襄公二十八年左傳云。慶封奔吳。吳句餘予之朱方。昭公四年左傳云。使屈申圍朱方。注云。朱方。吳邑。齊慶封所封也。然則防即朱方。徐氏公羊傳疏云。慶封往前已封於防爲小國。楚取宋邑封魚石。吳以己邑封慶封。與齊桓封衛。楚莊封陳異。而同爲以私恩擅封。故公羊傳。於楚邱緣陵彭城防。皆以專封言之也。閻氏若璩釋地續云。郝京山解無曲防三句。以周禮大宗伯以凶禮哀邦國之憂。分配之曰以喪禮哀。死亡即有封。必告也。封必告。死葬相助也。又曰。封與窆同。窆。悲驗切。葬下棺也。禮記縣棺而封是。凡諸侯告薨。則同盟皆弔。五月而葬。則同盟皆會。此獨言葬者。葬則有賵。有賻。有贈。有襚。春秋天王葬且不會。如武氏子來求賻之類。友邦可知矣。無不告者。告則會也封建大事。豈贊之末節。無不者甚多之辭。命與恤災同。其爲死葬甚明也。余謂左傳諸侯城楚邱而封衛焉。國語翟人攻邢。桓公築夷儀以封之。何嘗無封國。第少耳。無不者甚多之辭妙。蓋三者皆屬交鄰國之事。無尊王在內解自勝。

長君之惡其罪小。逢君之惡其罪大。今之大夫皆逢君之惡。故曰。今之大夫。今之諸侯之罪人也。

注君有惡命。臣長大而宣之。其罪在不能距逆君命。故曰小也。逢。迎也。君之惡心未發。臣以諂媚逢迎而導君爲非。故曰罪大。今諸侯之大夫。皆逢君之惡。故曰罪人也。

疏注。君有至小也。〇正義曰。君有惡命。即上云犯此五禁者也。音義云。長。張丈切。丁又如字。兩讀皆有大義。呂氏春秋本味篇云。長澤之卵。高誘注云。長澤大澤。此長如字也。論大篇云。萬夫之長。高誘注云。長。大也。此長。張丈切也。長遍張。詩大雅韓奕孔修且張。傳云。張。大也。禮記樂記云。長言之也。注云。長言之。引其聲也。國語周語云。宣所以施教也。謂張施其命而徧布之。故以大釋長。又以宣申明之。距逆此惡命。則不敢施行於外。趙氏蓋讀長如字而爲張大之義也。○注。逢迎至罪大。○正義曰。方言云。逢。逆迎也。自關而東曰逆。自關而西或曰迎。或曰逢。趙氏所本也。荀子修身篇云。以不善先人者謂之諂。莊子漁父篇云。希意道言謂之諂。鬼谷子權篇云。諂。先意承欲者也。諂。古諂字。君心之惡未發。而臣先其意導之。所爲以不善先人也。所謂希意道言也。襄公三年左傳云。稱其讎。不爲諂。注云。諂。媚也。君先有意而臣張布之。是順從也。君未有意而臣先導之。是迎合也。故以迎訓逢。又以諂媚申明之。又以導字申明之。章指。言王道寖衰。轉爲罪人。孟子傷之。是以博思古法。匡時君也。

魯欲使愼子爲將軍。孟子曰。不教民而用之。謂之殃民。殃民者不容於堯舜之世。一戰勝齊。遂有南陽。然且不可。注愼子善用兵者。不教民以仁義而用之戰鬭。是使民有殃禍也。堯舜之世。皆行仁義。故好戰殃民者不能自容也。就使愼子能使魯一戰。取齊南陽之地。且猶不可。山南曰陽。岱山之南謂之南陽也。疏注。愼子善用兵者。○正義曰。荀子解蔽篇云。愼子蔽於法而不知賢。天論篇云。愼子有見於後。無見於先。非十二子篇云。尙法而無法。下修而好作。上則取聽於上。下則取從於俗。終日言成文典。及紃察之。則倜然無所歸宿。不可以經國定分。然而其持之有故。其言之成理。足以欺惑愚衆。是愼到。田駢也。莊子天下篇云。不顧於慮。不謀於知。於物無擇。與之俱往。古之道術有在於是者。彭蒙。田駢。愼到聞其風而悅之。又云。愼到棄知去己。而緣不得已。泠汰於物。以爲道理。史記孟子列傳云。自騶衍與齊之稷下先生。如淳于髡。愼到。環淵。接子。田駢。騶奭之徒各著書。言治亂之事。以干世主。愼到趙人。學黃老道德之術。因發明序其指意。故愼到著十二論。徐廣云。今愼子。張守節正義云。愼子十卷在法家。則戰國時處士。漢書藝文志。法家者流。有愼子四十二篇。名到。先申韓。申韓稱之。到與孟子同時。此愼子宜即是到。乃史但言其學黃老。爲法家者流。不當使爲將軍。故趙氏不以爲到而以其使爲將軍。則以爲善用兵者耳。○注。是使民有殃禍也。○正義曰。說苑君道篇云。殃者。禍之先者也。○注。就使至陽也。○正義曰。山南曰陽。僖公二十八年穀梁傳文。閻氏若璩釋地云。左傳。晉於是始啓南陽。杜注。在晉山南河北故曰南陽。余謂即今太行山之南。河內濟源修武溫縣地。孟子遂有南陽。趙注山南曰陽。岱山之南。謂之南陽也。余謂史稱泰山之陽則魯。其陰則齊。南陽屬齊。必齊之地。綵插入魯界中者。魯故欲一戰有之。二南陽所指各不同。全氏祖望經史問答云。問。遂有南陽。按晉之南陽易曉。而齊之南陽僅一見於公羊傳。所云。齊子將南陽之甲以城魯。一見於國策。所云。楚攻南陽。閻百詩以爲泰山之陽。本是魯地。特久爲齊奪者似得之。而先生以爲南陽即汶陽。其說果何所據。答云。此以漢地志及水經合之左傳。便自了然。蓋山南曰陽。是南陽所以得名也。水北曰陽。是汶陽所以得名也。春秋之世。齊魯所爭。莫如南陽。隱桓之世以許田易泰山之祊是南陽尙屬魯。及莊公之末。則已似失之。故高子將南陽之甲以城魯。然僖公猶以汶陽之田賜季友。則尙未盡失。而魯頌之祝之。以居嘗與許。嘗亦南陽之境。蓋大半入齊矣。自成公以後。則盡失之。蓋汶水出泰山郡之萊蕪縣西南。過嬴縣。桓三年公會齊侯於嬴者也。又西南過牟縣。牟。故魯之附庸也。又東南流逕泰山。又東南流逕龜陰之田。即左氏定十年齊所歸也。又東南流逕明堂。又西南流逕徂徠山。又南流逕陽關。即左氏襄十七年逆臧孫之地。又南逕博縣。即左氏哀十一年會吳伐博者也。又南逕龍鄉。即左氏成二年齊侯圍龍者也。又南逕梁父縣之菟裘城。左氏隱十一年所營也。又西南過剛縣。漢之剛。乃春秋之闡。其西南則汶陽之田。又西南則棘。左氏成三年所圍也。又西南爲遂。左氏莊十三年齊所滅也。又西南爲下讙。左氏桓三年齊侯送姜氏之地。又西南爲郈。則叔孫氏邑。又西南爲平陸。按左氏闡。讙。龜陰。陽關。皆齊魯接境地。通而言之。皆汶陽之田。而皆在泰山之西南。汶水之北。則汶陽非即南陽乎。故愼子欲爭南陽。亦志在復故土。孟子則責其不教民而用之耳。愼子勃然不悅曰。此則滑釐所不識也。注滑釐。愼子名。不悅。故曰。我所不知此言何謂也。疏注。滑釐愼子名。○正義曰。趙氏以愼子自稱滑釐不識。則滑釐是愼子之名。愼子名滑釐。故不以爲到也。按釐與來通。詩。周頌思文。貽我來牟。漢書劉向傳。作飴我釐麰是也。爾雅釋詁云。到。至也。禮記樂記云。物至知知。注云。至。來也。到與來爲義同。然則愼子名滑釐。其字爲到與。與墨子之徒禽滑釐同名。或以愼子即禽滑釐。或以愼子師此禽滑釐。稱其師滑釐不識。皆非是。曰。吾明告子。天子之地方千里。不千里不足以待諸侯。諸侯之地方百里。不百里不足以守宗廟之典籍。周公之封於魯。爲方百里也。地非不足而儉於百里。太公之封於齊也。亦爲方百里也。地非不足也。而儉於百里。今魯方百里者五。子以爲有王者作。則魯在所損乎。在所益乎。徒取諸彼以與此。然且仁者不爲。況於殺人以求之乎。注孟子見愼子不悅。故曰。明告子。天子諸侯地制如是。諸侯當來朝聘。故言守宗廟典籍。謂先祖常籍法度之文也。周公太公尙不能滿百里。儉而不足也。後世兼侵小國。今魯乃五百里矣。有王者作。若文王武王者。子以爲魯在所損之中邪。在所益之中也。言其必見損也。但取彼與此爲無傷害。仁者尙不肯爲。況戰鬬殺人以求廣土地乎。【疏】注。諸侯至文也。○正義曰。上言不足以待諸侯。謂朝覲聘問。備其燕享賜予之禮。故此宗廟典籍。趙氏即舉諸侯朝聘言也。其實天子諸侯所用多矣。不止是也。爾雅釋詁云。典。常也。故以典籍爲常籍。說文竹部云。籍。簿書也。周禮。秋官小行人掌邦國賓客之禮籍。注云。禮籍名位尊卑之書。孫炎注爾雅云。典。禮之常也。國語周語云。省其典圖形法。注云。典。禮也。儀禮士昏禮云。吾子順先典。注云。典。法也。然則典籍即禮籍。禮籍爲名位尊卑之書。即是法度之文。典籍受之天子。傳自先祖。藏諸宗廟。宗廟之典籍。即先祖之典籍也。以先祖爲宗廟。猶後世稱先君爲某廟也。說文丌部云。莊都說典大册也。則典籍猶言册籍。○注。周公至損也。○正義曰。說文。人部云。儉。約也。淮南子主術訓。所守甚約。高誘注云。約。少也。趙氏以儉爲少。故以爲不能滿。毛氏奇齡四書賸言云。孟子天子之地方千里。諸侯皆方百里。其地字。王制改作田字。田。即地也。但地有山林川澤城郭宮室陂池塗巷。種種。而田則無有。故田較之地。則每里減三分之一。是地有千里者。田未必有千里矣。旣云班祿。祿出於田。當紀實數焉。得以三分減一之地。而强名千里。漢後儒者所以不能無紛紛也。不知孟子所云地字。亦只是田字。魯欲使愼子爲將軍章。周公之封於魯也。爲方百里也。地非不足也。而儉於百里。又曰不百里。不足以守宗廟之典籍。則較量于百惟恐不足。當必是實數可知。而按其上文仍是地字。固知地即田耳。顧氏棟高春秋大事表云。伯禽初封曲阜。漢書地理志云。成王以少皞之墟曲阜。封周公子伯禽爲魯侯。今爲山東兗州府曲阜縣。後益封奄。隱二年入極。十年敗宋師于菅。辛未取郜。辛巳取防。僖十七年滅項。三十三年伐邾。取訾婁。文十年伐邾。取須句。宣四年伐莒。取向。宣九年取根牟。十年伐邾。取繹。成六年取鄟。襄十三年取邿。二十一年邾庶以其漆閭丘來奔。昭元年伐莒。取鄆。四年取鄫。五年莒牟夷以牟婁及防茲來奔。十年伐莒。取郠。二十一年邾黑肱以濫來奔。哀二年伐邾。取漷東田及沂西田。三年城啓陽。哀十七年越使后庸來言邾田。二月盟於平陽。平陽在兗州府鄒縣西南。本邾邑。爲魯所取。魯在春秋。實兼九國之地。極項鄟邿根牟魯所取也。向須句鄅鄟則邾莒滅之而魯從而有之者也。余讀隱五年公矢魚于棠。傳曰。非禮也。且言遠地也。哀十四年西狩獲麟。歐陽子曰。西狩言遠也。余往來京師。親至兗州魚臺縣。訪隱公觀魚處。詢之土人云。距曲阜不二百里。又北至汶上。爲齊魯接界。俱計日可到。其西南則宋鄭衛及邾莒杞鄫諸國地。犬牙相錯。時吞滅弱小以自附益。祊益之鄭。防取之宋。須句取之邾。向鄫取之莒。而邾則空其國都。致邾衆退保嶧山。與莒爭鄆無休日。逮晉文。分曹地則有東昌府濮州西南。而越旣滅吳。與魯泗東方百里。地界稍稍擴矣。

君子之事君也。務引其君以當道。志於仁而已。【注】言君子事君之法。牽引其君以當正道者仁也。志仁而已。欲使愼子輔君以仁。【疏】注。牽引其君。○正義曰。說文。牛部云。牽。引前也。是引。牽也。即章指言招攜懷遠。貴以德禮。及其用兵。廟勝爲上。戰勝爲下。明賤戰也。【疏】招攜至戰也。○正義曰。僖公七年左傳云。招攜以禮。懷遠以德。德禮不易。無人不懷。注云。攜。離也。周氏廣業孟子章指考證。作義勝爲上。云。古本義作廟。孔韓同。按管子霸形篇。霸王之形。德義勝之。智謀勝之。兵戰勝之。孫子云。夫未戰而廟勝者。得算之多者也。二字俱有所本。從義爲長。漢書趙充國奏略田便宜曰。帝王之兵。以全取勝。是以貴謀而賤戰。

孟子曰。今之事君者。皆曰我能爲君辟土地。充府庫。今之所謂良臣。古之所謂民賊也。【注】辟土地。侵鄰國也。充府庫。重賦斂也。今之所謂良臣者。於古之法爲民賊。傷民。故謂之賊也。【疏】注傷民故謂之賊也。○正義曰。荀子修身篇云。害良曰賊。楚辭沈江云。覽私微之所傷。注云。傷。害也。傷民。即害良也。君不鄉道。不志於仁。而求富之。是富桀也。【注】爲惡君聚斂以富之。爲富桀也。謂若夏桀也。我能爲君約與國。戰必克。今之所謂良臣。古之所謂民賊也。【注】連諸侯以戰。求必勝也。君不鄉道。不志於仁。而求爲之強戰。是輔桀也。【注】說與上同。由今之道。無變今之俗。雖與之天下。不能一朝居也。【注】今之道。非善道。今之世俗漸惡久矣。若不變更。雖得天下之政而治之。不能自安一朝之間居其位也。【疏】注今之至位也。○正義曰。道爲道德之道。上云君不鄉道是也。道之訓亦爲行。今之道。猶云今之行。國語周語云。由是第之。韋昭注云。由。從也。一人行之。人人從之則爲俗。廣雅釋詁云。漸。漬也。謂漬染而成惡俗也。太元元衡云。更變而共笑。是變之更改。謂更改其害良而志於仁也。禮記樂記云。居。吾語汝。注云。居。猶安坐也。不能一朝居。即是不能一朝安。謂其危亡之速也。陳氏說書云。與之天下。不能一朝居。何也。其國雖富強。而民心先已失。孟子之言。至於秦而驗矣。章指言善爲國者。以藏於民。賊民以往。其餘何觀。變俗移風。非樂不化。以亂濟民。不知其善也。【疏】變俗移風非樂不化。○正義曰。孝經廣要道第十一云。移風易俗。莫善於樂。

白圭曰。吾欲二十而取一。何如。【注】白圭周人也。飾以貨殖。欲省賦利民。使二十而稅一。【疏】注白圭至稅一。○正義曰。史記貨殖列傳云。白圭。周人也。當魏文侯時。李克務盡地力。而白圭樂觀時變。故人棄我取。人取我與。能薄飲食。忍嗜欲。節衣服。與用事僮僕同苦樂。趨時若猛獸鷙鳥之發。故曰。吾治生產。猶伊尹呂尙之謀。孫吳用兵。商鞅行法是也。蓋天下言治生祖白圭。趙氏以孟子白圭。卽此人也。閻氏若璩釋地續云。史記貨殖傳。此一白圭也。圭其名。孟子白圭。此一白圭也。其名丹。圭則字爾。先後殊不同時。趙氏傳會爲一人。吾嘗斷之曰。此兩人也。韓非書白圭相魏。鄒陽書白圭戰。亡六城。爲魏取中山。又白圭顯於中山。中山人惡之魏文侯。文侯投以夜光之璧。魏拔中山。在文侯十七年癸酉。下逮孟子乙酉。至梁凡七十三年。纔存。尙能爲國築隄防。是治水害乎。毛氏奇齡說與閻氏同。全氏祖望經史問答云。宋人鮑彪已嘗言之。但魏人當昭王時。孟子之後輩。見國策。不知潛邱何以不引。及鮑彪謂當是孟子所稱者。周氏廣業孟子時地出處考云。閻百詩毛初晴並言有兩白圭。今考韓非子有云。白圭之行隄也。塞其穴。故無水難。呂氏春秋載白圭與惠施折辯二條。新序有孟嘗君聞白圭之文。則其爲別一人。似無可疑。乃史又稱白圭自言。吾治生產猶商鞅行法。則正與孟子同時。戰國策昭王時。白圭始見而拔中山者。言樂羊不言白圭。史及鄒陽之說。又恐謬以武侯爲文侯。

孟子曰。子之道。貉道也。萬室之國。一人陶。則可乎。注貉。夷貉之人。在荒服者也。貉之稅二十而取一。萬家之國。使一人陶瓦器則可乎。以此喻白圭所言也。疏注。貉夷至服者也。○正義曰。說文豸部云。貉。北方貉。豸種也。周禮夏官。職方氏辨其邦國都鄙。四夷八蠻。七閩九貉。五戎六狄之人民。鄭司農云。北方曰貉狄。書禹貢云。五百里荒服。三百里蠻。二百里流。胡氏渭禹貢錐指云。單言蠻則爲四裔之通稱。蠻在荒服。知貉卽在荒服也。○注。使一人陶瓦器。則可乎。○正義曰。考工記云。摶埴之工二。陶。旊。注云。摶之言拍也。埴。黏土也。呂氏春秋愼人篇云。陶於河濱。高誘注云。陶作瓦器。

曰。不可。器不足用也。注白圭曰。一人陶則瓦器不足以供萬室之用也。

曰。夫貉。五穀不生。惟黍生之。無城郭宮室宗廟祭祀之禮。無諸侯幣帛饔飧。無百官有司。故二十取一而足也。注貉在北方。其氣寒。不生五穀。黍早熟。故獨生之也。無中國之禮。如此之用。故可二十取一而足也。疏注。貉在至之也。○正義曰。程氏瑤田通藝錄九穀考云。黍之不黏者。其熟最疾。播在黏者之後。穫在黏者之前。孟子曰。夫貉。五穀不生。惟黍生之。以貉地生物之氣。時日最短。故必中土熟之最疾者。播乃有秋。然則孟子之所謂黍。蓋黍之不黏者。所謂穀也。後漢書烏桓列傳。其土地宜穀。三國志烏丸傳注。引王沈魏書。烏丸地宜青穄。唐書北狄傳。奚稼多穄。奚卽烏桓也。烏桓地東逕鮮卑。其西爲匈奴。又西爲烏孫。匈奴烏孫。當中土之正北。地極寒。漢書匈奴傳云。居於北邊。逐水草遷徙。無城郭常居耕田之業。雖於層貳師之年云。年穀不熟。顏師古曰。以爲亦種黍穄。實則以畜牧爲事。故自君王以下。咸食畜肉耳。又按匈奴傳。孝文帝時。以匈奴處北。殺氣早降。詔遺單于秫糵金帛緜絮。武帝時。單于遺書。

欲取稷米五千斛。亦可見其不事農業。即黍稷亦未必能生矣。烏桓諸國在匈奴東。地氣稍暖。故能生穄。吾疑其地。殆即孟子所謂貉與。且貉亦非盡不生五穀者也。貉之地甚廣也。周官職方氏所掌有九貉。鄭志答趙商問云。在東方。漢書高帝紀有北貉。而戰國策蘇秦說秦惠王曰。大王之地。北有胡貉代馬之用。又可見貉地亙秦之北皆是矣。謂可致其物以爲用；其非以貉爲界又可知。後漢書句驪亦名貊耳。是貉之一國亦必非不生五穀之貉也。又載諸國在鮮卑東者。皆言其宜五穀。然則五穀不生之貉。居貊耳鮮卑之西北。所謂烏桓宜穄。稾穄多穄之地無疑矣。說文。黍。禾屬而黏者也。以大暑而種。故謂之黍。孔子曰。黍可爲酒。禾。入水也。穈。穄也。穄。穈也。按說文以禾況黍。謂黍爲禾屬而黏者。非爲禾爲黍屬而不黏者也。是故禾屬之黏者黍。則禾屬而不黏者穈。對文異。散文則通稱。經傳中見黑黍白黍黃黍赤黍。不見黑穈白穈黃穈赤穈。以是知散文通稱黍也。飯用米之不黏者。黏者釀酒。及爲餌餈餰粥之屬。故簠簋實穈爲之以供祭祀。故又異其名曰穄黍之不黏者獨有異名。祭尙黍也。

今居中國。去人倫。無君子。如之何其可也。陶以寡。且不可以爲國。況無君子乎。欲輕之於堯舜之道者。大貉小貉也。欲重之於堯舜之道者。大桀小桀也。【注】今之居中國。當行禮義。而欲效夷貉無人倫之敍。無君子之道。豈可哉。陶器者少。尙不可以爲國。況無君子之道乎。堯舜以來。什一而稅。足以行禮。故以此爲道。今欲輕之。二十稅一者。夷貉爲大貉。子爲小貉也。欲重之。過什一。則夏桀爲大桀。子爲小桀也。【疏】注。無君子之道。○正義曰。趙氏以去人倫無君子爲一事。去人倫則舉國不知禮義。皆小人而無君子矣。故言無君子之道。謂無君子者。無君子之道也。近時通解。以君子卽指百官有司。○注。堯舜至桀也。○正義曰。宣公十五年公羊傳云。古者什一而籍。古者曷爲什一而籍。什一者。天下之中正也。多乎什一。大桀小桀。寡乎什一。大貉小貉。注云。蠻貉無社稷宗廟百官制度之費。稅薄。何氏本孟子注公羊傳。趙氏卽本公羊傳注孟子。徐氏疏云。夏桀無道。重賦於人。今過什一。與之相似。若十取四五則爲桀之大貪。若取二三則爲桀之小貪。若十四五乃取其一則爲大貉行。若十二十三乃取一則爲小貉行。徐氏解大小。不取趙氏。尙書大傳說多方云。古者十稅一。多於什稅一。謂之大桀小桀。少於十稅一。謂之大貊小貊。王者什一而稅。而頌聲作矣。故書曰。越惟有胥賦小大多政。貊與貉字通。伏氏以小桀大桀小貊大貊明多方小大二字。政者。正也。尙書今作正。江氏聲尙書集注音疏云。胥謂繇役。繇役亦賦也。故曰胥賦。蓋胥賦卽稅。正。卽謂什一。中正。謂胥賦之輕重一本於中正。小之不致爲小桀小貉。大之不致爲大桀大貉。徐氏解公羊傳。義與此同。

章指。言先王典禮。萬世可遵。什一供貢。下富上尊。裔土簡惰。二十而稅。貉道有然。不足爲貴。圭欲法之。孟子斥之以王制也。【疏】什一供貢。下富上尊。○正義曰。二句見漢書敍傳述食貨志。

白圭曰。丹之治水也。愈於禹。【注】丹名。圭字也。當諸侯時有小水。白圭爲治除之。因自謂過禹也。【疏】注。丹名至除之。○正義曰。說文。丹部云。丹。巴越之赤石也。說苑修文篇云。圭者。玉也。考工記。匠人注云。圭之言珪。絜也。絜者絜白也。玉之白者爲圭。石之赤者爲丹。赤熾盛而以絜白消之。此名字所以取與。韓非子喻老篇云。千丈之隄。以螻蟻之穴潰。故曰。白圭之行隄也。塞其穴。是以白圭無水難。此白圭治除小水之證也。孟子曰。子過矣。禹之治水。水之道也。是故禹以四海爲壑。今吾子以鄰國爲壑。水逆行謂之洚水。洚水者。洪水也。仁人之所惡也。吾子過矣。【注】子之所言過矣。禹除中國之害。以四海爲溝壑。以受其害水。故後世賴之。今子除水。近注之鄰國。觸於洚水之名。仁人惡爲之。自以爲愈於禹。子亦甚過矣。【疏】注。禹除至甚矣。○正義曰。水之道。猶云水之路。謂水所行之路而禹順導之耳。說文谷部云。㕡。溝也。讀若郝。壑。或從土是壑。卽溝也。害水猶云災水。觸卽觸類之觸。不使水歸四海而歸鄰國。則非水之道。非水之道。則水不順行而逆行矣。逆之爲洚。猶逆之爲逢。見其逆行。觸類而長之。卽是禹時之洪水。禹治洪水使不爲後世害。圭放洪水使爲鄰國害。圭且爲仁人所惡矣。悖乎禹。豈愈於禹與。

章指。言君子除害。普爲人也。白圭壑鄰。亦以狹矣。是故賢者志其大者遠者也。【疏】是故賢者志其大者遠者也。○正義曰。本襄公三十一年左傳子皮語。

孟子曰。君子不亮。惡乎執。【注】亮。信也。易曰。君子履信思順。若爲君子之道。舍信將安執之。【疏】注。亮信至執之。○正義曰。亮。信也。爾雅釋詁文。與諒同。說文言部云。諒。信也。諒卽亮也。引易者。繫辭上傳云。易曰。自天祐之。吉无不利。子曰。祐者。助也。天之所助者順也。人之所助者信也。履信思乎順。又以尚賢也。是以自天祐之。吉无不利也。引此以見君子之道。不外乎信。故爲君子之道。舍此烏執乎。趙氏以安訓惡。音義云。惡。音烏。是也。何異孫十一經問對云。問此惡字作平聲。還作去聲。對曰。亮與諒同。孔子曰。豈若匹夫匹婦之爲諒哉。又曰。君子貞而不諒。諒者信而不通之謂。君子所以不亮者。非惡乎信。惡乎執也。故孟子又曰。所惡執一也。爲其賊道也。

章指。言論語曰。自古皆有死。民無信不立。亶信之至也。【疏】論語至至也。○正義曰。所引在論語顏淵第十二。集解引孔氏曰。死者。古今常道也。人皆有之。

治邦不可失信也。乃論語又云。好信不好學。其蔽也賊。蓋好信不好學。則執一而不知變通。遂至於賊道。君子貞而不諒。正恐其執一而蔽於賊也。友諒兼友多聞。多聞由於好學。則不至於賊。又云。言必信。硜硜然小人哉。孟子此章正發明孔子不諒之恉也。

魯欲使樂正子爲政。注樂正子克也。魯君欲使之執政於國。疏注。樂正子克也。○正義曰。文選褚淵碑文云。孟軻致欣於樂正。注引劉熙曰。樂正。姓也。子。通稱也。名克。

孟子曰吾聞之喜而不寐。注喜其人道德得行。爲之喜而不寐。公孫丑曰樂正子強乎。曰否。有知慮乎。曰否。多聞識乎。曰否。注丑問樂正子有此三問之所能乎。孟子皆曰否。不能有此也。疏注。丑問至能乎。○正義曰。強猶果。有知慮猶達。多聞識猶藝。孔子稱此三者。於從政乎何有。從政宜才。執政宜德。此章亦與論語互相發。

然則奚爲喜而不寐。注丑問無此三者何爲喜而不寐。曰其爲人也好善。注孟子言樂正子之爲人也能好善。故爲之喜。好善足乎。注丑問人但好善足以治國乎。曰好善優於天下。而況魯國乎。夫苟好善。則四海之內皆將輕千里而來告之以善。夫苟不好善。則人將曰。訑訑。予既已知之矣。訑訑之聲音顏色。距人於千里之外。注孟子曰。好善。樂聞善言。是采用之也。以此治天下。可以優之。虞舜是也。何況於魯不能治乎。人誠好善。四海之士。皆輕行千里以善來告之。誠不好善。則其人將曰訑訑。賤他人之言。訑訑者。自足其智。不嗜善言之貌。訑訑之人。發聲音。見顏色。人皆知其不欲受善言也。道術之士聞之。止於千里之外而不來也。疏注。好善至治乎。○正義曰。優。即足也。○乃足則僅足而已。優則饒裕有餘矣。禮記中庸篇云。舜好問而好察邇言。隱惡而揚善。執其兩端。用其中於民。孟子亦云。舍己從人。樂取於人以爲善。是舜樂聞善言而采用之也。舜以此治天下而有餘。克以此治魯國。豈不足乎。章指言好善從人。聖人一概。與此相發明。○注。誠不好善至來也。○正義曰。音義出訑訑云。張吐禾切云。蓋言辭不正。欺罔於人。自誇大之貌。丁云。此字音他。又達可切。說文云。欺也。字作詑者。音怡。詑詑自足其智。不嗜善言之貌。今諸本皆作訑。即不合注意。當借讀爲訑音怡。阮氏元校勘記云。訑訑字作詑者。今諸本皆作訑。按說文作詑。方言作訑。皆訓欺。孟子是此字。注自足其智。不嗜善言。義之引伸。丁張音義皆訑。自訑譌詑。乃別爲音。而孫氏又爲曲說不可從。謹按說文言部云。訑。沇州謂欺曰訑。從言它聲。一切經音義引纂文云。兗州人以相欺爲訑人。音湯和反。訑。避也。訑即訑。詑即訑。訑爲詑之俗。訑爲詑之通也。戰國策燕策。燕王謂蘇代曰。寡人甚不喜訑者言也。蘇代對曰。周地賤媒。爲其兩譽也。之男家曰女美。之女家曰男美。又云。事非權不立。非勢不成。夫使人坐受成事者。惟訑者耳。觀代之言。訑爲欺謾不實明矣。男女未必誠美。而媒者謾以爲美。此訑也。欺也。已本無所知。而以爲予既已知之。亦訑也。欺也。訑訑既爲自足其智。不嗜善言之貌。則曰訑訑者。不得爲不好善者之言。上云。夫苟好善。則四海之內云云。此云夫苟不好善。則人將曰訑訑。將曰之將。與將輕之將同。人見此不好善之人。而狀其貌曰訑訑。又述其言曰。予既已知之矣。既。猶盡也。予盡知之。謂人之言。不足以益之。是賤人之言也。趙氏云。其人謂與相親近之人。惟與相親近。故見其聲音笑貌如此。賤他人之言。解予既已知之也。訑訑是見顏色。予既已知之。是發聲音。人狀其貌。述其言。如是。是人皆知其不欲受善言也。人皆知其不欲受善言。是不獨道術之士。而道術之士聞人言如此。豈肯至乎。是其訑訑之聲音顏色。有以拒止之也。士止於千里之外。則讒諂面諛之人至矣。與讒諂面諛之人居。國欲治。可得乎。注懷善言之士。止於千里之外。不肯就之。則邪惡順意之人至矣。與邪惡居。欲使國治。豈可得乎。疏注。則邪惡順意之人至矣。○正義曰。莊子漁父篇云。希意道言謂之諂。不擇是非而言謂之諛。好言人惡謂之讒。呂氏春秋貴因篇云。讒慝勝良。高誘注云。讒。邪也。此趙氏以邪釋讒也。荀子修身篇云。以不善先人者謂之諂。不善即惡也。此趙氏以惡釋諂也。說苑臣術篇云。從命病君謂之諛。此趙氏以順意釋面諛也。說文言部云。諛。讇也。讇。諛也。諂。讇或從臽。段氏玉裁說文解字注云。諛者所以爲諂。諂者未有不諛。按諛但順意而已。長君之惡也。諂則道之爲不善。逢君之惡也。讒則因道之爲不善。而除去不便己意之人。讒因於諂。諂因於諛。諛因於訑訑不好善也。章指。言好善從人。聖人一概。禹聞讜言。答之而拜。訑訑吐之。善人亦逝。善去惡來。道若合符。詩曰。雨雪瀌瀌。見晛聿消。此之謂也。疏詩曰至謂也。○正義曰。引詩小雅角弓之篇。序云。刺幽王也。不親九族。而好讒佞。漢書劉向上封事云。讒邪進則衆賢退。羣枉盛則正士消。詩云。雨雪瀌瀌。見晛曰消。趙氏本諸此也。

陳子曰。古之君子何如則仕。注陳臻問古之君子得何禮可以仕也。孟子曰。所就三。所去三。迎之致敬以有禮。言將行其言也。則就之。禮貌未衰。言弗行也。則去之。其次雖未行其言也。迎之致敬以有禮。則就之。禮貌衰則去之。其下。朝不食。夕不食。飢餓不能出門戶。君聞之曰。吾大者不能行其道。又不能從其言也。使飢餓於我土地。吾恥之。周之。亦可受也。免死而已矣。【注】所去就。謂下事也。禮者接之以禮也。貌者顏色和順。有樂賢之容。禮衰不敬也。貌衰不悅也。其下者困而不能與之祿。則當去。矜其困而周之。苟免死而已。此三就三去之道。窮餓而去不疑也。故不言去。免死而留。爲死故也。權時之宜。嫌其疑也。故載之也。【疏】周之至已矣。○正義曰。音義云。周與賙同。救贍也。翟氏灝考異云。柳柳州集上李中丞啓曰。孟子書言諸侯之士。曰。使之窮於吾地則賙之。賙之亦可受也。用賙字。按大之既不能行道。又不能從其言。所以不去者。飢餓不能去也。受其所周即是就。云可受。亦就之可者也。但免死而已。既不死。可以出門戶。則仍去。故云權時之宜。顧氏炎武日知錄云。免死而已矣。則亦不久而去矣。故曰所去三。章指。言仕雖正道。亦有量宜。聽言爲上。禮貌次之。困而免死。斯爲下矣。備此三科。亦無疑也。

孟子曰。舜發於畎畝之中。傅說舉於版築之閒。膠鬲舉於魚鹽之中。管夷吾舉於士。孫叔敖舉於海。百里奚舉於市。故天將降大任於是人也。必先苦其心志。勞其筋骨。餓其體膚。空乏其身。行拂亂其所爲。所以動心忍性。曾益其所不能。【注】舜耕歷山。三十徵庸。傅說築傅巖。武丁舉以爲相。膠鬲殷之賢臣。遭紂之亂。隱遁爲商。文王於鬻販魚鹽之中得其人。舉之以爲臣也。士。獄官也。管仲自魯囚執於士官。桓公舉以爲相國。孫叔敖隱處耕於海濱。楚莊王舉之以爲令尹。百里奚亡虞適秦。隱於都市。繆公舉之於市而以爲相也。言天將降下大事以任聖賢。必先勤勞其身。餓其體而瘠其膚。使其身乏資絶糧。所行不從。拂戾而亂之者。所以動驚其心。堅忍其性。使不違仁。困而知勤。曾益其素所不能行。疏○注。舜耕至徵庸。○正義曰。見書堯典及史記五帝本紀。使百工營求諸野。得諸傅巖。作說命三篇。馬融注云。高宗始命為傅氏。鄭氏注云。得諸傅巖。高宗因以傅命說為氏。史記殷本紀云。武丁夜夢得聖人。名曰說。以夢所見。視羣臣百吏皆非也。於是乃使百工營求之野。得說於傅險中。是時說為胥靡。築於傅險。見於武丁。武丁曰。是也。得而與之語。果聖人。舉以為相。殷國大治。故遂以傅險姓之。號曰傅說。徐廣曰。尸子云。傅巖。在北海之洲。張守節正義云。地理志云。傅險即傅說版築之處。所隱之處。窟名聖人窟。在今陝州河北七里。即虞國虢國之界。按墨子尚賢篇云。昔者傅說居北海之州。圜土之上。衣褐帶索。庸築於傅巖之城。武丁得而舉之。立為三公。墨子。尸子。皆同時人。其言傅巖在北海。當有所據。閻氏若璩釋地云。傅氏之巖。在虞虢之閒。今平陸縣東三十五里是。俗名聖人窟。為說所傭隱止息處。非於此築也。巖東北十餘里。即左傳之顛軨阪。有東西絕澗。左右幽空。窮深地壑。中則築以成道。指南北之路。謂之為軨橋也。說身負版築。為人所執役。正於此地。至今澗猶呼沙澗。水去傅巖一千五里。墨子。尸子。並以傅巖在北海洲者大非。閻氏本張守節之說。其云顛軨阪云云。則水經注文也。然後世之地。附會古人之迹甚多。墨子以為築城。稱其庸築。則但傭工。為人版築。史記言胥靡。晉灼漢書注云。胥。相也。靡。隨也。古者相隨坐。輕刑之名。漢書賈誼傳服賦云。傅說胥靡。迺相武丁。張晏曰。胥靡。刑名也。傅說被刑。築於傅巖。武丁以為己相。然則說之版築。田於被刑矣。王氏鳴盛尚書後案云。荀子非相篇云。傅說之狀。身如植鰭。楊倞注云。植。立也。如魚之立。然則說形本自有異。故可以形求也。○注。膠鬲至臣也。○正義曰。膠鬲事詳見公孫丑上篇。魚鹽則別無可證。趙氏佑溫故錄云。古者。諸侯歲貢士於天子。文王之舉膠鬲。乃進之於紂。與伊尹五就桀。為湯進之。桀不復進用至五者同。故得與微箕並稱紂輔相。而注言文王舉之所以為臣。背矣。紂猶知用膠鬲而仍與不用同。此紂之終於亡也。然久而後失之。則鬲之功亦不細。故雖不得如傅說諸人發名成業之盛。而同謂之天降大任。追後殷命再黜。鬲之去從顯晦。迄無可見。亦足概矣。○注。士獄至相國。○正義曰。書堯典云。汝作士。史記集解引馬氏注云。士。獄官之長。周禮地官大司徒云。其附於刑者。歸於士。注云。士。謂士[illegible]斷刑之官。莊公九年左傳云。鮑叔帥師來言曰。子糾親也。請君討之。管召讎也。請受而甘心焉。乃殺子糾於生竇。召忽死之。管仲請囚。鮑叔受之。及堂阜而稅之。歸而以告曰。管夷吾治於高傒。使相可也。公從之。此舉於士之事也。○注。孫叔至令尹。○正義曰。閻氏若璩釋地云。趙氏注。孫叔敖隱處。耕於海濱。楚莊王舉之以為令尹。此亦是隨文解之。事實無所徵。莊王時。楚南境東境去海尚遠。而史記稱孫叔敖楚之處士。荀子呂氏春秋並以為期思之鄙人。期思故城。在今固始縣西北七十里。固始本寢邱。即莊王感優孟之言。以封其子者。傳十世不絕。其得為令尹也。史記說苑列女傳。謂進自虞邱子。呂氏春秋謂沈尹莖力。新序謂楚有善相人者。招得之。皆無起家海濱說。蓋孟子所據之書籍。今不可考矣。又考孫叔敖即宣十一年令尹蔿艾獵。乃蔿賈之子。賈字伯嬴。宣四年官司馬。為子越椒所惡。因而殺之。

意者子馮式微。竄處海濱。不七八年莊知其賢。擢爲令尹與。但蔿賈乃薳呂臣之子。呂臣繼子玉。官令尹。出自公族。自應爲楚郢人。何得遠在期思之鄙。意在叔敖子實不才。徒世守封土。莫顯於朝。後人遂以其子孫之占籍。上繫諸先人與。毛氏奇齡經問云。張燧問孫叔敖舉於海。淮安閻氏謂孫叔敖。卽宣十一年楚令尹蔿艾獵。此可信與。曰孫叔敖自是處士。凡荀子。呂覽。史記。以及劉向之說苑新序。列女傳皆明載其人。趙岐舊注。原是有據。以愚考之。則實楚之蓼國人。及楚莊滅蓼。而後薦而舉用之。史記孫叔敖傳。謂叔敖楚之處士。虞邱相薦於王而代爲楚相。未審爲何所人也。惟荀子呂覽皆有孫叔敖。爲期思之鄙人語。考期思本蓼國地。卽春秋之寢邱也。漢名寢縣。東漢名固始。楚子於宣八年滅蓼。而宣十二年卽有孫叔敖之名見於策書。則以蓼名期思。必蓼滅而後期思之鄙人。始得用虞邱之薦而舉爲令尹。此固按之春秋。互證之他書而顯有然者。況史記滑稽傳又云。叔敖死。其子窮困負薪。莊王聽優孟之言。封其子於寢邱。其封寢邱者。亦正以寢邱卽期思。本叔敖故居。因封之。則是所居所封皆蓼國者其爲蓼人無疑也。若云楚公族。則公族世爵。未有身爲令尹而爲子負薪者。又未有止封以地。而不卽予以爵者。此其誤始於服虔。杜預之注左傳。而孔氏正義不能辨正。左傳宣十一年。有令尹蔿艾獵城沂事。其明年晉楚戰於邲。又有令尹孫叔敖不欲戰。而楚王命之戰。事以爲兩年相距不甚遠。而止此令尹。必屬一人。而不知隔歲易官。在列國多有之。況左氏行文。必名字兼稱。旣曰。令尹孫叔敖不欲。又曰。若事得捷。則孫叔爲無謀矣。則一稱敖名。一稱叔字。是必氏孫。字叔。而敖其名。與蔿賈之子。明屬兩人。其所大誤者。則以戰邲時。隨武子稱有蔿敖。而杜氏以爲卽兼稱也。武子以爲楚雖與戰。其平時討鄭入鄭。軍政秩然。且以爲蔿敖爲宰。擇楚國之令典云云。此言平時也。其時蔿敖不在軍也。杜氏旣疑令尹屬一人。而蔿敖一名。則又氏本蔿獵而名近孫叔。是必一人而兼稱者。遂公然以叔敖當之。殊不知一軍之中。叔敖旣帥師。又使叔敖典軍制。勢必不能。此蔿敖是宰。楚制有令尹大宰二官。令尹極尊。太宰極卑。策書。太宰伯州犂是也。孫叔令尹。豈得與蔿敖太宰合作一人。侍人賈舉。非死者賈舉。名雖連稱。人實有兩也。襄十五年蔿子馮爲司馬。此蔿艾獵之子也。世本亦不識叔敖出處。然不敢謂叔敖艾獵是一人。但蔿艾獵者。叔敖之兄。故其注蔿子馮。則曰叔敖從子。今杜氏謂艾獵與叔敖一人。則竄子馮爲艾獵子 卽叔敖子矣。乃其注是傳。亦曰。叔敖從子。則何說焉。閻氏謂蔿賈官司馬時。爲子越椒所殺。故其子叔敖竄處海濱。則又不然矣。宣四年。蔿賈爲工正。與鬭椒共譖殺令尹鬭般。而椒爲令尹。賈爲司馬。旣而椒復惡賈。囚賈而殺之。因之攻王。王遂滅鬭氏。是賈以怨殺。並非國法。且王滅鬭氏。隨取殺賈者。而盡滅之。有何讐患。而竄處遠地。至於式微。然則其日舉於海。何居。曰。此正所謂期思之鄙人者也。蓼本楚外國。而期思又當淮西之地。淮水經。期思之北而東注於海。禹貢。淮與海並稱。地志。淮康與海康並稱。居淮之濱。卽居海之濱。以淮通於海也。是以從來稱淮地。多稱海疆。如魯詩。來淮夷。則曰。遂荒大東。至於海邦江漢。伐淮夷。則曰。于疆于理。至于南海。蓋海不必在波濤間矣。況國語於吳。曰。奄有東海。於越。曰。濱於東海之陂。而蓼介楚外。原屬吳越。春秋楚子滅蓼時有云。及滑汭。盟吳越而至。則正以期思以東。皆在吳越。

爲國中也。吳越名海。則期思亦海矣。要之。孟子當不謬耳。周氏柄中辨正云。叔敖避仇遠竄。此情事所或有。閻說近之。僖二十四年傳。凡蔣邢毛胙祭。杜注。蔣在弋陽期思縣。水經注。期思縣。故蔣國周公之後。楚滅之。然則非蓼國也。文五年傳。楚滅蓼。杜注。蓼今安豐蓼縣。然則非期思也。判然二地。毛說非是。按毛氏四書改錯云。孫叔蔣之期思人。其地與蓼近。又云。蔣蓼楚外國。期思之爲蔣地 毛氏固已自知。自改正矣。盧氏文弨鍾山札記云。毛檢討作經問。及四書索解。力辨叔敖非楚公族。並非蔿氏。乃蓼國期思之處士。余按宣十一年。楚令尹蔿艾獵城沂。杜注云。孫叔敖也。十二年。邲之戰。隨武子云。蔿敖爲宰。擇楚國之令典軍行右轅云云。又云。令尹孫叔敖弗欲戰。南轅反旆。又云。王告令尹改乘轅而北之。軍事以車爲重。而令尹實主之。則士會所稱蔿敖。非卽叔敖乎。則其爲一人。爲蔿氏。實無可疑。高誘注呂氏春秋情欲篇。知分篇皆云。叔敖薳賈之子。薳卽蔿也。服虔注左傳云。艾獵。蔿賈之子孫叔敖也。杜氏從之。總之。左氏蔿敖一言。可爲蔿氏之確證。與其信諸子也。不如信傳。孫氏星衍孫叔敖名字考云。蔿敖。字孫叔。古人名與字配孫。當讀爲遜。與敖相輔也。左傳宣十二年。晉隨武子曰。蔿敖爲宰。擇楚國之令典。下云。嬖人伍參欲戰。令尹孫叔敖弗欲。加字於名上。猶稱孔父嘉之例。下文參曰。孫叔爲無謀矣。下文又云。孫叔曰。進之。可證孫叔爲敖之字。孔穎達引世本艾獵爲叔敖之兄。高誘注呂氏春秋云。孫叔敖。薳大夫蔿賈之子是也。蔿賈蓋有二子。一蔿艾獵。一蔿敖。字孫叔。敖既稱叔。宜尙有兄矣。服虔杜預以蔿敖蔿艾獵爲一人。與世本異。敖字孫叔。既兩見傳文。何得又名艾獵。以此知世本之說最古。可從矣。漢碑以爲名饒。饒與敖音相近。當據古書有作孫叔饒者而言。碑云字叔敖則誤。謹按古人學述。非可臆斷。右諸說各有所是。故備錄之。乃孟子言舉於海。則與期思之鄙人近。毛氏之說。未可非也。○注。百里至相也。○正義曰。奚事詳見萬章上篇。周氏柄中辨正云。毛大可云。食牛養牲在田宅。而不在市。以市宜販畜。不宜牧畜也。舉市與史記贖奚正相合。按字書市訓買。贖亦訓買。故市貨稱贖貨。舉於市。猶言舉於贖買間也。按毛氏信秦本紀贖奚之說。不信商君傳舉之牛口之下之說。故以市爲贖買。大抵養牲販賣。初非二事。說苑秦穆公使賈人載鹽。賈人以五羊皮買。奚使將鹽車往。穆公視鹽見牛肥曰。任重道遠而牛肥。何也。奚對曰。食之以時。使之不暴。有險先之以身。穆公知其賢。以爲上卿。然則百里奚爲人養牲。卽爲人販賣。以養牲言。則曰舉之牛口之下。以販賣言。則曰舉於市。非有二也。謹按毛氏訓市爲買。與閻氏說同是也。周氏以爲販牲於市。固爲臆說。說苑言賈人以五羊皮買。奚因以說秦穆公。此正好事者所造。自鬻於秦以干秦穆公事也。孟子所斥之矣。閻氏說已見前。○注。言天至能行。○正義曰。爾雅釋言云。降。下也。釋詁云。勞。勤也。文選東京賦。與徒不勞。薛綜注云。勞。苦也。趙氏以苦卽是勞。以勤釋勞。卽釋苦。內而心志。外而筋骨。皆統之以身。故以勤勞其心。解苦其心志一句也。餓則飢瘠。餓其身體。則瘠形於肌膚矣。呂氏春秋季春紀云。振乏絕。高誘注云。行而無資曰乏。周禮地官遺人疏引晉傳云。行而無資謂之乏。居而無食謂之困。後漢書賈逵傳云。屢空。則從孤竹之子於首陽山矣。注云。空。乏也。空卽是乏。空乏是無資。故以絕糧解之。空乏猶乏絕也。淮南子主術訓云。

豈能拂道理之徽。高注云。拂。戾也。漢書杜欽傳云。言之則拂心逆指。注云。拂謂違戾也。拂戾則逆。逆即不順。從之言順也。故以戾釋拂而解之。以所行不從也。所爲即所行。所行拂戾。於是亂其所爲矣。易說卦傳云。震。動也。彖傳云。震驚百里。警遠而懼邇也。故以驚釋動。文選高唐賦。使人心動。注亦云。動。驚也。廣雅釋言云。忍。耐也。說文心部云。忍。能也。能與耐同。廣雅釋詁云。能。任也。孟子道性善。仁義禮智生於心。即本於性。任其性。即仁以爲已任也。故云。堅忍其性。使不違仁。若不能任其性。則將戕賊其性。賊亡其性。而違仁矣。堅者。彊也。毛詩鄭風。將仲子兮。無折我樹檀。傳云。檀。彊韌之木。孔氏正義云。檀材可以爲車。故云彊韌之木。彊韌即彊忍。謂其材性能勝任。不易損壞也。以性之仁自任。不使爲外物所誘。喪其仁以失其性。是爲忍性。荀子儒效篇云。志忍私然後能公。行忍性情。然後能修。非十二子篇云。忍性情。綦谿利跂。荀子以性爲惡。故楊倞注云。忍謂違矯其性也。孟荀同言忍性而義不可混。違其性而後能修。是荀之恉也。楊氏得之。任其性而後能仁。是孟之恉也。趙氏得之。性殊善惡。則忍判從違。蓋忍原有兩義。段氏玉裁說文解字注云。忍之義堅行止。敢於殺人。謂之忍。敢於不殺人。亦謂之忍。荀子忍性。敢於違其性也。孟子忍性。敢於任其性也。或以荀之忍性。爲孟之忍性。以性爲嗜欲血氣而持之禁之。非孟子之義。亦失趙氏堅忍之義。趙氏以堅忍其性解忍性。而申以使不違仁。趙氏徇通儒也。音義云。張云。曾與增同。丁云。依注會讀當作增。依字訓義亦通。按趙氏謂素所不能行者。即仁也。因已之勞苦空乏。推之於人。則有以動其不忍之心。而任其安天下之性。故向有所不能者。皆增益而能矣。

人恒過。然後能改。困於心。衡於慮。而後作。徵於色。發於聲。而後喻。

注人常以有繆思過行。不得福。然後乃更其所爲。以不能爲能也。困瘁於心。衡。橫也。橫塞其慮於胸之中。而後作爲奇計異策。憤激之說也。徵驗見於顏色。若屈原憔悴。漁父見而怪之。發於聲而後喻。若甯戚商歌。桓公異之。

疏注。人常至能也。○正義曰。爾雅釋詁云。恒。常也。禮記樂記云。過制則亂。過作則暴。注云。過。猶誤也。仲尼燕居云。不能詩。於禮繆。注云。繆。誤也。是繆即過也。思誤則行誤。因致愆咎。故不得福。更。即改也。始以繆而不得福。一更改即能得福。是以不能爲能也。呂氏春秋不廣篇云。以其所能。托其所不能。若舟之與車。高誘注云。舟不能陸。車不能浮。然更相載。○注。困瘁至說也。○正義曰。廣雅釋言云。困。悴也。悴與瘁古字通。荀子大略篇云。慮至而後慮者謂之困。毛詩陳風衡門之下。傳云。衡門。橫木爲門。考工記弓人注云。衡。古文橫。假借字也。大戴記曾子大孝篇云。夫孝。置之則塞於天地。衡之而衡於四海。注云。衡。猶橫也。是橫與塞義相近。禮記樂記云。號以立橫。注云。橫。充也。充。亦塞也。故讀衡爲橫。而又以塞釋之。史記齊太公世家云。周西伯昌之脫羑里歸。與呂尚陰謀修德以傾商政。其事多兵權與奇計。陳丞相世家云。封平以戶牖。卒用其奇計策。卒滅楚。趙氏謂作爲奇計異策。指此類與。云憤激之說。

似指蘇秦去秦而歸韓。夜發書伏讀。引錐自刺其股。可謂困心横慮矣。朞年揣摩成。用說當世之君。當時天下之大。萬民之衆。王侯之威。謀臣之權。皆欲決於蘇秦之策。則所謂奇謀異策也。太史公自序云。屈原放逐著離騷。韓非囚秦說難孤憤。詩三百篇。大抵聖賢發憤之所爲作也。此人皆意有所鬱結。不得通其道也。故述往事思來者。是則趙氏所云憤激之說邪。然儀秦事。孟子羞稱。近時通解作爲興起。謂心之謀慮阻窒不通。然後乃奮興而爲善也。此則過之窮蹙於已者。徵色謂爲人所忿疾。發聲謂爲人所詬讓。然後乃徵悟通曉也。此則過之暴著於人者。○注。徵驗至怪之。○正義曰。書洪範云。念用庶徵。鄭氏注云。徵。驗也。楚辭漁父第七云。屈原既放。遊於江潭。行吟澤畔。顏色憔悴。形容枯槁。漁父見而問之。王逸注云。怪屈原也。○注。發於至異之。○正義曰。呂氏春秋舉難篇云。甯戚欲干齊桓公。窮困無以自進。於是爲商旅。將任車以至齊。暮宿於郭門之外。桓公郊迎客。夜開門辟。任車爝火甚盛。從者甚衆。甯戚飯牛居車下。望桓公而悲。擊牛角疾歌。桓公聞之。撫其僕之手曰。異哉。之歌者。非常人也。命後車載之。高誘注以爲歌碩鼠。列女傳辯通篇云。甯戚欲見桓公。道無從。乃爲人僕。將車宿齊東門之外。桓公因出。甯戚擊牛角而商歌。甚悲。桓公異之。趙氏所本也。商歌蓋謂其音悲楚。卽此碩鼠三章。疾歌而爲商音也。藝文類聚。引琴操則別有商歌云。南山矸白石爛云云。則後人所僞造。

入則無法家拂士。出則無敵國外患者。國恆亡。然後知生於憂患而死於安樂也。

注 入。謂國內也。無法度大臣之家。輔拂之士。出。謂國外也。無敵國可難。無外患可憂。則凡庸之君。驕慢荒怠。國常以此亡也。故知能生於憂患。死於安樂也。死。亡也。安業怠惰。使人亡其知能也。

疏 注輔拂之士。○正義曰。音義云。拂。音弼。荀子臣道篇云。有能抗君之命。竊君之重。反君之事。以安國之危。除君之辱。功伐足以成國之大利。謂之拂。說苑臣術篇。引此文拂作弼。賈子保傅篇云。潔廉而切直。匡過而諫邪者。謂之拂。拂者。拂天子之過者也。大戴記保傅篇載此文。上二拂字作弼。說文。弜部云。弼。輔也。重文作㢸。手部云。拂。過擊也。然則弼爲本字。以㢸从弗聲同拂。故假借拂也。○注。故知至能也。○正義曰。音義出知生字云。丁依注音智。注同。陸知字云。言憂患者以生全。安樂者得死亡也。趙氏讀知爲智。故以知能明之。卽德慧術智恆存乎疢疾之義。乃知能可言生。不可言死。故以死爲亡。謂死於安樂。卽是安樂怠惰。亡其知能。然援經文之意。然後二字。慾不可違。以死爲亡。究爲曲說。陸氏讀知字是。春秋繁露竹林篇云。深本頃公之所以大辱。身幾亡國。爲天下笑。其端乃從懾魯勝衛起。伐魯。魯不敢出。擊衛。大敗之。因得氣而無敵國以興患也。故曰。得志有喜。不可不戒。此其效也。自是後頃公恐懼。不聽聲樂。不飲酒食肉。內愛百姓。問疾弔喪。外敬諸侯。從會與盟。卒終其身。家國安康。是福之本生於憂。而禍起於喜也。此正發明孟子此文之義。

章指。言聖賢困窮。天堅其志。次賢感激。乃奮其慮。凡人佚樂。以喪知能。賢愚之敍也。

孟子曰：教亦多術矣，予不屑之教誨也者，是亦教誨之而已矣。【注】教人之道多術。予，我也。屑，絜也。我不絜其人之行，故不教誨之。其人感此，退自修學而爲仁義，是亦我教誨之一道也。【疏】注「予我也。屑絜也」。○正義曰：予，我也。爾雅釋詁文。屑，絜，詳見公孫丑上篇。方言云：「屑，潔也。」章指言學而見賤，恥之大者，激而厲之，能者以改，教誨之方，或折或引，同歸殊塗，成之而已。【疏】「或折或引」。○正義曰：戰國策西周策云：「則周必折而入於韓。」注云：「折，屈也。」引謂引而信之也。或折或引，即或屈或信。「折」一本作「抑」。

卷十二　盡心章句上凡四十七章

【注】盡心者，人之有心，爲精氣主，思慮可否，然後行之，猶人法天。天之執持維綱，以正二十八舍者，北辰也。論語曰：「北辰居其所而衆星共之。」心者，人之北辰也。苟存其心，養其性，所以事天也，故以盡心題篇。【疏】注「人之至法天」。○正義曰：荀子解蔽篇云：「心者，形之君而神明之主也，出令而無所受令。」春秋繁露循天之道篇云：「凡氣從心。心，氣之君也。」淮南子原道訓云：「夫心者，五藏之主也，所以制使四支，流行血氣，馳騁於是非之境，而出入於百事之門戶者也。」精神訓云：「是故血氣者，人之華也；而五藏者，人之精也。夫血氣能專於五藏而不外越，則胸腹充而嗜欲省矣。胸腹充而嗜欲省，則耳目清聽視達矣。耳目清聽視達謂之明。五藏能屬於心而無乖，則敦志勝而行不僻矣。敦志勝而行之不僻，則精神盛而氣不散矣。」此心爲精氣主之說也。馳騁於是非之境，而行之不僻，即思慮可否，然後行之之謂也。猶與由通。慮所以然者，由人之性善，故其心能變通，以天爲法則也。莊子天運篇云：「天其運乎？地其處乎？日月其爭於所乎？孰主張是？孰維綱是？孰居無事，推而行是？意者其有機緘而不得已邪？意者其運轉而不能自止邪？」楚辭天問篇云：「斡維焉繫？」王逸注云：「維，綱也。」文選長笛賦注引字林云：「維，持也。」詩周頌「執競武王」，箋云：「執，持也。」儀禮鄉射禮云：「下綱不及地武。」注云：「綱，持舌綱也。」執持維綱四字同義。趙氏取莊子此文，而以執持釋維綱。莊子以天之運轉，執維綱而使之推行。趙氏以天之運，其所以維綱者北辰，而引論語以證之。周禮春官馮相氏「掌二十有八星之位」，秋官硩蔟氏「掌二十有八星之號」，注云：「星謂從角至軫。」爾雅釋天云：「壽星，角亢也。天根，氐也。天駟，房也。大辰，心尾也。析木之津，箕斗之間，漢津也。星紀，斗牽牛也。元枵，虛也。顓頊之虛，虛也。北陸，虛也。營室謂之定。娵觜之口，營室東壁也。降婁，奎婁也。大梁，昴也。西陸，昴也。濁謂之畢。咮謂之柳。柳，鶉火也。」此二十八舍之星。角亢氐房心尾箕爲東方蒼龍之宿，斗牛女虛危營室東壁爲北方元武之宿，奎婁胃昴畢觜參爲西方白虎之宿，東井輿鬼柳七星張翼

軫爲南方朱鳥之宿。爾雅於北缺危。於西缺胃。觜軫。於南止有柳蓋。舉其宜釋者。餘從略也。而承之云。北極謂之北辰。孫炎注云。北極。天之中以正四時。趙氏本於此。故謂正二十八舍者。北辰也。二十八舍東西南北分主四時。正四時。即正二十八舍矣。邵氏晉涵爾雅正義云。爾雅。約舉二十二舍十二次。而繼以北辰者。以其爲衆星所拱也。屈原賦天問。斡維焉繫。天極焉加。戴氏震注云。天極 論語所謂北極。周髀所謂正北極。步算家所謂不動處。亦曰赤道極。是爲左旋之樞。賈逵張衡蔡邕王蕃陸績皆以紐星爲不動處。梁祖暅測紐星離不動處一度奇。元郭守敬測離三度奇矣。趙氏以心比北辰。以四體五官等比二十八舍。二十八舍聽令於北辰。則正而不忒。四體五官聽令於心。則善而不慝。法天即所以事天也。引論語在爲政第二。

孟子曰。盡其心者。知其性也。知其性則知天矣。【注】性有仁義禮智之端。心以制之。惟心爲正。人能盡極其心。以思行善。則可謂知其性矣。知其性。則知天道之貴善者也。【疏】注。性有至善者也。○正義曰。禮記表記云。義者。天下之制也。注云。制謂裁制人之心。能裁度得事之宜。所以性善。故仁義禮智之端。原於性而見於心。心以制之。即所謂思慮可否。然後行之也。惟心爲正。謂心能裁度以正四體五官也。即天之北辰。執持維綱。以正二十八舍也。呂氏春秋明理篇云。五帝三王之於樂盡之矣。高誘注云。盡。極也。禮記大學篇云。是故君子無所不用其極。注云。極。猶盡也。故盡其心。即極其心。性之善。在心之能思行善。故極其心以思行善。則可謂知其性矣。知其性。謂知其性之善也。天道貴善。特鍾其靈於人。使之能思行善。惟不知己性之善。遂不能盡極其心。是能盡極其心以思行善者。知其性之善也。知其性之善。則知天道之好善矣。趙氏之義如此。戴氏震原善云。孟子曰。盡其心者。知其性也。知其性則知天矣。耳目百體之所欲。血氣資之以養。所謂性之欲也。原於天地之化者也。是故在天爲天道。在人咸根於性而見於日用事爲爲人道。仁義之心。原於天地之德者也。是故在人爲性之德。斯二者一也。由天道而語於無憾。是謂天德。由性之欲而語於無失。是謂性之德。性之欲。其自然之符也。性之德。其歸於必然也。歸於必然。適全其自然。此其爲自然之極致。詩曰。天生蒸民。有物有則。民之秉常。好是懿德。凡動作威儀之則。自然之極致也。民所秉也。自然者。散之普爲日用事爲。必然者。秉之以協於中。達於天下。知其自然。斯通乎天地之化。知其必然。斯通乎天地之德。故曰。知其性。則知天矣。天人道德。靡不豁然於心。故曰盡其心。

存其心。養其性。所以事天也。【注】能存其心。養育其正性。可謂仁人。天道好生。仁人亦好生。天道無親。惟仁是與。行與天合。故曰。所以事天。殀壽不貳。修身以俟之。所以立命也。【注】貳。二也。仁人之行。一度而已。雖見前人或殀或壽。終無二心。改易其道。殀若顏淵。壽若邵公。皆歸之命。修正其身。以待天命。此所以立命之本也。【疏】注。貳二至本也。○正義曰。禮記王制云。喪事不貳。注云。貳之言二也。國語周語云。百姓攜貳。韋昭注云。貳。二心也。昭公二十八年左傳云。心能制義曰度。一度而已。不改易也。史記仲尼弟子列傳云。回年二十九。髮盡白。蚤死。孔子哭之慟。既殀若顏淵之說也。論衡氣壽篇云。周公居攝七年復政。退老出入百歲矣。邵公。周公之兄也。至康王之時。尚爲大保。出入百有餘歲矣。又云。傳稱邵公百八十。此壽若邵公之說也。程氏瑤田論學小記云。心者。身之主也。萬物皆備於吾之身。物則即具於吾之心。而以爲吾之性如是。而心可不盡乎。易爲而可謂之盡其心也。由盡己之性而充極之。至於盡人之性。盡物之性。而心盡矣。是非先有以知其性不能也。易知乎爾。格物以致其知。斯能窮盡物則以知其心所具之性。而因以盡其心。然則盡其心者。知其性也。夫是性也。天之分與我者也。性不異乎天。而天豈異乎性。知性知天非二事亦無二時也。知其性。則知天矣。夫然而心可不存乎。不存則放。夫然而性可不養乎。不養則戕。父母生我以身。而不毀傷其身者。能事親者也。天分我以心與性。而能不放之不戕之。非所以事天乎。故苟能存其心而養其性。則必其明物察倫。以致其知者。既詳且盡。而見之於行。必能居仁由義。以盡其道。而其功之盛。必將有以馴致夫參天地贊化育之能。任則至重也。道則至遠也。死而後已者也。夫然後天之所以與我以爲性而具於心者。是我所受之命。而殀壽不貳。修身以俟之矣。豈非所以立命乎。按程氏說是也。盡其心。即伏羲之通德類情。黃帝堯舜之通變神化。惟知人性之善。故盡其心以教之。知性即是知天。知天而盡其心以教之。即所以事天。所以盡其心者。不過存其心。養其性也。盡其性以盡人之性。盡物之性。贊天地之化育。所以成天之能。猶人臣贊君之治。以成君之功。聖人事天。猶人臣事君也。天之命有殀。壽。窮。達。智。愚。賢。不肖。而聖人盡其心以存之養之。存之養之即所以修身。使天下皆歸於善。天之命雖有不齊。至是而皆齊之。故爲立命知性。知天窮理也。盡其心以存之養之修之。盡性也。立命至於命也。孟子此章。發明易道也。

章指。言盡心竭性。所以承天。殀壽禍福。秉心不違。立命之道。惟是爲珍。

孟子曰：莫非命也。順受其正。【注】莫。無也。人之終無非命也。命有三名。行善得善曰受命。行善得惡曰遭命。行惡得惡曰隨命。惟順受命。爲受其正也。【疏】注。莫無也至正也。○正義曰。詩。周頌。時邁。莫不震疊。韓詩云。莫。無也。莫。無。聲相近。趙氏以無釋莫是也。非命二字相違。即下非正命。韓詩外傳云。孔子曰。人有三死。而非命也者。自取之也。非命二字與此同。莫非命。禁戒之辭。謂不可非命而死也。順受其正。乃爲知命。不知命。或死於巖牆之下。或桎梏而死。是即死於非命。死於非命。即不能順受其正。即是不知命。如是則通章一氣貫注。趙氏謂人之終無非命。蓋以命有三名。人之終不出乎受命。遭命。隨命。三命中。性行善得善。乃爲順受正。按諸孟子之恉。固不如是三命之說。音義云。丁云三命。事出孝經援神契。按禮記祭法注云。司命主督察三命。孔氏正義引孝經援神契云。命有三科。有受命以任慶。有遭命以譴暴。有隨命以督行。受命謂年壽也。遭命謂行善而遇凶也。隨命謂隨其善惡報之。白虎通受命篇云。命有三科。以記驗有壽命。以保度有遭命。以遇暴有隨命。以應行壽命者上命也。若言文王受命惟中。身享國五十年。隨命者隨行爲命。若言怠棄三正。天用勦絕其命矣。又欲使民務仁立義。無滔天。滔天則司命舉過。言則用以弊之。遭命者逢世殘賊。若上逢亂君。下必災變。暴至夭絕。人命沙鹿。崩於受邑。是也。冉伯牛危言正行。而遭惡疾。孔子曰。命矣夫。斯人也而有斯疾也。論衡命義篇云。傳曰。說命有三。一曰正命。二曰隨命。三曰遭命。正命謂本稟己。自得吉也。性然骨善。故不假操行以求福。而吉自至。故曰正命。隨命者。戮力操行而吉福至。縱情施欲而凶禍到。故曰隨命。遭命者。行善得惡。非所冀望。逢遭於外。而得凶禍。故曰遭命。白虎通論衡小有異同。趙氏與白虎通合。乃下節注云。知命者。欲趨於正。故不立巖牆之下。恐厭覆也。盡修身之道。以壽終者得正命也。此以壽終爲正命。而本之以修身。則仍行善得善之義。蓋分隨命中之善報。合諸受命之年壽。而以惡報獨爲隨命。論衡全本孝經緯以年壽。得諸自然。不由善報。與趙氏爲異也。

是故知命者不立乎巖牆之下。盡其道而死者。正命也。【注】知命者。欲趨於正。故不立巖牆之下。恐壓覆也。盡脩身之道。以壽終者。爲得正命也。桎梏死者。非正命也。【注】畏壓溺死。禮所不弔。故曰非正命也。【疏】注「畏壓至命也」。○正義曰。禮記檀弓云。死而不弔者三。畏。厭。溺。注云。謂輕身忘孝也。注畏云。人或時以非罪攻己。不能有以說之死之者。孔子畏於匡。注厭云。行止危險之下。注溺云。不乘橋船。厭卽壓覆也。呂氏春秋孟夏紀勸學篇云。曾點使曾參過期而不至。人皆見曾點曰。無乃畏邪。曾點曰。彼雖畏。我存。夫安敢畏。孔子畏於匡。顏淵後。孔子曰。吾以汝爲死矣。顏淵曰。子在。回何敢死。兩事相比。回何敢死。正是回何敢畏。高誘注。畏爲死。謂由畏而死。卽檀弓死而不弔之畏矣。以畏而死。則子必不死。故知子在以畏而死。則不可死。故顏子不敢死。卽曾子安敢畏立巖牆之下。恐其壓。壓而死。猶畏而死。俱爲非命。孟子此文。與子在。回何敢死相發明。子在者。聖人知命。不死於非命也。回何敢死者。大賢知命。不死於非命也。孟子言不立巖牆之下。不桎梏而死。示人知命之學。不可死於非命也。故莫非命之莫。讀如易莫夜有戎。莫辭之之莫。莫卽無。無卽毋。說文女部云。毋。止之也。非命二字相連。莫字不與非字連也。論語言五十而知天命。不知命無以爲君子也。又云。死生有命。又云。道之將行也與。命也。道之將廢也與。命也。孟子既云。殀壽不貳。脩身以俟之。所以立命。此章又詳言之。又云。口之於味也。目之於色也。耳之於聲也。鼻之於臭也。四體之於安佚也。性也。有命焉。君子不謂性也。仁之於父子也。義之於君臣也。禮之於賓主也。知之於賢者也。聖人之於天道也。命也。有性焉。君子不謂命也。皆發明孔子知命之說也。死生窮達。皆本於天命。當死而營謀以得生。當窮而營謀以得達。非知命也。命可以不死。而自致於死。命可以不窮。而自致於窮。亦非知命也。故子畏於匡。回不敢死。死於畏。死於桎梏。死於巖牆之下。皆非命也。皆非順受其正也。知命者。不立巖牆之下。然則立巖牆之下。與死於畏。死於桎梏。皆爲不知命。味。色。聲。臭。安佚。聽之於命。不可營求。是知命也。仁義禮智天道。必得志乃可施諸天下。所謂道之將行。命也。不得位。則不施諸天下。所謂道之將廢。命也。君子以行道安天下爲心。天下之命。立於君子。百姓之飢寒囿於命。君子立命。則盡其心。使之不飢不寒。百姓之愚不肖囿於命。君子立命。則盡其心。使之不愚不肖。口體耳目之命。已溺已飢者操之也。仁義禮智之命。勞來匡直者主之也。皆盡其心也。故已之命。聽諸天。所謂脩身以俟之。而天下之命任諸已。所謂盡心。所謂立命也。於已則俟命。於天下則立命。於正命則順受。於非命則不受。聖賢知命之學如是。俗以任運之自然爲知命。將視天下之飢。寒。愚。不肖而不必盡其心。且自死於畏　自死於桎梏。自死於巖牆之下。而莫知避也。阮氏元校勘記云。畏。壓。溺死。閩監毛三本同。廖本。孔本。韓本。攷文古本無死字。按無者非。　章指。言人必趨命。賓受其正。巖牆之疑。君子遠之。

孟子曰。求則得之。舍則失之。是求有益於得也。求在我者也。【注】謂修仁行義。事在於我。我求則得。我舍則失。故求有益於得也。求之有道。得之有命。是求無益於得也。求在外者也。【注】謂賢者修其天爵。而人爵從之。故曰求之有道也。修天爵者。或得或否。故言得之有命也。祿爵須知己知己者在外。非身所專。是以云求無益於得也。求在外也。【疏】注。祿爵須知已。〇正義曰。史記。管晏列傳云。吾聞君子詘於不知已。而信於知已者。故須知已而後祿爵可得也。翟氏灝攷異云。兩是求字。皆作一讀。其上二語。皆古語常言。荀子不苟篇云。操之則得之。舍之則失之。文子符言篇云。求之有道。得之有命。　章指。言爲仁由己。富貴在天。故孔子曰。如不可求。從吾所好。

孟子曰。萬物皆備於我矣。反身而誠。樂莫大焉。【注】物。事也。我。身也。普謂人爲成人已往。皆備知天下萬物。常有所行矣。誠者。實也。反自思其身所施行。能皆實而無虛。則樂莫大焉。【疏】注。物事至大焉。〇正義曰。周禮地官。大司徒以鄉三物。禮記月令。兼用六物。注皆云。物。猶事也。爾雅釋詁云。身。我也。說文戈部云。我施身自謂也。禮記祭義云。成人之道也。注云。成人既冠者。成人已往。男子年二十已上也。是時知識已開。故備知天下萬事。我本自謂之名。此我既指人之身。即指天下人人之身。故云。普謂人。人有一身。即人有一我。未冠。或童昏不知。既冠。則萬事皆知矣。既知則有所行。

故云。常有所行矣。淮南子說林訓云。其鄉之誠也。高注云。誠。實也。禮記禮運云。此順之實也。注云。實。猶誠也。

強恕而行。求仁莫近焉。注當自強勉以忠恕之道。求仁之術。此最爲近。疏注。當自至爲近。○正義曰。淮南子脩務訓。功可彊成。高誘注云。彊。勉也。反身而誠。即忠恕之道也。宜勉行之。戴氏震孟子字義疏證云。中庸曰。忠恕違道不遠。孟子曰。強恕而行。求仁莫近焉。蓋人能出於己者必忠。施於人者以恕。行事如此。雖有差失亦少矣。凡未至乎聖人。未可語於仁。未能無憾於禮義。如其才質所及。心知所明。謂之忠恕可也。聖人仁且智。其見之行事。無非仁。無非禮義。忠恕不足以名之。然而非有他也。忠恕至斯而極也。故曾子曰。夫子之道。忠恕而已矣。段氏玉裁說文解字注云。恕。仁也。從心如聲。孔子曰。能近取譬。可謂仁之方也矣。孟子曰。強恕而行。求仁莫近焉。是則爲仁。不外於恕。析言之。則有別。渾言之。則不別也。謹按此章。申明知性之義也。知其性而乃盡其心。然則何以知其性。以我推之也。我亦人也。我能覺於善。則人之性亦能覺於善。人之情即同乎我之情。人之欲即同乎我之欲。故曰萬物皆備於我矣。己欲立而立人。己欲達而達人。己所不欲。勿施於人。即反身而誠也。即強恕而行也。聖人通神明之德。類萬物之情。亦近取諸身而已矣。章指。言每必以誠。恕己而行。樂在其中。仁之至也。

孟子曰。行之而不著焉。習矣而不察焉。終身由之而不知其道者。衆也。注人皆有仁義之心。日自行之於其所愛。而不能著明其道。以施於大事。仁妻愛子。亦以習矣。而不能察知可推以爲善也。由。用也。終身用之。以爲自然。不究其道。可成君子。此衆庶之人也。疏注人皆至人也。○正義曰。小爾雅廣詁云。著。明也。楚辭懷沙篇云。孰察其撥正。呂氏春秋功名篇云。不可不察。王逸高誘注並云。察。知也。其實察與著義同。禮記中庸。言其上下察也。注云。察。猶著也。毛詩王風。君子陽陽。右招我由房。傳云。由。用也。著。察。知。三字義同。趙氏以不知其道。爲不究其道者。究之義爲窮爲極。蓋以察深於著。而知則察之極也。說苑脩文篇云。安故重遷。謂之衆庶。文選幽通賦云。斯衆兆之所惑。曹大家注云。衆。庶也。衆庶謂凡夫也。趙氏謂凡夫但能以仁義施於所愛之妻子。而不能擴充推之於大事。所以不能爲君子。但爲衆庶也。按孟子此章亦所以發明易道也。行習即由之也。著察即知之也。聖人知人性之善而盡其心以教之。豈不欲天下之人皆知道乎。所以可使由之不可使知之者。則以行而能著。習而能察者。君子也。行而不著。習而不察者。衆庶也。則以能知道者君子也。終身由之而不知其道者衆庶也。衆庶但可使由不可使知。故必盡其心通其變。使之不倦。神而化之。使民宜之也。自首章以下。章雖分。而義實相承。玩之可見。易上繫傳云。一陰一陽之謂道。繼之者善也。成之者性也。仁者見之謂之仁。知者見之謂之知。百姓日用而不知。故君子之道鮮矣。日用而不知。即所謂終身由之而不知其道也。百姓即衆庶也。道即君子之道。一陰一陽者也。惟其性善。所以能由。惟其能由。所以盡其心以先覺覺之。其不可知者•通變神化。而使由之。盡其心。顯諸仁也。不能使知之。藏諸用也。聖人定人道。雖凡夫無不各以夫妻父子爲日用之常。日由於道之中而不知其爲道也。此聖人知天立命之學也。聖人知民不可使知。則但使之行習。而不必責以著察。說者乃必以著察知道。責之天下之凡夫。失孟子之意矣。

章指言人有仁端。達之爲道。凡夫用之不知其爲寶也。

孟子曰。人不可以無恥。注人不可以無所羞恥也。論語曰。行己有恥。疏注。人不至有恥。○正義曰。國語周語云。姦禮爲羞。注云。羞。恥也。說文心部云。恥。辱也。禮記緇衣云。惟口啓羞。或承之羞。注並云。羞。猶辱也。故下注以辱釋恥。此以羞釋恥也。引論語。在子路篇第十三。集解引孔子云。有恥有所不爲也。

無恥之恥。無恥矣。注人能恥己之無所恥。是爲改行從善之人。終身無復有恥辱之累也。疏注。人能至累也。○正義曰。無恥二字。承上無恥。則無恥即謂無所羞恥也。無所羞恥而之於恥。是改無恥爲恥。惠氏棟後漢書補注云。光武紀注。秀之字曰茂。洪邁曰。漢高祖諱邦。荀悅曰。之字曰國。惠帝諱盈之字曰滿。謂臣下所避以相代也。諱之字之義訓變。左傳周史以周易見陳侯者。陳侯使筮之。遇觀之否。謂觀六四變爲否也。棟謂之猶適也。適則變矣。繫辭傳云。惟變所適。京房論卦有通變是也。避諱改文。與卦變同。故云之。按此無恥之恥。謂由無恥改變而適於恥。趙氏以改行解之。正以之爲之字之卦之之也。章指言恥身無分。獨無所恥。斯必遠辱。不爲憂矣。

孟子曰。恥之於人大矣。爲機變之巧者。無所用恥焉。注恥者。爲不正之道。正人之所恥爲也。今造機變穽陷之巧。以攻戰者。非古之正道也。取爲一切可勝敵也。宜無以錯於廉恥之心。疏注。恥者至之心。○正義曰。易象傳。每以正大連言。大之義爲長。正之義亦爲長。趙氏以大之義近於正。恥之於人大矣。猶云恥之於人正矣。故云。正人之所恥爲。章指云。不慕大人。何能有恥。固以正人爲大人矣。正人之所恥。必是不正。故云爲不正之道。正人之所恥爲也。墨子公輸篇云。公輸盤九設攻城之機變。故以機變之巧。指攻戰言。九設攻城之機變。篇中止言爲雲梯一事。尚有其八備城門篇云。禽滑釐曰。今之世常所以攻者。臨鉤。衝梯。堙水。穴突。空洞。蟻附。轒輼軒車凡十二。又云。問穴土之守邪。若彭有水濁非常者。此穴土也。急壍城內穴直之穿井城五步一井。傳城足高地丈五尺地得泉三尺而止。令陶者爲罌容四十斗以上。固順之以薄鞈革置井中。使聰耳者。伏罌聽之•審知穴之所在。鑿內迎之。又有備穴篇。穴即穽陷也。此皆攻城之機變。趙氏略舉穽陷以槪其餘耳。

書。柴誓云。敜乃穽。然則王者攻戰之正道。不用穽陷。故此機變穽陷之巧。非古之正道也。漢書翟方進傳云。奏請一切增賦。張晏云。一切。權時也。路溫舒傳云。是以獄吏專爲深刻。殘賊而亡極。爚爲一切。不顧國患。如淳云。爚。苟且也。一切。權時也。後漢書王霸傳云。蘇茂客兵遠來。糧食不足。故數挑戰。以徼一切之勝。李賢注云。一切。猶權事也。此云一切可勝敵。謂權時取勝敵而已。不計正不正也。正人旣以不正爲恥。此非古之正道。而苟且爲之。是不以不正爲恥。非正人矣。故云宜無錯於廉恥之心。音義云。錯。音措。說文手部云。措。置也。近時通解機變。謂機械變詐。按淮南子原道訓云。故機械之心。藏於胸中。高誘注云。機械。巧詐也。是不必指攻戰言之。

不恥不若人。何若人有。注不恥不如古之聖人。何有如賢人之名也。疏注。不恥至名也。○正義曰。阮氏元校勘記云。注意謂取法乎上。乃得乎中也。閩監毛三本聖人賢人。並作聖賢。章指。言不慕大人。何能有恥。是以隰朋愧不及黃帝。佐齊桓以有勳。顏淵慕虞舜。仲尼嘆庶幾之云。疏隰朋至之云。○正義曰。周氏廣業孟子章指攷證云。左傳昭十三年。叔向曰。齊桓。衞姬之子也。有鮑叔牙隰朋以爲佐。列子力命篇。管夷吾有病。小白問惡乎屬國而可。對曰。隰朋可。其爲人也。上忘而下不叛。愧其不若黃帝而哀不已若者。又見莊子徐無鬼篇。文與列子同。文選張華勵志詩。隰朋仰慕。予亦何人。李善注引作莊子是也。又呂氏春秋貴公篇云。隰朋之爲人也。上志而下求。醜不若黃帝而哀不已若者。高誘注。醜其德不若黃帝。又管子小匡篇。於諸侯使隰朋爲行尹。知章注。行。行人也。賈誼新書所謂中主者。齊桓公是也。得管仲隰朋。則九合諸侯。說苑。管仲治內。隰朋治外。數書皆出周秦西漢。故趙氏據以爲說。易繫辭傳。顏氏之子。其殆庶幾乎。虞翻注云。幾者。神妙也。顏子知微。故殆庶幾。孔子曰。回也其庶幾乎。孔穎達亦云。顏子庶於幾。王充論衡。顏淵曰。舜何人也。予何人也。五帝三王皆聖。顏淵獨慕舜者。知已步驟有同也。亦可爲慕舜之證。

孟子曰。古之賢王好善而忘勢。注樂善自卑。若高宗得傅說而稟命。疏注。樂善至稟命。○正義曰。傅說詳見告子下篇云。稟命者。蓋謂傅說三篇也。但此三篇。伏氏孔氏皆無。惟禮記文王世子學記緇衣等篇。引兌命曰。鄭氏注云。兌當作說。謂殷高宗之臣傅說也。作書以命高宗。國語楚語云。白公子張曰。昔殷武丁能聳其德。至於神明。以入於河。自河徂亳。於是乎三年。默以思道。卿士患之。曰。王言以出令也。若不言。是無所稟令也。武丁於是作書曰。以余正四方。余恐德之不類。茲故不言。如是。而又使以象夢求四方之賢聖。得傅說以來。升爲三公。而使朝夕規諫。稟命即稟令。趙氏本此也。古之賢士何獨不然。樂其道而忘人之勢。注何獨不然。何獨不有所樂有所忘也。樂道守志。若許由洗耳。可謂忘人之勢矣。疏注。若許由洗耳。○正義曰。史記伯寶列傳云。說者云。堯讓天下於許由。許由不受。恥之逃隱。正義引皇甫謐高士傳云。許由字武仲。堯聞致天下而讓焉。乃退而遁於中嶽潁水之陽。箕山之下隱。堯又召爲九州長。由不欲聞之。洗耳於潁水濱。時有巢父牽犢欲飲之。見由洗耳。問其故。對曰。堯欲召我爲九州長。惡聞其聲。是故洗耳。巢父曰。子若處高岸深谷。人道不通。誰能見子。子故浮游，欲求其名譽。汙吾犢口。牽犢上流飲之。

故王公不致敬盡禮。則不得亟見之。見且由不得亟。而況得而臣之乎。

注 亟。數也。若伯夷非其君不事。伊尹樂堯舜之道。不致敬盡禮。可數見之乎。作者七人。隱各有方。豈可得而臣之。

疏 注。亟數也。○正義曰。音義云。亟。去吏切。數。音朔。說文二部云。亟。敏疾也。爾雅釋詁云。數。疾也。疾。速也。段氏玉裁說文解字注云。今人亟分入聲。去聲。入之訓急也。去之訓數也。古無是分別。數亦急也。非有二義。○注。作者七人。隱各有方。○正義曰。論語憲問篇云。作者七人矣。集解引包氏曰。作爲也。爲之者凡七人。謂長沮。桀溺。丈人。晨門。荷蕢。儀封人。楚狂接輿也。義疏引鄭氏注云。伯夷。叔齊。虞仲。辟世者。荷蓧。長沮。桀溺。辟地者。柳下惠。少連。辟色者。荷蕢。楚狂接輿。辟言者。七當爲十之誤。此云隱各有方。謂辟世。辟地。辟色。辟言之不同。而晨門。儀封人隱於吏。丈人。沮。溺。隱於耕。接輿隱於狂。是亦各有方矣。

章指言王公尊賢以貴下賤之義也。樂道忘勢。不以富貴動心之分也。各崇所尚。則義不虧矣。疏 以貴下賤。○正義曰。易屯初九。傳文。

孟子謂宋句踐曰。子好遊乎。吾語之遊。人知之亦囂囂。人不知亦囂囂。注 宋。姓也。句踐名也。好以道德遊。欲行其道者。囂囂。自得無欲之貌。疏 注。宋姓至之貌。○正義曰。宋句踐姓名未見他書。趙氏佑溫故錄云。注。好以道德遊。欲行其道者。按道德非遊具。蓋觀孟子進而數之。其亦有異於縱橫捭闔者流與。囂囂見萬章上篇。按囂囂見於經籍者。義多不一。大抵皆由假借也。詩大雅板篇。聽我囂囂。傳云。囂囂猶謷謷也。箋云。女反聽我言。謷謷然不肯受。此囂囂爲謷謷之假借。小雅。十月之交。讒口囂囂。釋文引韓詩作嗸嗸。嗸嗸即謷謷。楚辭九思怨上篇云。令尹令謷謷。王逸注云。謷謷不聽話言而妄語也。是也。法言君子篇云。或曰。人有齊死生。同貧富。等貴賤何如。曰。信死生齊。貧富同。貴賤等。則吾以聖人爲囂囂。吳祕注云。若信是言。則吾以聖人六經之旨。爲囂囂之虛語耳。又云。或曰。世無仙。則焉得斯語。曰語乎者。非囂囂也與。吳祕注云。囂囂然。方士之虛語耳。此以囂囂爲虛。故廣雅釋訓云。囂囂。虛也。文選養生論云。終朝未餐。則囂然思食。注云。囂然。飢意也。此囂乃枵之假借。爾雅釋天云。元枵虛也。孫炎注云。枵之言耗。耗。虛之意也。是也。莊子駢拇篇云。自三代以下者。天下何其囂囂也。郭象注云。橫其囂囂。棄情逐迹。如將不及。不亦多憂乎。釋文云。囂囂。許橋反。又五羔反。崔云。憂世之貌。漢書王莽傳贊云。囂然喪其樂生之心。顏師古注云。囂然。衆口愁貌也。說文口部云。嗷衆口愁。詩曰。哀鳴嗷嗷。然則此囂囂乃亦嗷嗷之假借也。說文㗊部云。囂。聲也。氣出頭上。周禮秋官。司虣禁其鬭囂者。注云。囂。讙也。成公十六年左傳云。在陳而囂。杜預注云。囂。喧譁也。詩小雅車攻篇云。之子于苗。選徒囂囂。傳云。囂囂。聲也。然則惟此囂囂爲囂之本義。爾雅釋言以閑釋囂。此囂爲閑之假借。囂囂即閑閑也。楚辭湘君篇。告余以不閒。王逸注云。閒。暇也。招魂篇。待君之閒些。注云。閒。靜也。暇則自得。靜則無欲。章指云。內定常滿。禮記大學云。定而後能靜。周書謚法解云。大慮靜民曰定。定亦情靜也。自得無欲。則廣博而感。莊子齊物論云。大知閑閑。釋文引崔文云。廣博之貌。廣雅釋訓云。閑閑。感也。是也。段氏玉裁說文解字注云。孟子人知之亦囂囂。人不知亦囂囂。言人自得無欲。如氣上出悠閒也。此以囂字氣出頭上爲閒。乃趙氏自讀囂囂爲閒閒。非取囂字本義。爲自得無欲也。

曰。何如斯可以囂囂矣。【注】句踐問何執守可囂囂也。曰。尊德樂義。則可以囂囂矣。【注】尊。貴也。孟子曰。能貴德而履之。樂義而行之。則可以囂囂無欲矣。【疏】注。尊貴也。○正義曰。大戴記本命篇云。貴貴尊尊。義之大者也。尊貴義近。故以貴釋尊。易上繫傳云。天尊地卑。虞翻注云。天貴故尊。

故士窮不失義。達不離道。窮不失義。故士得己焉。達不離道。故民不失望焉。【注】窮不失業。不爲不義而苟得。故得己之本性也。達不離道。思利民之道。故民不失其望也。古之人。得志。澤加於民。不得志。修身見於世。窮則獨善其身。達則兼善天下。【注】古之人得志君國。則德澤加於民人。不得志。謂賢者不遭遇也。見。立也。獨治其身以立於世間。不失其操也。是故獨善其身。達謂得行其道。故能兼善天下也。【疏】注。見立至操也。○正義曰。呂氏春秋適威篇云。湯武通於此論。故功名立。高誘注云。立。猶見也。淮南子主術訓云。德無所立。高誘注云。立。見也。趙氏注孟子訓詁多與高氏同。蓋見之義爲顯。不得志不可云顯。故釋爲立也。按說文云。見。視也。視即示。修身以示於世。亦所以教也。伯夷柳下惠爲百世師。非示於世乎。

章指。言內定常滿。囂囂無憂。可出可處。故云以遊。修身立世。賤不失道。達善天下。乃用其寶。句踐好遊。未得其要。孟子言之。然後乃喻。

孟子曰。待文王而後興者。凡民也。若夫豪傑之士。雖無文王猶興。【注】凡民無自知者也。故須文王之大化。乃能自興起以趨善道。若夫豪傑。才知千萬於凡人者。雖不遭文王。猶能自起。以善守身正行。不陷溺也。疏注。凡民至溺也。○正義曰。宋本孔本。作無異知者也。閩監毛三本作自知。按自知是也。不能自知。故必待文王之化而與起也。王氏念孫廣雅疏證云。佻。輕也。佻之言侊也。方言。佻僄。輕也。楚凡相輕薄謂之相佻。或謂之僄也。孟子待文王而後與者。凡民也。佻亦與侊通。按說文云。凡。最括也。呂氏春秋任地篇云。凡草生藏。高誘注云。凡草。庶草也。以此準之。則凡民猶云庶民。趙氏前以庶解衆。又以凡夫解之。此不解釋凡字。蓋以爲庶民也。最括亦衆數之稱。故凡又訓皆。鄭氏注儀禮以爲非一。注周禮以爲無常數。凡通於侊。侊亦有衆義。因侊之本訓爲浮。浮則輕。故佻僄。猶侊僄也。還以佻侊之輕浮通凡之義。亦爲輕浮。則緣其爲衆庶而輕微之。又引申之義耳。惟凡民是衆民無常數之稱。而才過千人爲豪。萬人爲傑。則有常數。故趙氏云。豪傑才知千萬於凡人。是凡即此千人萬人之縣稱矣。趙氏訓釋字義。每於互見之。可謂精矣。呂氏春秋孟秋紀。高誘注云。才過萬人曰桀。鶡冠子能天篇云。德千人者謂之豪。故云。千萬於凡民。爾雅釋言云。與。起也。與於善爲與。與於不善亦爲與。呂氏春秋義賞篇云。姦僞雜亂。貪戾之道與。是也。故趙氏以起釋與。一則云以善守身正行不陷溺。蓋有所作而行爲與。有所守而不行亦爲與也。章指。言小人待化。乃不辟邪。君子特立。不爲俗移。故稱豪傑自興也。疏乃不辟邪。○正義曰。周氏廣業孟子章指考證云。孔韓本作邪辟。左傳子產曰。辟邪之人而皆及執政。

孟子曰。附之以韓魏之家。如其自視欿然。則過人遠矣。注附。益也。韓魏。晉六卿之富者也。言人既自有家。復益韓魏百乘之家。其富貴已美矣。而其人欿然不以足。自知仁義之道不足也。此則過人甚遠矣。疏注。附益至遠矣。○正義曰。漢書諸侯年表云。設附益之法。張晏注引律鄭氏說云。封諸侯過限曰附益。故趙氏以益釋附也。以益釋附。益爲增益。故云人自有家。復益以韓魏百乘之家也。益之自外。仁義之道。根之於心。但視外所附。則見其富貴。自視其中之所有。故欿然知不足也。自知由於自視。自視仁義之心。不移於富貴。益於外不能益於中也。段氏玉裁說文解字注云。欿。欲得也。從欠臽聲。臽聲若貪。孟子附之以韓魏之家。如其自視欿然。張鎰曰。欿。音坎。內顧不足而有所欲也。玉裁按孟子假欿爲坎。謂視盈若虛也。大元雷推欿毀即坎窞也。今本大元欿字僞不可識。晏子春秋問下云。鋌然不滿。孫氏星衍音義云。玉篇。鋌。丑甚切。此當爲欿然之假音。章指。言人情富盛。莫不驕矜。若能欿然。謂不如人。非但免過。卓絕乎凡也。疏人情富盛。莫不驕矜。○正義曰。老子云。富貴而驕。自遺其咎。定公十三年左傳史鰌云。富而不驕者鮮。晏子春秋雜下云。富而不驕者。未嘗聞之。

孟子曰。以佚道使民。雖勞不怨。注謂教民趨農。役有常時。不使失業。當時雖勞。後獲其利則佚矣。若亟其乘屋之類也。故曰不怨。疏注。若亟其乘屋之類。○正義曰。詳見滕文公上篇趙氏彼注云。言農民之事無休已。故引爲勞之證。以生道殺民。雖死不怨殺者。注謂殺大辟之罪者。以坐殺人故也。殺此罪人者。其意欲生民也。故雖伏罪而死。不怨殺者。疏注。謂殺至故也。○正義曰。禮記。文王世子云。其死罪。則曰某之罪在大辟。書呂刑云。大辟疑赦。其罰千鍰。閱實其罪。徐氏文靖管城碩記云。犯法者。事有可疑。則赦之。而又不徑赦之也。罰之以示懲。若乃簡閱其情。實無可疑者。其罪之實與疑對。罪與赦對。實則不疑。罪則不赦也。大辟之法亦然。疑則赦之使贖。實則罪之不赦也。豈謂贖之以金。雖大辟亦許其贖免哉。是大辟之罪。閱實則殺之也。周禮秋官司刑。掌五刑之法。殺罪五百。注云。殺。死刑也。書傳曰。降畔寇賊。劫略奪攘。撟虔者其刑死。然則大辟之罪。不止坐殺人。趙氏略舉之耳。荀子正論篇云。殺人者不死。傷人者不刑。是謂惠暴而寬賊。也。又云。殺人者死。傷人者刑。百王之所同也。章指。言勞人欲以佚之。殺人欲以生之。則民無怨讟也。疏則民無怨讟也。○正義曰。方言云。讟。謗也。宣公十二年左傳云。君無怨讟。昭公元年左傳云。民無謗讟。說文言部云。讟。痛怨也。

孟子曰。霸者之民。驩虞如也。王者之民。皞皞如也。殺之而不怨。利之而不庸。民日遷善而不知爲之者。注霸者行善恤民。恩澤暴見易知。故民驩虞樂之也。王者道大法天。浩浩而德難見也。殺非不教。故殺之人不怨也。庸。功也。利之使趨時而農。六畜繁息。無凍餒之老。而民不知。猶是王者之功。修其庠序之教。使日遷善。亦不能覺知誰爲之者。言化大也。疏注。霸者至之也。○正義曰。音義云。驩虞。丁云。義當作歡娛。古字通用耳。翟氏灝攷異云。文選張景陽詠史詩。朝野多歡娛。注引孟子霸者之民。驩虞如也。云娛與虞古字通用。又蘇子卿詩。歡娛在今夕。注云。孟子。霸者之民。歡娛如也。按漢書魏相傳。君安虞而民相睦。匡衡傳。未有游虞弋射之宴。虞悉通娛。按說文女部云。娛。樂也。虞爲假借字。故白虎通號篇云。虞者。樂也。說文欠部云。歡。喜樂也。馬部云。驩。馬名。驩亦假借字。荀子大略篇云。夫婦不得不驩。一切經音義引三蒼云。驩古歡字。驩虞即歡娛。故趙氏云。樂之也。○注。王者至見也。○正義曰。音義云。皞。張云。皞與昊同。說文胡老切。義與浩同。古字通用。趙氏讀皞皞爲浩浩。說文日部云。皞。晧旰也。夰部云。昊。春爲昊天。元氣昊昊。晧旰即浩浩瀚瀚。淮南子俶眞訓高誘注云。浩浩瀚瀚。廣大貌也。詩王風黍離傳云。元氣廣大。則稱昊天。浩。昊。晧。

皞古字皆通。蓋水之廣大爲浩浩。天之廣大則爲皞皞。故趙氏以道大法天解之。則仍以皞皞爲元氣廣大。以浩浩明之耳。天氣廣大故難見。王者道大法天。其廣大。故亦難見。所以廣大難見。則下申言之。○注。庸功也。○正義曰。周禮夏官司勳云。民功曰庸。

夫君子所過者化。所存者神。上下與天地同流。豈曰小補之哉。注君子通於聖人。聖人如天。過此世能化之。存在此國。其化如神。故言與天地同流也。天地化物。歲成其功。豈曰使成。人知其小補益也。疏注。君子至益也。○正義曰。君子爲聖賢之通稱。故云。通於聖人。法言道術篇云。樂道者謂之君子。禮記哀公問云。君子者人之成名也。易上繫傳云。是故君子所居而安者。虞翻注云。君子謂文王是也。隱公六年公羊傳云。首時過則書。何休注云。過。歷也。過此世謂生於此世也。存在此國。以在釋存也。過以世言。別生死也。存以國言。判彼此也。如堯舜在唐虞。則唐虞之民皆化。孔子在魯國。則魯國三月大治。成人詳見前。閩監毛三本無成字。音義云。陸云。言君子所過人者在於政化。存其身者。在於神明。此與趙氏義異。按易序卦傳云。不養則不可動。故受之以大過。有其信者必行之。故受之以小過。過之義爲動爲行。所過者化。猶云所行者化也。所動者化者。行動著於外。存者運於中。所行動者。民即變化。由於所存者神也。民日遷善爲化。不知爲之者則神也。易下繫傳云。能通黃帝堯舜氏作通其變。使民不倦。神而化之。使民宜之。所過者化。所存者神。神而化之也。其變爲權。霸者亦知乘時運用。以得人心。而遠乎聖人之道者。未能神而化也。大而化之之謂聖。聖而不可知之之謂神。神化者通其變而民不知也。殺之威刑也。利之善政也。惟聖人有所裁成輔相於威刑善政之中。即有所盈虛消息於威刑善政之外。此全繫乎一心之運用。所謂脩己以敬。所謂篤恭而天下平。所謂爲政以德。所謂無爲而治。恭己正南面。所謂執其兩端。用其中於民。所謂惟天爲大。惟堯則之。蕩蕩乎民無能名焉。皆以言乎以存者神也。威刑善政。則所行所動也。民日遷善。化也。不怨不庸。由所存者神而不知爲之也。所過有定。而所存無定。夫行而無定者。水流也。故云。與天地同流。天地變化。人不可知。聖人成天地之能。人亦不可知。不可知。故不可使知之。民日遷善。則可使由之也。說文衣部云。補。完衣也。完。全也。衣有不全。補全之則必有所增益。故補之義爲益。荀子臣道篇云。事暴君者有補削。無撟拂。楊倞注云。補謂彌縫其闕。僖公二十六年左傳。展喜對齊侯曰。桓公是以糾合諸侯。而謀其不協。彌縫其闕而匡救其災。然則小補。謂霸者之民所由驩虞也。有闕則望補者切。有災則思救者殷。而彌縫之。匡救之。恩澤暴見。民所以樂也。王者裁成輔相。則不待其闕而先默運之。不待其災而豫防禦之。不使有闕。不使有災。此所以神。所以不知。且補闕者。益於此。或損乎彼。支於左。或詘於右。一利與而一害即由此起。故爲小補。王者之治。德施於普。變化於微。天下受其福而無能名。誠如天之元氣皞皞而無已也。荀子議兵篇云。仁人之兵。所存者神。所過者化。楊倞注云。所存止之處。畏之如神。所過往之國。無不從化。此別一義。與孟子語同而恉異。

章指。言王政皞皞。與天地同道。

霸者德小民人速覩。是以賢者志其大者也。

孟子曰。仁言不如仁聲之入人深也。【注】仁言。政教法度之言也。仁聲。樂聲雅頌也。仁言之政雖明。不如雅頌感人心之深也。【疏】注。仁言政教法度之言也。○正義曰。詩小雅彤弓受言藏之。箋云。言者。謂王策命也。禮記曲禮士載言注云。言謂會同盟要之辭。是國家命令謂之言。故以仁言爲政教法度之言。章指云。明法審令。民趨君命。以令命申釋言字。法卽法度。謂以法度載之於言。以示民使民趨於善。是爲仁也。○注。仁聲至深也。○正義曰。說文耳部云。聲。音也。禮記月令。去聲色。注云。聲謂樂也。呂氏春秋高誘注此語云。聲。五聲也。宮商角徵羽爲五聲。故以聲爲樂聲。樂記云。樂也者。聖人之所樂也。而可以善民心。其感人深。其移風易俗。故先王著其教焉。又云。先王恥其亂。故制雅頌之聲以道之。使其聲足樂而不流。使其文足論而不息。使其曲直繁瘠廉肉節奏。足以感動人之善心而已矣。雅頌之聲。能深感人心。是仁聲也。

善政不如善教之得民也。【注】善政使民不違上。善教使民尚仁義。心易得也。【疏】注。善政至得也。○正義曰。趙氏以仁言爲政教法度之言。然則此又於仁言中分別其政不如教也。下。申言所以不如。

善政。民畏之。善教。民愛之。善政得民財。善教得民心。【注】畏之。不逆怠。故賦役舉而財聚於一家也。愛之。樂風化而上下親。故歡心可得也。章指。言明法審令。民趨君命。崇寬務化。民愛君德。故曰移風易俗。莫善於樂。

孟子曰。人之所不學而能者。其良能也。所不慮而知者。其良知也。【注】不學而能。性所自能。良。甚也。是人之所能甚也。知亦猶是能也。【疏】注。不學至能也。○正義曰。良。甚之義。詳見告子上篇。良能猶言甚能。良知猶言甚知。甚能甚知。卽最能最知。最能最知。卽知之最。能之最也。

孩提之童。無不知愛其親者。及其長也。無不知敬其兄也。【注】孩提。二三歲之間。在繈褓。知孩笑。可提抱者也。少知愛親。長知敬兄。此所謂良能良知也。【疏】注。孩提至抱者也。○正義曰。說文口部云。咳。小兒笑也。孩。古文咳。是孩爲笑也。說文手部云。提。挈也。挈。縣持也。淮南子俶眞訓云。提挈天地。高誘注云。一手曰提。劉熙釋名釋姿容云。提。地也。臂垂所持。近地也。禮記曲禮。長者與之提攜。注云。提攜將行。趙氏以二三歲之童。未可牽行而提挈。故以抱解之。說文抱作袌。在衣部云。袌。褱也。論語陽貨篇。然後免於父母之褱。集解引馬氏注云。

子生未三歲。爲父母所襁抱也。是一二歲之兒宜抱也。國策秦策云。是抱空質也。高誘注云。抱。持也。然則持可通稱爲抱。則抱亦可通稱爲提。音義云。襁褓。說文負兒衣也。博物志曰。織縷爲之。廣八寸。長一尺二寸。以負小兒於背上。聲類曰。襁者。小兒被子也。按論語子路篇云。襁負其子而至矣。集解引包氏云。負者以器曰襁。說文糸部別有繈字云。觕纇也。緥。小兒衣也。段氏玉裁說文解字注云。呂覽明理篇。道多繈緥。高注。緥。小兒被也。繈。褸格上繩也。又直諫篇繈緥。注云。繈。褸格繩。緥。小兒被也。褸即縷。格即絡。織縷爲絡以負之於背。其繩謂之繈。高說最分明。博物志云。織縷爲之。廣八寸。長二尺。乃謂其絡。未及其繩也。凡繩韌者謂之繈。又衣部云。褓緥也。詩曰。載衣之褓。段氏玉裁注云。小雅斯干曰。載衣之裼。傳曰裼褓也。此謂裼即褓之假借也。又以衣部襁字爲後人所增。若許氏本有此字。當與褓字相屬。謹按今毛詩傳作褓。箋云。褓。夜衣也。釋文云。韓詩作褓。齊人名小兒被爲褓。孔氏正義云。舊傳說成王之幼云在襁褓。褓。縛兒被也。故箋以爲夜衣。史記魯世家云。成王少在強葆之中。索隱云。強葆即襁褓。古字。少假借用之。正義云。強。闊八寸。長八尺。用約小兒於背而負行。葆。小兒被也。漢書宣帝紀。曾孫雖在襁褓。李奇云。襁。絡也。以繒布爲之。絡負小兒。褓。小兒大藉也。孟康曰。緥。小兒被也。顏師古匡謬正俗云。藏繈謂繩貫錢。故總謂之繈耳。孔子云。四方之人。繈負其子而至。謂以繩絡而負之。故謂繈緥耳。然則緥爲小兒被名。襁爲繩名。緥不必負。趙世家云。衣以文葆是也。繈不必褓。論語襁負其子是也。繈可用繩。亦可用繒布。褓可藉於下。亦可覆於上。藉則李奇云大藉是也。覆則禮記月令正義云保即襁保。保謂小被。所以衣覆小兒是也。文選嵇康幽憤詩注引韋昭云。緥若今時小兒腹衣。腹衣蓋今俗兜子是也。亦被之類。而稍別爲者也。被爲夜間所藉覆。故亦云夜衣。說文以緥爲小兒衣。以襁爲負兒衣。與繈字爲觕纇者別。古者衣被通稱織縷。廣八寸。長二尺。亦被形。其旁有繩。以便負。故云負兒衣。與繈字專爲觕纇者不同。段氏謂襁字非許氏原有。恐未然矣。段氏謂博物志但言織縷。未及其繩。余謂段氏直以繩爲繈。而未及其縷。絡縷從糸。專爲繩名。襁從衣。則合織縷與繩。而爲負兒衣之名也。

親親。仁也。敬長。義也。無他。達之天下也。注人仁義之心少而皆有之。欲爲善者無他。達。通也。但通此親親敬長之心。推之天下人而已。疏注。人仁至人而已。○正義曰。呂氏春秋重己篇云。理塞則氣不達。高誘注云。達。通也。孟子前言衆庶終身由之而不知其道。民日遷善而不知爲之。此則言所知也。所不知者道。所無不知者愛親敬長。聖人因其有此知。故以仁義之道。達之天下。所以以仁義之道達之天下者。以親親仁也。敬長義也。孩提之童。無不知愛其親。則仁可達矣。及其長也。無不知敬其兄。則義可達矣。有此親親敬長之心者。性善也。達此親親敬長之心。推之天下人者。聖人之盡心也。自聖人盡其心爲天下立命。其智者益知之。其衆庶雖不能知之而亦可由之矣。此一章仍申明知性知天之恉也。孫氏星衍原性篇云。何以言性待教而爲善。易言天道陰陽。地道柔剛。人道仁義。后以裁成。輔相左右民。禮記言盡人物之性與天地參。書言剛克柔克正直。剛屬性。柔屬情。平康之者。教也。禮記謂天命謂性。率性謂道。脩道謂教。教者何。性有善而教之。以止於至善。故禮記之言明德也。曰新民。曰止至善。止者如文王止於仁敬孝慈信。即性中之五常。必教而能之。學而知之也。孟子以孩提之童。愛其親敬其長是也。然童而愛其親。非能愛親。慈母乳之而愛移。敬其長。非能敬長。嚴師扑之而敬移。然則良知良能不足恃。必教學成而後真知愛親敬長也。故董仲舒之言性待教爲善是也。謹按孟子言良能爲不學而能。良知爲不慮而知。其言孩提之童無不知愛其親。則不言無不能愛其親也。其言及其長也。無不知敬其兄。則不言無不能敬其兄也。蓋不慮而知。性之善也。人人所然也。不學而能。惟生知安行者有之。不可概之人人。知愛其親。性之仁也。而不可謂能仁也。知敬其兄。性之義也。而不可謂能義也。曰親親。則能愛其親矣。仁矣。故曰。親親。仁也。曰敬長。則能敬其兄矣。義矣。故曰。敬長。義也。何以由知而能也。何以由無不知而無不能也。無他。有達之者也。聖人通神明之德。類萬物之情而達之天下也。章

指。言本性良能。仁義是也。達之天下。恕乎己也。

孟子曰。舜之居深山之中。與木石居。與鹿豕遊。其所以異於深山之野人者。幾希。【注】舜耕歷山之時。居木石之間。鹿豕近人。若與人遊也。希。遠也。當此之時。舜與野人相去豈遠哉。

及其聞一善言。見一善行。若決江河。沛然莫之能禦也。【注】舜雖外與野人同其居處。聞一善言則從之。見一善行則識之。沛然不疑。辟若江河之流。無能禦止其所欲行。【疏】注。沛然至欲行。○正義曰。孟子三言沛然。梁惠王上篇。沛然下雨。此言大雨潤物。故趙氏以潤釋之。離婁上篇。沛然德教溢乎四海。此言德教滿溢。故趙氏以大釋之。此言沛然莫之能禦。謂舜舍己從人。取人爲善。有所聞見。即取而行之。故趙氏以行釋之。楚辭湘君篇。沛吾乘兮桂舟。王逸注云。沛。行貌。文選吳都賦。常沛沛以悠悠。劉逵注云。沛沛。行貌。廣雅釋訓云。沛沛。流也。一切經音義引三蒼云。沛。水波流也。流之義亦同於行。此沛然。上承若決江河。是爲水流。即爲水行。以水之行。狀舜之行，而云沛然不疑者。不疑。能決也。承上若決之決。江河決則莫能禦止其行。舜決亦莫能禦止其行。趙氏解經。精密如此。

章指。言聖人潛隱。辟若神龍。亦能飛天。亦能小同。舜之謂也。【疏】聖人至小同。○正義曰。周氏廣業孟子章指攷證云。揚子法言。或曰，龍必欲飛天乎。曰。時飛則飛。時潛則潛。班固賓戲。泥蟠而天飛者。應龍之神也。又關尹子云。若龍。若蛟。若蛇。若魚。若蛤。龍皆能爲之。所謂小同也。

孟子曰。無爲其所不爲。無欲其所不欲。如此而已矣。【注】無使人爲己所不欲爲者。無

使人欲己之所不欲者。每以身況之。如此則人道足也。【疏】注。無使至足也。○正義曰。詩王風。揚之水。彼其之子。箋云。其或作記。或作已。讀聲相似。鄭風羔裘。彼其之子。韓詩外傳。作彼已之子。曹風候人。彼其之子。國語晉語。作彼已之子。是其與已字通。故趙氏以其所不欲爲已所不欲也。荀子儒效篇云。貴名不可以比周爭也。不可以夸誕有也。不可以埶重有也。必將誠此。然後就也。故君子務積德於身。而處之以遵道。積德於身即是誠此。故楊氏注云。此。身也。趙氏云。每以身況之。如此亦以身字釋此字。如此即是如身。如身即是如已。故云。無使人爲已所不欲爲者。無使人欲已之所不欲者也。章指。言己所不欲。勿施於人。仲尼之道也。

孟子曰。人之有德慧術知者。恆存乎疢疾。【注】人所以有德行智慧道術才智者。在於有疢疾之人。疢疾之人。又力學。故能成德。【疏】注。人所至成德。○正義曰。周禮地官。師氏以三德教國子。注云。德行內外之稱。在心爲德。施之爲行。論衡書說篇云。實行爲德。德行並舉。義有別。單舉德亦是行。故以行釋德也。方言云。知或謂之慧。禮記樂記。不接心術。注云。術。猶道也。賈子道術篇云。道者所從接物也。其末者謂之術。又云。術也者所從制物也。動靜之數也。墨子經上篇云。知。材也。老子云。絕聖棄知。王弼注云。聖智才之善也。淮南子主術訓云。任人之才。難以至治。高誘注云。才。智也。蓋德慧總於內。術智見於外。故以智釋慧。又以才釋智。慧爲心之明。才則用之當矣。慧術知皆本於德。故以成德包之。詩小雅小弁。心之憂矣。疢如疾首。箋云。疢。猶病也。釋文云。疢本作疹。下言孤臣孽子。此云疢疾。蓋即本於小弁之稱疢疾也。獨孤臣孽子。其操心也危。其慮患也深。故達。【注】此即人之疢疾也。自以孤微。懼於危殆之患而深慮之。勉爲仁義。故至於達也。【疏】注。自以至達也。○正義曰。襄公二十七年公羊傳云。是則臣僕庶孽之事也。何休注云。庶孽。衆賤子。猶樹之有孽生。此以衆釋庶。以賤釋孽。華嚴經音義引王肅尚書注云。微。賤也。趙氏言自以孤微。孤謂孤臣。微謂孽子也。說文歹部云。殆。危也。危部云。危。在高而懼也。淮南子說林訓云。而殆於蝍蛆。高誘注云。殆。猶畏也。國策西周策云。竊爲君危之。高誘注云。危。不安也。有所畏懼。故心不能安。趙氏以殆釋危。又以懼釋之。其義備矣。在高而懼者。畏其傾敗也。呂氏春秋壹行篇云。彊大行之危。高誘注云。危。傾隕也。驕恣篇云。不知化者舉自危。高誘注云。危。敗也。廣雅釋詁云。殆。壞也。傾隕敗壞。所以可憂。因而慮之。且深慮之。求所以避此患而免此危者。惟有勉爲仁義而已矣。書堯典云。明四目。達四聰。通達則明顯。故章指以顯釋達。謂以忠孝之名。顯於天下後世也。章指。言孤孽自危。故能顯達。齊梁雖正。多用沈溺。是故在上不驕。以戒諸侯也。

孟子曰。有事君人者。事是君。則爲容悅者也。注事君。求君之意。爲苟容以悅君而已。疏注。事君至君而已。○正義曰。呂氏春秋似順篇云。夫順令而取容者。衆能之。商頌注云。容。悅也。容悅二字同義。相疊爲雙聲。毛詩曹風。蜉蝣掘閱。傳云。掘閱。容閱也。邶風谷風。我躬不閱。傳云。閱。容也。容閱即容悅。後漢書陳蕃傳上疏云。臣聞有事社稷者。社稷是爲。有事人君者。容悅是爲。亦容悅二字連綴。趙氏分言之。以悅君明苟容。亦以悅釋容。有安社稷臣者。以安社稷爲悅者也。注忠臣志在安社稷而後悅也。有天民者。達可行於天下而後行之者也。注天民知道者也。可行而行。可止而止。疏注。天民至而止。○正義曰。孟子引伊尹自稱。我天民之先覺者也。則天民指伊尹太公一流矣。莊子庚桑楚云。人之所舍。謂之天民。天之所助。謂之天子。郭象注云。出則天子。處則天民。此二者皆以泰然而自得之。非爲而得之也。列子楊朱篇。稱舜禹周公爲天人。稱孔子爲天民之遑遽者。稱桀爲天民之逸蕩者。紂爲天民之放縱者。當時稱天民者別有異說。故孟子明之。有大人者。正己而物正者也。注大人。大丈夫不爲利害動移者也。正己物正。象天不可言而萬物化成也。疏注。大人至成也。○正義曰。大人之稱有二。論語季氏篇云。畏大人。儀禮士相見疏引鄭氏云。大人爲天子。諸侯爲政教者。何晏論語注云。即聖人與天地合其德者也。昭公十八年左傳。葬曹平公。往者見周原伯魯焉。與之語。不說學。歸以語閔子馬。閔子馬曰。夫必多有是說。而後及其大人。大人患失而惑。又曰。可以無學。無學不害。此大人指原伯魯。故注云。大人。在位者。管子幼官篇云。民之所利立之。所害除之。則民人從。立爲六千里之侯。則大人從。尹知章注云。大人謂天子三公四輔。此鄭氏之義也。易稱利見大人。大人虎變。虞翻謂乾稱大人。此何氏之義也。孟子離婁下篇。兩云大人。其一言不必信。行不必果。惟義所在。趙氏云。大人杖義。是以德言也。其一不失其赤子之心。趙氏云。大人謂君。是以位言也。此注以大丈夫解之。大丈夫得志與民由之。不得志獨行其道。亦不以位言。乃下云。象天不言而萬物化成。此則非不得志者。史記索隱引向秀注易乾卦云。聖人在位。謂之大人。此解易之言大人是也。而孟子之言大人。蓋即謂此。孟子深於易。此大人即舉易之大人而解之也。正己物正。篤恭而天下平也。推黃帝堯舜通變神化。乃足以當之。故又進於天民一等也。章指言容悅凡臣。社稷股肱。天民行道。大人正身。凡此四科。優劣之差。疏凡此四科。○正義曰。說文禾部云。科。程也。從禾從斗。斗者。量也。程。品也。十髮爲程。十程爲分。十分爲寸。有優劣之差。則有品次。故謂之科。周氏廣業孟子章指攷證云。公羊傳疏春秋設三科。科者。段也。

孟子曰。君子有三樂。而王天下不與存焉。父母俱存。兄弟無故。一樂也。仰不愧於天。俯不怍於人。二樂也。得天下英才而教育之。三樂也。【注】天下之樂。不得與此三樂之中。兄弟無故。無他故。不愧天又不怍人。心正無邪也。育。養也。教養英才。成之以道。皆樂也。【疏】注。兄弟無故無他故。○正義曰。儀禮士昏禮記云。某以非他故。不足以辱命。注云。非他故。彌親之辭。覲禮云。天子曰。非他。伯父實來予一人嘉之。注云。言非他者親之辭。詩小雅頍弁云。豈伊異人。兄弟匪他。箋云。此言王當所與宴者。豈有異人疏遠者乎。皆兄弟與王。無他。言至親。趙氏以無他故解無故。謂兄弟相親好也。○注。育養至以道。○正義曰。說文𠫓部云。育。養子使作善也。虞書曰。教育子。是育爲養也。閻氏若璩釋地三續云。天下英才。極言之。非廣言之。猶施伯謂管子曰。天下才。司馬懿謂諸葛武侯曰。天下奇才也云爾。王天下不與存焉。【注】孟子重言。是美之也。章指。言保親之養。兄弟無他。誠不愧天。育養英才。賢人能之。君子有三樂。而樂過萬乘。孟子重焉。一章再云也。【疏】一章再云也。○正義曰。周氏廣業云。董子繁露。孔子曰。書之重。辭之復。不可不察也。其中必有美者焉。此即一章再云之義也。左傳范獻子。曰夫子實云。襄二十三年傳季孫再三云。

孟子曰。廣土衆民。君子欲之。所樂不存焉。中天下而立。定四海之民。君子樂之。所性不存焉。【注】廣土衆民。大國諸侯也。所樂不存。樂行禮也。中天下而立。謂王者所性不存。謂性仁義也。【疏】注。樂行禮也。○正義曰。禮記樂記云。揖讓而治天下者。禮樂之謂也。暴民不作。諸侯賓服。兵革不試。五刑不用。百姓無患。天子不怒。如此則樂達矣。合父子之親。明長幼之序。以敬四海之內。天子如此則禮行矣。又云。王者功成作樂。治定制禮。中庸云。非天子不議禮。不制度。不考文。是行禮者。天子之事。君子不以大國諸侯爲樂。而樂於中天下而立。中天下而立。是王者故知所樂爲行禮也。禮運云。禮行於郊。而百神受職焉。禮行於社。而百貨可極焉。禮行於祖廟。而孝慈服焉。禮行於五祀。而正好則焉。亦王者行禮之謂也。君子所性。雖大行不加焉。雖窮居不損焉。分定故也。【注】大行。行政於天下。窮居。不失性也。分定。故不變。【疏】注。大行至不變。○正義曰。大行。即所謂武王周公繼之。然後大行也。易序卦傳云。緩必有所失。故受之以損。故以不失解不損。音義云。分。扶問切。禮記禮運云。故禮達而分定。荀子王制篇云。分均則不偏。分者蓋所受分於道之命也。旣分得人之性。自有人所當爲之職分。自有人所不易之分。主是爲分也。故謂之分定。君子所性。仁義禮智根於心。其生色也。睟然見於面。盎於背。施於四體。四體不言而喻。【注】四者。
根生於心。色見於面。睟然潤澤之貌也。盎。視其背而可知。其背盎盎然。盛流於四體。四體有匡國之綱。口不言人
以曉喻而知之也。【疏】注。四者至知之也。○正義曰。毛氏奇齡四書賸言補云。孟子仁義禮智根於心。亦謂根之於心。猶言本諸身。非謂作心之根也。根於心。猶下云盎於背。若云仁
義禮智。作背之盎。則亦無是理。按趙氏言根生於心。是以生於心解根於心。廣雅釋詁云。根。始
也。荀子禮論篇云。生者。人之始也。趙氏注離婁下篇。舜生於諸馮。亦云。生。始也。生與根同
有始義。故以生釋根。段氏玉裁說文解字注云。色。顏氣也。顏者。兩眉之間也。心達於氣。氣達
於眉間。是之謂色。顏氣與心。若合符節。故其字從人卪。記曰。孝子之有深愛者。必有和氣。有
和氣者。必有愉色。有愉色者。必有婉容。又曰。戎容盛氣。顛實揚休玉色。孟子曰。仁義禮智根
於心。其生色也。睟然見於面。生色而後見於面。所謂陽氣侵淫。幾滿大宅。許曰。面。顏前也。
是也。魯頌載色載笑。傳曰。色。色溫潤也。大雅令儀令色箋云。善威儀。善顏色也。內則云。柔
色以溫之。玉藻云。色容莊。色容顛顛。色容厲肅。論語曰。色難。色思溫。色勃如也。正顏色。
引申之爲凡有形可見之稱。音義云。睟。音粹。華嚴經音義引孟子注云。睟。面色潤也。未知何人
注。與趙氏略同。睟字孟子外。法言大元經有之。法言君子篇云。牛元騂白睟而角。其升諸廟乎。
是以君子全德。注云。色純曰睟。宋咸曰。宗廟之牛貴純毛。如黑赤白三色各純粹。而角握中禮。
則可升諸廟矣。所以君子亦貴純全其德。然則睟即粹。淮南時則訓云。視肥臞全粹。高誘注云。粹。
毛色之純也。法言之睟。即時則之粹矣。其君子篇又云。或問君子似玉。曰純綸溫潤。吳祕注云。
綸。猶澤也。純綸溫潤四字連言。趙氏蓋本此。以睟爲純。又以純綸即溫潤。故以睟然爲潤澤之貌。
大元經以睟準乾。故元衡云。睟。君道也。即取文言傳純粹精之義。論語八佾篇云。從之純如也。
鄭氏注云。純如。感人之貌。何氏注云。純如。和諧也。荀子禮論篇云。故說豫娩澤。發於顏色者
也。楊倞注云。說。讀爲悅。豫。樂也。娩。媚也。澤。顏色潤澤也。豫樂猶和諧。娩澤即潤澤。
凡憂戚則憔悴。豫樂則光澤。是和諧與潤澤。義亦可通矣。玉篇目部云。睟。思季切。視也。又潤
澤貌。孟子曰。其色睟然。周氏廣業孟子逸文攷云。此睟然當連上讀。按趙氏云。色見於面。固以
睟然屬色。讀其生色也睟然句。可也。音義云。盎。烏浪切。又烏痕切。陸云。盎於背。如負之
於背。按爾雅釋器云。盎謂之缶。說文皿部云。盎。盆也。此陸氏所以言如負之於背。然如盆缶之
器。負之於背。何以見仁義禮智之盛。莊子德充符言。甕盎大癭。說齊桓公。陸其謂是乎。甕即盎
字。周禮天官酒正辨。五齊之名三。曰盎齊。注云。盎猶翁也。成而翁翁然。蔥白色。劉熙釋名。
釋飲食云。盎齊。盎。滃也。滃滃然濁色也。說文水部云。泱。滃也。襄公二十九年左傳。吳季
札來聘爲之歌齊。曰。美哉。泱泱乎大風也哉。注云。泱泱。宏大之聲。史記吳世家載此。裴駰集
解引服虔云。泱泱。舒緩深遠。有大和之意。索隱云。泱泱。猶汪汪洋洋。美盛貌也。呂氏春秋古

榮篇云。其音英。高誘注云。英。和盛貌。詩小雅白華篇。英英白雲。釋文云。韓詩作泱泱。盎過於泱。即過於英。爾雅釋草云。榮而不實者謂之英。呂氏春秋務大篇云。其名無不榮者。高誘注云。榮。顯也。然則盎於背。即英於背。英於背。即榮於背。榮於背。即顯於背。趙氏言盎盎然盛。正是泱泱然盛。視其背而可知。則顯之謂也。此但言其仁義禮智之生於心者。在前則見於面。在後則顯於背。陸氏不明聲音假借之學。而以爲如負。望文生意。失之甚矣。韓詩外傳云。結布子卿相。孔子曰。從前視之。盎盎乎似有王者。從後視之。高肩弱脊。此惟不及四聖者也。此盎盎謂前不謂後。則盎豈負於背之名乎。論語爲政篇。施於有政。集解包氏云。施。行也。書古太誓。流之爲鵰。馬氏注云。流。行也。禮記中庸篇。君子和而不流。注云。流。猶移也。史記萬石張叔傳云。劍人之所施。易如淳云。施讀曰移。是施與流義同。故施於四體。即流於四體。易文言傳云。君子黃中通理。正位居體。美在其中而暢於四支。發於事業。美之至也。虞翻云。體謂四支。四支謂股肱。美在中。即仁義禮智根於心。先暢四支而乃發於事業。事業者。匡國之謂也。故四體爲匡國之綱。詩大雅假樂篇云。抑抑威儀。德音秩秩。無怨無惡。率由羣匹。受福無疆。四方之綱。又抑篇云。敬愼威儀。維民之則。威儀者。足容重。手容恭。趨以采齊。行以肆夏。進則揖之。退則揚之。無非見於四體。即此爲四方之綱。維民之則。亦所爲匡國之綱。曹風鳲鳩篇云。其儀不忒。正是四國。正是四國。即匡國也。疊言四體者。謂即此四體。人見之。已喻其仁義禮智之所施。不俟教令淸明而天下皆樂仰之。趙氏恐人似不言。謂四體不能言。特標明云。口不言。蓋不必俟仁義禮智之形於口而人已喻也。形於口則訏謨定命。遠猶辰告之謂。其喻益可知矣。孟子立言之妙。趙氏能闡明之。廣雅釋言云。喻。曉也。阮氏元校勘記云。人自曉喻而知也。閩監毛三本同。宋本岳本孔本韓本攷文古本自作以。按以即已字。禮記檀弓注云。以與已字本同是也。不言已喻。正言其形於言也。自字非是。

章指。言臨莅天下。君國子民。君子之樂。尚不與存。仁義內充。身體履方。四支不言。蟠辟用張。心邪意溺。進退無容。於是之際。知其不同也。

疏仁義至無容。○正義曰。此申言施於四體之義也。淮南子本經訓。戴圓履方。方謂地。趙氏此云履方。蓋以方爲禮記經解。由禮謂之有方之士之方。方亦正也。荀子脩身篇云。禮者。所以正身也。此身體履方之謂也。音義云。蟠。音盤。辟。音闢。禮記投壺篇云。主人般還曰辟。賓般還曰辟。釋文云。般。步干反。還。音旋。辟。音避。孔氏正義云。主人見賓之拜。乃般曲折。還謂賓曰。今辟而不敢受。般盤蟠古字通。然則辟當音避。不音闢也。漢書儒林傳云。魯徐生善爲頌。蘇林云。漢舊儀有二。即爲頌貌威儀事有徐氏。徐氏後有張氏。不知經。但能盤辟爲禮容。天下郡國有容。史皆詣魯學之。顏師古云。頌。讀與容同。何武傳云。召見槃辟雅拜。服虔云。行禮容。拜也。蟠辟則進退有容。趙氏以施於四體爲威儀。致容無所失。前云匡國之綱。此直以蟠辟明之。義互見矣。又反言心邪意溺。則無容。明仁義內充。施布於四體。爲有容也。呂氏春秋先己篇云。琴瑟不張。高誘注云。張。施也。趙氏又以用張互釋施字也。論語鄉黨篇云。足躩如也。集解包氏云。盤辟貌也。先進篇云。師也辟。子張篇云。堂堂乎張也。又云。吾友張也。爲難能也。包氏云言子張容儀之難。及廣雅釋訓云。堂堂容也。此聖賢施於四體之事。

孟子曰。伯夷辟紂。居北海之濱。聞文王作。與曰。盍歸乎來。吾聞西伯善養老者。大公辟紂。居東海之濱。聞文王作。與曰。盍歸乎來。吾聞西伯善養老者。【注】已說於上篇。天下有善養老。則仁人以爲已歸矣。【注】天下有若文王者。仁人將復歸之矣。五畝之宅。樹牆下以桑。匹婦蠶之。則老者足以衣帛矣。五母雞。二母彘。無失其時。老者足以無失肉矣。百畝之田。匹夫耕之。八口之家。足以無飢矣。【注】五雞。二彘。八口之家畜之。足以爲畜產之本也。【疏】足以無飢矣。○正義曰。阮氏元校勘記云。宋九經本宋本岳本。咸淳衢州本。孔本。韓本。攷文古本。足利本同。閩監毛三本。足。誤可。所謂西伯善養老者。制其田里。教之樹畜。導其妻子使養其老。五十非帛不煖。七十非肉不飽。不煖不飽。謂之凍餒。文王之民。無凍餒之老者。此之謂也。【注】所謂無凍餒者。教導之使可以養老者耳。非家賜而人益之也。【疏】不煖不飽。謂之凍餒。○正義曰。趙氏佑溫故錄云。無帛肉之不煖飽。與無衣食之不煖飽稍差。繇不煖不飽。向未即凍餒。而已謂之凍餒矣。謂之者。文王謂之也。章指。言王政普大。教其常業。各養其老。使不凍餒。二老聞之。歸身自託。衆鳥不羅。翔鳳來集。亦斯類也。【疏】衆鳥不羅。翔鳳來集。○正義曰。周氏廣業孟子章指攷證云。漢書路溫舒上言曰。臣聞烏鳶之卵不毀。而後鳳皇集。卽此意。楚辭宋玉九辯。衆鳥皆有所登棲兮。鳳獨遑遑而無所集。

孟子曰。易其田疇。薄其稅斂。民可使富也。食之以時。用之以禮。財不可勝用也。【注】易。治也。疇。一井也。教民治其田疇。薄其稅斂。不踰什一。則民富矣。食取其征賦以時。用之以常禮。不踰禮以費財也。故畜積有餘。財不可勝用也。【疏】注。易治也。○正義曰。音義云。易。以豉切。毛詩小雅甫田篇。禾易長畝。傳云。易。治也。呂氏春秋辯土篇云。農夫知其田之易也。高誘注云：易，治也。易讀如易綱之易。○注「疇一井也」。○正義曰：一切經音義引國語賈氏注云：一井爲疇，九夫爲一井。趙氏所本也。說苑辨物篇云：疇也者何也？所以爲麻也。史記天官書：視封疆田疇之正治。如淳引蔡邕云：麻田曰疇。韋昭注國語周語、齊語皆云：麻地曰疇。說文田部則云：疇，耕治之田也。按易否九四：疇離祉，九家注云：疇者，類也。荀子勸學篇、言草木疇生，書洪範言洪範九疇，國語齊語云：人與人相疇，家與家相疇，皆以儔類言。一井八家，所共相與爲疇，故名爲疇。呂氏春秋慎大篇云：農不去疇。即農不去井也。麻田之說，趙氏所不取。

民非水火不生活，昏暮叩人之門戶求水火，無弗與者，至足矣。聖人治天下，使有菽粟如水火。菽粟如水火，而民焉有不仁者乎？注 水火能生人，有不愛者，至饒足故也。菽粟饒多若是，民皆輕施於人，何有不仁者也。疏 注「至饒至若是」。○正義曰：足爲手足之足。而或訓爲止。此云至足，與論語百姓足之足同。劉熙釋名釋形體云：足，續也。言續脛也。足有繼續之義，故得爲饒。小爾雅廣詁云：饒，多也。賈子新書憂民篇云：國無九年之蓄，謂之不足。然則有九年之蓄，謂之足矣。有九年之蓄，則饒多矣。故以饒釋之，又以多申之。　章指：言教民之道，富而節用，蓄積有餘，焉有不仁。故曰：倉廩實知禮節也。疏 倉廩實知禮節。○正義曰：語出管子牧民篇。

孟子曰：孔子登東山而小魯，登泰山而小天下，故觀於海者難爲水，遊於聖人之門者難爲言。注 所覽大者意大，觀小者志小也。疏 孔子登東山而小魯。○正義曰：宏明集宗炳明佛論云：登東山而小魯，登泰山而小天下。周氏廣業孟子逸文攷云：論又有云：昔仲尼佈五經於魯，以化天下，及其眇邈太蒙之顛，而天下與魯俱小。此並用孟文也。今作孔子登東山，攷魯無東山之名。論語顓臾爲東蒙主，注：孔云：使主祭蒙山也。皇侃、邢昺二疏並云：蒙山在東，故云東蒙主。魯頌：奄有龜蒙。毛傳：龜山，蒙山也。正義亦云。論語疏云：顓臾主蒙山。水經注：琅邪郡臨沂縣有洛水，出太山南武陽縣之冠石山，一名武水，東流逕蒙山，下有蒙祠。又東南逕顓臾城，即孔子稱顓臾爲東蒙主也。史記：蒙羽其乂。索隱云：蒙山在泰山蒙陰縣西南。然則孟子之東山，當作蒙山。宗少文必非無據也。即令云東山，其爲蒙山固無可疑。按閻氏若璩釋地云：或曰費縣西北蒙山，正居魯四境之東，一名東山。孟子云：孔子登東山而小魯，指此。疑近是。然則蒙山一名東山，宗炳蓋以蒙山代東山，古人引經，原有此例。依宗論以東山爲蒙山可也。以爲孟子本作蒙山，則失之矣。觀水有術，必觀其瀾。注 瀾，水中大波也。疏 注「瀾水中大波」。○正義曰：爾雅釋水云。河水淸且瀾猗。大波爲瀾。說文水部云。漣瀾或從連。瀾漣一字也。劉熙釋名釋水云。風行水波成文曰瀾。瀾。連也。波體轉流。相及連也。

日月有明。容光必照焉。【注】容光。小郤也。言大明照幽微。【疏】注。容光至幽微。○正義曰。音義云。郤丁去逆切。義與隙同。說文𨸏部云。隙。壁際也。禮記三年問釋文云。隙本作郤。段氏玉裁說文解字注云。左傳曰。牆之隙壞。誰之咎也。隙自分而合言之。隙自合而分言之。引申之。凡坼裂皆曰隙。假借以郤爲之。按隙之假借爲邑部。郤其邑部。郤乃郤之郤之爲不恭之郤。或寫從𠂤。非也。音義作郄。廣韻十九鐸云。郤俗從谷。張有復古編云。郤別作郄。非隙。爲坼裂之名。故一切經音義引國語賈氏注云。隙。舋也。舋則隙之小者。椎遮隔其光而已。苟有絲髮之隙可以容納。則光必入而照焉。容光非小隙之名。至於小隙。極言其容之微者。以見其照之大也。故以小郤明容光。

流水之爲物也。不盈科不行。君子之志於道也。不成章不達。【注】盈。滿也。科。坎也。流水滿坎乃行。以喻君子學必成章乃仕進也。【疏】注。盈滿至進也。○正義曰。盈科詳見離婁上篇。禮記儒行篇云。上通而不困。注云。上通謂仕道達於君也。達與通義同。故文選顏延年拜陵廟詩云。晚達生戒輕。李善注云。達。宦達也。故以達爲仕進。廷琥云。坎。孔本作欿。

章指。言闚大明者無不照。包聖道者成其仁。是故賢者志大。宜爲君子。

孟子曰。雞鳴而起。孳孳爲善者。舜之徒也。雞鳴而起。孳孳爲利者。蹠之徒也。欲知舜與蹠之分。無他。利與善之閒也。【注】蹠。盜蹠也。蹠舜之分。以此別之。【疏】注。蹠盜蹠也。○正義曰。音義云。張云。蹠與跖同。之石切。莊子有盜跖篇云。孔子與柳下季爲友。柳下季之弟名曰盜跖。盜跖從卒九千人。橫行天下。侵暴諸侯。穴室樞戶。驅人牛馬。取人婦女。貪得忘親。不顧父母兄弟。不祭先祖。所過之邑。大國守城。小國入保。萬民苦之。釋文云。按左傳。展禽是魯僖公時人。至孔子生八十餘年。若至子路之死百五六十歲。不得爲友。是寄言也。李奇注漢書云。跖。秦之大盜也。

章指。言好善從舜。好利從蹠。明明求之。常若不足。君子小人。各一趣也。

孟子曰。楊子取爲我。拔一毛而利天下不爲也。【注】楊子。楊朱也。爲我。爲己也。拔己一毛以利天下之民。不肯爲也。【疏】注。楊子至爲也。○正義曰。列子有楊朱篇。張湛注云。或云。字子居。戰國時人。後於墨子。楊子與禽滑釐辯論。其說在愛已。不拔一毛以利天下。與墨子相反。是篇載楊朱之言云。伯成子高。不以一豪利物。舍國而隱耕。大禹不以一身自利。一體偏枯。古之人。損一豪利天下。不與也。悉天下奉一身。不取也。人人不損一豪。人人不利天下。天下治矣。禽子問楊朱曰。去子體之一毛。以濟一世。汝爲之乎。楊子曰。世固非一毛之所濟。禽子曰。假濟。爲之乎。楊子弗應。禽子出語孟孫陽。孟孫陽曰。子不達夫子之心。吾請言之。有侵若肌膚獲萬金者。若爲之乎。曰。爲之。孟孫陽曰。有斷若一節得一國。子爲之乎。禽子默然。有閒。孟孫陽曰。一毛微於肌膚。肌膚微於一節省矣。然則。積一毛以成肌膚。積肌膚以成一節。一毛固一體萬分中之一物。奈何輕之乎。禽子曰。吾不能所以答子。然則。以子之言問老聃關尹。則子言當矣。以吾言問大禹墨翟。則吾言當矣。呂氏春秋不二篇云。陽生貴己。高注云。輕天下而貴己。孟子曰。楊子拔體一毛以利天下。弗爲也。貴己即爲已。墨子兼愛。摩頂放踵利天下爲之。注墨子。墨翟也。兼愛他人。摩突其頂。下至於踵。以利天下。己樂爲之也。疏注。墨子至之也。○正義曰。史記孟子荀卿列傳後附云。墨翟。宋之大夫。善守禦。爲節用。或曰並孔子時。或曰在其後。武氏億授堂文鈔跋墨子云。漢書藝文志。墨子七十一篇。注云。墨翟爲宋大夫。在孔子後。而不著其地。惟呂氏春秋愼大覽高誘注。墨子名翟。魯人也。魯即魯陽。春秋時屬楚。古人於地名兩字或單舉一字。是其例也。蓋墨子居於魯陽。疑當爲文子之臣。觀魯問一篇。言吾願主君之上者尊天事鬼。下者愛利百姓。翟之尊文子爲主君。意其屬於文子也。外傳楚語。惠王以梁與魯陽文子。注。文子。平王之孫。司馬子期子。魯陽公也。惠王十年爲魯哀公十六年。孔子方卒。則翟實當楚惠王時。上接孔子未卒。故太史公一云。並孔子時。自班志專謂在孔子後。後人益爲推衍。至如畢氏據本書稱中山諸國亡於燕代胡貊之國。以中山之滅。在趙惠文王四年。當周赧王二十年。則翟實六國時人。至周末猶存。竊以翟既與楚惠王接時。後必不能歷一百九十餘年尙未即化。此固不然也。中山諸國之亡。蓋墨子之徒。續記而竄入其師之說。以貽此謬。何可依也。音義云。突。丁徒忽切。穿突也。襄公二十五年左傳。宵突陳城。注云。突。穿也。此丁公著所本。乃城可言穿。頂不可言穿。莊子說劍篇云。吾王所見劍士。皆蓬頭突鬢。荀子非相篇。孫叔敖突禿。楊倞注云。突。謂短髮可凌突人者。故莊子說趙劍士蓬頭突鬢。突禿聲轉。突即禿。楊氏解爲短髮是也。趙氏以突明摩。謂摩迫其頂。髮爲之禿。丁氏以突爲穿。失趙義矣。文選江淹上建平王書。注。引孟子墨子兼愛。摩頂致於踵。利天下爲之。劉熙曰。致。至也。又任昉奏彈曹景宗注。引孟子墨子兼愛摩頂致於踵。趙岐曰。致。至也。周氏廣業孟子古注攷云。據此。則趙劉所有之本。注並同矣。困學紀聞言選注。引趙岐作致於踵。今本作放踵。注無致至也三字。孫宣公音義。放踵。下據丁氏云。方往切。至也。是唐宋本。已皆作放。今攷文選劉峻廣絕交論。皆願摩頂至踵。注引孟子摩頂放踵。趙岐曰。放。至也。同在一書。所引互異。可見趙氏注本。唐世已有其二。非至宋始作放踵也。又文選洞簫賦。注引毛氏詩傳。顏叔子納鄰之釐婦。使執燭。放乎平旦。事下引趙岐孟子章句曰。放。至也。方往切。今惟放乎瑯邪。注有放至也三字。無方往切。摩頂放踵。注直云摩突其頂。下至於踵。爲致爲放。莫可究詰矣。翟氏灝攷異云。風俗通十反篇。墨翟摩頂以放踵。楊朱一毛而不爲。放字與今孟子同。紅書任彈兩注所引致於踵者。疑當時劉注本獨如是。任彈下趙岐二字。當亦爲劉既傳寫者遷就然爾。謹按墨子有兼愛三篇。無摩頂放踵語。莊子天下篇云。墨子稱道曰。禹親自操橐耜而九雜天下之川。腓而胈。脛無毛。沐甚風。櫛疾雨。置萬國。禹大聖也。而形勞天下如此。使後世之墨者。多以裘褐爲衣。以跂蹻爲服。日夜不休。以自苦爲極。以日不能如此。非禹之道也。不足爲墨。墨翟禽滑釐之意則是。其行則非也。將使後世之墨者。必自苦以腓無胈。脛無毛。相進而已矣。亂之上也。治之下也。孟子推其汎愛兼利。生勤死薄之道。而擬之爲摩頂放踵。即自苦以腓無胈。脛無毛之意耳。

子莫執中。注子莫。魯之賢人也。其性中和專一者也。疏注子莫至一者也。○正義曰。子莫未詳。或謂莊子有云。儒墨楊秉四。秉別無所聞。恐即當時子莫執中一家之說。音義云。陸云。言子莫等無執中。此異於趙氏。非也。孔子稱堯咨舜執中。孟子稱湯執中。此句下云。執中爲近之。何遽戒人莫執中也。陸氏穿鑿。不足以易趙也。

執中爲近之。執中無權。猶執一也。注執中和近聖人之道。然不權。聖人之重權。執中而不知權。猶執一介之人。不得時變也。疏注執中至變也。○正義曰。白虎通五行篇云。中央者。中和也。說文丨部云。中。和也。寒往則暑來。暑往則寒來。是爲時。執中者。但取不寒不暑也。聖人之道。以時爲中。趨時則能變通。知變通則權也。文公十二年公羊傳云。惟一介斷斷兮無技。注云。一介猶一槪。此云執一介。即執一槪也。不知權宜一槪。如此所以猶執一也。戴氏震孟子字義疏證云。權。所以別輕重也。凡此重彼輕。千古不易者。常也。常則顯然共見其千古不易之重輕。而重者於是乎輕。輕者於是乎重。變也。變則非智之盡能辨察事情而準。不可以知之。孟子之闢楊墨也。曰。楊墨之道不息。孔子之道不著。是邪說誣民。充塞仁義也。仁義充塞。則率獸食人。人將相食。今人讀其書。孰知所謂率獸食人。人將相食者安在哉。孟子又曰。楊子取爲我。拔一毛而利天下。不爲也。墨子兼愛。摩頂放踵利天下爲之。子莫執中。執中爲近之。執中無權。猶執一也。所惡執一者。爲其賊道也。舉一而廢百也。今人讀其書。孰知無權之故。舉一而廢百之爲害至鉅哉。孟子道性善。於告子言以人性爲仁義。則曰。率天下之人而禍仁義。今人讀其書。又孰知性之不可不明。戕賊人以爲仁義之禍何如哉。老聃莊周無欲之說。及後之釋氏所謂空寂能脫然不以形體之養。與有形之生死累其心。而獨私其所謂長生久視。所謂不生不滅者。於人物一視而同用其慈。蓋合楊墨之說以爲說。由其自私。雖拔一毛可以利天下不爲。由其外形骸。賤慈愛。雖摩頂放踵以利天下爲之。宋儒易老莊釋氏之所私者而貴理。易彼之外形體者而咎氣質。其所謂理。依然如有物焉。宅於心。於是辨乎理欲之分。謂不出於理。即出於欲。不出於欲。則出於理。雖視人之飢寒號呼。男女哀怨。以至垂死冀生。無非人欲。空指一絕情欲之感者，爲天理之本然。存之於心。及其應事。幸而偶中。非曲體事情。求如此以安之也。不幸而事情未明。執其意見。方自信天理。非人欲。而小之一人受其禍。大之天下國家受其禍。徒以不出於欲。遂莫之或寤也。凡以爲理宅於心。不出於欲。則出於理者。未有不以意見爲理而禍天下者也。人之患。有私有蔽。私出於情欲。蔽出於心知。無私。仁也。不蔽。智也。非絕情欲以爲仁。去心知以爲智也。是故聖賢之道。無私而非無欲。老莊釋氏。無欲而非無私。彼以無欲成其自私者也。此以無私通天下之情。遂天下之欲者也。凡異說皆主於無欲。不求無蔽。重行不先重知。人見其篤行也。無欲也。故莫不尊信之。聖賢之學。由博學審問慎思明辨而後篤行。則行者行其人倫日用之不蔽者也。非如彼之舍人倫日用。以無欲爲能篤行也。人倫日用。聖人以通天下之情。遂天下之欲。權之而分理不爽。是謂理。古今不乏嚴氣正性疾惡如讎之人。是其所是。非其所非。執顯然共見之重輕。實不知有時權之而重者於是乎輕。輕者於是乎重。其是非輕重一誤。天下受其禍而不可救。豈人欲蔽之也哉。自信之理。非理也。然則孟子言執中無權。至後儒又增一執理無權者矣。

所惡執一者。爲其賊道也。舉一而廢百也。【注】所以惡執一者。爲其不知權。以一知而廢百道也。【疏】注所以至道也。○正義曰。易繫傳云。天下何思何慮。天下同歸而殊途。一致而百慮。途既殊則慮不可不百。慮百則不執一也。執一則不百慮。不百慮故廢百矣。楊子爲我。執一於爲我也。墨子兼愛。執一於兼愛也。孟子所以距楊墨。距其執一也。故舉一執中之子莫。然則凡執一者。皆能賊道。不必楊墨也。楊子惟知爲我而不復慮及兼愛。墨子惟知兼愛而不復慮及爲我。子莫但知執中。而不復慮及有當爲我當兼愛之事。楊則冬夏皆葛也。墨則冬夏皆裘也。子莫則參乎裘葛之中。而冬夏皆袷也。不知趨時者。裘葛袷皆藏之於篋。各依時而用之。即聖人一貫之道也。聖人之道。善與人同。執兩端以用其中。故執中而非執一。曾子居武城。寇至則去。寇退則反。薪木亦戒其毀傷。顏子居陋巷。不改其樂。而不同於楊子之爲我者。不執一也。禹治水。勞身焦思。至於偏枯胝胼。藏竅不通。而不同於墨子之兼愛者。不執一也。故曰。禹稷顏回同道。又曰。禹稷顏子易地則皆然。惟易地皆然。則不執一。同道者。一致也。易地皆然者。百慮也。執一則爲楊墨。不執一則爲禹稷顏曾。孟子學堯舜孔子之道。知道在變通神化。故楊墨之執一不知變通則距之。距之者。距其悖乎堯舜孔子之道也。不然。楊朱厲氣虛名。齊生死。固高曠絕俗之士。至墨翟以救世爲心。其言曰。國家昏亂則語之尚賢尚同。國家貧則語之節用節葬。國家喜音沈湎。則語之非樂非命。國家淫僻。則語之尊天事鬼。國家務奪侵陵。則語之兼愛非攻。讀其書豈不謂之仁人君子。非孟子深明乎變通神化之道。確有以見其異乎堯舜孔子之權。安能反復申明以距之哉。學者尚有申墨子之說者。不知道者也。章指。言楊墨放蕩。子莫執一。聖人量時。不取此術。孔子行止。惟義所在。

孟子曰。飢者甘食。渴者甘飲。是未得飲食之正也。飢渴害之也。【注】飢渴害其本所以知味之性。令人強甘之。【疏】注令人強甘之。○正義曰。飢渴者急欲得飲食。以不甘爲甘。故爲強甘。豈惟口腹有飢渴之害。人心亦皆有害。【注】爲利欲所害。亦猶飢渴得之。人能無以飢渴之害爲心害。則不及人不爲憂矣。注人能守正，不爲邪利所害，雖謂富貴之事不及遠人，猶爲君子，不爲善人所憂患也。疏注：人能至患也。○正義曰：說文又部云：「及，逮也。」淮南子脩務訓云：「堯舜之聖不能及。」高誘注云：「及，猶如也。」不及人即不如人。趙氏謂人之貧賤者所爲之事，不能及富貴之人爲利所動，不能守正，必爲強奪詐取之事，以傷害善人，則善人憂患之。使不爲利欲所害，雖不及富貴之人，亦不肯爲禍於善人，故善人不爲所憂患。強奪詐取，猶飲食之不甘者也。以飢渴而甘其所不甘，則因富貴不如人，亦將爲其所不可爲。此何必貧賤富貴之懸殊者也。同一貧賤而彼稍遜，則已妬而傷之；同一富貴而彼稍加一等，已百計排毀而傾軋之，皆心害也。受其害者，必善人也。害善人者必小人，非君子也。故云「猶爲君子，不爲善人所憂患」。近時通解「不爲憂」，謂己不憂不及人。章指言：飢不妄食，忍情抑欲，賤不失道，不爲苟求，能無心害，夫將何憂。

孟子曰：柳下惠不以三公易其介。注介，大也。柳下惠執宏大之志，不恥汙君，不以三公榮位易其大量也。疏注：介大至量也。○正義曰：介，大也。爾雅釋詁文。毛詩大雅生民「攸介攸止」、小明「介爾景福」，介，傳皆訓大。趙氏以惠不羞汙君，不辭小官爲大量，是也。承上不及人而言之。士師之職不及三公之榮，若少存踰羨之心，則辭小官而不居矣。是心之淺隘也。音義云：「陸云：介，謂特立之行。」文選注引劉熙注云：「介，操也。」陸氏蓋本此。章指言：柳下惠不恭，用志大也。無可無否，以賤爲貴也。疏無可無否。○正義曰：法言淵騫篇云：「不夷不惠，可否之閒。」

孟子曰：有爲者辟若掘井，掘井九軔而不及泉，猶爲棄井也。注有爲，爲仁義也。軔，八尺也。雖深而不及泉，喻有爲者中道而廢，棄前行也。疏注：軔八尺也。○正義曰：音義云：「軔，丁音刃。」云：「義與仞同，借用耳。」先儒以七尺爲仞。注云「八尺曰軔」。程氏瑤田通藝錄：說文云：「七尺曰仞。」說云：「仞之數小。」爾雅云：「四尺。」漢書食貨志注引應劭云：「五尺六寸。」此其謬易見也。說文云：「仞，人伸臂一尋八尺。」王肅聖證論、趙岐孟子注、曹操李筌孫子注、郭璞山海經注、顏師古司馬相如傳注、房元齡管子注、韋昭楚國語注，並曰八尺。而鄭康成周官禮注、包咸論語注、高誘注呂氏春秋、王逸注大招招魂、李謐明堂制度論、郭璞注、司馬相如賦見司馬彪說，則皆以爲七尺。莊子步仞之邱，陸德明釋文亦曰七尺。淮南子原道訓注八尺曰仞，而覽冥訓注則云七尺曰仞。其注百仞，亦曰七百尺也。是書有高誘、許慎二人之說，證以說文，則八尺者當爲許氏所記。雜高誘注中者，證以呂氏春秋注，則七尺者誘之說也。近世方密之、顧亭林皆篤信八尺之說。瑤田以爲仞七尺者是也。揚雄方言云：「度廣以尋。」杜預左傳仞溝洫注云：「度深曰仞。」二書皆言人伸兩手以度物之名。而尋爲八尺。仞必七尺何也。同一伸手度物。而廣深用之。其勢自不得不異。人長八尺。伸兩手亦廣八尺。用以度廣。其勢全伸而不屈。故尋爲八尺。而用之以度深。則必上下其左右手而側其身焉。身側則胸與所度之物不能相摩。於是兩手不能全伸而成弧之形。弧而求其弦以爲仞。必不能八尺。故七尺曰仞。亦其勢然也。玉篇云。度深曰㑣。說文解㑣字曰。深所至也。㑣之爲言側也。余之說仞字以爲伸手度深。必側其身焉。義與此合矣。段氏玉裁說文解字注云。程氏甚精。仞說可定矣。考工記。廣二尋。深二仞。謂之澮。倘其度同八尺。何不皆曰二尋。如上文廣二尺深二尺之例也。謹按仞爲七尺。程氏段氏之言定矣。管子地員篇云。夫管仲之匡天下也。其施七尺瀆田。悉徙。命之曰五施。五七三十五尺而至於泉。赤壚歷彊肥命之曰四施。四七二十八尺而至於泉。黃唐命之曰三施。三七二十一尺而至於泉。斥埴命之曰再施。二七十四尺而至於泉。黑埴命之曰一施。七尺而至於泉。墳延者六施。六七四十二尺而至於泉。陜之芳七施。七七四十九尺而至於泉。祀陜八施。七八五十六尺而至於泉。杜陵九施。七九六十三尺而至於泉。延陵十施。七十尺而至於泉。環陵十一施。七十七尺而至於泉。蔓山十二施。八十四尺而至於泉。付山十三施。九十一尺而至於泉。付山白徒十四施。九十八尺而至於泉。中陵十五施。百五尺而至於泉。青山十六施。百一十二尺而至於泉。青龍之所居庚泥不可得泉。赤壤𡽩山十七施。百一十九尺而至於泉。其下清商不可得泉。陘山白壤十八施。百二十六尺而至於泉。其下騂石不可得泉。徙山十九施。百三十三尺而至於泉。其下有灰壤不可得泉。高陵之山二十施。百四十尺而至於泉。山之上命之曰縣泉。𡑞之二乃至於泉。山之上命曰復呂。𡑞之三尺而至於泉。山之上命曰泉英。𡑞之五尺而至於泉。山之材。𡑞之二七十四尺而至於泉。山之側。𡑞之三七二十一尺而至於泉。然則𡑞地之度。以七尺爲準。仞與施其數同也。自二尺至八仞言之。原不必九仞而已可得泉。但水土深淺不齊。必極之以二十施。則九仞僅有其半。故趙氏以中道言之。九仞而不及泉。明及泉者有不待九仞也。猶爲棄井。明九仞功方得半也。考曾子。未知其詣。

不章指。言爲仁由己。必在究之。九軔而輟。無益成功。論之一簣。義與此同。疏論之一簣。○正義曰。音義云。論。謂論語也。

孟子曰。堯舜。性之也。湯武。身之也。五霸。假之也。注性之。性好仁。自然也。身之。體之行仁。視之若身也。假之。假仁以正諸侯也。疏注性之至侯也。○正義曰。荀子正名篇云。性之和所生精合。感應不事而自然謂之性。春秋繁露察名號篇云。如其生生自然之資謂之性。周髀算經云。此天地陰陽之性自然也。故以性爲自然好仁也。廣雅釋親云。體。身也。大戴禮曾子大孝篇云。身者。親之遺體也。淮南子繆稱訓云。身。君子之言信也。高誘注云。身君子之言。體行君子之言也。以體行解身字。與趙氏此注同。是身之卽體之也。行仁謂以德澤及人。視之若身。謂不異身受之也。說文人部云。假。非眞也。儀禮少牢饋食禮假爾大筮有常注云。假。

借也。行仁視之若身，則實行之矣。五霸假借行仁之名。以正諸侯。非其實能行仁也。大戴記曾子立事云。太上樂樂善，其次安之。其下亦能自彊。盧辯注云。自彊謂其身不爲。太上謂五帝。其次謂三王。其下謂五霸。孟子曰。堯舜性之。湯武身之。五霸假之。

久假而不歸。惡知其非有也。【注】五霸若能久假仁義。譬如假物久而不歸。安知其不真有也。【疏】注。五霸至有也。○正義曰。五霸假借仁義之名。旋復不仁不義。不能久也。假而能久。仁亦及人。究殊乎不能假而甘爲不仁者也。

章指。言仁在性體。其次假借。用而不已。實何以易。在其勉之也。【疏】用而不已。○正義曰。呂氏春秋順說篇云。以之所歸。高誘注云。歸。終也。僖公二十四年左傳。婦怨無終。注云。終。猶已也。此云。用而不已。即是假而不歸。以巳釋歸也。實即指湯武身之。謂與身之何以易。曹風。下泉所以思明王賢伯矣。考文古本無巳字。落之也。

公孫丑曰。伊尹曰。予不狎于不順。放大甲於桐。民大悅。大甲賢。又反之。民大悅。賢者之爲人臣也。其君不賢。則固可放與。【注】公孫丑怪伊尹賢者而放其君。何也。【疏】伊尹曰。予不狎于不順。○正義曰。江氏聲尚書集注音疏云。自是尚書文而不稱書曰。

孟子曰。有伊尹之志則可。無伊尹之志則篡也。【注】人臣秉忠志。志若伊尹欲寧殷國。則可放惡而不即立君。宿留冀改而復之。如無伊尹之忠。見間乘利。篡心乃生。何可放也。章指。言憂國忘家。意在出身。志在寧君。放惡攝政。伊周有焉。凡人志異。則生篡心也。

公孫丑曰。詩曰。不素餐兮。君子之不耕而食。何也。【注】詩。魏國伐檀之篇也。無功而食謂之素餐。世之君子有不耕而食。何也。【疏】注。詩魏至素餐。○正義曰。詩序云。伐檀。刺貪也。在位貪鄙。無功而受祿。君子不得進仕爾。毛傳云。素。空也。空之言虛也。無功受祿。是虛得此餐也。

孟子曰。君子居是國也。其君用之。則安富尊榮。其子弟從之。則孝悌忠信。不素餐兮。孰大於是。【注】君子能使人化其道德。移其習俗。君安國富而保其尊榮。子弟孝悌而樂忠信。不素餐之功。誰大於是。何爲不可以食祿。章指。言君子正己。以立於世。世美其道。君臣是貴。所遇者化。何素餐之謂。

王子墊問曰：「士何事？」【注】齊王子名墊也。問士當何事爲事也。【疏】注「齊王至事也」。○正義曰：孟子仕齊久，此稱王子，故知爲齊王之子也。顧氏炎武日知錄云：「士農工商謂之四民。其說始於管子。穀梁成公元年傳亦云。三代之時，民之秀者，乃收之鄉序，升之司徒，而謂之士。固千百之中不得一焉。大宰以九職任萬民。五曰百工，化飭八材。計亦無多人爾。武王作酒誥之書曰：『妹土，嗣爾股肱，純其藝黍稷，奔走事厥考厥長。』此謂農也。『肇牽車牛，遠服賈，用孝養厥父母。』此謂商也。又曰：『庶士有正，越庶伯君子，其爾聽朕教。』則謂之士者，大抵皆有職之人矣。惡有所謂羣萃而州處，四民各自爲鄉之法哉。春秋以後，游士日多。齊語言桓公爲游士八十人，奉以車馬衣裘，多其資幣，使周游四方，以號召天下之賢士。而戰國之君，遂以士爲輕重。文者爲儒，武者爲俠。嗚乎！游士與而先王之法壞矣。彭更之言，王子墊之問，其猶近古之意與。」孟子曰：「尚志。」【注】尚，上也。士當貴上於用志也。【疏】注「尚上至志也」。○正義曰：儀禮覲禮云：「尚左。」注云：「古文尚作上。」釋文序錄引書贊云：「孔子撰書，尊而命之曰尚書。尚者，上也。尊之猶貴之。」故以上釋尚。又以貴釋上。程氏瑤田通藝錄論學小記云：「隱居以求其志。求其所達之道也。當其求時，猶未及行，故謂之志。行義以達其道，行其所求之志也。及其行時不止於求，故謂之道。志與道通一無二。故曰：士何事？曰：尚志。」曰：「何謂尚志？」曰：「仁義而已矣。殺一無罪，非仁也；非其有而取之，非義也。居惡在？仁是也。路惡在？義是也。居仁由義，大人之事備矣。」【注】孟子言志之所尚，仁義而已矣。不殺無罪，不取非有者爲仁義。欲知其所當居者仁爲上，所由者義爲貴，大人之事備也。【疏】「大人之事備矣」。○正義曰：程氏瑤田論學小記云：「萬物皆備於我。我者，己也。尚志者，居仁由義之謂也。不殺無罪曰居仁。不取非其有曰由義。尚志之時，雖曰士也，然豈待爲大人而後謂之大人哉。蓋大人之事，天生己時已備之矣。」章指言：人當尚志，志於善也。善之所由，仁與義也。欲使王子無過差也。

孟子曰：「仲子，不義與之齊國而弗受，人皆信之，是舍簞食豆羹之義也。【注】仲子，陳仲子。處於陵者，人以爲廉，謂以不義而與之齊國必不受之。孟子以爲仲子之義若上章所道，簞食豆羹無禮則不受，萬鍾則不辨禮義而受之也。【疏】注「仲子至受之也」。○正義曰：仲子不義其兄之祿而處於陵。此實事也。不義而與之齊國而不受，無此事，人虛擬之也。不義與之齊國而不受，猶萬鍾之不受也。處於陵，猶簞食豆羹之不受也。亡親戚君臣上下，是不知禮義之大者。若能不義與之齊國而不受，則宜知親戚君臣上下矣。仲子既不知有親戚君臣上下，又何能不義與之齊國而不受也。此趙氏義也。周氏柄中辨正云。史記鄒陽上梁王書。稱於陵子仲辭三公。爲人灌園。皇甫謐高士傳載其事。愚謂果有此事。自是廉之實蹟。匡章何以不稱於孟子之前。孟子又何以設言與之齊國而弗受。而反不及其辭楚相邪。嘗考韓詩外傳。楚莊王使使賫金百斤。聘北郭先生。先生曰。臣有箕帚之使。願入計之。即謂婦人曰。楚欲以我爲相。今日相。即結駟列騎。食方丈於前。如何。婦人曰。夫子以織屨爲食。食粥毚履。無怵惕之憂者。何哉。與物無治也。今如結駟列騎。所安不過容膝。食方丈於前。所甘不過一肉。以容膝之安。一肉之味。而徇楚國之憂。其可乎。於是遂不應聘。與婦去之。此北郭先生之事。而高士傳以爲陳仲子。夫鄒陽所云辭三公者。特言其不顧爲三公耳。固不必實有一卻聘之事。而士安附會其說。遂以北郭事移而爲之仲子。豈可信乎。且於陵齊地。顧野王輿地志。齊城有長白山。陳仲子夫妻所隱處。高士傳稱陳仲子適楚。居於陵。楚王聞其賢而聘之。以齊地爲楚地。傅會改易。灼然可知。而左袒仲子者。猶以辭三公爲美談。夫亦未之考耳。

人莫大焉亡親戚君臣上下。以其小者信其大者。奚可哉。【注】人當以禮義爲正。陳仲子避兄離母。不知仁義親戚上下之敍。何可以其小廉信以爲大哉。【疏】注。人當至大哉。〇正義曰。經言亡親戚君臣上下。趙氏言不知仁義親戚上下之敍。不言君臣者。以上下即君臣也。避兄離母。是不知親戚。不義蓋祿。是不知君臣。親戚屬仁。君臣屬義。故不知仁義。書。惇敍九族。是親戚有敍也。周禮春官。小宰以官府之六敍正羣吏。注云。謂先尊後卑。是上下有敍也。賈子新書六術篇云。人之戚屬以六爲法。人有六親。六親始曰父。父有二子。二子爲昆弟。昆弟又有子。子從父而昆弟。故爲從父昆弟。從父昆弟又有子。子從祖而昆弟。故爲從祖昆弟。從祖昆弟又有子。子從曾祖而昆弟。故爲從曾祖昆弟。曾祖昆弟又有子。子爲族兄弟。備此六者之謂六親。親之始於一人。世世別離。分爲六親。親戚非六。則失本末之度。六親有次。不可相踰。相踰則宗族擾亂。不能相親。然則親戚專指同姓。呂氏春秋論人篇云。論人者。又必有六戚四隱。何謂六戚。父母兄弟妻子。高誘注云。六戚。六親也。有父則有母。有子則有妻。與賈子之說互相備也。莊公三十二年公羊傳云。君親無將。注云。親。父母也。父母。六親所由始也。故尊得其稱。禮記祭義。立愛自親始。立敬自長始。注云。親長。父兄也。此親專屬父。儀禮喪服記。親則月算如邦人。注云。謂在五屬之內。周禮秋官掌戮。凡殺其親者焚之。注云。緦服以內也。天官大宰。一曰親親。注云 親親。若堯親九族也。書。堯典以親九族。馬氏鄭氏注皆云。上自高祖下至元孫爲九族。凡稱親皆謂父族。喪服小記。婦祔於祖姑。祖姑有三人。則祔於親者。注云。親者。謂舅所生。此以舅之生母爲親。仍六親中之母也。毛詩大雅行葦。戚戚兄弟。傳云。戚戚。內相親也。箋云。王與族人燕。兄弟之親。無遠無近。俱揖而進之。孔氏正義云。戚戚猶親親。禮記大傳云。四世而緦。服之窮也。五世袒免。殺同姓也。六世親屬竭矣。其庶姓別於上而戚單於下。正義云。戚。親也。是戚亦與親同。指同族而言。爾雅釋親。先釋宗族。六親之正也。次因母而及母黨。因妻而及妻黨。因子而及昏姻。是連類而推及之。秋官大司寇。一曰。議親之辟。鄭司農云。若今時宗室有罪先請是也。而賈氏疏兼以外親有服者言之。非其義也。乃曲禮。兄弟親戚。稱其慈也。孔氏正義。謂親言族內。戚言族外。國語鄭語云。是非王之支子母弟甥舅也。則皆荆蠻戎翟之人也。非親則頑。韋昭注云。親謂支子甥舅。昭公二十五年左傳云。爲父子兄弟姑姊甥舅昏媾姻亞以象天明。杜預注云。六親相睦。蓋自漢以來。有尚書歐陽夏侯說云。九族乃異姓有親屬者。父族四。母族三。妻黨二。夫同姓稱宗族。母妻稱黨。自混黨於族。遂亦稱黨爲親。漢儒說經。尚無以親戚指異姓。而韋昭杜預生於漢末。其時外戚之盛。踰於宗族。預又爲司馬懿之女壻。其以姻亞爲親宜矣。然左傳言父子兄弟姑姊甥舅昏媾姻亞。數雖有六。原無親名。故孔氏正義辨之云。老子云。六親不和。焉有孝慈。六親謂父子兄弟夫婦。則以杜氏所云六親爲不然也。鄭語非親二字。承上文支子母弟甥舅。故韋昭注云。其實親字祇屬支子母弟。如小雅頍弁序云。暴戾無親。不能宴樂。同姓親睦。九族而未章。連言兄弟甥舅。不得謂甥舅亦同姓九族也。趙氏以親戚指母與兄是矣。仲子辟兄離母而親其妻。是親戚之敍失矣。翟氏灝攷異云。王氏曩注云。此作一句讀。言人之罪莫有大於無親戚君臣上下者。荀卿不苟篇云。盜名不如盜貨。田仲不如盜也。又非十二子篇云。仲子綦刻利跂苟。以分異人爲高。不足以合大衆。明大分。韓非子外儲說。載宋屈穀。謂田仲不恃仰人而食。亦無益於人之國。蓋堅瓠之類也。戰國策。趙威后問齊使。則言其率民而出於無用。何爲至今不殺乎。仲子矯廉矯義。不惟人不信之。且多厭惡之矣。僞特因孟子之大聲一呼。而仲遂敗其僞。與王氏引之經傳釋詞云。焉。猶於也。人莫大焉無親戚君臣上下。言莫大於無親戚君臣上下也。

章指。言事有輕重。行有小大。以大包小可也。以小信大。未之聞也。

桃應問曰。舜爲天子。皋陶爲士。瞽瞍殺人。則如之何。【注】桃應。孟子弟子。皋陶爲士官。主執罪人。瞽瞍惡暴而殺人。則皋陶如何。【疏】注。皋陶爲士官主執罪人。○正義曰。書堯典云。帝曰。皋陶。蠻夷猾夏。寇賊姦宄。汝作士。五刑有服。五服三就。五流有宅。五宅三居。惟明克允。馬氏注云。士。獄官之長。鄭氏注云。士。察也。主察獄訟之事。禮記月令。孟秋命理瞻傷。注云。理。治獄官也。有虞氏曰士。夏曰大理。周曰大司寇。士爲刑官之長。故主執有罪之人。

孟子曰。執之而已矣。【注】孟子曰。皋陶執之耳。【疏】注。皋陶執之耳。○正義曰。皋陶既主執罪人。故執殺人者。

然則舜不禁與。【注】桃應以爲舜爲天子。使有司執其父。不禁止之邪。曰。夫舜惡得而禁之。夫有所受之也。【注】夫。辭也。孟子曰。夫舜惡得禁之。夫天下乃受之於堯。當爲天理民。王法不曲。豈得禁之也。【疏】注。夫辭至禁之也。○正義曰。周禮秋官司烜。掌以夫遂取明火於日。鄭司農注云。夫發聲。是夫爲語辭也。趙氏以舜之天下。受之於堯。故不得禁皋陶執殺人之罪人。惠氏士奇春秋說云。夫有所受之也。惡乎受之。曰。受之舜。殺人者死。天之道也。皋陶既受之舜矣。而舜復禁之。是自壞其法也。自壞其法。不可以治一家。況天下乎。且受之舜。猶受之天。受之天者。非諄諄然命之也。謂其法當乎天理。合乎人心而已。然則舜如之何。注應問舜爲之將如何。曰。舜視棄天下。猶棄敝蹝也。竊負而逃。遵海濱而處。終身訢然。樂而忘天下。注孟子曰。舜視棄天下。如捐棄敝蹝。蹝。草履可蹝者也。敝喻不惜。舜必負父而遠逃。終身訢然。忽忘天下之爲貴也。疏注。舜視至不惜。○正義曰。說文廾部云。棄。捐也。手部云。捐。棄也。捐棄二字轉注。故以捐釋棄也。文選北山移文注。引劉熙注云。蹝。草履可履。趙氏云。草履可蹝。可蹝猶可履也。說文履部云。屨。履也。履。足所依也。故可稱草履。亦可稱草屨。毛詩大雅生民。履帝武敏歆。傳云。履。踐也。以其可踐。故名履。呂氏春秋長見篇云。視釋天下若釋躧。高誘注云。釋。棄也。觀表篇云。視舍天下若舍屣。高誘注云。屣。弊履也。莊子讓王篇云。原憲華冠縰履。杖藜而應門。又云。曾子曳縰而歌商頌。聲滿天地。釋文云。縰。三蒼解詁作躧。云躧也。聲類或作屣。通俗文云。履不著跟曰屣。李云。縰履謂履無跟也。王云。躧之能躧舉而曳之也。然則躧。屣。縰三字同。說文足部云。躧。舞履也。草部云。蓰。鞮屬。鞮。革履也。周禮春官鞮鞻氏注云。鞻讀如屨。鞮屨四夷舞者所屝也。今時倡蹋鼓沓行者自有屝。史記貨殖傳云。躡利屣。徐廣云。舞屣也。段氏玉裁說文解字注云。躧一作跕。跕。吐協反。地理志跕躧臣瓚曰。躡跟爲跕。按舞不納履。故凡不著跟曳之而行曰躧。履如雋不疑傳長門賦皆是也。西京賦說舞曰。振朱屣於盤樽。薛曰。朱屣。赤絲履也。謹按說文。躧蓰雖分兩字。而蓰爲鞮屨。鞮爲舞者所屝。躧爲舞履。則躧與蓰原爲一物。故呂氏春秋同載僕謂吳起之言。一云躧。一云屣。屣即是躧。爲舞者無跟之履。蓋舞履名蓰。以其無跟。履之敝壞者。不可以納。但爲躡舉而曳之。如原憲之縰履。曾子之曳縰。不必爲舞履。以其無跟而亦稱縰。此高誘所以訓屣爲敝履也。而皆非草履之名。乃劉趙並以草履釋之者。劉熙釋名釋衣服云。齊人謂草屨曰屝。於是杜預注僖公四年左傳。屝屨云屝草屨。因鞮鞻氏注言舞者所屝。屝既爲草履之稱。鞮既是蹝。故以屣爲草履耳。閻氏若璩釋地又續云。雖其實止解履也。與史記虞卿躡蹻之蹻別。徐廣曰。蹻。草履也。又屝亦草履。按屝爲齊人稱草履之名。而屣實無此稱。釋名又云。屩。草履也。屩。蹻也。出行著之。蹻蹻輕便。因以爲名也。然則草履名屩。舞履名屣。閻氏謂其有別。是也。趙氏云。敝。喻不惜者。釋名於齊人謂草履曰屝之下。又云不借。言賤易有宜各自蓄之。不假借人也。齊人云搏腊。搏腊猶把作麤貌也。荆州人曰麤絲麻韋草皆同名也。古今注云。不借者。草履也。說文糸部云。緉。一曰不借緉。儀禮喪服傳。繩屨者。繩菲也。注云。繩菲。今時不借也。齊民要術雜說第三十。引崔寔四民月令云。十月可拆麻緝績布縷作白履不借。注云。草履之賤者曰不借。然則不惜即不借。不借即屝。趙氏既以蹝爲草履。故以其稱敝者爲喻不惜也。○注。舜必至貴也。○正義曰。閻氏若璩釋地云。濱。水涯也。古者海之濱。使爲政令所不及。故舜竊父處於此。伯夷太公辟紂居於此。因悟執之而已矣。卽尙書盡執拘以歸於周之執。非指法言。音義云。訢。音忻。爾雅釋詁云。欣。樂也。史記趙世家訢欣。漢書古今人表作訢訢。說文欠部云。欣。笑喜也。言部云。訢。喜也。段氏玉裁說文解字注云。萬石君傳。僮僕訢訢如也。晉灼引許愼曰。訢古欣字。蓋灼所據說文。訢在欠部欣字下。似與今本不同。

章指。言奉法承天。政不可枉。大孝榮父。遺棄天下。虞舜之道。趨將如此。孟子之言。揆聖意也。

孟子自范之齊。望見齊王之子。喟然歎曰。居移氣。養移體。大哉居乎。夫非盡人之子與。【注】范。齊邑。王庶子所封食也。孟子之范。見王子之儀。聲氣高涼。不與人同。還至齊。謂諸弟子喟然歎曰。居尊則氣高。居卑則氣下。居之移人氣志。使之高涼。若供養之移人形身。使充盛也。大哉居乎者。言當愼所居。人必居仁也。凡人與王子。豈非皆是人之子也。王子居尊勢。故儀聲如是也。【疏】注。范齊至食也。○正義曰。閻氏若璩釋地云。今東昌府濮州范縣。本春秋晉大夫士會邑。國語是以受隨范。是又卒屬魯。後漢志東郡范縣。有秦亭。卽莊三十一年築臺於秦。地道志在縣西北是也。孟子時則屬齊趙。注云。范。齊邑。王庶子所封食也。蓋齊王之子。生長深宮。賜第於康衢。貴仕於朝內。豈容遠在七八百里之下邑。而爲孟子所見。其在范者。殆猶靖郭君孟嘗君之於薛乎。○注。孟子至是也。○正義曰。以經言自范之齊。則是在范望見王子。至齊乃言。故云之范見王子之儀。還至齊。謂諸弟子。說文人部云。儀。度也。賈子新書容經云。容貌可觀。聲氣可樂。又云。夫有威而可畏謂之威。有儀而可象謂之文。此儀卽謂容儀威儀。經言望見。遙而望之。故見其儀。儀字從望字推之。梁惠王上篇。望之不似人君。注云。望之無儼然之威儀是也。劉熙釋名釋天云。氣。愾也。愾然有聲而無形也。下云。居移氣。故云聲氣。亦卽本容經聲氣可樂之語也。阮氏元校勘記云。高涼。按涼字與亮同。古字通用。按亮者明也。乃聲之高明。由於志之高明。志之高明。由於居之尊貴。故既言聲氣。又云氣志。趙氏以養移體。爲比喻之辭。故云若供養之移人形身使充盛也。說文食部云。養。供養也。蓋下專言居。故以養爲喻也。夫居尊爲居。居仁亦爲居。以居仁與居尊較。則居仁爲大矣。故云。大哉居乎。當愼所居。猶云術不可不愼同。是居宜擇。而居其大者必以居仁爲大也。卽以居勢言之。則居尊者高。居下者卑。居下者之氣。不如居尊者之高。而居勢者之小。又不如居仁者之大矣。同是子。而王子異於凡人。亦同是人。而君子異於小人。可相觀而喻矣。孟子之言含蓄不盡。趙氏注與章指互發明之。凡人卽凡民。謂衆庶。詳見前。

章指。言人性皆同。居使之異。君子居仁。小人處利。譬猶王子。殊於衆品也。

孟子曰。王子宮室車馬衣服多與人同。而王子若彼者。其居使之然也。況居天下之廣居者乎。〔注〕言王子宮室乘服。皆人之所用之耳。然而王子若彼高涼者。居勢位故也。況居廣居。謂行仁義。仁義在身。不言而喻也。〔疏〕注。仁義在身不言而喻。○正義曰。詳見前。謂仁義根於心。其施於四體者。威儀容度。益有可觀。魯君之宋。呼於垤澤之門。守者曰。此非吾君也。何其聲之似我君也。此無他。居相似也。〔注〕垤澤。宋城門名也。人君之聲相似者。以其俱居尊勢。故音氣同也。以城門不自肯夜開。故君自發聲。〔疏〕注。垤澤至發聲。○正義曰。音義云。呼。丁火故切。閻氏若璩釋地云。垤澤。卽襄十七年築者謳曰之澤門。杜氏注。宋東城南門是也。或曰。得無禹貢盟諸澤名其門乎。按盟諸澤。在故宋國微子所封之東北。此自爲南門耳。又云三籥。毛氏曰。呼。喚也。凡歎息招呼則平聲。小爾雅嗚呼吁嗟。嚚嚚一呼一吸。爲一息之類也。叫號而呼則去聲。詩。式號式呼。左傳。倉葛呼之類也。果爾。魯君於垤澤之門。自應如趙注云。以城門不自肯夜開。故君自發聲之呼爲平聲。不應音去聲。爲叫號之呼明矣。近講又云。有作魯君自呼之辭者。陋甚。試看呼於門。於字是呵護傳呼。來於垤澤之門。尤非人之聲音關乎貴賤。呵護傳呼。乃賤者之役。聲可習之而能。若魯君與宋君。聲爲居高養優所移。豈他人能似。仍屬倉卒自呼。故爲監門者所疑。按字義古不以音分。呼喚號呼。雖有不同。而皆爲聲。趙氏以發聲解之者。文公元年左傳云。江芊怒曰呼。注云。呼。發聲也。禮記月令云。雷乃發聲。樂記云。其聲發以散。注云。發。猶揚也。國語周語云。士氣震發。鬼谷子摩篇云。怒者。動也。國語周語云。怨而不怒。韋昭注云。怒作氣也。蓋發聲者。奮作其氣而揚厲其聲之謂也。魯君夜至宋城。監門者不肯開納。故魯君怒而發聲。呼於門外。魯君之呼。卽猶江芊之呼。其聲震動。故守者聞之。發聲二字解怒之呼。與杜氏同。杜氏嘗亦有所受也。因其不肯。所以發怒。注義甚明。正見威之可畏。與王子儀之可象。同一居尊勢所移。若謂慮其夜不開城門。因而君預自請開。顧魯君之來。守者豈不知。所以不肯開者。正以乘夜而來。詎非襲我。豈魯君自呼。以表其非他人而門卽啓乎。郅惲守上東城門。帝至見面於門。且不受詔。豈異國之君。自請於門。遂可信而納之乎。且召評。說文在言部。作評號。嘑在口部。作嘑。此呼字。說文口部云。外息也。呼嘑評三字不同。外息謂出其氣。出其氣正是震發其氣。凡人氣息和則呼吸相均。怨而爲怒。則呼長而吸小。故象其發怒之辭。而以爲呼也。此呼正呼吸之呼。與召評號嘑自別。無煩以平去分也。趙氏注嘑爾而與之讀嘑爲呼。而訓爲咄啐。此以嘑爲呼之假借。咄啐爲呼。正與此相發明矣。章指。言與服器用。人用不殊。等貴居之。志氣以舒。是以居仁由義。盎然內優。胷中正者。眸子不瞀也。〔疏〕眸子不瞀。○正義曰。音義

云。瞀。丁云案開元文字音茂。目不明也。張亡角反。玉篇目部云。瞀。莫遘亡角二切。目不明
貌。荀子非十二子云。世俗之溝猶瞀儒。楊倞注云。瞀。闇也。闇亦不明也。瞀與眊一音之轉。趙
氏以瞀與優韻
則讀若茂。

孟子曰。食而弗愛。豕交之也。愛而不敬。獸畜之也。恭敬者。幣之未將者也。
恭敬而無實。君子不可虛拘。注人之交接。但食之而不愛。若養豕也。愛而不敬。若人畜禽獸。但愛
而不能敬也。且恭敬者。如有幣帛。當以行禮而未以命將行之也。恭敬貴實。如其無實。何可虛拘致君子之心也。
疏注。且恭至心也。○正義曰。爾雅釋言云。將。送也。孫炎注云。行之送也。周禮春官。大史及
將幣之日。注云。將。送也。賈氏疏云。幣謂璧帛之等。禮記少儀云。聞始見君子者辭曰。某固
願聞名於將命者。注云。將猶奉也。孔氏正義云。將命謂傳辭出入。通主客之言語者也。將之義爲
送爲奉。而將幣將命。皆是行禮。故將爲行。趙氏之義。蓋謂以幣行禮。必以命行之乃爲實。若但
以幣。將未以命。將則爲無實。不可以虛致君子。說文手部云。拘。止也。毛詩大雅抑篇。淑慎爾止。魯
頌泮水篇。魯侯戾止。傳並云。止。至也。至即致。故以致釋拘。近時通解謂幣帛未將時。已有此恭
敬之心。乃是其實。若幣行時方恭敬。
即是虛文。君子不可以虛文拘留之。章指。言取人之道。必以恭敬。恭敬貴實。虛則不應。實者謂愛敬也。

孟子曰。形色。天性也。注形。謂君子體貌嚴尊也。尙書洪範。一曰貌。色謂婦人妖麗之容。詩曰。顏如舜
華。此皆天假施於人也。疏注。形謂至人也。○正義曰。禮記樂記。在地成形。注云。形。體貌也。書
無逸。嚴恭寅畏。鄭氏注云。恭在貌。禮記大傳。收族故宗廟嚴。注云。嚴。
猶尊也。洪範。商書篇名云。二五事。一曰貌。貌曰恭。恭作肅。恭肅。即尊嚴也。說文色部云。
色。顏氣也。一切經音義引三蒼云。妖。姸也。妖麗謂女子容色姸美。引詩鄭風。有女同車篇。毛
傳云。舜。木槿也。太平御覽引傳子云。蕣。華麗木也。謂之日佮。或謂之佮容。或謂之愛老沖。
舜爲麗木。故以比顏色之美好。趙氏謂體貌尊嚴。與顏色妖麗。皆天之所生。故謂天性。阮氏元校
勘記云。十行本舜字模糊。閩監毛三本如此。廖本孔本韓本考
文古本作蕣。按音義出蕣字。依說文則舜古字。蕣俗字也。
惟聖人然後可以踐形。注踐。
履居之也。易曰。黃中通理。聖人內外文明。然後能以正道履居此美形。不言居色。主名尊陽抑陰之義也。疏注。踐履
至義也。○正義曰。說文足部云。踐。履也。形而言踐履。故以居之明之。禮記。明堂位言。周公
踐天子之位。即居天子之位也。引易者坤六五。文言傳文云。君子黃中通理。正位居體。美在其中

而暢於四支。蓋以踐形爲居體也。春秋繁露。有陽尊陰卑篇云。三王之正。隨陽而更起。以此見之。貴陽而賤陰也。故數日者。據晝而不據夜。數歲者。據陽而不據陰。是故春秋之於昏禮也。達宋公而不達紀侯之母。丈夫雖賤皆爲陽。婦人雖貴皆爲陰。趙氏以男子生有美形。宜以正道居之。女子生有美色。亦宜以正道居之。乃上並稱形色。下單言踐形。不言踐色。是尊陽抑陰。猶數晝不數夜。達宋公不達紀侯之母也。主名者。聖人爲男子踐形者之稱。然則居色者之主名。其聖女與。禮記大傳云。異姓主名治際會。名著而男女有別。注云。異姓謂來嫁者也。立於母與婦之名耳。趙氏以居色者爲婦女。故假借此二字也。按此章乃孟子言人性之善。異乎禽獸也。形色即是天性。禽獸之形色不同乎人。故禽獸之性不同乎人。惟其爲人之形。人之色。所以爲人之性。聖人盡人之性。正所以踐人之形。苟拂乎人性之善。則以人之形而入於禽獸矣。不踐形矣。孟子此章言性至精至明。戴氏震孟子字義疏證云。人物成性不同。故形色各殊。人之形。官器利用。大遠於物。而於人之道不能無失。是不踐此形也。猶言之而行不逮。是不踐此言也。又原善云。孟子曰。形色。天性也。惟聖人然後可以踐形。血氣心知之得於天。形色其表也。由天道以有人物。五行陰陽。生殺異用。情變殊致。是以人物生生。本五行陰陽。徵爲形色。其偏全厚薄。勝負雜糅。能否精觕。清濁昏明。煩煩員員。氣衍類滋。廣博襲僢。閎鉅瑣微。形以是形。色以是色。咸分於道。以順則煦以治。以逆則毒。性至不同。各呈乎才。人之才。得天地之全能。通天地之全德。從生而官器利用以歐。橫生去其畏不暴其使。智足知飛走蠕動之性。以馴以豢。知卉木之性。良農以時刈。良醫任以處方。聖人神明其德。是故治天下之民。　民莫不育於仁。莫不條貫於禮與義。

章指言體德正容。大人所履。有表無裏。謂之柚梓。是以聖人乃堪踐形也。疏有表無裏。謂之柚梓。〇正義曰。音義云。柚梓。丁云上以究切。似橙而酢。下音臻。從木。莘字亦作榛。榛似栗而小。引此二物者。皆謂內不稱外。周氏廣業孟子章指攷證云。案梓字宋本及韻會榛字。注引此文並同。攷說文。亲。果實。如栗。榛木也。其字從亲。從木。廣雅作辛栗。脫木字。陸璣詩疏本草圖經作莘。謂是栗之一種。則改從莘。今此作梓。木與草兩歧。恐亦譌體。古本作梓尤非。柚皮厚味甘。實酢不中啖。榛肉作胡桃味而實肥者少。故江南諺云。十榛九空。趙氏以喻有表無裏。殆以此邪。

齊宣王欲短喪。公孫丑曰。爲期之喪。猶愈於已乎。注齊宣王以三年之喪爲太長久。欲減而短之。因公孫丑使自以其意問孟子。既不能三年喪。以朞年差愈於止而不行喪者。孟子曰。是猶或紾其兄之臂。子謂之姑徐徐云爾。亦教之孝悌而已矣。注紾。戾也。孟子言有人戾其兄之臂。爲不順也。而子謂之曰。且徐徐云爾。是豈以徐之爲差者乎。不若教之以孝悌。勿復戾其兄之臂也。今欲行其期喪。亦猶曰徐徐之類也。疏注•且徐徐云爾。○正義曰。毛詩周南卷耳。我姑酌彼金罍。傳云。姑。且也。趙氏佑溫故錄云。齊宣王欲短喪。意在變今。非變古。蓋當時久不行三年之喪。直已而已矣。齊王殆聞孟子之教。知己之不可。而又以三年爲過。故欲酌易而從期。不知天下無得半之理。既知其非。不求其是。而小變之以爲安。終身無望於是矣。故孟子於戴盈之請輕稅則喻之攘雞。而公孫丑問短喪則喻之紾兄。王子有其母死者。其傅爲之請數月之喪。公孫丑曰。若此者何如也。注丑曰。王之庶夫人死。迫於適夫人。不得行其喪親之數。其傅爲請之於君。欲使得行數月喪。如之何。疏注。王之庶至之何。○正義曰。閻氏若璩釋地又續云。以經解經。莫合於喪服記。公子爲其母章。以解王子爲其母。此厭於父在本無服。權爲制練冠麻。麻衣縓緣。解葬而除之服。鄭康成曰。不奪其恩也。無厭於嫡母之說。厭嫡母謬自趙岐。沿於孔疏。明初。大明令載庶子爲其所生母齊衰期。注曰。謂嫡母在室者。後孝慈錄成。益定制。讀自製序文。眞有冠履倒置之歎。錢氏大昕潛研堂答問云。問王子有其母死者。其傅爲之請數月之喪。陳氏暘謂王子所生之母死。厭於嫡母而不敢終喪。古人之於嫡庶。若是其嚴乎。曰。陳氏之說本於趙邠卿。謂王之庶夫人死。迫於嫡夫人。不得行喪親之數。其實不然也。禮。家無二尊。故有厭降之義。父卒。爲母齊衰三年。而父在則期•厭於父也。禮尊君而卑臣。亦有厭降之義。天子諸侯絕旁期。大夫降。故士之庶子。父在爲其母期。大夫之庶子。父在爲其母大功。公子父在。爲其母無服。厭於尊也。儀禮喪服記。公子爲其母練冠麻。麻衣縓緣。既葬除之。傳曰。何以不在五服之中也。君之所不服。子亦不敢服也。大功章。公之庶昆弟爲其母傳。謂先君餘尊之所厭。不得過大功。蓋公之庶子雖父已先卒。猶厭於父之餘尊。不得伸母之服。不言厭於嫡母也。公羊傳。母以子貴。故春秋於成風敬嬴定姒齊歸之薨葬•曰夫人。曰小君。成其爲君母也。惟嫡母在。則不得伸其母。然則天子諸侯爲其生母•謂厭於嫡母可也。公子爲其母。謂厭於嫡母不可也。曰。是欲終之而不可得也。雖加一日愈於已。謂夫莫之禁而不爲者也。注孟子曰。如是。王子欲終服其子禮而不能者也。加益一日則愈於止。況數月乎。所謂不當者。謂無禁自欲短之。故譏之。疏注。王子至譏之。○正義曰。喪服傳云。疏衰裳齊牡麻絰冠。布纓削杖。布帶疏屨。期者父在爲母。此子之禮也。今公子厭於父。爲其母練冠麻。麻衣縓緣。既葬除之。注云。諸侯之妾。貴者視卿。賤者視大夫。皆三月而葬。然則僅喪三月。視期少九月。是不能終子禮也。其傳請數月之喪。蓋卽此三月既葬而除之喪。數月者。三月也•公子厭於父君之所不服。子亦不敢服•則君於庶夫人。無一日之喪者也。則公子亦宜不敢有一日之喪。然制禮者權情度義。不奪其母子之恩。故爲制此三月之服。乃雖有此制。必請之於君。俾恩由君出。此傳所以爲之請也。請之。蓋舊例如此。若本無數月之喪之制。安容妄請乎•若依君所。不服子不敢服之例。則當已而得有此推恩三月之禮。是加於已。故云雖加一日愈於已。若無此制。孟子豈如是言乎。夫以當已之喪。而尚加三月。以伸母子之恩。而三年之喪。降而爲期。何以伸孝子之志。同一愈於此爲有所禁而加。彼爲無所禁而短。或得或失。不待智者知之矣。章指。言禮斷三年。孝者欲益。富貴怠厭。思減其日。君子正言。不可阿情。丑欲期之。故譬以紾兄徐徐也。【疏】禮斷三年。〇正義曰。禮記三年問云。三年之喪。二十五月而畢。哀痛未盡。思慕未忘。然而服以是斷者。豈不送死有已。復生有節也哉。

孟子曰。君子之所以教者五。【注】教民之道有五品。有如時雨化之者。【注】教之漸漬而沾治也。有成德者。有達財者。有答問者。有私淑艾者。【注】私獨。淑善。艾治也。君子獨善其身人法其仁。此亦與教法之道無差也。【疏】注。私獨至差也。〇正義曰。呂氏春秋孝行篇。身者。非其私有也。高誘注云。私。猶獨也。書堯典。烝烝乂。史記。五帝本紀作烝烝治。是乂卽治也。洪範。恭作肅。從作乂。詩小雅小旻篇云。或肅或艾。是艾卽乂也。君子獨善其身。原未施教於人。但人以其仁爲法。卽不異親受其教。趙氏以淑善解私淑。則私淑指獨善其身之人。艾字指人之法其仁以自治。按離婁下篇云。予未得爲孔子徒也。予私淑諸人也。趙氏以爲我私善之於賢人。則私淑爲法其仁之人。與此注義異。然私淑艾三字殊不易達。國策秦策賞不私親近。注云。私。猶曲也。楚辭離騷。皇天無阿私兮。王逸注云。竊愛爲私。曲竊皆不直之義也。說文又部云。叔。拾也。從又尗聲。汝南人名收。芓爲叔。又。手也。叔从又。故爲拾取之正訓。毛詩豳風七月。九月叔苴。傳云。叔。拾也。是也。淑與叔通。詩陳風。彼美淑姬。釋文云。本亦作叔。詩周南葛覃。是刈是濩。釋文云。刈本又作艾。韓詩云。刈。取也。禮記祭統。草艾則墨。注云。草艾謂艾取草也。是艾之義爲取。與叔之義爲拾同。蓋私淑諸人。卽私拾諸人也。淑艾二字義相疊。私淑艾者。卽私拾取也。親爲門徒。面相授受直也。未得爲孔子之徒。而拾取於相傳之人。故爲私。私淑猶云竊取也。彼言私淑諸人不必又疊艾字。其義自足。此疊艾字以足其句。其實私淑艾猶私淑也。德恐其惑而不定。故成之。財卽才也。才恐其滯而不通。故達之。義易明。故趙氏不注。音義云。陸云。達財。周恤之。一本說云。以有善才就開其性理也。開其善才。此正義也。韓附諸後而取陸之說。陸直以財爲貨財。全不知古人六書通借之學。鄙不足譏。況淑之爲叔拾乎。此五者。君子之所以教也。【注】申言之。孟子貴重此教之道。章指。言教人之術。莫善五者。養育英才。君子所珍。聖所不倦。其惟誨人乎。

公孫丑曰。道則高矣。美矣。宜若登天然。似不可及也。何不使彼爲可幾及而日孶孶也。注丑以爲聖人之道大高遠。將若登天。人不能及也。何不少近人情。令彼凡人可庶幾使日孶孶自勉也。疏注。可庶幾使日孶孶自勉也。○正義曰。說文。子部云。孶孶。伋伋生也。又攴部云。孜孜。伋伋也。周書曰。孜孜無怠。孜孶二字。古多通用。前孶孶爲善者。音義引張云與孜同。古字通用。下文同。下文即指此章也。自勉與無怠。義亦相近。僞孔尙書傳云。孶孶。勤勉不怠。戴氏震孟子字義疏證云。問顏子喟然歎曰。仰之彌高。鑽之彌堅。瞻之在前。忽然在後。公孫丑曰。道則高矣。美矣。宜若登天然。似不可及也。何不使彼爲可幾及而日孶孶也。今謂人倫日用。舉凡出於身者謂之道。但就此求之。得其不易之則可矣。何以茫然無據。又若是哉。曰。若孟子言。夫道若大路然。豈難知哉。謂人人由之。如爲君而行君之事。爲臣而行臣之事。爲父爲子而行父之事。行子之事。皆所謂道也。君不止於仁則君道失。臣不止於敬則臣道失。父不止於慈則父道失。子不止於孝則子道失。然則盡君道臣道父道子道。非智仁勇不能也。質言之。曰達道。曰達德。精言之。則全乎智仁勇者。其盡君道臣道父道子道。舉其事而亦不過謂之道。故中庸曰。大哉。聖人之道。洋洋乎發育萬物。峻極於天。優優大哉。禮儀三百。威儀三千。待其人而後行。極言乎道之大如是。豈出人倫日用之外哉。以至道歸之至德之人。豈下學所易窺測哉。今以學於聖人者。視聖人之語言行事。猶學弈於弈秋者。莫能測弈秋之巧也。莫能遽幾及之也。顏子之言又曰。夫子循循然善誘人。博我以文。約我以禮。中庸詳舉其目曰。博學審問愼思明辨篤行。而終之曰。果能此道矣。雖愚必明。雖柔必強。蓋循此道。以至乎聖人之道。實循此道。以日增其智。日增其仁。日增其勇也。將使智仁勇。齊乎聖人。其日增也。有難有易。譬之學一技一能。其始日異而月不同。久之人不見其進矣。又久之。己亦覺不復能進矣。人雖以國工許之。而自知未至也。顏子所以言欲罷不能。既竭吾才。如有所立卓爾。雖欲從之。末由也已。此顏子之所至也。李氏光地榕村藏稿云。丑非欲孟子貶其高美。欲孟子使已幾及其高美耳。又非以其立教之高。而謂如天不可幾及。正謂其立教之循循有序。而若於高美者。遠至之無期。如天之不可幾及耳。故孟子告之云云。

孟子曰。大匠不爲拙工改廢繩墨。羿不爲拙射變其彀率。君子引而不發。躍如也。中道而立。能者從之。注大匠不爲新學拙工。故爲之改鑿廢繩墨之正也。羿不爲新學拙射者。變其彀率之法也。彀弩張嚮表率之正體。望之極思用巧之時。不可變也。君子謂於射。則引弓彀弩而不發。以待彀偶也。於道則中道德之中。不以學者不能。故卑下其道。將以須於能者。往取之也。疏注。彀弩至取之也。○正義曰。告子上篇。必志於彀。注云。彀。張也。張弩向的者。用思尊時也。此云弩張向表率之正體。以張弩向的準之。則表率之正體。即指的而言。正體謂正鵠之體。表即標也。周禮夏官射人。注云。考工梓人職曰。

張五采之侯。則遠國屬。五采之侯。即五正之侯。正之言正也。射者內志正則能中焉。畫五正之侯。中朱。次白。次蒼。次黃。元居外。三正損元黃。二正去白蒼而畫以朱綠。畫此五采。以爲標識。即以爲法率。故趙氏以表釋率而以爲正體也。小雅賓之初筵。發彼有的。毛傳以質釋的。禮記射義注。以所射之識釋的。所射之識。猶云標也。望之極思用巧之時。即所謂用思專時也。按禮記緇衣引大甲曰。若虞機張。往省括於厥度則釋。注云。機。弩牙也。度。謂所擬射也。虞人之射禽。弩已張於機間。視括與所射參相得。乃後釋弦發矢。機張即孟子所謂彀也。淮南子覽冥訓云。以治日月之行律。高誘注云。律。度也。律與率同。行度可云行率。則孟子所云率正。即省括於度之度也。繩墨兩事。彀率亦是兩事。彀謂張弩。率謂省括於度。趙氏言極思用巧。即是省而率則。不必專指正之體耳。音義云。丁云。率。循也。謂彀張其弩。又當循其射道。令必中於表。陸云。率。法也躍如。心願中也。能者從之。當勤求也。則讀爲律。丁訓率爲循。非其義。陸讀爲律。訓法。近是矣。說文弓部云。引。開弓也。淮南子說林訓引弓而射。高誘注云。引。張弓也。引爲張弓。故趙氏即以彀弩釋引弓。引弓不發。即猶張弩不發。故云引弓彀弩而不發。音義云。丁云。躍如猶如卓爾。陸云。躍如心願中。陸是也。心願中。故不發以待彀之偶。爾雅釋詁云。偶。合也。謂所張之彀。合乎所擬之率。則釋之乃必中也。待其合而後發。故不遽發者。必願中也。躍如猶云躍躍。爾雅釋訓。躍躍。迅也。釋詁云。迅。疾也。言手雖不發。心則躍躍疾去也。論語。子罕篇。卓爾雖欲從之。末由也已。鄭氏注云。卓爾。絕望之辭。詩周頌。天作高山。箋云。卓爾與天合其德。丁氏之說。擬不於倫。趙氏以君子於射喻君子於道。引而不發。以待其偶。中道而立。以待其從。雖以彀弩釋引弓。與上變彀率。意不同也。

章指。言曲高和寡。道大難追。然而履正者不枉。執德者不回。故曰人能宏道。毋欲下之之非也。疏曲高和寡。○正義曰。新序。宋玉對楚威王曰。其曲彌高者。其和彌寡。

孟子曰。天下有道。以道殉身。天下無道。以身殉道。未聞以道殉乎人者也。

注殉。從也。天下有道。得行王政。道從身施功實也。天下無道。道不得行。以身從道。守道而隱。不聞以正道從俗人者也。疏注。殉從也。○正義曰。文選詛幽賦。豈余身之足殉兮。注。引項岱云。殉。從也。史記。屈原賈生傳。貪夫殉財。索隱引臣瓚云。亡身從物謂之殉。莊子駢拇云。小人則以身殉利。釋文引崔注云。殺身從之曰殉。 章指。言窮達卷舒。屈伸異變。變流從顧。守者所慎。故曰。金石獨止。不殉人也。疏金石獨止。○正義曰。說苑說叢篇云。水浮萬物。玉石留止。

公都子曰。滕更之在門也。若在所禮而不答。何也。注滕更。滕君之弟。來學於孟子者也。

言國君之弟而樂在門人中。宜答見禮。而夫子不答。何也。孟子曰。挾貴而問。挾賢而問。挾長而問。挾有勳勞而問。挾故而問。皆所不答也。滕更有二焉。〔注〕挾。接也。接己之貴勢。接己之有賢才。接己長老。接己嘗有功勞之恩。接己與師有故舊之好。凡恃此五者而以學問望師之待以異意而教之。皆所不當答。滕更有二焉。接貴接賢。故不答矣。〔疏〕注。挾。接也。○正義曰。說文手部云。挾。俾持也。廣雅釋詁云。接。持也。是挾與接義同也。儀禮鄉射禮。兼挾乘矢。大射儀。挾乘矢。注並云。方持弦矢曰挾。古文挾皆作接。是挾與接字通也。挾爲俾持。接爲方持。義有不同。而爲持則同。故云。挾。接也。昭公十九年左傳。以持其世而已。釋文云。持。本作恃。莊子徐無鬼。恃源而往者也。釋文云。恃本亦作持。持恃同聲。義通。挾之爲持。即爲恃。故趙氏既以接釋挾。又云恃此五者。挾貴。挾賢。挾長。挾有勳勞。挾故。即持貴。持賢。持長。持有勳勞。持故。亦即恃貴。恃賢。恃長。恃有勳勞。恃故也。　章指言。學尚虛己。師誨貴平。是以滕更恃二。孟子弗應。

孟子曰。於不可已而已者。無所不已。於所厚者薄。無所不薄也。其進銳者。其退速。〔注〕已。棄也。於義所不當棄而棄之。則不可所以不可而棄之。使無罪者咸恐懼也。於義當厚而反薄之。何不薄也。不憂見薄者亦皆不自安矣。不審察人而過進。不肯越其倫。悔而退之必速矣。當翔而後集。慎如之何。〔疏〕注。已棄至愼也。○正義曰。論語公冶長篇。三已之對上三仕。則已爲罷黜。昭公二十九年左傳。水官棄矣。杜預注云。棄。廢也。是已即棄也。趙氏以無罪而黜。則凡仕者皆自危。故云。使無罪者咸恐懼也。○注。於義當厚至安矣。○正義曰。何不薄。猶云何人不爲所薄。素與親厚者。本不憂其薄。今見其自薄於所當厚。則人人不安。而親厚不可恃也。○注。不審至之何。○正義曰。莊子天下篇云。銳則挫矣。郭象注云。進躁無崖爲銳。進之太過。故以過進解其進銳也。越其倫。即卑踰尊。疏踰戚。故引翔而後集。與梁惠王下篇故國章章指同。論衡狀留篇云。呂望之徒。白首乃顯。百里奚之知。明於黃髮。深爲國謀。因爲王輔。皆夫沉重難進之人也。輕躁早成。禍害暴疾。故曰其進銳者退速。後漢書李固傳。陽嘉二年。固對策云。先帝寵遇閻氏。位號太疾。故其受禍曾不旋時。老子曰。其進銳。其退速也。李賢注云。案孟子有此文。謝承書亦云孟子。而續漢書復云老子。按李固自是引孟子。宜以謝承書爲是。范蔚宗本司馬彪之誤爲老子耳。老子無此文也。趙氏注義與王充李固同。然則漢時解孟子此文。皆以刑賞用人言。趙氏蓋有所自也。章指言賞僭及淫。刑濫傷善。不僭不濫。詩人所紀。是以季文三思。何後之有。疏賞僭至所紀。○正義曰。襄公二十六年。蔡聲子謂楚子木曰。善爲國者。賞不僭而刑不濫。賞僭則懼及淫人。刑濫則懼及善人。若不幸而過。寧僭無濫。與其失善。寧其利淫。無善人則國從之。商頌有之曰。不僭不濫。說苑善說篇云。晉誅羊舌虎。叔向爲之奴。祁奚見范宣子曰。善爲國者云云。文與此同。荀子君臣篇。作賞僭則利及淫人。刑濫則害及君子。

孟子曰。君子之於物也。愛之而弗仁。注物謂凡物可以養人者也。當愛育之。而不如人仁。若犧牲不得不殺也。疏注。物謂至殺也。○正義曰。周禮天官宰夫凡失財用物辟名也。注云。物。畜獸也。說文牛部云。物。萬物也。牛爲大物。故從牛。勿聲。下言犧牲。則物可以養人。謂六畜牛羊之類也。禮記樂記云。仁以愛之。荀子大略篇云。仁。愛也。故親。韓詩外傳云。愛由情出謂之仁。說苑說叢云。愛施者。仁之端也。是愛與仁義亦通。故廣雅釋詁云。愛。仁也。此云愛之而弗仁。是仁與愛別。蓋有愛物之愛。有愛人之愛。愛人之愛。則謂之仁。春秋繁露仁義法云。愛在人謂之仁。愛在人乃謂之仁。然則愛在物不謂之仁矣。愛物者。第養育之不同於愛人之爲仁。故云當愛育之不如人仁。禮記祭義云。古者天子諸侯。必有養獸之官。犧牷祭牲。必於是取之。天官。庖人辨六畜之名物。注云。六畜。六牲也。始養之日畜。將用之日牲。是犧牲。先養育之而後殺也。於民也。仁之而弗親。注臨民以非己族類。故不得與親同也。疏注。臨民至同也。○正義曰。說文人部云。仁。親也。親即是仁。而仁不盡於親。仁之在族類者爲親。其曾施於民者通謂之仁而已。仁之言人也。稱仁以別於物。親之言親也。稱親以別於疏。親親而仁民。仁民而愛物。注先親其親戚。然後仁民。仁民然後愛物。用恩之次也。疏親親至愛物。○正義曰。程氏瑤田通藝錄論學小記云。人有恆言。輒曰一公無私。此非過公之言。不及公之言也。此一視同仁。愛無差等之教也。其端生於意必固我。而其弊必極於父攘子證。其心則陷於欲博大公之名。天下之人。皆枉己以行其私矣。而此一人也。獨能一公而無私。果且無私乎。聖人之所難。若人之所易。果且易人之所難乎。果且得謂之公乎。公也者。親親而仁民。仁民而愛物。有自然之施爲。自然之等級。自然之界限。行乎不得不行。止乎不得不止。時而子私其父。時而弟私其兄。自人視之。若無不行其私者。事事生分別也。人人生分別也。無他。愛之必不能無差等。而仁之必不能一視也。此之謂公也。非一公無私之謂也。儀禮喪服傳之言昆弟也。曰昆弟之道無分。然而有分者。則辟子之私也。子不私其父。則不成其子。孔子之言直躬也。曰。父爲子隱。子爲父隱。直在其中。皆言以私行其公。是天理人情之至。自然之施爲。等級界限。無意必固我於其中者也。如其不私。則所謂公者。必不出於其心之誠。然不誠則私焉而已矣。或問第五倫曰。公有私乎。曰。吾兄子嘗病。一夜十往。退而安寢。吾子有疾。雖不省視。而竟夜不眠。

豈可謂無私乎。嗚呼。是乃所謂公也。是父子相隱者之爲吾黨直躬也。不博大公之名。安有營私之舉。天不容僞。故愚人千慮必有得焉。誠而已矣。章指。言君子布德。各有所施。章得其宜。故謂之義也。

孟子曰：知者無不知也。當務之爲急。仁者無不愛也。急親賢之爲務。注知者。知所務善也。仁者。務愛賢也。疏注。知者至賢也。〇正義曰。說文力部云。務。趣也。知所務。知所當趣向也。務愛賢以愛釋親。宜急趣於愛賢也。堯舜之知而不徧物。急先務也。堯舜之仁不徧愛人。急親賢也。注物事也。堯舜不徧知百工之事。不徧愛衆人。先愛賢。使治民。不二三自往。親加恩惠。疏注。物事至恩惠。〇正義曰。物之爲事。詳見前百工百官也。急親賢爲務。則知所當務。即知急親賢也。知急親賢。因即以親賢爲務。所以不必徧知百官之事。不必自往加惠於民。閩監毛三本。二三自往。作一一自往。按二三猶云再三。儀禮鄉射禮。主人西南面三拜衆賓。注云。三拜示徧也。少牢饋食禮。主人西面三拜餕者。注云。三拜旅之示徧也。二三自往即徧義也。不能三年之喪而緦小功之察。放飯流歠而問無齒決。是之謂不知務。注尚不能行三年之喪。而復察緦麻小功之禮。放飯。大飯也。流歠。長歠也。齒決。斷肉置其餘也。於尊者前賜飯。大飯長歠。不敬之大者。齒決小過耳。言世之先務。舍大譏小。若此之類也。疏注。放飯至過耳。〇正義曰。禮記曲禮。毋放飯。毋流歠。又云。濡肉齒決。乾肉不齒決。注云。去手餘飯於器中。人所穢。大歠嫌欲疾。決猶斷也。乾肉堅宜用手。孔氏正義云。放飯者。手就器中取飯。飯若黏著。手不得拂放本器中者。去手餘飯於器中。人所穢也。當棄餘於篚。無篚棄餘於會。會謂簋蓋也。毋流歠者。謂開口大歠。沖入口如水流。則欲多而速。是傷廉也。濡肉齒決者。濡。溼也。溼軟不可用手擘。故用齒斷決而食之。乾肉。脯腊也。堅肕不可齒決斷之。故須用手擘而食之。按趙氏以流歠爲長歠。與鄭同。而以放飯爲大飯。與鄭異。大飯。猶長歠也。呂氏春秋審分篇。無使放悖。高誘注云。放。縱也。又適威篇。故流於戲。注云。流。放也。是放飯猶流歠也。文選上林賦。流離輕禽。注引張揖云。流離。放散也。蓋歠。歠之也。則飯。飯之也。流歠謂流離而歠之。放飯謂放縱而飯之。以孟子證曲禮。則飯讀飯黍。飯殘。飯疏食之飯。段氏玉裁說文解字注云。飯。食也。食也者。謂食之也。此飯之本義也。引申之。所食爲飯。今人於本義讀上聲。於引申之義讀去聲。古無是分別也。然則鄭云去手餘飯。則以飯爲所食之飯。即指饋餾之粒與歠爲不類。而訓放爲去。去手之餘飯。何以見其必爲反本器。設去之。反於篚。反於會。亦可云放飯也。放不得專爲反本器之稱。則不如趙氏之義爲的矣。問無齒決者。蓋食濡肉而以手決之。責問其何以不齒決也。章指。言振裘持領。正羅維綱。君子百行。先務其崇。是以堯舜親賢大化。以隆道爲要也。疏振裘持領、正羅維綱。〇正義曰。周氏廣業孟子章指考證云。意林載桓譚新論云。舉網以綱。千目皆張。振裘持領。萬毛自整。趙氏正用其語。

卷第十四　盡心章句下凡三十八章。

孟子曰。不仁哉梁惠王也。仁者以其所愛。及其所不愛。不仁者以其所不愛。及其所愛。注梁。魏都也。以。用也。仁者用恩於所愛之臣民。王政不偏。普施德教。所不親愛者幷蒙其恩澤也。用不仁之政。加於所不親愛。則有災傷。加所愛之臣民。亦幷被其害。惠王好戰殺人。故孟子曰不仁哉。疏注。梁魏都也以用也。〇正義曰。漢書地理志。陳留郡。浚儀故大梁。魏惠王自安邑徙此。應劭曰。魏惠王自安邑徙此。號曰梁。按大梁爲魏都。自惠王三十一年始。自是惠王遂稱梁王焉。說文巳部云。巳。用也。巳即以字。

公孫丑問曰。何謂也。注丑問及所愛之狀何謂也。梁惠王以土地之故。麋爛其民而戰之。大敗。將復之。恐不能勝。故驅其所愛子弟以殉之。是之謂以其所不愛。及其所愛也。注孟子言惠王貪利鄰國之土地而戰。其民死亡於野。骨肉麋爛而不收。兵大敗而欲復戰。恐士卒少不能用勝。故復驅其所愛近臣及子弟而以殉之。殉。從也。所愛從其所不愛而往趨死亡。故曰及其所愛也。東敗於齊。長子死焉。疏麋爛其民。〇正義曰。王氏念孫廣雅疏證云。說文。爢。爛也。孟子盡心篇。麋爛其民而戰之。越語。靡王躬身。韋昭注云。靡。損也。䊳麋靡竝通。楚辭招魂。䊳散而不可止些。王逸注云。䊳。碎也。九歎。名靡散而不彰。注云。靡散猶消滅也。竝與䊳散同。段氏玉裁說文解字注云。石部云。碎。䊳也。米部曰。䊳。碎也。二篆爲轉注。䊳。各書假靡爲之。孟子假麋爲之。碎者破也。䊳者破之甚也。王逸注離騷瓊爢云。爢。屑也。爢即䊳字。廣雅麋字二見。曰。麋。饘也。與說文同。曰。麋。糈也。即說文之䊳碎也。凡言粉碎之義當作䊳。又云。爢。爛也。古多假麋爲之。麋訓糝。爢訓爛。義各有當矣。孟子麋爛其民而戰之。文選答客難至則麋耳。皆用假借字耳。按淮南子說山訓。爛灰生蠅。

高誘注云。爛。糜也。劉熙釋名釋飲食云。糜。煮米使糜爛也。糜即粥。比飯爲爛。故糜即爛。義與靡通也。章指。言發政施仁。一國被恩。好戰輕民。災及所親。著此魏王。以戒人君也。

孟子曰。春秋無義戰。彼善於此。則有之矣。征者。上伐下也。敵國不相征也。

注春秋所載戰伐之事。無應王義者也。彼此相覺。有善惡耳。孔子舉毫毛之善。貶纖介之惡。故皆錄之於春秋也。上伐下謂之征。諸侯敵國。不得相征。五霸之世。諸侯相征。於三王之法。不得其正者也。疏春秋至有之矣。○正義曰。春秋繁露竹林篇云。春秋之法。凶年不脩舊。意在無苦民爾。苦民尚惡之。況傷民乎。傷民尚痛之。況殺民乎。凶年脩舊則譏。造邑則諱。是害民之小者。惡之小也。害民之大者。惡之大也。今戰伐之於民。其爲害幾何。考意而觀指。則春秋之所惡者。不任德而任力。驅民而殘賊之。其所好者殺。而勿用仁義以服之也。詩云。弛其文德。洽此四國。此春秋之所善也。夫德不足以親近。而文不足以來遠。而斷斷以戰伐爲之者。此固春秋之所甚疾已。皆非義也。又云。春秋愛人。而戰者殺人。君子奚說善殺其所愛哉。故春秋之於偏戰也。比之詐戰。則謂之義。比之不戰。則謂之不義。不義之中有義。義之中有不義。辭不能及。皆在於指。非精心達思者。其孰能知之。此即發明孟子無義戰之義也。萬氏斯大學春秋隨筆云。禮樂征伐自天子出。皆御世之權。其足以取威制勝。使人懾服而屈從之。尤莫如征伐。故欲知春秋大勢者。當於諸國之侵伐觀之。據公羊傳例。將尊師衆。稱某帥師。將尊師少稱將。將卑師衆稱師。將卑師少稱人。君將不言帥師。書其重者。以是按之。經傳總春秋。惟魯君將稱公。諱之或稱師。稱及。大夫將稱氏名。微者不言將。列國之師。自隱至文君將恆稱爵。略之或稱師稱人。大夫將悉稱師稱人。無有書氏名者。大夫將書氏名。自文三年晉陽處父伐楚救江始。竊疑公羊例未合。王氏沿曰。處父書氏名者。政在諸侯。則大夫皆稱人。政在大夫。故稱氏名以罪之也。處父盟魯侯。改蒐於董易軍班。今救江而伐楚。專之甚者也。故始之也。陳君舉亦曰。大夫帥師於是始。大夫始强也。趙子常因二說而通之曰。公羊之例。當時史法也。夫子脩春秋。征伐自諸侯出。則君將稱君。大夫將稱人。治在諸侯也。征伐在大夫。則大夫將稱大夫。治在大夫也。惟內大夫悉從其恆稱以見實也。於乎。可謂盡發不傳之祕矣。蓋史官有一定之法。夫子有筆削之權。史法以徵事實。筆削則顯世變。執事以讀春秋二百四十二年天下大勢。瞭然於心目間矣。內大夫何以悉稱氏名。春秋。魯史也。春秋無義戰。敵國不相征。凡書侵伐皆罪也。滅入遷取。罪之尤者也。惠氏士奇春秋說云。古者王巡守。大司馬起師。合軍以從。於是救無辜。伐有罪。所以威天下而行其禁令焉。環人掌四方之故。揚軍旅降圍邑而九伐之法。賊賢害民則伐之。負固不服則侵之。是故伐也。侵也。圍也。救也。皆王者之師。不虐五穀。不伐樹木。不焚室屋。不取六畜。兵之來也。

險民之鑣。順天之道而已。公羊曰。精者曰伐。觕者曰侵。左氏曰。有鐘鼓曰伐。無者曰侵。輕者曰襲。鐘鼓言其器也。精觕言其情也。獨穀梁曰。抱人民。歐牛馬曰侵。斬樹木。壞宮室曰伐。不義孰甚焉。此春秋之侵伐。豈王者之師哉。要而論之。大曰伐。小曰侵。侵之輕且密者曰襲。遇曰圍。急曰故。故伐者伐其君。侵者侵其地。襲則掩之。圍則合之。救則分之。行師之道備矣。周室既卑。征伐不出乎天子。皆出自諸侯及其大夫。故春秋無義戰。莫如莊六年王人救衛爲尤甚。先是宋公不王。諸侯以王命討之。故公會齊侯於防。而謀伐宋。其不會王命者。蔡人衛人郕人而已。及鄭伯不朝。蔡人衛人陳人從王伐鄭。則諸侯猶知有王命也。陳蔡鄰於楚。楚之屬國。是時楚方平漢陽。未暇謀中夏。故陳蔡猶得從王。君子以爲近正。及桓十六年。衛侯朔出奔齊。公羊以爲得罪於天子。故稱名以絕之。則似未得其實。蓋宣公殺急子壽子。皆朔搆而殺之。故國人怨朔而悲二子。逐出朔而立公子黔牟。似請命於天王而立之。說者以爲出朔而立黔牟者。衛之左右二公子也。未聞有天王之命。如其然。則五國共伐衛而納朔。王人何爲獨救黔牟。明黔牟乃王命立之。五國逆王命而伐衛。吾聞狄伐邢而齊人救邢。義也。諸侯伐衛而王人救衛。則王人貴於齊人。而中國皆戎翟矣。君子傷諸夏之無君。故一出一入皆稱名。一伐一救皆稱人。人諸侯者卑之。人子突者微之。此天子之使也。曷爲微之。以天王之使而不能救黔牟。爲尊者諱恥。故微之。然則何以知王命立黔牟。以左傳知之。傳曰。衛侯入。放公子黔牟於周。不殺之而放之。且放之於周。則王命立黔牟明矣。立之者周也。故放之於周。若曰以黔牟付王人云爾。黔牟立於桓十六年。放於莊六年。前後八年在位。春秋曷爲闕而不書。且衛之叔武。及公孫剽皆嘗在位而不終者也。春秋皆書於冊。曷爲獨闕黔牟。諱之也。諱有三。一曰爲天王諱。二曰爲魯諱。三曰爲中國諱。曷爲爲中國諱。王人救衛。未聞中國有一人從王者。君子恥之。故春秋不得不褒二霸之功。齊之霸始於莊。終於僖。晉之霸始於僖。終於定。故曰其事則齊桓晉文。推戴維持。皆齊桓晉文之力。春秋實以二霸爲始終焉。隱桓之時。互相侵伐者惟東諸侯而已。西則晉爲大。南則楚爲雄。桓二年。蔡鄭會於鄧。始懼楚。楚熊通自立爲武王。桓六年。合諸侯於沈鹿。黃隨不會。使人讓王而伐隨。始開百濮之地。由是南諸侯皆服於楚。其子熊貲是爲文王。當魯莊之十年。始敗蔡師於莘。蔡本東諸侯。至是始屬楚。而楚遂有虎視中原之志。十五年。齊始霸。十六年。同盟於幽。始與鄭成而荊伐鄭。蓋楚與中原爭鄭自此始。楚成王時。令尹子文當國。楚益盛。僖元年。荊始改號爲楚。自元年至四年。楚人再伐鄭。一侵鄭。鄭伯欲成。孔叔不可曰。齊方勤我。棄德不祥。則齊桓實能以德綏之也。自荊敗蔡師於莘。惟十三年。蔡人與於北杏之會。自是會盟征伐。蔡皆不與焉。蓋役屬於楚。負楚之固而不服於齊。故僖四年。齊桓會七國之師侵蔡。所謂負固不服。則侵之也。說者謂潛師掠境曰侵。失之矣。會而侵則非潛師矣。侵而潰。則非掠境也。欲伐乃侵。先潰蔡。既侵遂伐。卒帖荊。自此至十五年。楚人一滅弦。一圍許。一伐黃。一伐徐。一敗徐。其氣未息。烏在其能帖荊哉。帖荊者以其不復能爭鄭也。且齊桓之於楚。以文服。以力服。召陵之役。雖以兵車而不傷一卒。不折一矢。無異衣裳之會。故春秋善之。莊十三年。齊人伐山戎。是時伐翟並興。中國不絕若綫。齊方救邢戍衛。奔命不遑。山戎病燕。逾邢衛也。邢衞近而燕遠。豈以其遠而棄之。桓公內無因國。外無從諸侯。越千里之險。北伐山戎。危之乎。抑貶之乎。曰。否。善之也。善之則曷爲稱人。稱人者。以桓公能急人之急。病人之病。故輕千里而不愛一身。齊侯來獻戎捷。禮與。曰。禮也。左氏曷爲謂之非禮。左氏言當獻於王。不當獻於魯 獻於王不書。獻於魯則書曰來獻。尊宗國也。穀梁子曰。軍得曰捷。戎捷者。戎菽也。周書。王會有山戎菽。管子亦云北伐山戎。出冬葱與戎菽。布之天下。桓公以此遺魯而尊之曰獻。猶曲禮獻粟獻米云爾。齊桓歿而楚氛益熾。敗宋伐陳。而魯衞亦靡然從之。僖二十七年。遂合陳蔡鄭許以圍宋。而晉文勃與。釋宋圍而敗楚師於城濮。由是楚氛息矣。君子謂晉文之功。大於齊桓。然齊桓以德。諸侯愛之。晉文以力。諸侯畏之。自是楚不敢復爭鄭者十有五年。秦晉搆兵。始於殽之戰。其後兵連不息。報復無常。而秦遂合於楚。卒爲晉患。故春秋於殽之戰。狄秦而微晉交譏之。與晉爭中原者楚也。秦晉甥舅之國。城濮之戰。秦有功焉。合秦以敵楚。文公之善謀也。且晉不敗秦何害於霸。而汲汲焉背殯而要秦於險。君子是以貶晉襄公。春秋諸儒以秦誓編於書。故盛稱穆公之德。而春秋獨於秦穆無善辭。學者疑之。秦用孟明。所謂仡仡勇夫也。旣喪師於殽。匹馬隻輪無反。仍不悔過。甫及三年。復以憤兵而敗於彭衙。秦穆誠能詢茲黃髮。爲用此仡仡勇夫而大辱國哉。故君子有取於秦誓。所謂不以人廢言。而春秋以其言行不相顧。故無善辭。文三年。秦伯伐晉稱人。四年。晉侯伐秦稱爵。安見其尊秦也。令狐之役。曲在晉。兩稱人。及十年。秦伐晉。康公自將。春秋不書爵。不稱人。直以秦爲狄矣。蓋自殽之戰。秦穆之毒晉尤深。思天下可以敵晉者惟楚。於是遣楚囚歸克歸楚求成。共謀伐晉。始作秦誓。旋遣楚囚。誠所謂今之謀人。姑將以爲親者。其心忌克。惟圖報復而已。秦楚合而晉霸少衰矣。及晉厲公立。合諸侯伐秦。且先使呂相絕秦。是時秦桓與晉厲。旣爲令狐之盟。而又召狄與楚欲道以伐晉。故聲其辠以討之。於是諸侯朝王。仍自京師從劉康公成肅公伐秦。君子謂是師也。名之正。辭之順。春秋書之特詳。明以厲公以復霸也。故吾謂厲公非無道之主以此。其後悼公三駕伐鄭。而楚不能復救鄭。鄭遂屬晉。襄十四年。晉悼伐秦。棫林之役。遷延而退。爲諸侯笑。遠不如晉厲麻隧之師。諸侯皆睦於晉。春秋諸儒褒悼而貶厲。非公論也。○注。孔子至秋也。○正義曰。春秋繁露王道篇云。春秋紀纖芥之失。反之王道。說苑至公篇云。夫子行說七十諸侯。無定處。意欲使天下之民。各得其所。而道不行。退而脩春秋。采豪毛之善。貶纖介之惡。人事浹。王道備。精和聖制。上通於天而麟至。

章指。言春秋撥亂。時多爭戰。事實違禮。以文反正。征伐誅紂。不自王命。故曰無義戰也。

疏春秋至反正。○正義曰。哀公十四年公羊傳云。君子曷爲爲春秋。撥亂世。反諸正。莫近諸春秋。史記太史公自序引此。又云。夫不通禮義之旨。至於君不君。臣不臣。父不父。子不子。此四行者。天下之大過也。以天下之大過。予之則受而勿敢辭。故春秋者。禮義之大宗也。夫禮禁未然之前。法施已然之後。法之所爲用者易見。而禮之所爲禁者難知。壺遂曰。孔子之時。上無明君。下不得任用。故作春秋。垂空文以斷禮義。當一王之法。

孟子曰。盡信書。則不如無書。吾於武成。取二三策而已矣。仁人無敵於天下。以至仁伐至不仁。而何其血之流杵也。【注】書。尚書。經有所美。言事或過。若康誥曰。冒聞於上帝。甫刑曰。帝清問下民。梓材曰。欲至於萬年。又曰。子子孫孫。永保民。人不能聞天。天不能問民。萬年求保。皆不可得爲書。豈可案文而皆信之哉。武成。逸書之篇名。言武王誅紂。戰鬭殺人。血流舂杵。孟子言武王以至仁伐至不仁。殷人簞食壺漿而迎其師。何乃至於血流漂杵乎。故吾取武成兩三簡策可用者耳。其過辭則不取也。【疏】注。書尚至信之哉。○正義曰。書者。文字之名。說文解字序云。著於竹帛者謂之書。書者。如也。周禮地官大司徒。六藝。禮。樂。射。御。書。數。此書即保氏六書。於是凡典籍統謂之書。論衡正說篇云。五經總名爲書是也。禮記經解。以詩教。書教。樂教。易教。禮教。春秋教並稱。此書專指尚書。趙氏以上言書。下言武成。故知書。尚書也。尚書在孟子時有百篇。舉武成以爲例。所言盡信書則不如無書。非專指武成而言。故趙氏廣而推之康誥甫刑梓材諸篇也。康誥云。惟時怙冒聞於上帝。王氏鳴盛尚書後案云。冒聞於上帝爲句。古讀也。趙氏注孟子吾於武成節引此。君奭篇亦有此句。則知古有此語矣。冒有上進意。故云。冒。聞也。春官大宗伯以禋祀祀昊天上帝。鄭司農云。上帝。元天也。聞於上帝。即是聞於天。故云人不能聞天。甫刑即呂刑。呂之稱甫。猶唐之稱晉也。呂刑云。皇帝清問下民。鄭氏注云。皇帝清問以下。乃說堯事。惠氏棟九經古義云。王伯厚曰。皇帝始見於呂刑。趙岐注孟。引甫刑曰。帝清問下民。棟按孔傳云。君帝。帝堯也。是孔氏本作君帝。謹按孔傳。以君帝釋皇帝。而亦以爲堯。不以爲天也。趙氏所見呂刑無皇字固矣。蓋趙氏讀帝清二字相連。帝爲王天下之名。而古亦稱天爲帝。文選吳都賦。迴曜靈於太清。劉逵注云。太清爲天也。蜀都賦亦云。飄遊雲於太清。蓋趙氏以帝清猶太清。單稱帝不必是天。稱帝清則必非天子。故以帝清問下民。爲天問民也。閩監毛三本。依呂刑增作皇帝清問下民。阮氏元校勘記云。宋本廖本孔本韓本考文古本足利本無皇字。按無者是。困學紀聞所引正同。按閩監毛三本增皇字。因又增云。天子不能問於民。而諸本亦無子字。且天子問民。何不能也。梓材云。欲至於萬年。惟王子子孫孫永保民。○注。武成至取也。○正義曰。書序云。武王伐殷。往伐歸。獸識其政事。作武成。鄭氏注云。著武道至此而成。武成逸書。建武之際亡。王氏鳴盛尚書後案云。孔壁所得眞古文本有武成。因其不列學官。藏在祕府。故謂之逸書。建武是光武帝紀年。武成至此時又亡。其逸文殘缺者。僅存八十二字。見漢書律歷志。又後辨云。梅鷟謂趙岐孟子盡信書一章注云云。乍正無疑。甚得孟子口氣。而晚出武成則言前徒倒戈攻於後。以北血流漂杵。是紂衆自殺之血。非武王殺之之血。其言可謂巧矣。然孟子非不屬文義之人。何至讀書誤認紂衆自殺以爲武王虐殺哉。焦說得矣。

而未盡也。紂衆倒戈。自相攻殺。事見荀子儒效篇。成相篇。史記殷本紀。淮南子泰族訓。劉向列女傳。孽嬖傳。常璩華陽國志。巴志篇。非盡出妄造。孟子在魏晉間不甚重。不過諸子中之一耳。纔錯會經文。亦何損。而武王之爲仁人。爲王者師甚著。豈不可力爲回護。去其虐殺以全吾經。此則作僞者之微意耳。但孟子親見百篇尚書。必不認誤。王充論衡語增篇云。察武成之篇。牧野之戰。血流浮杵。武成亡於建武之際。仲任猶及見之。詳其意。彼眞本武成。必不以倒戈事與流杵事爲一。蓋此語自是兩敵相爭描摹至此。若徒黨自相翦屠。何必加以此語。故晚出武成雖敢與孟子違。而猶陰爲孟子地。孔傳云。血流漂舂杵。甚之言。非含不可盡信之意乎。賈誼過秦論云。秦追亡逐北。流血漂鹵。戰國策。言武安君與韓魏戰伊闕。流血漂鹵。此等爲殺人多之恆辭。故孟子特爲武王辨。按論衡藝增篇云。夫武成之篇。言武王伐紂。血流浮杵。助戰者多。故至血流如此。皆欲紂之亡也。土崩瓦解。安肯戰乎。武成言血流浮杵亦太過焉。死者血流。安能浮杵。按武王伐紂於牧之野。河北地高壤。靡不乾燥。兵頓血流。輒燥入土。安得杵浮。且周殷士卒。皆賫盛糧。或作乾糧。無杵臼之事。安得杵而浮之。言血流杵。欲言誅紂惟兵頓士傷。故至浮杵。是杵爲杵臼之杵。故趙氏言血流舂杵。說文木部云。杵。舂杵也。章指。言文之有美過實。聖人不改。錄其意也。非獨書云。詩亦有言。崧高極天。則百斯男。亦已過矣。【疏】崧高極天則百斯男。○正義曰。莊公四年公羊傳云。九世猶可以復讎乎。雖百世可也。何休注云。百世。大言之耳。猶詩云。崧高維嶽。峻極於天。君子萬年。毛詩大雅思齊篇。太姒嗣徽音。則百斯男。傳云。太姒十子。衆妾則宜百子也。然則文王宜有百子。故周南螽斯亦美后妃不妬忌而子孫衆多。此與百世不同。李黼詩經講義云。詩中言多則曰則百斯男。言少則曰靡有孑遺。言廣則曰日辟國百里。言狹則曰一葦杭之。皆甚辭也。是又因趙氏章指推言之耳。

孟子曰。有人曰。我善爲陳。我善爲戰。大罪也。國君好仁。天下無敵焉。南面而征北夷怨。東面而征西夷怨。曰。奚爲後我。【注】此人欲勸諸侯以攻戰也。故謂之有罪。好仁無敵。四夷怨望。遲願見征。何爲後我。已說於上篇。【疏】北夷。○正義曰。宋本孔本韓本同。閩監毛三本。夷作狄。石經此字漫漶。案僞疏引作北夷。作夷是也。

武王之伐殷也。革車三百兩。虎賁三千人。王曰。無畏。寧爾也。非敵百姓也。若崩厥角稽首。征之爲言正也。各欲正己也。焉用戰。【注】革車。兵車也。虎賁。武士爲小臣者也。書云。虎賁贅衣趣馬小尹。三百兩。三百乘也。武王令殷人曰。無驚畏。我來安止爾也。百姓歸周。若崩厥角。

頟角犀厥地。稽首拜命。亦以首至地也。各欲令武王來征己之國。安用善戰陳者。疏注革車至乘也。○正義曰。禮記明堂位。革車千乘。注云。革車。兵車也。周禮春官巾車云。革路以即戎是也。夏官有虎賁氏下大夫二人。中士十有二人。虎士八百人。注云。虎士。徒之選有勇力者。趙氏謂武士爲小臣。引書立政證之。蓋立政言亦越文王武王。則此虎賁爲文武時官。於武王伐殷時較切。周禮則爲天子後所制矣。周氏用錫尚書證義云。顧命狄設綴衣。正義云。綴衣是黼扆之類。以周禮考之。即幕人也。幕人掌帷幄。虎賁司宿衛。皆左右親近者也。以勇力爲左右近臣。故云武士爲小臣者也。贅衣立政作綴衣。綴贅古字通也。毛詩召南鵲巢。百兩御之。傳云。百兩。百乘也。孔氏正義云。謂之兩者。風俗通以爲車有兩輪。馬有四匹。故車稱兩。馬稱匹。書序云。武王戎車三百兩。虎賁三百人。與受戰於牧野。江氏聲尚書集注音疏云。虎賁。言猛怒如虎之奔赴也。三百人當爲三千人。孟子曰。武王之伐殷也。革車三百兩。虎賁三千人。司馬法曰。革車一乘。士十人。徒二十人。樂記曰。虎賁之士說劍。然則虎賁士也。一乘十人。三百兩則三千人矣。翟氏灝考異云。書牧誓序。武王戎車三百兩。虎賁三百人。風俗通義皇霸篇。引書武王戎車三百兩。虎賁八百人。墨子明鬼篇。武王以擇車百兩。虎賁之卒四百人。周書克殷解周車三百五十乘。陳於牧野。既以虎賁戎車馳商師。商師大敗。孔晁注云。戎車三百五十乘。則有虎賁三千五百人。按每車一兩。當有虎賁十人。孟子言自無謬。諸書未可信也。戰國策。蘇秦說魏王。武王卒三千人。革車三百乘。斬紂於牧。又說趙曰。武王之卒不過三千人。車不過三百乘。而爲天子。呂氏春秋仲秋紀。武王虎賁三千人。簡車三百乘。以要甲子之戰。言皆與孟子合。周氏柄中辨正云。有兩司馬法。一云。一車甲士三人。步卒七十二人。一云。成出一乘。甲士十人。步卒二十人。孔仲達成元年邱甲。正義云。一士二徒者。鄉遂之兵。一士二十四徒者。都鄙之兵。古者天子用兵。先用六鄉。六鄉不足取六遂。六遂不足取都鄙及諸侯。若諸侯出兵。先盡三鄉三遂。鄉遂不足。然後總徵境內。由此推之。武王所用正是鄉遂之兵。呂氏春秋云。武王革車三百。甲卒三千。征敵破衆。韓非子云。武王將素甲三千。領與紂戰。虎賁安知不指戰士言。或謂據周禮虎賁非甲士。必以虎賁配一車。則書序是。孟子非矣。愚謂周禮虎賁不離王之先後。又豈以一人配一車而戰者邪。○注。武王至地也。○正義曰。武王之言必出傳命宣喻之。故云令也。廣雅釋詁云。畏。懼也。畏。恐也。易震彖傳云。震驚百里。驚遠而懼邇也。故以無畏爲無驚也。毛詩周南葛覃。歸寧父母。傳云。寧。安也。爾雅釋詁云。安。止也。故以寧爾爲安止爾也。漢書諸侯王表。漢諸侯王厥角稽首。應劭曰。厥者。頓也。角者。額角也。稽首。首至地也。邱遲與陳伯之書云。朝鮮昌海。蹶角受化。李善注引孟子此文。趙岐注云。厥角叩顙。以額角犀厥地也。於此注增以也二字。義尤明暢。文選羽獵賦。蹶浮麋。應劭亦云。蹶。頓也。是厥蹶古字通。故李善直以厥角注蹶角。然則厥角猶頓首。故云厥地也。釋名釋形體云。角者。生於額角也。國語鄭語云。惡角犀豐盈。韋昭注云。角犀謂顏角有伏犀。趙氏以額釋角。又以犀申言之。額犀二字。皆釋角字也。厥角。是以角蹶地。若崩者。狀其厥之多而迅也。白虎通云。崩之言㠻然僵伏。

說文山部云。𡽱。山壞也。山壞則自高僵伏於地。毛詩小雅無羊云。不騫不崩。傳云。崩。羣疾也。蓋一羣之羊全病。僵伏不起。詩人以山之壞狀之。此殷民歸周。以頟角犀厥地。其狀若僵伏。而加若崩二字。極狀其人之衆多。如山之下墜。如羊之羣疾而僵伏。方聞寧爾之令。猝然厥地。其聲其狀。可於若崩二字見之。厥本又作屈。屈其頟角犀於地。猝然下伏也。既伏地。又稽首拜命。故云亦以首至地也。音義云。丁云。頟卽顙字。犀音西。義與棲遲同。息也。久也。字從尸下辛。或作犀。牛字誤也。阮氏元校勘記云。宋本孔本韓本。屖作犀。段氏玉裁云。丁說殊誤。字當作犀從牛。國語云。角犀豐盈。國策曰。眉目準頞。犀角權衡偃月。今人謂之天庭。古謂之犀角。相書云。伏犀貫頂。卽其理也。按說文尸部。屖。屖遲也。從尸辛聲。爾雅釋詁云。棲。遲息也。此丁氏所本。然棲遲義爲遊息。於此不切。丁氏蓋不知厥卽蹶。而以厥地爲其地。故改犀爲屖。而以爲止息其地也。不知上云若崩。下云稽首。則一時衆聲之轟然。而首之上下不已。何止息之有。丁氏之誤。誠誤也。段氏玉裁說文解字注云。厥。發石也。引申之。凡有撅發皆曰厥。山海經曰相柳之所抵厥。郭云。抵觸。厥掘也。孟子若崩厥角稽首。晉灼注漢書曰。厥。猶豎也。叩頭則頟角豎。按厥角者謂頟角。如有所發。角部觸字下云角。有所觸發是也。錢氏大昕潛研堂答問云。應劭云。厥者。頓也。晉灼云。厥。猶豎也。二義小有不同。應說近之。〇注。各欲至之國。〇正義曰。廷琥云。毛本無各字。

章指。言民思明君。若旱望雨。以仁伐暴。誰不欣喜。是以殷民厥角。周師歌舞。焉用善戰。故云罪也。疏周師歌舞。〇正義曰。周氏廣業孟子章指考證云。樂稽耀嘉曰。武王興師誅商。萬國咸喜。軍渡孟津。前歌後舞。克商之後。民乃大安。家給人足。酌酒鬱搖。見藝文類聚。又蜀志先主謂龐德曰。武王伐紂。前歌後舞。非仁者邪。

孟子曰。梓匠輪輿。能與人規矩。不能使人巧。注梓匠輪輿之功。能以規矩與人。人之巧在心。拙者雖得規矩。不以成器也。章指。言規矩之法。喻若典禮。人不志仁。雖誦憲籍。不能以善。善人脩道。公輸守繩。政成器美。惟度是應。得其理也。疏雖誦至守繩。〇正義曰。周氏廣業孟子章指考證云。文子道德篇云。守其法籍。行其憲令。荀子。公輸不能加於繩。王褒聖主得賢臣頌云。離婁督繩。公輸削墨。

孟子曰。舜之飯糗茹草也。若將終身焉。及其爲天子也。被袗衣。鼓琴。二女果。若固有之。注糗。飯乾糒也。袗。畫也。果。侍也。舜耕陶之時。飯糗茹草。若將終身如是。及爲天子。被畫衣。黼黻絺繡也。鼓琴。以協音律也。以堯二女自侍。亦不佚豫。如固自當有之也。【疏】飯糗。○正義曰。段氏玉裁說文解字注云。米部云。糗。熬米麥也。周禮。籩人之實。糗餌粉餈。鄭司農云。糗。熬大豆與米也。粉豆屑也。元謂糗者擣粉熬大豆爲餌。餈之黏著以粉之耳。按先鄭云。熬大豆及米。後鄭但云熬大豆。注內則又云。擣熬穀不同者。黍粱亦麥皆可爲糗。故或言大豆以包米。或言穀以包米豆。而許云熬米麥。又非不可熬大豆也。熬者。乾煎也。乾煎者。䰞也。䰞米豆舂爲粉。以坋餌餈之上。故曰糗餌粉餈。鄭云擣粉之。許但云熬。不云擣粉者。鄭釋經。故釋粉字之義。許解字。則糗但爲熬米麥。必待粲之而後成粉也。粊誓時乃糗糧。某氏云。糗糒之糧。孟子曰。舜之飯糗茹草。趙云。糗。飯乾糒也。左傳爲稻醴粱糗。廣韻曰。糗。乾飯屑也。此皆謂熬穀米粉者也。糒。乾飯也。釋名曰干飯。飯而暴乾之也。周禮廩人注曰。行道曰糧。謂糒也。止居曰食。謂米也。干飯今多爲之者。謹按說文鬲部云。䰞。熬也。䰞。尺沼切。一切經音義云。炒。古文䰞𤍽焣𤎩四形。崔實四民月令作炒。然則熬米麥。即是炒米麥。今農家米麥豆皆炒食。米即謂之炒米。豆即謂之炒豆。炒米可以沸水漬之當飯。大麥小麥炒之。又必磨之爲屑。用沸水和食謂之焦麪。所謂糗也。糒乃今之飯乾。與此不同。而皆可爲行糧。惟農食樸儉。省蒸煮之費。往往炒米麥爲飯。是則舜之飯糗耳。○茹草。○正義曰。王氏念孫廣雅疏證云。方言。茹。食也。吳越之間。凡貪飲食者謂之茹。郭璞注云。今俗呼能麤食者爲茹。按大雅烝民篇云。柔則茹之。剛則吐之。是食謂之茹也。禮運云。飲其血。茹其毛。孟子盡心篇云。飯糗茹草。是食麤食者謂之茹也。麤與疏義相近。食麤食者謂之茹。故食菜亦謂之茹。食菜謂之茹。故所食之菜亦謂之茹。莊子人間世篇。不茹葷。漢書董仲舒傳云。食於舍而茹葵。是食菜謂之茹也。食貨志云。菜茹有畦。七發云。秋黃之蘇。白露之茹。是所食之菜亦謂之茹也。茹草二字。趙氏皆無訓草者。史記陳丞相世家云。更以惡草具進楚使。漢書音義云。草。粗也。索隱云。戰國策云。食馮諼以草具。如淳云。藁草麤惡之具也。范雎列傳云。使舍食草具。索隱云。謂亦舍之而食以下客之具。草具謂麤食。草菜之饌具也。然則茹草猶云茹麤矣。○被袗衣鼓琴。○正義曰。任氏大椿深衣釋例云。孟子被袗衣鼓琴。趙岐注。袗。畫也。黼黻絺繡也。夫鼓琴。宴居時也。舜於饗老朝燕。僅服白布深衣。而燕居則服黼黻絺繡。非所以明質。故袗衣當非畫衣也。史記。堯乃賜舜絺衣與琴。與舜被袗衣鼓琴。事適相會。然則袗衣或即絺衣與。賜予止用絺葛布衣。可知當時之質。孔氏廣森經學卮言云。袗。非畫也。義如袗絺綌之袗。史記本紀。堯賜舜絺衣與琴是也。孔氏任氏引史記說之是也。絺綌爲袗。故孟子謂之袗衣。得被袗衣者。以堯賜絺也。得鼓琴者。以堯賜琴也。二女所以侍者。帝釐降二女也。以耕夫一旦膺天子之知。賜賞若此。明其榮顯也。若徒袗絺綌而鼓琴。則不過習爲山人耳。趙氏以袗衣爲黼黻絺繡。本尚書皋陶謨。乃鄭氏讀絺爲黹。此以絺繡爲袗絺綌之絺。與鄭氏異。以袗訓畫。則以繪與繡互見。非袗有畫義也。段氏玉裁說文解字注云。衣部。袗。禪衣也。一曰盛服。裖袗或從辰㐱。本訓稠髮。凡㐱聲字多爲濃重。上林賦。磐石裖崖。孟康曰。裖。袗致也。以石致川之廉也。是裖與袗稹字義同。孟子被袗衣。袗衣亦當爲盛服。趙云。畫衣者。不得其說。姑依皋陶謨作繪言之耳。錢氏大昕養新錄云。錢塘梁侍講同書。嘗告予云。古書袗訓單又訓同。皆無繳服之意。三國志魏文帝紀注有云。舜承堯禪。被袗衣。妻二女。若固有之。此必用孟子之文。袗衣。當是珍裘也。○二女果。○正義曰。臧氏琳經義雜記云。說文女部。婐。㛹也。一曰女侍曰婐。讀若騧。一曰若委。從女果聲。孟軻曰。舜爲天子。二女婐。據此知孟子本作二女婐。今作果者是婐之省。趙氏訓爲侍。與說文合。　章指言阨窮不憫。貴而思降。凡人所難。虞舜所隆。聖德所以殊也。

孟子曰。吾今而後知殺人親之重也。殺人之父。人亦殺其父。殺人之兄。人亦殺其兄。然則非自殺之也。一間耳。〔注〕父仇不同天。兄仇不同國。以惡加人。人必加之。知其重也。一間者。我往彼來。間一人耳。與自殺其親何異哉。〔疏〕注。父仇不同天兄仇不同國。○正義曰。大戴記曾子制言上云。父母之讎。不與同生。兄弟之讎。不與聚國。禮記檀弓云。子夏問於孔子曰。居父母之仇。如之何。夫子曰。寢苫枕干不仕。弗與共天下也。遇諸市朝。不反兵而鬬。曰。請問居昆弟之仇。如之何。曰。仕弗與共國。銜君命而使。雖遇之不鬬。阮氏元曾子注釋云。居仇之說。檀弓曲禮周官地官調人。及此曾子所言。互有異同。然周禮孔子曾子之言。三者同義。惟曲禮錯出。不可從。周禮調人云。凡過而殺傷人。以民成之。凡和難。父之仇。辟諸海外。兄弟之仇。辟諸千里之外。此尊言過殺。非本意殺。故調人得以使之遠避。平成之。與孔曾所言。有意辱殺之讎不同。又調人曰。凡殺人有反殺者。使邦國交仇之者。此言謀殺一人。惡此人子弟報仇。因復殺其子弟也。又調人曰。凡殺人而義者不同國。令勿仇。仇之則死者。此謂殺其謀殺君父之人爲義。其殺人君父之人之父兄子弟不得再以此人爲仇。仇之則罪當死也。故周禮與孔曾合。以爲不合者。誤解之耳。若曲禮言兄弟之仇不反兵。交遊之仇不同國。及公羊復百世之仇。則太過。不合聖賢之道矣。趙氏言此者不同天。不同國。可知其必報。故云。以惡加人。人必加之。其情重大。非可平成之者也。列子天瑞篇。釋文云。間。隔也。間一人。猶云隔一人也。翟氏灝考異云。墨子兼愛篇。我先從事乎惡人之親。人能報我以愛利吾親乎。必先從事乎愛利人之親。然後人報我以愛利吾親也。此言略與孟子言似。然孟子特戒人惡害人父兄巳耳。不必定愛利之也。故儒墨之言。大要在有無差等之別。　章指言恕以行仁。遠禍之端。暴以殘民。招咎之患。是以君子好生惡殺。反諸身也。

孟子曰。古之爲關也。將以禦暴。今之爲關也。將以爲暴。〔注〕古之爲關。將以禦暴亂。譏閉非常也。今之爲關。反以征稅出入之人。將以爲暴虐之道也。〔疏〕注。譏閉非常也。○正義曰。周禮地官司關。國凶札則無關門之征猶幾。注云。謂無租稅。猶苛察。不得令姦人出入。幾卽識也。易復象傳云。先王以至日閉關。商旅不行。章指。言脩理關梁。譏而不征。如以稅斂。非其式程。懼將爲暴。

故載之也。【疏】脩理關梁。○正義曰。禮記月令。季冬之月。謹關梁。玉藻云。年不順成。關梁不租。注云。此周禮也。殷則關但譏而不征。雖不賦猶爲之禁。不得非時取也。

孟子曰。身不行道。不行於妻子。使人不以道。不能行於妻子。【注】身不自履行道德。而欲使人行道德。雖妻子不肯行之。言無所則效也。使人不順其道理。不能使妻子順之。而況他人乎。章指。言率人之道。躬行爲首。論語曰。其身不正。雖令不從。【疏】論語至不從。○正義曰。引論語在子路第十三。

孟子曰。周于利者。凶年不能殺。周于德者。邪世不能亂。【注】周達於利。營苟得之利而趨生。雖凶年不能殺之。周達於德。身欲行之。雖遭邪世。不能亂其志也。【疏】注。周達。○正義曰。周有達義者。劉熙釋名釋船云。舟。言周流也。易繫辭傳云。舟楫之利。以濟不通。舟取義於周。是周有達義也。趙氏謂達於取利。則凡苟得之利。皆營求之。故雖凶荒之年。有心計足以趨生。故不死。不達於德則不能行。達而行之。則志定不爲邪世所亂。近時通解。周爲徧市。謂積蓄無少匱也。積於利故不困於凶年。積於德故不染於邪世。章指。言務利蹈姦。務德蹈仁。舍生取義。其道不均也。

孟子曰。好名之人。能讓千乘之國。苟非其人。簞食豆羹見於色。【注】好不朽之名者。輕讓千乘。子臧季札之儔是也。誠非好名者。爭簞食豆羹變色。訟之致禍。鄭子公染指黿羹之類是也。【疏】注好不至儔是也。○正義曰。襄公二十四年左傳云。范宣子曰。古人有言。死有不朽。何謂也。叔孫穆叔曰。太上有立德。其次有立功。其次有立言。雖久不廢。此之謂不朽。陸賈新語輔政篇云。功垂於無窮。名傳於不朽。故以好名爲好不朽之名。諸本作伯夷季札之儔。宋本作子臧季札之儔。周氏廣業孟子古注考云。伯夷聖之清者。豈好名之人。晉孫盛泰伯三讓論云。三以天下讓。言非常讓若臧札之倫者也。潘岳西征賦云。臧札飄其高厲。委曹吳而成節。蓋季札自言願附子臧。故後人每並稱之。今依宋本史記吳世家云。壽夢有子四人。長曰諸樊。次曰餘祭。次曰餘昧。次曰季札。季札賢而壽夢欲立之。季札讓。不可。於是乃立長子諸樊。攝行事。當國王。諸樊元年。諸樊已除喪。讓位季札。季札謝曰。曹宣公之卒也。諸侯與曹人不義曹君。將立子臧。子臧去之。以成曹君。君子曰。能守節矣。君義嗣。誰敢干君。有國非吾節也。札雖不材。願附於子臧之義。吳人固立季札。季札棄其室而耕。乃舍之。此子臧季札。輕讓千乘之事也。宣公四年左傳云。楚人獻黿於鄭靈公。

公子宋與子家將見。子公之食指動。以示子家曰。他日我如此。必嘗異味。及入。宰夫將解黿。相視而笑。公問之。子家以告。及食大夫黿。召子公而弗與也。子公怒。染指於鼎。嘗之而出。公怒。欲殺子公。子公與子家謀先。子家曰。畜老牛。猶憚殺之。而況君乎。反譖子家。子家懼而從之。夏。弒靈公。是因飲食致禍也。阮氏元校勘記云。染指黿羹之類。閩監毛三本同。宋本孔本韓本攷文古本。黿作甗音義出甗羹云。左傳作黿。此則注文本用甗字。改爲黿。非也。錢氏大昕養新錄云。孔子疾沒世而名不稱。孟子亦惡人之不好名。名謂不朽之名也。不好名。亦專於好利。雖簞食豆羹。且不能讓。況千乘乎。按明人陳子龍巳云。三代以下。惟恐不好名。非其人者。謂非好名之人也。如此解爲當。　章指。言廉貪相殊。名亦卓異。故聞伯夷之風。懦夫有立志也。

孟子曰。不信仁賢。則國空虛。無禮義。則上下亂。無政事。則財用不足。注不親信仁賢。仁賢去之。國無賢人。則空虛也。無禮義以正尊卑。則上下之敍泯亂。無善政以教人農時。貢賦則不入。故財用不足。疏注。不親信仁賢。○正義曰。不信則疑之。不親則疏之。疑由於疏。疏亦由於疑。故以親信連言之。○注。則上下之敍泯亂。○正義曰。書呂刑云。民興胥漸。泯泯棼棼。周書祭公解云。汝無泯泯棼棼。孔晁注云。泯。棼亂也。泯亦訓滅。毛詩大雅桑柔篇。靡國不泯。傳云。泯。滅也。是也。泯亂。亦滅亂也。爾雅釋詁云。滅。絕也。釋水云。正絕流曰亂。是亂有絕義。與滅同。泯爲滅。亦爲亂矣。○注。無善至不入。○正義曰。賦出於農。不教人農時。則田野荒蕪。水旱無備。故貢賦不入也。　章指。言親賢正禮。明其五教。爲政之源。聖人以三者爲急也。

孟子曰。不仁而得國者。有之矣。不仁而得天下。未之有也。注不仁得國者。若象封有庳。叔鮮叔度封於管蔡。以親親之恩而得國也。雖有誅亡。其世有土。丹朱商均。天子元子。以其不仁。天下不與。故不得有天下也。章指。言王者當天。然後處之。桀紂幽厲。雖得猶失。不以善終。不能世祀。不爲得也。疏注王者當天。○正義曰。賈誼新書數寧篇云。臣聞之。自禹已下五百歲而湯起。自湯已下五百餘年而武王起。自武王已下過五百歲矣。聖王不起何怪矣。及秦始皇帝似是而卒非也。終於無狀。及今天下。集於陛下。臣觀寬大知通。竊曰是以摻亂業。握危勢。若今之賢也。明通以足天紀。又當天。按趙氏於不仁得天下。前舉丹朱商均。此舉桀紂幽厲。皆非得天下之人。似乎所引未切矣。觀此云雖得猶失。不以箸終云云。雖承桀紂餘厲。實指后羿新莽一流。蓋是時。曹操儼然無人臣之節。趙氏屬意荆州。此數語實指操而言。於不仁得國。取象及啓棼。皆宗室同姓之得國者。蓋當時如袁紹公孫瓚皆不仁得國者也。故有所忌諱。不言異姓也。玩其取賈子當天二字。固以此似是而非者。終於無狀。而謬託丹朱商均。桀紂餘厲。實以秦皇斥操耳。而亦有所忌諱不明言之也。知人論世。表而出之。

孟子曰。民爲貴。社稷次之。君爲輕。是故得乎丘民而爲天子。【注】君輕於社稷。社稷輕於民。丘十六井也。天下丘民皆樂其政。則爲天子。殷湯周文是也。【疏】注。丘十六井也。○正義曰。周禮地官小司徒。九夫爲井。四井爲邑。四邑爲丘。一邑四井。四邑故爲十六井。然則丘民猶言邑民鄉民國民也。王氏念孫廣雅疏證云。丘。衆也。孟子盡心篇。得乎丘民而爲天子。莊子則陽篇云。丘里者合十姓百名以爲風俗也。釋名云。四邑爲丘，丘。聚也。皆衆之義也。得乎天子爲諸侯。【注】得天子之心。封以爲諸侯。得乎諸侯爲大夫。【注】得諸侯之心。諸侯封以爲大夫。諸侯危社稷。則變置。【注】諸侯爲危社稷之行。則變更立賢諸侯也。【疏】注。諸侯至侯也。○正義曰。孝經諸侯章云。在上不驕。高而不危。制節謹度。滿而不溢。高而不危。所以長守貴也。滿而不溢。所以長守富也。富貴不離其身。然後能保其社稷。反是則爲危社稷之行矣。說文攴部云。變。更也。呂氏春秋當務篇云。而不可置妾之子。高誘注云。置。立也。則變置即更立也。犧牲既成。粢盛既絜。祭祀以時。然而旱乾水溢。則變置社稷。【注】犧牲已成肥腯。稻粱已成絜精。祭祀社稷。常以春秋之時。然而其國有旱乾水溢之災。則毀社稷而更置也。【疏】注。犧牲至置也。○正義曰。犧牲貴肥腯。故以肥腯爲成。國語周語。祓除其心精也。韋昭注云。精。絜也。又楚語。玉帛爲二精。注云。明絜爲精。故以絜釋精。禮記月令。季冬之月。命太史次諸侯之列。賦之犧牲。以共皇天上帝社稷寢廟之祀。此社稷用犧牲也。郊特牲云。唯社丘乘共粢盛。所以報本反始也。此社稷用粢盛也。白虎通。社稷篇云。祭社稷用三牲何。重功故也。尙書曰。乃社于新邑。牛一。羊一。豕一。王制曰。天子社稷皆太牢。諸侯社稷皆少牢何。宗廟太牢。所以廣孝道也。社稷爲報功。諸侯一國。所報者少故也。又云。歲再祭之何。春求秋報之義也。故月令。仲春之月。擇元日。命民社。仲秋之月。擇元日。命民社。盧氏文弨校云。今月令無仲秋之月擇元日命民社之文。而御覽五百三十二引禮記月令。仲春仲秋皆有之。並注云。賽秋成也。元日。秋分前後戊日。陳祥道禮書云。先王之祭社稷。春有祈。秋有報。孟冬大割祠。春祈而歌載芟。秋報而歌良耜。此祭之常者也。上變置爲更立賢諸侯。此變置社稷亦是更立社稷。以諸侯例之。自是更立社稷之主。故舊疏云。自顓頊以來用句龍爲社。柱爲稷。及湯之旱。以棄易柱。毛氏奇齡四書賸言云。自顓頊至周。水旱不一。

而易祀者止一社。似亦未可爲據者。全氏祖望經史問答云。當以鄭說爲是。蓋古人之加罰於社稷者有三等。年不順成。八蜡不通。乃暫停其祭。是罰之輕者。又甚則遷其壇壝之地。罰稍重矣。又甚則更其配食之神。罰最重。然亦未嘗輕舉此禮。蓋變置至神示。所關重大。故自湯而後罕有行者。嘗謂國家之有水旱。原恃乎我之所以格天者。而未嘗以人聽於神。陰陽不和。五行失序。於是有恆雨恆暘之咎。不應於社稷之神是咎。且亦安知社稷之神。不將大有所懲創於國君而震動之。使有以知命之不常。天之難諶。而吾乃茫然於其警戒之所在。反以人跋扈之氣。責報於天。文過於已。是取滅亡之道也。乃若聖王則有之。聖王之於天地。其德相參。其道相配。而其自反者。已極盡而無憾。故湯之易稷是也。夫天人一氣也。在我非尸位。則在神爲曠職。雖黜之非過矣。但是可爲賢主道。而不可爲慢神之主道也。魯穆公暴巫焚尪。縣子尙以爲不可。況其進於此者。琥說變置是也。而未可輕言之也。北夢瑣言。載潭州馬希聲。以旱閉南嶽廟事。可爲慢神之戒。李陽冰令縉雲。大旱告於城隍之神。五日不雨。焚其廟。此乃行古禮也。及期。雨合霑足。陽冰乃與耆老吏民。自西谷遷廟於山巔。以荅神休。此蓋因前此焚廟之禱。嫌其得罪於神。而更新之。不爲罰而爲報。是亦變通古禮而得之者。左氏昭公十有七年。鄭大旱。使屠擊等有事於桑山。斬其木。不雨。子產曰。有事於山。蓺山林也。而斬其木。其罪大矣。奪之官邑。夫斬木是古禮。亦變置之意也。子產以爲非者。卽未可輕言之意也。雲漢之詩曰。靡神不舉。正與八蜡不通之說並行不悖。未有毅然以廢絕明神自任者。周氏柄中辨正云。趙氏謂毀其社稷而更置之。不言如何更置。陳無已謂遷社稷壇壝於他處。如句容有盜。改置社稷而盜止。下邳多盜。遷社稷於南山之上。盜亦衰息。萬充宗則謂水旱之方。就此方之社稷。變其常祭。以示減殺。如郊特牲所云年不順成。八蜡不通。穀梁所謂大祲之歲。鬼神有禱無祀之意。如陳說則古者立社。必在庫門內。夏左。殷右。周復左。此一朝定制。未聞有遷之他處者。如萬說則與變置之字義又不合。此變置與上節變置同義。則當爲更立之意。不但殺其祭禮而已也。任鈞臺曰。變置必是毀其壇壝。以致責罰之意。明春復立耳。此說得之。章指言得民爲君。得君爲臣。民爲貴也。先黜諸侯。後毀社稷。君爲輕也。重民敬祀。治之所先。故列其次而言之。

孟子曰。聖人百世之師也。伯夷柳下惠是也。【注】伯夷之淸。柳下惠之和。聖人之一概也。【疏】注。聖人之一概也。○正義曰。毛詩衛風載馳傳云。是乃衆幼穉且狂。進取一概之義。孔氏正義云。一概者一端不曉變通。然則聖人之一概。猶云聖人之一端也。故聞伯夷之風者。頑夫廉。懦夫有立志。聞柳下惠之風者。薄夫敦。鄙夫寬。奮乎百世之上。百世之下。聞者莫不興起也。非聖人而能若是乎。而況於親炙之者乎。

注頑貪懦弱鄙狹也。百世言其遠也。興起志意興起也。非聖人之行。何能感人若是。論聞尙然。況於親見勳炙者乎。疏奮乎至起也。○正義曰。毛氏奇齡四書賸言云。孟子。奮乎百世之上百世之下。一氣不斷。古文排句。辭例如此。言興乎前以及乎後也。若以百世之下連下讀。則失辭例矣。漢王吉傳云。孟子云。奮乎百世之上。行乎百世之下。莫不興起。按論衡知實篇引云。百世之下。聞之者莫不興起。非聖而若是乎。而況親炙之乎。百世之下固屬下讀。與親炙相對。親炙。則百世之上。與夷惠同時之人矣。毛說非也。○注。論聞至炙者乎。○正義曰。說文耳部云。聞。知聞也。廣雅釋言云。論曉也。曉聞猶知聞也。毛詩大雅。雲漢。憂心如薰。傳云。熏。灼也。孔氏正義云。熏灼俱焚炙之義。阮氏元校勘記云。毛本作熏。孔本作薰。韓本作勳。按音義出勳炙云。字與熏同。則作薰熏。並非古本。章指言伯夷柳下變貪厲薄。千載聞之。猶有感激。謂之聖人。美其德也。

孟子曰。仁也者。人也。合而言之。道也。注能行仁恩者。人也。人與仁合而言之。可以謂之有道也。疏仁也至道也。○正義曰。段氏玉裁說文解字注云。仁。親也。從人二。中庸曰。仁者。人也。注人也。讀如相人偶之人。以人意相存問之言。大射儀揖以耦。注言以者。耦之事成於此意相人耦也。聘禮每曲揖。注以相人耦爲敬也。公食大夫禮賓入三揖。注相人耦。詩匪風箋云。人偶能烹魚者。人偶能輔周道治民者。正義曰。人偶者。謂以人意尊偶之也。論語注人偶同位人偶之辭禮。注云。人偶相與爲禮儀皆同也。按人耦猶言爾我親密之詞。獨則無耦。耦則相親。故其字從人二。孟子曰。仁也者。人也。謂能行仁恩者。人也。又曰。人心也謂仁。乃是人之所以爲心也。與中庸語意皆不同。章指言仁恩須人。人能宏道也。

孟子曰。孔子之去魯。曰。遲遲吾行也。去父母國之道也。去齊。接淅而行。去他國之道也。注遲遲接淅注義見萬章下首章。疏去他國之道也。○正義曰。萬章下篇無此句。章指言孔子周流不遇。則之他國遠逝。惟魯斯戀。篤父母國之義也。

孟子曰。君子之戹於陳蔡之閒。無上下之交也。注君子。孔子也。論語曰。君子之道三。我無能焉。孔子乃尙謙。不敢當君子之道。故可謂孔子爲君子也。孔子所以戹於陳蔡之閒者。其國君臣皆惡。上下無所交接。故尼也。疏注。孔子至尼也。○正義曰。音義云。尼或作厄。同。一切經音義引蒼頡篇云。厄。困也。呂氏春秋知士篇云。靜郭君之交。高誘注云。交。接也。廣雅釋詁云。接。持也。淮南子脩務訓云。援豐條。高誘注云。援。持也。趙氏以上指君。下指臣。上無賢君。下無賢臣。皆不與孔子合。故無援以至於困尼。故既以接釋交。章指又以援釋交也。史記孔子世家云。孔子在陳蔡之間。楚使人聘孔子。孔子將往拜禮。陳蔡大夫謀相與發徒役圍孔子於野。不得行。絕糧。此孔子厄於陳蔡之事也。說文食部云。餓。飢也。從食尼聲。厄於陳蔡之間。謂絕糧。厄當讀餓。謂飢於陳蔡之間也。荀子宥坐篇云。孔子南適楚。厄於陳蔡之間。七日不火食。藜羹不糝。弟子皆有飢色。下數句。正申解厄字。上下無交。即指大夫相謀。章指言君子固窮。窮不變道。上下無交。無賢援也。

貉稽曰。稽大不理於口。注貉姓。稽名。仕者也。爲衆口所訕。理。賴也。謂孟子曰。稽大不賴人之口。如之何。疏注。貉姓至賴也。○正義曰。音義云。丁云。貊鶴二音。既是人姓。當音鶴。纂文曰。俗人姓也。張。七百切。說文云。北方人豸種也。按下自稱稽。則稽自是名。貉當是姓矣。御覽引風俗通氏姓篇序云。姓有九。或氏於號。或氏於諡。或氏於爵。或氏於國。或氏於官。或氏於字。或氏於居。或氏於事。或氏於職。此貉非號諡官爵。故以爲俗人姓也。張以爲貉人名稽。則不以爲姓。與趙異。以爲衆所訕。知是仕者。說文人部云。俚。聊也。國策秦策云。百姓不聊生。注云。聊。賴也。廣雅釋言云。俚。聊也。俚。賴也。理俚聲同。字通。國語晉語。君得其賴。韋昭注云。賴。利也。不理於口。猶云不利於人口也。隱公四年公羊傳云。吾爲子口隱矣。言出於口。故以人言爲人口。孟子曰。無傷也。士憎茲多口。注審己之德。口無傷也。離於凡人而爲士者。益多口。疏注。離於至多口。○正義曰。趙氏以憎爲增之假借。故以益釋之。爾雅釋言云。增。益也。是也。荀子大略篇云。君子聽律習容而後士。賈子新書道術篇云。守道者謂之士。是士離於凡人。觀章指凡人即凡品。士即指孔子文王也。憎。方言訓憚。說文訓惡。廣雅訓苦。潛夫論交際篇云。孔子恂恂。似不能言者。又稱誾誾。言惟謹也。士貴有辭。亦憎多口。此爲憎惡。與趙氏義不同。翟氏灝攷異云。理。兼條分脩治之義。離騷令蹇脩以爲理。五臣注云。令之以通辭理。稽曰不理。蓋自病其言之無文。故纂文有俗人之稱。潛夫論有士貴有辭之說也。孟子云。憎多口。即論語禦人口給。屢憎於人之意。謂徒理於口。亦爲士君子所憎惡。惟能以文王孔子之道。理其身心。即有憎其口之不理者。特羣小輩耳。於己之聲聞。無隕越也。引詩斷章取兩慍字申達憎義。趙氏佑溫故錄云。憎如字讀。自明上理字乃分辨之意。不必依舊訓賴。求理於口。徒茲多口。有道之士所不取也。此讀茲爲滋。謂士憎惡以辨謗。故益滋多口。詩云。憂心悄悄。慍于羣小。孔子也。肆不殄厥慍。亦不殞厥問。文王也。注詩邶風柏舟之篇曰。憂心悄悄。憂在心也。慍於羣小。怨小人聚而非議賢者也。孔子論此詩。孔子亦有武叔之口。故曰。孔子之所苦也。大雅緜之篇曰。肆不殄厥慍。殄。絕。慍。怒也。亦不殞厥問。殞。失也。言文王不殄絕畎夷之慍怒。亦不能殞失文王之善聲問也。疏注。詩至苦也。○正義曰。序云。柏舟言仁而不遇也。衞頃公之時。仁人不遇。小人在側。毛氏傳云。慍。怒也。悄悄。憂貌。箋云。羣小。衆小人在君側者。孔氏正義云。言仁人憂心悄悄然。而怨此羣小人在於君側者也。毛詩非爲孔子作。孟子引以況孔子。謂孔子當日爲羣小非議。有如此詩。論與倫通。禮記。中庸。毛猶有倫。注云。倫。比也。孔子倫此詩。謂孔子比擬此詩。則如叔孫武叔之毀。見論語子張篇。是羣小之口。亦孔子之所苦也。○注。大雅至問也。○正義曰。毛詩大雅緜傳云。肆故今也。慍。恚。隕。墜也。箋云。小聘曰。問文王見太王立冢土。有用大衆之義。故不絕去其恚惡惡人之心。亦不廢其聘問鄰國之禮。恚猶怒也。箋以絕釋殄廢墜。與失義亦相近。惟鄭氏以問爲聘問。趙氏讀問爲令聞之聞。以爲善聲聞則不合。趙氏說詩。每殊於鄭。毛氏但訓隕爲墜。鄭箋原不必同毛。趙氏未辭所受耳。下云。混夷駾矣。混夷即畎夷。故云不殄絕畎夷之慍怒。箋以不殄慍。慍在文王。趙以慍在畎夷。孟子引此以證多口。則畎夷之慍。畎夷之多口也。而文王不必殄絕之。亦不因其慍而失令聞。在孟子義宜如是也。因念慍于羣小。亦當是爲羣小所慍。即羣小之多口也。顧氏鎮虞東學詩云。惟是憂心之悄悄。常懼禍至之無日。而羣小之申申者。方慍怒之不殄。詩意宜如是也。章指。言正己信心。不患衆口。衆口讙譁。大聖所有。況於凡品之所能禦。故答貉稽曰無傷也。

孟子曰。賢者以其昭昭。使人昭昭。今以其昏昏。使人昭昭。注賢者治國。法度昭昭。明於道德。是躬化之道可也。今之治國。法度昏昏。亂潰之政也。身不能治而欲使他人昭明。不可得也。疏注。賢者至得也。○正義曰。楚辭雲中。君猶昭昭兮未央。王逸注云。昭昭。明也。故云。明於道德。廣雅釋訓云。惛惛。亂也。毛詩大雅召旻篇。無不潰止。傳云。潰。亂也。故以昏昏爲潰亂之政。呂氏春秋有度篇云。不昏乎其所已知。高誘注云。昏。闇也。又誣徒篇云。昏於小利。高誘注云。昏。迷也。故章指以闇迷釋昏昏。章指。言以明招闇。闇者以開。以闇責明。闇者愈迷。賢者可遵。譏今之非也。

孟子謂高子曰。山徑之蹊閒。介然用之而成路。爲閒不用。則茅塞之矣。今茅塞子之心矣。注高子。齊人也。嘗學於孟子。鄉道而未明。去而學於他術。孟子謂之曰。山徑。山之領有微蹊。介然人遂用之不止。則蹊成爲路。爲間。有間也。謂廢而不用。則茅草生而塞之。不復爲路。以喻高子學於仁義之道。當遂行之。而反中止。比若山路。故曰茅塞子之心也。

疏注山徑至心也。○正義曰。王氏念孫廣雅疏證云。釋邱嶺。陘。阪也。陘之言徑也。孟子盡心篇。山徑之蹊間。介然。趙岐注云。山徑。山之領。法言吾子篇云。山嶺之蹊。不可勝由矣。馬融長笛賦云。膺陗阤腹陘阻。並字異而義同。嶺之言領也。嶺通作領。列子湯問篇云。終北國中有山。名曰壺領。程氏瑤田通藝錄溝洫疆理小記云。孟子山徑之蹊間。一蹊字之義。一見於月令。孟冬塞蹊徑。鄭氏注。徯徑。鳥獸之道也。呂氏春秋。淮南子並作蹊徑。一見於鄭氏注周易。徑路爲山間鹿兔之蹊。又左傳。牽牛以蹊人之田。漢書貨殖傳。鷹隼未擊。矰弋不施於蹊隧。然則蹊者獸跡之所經。無垠堮。非有一定之跡可睹指者也。今乃介然用之而成路。是路之成。成於蹊間也。孔氏廣森經學卮言云。趙注以介然屬上句。愚讀長笛賦。間介無蹊。似古讀有以間介絕句者。間介蓋隔絕之意。徑。路也。蹊。足跡也。言雖有足跡隔絕之處。然人苟由之。皆可以成路云爾。趙氏佑溫故錄云。介亦分別意。如字讀。舊惟以介然屬上句非耳。山徑之蹊間。謂小道叢雜處。介然用之。謂人力闢除之。謹按荀子脩身篇云。善在身。介然必以自好也。揚倞注云。介然。堅固貌。易曰介如石焉。漢書律秝志上云。介然有常。注云。介然。特異之意。說文入部云。介。畫也。蹊無一定之跡。則不可以成路。蓋山領廣闊。原可散亂而行。縱橫旁午。不相沿踐。今介然專行一路。特而不散。自畫而不亂。此蹊間所以能成路。蹊間之成路。全在特行而不旁踰。此介然二字定屬下用之。即荀子律秝志之介然專行一路。所以有常而堅固也。方言云。用。行也。介然用之。即是介然行之。爲間不用。即是爲間不行。下云當遂行之。趙氏以行釋用也。趙氏注滕文公上篇。夷子憮然爲間。云爲間。有頃之間也。此云爲間。有間也。按有間之義數端。各不同。呂氏春秋去私篇。居有間。高誘注云。間。頃也。此言須臾之時。所謂有頃之間也。以時言也。昭公七年左傳。晉侯有間。杜預注云。間。差也。此有間謂病愈。方言云。南楚病愈者或謂之間是也。淮南子俶眞訓云。則醜美有間矣。高誘注云。間。遠也。謂醜與美相隔之遠也。國語晉語。使在有間隙。韋昭注引。間隙。瑕釁也。昭公十三年左傳云。諸侯有間者。注云。間。隙也。大抵間爲隔別之義。所隔者少則爲頃。所隔者多則爲遠。無病與有病別。則間爲愈。相怨與和好別。則間爲隙。故史記黥布傳。以行他道爲間道。此爲間不用。謂別行他路。遂與此路隔別而不行。趙氏謂高子去而學於他道。正此爲間之喻也。若有頃之間。何遽遂爲茅塞。蓋廢此不行。以別有行處。爲他歧之惑也。

章指。言聖人之道。學而時習。仁義在身。常常被服。舍而不脩。猶茅是塞。明爲善之不可倦也。

疏常常被服。○正義曰。阮氏元校勘記云。宋本孔本韓本足利本作當常。

高子曰：禹之聲尚文王之聲。孟子曰：何以言之？注高子以爲禹之尚貴聲樂過於文王。孟子難之曰：何以言之。疏注。禹之尚貴聲樂過於文王。○正義曰。以貴釋尚。以樂釋聲。俱詳見前。倪氏思寬二初齋讀書記云。禹之聲尚文王之聲。此聲字。即鳧氏爲聲之聲也。攷工記。前言鳧氏爲聲。後言鳧氏爲鍾。可知聲即是鍾。蓋聲以鍾爲主。故即以鍾爲聲。鄭注聲鍾錞于之屬是也。姚氏文田求是齋自訂稿云。此解尚字。與禮記殷人尚聲義同。

曰：以追蠡。注高子曰：禹時鍾在者追蠡也。追，鍾鈕也。鈕擘齧處深矣。蠡蠡欲絕之貌也。文王之鍾不然，以禹爲尚樂也。疏注。追鍾至貌也。○正義曰。說文金部云。鈕。印鼻也。此以追爲鍾鈕。即爲鍾鼻矣。淮南子要略訓擘畫人事之終始者也。高誘注云。擘。分也。文選西京賦。擘肌分理。注引周禮。鄭注云。擘。破裂也。周禮鄭注謂攷工記。旊人髻墾。薜暴不入市。注云。薜。破裂也。薜擘古字通也。淮南子人間訓。劍之折。必有齧。高誘注云。齧。缺也。趙氏以擘齧二字解蠡字。謂破裂缺齧也。鑢其破缺之際。故欲絕。說文虫部云。蠡。蟲齧木中也。段氏玉裁說文解字注云。蠡之言剺也。如刀之剺物。楚辭。覽芷圃之蠡蠡。又借爲禾黍欐欐字。孟子以追蠡。趙注曰。追。鍾鈕也。鈕擘齧處深矣。蠡蠡欲絕之貌。此又以蠡同欐。同劙。方言曰。劙。解也。又曰。蠡。分也。皆其義也。不知假借之恉。乃云。鍾鈕如蟲齧而欲絕。是株守許書之辭。而未能通許書之意矣。蠡蠡既通於禾黍之欐欐。楚辭思古云。會哀懷欷。心欐欐兮。注云。欐欐。剝裂貌。此蠡蠡欲絕之貌。正本諸欐欐之劙裂也。抑黍實下垂其蔕之系。微細欲絕。亦有如鍾之下垂。其鈕欲絕。所以稱欐欐矣。程氏瑤田通藝錄攷工創物小記云。鍾縣謂之旋。所以縣鍾者。設於甬上參分。其甬長。二在上。一在下。其設旋處也。孟子謂之追蠡。言追出於甬上者乃蠡也。蠡與螺通。螺小者謂之蜁蝸。郭璞江賦。所謂鸚螺蜁蝸是也。曰旋曰蠡。其義不殊。蓋爲金柄於甬上。以貫於縣之者之鑿中。形如螺然。如此則宛轉流動不爲聲病。此古鍾所以側縣也。旋轉不已。日久。則刓敝滋甚。故孟子以城門之軌譬之。姚氏文田求是齋自訂稿云。以追爲鍾鈕。既無他證語。又任曲一說。追與搥同。擊也。說文𢶍字注。建大木置石其上。發以機以追敵。亦謂擊敵也。則此說似爲近是。追者言所擊之處。蠡則其如木之齧也。三代之樂不殊。而禹之鍾獨形其殘缺。苟非當日之數數用之而何以有是也。

曰：是奚足哉？城門之軌，兩馬之力與？注孟子曰：是何足以爲禹尚樂乎？先代之樂器，後王皆用之。禹在文王之前千有餘歲，用鍾日久，故追欲絕耳。譬若城門之軌，齧其限切深者，用之多耳。豈兩馬之力使之然與？兩馬者，春秋外傳曰：國馬足以行關，公馬足以稱賦。疏注。是何至稱賦。○正義曰。禮記明堂位云。拊搏玉磬。揩擊大琴。大瑟。中琴。七瑟。四代之樂器也。又云。垂之和鍾。叔之離磬。女媧之笙簧。又云。凡四代之服器官。魯兼用之。是先代之樂器。後王皆用之也。爲之鐘既爲後王所用。則追之蠡。不得獨由禹所用矣。姚氏文田求是齋自訂稿云。高子以禹尙樂。故其器用至殘缺。今其鐘在者猶可證。乃謂禹自常用也。故孟子以後王皆用曉之。考工記。匠人營國。國中九經九緯。經涂九軌。注云。軌謂轍廣。乘車六尺六寸。旁加七寸。凡八尺。是謂轍廣。高誘注呂氏春秋勿躬篇。淮南子冥覽訓。皆云車兩輪間曰軌。禮記中庸云。今天下車同軌。隱公元年左傳云。同軌畢至。周之車軌。制以八尺。其車之轍同。則兩輪行地之迹。自無不同。故在地之迹。亦名爲軌。史記司馬相如傳。結軌還轅。索隱引張揖云。軌。車迹也。東京賦。憲先靈而齊軌。薛綜注云。軌。迹也。軌與迹同。故前後相沿在城門限切必深而成缺齧。故趙氏以齧釋軌。明此軌屬城門受車輪之缺也。毛氏奇齡四書賸言云。與兄孫講禹之聲章。追何以蠡。曰。用之者多也。城門之軌。何以非兩馬之力。曰。用之者久也。然則。經涂九軌。而每門三涂。祇各一軌。則凡一用而門必三之。此正用之多。而謂久可乎。車之步軌也。門與涂同。時無久暫也。匠人既造門。亦即造涂。未嘗前年有門。今年始有涂。何謂久也。試亦於是奚足哉一語復誦之乎。兒子遠宗恍然曰。得之矣。孟子文多微辭。於此則微辭中又急拄其口。使之自解。只是奚足哉四字盡之。蓋此語專闢禹之追蠡。不關攻擊。並不及文樂。猶之門軌之齧。不關馬力。並不及涂軌。蓋一比較。則多寡生。而祇論此追。亦祇論此軌。則久暫之意。自見言外。故曰是。是追蠡也。追蠡爲攻擊所致。得毋門軌之齧。是馬力與。即此一語。而年世久遠。非一朝用力所能到。意隱隱可驗。所謂急破其惑。不煩證明。乘車多四馬。謂兩服兩驂也。去四言兩。已不可曉。况詰問之意。正欲張馬力之多。而反從減。此是何意。及觀趙岐注。謂兩馬是公馬國馬。引春秋外傳爲證。然國馬公馬亦多無解者。古關隘郵驛。皆有都鄙所賦馬。供往來之用。謂之國馬。以此爲民間所出馬也。至公家乘車。及鄉遂賦兵牽載任器。則馬皆官給。謂之公馬。以爲總之公牧者也。故周禮牧人所掌。皆稱國馬。而馭夫趣馬。又分公馬而籍治之。雖無大分別。要之行城之馬。則祇此兩等。然則兩馬謂兩等馬耳。謹按春秋外傳者。國語。楚語。闞且與其弟論令尹子常之言也。韋昭本。作國馬足以行軍。云國馬。民馬也。十六井爲邱。有戎馬一匹。牛三頭。足以行軍。公馬。公之戎馬。稱。舉也。賦。兵也。趙氏所見本蓋與韋異。姚氏文田求是齋自訂稿云。趙氏以兩馬爲國馬公馬。不如費氏一車所駕之說爲長。但當云城中車可散行。城門則車皆由之。兩馬之力。乃以車多反言。則文義自明。如兩馬二字。即國中之軌。亦豈兩馬所能成。故不可以辭害意也。左氏哀公二十七年傳。陳成子屬孤子三日朝。設乘車兩馬。注。乘車兩馬。大夫服。史記孔子世家。魯君與之一乘車兩馬。又左哀公十七年傳。乘衷甸兩牡。注。衷甸一轅卿車。疏。兵車一轅而二馬夾之。其外更有二驂。是爲四馬。今止乘兩牡謂之衷乘者。衷。中也。蓋以四馬爲上乘。兩馬爲中乘。太事駕四。小事駕二。爲等差故也。異義。古毛詩說天子至大夫皆駕四。故詩云四牡騑騑。周道倭遲。是也。其諸侯大夫。唯駕二無四。二十七年陳成子以乘車兩馬賜顏涿聚之子。士喪禮云。賵以兩馬。是惟得駕。兩無上乘也。皆可爲一車所駕之證。曾氏之升撫餘說云。古駕車之法。夏駕二馬謂之麗。殷駕三馬謂之驂。周自天子至大夫皆駕四馬謂之駟。孟子若曰。不知禹蠡。盍觀禹迹。彼城門之軌道止一迹。

車從中央。禹以來閱千八百年於茲。殷之騶。於此門也。周之駟。亦於此門也。而謂門限切綴。猶是夏先王兩馬之力歟。謹按夏駕二馬。見毛詩衞風干旄。正義引王肅云。夏后氏駕兩謂之麗。殷益以一騑謂之驂。周人又益一騑謂之駟。此說於先王之樂器後王皆用之說尤切。錄之以備參考。限切者。阮氏元校勘記云。段玉裁云。門限亦名門切。丁氏云。限迹切綴。由不解切字也。　章指。言前聖後聖。所尚者同。三王一體。何得相踰。欲以追蠡。未達一隅。孟子言之。將啓其蒙。

齊饑。陳臻曰。國人皆以夫子將復爲發棠。殆不可復。【注】棠。齊邑也。孟子嘗勸王發棠邑之倉。以振貧窮。時人賴之。今齊人復饑。陳臻言一國之人皆以爲夫子復若發棠時勸王也。殆不可復言之也。【疏】注。棠齊邑也。○正義曰。襄公六年。齊侯滅萊。左傳云。王湫帥師及正輿子。棠人軍齊師。齊師大敗之。丁未入萊。萊共公浮柔奔棠。晏弱圍棠十一月。丙辰而滅之。注云。棠。萊邑也。北海即墨縣有棠鄉。十八年齊侯駕將走郵棠。注云。郵棠。齊邑。二十五年左傳。齊棠公之妻。注云。棠公。齊棠邑大夫。閻氏若璩釋地云。齊滅萊邑。故爲齊有。後孟子爲發棠。即此時也。今即墨縣甘棠鄉。顧氏棟高春秋大事表云。郵棠。故萊邑也。山東登州即墨縣有棠鄉。爲萊之棠邑。東昌府堂邑縣爲齊棠邑。棠公爲棠邑大夫。孟子勸齊王發棠。即此。後譌棠爲堂。周氏柄中辨正云。顧亭林山東考古錄云。當時即墨爲齊之大都。倉廩在焉。故云發棠。則棠爲萊邑。非今之堂邑縣也。大事表疑誤。

孟子曰。是爲馮婦也。晉人有馮婦者。善搏虎。卒爲善士。則之野。有衆逐虎。虎負嵎。莫之敢攖。望見馮婦。趨而迎之。馮婦攘臂下車。衆皆悅之。其爲士者笑之。【注】馮。姓。婦。名也。勇而有力。能搏虎。卒後也。善士者。以善搏虎有勇名也。故進之以爲士。之於野外。復見逐虎者。攖。迫也。虎依陬而怒。無敢迫近者也。馮婦恥不如前。見虎。走而迎之。攘臂下車。欲復搏之。衆人悅其勇猛。其士之黨。笑其不知止也。故孟子謂陳臻。今欲復使我如發棠時。言之於君。是則我爲馮婦也。必爲知者所笑也。【疏】注。馮姓至虎者。○正義曰。儀禮燕禮卒受者。注云。卒。猶後也。卒之義爲終。終亦後也。卒爲善。足見前此恒力無賴。爲不善也。不善改而爲善。何以有士稱。故趙氏申明之。毛詩正義云。士者。男子成名之大號。故有勇名而進以爲士。如稱勇士是也。本稱勇士。改而爲善。乃爲善士也。申此者。趙氏以士字連善字。恐章句不明也。劉昌詩蘆浦筆記云。余味此段之言。恐合以卒爲善爲一句。士則之爲一句。野有衆逐虎爲一句。蓋有搏虎之勇而卒能爲善。故士以爲則，及其不知止。則士以爲笑也。周密志雅堂雜抄云。一本以善字之字點句。前云士則之。後云其爲士者笑之。文義相屬。於章旨亦合。閻氏若璩釋地又續云。古人文字敍事未有無根者。惟馮婦之野。然後衆得望見馮婦。若如宋周密斷士則之爲句。野字遂屬下。野但有衆耳。何由有馮婦來此爲無根。或曰固已。恐從未見則之野此句法。余曰。周書則至于豐。○注。攖迫至止也。○正義曰。淮南子俶眞訓云。攖人心也。高誘注云。攖。迫也。說文辵部云。迫。近也。故趙氏以迫釋攖。又以近釋迫。音義云。丁於盈切。埤蒼云。攖。梏也。梏之猶云繫之。蓋讀攖爲纓。繫之以纓。即謂之纓也。莊子大宗師。其名爲攖寧。釋文引崔氏注云。攖有所繫著也。此亦以攖爲纓也。莊子在宥云。汝愼無攖人心。司馬彪注云。攖。引也。引亦牽繫之義。然是時衆方與虎相持。何得遠言梏。繫迫之義長矣。音義云。陬。子于切。又子侯切。隅也。隅即嵎。說文𨸏部云。隅。陬也。陬。阪隅也。詩小雅。正月。瞻彼阪田。箋云。崎嶇墝埆之處。故馬融廣成頌云。負隅依險。段氏玉裁說文解字注云。負。恃也。左傳曰。昔秦人負恃其衆。貪於土地。逐我諸戎。孟子曰。虎負嵎。莫之敢攖。虎有所恃而張。故云依陬而怒也。謹按注中見虎二字。解望見二字。明望見二字斷句。馮婦趨而迎之六字斷句。是時婦猶在車中。令趨車迎之也。將近矣。馮婦又攘臂下車，趙氏以恥不如前。明所以趨迎所以下車之故。而以馮婦二字貫於見虎走迎之上。則望見爲馮婦望見明矣。先言望見。後言馮婦者。屬文之法也。自則之野貫下。此望見者。自即是之野者望見。不可云望見有衆逐虎。虎負嵎莫之敢攖。故倒言之也。是時知止。則可以不趨迎。不下車。遽用馮婦者。若曰誰迫之使趨迎。馮婦也。誰迫之使下車。馮婦也。皆形容其不知止之狀也。說文走部云。趨。走也。故以走釋趨。謂行之疾也。說文手部云。攘，推也，推，排也。推排其兩手於前，作搏勢也。孟子屬文奇奧，趙氏每能曲折達之。卒爲善士。何至又爲士之黨笑之。則因其之野望見如是。趨迎如是。下車如是也，則字非虛用也。章指。言可爲則從。不可則凶。言善見用。得其時也。非時逆指。猶若馮婦。暴虎無已。必有害也。疏暴虎無已。○正義曰。爾雅釋訓云。暴虎徒搏也。毛詩。鄭風。大叔于田。襢裼暴虎。獻于公所。傳云。暴虎空手以搏之。僖公元年穀梁傳。公子友謂莒挐曰。吾二人不相說，士卒何罪。屏左右而相搏。公子友處下。左右曰。孟勞。孟勞者。魯之寶刀也。先搏時無刀。是搏即無兵。空手相擊。故江熙云。俛身獨鬭。僖公二十八年左傳。晉侯夢與楚子搏。注云。搏。手搏。惟手無兵空搏。故楚子伏而盬其腦。蓋相搏而顚。楚子以身壓晉文。以口𠯗。皆不用兵也。搏從手。空手即是搏。非搏有徒不徒之別也。故趙氏以暴虎釋經之搏虎。暴搏一音之轉。廣雅釋詁云。㩧。擊也。㩧同撲。撲亦搏也。

孟子曰。口之於味也。目之於色也。耳之於聲也。鼻之於臭也。四肢之於安佚也。性也。有命焉。君子不謂性也。注口之甘美味。目之好美色。耳之樂音聲。鼻之喜芬香。臭。香也。易曰。其臭如蘭。四體謂之四肢。四肢解倦。則思安佚不勞苦。此皆人性之所欲也。得居此樂者有命祿。人不能皆如其願也。凡人則觸情從欲。而求可樂。君子之道。則以仁義爲先。禮節爲制。不以性欲而苟求之也。故君子不謂性也。

疏注「中央」至「如蘭」。○正義曰：禮記月令：「春月，其味酸，其臭羶。夏月，其味苦，其臭焦。中央，其味甘，其臭香。秋月，其味辛，其臭腥。冬月，其味鹹，其臭朽。」孔氏正義云：「通於鼻者謂之臭，在口者謂之味。臭，則氣也。味有五，臭亦有五。」孟子於口目耳鼻俾言味色聲臭，而於四體言安佚。以互見之，則味必嗜甘，色必好美，聲必喜音。臭非謂臭專屬諸香也。引易者繫辭上傳文也。其臭如蘭，則臭有不如蘭者矣。虞翻注易云：「臭，氣也。」不專以爲香也。荀子王霸篇云：「夫人之情，目欲綦色，耳欲綦聲，口欲綦味，鼻欲綦臭，心欲綦佚。」此與孟子義同。楊倞注云：「臭，氣也。」凡氣香亦謂之臭。禮記曰：「佩容臭。」綦，極也。佚，安樂也。此注先訓氣，後言香，爲得其意矣。又正名篇云：「香臭芬鬱，腥臊洒酸，奇臭以鼻異。」注云：「芬，花草之香氣也。鬱，腐臭也。禮記：『鳥皫色而沙鳴，鬱。』酸，暑浥之酸氣也。奇臭，衆臭之異者。氣之應鼻者爲臭，故香亦謂之臭。禮記曰：『皆佩容臭。』此獨冠以香臭者，明其下皆臭也。」禮記內則「皆佩容臭」，注云：「容臭，香物也。」庾氏云：「以臭物可以脩飾形容，故謂之容臭。」此亦以臭不專於芬香，惟芬香可飾形容，故別之云容也。周禮天官「宮人除其不蠲，去其惡臭」。禮記大學篇云：「如惡惡臭，如好好色。」臭之惡者爲惡臭，臭之香者爲香臭。僖公四年左傳云：「一薰一蕕，十年尚猶有臭。」注云：「薰，香草。蕕，臭草。十年有臭，言善易消，惡難除。」孔氏正義云：「臭是氣之總名，原非善惡之稱。但既謂善氣爲香，故專以惡氣爲臭。十年香氣盡矣，惡氣尚存。此臭字乃朽字之假借。月令『其臭朽』，說文歺部：『朽，腐也。』列子周穆王篇云：『閤歌以爲哭，視白以爲黑，饗香以爲朽，嘗甘以爲苦。』朽與香對，則蕕香蕕臭者，乃薰香蕕朽也。廣雅釋器云：『朽，臭也。』謂臭爲朽之假借，朽爲臭之正也。惡臭作朽，腐殠之氣也。鼻所齅之總名作臭，非臭之名，或專於香，或專於惡也。

仁之於父子也。義之於君臣也。禮之於賓主也。知之於賢者也。聖人之於天道也。命也。有性焉。君子不謂命也。注仁者得以恩愛施於父子。義者得以義理施於君臣。好禮者得以禮敬施於賓主。知者得以明知知賢達善。聖人得以天道王於天下。皆命祿遭遇。乃得居而行之。不遇者不得施行。然亦才性有之。故可用也。凡人則歸之命祿。任天而已。不復治性。以君子之道則脩仁行義。脩禮學知。庶幾聖人亹亹不倦。不但坐而聽命。故曰君子不謂命也。疏注「仁之至命也」。○正義曰：戴氏震孟子字義疏證云：「人之血氣心知原於天地之化育者也。有血氣，則所資以養其血氣者。聲色臭味是也。有心知。則知有父子。有昆弟。有夫婦。而不止於一家之親也。於是又知有君臣。有朋友。五者之倫。相親相治。則隨感而應爲喜怒哀樂。合聲色臭味之欲。喜怒哀樂之情。而人道備。欲根於血氣。故曰性也。而有所限而不可踰。則命之謂也。仁義禮智之懿。不能盡一如一者。限於生初所謂命也。而皆可以擴而充之。則人之性也。謂者猶云藉口於性耳。君子不藉口於性以逞其欲。不藉口於命之限之而不盡其材。後儒未詳審文義。失孟子立言之指。不謂性。非不謂之性。不謂命。非不謂之命。由此言之。孟子之所謂性。即口之於味。目之於色。耳之於聲。鼻之於臭。四體之於安佚之爲性。所謂人無有不善。即能知其限而不踰之爲善。即血氣心知能底於無失之爲善。所謂仁義禮智。即以名其血氣心知。所謂原於天地之化者之能協於天地之德也。此荀楊之所未達。而老莊告子釋氏味焉而妄爲穿鑿者也。程氏瑤田通藝錄論學小記云。性命二字必合言之。而治性之學始備。五官百骸。五常百行。無物無則。性命相通。合一於則。性乃治矣。孟子曰。口之於味也。目之於色也。耳之於聲也。鼻之於臭也。四肢之於安佚也。性也。有命焉。君子不謂性也。謂我之口而嗜乎味。我之目而美乎色。我之耳而悦乎聲。我之鼻而知乎臭。我之四肢而樂乎安佚。其必欲遂者。與生俱生之性也。其不能必遂者。命之限於天者也。五者吾體之小者也。遂己所成之性恆易。而順天所限之命恆難。性易遂。則必過乎其則。命難順。則不能使不過乎其則。治性之道。以不過乎則爲斷。節之以命而不畏其難順。斯不過乎其則矣。仁之於父子也。義之於君臣也。禮之於賓主也。智之於賢者也。聖人之於天道也。命也。有性焉。君子不謂命也。謂以吾心之仁而施於父子。以吾心之義而施於君臣。以吾心之禮而施於賓主。以吾心之智而施於賢者。以吾心所具聖人之德與天道相貫通。其必欲遂者。與主俱生之性也。其不能必遂者。命之限於天者也。五者吾體之大者也。遂己所成之性恆難。而順天所限之命恆易。性難遂。則必不及乎則。命易順。則任其不及乎則。治性之道。以必及乎則爲斷。勉之以性而不畏其難遂。斯必及乎其則矣。阮氏元校勘記云。知之於賢者也。閩監毛三本知作智。按音義出知之云。音智。注同。則作智非也。有性焉各本同。孔本焉作也。○注。聖人至命也。○正義曰。天道即元亨利貞之天道。乾道變化。各正性命。保合太和。此天道也。通神明之德。使天下各遂其口鼻耳目之欲。各安其仁義禮知之常。此聖人之於天道也。乃伏羲。神農。黄帝。堯。舜。禹。湯。文。武得位而天道行。所謂道之將行也與。命也。孔子不得位而天道不行。所謂道之將廢也與。命也。趙氏謂遭遇乃得行之。不遇者不得施行是也。道行則民遂其生。育其德。道不行則民不遂其生。不育其德。故口鼻耳目之欲不遂屬之命。而仁義禮智之德不育亦屬之命。然顓愚之民。不能自通其神明之德。又不遇勞來匡直者有以輔翼之。固限於命矣。若君子處此。其口鼻耳目之欲。則任之於命而不事外求。其仁義禮智之德則卒乎吾性之所有而自修之。不委諸教化之無人。而甘同於顓愚之民。所謂雖無文王猶興也。且由是推之。父頑母嚚。命也。而舜則大孝烝烝。瞽瞍底豫。此仁之於父子。君子不謂命也。罪人斯得。命也。而周公則勤勞王家。沖人感悟。此義之於君臣。君子不謂命也。道大莫容。命也。而孔子則栖栖皇皇。不肯同沮溺之辟世。荷蓧之潔身。而明道於萬世。此聖人於天道。君子不謂命也。大戴記千乘篇云。以爲無命則民不愈。以爲無命即是不謂命。章指。言脩德樂道。不任佚性。治性勤禮。不專委命。君子所能。小人所病。究言其事。
以勸戒也。［疏］不任佚性。○正義曰。阮氏元校勘記云。孔本韓本攷文古本任作逸。○治性行禮。○正義曰。周氏廣業孟子章指攷證云。文選注引作治身勤禮。

浩生不害問曰。樂正子何人也。［注］浩生。姓。不害。名。齊人也。見孟子闡樂正子爲政於魯而喜。故問樂正子何等人也。孟子曰。善人也。信人也。［注］樂正子爲人。有善有信也。何謂善。何謂信。［注］不害問善信之行謂何。曰。可欲之謂善。有諸己之謂信。充實之謂美。充實而有光輝之謂大。大而化之之謂聖。聖而不可知之之謂神。樂正子二之中。四之下也。［注］己之所欲。乃使人欲之。是爲善人。己所不欲。勿施於人也。有之於己。乃謂人有之。是爲信人。不意不信也。充實善信。使之不虛。是爲美人。美德之人也。充實善信而宣揚之。使有光輝。是爲大人。大行其道。天下化之。是爲聖人。有聖知之明。其道不可得知。是爲神人。人有是六等。樂正子善信在二者之中。四者之下也。［疏］可欲之謂善。○正義曰。趙氏以己所不欲勿施於人爲可欲。按此忠恕一貫之學。不僅於善也。呂氏春秋長攻篇。所以善代者乃萬。故高誘注云。善。好也。所好於代者非一學。中論天壽篇。引孟子。生。我所欲也。義。亦我所欲也。欲作好。好善亦爲善善。可欲即可好。其人善則可好。猶其人不善則可惡。其人可惡。即爲惡人。其人可好。自爲善人也。○有諸己之謂信。○正義曰。說文人部云。信。誠也。誠猶實也。有即亡而爲有之有。可好未必其不虛也。實有之矣。是爲信也。趙氏引不義不信語。見論語憲問篇。謂不可億度人之不信。引之者。蓋謂宜己有此信。不可億人之不信也。○充實之謂美。○正義曰。詩召南小星篇。實命不同。釋文引韓詩云。實。有也。即此有諸己者。擴而充之使全備。滿盈是爲充實。詩邶風簡兮云。彼美人兮。箋云。彼美人謂碩人也。首章。碩人俁俁。傳云。碩人。大德也。俁俁。容貌大也。充滿其所有。以茂好於外。故容貌碩大而爲美。美指其容也。○充實而有光輝之謂大。○正義曰。說文火部云。光。明也。輝。光也。煇與輝同。毛詩大雅皇矣篇。載錫之光。傳云。光。大也。有光輝故大。充則暢於四體。光則照於四方。故趙氏云宣揚之。○大而化之之謂聖。○正義曰。說文耳部云。聖。通也。此謂德業照於四方。而能變通之也。○聖而不可知之之謂神。○正義曰。通其變使民不倦。大而化之也。神而化之。使民宜之。聖而不可知之也。易繫辭傳云。陰陽不測之謂神。不測即不可知。周書謚法解云。民無能名曰神。不可知。故無能名。

不容缺緩。即用二用三。何致民有殍而父子離。則趙氏義爲長。○注。布軍至役也。○正義曰。詩秦風無衣云。豈曰無衣。與子同袍。次章云。與子同澤。三章云。與子同裳。是軍卒當給以衣也。說文糸部云。縷。綫也。綫。縷也。書棐誓。善敹乃甲胄。鄭氏注云。敹謂穿徹之。王氏鳴盛尚書後案云。甲胄皆以卒爲之。考工記。函人爲甲七屬。兕甲六屬。合甲五屬。鄭氏注云。屬謂上旅下旅札續之數。是甲聯合數革以爲之也。又鞄人云。眡其綫。欲其藏也。杜子春云。綫謂縫革之縷。是甲冑之革。皆必以綫縷縫綴。鄭云。穿徹即縫綴也。武氏億釋甲云。以繩謂之縢繩。有飾謂之朱綅。逸周書年不登。甲不縫縢。孔晁注曰。縢繩甲。不以組書。敹乃甲胄。正義引鄭云。敹謂穿徹之。謂甲繩有斷續。當使敹理穿治之。說文云。綅。綫也。魯頌閟宮篇。貝冑朱綅。傳。朱綅。以朱綫綴之。疏謂以朱綫連綴甲也。又按朱綅即冑之綴。太平御覽詩云。貝冑朱綅。謂以貝飾冑。朱綅綫之也。少儀疏謂以朱繩綴甲。故鄭云。亦鎧飾也。是鄭所云鎧飾。而以亦字言之。明其蒙冑爲義。疏但指連綴甲。於義猶未備也。按王氏武氏所辭。是綫爲紩甲之纖也。葉時禮經會元云。六軍人自爲備。居有稅倉。行有裹糧。非公家所給也。是以太宰之職。九賦斂財。皆有以待其用。獨不及軍旅九式均財。皆有以爲之法。而亦不及軍旅。豈非農皆爲兵。兵皆自賦。初無煩於廩給。故亦不煩於均節與。義按梁惠王下篇。引晏子巳云。今也不然。師行而糧食。飢者弗食。勞者弗息。則春秋時行軍轉食。已有粟米之征。布縷粟米。既非常賦。則力役亦非徒役之正額。既轉米粟。必有負荷之人。所謂勞者弗息也。音義云。斯義同廝。廝役也。宣十二年公羊傳。廝役扈養。死者數百人。何休注云。艾草爲防者曰廝。汲水漿者爲役。養馬者曰扈。炊烹者曰養。史記張耳陳餘傳云。有廝養卒。集解引韋昭云。析薪爲廝。炊烹爲養。斯之訓爲析。緣其在析薪。故名斯。廝其俗字也。蘇林云。廝。取薪者也。養。養人者也。飲食所以養人。故炊烹者名養。

君子用其一。緩其二。用其二而民有殍。用其三而父子離。【注】君子爲政。雖遭軍旅。量其民力。不並此三役。更發異時。急一緩二。民不苦之。若並用二。則路有餓殍。若並用三。則分崩不振。父子離析。忘禮義矣。【疏】注。則分至義矣。○正義曰。論語季氏篇。邦分崩離析而不能守也。集解引孔氏云。民有異心曰分。欲去曰崩。不可會聚曰離析。孟子言父子離析。趙氏兼及分崩。因有異心。各思逃竄。則父不顧子。子不顧父。故忘孝慈之禮義矣。

章指。言原心量力。政之善者。繇役並興。以致離殍。養民輕斂。君子道也。

孟子曰。諸侯之寶三。土地。人民。政事。寶珠玉者。殃必及身。【注】諸侯正其封疆。不侵鄰國。鄰國不犯。寶土地也。使民以時。民不離散。寶人民也。脩其德教。布其惠政。寶政事也。若寶珠玉。求索和氏之璧。隨侯之珠。與強國爭之。強國加害。殃及身也。【疏】諸侯之寶三。○正義曰。禮記檀弓云。仁親以爲寶。注云。寶謂善道可守者。寶與保通。謂保守此土地人民政事也。○注。求索至身也。○正義曰。荀子大略篇云。和之璧。井里之厥也。玉人琢之。爲天子寶。韓非子和氏篇云。楚人和氏得玉璞楚山中。奉而獻之厲王。厲王使玉人相之。玉人曰。石也。王以和爲誑而刖其左足。及厲王薨。武王即位。和又奉其璞而獻之。武王使玉人相之。又曰。石也。王又以和爲誑而刖其右足。武王薨。文王即位。和乃抱其璞而哭於楚山之下。三日三夜。泣盡而繼之以血。王聞之。使人問其故。和曰。吾非悲刖也。悲夫寶玉而題之以石。貞士而名之以誑。此吾所以悲也。王乃使玉人理其璞。而得寶焉。遂命曰和氏之璧。史記藺相如傳云。趙惠文王時。得楚和氏璧。秦昭王聞之。使人遺趙王書。願以十五城請易璧。秦亦不以城予趙。趙亦終不予秦璧。其後秦伐趙。拔石城。明年復攻趙。殺二萬人。此所謂與強國爭之。強國加害也。莊子讓王篇云。隨侯之珠。彈千仞之雀。漢書鄒陽傳。獄中上書云。故無因而至前。雖出隨珠和璧。秖怨結而不見德。文選。作隨侯之珠。夜光之璧。淮南子覽冥訓云。譬如隨侯之珠。和氏之璧。得之者富。失之者貧。高注云。隨侯。漢東之國。姬姓諸侯也。隨侯見大蛇傷斷。以藥傅之。後蛇於江中銜大珠以報之。因曰隨侯之珠。蓋明月珠也。史記李斯列傳。有隨和之寶。正義引說苑云。昔隨侯行遇大蛇中斷。疑其靈。使人以藥封之。蛇乃能去。因號其處爲斷蛇邱。歲餘。蛇銜明珠絕白而有光。因號隨珠。隨侯之珠。無求索爭國事。趙氏蓋違及之。新序雜事篇云。秦欲伐楚。使使者觀楚之寶器。楚王聞之。召令尹子西而問焉。曰秦欲觀楚之寶器。吾和氏之璧。隨侯之珠。可以示諸。求索或指此與。

章指。言寶此三者。以爲國珍。寶於爭玩。以殃其身。諸侯如茲。永無患也。

盆成括仕於齊。孟子曰。死矣盆成括。【注】盆成。姓。括。名也。嘗欲學於孟子。問道未達而去。後仕於齊。孟子聞而嗟歎曰。死矣盆成括。知其必死。【疏】注。盆成至必死。○正義曰。說苑建本篇。有盆成子。是盆成二字爲姓。周氏廣業孟子出處時地攷云。死矣盆成括。正與孔子由其死矣語同。何故斥之。又晏子外篇。載景公命盆成括以母柩合葬於路寢事。晏子稱之曰。括者。父之孝子。兄之順弟。又嘗爲孔子門人。是齊有兩盆成括也。然孔庭從祀。無盆成括。

盆成括見殺。門人問曰。夫子何以知其將見殺。【注】門人問孟子何以知之。曰。其爲人也小有才。未聞君子之大道也。則足以殺其軀而已矣。【注】孟子答門人言括之爲人。小有才慧。而未知君子仁義謙順之道。適足以害其身也。【疏】注。小有至身也。○正義曰。淮南子主術訓云。任人之才。難以至治。高誘注云。

才。智也。方言云。智或謂之慧。是小有才謂有小慧也。論語衛靈公篇。羣居終日。好行小慧。難矣哉。集解鄭注云。小慧謂小小之才智。說文心部云。慧。儇也。慧則精明。精明則照察人之隱。慧則捷利。捷利則超越人之先。皆危機也。君子明足以察奸而仁義行之。智足以成事而謙順處之。是爲大道也。夫道大則能包容。小人以有孕而化。道大則無驕亢。異端以相感而彊。于食有福。何害之有。章指。言小知自私。藏怨之府。大雅先人。福之所聚。勞謙終吉。君子道也。疏小知自私。○正義曰。史記賈生傳服賦中語。○大雅先人。○正義曰。文選西都賦云。又有承明金馬著作之庭。大雅宏達。於茲爲羣。李善注云。大雅謂有大雅之才者。詩有大雅。故以立稱焉。又上林賦。揜羣雅。注引張揖云。詩。小雅之材七十四人。大雅之材三十一人。後漢書文苑傳。孔融數禰衡曰。正平大雅固當爾邪。劉劭人物志九徵篇云。具體而微。謂之德行。德行也者。大雅之稱也。一至謂之偏材。偏材。小雅之質也。先人與自私相對。謂以人爲先。己退讓處後也。鶡冠子近迭篇云。龐子問鶡冠子曰。聖人之道何先。鶡冠子曰。先人。義雖異而指略同。又攈崔篆慰志賦云。庶明哲之末風兮。懼大雅之所識。李賢注引詩大雅。既明且哲。以保其身。大雅或指此。然與上小知不類。且先人無謂也。

孟子之滕。館於上宮。注館。舍也。上宮。樓也。孟子舍止賓客所館之樓上也。疏注館舍至上也。○正義曰。儀禮聘禮。及館。周禮秋官。司儀致館。注並云。館。舍也。呂氏春秋必已篇云。舍故人之家。高誘注云。舍。止也。故以舍釋館。又以止釋舍。又知士篇。靜郭君善齊貌辨。於是舍之上舍。注云。上舍。甲第也。此上宮當如上舍。謂上等之館舍也。趙氏以爲樓者。說文木部云。樓。重屋也。宮在屋之上。故名上宮。女部云。婁。空也。广部云。廔屋。麗廔也。囧部云。囧。窗牖。麗廔。闓明也。禮記月令。可以居高明。注云。高明謂樓觀也。劉熙釋名釋宮室云。樓。牖戶之間。諸射孔樓樓然也。然則。樓之名取於婁。麗廔以闓明釋之。即玲瓏之轉聲。蓋其制窄狹而高。四面開窗。牖以上爲稱而下言牖。上故以爲樓也。

有業屨於牖上。館人求之勿得。或問之曰。若是乎從者之廋也。

注屨。扉屨也。業。織之有次業而未成也。置之窗牖之上。客到之後。求之不得。有來問孟子者曰。是客從者之廋。廋。匿也。孟子與門徒相隨。從車數十。故曰侍從者所竊匿也。疏注。屨屝至成也。○正義曰。說文履部云。屨。履也、尸部云。屝。履屬。趙氏以縰爲屝。而以草屨釋之。此直以屝釋屨。屝爲草屨。故云織之。有次業而未成。謂織草爲屝。已有次等而尚未成。爾雅釋詁云。業。敍也。國語晉語云。則民從事有業。韋昭注云。業。猶次也。次與敍義同。云有次業者。以次釋業也。說文欠部云。次。不前不精也。故以爲未成。廣雅釋詁云。業。始也。與創造作等字相轉注。然則業屨。猶云造屨創屨。屨始作爲業。猶牆始築爲基。衣始裁爲初。皆造而未終之辭也。○注。廋匿至匿也。○正義曰。音義云。廋或作廋。同音搜。今諸本作廋。惟廖本作廋。論語爲政篇。人焉廋哉。集解孔氏云。廋。匿也。淮南子說山訓不匿瑕穢。高誘注云。匿。藏也。不直言其竊。而詭云藏匿以爲戲也。趙氏以匿釋廋。又以竊釋匿。謂或婉言匿。其實疑其竊也。故孟子直以竊對之。說文穴部云。盜從中出曰竊。隱公八年公羊傳。稱人則從不疑也。注云。從者。隨從也。儀禮。鄉飲酒禮。賓及衆賓皆從之。注云。從猶隨也。華嚴經音義引蒼頡云。侍。從也。故從者爲門徒相隨。又云侍從者也。曰子以是爲竊屨來與。注孟子謂館人曰子以是衆人來隨事我。本爲欲竊屨故來耶。曰殆非也。注館人曰。殆非爲是來。事夫子也。自知問之過。疏注。自知問之過。○正義曰。經云。館人求之弗得。或問之。注云。有來問孟子者。而於孟子之答。則云孟子謂館人。此注云館人曰。又云自知問之過。然則前來問者。即館人也。蓋館中非一人。來問之館人。不必即求屨之館人。抑館中人公共求之。而問者止館人中之一人。故別之云。或問之也。夫子之設科也。往者不追。來者不拒。苟以是心至。斯受之而已矣。注孟子曰。夫我設教授之科。教人以道德也。其去者亦不追呼。來者亦不逆拒。誠以是學道之心來至。我則斯受之。亦不知其取之與否。君子不保異心也。見館人言殆非爲是來。亦云不能保知。謙以答之。疏注。孟子至答之。○正義曰。臧氏琳經義雜記云。以經省日字。趙注特下孟子曰以補之。章指云非己所絕己字。正釋經予字。阮氏元校勘記云。夫子之設科也。閩監毛三本同。宋本岳本廖本孔本韓本子作予。案注云。夫我設教授之科。僞疏亦云夫我之設科以教人。則作予是也。予子蓋字形相涉而譌。趙氏佑溫故錄云。此作孟子語而云夫我。趙氏從無改字。明是漢人經文不作夫子。子乃予字。而夫音扶。作孟子言。適足見聖賢之大。作或人語。仍是意含隱諷矣。論語述而篇。人潔己以進。與其潔也。不保其往也。集解鄭氏云。往。猶去也。說文言部云。評。召也。追呼。謂追逐而召之。呼爲評之假借也。管子七臣七主篇云。驪車充國者。追寇之馬也。房元齡注云。追猶召也。論語子張篇。其不可者拒之。漢石經皇侃義疏本作距。此不拒。孔本韓本及閩監毛三本作拒。宋本岳本咸淳衢州本廖本作距。距。拒。古通也。國語齊策。故專兵一志以逆秦。韋昭注云。逆。拒也。詩大雅皇矣。敢距大邦。孔氏正義云。敢拒逆我大國。亦以逆釋拒。逆與順對。不順其來學之情而受。故拒之即逆之也。廣雅釋詁云。竊。取也。云亦不知其取之與否。即竊之與否。有學道之心。又有竊屨之心。是有異心。見其有學道之心而受之。不能保其無竊屨之心。則或即爲從者之廋不可保也。即亦不可知也。故云不能保知。荀子法行篇云。南郭惠子問於子貢曰。夫子之門。何其雜也。子貢曰。君子正身以俟。欲來者不拒。去者不止。且夫良醫之門多病人。檃栝之側多枉木。是以雜也。孟子錄此章。一以見設教者之大。一以見寄託者之多。所以錮門戶之見。而黜借屨之醜。趙氏生漢末。見當時販屬之家。非不受學於大賢君子之門。而黨籍中未當無依附虛聲之士。故有激乎言之。章指。言教誨之道。受之如海百川移流。不得有拒。雖獨竊屨非己所絕。順答小人。小人自咎。所謂造次必於是也。【疏】受之如海百川移流。○正義曰。揚子法言學行篇云。百川學海而至於海。邱陵學山而不至於山。是故惡夫畫也。○造次必於是。○正義曰。論語里仁篇中語。釋文引鄭氏云。造次。倉卒也。

孟子曰。人皆有所不忍。達之於其所忍。仁也。【注】人皆有所愛。不忍加惡。推之以通於所不愛。皆令被德。此仁人也。【疏】人皆至仁也。○正義曰。近時通解所不忍。即下無害人之心。人皆有所不爲。達之於其所爲。義也。【注】人皆有不喜爲。謂貧賤也。通之於其所喜爲。謂富貴也。抑情止欲。使若所不喜爲此者。義人也。【疏】人皆至義也。○正義曰。近時通解所不爲。即下無穿踰之心。○注。此者義人也。○正義曰。者字疑誤。人能充無欲害人之心。而仁不可勝用也。【注】人皆有不害人之心。能充大之以爲仁。仁不可勝用也。【疏】注。能充大之。○正義曰。呂氏春秋必己篇。煽充天地。高誘注云。充猶大也。人能充無穿踰之心。而義不可勝用也。【注】穿牆踰屋。姦利之心也。人既無此心。能充大之以爲義。義不可勝用也。【疏】穿踰。○正義曰。閩監毛三本。此作穿窬。下穿踰之類作穿踰。宋本孔本韓本皆作踰。說文穴部云。窬。穿木戶也。辵部云。逾。越進也。逾即踰。窬踰二字本異。禮記。儒行。篳門圭窬。注云。圭窬。門旁窬也。穿牆爲之如圭矣。圭窬即左傳之圭竇。則故徐氏音豆。即讀窬爲竇也。其實竇窬義皆爲空。而字不同。窬自音臾耳。趙氏云。穿牆踰屋。自爲踰越之踰。論語陽貨篇云。其猶穿窬之盜也。與集解引孔氏云。穿。穿壁也。窬。窬牆也。釋文云。踰。本又作窬。然則釋文論語本作穿踰。是論語之穿窬。與孟子之穿踰一也。或借窬爲踰。故有作穿窬者。其實皆穿踰也。人能充無受爾汝之實。無所往而不爲義也。【注】爾汝之實。德行可輕賤人所爾汝者也。既不見輕賤。不爲人所爾汝。能充大而以自行。所至皆可以爲義也。【疏】注。爾汝至義也。○正義曰。爾汝爲尊於卑上於下之通稱。卑下者自安而受之。所謂實也。無德行者爲有德行者所輕賤。亦自安而受之。亦所謂實也。蓋假借爾汝爲輕賤。受爾汝之實。即受輕賤之實。故云德行可輕賤人所爾汝者也。非謂德行可輕賤。專在稱謂之爾汝也。既實有當受之實。自不能不受經言。無受者自勉於德行。不爲人所輕賤也。故云。既不爲輕賤。不爲人所爾汝。德行已高。自不爲人所輕賤。猶分位已尊。自不爲人所爾欲。非謂有可受之實。而強項不受之也。謂恥有此不得不受之實而勉以去之也。但德行無窮。非僅免人輕賤而已。故又須充大之。使不獨不為人輕賤。凡身所至。無非義之所至。斯為自強不息之道也。毛詩秦風無衣篇。與子偕行。傳云。行。往也。禮記樂記云。樂至則無怨。禮至則無爭。注云。至。猶達也。行也。趙氏以自行釋往字。以所至申上達字。自行所至皆可以為義。即是無所往而不達於義也。荀子解蔽篇云。偷則自行。又云。心者出令而無所受令。自禁也。自使也。自奪也。自取也。自行也。自止也。自行謂任心所欲行。無有禁止。

士未可以言而言是以言餂之也可以言而不言是以不言餂之也是皆穿踰之類也

注餂。取也。人之為士者。見尊貴者。未可與言。而強與之言。欲以言取之也。是失言也。見可與言者。而不與之言。不知賢人可與之言。而反欲以不言取之。是失人也。是皆趨利入邪無知之人。故曰。穿踰之類也。

疏注。餂取也。〇正義曰。音義云。丁曰注云。餂。取也。今案字書及諸書並無此餂字。郭璞方言注云。音忝。謂挑取物也。其字從金。今此字從食。與方言不同。蓋傳寫誤也。本亦作䬯。奴兼切。按餂䬯二字。方言皆有之。一云。餂。取也。注云。謂挑取也。一云。凡陳楚之郊。南楚之外。相謁而餐。或曰飴。或曰䬯。徐鍇說文繫傳云。相謁相見後。設麥飯以為常禮。如今人之相見飲茶也。趙氏以取釋餂。自本方言。丁公著謂傳寫誤者是也。姚寬西溪叢語云。玉篇食字部有餂字。注音達兼反。古甜字。然則字書非無此字。第與孟子言餂之義為不合耳。今以孟子之文。考餂之義。趙岐以餂訓取是也。當如郭氏方言。其字從金為銛。玉篇廣韻。銛音他點反。取也。廣韻。上聲。銛。音忝。而平聲。又有銛字。音纖。訓曰。利也。說文以銛為臿屬。乃音纖。其義與音忝者不同。各從其義也。按銛乃挑之轉音。以言銛即以言挑也。俗以鎖鑰不能開。用物挑之謂之銛。正是此銛也。臿為今之鍫。鍫方言作𨰸。說文作銚。正以其挑取土而得名。鍫有二種。一種堅厚。用以上挑。可多得土。一種纖利。用以深入。此纖利者。形正近於舌。蓋銛之邊也。漢書賈誼傳。弔屈原賦云。莫邪為鈍兮。鉛刀為銛。晉灼曰。世俗以利為銛。徹惟其利。故能挑收。其義亦相貫矣。龍龕手鑑。食部。平聲有餂字。云音甜。甘也。又舌部云。䑙。䑙。䑠。餂。䑛。五俗。甜正。徒兼反。甘也。然則餂乃甜之俗字。漢前無之。又按說文金部。銛從金舌聲。段氏玉裁說文解字注云。舌字非聲。當作㐁聲。㐁。舌貌也。他念切。在谷部。此木部。㭱讀木之㭱。臿屬之㭱。皆用為聲。依此則銛宜作𨥤。若然。則𨥤為㐁之假借。以言𨥤即是以言㐁。魏校六書精蘊云。說文㐁字音忝。象舌在口外。露舌端舐物也。人有持短長術以言鉤人者。孟子斥為穿踰。是𨥤誤為銛。又銛誤為餂矣。附其說於此。以俟參考。〇注。人之至類也。〇正義曰。失言失人。本之論語衛靈公篇。但彼之咎止於不智。故云。智者不失人。亦不失言。此以言餂以不言餂是也。僅巧刺取人意。心術隱伏。以竊取人情。與竊人物無異。故云是皆穿踰之類。一不智。一巧智。兩者正相反。然趨利入邪。亦終是無知而已。穿踰人所恥而不為。以言不言餂人所甘於爲。而且自謂以爲得計者。由不知此即穿踰之類。宜充而達之者也。充無穿踰之心。而不以言餂。不以不言餂。則庶幾能勉進於義。而不爲人所輕賤矣。前節意已結。此又申明充無穿踰之心如是也。章指。言善恕行義。充大其美。無受爾汝。何施不可。取人不知失其臧否。比之穿踰。善亦遠矣。

孟子曰。言近而指遠者。善言也。守約而施博者。善道也。君子之言也。不下帶而道存焉。注言近指遠。近言正心。遠可以事天也。守約施博。約守仁義。大可以施德於天下也。二者可謂善言善道也。正心守仁。皆在胸臆。吐口而言之。四體不與焉。故曰不下帶。疏善道也。○正義曰。說文辵部云。道。所行道也。禮記大學篇。是故君子有大道。注云。道行所由。是道即行。善道謂善行也。戴氏震孟子字義疏證云。約謂脩其身。六經孔孟之言。語行之約。務是脩身而已。語知之約。致其心之明而已。未有空指一而使人知之求之者。致其心之明。自能權度事情。無幾微差失。又焉用求一知一哉。○注。言近至存焉。○正義曰。不下帶而道存。孟子自發明言近指遠之義也。脩其身而天下平。孟子自發明守約施博之義也。趙氏以脩身明指身言。此不下帶暗指心言。故以近言爲正心。凡人束帶於要限閒。心在帶之上。說文。勹部云。匈。膺也。肉部云。肊。胸肉也。匈即胸。肊即臆。劉熙釋名。釋衣服云。膺心衣鉤肩之閒。施一。襠一。奄心也。胸臆當心。亦居帶上。仁守於心而吐於口。故四體不與也。守雖明言脩身。而未言所以脩身之事。趙氏以仁義明之。謂所以脩身者。爲守此仁義也。仁者。元也。義者利也。元亨利貞爲四德。故云施德於天下。施德即施仁義也。既以正心明言近。以守仁明脩身。又並云。正心守仁皆在胸臆者。謂正心即守此仁義。脩身即是正心。言如是。守即如是。雖分言之。實互言之也。事天之本。不外身心。平天下之功。不外仁義。孟子之恉。趙氏得之矣。春秋繁露人副天數篇云。天地之象。以要爲帶。帶而上者盡爲陽。帶而下者盡爲陰。各其分。陽。天氣也。陰。地氣也。董子之說。以天任陽不任陰。天之太陰。不用於物而用於空。此亦不下帶而道存之義。君子之守。脩其身而天下平。注身正物正。天下平矣。疏注。身正至平矣。○正義曰。身正。成己也。物正。成物也。成己。仁也。成物。知也。以知行仁。事皆合於義。孔子所謂脩己以敬。脩己以安百姓也。人病舍其田而芸人之田。所求於人者重。而所以自任者輕。注芸治也。田以喻身。舍身不治。而欲責人治。是求人太重。自任太輕。疏注。芸治也。○正義曰。說文耒部云。𦓠。除苗間穢也。重文耘。𦓠。或从芸。芸爲𦓠之假借。亦耘之省文也。除穢即所以治之。故以治釋芸。禮記曲禮。馳道不除。注云。除。治也。是也。注。是求至太輕。○正義曰。廷琥云。孔本無是字。汲古閣本輕下有也字。○章指。言言道之善。以心爲原。當求諸己而責於人。君子尤之。況以妄芸。言失務也。

孟子曰。堯舜。性者也。湯武。反之也。注堯舜之體。性自善者也。殷湯周武。反之於身。身安乃以施人。謂加善於民。疏注。堯舜至於民。○正義曰。體性。猶荀子解蔽篇云體道。楊倞注云。體。謂不離道也。管子君臣上篇。則君體法而立矣。房元齡注云。體。猶依也。依與不離義同。依性即中庸所云率性。人性本善。堯舜生知。率性而行。自己爲善者也。湯武以善自反其身。己身已安於善。然後加善於人。堯舜率性。固無所爲而爲。湯武反身而後及人。亦非爲以善加人。而始爲善。此非向論堯舜湯武也。爲託於堯舜湯武者示之也。

動容周旋中禮者。盛德之至也。注人動作容儀。周旋中禮者。盛德之至也。疏注。人動至至也。○正義曰。爾雅釋詁云。動。作也。禮記。少儀。祭祀之容。注云。容。即儀也。冠一人字。明此泛言人。不指上堯舜湯武。或性或反。皆無所爲而爲。人之盛堯舜湯武而或性或反。皆如堯舜湯武也。德盛於中。發揚於外。言非虛飾以悅人。

哭死而哀。非爲生者也。注死者有德。哭者哀也。疏注。死者至哀也。○正義曰。三年之喪。期功之服。哀出至情。自無僞飾。惟因其人有德。雖非親屬而亦哀之。出於眞意。非以此結交其子弟父兄。

經德不回。非以干祿也。言語必信。非以正行也。注經。行也。體德之人。行其節操。自不回邪。非以求祿位也。庸言必信。非必欲以正行爲名也。性不忍欺人也。疏注。經行至人也。○正義曰。僖公二十五年左傳。趙衰以壺飧從徑。注云。徑。猶行也。釋文云。讀徑爲經。文選魏都賦。延閣允字以經營。劉逵注云。直行爲經。素問欬論。王冰注引靈樞經云。脈之所行爲經。是經爲行也。體德。不離德也。在心爲德。行而著之。則爲節操。毛詩小雅鼓鐘篇。其德不回。傳云。回。邪也。國語。周語。求福不回。晉語。公室之不回。注。皆訓回爲邪。回邪不正之人。國所廢黜不用。而此則自行其德。非由求固祿位。故爲淸操介節。以結上知也。言不信。則招尤謗而來惡名。今以不忍欺人。而庸言必信。非謂欲弋致方正之名也。

君子行法。以俟命而已矣。注君子順性蹈德。行其法度。夭壽在天。待命而已矣。疏注。君子至已矣。○正義曰。順性即率性。謂堯舜也。說文足部云。蹈。踐也。踐德謂湯武反身也。毛詩小雅楚茨篇。禮儀卒度。傳云。度。法度也。說文又部云。度。法制也。人生有不容驗不容缺之常度。則而行之。是爲行法。周旋中禮。哭死而哀。經德不回。言語必信。是也。其有所爲而爲。不出干祿正行二端。乃君子於此二端。則俟之於命也。順性蹈德。行其法度。盛德所致。自然周旋中禮也。哭死而哀也。經德不回也。言語必信也。爲生者。爲人也。自若爲人。則此四者。非干祿即正行。干祿固虛僞之小人。孟子特指出正行二字。其人嚴氣正性。自命爲君子。與干祿者之形相反。而與干祿者之虛僞則同。孟子指之爲正行。趙氏申之。云正行爲名。後世此類非不託於孔孟。而高言堯舜。孟子則已於千古之上。有以鑑之。自盆成以下。辨別士品。小慧之殺身。言餂之入邪。舍田之自輕。而此章分眞僞於豪芒。則學道之人。不能保其竊履。尤爲切切者矣。章指言君子之行動合禮中。不惑禍福。修身俟終。堯舜之盛。湯武之隆。不是過也。疏 堯舜之盛湯武之隆。○正義曰。史記太史公自序云。伏羲至純厚。作八卦。堯舜之盛。尙書載之。禮樂作焉。湯武之隆。詩人歌之。

孟子曰。說大人則藐之。勿視其巍巍然。注 大人。謂當時之尊貴者也。孟子言說此大人之法。心當有以輕藐之。勿敢視之巍巍。富貴若此而不畏之。則心舒意展。言語得盡。疏 注。大人至得盡。○正義曰。此大人指當時諸侯而言。故云尊貴者。音義云。藐。丁音邈。藐然。輕易之貌。又音眇。按廣雅釋詁云。邈。遠也。文選思元賦。九臯邈而難虧。舊注幽通賦。黃神邈而靡質兮。應劭注皆訓邈爲遠。莊子逍遙遊。藐孤射之山。釋文引簡文注。即以藐爲遠。蓋說大人則藐之。當釋藐爲遠。謂當時之遊說諸侯者。以順爲正。是抑近之也。所以抑近之者。視其富貴而畏之也。不知說大人宜遠之。遠之者。即下皆古之制。我守古先王之法。而說以仁義。不曲狥其所好。是遠之也。以爲心當輕藐。恐失孟子之恉。阮氏元校勘記云。勿視其巍巍然。閩監毛三本同。廖本孔本韓本巍作魏。音義出魏。魏。丁云當作巍。是經文本作魏。作巍非也。按說文嵬部云。巍。高也。論語泰伯篇。巍巍乎惟天爲大。是巍巍爲大。故何晏注云。巍巍乎。高大之稱也。史記晉世家。魏。大名也。集解引服虔云。魏喩巍。巍。高大也。淮南本經訓云。魏闕之高。高誘注云。門闕高崇。嵬嵬然。又俶眞訓。高誘注云。巍巍高大。故曰魏闕。魏魏即巍巍。古或省山作魏。莊子知北遊篇。魏魏乎其終而復始也。又天下篇。魏然而已矣。亦作魏。省山。易繫辭傳云。崇高莫大乎富貴。故趙氏以富貴釋之。經云。勿視其魏魏然者。猶俗云。不必以其富貴置在目中也。趙氏云。勿敢視之魏魏。富貴若此。而不畏之。勿敢視與勿視二義相反。勿敢視者。心畏其富貴。目不敢視也。勿視者。不以其富貴爲重而視之也。勿敢視是畏。勿視是不畏。趙氏謂其富貴可畏。若此而不畏之。蓋在他人則勿敢視者。在我則勿視。在他人則畏之。在我則不畏之。曲折以互明其義也。

堂高數仞。榱題數尺。我得志。弗爲也。注 仞。八尺也。榱題。屋霤也。堂高數仞。振屋數尺。奢汰之室。使我得志。不居此堂也。大屋無尺丈之限。故言數仞也。疏 注。仞八至仞也。○正義曰。仞詳見前。爾雅釋宮云。桷謂之榱。桷直而遂謂之閱。不受檐謂之交。檐謂之樀。方言云。屋梠謂之欞。郭璞注云。卽屋檐也。亦呼爲連緜。劉熙釋名。釋宮室云。桷。确也。其形細而疎确也。或謂之椽。椽。傳也。相傳次而布列也。或謂之榱。在檼旁下列。衰衰然垂也。梠。旅也。連旅旅也。或謂之槾。槾。緜也。緜連榱頭使齊平也。檐。接也。接屋前後也。霤。流也。水從上流下也。按屋自中棟至檐。用椽相比。

近榱者名交。謂交於櫨上也。接交而長直下建於檐者名闌。以其下垂。故名榱矣。榱之抵檐處爲榱題。其下覆以瓦。雨自此下溜。故爲霤。亦爲榍。榍取於滴也。今俗以瓦頭爲滴水。自瓦言之爲霤。自榱言之爲榱題。近在一所。故趙氏以屋霤釋榱題也。霤屬瓦。故亦作甗。廣雅釋宮云。甍謂之甗是也。程氏瑤田通藝錄云。襄二十八年左傳。慶舍援廟桷而動於甍。則甍爲覆桷之瓦可知。言其多力。引一桷而屋宇爲之動也。若以甍爲屋極。則太公之廟。必非容膝之廬。所援之桷。必爲當檐之題。題之去極甚遠。安得援而動於極也。程氏說是也。援桷甍動。亦屋霤與榱題相近在一所之證也。趙氏既以屋霤明榱題矣。又云。堂高數仞。振屋數尺。奢太之室。阮氏元校勘記云。榱題三尺。閩監毛三本同。廖本孔本韓本考文古本榱題作振屋。謹按振字乃旅字之譌。說文木部云。楣。秦名屋櫋聯也。齊謂之檐。楚謂之梠。櫋屋梠前也。儀禮。特牲饋食。禮記。饎爨在西壁。注引舊說云。南北直屋梠。屋旅即屋梠。屋梠即屋檐。正榱頭之所在。趙氏蓋云。屋旅數尺。譌旅爲振。又倒屋旅爲旅屋。遂不知其說。而竟改注文爲榱題矣。今仍存振屋二字而證明之。以著趙氏之義。識者察之。經傳稱堂高者。皆指堂階而言。禮記禮器云。天子之堂九尺。諸侯七尺。考工記云。殷人重屋。堂崇三尺。周人明堂度九尺之筵。堂崇一筵。注云。周高堂九尺。殷三尺。則夏一尺。皆有尺寸之限矣。故趙氏以此堂高爲大屋之高。周氏柄中辨正云。堂屋高卑之度。經無明文。惟攷工記云。王宮門阿之制五雉。宮隅之制七雉。鄭注。雉。長三丈。高一丈。度廣以廣。度高以高。則門阿高五丈。宮隅高七丈。尙書大傳云。天子之堂。廣九雉三分。其廣以二爲內五分內以一爲高。則三丈六尺。公侯七雉三分。廣以二爲內五分內以一爲高。則二丈八尺。伯子男五雉三分。廣以二爲內五分內以一爲高。則二丈。然則堂高數仞。並非踰制。而數仞之指堂階無疑矣。謹按孟子亦僤言其堂之高耳。當時縱僭乎帝制。堂階之高。不必更踰九尺。而屋之高或進二丈八尺者。爲三丈六尺可也。所以總括之以數仞耳。趙氏以爲大屋是也。韓詩外傳云。曾子曰。吾嘗南遊於楚。得尊官焉。堂高九尺。榱題三圍。曾子大賢。即爲尊官。何致僭天子九尺之階若三圍。莊子人間世。釋文李云。經尺曰圍。然則三圍者三尺也。廷琥云。趙注堂高數仞。孔本作高堂數仞。

食前方丈。侍妾數百人。我得志弗爲也。注極五味之饌食列於前方一丈。侍妾衆多至數百人也。疏注。極五至一丈。○正義曰。說文食部云。籑具食也。饌或從巽。廾部云。具。共置也。列前有方丈之多。則極五味。無不備置。故以饌釋食。謂食。言具食也。論語爲政篇。有酒食。先生饌。集解引馬曰。饌。飲食也。廣雅釋詁云。饌。食也。是具食亦單謂之食。儀禮士冠禮。具饌於西塾。注云。饌。陳也。周禮。秋官掌客皆陳。注云。陳。列也。趙氏既以饌釋食。又以列釋饌。是食前即具食於前。亦即是列於前。晏子春秋問下云。昔吾先君桓公。審飲酒窮樂。食味方丈。

般樂飲酒。驅騁田獵。後車千乘。我得志弗爲也。疏般。大也。大作樂而飲酒。驅騁田獵。從車千乘。般於遊田也。疏注般大也。○正義曰。般。大。詳見公孫丑上篇。書無逸。文王不敢盤于遊田。文選西京賦。般于游畋。其樂只且。薛綜注云。盤。樂也。此云盤于遊田。般與盤通。書。盤庚。漢書。古今人表。作般庚。君奭。時則有若甘盤。史記燕世家。作甘般是也。此與般樂之般訓大者不同。

在彼者。皆我所不爲也。在我者。皆古之制也。我何畏彼哉。【注】在彼貴者驕佚之事。我所恥爲也。在我所行。皆古聖人所制之法。謂恭儉也。我心何爲當畏彼人乎哉。章指。言富貴而驕。自遺咎也。茅茨采椽。聖堯表也。以賤說貴。懼有蕩心。心謂彼陋。以寧我神。故以所不爲爲之寶玩也。【疏】茅茨至蕩心。○正義曰。韓非子。堯之有天下也。茅茨不剪。采椽不斲。亦見淮南子主術訓。史記自敍云。墨者亦尚堯舜道。言其德行曰。堂高三尺。土階三等。茅茨不剪。采椽不刮。莊公四年左傳。楚武王曰。余心蕩。

孟子曰。養心莫善於寡欲。其爲人也寡欲。雖有不存焉者寡矣。【注】養。治也。寡。少也。欲。利欲也。雖有少欲而亡者。謂遭橫暴。若單豹臥深山而遇飢虎之類也。然亦寡矣。【疏】注。養治至寡矣。○正義曰。周禮天官。疾醫以五味。五穀。五藥。養其病。注云。養。猶治也。說文山部云。寡。少也。存與亡對。故以不存爲亡。單豹事。莊子達生篇云。田開之見周威公曰。善養生者。若牧羊然。視其後者而鞭之。魯有單豹者。巖居而水飲。而與民共利。行年七十而猶有嬰兒之色。不幸遇餓虎。餓虎殺而食之。有張毅者。高門縣薄無不走也。行年四十而有內熱之疾以死。豹養其內而虎食其外。毅養其外而病攻其內。此二子者。皆不鞭其後者也。呂氏春秋必己篇云。單豹好術。離俗棄塵。不食穀實。不衣芮溫。身處山林巖堀。以全其生。不盡其年而虎食之。高誘注云。不食穀實。行氣道引也。芮。絮也。幽通記曰。單豹治裏而外凋。此之謂也。亦見淮南子人間訓。

其爲人也多欲。雖有存焉者寡矣。【注】謂貪而不亡。蒙先人德業。若晉欒黶之類也。然亦少矣。不存者衆也。【疏】注。謂貪至衆也。○正義曰。詩大雅桑柔篇。民之貪亂。箋云。貪。猶欲也。呂氏春秋慎大篇云。暴戾貪頑。高誘注云。求無厭足爲貪。是貪爲多欲也。引晉欒黶者。襄公十四年左傳。秦伯問於士鞅曰。晉大夫其誰先亡。對曰。其欒氏乎。秦伯曰。以其汰乎。對曰。然。欒黶汰虐已甚。猶可以免。其在盈乎。秦伯曰。何故。對曰。武子之德在民。如周人之思召公焉。愛其甘棠。況其子乎。欒黶死。盈之善未能及人。武子所施沒矣。而黶之怨實章。將於是乎在。是其事也。黶雖不亡。而盈亦必亡。先德之特。爲可久乎。章指。言清淨寡欲。德之高者。畜聚積實。穢行之下。廉者招福。濁者速禍。雖有不然。蓋非常道。是以正路不可不由也。【疏】清淨寡欲。○正義曰。史記自敍云。李耳無爲自化。清淨自正。禮記。孔子閒居云。清明在躬。注云。清謂清淨。說文水部云。瀞。無垢穢也。瀞即淨字。

曾晳嗜羊棗而曾子不忍食羊棗。公孫丑問曰。膾炙與羊棗孰美。【注】羊棗。棗名也。曾子以父嗜羊棗。父沒之後。惟念其親。不復食羊棗。故身不忍食也。公孫丑怪之。故問羊棗孰與膾炙美也。【疏】注。羊棗棗名也。○正義曰。爾雅釋木云。遵。羊棗。郭璞注云。實小而圓。紫黑色。今俗呼之爲羊矢棗。孟子曰。曾晳嗜羊棗。邵氏晉涵爾雅正義云。羊棗一名遵。說文。棗。羊棗也。是以爲棗之總名也。趙氏以棗名釋之。以棗類衆多。此其中一名耳。何氏焯讀書記云。羊棗。非棗也。乃柹之小者。初生色黃。熟則黑。似羊矢。其樹再接則成柹。余乙卯客授臨沂。始覩之。沂近魯地可據也。今俗呼牛奶柹。一名㮕棗。而臨沂人亦呼羊棗曰㮕棗。此尤可證柹之小者。遍得棗名。不必以爾雅遵羊棗之說爲疑。周氏柄中辨正云。陳禹謨名物考云。嘗道鄒。登嶧山。或以羊棗餽余。其狀絕類柹。大僅如茨實。蓋名爲棗。而去棗遠矣。此皆得之親見。益信何氏之說不誣。段氏玉裁說文解字注云。羊棗。即木部之梬。爾雅諸棗中之一。與常棗絕殊。不當專取以爲訓。棗樹隨地有之。盡人所識。赤心而外刺。非羊棗也。木部云。梬。梬棗也。似柹而小。一曰㮕。按梬即釋木之遵羊棗也。凡物必得諸目驗而折衷古籍。乃爲可信。昔在西苑萬善殿庭中。曾見其樹葉似柹而不似棗。其實似柹而小如指頭。內監告余用此樹接之。便成柹。古今注云。㮕棗實似柹而小。味亦甘美。師古曰。梬棗。今之㮕棗也。㮕與遵音相近。㮕即遵字也。內則芝栭。賀氏曰。芝木椹栭軟棗。釋文云。栭本又作檽。檽者㮕之誤。○注。曾子至美也。○正義曰。爾雅釋詁云。惟。思也。身。我也。趙氏謂曾子思念其父既歿。不復再食此羊棗。故己身不忍食之。禮記少儀云。牛羊魚之腥聶而切之爲膾。麋鹿爲菹。野豕爲軒。皆聶而不切。麕爲辟雞。兔爲宛脾。皆聶而切之。切葱若薤實之醯以柔之。注云。聶之言牒也。先藿葉切之。復報切之則成膾。內則云。膾。春用葱。秋用芥。肉腥細者爲膾。大者爲軒。其餘文與少儀略同。注云。言大切細切異名也。膾者必先軒之。所謂聶而切之也。此軒辟雞宛脾皆菹類也。釀菜而柔之以醯。殺腥肉及其氣。今益州有鹿㿗者近由此爲之矣。軒或爲胖。宛或爲鬱。說文肉部云。膘。薄切肉也。膾。細切肉也。膘即聶而切之。周禮天官醢人注。引少儀作膘而切之。然則膘者切之成薄片。如今片肉也。又將所片細切成條。謂之報切。段氏玉裁說文解字注云。凡細切者必疾速下刀。少儀注云。報讀爲赴疾之赴。按報與膘音近。報之爲疾。即膘之爲疾。報而切之。即今肉膘子也。南史恩倖傳云。宮中諺云。趙鬼食鴨𪇗。諸鬼盡著調。𪇗與調韻正讀如膘。鴨𪇗。𪇗亦爲疾。蓋漢言報。六朝言𪇗。今則爲膘也。劉熙釋名。釋飲食云。膾。會也。細切肉。令散。分其赤白。異切之已。乃會合和之也。赤蓋肉之精者。白蓋肉之肥者。先分切而後合之。所以爲會。醢人五齊七菹。注云齊當爲齏。五齏。昌本脾析蜃豚拍深蒲也。七菹。韭菁茆葵芹箈筍菹。凡醯醬所和。細切爲齏。全物若膘爲菹。齏菹之稱菜肉通此。因少儀內則。麋鹿稱菹。脾析爲牛。百葉豚拍爲豚。脅亦爲齏。是齏菹通稱。於肉以細切爲齏。則齏即膾之通稱。蓋肉之膘而切者爲軒。又報切之則爲膾。在菜但膘切而不報。或全物不切。是爲菹。細切者爲齏。以其皆爲臠切。則肉亦名菹。以其皆爲細切。則肉亦名齏。但菹之名可通於肉。而膾之名與不聞通於菜。是膾專爲肉之細切者名也。菹齏皆用蔥薤醯醬和之。今人以生蝦生蟶蚶用酒酢椒薤拌食之。此古肉食爲菹之遺用。全物而不切者也。說文艸部云。菹。酢菜也。韭部云。齏。墜也。墜。齏也。通俗文云。淹韭曰齏。淹薤曰䪡。蓋菹齏之醬食者可用酢。其久藏者兼以鹽。或用全。或用切。或用細切。其細切者今尙名齏矣。而肉之臠切細切者。皆未有生用醯酢芥薤和食之制。蓋膾之古法。今不可詳矣。內則諸膳有牛炙。牛膾。羊炙。豕炙。魚膾。卽儀禮公食大夫禮二十豆中物。孔氏正義云。牛炙。炙牛肉也。毛詩小雅楚茨云。或燔或炙。傳云。炙。炙肉也。箋云。炙。肝炙也。孔氏正義云。燔者火燒之名。炙者遠火之稱。以難熟者近火。易熟者遠之。故肝炙而肉燔也。生民傳曰。傅火曰燔。瓠葉傳曰。加火曰燔。對遠炙者爲近火。故云。傅火加之燔。其實亦炙。非炮燒之也。故量人注云。燔從於獻酒之肉特牲。日燔炙肉。是燔亦炙也。且燔亦炙爲[illegible]。而貫之以炙於火。如今炙肉矣。瓠葉云。有兔斯首。炮之燔之。次章云。炮之炙之。傳云。毛曰炮。加火曰燔。炕火曰炙。箋云。柔者炙之。乾者燔之。孔氏正義云。凡治兔之所宜。若鮮明而新殺者。合毛炮之。若割截而柔者。則䜴貫而炙之。若今炙肉也。乾者爲腊。腊則加之火上。若今之燒乾脯也。禮記禮運云。以炮以燔。以烹以炙。注云。炮。裹燒之也。燔加於火上。炙貫之火上。內則獨詳於炮。云炮取豚若牂。封之刳之。實棗於其腹中。編萑以苴之。塗之以謹。塗炮之塗。皆乾擘之。濯手以摩之。去其皽。注云。炮者以塗燒之爲名也。謹當爲墐。墐塗。塗有穰草也。此蓋連毛以墐塗。塗裹之置火中。燒其毛。隨塗脫去。又用手摩去皮肉上之皽。更入鼎鑊煑之。以其用塗包裹燒之。故名炮。炮者。包也。是爲毛曰炮也。去皽之後。入鑊煑之。則炮而烹矣。若不入鼎鑊。近火炙之則爲燔。遠火炙之則爲炙。考工記。廬人重欲傅人。注云。傅。近也。傅火卽近火也。是爲炮之燔之也。段氏玉裁說文解字注云。瓠葉傳云。炕火曰炙。正義曰。炕。舉也。謂以物貫之而舉於火上以炙之。按炕俗字。古當作抗。方言曰。抗。縣也。是也。縣而炙之則遠火也。是爲炮之炙之也。軟棗爲人君燕食所加之庶羞。視公食大夫禮二十豆之用膾炙。禮之隆殺有差。卽物之甘嘉或別。故以孰美爲問耳。

孟子曰。膾炙哉。【注】言膾炙固美也何比於羊棗。公孫丑曰。然則曾子何爲食膾炙而不食羊棗。曰。膾炙所同也。羊棗所獨也。諱名不諱姓。姓所同也。名所獨也。

【注】孟子言膾炙雖美。人所同嗜。曾子父嗜羊棗耳。故曾子不忍食也。譬如諱君父之名。不諱其姓。姓與族同之。名所獨也。故諱之也。【疏】注。譬如至故諱之也。○正義曰。周禮春官。小史若有事。則詔王之忌諱。注云。先王死日爲忌。名爲諱。禮記王制云。太史典禮。執簡記。奉諱惡。注云。諱先王名惡。忌日若子卯。太史所奉之諱惡。卽小史所詔之忌諱。蓋雖小史掌之。而必由太史進之也。曲禮云。卒哭乃諱。禮不諱嫌名。二名不偏諱。逮事父母。則諱王父母。不逮事父母。則不諱王父

母。君所無私諱。大夫之所有公諱。詩書不諱。臨文不諱。廟中不諱。檀弓云。既卒哭。宰夫執木鐸。以命於宮曰。舍故而諱新。注云。故謂高祖之父當遷者也。桓公六年左傳。申繻云。周人以諱事神。注云。自父至高祖皆不敢斥言。孔氏正義云。自殷以往。未有諱法。諱始於周。然則周制以諱事神。天子諸侯諱高祖以下。鄭氏謂適士以上諱祖推之。則大夫三廟當諱曾祖。庶人不逮事父母者。雖不諱祖。亦仍諱父。是自天子至於庶人。未有不諱父者。君之名則未有敢斥言者。此諱君父之名之事也。隱公八年左傳。無駭卒。羽父請謚與族。公問族於衆仲。衆仲對曰。天子建德。因生以賜姓。胙之土而命之氏。諸侯以字爲謚。因以爲族。官有世功。則有官族。邑亦如之。公命以字爲展氏。注云。立有德以爲諸侯。因其所由生以賜姓。謂若舜由嬀汭。故陳爲嬀姓。報之以土而命氏曰陳。諸侯位卑。不得賜姓。故其臣因氏其王父字。或使即先人之謚。稱以爲族。則有官族。邑亦如之。謂取其舊官舊邑之稱以爲族。皆稟之時君。諸侯之子爲公子。公子之子爲公孫。公孫之子。以王父字爲氏。無駭。公子展之孫。故爲展氏。由此言之。則姓可賜即可改。族由氏立。則姓不與族同矣。禮記大傳云。其庶姓別於上而戚單於下。昏姻可以通乎。繫之以姓而弗別。綴之以食而弗殊。雖百世而昏姻不通者。周道然也。注云。元孫之子姓別於高祖。五世而無服。姓世所由生。姓。正姓也。始祖爲正姓。高祖爲庶姓。孔氏正義云。正姓者對氏族爲正姓也。若炎帝姓姜。黃帝姓姬。周姓姬。本於黃帝。齊姓姜。本於炎帝。宋姓子。本於契。是始祖爲正姓也。云高祖爲庶姓者。若魯之三桓。慶父。叔牙。季友之後。及鄭之七穆。子游子國之後爲游氏國氏之等。然則庶姓者氏也。同姓爲其一族。其以氏爲族者。謂九族之族。蓋一族分爲九族。可各爲氏。而九族總爲一族。其姓仍同也。白虎通姓名篇云。人所以有姓者何。所以崇恩愛。厚親親。遠禽獸。別昏姻也。故紀世別類。使生相愛。死相哀。同姓不得相娶者。皆爲重人倫也。姓者。生也。人稟天氣所以生者也。所以有氏者何。所以貴功德。賤伎力。或氏其官。或氏其事。聞其氏即可知其德。所以勉人爲善也。或氏王父字者何。所以別諸侯之後。爲興滅國。繼絕世也。此分別姓氏甚詳。段氏玉裁說文解字注云。按人各有所由生之姓。其後氏別既久。而姓幾湮。有德者出。則天子立之令姓其正姓。若大宗然。如周語。帝胙四岳。國賜姓曰姜氏。曰有呂。陳胡公不淫。故周賜之姓。命氏曰陳。賜叔安裔子董父事帝舜。帝賜之姓曰董氏。曰豢龍。蓋此三者。本皆姜。嬀。董。之子孫。故予之以其姓。又或特賜之姓。前無所承者。如史記。白虎通。禹祖昌意以薏苡生賜姓姒氏。殷契以元鳥子生賜姓子氏。斯皆因生以賜姓也。必兼春秋傳之說而姓之義乃完。舜既姚姓。則嬀爲舜後之氏可知。姓氏之禮。姓統於上。氏別於下。鄭駁五經異義云。天子賜姓命氏。諸侯命族。族者氏之別名。姓者。所以統繫百世不別也。氏者。所以別子孫之所出。故氏本之篇。言姓則在上。言氏則在下也。此由姓而氏之說也。既別爲氏。則謂之氏姓。故風俗通姓氏篇。皆以氏姓名篇。諸書多言氏姓。氏姓之見於經者。春秋隱九年。天王使南季來聘。穀梁傳曰。南氏姓也。季字也。南爲氏。氏姓也。三字爲句。此氏姓之明文也。史記。陳杞世家。舜爲庶人時。堯妻之二女。居於嬀汭。其後因爲氏姓。姓嬀氏。五帝本紀曰。自黃帝至舜禹皆同姓。帝禹爲夏后而別氏姓。姓姒氏。契爲商姓子氏。棄爲周姓姬氏。此皆氏姓之明文也。凡言賜姓者。先儒以爲有德者。則復賜之祖姓。使紹其後。故后稷賜姓曰姬。四岳堯賜姓曰姜。董父舜賜姓曰董。秦大費賜姓曰嬴。皆予以祖姓也。其有賜姓本非其祖姓者。如鄭氏駁異義云。炎帝姓姜。大皞之所賜也。黃帝姓姬。炎帝之所賜也。是炎帝黃帝之先。未固自有姓。而炎帝黃帝之姜姬。實爲氏姓之淑始。夏之姓姒。商之姓子。亦同。然則單云姓者。未嘗不爲氏姓。單言氏者。其後以爲姓。古則然矣。至於周則以三代以上之姓。及氏姓。爲昏姻不徧之姓。而近本諸氏於官。氏於事。氏於王父字者。爲氏不爲姓。古今之不同也。謹按伏羲以上。人道未定。有男女而無夫婦。人知有母而不知父。無父子則無族矣。伏羲畫八卦。定人道。使男女有別。男女有別。則夫婦有義。夫婦有義。則父子有親。鄭氏注昏義云。子受氣性純則孝。受氣純則一本相生而有族。於是有賜姓之制。蓋鑿昏姻之禮。以長育子孫。則賜之姓以旌別之。所謂因生賜姓者。蓋由此也。故云。遠禽獸。別昏姻也。其始未必人人皆賜姓。而得姓者爲貴。久之相慕相習。則賜姓者非一時。此所以神農之姓。賜於大皞。黃帝之姓。賜於炎帝也。至國語。晉語。司空季子曰。黃帝之子。二十五人。其同姓者。二人而已。惟青陽與夷鼓皆爲己姓。其同生而異姓者四。母之子別爲十二姓。凡黃帝之子二十五。宗其得姓者十四人。爲十二姓。此所謂姓即氏也。同是子而或得姓。或不得姓。即春秋時之公子。或賜氏。或不賜氏也。季子以憂嬴之故。附會其說。姓氏之分。未足爲據。蓋至黃帝時。天下已無不有姓之人。而族類繁滋。其先因其無族而賜姓以別其爲族。至是因其族多而賜姓。以別其族中之族。故一姓而有諸氏焉。久之。忘其正姓。遂以氏爲姓。而氏又分氏。書禹貢。錫土姓。鄭氏注云。天子建其國諸侯。胙之土。賜之姓。命之氏。然則此賜姓即是命氏。是古時通謂之姓。周乃分正姓爲姓。庶姓爲氏耳。禹賜姒姓。契賜子姓。稷賜姬姓。皆與舜之姓嬀同。所謂氏姓也。蓋自黃帝以後。凡賜姓皆是賜氏。所謂因生以賜姓。在無族無姓以前。是因其生氣不純。而以姓表其同。在族既繁滋之後。是因其生氣滋盛。而以姓表其異。其同。德也。其異。亦德也。故皆爲天子建德。因生以賜姓也。若論正姓。惟伏羲初定人道時所賜。乃爲眞姓。本族自黃帝以後。庶姓之中。更爲庶姓。惟本其所知者以爲姓。即以爲族而已矣。　章指。言情禮相扶。以禮制情。人所同然。禮則不禁。曾參至孝。思親異心。羊棗之感。終身不嘗。孟子嘉焉。故上章稱曰。豈有非義而曾子言之者也。疏思親異心。○正義曰。荀子大略篇云。曾子食魚有餘。曰泔之。門人曰。泔之傷人。不若奧之。曾子泣涕曰。有異心乎哉。傷其聞之晚也。

萬章問曰。孔子在陳曰。盍歸乎來。吾黨之士。狂簡進取。不忘其初。孔子在陳。何思魯之狂士。注孔子戹陳。不遇賢人。上下無所交。蓋歎息思歸。欲見其鄉黨之士也。簡。大也。狂者進取大道而不得其正者也。不忘其初。孔子思故舊也。周禮。五黨爲州。五州爲鄉。故曰吾黨之士也。萬章怪孔子何爲思魯之狂士也。疏注。簡大至士也。○正義曰。此文見論語公冶長篇。但彼云。斐然成章。不知所以裁之。與此不同。彼集解引孔氏云。簡。大也。孔子在陳。思歸欲去。故
日吾黨之小子。狂簡者。進趨於大道。穿鑿以成文章。不知所以裁制。蓋孔氏讀斐爲匪。匪然即非
然。包氏注不知而作爲穿鑿。此孔氏以斐然成章爲穿鑿成文章。謂以非然者成爲文章也。趙氏本此。
以不得其正解之。儀禮覲禮云。伯父帥乃初事。注云。初。猶故也。楚辭招魂。樂先故些。注云。
故。舊也。是不忘其初。即不忘故舊也。五黨爲州。五州爲鄉。周禮地官大司徒文。引此者。所以
別乎阿私曰黨之黨。蓋趙氏生桓靈時。目見當時南北部黨人之議。朝廷捕而禁之。謂之黨錮。恐學
者誤以聖人所稱吾黨之士。即此三君八俊希風標榜之徒。故既以鄉釋黨。又引周禮以明之。謂孔子
所稱吾黨之士。即是吾鄉之士也。非此朋黨部黨之謂也。舊疏不知趙氏之恉。妄
歸譏評。而說者。或謂孟子之文。本作五黨之士。故引五黨釋之。尤失之遠矣。孟子曰。孔子
不得中道而與之。必也狂獧乎。狂者進取。獧者有所不爲也。孔子豈不欲
中道哉。不可必得。故思其次也。注中道。中正之大道也。狂者能進取。獧者能不爲不善。時無中
道之人。以狂獧次善者。故思之也。疏孔子至次也。○正義曰。此亦見論語子路篇。獧作狷。音義云。獧。丁音絹。與狷同。按說文犬部。獧。疾跳也。一曰急也。國語。晉
語。小心狷介。韋昭注云。狷者守分。有所不爲也。獧之爲狷。猶狷之爲獧。又心部云。懁。急也。讀若絹。段氏玉裁說文解字注云。論語狷。孟子作獧。其實當作懁。敢問何
如斯可謂狂矣。注萬章曰。人行何如。斯則可謂之狂也。曰。如琴張。曾皙。牧皮者。孔子之
所謂狂矣。注孟子言人行如此三人者。孔子謂之狂也。琴張。子張也。子張之爲人。踸踔譎詭。論語曰。師也
辟。故不能純善而稱狂也。又善鼓琴。號曰琴張。曾皙。曾參父。牧皮行與二人同。皆事孔子學者也。疏注。琴張至學者也。○
正義曰。琴張之名。一見於昭公二十年左傳。云。琴張聞宗魯死。將往弔之。仲尼曰。齊豹之盜。
而孟縶之賊。女何弔焉。注云。琴張孔子弟子。字子開。名牢。孔氏正義云。家語云。孔子弟子琴
張。與宗魯友。七十子篇云。琴牢。衛人。字子開。一字張。則以字配姓爲琴張。即牢曰子云是也。
賈逵鄭衆皆以爲子張即顓孫師。服虔云。案七十子傳云。子張少孔子四十餘歲。孔子是時四十。知
未有子張。鄭賈之說。不知所出。一見於莊子大宗師篇云。子桑戶。孟子反。子琴張三人相與友。
曰。孰能相與於無相與。相爲於無相爲。孰能登天遊霧。撓挑無極。相忘以生。無所終窮。三人相
視而笑。莫逆於心。遂相與友。莫然有間。而子桑戶死。未葬。孔子聞之。使子貢往侍事焉。或編
曲。或鼓琴。相和而歌曰。嗟來桑戶乎。嗟來桑戶乎。而已反其眞。而我猶爲人猗。子貢趨而進曰。

敢問臨尸而歌。禮乎。二人相視而笑曰。是惡知禮意。左傳莊子皆周人之書。趙氏豈不知之。而以琴張爲子張。觀左傳正義所引鄭賈之說。則當時固以琴張爲子張。而趙氏本之也。服虔始疑。而家語始以琴牢一字張。杜預注左傳所本者此也。然家語晚出之書。未足爲據。論語子罕篇。牢曰子云。吾不試故藝。鄭氏注云。牢。弟子子牢也。不言即琴張。史記仲尼弟子傳。亦無琴牢其人。陳氏鱣論語古訓云。王肅家語敍云。語云。牢曰子云。吾不試故藝。肅云。諛者不知爲誰。多妄爲之說。孔子家語。弟子有琴張。一名牢。字子開。亦字張。衛人也。肅云。諛者即指鄭氏。夫論語記弟子。不庭稱名。漢白水碑。琴張琴牢。判爲二人。肅臆說不可信。按鄭衆賈逵。旣以左傳之琴張爲子張。則當時說莊子亦必以琴張爲子張。孟子反與琴張或編曲。或鼓琴。則編曲者反。而鼓琴者張也。故謂子張善鼓琴。又正當時以莊子之琴張。爲顓孫師之證。而趙氏本之也。蓋子張之爲人。短之者甚多。荀子非十二子篇云。弟佗其冠。神禫其辭。禹行而舜趨。是子張氏之賤儒也。呂氏春秋尊師篇云。子張。魯之鄙家也。學於孔子。鄭氏解論語。堂堂乎張。云子張容儀盛而仁道薄。至馬融注師也辟。則云子張才過人。失在邪僻。文過直以辟爲邪僻。此趙氏本之。謂其不能純善也。漢書古今人表。以子張與曾皙相次。列於第三。而以琴牢列於第四。似亦以子張即琴張。而琴牢則爲牢曰子云之牢。別無琴張之名。趙氏生王肅前。未見有家語。自不知琴張即琴牢。以子張釋之。非無本也。王氏念孫廣雅疏證云。釋訓趻踔無常也。趻或作踸。楚辭七諫。馬蘭踸踔而日加。王逸注云。踸踔。暴長貌也。暴長即無常之意。無常謂之踸踔。非常亦謂之踸踔。趙氏注孟子云。子張之爲人。踸踔譎詭是也。文選東京賦。瑰異譎詭。薛綜注云。譎詭。變化也。漢書劉輔傳云。必有卓詭切至。顏師古注云。詭。異於衆也。異於衆。亦謂其非常矣。莊子寓言。恐非其實。

何以謂之狂也。注萬章問何以謂此人爲狂。曰。其志嘐嘐然曰。古之人。古之人。夷考其行而不掩焉者也。注嘐嘐。志大言大者也。重言古之人。欲慕之也。夷。平也。考。察其行。不能掩覆其言。是其狂也。疏注。嘐嘐志大言大者也。○正義曰。音義云。嘐嘐。火包切。說文口部云。嘐。誇語也。志大言大。是誇語矣。趣欲之而又慕之。故重言古之人。說文心部云。慕。習也。習者重也。在心欲之不已。則形於口者亦不已。毛詩小雅出車。玁狁于夷。節南山。式夷式已。大雅桑柔。亂生不平。召旻。實靖夷我邦。傳皆訓夷爲平。爾雅釋詁云。平。成也。易復象傳。中以自考也。釋文引鄭氏注云。考。成也。向秀云。考。察也。禮記禮器觀物弗之察矣。注云。察。猶分辨也。平與辨義通。則夷考即是考察。說文大部云。奄。覆也。掩與奄通。

狂者又不可得。欲得不屑不絜之士而與之。是獧也。是又其次也。注屑。絜也。不絜。汙穢也。既不能得狂者。欲得有介之人。能恥賤汙行不絜者。則可與言矣。是獧人次於狂者也。疏注。屑絜至狂者也。○正義曰。毛詩邶風谷風篇。不我屑以。傳云。屑。潔也。古脩潔之字皆作絜。楚辭招魂云。朕幼清以廉潔兮。王逸注云。不污曰潔。不污穢爲絜。是污穢爲不絜矣。漢書。楊胡朱梅云。傳贊云。昔仲尼稱不得中行。則思狂狷。顏師古注云。狷。介也。故此注以狷爲有介之人。有所不爲。則有所介畫。不妄爲。故不以不絜爲絜也。不絜是污穢之行。能恥之賤之。是不絜此不絜之行也。與之是進而教之。故爲可與言。是獧也是又其次也。八字一句。故易獧也爲獧人以明之。

孔子曰。過我門而不入我室。我不憾焉者。其惟鄉原乎。鄉原。德之賊也。【注】憾。恨也。人過孔子之門不入。則孔子恨之。獨鄉原不入者無恨心耳。以其賊德故也。【疏】注。憾恨也至故也。○正義曰。小爾雅廣言云。憾。恨也。楚辭哀時命云。志憾恨而不逞兮。是也。荀子脩身篇云。害良曰賊。有害於德。故云德之賊。語見論語陽貨篇。

曰。何如斯可謂之鄉原矣。【注】萬章問鄉原之惡云何。曰。何以是嘐嘐也。言不顧行。行不顧言。則曰。古之人。古之人。行何爲踽踽涼涼。生斯世也。爲斯世也。善斯可矣。閹然媚於世也者。是鄉原也。【注】孟子言鄉原之人。言何以是嘐嘐。若有大志也。其言行不顧。則亦稱古之人。古之人行何爲踽踽涼涼有威儀如無所施之貌也。鄉原者外欲慕古之人而其心曰古之人何爲空自踽踽涼涼而生於今之世。無所用之乎。以爲生斯世。但當取爲人所善。善人則可矣。其實但爲合衆之行。媚。愛也。故閹然大見愛於世也。若是者。謂之鄉原。【疏】注。孟子至鄉原。○正義曰。孟子言三字解曰字。何以是嘐嘐以下。皆論鄉原。嘐嘐鄉原之嘐嘐也。言何以是嘐嘐。若有大志。謂鄉原之言。何以嘐嘐若有大志也。非如狂者之眞有大志也。言不顧行。行不顧言。鄉原之言行不顧也。狂者曰。古之人。古之人。鄉原則亦曰。古之人。古之人。但狂者之稱古人。是欲之慕之。鄉原之稱古之人。則大言以譏斥之。謂古之人行何爲踽踽涼涼。無所用於世。此鄉原之大言。非如狂者之大言也。趙氏以上古之人爲句。古之人行何爲踽踽涼涼爲句。生斯世也句。爲斯世也善句。與斯可矣。一連貫下相呼應。故云但當取爲人所善。善人也。毛詩唐風杕杜篇。獨行踽踽。傳云。踽踽無所親也。說文足部云。踽。疏行也。疏與親反。無所親故疏。又水部云。涼。薄也。從水京聲。薄與疏。義亦相近。不與人相親。則不以周旋盤辟。施之於人。故云有威儀如無所施之貌也。音義以古之人行爲句。何爲之爲。張云。于僞反。謂古人之行何所爲而如是。生斯世也。但取爲人所善之善人。此爲字讀如字矣。閹爲官豎之稱。爾雅釋天云。太歲在戊曰閹茂。李巡注云。閹。蔽也。趙氏讀閹爲奄。毛詩大雅皇矣篇。奄有四方。傳云。奄。大也。故釋爲大。又思齊篇。思媚周姜。傳云。媚。愛也。

萬子曰。一鄉皆稱原人焉。無所往而不爲原人。孔子以爲德之賊。何哉。注萬子。即萬章也。孟子錄之。以其不解於聖人之意。故謂之萬子。子。男子之通稱也。美之者。欲以責之也。萬章言人皆以爲原善。所至亦謂之善人。若是。孔子以爲賊德。何爲也。疏注萬子至爲也。○正義曰。臧氏琳經義雜記云。趙注萬子即萬章也云云。是趙邠卿注本作萬子。趙氏謂其不解於聖人之意。美之者欲以責之。此說頗曲。夫公孫丑。萬章。告子之徒。平日反覆辨難。往往數千百言。孟子皆據理告之。未嘗責其不解。何至此忽欲責其不解。而反假以美之乎。蓋鄉原之著。孟子雖已告之。其所以稱原者。孟子尚未言也。孟子未言。則萬章不知。萬章不問。則孟子終不言。後世之人。亦終不知賊德。亂德者幾何不接踵於世。而堯舜之道不可得入矣。是非有萬章此問不可。故特稱子以美之。趙氏佑溫故錄云。萬章於此獨稱子。明有注文。然萬子曰乃記體。不得謂孟子稱之爲子。不解之解。讀當爲懈。言其問之審也。蓋孟子七篇。萬章傳述之功居多。其於究論古帝王聖賢言行。惟萬章獨勤以詳。孟子之功。莫大於尊仲尼。稱堯舜。闢楊墨。而此章又終之辨鄉原。以立萬世之防。實萬章相與發明之。此章則其問答終畢之事。故特著子稱焉。以結七篇之局。論語泰伯篇云。侗而不愿。釋文引鄭注云。愿。善也。趙氏讀原爲愿。故以原人爲善人。

曰。非之無舉也。刺之無刺也。同乎流俗。合乎汙世。居之似忠信。行之似廉潔。衆皆悅之。自以爲是。而不可與入堯舜之道。故曰德之賊也。注孟子言鄉原之人。能匿蔽其惡。非之無可舉者。刺之無可刺者。志同於流俗之人。行合於汙亂之世。爲人謀。居其身若似忠信。行其身若似廉潔。爲行矣。衆皆悅美之。其人自以所行爲是。而無仁義之實。故不可與入堯舜之道也。無德而人以爲有德。故曰德之賊也。疏注。鄉原至賊也。○正義曰。無可非。無可刺。則眞善矣。故趙氏以能匿蔽其惡解之。流俗之人。不可同志。則同之而不敢異。汙亂之世。不可合行。則合之而不敢離。蓋自託於達士之和光。而曲爲浮沈俯仰之術。似忠信則非忠信。似廉絜則非廉絜。論語學而篇。曾子曰。爲人謀而不忠乎。與朋友交而不信乎。廉絜亦屬與人交接之事。故趙氏括之以爲人謀。惟其志行既同流合汙。而其與此流俗汙世之人共事。又能盡心力以爲之謀。而不自私其財利。此人所以皆悅之也。彼見人皆悅之。遂亦自信爲涉世之善法。故自以爲是。而要之非仁義之實也。所謂非之無可舉。刺之無可刺。亦此流俗汙世之人耳。若孔子則已刺之爲賊。孟子則已非之爲不可入堯舜之道。

孔子曰。惡似而非者。惡莠。恐其亂苗也。惡佞。恐其亂義也。惡利口。恐其亂信也。惡鄭聲。恐其亂樂也。惡紫。恐其亂朱也。惡鄉原。恐其亂德也。【注】似眞而非眞者。孔子之所惡也。莠莖葉似苗。佞人詐飾。似有義者。利口辯辭。似若有信。鄭聲淫人之聽。似若美樂。紫色似朱。朱。赤也。鄉原惡衆。似有德者。此六似者。皆孔子之所惡也。【疏】注。莠莖葉似苗。○正義曰。毛詩齊風。甫田。維莠驕驕。傳不言何物。小雅。大田不稂不莠。傳云。稂。童梁也。莠似苗也。按莠之爲物有二。御覽引韋昭問答云。甫田維莠今何草。答曰。今之狗尾也。夏小正四月秀幽。國策魏西門豹云。幽。莠之幼也。似禾。廣雅釋草云。莠。葽也。幽。葽。莠。一聲之轉。說文艸部。以葽次蕢。蕢即爾雅釋草之孟狼尾。史記司馬相如傳。上林賦。其卑溼則生藏蕢。集解引漢書音義云。蕢。狼尾草也。蕢爲狼尾。葽爲狗尾。所以相次也。則狗尾之名莠。乃葽之段借字也。此不稂不莠。傳旣以稂爲童粱。說文艸部云。蓈。禾粟之𥝩。生而不成者謂之董。蓈。重文稂。𥝩即穗字。爲禾成秀之名。蓋禾病則秀而不實。實者下垂。不實者直立。而獨露於外。童之猶言獨也。稂是生而不成者。於是說文即以莠字次之云。莠。禾粟下揚生莠也。揚者掇揚之。謂粟之不堅。好者斂揚之必在下。今農人俞呼之爲下揚。農桑輯要云。穀穗浮秕去則無莠。徐鍇亦謂莠出於粟秕。今狗尾草。徧野皆一種自生。不關粟秕所種。則下揚所生之莠。別爲似禾之物。與葽之爲狗尾者異也。蓋即禾之秀而不實者。故即以莠名之。稂莠一類。稂成於病。莠生自種爲有別耳。下揚中有米而不全㳬。謂之半挬。故能生也。程氏瑤田以下揚爲飛揚。段氏玉裁以下揚爲下垂。雖乎達矣。○注。佞人至惡也○正義曰。論語陽貨篇云。惡紫之奪朱也。惡鄭聲之亂雅樂也。惡利口之覆邦家者。集解。孔氏云。朱正色。紫。間色之好者。惡其邪好而奪正色也。包氏云。鄭聲。淫聲之哀者。惡其奪雅樂也。孔氏云。利口之人。多言少實。苟能說媚時君。傾覆其國家也。此謂惡似而非。與彼義略別。爾雅釋詁云。壬。佞也。書皋陶謨云。何畏乎巧言令色孔壬。孔壬即莊公十七年公羊傳所云甚佞。孔壬指巧言令色。巧言令色即共工之辭言庸違。象恭滔天。靜言象恭。似乎有義矣。而不知實庸違滔天爲甚佞也。韓非子八經篇云。言之爲物也。以多信不然之物。十人云疑。百人然乎。千人不可解也。吶者言之疑。辯者言之信。蝱之食上也。取資乎衆。籍信乎辯。此辯辭所以若有信也。禮記樂記云。魏文侯問於子夏曰。吾端冕而聽古樂。則惟恐臥。聽鄭衞之音則不知倦。子貢對曰。今君之所問者。樂也。所好者。音也。夫樂者與音相近而不同。夫古者天地順而四時當。民有德而五穀昌。疾疢不作而無妖祥。然後聖人作爲父子君臣以爲紀綱。紀綱旣正。天下大定。然後正六律。和五聲。弦歌詩頌。此之謂德音。德音之謂樂。今君之所好。其溺音乎。鄭音好濫淫志。宋音燕女溺志。衞音趨數煩志。齊音敖辟喬志。此四者。皆淫於色而害於德。是以祭祀弗用也。此鄭聲所以亂樂。論語衞靈公篇云。放鄭聲。遠佞人。鄭聲淫。佞人殆。孔氏云。鄭聲佞人亦俱能惑人心。與雅樂賢人同。而使人淫亂危殆。故當放遠之也。說文木部云。朱。赤心木。木之赤心者名朱。朱即赤。故楚辭招魂。大招朱顏。王逸注。

皆云。朱。赤也。考工記畫繢之事。東方青。南方赤。西方白。北方黑。故爲正色。劉熙釋名。釋采帛云。紫。疵也。非正色也。五色之疵瑕以惑人者也。法言吾子篇云。或問蒼蠅紅紫曰明視。問鄭衞之似曰聰聽。中正則雅。多哇則鄭。漢書王莽傳贊云。紫色蠅聲。應劭云。紫。間色。蠅。邪聲也。按蠅與哇同。

君子反經而已矣。經正則庶民興。庶民興斯無邪慝矣。注經。常也。反。歸也。君子治國家。歸其常經。謂以仁義禮智道化之。則衆民興起而家給人足矣。倉廩實而知禮節。安有爲邪惡之行也。疏注經常至行也。○正義曰。白虎通五經篇云。經。常也。說文辵部云。返。還也。廣雅釋詁云。反。歸也。反與返同。歸即還也。呂氏春秋順民篇云。湯克夏而正天下。高誘注云。正。治也。荀子非相篇云。起於上所以道於下。正令是也。趙氏以正爲政敎。故以道化釋之。五常是仁義禮智信。經正是以仁義禮智道化之。謂經正之也。說文舁部云。與。起也。毛詩小雅天保篇。以莫不與。傳云。與。盛也。使萬物皆盛。草木暢茂。禽獸碩大。周禮地官。旅師掌聚野之耡粟。屋粟。閒粟。而用之以質劑。致民平頒其興積。注云。興積所興之積。謂三者之粟也。縣官徵聚物曰興。賈氏疏云。興皆是積聚之義。興爲積聚。又爲茂盛。故以庶民興。爲家給人足。倉廩實而知禮節。管子文。詳見前。秋官。大行人殷覜以除邦國之慝。注云。慝。惡也。故以邪慝爲邪惡也。莊公十一年公羊傳云。權者反於經然後有善者也。論語子罕篇云。可與立。未可與權。唐棣之華。偏其反而。何晏注云。賦此詩以言權道。反而後至於大順。趙氏之義。則孟子言反經。與公羊傳異。章指。言士行有科。人有等級。中道爲上。狂獧不合。似是而非。色厲內荏。鄉原之惡。聖人所甚。反經身行。民化於己。子率而正。孰敢不正也。疏子率而正孰敢不正。○正義曰。史記平津侯主父列傳贊云。夫三公者。百寮之率。萬民之表也。未有樹直表而得曲影者也。孔子不云乎。子率而正。孰敢不正。趙氏本此。蓋隱以公孫宏脫粟布被爲鄉原也。

孟子曰。由堯舜至於湯。五百有餘歲。若禹皐陶則見而知之。若湯則聞而知之。注言五百歲聖人一出。天道之常也。亦有遲速。不能正五百歲。故言有餘歲也。見而知之。謂輔佐也。通於大賢次聖者。亦得與在其間。親見聖人之道而佐行之。言易也。聞而知之者。聖人相去卓遠。數百歲之間。變故衆多。踰闊前聖所行。追而遵之。以致其道。言難也。疏由堯至知之。○正義曰。孟子言必稱堯舜。以堯舜治天下之法。爲萬世所不能易。故末自堯舜而下。言湯文孔子所聞而知之。禹皐陶伊尹萊朱太公望散宜生所見而知之。無非堯舜之道。堯舜之道。通變神化之道也。上言鄉原自以爲是。而不足與入堯舜之道。末言君子反經而已矣。然則反經者。堯舜之道也。

又云。經正則庶民興。言經正。則經有不正者矣。反經而經正。則不反經。經有不正者矣。孟子所云反經。卽公羊傳所云反經。反經爲權。權卽變通神化。何爲經。經者。常也。常者。不變之謂也。狂者常於高明。君子則反之以柔克。獧者常於沈潛。君子則反之以剛克。如是則其常而不能變者。皆以反而歸於正。此庶民所以皆興起於善而無邪慝也。惟鄉原非之無舉。刺之無刺。其閹然媚世。本無一定之常。爲剛克柔克所不能化。又自以爲是。非勞來匡直所能移。故不可與入堯舜之道。實爲聖世奸民。而古今大慝也。此孔子所以惡之。而思狂獧之士。狂者反經。則由狂而中正。獧者反經。則由獧而中正。故君子反經而經正也。鄉原而外。皆可與入堯舜之道者也。此堯舜之道。爲萬世君子之法。故湯文王孔子聞而知之。卽知此反經經正之道也。禹臯陶伊尹萊朱太公望散宜生見而知之。卽知此反經經正之道也。反經爲權。實卽堯舜通變神化之道。公羊氏不能闡而明之。孟子則詳言之矣。○注。卓遠。○正義曰。楚辭逢尤篇。世旣卓兮遠眇眇。注云。卓。遠也。

由湯至於文王。五百有餘歲。若伊尹萊朱。則見而知之。若文王。則聞而知之。

〔注〕伊尹。摯也。萊朱亦湯賢臣也。一曰仲虺是也。春秋傳曰。仲虺居薛。爲湯左相。是則伊尹爲右相。故二人等德也。

〔疏〕注。伊尹至德也。○正義曰。書。君奭云。我聞在昔成湯旣受命時。則有若伊尹。格于皇天。在太甲時。則有若保衡。毛詩正義引鄭氏注云。伊尹名摯。湯以爲阿衡。以尹天下。故曰伊尹。孫子用間篇云。昔殷之興也。伊摯在夏。魏武帝注云。伊尹也。春秋繁露三代改制質文篇云。湯受命變夏作殷。作官於下洛之陽。名相官曰伊尹。旣是相。則仲虺同時爲左相。知伊尹爲右相矣。引春秋傳者。定公元年左傳薛宰曰。薛之皇祖奚仲居薛以爲夏車正。奚仲遷於邳。仲虺居薛。以爲湯左相。書序云。湯歸自夏。至於大坰。仲虺作誥。史記殷本紀作中鸓。索隱云。仲虺二音鸓。作壘音如字。尙書又作虺。鸓。萊。一音之轉。

由文王至於孔子。五百有餘歲。若太公望散宜生。則見而知之。若孔子。則聞而知之。

〔注〕太公望。呂尙也。號曰師尙父。散宜生。文王四臣之一也。呂尙有勇謀而爲將。散宜生有文德而爲相。故以相配而言之也。

〔疏〕注。太公至之也。○正義曰。毛詩大雅大明篇。維師尙父。時維鷹揚。涼彼武王。傳云。師。大師也。尙父。可尙可父。鷹揚。如鷹之飛揚也。箋云。尙父。呂望也。尊稱焉。佐武王者爲之上將。孔氏正義云。史記齊世家云。太公望呂尙者。東海上人。西伯出獵。得之。曰。吾太公望子久矣。故號之曰太公望。載與俱歸。立爲太師。劉向別錄曰。師之。尙之。父之。故曰。師尙父。父亦男子之美稱。太誓注云。師尙父。文王於磻谿所得聖人呂尙。立以爲太師。號曰尙父。尊之如世家之文。則尙本是名。號之曰望。而維師謀云。呂尙釣厓。注云。尙。名也。又曰望公七年。尙立變名。注云。變名爲望。蓋因所呼之號。遂以爲名。以其道可尊尙。又取本名爲號也。孫子兵法曰。周之興也。臣牙在殷。則牙又是其名字也。書。君奭云。惟文王尚克脩。和我有夏。亦惟有若虢叔。有若閎夭。有若散宜生。有若泰顛。有若南宮括。又曰。無能往來。茲迪彝教。文王蔑德。降于國人。亦惟純佑秉德。迪知天威。乃惟時昭。文王迪見。冒聞於上帝。惟時受有殷命哉。鄭氏注云。詩傳說有疏附。奔走。先後。禦侮之人。而曰文王有四臣。以受命。此之謂。毛詩正義曰。引此四行。以證五臣。明非一臣有一行也。王氏鳴盛尚書後案云。大雅緜詩毛傳云。率下親上曰疏附。相道前後曰先後。諭德宣譽曰奔奏。武臣折衝曰禦侮。絕無所謂文王有四臣以受命之說。蓋鄭先受韓詩於張恭祖。後又通魯詩。最後乃得毛詩。此所引詩傳說。或韓詩魯詩說也。趙氏所謂四臣之一。與鄭氏說同。散宜生既在四臣之中。而降蔑德。秉文德。昭明德。故云有文德而爲相也。撥見而知之。謂親見當時所以治天下如此。在堯舜時。舉一禹皋陶。則稷契益等二十二人括之矣。在湯時。舉一伊尹萊朱。則當時賢臣如女鳩女房義伯仲伯咎單等括之矣。在文王時。舉一太公望散宜生。則虢叔泰顛閎夭召公畢公榮公等括之矣。非謂見知者。僅此一二人也。蓋通變神化之道。作於黃帝堯舜。而湯文王聞而知之。知而行之。其始百姓固日用而不知。而賢聖之臣爲之輔佐者。親見此脩己以敬。無爲而治之效。固無不知之也。錢氏大昕潛研堂答問云。大戴帝繫篇。堯娶於散宜氏之子。謂之女皇。散宜蓋古諸侯之國。散宜生殆其苗裔也。

由孔子而來至於今百有餘歲。去聖人之世。若此其未遠也。近聖人之居。若此其甚也。然而無有乎爾。則亦無有乎爾。【注】至今者。至今之世。當孟子時也。聖人之間。必有大賢名世者。百有餘年。適可以出。未爲遠而無有也。鄒魯相近。傳曰。魯擊柝聞於邾。近之甚也。言已足以識孔子之道。能奉而行之。既不遭值聖人若伊尹呂望之爲輔佐。猶可應備名世。如傅說之中出於殷高宗也。然而世謂之無有。此乃天不欲使我行道也。故重言之。知天意之審也。言則亦者。非實無有也。則亦當使爲無有也乎爾者。歎而不怨之辭也。【疏】然而無有乎爾則亦無有乎爾。○正義曰。趙氏以無有爲無有名世之人。上云然而無有。謂當時之人。以爲無有。下云則亦無有。因人言無有。則亦當使之無有。音義云。陸本作然而無乎爾。則亦有乎爾。云孟子意自以當之。鄒魯相鄰。故曰。近聖人之居。無乎爾。有乎爾。疑之也。此意以況絕筆於獲麟也。趙氏佑溫故錄云。魏氏作孟子論。謂世未遠。居甚近。蓋將自負於顏曾思見知之列。而以聞知望天下後世之人。或者曰。顏曾思爲孔子見知之人。明矣。孟子何不正言。而僅以無有。曰顏曾思之見知。不待言也。蓋古今道法之所以不墜者。固賴近有見知。遠有聞知。而當見知已往。聞知未來。尤必有人焉。以延其絕續之交。然後見以紹見。聞以啓聞。近不絕而遠可續。觀書陳伊尹保衡。而後則有太戊。盤庚。武丁之爲君。伊陟。臣扈。巫咸。巫賢。甘盤之爲臣。皆以傳湯與伊萊之道。故文王得以聞。而知子貢稱文武之道未墜於地。賢者識其大。不賢者識其小。皆以存文與歎望之道。故夫子得以聞而知。推之禹皐至湯。雖書缺有閒。然而歌稱祖訓。征述政典。史記。伊尹之於湯言素王九主之事。其非無人爲相授受相維持於堯舜之衰可知也。其人類不及聖。而足以爲聖之資。否則各以五百餘歲爲斷。亦云遙闊之甚矣。湯文孔子雖甚聖。其不數文獻無徵者幾希矣。猶至春秋戰國之際。而異學邪說。爭鳴交煽。班生所謂仲尼沒而微言絕。七十子喪而大義乖也。其孰是與於知之者。孟子尋未得爲孔子徒。亦旣不親見聖。而猶以其近而未遠爲幸。因益以未遠而無有爲懼。夫未遠而已無有知之者。復何望於遠而知之哉。孟子力肩斯道。實自居於見聞絕續之交之一人。而備述所知。以上紹前之知。下遺後之知。其所紹直自禹以下。有不止於顏曾思者。而其所遺於後。爲益無窮期矣。謹按此義。與趙氏之指小異而相近。然謂顏曾思爲見知非也。堯舜湯文以此道措諸天下。而巍巍蕩蕩。一時輔佐之人共見之。是爲見而知之。湯文王之知。雖起於聞而實徵於見。禹伊尹周公雖見知而非不可聞知。惟孔子但聞知而不能措之天下。使當時賢者得見而知。七十子學於孔子。亦皆聞而知之。非見而知之者也。孟子去孔子之生未遠。鄒魯又相近。言庶幾私淑其人。得聞而知之也。然而堯舜湯文不復見於世。則此聞而知者。無有措於天下。蓋自孔子時已無有見而知之者矣。況生百年後。則亦無有見而知之者矣。爾者。辭之終也。乎爾者。決絕之中。尙有餘望也。此孟子思王者之不作。而不欲徒託諸空言。其辭遜。其指婉。或乃以孟子道統自居。夫道無所爲統也。爲道統之說者。夫孟子之教也。章指。言天地剖判。開元建始。三皇以來。人倫攸敍。宏析道德。班垂文采。莫貴乎聖人。聖人不出。名世承閒。雖有此限。蓋有遇有不遇焉。是以仲尼至獲麟而止筆。孟子以無有乎爾終其篇章。斯亦一契之趣也。

疏天地剖判。○正義曰。史記孟子荀卿列傳云。騶衍稱引天地剖判以來。韓非子解老篇云。唯夫與天地之剖判也俱生。廣雅釋天云。太初。氣之始也。生於酉仲。淸濁未分也。太始。形之始也。生於戌仲。淸者爲精。濁者爲形也。太素。質之始也。生於亥仲。已有朴素而未散也。三氣相接。至於子仲。剖判分離。輕淸者上爲天。重濁者下爲地。中和爲萬物。○聖人不出名世承閒。○正義曰。見漢書楚元王傳贊。○蓋有至止筆。○正義曰。荀子宥坐篇。孔子曰。夫賢不肖者。材也。爲不爲者。人也。遇不遇者。時也。論衡逢遇篇云。伊尹箕子。才俱也。伊尹爲相。箕子爲奴。伊尹遇成湯。箕子遇商紂也。或以賢聖之臣遭欲爲治之君。而終有不遇。孔子孟軻是也。孔子絕糧陳蔡。孟軻困於齊梁。非時君主不用善也。才下知淺。不能用大才也。漢書儒林傳。序云。因魯春秋舉十二公行事。繩之以文武之道。成一王法。至獲麟而止。班固答賓戲云。孔終篇於西狩。

孟子篇敍。疏正義曰。音義云。此趙氏述孟子七篇。所以相次敍之意也。周氏廣業孟子章指考證云。篇敍亦趙邠卿所作。其意蓋本序卦。欲使知篇次相承。不容紊錯也。雖配儷五七。未必盡符作敍微旨。存之亦足見聖哲立言。事理畢該。隨所推尋。無非妙緒矣。如魯論羣弟所記。宜無倫敍。而說者謂降聖以下。皆由學成。故首學。而成學乃可爲政化民。故次爲政。以類相求。實皆好學深思之效也。

趙氏孟子篇敍者。言孟子七篇所以相次敍之意也。疏正義曰。明名篇敍者。爲七篇次序之義。非如詩序書序之序也。

孟子以爲聖王之盛。惟有堯舜。堯舜之道。仁義爲上。故以梁惠王問利國。對以仁義爲首篇也。疏正義曰。易說卦傳云。是以立天之道。曰陰與陽。立地之道。曰柔與剛。立人之道。曰仁與義。仁即元。義即利。仁義之爲道。即元亨利貞之爲德。此堯舜所以通變神化者也。孟子言必稱堯舜。堯舜之道。即仁義矣。

仁義根心。然後可以大行其政。故次之以公孫丑問管晏之政。答以曾西之所羞也。疏正義曰。根心謂先王以不忍人之心。行不忍人之政。

政莫美於反古之道。滕文公樂反古。故次以文公。爲世子始有從善思禮之心也。疏正義曰。思禮謂三年之喪。

奉禮之謂明。明莫甚於離婁。故次之以離婁之明也。疏正義曰。說文廾部云。奉。承也。承先王之禮而行之。所謂述也。禮記樂記云。故知禮樂之情者能作。識禮樂之文者能述。作者之謂聖。述者之謂明。

明者當明其行。行莫大於孝。故次以萬章問舜往于田號泣也。疏正義曰。舜明於庶物。察於人倫。是明其行也。

孝道之本。在於情性。故次以告子論情性也。疏正義曰。人性善。所以能孝弟。

情性在內。而主於心。故次以盡心也。疏正義曰。乃若其情。則可以爲善矣。是情合於性。盡其心者。知其性也。是性本於心。

盡己之心。與天道通。道之極者也。是以終於盡心也。疏正義曰。盡心則知性知天。故與天道通也。周氏廣業孟子出處時地考云。建篇之首。梁惠王也。趙氏之說覈矣。題辭謂退自齊梁。而著作其篇目。各自有名。則未盡然。古人得志。澤加於民。不得志。脩身見於世。立言不朽。雖聖人不能易。豈必窮愁始著書哉。特壯年志在行道。本違專意耳。故其成在遊梁之後。其著作斷非始此。大率起齊宣王至滕文公爲三册。記仕宦出處。離婁以下爲四册。記師弟問答辭事。追歸自梁而孟子已老。於行文既絕少。又暮年所述。故僅與魯事。

分附諸牘末。其後門人論次遺文。分篇列目。以仁義兩言爲全書綱領。因劃其大章。冠首而以梁惠王題篇。於梁齊之下繼以鄒。滕。魯。蓋孟子生平所注意者。衹此五國而已。乃其在梁也。始以去利行仁義期之。終料其嗜殺而去。於齊宣王始以易牛之仁冀其王。終以伐燕之暴。決於歸鄒。於仁政一言行否未可知。而父母之邦。君子重之。且與齊宣皆屬舊君。不容略也。滕文尊禮。孟子遇矣。而國小多故。莫必其成功。魯則周公之後。孔子之鄉。平公乘五百里之地。既知用樂正子。兼有見賢之意。似可與圖功矣。而卒不遇。孟子一生行藏。首篇盡之矣。其曰。天欲平治天下。舍我其誰。壯而欲行。厚望之辭也。功之成否。身之遇否。皆歸之天。老不得志。絕望之辭也。首次二篇以天終。末篇以天始。梁惠王以王道始。盡心以聖學終。公孫丑由王道推本聖學。其爲章二十有三。記齊事者十有五。餘八章皆言仁義。又王道也而齊之仕止。詳見起訖。明是篇爲在齊之日公孫識之矣。滕文公亦兼舉聖學王道。而滕係弱小。故其言井田學校雖較詳於齊梁。但可新其國耳。王非所能也。聖王不與於上。聖道將絕於下。於是力闢楊墨。以承之許行貞之以至陳仲子。皆邪說詖行之害仁義者也。故以不得已好辯終焉。離婁。萬章。告子。盡心。發端言堯舜心性。與滕文公同。其後皆雜說訓言。而萬章一篇。又知人論世之林。此則七篇大致。可得而略言者。趙氏以爲包羅天地。揆敍萬類。仁義道德。性命禍福。粲然靡所不載。信矣。謹按周氏所云。似較趙氏爲長。然探趙氏篇敍之恉。蓋恐後人紊亂其篇次。增損其字數。故假其義以示其信耳。如後稱字數以五七不敢盈之義。則知三萬四千六百有奇。非傳寫之譌。三萬五千二百有奇。實增多之羨。詎眞以孟子取五七不盈之義爲此字數哉。

篇所以七者。天以七紀。璿璣運度。七政分離。聖以布曜。故法之也。

【疏】正義曰。天以七紀。昭公十年左傳文也。尚書堯典云。在璇璣玉衡。以齊七政。馬氏注云。璿。美玉也。璣。渾天儀。可轉旋。故曰璣。七政者。北斗七星。各有所主。第一日主日法天。第二日主月法地。第三日命火謂熒惑。第四日煞土謂塡星。第五日伐水謂辰星。第六日危木爲歲星。第七日罰金謂太白。日月五星各異。故名曰七政。又云。日月星皆以璿璣玉衡。度知其盈縮。尚書大傳云。在璇璣玉衡。以齊七政。璇璣者何也。傳曰。璇者。還也。璣者。幾也。微也。其變幾微而所動者大。謂之旋機。是故旋機。謂之北極。鄭氏注云。七政謂春。秋。冬。夏。天文。地理。人道。所以爲七政也。人道盡而萬事順成。馬鄭之說不同。趙氏此文作璿璣。不作旋機。則用馬氏義也。渾天者。地在其中。天周其外。晝則日在地上。夜則日入地下。漢宣帝時司農中丞耿壽昌鑄銅爲之象。衡橫其中。璣轉於外。以知天度。故云璿璣運度也。范甯穀梁傳序云。七曜爲之盈縮。楊氏疏云。謂之七曜者。日月五星。皆照天下。故謂之七曜。日。歲一周天。月。月一周天。木星。十二歲一周天。火星。二歲一周天。土星二十八歲一周天。金水二星附日而行。亦一歲一周天。是七政分離。各行其度。而聖人造璿璣使七政之曜。言孟子一書分而爲七。如天之有七政。而舜以璿璣布之也。劉陶作七曜論。以復孟子。疑即以七篇爲七曜。趙氏蓋本此。

章所以二百六十有九者。三時之日數也。不敢比易當期之數。故取其三時。三時者。成歲之要時。故法之也。疏正義曰。題辭稱二百六十一章。此言九。當有譌也。易繫辭傳云。乾之策。二百一十有六。坤之策。百四十有四。凡三百有六十。當期之日。此云不敢比易當期之數。而期四時。十二月三時。則九个月當有二百七十日。於數亦不能合。孔本作常期。音義云。當期音朞。則本作當字。今正之。

三萬四千六百八十五字者。可以行五常之道。施七政之紀。故法五七之數。而不敢盈也。疏正義曰。五七當三萬五千字。今不足。故云不敢盈。據今本共三萬五千二百二十大字。多趙氏五百四十一字。以趙氏章句章指核之。其字句較今所傳不應減少。此明云五七之數不敢盈。則爲三萬四千有奇。而不足五千。斷非趙氏此數。爲傳寫有譌。若邈三萬五千。則不當云五七之數不敢盈也。尋繹其故。趙氏本所不同者。當在孟子曰等文。蓋問答則有孟子曰。孟子對曰。或單用曰字。其自爲法度之言。則不必加孟子曰。如荀子儒效篇。與秦昭王問答。議兵篇與陳囂李斯等問答。則用孫卿子曰。餘皆不加荀子曰。惟自言本不加孟子曰。此趙氏所以定七篇爲孟子自作。史記太史公曰。索隱云。楊惲東方朔所加。則孟子曰三字容爲後人所加。如齊人有一妻一妾章。逢蒙學射於羿章。章首皆無孟子曰可例。其餘曾子居武城章。章首亦無孟子曰。而孟子曰三字在章末有之。又公孫丑上篇。伯夷章章首。有孟子曰。章末伯夷隘云云。又有孟子曰。亦後人增加。未畫一之證。凡孟子自言一百數十章。則多孟子曰一百數十。又趙氏於單言曰字。或無曰字。必明標孟子曰。孟子言及丑曰。克曰。相曰。髡曰。陘曰云云。其孟子謂戴不勝曰。趙氏亦標云孟子假喻。疑章首孟子亦後人所加。趙氏本但云謂戴不勝曰。經無孟子字。趙氏乃以孟子標之也。孟子曰。子能順杞柳之性。孟子曰。水性無分於東西。趙注皆明標孟子曰。蓋趙氏本亦但有曰字。無孟子字。故標之也。以此推之。雖未能盡得其增加之跡。而趙氏之本轉減少於今本五百四十一字者。約略可於此見之也。

文章多少。擬其大數。不必適等。猶詩三百五篇。而論曰。詩三百也。疏正義曰。論謂論語也。謂以二百六十一法三時二百七十。以三萬四千六百八十五字法五七三萬五千。皆爲不必適等。

章有大小。分章賦篇。篇趣五千。以卒其文。無所取法。猶論四百八十六章。章次大小。各當其事。亦無所法也。疏正義曰。大謂字數多。小謂字數少。分章以布於篇。每篇五千字。文卽字也。卒其文者七篇。每篇以五千文爲卒也。論語。釋文云。學而凡十六章。爲政二十四章。八佾二十六章。里仁二十六章。公冶長二十九章。雍也三十章。述而舊三十九章。今三十八章。泰伯二十一章。子罕三十一章。皐三十章。鄉黨一章。先進二十三章。顏淵二十四章。子路三十章。憲問四十四章。衞靈公四十九章。季氏十四章。陽貨二十四章。微子十四章。子張二十五章。堯曰三章。其五百六十八章。此依何晏集解。趙氏所云。未詳所本。疑有譌字。

蓋所以佐明六藝之文義。崇宣先聖之指務。王制拂邪之隱括。立德立言之程式也。

疏正義曰。文。六書訓詁之文也。義。謂義理也。漢書。劉歆傳。歆治左氏引傳文辨經。轉相發明。由是章句義理備焉。桓譚時政疏云。今可令通義理是也。崇猶尚也。宣。通也。發也。淮南子脩務訓云。名可務立。高誘注云。務。事也。馬總意林云。趙臺卿作章句。章句曰指事。指務即指事也。大戴禮記。衛將軍文子篇云。外寬而內直。自設於隱括之中。直己而不直於人。蓋蘧伯玉之行也。鬼谷子飛箝篇云。其有隱括。乃可徵。乃可求。乃可用。陶宏景注云。隱括以輔曲直。荀子性惡篇云。故檃栝之生為枸木也。繩墨之起謂不直也。直木不待檃栝而直者。其性直也。枸木必將待檃栝烝矯然後直者。以其性不直也。楊注云。枸讀如鉤。曲也。檃栝正曲木之木也。大略篇云。乘輿之輪。太山之木也。示諸檃栝。三月五月為幬菜敝而不反其常。君子之檃栝不可不謹也。愼之注云。示讀為寘。檃栝。矯揉木之器也。非相篇云。府然若渠匽檃栝之於己也。注云。渠匽所以制水。檃栝所以制木。尚書大傳略說云。子貢曰。檃栝之旁多曲木。良醫之門多疾人。韓非子顯學篇云。自直之箭。自圜之木。百世無有一。然而世皆乘車射禽者何也。隱栝之道用也。難世篇云。夫去隱栝之法。去度量之數。使奚仲為車。不能成一輪。韓詩外傳云。雖仁雖下。聖人不廢者。匡民隱括。有在是中者也。鹽鐵論申韓篇。御史曰。故設明法。陳嚴刑。坊非矯邪。若隱括輔檠之正弧刺也。大論篇。大夫曰。是猶不用隱括斧斤。欲撓曲直枉也。書盤庚下篇。尚皆隱哉。某氏傳云。相隱括以為善政。何休公羊傳序云。略依隱栝使就繩墨也。說文木部云。檃。栝也。栝。栝也。字從木。故為矯制枸木之器。隱栝其通借字也。公羊疏云。隱謂隱審。括謂檢括。後漢書鄧訓傳云。訓。考量隱括。李賢注引荀子而釋之云。隱審量括之。失其義矣。淮南子本經訓。曲拂邅回。高誘注云。拂。戾也。漢書王莽傳云。拂世矯俗。此云拂邪者。謂矯戾其邪使之歸於正。猶檃栝矯戾其曲木而歸於直。荀子有王制篇云。王者之制。衣服有制。宮室有度。人徒有數。喪祭械用。皆有等宜。聲則凡非雅聲者舉廢。色則凡非舊文者舉息。械用則凡非舊器者舉毀。夫是之謂復古。是王者之制也。制度所以去民之邪。謂王者欲為拂邪之制。則以孟子此書為檃栝也。說文禾部云。程。品也。十髮為程。十程為分。十分為寸。史記太史公自序云。張蒼為章程。如淳云。程者權衡丈尺斛斗之平法也。老子云。為天下式。王弼注云。式。模則也。程式謂尺寸模範可用為準則。故云。立德立言之程式也。文選郭有道碑文云。隱括足以矯時。李善注引劉熙孟子注云。隱。度也。栝。猶量也。又崔子玉座右銘。隱心而後動。注引劉熙孟子注云。隱。度也。孟子本文無隱括二字。惟趙氏此篇敍有之。劉氏所注。未知所屬。

洋洋浩浩。具存乎斯文矣。

疏正義曰。禮記中庸篇云。洋洋乎發育萬物。峻極於天。漢書韋賢傳云。洋洋仲尼。顏師古注云。洋洋。美盛也。淮南子俶眞訓云。浩浩瀚瀚。高誘注云。浩浩。廣大貌。論語子罕篇云。文王既沒。文不在茲乎。天之將喪斯文也。後死者不得與於斯文也。天之未喪斯文也。匡人其如予何。趙氏以孟子似續孔子。如孔子似續文王。

孟子之後。能知孟子者。趙氏始焉。〇按孟子有不可詳者三。其一爲孟子先世。趙氏但云鄒人。或日魯公族孟孫之後。列女傳。韓詩外傳。雖詳說孟母之事。而不言何氏。孟氏譜言。父曰激公宜。母仇氏。一云孟子父名彥璞。未知所據。〇其二爲孟子始生年月。陳士元雜記載孟氏譜曰。孟子以周定王三十七年四月二日生。卽今之二月二日。赧王二十六年正月十五日卒。卽今之十一月十五日。壽八十四歲。此譜不知定於何時。陳氏疑定爲安之譌。安王在位二十六年。是年乙巳。至赧王二十六年壬申。凡八十八年。譜謂孟子壽八十四。自壬申逆推之。當生於烈王己酉。周氏廣業孟子出處時地考駁之。以爲譜不足據。而擬爲生於安王十七年丙申。卒於赧王十三年乙未。其爲孟子作年譜者紛紛更訂。或云年七十四。或云年九十七。大抵皆出於臆。全無實證可憑。〇其三爲孟子出遊。趙氏以爲先齊後梁。說者又以爲先梁後齊。或以梁惠王有後元。或以爲孟子先事齊宣。後事齊湣。考之國策史記諸書。參差錯雜。殊難畫一。今撰正義。惟主趙氏。而衆說異同。亦略存錄。以備參考而已。實未易折衷也。至居鄒。葬魯。之滕。過薛。遊宋。往任。其先後歲月。或據七篇。盧辭以測實跡。彼此各一是非。多不足采。〇孟子弟子。趙氏注十五人。樂正子。公孫丑。陳臻。公都子。充虞。季孫。子叔。高子。徐辟。咸邱蒙。陳代。彭更。萬章。屋廬子。桃應。學於孟子四人。仍孟仲子。告子。滕更。盆成括。宋政和五年。從祀孟廟。去盆成括。詳宋史禮志。國朝孟廟從祀。明制十八人。視宋政和無滕更。有盆成括。乾隆二十一年禮部覆准去舊時侯伯封號。改題先賢先儒以符禮制。內樂正克。公孫丑。萬章。公都子四人。皆稱先賢某子。陳臻。屋廬連。陳代。高子。子仲子。充虞。徐辟。彭更。咸邱蒙。桃應。季孫。子叔。浩生不害。盆成括十四人。皆稱先儒某氏某。周氏廣業孟子出處時地考云。張九韶羣言拾唾。孟子十七弟子去季孫。子叔。滕更。盆成括。益以孟季子。周霄。朱彝尊經義考。亦去季孫。子叔。而謂告子與浩生不害是二人。因去告子而列浩生不害。餘並依趙氏。宮夢仁讀書紀數略。則易滕更。浩生不害。盆成括。爲孟季子。曹交。周霄。三書數同而又互異。竊謂曹周二人。殊無取焉。高誘注呂覽云。匡章。孟子弟子。藝文類聚亦然。呂覽有匡章與惠王。又惠施問答。列從遊於梁者耶。而趙注却止言齊人。夷子逃墨歸儒。憮然受命。當在不距之科。而趙亦無明文。他若高注淮南有陳仲子。史記索隱有公明高。廣韻有離婁。其誤固不待辨。通志離氏注引風俗通云。離婁孟子門人。則傳譌自漢矣。〇孟子疏舊題孫奭撰。錢氏大昕養新錄云。孟子正義。朱文公爲邵武士人所作。卷首載孫奭序一篇。全錄音義序。僅增三四語耳。晁公武讀書志。有孫奭音義而無正義。蓋其時僞書未出。至陳振孫書錄解題。始並載之。馬端臨經籍考。並兩書爲一條。云孟子音義正義共十六卷。引晁氏曰皇朝孫奭等。採唐張鎰丁公著所撰。參附益其闕。古今注孟子者。趙氏之外。有陸善經。奭撰正義。以趙注爲本。其不同者。時時兼取善經。如謂子莫執中。爲子等無執中之類。今按子等無執中之說。初不載於正義。惟音義有之。馬氏既不能辨正義之僞託。乃改竄晁語以實之。不知晁志本無正義也。趙氏佑溫故錄云。十三經注疏。孔穎達。賈公彥最爲不可及。邢昺次之。以孟子疏爲最下。其書不知何人作。而妄嫁名於孫奭。近世儒者咸謂之僞。孫奭疏予讀孫奭孟子音義序。體裁有類孔氏而簡潔過之。全非作疏人手筆。其題曰音義序而已。未嘗稱疏也。日惟是音釋。宜在討論。日集成音義二卷。未嘗言作疏也。故曰雖仰測至言。莫窮其奧妙。而廣傳博識。更俟乎發揮。則知孫氏正本。止就經文及注爲之音釋。且僅二卷。本未有疏。其所釋非第字之本音本義而已。亦時就章句有所證明。存示異同。與陸德明釋文仿佛。無取更有疏也。趙氏之爲孟子題辭。末曰章別其指。分爲上下。凡十四卷。即今各卷題名章首。正義曰。下所載此章云云。以爲提綱者也。語多與衍。時復用韻。與全疏絕不類。蓋皆趙氏原文。即在各章注末。音義亦相綴屬。而今概棄本來。勦爲疏首。反割分音義之爲章指者。於疏尾則爲自作疏而自音之。從古豈嘗有此。疏中背經背注極多。非復孔賈之遺。甚至不顧注文。竟自憑臆立說。與其音義。又時相矛盾。豈有一人之作而忽彼忽此者。孫氏用心詳慎。音義可採者十五六。而疏不能十二。至其體例之踳駁。徵引之陋略乖舛。文義之宂蔓俚鄙。隨舉比比。朱文公指爲邵武士人作。不解名物制度。其實豈止名物之失哉。則未知孫氏之不及自爲而假手其人與。抑孫之名盛而遂有僞託之者與。○按爲孟子作疏。其難有十。孟子道性善。稱堯舜。實發明義。文。周。孔之學。其言通於易。而與論語。中庸。大學相表裏。未可以空悟之言臆之。其難一也。孟子引書辭。多在未焚以前。未辨今古文。而徒執僞孔以相解說。往往鑿枘不入。其難二也。井田封建。殊於周禮。求其畫一。左支右詘。其難三也。齊梁之事。印諸國策太史公書。往往齟齬。其難四也。水道必通禹貢之學。推步必貫周髀之精。六律五音。其學亦造於微。未容空疏者約略言之。其難五也。棄蹝。招豚。折枝。蹙頞。一事之微。非博考子史百家。未容臆測。其難六也。古字多轉注假借。多賴即嬾。姑嘬即咀。嘑爾即呼。私淑即叔。凡此之類。不明六書。則訓故不合。其難七也。趙氏書名章句。一章一句俱詳爲分析。陸九淵謂古往惟趙岐解孟子文義多略。眞謬說也。其注或倒或順。雅有條理。即或不得本文之義。而趙氏之意。焉可誣也。其難八也。趙氏時所據古書。今或不存。而所引舊事。如陳不瞻聞金鼓而死。陳賈娶婦而長拜之。苟有可稽。不容失引。其難九也。孟子本文。見於古書所引者既有異同。而趙氏注各本非一。執誤文譌字。其趣遂舛。其難十也。本朝文治昌明。通儒徧出。性道義理之旨。既已闡明。六書九數之微。尤爲獨造。推步上超乎一行。水道遠邁於平當。通樂律者判弦管之殊。詳禮制者貫古今之變。訓詁則統括有會。版本則參稽罔漏。或專一經以極其原流。或舉一物以窮其窔奧。前所列之十難。諸君子已得其八九。故處邵武士人時爲疏實艱。而當今日集腋成裘。會鯖爲饌。爲事半而爲功倍也。趙氏章句既詳爲分析。則爲之疏者不必徒事敷衍文義。順述口吻。效毛詩正義之例。以成學究講章之習。趙氏訓詁每疊於句中。故語似蔓衍而辭多佶聱。推發趙氏之意指。明其句中訓詁。自爾文從字順。條鬯明顯矣。於趙氏之說或有所疑。不惜駁破以相規正。至諸家或申趙義。或與趙殊。或專翼孟。或雜他經。兼存備錄。以待參考。凡六十餘家。皆稱某氏以表異之。著其所撰書名。以詳述之。彙敘於右。崑山顧氏炎武。字亭林。蕭山毛氏奇齡。字大可。太原閻氏若璩。字百詩。宣城梅氏文鼎。字定九。安溪李氏光地。字厚庵。鄞縣萬氏斯大。字充宗。鄞縣萬氏斯同。字季野。江都孫氏蘭。字滋九。鄒平馬氏驌。字宛斯。武進臧氏琳。字玉林。德清胡氏渭。字朏明。泰州陳氏厚耀。字泗源。濟陽張氏爾岐。字稷若。錢唐馮氏景。字山公。元和惠氏士奇。字半農。婺源江氏永。字愼脩。無錫顧氏棟高。字震滄。光山胡氏煦。字滄曉。當塗徐氏文靖。字位山。震澤沈氏彤。字冠雲。常熟顧氏震。字虞東。無錫吳氏鼎。字尊彝。長洲何氏焯。字屺瞻。寶應王氏懋竑。字予中。臨川李氏紱。字巨來。元和惠氏棟。字定宇。休寧戴氏震。字東原。鄞縣全氏祖望。字紹衣。嘉定王氏鳴盛。字鳳喈。華亭倪氏思寬。字存未。吳縣江氏聲。字叔澐。歙縣程氏瑤田。字易疇。曲阜孔氏廣森。字撝仲。歙縣金氏榜。字輔之。嘉定錢氏大昕。字曉徵。偃師武氏億。字虛谷。餘姚盧氏文弨。字召弓。餘姚邵氏晉涵。字二雲。興化任氏大椿。字幼植。江都汪氏中。字容甫。寶應劉氏台拱。字端臨。嘉定錢氏塘。字岳原。嘉定謝氏墉。字金圃。鎮洋畢氏沅。字秋帆。仁和趙氏佑。字鹿泉。通州王氏坦。字吉塗。金壇段氏玉裁。字若膺。陽湖孫氏星衍。字淵如。歙縣淩氏廷堪。字仲子。海寧周氏廣業。字耕崖。溧陽周氏柄中。字燭齊。績溪胡氏匡衷。字樸齋。錢塘翟氏灝。字晴川。蕭山曹氏之升。字寅谷。長白都四德氏。字文乾。平湖周氏用錫。字晉園。海寧陳氏鱣。字仲魚。甘泉鍾氏懷。字保岐。武進臧氏庸。字在東。歙縣汪氏萊。字孝嬰。高郵王氏念孫。字懷祖。儀徵阮氏元。字伯元。歸安姚氏文田。字秋農。高郵王氏引之。字伯申。甘泉張氏宗泰。字登封。○先曾祖考諱源。先祖考諱鏡。先考諱蕙。世傳王氏大名先王之學。循傳家教。弱冠卽好孟子書。立志爲正義。以學他經。輟而不爲。茲越三十許年。於丙子冬與子廷琥纂爲孟子長編三十卷。越兩歲乃完。戊寅十二月初七日。立定課程。次第爲正義三十卷。至己卯秋七月草稿粗畢。閒有鄙見。用鐵按字別之。廷琥有所見。亦本范氏穀梁之例。錄而存之。